草根评说：文革—毛泽东

《草根评说：文革—毛泽东》

这本简体中文纸本书乃专门为付费读者制作。
请尊重作者权益，切勿任意修改、复制、删节、转寄或转售其内容，
以免触犯著作权法。

《草根评说：文革—毛泽东》
作者：于松然

谨以此书告慰在毛泽东暴政下数千万死难同胞的在天之灵！

2020年由电书朝代制作发行
由美国 Ingram Content Group 旗下 IngramSpark 按需印刷，推广销售
电书朝代 (eBook Dynasty) 为澳大利亚 Solid Software Pty Ltd 经营拥有
网站：http://www.ebookdynasty.net/
电邮：contact@ebookdynasty.net

简体中文电子书（三卷）：
http://www.ebookdynasty.net/HumSci/GrassrootComment/indexSC.html

文学独立
出版自由

《草根评说：文革—毛泽东》

本书作者　于松然

摄于2006年准备开始撰写本书时的北京教堂前

作者出身草根，成书后，曾与多家出版商联系自费出版，可能嫌本书过于敏感，未果。无奈，只好自我出版，取名《三自社》，即自个自鸣自乐出版社。

因非专业，谬误颇多，敬请指正！

目录

（★—选阅时作者向读者推荐的篇章）

代序（笔者想说的题外话）	15
一、八十抒怀	15
二、迟到的纪念★	16
三、总算发完了★	25
四、本书步履艰难	27
前言（文革概论）	28
前言附注	37
序幕：文革前民主、赤化革命简史★	40
序幕附注A	51
序幕附注B 图文注释	52
第一章：未加冕的帝王毛泽东	108
一、帝王意志：专断奢靡	108
二、帝王意志：寡人好色	114
三、帝王意志：权力放纵	123
四、中共伦理共识，是帝王意志实现的保证	126
第一章附注	138
第二章："七千人大会"受挫	134
一、庐山会议后的形势	134
二、骇人的"信阳事件"和饿殍	136
三、召开大会的目的	146
四、为什么会犯错误？	148
五、毛和刘、邓的不同反思	151
六、林彪讲话和毛的"出气"权术	155
第二章附注	161
第三章：反击谋略之一：以阶级斗争为纲	162
一、以退为进——静观事态的发展	162
二、主动出击——千万不要忘记阶级斗争	164
三、明修栈道——"四清"	167

第四章：反击谋略之二：棒打文艺界 173
    一、两个批示——先拿弱敌问罪 173
    二、批"有鬼无害论" 176
    三、八个样板 179
    四、批《海瑞罢官》 181
    五、文艺座谈会和《二月提纲》 185
    第四章附注 190

第五章：反击谋略之三：丑化知识分子 193
    一、憎恶知识分子言行 193
    二、"书读得越多越蠢"论及其他 198
    三、问鼎诺贝尔奖金 202

第六章：反击谋略之四：大搞造神运动 207
    一、学雷锋运动 207
    二、工业学大庆运动 210
    三、农业学大寨运动 216
    四、全国学解放军运动 225
    五、学《毛主席语录》运动 238

第七章：横扫一切牛鬼蛇神 244
    一、《五一六通知》 244
    二、批斗开国元帅朱德 249
    三、横扫一切牛鬼蛇神 253
        1. 横扫知识界 253
        2. 第一张马列主义大字报 254
        3. 学校大乱 256
        4. 刘、邓中计 258
    四、《炮打司令部》和《十六条》 261
    五、第一波自杀风潮 265
    第七章附注 269

第八章：利用红卫兵再造神 273
    一、毛的红卫兵 273
    二、"接见"红卫兵 276
    三、敕训红卫兵 282
    四、"三忠于、四无限" 288

  1. 大跳"忠字舞"   288
  2. 大唱"语录歌"、革命歌曲和样板戏   290
  3. 毛主席像章热   292
  4. 红海洋   295
  5. "三忠于"的来源和消亡   296
 第八章附注   298

第九章：利用红卫兵造反   300
 一、大字报和大批判   300
 二、大破"四旧"★   302
 三、大辩"血统论"★   311
 四、大斗走资派★   317
  1. 应劫而生的《群丑图》★   318
  2. 揪斗北京"走资派"   322
  3. 羞辱王光美   324
  4. 揪斗八级"走资派"   325
 五、红卫兵大沉浮   327
  1. 贵族红卫兵的覆灭   328
  2. 平民红卫兵五大领袖的沉浮   330
  3. 为平民红卫兵的覆亡放声大哭★   335
 第九章附注   337

第十章：文革第一轮大屠杀   340
 一、利用红卫兵大屠杀★   340
  1. 公安六条和"要动动"   340
  2. 血雨腥风泛校园★   343
  3. 血花飞溅染街巷   350
  4. 血渍斑斑大驱逐★   355
 二、群体灭绝暴行之一：大兴屠杀★   360
  1. 鲜血淋漓东方红   360
  2. 血肉横飞大辛庄   365
  3. 东方红、大辛庄的无碑纪念   367
 三、第二波自杀风潮★   369
 第十章附注   374

第十一章：权力对抗   387

一、十月进击	387
二、一月拼杀★	392
1. 卧轨对抗	393
2. 绞杀赤卫队	395
3. 特使聂元梓赴上海点火	397
4. 导演夺权	398
三、二月角斗	401
1. 京西宾馆大拍案	401
2. 怀仁堂内外硝烟弥漫★	403
第十一章结语	406
第十二章：武力大夺权	**407**
一、整合分裂	407
1. 造反派的分裂	407
2. 警告右派、实行铁笼子内的民主	409
3. 支持左派，右派逢春	411
二、"七二〇"事件★	414
1. 毛到武汉	414
2. 武汉混战	415
3. 毛的决定	417
4. 右派反抗——王力历险	418
5. 毛泽东夜半逃生	421
6. 左派反击	423
7. 武汉惨局★	425
三、分裂军队挑动武斗的"八四指示"★	427
1. 武装左派——鼓动抢枪	427
2. 群众专政	432
3. 火烧英国代办处	433
四、挫败"清君侧"★	436
1. 主动妥协	436
2. 抛出忠君打手"王关戚"★	439
3. 打倒"杨余傅"与张柬之情结	445
第十三章：文革无义战暨文革第二轮大屠杀	**453**
一、全面内战起因★	453

　　　　1. 纵火者兼灭火者　　　　　　　　　　　453
　　　　2. 纵火　　　　　　　　　　　　　　　457
　　二、各地武斗掠影　　　　　　　　　　　　460
　　三、派性大血战实录　　　　　　　　　　　482
　　四、武力大镇压暨文革第二轮大屠杀★　　　493
　　五、毛泽东的内战休止符　　　　　　　　　497
　　六、人兽之间（一）——虐杀俘虏★　　　　500
　　七、重庆红卫兵公墓★　　　　　　　　　　504

第十四章：绞杀政敌　　　　　　　　　　　　　509
　　一、逼死云南省委书记阎红彦上将★　　　　509
　　二、浸死东海舰队司令陶勇中将　　　　　　515
　　三、打死煤炭工业部部长张霖之　　　　　　521
　　四、拷死装甲兵司令许光达大将★　　　　　524
　　五、药死贺龙元帅　　　　　　　　　　　　530
　　六、瘐死政治局常委陶铸　　　　　　　　　536
　　七、拖死国家主席刘少奇　　　　　　　　　540
　　八、重伤囚死彭德怀元帅★　　　　　　　　549
　　九、抓叛徒和叛徒集团　　　　　　　　　　558
　　十、放过总理周恩来★　　　　　　　　　　563
　　第十四章附注　　　　　　　　　　　　　　567

第十五章："群众专政"暨文革第三、四轮大屠杀★　568
　　一、"群众专政"在湘南——文革第三轮大屠杀　568
　　　　1. 大屠杀借口种种　　　　　　　　　571
　　　　2. 组织实施　　　　　　　　　　　　574
　　　　3. 大屠杀模式选择★　　　　　　　　576
　　　　4. 人兽之间（二）：滥杀无辜★　　　580
　　　　5. 题外话星空★　　　　　　　　　　586
　　二、"群众专政"在广西——文革第四轮大屠杀★　589
　　　　1. 广西魔头韦国清　　　　　　　　　589
　　　　2. 左派"四二二"的末日　　　　　　591
　　　　3.《七三布告》前的"群众专政"　　　594
　　　　4.《七三布告》后的"群众专政"　　　598
　　　　5. 人兽之间（三）——兽行种种（人食人等）★　604

兽行之一：政治构陷　　　　　　　　　　　　　604
　　兽行之二：活体人笼展　　　　　　　　　　　　606
　　兽行之三：戮男霸女掠财　　　　　　　　　　　607
　　兽行之四：人食人★　　　　　　　　　　　　　607
　第十五章点评："群众专政"★　　　　　　　　　　613
第十六章：清理阶级队伍暨文革第五轮大屠杀　　　　615
　一、毛氏规律★　　　　　　　　　　　　　　　　615
　二、"清队"简介　　　　　　　　　　　　　　　　622
　三、要案剖析　　　　　　　　　　　　　　　　　639
　　1. 广西"反共救国团广西分团"血案★　　　　　639
　　2. 镇压蒙族"新内人党"血案　　　　　　　　　646
　　3. 云南省委书记赵健民叛徒血案　　　　　　　647
　　4. 冀东大血案　　　　　　　　　　　　　　　649
　　5. 二七机车车辆厂血案★　　　　　　　　　　651
　　6. 新金"活学活用毛泽东思想"血案★　　　　　658
　四、第三波自杀风潮　　　　　　　　　　　　　　662
　　忆容国团　　　　　　　　　　　　　　　　　　662
　　研究员肖光琰全家自杀　　　　　　　　　　　　665
　　张东荪及其子孙的恐怖遭遇　　　　　　　　　　666
　　史家翦伯赞夫妇之死★　　　　　　　　　　　　668
　第十六章附注　　　　　　　　　　　　　　　　　671
第十七章：权力更迭　　　　　　　　　　　　　　　677
　一、解放右派当权派★　　　　　　　　　　　　　677
　二、整肃左派当权派★　　　　　　　　　　　　　679
　三、取缔左派红卫兵★　　　　　　　　　　　　　681
　　1. "工宣队"开进清华园，赶走红卫兵　　　　　682
　　2. 平民红卫兵全军覆没于人民大会堂湖南厅★　683
　四、各省市革委会成立简介　　　　　　　　　　　688
　五、中共九大和选举秘笈　　　　　　　　　　　　711
　　1. 八届十二中全会——毛泽东向党内右派伸出橄榄枝　711
　　2. "九大"大会盛况和选举秘笈★　　　　　　　713
　　3. 一中全会权力再分配　　　　　　　　　　　717
　六、核战危机——两党玩火，美帝灭火　　　　　　718

七、五七干校★	724
第十七章附注	727
第十八章：巩固权力暨文革第六轮大屠杀	729
一、"一打三反"大镇压	729
1. 镇压借口★	729
2. 红祸中华	732
（1）简述"一打三反"与周恩来★	732
（2）四十种酷刑	735
（3）消声处决法★	740
（4）相对文明的处决法	742
3. 冤案种种	744
（1）偷越国境血案	744
（2）"中国共产党幸福委员会"血案★	747
（3）"共产主义自修大学"血案	749
（4）"中国共产主义联盟"血案	751
（5）言论自由罪种种	757
（6）"一打三反"典型：邵阳县纪实★	759
二、清查"五一六"——从"造反有理"到"造反有罪"	759
1. 简述	759
2. 周恩来统领清查"五一六"★	765
3. 北京清查"五一六"	769
4. 江苏许世友清查"五一六"★	775
5. 清查"北决扬"	779
三、第四波自杀风潮	787
第十八章附注	789
第十九章：摧残民主，绞杀自由	791
一、刘文辉：被枪杀的《十六条》批评者★	791
二、陆洪恩：备受摧残的音乐家	798
三、自由圣女林昭殉国★	804
1. 罪恶的三枪	804
2. "洗脑"中的崇拜	806
3. 自由与专制的碰撞	808
4. 自由在飞翔	811

5. 血书录自由　　　　　　　　　　　　　812
　　　6. 自由血书在呐喊　　　　　　　　　　　814
　四、反血统论的殉道者遇罗克★　　　　　　　821
　五、要毛泽东放下屠刀的陆兰秀殉党★　　　　833
　六、被割喉处决的殉党者张志新　　　　　　　838
　七、死于共产党人共同犯罪下的史云峰　　　　841
　八、王申酉殉道马列主义★　　　　　　　　　848
　九、为民主权利而死的李九莲★　　　　　　　861
　　　——附外一篇：被活体取肾的钟海源　　　868
　十、逼走音乐家马思聪　　　　　　　　　　　871
　十一、侥幸生还的王容芬★　　　　　　　　　874

第二十章：愚弄的见证——知青上山下乡　　　877
　导语★　　　　　　　　　　　　　　　　　　877
　一、马列毛社会里的畸形经济　　　　　　　　880
　　　1. 二元体制使农民变成农奴★　　　　　884
　　　2. 二元体制使城市化停滞不前　　　　　890
　　　3. 二元体制使粮食危机加深★　　　　　891
　二、"教育革命"下的畸形教育★　　　　　　895
　三、上山下乡：中国特有的畸形运动★　　　　902
　　　1. 上山下乡运动简史　　　　　　　　　903
　　　2. "旧社会"阳光就业模式　　　　　　908
　　　3. 动员上山下乡的"人民战争"模式　　910
　四、典型：无悔者、红托儿★　　　　　　　　914
　　　1. 听党话的邢燕子★　　　　　　　　　915
　　　2. "不想醒"的侯隽★　　　　　　　　918
　　　3. 曲线发展的曲折　　　　　　　　　　923
　　　4. 出卖父亲和他人的柴春泽　　　　　　925
　　　5. 红托儿群体——北大中文系七二级学生　927
　　　6. 忏悔者　　　　　　　　　　　　　　930
　五、无奈者和受难者★　　　　　　　　　　　932
　　　1. "动员"下的无奈　　　　　　　　　933
　　　2. 苦难重重　　　　　　　　　　　　　939
　　　3. 女知青的可悲处境★　　　　　　　　945

- 4. 六千知青胜利大逃亡　　　　　　　　　　949
- 5. 李庆霖"告御状"　　　　　　　　　　　　954
- 6. "五一三"暴行录★　　　　　　　　　　　958
- 7. 《南京知青之歌》的劫难　　　　　　　　961

六、高压下的回家风暴　　　　　　　　　　　964
- 1. 失败的尝试　　　　　　　　　　　　　　965
- 2. 风起云涌——回家之路多坎坷　　　　　　967
- 3. "我们要回家"——云南知青首义返城风暴★　970
- 4. 连锁反应　　　　　　　　　　　　　　　976
- 5. 大返城回家中的失败者　　　　　　　　　977
- 6. 红托儿们的最后表演★　　　　　　　　　979

第二十章附注　　　　　　　　　　　　　　　980

第二十一章：副统帅出逃、林立果殉国　　　　982

一、林彪欲清君侧　　　　　　　　　　　　　983
- 1. 觊觎权力的接班人★　　　　　　　　　　983
- 2. 林彪眼中的毛泽东　　　　　　　　　　　987
- 3. 林彪讲话——明颂天才暗批张　　　　　　992
- 4. 批张波涛汹涌★　　　　　　　　　　　　994
- 5. 《第六号简报》剑指张春桥　　　　　　　998

二、毛泽东反清君侧　　　　　　　　　　　　1000
- 1. 抛出陈伯达当替罪羊★　　　　　　　　　1001
- 2. 逼向"九一三"　　　　　　　　　　　　1005
- 3. 南巡"打招呼"——狼要吃羊　　　　　　1009
- 4. 林彪抗命殉党——不认罪、认命★　　　　1011

三、林立果抗命殉国——不认罪、造反　　　　1014
- 1. 推翻反动统治有理★　　　　　　　　　　1014
- 2. 林立果——革命浊流中的叛逆者　　　　　1016
- 3. 讨毛檄文——《五七一工程纪要》　　　　1021
- 4. 林立果携父母逃亡　　　　　　　　　　　1023
  - (1) 事件回放　　　　　　　　　　　　　1023
  - (2) 为叛国、叛党正名★　　　　　　　　1026
- 5. 中国的施陶芬贝格★　　　　　　　　　　1032
- 6. 千古罪人林立衡★　　　　　　　　　　　1033

		四、事后构陷										1037
			1. 抢班夺权									1038
			2. 军事政变									1038
			3. 阴谋暗杀									1041
			4. 另立中央									1042
			5. 题外话：巩固权力需要不断制造冤案★			1044
		五、逃避罪责的权力表演							1046
			1. 权力告急、赚周								1046
			2. 共同造假★									1048
			3. 系列平反									1051
	第二十一章附注										1053
第二十二章：保卫文革暨文革第七轮大屠杀					1066
	一、信仰危机											1066
	二、毛泽东与周恩来角力								1073
		1. 周反极左										1073
		2. 毛批右										1076
			(1) 批周反极左								1077
			(2) 批周投降美国								1077
		3. 批林批孔批周公								1085
			(1) 剑指华夏文明的根：儒释道文化★			1085
			(2) 批判孔子的克己复礼★						1087
			(3) 抨击董仲舒的三纲五常★					1090
			(4) 颂扬毛泽东的马列加秦始皇主义★			1094
			(5) 无疾而终									1102
		4. 送终周公										1104
			(1) 毛的杀手锏								1104
			(2) 再批周投降★								1106
			(3) 十里长街送周公							1107
	三、毛、邓斗法										1109
		1. 效忠信★										1109
		2. 紧跟暨文革第七轮大屠杀						1114
			(1) 接受毛的第一个考验：批周					1114
			(2) 接受毛的第二个考验：代毛阐发三个世界"理论"	1115

　　　　(3) 接受毛的第三个考验：支持杀人魔王波尔布特★　　1117
　　　　(4) 接受毛的第四个考验：夷平沙甸★　　1124
　　　　(5) 新疆生产兵团"兵变"大镇压　　1128
　　3. 毛、邓分道扬镳　　1129
　　　　(1) 邓小平的全面整顿——翻案　　1129
　　　　(2) 怒批邓逆——批邓、反击右倾翻案风　　1132
　　　　(3) "四五"怒潮　　1134
　　　　(4) 毛泽东郁悒而终★　　1138
　四、天灾人祸　　1143
　　1. 板桥溃坝说革命　　1143
　　2. 唐山大震说政府★　　1147
　　3. 天崩地裂祖龙死——是巧合？还是天人感应？　　1152
　第二十二章附注　　1156

第二十三章：文革余波暨文革第八轮大屠杀　　1158
　一、十月宫廷政变——逮捕"四人帮"　　1158
　二、"两个凡是"暨文革第八轮大屠杀★　　1161
　三、拨乱反正——邓小平拯救中共　　1163
　　1. 拨乱反正——平反冤假错案　　1164
　　2. 改革开放——走官僚资本主义道路★　　1166
　四、审判闹剧——保毛救中共　　1169
　　1. "橡皮图章"式的审判　　1169
　　2. 放过罪魁祸首毛泽东★　　1174
　　3. 保护毛泽东，拯救共产党★　　1180
　五、赤化革命在继续，第二次文革的潜流★　　1181
　第二十三章附注　　1182

跋语★　　1184
　跋语附注　　1191

代序
（笔者想说的题外话）

八十抒怀
——笔者抒于2015年4月5日八十生辰

小时候听大人们说"人生如梦"，我不懂。那些年，我怕挨饿受冻没学上，又怕在人的屋檐下睡觉，更怕在那里做梦，因为在那里老做噩梦。长大成人后，梦总跟着我，几乎天天都得做，不离形影。

梦，不光有噩梦，还有当了二十年太守的南柯官梦，更有黄粱一枕的美梦，可我从没有做过一个能写成小说的完梦。因为，当我醒来时，留在记忆中的人和事，大多都是断断续续，朦朦胧胧。

我曾是一只苍鹰，已记不清梦中飞翔的情景。

一群苍鹰翱翔在蓝天白云里，远眺龙门山色，近听马寺钟声，沐着洛浦秋风和铜驼暮雨，飞向北邙密林里的上清宫……

啊，那不是梦，那是遥远童年的记忆，我的渴望。但当看见笼架上发呆的苍鹰，我庆幸自己是人，不是鹰。

我曾是一匹野马，已记不清梦中的草原，也记不清如何在草原上奋蹄，驰骋。

天苍苍，野茫茫，风吹草低见牛羊；春风得意马蹄疾，欲饮琵琶马上催，万马奔腾山作阵，神驹飞来雷万霆……

啊，那不是梦，那是百读不厌的诗，我的向往。但当看见上了笼套的马，我庆幸自己是人，不是玉花骢。

我竟然还曾是一条狗狗，但已记不清在梦中怎样向主人摇头摆尾，纵横痴情。

一条哈巴在进餐，看上去比我三、四十年前吃得好；又看见牠身上那套巴儿装，显然比我三、四十年前穿得漂亮、干净。

啊，那不是梦，那是都市里的一道风光，我的憧憬。但当看见牠们紧跟主人跳跃起舞时，我庆幸自己是人，不是巴儿因哈得宠。

梦中，我喜欢马的仁厚，赞扬狗的忠义，讴歌鹰飞悠然；醒来，耳濡目染的一切，似乎都是那么真假难辩，模糊不清。

不管你愿意不愿意，梦总缠住你不放，直把你缠得弄不清什么是梦，什么是醒。

当看见有人举枪瞄准飞翔的苍鹰时，吓得我出了一身冷汗！当看见驯马师扬鞭抽打时，我在颤栗，就像当年红卫兵用皮带抽打我时那样彻骨疼痛！当看见被主人们放逐的狗在街头流浪时，仿佛我又跌落井底，盼望"更上一层楼"的先生、朋友们，不要搬石块往井里扔！

我不愿做梦，却深陷于反复无常、诡秘莫测使人浑浑噩噩的梦幻中。

——世代英豪，似梦非梦宛如梦；人间附庸，似醒非醒恍若醒。恰似曹霑《梦》中所题：假作真时真亦假，无为有处有还无。

（2015年4月5日首发于网易博客，后遭封杀）

*****

迟到的纪念
——纪念"无产阶级文化大革命"五十周年！

（笔者曾计划在2016年5月16日那天发表一篇纪念"无产阶级文化大革命"五十周年的文章。但人算不如天算，我的青光眼、白内障等眼疾迅速加重，用放大镜已看不清文字，眼睛近于失明。因青光眼手术失败而不愿再次手术的笔者，犹豫多天后，不得不求助于再次手术，因而计划的纪念文章也不得不推迟。也许是巧合，5月16日那一天，我被送上了手术台。在河南省人民医院著名眼科专家余晓临亲自操刀下，眼睛恢复了光明。余教授精湛高超的医术，令人心悦诚服。遵照医嘱，两个月后，我重新开始了这篇纪念文章的写作。）

一个值得纪念的日子

2016年5月16日，是毛泽东发动"无产阶级文化大革命"五十周年纪念日。**这个日子之所以值得纪念**，是因为，在那场大革命中，毛泽东为了强化个人独裁体制，权力拜物教的权力情结，使他在中共权力内讧中，用"无产阶级文化"亦即用谎言、野蛮、邪恶的马列丛林赤色文化，战胜了刘少奇等党内右派的反抗；在毛、刘左右两派的内讧中，中国人民为其付出了巨大的代价：200~300万人丧生，1,000多万人致伤致残，国民经济被革到了"崩溃的边缘"。**这个日子之所以值得纪念**，还因为，毛泽东和中共，在那场大革命中，华夏文明的儒释道文化，受到丛林赤色文化的恶意歪曲，现代文明的普世价值文化，遭到丛林赤色文化的肆意丑化，从而使现代中国社会人性泯灭，道德沦丧，假、恶、丑横行天下，批、斗、杀甚嚣尘上，广大老百姓也因而陷入了水深火热之中。**这个日子之所以值得纪念**，还因为，文革后重掌权力的中共右派集团，从邓小平的有限反思起，三十年走过了江泽民回避、胡锦涛忌惮、到习近平拒绝反思文化大革命之路程，使大陆老百姓缅怀毛泽东暴政下数千万死难者在天之灵的心愿，迄今无法实现。

五十年过去了，曾承认文革为"浩劫"的中共，从不认真反思到拒绝反省的过程，是马列主义丛林文化本质所规定了的，因而是非常自然的。笔者在《草根评说：文革—毛泽东》一书中写道：

"所谓无产阶级文化大革命，实质上是一场颠覆华夏文明、挑战普世价值的丛林赤色文化大革命，或曰**赤化革命、痞子革命**。从广义上来说，赤化革命从中共诞生之日起已经开始，迄今尚未终止；从狭义上来说，无产阶级文化大革命是赤化革命的一部分，从毛泽东利用中共组织下令实施《五一六通知》起，到毛泽东死为止。""毛泽东说，十月革命的炮声给中国送来了马列主义。这话没错。准确地说，马克思主义是经俄国转口传入中国的德国和英国货，而列宁主义则是正儿八经的俄国产品。马列主义的传入，使外来挑动仇恨的权力拜物教文化，与中国封建专制文化混合在一起，熏陶了中国共产党人，从而使他们开始了以颠覆华夏文明、推翻以孙文思想和'五四'精神为代表的自由、民主、人权的普世价值为目的的暴力文化革命———赤化革命。这种赤化革命，在1949年10月1日前，表现为武装夺权，在'新中国'成立后，表现为掠夺和镇压！"

因此，毛泽东死后，中共第二代领导人邓小平，在对文革做了保权的有限反思后，便发出了坚持社会主义道路、坚持人民民主专政、坚持共产党领导和坚持马列主义、毛泽东思想的**四项基本原则**，力图继续推进和强化赤化革命。但不论在中国抑或在世界各地，赤化革命越来越不得人心，"全世界无产阶级联合起来"、"推翻资产阶级反动统治"等革命口号，早被世界各国人民扫进了垃圾堆，赤化革命陷入危机之中，按照中共御用精英们的说法是："**世界社会主义运动处于低潮。**"到了习近平时代，尽管他们不得不在他们的核心价值里塞进他们厌恶的"自由"、"民主"等字符，但继续推进和强化赤化革命的目标未变。尽管经过邓、江、胡、习等王朝的经营，共产主义理想已被他们退化成了人们调侃中的笑料，但社会主义道路却被他们塑造成继续推进和强化赤化革命的"**优良**"产品。

社会主义与四大灾难

　　社会主义是一种社会学思想，主张社会作为整体，由社会拥有和控制一切资源，其管理和分配基于公众利益。十九世纪社会主义思想在西欧广为流传，发展出众多不同分支，大体上可分为**国家社会主义**、**自由社会主义**、**民主社会主义**和**科学社会主义**等。就理论而言，社会主义远比资本主义公平、正义；但苏联十月革命成功后，在列宁"一切权力归苏维埃"的口号下，公平、正义被阶级斗争所取代，科学被政治化，变成了服从苏共中央的代词，科学社会主义也因而演变成一党专权的斯大林社会主义。

　　十月革命的炮声给中国送来了马列主义的同时，也送来了斯大林社会主义。这个主义稍加修剪后，便在中国生根发育，很快成长为毛泽东式的党国社会主义。

　　党国社会主义是以党国主义为核心价值的社会主义。所谓**党国主义**就是：**普天之下，莫非党土；率土之滨，莫非党臣**。前者，用武力把国家一切资源据为党产，使中共党变成全国唯一雇主；后者，用武力把党的权力凌驾于国家一切权力之上，用个人崇拜去神化雇主的绝对权威，用自订法律去强化各级官僚特权阶级的不二权力。这种党国主义是"一切权力归苏维埃"口号的中国化，也是**普天之下，莫非王土；率土之滨，莫非王臣**"封建帝王主义的继承和发展。于是，在中国，便产生了长达数十年久淫不衰的"大救星"、"党妈妈"、"镇压有理"和"社会主义好"等"理论"。显然，这种党国主义就是马列主义与中国封建帝王思想相结合的毛泽东思想。

　　在二十世纪五十年代的中国，党国主义已蜕变成**党宗主义**。党国主义是把党的权力凌驾于国家之上，党宗主义则把毛泽东的个人权力凌驾于党国之上。**在党宗社会主义里**，毛泽东个人崇拜登峰造极，一手遮天的结果使人为祸害接踵而来，从而使中国人民为他和他的社会主义付出了惨痛代价：

　　以镇反、肃反、土改、合作化等运动和每年逢年过节的"严打"为名义的**大屠杀**，全国枪杀、打死约为500～600万人，使中国老百姓长期处于红色恐怖中；

　　以三大改造和人民公社为手段的**大掠夺**，使国家经济基础各个领域内的全部资源，亦即土地、矿山、工业、农业、手工业、科学、文化艺术、文教卫生事业等资源，在"国有化"的名义下，统统变成了毛泽东可以任意挥霍的党产，而老百姓则变成了名符其实的无产者和奴仆，中国人民自此处于"瓜菜代"的长期贫困中；

　　以总路线、大跃进、人民公社为"三面红旗"所引发的**大饥荒**，在中国制造了3,000～4,500万个饿殍，而官方只承认"非正常死亡"3,767万人；

　　以毛泽东"亲自发动和领导的无产阶级文化大革命"的**大文革**，导致全国200～300万人丧生，1,000多万人伤残，国民经济也被革命到了"崩溃的边缘"。

　　历史记录证明，毛泽东的党宗社会主义，既不是先哲们所描述的国家社会主义或民主社会主义，也不是马克思空想中的科学社会主义，而是打着社会主义旗号实行个人独裁统治的独裁社会主义，犹如北朝鲜金家王朝社会主义那样。迄今为止，世界社会主义运动给人类没有带来公平、正义和光明，带来的却是野蛮、邪恶和黑暗。毛泽东用他的党宗社会主义给中国制造的四大灾难，证明他是**谎言**、**野蛮**、**邪恶**的化身，是与希特勒、斯大林、波尔布特齐名的二十世纪四大杀人恶魔。因此，清算他的罪行，消除他的影响，把他和他的社会主义以及他的文化大革命钉在"**罪恶滔天**"的耻辱柱上，昭示天下以儆效尤者，是包括中国在内的全人类的政治任务。

邓小平两策救中共

毛泽东的党宗社会主义给中国人民制造的四大灾难，使中共处于危机之中。毛泽东死后，为了拯救处于危机中的中共，邓小平设计出了两套拯救中共的大政方针：**一套是否定毛泽东的"拨乱反正"和"改革开放"**，**另一套是保护和美化毛泽东**。邓小平的两策获得了成功，终于率领中共走出了困境。

但邓小平是个党国主义者，他的"拨乱反正"和"改革开放"是站在党国主义立场上的"拨乱反正"和"改革开放"，其私利性和权谋性十分鲜明。

首先，他的"拨乱反正"是收买人心的权宜之计。为了战胜当年中共党主席华国锋为首的毛左派，他主持平反了毛泽东时代制造的（不乏有他制造的）300多万件冤假错案，使他有效控制了党心、军心和民心，为最终罢黜华国锋等毛左派、确立以他为二代权力核心的新体制奠定了基础。但他的"拨乱反正"并不是拨独裁专政侵犯人权之乱，反（返）人类公平、正义之正，因此，当大权在握后，党国主义使他开始了新一轮的赤化革命，人治红祸继续肆虐中国，冤假错案继续繁衍大陆。

相对而言，邓小平的"改革开放"还是比较成功。"改革开放"后的30年间，国民经济发展较快，到2010年已发展成世界第二大经济体，其时人民生活水平也有较大提高。但他是个党国主义者，毛氏党宗社会主义与他的特色社会主义都是党国主义的滋蔓，两者本质相同。两者不同之处仅在于：前者——**独裁、迫害、经济滞后和百姓共同贫困**；后者——**专制、腐败、经济高涨和官民贫富悬殊**。显然，无论是毛氏社会主义还是邓氏社会主义，由于缺乏公平，排斥正义，都是不得人心的，都是中国人民力图淘汰的制度。在邓氏特色社会主义里，以红二代、官二代为主的权贵们，以党国雇主的心态把持朝政，据领党、政、军、经、文各域要津，任意挥霍国家财产，不择手段地敛财，贪污腐败横行霸道，从而使中国社会迅速两极分化，民怨沸腾。在这种政治形势下，中共高层顽固不化，拒绝悔改，死抱住赤化不放，扩编警务，组建武警，加大维稳投入，强化镇压力度，力图使他们的既得利益像秦始皇想的那样二代、三代地传下去，传之于千秋万代。

对于中共永保权力的心态，笔者曾在《草根评说：文革—毛泽东》书中写道：

"历史已经清楚地写下了这样的记录：是他们推翻了毛泽东暴虐的'以阶级斗争为纲'的无产阶级专政理论，是他们推翻了毛泽东祸国殃民的'三面红旗'政策，是他们用改革开放推翻了毛泽东闭关锁国的计划经济体制，又是他们推翻了毛泽东引以为荣的反人类的文化大革命；一言蔽之：是他们推翻了毛泽东执政二十七年间除一党专政和土地党国所有外所主导的一切！然而，正是他们这些人，却信誓旦旦地说要'维护毛主席这面伟大旗帜'。这是为什么呢？显然，他们都已从赫鲁晓夫批判斯大林从而终结苏联共产党一党独大的教训中，获得了灵感：为了确保中国共产党永远执政，永享既得利益，就要充分利用权力，千方百计地保护毛泽东这具僵尸，用令人作呕的颂辞去美化这具僵尸，不厌其烦地用重复复重复的谎言去包装这具僵尸；因为，他们知道，毛泽东这面旗倒了，中国共产党就会像苏共一样垮台，他们的权力、爵禄以及他们子女、亲属的既得利益，都会付诸东流。"

因此，邓小平告诫全党，要保护和美化毛泽东：**"毛泽东思想这个旗帜丢不得。"** **"我们写文章，一定要注意维护毛主席这面伟大旗帜，决不能用这样那样的方式伤害这面旗帜。"** 但邓氏四项基本原则使特色社会主义日益走向反公平、反正义因而反人民的歧途。在江、胡、习等几代王朝统治下，官民矛盾日趋尖锐化，民主改革的呼声此起彼伏，自由诉求的潜流汹涌澎湃，使中共再次陷入执政危机之中。显然，邓氏拯救中共的两策，只能暂时缓和中共执政危机，无法从根本上解决政权非法性所带来的无法稳定的痼疾！

但为了永享既得利益，邓、江、胡王朝，死抱住邓的保护和美化毛泽东的既定方针不放。到了第五代的习近平王朝，保毛媚毛有了进一步发展，两个30年"理论"便被炮制了出来。2013年1月5日，习近平在一个研讨班上宣布他的**"不能用改革开放后的历史时期否定改革开放前的历史时期"**，即**"不能用后30年否定前30年"**或曰**"两个30年"**的**"理论"**。这个"理论"，等于下令不准非议毛泽东制造的四大灾难。

不思悔改，继续赤化革命

"世界潮流浩浩荡荡，顺之者昌，逆之者亡。"这是先驱孙中山先生的名言。"解放"后六十多年的历史证明，无论是前30年的毛泽东时代，还是后30年的邓小平（含江、胡、习）时代，由于党国社会主义是逆世界潮流而动的反民主、反自由和反人权的，因而是非法的，他们的社会主义也因而始终处于遭人民唾弃的危机之中。

在毛、邓前后两个30年的时代里，他们处理危机的方式基本相同，即软硬兼施的**镇压**和**欺骗**两手，但也有差别。

为了平息老百姓的反抗，他们对付老百姓的手段首先是镇压。毛泽东说："**政权就是**

镇压之权。"在毛泽东统治的二十七年里,被**关**(刑徒入狱)、**管**(管制改造)、**劳**(劳动教养)、**杀**(枪杀打死)的老百姓数以千万计。不仅如此,他在位的二十七年中,利用痞子、流氓无产者等"**群众**"的冷酷和暴虐,先后发动 27 次有组织有领导的无政府主义的所谓"**群众运动**",以"**群众**"之名,实行批、斗、打、抄、杀的**红色恐怖**,使广大群众处于法西斯式的红色恐怖之中。到了邓小平时代,关、管、劳、杀的镇压规模和形式有所收敛和改变,但镇压回、藏、维等少数民族的枪声、炮声不断,其中"六四"天安门的枪声至今还在人民心中回荡。

同所有专制独裁政体一样,毛、邓、江、胡、习的中共,不忘对老百姓实施软的一手,例如以雇主的身份"关心群众生活","提高人民生活质量"等,也不忘用"大救星"、"党妈妈"的美名往脸上贴金。直到今天,许多基层党组织还在教训**纳税**的老百姓,不要"拿起筷子吃肉,放下筷子骂娘",肉是党给的,"不要忘本"。但要永享权力和既得利益,光贴金、教训不行,还要善于欺骗,让芸芸众生俯首贴耳,唯命是从。于是,"**舆论一律**"、"**主旋律**"等人治的洗脑"法规",都被他们炮制了出来。

在毛泽东时代,"舆论一律"洗脑术是欺骗的主要手段。那些年,所有媒体必须姓党,更要姓毛,否则格罪无论,可以说是**只准党媒散布谎言,不许百姓诉说真情!**到了邓小平时代,现代信息技术的发展,迫使他们改用"主旋律"洗脑术进行欺骗。但媒体必须姓党,接受中宣部统一领导,也就是说,**只准官方利用媒体以假乱真地胡说乱道,不许百姓利用媒体实事求是地陈述真相。**因此,无论是"舆论一律",还是"主旋律",都是控制传媒、保障谎言、制衡真话、从而使中华民族集体失明的洗脑机制;换句话说,从毛泽东的"舆论一律",到邓小平的"主旋律",再到习近平的"两个 30 年"的历史,就是一部封杀老百姓民主、自由权利的洗脑史。

在一党专政下,两个 30 年的"理论"就是政策。于是,以仰头思惟为己任的御用精英们,蜂拥而起,纷纷著书立说,利用官方媒体,颂扬两个 30 年"理论"的"伟光正",亦即"伟大、光荣、正确",要老百姓顶礼膜拜。

在中宣部"主旋律"的监控下,原北大副校长**梁柱**成了宣扬"不能用后 30 年否定前 30 年"的"理论"的干将。他在《攻击、抹黑毛泽东是历史虚无主义思潮的重要表现》和《对历史虚无主义必须旗帜鲜明地**亮剑**》等文中,在文化大革命五十周年前夕,代表党国主义者(不排除代表官方)向批判毛泽东的异议人士,发出批判和镇压(亮剑)的信号。

梁柱在《亮剑》中,对异议人士横加指责,他用"**否认历史的规律性,承认支流而否定主流,透过个别现象而否认本质,孤立的分析历史中的阶段错误而否定整体过程**"的"两个否认和两个否定",抨击批判毛泽东的异议人士是历史虚无主义者。

从严格意义上说,历史虚无主义概念并不准确,因为它否定的是整个历史,而不仅仅是历史的某些方面。中共和梁柱等御用精英都是党国主义者,他们并不讳言他们是站在

"**共产党的领导和社会主义制度**"立场上去"亮剑"的，因此，准确地说，他们是伙历史装修主义者，他们要用他们为打扮楼堂馆所等建筑物的装修设计那样去打扮他们想要打扮的历史，并且把这种装修设计戴上"**唯物主义**"、"**历史规律**"、"**主流**"和"**本质**"的帽子，并用"亮剑"进行威吓，不许别人摆事实，讲道理，说真话。

历史不断证明，中共和梁柱等御用精英们，都是站在党国主义立场上去装修、打扮历史的，这是**解读他们言行的钥匙。**

——当人们指责毛泽东"政权就是镇压之权"残酷枪杀数百万人民群众时，他们便站在党国主义立场上，用"**历史的规律性**"论证大屠杀的必然性，教训老百姓"要从革命需要出发，去理解这种杀戮的'必然'性，而无庸道德价值判断"。

——当人们质疑五十年代推行"三大改造"和八十年代推翻"三大改造"的合法性并将其称之为"三十年河东，三十年河西"的**胡折腾**时，他们仍旧站在党国主义立场上，先用"**历史的规律性**"去论证农业合作化、消灭私人资本主义工商业等五十年代"河东"时推行"三大改造"革命的**正确性**，而且是"**人民的选择**"，是"**历史的选择**"；但当"三大改造"危及中共生存迫使其不得不作180度大调整时，他们依然站在党国主义立场上，紧紧跟上，随着来个180度大转身，再用同样的"**历史的规律性**"去论证八十年代"河西"时推翻"三大改造"即解散农村人民公社、实行分田到户、发展私人资本主义工商业等改革的**正确性**，同样也是"**人民的选择**"，也是"**历史的选择**"；当"三个代表"登台后，他们不忘党国主义立场，又紧紧跟上，用"三个代表"去论证胡折腾是"**一贯正确**"的选择，因为"中国共产党始终代表着中国人民的根本利益"。

——当人们抨击"以总路线、大跃进、人民公社为'**三面红旗**'所引发的大饥荒在中国制造了3,000~4,500万个饿殍"时，他们的党国主义立场十分坚定，先是否认，后来不得不默认，半个多世纪后，又诡辩说，大饥荒是"**支流**"，数千万饿殍是"**个别现象**"，肆虐六亿农民二十五、六年使其长期处于"瓜菜代"煎熬中的人民公社，是"**局部现象**"，等等，这些都不是毛泽东时代的"**主流**"和"**本质**"，因而不能否定毛泽东领导的"伟光正"。

——当人们痛斥文化大革命反人类时，他们的党国立场更加坚定，先称其为"**浩劫**"，后续作淡化处理，"两个30年"登台后，他们进一步把长达十余年对老百姓进行批、斗、打、抄、杀、从而导致数百万人丧生、上千万人伤残的文化大革命，诡辩为"**阶段错误**"，抨击不同政见者的异议是否定毛泽东"伟光正"的"整体过程"。显然，他们赞颂的"**整体过程**"就是毛泽东所建立的"独裁、迫害、经济滞后和百姓共同贫困"的党宗社会主义制度。

由此可见，中共和梁柱等御用精英们维护毛泽东、毛的社会主义和毛的文革是荒谬的，反人类的，其党国主义立场是卑劣的，邪恶的。

今天，处于危机的中共，不思悔改，死抱住毛泽东那具僵尸不放，以为只要毛泽东那面红旗不倒，便能确保他们的江山千秋万代世袭下去。然而，在浩浩荡荡的民主潮流面前，任何逆潮流而动的独裁者和专制者，无论他们打的社会主义旗号多么美丽，颂歌唱得多么动听，手中权力多么强大，一旦时势到来，他们也会像当年"柏林墙"轰然倒塌那样，变成一堆人类不齿的垃圾。

厘清认识上的几个误区

在批判、清算毛泽东反人类罪行中，由于中共和梁柱等御用精英们的干挠和破坏，造成了诸多认识上的误区，人们务必加以厘清，为批判、清算毛泽东扫清道路。

误区之一是文化观念缺失。有人认为，毛泽东发动和领导的文化大革命，不是真正意义上的文化革命，而是革文化的命，或者干脆叫武化革命，他们在书写"文化大革命"时，往往要加上个引号，示意不仅仅是引用，而是具有特殊含意的否定。其实，毛的文化大革命是真正意义上的文化革命，亦即用马列主义（主要是列宁主义）的丛林赤色文化去批判、丑化、颠覆华夏儒释道文化和普世价值文化的革命。这种丛林赤色文化的突出表现是权力拜物教的权力情结，亦即悍猴称王的丛林法则和成王败寇的封建思惟。今日中国人性泯灭，道德沦丧，是毛的文化革命恶果之一。因此，批判、清算毛泽东的文化大革命，就要批判、清算他的**污垢文化。**

误区之二是真假观念错位。同所有执政的共产党一样，中共离开谎言便无法生存。为了使谎言畅通无阻，"舆论一律"、"主旋律"成了谎言的可靠保证；为了塑造谎言的"真实性"，尘封档案又成了他们的必然选择。在长期洗脑实践中，官方和御用精英们，制造了这样一条谎言"法则"："说假话的是骗子，说真话的是傻子，真话假话搀和着说的是君子，把假话说得头头是道、令人信服的是'伟光正'大师！"于是，善于真假搀和并能在所有媒体上大显身手的御用精英们，在"主旋律"的高歌声中，都成了横竖是理的"君子"；把持历史档案禁止老百姓查阅的官方，可以自由地打扮历史，在"主旋律"的高歌声中，成了发布历史事实和数据的权威"大师"；敢说真话的"傻子"们，在"主旋律"的高歌声中，都被封杀于所有媒体之外，几无立锥之地，更有诸多因言系狱者。于是，在"主旋律"的高歌声中，毛泽东一手制造的四大灾难，好像压根儿都没有发生过似的。这是中华民族的悲剧；这种悲剧可能要延续到终结"主旋律"和解封档案的那一天。令人遗憾的是，至今许多人（包括一些编导），对民间传说、观点和文章，鄙薄不已，却对中共官方发布的所谓权威信息、御用精英们真假搀和的谎言，青睐有加。这种真假观念上的错位，是批判、清算毛泽东反人类罪行中**必须矫正**的问题之一。

误区之三是正邪观念颠倒。党国社会主义特别是毛泽东的党宗社会主义所制造的四大灾难，是野蛮的、邪恶的，是历史的大倒退，因而其制造者是反人类的反动派。当年曾被毛钦定为反动派的人和集团，其中有许多人虽抨击毛为独裁者，却不愿称毛及其集团为邪恶的反动派。这是正义与邪恶观念颠倒的表现。梁柱等御用精英们，学着主人打着民主旗号反民主的策略，在批判反毛的异议人士时，信誓旦旦地宣布，他们颂扬毛泽东是"为真理奋斗"，而"真理就是人民的利益"，他们"理直气壮"教训异议者要"光明正大"，不要违犯"起码的道德"和"破坏社会主义制度"，等等。显然，他们是站在"正义"的制高点上打着"正义"的旗号去反对异议者的正义诉求。更令人遗憾的是，有些人对毛的党国或党宗社会主义的谎言、野蛮、邪恶本质视而不见，却把毛的罪行压缩成左倾、右倾、缺点和错误，甚至要求批毛者"言词舒缓"，不要"偏激"、"过度"等等，显然，他们在自觉或不自觉地误导老百姓，使毛的思想、主义远离野蛮和邪恶，增加了批判、清算毛泽东反人类罪行的难度。

中共和梁柱等御用精英们造成的误区是是非颠倒的表现。在纪念文化大革命五十周年的时候，**要把颠倒了的是非重新颠倒过来。**

中国的出路

中国的出路在哪里？在中共统治之下已整整生活了七十个年头的笔者，对中国的前途虽不乐观，但不悲观。

上世纪七十年代，笔者目睹毛泽东的倒行逆施，已经把中国拖入绝境，政权崩溃指日可待；但出人意料的是，邓小平的两策挽救了中共。八、九十年代，笔者深受**国际绥靖主义**的影响，以为随着全球经济一体化的发展，势必迫使中共改变专制政体，党内外必然会**出现蒋经国、戈尔巴乔夫、叶利钦、哈维尔**等那样的领袖，引领中国走向民主；然而，中共高层顽固不化，使政治形势呈倒退态势。

处于危机边缘的中共，始终处在保权、保党和保社会主义的努力之中。2011年3月10日，全国人大常委会委员长吴邦国，代表中共中央宣布："**从中国国情出发，郑重表明我们不搞多党轮流执政，不搞指导思想多元化，不搞'三权鼎立'和两院制，不搞联邦制，不搞私有化。**"吴的"五不搞"是向老百姓宣战，强硬表示他们不放弃权力，不放弃党的领导，不放弃他们的党国社会主义。从吴的"五不搞"到习不准批判毛泽东的"两个30年"，显现中共高层顽固不化；同时，也显现国际绥靖主义的幼稚，显现他们试图依靠中共高层进行自我政改希望的破灭。

在"无产阶级文化大革命"五十周年到来之时，中共高层的顽固不化表明，揭露、清算毛泽东在文化大革命中反人类罪行的活动，不能有些许松懈。据笔者观察，今天中国乃止全世界，揭露、清算毛泽东文革反人类罪行的文章不是多了，而是少了，特别是系统地揭露、清算的文章太少了，而系统地揭露、清算毛泽东一手制造的四大灾难的文章更是少之又少，没有形成声讨毛泽东反人类罪行的强大压力，这也是处于危机中的中共暂时得以喘息的原因之一。

由于中共高层顽固不化，专制与腐败使官民矛盾日趋白热化；在维稳的高压下，反专制反腐败的风浪此起彼伏，大有"山雨欲来风满楼"之势。今日中共，正处于风雨飘摇中：迫使他们不得不经常用"亡党""亡国"来警告、教训他们的党员自律；迫使他们不得不在党内自我反贪，将几个党内异己领导干部打成"大老虎"，借以在强化个人权力的同时向老百姓昭示他们的清廉；但为了永保权力，他们却长期拒绝向老百姓公布他们的个人和亲属的财产。在纪念"无产阶级文化大革命"五十周年之际，所有渴望中国新生的志士仁人，要团结起来，消除分歧，把批判的矛头直指毛泽东"亲自发动和领导的无产阶级文化大革命"。因为，只有清算了毛泽东在文革中的反人类罪行，才能顺利清算毛泽东在**大镇压**、**大掠夺**和**大饥荒**中的弥天大罪，才能动摇中共一党专政的思想基础。

在中共一党专政的长期洗脑下，中华民族处于**集体失明**状态中，因而，批判、清算毛泽东反人类罪行任重而道远。不思悔改的中共当局，正在酝酿第二个毛泽东于襁褓中，迫不及待地高唱什么《**东方又红**》、《**不知该怎么称呼你**》等等，力图把中国拖向第二次文革和其他形式的血腥革命。然而，历史不会去打扮权力，也不会让党国主义者打扮、篡改历史的行径得逞于永远。"沉舟侧畔千帆过，病树前头万木春"，有鉴于此，年迈的笔者，对中国的未来充满信心，深信有如人间有许多使人眼睛复明的医生余晓临那样，在批判、清算毛泽东反人类罪行中，中国一定会涌现出许多使民族集体复明的政治家、思想家，率领中国终结党国社会主义，使**天鹅绒**覆盖中国山山水水，让**茉莉花**开遍华夏辽阔大地。——这是人们在纪念"无产阶级文化大革命"五十周年时的共同期待！

一个步履蹒跚年已八十二岁的老人，正在等待着那一天的到来！

（2016年7月26日首发于凯迪网"原创评论"被封杀，继发于明镜博客）

*****

总算发完了

2015年5月16日，笔者在阿波罗发表了"八十抒怀"和"我的墓志铭"两篇短文，意在纪念毛泽东发动文化大革命四十九周年。自此，我开始按"总目录"顺次，逐章逐篇发表约百余万言的《草根评说：文革—毛泽东》一书，迄今已整整四个月。

逐章逐篇发表《草根评说：文革—毛泽东》一书是我的宿愿。但这个简单愿望，在大陆，是可望而无法触及的水中弯月。

诗仙仰天长啸："烹羊宰牛且为乐，会须一饮三百杯！"而今大陆诗坛有几人敢这样纵情？笔者一介草根，在写这部书的过程中，因瑟索而小心翼翼：一怕没有写完身先死，二怕没处刊登白搭工，三怕没有人看遭耻笑，四怕没法出版变垃圾。可见，笔者与李白的豪情相比，乃天上地下也！

不过，笔者有草根的自信：他会生长；即使枯萎了，也是草料、绿肥。不论幸遇浇灌，还是残遭践踏，笔者都会用自我的视角，去抒发自我的观点，用自我的方法，去批判毛泽东和中共在文革中的谎言、野蛮和邪恶，撕开他们的画皮，让所有中国人都能看清他们欺世盗名的真面目。写作自然离不开继承和借鉴，更不能缺乏创新和发展，但在继承与发展、借鉴与创新中，要自我作古，力争写出自我，展现自我。笔者做到了吗？旁观者清，应由读者去评断。

英雄尚有无用武之地，况一草根耳！笔者年轻时自作多情，写些颂扬小品，因颂扬不到位，都被拒于报刊门外。中年投笔从业泥瓦匠，与粗犷同舟共济，与斯文渐行渐远。然而，出人意料的是，退休后忽现博客。这个不用严审便能以文展现自我的新事物，启迪了我，旋弃灰砂而从文字。然而从文亦非坦途：正当我在"博客屋"中纵横驰骋时，突遭"腰斩"；继而在腾讯、新浪、凤凰中寻觅宽容者，先后均被拒之于门外；所幸网易胸怀较宽，竟容我多年，不料，容到今年5月，也对我痛下封杀之手。我陷入了困境。我生在大陆，长在中华，从未离开中国一步。我爱大陆人，钟情于在毛泽东暴政下死难的数千万同胞，因而，我要为他们而写，为他们鞠躬尽瘁，发誓以书告慰他们的在天之灵。正当环顾前后左右而"疑无路"时，翻墙软件向我展示了"柳暗花明"的境界，使我这个年逾八旬步履蹒跚的一介草根，歪歪斜斜地走进了"太阳神"之家——阿波罗。

远古，太阳神阿波罗，惧于众神领袖宙斯的独裁，不敢借火种给普罗米修斯，却"纵容"他来偷，结果天神"偷窃"成功，给人类送来光明；而今，阿波罗不畏共产主义的残暴，敢把"火种"交于一介草根，支持他在阿波罗里发表他所写的书，在告慰死难同胞的同时，去唤醒今日中国大陆还在昏昏欲梦中悠然为奴的芸芸众生。

在阿波罗，因眼神不好，笔者用放大镜对句子、错别字、标点等文字上的谬误进行逐篇校勘，力图把常识性错误降到最低水平；又因年老体弱，曾暗暗祈祷：太阳神保佑，不要让我突然倒下，蔽护我在阿波罗里把《草根评说：文革—毛泽东》一书发表完。祈祷应验，在阿波罗的支持下，9月16日，书终于在网上发表完，尽管图表瑕疵使版面不尽如人意。

笔者还有个"远大的理想"：求太阳神再保佑，让我再活个三到五年；到那时——在我倒下之前，笔者也许能看到，有众多读者、专家和学者，因阿波罗而愿意评论我的书，有众多出版商，因阿波罗而愿意出版我的书，大陆的老百姓，也因阿波罗而能读到我的书；

到那时——在我倒下之前，笔者将同千千万万个志士仁人一起，踏着普罗米修斯的足迹，高举着阿波罗的"神火"，把长夜难明的中华大地照亮！

衷心向阿波罗致谢！

（2015年9月16日发表于阿波罗网）

*****

本书步履艰难

由于笔者年迈，且**高血压曾使我一度搁笔，心绞痛还差点要了我的命**，因此，计划每写成一篇初稿，都要设法发表出去，借以能在有生之年实现告慰受难者在天之灵的心愿。

本书最早写成的二、三十篇初稿，发表在"博客屋"的博客里。因无留记录，"博客屋"遭封杀后已无法查核。

在网易上建立"一介匹夫博客"始于2006年12月3日，被全面封杀于2015年5月15日，历时八年半。在"一介匹夫博客"里，笔者曾先后发表本书初稿122篇。其中：首先发表的《评说1：学雷锋运动》一文，是在2007年3月10日；遭全面封杀前的2015年5月12日，发表了最后一篇《评说122：人民公社运动》。

当"一介匹夫博客"遭全面封杀后，笔者曾以"rsrr"笔名在凯迪网上发表过51篇本书**删节稿**，但大多数遭到了封杀。

由于在大陆媒体上已无发表本书的希望，只好"越界"出走阿波罗。在阿波罗博客里，历经四个月的努力，到2015年9月16日，把本书**第一稿**全部发表完。

接着，本书**第一稿**又发表在明镜博客上。从2016年1月3日到2016年5月4日，本书拆分成323篇，在那里全部发表完毕。

如今，9月23日，本书**第二稿**修订业已完成，往哪里发表，用什么方式发表，还是个未知数。

由于我的亲属好友多不支持我撰写此书，更有反对者，因此，从开始搜集资料到书写、编辑、修订、校对本书，全由我一人运笔敲键。由于年老、体弱、眼花、健忘，敲键中不断发生常识性错误，运笔中很有力不从心之感。但值得庆幸的是，由于有老伴在生活上的悉心照料，使我能够在倒下之前，得以完成本书的写作和修订！

（2016年10月1日写成，2017年2月13日发表于明镜博客）

前言（文革概论）

二十世纪六、七十年代，在中国大陆的和平环境里，发生了一场由中共中央主席毛泽东亲自发动和领导的无产阶级文化大革命（简称文革），或曰赤化大革命，痞子大革命。晚年的毛泽东曾多次不无自豪地说，他这一生干了两件大事，一个是推翻国民党的"反动统治"，一个是发动文化大革命。然而，令他没有想到的是，他死后刚两年多一点，那场被他誉为"**史无前例**"的、"**无产阶级专政条件下继续革命**"的、"**保证中国千秋万代永不变色**"的无产阶级文化大革命，被他的继任人——中共中央右派(1)领袖们，谴责为"**十年动乱**"和"**浩劫**"。他的那些左膀右臂们，那些为他冲锋陷阵且荼毒生灵的打手们，在他死后不到一个月，便被党内右派一网打尽，三年后又被送上最高法院的特别法庭受审，分别判处有期或无期徒刑，结束了他们长达十多年的自恃、骄横和至尊，成了刑期漫漫的阶下囚。

毛泽东说："**党内无派，千奇百怪。**"这话不假。

六十年代初饿殍遍野大灾难过后，在中共党内，逐渐形成以中共中央主席毛泽东为首、国防部部长林彪为副的左派集团，和以国家主席刘少奇、中共中央总书记邓小平为首的右派集团，国务院总理周恩来则居中摇摆于两派之间。在国民经济遭到严重破坏和大量饿死农民——中共官方称"非正常死亡"3,767万人的残酷现实面前，党内右派有良知地、策略地承担了责任，他们在党内中摇派的支持和左派的默许下，采取了一些比较开明和有效的补救措施，例如政治上广开言路的"神仙会"(2)和经济上的"三自一包"(3)等亡羊补牢措施，扭转了局面，当时颇得人心。在饿殍遍野面前的毛泽东呢？由于他鼓吹和顽固推行总路线、大跃进和人民公社的所谓"**三面红旗**"政策，威望遭到重创，权力受到了党内右派前所未有的挑战，被迫退居二线。但崇信枪杆子的毛泽东，不甘人下，他死死抓住掌管枪杆子的林彪、紧紧拉住党内中摇派，终于在1962年9月，打着"**在整个社会主义历史阶段中资产阶级都将存在，并存在资本主义复辟的危险**"的旗号，发出的"**千万不要忘记阶级斗争**"的呼叫，开始向党内右派发难。

制造舆论，以舆论为先导，这实是毛泽东夺取权力的拿手谋略。从《新华社》编纂的《中国共产党大事纪》等文件中可以看到，自1963年到1965年间，毛泽东曾多次批判"**有人不搞阶级斗争**"，又说"三和一少"(4)是他们的国际纲领，"三自一包"是他们的国内纲领，"**目的是要解散社会主义农业集体经济，要搞垮社会主义制度**"。他指派他的夫人江青，借批判《"有鬼无害"论》、《海瑞罢官》等文章，大造舆论，推倒"神仙会"，无情地打击支持党内右派的知识分子，步步逼向党内右派。同时，他还纠集许多棍子打手，诸如姚文元、王力、戚本禹等，制造耸人听闻的白色恐怖谎言：不批判资产阶级反动路线，修正主义分子就会上台，就会使中国人民重吃二遍苦，重受二茬罪，就会使千百万人头落地，等等。批判的噪音越放越大，防修反修的口号越呼越响，批判的火力越来越猛，火药味也越来越浓烈，全中国都被拖入"山雨欲来风满楼"的氛围中。事实已表明，在那时，文化大革命的号角已经吹响，打倒刘、邓为代表的党内右派集团的战旗已经竖起。到1966年5月，毛泽东依靠军队和舆论力量，剥夺了党内右派的中央领导权。但强大的党内右派势力并不甘心失败，他们忍辱负重，卧薪尝胆，等待时机，东山再起。毛泽东敏锐地察觉到右派反攻倒算的危险，下决心借助文化大革命运动，彻底打倒党内右派势力，消灭一切支持他们的社会基础。于是，他软硬兼施，迫使中共中央通过了进行文化大革命的《五一六通知》，从而使中国卷入了旷日持久地、一场接一场地、血腥地、大规模地批斗和屠杀中。

在这场反人类的血腥批斗、屠杀中，党内右派包括多数中间派，都付出了巨大代价，但最终他们却笑到了最后；不可一世的毛泽东为首的党内左派集团，在文革中横行霸道，但最终却遭到了沉重打击！

在那场浩劫中，上层权力搏斗，使中国老百姓付出惨痛代价：两、三百万人死于非命，伤残不计其数！历史记录了这场浩劫中的大批、大斗、大屠杀、大改组：

1965年 舆论准备——发表《评新编历史剧〈海瑞罢官〉》；

1966年 批"彭罗陆杨"、横扫一切牛鬼蛇神、红卫兵破"四旧"——**文革第一轮大屠杀**；

1967年 夺权和反夺权、武斗与镇压、"群众专政"——**文革第二、三轮大屠杀**；

1968年 上山下乡、群众专政、清理阶级队伍——**文革第四、五轮大屠杀**；

1969年 斗、批、改，折磨死刘少奇；

1970年 清查"五一六"、"一打三反"——**文革第六轮大屠杀**；

1971年 批陈（伯达）整风、副统帅林彪出逃摔死；

1972～1973年 批林（彪）整风；

1974年 批林批孔批周公（恩来）；

1975年 再批周公、整顿、石河子镇压、沙甸惨案——**文革第七轮大屠杀**；

1976年 批邓（小平）、"四五"怒潮、毛死、宫廷政变；

1977年 "两个凡是"、邓小平复出，宣布结束文化大革命——**文革第八轮大屠杀**；

1978年 批"两个凡是"、小岗村农民"造反"；

1979～1981年 文革余波：平反、改革开放、审判闹剧。

那一场接着一场的大规模批斗和屠杀，触目惊心，令人不寒而栗，回忆起来，至今还心有余悸！（前事不忘，后事之师。笔者紧急呼吁：每年的**5月16日**，即中共在1966

年通过进行文化大革命的《五一六通知》的那一天，理应成为"**中国文革大屠杀纪念日**"，年年铭记，岁岁不忘！）

著名作家秦牧曾这样评述文化大革命："**这真是空前的一场浩劫，多少百万人颠连困顿，多少百万人含恨以终，多少家庭分崩离析，多少少年儿童变成了流氓恶棍，多少书籍被付之一炬，多少名胜古迹横遭破坏，多少先贤坟墓被挖掉，多少罪恶假革命之名以进行！**"

据官方统计：在文化大革命的十年中，全国被立案审查的干部，高达230万人，占文革前夕全国1,200万干部的19.2%；中央和国家机关各部委，被审查的干部有29,885人，占干部总数的16.7%，其中，中央副部级和地方副省级以上的高级干部，被立案审查的达75%；虽未正式立案审查但被错误关押、批斗和株连的干部、群众，更是不计其数，仅被迫害致死的干部就有6万多人；集团性冤假错案，全国有近两万起，涉及干部、群众达几十万人。连同其他的冤假错案，共有300多万件；文革十年间，直接遭到非法处理的就达几百万人。

在文革的"横扫"、破"四旧"、夺权、全面内战、上山下乡、"群众专政"、"清队"、"一打三反"、清查"五一六"、批林批孔、夷平沙甸等系列反人类运动中，造成了空前人权大灾难，使数以百万计的死难者，成为毛泽东夺取权力祭坛上的牺牲。死难者大部分被枪杀、打死或自杀，还有相当一部分备受折磨而死。在这些死难者中，上至国家主席，下到无辜平民百姓，甚至八、九十多岁老人和刚满10天的婴儿（湖南道县），都不能幸免于难。

美国夏威夷大学R.J.Rummel教授的著作《一百年血淋淋的中国》中说，文革人权灾难中丧生者的数目大约为773万人。由中共中央党史研究室等合编的《建国以来历史政治运动事实》则披露了这样一组数字："**1984年5月，中共中央又经过两年零七个月的全面调查、核实，重新统计的文革有关数字是：420万余人被关押审查；172万8千余人非正常死亡；13万5千余人被以现行反革命罪判处死刑；武斗中死亡23万7千余人，703万余人伤残；7万1千2百余个家庭整个被毁。**"中国多数学者认为，文革死难者约在300万以上，史学家丁抒则认为文革死难者不少于200万。北京理工大学胡星斗教授，在北大《燕南评论》撰文《文革学研究》中说："'文化大革命'是一场浩劫。叶剑英说，'文革'造成了2,000万人死亡。现在看来，死亡人数也许没有这么多，但无数人遭受迫害、屠戮，是不争的事实。"笔者考据后认为：叶是那么说的；但可能年老口误，把"伤亡"说成"死亡"！

文革浩劫中究竟死了多少人？1980年邓小平对意大利女记者法拉奇说："**永远也统计不了……总之，人死了很多。**"看来，在文革资料死不解密、独立调查研究受阻、文革独立调查报告和回忆录遭查封、打压的环境里，文革死亡人数还会继续研究、考证和争论下去。

此外，在浩劫中受到诬陷、迫害和株连的人数，许多专家认为在亿万以上。显而易见，文化大革命就是用鲜血浇铸的赤化大革命，是对联合国《世界人权宣言》(5) 的蔑视和颠覆！

两千多年前，秦始皇怒曰："**天子之怒，伏尸百万，流血千里。**"两千多年后的毛泽东，因向刘、邓夺权，一怒之下，发动文化大革命，终致伏尸200~300万，血流960万平方公里！

文革中的国民经济呢？邓小平和著名经济学家薛暮桥都说："**文革末期，国民经济已经到了崩溃的边缘。**"

出于拯救中国共产党的考量，官方拒绝清算毛泽东的滔天大罪，对文革信息实行禁锢和封锁，力图使中国人在流逝的长河里，悄悄淡化、改变乃至最后洗刷掉文革的记忆。今日中国，五十岁以下的中年人，了解这段历史的已少之又少，五十岁以上的老者，许多人对文革历史，也正在悄悄淡化中忘却。改革开放后，由于中共拒绝清算毛泽东暨文革的谎言、野蛮和邪恶，导致一党专政下的腐败，由政治领域向经济领域扩展，从而使社会两极分化，官民对立，民怨沸腾。其时，那些毛泽东时代的受益者以及他们的遗老遗少们，不去清算文革，反而怀念毛泽东时代的"美好"，把鲜血淋淋的"横扫"、破"四旧"等红色恐怖，美化成"社会主义大民主"，竭力鼓噪毛泽东的"伟大、光荣、正确"，甚至扬言"再来一次文化大革命"。与此相呼应，党内以十七大政治局委员**薄熙来**为代表的文革余孽，正在摩拳擦掌，卷土重来。而在文革受难者中，竟然也出现了为文革招魂者。例如，中共十八大常委、现任政协主席的**俞正声**，据说在文革中，他的母亲被逼疯，妹妹自杀，株连的亲友死了六、七位，但在2011年6月20日下午，他给上海交大学生上党课时，竟推波助澜，说他自己"**真真切切地感觉到**"，毛当年发动文革的"**动机是无可厚非的**"。

人们会附和俞正声的"**动机论**"吗？

不能！毛泽东发动文化大革命的动机，绝非来自于他的理想主义，那个乌托邦是个美丽的借口，一个克敌制胜的策略；他的动机源于他的本能冲动，而这种本能冲动，源于他心底**权力拜物教**的权力情结。

所谓"权力拜物教"亦即对权生万物的权力崇拜，是马列主义的灵魂，而无产阶级专政理论则是马列主义的灵魂中枢，同君权神授理论一样，都是权力拜物教演绎的必然结果。如果说商品拜物教是资产阶级崇拜商品神力的商品情结，那么，权力拜物教则是共产党人迷信权力魔力的权力情结。这种权力情结，是欲望、贪婪、杀戮和恐惧的化身，是深藏于人类右脑中的潜意识，或称为"前意识"、"祖先脑"，亦是人类原始的、低级的、本能的需求，同雄狮竞霸、悍猴争王的丛林法则，没有本质区别。因此，马克思告诫共产党人，要充分运用包括武力在内的一切权力，打碎资产阶级国家机器，建立无产阶级专政。他说：

"**工人阶级不能简单地掌握现成的国家机器，并运用它来达到自己的目的。**"列宁进而说："**政权在哪一个阶级手里，这一点决定一切。**"毛泽东则说："**革命的中心任务和最高形式是武装夺取政权。**"林彪更直截了当地说："**有权就有一切。**"凡此等等，一言蔽之，他们都崇拜权力，都对权生万物的"必然性"深信不疑，且走火入魔。列宁赞颂马克思说："**凡是资产阶级经济学家看到物与物之间的关系的地方（商品交换商品），马克思都揭示了人与人之间的关系。**"而在权力拜物教的毛泽东时代，亦即在中共用权力掠夺了国家全部资源的社会主义时代，人们看到的"物与物之间的关系"，实际上是已经蜕变成官僚特权阶级的中共各级官僚以物资占有者的雇主身份赐予或分配给佣工赖以生存物资的关系。这种由权力占有全部资源之后的"物与物之间的关系"，"都揭示了"毛泽东式"人与人之间的关系"，亦即失掉物质资源的老百姓依附于"大救星"的关系，"党妈妈""哺育"八亿"子民"的关系，甚至从"**不劳动者不得食**"发展到"**不服从者不得食**"的关系，一言盖之，就是雇主拥有对奴隶实行物资分配和生杀予夺权力的关系。例如，毛泽东在1965年春节谈话中，曾以雇主身份对文艺工作者发出过这样一条命令："**你不下去就不开饭，下去就开饭！**"

与丛林法则不同的是，人类中的天才者毛泽东及其附庸，根据他们的恩师马、恩、列、斯的教导，能制造出许多"伟大、光荣、正确"的理想主义理论，把人类原始的、低级的、本能的权力需求，"论证"成公正的、均富的、科学的乌托邦共产主义，来颠覆人类社会区别于丛林兽行的普世价值和真、善、美的华夏文明，亦即用仇恨、杀戮的霸权来颠覆仁爱、宽容的人权，从而达到愚弄、折腾老百姓之目的。因此，就动机而论，如果说鼓吹大跃进是毛泽东以"大救星"自居的权力情结的疯狂，那么，发动文化大革命则是毛泽东要清除异己、屠戮持不同政见者和争当世界领袖的权力情结的暴虐。俞正声用"好心办了错事"亦即用理想主义来替毛泽东贪婪、嗜权成魔的邪恶开脱罪责，是徒劳的，历史也不会答应。因此，我们有责任反其道而行之：

唤醒记忆！

拒绝遗忘！

力主反省！

敦促忏悔！

今日中共党政领导，多是当时的党内右派或党内右派接班人，对于那场反人类浩劫的反省，大多都停留在党内右派官员们遭受不公正待遇上，而置数百万死难百姓于不顾。出于对中共历史形象和既得利益集团合法性的考虑，从而拯救中共，他们千方百计地粉饰毛泽东，把毛泽东的种种罪行都推到林彪、"四人帮"身上，把文革中的文件、文字、影像等资料，封锁于绝密的密室中，只有部分资料恩准于少数御用专家据有。但封锁疏漏，有些异议者摆脱监控，使一些文革资料得以散落民间。

三十多年来，学者们虽然从不同角度研究了那场灭绝人伦的浩劫，但由于资料和信息被严密控制，少数据有档案资料的专家、学者又听命于中宣部"主旋律"权力的安排，有意保护毛泽东，淡化甚至绕开"**毛泽东亲自发动和领导的无产阶级文化大革命**"这一关键的、决定性的事实，使得多数人的研究，不得不屈从于"**毛泽东晚年错误被林彪'四人帮'所利用**"这一官方权威性的政治宣传框架之下，致使林彪和"四人帮"，几乎全部承担了毛泽东的"错误"，从而使毛泽东对中国人民犯下的滔天罪行得不到应有的清算。这种**贬谪臣下、褒美君王**的保卫江山的封建传统，至今还主导着中国的政治、宣传、教育和文艺舞台。这是对历史的戏弄、玷污和犯罪！

清算毛泽东对中国人民犯下的滔天罪行，就要打破他对无产阶级的垄断。马列主义的无产阶级专政理论，是权力拜物教理论，说到底，是打着无产阶级旗号夺取和保卫权力的理论。到了1957年，"无产阶级"同"人民"合二而一，成了无产阶级专政的符号；而所谓的无产阶级专政，也成了强奸无产阶级和人民的符号。历史证明，不经投票，毛泽东的中共便自封为95%以上人民的代表，并赋于"人民"以新的内涵："**在现阶段，在建设社会主义的时期,一切赞成、拥护和参加社会主义建设事业的阶级、阶层和社会集团,都属于人民的范围；一切反抗社会主义革命和敌视、破坏社会主义建设的社会势力和社会集团,都是人民的敌人。**"这样，毛泽东便把他和中共各级官僚特权阶级等统治者，囊括在"人民"或"无产阶级"之内，与其相左的异己者、持不同政见者乃至持中间立场的老百姓，不经调查，便知其为5%，都被他驱赶出"人民"或"无产阶级"范围，钦定为"阶级敌人"，或曰"反动派"、"反革命分子"等等。由此推见，毛氏所谓的"人民当家做主"，囊括在"人民"中的统治者，便当仁不让地"当家做主"；毛氏所谓的"为人民服务"，囊括在"人民"中的官僚特权阶级，便又当仁不让地接受"人民服务"。因此，本书要为"人民"一词正名："人民"是泛指区别于政府官员的工、农、兵、学、商、文、宗教和居民等普通民众，或曰老百姓；无产阶级则是失去了一切生产资料已变成备受雇主和官僚特权阶级盘剥、奴役的老百姓。本书的"人民"称谓，与毛氏强加给"人民"一词的内涵绝然不同。

当毛泽东代表95%以上"人民"发动无产阶级文化大革命时，笔者同绝大多数老百姓一样，被迫身陷于浩劫之中；浩劫中历险和目睹的各种事件，至今还历历在目。当研究了散落于社会上少部分很不完整的资料，以及研究了被官方批准出版的部分个人著作后，笔者认为：

无产阶级专政理论是权力拜物教理论，它使谙练帝王厚黑权术的毛泽东个人权欲恶性膨胀，从而使他能够利用无产阶级专政、社会主义革命和"人民"名义，疯狂地、无法无天地排斥异己、镇压反对派和屠戮无辜者。

在"人民"、阶级斗争和党的领导即无产阶级专政理论熏陶下，中国固有的封建忠君

文化进一步发展，人质情结即斯德哥尔摩综合症（注6）进一步发酵，一代共产党人为了尽忠、一代臣民为了表忠，他们争先恐后为树立毛泽东的绝对权威呕心沥血，自愿或违心地自残、相残，更有甚者，甘愿为毛虎作伥、当枪使、充炮灰，到头来虽惨不忍睹地成为毛泽东坐鼎江山的祭品，也在所不辞。

从毛泽东有计划、有步骤地打倒刘少奇、林彪和拖死周恩来、到最后想打倒而没能打倒邓小平的**火并**中，在包括那些罹难的共产党员在内的中国共产党人集体犯罪下，中国老百姓特别是那些毫无权利的弱势者和那些面对暴政威武不屈的先知先觉的义士们，他们在贫病交迫下，在一波接一波的红色恐怖中，备受煎熬、欺凌、蹂躏和屠戮，为"君臣"之间的争斗从而蔓延致"臣民"之间的争斗，付出了惨痛的、血淋淋的代价。

因此，无产阶级文化大革命的历史，是一部无产阶级专政导致权力失衡因而引发权力重新分配的历史，亦即是一部毛泽东与中共其他领导人争权夺利的**内讧**史：文革之始，自封为"无产阶级"的左派，镇压右派，左派上台；文革之末，以"人民"自居的右派，发动宫廷政变，击败左派，右派掌权。在中共左、右两派激烈**火并**中，中国老百姓在"舆论一律"的洗脑下，许多人在为毛泽东的"继续革命"摇旗呐喊中，有两三百万人丧命，一千多万人致伤、致残，亿万多人受到株连、迫害，国民经济也因而倒退到了崩溃的边缘。

——**这就是无产阶级文化大革命的全部历史！**正是：

毛泽东挟私夺权，老百姓蒙昧丧生！

马列主义的无产阶级专政理论所造成的浩劫，是共产党人集体犯罪的结果：他们只认其功，否认其罪。1998年，在列宁主义的故乡，时任俄罗斯总统的**叶利钦**，在为列宁下令惨杀的尼古拉二世及子女的安葬仪式上说："**多年以来，我们一直隐瞒着这起令人毛骨悚然的罪行。但是应该说出真相，叶卡特琳堡的这桩迫害案，成了我国历史上最耻辱的一页。我们安葬遭到无辜枪杀的人，是为了替我们的先人赎罪。固然，直接行凶者是罪人，几十年里为这桩血案辩护的人也是罪人。我们大家都是罪人。**"遗憾的是，继承马列主义的中共各级当权派，至今没见一个人为过去的杀戮忏悔。

产自于西方的马列主义与中国毛泽东思想相结合的马列毛主义，是权力拜物教文化，也就是以弱肉强食的丛林法则与美好的均富理想相揉合的乌托邦共产主义，它的灵魂，则是无产阶级专政理论。马克思主义在他的故乡德国和产地英国，早已被那里的人民所唾弃，因而使那里变成自由主义的发祥地；列宁主义产地苏联，在二十世纪五十年代，也改变了颜色，被毛斥为修正主义。（到了九十年代初，苏联修正主义者纷纷抛弃马列的无产阶级专政理论，把俄共变成为自由竞选的在野党。）但这个早已被西方唾弃的理论，在中共和毛泽东手里，却成了香饽饽，被他们崇拜得走火入魔。在他们的"科学"包装下，乌托邦共产主义及其灵魂无产阶级专政理论的两个主要特征，强烈地表现了出来："**暴力崇拜**"和"**目的崇拜**"。马克思说："**共产党人不屑于隐蔽自己的观点和意图。他们公开宣布：**

他们的目的只有用暴力推翻全部现存的社会制度才能达到。"恩格斯说："**革命就是一部分人用枪杆、刺刀、大炮，即用非常权威的手段强迫另一部分人接受自己的意志。**"列宁说："**暴力比100次辩论更有效。**"因而毛泽东说："**枪杆子里面出政权。**""**政权就是镇压之权。**"继而邓小平说（网传待查）："**杀200人，保20年稳定。**""**学生娃不听话，一个机枪连就解决了。**"等等，就是"暴力崇拜"的吼叫。"目的崇拜"就是"成王败寇"。"罪恶导师"马基雅维里说："**目的总是证明手段正确。**"普列汉诺夫谴责他的学生列宁，为了胜利**甚至可以和魔鬼结盟**"。斯大林对毛泽东说："**胜利者不会受责备。**"因此，打着虚幻飘渺的乌托邦共产主义——"共产主义天堂"理想主义旗号的革命者，只要胜利了，他们的任何谎言、任何妖魔化敌人的卑劣手段，都是革命者的最佳选择，都应加以美化包装，任何批评、责备，都是对革命的"反动"。这就是二十世纪的世界造成一亿多人非正常死亡的共产党人的无产阶级专政理论。在中国，这种崇拜丛林法则的理论，发展到文化大革命，已演变成马列加秦始皇主义，或曰马列毛主义。

所谓的无产阶级文化大革命，实质上是一场颠覆华夏文明、挑战普世价值的丛林赤色文化大革命，或曰**赤化革命、痞子革命**。从广义上来说，赤化革命从中共诞生之日起已经开始，迄今尚未终止；从狭义上来说，无产阶级文化大革命是赤化革命的一部分，从毛泽东利用中共组织下令实施《五一六通知》起，到毛泽东死为止。本书评说的重点是狭义上的文革。这种乌托邦共产文化的存在和发展，必然导致制衡缺失、权力腐败，诚信式微，道德沦丧，从而为中华民族招来苦难和两极分化。这是造成今日中国腐败积重难返的根源。

遗憾的是，当今研究文革者，多从左、右来褒贬赤祸中的人物和事件，较少触及赤化的根源：乌托邦共产主义及其中国化了的马列毛主义学说。他们论述文革的长篇大作，远不如普通网民来得干脆：都是马列惹的祸！因此，**不彻底清算文革的谎言、野蛮和邪恶，不推倒压在老百姓头上的马列主义和毛泽东两座大山，并用自由主义和民本思想的民主政治取而代之**，今日中国之腐败，将继续恶化下去，直到酿成新的全面的大规模的流血冲突，犹如当年慈禧为满清自掘坟墓那样：囚禁光绪，扼杀变法，从而酿造了孙中山"**驱逐鞑虏**"的辛亥革命！

文革年代，是痞子当权时代，因而是"欲加之罪，何患无辞"的时代。一个堂堂的中华人民共和国的国家主席，在被毛泽东扣上"叛徒、内奸、工贼"等罪名后，未经审判便失去了人身自由，旋即失去了做人的最基本的尊严和权利，直到被折磨致死。想想看，一个位高权重、处于"万人之上，一人之下"的国家主席的命运尚且如此，其他人特别是下层老百姓的命运呢？看看本书各篇，你就会找到答案。

我们不应忘记文革！

我们不能忘记文革！

我们无权忘记文革！

忘记和掩饰历史真相就是背叛：**背叛国家！背叛民族！背叛文明！**

但是，抨击文革的野蛮，是为了光复仁爱，揭露中共的谎言，是为了恢复诚信，批判马列主义的蛊诱，是为了重修社会宽容，清算毛泽东的邪恶痞积，是为了重塑真、善、美的华夏文明！因此，抨击、揭露、批判和清算的目的，在于还原真相，了解实情，让人们记住历史，吸取教训，敦促开明的政治家和有良心的革命家们，以世人称道的儒释道华夏文明、以前美国总统罗斯福提出的言论、信仰、免于匮乏、免于恐惧的"四大自由"和以前南非总统曼德拉倡导的宽容、和解、自由、非暴力的现代文明，重塑中国的未来，断不可有**以其人之邪道，还治其人之罪身**的恶念！

本书引用的文章和图片，许多都是从网络上流传的文章和数千张图片中筛选出来的。这些文章和图片，好似闲言碎语，又似苦口良药，但却真实地、生动地记述了那个时代里的愚昧、邪恶、野蛮和疯狂。

本书引用、摘录和笔者改写的原文等资料，大多是从网上复制、下载的。因此，除笔者"评说"和改写的文字外，其他文字、图片，大多是网络社会提供的。如果说网络社会提供的文字不实，图片有假，至少也是当局死不解密档案造成的。因为，有权接触档案的御用学者、专家们，大多都是以真假搀合来打扮历史的，许多人都是制造谎言的能手，他们甚至以假批假，以黑打黑，从而酿成"小道消息"的泛滥。因此，在文革大部分资料仍处于官方绝密尘封的条件下，人们对这些文章、图片等资料的真实性见仁见智是可以理解的。在谎言充斥的时代里，本书引用的资料是有选择的，并认同其真实性；但也不排除判断上的失误，特别是在统计数据的精准上。

今日大陆所谓的"**正史**"，早已成了任由权力打扮的小姑娘。真实历史呢？那些真实的档案纪录，能销毁的大都设法销毁了，能篡改的大都设法篡改了，能回避的也大都设法回避了；还有相当一部分，当时明令"不准作纪录"的口头"命令"、"决定"、"通知"、"吹风"和"谈话"等等，随着年深日久，当事人或已作古，或年渐作古，调查越来越困难；他们之中虽也有留下回忆录者，但有利害考量或悼于权力"主旋律"的淫威，有的对真实敏感问题躲躲闪闪，有的则为推卸责任而混淆视听，等等，其历史的真实性还有待仔细考证；剩下来的那些没法销毁、篡改和回避的真实历史，其中的多数，又被严严密密地尘封于国家绝密文档中，那允体制外学者接触？怎能叫老百姓翻阅？那些正直而认真的史学家，那些有良心的当事人和旁观者，以及那些备受蹂躏的受害人，他们的专著、回忆录里的任何客观议论和如实描述，都不可避免地要痛诉中共及其领袖们的胡作非为和残忍，必然侵害中共当权者的既得利益，触忤中共设定的"主旋律"的底线，因此，他们的专著和回忆录，不是被封杀于"摇篮"里，便是被拒于出版界之外，那容老百姓知晓？那些老百姓容易接近的"文革遗迹"呢？例如，重庆市所剩下的那座全国唯一的红卫兵陵墓，当局曾不顾人民反对，借筹建宾馆的名义准备铲平它，打算彻底消除见证文革的痕迹，使其永远从老百姓的视野中消失。只是由于人民的强烈反对，才使这座陵墓暂时得以保存！

历史不应被权力垄断，不应被权力任意打扮。我们有责任不让昨天的权力支配现在，更有责任**不让今天的权力任意打扮过去，强暴现在，遥控未来**。历史的公正性在于：权力虽可以任意打扮历史，但历史不会去打扮权力，也不会让权力打扮、篡改历史的行径得逞于永远。本书之所以为"评说"，是为了揭露谎言，因而，它不屑与那"舆论一律"、"主旋律"或"导向"即权力打扮的"正史"为伍。

十年无产阶级文化大革命的历史，是一部聚集世界共产主义运动反人类罪恶的历史，它从反面警示人类，世界上还存在着谎言、野蛮和邪恶；因而，它又是一部光复真、善、美华夏文明和启迪自由、民主、人权普世价值的教科书。

笔者已经老迈，如晚年有幸看到被中共"恩准"解密的文革档案资料，也许还能来得及修正可能的判断失误，以"评说"正视听。

我期待着。

前言附注：

附1、右派

这里所说的"右派"是中共党内派别的左、右分类，而非中共制造的"反党、反社会主义、反毛泽东思想"的"右派分子"。

附2、"神仙会"

"神仙会"是上世纪六十年代初，中共恩赐给各民主党派发扬民主的方式。他们恩赐在民主党派内，可以实行自己提出问题，自己分析问题，自己解决问题的"三自"和**不打棍子，不戴帽子，不抓辫子**的"三不"方针，借以改善中共与民主党派的关系，端正民主党派成员中对于"三面红旗"的"错误"认识，消除他们的紧张、不安和抵触情绪，团结一致，紧跟共产党。但到1962年9月，当毛泽东提出"**千万不要忘记阶级斗争**"后，恩赐的"神仙会"，旋即消失。

附3、"三自一包"

在饿殍遍野的"三年人祸"后，毛泽东退居二线。刘少奇、邓小平等人在主持一线工作期间，"修正"了毛为农村人民公社制定的"一大二公"指导思想，提出并实行**自留地、自由市场、自负盈亏和包产到户**的政策，简称"三自一包"，缓解了中共与农民的对抗，扭转了农业大幅减产和大面积饥荒的局面。

附4、"三和一少"

1962年上半年，中共中联部部长王稼祥等人，针对毛泽东的"三斗一多"提出的对外政策建议。"三和一少"即"**对帝国主义、修正主义和各国反动派要和，对各国革命援助要少**"。然而毛泽东的"三斗一多"，与此相反，即"对帝、修、反要斗，对各国革命援助要多。"

附5、《世界人权宣言》

《世界人权宣言》——联合国大会于1948年12月10日通过（联合国大会第217号决议，A/RES/217）

主要条款摘要：

人人生而自由，在尊严和权利上一律平等。他们赋有理性和良心，并应以兄弟关系的精神相对待。

人人有资格享受本宣言所载的一切权利和自由，不分种族、肤色、性别、语言、宗教、政治或其他见解、国籍或社会出身、财产、出生或其他身份等任何区别。

人人有权享有生命、自由和人身安全。

任何人不得加以酷刑，或施以残忍的、不人道的或侮辱性的待遇或刑罚。

人人在任何地方有权被承认在法律前的人格。

在法律前人人平等，并有权享受法律的平等保护，不受任何歧视。人人有权享受平等保护，以免受违反本宣言的任何歧视行为以及煽动这种歧视的任何行为之害。

任何人不得加以任意逮捕、拘禁或放逐。

凡受刑事控告者，在未经获得辩护上所需的一切保证的公开审判而依法证实有罪以前，有权视为无罪。

任何人的私生活、家庭、住宅和通信不得任意干涉，他的荣誉和名誉不得加以攻击。人人有权享受法律保护，以免受干涉或攻击。

人人在各国境内有权自由迁徙和居住。

人人有权离开任何国家，包括其本国在内，并有权返回他的国家。

人人有权在其他国家寻求和享受庇护以避免迫害。

任何人的财产不得任意剥夺。

人人有思想、良心和宗教自由的权利。

人人有权享有主张和发表意见的自由。

人人有权享有和平集会和结社的自由。

人民的意志是政府权力的基础；这一意志应以定期和真正的选举予以表现，而选举应依据普遍和平等的投票权，并以不记名投票或相当的自由投票程序进行。

人人有权工作、自由选择职业、享受公正和合适的工作条件并享受免于失业的保障。

人人有享受休息和闲暇的权利，包括工作时间有合理限制和定期给薪休假的权利。

人人有权享受为维持他本人和家属的健康和福利所需的生活水准，包括食物、衣着、住房、医疗和必要的社会服务；在遭到失业、疾病、残废、守寡、衰老或在其他不能控制的情况下丧失谋生能力时，有权享受保障。

人人都有受教育的权利，教育应当免费，至少在初级和基本阶段应如此。

人人对社会负有义务，因为只有在社会中他的个性才可以得到自由和充分的发展。

附6、人质情结

人质情结即斯德哥尔摩综合症（Stockholm Syndrome），是指罪犯的被害者对于罪犯产生情感，甚至反过来赞赏或帮助罪犯的一种情结。

1973年8月23日，两名有前科的罪犯，在瑞典首都斯德哥尔摩市内抢劫一家银行失败后，劫持了三女一男银行职员做人质。绑匪在劫持人质达六天的时间里，曾多次威胁被劫持者的性命，但有时也表现出仁慈的一面。在错综复杂的心理转变下，四名人质竟抗拒政府营救他们的努力，并帮助绑匪逃跑。这一起事件发生几个月后，四名遭劫持的银行职员，仍然对绑架他们的人显露出怜悯的情感。他们拒绝在法院指控这些绑匪，甚至还为他们筹措法律辩护的资金。据说，其中一名遭劫持的女性，曾多次探望服刑中的一名绑匪，并与他订婚。

心理学者认为，产生斯德哥尔摩综合症的四个条件是：（一）要人质切实相信生命正受到威胁；（二）施暴的人会给人质施以小恩小惠；（三）控制人质的信息来源和思想；（四）让人质感到无路可逃。

产生斯德哥尔摩综合症的四个条件，可以发生在一个或几个孤独人身上，更容易发生在相对封闭社会里的某些群体里。

有心理学者在评论专制社会里的人质情结时说：生活在各种各样风险下的人们，被迫无奈地学会了妥协；对于长期经受欺负、压制、剥夺的群体而言，一旦有人给予他们点滴的好处，他们或许就会失去理智，黑白不分，甚至不吝感情地去赞美那些直接或间接伤害过他们的人。

序幕：文革前民主、赤化革命简史

"打天下，坐天下"似乎成了中国民众心目中一个颠扑不破的"公理"。可是，到了"坐天下，传天下"时，特别是"坐天下"者忘乎所以，或传到不肖子孙时，民众就会对"公理"提出异议，甚至抗争，新一轮的"打"便被提到台面上来。著名学者黄炎培先生，看到这种周而复始的怪圈，1945年7月初的一天下午，在延安杨家岭的一个窑洞里，不无感慨地对毛泽东说："其兴也勃焉，其亡也忽焉。"毛泽东答道：**"我们已经找到新路，我们能跳出这周期率。这条新路，就是民主。只有让人民来监督政府，政府才能不敢松懈。人民起来负责，才不会人亡政息。"** 这就是常被人们提到的"**窑中对**"（1）。

清朝末年，官员贪赃，政府腐败，列强侵略，割地赔款，国库空乏，百业凋零，民不聊生，怨声载道。腐败的清廷在内外交困中挣扎，被弄得焦头烂额，无以对应；中国国势衰微，遂被列强蔑视为"东亚病夫"和"泥塑巨人"，常遭其干涉和凌辱。

中国何去何从？

康有为、**梁启超**说要学日本的明治维新，即实行类似英国的君主立宪制。可是，清廷慈禧老佛爷闻听大怒：我爱新觉罗氏的大清天下，岂容你汉奴分享？她在北京菜市口，举刀砍了**谭嗣同**等"戊戌六君子"的人头（图注01：**变法殉难者谭嗣同**），便给康梁的百日维新——戊戌变法送了终。

孙中山见康梁变法失败，便提出了"**驱除鞑虏，建立民国**"的革命口号，以推翻满清政府为目标。他先后考察了欧美先进国家的自由和民主，创立了三民主义（图注02：**辛亥革命和孙中山**），提出了从军政、训政最后到宪政的民主治国理念。1911年10月10日，武昌一声炮响，把统治中国近300年的清廷扫进了历史。辛亥革命看似成功了，可是，孙中山临终时留下遗嘱却说："**革命尚未成功，同志仍须努力。**"民国初年，拥兵自重的军阀们，诸如张作霖、吴佩孚、冯玉祥等大小军阀，纷纷割据一方，称王称霸，连年混战，使蒋介石的国民党中央政府处于虚弱境地。领导八年抗战的国民党政府，虽然与同盟国并肩作战，取得了抗日战争的胜利，但内战中却败在共产党手下，被迫偏安于台湾，孙中山的三民主义，也因而才得以存活至今。

1919年5月4日，北京发生了反对北洋军阀政府的著名的"**五四运动**"（图注03：**五四运动**）。在运动中，先进知识分子们，打起了"德先生"（民主）和"赛先生"（科学）的两面旗帜，纷纷向中国民众传播只有民主和科学才能救中国的道理。三民主义被注入了自由主义的新血液，备受军阀混战煎熬和列强欺凌的中国人，又看到了希望。然而，不分青红皂白地"打倒孔家店"，连中华民族优秀文化传统"仁义礼智信"，也当成糟粕扬弃了，错失了中外优秀文明融合的机会。例如：作家鲁迅在他的《狂人日记》里，把"仁义道德"斥为"吃人"的恶魔，令人遗憾。马列主义借机传入，扭曲了三民主义的希望。

　　毛泽东说，十月革命的炮声给中国送来了**马列主义**。这话没错。准确地说，马克思主义是经由俄国转口传入中国的德国和英国货，而列宁主义则是正儿八经的俄国产品。马列主义的传入，使外来挑动仇恨的权力拜物教文化与中国封建专制文化混合在一起，熏陶了中国共产党人，从而使他们开始了以颠覆华夏文明、推翻以孙文思想和"五四"精神为代表的自由、民主、人权的普世价值为目的的暴力文化革命——赤化革命。**这种赤化革命，在1949年10月1日前，表现为武装夺权，在"新中国"成立以后，表现为掠夺和镇压！**

　　马克思主义在其产地欧洲，以及世界其他地方，都没有多大市场。马克思主义所描述的共产主义社会，是一幅轻视自由、反对私有制、掠夺私人财产的乌托邦社会的美丽风景画。这个马克思主义传入俄国后，被握有生杀大权的弗·伊·列宁把"**党领导一切**"等蔑视自由、民主、人权的丛林法则注入**列宁主义**之后，这个"在欧洲游荡"的"共产主义怪影"，就变成了魔影：在极权主义面前，身价倍增，变成了横行二十世纪的权力拜物教的马克思列宁主义。这种以武力为后盾的马列主义，它的灵魂，就是共产党一党独断下的暴力专政，即无产阶级专政。到了斯大林时代，这种崇拜权力的马列主义，很快变成了嗜血的**魔鬼**，即变成了镇压人类自由天性的**斯大林主义**：用阶级斗争学说，肆意践踏自由、民主和人权文明；用无产阶级专政下的社会主义学说，掠夺人民财富，破坏先进生产力，挥霍人类物资文明。在中国，自称为斯大林学生的毛泽东，用无产阶级专政下继续革命的理论，把列宁主义和斯大林主义推上了峰巅。这种共产主义者独有的赤文化或曰红祸文化，已被近百年世界共产党党史所验证。

　　1927年，中国共产党人，乘国内军阀混战、国民党党内派系林立和相互恶斗、中央统治权力严重削弱之时，借苏俄党魁斯大林支持之势，乘虚而入，揭竿而起。在苏俄的直接领导和数十万计的卢布（还有大量金卢布）援助下，中共在湘赣边界的罗霄山脉，实施**红色武装割据**，建立了根据地，尔后又成立了由苏俄直接领导的瑞金中华苏维埃政府（图注04：**瑞金苏维埃政府**），与虚弱的中央政府分庭抗礼。"老大哥"和"一边倒"的情结由此而生。国内年轻朋友们可能不相信，将来总有一天，那些"绝密"档案被迫解密时，会叫你恍然大悟：中共第一次全国代表大会上，除毛泽东等12名中国人外，怎么还有列宁派来的叫**马林**和**尼克尔斯基**的两个俄国人在指手划脚？在湘赣根据地领导核心的三巨头里，除周恩来、王稼祥外，怎么还有个名叫**李德**的由俄魁斯大林派来的德国人在指挥一切？

　　芦沟桥事变拯救了中国共产党。

　　国民政府军在强敌面前，浴血奋战，顽强抵抗，损兵折将达320多万，其中阵亡将士150多万，师以上将领200多人，最后才获得了元气大伤的惨胜（图注05：**抗日战**

争）。与此同时，中共在高呼全面抗战、大骂汪精卫卖国、狠揭蒋介石消极抗战的同时，暗中与日、汪勾结，分享情报，共同对付国民党。例如，日本特务头子**岩井英一**治下的"岩井公馆"及其外围组织"兴亚建国运动"、"上海编译社"、"自强学院"和《新中国报》等，都是中共与日、汪相互勾结的情报组织。岩井利用国共矛盾，把情报组织交给了中共党员**袁殊、恽逸群、翁从六、叶文津**和**刘人寿**等人去领导，用以搜集国民党的情报。抗日胜利后，袁、恽、翁、叶、刘等汉奸，逃脱国民党的追捕，跑到了解放区。"解放"后，袁殊被任命为中共华中联络部第一工委主任、中央军委联络部副处长、中央情报总署亚洲司司长等要职。在暗中与日、汪勾结的同时，其军队则秘而不宣地采取"保存实力"、"积极发展"和"坐山观虎斗"亦即"**一分抗日，二分应付，七分发展**"的战略和游而不击、打了就跑的战术。1937年9月，毛泽东向开赴山西作战的八路军第115师独立团团长杨成武发出指示说："**中日之战是本党发展的绝好机会，我们决定的政策是百分之七十是发展自己，百分之二十为妥协，百分之十对日作战。**"在党的利益高于一切的毛泽东思想指导下，中共抗日将领**彭德怀**发动的百团大战（图注06：**百团大战**），被斥为"**帮助蒋介石抗日**"，受到了毛泽东等中共高层的激烈批判。到抗战末期，中共武装已从3万多发展成为120余万正规军和200多万民兵的强大军事力量，成了一支与国民党争天下的强大武装力量。国共内战时期，中共军队又获得了苏俄缴获后移交给他们的数十万件日本关东军的武器装备，实力大增，经四年内战（图注07：**国共内战**），击败国民党政府军，夺得政权，成立了中华人民共和国。1964年7月10日，毛泽东在接见日本社会党佐佐木更三等人谈话时，动情地说："**我曾经跟日本朋友谈过。他们说，很对不起，日本皇军侵略了中国。我说：不，没有你们皇军侵略大半个中国，中国人民就不能团结起来对付你们，中国共产党就夺取不了政权！**"毛泽东在会见日本首相田中时，感激之情溢于言表，赞美侵略者说："**皇军有功！**"从中共党的利益上去考量，毛泽东这种卖国式的战略战术，无疑是成功的。

马列主义的无产阶级专政理论和实践，树立了共产党绝对权威。

毛泽东的"新中国"成立以后，大权在握的他，痞性发作，推翻了他自己提出的"新民主主义"即民治国理念，"一边倒"在苏俄独裁者斯大林的旗下，全盘接受了"老大哥"的**以阶级斗争为纲的无产阶级专政理论**，即崇尚丛林法则的斯大林主义，全面展开了以"反对帝国主义、官僚资本主义、封建主义"为口号的**赤化革命**。这个赤化革命，是打着均富的旗号、以**打击和清除**以儒释道为代表的中国传统文化与自由、民主、人权普世文化相结合的**现代文明**为目的的。这种赤化革命，为毛泽东发动和领导的无产阶级文化大革命创造了必要条件，做了必要准备。

在中国，无产阶级专政的理论著作，可谓车载斗量，读不胜读；但其核心不外是阶级斗争和社会主义：前者为政治手段，后者则是经济手段，两者为同一个目的服务——**攫**

取和巩固共产党一党独大的权力。 阶级斗争说白了，就是分而治之的仇恨哲学，就是要你善于寻找、树立和制造 5% 的阶级敌人，调动一切手段去妖魔化这些敌人，借以恐吓、"教育"从而达到动员 95% "人民"将敌人打倒之目的；社会主义说白了，就是官僚特权阶级的欺蒙哲学，就是以平等、均富等美丽词藻描绘出来的一个共产主义乌托邦画饼，并从"理论"上把这种画饼打扮成"不可抗拒的客观规律"，是"历史的必然"，借以达到欺蒙民心、拥护共产党之目的。对中共权贵们来说，两者的目的都是为了达到最终目的的手段，缺一不可。**这个最终目的是**：各级官僚特权阶级披着"无产阶级"或"人民"的外衣，以国家的名义，掠夺和占有经济基础和上层建筑各个领域之内的全部资源，即掠夺、占有土地、矿山、工业、农业、手工业、科学、文化艺术、文教卫事业和全部国家权力机构，使毛泽东和他领导下的中国共产党，变成名符其实的全国唯一的**雇主**，而各级官僚特权阶级则变成雇主的各级代理和**权贵**。在雇主和各级权贵的驱使下，广大老百姓于是变成名符其实的**无产者和奴仆**，其生、老、病、死、衣、食、住、行、以及从事工、农、商、学、文等人类的基本权利，都不得不仰乞于雇主，即"大救星"、"党妈妈"和各级权贵的"恩赐"，稍有违拗和反抗，便会遭到雇主和权贵们的歧视、处罚和镇压。这种对政治、经济、科学、文化、生活等国家全部资源、财富、权力的高度集中和垄断，就是与法西斯主义 (2) 异曲同工的共产**赤文化**。这种赤文化是颠覆真、善、美华夏文明的专政文化，亦是践踏自由、民主、人权的普世文明的独裁文化，因而是马列主义、斯大林主义与毛泽东思想相结合的马列毛主义，或曰马列加秦始皇主义。二十世纪特别是五十年代以后，中国人历经的种种魔难，皆源于此。然而，时至今日，中共权贵和御用精英们投入大量人力财力，进行马列主义再塑造，力图淡化无产阶级专政的法西斯性，为构建所谓"中国特色"社会主义的"初级阶段"理论而忙碌，浪费了大量资源，青、少年学生都必须为这种荒诞理论背书，付出青春代价！

不论中共**雇主**、权贵和御用精英们怎样连篇累牍地论证社会主义，说他如何科学，如何合理、平等、均富，如何势所必然，世界共产主义运动历史，包括已经消亡的前苏联、东欧八国和存活到今天的中国、古巴、越南、朝鲜等国的历史，都已经证明并将继续证明：在无产阶级专政条件下，已经形成官僚特权阶级的**雇主**、权贵们，在高唱社会主义赞歌的同时，以无产阶级"革命和不断革命论"的理论为根据，即以革命名义剥夺个人财产，以国家名义去任意调动、支配国家和集体资源，甚至把"**不劳动不得食**"变成为"**不服从不得食**"；在无产阶级专政条件下，阶级斗争成了"**与人斗其乐无穷**"的法宝，任何政见分歧，任何有悖于"**舆论一律**"、"**主旋律**"的社会科学和文学艺术，都会被**雇主**、权贵们"上纲上线"，视为反党、反社会主义、颠覆和制造动乱等"罪行"，从而"名正言顺"地将当事人逮捕并科以重刑。

毛泽东在论述无产阶级专政时说："**政权就是镇压之权。**" 又说："**专政是群众的专**

政。"前者是以枪杆子来保障无产阶级专政，后者则是以"**群众运动**"来实施无产阶级专政。

毛泽东和他领导下的中共，都是搞"**群众运动**"的行家里手。所谓"群众运动"，或曰"**群众专政**"，就是在枪杆子的弹压下，动员、唆使痞子、流氓无产者和芸芸勇敢者，逾越道德、法律和人权，采取非常手段，制造出一种在一定时段里的有领导的无政府法西斯氛围，形成对"阶级敌人"人人喊打的高压态势，恐吓、威迫全体老百姓，都能"自觉"地统一在党的意志下，从而达到预设的政治目的。因此，毛的"群众运动"实质上是中共党和政府领导下的痞子、流氓无产者的法西斯专政，亦即无产阶级专政。历史记录了"群众运动"操作过程中所创造的"**毛氏规律**"：

开始——确定**运动的革命目标**（对象），调动所有媒体采编人员，组写文章，放送广播，以制造舆论；各级党政军和企、事业单位领导，分别召开动员大会作报告，以妖魔化敌人的手段，造成"怀疑一切，打倒一切"肃杀氛围和"你死我活"的恐怖情势。

继而——成立3或5人"领导小组"领导**运动**；命令人人检查、个个"过关"，鼓动大胆怀疑，大胆揭发，以排查、筛查的方式挖出"阶级敌人"。

接着——定任务，分指标，确定**运动重点对象**（一般占单位人数的3%至5%）；成立"专案组"，对重点对象内查外调；训练积极分子（多为勇敢分子和痞子、流氓无产者），对重点对象进行批、斗、打、抄、杀等刑讯逼供；召开宽严大会，以体现"坦白从宽，抗拒从严"的政策。

后期——总结**运动**"胜利成果"，对新制造出来的"阶级敌人"实行专政；对批斗刑讯错了的重点对象，"落实政策"，宣布"解放"，以示党的"宽大"，舒缓矛盾。

在实际操作中，四个阶段没有严格界线。在诸如镇反、土改、"横扫"、破"四旧"、夺权武斗等特殊时期，处决"阶级敌人"则授权基层党组织或"群众组织"，直接捕、审、决。

毛泽东的天才还在于，为了把"群众运动"的规模和烈度，控制在他认可的范围内，每次运动他都要向各级党组织下达完成任务的"**指标**"。

"**指标**"是统计学概念，属经济学范畴，毛泽东拿过来做政治化处理。把经济学上的概念发展成政治概念，不失为毛泽东的创造。上世纪五十年代的历史，记录了毛的这些创造：

在镇反运动中，他下令给上海的领导人："**我认为1951年内至少应当杀掉罪大的匪首、惯匪、恶霸、特务及会门头子3,000人左右。而在上半年至少应杀掉1,500人左右。**"

在土改运动中，他对广东省委书记陶铸、赵紫阳等人"**村村见血**"和"**每村都要至少枪杀一个地主**"的红色恐怖，大加赞赏。

在农业合作化运动中，他明确规定："**反革命五年抓一百五十万，每年三十万。**"等等。

一反公投、二拒普选、三恶民调的毛泽东，这些政治"指标"是怎么被他"创造"出来的？说书人有一句套话，叫"**一拍脑袋，计上心来**"。显然，他的"指标"是拍脑袋"拍"出来的。但善于造神的御用精英们并不认同；他们著文说，这是毛泽东倡导调查研究的结果。

不错，毛泽东曾说过这样一句话："**没有调查，就没有发言权。**"但这是一句真假搀和的谎言。因为，御用精英们未必不知道，在大多数情况下，中共的调查研究服从于毛对政治形势的评估和决策。例如，当毛泽东决心要农业学走苏联集体农庄道路时，"**绝大多数贫下中农坚决走互助合作道路**"的民情，便被各级党组织或御用精英们"调查"了出来；当毛泽东决心开展"四清"运动以转移饿死人的仇恨时，农村20%甚至30%的政权"**不在我们手里**"的敌情，便被各级党组织或御用精英们"调查"了出来，等等。到了六十年代，量化指标又有了新的创造和发展。1961年1月，毛泽东在"七千人大会"说："**我们站在那一边？站在占全人口百分之九十五以上的人民群众一边，还是站在占全人口百分之四、五的地、富、反、坏、右一边呢？必须站在人民群众这一边，绝不能站到人民敌人那一边去。**"1964年5月16日，毛泽东在北京举行的中共中央工作会议上说："**要团结广大群众，团结广大干部，团结这两个百分之九十五。**"于是，以毛的两次讲话为蓝本，"**群众运动**"中的四个量化指标又被中共和御用精英们"拍"了出来：拥护他们的"人民"占95%，反对他们的"敌人"占5%，可以"团结的群众"占95%，可以"团结的干部"也占95%。由是，团结、教育95%以上的"人民"和打击5%以内的"敌人"，便成了历次"**群众运动**"硬性指标。

尽管毛泽东的中共在夺取政权后，也制订了许多法律、法规，但他们更崇尚以丛林法则为思想基础的"**群众运动**"，并把"**群众运动**"作为他们实行无产阶级专政的主要手段。据《人民代表大会制度建设四十年》一书记载，1958年8月，毛泽东在国家协作区主任会议上说："**我们的规章制度，大多数，百分之九十是司局长搞的，我们基本上不靠那些，主要靠决议、开会，一年搞四次，不靠民法、刑法来维持秩序。人民代表大会，国务院开会，有他们那一套，我们还是靠我们那一套。**"毛所说的"**靠我们那一套**"主要指他的"**群众运动**"。由此可见，1954年毛亲自领导下制定的《中华人民共和国宪法》，包括其中规定人民群众享有的各种自由、民主权利，都是哄骗中国老百姓和外国人并不打算实行的官样文章。这种背信弃义的权力拜物教文化，是中共赤文化的重要特色之一。

夺取政权即所谓"建国"或"解放"后，毛泽东的中共，用蔑视自由、民主、人权的无产阶级专政理论，通过一个接一个的违宪犯法的"群众运动"，先后树立了成百万上千万个地（主）、富（农）、反（革命）、坏（分子）、右（派）、叛徒、内奸、走资派、黑帮、牛鬼蛇神、修正主义和反革命知识分子等阶级敌人，并用专政工具对其进行无情镇压。

1950年，中共在全国农村全面开展的暴力土改运动（图注8：**土地改革运动**），残杀了数以百万计的地主、富农，实现了对老百姓主要是对农民的第一次掠夺。掠夺颠覆了使我中华民族数千年凝聚在一起的"仁义礼智信"的传统道德，摧毁了农村数千年和谐依存的宗法关系，扼杀了中国人勤劳和智慧，使农村中占多数的贫下中农，在对中共感恩戴德的同时，逐渐变成了一无所有的赤裸裸的现代农奴，并为此付出了惨重代价，从而使中共达到了分而治之的目的。

1950年10月，在干涉他国内政的"**全世界无产阶级联合起来**"口号下，毛泽东和中共把党的利益、把"一边倒"的政策和"国际主义"义务置于国家利益之上，根据斯大林的指示，发动了"新中国"第一次大规模的对外战争——抗美援朝（图注09：**抗美援朝战争**），自觉地中了斯大林消耗美国和控制中国的一箭双雕之计。他们以五六十万中华英雄儿女的生命和数十亿美元以及被孤立二十多年的巨大代价出兵朝鲜，愚蠢而不光彩地充当了导师的打手和炮灰，为霸主苏俄帝国主义立下了赫赫战功，保卫了金日成父子独裁的家天下。尽管抗美援朝战争使国家失去了美苏争霸中的渔人之利，但中共和毛泽东却借势强化了对异己势力的监控和镇压，巩固了他们的无产阶级专政的国家政权。

1951年的镇反运动（图注10：**镇压反革命运动**），毛泽东的中共杀害了100多万包括起义、投诚和被俘人员在内的所谓"国民党残渣余孽"，达到了镇压异己和强化共产党权威的目的，使中华民族"宽以待人"的理念，化为烟云。

1955年展开批斗文学家胡风运动（图注11：**反胡风反革命集团运动**），毛泽东和中共把胡的文艺思想妖魔化为"凶恶残暴的敌人"，制造了又一起文字冤狱，第一次用"思想罪"来警告知识分子，不得与共产党思想相左。

接着，在7月，毛泽东和中共开始的肃反运动，对知识分子的个人历史和隐私进行了全面清剿（图注12：**肃反运动**），使数以万计的人不堪凌辱而自杀。

在1957年的反右运动（图注13：**反右运动**）中，毛泽东的中共把100多万知识分子（约占全国知识分子的六分之一）打成了右派、档案右派和阶级异己分子，酿造成万马齐喑、一党独断的政治局面。

毛泽东和中共从1953年下半年开始的"一化三改造"运动中（图注14：**社会主义三大改造运动**），数年间，先后又划出了数十万计的地、富、反、坏等阶级敌人（中共诡称"土改漏划"），供人批斗；在批斗中，强制推行农业合作化和人民公社化，强迫实行小手工业集体化和工商业国家化；在枪杀、自杀20万至30万人的基础上，使中共垄断了全国大小一切资源，成为名符其实的唯一**雇主**，实现了对中国农民的第二次掠夺，从而实现了对全体中国人民的全面掠夺。掠夺为**官僚特权阶级**的形成打下了基础，为权钱交易的腐败，创造了必要条件。

　　1958年，毛泽东的"大救星"权力情结发飙，突发异想，抛弃了社会主义经济规律思想，在中共大员们的支持下，搞了个异想天开的、超英赶美的、"流芳千古"的大跃进运动（图注15：**大跃进运动**）。运动中，他们强迫农民用毛的"**革命加拼命**"思想，进行超强劳动，结果弄得整个中国大陆饿殍遍野，怨声载道！

　　以"大救星"自居的毛泽东，权力情结已经使他不满足于数十万个小兵团农业合作社的小打小闹，他要大兵团作战，用大兵团掀起农业大跃进的新高潮。于是，在他筹划下，第一个"政社合一"的集"工农兵学商政"为一体的典型——嵖岈山卫星人民公社被制造了出来。1958年8月26日，他在河南新乡发出了"**人民公社好**"的号召后，到10月底，全国74万个集体所有制的高级农业社，变成了2.6万个全民即国家所有制的人民公社（图注16：**人民公社运动**），完成了从集体所有制向全民所有制的过渡，被誉为通向共产主义天堂的桥梁。然而，在而后的三年中，这个通向共产主义天堂桥梁的人民公社，为"新中国"制造了3,000万至4,500万个饿殍！

　　毛泽东和中共不作反省，更不道歉，为了重树被"三面红旗"败坏了的共产党权威，抓住专政体制造就了的农村**官僚特权阶级**即基层干部中普遍存在的"四不清"等腐败问题，大做文章，并于1963年开始了整顿农村基层干部的"四清"运动（图注17：**四清运动**）。运动中，又使数百万农村基层干部和地、富、反、坏、右等五类分子遭到批斗，数万人惨遭杀害或自戕。本来对大跃进颇有微词的刘少奇，为了"紧跟"，成了四清运动直接领导者。

　　值得注意的是，中共和毛泽东所指的阶级敌人中，"地、富"是按生产资料占有形式划分的，"反、坏、右"是按某个时期政治斗争需要按思想、行为划分的，文革中又增加许多名目的阶级敌人，其中，"叛徒、内奸、走资派"是党内政治斗争需要，按人际关系或政治态度划分的，"黑帮、牛鬼蛇神、修正主义、反动权威、反革命知识分子"是党外政治斗争需要，按思想、政治态度划分的。他们的这种机会主义的划分，是马列主义的异化：由所谓历史唯物主义蜕变为所谓的历史唯心主义。这种异化，反映了**雇主**独霸的心态。更值得儆省的是，制造和树立阶级敌人后，要丑化和妖魔化阶级敌人，并在批斗的同时，警示批斗者和广大老百姓，要信奉共产主义，要效忠毛泽东和共产党，从而达到惩一儆百的目的。

　　按照马列主义以生产资料占有状况**划分阶级**的理论，中国在1956年"一化三改造"完成后，阶级已不复存在，无产阶级专政的阶级基础也因而不复存在。但，为什么无产阶级专政不但未被取消，反而越来越强化了呢？简单地说：他们反复向民众灌输"社会主义社会阶级斗争尖锐化"的说教，是既得利益个人和集团，为维护和巩固官僚特权阶级**既得权力——共产党绝对权威**的政治需要而采取的御人权术，是**雇主**独霸心态的表露，也是中国阴谋厚黑文化的张扬。可叹的是，除少数先知先觉和为虎作伥者外，大多数人都在为专制摇旗呐喊而浑然不知其愚！

无产阶级专政理论是丛林法则理论。毛泽东说："**口之于味，有嗜则同。**"这是呼应了"食色，性也"的动物法则。于是，人类固有的恻隐、宽容、仁爱和理智等中华文明体现的天理之心，被妖魔化，成了必须痛加批判的资产阶级思想；禽兽固有的仇杀、嗜血、冷酷和淡漠等邪恶痼疾，被神圣化，成了无产阶级思想加以弘扬。这是中共赤文化的另一重要特色！

在这个丛林赤文化条件下，信息被严密控制，导致整个社会形成了一种畸型的政治、道德氛围：

官本思想泛滥成灾，官僚特权阶级乔装打扮成人民的"勤务员"，在"为人民服务"的歌声中，横行乡里，鱼肉百姓；

由于官本思想的熏陶，多数人变得无条件地盲从"领导"，争相向"领导"显示自己的"积极"；

告密和出卖在"对党忠诚"的名义下横行，罗织罪名，打击同事，对朋友落井下石，出卖同事、朋友、同学乃至亲属，以换取"组织上"的信任；

政治高压使知识分子噤若寒蝉，没有人敢于发表与官方声音相左的言论；

封闭的社会文化环境，使下层民众变得蒙昧无知、逆来顺受甚至引颈就戮，等等。

显而易见，无产阶级专政的目的是：培植打手，塑造奴隶，占有人类全部精神、财富资源，用乌托邦宗教理论和物资平均主义，去掩盖官僚特权阶级的占有、剥削和镇压。于是，在这种丛林赤文化的长期鼓噪和洗脑下，便产生一批又一批对独裁政权情有独钟的宠臣和御用精英，即**盲从拥戴者、争宠谄媚者、谎言制造者、告密出卖者、落井下石者和野蛮施暴者**，一大批在独裁者肆虐面前麻木不仁、愚昧而善良的民众，也应劫而生。

马列主义的无产阶级专政理论和实践，还制造了个人崇拜。

古今中外大理论家、大思想家，大都出于缺乏权力背景的专家、学者、教授之中，国外如柏拉图、亚理斯多德、黑格尔、费尔巴哈、康德等，中国如春秋时代的孔、孟、老、庄和二十世纪的胡适等，人们崇拜他们是**诚服于理**；唯独在无产阶级专政条件下，大理论家、大思想家桂冠非握有生杀大权的无产阶级政治家莫属，人们崇拜他们是**慑服于权**。苏俄的列宁、斯大林，阿尔巴尼亚的霍查，北朝鲜的金日成、金正日父子，中国的毛泽东、邓小平和"三个代表"的发明人江泽民等政治领袖们，都无例外地被誉为当代甚至空前的大理论家、大思想家。因此，全国人民崇拜他们、承认他们的绝对权威和绝对服从他们的个人意志，便"顺理成章"地成了不容置疑的律令。于是，生活糜烂、道德败坏、诡计多端的毛泽东，凭着他那几本马恩列斯的无产阶级专政理论与封建君王御人权术相混合的著作（其中不乏有他人捉笔的），即毛泽东思想，便被奴才精英们拥上了政治家、军事家、理论家、哲学家、历史学家、语言学家、文学家、诗人、物理学家、甚至道德楷模的宝座，推上了个人崇拜的峰巅。

文革中惨死在毛泽东手下的国家主席刘少奇，在1945年的延安，他第一个提出了"毛泽东思想"，在"七大"一次报告中，提到毛泽东名字达105次之多。他提高嗓门说："**我们伟大领袖毛泽东已经用他的思想把我们全民族的思想提高到一个前所未有的高度。这就是毛泽东思想！**"他力排众议，把"毛泽东思想"确立为中共的指导思想，从而为树立毛泽东的绝对权威铺平了道路。

文革中被毛泽东逼得仓皇促逃、几乎全家摔死在异国他乡的中共党的唯一副主席、副统帅林彪，更把毛泽东的个人崇拜吹捧得天花乱坠，令人咋舌。一句"**毛泽东思想是当代马克思主义的顶峰，是最高最活的马克思列宁主义**"，成了他的千古绝唱。

文革中差一点被打倒后又被拖死的总理周恩来，不仅在毛泽东面前低三下四，在毛的老婆江青面前，也是卑躬屈膝，当着众多学生高呼"**向江青同志学习**"，"**向江清同志致敬**"的口号，全然不知中国国家总理的尊严。

文革中遭到毛泽东残酷批斗、被扭断胳膊后侥幸死里逃生的北京市委书记、市长彭真，第一个在中国喊出了"毛主席万岁"的口号，甚至到了大祸临头的政治局会议上，他还以"**是谁第一个喊毛主席万岁**"的理由与对手们争辩，力争做最后一次向毛泽东谄媚和求饶的努力。

文革中惨遭批斗病死于合肥的原广东省委第一书记陶铸，文革初，曾荣登中共中央政治局常委，当过党和国家第四把手。他说："**对主席就是要迷信。**"

上海市委第一书记、曾被毛内定为取代周恩来当国务院总理的柯庆施说："**我们相信主席要相信到迷信的程度，服从主席要服从到盲从的地步！**"

其他那些权贵们，如中共中央总书记邓小平、中共中央常委康生、陈伯达、张春桥，元帅朱德、陈毅、贺龙，等等，都是鼓吹毛泽东个人崇拜的能手，他们长期为争宠谄媚而不遗余力。无产阶级专政及其理论制造的崇拜和歌颂党的领袖，成了中共赤文化的又一重要特色。

马列主义的无产阶级专政所制造的个人崇拜，必然导致权力不受监督；而不受监督权力，必然导致无法遏制的暴虐和腐败。

从确立毛泽东的权威到确立毛泽东的绝对权威，有一个令人反思的历程。

1945年，毛泽东借延安整风排斥和屠戮政敌的余威，运用权术，培植了如刘少奇、康生等一批争宠谄媚者，巩固了发号施令的权威地位。

为了控制中央，毛泽东利用矛盾，分而治之。五十年代初，他运用"五马进京"的权谋，上调东北局第一书记、东北军政委员会主席**高岗**和华东局第一书记、军政委员会主席**饶漱石**来京，制衡刘少奇和周恩来的权力。但当高、饶遭到刘少奇，周恩来，朱德、陈云、邓小平、彭真等人联手强力反击时，他来了180度大转弯，将高、饶打倒（图注18：**高饶事件**）。1954年以"增强党的团结"名义，在独裁者宠臣和御用精英们的支持下，将高、饶开除出党，迫使高自杀，饶监毙，从而达到了控制全局的目的。

1959年在庐山会议上（图注19：**庐山会议**），当国防部部长彭德怀对他鼓吹的行将造成严重后果的大跃进政策提出批评时，一句"**浮夸风较普遍地滋长起来**"和一句"**小资产阶级的狂热性**"，竟使毛泽东的尊严受到"羞辱"而勃然大怒。他明知彭德怀的批评是正确的，但他运用权术，利用彭德怀生性直率政敌较多的弱点，在独裁者宠臣和御用精英们的支持下，给彭德怀扣上了"反党集团"和"里通外国"等莫须有的罪名，当即罢了彭德怀的官，文革中又将其置于死地。

1960年前后，他的大跃进政策导致3,000万至4,500万人的饿死（据称，官方承认"非正常死亡"3,767万人），更促成意见分歧，党内形成左、中、右派集团，处于分裂边缘。此时此地，毛泽东的权威地位，受到了刘少奇、邓小平为首的党内右派集团的严重挑战，在1961年的"七千人大会"上（图注20：**"七千人大会"**），他被迫违心地做了"自我批评"。熟读经史、深谙厚黑权术的毛泽东，不甘心权威受挫，在利用掌管枪杆子的林彪大力培植对他个人崇拜的同时，大造"**千万不要忘记阶级斗争**"、"**保卫社会主义江山**"和"**重点整党内走资本主义道路的当权派**"的舆论，开始了反击刘、邓的部署。接着，在独裁者宠臣和御用精英们的支持下，对关键岗位上的人事做了调整。到1966年5月，他的绝对权威地位已经空前巩固，向刘少奇、邓小平兴师问罪的时机已经成熟，可以说是"万事俱备，只欠东风"了。

翻开真实的历史看看，毛泽东不择手段地打击党内不同政见者，同打击党外不同政见者一样，都是在独裁者宠臣和御用精英们前赴后继地积极赞同、参与、吹捧下完成的。

个人崇拜使毛泽东毫无阻拦地发动了文化大革命，那些在文革中先后死于非命的刘少奇、林彪们，那些被打倒的邓小平、彭真和"革命干部"们，那些"群众专政"中的痞子、流氓无产者和野蛮施暴者们，以及那些善良而愚昧的"革命群众"们，不是那场浩劫的帮凶，就是那场浩劫的推波助澜者。

在西方，"个人崇拜"（personal cult）同"邪教"是一个同义词。

无产阶级专政（后改称人民民主专政）**制造了个人崇拜，个人崇拜培植了愚昧、奴性和野蛮，从而巩固了无产阶级专政；专政与迷信在循环往复中，不断强化，但又不可避免地日趋衰亡。**

六十多年前，中国当代先知先觉的思想家胡适（图注21：**自由主义思想家胡适**），以自由主义的人权价值观向马列主义和毛泽东的集权主义价值观挑战。他说："**你争取个人的自由，就是争取国家的自由。**"又说："**一个真正的开明进步的国家，不是一群奴才造成的，是要有独立个性、有自由思考的人造成的。**"又说："**无论是东风压了西风，还**

是西风压了东风，都是不容忍，都是摧残自由。"至今，大多数中国人对此一无所知。但在中国，这种伟大思想曾经被御用精英们贬斥为"汉奸"、"反动"言论，胡适本人则被骂做"流氓"、"骗子兼恶棍"。

在毛泽东的时代，自由在呻吟，民主在挣扎，人权在煎熬，"**窑中对**"成了毛泽东戏弄中国民众的权术！直到二十一世纪的今天，正当自由、民主、人权的普世文化浩浩荡荡风靡全球时，中共雇主、权贵和御用精英们，继承毛泽东的衣钵，将普世价值视为洪水猛兽，称为"**美丽的谎言**"，是"**中国人民最危险的敌人**"，他们还用"**不搞多党轮流执政，不搞指导思想多元化，不搞'三权鼎立'和两院制，不搞联邦制，不搞私有化**"的"五不搞"(3)，将其拒于国门之外。现在，看起来他们十分强大，但他们的倒行逆施，终将被觉悟了的中国人扫进历史垃圾堆。

上述可见，马列主义的无产阶级专政理论和实践，成就了中国共产党，而中共的个人崇拜，又把毛泽东推上了独裁和谎言、野蛮、邪恶的峰巅。有朝一日，当历史挣脱权力打扮时，二十七年的历史记录，必将给毛泽东以恰如其分的人生定位：

权谋盖世，罪恶滔天！
中国人应该甦醒了！

序幕附注A：

注1、"窑中对"

1945年7月4日，毛泽东问黄炎培，来延安考察做何感想？答曰："我生六十多年，耳闻的不说，亲眼所见的真可谓其兴也勃焉，其亡也忽焉。一人、一家、一团体、乃至一国家，不少单位都没能跳出这周期律的支配力。初时聚精会神，无人不用心，不卖力。历时长久，惰性发作，到风气养成，虽大力无法扭转。且无法补救。""中共诸君，从过去到现在我略略了解，就是希望找出一条新路，跳出这周期律的支配"。

黄炎培的"周期律"，曾引起毛泽东忧虑和思考。进入北京后，毛泽东再邀黄炎培，深入研究"周期律"。毛泽东胸有成竹地说："**我们已经找到新路，我们能跳出这周期律。这条新路就是民主。只有让人民来监督政府，政府才能不敢松懈。人民起来负责，才不会人亡政息。**"

注2、法西斯主义

法西斯主义是一种压制个人主义、鼓吹集体、民族和国家至上的政治哲学，是特定历史条件下形成的国际现象。对内，它反对民主主义、自由主义、崇尚暴力和蔑视人权，主张建立中央集权主义的独裁统治，由政府统管全国经济，对人民生活实行全面监控，镇压一切形式的反对者；对外，它鼓吹民族沙文主义、奉行重分世界的战争政策。

注 3、"五不搞"

2011 年 3 月 10 日，全国人大常委会委员长吴邦国，代表中共中央宣布："从中国国情出发，郑重表明我们不搞多党轮流执政，不搞指导思想多元化，不搞'三权鼎立'和两院制，不搞联邦制，不搞私有化。"

序幕附注 B 图文注释

图注 01：简评变法殉难者谭嗣同

谭嗣同

谭嗣同（1865-1898），近代思想家、政治家、诗人。湖南浏阳人。少年丧母，读书广博却屡试不第。为人生平好任侠，胸怀济世大志。甲午海战后转学"西学"，投身变法洪流，得到维新变法派领袖康有为、梁启超的赏识 1897 年，即光绪二十二年，又得到湖南巡抚陈宝箴和按察使黄遵宪的倚重，开设时务学堂，次年成立南学会，又后创办《湘报》，宣传维新变法思想。不久入京任四品卿衔军机章京，受光绪器重，参与变法。

由于袁世凯告密，1898 年 9 月 21 日，慈禧发动宫廷政变，囚禁光绪皇帝，临朝"训政"，下令逮捕维新派见大势已去，梁启超劝谭嗣同一起出走日本。谭嗣同执意不肯，他对梁启超说："**不有行者，无以图将来；不有死者，无以酬圣主。**"

梁启超避居日本使馆之后，日本使馆方面表示可以为谭嗣同提供保护，这是最后的机会。但谭嗣同坚辞不受，并傲然宣称："**各国变法，无不从流血而成，今中国未闻有因变法而流血者，此之所以不昌者也；有之，请自嗣同始！**"旋被捕，处极刑。

在刑部狱中，他在牢房墙壁上题诗曰：
望门投止思张俭，
忍死须臾待杜根。
我自横刀向天笑，
去留肝胆两昆仑。

1898年9月28日，谭嗣同与林旭、杨深秀、刘光第、杨锐、康广仁六人，时称"戊戌六君子"，同时就义于北京菜市口。临刑时，他在法场上发出了气壮山河的呼喊：

有心杀贼，无力回天；死得其所，快哉快哉！

所幸，那时没有中共发明的手术刀割喉（如张志新）、竹签穿舌（如李九莲）和细尼龙线勒紧脖子等的野蛮刑律，否则，我们无法听到他最后的四句呼唤！

终年33。一年后归葬于浏阳。

如果中国知识分子中多些谭嗣同，少些郭沫若，现代中国何愁没有真、善、美的华夏文明！何愁缺乏民主、自由、人权的普世价值！

著作编为《谭嗣同全集》。他的思想集中体现于著作《仁学》中，要求冲破束缚，实行变革。现存诗词200余首。

图注02：简评辛亥革命和孙中山

起义军占领武昌后，各城门戒严

孙中山在南京宣誓就任中华民国临时大总统

孙中山(1866-1925)，名文，字逸仙，号中山。1866年11月12日，出生于广东香山（今中山）县翠亨村一个普通的农民家庭。1886年至1892年，先后在广州、香港学医，毕业后，在澳门、广州行医。

1894年上书李鸿章遭拒，遂赴美国檀香山创立兴中会，提出"**驱除鞑虏，恢复中国，创立合众政府**"的主张。1905年在日本东京成立中国同盟会，提出了他的"**三民主义**"思想。他曾多次向民众阐述他的三民主义思想：

民族主义——驱除鞑虏（满清），恢复中华，实现大中华民族国家。

民权主义——推翻封建帝制，建立民主共和国，民众享有选举权、创制权、复决权、罢免权。

民生主义——节制资本，平均地权。

他说："**我们三民主义的意思，就是民有、民治、民享。这个民有、民治、民享的意思，就是国家是人民所共有，政治是人民所共管，利益是人民所共享。**"

他的民治主张就是：国家机构**五权分立**，即立法、行政、考试、监察、司法五权分立、又互相制约的"**五权宪法**"。

1911年10月10日，武昌起义成功，获各省响应，清朝旋即灭亡，是谓"**辛亥革命**"。

1912年元旦，孙中山在南京就任中华民国临时大总统，创立了中国历史上第一个共和政体。袁世凯复辟帝制，孙中山乃于1913年发动"二次革命"反袁。1914年在日本组织成立中华革命党。1917年，在广州召开非常国会，组织中华民国军政府，被推举为大元帅，开展护法运动。1919年改组中华革命党为中国国民党，担任总理。1921年，非常国会又于广州议定组织中华民国正式政府，孙中山就任大总统，再举护法旗帜。1923年，孙中山第三次在广州建立政权，成立陆海军大元帅大本营，复任大元帅。1924年1月，召开中国国民党第一次全国代表大会，改组了国民党。在这次代表大会上，孙中山决定"联俄联共"，这种引狼入室的政策，几乎葬送了"三民主义"的一切理想。同年秋，孙中山应邀北上，共商国是。1925年3月12日，因肝癌不治，逝世于北京。遗言：

"**革命尚未成功，同志仍须努力。**"

孙中山死后，马列主义战胜了三民主义，1949年末，将三民主义赶到了台湾。

孙中山生前常说："**世界（民主）潮流浩浩荡荡，顺之则昌，逆之则亡。**"但一个世纪过去了，民主、自由和三民主义，仍在中国呻吟！

图注03：简评"五四"运动

1919年，第一次世界大战战胜国，在巴黎近郊凡尔赛宫，召开了战后和平会议。会上，中国政府代表所提出的取消列强某些特权的七项条件及废除二十一条不平等条约的要求被无理否决后，激起全国人民的强烈抗议。5月4日下午，北大等十几所学校3,000多名学生，聚集天安门广场，喊出了"**外争国权，内惩国贼**"、"**废除二十一条**"、"**誓死**

力争"、"**还我青岛**"等口号。愤怒的学生,痛打了在巴黎和会上签字的北洋军阀政府高官,又烧了他们的住宅。大批军警赶到,当场逮捕了 32 名学生。在广大学生针锋相对的斗争和各界的强烈声援下,被捕学生很快被释放,但运动的目的并未实现。5 月 19 日,北平大、中学校两万五千多师生,举行总罢课,并进行大规模的爱国运动。6 月 3 日至 5 日,更多的学生走向街头,抗议军阀政府的倒行逆施,800 多名学生被捕入狱。这骇人听闻的大拘捕,激起全国各地更强烈的反抗。大江南北、长城内外,群起响应,正义凛然、不畏强暴的爱国斗争,已呈星火燎原之势。6 月 5 日,上海全市六七万工人罢工,上海商人也举行了罢市;全国有 20 多个省区、100 多个大、中城市,卷入到这场如火如荼的洪流之中,很多地方的工人、商人都积极支持学生的正义斗争,推动了斗争的发展,给军阀当局以极大压力。

这就是震惊中外的"五四"运动。

三千多学生在天安门前示威　　学生在游行示威中

五四运动也是一次高举"民主"与"科学"旗帜的思想启蒙运动,其持续时间长而影响深远。

新文化运动由此开始兴起。中国先进知识分子如**陈独秀**、**蔡元培**、**胡适**、**鲁迅**等都积极参与到运动之中来,他们擎起"**德先生**"和"**赛先生**"即民主和科学两面大旗,广泛传播先进的西方民主和科学文化,冲击、批判封建正统思想,有力动摇了这种思想的统治地位,使广大知识分子特别是青年学生,接受了一次深刻的新思想洗礼,成了后来的群众爱国民主运动的榜样。"五四"爱国民主运动,极大地推动了新文化运动向纵深发展,并为其开拓了新的空间,注入了新的活力。

然而,"五四"运动良莠不分,泥沙俱下,其在传播西方民主、自由、人权文明价值迎来"德赛先生"的同时,也引狼入室,引进了以苏俄为代表的**马列主义**。在二十世纪里,"马列先生"击败了"德赛先生",使领袖崇拜主宰了中国,从而使中国陷入空前的愚昧和疯狂中,为现代专制独裁主义在中国泛滥,埋下了祸根。

值得庆幸的是，那样大规模的学生、工人、商人参加的"五四"运动，"反动透顶"的北洋军阀政府，竟没敢下令开枪。在"五四"精神影响下，1926年3月18日，北平学生在备受诟詈的政府执政**段祺瑞**官邸前，请愿示威，被军警开枪打死47人，打伤200多人，造成举世震惊的"三一八惨案"。"花瓶"国会迅速通过决议，指责军警开枪"触犯刑律"，"反动政府"首脑段祺瑞，赶赴现场，面对死者长跪不起，答应惩治凶手，并从此终身食素，以示忏悔（注）！对此，鲁迅愤怒地写下了带血文字：《记念刘和珍君》。遗憾的是，"五四"运动七十年又一个月后，在同一个地方，代表人民的"人民政府"，竟下令开枪，使300多名（有传说千人以上）请愿的学生、市民惨死于长安街街头，血染天安门广场！无人长跪，无人食素，无人忏悔，而"人大"通过的决议是支持缉捕"闹事"的学生领袖，"人民作家"们，无人敢写《纪念XXX君》！

注、"三一八惨案"发生后，段祺瑞顿足长叹曰："**一世清名，毁于一旦！**"随即赶到现场，向死者长跪不起，并命令严惩凶手。之后，他又宣布自己决定终身食素，以示对这场屠杀的忏悔。惨案发生后的十年中，段都不吃荤腥，至死不改。1936年，段身体虚弱，病痛不断，医生建议开荤以增强体质，他以"**人可死，荤绝不能开**"答之，食素如故，乃不治而死。

图注04：简评瑞金苏维埃政府

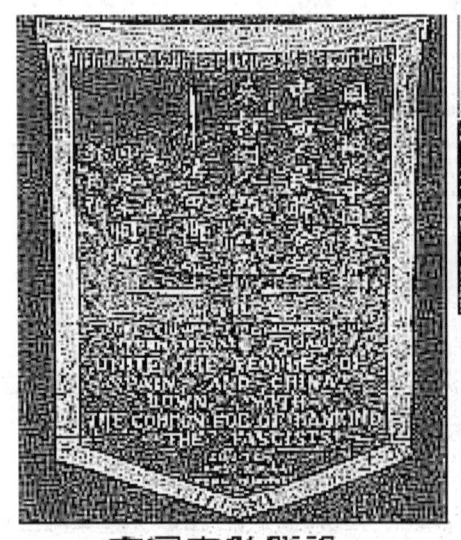
中国支队赠旗

瑞金苏维埃政府

瑞金政府发行采用地利列宁头像纱票

瑞金位于江西东南边陲、武夷山脉南段西麓，毗邻福建。公元953年建县，面积

2,448 平方公里，二十世纪三十年代，人口 23 万。瑞金是中共第一个红色政权——中华苏维埃共和国临时中央政府诞生地，是二万五千里长征的出发地。当时的中共武装，仅仅是苏俄"共产国际"领导下"国际纵队"的一个支队。

做为"国际纵队"的一个支队的中共，在日本突然出兵我国东三省制造"九一八事变"后的次日，即 1931 年 9 月 20 日，它的中央，通过了《关于执行共产国际紧急任务案的紧急任务案》决议，宣称"**'918'是日本帝国主义进攻苏联的导火线**"，公然制定"**武装保卫苏联**"的方针，命令江西苏区党和红军，"**更深刻的发展苏区内部的阶级斗争**"、"**集中力量追击敌人**"，积极发展红色割据战争，削弱国民党中央政府的力量，为"**武装保卫苏联**"做贡献。显然，这是个全然不顾中华民族生死存亡的卖国决议。

1931 年 11 月 7 日，在苏俄代表和大量卢布的支持下，**毛泽东**、**周恩来**、**朱德**、**邓小平**等来自各地的 610 名代表，齐聚在谢氏祠堂，举行了中华苏维埃第一次全国代表大会。11 月 20 日，大会决定成立中华苏维埃共和国临时中央政府，毛泽东被任命为中华苏维埃政府主席。随后，又以"中华苏维埃共和国国家银行"名义，发行了列宁头像货币。

"**苏维埃**"一词是俄文 Cobet (soviet) 的音译，意即"代表会议"。1917 年 11 月 7 日，列宁的俄共取得了十月革命胜利后，宣布一切权力归苏维埃。1924 年 1 月 31 日，苏共布尔什维克党中央，确认苏联为统一的苏维埃社会主义联盟国家。中共成立的"中华苏维埃共和国临时中央政府"，承袭苏难埃名称，同承认它是苏共领导下的"国际纵队"的一个支队一样，将自己的国家，定位为苏联的"弟"国或"子"国。

1934 年 1 月，在这里召开的第二次全国苏维埃代表大会上，通过了《中华苏维埃共和国宪法大纲》。

《大纲》一规定（摘要，下同）：这个专政的目的，是在消灭一切封建残余，赶走帝国主义列强在华势力，统一中国，提高无产阶级的团结力与觉悟程度，团结广大贫农群众在他的周围，同中农巩固的联合，以转变到无产阶级的专政。

《大纲》七规定：中华苏维埃政权，以保障工农利益，走向社会主义制度为目的，宣布取消一切反革命统治时代的苛捐杂税，征收统一的累进税，严厉镇压一切中外资本主义的怠工和破坏阴谋。

《大纲》十四规定：中华苏维埃政权承认中国境内少数民族的民族自决权，直到**各弱小民族有同中国脱离，自己成立独立的国家的权利**。蒙古，回、藏、苗、黎、高丽人等，凡是居住在中国地域的，他们有完全自决权；**加入或脱离中国苏维埃联邦**，或建立自己的自治区域。（显然，这是人们能看到的中共第一个分裂中国的纲领。）

《大纲》十七规定：中华苏维埃政权宣告世界无产阶级与被压迫民族是与他站在一条革命战线上，无产阶级专政国家——苏联，是他的巩固的联盟者。

1930 年 12 月开始，国民党的中央政府同中共红军进行了 5 次"围剿"和"反围剿"

战争。1934年10月10日，中共第五次"反围剿"失败后，8.5万红军主力，在周恩来等人的率领下，被迫从瑞金突围，开始了所谓的两万五千里"长征"。1935年10月，中央红军胜利逃到陕北，1936年10月，红二、四方面军也逃到西北，先后落脚以陕北延安为中心的陕甘宁根据地。到此，中共从《大纲》第一条"**统一中国**"和第十四条"**各弱小民族有同中国脱离**"矛盾中走了出来，变成了"**逼蒋抗日**"，不远万里"长征"到陕北的"**抗日英雄**"。

图注05：简评抗日战争

日军向国军投降仪式

国军开赴抗日前线

国军浴血战斗

1937年7月7日，日军在中国的驻屯军步兵第1联队，在北平芦沟桥附近，同中华民国政府军（下简称国军）驻守该地区的29军37师219团一部发生激战。抗日战争由此开始。此后大战踵接不断。

淞沪战役（1937.8.13~11.12），又称"'八一三'淞沪战役"，历时3个月。日军投入10个师28万人的兵力；国军投入70余个师的兵力。战役结束。日陆军省公布："此次上海战事，我方伤亡达 4 万。"

忻口战役 (1937.10)，国军称歼敌 4 万人（**包括中共八路军 115 师消灭日补给部队 547 人在内**）。

台儿庄大战 (1938.3)，是役国军称歼敌 3 万余。

武汉会战 (1938.5)，日军纠集十二个师团，配合海军陆战队及飞机五百架，分四路进攻武汉，双方投入兵力总数达 140 万。国军称歼敌 20 万。

四月攻势 (1939.4)，包括晋南、豫北、鄂中、赣北等反攻中，国军称其消灭敌军 9 万人。

随枣会战 (1939.5)，国军称消灭敌军 5 千多人。

第一次长沙会战 (1939.9)，日军挟海陆空军十万之众，攻取长沙遭失败，伤亡 3 万余人。

枣宜会战 (1940.5)，日军以六个师团的兵力，进攻南阳和襄阳。国军称此役歼敌 4 万 5 千人。

百团大战 (1940.8~12)，**中共八路军称歼敌 2 万 5 千多。**

第二次长沙会战 (1941.9)，日军调集 13 万兵力，分三路进犯长沙，国军守军稳扎稳打，给予日军以极大消耗。

第三次长沙会战 (1941.12~1942.1)，日军纠结三个半师 7 万余人围攻长沙。是役，国军称毙伤日军 5 万 6 千 9 百多人。

远征军入缅作战 (1942.1)，国军挫日军于同古，败日军于仁安羌，解英军之危于同年四月。国军称歼敌 6 万多人。

鄂西战役 (1943.5)，日军纠结 11 万兵力向长江三峡进犯。是役，国军称毙伤敌 3 万余人。

缅北反攻 (1944.1)，国军称全歼日军两个师团，重创日军两个师。

豫南鄂北 (1945.3~5)，国军称毙敌 1 万 5 千 7 百多人。

此外，国军大的会战还有：太原会战 (1937.10~11)，南京战役 (1937.12)，徐州会战 (1938.2~5)，广州战役 (1938.10)，南昌会战 (1939.3~4)，桂南会战 (1939.11~1940.1)，上高会战 (1940.3)，晋南会战 (1941.5~6)，浙东反攻 (1942.8)，常德会战 (1943.11~44.1)，湘西会战 (1945.4)，滇湎路战役（1942.3~9）等，双方每次会战参战总兵力在 15 万至 80 万之间。国军称毙伤日军 62 万。

抗战八年间，国军共发动大型会战 22 次，重要战役 1,117 次。毙伤日军 145 万。国军陆军伤亡 3,211,419 人。空军阵亡 4,321 人，毁机 2,468 架。海军舰艇损失殆尽。壮烈牺牲于战场的国军将领达 200 多人，1985 年**中共承认有 85 位**，被史学界倡扬者有 115 位。（以上版本较多，所列数字有出入，待考。）

1945年8月15日，日本宣布"无条件投降"，9月9日，侵华日军总司令冈村宁次，代表日本政府，向中国政府代表何应钦上将呈递投降书。抗日战争以中华民国政府的惨胜而结束。

在八年抗战中，中共领导的八路军、新四军和游击队，开辟了敌后战场。除百团大战、平型关战役外，还创造了地雷战、地道战、破袭战等游击战术，也对抗战做出了牺牲和贡献，在一定程度上配合了国军正面作战。笔者十三岁进入"新社会"，青少年所受的教育，都是"正面"教育，只知道抗日战争是八路军用地雷战、地道战、铁道游击战打赢的，文革前，从没想过国民党军队还有那么多、那么大的会战！

不过，毛泽东对国军战绩却不屑一顾，他在《蒋介石在挑动内战》中写道："**中国解放区的抗日军队，抗击着侵华敌军百分之五十六**（笔者：即约30万至40万）**和伪军的百分之九十。**"这就是说，伤亡320多万的国军，仅抗击了44%的日军和10%的伪军，亦即抗击约20万至30万日军。他还多次谴责蒋介石及其领导下的国军"**消极抗日，积极反共**"，还"**抢夺抗战胜利果实**"。但历史正在一步一步地揭示谎言：毛泽东的中共，不仅为中共制定的"**独立自主的山地游击战争**"和"**要避开与日军正面冲突**"，亦即"**一分抗日，二分应付，七分发展**"的总方针，下令八路军、新四军和游击队避免与日军正面作战，还秘密派遣潘汉年、袁殊等人，在上海、香港、南京等地与日、汪勾结，分享国民政府党、政、军的情报。

抗战胜利60年后，中共总书记胡锦涛说："中国共产党是抗日战争的中流砥柱！"这些话是否言过其实？看看下一图注"百团大战"，你会做出自己的判断。

图注06：简评百团大战

1940年8月，八路军副总司令彭德怀，违背毛的"**一分抗日，二分应付，七分发展**"的抗日战略方针，调动103个团的兵力，在华北249公里长的正太线上，向日军发动进攻。到12月初，以伤亡22,000多人的代价，取得了毙伤日伪军25,000多人的胜利，使华北根据地基本上连成一片，大大提高了八路军的军威。毛泽东于9月30日给彭发去一份电报："**百团大战真叫人兴奋，这样的仗可否多搞一两次？**"

然而，百团大战后的两年中，日军增调两个师团，约6到8万人，反复对华北抗日根据地进行残酷"扫荡"。在"扫荡"中，八路军遇到了空前困难，抗日根据地一度缩小三分之一，队伍也从40万锐减到30万。总结两年教训后，毛泽东来个180度大转弯，否定了9月30日的电报。据毛泽东的前秘书李锐在《庐山会议实录》一书中披露，毛认为：抗战中，共产党军队的主要任务是保存实力，抗日是次要的；日本人占领中国的领土越多，国民党损失越大，对共产党越有利；百团大战是引火烧身，把日军从国民党那边引向华北根据地，使国民党得利。因此，毛批彭"帮了蒋介石的忙"，犯了战略和路线的错误。在1944年中共整风运动、1945年的中共"七大"和华北座谈会上，百团大战被毛作为一个极大的错误来批判，前后批彭批了四十天。这挨批斗的四十天，被彭德怀牢骚为"操娘四十天"。彭德怀虽然承认百团大战的指挥方面存有问题，却坚持认为总体上没错。

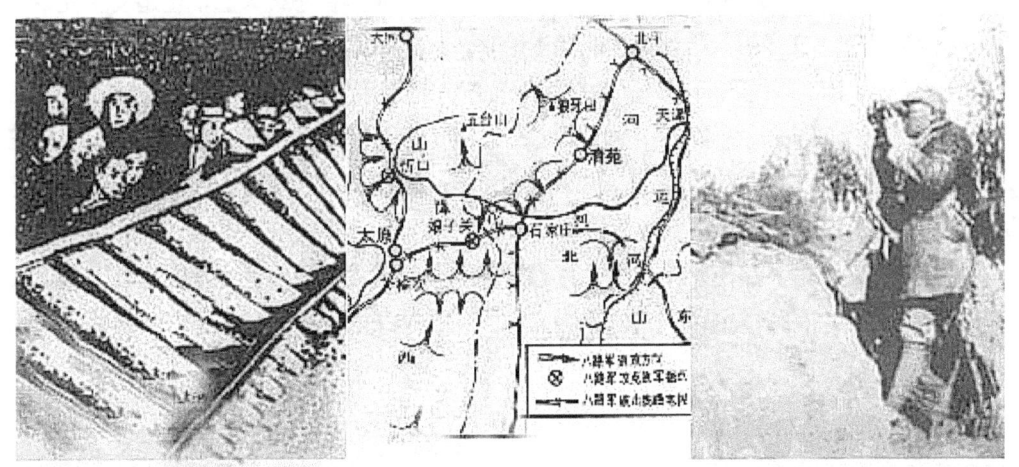

百团大战破铁路　　百团大战示意图　　彭德怀在前线

笔者在研究了一些资料后认为，到1942年初，经过三次长沙保卫战以后，中日战争进入相持阶段：国民党政府军已被打得精疲力尽，至少暂时无力反攻日军；由于美日矛盾加据，太平洋战争爆发，日本也无力调遣更多兵力向国民党政府军发动新的攻势。在这种形势下，为了巩固已占领土，从而确保南进物资运输的畅通，自华中战区抽调两个师团到华北战区，对中共根据地进行"扫荡"、"清剿"，便成了侵华日军的重要选择。因此，不论有没有彭德怀发动的百团大战，日本增调军队巩固华北防线为势所必然。

百团大战的是非曲直是很清楚的：百团大战是真正的抗日，没什么错。然而，在1959年的庐山会议上，毛及其同伙，指责彭的百团大战是"**帮蒋介石打日本**"，文革中，彭又被批判为"**搞独立王国**"，"**背着毛主席发动百团大战**"，"**使我军遭受到重大损失**"等等。上层精英们在声讨彭德怀的"滔天罪行"时著文说："**1940年8月，彭德怀背着毛主席伙同朱德擅自搞了个'百团大战'。战役进行了3个月25天，暴露了我军主力，使日寇攻打蒋介石的军队来进攻我军，保护了蒋介石，使我军和根据地遭受严重损失。**"这种无耻的消极抗日的自我保护主义，至今仍有很大市场。彭拒绝认罪，竟被打断肋骨，受重伤，后终被置于死地。

图注07：简评国共内战

1946年到1949年间，中国国民党与共产党，发生了招致数百万老百姓丧生的内战。**四年内战**，不仅是两党在军事上的较量，也是两党在政治体制上的较量！

1948年4月20日，中国大陆发生了迄今唯一一次全国性总统大选，也是发生在中国大陆迄今唯一的一次多位候选人竞争的民主选举。

1946年年底，国民政府召开了中共拒绝参加的制定宪法的"制宪国民大会"。1946年12月25日，《中华民国宪法》通过后，于1947年1月1日公布，同年12月25日正式实施。至此，根据孙中山的遗训，中华民国经过"军政"、"训政"后，正式进入行宪的"宪政"时代。

那次总统选举是间接选举，由国大代表投票选举。国大代表由各地基层选出。当年政府规定，全国选出3,045名国大代表。国大代表的选举某些程序，有别于今天中共人大代表的选举。

1948年中国第一次直选总统　　辽沈、平津、淮海三大战役示意图　　1949年4月23日，中共解放军攻占南京国民党总统府

国大代表选举有四种方式：区域代表，依中国省市大小，每省份选出数名至数十名国大代表，总额共1,810名；职业团体，由各职业团体成员选出380名；商业，自治区等代表，155名；党派及遴选，700名。

1948年4月20日，中华民国总统选举在南京市国民大会堂开始。按选举法规定，选举为差额选举，首轮得票超过半数以上者才能当选。在首轮选举中，国民党总统候选人**蒋中正**，以2,430票对269票击败对手居正，当选为中华民国第一届总统。副总统的选举，经过了四轮投票。在第四轮投票中，孙中山的儿子孙科以1,295票对1,438票，败给桂系军人**李宗仁**。同年5月20日，当选的正、副总统，在南京总统府宣誓就职。然而，国共战争形势的急剧变化，使这次备受诟病又很不健全的自由选举，成了偏安于台湾的国民党民主云雨的初试，同时也促成大陆人民对初试民主云雨的恋念和渴盼。

中共抵制了那次选举。双方都要用枪杆子来做决定！

抗日战争胜利后，被打得精疲力竭的国民政府军，已经丧失了对全国各地的控制。从1945年9月5日起，他们依靠美国空军运送国民政府军，相继收复了南京、上海、北平、天津、沈阳等大中城市，占据了比较有利的战略要地。作为中央政府，国民政府下令日军投降。国民政府的命令虽对中共无效，但侵华日军不敢不听。9月9日，侵华日军总司令冈村宁次代表日本政府，向中国政府代表何应钦上将呈递投降书，并下令侵华日军向各地国军缴械。

在抗日战争中，中共采取了保存实力、积极发展和坐山观虎斗的战略，使其武装，从战争开始的3万多人，到抗战末期，发展成为120余万正规军和200多万民兵的一支可与国民党争天下的强大武装力量。9月6日，他们向日伪军实施大反攻，先后攻占了中小城市250余座，光复和占领了大片国土。此时，中共的另一大战略是抢占东北，那里驻扎着数十万支持并等待着他们接收的苏联红军。他们迅速抽调10万军队和10万党政干部，星夜兼程进入东北，抢在国民政府接收人员的前面，占领了长春、四平、哈尔滨等要地；同时，他们接收了苏联红军缴获后移交给他们的数十万件日本关东军的武器装备，武装了自己。

由于国共双方互不相容，相互指责，内战旋即爆发。1946年6月下旬，国、共两党的军队（以下简称国军、共军）在中原地区（湖北、河南交界）爆发了大规模的武装冲突，长达近四年的全国内战由此开始。

据报导，从1942年至1949年间，国军通过美国大规模军援、组建了45个步兵师；从1945年到1948年间，中共主要依靠苏援亦组建了210个步兵师。无庸置疑，苏援质次而量大，美援量少而质高。很快，兵力和装备稍占优势的国军，展开了向中共统治区（中共称解放区）的全面进攻。但在抗日战争中被打得焦头烂额、士气低落的国军，不到一年，进攻便被抗日中养精蓄锐、士气高昂的共军挫败。

到了1947年3月，国共两军鏖战于陕北和山东。由于中共在白区工作和特工卧底的巨大成就，准确的情报使共军得以机动灵活地与国军周旋，常常能集中2至6倍的兵力展开包围攻击，取得了许多胜利。经过8个月的作战，国军被歼约70多万人。在孟良崮战役中，共军消灭了号称"王牌部队"的国军整编74师后，迫使国军全线撤退。是时，共军军力上升至280万人，装备了重炮兵与工兵，各级指挥员的素质也有很大提高，他们不失时及地展开了向国军全面进攻。

1948年9月底，共军发起了进攻战役：10月15日，克锦州，打响了辽沈战役（国军称辽西会战），11月3日，共军进入沈阳，全面控制中国东北，是役结束；11月中，发动淮海战役（国军称徐蚌会战），1949年1月19日，下蚌埠，2月15日，克徐州，是役结束；1949年1月15日，陷天津，1月31日，共军和平进占北平，平津战役（国军称平津会战）结束。三大战役共军击溃、消灭、收编国军主力近150万人，有超过100万的部队与政府官员投降共产党。1949年4月21日，共军乘胜强渡长江，4月23日，占领国民政府首都南京，后以其破竹之势，攻占杭州、南昌、上海等都市，席卷了中国大陆。丧失主力的国军，兵败如山倒，在溃散中或就歼或投降。国民政府被迫迁广州、重庆、成都等地，同年12月10日，全面撤退到台湾。1949年10月1日，内战中获胜的中国共产党，在北京宣布成立一党专政的中华人民共和国。据中共报导，内战中，歼灭、改编国民政府军807万人。

在内战中，中共把八路军改名为"人民解放军"，四年内战称之为"**解放**"战争。

历史不应被胜利者独霸！

六十年后，我们不禁要问：那场战争究竟给中国人带来了那些"**解放**"？

六十多年前，中国大陆曾进行过一次差额选举国家领导人的民主初试，而"**解放**"却使刚刚起步的并不完美的民主，被指定接班人等马列主义世袭专权所取代。到四十多年后的九十年代，中共才在农村村级基层单位，试行差额选举，并把这种选举宣扬成"民主的巨大进步"。这难道不是对"**解放**"两字的辛辣讽刺？

六十多年前，中国在八年抗战和四年内战中生产力遭到严重破坏的情况下，战死和饿死的人不到2,500万（基于政治考量，中共将此数上升为3,500万至4,000万），而"**解放**"后的"一化三改造"、大跃进和人民公社政策，却使生产力遭到比战争年代更为严重的破坏，仅1959年到1961年的三年间，便造成饿殍3,000万至4,500万。对此，直到七十年代末，中共上层才有所省悟：决定"改革开放"，引进资本主义经济，包括引进内战中的手下败将——国民政府领导下的台湾经济在内，基本上恢复了"**解放**"前的自由经济模式，才使经济搭上了繁荣快车。

六十多年前，中国产生了胡适、鲁迅、陈寅恪、钱钟书、沈从文等一代富有学养、秉性骨鲠的思想家、作家和学者；而"**解放**"后，在"舆论一律"的高压下，有的沉默无语，如**钱钟书**等，有的蜕去硬骨，变成媚骨，如**郭沫若**等；到了文化大革命，博大精深的中华文化亦即个人尊严、独立精神、自由思想及其载体文学艺术、学术研究等，遭到了空前的蹂躏和摧残！

总之，那场所谓"**解放**"战争，不过是一场攫取权力战争，是一场改朝换代战争，给中国人带来的不是"**解放**"，而是比蒋介石的国民政府更加独裁、更加残暴的禁锢！

在太平洋的彼岸，从1861年4月15日到1865年4月9日，美国也发生了一场长达四年的南北内战。取得了最后胜利的共和党总统林肯（1865年4月14日遇刺身亡）和追随者，没有独霸和任意宰割战利品，战败的南方将士也没被打成反革命；他们采取了**和谐**、

宽容、**共治**的方略，使胜利者在得到赞扬的同时，用宽容化解了失败者的反抗，并使失败者变成共治国家的合作者，从而使两党的民主政治得以发扬光大，殊途同归。第二次世界大战后，战胜国美、英、法等，由于采取了同林肯一样的**和谐、宽容和共治**政策，战败国德、意、日等，都能挺胸快速发展起来，成了战胜国的战略伙伴和密友。然而，胜利的中国共产党，却以"救世主"和"大救星"自居，采取马列主义的仇恨哲学，用分而治之的阶级斗争策略治国，残酷镇压数千万计的失败者和少数民族，到了二十世纪六十年代，他们又发动和领导了残酷镇压不同政见者从而导致数百万人丧生的文化大革命。中共的倒行逆施，直到今天，"**解放**"了的中国人还不得不为他们的"**维稳**"付出代价，为他们的"**反对分裂**"做出牺牲！

六十多年的历史证明：**成亦非王，败亦非寇，看你夺权为了谁！为独裁，为专制，成功失败都是贼！**

图注08：简评土地改革运动

早在1946年5月，根据毛泽东的意图，在刘少奇主持下，中共中央起草了《关于土地问题的指示》，简称"五四指示"，首次提出了实行土地改革的政策。

这个政策，打着孙中山"耕者有其田"的旗号，开始了**暴力杀掠式**土地改革。而孙中山的"耕者有其田"，则是承认土地投资人合法权益下的和平均田。

毛式土改是划出8%至10%的地主、富农，发动50%至60%的贫雇农（主要是贫雇农中的痞子、二流子和见利妄为分子）对他们批斗、掠夺和打杀，从而使农村占多数的贫雇农，能跟着共产党走，为夺取政权聚集力量。据资料记载，搞的最凶、杀人最严重的有胶东、晋绥、河北等地。他们的残杀手段，惨绝人寰。具体有：砍头、活埋、剥皮、石头砸死、烧死、马后拖死、树上吊死等等，甚至地主家怀了孕的女人都要被剖腹，将婴儿取出活活摔死。有些地方，不仅分地主、富农的土地和浮财，还要分他们的老婆、女儿。1947年，国军开始九月攻势，地主、富农、中农组织的**还乡团**，开始报仇，贫雇农遭到了报复。还乡团报复手段之残忍，不下贫雇农。**挑起仇恨**，这是中共土改的主要目的之一。因此，屠杀与报复，是分而治之策略的体现。有时，为了弱化敌人的反抗，平服贫雇农中善良群体的不满情绪，中共也纠正过一些残酷做法，但都是权宜之计，服从于土改的主要目的。对此，有共产党学者教导学生："要从革命需要出发去理解这种杀戮的'必然'性，而无庸道德价值判断。"

毛的这种出于政治动员的反人权、反人类的残忍谋略，果然奏效，贫雇农及其子女受到鼓励，纷纷参加解放军或地方武装和政府，同国民党军作战。

1947年刘少奇作土改报告　　　分地分田地　　　基层干部作土改报告

农民斗争地主　　　农民斗争地主　　　分地分家严浮财

中共夺取政权以后，与台湾国民党的"和平土改"相反，于1950年在全国继续开展了暴力杀掠式土改运动。与过去政策稍有不同的是，强调"团结中农"，分老婆、分女儿的相对较少。

毛曾多次批评"和平土改"是右倾思想，要求全党继续推行"行之有效"的杀掠式土改。据文献记载：山西兴县土改时，时任晋西北行政公署党组书记兼副主任的中共干部**牛荫冠**，在家乡召开"斗牛大会"。他以工作组组长的身份坐在主席台上，批斗跪在台下的曾被毛泽东誉为开明绅士的老父**牛友兰**。令与会的父老乡亲们震惊的是，他居然亲手用铁丝穿了自己父亲的鼻子（穿牛鼻），游街示众，致其父三天后暴毙。由于立场坚定，大义灭亲，牛荫冠步步高升，官至正部级的全国供销总社主任；但他再也没敢回过兴县老家。坐镇广东的中共省委书记**陶铸、赵紫阳**等，大搞"村村见血"的红色恐怖，即每村都要至少枪杀一个地主，以立"政威"。原北大学生**乐黛云**，回忆1951年她在江西参加土改的情景：她所在的村子划出了八个地主，被副县长一声令下，全部就地处决；其中有个老实八脚的老人，在上海干了一辈子裁缝，省吃俭用，攒了一些钱，土改前不久，回家买了些地，刚好划上了个地主，也被处决了；为此，她一直想不通。1951年在重庆郊区，笔者曾目睹过一个公审地主的场面：地主被押上台后，先后有两人上台，控诉地主欺压他们的罪行；台下打倒恶霸地主的口号，此起彼伏；控诉结束，主持人便代表人民政府，宣布判地主死刑；当即地主被拉到台下，枪响应声倒毙，暴尸于台边；年约十二三岁的地主儿子，在他脑浆开花的父亲尸体前，冷笑了一声，转身扬长而去。——怨恨者控诉，代替了检方起诉；政府公审，取消了法院取证和庭审；官员口头宣判，抛开了判决书；立即执行，勾却了上诉；连封建王朝稍带人性的"秋后问斩"，都被中共废止了。一言蔽之：**野蛮取代了文明！**

　　土地改革被中共宣称为解放生产力的手段，但它实际上是一种政治动员策略：挑起占农村大多数的贫、下中农与地主、富农之间的仇恨，毁弃他们之间存续数千年和谐依存的道德伦理价值，迫使他们尖锐对立起来，变成你死我活、鲜血淋漓的阶级仇恨关系，使农民多数人依附中共，从而达到树立共产党权威、巩固农村政权之目的。对那些不愿和不敢分地主、富农财产的多数贫苦农民，用少数痞子、流氓无产者的带头和软硬兼施、"说服教育"的办法，让他们都能分到些田地或浮财，达到分而治之的目的。

　　据著名学者梁漱溟回忆写道："1951年9月，我从四川土改工作后回京见到主席，谈到土改中死了不少地主阶级的人。主席说：**台湾造谣说死了一千多万人；哪里有那许多？我估计全国合共大约六十几万人吧！**"又据有关文献记载，土改中"依法"处决的地主大约有60万至80万，加上土改中被打死和自杀的地主、富农，大约死亡了100万至150万人，其中20万至30万人自杀。（由于档案死不解密，数字版本颇多，有待进一步考证。）毛泽东认为，通过这种策略——御人权术，就能使大多数农民团结在共产党的周围。

　　毛泽东的中共，以革命名义进行"村村见血"的暴力政治土改，是中共对农民的第一次掠夺：掠夺颠覆了使我中华民族数千年凝聚在一起的仁义礼智信和真、善、美传统价值，摧毁了农村数千年和谐依存的宗法关系，扼杀了中国人勤劳和智慧，迟滞了农业生产力的发展。

　　毛的暴力杀掠式土改，是击败国民党的政治策略，并非真心把土地均分给农民，使农民都变成土地的真正主人。历史业已证明，土改刚刚结束，毛泽东的中共便开始了对农民的第二次掠夺进程：他们运用专政权力，通过农业合作化和人民公社化，打着"三级所有，队为基础"的集体所有制旗号，摧毁了土地私有制，剥夺了农民们的私有权，把农村包括土地在内的全部生产资料攫为党国所有，使他们"名正言顺"地变成了全国唯一的雇主；同时，在第二次掠夺中，他们制造了一大批以痞子、流氓无产者为主体的农村官僚特权阶级，并以这些人为代理，迫使农民变成依附于他们的农奴。——这就是毛泽东时代。在毛泽东时代，现代农奴与雇主及其代理人的矛盾日益尖锐化，迟滞、破坏了生产力的发展。当代中国亿万农民，之所以在"瓜菜代"的贫困中煎熬了半个多世纪，落后的农业之所以长期得不到改观，其根源皆在于此。（前事不忘，后事之师。笔者紧急呼吁：每年的**5月4日**，即中共在1946年通过实行土地改革的《关于土地问题的指示》的那一天，理应成为**"中国土改大屠杀纪念日"**，年年铭记，岁岁不忘！）

　　土地改革中，当民主人士章乃器，向毛泽东反映"对地主滥用肉刑乱打乱杀"的情况时,毛泽东说:"**这是一场革命,群众发动起来了,即使有些过火的行为,也不能挫伤他们的积极性。**"毛共把这类御人权术合法化,就为尔后历次政治运动中开了蔑视道德、侵犯自由、践踏人权的先河,也为尔后继续愚弄和全面掠夺农民打下了基础。

图注09:简评抗美援朝战争

1950年6月25日凌晨,金日成率领北朝鲜15万大军,突破三八线南韩军(总统李成晚)的防线,开始了统一朝鲜半岛的"解放"战争。

这场"解放"南韩的战争,是苏联首脑斯大林策划和批准执行的。

韩战发动者金日成
和中国志愿军司令彭德怀

联合国军司令麦克阿瑟(右)
在战地慰问

"一将功成万骨枯"!
战死他乡的都是谁家的儿女?

在欧洲,斯大林挑起了"柏林危机",直接与美国对抗。在美国和欧洲强大军政压力下,苏联不得不于1949年5月12日,解除了历时近11个月的对柏林封锁。为了削弱美国在欧洲的力量,斯大林决定采纳金日成武力统一朝鲜半岛的建议,在东方挑战美国。他设计了不直接与美国对抗的"一箭双雕"之计:一方面利用美国保卫南韩立场的动摇性,命令金日成军事占领南韩,削弱美国在亚洲的势力;另一方面利用毛泽东急于武装军队和发展经济而有求于他的心情,要求毛泽东军事支持金日成,挑起中美冲突,从而达到控制桀骜不驯又具较强独立意识的毛泽东的目的。

遵照斯大林的指示,毛泽东在"柏林危机"后不久,便把以鲜族人为主的三个师又两个团的兵力,移交给了金日成。这个由6.9万人组成的兵团,成了金日成进攻南韩的主力。同时,在北朝鲜发动对南韩进攻前的数月里,解放军的七个野战师奉调于东北,使东北军区部队达40万之众,其中有15万人陈兵于中朝边界,完成了为出兵朝鲜的军事部署。到此,中共"**以血换援**"的方针确定了下来。1950年8月13日,东北军区司令高岗,在一次东北边防军的干部会议上说:"**我们必须主动帮助朝鲜人民……让朝鲜成为一个统一的国家。**"

北朝鲜军的进攻，势如破竹，仅三天就攻克南韩首府汉城（现名首尔），并以凌厉攻势，全面地迅猛地向韩国腹地推进。两个月内，席卷并占领了几乎整个韩国领土，把南韩军赶到北纬三十五度线上的洛东江、釜山角落里。胜利在望的金日成宣布："**八月将是解放祖国全部土地的月份。**"

面对北朝鲜军的突然进攻，华盛顿一片混乱：一派坚持国务卿艾奇逊放弃韩国的战略，认为朝鲜非美国利益之所在；另一派则从"柏林危机"中吸取教训，主张根据保罗·尼尔兹等完成的代号为 NSC-68 研究报告的建议，在全球各地迎击共产主义的任何挑战。很快，总统杜鲁门做出了迎击挑战的决定：他一面下令第七舰队进驻台湾海峡，命令远东美军司令麦克阿瑟派兵迎击，一面向安理会提交动议，授权组成联合国军抵抗北朝鲜军的入侵。7月7日，在苏联代表缺席的情况下，安理会表决通过了第84号决议，组成以美为主由英、法、土、加等15个国家参加的联合国军，任命麦克阿瑟为总司令，援助韩国抗击北朝鲜的侵略。苏联代表的缺席，特意把中国推向与联合国和美国直接对抗的前沿。

1950年9月15日，麦克阿瑟以7.5万人的兵力，在朝鲜中部仁川港发动"烙铁行动"。仁川登陆成功，使北朝鲜军像"一根绳索底端吊着的一块石头，从中间剪断绳索，石块就会跌落"那样，处于灭顶边缘。麦克阿瑟的预想实现了：联军登陆后，进攻到洛东江、釜山附近的北朝鲜15万大军，回头一看，惊恐万状，在仓皇撤退中溃不成军，几乎全军覆没。

1950年10月1日，金日成请求中国政府出兵。紧接着，斯大林致电毛泽东要中国出兵，或允许金日成在东北建立流亡政府。由于获取了斯大林军援和经援的许诺，为了证明他不是"民族共产主义者"，也不是铁托，10月8日，毛泽东开始实施"以血换援"的方针，发布了《组成中国人民志愿军的命令》，任命彭德怀为志愿军司令员兼政委，以成建制的兵团进兵朝鲜，继而以"**唇亡齿寒**"和"**抗美援朝，保家卫国**"之口号惑众，动员数十万计的机械、修筑、运输等后勤工农援战。

狂妄自大的麦克阿瑟，在错误情报蛊诱之下，越过三八线，挥师北上，如入无人之境。10月19日，联合国军攻克北朝鲜首都平壤，麦克阿瑟发信敦促金日成投降，扬言11月23日感恩节前，消灭北朝鲜武装。

当联军先头部队行将"饮马鸭绿江"时，10月25日，秘密跨过鸭绿江、潜入北朝鲜丛山峻岭中的21万中国志愿军，突然出现在联合国军面前，打响了第一次战役，接着以40万的兵力，打响第二、第三次战役。

在优势兵力和人海战术的突然攻击下，措手不及的联军节节败退，相继丢失平壤、汉城后，败退到三七线上防守。

由于兵败，麦克阿瑟力主增兵和轰炸东北，被杜鲁门否决。杜鲁门总统、艾奇逊国务卿、马歇尔国防部长等人，主张在不扩大战争范围的前提下，依靠其强大的技术装备优势，稳步向朝鲜北部推进。麦克阿瑟对此不满，公开发表了与总统相左的言论，被杜鲁门撤职，总司令一职由战地司令李奇微中将接任。麦克阿瑟返美时，受到英雄般的欢迎，先后有700万人上街示威，支持麦克阿瑟，指责总统滥用职权。

当中国志愿军攻到三七线时，彭德怀下令停止进攻，引起高层激烈争吵。金日成和苏驻朝大使兼北朝鲜军总顾问拉佐瓦耶夫认为，志愿军应乘胜追击，一鼓作气，把联合国军赶下大海。他们毫不客气地批评彭德怀右倾，并把"状"告到斯大林和毛泽东处。

连续三次战役使彭德怀意识到，今天的对手不是当年兵败如山倒的国民党军，要消灭美军一个整师是不可能的，速战速决也不现实。据报导，在第四次战役反击时，中国以五个师的绝对优势，包围了美2师23团的阵地，力图歼灭一个整团。但攻击几天后，在阵地前除留下2,000多具尸体外，一无所获（另说志愿军阵亡5,000人）。又据知情人回忆：由于没有空军掩护，"1951年春，一次四个军在大江南岸，接不到撤退命令，6万多人挤在狭小地带，在敌军漫天炮火轰炸下，几乎全部死难。"彭德怀于12月19日报告毛说："**大衣和棉鞋多数未运到，棉衣、被毯，多被敌机燃烧弹烧掉，不少战士穿单鞋，甚至还有部分人打赤脚。……目前正值大雪，气温降至零下三十度，战士在体力削弱、冻坏脚者无法走和沿途露营情况下，可能发生不可想象之损失。**" 1951年1月2日，中共负责志愿军后勤供应的李富春告诉苏联人，**有整支部队死于严寒**。因此，彭德怀认为，必须改变要求消灭整师和速战速决的方针，为此，他必须说服最高统帅。而此时的毛泽东已被"胜利"冲昏头脑了。1951年1月，他给斯大林的电报中说，美国人不过如此，不怎么样，还不如日本人，扬言"**我一次消灭他一个军没问题**"。

2月21日，彭德怀夜飞北京，赶到毛住地新六所，排闼直入，唤醒酣睡中的毛泽东，力陈兵员不足、后勤保障困难等问题，并晓以速胜的危险性。毛泽东经过认真思考后，修改了战略，敕令彭德怀："**朝鲜战争能速胜则速胜，不能速胜则缓胜，不要急于求成。**"毛泽东的表态，支持了彭德怀，终止了彭、金分争。但彭德怀不得不按照毛的旨意，持百万之众，发动损失惨重的被西方媒体称为"绞肉机"的第五次战役。

1951年6月10日，第五次战役即被李奇微称作的"屠夫行动"结束后，中朝方宣布"胜利转移"即后撤到三八线以北与联军对峙。是役，中朝方宣布取得了胜利：经50天的奋战，毙伤俘敌8.2万余人，志愿军伤亡7.5万余人；联军则报告称，毙伤俘中朝军14.5万人。

1951年5月16日，美国总统杜鲁门公开宣布："**我认为美国的真正敌人是克里姆林宫，而且不会忘记，只要这个敌人在幕后操纵，就不能浪费美国的力量。**"显然，他识破了斯大林一箭双雕计，明确表示主要敌人是苏联，不愿与中国纠缠而"浪费美国的力量"。他下令美国驻联合国代表凯南与苏联代表马立克接触，商谈停战谈判事宜。6月13日，没有得到多少好处却浪费大量军事资源的斯大林，权衡之后，同意并下令和谈。

6月30日上午8时，李奇微奉命以电台广播方式向中朝军司令发出停战呼吁。7月1日，金日成、彭德怀复电响应。于是，1951年7月10日，朝鲜停战谈判在开城开始举行。

听命于斯大林的毛泽东认为，在朝鲜打持久战对"中国"有利，中国有的是人，人多不怕死人的优势可以拖垮怕死人的美国，而换来的却是中国暂时无法拥有的军援和经援：苏联不仅答应并已经开始用苏式武器装备武装中国60至100个师（其中10个师装备已用于朝鲜战争），还答应给中国援建156个能制造汽车、飞机、大炮等工业项目。毛泽东是个善于"**假外患，平内忧**"的高手，在强权运作下，持久战的好处被发挥了出来：经"抗美援朝，保家卫国"运动掩饰真相的宣传教育，已强化了无产阶级专政的国家机器和对自由的遏抑，大大提高了他的个人威望。

停战谈判开始后不久，双方的分歧已明朗化。主要分歧是停战军事分界线的划定和战俘遣返原则。联军方坚持，以双方实际控制线作为军事分界线，尊重战俘，志愿遣返；中朝方则要以战前的三八线为军事分界线，遣返全部战俘。从战争中得到好处的毛泽东和中共，不愿使战争停下来，于是双方谈了又打，打了又谈，谈谈打打交替进行了两年多。

1953年3月5日，斯大林去世。沉重的军费负担使苏联新领导人不能容忍了：中朝付出的主要是人，而他们付出的主要是钱。他们不能照顾毛泽东借外患平内忧的策略，要求中朝两国按**联合国军的条件**签署停战协议。发动南侵战争几乎使国家变成废墟的金日成和他的大臣们，对谈谈打打早已不耐烦，要求停战的呼声不绝于耳。在这种情势下，毛泽东不得不下令签署停战协议。

1953年7月27日，朝鲜停战协定签字。停战协议签署后，以双方实际控制线为停战军事分界线。由是，北朝鲜比战前丧失了3,880平方公里国土；在21,374名中国志愿军战俘中，有14,715名选择去了台湾；在7,245名美国战俘中，也有23人选择去了中国。但到1955年7月，其中22人回到了美国。

据报导，朝鲜战争双方投入总兵力为300多万：联合国军120万，其中，美国48万；中朝国军188万，其中，中国130多万。据美方统计，联合国军伤亡113万，其中，美国伤亡14万多人；据中国军方报告，中朝军队伤亡近63万人，其中，中国伤亡36万人。如按此"统计"和"报告"，联军和中朝军伤亡是1.8／1，联军比中朝军多伤亡50万人。中朝两国在劣质武器的条件下，使"武装到牙齿"的联军付出了如此沉重代价，显然是个奇迹。但到九十年代，人们听到了一系列新数据：苏俄档案解密后，传出中国伤亡92万至100万；朝鲜停战五十年之际，有社科院学者在网上透露，中国伤亡77万；停战六十年后《炎黄春秋》披露，中国人民解放军总后勤部卫生部编印的《抗美援朝战争卫生工作经验总结》中说，志愿军先后出动135万人，健全回国的有37.2万人，冻伤、致死、致残在内的减员人数达到97.8万人；又据报导，中国高级官员曾对友党说：中国军队阵亡40万；有学者则认为，中朝方伤亡约在120万至150万之间。除成建制的志愿军外，那数十万计的机械、修筑、运输等后勤工农援战人员伤亡呢？没见有人披露。笔者认为，只要中朝两国**不敢解密档案**，中朝方伤亡就是个**待解的未知数**！

2011年9月4日，在北京举行的《"九一三"四十周年文史研讨会》上，有与会者披露：1971年基辛格访华后，中美关系成为热点。林彪曾说："**好端端的一个大好的外交形势，被耽搁了20年。**"林豆豆遂问林彪："抗美援朝，美国说美国赢了，中国说中国赢了，到底是谁赢了？"林彪回答："**谁也没赢，斯大林赢了。中国上了斯大林的当，苏联通过朝鲜战争把中国拉入苏联的怀抱。现在中国和美国接近，远则近之，近则远之，这是好事。**"

正当御用精英们还在高唱抗美援朝是"**唇亡齿寒、保家卫国**"时，《炎黄春秋》在"抗美援朝的得与失"一文中披露：1956年9月23日，毛泽东对前来参加中共八大的苏共政治局委员、第一副总理米高扬说："**朝鲜战争根本错误，斯大林应该负责。**"还抱怨说："**斯大林、金日成对中国刻意隐瞒发动战争的时机及作战计划，最后，中国却被牵连进战争，这是错了，绝对错了。**"1960年，在各国共产党代表参加的布加勒斯特会议上，中共代表团团长彭真就朝战问题与苏共总书记赫鲁晓夫发生争吵。赫说："**如果毛泽东不同意，斯大林就不会那么做。**"彭真反驳：这种说法**完全错误……毛泽东是反对打仗的……是斯大林同意的**"。尽管"保家卫国"的谎言已被披露，但在中宣部"主旋律"的监控下，这个谎言在中国大陆高喊了六十多个年头后的今天，人们还看不到**由谎还真**的迹象。

历史证明，中朝虽然没赢，并为这场不义战争付出了重大代价，但却成全了金日成和毛泽东两人。造成300多万朝鲜人伤亡的刽子手金日成，在强权运作下，摇身一变，成了北朝鲜人民的"伟大领袖"；善于"假外患，平内忧"的高手毛泽东，通过"以血换援"的实施，不仅强化了无产阶级专政国家政权，还使他成了中国人民的"伟大领袖"，从而为尔后的迫害和贫困、导致数千万人死亡的悲剧，创造了必要条件。历史也再次证明：在专制国家，战争强化专制，武力消泯自由。因此，许多独裁者都敢于冒外战的风险，借以达到转移国内矛盾、视线和强化独裁权力的目的！

毋庸置疑的是，朝鲜战争最大受害者是朝鲜人民，其次是"以血换援"的中国人。停战五十周年，当美国老兵出现在首尔街头时，成千上万的南韩人向他们献花，感谢他们用鲜血给韩国带来了自由和繁荣。令人遗憾的是，在那一天，因愧疚而无颜以对，中国老兵没有出现在平壤街头：中国人和老兵们已知，他们的鲜血白流了，他们给北朝鲜人带去的不是自由，而是压迫，不是繁荣，而是贫困；改革开放后的今天，他们又看见，中国与美、韩经济上互补、政治上相依性很强，上层、民间交往频繁，早已忘记了毛泽东"唇亡齿寒"和"保家卫国"那套耸人听闻的**谎言。**

抗美援朝战争虽给中国一百多万个家庭带来了不幸，却给今天的中国人带来了希望。有人论证说，抗美援朝的最大损失是失去了"解放台湾的最佳时期"；但笔者认为：恰恰相反，失掉"解放"台湾的机会，却给中国留下了一片自由、民主和人权的沃土，从而给中国大陆人民光复真、善、美传统价值和重修普世价值，带来了希望！

图注 10：简评镇压反革命运动

1950 年 7 月 23 日，政务院和最高人民法院，根据中共七届三中全会精神，公布了**《关于镇压反革命活动的指示》**，镇压反革命运动由此开始。

所谓反革命，指的是国民党的**党**（党区分部书记、三青团区队长以上）、**政**（保长以上）、**军**（连长以上）、**警**（巡官以上）、**宪**（全部宪兵）和起义、投诚人员，以及"特务"、"土匪"、"恶霸"、"会道门头子"等。河南南阳县，仅在 1950 年就枪决了反革命分子 1,100 人。

1950 年 10 月 10 日，中共中央要求各级党委纠正对反革命分子**"宽大无边"**的偏向，要求各地像南阳县那样，坚决镇压各类反革命分子。

公安部部长罗瑞卿作镇压反革命的动员报告

武汉市召开公审反革命分子大会

解放军逮捕反革命分子

1951 年 2 月 12 日，毛泽东电示华东局和上海的领导人称："**上海是个六百万人口的大城市，按照上海已捕二万余人仅杀二百余人的情况，我认为 1951 年内至少应当杀掉罪大的匪首、惯匪、恶霸、特务及会门头子 3,000 人左右。而在上半年至少应杀掉 1,500 人左右。**"到 1951 年底，上海全年基本完成了原定的"杀"、"关"、"管"的指标。自此，"指标"(1) 成了各级镇压机关实施镇反所依恃的"准则"。

1951 年 2 月 21 日，中央人民政府又颁布了**《中华人民共和国惩治反革命条例》**，3 月，公安部部长罗瑞卿作关于镇压反革命的动员报告。使运动很快形成了高潮。

1951 年，笔者在重庆市两路口附近，眺望江中小岛，那里正在处决反革命分子。一排48名反革命，处决后被推入长江水中。

1952年底，"镇反"运动基本结束。

"镇反"期间到底杀了多少人？中共中央和政府没有正式公布过确切数字。但在官方的不同时间、不同地点、不同讲话和著作里，人们找到了不同的版本：

1954年4月，毛泽东在中央扩大会议上称："**镇压反革命共杀、关、管二百至三百万人。**"按此比例推算，被处决的反革命分子应不少于一百万。

1957年2月，毛在最高国务会议上又称："**1950年至1952年杀了七十万，以后三年又杀了不到八万人。**"

1996年中共中央党史研究室等四个部门合编的《建国以来历史政治运动事实》的报告中称："镇反"中镇压了反革命分子157万6千1百多人，其中87万3千6百余人被判死刑。

1959年8月11日庐山会议上，毛泽东说："**反革命杀了100多万。六亿几千万人，消灭那个100多万，这个东西我看要喊万岁。**"

此外，《纽约时报》驻北京采访主任纪思道和伍洁芳写道："据中共前公安部长罗瑞卿提交的报告估算，从1948年到1955年，有**400万人被处决**。"

（前事不忘，后事之师。笔者紧急呼吁：每年的**7月23日**，即中共政务院和最高人民法院公布《关于镇压反革命活动的指示》的那一天，理应成为"**中国镇反大屠杀纪念日**"，年年铭记，岁岁不忘！）

有没有杀错的？

1957年2月，毛泽东说："**根本没有错。**"他从"扬州十日，嘉定三屠"等屠城中获得了灵感：满人用数百万汉人的人头 (2)，确保了大清近三百年的基业，现在他借数百万同胞的人头，定可确保中共江山千秋万代，有什么错？

错、对的标准是什么？《渴望》歌词曰："**谁能告诉我，是对还是错，问询南来北往的客。**"其实，不用问"客"，看看历史便能分晓。早在中共夺得政权的八、九十年前，当美国四年解放黑奴的内战结束，以北方共和党人为主的胜利者，没有以解放者自居，没有利用权力搞什么"镇反"运动，去屠杀以民主党为主的南方失败者，更没有以"大救星"的身份，强制推行枪杀数十万人的"土改"（详见图注8）、"三大改造"（详见图注14）和饿死数千万人的人民公社等"解放生产力"的野蛮政策，去解放黑奴。他们把用战争解放黑奴的未竟事业，交给了全体选民——用宽容取代报复和镇压。时至今天，黑奴不仅能当上总参谋长、国务卿等高官，还被包括白人在内的全体选民，用选票推上了美国总统宝座！

八十年代，中共因统战需要向台湾示好，定向对杀掉的国民党抗日将领、内战投诚军官，做了有限地甄别，撤销原判4,985人。同时，他们用"特色社会主义"六个字，推翻了他们强制推行二、三十年的"三大改造"、人民公社等政策，发展资本主义，把经济体制拉回到"解放"前（土地党国所有权除外）。

从"枪杆子里出政权"到"枪杆子巩固政权"，是中国共产党人**用枪杆子崇拜对抗自由、民主崇拜**的逻辑，也是中共马列毛主义专制文化对华夏文明和自由、民主、人权普世价值的赤化革命。难怪人们说，中共党和国家旗帜都是血红血红的，因为，他们的革命是用鲜血浇铸的。

注1：杀人指标

1951年5月，公安部根据毛泽东关于处决指标的指示精神，在《第三次全国公安会议决议》中规定："各地杀反革命的数字，必须控制在一定比例以内：在农村中，一般应不超过人口的1‰；在城市中以0.5‰为宜；对党政军及文教、工商、宗教及各民主党派，各人民团体内部清理出来的应判死刑的反革命分子，一般以处决十分之一二为原则。"实际杀人数已远远超过了规定的"指标"。

注2：满人杀汉人

据史书记载，清兵入关后，进行了一系列大屠杀。可查到的记录有：

扬州十日屠80万，嘉定三屠5万，苏州屠10万，南昌屠40万，赣州屠40万，江阴屠17万，昆山屠4万，嘉兴屠10万，金华屠5万，潮州屠10万，沅江屠10万，舟山屠2万，湘潭屠5万，南雄屠2万，泾县屠5万，大同、汾州、太谷、泌州、泽州等地屠40万，计约屠杀汉人285万。

此外，在四川，清军于1647年公开发布告示宣称：全城尽屠，或屠男留女。满清御用文人所写的《蜀碧》中，把屠城罪责全部推到也杀了一些人的**张献忠**身上，诳称他杀人上千万，编造了历史第一大谎言。据近年学者研究，四川被害者不下300万，被张献忠杀害的约为14万人，连同张统治地区其它非正常死亡，最多只有30~40万人。

图注11：简评镇压胡风集团运动

胡风(1902-1985)，原名张光人，著名文艺理论家、诗人、翻译家，笔名谷非、谷莹、高荒、张果等。湖北蕲春人。1920年，曾积极参加过日本共产党文艺运动。1933年在上海参加左联，从事文学理论批判工作。他与鲁迅交好，于1936年提出"民族革命战争的大众文学"的口号，与周扬提出的"国防文学"相对立，引发两个口号的论争。他的理论中心是"**主观战斗精神**"，要求作家"**用强烈的主观战斗精神去拥抱现实**"，"**从改造现实的角度去把握现实**"，揭示民众的"**精神奴役的创伤**"，使"**对象在血肉的感性表现里面涌**

胡风

进作家的艺术世界"，使**"作家的思想要求和对象的感性表现结为一体"**等等。这种强调艺术特性的观点，与列宁"党的文学"旨意、与毛泽东《在延安文艺座谈会上的讲话》的僵硬教义即与文艺为党的政治路线服务的中共**权力文艺观**相左，遭到了御用精英——中国社会科学院文学研究所所长**何其芳**、中宣部文艺处处长**林默涵**的批判。

1954年7月，对中共民主作风深信不疑的胡风，针对批判，一厢情愿地写了30多万字的《胡风对文艺问题的意见》上报党中央，陈述并建议采纳自己的意见。可悲的是，像胡风这样一个大文学家，竟然不懂赤文化——"**权力，权理，有权才有理**"的常识！

1954年12月16日，主管文艺工作的中共宣传部副部长**周扬**，根据毛泽东的指示和修改，在《人民日报》上发表《我们必须战斗》一文，发布了批判胡风的动员令。接着，紧跟中共的御用精英和争宠谄媚者们便在毛泽东和他的前台周扬的指挥下，开始对胡风的围剿：把一个学术建议、争论，变成了政治批判。

1955年4~5月，《人民日报》先后发表了中国文联主席、中国科学院院长**郭沫若**的文章《反社会主义的胡风纲领》，中国文联副主席、著名作家**巴金**的文章《必须彻底打跨胡风反党集团》，《文艺报》也在1955年5月号发表了文化部部长、著名作家**茅盾**的文章《必须彻底地全面地展开对胡风文艺思想的批判》，等等。当时的著名作家、学者、教授和科学家，如**冰心**、**曹禺**、**钱伟长**、**冯友兰**、**王元化**、**秦兆阳**、**李希凡**等，以及文革中先后自杀的作家**老舍**、史学家**翦伯赞**和文革后异化为民主斗士的**王若望**等人，都纷纷**落井下石**，写了措词激烈的批判胡风的文章。

1955年6月初前后，政治批判胡风已经起了质的变化。毛泽东令《人民日报》分3批刊登了"关于胡风反革命集团的材料"，并为《材料》写了序言和按语。在按语中，毛断言，胡风等人是"**一个暗藏在革命阵营的反革命派别，一个地下的独立王国**"，"**这个反革命派别和地下王国，是以推翻中华人民共和国和恢复帝国主义国民党的统治为任务的**"。至此，对胡风的文艺思想的批判，已经从学术批判到政治批判，最后演变成组织上"肃清胡风反革命集团"的政治运动。

1955年5月16日，胡风被捕，关押10年后，于1965年10月，经北京市高级人民法院判处有期徒刑14年；1970年春，由四川省公安厅改判无期徒刑。其间，胡已出现了内因性精神病症状。

据1980年7月21日中共《关于胡风反革命集团的复查报告》披露："在全国清查'胡风反革命集团'的斗争中，共触及了2,100多人。"又据报导，其中隔离72人，逮捕92人，23名骨干分子获不同龄期的徒刑。

一封建议书，竟遭如此镇压，真乃空前绝后的历史事件！

1979年胡风获释出狱，**冤狱24年**。1985年6月8日因病逝世，终年83岁。

1980年9月，中共中央决定撤销对"胡风反革命集团案"的指控；1986年1月，中共中央公开撤销了强加给胡风政治历史问题方面的不实之词；1988年6月，中共中央又为胡风的文艺问题与文艺活动问题平了反，撤销强加在胡风身上的个人主义、唯心主义、宗派主义等罪名。至此，毛泽东制造的共产党"新中国"第一个文字狱冤案，三十三年后，才最终划上了个句号。

不会反思的民族，就不可能去忏悔；不愿忏悔的民族，就不会有真正的反思。

胡风出狱后，对胡风案负有不可推卸责任的周扬，紧握着胡风的手说："**责任由组织来负。**"这是一句官腔；但这句官腔却把个人责任推得一干二净。除**巴金**外，没有人再为曾助纣为虐、落井下石的劣行去忏悔。这是中华民族的悲哀！

胡风理论著作：《文艺笔谈》、《文学与生活》、《民族战争与文艺性格》、《密云期风习小记》、《论民族形式问题》、《逆流的日子》、《在混乱里》、《为了明天》、《论现实主义的路》等。

诗集：《鲜花和箭》、《为祖国而歌》。

图注12：简评肃反运动

1955年，肃清胡风反革命集团的斗争没有结束，便直接进入肃反运动。

7月1日，中共中央根据毛泽东的决定，发出**《关于展开斗争肃清暗藏的反革命分子的指示》**，一场肃反运动，便在全国一切机关、团体、军队、学校、企事业（包括公私合营）的各个角落里展开。

各级政府、军队、学校、企业和街道，都成立了"五人小组"，领导肃反运动。运动重点是清查知识分子、留用人员和社会关系复杂人员的历史。数量"指标"，一般控制在5%。运动开始第一阶段，每个人必须详尽地向党组织交待自己的历史（包括隐私），接受群众审查，第二阶段审查重点对象，第三阶段组织处理。对重点对象审查的方法是：1.

培训积极分子，其中不乏痞子、流氓无产者，向他们灌输"大胆怀疑一切"的同时，极力丑化或妖魔化重点对象；2. 命令重点对象用口头和书面，坦白交待自己的"罪行"；3. 组织积极分子"帮助"重点对象坦白交待，其"帮助"方法是诱供、逼供、批斗、人格侮辱、罚站、罚跪、吊打、背上压砖、"车轮战"（不准睡觉）和限制人身自由等。笔者七岁丧母，父亲在中国远征军服役，可能早已战死在缅甸抗日战场，十二岁流浪，十四岁半参加解放军，二十岁被确定为"重点对象"，第一次受到了上述各项"帮助"。原因之一是有人怀疑父曾在新一军服役，后去了台湾（现今证明此乃子虚乌有）；又有人举报，笔者曾说过，胡风集团分子**路翎**的小说《洼地上的战役》写得不错。

在运动的"帮助"中，约有 5 万人自杀。笔者当时所在的仅千余人的重庆炮兵学校，就有两人自杀。

《人民网》编的《中共大事纪》中写道："**这次内部肃反运动，经过两年多的时间，到 1957 年底基本结束。通过运动，从党和国家机关、军队内部清查出一批反革命分子，通过运动也弄清了一些干部的政治历史问题，使他们放下了包袱，振作了革命精神。**"这是今天中共对当年肃反第三阶段组织处理结果的表述。

但从当年文献中，我们看到了与中共上述表述不同的记录。

罗瑞卿在《学习》1958 年第 1 期撰文《我国肃反斗争的成就和今后的任务》中提供了这几个数字："**全国有专职肃反干部七十五万多人，还有上百万个肃反积极分子。全国参加外出调查研究的达三百二十八万多人次。**"规模之大可想而知。肃反的成果有多大？

1956 年 12 月 8 日，毛在全国工商联二届一次代表大会部分代表座谈会上讲话中透露：全国共审查了四百多万人。

1957 年 7 月 18 日，《人民日报》社论《在肃反问题上驳斥右派》提出了以下数字：

第一，清查出来的反革命分子八万一千多名，现行反革命三千一百余名；

第二，投案自首反革命分子十九万余名；

第三，在肃反运动中，还有一百三十多万人弄清楚了各种各样的政治问题。

第四，提高了群众的警惕性和识别力。

笔者根据上述数字推算，清查出的反革命子占被审查总数的 2%，清查出的现行反革命分子占 0.001%；投案自首占 4.8%，搞清问题的占 32.5%，还有 60.6% 即 242.6 万被审查对象，不存在问题。笔者很可能属于后者；但没有人承认说审你审错了，更没有人向你道歉，反要求你理解和"正确对待"这种"帮助"，即所谓的"放下包袱"。

对清查出来的反革命分子如何处理？毛泽东说："一个不杀，大部不抓。"究竟杀了没有？抓了多少？笔者没有找到官方有关记录。据丁抒著作《阳谋》注释中的《上林县志》记载：广西上林县，抓出 150 名"反革命分子和坏分子"，其中，中小学教师占了 60 名。在 150 名中，三分之一被逮捕判刑，三分之一送劳动教养，三分之一被开除公职、管制劳动，四人未予处分。其他地方呢？只由等档案解密时才能揭开。

图注13：简评反右运动

声讨右派分子的大会

批判交通部部长章伯钧

吸取东欧"兄弟国家"匈牙利动乱的教训，毛泽东为了强化党的领导，便打算采取**"扩大社会主义民主，反对干部中的官僚主义和特权思想，限制领导人的权力，加强对领导人的监督"**等改善措施。1957年4月27日，中共中央发出《**关于整风运动的指示**》，决定在全党进行一次以正确处理人民内部矛盾为主题、以反对官僚主义、宗派主义和主观主义为内容的整风运动，发动党内外群众，向党提出批评和建议。

为了给"整风运动"制造舆论，2月27日，毛泽东在最高国务会议第十一次（扩大）会议上发表了《关于正确处理人民内部矛盾的问题》的讲话。他在《讲话》里，除提出必须严格区分和正确处理敌我矛盾和人民内部矛盾外，宣布"**革命时期的大规模的急风暴雨式的群众阶级斗争基本结束**"，今后的主要任务是"向自然界开战"。对于如何解决人民内部矛盾，他说：在政治上要实行"**团结—批评—团结**"的方针；在共产党和民主党派的关系上要实行"**长期共存，互相监督**"的方针；在科学文化工作中要实行"**百花齐放，百家争鸣**"的方针；在经济工作中要实行**统筹安排**和"**兼顾国家利益、集体利益和个人利益**"的方针，等等。3月12日，在全国宣传工作会议上，毛泽东讲到知识分子问题和准备整风问题时，再次强调要贯彻执行"百花齐放、百家争鸣"的方针。为了贯彻毛的思想，4月10日，《人民日报》发表"继续放手，贯彻'百花齐放，百家争鸣'的方针"的社论。社论说："党内还有不少同志对于'百花齐放，百家争鸣'的方针实际上是不同意的。因此，他们就片面地收集了一些消极的现象加以渲染和夸大，企图由此来证明这一方针的'危害'，由此来'劝告'党赶快改变自己的方针。"社论批评那些"不少同志"，是"**反马克思主义的教条主义和宗派主义**"，并强调"目前的问题不是放得太宽，而是放得不够。"一些御用精英们更把"发动党内外群众向党提出批评和建议"的整风运动，颂扬为史无前例的"**伟大创举**"。

中共中央的整风指示，看起来好像很文明，很民主，但仔细推敲便推出了问题。因为，无产阶级专政是孳生官僚主义、宗派主义和主观主义的土壤，反对这些主义，势必导致反对无产阶级专政。这是中共无法摆脱的悖论。

当人们想起毛泽东强调要坚决贯彻执行"**百花齐放、百家争鸣**"、"**长期共存、互相监督**"方针的时候，有人曾"为毛主席的英明睿智、幽默风趣而欢欣，为共产党的伟大、光荣而感动。"甚至说什么"春色满园花胜锦，黄鹂只拣好枝啼"。——健忘的中国知识分子们，有些得意忘形了。他们忘记了毛泽东和中共的民主和自由，是**铁笼子里的民主和自由**：在铁笼子里，中共恩赐的"民主"，你可以纵情挥扬，中共赠予的"自由"，你可以任意驰骋；但如果你不小心冲撞了笼子铁壁，不是头破血流，便是粉身碎骨。健忘的中国知识分子们，忘记了延安整风和文豪王实味被斩首的教训，内心一种承担社会责任的渴望，又被共产党开门整风的"诚意"和毛泽东充满"礼贤下士"的讲话精神，激发了起来，自觉或不自觉地想碰一碰笼子的铁壁，试一试毛泽东和中共的诚意。5月21日，民盟副主席、交通部部长章伯钧，在中共中央统战部座谈会上说："**政协、人大、民主党派和人民团体，应该是政治上的设计院。**"6月1日，《文汇报》总编储安平，在统战部的发言中，上书毛泽东说："今天宗派主义的突出，党群关系的不好，是一个全国性的现象。"又说："**关键在'党天下'的这个思想问题上。**"他们的意见，虽代表了人民的正义呼声，显然已冲撞了中共笼子的铁壁。

毛泽东突然变脸，把冲撞笼子铁壁的人称为右派。5月15日，他写了《事情正在起变化》一文给中共高干阅读。在这篇文章中，毛写道："**在民主党派和高等学校中，右派表现得最坚决最猖狂。……现在右派的进攻还没有达到顶点，他们正在兴高采烈。……我们还要让他们猖狂一个时期，让他们走到顶点。他们越猖狂，对我们越有利。**"6月8日，毛泽东在为中共中央起草的党内指示中说："**党报正面文章少登（可以登些中间派文章）。大字报必须让群众反驳。高等学校组织教授座谈，向党提意见，尽量使右派吐出一些毒素来，登在报上，可以让他们向学生讲演，让学生自由表示态度。最好让反动的教授、讲师、助教及学生大吐毒素，畅所欲言。他们是最好的教员。**"毛泽东将此计管叫做"引蛇出洞"。

紧接着，6月8日，《人民日报》刊出了《**这是为什么？**》的社论，毛泽东发出了反击右派"进攻"的号令，在全国掀起声势浩大的反右派运动。

反右中，有人指责毛借整风之名来反右是阴谋，毛泽东答："**这是阳谋。**"有人指责毛是"秦始皇"，毛泽东答："**不对，我们超过秦始皇一百倍。骂我们是秦始皇，是独裁**

者，我们一贯承认；可惜的是，你们说得不够，往往要我们加以补充。"（大笑）一年后的4月6日，毛泽东在汉口会议上有声有色地说："**蛇不让它出来怎麽能捉它？我们要叫那些王八蛋出来唱戏，在报纸上放屁，长长他们的志气。**" "**我们是一逼一捉，一斗一捉，城里捉，乡里斗，好办事。**"——好一副无产阶级革命家的痞子嘴脸！

在这场运动中，有55万知识分子被打成右派；一百多万人被内定为中右或异己分子等罪名，存入档案，监督、限制使用或将来算总帐；数十万有右派言论的工人、农民，被打成坏分子。反右中和反右后，约5~10万人被打死、自杀，或在劳改中死亡，数不清的家庭妻离子散，家破人亡，一千多万人受株连。其中，《文汇报》总编储安平，在文革中，活不见人，死不见尸。（数字版本颇多，尚须进一步考证。）笔者时任教于长沙高级工程兵学校，五十多人被打成右派，自杀两人，数十人被结论为中右、阶级异己分子，记录在档案中，"发配"到北大荒劳动，笔者为后者之一。

据钱理群在《**地狱里的歌声**》书中披露，在甘肃省酒泉市境内巴丹吉林沙漠边缘的夹边沟，是个右派劳动教养农场，"收容"有甘肃省各类右派二千四百余人，包括部分高级知识分子和干部。三年后，被抢救出的奄奄待毙的"劳教人员"仅1,100人，其余1,300多人已葬身于荒漠之中。据铁流的《**"南瓜山"数千饿殍的见证人 一位公安干警的自诉**》中记载："**南瓜山不是山，是个埋死人的地方。在四川省峨边县沙坪劳改农场场部医院后面的一块荒坡上。当时沙坪劳改农场关押近一万多教民，其中百分之八十是右派分子，在所谓的'三年自然灾害'中，两年多的时间里竟饿死五千多老右，直到现在也鲜为人知。**"原毛泽东的秘书李锐，在其《**按照历史的真相总结历史**》书中说：反右结束后，河南省信阳地委为"改造右派"，在所属的大别山区的谭家河，建了个"万胜山林茶场"，**共送去右派二百多人，逾半数去而不归，埋骨荒山**；幸存下来的则多因伤残，未得尽天年。至今人们谈起谭家河，都感到毛骨悚然。最令人无法释怀的是，这些残害右派分子的遗址，同"血肉横飞大辛庄"的受难者的归宿一模一样：埋葬右派分子的"万人坑"都被填平了，那些右派分子死后留下来的血渍，在"主旋律"的高歌声中，已被"导向"洗刷得干干净净，那些埋葬在地下的右派分子遗骸，在"主旋律"的催眠曲中，也已被"遗忘"分解得无影无踪！

运动结束，中国出现了空前的"万马齐喑究可哀"的政治局面，为毛泽东的一言堂，为毛泽东和中共制造饿殍遍野的"三面红旗"的胡做非为，创造了不可或缺的条件。

因右派言论获罪的诗人杨一华，在监狱、劳改场里，度过了19个春秋。他把他的深切感受，写进他的一首诗里——《1957年反右有感》：
百花齐放百家鸣，
纳善从流剧可亲。
谁识翻云覆雨手，

一时才俊尽沉沦。

1978年4月5日，毛泽东死后不到两年，在党内外的压力下，中共中央才批准统战部、公安部的"关于全部摘掉右派分子帽子的请示报告"。自此，一场悲惨的恶作剧，才在权力不请愿平反的"改正"花饰下，从形式上划上了个句号。在一党专政的铁拳弹压下，面对这个"句号"，抱打不平的旁观者，无可奈何，遭受残酷镇压的受难者，只好认命！

图注14：简评社会主义三大改造运动

庆祝农业改造胜利大会

北京庆祝全市实现工商业公私合营

小手工业者踊跃要求入社

上海庆祝全市实现工商业公私合营

1953年，毛泽东把中共在过渡时期的总路线表述为："**从中华人民共和国成立，到社会主义改造基本完成，这是一个过渡时期。共产党在过渡时期的总路线和总任务，是要在一个相当长的时期内，逐步实现国家的社会主义工业化，并逐步实现国家对农业、对手工业和对资本主义工商业的社会主义改造。**"

1953年春，中国土地改革刚刚完成，相当一部分农民开始买牲畜、农具发展生产时，中共便大造舆论说，"**分散、脆弱的农业个体经济既不能满足工业发展对农产品的需求，又有两极分化的危险**"，并在当年发布了《中共中央关于农业生产互助合作的决议》和《中共中央关于发展农业合作社的决议》，开展了农业互助合作运动。合作化遭到了农民的普遍反对，很多地区发生农民闹退社、砍伐树木、大量宰杀牲畜等情况。对此，毛泽东却一意孤行，他要让"**资本主义绝种，小生产也绝种**"。在高层，他批中共中央农村工作部部长邓子恢是"**小脚女人**"，有严重右倾思想，撤了邓的职；在下面，他派出农村工作队，用**哄骗和压服**相结合的手段、强制推行合作化，打击反对合作化的所谓"农村资本主义势力"，狠批农村干部的"**三十亩田一头牛，老婆娃娃热炕头**"的"忘本"思想，积极支持"**一碗一筷归个人，一草一木归集体**"的彻底掠夺。一时之间，强迫命令风盛行起来，数十万农民因不愿将自己的农具、牲畜入社而被捕，或跳河、或上吊自杀。在毛和中共的软硬兼施下，仅用了三年，便从农民手中，**夺走了**土地、农具、牲畜、种子等全部农业生产资料，实现了农业合作化。接着，到1957年，全国初级农业社先后跨进高级社。到1958年，农村全部实现政社合一的人民公社化，实现权变物资的转化。这种名义上的社会主义集体所有制经济，实质上是毛党所有制经济，农民由此变成了中共党政权力的雇佣，从而使中共实现了对农民的第二次掠夺。

为了强行推行合作化，加快权变物资的进程，毛用惯用的动员和镇压相结合的手段，即树立5%"阶级敌人"当靶子，打成"反革命"，借以警告农民不准抗拒合作化。他又明确提出："**反革命五年抓一百五十万，每年三十万**"，"**我主**（张）**多抓**"，"**大捉特捉是重点**"。在这"大捉特捉"中，约10~20万农民被打死或自杀身亡。

中共对手工业社会主义改造，也是通过工作队去组织实现，即抛弃了"自愿加入"原则，用动员加强迫命令方式，组成了手工业生产合作社或供销合作社，任何单干，都被批斗为走资本主义道路。从此，街上再也见不到修鞋的，剃头的，补锅的和修自行车的，因为他们都被集体化了，都成为合作社社员。到1956年底，手工业也基本实现了合作化。

相比之下，对资本主义工商业社会主义改造，要比农业和手工业改造容易些。因为，中共明确规定："**消灭资本主义私有制是过渡时期的一项基本任务。**"经过镇反和"三反"、"五反"的工商业界人士，没有人敢反对。因为，人们已经领教过"三反"、"五反"的血腥：曾被毛泽东表彰讨的中国民族工商业四个代表之一的**卢作孚**，跳楼自杀了；上海"冠生园"品牌创立者、一个勤俭起家的工商业者**冼冠生**，因不堪凌辱，也跳楼身亡了；据报导，在"五反"高潮的一两个月里，有一千多人跳楼。因此，对资本主义工商业的改造，仅用了一年时间。在合作化高潮中，识时务的资本家，便敲着锣、打着鼓，乖乖地将自己经营的全部产业交给了中共。到1956年底，全国资本主义工商业，也全部实现了国有化，完成了一次"**有世界意义的伟大历史事变**"。成千上万个想不开的资本家、小业主，也纷纷跳楼自杀，被斥为"**罪有应得**"。

中共社会主义三大改造的道路，是一条中共对中国老百姓实行全面掠夺的道路。全面掠夺使毛泽东和中共变成了全国唯一**雇主**。在新雇主的统一领导下，各级官员（权贵）形成了中国特有的**官僚特权阶级**，而这个官僚特权阶级为九十年代演变成红色亿万富翁打下了基础，一如共产主义世界那样。在这种政治、经济体制下，老百姓变成了被雇主和官僚特权阶级任意驱使、宰割的奴仆。——这些都是权力拜物教的产物！

毛泽东死后的1978年，凤阳县小岗村十八户农民，为摆脱贫困，以不上吊、不跳河和不怕坐牢、不怕杀头的无畏精神，秘密用按手印、分田到户，即实行大包干的办法，率先反叛毛泽东的农业合作化，砸开了套在他们身上长达22年的枷锁，受到全国农民的欢呼和响应。中共权力拜物教思想开始有所动摇，到二十世纪八十年代初，农民们很快把肆虐他们近三十年的毛泽东的人民公社和农业社，送进坟墓。在八十年代，以红二代为代表的中国红色资本家们，无视五十年代前辈们的跳楼史，在权力保护下，跃跃欲试，九十年代开始发迹，"三个代表"到手后，他们便入党做官，在官商一体中大显身手。到二十世纪末，在"三个代表"的官场里，权力崇拜有了恶性发展之势："闷声发大财"、"有权就有钱"、买官卖官、贪污受贿、官员财产保密，等等权力腐败，为权力拜物教增添了一系列新内容。

中国有一条谚语说，**三十年河东，三十年河西**。看看中国农民和资产阶级的先后不同遭遇，这条谚语可算灵验！

不过，权贵和御用精英们并不认同。他们著书说："农业合作化运动在总体上也反映了社会经济发展的客观要求和实际需要"，是"**人民的选择**"；他们又说："十一届三中全会以后，中央全面总结了我国农村工作中的经济教训，创造性地实行了一系列新政策，使农业和农村工作出现了前所未有的兴旺繁荣的局面"，是"**历史的选择**"。对此，老百姓却不能认同！在"舆论一律"、拒绝选举、人民无法用选票来表达好恶的一党专政下，当人民成了任由官员们驱使、宰割的奴隶时，所谓"人民的选择"，就是权贵和御用精英们对人民的奸污；在档案尘封，真相藏于密室，公正性被严重扭曲的禁律下，当历史成了任由官员们打扮的小姑娘时，所谓"历史的选择"，就是权贵和御用精英们对历史的猥亵。按照权贵和御用精英们的逻辑，就是说，过去搞合作化正确，现在解散也正确，总之，"一贯正确"；之于过去消灭私人资本经济，现在发展私人资本经济，当然也是"一贯正确"。——这就是权贵和御用精英们的谎言逻辑。

在"一贯正确"和一党专政的铁拳下，尽管政策翻了个个儿，中共一对翻个儿的折腾不作任何道歉，二对全面掠夺不作任何赔偿，因而，那些在合作化中自杀或遭枪杀的农民们，那些在资本国有化中跳楼的死难者们，没人敢为他们鸣冤叫屈！

在天翻地覆的大折腾、大掠夺、大屠戮的"三大改造"中，六亿老百姓在当上了"**社会主义国家主人**"的同时，却失去土地和工商业所有权，变成了雇佣和奴隶，而中共则在"**为人民的服务**"的高歌声中，变成了腰缠全国所有生产、生活资源的唯一雇主。在雇主的"全面专政"下，中国老百姓的灵魂，没有得到过他们"罪己诏"的安抚，更没有得到过他们一句表示歉意的慰籍，得到却是"三个代表"所表达的"一贯正确"的谎言："**中国共产党始终都代表着最广大人民群众的根本利益！**"

图注 15：简评大跃进运动

大跃进动员大会和会后游行　　《人民日报》报导高产卫星　　毛泽东视察大跃进中的农业

嬉戏在卫星田里谷穗上的儿童　　宣传画　　超英赶美的炼钢小土炉　　毛泽东视察中南海炼钢炉

稻堆堆得圆又圆，

社员堆稻上了天。

撕片白云揩揩汗，

凑着太阳吸袋烟。

　　毛泽东说："**人们的社会存在，决定人们的思想。而代表先进阶级的正确思想，一旦被群众掌握，就会变成改造社会、改造世界的物质力量。**" 1958年，当农民们掌握了"代表先进阶级的正确思想"——毛泽东思想以后，便"焕发出无穷的物质力量。"这首诗就是证明。

　　1958年1月，在中共中央南宁会议上，胸怀"大救星"权力情结的毛泽东，再次批评了周恩来，指责他"**反冒进使6亿人民泄了气，是方针性错误**"。是与右派"**只剩了50米的错误**"。3月，在中共中央成都会议上，毛泽东多次说冒进是"**马克思主义的**"，反冒进是"**非马克思主义的**"。

　　5月5日至23日，中共八届二次会议在北京举行，正式通过了根据毛泽东倡议而提出的"**鼓足干劲、力争上游、多快好省地建设社会主义**"的总路线。会议确认，"**当前我国社会的主要矛盾仍然是无产阶级同资产阶级、社会主义道路同资本主义道路的矛盾**"，宣布许多地方的重要领导干部为"右派集团"、"右倾集团"或"反党集团"。毛泽东在会上强调，要"**破除迷信，解放思想，发扬敢想、敢说、敢做的创造精神**"，"**争取在15年，或者在更短的时间内，在主要工业产品产量方面赶上和超过英国**"。会后，在全国各条战线上，迅速掀起了大跃进的红色狂潮。

1958年各项经济指标，按大跃进速度进行修订。那些史学家、社会学家、经济学家、哲学家和教授们，许多人在反右中已经中箭落马，被整得妻离子散、家破人亡；那些没有中箭落马者，大都心有余悸，"乖乖"得多了，一切听任政治家们安排，谁敢多说一句？

毛泽东更规定："**每年增加一千亿斤（粮食），搞到一万亿斤，要好几年。明年钢增加多少？增加四百万吨，是一千七百万吨。后年再增加四百万吨。十五年内主要工业产品的数量赶上和超过英国的口号还要坚持。**"

由于怕反党当右派，怕犯右倾错误，各级干部们的高指标、浮夸风便泛滥起来。

6月22日，毛泽东批转的冶金部党组在《关于产钢计划的报告》中说："**明年**（笔者：指1959年）**钢的产量可以超过3,000万吨**（笔者：1957年才524万吨，年均翻2.86倍），**而1962年的生产水平则将可能争取达到八、九千万吨以上**（是1957年的16倍多）。"在逢迎献媚和异想天开的竞争中，谁是佼佼者？显然，在毛泽东的心目中，非冶金部党组莫属！

8月北戴河会议上，考虑到光靠"洋炉子"无法完成任务，毛泽东决定"土洋结合"。他要求，全党全民大办"土炉子"炼钢，实行书记挂帅，并用"**马克思要与秦始皇结合起来**"的铁纪律去完成任务。到1958年年底，投入的农村劳动力达9,000万人（另说6,000万人），"土炉子"全国遍地开花。由是，1958年全年完成炼钢任务1,070万吨，虽比计划少230万吨，但比去年翻了一番多。（笔者：中间有多少不合格的钢材？）

9~10月，《人民日报》多次介绍推广商城经验：花100多元建一个炉子，只用250斤木柴和木炭，就可以炼出一吨钢，并郑重其事地说，这不是"炒铁"、"板铁"，而是名符其实的"钢"。对此，10月18日《人民日报》头版头条说："河南金榜第一名。"在毛下令"**钢铁元帅升帐**"时，中共中央办公厅的干部们，也在中南海里搞起了"土炉子"炼钢，并恭请"伟大领袖"莅临指导。毛应诺前往视察（见下图）。

40年后人们才得知，1961年实际钢产量仅为870万吨，四年间比1957年增加了66%。

在全民大炼钢铁的同时，农业也"捷报"频传。6月8日，河南省遂平县卫星农业社小麦亩产3,821.9斤，放出了第一颗单产"卫星"（另说为2,105斤）。几天以后，湖北省谷城县星光社亩产4,353斤的水稻"卫星"也飞上了天。从此，一场放"卫星"的竞赛活动在全国各地轰轰烈烈地开展起来。继四川郫县放出中稻亩产82,525斤的"卫星"后，广西环江红旗人民公社，不甘落后，便放出的一颗**中稻亩产130,434斤**的"超级卫星"，创下了古今中外空前绝后的最高纪录！9月18日，《人民日报》以头版头条，报导了这个令人鼓舞又令人困惑的消息。为了证明"高产卫星"的"真实"性，许多报纸都配发了"**嬉戏在卫星田里谷穗上的儿童**"的照片！（见上图）

乘着大放"卫星"的狂风，毛泽东踌躇满志地巡游祖国大地。6月14日，他在河南封丘说："**不要很久，全国每人每年就可以平均有粮食 1,000 斤，猪肉 100 斤，油 20 斤，棉花 20 斤。**" 8月4日，他在河北省徐水县回答"粮食多了怎么办"时说："**可考虑让农民一天干半天活。**"（见上图）对"伟大领袖"这种无微不至的关怀，中国亿万农民感激涕零。11月10日，《人民日报》社论提出，"'鼓足干劲生产，放开肚皮吃饭'是一个很好的口号。"对此，毛十分欣赏。

12月，八届六中全会公报宣布：今年粮食产量将达到 7,500 亿斤左右（笔者：1957年为 3,700 亿斤；另说为 3,900 亿斤），棉花产量将达到 6,700 万担左右（笔者：1957年为 3,280 万担）。

历史跨进 1959 年，频传的"捷报"变成饿死人的"丧报"，雪花般地飞入中南海。毛泽东敏锐地察觉到阶级敌人的破坏活动。果然，1959年9月，在庐山会议上，反党分子彭德怀"跳"了出来，竟敢"**我为人民鼓与呼**"。毛泽东率众反击，把彭打成"右倾机会主义分子"，清除出中央，由此掀起了"**持续大跃进**"的新高潮。

那难忘的三年，笔者在北大荒农场劳动。1958年中期，当时的农垦部部长、后来在八十年代荣升国家副主席的**王震**上将说，下半年农场全部吃四菜一汤。秋，笔者在兄弟农场食堂，享受过一顿"吃饭不要钱"的共产主义，吃的是油条，喝的是玉米粥。1960年吃水煮玉米粒和玉米穗衣淀粉。1960年冬，农场做人造肉展览，宣传"玉米秸秆全身都是宝"，属"国家机密"，参观回来后，笔者被指派用玉米穗衣做淀粉，人吃后拉屎干结，有时得用手抠。黑龙江历来都是"清明忙种麦"，王震"敢想"，下令种冬麦，结果数十万亩绝产。王震敢干，农场挣钱门路多。种大烟，花朵五颜六色，非常好看，花籽吃着比芝麻香。冬天进完达山原始森林里伐木，各总场、分场都建有伐木队，挣现钱，年年如此：靠山吃山嘛。伐木人零下40度取暖，把直径 40~60cm 的百年大树放倒，按 50cm 一节锯开，扳斧一劈四瓣，填进大油桶里烧……总之，笔者"得天独厚"，在**大破环境**中既没饿着，也没冻着，只是疚心难却。

到1961年，持续长达三年的大跃进，终以**饿死农民 3,000 万~4,500 万**的代价，走到了历史的尽头。官方承认：1958年到1961年，饿死即所谓"非正常死亡"3,767 万人。那个发射"超级卫星"的广西环江，全县 16 万人饿死了 5 万，创死亡率达 31.3% 的世界纪录。根据安徽省凤台县殷涧公社党委书记化名叫"石求明"的，上书毛泽东说："**据我知道的三个公社四个庄子的人口死亡情况，是极为惊人的，一个死亡占 5%，一个 11% 强，一个 15%，一个占 20% 多，有的村子几乎无人了，住在我们临淮关上，招收起来的被大人丢弃的儿童约三四百人，死了一百名左右。**" 1971年10月，笔者于林彪摔死后不久，曾到河南信阳地区息县草黄林公社出差，同那里几个大队干部闲聊60年时，他们几乎都毫无顾忌地、不加掩饰地说：那三年，他们公社饿死人在三成以上，有许多绝户。

对死亡，毛泽东早有"创见"。大跃进一开头，他就告诫中共高层做好大批死人的思想准备。在八届二次会议上，他讲大批死亡是"白喜事"。他说："**是喜事，确实是喜事。你们设想，如果孔夫子还在，也在怀仁堂开会，他两千多岁了，就很不妙。讲辩证法，又不赞成死亡，是形而上学。**" "**鼓盆而歌是正确的。**" （笔者：庄子亡妻后鼓盆而歌。）"**人死应开庆祝会。**" 如此说来，饿死几千万应开多大规模的庆祝会？草菅人命非其莫属也！

四十年后，官方资料显示当年粮食实际产量和征购情况：

1957年产粮3,900亿斤，征购961亿斤，占产量的24.6%（另说产粮3,700亿斤，征购960亿斤，占产量的26%）；

1958年产粮4,000亿斤，征购1,095亿斤，占产量的27.3%（另说征购1,175亿斤）；

1959年产粮3,400亿斤，征购1,348亿斤，占产量的39.6%；

1960年产粮2,870亿斤，征购1,024亿斤，占产量的35.7%；

1961年产粮2,960亿斤，征购809亿斤，占产量的27.3%。

当然，我们也看到了毛泽东许多反高指标反浮夸的言论。但我们无法否认，他是高指标的始作俑者和恣意妄为者。毛泽东的天才在于他那政痞式的"**一分为二**"：对同一件事，他既善于肯定，也善于否定，既善于褒扬，也善于贬斥，一切都要求他的下级领会其"**精神实质**"；他的"**理无常是：今日是之，后或非之；今日非之，后或是之**"的痞子哲学，成了朝令夕改、出尔反尔的"理论"根据。当发现高指标祸国殃民时，他摇身一变，便从始作俑者变成了个反对者。这是中共的赤文化，亦即无产阶级专政文化的重要特色之一。这种赤文化确保了毛泽东永远"伟大、光荣、正确"；如果发生错误，也是下面"**歪嘴和尚念错经**"的结果。

饿殍遍野的大跃进是"大救星"权力情结产物，亦即权力拜物教的滋生物，因而没有使毛泽东的中共翻然悔悟。但为了推卸责任，他们除大喊天灾外，却把罪责推到苏联乘人之危的"逼债讨帐"上。然而，历史记录却推翻了毛的谎言。据报导，在三年大饥荒中，苏联政府曾决定援助中国50万吨食糖，300万吨粮食，都被毛"理直气壮"地拒绝了。毛泽东说："**哪怕把全中国人都饿死，也不要赫秃子的一粒粮食，中国党和政府是有志气的。我们不但不要苏联的援助，而且还要把欠苏联的债还清。**" 事后，他对保健医生李志绥、秘书田家英说："**饿死事小，失节事大。中国有几亿人口，饿死几千万人，算啥大不了的事呀！让妇女敞开生孩子，死的几千万人，过几年不又回来啦！我们凭啥要吃赫鲁晓夫的嗟来之食？**" 就这样，数千万在饥饿中挣扎的农民，只为毛泽东的"节操"和"志气"，献出了他们的宝贵生命。草菅人命之登峰造极者，非毛莫属也！

在这三年灾难中，有两件令人嗟叹歔欷的事，已分别载入史册。一件是，"伟大领袖"听到饿死几千万人后,心里很难受,表示三个月不吃肉,以此"悼念"饿死的阶级兄弟。御用精英们听了后,大为感动,纷纷著书立说,大讲毛主席与劳动人民同命运共呼吸的"高尚情操"和不吃"嗟来之食"的"志气"。另一件是,河南唐河县委书记**毕可旦**,因向上级要不到粮食,全县饿死十一万四千人。遭到上级批判后,怕当替罪羊被枪决,便领着老婆和三女一男全家六口人,夜半跳了井,14岁的儿子毕剑增,侥幸水里逃生。后人没人敢为他著书立传,却有不少人称,这位县委书记是"以死谢罪",死而余情犹在!

图注16:简评人民公社运动

(自左至右)上排:1. 毛对亩产两万斤的批语。2. 公社召开亩产万斤的誓师大会。3. 亩产万斤报道。中排:1. 水利兵团出发。2. 吃在公共食堂。3. 登梯摘棉花。下排:养猪养成象。

1958年8月29日,中共中央在北戴河召开的政治局扩大会议上,通过了《**中共中央关于在农村建立人民公社问题的决议**》。自此后,总路线、大跃进、人民公社合誉为"**三面红旗**"。借着大跃进的红色狂潮,一个大办人民公社的全民运动,在全国农村正式地普遍地开展起来,并迅速达到了高潮。据官方报导,到10月底,全国74万个集体所有制的高级农业社,变成了2.6万个"政社合一"的、集"工农兵学商政"为一体的、全民即国家所有制的人民公社,完成了从集体所有制向全民所有制的过渡。

制造典型是毛泽东和中共的拿手好戏。在农业合作化运动中,他们一手打造的**王国藩**、**徐建春**等一系列政治典型,让他们肩负着党的红托儿使命,在"共同富裕"的旗帜下,把六亿农民拖进共同贫穷的深渊。在人民公社运动中，他们如法炮制，中国第一个人民公社的典型——遂平县嵖岈山卫星人民公社，就被他们制造了出来。其中，国务院副总理**谭震霖**、毛泽东的政治秘书**陈伯达**、河南省委书记**吴芝圃**、信阳地委书记**路宪文**和遂平县委书记**蔡中田**等领导干部，为制造这个典型费尽了心机。

凭据着"**一大二公**"、"**便于领导**"、"**全民皆兵**"和"**大兵团作战**"的毛泽东思想，他们把嵖岈山卫星人民公社变成了一个大兵营。

嵖岈山人民公社实行军事化管理。全公社共建27个生产兵团，外加一个钢铁兵团。以生产队为一个团，团内设正副团长、政委。一个中队为一个营，任命了营长、教导员和参谋长；营长领导全盘生产，教导员负责思想政治工作，参谋长负责技术指导。营下边按村庄和作业小组，组成连、排、班。此外，各团还专门设立了水稻营、棉花营、红薯营。

由于军事化管理，嵖岈山人民公社的农民都被约束在"统一起床，统一吃饭，统一睡觉，统一上工和收工"的军事管制中。为了达到"伟大领袖"提出的"**召之即来，来之能战，战之能胜**"要求，许多村都把男女分开，编成连、排，分开居住，"所有男人住村东头的营房，所有女人住村西头的营房，老年人带着孩子住留守营房。"夫妻也不例外。由于欲火难耐，有些小夫妻竟敢铤而违纪走险，夜半跑到山里亲热。被哨兵逮住后，以严重违犯军纪论处。好事者记录了斗争辩论他们的场面：

审者："你们为什么干这见不得人的事？"

违者："想哩。"

审者："想，想，想，谁不想？你们就不会忍一忍？"

违者："忍不住呀。"

经过辩论批斗后，触犯"军纪"者提高了认识。

审者："还想不想了？"

违者："急死也不敢再想了；谁再想就对不起毛主席他老人家。"

这个记录已无法考证；但毋庸置疑的是，公社男女分开的军事化管理，增加了年轻夫妇"野合"的可能性。

由于最低层的生产队长可以当团长、政委，共产党的官颇有低贱之嫌。于是，在全国各地人民公社实行军事化过程中，中共做出了严格规定：县、社、大队、生产队四级，分别编为团、营、连、排。刚刚当上团长、政委没多久还没过够大官官瘾的生产队长们，立刻变成了兵头将尾的小排长。共产党的官又主贵起来。

公社军事化管理，就要实行"**统一吃饭**"。于是，毛泽东倡导的公共食堂，便横空出世，大放异彩。由于毛将公社规定为"一大二公"、"政社合一"的政权体制，属全民所有制即国家所有，各级党和政府，在对农民实行平均分配的供给制和吃饭不要钱的公共食堂制的同时，有权无偿地调配各营、连、排的生产资料和劳动力，调配他们的粮、油、棉等生活资料,这种当时称为既"合理"又"合法"的"一平二调",使公共食堂有了"可靠"的供应保障。有资料显示:嵖岈山人民公社共建食堂301个,9,364户全部参加了食堂;全社实行粮食供给制,全年每人500斤口粮标准,无价供应,社员凭粮证吃饭,可以吃个肚儿圆。在典型的带动下,遂平全县实现了公共食堂化,建成幼儿食堂99个、青壮年食堂247个、幸福食堂(老人)126个、综合食堂1,667个。在初期的公共食堂里,人们初尝共产主义硕果,可以尽情地吃,忘情地喝。张艺谋在他的《活着》影片里,就向人们展示了一个公共食堂两次饭局的画面:一次是大吃捞面条,一次是大嚼肉水饺。笔者在北大荒的公共食堂里,曾有幸享受过一顿"吃饭不要钱"的共产主义生活,吃的是油条,喝的是玉米粥。1958年11月2日,《河南日报》报导:"**公共食堂的建立,其优越性如旭日东升,放射出万丈光芒。**"

公社军事化管理,使毛泽东的大兵团作战思想大放光芒。毛泽东一声号令"**钢铁元帅升帐**",全国九千多万男女齐上阵,以人民公社"钢铁兵团"为骨干的炼钢大军,使砖砌的小炼钢炉遍地开花,火光冲天。尽管小高炉炼出来的多是不合格的钢铁,却硬是把当年全国的钢产量翻了一番,达到了1,070万吨。

公社军事化管理,给农业大跃进安上一双任意高飞的翅膀。在《人民日报》"**人有多大胆,地有多大产**"文章的启示下(见上图),嵖岈山人民公社放出一颗亩产小麦3,821.9斤的"卫星"。但"卫星"上天不久,便被其他省市放出更大的"卫星"所取代。不服输的嵖岈山人,咬咬牙,又放出一颗亩产水稻31,403.33斤的大"卫星"。好家伙,一亩竟产水稻3万多斤,这在遂平县放高产"卫星"史上,还是第一次。然而他们高兴没过多久,广西环江县亩产13万斤中稻的"超级卫星",飞上天空,力压群芳,成了全世界绝无仅有的单产冠军!嵖岈山人蔫了,不敢再咬牙了。但省委书记吴芝圃死不服输,他硬把河南1959年只有210亿多斤的粮食产量,上报成450亿斤,达到和超过了毛泽东要粮食"**翻一番**"、全国每人每年"**平均有粮食1,000斤,猪肉100斤,油20斤,棉花20斤**"的目标。

嵖岈山人虽不敢再放"超级卫星",社办工业却捷报频传:几个铁匠集中在一起,一座炉,几把大锤,门口便挂起了"**岈山人民公社修造厂**"的牌子;几个木匠集中在一起,各自带着他们的斧、刨、锛、凿,"**岈山人民公社木工厂**"便宣告成立;油匠们支起了一口大锅,小毛驴拉着沉重的油磨,踩着没尽头的磨道,转了一圈又一圈,油匠们仰着一张张油光闪亮的脸,庆幸他们已从农民光荣地变成"**岈山人民公社榨油厂**"的工人……嵖岈山人大办工业捷报,引领全国农村工业的大发展,为全国"以钢为纲"的工业大跃进,做出了贡献。尽管人民公社引领了工业大跃进,但在"七千人大会"上,国家主席刘少奇竟敢说,1961年,工业"**减产了40%**"。

嵖岈山人在大办大学中,成效卓著。在各级政要的帮助下,遂平县"嵖岈山卫星人民公社红专综合大学"正式成立,实现毛泽东关于"**公社要有高等学校,培养自己所需要的高级知识分子**"的号召,成了当年典型中的典型。全校一共 10 个系,在校大学生 529 人。该校教授是土洋结合,土教授可能识字不多,是群众推举出来的能人,洋教授由原来的小学教师担任。毕业生不仅能种地、开拖拉机、"拔白旗"和批判资产阶级,还能写快板书,宣传毛泽东思想。在典型力量的推动下,全国工大、农大、夜大、红专班等高等院校,与"红专综合大学"争红斗艳,遍地开花,使毛泽东"书读得越多越蠢"的教育革命思想,大放异彩。据统计,全国高等学校由 1957 年的 227 所,到 1960 年,增加到 1,289 所,猛增 5.6 倍。嵖岈山公社社员,几乎人人都变成了大学生。

然而,让嵖岈山人没有料到的是,进入 1959 年,日子越过越艰难。首先是公共食堂告急,粮、油、菜的供应越来越少,有些食堂连喝稀都喝不上。在打倒了彭德怀之后,1960 年 11 月,中共中央根据毛泽东必须坚守公共食堂这块"**社会主义阵地**"指示,向全国发布命令:"**公共食堂必须办好。**""**公共食堂的制度必须坚持。**"由于中央的决定,嵖岈人、河南人、乃至全国各地的干部和群众,谁也不敢解散公共食堂。于是,在"**社会主义阵地**"的公共食堂里,红薯叶、马齿菜、菜梗和菜叶都派上了用场,有些食堂甚至派上了玉米心、花生皮、嫩草根和树皮。不过,公正地说,这些"食品",比笔者在北大荒用玉米穗衣作淀粉充饥,要好吃一些。

公共食堂喝稀断粮,都是高产"卫星"惹的祸。

在农业大跃进、大放"卫星"的浮夸风中,毛泽东的人民公社,使全国粮食总产量从 1957 年的 3,700 亿斤,"激增"到 1958 年的 7,500 亿斤,猛增 1.03 倍。上行下效,在遂平县,1958 年全县粮食总产量约为 3.03 亿斤,却"激增"为 10.03 亿斤,猛增 2.31 倍。大丰收了,国家征购粮油数量也"理应"增加。在遂平,1958 年底,国家征购也从去年的 800 万斤,猛增到 9,000 万斤(县委书记认购数);全国呢?国家征购数也"理应"自 1957 年的 960 亿斤,增加到 1958 年的 1,500 亿斤,但阻力太大,只征购到 1,175 亿斤。到了 1959 年,各地照例高奏大跃进、大丰收的凯歌。同年 8 月,在庐山,把彭德怀打成"右倾机会主义分子"并清除出中央后,毛泽东不顾各地已开始饿死人的严酷现实,率领全党、全军、全国,掀起了"**持续大跃进的新高潮**"。是年,在粮食减产 15%、年产不足 3,400 亿斤的严重人祸面前,在许多公共食堂无粮断炊的严酷形势下,毛泽东的中共,仍按他们心目中的产量,借着"反瞒产私分"运动的狂暴,强行从农民手里"征购"走了 1,348 亿斤粮食,占当年实际产量的 39.6%。在河南,省委书记**吴芝圃**独树一帜,他一拍脑袋,把全省 1959 年的粮食总产量,硬是从 210 亿斤"拍"成了 450 亿斤,猛增 1.14 倍。在吴书记的"坚强"领导下,嵖岈山所在的信阳地区,地委书记**路宪文**,学着顶头上司吴书记,一拍脑袋,把当年实际 20 多亿斤的产量,"拍"成了 50 多亿斤,国家以此强行从农民手里"征购"走了 10 亿多斤,约占当年产量的一半。

民以食为天！ 当农民们眼睁睁看见政府用枪杆子强行夺走他们 40% 到 50% 的口粮后，陷入啼饥号寒的危机之中。在"**社会主义阵地**"的公共食堂里，短短几个月，便从喝稀走到了揭不开锅的尽头。为了活命，农民们便以瞒产、私分、私藏粮油、做小锅饭来与官府抗争，使征购遇到了强大阻力。天才的毛泽东，立刻发现了"**阶级斗争的新动向**"——民主革命不彻底，"地富反坏右"要翻天。1959 年 2 月 22 日，他发出指示说："**公社大队长小队长瞒产私分粮食一事，情况严重，造成人心不安，影响广大基层干部的共产主义品德，影响春耕和一九五九年大跃进的积极性，影响人民公社的巩固，在全国是一个普遍存在的问题，必须立即解决。**"于是，他在全国发动了以反瞒产、反私分、反私藏为中心的"**民主革命补课**"的整社运动。1959 年 8 月 19 日，他亲自对省委书记下令说："**调东西调不出来要强迫命令。**"要用"**马克思与秦始皇结合起来**"的办法去"**反瞒产私分**"。

那些以痞子、流氓无产者为主要成员的"群众"和干部们，闻风行动了起来，他们在反瞒产私分运动中，对农民、对私分的生产队干部，大打出手。他们扬言："**不打人就不是好干部！**"甚至说"**不打人就是右倾分子**"，就是"**小彭德怀**"！

有关资料显示：**在贵州**，省委书记**李景膺**把反瞒产运动定义为"捉鬼拿粮运动"后，捉"鬼"变成了打"鬼"。据《炎黄春秋》报导：湄潭县在反瞒产运动中，全县被活活打死的群众就有 1,324 人，打伤致残的有 175 人，关押致死 200 余人，被戴上"右倾机会主义分子"帽子、开除公职、撤消一切职务的有 1,680 人。**在广西**，经柳州地委同意后，1959 年 2 月 25 日，石龙县集中全县各社队干部 5,000 多人，在二塘樟村召开反瞒产大会。县委书记**孟广平**说，1958 年获得了大丰收，但由于"**严重的资产阶级右倾情绪作怪**"，各社队干部故意瞒产私分，有粮不交国家，因此要大打一场"**反瞒产的人民战争**"。据说，在"反瞒产的人民战争"中，有数百人被打死。在上林县，打和罚的手段有 30 多种，其中包括拳打、脚踢、罚立正、罚跪、捆绑、罚挑水、扣工资、夺饭碗、背石头、罚苦工、晒太阳、带病上工等等。**在河南**，在崤岈山的信阳地区，地委书记**路献文**，积极贯彻中央和省委反右倾精神，掀起了反瞒产私分、挖私藏粮油狂潮，全区打人成风。在光山县，县委召开的一次反瞒产会议上，第一书记**马龙山**，带头把反瞒产不积极的县委书记**张洪福**，活活打死。上行下效，县委书记**刘文彩**，到槐店公社主持反瞒产运动，连续拷打致死 40 多个农民。据统计，在整个光山县公社一级干部中，亲手打过人的占 93%。庐山会议后，从 1959 年 11 月至 1960 年 7 月，信阳地区在反瞒产、挖藏粮中，由公安机关逮捕的 1,774 人中，有 36 人被打死在狱中，拘留的 10,720 人中，有 667 人被打死在拘留所里。全国呢？笔者找不到这方面的资料。粗略保守估算：按每县打死打伤 30~40 人计，全国死伤不会少于七万人，其中被打死的，应在三万人以上。

随着反瞒产、反私分和挖藏粮运动的深入和发展，饿死在"天堂"里的人越来越多。

在贵州湄潭县，从 1959 年 11 月到 1960 年 4 月的反瞒产运动中，全县共饿死 124,511 人，占全县总人口的百分之二十，死绝户的达 2,938 户，遗下孤儿 4,737 人。在嵖岈山的信阳地区，据学者们的估算，在庐山会议反彭德怀后的半年多里，"非正常死亡"约为 60~100 万人，三年里 (1959~1961) "非正常死亡"约为 110~130 万人。其中，在人民公社的发源地嵖岈山卫星人民公社，全社仅 4 万人，从 1959 年冬到 1960 年春的三个多月间，就饿死了 4,000 人，占总人口的 10%。据潢川、光山、息县三县的统计，孤儿就达 1.2 万人之多！在全国，据专家测算，1959 年到 1961 年的"三年人祸"中，有 3,000~4,500 万人倒毙在人民公社的"天堂"里；官方在《中国历代人口统计资料》中承认：1958 到 1961 年"非正常死亡"3,767 万人。（前事不忘，后事之师。笔者紧急呼吁：每年的 **8 月 29 日**，即中共在 1958 年通过《中共中央关于在农村建立人民公社问题的决议》的那一天，理应成为"**中国大饥荒纪念日**"，年年铭记，岁岁不忘！）

"通向共产主义天堂"人民公社的恶果，迫使中共从 1961 年起，实行"**调整、巩固、充实、提高**"八字方针，采取了一些比较开明和有效的补救措施，如政治上广开言路的"神仙会"和经济上的"三自一包"等亡羊补牢措施，扭转了大规模饿死人的局面，当时颇得人心。但人民公社政社合一性质基本没动，数亿农民仍像现代农奴一样，不得不在**雇主**和各级**官僚特权阶级**的监控下，长期在"瓜菜代"的贫困中煎熬。

"通向共产主义天堂"人民公社的恶果，使中共陷入分裂。党内以刘少奇、邓小平为代表的右派逐渐得势，毛泽东的权力受到了前所未有的挑战，迫使他不得不退居二线。不甘心身居二线的毛泽东，开始在暗箱里策划向刘、邓兴师问罪的文化大革命。

毛泽东死后，右派发动宫廷政变，击败毛左集团核心"四人帮"，宣布文化大革命为"浩劫"。1978 年，在邓小平、中共的默许和支持之下，安徽省凤阳县小岗村，十八户农民签订"血"约，揭"竿"而起，砸开人民公社枷锁，率先分田到户。1979 年 9 月，中共在四中全会上，通过了《关于加快农业发展若干问题的决定》，承认小岗农民分田到户的合法性。1980 年 9 月，中共下发《关于进一步加强和完善农业生产责任制的几个问题》，肯定了包产到户的"社会主义性质"。至 1982 年 12 月，在全国五届人民代表大会第五次会议上，重新修改后的宪法规定：改变农村人民公社政社合一体制，重新设立乡政权。自此，肆虐中国农民二十四年又三个多月的毛氏人民公社，被迫退出历史舞台。接着，到了 1983 年，中共在全国范围内，全面推广家庭联产承包责任制，在推翻人民公社体制的同时，砸开了中共套在农民身上长达三十年的农业合作化枷锁，使亿万农民开始过上能吃饱饭的生活。至此，**毛氏**人民公社和它的前身**共氏**农业合作社，都被扫进历史垃圾堆，成了千古诅咒的妖孽。

图注17：简评"四清"运动

饿殍遍野的大跃进，使农民吃尽了苦头，他们与共产党"打土豪分田地"时的那种关系已不复存在，埋藏在心底的只有仇恨。不愿认错的毛泽东，拒绝反思"三面红旗"的罪恶；但他是以农民运动起家的革命家，深知失去农民意味着什么，这种后果的可怕性在困扰着他。为了解脱困局，天才的谋略家又拾起了阶级斗争的武器，并找到替罪羊——曾为"三面红旗"摇旗呐喊和冲锋陷阵过的社队基层干部。当听到毛泽东估计说有 **20% 生产队领导权在坏人手里**后，周恩来便说"**有三分之一的国家权力被坏人掌握**"，刘少奇则说不止三分之一，"**尤其是在城市、学校和文化艺术单位**"。在这里，统计学再次变成政治评估学。于是，毛泽东同刘少奇决定，在全国城乡开展社会主义教育运动，**拿经济"四不清"的干部开刀**，即清算他们的**工分、账目、仓库和财物**（简称"四清"），借以转移老百姓特别是农民对大跃进和对中共的仇恨，重树共产党的绝对权威。

山西四清运动中批斗会

黑龙江万人对敌斗争大会

黑龙江农村的批斗会

四清队员访贫问苦扎根串连

山西因制作鸽子哨到市场偷卖了一块多钱被定为资本主义道路农民

袁凤荐"地主庄园"的农具展

为此，1963年5月，毛泽东在杭州制定出了《**关于目前农村工作中若干问题的决定**》，即《**前十条**》。他在文件中写道："**中国社会已经出现了严重的尖锐的阶级斗争情况，资本主义势力和封建势力正在对党猖狂进攻，要求重新组织革命的阶级队伍，把反革命气焰压下去。**"在这里，他把"三面红旗"制造的饿殍遍野的罪恶，统统算到"反革命"身上。他又煞有介事地说："**如果不抓阶级斗争，少则几年、十几年，多则几十年，**

就不可避免地要出现全国性的反革命复辟，马列主义的党就一定会变成修正主义的党，变成法西斯党，整个中国就要改变颜色了。"9月，中共中央在北京又讨论制定了《**关于农村社会主义教育运动中一些具体政策的规定**》，即《**后十条**》。

  运动采取大兵团作战的方式进行，每个生产大队派工作队队员30~60名不等。运动开始，首先大规模培训工作队队员。在培训中，把农村描绘成漆黑一团，许多生产大队或生产队已经烂掉，有三分之一的社队领导权不在共产党手里。工作队进村后，首先夺权，原有干部一律"靠边站"，等待审查。接着"访贫问苦"，开展"忆苦思甜"教育，队员通过"扎根串连"、"重组阶级队伍"，为重建农村政权做准备。对干部审查是，先"洗温水澡"，"解放"问题不大的干部，让他们"轻装上阵"，"共同对敌"。对重点审查人物，则发动群众揭批。揭发内容包括：贪污、多吃多占、多计工分、欺压和打击报复贫下中农、混线即与四类分子（注）关系不清，等等。

  1964~1965年间，笔者在黑龙江省牡丹江地区，参加过"社教工作队"，搞过两期"四清"，每期八个月。省里规定，有问题的人也可以参加"社教"，以便接受改造，笔者便荣幸地当上了社教工作队一个工作组的材料员。在教育和接受改造中，曾目睹过许多场批斗会。其中有一次，批斗的是一个生产队队长。他的"罪行"很多，记得有这样几件"大事"：为了升官发财，他在1958年，"违犯毛主席要实事求是的教导"，把亩产小麦320斤，虚夸上报成1,020斤，使生产队超交，短了半年粮，群众要他到"病死"的两个老人坟上**磕头**；在返销粮中（统购过头又返销给农民的陈年粮，1965年仍在执行），他给四类分子多分，同贫下中农一样多，**混线**；他自己家也多分了30斤，**多占**。批斗中，他不服，说他开始报亩产340斤，公社批他右倾，第二次三级干部会议上，他报520斤，县里批他企图"瞒产私分"，他受不了，就索性跟着别人报了1,020斤。他还顶撞说："那时，你当干部试试！"对多给四类分子返销粮，他顶撞说："他们也是人。"他的顶撞使他吃了不少苦头。他虽然"硬"，但在反复批斗和打骂、捆绑下，终于软了，承认他自私、混线、犯了罪，"辜负了毛主席老人家的教导"。显然，按照"伟大领袖"的教导，他是本队"**资本主义势力和封建势力**"的代表。当清查到一个副队长的工分时，出了问题。他原是个"打头"的（领头干活），中农成份，活干得好，后来升了副队长。他每年得的工分都是全队最高的，1963年高达3,900多分。每天记12分，群众评议，当"打头"时可以，当副队长每天应记10分。算来算去，扣掉了他200分。去年生产队收入较好，分值八分，必须扣他16块。他一时想不通，竟上了吊。这个意外，把我搞懵了。当时工作队就宣布，他是"畏罪自杀"。一个"**反革命复辟**"分子死了，正如"伟大领袖"教导的那样，他的自杀是"**不齿于人类的狗屎堆**"！我们来到他家，见到了他的媳妇和三个小孩。小孩子泪汪汪的，媳妇似已没有眼泪，她连连对工作组组长说："他有罪。"全家五口，只有三床棉被。看着他那个几乎一贫如洗的家，我那颗早已"冷酷"了的心，此刻竟被弄得酸酸地，眼也禁不住有点湿，赶紧转身躲开去。

到了 1965 年元月，风云突变，中共下达了个《**农村社会主义教育运动中目前提出的一些问题**》文件，即《**二十三条**》。《**二十三条**》下达后，"四清"内容从清工分、清账目、清仓库和清财物，突然变成**清政治**、**清经济**、**清组织和清思想**，明确"清"的重点是"**整党内那些走资本主义道路的当权派**"。笔者春节留守，直接向社员照本宣读《二十三条》，规定不许讲解。党支部书记和委员们听了后，紧张得春节都没心喝酒。当时笔者有些糊涂，不知政策突变的原因。后来才知道，毛泽东因不满刘少奇、邓小平党内右派的不合作态度，特别是对"三面红旗"后果和"四清"性质认识等问题上的不合作态度，怒出《二十三条》，矛头指向刘、邓一伙。所以，学者大都认为，《二十三条》是文化大革命的前奏。

"四清"运动中有很多人自杀，笔者只见过两起。据报导，北京市郊区通县开展社会主义教育运动，先后发生自杀 70 多起，死亡 50 多人。

全国有多少人死于"四清"？据报导，在城市有 4,128 人致死，在农村有 73,432 人被打死或自杀。

"四清"运动在面上只搞了三期，全国大约搞了三分之一的社队。第三期没搞完，便进入了文化大革命，"四清"由是结束。

注、四类分子

指"地富反坏"即地主、富农、反革命、坏分子等四类阶级敌人。文革中，又把右派分子包括在阶级敌人中，四类分子便发展成"地富反坏右"五类分子。之后，划分阶级敌人的范围不断扩大，便出现了"七类分子"、"十类分子"、"二十一种人"等等。

图注18：简评高饶事件

"伴君如伴虎"这条远古封建的戒律，在"解放"后的社会主义中国，继续发酵。历史这样记录了被毛整死的"大臣"名单：

国务院副总理、国防部部长**彭德怀**，1959 年被整，长期被囚，1973 年囚死；

共党的第一副主席、国家主席**刘少奇**，1966 年挨整，1969 年拖死于密室；

中共党章规定毛的接班人、副帅**林彪**，1971 年被整，同年 9 月摔死；

国务院总理**周恩来**，自 1973 年起不断挨整，在反复折磨下，心力憔悴，拖死于 1976 年初。

（以上各"大臣"的命运，可查看本书有关章节。）

但"解放"后第一个被毛整死的是：中央人民政府副主席、政府计划委员会主席兼东

高岗

北行政委员会主席高岗，1954年2月开枪自杀未遂，同年8月17日，又服安眠药自杀身亡，时年49岁。

高岗被清洗的主要罪行是：与饶漱石结盟，阴谋篡夺党和国家的最高权力。

高岗 (1905-1954)，陕西横山人。1926年参加中国共产党。1927年至1931年，在国民党西北地方部队中秘密开展兵运工作，发动武装起义；1932年1月，任陕甘工农红军游击队队委书记；1933年11月，任红二十六军第四十二师政委、红二十六军政委，是陕甘红军和革命根据地的创建人之一；1935年2月，任西北革命军事委员会副主席兼总政委。陕甘宁边区的创建和发展，使被打得焦头烂额的中央红军有了喘息和立身之地。1935年9月，任15军团副政委；1938年5月，任中共陕甘宁边区党委书记；1939年1月，任陕甘宁边区参议会参议长；1941年5月，任中共西北局书记。抗日战争胜利之后，1945年11月，奉命赴东北，任北满军区司令员；1946年6月，任中共东北局副书记、东北民主联军副政委；1947年底，任东北人民解放军第一副司令员兼副政委；1949年后，任中共东北局书记、东北人民政府主席、东北军区司令员兼政委。"解放"后，任中共东北局第一书记和中央人民政府副主席；1952年11月，任中央人民政府计划委员会主席兼东北军政委员会主席。

饶漱石

饶漱石 (1903-1975)，江西临川钟岭乡环洲饶家人，生于1903年11月23日，曾赴英、法、苏留学。1923年加入中国社会主义青年团；1925年加入中国共产党。1929年起，历任共青团北满省委书记、中共满洲省委代理书记、上海工会联合会党团书记、中华全国总工会党团书记。1935年赴苏联，任中国驻赤色职工国际代表。抗日战争期间，历任中共东南局副书记、华中局副书记兼宣传部部长、中央军委华中军分会常委兼新四军政治部主任、华中局代理书记兼新四军政委1945年6月，当选为中共第七届中央委员。是年底，任新四军兼山东军区政治委员。解放战争时期，任华东军区政委、华东局书记。1947年2月到7月，作为华东战区的最高统帅，领导和参与指挥了莱芜战役、孟良崮战役、白塔埠战役、蒙泰战役、南麻临朐战役等，歼敌数十万。1948年10月后，与中原前线总前委邓小平一起，指挥了淮海战役，然后挥师南下，参与领导了渡江战役、上海战役，先后歼灭国民政府军100多万。中华人民共和国成立后，任中央人民政府委员、中央军委委员、华东军政委员会主席、华东局第一书记。1950年8月，第三野战军前委与华东军区合并，任华东军区暨第三野战军政委。1953年调任中共中央组织部长和中共中央副秘书长。

　　高、饶厄运，始发于1952年的"**五马进京**"事件。"五马进京"指当时的五大中央局的"诸侯"即第一书记调进北京工作。所谓"五马"是：西南局的**邓小平**，西北局的**习仲勋**，中南局的**邓子恢**，华东局的**饶漱石**和东北局的**高岗**。其中，高岗最为显赫，不仅担任以毛泽东为首的中央人民政府六位副主席之一，还兼任与周恩来为首的政务院相平行的计划委员会主席，分管8个工业部，削减了周的权力，故有"**一马当先**"之誉。毛想要重用高，周恩来看得十分清楚：做为大管家，他曾把党内传阅文件的顺序，由毛、刘、周、朱、高，改为毛、高、刘、周、朱，把高岗提到紧随毛后的第二位。原华东军政委员会主席、华东局第一书记饶漱石进京后，任中央组织部部长，主持干部考核、任免大权，名正言顺地取代了刘的亲信中组部常务副部长安子文。

　　1953年"五马进京"之后，据称，高岗即与饶漱石结盟，反对刘少奇、周恩来、邓小平、彭真、陈毅等人，"阴谋篡夺党和国家的最高权力"。其"反党阴谋"被中共中央"察觉"，在1954年2月的中共七届四中全会上，高、饶受到"揭露和批判"。同年8月17日，这曾在1935年10月拯救了中央红军的陕甘红军和革命根据地创建人之一的高岗，终因不堪屈辱，饮恨自杀身亡；在华东战区做过重大贡献的饶漱石，被捕后病死于狱中。1955年3月，中共党的全国代表大会通过《**关于高岗、饶漱石反党联盟的决议**》，开除其党籍，并撤销党内外一切职务。

　　"五马进京"后，高岗怎样与饶漱石结盟？怎样反对刘、周、朱、陈（云）、邓（小平）等人呢？

　　毛泽东的天才在于足智多谋。在政权体制上，他反对三权分立的制衡机制，因为制衡防碍专权；但在中央委员会和政治局的层面上，他要搞权力制衡，借分而治之之权术，达到唯我独尊的目的。"五马进京"是毛泽东**全面控制中央权力中枢的谋略之一**，即上调地方"诸侯"来"掺砂子"(1)，借以监控经常参与决策的刘少奇、周恩来、朱德等中央书记（相当于政治局常委）们的动向，节制、平衡他们的权力。他用"一马当先"的高岗，充当与政务院平起平坐的计划委员会主席，以削弱周恩来的权势，他用华东局的饶漱石，充当中央组织部部长，以压制、监控刘少奇的亲信中组部副部长安子文，递夺刘少奇独断人事考核、任免的权力。

　　毛泽东的谋略，在历史上也留下了自己的印迹。1980年10月，四千多老干部在评议毛泽东功过时，刘少奇遗孀王光美说："高饶事件前，毛主席约少奇谈话，要反周（恩来）。少奇不同意，说反周对党不利，周有很大功绩，在国内外有很大威望，绝不能反。"由于刘不愿遵命，周得以保全，但刘也被毛记了一笔帐。又据高岗秘书赵家梁回忆，从1952年冬到1953年春，毛、高二人在接触时讲了很多私房话。高岗后来在检查中说：**"我对刘少奇政治上的看法不是我自己的，是我听别人讲的，是我捡的。"** "别人"指谁？

是毛。由于想清算刘的那笔帐，高岗进京前，"**毛要他查东北的敌伪档案，看刘在东北被捕后的表现**"。

高是否查了敌伪档案，无处可考，但紧跟毛泽东的高岗，已揣摩到毛反刘的意图，"五马进京"后，他决心紧紧跟上。"五马进京"的另一马饶漱石，看到高的权势日隆，便与高走在一起，紧跟毛泽东，向刘少奇发难。

饶漱石首先利用"八大政治局委员的名单"事件（注2）向刘少奇发难。这个《名单》是安子文根据刘少奇的指示搞的，因名单中"有薄（一波）无林（彪）"，受到了毛泽东的批评。为了紧跟，饶在中组部内和全国组织工作会议上批斗安子文。饶的批安行动，被高层解读为"**讨安伐刘**"，或称"明批安子文、实反刘少奇"。几乎与此同时，高岗利用"新税制"事件(3)向刘少奇发难。这个"新税制"是刘少奇的亲信薄一波搞的，引起物价波动，受到各界人士的广泛批评，也受到毛的训斥。为了紧跟，高岗在他主持的计划工作会议上批斗薄一波。高的批薄行动，被高层解读为"**批薄射刘、周**"，或称"明批薄一波、实反刘少奇、周恩来"。

高、饶的悲剧在于，初来乍到中央，未必了解中央权力斗争的残酷性，未必了解毛泽东出尔反尔、反复无常的品行。在他们"批薄反刘"和"讨安伐刘"的高歌中，引发了红区党和白区党谁为领导之争，从而引发了党内白区干部与军队将领之间的矛盾。他们紧跟毛的行动，立即受到了刘、周、朱、陈、邓等人的联手反击，指责他们妄自尊大，挑起红、白区之争，企图分裂党。同时，高在陕北当土匪时抢女人、在东北称王时乱搞女人的腐败行径，也被揭露了出来。

毛泽东的天才还在于，他能审时度势，关键时出手，引领事态向有利自己方面发展。当他发现用高、饶制衡刘、周计划失败后，遂来了个180度的大转弯，大骂高、饶是"**搞阴谋的**"。"**组织地下司令部的，就是高岗。**"高、饶旋被打倒，从而使他变被动为主动，取得了刘、周、朱等人的支持。

但打倒高岗并非毛心所愿。十年后的1964年6月16日，毛在政治局扩大会议上，讲到高岗自杀，说了句令人震惊的话："**高岗的死，我看是有人为了保存自己把他搞死的。**"十年前，倒刘计划受挫，十年后，毛再度舞剑，指刺刘少奇的心窝，终致刘死于非命，其党羽薄一波、安子文等，也随之以"叛徒"罪名被打倒、系狱。

注1、"掺砂子"

毛泽东说："土太板结了就不透气，掺一点沙子就透气了。军委办事组掺的人还不够，还要增加一些人。这是掺沙子。"详见第十九章。

注2、"八大政治局委员的名单"事件

1953年4、5月间，安子文起草了一份八大政治局委员名单。毛泽东对这个名单很不满意。在一次中央会议上，毛批安说："**一个中央组织部副部长，哪来这么大的权力搞这么一个名单？**"安子文当即作了检讨，并承担任全部责任。事后得知，安的名单是按刘少奇的意图起草的。名单中有薄一波，没有林彪，即所谓"有薄无林"。

注3、"新税制"事件

1953年1月1日起实行的"新税制"，引起了物价波动。时任财政部部长的薄一波，受到了毛泽东的严厉批评，指责薄搞"分散主义"，也间接批评了刘少奇、周恩来。

图注19：简评庐山会议批判彭德怀

在1958年12月的大跃进期间，时任中共中央政治局委员、国务院副总理兼国防部部长的彭德怀，回到家乡湖南做调查研究。

那时，在"**人有多大胆，地有多大产**"的口号下，高产"卫星"满天飞。湖南一些地方，也出现了亩产稻谷6万多斤、红薯50多万斤的"高产典型"。他老家的公社党委书记向他汇报说："今年粮食丰收，产量高的亩产有1,600多斤，平均亩产900斤的生产队有不少。"但是社员背后跟他讲真话：亩产稻谷600斤都不到。平江县委书记实事求是地向他汇报说，部分高产田亩产才800来斤。为什么浮夸呢？平江县委书记向他反映："**虚报数字都是上边层层加码压出来的，不管你能不能办到。粮棉加翻，钢铁加翻，什么都要放'卫星'，连吃饭都不要钱了。动不动就说你'右倾'**。"在乌石学校，他看到，八、九、十几岁的小学生，也大搞集中居住，集体开餐，而大锅菜里清汤寡水，没有几点油星，学生伢儿们一个个面黄肌瘦。调查炼铁时，乌石公社干部告诉他，劳动力是全社统一调配，几乎所有男女劳力齐上阵，按军队建制把群众组织起来，搞大兵团作战。他问炼一吨铁要花多少成本？干部们回答："为了'**保钢铁元帅升帐**'，我们是不惜代价的，没有算过账。"由于炼钢铁没有煤，全靠木炭，山上的树基本上都砍光了，农民面临生存危急。调查中，他同群众算了一笔帐：土法炼一吨铁，要比正规钢铁厂多花十几倍甚至几十倍的钱，而且炼出来的那些铁，根本不能用。

一位老红军战士勇敢地递给他一张字条，上写着："**谷撒地，黍叶枯，青壮炼钢去，收禾童与姑，来年日子怎么过，请为人民鼓咙呼。**"

1959年5、6月份，饿死人现象已在全国各地显露出来；但中共仍按虚假产量数征购粮食和安排人民生活，还大量增加粮食出口。1958年出口266万吨，已经超过了以"瓜菜代"为食的农民承受能力，1959年却调增到415万吨，激增56%。本来对毛泽东的霸道很不满意的彭德怀，已经按捺不住，要"我为人民鼓与呼"了。1959年7月2日，中共中央在庐山举行政治局扩大会议，接着在 8 月 2 日，又召开了八届八中全会。会间，7 月 14 日，彭德怀给毛泽东私人写了一封信，表示了对大跃进的不满。信中指责："**在全民炼钢铁中，多办了一些小土高炉，浪费了一些资源（物力、财力）和人力，当然是一笔较大损失。**" "**浮夸风气较普遍地滋长起来。**" 大跃进是 "**小资产阶级的狂热性**"。"**'15 年赶上英国'等号召因此就脱离了实际，得不到群众的支持。**"……

毛泽东接信后，勃然大怒。他认为，他与彭共事的三十多年间，彭处处找茬：三十年代，彭差一点搞掉他的指挥权；华北会议上，他批评发动百团大战是"**帮助了蒋介石**"，彭不接受，先后斗了 40 天，彭发牢骚说，这是"操娘 40 天"；五十年代，他喜找军队文工团里的女孩子"跳舞"，有时还会拉她们到卧榻"促谈"，彭大发牢骚，甚至谩骂称其为"选妃子"，还为此撤消了一些文工团建制；现在又拿大跃进向他发难，挑战他的权威。是可忍？孰不可忍？他决定组织反击，把彭写给他个人的信向全会公布。在刘少奇、周恩来、邓小平、林彪、彭真等核心要员的支持下，毛泽东以信向彭德怀兴师问罪。

庐山会议批判彭德怀会场

在会议上，毛先批彭是"**资产阶级的动摇性**"，是"**右倾性质**"的问题。几天后，他见时机成熟，便怒斥彭"**跟一切马克思主义者格格不入**"，"**根本不懂什么是马克思主义，什么叫上层建筑，什么叫经济基础**" 他向已经缚手待毙的彭发出威胁说："**你说华北会议操了你 40 天的娘，你在这里还只操了 20 天，还操不得？现在我说要满足 40 天，不然我们还欠 20 天的账，尽你操满足你操娘的愿望。**"他见彭已无还手之力便指彭说："**我看无非是你想挂帅，与其你挂帅，不如我挂帅。**" 在毛的无上权威下，一百多个中央委员和后补委员中，除朱德说了句"彭总有一股拗脾气，今后应该注意改掉"的开脱话外，其他委员不是落井下石，便是袖手旁观；尽管在事后，他们也有许多人为彭鸣不平。

8 月 7 日，在毛泽东的无上权威下，八届八中全会发出《**中共中央关于反对右倾思想的指示**》，提出现在右倾已成为工作中主要的危险。全会通过了《**为保卫党的总路线、反对右倾机会主义而斗争**》的决议。由于总参谋长黄克诚、原总书记张闻天、湖南省委第一书记周小舟（毛的前秘书）赞同彭的意见，在往来交换意见时，被公安部部长罗瑞卿"发现"，向毛告密，于是，中共中央又做出了《**关于以彭德怀同志为首的反党集团的决议**》，并号召全党进一步开展对"彭、黄、张、周反党集团"的斗争，批判他们是"**有计划、有组织、有目的地反对总路线，反对党中央，反对毛主席**"。8 月 16 日，毛泽东在一个批示中断言:"**庐山出现的这一场斗争,是一场阶级斗争,是过去10年社会主义革命过程中资产阶级与无产阶级两大对抗阶级的生死斗争的继续。**"——一封质疑"三面红旗"的私人书信,变成你死我活的阶级斗争。由此可见,权力拜物教的权力情结多么可怕!也由此可以推见,胡风上呈的30万言建议书,判他25年徒刑,应算轻判;笔者在日记中记录了"三面红旗"的一些恶端,没有被枪决,应算党的"恩典"!

9月17日,国家主席刘少奇发布命令:免去彭德怀兼任的国防部长和黄克诚的解放军总参谋长的职务,任命林彪兼任国防部长和罗瑞卿兼总参谋长。彭德怀这位中共大员中唯一比较廉洁、正直、敢言的骨鲠之士,就这样被赶出了中央。庐山会议后,借着大批"右倾机会主义"的风暴,中国各地抓出了大小"右倾机会主义分子"和"小彭德怀"数十万个,掀起了"**持续大跃进的高潮**",使刚开始不到半年的饥饿,迅速扩大,很快演变成饿殍遍野的惨局!

毛泽东还在大讲他的"**知无不言,言无不尽,闻者足戒**"的民主,提倡他的"**不打棒子、不扣帽子、不抓辫子**"的"三不主义",高唱他设计的"**既有集中,又有民主,既有纪律,又有自由,既有统一意志,又有个人心情舒畅、生动活泼的政治局面**"的时候,在批斗中,彭德怀被打断了两根肋骨,重病卧床,郁郁成癌,死于囚中。在监中疼痛难忍的彭德怀,曾哀求看管的战士说:"警卫战士,疼得我一点办法也没有了,我实在忍受不了了,你帮我打一枪吧。"临死前他曾大呼:"**这顶帽子**(指'右倾机会主义'的帽子)**不摘,我是死不瞑目的!**"

图注20:简评"七千人大会"

"七千人大会"会场

1961年9月,在庐山会议上,通过协商,决定第四季度从各地上调粮食32亿斤。可是到了11月中旬,时间过半,各地上交中央的粮食只完成23.4%。京、津、沪三大城市面临着粮食脱销的危险。城市粮食脱销的后果不堪设想,毛泽东心急如焚。

1961年,国家用了3.5亿美元(合人民币14亿元)进口粮食,几乎将所有外汇全部用来购买粮食。如果这种情况持续下去,就不能进口其他急需的工业物资。偌大一个农业国,靠进口粮食吃饭,怎么发展?用邓小平的话说,"**永远也翻不了身**"。

1961年11月11日,中央召开了有各中央局第一书记参加的会议,专门落实粮食征购问题。"**各中央局书记面面相觑，感到了问题的严重。**"

问题严重在什么地方？他们心照不宣地指向县委书记一级：1958年批他们右倾保守，是"睁眼瞎子"，看不见农民的积极性，迫使他们搞大跃进，大炼钢铁，大放"卫星"，弄得劳民伤财，怨声载道；到了1959年，又把1958年的"一平二调"共产风、浮夸风全算到他们头上；庐山会议后，他们中许多人又被打成了"右倾机会主义分子"、"小彭德怀"；到1960年大量饿死人时，他们中许多人又变成了替罪羊，变成了阶级敌人，有的被判刑，有的被枪毙，有的见大势不好跳了井；剩下来的都是忍气吞声者，反正毛主席和党中央永远正确，谁也不敢说这都是总路线、大跃进、人民公社"三面红旗"惹的祸；因此，为了保全自己，县委书记们不得不把"屁股坐到农民方面"上来，一听征购粮食，就"抵触"，便"反感"。——凡此种种，各中央局的"封疆大吏"们虽心知肚明，却不好说。

熟读经史的毛泽东，精通"宽猛相济"权术。他了解上述情况后，决定用软的"民主"力克硬的"抵触"。他决定召开包括县委书记在内的中央工作会议，用民主总结的方法，开展批评与自我批评，让下面各级干部"出气"，使各项工作（主要是征购）打开一个新局面。在这个会上，他大讲民主的重要性，对过去几年的工作，也做了些自我批评。他说："**同志们，不能隐瞒。凡是中央犯的错误，直接的归我负责，间接的我也有份，因为我是中央主席。我不是要别人推卸责任，其他一些同志也有责任，但第一个负责的应当是我。**"中央其他领导人刘少奇、周恩来，邓小平、彭真等也做了些自我批评。上行下效，一时间，各级干部都做起自我批评来。自我批评虽然空洞无物，形式主义，但比胡批乱斗心情舒畅得多。

然而，大会也有不谐音符。林彪说："**产生经济困难恰恰是由于我们有许多事情没有按照毛主席的指示，毛主席的警告，毛主席的思想去做。如果听毛主席的话，体会毛主席的精神，那么弯路会少走很多，今天的困难会要小得多。**"对林彪的讲话，毛泽东情不自禁呼唤："**讲得好！**"并带头为林鼓掌。对此，许多人感到惊讶。

来自刘、邓、彭的声音，与林彪截然不同。刘少奇说："这几年发生的问题，到底主要是由于天灾呢，还是由于我们工作中间的缺点错误呢？湖南农民有句话，他们说是'**三分天灾，七分人祸**'。"他反复强调"**要科学分析当前严重经济困难的原因，主要不是天灾，也不是赫鲁晓夫**（苏共总书记）**撕毁全部协议和合同，而是我们工作中的错误。**"邓小平也强调要发扬党的革命传统，加强民主集中制，影射党内缺乏民主。彭真则直截了当地提出："**毛主席也应该作检讨，如果毛主席的百分之一、千分之一的错误不检讨，将给我们党留下恶劣影响。**"在刘、邓、彭的鼓动下，有些地方干部便大胆而委婉地对中央提出了些批评，还提出了给"右倾机会主义分子"平反的要求。尽管对中央的批评大都是工作方法上的小事，有意避开了造成灾祸根源的大跃进和人民公社，毛泽东还是非常不满。

由于会议开得比较民主，绝大多数与会者心情比较舒畅，大都能想方设法去完成征购任务，从而使会议取得了成功。为此，有人编了一个顺口溜献给大会："**白天出气，晚上看戏，两干一稀**（笔者：与会者每天吃两顿干饭，一顿稀饭），**马列主义。**"会上，毛泽东饶有风趣地附和那顺口溜；但在私下里，他极其不满对亲信们说："该改成'**白天出气，晚上看戏，两干一稀，完全放屁**'！"

"**完全放屁**"，毛泽东彻底否定了他发起的"七千人大会"。

会议过去半年，农民们也刚从灾难中喘出一口气，刚刚从"三自一包"中填饱肚子时，毛泽东便在中共八届十中全会上，严厉批评了"七千人大会"掀起的"**单干风**"（指"三自一包"）、"**翻案风**"（指给"右倾机会主义分子"平反）和"**黑暗风**"（指"七分人祸，三分天灾"观点），提出"**阶级斗争必须年年讲、月月讲、天天讲**"。自此，"三年经济困难时期"的提法，被"三年自然灾害"谎言取代，刚过半年的"人祸"论，也消失得无影无踪，全国农民不得不在"低标准"、"瓜菜代"中继续煎熬。

"**宽则民慢，慢则纠之以猛**"。"民主"之后就是镇压：四年后，第一个遭殃的是主张"毛主席也应该作检讨"的彭真，接着遭殃的是敢讲"七分人祸"真话的刘少奇。

图注 21：简评自由主义思想家胡适

自由主义思想家胡适

毛泽东的一篇《反对自由主义》，把自由主义与集体主义对立起来，说"**它是一种腐蚀剂，使团结涣散，关系松懈，工作消极，意见分歧**"。是党和国家团结的大敌。在中国，半个多世纪中，自由主义成了人人喊打的过街老鼠，从而使权力拜物教即崇拜权力的马列主义、毛泽东思想，横行于中国。

中国自由主义大师胡适先生，并不认同毛泽东的说教。他说："**你争取个人的自由，就是争取国家的自由。**"他认为："**自由平等的国家不是一群奴才建造得来的。**"他申明："**我们是爱自由的人，我们要我们的思想自由、言论自由、出版自由。**"

他信奉新闻自由。三十年代，他在《独立评论》上写道："**我们都希望永远保持一点独立的精神，不依傍任何党派，不迷信任何成见，用负责的言论而发表我们各人思考的结果，这是独立的精神。**"

他崇尚信仰自由。他说："**在宗教信仰方面不受外力限制,就是宗教信仰自由。**"

他推戴古代的自由主义精神。他认为，孔子的"**有教无类**"，孟子的"**贫贱不能移，富贵不能淫，威武不能屈**"，是全世界最早的自由主义。

自由和民主不可分。胡适谈自由主义时，必然论及民主。他认为："**我们古代也曾有'民为邦本'，'民为贵，社稷次之，君为轻'的民主思想。**""**但是东方自由主义运动始终没有抓住政治自由的特殊重要性，所以始终没有走上建设民主政治的路子。**"他认为，民主生活的本质"**是个人主义的**"，民主传统"**是由一般爱好自由的个人主义者联手创造的。**"虽然台湾有国民党人，批评他的自由主义"实际上是共匪的帮凶"，他仍建议台湾国民党当局"**实行多党的民主宪政**"，将"**国民党自由分化，分成三四个同源而独立的政党，略如近年立法院内的派系分野**"。他还曾建议蒋介石："**一国的元首要努力做到'三无'，就是'无智、无能、无为'：无智，故能使众智也；无能，故能使众能也；无为，故能使众为也。**""**努力做一个无智而能'御众智'，无能无为而能'乘众势'的元首。**"

他反对暴力革命，主张和平改革。他说："**我要很诚恳的指出，近代一百六、七十年的历史，很清楚的指示我们，凡主张彻底改革的人，在政治上没有一个不走上绝对专制的路……只有绝对的专制政治可以不择手段，不惜代价，用最残酷的方法做到他们认为根本改革的目的。**"

在哲学上，他是个实验主义者，提倡"**大胆的假设、小心的求证**"的治学方法。

笔者反对崇拜权力魔力的权力拜物教，并认为：**自由主义是爱国主义的基础**；集体主义往往被独裁者独霸，成了御用的镇压异己者的理论根据。因此，美国开国元勋、美国独立宣言的起草人之一、大思想家富兰克林警告说："**哪里有自由，哪里才是我的祖国。**"经过文艺复兴"洗礼"的欧洲人，他们对自由也情有独钟。一个叫裴多菲的诗人就曾大声唱道：**生命诚可贵，爱情价更高，若为自由故，两者皆可抛！**中国呢？就哲学而论："人之初，性本善"吗？非也；"人之初，性本恶"吗？非也；"人之初，无善恶"吗？亦非也！何以为是？笔者借卢梭名言答曰："**人生而自由！**"令人哀叹的是，饱受"集体主义"熏染的中国人，在信息封闭、个性压抑的环境里，大多数人很难接受这种被称为"异端邪说"的自由主义。

五十年代，在毛泽东的直接推动下，大陆掀起了批判胡适思想的高潮，并出版了近两百万字、共八大册的《胡适思想批判》专集。在集子里，御用文人们破口大骂胡适是"在文化上是骗子兼恶棍，在政治上是流氓兼奴才"，是"'一吓、二诈、三丢手'的流氓本事"，比比皆是。

胡适 (1891-1962)，名胡洪，字适之，安徽绩溪人。1910 年起留学美国，1917 年获哲学博士学位，同年回国，任北京大学教授。1919 年发表《多研究些问题，少谈些主义》，主张改良。1938 年任国民政府驻美国大使；1946 年任北京大学校长；1958 年任台湾"中央研究院院长"。著有《五十年来之中国文学》、《胡适文存》、《白话文学史》、《中国章回小说考证》、《中国哲学史大纲》、《尝试集》等。1962 年，在台北突发心脏病去世。

第一章：未加冕的帝王毛泽东

一、帝王意志：专断奢靡

1949 年 10 月 1 日，毛泽东在北京天安门城楼上庄严宣布：**"中华人民共和国中央人民政府于本日成立了。"** 在国歌声中，毛泽东亲自按动电钮，升起第一面五星红旗，54 门礼炮齐鸣 28 响。毛泽东又宣读了政府公告，向全世界宣告中华人民共和国成立。从此，人民政府取代了国民政府，建立了中国共产党领导下的人民民主专政政权。毛泽

毛泽东在北京天安门上

东也彻底推翻了他几年前曾宣布过的 **"无记名的选举"**、**"国家民主化"** 和 **"军队国家化"** 的承诺。10 月 21 日，中央人民政府政务院正式成立。数年后，人民民主专政改称为无产阶级专政。

什么叫人民民主专政？按毛泽东的说法，人民民主专政是无产阶级专政的一种形式，**"就是工人阶级（经过共产党）领导的以工农联盟为基础的人民民主专政"**。具体地说，就是对四大朋友——工人阶级、农民阶级、小资产阶级和民族资产阶级实行民主，对三大敌人——帝国主义、封建主义和官僚资本主义实行专政。1956 年社会主义改造完成后，人民民主专政便自动变成无产阶级专政，即共产党领导的无产阶级对资产阶级实行专政。

胜利前夕，毛泽东曾信誓旦旦地说，他 **"决不当皇帝"**。他真不想当皇帝吗？尽管孙中山的辛亥革命推翻了满清皇帝，结束了长达两千多年的封建帝王专制，但做皇帝的美梦，在中国大有人在，毛泽东便是其中之一。1914 年，袁世凯在北京称帝，1932 年，爱新觉罗.溥仪在沈阳即位……前者遭到全国的强烈反对，蔡锷将军在云南首举反袁义旗，全国响应，很快就把刚刚登基四十多天的袁氏复辟闹剧送了终；后者虽当了十多年皇帝，但在日本鬼子的刺刀下战战兢兢，二战胜利的欢呼声，又把他送进了囚笼。天才的毛泽东发现，在中国，冠冕堂皇地当帝王已经不可能，但当不加冕的帝王呢？"世上无难事"，只要用心去干，在缺乏民主自由理念、信奉马列主义和封建专制主义的中国社会环境里，也并非不可能。

在陕北，毛泽东在与著名女作家丁玲**调情**时说：**"你看现在咱们的延安像不像一个偏安的小朝廷？"** 丁玲回答说："不像。没有文武百官嘛！" **"这还不简单呀！"** 毛泽东马

上把毛笔和纸推到丁玲面前："**来，你先开个名单，再由我来封文武百官就是了。**"接着又要丁来册封东宫、西宫。丁说："**那可不敢，这是贺子珍**（笔者：当时的毛妻）**的事。我要封了，贺子珍会有意见的。**"接班人林彪是最了解毛泽东，他把毛泽东比喻为"**马克思加秦始皇**"。1957年反右中，毛泽东自比秦始皇说："**骂我们是秦始皇，是独裁者，我们一贯承认。**"1958年8月，毛泽东说他的统治"**主要靠决议、开会，一年搞四次，不靠民法、刑法来维持秩序**"。1973年9月23日，毛泽东对埃及副总统沙菲说："**秦始皇是中国封建社会第一个有名的皇帝，我也是秦始皇。**"——这就是毛泽东由来已久的**未加冕的帝王欲念**。

马列主义加封建专制主义，亦即无产阶级专政，给毛泽东实现帝王梦创造了必要条件。什么叫无产阶级专政？按毛泽东的话说，就是"**无产阶级在经济基础和上层建筑各个领域对资产阶级实行全面专政**"。这里所指："无产阶级"是中共和他本人，"资产阶级"是反对中共和他本人的异己者和持不同政见者，"各个领域"是人类赖以生存的经济、政治、文化等各个方面，"专政"就是镇压。在这种无产阶级专政体制下，毛的未加冕的帝王欲念就变成了现实。在"万岁"的呼喊和"东方红"的高歌中，这种未加冕的帝王欲念，挑起了埋在他心底的"**大救星**"**欲火**和权力拜物教的**权力情结**。

毛泽东未加冕的**帝王欲念**，使他急于把全国所有资源，都集中到共产党手里，变成中共的一党私产，使他有权支配国家的一切财富。1953年，刚刚从战争灾难中走出来的中国，本应休养生息，发展生产，但**帝王欲念**使他迫不及待地提出"**过渡时期的总路线**"，全面实行对农业、手工业和资本主义工商业所谓的"**社会主义改造**"。在笔杆子的欺骗和枪杆子的镇压下，毛泽东的目的达到了：仅仅三年，他便从农民手中夺走包括土地在内的全部农业资源，从手工业者和工商业者手中，夺走了包括矿山、工厂、交通、商业、城镇在内的全部工商资源，并把它"改造"成为名义上的国有或集体所有，实现了对全国一切资源的垄断，从而使他变成了全国独一无二的**雇主**。

由于帝王欲念的胜利，毛泽东的"**大救星**"**欲火**燃烧起来。他是个蔑视牺牲、草菅人命的"大兵团作战"主义者，亦即人海战术主义者。他号召中国老百姓用"**一不怕苦，二不怕死**"的革命精神，为他的人海战术做牺牲。因为，依靠这个主义，他战胜了国民党，依靠这个主义，他与美帝国主义在朝鲜打了个平手，依靠这个主义，他又取得了农业、手工业和资本主义工商业三大社会主义改造的胜利，到了1958年，他又依靠这个主义，掀起了一个"超英赶美"的大跃进运动……显然，依靠这个主义，他的"**大救星**"**欲火**得到了满足，成就他名扬中外"千古一帝"的美梦。

"大救星"欲火又激发了他的**权力情结**，使他又发明了一个"**便于领导**"理论。1958年8月9日，他在山东说："**还是办人民公社好，它的好处是，可以把工、农、商、学、兵合在一起，便于领导。**"于是，"便于领导"理论使"大兵团作战"思想大放光采：在农村，农业合作社集体经济迅即变成了人民公社，变成了"一大二公"的全民所有制经济；在城市，工、商、文、卫等所有行政、企事业单位，统统变成了党和政府所有。自此，在**"便于领导"**理论指导下，六亿中国人都被捆绑在"大兵团作战"的大兵营中。在这个大兵营里，**雇主**和**各级权贵**们，在"舆论一律"的专政下，能高调地、理直气壮地用**"一不怕苦，二不怕死"**精神去挟迫人心，要老百姓为他们大规模的人海战术做出牺牲，从而为他们肆意侵犯人权和财权、造就中国特有的**官僚特权阶级**，排除了障碍，扫清了道路。

这种"便于领导"的高度国有化、集体化的"大兵团作战"理论，同"群众运动"一样，都是无产阶级专政理论，其实质是权力拜物教的**雇主权力情结**的张扬。这个理论使毛泽东和他的官员们，掌握了劳动者个人所得的分配权和国家、集体财产最终处分权，而这种没有制约的分配权和处分权，就是实质上的所有权。在这种体制下，毛泽东和他的党中央政治局，名符其实地成了中国最大的"母"公司的董事会、董事长或曰雇主，各级地方党委和党政一把手，便理所当然地成了各地"子"公司的董事会、董事长或曰雇主代理。巨大的财富和绝对的权力使毛泽东同他的各级雇主代理、权贵们，成了中国最富有、最有权的**官僚特权阶级**。在"大兵团作战"中，他和他们的富有和权力，在供给制、"一平二调"和支援世界革命中，得到了最大限度的挥舞。历史反复证明，古往今来的大奸大恶们，都善假至诚、至爱、至情、至理之名，弄权欺世，强奸民意，从而猖獗盖世，大行其道，诱迫黎元黔首俯首贴耳，唯命是从。在没有制约的分配权和处分权的无产阶级专政条件下，中国广大工农群众沦为雇佣，变成了真正的无产者和奴隶，他们的衣食住行都得仰首乞求于各级官僚特权阶级的"恩赐"，不得不颂扬雇主为"亲爱的妈妈"，还要感谢官僚特权阶级为"党妈妈"："你用那甘甜的乳汁把我喂养大……"

如果说中共以革命名义进行的土改是第一次掠夺，掠夺扼杀了中国人勤劳和智慧，那么，中共以共同富裕名义进行的"社会主义改造"就是第二次掠夺，掠夺造就了一批官僚特权阶级，而二十世纪八、九十年代开始的政府大规模的"圈地运动"，则是中共以国家建设名义进行的第三次掠夺，掠夺使官僚特权阶级变成了亿万富翁。

封建帝王曾傲慢地宣称："**普天之下，莫非王土；率土之滨，莫非王臣。**"在私有制的条件下，他们的傲慢并不证明他们的意志已全部实现：他们不得不允许人民拥有土地和其他生产资料的自由。然而，毛泽东的帝王欲念，在"便于领导"的雇主权力拜物教理论指导下，却剥夺了人民拥有土地和其他生产资料的权利，全部实现了封建帝王们无法实现的理想：

普天之下，莫非党土；率土之滨，莫非毛臣。通俗地说，就是"**毛党天下**"。

毛泽东说："**枪杆子里出政权！**"当他用枪杆子建立起无产阶级专政的政权之后，又说："**政权就是镇压之权！**"——这是帝王欲念的宣言，是帝王权力情结的张狂。对此，权贵和御用精英们不忘拍马谄媚，他们无耻地"论证"说：**这是历史的选择！这是人民的**

选择！

历史是人类活动留下的足迹，怎能选择？一百六、七十年前，在太平洋彼岸的美国，他们在战后用选票选择了自由和民主。信奉自由主义的美国，一场整整进行了八年的独立战争，胜利结束后，领导这场抗击英军的总司令乔治.华盛顿，便辞去军职，告别部队，**谢绝了要他当国王的动议**，将权力交还给大陆议会。1783年4月19日，在告别仪式上，华盛顿发表了一篇简短的讲话："**使我辞职的伟大事业终于发生了，我现在有幸向大陆会议致以最真诚的祝贺，并要求他们收回对我的信任，允许我不再为国家服务……长期以来，我一直是按照这个庄严的机构的命令行事的。在向这个庄严的机构亲切告别之际，我在这里交出我的任职令，并结束公职生活中的一切工作。**"面对昔日生死与共的战友们，他激动不已，泪流满面地径直离去，回到了自己的家乡，过上了平民的生活。他的离去，在一定程度上节制了人类的**无限权力欲和占有欲**，为结束"打天下、坐天下"的封建主义嫡传制和废除官员终身制树立榜样。美利坚合众国宪法诞生后，由于崇高威望和道德力量，平民生活六年之后的他，即1789年4月30日，被人民用选票推上了美国第一任总统宝座。1797年3月3日，当第二届总统任期届满后，他又回到他向往已久的家园弗吉尼亚山庄，再次过上了平民生活。他的隐退，又为美国总统任期不超过两届立下了先例，挫败了既得利益集团**永占利益**和专权分子**独霸江山**的谋图，最大限度地实现了"人民当家做主"的理想。美国人民高呼的不是"华盛顿万岁！"而是"自由万岁！""民主万岁！""平等万岁！"至今美国人民还享受着自由宪法给他们带来的硕果。显然，这不是历史的选择，而是人民的选择：人民用选票做出的选择。

乔治.华盛顿

在中国，"人民的选择"的毛党天下，是怎样让人民做出选择的呢？

为了效忠苏俄首领斯大林，毛泽东和他的政治局做主，先后派兵130多万，在"至理"的"抗美援朝、保家卫国"的口号下，组成"志愿军"进入朝鲜，用90~100多万中华儿女的鲜血（其中40~70万遗骨他乡）和五十多亿美元，替苏俄打先锋，保卫和打造了北韩金家王朝。为了与苏俄新首领赫鲁晓夫争当世界导师和领袖，毛泽东的中共，还在"至理"的"**支援世界革命**"的光环下，无偿支援越南反美200多亿美元；在"反对现代修正主义"口号下，无偿支援人口仅200余万的反苏小国阿尔巴尼亚90多个亿；在"反对美帝国主义"的口号下，支援朝鲜200多个亿；在"反对越南修正主义"口号下，支援反越小国杀人魔王波尔布特的红色柬埔寨20多个亿；非洲有个小国，因喊毛主席万岁，便无偿"奖给"700万美元；一个拉丁美洲无赖，领走50万美元经费后，便同"革命"一起遁名匿迹，等等。在国民经济建设上，毛泽东的中共决定大炼钢铁。1958 年全民大炼钢铁中，"9,000 万人上山炼钢"，直接损失浪费高达 200 亿元以上。据知情人 1986 年披露，国家补贴费达 40 多个亿，财政拨款弥补小钢铁企业亏损达 110 亿元。对此，毛泽东在 1959 年 7 月 10 日的庐山会议上，毫无悔罪地"至情"地撒谎道："**关于全民炼钢，多办了一些小土高炉，浪费了一些人财物力，虽然付出一笔学费，但也是'有失有得'的。**"刘少奇在插话中以谎传谎而"至诚"地说："**大办钢铁花了 20 多亿，全民学了，值得。**"在农业上，他们高举总路线、大跃进、人民公社"三面红旗"，大搞"一平二调"的供给制、食堂制，大放高产"卫星"（其中广西环江县亩产 13 万多斤的中稻，最为"光彩夺目"），把五亿农民拖进贫困、饥饿深渊，最终导致 1960 年前后三年间饿死了 3,000~4,500 万人。五十年代，每逢国庆，全国都要组织数百万人去游行示威或接受检阅，外宾来访，动辄组织数十万人去夹道欢迎，从不计停工停产的损失。一言蔽之：在**雇主**毛泽东和他的政治局的眼里，中国人民的生命和财产，都是他们任意支配和挥霍的对象，广大中国人民，都是他们任意驱使和蹂躏的奴隶，哪有点滴"人民的选择"？显然，这是中国共产党的选择，这是毛泽东的个人选择，这与美国人民的选择、华盛顿的个人选择，有天壤之别。（由于怕慌言败露，中共档案**死不解密**，有时因政治需要作有限地、有选择地部分解密，或因政治需要任意再加密，因而流传事件的**数据**版本颇多；准确数据有待有良心的史学家们作公正调查、考证。）

穷奢极欲是帝王的共性，毛泽东也不例外。

在中共对新闻媒体和创作出版的全面监控和专政下，毛泽东是个和蔼可亲的长者，艰苦朴素的领袖，道貌岸然的君子。他在《为人民服务》一文中写道："**我们的共产党和共产党所领导的八路军、新四军，是革命的队伍。我们这个队伍完全是为着解放人民的，是彻底地为人民的利益工作的。**"又在《纪念白求恩》一文中写道："**我们大家要学习他毫无自私自利之心的精神。从这点出发，就可以变为大有利于人民的人。一个人能力有大小，但只要有这点精神，就是一个高尚的人，一个纯粹的人，一个有道德的人，一个脱离了低级趣味的人，一个有益于人民的人。**"这几篇说教文章，使他变成了高尚道德的化身。然而，当掀开神秘的宫帷幕墙，人们却发现了一个**人格阴暗卑劣**的毛泽东。

毛泽东所写的文章（包括诗）中，一部分是由他授意，秘书起草，然后冠上他的名字发表的；一部分文章虽然是他亲自起草，但经过中共集体讨论和修改，而后以官方名义发表的；配给他的秘书都是著名的理论家、作家和才子，如陈伯达、胡乔木、田家英、周小舟、李锐等，因此，他的文章很多是官方的行政行为。这里须要特别指出的是：建国初期，由于政治上的需要，中共为出版四卷《毛泽东选集》，组织了十数名专家、学者和数十名党的工作者，连续数年，对过去以毛的名义发表的声明、命令、决定、谈话和文章，进行筛选、订正、修改、整理和勘误；同时，根据毛泽东本人的请求，苏俄党魁斯大林还指派理论家、科学院院士尤金为驻华大使,以马列主义高度来监视和审定四卷。因此,四卷的出版是名符其实的国家行政行为。然而,四卷稿费,毛泽东全部攫为己有。据中共中央办公厅主任汪东兴透露,毛泽东稿费收入,文革前已达百万元之多,毛泽东死前,更高达7,500多万元。这对当年月平均生活费才10元的城市居民来说,无疑是个天文数字。毫不夸张地说,毛泽东是当年中国天下第一豪富。

为了效忠毛泽东,各地"诸侯"纷纷用公款为毛泽东兴建行宫,少则数十万元,多则上亿。据报导,这种行宫多达十多处。仅上海一地,为毛建的别墅就圈地一千多亩,园林和房屋修建,包括数十名年轻美貌的女服务员在内,一百多人长年为其服务。为毛泽东兴建的行宫中,特别耀眼的当属湖南韶山滴水洞行宫。1959年6月26日毛泽东回乡时,对陪同他的湖南省委第一书记周小舟说:"小舟,你们……在这个山沟里,修几间茅屋子。省里开个会,其他领导同志来,休息一下也可以嘛!"周小舟倒台后,继任人张化平心领神会,在中华大地饿殍遍野的1960年,拨款1.4亿(另说1亿),在毛泽东曾祖父母、祖父墓地,建成了驰名中外的园林式滴水洞行宫。1960年下半年启动,建筑面积共3638.62平方米,到1962年,一、二、三号主体工程连同滴水洞园林、通往韶山的公路,同时竣工。

滴水洞一号别墅近景

参照中南海毛泽东住房式样,吸取苏式建筑保暖防寒的优点,设计出园林式滴水洞行宫中的一、二、三号主体工程。一号为别墅式平房,供毛泽东使用,双回廊,内设主房(卧室)、副房(江青卧室)、办公室、会议厅、餐厅、娱乐室等,朴素、大方而实用。二号则为两层楼客房,共24间,是陪同的中央负责同志休息处。一、二号建筑中间有走廊相连。三号楼距一、二号建筑有百米远,是随行警卫(8341部队)和省委接待同志住宿地方。出于战备考虑,1970年,又建了一间整体浇铸的防震室和一个防空洞。

此外,不顾彭德怀等人的坚决反对,毛泽东用公款在中南海住所,修建了一个数百平方米的室内游泳池,供他个人专用。他还以视察工作的名义,配有数十人为他一人服务的专列,经常傲游中华大地。在物资极度匮乏时期,"特供"使毛泽东得到了他想得到的一切。例如,他爱吸上海"特供"的熊猫牌香烟和北京"特供"的大中华,从不缺货。六十年代,他开始热吸四川什邡烟厂手工卷制的大雪茄。于是,一个手工卷制大雪茄的特供生产小组为他而诞生了。不久,这个由五、六个工人组成的生产小组,举家迁到了北京南长街80号,专门为"最高"手工精卷"132"大雪茄烟。然而,让人经常看到的却是,他身上穿的那件**带补丁的旧睡衣，他那一副廉洁奉公的形象！**

凡此种种，在权贵和御用精英们的眼里，这些挥霍和腐败，都可以戴上"人民的选择"的桂冠！

由此可见，毛泽东在推翻了他的"**无记名的选举**"、"**国家民主化**"和"**军队国家化**"的承诺之后，戴着个人崇拜中制造出来的"大救星"光环，登上了未加冕帝王的宝座；而御用精英们所谓的"**历史的选择**"和"**人民的选择**"，都是向未加冕帝王献媚的赞歌，统统都是骗人的谎言！

二、帝王意志：寡人好色

最能体现毛泽东帝王意志的一个重要表现是：**好色**。

未加冕帝王毛泽东，没法设"三宫六院七十二妃"进行淫乐，但中共党和国家的无产阶级专政体制，给他玩女人提供了可靠保障。据传，毛泽东玩过的女人不下百人，他特别喜欢玩弄年轻无知的女孩子。难怪他的妻子杨开慧曾对人说过，毛泽东是"生活流氓"。

李志绥在他的《毛泽东私人医生回忆录》中写道：

毛的私生活骇人听闻。外表上，他凝重端庄，而又和蔼可亲，俨然是一位忠厚长者。但是他一贯将女人作为玩物；特别到晚年，过的是糜烂透顶的生活。他没有别的娱乐，玩弄女人成了他唯一的乐趣。汪东兴说："**他是不是觉得要死了，所以要大捞一把。要不然怎么会有这么大的兴趣，这么大的劲？**"江青说过："在政治上，无论苏联和中国党的领导人，没有哪一个能斗过他（毛泽东）的纵横捭阖的手段。**在生活问题上，也没有谁能斗得过他，管得住他。**"

五十年代，毛玩女人的事已在中共高级干部中传开。为了确保毛泽东和中共的"伟大、光荣、正确"形象，这些消息都被严密封锁起来。从毛的秘书李锐所写的《庐山会议实录》中，我们看到了有些高干对毛帝王穷奢极欲荒淫无度的不满。例如，在中共八中全会上，总参谋长黄克诚大将在揭批其顶头上司彭德怀元帅时说："**他对各地修房子不满；反对唱《东方红》歌；对喊毛主席万岁不满；调文工团员，他骂萧华和罗瑞卿同志，说是'选妃子'，实际是骂毛泽东同志。**"黄说的话中："修房子"指给毛盖行宫；"调文工团员"指选女孩子供毛赏玩；"萧华"是总政主任、上将；"罗瑞卿"是公安部部长、大将。

给毛泽东"选妃子"玩的不光是**萧华**上将和**罗瑞卿**大将，还有中共中央办公厅主任**汪东兴**，中共中央办公厅机要秘书室主任**叶子龙**，毛泽东卫士长**李银桥**，林彪夫人**叶群**等。其中，叶子龙是"出类拔萃"者。此人文化程度不高，写材料需人代笔，但在选女孩子供毛玩弄纵欲上，表现出别人少有的机警和敏锐，是"拉皮条"的高手，因而当年曾深得毛的信任。

在毛的内宫中，失宠前的叶子龙，兼毛的机要秘书并管毛的家务。叶从各种渠道挑选一些单纯、容易指挥和控制、在政治上可靠的年轻女孩，介绍给毛做女友。许多女孩子以有与毛这种"特殊友谊"为荣。这些女孩子大多是贫农出身，或从小由政府养大，思想上非常崇拜毛，与毛的"特殊友谊"使她们感到莫大的荣光；宠幸后所得到的回报，也令她们欣慰。

当说到毛的**女友**时，不能不说说张玉凤、孟锦云、吴氏"姐妹花"和"秘密录音事件"。

张玉凤何许人也？官方记载，她是毛泽东最后一任机要"秘书"。在毛最后几年里，凡要求见毛的高级官员，甚至江青、李讷等至亲，都要经过她的首肯。据知情者披露，专横跋扈的江青，背后骂张**"不过是一个陪睡的丫头"**，当面却对她点头哈腰；第一副主席华国锋向毛请示工作，因正值张"秘书"午觉未醒，竟在外边坐等了三个小时……有学者研究了张玉凤的权势后，得出这样一条惊人的结论：没有张玉凤，"四人帮"不会那么快垮台；有了张玉凤，中国避免了一次血腥内战。

张玉凤哪来的如此能量？她出生在东北牡丹江清贫之家，父亲是小商人，家中有八个子女，张玉凤排行第四。1958年，年方十四岁的她，由于家中困难，无法供她上学，巧遇上铁路局招考列车员，便去试试。她那双妩媚的大眼和白皙细嫩的皮肤，帮她在面试中考中，成了一名客运列车上的列车员。1960年冬，铁道部要选调一批列车员到毛泽东专列上当服务员，十六岁的张玉凤被选中。这样，她被调进北京，并见到了"伟大领袖"。从小就崇拜毛泽东的她，能见到"伟大领袖"，感到无比的光荣和幸福。

她的命运转机，发生在毛泽东的笔尖上。1962年的一天，"伟大领袖"在练笔时，竟在一张纸上写了许多"张玉凤"。当时还是中共中央办公厅副主任的汪东兴见后，心领神会，立即把年方十八岁的她，调到毛的车厢里，进行"零距离服务"。零距离接触使她感到，毛不仅是一个宽厚的长者、父亲，而且是一个能善解人意、体贴入微的情人。崇拜与感情，使她无法拒绝服务的极限。从此，她得宠于毛，成了毛最后14年中最亲近的的随侍（有人曾诵《长恨歌》暗喻毛张关系，但毛不是玄宗李隆基，而张也不是贵妃杨玉环）。与"伟大领袖"的"友谊"，使她权势日隆，文革后期，一个初中没读完的她，成了中国最有权势人之一。有一天，"伟大领袖"对她发脾气，叫她"滚！"她公然回敬对骂道：**"我要不滚，你就是狗！"** 后来，"伟大领袖"对人评说她是"一触即跳"。她与"伟大领袖"的"私交"，毛泽东的专职医生李志绥，在他所著的《毛泽东私人医生回忆录》中有详尽的记载。

孟锦云，一个"现行反革命分子"，1968年被判13年徒刑（所幸没判处极刑），刑期到1981年。1973年冬天，刚坐了5年牢，25岁的她突然被释放了，连她自己都不知道为什么。更让她迷惑不解的是，她是空政文工团的舞蹈演员，却被安排到空军某医院当护士。1975年春天，她恍然大悟：一纸调令，就把她这个现行反革命分子调入中南海心脏，成了"伟大领袖"的一名"零距离护士"。原来，毛并没有忘记她。这"零距离护士"不过是当年"零距离服务"合乎逻辑的结果。在重重宫帷中，大多数中国人并不知道她，甚至当人们在《人民日报》上看到给毛守灵人的名单上，赫然写着"孟锦云"名子时，人们还不知她是谁。

孟锦云是谁？她是个湖北姑娘，1948年出生，12岁就考入了空政文工团，成为了舞蹈演员。1963年4月，她还不满15岁，已经出落得楚楚动人，身材苗条，皮肤白皙，特别是双眼明澈如水，成了到中南海"出任务"（陪中央领导们跳舞）最佳人选。在"出任务"中，当她见到了中央首长和"伟大领袖"时，备感无比光荣，当"伟大领袖"频频邀她伴舞时，又使她涌出了令队友们没法相比的自豪感。与"伟大领袖"交谈中，她心不由衷的发现，"伟大领袖"比父亲更加宽厚，更加善良；看见"伟大领袖"那伟岸的身躯、瞥见"伟大领袖"时不时投过来的那束多情目光，她仿佛遇到了梦中的情人。"伟大领袖"的青睐和赏识，使她身不由衷地、轻快地同他携手步入舞池、书房；当"伟大领袖"拉她进入了卧室时，在她无限崇拜的心目中，55岁的龄差已消失得无影无踪。1966年，也许是因文化大革命操心过度，"伟大领袖"竟把年方十八的她，遗忘到一边。这一遗忘，使她吃了不少苦头。她以为"伟大领袖"早把她忘了。但时来运转，1973年，当"伟大领袖"从另一"零距离服务"的女友小丽口中知道她的不幸遭遇后，大发无产阶级震怒，对汪东兴说："**我就不信她是反革命！**""伟大领袖"的一句"不信"，就否定了空军将领们和军事法庭为"捍卫毛主席的无产阶级革命路线、对反革命分子孟锦云实行无产阶级专政的革命行动"。根据"最高指示"，汪东兴立即命令空军司令放人，于是，她"莫名其妙"地出狱。见到"伟大领袖"，第一句话就是："毛主席，我是来找你平反的，你要给我平反。"不久，她达到了目的。在"伟大领袖"最后的日子里，她成了毛的贴身护士。

"**姐妹花**"是卢弘对吴姓二姐三妹的称谓。卢弘何人？他是前外交部副部长、解放军副总参谋长伍修权将军的女婿，1949年加入中共，曾任《解放军报》编辑，《炎黄春秋》主编。他在《**一对姐妹花与毛泽东的一段情**》文中写道：

> 我的比较密切的战友中，有两位吴姓姐妹。她们家有姐弟六人，我相熟的主要是二姐、三妹和一个兄弟，因为他们三个都是（或曾是）我的文艺战友，其余几位我也认识，只是交往相对少些，上述三位和其大姐是一母所生，他们的母亲是一位革命烈士，这姐、弟、妹四人都是在革命队伍中成长的，因此也与我结下友谊，且是不太一般的关系。

卢曾不情愿地当过一任三妹的"候补情人"，那是因为二姐是军长夫人，军长是他的首长；但三妹没二姐长得漂亮，他又不爱她，也从未敢碰过这个"小姑奶奶"。卢在文中写道：

有一次铁道兵文工团又奉命进中南海伴舞，其中就有三妹，正好赶上跟伟大领袖跳。她本来就会"来事"，如此天赐良机，当然乘机大显身手，竟一下引起了老人家的兴趣，由于她是单眼皮，已故"第一夫人"杨开慧也是单眼皮，老人家竟说她有点像杨开慧，杨的小名叫"霞姑"，伟大领袖就赐她以御名为"李霞"。他们在舞中闲聊时，老人家问她明天是星期天，你们都去哪儿玩哪？她说没有什么地方可去。老人家顺口道，到我这儿来嘛！说者无心，听者有意，第二天，三妹真的去了。中南海警卫室不让她进，她说是主席让我来的。警卫室打电话报告请示，又一直捅到伟大领袖处，老人家想了想道，我是说过这话，既然来了就让她进来吧！于是龙颜芳心一齐大悦：她成了毛主席的座上客，老人家也重见了又一活生生的"霞姑"。

卢文还写道，三妹"从此享受了'圣上恩宠'，是个谁也惹不起的通'天'人物。"文中披露，三妹因"伟大领袖"的"需要"，被调出铁道兵，安排到离中南海更近北京卫戍区任职，成了"伟大领袖"随叫随到身边不可或缺的人。到了文革，三妹从一个文工团演员跃升为"北京市革委会的文教组副组长，其官职和权力至少相当于省市的文化厅局长"。她还经常随侍"伟大领袖"出巡，不仅自己享受"宠幸"的荣华富贵，还拉自己二姐共享，二姐也因此得幸。卢弘说："当时，正随'驾'伺候的中办副主任汪东兴，指着三妹悄悄对李志绥医生说：**'她妈妈要在的话，她也会领来孝敬皇上。'**"

1961年，由于毛的隐秘生活被秘书们疏忽大意而泄漏，发生了震惊高层的"**秘密录音事件**"。由于这个事件，当时的中共中央办公厅主任**杨尚昆**，提笔给毛泽东写了一封信，"**对录音事的疏于检查作检讨并请处分**"。中共中央书记处还批评了中央办公厅机要室，并决定给机要室主任叶子龙、副主任康一民以严重警告处分，给机要室副主任吴振英以警告处分。毛泽东、刘少奇、周恩来等人的秘书都牵连进去，受到了相应处分。同年5月17日，中央书记处批准了《关于录音、记录问题的决定》，作出关于中央和地方党政军群一律不准搞录音等五项规定。"秘密录音事件"引发的政治风暴还株连中央和地方的一些单位的负责人，如徐子英、王诤中将等十四人。"拉皮条"高手叶子龙因而失宠，被逐出中南海，文革中又因此案被监护审查达七年之久。

"秘密录音事件"是个什么样的事件？从杨尚昆的日记注释和叶子龙的回忆录中看得出，对毛泽东的录音始于1958年11月。其目的主要是为了更准确、更完全地保存党中央会议和中央领导同志在会议上的讲话的历史文献资料。录音建议是叶子龙首倡的。作为毛泽东的机要秘书和中办机要室主任，叶子龙觉得有责任利用现代化的记录手段，"**尽量把毛泽东的话一字不漏地记下来**"。为此，他曾多次向上司杨尚昆和周恩来等中央领导同志汇报过这个建议。事后披露，最高权力层面也接受和执行了这个建议，毛泽东本人也认可了录音的做法。毛曾对叶子龙说："**录音要搞个规矩，没有规矩不成方圆嘛。**"但叶子龙为了"尽量把毛泽东的话一字不漏地记下来"，更准确地把握毛泽东思想，在请示了中央有关领导后，便背着毛泽东，在毛的专列上安了窃听装置。这一安，便捅出了个大马蜂窝。

李志绥在《毛泽东私人医生回忆录》一书中写道：

1961年二月，也就是春节后不久，我们乘毛的专列前往广州。

汪东兴一上路似乎就有不好的预感。**毛此行带了更多的女人。**汪东兴在出发后便跟我说："两个女的赛过一面锣。"……离开杭州，去武汉，中经长沙，火车停在长沙郊外黑石铺机场。毛召集湖南省省委第一书记张平化和省委几个人到火车上谈话。毛与**幼儿老师**在他车厢内厮混很久后才姗姗出现。张平化和湖南省省委书记之一王延春在隔壁车厢里等了很久。王是河北人，保留着农村中蹲着谈话的习惯，一直蹲在沙发上。会谈开始后，我、幼儿老师、两位机要员到火车下面散步。机要室录音员刘凑过来，同我们一起走。大家正在说说笑笑地走着。

刘对着幼儿老师说："**今天我可听见你说话了。**"

她愕然问刘："**你听见我什么话？**"

刘笑着说："**主席见张平化书记以前，在卧车里，你不是催他起来穿衣服吗？**"

她又问："**还听到什么？**"

刘嘻嘻地笑着说："**都听见了。**"

这时，不止是幼儿老师，两位机要员都呆住了。幼儿老师脸色大变，急忙走回火车上去。

张平化他们谈过话后，毛说休息一下就开车。幼儿老师马上去找毛。她向毛讲了火车上安装了录音设备。

随后毛把汪叫去他车厢谈了大约一个多小时。汪向毛讲，他调回来，这是第一次外出，不晓得谁让录音的。汪出来以后，专列便向武汉全速驶去。

这就是毛泽东同幼儿教师床上引发的"秘密录音事件"。如果在欧美国家，一定是个闹得满国风雨，甚至鸡飞狗跳墙；但在中国，老百姓有权知道的是"伟大、光荣、正确"，哪能允许你们知道这些不该你知道的"谣言"。

面对"谣言"，笔者曾察阅一些批判**李志绥**的文章和回忆录。但在"主旋律"导向严格审查控制下因而诚信缺失的中国，这些批判文章和回忆录，究竟有多少是真实史料？究竟有多大"辟谣"价值？这里摘要介绍一篇《**戚本禹批判李志绥的回忆录**》文章，是九十年代，美国《达拉斯时报》编辑**陆源**采访戚本禹时的记录整理稿。**戚本禹**何许人也？他是文革初期趋附于毛泽东身边曾大红大紫过的秀才。

采访中，戚本禹说："**李志绥对毛泽东玩弄女人的指控是谎言和捏造。**""**李志绥写的那些黄色的、下流的东西，其实是从地摊上的黄色小报上改头换面抄袭来的。**"因此，戚得出结论："**作为一个留洋的医生**"，"**李志绥在政治观念上的无知与庸俗**"。惟其如此，戚对李的政治、思想也做了全面否定。他说，李志绥"**在哲学思想上，他很浅薄、极其浅薄**"，"**政治常识比较贫乏**"，"**总路线、大跃进、人民公社……要求李志绥讲清楚这个问题，就他的水平和经历，也是不可能的**"。对于文革，戚说："**可以说关于文化大革命深远的历史根源，关於它的历史必然性与偶然性以及与此有关的种种历史奥秘的探索，李志绥连门槛还没有跨过。**" 对李的人格，戚说："**李志绥不过是个为了三十块银币而出卖自己导师的犹大。**"

笔者无意评论李志绥和他写的书。看过上面这些文字后，笔者深深感到，由于怂恿红卫兵揪斗并打断彭德怀两根肋骨有功、成为毛和"四人帮"打手而坐狱十八年的戚本禹，还保持着四十年前那种"义正辞严"、"大义凛然"的品格。1967年4月1日，他在《人民日报》上发表了《爱国主义还是卖国主义？——评反动影片〈清宫秘史〉》一文，首次公开攻击国家主席刘少奇，从而轰动华夏，使他名扬天下。他在文章中这么说：

一小撮反革命修正主义分子和党内最大的走资本主义道路的当权派（笔者：指刘少奇），无视历史事实，无视毛主席的警告，仍然借着反动的、彻底的卖国主义影片《清宫秘史》，美化西方资产阶级文明……就是为了推翻人民的江山，破坏我们的无产阶级专政，使革命胜利的果实落在资产阶级的手里。

……江青同志，坚持毛主席的无产阶级革命路线，几次在会议上提出要坚决批判《清宫秘史》。但是，陆定一、周扬、胡乔木等人却大唱对台戏……江青同志要按照毛主席的指示办事……义正词严地驳斥了他们这种反动的、荒谬的主张，坚持要批判这部影片。

……但是，被一小撮反革命修正主义分子，以及背后支持他们的党内最大的走资本主义道路的当权派所歌颂的、反动的、彻底的卖国主义影片《清宫秘史》，对义和团反帝的革命群众运动却抱着刻骨的阶级仇恨，竭尽诽谤污蔑之能事。

无限崇拜毛泽东的戚本禹，在文章中使用的这类"无产阶级"式高亢激烈、暴戾乖张的言辞比比皆是，举不胜举。他四十年前的**文格**与九十年代的**说格**，有多少差别？一部揭露清宫权斗内幕的影片，竟被他斥为"卖国"，进而又把影片的称赞者断为"推翻江山"、"破坏专政"的罪犯。由此可见，他对"**历史必然性与偶然性以及与此有关的种种历史奥秘的探索**"是多么深刻！！须知声明的是，笔者引用上述文章，不是想证明**戚**拿了谁家的"三十块银币"，也懒得说他曾经为虎作伥。

毛泽东荒淫无度，但在无产阶级专政条件下，他**上床纵淫欲，立地呈君子**。毛泽东私人医生李志绥说："**党的教条越道德化，毛主席私生活越是资本主义化。**"为了维护毛泽东"伟大、光荣、正确"的光辉形象，中共把这种毫无廉耻的糜烂生活，列为党和国家高度机密，任何人胆敢泄露，都将受到严惩。例如，"拉皮条"高手叶子龙，因"秘密录音事件"失宠而离开中南海后，怨言颇多，曾多次宣扬毛的桃色新闻，终于祸从口出。刘少奇闻听大怒，立即下令："这是污蔑我们党，把他抓起来枪毙！"要不是叶子龙曾有恩于周恩来、彭真等大人物，早没命了。在周、彭等人的斡旋下，叶算保全了性命。

还有一位空军女舞蹈演员，某部副参谋长的女儿，在毛死后，因生活不太如意，声言要写一部"中南海宫廷秘事"，将交给台湾出版。为防"党和国家高度机密"被她泄露出去，立即被安全部门"圈"起来。"圈"在那里？直到今天，她父母也不知道：生不见人，死不见尸，只好听天由命。在同一世纪的两个不同国度里、又同与本国**"最高"有染**的两个不同女人，中国的她就没有**莱温斯基小姐**幸运。莱小姐与美国总统克林顿的"性丑闻"被爆光后，立刻成了全世界耀眼的明星，一连串的聘约使她应接不暇，而总统克林顿则被检查官、媒体、国会搞得焦头烂额，无以对应，差一点被弹劾下台。**中美差别：天上地下！**

值得一提的是，与党组织的"无情"处置相比，毛玩女人时颇有人情味。张、孟和"姐妹花"得到的丰厚"回报"，可以佐证。1961年夏天，毛发思旧情怀，叫他从未办过离婚手续的第二任妻子贺子珍，前来庐山会面。当见到年过半百、步履蹒跚、满头白发、面色苍黄、精神失常刚有好转的贺子珍，他情意深深地迎上去，握住贺的双手，拉她到旁边的扶手椅上坐定。他想拥一下曾为他生过六个儿女夭折到跟前只剩一个女儿李敏的妻子，抚平一下她心中的创痛，但遭到了拒绝。在贺子珍的眼里，权力使她不得不到这里来，来会见她不愿再见的那个使她伤心痛苦了大半生的冷酷之心的丈夫。贺临别时，毛情意切切地说："**我们见面，你的话不多。你回去後，听医生的话，好好治疗，我们还要见面。**"第三天下山后，贺子珍精神再次失常，而且比以往任何一次都严重，连女儿也认不出来。据记者报导："**在南昌，她不时蓬头垢面，神情凄惶地冲到省委的大门口，要找江西省委问个清楚，是谁从中作梗破坏她与毛的再次会面。有一天下着倾盆大雨，她浑然不觉地立在雨中，对著省委的大门。守门的战士说她是疯子，她身边的工作人员看到她病成那样，忍不住心酸落泪。**"

1962年在上海，毛又发思旧温情，把五十多年前在韶山老家时，曾同他发生第一次性关系的女人找来。见到当年如花似玉的湘妹子变成满头白发的老妪时，他情至意尽、感概不已地说："怎麽变化这么大！"遂给她2,000元，叮嘱她回家好好颐养天年。表情木然的老妪不知谢恩，踽踽而去。

上有好者，下必甚焉。据说，由于玩女人的领导干部较多，为了约束他们，中共内部便出了一个不成文的伦理约定：五级（相当部级、省级、将军）以上保密，六到十三级酌处，十四级（正县、团级）以下严惩。在档案死不解密的今天，这种"据说"的真实性，谁能说得清？

被整肃后自杀身亡的"东北王"高岗，就是个玩女人的能手，据说一生玩了一、两百人，其中不乏被强奸者。毛泽东十分羡慕高岗，他对他的专职医生李志绥说："**高岗如果没有政治上的错误，或把自己的错误说清楚，这点事无所谓，我还要用他。**"

以陕北根据地的开创者刘志丹名字命名的小说《刘志丹》被批判之后，云南省委第一书记阎红彦揭露说，刘志丹带部队到处"**抢东西，抢女人，吸大烟，打仗时拿毛驴驮着女人一块跑**"。

2006年8月8日，中共严控的新华网发表了《罗瑞卿女儿回忆：中南海的权力游戏》一文，作者引用罗瑞卿大将的女儿**罗点点**的回忆道：

夏日的北戴河，是新王侯们的乐园，"直到今天，我眼前仍会出现这样的情景：一列开向大海的火车，风把头发吹到我的眼睛、鼻子和嘴巴里'。但大海也不全是美丽：

还有一个瘦小黧黑的姑娘给我留下深刻的记忆，她姓陈，她的叔叔（注：陈XX上将）是一位解放军的高级将领。她总是到我们浴场来，因为她当时正和在我们浴场里出入的某男（姑且叫他杨大哥）谈恋爱。我之所以对她印象深刻，似乎因为她眼睛里有一种特殊的神情，那是一种非同寻常的胆怯、自卑和哀怨。

多年以后，我终于听到了这个凄婉的故事。原来，陈姑娘的叔叔是个劣迹累累的无耻之徒，侄女在他家不仅受够了寄人篱下的苦处，竟然还被他很早**夺去了贞操**。杨大哥知道真相后，经过痛苦的思想斗争，最终没有和陈姑娘建立家庭，但他却一直受到良心的谴责。后来不清楚陈姑娘的下落了，只知道那个可恶的老男人并没有受到应有的惩罚，继续做荒淫无耻的事，更可恨的是继续高官稳做。"

作者继续写道：

点点不知道的事，组织上不会不知道，但品性不良者仍然高官稳做，依据的只能是品格事小、政治事大的逻辑。在夺权时期，当需要这位将军冲锋杀敌的时候，这个无所顾忌的人当然会异常勇敢。既战功赫赫，**一边乱伦一边做官似乎也无须深究**。49年以后的一些官员并不具备普通公民应有的品格，革命需要这种不守规范、敢打敢杀的人，革命成功了当然要给他们相应的回报，他们可以躺在功劳薄上超越人间伦理。一个连自己的侄女都要占有的人，在多大的程度上能够为人民服务呢？

不止陈将军一个。原空四军政委**江腾蛟**好色，但未因此受到惩处。作者引用罗点点的话说："刘亚楼在我军高级将领中，无疑是位强手，是个不可多得的佼佼者。可在个人生活上，他确实有不够检点的毛病。而江腾蛟，好像专门是为迎合上司的这些毛病而生存的。在南空，他就多次为**刘亚楼**的这一毛病'服务'。"（笔者：江腾蛟同叶子龙一路货色。）

笔者认为，在毛泽东的"**品格事小、政治事大**"的指导下，中共高干中有几多干净者？

据说：副总理李先念曾在南京**强奸过一名宾馆服务员**，被陈云压下不报；"满目青山夕照明"的"花帅"叶剑英，晚年要**年轻美貌的护士"陪侍"**、按摩、擦澡，被斥为"造谣"；朱德、贺龙等人青壮时，朱是**玩妞的能手**，贺每到一处都要有几个妞头，**没有妞头就无法生活**；刘少奇见到王光美后，以精神病为由，甩掉了年轻妻子王健，创造条件与王完婚，被誉为"美满婚姻"……但他们都被党史、回忆录塑造成高风亮节的正人君子。

（在假话横行的时代，这些"据说"的真实性有多高？盼望后来人作客观调查，还李、叶、朱、贺、刘等人一个清白。）

在中国，**"据说"或曰"小道消息"，有十分顽强的生命力。**由于档案尘封，新闻被控，检查受制，回忆录回避、掩饰真相，揭露者又多以"造谣"罪系狱，"据说"便有了广阔市场，在人群中不胫而走，尽管真真假假叫你难以搞清。但五十多年的历史不断证明，许多"小道消息""据说"，当时被斥为"谣言"的，若干月、若干年之后，许多都能返本还元，变成真实。

值得注意的现象是：揭露毛玩女人，描述这一类道德丑陋伟人的文字，均被贬为"低级"和"下流"。如上文中毛的打手戚本禹就责骂李志绥，说他揭露毛玩女人的书是"黄色的、下流的东西"。由于戚是崇毛主义者，人们对他的责骂并不意外。意外的是，有些批毛（不一定反毛）者也对揭露毛玩女人的"隐私"不满。如研究毛史的学者武XX，呼应戚本禹著文说：

"李揭毛泽东生活上的黑，把一个生前的大圣人描绘成为一个见女人就闹的性病患者，给圣人的脸上摸上了一层狗屎。当然这样的文章就不会不在西方社会吃香，不但书的销路可观，李志绥这个名字也因和毛泽东连在一起而扬名四海了。"**武XX指斥揭露者是些"小人物"说：**"……在这样的时代和这样的风气中，那些严肃的研究毛泽东的作品无人问津，然而那些投合时代之癖好的人，以揭毛的隐私为快乐的书却一直'热销'，就没有什么值得大惊小怪的了。说实在的，在人性的深处，小人物们把那些在生前曾经是不可一世的大人物的死后的影子当成了屠场上的活猪一样地来'宰杀'之，也有着一个心理学上的意义哩。"**为此，武XX引用哲学家黑格尔的话说：**"仆人眼中无英雄……歌德也重复说过……历史人物倘遇由这样一个懂得心理学的仆役伺候着，以后在历史文学上记载着，自然就会显得平凡不足道了；他们被这位仆役拉下来，拉到和这精通心性的伺从婢仆的同一道德水准上，甚或在那种水准下几度。"

笔者不想追根黑格尔说这段话的历史背景，笔者只想请教**武**学者：当权力只准人们知道御用学者们颂扬毛泽东"伟大、光荣、正确"的所谓"正史"和他"为人民服务"的"高尚道德情操"的一面时，为什么在档案尘封、新闻被控、检查受制、揭露者系狱、回忆录回避、掩饰真相的条件下，不让人们去了解毛泽东"鲜为人知"的另一面：噬权如命、表里不一、不择手段和道德低下的人格呢？为什么不让人们知道一个完整的真实的毛泽东？例如，李志绥在"回忆录"中说，毛泽东的女友多患有"阴道滴虫病"，而毛也是"滴虫病携带者"。对此，武学者大骂李是"宰杀""圣人"的"小人物"。其实，武学者不必大动肝火，只要把毛生前的医疗档案拿出晒一晒，便一目了然了。但那是国家机密，谅武也拿不出来；于是，破口大骂便"理直气壮"了。由此可见，在文化专制主义的"酱缸"里，连学者也难逃被腌渍的命运。尼克松总统因"水门事件"(1) 被迫下台、克林顿总统因"拉链门事件"(2)被整肃等事件证明，只有自由主义才能洞悉历史真实，在"横看成岭侧成峰"中，才能显现历史人物完整的"真面目"。

当然，在中共高干中也有例外者，譬若彭德怀元帅。然而……

三、帝王意志：权力放纵

1959年7~8月的庐山会议，是文革之前，毛泽东帝王权力的一次大发威。

1958年，中国大地上涌现一股大跃进和人民公社化运动的狂浪。这是信奉权力拜物教的毛泽东关于中国社会主义建设思想的一次大规模的实践。

反右派斗争和农业、手工业、资本主义工商业社会主义改造的"胜利"，使不懂经济的毛泽东，帝王和"大救星"的权力情结极度膨胀了起来：他幻想通过以钢铁为龙头的经济、文化、教育、科技的全面大跃进，赶上和超过资本主义发达国家英国和美国；又通过组织城乡人民公社，来实现生产资料高度公有化和生产过程全面权力化，使他能以拥有巨大财富的**雇主**身份，毫无顾忌地调动全中国一切人力和物力资源，使中国"跑步"进入他想像中的**共产主义天堂**。毛泽东想以此证明，他不仅是中国人民的大救星，由于他所领导下的中国是世界共产主义中心，因而他还是全世界人民导师和领袖。毛的这一"共产主义天堂"图画，实际上是蒙昧民族的冥冥神话，而"世界共产主义中心"和"全世界人民导师和领袖"说，则是中华大帝**权力情结**的恶性膨胀。然而，在无产阶级专政条件下，在反右后全民一片噤声中，这种乌托邦式的乖戾狂想却能大行其事。

在毛泽东以及被其驯服了的党中央领导们的高压下，中央各级干部大都成了强迫命令的乖张疯子："钢铁元帅"升帐，全国发动9,000万人大炼钢铁；74万个集体所有制的合作社，几乎在一夜之间合并成2.6万多个全民所有制的人民公社；数以万计的农民砸锅毁灶，在公共食堂"敞开肚皮吃饭"；高压下的党员干部们丧失了理智，大放"卫星"，制造一个又一个粮食高产神话，其中，广西环江县红旗人民公社放出的一颗中稻亩产130,434斤的"重磅卫星"，成了《人民日报》1958年9月18日的头版头条新闻；浮夸风、共产风、强迫命令风，遍及城镇和乡村；供粮计划被破坏，整个经济生活失去平衡。与毛泽东的狂想相反，大跃进和人民公社化运动所带来的是：国民经济比例失调，生产浪费严重，人民生活水平普遍急剧下降，形成大范围饥荒，开始大量饿死人……当时被赞颂为"公社是个红太阳，社员都是向阳花，花儿朝阳开"的人民公社，面临全面崩溃，"共产主义天堂社会"发生了最严重的危机。

一向比较心直口快的**彭德怀**，本来与毛泽东有许多历史上的疙瘩没有解开，建国后，又反对喊"万岁"，反对唱《东方红》，厌恶毛泽东玩女人，看不惯毛泽东的生活作风和民主作风，已经与毛积怨很深，这次，他更看不惯毛泽东异想天开又不许别人置疑的大跃进和人民公社政策。

1958年12月大跃进期间，彭德怀曾回到家乡湖南做过调查研究。那时，在《人民日报》提出的"**人有多大胆，地有多大产**"口号鼓动下，"卫星"满天飞，湖南一些地方出现了亩产稻谷6万多斤、红薯50多万斤的"高产典型"。他家乡的乌石公社党委书记向他汇报："今年粮食丰收，产量高的亩产有1,600多斤，平均亩产900斤的生产队有不少。"但是社员背后跟他讲真话：亩产稻谷600斤都不到。他看到，为搞居民点，有的房子空了，有的房子拆了，煮饭的锅都砸了。在乌石学校，

彭德怀元帅

他看到八、九、十几岁的小学生也**大搞集中居住，集体开餐**，而大锅菜里清汤寡水，没有几点油星，学生伢们一个个面黄肌瘦。在"幸福院"里，老人们每餐只有二、三两米。在平江调查时，县委书记实事求是地向他汇报，部分高产田亩产才800来斤。为什么浮夸呢？平江县委书记向他反映："**虚报数字都是上边层层加码压出来的，不管你能不能办到。粮棉加番，钢铁加番，什么都要放'卫星'，连吃饭都不要钱了。动不动就说你'右倾'**。"调查炼铁时，乌石公社干部告诉他，劳动力是全社统一调配，几乎所有男女劳力齐上阵，按照军队建制把群众组织起来，搞大兵团作战。他问炼一吨铁要花多少成本？干部们回答："为了'**保钢铁元帅升帐**'，我们是不惜代价的，没有算过账。"由于炼钢铁没得煤，全靠木炭，山上的树基本上都砍光了，农民面临生存危急。调查中，他同群众算了一笔帐：土法炼一吨铁要比正规钢铁厂多花十几倍、甚至几十倍的代价，而且炼出来的那些铁根本不能用。1959年7月，他在去庐山的火车上，在大放"卫星"河南境内，看到**窗外衣衫褴褛、蓬首垢面的逃难者**，食之无味。服务员项文芳问他何以不吃饭？彭德怀指着站台上的逃荒的人群说："你看看他们！能吃得下去吗？"他想起了湖南那位老红军递给他的那首诗歌："**谷撒地，黍叶枯，青壮炼钢去，收禾童与姑，来年日子怎么过，请为人民鼓咙呼。**"这是多么沉痛的呼号！他愤然提笔将"请"字改成"我"，他要在庐山会议上，为民请命，向毛泽东犯颜直谏。

1959年7月2日，中共中央在庐山举行政治局扩大会议。会上，政治局委员、中央委员、各大区负责人和各业务主管们，对大跃进、大炼钢铁和人民公社等政策的后果，议论纷纷，持批评意见的人很多。在这种形势下，彭德怀认为，向毛泽东直谏的条件已经成熟。但他并非没有顾忌：维护毛泽东的"伟大、光荣、正确"，就是维护党的"伟大、光荣、正确"；给毛泽东提意见，有反对毛主席的嫌疑。但强烈的"我为人民鼓咙呼"的欲望，这种道德理性使他一厢请愿地认为：如果多数中央委员都有能如实陈词，毛会接受批评，改弦更张，大跃进灾难性的后果将可以避免。但这位英勇善战的元帅，想得太天真了。

首先，他在西北组的小组会上，多次发言，认为"**人民公社办早了一些**"，"**'左'的一来，压倒一切，许多人不敢讲话**"，"**不建立集体威信，只建立个人威信，是很不正常的**"。他还当着毛泽东的面说："**全民炼铁，国家与地方补贴共50多亿，比一年的国防开支还大，用这笔钱去买消费物资，堆起来怕有庐山这么高呀。**"当时毛泽东插话说："**不会有庐山这样高。**"彭德怀说："**那就矮一点吧。**"他意犹未尽，于是，7月14日，他给毛泽东写了一封数千言的意见信，被毛泽东批上"彭德怀同志的意见书"，史界称之为《万言书》。

《意见信》首先称赞"**1958年大跃进的成绩是肯定无疑的**"和"**这样的增长速度，是世界各国从未有过的**"，他随即批评道：（摘要）

"1958年的基本建设，现在看来有些项目是过急过多了一些。"

"1959年就不仅没有把步伐放慢一点，加以适当控制，而且继续大跃进，这就使不平衡现象没有得到及时调整，增加了新的暂时困难。"

"（农村公社化）出现了一些缺点错误，这当然是严重的现象。"

"全民炼钢铁中，多办了一些小土高炉，浪费了一些资源（物力、财力）和人力，当然是一笔较大损失。"

在总结经验教训时，他写道：（摘要）

"过去一个时期，在我们的思想方法和工作作风方面，也暴露出不少值得注意的问题。"

"浮夸风气较普遍地滋长起来。"

"小资产阶级的狂热性，使我们容易犯左的错误。"

"在思想方法上，往往把战略性的布局和具体措施……等关系混淆起来。"

"在这些同志看来，（隐指毛泽东）只要提出政治挂帅，就可以代替一切……政治挂帅不可能代替经济法则，更不能代替经济工作中的具体措施。"

这封《意见信》，无论从现在或当时的角度来看，都是比较客观的反映了当时的部分实情，批评的语气相当舒缓，有些地方还着意淡化而轻描淡写，甚至刻意回避已经出现的大范围饥荒和开始饿死人的现实。这种淡化了的对国家最高领袖的批评，不要说在西方资本主义世界司空见惯，非常正常，就是中国封建专制时代的帝王，面对这种客观批评，也不得不下个《罪己诏》，以谢天下。然而，在社会主义中国，在中共领导下的无产阶级专政中国，这种轻描淡写式的批评，就是反党、反社会主义，就是大逆不道！

对彭德怀素有成见的毛泽东，见信后非常懊恼：关键时候，彭又跳出来反对他了。尽管他已看出，彭信中说得都是实情，而从他亲自派员到下面做调查研究所得到的实际情况，并不比彭信批评的实情好，甚至严重得多。他很清楚，他费了九牛二虎之力推行的大跃进、大炼钢铁和人民公社运动，在广大党员干部和群众中有强大的阻力，如果不排除这些阻力，他那"伟大、光荣、正确"的光辉形象就会被质疑，帝王地位就会动摇，后果是可怕的。此刻的毛泽东，想到的已不是理想"天堂"的危机，而是个人权力和"伟光正"形象的危机。因此，"与人斗其乐无穷"的毛泽东，毫不犹豫地抛开了他常对全国老百姓说"**知无不言，言无不尽，闻者足戒**"的"谆谆教导"，直面彭德怀的"挑战"。

毛泽东在 1959 年 4 月的上海会议上，讲过这样一段话："**我这个人是被许多人恨的，特别是彭德怀同志，他是恨死了我的；不恨死了，也有若干恨。我跟彭德怀同志的政策是这样的：'人不犯我，我不犯人；人若犯我，我必犯人。'**"毛认为，彭德怀的《意见信》，就是对他帝王权力的挑战，他必须应战，而且必须战而胜之。毛泽东有信心、有把握战胜彭德怀，他的杀手锏就是"**中共伦理共识**"。

7 月 16 日，在常委扩大会上，毛拿出他的杀手锏，放出流氓痞话，威胁常委们："**如果党搞分裂，那我就走。组织人民，另外立党。如果军队另搞一套，我就另组红军。**"又急电北戴河疗养的夫人江青，乘飞机上山，帮他斡旋串连。毛终于得到了参加会议的中共常委刘少奇、周恩来、林彪、朱德和书记彭真等要员的支持，并在中共伦理共识的基础上达到统一：**保卫总路线，反对分裂**。到此，彭德怀的一纸批评政策的信件，变成了分裂党的破坏活动。

四、中共伦理共识，是帝王意志实现的保证

长期以来，在刘少奇的倡议下，在毛泽东的培植下，在陈伯达、胡乔木等高级权贵和御用精英才子们的鼓噪下，简而言之，在党的伦理哲学上，已经形成一个顽强共识：**下级无条件服从上级，全党无条件服从中央，中央无条件服从毛泽东；维护毛泽东的伟大、光荣、正确，就是维护党的伟大、光荣、正确；反对毛泽东就是反党、分裂党；党员是党的驯服工具，党叫干啥就干啥；党的利益高于一切；要揭发、批判一切反对毛泽东的人和事；不允许对党有半点怀疑**，等等。这种强调无条件服从的**中共伦理共识**，是封建"臣罪当诛兮，天王圣明"的翻版，是在无产阶级专政条件下形成的封建独裁的赤文化。这种赤文化的特点是：为了目的，可以使不择手段的行为"高尚"化、"道德"化；而这"高尚"化、"道德"化了的手段，可以随意颠覆仁义理智信的传统道德，任意践踏自由、民主和人权的普世价值。

为了迫使彭德怀就范，毛派同其关系不错的聂荣臻、叶剑英元帅，去说服彭德怀低头认错。聂、叶见彭后，晓之以党要团结的大"理"：不能单从信的方面来看，即使有些批评完全合乎事实，也要从如何对全局有利上想；动之以数十年友谊至"情"：要用任劳任怨委曲求全的精神，从全局利益出发来检讨自己。聂、叶不辱使命，在他俩的"帮助"下，彭终于承认他写的信是"反党"，并做了检讨。这里，中共常说的实事求是的道德观，已

被中共伦理共识所颠覆。

聪明一世，糊涂一时的彭德怀，终于上了毛泽东的圈套；聂、叶虽没有落井下石，却为虎作伥，当了一次助纣为虐的不光彩信使。

见到彭德怀的检讨后，毛泽东便多次严辞批判起彭来：

"你们要瓦解党，这回是有计划、有组织、有准备，从右面向正确路线进攻。"

"彭德怀讲什么'自由、平等、博爱'，根本不懂什么是马克思主义，什么叫上层建筑，什么叫经济基础。他就是不懂，又装懂，发表长篇大论。"

"我们认为，你是反中央，信是准备发表的，以争取群众，组织队伍，按照你的面貌改造党和世界。"

"就是说你这人有野心，历来有野心。"

"搞彭氏宗祠，要实行民主，这回决定开中央委员会。华北座谈会操了40天娘；补足20天，这次也40天，满足操娘要求，操够。"

"现在庐山会议，这个时候，不是反'左'的问题，而是反右倾，是右倾机会主义向党的领导机关、向6亿人民的轰轰烈烈的社会主义事业猖狂进攻的问题。"

"我看，无非是你想挂帅，与其你挂帅，不如我挂帅。"

毛泽东在一封《给张闻天的信》中，正式提出"军事俱乐部"这个名称。信中说："怎么搞的，你陷入那个军事俱乐部里去了。真是物以类聚，人以群分。""真是文武合璧，相得益彰。"

会上，在毛的指挥下，"大臣"和各地"诸侯"们，使用党内惯用的毛式批斗法(3)纷纷落井下石，信口雌黄地对彭德怀及其支持者黄克诚、张闻天、周小舟展开全面围剿。下面根据《庐山会议实录》，摘录其部分的批判彭德怀时的发言（多次会上发言，时间不分先后），供读者赏鉴：

刘少奇（中共中央常委排名第二，第一副主席，中华人民共和国主席，文革中遭批斗，囚中断药，不治而亡）：

"（你）反对唱《东方红》。认为中国也有个人崇拜，中国很需要反个人崇拜。"——从"从来就没有什么救世主"，到"人民的大救星"，马克思主义这种自相矛盾的发展，就是中国的"战无不胜"的毛泽东思想！

"我想，我是积极搞个人崇拜的。有人要反对毛泽东同志的个人崇拜，我想是完全不正确的，实际上是对党、对无产阶级事业、对人民事业的一种破坏活动。"——刘的"积极搞个人崇拜"，是为埋葬自己在"积极"挖掘坟墓！这就是代价。

"你拉李井泉（笔者：四川省委第一书记），说四川没放卫星好。"——一句"说四川没放卫星好"，便成了结党营私的罪证，可见刘少奇的逻辑已荒唐得即可笑又可悲！

"对我们的搞法，（你）**总是不满意。**"

"**同彭这样的人，难搞成朋友。**"——朋友不成就打倒，这就是无产阶级专政。

"**同意主席讲的**（你）**有野心**，（你）**要按自己面貌改造党。根本问题在此。**"——一封《意见信》就被斥为"有野心"，这对于倡导"知无不言，言无不尽，闻者足戒"的中共来说，不失为一个绝妙的讽刺！这是毛、刘、周、朱、陈、林、邓七大领袖的逻辑，是中共伦理共识的逻辑，当然根子是无产阶级专政。

周恩来（中共中央常委排名第三，副主席，国务院总理，文革中是毛泽东的助手和总管，遭几次批判，险些被打倒，最后被内定的医疗制度拖死）：

"（你说）**驯服就没有骨头？所有领导同志都要驯服，否则如何胜利？你的骨头是犯上。**"——没有自我；周的后半生，是一个在毛泽东面前战战兢兢的驯服工具。

"**华北**（你）**又闹独立自主。回延安三年格格不入。**"——在中共党内，独立人格是大敌！

"**方向是对总路线进攻**，（你）**站在右倾立场，信的锋芒指向总路线。**"

朱德（中共中央常委排名第四，副主席，元帅，文革中遭到冲击和批判）：

"彭德怀的信虽然没有直接说出悲观失望，但是他把缺点错误说重了。"

"彭总有一股拗脾气，今后应该注意改掉。"

"彭总在生活方面注意节约，艰苦卓绝，谁也比不过他。"——这是少有的不同声音。在尊贵的高级官员们看来，朱有点"不识时务"！

"开始只当做一般文件看待，并未引起重视，听到主席讲话后，才感到问题的严重性；对信的认识，有个变化过程。开初只觉得有些提法、词句不当，但精神是好的，没有意识到这是根本方向问题。"——朱德的发言，被毛泽东当面斥为"隔靴搔痒"。

林彪（中共中央常委排名第六，副主席，国务院副总理，元帅，文革中仓皇促逃，同老婆儿子摔死在蒙古国）：

"**动机是**（你）**从个人野心出发，捞一笔。**"

"**彭德怀是野心家，阴谋家，伪君子，冯玉祥！**"——冯是与蒋介石分庭抗礼的军阀。

"**中国只有毛主席是大英雄，谁也不要想当英雄。**"——马屁拍得理直气壮，无耻之尤！

"**论知识、精力、威望，只有毛主席有。**（你）**自负太大，刚愎自用。**"——但在背地里却说毛批彭是"说绝了，做绝了，绝则错"。

彭真（中共中央政治局委员，北京市第一书记，市长，文革中遭批斗，扭断右臂）：

"你在西北小组讲：（错误）**人人有责，包括毛主席。**"——在他看来，毛泽东不会犯错误。当他被红卫兵扭断右臂时，是否还坚持他的看法？

"（你）**说毛主席的话乱传一气，盲目服从。**"

"**首先是你的党性，同中央抢先。信是个纲领，一条路线，重点在后一部分，目标是毛主席。**"——共产党的党性就是绝对服从中央和毛泽东，这种奴性就是中共伦理共识。

"（你）**反对个人崇拜。**"

"**毛主席的路线已得到证明，基本上已证明总路线的正确，也应服从。**"——在总路线制造的饥荒中，开始饿死人的消息已传入中南海；但为了紧跟，他竟瞪着眼说瞎话。

贺龙（中共中央政治局委员，国务院副总理，元帅，在文革中遭批斗，囚室里药死）：

"（你）**对主席成见深，信中有历史成见。**"

"**德怀同志的信，我认为是一个反党的纲领。他过去几次在紧要关头上发生动摇，对毛泽东同志是很不服气的，当了错误路线的帮手。这一次他迫不及待地拿出反党纲领，也完全是对着党中央和毛泽东同志的。**"——《意见信》就是"反党纲领"，贺老总也落井下石；最终也要为落井下石付出代价。

罗瑞卿（中央委员、国务院副总理，公安部长，大将，文革前遭批斗，跳楼自杀断腿致残）：

"（彭德怀）**所谓艰苦朴素，实际上很多都是装的。不要说他的生活、为人很多都是装的，即使是真的，可是总是反党，反对党的正确领导，反对总路线，这种所谓生活朴素又有什么用处？**"

"**遵义会议以后，一有机会，你还是反（毛主席），直到现在你还要反，这是为什么？**"——反对毛主席就是反党，这是中共论理共识。可悲的共识！

陶铸（中央委员、中南局兼广东省委第一书记，文革初曾为中共中央常委，不久被打倒，囚死于合肥）：

"**他对以毛泽东同志为首的党中央领导核心很不服，牢骚话不少，情绪不正常。这次会议上对毛泽东同志咬牙切齿。《意见书》不过是公开放箭，在背后对毛泽东同志的领导，不知道放了多少更毒的冷箭。**"——这是感觉推理。七年后，凭着这种推理，把他自己推到合肥囚毙。

"**彭德怀同志说党中央没有民主，那是胡说。大家知道，毛泽东同志亲自制定了一系**

列党的生活原则，党内的民主有了充分的保证。"——当他在合肥囚毙前，还这么认为吗？

"**打击别人，抬高自己，功则归己，过则归人，是彭德怀同志的一贯作风。**"

黄永胜（中央委员、广州军区司令，上将，文革时任总参谋长，林彪集团要员，十五年徒刑中监毙）：

"（彭德怀）**军阀主义、目中无人、个人主义。从历史上看，我对他能够彻底改正错误是没有信心的。这样做的结果就是要带着花岗岩的脑袋进棺材。**"

当年中共中央常委排名第五、第七的**陈云**和**邓小平**，他俩对批彭的态度？因无资料，无法书录于此。

在彭德怀孤立无援的时候，陶铸8月5日写信给黄克诚大将，"大义凛然"又十分"精彩"地劝说他"落井下石"。信中写道："**德怀同志的错误已明若观火，你为何不断然站出来与之划清界线，帮助德怀同志挖掘思想，切实认识错误，改正错误！我以为这种帮助即使你与德怀同志友谊决裂，也并不表示你对德怀同志'落井下石'，而是'君子爱人以德'，真正站在党的立场上给他以同志式的帮助。你我都读过一点所谓古圣贤之书，一个人立身于世，不讲求操守是很可悲的。尤其我们作为一个党员，对党的忠诚等于旧社会一个女人嫁人一样，一定要'从一而终'，决不可'移情别恋'，否则便不能称为'贞节'之妇。**"——最终被毛囚毙于合肥的陶铸，他所说的"君子爱人以德"、"操守"和"贞节"，就是不顾"君王"独裁权力造成饿殍遍野的苦难，也要维护这个"君王"至高无上的绝对权力！陶的信和他结局，不发人深省吗？

从以上的摘录中，我们清楚地看到，这些尊贵的大员们是怎样批判彭德怀的。在这种充满无产阶级"凛然正气"的批判中，他们说的是真话？良心话？还是假话？昧心话？那些是与人为善话？落井下石话？在一贯倡导"知无不言，言无不尽，闻者足戒"的"伟大领袖"面前，他们中那些是秉公者？正义者？那些是盲从拥戴者、争宠谄媚者和谎言制造者？法国作家、哲学家让.保罗.萨特的有句名言是："**搞政治一定会把手弄脏。通过原始而残酷斗争夺取政权的政治体系，不可能具有很高的道德水平。**"他们的道德水平究竟有多高？是否已经把手弄脏？请读者自己判断。

此时的彭德怀元帅，只有招架之功，毫无还手之力。他多次做过这样无用的招架：

"**我是直接写信对你**（笔者：指毛泽东）**讲的，没有搞非组织活动。**"——在没有民主的党内，欲加之罪，何患无辞！

"**你们这样推测，就难讲话了。**"——有罪推定，是"人权首先是生存权"的逻辑！

"**现在还难接受。**"——在毛的中国，你只有接受批斗的自由！

"**我没有律师辩护，你们像法庭审判。**"——在中国，毛就是一言九鼎，谁敢替你辩护？这"审判"司空见惯，历来如此，彭焉能例外？

"**开除我的党籍，拿我去枪毙了吧！你们哪一个是'军事俱乐部'的成员，就自己站出来报名吧！**"——在无产阶级专政下，有绝望的自由！早知今日，何必当初？

在8月2～16日的八届八中全会上，进一步开展了对"彭德怀、黄克诚、张闻天、周小舟反党集团"的斗争。最后全会通过了《为保卫党的总路线、反对右倾机会主义而斗争》和《关于以彭德怀同志为首的反党集团的错误的决议》两个决议。

两个决议

如果说在决议前，"保卫党的总路线"是为了保卫"崇高"的乌托邦理想，而在决议后，这种"保卫"已经变成捍卫独裁权力的手段。

值得一提的是，时任总参谋长的黄克诚大将也自投罗网。他上庐山时，毛清除彭德怀的决心已定，且已明朗化。出人意料的是，这位黄大将军在读过彭德怀的"意见书"后，当着毛泽东、刘少奇和周恩来三巨头的面，毫不含糊地表示："我同意这封信里的意见。"接着便与刘、周二人辩论。辩论话题无意间涉及到四平战役时的一件事，毛泽东插话说："那是我决定的。"黄竟顶撞说："你决定的也是错误的。"在中共伦理共识下，黄成了反党集团主要成员。对此，有人投书赞曰："**壮哉！黄大将军！全党全军仅此一人！**"笔者认为，在现代文明社会里，黄大将这种言行属实话实说的常行，但在中国特色的环境里，的确值得赞美。然而不久，还是在那座山上，还是这位黄大将，竟跟着别人落井下石，揭发起他的上司"骂毛泽东同志"来。是划清界线抑或效忠、谄媚？在没有或缺乏自由民主的无产阶级专政条件下，权贵们的**人格已经扭曲得令人看不清、摸不透！**

8月16日，毛泽东断言："**庐山出现的这一场斗争，是一场阶级斗争，是过去10年社会主义革命过程中资产阶级与无产阶级两大对抗阶级的生死斗争的继续。**"——这种无限上纲式的"理论"，是毛泽东思想的灵魂！

9月17日，国家主席刘少奇发布命令：免去彭德怀兼任国防部部长和黄克诚总参谋长的职务，任命林彪兼任国防部部长和罗瑞卿兼总参谋长。

随着彭德怀倒台，不少军事将领跟着遭殃。

1959年8月18日，根据毛泽东的指示，林彪在北京召开了中央军委扩大会议。在激烈批斗彭德怀的会议上，总参谋装备部部长**万毅**将军公然号召说："**直说了吧，现在有人**

尽做好梦，头脑发昏……全然不顾底下的老百姓吃苦受穷！我敢说，彭总的'意见书'一点没错！……赞成彭总意见的请举手。" 面对对彭的"揭发"，北京军区参谋长钟伟将军突然在台下大声喊："**胡说！你们完全是无中生有，造谣惑众！**"并大喊："**彭德怀的'军事俱乐部'已经宣布成立了，那就宣布我钟伟是这个俱乐部的成员吧！也拿我去枪毙吧！**"他们两个的下场自然是被手铐铐出会场。看来，中共高级干部中，并非都是落井下石的无耻之徒。

接着遭到清洗的还有：中央军委副秘书长兼总后勤部部长**洪学智**，沈阳军区政委**周桓**，铁道兵司令**滕代远**，国防部副部长**萧克**，原志愿军副司令员、副总参谋长兼沈阳军区司令**邓华**等上将。最为惨烈的是：江苏常州某局长**蔡铁根**，原是南京高等军事学院的训练部长，红军，大校军衔，1959年反右倾时被撤职。文革初被抄家，发现他的日记本里有为彭德怀鸣不平的话，旋即揪出，1970年3月11日被处决。

庐山会议后，全国开展反右倾机会主义的斗争，先后揪斗出高达200万（另说：高达1000万）个"右倾机会主义分子"，数千人自杀。借着大批"右倾机会主义"的风暴，掀起了"持续大跃进"的高潮，使"总路线、大跃进、人民公社"的荒谬政策恶性发展，使刚开始不到半年的饥饿，迅速扩大，很快演变成饿殍遍野的惨局。到了1961年中期，工农业全面跃退，**导致3,000~4,500万人饿死**。官方承认"非正常死亡"有3,767万人(4)。这就是毛泽东帝王权力一次大发威的惨烈后果。（由于中共档案死不解密，上述数据版本很多，尚须人们仔细考证。）

1959年的庐山会议表明，中共伦理共识——这种已经"高尚"化、"道德"化了的"理性"，使国家利益屈从于党的利益，党的利益屈从于毛泽东的个人权力，而人类自由理性和道德价值已荡然无存。

如果说"一化三改造"和人民公社的社会主义，把中国人变成了**物质权力的雇佣**，而反自由、反人权等无休无止的阶级斗争即体现无产阶级专政理论的毛泽东思想，则把中国人变成了**精神权力的奴仆**。

庐山会的重要性在于，在包括刘少奇、周恩来、林彪、陶铸和贺龙等在内的尊贵大员的支持、纵容和争宠谄媚下，毛泽东帝王权力进一步加强，为数年后打倒、斗死他们自己（刘、周、林、陶、贺）的文化大革命，打下了基础，埋下了祸根。

第一章附注：

注1、"水门事件"

指美国共和党在1972年总统竞选运动中，在水门大厦民主党总部安装窃听装置进行非法活动的政治丑闻。1974年8月，美国第47届总统共和党人尼克松，在"水门事件"

中，因有掩盖真相、阻绕调查等罪名，被迫辞去总统职务，成为美国历史上唯一一位由于辞职而离任的美国总统。

注2、"拉链门事件"

指美国总统克林顿与白宫实习生莫妮卡.莱温斯基小姐的"性丑闻"事件，后被戏称为"拉链门事件"。弹劾调查的理由是：帮助、唆使、建议和促使莱温斯基阻挠司法，并同另外一些人策划阻挠司法和阻挠适当执法。1999年2月12日，在参议院弹劾案表决中，因没有达到宪法规定票数，被整得焦头烂额的克林顿，最终保住了总统宝座。

注3、毛式批斗法

首先由党组织以"**有罪推定**"确定被斗对象；其次做好批斗准备，即用"**怀疑一切**"的观念去武装、培训包括痞子、流氓无产者在内的积极分子，要他们大胆揭发；准备就绪后，组织"短兵接触"，召开批斗会。

在批斗中，严令被斗人要"**老老实实**"地"**坦白交待**"，不要"**蒙混过关**"：动员、鼓励积极分子和与会者，以"**大胆怀疑、无限上纲**"的精神去批判、揭发，用无中生有、罗织罪名的方法去栽赃；还要高呼"打倒"口号，造成同仇敌忾群起而攻之的氛围。对"**顽固不化**"的"**恶劣**"者，可"**灵活**"采取以下批斗法："**精神折磨法**"，即臭骂、侮辱、禁食、断饮；"**意志摧毁法**"，也叫"车轮战"，即积极分子三班轮替，精力充沛，被斗人昼夜不息，欲睡不能；"**灵肉触及法**"，如罚跪、罚站、脖子吊砖、吊打、刺伤，等等。这种肉体折磨加精神虐杀的批斗，虽比希特勒大规模肉体消灭法要"文明"些，却无法掩饰那猫玩老鼠般的快意、邪恶和残忍！

有时，党组织出于"人道主义"考虑，在不同场合、不同时间里，对不同的批斗对象，在批斗的程度、轻重和方式上，也有不同的选择。

注4、"非正常死亡"3,767万

这个数字是这样算出来的。根据1995年出版的由中国人口学家杨子慧等编著的《中国历代人口统计资料》，1958到1961年中国人口死亡率分别为：1.2%、1.45%、4.34%、2.83%。在它们前后三年的死亡率平均1.03%（1957：1.08%，1962：1%，1963：1%）。比平均死亡率高出的就是"非正常死亡"率。用"非正常死亡"率去乘那四年的中国人口，得出"非正常死亡"人数共3,767万。

本书带引号的"非正常死亡"一词，主要指饿死。

《草根评说：文革—毛泽东》

第二章："七千人大会"受挫

1962年1月11日至2月7日，中共中央在北京召开扩大的中央工作会议。参加会议的有县委以上的各级党委主要负责人，计7,118人，史称，这次大会为"七千人大会"。

一、庐山会议后的形势

毛泽东为什么要召开"七千人大会"？
1981年《党史研究》第四期披露：邓小平透露了在全国开展反右倾机会主义斗争中，被证明整错了的和已获平反的人数。1962年5月上旬，他在中央工作会议上说："**现在全国已经甄别平反的地区，是有数目的。譬如河南四十万，实际不止。全国估计总有一千万。**"

左起周恩来、陈云、刘少奇、毛泽东、邓小平、彭真在七千人大会上

据占有档案资料的体制内作家张素华，在《变局：七千人大会》一书中披露："1962年4月27日，邓小平专门主持制定了《关于加速进行党员、干部甄别工作的通知》，这个通知指示在县以下的基层干部，凡是在拔白旗、反右倾、整风整社、民主革命补课运动中批判和处分完全错了的，要'一律平反'，即使有轻微错误的，'也不留尾巴'，事实上是一风吹。邓小平这一指示下发之后，各地加快了平反的步伐，截止1962年8月，总共甄别平反党员、干部和群众600多万人。"在"甄别"中，因三篇日记获"恶毒攻击党和社会主义罪"的笔者，也在"一风吹"中得到解脱。

庐山会议后，究竟抓了多少"右倾机会主义分子"？抓了多少"小彭德怀"？上面的"披露"也没有说清。不过，中共监委副书记王从吾在河北，曾这样形象地批评河北的"反右倾"运动："**有辫子抓辫子，没有辫子抓头发，没有头发抓头皮。**"这些话，也可做一千万数字的旁证。

在激烈地反"小彭德怀"、反"右倾机会主义分子"运动中，共产风、浮夸风、命令风和官僚主义又横行起来，基层干部中、特别是农村基层干部中，打人、骂人、欺压群众、特别是被骂为"**比黄世仁还黄世仁**"（电影《白毛女》中的恶霸地主）的恶霸，也借势横行霸道起来，接踵而来的是大量饥饿和死亡。

1960年春，由大跃进、人民公社运动引发的国内经济严重困难的局面，已经全面形成，各地相继出现粮食紧张、人员外流和浮肿蔓延等严重形势，出现了与饥饿相关的饿死、自杀、打死、枪杀等非正常死亡人数激增等现象。尽管各省都在封锁浮肿、"非正常死亡"等信息，但有的还是传入了中南海。例如：1959年12月至1960年2月，甘肃通渭、陇西、和政三县传出饿死数万人的消息；1960年3月，湖北省浮肿和饿死人现象极为严重，其中，黄冈传出浮肿人数5万、襄阳传出竹山县有5,500人浮肿等消息。

面对这严峻形势，毛泽东却得出了相反结论。他说："**现在形势大好，缺点错误是部分的。**"御用精英们紧紧跟上，在报上发文宣称："所有这类消极现象都是前进中的暂时困难，不应妨碍国民经济的继续跃进。"1960年1月，在上海召开的政治局扩大会议上，毛泽东发出"**三年完成《农业发展纲要40条》，五年赶上英国**"的号召，继续鼓吹**大跃进**，同时着手部署，在城市大办人民公社。到了饿殍遍野频传的3月，他又在杭州会议上发出了"**实现城乡公共食堂普遍化**"的号召，继续为人民公社鼓噪。全国各大城市的党组织，不敢怠慢，不管老百姓死活，纷纷兴办起人民公社和公共食堂来。

毛泽东的"乐观"，助长了省一级干部的新一轮浮夸风。在大规模饿死人的1960年3月，湖南省委第一书记**张平化**，向毛和中央报告说，全省群众的福利和健康普遍较好；山东省委第一书记**舒同**，在给中央的报告中，虽然也承认该省存在着浮肿、饿死人现象，但却认为全省"当前形势无限好"；在河南，省委第一书记**吴芝圃**向毛报喜：河南三级书记进食堂搞"试验田"，使全省人口99%已入食堂，巩固了社会主义的食堂阵地。对此，毛大为赞赏，称其"**是一个纲领性的文件和科学性的文件**"，并表扬三级书记搞食堂"试验田"，说"**这些办法极好**"。在贵州，省委第一书记**周林**向毛报告：全省食堂办得好和比较好的占总数80%。对此，毛予以赞扬，说贵州的经验"**是一个科学的总结**"。

几个大跃进红旗省的大办食堂经验，使毛泽东大为振奋。他甚至将黑龙江省的经验写成四言诗："**加强领导，全民食堂，猪菜丰富，计划用粮，指标到户，粮食到堂，以人定量，凭票吃粮**……"毛强调食堂问题"**极端重要**"，表扬豫、湘、川、云、贵、沪、皖等省市做的最好，要求全国学贵州，学河南，"**一律照此办理**"。

批判彭德怀右倾机会主义的庐山会议之后，"非正常死亡"来势凶猛，各省饿死人数迅速增加。到了1960年2、3月间，饿死人的消息满天飞，间也有飞入中南海的。此刻，毛泽东才发觉势头不好。1960年2月23日，他在一份文件上批道："**共产风、浮夸风、命令风又都刮起来了……贪污、浪费、官僚主义，又大发作，危害人民。**"他还要求全国一切公社推行"**用植物秸、杆、根、叶大制淀粉**"作代食品，来补充口粮不足。在北大荒，笔者曾奉命用玉米穗衣做淀粉，人吃了大便干结，必须用手指抠。但毛泽东拒绝承认：由于他的中共垄断一切物资资源和一切政治权力，强迫各地执行他的"**反右倾、鼓干劲**"方针和通向天堂的"**三面红旗**"政策，已经把全国拖入饿死数千万人的大饥荒中！

二、骇人的"信阳事件"和饿殍

正当毛泽东用湖南、山东、河南、贵州、黑龙江等几个大跃进红旗省的这类报告和经验总结来证明"三面红旗"无比正确时，随着满天飞舞的死人消息，大规模饿死人的河南"信阳事件"，倔强不屈地闯入了中共权力中枢中南海。

张素华在《**变局：七千人大会**》一书中写道：

"信阳事件"是一幅怎样的情景呢？当年的中南局第二书记王任重在讲话中说："我到光山（笔者：信阳地区的一个县）去看过，房屋倒塌，家徒四壁，一贫如洗，人人戴孝，户户哭声，确实是这样，这不是什么右倾机会主义攻击我们，这是真的。"1998年邓力群（笔者：曾任中共宣传部部长）回忆说："我的一位老朋友彭大章（笔者：中南海秘书室的负责人）从信阳调查回来，对我讲：老邓啊，问题真严重啊！说时神色惨然！后来，先念同志（笔者：时任国务院副总理兼财政部部长）也去了，回来讲，他去过的村庄，妇女没有一个不穿白鞋的。（笔者：家里死了长辈和丈夫的妇女，要穿白鞋守孝）"

公安部副部长**徐子荣**前往信阳调查，返京后与妻抱头痛哭。

河南省委党校教授乔培华，在《**周恩来与信阳事件**》一文中写道：

"上有好者，下必甚焉。"河南省委的精神到了信阳地委那里体现得更加突出，更加充分。1959年信阳地区实际粮食产量为20多亿斤，而信阳地委浮报为50多亿斤，河南省委信以为真，分配给信阳地区征购任务9亿多斤，加上下面的层层加派，达到10亿斤以上（笔者：数据与张树藩《一个沉痛的历史教训》文中有出入），从而造成了征了过头粮，而且把群众的口粮、种子粮、饲料等都搞光了，造成了信阳大量饿死人的情况。在当时的信阳地区及所辖的十几个县市都可谓**出门无所见，白骨蔽平原**。有的户死绝了人。有很多小村灭绝了人迹，甚至还出现了人吃人的现象。广大农民连吃的口粮都没有，许多人都饿死了，哪里还有余粮上缴呢？在征收不出粮食的情况下，就大量地反瞒产，说不是没有粮食，而是隐瞒不报，因而采取逼、打的手段，出现了大量的逼死人、打死人的严重情况。如光山县委一位书记处书记对反瞒产有看法，县委会上，在第一书记（笔者：马龙山）的指挥下，被当场打死。县、公社、大队各级干部和群众中对反瞒产不满而被扣上右倾帽子，被活活打死的人也有很多。（笔者：多少呢？由于地方政府严密封锁，不许外人调查，档案又死不解密，人们难以知道较准确数字。）

干部打人，并非河南一家。据报导，广西上林县县志记载了大跃进中干部打人现象：云黄大队队长扬言"**不打人不是好干部**"，八个队干部全部打过人；大丰公社书记打过12个农民，公社副主任打过36个人；在上林，打和罚的手段总有30种之多：拳打、脚踢、罚立正、罚跪、捆绑、上吊、扛水、挑水、罚跑步、拔胡须、打口粮、扣工资、夺饭碗、看饭盅、游全村、游田梗、背石头、封门口、插白旗、假枪毙、带高帽、用火烧、罚苦工、顶北风、放蚂蟥咬、晒太阳、放牛进屋、丢石入房、带病上工、打鼓喊冲锋，等等。乔文继续说：

事件发生以后，信阳地区的各县、公社、大队分别采取了各种方式封锁消息，民兵日夜站岗值班，不允许农民外出要饭，说外出要饭是给共产党脸上抹黑；不准农民向上级反映情况，说那是告黑状，是反对基层党组织，因此就是反党；不准私自在家做饭，说私自做饭是反对公共食堂，反对人民公社；特别是扣押许多群众反映问题的信件。如光山县委书记指示县邮电局，凡是外出的信件都要进行严格检查，谁写信给外地的亲戚朋友、上级机关、省市领导以及党中央、毛主席反映情况，就扣下来，对署名的人进行开会批斗，并戴上右倾机会主义的帽子，对匿名信就让邮电局的同志回忆是谁送的信，设法查出来。有一封反映光山饿死人的信，邮电局的同志说好像是一个女的脸上有麻子，于是光山县对全县的女麻子进行检查，搞的人心惶惶。（笔者：显然，这种恶端只有在无产阶级专政条件下才能产生！）

尽管对于信阳地区的问题，河南省委缄口不提，信阳地委严密封锁。但消息还是或多或少地传出一些。

据学者们估算，在庐山会议反彭德怀后的半年多里，信阳地区饿死即"非正常死亡"约 60~100 万人，1959~1961 年的三年里，"非正常死亡"约 110~130 万人。

《百年潮》1999 年第 12 期，刊载了一篇文章**《一个沉痛的历史教训》**，系当年被打成"右倾机会主义"分子的信阳行署专员**张树藩**所写。

张树藩在文中写道：（摘录其中四段）

在中纪委两位处长把问题查清报告党中央后，毛主席批示说，**信阳出的事件是反革命复辟，是民主革命不彻底，须组织力量进行民主革命补课。** 于是，中央从各部委抽调数百人来到信阳地区。这时省委才慌了手脚，仓促组织了六、七百人到信阳，全面改组各级领导班子。先派省农工部长赵定远任信阳地委书记，省统战部副部长赵子平任副书记，高祥辉、刘策分任地委组织和宣传部长；中央派的干部则分别到各县、社任县委书记、县长、公社书记、主任等。原地委书记路宪文被停职检查，其他副书记、部长靠边站检查，原有九个地委常委仅留下我和纪委书记邱进敏没有动。

第二天，吴芝圃（笔者：时任河南省委第一书记）到固始县召开了万人大会，宣布原县委书记杨守绩是"反革命"，并将其逮捕。……因为杨在 1959 年群众开始发生浮肿病并有人饿死时，未经地委同意就给省委写了个报告，反映了真实情况，要求拨给粮食，解决群众生活问题。这显然又是为了捂盖子、掩盖省委错误而采取的行动。

这一时期，全地区县市委第一书记被开除党籍、逮捕法办的就有八人，其余县市委书记统统被撤换。农村二十多万基层干部则被集中起来进行"特殊训练"，还调了部队，用绳子将他们一串串拴起来，武装押送。这成了一次全面彻底的大夺权。

这么多干部怎么会都变成了反革命，怎么能如此残酷地镇压呢？**我想不通**。……（我）在地委常委会议上忍不住大哭起来。我边哭边说：我在信阳地区工作十几年，和广大党员、干部有着深厚的感情，我弄不清那么多人怎么都变成了反革命。

张树藩"想不通"可能有些道理，因为他是**体制内人**，对有些党员干部因执行上级政策被批、被斗、被镇压他想不通；但对体制外的人、特别是农民群众来说，批斗那些大刮共产风、强迫命令的党员干部，镇压那些狗仗人势、"比黄世仁还黄世仁"的恶霸党员干部，是件大快人心的好事。

1971年10月，笔者到河南信阳地区息县草黄林公社公出，曾同那里几个大队干部闲聊60年时，他们几乎毫无顾忌不加掩饰地说：那三年，我们公社饿死三成以上，有许多绝户；中央派人来这里搞"民主革命补课"，干部都"靠了边"，许多干部（包括生产队干部）被撤职、法办或自杀。

与农民群众遭受连续三年的大饥荒的同时，河南许多无辜的基层干部历经了三劫魔难：1959年河南在全省按照中央精神"反瞒产"时，就有大批基层干部被关押、被拷打致死或自杀，是**第一劫**；在"大饥荒"的饿殍中，不乏基层干部遗骸，是**第二劫**；根据毛泽东批示进行的"**民主革命补课**"运动，是**第三劫**。据披露，在毛泽东制造的"民主革命补课"运动中，全国成百上千的地、县级党员干部被判刑；湖南全省80来个县，有30来个县委第一书记被撤换；河南处分了23万人，其中，信阳地委第一书记陆宪文、光山县委第一书记马龙山，被判死缓；河南南阳地区唐河县委第一书记毕可旦，因怕当替罪羊遭枪决，竟携妻子和三女一男投井自杀。实事求是地说，他们中有不少蒙冤者，但有相当一部分是罪有应得，如陆宪文、马龙山等痞子。大跃进政策和庐山会议后鼓吹"持续大跃进"并在全国大抓"小彭德怀"的始作俑者呢？在无产阶级专政下，他永远还是那样"伟大、光荣、正确"。这是中国人的悲哀！

闯入中南海的"信阳事件"，并没有使毛泽东和他的幕僚们幡然悔悟。1987年**赵紫阳**就任中共中央总书记之后的几天内，曾对美国作家索尔兹伯里说："**毛不知道或不相信在他的所谓1958年大跃进之后的可怕的年份中有无数的农民饿死。他拒绝批准进口粮食，因为那是'修正主义'，是向资本主义送秋波。**"

"信阳事件"只是大跃进和"持续大跃进"运动恶果的冰山一角。据报导：到了1961年中期，全国工农业全面"跃退"，**导致3,000～4,500万人饿死**。据官方《中国历代人口统计资料》显示，1958～1961年间，全国"非正常死亡"有3,767万人（详见第一章注4）。

一个叫**李为**的安徽人，在《**几个老人记忆中的那场饥荒**》一文中写道：

一段历史如果经历太久，历史的细节和真实就会被忽略，人们的疼痛和灾难就会被删除。如果通过自己的努力，秉持良心，**尽自己所能揭示历史事实，呈现在人们面前的时候，**

有人会质疑历史事实的真实性和合理性，甚至认为你图谋不轨。上世纪60年前后那场饥荒就是如此。不知道我这段记述，你是否认为它是真实的？

笔者通过自己村庄的故事，几个依然健在的老人的回忆与叙述，记录一下当时的情形。

58年，当春天小麦开始抽穗的时候，下了一场苦霜，导致了麦穗全部干枯，人们陷入了绝望，当时最有经验的老农都认为灾年将至，但是没过多久，小麦重新抽穗，而且那年的收成比往年还略微有增长，每亩地的收成都在一口袋以上（布制长口袋，在一百斤以上，当时还没有化肥，这个产量已经是不错的产量），但被征收后所剩无几，59和60年庄稼还是收成了，但总是收的不够被征收的，导致了在老人记忆中最为严重的饥荒。59年陆续开始饿死人，首先饿死的是一些成分不好的家庭，越是大地主成分，活下来的可能性越小。

姓许的解放前是大地主家庭，弟兄9人加父母共11人，饥荒过后仅存一人，人们叫他二蹩子，现在已经儿孙满堂。

笔者的一个堂姐，一个堂哥被饿死，一个堂哥被爷爷用一斗玉米的代价卖给陕西人，一斗玉米放了我堂哥一条生路，也救活了我的爷爷。堂哥现在还活着，现在56岁，已搬家到安徽宿州，有了自己的家庭。

姓徐的家庭，因饥饿中母亲没有奶水，最小的婴儿被饿死后，饥饿导致母亲把自己死去的婴儿煮吃了。被丈夫和大儿子发现后，此母亲被活活打死。此大儿子依然健在，现年68岁。笔者不敢跟他提起那件寒心的往事，不过他还是说：「那都是饿的，没有办法，哪个娘愿意吃自己的孩子啊！」

姓许的家庭一个儿子金锯，几乎被饿死，躺在地里时，被我的父亲背回了家，喂了他半碗粥，得以活命。现在每逢过年过节，依然到我家来看望我的父亲，他说父亲是他的救命恩人。曾经在我哥哥小时候打过我淘气的哥哥一巴掌，其母亲知道后带着他跪在我们家门前，说：「人不能没有良心啊，不是人家救你，给你半碗粥，你哪能活着啊！」父亲把他们扶起，说淘气的孩子该打，其母仍然说：「人不能没有良心！」可见救人一命，胜造七级佛图，是千真万确的。

但那时候，掌握粮食的人员饿死的很少，几乎没有饿着。一个老人说：「现在官员腐败，我们的生活依然逐渐好转，但是那时候的腐败是要命的，他们**多吃一个馒头，就是吃了几条人命！**」可见不要神化改革开放以前人们的纯洁度。

一个姓孙的老人说：「开始的时候吃野菜和草，后来草和野菜都吃光了，就吃玉米杆和麦糠做的馍馍了。那种馍馍不能见风，风一刮就飞了。」

一个姓王的老人说：「那时候人饿的，头发一摸全都掉光了。」

另据报导：

两年间，至少有10万广东和全国各地逃到深圳的饥民，成功地逃出中国，逃到当时被称为"处于水深火热中等待祖国去解放"的殖民地**香港**，成了"令人唾弃的叛国分子"。三年间，云南边民13万多逃出国境，当了被人诅咒的"卖国贼"！

1962年4月，新疆边境塔城、裕民、霍城6万余人逃往苏联，当时说这是民族分裂分子同苏联修正主义者共同策划的一次大叛逃。

1960年前后死于饥馑的人数之所以空前，与"一大二公"当年被赞为"通向共产主义天堂的桥梁"——人民公社的军事化密不可分。

叛国饥民逃香港

据报导：

为了"跑步进入共产主义"，许多农村实行"**聚家并屯**"，进行所谓"军事共产主义"改造。"以一个县为一个团，一个公社为一个营，一个村庄为一个连，拆散家庭，把人口按男棒劳力、女棒劳力、少年劳力、老弱病残等几个特征分开，分别住在不同的'连队'（村庄）里，分配以不同的劳动定额、不同的粮食定量。不到规定的时间，亲人们互相不允许见面。"

"聚家并屯实行后，农民被迫从世代居住的村庄和住房中搬出重新洗牌，居住地发生了大迁徙，原来的自然村落变成了'男人村'、'女人村'和'老弱病残村'。"

"由于老弱病残不进行'重'体力劳动，因此食物定量也少。实际上，以正常的标准来衡量，'大跃进'期间老年人从事的劳动也是很重的，因此很多老年人在饥饿和劳累中悲惨地死去，死时连亲人的面都见不到。"

为了逼着人人进食堂吃饭，"村干部只要一看到哪家有炊烟，就立刻带人去搜查，没收农民私藏的粮食和家什。等到劳力们都上工后，村干部和民兵手持一头削尖的铁棍，挨家挨户打开大门，一进屋就用铁棍在地上戳来戳去，以防止农民偷埋粮食。但凡有可能埋粮食的地方都要掘地三尺，一旦发现有偷埋粮食的，不但全部没收，而且要挨打、不许吃饭。"

1960年前后死于饥馑的人数之所以空前，与为了早日实现共产主义因而要"鼓足干劲"拼命干活有密切关联。

有人曾目睹过这样的场面：

……在凛冽的寒风中，一面面红旗迎风飘扬，农民们全都光着膀子干活，甚至连妇女竟然也光着膀子。……村干部介绍说，这样做是为了"突出干劲"，妇女脱光膀子则可以证明"妇女能顶半边天"。赤裸着上身的妇女和赤裸着上身男人一同挖土石方，穿着棉袄大衣的村干部则站在堤顶,时不时举起右臂高呼:"超英赶美!"赤裸着上身的妇女也放下挑子,振臂高呼"超英赶美!"村干部又呼:"干!"农妇也呼:"干!"

村干部根据"伟大领袖""**拔白旗**"的教导,对胆敢抗拒命令者,以"白旗"论处:"村干部一声令下,把'白旗'围起来进行**拳打脚踢棍子夯**。"

1960年前后死于饥馑的人数之所以空前,与为保卫"社会主义阵地"因而强制农民进公社食堂密不可分。

据毛泽东"一大二公"的人民公社所有制规定,土地全部国有化,粮食也随之国有化(后来部分退给集体)。农民吃饭问题,由各级政府根据各公社、大队人口,核定口粮标准,分发给各级公社大食堂。因此农民要吃粮,必需进食堂。

据报导:

1959年6月13日,毛泽东在他主持的一个中央会议上表示:"**食堂,保持有三分之一或者四分之一,或者五分之一的人吃就可以了……粮食要分给本人,你愿意吃食堂就自愿参加,不愿意可以不参加。**"6月底他访问老家韶山冲,当乡亲们明白表示对吃食堂不满意时,他说"**食堂不好可以散嘛**"。他前脚走,后头韶山的公社食堂就散了伙。但过了不到一个月,为了批判彭德怀,他将解散食堂的主张斥为"反社会主义"。

农村社会主义公共食堂

安徽省委书记处书记**张凯帆**是安徽无为县人。1959年7月初,他回到老家看食堂,发现老家已有不少人饿死。借着毛泽东"**食堂不好可以散嘛**"的指示,他责骂县委书记说:"**你把人还给我!**"应农民要求,他下令解散了无为县几千个食堂。结果,风云突变,张凯帆被毛泽东指责成"**混进党内的投机分子**",说张"**蓄谋破坏无产阶级专政**","**用阴谋手段来达其反动的目的**"等等,并将张投入监狱。

紧跟毛泽东弹跳的《人民日报》,把公共食堂描画成仙境:"**社员吃得饱、吃得好、吃得干净卫生。**"可是,河北张家口地区地委第一书记**胡开明**,在康保县山区视察时,看到一个十几岁的孩子提着个瓦罐吃力地往山坡上走,瓦罐里是半罐子糠菜糊糊。孩子告诉他:"爹娘和妹妹病在家里,这是给他们领的饭。"问孩子:"你家不能做饭吗?"孩子答道:"不能,粮食都在食堂里,(家里的)锅也砸了炼钢铁了。"

被革职、在贵州劳动改造的中共中央工业交通部副部长高扬说:"我带着两个小儿女,爬过一道山梁,排了长队,才买回一小锅满是清水的豆腐脑……"

1960年春,云南省委第一书记阎红彦在澜沧江山区,看到一个老太婆挎着篮子,在风雨中爬坡上坎去食堂，浑身上下像是在泥水里滚过一般。农民们告诉他：这位老人只爬两座山梁，十五里，不算远。最远的有三十里，每天骑毛驴上食堂，一天就忙着吃两顿饭。阎红彦向县委提出，食堂"**能办就办，不能办就散**"，可县委书记不敢违抗中央指示，只好让农民翻山越岭去喝粥。——能说这是"**歪嘴和尚念错经**"吗？这位有时敢说实话的"封疆大吏"阎书记，文革开始不久便被迫自杀。

然而，在这种人为造成饥饿的严峻形势下，毛泽东还坚守他的"**社会主义阵地**"。1960年11月，中共中央根据毛的指示，还在向全国发命令："**公共食堂必须办好。**" "**公共食堂的制度必须坚持。**"

1960年前后死于饥馑的人数之所以空前，与盲目大搞水利建设密不可分。

例如，对于甘肃省搞的"引洮工程"，毛泽东曾说："**甘肃洮河引水上山，那么大的工程，就是靠党的领导和人民的共产主义精神搞起来的。**"该工程是毛泽东推行大跃进的样板工程，规模非常大，几百里的渠道，沿线调集十万民工，从1958年一直干到1961年。结果，饿死、累死、打死了成百上千（另说上万）民工，工程整个报废，一滴水也没引上山，浪费的金钱难以计数。另有报导说，仅在1961年内，全国报废的工程就"折合人民币达150亿元"。

1960年前后死于饥馑的人数之所以空前，与超低标准口粮分配密不可分。

有人曾这样描写死亡：

在1960年年初的一段时间里，我母亲住的那个村几乎天天有人饿死。饥荒最严重时，每个棒劳力每天的粮食定量是4两（笔者：一斤等于16两，每两31.25克），老人和孩子则是2两，还常常中断，或者被村干部截流贪污。……

外公的父亲已快七十岁了，原本身体很硬朗，但每天饥肠辘辘，吃了棉籽后又经常一、二十天解不出手来，很快就病卧而倒。没办法，外公只好用手帮他往外抠。挪到1960年2月，老人就饿死了。……

饿死的人快死时的感觉，并非像我们平常人想的那样充满痛苦。实际上，人要饿死时，初期感觉非常的饥饿，什么都想吃；几天后就进入第二期，人已经感觉麻木了，不太感觉到饿；死亡是突然来临的，那时就是有粮食放在面前，自己也往嘴里送不进去。因此，我们常常可以听说这类事情：某些人正在好好走着，突然倒下再也站不起来了。饿死人的感觉，我母亲亲身经历，至今不能忘怀。

1961年1月，安徽凤阳县的新县委召开大会批判原县委书记，考城大队农民王家来在会上这样控诉道："我们大队原有五千多口人，现在只有三千二百口人了。日本鬼子来了我们也没死这么多。那时我们还能跑，1960年我们哪儿都不能跑。我家六口人，死掉四口……"在文革中，**王家来**因"媚日"罪，被批斗后上吊自杀。

《乡村三十年》记载：安徽省凤阳县仅1960年春就出现了人吃人的残酷事件六十三

起，其中一对夫妇，将亲生的八岁男孩小青勒死，煮着吃了。凤阳或许还不算最坏的，在大饥荒中饿死三分之一人口的甘肃省通渭县，吃人相当普遍。一个公社书记后来对来访的记者说：我家那个村里一个不到三十岁的妇女，把自己女儿的肉煮着吃了。她男人从新疆回来找女儿，村里人都替她打掩护，瞒过去了，因为村里吃过人肉的不少。那时候人们饿急了，饿疯了，提着篮子出去，看看倒在路边的死尸上还有可吃的肉，就割回家去。你们去看看公社门外蹲在那里晒太阳的人，他们中就有一些是吃过人肉的。

1960年前后死于饥馑的人数之所以空前，与毛泽东的"志气"和"骨气"密切相关。

据报导：赫鲁晓夫听说中国发生大量饿死人的消息后，马上召开苏共政治局会议，决定立即援助中国50万吨食糖，300万吨粮食。苏联驻中国大使向周恩来转达了赫鲁晓夫的决定。毛泽东闻讯后说："**哪怕把全中国人都饿死也不要赫秃子的一粒粮食，中国党和政府是有志气的。我们不但不要苏联的援助，而且还要把欠苏联的债还清。**"又说："**我们凭啥吃赫鲁晓夫的嗟来之食？**"周由此而回绝了"苏联修正主义"的援助，展示了毛泽东和中共的"志气"！又据报导：在中美华沙大使级会谈中，美方代表转达了肯尼迪总统援助中国的方案：允许中方用硬通货向美国购买500万吨小麦；如果中国同意放弃它对邻国的军事政治压力，美方同意以长期和低息赊销的方式每年出售上千万吨小麦给中国；如果中方表示认可，美国将基于人道主义立场给中国穷人送救济包。对此，王炳南大使转达了毛泽东的革命立场："**虽然中国受到了连续几年的自然灾害的影响，但是，中国人民有信心战胜困难，赢得胜利，绝不会依靠别人施舍过日子，更不会拿原则做交易。**"中方代表还以幽默的口吻传达了毛泽东的建议："**如果美方需要我们帮助，我们也愿意勒紧裤带援助一些大米和小麦。**"幽默后，"**美国代表顿现窘态，中国代表哈哈大笑**"。中国大使的转达和中方代表的哈哈大笑，再一次展现了毛泽东和中共的"**骨气**"！——在"大救星"的"志气"、"骨气"下，数千万农民被他"救出苦海"，**饿毙**后，升入到"共产主义天堂"里！

（上面多处"据报导"没有注明出处，这是因为：一是这类的文字很多，网上、地摊、书店里很容易找到；二是当"**揭示历史事实，呈现在人们面前的时候，有人会质疑历史事实的真实性和合理性，甚至认为你图谋不轨**"。因此，如果你不信，即是注明出处你也不信，勿如干脆省点文字，信不信由你。）

1961年初春，**笔者**探亲路过开封。不大的火车站的广场上，有数百人在等待，在徘徊。他们中许多人好像不是在候车，像在寻找什么。在初春的寒风里，他们抄着手，三五成群地集在一起。他们的脸好像都是土黄色，眼窝深深的，颧骨高高的；他们所穿的褪色棉衣，似乎沾满了尘土，好像也是土黄色的；也许是豫东地区的黄沙土地，使车站广场的砖墙砖地上，都留下了薄薄的一层黄色尘土。寒风吹过来，卷起阵阵黄尘，与土黄色的衣，土黄色的脸，构成了一个土黄色的混沌世界。一个妇女坐在地上，双手捂着一块烤红薯吃，土黄色的人们，便不约而同地用眼光把她包围了起来，贼眼溜溜地盯住那块被双手紧紧捂着的红薯。广场的一角，一个老人睡着了。当人们翻动他时，僵硬的身躯证明他已永远"**睡着**"了。一个青年，突然倒在地上，几经挣扎，**爬不起来**，人们把他抬进了候车室，后果未知。笔者到车站附近一家饭店里凭票证就餐，买了一碗干饭，一碟咸菜，一碗菜汤。刚吃了几口，在"出去！出去！"的驱赶声中，一个土黄色的中年人拉着一个土黄色的十岁上下的瘦弱小妞儿，双双跪到我的跟前："**救救她吧！**"那土黄色的小妞儿眨巴着一双大眼看着我，分明也在哀求我。笔者童年丧母，父在缅甸中国抗日远征军中服役，杳无音信，迄今不知所终，凭亲友接济熬过童年，十二岁流落街头，饥肠辘辘之声早已根录于脑海之中。见到土黄色的瘦弱小妞儿，仿佛听见了她腹中的辘辘肠鸣。我答应了。小姑娘站起来，端住饭碗便往嘴里扒米饭，大口大口地伸着脖子吞咽。还剩下两口留给她父亲；父亲没吃，让她吃完，父亲只喝了几口汤。当时的我，尽管也有些饿，显然比他们父女俩"阔气"得多。我无法知道他们的未来，只好暗暗祝福他们，这是我当时的唯一能力；而那土黄色的小妞儿和她吞咽的模样，却永远留在我的记忆中。

全国各地大都一样。1961年5月，笔者在黑龙江八五二农场当农工劳动期间，因为**三篇日记**，获"污蔑党和社会主义"罪，被打成"极右"。遭残酷批斗后，身陷管押中，几遭灭顶之难！所幸，1962年"七千人大会"后那股短暂春风，"一风吹"把我吹出了囚笼。

在这里，笔者摘录当年获罪日记主要一篇里的几个片断：

59年9月12日

"大兵团作战"这个名词今天才搞清楚。但搞清楚之后，使我感到一种莫名其妙的不舒适。

曲阜县的支边青年们，向我讲述去年他们县"大兵团作战"。他们的一致结论是一团糟！

"第一个回合"是秋收战役。

金色的谷浪，黄澄澄的大豆——好一片丰产景象，要人们赶快收割。但"大兵团作战"的指挥员们执行的是"集中兵力突出一点"的作战方针，结果大片大豆爆皮了，地瓜烂掉了——结果58年丰产没丰收。

"第二个回合"是大炼钢铁战役。

"大兵团作战"的指挥员们，开始调动大批"兵力"到炼钢战线上去。但小炼铁炉**像草爬子一样，只吃不拉。【草爬子**，昆虫，东北方言，未知学名，头钻进人皮下吸血到死。由于是东北土名，支边青年未必知道，便以此推定我"造谣污蔑"。】而且煤炭渐渐不够用了，指挥员们便发扬"敢想、敢说、敢干"的风格，创造一套大破坏的方法——住房被拆了，门窗被劈了，这一切都拿去当煤用。家里的大锅没用了（因整个县已经成立了大食堂），就被指定砸碎去炼铁。即使想了这么多办法，也未能完成上级给于的指标。

第二次战役失败了，**人民公社威信扫地。**（这说法值得考虑。）【这句被推定为"恶毒攻击"。】

这二次战役实际上是一场紧张的、带有强制性的劳动。

人们每日劳动平均达14小时以上。由于不劳动不得食，人们只得披星戴月地干，干的正吃着饭就呼呼睡着了。可是饭罢，哨子一响，人们又拖着疲惫的身子上工。

参加劳动的由各式各样的人组成。有老人，有小孩，有孕妇，有抱着小孩子的母亲，有提着药罐子的病人（！）——真是劳动大解放！【这句被推定为"恶毒攻击"。】

除以上以外，还有一些新措施：如夫妻二人只能星期六相处在一起，其他时间归集体；私人财产，如房屋、生产工具，都归属集体。

我听了以后，不禁一声长叹！

广大农村大炼钢铁中炼钢炉林立

据上海《社会》杂志1993年第四、五合期刊载，《三年大饥荒资料死亡人数推测》的作者，用**四种方法**进行推测计算：1959年到1961年，"非正常死亡"**人数在2,791万到4,522万人之间。**其中，四川省"非正常死亡"人数约1,126万人，安徽省"非正常死亡"人数约634万人，河南省"非正常死亡"人数约557万人，山东省"非正常死亡"人数约528万人，湖南省"非正常死亡"人数约378万人，广西自治区"非正常死亡"人数约226万人。由于档案死不解密，又不允许体制外的人或团体组织调查，信阳事件和上面推测计算出来的数据是否准确，只有等到五十多年前的那些中共机密档案解密时，才能得到较准确的结论。（前事不忘，后事之师。笔者再次紧急呼吁：每年的8月29日，即中共在1958年通过《中共中央关于在农村建立人民公社问题的决议》的那一天，理应成为"中国大饥荒纪念日"，年年铭记，岁岁不忘！）

这里，笔者之所以多次不厌其烦地斥责"**档案死不解密**"，是想引起读者注意：当今之所以对历史事件众说纷云，数据差别很大，盖因当局怕败露谎言拒绝解密档案之故。笔者希望以此能与读者共同呼吁当局：不要用政治玩弄历史，把历史当成任由权力打扮的小姑娘，要效法民主国家三十年解密的做法，**让阳光代替暗箱，让人民知真情，还原历史的本来面目。**

三、召开大会的目的

1961年9月，在中共庐山工作会议上，通过协商，决定第四季度从各地上调粮食32亿斤。可是到了11月中旬，时间过半，各地上交中央**粮食只完成23.4%**。京、津、沪三大城市更面临着粮食脱销的危险。据说，北京市库存粮食**只够七天用**，城市粮食脱销的后果不堪设想，毛泽东心情不会轻松。

1961年，国家用了3.5亿美金（合人民币14亿元）进口粮食，几乎将所有外汇全部用来购买粮食。按这种情况下去，就不能进口其他急需的工业物资。偌大一个农业国家，靠进口粮食吃饭，怎么发展？用邓小平的话说，"**永远也翻不了身**"。

1961年11月11日，中央召开了有各中央局第一书记参加的会议，专门落实粮食征购问题。各中央局书记面面相觑，感到问题的严重，也想不出什么好办法。

问题严重在什么地方呢？他们心照不宣地指向地、县委书记一级。1958年，批评他们右倾保守，是"睁眼瞎子"，看不见农民的积极性，迫使他们搞大跃进、大炼钢铁、大放"卫星"，弄得劳民伤财，怨声载道；到了1959年，又把1958年的共产风、浮夸风，全推到他们身上；庐山会议后，他们之中许多人因同情彭德怀，质疑"三面红旗"，行动不力，又被打成右倾机会主义分子；到1960年大量饿死人，他们中有许多人，又在"民主补课"中，变成了阶级敌人，被撤职、判刑，有些还被判死刑、死缓，有的见大势不好跳了井，剩下来的只有忍气吞声，听天由命。本来是毛泽东制定和推行的总路线、大跃进、人民公社**"三面红旗"惹的祸**，但在高压下，谁敢说"三面红旗"个"不"？因为党的伦理哲学已经确定：毛主席永远"伟大、光荣、正确"。为了保全自己，地、县委书记们，不得不暗地把"屁股坐在农民方面来"，一听征购粮食，感情上就"抵触"，便大声"困难"。因此，落实粮食征购问题，就得克服地、县委书记们的**抵触情绪。**

深谙权术又熟知中共各级干部情绪起伏脉络的毛泽东，对如何克服地、县级干部抵触情绪早已成竹在胸：**稍施民主**。于是，1962年1月11日，中共中央在北京召开了"七千人大会"。

会前，时任中共中央第一副主席刘少奇和中共中央总书记邓小平，并不了解毛的谋图，他们按往常惯例去筹划大会。他们设想：大会以作反对分散主义、加强集中统一为中心内容的工作报告开始，用讨论报告来统一大家的思想，预计10天会议，就可达到开会的目的。为此，他们组织写作班子，起草了《刘少奇工作报告》（下称报告稿）。毛泽东看过报告稿后，做出了出乎刘、邓意料的反惯例行动：报告稿先交大会分组讨论，然后再做修改、定稿。

对于毛的反常举动，有人一厢情愿说是"充分发扬民主"，有人基于反右的前车，认为是"钓鱼"，也有认为是"不赞成"报告的某些内容，等等，真是仁者见仁，智者见智。

熟读经史的毛泽东，精通"宽猛相济"权术。"**宽则民慢，慢则纠之以猛；猛则民残，残则施之以宽。**"三年多以来，批斗刑罚，猛多而民怨而官慢（抵触），应以宽济之。当他了解到干部们特别是地、县级干部们的抵触情绪后，决定打民主牌，即用"民主总结经验"的方法，开展批评与自我批评，提出**实行三不主义：不打棍子，不抓辫子，不扣帽子**"的方针，让下面各级干部各抒己见。毛相信，以今天民主包容舒畅之宽，济以昨日专政批斗刑罚之猛，就能克服抵触情绪，从而"**统一思想和鼓足干劲**"，使各项工作包括征购在内，达到打开一个新局面的目的。显然，这种封建帝王将相的"人治"权术，既非"充分发扬民主"，也有别于"引蛇出洞"式的"钓鱼"。

然而，即使这种"民主"也与无产阶级专政格格不入，稍有不慎，门缝过大，"阶级敌人"就会乘虚而入，招来麻烦，反右就是例证。不过，毛泽东成竹在胸的是，经过十多年的"教育和改造"，广大人民群众和党员干部，已经知道什么叫**驯服**，也知道拒绝驯服的后果，这三年大饥荒里没有出现大乱子，就足以证明。因此，他稍施"民主"，就能收到事半功倍令人感恩戴德的效果。

但"智者千虑，必有一失"，大会进程并没有完全按照他的预想发展。

张素花在《变局：七千人大会》一书中披露，**中央在报告稿中说**："在1958年以后的农村工作中，我们曾犯了高指标、高估产、高征购的错误，犯了刮'共产风'和其他平均主义的错误，在生产上犯了瞎指挥的错误。1959年、1960年农业上的严重减产，以及农村所发生的许多困难情况，一方面，是受了自然灾害的影响，另一方面，在很大程度上则是对于我们所犯的这些错误的一种惩罚。"**为什么会犯错误？**张在书中披露，**中央在报告稿中认为**："这几年有一部分的建设工作的缺点错误的产生，是由于中央还缺乏经验，未能及时制定各方面所必需的具体政策，或有些政策规定得不完全恰当的原故。有些正确的政策，在规定以后，中央没有严格实行检查督促，因而贯彻不力。中央在这几年来还规定过一些过高的国家计划指标，不恰当地提倡过一些引起不良后果的事情，例如几个'大办'，在调整国家体制方面，把管理权力下放过多，等等。中央许多同志常常是依靠汇报来了解情况，并且轻易地相信了那些不符合实际或者不完全符合实际的汇报，没有密切地接触实际，认真地去进行调查研究，有一个时期对于形势的估计过于乐观，因而对工作不能作出正确的判断。"

从张文披露的报告稿中看得出，中共中央承认，在三年中犯了"三高"、"一刮"、几个"大办"、瞎指挥、平均主义等错误；犯错误的原因，一是"受了自然灾害的影响"，二是"由于中央还缺乏经验，未能及时制定各方面所必需的具体政策"，等等。也许报告稿在刻意回避这个基本事实：**恶果源于专制、独裁和体制腐败。**

当报告稿下发后，各级干部、特别是基层官员，对报告稿进行了热烈讨论。由于反右派和反右倾的前车之鉴，他们大都知道发表意见的分寸，但也有人在"发扬民主"的承诺前，跃跃欲试。

大会讨论时，对于大跃进期间表现出来的错误，如"三高"、"一刮"、几个"大办"，还有瞎指挥、平均主义等等，是明摆着的普遍存在的现象，大家的分歧不大，但这些错误是怎么来的？为什么会犯这些错误？犯这些错误的根源是什么？当追究这些深层次问题时，便纷纷议论起来。

四、为什么会犯错误？

许多官员认为，过去几年之所以犯错误，主要**不是**缺乏经验的问题。

有官员举了两个例子。一个例子发生在1958年9月。当时刘少奇到江苏常熟县和平人民公社参观中稻丰产实验田，问公社党委书记：亩产可以打多少斤？回答可以打一万斤。刘少奇说："**一万斤，还能再多吗？你们这里条件好，再搞一搞深翻，还能多打些。**"出身农家的刘少奇，难道连农业生产的基本常识都不懂？举例人说"难以理解"。笔者认为：**刘不是"不懂"；用谎言开道，是毛共发动群众的高招；"一万斤"是发动大跃进、放"卫星"最好、最难得的谎言。**另一个例子发生在1958年广西大放钢铁"卫星"的时候。当时省委书记去现场考察，发现高炉用的是国民党遗留下来的碉堡。没有炼铁的煤，人们把树砍了做燃料，认为只要把矿石烧黑，就是铁了。省委书记指着烧黑的矿石，问身边的技术人员是不是铁，技术人员点头称是。省委书记和技术员竟然分不清石块和铁？举例人说"更加难以理解"。笔者认为：**省委书记是明知故问，以假求假；技术员投其所好，以假报假。**在没有民主不敢说真话的时代，这是不正常的"正常"。所以有人说：一切归咎于没有经验，不能说服人。官员们不敢深究"不敢说真话"的原因。

有人说，**为什么会产生高指标？**大家当时为什么会相信它、接受它呢？其中有这样两种情况：一种是心里认为完成不了，但是不敢说；一种是为了迎合领导，投其所好，明知不行，硬说能行。这两种不是缺乏经验的问题，而是属于思想问题。笔者认为：这是**绝对服从的恶果，明显是个民主问题，只是太敏感了，与会官员们不敢说**，只好归为"思想问题"。

还有不少官员认为：**犯错误的关键原因是在反倾向斗争问题上**，党内斗争过火。他们说，几年来光是从反右上考虑问题，把党内一些不同的意见，也作为两条道路的问题斗争了，根本问题在这里，光说没有经验是不行的。笔者认为："**言者有罪**"跟有无经验风牛马不相及。

有人举例说：在干部中开展一个**拔白旗、插红旗**运动，强调"**把一切窃据在领导岗位上的白旗拔光，不管他们的功劳多大，历史多长，地位多高，只要他们是白旗，都把他们拔下来**"，亦即撤职查办，致使许多干部不敢讲真话，担心被当作白旗拔掉！

这句"强调"的话是那位高官说的？是毛？是刘？笔者从资料中查出，1958年5月20日，毛泽东在中共八大二次会议上说："**凡是有人的地方总要插旗子，不是红的，就是白的，或是灰的，不是无产阶级的红旗，就是资产阶级的白旗。……现在还有一部分落后的合作社、机关、部门、车间、连队、学校、企业，那里边插的还不是红旗，是白旗或者灰旗。我们要在这些地方做工作，发动群众，大鸣大放，贴大字报，把白旗拔掉，插上红旗。任何一个地方都要插红旗，让人家插了白旗的地方，要把他的白旗拔掉。**"为了强竖祸国殃民的"三面红旗"，毛泽东把一切质疑、抵触和反对者当成"白旗"拔掉。

甘肃、青海两省有些官员们，针对1960年冬的**整风整社**工作提出意见。他们问：信阳经验是否正确？如果不正确，在甘肃推广是否适当？在追查信阳问题时，中央认为是民主革命不彻底，是坏人掌权，因此在全国开展了整风整社运动。对此，湖南官员质疑："整风整社运动究竟哪些对？哪些不对？要请省委加以说明。信阳经验究竟是不是成功的经验？要请创作人做个报告。"

笔者认为："请省委加以说明"，把省委权力估计过高了；"请创作人作个报告"，可说是"**胆大包天**"**的英雄**也！之所以称为英雄，因为这个湖南官员敢于挑战毛泽东。为了收拾替罪羊，毛泽东在中共八届九中全会上的讲话中说："**三类社队的问题，有信阳地区的整顿经验的报告，那么整顿三类社、队的问题就够了。现在河南出了好事，出了信阳文件、纪登奎的报告。希望大家回去后，把别的事放开，带一两个助手，调查一两个社、队。**"又说："**三类社、队要成立贫农下中农委员会，在党的领导下，主持整风整社，并临时代行社、队管理委员会的职权。……现在中央下放了八千多个干部帮助农村整风整社。**"显然，挑战者知道"创作人"是谁。

天灾和人祸哪一个是主要原因？安徽、西藏、山西等很多省有不少基层官员认为：**人祸是主要的。**他们说："农村工作中，人灾是第一位的。"

湖南有人更大胆直说：一，对待农民，是政治上压服，不是说服，剥夺了农民的**自由权**；二，在经济上刮"共产风"，剥夺了农民的**所有权**；三、在生产上瞎指挥，侵犯了农民的**自主权**。——好一个"人祸第一"的"三权"论者，他把"主"和"奴"的关系，摆上大会，**真乃又一英雄也**！

有官员甚至对错误的性质提出质疑。华北地区有人提出：说缺点错误不是路线性的，是执行中的问题，**为什么全国都推行错了？**有人问：全国到底"非正常死亡"了多少人，死了多少牲口，这笔账应算清楚。过去提**公共食堂是社会主义的阵地，社会主义的心脏，两条路线斗争的焦点**，现在食堂大部分解散了，但这些提法究竟对不对？是中央错了，还是地方错了，应该讲清楚。地方官员把矛头含蓄地指向了毛泽东，**虽当不上英雄，也应算作好汉**！遗憾的是，笔者没能找到这些英雄好汉的名字！

湖北省委书记张体学提出：**死官僚在中央、省、地三级，不要在下边找**。1961年中央提出反对死官僚时，挨整的往往是县以下的干部，包括县委书记。

对于1958年造成的严重后果，当时有的官员私下讲，焦点在毛主席身上，但很少有人敢公开这么说。若干年后何金铭回忆："**我就说过：'这么大的问题，毛主席要负责任。'反右倾的时候，成了很严重的问题。**"笔者认为，这是事后诸葛亮，或是门里耍棍棒。

对于总路线、大跃进、人民公社的"三面红旗"呢？

在专制、独裁条件下，这是一个十分重大而敏感的话题。1959年庐山会议的时候，彭德怀就是倒在批评"三面红旗"上的。倒彭后，毛泽东十分自信地说："**拟写文宣传人民公社的优越性。一个百花齐放，一个人民公社，一个大跃进……这三件要向全世界作战，包括党内大批反对派和怀疑派。**"三箭齐发是毛泽东的自信！

三面红旗

但有不少官员并不认同毛泽东的"自信"，他们大胆地就"三面红旗"提出质疑，说："三面红旗"是否正确原则好讲，具体难说；丰收地区好讲，灾区不好讲；工业好讲，农业不好讲；总路线、大跃进好讲，人民公社不好讲。还有人说，大跃进这面红旗要不要都可以。"

惧于毛泽东的权势，很多官员用旁敲侧击的手法，把矛头指向毛泽东倡导的人民公社：**所有制改变过急**，生产关系的变革没有和生产力的发展相适应，违反了"客观规律"；在商业、手工业中，所有制也变动得过快；农业方面的"三高"不是实质问题，**而是所有制、分配制度、生活集体化的问题**；忽略了社会主义建设的长期性和艰巨性，在强调不断革命的时候，忽略了革命发展的阶段论，等等。

有个官员更直截了当地说：这次会议，**把"三面红旗"讲清楚，就算开好了。**

显然，曾为毛泽东的乌托邦疯狂过的官员们，在饿殍遍野面前已经有所清醒；但在中共伦理共识的氛围里，他们没有勇气理直气壮地质疑1959年庐山会议做出的"在社会主义革命和建设时期右倾危险是主要的"结论，更不敢理直气壮地批评马列主义和毛泽东的独裁体制。

这些声音，对于听惯了歌功颂德、一贯以"伟大、光荣、正确"和"大救星"自居的毛泽东来说，**相当刺耳**，也出乎他的意料。他察觉，同1959年庐山会议一样，在"七千人大会"上，他又遇到"**党内大批反对派和怀疑派**"；不同的也最出乎他意料的是，在中央，在他的身边，也出现了"反对派和怀疑派"，就是他钦点的接班人刘少奇和邓小平。

五、毛和刘、邓的不同反思

毛泽东、刘少奇和**邓小平**，对大跃进和人民公社的恶果，都有所反思，但反思的广度和深度相当不同。

毛泽东为他制定的**总路线**、**大跃进**和**人民公社**政策辩护，说"三面红旗"是"**完全正确的**"，如果有错，也是执行中的问题。至于饿死了几千万人，他告诫大员们不要看得过重。他曾对其"御医"李志绥说："**我们有这么多人，死个一、两千万算得了什么？**"会前他很乐观地认为，国内困难形势已进入谷底，召开"七千人大会"，把过去的工作总结一下，各级领导干部承担一下责任，批一下分散主义，告诫大家要听中央指挥，就能打开一个新局面。他的乐观还表现在为"七千人大会"作准备的中央小型工作会议上，期间，他热情地向与会者介绍新作《卜算子.咏梅》：

风雨送春归，
飞雪迎春到。
已是悬崖百丈冰，
犹有花枝俏。
俏也不争春，
只把春来报。
待到山花烂漫时，
她在丛中笑。

显然，他告诫与会者：在困难中要看到光明，对"三面红旗"不能动摇。不过，也有人这么解读他的诗词："待到饿殍遍地时，他在丛中笑。"——显有解读过头之谬。

其实他的这首词，是为**安慰女友**所作。在这里，他拿了过来作政治拔高处理。对此，他的专职医生李志绥在其《回忆录》中有所描绘。

无独有偶，台湾著名作家**李敖**，也认为此词与女人有关。2005年9月21日，他在北京大学演讲时，调弄"伟大领袖"说：

看看主席的词"俏也不争春，只把春来报"，花都开了以后，我在花里面笑。可是我告诉你，毛主席的真相，他的第一次原稿不是这样的……他的原稿是**他在旁边笑**。他是个旁观者变成在中间，大家知道是什么境界呢？……以前女孩子穿的是玻璃丝袜，在大腿中间吊着……她把袜子穿上去以后，所以她有了全世界最漂亮的大腿，袜子没有穿上以前，我有了全世界最漂亮的丝袜，你有了全世界最漂亮的腿，就是**他在旁边笑**，丝袜套上大腿，就是**他在丛中笑**。

笔者在其演讲稿的旁批中，戏而和之曰：

"哈哈！开涮'伟大领袖'。照李敖大师的'诠释'，毛泽东那首词的下阕四句应改为：'俏也不争春，只把春来报。待到袜套大腿上，X着美腿笑。'这是笑话，读者自不必当真。"

毛泽东向与会者还介绍了另外两首诗，其意图更加鲜明。那是钱昌照在《光明日报》发表的两首小诗。钱诗对当时饿殍遍野的农村形势进行赞美：

《芦台农场》
麦苗肥壮谷登场，
谁信当年一片荒？
排灌齐全轮作好，
芦台今日是粮仓。
《藁城农村》
薯曝墙头菜挂檐，
棉田片片麦无边。
农村活跃歌声里，
绿女红男夕照前。

钱昌照何许人也？他是"民革"中央常委。在饿殍遍野的年代里，他所看到的竟是五谷丰登和莺歌燕舞，不承认"当年一片荒"。毛泽东需要这些"民主党派"的谄媚来点缀中共的民主，用谎言来证明"三面红旗"的正确。毛以安慰女友的诗词告诫大会主持者，以钱昌照的精神起草大会报告。

然而，与会者并没有领会他的意图，在起草大会报告里，多了些错误和缺点的描述。毛虽不满意，但大会的列车已经启动，他也只好随车相机行事。

在报告稿的推动下，大会偏离了毛泽东预定的方向，几乎成了控诉"三面红旗"大会；大会的主导权，正在向刘、邓手里转移。这一切好像是专跟毛作对，使他"**憋了一肚子恶气**"。

为了掌握大会的主导权，在党内的压力之下，毛泽东被迫"自我批评"。他说：

"**凡是中央犯的错误，直接的归我负责，间接的我也有份，因为我是中央主席。我不是要别人推卸责任，其他一些同志也有责任，但第一个负责的应当是我。我们这几年工作中的缺点、错误，第一笔账首先是中央负责，中央又是我首先负责。**"

这种空洞无物的"自我批评"，毫无诚意，但却已伤及"伟大、光荣、正确"的光辉形象。

在"七千人大会"上，毛泽东还为他的罪责辩解说：

"**对于社会主义建设，我们还缺乏经验。**"

"**在社会主义建设上，我们还有很大的盲目性。社会主义经济，对于我们来说，还有许多未被认识的必然王国。**"

"**所谓必然，就是客观存在的规律性，在没有认识它以前，我们的行动总是不自觉的，带着盲目性的。这时候我们是一些蠢人。最近几年我们不是干过许多蠢事吗？**"

"**我讲我们中国共产党人在民主革命时期艰难地但是成功地认识中国革命规律这一段历史情况的目的，是想引导同志们理解这样一件事：对于建设社会主义的规律的认识，必须有一个过程。必须从实践出发，从没有经验到有经验，从有较少的经验，到有较多的经验，从建设社会主义这个未被认识的必然王国，到逐步地克服盲目性、认识客观规律、从而获得自由，在认识上出现一个飞跃，到达自由王国。**"

毛泽东的"缺乏经验论"，**论理深奥，调门高超，充满训谕，毫无悔意**。人们不会忘记：他的总路线政策实行伊始，苏共中央曾劝他吸取 1932~1933 年代苏联大饥荒饿死数千万人的教训 (1)，被他嗤之以鼻；**彭德怀**在《万言书》中，直言不讳地批评他的**大跃进**政策是"**小资产阶级的狂热**"，使"**浮夸风气较普遍地滋长起来**"，忠告他"**政治挂帅不可能代替经济法则**"，被他打成右倾机会主义分子；陕西户县大队干部**杨伟名**等农民，上书《当前形势感怀》，向他发出正义呼声，指出他的人民公社政策已使"**民怨沸腾代替了遍野歌颂，生产凋零代替了五谷丰登，饥饿代替了丰衣足食，濒于破产的农村经济面貌代替了昔日的景象繁荣**"，遂被打成反革命分子，杨也被迫服毒自杀。

毛论"自由王国"

然而，无上权力，却能使他把他的独断专行美化成"缺乏经验"和"未被认识的必然王国"！是可笑？还是可憎？

不过，"充满训谕"的调子已经没有两年前的自信了。那时，1959 年 7 月 23 日，面对已经开始大范围的饥荒和饿殍，他轻松地说："**无非是一个时期猪肉少了、头发卡子少了、没有肥皂，叫做比例有所失调，工业、农业、商业交通都紧张，搞得人心也紧张。我看没有什么可紧张的。**"他的"没有什么可紧张的"轻松，却使中国数千万农民付出了生命的代价！

刘少奇的反思与毛大不相同：相对诚实得多。他说：

"**关于目前的国内形势，实事求是地说，我们在经济方面是有相当大的困难。我们应该承认这一点。当前的困难表现在：人民吃的粮食不够，副食品不够，肉、油等东西不**

够；穿的也不够，布太少了；用的也不那么够。就是说，人民的吃、穿、用都不足。为什么不足？这是因为1959年、1960年、1961年这三年，我们的农业不是增产，而是减产了。减产的数量不是很小，而是相当大。工业生产在1961年也减产了，据统计，减产了40%，或者还多一点。"——显然，这是难得一见的实事求是！

"这种困难的形势是怎样出现的？为什么没有增产，吃、穿、用没有增加，而且减少了呢？原因在哪里？原因不外乎两条：一条是天灾。连续三年的自然灾害，使我们的农业和工业减产了。还有一条，就是从1958年以来，我们工作中的缺点和错误。这两个原因，哪一个是主要的呢？"

"去年我回到湖南一个地方去，那里也发生了很大的困难。我问农民：你们的困难是由于什么原因？有没有天灾？他们说：天灾有，但是小，产生困难的原因是'三分天灾，七分人祸'。""天灾是一片，人祸是一国，要记取这个教训。"——"找死咧！"在毛泽东面前，他说这种真话太大胆了。果然，几年后，他为此付出了生命代价！

当听到刘少奇讲"天灾是一片，人祸是一国"时，会上出现了异乎寻常的热烈反应，经久不息的掌声，使坐在正位上的毛泽东十分尴尬。

"过去我们经常把缺点、错误和成绩，比之于一个指头和九个指头的关系。现在恐怕不能到处这样套。"——掌声使刘忘乎所以，忘记了"指头论"的发明人毛泽东，就坐在他的身边。

"……另一方面，我们不少领导同志又不够谦虚谨慎，有了骄傲自满情绪，违反了实事求是和群众路线的传统作风，在不同程度上削弱了党内生活、国家生活和群众组织生活中的民主集中制原则。"

"同时，在党内和群众中，又进行了错误的过火的斗争，使群众和干部不敢讲话，不敢讲真话，也不让讲真话。这样，就严重地损害了党的生活、国家生活和群众组织生活中的民主集中制，使上下不能通气，使我们在工作中的许多错误长期不能发现，长期拖延不能改正。"——在这种思想指导下，因三篇日记获"恶攻罪"的笔者，才得以解脱。

在"三面红旗"问题上，刘少奇也说是"**完全正确的**"，但似乎是违心之论。他在一些小型会议上曾坦露心扉说："'**三面红旗**'比较难说。"他更说："**因为这是个历史事实，过了十年、八年，还可以总结的，五十年以后还要讲的。死了这样多人，生产力有这样大的破坏，受了这样一个挫折，历史上不写，省志上不写，不可能的。**"——其实，在无产阶级专政下，省志上不写也很有可能。

"放下屠刀，立地成佛"者，在中共党内并不少见。也许三年的饿殍枕藉，使疯狂追求毛式乌托邦的刘少奇，良心受到了强烈谴责。他说这些话时，竟激动得忘乎所以，忘记了他所倡导的"**溜须拍马不好，但为了革命工作，就是好的，就应该做**"的哲学，忽视了毛泽东的尴尬，为文革中被打倒、被迫害致死，埋下了祸根。

邓小平反思与刘相近，远不同于毛。他了解毛的品性，他自始至终没有涉及"三面红旗"问题，也没有讲成绩和错误的比例，也没有讲天灾、人祸的关系，有意回避了毛的"1：9"的"指头论"，更没有像刘少奇那样慷慨激昂。他说：

"最近几年，我们党的领导，党的工作，是有严重缺点的。"

"党的实事求是、说老实话，群众路线，民主集中制这三个方面的优良传统受到了相当程度的削弱。"

"这几年运动中斗争过火，伤害了一大批党内外干部，因而在党内滋长了一种不如实反映情况，不讲老实话，怕讲老实话的坏风气。"

"我们党内一定要有充分的民主。党员对党，对工作，对问题，对领导人，都有权按组织原则，在党的范围内，提出批评和意见，并且有权保留自己的意见。"

"党的各级领导人（包括党委会的所有成员），应该有监督。"

也曾为毛式乌托邦疯狂过而今有所自省的邓小平，显得比刘少奇老练些，城府更深些。但他打着毛的旗号影射毛的作法是自作聪明，是逃脱不了毛泽东犀利目光的。

刘少奇和邓小平把反思的调子，放在表面的纠偏上，没敢涉及"三面红旗"本身，更不愿追本溯源到马列专政理论和体制上，因而纠偏调子没有毛泽东那么"高超"。但刘、邓在会上的有限反思，已使毛泽东有理由认为，党内**大批反对派和怀疑派**，已"杀"入最高核心，令他惴惴不安的"赫鲁晓夫"，就睡在他的身旁。决不允许大权旁落的毛泽东，正在等待时机，扭转并主导大会方向。

六、林彪讲话和毛的"出气"权术

机会终于到来。1月29日，林彪在"七千人大会"上的讲话中说：

"我们党所提出的总路线、大跃进、人民公社这三面红旗，是正确的，是中国革命发展中的创造，人民的创造，党的创造。……这几年我们工作中产生的一些缺点，不是总路线本身的问题，而是执行中间的毛病。"

"关于大跃进，事实证明，我国社会主义建设是可以大跃进、应当大跃进的……大跃进是正确的。"

"人民公社，具有很多优越性。……它将随着实践的经验更加证明是正确的，是能够使我们的社会主义建设事业更快、更好地发展的。我们的的确确找到了一条建设社会主义的道路，从社会主义向共产主义过渡的道路。"

"我们在物质方面，工业生产、农业生产方面，减少了一些收入，可是我们在精神上却得到了很大的收入。"

"我们的军队现在不打仗，也经常需要打枪、打炮，打了不少的炮弹、子弹，飞机、坦克、兵舰上花了不少的汽油。人就在那里练，而且弄得很疲劳，半夜起来练，练了之后还不是那个人？一点物质都没有增加，相反还消耗了很多物质。付了学费，学到了本事，本事就能转化为物质，不是转化为原来所消耗的那个相等的物质，而是几倍、几十倍、几百倍增加了的物质。所以，我们要看到，我们付出一点学费是值得的。"——空前绝后的学费啊！拿饿死3,000～4,500万个农民当学费，只有无产阶级专政体制下的领导人敢于这么说！

"事实证明，这些困难，在某些方面，在某种程度上，恰恰是由于我们没有照着毛主席的指示、毛主席的警告、毛主席的思想去做。如果听毛主席的话，体会毛主席的精神，那么，弯路会少走得多，今天的困难会要小得多。……我深深感觉到，我们的工作搞得好一些的时候，是毛主席的思想能够顺利贯彻的时候，毛主席思想不受干扰的时候。如果毛主席的意见受不到尊重，或者受到很大的干扰的时候，事情就要出毛病。我们党几十年来的历史，就是这么一个历史。"——可悲啊，就是这位为毛泽东开脱罪责的林彪，在发言九年八个月另十四天后，竟被毛逼走，于1971年9月13日凌晨2时27分，同老婆、儿子一起，摔死在蒙古国温都尔汗！

曾以河南鲁山县县委书记身份出席会议的杨国殿说："**林彪讲话是袒护毛主席的，什么交学费了，毛泽东离正确总是八九不离十了，我心里清楚，有很多错误的东西是毛主席提出来的嘛！林彪在那里讲得天花乱坠，不实事求是呀！**"这是他后来说的；当时他敢说吗？

毛泽东非常满意林彪的讲话。在这次大会上，其他人的讲话，毛没有给予评论，唯对林彪的讲话当场带头鼓掌，并称赞其讲得"**很好**"。大会原定1月30日结束，林彪讲话后，天才的毛泽东发现扭转并主导大会方向的时机已经到来，迅速作出了与会者意想不到的决定：会议延长几天，开一个"**出气会**"。

召开"出气会"是打民主牌非常重要的一环。在毛泽东看来，让下级官员出气，就能沟通上下关系，克服抵触情绪，从而达到"统一思想和鼓足干劲"使各项工作（包括征购）打开一个新局面的目的。他有意把下级官员出气的矛头引向省部一级。

为了让下级官员出气，1月30日下午，毛泽东对各省省委领导大加鞭挞。他说：

"看起来，我们有些同志，对于马克思、列宁所说的民主集中制，还不理解。有些同志已经是老革命了，'三八式'的，或者别的什么式的，总之已经做了几十年的共产党员，但是他们还不懂得这个问题。他们怕群众，怕群众讲话，怕群众批评。哪有马克思列宁主义者怕群众的道理呢？有了错误，自己不讲，又怕群众讲。越怕，就越有鬼。"

"我们现在不是有许多困难吗？……如果不向群众和干部说明情况，不向群众和干部交心，不让他们说出自己的意见，他们还会对你感到害怕，不敢讲话，就不可能发动他们的积极性。"

"党委的领导，是集体领导，不是第一书记个人独断。在党委会内部只应当实行民主集中制。第一书记同其他书记和委员之间的关系是少数服从多数。……听说现在有一些省委、地委、县委，有这样的情况：一切事情，第一书记一个人说了就算数。这是很错误的。……凡是个人说了算的第一书记，就是一人称霸，就叫'霸王'，不是民主集中制的'班长'。"

　　"对于工作中的缺点错误，就要担起责任。不负责任，怕负责任，不许人讲话，老虎屁股摸不得，凡是采取这种态度的人，十个就有十个要失败。人家总是要讲的。……你老虎屁股真是摸不得吗？偏要摸！"

　　"**偏要摸老虎屁股**"的号召，立即引起了热烈响应。这步"棋"，聪明而圆滑。

　　当时有不少地、县级头头已经摸清了毛、林的意图，所谓"老虎屁股"，就是一些省、市、部级领导，所谓"出气"，就是要把矛头对准他们"出气"。于是，他们中便有人在会上献谄："毛主席绝对正确，有些事办错了，也是**歪嘴和尚念错经**。""歪嘴和尚"就是指一些省、市、部级领导。他们在会上纷纷向省、市、部级头头们开火。

　　湖南有官员针对1960年冬的整风整社运动，给省委提意见说："没有抓住'五风'这个关键问题，把文章做到纯洁组织的问题上去了，全省一下子就发现了32个三类县，可见省委心中无底。"——"五风"，是从毛的"一大二公"那里刮起来的，这才是"关键问题"。湖南省领导敢抓吗？

　　吉林有人提意见："1958年中组部在徐水开过一个会，提出'不信就看，不通就辩，不干就换'。对各地影响很大，造成了轻易撤换干部的后果。"——"**把一切窃据在领导岗位上的白旗拔光，不管他们的功劳多大，历史多长，地位多高，只要他们是白旗都把他们拔下来。**"听听这口气，就知道他的权力有多大，无须再去证明这话是谁说的！

　　河北有官员说："1960年整社出的问题比前几年还要大，主要是把干部的积极性打掉了。""三类队划分的标准是谁规定的，究竟全省有多少被敌人掌握的大队，为什么出入这么大？整风整社，整下边干部，真是整伤了心。"——整风整社是毛决定的，信阳经验是毛肯定的，省委敢不执行吗？

　　有官员给省委提意见："这几年搞运动多，对干部压服多，开会经常讲撤职、开除，如干部不入食堂撤职，**反不出坏人撤职**。……**从食堂里找坏人**，从各级干部里挖死官僚，真叫下边害怕。"——毛多次指出：**公共食堂是社会主义的阵地，社会主义的心脏，两条路线斗争的焦点。**为了保卫这个"阵地"，保护好这个"心脏"，省委敢不从中抓坏人？

　　还有官员针对反倾向斗争提出意见说："近几年来，在反倾向斗争中，实行过火斗争，破坏民主生活，人人自危，实际上是残酷斗争，无情打击……党内实际上没有民主生活，在斗争中，一搞就找集团。"——省委有这么大的权力吗？

　　在毛的压力下，各省、市、部级头头们，也纷纷在会上作检讨，让下级在他们面前出气。

下级在上级面前出气，大多数可能属真；而省、市、部级头头们的检讨，大多数真中带假，其诚实度需大打折扣。这是因为，就在毛"痛斥"省、市、部级头头、表示要坚决摸"**老虎屁股**"的当天晚上，毛曾安抚过他们。

那天晚上，毛泽东通过各中央局第一书记向省、市、部级头头们传话说：

"省委要检讨，检讨不在多，态度要老实诚恳，要抓住本质，简明扼要，关键性的东西讲一小时就够了，讲长了反而有坏处。讲的东西，有'左'讲'左'，有右讲右，有多少讲多少，即使人家讲的不对，也不要忙于解释。如果你检讨的时候说你负责，回头又说，你当时不在，这就不诚恳嘛。如果你只有十条错误，人家讲你二十条，你实际上还是只有十条嘛。""当然不是错的不要承认，对敌人不要承认，对同志也不要承认，也不要为了过关，对自己乱带帽子。对检讨自己错误的人，不要勉强，检讨不彻底的人也不要勉强，因为检讨总是觉悟到了才行，能检讨多少就检讨多少。过去我们对犯错误的同志，一犯了错误就过不了关，总说是不彻底，没有彻底的。不要怕开除党籍，不要怕当民主人士，只要你对，你就不要怕，我就曾经三次被迫离开过红军，结果还不是回来了。"

毛的安抚使省、市、部级头头们，心中都有了底。

对此，有精英著文说："**什么叫领导艺术？毛泽东的工作方法，叫人不能不服。**"——这是中国人的不幸：如果把这种真真假假玩弄权术的游戏当成"艺术"加以赞美的话，就要颠覆中国词典中关于"**诚**"字的全部释义！

河北省委书记处书记、省长**刘子厚**在2月6日作检讨说：1959年庐山会议后，认为农村需要反右，把解散食堂也看成是右，实际是农村"左"的情况未彻底解决，反而掀起了反右浪潮。加之在这种情况下，搞了几个大办，搞过渡试点，结果伤害了一部分干部，打击了群众的积极性，造成1960年的减产。再一段是1960年冬，就减产和生活上发生问题的原因，对天灾估计的高，对坏人当道、基层组织不纯、五类分子掌权、民主革命不彻底，估计得过分；而对"五风"错误的严重危害性估计不足。——这不都是毛倡导的吗？刘的聪明在于代毛受过。

山西省委第一书记**陶鲁笳**说："1958年冬，我向毛主席汇报石楼县少种高产，全县平均亩产千斤的经验，其实是170斤。"（笔者："伟大领袖"那么容易骗？陶在投其所好。）陶后来回忆说：总的看，毛主席"在纠正高指标的错误过程中，旗帜鲜明，态度坚决……但是，我也感到毛主席有时又流露出欣赏高指标的情绪，似乎表现出一种矛盾的心理状态"。（笔者：揣摸毛的心理。）陶还检讨了反倾向斗争中的"机械过火"错误：第一次1957年**反右**，第二次1958年的**拔白旗**，第三次1959年庐山会议以后**批彭**，第四次1960年冬到1961年春的**整风整社**运动。

广东省委检讨说，这几年我们实际上是丢掉了党的两个优良传统：一是党内斗争惩前毖后，治病救人，运用批评与自我批评，达到新的团结的传统，出现了过火斗争；一是实事求是，调查研究，群众路线的传统。

吉林省委第一书记吴德在检讨中说：省委 1958 年 11 月召开过一次思想混乱的会，会上提出农业一年翻身，粮食过关，搞高产田、卫星田，计划大量缩减耕地面积，宣传二、三年吃的方面实现按需分配，强调拔"白旗"等等，1959 年下半年到 1960 年，因为反右倾的斗争，搞到基层扩大化了，1960 年冬的整风整社运动，又伤害不少人。

华东局第一书记兼上海市委第一书记柯庆施在检讨中说："每当主席、中央纠正高指标的错误时，我们一方面同意，一方面总是怕退得太多，思想上没有真正解决问题，又订出了比较高的增产计划。"——紧跟毛的柯庆施，一席真假掺和的话，同陶鲁茄揣摸毛的心理，以便投其所好，有什么差别？

粮食部在检讨中说：1959 年全国全年粮食产量是 3,400 亿斤，征购就拿走了 1,200 亿斤（另一说为 1,348 亿斤），占三分之一强。全国出现大饥荒是由多方面的因素造成的，其中，粮食征购过头是重要原因。1960 年本来全国已出现大面积的饥荒，饿死人的现象已极为严重，但粮食部还自以为天下太平。

冶金部在检讨中说：大跃进期间，冶金部看到毛主席和中央很重视钢铁的产量，认为这是千载难逢的机会，一定要紧紧抓住，大力发展钢铁事业。当毛主席在成都会议谈到用"10 年或稍多一点时间赶上英国，20 年或稍多一点时间赶上美国，那就自由了，主动了"的想法后，冶金部立刻写报告给中央和毛泽东说：我国钢铁工业"10 年赶上英国，20 年或稍多一点时间赶上美国，是可能的"。（笔者：又一个投其所好者。）对此，毛泽东十分高兴，称赞冶金部的报告是"**一首抒情诗**"。1958 年 5 月，冶金部又"论证"，只要 5 年就可以超过英国，15 年可以赶上美国，对毛泽东和中央一再抬高钢铁指标，起了推波助澜的作用。生产和基本建设的高指标是冶金部带起来的。对此，冶金部检讨说：计委、经委的毛病，我们也有份。

外贸部在检讨中说：1959~1960 年多出口粮食几十亿斤，而且在一个时期要求大家不吃猪肉，支持出口。这几年，外贸部提出"挤、超、顶"以及"五先"、"出口第一"、"保一头"等口号，起了不好的作用。1959 年出口粮食从 1958 年的 266 万吨提高到 415 万吨，出口量猛增 56%，即猛增 29.8 亿斤，等于夺走了约一千万人一年的口粮！

《人民日报》社社长兼新华社社长**吴冷西**在检讨中说："可以说，在一个时候，没有《人民日报》比有《人民日报》还要好一些。"吴还说："宣传地方工业遍地开花，一马

关于向军委会议印发
《两年超过英国》报告的批语
（一九五八年六月二十二日）

毛泽东的超英批语

当先，万马奔腾。主席讲了敢说、敢想、敢干，要以马列主义为基础，《人民日报》便发表了'**人有多大胆，地有多大产**'的文章。"

人有多大胆，地有多大产

"不怕做不到，只怕想不到"

人们都不会忘记，1958年8月15日，《人民日报》刊出一幅新闻照片：画面是四个小孩站在生长着的茂密稻穗上嬉戏。图片说明是："这块高产田里的早稻长得密密实实，孩子站在上面，就像站在沙发上似的。"并说什么"**不怕做不到，只怕想不到**"。从此，"人有多大胆，地有多大产"，成了鼓动大跃进的家喻户晓的著名口号。吴冷西的"**新闻为**（毛的）**政治服务**"，深受毛泽东的赞许和信任。

在毛泽东和中央其他领袖的关照下，有些下级干部大胆出气，省级官员也纷纷过关，个别省级大员如大跃进中饿死了630多万人的安徽省委第一书记**曾希泉**，因作风霸道被调离外，其他各就原位。毛泽东主导的"出气会"，也算达到了他的目的。

下级敢于在领袖面前批评上级，上级能在下级面前做检讨，这是中共党内民主的萌动，理应看做是"七千人大会"的重要收获。因此，许多与会官员认为，这次会议是"**最民主**"的会议。于是，有人得意忘形地打油道："**白天出气，晚上看戏，两干一稀**（笔者：一天两顿干饭，一顿稀饭），**马列主义！**"但在毛泽东看来，这个"七千人大会"是个失败的大会。

首先，大会起草的报告他不满意，成绩没有得到充分的肯定，缺点和错误说得太多，描得太黑。其次，刘少奇的口头报告令他震惊：刘竟敢把形势说成是"**三分天灾，七分人祸**"，完全否定了他常说的"一个指头同九个指头关系"的"**指头论**"，还怀疑"三面红旗"完全正确，甚至有"秋后算账"的嫌疑。邓小平有意回避"三面红旗"，躲开天灾和人祸的评介，却大谈民主问题，大批党内缺乏民主，蓄意影射他。在开得比较成功的"出气"会上，下级官员们在"出气"时，尽管他们避免涉及党中央，那是投鼠忌器，但具体的"气"还是"出"在大跃进、人民公社、反右和整社等一系列他所制定的大政方针政策上。受"气"的省、市、部级头头们，虽在压力下做了检查，但那"代人受过"的委曲和"替人背黑锅"的怨气，无论如何伪装，也逃不出毛泽东的锐利目光。

毛泽东虽在口头上也肯定了这次会议，但心里却"**憋了一肚子恶气**"。"憋了一肚子恶气"是毛泽东在"七千人大会"上的心态，那是江青在文革中得意忘形时信口披露出来的。

"憋了一肚子恶气"的毛泽东，散会后对他的左右侍卫们说："**开会不讲阶级，不讲是走资本主义道路，还是走社会主义道路。脱离这，讲什麼天灾人祸。我看这种讲法的本身，就是灾难。**"又说："**什么'白天出气，晚上看戏，两干一稀，马列主义'，该改成'白天出气，晚上看戏，两干一稀，完全放屁。'这就是他们所谓的马列主义。**"

"**完全放屁**"，是毛泽东对他批准召开的"七千人大会"成果的结论。从某种意义上来说，"七千人大会"是宣布"三面红旗"失败的大会，这对于好斗而不愿认错的毛泽东来说是无法接受的。人在权在，人们竟敢在他面前"放屁"，那么百年后呢？斯大林被赫鲁晓夫鞭尸的阴影笼罩了他，"警惕赫鲁晓夫情结"由是产生。刚过半年，他在9月召开的八届十中全会上，便彻底推翻了"七千人大会"的精神和决议。几年后，他说："**'七千人大会'的时候，已经看出问题了，修正主义要推翻我们。**"并把"睡在我们身边的赫鲁晓夫"，锁定在刘少奇和邓小平身上。

第二章附注：

注1、苏联大饥荒

由于斯大林强行实行农业集体农庄和公社化，枪杀了100多万个反对集体化的"富农"，使苏联农业大幅度减产，从而引发1932～1933年的全国大饥荒，饿死了数千万人（由于俄罗斯不肯解密档案，史家众说纷纭，有饿死几百万、数千万和六千多万人之不同说法）。其中，有苏联"粮仓"美誉的乌克兰，就饿死了700～1,000万人（另说饿死750万）。对此，六十五年后的1998年，乌克兰总统下令把每年11月的最后一个星期六，设定为乌克兰大饥荒纪念日；八十二年后的2015年4月，乌克兰议会通过了"关于谴责共产主义和纳粹主义等集权主义影响和清除其标志的法案"，宣布宣传共产主义为非法！

第三章：反击谋略之一：以阶级斗争为纲

一、以退为进——静观事态的发展

在第一线主持工作的中共中央副主席刘少奇、周恩来、陈云和总书记邓小平等人认为，"七千人大会"取得了积极成果：会议对缺点、错误的态度比较实事求是，民主精神和自我批评精神，给全党以鼓舞；毛的独断独行作风也有所收敛，使广大党员心情比较舒畅，在动员全党为战胜困难而团结奋斗方面，起了积极作用。他们对毛泽东的霸道作风，应该说是清楚的；他们对毛的"自由王国"论和毛对林彪发言的赞美，也理应意识到他们与毛在对"七千人大会"作用评估上，存在着较大的分歧。为了防患于未然，他们完全有理由有条件利用大会的形势，将毛泽东免职或靠边；但在党的伦理哲学前面，他们犹豫了，错过了大好时机。也许他们不完全清楚毛泽东对大会所持的否定态度，以为毛是不得不给他们以信任，放手他们在第一线工作。于是，在"七千人大会"结束后，他们便开始积极贯彻大会精神，而对毛泽东在暗箱内策划的文化大革命，失去了警觉。

1962年2月27日，针对不顾国内存在大量饥荒的严重现实而无偿外援朝、越、阿等国与美苏争霸的错误作法，中共中央联络部部长王稼祥建议："**党应该在对外政策上采取和缓的方针，在困难形势下，对外援助应实事求是，量力而行。**"即对苏联共产党、东欧国家共产党等"修正主义"的斗争，要和缓一些，对亚洲、非洲、拉丁美洲国家的共产党的援助，要少一点。这个意见，得到了刘、周、陈、邓等中央的首肯。

3月2日，周恩来在广州科学工作会议上作题为《论知识分子问题》的报告，重新肯定了"**我国绝大多数知识分子是属于劳动人民的知识分子**"。

3月27日至4月16日，周恩来在第二届全国人民代表大会第三次会议的《政府工作报告》中说："**如果认为阶级斗争不是向着缓和方向发展，而是不断尖锐化，也是不对的。**"

4月27日，中共中央发出了《关于加速进行党员、干部甄别工作的通知》。通知指出："**凡是在拔白旗、反右倾、整风整社、民主革命补课运动中批判和处分完全错了和基本错了的党员、干部，应当采取简便的办法，认真地、迅速地加以甄别平反。**"到8月，包括笔者在内，全国甄别、平反了600多万人。

4月30日，中共中央批准中央宣传部定稿的《关于当前文学艺术工作若干问题的意见（草案）》（简称《文艺八条》），由文化部党组、文联党组下发全国各地文化艺术单位贯彻执行。八条的内容包括：贯彻执行百花齐放，百家争鸣的方针；正确地开展文艺批评；批判地继承民族遗产和吸收外国文化；改进领导作风；加强文艺界的团结等。据林默涵回忆《文艺八条》强调"**为工农兵服务可以采取多种多样的文艺形式。在文艺单位，要发挥艺术家的作用，可以成立艺术委员会，不要党支部包办一切**"。《文艺八条》的下达，使文学艺术界不少人士认为，他们翘首盼望的春天即将到来。

6月16日，彭德怀给毛泽东、党中央写了一封信（即八万言书），信中特别申明，他在党内从未组织过什么"反党小集团"，也没有"里通外国"的问题，请求党全面审查他的历史。彭的长信，受到了许多干部特别是高级官员们的普遍同情。

《文艺八条》

7月9日和11日，邓子恢在中央党校作《关于农业问题》的报告，主张建立严格的生产责任制，实行队（生产队）包产，组包工，田间管理包到户；对一些特殊的技术活，可以实行联系产量超产奖励的个人责任制。邓子恢的主张，得到了刘、邓的积极支持，1961年3月在安徽省就开始试行。那时，在饥饿和不断增加死亡的威胁下，安徽省委根据农民群众的要求，决定试行"定产到田，责任到人"的田间管理责任制，促进了农业生产，有效地缓解了饥荒的发展，得到农民群众的欢迎。由于安徽的作法曾报告过毛泽东，并得到其首肯，于是全国许多地方纷纷效法。

应当肯定，刘、周、陈、邓的这些有限作法，是对毛泽东僵硬乌托邦主义的有限人性化修正。这些修正使经济、政治关系等方面有了一些发展：市场商品供应紧张状况有所缓和，城乡人民生活水平开始有所回升，在"反右倾"运动中受到批判和处分的党员、干部、群众，得到了甄别和平反，与民主党派和非党人士的紧张关系也有所和缓，政治环境比以前稍有宽松。他们这种人性化修补，在一定程度上缓和了中共党、政府与民众的紧张关系。

"七千人大会"后，迷恋权力的毛泽东，对丧失中共党和国家的控制权力极为恐惧。曾几何时，苏共赫鲁晓夫的出现，令他看到了一幅可怕的图景：弄不好的话，在自己身后，中共党内也有人会效仿赫鲁晓夫作秘密报告，落得个像斯大林一样被人鞭尸的下场。在他的眼里，只有工农业高度国有化和集体化，换句话说，只有当他成了全国唯一雇主，才能使他的权力得到最大限度的发挥，才能确保他打下的江山，千秋万世永传不衰。然而，保证高度国有化和集体化的"三面红旗"，却在"七千人大会"上遭到"大批反对派和怀疑派"的质疑、批判、甚至诋毁。"三面红旗"中的**大跃进**，已以失败而告终，**人民公社**已从"一大二公"撤退到"三级所有，队为基础"。如果"队为基础"这块最后的根据地也守不住，他所创造和亲自督导的"三面红旗"就会全面彻底崩溃，建立高度国有化和集体化"天堂"的美梦，就会化成泡影，中国的赫鲁晓夫们，就会以此为借口，把他赶下台，甚至搞得他遗臭万年。最使他无法容忍的是，他钦点的接班人，竟也与"大批反对派和怀疑派"同流合污。偏执狂使他把"大批反对派和怀疑派"定性为**官僚主义者阶级**。

"官僚主义者阶级"是毛泽东在1964年12月12日提出的新概念。他指出："**官僚主义者阶级与工人阶级和贫下中农是两个尖锐对立的阶级，这些人是已经变成或正在变成吸工人血的资产阶级分子。**"显然，他所说的"**官僚主义者阶级**"，与由各级雇主代理和权贵们组成的**官僚特权阶级**本质上是一致的。在中共一党专权的无产阶级专政条件下，能看到他的党的一些掌权者"**已经变成或正在变成吸工人血的资产阶级分子**"，是毛在暴虐中闪现的一丝人性。然而，这仅仅是他挫败党内敌人的手段。他没有也不愿意承认，他所指责的右派"官僚主义者阶级"，同他和他领导的左派"官僚主义者阶级"，都是高度国有化和集体所有化的产物，都是中共党和无产阶级专政赖以生存和发展的力量基础。因此，反对"官僚主义者阶级"，势必导致反对和危及中共党和无产阶级专政本身。事实证明，毛泽东死后不久，党内右派集团迅速击败党内左派"官僚主义者阶级"，使邓小平等党内大批右派**官僚特权阶级**重新上台执政，从而挽救了行将分崩离析的中国共产党和威信扫地的无产阶级专政。

在"七千人大会"上，他已经察觉到这个右派"官僚主义者阶级"的存在，正在挑战他的权威和领袖地位。他的偏执狂使他每每想起"七千人大会"，就像看见八公山一样，草木皆兵了。他在同外国党的领导人谈话中说，反对他的人，"**有中央委员、书记处书记，还有副总理。除此以外，每个部都有，每个省都有，支部书记里头更多**"。因此，他变得极端多疑、猜忌，甚至感到大权旁落，在党内日益孤立，发现人们对他已经敬而远之，出现了"**我孤独一人**"的恐惧。以"**与人斗其乐无穷**"狂躁的毛泽东，是不会认输，更不会服输。"领导中国舍我其谁"的毛泽东，自"七千人大会"后，按捺住恶气，调整了一下心情，便面对刘、邓为首的党内右派"官僚主义者阶级"，开始了巩固绝对权力、发动文化大革命的新长征。

二、主动出击——千万不要忘记阶级斗争

首先，毛泽东要观察一下刘、周、陈、邓，看看他们能走多远；让他们继续在第一线主持工作，他可以在一边静观事态的发展。经过半年多的观察，他发现，刘、周、陈、邓等人的所作所为与他的想法背道而驰。他已无法容忍，决心重返一线，利用党主席的权力，进行干预。于是，他向在第一线主持工作的刘、周、陈、邓等中央大员，挥舞起可以置他们于死地的大棒——**阶级斗争**。

阶级斗争是马克思主义的专利。马克思说："**到目前为止的一切社会的历史都是阶级

斗争的历史。"这里，他把复杂的社会矛盾和斗争，简单而武断地归结为物资财产占有形式不同的两个阶层之间的矛盾和斗争，而且是你死我活的。尽管他用财产占有形式来划分阶级，但他并不否认精神层面上的矛盾和斗争，如宗教、信仰和政见分歧等等。他说："**任何阶级斗争都是政治斗争。**"对此，恩格斯呼应道："**任何政治斗争都是阶级斗争。**"这样，马、恩两人在阶级斗争与政治斗争之间划了个等号。等号证明，他们所说的阶级斗争，并不局限于无产阶级与资产阶级之间；进而他们"证明"，一切宗教、信仰、政见、权力分配等政治上的分歧和斗争，都是两大阶级斗争的反映。——这就是他们的丛林法则逻辑。对于政治斗争，马克思认为可以不择手段。他宣布："**在政治上为了一定的目的，甚至可以同魔鬼结成联盟，只是必须肯定，是你领着魔鬼走而不是魔鬼领着你走。**"历史记录证明，列宁是第一个"同魔鬼结盟"的实践者。普列汉诺夫曾批评他的学生列宁说：为了胜利，他"**甚至可以和魔鬼结盟**"。这样，马列主义的所谓阶级斗争和政治斗争，实际上已变成了赤裸裸的权力斗争。

信奉马克思主义的共产党人，大都是聪明的怪物——天才。当他们打天下时，便同土匪、痞子、流氓等魔鬼结盟，打着"解放"人民的旗号进行革命，美其名曰"**全世界无产者联合起来**"；当他们夺得政权、正襟危坐于高堂之上时，他们便说"**这是人民的选择**"，美其名曰"**人民当家做主**"；当他们宣布"**政权就是镇压之权**"而对人民实行残酷迫害、屠杀时，却不忘记往脸上贴金，自称是"**为革命**"、"**为社会主义**"、"**为人民服务**"，等等。他们的天才还在于，通过"舆论一律"和"主旋律"的洗脑术，用血腥的阶级斗争，洗掉恻隐、宽容、仁爱、理智的华夏文明和民主、自由、人权的普世价值，使芸芸众生变成俯首贴耳、唯命是从的羔羊和奴隶。

没有有效监督的权力，必然是**官僚特权阶级**的权力。十九世纪七十年代，马克思在《法兰西内战》一书中，高度赞扬巴黎公社的普选制、监督制、随时罢免制和兼管行政和立法的"议行合一"制。遗憾的是，所有掌权的共产党人，都拒绝实行巴黎公社的普选制、监督制和随时罢免制，而对兼管行政和立法的"议行合一"制，却情有独钟。因此，当共产党人通过阶级斗争、政治斗争和军事斗争夺得统治权力后，就做起官、当起老爷来，变成了剥削人民大众、镇压不同政见者的官僚特权阶级——**一百多年的世界共产主义运动历史，就是一部把"人民公仆"变成"人民老爷"的历史。**

毛泽东不愧为"纯正"的马克思主义者。他的"纯正"表现在：念念不忘高举**阶级斗争**的大棒。换句话说，为了政治，可以不择手段，为了权力，敢同魔鬼结盟。

在井冈山，毛泽东曾与土匪**王佐**、**袁文才**结盟，拜把兄弟，落草为寇，并且纳袁部"女战士"贺子珍为妾；后因共产国际不容，王、袁反叛，遭处决。毛闻后，疾首顿足，发誓报仇。不久，击毙袁文才者朱昌偕，被毛打成"AB团"成员，遂遭"错"杀；二十多年后，毛又将杀王者彭德怀，打成"右倾机会主义分子"，囚毙在监所。毛利用权力，先后翦除了朱、彭，总算告慰了土匪王、袁的魔灵！

"七千人大会"后，"憋了一肚子恶气"的马克思主义者毛泽东，要出一出心头的恶气了。此刻，"七千人大会"后不到半年，威胁他的权力的主要敌人，已不是国民党反动派，也不是地主资本家，而是昔日与他南征北战中患难与共的战友，而是在大跃进、人民公社运动中倍受折磨的老百姓和有良心的知识分子。此刻，他在将自己封为无产阶级代表的同时，将刘少奇、邓小平为代表的党内右派，定性为"**官僚主义者阶级**"和"**走资本主义道路的当权派**"，将知识分子定性为**资产阶级**和**牛鬼蛇神**，他与他们之间的权力、权利斗争，也就变成了无产阶级同资产阶级的阶级斗争。

为了与党内右派"官僚主义者阶级"作斗争，他在十中全会前的北戴河会议上，为阶级斗争大造舆论。在那次会议上，他大反周恩来在广州科学工作会议上的讲话。他批判周关于"**我国绝大多数知识分子是属于劳动人民的知识分子**"的估判，将知识分子与地主、富农子弟摆在同等地位上。他说："**还没有及时对他们进行教育，资产阶级知识分子阴魂不散，动摇不定。**"他斥责王稼祥"三和一少"的建议是修正主义。农业部部长廖鲁言说："社会主义国家的农业就没有搞好的。"又说："总路线、大跃进、人民公社到底对不对？如果对的话，为什麽闹成这个样子？"闻言后，他怒斥廖的讲话是"**中国的修正主义典型言论**"。宁夏回族自治区区委葛曼和甘肃第一书记汪锋，在农村实行包产到户，农业生产有了很大起色，但毛认为葛和汪都是走资本主义道路的典型。他说："**一搞包产到户，一搞单干，半年时间就看出农村的阶级分化很厉害，有的人很穷，没法生活。有卖地的，有买地的，有放高利贷的，有娶小老婆的……这是搞无产阶级专政，还是搞资产阶级专政？**"毛的批判，导致文革中汪被批斗，葛自杀身亡。他还怒骂主张包产到户的邓子恢是"**资本主义农业专家**"。其间，彭德怀给毛和党中央写了一封长信，请求全面审查他的历史。对此，毛信口雌黄地指控彭："**不但里通苏联，还勾结了全世界包括美帝国主义在内的反动势力。**"他下令中止全国的甄别平反工作。

接着，在紧握军权的林彪支持之下，他在1962年9月的中共十中全会上，挥舞起阶级斗争的大棒，打向以刘少奇、邓小平为代表的右派集团，狠批了他们的"**单干风**"（笔者：指农业包产到户）、"**翻案风**"（笔者：指刘、邓布署的甄别平反工作）和"**黑暗风**"（笔者：指"七分人祸、三分天灾"的形势估判观点），断言"**在整个社会主义历史阶段中资产阶级都将存在，并存在资本主义复辟的危险**"，危言"**三分之一的政权不在我们手里**"，又告诫全党、全国"**千万不要忘记阶级斗争**"，规定各项工作要以"**以阶级斗争为纲**"，强调"**阶级斗争要年年讲，月月讲，天天讲**"。此时的毛泽东已成了说一不二的独裁者；他的讲话，一锤定音，使"七千人大会"刚刚形成的有限民主的活跃气氛，迅速消失殆尽。

但他的倒行逆施还是受到了抵制。于是，他要破釜沉舟。1964年12月27日，在林彪等大员参加他的生日宴会上,他借酒发飙、发出颠覆中共的狂言:"**中央政治局、国务院、中央书记处都要排斥姓毛的。毛还是党的主席、军委主席,要逼我造反,我就造个天翻地乱!**"——这就是马克思主义者"纯正"的阶级斗争观!

三、明修栈道——"四清"

历史已经表明,刘少奇等人的"三自一包"政策,是对农民的"让步",缓解了"三面红旗"对农业生产的破坏,恢复了部分粮食生产的活力,至少挽救了一千万农民的生命。因此,在纠正"三面红旗"的巨大破坏问题上,刘少奇等人的功不可没。

资料表明,在北戴河会议上,刘、周、陈、邓并不同意毛的讲话。但在这个重大原则问题上,出于自我保护,他们都放弃了与毛争锋,而采取阳奉阴违的策略。

在建立绝对权力的道路上,毛泽东高高举起的阶级斗争大棒,首先打向官僚特权阶级中最弱的农村基层干部,然后自下而上,最后棒打高层。

1963年2月11日至28日,中共中央在北京召开工作会议,重点讨论在城市开展"五反"运动和在农村开展社会主义教育运动的问题。1963年5月,走火入魔的毛泽东,在杭州制定出了《关于目前农村工作中若干问题的决定》即《前十条》。他在文件中写道:"**中国社会已经出现了严重的尖锐的阶级斗争情况,资本主义势力和封建势力正在对党猖狂进攻,要求重新组织革命的阶级队伍,把反革命气焰压下去。**"他又煞有介事地说:"**如果不抓阶级斗争,少则几年、十几年,多则几十年,就不可避免地要出现全国性的反革命复辟,马列主义的党就会变成修正主义的党,变成法西斯党,整个中国就要改变颜色了。**"甚至妄言:"**总之,我看我们这个国家,有三分之一的权力,不掌握在我们手里,掌握在敌人手里。**"

"四清"中,黑龙江省阿城县阿什河公社的批斗会

于是,以农村基层干部为批斗对象的"四清"运动,即**清账目、清仓库、清财物、清工分**的"四清"运动,便在全国开展起来。

毛泽东为什么要在农村搞"四清"呢?不少学者认为是为了防修反修。他们的证据之一是,毛曾说:"**我国出不出修正主义,两种可能:一种可能,一种不可能。现在有的人三斤猪肉,几包纸烟,就被收买。只有开展社会主义教育,才可以防止修正主义。**"但农村干部何须"收买"?当农村的党支部书记从一个贫穷的贫雇农变成雇主代理掌管了全村的土地、农具等全部生产资料并握有行政、人事大权时，在没有有效监督的体制下，必然会产生"地主"的占有渴望，无须收买，便会产生对账目、仓库、财物和工分的占有行为。这是无产阶级专政制造的"一大二公"高度集体化的必然结果。

考察一下毛泽东的历史，人们会发现，毛泽东说的同他心里想的、说的同做的并不一致：**有时看起是目的的，实际是手段，而有时看起来是手段的，恰恰是他的真正目的。**"三面红旗"的失败和大量饿死人，毛都十分清楚。但他的性格是不承认失败，否则，他的"伟大、光荣，正确"的英明形象就会受到质疑，他的领袖地位就会因而发生动摇。这就是他的**大跃进情结**，或称**"三面红旗"情结**。这种情结，使他必须坚守住"三面红旗"的底线，并把大跃进和人民公社运动中出现的问题，统统算到阶级敌人破坏和歪嘴和尚念歪了经上来。显而易见，他反复高唱的防修反修的目的，实际上是保卫他个人权力的手段。这与大恶大奸没有什么二样。毛泽东这种随条件置换目的与手段的哲学，注定他是个毫无诚信的痞棍。

毛泽东拿农村基层干部开刀，可以达到一石三鸟的目的。

首先是转移怨恨。大跃进，使农民吃尽了苦头，埋藏在心底的只有对毛对党的怨恨。为了化解怨恨，四不清的干部就是最好的替罪羊；**其次**，警告他的宿敌地、富、反、坏、右，要他们老老实实，不得轻举妄动；**第三**，警告各级干部，特别是警告党内那些与他意见相左的右派集团干部，要他们维护"三面红旗"，尤其是要维护"三级所有、队为基础"的人民公社。看一看本书"序幕"的"图注17：四清运动"，毛的一石三鸟的目的基本上达到了。

"四清"是个充满权力斗争的"四清"。对毛泽东来说，"四清"是保卫权力的一个战略部署，对刘少奇、邓小平来说，是自我保护和扩张权力的好机会。

对于"四清"，刘少奇说："**总是口里讲阶级斗争，不办事情，不好。现在就正式部署一下行动，搞一个阶级斗争。对象是投机倒把，贪污盗窃，还有一些严重的铺张浪费，严重的蜕化变质、违法乱纪，严重的分散主义。**"邓小平肯定也有说法，遗憾的是，笔者缺少这方面资料。

在"七千人大会"上，刘少奇曾批评过阶级斗争，他说："……**在党内和群众中，又进行了错误的过火的斗争，使群众和干部不敢讲话，不敢讲真话，也不让讲真话。这样，就严重地损害了党的生活、国家生活和群众组织生活中的民主集中制，使上下不能通气，使我们在工作中的许多错误长期不能发现，长期拖延不能改正。**"邓小平也批评过阶级斗争，他说："**这几年运动中斗争过火，伤害了一大批党内外干部，因而在党内滋长了一种不如实反映情况，不讲老实话，怕讲老实话的坏风气。**"时间仅仅过去一年，他们已"忘记"了他们曾说过的话，大讲起阶级斗争来。

毫不奇怪，刘、周、陈、邓都是大搞阶级斗争的能手。在过去的十多年里，在镇反、暴力土改、反高饶、反胡风、肃反、反右、拔白旗、反彭德怀和大跃进、人民公社等运动中，他们都紧跟毛泽东，是毛的亲密助手，同毛一道，在中国制造了数千万人死亡的悲剧。庐山会议后，他们觉得毛越来越独断专行，觉得他们自己也越来越不安全，不仅怕当彭德怀第二、第三，更怕他们的党被毛一意孤行毁于一旦。因此，他们力图利用第一线主持工作的机会，逐渐架空毛泽东，使他成为一个名誉主席。但他们也知道，嗜权如命又聪明透顶的毛泽东，不会轻易陷入他们设计的圈套，于是，他们便"顺水推舟"来制造"紧跟"假象，借以麻痹对方。果然，他们在9月北京举行中共工作会议上，"顺"《前十条》的"水"，"推"出了《关于农村社会主义教育运动中一些具体政策的规定（草案）》即《后十条》的"舟"。《后十条》对农村阶级斗争形势作了更加严重的估计，对基层政权的问题看得十分严重，第一次提出了"反革命的两面政权"的概念，比《前十条》更左。《后十条》的出笼，使阶级斗争的弦越绷越紧。

在刘少奇挂帅和亲自指挥下，"四清"运动以大兵团作战的方式，在全国各地展开。全国各地实行在省委、地委领导下集中搞一个县的办法。县以下由工作队统一领导，集中大量工作队员，开赴到各公社、大队、生产队，开展"四清"运动。据报导，江苏省组织了一支8万人左右的"四清"工作队，山东省参加运动的工作人员达5.4万人，浙江全省共抽调干部3.14万人搞"四清"，江西省抽调干部2.92万人……"四清"运动本来就是权力斗争的产物，按后来的正统说法是"左"倾思潮的产物。由于自上而下不断反右倾，强调大兵团作战，热衷夺权，使运动充满火药味，血腥局面不断涌现。例如，陕西省长安县是全国典型。那里搞"四清"时，斗争手段以揭发批判为主，对所谓的"坏中之坏"、"霸中之霸"，大张旗鼓地进行公判，打击其"反动气焰"，对于那些久斗不服的"死顽固"、"牛皮筋"、"老狐狸"、"母老虎"、"老运动员"、"橡皮碉堡"等，狠批硬斗，甚至动手打耳光、碰头，有的当场被打得头破血流……在贵州，连邓小平的亲兄弟县委书记**邓蜀平**，也没躲过劫难，被迫自杀身亡。

1964~1965年，笔者在黑龙江省宁安县莲花一队搞过"四清"，担任工作组的材料员。运动采取大兵团作战的方式进行，每个生产大队派工作队员30~60名不等。运动开始，首先大规模培训工作队队员。培训中，组织者把农村描绘成漆黑一团，许多生产大队或生产队已经烂掉，有三分之一的社队领导权不在共产党手里。工作队进村后，首先夺权，原干部一律靠边，等待审查。接着访贫问苦，开展忆苦思甜教育，通过扎根串连，重组阶级队伍，为重建农村政权做准备。对干部审查是，先"洗温水澡"，"解放"问题不大的干部，让他们"轻装上阵"，"共同对敌"。对重点审查人物，发动群众揭批和斗争。在莲花一队，斗争会上也发生打人、捆人，一人自杀。

与此同时，刘少奇派夫人**王光美**到河北省抚宁县卢王庄公社桃园大队"四清"蹲点，搞了个著名的《桃园经验》。她先搞"扎根串连"，然后搞"四清"，再搞血腥的对敌斗争；对待忠于中共和毛泽东的基层组织和基层干部，多数都成了重点揭发和批斗对象；她强调"四不清"干部在上边都有根子，必然要用各种方法抵抗运动，不解决上边问题，"四清"就搞不彻底；她还强调，"四清"的内容已经不止是清账目、清仓库、清财物、清工分，现在是要解决政治、经济、思想和组织上的"四不清"，等等。

应该说，刘少奇的做法和他的《桃园经验》，既符合毛"**三分之一政权不在我们手里**"的形势评估，也符合毛关于防止基层"官僚主义者阶级"夺取政权的论断。然而，敏锐的毛泽东察觉：《桃园经验》与刘少奇在"七千人大会"上的讲话大相径庭，特别是"七千人大会"后，一股对他不满的潜流正在全党上下广泛蔓延；刘少奇主持的纠偏工作，背离了他的方针，但其威望却与日俱增，已形成一山二虎之势。这不能不使毛泽东怀疑刘谋图：驾空不成，以极左面孔出现，力图把水搅混。

"四清"运动在刘少奇的直接指挥下，全国有532.7万多人接受审查和批判，在城市有4,128人致死，在农村有73,432人被打死或自杀，基层党员干部怨言很多。毛泽东趁机发泄对刘少奇的不满，指责其为"**形左实右**"。

有人论证说，毛、刘的分歧在于对"四清"的矛盾性质看法不同。刘少奇认为"四清"矛盾性质是四清和四不清的矛盾、党内外矛盾的交叉、敌我矛盾和人民内部矛盾的交叉，毛泽东则坚持认为是社会主义和资本主义的矛盾。有人还论证毛、刘分歧说，毛泽东的打击面小，但是打得狠，往死里打，当作敌人来打；刘少奇的打击面大，贪污百八十块钱的，占集体小便宜的，全面收拾一通，但是下手比较温和，整掉了毛病还是自己人。这都是表面看问题。事实上，到1964年年底，在中共党内，"四清"政策上的分歧已经不那么重要，重要的是，此时的毛泽东已经察觉，刘甚至包括周、陈、邓等人，对他的权力已经构成了严重威胁。于是，他对刘主持的"四清"工作横挑鼻子竖挑眼，竟达到了出尔反尔的地步。

毛泽东说"**三分之一政权不在我们手里**"，要"**洗刷几百万**"，刘少奇"顺"其思路，采取"访贫问苦"、"扎根串连"等方法去分清政权的敌我性质，此法被毛批准全国执行；但不久，毛却批其为"**神密主义**"，指责其为"**把基层干部看得漆黑一团**"。大兵团作战是毛的"杰作"，刘"顺"其思路，将大批干部集中到少数几个点上搞"四清"，此法被毛批准全国实施；但不久，又被毛斥责为"**不相信群众**"。风光一时的《桃园经验》，是毛批准向全国推广的；但不久，毛又反悔，竟批其为"**大毒草**"。一山岂容二虎？不论你怎样挖空心思顺水推舟，都是想占山为王，我岂能让你得逞！

1964年12月20日下午，在中央政治局常委扩大会议上，毛、刘在讨论"四清"性质问题时，发生冲突。刘少奇说："这个主要矛盾怎么讲法？主要矛盾就是'四清'与'四不清'的矛盾，行不行？"毛泽东不屑地说："**什么性质？反社会主义就行了，还有什么性质？**"到了26日，毛泽东又当众指责刘少奇："**摸到一点东西就翘尾巴！**"发泄了对《桃园经验》的不满。在扩大会上，毛对刘发泄的结果是怒出《二十三条》，即《农村社会主义教育运动中目前提出的一些问题》。这结果，实际上剥夺了刘少奇主持"四清"运动的帅印。

此刻，聪明的刘少奇可能看出，毛发动"四清"的目的已不是整基层党员干部。因为，毛说要"**洗刷几百万**"，而他才整了几十万，怎么能说"**把基层干部看得漆黑一团**"呢？显然，毛是在借"四清"制造阶级斗争的舆论。当紧张氛围形成后，毛就要用阶级斗争的大棒打他了。可惜，他觉悟得晚了。

据近来披露的《林彪日记》中记载："1964年12月27日。好不寻常！我、伯达、康生，成了毛生日座上贵客，还有婆娘（笔者：林彪私下对江青的称呼）。毛喝了一瓶白沙液（笔者：湖南第一酒），翻来覆去问：'**中央有人要抢班夺权，怎么办？要搞修正主义，怎么办？**'又问：'**军队不会跟着搞修正主义吧！中央政治局、国务院、中央书记处都要排斥姓毛的。毛还是党的主席、军委主席，要逼我造反，我就造个天翻地乱。**'"

"今天，毛来电吩咐说：'**昨天我生日，心情舒畅，酒喝了过多，发了一通，不算数**'，要我们不要传开。我想毛下一步要从北京市委、从计委、从中办、从文化部开刀。感到毛要整人了。"

《二十三条》制定和下达后，清账目、清仓库、清财物、清工分的"四清"，从经济走上政治，突变成了**清政治、清经济、清组织和清思想**。为此，各地纠正了刘少奇一些更左的做法，解放了很多基层干部，受到基层干部的欢迎，上下关系、干群关系和城乡一度紧张的局面也有所缓和。但是，《二十三条》明确提出运动的重点是"**整党内那些走资本主义道路的当权派**"，矛头公开指向刘少奇所代表的党内右派集团。六年后，即1970年12月18日，毛泽东毫不忌讳地对美国记者斯诺说，《二十三条》就是要从政治上搞掉刘少奇。这表明了，"七千人大会"后，毛、刘的第一个回合较量，以毛泽东胜利而告终。

毛泽东为什么用"走资本主义道路的当权派"概念取代"官僚主义者阶级"概念呢？这是耐人寻味的。可能毛泽东发现，使用"官僚主义者阶级"这个概念推演下去，势必危及到无产阶级专政本身，因此，使用"**走资本主义道路的当权派**"概念，比较准确、安全。

但是，不管毛泽东把文字游戏玩得如何眼花缭乱，无法回避的是，不使用"官僚主义者阶级"这个概念，并不证明"官僚主义者阶级"不存在。二十世纪的历史证明，当垄断了全国一切资源的"三大改造"使毛泽东和中共变成全国唯一雇主后，便产生了一大批现代中国的**官僚特权阶级**。到了"改革开放"的八、九十年代和二十一世纪初，这个占有全国权力和资源的官僚特权阶级，在官商一体中，又大显身手，逐渐演变为官僚特权阶级与官僚垄断资本家相结合的**红色资产阶级**。如果说中国红色资产阶级的产生、发展和富有，同中国广大工人、农民特别是其中的弱势人群相对贫困化，是邓小平"改革开放"的主要成果，那么，毛泽东的无产阶级专政所孳生的官僚特权阶级，则是这个"主要成果"的执导者。

第四章：反击谋略之二：棒打文艺界

一、两个批示——先拿弱敌问罪

人们都说，文痞姚文元是根棍子，军师张春桥是把刀子，戴着"约法三章"金箍咒的毛夫人江青 (1) 是个白骨精。棍子和刀子人们争议不大，唯白骨精尚须推敲。因白骨精有三变，而江青以不变应万变：咬人不变。她自己说是毛的"一条狗"，毛"叫我咬谁我就咬谁"，所以她是条狗子。棍子、刀子、狗子之所以厉害，完全是因为他的后台老板厉害。他们的后台老板就是毛泽东。为了整倒刘少奇、邓小平和以他俩为代表的党内右派"官僚主义者阶级"，毛在拿忠于他的农村广大基层干部开刀同时，没有忘记拿他的宿敌知识分子开刀；而知识分子中，他最讨厌的是文学艺术界的知识分子。这些人虽不持枪拿刀，但他们中有许多人的独立思考、独立人格等自由主义思想还未改造好，时不时用影射、旁敲侧击、借古讽今等笔法，攻击他的政策、路线和他本人，是刘、邓右派中的软实力。因此，对付他们，**棍子**、**刀子**、**狗子**都要派上用场。

1962年9月24日上午,毛泽东在八届十中全会上说："**凡是要推翻一个政权，总要先造成舆论，总要先做意识形态方面的工作。革命的阶级是这样，反革命的阶级也是这样。**"毛泽东制造舆论可以追溯到井冈山时期。到了"解放"后，他对制造舆论极为重视。他接二连三地批《武训传》、《清宫秘史》、《红楼梦研究》和胡风，就是制造社会主义革命舆论，或曰赤化革命舆论。为了推翻以刘、邓为代的党内外右派官僚特权阶级，他必须做好舆论准备：在大搞"四清"制造阶级斗争紧张氛围的基础上，拿文学艺术界的知识分子开刀，杀鸡给猴看。这是他做舆论准备的又一步阴棋。对此，有人称其为"阳谋"，是"不断革命"；但有人则管叫他为阴谋，是"层层剥笋"，先"剥"掉刘、邓右派的软实力。

此时的毛泽东，在刘、邓权势日隆的情况下，已倍感孤立。因无亲信可依，不得已，派夫人江青打先锋。据原文化部副部长林默涵回忆："毛主席曾对乔木说过，**江青不会做什么工作，你们不要用她。**但是，后来主席改变看法了，曾对周扬说，**江青看问题很尖锐。**"被禁止干预朝政的紧箍咒箍得早已按捺不住的江青，受命后如释重负，决心不辱使命，她要大显身手了。

江青一出山，便拿着毛的《在延安文艺座谈会上的讲话》，向刘、周、邓刚刚制定并经中共中央批准下达的《文艺八条》开火。自称给毛当"文艺哨兵"的江青，曾"戴着大口罩到戏院看戏"进行调查研究。她"发现"文学艺术界"一塌糊涂"，就利用枕头风把这些情况吹给了毛，于是，按她的说法"才有了主席《关于文学艺术的两个批示》"。但明眼一看便知，这是毛在后台、江在前台表演的"双簧"。

1963年12月12日，毛泽东在给彭真、刘仁的一个文件上发出第一个批示："**此件可一看。各种艺术形式——戏剧、曲艺、音乐、美术、舞蹈、电影、诗和文学等等，问题不少，人数很多，社会主义改造在许多部门中，至今收效甚微。许多部门至今还是'死人'统治着。不能低估电影、新诗、民歌、美术、小说的成绩，但其中的问题也不少。至于戏剧等部门，问题就更大了。社会经济基础已经改变了，为这个基础服务的上层建筑之一的艺术部门，至今还是大问题。这需要从调查研究入手，认真地抓起来。**"

"**许多共产党人热心提倡封建主义和资本主义的艺术，却不热心提倡社会主义的艺术，岂非咄咄怪事。**"随后，根据这个批语，全国文学艺术界开始整风。此前的11月，毛泽东曾说："**《戏剧报》尽是牛鬼蛇神……把他们统统赶下去，不下去，不给他们发工资。**"

1964年6月27日，毛泽东又在文艺界整风报告上发出第二个批示：

（文艺界）"**这些协会和他们所掌握的刊物的大多数（据说有少数几个好的），15年来，基本上（不是一切人）不执行党的政策，做官当老爷，不去接近工农兵，不去反映社会主义的革命和建设。最近几年，竟然跌到了修正主义的边缘。如不认真改造，势必在将来的某一天，要变成像匈牙利裴多菲俱乐部那样的团体。**"

毛泽东对文学艺术的偏执狂，已经到了变态的地步：1964年7月，他发出"关于取消盆花和庭院革命化的指示"：

"**摆设盆花是旧社会留下的东西，这是封建士大夫阶级、资产阶级公子哥儿提笼架鸟的人玩的，那些吃了饭没事做的人，才有闲工夫养花摆花。全国解放已经十九年，盆花不但没有减少，反而比过去发展了，现在要改变。我不喜欢房子里摆花，白天好像还有点好处，晚上还要有坏处。我的房子里的花早就让他们搬了，以后叫他们把院子里的花也搬了。你们在院子里种了一些树不是满好吗？还可以再种。你们的花窖要取消，大部分花工要减掉，留少数人管理庭院。今后庭院要多种树木、多种果树，还可以种点粮食、蔬菜、油料作物。北京市的中山公园、香山要多改种些果树和油料作物。这样既好看，又实惠，对子孙后代有好处。**"

花鸟也在制造阶级敌人，真真一个**草木皆兵**！

1964年7月，根据毛泽东提议，中共中央成立了"文化革命五人领导小组"。如果说江青抛出的《"有鬼无害"论》是文化革命的第一炮（见下），"五人领导小组"的成立则是毛泽东文化革命的组织保障。虽然那时还没有形成"无产阶级文化大革命"的概念，但按毛泽东的部署，文化大革命实际上已经开始。天才谋略家毛泽东，用"欲擒故纵"的策略，任命彭真为"五人领导小组"组长，陆定一为副组长，并以组员康生为耳目。

毛的两个批示推翻了 1962 年 4 月 30 日他批准下达的《文艺八条》。《文艺八条》要求文学艺术界贯彻执行百花齐放，百家争鸣，正确开展文艺批评，批判地继承民族遗产，吸收外国文化和加强文艺界的团结，等等。

毛泽东为什么要推翻他领导下的中共中央批准下达的《文艺八条》呢？

作家涂光群在他的《中国"作协""文化大革命"的历程》一文中说，著名文艺评论家**冯牧**听了批示后，在极度的惊诧中脱口而出："**这些话要不是毛主席说的，我还真以为是右派言论呢！**"笔者认为，冯牧的惊诧，代表了文学艺术界权贵和御用文艺精英们的困惑。

长期以来，文学艺术界御用权贵和文艺精英们，在政治伦理上已认同并紧跟了毛在政策上的出尔反尔："**为政治服务"就可以不择手段。**这种马基雅维里式 (2) 的"为了目的不择手段"和"为了统治不计道德"的君主政治信条，是毛泽东思想的重要组成部分。"解放"后，为了加速赤化革命进程，毛泽东推翻了他的"**实现孙中山先生的三民主义，林肯的民有民治民享的原则与罗斯福的四大自由**"的民主承诺，接二连三地发动对《武训传》、《清宫秘史》、《红楼梦研究》和"胡风反革命集团"的批判，整肃了一大批文艺工作者，而在批判和整肃中，文学艺术界的御用权贵和精英们，都是毛的鼓手、棍子或抢手，是毛泽东的依靠力量。在反右中，毛推翻他"百花齐放、百家争鸣"的口号，文学艺术界的御用权贵和精英们，便紧紧跟上，跟着毛的指挥棒大打出手，使一大批文学艺术工作者沦为右派分子。如今，毛又推翻他在"七千人大会"期间保证"**不打棍子，不抓辫子，不扣帽子**"的"三不主义"，又抢起了棍子。然而，令文学艺术界的御用权贵和精英们没有想到的是，毛泽东这次抢起的棍子，不仅要打一般文学艺术工作者，更要打他们，怎不叫他们惊诧？

上世纪五、六十年代文学艺术界的御用权贵和精英们，诸如**周扬、林默涵、刘白羽、邵荃麟、齐燕铭、夏衍、陈荒煤**，等等，大都是中共党和毛泽东的功臣。他们在他们领导下的戏剧、曲艺、音乐、美术、舞蹈、电影、诗和文学等各个领域里，按照毛泽东的规定，制作和出版了大量歌颂党毛泽东和社会主义、讴歌工农兵形象的作品。他们还按照毛泽东的决定，把**胡风**的"主观战斗精神"的文艺思想打成反革命思想，**郭沫若、茅盾、老舍、巴金**等著名作家也纷纷落井下石，最终把胡风送进监狱，判无期徒刑。可以这么说，他们为推行毛泽东在《在延安文艺

（左起）毛泽东、周扬、茅盾、郭沫若
在中华全国文学艺术工作者第一次代表大会上

座谈会上的讲话》中所阐明的文艺方针和政策、批判一切与此相左的文艺思想，立下了汗马大功。

大跃进失败后，文学艺术界的御用权贵和精英们，也进行了反思。反思中，他们渐渐与毛的党内左派奴性教条疏远，向刘、邓的党内右派靠近，于是，产生了《文艺八条》。

《文艺八条》是对于《在延安文艺座谈会上的讲话》僵硬教条的缓释。

善于权谋的毛泽东并不认同《文艺八条》，他批准下发《文艺八条》只是缓兵之计；在《文艺八条》下达后不久，他已经察觉，以周扬为代表的文学艺术界的御用权贵和精英们，已经背离了他，成了刘、邓手下的党内右派"官僚主义者阶级"。因此，江青一出山，便踢开《文艺八条》，打着毛的《在延安文艺座谈会上的讲话》旌麾，向以周扬为代表的文学艺术界党内右派集团兴师问罪。

二、批《有鬼无害论》

江青出山后的第一炮，就轰向了中共北京市委统战部部长**廖沫沙**的《有鬼无害论》。

《有鬼无害论》是《北京晚报》编辑在得知廖看了昆剧《李慧娘》后，电话约他写的一篇剧评。1961年8月31日，《北京晚报》刊出了廖沫沙的《有鬼无害论》一文，署名"繁星"。

1961年夏天，由江青同乡好友孟起改编的昆剧《李慧娘》在北京上演。戏中描写李慧娘死后报仇并援救裴舜卿的故事：李与太学生裴舜卿的相爱为贾似道所忌，终为贾杀害。《李慧娘》揭露了南宋末年奸臣贾似道的荒淫残暴，歌颂了被贾杀死的李慧娘化成厉鬼也要与仇人拼到底的死而不已的斗争精神，是一出富有人民性的好戏，因而受到了好评。廖在《有鬼无害论》一文中写道："我们对文学

京剧《李慧娘》剧照

遗产所要继承的，当然不是它的迷信思想，而是它反抗压迫的斗争精神。我们要查问的，不是李慧娘是人是鬼，而是她代表谁和反抗谁。用一句孩子们看戏通常所要问的话：她是个好鬼，还是个坏鬼。如果是个好鬼，能鼓舞人们的斗志，在戏台上多出现几次，那又有什么妨害呢？"这与毛泽东对他侄孙女王海容说的"**《聊斋》可以读，写得好。《聊斋》写的那些狐狸精可善良啦！帮助人可主动啦！**"有什么区别？

区别有。区别的关键是：昆剧《李慧娘》是文学艺术界的御用权贵和精英们力荐的大作，《有鬼无害论》作者则是北京市委第一书记彭真手下的一员大将，他们都是毛泽东正

在设法清除的人。矛头所向，显然是毛、江床上早已议定了的。1962年冬，刚刚"批判"了"反党小说"《刘志丹》的康生，听说江青要批鬼戏，原本说《李慧娘》"**不出鬼魂就不看**"的他，旋即来了一百八十度的大转弯，狠狠批评中宣部、文化部"右倾"，要追查"**鬼戏泛滥**"的责任，迫使文化部党组向中共宣传部写了《关于停演"鬼戏"的请示报告》，并且点了《有鬼无害论》的名。1963年3月29日，中共中央批转了这个报告。自此，全国各地，不论城乡，"鬼戏"一律禁止演出。

江青看了这份报告不太满意，说道："点了'有鬼无害论'，为什么不点出文章作者'繁星'？不点'繁星'的真名实姓廖沫沙？"江青觉得不解气，认为文化部党组的报告不过是"官样文章"，她要"冲破封锁"。人们已从江青"不满意"和"不解气"中，看到了她背后的身影及其清除异己的政治计谋。于是，一篇点名批判孟超剧本《李慧娘》和廖沫沙剧评《有鬼无害论》署名梁壁辉的文章《"有鬼无害"论》，便在1963年5月6日上海《文汇报》上发表。"梁壁辉"为中共中央华东局宣传部部长俞铭璜也。

原来，江青没有批"有鬼无害"的文才，她便跑到上海求助于提倡"大演十三年"的中共第八届中央委员、政治局委员、华东局第一书记兼上海市委第一书记柯庆施。此时正欲更上一层楼的柯庆施欣然领命，找来了由"苏中才子"之称的华东局宣传部部长俞铭璜。据柯庆施死后的继任者陈丕显回忆："对俞铭璜同志，我在战争年代就和他很熟悉。他长期在我任区党委书记的苏中根据地负责宣传工作，是江苏有名的'秀才'。据我所知，他对批'有鬼无害'是有顾忌的。毛主席曾提倡过写些'不怕鬼'的故事，而《有鬼无害论》这篇文章又是北京市委统战部长廖沫沙同志写的，所以这篇批判文章很难写。无奈，这是柯庆施直接压下来的'政治任务'，俞铭璜只好关起门来搜肠刮肚。这种心境下写出的文章自然难以令柯庆施满意，于是柯又让张春桥大加修改后才发表。因此文章见报时署名'梁壁辉'——取'两笔挥'之谐音，意即两人合写。"当年上海《文汇报》文艺部主任唐振常得知这篇稿子"来头不小"，便"奉命照登"。这就是数年后江青所说的"第一篇真正有份量的批评'有鬼无害'论的文章"的内幕。

《"有鬼无害"论》炮制出笼，**预示文化大革命已经开始。**

《"有鬼无害"论》像颗重磅炸弹，把文化部炸得晕头转向，并使刘、邓得力干将中共北京市委第一书记彭真倍感紧张。廖沫沙的文章连同剧本《李慧娘》一起受到围剿和批判。据说，有人作过统计，在半年的时间里，在中央和省市主要报刊上，批判孟起改编的昆剧《李慧娘》和廖沫沙的《有鬼无害论》的文章不下500篇。

在康生和江青的压力下，中宣部主管文艺界的领导周扬、林默涵等人，采用"舍车保帅"的策略，先抛出"中国作家协会"党组书记文学家**邵荃麟**当活靶，批判他的"中间人物论"。但江青和康生不买他们的账。在毛泽东的支持下，江、康在全国上下，展开了对文学艺术界的全面清剿。

电影《北国江南》、《林家铺子》、《早春二月》、《不夜城》、《舞台姐妹》、《桃花扇》、《阿诗玛》、《逆风千里》等，以及田汉的京剧《谢瑶环》受到了批判；马烽的《三年早知道》，西戎的《赖大嫂》，张庆田的《"老坚决"外传》和《对手》，刘澍德的《老牛筋》，欧阳山的《在软席卧车里》，舒群的《在厂史以外》，菡子的《父子》，陈翔鹤的《广陵散》等短篇小说，也先后受到了批判；刘澍德的《归家》，汉水的《勇往直前》，欧阳山的《三家巷》、《苦斗》，羽山和徐昌霖的《东风化雨》等中、长篇小说，以及黄秋耘的杂文《破水瓢的启示》和《人尽其才》，孟超的《剧苑管窥录》，等等，也没有逃脱被批判的命运；其中，有的被批为"反党反社会主义毒草"。

到了1965年，中国的报纸刊物，更充满着火药味儿：

一月，《羊城晚报》、《南方日报》开始批判历史小说《柳宗元被贬》。柳宗元"被贬"，被"索隐"为彭德怀"被贬"。《文艺报》开始批判康濯的短篇小说《代理人》和长篇小说《水滴石穿》。

二月，《电影文学》批判了"一部散发着资产阶级和平主义思想毒素"的电影剧本《亲人》。《文艺报》则批判陈翔鹤的历史小说《陶渊明写〈挽歌〉》。

三月，《人民日报》发表齐向群的《重评孟超新编〈李慧娘〉》一文。此时的《李慧娘》被定性为"是一株反党反社会主义的大毒草"。张春桥更认为是"**借厉鬼来推翻无产阶级专政**"。

五月，《光明日报》发表《夏衍同志改编的影片〈林家铺子〉必须批判》。

六月，《工人日报》发表《〈不夜城〉必须彻底批判》。

被批判为"大毒草"和"有严重错误"的影片，到了文革，已攀升到四百部(3)以上。

就在这样的"必须批判"、"彻底批判"声浪之中，中共中央在四月七日作出《关于调整文化部领导问题的批复》，免去了齐燕铭、夏衍在文化部的领导职务，砍掉了周扬的左右手。电影界开始批判所谓"夏陈路线"，亦即"夏衍、陈荒煤路线"。

在这样的"必须批判"、"彻底批判"声浪之中，毛泽东在春节谈话中又对文艺工作者作了更加严厉的命令："**要把唱戏的、写诗的、戏剧家、文学家赶出城，统统轰下乡，分期分批下放到农村、工厂……你不下去就不开饭，下去就开饭。**"在"**便于领导**"的高度国有化和集体化了的中国，"吃饭权"这个人类最基本的生存权，已牢牢地掌握在雇主毛泽东和他的党臣手中。"吃饭权"原则也从"**不劳动不得食**"发展为"**不服从不得食**"——这个在任何社会里，他们的帝王或总统都无法办到的事，在社会主义中国，通过掠夺而垄断了全国全部资源成了唯一雇主毛泽东，他办到了！

其时的毛泽东，已经不是七年前的毛泽东。七年前，1957年3月8日，他同文艺界代表谈话时说："**解决思想问题，不能用专制、武断、压制的办法，要人服，就要说服，而不能压服。**"

此时的文学艺术部门，已经是"洪洞县里无好人"。文化部大改组后，新上任文化部主持工作的"新文化部"第一副部长**肖望东**，在起草的一份正式文件中说，要对文化部门**"犁庭扫院"**、**"彻底清洗"**。如果这个文件起草在1957年6月，他铁定是一个极右的右派分子，然而，紧跟毛泽东的**"为政治服务"**，却使他飞黄腾达，成了革命左派。真乃此一时，彼一时也。

然而，"新文化部"的命运并不比"老文化部"好。1967年1月19日，随同全国夺权的浪潮，造反派宣布夺取"新文化部"的领导权，领导干部全部靠边站。3月，**戚本禹**到文化部当众宣布，由**金敬迈**（笔者：小说《欧阳海之歌》作者）负责文化部的工作。这成立不到两年的"新文化部"，就在这种不明不白中宣告结束，它的主人代理部长肖望东将军也被打倒，关押北京西郊监狱达9年，故人称其为"短命部长"。

三、八个样板

毛泽东曾说：**"一张白纸，没有负担，好写最新最美的文字，好画最新最美的图画。"** 当"彻底清洗"了"一塌糊涂"的戏剧、曲艺、音乐、美术、舞蹈、电影、诗和文学等各个领域后，文学艺术界变成了一张"白纸"，导演毛泽东便指导着夫人江青，在这张"白纸"上，开始写"最新最美的文字"，画"最新最美的图画"。他和她的"最新最美的文字"和"最新最美的图画"就是**"八个样板"**。

江青在上海休养期间，看了上海爱华沪剧团演出的《**红灯记**》，她要阿甲（符律衡）改编成京剧。这就是她要"大破大立"后"立"的第一个革命现代京剧《红灯记》1963年秋，她又看中了上海人民沪剧团沪剧《芦荡火种》，要北京京剧一团将其改编成京剧。后根据毛泽东的意见，将剧名改成《**沙家浜**》。当她看上了淮剧《海港的早晨》后，要求中共上海市委书记处组成领导班子抓改编。中共上海市委不敢怠慢，便组织作家郭炎生、何慢、杨村彬等把淮剧《海港的早晨》改编为京剧《**海港**》，成了江青又一个"样板戏"。江青指定中共上海市委书记处书记张春桥抓《**智取威虎山**》、《海港》、芭蕾舞剧《**白毛女**》和山东京剧团的节目《**奇袭白虎团**》。"高参"张春桥不懂京剧，为了巴结第一夫人，走一条飞黄腾达的捷径，自称"我原来从不看戏，只喜欢看书写文章，只进行逻辑思维"的他，开始学习京剧，借

《智取威虎山》剧照

来一大堆京戏唱片，躲在家中"速成"。张终于抓出了成效，受到江青的称赞，遂有"四出戏书记"之浑号。从 1963 年 12 月起，江青亲自抓北京芭蕾舞剧团排演的芭蕾舞剧**《红色娘子军》**，又经常到上海抓上海芭蕾舞剧团排演的芭蕾舞剧《白毛女》。1964 年 10 月 8 日，毛泽东观看了芭蕾舞剧《红色娘子军》后赞道："**方向是对的，革命是成功的，艺术上也是好的。**" 1965 年 1 月起，江青又到中央乐团，抓交响乐**《沙家浜》**。

到文革前夕，江青树起了革命现代京剧《红灯记》、《沙家浜》、《智取威虎山》、《海港》、《奇袭白虎团》、芭蕾舞剧《白毛女》、《红色娘子军》和交响乐《沙家浜》等，共八个所谓"样板"，时人称为"**八个样板戏**"。

体制内传记作家叶永烈，在《江青传》里写道："她在 1964 年 5 月 23 日、5 月 31 日、6 月 20 日、7 月 1 日、7 月 13 日（这天两次）、11 月 5 日，共 7 次接见剧组，随口而说，说了一大堆琐琐碎碎的没有水平的意见。她的每一句话，每一条意见，都成了'指示'，导演必须遵命。"

作家以《红灯记》为例，列举了江青对剧组的指示：

铁梅举红灯跑回场，可缩短些。

奶奶的服装补的不是地方。

七场（指监狱）景太堵心。

李玉和一家人进、出门，要随手关门，要给群众一个安全感。

铁梅上场（第一场）不要戴围巾，见爹爹递纸条后，临走时玉和把自己的围巾给她围上。

铁梅叫奶奶的声音太刺耳，不要那么高。

这个戏不适合用"南梆子"。

李玉和受刑后上场，可以扶住椅子。

刑场上的石头，要靠前些。

粥棚场，磨刀人不要吃粥。

这段文字有丑化之嫌。当江青变成敌人后，作家们自觉遵照"主旋律"曲谱弹跳，丑化她是很自然的。

在毛泽东的导演下，康生、柯庆施、张春桥等要员的全力促请下，江青终于如愿以偿地戴上了"**无产阶级文艺革命旗手**"的"桂冠"。

1964 年 7 月，江青以"旗手"的口吻《谈京剧革命》。她说："在戏曲舞台上，都是帝王将相、才子佳人，还有牛鬼蛇神。那九十几个话剧团，不一定都是表现工农兵的，也是'一大、二洋、三古'，可以说话剧舞台也被中外古人占据了。剧场本是教育人民的场所，如今舞台上都是帝王将相、才子佳人，是封建主义的一套，是资产阶级的一套。这种情况，不能保护我们的经济基础，而会对我们的经济基础起破坏作用。"她质问："我们全国工农兵有六亿几千万，另外一小撮人是地、富、反、坏、右和资产阶级分子。是为这一小撮人服务，还是为六亿几千万人服务呢？这问题不仅是共产党员要考虑，而且凡有爱国主义思想的文艺工作者都要考虑。吃着农民种的粮食，穿着工人织造的衣服，住着工人盖的房子，人民解放军为我们警卫着国防前线，但是却不去表现他们，试问，艺术家站在什么阶级立场，你们常说的艺术家的'良心'何在？"她还激烈地批评了中国戏曲研究院实验京剧团创作演出的《红旗谱》和改编的《朝阳沟》，是"坏戏"。

这里，江青明白无误地教训文艺界精英们，除了她的八个"样板"是为"六亿几千万"工农兵服务外，其余所有剧目，都是为"一小撮人地、富、反、坏、右和资产阶级分子"服务的，或有为"一小撮人"服务的嫌疑。江对文艺精英们的"教训"没有什么新意，不过是毛泽东两个批示的再版。

到了1966年，除江记"样板"、"地道战"、"地雷战"和"兄弟国家"的几部故事片还在上演和放影外，其他电影、戏剧、话剧等剧目全部销声匿迹。于是，在中国960多万平方公里的土地上，出现了一家独放，万家噤声的奇特局面。当年广为流传的电影顺口溜可以作证：

"越南是飞机大炮，朝鲜是哭哭笑笑，罗马尼亚是搂搂抱抱，阿尔巴尼亚是莫名其妙，中国只有新闻简报！"

四、批《海瑞罢官》

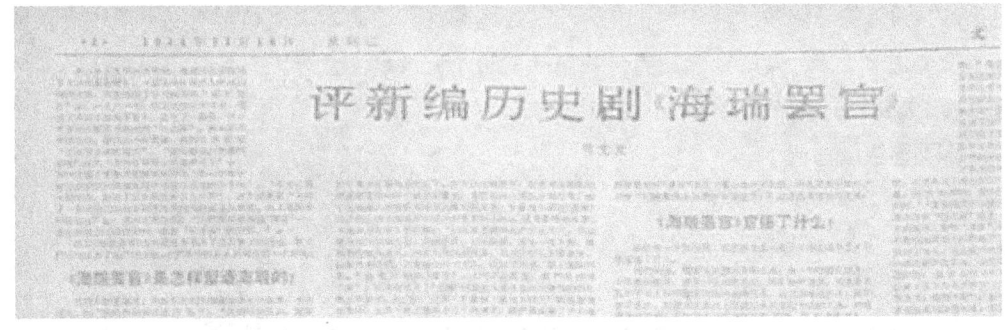

评新编历史剧《海瑞罢官》

在"必须批判"、"彻底批判"声浪之中，江青在1965年11月10日的上海《文汇报》上，向刘、邓右派集团投出第二颗重磅炸弹：《评新编历史剧〈海瑞罢官〉》。署名作者是浑号叫"棍子"的姚文元。

据江青说，早在1962年7月6日，她看了北京京剧团演出的《海瑞罢官》之后，就认定这是一株"大毒草"。一个多月以后，她在和中宣部、文化部四个正副部长谈话时，提出了批判《海瑞罢官》。无奈，部长们充耳不闻，这使她极为生气。

为什么"中宣部、文化部四个正副部长"对她的话"充耳不闻"？其一是，她当时仅仅是中宣部下属一个文艺处的副处长；其二，四位都知道，毛泽东对她的评价"**江青不会做什么工作，你们也不要用她**"；更重要的是毛泽东对《海瑞罢官》持肯定态度。

时任中共上海市委书记的陈丕显，在他的回忆录中写道：

《海瑞罢官》这出戏成于北京，却是源于上海。1959年4月，中央在上海召开工作会议。作为会议的东道主，我们自然安排了一些文艺活动，白天开会，晚上看戏。毛主席是湖南人，爱看湖南戏。一天，他看了湘剧《生死牌》，戏中海瑞这个人物引起了他的兴趣。第二天，他专门打电话要我们为他找来《明史》，仔细阅读了其中的《海瑞传》。

针对当时干部不敢讲真话的问题，为了纠正"高指标"等"左"倾问题，毛主席有感而发，在工作会上盛赞海瑞，号召大家要敢于提出不同意见，学习海瑞精神，敢于批评嘉靖皇帝。毛主席说：明朝皇帝对下臣严酷，不少大臣被廷杖致死，但还是堵塞不了言路。对嘉靖皇帝忠心耿耿的海瑞，为了大明江山，不惜冒着杀头的危险上疏批评皇帝。海瑞对嘉靖皇帝骂得很厉害，骂嘉靖是"家家（'嘉'谐音）皆净（'靖'谐音）"。他要大家习海瑞刚正不阿、敢于批评的品格，并提出著名的"五不怕"精神，即"**不怕撤职，不怕开除党籍，不怕离婚，不怕坐牢，不怕杀头**"。毛主席指示中央主管宣传的胡乔木同志要"**宣传海瑞刚正不阿的精神，找几个历史学家研究一下，从什么角度，用什么方法做宣传工作**"。

毛主席的话给大家很大的鼓舞和教育，讲话精神一传出，各地争先恐后演出海瑞戏。光上海，周信芳就上演了《海瑞上疏》、《海瑞背纤》。胡乔木又约了明史专家、北京市副市长吴晗写文章，吴晗欣然同意，他很快写出了《海瑞骂皇帝》一文，用刘勉之的笔名，发表在1959年6月16日的《人民日报》上。

陈丕显继续写道：

1961年剧本发表并正式上演时，定名为《海瑞罢官》。这出戏正式演出后，毛主席很高兴，并在家里请主演海瑞的马连良吃饭，对他的演出大加赞扬，毛主席说："**戏好！海瑞是好人。**"马连良十分感动，回来告诉吴晗说："毛主席真伟大，礼贤下士，接近群众。"吴晗听了自然喜出望外。能得到伟大领袖毛主席的赞扬，说明这出戏是成功的，吴晗也感到无比欣喜。

如此说来，江青忤逆毛泽东了吗？否！恰恰相反，忤逆毛泽东的却是吴晗、周信芳、马连良等为

主演海瑞的马连良

代表的广大知识分子。这些尊贵令人向往的高级学者和艺术家们，竟然都是健忘的蠢人：刚过去四年，他们竟然忘记了1957年毛泽东"百花齐放，百家争鸣"和"引蛇出洞"的"阳谋"，忘记了毛泽东在历史上曾多表演过的"理无常是"的"一分为二"哲学。

从历史上看，毛泽东是个**政治意志坚定的人**；但为了实现他的某个政治目的，又是一个**不择手段出尔反尔的马基雅维里主义者**。例如：

1945年9月，毛泽东在书面答路透社驻重庆记者甘贝尔提问的"中共对'自由民主的新中国'的概念及解说为何"时说："**'自由民主的中国'将是这样一个国家，它的各级政府直至中央政府都由普通平等无记名的选举所产生，并向选举它们的人民负责。它将实现孙中山先生的三民主义，林肯的民有民治民享的原则与罗斯福的四大自由。它将保证国家的独立、团结、统一及与各民主强国的合作。**"又说："**我们完全赞成军队国家化与废止私人拥有军队，这两件事的共同前提还是国家民主化。**"但1949年10月夺得权力后，他彻底推翻了"**无记名的选举**"、"**国家民主化**"和"**军队国家化**"的承诺。

毛泽东在《新民主主义论》中写："**鲁迅是中国文化革命的主将，他不但是伟大的文学家，而且是伟大的思想家和伟大的革命家。**"又："**鲁迅是……最正确、最勇敢、最坚决、最忠实、最热忱的空前的民族英雄。**"但到1957年7月7日，他在回答罗稷南向他提的"要是鲁迅今天还活着，他会怎么样？"时，他不加思索地说："**要么被关在牢里继续写他的，要么一句话也不说。**"

毛泽东经常告诫党员干部说："**要团结，不要分裂。**"但在1964年12月召开的中央工作会议上，因两人发生争论，毛泽东怒骂刘少奇说："**你有什么了不起，我动一个小指头就可以把你打倒！**"两年后，果真把刘打倒了。

毛泽东在不同场合曾多次说讨："**要讲真话。**""**要实事求是。**"但在1959年7月23日的庐山会议上，毛泽东说："**假如办十件事，九件是坏的，都登在报上，一定灭亡。**"

毛泽东在《为人民服务》里写道："**我们这个队伍是为着解放人民的，是彻底地为人民的利益工作的。**"但在1957年的莫斯科演讲中，毛泽东说："（原子弹打下来）**无非是死几个人，即使死一半，还有一半继续革命。**"

毛泽东在1963年3月题词："**向雷锋同志学习。**"但到1964年12月，在中央工作座谈会上，毛泽东说："**我们开始打仗，靠那些流氓分子，他们不怕死。有一个时期军队要清洗流氓分子，我就不赞成！**"

人们都知道：

毛泽东是"**知无不言，言无不尽，闻者足戒**"的民主作风倡导者；

毛泽东是"**不打棍子，不扣帽子，不抓辫子**"的"**三不主义**"方针的提出者；

毛泽东是王明"**残酷斗争，无情打击**"的极左政策多次抨击者；

毛泽东是"**从团结的愿望出发，经过批评，从而在新的基础上达到新的团结**"，即"团结—批评—团结"公式的发明者；

毛泽东是"**我们的目标，是想造成一个又有集中又有民主，又有纪律又有自由，又有统一意志、又有个人心情舒畅、生动活泼，那样一种政治局面**"的民主政治论述者。

……

话说得多么动听、多么感人啊！

但做的呢？远的延安"抢救"不说，翻开"建国"后的历史看看，在他当权的二十七年中，从镇反开始，到土改、三反五反、"一化三改造"、反高饶、反胡风、肃反、反右、大跃进、人民公社、拔白旗、反彭、民主补课、"四清"，直到文化大革命，在他的打棍子、扣帽子、抓辫子和残酷斗争、无情打击下，多少人被整、被斗？多少人自杀、被杀？多少个家庭妻离子散、家破人亡？保守估计，被枪杀、自杀、饿死者，不下五千万！

例子太多，不胜枚举。总之，**毛泽东诡谲狡诈，言而无信。**

《荀子.大略》云："**口言善，身行恶，国妖也。**"毛泽东真乃一国妖也。

当时文化部负责人林默涵写道："毛主席曾对乔木说过，**江青不会做什么工作，你们也不要用她**。但是，后来主席改变看法了，曾对周扬说，**江青看问题很尖锐。**"

"主席改变看法了"是因为毛泽东的政治任务变了：现在要倒刘整邓，就要首先清除彭真为首的北京市委；清除以彭真为首的北京市委，就要先拿彭真手下的大将北京市副市长吴晗所写的《海瑞罢官》开刀。于是，他改变了称赞《海瑞罢官》的态度。

为了完成毛泽东交给的这项重大的政治任务，江青到上海得到了柯庆施的支持。柯将任务交给了时任上海市市委宣传部长张春桥，张找来了时任上海《解放日报》编委兼文艺部主任的"棍子"姚文元。在柯庆施去世后，以江青为帅、张春桥为军师、姚文元为"笔杆子"的三人组合，上瞒中宣部、中央政治局，下瞒上海市委、华东局，秘密炮制批判《海瑞罢官》文章。经过八个多月的十多次修改，署名姚文元（实际应是江青、张春桥、姚文元三人）的长文《评新编历史剧〈海瑞罢官〉》终于在1965年11月10日，发表在上海《文汇报》上，陡然在全国卷起一阵狂澜，开始了围歼北京市委的外围战。

1967年4月12日，江青在军委扩大会议上作题为《为人民立新功》的讲话时，"吹"出了她去上海组织批判《海瑞罢官》的阴暗内幕。她说：

1962年，我同中宣部、文化部四位正副部长谈话，他们都不听。对于那个"有鬼无害论"，第一篇真正有分量的批评文章，是在上海请柯庆施同志帮助组织的，他是支持我们的。当时在北京，可攻不开啊！批判《海瑞罢官》也是柯庆施同志支持的。张春桥同志、姚文元同志为了这个担了很大的风险啊，还搞了保密。……当时彭真拼命保护吴晗，主席心里是很清楚的，但就是不明说。因为**主席允许**，我才敢于去组织这篇文章，对外保密，保密了七、八个月，改了不知多少次。春桥同志每来北京一次，就有人探听，有个反革命分子判断说，一定和批判吴晗有关。那是有点关系，但也是搞戏，听录音带，修改音乐。但是却也在暗中藏着评《海瑞罢官》这篇文章。因为一叫他们知道，他们就扼杀这篇文章了。

吴晗

这显然是**非组织的阴谋活动**。在"中共伦理共识"的词典里，凡毛泽东暗中搞的活动，都叫光明正大，别人这么搞就是阴谋。例如，在庐山会议上，彭、黄、张、周仅仅看法相近，分别交换过意见，便被视作阴谋分裂活动，终被打成反党集团。

1965 年 12 月 20 日，毛泽东在杭州发表谈话，改变了要"宣传海瑞刚正不阿的精神"，支持姚文元。毛泽东说姚文元的文章很好，但**"缺点是没有击中要害。《海瑞罢官》的要害问题是'罢官'。嘉靖皇帝罢了海瑞的官 1959 年我们罢了彭德怀的官，彭德怀也是'海瑞'"**。

毛泽东的表态，使批判更加火爆，吴晗和北京市委成了众矢之的。到了文革，主演海瑞的京剧表演艺术家马连良，终遭迫害致死；历史学家、北京市副市长吴晗被捕入狱后，头发被拔光，不堪凌辱而**自杀殒命**。

五、文艺座谈会和《二月提纲》

以批判《海瑞罢官》为突破口，给已经开始了的文化大革命火上浇油，但却受到了在第一线主持工作的刘、周、邓、彭等党内右派集团的抵制。根据毛泽东的部署，江青又于 1966 年 1 月 21 日，跑到苏州去找林彪。她说：**"我们没有什么权，说话没人听。""我要请'尊神'，请解放军这个'尊神'支持我。"** 江青请这"尊神"，目的在于震慑党内右派！

林彪的态度呢？他在《林彪日记》中写道：

"1966 年 1 月 5 日：婆娘（笔者：指江青）要到部队插手文艺，要从文艺上作政治突破口，借用军队力量，搞政治权力斗争。

"毛对婆娘到部队事，很着急，又来电话说，江青要来拜访我，要我安排她到部队体验生活。玩什么花招，体验什么生活？是接圣旨搞政治斗争。萧华就是很反感这个婆娘到部队，打了两次招呼，还顶着。"（笔者：萧华为此付出了代价。）

但江青要召开部队文艺工作者座谈会的要求，还是得到了林彪的首肯。

根据林彪的安排，总政治部主任萧华指派总政治部副主任刘志坚、总政文化部长谢镗忠、副部长陈亚丁、宣传部长李曼村参加江青的座谈会，秘书刘景涛、《星火燎原》编辑部编辑黎明,作为随员一同前往。

2月2日上午,刘志坚等一行6人乘机飞到上海。下午5点钟,江青召集**刘志坚、李曼村、谢镗忠、陈亚丁**等人到锦江饭店小礼堂见面并谈话,张春桥也在座。座谈会尚未正式开场,江青就宣布约法三章:"**不准记录,不准外传,不准让北京知道。**"

座谈会开始,江青便向与会者做自我介绍。她说她是山东诸城人,在延安时当协理员,进了北京后给主席当"文艺哨兵"。接着,她"介绍"说,她经常"**戴着大口罩到戏院看戏**"作调查研究,"**发现牛鬼蛇神、帝王将相、才子佳人统治我们舞台,一塌糊涂**"。她说,她把这些情况报告了主席,于是"**才有了主席《关于文学艺术的两个批示》**"。她说,主席《在延安文艺座谈会上的讲话》到现在已24年了,就是推不下去,文艺界是帝王将相、才子佳人、洋人死人统治着舞台,主席多次批评,他们就是不听;"**文艺界基本上不听主席的,听周扬、林默涵、夏衍这些人的。**"她说:"**为什么会这样呢?我想了很久,想通了,这是在文艺方面,有一条与主席思想相对立的反党反社会主义的黑线专了我们的政,建国17年来他们一直在专我们的政。**"江青的"介绍",实际上是为座谈会定了调子。江青讲话后,晚上同与会者一起观看电影《逆风千里》。

据悉,在18天所谓座谈中,先后看了30多部电影和3场戏,个别交谈8次,集体座谈4次。每天放什么电影、什么时间放,都由江青安排。看电影、看戏过程中,她想起什么就谈什么,不让别人插话。她看电影的时候,看一部就否定一部。她指责这些电影:有的是不写正确路线,专写错误路线;有的是美化敌人,歌颂叛徒;有的是丑化劳动人民和人民军队;有的是颂扬战争苦难,宣扬和平主义;有的专写谈情说爱、低级趣味;有的不写英雄人物,专写中间人物;有的塑造一个英雄形象,又让他死掉,人为地制造一种悲剧结局;有的则为活着的人树碑立传,等等。看了几十部电影,她"没有一部满意"。这样,原本由部队几个人参加的座谈会,实际上变成了看电影和聆听江青训话的"**一人论坛**"。

2月19日座谈会结束,刘志坚等追忆江青多次谈话内容,理出了个头绪,写成了向总政党委汇报的文件:《江青同志召集的部队文艺工作座谈会纪要》。林彪认为:"**这个材料搞得不错,是个重要成果。这次座谈在江青主持下,方向对头,路线正确,回去后要迅速传达,好好学习,认真贯彻。**"

不料,江青看到这个《纪要》,很不满意。她的秘书电话通知已回京的刘志坚说,《纪要》"**歪曲了她的本意**",要总政"不要

江青

传达，不要下发"。电话里还说，江青"**她已告诉了毛主席。毛主席要陈伯达、张春桥来参加修改**"，并要刘志坚派人来上海参加修改。

总政派总政文化部副部长陈亚丁乘机飞上海参加修改。

陈伯达不愧为理论家，谈了两点很有"水平"的意见：

第一，"十七年文艺黑线专政的问题（笔者：十七年指 1949~1966 年），这很重要，但只是这样提，没头没尾。要讲清楚这条文艺黑线的来源。它是三十年代上海地下党执行王明右倾机会主义路线的继续（笔者：中共党史中结论王明是"左"倾机会主义，此处却把他说成右倾机会主义）。把这个问题讲清楚，才能更好地认清解放后十七年的文艺黑线，这条黑线是从那个时候开始了"。

第二，"要讲一段文艺方面的成绩。江青同志亲自领导的戏剧革命搞出了像《沙家浜》、《红灯记》、《智取威虎山》、芭蕾舞《红色娘子军》、交响音乐《沙家浜》等，这些，真正是我们无产阶级的东西。这些都要写一下。这样，破什么立什么就清楚了"。

江青听后高兴地说："伯达的意思很好，帮助我们提高了，击中了要害，很厉害。这一来，有些人就不好过了！"

修改稿在"**被一条与毛主席思想相对立的反党反社会主义的黑线专了我们的政**"的后边，增写了很多座谈会根本没有提及到、甚至没有想到的内容，其主要是：

"这条黑线就是资产阶级的文艺思想、现代修正主义的文艺思想和所谓三十年代文艺的结合。'**写真实**'论、'**现实主义广阔的道路**'论、'**现实主义的深化**'论、反'**题材决定**'论、'**中间人物**'论、反'**火药味**'论、'**时代精神汇合**'论，等等，就是他们的代表性论点。而这些论点，大抵都是毛主席《在延安文艺座谈会上的讲话》中早已批判过的。电影界还有人提出所谓'**离经叛道**'论，就是离马克思列宁主义、毛泽东思想之经，叛人民革命战争之道。"

"在这股资产阶级、现代修正主义文艺思想逆流的影响或控制下，十几年来，真正歌颂工农兵的英雄人物，为工农兵服务的好的或者基本上好的作品也有，但是不多，不少是中间状态的作品；还有一批是反党反社会主义的毒草。"

"要破除对所谓三十年代文艺的迷信。那时，左翼文艺运动政治上是王明的'左倾'机会主义路线，组织上是关门主义和宗派主义，文艺思想实际上是俄国资产阶级文艺评论家**别林斯基**、**杜勃罗留波夫**以及戏剧方面的**斯坦尼斯拉夫斯基**的思想，他们是俄国沙皇时代资产阶级民主主义者，他们的思想不是马克思主义，而是资产阶级思想……三十年代也有好的，那就是以鲁迅为首的战斗的左翼文艺运动。到了三十年代的中期，那时左翼的某些领导人在王明的右倾投降主义路线的影响下，背离马克思列宁主义的阶级观点，提出了'国防文学'的口号。这个口号，就是资产阶级的口号，而'民族革命战争的大众文学'这个无产阶级的口号，却是鲁迅提出的……"

显然，这是陈伯达把对"文艺黑线专政"的批判，上升到理论高度。

同时，根据陈伯达的意见，修改稿还增写了江青亲自抓样板戏的内容。

两位大秀才为江青捉刀，前前后后改了八稿，内容从最初的三千多字增至一万多字。

此时的这个"部队文艺工作座谈会"已经由江青的"一人论坛"，变成江青、陈伯达和张春桥"**三人论坛**"。

毛泽东对《纪要》极为重视，在江、陈、张的修改过程中，他在审阅中曾先后作过三次修改。毛泽东三次对《纪要》的修改，都是非常认真、字斟句酌的。他不但肯定建国以来有一条"**反党反社会主义的文艺黑线专了我们的政**"，还要"**坚决进行一场文化战线上的社会主义文化大革命，彻底搞掉这条黑线**"。同时，他增写了"**搞掉这条黑线之后，还会有将来的黑线，还得再斗争。所以，这是一场艰巨、复杂、长期的斗争，要经过几十年甚至几百年的努力**"。此外，他还单独加了一段："**过去十几年的教训是：我们抓迟了。只抓过一些个别问题，没有全盘地系统地抓起来，而只要我们不抓，很多阵地就只好听任黑线去占领，这是一条严重的教训。**"毛泽东在这里首次提出的"社会主义文化大革命"的概念，很快"文化大革命"就演变成"无产阶级文化大革命"。

到此，"部队文艺工作座谈会"的江、陈、张"三人论坛"，已经变成毛、江、陈、张"**四人论坛**"。

最后，未经林彪同意，毛泽东就在《纪要》原来的标题上加了"林彪同志委托"六个字。标题就变成了《林彪同志委托江青同志召开的部队文艺工作座谈会纪要》，从而使江青的名字，名正言顺又堂而皇之地出现在中央文件上。

这是典型的毛式政治造假：在少量真货中，搀入大量假冒产品，用以达到以假乱真兜售其奸的目的！

这是典型的毛式领导"艺术"：即以诡秘取代阳光，以武断统一思想，以权力强奸民意，从而体现领袖的天才、英明、和正大！

这种政治造假和领导"艺术"，其典型示范作用之大之强，远非《纪要》本身所能比！

既然"伟大领袖"已御批"林彪同志委托"六字，林彪无话可说，只有认可。《纪要》很快履行完批准程序，以中共中央中发 (66)211 号的红头文件，于 1966 年 4 月 10 日下达全党，通告全国。

"偶而露峥嵘"的江青，正式甩掉"不得干预过问党内人事及参加政治生活"的金箍咒，昂首阔步跨进中共中央决策高层。

也许是巧合，1966 年 2 月 3 日，即江青在上海召开"部队文艺工作座谈会"的第二天，彭真在人民大会堂西大厅，召开了中央文化革命五人小组会议。会议针对姚文元批判《海瑞罢官》引起文化思想界混乱，提出了一系列政策性的意见，起草了《**文化革命五人小组关于当前学术讨论的汇报提纲**》。这个五人小组是 1964 年 7 月成立的，是毛泽东为了加强文化思想工作的领导而提议专门成立的。因为《汇报提纲》是在二月起草的，又被称之为《**二月提纲**》。

《二月提纲》明确提出：

在学术讨论中"**要坚持实事求是、在真理面前人人平等的原则，要以理服人，不要像军阀一样武断和以势压人**"，"**要采取严肃和与人为善的态度**"。

在报刊上公开点名作重点批判要慎重，有的人要经过有关领导机关批准。

"左派学术工作者"要"**反对自以为是，警惕左派学术工作者走上资产阶级专家、学阀的道路**"。

很明显，这些话是针对姚文元在批《海瑞罢官》时专横武断、以势压人的恶劣作法而发的，力图把对《海瑞罢官》的批判加以约束，引向他们认为的正常学术讨论轨道。显然，在一党专政下，《二月提纲》比《座谈会纪要》较有人性。

2月5日，刘少奇主持中央政治局在京常委会议，讨论通过了《二月提纲》。

2月8日，刘少奇派彭真、陆定一等人专程飞往武汉，向毛泽东汇报《二月提纲》的形成过程及其内容。

此时的毛泽东已经派江青召开部队文艺工作座谈会，借助军队的力量，进一步推动批判文艺黑线运动。由于《纪要》尚未出炉，便对《二月提纲》采取模棱两可和含糊其词的态度。他只向彭、陆问了些问题，没表示不同意见。对此，江青在1967年4月12日军委扩大会议上追述："当时彭真拼命保护吴晗，主席心里是很清楚，但就是不明说。"在反复无常的领袖面前，聪明一世的彭真和陆定一，竟认为毛泽东同意了。于是，彭真便以中共中央名义，将《二月提纲》批转全党。

前面说的"巧合"，是一"阴"一"阳"的"巧合"。这种"巧合"，是中共党内左右两派斗争的展现，反映了中共党内阳谋与阴谋之间的角力，体现了无产阶级专政条件下的必然性。

当3月17日《**林彪同志委托江青同志召开的部队文艺工作座谈会纪要**》定稿后，3月28~30日，毛泽东在杭州同康生、赵毅敏、魏文伯、江青、张春桥分别作了三次谈话，严厉地批评了中央文化革命"五人小组"及其正、副组长中共北京市委第一书记彭真和中共中央宣传部部长陆定一：批他们包庇坏人，**不支持左派**；批"**五人小组汇报提纲**"即《二月提纲》是混淆阶级界限，不分是非，是错误的；批北京市针插不进，水泼不进，要解散市委；批中共中央宣传部是"阎王殿"，要打倒阎王、解放小鬼；批吴晗、翦伯赞（笔者：史学家）**是学阀，上面还有包庇他们的大党阀**（笔者：指彭真）；**点名批评邓拓、吴晗、廖沫沙三人写的《三家村札记》和邓拓写的《燕山夜话》是"反党反社会主义的"**，当是时，邓、吴、廖分别是中共北京市委书记、北京市副市长、中共北京市委统战部部长；等等。

随着《林彪同志委托江青同志召开的部队文艺工作座谈会纪要》的公布，毛泽东的"严厉批评"也传开来。刹间，文艺界、学术界阴云密布，恶浪滚滚，在指名道姓地批判《三家村札记》、《燕山夜话》和"反动学术权威"的同时，全国各地也像当年抓"小彭德怀"那样，纷纷抓起本省、本市、甚至本县的"三家村黑店"、"燕山黑话"和"反动学术权威"来！

例如，黑龙江省同全国各地一样，也抓出了个"三家村黑店"：他们是哈尔滨话剧院院长刘相和，副院长李默林和王志超三人，批判他们是哈尔滨话剧院反党反社会主义黑线根子，并撤了他们的职。由于嫌他们职位较低，又抓出了个市级"三家村黑店"：他们是中共哈尔滨市委副书记郑依平，哈尔滨市文联主任牛乃文和文化局长章子岗，也是三个人，批判他们是哈尔滨市文化界反党反社会主义黑线根子，也撤了他们的职。黑龙江省一些县里，也抓出了"三家村黑店"。当年，笔者在黑龙江省密山县边境上的一个农村公社里，曾参加过一次"愤怒声讨'三家村黑店'大会"。会后，我问当地一位颇有文化的农民知不知道《三家村》时，他说："**我没去过！**"

在当时的党政领导看来，只有同时批判和打倒三个人，才能叫"三家村黑店"，才算与中央保持一致！**毛泽东式批判**在夺权前，已经荒谬到了可笑、可怖、可悲又可咒的地步！

1965年3月2日，在中共中央书记处会议上，党内右派领袖总书记邓小平无可奈何地表示："**现在有人不敢写文章了，新华社每天只收到两篇稿子，戏台上只演兵，只演打仗的，电影哪有那么完善？这个不让演，那个不让演。那些'革命派'想靠批判别人出名，踩着别人的肩膀上台。**"他要求"赶快刹车"。但一个摇摇欲坠自身难保的总书记，谁听他的？

从1963年5月6日江青批廖沫沙的《有鬼无害论》起，到1965年11月10日姚文元批吴晗的《海瑞罢官》，再到1966年3月30日毛泽东点名批邓拓、吴晗、廖沫沙合写的《三家村札记》和邓拓写的《燕山夜话》止，以彭真为首的北京市委的丧钟已被敲响，从文化革命到无产阶级文化大革命、亦即以毛泽东为首的党内左派集团向以刘、邓为首的党内右派集团夺权的舆论准备已经完成。于是，毛泽东便吹响了向党内右派集团全面夺权的进军号！

第四章附注：

注1、"约法三章"

据传：中共中央政治局讨论了毛泽东与江青的婚事，同意毛泽东要同江青结婚的意愿；但同时对江青作出了限制性的规定："江青只能以一个家庭主妇和事务助手的身份，负责照料毛泽东同志的生活与健康，将不在党内机关担任职务，或干涉政治。"以后又出现了

"约法三章"的多个版本。但史学家们认为,在多个版本中比较可信的是当年中共中央秘书长王若飞的版本。王在他的日记中记录了对江的"约法三章":

"第一,毛、贺的夫妇关系尚存在,而没有正式解除时,江青同志不能以毛泽东夫人自居;

"第二,江青同志负责照料毛泽东同志的生活起居与健康,今后谁也无权向党中央提出类似的要求;

"第三,江青同志只管毛泽东的私人生活与事务,二十年内禁止在党内担任任何职务,并不得干预过问党内人事及参加政治生活。"

注2、马基雅维里主义

尼科洛.马基雅维里(Niccolò Machiavelli),意大利佛罗伦萨人,是文艺复兴时期的重要人物之一。主要著作是《君主论》和《论李维》。

在《君主论》中,马基雅维里鼓吹君主制,他教导君主如何不择手段地获得权力,明确主张"**目的总是证明手段正确**",只要目的实现,任何手段都是正当的,保证事业成功才是君主头等大事。他认为"一个君主如果保持自己的地位,就必须知道怎样做不良好的事情"。告诫君主们应具有像狮子般的勇猛和像狐狸一样的狡猾,不必重视遵守诺言,而且要懂得运用阴谋诡计,并且最终征服那些盲目守信的。他推崇教皇亚历山大六世"总是找到了上当受骗的货色"。

由于马基雅维里鼓吹的"目的总是证明手段正确"的观点,亦即手段可以超越正常的道德规范约束或叫做"为达目的可以不择手段"的观点,被后人称为"政治恶魔"、"罪恶的导师"、"邪恶的教唆犯"、"吹捧暴君的无耻之徒";他的《君主论》亦被称为"邪恶的圣经"、"马基雅维里主义"。马基雅维里主义和马基雅维里式的人物也成了阴险狡诈、厚颜无耻的同义语。

注3、《毒草及有严重错误影片四百部》

(此系文革工作者"彩色小吉普"根据当年"红代会北京电影学院井冈山文艺兵团"、"江苏省无产阶级革命派电影批判联络站"和"江苏省电影发行放映公司"等三个造反组织于1968年1月发布的资料编纂而成。)

(一)故事片200部

其中有:《清宫秘史》、《武训传》、《烈火中永生》、《梁山伯与祝英台》、《天仙配》、《铁道游击队》、《雷锋》、《狼牙山五壮士》、《十三陵水库畅想曲》、《五朵金花》、《青春之歌》、《林海雪原》、《红旗谱》、《鸡毛飞上天》、《周信芳舞台艺术》、《洪湖赤卫队》、《鲁迅传》、《李双双》、《红楼梦》、《逆风千里》等。

（二）新闻记录片 30 部

其中有：《万象更新》、《珠穆朗玛之歌》、《安源煤矿》、《北京紫禁城》、《刘少奇访问印尼》、《春节大联欢》、《美丽的西双版纳》等。

（三）科教片 30 部

其中有：《桂林山水》、《杂技里的秘密》、《飞向宇宙》、《泥石流》、《揭开棉蚜生活的秘密》、《菊花》、《龙门石窟》等。

（四）美术片 20 部

其中有：《神笔》、《大闹天宫》、《孔雀公主》、《牧童与公主》、《黄金梦》等。

（五）三十年代与香港影片 20 部

其中有：《马路天使》、《夜半歌声》、《一江春水向东流》、《啼笑因缘》、《孽海花》、《渔光恋》、《野玫瑰》等。

（六）外国翻译故事片 100 部

其中有：苏联 40 部，匈牙利 4 部，捷克 7 部，波兰 5 部，保加利亚 4 部，东德 5 部，意大利 5 部，法国 7 部，墨西哥 14 部，日本 2 部，法、日合作 1 部，印度 2 部，印尼 1 部，阿根廷 2 部，希腊 1 部。

第五章：反击谋略之三：丑化知识分子

有人认为，毛泽东对文化艺术界知识分子有偏见。其实，何止文化艺术界？翻开他的历史看看，可以这么说，他对整个知识分子阶层存在着很大的偏见，甚至敌视，存在着挥之不去的**憎恶知识分子情结。**

一、憎恶知识分子言与行

当提出毛泽东有憎恶知识分子情结时，权贵和御用精英们就会加以反驳。例如：

毛泽东曾说："**没有知识分子的参加，革命的胜利是不可能的。**"又说："**当伟大的民族自卫战争迅速向前发展的时候，我们需要大批的知识分子来领导，需要大批的精练的先锋队来开辟道路。**"又："**全体工人阶级、全体农民阶级和广大革命知识分子，这些是这个专政的领导阶级和基础力量。**"还说："**我们中国是一个半殖民地半封建的国家，文化不发达，所以对于知识分子觉得特别宝贵。……我们尊重知识分子是完全应该的。**"据此，权贵和御用精英们便著书说："毛泽东同志是中国共产党知识分子理论和政策的奠基者和倡导者。在革命战争年代和新中国成立初期，曾经感召和激励广大知识分子，以饱满的爱国主义热情积极投身于革命和建设的洪流之中，充分发挥聪明和才智，作出无愧于时代的历史性贡献。""毛泽东在领导革命和建设的每个重大关头，都十分重视知识分子的作用。"

毛泽东曾说："**现在叫技术革命，文化革命，革愚蠢无知的命，没有知识分子是不行的，单靠老粗是不行的。中国应该有大批的知识分子。**"据此，权贵和御用精英们便著书论证说："在高科技领域取得'两弹一星'的辉煌成果，证明毛泽东的知识分子政策，从理论到实践均获得巨大成功。"

不过，权贵和御用精英们也承认："**令人惋惜的是毛泽东同志晚年犯了'左'的错误，其中，包括在知识分子问题上的错误，对革命和建设事业造成严重损失。**"但对造成"'左'的错误"的原因，他们往往归结为毛的错误被林彪、江青、康生等野心家所利用，着意回避体制和毛个人品质上的原因。

在中共党内，权贵和御用精英们本身大都是知识分子，但对知识分子也存在轻视和偏见。例如，毛泽东的秘书被称为党内理论家的胡乔木就曾说："在革命战争的长期发展过程中，中国农民的直接贡献确实比知识分子大得多，大多数知识分子当时被认为是站在资产阶级和地主方面。"当周恩来等人提出给知识分子摘掉"资产阶级知识分子"的帽子时，时任中共宣传部部长陆定一说："**知识分子没有什么变化，'资产阶级知识分子'的帽子不能摘。**"他们甚至还把中共革命过程中的一些失利，都归罪到知识分子身上。

中国有句谚语叫"听其言，观其行"。人们从毛泽东五十多年革命史中，又悟出了一条经验：**要搞清毛私下说的、具体做的，不可轻信毛书里写的、公开讲的。**

人们在聆听毛泽东"**要尊重知识分子**"的教诲时会发现，毛泽东做的与他说的并不完全一致，甚至完全相反。

据中国社会科学院近代史研究所王来棣研究员在《毛泽东的知识分子政策》书中披露，上世纪二十年代，毛泽东在"中国社会各阶级的分析"一文中，把接受过高等教育的知识分子看作"**半反革命**"和"**极端的反革命派**"，统称为"**反动派知识阶级**"。但为了掩人耳目，"1951年毛泽东将此文收入《毛选》时，却把将近原文一半的篇幅尽数删去，他所删去的是敌视知识分子的观点"。

毛泽东敌视知识分子是有"理论"根据的，这个根据就是马克思主义的"**劳动创造世界**"说。从广义上来说，包涵体力劳动和脑力劳动的"劳动创造世界"说，没有什么错；但当马列毛主义者把体力劳动和脑力劳动割裂并对立起来时，以知识分子为主构成的白领管理层、决策层和文、教、卫阶层，都成了与工农兵劳动阶级相对立的剥削阶级（或曰准剥削阶级），因而成了工农兵阶级的敌人和革命对象（或曰准敌人和革命对象）。于是，只承认体力劳动是"劳动创造世界"主体的马列毛主义劳动说，便成了改造、镇压知识分子的"理论"根据。在这种"理论"指导下，"知识分子要接受贫下中农再教育"、"工农兵要领导学校"和"工农兵要占领上层建筑各个领域"等系列"最高指示"，便应劫而生，"理直气壮"地风行全国一、二十年。

1942年，中共中央研究院任特别研究员的王实味，初到延安不知就里，天真地响应中共"向党组织和各级领导人提意见"的号召，写了几篇《野百合花》等杂文，批评了中共干部生活待遇上"**衣分三色，食分五等**"的"等级制度"。在延安整风中，王的批评被毛发现，旋以"反革命托派奸细分子"的罪名遭批斗、逮捕。1947年7月1日凌晨，王终被砍头残杀于枯井中，造成中共有记载以来的第一个文字狱："**王实味冤案**"。然而，在平反"王实味冤案"时，权贵和御用精英们，却把制造这起冤案的罪责扣到执行者康生的头上，有意放过主谋毛泽东和刽子手贺龙。据曾任毛泽东秘书的李锐回忆，除"王实味冤案"外，整风、"抢救"运动中，"**延安80%的知识分子上台'坦白'，被'抢救'成特务，结果这些人中，一个特务也没有**"。毛泽东"延安抢救"运动对知识分子的残酷批斗，是继"打土豪，分田地"后，又一次对真、善、美中国传统文明的颠覆。

在毛泽东的心目中，知识分子是敌对势力，不能改造，就应打倒。1951年5月，他发动的批判电影《武训传》，拉开了"改造"知识分子运动的序幕。

《**武训传**》是部描写清末贫苦农民武训用磕头讨钱的方式兴办学校的故事影片。作者有意告诫主政者，富民强国当以教育为先。这对急于搞无产阶级专政的毛泽东来说，不啻是个"严重的挑战"。1951年5月20日，毛泽东以《人民日报》社论的名义发表了批判文章，号召"**应当重视电影《武训传》的讨论**"。他认为，"**《武训传》所提出的问题带有根本的性质**"，因为它"**根本不去触动封建经济基础及其上层建筑的一根毫毛，反而狂热地宣传封建文化**"，承认或者容忍对武训的歌颂，"**就是承认或者容忍诬蔑农民革命斗争，诬蔑中国历史，诬蔑中国民族的反动宣传**"，是向"**反动思想投降**"，是"**资产阶级的反动思想侵入了战斗的共产党**"。接着，他用他的权力和他惯用的无限上纲式的批判手段，把评价电影《武训传》的所谓"讨论"，变成了一场政治批判运动。在以枪杆子为后盾的"讨论"运动中，电影《武训传》的编导、主要演员和48篇赞扬武训和《武训传》的文章及其作者，都遭到了无情批判。毛泽东批《武训传》的胜利，实质上开始了以阶级斗争即无产阶级专政理论为代表的西式**马列独裁文化的赤化革命**。这个赤化革命，是以批判、丑化、最后颠覆以真、善、美为代表的儒释道文化和以自由、民主和人权为代表的普世文化为目的的。

批判《武训传》的硝烟未散，毛泽东又发动了对知识分子的"思想改造运动"。1951年10月23日，他在全国政协一届三次会议上说："**思想改造，首先是各种知识分子思想改造，是我国在各方面彻底实现民主改革和逐步实行工业化的重要条件之一。**"一方面他公开说要"**用批评和自我批评的方法**"开展所谓的"**思想改造运动**"，另一方面他又发出内部文件，通知各级党组织和政府，在所有大、中、小学校的教职员和高中以上的学生中，开展"**思想改造工作**"，要他们"**忠诚老实交清历史**"，清理其中的"**反革命分子**"，从思想上、政治上和组织上，清除学校中的"**反动遗迹**"，使全国学校完全被党掌控。这种外称"**用批评和自我批评的方法**"的"**思想改造**"而内行"**清理反革命**"的两面作法，被毛泽东称为"**内外有别**"。这是中共以谎言为主旨的赤文化的重要特色之一。于是，全国各地学校开展了大规模的清查反革命为目的的"**脱胎换骨**"的"**思想改造运动**"。

在"脱胎换骨"中，许多高级知识分子在高压下，都纷纷批判、丑化自己，一个接一个地"脱"掉了个人尊严、独立精神和自由思想的**铮**"胎"，"换"成阿谀争宠的**媚**"骨"和逆来顺受的**软**"骨"。例如，曾在二十世纪三十年代主持建造杭州钱塘江大桥而闻名于世的著名桥梁专家、铁道部科学研究院研究员**茅以升**，往自己脸上泼粪："我于1920年初返国，自此为反动统治阶级服务……对于反动统治下的所谓建设，但求能参加促成，而不惜阿附其权势。"他甚至根据马列毛"劳动创造世界"说，给自己戴上了个"剥削者"的帽子。他说："这种剥削手段，最集中地表现在钱塘江桥工程上，那都是劳动人民的血汗，我因此而得名。"著名物理学家、清华大学教务长**周培源**，曾在美国参加军事科学研究，在"脱胎换骨"时咒骂自己说，他在美国从事研究"是我一生历史上最可耻的一页"，"我要控诉我自己，控诉我这个丧失人民立场，甘心为美国刽子手作帮凶的所谓科学工作者"。著名建筑学家、清华大学教授**梁思成**，发表文章斥责自己说："我为谁服务了二十余年？"语言学家、北京大学教授**罗常培**，发文质问自己："我究竟站在什么立场为谁服务？"著名文学史家、北京大学教授**游国恩**发文坦白："我在解放前走的是怎样一条道路。"《黄河大合唱》歌词作者、中央戏剧学院教育长**光未然**，则发文要求自己"正视自己的错误"，等等。

1955 年，毛泽东一手制造了"**胡风反革命集团**"冤案。曾被中共认作是反对国民党的"党外进步作家"胡风，自作多情地向中共提出了洋洋 30 万言的《**关于解放以来的文艺实践情况的报告**》，阐明自己的文艺观点，希望中共能采纳他的意见。由于《报告》里有些观点如"主观战斗精神"等，与《延安文艺座谈会上的讲话》观点相左，毛泽东看后勃然大怒，遂脱去"**知无不言，言无不尽，闻者足戒**"的伪装，罗织"关于胡风反革命集团的材料"，用他惯用的无限上纲置人于死地的抨击手段，在《人民日报》上杀气腾腾地写道："**胡风分子是以伪装出现的反革命分子**"，"**是以帝国主义国民党的特务、反动军官、共产党的叛徒为骨干组成的反革命派别**"，"**是以推翻中华人民共和国和恢复帝国主义国民党的统治为任务的**"。胡风夫妇于 1955 年 5 月 17 日被捕，其他"胡风分子"也陆续锒铛入狱，冤案涉及作家等知识分子 2,100 多人。当年年轻幼稚的笔者，不经意地说路翎（胡风集团成员）的小说《洼地下的战役》写得不错而惨遭批斗。胡风被判无期徒刑，毛死后才被彻底平反。（参看"序幕"中的图注 11：反胡风集团运动。）

为了驯服知识分子，使他们俯首帖耳，彻底趴下，1957 年，毛泽东运用"**引蛇出洞**"的"**阳谋**"，发动了整肃知识分子的反右运动。

为了"引蛇出洞"，他设计了"帮助共产党整风"的圈套，并在圈套上镶嵌了金色的光环。他像骗子那样，信誓旦旦地保证共产党要实行"**百花齐放，百家争鸣**"的方针，声称"双百方针""**也是我们进行一切工作的好方法**"，号召"**一切立志改革的志士仁人**"以"**舍得一身剐、敢把皇帝拉下马**"的精神向共产党提批评意见。4 月 30 日，他甚至对各民主党派负责人说："**大学里如果对党委制有意见，可以考虑取消；教授治校，恐怕有道理。**""以天下为己任"传统的中国广大知识分子，终于为毛泽东的"诚意"所感动，纷纷在鸣放座谈会上开怀畅言，"大鸣大放"，向共产党进言。《光明日报》总编辑**储安平**指出"党天下"的弊端，交通部部长**章伯钧**提出"政治设计院"的构想……5 月 15 日，毛泽东突然变脸，写了一篇供党内干部阅读的文章"**事情正在起变化**"，于是把

批斗交通部部长章伯钧

"欣赏资产阶级自由主义"、"赞成民主"的人，统统称为"右派"。6月8日，他用"**诱敌深入、聚而歼之**"的策略，在全国开展了所谓的"反右派斗争"。全国有55万在"大鸣大放"中直言敢谏的知识分子，被打成"反党反社会主义的资产阶级右派分子"，近百万人被内定为中右和异己分子，数十万有过不满言论的工人、农民被打成坏分子，数万人在运动中被打死、自杀，或是在劳改中死亡，数不清的家庭妻离子散，家破人亡，一千多万人受株连。笔者当时任教于长沙高级工程兵学校，五十多人被打成右派，两人自杀，数十人被结论为"中右"、"阶级异己分子"，记录在档案中，"发配"到北大荒劳动。笔者为后者其中之一。

反右中，有人指责毛借整风之名来反右是阴谋，毛泽东答说："**这是阳谋。**"有人骂毛是"秦始皇"，毛泽东答说："**不对，我们超过秦始皇一百倍。骂我们是秦始皇，是独裁者，我们一贯承认；可惜的是，你们说得不够，往往要我们加以补充。**"（大笑）一年后的4月6日，毛泽东在汉口会议上有声有色地说："**蛇不让它出来怎麼能捉它？我们要叫那些王八蛋出来唱戏，在报纸上放屁，长长他们的志气。**""**我们是一逼一捉，一斗一捉，城里捉，乡里斗，好办事。**"前者是否画出一个帝王独裁者嘴脸？后者是否又画出一个无赖痞子的丑态？请读者自断。（参看"序幕"的图注13：反右运动。）

更令人惊讶的是，毛泽东彻底否定了他曾热情颂扬过的鲁迅。人们不会忘记，他在《新民主主义论》中写得那些无法超高的赞美辞："**鲁迅是中国文化革命的主将，他不但是伟大的文学家，而且是伟大的思想家和伟大的革命家。**""**鲁迅是……最正确、最勇敢、最坚决、最忠实、最热忱的空前的民族英雄。**"然而，到了他掌握最高权力之后，便不需鲁迅的硬骨和傲骨，更不需要知识分子的个人尊严、独立精神和自由思想，他需要是俯首帖耳的媚骨和逆来顺受的软骨。著名作家、演员黄宗英以当事人的身份，在《我亲聆毛泽东罗稷南对话》一文中写道：

1957年7月7日，忽传毛主席晚上要见我们。我们被领进一间不大的会场，我见主席兴致勃勃地问："你现在怎么样啊？"罗稷南答："现在……主席，我常常琢磨一个问题，要是鲁迅今天还活著，他会怎么样？""**鲁迅么——**"毛主席不过微微动了动身子，爽朗地答道："**要么被关在牢里继续写他的，要么一句话也不说。**"

如果不是三十年代曾有恩于毛泽东，伟岸不群的大翻译家罗稷南敢这么问吗？**值得庆幸的是鲁迅**，他只活了55岁。如果活到76岁以上，他可能是大右派"章伯均"，抑或是大媚骨"郭沫若"；假如再"聪明"些抑或幸运些，也许能关住门窗，与钱钟书一起，在故纸堆里游弋！

蔑视知识分子莫过于他对外国人说的那句话了。1967年5月，毛泽东同一个外国军事代表团谈话时说："**知识分子从来是转变、察觉问题快，但受到本能的限制，缺乏彻底革命性，往往带有投机性。**"此时，他已经推翻了他先前说的那样：知识分子"**是这个专**

政的领导阶级和基础力量"。

二、"书读得越多越蠢"论及其他

毛泽东的憎恶知识分子情结，也殃及教育界、卫生界和学术界。

毛泽东憎恶知识分子的"名言"是："**书读得越多越蠢。**"

也许是国内革命战争经验和五十年代的教训，使毛泽东有"理由"认为：文化水平相对比较低的工人、农民，容易蒙哄，因而"**便于领导**"，而知识分子往往有自己的想法，不愿盲目跟随，有些甚至向毛挑战，分庭抗礼，不"**便于领导**"。因此，他毫无遮掩地提出了"**书读得越多越蠢**"论，借以弹压知识分子；而这句"名言"也成了文革中驱赶知识分子上山下乡、接受贫下中农"再教育"的伏笔。在此期间，二战后与中国处于同一起跑线上的日本，在缺乏资源的情况下，用比中国多十数倍（GDP比例）的教育投入，去提高全民的文化素质，为六、七十年代的腾飞打下了基础。

从1941年到1966年的"无产阶级文化大革命"开始，始终同时任毛泽东秘书和中央政治局秘书被誉为"党内第一枝笔"的胡乔木著书说，毛泽东"他确实说过：**书读得越多越蠢**"。其实，不用胡乔木证明，翻翻文献，就能找出许多毛泽东说过的这类话：

1964年2月13日（农历正月初一）下午三点，他在人民大会堂北京厅召开的座谈会上说："**我看书要读，读多了，害死人。**"

1964年3月28日，他在邯郸"四清"工作座谈会上插话说："**知识分子其实是最没有知识的，现在他们认输了。教授不如学生，学生不如农民。**"

1964年12月21日，在第三届全国人民代表大会第一次会议上，他说："**像大学里那些书，越读越蠢。**"

1965年1月3日，他在关于四清运动的一次讲话中说："**我对孩子讲，你读十几年书越读越蠢，什么也不懂。**"

1965年1月5日下午，他在中央政治局常委扩大会议上说："**我的娃娃在那里搞四清，讲教授比助教差一点，助教比学生差一点。读书越多越蠢。**"

……

为了给"书读得越多越蠢"立论，毛泽东煞费苦心地找出了许多"证据"。

1964年2月13日，毛泽东在春节谈话时说："**历来的状元就很少有真正好学问的。唐朝第一流诗人李白、杜甫，都不是状元，既非进士，又非翰林。韩愈、杜牧、柳宗元是进士出身，但只能算是第二等的。王实甫、关汉卿、施耐庵、罗贯中、蒲松龄都不是状元、进士和翰林。曹雪芹、蒲松龄只是清朝的拔贡。凡是当进士、翰林的都是不成功的。明朝的皇帝，搞得好的只有两个：一个是明太祖朱元璋，皇帝做得最好，他一字不识，是个文**

盲。一个是明成祖，皇帝也做得不错，是一个半文盲，识字也不多。但以后万历、嘉靖等都读了很多书，成了知识分子。知识分子专政，反而不行，国家就管不好。六朝的梁武帝，能文能武，能说会写，最后困死台城。宋徽宗能诗会画，字写得很好，做了俘虏。他们都是'只专不红'，亡了国。可见书念多了要害死人。刘秀是个大学士，比较蹩脚。刘邦是个草包，也没有什么文化。我看书要读，读多了，害死人。"

当日毛泽东又说："高尔基只读过二年小学，学问完全是自学。美国的富兰克林是卖报出身，发明了电，瓦特是工人，发明了蒸汽机。在古今中外许多科学家都是在实践中自修成的。"

1964年3月24日，毛泽东在听取汇报时的插话："**可不要看不起老粗。全国人代会开会时，我的一个同学XXX**（笔者：转引的原文如此——下同），**现任湖南省副省长，他要跟我谈一谈。他说，现在了解到，知识分子是比较最没有知识的。历史上当皇帝的，有许多是知识分子，是没有出息的。隋炀帝，就是一个会做文章、诗词的人；陈后主、李后主，都是能诗能赋的人；宋徽宗，既能写诗又能绘画。一些老粗能办大事。成吉思汗，是个不识字的老粗。刘邦，也不认识几个字，是老粗。朱元璋也不认识字，是个放牛的。我们军队内，也是老粗多，知识分子少。许世友念过几天书！XXX没有念过书，韩先楚、陈锡联也没有念过书，XX念过高小，刘亚楼也是念过高小。当然，没有几个知识分子也不行。林彪、徐向前、XXX、XXX……我们算是中等知识分子。结论是老粗打败黄埔生。**"

1965年6月26日，他在关于卫生工作的谈话中说："**医学教育要改革，根本用不着读那么多书。华陀读的是几年制？明朝李时珍读的是几年制？医学教育用不着收什么高中生、初中生，高小毕业生学三年就够了。……书读得越多越蠢。**"

这是毛泽东**"解剖麻雀"**哲学：以少代多，以偏概全，以个别概括全局。

这是毛泽东**偷换概念**式造假：以"自学""自修"等同于老粗，为"书读得越多越蠢"立论。

由于憎恶知识分子情结作祟，毛对各界知名人士横加指责，对学校教学秩序横加干涉，并鼓动学生造反。

1964年2月13日，毛泽东在春节谈话中曾说："**交头接耳、冒名顶替，过去不公开，现在让它公开。这无非是你会我不会，你写了我再抄一遍，也可以，抄会了也是一次学习。**"

——这同"自学""自修"一样，等于说学校可以停办。今日中国教育落后，投资奇少，居世界倒数前列，国民整体素质低下，不能不说这与毛泽东和他的继承人无视教育的思想有密切关联。

1964年6月6日，毛泽东在中央工作会议上说："**周信芳**（笔者：著名京剧表演艺术家）一个月一千七百元工资，不演多少戏，还存钱在香港。有青年演员就作'十年计划'，要赶上周信芳。对资产阶级知识分子，按政策必要时可以收买。对无产阶级知识分子，为什么要收买？钱多了一定要腐化自己，腐化一家人和周围的人。苏联的高薪阶层，先出在文艺界。"

——从"赎买"到"收买"，露出了毛泽东思想"诚实"的一面。但也有不够诚实的另一面。《党史博采》第9期《毛泽东私人财产》一文，披露了毛的存款和开销：毛曾用自己的存款"犒赏"过一些知己。读后，人们有理由认为：他给1920年曾资助过他2万银元的章士钊10万元，叫"借钱还债"；他给斡旋十年、最终促成国民党前代总统李宗仁反蒋归顺的无党派人士程思远10万元，叫"犒劳功勋"；他前后给贴身"秘书"张玉凤15万元，叫"结情联谊"；他给"大总管"汪东兴4万元，叫"修膳房屋"；他先后给夫人江青38万元和2万美金，叫"亲情使然"；而他那笔相当于周信芳49年工资总和的百万元存款（文革中存款高达7,582万元），当然叫"正常收入"了。这对当时**人均年收入不足150元**的中国人来说，是个什么概念？笔者算了笔小帐：中国普通工农家庭，按一家四口平均年总收入600元计，挣汪东兴的4万元须67年，挣章士钊和程思远的10万须167年，挣张玉凤的15万元须250年，挣江青的38万元须633年，挣他毛泽东在文革前的存款须1,667年，挣他在文革中的存款（那是个天文数字）须12.64万年，而挣周信芳的年工资2.04万元，只须34年。青年演员想"要赶上周信芳"，何腐之有？

1964年6月8日，毛泽东在中央常委会上曾说："**一分为二是辩证法，合二而一是修正主义。**"

——这是毛泽东的权力哲学：学术问题就是政治问题，就是复辟问题，甚至是人头落地问题。时任中共中央党校副校长**杨献珍**（1961年前为校长），不知天高地厚，竟敢以"伟大领袖"的"一分为二"观点进行逆向逻辑思惟，提出了"合二而一"的概念。杨献珍的"合二而一"被发现后，遂被毛钦定为反党反社会主义的"修正主义"，受到围攻和批判。1965年9月，杨被罢掉中央党校一切职务，逐出校门，文革中又遭残酷批斗，差点毙命，真是"罪"有应得。其实，"一分为二"既不神奇，也不新鲜，它源于春秋时代老子的"道生一，一生二，二生三，三生万物"。据此，隋代杨上善在注《黄帝内经.太索.知针石》中，首次明确用了"一分为二"这个词，说"从道生一，谓之朴也，一分为二，谓天地也"。南宋朱熹又认为"一分为二，节节如此"。所不同的是，毛在"一分为二"中加进了"对立面的统一与斗争"，即列宁所说的"统一物之分为两个部分以及对它矛盾着的部分的认识，是辩证法的实质"，并利用权力，把它打扮成唯一的绝对真理。其实，"合二而一"并不是"一分为二"的反叛，而是"一分为二"的补充和完善，也符合列宁的说教。"一分为二"突出对立面的"分"，强调其斗争性；"合二而一"突出对立面的"合"，强调其统一性。"一分为二"和"合二而一"，也可看作是事物分析与综合发展的表现形式。例如，化学中的分解与化合就是这种表现形式。在宏观宇宙中，一定区域内黑洞大爆炸是一种分裂，一定区域内收缩为黑洞则是一种组合，这是**一生万物与万物归一**现象的最典型表现，也是分析与综合规律存在于自然历史中的根据。因此，作为认识事物方法论，"一分为二"与"合二而一"都有其存在的科学性、合理性，尽管"一分为二"在表达辩证法上不够准确。为什么这个明显的学术问题会变成尖锐的政治问题呢？盖因事"圣君"者，有听从，无谏争也。毛泽东的理论是"顶峰"，凡人不可并列，岂可超越？

1964年8月18日，毛泽东在关于哲学问题的讲话中说："**哲学家们应当下乡去。今冬明春就下去，去参加阶级斗争。身体不好也去，下去也死不了人，无非是感冒，多穿几件衣服就行了。**"又说："**不搞阶级斗争，搞什么哲学！**""**大学文科现在的搞法不行。从书本到书本，从概念到概念不行。书本里怎么能出哲学？**"

——为了权力斗争，毛泽东竟发明了"下乡出哲学"和"阶级斗争出哲学"的荒谬理论。诚然，毛在农村搞了二十多年的阶级斗争，有丰富的权力斗争经验，在哲学上也有些许著作，如此而已。毛死后传出，毛的那两篇《实践论》和《矛盾论》哲学著作，出自于他的理论家秘书陈伯达和胡乔木之手。如果这个"传说"不足为信的话，我们还可用历史观点来诘反：古今中外的大哲人、大思想家，如中国孔、孟、老、庄等，外国的伯拉图、亚里士多德、黑格尔和康德，以及马克思、恩格斯等，有几人产生于农业劳动？有几个是权力中心的帝王？历史毫不夸张地证明，大哲学家、大思想家，绝大多数出自于学识渊博、卓有成效的专家、学者和教授之中；毛的"下乡出哲学"和"阶级斗争出哲学"论是权力哲学的演绎，是**憎恶知识分子情结**派生出来的谬种：既是迫害知识分子的政治手段，也是动员和"收买"文化水平相对较低的工农兵的政治招数。

1964年8月18日的讲话中，毛泽东下令："**文学大学生今冬明春都下去。理工科不动，动一些也可以。其他统统下去。所有学文科的、学历史的、学政治经济学的、学文学的、学法学的，统统都去。教授、助教、行政工作人员、学生统统下去，去五个月，有始有终。农村去五个月，工厂去五个月，得到点感性知识。马、牛、羊、鸡、犬、豕、稻、粱、菽、麦、黍、稷，都看一看。**"

——这是毛泽东**憎恶知识分子情结**派生出来的又一个谬论。这无疑是要让学欧洲史的学生，从"马、牛、羊"身上找到文艺复兴时代的社会特征；让学文学的学生，从鸡鸣、狗叫和豕睡中去发掘真善美；让学语言学的学生，从"稻、粱、菽"的生长中去厘清"主谓宾定状补"；让学法学的学生，从"麦、黍、稷"的结实中学会逻辑与断案……政治手段之可笑、可鄙、可恶，可谓世界之最！

1968年7月28日，毛泽东在召见首都红代会红卫兵"五大领袖"时说："**学问才不是靠学校里学来的。从前我在学校里是不守规矩的，只是以不开除为原则的。考试嘛五、**

六十分以上，八十分以下，七十分为准。好几门学科我是不搞的，要搞有时没办法，有的考试我交白卷，考几何我就画一个鸡蛋，这不是几何吗？因为是一笔，交卷最快。"他又说："这个哲学是能够在大学里学出来的吗？又没有作过工人、农民就学哲学，那么哲学叫作'窄学'。学问不是学校里学出来的。"

——有人说毛泽东仇恨学校，仇恨教师，这话似有偏激，但也不是没有道理。例如，毛曾大骂学校是"庙小神通大，池浅王八多！"，为了他的"教育革命"，使中学停课三年，大学关闭七年，迫使适龄青、少年辍学上山下乡当农民。他的"教育革命"的目的是抑制多元、镇压自由、革掉知识分子的个人尊严、独立精神和自由思想。于是，他利用红卫兵在"横扫"中，把数十万教师打成牛鬼蛇神，其中许多人被整得妻离子散，家破人亡。

1964~1965年，毛泽东先后与表侄孙女王海容（文革后期曾任外交部副部长）做了四次谈话，鼓励学生造学校的反。他说：

"要允许学生上课看小说，要允许学生上课打瞌睡。"

"什么制度不制度，管他那一套，就是不回去，你说：我就是破坏学校制度。"

"你怕人家说你破坏制度，又怕挨批评，又怕记过，又怕开除，又怕入不了党。有什么好怕的，最多就是开除。学校应该允许学生造反。回去带头造反！"

"搞五分累死人。不要学那么多东西，学多了要害死人。"

毛泽东棒打知识界，与把矛头指向在一线工作的刘、邓是一致的。因为，在毛泽东看来，知识分子是刘、邓党内右派集团的社会基础；为了向刘、邓夺权，先要打掉知识分子的清高和尊严。

三、问鼎诺贝尔奖金

当毛泽东大力宣扬"**书读得越多越蠢**"，极力贬低专家、教授等知识分子时，千万不要以为他憎恶所有知识：他在贬低别人知识的同时，意在抬高自己的知识身价。培植知识上的个人崇拜，也是他棒打知识界和倒刘、整邓的重要谋略。他的言行都力图证明，他不仅是中国乃至世界上绝无仅有的政治家、军事家、哲学家、史学家、文学家和诗人，而且自然科学上也有很深的造诣：为了树立他的"一分为二"哲学思想为中外绝对权威思想，他利用权力，雄心勃勃地率领中国一些科学家**问鼎诺贝尔奖金**。

物理学家王德奎在《中国层子模型四十年历程》中写道："由于国际形势的需要，我国1955年开始酝酿生产核武技术。这年1月15日，在毛主席亲自召开研究我国原子能科学发展的会议上，毛主席问钱三强：'质子、中子是由什么组成的？'钱三强回答说：'这个问题还没有新的认识。'毛主席却说：'**我看不见得。质子、中子、电子还应该是**

可分的。从哲学的观点来说，物质是无限可分的，原子、中子也应该是可分的。一分为二，对立统一嘛！你们信不信？你们不信，反正我信。'半年后，美国第一次发现了反质子；一年后，又发现了反中子，证实了毛主席的预言。对此，钱三强等我国科学家还说，毛主席比我们这些搞专业的物理学家还行！"

受到当年中国一流科学家们"**还行**"的赞誉后，毛泽东在大跃进造成的经济困难刚刚恢复，便拨巨款邀请各国科学家来北京聚会，讨论他的"**一分为二**"和"**物质无限可分**"的思想，充满信心地向世界自然科学高端进军。

1964年8月21日至31日，亚洲、非洲、拉丁美洲、大洋洲的44个国家和地区的367名科学家云集中国首都，参加北京科学讨论会。开会期间，毛泽东亲自接见了参加会议的日本代表团团长**坂田昌一**，当面称赞说"**你的文章写得好**"，使坂田一下子成为中国科学家们心目中的耀眼明星。

1964年北京科学讨论会会场

坂田写了什么文章，令毛泽东称赞呢？

原来，在中学和大学时代曾研读过列宁和恩格斯著作、懂得辩证唯物主义的日本科学家**坂田昌一**，对当时人们普遍认为的构成物质终极单元的"基本粒子"理念提出了挑战，构建了基本粒子不是物质微观结构最后一个层次的坂田模型。这个模型在一定程度上支持了毛泽东"物资无限可分"和"一分为二"的哲学观点，受到毛的注意。1961年4月，坂田昌一又发表《新基本粒子观对话》，再次极大地支持了毛的物质无限可分的思想。本来对自然科学陌生又缺乏热情的毛泽东，因坂田昌一文章而倍受鼓舞，突发异想，决定拨重金在北京召开国际科学讨论会，使"一分为二"的哲学思想响誉世界，并创造条件问鼎诺奖。

"**一分为二**"已经成为今日中国人的口头禅。作为方法论，研究物质内部"对立面的统一和斗争"是认识世界的重要方法之一，其科学性毋庸置疑。把"对立统一规律"归结为"一分为二"则是借代，既不准确，也不严谨，易引歧义。例如，五彩缤纷的世界是丰富多彩的，是多元的。拿"一分为二"来说，难道不能"一分为三"、"一分为四"即

"一分为多"了吗？研究人们的思想，为什么不能分成左、中、右？研究数学，为什么不可以分成正数、负数和零数？如是，核子物理学中的电子、质子和中子，电子学中的正电、负电和绝缘体，等等。这些都是"一分为二"定义不准确、不严谨所引发出来的"一分为多"的歧义。任何思想，如果把他描绘成"放之四海而皆准"的绝对真理，就会陷入"**真理前进一步就是谬误**"的困境。"一分为二"不能例外。毛泽东的"一分为二"实际上是他把辩证法"**对立面的统一和斗争**"与《庄子》的"**一尺之棰，日取其半，万世不竭**"即物质无限可分思想进行无理组合。之所以叫无理组合，是因为，如果承认"物质无限可分"是真理，那么，就会产生二律悖反：与"物质无限可分"真理存在的同时，也应存在着一个与之相对立的"物质不能无限可分"的真理。这种对物质可分性理论的"一分为二"，是毛泽东哲学思想的自我否定。在中国，毛泽东的"一分为二"已经把五彩缤纷的世界庸俗化、简单化了，庸俗简单到就像小孩子看电影能分清好人、坏人就算绝顶聪明那样缺乏理性的"小儿科"。

8月24日，毛泽东召见参加科学讨论会的中国代表团团长物理学家周培源和经济学家于光远等人，就坂田文章约谈。他说：

"**今天我找你们来，就是想研究一下坂田的文章。坂田说基本粒子不是不可分的，电子是可分的。他们这样说，是站在辩证唯物主义立场上的。**"

这是"立场决定论"！接着，毛泽东在科学家面前畅谈起自然科学来。

他从陨石说到阳光，说到人造卫星，说到冰川时期。他指出："**氢和氧化合成水要经过几百万年**"，"**人胎有一个发展阶段就象鱼**"，"**细胞有细胞核、细胞质和细胞膜**"。他还指出："**使发电机的转子旋转，这是机械运动，最后在铜线沿线发出电来。**"他论证："**世界上一切都在变，物理学也在变，牛顿力学也在变，什么东西都是既守恒又不守恒。**"他还论及哥白尼、伽利略、开普勒，等等。他的结论是："**宇宙从大的方面看来是无限的，从小的方面看来也是无限的，不但原子可以分，原子核可以分，基本粒子也可以分。**"

在毛泽东面前毕恭毕敬的科学家们，对"伟大领袖"这种**科普性**的说教和**感觉**哲学，竟谄为"科学知识渊博"，"见解精辟"，并佩服得五体投地。

尽管"伟大领袖""科学知识渊博"，"见解精辟"，但科学讨论会并没有达到会议主人期望的目的。

"**一个资本主义国家的科学家都能自觉地运用唯物辩证法，那我们呢？**" 1965年，中国社会已是山雨欲来风满楼，《海瑞罢官》被批判，罗总长被罢黜，文化部被改组，科学家们安敢忘记"伟大领袖"的这条伟大批评中蕴含的"殷切期望"？

于是，在这一年，在国家财政巨额拨款的支持下，中国科学院原子能研究所、北京大学、中国科学院数学研究所和中国科学技术大学等单位，组成了由**朱洪元**、**何祚庥**等39

名学者参加的合作组进行攻关。合作组不辱使命，他们很快用毛泽东"一分为二"和"物质无限可分"的思想，创立了与美国科学家盖尔曼"夸克模型"相对抗的"层子模型"，向世界最高物理奖——诺贝尔奖金发起冲刺。据"层子模型"参与者回忆，当时的学术带头人认为，"**最重要的事乃是确定基本粒子内部是否有结构，是否符合'一分为二'的思想，因而把主要精力用来求强子的波函数**"。（笔者：遗憾的是他没有指出带头人是哪位科学家。）在短短九个月里，层子学者们以"大跃进"的速度发表了四、五十篇论证层子存在的论文。有些论文指出："'夸克模型'有数学唯心主义错误，而层子是真实存在的亚强子粒子，是辩证唯物主义的。"另根据传说，"层子模型"不仅证明了层子存在，"层子也是无限可分的"，而且也证明了层子下面有"**亚层子**"，"亚层子"下面有"**无子**"，"无子"下面有"**前子**"，"前子"下面有"**毛子**"，等等。所谓"无子"即无产阶级子，"前子"即前进子，"毛子"即毛泽东子。如果这个传说是真的话，应当说，每一个"子"都闪烁着毛泽东思想的理论光辉。毛泽东和层子学者们，满怀信心地认为，"层子模型"比"夸克模型"更有条件、更有资格获得诺贝尔奖金。

令人遗憾的是，"层子模型"在国外受到了冷遇，甚至被称为伪科学，连获得过诺贝尔奖金的华裔科学家丁肇中、杨振宁和李政道等人，都有意回避推荐"层子模型"问诺。"层子模型"虽在国际上冲刺诺奖失利，但在国内，却获得了巨大成功：先后获得了"全国科学大会奖"和"国家自然科学奖"，"层子模型"的积极创建者**朱洪元**、**何祚庥**等多人，都获得了巨额奖金。这有力证明了毛泽东"一分为二"和"物质无限可分"思想的"伟大、光荣、正确"！

在"层子模型"耀眼光环笼罩下，中国科技大学才华横溢的物理学家**刘耀阳**，与诺贝尔奖金擦肩而过。

物理学家刘耀阳，以坚持物质"不是无限可分"的观点被选入 39 人合作组，就像持不同政见的王明被选入中共中央委员会那样，成了合作组里的唯一异议派。据《科技日报》报导，年轻教师刘耀阳，1964 年，在研究物质"不是无限可分"上，创立了带"色"夸克模型，取得了与美国科学家盖尔曼"夸克模型"相似的成果，发表了他的《一个可能的基本粒子模型》论文。由于他的观点与"层子模型"相左，他的论文只能象征性地作为对"物质无限可分说"的争鸣，摘要发表在国内一份刊物的末尾。对此，刘耀阳教授回忆说：1966 年暑期，"**当年有一个重要的北京科学讨论会**（笔者：有 33 个国家和地区的一百多人参加），**完全可以想象得出，有人一心要在这次会上利用层子模型宣传毛泽东思想。我被拒之门外，会议上当然也不会提到我的工作。这事充分反映出**（我的）**文章的遭遇**"。

毛泽东死后，有人发现，1969 年获诺贝尔奖金的盖尔曼，其夸克模型有"抄袭"、"仿造"刘耀阳科研成果之嫌，因刘耀阳的科研成果比盖尔曼得奖的成果要早。但也有人认为：如果说盖尔曼"抄袭"、"仿造"了刘耀阳的科研成果，那是天大的冤枉，因为，当时的盖尔曼只知中国有个令他不屑一顾的层子论，根本不知道中国还有个研究带"色"夸克的刘耀阳，更没有听说过刘耀阳的那篇被"摘要"发表过的论文。

总之，在毛泽东督导监制的"层子模型"向诺奖冲刺中，刘耀阳与诺贝尔奖金擦肩而过的可能性很大。这或许是刘教授的终生遗憾，因而也或许是中国永远的遗憾！

这是谁人之过？

笔者只好借用"层子模型"的得奖人当代中国大出风头的科学院院士、物理学家兼哲学家、北大教授**何祚庥**的"旷世名言"来回答：

"谁叫你不幸生在中国！"

何祚庥院士接受《南方人物周刊》采访说："谁叫你不幸生在中国！"

第六章：反击谋略之四：大搞造神运动

大跃进失败后，毛泽东被迫退居二线；一线工作的刘少奇和邓小平采取的调整举措，在党内外颇得人心，赢得不少政治资本，声望与日俱增，大有架空毛泽东或取而代之之势。迷恋权力的毛泽东，对大权旁落极为敏感，3,000~4,500万的饿殍、赫鲁晓夫的秘密报告和鞭尸的阴影，还紧紧困扰着他，又使他处于极度恐惧和痛苦之中。

对此，他发过牢骚。在1964年11月底召开的中央工作会议期间，他在小范围的会议上发火："**还是少奇挂帅……现在就交班，你就做主席，做秦始皇。我有我的弱点，我骂娘没有用，不灵了，你厉害，你就挂个不骂娘的帅，你抓小平、总理。**"

为此，他还骂过娘。在1964年12月26日，他71岁生日那天，他难得的在北京人民大会堂设下宴席，请中央领导和一些劳模出席。事先，他就准备在这个宴会上给刘少奇等一个突然袭击。他对其女儿说："**你今天不能去，爸爸我要骂娘。**"果然在宴会上，他严厉斥责中央领导同志，让与会者个个如坐针毡。1964年末，他又当着其它领导人的面，训斥刘少奇："**你有什么了不起，我动一个小指头就可以把你打倒。**"

对于毛"骂娘"，林彪在日记记载："毛喝了一瓶白沙液，翻来覆去问：'**中央有人要抢班夺权，怎么办？要搞修正主义，怎么办？**'又问：'**军队不会跟着搞修正主义吧！中央政治局、国务院、中央书记处都要排斥姓毛的。毛还是党的主席、军委主席，要逼我造反，我就造个天翻地乱。**'"

毛泽东不愧是天才的权谋家，牢骚、骂娘不过是巧妙示弱，是麻痹对手的手段；为了把权力从刘、邓为首的党内右派集团手中夺回来，他必须树立其绝对权威。权力拜物教的权力情结，使他本能地意识到，利用马列主义的阶级斗争理论去培植对他的个人崇拜（或称个人迷信），是树立绝对权力的最佳途径。为了自我塑造绝对权威的"人皇大帝"形象，在"骂娘"前，他一口气捏出了五个大金刚，即**学雷锋、学大庆、学大寨、学解放军和学《毛主席语录》**。**五大金刚**的出现，凸现他做为绝对权威"人皇大帝"的伟大、光荣、正确。由此，他开始了颠覆"**民为贵，君为轻**"和"**仁义礼智信**"等传统价值观的革命进程。1970年12月18日，他对美国记者斯诺承认，五大金刚是造神，目的是夺权。他又说："**过去这几年，有必要搞点个人崇拜……**"

一、学雷锋运动

"**有必要搞点个人崇拜**"，于是，1963年3月5日，毛泽东在《人民日报》上发表

"**向雷锋同志学习**"的题词，发起和推动了全国轰轰烈烈的学雷锋运动。

对于雷锋，中国人大都不陌生。他小学毕业后便参加工作。工作期间，曾1次被评为机关模范工作者，3次被评为先进工作者，5次被评为标兵，18次被评为红旗手，并荣获"青年社会主义建设积极分子"的光荣称号。1959年12月被破例批准入伍。雷锋入伍后，被编入工程兵某部运输连四班当汽车兵。在部队的32个月里，他荣立二等功1次、三等功2次，被评为节约标兵，荣获"模范共青团员"，出席了沈阳部队共青团代表会议。1962年8月15日，他因事故不幸殉职。

在部队里，由于他表现突出，沈阳军区《前线报》开辟了"向雷锋学习"的专栏。据报导，1960年，他曾给辽阳灾区捐款100元救灾，给驻地附近的和平人民公社捐款100元……1960年6月X日，他在日记中写道："**因公外出，我在沈阳车站，看见了一个老太太，在汽车旁焦急地徘徊着，像是有什么困难。我上前询问，一看证明，原来这位老太太是从山东来部队找她儿子，路费用光了。我了解清楚后，立即请她老人家吃了饭，并给她买好到她儿子驻地的车票。本月8日，这位老太太的儿子，给我们部队首长写来了一封感谢信。**"又据"雷锋帮老大娘找儿子"照片的拍摄者，在40年后所写的《我给雷锋拍照片的故事》一文中回忆：

"1961年2月初的一天，我陪雷锋到丹东工程兵某部作忆苦报告，回来在沈阳换车时，见一位老大娘拿着许多东西，走路很吃力，便跑上去帮助拿，扶她上火车，找到座位。老人担心找不到在抚顺的儿子家，雷锋一听是同路，便安慰说：'您放心，到抚顺后，我帮您去找。'到了部队驻地瓢儿屯站，我们没下车，而是去了抚顺南站，把背包寄存后，陪老大娘去找儿子。老大娘初来

雷锋做好事留照不留名

抚顺，不知儿子在哪儿。我们只好按照信上的地址，四处询问，终于在近郊找到了大娘的儿子家。当孙女跑出来拉住奶奶的衣服时，**我抓拍了这个镜头**。"

那个年代的人们，还会经常看到这样的报导："**雷锋做好事不留名。**"等等。

雷锋走到那里，便把好事做到那里，而且做好事不留名。他是模范，是标兵，是先进工作者，因而被权贵和御用精英们称为"共产主义战士"，"是毛主席的好学生"，说他"有着高尚的理想、信念、道德和情操；他的价值，在于他把自己火热的青春全部献给了党，献给了人民"。这一切，在那个年代，几乎成了中国人的共识！

随着那个年代逐渐远去、陌生，人们对影响了几代中国人的"雷锋精神"，已经发生了分歧：有人说"雷锋精神"永存；有人则认为雷锋是"人造英雄"；还有人甚至大胆预

言：如果雷锋活着，一定是"四人帮"的重要成员；但也有人认为，雷锋是个爱拍照、有丰富生活情趣、一度被神化从而与普通人拉开了距离的平常人。笔者倾向于后者。

近几年来，有不少雷锋朋友或与雷锋共过事的人，在回忆中较详细地介绍了雷锋的个人生活。介绍使人们了解到，雷锋是一个有着七情六欲、丰富生活情调的普通人：他是一个文艺青年，喜欢写诗歌、散文和小说，喜欢穿好看的衣服，喜爱照像，短短的一生照了六、七百张像；在他遗物中，不仅有他缝补过三层的袜子，也有很时髦的毛衣、皮夹克和手表（笔者在五十年代末，才攒够120元，买了一块半钢手表）；他同包括笔者在内的普通青年人一样，都有远大理想；在那个特殊时代，他把学习毛著、助人为乐作为追求理想的方式，也是可以理解的。这才是生活中的真实雷锋。笔者这么说，丝毫没有贬损雷锋的意思。

贬损雷锋的却大有人在，就是那些为政治而神化雷锋的人。例如：有人不顾雷锋每月仅6元收入和有限的支付能力，宣扬他两次捐款200元和多次送路费的"先进事迹"，有损雷锋精神的真实性；那张"雷锋帮老大娘找儿子"照片拍摄者的回忆，系"此地无银三百两"式的回忆，当时拍摄的那张照片，应属表演，即雷锋与拍摄者合作导拍，使人质疑雷锋动机的纯洁性；雷锋做好事照片和日记的存在，又是对"雷锋做好事不留名"的讽嘲，等等。之所以有人认为雷锋是"人造英雄"，就是由这种神化而异化为贬损的结果。

雷锋最大的贬损者是毛泽东。为了政治需要，他号召"向雷锋同志学习"，大力支持新的**毛泽东式政治造假**：在平凡而真实的雷锋身上，注入了许多编导事迹，并对平凡事例进行政治神化性包装。以假乱真后的雷锋，便被捆绑在他个人崇拜的政治战车上！

毛泽东看上雷锋，并不仅仅是因为雷是模范、标兵、助人为乐、"做好事不留名"，因为，在中国，像雷锋这样做好事的人很多。**为了博爱和赎罪，基督徒们一心做好事，不计个人得失；为了聚积功德，佛教徒们长年行善，终生以此为乐；伊斯兰教徒信先知，行课功，施舍资财给穷人，义无反顾。**可是，毛泽东不喜欢他们，讨厌他们，甚至还要罗织罪名去惩罚他们。毛泽东之所以能看上雷锋，主要是雷锋向毛、向党表忠心的那些话，正中他搞个人崇拜的政治下怀。雷锋在日记里写道：

"我要不断地加强学习提高自己的思想觉悟，坚决听党和毛主席的话，经常开展批评与自我批评，随时清除思想上的毛病，在伟大的革命事业中做一颗永不生锈的螺丝钉。"

"我学习了毛主席的著作以后，懂得了不少道理，心里感到特别亮堂，工作越干越有劲，只觉得有股劲永远也使不完。"

"读毛主席的书，听毛主席的话，照毛主席的指示办事，做毛主席的好学生。"

聪明敏锐、洞悉君意的中共中央副主席、主持军委工作的国防部部长林彪，就在毛泽东迫切需要这份政治资源时，他大笔一挥，向毛泽东敬献了一幅极为关键的厚礼——学雷锋题词：

"读毛主席的书，听毛主席的话，照毛主席的指示办事，做毛主席的好战士！"

林彪命令全军学习雷锋，掀起了学习毛泽东著作、崇拜毛泽东的造神运动。所以，有人一针见血地说，**"雷锋是毛泽东与林彪绝妙合作的政治产品。"**

出于毛泽东个人崇拜的政治需要，那个时代学雷锋青、少年比较积极，特别是中、小学生。他们的思想比较纯真，在舆论一律的社会里，在反复洗脑中，他们会被洗脑工具报纸、广播牵着鼻子走：1966 年疯狂的"横扫"和无法无天的红卫兵运动，就是这种反复洗脑的结果。相比之下，成年人上当受骗较少；上了年纪的对学雷锋还有反感，他们中不少人认为，在教信佛，行善积德，远比学雷锋作好事纯洁、真诚得多。

今天，当权贵和御用精英们，时不时还在为毛、林合作的政治产品——雷锋传扬鼓噪的时候，伊拉克战争传奇人物、美国女兵杰西卡.林奇的新传记《我也是一名士兵》出版了。这位在伊拉克战争中遭到伊军伏击身负重伤被俘的美军女兵，九天后被美特种部队从伊军医院中成功救出。这宗戏剧性事件哄动了美国，19 岁的女兵林奇，被美国传媒描绘成身负重伤弹尽援绝后被俘的英雄，成了美国人心目中的偶像。但她没有把自己看成英雄。她在她的传记中这么说：

"我不想将不属于我的荣耀揽到自己的身上。事实上我没有开枪，一枪也没有，我没有杀死任何人。我只记得自己摔倒在地，那是我最后记起的事。"

"我并不认为自己是什么英雄，或者做出过惊天动地的大事。我不会试图利用这种优势。"

"我眼中的英雄是我的朋友洛丽.皮斯特瓦（笔者：同遭伏击阵亡的黑人女兵）**和其他身亡的战友。"**

这位不苟名利、实话实说的美国女兵杰西卡.林奇，同"做好事不留名"而留名的雷锋，其对比之鲜明，令人深思！

在利用雷锋搞个人崇拜的同时，1963 年毛泽东又多次向全国发出"工业学大庆，农业学大寨，全国学解放军"的号召，进一步强化了对他的个人崇拜。

二、工业学大庆运动

1964 年 2 月 5 日，中共中央发出《**关于传达石油工业部关于大庆石油会战情况的报告的通告**》，介绍了石油工业部开发大庆油田的情况：从 1960 年 5 月开始，国家集中全国石油部门的人力、物力，经过 3 年多的艰苦奋斗，开发了大庆油田。《通知》指出：**"大庆油田的开发，是一个多快好省的典型，贯彻执行了党的社会主义建设总路线。它的一些经验在各部门和党、政、军、群众团体中也都适用。"**

从中共中央发出的通告中人们可以看出，作为个人崇拜政治谋略的一部分，毛泽东要用"两论起家"的大庆油田大会战的"成功",为失败了的大跃进和大炼钢铁翻案,从而证明他的伟大、光荣、正确。

笔者根据"纪念建党80周年专题网站"所发表的"工业学大庆运动"一组文章,从中摘录了一些当年的报导:

1960年5月,在余秋里、康世恩(笔者:当时的石油工业部部长、副部长)等的领导下,石油工业部集中全国30多个石油厂矿院校的4万名职工,调集7万多吨器材设备,在松辽平原上的大庆地区,组织开展了一场声势浩大的石油大会战。

会战指挥部召开油田技术座谈会

当时的艰苦状况实在令人难以想象。几万人包括几千名工程技术人员,其中有大学教授、博士,在一无房屋,二无床铺,甚至连锅灶等生活用具也很不够的情况下,参加了石油会战。人们在茫茫大草原上,支起帐篷、搭起活动板房,有的在废弃的牛棚、马厩里办公、住宿,有的人找不到睡觉的地方,夜晚干脆往野外一躺,几十个人扯张篷布盖在身上。雨季,在帐篷、活动板房或牛棚马厩里,外面大下,里面小下,外面雨住了,里面还在滴嗒。夜里,有些人索性挤成一堆,合顶一块雨布,坐着挨过一宿。

大庆位于高寒地区,人烟稀少。10月初,往往就下起了鹅毛大雪,冬季最低气温可达零下40多度。到了冬天,没有房子,露营呆不下去怎么办?出路只有一条,就是在搞勘探、搞建设、搞生产的同时,发动群众挤时间,自己动手修土房子。大家不分地位高低、职务大小,**男女老少**一起上阵,挖土打夯,没有工具的用脚踩,建成30多万平方米的"干打垒"土房子。有些来不急"干打垒"的,就挤在自己挖的地窝子里,度过了严寒的冬天。

会战职工从事繁重的体力劳动,当时每人每月口粮定量只15公斤,已远远不够,而且还一降再降,最低时每天只能"五两保三餐"。蔬菜供应不上,就打草籽、挖野菜。后来又发动职工、家属集体开荒种地、养猪等,去解决生活困难。

不但生活方面艰苦,生产方面同样困难重重。几十台大钻机在草原上一字摆开,设备不齐全、不配套,汽车、吊车数量不足,没有公路,道路泥泞,供水供电设备缺乏,工作条件非常差。在这种情况下,大庆人团结一致,鼓足干劲,知难而上,苦干硬干,千方百计打上去、啃下来。他们采用人拉肩扛加滚杠的办法,把几万吨的设备器材从火车上卸下来,连五、六十吨重的大钻机也是用这种方法,拖到几公里之外的井场上安装起来。钻机安装好以后,水供不上来,大家就排成长队,用水桶、脸盆从几百米以外的水池打水传递过来，一打就是几十吨，保证了钻井需要。

面对重重困难，会战指挥部以石油部机关党委的名义，作出了《关于学习毛泽东同志所著〈实践论〉和〈矛盾论〉的决定》。以"两论"为武器，组织全体党员、干部和职工学习，并"用这两个文件的立场、观点、方法来组织大会战的全部工作"，形成了"三老四严"作风，即"对待事业，要当老实人，说老实话，办老实事；对待工作，要有严格的要求、严密的组织、严肃的态度、严明的纪律。"这就是名扬全国的"**两论起家**"。在"两论"指导下，以铁人王进喜为代表的石油会战职工说："**这困难、那困难，国家缺油是最大的困难**"，喊出了"**石油工人一声吼，地球也要抖三抖**"、"**有条件要上，没有条件创造条件也要上**"和"**宁可少活二十年，拼命也要拿下大油田**"的豪言壮语。

在2月5日的《通知》中说，到1963年，大庆油田油产量达到600万吨，国家投资已全部收回，还为国家积累了大量资金，并锻炼出一支有一定技术素养、有组织、有纪律、能吃苦耐劳的石油工业队伍，"铁人"王进喜是这支队伍的优秀代表……

从摘录的当年报导来看，"文章"记录的"艰苦状况"基本属实，"大会战"是毛泽东蔑视生命号召老百姓为他的社会主义"**一不怕苦，二不怕死**"亦即"**革命加拼命**"的实践，与笔者当年在北大荒开荒队、伐木队劳动中的生活雷同。

大庆石油会战，实际上是1958年毛式大跃进的翻版。"大会战"与"大跃进"异曲同工：

"**大跃进**"是"大兵团作战"，如大炼钢铁，全国动员九千万人上阵，历时数月；"**大会战**"也是"大兵团作战"，在大庆这块5,479平方公里的地方，集中四万多人马，会战了三年。

——邓小平在视察大庆后说："这哪里像搞工业的样子？什么大会战？是大混战！"

"**大跃进**"时"钢铁元帅升帐"，不计成本，不惜一切代价；"**大会战**"中调集了7万多吨器材设备，偌大的"一笔糊涂账"。

——当年曾在石油部底层工作多年的国务院副总理朱镕基，1992年在新疆油田批评石油部官员说："石油系统在经济上向来就是一笔糊涂账。"

"**大跃进**"中，《人民日报》说："人有多大的胆，地有多大的产！""**大会战**"中英雄们放出话来："有条件要上，没有条件创造条件也要上！"

——八十年代，经济学家于光远在报刊上批评，"有条件要上，没有条件也要上"是唯心主义口号，遭到围攻。

"**大跃进**"人说："天上没有玉皇，地上没有龙王，我就是玉皇，我就是龙王。喝令三山五岭开道，我来了！""**大会战**"人说："石油工人一声吼，地球也要抖三抖！"

——笔者经历了那个时代：那是个吃不饱、穿不暖的时代，但却是个盛产"浪漫诗人"的时代!

"**大跃进**"的众好汉唱道:"老汉今年七十九,钢打的膀子铁打的手。""**大会战**"的英雄王进喜喊道:"宁可少活二十年,拼命也要拿下大油田。"

——笔者在黑龙江密山县农村,遇到了一个曾参加"大庆石油会战"返家的年轻"逃兵",他说:"那里太苦,我想家。"但"铁人"王进喜——"大庆人的杰出代表",积劳成疾,终于1970年11月15日因病不治而逝,年仅47岁。

对此,毛泽东说:"**看来发展石油工业还得革命加拼命。**"

毛泽东说的"**革命加拼命**",就是批判、斗争、镇压、加上"一不怕苦、二不怕死"的干劲,这些都来源于他那劳民伤财、漠视生命和人权的"**大兵团作战情结**"。

毛泽东的"大兵团作战情结"由来已久毛泽东的哲学认为,"**主要矛盾解决了,其他矛盾迎刃而解。**""**大兵团作战**"原则核心是集中优势兵力和不惜一切代价,"**不要怕砸烂罈罈罐罐**"。胜利了,即"**主要矛盾**

大兵团作战"死得重如泰山"!

解决了",失掉的物资可以重新得到死去的人可以用生育补充,亦即"其他矛盾迎刃而解"。内战中,他在辽沈、平津、淮海地区组织了三大战役,歼灭了国民党军主力。每次战役都是集中数倍于敌的数十万兵力进行"大兵团作战",还"组织动员"了数十万民众,用肩扛、手推、车拉运送军需,支援"大兵团作战"。辽沈、平津、淮海三大战役代价究竟有多大?在"抗美援朝"战争中,毛泽东如法炮制。从第一到第五次战役,每次战役都集中数倍于敌人的上百万兵力和数十万搬运军需的中国民工,进行"群羊战术"式的"大兵团作战",把以美国为首的联合国军赶到38线以南纵深地区。只是第三次战役后,美军增加了兵力,改变了战术,"群羊战术"式的"大兵团作战"因而受阻,从而使我军在第四、第五次战役中蒙受重大损失,在38线以南地区留下了十多万具遗骸,被美军司令官李奇微称为"屠夫行动"。不过,据当年国内报刊报导,同第四次战役一样,第五次战役我军也取得巨大胜利:为了大量杀伤敌军,我军"大踏步后退","胜利转移"到38线以北,在坚固的防线上与敌战斗,"为最终战胜敌人打下了基础"。战争中的大量伤亡,在从不怜惜生命的毛泽东看来,"**无非是死几个人**"而已,属次要矛盾:为了"**抗美援朝、保家卫国**",伤残者可赞为"光荣负伤",对遗骨他乡者,可誉为"**死得其所**","**死得重如泰山**"。

军事上的胜利,使毛泽东对"大兵团作战"情有独钟。他把"大兵团作战"原则运用到国内政治建设上来，取得了一个接一个的胜利。在镇反、肃反、反右、土改、合作化、公私合营等政治和体制建设上，每次都搞"大兵团作战"运动，每次都派出上百万人的工作队，对运动实行统一领导、组织、动员和"说服教育"，每次都派大量笔杆子和枪杆子，对反对者进行批判和镇压。一个接一个的胜利使毛泽东大脑膨胀起来，他决定把"大兵团作战"引入经济建设，于是产生了九千万人上阵的大炼钢铁运动。出乎他意料的是，九千万人上阵的"大兵团作战"，在科技和经济规律面前，被碰得头破血流，终以惨败而告结，他的"伟大、光荣、正确"形象，也因而受到了严重的质疑和挑战。但他并不认输，他说："**取得经验总是要付学费的。全国大炼钢铁，赔了二十多亿**（笔者：实际200亿以上），**全党全民学了炼钢铁，算是付了学费。**"他知道，他这么说很下流，属痞语，虽没人敢说不，但也不敢见诸于报纸。为了挽回面子，他又决定在已探明石油储量的大庆地区，组织了一次不计成本的大会战，并取得了"成功"。

尽管毛泽东说"**大庆油田的开发，是一个多快好省的典型，贯彻执行了党的社会主义建设总路线**"，甚至说"**石油工人们一起奋斗出来个大庆来，很不错嘛！石油工人干得很凶，打得好，要工业学大庆**"，这些文字显然是为失败了的大跃进和大炼钢铁运动翻案，但字行间还是流露出他的底气不足，也不理直气壮。事实上，在大庆会战以后，在经济建设上，没有那一个企业真正学习过大庆，而毛泽东再也没有组织过一次像大庆会战那样大规模的劳民伤财的"大兵团作战"。

1963年12月3日，周恩来总理在第二届全国人民代表大会第四次会议上庄严宣布："**大庆油田的发现，中国人民100多年来使用洋油的时代将一去不复返了！**"他在1964年12月第三届人大一次会议的政府工作报告中又提到大庆，充分肯定了大庆经验。他说："**这个油田的建设，是学习运用毛泽东思想的典范。用他们自己的话说，是'两论起家'，就是通过大学《实践论》和《矛盾论》，用辩证唯物主义的观点，去分析、研究、解决建设工作中的一系列问题。**"

请注意：周恩来在二届四次会议上宣布的是"**油田的发现**"，在三届一次会议上肯定的是"**油田的建设**"，但在两次代表大会上，只见油田建设者的功臣，却不见油田发现者的踪影。在两次代表大会上，万众瞩目的功臣大庆1205钻井队队长王进喜，不仅是油田建设中的功臣，在中国老百姓眼里，他还是发现大庆油田的功臣。我们无权责怪中国老百姓。在"**舆论一律**"的环境里，大庆油田被发现时，王进喜还在几千公里外的玉门；大庆出油半年后的1960年3月19日，他才从玉门出发，来大庆参加石油大会战。官方不让你知道，你老百姓那能知晓？笔者这么说，丝毫没有贬损"铁人"王进喜和油田建设者的意思；"铁人"们的功劳不应抹煞；笔者仅仅想正名历史而已。

毛泽东和周恩来不会不知道，**如果没有人发现油田，甭说"两论起家"，就是用毛的二十论起家、两百论起家，石油工人们也奋斗不出一个大庆油田来。**然而，大庆油田发现过程，在毛泽东、周恩来的字典里却完全消失。不仅如此，据海洋石油专家郭永峰说，他"拜访过原地质部系统那些发现油田的技术人员，他们晚年凄惨，他们的经历不能上报纸、电视，没有人相信他们的话。据这些老人估计，'文革'中至少有数十人因谈了真实经历而致死、致残。"这正是毛泽东"过人"之处：为了让全国人都知道，大庆油田是石油工人们用他的"两论起家"奋斗出来的，任何了解真相和正直的科技人员都必须闭嘴，否则必遭镇压。这是毛泽东**憎恶知识分子情结**孳生出来的专政措施。

毛泽东说大庆油田是"**石油工人们一起奋斗出来**"的，是典型的毛式撒谎：**以假混真，真中售假。**

但历史不会为独裁服务，也不可能为专制独裁者长期霸占。2001年10月27日，《家庭》突破新闻封锁，发表了蒋振华的《发现大庆油田的功臣》文章。文章在介绍黄汲清和他的家庭时说，日本人在东北松辽平原上找石油，找了整整30年没有找到。蒋写道：

> 小日本为什么没有找着呢？那是因为他们不懂得陆相地层可以生油。在大庆油田被发现之前，世界上许多国家的大地质学家都认为只有海相地层才可能生油。但咱们中国搞地质的人不信那一套，早在二十世纪四十年代就提出陆相生油的理论。新中国成立后，根据这一理论，我们果然没用多少年就找到了大庆油田！

蒋文提到的四十年代提出陆相生油理论的是谁？他就是中国科学院生物地质学学部委员、地质部石油地质局总工程师、地质部地质科学研究院副院长、著名地质学家、石油地质学家黄汲清博士。

黄汲清博士

根据陆相沉积可以生成石油的理论和对中国地质构造的深入研究，黄汲清博士和另一位著名地质学家谢家荣共同建议，先在准噶尔、柴达木、四川、松辽、华北等大型陆相沉积盆地进行石油普查。蒋文介绍了发现大庆油田过程：

1955年6月11日，普查委员会下达了"松辽平原石油地质踏勘设计任务书"；

1955年8月，地质部东北地质局派出的5人小分队，在松辽踏勘中，采集到的泥页岩中有荧光反应和浓重的油味；

1958年4月17日，在吉林前郭尔罗斯旗达里巴屯施工中，地质部松辽石油普查大队501号钻机打出油砂；

1959年4月11日，在松嫩平原上的小镇大同附近，"松基三井"正式开钻，到9月26日，黑色原油如巨龙从千米地下喷涌而出，直冲蓝天……

自此，一个中国第一大油田、世界第五大油田的大庆油田，便呈现在中国人的面前。

毛泽东死后，比较重视科学技术的党内右派掌权，在 1982 年 10 月，国家科委举行隆重的颁奖仪式，授予黄汲清主持的"大庆油田发现过程中的地球科学"项目一等奖，承认黄汲清对发现大庆油田的巨大贡献。1995 年，由香港富商斥巨资设立的"**何梁何利奖**"，以百万元重奖，奖给当代中国杰出科学家、为中国石油工业作出过巨大贡献的石油地质学家黄汲清博士。然而，在今日中国，"**革命加拼命**"的莽撞的"铁人"精神，依然盖过黄汲清的勤奋和杰出。

三．农业学大寨运动

新华社高级记者杨继绳回忆，在二十世纪七十年代，他的老家湖北省浠水县农村，曾悄悄流传着这样一句口头语："**农村两大害：人民公社，学大寨。**"

1958 年年初，毛泽东就开始构想公社问题，即"**小社变大社**"的意见。7 月 1 日，陈伯达在北京大学讲演时，首次公开毛泽东对把工、农、商、学、兵组织成为一个大公社的总体方案。到 8 月初，毛泽东说了一句"**人民公社好**"之后，全国七十四万多个集体所有制的高级农业合作社，先后合并成两万六千多个全民所有制的人民公社。到 10 月底，全国农村实现人民公社化。

1958 年 8 月 29 日，在毛泽东推动下，中共中央在通过的《**关于在农村建立人民公社的决议**》中写道："看来，共产主义在我国的实现，已经不是什么遥远将来的事情，我们应该积极地运用人民公社的形式，摸索出一条过渡到共产主义的具体途径。" 11 月，在第一次郑州会议上，毛泽东坚定地说："**苦战 3 年，再搞 12 年，15 年过渡到共产主义。**"毛泽东还说，中国"**现在已开始第二个过渡，吃饭不要钱**"，"**公社是 1958 年社会经济发展的产物，是 1958 年大跃进的产物。公社是实行两个过渡的产物**"。毛泽东断言："**如何从集体所有制向全民所有制过渡，如何从社会主义向共产主义过渡，斯大林没有找到适当的形式，没有找到解决的办法。我们有了人民公社，将加快我国社会主义建设的速度，并且将成为我国农村由集体所有制过渡到全民所有制的最好形式，由社会主义过渡到共产主义的最好形式。**" 11 月 21 日，在武昌中共八届六中全会上，毛泽东得意忘形地说："**我们可能搞得快一些，看起来我们的群众路线是好办。**" "**苏联已经搞了 41 年，再搞 12 年还没有过渡，落在我们的后头，现在已经发慌了。他们没有人民公社，他搞不上去，我们抢上去……我们要逼他先过渡，没有这种形势是不行的。**"然而苏联没被他逼上"过渡"路，中国却在他的率领下"过渡"，结果 3,000~4,500 万农民在"过渡"中变成饿殍，人民公社的全民所有制也被迫"渡"回到队为基础的集体所有制，给历史留下了可悲、可耻又可咒的一页。

为了活命，在党内右派"修正"力量的支持下，农民们用"三自一包"、"四大自由"（雇工、贸易、借贷、租地不加限制）等初级市场模式，与人民公社的"一大二公"相对抗，结果遭到毛泽东的无理批判和残酷镇压。在毛泽东的人民公社时代，亿万农民在贫病交迫中，煎熬了一年又一年。到了毛泽东死后的1978年，安徽省凤阳县小岗村十八户农民忍无可忍，签订"血"约，揭"书"而起，**砸开了人民公社枷锁，率先分田到户**。小岗村十八户农民的勇敢行动，得到了全国农民的热烈响应，也受到了以邓小平为首的"改革派"的支持。很快，中国农民们把罪恶的、横行了20多年的人民公社和它的前身农业合作社送了终。

在中国横行的20多年里，人民公社产下了一个怪胎——大寨。

"寨"，往往使人联想到"兵"，事实也确如此。所谓大寨，原是屯兵的营寨，住的是"平定"周围的官兵及眷属。然而，大寨这个怪胎在毛泽东"农业学大寨"的命令下，却在中国红红火火地辉煌了十五、六个年头，**使六亿多农民吃尽了苦头**。

请看，当年的大寨何等辉煌！

自1964年12月28日毛泽东在中央工作会议上说"**要学大寨精神**"并发出农业学大寨的号召起，到1980年11月23日**《中共中央转发山西省委关于农业学大寨运动中经验教训的检查报告的批语》**止，到大寨参观学习的人数高达700多万人次。在国外，世界134个国家的25,470多名外宾也到大寨参观。在国内，除毛泽东外，从国务院总理到省、市、地、县，直到公社生产队长各级干部，大多数都来过大寨"学习"。来大寨考察、"学习"的经济学家、哲学家、教授等学者络绎不绝，文学家、诗人、记者连篇累牍地发文、咏诗、题辞，赞颂之词充斥全国大小报章，歌唱家们吼声高放，把"大寨的红花遍地开"唱遍全国大街小巷和穷乡僻壤……期间，大寨的领头人陈永贵，从大寨党支部书记、中共昔阳县委书记，一路飚升到山西省革命委员会第一副主任、中共山西省委副书记、中共九大的山西省的代表、中共九届、十届、十一届中央委员和十届、十一届中央政治局委员，1975年跃升为主管全国农业的国务院副总理，成了中外千古难得一见的农民宰相。

大寨，一个六、七十户农家、不足300口人的小山村，何以能如此辉煌？**要解读大寨，就要读懂其领头人陈永贵**，因为，陈永贵是解读大寨历史的钥匙。九十年代，史学家吴思写了一部书，书名是"陈永贵：毛泽东的农民"。吴思的书名准确地道出了大寨辉煌的原因：

毛泽东看上了陈永贵。

毛泽东看上陈永贵决非心血来潮，而是深思熟虑的个人崇拜政治谋略之一。

在1962年9月的中共十中全会上，毛泽东为捍卫"**由社会主义过渡到共产主义的最好形式**"的人民公社正确性，狠批"三自一包"和"四大自由"的"单干风"。尽管没有人胆敢站出来公开对抗他，但他十分清楚，反对人民公社的，无论党内党外都大有人在。

因此，在狠批"三自一包"、"四大自由"等"单干风"的同时，他必须树立典型人物来"说服教育"反对者。这个典型终于找到了，就是昔阳县大寨大队的陈永贵。

陈永贵虽是个文盲，却是个能吃苦耐劳又聪明狡黠而长于计谋的农民。

毛泽东看上了陈永贵什么呢？

毛泽东看上了陈永贵感谢共产党是真心的，不计较他曾是"陈二鬼子"。

毛泽东看上了陈永贵

1915年2月14日，农历正月初一，陈永贵出生于山西省昔阳县大寨乡小南山村，为长子。六岁那年，由于生活所迫，父亲陈志如先后卖掉他的母亲、姐姐和弟弟后，带着他来到大寨。一年后，父亲不堪生活的窘迫，活不下去了，独自跑回老家石山村，一根绳子吊死在祖坟前的老松树上。饥饿夺走了他的母亲、姐姐和弟弟，饥饿又夺走了他的父亲，使他成为孤儿。他在贾氏宗族孟老人和她的儿媳妇稳周老人的收养下，长大成人，成了一个能说会道的棒小伙子。二十七岁结了婚，生了长子陈明珠。

乱世出英雄。抗日战争期间，共产党人和日本人在昔阳"拉锯"。据昔阳县县志记载，在扫荡和反扫荡中，有四、五百人被日军刺死、烧死、活埋和机枪射杀，遇害事件比比皆是。既怕日本人又怕八路军的大寨当权人，就想请个人出来维持维持。他们看中了长工出身的陈永贵，看中了他胆大心细、能言善辩，又能随机应变。于是，陈永贵当上大寨村伪维持会的代表、伪村长、日伪特务外围组织"兴亚会"的情报员，常出入于日本人的炮楼和村落之间，时称"陈二鬼子"。其时，他也给大寨人办了一些好事。

日本投降后，昔阳成了共产党的天下，全县掀起了土改运动和反奸复仇清算血债的群众运动。当年与日本人有染的人，个个受审，人人过关，不少给日本人干过事的人，被人们枪杀或用石头砸死。陈永贵自然也躲不过这场审查。他被拘留起来，五花大绑在村里挨斗、挨了不少拳头。他担心自己过不了这一关，就向他的好友、共产党第一任大寨村村长赵怀恩托孤说："**我明珠小，托付给你，你给我招呼他长大！**"当时赵怀恩和有些村民，替陈永贵说了不少好话。他们说，日本人来了，总要有人出面吧？别人不敢，他胆大，就当了伪代表，又没作什么坏事。话说得很有道理，被共产党采纳。共产党的谅解不仅使陈永贵保住了一条命，在史称"中共对农民的第一次掠夺"的土改运动中，还分给他一处窑洞、十几亩地和几件家具。为感激共产党不杀之恩，感谢共产党分田之德，一句话便挂到他嘴头上："**没有共产党，就没有我陈永贵！**"

毛泽东还看上了陈永贵听毛主席的话，紧跟共产党，把大寨的农民一步一步硬拉进了人民公社。

1946年，陈永贵响应毛泽东和共产党"**组织起来**"的号召，参加了共产党员贾进才组织的好汉互助组。不久他发现，村子里还有一些缺乏劳动力的困难户没有组织起来，其中有的曾养育过他，有的在反奸中替他说过好话。陈永贵是个知恩图报的人，他离开了"好汉组"，成立了一个"老少组"，把困难户都吸收到他的组里来。凭着他一身好庄稼把式和不怕吃亏的报恩心，当年秋季单产就超过了"好汉组"。到1949年冬，老少组便扩展到了49户，占了全村户数的70%。

1948年，经贾进才等人介绍，陈永贵加入中国共产党。

1952年，陈永贵被评为山西省农业劳模，成了昔阳县内颇有名气的人物。1953年7月，陈永贵谈起自己热心互助合作的原因时说："**……我的思想，听了毛主席的话，是土改后农村的第二次革命，就是组织群众发展互助合作才能避免剥削，由穷变富，必走之路。**"

1952年，由贾进才推荐，陈永贵出任大寨村党支部书记。

1953年，陈永贵响应毛主席的号召，在大寨用**哄骗和压服**相结合的手段成立了"新胜农业生产合作社"，任社长，代领农民们开始走他们不愿走的路。这一年统购任务四万二，他咬牙完成了四万五，狠狠地超了三千斤，受到了党和政府的表扬。

1955年，毛泽东说："**1955年，在中国，正是社会主义和资本主义决胜负的一年。**"12月，陈永贵响应毛主席的号召，成立高级农业合作社，自任社长。同全国各地一样，用"说服教育"、行政命令、加上批判"小农经济思想"即哄骗和压服相结合的手段，将农民们的农具、牲畜"作价"收为高级农业社所有，从此，农民们失去了一切生产资料。

1958年是"辉煌"的一年。那年，为了响应毛主席"**超英赶美**"的"伟大号召"，各地丰产"卫星"纷纷上天，重磅"卫星"亩产竟高达十三多万斤。一流大科学家**钱学森**也著文凑热闹说，**根据他的"科学"计算，亩产可达五、六万斤**。紧跟形势的陈永贵已按捺不住。据《昔阳农村经济史记》记载，陈永贵伙同第二生产队队长贾成富和副队长贾进才，在后底沟培养了3亩玉米丰产田，亩产达到14,436斤；在神土角，干圪梁上种植了二亩谷子试验田，每亩平均实产14,124斤，超过1956年最高年产量230斤的60多倍；他们培育的1.2亩高粱，产高粱7,650斤，平均亩产6,375斤。笔者认为，陈永贵聪明之处在于，他没有放十多万斤的大"卫星"，只放了五万斤以下的三颗中不溜丢"卫星"，符合钱学森的"科学"。据报导，他的口号是：**全党全民搞丰产，干部带头跑在前，队队保证放卫星，争取秋天上北京。**

1958年，毛泽东发出"**人民公社好**"的号召。8月，陈永贵又从报纸上看到河南新乡专区办人民公社的消息，就对社员"耐心说服教育"说："**事物总是向前发展的，事情既然迟早总得办，倒不如把挨批评变成受表扬。**"社员们觉得他说的有道理，没有阻扰他。

24日，他倡议创办的昔阳县第一个人民公社——昔阳县红旗人民公社宣告成立。高级农业合作社和人民公社的成立，史称"中共对农民的第二次掠夺"。在"第二次掠夺"中，陈永贵提刀纵马，成了先锋官之一。

毛泽东在杭州会议上号召实现"**城乡公共食堂普遍化**"，还多次警告："**公共食堂是社会主义的阵地，社会主义的心脏，两条路线斗争的焦点。**"陈永贵响应号召，牢记警告，在大寨办了三个公共食堂，还一度实行过吃饭不要钱、吃粮不定量。大寨办的公共食堂，尽管一年多才吃了19顿细粮，日常仍以窝头稀饭为主，但陈永贵还是高度赞美了他的公共食堂：**全村吃饭到食堂，花样多种味美香。七天生活一改善，过节过年宰猪羊。**一年多后，大寨的公共食堂同全国各地一样，也在一片愤怒地反抗声中垮了台。

毛泽东还看上了陈永贵的"大批促大干"，符合他的"革命加拼命"思想。

1953年，初级社刚成立，陈永贵就制订了治山治水十年规划。当年**首战白驼沟**，一个月中，他们投工1,500个，筑坝24条，造地5亩。据说，首战当年大功告成，陈永贵豪气冲天地将白驼沟命名为"合作沟"。

1955年冬，陈永贵开始了劳民伤财、破坏环境的**三战狼窝掌沟**。狼窝掌沟长约三里，宽约四丈，下点雨就山洪咆哮，能卷走一百多斤的大石头。一战狼窝掌沟时，全村50多个劳力，顶着呼呼的北风，搬着冰冷的石头，苦干三个月，垒起石坝38条，造地20多亩。1956年雨季，一场大雨过后，狼窝掌山洪爆发，将38条石坝连同20多亩庄稼一扫而光。当年再战，1957年夏一场大雨，大坝和庄稼又被冲了个精光。他没有灰心，当年排除异议，进行三战：70多个劳力苦干了27天，搬运数万土石方，用石灰30吨，筑大坝32条。据说，"终于驯服了狼窝掌沟。"

1963年夏，大寨大队遭遇特大洪水，给了大寨大队几乎是毁灭性的打击，大批社员房屋被冲毁，百分之七十的农民无家可归。尤其严重的是，陈永贵带领大寨农民辛辛苦苦干了十几年才修好的梯田，全部被洪水冲垮，庄稼和土壤全部被大水冲走。山西省委决定从国库中调出一批救济粮、救济物资和一部分救济款扶持大寨大队。但为响应毛主席"**自力更生**"的号召，陈永贵和大寨党支部作出了"**三不要，三不少**"的决定，即：不要国家救济粮，不要国家救济款，不要国家救济物资；当年社员口粮不少，社员收入不少，上交国家的统购粮不少。据说，农民们眼巴巴地望着到手的救济粮和物资又被拉走了，敢怒不敢言。

1963年下半年，大寨大队的社员在陈永贵的带领下，抢修梯田，重建房屋，抢种庄稼，经过几个月的"革命加拼命"，大寨在"**大灾之年夺得了大丰收**"。据说，1963年总产量达到了20多万斤，"**不仅社员的口粮充足，还上交给国家12万斤**"。被大水冲毁的房屋重建后，据说"比原来的更好，创造了一个奇迹"。据说，到了毛泽东死后的1980年11月，这些战天斗地的先进事迹，很多都变成了真假搀合的谎言。

毛泽东最看重陈永贵轻视生命、漠视人权、压制自由的无产阶级政治觉悟、路线觉悟和管理才干。

1957年，在帮助党"整风"的一个不平凡的夏季里，陈永贵当真动员了几次，号召大家给他提意见，但成效不大。陈永贵装起下台架式。一次大会，群众问永贵怎么没来呀，县派驻队干部郝兑元依陈永贵之计说："他还能参加会呀？"暗示陈已下台。会场上的农民们不知是计，七嘴八舌地出起气来。

复员军人、共产党员赵启福，带头指责陈永贵向国家卖粮太多，致使农民吃亏太多，指责办高级社"一切财务都归公，什也得听他陈永贵的！"接着，胆大的农民们便骂将起来：

陈永贵的胳膊弯不是往里曲，是往外曲哩！

哎！陈永贵卖粮有他的目的哩！

他卖粮是为了上太原吃白馍馍哩！

在大寨他学会了啥？他甚也没学会，就学会个卖粮！

干活没轻没重、没黑没白，还不如去当长工！

别的地方的狗是咬外，大寨喂下的狗是咬自己人！

……

不久，毛泽东说"**事情正在起变化**"，风向变了，陈永贵也立即组织反击。据报导，"支部及时组织社员，摆明事实提出问题……狠狠地对资本主义思想进行了批判，党内将走资本主义道路的赵启福开除出党，歪风邪气压下去，朝气勃勃的社会主义正气迅速上升"。陈永贵学着毛泽东，对他的农民也玩了个漂亮的"**引蛇出洞**"。

1958年大跃进期间，有位社员对办食堂不满，说了句怪话，激怒了陈永贵。他声色俱厉地说："反对公共食堂，就是反对人民公社，反对人民公社，就是反对总路线和社会主义！"这种**无限上纲的毛式批判**，吓得那个社员再也不敢"乱"说了。

1963年秋，面对大灾，陈永贵提出了"先治坡，后治窝"的口号，还有个口号叫"白天治坡，晚上治窝"。那时大寨人根据毛主席**革命加拼命**的思想，干起活来就得不要命：人们白天干在地里，晚上干在村里，早晨披星星，晚上戴月亮；对这种超时超强度的劳动，大家都咬牙坚持着，没有谁敢说一句"草包"话。超时超强度的劳动使社员赵小和赶着车困得睡着了，颠簸的大车把他从车上摔了下来，轧死在自己马车的车轮下。村里为他举行了隆重的葬礼。陈永贵说，赵小和是为保护集体财产不幸牺牲的，是个好社员，"死得重如泰山！"

1966年，以郭凤莲为首的23名铁姑娘提出了嫁出大寨的要求，这在陈永贵看来无异于对大寨的背叛：全国都在学大寨，大寨的姑娘却"不愿在大寨找对象，眼睛盯着工人和干部"，这证明"**大寨有新资产阶级思想，有新的阶级斗争**"。爱情必须服从政治，没有恋爱自由可言。他决定首先解决他亲自选定的接班人郭凤莲。于是，大队支委会共同来讨论郭凤莲的婚姻问题，"一致"决定她必须终止初恋。年仅19岁的郭凤莲泪下如雨，拒绝党支部干涉她的个人生活。陈永贵抛出杀手锏："**如不答应，开除党籍。**"少女终于屈服。其余的少女们也只好斩断前情，被迫发誓"死了也不出大寨"。一场爱情的政治危机，就这样以陈永贵的全胜而告终。

此外，**毛泽东还看上了陈永贵领导下的大寨，是个全国惟一什么经验都能出的地方**。除"三战狼窝掌"外，诸如什么"七斗八斗"，"大批促大干"，"大批了还要大批"，"割资本主义尾巴"，"堵不住资本主义的路，就迈不开社会主义的步"，"斗一步，进一步；斗十步，进十步；步步斗，进一路"等等，都是大寨总结出来的推向全国的"**革命加拼命**"经验。可以说，陈永贵为树立毛泽东在农民中的个人崇拜，立下了汗马大功。

对毛泽东树立的陈永贵和大寨这个典型，各级干部谁敢怠慢？为了向"毛主席革命路线"表忠，六十九军军长谢振华奉周总理之命，派出一支400余人的队伍，帮助大寨修建一个蓄水池，名为"友谊水池"；听说大寨要搞"人造小平原"，有关单位马上派出了推土机；握有实权的一些领导干部，来参观学习时，还带来了化肥、良种、机械等生产物资，做为赠品、试用品，赠予或廉价售于大寨；农忙时，一些机关干部和大、中学生，"自愿"来大寨帮忙播种、收获……后来，由于"帮忙"人太多，应接不暇了，才被陈永贵谢绝。

1964年12月21日，紧跟毛泽东的周恩来总理，在人大三届一次会议上将大寨精神概括为"**第一，政治挂帅，思想领先的原则；第二，自力更生，艰苦奋斗的精神；第三，爱国家，爱集体的共产主义风格**"。这原则、精神和风格的概括，把大寨典型提升到了一个新的高度。

毛泽东死后，随着人民公社解体，大寨这个被大树特树的典型，在多方指责下，也悄然倒下，随毛泽东而去。

1979年春，农业科学家杨显东博士在全国政协常委小组会上发言，第一个揭开了大寨"盖子"：大寨片面强调"以粮为纲"，把其他经济都砍光了；毁林造田，大造山间小平原，结果是破坏生态平衡；社员家庭副业都被当成"资本主义尾巴"割掉，都成了穷光蛋；实行穷过渡，吃"大锅饭"，严重挫伤农民的积极性；大寨的自力更生是假的。杨显东博士还对陈永贵提出尖锐批评说："**我认为陈永贵欺骗了全国人民，欺骗了党中央。**"

1979年9月开始，《人民日报》、《光明日报》、新华社、中央人民广播电台等新闻机构，派出记者去昔阳县和大寨调查了40多天，写了两组内参。主要文章有：《大寨走向了反面》、《一部充满谎言的"大寨斗争史"》、《"七斗八斗"给大寨造成严重恶果》、《一整套对抗党的政策的极"左"做法压抑了大寨群众的积极性》、《昔阳学大寨"大干社会主义"的成败得失》、《昔阳学大寨"大批资本主义"的真相》、《从帮派掌权到家族统治》，等等。

据昔阳县志记载，在陈永贵统辖昔阳的13年间，昔阳在农田水利建设施工中，农民伤亡1,040人，**其中死亡310人**，同时又虚报产量2.7亿斤。据高级记者杨继绳披露，在"农业学大寨"运动中，湖南、湖北的一些农村，出现了几起十八、九岁的少女因不堪忍受"学大寨"的繁重劳动而集体自杀的恶性事件。例如，在湖北省红安县，由于不堪贫困的煎熬，1975年的几个月中，就发生过52名女青年先后集体自杀的事件。又据1979年8月13日《人民日报》报导，陈永贵在昔阳县领导学大寨创大寨县运动中，被戴上各种帽子批斗的有2,061人，造成冤假错案3,028件，导致**非正常死亡141人**。根据作家凌志军记载，非正常死亡的141人中，多是上吊、投水或跳崖自杀，有两人死于乱棒之下。

那么，全国在学大寨运动中造成了多少冤假错案呢？由于档案尘封，无据可查。笔者估算：全国2,000多个县，如平均按昔阳县的25%计，则全国在学大寨运动中的所造成的冤假错案，可能高达**一百五十万件**，包括农田水利建设施工在内的**死亡人数至少在二十万以上！**"农业学大寨"运动，**被人们称作二十世纪最愚昧、最卑劣、最野蛮的运动之一**。

在各方压力下，1980年11月23日，中共中央在转发《山西省委关于农业学大寨运动中经验教训的检查报告》时添加了批语。《批语》承认，"历史已经证明，人为地树立先进典型，最终没有不失败的"。《批语》还首次承认，对大寨这个"先进典型"，有些领导和部门"**滥用职权，动用国家财力、物力和人力去支撑所谓'先进典型'的门面，甚至弄虚作假，欺骗上级，欺骗舆论**"。《批语》回避"农业学大寨"的始作俑者**毛泽东**和积极推行者**周恩来**的责任，以及由此带来的冤假错案和伤亡。但这个《批语》，还是把造成二十多万农民死亡的可悲、可耻又可咒的"农业学大寨"运动送了终。

在"农业学大寨"的冤假错案中，人们看到的多是些抽象的数字，南方日报报业集团高级编辑鄢烈山所写的随感《西风残照大寨行》，多少弥补了这方面的缺憾。他写道：

中国真正的英雄是谁呢？绝不是追随毛泽东搞"穷过渡"，与天斗、地斗、人斗的陈永贵，而是李云河、戴浩天、徐适存、冯志来、陈新宁、杨伟名，这些坚持独立思考、见识卓异、舍身为民请命的人！

可是他们在当时皆被残酷斗争、无情打击。**李云河**24岁时即任浙江省永嘉县委书记，31岁的**戴浩天**是县委农村工作队长，二人在1956年不赞成毛泽东的农业集体化政策，在永嘉大力推行"包产到户"。最后**李被划为"右派"**，开除党籍，劳动改造，戴成"右派"加反革命，**举家遣送农村管制**。而支持李、戴，在会上喊过"包产到户就是好"的农民**徐适存**，不"适"不"存"，**瘐死狱中**。1962年，浙江青年**冯志来**、**陈新宁**等人投稿《人民日报》，讨伐人民公社，被毛泽东斥为"**单干理论家**"，二人历经劫难，九死一生。陕西户县的大队干部**杨伟名**、**贾生财**、**赵振离**三人文化程度虽不高，却能清醒把握中国的脉博。他们三人联名、杨伟名主笔的《当前形势感怀》，写于1962年5月，却不止于批评人民公社制度，而可说是邓小平改革理论、"社会主义初级阶段"理论的初稿：他们对"社会主义初期"的判断，对尊重"价值法则"和市场经济体制的呼唤，多么具有远见！可是，在权力即真理的中国，导师毛泽东及其追随者对他们的"回答"可想而知，**三人的下场不说也罢**。

这些人才是中国的真正的精英呀——良知良能聚于一身。陈永贵在他们面前，借用毛泽东的语言，不过是一抔黄土！

在鄢烈山的这段文字中，我们看到了三句这样的话：农民徐适存"**瘐死狱中**"，浙江青年冯、陈"**九死一生**"，陕西队干部杨、贾、赵"**三人的下场不说也罢**"。鄢被国内誉为"**敢说真话**"的体制内作家，但话到嘴边却留了半句，令人遗憾。仔细想想，也不能太责怪他。在国内，除颂扬唱诗派外，体制内作家们都知道**文字与饭碗、牢狱的关系**。他们写作中创造了诸多隐喻暗语、旁敲侧击、闪烁其辞、拐弯抹角和打擦边球等笔法，用这种所谓的"社会主义笔法"去描述当局认为的敏感话题。我们并不期望像鄢这样所谓"敢说真话"的作家，也用《红岩》中描绘渣子洞里受刑共产党员那样夸张、渲染的手法去描述上面六个人的下场，我们只期望他们实话实说，把实话说完。尽管如此，人们还是不吝啬地把"敢说真话"的桂冠戴在遇事吞吞吐吐、欲言又止的鄢烈山头上。由此推见，那些尚不"敢说真话"的体制内作家、学者、记者、编辑以及当事人们，**他们在报导、史著、传记、回忆录等等里面，究竟肯定了些什么？渲染了些什么？回避了些什么？曲解了些什么？甚至篡改了些什么？其可信度究竟有多高？**

笔者不得不搜肠刮肚，终于从纪念《当前形势怀感》发表四十周年一组文章中，了解到了杨伟名的下场。

农民杨伟名执笔起草的《**当前形势感怀**》，又名"**一叶知秋**"，当时引起轰动。他们在文章中说："**目前我们已经承认'困难是十分严重的'。而'严重'的程度究竟如何呢？就农村而言，如果拿了合作化前和现在比，使人感到民怨沸腾代替了遍野歌颂，生产凋零代替了五谷丰登，饥饿代替了丰衣足食，濒于破产的农村经济面貌代替了昔日的景象繁荣。同是在党和人民政府英明领导下，何今暗而昨明？这种情况，已经是一望而知的事实，用不着连篇累牍地再行分析了。**"文中还说，这篇感怀"**其所道所说系实践事实与亲身体验，真实程度，颇堪自信！**"毛泽东看信后勃然变色，遂于1962年8月在北戴河中共中央工作会议上怒斥道："**有一句话，'一叶知秋，异地皆然'。一叶知秋，也可以知冬……任何一个阶级都讲自己有希望。户县城关公社的同志也讲希望，他们讲单干希望……共产党员在这些问题上不能无动于衷。**"遭到毛泽东严厉批评后，杨伟名惨遭批斗迫害，终因不堪凌辱，**服毒自杀**，卒年46岁。毛死后的1979年6月29日，杨伟名始得平反昭雪。

"农业学大寨"的主要承担者陈永贵呢？

杨显东博士曾批评陈永贵"**欺骗了党中央**"，笔者不以为然。事实上，他在当"陈二鬼子"、搞互助组时,没见他欺骗过谁(不排除曾骗过鬼子);他带领大寨走所谓"共同富裕"的合作化和公社化道路时,也谈不上他欺骗,他仅是毛泽东和共产党制订这种祸国殃民政策的积极执行者;放卫星时有点欺骗,但那是大势所趋,他不得不跟上,跟不上就挨批;三战狼窝掌和大战天灾,更谈不上欺骗,而且还有战天斗地的英雄气概哩。当树成典型后,他变啦,变得欺下骗全国了,但既谈不上瞒上,更谈不上"欺骗了党中央"。为什么?因为他的一举一动,都在毛泽东、党中央和各级党委、政府的领导、管理和监督之下。党中央**纵容或默认他骗**,各级党委和政府**支持或旁观他骗**,从没有去过大寨的毛泽东,为了证明人民公社的正确性,**需要他骗**。他可能是进了官府,身不由己,在充满"假大空"即"假"获重用、"大"能升迁、"空"受表彰的官场里,**不骗人则被人骗**,他便顺着大流渐渐看惯了骗,习惯了骗,又渐渐学会并熟练了这种政治骗术。这不是为陈永贵开脱,仅仅说杨批他"欺骗了党中央"的话,不够恰切。

陈永贵对"农业学大寨"运动负有不可推卸的重大责任,理应为此付出代价。1979年12月17日,他被免去兼任昔阳县县委书记的职务,1980年8月30日,他被迫辞去了国务院副总理职务,1982年9月1日的中共十二大上,他失去了中共中央委员和中央政治局委员资格,成了一名退休干部。1986年3月26日,71岁的"农民宰相"陈永贵在北京医院病逝,结束他由长工到"陈二鬼子",又从大寨党支部书记跃升到国务院副总理既辉煌又可悲、可咒的一生。

四．全国学习解放军

1964年1月,毛泽东在听取汇报时指示《人民日报》等报纸:"**加上一版,专门报导学习解放军。**"于是,1964年2月1日,《人民日报》便发表了《**全国都要学习解放军**》社论,掀起了新一轮的个人崇拜的造神运动。

社论说:"中国人民解放军是中国共产党和毛泽东同志缔造和领导的工人农民的军队,是一支非常无产阶级化、非常战斗化的军队。"又说:"解放军之所以能成为一支非常无产阶级化、非常战斗化的军队,最根本的原因是:解放军高举毛泽东思想的伟大红旗,在一切工作中用毛泽东思想挂帅。解放军大抓政治思想工作,坚持'四个第一'原则;解放军坚持我国革命军队的优良传统'三八作风';解放军注重创造四好连队、加强基层建设等等,这些都是解放军无往而不胜的原因。全国学习解放军,就是要把解放军这些方面的宝贵经验学到手,真正活学活用这些宝贵经验,在社会主义革命和社会主义建设的各项事业中,充分发挥无产阶级化和战斗化的革命精神。"

人们从这篇社论中可以看出,学习解放军最根本的是学习"解放军高举毛泽东思想的伟大红旗,在一切工作中用毛泽东思想挂帅"。如果说**学雷锋**是毛泽东要求他的人民读他的书，"净化"人们的思想，**学大寨**是毛泽东要求他的农民们用"革命加拼命"的精神和干劲来承认他的人民公社的正确性，**学大庆**是毛泽东要求搞工业的干部和工人们，学会用他的所谓"两论"和"大兵团作战"思想搞工业，从而为他的臭名昭著的大跃进正名，那么，这篇经毛泽东亲自审定批发的《全国都要学习解放军》社论，则要求他的人民必须用他的思想指导一切。在**造神运动**的设计上，毛泽东把学习解放军当成"**纲**"，学雷锋、学大庆、学大寨当成"**目**"，用他的话来说，就是"**纲举目张**"。这种"**纲举目张**"，完美地体现了他的"大救星"情结和权力拜物教的权力情结。

毛泽东是个枪杆子崇拜者，"**枪杆子里出政权**"是他的名言。按照毛泽东的逻辑，枪杆子既然能出政权，就能保政权。夺得政权以后，他一直担任中共中央军事委员会主席，紧紧握住枪杆子不放。令他不放心的是，朝鲜战争后，他不得不任命对他怀有"**不恨死了，也有若干恨**"的彭德怀为国防部长，主持军委日常工作。为了牵制彭德怀，在1958年5月的中共八届五中全会上，他出人意料的提议增补林彪元帅为中共中央常委，副主席，凌驾于彭德怀之上，获得批准。1959年9月，在庐山会议上，他又以"右倾机会主义"的罪名，罢免了彭的一切职务，并将其逐出中央，扶林彪为国防部部长，主持军委日常工作。

林彪同毛泽东的关系非同一般。

1906年12月17日，农历丙午年十一月初二，林彪出生在湖北省黄冈县回龙山林家大湾一个富足的农民家庭。1926年初夏，他考入黄埔军校，成了第四期学员。同年12月，他被分配到国民革命军第四军第二十五师第七十三团任见习排长、排长。1927年8月1日，已升任七十三团一营七连连长的林彪，参加周恩来等人发动的南昌起义。1928年4月，朱德与毛泽东井岗山会师后，组成了中国工农红军第四军，朱任军长，毛任党代表。毛泽东的领导风采曾使林彪由衷佩服。他见到毛时脱口而出："南昌起义的军队要是由你来指挥，肯定不会成现在这个样子。"毛泽东打量着这个瘦弱的二十二岁的年轻的连长，问道："为什么？"林彪说："除了敌强我弱和客观上的因素外，起义军的高级领导人不会打仗，只是从书本上或条例里死搬硬套地指挥战争，也是我们失败的主要原因。"林彪的这番话深深打动了毛泽东，并被毛视为知己。很快，林彪便被晋升为一营长，1929年春，升任第一纵队司令员，1930年6月又跃升为红军第四军军长，1932年3月，未满二十六岁的林彪，又被毛任命为红一方面军第一军团长。长征时，他紧跟毛泽东，率领红一军团斩关夺隘，爬雪山，过草地，强渡大渡河，奇袭泸定桥，智取腊子口等等，战绩卓著，受到毛的赞扬，尽管其间，他俩曾发生过严重分歧。到延安后，他曾被毛削去军权调任为抗日红军大学校长兼政治委员。但他毕竟是一员难得的虎将，抗日战争时期，他被毛任命为八路军——五师师长。内战时期，他又被毛任命为东北民主联军总司令、东北军区司令员兼政治委员、东北野战军司令员、和统帅百万大军的第四野战军司令员。内战中，他组织和指挥了三大战役中的两大战役——辽沈、平津战役，歼灭了国民党军主力一百多万。在战争年代，林彪在毛泽东的领导下一路顺风，也为毛泽东的胜利立下了汗马功劳。

中华人民共和国成立后，林彪对职位上的安排不满意，便"称病"不朝。但壮心不已的林彪，不忘窥伺政权，时刻注视着政局变化；因无机会，便卧薪尝胆，等待时机。机会终于到了：1959年9月，彭德怀倒台后，林彪取而代之，成了国防部长，并主持军委日常工作。

毛曾说过："**林彪是忠于我的一员战将，我信任他。**"林彪心领神会，他对夫人叶群说："毛泽东深谋远虑，一看就不是那种咋咋唬唬，轻浮得像张纸的人。我感觉到，跟上这个人，绝对吃不了亏。跟对人，就是吃不完的资本呀。这是在任何书上都找不到的经验之谈，你要好好地读透这本**无字书**。"他对叶还说"**恩**（格斯）之於**马**（克思），**斯**（大林）之於**列**（宁），**蒋**（介石）之於**孙**（中山）"，为此，他要"把大拥、大顺作为总诀"，"要一步一趋，得一人而得天下"。他对他的工作人员说："毛主席才是真正的大英雄、大统帅，其他的人都不行都不够格。我们的眼里就是要只有一个统帅，一个领袖，一个天才。这是历史的选择，时代的选择。"此时的林彪已是毛泽东肩上猛鹫，毛泽东指向哪里，他将扑向哪里。

庐山会议上揪出"彭、黄、张、周"反党集团后，全党沉浸在震惊和沉默之中。为了效忠，刚刚主持军委工作的林彪，打破了寂静，心中捧着"无字书"，在当年9月份召开的全军高级干部会议上，发出了异常响亮的毛泽东想听到的声音："**毛泽东同志全面地、创造性地发展了马克思列宁主义。**"并称学习毛主席著作"**是学习马克思列宁主义捷径**"。9月30日，他又发表了《高举党的总路线和毛泽东军事思想的红旗阔步前进》文章。文中说："**1958年以来的国民经济大跃进和人民公社化高潮，显示了党的社会主义建设总路线的无限光芒。**"他警告说："不要群众运动，抓住一些个别的、局部的、暂时的而且是迅速克服的缺点反对群众运动，就是不要前进，不要革命。"

1960年1月，林彪把毛泽东的延安对抗大题词，即"**坚定正确的政治方向，艰苦朴素的工作作风，灵活机动的战略战术**"的三句话和"**团结、紧张、严肃、活泼**"的八个字，总结成所谓"三八作风"，作为军队革命化的标准。

同年，在广州召开的军委扩大会上，他宣扬学习毛泽东著作是学习马列主义的"捷径"，推出"**要带着问题学习，活学活用，学用结合，急用先学，立竿见影，在'用'字上狠下功夫**"的学习方法。在他的鼓动下，全国迅速掀起了"活学活用毛泽东思想"的热潮。

1960年9月的军委扩大会议上，林彪根据毛泽东"**政治挂帅，思想领先**"的思想，又提出了"**突出政治**"的"四个第一"，即"**人的因素第一、政治工作第一、思想工作第一、活的思想第一**"。"突出政治"实际上是突出崇拜毛泽东的政治。在他的主持下，通过了《关于加强军队政治思想工作的决议》。对此，毛夸奖说："谁**说中国人没有创造？**

四个第一好，这是个创造。"

1961年4月，林彪在部队视察时，更明确地指示：为了使战士在各个时期、各种情况下，都能及时得到毛主席思想指导，《解放军报》应当经常选登毛主席的有关语录。于是，该报即从5月1日开始，在每天的报眼上刊登毛主席语录。接着，1964年1月5日，《毛主席语录》征求意见本出版了。到1964年5月1日，部队人手一册的《毛主席语录》，已下到部队战士手中。

1966年1月24日《人民日报》报导，林彪同志说："突出政治不是一项任意的政策，不是可以这样做，也可以那样做。这是根据社会主义社会的发展规律和社会主义社会的经济基础所提出的根本措施。不突出政治，就是违反社会主义社会发展的规律。" "**毛泽东思想是当代马克思列宁主义的顶峰，是最高最活的马克思列宁主义。**" "**毛主席的书，是我们全军各项工作的最高指示。毛主席的话，水平最高，威信最高，威力最大，句句是真理，一句顶一万句。**"

"**顶峰论**"是林彪对毛泽东思想最重大的贡献之一。但物极必反，顶峰之后，接踵而至的必将是颓萎、堕落和衰亡，不论林彪主观上是否意识到。

军内造神运动，用真假掺和的办法制造了许多学习毛主席著作先进分子，诸如**廖初江**、**丰福生**、**黄祖示**等，都成了全军全国活学活用毛主席著作的偶像。

对于林彪主持军委工作以来的所作所为，毛泽东看在眼里，喜在心中。特别是林彪在"七千人大会"的讲话，使他心潮澎湃，无法忘怀。林彪在那次讲话中说：

"我们党所提出的总路线、大跃进、人民公社这三面红旗，是正确的，是中国革命发展中的创造，人民的创造，党的创造。"

"我深深感觉到，我们的工作搞得好一些的时候，是毛主席的思想能够顺利贯彻的时候，毛主席思想不受干扰的时候。如果毛主席的意见受不到尊重，或者受到很大的干扰的时候，事情就要出毛病。我们党几十年来的历史，就是这么一个历史。"

林的这篇"救驾"式的讲话，使毛泽东在"七千人大会"上，迅速走出困境，反守为攻。

借助林彪在军队中推行**个人崇拜的造神运动**，把军队牢牢掌握在自己的手中，这是毛泽东向刘、邓为代表的党内右派集团夺权的主要权谋之一。于是，他反复号召："**全国都要学习解放军！**"心怀"无字书"的林彪，已洞悉毛泽东的谋图。他在日记中写道："**要整刘少奇。**"便积极配合起毛泽东来。

有人说，为了权力，毛、林相互勾结，狼狈为奸，这话虽然刺耳难听，但不是无中生有：林使劲吹拍，毛开心笑纳；他俩一唱一和，先后表演了十多年，直到林彪出逃摔死到温都尔汗为止！

林彪在军内大搞造神运动中，有多少军人伤亡？一将落难，又有多部属、亲朋跟着遭殃？在新闻封锁、舆论一律的环境里，特别是在二十世纪八十年代初曾一度被报导过的文革事件后又重新被控制、封锁和加密的条件下，笔者很难从解放军出版物中找到多少有关资料。但人们还是能从军外的一些书中，找到伤亡事例。例如，著名经济学家杨小凯，在他的《牛鬼蛇神录》一书中披露：

> 小王在军队时亲眼看过一次死刑判决和执行。被处死者不是监狱犯人，而是一位解放军士兵。那时部队里正是突出政治、抓阶级斗争非常时髦的时候。有位连长选了他的一位喜欢顶撞干部的调皮战士做阶级斗争的活靶子，经常点名批判他。他对连长积下仇恨。一天夜里，他取出他的枪，冲进连长的房里，打死了连长，后来又打死二十个来追捕的军人。他最后被打伤逮捕，不久被军事法庭判处死刑。他的伤完全治好后才执行死刑。执行死刑前全军开了宣判大会，开会时，坦克排在会场外，杀气腾腾，好像被判死刑的是一个师的敌人。这个士兵是被用步枪从他背后击中脑部而死的，死后有人用手枪补火，查实他确已死亡。

人们还可以从广为流传的两个事件上，窥见到军内造神运动的惨烈。

总参谋长罗瑞卿大将跳楼自杀。

1966年3月18日深夜，处于委屈、痛苦、悲愤和绝望中的罗瑞卿，从他住房的三楼楼顶纵身跳下去……他没有死，多处骨折、受重伤。

跳楼前，他给妻子郝治平留下了既可怜又可悲的绝命书：

> 治平：会议的事没告诉你，为了要守纪律。永别了，要叫孩子永远听党的话，听毛主席的话！我们的党永远是光荣的、正确的、伟大的。你要继续改造自己！永远革命！

刘伯承元帅曾说过："**离开党，像我们这些人，都不会搞出什么名堂来。**"这可以说是包括罗瑞卿在内的许多高级领导人的共识。伦理共识使他们认为：革命永远神圣，党永远正确，毛泽东永远伟大；对他们来说，极左路线、个人崇拜等等都不是问题；他们甚至认为，"**生是毛主席的人，死是毛主席的鬼**"，无论个人遭到多大的不幸、委屈，包括个人和家庭的毁灭，都无损革命的合理、党的正确和领袖的伟大。这种与现代文明价值格格不入的封建忠君意识，是大跃进、文革中混乱局面得以控制、一党专政得以继续的重要原因。

一个忠于毛泽东、忠于共产党、事业日逼中天的总参谋长怎么会如此短见？

"绝命书"中说的"会议的事没告诉你"指的是什么？原来，自三月以来，毛泽东和林彪决定在北京召开批判罗瑞卿的会议，并指定叶剑英主持会议。罗在会上作检查；如果罗不承认给他罗列的一系列罪行，检查就不能通过。会议没有确定日期，停停开开，每当罗瑞卿要陈述真相、为自己申辩时，他们就群起而攻之或宣布休会。显然，这是从"延安整风"继承下来的整人法：只能坦白、挨整，不许沉默、抗辩——**毛泽东式的逼供信**。风光时，罗瑞卿常用这种办法收拾别人，没有想到今天，会让叶剑英用这种办法来整自己！

无可名状的痛苦，使他陷入绝望的深渊，整个精神崩溃了，他决心以死来抗争。

罗瑞卿怎么会得罪毛泽东呢？

罗瑞卿与毛泽东1929年相识，1930年初，罗任二纵队政治部主任期间，就在毛泽东手下工作。抗战初期在延安，罗被任命为抗大教育长，毛泽东经常到抗大讲话，对抗大工作作出许多重要指示，罗瑞卿是忠实执行者。1949年到1959年，罗在担任公安部长期间，忠实执行了毛泽东的决策，先后镇压反革命高达200~300万，为稳定政局作出巨大贡献。

罗被国外称作"沾满中国人鲜血的刽子手"，却被毛泽东称为"大警卫员"。毛泽东对他的工作很满意，他说："**天塌下来有罗长子**（笔者：毛泽东给罗的绰号）**顶着。**"1959年庐山会议上，罗瑞卿发现周小舟、周惠、李锐到彭德怀、黄克诚住处交谈，向毛泽东告了密，使毛泽东下决心将"彭（德怀）、黄（克诚）、张（闻天）、周（小舟）"打成反党集团。毛兴奋地说："**罗长子往我身边一站，我就感到十分放心。**"1960年12月25日，毛泽东在过生日前夕，对他的部分亲属和身边工作人员说："**今天在座的，受过我批评最厉害的是汪东兴同志，除他之外，还有罗瑞卿同志。我骂过他们，要他们从房子里滚出去。**"他还颇为得意地说："**我狠狠地批评了他们，但是他们从来不恨我。**"可以说，罗对毛忠心，毛用罗放心，他俩的关系非同一般。

如此忠于毛泽东的大将怎会遭到整肃呢？人们自然会联想到他得罪了林彪。

其实，罗瑞卿跟林彪的关系也很好。

林彪同罗瑞卿从1930年2月开始相识共事。罗虽然比林大一岁，但一直是林的下级。红军时期，林当红四军军长时，罗是十一师的政委，林当一军团军团长时，罗是军团的保卫局长。到陕北后，林当红军大学的校长，罗是教育长。抗战时期，两人分开。内战打太原后，罗要求调到四野，林彪、罗荣桓同意，但由于中央决定调罗当公安部长，才未去成。1959年庐山会议以后，罗瑞卿这名中共中央委员，已经成了国务院副总理兼公安部部长十分耀眼的红人。林彪建议任命忠于毛的罗当总参谋长兼军委秘书长，很快被毛批准。可见他们的关系也非同一般。

据说，不到两年，林、罗的关系就出了"裂痕"，而这种"裂痕"与叶剑英元帅和杨成武上将的"小报告"相关。1965年秋天，林彪曾对陶铸这么说："**1960年，罗瑞卿对我的合作是好的。但是从1961年起，就开始疏远我、封锁我，到1965年便正式反对我了。**"这也许是实话。陶铸将林的话传了罗瑞卿。笔者认为，林的意图不仅要陶铸把这句话传给罗，更要传给毛泽东。陶铸是否把林的话传给了毛，笔者手头没有这方面的资料；但笔者深信，陶一定会把林的话传给毛。因为，当年身为中共中南局第一书记兼广东省委第一书记的陶铸，是毛泽东向刘、邓夺权所信赖的重要人物之一；由于他是毛的亲信，在来京后第二年，便被毛任命为文革小组的顾问，接着提拔为中共中央常委，迅速成了地位仅次于周恩来的党和国家第四把手。如此显赫的毛的红人，当时的他，怎会忘记把发生在林、罗之间的重大信息传给毛泽东？做为毛泽东的猎鹰，林彪已经察觉到毛要整罗瑞卿了。平时对罗颇有意见的林，在借机向罗发出了严重警告的同时，便不失时机地向毛表示忠诚，并开始了倒罗的部署。可惜罗没有"吃透"警告，还以为他是毛的红人，林整不了他哩！

林彪是如何察觉到毛要整罗瑞卿呢？据罗瑞卿的女儿**罗点点**回忆：

罗不是政治局委员，却曾是政治局常委会的列席者，这是一个不可等闲视之的荣誉。但有一阵不让他列席了。原因是毛岸青（笔者：毛的痴呆儿子）夫妇的生活一直是由罗照应，"四清"运动时，韶华（笔者：毛岸青夫人，江泽民时期授少将军衔）为了锻炼而到农村搞四清，罗知道岸青要人照顾，就劝她不要去，后来韶华坚持，罗考虑再三，将她安排在离北京很近的地方，一旦有事可以马上回来。毛知道了这事很不高兴，罗也就被取消列席常委会的资格。当时一位知道内情的老同志给罗打招呼："罗总长啊，知不知道常委会为什么没要你来啊？"这老同志肯定是知道的，其他常委想必也会知道（笔者：常委林彪当然也会知道），但没有谁觉得有什么不正常。过了一段时间，在毛泽东身边工作多年的吴君旭护士长对毛泽东说，韶华去四清是她自己提出来的，根本不是罗总长要求她去的。这才解开了毛泽东的疙瘩。罗又能去列席常委会了。

罗点点在回忆中还记载了另一件事：

1965年5月，江青找到爸爸，说她对军队和军装都很有感情，希望有一套新的军装和帽徽领章。罗为了照顾江青同志的感情和维护现役军人的尊严，只发给江青一套军装，没有发领章和帽徽。这种不肯通融的做法，引起江青极大不满。

点点说的，对广大老百姓来说不可思议：**伟大领袖胸怀若谷，怎会如此小肚鸡肠？**但对熟悉毛泽东品格的林彪来说，这些信息对他非常重要。

猎鹰的双眼，决不会放过更为重要的信息：

1964年12月26日，在毛的生日晚宴上，毛当众训斥刘少奇；1965年1月，在政治局会上，毛、刘又首次公开冲突；此时的刘少奇，在党内、政府中的势力已据主导；原先被毛看好的彭真，邓小平，已完全倒在刘少奇一边；党内外，特别是在众多中、高级干部看来，毛最多是作为一个偶像而存在；自1963年以来，毛已发觉他在党政中被逐渐架空；到了1965年，毛已下定决心要打倒刘少奇；而此时，毛所倚重依靠的军队，实权已逐渐转移到贺龙和罗瑞卿手中；生性多疑的毛，并不信任贺龙，一旦毛、刘摊牌，贺龙的态度是个未知数，等等。——党内这种复杂而尖锐的权力斗争形势，怎能逃出林彪的鹰眼？

毛泽东所信任的罗瑞卿呢？自1959年出任总长、军委秘书长、特别是1962年出任书记处书记后，大权在握，自认在军中有毛、贺支持，在政府中有刘、彭真撑腰，在党内有邓应援，大有取代林彪之势，因此，作风强悍，飞扬跋扈，除贺龙外，其他老帅大将都不在他的眼里，甚至许多事情也常绕过林彪直接向毛请示回报。而林彪呢？为怕与毛的红人罗瑞卿争锋，被毛怀疑夺权，自1962年夏天后，在罗咄咄逼人面前，无可奈何地"托病"逐渐放权，再次"卧薪尝胆"，等待时机。看出军内形势的刘少奇，为了架空毛泽东，也对罗采取亲近拉拢的态势。1965年5月他曾公开说："**我们国防部长的接班人是罗瑞卿。**"罗也经常向刘、邓请示工作。党内右派势力也乘机散布说："国防部长和军委第一副主席的位置由一个'病人霸着'，总不是一件好事。"木秀于林，风必摧之，权大盖世，上必除之，何况罗有依附于刘、邓的嫌疑？毛泽东听到传闻后，发觉大势不好，便开始了"倒罗弃贺"的新部署：他一方面严厉申斥林彪**不抓大事**、**放权**，另一方面秘密召见另一得力助手叶剑英、毛的"好学生"总政主任萧华和忠臣副总长杨成武，令他们注意贺、罗动向，收集有关"反对突出政治"的材料，同时晋升杨成武为第一副总长和军委副秘书长，做好了随时接班的准备。

遭到申斥的林彪终于等到了机会，便当着陶铸对罗发出了警告，并在备忘录中恶狠狠地说："**大捧别人，大跟别人，回京后根本不来见面……让他做绝**"，"**当作又一彭黄也**"。

权力资源是有限的，权力欲与占有欲却是无限的。在一切都取决于个人意愿的氛围中，很多问题并非原则之分、主义之争，核心不过是权力的转移。**权力的转移或再分配，就需要不断的斗争去实现**，这就是毛泽东"**与人斗，其乐无穷**"的哲学。

有人认为，打倒罗瑞卿是毛泽东为换取林彪支持的一笔政治交易；但笔者认为，这是毛泽东一箭三雕的权术：**严惩不忠、警告观望和安抚林彪。**

了解中共内情的人都知道，他们要打倒谁，上面所说的理由都是拿不到台面上来的。为了使广大干部和百姓们信服，他们必须在**至诚、至爱、至情、至理**上大做文章。

打倒罗瑞卿的第一个"至理"的罪状是："**大比武冲击政治。**"

六十年代初，南京军区十二军军长李德生少将在某部二连蹲点时，发现二连副连长郭兴福训练有方。遂在李德生的重视下，迅速出现了一个训练典型：**郭兴福教学法**。本来对林彪大搞"三八作风"、"四个第一"、"活学活用"和"突出政治"颇有微词的罗瑞卿，在叶剑英元帅支持下，使郭兴福的教学方法迅速在全军走红。对此，罗点点回忆道：

> 时光很快就流转到1964年。回想起来，也许就是从那时候开始，事情有了一点变化。父亲周围的许多事开始变得别扭起来。那年1月，叶剑英同志在南京军区视察时，发现了郭兴福同志的军事教学法很有特点。……叶剑英把自己的所见所闻向毛主席写了报告。毛主席看了报告十分高兴，大加赞许。林彪看了报告也表示赞许。毛主席批准了叶剑英的报告。军委还在1月3日指示全军，立即行动起来，掀起一个学习这种练兵方法的广泛深入的群众运动。……父亲向林彪报告后，于1月下旬到南京军区召开了现场会，对郭兴福教

学法的推广进行具体的组织和研究，并通知了各大军区、各军兵种都派人参加……

父亲的本意是十分明显的，军队的主要任务是保卫祖国，军队战斗力的不断提高自然是他这个总参谋长的主要任务。……父亲总认为，突出政治不能光是一句话。政治也从来不是空头的。……军队当然应该拿出点像样的训练成绩来向党汇报。这不仅是部队建设的需要，而且实际上搞好了也是给突出政治从另一角度做个补充，是一件锦上添花的事情。

父亲以他特有的热情和敏锐，成功地组织实施了这个轰动一时的"大比武"。

毛主席对每项精彩的表演都鼓了掌。

面对这些可喜的成绩，军委各位领导同志以及毛主席、周总理都给以密切的关注。父亲多次陪同周总理、贺龙、陈毅、徐向前、聂荣臻观看军事表演。这一年的6月15日、16日，毛泽东、周恩来、刘少奇、董必武、朱德、邓小平等党和国家领导人检阅了北京、济南部队的军事训练。正在北京开会的各省、市、自治区的领导同志也都观看了军事汇报表演。

毛主席对每项精彩的表演都鼓了掌。在看完擒拿格斗表演后，毛主席还对画有蒋介石头像的沙袋说："老朋友，久违了，我也打你几拳吧。"毛主席还在观看表演的时候说："**北京、济南部队的表演很好，要在全军普及。**""**部队要练夜战，近战。**""**夜老虎连要普及，现在可以一个营先搞一个连，将来要使全军都成为夜老虎。**"

从当年新闻报导上来看，罗点点的回忆基本属实。但在当时"养病"中的林彪，已经窥测到毛怀疑罗的态度，便于1964年12月，就当时部队工作中的问题发出指示说："**有的部队只抓军事技术，不抓政治思想，甚至弄虚作假，搞锦标主义和形式主义。这样下去，必然会把政治工作冲垮。**"他针对全军大比武说："**要把这个风煞下去，很快来个转弯，不转变部队就会被搞得不像样子，就会吃大亏。**"

罗瑞卿的把柄终于被抓住了。1965年5月，军委就军队战备问题举行会议。会议总结发言理应待报毛、林后由元帅叶剑英代表军委作，但罗事先未请示即以会议主持人身份作出总结发言，把叶帅凉在了一边，从而引起了元帅叶剑英、聂荣臻和上将萧华、杨成武、李天佑等人的不满，使他们联合在一起向毛告御状。此时，在其打倒刘、邓的战略部署中已经对罗的立场产生了怀疑的毛泽东，借机申斥林彪"**不抓大事**"、"**放权**"。林彪招此批评，十分恼怒，借机对罗说"要加强通气"，并说："你过去的通气是有的，但不够，要加强。"并对通气问题作了五条规定。不久，毛泽东为确保在对刘、邓的斗争中军队的绝对忠诚，就开始了逐步解决贺龙、罗瑞卿兵权的部署，任命杨成武、李天佑分别为第一副总长和主管作战的副总长，在罗瑞卿不在京期间主持总参工作。与此同时，发现并积极推动全军大比武的叶剑英，摇身一变，成了批评大比武冲击政治的元帅，开始按毛、林安排收集起罗瑞卿冲击政治的材料来。洞悉毛心迹的林彪，便向夫人叶群面授机宜，叶群迅即以电话告知海军副司令李作鹏中将。1965年11月27日，李便同海军副司令王宏坤上将、海军政治部主任张秀川少将三人写信状告罗瑞卿，称其阴谋篡权海军，并罗列了他十条罪状。同落井下石一样，相互揭发，也是毛泽东用分而治之之策控制高级将领的重要手段。

在完成上述部署后，1965年12月2日，曾热情支持过大比武的毛泽东，在兰州军区党委关于第55师"突出政治"的情况报告上作了这样的批示："**那些不相信突出政治，对于突出政治表示阳奉阴违，而自己另外散布一套折中主义（即机会主义）的人们，大家应当有所警惕。**"毛还骂"**罗个人独断，罗是野心家**"，发出了整罗的信号。兰州军区的报告是杨成武首先"发现"的。早想扳倒罗的第一副总长杨成武，"发现"报告后，便飞报给林彪。林看到这份报告如获至宝，很快上呈毛泽东。这样，杨成武取代罗瑞卿只剩时间了。

在批示前的11月29日，毛的秘书通知叶群马上来杭州向毛做全面汇报。为了给打倒罗瑞卿找"至情至理"的理由，同时缩小打击面，不惊动刘、彭、邓、贺龙等人，毛故意在叶群面前就"作战会议总结发言"和"五级干部定级问题"大骂罗瑞卿："**罗长子不是军委主席么！也不是军委副主席么！党内也不是政治局委员么！怎么由他做总结发言？有的老帅**（笔者：指叶剑英）**组织了一个班子，准备了一、二个月的总结发言稿，怎么不让这位老帅做总结？听说罗长子的总结发言事先没有经过军委其他领导看过？大将也不只他一个么！现在许多元帅和大将怎么没工作干了？党政军的工作就靠罗长子一个人干？中央的五级干部定级的名单上怎么连国防部长的签批也没有？**"骂声传达了明确支持林彪的信息。本来对罗不满的叶群，同毛一唱一和地骂起罗瑞卿来。

于是，便产生了倒罗的第二条"至理"的罪状："**罗瑞卿反对林副主席！**"

洞悉毛泽东思想的林彪，随即命叶群同他的爱将空军政委吴法宪中将，编织了"烛影斧声，千古之谜"式的罪名：空军司令刘亚楼上将临终遗言。

1965年12月8日至15日，毛泽东在上海主持召开政治局常委扩大会议，与会者竟然扩大到了连中央委员都不是的叶群。这个被史称为的上海会议，会前，除毛泽东、林彪、叶群、杨成武和少数几个人外，连中共第二把手刘少奇也不知道会议内容。叶群在会议上作了3次共约10个小时的发言，句句针对罗瑞卿。她说，刘亚楼临终前，她去看他时，他对她说：1963年以来我几次想和你谈四条意见，是罗总长交代让我谈的。这四条意见是：**1. 一个人早晚要退出政治舞台，林彪也是要退出政治舞台的；2. 要保护林彪的身体；3. 林彪再不要干涉军队的事情了，由罗瑞卿去管好了；4. 放手让罗瑞卿工作，一切交给罗瑞卿负责。**叶群还历数了罗瑞卿反对林彪、反对突出政治、向党伸手等个人野心的罪行。面对叶群这个"死无对证"式的揭发，毛泽东"深信不疑"，迅速做出了"**罗是野心家**"的结论，使多数与会者茫然不解。10日，被通知从昆明来上海参加会议的罗瑞卿，一下飞机便失去了自由。在毛泽东时代，这种颠覆法制文明的逮捕，早已司空见惯：对权贵如此，对下层百姓更甚！

人们不禁要问：英名盖世、明察秋毫的毛泽东怎么会相信叶群那种"死无对证"的胡言乱语？想起当年庐山会议期间，由于罗瑞卿告密，就导致"彭、黄、张、周"被打成反党集团的那件事，人们就会看到这样的结局是"理所当然"的：在向刘、邓党内右派集团夺权决战前夕，毛以毛、林联盟和以莫须有的罪名拿罗瑞卿祭旗，并警告所有观望者和潜在的叛逆者。在"死无对证"的置疑眼神中，会议根据叶群的揭发，做出了撤销罗瑞卿的中共中央军委秘书长、总参谋长和中共中央书记处书记职务的决定。

1966年1月初，毛泽东晋升在"倒罗（瑞卿）弃贺（龙）"的部署中的有功之臣叶剑英为中央军委副主席，并兼任原来罗瑞卿所兼担任的中共中央书记处书记和中央军委秘书长等职。另一有功之臣杨成武上将被任命为代总参谋长。

使人困惑不解的是，一个发誓"生是毛主席的人，死是毛主席鬼"的罗长子，在上海会议上还是个"反对林副主席"分子，但在三月叶剑英主持的会议上，一下子就变成反党、反毛主席、反毛泽东思想的阶级异己分子，是暗藏在军队中的赫鲁晓夫！这对于一贯忠于毛泽东的罗瑞卿来说，那委屈、那痛苦、那悲愤已经使他精神崩溃了，于是他绝望地一跳……

这一跳使既得利益者、因好色被人称为花帅的叶剑英元帅，诗情大发，改写辛弃疾《贺新郎》词中一段，讽喻背叛：

将军一跳身名裂（笔者：原为"将军百战身名裂"），

向河梁，

回头万里，

故人长绝。

许多人对叶剑英的幸灾乐祸颇有微辞。另一既得利益者杨成武上将马上为叶帅圆场说："这是惋惜。"杨成武全然不顾事实，又欺万里中华无词人。

更为惨烈的是：南京高级步兵学校教员郭兴福全家自杀！

在毛的中国，上层权力的再分配，必然祸及下层。罗瑞卿倒台后，郭兴福遭了殃。

郭兴福，山东邹平县人，1930年2月出生于一个贫苦家庭。1948年9月，济南战役时起义参军，淮海战役中荣立三等功一次。1949年6月加入中国共产党。1955年第十四步兵学校毕业后，分配到12军34师教导营，后调到100团二连任副连长。任副连长期间，他从实战需要出发，研究摸索出一套教学训练的好方法。军长李德生发现了他，并在12军内推广他的教学训练法。被誉为"郭兴福教学法"迅速走出12军，走向南京军区，走向全军。郭兴福因而被调到南京军区高级步校当教员。

1963年4月至10月，郭兴福应邀到了广州、武汉、沈阳军区，做了数十场表演，参观见习人员数以万计。

负责训练工作的叶剑英元帅在给军委的报告中写道：

"**我于十二月二十三日**（笔者：1963 年）**到南京，二十四日到镇江参加总参军训部召集的郭兴福教学方法现场表演会，看了郭兴福以及南京军区推广郭兴福教学方法以后所涌现出的许多优秀教练员和先进分队的八个课目的表演（总共有十九个课目）。看了以后，大开脑筋，大开眼界。充分说明群众是真正的英雄，群众的创造力是无穷无尽的。**"

报告中还说："**总之，郭兴福教学方法已为广大群众所公认，自动要求学习郭兴福教学方法已自下而上的酝酿了很久，有几个军区已经正式作出了决定，条件已经成熟，建议军委发一个指示，在全军中加以推广，号召各军区，各军种、兵种、部队和学校及至民兵，结合本身的特点，学习郭兴福的教学方法，发扬我军传统的练兵方法，培养郭兴福式的教练员，借以掀起一个军事训练的高潮，进一步使军委有关训练方针、原则落到实处，大大提高训练的质量。**"

总参谋长罗瑞卿大将收到叶帅的报告后，立即向毛泽东主席作了汇报（笔者：向毛泽东报告过程，与罗点点的回忆稍有不同）。毛泽东很快作了批示，对此表示赞赏，并认为"**这是一个了不起的发现**"。

1964 年 1 月 3 日，中央军委转发了叶剑英的报告，号召全军立即行动起来掀起一个学习"郭兴福教学法"的热潮。

为了检阅由"郭兴福教学法"所引发的全军大练兵的成果，中央军委决定在全军进行一次全面的军事训练比武运动。1964 年 5 月 15 日，总参、总政发出《关于全军比武问题的通知》，拉开了全军大比武帷幕。

从 6 月到 7 月上旬，各军区、各军兵种的比武基本结束。从 7 月到 8 月，在总参谋长罗瑞卿的组织下，全军分 18 个比武区展开了全军大比武（不包括海军舰艇、岸炮、航空兵部队）。根据不完全统计，全军参加比武的共有 3,318 个单位，33,000 多人，在 3,766 个项目的角逐中，共评出 694 个尖子单位，3,070 个尖子个人。6 月 15 日、16 日，毛泽东、周恩来、刘少奇、董必武、朱德、邓小平等党和国家领导人检阅了北京、济南部队的大比武，都倍加赞誉。正在北京开会的各省、市、自治区的领导同志，也都观看了军事汇报表演。从 6 月到 9 月的全军大比武，被军史称为"百日辉煌"。

然而，到 1965 年秋，毛泽东发现罗有投靠刘、邓嫌疑后，曾被他赞誉过的"全军大比武"，成了"冲击突出政治"、反对"活学活用毛主席著作"的罪状，他的忠臣罗瑞卿则被他臭骂为"**散布一套折中主义**"的"**野心家**"，迫其跳楼自杀，但积极推举"大比武"而与刘、邓保持一定距离的叶剑英，却安然无事，还获得晋升。

中国有句谚语叫做：一人得道，鸡犬升天。颠倒过来呢？在毛泽东时代，人们早已习惯了一个不成文的潜规则：**一人落难，亲朋遭殃**。遗憾的是不少人认为，这种潜规则理所当然！

生活在这种充满**封建株连规则**的氛围里，被李德生将军发现、被叶剑英元帅推举、最后被罗瑞卿总长看重的"郭兴福教学法"的创建者郭兴福，便随着罗总长的倒台而惨遭大难。

因被罗瑞卿看重而获"罪"的**郭兴福**，被戴着高帽子、坐在笼子里游街。有一次，他在气温高达40度的南京大街上，在水泥道路上爬行，爬一步磕一下头，膝盖上的鲜血把裤腿浸得点点黑红，豆大的汗珠在水泥路上留下斑斑汗渍；有时还要手拿稻草大声说"我是罗瑞卿的孝子贤孙"，"我有罪"，"我罪该万死"……一个刚烈汉子，遭到如此蹂躏，他的身心受到了多么大的摧残啊！他绝望了；丈夫落难倍受歧视凌辱的妻子**李淑贞**，也绝望了。他们商量，**用全家自杀来抗议迫害**。与妻子抱头痛哭后，他要先"送走"他所疼爱的三个儿女——6岁的儿子钢钢、4岁的女儿炼炼和2岁的儿子久久，因为，在"**老子英雄儿好汉，老子反动儿混蛋**"血统论横行的中国，他怎能忍受留在世间的三个儿女被当成反革命"狗崽子"任人欺凌？看见他的三个儿女惊恐地望着他在抽泣、在啼哭的时候，他的心跳动得几乎要破胸而出。他无法抑制住双手的颤抖，但决心已定：神志上的歇斯底里，使他咬紧牙根，野兽般地扑向他的儿女，用颤抖着双手一个接一个地把他们活活掐死，然后与妻子一起通电自杀。然而，电把他俩打懵，却没有打死。妻子李淑贞醒后，见丈夫、孩子已死，砸开窗户，跳楼负伤。被剧烈撞门声震醒过来的郭兴福跑到厨房，拎起菜刀猛砍了自己十多刀，绝望地倒在自残的血泊中。撞开房门闯进来的邻居们，目睹了那血淋淋的令人毛发悚然又令人心碎的惨烈场面！三个小孩死了，郭兴福和妻子李淑贞被抢救了过来。郭兴福以**反革命杀人罪**被判处死刑，李淑贞被判处两年徒刑，监外执行。

呜乎！年幼无辜的**钢钢、炼炼、久久**，你们来到人世间的社会主义中国，难道命中注定要你们为**大比武**殉葬？命中注定要你们当**造神**运动的祭品？命中注定要你们用短暂的一生为中共上层的**权力斗争**付出生命代价？

谁是杀害他们的真犯！谁是杀害他们的元凶！公理何在！

死刑消息传出，正直的人都噙着眼泪愤愤不平。南京军区司令员许世友、时任总政治部主任的原12军军长李德生，先后出面多方工作，才将郭兴福改判为20年徒刑，多少擦掉了一些挂在人们脸上的泪珠。

李淑贞已经没有眼泪，她常常坐在儿女坟前发呆，久久不甘离去。好心人们常开导她，她也常不无懊悔地对人说："当时我晕了，咋没有去挡他！"

毛泽东死后，度过十余年监狱生活的郭兴福被释放了出来，恢复了军职和官衔；但巨大的悲痛已经使他变得冷漠、苍老、珠黄。八十年代初，当罗瑞卿的女儿**罗点点**采访他时，见他"**原先那么虎虎有生气的人仿佛死过一回，动作迟缓，眼睛里没有一点光彩，思想和语言都带有那种心灵破碎所固有的冷漠和偏执。他没有丝毫失去那可怕的记忆，一举一动在都告诉你，他对那些恐怖场面记忆犹新，或许他只生活在那些可怕的记忆里**"。

1985年，在儿女忌日那天，他想剁去双手，妻恸曰："我们做过一次傻事，不能再做了！"他有所回心。然而一天，目光突然冷峻的他，骑着自行车，鬼使神差地与汽车相撞，结束了他五十五年辉煌、惨烈、悲凄的一生。

据说不久后，李淑贞在郁郁中死去。"伟大领袖毛主席亲自发动和领导的无产阶级文化大革命"，终于给这个家庭划上一个圆满的句号！——这都是后话。

个人崇拜的造神运动，正如火如荼地向更高层次发展，"**最高**"、"**顶峰**"、"**最最最**"、"**句句是真理**"、"**一句顶一万句**"的说教和口号相继扶摇直上。在"**与人斗，其乐无穷**"的毛泽东们看来，致伤、致残、家破人亡，给胜利者带来的不是困顿，不是郁闷，也不是怜悯，更不是悔恨，而是愉悦、舒畅、欣慰和颠狂。

五、学《毛主席语录》运动

林彪、罗瑞卿对推动毛泽东个人崇拜运动的最重要贡献是编发《毛主席语录》。

1960年3月，在一次军委扩大会议上，林彪说："毛主席有许多警句你们要把它背下来……我主张就是要背一点东西，首先是把毛泽东同志的著作中最精辟最重要的话背下来，脑子里就是要记住那么几条……"并提出"**要带着问题学习，活学活用，学用结合，急用先学，立竿见影，在'用'字上狠下功夫**"的学习方法。1961年4月，林彪在部队视察时更明确地指示：为了使战士在各个时期、各种情况下都能及时得到毛主席思想指导，**解放军报应当经常选登毛主席的有关语录**。该报便从5月1日起，开始在每天的报眼上刊登毛泽东语录。1962年2月3日，总参谋长罗瑞卿在《解放军报》毛主席语录宣传小结上曾批示："大型辑录形式好，以后还可以用。"于是，到1964年1月5日，由《解放军报》编缉田晓光负责编辑的《毛主席语录200条》征求意见本出版了。

各种版本的《毛主席语录》。给林彪名字上打X，发生在林从副统帅摔死成反革命之后。

1965年5月，在总政领导和各部部长参加的集体讨论会上，讨论和审定了再版的《毛主席语录》。会议一致通过了再版《毛主席语录》的《前言》和全书的33个专题、427条语录。由于林彪曾明确指示："**毛主席语录本在部队很受欢迎，现在每班一本太少，**

大家抢着看不够用，要多印一些，一定要发给每人一本。毛主席著作是最重要的思想武器。毛主席著作选读本和语录本，要像发武器一样发给每个战士。"因此，总政为了达到军内每个战士人手一册，计划印刷发行420万册；但由于地方各级领导都来部队要《语录》，实际发行量大大超过计划，增到 **1,213 万册**。

凡是经历过"史无前例"文化大革命的人们，都不会忘记当时被誉为"红宝书"的《毛主席语录》。由于林彪和罗瑞卿的鼓吹和推行，**毛泽东、周恩来、江青等权贵们强有力的支持**，这本小册子，很快风靡全国、遍及全世界150多个国家和地区，创造了我国图书出版发行数量的最高纪录。这本有"东方《圣经》"之称的《语录》，从1964年5月问世到1979年2月12日中宣部发文通知停止发行时止，在短短15年内，仅国家出版社正式出版的总数，就有10.5亿册！如果加上文革初期"造反"组织以及各机关、团体、部队、厂矿等翻印和私自编印的在内，其数量之大，更为惊人。又据报导：仅文革几年内，国内外出版的用50多种文字印成的《语录》，就有500多种版本，总印数高达 **50多亿册**。其中，向150多个国家和地区"出口"的《毛主席语录》高达数千万册。还有报导说，法国、德国、瑞典、印度、马来西亚、刚果（布）、朝鲜等21个国家，用英、法、僧伽罗、泰米尔、印地文、旁遮普、朝鲜、孟加拉等24种文字自行翻译出版的《毛主席语录》也有数百万册。其中，日本翻译出版了近30万册。据当年政府统计，当时全世界30多亿人，男女老幼人均持有《毛主席语录》1.5册以上。因此，《毛主席语录》被国际上公认是"**二十世纪世界上发行量最大、读者最多的书**"。自此，在一些中国人的心目中，毛泽东不仅是中国人民的伟大领袖，也是"**全世界人民的伟大导师和领袖，中国也因而成了世界革命中心，成了全世界被压迫人民响往的胜地！**"

在中国，人手数册的《毛主席语录》，把中国变成了红色海洋。

对于"红色海洋"，有人曾这样描述：

曾记否，二十多年前，似乎在一夜之间，"红宝书"忽然在中国大地掀起了红色海洋，呼啸澎湃，浩瀚无边。《毛主席语录》在人们手中飞扬，口里传诵；"最高指示"响彻云霄，语录歌声昼夜不断。大街小巷所有的建筑物，里里外外都敬书高悬语录牌，全中国成了一个"红彤彤的世界"。

那时，全国除毛泽东本人以外，上自副统帅林彪，下至每一个学龄儿童，无不每天随身携带这本小红书《毛主席语录》，随时随地都要进行朗读或背诵，时称"**天天读**"。

红色海洋

每天早晨起床梳洗后，要举行敬祝仪式，即站在毛主席像前，行三鞠躬礼，手擎《毛主席语录》，口中念念有词："**敬祝伟大的导师、伟大的领袖、伟大的统帅、伟大的舵手、我们心中最红最红的红太阳毛主席万寿无疆，万寿无疆，万寿无疆！敬祝毛主席的亲密战友、我们的林副统帅身体健康，永远健康，永远健康！**"然后背诵一段《毛主席语录》结束仪式，时称"**早请示**"。晚上上床睡觉前，如法炮制，时称"**晚汇报**"。除了这种标准的宗教式的敬祝仪式外，还有唱歌、跳舞等敬祝形式。

也许有些读者发问：信奉唯物主义无神论的中国共产党，怎会举行这种荒诞不经的宗教仪式？甚至有人可能认为，笔者有意用这种虚假、荒唐的无稽之谈来蛊惑人心。笔者是否在弄虚作假？否！读者请看敬祝仪式种种：

敬祝仪式种种（自左至右）：1. 林彪、周恩来在毛左右两边敬祝。2. 病人在病房里敬祝。3. 舞蹈式敬祝。4. 幼童敬祝。5. 高歌式敬祝。

除"早请示"、"晚汇报"外，在上下班前后，在会前会后，在饭前饭后，在火车、轮船上，都要按时举行敬祝仪式。时称"**时时祝**"。

牛鬼蛇神一类的"坏人"、犯罪分子没有"早请示，晚汇报"的资格，就"早请罪，晚请罪"：在毛泽东像前低头弯着腰站着，保持着请罪的姿势。

这种敬祝仪式，以它不变的、统一的、单调的表演，能逐渐消蚀人们的活动力、识别力、判断力和批判力，攫走人的情感和责任感，并使崇拜和臣服内化定型为一种惰性生活方式，一种奴化了的精神族群。这都是毛泽东所期望的。

除"天天读"、"时时祝"外，还要处处学习《毛主席语录》。请看下面一组"**处处学**"：

总之，田间地头，工地车间，校内课堂上，军队演练中，都要拿出一定时间来学《毛主席语录》，不学便视为对毛主席不忠！

待人接物时，更要颂扬《毛主席语录》，时称"**事事颂**"。在人际交往中，也要像对口令一样用毛主席语录呼应。有人在文章中这么写：

老太太上街买菜，对售货员说："'节约闹革命'，请给我称两斤菠菜？"

买卖成交后，售货员回答："'为人民服务'，这是找你的两毛钱。"

尽管这有戏谑之嫌，笔者并没有遇到过，但相信有存在的可能。

"处处学"《毛主席语录》（自左向右）：

上排：1. 老农学。2. 田间地头学。3. 家庭学。4. 水车上学。
5. 跳伞前学。6. 游泳比赛前学。下排：1. 飞行前学。2. 战士训练间学。
3. 学生课前学。4. 干校劳动前学。5. 文艺演出前学。6. 工人上班前学。

笔者打电话曾遇到过尴尬。那时电话不是自动接线，而是由总机人工连接。通常打电话者摇通总机，总机小姐便问："喂，要哪里？"打电话者回个地址后，电话就会很快接通。但在《语录》盛行的特殊年代里，通话"规则"大变。有一次我摇通了总机，传来总机小姐的声音："'**反对自由主义**'，**要哪里？**"由于我没有先背段语录就说了要通话的地址，接线小姐当即拨线挂机，无论我再怎样摇机，对方也不搭理。无奈下，只好到别处找电话再打。

除"天天读"、"时时祝"、"处处学"和"事事颂"外，《毛主席语录》还是攻防利器。人们拿着《毛主席语录》，就像拿到了"尚方宝剑"，既可以攻击别人，也可以防卫自己。巴金在劫后的一篇《要有个艺术民主的局面》文章里，有过一段形象描述：

有一个时期我们每天要举行几次"请示"、"汇报"、"祝万寿无疆"的仪式。别人在我们面前念一句语录："**凡是反动的东西，你不打，他就不倒**"，于是我们就成了该打倒的"反动的东西"。他们又念一句"**这是一些极端反动的人**"，于是我们就成了"极端反动的人"。他们再念一句"**凡是毒草，凡是牛鬼蛇神，都要进行批判**"，于是我们就被当作"牛"给关进了"牛棚"……

在派性斗争中，由于造神运动向更高层次发展，毛泽东言论便成了"最高指示"、绝对真理。因此，在两派大字报的你来我往、面对面的唇枪舌剑、对峙广播站的互相攻评驳辩中，双方都根据自己的需要，从《毛主席语录》引出对自己有利的条条，借以攻击和诘难对方，于是便出现了滑稽的、古今中外绝无仅有的、具有毛式奇特的"语录战"！如一方振振有辞地说："**要文斗，不要武斗。**"对方便还以颜色："**革命不是请客吃饭……**"

具有讽刺意味的是，在文革派性斗争中，这种以"文斗"方式进行的"语录战"，到头来，多数都演变成了"武斗"，最后决定胜负的，仍然是拳头、棍棒和冷、热兵器。

中共在毛泽东逝世后的权力交接中，最高领导层的中共中央政治局里居然也发生"语录战"：一方说毛泽东的遗嘱是**按既定方针办**，一方说是**按过去方针办**。孰是孰非？这种在暗箱中操作的权力斗争游戏，只有天知、地知、当事人知，人民群众不得知。最后，老百姓知道的仅仅是："四人帮"被"粉碎"。

以解放全人类为己任的"世界人民导师和领袖"毛泽东，必然要用他的《语录》作武器，推向国际社会，直接用于"反帝、反修"支援世界革命的战场。例如，1968年4月16日，他曾以"世界人民导师和领袖"的身份，发表干涉美国内政的"**支持美国黑人抗暴斗争的声明**"，号召美国人民起来"**推翻美国垄断资产阶级的反动统治**"。于是，豪情四射的毛的"群众"们频频以《毛主席语录》为武器，干涉他国内政，制造了多起外交事件：

我驻X国使馆造反派在大街上散发印有"造反有理"语录的传单，东道国提出抗议。（笔者："X"，引录的资料原文如此，下同。）

去X国援建的工程人员中的造反派，要在工地上竖起一块"**社会主义终究要代替资本主义**"的巨幅毛主席语录标语牌，当局不同意，他们集合抗议，与警方发生冲突，造成流血事件。

我驻非洲X国使馆的造反派，在公共汽车里朗读毛主席语录，在街头向来往行人硬塞"红宝书"和毛主席像章，引起所在国群众愤怒。

我驻X国使馆造反派，拦住蒙黑色面纱的伊斯兰妇女，宣传毛主席关于妇女解放的思想，遭到臭骂。

1966年，我国派一个青年文艺小组到与我国友好的法国访问演出，他们在每个节目表演前，都要先念一通毛主席语录，观众对此很反感，台下发出一片嘘声，越念嘘声越厉害。大使馆的同志们看到这种情况，心里很难过，建议他们不必每一节目前都念语录，但文艺小组领导坚决不肯，说节目前念语录是宣传毛泽东思想的创举。台下喝倒采，他们说观众大多是资产阶级，敌人反对正说明我们是正确的。大使黄镇和宋之光为了维护中法友谊，对他们说，如果不接受使馆意见，就不要再演出了。这才使他们不得不做了让步。但到1967年，回国后的宋之光被扣上了"反对宣传毛泽东思想"的帽子，挨批斗，"坐"了"喷气式"。

1967年，我国69名留英、法等国的学生，回国时途经苏联，到红场高声朗读毛主席关于反修防修的语录、与苏联警方发生冲突挨了打，30多名学生受伤，其中4人伤势严重。其他留学生义愤填膺，成立留学生总指挥部，准备组织莫斯科的百名留学生，再次去红场"血战到底"！被陈毅签发的特急电报制止，差一点在莫斯科酿成大血案。

留在巴黎的留法学生，听说第一批回国的留学生在红场挨了打，立刻带上了刷子，提上油漆桶，排着队准备到苏联驻法大使馆去写标语，走到半路就被法国警察截住，也挨了打，并被法方用囚车押送飞机场，逐出法国。

在一系列丑陋表演碰壁后，到了1970年，自以为是的"世界人民导师和领袖"毛泽东，才不情愿地下令说：**"对于一切外国人，不要求他们承认中国人的思想。"** 这与两年前他号召美国人民起来"推翻美国垄断资产阶级的反动统治"的革命豪情，大相径庭。由是，毛泽东的"群众"们，在国外的荒诞行径才告结束。

《毛主席语录》在国外受了阻，我们的无产阶级专政的铁拳无法发威；但在国内，不要说非议，任何对《毛主席语录》的不尊重，都会受到无产阶级专政铁拳的严惩！

主编《毛主席语录》的《解放军报》编辑**田晓光**曾说："编选《毛主席语录》本来是件好事（笔者：看来田晓光不愿反思），万万没有想到，竟由此引出了一系列'《语录》案'，最后连我这个'始作俑者'本人，也成了'案犯'。"她还披露：

北京 X 大学哲学系主任、有名的康德专家，由于席地而坐时，垫在屁股底下的笔记本中夹着一本《毛主席语录》，被打成反革命，从此，被撵下了"无产阶级的讲台"，发配到锅炉房烧锅炉。

解放军总部直属单位有位同志在参加会议时，不在意把手中的《语录》本插进了翘起的"二郎腿"间，被打成现行反革命！批斗外，还要继续对他进行审查。他惊恐万分跳楼自杀。

编辑《毛主席语录》时，她的唯一助手张凯夫往毛主席头像上打了叉，被打成现行反革命，抓了起来。她也因此被株连，审查后打入"牛棚"。

她还抱怨，到1971年，林彪出逃自我爆炸后，她又被隔离审查，审她在编《毛主席语录》过程中与林彪有什么联系。她说："**真是莫名其妙！**"

"莫名其妙"的田晓光有所不知，在河南省许昌市，笔者亲眼目睹一个名叫王华民的"现行反革命分子"，被枪杀于许昌东关汉朝晁错墓碑前。他的罪名是把《毛主席语录》垫在桌腿下。如果田编辑知道这件《语录》血案，是否能有所愧疚？这里，笔者没有要她承担什么责任的意思。

最时兴的往往不是最持久的。1971年，随着林彪折戟沉沙于蒙古国温都尔汉，被个人崇拜搞得晕头转向的中国人，似乎有所醒悟，红色海洋的狂热也因之退烧。接踵而至的是，《毛主席语录》这个"红宝书"也从亿万人高擎的手中悄然落下，到毛死后，完成造神运动历史使命的"红宝书"，最终被扫进垃圾堆里，并从曾为此发烧过的人们的生活里淡忘、遗弃、消失。但许多在忠君封建思想熏陶下的中国人，对"红宝书"的风行，不愿反思，也不忏悔，甚至愚顽得附和御用学者们的刻意说教："**这是历史的必然！**"

第七章：横扫一切牛鬼蛇神

一、《五一六通知》

"七千人大会"后，毛泽东用"层层剥笋"的谋略，一步接一步地完成了向以刘少奇、邓小平为首的党内右派集团全面夺权的战略部署。

1965年12月8日至15日，毛泽东在上海主持召开的政治局常委扩大会议上，撤销了有投靠刘、邓嫌疑的罗瑞卿的中共中央军委秘书长、总参谋长和中共中央书记处书记的职务，强化了林彪元帅的权力。1966年1月初，毛泽东又任命忠于自己的叶剑英元帅为中央军委副主席、中央军委秘书长和中共中央书记处书记，任命杨成武上将为代总参谋长，与林彪形成掎角之势。2月22日，又撤销中国人民公安部队番号，统一整编为人民解放军建制，防止罗瑞卿旧部滋事。之后，又增调两个师加强北京卫戍，任命心腹傅崇碧为北京卫戍区司令。随着批斗罗瑞卿的深入，贺龙元帅在军中的影响力减弱，其权力也逐渐被毛边缘化。在这之前，毛怀疑彭德怀在军中势力没有肃清，便用调虎离山之计以"加强三线工作"为名，任命彭德怀为三线副总指挥，把他送到西南的大山沟里监管起来，以防止刘少奇、彭德怀二人文武合璧。彭德怀的副将黄克诚也被逐出北京，出任山西省有名无实的副省长。

1965年11月10日，因"秘密录音事件"受到毛泽东怀疑的杨尚昆被免去中共中央办公厅主任职务，下放到广东省委书记处任书记。为考验杨的忠诚，在罢黜后，毛泽东命他去"**看望**"王稼祥和陈云两位资深大员，观察他们的**动静**。在杨"**看望**"后，陈云心领神会，立即以书面向毛泽东报告自己近况，意让毛泽东放心。在11月19日，杨就这两次"**看望**"向周恩来作口头汇报，证明自己不辱使命，对毛不贰。1966年5月，杨的忠诚并没有得到毛泽东的谅解，反被一贬再贬，下放到肇庆任地委副书记，后又放逐到山西临汾，不久被隔离审查。

杨尚昆被罢黜后，毛任命心腹中共中央办公厅副主任**汪东兴**为办公厅主任兼任中央警备局局长，负责指挥毛的嫡系中央警卫团8341部队。

采取政治、军事等一系列反政变措施后，毛泽东认为万事俱备，时机已到，便开始借批"反革命修正主义文艺路线"和"反革命修正主义教育路线"之名，向刘、邓的左右手——北京市委和中宣部兴师问罪。

1966年3月8日到29日，河北省邢台地区发生多次6~7级的强烈**地震**。以22日发生于宁晋县东南的7.2级地震强度最高。其中6.8级地震波及142个县市，7.2级地震破坏范围包括136个县市；有感范围北到内蒙多伦，东到烟台，南到南京，西到铜川等广大地区。地震造成了巨大破坏，共8,182人死亡，51,395人受伤，破坏房屋400余万间，损坏桥梁86座。有人说，这是大难当头的先兆。由于笔者对"天人感应"说持保留态度，因而对地震与社会动荡的因果关系持怀疑立场。但日渐绷紧的阶级斗争的钢弦，却预示着烈度更高、伤亡空前的"**人震**"即将来临。

当邢台人民在强烈地震摧残下作痛苦挣扎的时候，面对巨大破坏和重大伤亡，毫无怜悯之心的毛泽东，依计开始了他超越地震烈度百倍以上的"人震"——文化大革命的部署：

1966年3月20日，毛泽东不顾地震造成的巨大破坏，在中央政治局扩大会议上猛烈抨击党内右派的社会基础："**现在大、中、小学大部分都被资产阶级、小资产阶级、地主、富农出身的知识分子垄断了。……现在要搞革命。要保几个人，如郭老、范老，其他的人不要保。发动年轻人向他们挑战，要指名道姓。他们先挑起斗争。我们在报上斗争。**"又说："**出修正主义的就是这一批人，如吴晗、翦伯赞都是反对马克思列宁主义的。**"

——为了夺权，全国学校都成了刘、邓帮凶，被他描成一团黑；知识分子中除郭沫若、范文澜外，其余都成了革命对象。可悲啊，上层权斗，学者遭殃。"他们先挑起斗争。"这种倒打一耙，无异于狼吃羊的逻辑（1）。

3月28~30日，毛泽东无视地震带来的重大伤亡，把抨击的矛头直指刘、邓的左右手，数次对心腹康生说："**吴晗发表这么多文章，从不要打招呼，从不要经过批准。姚文元的文章为什么偏偏要打招呼？难道中央的决定不算数吗？扣压左派的稿件，包庇右派的大学阀，中宣部是阎王殿。要打倒阎王，解放小鬼。**"又说："**彭真、北京市委、中宣部要是再包庇坏人，中宣部要解散，北京市委要解散，五人小组要解散。**"

——中国共产党早已成了毛泽东的共产党：不经政治局讨论，毛本人就可以宣布打倒这个，解散那个，完全推翻了他自己多年高唱的所谓"民主集中制"组织原则。然而他又贼喊捉贼地反问："难道中央的决定不算数吗？"

毛泽东不去体察灾情，却玩起知识定义游戏。4月14日，他在《在京艺术院校试行半工（农）半读》一文的批语中写道："**但从实质上看则是完（全）错误。共产党人曾经进过二十几年的军事大学和革命大学（即二十几年的战争与革命），而那些大学教授和大学生们只会啃书本（这是一项比较最容易的工作），他们一不会打仗，二不会革命，三不会做工，四不会耕田。他们的知识贫乏得很，讲起这些来，一窍不通。他们中的很多人确有一项学问，就是反共反人民反革命，至今还是如此。**"

——为了权力，毛把知识定义为打仗、革命、做工和耕田。这是什么主义？当狼想要吃羊的时候，无论羊怎么做，狼总有吃的借口，甚至会振振有辞地、"至情至理"地胡说八道。

毛泽东对救震灾无动于衷，却对权力情有独钟。4月29日，他在同党内谈关于彭真问题时说："**北京一根针也插不进去，一滴水也滴不进去。彭真要按他的世界观改造党，事物是向他的反面发展的，他自己为自己准备了垮台的条件。这是必然的事，是从偶然中暴露出来的，一步一步深入的。**""**彭真是混到党内的渺小的人物，没有什么了不起，一个指头就捅倒他。**""**彭真的本质隐藏了三十年。**"

——在权力斗争上，毛是铁面无情的：面对一个多年追随他、吹捧他的人，只要认定他当前威胁到他的权力，他会毫不犹豫地"捅倒他"。

在无产阶级专政**体制**下，经过造神运动的毛泽东，已经成为说一不二、句句是真理的独裁者——绝代君王。

5月4日到26日，中共中央在北京召开中央政治局扩大会议。根据毛泽东的决定，一个由17名政治局委员和6名后补委员组成的政治局，扩大到76人。其中，江青、张春桥、关锋、戚本禹等党内左派，当时连中央后补委员都不是，不但列席了会议，还成了会议耀眼的明星。

为了彻底打倒"彭罗陆杨反党集团"，林彪向陆定一投出一颗"重磅炸弹"。他把一纸"证明"，摆放在政治局委员面前。重重心事的高官们看到：

我证明：

一、叶群在与我结婚时是纯洁的处女，婚后一贯正派；

二、叶群与王实味（2）陆定一根本没有恋爱过；

三、老虎、豆豆是我和叶群的亲生子女；

四、严慰冰的反革命信所谈一切全系造谣。

林彪
1966年5月14日

这张"证明"是林彪的一箭双雕：既为自己老婆叶群正名，也"痛斥"陆定一和他的老婆严慰冰造谣惑众。面对这张大员之间勾心斗角的"证明"，高官们在瞠目结舌面面相觑之后，很快还过神来，便狠批起陆定一来！

到此，人们终于看到了中共最高层领袖们的马克思主义的**原则性**，看到了他们高喊的马列主义阶级斗争的**不可调和性**，看到了他们发动文化大革命的迫切性；同时，也使人们看到了，中国老百姓为中共最高层领袖们的原则性、迫切性和不可调和性付出200~300万个生命的**必要性！！**

天才的毛泽东，利用这次会议玩起了猫耍老鼠的游戏，他要借刘少奇、邓小平的双手，导演一出自相残毁的绝代悲喜剧。

此时的党内右派首领刘少奇，极力掩盖自己的空虚和失落，不得不在三倍于政治局委员的左派面前，违心地照毛泽东的旨意来主持会议。此时的党内左派首领毛泽东，则远在杭州遥控会议，观察着刘、邓的一举一动，业已露出胜利者的喜悦。这是"民主集中制"赋于他的特权：党的主席可以不参加政治局会议，而通过遥控以观察政治局委员们的动静。

绝代悲喜剧之一是，在刘、邓主持下对彭真、罗瑞卿、陆定一、杨尚昆进行批斗，把早已打倒的罗和"发配"到外地的杨硬拼合在一起，打成"彭罗陆杨反党集团"，撤消了他们党内外一切职务，实行隔离审查。5月23日，决定改组北京市委和中宣部：任命李雪峰兼北京市委第一书记，调陶铸担任中央书记处常务书记，并兼任中央宣传部部长；调叶剑英担任中央书记处书记，并兼任中央军委秘书长。这等于刘、邓举刀砍掉了自己的左右手。

这是自残，也许是不得已的自残。在中共权贵们的道德观念里，出卖好朋密友并对其落井下石，是"立场坚定"、"对党忠诚"的表现，因而是一种保全自己最有价值的选择。更可笑的是，彭真在表决时，不仅举手赞成罢黜自己，在表态时还用"是谁第一个喊毛主席万岁"的反诘，来证明自己是全党第一个喊毛主席万岁的人。

对于自残，刘少奇和邓小平不以为耻地自欺欺人。6月27日，他们在中共中央召集的民主人士座谈会上，分别对他们的左膀右臂，痛加鞭挞。

刘少奇说：

"彭真是长期隐藏在我们党内的资产阶级代表人物，是彻头彻尾的修正主义者。"——理直气壮地落井下石！

"罗瑞卿是反对主席、林彪军事路线的。……他是折衷主义，实际上就是反对突出政治。……他在自己住的三层楼跳楼自杀，受了点伤，没有死，现在住在医院里，本来，自杀要有点技术，应该是头重脚轻，他却是脚先落地，脚坏了点，头部没有伤。（邓小平插话：就像女跳水运动员那样，跳了一根冰棍。）"——是讽嘲？抑或幸灾乐祸？

"陆定一当中宣部长的时期相当长，我们党的宣传部不宣传毛泽东思想，却反对宣传毛泽东思想。别人宣传毛泽东思想，陆定一也反对……是只许右派放，不许左派放。"——这位坚决不给知识分子摘"资产阶级知识分子"帽子的中宣部陆部长，可怜得很！

"杨尚昆历来是反对毛主席、反对毛泽东思想的。……毛主席坐的火车上，他都装了窃听器……"——据信，安窃听器是经他批准的，杨尚昆是替罪羊而已。

"彭、罗、陆、杨他们的互相关系是不正常的，到底是什么关系，达到了何种程度，我们组织了审查委员会，正在进行审查。"——先治罪，后侦讯，这是毛式独裁的惯例，是现代文明无罪推定的倒行逆施。

"彭、罗、陆、杨事件就是这样，要么是他们推翻毛主席，推翻我们，要么是我们把他们推翻，和平共处是不可能的。"——他却没有想到，仅过了一个多月，毛泽东便断然把炮口对准了他，结束了他们之间的"和平共处"。

邓小平说：

"**两件大事，刘主席讲了。彭、罗、陆、杨问题的揭发是党和人民的大事，在某种意义上讲，比高、饶事件，彭、黄、张、周事件更大。**"——善于看风使舵；与文革后他为"彭罗陆杨"平反的鲜明对比，成了中共赤文化的一大特色。

绝代悲喜剧之二是，5月16日，在刘、邓主持下毫无阻挡地通过了打倒自己的《中国共产党中央委员会通知》即《五一六通知》。江青说，从"七千人大会"憋到现在，总算出了一口恶气！

这个《五一六通知》是在3月底，毛泽东背着政治局常委刘少奇、朱德、陈云、邓小平成立的一个小组秘密起草的。毛泽东点名陈伯达为起草小组组长，组员由康生、江青、王力、吴冷西、张春桥、陈亚丁、关锋、戚本禹、尹达、穆欣等。秘密起草的《五一六通知》，罗列了《二月提纲》的"十大罪状"，逐条加以批驳，提出了一整套"无产阶级专政条件下继续革命"的理论、路线、方针、政策。它是"无产阶级文化大革命"的"纲领性文件"。《通知》还撤销《二月提纲》和"文化革命五人小组"，重新成立了"文化革命小组"，隶属于政治局常委会。4月24日，在毛泽东主持召开的政治局常委扩大会议上，先一步通过了这个《通知》。

《五一六通知》

这种非组织活动非但没受到谴责，反而披上了"合法"的外衣。人们不能不承认毛泽东手段之高超，也不能不承认马列主义的无产阶级专政理论，造就了绝代独裁。

毛泽东在修改《五一六通知》中，对那些过去曾效忠过他、但现在效忠不够的知识界文化人和官员们大加鞭挞：

高举无产阶级文化革命的大旗，彻底揭露那批反党反社会主义的所谓"学术权威"的资产阶级反动立场，彻底批判学术界、教育界、新闻界、文艺界、出版界的资产阶级反动思想，夺取在这些文化领域中的领导权。而要做到这一点，必须同时批判混进党里、政府里、军队里和文化领域的各界里的资产阶级代表人物，清洗这些人，有些则要调动他们的职务。尤其不能信用这些人去做领导文化革命的工作，而过去和现在确有很多人是在做这种工作，这是异常危险的。

混进党里、政府里、军队里和各种文化界的资产阶级代表人物，是一批反革命的修正主义分子，一旦时机成熟，他们就会要夺取政权，由无产阶级专政变为资产阶级专政。这些人物，有些已被我们识破了，有些则还没有被识破，有些正在受到我们信用，被培养为我们的接班人，例如赫鲁晓夫那样的人物，他们现在睡在我们的身旁，各级党委必须充分

注意这一点。

狼要吃羊原本不需要什么理由；但为了证明狼的"伟大、光荣、正确"即"伟光正"，找一个"为人民服务"的"革命理由"，展示"无产阶级"的"高尚情操"，吃羊时就能"理直气壮"，被吃者也能"逆来顺受"，旁观者就会"心悦诚服"，全国上下都会振臂高呼"**万寿无疆**"！

《五一六通知》恶狠狠的批判《二月提纲》中提出的"不要像学阀一样武断和以势压人"和"在真理面前人人平等"等观点，是"**根本否认真理的阶级性**"，是把"**反对的锋芒指向无产阶级左派**"，是虚伪"**资产阶级的博爱观**"，其目的是"**开辟一条……现代修正主义的道路，也就是资产阶级复辟的道路**"，等等。

此时的刘、邓已知自己在毛的心目中是赫鲁晓夫式的人物，处于非常不利的弱势地位。但他们不愿沦入"羊"群，还要千方百计地向毛表忠谄媚，力求毛的宽恕，力争保住自己"狼"的尊严。于是，他们都毫无保留地表态支持了这个《通知》。

5月18日，林彪按照预先与毛达成的默契，在会议上作和当年"七千人大会"时一样有份量的发言。他从批判彭真、罗瑞卿、陆定一、杨尚昆开始，大讲特讲"**防止政变**"问题，有意制造有人要搞政变、搞颠覆的紧张气氛。然后说："毛主席活到那一天，九十岁、一百多岁，都是我们党的最高领袖，他的话还都是我们行动的准则。""在他身后，如果有谁做赫鲁晓夫那样的秘密报告，一定是野心家，一定是大坏蛋，全党共诛之，全国共讨之。"

紧握枪杆子的林彪声色俱厉的讲话，使中共中央政治局扩大会议充满了恐怖气氛，形成了人人过关的局面。与会者人人自危，为了自保，纷纷在发言中对照林彪的讲话，检讨自己对毛泽东的态度，同时对彭、罗、陆、杨群起而攻之，唯恐不能划清界限。总理周恩来也亦步亦趋地大讲"防止政变"，并不遗余力地领导落实防政变的各种政治、军事和组织措施。**领导七亿中国人的最高集团的权贵们，竟是这样一批奴颜婢膝、摇尾乞怜又落井下石的无耻之徒！**

绝代悲喜剧之三是，在刘、邓主持下批判开国元勋朱德元帅。

二、批斗开国元勋朱德元帅

过来者都知道朱德何许人。在少年时期的"旧"社会里，笔者在"**杀朱拔毛肃清共匪**"的墙标上，就认识了中共数一数二的大人物朱德。"解放"后，笔者在跟着高呼"毛主席万岁"的同时，也跟着高喊过"朱总司令万岁"的口号。谁知这位中共二号人物不识时务，总爱与一号人物闹点小别扭，于是地位江河日下，中共八大时变成了四号人物，1959年军委副主席也丢了，只弄了个常委。也许是百足之虫，死而不僵，文革前中共政治局常委的头衔并没有被革掉。

据体制内学者许农合主编的《开国元帅的晚年岁月》中披露，朱德在 1966 年 5 月 4 日至 26 日的中央政治局扩大会议的小组会上受到过严厉的批判。该书有如下的记载：

朱德在小组会的发言中，强调要认真学习马列著作，学习唯物辩证法。他说："朝闻道、夕可以死矣。我也有时间读书了，毛主席指定的 32 本书，非读不可。准备花一、二年的时间读完，连下来读就通了。毛泽东也是接受了马克思列宁主义的理论……"他的

"建国"初领袖标准像朱、毛并列

话还没有说完，就被打断了。林彪重新提起他去年在上海会议上关于"顶峰"的发言，攻击他有野心，是借马克思主义来反对毛主席。康生也攻击朱德"想超过毛主席"、"组织上入了党，思想上还没有入党，还是党外人士"。

在**档案资料死不解密**的情况下，人们也只能从有条件接近机密档案资料的体制内学者、作家们著作的字缝里，去发现"谣传"朱德在中共政治局扩大会议上曾受到严厉批判这个事实；但有关批判会的详情，许农合写到此处焉又语焉不详地一笔带过。这是体制内作家、回忆录撰写者和出版家们的通例：遇到与"主旋律"相左的敏感话题，就闪烁其辞或话到嘴边留半句。但还有"胆大妄为"者，他们向外界披露了朱德挨斗的记录。

据被披露的一份标号为"19660523"的会议纪录文件上，记录了政治局扩大会议上朱德元帅受到严厉批判的情况。现摘要抄录如下：

地点：人民大会堂河北厅

主持人：**刘少奇**

因为对批判彭、罗、陆、杨持消极态度，朱德被责令作检讨。

朱德：我过去的错误已经作过两次检查，第一次是在高饶问题发生以后，我在会上作了检讨。第二次是彭德怀问题发生后，在军委扩大会议上作了检讨，那次检讨比较长一点。

（朱德接着又讲了他过去的错误，即二十年代井冈山上的问题和红军第四军'七大'的问题。张鼎丞、林彪、陈毅、周恩来先后发言和插话。陈毅批判朱德历史问题的发言很激烈很长。）

林彪：彭德怀原来就是联合这个，联合那个，犯了这个错误又犯了那个错误，都是为了个人野心。对右倾机会主义分子必须彻底揭发斗争到底把他搞臭，否则不行。这样做对你对党都有好处，这样，你才可能改好，否则不可能。庐山会议揭发出这个问题，解决这个问题，是个很大的胜利。消灭党的一个最大的隐患。主席几次讲党有可能分裂，实际就

指彭德怀—朱德。庐山会议也考虑到是否要彻底揭开，权衡利害，认为应该坚决揭开，**消灭这一隐患**，否则继续发展，万一主席到百年之后，就会出现更大的问题。现在揭开，展开坚决斗争，保卫总路线，教育全党，巩固以毛主席为首的党中央，这是全党全军全国人民利益之所在。要揭发斗争到底，你改也好，不改也好。当然我们是希望你改的。

朱德你是有野心的，你检讨得很不够。有人当是他自己检讨的，不是的！是党中央决定让他脱裤子的，不检讨不行。你们是不知道的，陈毅批评他的并不过分。他也不服毛主席，他想当领袖。高岗事情，他也主张轮流，想当主席，自己本事行吗？

你一天都没做过总司令，南昌起义后，是无政府，乱走，是陈毅指挥到井冈山的；遵义会议前是李德指挥；以后是毛主席指挥；抗战时期在前方彭指挥；解放战争是主席指挥。你是不行的，但自以为还行。你脱离指挥，下井冈山向南打，三个营损失二个，打败仗无办法，还是主席接你回来的。

去年罗瑞卿问题发生以后，在上海会议上他（指朱德）还讲，不能讲毛泽东思想是世界马列主义的顶峰，顶峰还会发展吗？大概顶峰不是毛主席，而是你朱德自己，或者是赫鲁晓夫。

陈毅（中共政治局委员、国务院副总理兼外交部部长）：**朱德，我要问你：你是不是要搞政变？**

朱德：搞政变我没有这个力量，也没有这个胆量。

陈毅：我看你是要**黄袍加身，当皇帝**。你还大力赞扬赫鲁晓夫。你野心非常大。

乌兰夫（中共政治局委员、国务院副总理）：更奇怪的是他（指朱德）说，人盖棺了是不能定论的。我们讲赫鲁晓夫反对斯大林是错误的，是修正主义的。他说，咱们同苏联还是要搞好，他也离不开我们。

薄一波（中共政治局委员、国务院副总理）：朱老总常讲兰花。他说，自古以来，政治上不得意的人都要种兰花。

朱德：说到现在我是不是有野心？**我八十岁了，爬坡也要人拉，走路也不行**，还说做事？……事情我是管不了了，更不要说黄袍加身。我对于我们这个班子总是爱护的，总是希望它永远支持下去。

周恩来：反对毛主席我都领导过。宁都会议也是我领导的。虽然弼时同志从后方来了，因为我把毛主席的政治委员代替了嘛。这是我一生**最大的错误和罪恶**。王明路线我也犯了，四中全会我也参加了。所以我最大的过错是1931年到1935年遵义会议这四年之长。这是我一生最痛心的事。然后洛川会议，然后王明回来。1937年底到1938年武汉时代，这都是路线性质的严重错误。当然还有其他错误。解放后还犯过反冒进错误等等。这几件事都是朱德同志一起嘛。

至于朱德同志的账那**就更多了**。从井冈山一直打到梅县，都是盲动主义，军阀主义，流寇主义。然后是立三路线，你也犯了。然后是王明路线四年，然后又是洛川会议。那时王明没有回来，那还不是反对毛主席，你没有领导？然后王明回来。第二次王明路线一直到六中全会，以后还有一些"残余"。几十年历史，朱德同志跟张国焘斗争，前一半应归功于刘伯承同志的推动。如果没有刘伯承同志在那里，黄袍加身，你顶得住吗？后一半是贺龙同志，弼时同志，关向应同志的共同推动，才北上了。如果没有这些，你甚至滑到河西去了。

解放以后，**那多了**。毛主席经常说，高饶彭黄的事，你都沾过边嘛。你到处发表意见，是一个危险的事。……我们不放心，常委中有这样一个**定时炸弹**，毛主席也担心。毛主席说过，你就是跑龙套，可是你到处乱说话。你要谈话，得写个稿子，跟我们商量。……所以你是不可靠，是不能信任的。南昌起义，就是有错误嘛。我当着资产阶级国家的元首尼雷尔的面说：南昌起义，我有错误。他听了很为惊奇：你还有错误？那时错误嘛，城市观点嘛。所以，今天我把我对你（朱德）的不满告诉大家，希望你们大家监督。

看一看以上中共大员的批朱言论，再想一想庐山会议上中共大员们在批斗彭德怀时的发言，他们之间在人性邪恶上几乎没有什么不同：为了保全自己而效忠而对过去的战友落井下石；如果有什么不同，就是对于一个年逾八十的老同事、老战友和老上级，更要给他加上一个"搞政变"、"黄袍加身"和"定时炸弹"的罪名，置他于死地而后快！

从以上摘录中，我们还可以看出，在许农合主编的那本《开国元帅的晚年岁月》书里，编者有意回避了周恩来、陈毅，薄一波和乌兰夫在对朱德恶意攻击中所暴露出来的卑劣人格。

体制内学者许农合为什么要回避周、陈、薄、乌等人对朱德恶意攻击呢？在大陆生活的人都知道：一旦某某领导人被中共定为坏蛋，铺天盖地的批判就会接踵而至，甚至极力丑化他的隐私也合理合法，林彪、康生被定为奸党，所以，揭露他们对朱老总的恶意攻击便顺理成章；反之，某某领导人如周、陈、薄、乌等被中共定为功臣，就要树立他们的高大形象，他们的错误、罪行和丑陋人格，都要"保护"起来，任何人揭露他们的负面，都可被视为"造谣"、"污蔑"，轻者封杀，重者查处。在这种"主旋律"的"导向"下，真相被掩盖，人物或被拔高或被丑化，历史真实就这样被扭曲和篡改。

在摘录中，我们没有看到刘少奇的言论，是个遗憾。在毛泽东时代，在会上特别是在这么重要的会议上，与会者没有沉默的自由，沉默等于反对，会议主持人没有不作为的权力，不作为就是破坏。因此，可以推定，惧于毛的威严和毒辣，会议主持人刘少奇一定会有所作为，只是在文档解密前，人们暂时无法看到而已。

会议结束后的5月28日，经毛泽东批准，中央文化革命小组宣告成立。组长陈伯达，顾问康生，副组长江青、张春桥等，组员有王力、关锋、戚本禹、姚文元等。自此，这个文革小组，成为"文化大革命"的一线指挥机构，逐步取代了中央政治局和中央书记处，最终让刘、邓靠了边。8月底，由江青代理中央文化革命小组组长。从此，**江青**这个连中共中央委员都不是的第一夫人，便成了权倾中国令人生畏的风云人物。

三、 横扫一切牛鬼蛇神

5月31日，手持"尚方宝剑"的陈伯达，率领工作组到《人民日报》社夺权。没有登报，没有声明，没有发布"进驻"消息，《人民日报》在一夜之间便落到文革小组组长陈伯达手中。被夺权的《人民日报》社总编**吴冷西**这样回忆：

> 在5月政治局扩大会议之后，5月31日经过毛主席批准，中央宣布由陈伯达带领工作组进驻人民日报，实行夺权。用陈伯达自己的话来说，他在人民日报搞了一个"一小小的政变"。

1. 横扫知识界

在大跃进中**吹破时空**的总编吴冷西，在六十年代初到文革前，不得不谨慎小心地摇摆于毛、刘两派之间，最终还是灰溜溜地被"横扫"出《人民日报》。

6月1日，《人民日报》发表了陈伯达主持起草的题为《**横扫一切牛鬼蛇神**》的社论。如果说姚文元的《评新编历史剧〈海瑞罢官〉》缺点是没有"**指名道姓**"因而"**没有击中要害**"的话，这篇社论则是重炮直轰了：

横扫一切牛鬼蛇神

"革命的根本问题是政权问题。上层建筑的各个领域，意识形态、宗教、艺术、法律、政权，最中心的是政权。**有了政权，就有了一切**。没有政权，就丧失一切。因此，无产阶级在夺取政权之后，无论有着怎样千头万绪的事，都永远不要忘记政权，不要忘记方向，不要失掉中心。……剥削阶级的枪杆子被缴械了，印把子被人民夺过来了，但是，**他们脑袋里的反动思想还存在着**。我们推翻了他们的统治，没收了他们的财产，并不等于没收了他们脑袋里的反动思想，剥削阶级统治了劳动人民几千年，他们垄断了由劳动人民创造的文化，反过来用以欺骗、愚弄、麻醉劳动人民，巩固他们的反动政权。"

"无产阶级文化革命，是要彻底破除几千年来一切剥削阶级所造成的毒害人民的旧思想、旧文化、旧风俗、旧习惯，在广大人民群众中，创造和形成崭新的无产阶级的新思想、新文化、新风俗、新习惯。这是人类历史上空前未有的移风易俗的伟大事业。"

"以毛泽东思想为武器，**横扫盘踞在思想文化阵地上的大量牛鬼蛇神。**"

"**把所谓资产阶级的'专家'、'学者'、'权威'、'祖师爷'打得落花流水，使他们威风扫地。**"

"**牛鬼蛇神**"原是佛教中"牛头"、"铁蛇"般的阴间鬼卒形象，后喻形形色色的丑恶或坏人。中共使用"牛鬼蛇神"词语，早见于《浙江省七个关于干部参加劳动的好材料》批言中，那是毛泽东在1963年5月9日为这个文件写的。《人民日报》作为中共党的喉舌，它的社论就是中共党的方针政策。因此，自社论《横扫一切牛鬼蛇神》发表之后，"牛鬼蛇神"一词便成了家喻户晓的政治概念。有人说，这种政治概念没有严格定义，模糊不清，易生歧意，很难准确掌握。其实这种担心没有必要。因为，这种可以任意伸缩的模糊概念，正是毛泽东和中共权贵们所冀求的：**伸**，可置敌于死地，**缩**，可施人以恩惠——这是树立"绝对权威"不可或缺的手段。尽管如是，当时"牛鬼蛇神"的指向还是比较清楚的，就是**泛指**教育界、学术界、哲学界、史学界、出版界、新闻界和文艺界中一切不愿学习毛泽东著作因而被视为没有改造好的学者、专家、教授、作家甚至学生，**泛指**支持和领导"牛鬼蛇神"的校长、院长和政府官员，**泛指**早已被打倒了的地、富、反、坏、右分子和他们的"反动"子女，**泛指**被左派指责为反革命修正主义分子、"党内走资本主义道路的当权派"等党内右派成员，等等。那么，谁是"牛鬼蛇神"呢？用不着法律条条界定，也用不着监察官起诉和法官断案，只用来自"以毛主席为首的无产阶级司令部"的一句话：**说你是，你就是，不是也是！**大多数老百姓呢？他们必须跟着起哄，否则，就有"牛鬼蛇神"的嫌疑。

陈伯达不过是一个文弱书生，毛的一介秘书，刚刚上任文革小组组长，便立马横刀，怒吼天下，明眼人一看便知，他的《社论》得到最高的谕示或授权，因而据有非凡的权威。

2. 第一张马列主义大字报

《横扫一切牛鬼蛇神》的社论，是借一张大字报的"东风"写成的。1966年5月25日，北大哲学系总支部书记**聂元梓**等人，在北京大学贴出了一张矛头直指学校党委和北京市委的大字报：《宋硕、陆平、彭佩云在文化大革命中究竟干些什么？》大字报点名的宋硕，时任北京市委大学部副部长，陆平，时任北京大学校长、党委书记，彭佩云，时任北京市委大学部干部、北京大学党委副书记。大字报在揭露批判北京和北大领导的同时，十分尖锐、杀气腾腾地提出：要"**坚决、彻底、干净、全部地消灭一切牛鬼蛇神、一切赫鲁晓夫式的反革命的修正主义分子！**"这张由毛授意、康生导演的大字报一贴出，立刻被毛泽东赞誉为"**全国第一张马列主义大字报**"，下令中央广播电台在6月1日以全文向全国广播。第二天，《人民日报》应命在全文发表大字报的同时，配发了由关锋等人起草的评论员文章《欢呼北大的第一张大字报》，号召群众起来彻底摧毁"黑帮、黑组织、黑纪律"。7月，毛泽东又对聂的大字报做了极高的评价："**聂元梓大字报是二十世纪六十年代中国的巴黎公社宣言书，意义超过巴黎公社。**"

"全国第一张马列主义大字报"

　　"**坚决、彻底、干净、全部地消灭一切牛鬼蛇神、一切赫鲁晓夫式的反革命的修正主义分子！**"显然，不仅要消灭他们的精神，还要消灭他们的肉体。这是恐怖的先声！这是"红色恐怖"的号角！毛泽东赞扬这种恐怖，《人民日报》欢呼这种恐怖，党内左派集团竭力鼓噪这种恐怖，充满血腥的红色恐怖终于被煽动了起来：几年间，红色恐怖肆意暴虐大陆中国，虐杀了数百万个无辜生灵。

　　对于聂元梓的大字报，官方主流媒体说是在康生和他老婆曹轶欧直接策划下写成的；但聂本人并不认同。聂在《聂元梓口述自传》一书中透露，由于她在四清运动中给陆平提了许多意见，陆平曾借机整她，结果与陆结怨很深。这次她想借《五一六通知》的"官理"来"摆平"她与陆平的私怨。为此，她请示曹轶欧："我们想给陆平写一张大字报，贴在北大校园里。因为陆平是北大的党委书记兼校长，这样做不知道行不行，想请示一下领导。曹轶欧说行，贴一张大字报怎么不行呢？她没有问大字报的内容……"于是"第一张马列主义大字报"便贴到了北大校院内墙上。"请示"得那样恳切，答复得那样随意，而大字报要"**消灭一切**"的火药味那样浓烈，人们不能不否定聂的"回忆"：她想与死后横遭"鞭尸"的康生划清界限，因而否认康的策划。不管她是否想"划清界限"，至少有一点是毋庸置疑的，即她要借助《通知》官报私仇，亦即借助钟馗打鬼。然而，她的公报私仇，使毛泽东有了严惩异己的借口。这里，人们再次看到毛泽东发动"群众"的高招：**示意或授意忠实执行者，有目的的选择、鼓动和培训"群众"，使"群众"能够在实现其主要谋图上，表现出绝对忠诚和魔鬼般的虐杀勇气来！**

　　聂元梓的大字报和"横扫"社论见报、广播后，到6月5日，《人民日报》一口气连续发表了《触及人们灵魂的大革命》、《毛泽东思想的新胜利》、《撕掉资产阶级"自由、平等、博爱"的遮羞布》、《做无产阶级革命派，还是做资产阶级保皇派？》四篇社论。在《人民日报》煽动下，北京各大、中学校风起云涌，硝烟弥漫，红色恐怖氛围逐渐形成！

经毛泽东批准，6月3日刚改组的北京新市委，便公布了改组北京大学党委的决定，撤销陆平、彭佩云党委书记、副书记的职务，由以张承先为首的工作组代行党委职权。

3. 学校大乱

当《五一六通知》、聂元梓的大字报和《横扫》社论先后见报后，整个北京都被煽动起来，大有"山雨欲来风满楼"之势。生性酷爱自由学生们，被长期**封建党阀式奴化**教育压抑得喘不过气来；昔日平静的大、中学校的校园里，浮现着不安与骚动。在父辈的调教下，了解中共权力斗争、洞悉毛泽东动向的干部子弟，特别是高干子弟们，凭借多年阶级斗争教育培养出来的政治敏感，意识到一场生死搏斗已经来临，便率先成立他们的组织——红卫兵，把宣泄的矛头对准了《五一六通知》中界定的"阶级敌人"，而不是党阀式奴化教育的始作俑者。

聂元梓等人的大字报播发后，学生一下子就起来了。他们给老师提意见，继而对老师进行大批判，接着便发展到冲击校党委，动手打人。由是，学校的行政系统到党委系统，全被打瘫。六月，几篇"横扫"社论见报后，北大大乱了，其他大、中学校也跟着大乱，全国各地学校也开始大乱起来。

6月16日，《人民日报》就南京大学发生的"**镇压革命群众运动的反革命事件**"**发表社论，支持南大大乱**，号召"必须采取彻底革命的办法，必须把一切牛鬼蛇神统统揪出来，把他们斗臭、斗垮、斗倒"。

上海同济、交大、复大、科大等高校，激进学生贴出大字报，揭露党委和党委书记的问题，出现了赶走工作组的呼声；西安交大激进学生贴出了省委有黑帮的大字报，扬言要驱逐省委派的工作组……

进驻学校的工作组，是刘、邓的右派中央在请示毛泽东之后作出的决定，意在"横扫"中，把"乱"控制在他们许可的范围内。但以陈伯达、江青为首的中央文革小组，得到的"最高指示"却与此相反："**不要怕乱，不要怕造反。**""**天下大乱，达到天下大治。**"学生被他们煽动了起来，冲突事件、打人事件接二连三地发生。

6月18日，在聂元梓等毛左派人士的煽动下，北京大学的东语、西语、化学、无线电等系，揪斗了50多位教师，为全国学校树立了榜样。史称"六一八事件"。

对"六一八事件"，作家林正德在《非常十年》里这样描写：

六月十七日，从早晨到次日凌晨二点钟，在北大校园里，愤怒的学生群众到处围住"黑帮"分子，高呼口号，揭露、控诉陆平"黑帮"的罪恶，而这时工作组仍采取不过问的态度。

晚上，中央人民广播电台广播了北京女一中高三（四）班和北京四中高二（五）班学生给党中央和毛主席的两封信，以及《人民日报》社论《彻底搞好文化大革命，彻底改革教育制度》，北大学生一片欢腾起来，热烈欢迎支持。

十八日清晨五点，北大学生又继续斗争"黑帮"分子。一阵阵毫无节奏的铜锣声在古老的北大红墙校园里刺耳地回响着，一队所谓"黑帮"、"牛鬼蛇神"的队伍正在校园里被游街，他们每人的胸前都挂着两尺见方的黑牌，头上戴着高帽，第一顶帽子写的是"牛"字，第二顶是"鬼"字，第三顶是"蛇"字，第四顶是"神"字，合起来便是"牛鬼蛇神"。

这一天校园里到处都是人山人海，青年大学生们的愤怒情绪达到了白炽化的程度。哲学楼、大饭厅、三十二斋、三十五斋、三十八斋（笔者：北大把楼叫成斋）、校医院、二院、南阁的前面，凡是有一块空场地的地方就设立"斗鬼台"，拉来'黑帮'分子就斗。这一天校系两级和学校附属各单位的"黑帮"分子、"牛鬼蛇神"统统被揪出来斗（陆平、彭佩云除外），人数多达五十余人，有的人一上午被揪斗了几次，他们有的挨打、有的罚跪、有的"乘喷气式飞机"。

那些"黑帮"、"牛鬼蛇神"们有的木然地任人摆布，有的挣扎反抗着，有的大声抗议，然而，当时的青年学生们都发了狂，反抗只能带来更可怕的报复，有的被吐了一脸的口水，有的挨了响亮的耳光，有的衣服被浇了墨汁，白衬衫变成黑衬衫，有的女教师衣服被拉脱了扣子，露出了雪白的胸脯……

六月二十日凌晨，北京地质学院院党委的一个常委和一些干部，提出"夺回我院无产阶级文化大革命领导权"的口号，支持的学生马上举行了示威游行；支持院党委和工作组的学生也举行了示威游行，两军对峙。

六月二十日早晨，北京师大学生**谭厚兰**等17人贴出"**孙友余**把运动引向何方？"的大字报，第一次把矛头直指工作组。孙友余时任国家机械工业委员会副主任、第一机械工业部副部长、北师大工作组组长。

六月二十日，北师大第一附属中学学生贴出了"揪出钻进我们肝脏的牛鬼蛇神"的大字报，矛头也指向工作组。

在清华，化学系三年级学生**蒯大富**的大字报《"怀疑一切"万岁》受批后，六月二十一日，他用大字报号召向院党委、工作组夺权，被打成反革命分子。

刘、邓派出的工作组同激进学生尖锐对立，虽有数百学生被打成反革命，但在毛左派势力的支持下，各派势力紧紧跟上，造反、揪斗、打骂、辩论愈演愈烈，局面已失去控制。

为了"把一切牛鬼蛇神统统揪出来"，"没收他们脑袋里的反动思想"，在横扫中，擅长乱中取胜的毛泽东，打开了放出罪恶的"潘多拉魔盒"（3），把左派学生中的贪婪、杀戮、暴虐分子，——释放了出来，于是，**批**、**斗**、**扭**、**打**、**吊**、**辱骂**、**罚跪**、**戴高帽**、**躬腰**、**颈上吊砖**、**抄家**、**"坐喷气式"**等触及灵魂法被炮制了出来，进一步丰富和发展了

毛式批斗法（见第一章附注 3）。在毛泽东的左派暴虐学生面前，学者、专家、教授、作家、有独立思想的学生和"支持"他们的书记、校长等"牛鬼蛇神"们，以及早已被毛打翻在地、沦为弱势人群的"地富反坏右"们，他们的人格、尊严、信仰、和毛在亲自制定的《宪法》里"恩施"于他们的"民主"、"自由"权利，等等，统统丧失殆尽，被批斗得"威风扫地"，从而被推到了**坚决、彻底、干净、全部地消灭**的境地！在毛泽东和《人民日报》鼓动下，**红色法西斯恐怖局面**，终于形成！

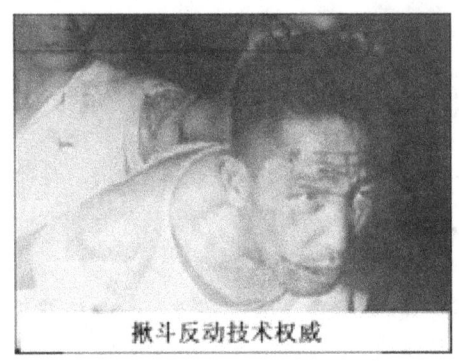

辱骂反革命学术、技术权威

体罚："坐喷气式飞机"

4. 刘、邓中计

此刻，主持中央日常工作的中共中央第一副主席刘少奇和总书记邓小平，虽然意识到自己的处境不妙，也明白自己被毛定为赫鲁晓夫式人物，但为了争取毛的宽容和谅解，便积极投入到领导这场被迫接受的文化大革命运动中。为此，他一方面对迅猛而来的运动做出八条限制性规定，即"内外有别"、"注意保密"、"大字报不要上街"、"不要示威游行"、"不要搞大规模声讨会"、"不要包围黑帮住宅"等要求，力图防止局势进一步失控，另一方面，他又频频向毛电话请示，希望能够得到指示。由于得不到毛的明确答复，刘少奇在六月上旬同其它常委一道匆忙赶赴杭州，向毛当面请示汇报，并请毛回京主持工作。毛泽东则谈笑风生，委托刘少奇相机处理运动中的问题，而对他所提的问题含糊其辞，不明确表态。毛泽东的政治哲学是：伟人之所以伟大，在于**在政治斗争中，善于引导对手犯错误**。可悲的是，紧跟毛泽东三十多年的刘少奇，竟不知是计，还以为得到了毛的尚方宝剑。返京后，刘便仿效不久前经毛泽东首肯向《人民日报》和北京大学派工作组的方式，向北京市各大中学校派出工作组，取代已经瘫痪了的校党组织，对运动实行直接领导，力图扭转日趋恶化的局势。

6月13日，刘少奇在《批转中南局（关于文化大革命的情况和意见的报告）》和

《批转中共西北局（关于文化大革命的意见和部署）》时指出："**当牛鬼蛇神纷纷出笼开始攻击我们的时候，不要急于反击。要告诉左派，要硬着头皮顶住，领导上要善于掌握火候。等到牛鬼蛇神大部份暴露了，就要及时组织反击。**"这是1957年反右时毛泽东曾用过的"阳谋"诡计的翻版。然而，此一时彼一时也。刘少奇的悲剧在于他利令智昏，不知道为了打倒以他为首的党内右派，今天在他眼里的"牛鬼蛇神"，恰恰是毛泽东要依靠的左派力量。

在刘、邓工作组当权其间，被打成反革命的激进学生，纷纷变成了反工作组的急先锋。其中，北航学院的**韩爱晶**、清华大学的**蒯大富**、北师大的**谭厚兰**和北京地质学院的**王大宾**等人，最为活跃；北京大学的**聂元梓**虽没有被打成反革命，却也是反工作组的干将。在这种控制、反控制的红色恐怖中，名扬全国的北京五大红卫兵领袖，应劫破壳而出。

远在杭州的毛泽东在想什么呢？此时的毛非常清楚，"建国"后，社会各阶层的老百姓特别是青年教师和学生，对中共党内的**官僚特权阶级**深为不满，从1957年的大鸣大放中就已看出来了。这种怨气在被反右运动一棍子打了下去之后，一直找不到宣泄的机会；而这些年来积怨更深。这种积怨与高干子弟们"革命血缘"结合在一起，形成了一股强大的颠覆力量。早在"七千人大会"上，对党内右派集团的反叛"憋了一肚子恶气"的毛泽东，决计对党内右派集团施展与反右运动"阳谋"相反的阴谋诡计：一方面刻意容忍刘、邓派工作组控制运动，另一方面幕后唆使江青、康生、陈伯达等中央文革小组一班人马，点火于基层，造势于《人民日报》，煽动颠覆力量造反，进行反对工作组控制的斗争；他蓄意把水搅浑，制造对立，把老百姓对中共怨恨情绪引向刘少奇为首的党内右派集团及其社会基础，为全面夺权做准备。

在控制和反控制的激烈较量中，聪明一世的刘少奇，完全被毛泽东牵着鼻子走，一步步地掉进了毛精心布置的陷阱之中去。仓促上阵的工作组，采取当年反右时的做法，压制积极响应毛泽东的号召起来造反的激进学生，把数百名学生打成反革命。这样一来，与造反的学生形成严重对立，导致各个学校轰赶工作组的事件不断发生。这样，刘少奇完全陷入了毛精心布下的火海中，很快就被烧得焦头烂额，疲于应付了。

为了打击刘、邓和他们派出的工作组，毛泽东完全抛弃了他的"民主集中制"原则，开始了分裂中共中央的"阳谋"：他下令学校从六月十三日起停课闹革命后，发表了著名的"**支持闹事**"讲话。他说："**现在停课又管饭吃，吃了饭要发热，要闹事，不叫闹事干什么？**"

为了促使革命走向激化，挫败工作组的求稳谋图，他又运用阴阳两面手法，在高唱"讲道理"的同时，使拳脚相加的打人合理化。1966年6月，面对工作组疲于控制的打人高潮，他发表了著名的《关于发生打人事件的指示》，即所谓"**不主张打人**"的"最高指示"：

"党的政策不主张打人。但对打人也要进行阶级分析：好人打坏人活该；坏人打好人，好人光荣；好人打好人误会。今后不许打人，要摆事实，讲道理。"

这是支持打人？抑或反对打人？请读者自己做判断。

七月中旬，一直在外地养精蓄锐、审时度势的毛泽东认为，与刘少奇最后摊牌的时机已到。于是，他作了个象征性的举动——在武汉畅游长江。在特意向人们展示了他健康的体魄和敢于迎接任何挑战的意志之后，7月18日返回北京。一回来，毛便立即召集中央文革小组开会，听取汇报，而用"已经睡了"为借口，让同样急于汇报的刘少奇吃了一个闭门羹。几天后，毛泽东自忖已经收集到足够的材料，可以斗垮对手之后，正式表态：

"工作组起破坏作用，阻碍运动，一不会斗，二不会改，统统驱逐之。" 他还出面为中央文革打气撑腰，"中**央好多个部，没有做多少好事，文革小组却做了不少好事，名声很大。"**

根据毛泽东的部署，江青、陈伯达等人到北大、清华等院校去，明里调查研究，实则煽风点火，搜集刘、邓材料。7月25日晚，江青和中央文革小组其他成员一起，再次来到北京大学。在东操场，江青亲自主持召开了万人辩论大会，对工作组镇压学生运动的倒行逆施，进行揭发批判。

江青登上讲台，两边分别站着康生和陈伯达。

"毛主席向你们问好——" 江青站在麦克风前，用颤抖着的尖细声音狠批镇压学生运动，引起了一阵阵激动人心的欢呼声和口号声。江青的情绪随着欢呼声、口号声激动起来。忽然思想"走火"，竟破口大骂毛岸青之妻北大学生张少华：**"他妈的是个政治骗子。韶华**（张少华）**是趁毛岸青神志不清时骗他和她结婚的。"** 说着说着，江青又一次加大音量：**"我从来不承认她是毛主席的儿媳，毛主席本人也不承认。"** 麦克风把中国第一夫人的声音扩散到在场的上万人的耳朵里。江青这一番话，使热血沸腾的学生们明白，**江青婆媳之争**也是伟大的文化大革命需要解决的问题之一。江青的讲话，逼得张少华仓皇出逃，在外地藏匿数月之久；后因生活无着，才不得不向周恩来求助。时任北京市第二书记吴德、聂元梓等当事人，在他们的回忆录中都有类似记载。

站在江青两边的康生、陈伯达显得十分尴尬。

江青讲话后，康生跟着在台上大声宣布：**"毛主席一个工作组也没派。"** 一句话把中央内部的分歧捅向了社会。对康生的谎言，那个被毛泽东任命为工作组组长、并以工作组组长身份在《人民日报》社里搞了个"小小政变"的陈伯达，理直气壮地点头称是。

最后陈伯达讲话。他说：**"我建议撤消以张承先为首的北京大学工作组。这个阻碍同学们进行文化大革命的工作组，是障碍物，要撤掉这个障碍物。"** 陈的"建议"就是命令。

在撤消了工作组同时，也推翻了工作组对"六一八事件"是"反革命事件"的定性。台下那些曾受工作组打压过的学生，瞬间从"反革命"变成了革命者。学生们的反抗精神获得了褒扬,于是,解放了,翻身了,当场有不少激进学生激动地哭了,反复高呼:"毛主席万岁!毛主席万万岁!"

毛泽东的表态和江、康、陈等人的煽风点火,使刘、邓主持的党中央乱了方寸,陷入尴尬、沮丧,被迫下令撤出全部工作组。

1966年7月29日,已经被毛泽东布下的漫天火海弄得焦头烂额的刘少奇,在北京市革命师生文化大革命积极分子大会上的讲话中,不加掩饰地流出无奈,露出苦衷。他说:"**怎样进行无产阶级文化大革命,你们不大清楚,不大知道,你们问我们,怎样革命,我老实回答你们,我也不晓得。我想党中央其它许多同志,工作组的成员也不晓得。**"与周恩来相比,刘少奇在讲话中没有作什么自我批评,相反还有意提出"要保护少数"的问题,称"**有时候真理在少数人手里**"。不仅如此,刘还含蓄地对毛泽东的欲加之罪作了反驳,说:"**有时没犯错误,人家也说你错了,是不是?那时自己也莫名其妙。**"显然,刘少奇缺乏周恩来逆来顺受的"精明"和随机应变的"干练"。

毛泽东对刘少奇这样的表态大为恼怒,已经到了按捺不住的地步,决心直接向他兴师问罪。

四、《炮打司令部》和《十六条》

(自左至右)1. 炮打司令部大字报。2.《人民日报》刊登《十六条》。3.《学习十六条手册》。

此时的毛泽东决心借中共八届十一中全会逐步罢黜刘少奇,教训邓小平。

1966年8月1日至12日,中共八届十一中全会在北京举行。出席全会的中央委员和候补中央委员141人。各中央局和各省、市、自治区党委的负责人、中央文化小组的成员、中央有关部门的负责人、首都高等学校"革命师生"的代表共47人,列席了会议。

同五月间的政治局扩大会议一样，八届十一中全会的气氛也十分紧张。与会者人人自危，生怕说错了话，但又不得不表态，于是，纷纷围绕毛泽东对工作组的批评，检讨自己思想上怕出"乱子"，"跟不上主席思想"，"犯了方向性错误"，等等。不过他们的检讨大都很勉强，多是从思想认识和工作方法的角度作自我批评。尽管江青、康生等人事先已经分头作了动员，但在会上，还是很少有人直接向刘少奇、邓小平开炮，并且普遍流露出对文革运动"很不理解"的思想情绪。这种局面令毛泽东大失所望。为此，毛特意把清华大学附中红卫兵写的两张鼓吹革命造反的大字报和给他们的亲笔复信，作为会议文件印发下去，想在全会上点一把火。他原本期望他在中央全会上登高一呼，与会者就会像青、少年学生中的红卫兵那样，积极响应，对刘少奇同仇敌忾，群起而攻之。然而，应者寥寥，多数人同情和支持刘、邓，思想上的弯子转不过来，甚至有明显的抵触情绪，会议开得十分沉闷。毛泽东看在眼里，想在心里。会议证实了他的预见：反对他的人不是几个，而是一大批。他决心亲自出马，给全会加压，把刘少奇的问题端出来，以期达到敲山震虎、杀鸡儆猴的目的。8月4日，在中央政治局常委扩大会议上，毛便用惹恼激怒法向刘猛烈开火，声色俱厉地指责派工作组是"**镇压学生运动**"，"**说得轻一些，是方向性问题，实际上是方向问题，是路线问题，是路线错误，违反马克思主义**"。甚至说："**这是镇压，是恐怖，这个恐怖来自中央。**"面对毛泽东劈头盖脸的斥责，刘少奇刚开始还能沉得住气，连连检讨。但毛不依不饶，继续指责刘少奇说："**你在北京专政嘛，专得好！**"在毛这种咄咄逼人的斥责和羞辱下，一直在忍耐克制的刘少奇终于失去控制，特别是当毛语带威胁地提出"**我看、垮台好，不垮台不得了**"时，便当众顶撞起来，而且用毛本人常说的那句话来回敬毛泽东："**无非是下台，不怕下台，有五条不怕。**""五不怕"即毛泽东常说的"**不怕撤职、不怕开除党籍、不怕老婆离婚、不怕坐牢、不怕杀头**"。这样一来，不啻火上浇油，正好给了毛泽东大做文章的借口。毛随后甩出一句话，让全体在场的人毛骨悚然："**牛鬼蛇神，在座的就有！**"同时宣布原定当天开的大会不开了，改为分组传达这次常委扩大会议的内容。散会后，怒气难消的毛决定延长会期，改变全会原有的议程，着手从思想、组织等方面作了紧急部署。

到此，毛泽东剥掉了他创立的"民主集中制"中的"民主"装潢，暴露出"集中"独裁的本相，使与会中委大员们望而生畏，自顾不暇。这就是领导七亿中国人民的中共中央委员会。

惹恼激怒法取得成功后，8月5日，毛泽东用异常激烈的语言写了一篇痛斥刘少奇的大字报，《**炮打司令部——我的一张大字报**》：

"全国第一张马列主义大字报和《人民日报》评论员的评论，写得何等好啊！请同志们重读这篇大字报和这篇评论。可是在五十多天里，从中央到地方的某些领导同志，却反其道而行之，站在反动的资产阶级立场，实行资产阶级专政，将无产阶级轰轰烈烈的文化大革命运动打下去，颠倒是非，混淆黑白，围剿革命派，压制不同意见，实行白色恐怖，自以为得意，长资产阶级的威风，灭无产阶级的志气，又何其毒也！联系1962年的右倾和1964年的形"左"而实右的错误倾向，岂不是可以发人深醒的吗？"

从"**颠倒是非，混淆黑白**"到"**压制不同意见，实行白色恐怖**"，把这些"帽子"扣到刘、邓头上并不为过，因为他们历来都是这么干；但如果说毛是其反对者，则大谬矣！中共历史，就是一部颠倒是非，混淆黑白，压制不同意见，实行红色恐怖的历史。从井冈山肃反到延安整风，从批胡风、反右派，到整肃彭德怀、批《海瑞罢官》，那一件"压制"不是在毛泽东亲自领导下进行的？那一桩"恐怖"不是"毛、刘、周、朱、陈、林、邓"等中共权贵和御用精英们合力下成就的？毛泽东把自己打扮成倡导民主、自由的君王，这种挂羊头卖狗肉、欺世盗名伎俩是对民主、自由的玷污！因此，这"五十多天"的历史，不过是毛泽东玩弄权术、设置陷阱、打击对手的内讧历史而已。

《炮打司令部——我的一张大字报》印发全会后，面对中央委员会内强大的右派势力，8月6日，毛泽东秘密派汪东兴，把本来已经告假的林彪从大连疗养地紧急召回北京参加会议，为自己助战，准备用林彪取代刘少奇作为他的接班人。当时"卧病"在床的陈云，这位在毛死后大反文革的政治局常委，立刻致信向毛泽东效忠，表示"**完全拥护毛主席和中央采取的方针**"。

8月8日，全会通过由陈伯达起草、由毛泽东修改并亲定题目的《关于无产阶级文化大革命的决定》，亦即《十六条》。《十六条》规定："**在当前，我们的目的是斗垮走资本主义道路的当权派，批判资产阶级的反动学术'权威'，批判资产阶级和一切剥削阶级的意识形态。**""**运动的重点，是整党内那些走资本主义道路的当权派。**"又说："**一大批本来不出名的革命青少年成了勇敢的闯将。**""**他们的革命大方向始终是正确的。**""**党的领导要善于发现左派，发展和壮大左派队伍，坚决依靠革命的左派。**""**彻底孤立最反动的右派，争取中间派。**"要"'**敢**'**字当头**"。"**充分运用大字报、大辩论这些形式，进行大鸣大放……揭露一切牛鬼蛇神。**"8月9日，全国各主要报纸都在头条位置全文发表《十六条》。8月13日，《人民日报》更以头版头条位置发表了社论《学习十六条熟悉十六条运用十六条》，声称"**十六条是毛泽东同志亲自主持制定的**"，"**是毛泽东同志提出的无产阶级文化大革命的纲领**"。一时间，《十六条》成为全中国人民的"学习文件"。大街小巷、乡头村里，贴满标语："**学习十六条！熟悉十六条！运用十六条！**"各种场合的会议，人们也高呼这样的口号。

《十六条》是毛泽东整肃党内外刘、邓右派集团的檄文，是他指定陈伯达负责起草的。据陈伯达回忆，着手起草是在1966年6月下旬。文革小组成员"笔杆子"王力也参加起草工作。《十六条》前后改过许多次。陶铸、王任重、张春桥也参加一些修改工作。尽管当时中共八届十一中全会还没有召开，会议的公报的初稿已在陈伯达的主持之下写好。据王力回忆，当时有三件事使他感到"吃惊"：

第一，为何送审传阅的名单上没有刘少奇？

第二，送审传阅的名单上，主席后边即是林彪。

第三，初稿上，曾引述了刘少奇几天前发表的一段话，给勾掉了！那是7月22日，作为中华人民共和国主席的刘少奇发表声明，表示中国人民最坚决最热烈地支持越南胡志明主席7月17日发表的《告全国同胞书》，公报的初稿曾引用了刘少奇声明中的几句话。

这三件事，已经清楚表明，刘少奇在即将召开的中共八届十一中全会上挨批判连公报初稿都不再送他审阅了！另外，也清楚表明，林彪即将取代刘少奇，会议还没开，林彪已名列第二了！

一贯倡导"民主"的毛泽东，独断专行，背着中共中央七个常委中的刘少奇、朱德、陈云、邓小平等多数，搞阴谋、施诡计，党的中央委员和高层权贵们，却熟视无睹，坦然接受。这就是毛泽东的**人格**，这就是"民主集中制"的**体格**，这就是领导七亿人民的"伟大、光荣、正确"的中国共产党的**党格**！由此可见，中共中央全会不过是实现毛泽东个人独裁的工具而已。

8月9日，全会按照毛泽东的意志，随即转入了对刘少奇、邓小平的揭发批判。

由于十一中全会上遇到了党内右派集团的巨大阻力，毛泽东决定走出全会，到数年造神运动中培植出来的"群众"中去号召造反。8月10日下午7时，他突然出现在中南海西门的接待站，会见由文革小组为他挑选好的"首都革命群众"，并在"首都革命群众"的簇拥下，走上讲台，用洪亮的声音鼓动造反说：

"你们要关心国家大事，把无产阶级文化大革命进行到底！"

8月12日，根据毛泽东提议，全会改组中央领导机构，选举毛泽东任主席，林彪任副主席，选举毛泽东、林彪、周恩来、陶铸、陈伯达、邓小平、康生、刘少奇、朱德、李富春、陈云为政治局常委；并补选陶铸、陈伯达、康生、徐向前、聂荣臻、叶剑英为政治局委员，李雪峰、谢富治、宋任穷为政治局候补委员；又补选谢富治、刘宁一为书记处书记；候补中央委员递补中央委员的则有杨得志、韦国清、罗贵波、张经武、谢觉哉、叶飞；撤销彭真、罗瑞卿、陆定一的中共中央书记处书记职务，撤销杨尚昆的中共中央书记处候补书记职务。

有人说，在十一中全会上，毛泽东并没有达到罢黜刘、邓的目的。这是低估了毛泽东。毛泽东的天才在于他的战术和耐力：**层层剥笋，步步昭示宽容，避免一蹴而就失人心。**

刚来中央的陶铸为什么一跃成了第四号人物？陈伯达和王力回忆，最初的名单是：毛泽东、林彪、周恩来、邓小平、陈伯达、刘少奇、康生、朱德、李富春、陈云、陶铸。邓小平怎么会名列第四呢？因为他在选举政治局常委时得全票，所以列于毛、林、周之后，居第四。江青看到这张名单大为不满，说："邓小平过去名列第七，这一回跟着刘少奇犯了错误，派了工作组，怎么反而升到第四位？不行！这样排不行！" 江青向林彪说出自己心中的不满。江青的话，正中林彪的下怀。于是，把邓小平排列到陈伯达之后，名单顺序是：毛泽东、林彪、周恩来、陈伯达、邓小平、康生、刘少奇、朱德、李富春、陈云、陶铸。江青看了名单，仍不满意。江青说："'老夫子'书生一个，压不住邓小平。陶铸厉害，把陶铸调上去！"根据江青的意见，陶铸从末位一下子升到第四位，最后敲定了中共中央常委的排列顺序：毛泽东、林彪、周恩来、陶铸、陈伯达、邓小平、康生、刘少奇、朱德、李富春、陈云。

连中央委员都不是的江青，却能敲定中共头头坐位排次，可见她的权力已经达到万人之上，毛、林两人之下。在毛的威慑下，中共中央委员会形同虚设：举举手、盖盖章，如此而已。**中共党员们能期望什么？中国人还能期盼什么？**

在《十六条》的鼓动下，充当枪使的红卫兵"杀"出校园，"杀"向社会。城市沸腾起来，农村也即将沸腾起来，一场新的、规模更大、来势凶猛的风暴，已经形成。

五、第一波自杀风潮

主人权斗，奴仆遭殃。《五一六通知》通过后，引发了从 1966 年 5 月到 7 月的第一波自杀风潮。这"第一波"是文化大革命的第一波，也是中共"解放"中国人民、成立"新中国"十七年后的继土改、肃反、反右、"一化三改造"、大跃进和"四清"运动后的第七波自杀风潮。"新中国"成立后那六次风潮中，至少有 **100 万人**自杀。不同的是，文革第一波自杀风潮来势汹涌、迅猛，此时的**红色恐怖**已经充满血腥！

在毛泽东时代，自杀被界定为"畏罪自杀"，是"自绝于人民、自绝于党"罪行，按毛泽东说法是"**不齿于人类的狗屎堆**"，是要"**遗臭万年**"的。但许多无法忍受毛式批斗的人，却宁冒"遗臭万年"之"大不韪"而选择了自杀。据专家、学者推算，在第一波自杀风潮里，全国约有 3～5 万人，在"横扫"中自我了断！

文革中第一个自杀的高级干部，可能是北京市委副书记**邓拓**。他是在《五一六通知》通过后的 5 月 18 日自杀的。

邓拓是 1930 年就参加中共的老党员，五十年代曾任《人民日报》总编辑和社长多年。1956 年，由于持刘、周在经济建设上的反冒进政策，使毛泽东的"反反冒进"思想在《人民日报》宣传力度不够，被毛斥为"**书生办报**"；1957 年反右时，又由于缺乏"引蛇出洞"的积极性，使《人民日报》内部反右成果不大，又被毛斥为"**死人办报**"。很快，总编辑被"**人有多大胆，地有多大产**"的吴冷西取代。带着"书生办报，死人办报"两顶帽子的邓拓，被迫降级到北京市委任副书记。对毛颇有微词的邓拓，与北京市副市长**吴晗**、北京市委统战部部长**廖沫沙**政见相同，一拍即合，在北京各报刊上开辟了一个叫《三家村札记》栏目，邓拓独办了个《燕山夜话》。他们在知识性、趣味性掩护下，以隐晦、曲折、暗喻、影射等社会主义笔法，抨击毛泽东"三面红旗"等政策，含蓄地指责其给社会带来的种种弊端，赢得了许多读者。批评时政是人的最基本权利，但在毛泽东时代是犯罪行为。随着批判吴晗《海瑞罢官》的发展，彭真为了保护自己，他抛弃了邓拓，向毛泽东打了批邓拓的报告。于是，北京传出"邓拓、吴晗、廖沫沙，一根藤上仨黑瓜"的顺口溜。彭的利令智昏，为毛泽东所利用。毛倒刘、邓右派集团的部属是：批斗邓、吴、廖"三家村"，继而揪出彭真，最后打倒刘、邓。到5月8日，北京各大报刊出毛泽东怒斥"三家村"是"反党反社会主义的"的讲话：**"我不相信，在文化革命中的问题只是吴晗问题，后面还有一串串'三家村'！"** 毛的怒斥，推动了公开批判《三家村札记》、《燕山夜话》运动；毛左派集团的精英们也大喊大叫，要深挖"三家村反党集团"幕后的人物。5月16日，杀手戚本禹在《人民日报》上发表文章，给邓拓致命一击，宣布他是叛徒；并且警告说，不管邓拓背后的支持者是谁，都要一挖到底。这种显然来自"最高"的声音，把邓拓逼上了绝路。熟悉党内斗争的邓拓，深知任何自由主义和独立人格都是毛泽东的大敌，一旦《三家村札记》、《燕山夜话》所蕴涵的独立、自由主义精神被"最高"识破，便"罪责"难逃；他也深知，他不可能得到党内其他实力人物的理解和支持，得到的唯有落井下石。与其让"最高"折磨和"朋友"出卖，何如自我了断？于是，5月18日凌晨，他服毒自杀。

第二个殉难者是毛泽东的秘书**田家英**。5月23日上午，年仅44岁的田自杀于中共政治中心中南海里，而另一说法是被汪东兴枪杀。

田家英本名曾正昌，1922年生于四川成都一个药店小老板之家。14岁时，他在报上与一个姓刘的教授论战并大获全胜，被川中许多人称为有"过目不忘"之才的"神童"。同年，他加入了共产党领导的抗日救亡组织"海燕社"。1937年，15岁奔赴延安，先入陕北公学，后于1938年加入共产党。1948年8月到1966年5月，他在毛泽东身边当秘书长达18年。在担任毛泽东秘书期间，还兼任中共中央办公厅秘书室主任、中共中央政治局主席秘书、中华人民共和国主席办公厅副主任、中央政治研究室副主任和中共中央办公厅副主任等职。多年以全部精力参加《毛泽东选集》一至四卷及毛泽东其他著作的编辑、注释和出版工作，参与毛泽东、中共党和国家许多重要文件的起草工作。平日毛泽东作诗词和写文章，常要引经据典，一般都由田家英查找和核对，成了毛泽东身边不可或缺的人物，被毛誉为不可多得的忠良才子。但大跃进以后，田的自由、独立思想与毛的专制、独裁品格，发生冲突，逐渐拉开了距离。《五一六通知》公布六天后，即1966年5月22日，他被以反对林彪的"顶峰论"和"最高最活论"、反对批吴晗的《海瑞罢官》、篡改毛主席著作等罪名，被毛批为**"右派秘书"**，勒令"停职反省"，逐出中南海。

对于田家英的死，体制内作家们都把他说成是自杀，但在描述自杀时间、地点和自杀方式等细节上出入较大，有的闪烁其辞，也无尸检文件证明。更为甚者，他的女儿**曾自**回答香港著名记者陈鲁豫的采访，在首肯父亲死于**自杀**的同时，却又语焉不详地暗示："然后，这时候我母亲在机关呢，中组部的安子文给她打电话。哎哟，我母亲说她当时头懵了，早晨走的时候，好好的，没想到他会有这种。然后旁边这些负责的人就揪着她的胳膊，她说把我揪得生疼，都揪出手印来了，一定要你去看。她看了。后来她认为，**看，就是让你证明认可他是自己去世的。**"

然而，一种不同的说法却广为流传，还有泄密的中央文件佐证：**田家英被汪东兴枪杀。**

在档案无限期尘封的今天，这种传说和文件是真是假？人们难以搞清。笔者权将知情者的描述摘录于后，供读者圣鉴。

中央组织部（外调1978-7-006612）号档案记载：

田家英接到中央要来人和他作最后一次挽救性谈话的电话后，约一小时在寓所永福堂，用五四型手枪开枪自杀的。枪声惊动了警卫。汪东兴接获警卫报告后，和内卫朱国华赶到现场，证实田家英已死。汪东兴报告主席请示处理意见，主席说：**死了人都要我管吗？他选择了自绝于人民的道路。**又请示总理，总理说：是自杀吗？要送医院验尸，这是法律手续。后又说：按主席的指示办。当天下午，是以化名由公安部出面送去火化的。"

1980年3月，田家英终于获得了平反昭雪。

胡耀邦、邓小平、陈云、彭真都就田家英家属来信的要求，做出了批示。其中指出：**田家英是自杀吗？为什么不送验尸？为什么有关档案会失落？田家英有关资料的去向如何？朱国华为什么自杀？**对这些问题，汪东兴要有个如实交代。

1980年4月1日，由中纪委常务书记黄克诚、中办副秘书长姚依林，代表中共中央、中纪委，就田家英死亡问题，找汪东兴谈了话，给予汪东兴选择如实交代田家英死因和有关档案失落原因的机会，他的选择将直接关系到他本人的下场。

汪东兴当时先硬后软，冲着黄、姚二人说：没想到清算到主席身上，连我现在什么职务都没有了也不放过。黄克诚说：汪东兴同志，我们不是来跟你做交易，我们是代表党、纪委，给你机会。历史是不能颠倒的。田家英是自杀吗？这，你不清楚吗？最后，黄克诚，姚依林限汪东兴在三天时间内作出回答，反思。

1980年4月4日，汪东兴向中央办公厅提交了对田家英死亡事件的交代报告。

该报告被列为中共中央档案局〔1980-4-0090-4〕号档案，附有备注：待查证。并有中纪委第一书记陈云，常务书记黄克诚的签字。

该档案的汪东兴笔录摘要如下：

我接主席指示，要我到田家英寓所，能否跟田谈一下，**不要走到反的一方，不能自拔。**5月23日上午10时，我和内卫到永福堂田家英寓所，向田传达了主席的关怀，问他有什么想法？田冷漠地笑了一下说：十八年了，我思想一贯右倾，一贯反马克思主义，一贯和主席唱反调，一贯和彭德怀、彭真、杨尚昆搞在一起。主席为什么留我在身边？我问田：还有什么想法？田说：不能违背事实讲话了。彭德怀、彭真、杨尚昆，还有一批和主席南征北战的领导同志，他们怎么会是反党，反马克思主义？让历史见证。我说：不要执迷不悟，否则下场会比彭德怀、彭真、杨尚昆还要惨！田家英立即回答：请报告主席，我田家英对主席了解了，主席也会对我田家英了解。我接受还要惨的结局。说着，田家英把杯子用力朝地一摔，表达了他和主席的决裂。当时气氛激烈，内卫失控，朝田家英开了一枪。我即招呼警卫上前一看，田家英已死，随即向主席、总理作了报告。主席听后说：**人死了，不能复生。他在我身边十八年了。从56年以来，历次政治大事件中，他都有主见。我把他作为右派秘书。后来，他和彭**（德怀）**、彭**（真）**、杨尚昆搞在一起，性质就变了。他对另一个主席**（笔者：刘少奇）**很尊敬，他也有野心。**

不久，内卫朱国华自杀身亡。

斯人已去四十年，疑云重重消释难。人们期待档案解密。

当人们为名人之死鸣不平时，却忘记了对小人物"自杀"的关注，尽管**朱国华**可能曾是汪东兴的"**帮凶**"。中国什么时候才能像关注大人物那样去平等地对待小人物的命运呢？

这里还值得一提的是，兰州大学校长、党委书记江隆基的自杀。

江隆基，1905年生，陕西人，1924年考入北京大学，1927年加入中国共产党。五十年代初，开始担任北京大学中共党委书记、副校长，主持校党委工作。1957年反右中，他坚定的无产阶级立场、紧跟中央的党性原则和毫不手软的对敌斗争作风，为毛泽东"引蛇出洞"的"阳谋"立下了汗马大功：在八千多人的北京大学，成功抓出了716（另说699）个右派分子，并用毛式批斗法对右派分子进行残酷斗争。据说，其中有十多个死于非命。1959年1月，江隆基调任兰州大学校长、党委书记。反右9年后，1966年6月17日，得到省委工作组支持的一些左派学生，到江隆基家中，把他一路拖着跑到操场，用毛式揪殴法(4)进行斗争。他们强迫江隆基跪在桌子上，扣上重十多斤的铁笼子。6月23日，兰州大学再次召开斗争江隆基大会，再次使用罚跪、戴高帽子、拳打脚踢、游街等等进行批斗。6月25日上午，中共甘肃省委召开万人大会，宣布"撤销江隆基的党内外一切职务"。当天下午，江隆基这个得不到中共党组织谅解的功臣，终因成了党内权力斗争的牺牲品而奋然自杀。**他先是施刑者，后为受刑者**，这就是他的历史。笔者这么说，不是说江隆基得到了什么"报应"，事实上，许多曾助毛作祟的中共功臣，大都能安度晚年。这里仅仅说从反右到文革的发展逻辑：**反右是文革的必要准备，文革是反右的必然趋势。**

6月1日《横扫一切牛鬼蛇神》社论发表之后，胡揪乱斗之风甚嚣尘上。特别是当毛泽东那条"**要保几个人，如郭老、范老，其他的人不要保。发动年轻人向他们挑战，要指名道姓**"的"最高指示"传到社会上以后，那些学者、专家、教授和作家们便首当其冲。

由于忍受不了"**触及灵魂**"和"**没收反动思想**"等毛式批斗法的痛苦,"畏罪"自杀便成了他们不得已的选择!

笔者搜集到的一些资料,从《五一六通知》公布到7月底的"横扫"中,自杀的知名学者、专家、教授、作家有:

傅洛焕:中央民族学院历史系教授
吴恕求:南开大学外语系教授
光开敏:北京地质学院副教授
李平心:上海华东师大历史系教授
汪钱:北京大学历史系副教授
毛启爽:上海科技大学教授、教务长
朱代杰:北京铁道学院教授,自杀后妻子自杀
徐韬:上影制片厂海燕厂导演
姚溱:中共中央宣传部副部长
高芸生:北京钢铁学院院长
李国全:中央歌舞剧院副院长
李铁民:上海复旦大学副校长
许世华:北京大学党委副书记兼宣传部长
易光轸:北京市52中学副校长

"横扫"中专家、学者遭殃,也祸及学生、职员和家属。如,西安交大学生**沈丙辰**、**王永婷**,上海华东师范大学学生**沈新儿**,诗人闻捷的妻子**杜芳梅**,江苏省沙洲县凤王公社医生缪志纯和妻子**孙惠莲**,等等,都在"横扫"中纷纷自杀(5)。

遗憾的是,笔者搜集到的自杀资料不足全国自杀人数的千分之一,且未能搜集到"地富反坏右"等弱势人群的自杀资料。

第七章附注:

注1、狼与小羊(伊索寓言)

一只小羊在河边喝水,狼见到后,便想找一个名正言顺的借口吃掉他。于是他跑到上游,恶狠狠地说小羊把河水搅浑浊了,使他喝不到清水。小羊回答说,他仅仅站在河边喝水,并且又在下游,根本不可能把上游的水搅浑。狼见此计不成,又说道:"我父亲去年被你骂过。"小羊说,那时他还没有出生。狼对他说:"不管你怎样辩解,反正我不会放过你。"

这说明,对恶人做任何正当的辩解也是无效的。

注 2、王实味

王实味（1906-1947）河南省潢川人。1923 年考取河南省留学欧美预备学校，1925 年考入北京大学文学院预科。在北大参加了党组织活动。1930 年在上海跟刘莹结婚。因不满国民党当局，忧虑时事，1937 年 10 月，只身奔赴当时青年人向往的"灯塔与明灯"延安。

王实味在延安专门从事翻译马克思、恩格斯、列宁原著的工作。四年内译出两百万字的著作，如《德国的革命与反革命》、《价格、价值和利润》、两卷半《列宁选集》。由于在文艺和翻译工作上取得突出成就，他被任命为中央研究院特别研究员。

但王实味性格狂傲，好像只有不断地向权威挑战，才是他人生的乐趣。他在延安《解放日报》上，先后发表了《野百合花》、《政治家.艺术家》等杂文，对延安的社会生活和革命队伍中的人际关系，如"衣分三色，食分五等"的"等级制度"，进行了尖锐的批评。

毛泽东对王实味极为反感。他说："这是王实味挂帅了，不是马克思主义挂帅。"又说："丁玲是同志，王实味是托派。"于是，1942 年 6 月，延安掀起对王实味的批判。周扬发文指责他文艺思想是托洛茨基文艺思想。1943 年 4 月 1 日，康生下令逮捕王实味，审查结论不断升级，最后于 1947 年 7 月 1 日夜，以"反革命托派奸细分子"、"暗藏的国民党探子"、"特务"和"反党五人集团成员"等罪名，将王实味砍杀于一眼枯井中，时年四十一岁。

三十多年后，年迈的刘莹从广播中得知王实味于 1947 年已被处决，断然认定这是政治诬陷，便开始申诉。到了 1990 年 12 月，中共中央终于宣布对王实味的平反决定。其时，其子已经五十五岁，面对平反决定，泪流满面。

注 3、潘多拉魔盒

潘多拉（Pandora，希腊语：Πανδώρα），是希腊神话中主神宙斯用粘土做成的人类的第一个女人。众神都努力打扮她，使她拥有更诱人的魅力。作为对盗取天火给人类带去光明的惩罚，宙斯把她送给盗火者普罗米修斯。根据神话，潘多拉出于好奇，打开了宙斯给她的一个装有祸害、灾难和瘟疫的魔盒，释放出人世间所有的邪恶——贪婪、虚无、诽谤、嫉妒、痛苦等等；当她再盖上魔盒时，里面只剩下了希望。

注 4、毛式揪殴法

毛式揪殴法是毛式批斗法的升级版。毛式批斗法是以说"理"文斗为主，暴力武打辅之；毛式揪殴法则以暴力武斗为主，即以抄家、挂牌子、戴高帽子、游街示众、"坐喷气式"、奸污、吊打、打死等暴力武斗为主，辅以说"理"文斗。其中，"坐喷气式"即是：

受刑者跪在地上或桌上，腰弯九十度，施刑者抓住受刑者的头发，使其脸向前方，再将其左右两臂高高架起，伸直，把受刑者身体扭曲成喷气式飞机那样，俗称"坐喷气式"。

注5、1966年5月至7月自杀身亡者名录表

资料来自《文革受难者纪念园》、《文革博物馆》、《文革时代》等网站。

令人遗憾的是缺少农村自杀纪录。

编号	姓名	职业	性别	年龄	死亡月份	死亡地点	何种运动、说明
1	邓拓	书记	男		5	北京	北京市委书记处书记、杂文家
2	田家英	秘书	男	44	5	北京	毛泽东秘书，在中南海书房中死亡
3	光开敏	教授	男		5	北京	北京地质学院副教授
4	傅洛焕	教授	男	53	6	北京	中央民族学院历史系教授
5	汪钱	教授	男		6	北京	北京大学历史系副教授
6	李平心	教授	男		6	上海	上海华东师大历史系
7	郭敦	演员	女	30	6	山东	山东烟台话剧团演员
8	江隆基	干部	男		6	兰州	兰州大学校长
9	彭蓬	高师	男		6	上海	华东化工学院政治教师
10	徐韬	导演	男	56	6	上海	上影制片厂海燕厂导演
11	许世华	干部	男		6	北京	北京大学党委副书记兼宣传部长
12	姚溱	干部	男	45	6	北京	中共中央宣传部副部长
13	易光轸	校长			6	北京	北京市52中学副校长
14	曾瑞荃	中师	男	40	6	上海	上海市吴淞二中语文老师
15	朱代杰	教授	男		6	北京	北京铁道学院教授，死后妻子自杀。
16	朱妻		女		6	北京	
17	吴恕求	教授	男	41	7	天津	南开大学外语系教授
18	董怀允	高师	男		7	北京	北大数学系讲师
19	杜芳梅		女		7	上海	诗人闻捷的妻子
20	高芸生	干部	男		7	北京	北京钢铁学院院长

21	龚起武	员工	男	54	7	西安	西安交大图书馆职工
22	金志雄	员工	女		7	上海	上海复兴中学图书管理员
23	李雪影	中师	男	36	7	上海	上海大同中学教导主任
24	楼文德	厂长	男	50	7	上海	上海沪光工具厂厂长
25	毛青献	高师	男	50	7	上海	复旦大学物理系教师
26	毛启爽	教授	男	60	7	上海	上海科技大学教务长
27	缪志纯	医生	男		7	江苏	因家庭出身"地主"，被斗，夫妻投河自尽于常熟慕城
28	孙惠莲	职员	女		7	江苏	
29	沈丙辰	学生	男	24	7	西安	西安交大真空31班
30	沈新儿	学生	男		7	上海	上海华东师范大学学生
31	王永婷	学生	女	23	7	西安	西安交大压缩21班学生
32	张凤鸣	中师	男	30	7	上海	上海市吴淞二中外语老师
33	张友白	中师	男	30	7	上海	上海市新沪中学数理老师、右派
34	范其鲁	学生	男		?	北京	清华大学毕业
35	方诗聪	中师	男	40	?	上海	上海外国语学院教师
36	李国全	指挥	男		?	北京	中央歌舞剧院副院长
37	李铁民	校长	男		?	上海	上海复旦大学副校长

第八章：利用红卫兵再造神

一、毛泽东的红卫兵

毛泽东的红卫兵（左、中）；红卫兵游行示威（右）

"红卫兵"，最早是北京市清华附中几个学生写的一张小字报的署名。1966年5月29日，清华附中学生**卜大华、骆小海、张承志**等人，首先发起成立了红卫兵组织。这个由工农兵、革命干部等红五类家庭出身的中学生组成的组织，是个比较自由的团体，年龄多在13~18岁之间。据说，这是全国第一个红卫兵组织。由于比较自由，许多学校便亦步亦趋，纷纷效法，也建立起自己的红卫兵组织来。然而，正是由于比较自由，便与刘、邓派出控制局面的工作组发生尖锐冲突。**控制与反控制**的斗争，便在工作组与红卫兵之间展开，而且愈演愈烈。由是，许多红卫兵被大权在握的工作组打成反革命，其组织被勒令解散。在控制与反控制的冲突中，天才的毛泽东忽然发现，红卫兵组织可以成为他终结刘、邓权力的依靠力量。于是，他决定支持红卫兵组织。6月2日，在他秘密授意下，清华附中的校园里正式贴出了署名"红卫兵"的大字报。在军干子弟卜大华的带动下，100多个学生在大字报上面签了名。秘密授意是毛泽东发动群众的高招。接着，在中央文革小组成员的鼓动、串连和捉笔、修改下，卜大华等几个中学生又贴出了《无产阶级的革命造反精神万岁》的小字报，尔后又写出了《二论》和《三论》。至此，红卫兵组织已打上了权力的烙印，失去了自发、自由的动力。7月28日，他们把《两论》交给了授意者江青，要她转呈毛泽东。

8月1日，为了挫败刘、邓派工作组控制局面的努力，善于煽动勇敢分子、流氓无产者和痞子起来造反的毛泽东，接到《两论》后，按既定计划，给十几岁的中学生们写了一封回信，鼓动他们起来向党内右派官僚特权阶级造反。回信全文如下：

清华大学附属中学红卫兵同志们：

你们在 7 月 28 日寄给我的两张大字报以及转给我要我回答的信，都收到了。你们在 6 月 24 日和 7 月 4 日的两张大字报，说明对一切剥削压迫工人、农民、革命知识分子和革命党派的地主阶级、资产阶级、帝国主义、修正主义和他们的走狗，表示愤怒和申讨，说明对反动派**造反有理**，我向你们表示热烈的支持。同时我对北京大学附属中学红旗战斗小组说明对反动派造反有理的大字报和由**彭小蒙**同志于 7 月 25 日在北京大学全体师生员工大会上，代表她们红旗战斗小组所作的很好的革命演说，表示热烈的支持。在这里，我要说，我和我的革命战友，都是采取同样态度的。不论在北京，在全国，在文化大革命运动中，凡是同你们采取同样革命态度的人们，我们一律给予热烈的支持。还有，我们支持你们，我们又要求你们注意争取团结一切可以团结的人们。对于犯有严重错误的人们，在指出他们的错误以后，也要给以工作和改正错误重新作人的出路。马克思说，无产阶级不但要解放自己，而且要解放全人类。如果不能解放全人类，无产阶级自己就不能最后地得到解放。这个道理，也请同志们予以注意。

毛泽东

然而，两年后的 1968 年 8 月 8 日，毛泽东在接见中央文革碰头会成员和吴德谈高等学校问题时指出："**靠学生解决问题是不行的，历来如此。学生一不掌握工业，二不掌握农业，三不掌握交通，四不掌握兵。他们只有闹一闹。**"显然，毛泽东支持红卫兵的目的，是叫他们出来"闹一闹"，闹得刘、邓右派集团不得安宁，闹得刘、邓工作组无法控制局面，闹得他能借机镇压异己者，闹得他能借势夺权。这与他高度赞扬红卫兵的造反精神，相去何止十万八千里？面对毛在暗箱中的计谋，十几岁的红卫兵怎能理解？

毛泽东的回信，使备受刘、邓工作组压抑的红卫兵受到了极大的鼓舞，他们迅速打出造反旗号，高呼"造反有理"的口号，心甘情愿地当起毛的打手、屠夫来。毛泽东幕后发动和操纵红卫兵的阴、阳两谋，获得了空前的成功。

青少年在成长期，需要用体现现代文明的学校教育和家庭教育来启迪他们的智慧，规范他们的言行，使他们成长为恪守社会公德的公民。但在毛泽东封建党阀式的革命式的教育中，一方面，他用"读毛主席的书，听毛主席的话，照毛主席的指示办事"的说教，压制人类的自由天性，培养绝对服从的奴性，把青少年驯化成党的驯服工具；另一方面，他用阶级斗争说教，煽动仇恨，使敌视人权、自由的兽性得以张扬，从而使青少年学生特别是其中的勇敢分子，心目中充满"怀疑一切、打倒一切"的反社会性——是非不分、仁义不恭、理性丧失、出手凶狠。这种驯服工具的反社会性，从当时红卫兵的流行话语中已表现出来："革命就是造反，毛泽东思想的灵魂就是造反。""一句话敢造反，这是无产阶级革命家最基本最可贵的品质，是无产阶级党性的基本原则！不造反就是 100% 的修正主义！"他们最热衷的毛泽东语录正是："**革命不是请客吃饭，不是做文章，不是绘画绣花，不能那样雅致，那样从容不迫，文质彬彬，那样温良恭俭让。革命是暴动，是一个**

阶级推翻另一个阶级的暴烈的行动。"就这样，在毛泽东的调教和鼓舞下，青少年学生"摇身"变成了红卫兵，一大批盲目仇视现代文明、行事残忍的小流氓、小痞子和小刽子手，被毛泽东制造了出来。

毛泽东搞政治运动亦即所谓的"群众运动"，有丰富的经验，是发动群众的行家里手。每次运动前，他都能运筹于暗箱之中，然后发动盲从者和包括痞子、二愣子、勇敢分子、流氓无产者在内的"群众"，为他的政治目的冲锋陷阵。这次，他要借无知青少年红卫兵这口"刀"，砍向政敌——以刘、邓为首的右派集团以及异己者和持不同政见者。

毛泽东对《两论》的回信，煽起了反社会的狂热，把红卫兵推上了政治舞台。这封信所包涵的信息，立刻传遍全国，各地学生们都把"红卫兵"看成是最光彩的名称，纷纷建立自己的红卫兵组织。红卫兵运动由此风靡全国，震惊世界。随着时间的流逝，红卫兵的组织成分，也从学生，发展到教师、工人、干部、城市居民和农民，年龄也从青少年走向成年，红卫兵与造反派也融合为一体。（痛定思痛，笔者紧急呼吁：北京天安门前，理应竖立一座《**红卫兵受难者纪念碑**》，每年8月1日，即毛泽东给清华大学附中学生回信号召红卫兵起来"造反"的那一天，为纪念碑祭扫日。）

有人说，煽动红卫兵造反是步险棋，是走钢丝，但这正是毛泽东过人之处：集阴谋、煽动与控制于一身。曾任中共党史研究员的高文谦，在他的《晚年周恩来》一书中写道：

毛泽东之所以在废黜了刘少奇的接班人地位后还不想收兵，是因为他深知眼前的胜利是不稳固的，刘只是暂时处于下风，并没有真正认错服输，随时可能卷土重来。刘在全会上的检讨发言虽然在表面上承认了错误，表示"对这次的决定思想上早有准备，完全没有抵触情绪"，但实际上却并非如此。他在小组会议发言中公开抱怨被毛和群众"夹在中间"，"上挤下压"。甚至借检讨之机发泄不满情绪，意在言外地影射说："老虎屁股摸不得，结果就要被革掉，要让人家革，让人家摸，摸个痛快"。况且，在毛泽东看来，刘少奇已经在党内经营多年，树大根深，影响远未肃清，从中央到地方各省、市都有他的人，目前各地党政机构对文革运动普遍存在的消极抵制就是证明。而且在一股群众中，刘少奇的影响也不可低估。就在八届十一中全会期间，刘去北京建工学院看大字报的时候，围观的群众中还有人喊"刘少奇万岁"的。因此必须趁势穷追猛打，彻底肃清刘在政治上的影响，摧毁他的权力基础。否则的话，刘随时有可能利用党内的不满情绪杀回马枪，进行秋后算账，就像1962年七千人大会时那样。这是让毛深为忧虑的。

由于十一中全会上遇到了党内右派集团的巨大阻力，毛泽东决心采取非常之举，"趁势穷追猛打"。他**充分利用**长期封建党阀式奴化教育和阶级斗争熏陶下所制造出来的盲目仇外的民族主义、阶级仇恨主义和仇恨人类文明的汪达尔主义(1)等反社会的狂热，**充分利用**几年来造神运动所营造的个人崇拜氛围，**充分利用**群众对官僚特权阶级的不满情绪和青年师生与工作组之间的尖锐对立，**充分利用**青年学生易于煽动的弱点和无所畏惧的造反精神，特别是**充分利用**他刚刚缔造的红卫兵们的无知和强悍，去冲击中央和各地党政机关对运动的抗拒，把向刘、邓右派集团夺权、镇压异己者和持不同政见者的文化大革命的烈火，燃遍全国。因此，他决定不惜一切代价，亲自"接见"全国各地的红卫兵，鼓动他们大造党内、外右派集团的反，全力支持他们进行全国大串连，造成"天下大乱"之势，借以把个人崇拜的造神运动推向新的高峰。

红卫兵造反派袖标和胸章

"**与人斗其乐无穷**"的天才的毛泽东，利用青、少年人的弱点，适时地把红卫兵捆绑在他设计好的战车上，让他们为他冲锋陷阵，充当炮灰。打上权力烙印的红卫兵们，果然不负毛泽东的厚望，他们把造反的矛头对准了毛泽东憎恶的知识分子和压抑他们的党内右派官僚特权阶级集团，理所当然地把毛泽东推崇为他们的"**红司令**"！

在1957年反右中，毛泽东把胆敢给他、给中共各级官员提意见的人打成右派分子，并对其进行了无产阶级专政的残酷镇压；但九年后，他却来了个180度的大转弯，提出"造反有理"的口号，鼓动青年学生和工农群众起来造反，批斗中共各级党组织和大小官员。从反右到鼓动造反，使人们看到了毛泽东"**理无常是**"哲学的随意性，看到了他出尔反尔政治手腕的流痞性，从而使人们看到了他为保卫个人权力可以不择手段的卑劣人格，看到了他为保卫个人权力而制造出来的"无产阶级专政条件下继续革命理论"的荒谬性和欺骗性。毛泽东的所作所为，使汪达尔人望尘莫及，不能不令汪达尔亡魂隔洋兴叹曰："后生可畏！"

二、"接见"红卫兵

为了进一步造神，挑动红卫兵疯狂，毛泽东决定用"接见"的方式鼓舞红卫兵，诏令他们崇拜，鞭策他们造反。

毛泽东"接见"红卫兵的决定，是他在十一中全会上亲自做出的。全会后，中共便组成了以周恩来总理为首都工作组组长，负责统一指挥北京卫戍区组织、实施、接待红卫兵和安全警卫工作。为便于指挥，在天安门城楼正厅西边的一个开间内，设了首都工作组的指挥所，由解放军总参作战部、北京卫戍区的领导负责现场指挥。

毛泽东先后八次在天安门上检阅红卫兵。检阅时毛在天安门城楼上（中）、在车上（右）

1966年8月18日，中共中央在北京天安门广场召开"庆祝文化大革命大会"，来京的约100万红卫兵参加了这个庆祝大会。由于以后毛又多次"接见"，这次大会便被改称为"**毛泽东第一次接见红卫兵**"。

通宵未眠的毛泽东，从中央警卫团中找了套合适的军服穿上，18日早晨5点钟，便登上了天安门城楼。彻夜未眠的红卫兵，看见城楼上的毛泽东后，顿时欢腾起来，"毛主席万岁"的口号声，响彻天安门广场上空。

大会安排在上午7时半开始，由陈伯达主持，林彪、周恩来和红卫兵代表讲话。接着红卫兵以游行方式通过天安门，接受毛泽东的检阅。

8月29日，《人民日报》在头版头条刊登社论《向我们的红卫兵致敬》，第一次播发了"**英雄的红卫兵万岁**"的口号。

"八一八""接见"后，红卫兵运动的烈焰，越烧越旺，很快形成了全国性的"大串连"，外地来京的红卫兵与日俱增。

毛泽东第一次"接见"红卫兵后，《人民日报》和各级党报大肆宣扬，把毛的个人声望拔举到了空前未有的高度。踌躇满志的毛泽东，觉得这一招造神很有效，于是在8月31日再次"接见"了50万红卫兵。9月5日，中共中央和国务院根据毛的首议和批准，发出了《**关于组织外地高等学校革命学生，中等学校革命学生代表和革命教职工代表来京参加文化大革命的通知**》。通知宣布："外地高等学校（包括半日制和半工（农）半读高等学校）革命学生，除了有病的、已经来过的或有其它原因不能来的以外，都可以组织来北京参观。高等学校教职工可按每五十名学生选出革命教职工代表一人参加。外地中等学校（包括半日制和半工（农）半读中等专业学校及普通中学），按每十名学生选出革命学生代表一人，教职工按每一百名学生选出革命教职工代表一人参加。来京参观一律免费乘坐火车……来京参观的革命学生和革命教职工生活补助费和交通费由国家财政中开支。至京后的伙食住宿由北京市负责安排……**在京时的经费，由国家财政开支。**"由于国家财政支持，衣、食、住、行有了保障，各地红卫兵便大量涌向北京。在国家主义、集体主义横行的中国，代表国家和集体的雇主和各级政要权贵们，便理直气壮地挥霍起老百姓的劳动成果来！

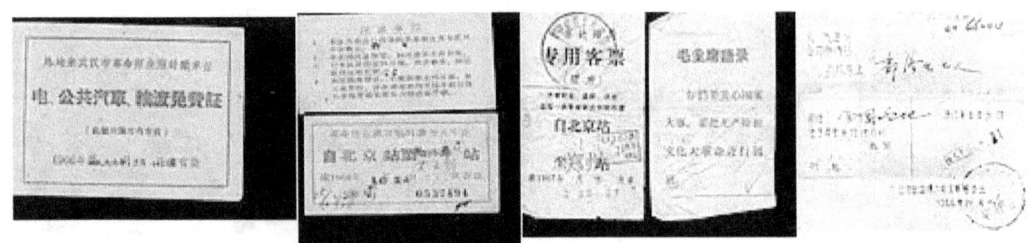

各种免费车票票证

继 8 月 31 日第二次"接见"50 万红卫兵后，又连续进行了六次"接见"。第三次在 9 月 15 日，"接见"100 万；第四次在 10 月 1 日（原是庆祝国庆大会，也改称"接见"），"接见"150 万；第五次在 10 月 18 日，"接见"150 万；第六次在 11 月 3 日，"接见"200 万；第七次在 11 月 10、11 两天，"接见"200 万；第八次在 11 月 25、26 两天，"接见"红卫兵 250 万。三个多月中，毛、林、周等党内左派集团，连续八次共"接见"红卫兵约 1,200 万人，平均 12 天左右"接见"一次。

在八次"接见"中，最忙碌、最操心的人莫过于倒向左派的中摇派国务院总理周恩来了。

为了保证毛的安全，周恩来费尽心机想了许多"接见"方式，使每次"接见"都不尽相同，而且往往出人意料。

8 月 18 日的"接见"，红卫兵以游行方式通过天安门，仰望天安门城楼上的"伟大领袖"，边走边欢呼着，毛在城楼上以招手回应欢呼，实现了第一次"接见"。第二、三次，毛先乘敞篷车巡阅在广场和长安大街上的红卫兵，尔后登上天安门城楼上，再招手检阅通过天安门的红卫兵。第四次，毛在天安门城楼上招手检阅通过天安门的游行方队，晚上，毛乘车到南长安街巡阅参加盛大焰火晚会的红卫兵。10 月 18 日，在从天安门到东长安街、建国门内外大街、东三环路、北三环路约 50 里长的路线上，摆布了 150 万将准备被"接见"的红卫兵。沿途投入了卫戍区 4 个师中的机动兵力，并采用军、警、民（民兵、治保组织）三结合的警卫布势：武装哨与便衣哨兵结合，地面警卫与立体（控制制高点）警卫结合，对沿路两边的建筑物、住户、临街危险窗口、制高点等进行了全方位的警卫、监控，等等。12 时 50 分开始，毛、林、周和中央其他领导人分乘 6 辆敞篷吉普车，在 12 辆警车的引导护卫下，沿 50 里长的路线上呼啸而过，实现的第五次"接见"。尽管第五次"接见"时间短，有利于毛充分休息，但安全堪忧，周决定第六次"接见"用车载 200 万红卫兵通过天安门（见下图左）。于是一声令下，6,000 辆军用卡车从北京、沈阳、济南等军区火速云集北京，实现了车载式"接见"。第七次"接见"分两批。第一批 150 万红卫兵，于 11 月 10 日以游行方式通过天安门接受毛泽东检阅，第二天 11 日，第二批 50 万红卫兵，被摆布在天安门和东西长安街上，毛等中央领导人分乘 9 辆敞篷吉普车，对其进行巡阅式"接见"。第八次是最后一次"接见",共"接见"250万红卫兵。因为人数太多,周决定分两批进行。11月25日"接见"150万,26日再"接见"100万。两批"接见"均把红卫兵摆在天安门广场、东西长安街、西郊机场,毛和中央其他领导人分乘9辆敞篷吉普车,对其进行巡阅式"接见"。

毛泽东在天安门城楼上第六次"接见"红卫兵(左)
毛泽东在天安门城楼平台上接见红卫兵(右)

作为"接见"总管的周恩来总理,在第一次"接见"中,发现天安门楼上过于冷清,与楼下的欢呼雀跃气氛形成很大反差。他准确地把握住毛的思想,想出了一个讨毛泽东欢喜的招数,组织1,500名红卫兵代表上天安门城楼,让他们近距离欢呼雀跃,实现货真价实的接见(见上图右)。当1,500名红卫兵代表带上了天安门城楼后,按周的安排,把他们组成两个方队,安排在城楼的东、西平台上,等候毛泽东接见。周恩来首先给这两个方队的红卫兵讲话,规定纪律和接见时的注意事项,并轮流到东、西平台打拍子指挥红卫兵唱《大海航行靠舵手》、《东方红》歌曲。尔后,他陪同毛泽东先后到东、西平台同部分红卫兵握了手,实现了真正意义上的接见。这样安排,打破了天安门城楼上的沉闷气氛,楼上楼下的欢腾融为一体,万岁的呼声和颂扬的歌声,响彻城楼和广场上空,使毛泽东非常高兴。

进入9月后,首都接待红卫兵的工作开始处于饱和状态,吃住发生很大困难,不少接待单位叫苦连天,有些接待指标分配不下去了,有的单位拒绝接受。周恩来像战争动员那样不断地进行动员。在一次动员会议上他说:"**困难再大,也必须把毛主席请来的客人接待好。我在中南海接待1万名红卫兵,由在邢台抗震的187师派人来负责。**"这个"激将法"一使,谁也不敢再叫苦说难了,只好挖掘最大潜力接受接待任务。

进入11月下旬,上次接见过的红卫兵还未走完,新来京的红卫兵又达到250万,当时在京的红卫兵将近400万。北京的天气已经很冷了,这400万红卫兵或是离家过早,或是从南方来,绝大多数都穿着单衣,没有御寒的衣物。这时,周恩来又在北京市进行全面动员,号召各级机关、企、事业单位,把棉被、棉衣、毯子、绒衣、秋衣等御寒物品全部拿出来。费了九牛二虎之力之后，总算解决了这个大难题。

"**智者千虑，必有一失。**"然而，在三个多月的八次"接见"中，最少的一次"接见"50万，多的高达250万，当年既没有听说、也没有见报刊报导过一起安全事故！人们从《人民日报》等报刊印发的照片上看到的都是手举"红宝书"、面向"红太阳"的一张张笑脸，从"中央广播电台"播放的节目里，听到的都是"大海航行靠舵手"等革命歌曲和"毛主席万岁"的欢呼声。人们不能不称赞"接见"组织之周密，不能不承认红卫兵纪律之严明，不能不叹服周恩来管理技艺之高超，因而不能不改写那句成语："**智者千虑，未必有失。**"

然而，三、四十年后，在当局严控文革禁区的情况下，从一些正直知情人的回忆文章中，人们还是在字行间发现了他们披露的一些"接见"之失。

例如，有一位曾经准备通过天安门接受检阅的红卫兵回忆说，当时他"就像波涛汹涌的大海中的一片小小树叶，身体轻飘飘的，头脑晕晕的，在几十万人组成的人海中拼命挣扎，挤过来又撞过去，全身汗水流淌，既高兴极了又非常紧张，因为一不留神就有可能被挤倒在地**永远爬不起来**。当时有不少人被挤倒在地，也有因为激动流汗过多而中暑倒地的。有的被救出广场，也有的**还没被别人拉出来就被踩在脚下**，所有的红卫兵都一样，嗓子喊哑了，汗水流尽了，鞋被挤掉了，衣服也被撕破了……"最后他被从东面倾泻而来的人流挤出了天安门广场。当然，他无法知道被**踩死踩伤的人数。**

一位名叫**尹本顺**的红卫兵说，他到天安门广场寻找自己被挤掉的鞋袜，金水桥边的警卫战士让他到中山公园里去找。他在公园里见到衣物堆得像座小山，还有不少金银饰品（据说其中不少是抄家抄来的），吓了他一跳。要找自己的鞋袜，简直是大海里捞针？于是，在管理人员指点下，他随便找了一双鞋袜。他看见那衣物山堆里，还有手表、钢笔、钱票等，足可以开个大型的遗物展览会了。

尹本顺说得不假。当时曾八次参加"接见"的总参作战部的一个参谋回忆："**每一次接见完，天安门广场上都要拉走一车一车的鞋子，踩烂的手表每回都有好几十块。**"他谨小慎微地（不排除有人告诫他）避开了伤亡这个敏感话题。

也有不怕坐牢者。例如，一个曾参加过西苑机场"接见"的红卫兵**凌耿**，在他的自传体小说《**天仇：一个中国青年的自述**》中，对西苑机场"接见"悲剧，进行了这样的描述："11月26日深夜，时钟刚敲过两响，一阵军号声划破了清华园的寂静；接着，四周响起了哨声。排长把我们的寝室的门一脚踢开，开了灯。'起来！起来！大好的机会来了，毛主席今天要接见你们！'"

在军人的带领下，凌耿和成千上万名青年学生，结队开始了长途跋涉。谁也不知道他们在往哪儿走。在步行二十多公里以后，他们终于到达了目的地西苑机场。大家精疲力尽地席地而坐。凌耿写道："警卫人员开始搜查危险物品——像小刀、金属物品和钥匙等。

连地上的小石子也被捡走了。"凌耿的女友梅梅头上带着一个漂亮发簪。排长不由分说就把它从她头上拔走,因为它"也可以当凶器用"。

大家等了整整一天,都到下午四点五十分了,太阳已经开始下山,毛泽东的车队才出现在机场的跑道上。凌耿写道:"他(毛泽东)在一辆吉普车上,神色木然,看不出是高兴或是悲哀。他微微撅着嘴,显得对什么都看不起似的,双目死死地瞪着前方,把右手伸到肩膀的高度,僵硬地举了几次。"

这就是人们在半夜两点起床、步行二十多公里、等候整整一天所得到的"伟大领袖"的所谓"接见"。毛"接见"完毕以后,数十万饥寒交迫的青年人都急着尽快离场。凌耿写道:"那一天的收场实在可怕。溃散的人群涌向机场出口,带着我踏平了麦苗,撞弯了树木,挤倒了泥草房,四周只见飞扬的尘土,耳边尽是人声呐喊,有时,只觉得踏上了软软的东西,却一直不知那究竟是衣服还是人体。"……凌耿无法告诉我们当天究竟踩死了多少人,中共也从来没有向人民公布过这个数字。当年,如果有人敢冒中共之大不韪,报导"接见"死伤等负面消息,其咎由自取的后果不堪设想。

接着,凌耿又写道:"突然间,前面传来轰地一响——小河上的木桥垮了。接着是刺耳的尖叫和哭号,这一切离我不过几十步,我觉得自己就像刚刚捡回来一条小命似的。人们开始涉过浅浅的河水,轮到我进入那最深只有一公尺的河床时,发现水已经完全干了。只剩下软软的烂泥。河水被红卫兵的棉袄棉裤吸干了!"对此,总参作战部参谋说:"(西苑机场"接见")散场时,红卫兵拥挤不堪,将机场外的一座罗锅桥压断,踩死了几个人,伤了十几个人。"踩死几个?又语焉不详。

"接见"究竟花了多少钱?生产遭到了多大破坏?给国民经济和群众生活造成了多大灾难?多少人负伤、染病、致残和死亡?在中共一党专政下,这些都是永远的机密!

对于毛泽东的"接见",有学者这么评论:"**我们可以毫不夸张地说:它所造成的混乱、惊慌、悲痛、损失,超过了一场战争。**"这也许有些夸大,但足以说明损失不小,不然,为什么永远机密下去?

笔者为什么给"接见"打上个引号呢?通常所谓接见,指接见者与被接见者双方的近距离接触、交谈,双方均能清晰地听到、看到对方的音容笑貌,甚至零距离接触,如握手、拥抱等,或若上图右所示那样。但毛的"接见",除少数人外,绝大多数红卫兵充其量是接受了毛的检阅:他们看到的仅仅是站在天安门上的"海市蜃楼"和坐在吉甫车上的活体雕塑。毛的"接见"不是通常意义上的接见,而是造神运动的一种新形式。炒作"接见"就是炒作个人崇拜,大唱"接见"赞歌,无非是动员红卫兵打击对手的一种权谋。因此,给毛的所谓"接见"打上个引号,借以拨阴翳,正视听。

三、敕训红卫兵

在三个多月的八次"接见"中,毛泽东面对林彪等要员,只对红卫兵敕训了一句话:**"这个运动规模很大,确实把群众发动起来了,对全国人民的思想革命有很大的意义。"**在这里,毛泽东所谓的"思想革命",是要颠覆真、善、美的儒释道文明和自由、民主、人权的普世价值。毛惯用的策略是:由林彪、周恩来等人代表他按照事先决定好的内容讲话,将来不论讲话的后果如何,他都**保有自由评判的主动权**。

毛泽东、林彪在天安门城楼上敕训红卫兵

(自左至右)1. 毛"接见"红卫兵。2. 林在"接见"中讲话。3. 毛、林研究讲话稿。
4. 毛接受宋彬彬的"红卫兵"袖章。

人们不会忘记,在1966年8月18日第一次"接见"中,一个女红卫兵给毛泽东戴上了"红卫兵袖章"。毛高兴地接受了,并亲切地问道:"你叫什么名字?"女答:"**宋彬彬**。"毛问:"是'文质彬彬'的'彬'?"宋答:"是。"毛说:"要武嘛!"于是,宋彬彬改名"宋要武",宋彬彬的母校即高干子弟云集的师大女子附中,也随之改名为"要武中学"。自6月中旬以来,这所贵族学校的红卫兵们已经以批、斗、抄、打闻名于京师。8月5日下午,她们用棍棒和皮带将年逾五十的校长卞仲耘活活打死,开创了打死校长的先例。领导这个学校红卫兵的负责人就是当时**中共政治局后补委员、东北局第一书记宋任穷的千金**,而这位千金,正是那个给毛泽东戴"红卫兵袖章"、第二天改名"宋要武"的**宋彬彬**。(著名学者**千家驹**说,宋彬彬双手沾满八个人的鲜血,其中包括卞校长的鲜血!一位教过她的老师说:"宋彬彬是我平时喜欢的女孩子……她居然能用皮鞭连续'作业'……毛泽东之'神力',也确非虚传。十几岁的女孩子以杀人为愉悦,我至今不敢多想。"但在当局荫庇下,这位当年不可一世的千金,文革后为避嫌悄然移居美国,购房置业,在毫无悔意的岁月里闲庭信步,使卞仲耘等受难者不能瞑目——这是后话。)毛泽东倡导的"要武精神",在北师大女子附中早已开"花"结果;改名"要武学校"后,

"要武精神"波涛汹涌，迅速传遍了全国。显然，毛泽东鼓动学生造反，就是鼓动学生批、斗、抄、游、打、烧、杀！

在"八一八"第一次"接见"讲话中，林彪根据**毛泽东批准的讲话稿**对红卫兵的造反精神大加赞扬。他说：

"**我们坚决地支持你们敢闯、敢干、敢革命、敢造反的无产阶级革命精神！**"他号召红卫兵："**我们要打倒走资本主义道路的当权派，要打倒资产阶级反动权威，要打倒一切资产阶级保皇派，要反对形形色色的压制革命的行为，要打倒一切牛鬼蛇神！**""**我们要大破一切剥削阶级的旧思想，旧文化，旧风俗，旧习惯！**""**我们要扫除一切害人虫，搬掉一切绊脚石！**"

这就是文革中"四敢"、"四个打倒一反对"和"大破四旧"的来历。

在这次讲话中，林彪根据毛泽东批准的讲话稿高调颂扬毛泽东道：

"**毛主席是当代最杰出的领袖**"，是"**最伟大的天才**"，"**毛泽东思想是当代最高水平的马克思主义**"，是"**最强大的思想武器**"。他要求："**要把反革命修正主义分子，把资产阶级右派分子，把资产阶级反动权威，彻底打倒、打垮，使他们威风扫地，永世不得翻身！**"

林彪要红卫兵"坚决、彻底、干净、全部地消灭"敌人，就要"**彻底打倒**"，叫他们"**永世不得翻身**"！林说的这句话，同毛泽东语录混合在一起，被红卫兵发展成了这样一句口头禅："**把他打翻在地，再踏上一只脚，叫他永世不得翻身！**"这是毛泽东思想中隐蔽很深的张献忠主义(2)的正本渊源。

"接见"就是煽风点火，按周恩来的说法就是"**煽社会主义之风，点无产阶级文化大革命之火**"！在"接见"的煽动下，以高干子弟为主的各路红卫兵，冲出校园，杀向社会。他们从批、到斗、到抄家劫舍、到大打出手，很快发展到充满血腥、使十数万无辜者丧生于"红八月"的大屠杀中，仅北京一地就夺去五千多人的生命权———"要武精神"得到了肆无忌惮地宣泄。对此，在"八三一""接见"大会上，林彪高度赞扬说："**革命的小将们，毛主席和党中央热烈赞扬你们敢想、敢说、敢干、敢闯、敢革命的无产阶级革命精神。你们干了大量的好事，你们提出了大量的好倡议。我们十分高兴，我们热烈支持你们，坚决反对压制你们！你们的革命行动好得很！**"

在"九一五""接见"大会上，林彪根据毛泽东批准的讲话稿，再次高度赞扬红卫兵说："**你们斗争的大方向，始终是正确的。毛主席和党中央坚决支持你们！**""**你们在大破'四旧'、大立'四新'的战斗中，取得了光辉的战果。那些走资本主义道路的当权派，那些资产阶级反动'权威'，那些吸血鬼，寄生虫，都被你们搞得狼狈不堪。你们做得对，做得好！**"

在"接见"及其讲话的"鼓舞"下，以阶级仇恨主义、民族仇恨主义、汪达尔主义和张献忠主义为代表的"要武精神",被煽动起来:妒忌、猜疑、争权、弄术和仇恨等人类兽性,找到了宣泄机会;**批、斗、抄、游、打、烧、杀**等红色暴虐,找到了发泄场合。"红司令"的表彰犹如火上浇油,红卫兵便有恃无恐地横行起来,使无产阶级文化大革命之火越烧越大。

红卫兵"做得对!做得好!""好得很!"

(自左至右)1.**批**(大批判)。2.**斗**(斗文革余孽薄熙来的老父)。
3.**游**(游街示众)。4.**抄**(查抄"牛鬼蛇神"的家)。5.**打**(街头被打死者)。
6.**烧**(火烧民房)。7.**杀**(处决政治犯、思想犯)。

但很快,红卫兵也开始分裂成以革命干部、特别是以高级干部、将军子弟为骨干的贵族红卫兵和以工人、贫下中农子弟为骨干的平民红卫兵。红卫兵的造反对象也复杂起来:不仅党内外右派干部和知识分子遭殃,一些左派和中摇派干部和知识分子,也被当成"走资本主义道路的当权派"和"资产阶级反动权威",受到了红卫兵的批、斗、抄、游、打、烧、杀。对此,林彪"九一五"讲话中根据毛泽东批准的讲话稿警告说:

"**很明显,一小撮反动资产阶级分子,没有改造好的地、富、反、坏、右五类分子和我们不同,他们反对无产阶级为首的广大革命人民群众对他们的专政,他们企图炮打我们无产阶级革命的司令部,我们能容许他们这样干吗?不能!我们要粉碎这些牛鬼蛇神的阴谋诡计,识破他们,不要让他们的阴谋得逞。他们只是一小撮人,但是他们有时能够欺骗一些好人。我们一定要紧紧掌握斗争的大方向。**"

毛、林在这里第一次提出"无产阶级革命的司令部"的政治概念,这将预示:以刘、邓为首的党内右派,必将被戴上"资产阶级反革命司令部"的大帽子。

不忘造神的毛泽东,通过林彪之口,向红卫兵发出这样的号召:

"**在我们的伟大的导师、伟大的领袖、伟大的统帅、伟大的舵手毛主席的领导下,在**

毛泽东思想的旗帜下，工农兵群众和革命学生团结起来，一切革命同志团结起来，把无产阶级文化大革命进行到底。"

从 8 月 31 日起，"**四个伟大**"从天安门通过《中央广播电台》叫响全国，又通过《人民日报》传遍全国。"四个伟大"成为人们每天"早请示、晚汇报"必须颂扬的祝辞，大会、小会上必须高呼的口号。"四个伟大"还成了全国各地墙壁上、车厢上和橱窗上的主要标语，还印在各种报章、书刊、工艺品和各种文件上，刷在介绍信、粮票、布票等用品上。以"四个伟大"为题材设计制作的"毛主席像章"，也有数亿枚之多。

"四个伟大"标语

此时已倒向左派的党内中间摇摆派头领周恩来，在"接见"中不甘落后，除"九一五""接见"中大讲"**抓革命，促生产**"外，在多次讲话中，根据毛泽东批准的讲话稿，大力赞扬红卫兵的造反精神。他说：

"我们的红卫兵小将们，破'四旧'，立'四新'，充当了无产阶级文化大革命冲锋陷阵的急先锋。你们那种**敢想、敢说、敢做、敢闯、敢于革命、敢于造反**的精神，得到了**全国广大工农兵和革命干部的热烈支持**。"

他也不忘造神，根据毛泽东批准的讲话稿，大讲特讲对毛泽东的个人崇拜。他说：

"我们要大破资产阶级思想，大立无产阶级思想，也就是大立毛泽东思想。"

"我们要响应林彪同志的号召，在全党全军全国进一步开展活学活用毛主席著作的群众运动。"

"我们伟大的领袖毛主席是无产阶级文化大革命的伟大统帅。**毛主席是我们伟大的导师，伟大的舵手，是我们心中的红太阳。**"（笔者：这是"四个伟大"的源头之一。）

"（我们要）**读毛主席的书，听毛主席的话，照毛主席的指示办事，活学活用毛主席的著作；永远做毛主席的好学生、好战士；永远忠于党，忠于人民，忠于毛主席，忠于毛泽东思想。**"

毛泽东的"接见"和林彪、周恩来在"接见"时代表毛的讲话，煽起了"造反"、"破四旧"、"打砸抢"、"夺权"和"红八月"杀戮的熊熊烈火，给老百姓带来了无法想象的巨大灾难。显然，毛泽东和他的左右手林彪、周恩来，是这场灾难的制造者。但中共的"主旋律"规定：要无情地揭批林彪，要热情地颂扬毛、周，因此，**历史要按"主旋律"的规定打扮**。于是，遵命"主旋律"的学者、史学家们，便把灾难的罪责推到林彪一人身上。例如，席宣、金春明在《"文化大革命"简史》（中共党史出版社 1996 年 7 月版）一书中写道："**林彪在接见大会上作了煽动性的讲话。**"又称，"**资产阶级反动路线**"是"**林彪在中华人民共和国成立十七周年庆祝大会上首先抛出这个新罪名**"，等等，又有人为了同官方保持一致，漫天撒谎说，"毛泽东晚年错误被林彪利用"，林的这些讲话就是证明云云。

历史果真就是任由权力、任由御用精英们打扮的小姑娘吗？

请听：8月18日"接见"中，林彪说："**我首先代表我们的伟大领袖毛主席，向大家问好！**"

8月31日"接见"时，林说："**我代表我们伟大的导师，伟大的领袖，伟大的统帅伟大的舵手——毛主席，向各地来的同学问好，向大家问好！**"

9月15日"接见"时林又说："**你们辛苦了！我代表毛主席，代表党中央，向你们问好！**"

康生、江青、周恩来、林彪（讲话）、
毛泽东在天安门城楼上

请看：林彪"九一五"讲话时，毛泽东就站在一边，目不转睛地看着他的讲稿；而录像显示，"接见"中林彪每次讲话，毛泽东都站在他的身边。

上面的文字和图片能否说明：**毛、林、周是三位一体**？或者说林、周屈从于毛的命令和压力在"**煽风**"？或者说林、周别有用心地利用毛的威望在"**点火**"？请读者自断。

遵命于"主旋律"的学者、史学家们，无法改变历史留下的文字、图片和声音。但在档案尘封和资料垄断的条件之下，他们却能用断章取义、张冠李戴的手法为"主旋律"服务，或根据"主旋律"的要求，有选择地对历史人物、事件进行剪裁，或根据"主旋律"的要求，人为地张扬政治上有利的一面，回避那不利的另一面，譬如颂毛、赞周、批判林，借以达到误导舆论的目的。

近些年披露的资料越来越多。资料表明，林彪和周恩来在"接见"会上的讲话，都是"写作班子"按毛的意图起草、经林和周阅读修改、最后呈交毛审定的稿子。这个"写作班子"是由当时中共中央政治局常委、中共中央书记处常务书记、中央文革小组顾问、中宣部部长**陶铸**组织的，其成员有**陈伯达**、**王任重**、**张春桥**、**王力**、**关锋**等。

为了证明林彪利用毛泽东晚年的错误进行煽风点火（刻意回避周恩来），"主旋律"学者、史学家们说，"四个伟大"的发明人是林彪，并针对林彪讲话里的"四个伟大"著文说："毛泽东对这个口号并不赞成。"言外之意是，毛泽东反对个人崇拜。他们举例说：

1967年2月3日，毛泽东在接见阿尔巴尼亚卡博.巴卢库时说："**又给我封了好几个**

官，什么伟大的导师、伟大的领袖、伟大的统帅、伟大的舵手，我就不高兴。"1970年12月18日，毛泽东在会见美国记者斯诺时说"**什么'四个伟大'，讨嫌！总有一天统统去掉，只剩下一个Teacher（教员）。因为我历来是当教员的，现在还是当教员，其它的一概辞去。**""辞"者，告别、推让不受也，寓意颇深。

"主旋律"学者、史学家们甚至说，毛泽东是被林彪"逼上梁山"的。他们引用毛泽东在滴水洞写给江青一封信里的话加以证明。在那封信里，"毛泽东"写道："**我是被他们逼上梁山的，看来不同意他们不行了。在重大问题上，违心地同意别人，在我一生还是第一次。叫做不以人的意志为转移吧。**""**我猜他们的本意，为了打鬼，借助钟馗。**"

毛泽东在滴水洞写给江青的那封信是官方正式发布的。有人揭露为"伪而不劣"的假材料，称之为"真实的谎言"。这里姑且不论那封信的真伪，看看毛泽东在林彪讲话时的神态，你能看出他**不高兴**、他**讨嫌**吗？从林彪代表他讲"四个伟大"到"**不高兴**"，经历了5个月又3天，又从"**不高兴**"到"**讨嫌**"，经历了3年另10个半月。在漫长的数年里，面对"违命者"，他竟束手无策而任其发展？

过来人都知道那是个什么时代。那是个毛泽东"**一句顶一万句**"的时代，是个"**毛主席著作是放之四海而皆准的真理**"的时代。在毛说一不二的时代里，谁敢把他"逼上梁山"？试想，他如果正式提出不同意称颂他为"四个伟大"，谁敢不听？曾记否？为了迎合造神高潮，有人曾竭力把"毛泽东思想"改称为"毛泽东主义"，毛一句"不赞成"，便把他送了终，硬叫吹拍者碰了一鼻子灰。

谁发明了"四个伟大"？据悉："四个伟大"最早是源于"三个伟大"，那是毛泽东的中央文革小组组长陈伯达发明的；周恩来在一次讲话里又增加了"一个伟大"，第一次成就了"四个伟大"；其排列顺序据说是康生敲定的。8月20日，《人民日报》发表《毛主席和群众在一起》社论，根据陈、周的"四个伟大"和康生敲定的排列顺序，第一次把"四个伟大"并列在一起。那篇社论说："**1966年8月18日，我们伟大的导师，伟大的领袖，伟大的统帅，伟大的舵手——毛主席，穿着人民解放军军装，同他的亲密战友林彪同志，以及其他同志，在天安门上检阅了无产阶级文化大革命的百万大军。**"8月31日，林彪根据陶铸等人起草的并经毛泽东亲自修改和批准的讲话稿，在天安门上叫响了"四个伟大"。对此，曾任中央文革小组成员的穆欣撰文说："'四个伟大'的发明权当属于林彪、陈伯达和康生'共有'。"在"主旋律"作用下，趋炎附势的穆欣刻意回避了周恩来的创作权，回避了"四个伟大"的讲话稿是经毛泽东亲自修改和批准的，回避了"四个伟大"是在毛的眼皮底下叫响的、而且还在全国大喊大叫了四、五个年头：这些都是穆欣无法篡改的历史事实。史料表明：把"四个伟大"的发明权归于**陈伯达和周恩来**，而把修改、推销权归在**毛、林、陶、康**等人名下，才符合历史的本貌。

从毛泽东表里不一的人格看来，"**我就不高兴**"其实是故作姿态的"谦"辞，而"**讨**

嫌"则是他无可奈何的自我洗刷。

1970年12月，中共九届二中全会已经召开，毛、林分裂已经形成，中共已经发出了《关于传达陈伯达反党问题的指示》，经过几年拼杀，红卫兵和造反派威风已经不再，毛的"伟光正"形象因而严重受损，个人崇拜的造神运动也因而已经有气无力，面临无可挽回地颓败。大智大勇的毛泽东，面对这种严峻形势，只有自我洗刷并把罪责推给林彪，才能挽回造神运动的颓势。于是，他无可奈何地说了句"**讨嫌**"；但一句"讨嫌"，的确也把"四个伟大"送了终。

不能排除林彪、周恩来"**为了打鬼，借助钟馗**"，有"利用"毛权威的谋图；但毛泽东"利用"林、周、陈、康等的吹拍谄媚的人格、德性，从而达到颠覆刘、邓右派集团的谋图是无法排除的。

四、"三忠于、四无限"

在个人崇拜造神运动中，如果说"学雷锋"是用青少年造神，"学大庆"、"学大寨"是用工人和农民为大跃进、人民公社正名，"学解放军"是紧握军权，属第一波造神，那么，八次"接见"是毛泽东亲自上阵，率领他的左右手、扈从和护驾，利用数千万红卫兵的造反精神造神，借以直接达到颠覆刘、邓右派官僚集团的目的，属第二波造神。

红卫兵的造神同造反密不可分：造神为了造反，造反强化造神。到了1967年，红卫兵演变为造反派，也不可避免地出现了分裂。

红卫兵不辱使命。在"红司令"毛泽东的率领下，在林彪、周恩来、江青的积极策划和督导下，逐渐形成马列毛宗教行为规范的"三忠于、四无限"，**即忠于毛主席，忠于毛泽东思想，忠于毛主席的无产阶级革命路线；无限热爱毛主席、无限信仰毛主席、无限崇拜毛主席、无限忠诚毛主席。**"三忠于、四无限"借助"忠字舞"、"语录歌"、"像章热"、"忠字台"、"万岁馆"等五彩缤纷的共产主义宗教形式，把中华大地打扮成了一个红海洋。

1. 大跳"忠字舞"

据说，唐玄宗李隆基曾命乐工编导忠字舞《圣寿乐》：宫女们身着五彩衣裙，舞姿婀娜，边唱边舞，敬祝皇帝万岁万万岁；终舞，躺身于地，组成"万岁"二字图案。观后，玄宗龙颜大悦。1,200多年后的1966年到1968年，为敬祝毛主席万寿无疆、敬祝林副主席永远健康的"忠字舞"，跳遍了全国城市和乡村，其规模和创意，令在冥府的唐玄宗望舞兴叹，自愧弗如。

毛式"忠字舞"的舞蹈语汇，大都来源于大型音乐舞蹈史诗《东方红》。那是周恩来直接导演下于 1964 年 10 月 2 日首次演出的"杰作"。舞蹈多以《大海航行靠舵手》、《敬爱的毛主席》和"语录歌"等歌曲伴唱、伴奏，掀起革命热情和制造崇拜氛围。下列各图为常见的"忠字舞"舞姿语汇。

　　永远跟着毛主席，永远跟着共产党！毛主席革命文艺路线胜利万岁！
　　敬爱的毛主席，我们心中的红太阳！

　　敬爱的毛主席，全世界人民想念你！红小兵，志气大，牛鬼蛇神全不怕！
　　《毛主席语录》发给咱，毛主席就在咱身边！

　　革命师生齐造反，文化革命当闯将！忠于毛主席忠于党，刀山火海我敢闯！
　　亲爱的毛主席，我们有多少贴心的话儿要对您讲，我们有多少热情的歌儿要对您唱。
　　大海航行靠舵手，万物生长靠太阳，雨露滋润禾苗壮，干革命靠的是毛泽东思想！

　　有人说，"忠字舞"动作有点像广播体操，舞姿僵直、生硬，有机械位移之感；虽舞蹈者身心洋溢着朝圣的庄严，激荡着革命的豪情，但舞姿粗糙、僵硬、稚拙，不能不让人顿生滑稽之感。

湖南人胡遐之曾以经诗写照："忠字舞，手应锣，脚应鼓，一声号令为军伍。忠字舞，心应鼓，口应锣，舞时更唱语录歌。忠字舞，狂且野，飙轮火被金光射；忠字舞，野且狂，舞兴浓处昼夜忘。左旋右转无已时，男女老少俱难辞。爹娘仆地儿孙赞，忠于领袖有何碍。曲终舞罢祝无疆，更有林总永健康！"

毛泽东死后，有人撰文批判"忠字舞"是偶像崇拜的形式主义，荒诞愚昧的封建流毒，也有人说是林彪搞的政治阴谋，等等。笔者认为，前者"流毒"说尚能说得过去，后者"政治阴谋"说近乎胡说八道。如果"政治阴谋"说成立，"人民的好总理"周恩来则难逃其咎。

2. 大唱"语录歌"、革命歌和样板戏

"语录歌"是根据毛泽东语录谱写的歌曲。1966年9月30日、10月12日和10月25日，《人民日报》连续三次以整版篇幅登载"语录歌"后，同类歌曲便大量涌现，充斥华夏。

"语录歌"的代表作包括：《领导我们事业的核心力量》、《争取胜利》、《因为我们是为人民服务的》、《我们共产党人》、《造反有理》、《世界是你们的》等。

大唱"语录歌"和革命歌曲：

领导我们事业的核心力量是中国共产党，指导我们思想的理论基础是马克思列宁主义。

我们的共产党和共产党所领导的八路军和新四军是革命的部队，

我们下定决心，不怕牺牲，排除万难，去争取胜利！……

据报导，最早组织部队音乐工作者为《老三篇》语录谱写歌曲的是《解放军报》和《解放军歌曲》编辑部。《老三篇》即《毛泽东选集》中的《为人民服务》、《纪念白求

恩》和《愚公移山》三篇文章。著名作曲家**李劫夫**曾发过宏愿，要在有生之年把所有毛泽东语录谱成歌曲。据估计，约有 1,000 余段毛泽东语录被谱成了"语录歌"，林彪为颂扬毛泽东的《永远学习"老三篇"》也搀合其中。

戏剧界自然不敢落后，谱写了京剧《群众是真正的英雄》等"语录京剧"清唱。

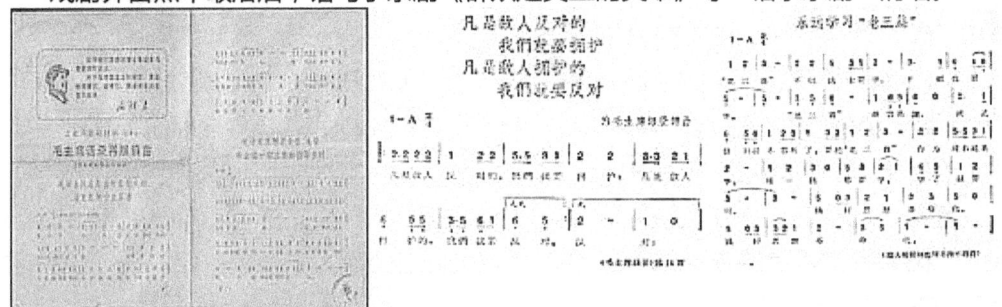

毛泽东"语录歌"，林彪语录歌搀合其中

外国人也来凑热闹。《海内存知己，天涯若比邻》的"语录歌"，是由阿尔巴尼亚作曲家从毛泽东的《中国共产党中央委员会致阿尔巴尼亚劳动党第五次代表大会的贺电》中节选出来的一段话谱成的。

在毛泽东"接见"红卫兵过程中，中央音乐学院就主动地、有计划地教外地来京的红卫兵演唱"语录歌"。1966 年底，在安徽省合肥市，工人红卫兵举行了一次毛主席语录歌曲演唱大会。从此，在会议前后，在早请示、晚汇报仪式上，在游行行列中，在广播电台和红卫兵高架的高音喇叭里，在列车行进中，在车站码头、工矿商店、军营机关、农村田野……到处都有响亮的"语录歌"歌声。

在那个时代，笔者在北大荒曾多次见过，在火车上、汽车上，大小会上、田间地头上，都有演唱"语录歌"活动。报纸、电台天天宣传，广大工农兵群众和红卫兵"**最爱唱毛主席语录歌。唱起毛主席语录歌，就想起毛主席，就想起毛主席的教导，就更觉得毛主席在我们身边。越唱毛主席语录歌，就越是心红眼亮，斗志昂扬**"。但在密山县农村中，笔者经常听到农民低声轻哼的曲调，大多还是"二人转"。

相对生命较长点的是"革命歌曲"，诸如《东方红》、《大海航行靠舵手》等。还有流行 2~3 年的《革命造反歌》。歌词是：

拿起笔，作刀枪，集中火力打黑帮。革命师生齐造反，文化革命当闯将！

忠于毛主席忠于党，刀山火海我敢闯。革命后代举红旗，主席思想放光芒！

歌唱毛主席歌唱党，党是我们亲爹娘。谁要敢说党不好，**马上叫他见阎王！**

杀！杀！杀！嘿！

据说《革命造反歌》最初创于北大附中红旗战斗小组，定型于 7 月 1 日。当时北大附中，在海淀区各中等学校红卫兵集会上演唱了此歌。自此，歌声飞出校园，在社会上广为传唱。遗憾的是，笔者当年处于"牛鬼蛇神"边缘，没有资格也没学唱这首歌；写本文之前，也没有找到它的曲谱。

同《革命造反歌》相对的是《鬼嚎歌》：歌声凄凉、惨淡，像是从地狱传出来的。文革中，被打倒的黑帮、反动学术权威、走资派等"牛鬼蛇神"，在监管人员督促、逼迫下，都要学唱这首《鬼嚎歌》。这是他们继戴高帽子、"坐喷气式飞机"、游街等毛式揪斗体罚后，进一步"触及灵魂"的"革命措施"，让已经完全丧失反抗能力的人们屈从于强权。人性的暴戾恣睢和卑鄙恶劣，尽在于斯。据说，许多大作家、学者，都曾受到这种惩罚。

笔者一介无名小卒。但在清理阶级队伍中，由于有人怀疑父在台湾因而以"现行反革命罪"被揪斗，竟同大作家、学者们一样，被迫唱那首凌辱人格的《鬼嚎歌》。记得词曲大致如下（有些音符无法写出）：

```
1 5 1 2 | 3  1 | 1 5  1 2 | 3 2 | 0   0 0 | 0    0 0 | 6 5  3 3 | 2 1 |
我是 牛鬼 蛇 神, 我是 牛鬼 蛇 神, 我   有罪! 我    有罪! 我对  人民 有罪,

3 3  2 3 | 5  5 | 6 5  3 3 | 2 2 | 3 3  2 3 | 5  5 | 6 5  3 3 | 2 1 |
人民 对我 专 政, 我要 低头 认罪. 只许 老老 实 实, 不许 乱说 乱动.

3 3 3  2 3 | 5  5 | 6 5  3 3 | 2  1 | 5 5  6 6 | 0    7 7 |
我要是 乱说 乱 动, 把我 砸烂 砸 碎, 把我 砸烂     砸碎!
```

"语录歌"旋律简单，节奏容易上口，音域较窄，宜于多数未受专门训练过的群众演唱；但由于语录的论述语句不适于歌曲的音律节奏，又不容许删改，只能迁就，因而唱起来像念经一样，兴味索然。1971年"九一三"林彪摔死之后，毛的"伟光正"形象受到沉重打击，"语录歌"、"红宝书"同林彪一样，也折戟沉沙，很快从人民生活中消失。

3. 毛主席像章热

"毛主席像章"亦称"红像章"，是以毛泽东头像为表现主体的像章。据说：最早出自1937年东北抗日联军颁发的银质毛主席奖章；1942年延安制作出第一枚延安毛泽东像章；1945年，艺术家凌子风设计了最早的毛泽东金属像章；"解放"初期，一些地方就开始限量生产毛泽东奖章和纪念章。但真正形成全社会"红像章"狂热，则是在文革中的1966年夏到1971年夏。

文革中，毛泽东像章热最早兴起于部队。"接见"高潮中，红卫兵组织开始批量向徽章厂订制。随着大串联的扩张，"红像章"南下、北上、东征、西进，迅速向全国各地蔓

延扩张。在天安门城楼上,当党和国家领导人也佩戴起毛泽东像章时,显然向全国发出一个重要信号:党和政府要把"红像章"热推向高潮。那时流行这样一句"名言":"忠不忠,看行动"。这"行动"是:一跳"忠字舞",二背"红宝书",三戴"红像章"。

当时形成这样一种风气:各省、市、地、县革委会和红卫兵造反派团体,在召开重要大型会议时,都要制作、赠送毛泽东像章。在像章的设计和制作上,各地都在暗中较劲儿:看谁的设计更"独具匠心",看谁制作得更加精致,更加豪华。在暗中较劲之中,各地都想以此来"证明":我们更加热爱毛主席,我们更加崇信毛泽东思想,我们更加紧跟毛主席的革命路线!情侣结婚时,为了表示更加热爱、崇信、紧跟,把赠送"毛主席像章"、《毛主席语录》和《毛泽东选集》,当成了不可逾越的婚规!

像章主体是毛泽东的头像(多向左),半身像、全身像较少。像章多为红底金色像,配以毛泽东的手书或林彪的"紧跟"题词。也有以韶山、井冈山、遵义、延安、天安门等"革命圣地"作背景,环绕以松、竹、梅、日、月、星等吉祥物。也有八个样板戏之类的图案。像章一般为圆形,也有桃心形、五角形的,形制大小不等。像章最大直径达20多厘米,因无法用别针,便用绸带挂在胸前。

毛泽东像章种种

像章材料以铝质为主,也有铜铁、镀金、纯银、水晶石、塑料、有机玻璃、陶瓷等20多种材质。其中,以解放军总政治部制作的星形毛泽东像章和手书"为人民服务"条形章,两枚一套,俗称"军星儿",最为精致、珍贵。"军星儿"与另一种"七分钱"(当时售价)的红地金像,共赠发、出售了1亿枚。

据统计:当时全国有2万多厂家生产过毛泽东像章;5年间,制作的毛泽东像章种类约4万余种,总数达22亿枚以上;其中,天津一家军需厂最高日产量超过10万枚。

有人统计,文革时制作"红像章"用铝达6,000吨以上,相当于几千架米格21战斗机的用铝量。当时全国铝材库存告罄,工业生产、飞机制造所用铝原料频频告急,老百姓的日常用的铝锅、铝勺也常脱销，当局不得不凭票按"计划"供应。

1969年，周恩来针对全国上下的造神运动提出了批评。他说："**毛主席语录已发行了7亿多册，毛主席像章越做越多，已做了22亿枚。**"毛泽东也不得不让步，但让步让得非常"高明"，比说"讨嫌""四个伟大"技高一筹。他说："**如果把像章的金属材料用来造飞机，保卫国家，将会有用得多。**"他怒斥官员和老百姓说："还我飞机！"俨然是个"像章热"的反对者。见毛泽东对像章的反对态度如此坚决，中共中央大员们不敢怠慢，便紧紧跟上。1969年6月，他们在下达的《关于宣传毛泽东形象应注意的几个问题》文件中规定："**不经中央批准，不能再制作毛泽东像章。**"此后，制作像章热便戛然而止。

"**还我飞机**"，使我们又一次看到毛泽东反潮流的"伟大"精神；"**已做了22亿枚**"，使我们又一次听到周恩来的"严肃"批评。但毛的"伟大"和周的"严肃"来得太晚了，他们竟让"像章热"随着红卫兵造反派猖獗横行了四、五个年头。在这四、五个年头里，**如果他们不是始作俑者，难道没有支持过？如果他们没有支持过，难道没有默许过？如果他们没有默许过，难道没有失察过？**作为一个党和国家的领导人，失察就应向人民道歉，就应引咎辞职。然而，毛、周摇身一变，俨然成了"像章热"的反对者、批评者！这使我们想起了毛泽东在1962年"七千人大会"上教训人的讲话。面对由大跃进、人民公社政策造成的数千万饿殍的惨烈后果，他在那次讲话中毫无歉意地大弹"**缺乏经验论**"，并把它提升到深奥莫测的理论高度。他教训人道："**我讲我们中国共产党人……从建设社会主义这个未被认识的必然王国，到逐步地克服盲目性、认识客观规律、从而获得自由，在认识上出现一个飞跃，到达自由王国。**"毛的高谈阔论，使我们懂得了什么叫巧言令色？什么叫卑鄙无耻？什么叫无产阶级专政条件下独特的、理直气壮的恶叉白赖？相比之下，在"像章热"上保持沉默的林彪，反而使人感到他相对诚实些。

1971年9月13日，林彪折戟沉沙于蒙古，狂热的红卫兵造反派、摇旗呐喊的芸芸众生，看到"永远健康"的副统帅的悲惨下场后，才有所醒悟，"像章热"也随之逐渐冷却下来。毛泽东死后的1980年，中共中央下发的《关于坚持"少宣传个人"的几个问题的指示》规定："**毛泽东像章要大量回收利用，以免浪费大量金属材料。**"遥想当年，人们怀着激动的心情，顶着烈日迎"圣像"，冒着飞雪购"像章"，有时还要排着长队等待领导奖授"毛主席像章"。然而，曾几何时，星移斗转，风云变幻，"毛主席像章"竟被当成废品垃圾，用簸箕撮麻袋装，进行全面清收，其场面令人难以释怀。据说，回收"毛主席像章"的废铝达千吨。

"像章热"真正冷却是在毛泽东死后。文革是个迫害猖獗的时代，造成了大量冤假错案。1977年人们开始为自己、为亲友在文革中所遭受到的迫害**鸣冤叫屈**；但在"**歌颂—迫害—再歌颂—再迫害**"这个周而复始怪圈的独裁社会里，戴着毛泽东像章

1977年《上访者》

上访，是个怪诞不经的蠢举，对上访不会产生影响。这位农民《上访者》，看看他穿的那身破烂棉衣，便知道"大救星"毛泽东给了他什么。这不是"像章热"的继续，而是"像章热"的回光返照。

4. 红海洋

1966年夏季席卷全国的红海洋，是用红油漆将街道两边墙体涂成红色寓意环境"革命化"的风潮。这一时尚的功能，是以极大的视觉冲击力，为神化毛泽东和渲染造反气氛造势。

《人民日报》1966年8月23日第一版发表了《好得很！》的社论。社论号召："**处处是革命的标志和文字，处处是革命的语言和歌声。每个街道，每个商店，每个行业，都要成为学习毛泽东思想的学校，成为宣传、执行和捍卫毛泽东思想的阵地。**"在毛和他的喉舌《人民日报》鼓动下，北京航空学院"红旗"战斗队总部，要求驻各地的联络站，组织人力物力，迅速展开"红海洋"活动。他们带头在街道的店铺门面、广场上，在房屋、院墙墙壁和机关、学校的大门上，涂饰红油漆，再用黄油漆写上各种忠于毛泽东的标语、口号和毛泽东的语录，并绘制向日葵、红太阳、毛泽东头像和形式多样的宣传画。

于是，这种风潮旋即蔓延到全国城乡。各地商店、机关、学校、工矿、医院、车站、港口等公众场合的大面积墙体上，以及那里大门、院内、院外、室内、室外，都淹没在毛泽东语录和宣传画的红色油漆中，连厕所也不能幸免。此外，还设置了大量语录牌、标语牌、牌坊，甚至还搞了许多敬祝毛泽东的神龛、庙堂。

宣传画种种

在毛泽东的默许和林彪、周恩来、江青等中共大员们的鼓励下，出现了一代红卫兵的共识："'**红海洋**'**可以让毛泽东思想的光辉照亮每一个角落，激励革命斗志，威慑反革命分子，毛泽东思想这颗'精神原子弹'，就会转化为巨大的物资力量，一个红彤彤的、无限美好的共产主义新世界就会降临！**"对此，有人著文评曰："这是高贵的无知！傲岸的愚昧！"由于"红海洋"泛滥成灾，各地红油漆供销告急，库存告罄。

"红海洋"喧闹了几个月后，毛左当权派们终于发现，这种形式主义虽能推进造神，但这种"红色波谱"的大众艺术正在被右派们利用，正在转移无产阶级文化大革命的视线，"**阻截了充满批斗精神大字报场地，消蚀了造反派的革命斗志，瓦解了红卫兵的造反精神！**"于是，根据毛泽东的谕示，中共中央、国务院发出《关于制止所谓"红海洋"的通知》，"红海洋"遂猝然而终。

5."三忠于、四无限"的来源和消亡

"**三忠于、四无限**"把毛泽东个人及他的思想、政治选择做为中国党、政府和社会主义事业核心价值。这种立场和行为规范，是一种宗教观念，是马列主义教义和无产阶级专政理论的必然滋蔓：它用权力剥夺了人们的信仰自由，强迫老百姓像敬神一样去顶礼膜拜它。

"**三忠于**"即"忠于毛主席，忠于毛泽东思想，忠于毛主席的无产阶级革命路线"，最初形式是"**四忠于**"，亦即"永远忠于党、忠于人民、忠于毛主席、忠于毛泽东思想"，据说始于 1966 年 7 月，后精炼演变为"三忠于"的定型格式，结束于 1971 年 4 月。但笔者查对资料后认为，说"四忠于"始于 7 月已无案可查，但始于 1966 年 8 月 31 日周

恩来在天安门上的讲话里，却有据在档。

"**四无限**"即"无限热爱毛主席、无限信仰毛主席、无限崇拜毛主席、无限忠诚毛主席"，始于1966年5月2日《人民日报》，结束时间稍早，为1969年4月中共九大。

这种宗教观念至少可以追溯到中共七大上。那时刘少奇提出"**毛泽东思想**"为全党的指导思想。五十年代，对毛的个人崇拜有很大发展，促成了大跃进和人民公社的疯狂。1958年，中共上海市委第一书记柯庆施说："**相信毛主席要相信到迷信的程度，服从毛主席要服从到盲从的程度。**"1959年庐山会议上，中共第一副主席刘少奇说："**我想我是积极搞个人崇拜的。有人要反对毛泽东同志的个人崇拜，我想是完全不正确的，实际上是对党、对无产阶级事业、对人民事业的一种破坏活动。**"中共北京市委第一书记彭真指责彭德怀"反对个人崇拜"。中共中央常委陶铸说："**对主席就是要迷信。**"中共中央常委康生说："**毛泽东思想是马列主义的最高标准，最后标准。**"1962年初的"七千人大会"后，毛泽东为了捍卫个人权力，在"搞点个人崇拜"思想指导下，个人崇拜造神运动恶性发展起来。当时的中共中央唯一副主席林彪紧紧跟上，他的"**句句是真理**"、"**一句顶一万句**"、"**最高最活**"、"**顶峰**"等等，便应劫而生；当时的中共中央常委、国务院总理周恩来，不甘落后，他的"**大立毛泽东思想**"、"**心中的红太阳**"、"**四忠于**"等等，便纷至沓来；甚至处境危险的邓小平也颂扬道："**毛泽东思想是我们一切工作的灵魂**"。

庆祝发放"毛主席著作"

残留到二十一世纪初的墙标、匾额

由此可见，"三忠于、四无限"的宗教行为规范，不是红卫兵、造反派或"革命群众"的创造，而是毛和他的权贵、御用精英们，按既定马列主义宗教观念和政策进行策划、诱导的结果，是无产阶级专政理论和实践之必然。

然而，大搞"三忠于、四无限"活动三年后的 1969 年 6 月 12 日，根据毛泽东的批示，中共中央发出《关于宣传毛主席形象应注意的几个问题》的文件规定："**各报纸平时不要用毛主席像作刊头画**"；"**不要搞'忠字化'运动**"；"**不要修建封建式的建筑**"；"**不要搞'早请示、晚汇报'、饭前读语录、向毛主席像行礼等形式主义的活动。**"

为什么呢？因为，被"三忠于、四无限"推上权力峰巅的毛泽东，在"天上宫阙"颐指气使、扬扬得意了几个年头后，渐生"高处不胜寒"之感：在打倒并整死刘少奇后，逐渐又发觉"**当面说好话**"的林彪要"**背后下毒手**"。于是，他在清算林彪前发出"最高指示"："**'紧跟'、'三忠于'、'四无限'，讨嫌。'跟'应当跟党，我历来是路线对了，我支持；错了，我反对，敢于反潮流。'跟'不要跟个人，个人是会变的……**"多少年来主张"有必要搞点个人崇拜"毛泽东，又一次抡起"反潮流"的大棒，来了个 180 度的大转弯，旋即变成了个人崇拜的反对者——真真一个出尔反尔、变化万端的弄权痞棍！于是，按"主旋律"节拍弹跳的权贵和御用精英们，不敢怠慢，生生地把制造、推行个人崇拜的罪责，一古脑儿推到林彪一人身上，毛死后又延展到"四人帮"身上。——历史就这样被他们任意玩弄、打扮！

毛泽东死后，"三忠于、四无限"遭到了一些批判，被斥为封建化的个人崇拜，奴化和取消人民的自由思想；但批判都没敢触及产生这种邪道的体制根源。

在中共的高层中，真正反对毛泽东搞个人崇拜的大员少之又少，比较突出的就是为人耿直的彭德怀元帅。然而，他为此付出了惨痛代价：文革中被红卫兵打断肋骨，最后伤痛癌症不治，死于囚禁中！

毛泽东一手培植起来的红卫兵，对广大人民群众来说，是文革噩运中一群恶魔，给历史留下的是一堆遗臭万年的僵尸。

批斗彭德怀元帅

红卫兵僵尸

第八章附注：

注1、汪达尔主义

汪达尔主义是五世纪汪达尔人的特有的精神状态和行为模式。汪达尔人原先居住于奥得河畔，后经潘诺尼亚（今匈牙利）、高卢和西班牙进入北非。439年，汪达尔人攻陷迦太基城，建立汪达尔王国。455年，汪达尔人渡海攻入了罗马，疯狂烧杀抢掠：他们蔑视文明世界尊重的东西，肆意破坏文明世界视为珍贵的文物艺术，罗马古文物因而遭到严重破坏。从此，毁灭文化的"汪达尔主义"成了野蛮行为的同义语。建国九十五年后，即534年，汪达尔王国为拜占廷所灭。

注2、张献忠主义

张献忠（1606-1646），明末农民起义领袖。崇祯三年（1630年），张献忠在米脂起义，自号八大王。1635年参与荥阳之会，不久与李自成分裂。1638年，张献忠受招安授副将。1639年，重举反明大旗。1644年8月9日攻破成都，号称秦王，以成都为西京，建立大西国，8月16日称帝。1646年，张献忠中箭身亡。张献忠性格狡猾诡谲，嗜杀成性。据清史记载，明末四川约有四百万人，被张献忠杀了近三百万（史家对此有较大争议）。因此，张献忠主义就是刀把子主义、杀伐主义和法西斯主义的同义语。

第九章：利用红卫兵造反

毛泽东的天才在于，消灭对他权力构成威胁的人，他不会采用像民间传说"火烧庆功楼"那样的蠢办法，而是借"群众"之手即借红卫兵之手，用大批、大斗、大辩论和大破"四旧"的形式，去大造消灭有理的舆论，再以层层剥笋的战术，使大批、大斗、大辩论和大破"四旧"逐步升级到大虐杀的红色恐怖高度，从而名正言顺地达到逐个消灭对手之目的。

一、大字报和大批判

毛泽东一贯认为："**凡是要推翻一个政权，总要先造成舆论，总要先做意识形态方面的工作。**"他所谓的"造成舆论"，重要的手段之一就是大批判——**妖魔化政敌！**

批判，其本意包含有分析、探讨、评价、判断等多方面内容，词性有中性的一面；但多数用于否定，即对错误思想、言行进行批驳、谴责和否定。在中国，批判就是否定；"批判"前冠上一个"大"字，就是妖魔化的全面否定。

在毛泽东的中国,作为政治否定的话语方式，历史记录着大批判的轨迹：1951年对电影《武训传》的批判，1954年对《"红楼梦"研究》的批判，1955年对胡风反革命集团的批判，1957年对资产阶级右派的大批判，1965年对反革命修正主义文艺路线的大批判，等等。这些后来被**中共否定了的几次批判、大批判**，当时都是那么"理直气壮"、"大义凛然"，调动"千军万马"，以"挟雷霆万钧之力，裹倒海翻江之势"，矛头直指学者教授、文士墨客、政治异己和弱势群体，其威慑震骇力之强烈，足以使人心惊肉跳，惶惶不可终日。到1966年，大批判已普及、定型，其运用手段已达炉火纯青的高度。

从批判到大批判的"第一次飞跃"，是在1957年的反右运动中产生的。那时，毛泽东给大批判规定了它的载体，就是"**大鸣、大放、大字报、大辩论**"，即所谓"**四大**"。其实，当年的媒体报纸、杂志、电台都在搞大批判。作为"四大"之一的大字报，实际上承担了"大鸣、大放、大辩论"即大批判载体的功能，它同其他媒体没有本质上的区别，类同于今日博客、BBS。如果说有区别，仅仅是没有编辑、审核、出版许可证而已。应该肯定，大字报是对媒体高度一元化的抗拒，是"舆论一律"极权条件下产生的一种有限民主形式，同其他媒体一样可以为民主服务。但当这种形式**被权力占有**时，同其他媒体一样，会变成权力的喉舌，变成专政的工具，大字报不能例外。毛泽东利用"四大"引蛇出洞，结果右派上钩，大字报这种有限民主形式，变成了铺天盖地、一边倒地大批判大镇压右派的载体，终使55万右派分子束手待毙。

聂元梓那张被毛泽东誉为"**第一张马列主义大字报**"的大字报贴出后，大批判实现了"第二次飞跃"，亦即从断章取义，深文周纳，发展成唯我独尊，杀气腾腾！康生、曹轶欧夫妇秘密打造的聂元梓大字报和江青以中央文革小组成员在清华附中鼓动炮制的《无产阶级的革命造反精神万岁》大字报及其《二论》、《三论》小字报，都是大批判"第二次飞跃"的代表作。这种源于毛泽东个人意志的大批判，都被毛左们打扮成群众的自发。这时的大批判，已经没有是非之分，没有矛盾性质的界限，一切都以人划线，唯毛是尊。到此，大字报同其他媒体一样，沦为毛泽东独裁权力的喉舌。

南大学生在校园内看批判校长的大字报

在大批判上，红卫兵堪称毛泽东的尖兵！

毛泽东说："**那里有压迫，那里就有反抗！**"据此，有学者认为，红卫兵大造院校领导和教师的反，是对长期填鸭式、经院式、专制式教育路线的反叛；心理学家认为，反抗产生于压抑。应该承认，学者们的分析不无道理。在红卫兵运动和而后的造反派运动中，对压抑的反抗和对专制的反叛，都表现得非常鲜明。但笔者认为，在早期的红卫兵中，**反抗和反叛并非主流，主流是革命！**

早期的红卫兵由工、农、兵、革干、军干子弟等红五类家庭出身的学生组成。他们都是"自来红"，他们的领导骨干大多是中共高级官僚子弟，因而被人们称为"老红卫兵"，亦称"**贵族红卫兵**"。由于他们的骨干出身于官宦家庭，他们的红卫兵组织便得到了中共院校工作组的信赖和支持。例如，邓小平的千金**邓榕**，同残杀校长的嫌犯宋仁穷上将的女公子**宋彬彬**一样，都是北京师范大学女子附中的红卫兵负责人。

贵族红卫兵自成立之日起，都把"**老子革命儿接班**"作为"当仁不让"的权利。他们得天独厚，能够从长辈那里得到许多旁人难以得到的政治信息。在大革命面前，他们几乎没有观望，没有"第二次反右"的踌躇和忧患；"狼奶"的哺育，使他们的人类兽性一面急剧膨胀起来：他们自觉怀着父辈们嗜血的激情，踏着父辈们钻营的足迹，背诵着毛泽东的"**革命不是请客吃饭**"的语录，用红色暴虐乖戾的语言充斥他们的大字报，

贵族红卫兵——邓小平三个女儿
（左起）邓榕、邓楠、邓琳

使他们的大字报满天飞舞——应着毛泽东的革命鼓点弹跳。根据父辈们的指导或暗示，他们把大批判的矛头直指毛泽东选定的目标：旧北京市委、中宣部、文化部和他们的代表人物彭罗陆杨以及文艺黑线人物等，都是他们的革命对象；教育部、大中院校负责人、"反动学术权威"、"反动技术权威"、"地富反坏右"及其家庭出身"不好"的大、中学生等弱势人群，已被他们统称为"牛鬼蛇神"，都成了他们刀俎上的鱼肉，都成了他们任意屠宰的对象。

他们自以为得计，自以为他们是真正的革命者，铁定的接班人；但同他们的父辈一样，利令智昏使他们误判了当时的形势：毛泽东要他们为向他们父辈夺权作出牺牲。

为了打倒刘、邓为首的党内右派集团和他们的支持者，毛泽东要发动年青无知的红卫兵特别是平民红卫兵，去为他冲锋陷阵。天才的毛泽东十分清楚，平民红卫兵同他们的领导骨干，大多是工、农、兵家庭出身，没有什么权力背景。基于父辈反右的前车之鉴，他们对"横扫"、"造反"，多冷眼旁观，或仅摇旗呐喊而已，不敢冒然造次；他们之所以要另立旗号，仅仅是看不惯贵族子弟们的专横跋扈。为了利用贵族红卫兵们拼杀，从而带动平民红卫兵起来造反，毛泽东在《五一六通知》里有意闪过一笔，不提他曾多次提出的**"重点整党内走资本主义道路的当权派"**一词，向党内右派集团暗示，文化大革命的主要任务是清算"文五界"，即清算学术界、教育界、新闻界、文艺界、出版界的"牛鬼蛇神"和他们的支持者彭真等人，使高干们放手让他们的子弟出来革命，使贵族红卫兵无所顾忌，从而带动平民红卫兵造反。用革命鼓动反叛，毛的这一招"阳谋"，果然奏效。

以革命为己任的贵族红卫兵们，以大字报为武器，今天批张，明天批李，今日命令这个人坦白交待，明日勒令那个人低头认罪，他们俨然以无产阶级法官自居。他们又是一个无所不包的管理者：大到国家大政方针、外交事务，小到街头修鞋和日常穿着，都在他们管辖之内。他们本能地喊出了纯血统的口号："**老子英雄儿好汉，老子反动儿混蛋！**""**要是想革命跟着老子走，要是不革命就滚你妈的蛋！**"其不可一世的傲气宣泄无余！在贵族红卫兵的表率和刺激下，各路平民红卫兵纷纷亮相，他们的反叛精神在革命口号掩护下，踩着贵族红卫兵的革命血迹，杀出校院，杀向社会。毛泽东发动"群众"的"阳谋"，取得了空前的成功。

在以毛泽东为首的党中央和中央文革小组的鼓动下，在革命红旗映射下，此时的红卫兵们，已经不满足于大字报的杀伤力，他们开始用拳头、皮鞭、棍棒和刀具来进行革命，使大批判实现了从精神折磨到肉体虐杀的飞跃，从而使人性之恶即人类兽性的一面，得到了淋漓的张扬和宣泄。

二、大破"四旧"

大破"四旧"

1966年6月1日,《人民日报》在发表的《横扫一切牛鬼蛇神》社论中,第一次提出了破"四旧"的口号,把藐视文明的破"**四旧**"、立"**四新**"作为文化革命的重要政治任务。1966年8月8日,中共中央八届十一中全会通过的《十六条》第一条强调:"**资产阶级虽然已经被推翻,但是,他们企图用剥削阶级的旧思想、旧文化、旧风俗、旧习惯,来腐蚀群众,征服人心,力求达到其复辟的目的。无产阶级恰恰相反,必须迎头痛击资产阶级在意识形态领域里的一切挑战,用无产阶级自己的新思想、新文化、新风俗、新习惯,来改变整个社会的精神面貌。**"自8月9日起,《人民日报》、《解放军报》等中央各大报刊,各地报刊,都全文刊登《十六条》,展开声势浩大的破"四旧"宣传。例如,《解放军报》在社论中提出:要"把一切剥削阶级的旧思想,旧文化,旧风俗,旧习惯彻底清除,用无产阶级自己的新思想,新文化,新风俗,新习惯,来改变整个社会的精神面貌。"显然,毛泽东要用丛林乌托邦"四新"亦即所谓无产阶级"四新",颠覆五千年灿烂的华夏文明。

在报纸和电台的鼓动下,以贵族红卫兵为先锋的各路红卫兵,纷纷杀向"四旧"。

1966年8月17日晚,北京二中红卫兵起草了破除北京市服务行业"四旧"的大字报:《最后通牒——向旧世界宣战》。第二天受毛泽东首次"接见"的鼓舞,他们印刷、散发了他们的《最后通牒》。20日,北京各路的红卫兵走上街头,开始强行实施他们破旧立新的命令。他们谴责"飞机头"、"无缝青年式"、"螺旋宝塔式"等港式发型,谴责"牛仔裤"、"牛仔衫"和各种港式衣裙,谴责"香水、雪花膏、口红、项链等奢侈品",等等,"都是资产阶级的货色"。他们下令城市居民"一星期内销毁你们的港式衣裙、剃去怪式发样,烧掉你们的黄色书籍和下流照片"。他们所说的"黄色书籍",就是言情小说,所说的"低级下流的照片",就是照相馆橱窗里的美女照。他们命令"古书店必须马上停止营业,小人书店要立即消(销)毁一切'黄色'小人书,一切书店、图书馆必须清理内部,清除一切毒草,不许这些东西再向青年灌输资产阶级思想"。

由于红卫兵大破"四旧"的矛头首先指向广大老百姓，很快引起了他们的不满和恐慌。对此，在周恩来、中央文革直接指挥下，中共中央的宣传喉舌迅速对老百姓的不满和恐慌做出反应。8月21日，《红旗》杂志1966年第11期发表了《向革命的青少年致敬》评论员文章，高度赞扬了红卫兵大破"四旧"的革命精神。8月23日，《人民日报》发布消息说："**无产阶级文化大革命浪潮席卷首都街道，红卫兵猛烈冲击资产阶级的风俗习惯，广大革命群众最热烈最坚决地支持红卫兵小将的革命造反精神。**"在消息旁边还配以《好得很！》的社论。社论说："**我们为北京市红卫兵小将们的无产阶级革命造反精神欢呼！'金猴奋起千钧棒，玉宇澄清万里埃。'红卫兵小将们以毛泽东思想为武器，正在横扫一切剥削阶级的旧思想、旧文化、旧风俗、旧习惯的灰尘。**""**扫帚不到，灰尘照例不会自己跑掉。千千万万红卫兵举起了铁扫帚，在短短几天之内，就把这些代表着剥削阶级思想的许多旧风俗习惯，来了个大扫除。**"

在中央喉舌助威声中，北京各路红卫兵高举破"四旧"大旗，在破"四旧"中大砍大杀，上海、天津、各省、自治区首府和部分中等城市红卫兵，紧跟其后，纷纷效法。由是，轰轰烈烈的大破"四旧"运动，迅猛席卷全国。

9月1日，北京26中的红卫兵在《破旧立新一百例》中规定："禁止戴手饰、耳环、长命锁等"，禁止"走亲戚、串门、买点心、水果"，"立即停止出售"香水、雪花膏，"取消照歪脖像，各种怪象"，"停止生产扑克牌、军棋"，"一律不许养蛐蛐斗蛐蛐、养鱼、养猫、养狗"，儿童不许唱"那些猫狗之类的坏歌谣"，等等。为了实施禁令，他们便组织上街督促、检查，挨家挨户清理居民家的"四旧"，命令商店销毁"四旧"商品，烧毁"坏"图书，还强行剪毁"奇装异服"。

在红卫兵的威逼下，许多商店、街道、学校纷纷改为带有革命含义的名字。如：西方国家驻华使馆区的"东交民巷"改名为"反帝路"，"王府井百货大楼"改名为"北京市百货大楼"，"东安市场"改名为"东风市场"，清华附中改名为"红卫兵战校"，等等。8月24日，北京红卫兵召开40万人的大会，隆重宣布将苏联驻华大使馆所在的扬威路改为反修路。上海红卫兵闻风而动，发誓要用"铁扫帚彻底扫除"南京路上的"资产阶级的'香风'、臭气"。天津红卫兵步其后尘，迅将最大的"劝业场"商场改名为"人民商场"。广州红卫兵紧紧跟上，旋将三大酒家之一的"陶陶居"，铲掉康有为题写的"陶陶居"招牌，更名为"东风楼"。

红卫兵还提出改变交通信号的要求。他们说："红色象征着前进、象征着革命。……而交通信号灯却与此背道而驰。红灯却成了停止车辆的信号，阻止我们前进，这实际上是阻止我们革命。"要求把红灯改为通行信号。

红卫兵勒令资本家"立即停止拿定息股息"，不许占有大量房屋，"以三人一间为限，多余房间一律交房管局处理"。据不完全统计：北京市在文革期间，没收私房52万间，上海市没收私房 124 万平方米，天津市从 8 月 27 日到 9 月 9 日，有 11,525 户"主动"交出私房 49,776 间。中共权宜之计的"赎买"政策，几天间被红卫兵推翻了。对此，毛泽东喜出望外，乐见其成。

大破"四旧"也指向了下层贫苦个体户。天津市红卫兵发出通告："大街小巷修鞋的，命令你们马上停止营业，由有关部门组织修鞋社，修鞋价钱必须减少。"对失业青年，红卫兵下令："命令你们马上到办事处去登记，到边疆去参加劳动生产。"天津市人民委员会立即做出支持红卫兵"革命行动"的决定，其他各大城市纷纷效法。

当红卫兵在社会弱势群体中大破"四旧"时，一部分红卫兵很快把矛头指向官僚特权阶级。例如，8 月 24 日，沈阳 31 中的学生给辽宁省委贴出通牒："你们各级高干宿舍太奢侈腐化……更不合理的是，有的还雇用保姆、佣人。……我们通牒你们，限令你们一天答复，三天之内采取行动。"

为了支持红卫兵的"横扫"、破"四旧"和反工作组的造反行动，毛泽东下令警察不准镇压学生。于是，公安部下达了《严禁出动警察镇压革命学生运动》的六条规定（详见第十章"公安六条"）。"公安六条"规定，各级政府"**不准以任何借口，出动警察干涉、镇压革命学生运动**"，"**重申警察一律不得进入学校**"。

在红卫兵大破"四旧"中，的确冲击了一些需要改革的陈规陋习和社会不公；然而，在官方喉舌一片支持、赞扬的鼓噪声中，红卫兵肆无忌惮地冲向中华民族五千年来的一切文明成果，不分青红皂白地把大破"四旧"行动全面升级，从而使打、砸、烧、抄家、游斗和驱赶，全面开花，人性之恶也因而找到了全面宣泄的舞台。

一打——在大破"四旧"期间，全国各地殴打、监禁、强迫劳动等摧残虐杀"牛鬼蛇神"事件不断发生。"牛鬼蛇神"是文革之初，毛泽东给持不同政见者订制的一顶新"帽子"。由于"**不主张打人**"的"最高指示"中有"**好人打坏人活该**"的条条，打人之风迅即在北京刮了起来。北京市六中，以"红五类"为骨干的贵族红卫兵，在校内设立"劳改所"，关押抓来的"牛鬼蛇神"等"坏人"，对其实行惨无人道的毒打和折磨。据报导，仅北京市一中、六中两所中学，在"劳改所"里打死、打伤、致残者达 200 人以上。在六中的刑讯室里，红卫兵在墙壁上涂写了一条标语：

红色恐怖万岁！

这条标语，印证了毛泽东和中共领袖们反人类罪行的疯狂，记录了红卫兵法西斯罪

红色恐怖

行的暴虐！其时，在中国的大江南北，从长白山到青藏高原，从内蒙草地到东海岸边，哪里没有滴血的皮鞭，哪里没有屈死的冤魂，哪里就没有紧跟"伟大领袖"的战略部署，哪里就是反革命的天下！

在"红色恐怖万岁"的口号下，文革暴行更加肆无忌惮，打人、杀人暴力畅通无阻。

据知情人披露，1966年10月，在一次中共中央工作会议上，发放了一份至今还不准普通群众查阅的资料。这个资料提供的数字是：在8月下旬到9月底的40天里，红卫兵在北京打死了1,772人。但一些专家和目击者们认为，实际被打死者可能高达五千人。又据报导，9月1日至25日，上海市区489所中学中，有361所中学有打人行动，被打者高达万余人，打死11人。其他地方呢？由于档案尘封，新闻被控，检查受制，知情者惧惮，许多回忆录作者对敏感问题，不是闪烁其辞、避重就轻，便是推卸责任、掩饰真相，偶有真言者，也痛遭当局封杀。因此，知情者、目击者的文章、专著和报导，不得不按"主旋律"的规则定稿，读者也就难知其真相。但据看过有关档案资料的专家们论证，1966年的红色恐怖中，全国至少有十万异己者和持不同政见者被打死、虐杀！

二砸——在破"四旧"中，各类宗教均被列为革命对象，宗教活动被迫停止，许多寺庙遭到破坏。1966年8月23日，北京体育学院"八一"红卫兵273人，到颐和园砸碎了释迦牟尼的塑像。8月24日，北京10多所学校的红卫兵，冲击了天主教玛利亚方济格修女会。26日，北京市人民委员会宣布，接受红卫兵和群众的"要求"，取缔这个修女会，接管修女会办的圣心学校。28日，北京公安局宣布，驱逐8名"从事反革命活动"的外国修女出境。北京有红

破"四旧"中砸佛像

卫兵提出"消灭伊斯兰教"，被周恩来制止。各地不断发生砸庙、毁寺事件。上海的玉佛寺、静安寺、法藏寺和徐家汇天主教堂，先后被砸。著名的佛教圣地湖南南岳遭到严重破坏：15座寺庙中自唐朝以来铸造塑建的479尊佛像、395尊菩萨和649尊罗汉，珍藏千年的54部藏经书，503副贝叶像，大量佛事设施，都被砸毁、焚烧；从山上拉下来作为废品处理的铜、铁碎片就达60余吨。在回族聚集的宁夏海原县，大破"四旧"的三、四天里，就有67座清真寺、17座寺庙被拆毁。河南洛阳龙门石窟，无数个价值连城的小佛像头被砸掉。哈尔滨的极乐寺，被一群红卫兵捣毁，他们焚烧经书，捣毁佛陀塑像，还强迫和尚们举着"什么佛经全是放屁"的大横幅，在寺院门前示众。……

被毛泽东批判过的海瑞、武训、孔子等历史人物，也在劫难逃：海南岛红卫兵捣毁了

海瑞墓；山东柳林红卫兵砸了武训墓，挖出武训的尸体，抬尸游行，在柳林北门外举行审判大会，最后将尸骨砸烂、焚烧；死了两千多年的孔子也难逃厄运，墓被铲平挖掘，"大成至圣先师文宣王"等庙碑和泥胎塑像，被疯狂捣毁。

进入9月，破"四旧"风暴更猛烈。**同兴**在他撰写的《十年浩劫——京城血泪》一文记载：北京市1958年第一次文物普查中保存下来的6,843处文物古迹中，有4,922处被毁掉。据不完全统计：北京市从各个炼铜厂抢救出来各类金属文物117吨；从造纸厂抢救出图书资料320吨；从各个查抄物资的集中点挑拣出字画18.5万件，古旧图书236万册，其他各类杂项文物53万多件。著名文学家**阿英**写道：

"过去帝国主义劫夺我们的文物，我曾痛心疾首，梦想有朝一日全收回来。现在我倒想通了，如果让这些不肖子孙毁灭了，倒不如让外国人保存起来，总不至于毁灭，还能留存在人间。"

"1900年八国联军洗劫颐和园时，曾枪击万寿山顶的那千尊琉璃佛像取乐，游人行至山顶，见到那些缺鼻子少眼、五官不全的佛像，无不痛惜万分。而今北京的红卫兵小将前去革命，似乎是为了替八国联军完成未竟的任务。凡是在战火中幸存未毁而他们又够得着的佛像，几乎没有一个幸免。当年英、法侵略军焚毁圆明园是为了洗灭其抢劫中华国宝的罪证。八国联军的兵痞枪击万寿山琉璃佛像纯为取乐，并不存心毁灭中华文化。而毛泽东思想武装起来的红卫兵则有着崇高的革命理想，要铲除'旧文化'，园内佛香阁中的大佛塑像就这样被摧毁了。"

火烧图书经卷（左）、匾额条幅（右）

三烧——8月23日，在《造反歌》的鼓舞下，一队腰扎皮带、头戴军帽、臂着红卫兵袖标的少男少女，闯进了北京市文联、文化局大院。他们先冲进编辑部，把刊物、稿件撕碎；接着他们冲进会议室，用剪刀将"精神贵族"即文艺界精英们常坐的一张张沙发上，都戳上一个个大窟窿，发泄他们对精神贵族们的怒火；然后他们打开库房。翻箱倒柜，把库房中的刀枪剑戟、蟒袍罗衫等京剧戏装和道具，堆积到国子监（孔庙）大院中央，泼上汽油，纵火焚烧。火点燃后，他们又命令文艺界精英们，跪在火堆四周陪罪。著名作家**老舍**跪在其中，当他遭到红卫兵揪斗、毒打后，第二天投湖自杀。

除马、恩、列、斯、毛的著作和少量被毛的左派认可的著作外，其他中外报章、书刊、史著、外文书籍、古今中外名著和古籍字画等，以及名胜古迹和有纪念意义建筑上的木质匾额、条幅、对联，都被红卫兵当成"封、资、修"（即封建主义、资本主义、修正主义）的东西加以查抄，并付之一炬。

四抄家——红卫兵对所谓"五类分子"、"黑帮"、"牛鬼蛇神"等异己者和持不同政见者的住所，实行搜查，没收其私人财产，时称为"抄家"。

据统计，8、9月期间，**北京市**有 33,695 户被抄家，被没收的物品计有：黄金 103,131 两，白银 345,212 两，现金 55,459,919 元，外币 4,478 万元，文物、玉器 613,618 件；各区、县抄收的文物、字画、硬木家具等实物 330.51 万多件，价值达 1,867 万元。

在上海，从 8 月 23 日到 9 月 25 日止，全市共抄家 157,700 户，占全市总户数 241 万户的 6.5%，其中高级知识分子和教师 1,231 户；全市 6 万多工商业者遭抄家，几乎无一幸免；抄家中，全市共抄出黄金 64.9 万余两，各种金银首饰 90.7 万件，钻戒、钻石 4 万多只，珠宝、玉器、古玩 27 万余件，美钞 334 万元，其他外币 330 余万元，银元 239 万元，现金、存款、公债 3.76 亿元。

查抄一个中学教师的家

从 8 月下旬至 9 月下旬，**天津市**红卫兵共查抄了 1.2 万户人家，抄出 1.3 万辆汽车的财物，装满了约 6 万平方米的 52 座临时仓库。其中，现金 556 万元，存款 4,050 万元，公债 261 万元，黄金 4 万多两，金银饰品 6 万多件，银元 60 多万元。

据**武汉市**不完全统计，红卫兵查抄 2.1 万户人家。全市抄出黄金 1,110 斤，白银 1,800 斤，银元 26.7 万块，现金和存款 440 万元。查抄和揪斗中，发生自杀事件 112 起，死亡 62 人，游斗折磨致死 32 人。

在有东方威尼斯之称的**苏州**，被抄家者 64,056 户。查抄搜缴的财物中，仅图书、字画和文物达17万件以上。其中，包括知名人士周瘦鹃视若生命的"饮马图"、"石孚"和"裂云穿石"三盆盆景。

笔者家处中原一小城，不到两岁的幼儿手戴一副银镯，在街上遭到红卫兵查抄，从幼儿手上强行掠夺而去。小儿大哭，抱着他的外婆差点晕倒。

大破"四旧"的捷报，频频传到北京。对于这种有党和政府领导的无政府主义式的法西斯暴行，周恩来和中央文革大破"四旧"的一线指挥官们，喜形于色。当时中共中央常委、中央文革顾问康生，就兴高采烈地说："**天津呀、北京呀、上海呀、武汉呀，抄了资本家的家，光抄出黄金就是一百二十万两，就是六十吨；白银十二万吨，这还不包括银元。……据说有些红卫兵拿过来一看，不知道这个是美元，就烧掉了一些……成绩是伟大的。**"据占有档案资料的史学家丁抒披露，全国约有一千万户被抄家。

8月30日，全国人大常委会委员、中央文史研究馆馆长、86岁高龄的**章士钊**，致信毛泽东，反映红卫兵抄他家时的粗暴情景，恳请毛泽东"在可能范围内稍稍转圜一下"。由于章在1920年曾资助过困难中的毛泽东两万银元，毛泽东知恩报恩，当即批示："**送总理酌处，应予以保护。**"章士钊由是免受非难。

在上海，一些红卫兵冲击**宋庆龄**的住所，要剪她的长裙，没收她的书籍。9月1日，此事反映到毛泽东处。毛泽东即派江青，代表他去安抚受惊扰的宋庆龄，使宋躲过了一劫。

中共创始人之一、"一大"参加者、武汉大学校长和中国哲学学会会长、76岁高龄的**李达**，就没有那么幸运。当时，他被打成武汉大学"三家村黑头目"，戴上"叛徒"、"地主分子"的帽子，并被开除党籍。1966年7月19日，他写信给毛泽东，请求他看在老朋友的面子上解救他。毛泽东见信后，即时写了"**转任重同志酌处**"的批语（"任重"系王任重，时任中央文革副组长）。由于是"酌处"，他依然继续遭揪斗、抄家，8月24日被迫害致死。

毛泽东的批语，证明他是毁灭文明的汪达尔主义者，更是大破"四旧"法西斯暴行的总后台，而林彪、周恩来、江青、康生等中共大员，则是他的前台代表、各路红卫兵的指挥官。

《文化大革命十年史》作者之一的**高皋**说："66年文化革命开始，我们家是我们学校第一个被抄的，而且整个家里，用几个大汽车给搬得一空，地都挖了三尺。但是，实际上我们家只是个普通的知识分子。"

各地所抄出的财物中，大量是生活用品，如家具、衣物、被褥、化妆品、鞋袜、毛巾、电视机、钢琴、手风琴，等等，一律搁置在光天化日下，任凭风吹雨打，日晒露蚀。破"四旧"后期，这些财物大多数被廉价处理。据知情者披露：**线装古籍抄来品，充塞了毛泽东的书架，古玩字画战利文物，成了康生的收藏品。**

五游斗——破"四旧"中，地、富、反、坏、右、资本家、刑满释放人员、有严重政治历史问题人员、走资本主义道路的当权派、反毛异己分子、代表"封、资、修"的民主党派人士和宗教人士等，这些当年被统称为"牛鬼蛇神"的人士，都是红卫兵的活靶子，其中大多数人都惨遭红卫兵的揪斗、抄家、游街示众。在北京，除民建外，其他民主党派在京的中央委员中，有104人被揪斗或抄家，占总数的三分之二以上。其中民革中央委员31人，民盟36人，民进8人，农工民主党8人，九三学社8人，工商联13人。

游街示众当今"皇上"的老父习仲勋

其时，中共制定的与民主党派"长期共存，互相监督"的方针，被毛泽东、周恩来等官僚特权阶级和他们豢养的红卫兵们糟蹋成一具戴着美丽面具的僵尸！

六驱赶——即驱逐所谓"四类分子"、"牛鬼蛇神"等异己者和持不同政见者，把他们清扫出城，驱赶到农村。破"四旧"运动中，在周恩来政府和中央文革的支持下，北京的红卫兵发布通令，把那些被认定为"四类分子"（地、富、反、坏）及其家属的市民，驱逐出北京。后来驱赶范围又扩大到右派分子、资本家、以及被中共认为有严重政治历史问题的人和他们的家属、子女。

据报导，在1966年夏天，北京城区有10万、全国50~60万弱势居民被抄家、没收财产、注销户口，逐出城镇，押送农村"监督改造"。（详见第十章"血渍斑斑大驱逐"。）

由于档案尘封，新闻被控，检查受制，知情者惧惮，回忆录作者按"主旋律"定稿，老百姓很难知其全貌。因此，笔者上述所列数据，很可能只是红卫兵大破"四旧"中的一些凤毛麟角。但对毛泽东和中央大员们来说，全国红卫兵在大破"四旧"中取得了多大"战果"，他们应当很清楚。

据当时北京市委第二书记吴德回忆：

1966年"破四旧"后，一天，毛主席找我去汇报"破四旧"的情况。当时，林彪等人也在场。我在汇报前的想法是想向毛主席反映一些真实的情况，刹一刹这股风。我汇报说市委没有力量控制局面，解决不了"破四旧"产生的混乱局面。

我的期望落空。雄才大略的毛主席，以他超乎常人的思维方式缓缓说：**"北京几个朝代的遗老没人动过，这次破四旧动了，这样也好。"**

其实，吴德不是不知道，早在8月23日毛泽东就对他们说过：**"北京太文明了，要动动。"**

在毛泽东看来，批、斗、打、砸、烧、抄、游、驱赶和杀戮等严重侵犯人权的反人类

暴行 (1)，只不过是"动动"而已。其实岂止于此？在"八一八"、"八三一"和"九一五"的三次"接见"红卫兵大会上，林彪根据毛泽东批准的讲话稿，站在毛身边，大声号召大破"四旧"，并高度赞扬红卫兵在破"四旧"中侵犯人权的法西斯暴行**"做得对，做得好！" "好得很！"** 这再次证明，毛泽东和中共是颠覆联合国《世界人权宣言》、洗劫文明的罪魁祸首，是现代汪达尔主义，而毛泽东亲自主持制定的《中华人民共和国宪法》，不过是一本摆在橱窗里供人欣赏的花瓶而已！

在这里，笔者敬请读者关注：毛泽东、林彪、周恩来、江青和在他们领导之下的中共，在文革的"横扫"、破"四旧"和而后的夺权、全面内战、上山下乡、群众专政、"清队"、"一打三反"、清查"五一六"、批林批孔、夷平沙甸等运动中，都犯了哪几宗**"危害人类罪"**？请读者参照附注《国际刑事法院罗马规约》对号自断！

在大破"四旧"高潮中，中共其他大员们的态度呢？

大破"四旧"是中国共产党的集体犯罪！撰写在《五一六通知》和《十六条》决议里的破"四旧"条条，是中共左、中、右派大员们共同作祟的结果：对以毛泽东为首、林彪、周恩来和"中央文革小组"为中枢的左派集团来说，破"四旧"是他们发动起来的，旨在大破"四旧"中发动红卫兵，借其无知和蛮悍来摧毁刘、邓右派集团；对以刘、邓为首的右派集团来说，为了对抗摧毁，他们利用固有的强大权力，在大破"四旧"中转移方向，将毛的压力引向中、下层，挑起上、下冲突并从中渔利。以高干子弟为骨干的贵族红卫兵，在大破"四旧"中，许多人都是打、砸、烧、杀洗劫文明的暴徒，就是中共各派共同施暴的证明！

令人遗憾的是，至今这种罄竹难书的法西斯暴行没有得到清算！今天，那些御用精英们，那些专家、教授和作家们，紧跟"主旋律"的乐谱弹跳，摈自由、民主、人权的普世文明于不顾，鼓吹明主治国和权威理政，千方百计把秦始皇等暴君"论证"成"明主"，甚至美化成"仁君"，借以为拒绝选票绑架民主的一党专政涂脂抹粉的同时，为"现代秦始皇"毛泽东在大跃进、人民公社、文化大革命及其破"四旧"等运动中所犯下的滔天罪行评功摆好！痛定思痛，笔者已无法忍住那句一吐为快的话：迄今**不能清算毛泽东以告慰在其暴政下数千万死难同胞的在天之灵，是我中华民族的耻辱和悲哀！**

三、大辩"血统论"

1966年7月29日，北京航空学院附中贵族红卫兵贴出了这样一副"鬼见愁"对联：

上联：**老子英雄儿好汉**
下联：**老子反动儿混蛋**
横批：**基本如此**

杨健在《中国知青文学史》一书中，把"鬼见愁"对联斥为"法西斯式的、反人道的封建理论"是很有见地的。仔细观察，人们会发现，"鬼见愁"对联同间接从德国引进的**马克思主义**基本一样，是直接从德国引进的**希特勒主义**，两者同是被德国人抛弃的德国货：

上联——是雅利安、日耳曼民族拥有"**最优秀血液**"的种族主义理论在中国的翻版；

下联——是"**血液污染**"的反犹太主义理论在中国的发展；

横批——是**马克思**主义与**希特勒**主义在中国的有机化合物。

这副对联一贴出来，就引发强烈震动：围观者，传抄者，颂扬者，批评者，比比皆是。8月，这副对联传入北大、清华等北京大专院校后，旋即传遍全国。这副对联成为"血统论"最形象、最具煽动力的口号。几乎一夜之间，出身革命干部、革命烈士、革命军人、工人和贫下中农等"红五类"家庭的子女，成了"英雄"、"好汉"，他们趾高气扬，左右通达；几乎一夜之间，出身"地富反坏右"的"黑五类"和而后增加的资本家、"走资派"统称为"黑七类"家庭的子女，于是成了"贱民"、"混蛋"，他们低三下四，左右是难。尽管有人批评这幅对联不符合"**毛主席'重在表现'政策**"，尽管陈伯达也批判这"血统论"，说它是出自封建君主世袭制的"错误观点"，但不少人特别是高干子弟们，依然高呼"鬼见愁"对联"**好得很！**"

"鬼见愁"对联的出现，是刚刚兴起两个月的红卫兵运动分裂为贵族红卫兵和平民红卫兵的重要标志。

在贵族子弟们"好得很"的高呼之下，"鬼见愁"对联继续广传远播，而且还出现了《鬼见愁之歌》，歌词就是这副对联。不同的是，在"老子反动儿混蛋"一句之后，加上了一句赤色骂："滚，滚，滚，滚他妈的蛋！"

在北京大学附属中学，以贵族子弟为主的"红旗战斗小组"，在一篇《自来红们站起来了》的文章中，宣誓了他们的希特勒主义：

"**我们到这个世界上来，就是为了造资产阶级的反，接无产阶级的革命大旗，老子拿下了政权，儿子就要接过来，这叫一代一代往下传。有人污蔑我们是'自来红'，崽子们：你们的污蔑是我们的光荣！你们说对了！要问老子是哪一个，大名就叫'自来红'。**"

贵族子弟们像希特勒的盖世太保、党卫队一样，用大字报宣泄了他们的不可一世：

"**谁他妈的敢反'自来红'，就让他尝尝我们'自来红'的厉害！**"

"**要是想革命跟着老子走，要是不革命就滚他妈的蛋！**"

"**我们工农革干子弟要当家做主人，任何出身不好的人在我们面前必须老老实实，不许乱说乱动！**"

"鬼见愁"传入北师大女子附中后，立即生效。1966年8月4日上午，初二（四）班的红卫兵，在教室里开会斗争班里家庭出身不好的同学。教室墙上贴了大标语："打倒狗崽子！"这个班有40多名学生，其中：10人是"自来黑"，即出身"黑五类"家庭，属"狗崽子"；10人是"自来红"，即"红五类"家庭出身，大多数是高干子弟，属当然接班人；其余20多名出身于"不红不黑"家庭，称"红外围"。斗争会开始，10名"自来红"坐在椅子上，"红外围"坐在地上，10名"狗崽子"站在教室前面，面对"自来红"挨斗。一个"自来红"拿一根长绳子，绕过"自来黑"们的脖子，把她们栓成一串。"自来红"强迫每个挨斗者"交代反动思想"及"父母的罪行"，"交代"完了还得说"我是狗崽子！我是混蛋！我该死！"有时"自来红"还动手打、用脚踢她们，往她们身上洒墨水。

"鬼见愁"在北大附中里横行霸道。高三的男学生**朱彤**，因父亲是右派分子而惨遭毒打，并把他关在厕所旁边的一间小屋里。屋里遍地是水，水上漂浮着垃圾，一些学生爬在窗户上，嘻嘻哈哈地看他，好像围看动物园里的动物。初一（四）班的女学生**万红**，父亲是右派分子。当班里"红五类"家庭出身的男同学要打她时，她躲进女厕所，哀求高干子弟红卫兵头头**彭小蒙**同学说："你见过毛主席，你知道政策，求你告诉他们别打我。"可是，出于对"黑五类"家庭出身同学的"义愤"，这位被毛泽东表彰并亲自接见的彭小蒙，毫不留情地把万红揪到教室里批斗。批斗万红时，有同学用皮带抽打她；她被命令站在一张凳子上，有同学恶作剧地突然把凳子抽走，把她重重地摔到水泥地上，摔得鼻青脸肿。

"鬼见愁"对联也左右了当时的"大辩论"：在辩论发言之前，先要自报家庭成份；如果所报的家庭成份属于"黑五类"，会马上被轰下台。因此，当时的"大辩论"舞台，成了"红五类"红卫兵横眉怒目、指点山河的专区。

在高呼"鬼见愁"对联"好得很"上，**谭力夫**脱颖而出，成了捍卫贵族纯"血统论"的骁将。

谭力夫何许人也？这位当时北京工业大学三年级学生，是前国家最高人民检察院副检察长谭政文的公子。其父虽已过世四年，但在贵族大院内外，谭力夫与贵族们的血脉息息相通。周恩来对其家关爱有加；北京市委第一书记李雪峰、中央党校校长林枫等，都是他家庭座上常客；据传，湖南省委第一书记张平化，是他的干爹；在贵族大院和学校里，他还与刘少奇、邓小平、贺龙等贵族子女交往甚密，堪为好友。三十年后，已挤身于高级干部的谭力夫，以谭斌名字出了几本书，自誉"一身正气"和"两袖清风"。这位"一身正气"的谭立夫，于1966年6月，在以杜万荣为首的工作组支持下，在工大成立了红卫兵造反组织，被任命为红卫兵总队长，同当时的工大"文化革命委员会"主任、高干子弟刘京（后飞黄腾达官至公安部副部长）合作，"横扫一切牛鬼蛇神"，将工大300多师生打成"黑帮"、"右派"和"牛鬼蛇神"，出尽了风头。当他发现有些红卫兵向共产党老干部造反时，特别发现"黑五类"子女们蠢蠢欲动时，敏锐地察觉到右派要翻天，贵族子女的"责任感"使他突发了**只许贵族革命、不许别人造反**的决心。见到"鬼见愁"对联后，

8月12日，便与刘京合写了《从对联谈起》的大字报，提出要把这幅对联的内容当作全面的、策略的党的阶级路线来推行。他们写道：

"这幅对联一出来，就几乎震撼了所有人的心弦。大长好汉们的志气，大灭混蛋们的威风。"

"我们过去的实践证明了出身好的绝大多数是革命的左派，而大多数出身不好的是愿意革命的而且是可以革命的，但是，他们真正背叛了家庭的，确实不多！"

"我们的想法，如果有一些道理，那么就可以被提炼为政策……"

谭、刘文章虽然受到中央文革陈伯达、江青的"劝阻"，但却得到了**关锋**的明确支持。8月，他在国务院接待室的一次讲话中说："**有个口号'老子英雄儿好汉，老子反动儿混蛋'，'基本如此'，我看基本精神是为了贯彻阶级路线，是要工作组依靠工农子女，干部子女。**"关锋一针见血地道出了"血统论"是中共阶级路线的本质反映。在中央文革"劝阻"和明确支持下，8月20日，谭力夫在学校举行的集会上发表了措词蛮横的讲话。这篇数十分钟的讲话引起了"红五类"子弟的共鸣，使他须臾变成了全北京市乃至全国的知名人物。从长白山到海南岛，从东海之滨到云贵高原，到处在流传谭力夫的讲话。在谭力夫的这篇讲话中，充斥着"**只许我革命、不许人造反**"的骄横和霸气。在抨击各种对"鬼见愁"指责的同时，他说：

"我爱讲老实话。有的人不爱讲老实话：'老子反动儿混蛋'。"

"我看只有工农革干子弟有这个胆量，有这个本事，你们谁敢？看来还是'老子英雄儿好汉'。"

"反正权力还在手，我就敢骂人。"

"我是要革命的。要革命的过来，不革命的滚蛋！"

"对黑七类子女要七斗、八斗，斗得他背叛了家庭，然后才可能团结。"

"看着共产党的干部犯错，你高兴什么？他妈的！"

谭力夫的破口大骂，骂出了他的"一身正气"，骂出了他未来的飞黄腾达，同时，也骂出了平民红卫兵的崛起和快速壮大。

1966年10月，谭政文生前腐化堕落问题被人揭发，谭立夫跌到"黑七类"家庭出身的边缘。而此时，陈伯达代表中共批判"血统论"的报告已广为传播，谭立夫由是失宠，当年被捕入狱。周恩来的态度耐人寻味。1966年11月15日，他接见天津大学等院校红卫兵代表时说："**象谭力夫的发言，那就是错误的，六、七月里可以，到九月、十月再偏激就不应该了。**"1967年5月29日，经周恩来与中央文革小组多次交涉，谭力夫被释放出狱。被恩准出狱的谭立夫，摇身一变，成了军官，旋即遁形于部队之中。文革后，已更名谭斌的谭立夫，以文革"受害人"的身份，著书立说，踏入青云直上的官僚坦途，先后担当文化部办公厅主任和故宫博物馆党委书记等要职。

正当贵族红卫兵响应毛泽东"造反有理"的号召，高呼"鬼见愁"口号，挥舞铜头皮带杀向全社会，使中国血流遍地、哭声震天的时候，正当谭立夫为"血统论"推波助澜肆意诋毁和迫害"黑五类"子女的时候，一位年仅二十二岁的青年工人**遇罗克**拍案而起，投笔长篇论文《出身论》，对反人权的"血统论"，进行了义正词严地批判。

在《出身论》中，遇罗克写道：

"**家庭出身问题是长期以来严重的社会问题。**"

"**他们往往享受不到同等政治待遇。特别是所谓黑七类出身的青年，即'狗崽子'，已经成了准专政对象，他们是先天的'罪人'。在它的影响下，出身几乎决定了一切。出身不好不仅低人一等，甚至被剥夺了背叛自己的家庭、参加红卫兵的权利。这一时期，有多少无辜青年，死于非命，溺死于唯出身论的深渊之中。**"

《出身论》

遇罗克认为，一个人的成长，社会影响远远超过家庭影响。他在《出身论》中写道："**领导的教导、报纸、书籍、文学、艺术的宣传，习俗的熏染，工作的陶冶等等，都会给一个人不可磨灭的影响。这些统称为社会影响。这都是家庭影响无法抗衡的。**" "**人是能够选择自己的前进方向的**"，"**娘胎里决定不了**"。因此，"**一切革命青年，不管你是什么出身，都应受到同等的政治待遇**"。遇罗克提出：应努力"**填平这人为的鸿沟**"。

在《出身论》中，遇罗克抨击刘、邓右派集团工作组的极左面孔：

"**工作队当政时期，又以极'左'的面目抹杀了阶级路线。在对待出身问题上，与修正主义集团可以称得上是一丘之貉。因此，这个严重的社会问题非但没有解决，反而更加深化了，反而将矛盾扩大化、公开化了。残酷的'连根拔'**（笔者：意指大兴县的大屠杀），**极尽侮辱之能事的所谓'辩论'，以及搜身、辱骂、拘留、殴打等严重侵犯人权行为，破坏这一部分青年生活的正常秩序的种种手段，剥夺他们政治权利的种种措施，全都以'超毛泽东思想'的面目出现了。**"

《出身论》从政治学、哲学和社会学的理论高度批判"血统论"；批判中还引用许多毛泽东说过的话，作为立论的论据。《出身论》1966年9月定稿。《中学文革报》在发表《出身论》时，加了"编者按"。"编者按"说：

"**反动的唯出身论，从资产阶级形而上学的哲学垃圾堆里寻得理论上的根据，把学生分为三、六、九等，妄图在社会主义制度下重新形成新的披上伪装的特权阶层，以至反动的种姓制度，人与人之间新的压迫。是反动的唯出身论，使一部分青年学生背上了'自来**

红'的大包袱，自以为老子是天生的革命者，其结果正成了修正主义苗子。是反动的唯出身论，迫使另一部分青年学生产生了强烈的自卑感，使他们甘居中游，使他们放弃对国家的前途、世界的前途应尽的责任。"

文章一问世，就赢得千百万人的深切同情和强烈支持：从长白山到海南岛，从东海之滨到云贵高原，到处都在传播遇罗克的文章。一时之间，遇罗克成了当时中国备受污辱、损害的最底层老百姓的代言人。

"血统论"能在文革中横行，固然与贵族子弟们当然革命、当然接班的思潮有关，但长期以来贯彻执行毛泽东的无产阶级专政的"阶级路线"，则是这种思潮发生、发展和肆虐的根本原因。例如：提干要填出身，查三代，只有"根正苗红"者才能得到提拔；在高等学校招生中，成绩优秀出身"黑五类"家庭的子女，会被拒之大学校门之外，等等，这种"龙生龙，凤生凤，老鼠生儿打地洞"的腐朽思想，是毛左派集团**政治上走封建社会主义道路**的活标。"血统论"一经提出便横行霸道，其根源就在于此。《出身论》以毛泽东语录立论，是在当时恶劣的政治环境下，一种无可奈何的、哭笑不得的、充满历史滑稽的选择。但这可悲的历史幽默，却触怒了中共当局。它的鹰犬、中央文革小组笔杆子、大权在握的**戚本禹**，诬蔑《出身论》是**反动文章**，一句话，把热血青年遇罗克送上了断头台：1970年3月5日，年仅二十七岁的遇罗克，被中共当局以反革命罪，枪杀于北京体育场。（但据其弟遇罗文回忆："1970年3月5日，罗克和另一批'死刑犯'一起被处决。处决的地点至今我们还不知道。"）

一个鼓吹"血统论"，一个批判"血统论"，一个挤身高官，一个死于非命："一身正气"颐养天年的谭立夫和父母右派备受歧视的遇罗克，两人在人格和遭际上的鲜明对比，给毛泽东和中共的人权史，写下了无法抹去的最黑暗、最可耻的一页。

"血统论"的始作俑者是毛泽东。为了打倒以刘、邓为首的党内右派，清除他们的社会基础，他借助贵族红卫兵的"血统论"以及他们目空一切的骄横、霸气和无所不用其极的手段，大破"四旧"和"横扫一切牛鬼蛇神"，取得令他欢心鼓舞的"辉煌"战果。但当他按照他打倒刘、邓的战略部署，把斗争矛头转向刘、邓右派集团成员即"走资本主义道路当权派"时，他发现，在大破"四旧"和"横扫一切牛鬼蛇神"中立下汗马大功的高干子弟们，正在利用"血统论"来"保爹保娘"。因此，他决定抛弃贵族红卫兵，谕示中央文革小组批判"血统论"。

1966年10月16日下午，在中央工作会议上，根据毛泽东的谕示，陈伯达代表党中央，在《无产阶级文化大革命中的两条路线》报告中，对"血统论"进行了批判。他说：

"现在有一些学生接受什么'**自来红**'、'**自来黑**'的观点，接受什么要在学生中划分'**红五类**'、'**非红五类**'或者什么'**黑几类**'的观点。制造这类观点的人，是要在无产阶级文化大革命中制造混乱，蒙蔽青年。我们劝青年们不要接受这种血统论的错误观点，而要用马克思列宁主义、毛泽东思想的阶级论来武装自己的头脑。同时，那些制造和散布这种血统论的人，如果愿意回到无产阶级的革命道路上，就应该改正错误，停止散布这种谬论。"

在当时的政治氛围里，陈对"血统论"的批判是可贵的，尽管批判是轻描淡写的。由于毛泽东的中共拒绝承认"血统论"是马克思列宁主义、毛泽东思想的阶级论的必然产物，因此，同是批判"血统论"，陈伯达高官照做，人权先驱遇罗克却被中共"依法"枪杀！

四、大斗走资派

毛泽东命陈伯达批判"血统论"的目的不是为了否定"血统论"，因为他本人就是血统论的制造者，而是为了支持平民红卫兵造反，压制贵族红卫兵"保爹保娘"，从而实现他向刘、邓右派集团夺权的目的。

1966年10月9~28日，毛泽东主持的中央工作会议在北京举行。根据毛泽东的谕旨，陈伯达在会上作了题为**《无产阶级文化大革命中的两条路线》**的报告。报告在批判"血统论"的同时，公开而激烈地批判了刘、邓右派集团的"资产阶级反动路线"。在会上，林彪指名道姓地批判刘少奇、邓小平执行的是"一条压制群众、反对革命的路线"。他还按毛常用的倒打一耙策略，斥责说："**这次文化大革命运动的错误路线主要是刘、邓发起的。**"会上，刘少奇、邓小平被迫分别作了检讨。毛泽东并没因而放过他们。会后，毛泽东通过林彪、周恩来和他的一线代理中央文革成员，率先在北京掀起了批判刘、邓右派集团的高潮，发出了向刘、邓右派集团夺权的信号。

1966年7月21日，毛泽东在"关于撤工作组的讲话"中说："**西安交大不让人家打电话，不让人家派人到中央，为什么怕人到中央？南京新华日报被包围，我看可以包围，三天不出报，有什么了不起？……为什么不准包围省市委、报馆、国务院？**" 1966年8月23日，毛泽东在中央工作会议上说："**我的意见，乱它几个月。**" "**没有省委也不要紧，还有地委、县委呢！**" "**我看北京乱得不厉害。**" ——如果在十年前，抑或十年后，这是必须坚决镇压的百分之百的右派言论；但此一时彼一时也。10月5日，中共中央根据毛泽东的指示，批转中央军委的紧急指示，宣布取消院校党委领导文革的规定。由是，全国掀起了"**踢开党委闹革命**"的浪潮。尽管"踢开党委闹革命"是民主的进步，但对毛泽东来说，"民主是手段"：当年，他借"民主"牌打败了蒋介石，达到了夺取政权的目的；今天，他再次祭起"民主"这块法宝，借以打倒刘、邓，实现其向右派集团夺权的目的。

从毛泽东以上言行可以看出，在强大的刘、邓右派集团反抗势力面前，为了独霸权力，他不惜全国大乱，不惜亿万生灵涂炭而号召全面内战。于是，1966年12月26日，毛泽东在他的 73 岁生日宴席上，发出了**"祝开展全国全面的内战"**的号召，开始向刘、邓右派集团全面夺权。——这是无产阶级专政条件下无法避免的内讧！

全面内战从北京开始。1966 年 10 月 28 日的中央工作会议结束后，以平民为主力的各路红卫兵，在周恩来和中央文革指挥下，开始全面揪斗走资本主义道路当权派的内讧战斗，为毛左集团夺权而冲锋陷阵。在揪斗"走资派"的内战中，受到批判的贵族红卫兵也不示弱，他们以批判"资产阶级反动路线"为名，揪斗左派和中间派的领导干部，也给他们戴上"走资派"或执行资产阶级反动路线等罪名的帽子。一时间，揪斗当权派成风。

1. 应劫而生的《群丑图》

1966 年 10 月的中共中央工作会议后，在"踢开党委闹革命"和"开展全国全面内战"的口号鼓舞下，批判"资产阶级反动路线"和揪斗"走资本主义道路的当权派"，已形成狂潮。十七年来，那些曾经呼风唤雨、不可一世的各级当权派和将军们，那些在"解放"后的历次政治运动中曾肆意践踏人权的各级权贵们，在红卫兵、造反派面前，都不得不低下他们那颗尊贵的头颅，去接受蹂躏和迫害。在中共左、右两派权力内讧中，1967 年初，一幅"打着红旗反红旗"的漫画《**群丑图**》，应劫而生。

群丑图。作者：翁如兰

这幅曾被誉为"文革第一图"的《群丑图》，一经问世，便引起了巨大反响。据说，几个月间，全国翻印数高达百万幅以上。与此同时，其他漫画也派生了出来。如《百丑图》，即用100个当权派的人物头像进行丑化处理的漫画，翻印颇多；也有流行时间较短的局部地区、行业的《百丑图》、《群丑图》和单个人物漫画。其中，罗瑞卿口衔匕首漫画颇有影响，影射这位惨遭迫害的总参谋长，当年任公安部长时曾杀人如麻……

《群丑图》作者翁如兰，是中央美术学院中国画系的高才女生。她运用漫画头大身体小的技法，把画中人物描绘得十分像似，也没刻意丑化，显示了她的艺术功力和素养；《群丑图》是一幅"打着红旗反红旗"的丑式写真漫画，即打着毛泽东"造反有理"的旗号，去反映毛泽东领导下的中国共产党的真实面貌，显示了作者政治洞察力之敏锐。

画家在《群丑图》上所描绘的39个人物，都是文革中毛泽东要打倒的高级官员，或是文革初期毛要消灭的"牛鬼蛇神"，体现了毛借"造反有理"去打倒和消灭政敌的权力情结。在画家的笔下，人们看到了毛的政敌们曾经的高贵身份和他们反毛的主要"罪行"：

1. 陆定一：中共中央政治局委员、中宣部部长，文革开始后第一个被毛打倒的"彭罗陆杨反党集团"第三号主犯。

2. 邓拓：中共北京市委书记处书记，文革开始第一个自杀的高官，是遭毛批的《三家村札记》、《燕山夜话》的作者。

3. 吴晗：北京市副市长，是遭毛批的《海瑞罢官》和《三家村札记》的作者，是文革前夕遭毛重点批判的第一人，彭真死党。

4. 廖沫沙：中共北京市委统战部部长，是遭毛批的《三家村札记》和《有鬼无害》的作者，彭真死党。

5. 周扬：中共中央宣传部副部长，文化部党组书记兼副部长，中国文学艺术界、文化部第一号领导人。

6. 夏衍：文化部副部长，电影界第一号领导人，周扬死党。

7. 林默涵：中共中央宣传部副部长，文化部副部长，胡风冤案主要制造者之一。

8. 田汉：《国歌》歌词创作者，中国文联副主席，中国戏剧家协会主席，是遭毛批的《谢瑶环》的作者，周扬死党，文革中自杀身亡。

9. 齐燕铭：文化部副部长，曾任总理办公室主任、济南市副市长，周扬死党。

10. 阳翰笙：中国文联副主席兼秘书长，对外文化协会副会长，是遭毛批的《李秀成之死》的作者，周扬死党。

11. 郑天翔：中共北京市委书记处书记兼秘书长，彭真死党。

12. 蒋南翔：高教部部长兼清华大学校长、党委书记，刘、邓死党。

13. 陆平：北京大学校长兼党委书记，刘、邓死党，被毛誉为第一张马列主义大字报中的被点名批判者。

14. 严慰冰：陆定一夫人。
15. 刘仁：中共北京市委第二书记，彭真死党，文革中自杀身亡。
16. 彭真：中共中央政治局委员，中共北京市委第一书记兼北京市市长，刘、邓死党，"彭罗陆杨反党集团"的首犯。
17. 杨尚昆：中共中央书记处书记，中央办公厅主任，"彭罗陆杨反党集团"第四号主犯。
18. 肖向荣：中共中央军委副秘书长，中将，贺（龙）、罗（瑞卿）死党。
19. 陈鹤桥：中共中央军委通信兵部政治委员，少将，贺、罗死党。
20. 罗瑞卿：解放军总参谋长，大将，跳楼负重伤，"彭罗陆杨反党集团"第二号主犯。
21. 梁必业：总政治部副主任兼总政组织部部长，中将，贺、罗死党。
22. 王光美：刘少奇夫人。
23. 安子文：中共中央组织部部长，刘、邓死党。
24. 薄一波：中共中央政治局候补委员、国务院副总理兼国家计委副主任，刘、邓死党。
25. 贺龙：中共中央政治局委员，国务院副总理兼国家体委主任，元帅，刘、邓死党。
26. 刘少奇：中共中央副主席，中华人民共和国主席，是毛发动文革要打倒的中国头号政敌。
27. 林枫：中共中央党校校长，刘、邓死党。
28. 李维汉：中共中央统战部部长，刘、邓死党。
29. 李井泉：中共中央西南局第一书记，中共四川省委书记，刘、邓死党。
30. 万里：中共北京市委书记处书记，北京市副市长，刘、邓死党。
31. 刘志坚：总政治部副主任兼总政宣传部部长，中将，贺、罗死党。
32. 邓小平：中共中央常委，中央总书记，是毛发动文革要打倒的中国第二号政敌。
33. 吕正操：铁道部部长，上将，刘、邓死党。
34. 何长工：地质部副部长，刘、邓死党。
35. 刘澜涛：中共中央西北局第一书记，兰州军区第一政治委员，刘、邓死党。
36. 陶铸：中共中央常委，中央宣传部部长，是"保皇派"头头。
37. 肖望东：文化部副部长（第一号领导），中将，刘、邓死党。
38. 钱信忠：卫生部部长，少将，刘、邓死党。
39. 王任重：中共湖北省委第一书记，中共中央中南局第一书记，陶铸死党。

此外，尾随最后是杀伐成性的"东纠"、"西纠"、"联动"等，是以贵族子弟为骨干的"保爹保娘"的红卫兵组织。

显然，这是一幅讽刺毛共的政治漫画。画家用古代官员出巡形式，把毛的政敌们排列成"S"形队伍，向着"资本主义"悬崖走去，其风格独特。"S"形队伍的排列顺序，也颇具匠心：从毛的政敌们所持的"道具"，便可看出毛泽东发动文化大革命的准备和发展过程，符合历史记录。因此，可以这么说，《群丑图》是文革运动初期情景的真实写照，因而展现了漫画的艺术美！

什么是美？尽管人们的看法多有不同，定义分歧较大，然而笔者认为，"**真**"和与真有密切关联的"**善**"，应当是美的内涵。从这个意义上来说，《群丑图》的丑式写真是美的展示。

首先，《群丑图》的美是展示了她的"**真**"。画家所描绘的39个高级官员和一些"保爹保娘"红卫兵组织，没有一个不是文革初期毛泽东要打倒或要消灭的对象；这些对象手持的"道具"和从喇叭吹出来的声音，没有一个不是毛泽东反民主、反自由、反人权暴行的历史见证。其次，《群丑图》的美，还在于她婉约其"**善**"。善者，仁义礼智信也。"解放"后的十七年间，导致五千多万人死亡的毛泽东暴政，《群丑图》中的人物，不是毛的屠夫、刽子手，便是毛的帮凶和吹鼓手，毛所犯下的种种反人类罪行，他们都有份，都脱离不了干系。文革中，他们被毛视为异己，仅仅是**因权内讧**而已。不仅如此，他们中的许多人，在毛泽东死后，便以文革受害者的身份，重登政治舞台，用一党专政的铁拳，残酷镇压异己者和持不同政见者，使他们能打着为革命、为人民、为社会主义的旗号，以权钱交易的腐败，把自己和他们的后代，从毛泽东时代的**官僚特权阶级**，蹿升为**红色资产阶级**，亦即策驭成腰缠亿万的官僚地主和官僚资本家。由此可见，他们的灵魂是丑恶的、肮脏的，揭露他们的伪善和罪恶，让中国人看清他们的真实面目，就是写真，因而是美的**善举**。一位俄罗斯著名学者说："**美是生活。**"《群丑图》以丑式写真形式，揭示了二十世纪五、六十年代中华民族生存环境的荒诞、恶劣和无奈，因而被誉为"文革第一图"，是实至名归的。

《群丑图》的美是通过"打着红旗反红旗"的手法表现出来的；在"舆论一律"的专政下，这种表现手法是画家不得已的选择。对于这幅展示艺术美的《群丑图》，周恩来表态说："**这是一幅反动漫画，打击面太宽！**"毛泽东旋即下令："**不能让这种丑化我们的东西满天飞。**"

《群丑图》"**反动**"吗？"**丑化**"吗？看看以下各节里毛、周对付政敌的批、斗、抄、游、打、烧、杀等手段，人们只能用野蛮、邪恶和法西斯去定义；而这种野蛮、邪恶和法西斯手段，与毛的"丑化说"和周的"反动说"，无法类比，与《群丑图》对39人的丑式写真，相去何止十万八千里！

2. 揪斗北京"走资派"

周恩来指责《群丑图》"**反动**",毛泽东则说是"**丑化**"。显然,他俩都在指责,翁女士笔下人物的命运被歪曲了。历史果真如周、毛所说的那样吗?请看,翁女士笔下人物在文革中的凄惨经历:

在1966年5月4日到26日中共中央召开的中央政治局扩大会议上,北京市委第一书纪兼市长**彭真**、总参谋长**罗瑞卿**、中宣部部长**陆定一**和中央办公厅主任**杨尚昆**,被毛泽东打成了"彭罗陆杨反党集团"。12月12日下午,北京市红卫兵揪斗了彭真、高教部部长**蒋南翔**、北大党委书记**陆平**等9名当权派;在此之前,地质部副部长**邹家尤**,地质部党委书记**何长工**,国防科委局长**赵如璋**,已先后被红卫兵揪斗多次。12月23日凌晨,中央戏剧学院等院校红卫兵造反派,再次揪斗彭真等多人,连跳楼骨折不能行动的总参谋长罗瑞卿大将,也被用箩筐抬到斗争会上,再从箩筐内架出,坐上"喷气式飞机"。毛式揪殴法的残酷性,可见其一斑。

揪斗当权派

揪斗当权派的风暴,很快从学校刮到北京市委,刮到中央各机关部委。

12月12日下午,同彭真一起被揪斗的还有:中共中央宣传部部长**陆定一**、中央高级党校校长**林枫**、北京市副市长**万里**、哲学家**杨献珍**、北京市委书记**郑天翔**。

陆定一、林枫、万里。杨献珍和郑天翔暂缺

在揪斗风暴中,北京市市委书记市长们,国务院各部委部长主任们,已经多次批斗过的"死老虎"即文艺界失宠的御用精英们,都先后被各派红卫兵揪出来批斗。

1. 范瑾:北京市委书记处书记;2. 周扬:中宣部副部长;3. 许立群:中宣部副部长;
4. 齐燕铭:马列主义理论家;5. 夏衍:马列主义电影家;6. 田汉:马列主义戏剧家;

7. 刘仁：北京市副市长；8. 吴祖光：马列主义导演。

曾几何时，这些曾在一个系统、一个地区、一个部门或在一个学术界里呼风唤雨"点石成金"的头面大人物，其中有不少人双手还沾着老百姓的鲜血，竟遭红卫兵如此暴虐、蹂躏，历史将如何评说？有人说，他们之中许多人作恶多端，例如周扬、林默涵，时人称其为"文艺恶棍"，文艺界许多冤假错案，都是他们一手制造的，因此，他们是罪有应得；但也有人认为，他们都曾是中共的功臣，红卫兵这样对待他们，叫人寒心。笔者则认为，即便是罪大恶极的坏蛋，也要通过法律程序给予惩治，因此，无论是**毛式批斗法**或者是在此基础上升级而来的**毛式揪殴法**（见后），都是毛泽东的中共对人类现代文明的野蛮践踏！

毛泽东的中共对异己官员们的批斗、揪殴的残酷性和法西斯性，与《群丑图》对39个高级官员所谓"**丑化**"、"**反动**"的丑式写真，其野蛮、邪恶程度，毫无类比之处！

3. 羞辱王光美

毛泽东说："**不能让这种丑化我们的东西满天飞。**"但在他的鼓动和默许下，现实中被批斗的国家主席夫人王光美，远比《群丑图》中的丑式写真要野蛮、邪恶、残忍得多！

1967年1月6日，在毛泽东前台代表中央文革江青等人的策划下，蒯大富组织井冈山兵团干了一件轰动全国的大事——"智擒王光美"。他们诈称刘少奇的女儿刘平平在路上被汽车压断了腿，需要截肢，把刘少奇和王光美骗到医院。在毛泽东的红卫兵面前，刘少奇已经没有国家主席的尊严，他无可奈何地按红卫兵的要求留下妻子，独自悻悻而返。井冈山红卫兵把王光美带到清华大学后，王光美签下了随叫随到的保证书。

4月10日，经毛泽东默许和中央文革批准，蒯大富召开了有三十万人参加的批斗王光美大会，并有毛的政敌彭真、薄一波、陆定一、蒋南翔等三百多"黑帮"在现场陪斗。这种继承中国封建血缘关系的"株连罪"，在文革前已是中共的**准**政策。到了文革，中国人对这种封建株连罪，已习以为常了，尽管毛泽东还在高唱他的"**划清界线**"和"**重在表现**"的颂歌。据统计，因刘少奇一案而受株连的案件，高达两万两千多起，死伤数百人。

刘少奇听到批斗王光美的消息后，极为愤怒。他说："**我有错误我承担，工作组是中央派的，王光美没有责任，为什么要她代我受过？**"刘的"愤怒"很值得同情；但他可能不愿去想，他是这种封建株连罪的积极推行者，他同毛泽东一起，制造了这种现代中国不成文的株连法。

在批斗会上，王光美陪同刘少奇访问印度尼西亚时穿过的旗袍，戴过的项练，被红卫兵批为"资产阶级生活方式"。红卫兵们把事前准备好的瘦得难穿的旗袍，强迫王光美穿到身上，又把事先用乒乓球特制的"项练"，硬套在王光美的脖颈上……面对这种毫无人道的恶意丑化和侮辱，王光美提出抗议；但遭到回应的是"要武"式的"触及灵魂"：拳打脚踢！

批斗王光美——大会会场（左），肆意丑化（右）

4. 揪斗八级"走资派"

周恩来说《群丑图》"**打击面太宽**"，说的是不是实话？

在八月的中共八届十一中全会上，毛泽东清晰地发现自己已沦为党内少数派，反对他的不仅中央大有人在，而地方各级尤甚。在毛看来，这是一大股不可小觑的复辟势力。后来的历史证明，毛泽东的预见多么准确。然而，他无法扭转乾坤。毛泽东的悲剧在于：他确信他个人意志的强大"**神力**"，足以使"地球停止运转"！

北京红卫兵的行动对全国红卫兵及其发展具有举足轻重的影响，而毛泽东的态度，对北京红卫兵的影响是决定性的。北京红卫兵敢于造反、敢于冲击党政机关的精神，得到了毛泽东和他的忠实执行者周恩来、中央文革小组的强而有力的支持，使他们成为全国红卫兵运动的先驱和表率。

敢于造**官僚特权阶级**的反，敢于把领导干部"打翻在地，再踏上一只脚"，这对于长期备受官僚特权阶级专权压制的青年学生和平民老百姓来说，诱惑力太强了。于是，红卫兵造反派组织，在全国各地蜂拥而起，斗争矛头直指曾在他们头上作威作福的各级当权派。湖南省红卫兵造反派，率先喊出了"**打倒一切当权派**"的口号，并明确提出要"**炮轰八级司令部**"。

所谓"八级司令部"，即中央、中央局、省市、地、县、公社、大队、生产队等八个层级。换言之，所有共产党的组织和政府，皆在炮打之列，连"兵头将尾"的小小生产队队长也不放过。10月29日，张春桥在接见浙江金华北上控告团时，得意忘形地说：

"到了9月，几乎所有省、市委都被包围了。"

全国各地"八级司令部"里的当权派，大多数被揪出示众了。他们中的中、上层官员，大多数都能上镜头，但县以下官员，难有如此"殊荣"。遗憾的是，即使是上层官员，他们的镜头大多数也被尘封在密档中，不许老百姓目睹。值得庆幸的是，有少数正直的摄影记者和业余摄影爱好者，冒着"监牢"危险，留下了珍贵的历史资料，从而使人们能在"主旋律"的密封中，窥见到毛泽东的罪恶记录。对此，人们应向少数正直的摄影记者和业余摄影爱好者致谢！

下面一组图片，据信是当年《黑龙江日报》摄影记者**李振盛**的记录。

批斗黑龙江省委当权派。

（自左至右）上排：批斗省长李范五；批斗副书记王一伦；戴高帽的省委成员。

下排：批斗省委副书记陈雷；戴高帽加上"坐喷气式"批斗；批斗省委书记任仲夷。

其他各地也不落后，批斗当权派的镜头也不少，只是人物或地点难以确定。

各地批斗各级当权派

到此，**毛式批斗法**已逐步升级为全新版本——**毛式揪殴法**：抄家、挂牌子、戴高帽子、游街示众、"坐喷气式"、奸污、吊打或打死！在批斗版本升级的同时，"打击面"也在急剧扩大，数年间，上千万人挨批挨斗，其中被打死、拷死、逼死、整死、囚死的官员和群众，应在百万以上。这是周氏胡言《群丑图》**"打击面太宽"**的多少倍？

经过两年多的批、斗、抄、游、打、烧、杀和派性武斗，导致 200～300 万人丧生、一千多万人伤残后，毛泽东击败了刘、邓右派集团，夺了他们的权，终于以胜利者的姿态，"闲庭信步"地出现在摄影家的镜头里。请看一组"闲庭信步"图片，也许对你有所启迪。

闲庭信步——（自左至右）1. 毛与林彪。
2. 毛与周恩来。3. 毛与江青。4. 毛与通房"秘书"。

作家鄢烈山这样描写施刑者："**加害者与其说是在行刑，还不如说在完成一件毁人不倦的艺术品。她是带着创作的激情和审美快感来工作的。……她是在欣赏，欣赏大权在握肆行己志的惟我独尊，品味人为鱼肉我为刀俎的乐趣。**"这是否是"闲庭信步"的注脚？

在"闲庭信步"中，毛、林、周、江领导下的中共，犯了危害人类的**滔天大罪**！其罪行的严重性和法西斯性，使《群丑图》的所谓"丑化"相形见绌！

五、红卫兵大沉浮

陈伯达所作的题为《无产阶级文化大革命中的两条路线》的报告作为中共中央文件印发下达后，对"血统论"的争论产生了很大影响，促进了红卫兵的进一步分裂。

在"横扫"和破"四旧"中为急先锋的贵族红卫兵，在党内左中右派共同支持下，制造了许多令人发指的暴行：他们在批、斗、抄、游、打、烧、杀的同时，还私设监狱，制造了大量无辜群众的伤亡事件（详见"红八月"）。但当毛泽东决定批判资产阶级反动路线向"走资派"全面夺权时，他们开始"**干挠**"起毛泽东设计的"斗争大方向"来，成了毛左集团必欲搬开的绊脚石。然而，"当然接班"的权力情结，使他们先后在北京西城区、东城区和海甸区，成立了武装纠察队，简称"西纠"、"东纠"和"海纠"，以武力与毛泽东相对抗。

为了搬开绊脚石，陈伯达代表毛泽东批判"血统论"之后，贵族红卫兵迅即失势，被贬之为"保爹保娘派",泛称"保皇派"(2)。为了进一步打击红色贵族势力,1966年11月18日,中国共产党北京市委员会针对贵族红卫兵的暴行,发出了由陈伯达起草毛泽东批准的《重要通告》。全文如下:

"任何厂矿、学校、机关或其他单位,都不允许私设拘留所,私设公堂,私自抓人拷打。这样做是违犯国家法律和党的纪律。如果有人在幕前幕后指挥这样做,必须受到国法和党纪的严厉处分。从今天起,如有再犯以上罪行的,要立即处理。"

自此,一些无视通告打人、杀人的贵族红卫兵,相继被捕。

以揪斗"走资派"和批判"资反路线"为己任的平民红卫兵,则在毛左派及其中央文革的直接指挥下,成了毛泽东向刘、邓右派兴师问罪的急先锋,蹿升为红卫兵运动的主流,被毛和中央文革褒誉为左派或响当当的"造反派";而"保爹保娘"的贵族红卫兵则被贬斥为右派"保皇派"。"造反"与"保皇"两派在党内左、右两派势力的支持下,横眉怒目,针锋相对,因而武斗不断,其规模也迅速升级。

1. 贵族红卫兵的覆灭)

当中央文革直接指挥平民红卫兵揪斗右派当权派时,贵族红卫兵在刘、邓右派集团和周恩来中摇派集团的暗中支持下,组织了针锋相对的反抗。1966年12月5日,主张保护右派当权派(老干部)的北大附中、清华附中等十几所中学红卫兵,发起成立了首都红卫兵联合行动委员会(简称"联动")。不久,曾被周恩来委以重任的杀戮成性的"西纠"及"东纠"、"海纠"等贵族红卫兵组织,也先后加入"联动"。1967年元旦,他们发表了挑战毛泽东的《联动宣言》(3)。在《联动宣言》中,他们把反抗的矛头直指毛泽东及其左派集团。

他们以红色贵族的身份宣布:"**中国共产党中央,国务院,人大常委,人民解放军各军种,中央军委,国务院各部革命干部子弟联合行动委员会于1966年10月1日于中南海政治局礼堂正式成立。**"

他们宣布"联动"的任务是:"**坚决、彻底、全面、干净地粉碎中共中央委员会几个主席几个委员的左倾机会主义路线,取缔一切专制制度,召开中共全国代表大会,选举中央委员会,保证民主集中制在党的生活中得到坚决的贯彻,保证中央各级党委、委员的生命安全。**""**坚决地全力以赴地打倒左倾机会主义路线所产生的各级反动造反组织**(笔者:即各级平民红卫兵组织)。"

他们号召:**全国各地各级干部子弟"忠于马列主义和1960年以前的毛泽东思想""迅速组织联合行动委员会"**。"我们还有什么不能拿出来啊!"显然,他们号召武斗。

他们发誓"**为党为人民为共产主义奋斗到底,直到最后一滴血**"。

在"联动"成立前后，贵族红卫兵旗帜鲜明地挑战毛泽东和中央文革。他们高呼"**油炸江青**"、"**打倒陈伯达**"、"**刘少奇万岁**"口号，张贴出"**中央文革某些人不要太狂了！**"、"**中央文革把我们逼上梁山，我们不得不反！**"等大标语。他们甚至公开说："**毛主席正确不正确，十年以后见！**"为要求释放被捕的"联动"人员，他们组织数百人，呼着"**火烧谢富治**"的口号，带着菜刀、匕首等凶器，先后六次冲击公安部，围攻殴打工作人员和其他红卫兵。在批判"血统论"后，贵族红卫兵失势。红色贵族优越感的失落，使他们在红卫兵集中的校园里，找到了情绪发泄场合：撕毁图书，砸烂教学仪器，劈掉课桌的椅子取暖，或者以各种物资修筑工事，等等。

两个多月后的 1967 年 2 月 8 日，毛泽东在同阿尔巴尼亚国家领导人卡博.巴卢库谈话时说："**现在红卫兵帮助我们，但也有不可靠的，有的戴黑眼镜，口罩，手里拿着棍子，刀，到处捣乱，打人，杀人，杀死了三口人，杀伤三人。这些人多数是高干子女，如贺龙、陆定一的儿女。**"

贵族红卫兵的反毛和反社会的法西斯暴行，正中毛泽东的下怀，使毛和中央文革有了反击的口实。

12 月 16 日，在北京工人体育场召开的北京市中学批判资产阶级反动路线大会上，江青讲话中就提出要对贵族红卫兵"西纠""**毫不留情地坚决镇压**"。

1967 年 1 月 17 日，公安部部长谢富治说："**公安部要保护左派，反击右派，镇压反革命。例如'联合行动委员会'、'西安红色恐怖队'**（笔者：都是贵族红卫兵组织），**这些组织是反动的，头头是反革命。**"（笔者：谢死后被鞭尸，这是原由之一。）

中央文革成员戚本禹代表中央文革，向"三司"负责人蒯大富下达了用武力绞杀"联动"命令："**在'联动'问题上，你们是不是手太软了？这个'联动'都对付不了，今后还想当左派？**"

1 月 21 日，以五大领袖的平民红卫兵为主，在北京召开了"彻底批判'联动'大会"。接着，"联动"设在北京 101 中学、北京工业学院附中、北京石油学院附中、北师大附中、人大附中、十一学校等校园内的"联动"据点，先后被摧毁，分散在上海、沈阳、武汉、南京、广州、长沙、新疆等全国各地的"联动"力量，均遭到镇压，大批"联动"头头被逮捕。

1 月 25 日下午，公安部与"三司"平民红卫兵配合，调集三万多名人员，武力拔掉了"联动"的最后一个据点——八一学校。1 月 31 日，《红旗》杂志发表社论《论无产阶级革命派的夺权斗争》。文中向"联合行动委员会"等贵族红卫兵的残余势力提出严重警告："**对反动派，别说大民主，小民主也不给，一点不给，半点也不给！**""**对于反革命组织，要坚决消灭。对于反革命分子，要毫不迟疑地实行法律制裁！**"在一个多月的武斗中，仅北京先后就有数百名红卫兵和群众伤亡，一百多名贵族红卫兵骨干被捕，监禁在北京半步桥第一监狱。"联动"遭到了毁灭性打击，从此一蹶不振，逐渐退出了历史舞台。

为了缓和一下矛盾，安抚高级干部和军事将领，4月22日，毛泽东下令释放全部双手沾满血污的"联动"骨干成员。

一百多名"联动"骨干成员被释放出狱，再次刺激了贵族红卫兵的狂热：他们要最后一搏！他们召开"老红卫兵新生大会"，积极参加武斗，以各种各样的方式发泄仇恨。他们已不敢再把矛头对准中央文革，就拿"黑五类"出身的子弟开刀。他们扬言："**把狗崽子斩尽杀绝！叫他们永世不得翻身！叫他们尸骨成山，血流成河！**" 红色贵族们的这种歇斯底里的宣泄，是自我孤立的嚎叫，引起大多数学生的反感和憎恶，促使中间阶层即"红外围"（家庭出身为教师、店员、市民、中农的学生）和"黑五类"出身子女，纷纷加入平民红卫兵，并最后把贵族红卫兵送了终。

尽管他们在文革自我孤立并遭到了镇压，然而，文革一结束，右派复辟，贵族红卫兵们洗掉沾在手上的血污，便以文革"**受害人**"的身份挤入政坛，得到了党内右派的庇护和提拔。其中，许多人自诩为"一身正气"，成为各级党政权力的接班人，有的则成了政坛上的风云人物。历史就这样被权力炮制成荒谬绝伦的历史！

2. 平民红卫兵五大领袖

当贵族红卫兵被绞杀之日，正是平民红卫兵壮大之时。随着平民红卫兵的发展和壮大，五大红卫兵领袖也随之横空出世以五大领袖为代表的平民红卫兵们，当时也许没有想到，当他们为毛泽东冲锋陷阵浴血拼杀的时候，在前头等待他们的是：**兔死狗烹！**

演讲中的聂元梓

"**五大领袖**"之一：**北京大学红卫兵领袖聂元梓**(1921-1994)

聂元梓，女，河南滑县人，1938年1月入党。文革前任北京大学哲学系党总支书记。

1966年5月25日，在康生、曹轶欧夫妇的黑箱操控下，她贴出的大字报被毛钦定为"**全国第一张马列主义大字报**"，从而使她名扬天下，成为文革风云人物，也改变她稳当"走资派"挨批挨斗的命运！

6月18日，在聂元梓等毛派中央文革的煽动下，制造著名的"六一八事件"（见第七章"学校大乱"）。

由于大乱北大有功，9月11日，聂被任命为北大文化革命委员会主任，成为领导全校文化大革命的红卫兵领袖。后被任命为北京市革委会副主任、首都大专院校红卫兵代表大会核心组组长等要职，成为北京红卫兵"五大领袖"之首。

当主任的聂元梓，紧跟毛泽东和中央文革的部署，炮打和揪斗了彭真等被毛泽东钦定的"死老虎"，炮打了朱德、邓小平等重量级人物。

11月，毛泽东想要聂元梓带人到上海串连，以群众组织名义配合张春桥、王洪文在上海夺权。由于碍于身份悬殊，便密派爱女**李讷**向聂传达他的旨意。为了效忠，聂领旨后，旋即于11月19日成行，12月16日返京。她回忆说，到了上海，"**就表态支持革命群众炮打陈丕显、曹荻秋。我参加了在上海文化广场举行的批判曹荻秋的大会，并且提议要群众向党中央请求改组上海市委**……"又据她回忆：在上海的27天里，她圆满地完成了毛交给的任务。

1967年7月，同蒯大富等其他红卫兵领袖组成了"揪斗刘少奇火线指挥部"，要把刘少奇揪出中南海批斗。聂亲自参加了"揪刘火线"。

被北大左派红卫兵尊为"老佛爷"的聂元梓，已充满了"要武精神"，多次组织和参与武斗，造成重大伤亡。

为毛泽东立下汗马大功的聂元梓，同其他平民红卫兵领袖一样，随着"文化大革命"的深入发展，她的使用价值越来越低，不断贬值，终遭抛弃。1968年7月28日凌晨，毛泽东召见五大领袖时，恶狠狠地对他们说："**我再说一遍，谁如果不听劝告……就歼灭之！**"一句话把包括她在内的"五大领袖"和红卫兵赶下了历史舞台。贬值、抛弃后的1968年10月到1978年3月，聂被以"反文化大革命罪"隔离审查；右派复僻后的1978年4月，聂又被以"反革命罪"判处17年徒刑，剥夺政治权利4年。

在审判中，当审判她到上海串连煽动夺权的罪行时，李讷**否认了曾向聂传达过毛泽东的谕旨**。对此，聂元梓著书反嘴说，"**执行毛主席指示是一个历史的过程，不是一个人就能单独地完成的**"，因而也不是李讷一句话就可以推翻的。但紧跟中央的法院，却**采信了李讷的说法**，并在判决书上弄虚作假，硬把毛泽东的谕旨改称江青指派。对此，她忿怒地说，这是"**根本违反事实真相**"的，是"**对我的诬陷**"。

"五大领袖"之二：北京航空学院红卫兵领袖韩爱晶

韩爱晶，男，1946年生，江苏涟水人，北京航空学院学生。初受聂元梓的大字报启示，在北京航空学院组建红卫兵"红旗战斗队"，并自任"总勤务员"（司令的代名词）。

8月25日，他率领北航"红旗"学生在国防科委门口静坐，要求交出在北航担任过工作组组长的赵如璋（国防科委一局长）进行批斗。静坐28昼夜后，终使国防科委屈服，交出了赵如璋。由此，北航"红旗"名声大震，成了北京响当当的"左派"。有人诗赞曰："北航旗如血，风雨满京城。二十八昼夜，牛鬼吓断魂！"从此，年仅20岁的韩爱晶，成了毛泽东和中央文革的红人，不仅荣任北京红卫兵"五大领袖"，还当上了北航革委会主任、首都大专院校红代会核心组副组长、北京市革委会常务委员等要职。

1966年12月，在毛泽东默许之下，鹰犬戚本禹要韩爱晶把彭德怀从四川"揪回"北京批斗。韩爱晶闻风而动，亲自带人直奔成都，12月17日，将彭德怀挟持来京。批斗中，他亲手殴打彭德怀，随之，其手下打手一拥而上，拳打脚踢，使彭前额出血，两根肋骨骨折，伤及肺部，身负重伤。

韩爱晶（右）同陈伯达交谈

1967年3月，根据鹰犬戚本禹授意，韩司令开始了"打倒徐向前，炮轰陈毅、叶剑英"的"革命行动"，为而后的监牢生活埋下了罪证。

据说，韩爱晶在北航院内设立了名为"隔离室"的监狱18处，170人受到非法关押，造成20余人非正常死亡。

同其他几位"五大领袖"一样，经过毛泽东"要武精神"洗礼的韩爱晶，已成难以驯服的野马，热衷于派性武斗，对伤亡视而不见。

为毛泽东立下了汗马大功的韩爱晶，同聂、蒯、谭、王等"五大领袖"命运一样，随着文化大革命的深入发展，其使用价值越来越低，不断贬值，终遭抛弃。7月28日凌晨，毛泽东的一句话把他们赶下历史舞台。贬值、抛弃后的他，1971年3月8日被隔离审查，1978年4月19日被北京市公安局逮捕，以"反革命伤人罪"、"反革命宣传煽动罪"、"诬告陷害罪"等数罪并罚，判刑15年，剥夺政治权利3年。

"五大领袖"之三：清华大学红卫兵领袖蒯大富

蒯大富，男，1945年9月13日，出生在江苏省滨海县一个农民家庭。1963年9月，考入清华大学工程化学系。

1966年6月下旬，由于蒯大富率先提出"炮轰"压制学生运动的工作组，遭到工作组的反击并被关押18天，后又被开除团籍。但当毛泽东否定工作组之后，他获得了"解放"。

"八一八"兴起红卫兵的激浪也把"解放"后的蒯大富卷了进去。9月23日，清华大学"井冈山兵团"成立。由于他反过工作组、绝过食、受过中央首长的多次接见，名气很大，很快被推举为"井冈山兵团"领导人，人称"蒯司令"。

演讲中的蒯大富

12月19日，蒯大富又串连组成立了"首都大专院红卫兵革命造反总司令部"（简称"三司"），任司令。

由于"蒯司令"紧跟毛泽东和中央文革小组，成了直接听命于他们的一个铁拳，因而先后被任命为首都大专院校红代会核心组副组长，北京市革命委员会常委等要职，成了北京红卫兵"五大领袖"中最革命的"司令"。

在"红司令"毛的支持和中央文革直接指挥下，蒯和他的"三司"炮制了多起惊天动地的政治事件：

1967年1月，蒯大富和聂元梓一起赴上海参与"一月夺权"和批判"二月逆流"，为上海夺权作出了重要贡献。

4月10日，蒯大富设计将刘少奇的夫人王光美骗到清华大学，名曰"智取王光美"，对王进行人身侮辱性的批斗。

7月，为了揪斗国家主席刘少奇，蒯大富率领北京及外地各路红卫兵数万人，包围了中南海。接着，他又组织了上百万人在中南海外示威游行，要求揪刘。他还成立"揪刘火线"指挥部，驻扎在中南海外面，作了长期揪刘的准备。尽管"揪刘"未果，但他由此而名扬天下。

武汉"七二〇"事件之后，蒯大富发表了《炮轰徐向前，打倒拿枪杆子的刘、邓》的文章，为毛、江"揪军内一小撮"推波助澜，使许多高级将领遭殃。

1968年4~7月间，蒯的"兵团"派与"四一四"派，在清华校内厮杀，制造了一起13人丧命、400多人伤残的清华园百日大血战。

为毛泽东立下汗马大功的蒯大富，同聂、韩、谭、王一样，随着文化大革命的深入发展，使用价值越来越低，不断贬值，终遭抛弃。1968年7月28日凌晨，他和他领导的红卫兵，被毛泽东赶下了历史舞台。贬值、抛弃后的1968年底，他被流放到宁夏青铜峡铝厂当电解工。1970年11月，他又被押回清华受审。1978年4月19日，他被北京市公安局正式逮捕，遂以"反革命宣传煽动罪"、"杀人罪"、"诬告陷害罪"等数罪并罚，判处有期徒刑17年，剥夺政治权利4年。

"五大领袖"之四：北京师范大学红卫兵领袖谭厚兰

谭厚兰，湖南人，女，教师，共产党员，1965年作为调干生进入北京师范大学政教系。

1966年6月，谭厚兰以聂元梓为榜样，率先在北师大贴出大字报，矛头指向校党委领导人，后又对准工作组，因而受到批

谭厚兰（右）同毛泽东握手

斗，酿成"六二〇事件"。工作组被毛泽东下令赶走后，她迅速成了"英雄"，公推为学生领袖。

1966年8月23日，谭厚兰在北师大组织成立"毛泽东思想红卫兵井冈山战斗团"的造反组织；同年12月26日，她又联合其他红卫兵组织，成立了"北京师大井冈山公社"，被推举为总负责人。

1966年11月，在中央文革小组授意下，谭厚兰率200多红卫兵到山东曲阜"孔家店"造反。在曲阜的二十九天，烧毁古书二千七百余册，各种字画九百多轴，其中有国家一级保护文物七十余件，珍版书籍一千七百余册；砸毁包括孔子墓碑在内的历代石碑一千余座，捣毁孔庙，破坏孔府、孔林、书国故址；并经陈伯达批准刨平孔坟，挖开第七十六代"衍圣公"孔令贻的坟，破坏文物6,618件，当场对其曝尸批判。她还专程押解孔学专家**周予同**教授，逼其亲手挖掘孔坟，押着当地各级领导干部和参加过1962年"孔子讨论会"的**高赞非**等学者，陪孔子塑像游街，称之"为孔老二送葬"。

由于谭厚兰效忠毛泽东和中央文革小组，被任命为"首都大专院校红代会"核心组副组长、北京市革委会常委、北京师范大学革委会主任等要职，成了北京红卫兵"五大领袖"之一。她的北师大"井冈山公社"，在全国主要城市都设立了联络站，炮轰八级党政机关，影响力极为广泛。她还与北京地质学院王大宾联合，同为"地派"领袖，在院校武斗中起了积极作用。

在1967年3月，谭厚兰经江青授意，积极参加反击"二月逆流"，率千余人冲击农业展览馆的大寨展览会，公开提出"打倒谭震林"的口号。3月22日，她在北京体育馆主持批斗会，"要武精神"勃发，把副总理谭震林打得头破血流。

为毛泽东立下汗马大功的谭厚兰，同聂、韩、蒯、王一样，随着文化大革命的深入发展，使用价值越来越低，不断贬值，终遭抛弃。1968年7月28日凌晨，毛泽东一句话把包括她在内的红卫兵赶下历史舞台。贬值、抛弃后的1968年7月29日，工宣队开进北师大，她旋即失去了权力。10月，作为一名大学毕业生，发配到北京军区某部农场劳动。1970年她被调回北师大隔离审查，随即失去自由。1978年4月被北京市公安局逮捕。因患宫颈癌晚期，1982年获准保外就医。不久死于湘潭老家，时年42岁，终身未婚。

"五大领袖"之五：北京地质学院红卫兵领袖王大宾

王大宾，男，四川凉山人，1946年出生于一个贫苦的汉彝族通婚的农民家庭，1961年考入北京地质学院探工专业，1965年在校加入了中国共产党。

在"八一八"第一次"接见"后，红卫兵造反运动向全国蔓延，王大宾也随即拉起了自己的山头——北京地质学院"东方红公社"，开始了破"四旧"揪工作组的运动。

为了揪斗曾任地院工作组组长的地质部副部长邹家尤和支持邹的地质部党委书记、副部长何长工，从8月23日到10月27日的六十多天，王大宾亲率"东方红"红卫兵"四进地质部"，达到了揪斗的目的。"四进地质部"，使王大宾名声大震，成了全国有名的造反派，跃居首都红卫兵的"五大领袖"之一。

当江青等示意揪斗彭德怀时，王大宾随即率"东方红"战斗队跳上了开往成都的火车。但他还是晚到了一步，北航"红旗"先一步将彭德怀挟持到成都地质学院。恼火的王大宾带人赶到成都地质学院，趁北航"红旗"队员和军区警卫吃午饭时，突然一拥而上，打倒看守，抢走彭德怀。由于周恩来的干预，王大宾被迫同意与北航"红旗"、成都军区某部一起，共同将彭德怀压解回北京。

7月26日下午，王大宾和韩爱晶在北航南操场联合召开"批斗彭德怀万人大会"，拉张闻天"陪斗"。

由于王大宾紧跟毛泽东和中央文革小组，因而先后被任命为北京地质学院东方红公社政委兼司令、首都红卫兵三司副司令、首都大专院校红卫兵代表大会核心组副组长、北京市革命委员会常委兼政法组副组长等要职。

同其他几位"学生领袖"一样，经过"要武精神"洗礼的王大宾，已成难以驯服野马，多次组织、参加派性武斗，对伤亡视而不见。

他的结局同其他红卫兵领袖一样。贬值、抛弃后的1971年，被押回北京地质学院隔离审查，被开除党籍。1978年被捕，不久，以"反革命宣传煽动"、"诬告陷害"等罪名，被武汉市中级人民法院判刑9年，剥夺政治权力2年。

3. 为平民红卫兵的覆亡放声大哭

为毛泽东立下汗马大功的"五大领袖"——聂元梓、韩爱晶、蒯大富、谭厚兰和王大宾，随着文化大革命的深入发展，其使用价值越来越低，不断贬值。到了1968年夏，绝大多数省、市、自治区已完成了夺权任务，先后组成了新的以毛左派为主的革命委员会。红卫兵为毛夺权的历史使命已经结束，毛泽东决定终结平民红卫兵的活动。

1968年7月28日，毛泽东在人民大会堂召见了"五大领袖"。毛泽东警告他们："**现在轮到你们小将犯错误的时候了。不要头脑膨胀。**"尽管"五大领袖"争辩说，把杀人放火都归到他们头上"不公平"，"**我们红卫兵的行动都是在中央文革的直接领导下进行的，是毛主席的无产阶级司令部直接指挥的**"，言外之意，杀人放火多都是贵族红卫兵和"保皇派"所为。毛泽东还是毫不留情警告："**我再说一遍，谁如果不听劝告，再破坏交通、放火、打解放军，谁就是国民党、土匪，就歼灭之！**"此刻，毛泽东所借助红卫兵的那口屠刀，已经完成了使命，狡兔死，走狗烹，他毫不犹豫地推翻了1966年他批准公安部下达的《严禁出动警察镇压革命学生运动的规定》。毛泽东一锤定音，毫不留情地将平民红卫兵赶下了历史舞台。

作为毛泽东战略部署的一部分，平民红卫兵的使命已经结束。做为知识分子一部分的学生，他们根本不了解这"红司令"的心计和手段：他们的单纯、热情和不怕死的精神为毛所利用而不自知，还以为，他们是为保卫毛主席而披荆斩棘而冲锋陷阵的，应该是毛的功臣；他们不知道，他们的暴戾恣睢和穷凶极恶为毛所推崇，仅仅因为他们是口杀人的刀；他们更无法知道，他们朦胧的独立意识和自由价值观，本来就为毛所憎恶、所不容，他们原本就不是毛心目中的依靠力量。因此，无论他们是否杀过人、放过火，当打倒刘、邓的任务基本完成时，他们的利用价值也随之告罄，在任一借口下，都会被无情抛弃，这是必然的。满脸委屈的"五大领袖"们忽然发现，他们心中的红太阳，他们所崇敬、所依靠的"红司令"，竟然那么无情，又那么陌生！难以名状的失落感，使他们面面相觑，继而泫然相涕，蒯大富则放声大哭。不过，林彪临走时给他们的赠言，也许对他们有所启迪。林彪说："**别哭了……今后路还长，说不定什么时候，革命需要你们再次出来时，你们仍然是革命的先锋。**"

为了给终结红卫兵使命找个令人信服的根据，8月8日，毛泽东在接见中央文革碰头会成员时说："**靠学生解决问题是不行的，历来如此。学生一不掌握工业，二不掌握农业，三不掌握交通，四不掌握兵。他们只有闹一闹。**"此时，在"理无常是"哲学海洋里游弋的毛泽东，与他在两年前的所作所为，判若两人。"善于"出尔反尔的毛泽东，不可能忘记两年来的所作所为：1966年8月，他写信给清华大学附属中学的红卫兵，对他们的造反行动"**表示热烈的支持**"；同年8~11月，在天安门上，他先后八次"接见"了1,200多万红卫兵，还通过林彪和周恩来的嘴，大声赞扬红卫兵无法无天的残暴精神，说他们"**做得对，做得好！**" "**好得很！**" 到了1967年5月16日，他同刚果（布）政府保安代表团谈话时，再次赞扬红卫兵说："**我们的一些事，完全没办法。我们政府、中央、公安部毫无办法，红卫兵、群众一起来，就有办法了。**" "**你不借红卫兵的力量，什么法子也没有，一万年也不行。**"善弄权术的毛泽东，当时丝毫不露"**历来如此**"的玄机。显而易见，他向红卫兵发出"**就歼灭之**"的狠话，暴露了他利用红卫兵的无知、暴戾的险恶祸心！

贵族红卫兵与平民红卫兵及其五大领袖发迹、得宠、威武和结局，发人深省。终使人们悟到，在毛泽东的导演下：左派平民红卫兵、造反派的结局，虽令人扼腕，但的确是罪有应得的替罪羊；右派贵族红卫兵、造反派的结局，虽令人不齿，但的确是血债累累的既得利益者！

在中共的专政极权下，平民红卫兵与贵族红卫兵的不同结局是必然的，因为平民红卫兵批斗的是中共当权派，而贵族红卫兵残害屠戮的是弱势群体，尽管双方都在党内左右派支持下进行了武斗。两种不同结局反映出毛泽东和中共手段阴险、狡诈、反复无常、及其机会主义的无道性，也反映出毛泽东和中共反人类的封建血统论政策的一贯性。

平民红卫领袖们的泫然相涕和蒯大富的大哭，证明他们愚蠢有余而省悟不足。他们也许认为，他们是他们红司令毛泽东的功臣，让他们当罪有应得的替罪羊是不公正的。然而，自他们从1966年6月被他们的红司令高捧而横空出世，到1968年7月28日遭他们的红司令遗弃而扫地出门，在短短的两年多一点的时间里，他们在他们红司令的指挥下，同他们的对手贵族红卫兵一样，都干尽了坏事，双手都沾满了血污，都成了人人得而诛之的罪犯！

令人悲哀的是，在一党专政下，中华民族已变成了一个健忘的民族——长期以来，在权贵和御用史家、学者、作家们的鼓噪下，亿万百姓在赞扬毛泽东取缔红卫兵的同时，却对同一个毛泽东在制造、支持和统率红卫兵中所犯下的反人类大罪视而不见！

第九章附注：

注1、反人类罪——危害人类罪

2002年7月1日生效的《国际刑事法院罗马规约》将Crimes Against Humanity的中文译名确定为"危害人类罪"。《规约》将"危害人类罪"归纳为11宗罪：

1. 谋杀行为：所谓"谋杀"，是指以故意杀害或致死他人的方式广泛或有系统地针对平民人口实施的攻击行为。

2. 灭绝行为：所谓"灭绝"，是指包括故意施加某种生活状况，如断绝粮食和药品来源，目的是毁灭部分的人口。

3. 奴役行为：所谓"奴役"，是指对一人行使附属于所有权的任何或一切权力，包括在贩卖人口，特别是贩卖妇女和儿童的过程中行使这种权力。

4. 驱逐出境或强行迁移人口的行为：所谓"驱逐出境或强行迁移人口"，是指在缺乏国际法容许的理由的情况下，以驱逐或其他胁迫方式强迫有关人员迁离其合法居留地的行为。

5. 监禁或以其他方式严重剥夺人身自由的行为：所谓"监禁或以其他方式严重剥夺人身自由的行为"，是指严重违反关于禁止任意逮捕和拘留的国际法基本原则，采用各种方式长期或无限期地剥夺人身自由的行为。

6. 酷刑：所谓"酷刑"，是指故意使被羁押或受控制者的身体或精神遭受重大痛苦的行为。

7. 性攻击行为：性攻击行为，是指广泛或有系统地针对任何平民人口进行的与性别有关的虐待行为。

8. 迫害行为：所谓"迫害"，是指违反国际法规定，故意严重剥夺某一团体或集体基本权利的行为。根据《国际刑事法院规约》的规定，这种迫害行为是基于政治、种族、民族、族裔、文化、宗教、第3款所界定的性别，或根据公认为国际法不容的其他理由，对任何可以识别的团体或集体进行迫害，而且与任何一种本款提及的行为或任何一种本法院管辖权内的犯罪结合发生。

9. 强迫人员失踪的行为：所谓"强迫人员失踪"，是指在国家或政治组织直接授意、支持或默许下，逮捕、羁押或绑架有关人员，并将其长期置于法律保护之外，继而拒绝承认这种剥夺自由，或者拒绝透露有关人员的命运及下落的行为。

10. 种族隔离罪：所谓"种族隔离罪"，是指一个种族团体出于维持其体制化制度之目的，有计划地针对任何其他种族团体（一个或多个）进行压迫与统治，而实施的与危害人类罪行为性质相同的不人道行为。

11. 其他不人道行为：所谓"其他不人道行为"，是指严重损害身体或者心理完整、健康或受害人尊严的行为，例如损害或严重伤害身体。

注2、"保皇派"

"保皇派"一词不准确。当年的"皇"是毛泽东，而"保皇派"保的是毛的右派臣子们。"保爹保娘派"一词也欠准确，因为"保皇派"保的不一定是他的爹娘，保的是右派当权派。不过，约定俗成，大家都这么说，本文也权按此名。

注3、《联动宣言》

中央、北京政军干部子弟（女）联合行动委员会

中发秘字003

中国共产党中央，国务院，人大常委，人民解放军各军种，中央军委，国务院各部革命干部子弟联合行动委员会于1966年10月1日于中南海政治局礼堂正式成立。

联合行动委员会在中国共产党中央委员会的具体领导下工作。

联合行动委员会在中共中央主席和第一副主席直接指示下工作。

联合行动委员会在马列主义原则精神和中共历次党代会的一贯路线指导下工作。

联合行动委员会的任务：

1. 坚决，彻底，全面，干净地粉碎中共中央委员会几个主席几个委员的左倾机会主义路线，取缔一切专制制度，召开中共全国代表大会，选举中央委员会，保证民主集中制在党的生活中得到坚决的贯彻，保证中央各级党委、委员的生命安全。

2. 坚决地全力以赴地打倒左倾机会主义路线所产生的各级反动造反组织。

3. 坚决肃清中共党内和国家机关的反党分子、蒋介石分子、赫鲁晓夫分子。

4. 巩固三面红旗，加强国防，保卫社会主义建设和无产阶级专政。

5. 保卫党的各级组织和优秀、忠实、英勇的领导干部。

组织路线：在中央委员会直接领导下，发展过程如下：
(1) 第一阶段由中共中央，国务院，解放军，省市委干部子弟组成。
(2) 第二阶段由基层组织（地委专署与公社）干部子弟组成。
(3) 第三阶段吸收全国工农兵和出身他种家庭而政治表现好的。

同盟军：包括中国人民解放军将士、中共党员、共青团员、工农积极分子。

联合行动委员会号召各省市革命干部子弟在中国共产党的领导下，**忠于马列主义和1960年以前的毛泽东思想**，树立共产主义世界观，继承革命传统，在各地迅速组织联合行动委员会，贯彻中央、北京联合行动委员会的一切行动指示。

联合行动委员会号召各地区的成员要无限忠于党。忠于人民，戒骄戒躁，密切联系群众，贯彻党的民主集中制……克服资产阶级思想意识和党内左倾机会主义路线的恶劣影响，为党为人民为共产主义奋斗到底，直到最后一滴血。

同志们，同胞们，应该认识到，我们肩负着党和人民的重大历史使命，肩负着历史赋予我们的共产主义战斗命令，"我们一定要英勇，忠实，干练，坚贞，艰苦耐心地做好各种工作，迎接大反攻战机的到来。"

我们的困难是复杂严重的，我们的处境是白色恐怖的，不斗争，必灭亡。无数的革命前辈和党员兄弟被围攻被拷打，被审讯被迫害，许多为共产主义而奋斗的优秀战士英勇就义牺牲，数以千计的党的好儿子被监禁监视和失踪，看到这些，我们还有什么不能拿出来啊！人民盼望我们，希望我们粉碎左倾机会主义路线，他们罢工，停电，绝食，请愿，为我们做出了优秀的榜样，我们庄严地向人类和所有的敌人宣告我们为共产主义奋斗终生，流鲜血，受迫害有何所惧，我们的事业——马列主义的事业必然胜利。

全世界无产者联合起来！
全党党员团结起来！
全党全民，全军团结起来！
中国共产党万岁！
中国人民万岁！

中国共产党中央委员会、中共北京市委革命干部子弟、中华人民共和国国务院、人大常委革命干部子弟 中国人民解放军帅、将、校革命干部子弟 十六省、市委革命干部部分子弟联合行动委员会

公元1967年元月1日

第十章：文革第一轮大屠杀

一、利用红卫兵大屠杀

1. 公安六条和"要动动"

在红卫兵大破"四旧"和胡批乱斗的疯狂中，人们已经看不惯了。地方官员们为了自身的安全，纷纷派出军警干涉学生造反。有二十年代湖南"痞子运动"成功经验的毛泽东，一心要在六十年代发动一次使天下大乱的新的"**痞子运动**"，并在乱中取胜。当他听到军警干涉学生造反的消息后，勃然大怒。他斥责公安部部长谢富治说："**你们还是想压制群众，文化大革命刚开始发动，你们不能像消防队救火一样。**"副帅林彪闻风在 8 月 21 日下达了《总参谋部、总政治部关于绝对不许动用部队武装镇压革命学生运动的规定》。谢部长怎敢怠慢？立即起草了"严禁出动警察镇压学生运动"文件，经毛点头后，迅速发布全国。历史载明，文件所指的"革命学生运动"，就是毛泽东在 8 月 1 日写回信给清华附中的十几岁中学生号召他们起来造反、夺权从而发动起来的红卫兵运动。文件全文如下：

严禁镇压革命学生（红卫兵）的规定

中央同意公安部关于严禁出动警察镇压革命学生运动的规定
（1966 年 8 月 22 日）

中央同意公安部的规定，希各级党委遵照执行。

严禁出动警察镇压革命学生运动

主席、中央：

最近，兰州、哈尔滨、西安、重庆等地，学生包围了省市委住地。同时发生了两起人民警察镇压学生运动的严重事件。8 月 5 日，兰州大学学生与铁路职工、铁路中学学生发生冲突，兰州市公安局出动上百名警察，在兰大门前实行戒严。8 月 20 日，陕西省铜川一中学生包围了市委，在场的公安派出所长杨万杰竟擅自鸣枪示威。

镇压革命学生运动是一种违法犯罪行为，绝对不能允许。公安部6月10日曾通知各地，要全体公安干部、人民警察满腔热情地支持无产阶级文化大革命，支持革命师生闹革命，不准干涉学生的革命行动。但是少数地方没有认真执行。现再作如下规定：

一、不准以任何借口，出动警察干涉、镇压革命学生运动。

二、绝对不准向师生开枪，放空枪进行威吓也绝对不允许。

三、重申除了确有证据的杀人、放火、放毒、破坏、盗窃国家机密等现行反革命分子，应当依法处理外，运动中一律不逮捕人。

四、重申警察一律不得进入学校。

五、警察只在街道维持秩序。遇有打架、斗殴，可以劝解。如革命学生打了警察，不准还手。

公安部 1966年8月22日

8月23日，毛泽东在中央工作会议上发出了"**北京太文明了，要动动**"的"最高指示"，鼓励无知的学生和地痞流氓们，像在"横扫"、"破四旧"中那样，可以任意批、斗、打、砸、烧、抄、杀。据此，谢富治秉承毛的有领导的无政府主义"圣意"，在甘肃、陕西、湖北、北京等省市公安局负责人的座谈会上，就打死人事件明确表态说："**打死人的红卫兵是否蹲监狱呢？我看，打死人的就打死了，我们根本不管。我们不能按照常规办事，不能按刑事案去办。如果你把打人的人拘留起来，捕起来，你们就要犯错误。**"这就是著名的"杀人无罪"讲话。打人、杀人之风迅即合法化——新的"痞子运动"在毛的权力鼓动和保护下，变本加厉地疯狂起来。

当全国媒体口径一致地热情讴歌红卫兵运动兴起的时候，**当**全国报纸千篇一律地天天把红卫兵的活动作为头版新闻热情报导的时候，**当**人们从官方发行的新闻纪录影片中看到千千万万个红卫兵高呼着"万岁"涌过天安门广场、红卫兵的领袖们在天安门城楼上围绕着毛泽东欢呼雀跃的时候，**当**毛泽东笑容可掬地向红卫兵们频频招手寄予无限信赖和支持的时候，**当**天真的人们正在为"要文斗，不要武斗"的"最高指示"欢欣鼓舞的时候，**许多善良人可能没有想到**，一股鲜血淋淋的浊流正在以"合法"的形式肆虐中华大地，正在"合法"地用无辜人的鲜血涂抹"三忠于"、"四无限"的红海洋。这就是众所周知的、被当年红卫兵引以为荣的"**红八月**"（一般指1966年8月下旬到9月中旬）。在毛泽东、周恩来和中央文革鼓动、支持、保护下的恣意暴虐和鲜血涂抹的"红八月"里，以贵族红卫兵为首的各路红卫兵，正在肆无忌惮地践踏中华民族赖以生存、发展的真、善、美的华夏文明，正在穷凶极恶地颠覆现代文明的民主、自由、人权的普世价值！

在人性之恶得到宣泄和张扬的"红八月"里，打死人"英雄"、打死人"光荣"的氛围已经形成。八月上旬的一天，由于毛泽东在8月1日给清华大学附属中学红卫兵的回信中，对北大附中"红旗战斗小组"及其负责人高干子女学痞彭小蒙的"**革命演说，表示热**

烈的支持"，《北京日报》摄影记者便到北大附中采访，拍摄该校开展文革情况的照片。为了迎接采访，**彭小蒙**组织了一次批斗常务副校长、化学教师**刘美德**大会。当时有孕在身的刘美德被逼爬上一张方桌跪下，一个学痞站在她身后，把一只脚踏在她背上，摆出"**打倒在地，再踏上一只脚**"的造型，由记者拍摄。这一造型来源于毛泽东1927年写的《湖南农民运动考察报告》。记者拍完照片后，这个学痞一脚把刘美德踹下桌子。后来，刘美德的孩子出生后不久，就因先天性受伤而夭折。当《北京日报》记者拍摄的时候，踩踏老师的学生异常兴奋，把照片见报，当作今生今世莫大荣誉。可惜这张照片没有刊登，被尘封在档案里，人们至今未能见到。

在打死人"英雄"、打死人"光荣"的氛围里，国家主席刘少奇的女儿、十四岁的初中生学痞刘XX，曾炫耀自己打死过三个人的"英雄行为"。后见风向有变，便来了个180度大转弯，说自己年幼无知，"打死过三个人"是为追求"光荣"而造假，妄自尊大称"英雄"。——你相信她的话吗？

1966年10月在中共中央工作会议上，发放了一份曾被透露但至今不准许老百姓查阅的材料。这个材料提供的数字是：从8月下旬到9月底的40天里，红卫兵在北京打死了1,772人(1)。但是，根据当年"红八月"杀戮的一些目击者和而后从事独立调查、研究的学者们认为，实际被打死的人数可能超过5,000人。全国呢？**专家们估算**，仅1966年，至少有十万以上的人惨遭杀戮！北京究竟打死了1,772还是5,000？全国究竟有多少人被杀？其中有多少是教育工作者和学生？多少是下层无辜百姓？在档案尘封和调查扼制的严密监控下，人们无法知道确切数字(2)。9月5日，毛的打手中央文革小组，在内部《简报》上，把红卫兵的流氓大屠杀称为"**把旧世界打得落花流水——红卫兵半个月来战果累累**"。

红卫兵大规模的抄杀行动，显然受到毛泽东的鼓励。破"四旧"刚开始不久，林彪将反映有关破"四旧"行动的109号《简报》呈送给毛泽东。8月20日，毛泽东在《简报》上批道："**已阅，是大好事，彻底暴露牛鬼蛇神。**" "**不奇怪，这样可以打出一条路来，对群众有利。**"他毫无保留地支持了"红八月"里红卫兵的大抄杀，使挂常在他嘴上那条"**要文斗，不要武斗**"的说教，变成了一张美丽的"画皮"！

值得一提的是，这次大规模的屠杀是文化大革命的第一次大屠杀，也是中共"解放"中国人民、成立"新中国"十七年以来的第二次大屠杀。"新中国"第一次大屠杀是1950~1953年的"土改"和"镇压反革命"运动，共约杀掉300~400万人！不同的是，第一次是"不杀不足以平民愤"的政府行为，这次主要是借刀：借"群众"即借红卫兵和贫下中农的刀为"捍卫毛主席的无产阶级革命路线"而进行的屠杀！

人们可能对大规模屠杀的说法表示怀疑，因为《人民日报》多次宣扬毛泽东"**要文斗，不要武斗**"的"最高指示"，怎么会允许红卫兵胡打乱杀呢？事实上也有不少干部出面制止过打杀，但红卫兵们懂得"伟大领袖"的真意吗？纵观毛泽东发动的历次政治群众运动，初期都是"**打破条条框框**"、"**放手发动群众**"，而且都要先拿奉公守法的"传统敌人"祭旗，换句话说，就是"宁左勿右"。所谓"宁左勿右"，就是在运动初期的一段时期中，造成一个群众"积极参加"的乱批、斗、打、抄、杀的无政府主义恐怖局面。——这就是最高统帅"**矫枉必须过正，不过正不能矫枉**"的信条。毛泽东8月23日说的"**我的意见乱它几个月**"、"**我看北京乱得不厉害**"，就是这种信条的故伎重演。而此次的毛氏"过正"，就是要借红卫兵和贫下中农的"刀"，首先镇压战战兢兢做人的"黑五类"弱势群体，借以儆戒一切潜在的异己者，继而乘风借势镇压一切反抗者。于是，"**要文斗，不要武斗**"的说教，变成了失去法律支撑的官样文章；出面制止打杀的干部，不是出于良心再现，就是不得不作的官样行为；而贵族红卫兵们，特别是十几岁的"娃娃"们，在父辈们的言传身教下，很快读懂了"伟大领袖"的真意，毫无顾忌地成了"红色恐怖"的急先锋。可怜那些被称为"吸血鬼"、"寄生虫"等"人民仇敌"的"地富反坏右"们，在十多年前已经丧失了"宪法"赋予他们做人最起码的尊严和权利，在而后的历次运动中，被"运动"来"运动"去，早已被整治得战战兢兢，在社会最底层、最贫困中挣扎，这次上层权力拼杀，他们又像翻烧饼那样被翻了出来，再次被拿来祭旗！

文革后，不少中共要员在他们的回忆录中，引经据典、不厌其烦地"证明"：毛泽东一直反对武斗和暴力。显然，在横行"不说假话办不成大事"哲学的国度里，这种"证明"在"主旋律"作用下，就会把**谎言变成真理**。

2. 血雨腥风泛校园

毛泽东说："**高举无产阶级文化革命的大旗，彻底揭露那批反党反社会主义的所谓'学术权威'的资产阶级反动立场，彻底批判学术界、教育界、新闻界、文艺界、出版界的资产阶级反动思想，夺取在这些文化领域中的领导权。要做到这一点，必须同时批判混进党里、政府里、军队里和文化领域的各界里的资产阶级代表人物，清洗这些人，有些则要调动他们的职务。**"而他所支持聂元梓的那张"全国第一张马列主义大字报"，则明确要"**坚决、彻底、干净、全部地消灭一切牛鬼蛇神、一切赫鲁晓夫式的反革命的修正主义分子！**"因此，各地"诸侯"为了自保，都纷纷找出几个"替罪羊"当牺牲，来"祭祀"上层权力斗争，以表示紧跟、崇敬、效忠并祈求平安。

在这种中共伦理共识的氛围里，中共江苏省委头头们，首先把曾写过一本书并再三向省委表示"烧书认错"的省教育厅长**吴天石**和他的妻子南京师范学院教务长**李敬仪**抛出，作为江苏省的"黑帮"，进行批判——不准他俩认错！不准他俩投降！

毛泽东给清华附中"**对反动派造反有理**"的信件发出后的第三天，即1966年8月3

日傍晚,在江苏省委的示意和放纵下,南京师范学院的一些流氓学生,冲进吴天石和李敬仪的家,把他们拉到南京师范学院内已经搭好的高台上进行批斗。批斗中,有人把成瓶的墨汁浇在他们的身上,并进行了殴打和"游街"。李敬仪当天被打死,时年53岁;吴天石被殴致重伤昏迷两日后死亡,时年56岁。事后尸检报告中说,吴身上骨折就有六处。在著名的"**不主张打人**"的"最高指示"发表后,李敬仪很可能是第一个被学生打死的教师,而她和她的丈夫,很可能是被学生打死的第一对夫妇教育工作者。

在毛泽东给清华附中"对反动派造反有理"的信件发出后的第三天,天才诗人、学者、翻译家、精通英、法、德文、熟悉拉丁文、意大利文、西班牙文等多种语言的北京大学西语系教授吴兴华,成了北京第一个受难者。

吴兴华(1921-1966),少年时即有神童之誉。年16岁考入燕京大学西语系。同年发表长诗《森林的沉默》,轰动了诗坛。

吴兴华和他的两个女儿

诗作摘录如下:

我应该用些什么来回报世界的宽容?/——如同经文里所说:无赖的流浪之子/期待着雷霆、闪电和连山烧起的烽火/烧焦羞耻的容颜,沾染着绝望的泪;/寻到如旧的笑容,如旧日张开的手臂——/我,在德行里睡眠,罪恶里游荡的人/曾抬头看见青天,在天幕后面有目光/不见辉煌的马,载着如流星的灵魂,/来去在大气当中;我看见永远的幸福/照耀着如一圈光,无边而纯洁,在周围/黑暗如夜间潮水,从四面怒吼着奔上来/一触着她的边缘,便悄悄退了下去……/今天啊,我用眼泪来证实昔日的梦境,/投身在你的脚下,我立起一个善人。

他在诗歌、学术研究、翻译三个领域齐头并进,都取得了非凡的成就,与陈寅恪、钱钟书同被誉为二十世纪中国最有学养的知识分子的代表。

在诗歌创作上,他在现实主义和现代主义之外另辟蹊径,融合了中国传统的意境、汉语文字的特质和西洋诗歌的形式,力图实现中国古典诗歌的现代转化;在学术研究上,他学贯中西,博通文史,他的《威尼斯商人——冲突与解决》等著作,被海外学者誉为现代中国真正学贯中西的少数几位学人之一;在翻译领域里,他的《尤利西斯》、《神曲》等译稿,被誉为译林神品。

他的才华令人瞠目,他的命运却令人扼腕。1957年他被划成右派分子,文革中进入校园"劳改队"并被红卫兵殴打和抄家。这位"被暴虐的缪斯",1966年8月3日在北京大学校内"劳改"时,被红卫兵殴打后又强迫他喝从化工厂流入的污水,迅即中毒,不治身亡。就这样，一代天才毁灭在毛的红卫兵手中，终年45岁。

毛泽东给清华附中"对反动派造反有理"的信件发出后，拥有一半以上高干子弟、被时人称为"皇家女子学校"的北京师大女子附中，迎"风"成立了红卫兵组织。中共东北局第一书记宋仁穷上将的18岁女儿宋彬彬和邓小平的女公子16岁的邓榕，成了这组织的主要负责人。工作组撤走后，贵族红卫兵主导了学校的文化大革命。这些"喝狼奶长大"的红卫兵，根据"红司令""要放手发动群众"和"不要怕出乱子"的教导，一改工作组掌权时那种"冷冷清清"的局面，提着棍子，拎着皮带，对学校校长和老师们进行了"触及灵魂"的毛式揪斗殴戮。1966年8月5日那一天，她们把副校长胡志涛、刘致平、教导主任梅树明和副主任汪玉冰打成重伤，而副校长卞仲耘，这个有十七年教龄的50岁妇女，当天即在南京师院李敬仪被打死后的第三天，便倒毙在"喝狼奶长大"的女红卫兵们的棍棒拳脚下。

对于卞仲耘被暴打致死的过程，笔者根据目击者林莽、伏生等人的回忆录和王友琴等人的调查文章，综合简述如下：

卞仲耘和当年红卫兵报公布她的尸体照（右）

8月5日的下午，师大女附中的大操场上人群沸腾，敲击声、嘈杂声和嚎叫声响彻校园。只见女红卫兵们压着五个"黑帮"在操场台子上批斗，然后把他们揪下台子进行游斗。他们是第一副校长卞仲耘（没有正校长，卞是校党总支书记主持全校工作）、副校长胡志涛、刘致平、教导主任梅树明、和副主任汪玉冰。他们有的被戴上高帽子，有的脖子上挂着写着"**反革命黑帮XXX**"打着红叉的牌子；他们的"**脸全被墨汁涂黑，眼珠子的转动就特别显眼，像两点明明灭灭的鬼火**"；他们被红卫兵强迫一边敲着破锣、铁簸箕，一边大声喊着侮辱自己的口号："**我是反革命修正主义分子！我是走资派！我有罪！我该斗！我该死！**""**我是走狗，应该砸烂我的狗头**"，等等。

游斗"黑帮"的两边，都有女红卫兵押着，她们戴着"红卫兵"的袖章，红布黄字，手上握着短棍和木制长枪。一发现哪个"黑帮"不喊或喊得不响，照头就是一棍，"**像敲击木盒一样，发出乾裂的声响**"。目击者看到，其中一个手持大棒"**身穿军装，腰系皮带，臂缠袖章，一副典型的红卫兵装束**"的"**竟是XX**"。（据说，由于她是大名鼎鼎的高贵千金，名子太敏感了，为了安全，作者不得不以"XX"代之。）

"经过两三个小时的殴打和折磨，下午五点来钟的时候，卞仲耘已失去知觉，大小便失禁，倒在宿舍楼门口的台阶上。但是，依然有一些红卫兵在那里踢她的身体，踩她的脸，往她身上扔脏东西，大声咒骂她'装死'。""另一个女卫兵从盥洗室端来一盆凉水，兜头向她泼去，冲得她全身都是水。"

被骂为"装死"的卞仲耘，躺在地上，"**两个眼珠向上翻滚，口吐白沫，浑身湿透，抽搐不止**"。当七点来钟校工把"装死"的卞仲耘拉到医院时，卞已死了一个多小时！

卞校长被打死后，风云激变。"八一八"那天，据信，得知打死卞仲耘的**毛泽东**（其爱女李讷曾是卞的学生，江青也曾约见过卞），在天安门前公开接受杀人嫌犯**宋彬彬**的"红卫兵袖章"，并号召"**要武**"。他的言行分明表示，他坚决支持红卫兵批、斗、打、抄、杀的反人类的"革命行动"。于是，揪斗打杀温度直线上升，使1966年8月，迅速演变成疯狂的鲜血淋漓的"**红八月**"。

在反人类的"要武"精神推动下，北京六中红卫兵和他们的头头，大多数都参加了被周恩来委以重任的以贵族红卫兵为骨干的"西城区纠察队"，成了杀戮成性的"西纠"队员。他们把学校的音乐教室小院，改造成一座监狱。在监狱的屋顶上，他们搭了一个岗楼，安装上一盏彻夜长明的大功率灯泡，昼夜监视被关压的"罪犯"。这个与中南海只有一街之隔的学校，引领当时许多外校红卫兵前往参观、学习。

在这座监狱里，墙上写有"红色恐怖万岁"口号，用来镇慑"犯人"。在监狱存活的一百多天中，六中有9名老师，自始至终都被关押在这里。他们不但失去人身自由，而且经常挨打挨骂，还遭受跪煤渣、跪板凳的体罚。据报导：一位老师股骨被打成骨折；一位老师被学生拉来作练拳的活靶子打，引起了胃出血；一位教导处副主任被关押了三个多月，放出一个月后，便死在家里；此外，还有一些为数不详的人关在这里，关押时间长短不一。

又据报导：六中退休老校工**徐霈田**、学生**王光华**、学校附近的一个房产主**何汉成**，三人先后被打死在这座监狱里。

当年的红卫兵报报导：六中红卫兵头头王XX、陈XX，听到徐霈田曾说过"西纠"的"坏话"，便决定拿已七十六岁高龄的老校工开刀，借以恐吓其他反"西纠"者。10月3日下午，他们把徐挟持到监狱里，对徐说："给你洗洗澡。"他们先用冷水冲身后再用热水浇身办法去折磨老人。当听到老人"冷啊""热啊"的惨叫声时，他们竟开怀放声大笑。第二天，他们把奄奄一息的老人，吊死在监狱后院的厕所里，谎报老人"畏罪"上吊自杀！

六中高三学生王光华，"家庭出身"是"小业主"，文革中升级为"资本家"；文革前，他当过班长，曾与一些学痞有龃龉；文革中，他竟敢批评"老子英雄儿好汉，老子反动儿混蛋"对联不符合党的政策；大串连时，他未经六中红卫兵组织批准，竟敢擅自到外地串连，等等。他的出身和言行，证明他是个"狗崽子"。"西纠"决定对这个不忘反动老子的"混蛋"实行无产阶级专政。1966年9月27日，当王光华从外地刚回到北京，就被"西纠"头头粟XX绑架到这座监狱里。一群"西纠"学痞，把他围了起来，其中一个揪着他的衣领恶狠狠地说："今天要触及触及你的灵魂。"说着便拳打脚踢起来；有的则拿着军训用的木枪和木棍毒打他；有的则一边打一边用"要武斗，不要文斗"的暗语大声喊叫："要馒头，不要窝头。"在连续不断地毒打下，9月28日晚，王光华惨死在狱中，时年19岁。

令人尊敬的**王友琴**教授，曾是北师大女附中高一（三）班学生，是当年许多血腥现场的目击者和见证者。她以坚韧不拔的毅力、排除万难的精神和一往无前的勇气，向垄断、屏蔽、扭曲历史和阻挠调查的邪恶行径挑战：通过十多年的独立、困难重重地调查研究，为七百多个**下层弱势受难者**树了碑、立了传，为被扭曲了的文革史增添了上百万字真实的珍贵资料。

根据王友琴教授的独立调查和其他一些目击者的回忆，人们从"红八月"的一些文章中，看到了部分校园里的屠杀：

8月17日，北京101中学的红卫兵打死了美术老师**陈葆昆**。

8月18日，还是在这个101中学，红卫兵怀疑归国华侨的**体育教员**是个特务和坏分子，便把他扔到学校池塘里。他几次挣扎出池塘边，都被红卫兵用石头打了下去。最后他精疲力尽，终于沉没下去，死于红卫兵们的欢呼声中。

8月19日，北京第四、六、八中学的红卫兵，在中山公园音乐堂的舞台上，在数千观众面前，毒打了二十多名教育工作者，其中北京市教育局长**孙国梁**被打断三根肋骨，第八中学副校长**温寒江**被打得昏死在台上，血流一地。

同日晚上，北京外国语学校的红卫兵，在学校里打死了教师**张辅仁**和职员**张福臻**。

8月22日，北京第三女子中学校长**沙坪**和第八中学负责人**华锦**，在各自的学校中，在被连续三天殴打和折磨之后死去。

8月25日上午，北师大第二附中高三学生**曹滨海**，遭本班红卫兵抄家。据说，当时曹滨海奋起反抗，在厨房里抓起菜刀砍伤了一个来抄家的红卫兵。曹滨海当时就被抓到公安局，幸免遇害，而他的母亲**樊希曼**则被抓进学校，打死在一个砖砌的乒乓球台上。关在狱中的曹滨海虽未被打死，却从此精神失常。

同樊希曼一天在校中被打死的，还有该校语文老师**靳正宇**和校负责人姜培良。

8月25日夜里，红卫兵把已经被关押在校园中的第十五女子中学校长**梁光琪**打死。梁光琪，女，时年54岁，已经担任这所女子中学的负责人三年多。她被打死之前，她已经被剃了"阴阳头"，受到各种虐待和折磨。

8月26日，在清华附中高三（一）班的教室里，红卫兵高声喊着"地主阶级资产阶级向我毛主席的红卫兵举起屠刀了"，毒打班里"家庭出身不好"的学生**郑光昭**、**戴建中**等四人。郑光昭当晚发生休克，几乎死去。在其他多个班级里，一批所谓"家庭出身不好"的女同学被剪了头发和遭到殴打。

8月27日，北大附中红卫兵，在校园里打死了两个人，都是抄家中抓来的校外人员。一个是科学院气体厂的工人**陈彦荣**，37岁，六个孩子的父亲，一个是**一老年女人**，姓名已无从查考。

同日，北京第八女子中学和第三十一中学的红卫兵，打死了北京宽街小学的校长**郭文玉**和教导主任**吕贞先**；郭文玉的丈夫**孟昭江**同时被毒打，两天后死去。

北京第十女子中学36岁的男教员**孙迪**，被红卫兵打死在校园里。目击者说，一群女红卫兵在操场上用棒子和军用铜头皮带殴打孙迪，他身上的衣服被打烂打飞了，形同裸体。空气里弥漫着浓重的血腥味。

在西安市小寨附近的一所中学里，以中共中央西北局干部子弟为骨干的"红色恐怖队"，揪斗了一位年轻貌美的**姓王的**中学老师（女）。因其美丽便冠以"资产阶级分子"的"罪名"，被拉到桌子上继而又被拉到桌下批斗，百般耍弄和毒打，最后被活活打死于桌下。

著名评剧演员**新凤霞**在文革后的一篇文章中回忆说：1966年8月26日到28日，是北京"打全堂"（评剧术语）的时候。8月26日，她听到红卫兵声称"今天北京市全面开花打全堂，一个也跑不了"。从那天开始，她遭到中国评剧院学员班红卫兵的多次残酷毒打，以致终身残废，再也不能上台演戏。她的同行，著名评剧演员**小白玉霜**，在遭毒打、侮辱的"打全堂"中，自杀身亡。

此外，据各方报导和回忆，在那年夏天被打死在校园中的还有：

北京师范学院附属中学生物教员**喻瑞芬**；

北京景山中学的工友**李锦坡**；

北京第四女子中学语文老师**齐惠芹**；

北京138中学书记**张冰洁**（她在国务院工作的丈夫向国务院领导反映，请求帮助。上面说，"文化大革命的事情，他们也管不了"）；

北京第二十五中学的语文老师**陈沅芷**和一位姓名已被忘却的**工友**；

中国人民大学附属中学的**杨俊**老师；

北京吉祥胡同小学校长**邱庆玉**；

上海同济中学老师**林修权**；

厦门第八中学物理教师**黄组彬**；

广州第十七中学总务主任**庞乘风**；

南京第二中学历史教师**朱庆颐**；

南京第十三中学数学教师韩康和体育教师**夏忠谋**；

西安第三十七中学语文教师**王冷**和**王伯恭**；

西安报恩寺路小学语文老师**白素莲**；

在北师大女附中的化学实验室里,红卫兵把一个18岁的**女服务员**绑在柱子上打死。

据知情人披露,1966年夏天,仅北京西城区就有一百多名教师被自己的学生打死。上面纪录的四、五十个受难者,仅仅是被打死者中的一小部分。大部分受难者死无其所,冤情难申。——这是毛泽东发出的"**现在大、中、小学大部分都是被资产阶级、小资产阶级、地主、富农出身的知识分子垄断了**"的"最高指示"的后果之一。

也许有人质疑上面的记录;但你是否应该首先质疑:为什么文革档案40年后仍不解密?为什么对文革血案不认真调查反而阻挠民间自费调查?为什么封杀一切揭露文革屠杀的文章?为什么不追究凶手和组织者的责任?为什么对建立"文革博物馆"的提案置若罔闻?

何止于此!中共在继续扭曲、掩盖历史的同时,还在继续有领导地谱写着它那最黑暗、最无耻的篇章:1966年8月18日,18岁的杀人嫌疑人**宋彬彬**在给中共中央主席毛泽东戴上了"红卫兵袖章"后,便改名宋要武,在"红八月"大屠杀的血浪中,大显身手(据国内著名学者千家驹《自撰年谱》中记载,宋彬彬双手沾染了八个受难者的鲜血),又是打死校长卞仲耘的重大嫌犯之一;三十九年后的2005年初,在八宝山国务院副总理宋任穷追悼会上,中共总书记、国家主席胡锦涛,在慰问宋夫人的同时,毫无顾忌地慰问了为了避嫌被父母用权保送而悄然移居美国的**杀人嫌犯宋彬彬**。卞仲耘和那些在"红八月"里惨遭屠戮的受难者的在天之灵,如果看见这张逍遥法外的宋彬彬继续招摇过市的图片,能安然瞑目吗?

(左)1966年8月18日,毛泽东、宋彬彬在天安门前。
(右)2005年初,宋母、宋彬彬和中共总书记胡锦涛在八宝山宋任穷追悼会上。

2014年1月,为了洗刷"杀人嫌犯"的恶名,从美国归来的宋彬彬出人意料地向文革中受伤害师生"道歉"！已九十三岁高龄的卞仲耘丈夫王晶垚，周一发表声明(3)，指摘宋彬彬等人借"道歉"掩饰当年恶行，强调在妻子卞仲耘死亡真相大白于天下之前，他决不接受师大女附中红卫兵的虚伪道歉。

由于中共拒绝清算文革，遏制调查，王晶垚为妻子伸冤而寻求"真相大白于天下"的期望，可能路遥遥而难及；宋彬彬想以"道歉"来洗刷"杀人嫌犯"的恶名，恐也梦迢迢而难圆，尽管她有官方支持。

3. 血花四溅染街巷

1981年3月26日，"中法81中刑监字第222号"文件，宣判刘文秀无罪，同时，宣判对李文波不予起诉！

刘文秀和**李文波**何许人也？

王友琴在《文革受难者李文波》一文中写道：

在数千惨死的北京居民之中，只有李文波的名字是个例外。这个名字出现在那时留下的印刷品中，很可能是八月杀戮中唯一被记录的受难者：当时的总理周恩来，曾在两次讲话中提到"李文波"，一次是周恩来1966年9月10日在"首都大专院校红卫兵司令部外出串连誓师大会"上的讲话，另一次是周恩来1966年9月25日在接见"首都大专院校红卫兵革命造反司令部"主要负责人时的讲话。周恩来在讲话中说"**资本家李文波**"对红卫兵"行凶"，但是周并没有说出李文波已经被打死了。这两个讲话和当时其他的"首长讲话"一起被印刷成书，作为红卫兵运动的指导性材料，现在也还可以读到。

人们通过周恩来的讲话得知，在"红八月"里数千名被打死的北京居民之中，**李文波**的姓名"幸运"地出现在官方的文件中，给历史留下权力无法抹掉的篇章。

根据王友琴等学者调查和目击者的回忆：李文波，男，1914年生，北京崇文区榄杆市广渠门内大街121号居民，平时以修自行车为生。因有一处住宅，被定为小业主。1966年8月25日，当地的片警和居委会领导，给他家引来了北京女子十五中的红卫兵"小将"。杀气腾腾的"小将"们，**非法**闯进屋里，勒令李文波、刘文秀夫妇交出根本不存在的枪枝、黄金。因没有如愿，她们便翻箱倒柜、掀破屋顶进行全面非法搜查；又因一无所获，她们便气急败坏地用棍棒殴打起李、刘来。面对那些肆意践踏法律、毫无人性的禽兽，52岁的李文波忍无可忍，**依法**奋起自卫，拿起

李文波的家

菜刀大喊："我跟你们拼了！"女红卫兵见势不妙，　　　　李文波蒙难处
纷纷逃离。不多时，十多名持棒男女红卫兵破门而入，不由分说，当场把李文波打死。年过半百的刘文秀，见丈夫被活活打死，痛不欲生地大骂红卫兵是"土匪！""强盗！"大喊"拼了！"奋起搏斗，终被制伏。血案发生后不久，曾自诩"**我对待敌人从来不手软**"的周恩来，在接见红卫兵时的讲话中，颠倒黑白，将李文波夫妇**合法自卫**定性为"**反动资本家对红卫兵行凶**"，属"阶级报复事件"；周恩来还亲自接见了打死李文波的红卫兵，夸奖他们是"英雄"；接着，他又下令，由北京市法院以"行凶杀人"的莫须有罪名，判处刘文秀死刑，同时也判处已被红卫兵打死的李文波死刑。1966年9月13日，刘文秀被绑赴刑场，执行枪决。一起千古覆盆大冤，就这样公然地赤裸裸地展示在国人面前！**刘文秀**也因而成为中共和周恩来"依法"枪杀的反抗文化大革命的第一人！

李文波、刘文秀夫妇依法自卫的所谓"阶级报复事件"，被周恩来和红卫兵颠倒黑白，大肆宣扬，激起了红卫兵们阵阵狂戮。清华附中红卫兵负责人在会上激昂地说："阶级敌人在向我们报复，我们坚决不能手软。""阶级敌人用白色恐怖向我们进攻，我们要用红色恐怖来还击。"此时，李文波的合法自卫又被升级为"白色恐怖"。李文波被打死后的七天里，数千名各路红卫兵丧心病狂，"用红色恐怖来还击"所谓的"白色恐怖"，血洗李文波家所处的崇文区榄杆市一带，无数人惨遭毒打，十多名无辜者倒毙在他们的棍棒之下！

十四年又七个多月后，迫于正义呼声，中共虽不得不重新判决，宣判**刘文秀无罪**，但拒绝宣判李文波无罪。由此可见，文革后的中共，不愿幡然悔悟，彻底自新，仍坚持当年大屠杀"合法"理念：**非法抄杀合法；合法自卫非法！**

在"**红八月**"大屠杀的高潮中，对"阶级敌人"从不心慈手软的总理周恩来，明白无误地表达了中共对红卫兵无法无天地抄家和打杀行动的支持。9月1日，面对北京市红卫兵代表，他在高唱"**要文斗，不要武斗**"的同时，宣布："**所以（你们）在搜查暗藏的、逃亡的地、富、反、坏、右和反动的资本家时，徒手的解放军、警察远远跟着帮助你们，这是从女十五中的同学被那个反动资本家行凶砍伤后我想到的。**"这就是"敬爱的周总理"著名的"**支持抄杀**"弱势人群讲话。四十年后，没见有被砍伤的"**女十五中的同学**"出来现身"证明"，也没人见到有女红卫兵被砍伤的资料。

什么是"暗藏"？什么叫"逃亡"？什么算"反动"？毋庸法令规定，勿须政策界定，无用检察推定，不要法院审定，在毛主席号召、周总理拍板后，一切交由居委会那些"只会加减，不识乘除"的大妈大婶们去认定，最后，再把决定和执行鞭刑、棒刑、死刑的权力交给熟背《毛主席语录》的十几岁红卫兵"娃娃"们——这就是毛泽东发明的、周恩来积极执行的"**群众专政**"的无产阶级专政"理论"！

在毛泽东、中央文革、政府总理周恩来的支持和保护下，红卫兵抄家抄红了眼、杀人

杀黑了脸！

根据当事人的回忆、学者的调查和目击者的叙述，人们看见了"**红八月**"里血溅街巷的红光：

1966年8月23日上午，北京第八女子中学的红卫兵，到北京市文化局和文联殴打那里的作家**肖军**、**老舍**等人。下午，北京市文化局和文联的29名"牛鬼蛇神"，被她们押送到"文庙"院子里（即"首都图书馆"所在地），强迫他们围着烧毁书籍戏装的火堆跪下。在火堆四周，十几岁的红卫兵"女将"们，拎着皮带，提着棍棒，柳眉杏眼，怒视"牛鬼蛇神"，发现有稍不如意者，便用皮带抽或棍子打，对他们进行"触及灵魂"式的毛式批斗。著名作家老舍，在"批斗"后的第二天，便纵身跳入北京西城区的太平湖里自杀身亡。

1966年8月24日，在北京东城区东厂胡同，有六个居民被打死。其中，有家住东厂胡同2号的**孙琢良**和**他的妻子**。孙是眼镜师，曾经开设一家眼镜商店。住厂胡同6号的**马大娘**，是在胡同里帮人作家务挣钱的女工。她看到邻居左庆明的妻子，胡同里称为"**左奶奶**"的70来岁老人，被绑在葡萄架上毒打，就去报信，告诉左老先生不要回家。左老先生叫左庆明，十多年前曾经开有一家卖劈柴的铺子，他得信后逃开了。红卫兵发现马大娘的报信行为后，把50来岁的马大娘拉来和左奶奶一起毒打，甚至提来一桶滚烫的开水，浇烫两位老人。两位老人凄厉的惨叫声传出院子。邻居们不忍听到，只好关紧窗户，再用枕头把耳朵捂上。左奶奶和马大娘在凌晨时分被打死，天亮的时候，火葬场来车拉走了他们的尸体。

8月27日，北京第八女子中学和第三十一中学的红卫兵，在西交民巷打死了一个退休女会计**孙启坤**。

8月28日，已在校园里打死三个人的北京师大二附中的红卫兵，抄了地安门东大街93号朱广相医生的家，并且殴打他。邻居**李丛贞**，一个半导体研究所的工友，上前劝说："朱大夫是好人，别打他了。"红卫兵恼羞成怒，把李丛贞绑在房前柱子上，当众打死。为了判断他是否真的死了，一个打他的红卫兵抢起一把刀，从他的肩膀上割下一块肉，见没有反应，才把他的尸体从柱子上卸下来。

8月29日，据中国人民大学附属中学一个红卫兵说，在"红八月"里，他们学校的红卫兵就打死了十多个人。其中，8月29日，高二的一些红卫兵，跑到北京大学承泽园，把与他们观点相左的同班同学的爷爷**孔海琨**老人打死。

在北京市1966年"红八月"期间，大红罗厂南巷20号的**韩模宁一家五口**，傍晚，被素不相识的红卫兵全部杀害。据国内学者调查，将这些红卫兵引到韩家的是当地派出所民警罗XX。笔者判断：这很可能与报复杀人相关。

在西单的大街上，见到两名女红卫兵，用绳索套在一名**五十多岁的妇女**颈上，用皮带抽打着，像狗一样牵着走，而那妇女身着的白短衫上，好几处用墨笔写着"反革命"……

一名被控有"反革命罪"的**年轻女子**，被捆抱在柱子上，红卫兵用皮带抽打其背。由于此女拒绝认"罪"，直到贴身衬衫被抽烂了，也一声不吭。于是，她被翻身背绑柱上，狠抽其胸乳。没打几下，只听女子惨叫一声，头牵拉了下去，便香消玉碎，魂断京都。

东四一带有一家是资本家，红卫兵把**老夫妇**打到半死，又强迫儿子去打。上中学的儿子，用哑铃砸碎了父亲的头后，尖叫一声，在街巷里疯狂奔跑……

在沙滩街上，一群男红卫兵用铁链、皮带把一个**老太太**打得躺在地上，动弹不得，一个女红卫兵竟然踩踏她的肚子，直到把老太太活活踩死。

一群红卫兵在崇文门附近，抄了一个"**地主婆**"寡妇的家。他们强迫附近居民，每户拎来一暖瓶开水，从她脖领上灌下去，直把寡妇活活烫死。

汪芝麻胡同的居民**傅毅茹**、**周康玉**、**张洁凤**等人，是几位小有资财的寡妇，抄家时却先后被红卫兵打死。傅毅茹老太太，家住独门四合院，热心邻里公益，曾被推选为街道主任，但因她的已故夫君曾是"旧社会"的小官僚，自然"罪"不当恕，抄家又从褥垫下搜出一把短刀，更是"罪"不容赦，瞬即惨死于红卫兵的皮带之下。另一位独居小院周康玉女士，据说是天津名门周家的后裔，平日十分低调，但既属于"大资本家"后代，自然在劫难逃，打成重伤后，挣扎着上吊而死。第三位张洁凤女士，人们尚不知道他历史上的"污点"，便被扯开双臂，悬吊在房梁上，红卫兵轮番上阵，用皮带抽打，当即撒手人寰。

据北京市八中红卫兵组织发起人之一的**计三猛回忆**，在大搞过一阵抄家后，红卫兵认为这种行动太文雅，不像造反，不够暴烈，是"小儿科"。于是，他们杀向社会，终于干出了一件"轰轰烈烈"的大事：

他们抓住了一个专同红卫兵作对的名叫"**西山老大**"的"流氓头子"，红卫兵对他进行了毛式"触及灵魂"式的殴打和木枪捅刺。目击者这样写道：

"西山老大"是个硬汉，无论怎么打，怎么吊，怎么捆，怎么用皮带抽，他都不认错。最后，红卫兵想出了一个新招。

在一条甬道上，一群红卫兵押着"西山老大"往前走着，后面一帮红卫兵举起当年军训用的木枪，对准"西山老大"的后背，喊一声口令，猛一下刺过去：

"突刺——刺！"

"通"地一声，"西山老大"被刺倒了，沉重地摔在砖地上，脑袋被尖石划开了一道口子，鲜血顺着鼻沟往下流。

"起来！爬起来！"红卫兵齐声怒吼。

"西山老大"刚刚站起来，后面又响起一通口令：

"突刺——刺！"

"通！""西山老大"又一次摔倒。

"把他扶起来!"红卫兵说。

"西山老大"再次摇摇晃晃站起来。

"突刺——刺!"

"通!""西山老大"又倒下了……

这是一场十分残酷的"游戏"。"西山老大"一次次被刺倒,又一次次站起来。他的身体越来越虚弱,脸上淌满血水。红卫兵参加军训学到的东西,终于可以派上用场了。

那一天,"西山老大"活活被红卫兵刺死在木枪下。这还不够解恨,一个红卫兵朝他满是伤痕的肚子上又恶狠狠地捅了一枪。

至今,无人知道"西山老大"姓甚名谁?是罪有应得?还是冤魂屈鬼?"流氓头子"是谁给他定的性?知情者、官方对此讳莫如深,试图把他从历史中抹掉。

"红八月"的腥风从北京刮向全国,也刮到了河南省许昌市。笔者暗访,1966年8月27日,地区印刷厂党委书记**朱普华**和厂长**杨新喜**,为了自我保护,表示"紧跟",招来了县完中的红卫兵,查抄曾当过国民党上尉军医的厂医**祝泽民**的家。抄家时祝泽民逃脱,其妻48岁的**孙静珍**被抓到印刷厂,当天惨遭毒打而死。厂工人李Ⅹ参与毒打,曾用铁杵捅其阴部。孙死后,印刷厂领导派人用一领苇薄卷住尸体,葬于东关乱坟岗。

孙静珍和她的幼女

祝泽民的逃跑还株连六个子女:大女儿祝蕴毅,遭批斗,剪秃头发;大儿子祝鸿昌,被红卫兵抓住吊打,幸免于难;幼女被从楼上甩下,侥幸被树枝挡了一下,幸未摔死,遗脑震荡;其他子女逃脱。

在"红八月"的腥风里,许昌市区至少有七、八个居民被红卫兵打死,其中,包括安怀街居民**王铁锤**、烟厂职工**刘星火**等,都死在红卫兵乱棒之下。在禹县神垕镇,五十岁的钧瓷技师**贾成**,技术精湛,为人耿直,被红卫兵揪斗,打得皮开肉绽,逃跑时遭追杀,跳入钧瓷窑中,被炼成一捧焦灰!

王友琴在《文革受难者李文波》一文中还写道:

1966年8月下旬,在北京,有数千居民被红卫兵活活打死,还有大批人遭到侮辱和毒打后自杀。当时,中国文革的发动者和领导者们,通过接见、集会以及他们绝对控制的报纸和广播,对红卫兵的行动表示高度赞扬和热烈支持。但是,数千被害者们的名字和死亡从未被媒体记载或提到;他们被抄家、被殴打以致被打死,其中没有经过任何法律程序;他们的尸体被烧,骨灰一律不准留下。于是,**这数千被害者变成了一个无名无声的死亡群**

体。他们的名字，随同那场残忍奇特的杀戮，一起消失在历史的黑洞中。

面对着这个"**无名无声的死亡群体**"，笔者没有能力将他们一一列出；王友琴教授经过长期的艰苦的独立调查，所掌握的"红八月"受难者名单，也不足北京"历史的黑洞中"受难者的十分之一！全国呢？笔者在30多年后的暗访得知，仅中原小城许昌，在"红八月"里，至少有七、八个人遇难！遗憾的是，因无官方支持，笔者暗访得到的信息，很可能只是冰山一角，而大多数遇难者饮恨而亡，消失在"**无名无声的死亡群体**"之中。

从"历史的黑洞中"找出"红八月"受难者名字，并为他们树碑立传，笔者虽没有能力做到，但只要受难者的亲友、目击者和耳闻者，能消除顾虑，排除干扰，勇敢说出或写出所见所闻，施刑者能良心再现，勇敢地忏悔、致歉，正义者能像王友琴等学者那样，顽强地进行调查，同时，见闻者和正义者联合起来，齐心协力，追讨杀人凶手和策划者，并向中共当权者施压，敦促他们改邪归正，解密档案，支持调查，还原历史的本来面貌，就会使"**无名无声的死亡群**"里的每一个受难者，大白于天下，冤情得到申张，从而使他们的在天之灵得到抚慰！

4. 血渍斑斑大驱逐

"红八月"期间，一场"保卫首都"大驱逐行动，在紧锣密鼓地进行。在北京，约十万无辜居民，被遣送、押解、驱赶到农村。当时官方所有"喉舌"，对中共这一有组织、大规模的侵犯人权的迫害行动，没有作任何报导，力图把这种违宪行动，消泯在无声无息之中。

但中国老百姓在"红八月"半年后，还是从政府的布告里，得知了这个令人震惊的、充满血泪的、反人类的大驱逐事件。

1967年3月18日，"北京市公安局军管会"发出《**关于在文化大革命中被遣送后返京人员的处理办法**》的布告，时称《三一八布告》。布告说：

我们的伟大领袖毛主席教导我们：对于反动派，必须"**实行专政，实行独裁，压迫这些人，只许他们规规矩矩，不许他们乱说乱动。如要乱说乱动，立即取缔，予以制裁**"。首都红卫兵和革命群众，高举毛泽东思想伟大红旗，在无产阶级文化大革命中，把一批坚持反动立场的地、富、反、坏、右和社会渣滓遣送到农村监督劳动，这对巩固无产阶级专政具有重大意义。近几个月来，有些被遣送走的地、富、反、坏、右分子私自返回北京，有的妄图翻案，无理取闹，进行破坏活动，扰乱社会秩序。为了加强对敌人的专政，维护首都的革命秩序，根据广大革命群众的要求，特颁发'关于在文化大革命中被遣返后返京人员的处理办法'，希一律遵照执行。

布告命令被遣送走又"**私自返回北京**"的人："**必须立即离京，违者有革命群众组织**

和公安机关强制遣送，无理取闹和有破坏活动的，根据情节依法处理。"

这个布告列出十类被遣送的人员：

（一）坚持反动立场的地、富、反、坏、右份子（包括摘了帽子后表现不好的）。

（二）查有实据漏划的地富反坏份子。

（三）表现不好的敌伪军（连长以上）、政（保长以上）、警（警长以上）、宪（宪兵）、特（特务）份子；

（四）表现不好的反动会道门中的中小道首和职业办道人员；

（五）坚持反动立场的资本家、房产主；

（七）刑满释放、解除劳动教养和解除管制后表现不好的份子；

（八）贪污盗窃份子，投机倒把份子；

（九）被杀、被关、被管制、外逃的反革命份子的坚持反动立场的家属。

（十）有流氓、盗窃、犯罪行为，屡教不改的份子。

从布告文中可看出驱赶对象的范围，不仅包括了传统上的"阶级敌人"即"黑五类"，还包括原来属于"人民内部矛盾"的资本家、"摘帽右派"和他们的"家属"等，即"黑六类"及其亲属，而当时大量存在的"小业主"，原属"人民"范围的小资产阶级，在大驱逐中，都被升级为"资本家"加以驱赶。在布告里，"表现不好"同"牛鬼蛇神"一样，是个界线含糊、弹性很大的词语，这种可以随政治标的的变化任意伸缩的模糊概念，使中共掌门人和各级权贵们，都握有生杀大权。

这个布告公开以政府名义，确认了野蛮驱赶这种大规模"奸污"宪法的"合法"性。而"根据广大革命群众的要求"，则再次暴露了他们的欺骗、虚弱和无耻！

"红八月"大驱逐行动，早在1962年就开始安排。当时的北京市市委书记、市长彭真就公开讲过，要把北京市的居民阶级成份净化成"玻璃板、水晶石"，即把所谓"成份不好"的居民全部赶出北京。由于有毛泽东亲自起草和批准的《中华人民共和国宪法》条条，它的第九十条有"中华人民共和国公民的**住宅不受侵犯**"和"**公民有居住和迁徙的自由**"等条条规定，因而使他们暂时找不到驱赶的借口，从而使他们暂时没有付诸实施。

《五一六通知》发布前夕，毛泽东发出了"**保卫首都**"的"最高指示"。周恩来闻风而动，立刻提出"**成立以叶剑英为组长，杨成武、谢富治为副组长的首都工作组，负责保卫首都安全工作，直接对中央政治局负责**"的意见书，经毛泽东批准后立即实施。这个工作组采取了一系列"保卫首都安全"的措施，不仅增调七十和一八九两个主力师驻京进行威慑，还制定了通过公安局大规模驱逐"成份不好"居民的长期计划。但也因有碍于毛泽东《宪法》的有关规定，苦于找不到适当"理由"作借口，迫使大规模驱逐计划再次"搁浅"。

1966年8月23日，毛泽东发布"**我的意见乱它几个月**"的"最高指示"后，红色恐怖已经形成，给驱赶居民计划的实施创造了必要条件。老谋深算的周恩来，为了保护党内右派中的朋友和实现他的**大规模驱逐**计划，他采用了与毛同样的"借刀"计——利用红卫兵。

据传：在中央文革、"首都工作组"等机构中实力人物的指使下，1966年8月23日，水利电力部北京勘测设计院"东方红战斗组"发出了《最后通牒——家属中的四类分子立即滚蛋》的通令；第二天，"北京四中革命师生"应声也发出《通令——关于驱逐四类分子的五项命令》传单。通令中命令："**一切钻进北京的地、富、反、坏分子必须滚出北京。滚回老家老老实实地劳动改造，不许乱说乱动，如不老实，立即镇压。**"

这种政出多门的作法，没有得到**周恩来**的支持。8月25日，在周恩来的"亲自关怀"下，北京市八中、四中、六中等31所中学的红卫兵代表在北师大附中集合，发起并成立了以贵族红卫兵为骨干的第一个跨校联合组织——"首都红卫兵西城区纠察队"（简称"西纠"）。周借"西纠"的刀，力图在平衡左派红卫兵的同时，来执行他的大规模驱逐居民计划。紧接着，一些类似组织迎风成立，如"东纠"（东城区）、"海纠"（海淀区）。

据悉，"西纠"等红卫兵组织的成立，很快得到了周恩来的支持者**陶铸、王任重、廖承志**等大员的支持———他们都是当时活跃在台上的党内中摇派权贵。由于周的"亲自关怀"，国务院秘书长**周荣鑫**、副秘书长**许明**和**李梦夫**、石油部办公厅副主任**宋惠**、石油部直工部副部长**梁健**等多名政要，都成了"西纠"的核心参谋；"西纠"的宣言、通令、通告等文件，许多都是经过他们手或起草、或修改、或审定的，而他们的子女，也多是"西纠"的骨干。由于周的"亲自关怀"，石油工业部为"西纠"做了妥善安排：为他们提供两间办公室，安装了直通电话机，一辆嘎斯69卡车供他们调遣，夜间值班人员都能穿上合适的军大衣，宣言和通令的印刷费用，全部由石油部核消，等等。由于周的"亲自关怀"，在毛泽东"接见"红卫兵时，"西纠"成员"光荣"地承担起了天安门上下维持秩序的纠察工作。

1966年8月29日，在核心参谋们的合谋下，"西纠"发布了大规模驱逐居民的"**第四号通令**"。"**第四号通令**"的副标题是"**关于对地、富、反、坏、右、资的家进行查抄的意见**"。其中一节说：

确实查明、并斗争过的黑六类（笔者：意指标题中的"地、富、反、坏、右、资"六类）的分子，尤其是逃亡地富份子，除现行反革命份子应当依法处置外，其余一律给政治上、生活上的出路，这个出路就是限期（于九月十日前）离开北京（如有特殊情况，经本人所在单位及查抄单位批准，可酌情延长），回原籍劳动，有革命群众监督改造，给他们重新做人的机会。

给出路就是"**滚出北京**"。在"红八月"里,"西纠"的这个大规模驱逐令统一了其他红卫兵的通告。由于根子粗、后台硬,"西纠"的驱逐令像政府的法令一样有效,各路红卫兵都在警察的帮助下,积极而迅速地用暴力执行之。

在要么被打死、要么"滚出北京"中,那些被中共反复清算过多次的、毫无反抗能力的、战战兢兢做人的"黑五类"弱势人群,以及小业主、资本家和所谓的"牛鬼蛇神"等新增加的弱势群体,都默默而痛苦地选择了"滚出",忍气吞声吞泪地离开了他们久居的、宪法赋予他们"**居住和迁徙自由**"权利的北京。

在政府、警察的支持下,北京的红卫兵主持执行了这一大规模的对和平居民的驱赶行动。驱赶行动包括:抄家、没收财产、注销户口、殴打、处理反抗驱逐而被打死的尸体,以及把被驱逐者押上火车,有的直接被红卫兵押解到农村,等等。在北京火车站,为被驱逐者设立了特别入口,由红卫兵把守。很多被驱逐者在车站遭殴打,有的被打死。被驱逐者大多数人是通过广安门火车站离开的。为了减轻运输负担,他们的家具都被没收,每人只准带少量的衣服和炊具。

许多北京居民为了躲避红卫兵的暴虐,赶在红卫兵搜查之前,便让阶级成份不好的老人或亲属逃离北京。在8月下旬至9月的40天里,北京全市有8.5万人在被抄家后,赶出北京。另一说法是:8月13日至9月15日,北京9个城区和近郊区,共驱赶7.7万人。还有一说法:在1966年夏天,北京城区有10万居民被驱逐,约占当时北京总人口的2%。

北京红卫兵的驱逐革命,很快传到上海等其他城市。据当时统计,到10月10日止,上海全市已有9,260余居民被驱赶到农村。在广西南宁市,有数千户居民被当作"四类分子"被驱赶到农村监督劳动。又有报导说,黑龙江省齐齐哈尔市统计,到10月10日,有2,650人被戴上"黑五类"的帽子,与他们的家庭被驱赶出齐市。又据知情人披露,1966年10月,中共中央在工作会议上印发的参考资料之四《**把旧世界打得落花流水**》上说,到10月3日为止,全国各地从城市驱赶到农村的地、富、反、坏分子141,700名,资本家和房产主11,100名,及其他"牛鬼蛇神"62,300名,上述人员的家属182,300名,驱赶总数为397,400名。此外据称,在大驱逐中,"破获反革命案件"1,788起,没收黄金118.8万两。

但有学者认为,在"红八月"的大驱逐中,全国至少有50~60万城市**弱势人群**被驱赶到农村,他们的家财被没收,估计有一万多人在驱赶中死亡。

据报导:被驱逐的居民中,有很多是随子女在京料理家务、照看孙辈的老人。当由红卫兵押送他们回原籍时,有不少被剃成光头、"阴阳头",沿路遭受多次凌辱、殴打,其中一些人更惨死于遣返途中。例如,1966年8月29日,北京第八中学的红卫兵,在从北京开往长沙的火车上,打死了一个**老年女人**。1966年夏天,有些上海人曾在火车站上,看到从火车上抬下来了**多具尸体**。1966年9月，在广州市十一中召开的学生大会上，三个来广州串连的北京国际关系学院红卫兵，在指责广州死气沉沉后，向中学生介绍他们在北京包括驱赶在内的"革命行动"。他们自鸣得意地说："北京斗争时，是将对象押上高台，要他们跪下，用皮带打，对顽固派就把他打死。搞完校内就搞校外，限令四类分子离开北京，不执行就打死他。北京每晚外出打流氓，一晚就打死10个、20个。我们南下时，在火车上就把四类分子打死十多个，打死后由窗口掉（丢）出去就算。要搞红色恐怖。"**在押解中，弱势者究竟死了多少？**

又据报导，被驱赶者到农村后，农村也把他们当成"专政对象"，他们中有的人，一到农村便遭批斗。例如，北京农业大学职员**何洁夫**、**高吉章**夫妇和他们的孩子，在"红八月"里，他们同北农大其他67人一起，被逐出了北农大，强行驱赶到广西农村。1967年11月14日，何洁夫在"群众专政"中，被村民打死。又如，被驱赶者中，许多人是年老体弱者，在吃、穿、居住等生活条件突然恶化下，他们遭到了贫困、病患和专政的三重交迫，很快便倒毙在农村里。**驱赶到农村的弱势者，究竟又死了多少？**

1966年年底，根据毛泽东宽猛相济、恩威并举的人治战术思想，中共对红卫兵在"红八月"里乱杀乱打的作法进行"限制"和"纠偏"，红卫兵打人和驱赶等乱法情况，才有所缓和。

在这种情势下，有些在农村挣扎着活下来的被驱逐者，看到了重回北京的希望。他们利用中共昭示的"宽"和"恩"，即所谓"要文斗，不要武斗"、"实事求是"、"落实党的政策"等指示和承诺，到京上访，试图重返北京。但《三一八布告》使他们的希望化成泡影。

不仅如此，有些被驱逐者因上访而获新罪。如北师大女附中化学教师**胡秀正**和八中物理教师**张连元**夫妇，全家被驱逐到农村的理由是：张父是"漏划地主"。到农村后，他们对照当年土改政策，认为其父在四清运动中被订为"漏划地主"不实，因而上访；然而，上访使他们获得了"翻四清运动的案"和"翻文化大革命的案"两项新罪名。胡秀正不服惨遭批斗，终因不堪凌辱而自杀身亡。**在上访中，弱势者因新罪名又死了多少？**

周恩来的"借刀"计没有完全成功。1967年初，"西纠"等打杀成性的贵族红卫兵组织，被毛左派以"保皇派"罪名加以取缔。做为"西纠"的总后台，周恩来险些被打倒。"西纠"虽倒，但他的大驱逐"功劳"却被中共肯定，《三一八布告》就是证明。

毛泽东曾说过："**人死应开庆祝会。**"在档案尘封、拒绝调查的情况下，人们无法知道在大驱逐中死亡的确切人数，无法知道"庆祝会"的规模，因而没有机会表达对"庆祝会"的愤慨和谴责！

二、群体灭绝暴行之一：大兴大屠杀

1. 鲜血淋漓东方红

万木惊呆天地暗，
黑烟滚滚冲霄汉。
杀气腾腾心肌颤，
哀声怨，
抢夺人命李恩元！
五入村中驳誓干，
刀光剑影手中看。
虎口难生抛里万，
同心劝，
留得整数梁山汉。（作者注：108个生命。）

这首标题为《渔家傲.反对杀害无辜》的词，是当年中共北京市大兴县委农村工作部干事**张连和**所写。

据报导：在"红八月"里，在毛泽东"要武精神"和"血统论"的蛊惑下，北京市昌平和大兴两县农村，拿"黑五类"及其家属等弱势群体开刀，有组织、有计划地进行大规模群体灭绝性大屠杀。其中，昌平屠杀人数比大兴县多。据披露：昌平县中越友好人民公社的黄土南店大队，在1966年8月底，就**打死了19人**；离定陵不远的黑山寨大队，地主分子**王占保**全家被揪出批斗，王占保和他的儿子都惨死在乱棍之下，九岁的**孙子**也没逃脱，被从野地里抓回来，当众撕成两半。由于昌平县信息控制比较严密，杀人又比较分散，集中报导不多，因而群体杀人事件显现得没有大兴县那么突出，其屠杀名气也没有大兴县那么大。

1986年9月，天津人民出版社出版一本名叫《"文化大革命"十年史》的书。书中披露，从1966年8月27日至9月1日，大兴县13个公社48个大队，先后杀害了325人，最大的80岁，最小的才38天，有22户人家被杀绝。(4)

有资料显示，位于北京大兴县西部的东方红公社（现北臧村乡），从1966年8月27日就开始杀人，共杀**98人**。其中：新立村杀**53人**，马村杀**34人**，六合庄杀**11人**。

张连和在**《五进马村劝停杀——文革大兴县屠杀侧记》**中写道：

"八三一"（笔者：1966年8月31日）事件的当天夜里，我被县委书记王振元叫醒，说东方红公社（现为北臧村乡）马村大队正杀害"地、富、反、坏"及其家属，马上组织人前往宣传《十六条》，制止杀人。我闻风而动，叫醒文革成员、县委组织部干事张绍千、县委办公室王海泉、共青团曹雪芳以及县委监委张瑞昆、派出所长梁通、县武装部刘克一等10多人，陪同王书记驱车前往。从8月31日夜至9月3日上午，我们五进五出马村，**除已被杀死的34人外，冒着生命危险，夺回108个男女老幼的生命。**

张连和目击了马村大队的群体灭绝大屠杀。他写道：

刑场设在大街西头路北的一家院子里，有正房5间，厢房3间。我们排队进院时，**看见活人被捆绑跪着，死人横躺竖卧，鲜血染地，惨不忍睹。**有两辆小推车往院外运尸体（据说把打死的人埋在村西永定河大堤）。审问者个个横眉冷对，耀武扬威，个个手持木棒、铁棍和钉着钉子的三角皮带，他们高声逼迫被审者交出"枪支"、"地契"、"变天帐"，只要说没有或者不吱声，凶器就会伴着喝斥声雨点般打下去。被打死的，等车外运，没被打死的，倒地呻吟。我看见一个十四、五岁的小男孩，长得非常漂亮，被反绑双手跪在70多岁的奶奶身边儿，非常害怕地看着持棍者，生怕灾难落到自己身上。只见一个持铁棍的年轻男子来到小孩儿身边厉声问："快说，你们家的变天帐藏在哪儿了？"小孩儿哆里哆嗦地说："不……知道！""我叫你不知道！"那人说着扬起铁棍向小孩儿砸去，正砸在背后的手上，只听"扑"的一声，小孩儿左手的无名指和小拇指立即断裂，鲜血如同水壶往外倒水一样，哗哗地往地上流……接着又逼他奶奶交代……两个民兵似的人物把一名中年妇女拉进刑场院内，一脚把她踢跪在地上，这时，来了手持剪子的年轻妇女把这位中年妇女的头发剪掉，接着审，她不言语，被两皮带打躺在地……两个人抬起一个被打死的人装在小推车上，还没有推出门又活了，一挣扎掉在地上，一个人上去狠拍两铁锨，又装在车上运走了……他们要一位30多岁的小伙子交出"准备反攻倒算的枪支"，因受刑不过说在家内东屋顶棚内。于是，派出两个人随他回家抄取。到家后一找，顶棚里没有，又指挖房山、影壁、院墙，均未找到。小伙子又被打，他又说在自家坟地内。于是，又带他去坟地，当他们走到街上一个水井旁时，小伙子冷不防一窜跳入井内。他们说小伙子是自绝于人民，也不管他死活，用绳子拴牢大四齿续到井里往外捞……

张连和后来对人说，那个漂亮的小孩和跳井的青年，都在那次屠杀中死于非命。

张连和在他的《五进马村劝停杀》文中还写道：

原来，他们在村内东、南、西、北四方设四个监狱，分男老、男壮、妇女、儿童四监，另设一刑场，随捉随入，随提随审，随杀随埋，真乃一条龙行事。他们从8月27日夜陆续将"坏人"入狱至9月3日，长达一周的时间，虽然每天送点吃的，但也食不饱肚。在放人的那天，我们来到监禁儿童的地方，有人将秋茄包子放在孩子们的面前时，个个争抢食之，狼吞虎咽，那情景令人落泪。

词中"抢夺人命李恩元"的**李恩元**是什么人？此人是北京市大兴县东方红公社马村大队党支部书记。

人权学者**遇罗文**在北京坐监时，遇上了一个被狱中犯人起了个外号叫"屠户"的犯人，他就是马村党支部书记李恩元。遇罗文写道：

> 据监中犯人们传扬，别的地方屠杀"黑五类"，是迅速地让他们死去，而"屠户"的马村则不然。他们头一天把"黑五类"老人用棍棒打死，把"黑五类"婴、幼儿劈成两半，然后把"黑五类"青少年关起来，慢慢折磨着"玩"。他们把男青年倒背双手，拴住拇指吊起来，再施以各种刑法；对女青年，除吊起来抽打以外，还要进行性虐。为了不让青年人死得太快，多受些罪，晚上把他们放下来，让他们"休息"。几天之后，男女青年在这种折磨和毒打下，全部死掉。对于"黑五类"少年，他们也不放过：几天不给饭吃，饿到了一定时候，扔给他们几个茄子，看着他们争抢取乐。他们还给在外面工作的"黑五类"发通知，勒令他们必须回来接受"批判"。后来上级发出停止屠杀的指示，"屠户"被迫停止了屠杀。由于"屠户"是执行者，不久便被无罪释放！

遇罗文还曾到北臧公社作过调查。他拜访了文革时在大兴县文化馆工作的**王哲仁**先生。王先生是北臧村人，解放后是北臧村第一届团支部书记、副村长，他的夫人是第一届村妇联主任，他们曾经对北臧公社的屠杀事件做过细致地调查。

他们说，杀人的方法五花八门，有些甚至是精心策划。比如，为了顺利杀害一家人，凶手们守在被害人的屋门口，叫被害人出来，被害人刚一出屋，他们就用事先准备好的铁丝迅速套在他的脖子上，两边使劲勒，被害人没有还过神来就被勒死，然后接着叫他家的其他人。也有的事先在被害人屋门口拉好电线，人一出来就触电身亡，连气都没有出。

最残酷的莫过于对待老人和小孩儿，因为他们没有任何反抗能力，凶手可以毫无顾虑地为所欲为。他们说，有一对被活埋的祖孙二人，当凶手们向他们身上扬土时，抱在怀中**的小孙儿说："奶奶，迷眼。"老人痛苦而无奈地说："一会儿就不迷了！"**

最让他们夫妇伤心的是，王夫人表姐一家有四口人住在北臧公社的新立村，也都死于非命。王夫人的表姐夫在"镇压反革命"运动中被处死，从此这一家人就成了异类。幸好两个成年的儿女进城参加了工作，村里去要人，单位不放，算躲过了这场劫难。可在村里的表姐和她的三个儿女都没有躲过去，全部遇难，其中一个上中学女儿，被活活打死在放学的路上。

王先生的大儿子亲眼见到新立村的杀人。1966年8月27日那天，一帮学生游斗北臧中学校长马泽林，走到了新立村。村干部把村里的"黑五类"大人和小孩押来陪斗，让他们跪在玻璃碴上，并用棍棒朝他们的头上、脸上乱打，当场把陪斗的大人和小孩儿全都活活打死。吓得学生们急忙把校长团团围住，保护起来。因为他们并没有想害校长的命。

他们说，刽子手行凶的动机，不少是出于个人恩怨，有的仅仅是为了一点儿个人私利。有人借过"五类分子"的东西，便急于杀人赖帐。例如，有一户姓陈的户主当过伪军，论成份，他家还应该算是贫农。杀不杀这一家，村干部很有争议。陈家的两个儿子跪下央求说："别杀我们，我们不为父亲报仇。"一个姓田的贫农欠陈家的钱，为了赖账，拿起杀猪的通条，不由分说，将这一家人扎死。更有甚者，有好吃懒做、娶不到媳妇的癞皮光棍，也趁杀"黑五类"之机，夺其妻女当老婆，美其名曰"给你换换成份"。

他们说，并不是所有贫下中农都是刽子手。在新立村，有个赶车的车把式，在装运尸首的时候，发现一个三岁的女孩儿还有一口气，想救她一命，便把她藏在车辕底下。不料车子的颠簸把女孩儿震醒，打手发现后，过去就把她劈成了两半儿。车把式怒不可遏，扔下鞭子不干了。

"屠户"怎么被迫停止了屠杀？张连和写道：

9月1日凌晨1点左右，我们来到新立村与马村交界处，就被马村的民兵阻住了。他们各个手持木棒、铁棍，有的还手持铁锹、刀子，对我们如临大敌，不准前进一步，否则后果自负。原来，马村的杀人干部事先在村子的四周设立三道防线，不准出入。……于是又发起了第三次进攻，硬是在他们举着棍棒的中间"冲"到村东口第一道防线处。他们仍不让进村，后在王书记"你们不让我们进村，就先杀了我这个县委书记吧！"的厉声硬语中，才经过请示，放我们进了村。……在我们站在刑场旁边儿观看他们施威的时候，王书记单独在北屋内与当时的村党支部书记李恩元以及治保主任、民兵连长等人谈判，要求他们马上停止杀人活动。后来，王书记又把我和刘克一叫进屋内，进一步宣传《关于无产阶级文化大革命的决定》即《十六条》，"要文斗，不要武斗"，"随便杀人犯法"等进行说服教育。**李恩元**他们说，我们已经杀红了眼，骑虎难下，停杀是不可能的！他们每人一把杀猪刀子，磨得贼亮，说到激烈处，李恩元猛把刀子拍在桌子上，发出"啪"的一声："不叫杀了，他们反过来杀我们贫下中农怎么办？"在李恩元往桌子上拍刀子的时候，刘克一一个箭步窜到王书记身边护住，如果发生火并，实在不知道谁死谁活。我虽然也站起来了，但心里也在剧烈地扑腾，生怕刚到而立之年就命赴黄泉。

张连和认为："一场极小范围的无辜之人被杀事件被制止了。这在大兴县来说，虽然是一个指头和九个指头的问题，但毕竟是**挽救了一百多口人的性命**，功不可没。"于是，他赋诗一首，"权当佐证"。

七绝《**马村停杀无辜**》
五进马村劝停杀，
三十四众去无家。
留存一百单八将，
阴转多晴把党夸。

尽管笔者对"是一个指头和九个指头的问题"无法苟同，但当"**阴转多晴把党夸**"的时候，人们应该感谢大兴县县委书记**王振元**和《五进马村劝停杀》的作者**张连和**等人，是他们**挽救了108人的性命**。除此而外，我们还能"**夸**"谁呢？

一个大队党支部书记，在红卫兵眼里，不过一个小小"股级"当权派，竟敢如此大胆地杀人！在"县太爷"县委书记面前，竟敢"猛把刀子拍在桌子上"，明目张胆地威胁他的顶头上司！他的后台是谁？根子多硬？

当年曾任中共北京市委书记的吴德在他的《十年风雨纪事》一书中说："**调查后知道，村子里的支部书记为了避免斗争他，就反过来提出斗地富，群众一起来，就打死人了。……后来，形势稳定以后，我们把这两个村子的支部书记都抓起来了。**"

吴德把大屠杀的责任推到村支部书记和群众身上，并把支书抓了起来。听起来好像很有些道理；但为什么抓起来后又很快放掉？例如这个"屠户"李恩元，关了不久便被无罪释放。这一关一放，使吴德的"调查"露出了破绽：**隐情很深**。后台呢？根子呢？吴德有意回避。

对此，张连和写道：

这股腥风刮到大兴县以后，有人讹传"地、富、反、坏"四类分子要"反攻倒算"、"妄想变天"、"阴谋杀害贫下中农"等等。一时间，阴风四起，铺天盖地而来，行动快的"公社"和"大队"都把"四类分子"及其家属、子女监管起来，随时拉出来批斗，进而杀害。

显然，这挑动仇恨、制造对立的进行"村村见血"式土改运动的恶果之一。是哪"股腥风刮到大兴县"？张连和写道：

1966年8月5日，毛泽东主席在中南海大院贴的《炮打司令部——我的一张大字报》在报纸上发表以后，大兴县的"无产阶级文化大革命"进入了新的高潮。"**革命不是请客吃饭，不是做文章，不是绘画绣花，不能那样雅致，那样从容不迫，文质彬彬，那样温良恭俭让。革命是暴动，是一个阶级推翻另一个阶级的暴烈的行动**"这一"语录"成了最流行的口号，"横扫一切牛鬼蛇神"成为最革命的行动，"温良恭俭让"被一扫而光，代之而来的是打、砸、抢、杀，很多无辜的人在"**一个阶级推翻另一个阶级的暴烈的行动**"和"**凡是反动的东西你不打他就不倒**"的思想和行动中遭受毒打或杀戮。

尽管张连和没有指名道姓说出"屠户"李恩元的后台、根子，尽管还有隐情没敢说出，却明明白白地道出了那个大屠杀的恐怖氛围。仅此一点，就比**吴德**诚实得多。因此，当我们"夸"县委王书记和张连和等人时，我们有什么理由去"**夸**"、去歌颂那些中共权贵们？恰恰相反，我们却有责任去谴责中共、中共大员们和他的掌门人毛泽东：正是他们为了私利，为了权力，不惜撕毁他们自己制定的宪法和法律，去制造混乱，破坏安定；正是他们，为了私利和权力，发出了"**北京太文明了，要动动**"和"**我看，打死人的就打死了，我们根本不管**"的乱打乱杀的动员令；正是他们，为了私利和权力，在有计划、有步骤地利用无产阶级专政理论去蛊惑人心，去制造和支撑这种**反人类的兽性大屠杀**！

2. 血肉横飞大辛庄

在档案尘封、遏制调查的情况下，人们很难知道大兴县大辛庄公社大屠杀的详情。人权学者**遇罗文**通过艰苦的调查，多少弥补了这方面的缺憾。

二十一世纪初春的二、三月间，遇罗文曾两度到大辛庄做调查，先后采访了当年大队干部**韩玉春、李福荣、王世荣**和**刘尚彬**。

韩玉春在改革开放前几年，曾当过离大辛庄四公里的西白疃大队党支部书记；李福荣则是四清时被罢、1973年又恢复的红升大队党支部书记，1980年他辞去书记职务；王世荣是西梁各庄大队党支部书记，村子在公社南面8里远，是拒绝屠杀连夜到北京上访的书记；刘尚彬是王世荣上访时留队的村干部。

遇罗文很快了解到，大辛庄公社大屠杀的组织者是以公社主任**高福兴**和公社团委书记**胡德福**为首、包括公社副书记**李自永、李冠清**在内的"九人小组"。8月31日，高、胡两人从天堂河农场（劳改农场）带回来一个新"精神"，要各大队当晚把"地富"分子及其亲属**斩尽杀绝**。会议决定：各大队当夜必须动手，拒绝执行或把消息透露给"阶级敌人"的，按"反革命"论处。为了了解屠杀组织者的后台和动机，遇罗文找到了高福兴的弟弟，但其弟拒绝采访，理由是"上级"禁止他向别人提供屠杀史实，使他的采访碰了个钉子。

据韩玉春说，1966年8月31日夜里，大辛庄公社**一夜就杀了106口人！**当地人习惯地称它为"八三一事件"。那天夜里，靠近公社的四个生产大队都采取行动，这四个大队是黎明、中心、昕生和红升。屠杀理由同东方红公社雷同，即"阶级敌人"要杀贫下中农，贫下中农要先下手。

韩玉春的姑姑住在中心大队，有个十六、七岁的女儿和两个十多岁的儿子，仨人都在上中学。姑父叫韩宗信，地主出身。他从小离开家，参加了国民党的军队，后随部人起义，1955年回乡，有罗荣桓元帅签发的"起义证书"。韩宗信把"证书"悬挂在屋内上方，目的是希望靠它能给自己带来一点儿保护。但"起义证书"没有起到保护作用，"八三一事件"第二天，韩玉春得知噩耗：姑姑一家五口全部被杀。

提起大屠杀，**韩玉春夫人**记忆犹新。她说，当时杀人的方法五花八门，有用棍棒打，有用铡刀铡，有用绳子勒，对婴幼儿更残忍，踩住一条腿，抓住另一条腿，把人撕成两半儿。

屠杀行动是经过精心策划的，各大队杀的方法相似：先把要杀的人集中关起来，再一个个叫出去，出去一个杀一个，被关的人并不知情，直到杀光为止。

中心大队的贫协主席，一人用铡刀铡了十六个人，自己也紧张得瘫倒了。铡死的人都塞进一口深井里，直到井快塞满了。没有多少天，井里往外泛着白沫和恶臭，村里人把一部分尸体捞出来，埋在苇塘，然后把井填了。

黎明大队把杀死的人埋在村北的一片苇塘里。为了杀得快、杀得干净，他们干脆把要杀的活人用绳子套在脖子上往苇塘拖，连拖带勒，到了苇塘，人也就断气了。

靠近公社的四个大队，都把"黑五类"杀绝了。

70岁的李福荣很健谈，思路十分清楚。他对遇罗文说，在8月31日那天，仅仅大辛庄这四个大队，就被杀了106口人，最老的八十多岁，最小的是不会走路的婴儿。

在四个大队之中，**黎明**杀了六十多个，人数最多；**中心**、**昕生**各二十多个；**红升**行动慢一些，刚杀死两个人，其余尚未来得及屠杀。李福荣说，9月1日上午，大兴县副县长**刘英武**（刘尚彬说他是军代表）、**傅华忠**来大辛庄制止屠杀，这四个大队的屠杀活动停止了；但高、胡二人不向其他大队传达县委的指示，附近的杨各庄、东黄垡两个大队在9月1日，又杀了二十多人。

屠杀过程类似东方红。李福荣以杀人最多的黎明为例说：他们先把年轻的"黑五类"杀掉，以防暴动，然后杀老人和小孩儿；婴儿往往被劈成两半；有的孩子被孤零零地留在家里，打手们到各家搜，见到小孩就扔到门口的马车上，多数孩子被活活摔死；见了女人，还要扒光衣服再杀；死人都被埋在村北边的苇塘里；有的小孩没被摔死，从塘里往外爬，打手们上去就是一铁锹……后来人们管那个低洼苇塘叫"**万人坑**"。

"万人坑"早已不见

大辛庄公社共管辖19个大队，除六个大队外，其他多数大队采取观望，"八三一事件"当晚没有行动，第二天县里来人制止后，没有发生屠杀。

农村党员、干部并非都是痞子、流氓无产者，也有反对屠杀者，西白疃大队党支部书记**李树清**就是其中的一个。

当时西白疃大队书记是李树清（女），贫协主席是李树珍，两人是堂兄妹。可能他俩没喝过"狼奶"，平时看中邻里关系，不擅长搞"阶级斗争"、"仇恨哲学"和"村村见血"等统治权术那一套。据韩玉春说，1966年8月30日晚，李树清被召到公社开会。

会上高、胡传达了从天堂河农场带回来的新"精神"，做出了要各大队把"地富"分子及其亲属斩尽杀绝的决定。李树清回到大队，已经吓得腿软，连忙召集大小队干部商量办法。会上，生产队长**张万义**极力反对杀人。他说："咱们大队的五类分子连同亲属有280多人，这么多人能杀得过来？咱们都没杀过人，就怕杀一个自己就吓趴下了。"在张万义坚决反对下，西白瞳没有执行公社的决定。

另一个反对屠杀者是西梁各庄大队党支部书记**王世荣**。

由于王世荣年迈，患胸血栓，口齿不清，遇罗文采访他时，当说了东梁各庄活埋了一个人后，便因激动而无法语言。当年大队干部**刘尚彬**接受了遇的采访。

据刘尚彬说，王世荣从公社开完会回到村里，同大队干部们研究。研究后，他们一致认为：公社的这种决定有点儿反常，他们没有处决人的权力。于是，他们决定到市里咨询一下，看看更高的上级是不是也号召杀"阶级敌人"。他们先到了国务院，没有人来接见。又到国务院设在府右街北口的接待站，那里的工作人员告诉他们，**起码七天以后问题才可能解决。（好个七天哇！）**但他们在北京市委接待站反映情况后，却受到了表扬。9月2日，当副县长傅华忠和军代表刘英武向大辛庄公社大队以上干部传达了上级禁止屠杀的明确指示后，他们才肯定自己做对了。从公社回来，他们便召集"黑五类"开会，传达"要文斗，不要武斗"的《十六条》精神，让他们安心。这些"黑五类"分子，受到了几天的惊吓，个个三分像人，七分像鬼；当得知自己和家人不会被杀时，都感动得不得了，一个劲地表示：**"今后一定好好干活，领导叫干什么就干什么。"**

3. 东方红、大辛庄的无碑纪念

从北京农村大屠杀的规模、时间、方法和口实上看，无论是大兴县的屠杀，或者是昌平县的屠杀，都是有组织、有计划的。如果说大辛庄公社的屠杀与东方红公社的屠杀有什么不同的话，仅仅是遇罗文在大辛庄发现了大屠杀高一级的组织者——是以公社主任**高福兴**为首的"九人小组"。

所谓"高一级的组织者"，在红卫兵眼里，他们也不过是小小的科级芝麻官。一个公社、乡镇一级的头头，竟敢如此大胆地组织大屠杀，如果没有更高的根子、后台，他们敢吗？

当年北京市委书记吴德在他的回忆录中说："**村子里的支部书记为了避免斗争他，就反过来提出斗地富，群众一起来，就打死人了。**"为了力挺"主旋律"，退休的中共政治局大员吴德，说谎时脸不红，心不跳，说得轻松，道得坦然，其**撒谎功夫十分了得**。然而，大辛庄由中共公社党委头头们动员、组织和威迫屠杀的事实，却给了吴德大人一记响亮的耳光！

给吴大人一记耳光的还不止于此。有档案资料披露：这一屠杀行动起源于 1966 年 8 月 26 日大兴县公安局的局务会议。会上传达了公安部长谢富治不久前在北京市公安局干部扩大会议上的讲话。该讲话要点是：**(1) 公安机关不要出面制止红卫兵的暴力和杀戮，"我们过去的许多规定都不适用了"；(2) "群众打死人，我不赞成，但群众对坏人恨之入骨，我们劝阻不住，就不要勉强"；(3) 公安干警要为红卫兵的抄家暴力"当参谋，提供黑五类的情报，协助抄家"**。这个"八二六讲话"与"杀人无罪"讲话精神一致。会后大兴县公安局立即闻风而动，制定了在县内发动群众屠杀"黑五类"的计划。因此，有调查者认为，大兴县屠杀组织实施者高、胡和李恩元等人，很可能接受来自于县公安局的指令。这一切在吴大人的回忆里，已消失得无影无踪。

但一个县公安局敢于组织如此大规模屠杀，没有更高当局的指令，他们敢吗？是谁指令县公安局呢？这仍是个谜。

据李福荣说，在受害人亲友的努力追究下，几年后高福兴、胡德福分别被判 8 年徒刑，但随后得到了提前释放，至今还享受着退休待遇；黎明大队书记杨万杰被判 8 年徒刑，服刑时在狱中自杀；黎明大队贫协主席杨景云被判 8 年徒刑；东黄垡大队"文革主任"被判监外执行。

当局处理高、胡等人是不得已的，甚至是违心的，他们知道他们不过是执行者；如果不是民愤太大，他们不会处理他们，甚至还会表彰他们。为了维护党和毛泽东"伟大、光荣、正确"的形象，他们必须把真相隐蔽得很深很深！

究竟是谁指令、指挥或默许了这场北京农村大屠杀？更高的根子、后台在哪里？这里有很深的隐情待揭发。原北京市委书记吴德大人知道这个隐情，但他不说，却瞒天欺下；县公安局清楚这个隐情，但拒绝调查；直接组织、指挥大屠杀的高福兴、胡德福和李恩元，也可能知道部分隐情，但他们不敢说；调查者也没找到更高更大的根子、后台，仅仅判断农村大屠杀与北京城区里红卫兵的大屠杀有关，与公安部部长谢富治"杀人无罪"和"八二六讲话"的两次讲话有关。由于中共当权者掩盖真相，遏抑调查，终使遇罗文的努力无果而终。

尽管调查受阻，笔者仍然认为：指令或暗示县公安局组织屠杀者，应来自于高层或最高层。指令或暗示直接来自于公安部部长谢富治、或来自于左派中央文革的江青、陈伯达、康生、甚至直接受命于林彪的可能性都不大。如果来自于左派林、江等人，吴德对此会大书特书，因为，揭批他们的罪行，符合"毛的错误被林彪、四人帮利用"这一中共党的权威结论，同"主旋律"完全合拍。由于毛泽东对红卫兵反人类的野蛮抄杀大加赞扬，说**"是大好事"**，因此，笔者大胆推测：北京农村大屠杀的指令或暗示，很可能直接与毛泽东、周恩来有关，特别是与当时处于一线支持、组织红卫兵批、斗、打、砸、烧、抄、游、驱赶和杀戮的**周恩来及其支持者**有关，因为，在屠杀弱势群体上，以周为代表的右派比以毛、江为代表的左派更邪乎，尽管他们中有许多人又受到毛江左派的迫害。笔者猜想是否正确，让历史去验证吧！

如今，埋葬受难者的"万人坑"和填满受难者遗体的井，都被填平了，上面绿意昂然的庄稼和窗明几净的楼房，是社会主义新农村欣欣向荣的有力"见证"。那些大屠杀所遗留下的斑斑血渍，在"主旋律"的高歌声中，似乎已经被"**导向**"洗刷得干干净净！那些埋葬在地下的冤魂屈骨，在"主旋律"的催眠曲中，好像也将被"**遗忘**"分解得无影无踪！

这里不应该竖一座纪念碑吗？在"主旋律"的督导中，谁能回答？

三、第二波自杀风潮

1966 年 8 月 1 日，毛泽东给清华附中红卫兵的信件发出后，毛式批斗法在进一步发展中升级为**毛式揪殴法**，很快形成了从 1966 年 8 月到 1967 年中期的第二波自杀风潮。

在"红八月"期间，由于无法忍受毛式揪殴法的精神折磨和肉体摧残，自我了断成了他们抗议迫害、结束苦难的首项选择。在这里，笔者从掌握的一百多名自杀者名单中挑出几人，以儆省未来。

老舍，1899~1966，原名舒庆春，字舍予。中国著名作家，长篇小说《骆驼祥子》、话剧《茶馆》的作者。他的作品语言生动、幽默、诙谐，风格独特，受到国内外读者的喜爱。北京市政府曾授予他"人民艺术家"的荣誉称号。1956 年，在中国作协第二次理事扩大会上，被当时的文艺界一把手、中共中宣部副部长周扬推誉为中国五大语言大师之一。那五大语言大师是：**郭沫若、茅盾、巴金、老舍、赵树理**。在文革中，前三位挣扎活到了文革结束，老舍和赵树理却没有那么幸运。1966 年 8 月 24 日晚，老舍因不堪迫害，怀揣《毛主席诗词》，投北京太平湖自杀。

老舍

老舍投湖自杀前，曾亲口对巴金说："**请告诉朋友们，我没有问题。**" 8 月 23 日，他以"**我没有问题**"的姿态主动参加了北京市文联组织的批斗会。会上女作家**草明**，为了保护自己，突然向他发难，揭发了他把《骆驼祥子》版权卖给美国"不要人民币要美元"的"罪行"。于是，他遭到了女八中红卫兵整整一天的批斗、折磨和毒打。当天深夜，打伤后的老舍被送回家。在家里，他告诉妻子说："**人民是理解我的！党和毛主席是理解我的！总理**（指周恩来）**是最了解我的！**"第二天，他带着"三个理解"，揣着《毛主席诗词》，在太平湖边期待了整整一天，傍晚投水自尽。

一个作家没有留下只字遗嘱，也是少见的。在太平湖一整天，他在想什么？他在读《毛主席诗词》吗？他会读，因为毛泽东"理解"他，知道他在"解放"后所写的东西，都是讴歌党和毛泽东的英明、伟大；但不可能整天在读。也许他在过滤他的一生。

在"旧社会"，他反对蒋介石的独裁，像一只孤傲的苍鹰在天空自由飞翔，写出了《骆驼祥子》、《四世同堂》等一批世人称道的作品，赢得了荣誉和尊严。从美国回到"新社会"后，他拥护和欢呼中国共产党和毛泽东，因而得到了充分的信任和很高的荣誉。信任、荣誉，使他与自由、民主和人权拉开了距离。他奋笔疾书，写出了《龙须沟》等许多艺术平平但配合政治、讴歌新时代的遵命文字。他不是共产党员，但他的命运已同共产党紧紧连结在一起。"解放"初期，在斗争一个"白吃了他（一个卖油饼的老人）的油饼"的"恶霸"时，他义愤填膺，告诫"**文文雅雅的人们**"，"**坚强起来，把温情与文雅丢开**"，高喊"**该打！该打！**"而不论"恶霸"的罪名是谁人推定、谁人判决。在反胡风中，他对同他共事二十多年的老朋友大加鞭挞，痛斥胡风集团"**是一伙牛鬼蛇神，为人民唾弃的垃圾！他们天天吃着人民供给的粮食，却仇恨人民民主专政的一切，干着颠覆人民政权的罪行。这些破坏人民事业的暗藏的反革命罪犯，应依法予以严惩！**"云云。在反右中，他毫不留情地判定被打成右派的青年作家**从维熙**揭露农村生活真实的小说《并不愉快的故事》是"**意在煽动农民造反**"。在反右运动的"巨大胜利"中，他眼睁睁地看着许多朋友纷纷中箭落马，严峻的形势可能促使他有所反思。1957年，他推出艺术造诣较高的三幕话剧**《茶馆》**，好像要与"遵命文学"拉开一定距离。在1958年的大跃进中，他写了不少应景文字。如他在《陈各庄上养猪多》写了这些句子：**"热爱猪，不辞劳……干劲大，不识闲……越进步，越学习，永远高举毛泽东思想伟大红旗！"**同《茶馆》相比，前者是艺术，后者是垃圾，可见他的内心世界充满着矛盾：在遵命和相对自由之间困惑、搏斗和挣扎。到了六十年代，他在思想和创作上已与党内右派、中间派合拍。也许他还没有看清上层权力斗争的残酷性，当遭到毛左派敌视时，他还陶醉在"**我没有问题**"上！

他这十六、七年以来的心迹和境遇，是一代中国许多作家、学者的缩影：他们在塑造别人愚昧、冥顽、奴隶意识和奴性灵魂的同时，也被中共伦理共识塑造成盲从、违心、昧着良心和相互攻讦的党棍，如**草明**辈那样；他们在为专制独裁修桥铺路的同时，也使自己失掉了人格、良心和恻隐之心，最终也把自己的精神甚至肉体，都埋葬在这条通向荒诞而野蛮的路上。

1966年3月20日，毛泽东说："**现在要搞革命。要保几个人，如郭老、范老，其他的人不要保。发动年轻人向他们挑战，要指名道姓。**"老舍被列入敌对势力。显然，他说"毛主席是理解我的"的毛泽东，不但不理解他，还要革他的命；他说"总理最了解我的"的周恩来，正处于"煽社会主义之风，点无产阶级文化大革命之火"的百忙之中，可能没有想到或无暇保护他。他对妻子说"三个理解"的那句话，是自我安慰？还是有所期待？抑或是自嘲？人们可以去想象。

他站在太平湖边，有所期待地读着《毛主席诗词》，回顾着走过的一生，内心激烈地搏斗着。整整一天没有人理睬他。他被抛弃了，他悔恨地绝望了，傍黑，他纵身跳了下去。

也许有人指责笔者对受难者过于苛刻，缺乏同情心。笔者认为：历史不仅在于同情，更在于真实，在于"殷鉴不远"——吸取教训！

程贤策，男，中共北京大学中文系总支书记。1966年"横扫"中，被当作"黑帮分子"遭到无数次批斗、侮辱和毒打，撑持了三个月后，于1966年9月2日服毒自杀。

据多位北大老人回忆，程贤策是个欢快、明朗、有理想、体格高大且风度文雅的基层干部。在1948年的北大，他是许多学生的领路人：向他们介绍延安，教他们唱共产党的歌曲。1951年，北大文、史、哲三系的师生去江西搞土改，组成中南地区土改工作第十二团，他是这个团的副团长。有一个村子划出了八个地主，按当时明文"政策"规定，有劣迹的才杀，但一个副县长一声令下，把八个地主全部就地处决，并"陈尸三日"。对此，许多学生都不理解。他教育同学们，**要从革命需要出发去理解这种杀戮的"必然"性，而无庸道德价值判断**。由于这种坚定的无产阶级革命信念和立场，使他在毛泽东发动的历次政治运动中，都能找到"必然"性的理论根据而安然无恙，从而逐步升迁，1959年任北大中文系总支部书记。

1966年6月1日，毛泽东命令向全国广播北京大学聂元梓等人写的一张"大字报"后，几乎一夜之间，他从坚定的革命干部变成了反革命黑帮。这是否也是必然呢？对于他来说，此刻，他已怀疑这种"必然"了。戴高帽子、挂黑帮牌子、往身上贴大字报、推搡、揪头发、剃阴阳头、罚跪、辱骂、挨皮带毒打等"触及灵魂"和"没收反动思想"的毛式揪殴法，几乎成了他每天的"必修课"。尽管他已怀疑毛泽东发动文革的必要性，但对毛式群众运动——政治运动的操作规律却烂熟于心：**开始**，制造舆论作报告，**继而**，人人检查，鼓动人人大胆怀疑和揭发，**接着**，分指标，定对象，训练积极分子，进行批斗，**后期**，则落实"政策"，舒缓矛盾，为下次运动积蓄能量。他对自己的清白深信不疑，因此，只要忍耐一两个月后，就会雨过天晴。然而，8月1日毛泽东给清华附中红卫兵写的一封鼓动造反的回信公布后，**他困惑了**；在"红八月"里，毛式揪殴法越来越血腥，屠杀规模越来越大，北京数万人被打数千人被杀的腥风血雨使他**恐慌**了；他发现这次运动与"解放"后的历次运动很不相同，特别是8月31日，当他看见毛泽东在天安门上兴致勃勃地第二次接见数十万红卫兵的时候，当他听见林彪在天安门上大声赞扬红卫兵大屠杀"**好得很**"的时候，联想到井冈山肃反、延安抢救，他**战栗**了；面对那无休无止的、残酷的毛式揪殴，已超越了忍耐限度，他终于**绝望**了。9月2日，他来到距北京大学数公里外的香山，有人看见，他像一个视死如归的勇士，"一手拿着一瓶烈酒，一手拿着一瓶敌敌畏，边走边喝,向密林深处走去",他倒下了,在痛苦地蜷曲中结束了生命。

刘澍华,一个年方26岁的清华大学附属中学的物理教师。1966年8月26日晚上,在该校红卫兵头头**卜大华**组织的"斗争会"上,刘澍华被以"流氓"罪名,惨遭红卫兵用铜头皮带和塑料跳绳拧成的麻花状鞭子毒打和侮辱。他的"流氓"罪是:婚前曾追求过另一位姑娘,对方不情愿,曾向领导抱怨他纠缠过她。

卜大华何许人也?他是军干子弟,中国红卫兵组织的创始人之一,也是《无产阶级的革命造反精神万岁》和尔后的《二论》、《三论》大字报的主要作者。在中央文革政要们、他们父辈们的参谋和捉手下,《无产阶级的革命造反精神万岁》和《二论》、《三论》便先后出笼。毛泽东对自己幕后导演的完全符合自己意图的大字报,给了极高评价。他在8月1日的回信中,对卜大华等中学生**"表示热烈的支持"**。毛泽东的支持,赋于尚无判断能力的中学生们以生杀予夺的大权。中学生们能分清敌人和朋友、这个主义和那个主义、错误和严重错误、以及严重错误和敌人的界限吗?从法理上说,敌我、功罪的概念定义,应该十分清晰,但毛泽东不喜欢。他相信个人判断:从地、富、反、坏、右、资(本家)、牛(鬼蛇神)、黑(帮)、反(动权威)、修(正主义),到叛徒、内奸、走资派等阶级敌人,都是毛泽东根据政治形势的需要或个人好恶来确定的。这种"需要"、"好恶"的随意性和模糊性,使毛泽东所谓解决两类不同性质矛盾理论的说教,**能左右逢源,横竖是理!**这是独裁者的专权。在这种专权"理论"制导下,中学生们便可以根据好恶来界定敌我。于是,刘澍华"流氓"便成了罪大恶极、十恶不赦的罪行,对他"当然"不适用"争取团结一切可以团结的人们"的条条,而"理应"采取**一个阶级推翻另一个阶级的暴烈的行动**"的专政办法去解决。

在卜大华组织的斗争会上,被中学生们推定为"黑帮"的校长万邦儒,肾脏被严重打伤,头上被打出了一个大裂口。团委书记顾涵芬,被打成重伤,打瞎了一只眼,倒在自行车棚子里陷入昏迷,被丈夫刘松盛背回了家。据目击者说,那天挨打最利害是刘澍华。可怜这位刚刚开始教学生涯的刘澍华,在山西老家,上有一个双目失明的老爹,下有一个怀孕三个月的新婚妻子,他们都倚仗他生活哩。遭到毒打和侮辱后,他想不开,当晚拖着伤痛爬上烟囱,面对山西,呼着老爹,唤着妻子的名字,喊道:"我对不住你们了!"两眼一闭,跳了下去。当人们在煤灰堆中扒出他的尸体时,他的两根大腿骨,深深插在他的腹腔里。

傅雷、朱梅馥夫妇,一对文革殉难者。

1966年9月3日凌晨,翻译巨匠**傅雷**因不堪忍受红卫兵的殴打、凌辱,坐在自己的躺椅上,吞服了巨量毒药,辗转而亡。两小时左右,他的夫人**朱梅馥**吊在铁窗横框上,尾随夫君而去。

傅雷,1908年4月7日生于上海南汇,1924年考入上海大同大学附中,1927年赴法国巴黎大学文科学习艺术理论，1931年秋回国，在上海美术专科学校讲授美术史和法文。1934年起闭门译书，翻译了法国许多重要作家的作品，如伏尔泰、巴尔扎克、罗曼.罗兰等人的著作。数百万言的译作，成了中国翻译界备受推崇的范文，形成了"傅雷体华文语言"。他多艺兼通，在绘画、音乐、文学等方面，均显示出独特的艺术鉴赏力。抗战胜利后，当选为中国民主促进会第一届理事，"新中国"成立后，被选为第一、二届全国文代会代表、上海市政协委员。

傅雷、朱梅馥夫妇和儿子傅聪

中国大多数知识分子的命运几乎都一样：他们在毛泽东"统一战线"、"政治协商"、"建设新中国"的感召下，积极参加"新中国"的各项建设事业，做出巨大贡献，因而也获得一些奖励，被政府指定为各级人大、政协委员或挂名什么长等荣誉闲职。但随着"**思想改造**"、"**批胡风**"、"**一化三改造**"等一系列政治、经济运动的开展和深入，他们的自由、民主思想与无产阶级专政下的专制独裁主义冲突起来，因而受到了冲击和打压，他们的"统战"价值也随之衰减以致告罄。挨到1957年，他们之中的许多人跌入"**百花齐放，百家争鸣**"的"**阳谋**"圈套中，成了"人民的敌人"——右派分子！具有民主意识的傅雷焉能例外？1958年，他在"反右补课"中，被以"亲美"、"反苏"的罪名，后补打成右派。

当一场史无前例的红色恐怖浪潮席卷中国的时候，他已预感到自己在劫难逃。他对朋友们说："我快要走了！"但生命只有一次，强烈的本能使他对生存抱有一线希望。

在自杀前的"红八月"里，他在给儿媳的一封信中，曾表露愿意向专制独裁低头认"错"的心扉：**"对于一个在旧社会生活过四十年以上的人，满脑子'反动的西方资本主义的民主观念'，他所行的'自我改造'自然会困难重重。我们在艰辛与痛苦之中尽了最大努力，以求达成目前'文化大革命'所提出的要求。"**

他想错了。**毛泽东不准投降！**毛要把他心目中的敌人"**打倒在地，再踏上一只脚！**"用他的嫡系造反派的话来说，叫"斗倒！斗臭！""打翻在地，再踏上一只脚，叫他永世不得翻身！"和"坚决、彻底、干净、全部地消灭！"生存之路被堵死了，自我了断成了他和他的同路人们的唯一选择！

从8月底开始，经过了四天三夜的查抄、戴高帽、罚跪、辱骂和殴打，他，傅雷，一代名扬中外文化巨人的尊严和权利，**不，一个普通人的尊严，一个普通人做人的最基本权**

利，都被剥夺得干干净净！ 9月3日凌晨，他头朝天堂、眼望故乡，仰首喝下一杯剧毒药水，离开了人间，享年58岁。同傅雷共同生活了34年的妻子朱梅馥，眼睁睁地看着丈夫在辗转绻曲中死去。她痛苦地抽泣着，从容地扶正丈夫的遗体，擦掉丈夫遗体上的血污，摆放好他们晚上才写好的遗书(5)，然后从被单上撕下两段布条，搓成绳子，在丈夫走后约两小时，吊死在铁窗横框上，终年53岁！（笔者读着他俩的遗书，不禁老泪横流！）

傅雷夫妇的死，像"瘟疫"一样，向周围扩散！上海音乐学院指挥系主任**杨嘉仁**教授和夫人**程卓如**副教授、音乐学院钢琴系主任**李翠贞**教授、上海交响乐团钢琴家29岁的**顾圣婴**及其**母亲**、**胞弟**三人，面对毫无人性的迫害，分别于9月6日、9月9日和1967年初自杀，紧随傅雷夫妇撒手而去，离开了这个野蛮、残忍、令人诅咒的世界！

据笔者了解，仅1966年的夏天，夫妇同时、或全家自杀的还有：

上海市医药公司职员**王德明**，同父母三人一起自杀；

厦门大学历史系教授**王思杰**，同妻子、儿子、女儿，全家四人一起自杀；

陕西师范大学地理系一级教授**黄国璋**和夫人同时自杀；

北京新华社摄影记者**陈正清**同夫人**何慧**，遭批斗后同时自杀，留下四个未成年孩子；

北京协和医院病理学家**胡正祥**教授同夫人双双自杀；

上海华东师大外语教师**吴迪生**同夫人双双上吊；

北京四中数学教师**苏庭伍**和妻子地理教师**汪含英**同时自杀；

北京库司胡同在丹麦使馆工作的无名氏居民，夫妻双双吊死；

天津市前资本家**李XX**同妻子一起自杀；

北京第65中学生边涌珍的父亲和母亲，双双自杀；

天津文化用品公司职工**张宗颖**和妻子**吕乃朴**，夫妻双双自杀；儿子张佑慈因扬言要"给父母报仇"的"反革命罪行"，被判刑15年。

据专家们估计，在1966年8月1日到1967年中期的第二波自杀风潮中，全国约有10~15万人丧生。笔者搜集到的143个自杀者名单(6)，仅占这一时期自杀总量的千分之一左右！

兴，百姓苦，亡，百姓苦！

第十章附注：

注1、"红八月"部分血案统计表（据说是官方统计）

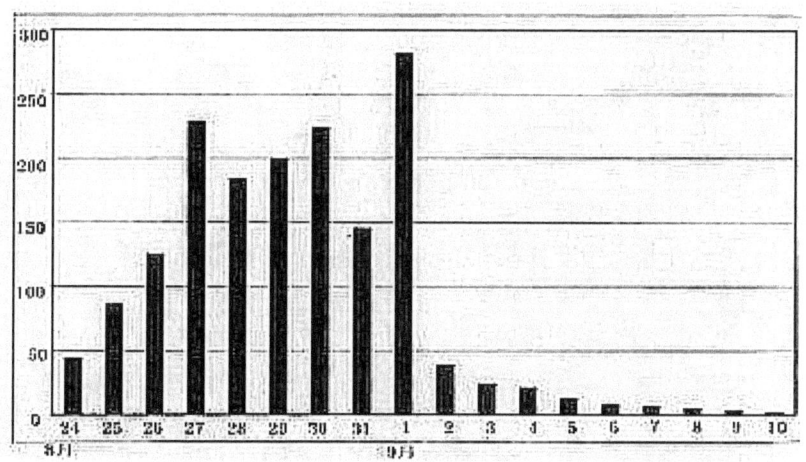

据不完全统计，仅在北京，从 1966 年 8 月 26 日到 9 月 1 日，每天有数百人被打死：

8月26日，126人；8月27日，228人；8月28日，184人；8月29日，200人；

8月30日，224人；8月31日，145人；9月1日，228人……

注2、1966年8月～12月部分被枪杀、打死、监毙和重伤不治身亡者名录表

资料来自《文革受难者纪念园》、《文革博物馆》、《文革时代》等网站，少数为笔者补充。

编号	姓名	职业	性别	死亡年龄	死亡月份	死亡地点	死亡方式				何种运动、说明
							枪杀	打死	监毙	迫死	
1	白素莲	小师	女		8	西安		*			报恩寺路小学语文老师
2	卞仲耘	中师	女		8	北京		*			北京师大附属女中副校长
3	陈葆昆	中师	男		8	北京		*			北京101中美术教师
4	陈彦荣	工人	男	37	8	北京		*			科学院气体厂，其母富农成份
5	陈玉润	居民	女	60	8	北京		*			北京玻陶水泥设计院技术员黄瑞五，因有房产，同母陈、外婆李、姐炜班和老佣人，一家五口，同时被红卫兵打死。
6	李秀蓉	居民	女	82	8	北京		*			
7	黄瑞五	工程	男	30	8	北京		*			
8	黄炜班	医生	女	35	8	北京		*			
9	老佣人	居民	男		8	北京		*			
10	陈沅芷	中师	女	42	9	北京					北京25中
11	程珉	干部			8	北京			*		北京通县一中领导干部
12	储安平	主编	男	57	夏	北京	?				原《光明日报》主编、右派，活不见人，

									死不见尸！
13	党晴梵	民主	男	81	9	西安		*	民主党派陕西省政协副主席
14	董思林	中师	男		夏	上海		*	上海58中校长
15	樊希曼	干部	女		8	北京		*	被儿子的同学打死
16	方俊杰	农民	男	30	8	北京		*	大兴县同时遇害325人
17	向达	高师	男		10	北京		*	北京大学历史系教授
18	郭文玉	小师	女		8	北京		*	北京东城区宽街小学校长
19	孟昭江		男		8	北京		*	郭文玉的丈夫
20	韩康	中师	男		8	南京		*	南京13中数学教员
21	夏忠谋	中师	男		8	南京		*	南京13中体育教员
22	朱庆颇	中师	男		8	南京		*	南京2中历史教员
23	王金	工人	男		9	南京		*	家庭出身不好
24	韩志颖	民盟	男		7	西安		*	西安市第五中学校长
25	韩宗信	农民	男		8	北京		*	大兴县大辛庄公社农民，一家五口同时遇难！
26	何汉成	居民	男		8	北京		*	死于北京六中监狱
27	贺定华	小师	女	66	8	北京		*	退休小学教员
28	华锦	干部	女	52	8	北京		*	北京八中支部书记
29	黄厚朴	医生	女		8	北京		*	协和医院退休理疗科主任
30	姜培良	干部	男		8	北京		*	北师大附二党支部书记
31	靳桓	中师	男	40	8	北京		*	北京65中化学教员
32	靳正宇	中师	男		8	北京		*	北京师大附二中语文教员
33	孔海琨	居民	男		8	北京		*	家住北大承泽园
34	寇惠玲	居民	女		8	北京		*	东打磨厂2号居民
35	李长恭	右派	男		7	湖南		*	湖南坪塘新生水泥厂服刑
36	李丛贞	看门	男		8	北京		*	朱广相医生家的门房
37	李翠贞	高师	女		6	上海		*	上海音乐学院二级教授
38	李达	学者	男		8	武汉			*	武汉大学校长
39	李济生	干部	男		9	山西			*	太原市教育局长
40	李敬仪	干部	女	53	8	南京		*	南京师范学院教务长
41	吴天石	干部	男	56	8	南京		*	江苏省教育厅长、李敬仪夫
42	李锦坡	工友	男		8	北京		*	北京景山学校传达室工友
43	李文波	居民	男	52	8	北京		*	北京广渠门内大街121号
44	刘文秀	居民	女	50	9	北京	*			李文波之妻

45	栗剑萍	居民	女	40	夏	北京	*	北京武王侯胡同16号居民
46	梁光琪	干部	女		8	北京	*	北京十五女中支部书记
47	林修权	中师	男		8	上海	*	上海市同济中学语文教师
48	刘盼遂	高师	男	60	8	北京	*	北京师大中文系古文教授
49	吕贞先	小师			8	北京	*	北京宽街小学教导主任
50	南保山	居民	男		8	北京	*	北京太平桥大街179号居民
51	南鹤龄	居民	男	26	8	北京	*	破"四旧"时遇难
52	庞乘风	干部	男		9	广州	*	广州17中总务主任
53	庞玉来	工人	男		7	武汉	*	因打贴大字报的人，被处决
54	齐惠芹	中师	女	50	8	北京	*	北京四女中教师有房产
55	祈式潜	学者	男		8	北京		中科院近代史研究员
56	钱颂祺	会计	男	50	8	上海	*	上海市第56中学会计
57	沙坪	校长	女	66	8	北京	*	北京第三女子中学校长
58	邵庆玉	校长			10	北京	*	北京吉祥胡同小学副校长
59	史青云	中师	男		8	西安	*	陕西师大第一附中校长
60	孙迪	中师	男	36	夏	北京		北京十女中美术教师
61	孙启坤	会计	女		?	北京	*	北京永定门外台型机床厂退休会计，姐妹双双被杀
62	孙玉坤	居民	女	58	?	北京	*	
63	孙琢良	居民	男		8	北京	*	北京东厂胡同居民，夫妻双双被杀
64	孙妻				8		*	
65	孙静珍	居民	女	48	8	许昌	*	河南省许昌市印刷厂家属
66	谭润方	农民	男	30	8	北京	*	北京大兴县大辛庄农民
67	唐政	中师	女	47	夏	浏阳	*	湖南省浏阳一中教师
68	田悦	学生	男			北京	*	北京123中学学生
69	王伯恭	中师			夏	西安	*	西安37中退休语文教员
70	王冷	中师	女	39	夏	西安	*	西安37中语文教员
71	王光华	学生	男	19	9	北京	*	北京第六中学学生
72	王金	工人	男		9	南京	*	南京市的一个普通工人
73	王升倌	校长	男		?	北京	*	北京第三十中学校长
74	王小晶	学生	男	11	8	北京	*	北京市少年宫
75	王占保	农民			?	北京	*	北京昌平县黑山寨大队，一家三口被打死。
76	王儿				?	北京	*	
77	王孙				?	北京	*	
78	王铁锤	居民	男		夏	许昌	*	河南省许昌市安怀街居民

79	吴兴华	高师	男	45	8	北京		*		北京大学英语教授
80	武素鹏	学生	男		夏	北京		*		北京十三中初中三年级
81	夏忠谋	中师	男		8	南京		*		南京13中体育教员
82	萧士楷	居民	男		夏	涿县			*	北京广安门内大街退休教师，"遣返"到河北省涿县后，两位老人贫病交迫而死
83	萧妻		女		夏	涿县			*	
84	徐霈田	校工	男	76	10	北京		*		北京第六中学退休校工
85	杨春广	员工	男	?		北京		*		北京水暖一厂工作人员，夫妻双双被打死。
86	杨妻		女	?		北京		*		
87	杨寒清	中师			8	上海		*		上海复旦大学附中语文老师
88	杨九皋	中师	男		8	上海		*		上海七宝中学英语教师
89	姚启均	高师	男		9	上海		*		上海华东师范大学物理系教授
90	姚学之	中师	女		7	武昌		*		武昌实验中学政治老师
91	叶祖东	小师	女		11	昆明			*	昆明师专附小语文老师
92	于秀云	中师			11	石家庄			*	石家庄市第二中学教师
93	喻瑞芬	中师	女		8	北京		*		北京师专附中生物教师
94	张冰洁	书记	女		夏	北京		*		北京宣武区白纸坊中学
95	张炳生	居民	男		11	上海		*		上海漕溪北路居民，父子双双被打死。
96	张子	居民	男		11	上海		*		
97	张辅仁	中师			8	北京		*		北京外语学院附中教员
98	张福臻	职员			8	北京		*		北京外语学院附中总务处职员
99	张继旭	干部	男		8	石家庄			*	石家庄六中教导副主任
100	周志刚	中师	男		8	石家庄			*	石家庄第六中学教师
101	张秀敏	干部	女		8	石家庄			*	石家庄第六中学教导主任
102	赵丹若	高师			8	上海			*	复旦大学化学系教授
103	周文贞	中师	女	55	8	武汉		*		湖北武汉长江航运管理局职工业余学校任教员
104	周福立	职工	男		8	北京		*		北京南郊南口农场二分场
105	周志刚	中师	男		8	石家庄			*	石家庄第六中学教师
106	朱庆颐	中师	男		夏	南京		*		南京市二中历史老师
107	左奶奶	居民	女		8	北京		*		两人都是北京东厂胡同六号居民，马给左的丈夫报信被打死。
108	马大娘	居民	女		8	北京		*		
109	朱代杰	高师	男		6	北京			*	北京铁院教授，死后妻子自杀
110	无名氏	农民			8	大兴		*		北京大兴无名死难者322人
111	无名氏		女	19	7	北京		*		北师大女附中附近饭馆服务员

112	无名氏		女		8	北京		*	北大附中打死的老年妇女
113	无名氏	居民			8	上海		*	郊区梅龙公社牛行大队居民
114	无名氏	学生			9	上海		*	外地来上海串联的学生
115	无名氏	校工			8	北京		*	北京第25中学校工
116	无名氏	中师	女	40	8	北京		*	北京第四女中语文老师
117	无名氏		女		夏	北京		*	居民,被人大附中红卫兵打死
118	无名氏		男		?	上海		*	上海虹口区山阴路居民
119	无名氏	学生	女	15	8	北京		*	27中初二生"家庭出身不好"
120	无名氏		女		8	北京		*	北京居民七个孩子的母亲
121	无名氏		女		8	长沙		*	北京居民驱赶出北京
122	无名氏	高师	男		夏	北京		*	北京铁道学院俄语教授
123	无名氏				8	南宫		*	河北南宫县南宫中学教导主任
124	无名氏	校工	男		夏	北京		*	北京第三中学的看门校工
125	无名氏	农民			8	昌平		*	北京昌平县黄土南店19人
126	无名氏	居民			夏	北京		*	四中红卫兵打死2名校外人员
127	无名氏	居民	女		8	北京		*	居民,右派葛佩琦的二嫂
128	无名氏		男	50	8	北京		*	北京市粮食局右派分子
129	无名氏	职工	男	45	8	北京		*	北京包头章胡同1号居民
130	无名氏				9	北京		*	打死在新街口银行的老人
131	无名氏	居民			夏	北京		*	北京库司胡同2号居民
132	郝XX	居民	男		夏	北京		*	北京库司胡同2号居民
133	向达	高师	男		10	北京		*	北京大学历史系教授

注3、 王晶垚:关于宋彬彬、刘进虚伪道歉的声明

1966年8月5日下午,师大女附中(现师大附属实验中学)红卫兵以"煞煞威风"为名在校园里揪斗卞仲耘同志。红卫兵惨无人道地用带铁钉的棍棒和军用铜头皮带殴打卞仲耘同志,残暴程度令人发指!

下午3点钟左右,卞仲耘同志倒在校园中。她遍体鳞伤、大小便失禁,瞳孔扩散,处在频临死亡的状态。红卫兵将卞仲耘同志置放在一辆三轮车上,身上堆满肮脏的大字报纸和一件油布雨衣(这件雨衣至今我还保留着)。在长达5个小时的时间里,师大女附中红卫兵拒绝对卞仲耘同志实施抢救(邮电医院与校园仅有一街之隔)。直至晚上8点多钟卞仲耘同志才被送往邮电医院,人已无生还可能。

卞仲耘同志死亡的第二天,红卫兵负责人刘进在对全校的广播中叫喊:**"好人打坏人活该!死了就死了!"** 真是丧尽天良。

1966年8月18日，卞仲耘同志遇难十三天后，毛泽东在天安门城楼上接见北京红卫兵代表。师大女附中红卫兵负责人宋彬彬登上天安门，代表师大女附中的红卫兵给毛泽东戴上红卫兵袖章——这个袖章上沾满了卞仲耘同志的鲜血。毛泽东对宋彬彬说："要武嘛。"宋彬彬从此改名为宋要武。

1966年8月18日之后，北京市又有1772人被红卫兵活活打死，其中包括很多学校的老师和校长。

卞仲耘同志遇难已经48年。但是，"八五事件"的策划者和杀人凶手至今逍遥法外；"八五事件"真相仍然被蓄意掩盖着。

2014年1月12日，宋彬彬、刘进二人竟以"没有有效阻止"、"没有保护好"、"欠缺基本的宪法常识和法律意识"开脱了她们在"八五事件"中应负的责任。并仅以此为前提，对卞仲耘同志和其他在"八五事件"中遭受毒打的校领导及其家属进行了虚伪的道歉。

为此，作为卞仲耘同志的老战友、丈夫，我郑重声明如下：

一、师大女附中红卫兵是残杀卞仲耘同志的凶手！

二、师大女附中红卫兵没有抢救过卞仲耘同志！

三、在"八五事件"真相大白于天下之前，我决不接受师大女附中红卫兵的虚伪道歉！

特此声明！

2014年1月27日

注4、大兴县大屠杀部分统计表

公社名称	大队名称	屠杀时间	屠杀人数
大兴县	全县合计	1966.8.24~9.1	325
大辛庄公社	公社合计	1966.8.31~9.1	130多（？）
	黎明大队	1966.8.31 （杀106人）	60多（？）
	中心大队		20多（？）
	昕生大队		20多（？）
	红升大队		2
	杨各庄大队	1966.9.1	20多（？）
	东黄垡大队		1
	东梁各庄大队		
东方红公社 （北臧乡）	公社合计	1966.8.24~9.1	98
	新立村大队	1966.8.24~9.1	53

	马村大队		34
	六合庄大队		11
其他公社	其他公社合计		97以下（？）

注5、傅雷的遗书

人秀：

尽管所谓反党罪证（一面小镜子和一张褪色的旧画报）是在我们家里搜出的，百口莫辩，可是我们至死也不承认是我们自己的东西（实系寄存箱内理出之物）。我们纵有千万罪行，却从不曾有过变天思想。我们也知道，搜出的罪虽然有口难辩，在英明的共产党领导和伟大的毛主席领导之下的中华人民共和国，决不至因之而判重刑。只是含冤不白，无法洗刷的日子比坐牢还要难过。何况光是教育出一个叛徒傅聪（笔者：傅雷长子，逃亡英国的青年钢琴家）来，在人民面前已经死有余辜了！更何况像我们这种来自旧社会的渣滓早应该自动退出历史舞台了！

因为你是梅馥的胞兄，因为我们别无至亲骨肉，善后事只能委托你了。如你以立场关系不便接受，则请向上级或法院请示后再行处理。委托数事如下：

一、代付九月份房租55.29元（附现款）。

二、武康大楼（淮海路底）606室沈仲章托代修奥米茄自动男手表一只，请交还。

三、故老母剩余遗款，由人秀处理。

四、旧挂表（钢）一只，旧小女表一只，赠保姆周菊娣。

五、六百元存单一纸给周菊娣，作过渡时期生活费。

六、姑母傅仪寄存我们家存单一纸六百元，请交还。

七、姑傅仪寄存之联义山庄墓地收据一纸，此次经过红卫兵搜查后遍觅不见，很抱歉。

八、姑母傅仪寄存我们家之饰物，与我们自由的同时被红卫兵取去没收，只能以存单三纸（共370元）又小额储蓄三张，作为赔偿。

九、三姐朱纯寄存我们家之饰物，亦被一并充公，请代道歉。她寄存衣箱贰只（三楼）暂时被封，瓷器木箱壹只，将来待公家启封后由你代领。尚有家具数件，问周菊娣便知。

十、旧自用奥米茄自动手表一只，又旧男手表一只，本拟给敏儿与XXX，但恐怕妨碍他们的政治立场，故请人秀自由处理。

十一、现钞53.30元，作我们火葬费。

十二、楼上宋家借用之家具，由陈叔陶按单收回。

十三、自有家具，由你处理。图书字画听候公家决定。

使你为我们受累，实在不安，便也别无他人可托，谅之谅之！

傅雷

梅馥

1966年9月2日夜

注6、1966年8月～1967年中期部分自杀身亡者名录

资料来自《文革受难者纪念园》、《文革博物馆》、《文革时代》等网站，少数为笔者补充。令人遗憾的是，除农民周鹤祥外，其他均为城市知识界等人士，农村记录甚少。

编号	姓名	职业	性别	年龄	死亡月份	死亡地点	说明
1	白京武	中师	女		8	北京	北京47中美术老师
2	曹天翔	中师	男		8	北京	北京女二中体育教员
3	陈笑雨	干部	男	49	8	北京	人民日报社工作
4	陈应隆	高师	男	30	8	北京	北京广播学院教师
5	陈正清	记者	男	44	8	北京	遭批斗后同妻子何慧一块自杀，留下四个未成年孩子
6	何慧	员工	女	40	8	北京	
7	成卓如	中师	女		8	上海	上音学院附中副校长
8	杨嘉仁	高师	男		8	上海	上音教授，两人为夫妻
9	丁晓云	员工	女		8	上海	上海华东师大图书馆馆员
10	董尧成	中师	女		8	北京	北京二女中语文教员
11	董母	居民	女		8	北京	与女儿尧成一同自杀
12	老舍	作家	男	67	8	北京	北京西城太平湖投水自杀
13	傅曼芸	居民	女	50	8	上海	复旦大学遗传学家谈家桢教授妻子
14	高万春	干部	男	39	8	北京	北京第26中学的校长
15	郭兰蕙	学生	女	19	8	北京	清华附中，家庭出身不好
16	胡正祥	高师	男		8	北京	北京协和医院病理学家，夫妻双双自杀
17	胡妻				8		
18	黄祖彬	中师	男		8	厦门	厦门八中物理教师
19	萨兆琛	中师	男		8	厦门	厦门八中教师
20	李德辉	中师	男		8	武汉	武汉市一中英文老师
21	张百华	小师	女	41	8	北京	北京市北门仓小学教员
22	刘克林	干部	男	42	8	北京	中共中央宣传部干部
23	刘澍华	中师	男	26	8	北京	清华附中物理教师
24	陆家训	高师	男		8	西安	西安交大理力教研室教师

25	吕献春	干部	女		8	上海	上海市财政局副处长
26	彭鸿宣	中师	女		8	北京	北京工业学院附中校长
27	祈式潜	学者	男		8	北京	中科院近代史研究员
28	萨兆琛	中师	男		8	厦门	福建省厦门八中学教师
29	宋励吾	高师	男		8	南京	南京解放军气象学院教授
30	王一民	学生	男		8	上海	上海市外国语学院附中初二(5)班学生
31	吴迪生	高师	男		8	上海	上海华东师大外语教师同妻子（无名氏）
32	无名氏		女		8	上海	一起上吊
33	徐跻青	校长			8	南宫	河北省南宫县南宫中学校长
34	阎巨峰	校长	男		8	南宫	河北省南宫县南宫中学副校长
35	杨俊	中师	男	39	8	北京	中国人民大学附中教师
36	俞大因	高师	女		8	北京	北京大学英语教授
37	张国良	工人			8	上海	上海市油画雕塑创作室石膏模型翻制工人
38	张岩梅	中师	女		8	北京	北京第三女中数学老师
39	郑思群	干部			8	重庆	重庆大学党委书记
40	无名氏	干部			8	哈尔滨	哈尔滨师院党委书记
41	华XX	馆长	男		8	北京	北京协和医院图书馆长
42	无名氏	居民	女	65	8	北京	北京包头章胡同居民
43	白辛	作家	男		9	黑龙江	《冰山上的来客》编剧
44	陈邦鉴	中师	男		9	武汉	武汉十四中数学老师
45	陈梦家	学者	男	55	9	北京	考古研究所研究员
46	程贤策	干部	男		9	北京	北大中文系总支书记
47	傅雷	学者	男		9	上海	著名翻译家，同妻子朱馥梅一同自杀
48	朱馥梅	居民	女		9	上海	
49	高本锵	中师	男		9	广州	广州铁中英语教师
50	韩俊卿	演员	女	51	9	天津	天津著名表演艺术家
51	陆进仁	高师	男		9	北京	北京农业大学教授
52	吕静贞		女		9	北京	陆进仁妻子
53	马铁山	校工	男		9	北京	北京第一女子中学校工
54	王宗一	处长	男	42	9	北京	宣传部国内宣传处处长
55	言慧珠		女	47	9	上海	上海戏曲学校副校长
56	郑兆南		女	36	9	北京	北京第52中学教师
57	周瑞磐	中师	男		9	上海	上海七宝中学物理教师
58	无名氏	高师	男		9	哈尔滨	哈尔滨师院中文系副教授

59	冯世康	中师	男		夏	绍兴	浙江绍兴二中语文教员
60	申先哲	中师	男		夏	北京	北京八中历史老师
61	石之宗	中师			夏	北京	北京三中语文老师
62	江枫	干部	男		夏	北京	北京戏剧学校负责人
63	李培英	中师	女		夏	北京	北京社会路中学副校长
64	莫平	干部	男		夏	北京	北京外国语学校支部书记
65	南汉宸	干部	男	70	夏	北京	全国人大常委、判为"叛徒"
66	邱凤仙	干部	女	40	夏	上海	上海红旗中实验室管理员
67	石之琮	中师			夏	北京	北京三中语文教师
68	苏庭伍	中师	男		夏	北京	夫妇分别为北京四中数学、地理教师，双双自杀身亡
69	汪含英	中师	女		夏	北京	
70	仝俊亭	高师	男		夏	郑州	郑州师范学院教师
71	王季敏	高师	男		夏	郑州	郑州师范学院历史系主任
72	王德明	职员	男	30	夏	上海	
73	王父		男		夏	上海	上海市医药公司职员同父母三人一起自杀
74	王母		女		夏	上海	
75	王桂兰	居民	女		夏	北京	北京市民 判为"反革命老婆"
76	王思杰	高师	男		夏	厦门	厦门大学历史系教授，遭到残酷斗争后，全家四人一起自杀
77	妻子		女		夏	厦门	
78	儿子		男		夏	厦门	
79	女儿		女		夏	厦门	
80	吴新佑	职员	男	40	夏	上海	上海市56中学化学实验室管理员
81	萧静	校长			夏	北京	北京月坛中学校长
82	谢家荣	专家	男		夏	北京	中国科学院的地质学家
83	姚福德	校工	男		夏	天津	天津虹桥区金钟桥小学
84	袁玄昭	中师	男		夏	西安	西安第五中学语文老师
85	张筠	干部	女		夏	扬州	江苏省扬州湾头公社小学副校长
86	赵谦光	小师	男		夏	北京	北京中古友谊小学教导主任
87	赵香蘅	小师	女		夏	北京	北京史家胡同小学校长
88	赵宗复	高师	男	51	夏	太原	太原工业大学教师
89	郑之万	中师	女		夏	北京	中国人民大学附中教师
90	褚国成	干部	男		夏	北京	北京阜外医院人事科干部
91	无名氏		女		夏	河北	北京居民作家锺阿城的姥姥，"遣返"老家

92	无名氏	居民	女		夏	北京	北京库司胡同居民，在丹麦使馆工作，夫妻双双吊死
93	无名氏	居民	男		夏	北京	
94	沈乃章	高师	男		10	北京	北京大学哲学系心理学教授
95	贝管城	中师	男	26	10	上海	资产阶级家庭出身
96	徐行清				11	昆明	云南昆明师院附属小学教导主任
97	骆凤峤	高师	男	50	12	西安	西安交大动力系教授
98	施于力	中师			12	个旧	云南省个旧一个中学老师
99	张瑞棣	学生	男		12	北京	北京师范大学中文系学生
100	陶XX	学生	男		?	天津	南京测绘学院66届学生
101	庞XX	学生	男		?	天津	天津某较富裕居住区
102	李XX		男		?	天津	天津某较富裕居住区，前资本家，夫妻双双自杀
103	李妻		女		?	天津	
104	边XX		男		?	北京	北京第65中学生边涌珍的父亲和母亲
105	边妻		女		?	北京	
106	杨素华	高师	女		?	石家庄	河北师大中文系教师
107	杨昭桂	军干	男		?	上海	上海第二军医大学训练部副政委
108	杨振兴	小师	男	40	?	江阴	江苏江阴县青阳镇中心小学老师
109	叶绍箕	干部	男	50	?	北京	复旦大学中层干部
110	叶以群	作家	男	55	?	上海	上海电影制片厂副厂长
111	翟毓鸣	高师	男		?	石家庄	河北师大化学系讲师
112	邢之征	中师			?	南宫	河北省南宫县南宫中学数学老师
113	徐维廉	硕士	男	72	?	北京	美国密西根大学历史教育学硕士
114	申先哲	中师			?	北京	北京第八中学语文老师
115	吕乃朴	职员	女		?	天津	天津文化用品公司，夫妻双双自杀
116	张宗颖	职员	男		?	天津	
117	卢治恒	高师	男		?	北京	北京师大中文系辅导员
118	李文	小师	女	35	?	上海	上海岳阳路小学语文教师
119	孔厥	作家	男		?	北京	《新儿女英雄传》作者
以下为1967年自杀身亡者名录								
120	陈琏	干部			?	上海	华东宣传部，国民党高官陈布雷的女儿
121	范造深	医生	男		?	天津	天津广济医院院长
122	范妻	医生	女		?	天津	河北师范学院校医
123	冯大海	作家	男	40		北京	中国作家协会作家
124	顾圣婴	高师	女	29	1	上海	上海交响乐团钢琴家，获日内瓦国际音乐

125	顾母		女		1		比赛女子钢琴最高奖，三人同时自杀。
126	顾弟		男		1		
127	胡俊儒	干部	男	48	5	西安	西安交通大学党委组织部长
128	罗广斌	作家	男		2	四川	四川省文联作家，小说《红岩》作者之一
129	孟秋江	干部	男			天津	天津统战部工作
130	沈知白	高师	男			上海	上海音乐学院教授
131	盛章其	干部	男	40		上海	上海市敬业中学人事干部
132	孙斌	书记	男		6	重庆	重庆市公安局副局长
133	孙泱	高师	男		10	北京	中国人民大学副校长
134	王绍炎	中师	男		夏	萧山	浙江省萧山县二中退休教师，夫妻双双自杀
135	王妻	居民	女		夏	萧山	
136	伍必熙	高师	男			上海	复旦大学新闻系副主任
137	许政扬	高师				天津	天津南开大学教师
138	杨雨中	学生	男		5	北京	北京地质学院探工系学生
139	姚苏	干部	男		7	遂宁	四川省遂宁县县长
140	余丙禾	工程	男	34		兰州	兰州水电局工程师
141	张怀怡	干部			3	北京	清华大学举重体操队
142	周鹤祥		男			无锡	无锡县南桥镇人
143	无名氏	编辑	男		夏	北京	北京人民教育出版社

第十一章：权力对抗

一、十月进击

1967年5月，毛泽东在接见阿尔巴尼亚军事代表团谢胡等人时说："**《五一六通知》已经明显地提出路线问题，也提出了两条路线问题。当时多数人不同意我的意见，有时只剩下我自己，说我的看法过时了，我只好将我的意见带到八届十一中全会上去讨论，通过争论我只得到了半数多一点人的同意，当时还有很多人仍然想不通。李井泉想不通，刘澜涛也不通。伯达同志找他们谈，他们说，'我在北京不通，回去仍然不通'。最后我们只能让实践去进一步检验吧！**"

"让实践去进一步检验"什么呢？在"横扫"、破"四旧"运动中，特别是在批工作组和发动红卫兵运动中，他遇到党内右派集团的顽强抵抗，因而发现了一条与他的"**无产阶级革命路线**"相对抗的"**资产阶级反动路线**"："**想不通**"，是这条路级的嚣张表现；"**我在北京不通，回去仍然不通**"，是这条路线对他的公然挑衅。对此，毛十分恼火，决定乘胜追击，不给刘、邓喘息机会，要"让实践去进一步检验"他全面夺权的战略部署。

善搞群众运动即暴民政治的高手毛泽东，通过他给清华附中红卫兵写的一封信，煽起红卫兵造反狂热；他还通过免费供吃、供喝、供穿、供住和供车的红卫兵大串连，任意挥霍国家财产，使红卫兵纵欲天下，心甘情愿地充当他的枪弹和炮灰；他还通过《五一六通知》和《十六条》，指导"横扫"和大破"四旧"，鼓励以干部子弟为骨干的贵族红卫兵，肆意践踏人权，任意屠杀弱势群体，培植他们暴戾恣睢的兽性。毛泽东的"群众"终于被发动了起来。他要借助"群众"的暴力乘胜追击，为向刘、邓全面夺权扫清道路。

1966年10月9日至28日，毛泽东主持召开的向党内右派发动总攻的中央工作会议在北京举行。按照毛泽东的圣谕，陈伯达在会上发表了题为**《无产阶级文化大革命中的两条路线》**的报告，高调批判刘、邓的"资产阶级反动路线"，吹响十月进击的号角。会上，毛泽东借红卫兵造反之势，严厉批评主持中央工作的周恩来、陶铸和其他中央大员"**很不理解，很不认真，很不得力**"，迫使林彪、周恩来、陶铸、康生等大员，协调一致地按照毛泽东的统一口径，指名道姓地攻击刘少奇、邓小平，指责他们是"**一条压制群众**"的"**资产阶级反动路线**"的发起者和推行者，等等。会后，全国掀起批判资产阶级反动路线的高潮。秉承毛泽东旨意的林彪、周恩来、江青等人，在一线推动和指挥下，全国各地组织游行，公开喊出打倒刘少奇、邓小平的口号，揪斗包括那些"想不通"在内的各级当权派的狂潮，席卷全国。

对此，三十多年后，当年被毛泽东投入监牢的枪手王力，在他的《**王力反思录**》一书中说，"**破四旧毛主席不赞成**"，认为那是民主革命的任务，社会主义革命就是要"以自己为革命对象"，主要革"睡在身旁的赫鲁晓夫"的命，破"四旧"干扰斗争"走资派"的大方向，等等。这位临终不忘颂扬恩师的枪手，却忘记了他不该忘记也不可能忘记的几件大事：他"**忘记**"了毛泽东授权和批准《人民日报》发表"横扫一切牛鬼蛇神"的社论，那篇社论号召"**要彻底破除几千年来一切剥削阶级所造成的毒害人民的旧思想、旧文化、旧风俗、旧习惯**"；他"**忘记**"了自己在毛泽东授意下起草的包括破"四旧"在内的《十六条》，那个文件是指导文化大革命纲领；他"**忘记**"了他本人参与起草的、经毛泽东修改和批准的、林彪在天安门城楼上的讲话，那个讲话大反"四旧"，大声赞扬红卫兵在大破"四旧"期间批、斗、打、砸、烧、抄、游、驱赶和杀戮"**好得很**"；他更是"**忘记**"了毛泽东发出的"**北京太文明了，要动动**"的"最高指示"，那个指示酿造了全国十万人丧生的"红八月"大屠杀，等等。尽管我们没有理由否定"破四旧毛主席不赞成"这句话的真实性，但也没有理由因毛要批判"资反路线"就去肯定这句话的真实性。如果说"破四旧毛主席不赞成"是句真话，那么，是否可以证明，"**大破'四旧'是中国共产党人集体犯罪**"的这个历史公论不可推翻？是否还可以证明，王力这位当年毛的枪手，正是"集体犯罪"中的重要罪犯，因而他的倒台是罪有应得？枪手的"反思"，有意回避毛泽东为打倒刘、邓所设计的"**层层剥笋**"的战略战术：批《海瑞罢官》是"横扫一切牛鬼蛇神"的舆论准备，"横扫一切牛鬼蛇神"为大破"四旧"创造必要条件，而大破"四旧"所煽起来的红卫兵疯狂，为批判刘、邓党内右派势力的"资反路线"，积聚了能量，扫清了道路。

毛泽东制造的批判资产阶级反动路线运动，首先在学校里发动，接着向党政机关、企事业单位和农村扩展。北京红卫兵遵照指示，派出学生到各地"串连"，发动和指导各地批判资产阶级反动路线运动。对于中国老百姓来说，中共建政十七年来，尤其是在1957年反右以后，那些省部级大员们，那些地、县级官老爷们，甚至一个小小单位的党的领导人，在他们面前，都是党的化身，都是真理的传人，都具有神圣不可侵犯的权威；在党委一元化领导下，在各级官老爷面前，他们只能诚惶诚恐地躬身哈腰，听从他们"一贯正确"的训导，服从他们"一贯正确"的驱使，听凭他们"一贯正确"的宰割。因此，他们多么希望能站起身来，挺起胸来，同"一贯正确"的官老爷们**平等对话**！毛泽东的批判资产阶级反动路线运动，给了他们一个机会。但在毛、周、江左派的统一指挥下，不平等对话的毛式揪殴法，**强暴**了他们"平等对话"的愿望：全国从中央到各地，各级党委和单位的主要领导者，许多人被毛的"**群众**"——痞子、流氓无产者和愚昧分子——拉到台上批斗、殴打。"回去仍然不通"的西南局第一书记**李井泉**和西北局第一书记**刘澜涛**等"中央局"级大员，自然首当其冲，使毛泽东能在"让实践去进一步检验"中得以让毛的"群众"用毛式揪殴法去"**检验**"他们。

在批判"资反路线"的高潮之中，老百姓的批判锋芒，并不局限在刘、邓派工作组镇压群众、把群众打成"反党反社会主义右派分子"的问题上：他们还要借机批判各级党政军机关和企事业单位里的当权派，**清算**他们文革前的种种恶行、劣迹：

他们批斗那些曾欺压过老百姓、曾对老百姓进行过打击报复的当权派；他们要求各级党和政府，公开给文革前受过政治迫害的老百姓平反昭雪；他们还要求党、政、军各级当权派，向在"四清"运动中受迫害的老百姓赔礼道歉、平反昭雪，甚至要求那些因错划为"逃亡地主"、"历史反革命"而被开除公职或押解回乡的老百姓回城、复职；上海临时工、合同工的工人们，则提出了取消等级歧视政策，要求与国营工、集体工政治待遇平等，经济上同工同酬，等等。

这是人民群众的民主诉求。对此，湖南红卫兵造反派杨曦光先生，首先提出"两种文革"的概念：一种是"**毛泽东文革**"，一种是"**群众文革**"。在"群众文革"里，就体现这种老百姓的民主诉求。在无产阶级专政社会里，这些民主诉求原本是"非法"的，但为了打倒右派当权派，毛泽东便赐予老百姓以"大民主"，让人民群众的民主诉求暂时"合法"化。显然，这是毛的权宜之计。尽管老百姓借助毛倡导的所谓的"大民主"，向当权派提出的一些民主诉求是合理的，但在独裁的政治氛围里，这些合理的民主诉求，只能是一种原始的、初级的淹没在批判"资反路线"汪洋大海里的微弱呼声。如果将这种微弱的民主呼声理直气壮化，就会遭到毛泽东的无情镇压：上海工人合理的经济要求，被当成反革命经济主义进行批判，杨曦光因写《中国向何处去》的文章，被打成反革命并判十年徒刑，就是这种"理直气壮"民主诉求的结局！

应当指出的是，老百姓的民主诉求同红卫兵造反派用新的不平等对话——毛式揪殴法揪殴当权派，是两类不同性质的政治诉求：前者是自由、民主、人权普世价值的体现，后者则是痞子、流氓无产者颠覆真、善、美华夏文明的法西斯暴政。面对这种两类不同性质的政治诉求，毛泽东因为要利用其不满情绪打倒右派，故能暂时容忍前者，积极支持后者；但对于在"横扫"和破"四旧"中积极支持贵族红卫兵的党内右派和中间派来说，这两种政治诉求，都是无法容忍的洪水猛兽！

在批资产阶级反动路线中，那些当年不可一世的各级当权派们，在左派红卫兵的冲击下，大权旁落，成了众矢之的；那些在"横扫一切牛鬼蛇神"和大破"四旧"运动中暴虐无比的为毛泽东立下赫赫战功的贵族红卫兵们，在左派红卫兵的冲击下，变成了令人不齿的"保皇派"。但很快他们"清醒"起来，联手成立了右派造反组织，以打着狠批"资反路线"和"走资派"的造反旗号，与左派造反派相抗衡。

1966年12月26日，在批"资反路线"的高潮中，迎来了的毛泽东73岁生日。一贯不喜欢做寿的毛泽东，出人意料地在中南海游泳池摆了一桌寿宴，邀请陈伯达、张春桥、王力、关锋、戚本禹和姚文元等中央文革小组的大部分成员参宴，江青当然也在其中。席间，当人们举杯共同"敬祝伟大领袖毛主席万寿无疆"的时候，毛泽东出人意料地站起身来，举杯向赴宴者发出了令人惊愕的号召：

"为展开全国全面内战干杯！"

这是著名的**"生日号召"**——这是支持左派造反派用武力向右派夺权的号召！尽管事后御用精英们把这句狂言修改成"为展开全国全面阶级斗争干杯"，但赴宴权贵们已经领悟到了"伟大领袖"号召的"精神实质"：**消灭一切反抗者！**于是，四天后的12月30日，参宴者张春桥，便在中共上海市委办公楼所在地的康平路上，导演了"生日号召"后的第一场大规模的流血武斗——绞杀上海赤卫队，打伤91人；"生日号召"后不到一个月的1967年1月25日，新疆生产建设兵团所在地石河子地区，发生激烈枪战，两天之内双方打死29人（另一说24人），打伤80人……自此，一场导致数百万人伤亡的"**全国全面内战**"，在全国各地全面展开。

对此，毛泽东有"最高指示"在先。1966年10月，他在批复给林彪呈送的"快报"上，赤裸裸地展现了魔王的杀戮心态：

"林彪同志：这是大好事。左派要准备牺牲几千人，换取右派几十万！"

毛泽东为什么号召自己领导下的国家全面内战呢？枪手王力在他的《反思》中说，是毛泽东怕**"中国改变颜色"**。这是枪手给魔王的开脱和粉饰。实际上，这种所谓"中国改变颜色"的说教，亦即乌托邦共产理想主义的说教，是毛泽东和王力等精英们对以夺取权力为目的的革命所做的"理论"包装，因而是为文化大革命制造的最大谎言。

在八届十一中全会上，党内右派势力的强大阻力，使位极人臣的毛泽东，倍感孤立，大有"高处不胜寒"之栗。在批判资产阶级反动路线的一个多月中，一边冷静观察的毛泽东发现，受他支持的左派造反派的造反精神，虽已活跃起来，但各地党内右派扶植的右派造反派，势力日益强大，迫使左派造反派处于少数受压的境地。党内右派势力的反抗，使他有理由认为，全国政权的大部分权力，还在刘、邓党内右派各级领导干部的手里，形成了刘、邓复辟的党内基础，从而使他的政令很难贯彻到全国。这种权大而不逞的局面，使他深感其地位岌岌可危，随时都有被推翻的危险。他越来越感到，他所发动的文化大革命，已经得罪党内各级领导干部，党内决斗形势已经形成。信奉权力拜物教的毛泽东，**权力情结**使他决心对权力来一个根本解决。他从重庆左派红卫兵通过制造"一二四"武斗（详见第十三章"纵火"）取得胜利的事件中得到启示：支持左派造反派剥夺各级党政机关的权力，重组干部队伍，把刘、邓党内右派势力排除于各级权力之外。于是，他横下一条心，一不做，二不休，置荼毒生灵于不顾，利用造神运动在芸芸众生中树立起的绝对权威，借酒发飙，号召"全国展开全面内战"。1967年2月3日，他在同阿尔巴尼亚政府领导卡博.巴卢库谈话时，暴露了当时的心机："**只有发动群众才有办法。没有群众我们毫无办**

法，他们不听。"这个深藏于毛泽东心底的权力情结，被他用"**无产阶级文化大革命是同资产阶级、特别是小资产阶级在党内代理人的全面较量，这种较量从夺取政权开始就存在**"等一类"理论"包装起来；而那个耸人听闻的发展成为"全面内战"的"**全面较量**"，又被中央文革包括王力在内的左派精英们，论证为"**毛主席对马克思列宁主义关于无产阶级革命和无产阶级专政学说的重大发展**"。毛的包装和王等的"论证"，使这个伪命题，在中国横行霸道了许多年，制造了大量冤假错案。

毛泽东批判资产阶级反动路线的历史再次证明：古往今来的大奸大恶们，都善以至诚、至爱、至情、至理之名，弄权欺世，强奸民意，从而猖獗盖世，大行其道，诱迫黎面黔首俯首贴耳，唯命是从！

为了不给党内右派当权派们喘息的机会，在12月，毛泽东命令中共中央，先后发出了《关于抓革命、促生产的10条规定》和《关于农村无产阶级文化大革命的指示》，动员全国工人、农民起来造反。到了1967年年初，毛泽东下令取缔了周恩来为后台的、以"保爹保娘"为目的的"联动"等贵族红卫兵组织，打倒了支持各地党内右派当权派的中共常委陶铸，以敲打周恩来。由于预见到党内右派当权派可能利用专政工具镇压造反派，1月13日，在毛泽东的授意下，中共中央发出了《关于在无产阶级文化大革命中加强公安工作的若干规定》，即《公安六条》（详见第十二章"整合分裂"），限制各地当权派的权力，并警告他们说："**以攻击污蔑伟大领袖毛主席和他的亲密战友林彪同志的，都是现行反革命行为，应当依法惩办。**""**对革命群众进行镇压，要依法查办。**"由于批"资反路线"和斗"走资派"受到了党内右派激烈反抗，特别是面对各地右派造反派势力迅速膨胀左派造反派处境相对困难的形势，根据毛泽东提议，1月23日，中共中央发出了《关于人民解放军坚决支持革命左派群众的决定》。决定要"**人民解放军应该支持左派广大群众。以后，凡有真正革命派要找军队支持、援助，都应当满足他们的要求**"。决定要求军队"**必须坚决站在无产阶级革命派一边，坚决支持和援助无产阶级革命派**"。显然，这是毛泽东运用权力，为改变左派造反派受压处境所采取的专政措施。

在毛、周，江为首的中央文革小组的直接鼓动和领导下，北京红得发紫的红卫兵组织，诸如聂元梓麾下的"新北大"、蒯大富旄下的"井冈山兵团"等，纷纷组成了名目繁多的、类同于"首都红卫兵驻沪联络站"、"宣传队"等造反组织，把手伸向全国各地，从而构成了"**毛泽东—中央文革小组—首都红卫兵各司令部—驻各地联络站**"行之有效的指挥和反馈系统；与此同时，北京派出的密使、公使，也纷纷在各地主要城市登场、亮相。——全国各级党、政、军领导机关，都处于风雨飘摇之中，曾经不可一世的各级当权派们，也陷入惶惶不可终日的境地。

通过三个多月的步步进逼，毛泽东支持的左派造反派，声势越来越大，与右派"保皇派"的斗争愈演愈烈。这样，要"**让实践去进一步检验**"全面夺权战略部署的毛泽东，用中共中央主席的权力,把批判"资反路线"和揪斗"走资派"的**十月进击**,推向高潮,从而为在全国全面夺取刘、邓右派的权力,做好了准备。

二、一月拼杀

毛泽东的**十月进击**,并没有使党内右派束手待毙,反而激化了矛盾,导致左右拼杀。

1966年10月底,中央工作会议结束后,江青再次请上海市委第一书记陈丕显吃饭。饭间,江青对陈说,她"**对上海方面两个人不满意,一个是魏文伯**(笔者:中共华东局书记),**一个是曹荻秋。他们在这场运动中很不得力,在群众中没有威信**",要求陈"**站出来**","**主动接触少数造反派**"。13岁参加红军、被誉为"红小鬼"的陈丕显,自恃清白无把柄可抓,竟不买江青的帐,借口有病休养为由,婉绝了江要他打倒曹、魏的指令。可悲的是,"不识抬举"的"红小鬼",竟不懂得"**毛泽东大(等)于江青**"政治公式的可怕,婉绝就会使自己变成走资本主义道路的当权派,这无疑于引火烧身!果然,上海造反派喊出了令他追悔莫及的口号:

火烧陈丕显!
揪出曹荻秋!

曾经独霸一方的"封疆大吏"中共上海市委第一书记陈丕显和市长曹荻秋,在造反派面前,威风扫地。

1967年1月6日,在毛泽东直接策划和中央文革的直接指挥下,以王洪文为首的上海造反派组织,召开"打倒市委大会",夺取上海市的党政大权,刮起了"一月革命"的夺权风暴,又称"一月风暴"。对此,"一月风暴"

"一月风暴"中被打倒的上海市头头

的总导演毛泽东于8日赞扬:"**这是一个阶级推翻一个阶级,这是一场大革命。**""**上海革命力量起来,全国就有希望。它不能不影响整个华东,影响全国各省市。**"在毛泽东的制导下,山西、黑龙江等省,步上海后尘,相继夺权。自此,"一月风暴"发展为全国夺权风暴!

"一月风暴"的前奏,是发生在上海的安亭事件、《解放日报》事件和康平路事件。

1. 卧轨对抗

　　1966年11月7日，在毛泽东御用工具北京红卫兵设在上海联络站的鼓动下，上海工人造反派贴出了海报：定于11月9日在文化广场举行上海工人革命造反总司令部成立大会。以上海国棉十七厂保卫科干事**王洪文**为首的造反派，向主持市委工作的市长曹荻秋提出了三项"严正"要求：（一）上海市委必须承认上海工人革命造反总司令部；（二）曹荻秋必须参加9日的大会，接受批判；（三）提供宣传工具。曹荻秋查阅了中共中央关于工业交通企业如何开展"文化大革命"的文件，上面清楚地写着："**坚守生产岗位，不要到厂外串连**"，"**不要成立跨行业的组织**"，等等。接着，他又给中共中央常委、中央文革顾问陶铸挂了长途电话。陶铸明确答复说，成立跨行业的全市性的"工总司"是不适当的。因此，曹认为，成立"工总司"违反了中央的精神；在请示了养病中的市委第一书记陈丕显后，做出了"三不"决定，即"**不参加、不承认、不支持**"。上海市委并且通知全市各工厂，要求工人们坚守工作岗位，不要去参加"工总司"的成立大会。

　　"三项严正要求"和"三不决定"的对抗，都有中央文件和中央大员的支持，矛盾迅速激化。

　　在中共中央文革小组的支持下，11月9日下午两点，"上海工人造反总司令部"在人民广场举行成立大会，要求曹荻秋承认他们是革命组织。曹荻秋不但不参加他们的成立大会，还拒绝承认他们是革命组织的要求。"工总司"头头王洪文当晚决定"上北京去告曹老头儿"。王率领两千多人，在北站强行登车。安亭车站接到市委命令，不准这一列车北上。等到9日深夜，列车开到安亭时，被安排停到铁道部材料厂的专用线上。上海市委的决定激怒了造反工人。几次谈判破裂之后，10日上午，工人们**卧轨**，导致京沪铁路全线中断36小时，酿成了震撼全国的**安亭事件**。

　　安亭事件引发高层权力博弈。

　　上海告急电话打到国务院、中央文革。总理周恩来立即派主管工交的中共中央常委、国务院副总理李富春去同中央文革组长陈伯达商量。商量后，陈伯达果断地采取了三条紧急措施：1.《人民日报》发表《再论抓革命促生产》社论，要求工人坚守岗位，就地闹革命；2. 以中央文革小组组长身份通过铁路部门向安亭发去电报，告诫"工总司"造反派们"**大道理要管小道理，小道理要服从大道理**"，中央不同意两千多人上京告状，但可以派10~15个人赴京；3. 指派副组长张春桥为特使，赴沪调解。

　　陈伯达的前两条措施传到安亭后，受到了王洪文等"工总司"头头们的强烈反对，他们等待张春桥的到来。12日下午，当张春桥一行来到安亭时，他们向张提出了五条要求。出人意料的是，张完全赞同他们的要求。13日，张春桥在他答复的五条要求手稿上签了字。现照当年手稿抄录如下：

一、承认"上海工人革命造反总司令部"是革命的合法的组织。

二、承认"11.9大会"以及被迫上北京是革命行动（以后碰到类似的情况应派少数代表）。

三、这次所造成的后果全部由华东局、上海市委负完全责任。

四、曹荻秋必须向群众作公开检查。

五、对"上海工人革命造反总司令部"今后工作提供各方面的方便。

张春桥1966年11月13日于上海

至此，安亭事件以"工总司"的胜利和中共上海市委的失败而告终！

王洪文率领北上告状的"工总司"人员回到了上海，他们像凯旋归来的英雄那样，受到了上海市民的热烈欢迎！

"工总司"的胜利使上海市委感到沮丧而愤怒。他们打电话找中央领导：中共中央常委、副总理李富春躲而不接，中央文革小组组长陈伯达哼哼哈哈而言他，表明李、陈已改变了立场，都站在张春桥一边。他们深感被耍弄、被出卖了；但令他们宽慰的是，电话里传出陶铸清晰的声音：**"张春桥签署'五项要求'，是错误的。张春桥是一个没有群众运动经验的人！"**

一个中央文革小组副组长、上海市委副书记的张春桥，竟敢与上海市委对抗，特别是敢于对抗中共中央常委陶铸、李富春和中央文革小组组长陈伯达等大员，他吃了豹子胆了？旁观者一看便知：他有"尚方宝剑"在手。

尽管张春桥没有炫耀他的"尚方宝剑"，却不自觉地露了一露"剑鞘"。13日下午，张春桥在签字前同工人的座谈中，他泄露了天机："**安亭事件向主席报告了。**"并十分得意地说："**上海工人起来了，这是好事，这是中央希望的。**"

"这是中央希望的"吗？采取三条紧急措施的陈伯达，不到一天便来了个180度的急转弯，突显**中共机会主义文化**的魅力；李富春虽没急转弯，却把**中共避嫌文化**表演得恰到好处；只有受周恩来支持的陶铸例外。陶严厉批评上海"工总司"卧轨拦车的做法，指出张春桥"擅自"签字是错误的，要坚持中央的既定方针，采取补救措施，并强硬地表示说："**就是要把它压下去！**"

"中央的既定方针"是什么？9月14日，经毛泽东批准，中共中央发出了《关于抓革命促生产的通知》。《通知》要求工、农、交通、财贸等部门的职工："**应当坚守岗位**"，"**职工的文化革命，放在业余时间去搞**"；"**红卫兵和革命学生不要进入那些工矿企业、科学研究、设计事业单位去串连**"。面对不到两个月的既定方针，陈伯达怎敢来个180度大转弯呢？显然他已被告知了上意。聪明一世、糊涂一时的陶铸，因不知道上意，便为此付出了惨痛代价。

正在忙于"接见"红卫兵的毛泽东知道：发动工人、农民造反，远比发动无知的青年学生困难得多，因为经过"三面红旗"严酷教训的工人和农民，懂得口号、红旗与吃饭的关系；他们比较务实，不像小毛孩子那样一触即跳，因此，那里基本上是右派的势力范围。为了防止工人农民干涉学生，9月7日，他批准中共中央下达了《关于不准调动工农干预学生运动的通知》，并在文件上批复道："**青岛、长沙、西安等地的情况是一样的，都是组织工农反学生。这样下去，是不能解决问题的。似宜由中央发一指示，不准各地这样做，然后再写一篇社论，劝工农不要干预学生运动……**"

9月7日的《关于不准调动工农干预学生运动的通知》，与9月14日《关于抓革命促生产的通知》是一脉相承的两个通知。然而，安亭事件使毛泽东发现了一个"新大陆"：以工人、农民同红卫兵学生相结合的造反组织，更具有正统性，更具有说服力，更具有杀伤力，因而更具有夺权威力。因此他推翻了九月的两个通知的规定，对江青、张春桥面授机宜：**如此这般**！尽管我们无法知道"如此这般"的内容，但在11月16日的中共中央政治局会议上，他对张春桥在处理"安亭事件"中违犯中央两个通知规定的做法，做出肯定的回答。他说："**可以先斩后奏，总是先有事实，后有概念。**"

毛泽东成功地导演了"安亭事件"这出"折子戏"；他的天才还在于：把"**如此这般**"的"唱词"偷换成"**先斩后奏**"和"**先有事实，后有概念**"，并为出尔反尔的流氓行径，找到了政痞式的"理论"根据。于是，在"如此这般"之后的12月，他先后出台了《关于抓革命、促生产的10条规定》和《关于农村无产阶级文化大革命的指示》两个文件，鼓动全国工人、农民起来造反。从九月的两个"通知"到十二月的一个"规定"和一个"指示"，毛泽东把他那"理无常是"的政痞哲学，演绎到令人厌恶的境界。

2. 绞杀赤卫队

1966年11月30日下午，"红卫兵上海市大专院校革命委员会"即"红革会"在《解放日报》大楼里，宣告成立"火线指挥部"。12月1日，王洪文率领几百名"工总司"造反队员，来到《解放日报》社，支援"红革会"。12月2日，"工总司"派兵占领了《解放日报》大楼，《解放日报》遂停止发行。12月5日，在红卫兵、造反派的压力下，王一平、宋季文两人代表上海市委，被迫同意并草签了"红革会"的三项决定和"工总司"的四项要求。12月10日，曾经不可一世的上海市市长曹荻秋，也不得不代表上海市委正式签了字。"三项决定和四项要求"主要内容是：

一、《红卫战报》第九期与《解放日报》同时发行，发到每个订户；二、责成《解放日报》社党委交出"文化大革命"中的"黑材料"；三、责成《解放日报》社党委公开检查和交代执行资产阶级反动路线的严重错误；四、《解放日报》事件产生的一切严重后果，由上海市委承担。

这就是闻名全国的上海《解放日报》事件。事件以"工总司"、"红革会"的全胜而告终。

曾经独霸一方不可一世的上海市委头头们甘心失败吗？经过秘密而紧张的策划，准备在上海市委所在地复制《解放日报》事件，借以向毛泽东和中央文革示威。12月29日，号称有80万人之众的上海工人"赤卫队"，派出约3万多人占领位于康平路、余庆路口的上海市委机关办公大院、"爱棠"大院。他们高呼着"打倒曹老头"口号，要求市长曹荻秋接见，并要曹承认"赤卫队"是革命群众组织等八项条件。上午，曹荻秋在市委会议室里，像演戏一样接待了"赤卫队"的代表，答应了他们的全部要求。"赤卫队"头头们认为，他们的预期目的已经达到，准备撤离上海市委。他们打算像"工总司"、"红委会"在占领《解放日报》社之后洋洋得意地撤离那样率领他们的将士凯旋而归，但为时已晚——"工总司"人马已经把他们团团围住！

"赤卫队"是在上海市委策划下成立的。11月25日，由上海市铁路局调度所代理主任**王玉玺**出面组建上海工人赤卫队，与"工总司"相对抗。上海三十八家工厂的一百多名工人代表，出席了在沪西工人俱乐部里召开筹建"赤卫队"的秘密会议。据说，曹荻秋出席了秘密会议，还发表了讲话，表示承认和支持"工人赤卫队总部筹委会"。26日，"上海市捍卫毛泽东思想工人赤卫队总部筹委会"召开了成立大会，中共上海市委书记处候补书记**王少庸**出席了大会，向"赤卫队"表示祝贺。跟"工总司"造反派不同的是，"赤卫队"里中共党员多，共青团员多，老工人多，劳动模范多，先进工作者多，工厂的基层干部多。这"六多"，注定它是个保守组织，即"保皇派"。但为了不带"保皇派"的帽子，他们也打出了造反旗号，高呼起"炮轰上海市委"、"揪斗曹荻秋"等口号。可悲的是曹荻秋，策划成立"赤卫队"的本意是对抗"工总司"，借以舒缓对上海市委和他本人的压力，谁知弄巧成拙，弄得他里外不是人：刚被"工总司"揪斗，又遭"赤卫队"批判，自己人也不敢放过他！

但最可悲的还是冥顽不灵的芸芸众生，他们在对立双方蛊惑人心的煽动下，争先恐后地去充当权力的炮灰！

正当"赤卫队"准备撤离的时候，他们发现道路已被堵死，"工总司"十几万人马把他们围得水泄不通！

原来，张春桥早已料到曹荻秋利用"赤卫队"假造反的计谋，而"赤卫队"也已成了"工总司"夺权的主要障碍。因此，他在聆听了"伟大领袖"**展开全国全面内战**的指示后，便产生了绞杀"赤卫队"打算。机会终于来了。当他听到3万"赤卫队"占领上海市委后，便密令王洪文**绞杀**。王洪文不敢怠慢，急令副手耿金章成立"联合指挥部"，调集人马围困住"赤卫队"。30日凌晨2时左右，"工总司"在耿司令指挥下，向"赤卫队"发动进攻。他们手持木棍、皮带等器具，冲进"爱棠"大院内，见到佩戴"赤卫队"

臂章的人，就拳打、脚踢、皮带抽、棍子夯。到早晨6点多，战斗结束，"工总司"大获全胜。是役，"赤卫队"被抓300多人，伤91人，被"俘"2万多，"赤卫队"袖章全部被收缴，还缴获数百箱饼干。被"俘"的"赤卫队"员，被迫排成单行，分六路灰溜溜地逃出康平路。此后，"赤卫队"一蹶不振。事后，张春桥得意洋洋地说："**我们打电话，叫造反派赶快参加战斗。这次较量是个转折点。这一仗一打，市委瘫痪了，垮了，讲话没有人听了。**"

上海康平路战斗，是毛泽东号召"**展开全国全面内战**"后发生的第一起大规模内战。这次战斗，不仅为张春桥、王洪文在上海夺权扫清了道路，还为全国各省市武力夺权树立了榜样。

3. 特使聂元梓赴上海点火

"安亭事件"使毛泽东认定全国夺权的突破口在上海。他说："**上海革命力量起来，全国就有希望。**"毛泽东还认定：上海学生的红卫兵运动是文火慢煎，其规模远没有北京大，声势远没有北京高，普及程度远没有北京广；在"横扫一切牛鬼蛇神"和破"四旧"中，上海红卫兵的横扫方式过于文雅，特别是在"红八月"里，战果远不及北京"辉煌"，其揪殴杀的火药味远不如北京红卫兵暴烈：在"红八月"里，上海红卫兵打死的"敌人"不足北京的1%，驱赶出上海的"敌人"不足北京的10%。"安亭事件"使毛泽东有理由认为：要进一步发动红卫兵，并使其与上海工人造反派联合起来，就会创造出远比北京红卫兵更大的战果，并能使夺权明正言顺地"无产阶级"化。因此，除派张春桥以中央特使身份赴上海排除上层阻力外，他决定速派聂元梓以北京红卫兵领袖的身份，到上海红卫兵中去煽风点火。

1966年11月12日上午，**李讷**到北大找到聂元梓，向聂传达了其父毛泽东要聂"**出去走一走**"和"**去上海串连**"的圣旨。"伟大领袖"的信任，使急欲冲出北大问鼎权力中枢的聂元梓受宠若惊，把李讷口传圣旨当作未来飞黄腾达的机遇。经过紧张而充分的准备后，19日，她带着得力助手**孙蓬一**、**李醒尘**乘车上海，12月16日返回北京。

在沪的27天中，聂元梓果然不负圣命，在促进上海红卫兵大联合、促进"工总司"和"红革会"联合夺权上立了大功！

11月25日，在聂元梓的鼓动、参谋下，上海红卫兵组织在上海文化广场召开了"上海市红卫兵革命造反总司令部"（即"上三司"）的成立大会。由于聂元梓"在战火中诞生"的建议，大会改名为"批斗常溪萍，炮轰上海市委"大会。在大会上，作为"钦差大臣"，聂元梓反客为主，作了长篇讲话，高呼："**打倒常溪萍！炮轰上海市委！上海必须大乱！**"

常溪萍是什么人？怎么能同上海市委联系在一起？

当是时，常溪萍不过是个中共上海市委教育卫生部部长兼华东师范大学党委书记、副校长而已。炮轰上海市委怎么要从一个中层干部身上开刀？这要从"四清"说起。

本来，常溪萍在上海，聂元梓在北京，两人素昧平生，是"四清"把他人的命运联系在一起。1964年11月至1965年6月，常溪萍受教育部委派，任北京大学社教（即"四清"）工作队党委副书记。常溪萍支持北大党委书记陆平；陆要整聂元梓，常成了整聂的主要支柱：两人一唱一和，对聂毫不留情。对此，聂耿耿于怀：她的第一号仇敌是陆平，第二号便是常溪萍！这次受命来上海，使她有了报仇雪恨的机会。在北京，她借助中共中央文件直捣北大一号人物陆平，不仅报了一箭之仇，还一鸣惊天下，成了倒刘批邓的英雄；在上海，她要复制北大模式：在揪斗常溪萍报仇的同时，更炮轰她的后台上海市委，为夺权制造舆论。她宣称"常溪萍是扼杀北大社教运动的反党反社会主义的黑帮分子，是三家村黑店的新伙计，是暗藏在前北大社教工作队中的政治投机家"等等，她的计谋成功了：从常溪萍那里打开了炮轰上海市委的"缺口"，同时也因此，最终把常溪萍逼上跳楼自杀的绝路。聂元梓终于假公济了私：在炮轰上海市委的同时，如愿以偿地了结了私仇！

在聂元梓的"串连"下，11月28日，"红革会"进驻《解放日报》社，30日成立"火线指挥部"。在聂元梓的说服下，12月1日，王洪文率兵支援"红革会"，第二天派兵占领《解放日报》大楼。自此，"工总司"同"红革会"、"上三司"等红卫兵联合在一起，在《解放日报》社共同战斗了九天九夜，迫使上海市委低头认错。上海市委接二连三的失利，终使上海大乱起来，为毛左派乱中夺权创造了有利条件。聂元梓来沪的目的已经达到，遂归复命，12月16日，她返回北京。

4. 导演夺权

1967年1月6日，以上海市"工总司"为首的三十多个造反派组织召开了"打倒市委大会"，揪斗了上海市委第一书记陈丕显、市长曹荻秋等数百名司、局级以上干部。在"钦差大臣"张春桥、姚文元的操纵下，建立了全市性的临时政权组织，宣布以"造反组织联络站"作为上海市的最高权力机构，全面接管上海市的党政大权。

上海夺权立即得到毛泽东的高度赞扬。他传下命令：向上海拍发贺电。周恩来、陈伯达等大员不敢怠慢，11日，便以中共中央、国务院、中央军委、中央文革的名义给上海市各造反团体发出贺电；《红旗》杂志和《人民日报》紧急跟上，相继发表社论，肯定和支持上海夺权，并号召全国"**无产阶级革命派联合起来，向党内一小撮走资本主义道路的当权派夺权**"。"一月革命"夺权之风迅即刮遍全国。山西、贵州、黑龙江、山东等省造反派响应号召，先后夺了本省市党政领导机关的权，建立了革命委员会。中共广东省委第一书记赵紫阳，是个另类：他看透了这场由毛泽东一手导演的"自下而上的夺权"的把戏，因而在省委机关只有二、三十人起来造反的情况下，就主动交权，把省委、省政府所有的公章，统统装在一个麻袋里，交给了造反派。

不光赵紫阳；除愚昧无知者外，多数人都能看出：**这出"一月革命"连续剧，台上主角是张春桥、姚文元、徐景贤和王洪文；聂元梓、蒯大富也"反串"其中；摇旗呐喊、跑龙套和当炮灰的是上海工人和红卫兵；其总导演是中国人民的雇主、董事长毛泽东。**

据事后透露，1967年1月3日夜，在北京平安里三号的《解放军报》社办公楼里，一场夺权风暴在秘密策划中。根据"总导"的圣旨，张春桥和姚文元秘密来到这里，会见昨天才乘飞机来北京的上海"工总司"总司令王洪文、常委陈阿大和王的秘书廖祖康。会见时，点火特使聂元梓也在座。当听到王洪文汇报上海政局混乱、"上海群龙无首，只有你们出马，才能压住阵脚"时，张春桥当即明确提出夺权："**当前的基本问题是把领导权从走资派手里夺回来，希望革命造反派把要害部门控制起来。**"随即又表态说："如果我和文元这时候不回上海，将来大权旁落，就很难挽回。"他要王洪文等立即回上海，做好夺权的准备。——这种暗箱里的阴谋活动，在毛的红色辞典里，叫"光明正大"！

1967年1月4日，根据"总导"安排，钦差大臣张春桥、姚文元飞到上海。在张、姚、王等人的密谋下，1月6日，由"工总司"和"市委机关革命造反联络站"联合召开了十万人大会——"打倒以陈丕显、曹荻秋为首的上海市委大会"，并通过电视向全市传播。大会上，尽管主角张、姚两人没有登台，但会场上的四幅巨标，明确了他俩接管上海权力的主导地位：

欢迎张春桥同志当中共上海市委第一书记！
欢迎姚文元同志当中共上海市委第二书记！
欢迎张春桥同志当上海市市长！
欢迎姚文元同志当上海市副市长！

北京精英们，迅速把那四幅巨标赞誉为"上海人民的心声"；但却对毛"发动群众"的"暗箱"谋划视而不见，有意掩盖了"总导"幕后的决定作用。上海市的党政大权落入钦差大臣手中后，"总导"自然喜不自禁地下令发贺电。

然而，事态发展并不尽如上意。尽管张、姚已接管了权力，尽管已发去了贺电，但倔犟的"曹老头"曹荻秋，公然与毛的中共对抗，他毫不畏惧地宣称："**我是按法律程序选出来的，我仍然是上海市市长！**"

对此，钦差大臣们认为，这是"资产阶级反扑"。12日，他们便还以颜色，召开"上海革命造反派欢呼中央贺电彻底粉碎资产阶级反动路线新反扑大会"。会上张春桥传扬了毛泽东曾多次念叨过的"**火烧陈丕显，揪出曹荻秋，打倒杨西光，砸烂常溪萍**"口号，借以弹压反抗者，批判"法律程序说"，为夺权的合法性张目。

"曹老头"们没有被镇住。他们成功地利用矛盾，收买了势力强大的红卫兵组织"红革会"，使他们与"工总司"决裂。当被告知张、姚要夺权时，"红革会"便来了个先下手为强：1月25日，他们发动突然袭击，"夺"走了上海党政首脑机关的二十三枚印章。也许他们以为，"夺"了印章才算夺权成功；"曹老头"们可没有红卫兵们那么天真，但他们却乐意把印章交给"嘴上没毛"的年轻人，而绝不愿交给那两个钦差大臣支持的"工总司"。

为了警告反对夺权的右派头头们，如"曹老头"等，在中央文革头头们的暗示下，北京红卫兵呼应上海"一月风暴"，便拿被毛骂为"走资派"的煤炭工业部部长张霖之开刀祭旗，1月22日，他们把张打死在北京矿业学院里，借以恐吓上海的"曹老头"们。

然而上海的"曹老头"们没被吓住。1月28日，"红革会"决议"干掉张、姚"，街头上"火烧陈丕显、揪出曹荻秋"的大字标语，很快被"打倒张春桥、火烧姚文元"的大字标语所取代。1月29日，"红革会"又决定：30日上午，组织十万人"炮打张春桥"的大游行。

上海人民公社

在大联合、大夺权道路上阔步前进的时候，"红革会"的倒戈，使张、姚两位钦差大臣大为恼火。在得到"总导"指令后，立即采取镇压措施：一方面通过中央军委命令上海驻军支持"工总司"，一方面命令以驻军为后盾的"工总司"出动数十辆卡车和数万人上街，赶在"红革会"出动前，把守各个路口，把十万反张大游行扼杀掉。对抗结果，"红革会"土崩瓦解！

2月5日下午，在上海市中心的人民广场上，举行了"上海人民公社"成立大会（后改称"上海市革命委员会"）。张春桥、姚文元、徐景贤、王洪文登上主席台，成了上海市的新主人。

在新主人面前，上海"红革会"的红卫兵付出了惨痛代价：2,500多人被整，其中200多人被隔离审查，440多人在"学习班"里受审，自杀5人，逼疯6人，毒打致残10多人。五个多月前，即1966年8月22日，毛泽东同意下发的《中央同意公安部关于严禁出动警察镇压革命学生运动的规定》的文件，成了一张废纸。伛偻的曹荻秋，孤军奋战，因寡不敌众，被抓进"学习班"，被定为"叛徒"，终被打倒、罢免。曹荻秋是个忠于共产党的党员，1965年始任上海市长，在任职期间，逮捕并处决了为民主、自由呐喊的自由圣女**林昭**；但他并没有因而将功折罪，在"一月风暴"后，被罢免、关押，1976年3月29日，病死于上海狱中。

"**学习班**"这个集改造、批斗、审讯、囚禁和劳教于一体的专政组织，被"创造"了出来。这个借"学习"和"群众"之名进行迫害的政治组织，在文革中被广泛采用，其专政的暴虐程度随全国和各地政治形势的变化而有所不同。

　　本来用行政措施就可以解决权力更迭的所谓"一月革命"的上海夺权风暴，以"连续剧"的编、导、演职人员的全胜而落幕！

　　人们或许要问：按照当时毛泽东的权势，"**一个指头便捅倒**"不识抬举的陈丕显和倔犟的曹荻秋，为什么要大动干戈？有人论证说，因党内右派势力强大才有了这种不得已而为之的下策。看一看毛的一张大字报就能推倒刘少奇的事实，这种"论证"是不充分的。当你考察了"解放"以来历次政治运动的运作方法后，你就会发现毛式阶级斗争策略的一贯性：毛泽东为了达到分而治之从而战胜政敌的目的，就要利用权力制造仇恨，挑动群众斗群众，用他的"群众"即少数痞子、流氓无产者和愚昧的勇敢分子带头，发动一部分群众、把他们捆绑在他的战车上，造成多数人拥护他的假象，借以威吓和镇压包括异己者、持不同政见者在内的大多数群众。对于这种运作方法，毛泽东称之为群众运动。在"解放"后的历次政治运动——群众运动中，他屡试不爽。如今，在他导演的上海夺权风暴中，他要如法炮制，把不识抬举的陈丕显和倔犟的曹荻秋"**斗倒斗臭，再踏上一只脚**"，犹如"村村见血"的土改运动那样。

　　在"**夺权！夺权！**"超高音的声浪里，由于众多工人、学生、红卫兵和市民被声浪震得浑浑噩噩，从而使他们自己变成被权力任意耍弄的群氓：当他们为夺权摇旗呐喊的时候，甚至当他们为夺权而前仆后继、流血牺牲的时候，他们不可能看到，他们的行动，除了能成全少数暴发户外，他们自己的贫困境况，不可能因夺权而得到改善，他们的自由权利，也不可能因夺权而得到保障。

三、二月角斗

1. 京西宾馆大拍案

　　为了肃清刘少奇、邓小平、彭德怀和贺龙等人在军队中的势力，毛泽东借贺龙兵变的谣传，向军队发出"最高指示"说，**军队里也有一批反革命修正主义分子**，因此，军队也要搞"四大"，即大鸣、大放、大辩论、大字报，也要批判资产阶级反动路线。毛的"最高指示"正中林彪在军中排除异己、培值私人势力的下怀。于是，他在1966年10月，命令中央军委和总政治部起草了一个《紧急指示》，经毛泽东点头后发向全军。军队由此卷入了文革的狂涛骇浪之中。军队院校的造反派也像地方院校一样，蜂拥而起，成立了五花八门的群众造反组织。他们踢开党委闹革命，四处串连，在查找"黑材料"的名义下，冲击上级军事领导机关。令林彪不曾想到的是，《紧急指示》下达后，包括国防部等最高统帅部在内的各级军事领导机关，不断遭到冲击，许多领导人被揪出批斗、游街、罚跪、撕掉领章和帽徽。例如：

11月8日凌晨，门卫森严的国防部，遭到几百名学生的冲击；

19日，10多名高级将领，被揪去陪着前总参谋长罗瑞卿挨斗；

到了1967年元月，北京军区政委廖汉生、司令杨勇、海军政委苏振华等高级将领，也相继遭到揪斗、打倒；

林彪的亲信吴法宪、李作鹏、邱会作等高级将领，也未能逃脱被揪斗的命运，他们不得不东躲西藏，有的抓住被关在地下室里，打个半死；

更有甚者，有些高级将领性命不保，如东海舰队司令陶勇，就死在能量通天的造反派手里。

一时间，各军区叫苦不迭，纷纷向中央军委发电告急求救。对于这种引火烧身、搬起石头砸自己脚的做法，军中老兵们纷纷表示不满。

1967年1月19日，中央军委在京西宾馆召开扩大的常委碰头会，商讨军队开展"四大"的问题。会上，叶剑英、徐向前、聂荣臻等军中老帅们，为了保住各自"山头"，力主保持军队内部稳定，提出"地方越乱，军队越要稳定"的方针与中央文革相抗衡。握有"尚方宝剑"的江青、陈伯达，反击将帅们，指责军队的文化大革命死气沉沉，没按中央精神发动起来，宣称"解放军已经跌到了修正主义的边缘"。由于几位老帅与江青、陈伯达的意见针锋相对，互不相让，陈、江无法，便改变策略，先找"软"的捏。他们把矛头对准了总政治部主任萧华上将，指责萧是"资产阶级政客"，责令萧当晚到十万人批斗大会上作检查。对此，叶剑英、聂荣臻两位老帅提前退出会场，以示抗议。军内造反派接令而动，当晚直奔萧家揪人。萧华闻风从后门成功逃脱。

第二天，军委常委碰头会在京西宾馆继续开会。江青追问萧华昨晚躲到哪里去了？原来，萧华已看出江青的谋图，拿他开刀是要火烧老帅们。于是他将计就计，把火直接引向老帅：当晚他从后门逃出，跑进叶剑英家里躲了起来。

军中老帅们对江青狐假虎威的权势早已看不惯，早想找个机会教训教训这个悍妇。机会终于来了。听到毛泽东保萧华的承诺后，主持军委日常工作的叶剑英元帅，在会上拍案而起，挑明是他昨夜收留了萧华，对着江青声色俱厉地说："**如果有窝藏之罪，我来担当。**"说话间，怒火难捺，猛拍桌子骂道："**谁要想搞乱军队，决不会有好结果！**"由于用力过猛，右掌骨震裂。在叶拍桌子之前，徐向前元帅也拍了桌，指责中央文革搞乱军队的作法。林彪得力助手广州军区司令员黄永胜上将也毫不客气地说："**希望中央文革多听毛主席的话，特别是江青同志要多听毛主席的话。**"在军头们咄咄逼人面前，不可一世的江青和陈伯达，只好转攻为守，汹汹气势有所收敛。叶、徐拍桌子，被史称为"大闹京西宾馆"。

如论"窝藏之罪",周恩来在劫难逃,因为贺龙元帅夫妇躲在他家已经十多天了。但经验老道的周恩来,逢凶化吉,适时而巧妙地把贺龙夫妇"送"到西山囚了起来。对敌从不手软而对部属宽厚的周恩来,在京西宾馆里看出,中央文革一干人并不以囚禁贺龙一人为满足,他们还要通过打倒萧华而打倒主持军委日常工作的叶剑英。叶帅一倒,军队势必大乱,周心目中的党国将毁于一旦。于是,他立即和叶剑英一同赶到毛泽东那里请示汇报,向毛陈述乱军的利害关系,提出了稳定军心的劝告。

京西宾馆里的尖锐对立,出乎**毛泽东**的预料。他深知,整肃军方将领、清除军中异己不可能像上海夺权那样,他们都是带枪人,弄不好会逼他们造反。而当是时,各地在展夺权斗争中,不少地方的左派造反组织势单力薄,领导权往往落入右派保守派手中,急需军队来支持居于少数派的左派。在这种形势下,他不得不接受周、叶的劝告。出于笼络军队支持左派造反组织夺权的政治需要,毛不得不出面安抚群情激愤的高级将领。1月22日,毛泽东接见参加军委碰头会扩大会议的高级将领。接见中,一方面他要求军队要站在革命左派一边,不要吃老本,要立新功,另一方面他又捺着性子听完了将帅们诉说挨整被斗的情形后,表态说,**军队要抓紧战备,要稳定,要团结,不要闹分裂**,等等。

林彪首鼠两端,既想紧跟毛泽东的部署,同中央文革携手整掉军内异己势力,又怕军队大乱,祸及自身,因此,一直躲在幕后观察形势。当得知将帅们大闹京西宾馆、毛出面安抚后,他立即出现在前台,站到将帅一边,与中央文革对抗。他把江青叫到毛家湾家中,对她来了一个下马威。他质问江青:"**解放军是毛主席缔造和领导的,现在走到了修正主义边缘,怎么解释?**"盛怒之下,他把茶几掀翻,喝令叶群把江青赶走。挨了一顿痛骂的江青,着实领教了副统帅的利害,只好老老实实听着,并勉强作了自我批评。

大闹京西宾馆以军方胜利、中央文革受挫而告终。打赢一月抗争的第一个回合的军方,乘势出台了稳定军队实则限制军内文革运动的《军委八条命令》和《七项规定》,为党内右派最终在文化大革命中击败左派打下了基础。

2. 怀仁堂内外硝烟弥漫

为了支持各地居于少数、处境困难的左派夺权,毛泽东命令军队"支左"。1月23日,中共中央、国务院、中央军委、中央文革做出关于人民解放军坚决支持革命左派群众的决定。

"大闹京西宾馆"使毛意识到军队与中央文革的关系紧张。为了平息军方将领的不满,进一步安抚他们,让他们在"支左"中做出贡献。善于玩弄权术的毛泽东故作姿态,以批评军队将领们意见最大的陈伯达、江青两人来笼络军心。2月10日,在中央政治局常委扩大会议上，毛泽东批评陈伯达是**"一个常委打倒另一个常委"**（指打倒常委陶铸），批评江青**"眼里只有一个人，眼高手低，志大才疏"**，他要中央文革小组开会批评陈、江二人。其实，批陶铸的决定正是毛泽东亲自做出的，江青不过是拉上陈伯达将此事提前捅出去，就像屡屡干过的"先斩后奏"一样。毛对此虽然不大高兴，但并不真想算江、陈二人的帐。实际上，刻意抬高中央文革小组的地位以取代中央书记处，是毛泽东全面夺权的重要谋略。一时间，毛批评陈、江的消息在党内高层中不胫而走，再加上副统帅林彪也狠批了江青一顿，并明确表态支持稳定军队的措施，使党内、军内的右派士气大振。他们早就对文革的搞法憋了一肚子气，也知道文革作祟者是毛泽东，但因惧于毛的权威和手段，便想借毛批中央文革的机会，拿江青、陈伯达出出气。

机会被他们找到了。

2月11日，周恩来在中南海怀仁堂主持召开中央政治局常委碰头会，原定议题是研究"抓革命，促生产"等问题。会上，军方老帅首先站出来，狠批毛泽东的打手中央文革。叶剑英指着陈伯达说：**"你们把党搞乱了，把政府搞乱了，把工厂、农村搞乱了。你们还嫌不够，还一定要把军队搞乱。这样搞，你们想干什么？"** 徐向前

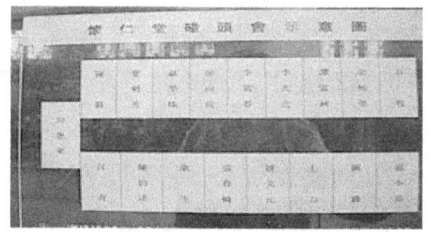

1967年2月16日怀仁堂常委碰头会上排座次

激愤地拍着桌子说："**军队是无产阶级专政的支柱，这样把军队乱下去，还要不要这个支柱？难道我们这些人都不行了啦？要蒯大富**（当时清华大学造反派领袖）**这类人来指挥军队吗？**"叶、徐不是不知道，中央文革只效忠毛一人，他们的所作所为都为毛所导演；但他们不敢碰硬，不妨也拿软柿子捏捏。中央文革成员因刚刚挨了毛泽东的批评，不敢冒然造次，会上处于守势，偶尔出来辩解一下。2月16日继续开会时，双方斗得更加激烈。

这次在会上唱主角的是国务院的两位副总理谭震林和陈毅。素有党内"大炮"之称的谭震林，早就对张春桥借口"群众不答应"而扣住上海第一书记陈丕显不让来北京一事火气很大，会上指斥中央文革成员："**你们的目的，就是要整掉老干部，把老干部一个一个打光。**""老干部一个一个被整，四十年的革命，落得家破人亡，妻离子散。""阎红彦有什么罪，都给整死了。""这一次，是党的历史上斗争最残酷的一次，超过历史上任何一次。"谭震林越说越激愤，泪水夺眶而出。末了愤怒地表示："让你们这些人干，我不干了。砍脑袋，坐监牢，开除党籍，也要斗争到底！"说着夹起皮包，拂袖将去，被周恩来拍案叫回。陈毅更是怒火中烧，炮口直指林彪，且影射毛泽东。他忿忿地说："**这些家伙上台，就是搞修正主义。**""**斯大林不是把班交给了赫鲁晓夫，他一上台不是搞修正主义吗？**"激愤冲动之下，他提到了延安整风，幸灾乐祸又抱怨地说："在延安，刘少奇、

邓小平、彭真，还有薄一波、刘澜涛、安子文这些人（笔者：这次文革被打倒的大员），还不是拥护毛泽东思想最起劲。挨整的是我们这些没有反过毛主席的人。""总理（在延安）不是挨整吗？历史不是证明了到底谁是反对毛主席吗？以后还要看。"谭震林的泪水和陈毅的怒斥令人同情；但在"红八月"里，面对十数万无辜者的鲜血和生命，面对数百被斩草除根的绝户，却未见大员们一滴眼泪，未闻大员们的一声怒斥！谭、陈的怒斥，史称"**大闹怀仁堂**"，被毛左派称为"**二月逆流**"。

盛怒之下，谭震林在会后写信给林彪，大骂江青"**真比武则天还凶**"，扬言"**这个反，我造定了，下定决心，准备牺牲，斗下去，碰下去**"。林将谭信转给了毛泽东。

陈伯达说"二月逆流"是"**自上而下的反革命复辟逆流**"。正当上层权贵们在京西宾馆和怀仁堂里唇枪舌战、拍桌瞪眼的时候，下面各地当权派在中央元勋们的暗中支持下，纷纷向中央文革示威，以软性消极怠工，直接与毛左派相对抗，有的甚至对毛左造反派拉起了硬弓，动了真刀真枪，大开杀戒。

广东省委第一书记赵紫阳，在省机关内造反派刚刚组建时，便提着省委、省政府的几十枚公章交给了造反派，表示交权，使全省处于无政府状态；云南省委第一书记阎红彦，见大势不好要挨斗，便自我了断而去；湖北省委第一书记张体学比较聪明，中央工作会议后，他便拨款支持右派造反派，使右派造反派变成保护当权派的保皇组织，他躲进军区里暗中指挥……

在"二月逆流"中，除了软性对抗外，还有硬性对抗。

智者千虑必有一失。自命"伟大、光荣、正确"的毛泽东犯了一个致命错误：派军队支左，为文化大革命最终失败埋下了祸根。在开国元勋们的支持之下，一些支左的军队将领，很快与地方右派当权派勾结在一起：他们把维护中共官僚特权阶级的"保皇"组织，装扮成造反派加以支持，而真正的左派造反派，则被他们当成反革命组织加以镇压。例如，四川省军区和驻军，同他支持的右派造反派组织，从1967年2月24日到3月中旬，就抓捕了左派造反派十多万人，其中，成都抓捕两万多人，重庆市取缔和捣毁左派造反派组织118个，迫其自动解散146个，抓捕2,253人。四川省军区打击左派造反派的行动，史称为"**二月镇反**"。最恶劣的是，青海军区副司令赵永夫，根据军委传达的毛泽东关于"部队可以开枪自卫"的批示精神，在叶剑英的默许下，大开杀戒。在1967年2月23日，他下令开枪，当场打死左派造反派169人，击伤数百人，制造了一起震惊全国的"**二二三惨案**"！

听到怀仁堂内外这种复杂形势的汇报后，毛泽东龙颜顿显愠色。在2月18日的一次政治局碰头会上，他大发雷霆。他说："**政府搞乱了，把工厂、农村搞乱了。**"惯于逢场作戏的他，指着代表林彪出席会议的叶群说："**叶群同志，你告诉林彪，他的地位也不稳定，有人要夺他的权，让他做好准备。**"接着，他危言耸听地说："**大闹怀仁堂，就是要

搞资本主义复辟，让刘、邓上台。我同林彪同志、叶群同志南下，再上井冈山打游击。"
他越说越有气，言辞尖刻极端起来："**把陈伯达、江青枪毙，康生充军，中央文革小组改组，陈毅当组长，谭震林当副组长，余秋里当组员。再不够，把王明、张国焘请回来。力量还不够，请美国、苏联一块来！**"说罢，怒不可遏地甩袖而去。按康生的说法，"主席发的是无产阶级的震怒"。此时，对中共大员心慈手软的周恩来不得不站出来收拾残局，也不得不秉承"伟大领袖"的脾性，严肃处置他的得力助手们。碰头会决定：责令陈毅、谭震林、徐向前三人"请假检讨"。所谓的"请假检讨"就是停职写检查，是一种比较人性化的称谓。（其实，在中共的词典里，这种词语同"黑帮"、"牛鬼蛇神"一样，存在着很大的模糊性，当权者可以根据政治需要和好恶加以伸缩。因此，"请假检讨"可以是停职反省写检查，也可以是监禁式隔离审查，如现行的"双规"，还可以是服刑坐牢，如中央文革大员王力，因被命令"请假检讨"后投入秦城监狱，一坐十五年。）在周恩来的关照下，陈、谭、徐三人被严厉批判后从轻发落，暂时失掉了权力。他们的下级就没有那么幸运：赵永夫被撤职，批斗后投进了监狱！

大闹**怀仁堂**以陈伯达、江青为首的中央文革胜利、党内右派将领、元老们受挫而告终。

军队将帅、元老右派们与中央文革小组的对抗，这种各有胜负但文革小组占上风的对抗，激化并加速了权力结构的分裂。就在毛泽东"龙颜顿显愠色"后不久，下面还是发生了向毛示威的"二月镇反"和"二二三惨案"。

军队将帅、元老右派们受挫后，善弄权术的毛泽东，指令精英打手们于 1967 年 2 月 23 日和 2 月 24 日，先后在《红旗》和《人民日报》上发表了经毛泽东亲自修改的社论和文章：**《必须正确地对待干部》**和**《人民解放军是无产阶级专政的柱石》**。明眼一看便知，这是毛泽东在玩弄软硬兼施的权术：在鞭打军队右派将帅和党内元老之后，及时向他们伸出橄榄枝加以抚慰。

第十一章结语

从十月进击、一月拼杀到二月角斗，上层权力的对抗和搏斗，使中国老百姓陷入水深火热之中，最终导致亿万人挨批挨整，千万人致伤致残，两百到三百万人死于非命！

第十二章：武力大夺权

一、整合分裂

1. 造反派的分裂

任何革命都意味着分裂，现代文明需要的是**改良**而不是革命；任何镇压都意味着分裂，现代文明需要的是**和谐**而不是镇压。毛泽东颠覆了"和而不同"的传统价值，实行血腥的革命和镇压，促成了国家和中共党的分裂，进而也促成了他夺权的工具红卫兵、造反派的分裂。

十月中央工作会议后，特别是听到陈伯达竟然批判起毛泽东一贯倡导的"血统论"时，在"横扫"和破"四旧"中大显身手的贵族红卫兵们，突然发现大事不好。想当初，开始揪斗"三家村"和"彭罗陆杨"时，他们包括他们的老爹老娘，都没看透"伟大领袖""层层剥笋"的战略战术，便响应"伟大领袖"的号召，又打又闹地把无产阶级文化大革命的烈火点燃了起来，并充当了"横扫"和大破"四旧"的急先锋：用野蛮、残酷的手段，烤焦了"牛鬼蛇神"和"黑五类"。不成想，几个月后他们发现，他们的"红司令"的革命目标，不光是烧烤"牛鬼蛇神"和"黑五类"，还要烤焦他们的老爹、老娘、大伯、大叔等"走资派"，并要把他们同"牛鬼蛇神"、"黑五类"倒到一锅里"烩"。他们沮丧，他们悔恨，他们愤怒，于是，他们要造反。他们把"西纠"、"东纠"、"海纠"合在一块，于1966年12月初成立了"首都红卫兵联合行动委员会"。他们以为有周伯伯的支持，就可以大胆放手、为所欲为。他们打、抄、烧、杀，把满腔怒火发泄到被他们"横扫"过几次的"地富反坏右"等弱势群体身上。他们见了"三司"司令蒯大富——这个揪刘少奇、斗"走资派"、妄图"右派翻天"的急先锋，更是仇人碰面，分外眼红。1966年12月26日，他们在北京展览馆剧场召开了讨伐毛左派的誓师大会。会场里群情激愤，不断高呼"打倒三司"口号，辱骂农民家庭出身的蒯司令是"右派翻天"。大会开到后半夜，放苏联电影《区委书记》。当电影里的游击队员们举枪宣誓："以血还血，以命抵命"时，全场"联动"成员立即响应，齐声高呼："**以血还血！以命抵命！**"帽子乱飞，口哨乱响，好一阵子疯狂。第二天，为了搭救他们的落难弟兄，他们呼着"刘少奇万岁"、"油炸江青"和"火烧谢富治"的口号，向公安部冲去......但周恩来暂时没有保住他们；他们被毛泽东镇压了下去，头头悉数就擒入狱。

贵族红卫兵被取缔，大长了平民红卫兵造反派的威风，他们在毛泽东的前台周恩来和中央文革小组的指挥下，向党内右派政敌发动全面攻击，揪斗各级走资派。

毛泽东是"发动群众"的老手，但不是唯一老手。在毛泽东的长期指导下，党内左、中、右派大员们，也大都是"发动群众"的行家。因此，当贵族"联动"被取缔后，党内右派迅速利用平民红卫兵造反派政治上的幼稚和权力分配上的失衡，用"掺砂子"的策略来制造危机，在一派身上注入了党内右派的政治诉求，终使其分裂成势不两立的左、右两大派组织。

一派打着造反的旗帜，以帮助毛泽东夺权为己任，属激进派，是谓左派造反派；另一派也扛着造反大旗，以反夺权借以保护十七年的既得利益为己任，属保守派，是谓右派造反派，常被贬称为"保皇派"。实际上，两派都不是真正意义上的造反派，仅仅是党内左、**右两派夺权和反夺权的工具和炮灰**！

如果说 1966 年是贵族红卫兵和平民红卫兵的分裂，那么，进入 1967 年，胜利的平民红卫兵迅速分裂为左、右两派造反派。如：南京的"好派"和"屁派"，重庆的"八一五"和"反到底"，武汉的"香花派"和"毒草派"，河南的"十大总部"与"二七公社"，等等。这些造反派的共同特点是：他们高调宣称自己的组织是响当当的造反派，是"保卫毛主席"、"保卫毛主席革命路线"的无产阶级革命派，激烈攻击对方组织是名符其实的"保皇派"、"反革命派"；为了证明自己是真正造反派，他们今天组织示威游行，把异己当权派拉到大街上游街示众，明天召开声讨大会，把不愿表态支持他们的当权派拉到会上，进行"坐喷气式飞机"、戴高帽式的批斗；为了证明自己造反"响当当"，他们相互指责，叫骂，拳脚"辩论"，冷兵器较量，热兵器战斗，等等，实际上，他们都已变成中共党内左、中、右派权力斗争的打手和炮灰，**都是"保皇派"，区别仅仅是各保其"皇"**而已。

在左、右派造反组织里，主要是左派造反派中，隐藏着一些民主组织和成员，他们对中共专制体制不满，有追求民主、自由和个性解放的民主诉求。但他们不敢公开地、大胆地、理直气壮地提出他们的诉求，只能打着毛左派的旗帜，提出一些毛左派暂时还能容忍的诉求，并且把这些诉求"策略"地隐蔽在批判刘、邓右派的洪流里。在平反问题上，他们只敢依照毛左派划定的界限提出一些平反要求，如要求给被刘、邓工作组打成反革命分子的平反，要求给在刘少奇主导的"四清"中挨整者平反等；但他们却回避了毛泽东主导的历次"群众运动"及其运动的血腥，并与其运动的受难者划清界线。在经济上，农民工、临时工、集体工等组织和成员，提出了与国营工待遇平等的经济要求；但他们却不敢触及造成这种森严等级制的原因，因为，造成这种不平等等级制的直接原因是毛泽东主导的三大改造和把农民贬为二等公民的户口政策。值得注意的是，在造反组织里也出现了民主改革的呼声。如湖南"风雷"的造反派负责人杨曦光，他代表他们的造反组织，书写了《中国向何处去》的文章，提出了仿效"巴黎公社"民主选举原则组建"中华公社"的民主政治诉求。

在中共极权压抑下，在平民阶层中出现代表他们利益的民主人士是必然的；在中共党内外左、右两派夺权混战中，这些民主精英借机提出些民主诉求也是必然的。但这种必然产生的民主诉求，在毛式"大民主"即"大鸣、大放、大字报、大辩论"中，不过只是一股涓涓细流而已。面对这股不成气候的涓涓细流，有人却提出了个"民主文革"的命题。显然这是脱离现实的幼稚想法。马克思倡导的"巴黎公社"民主选举原则，不仅马、恩、列、斯没有打算实行、毛泽东拒绝实行，正在困难中搏斗的党内右派更难容忍。全国"转复军"、"红旗军"、"上山下乡知识青年造反团"、"聋人造反总部"、"军垦造反团"等有民主诉求的造反组织，先后被中央文革小组宣布为"反革命组织"而加以取缔，19岁的杨曦光被判10年重刑，毛泽东死后，右派政变成功，平民出身的左派造反派的头头们都被科以重刑，等等，都是中共左、中、右派共同镇压民主的结果。

在左、右两种造反派之间，还夹着一个中间派，时称"逍遥派"或"不革命派"。在文革中，"不革命"离"反革命"仅一步之遥，因而有人把"不革命"等同于"反革命"。因此，"逍遥派"并不逍遥：他们人员众多而势单力薄，大多数属平民阶层，他们对刘、邓右派不抱希望，对毛左派更加反感；由于没有成形的组织来保护他们，使他们有时不得不跟在左、右两派造反派后面，为他人摇旗壮势，呐喊助威。

随着"全国全面内战"的展开，毛泽东发现：在党内右派当权派的暗中支持之下，以党员、团员、干部、干部子弟、老工人、老劳模、老先进和老农民为主要成份的右派造反派组织，迅速扩大，他们打着造反的旗号，干着保护右派当权派、打击左派当权派的勾当，并以压倒的优势，使左派造反派变成少数派，处于遭受打压的境地。同时，毛泽东还听到他最不愿意听的民众民主呼声，更难容忍党内右派当权派的党内民主诉求，尽管策略上他可以暂时有限度的容忍这些诉求和呼声。显然，局势即将失控，毛泽东惴惴不安。

为了利用左派造反派造反，镇压右派和民众的民主呼声，毛泽东断然采取两条对应措施，做出了发布《公安六条》和"三支两军"的决定。

2. 警告右派、实行铁笼子内的民主

1967年1月13日，中共根据毛泽东御旨，发布镇压党内外民主诉求的《公安六条》。全文如下：

中共中央、国务院关于在无产阶级文化大革命中

加强公安工作的若干规定

1967年1月13日，中发〔67〕19号

无产阶级文化大革命，是毛泽东思想挂帅下、无产阶级专政条件下的大民主运动，它

把广大群众的革命积极性调动起来了。形势大好。没有无产阶级专政，就不可能实行人民群众的大民主。公安机关是无产阶级专政的重要工具之一，必须适应无产阶级文化大革命形势发展的需要，采取恰当的方式，加强对敌人的专政，保障人民的民主权利，保障大鸣、大放、大字报、大辩论、大串连的正常进行，保障无产阶级的革命秩序。为此，特规定：

（一）对于确有证据的杀人、放火、放毒、抢劫、制造交通事故进行暗害、冲击监狱和管制犯人机关、里通外国、盗窃国家机密、进行破坏活动等现行反革命分子，应当依法惩办。

（二）凡是投寄反革命匿名信，秘密或公开张贴、散发反革命传单，写反动标语，喊反动口号，以攻击污蔑伟大领袖毛主席和他的亲密战友林彪同志的，都是现行反革命行为，应当依法惩办。

（三）保护革命群众和革命群众组织，保护左派，严禁武斗。凡袭击革命群众组织，殴打和拘留革命群众的，都是违法行为。一般的，由党政领导和革命群众组织进行的批判教育。对那些打死人民群众的首犯，情节严重的打手，以及幕后操纵者，要依法惩办。

（四）地、富、反、坏、右分子，劳动教养人员和刑满留场（厂）就业人员，反动党团骨干分子，反动道会门的中小道首和职业办道人员，敌伪的军（连长以上）、政（保长以上）、警（警长以上）、宪（宪兵）、特（特务）分子，刑满释放、解除劳动教养但改造得不好的分子，投机倒把分子，和被杀、被关、被管制、外逃的反革命分子的坚持反动立场的家属，一律不准外出串连，不许改换姓名，伪造历史，混入革命群众组织，不准背后操纵煽动，更不准他们自己建立组织。这些分子，如有破坏行为，要依法严办。

（五）凡是利用大民主，或者用其他手段，散布反动言论，一般的，由革命群众同他们进行斗争。严重的，公安部门要和革命群众相结合，及时进行调查，必要时，酌情处理。

（六）党、政、军机关和公安机关人员，如果歪曲以上规定，捏造事实，对革命群众进行镇压，要依法查办。

以上规定，要向广大群众宣传，号召革命群众协助和监督公安机关执行职务，维护革命秩序，保证公安机关人员能正常执行职务。

这个规定可在城乡广泛张贴。

从《公安六条》可以看出，毛泽东为他所谓"无产阶级专政条件下"的"大民主"划定了严格界限：只准把矛头对准他的政敌及其支持者，不准把矛头对准他和他的亲信；任何批斗他的政敌以及支持者的言行，都是革命的，任何攻击他和他的亲信，"都是现行反革命行为"；对于平民百姓的造反组织和个人，他们的民主诉求就是"利用大民主""散布反动言论"，交"革命群众同他们进行斗争"；对于"地富反坏右"等处于社会最低层、濒危于生存边缘的弱势人群，仍是十七年来执行的老政策——"不许乱说乱动"。显然，毛泽东的"大民主"，是在铁笼子内实行的民主。

由此可见，人民享有所谓的"大民主"，仅仅是"紧跟伟大领袖战略部署"的义务和批判"走资派"、"资反路线"的权利。显然，《公安六条》是坚守独裁、扼杀民主呼声的宣言，是对自由、民主和人权的颠覆。三十年后，曾为虎作伥的王力，在他的《反思录》里竟说《公安六条》是"**一是加强无产阶级专政，一是保障人民民主权力（利）**"的文件。这位一心"要留清白在人间"的王力，临终前还固守他作为"毛泽东打手"时的那种专政思维。今天，那些毛式"大民主"颂扬者，那些"民主文革"的立论者，看了《公安六条》，看了王力在《反思录》中对《公安六条》的所谓"反思"，不知有何感慨！

3. 支持左派，右派逢春

尽管在《公安六条》中，毛泽东已向党、政、军中的右派当权派发出了不准镇压左派造反派的严重警告，但他还放心不下，迅即做出了派军队支持左派造反派（红卫兵）即"支左"的决定。

根据毛泽东的命令，在《关于绝对不许动用部队武装镇压革命学生运动的规定》文件下达刚满五个月，1967年1月23日，中共中央、国务院、中央军委、中央文革小组联名发出《关于人民解放军坚决支持革命左派群众的决定》。决定中引用毛泽东指示："**人民解放军应该支持左派广大群众。以后，凡有真正革命派要找军队支持、援助，都应当满足他们的要求。所谓'不介入'，是假的，早已介入了。**"并说："**......新阶段的主要特点，就是无产阶级革命派大联合，向党内一小撮走资本主义道路的当权派和坚持资产阶级反动路线的顽固分子手里夺权。**""**人民解放军......在这场伟大的无产阶级向资产阶级的夺权斗争中......必须坚决站在无产阶级革命派一边，坚决支持和援助无产阶级革命派。**"3月19日，中共又将军队"支左"任务发展成"**三支两军**"，即**支左**（支持左派造反派）、**支工**（支援工业）、**支农**（支援农业）、**军管**（对一些地区、部门和单位实行军事管制）、**军训**（对学生进行军事训练）。据报导，先后执行"三支两军"任务的官兵，有二百八十多万名。

中共军队的将领同党政机关当权派一样，都是党内左、中、右派的重要组成部分；军队将领同各地党政当权派有千丝万缕的联系，许多人都是老战友、老同事、老上级或老部下，他们的命运息息相关；中共军队又是个多个山头的军队，当彭德怀、邓小平、贺龙被打倒、陈毅靠边之后，原一野、二野和三野的将领惶恐不安，生怕"剥笋"剥到他的身上，被打成"军内一小撮"，尽管十七年间，山头势力已有所变化。面对胡批乱斗的混乱局面，以林彪为首的左派将领蠢蠢欲动，支持左派造反派揪斗党、政、军内的"一小撮走资派"，力图在文化大革命中扩大自己的权力和利益。他们支持李作鹏中将夺了海军大权，支持余立金中将主导了空军大权，支持黄志勇中将夺了装甲兵的权，等等。与左派将领相反，以叶剑英、陈毅、徐向前、聂荣臻等元帅为首的中、右派将领们，对造反早已反感，特别是左派造反派的行动，使他们不仅在精神上同情党政右派当权派，而且行动上也和他们站到一起，支持他们所支持的右派造反派，力图在文化大革命中维护住自己权力和利益。例如，武汉军区一位右派副司令就公开叫骂："**造反，造反，造到老子的头上来了。不管你几十万，老子一个命令叫你解散！**"现在毛泽东要他们"支左"，正中他们的下怀。

在毛泽东、中央文革的支持和左派将领的默许下，有了后台的左派造反派便有恃无恐，大胆地揪斗右派当权派，攻击右派造反派组织，冲击支持右派造反派的"支左"的军事部门，甚至大胆冲入军队戒备森严的营房军械库里去抢枪枝、抢弹药。右派造反派也不示弱，在他们后台支持下，效法左派造反派，攻击对立的左派造反派组织，揪斗左派当权派和抢夺枪支。

由于党、政、军内左、中、右派当权派和将领们的支持，各地接连不断出现冲击军事机关、抢夺枪支武器事件。为了控制局面，毛泽东再次裸露他的杀气。1967年2月上旬，他在一份文件上做了"可以开枪"的批示："**绝不允许右派群众组织冲击部队……部队可以开枪自卫，但仅限镇压带头闹事的右派骨干。**"林彪将毛的"部队可以开枪自卫"的批示转给军委秘书长叶剑英元帅。曾大闹京西宾馆的叶帅，本来对毛的打手中央文革一肚子不满，见批示如获至宝，很快在全军各总部和各军区首长会议上宣读。于是，全军上下都得到了可以镇压右派的"令箭"。

谁是右派？谁是左派？什么样的派是"响当当的左派"？什么样的派是"顽固不化的保皇派"？文化大革命开始之后，毛泽东和他的打手们对刘、邓为首的政敌提出了许多罪名，诸如什么"牛鬼蛇神"、"黑帮"、"修正主义"、"走资派"和"资产阶级反动路线"等等，但由于这些罪名概念模糊，意义混淆，没有明确的界限，谁也说不清它的真实含义，因而就为军队中的左、中、右派"支左"干部各取所需提供了不同选择的条件。尽管他们的选择不会一致，甚至相反，但有一点是清晰的：任何民主诉求都是反革命。

随着文化大革命的发展，人们终于明白了毛泽东的"是非"界限：只要紧跟他，只要没有民主诉求，即使是搞过"三自一包"、"三和一少"走过资本主义道路，也是无产阶级当权派；反之，如果是紧跟刘、邓，或不能"反戈一击"，或同情刘、邓，即便没有民主诉求、没有搞过"三自一包"、"三和一少"等走过资本主义道路，也是走资本主义道路的当权派。这就是毛泽东的"是非"标准，这就是左派与右派或革命与反革命的分水岭，因而当时盛传："跟对人，就是跟对了线"。

对毛泽东这种以人划线充满了权力斗争的色彩的做法，除少数左派将领外，占军队主流的中、右派将领们并不认同，甚至反感。但惮于毛泽东的绝对权威，他们只好被动服从。但胆大者大有人在。如青海军区副司令员赵永夫，他在叶帅有意纵容下，认定自己支持的右派造反派是真正的"左派"造反派，认定中央文革支持的左派造反派是"右派"，在一次冲突中，他借口"开枪自卫"，公开挑衅中央文革，下令向"右派"开枪，结果造成了死173人，伤224人的"二二八惨案"！可怜满腔激情的学生、百姓们，成了毛左派的炮灰。

不惟如此，在新疆、重庆、湖北、四川、浙江等地，都先后发生了多起军队镇压造反派事件。全国夺权形势发生了急剧变化：左派造反派在中央文革和左派将领的怂恿、纵容和公开的支持下，虽然能打着"誓死捍卫毛主席"的旗号，"理直气壮"地冲击军事机关，抢夺枪支弹药来武装自己，但往往遭到右派将领"理直气壮"地镇压；右派造反派在右派将领们或明或暗的怂恿、纵容下，也在"誓死捍卫毛主席"的旗号下，得了大量武器，其数量远远超过左派造反派抢来的。如，广西省军区一次向右派造反派发枪1,500支。在左、右两派将领的支持下，"支左"使毛倡导的"四大民主"完全变质：从拳脚相加的"鸣放"迅速升级为刀枪染红的"辩论"，两派怒目相视，冲突不断，武斗炮声震天，遍地硝烟，全国陷入毛泽东号召的**全面内战**之中。显然，"支左"已使军队走向分裂的边缘。

对此，7月28日毛泽东赞扬道："**一年来发生了天翻地覆的变化，虽然有点乱，这里乱，那里乱，没有什么关系。像武汉就是很好的事，矛盾暴露出来，就好解决。**"在他的授意下，7月22日，江青向郑州左派造反派"二七公社"发出**文攻武卫**的号召，要他们以武力击败右派造反派"十大总部"。尽管毛已发现许多将领"支右"不"支左"，但他坚持认为，自己能在内战中取胜，因而继续保持战略进攻态势。因为，他了解他们，稍施计谋，便可"为我所用"。

值得一提的是，恣意发动内战以击败对手的毛泽东，流氓的本性使他不愿把刽子手、杀人犯的罪名留给后世，因而，他在裸暴狰狞兽面的同时，适时展出了"替历史负责"的"佛面"：在武斗正酣时，他假惺惺地发表制止武斗的《六六通令》和《九五命令》两个通告，以期达到推卸发动内战责任的目的。有人说，这两个通告等于要**为婊子树牌坊，要为刽子手树"伟光正"的纪念碑**。这话不无道理。后来的历史证明，这两个通告非但不能制止流血，甚至还有火上浇油之嫌。

恣意发动内战以击败对手的毛泽东，对军队忤慢行径早有戒备。善弄权术的他，对军队将领采取两面手法：一方面说军队内有"一小撮"野心家、"走资派"，甚至还有"睡在我们身边的赫鲁晓夫"，无情拷打、处死一些将领，如彭德怀、贺龙、许光达、陶勇等，严厉警告将领们不得三心二意，要紧跟着他，另一方面，又给他们以信任，赞誉他们为"**无产阶级专政的柱石**"，委以"支左"的重任，要他们在"支左"中"立新功"，并不急于给"支右"者"剥笋"。

出乎毛泽东意料的是，与党政机关右派当权派命运息息相关的军内中、右派将领们，对最高统帅"层层剥笋"的谋划已有戒心，他们已无"立新功"的打算，只有躲避"剥笋"的警觉。他们不约而同地采取对抗毛泽东的方针：以乱制乱。他们同各级党政右派当权派联合在一起，公开打着"支左"的旗号，暗里干起了"支右"的勾当。

智者千虑，必有一失。与天才毛泽东的预谋相反，"支左"决定下达后，局势迅速恶化。

据报导：

1967年1月25日至26日，新疆石河子地区对立的左、右派造反派双方发生激烈枪战，造成24人死亡，74人受伤；

2月21日到24日，武汉军区动用数十个连的兵力，向军事院校造反派采取行动，四天中摧毁和解散造反组织24个，逮捕造反派主要领导175人，宣布行政管制43人，被迫自杀2人；

5月1日，黑龙江省鸡西市"红联总"、"三司"两派造反派发生大规模武斗，造成9人死亡，44人重伤；

5月14日，时任公安部长兼北京市革委会主任的谢富治在讲话中透露：北京从4月30日到5月10日，武斗出动人数达63,500多，其中发生50人以上参加的武斗133次。对于伤亡人数，他隐瞒不报；

5月29日，杭州对立两派发生大规模武斗，6人被杀，150人受伤；

6月4日到8日，重庆由驻军支持的右派"八一兵团"，袭击、围攻左派西南师大"八一三"造反派，双方发生武斗，参加武斗人数多达2万，死伤上千，其中死亡百人以上。

随着毛泽东对右派镇压的加剧，右派反抗愈加激烈，左、右造反派之间的武斗，次数越来越多，规模越来越大。在中共党内左、中、右派势力支持下，左、右两派造反派的力量互有消长，但天平逐渐倒向右派一边。于是，对全国形势发生重大影响从而改变党内权力斗争形势的"七二〇事件"，在武汉发生了。

二、"七二〇事件"

1. 毛到武汉

善于运筹内战的毛泽东，早在文化大革命初，就拟定了乱中夺权的计划。他认为，乱可以打破秩序，从而打破刘、邓长期构建起来的权力结构。1966年7月8日，他写道："**天下大乱达到天下大治。**"同年8月23日，他在中央工作会议上说："**主要问题是对各地所谓乱的问题，采取什么方针？我的意见是乱它几个月。**""**我看北京乱得不厉害。**"到1966年年底，面对右派越来越激烈反抗，即"资产阶级反动路线"的激烈反抗，善于从"敌我力量对比变化"中决策的毛泽东，决心把"**乱中取胜**"变为"内战中取胜"。

12月26日，在他的生日宴上，他向亲随宠臣们举杯："**为展开全国全面内战干杯！**"在1967年4月军委扩大会上，他再次公开号召打内战。他说："**这次无产阶级文化大革命是一场全面内战。**" 5月16日，他同刚果（布）政府保安代表团谈话时说："**我们的一些事，完全没办法。我们政府、中央、公安部毫无办法，红卫兵、群众一起来，就有办法了。几十年我们不清楚的事，红卫兵一闹就清楚了。**" "**你不借红卫兵的力量，什么法子也没有，一万年也不行。**" "**乱是由于阶级斗争，两派斗争，左派同右派斗争。乱也没有什么大不了的事，天掉不下来。我曾经给别的外国朋友讲过：第一，天掉不下来；第二，山上的草木照样长，你不信到山上去看看；第三，河里的鱼照样游；第四，女人照样生孩子。**" 5月25日，他对全面内战大加赞赏："**北京也在分裂成两大派，打乱架，乱就可以乱出名堂来。**" 7月13日，他在中央文革碰头会的全体成员会议上指出："**南京街上闹得很厉害，我越看越高兴。**" "**现在打死几个人，没有什么了不起。**" —— "全国全面内战"终于被毛泽东煽动了起来，其中武汉尤甚！

1967年7月14日晚，胸怀"内战中取胜"自信的毛泽东，乘他的专列来到了武汉。先期于上午到达武汉的周恩来，将他接入东湖宾馆梅岭一号。奉命到达武汉的谢富治、王力、余立金等大员，同随同毛泽东前来的大员杨成武、郑维山、汪东兴等和随同周恩来前来的李作鹏等，分别住进了东湖宾馆百花一号和百花二号。

一年前的武汉，毛泽东曾在这里出尽了风头：他兴致勃勃地畅游长江，五千人伴游，十万人立岸欢呼，气势磅礴，巍巍壮观，令人叹为观止。一年后的武汉，已今非昔比。在他的"**全面内战**"煽动下，大武汉已变成了大武斗天下：由中央文革小组支持的"工造总司"等左派造反派和武汉军区支持的"百万雄师"右派造反派，两军对垒，武斗频发，不可调和。此行之前，毛泽东已经有了"内战中取胜"腹案：**大联合夺权——夺取刘、邓右派集团的权力。**为此，他修改了"全面内战"的方针，鼓励大联合。他说："**都是工人，我就不相信一派那么左，一派那么右，不能联合起来？工人阶级内部，没有根本的利害冲突。**"他此行的目的，就是要亲自解决两派纷争，促进两派联合，为全国各地"内战中取胜"——大联合夺权，树立一个样板。

2. 武汉混战

天才的毛泽东低估了武汉形势，错估了他的臣民的精神状态。

当北京的将帅元老同中央文革成员在京西宾馆和怀仁堂里唇枪舌战的时候，以司令陈再道上将为首的武汉军区，于1967年2月18日发表《严正声明》，谴责造反派的"二八声明"是毒草，因为他们在声明里主张"**全武汉、全湖北要大乱、乱深、乱透**"。《严正声明》促使造反派分裂：一派主"乱"，认为"二八声明"是"香花"，是谓左派；另一派主"稳",认为"二八声明"是"毒草",是谓右派。武汉军区以"稳定军队"为借口,从2月21日到24日,动用数十个连的兵力"支右",向军事院校左派造反派采取行动,四天中摧毁和解散左派造反组织24个,逮捕左派造反派主要领导175人,宣布行政管制43人,被迫自杀2人。1967年3月17日,武汉军区和武汉公安机关联手,宣布解散武汉最早、号称拥有48万成员的左派造反组织工人总部,宣布"工人总部"是"反革命组织",并逮捕了以**朱鸿霞**为首的"工总"大小头头485人。

武汉军区对左派造反派的镇压行动,使中央文革非常恼火。他们一方面在4月2日的《人民日报》上发表"正确地对待革命小将"的社论,向武汉军区施压,一方面鼓励受压的左派造反派重整旗鼓,东山再起。

以"三钢"、"三新"为首的支持"工人总部"的左派造反派,喊出了"**打倒陈再道,解放全中原**"的口号。他们提出彻底为"工总"翻案、释放被捕人员的要求,为此,他们组织上万名学生静坐示威,强化了对军区的冲击。

为了对付中央文革和左派造反派,武汉军区打着"支左"的旗号,被他们坚定支持的右派造反派——号称有130万成员的"百万雄师",于5日16日正式成立。以基干民兵为核心的"百万雄师"成员,大多都是生活在基层的市民:有工人、贫下中农,有待遇较好的国营工厂的工人,有收入相对稳定的基层干部,他们都是中共基层政权的依靠力量,是精神上有优越感的组群,都属于"新中国"的既得利益者;他们同生活艰辛的集体工、临时工和一般贫苦市民,比较起来,相对富裕得多,政治地位也相对优越得多。以出身好、成员纯的"百万雄师",是名符其实的右派;但他们一成立,便打着"左派"的旗号,把斗争的矛头指向成份混杂的以贫苦老百姓和学生为基础力量的左派造反派。他们骂左派造反派是牛鬼蛇神,是"老右翻天",放言:"**百万雄师过大江,牛鬼蛇神一扫光。**"

在武汉军区、驻军独立师、29师和各级人武部的支持下,"百万雄师"的"铁帚"扫向左派造反派:"谁替工总翻案,谁就是反革命"。左、右造反派矛盾迅速激化。在武汉5~7月里,由"百万雄师"挑起的大小规模的武斗数十起,造成数千人伤亡。其中:

6月17日,双方数千人马在汉口六渡桥处发生武斗。根据不完全统计,死100多人,重伤300多人。6月24日,在汉口大智路,"百万雄师"调动汽车500多辆,消防车7辆,7,800多名武斗人员,向左派"工造总司"占据的武汉市文化局大楼进攻。以中共党员、团员为主的复员军人敢死队,冲进大楼,当场打死28人。其中,广播员**朱庆芳**是个16岁的小姑娘,看见冲进来的敢死队队员,吓得跪地向"叔叔们"、"大哥们"求饶,却被残忍地活活打死。

武汉连续发生的大规模镇压左派造反派的武斗,激怒了中央文革小组。他们同中央军委一起,在6月26日向武汉军区发电责称:"**最近武汉市发生的大规模武斗,是极不正常的,希望武汉军区立即采取有效措施制止武斗。百万雄师一些人对若干院校和工厂的围**

攻应立即停止。杀害革命群众的凶手应该按中央《六六通令》处理。不久以后，中央将请武汉军区和各革命群众组织的代表来京汇报。"

对此，陈再道指责该电"**混淆是非，颠倒黑白**"，"**是在康生的授意下拟定的**"。经过半个月的酝酿，七月十日，武汉军区开各大单位负责人会议，对"626来电"做出了回答。会议认为："**军区没有方向路线错误，'工总'不能翻案，批判'二八声明'是对的，'百万雄师'是革命群众组织。**"陈司令的"回答"，公然对抗中央文革。

3. 毛的决定

毛泽东在梅岭一号听取汇报后，当即确定了解决武汉问题的方针：

1. 武汉军区在"支左"中犯了方向路线错误，解散"工总"是错误的，要彻底平反，释放被关押的造反派头头；

2. "工总"、"三司"、"三新"是革命群众组织，大联合以他们为核心；

3. "百万雄师"是右派保守组织，但不能解散，要教育争取。

据记载，支持中央文革的"三条方针"是18日敲定的。但实际上，在毛来武汉之前已经形成："**走，去武汉保陈再道。**"毛来武汉前说的这句反话，就足以证明。

解决方针交给了周恩来等人去执行。15日，毛泽东派杨成武、李作鹏、余立金会同军区领导人，反复去江边踏勘和筹办游泳事宜，打算在16日纪念畅游长江一周年之际，再次畅游，再掀一次崇拜高潮。由于"百万雄师"在15日提前纪念毛泽东畅游长江一周年，游行中与左派造反派发生冲突，打死了几个人，酿成了"七一五惨案"。消息传来，畅游计划告吹！

7月15~18日，根据毛所确定的方针，周恩来在东湖宾馆百花一号召集并主持了军区党委扩大会议，武汉军区司令陈再道、政委钟汉华等领导人及驻汉部队师以上"支左"单位负责人参加了会议。会上，周恩来听取了武汉地区"支左"情况汇报。18日，根据毛泽东业已确定的解决武汉问题方针，周恩来会议讲话中以"建议"的口吻命令称：**军区在"支左"中犯了方向路线错误，要公开检讨；军区要给工总平反，迅速放掉朱鸿霞；三钢三新是革命群众组织，左派大联合要以他们为核心；百万雄师是保守组织，他们自己会起变化。**之前的17日晚上，周恩来已单独向陈再道、钟汉华传达了毛的三条方针，劝他俩做好工作，争取主动。陈再道当时表示想不通。他说："**毛主席自己说要相信干部的大多数、军队战士的大多数、群众的大多数，这三个大多数都是支持'百万雄师'的，要给军队下面做工作你自己去做，我做不通。**"尽管如此，7月19日，陈再道和钟汉华在军区礼堂召开师以上干部会议上，在恭请谢富治和王力出面做工作的同时，都被迫在会上做了检查。

4. 右派反抗——王力历险

陈再道说"我做不通"是实话。军区党委扩大会议后，部队里出现了动乱。

18日的扩大会议一结束，负责在武汉市"支左"工作的独立师**蔡炳臣**政委，就怒气冲冲离开军区会场。当天夜里，独立师召开团以上干部会议。蔡政委在传达时说："中央首长来了四天，听了三天汇报，作了一天报告。我和师长本来是代表大家意见去向中央首长回报的，但一看气氛不对，总理和王力根本不愿听取大家的汇报。钟政委在汇报时说一句，总理问一句，问得钟政委答不上来，只好把汇报提纲放在一边作检讨。军区后勤和其他单位观点都是一致的，在汇报时也被顶回去了。我们汇报对新华工看法时，王力很反感，还说我们思想不通。总理和王力很注意我们两个"。"王力讲，**三新、二司打解放军是对解放军的最大爱护**。王力把'百万雄师'的优点都变成了缺点"。**牛怀龙**师长说："我和大家的心情是一样的，思想也是不通的，杨代总长还因此给我谈话，我表示思想不通，组织服从，个人意见保留……我们不是不代表大家的意见，而是中央政策已定，首长们根本听不进去了。"第二天牛师长回到师作战部，对部下大发怒气，拍桌子，摔椅子，大叫**"拼了"**。

在牛、蔡师首长的感染下，独立师的战士到政治部值班室来造反，反对王力的"四点指示"。

其实，没有什么王力的"四点指示"，那是周恩来在传达毛的"三条方针"时，将第一条方针分解成"检讨"和"平反"两部分，因而使毛的"三条方针"变成他的"四点建议"。由于王力权大气粗，言语蛮横，蔑视武汉军区，在师以上干部会议上，他批评军区领导时说："**百万雄师是个保守组织，你们起了很大作用，才发展到现在这么多。**"蔡炳臣政委在传达扩大会议精神时，蓄意张冠李戴，将体现"三条方针"的周恩来"四点建议"，说成王力的"四点指示"。于是，以讹传讹，周的"四点建议"变成了王力"四点指示"。

军区负责人要独立师领导做战士工作。一个副师长和一个副政委来到军区大院"做工作"时，对战士们说："**你们不通，我们还不通呢，快回去吧。**"

午夜，独立师六台宣传车在师部集中，准备上街。蔡炳臣说："**去就去吧，要守纪律。**"对此，六团翟团长当面向蔡政委提出："要采取措施，不能让部队上街。"蔡炳臣气冲冲地回答："**什么上街不上街，不开枪就行。**"是夜，六部宣传车大喊大叫着批驳"四点指示"，半个夜晚跑遍了武汉三镇。

19日晚，要为"工总"翻案的消息传到370医院后，驻院军人连打三次电话问独立师师部。当师部回电证实后，医院大批工作人员便冲向军区，要揪出王力和谢富治。许多人大喊大叫：**老子死也和"百万雄师"死在一起，把"三新二司"杀光，上山打游击……**

处在武汉"支左"第一线的独立师，已经走到了"兵变"的边缘。

本来"百万雄师"对中央解决武汉问题三条方针极为不满，因知道是"最高指示"，便强压怒火，也不敢挑战周恩来和谢富治。19日，王力在武汉军区召开的师以上干部会议上，批评军区领导时说："**百万雄师是个保守组织，你们起了很大作用，才发展到现在这么多。**"接着，王力又在水利学院对左派"三钢"大加赞扬："（武汉问题）**为什么一定能够很好地解决呢？因为我们武汉地区有一支钢铁的无产阶级革命派。**"消息飞快传了出去，"百万雄师"终于找到了替罪羊，把满腔怒火齐向王力发泄。

武汉街头贴出声讨王力的大字报：《王力究竟是人还是鬼———深思几个为什么？》。大字报指出："王力自窃据中央文革成员以来，一贯以极左面貌出现。在他插手的四川、内蒙、江西、河南、湖北、浙江、云南等省，均出现大抓'谭氏'人物（笔者："谭氏"指"血统论"鼓吹者谭力夫），大搞武斗，大流血，大混乱，大破坏，工厂停工，这是为什么？王力是不是挑动群众的罪魁祸首？把王力揪住，交给湖北3,200万人民，与各兄弟省革命组织一道，进行斗争，挖出这颗埋在毛主席身边的定时炸弹。打倒王力！王力从中央文革滚出去！"

下午，"百万雄师"的群众与独立师、29师的一些干部战士，高呼着"打倒王力"的口号，乘坐几十辆拉响警报器的消防车和上百辆大卡车，一起涌入军区大院，要求谢、王接见，回答问题。当天晚上，军区大院已是人山人海。据当时统计，有"支左"军车和"百万雄师"车辆273辆，"支左"军人、"百万雄师"和看热闹的市民有13,000多人。他们继续要求谢、王接见，并扬言要与王力辩论"四条指示"。

"百万雄师"的核心领导，已经被告知，"三条方针"是毛泽东确定的，而这个"巨无霸"现就在东湖宾馆里。他们没有精明政治家的远见，愚蠢地决定采取类清君侧行动，揪斗王力，向毛泽东示威，压他改变方针。他们一方面向下隐瞒毛在东湖的信息，一方面同"支左"军人联手，迅速成了"专揪王力指挥部"。到夜半时分，东湖四周都被"百万雄师"和独立师控制起来，使毛泽东、王力等成了瓮中之鳖。

在毛泽东亲自督导下，震惊全国的"七二〇事件"，终于在他的眼皮下暴发了。

7月20日凌晨，武汉独立师的六辆卡车，装载数十名独立师和29师的全副武装的军人急驶，后面跟着四十几辆"百万雄师"的卡车，车上装满手持长矛的造反队员，他们要去东湖造王力的反。他们封锁北门，冲进西大门，解除了哨兵武装，控制了电话机，然后冲入百花二号，包围了谢、王的住房，找到了谢富治和王力。他们质问谢、王，为什么把"百万雄师"打成保守组织？打成反革命？他们用冲锋枪枪口对准谢、王，威胁他们，要他们宣布"百万雄师"是革命派。他们在草坪上，把前来解围的他们的司令陈再道打翻在地，骂他是"投降派"。在同谢、王辩论中，愤怒的造反派依照"专揪"计划，将王力绑架上车，掳劫到军区。

历史值得遗憾的是，陈再道不过一介武夫，他错过了取而代之或"挟天子以令诸侯"的良机！

7月20日上午9时，开始批斗王力。军区大院内人山人海，打倒王力的口号此起彼伏，喊声震天。"百万雄师"的作战部长**刘敬胜**，将反剪着双手的王力推到阳台上示众。独立师战士和"百万雄师"造反派逼迫王力对武汉问题重新表态。当回答"百万雄师"是什么组织时，王力说：**"'百万雄师'组织很大，是个什么组织，我们还要看一看。"** 当问及"你们为什么要为黑工总翻案"时，王力说：**"如果是革命派受了压制，那就是要翻案。"** 这种顶牛式的回答，激起更加愤怒的呼声，有人喊出了"王力不投降，就叫他灭亡"的口号。批斗中，王力遭到了围攻殴打，脚踝骨折，还被剥去了军装，扯下了领章。

与围攻王力的同时，"百万雄师"向毛泽东示威的大游行开始。据统计，大游行各种汽车有396辆，其中，消防车27辆，空军军车15辆，打8201（独立师）、8216（29师）旗帜的车83辆，用载重卡车改焊成装甲车10辆。"百万雄师"头戴柳条帽，手持长矛，嘴衔匕首；军人荷枪实弹、刺刀寒光逼人，车头架着轻重机枪，子弹带搭拉在车上；有的军人不戴帽子、不戴领章，拉开风纪扣，就站在车门边和坐在车顶上。车子开到湖北大学前，一军官连开数枪，"百万雄师"呐喊冲进学校，毒打左派群众，**重伤三人，打死一人。**

车上的高音喇叭狂呼："王力的四点指示是大毒草！""王力滚出中央文革小组！""打倒王力！""王力滚出武汉！""谁为工总翻案就叫他刺刀见红！""打倒谢富治，绞死王力，枪毙余立金！""王力和牛鬼蛇神穿一条裤子！""揪出中央文革中一小撮混蛋！""要陈再道，不要谢富治！"

与此同时，独立师散发了"特急呼吁"，宣称："黑工总是地地道道的、被反革命分子操纵的组织。我们要踏平工总，为民除害。百万雄师是真正的、不折不扣的、浩浩荡荡的、硬绑绑的、响当当的革命左派组织……谁敢妄动'百万雄师'一根毫毛，我们将毫不留情地杀他个片甲不留。"

"百万雄师"也发出"紧急声明"："我百万雄师全体战士坚决与8201全体指战员同生死、共存亡。我百万雄师对黑工总中的一小撮反革命分子必须镇压。'三新''二司'大小知识分子是不是革命的，只能有我广大工农兵来鉴别决定，不能由'钦差大臣'来封。我们已经作好牺牲一切的准备，不彻底粉碎资本主义复辟逆流，死不瞑目。"

由于独立师和"百万雄师"公然挑战毛泽东，武汉军区领导层十分害怕。政委**钟汉华**和副司令**叶明**、**孔庆德**等人来到大院内，一起做"百万雄师"和部队的工作，要他们放掉王力。愤怒的造反派和军人根本不听。面对事态，钟汉华大喊：**"你们这是干什么的呀……王力同志可是毛主席司令部的人呀！"** 他向群众作揖、磕头劝阻**"你们绑我好了"**，但乱中无人理睬他。有位"百万雄师"造反派愤怒地指责他说："钟政委，你太不像话了。"

后来还是副司令孔庆德急中生智，使事件发生了逆转。他与 29 师政委**张昭剑**咬了一阵子耳朵，促使支持"百万雄师"的张昭剑临阵倒戈，调 29 师两个连的兵力，与军区警卫营密切配合，利用吃饭的机会，将王力转移出军区大院，转移到 29 师师部的六号楼，当晚，又利用夜幕将王力秘密转移到西山，脱离了"百万雄师"和独立师的控制区。

5. 毛泽东夜半逃生

瓮中的毛泽东，已成了惊弓之鸟。

这时天还未亮，毛泽东被急促电话铃声惊醒。他抓起电话，耳机里传来惶恐不安的声音："报告主席，陈再道发动暴乱了，抓走了王力。请你赶快离开这里！"惊魂未定的毛泽东，又被"咣当"推开的门声吓了一跳。警卫员小高闯进来，上气不接下气地说："主席，局势危机，我们赶快离开吧！"

毛泽东问："**到底发生了什么事？**"

"详细情况还不清楚。全部警卫部队已将我们这座楼保护了起来。外面有几十辆武装卡车冲进了宾馆，到处都是'百万雄师'的人马，还有不少军人。"小高着急地说。

毛泽东气愤地说："**没想到我们住进贼窝里来了。他陈再道想学张学良搞兵谏，让我就范，休想！我可不是蒋介石！**"

"主席，现在不是生气的时候，我们还是马上离开此地吧！"小高的脸涨得通红，上前来搀住毛泽东的臂膀。

"**我不走！**"毛泽东使劲推开了他，一挥手说："**你把大门统统打开，我毛泽东就坐在这里，看他陈再道敢把我怎么样？**"

"主席！"小高扑通一下跪在毛泽东面前，抱着他的腿哽咽着说："只要我还有一口气，就誓死保卫您老人家，但是您不能死，我们还是出去躲躲吧！等事态平息了再回来游泳！"

在惊涛骇浪中数十年的毛泽东，很快冷静了下来。他要小高要通**刘丰**的电话。

电话很快要通了。毛泽东接过话筒说："**你是刘丰同志吗？我是毛泽东。我要出去走走，请你马上安排车辆，接我出去！**"

"主席，东湖宾馆已发生反革命暴乱，'百万雄师'一小撮坏人和武汉军区的一些部队，已经包围了宾馆正门，情况十分危急。我们正在研究营救您的计划，请主席等待。"刘丰在电话里说。

毛泽东火了："**等待什么！他们包围了正门，我们从后门出去。你马上开上小车，到宾馆后门外的沙滩上等我！**"

这时杨成武急匆匆地走了进来，气愤地说："真没想到，'百万雄师'竟敢冲进宾馆来抓人！"

"他们要抓谁？"

"他们喊的口号是'活捉王力！'和'中央文革滚出武汉！'来的人很多。我怕有坏人乘机捣乱，所以请你马上向专列转移。"

"莫慌！" 毛泽东点上一支烟，恨恨地吸了一口烟，简单扫视了一下屋子，转身就走。

"要不要通知一下汪东兴同志？"杨成武问。

毛泽东摆摆手："**不要了。陈再道要抓的是我，不会抓汪东兴的。把他留在这里当人质吧！三十六计，走为上。**"

杨成武和小高每人搀着毛泽东一根胳膊，紧紧地护卫着他，乘着夜幕和树丛、花丛的掩护，急步向后院走去。

当穿越一段草丛时，毛泽东"哎哟"了一声。杨代总长弯腰一看，发现领袖没穿鞋子，一双拖鞋被荆棘扎透了。他慌忙把自己的鞋子脱下来，给领袖穿上，自己穿上领袖那双拖鞋，慌乱中忘记了检查领袖脚上是否有伤口。不过，毛泽东拍了一下杨成武肩头，满意地笑着说："**难为你了。**"过后，每当代总长想起那段疏忽事，内心好生不安，但当想到"难为你了"那句话后，心地又轻松得多了。

三个人急匆匆地穿过了树丛和花丛中间的小道，又翻过一个斜坡，来到了东湖后门。所幸那里无人把守。

小高拧开了"将军锁"，打开后门，他们纵步来到停在沙滩上刘丰为领袖准备的轿车旁。毛泽东突然仰天笑道："**陈再道一头蠢驴。在后门放上一个班，我们就难以走脱。真乃天助我也！**"说罢，钻入轿车，飞也似地奔向戒备森严的专列。

专列虽然戒备森严，但在动乱的武汉极不安全。众人劝他迅速离开武汉，正合他的打算。

"准备飞机，我们离开武汉。" 国内旅行从不坐飞机的毛泽东，向代总长下达命令。

杨成武问："是准备专机，还是坐空军的飞机？"

善于巧设疑兵的领袖说："都准备。"

一切都按照毛泽东的要求做了。

毛泽东所坐的汽车在中央警卫部队的护卫下，风驰电掣般地直奔机场。半途，他才告诉杨成武："坐空军的飞机。"

此时的空军机场，气氛十分紧张。有十几个干部战士笔挺地站在飞机前。

杨成武走下了汽车，直奔飞机，命令道："马上把舷梯推过来。"

一个干部口气强硬地说："没有武空司令员和政委的命令，谁也不准动这架飞机！"

杨成武也急了，他说："我是代总长杨成武，给你们司令政委的命令是我下达的！"

那些战士根本不听，他们的确也不认识杨成武。

这时毛泽东从汽车上下来，朝飞机走过来。

杨成武说："你们看见了吧，是伟大领袖毛主席要坐这架飞机！"

惊讶不已的战士们立刻放行。

毛泽东刚刚坐上飞机，机长过来问："首长，往哪个方向飞？"

毛泽东说："**先飞起来！**"

飞机轰鸣着离开了大地，在武汉上空盘旋。这时，毛泽东才示意杨成武告诉机长："去上海！"

21日上午11时，毛泽东安全到达了上海。

6. 左派反击

1967年7月22日，毛泽东在谈到武汉问题时，发出"最高指示"："**陈再道、钟汉华认错就算了。**"这种左右逢源、始终主动的话语权，是毛泽东独自享有的。但对这种"左右逢源"的"最高指示"，大员们是心领神会的。

7月22日，下午两点多，周恩来、谢富治、王力、李作鹏等，分头登机回到了北京。领会了最新"最高指示"的北京大员们，组织了数万人在西郊机场欢迎谢、王、李等英雄们。林彪、康生、陈伯达、江青和先回北京的周恩来等人，出席了欢迎仪式，向武汉军区示威。

当晚，林彪主持紧急会议，周恩来和中央文革成员全体参加。会议决定，把"七二〇事件"定为"反革命暴乱"。历史表明，21日下午，包围武汉的军事部署已经开始：会议期间，25军的三个步兵师，正从九江、开封火速向武汉开进；15军的空降部队已经占领了孝感机场，已运动到距武汉四、五十公里的黄陂；东海舰队的三艘炮舰已先达汉口口岸待命……

22日凌晨，在最新"最高指示"前，中央文革向各地发出了"紧急通知"，要各地组织"三军联合行动"，即武装游行，声讨"七二〇事件"的肇事者。同时胁迫陈再道、钟汉华等十余将领于23日飞抵北京，参加"学习班"。在京西宾馆，陈、钟遭到了三军"无产阶级革命派"的批斗。

24日，空15军的多支队伍，开进武汉市，迅速部署到指定位置。25军到达要地，东海舰队30多艘舰艇也先后云集到武汉。"支右"的独立师，被调出武汉整训。

25日，毛左派在天安门广场召开百万人大会，欢迎谢、王回京，并声讨武汉"反革命暴乱"，支持武汉地区无产阶级革命派。林彪、周恩来、中央文革、军委成员，都出席了大会。

当天，在武汉，三军指战员佩带造反派袖章，分别乘坐数百辆军车在武汉三镇举行游行。战士高呼着"打倒陈再道"、"向三钢、三新、三联学习"、"向三钢、三新、三联致敬"、"解放军坚决支持革命左派"的口号，向军区、独立师和"百万雄师"示威。

26日，业已瘫痪了的武汉军区发表公告。指出：一、"七二〇事件"是严重政治事件；二、军区领导在"支左"工作中犯了方向、路线错误；三、立即给"工人总部"平反，向朱洪霞、胡厚民等赔礼道歉，并恢复名誉；四、坚决支持"钢工总"、"钢二司"、"钢九一三"、"三司革联"、"新华工"、"新湖大"、"新华农"等坚强的无产阶级革命造反派。

7月26日下午，周恩来在京西宾馆主持召开扩大的中央政治局常委碰头会，揭发批判陈再道、钟汉华反党叛变罪行。空军司令吴法宪不等陈再道把话讲完，便领着刘丰等将领冲了进去，抓掉陈、钟等五个人的领章、帽徽，进行拳打脚踢，把陈放倒在地。据说，会议主持人周恩来对此"很有意见"。在另一次批斗会上，目击者写道："**陈再道下午就尝到了三军造反派的厉害，今天一上台就吓得手脚不灵，浑身冒冷汗，站在那里活像一堆没了筋骨的死肉。**"

7月27日，中共中央、中央军委、中央文革下令撤销武汉军区司令员陈再道、政委钟汉华的职务。武汉军区所辖独立师被打成"叛军"，徐向前元帅等人被指控为"黑后台"。同时任命沈阳军区副司令员曾思玉为武汉军区司令员，提升"七二〇事件"功臣武空副政委刘丰为武汉军区政委。

自1967年7月26日到8月2日的一个星期里，《人民日报》和《红旗》两个主要喉舌，连续发表社论和文章，抨击武汉军区和"百万雄师"的"反革命暴乱"，把"**陈再道、钟汉华认错就算了**"的"精神实质"推向高潮。这些社论、报导是：

《首都百万军民集会支持武汉革命派热烈欢迎谢富治王力同志胜利地光荣地回到毛主席身边》

《搬起石头打自己的脚》

《北京支持你们！》

《全国军民大集会大示威 坚决支持武汉革命派》

《乘胜前进——祝武汉地区无产阶级革命派夺取更大的新胜利》

《上海百万军民集会坚决支持武汉革命派》

《革命的新生力量所向无敌——再祝武汉地区无产阶级革命派夺取更大的新胜利》

《受蒙蔽无罪 反戈一击有功》

《向武汉的广大革命群众致敬！》

《全国亿万军民热烈欢呼毛主席的无产阶级革命路线新的伟大胜利》

《武汉三军和革命派联合举行誓师大会》

《玩火者必自焚》

《同武汉革命派团结、战斗、胜利在一起》

《我们坚决支持你们！》

《沿着毛主席的无产阶级革命路线乘胜前进》

《武汉"百万雄师"基层组织土崩瓦解》

《坚决同武汉地区无产阶级革命派战斗在一起》

《老鼠过街，人人喊打！》

《武汉无产阶级革命派大团结万岁！》

《新的考验》

《再论受蒙蔽无罪，反戈一击有功》

《向人民的主要敌人猛烈开火》

《毛主席为我们撑腰 我们要为毛主席争气》

在左派反击中，许多落井下石之徒沓沓亮相，纷纷"反戈一击"：

8月17日，扮演"支右"脚色的独立师，以左派姿态发表了《看！牛怀龙、蔡炳臣在"七二〇事件"中扮演了什么角色》的文章，接着又发表了《"七二〇"冲击东湖客舍反革命事件的真相》的调查报告，表示效忠于毛泽东和中央文革；10月28日，曾大肆镇压左派造反派的"百万雄师"打手们，摇身变成左派"公安联司"，也以左派姿态发表《百万雄师——"庞然大物"原形现 纸船明烛照天烧》的文章，揭露"百万雄师"的罪恶活动，等等。

1967年7月27日，"百万雄师"在舆论的高压下土崩瓦解，尽管他们在24日做最后挣扎：出动了百余辆卡车全市游行，在高呼"打倒陈再道"口号的同时，继续狂呼"踏平'工总'，镇压反革命"。

历史清楚地写下了这样一段记录：从7月14日到21日的7天里，毛泽东不但没有树立起一个大联合夺权的样板，反而鼓动仇恨，加剧冲突，使武斗规模更大，更加血腥！

7. 武汉惨局

同全国左派造反派一样，他们的头头大多是没有什么背景的平民出身。"解放"后的十七年中，他们过着无权无保障的贫民生活，他们对中共官僚特权阶级深恶痛绝，因而自由、民主和平等的价值成了他们的渴求，也成了他们造反力量的渊源。但在十七年中，他们在你死我活的阶级斗争思想的熏陶下，"仁义礼智信"价值观如过眼云烟，已丧失殆尽。他们从贵族红卫兵、右派造反派那里，看到人类兽性张扬的价值。因此，当他们被套到造反战车上时，他们便走到了他们渴求的反面，用你死我活回敬对方，在冲锋陷阵中，无所不用其极。他们的悲剧在于，他们同北京的红卫兵五大领袖一样，不过是毛泽东棋盘上的一个卒子，他们看不见中共党内左、中、右派之间的冲突，**只是权力再分配上的较量，没有根本利害上的冲突**，无论哪一派都是官僚特权阶级，而毛泽东则是这个特权阶级的总代表。因此，当"卒"子"过河"后，他们会发现，一旦左派把右派打倒，或不得已与右派成功妥协，他们的价值转瞬即逝，第一个牺牲的就是他们这些"过河卒子"。那时，后悔晚矣！

"七二〇事件"后，左派造反派胜利了；胜利冲昏了他们的头脑。他们好一阵子得意，好一阵子疯狂！得意中，他们趾高气扬目空一切；疯狂中，他们清剿残余"百匪"，残忍地报复杀人，主动或积极协同军方追捕逃亡的"百匪"头目，等等。据湖北省委统计，"七二〇事件"之后，在"清剿"与反"清剿"的战斗中：全省被打伤、打死的人高达18.4万；在武汉，打伤、打残者高达6.6万人，打死600多人；其中，多数是曾经不可一世过的又被骂为"百匪"的"百万雄师"成员。——这就是毛泽东来武汉树立大联合样板的成果！

左派造反派的出身背景形成的思想意识，证明他们不是中共的同路人。他们在革委会中得意了不到两年，因看不惯中共特权阶级的专横跋扈，打起了"反复旧"的旗帜，与新贵们对抗。很快，他们在清理阶级队伍和清查"五一六"中纷纷落马，右派政变成功后，他们的头头如**夏邦银**、**朱鸿霞**、**张立国**等被追判重刑，其中曾诵诗铭志"身首异处分，魂犹信马列"的"工总"头头**胡厚民**，因"顽固不化"，拒绝认罪，被科以20年重刑，九十年代死于狱中。

左派造反派没有右派造反派幸运。右派宫廷政变成功后，湖北省省委、省革委会和武汉军区党委，对"七二〇事件"研究后一致认为**"这个事件是林彪、'四人帮'出于篡党夺权的需要而制造的阴谋事件，完全是歪曲事实，颠倒敌我，混淆是非的，应公开宣布彻底平反。"** 于是，曾在1967年7月18日被毛泽东钦定为"**右派保守组织**"的"百万雄师"，1978年11月26日被邓小平彻底平反。"百万雄师"平反后，他的一号头目**俞文斌**，这个

邓小平为"百万雄师"平反

曾组织过数十次武斗，造成数万人伤亡的罪孽深重、血债累累的刽子手，文革中虽坐狱四年（据说他曾亲手射杀过多人），文革后却得到补偿：他先后荣任中共湖北省委常委、武汉市经委副主任、湖北省暨武汉市驻香港办事处主任等要职。

"七二〇事件"的制造者呢？支持武汉左派造反派的中央文革主要成员"四人帮"，

同与事件没有太大关系的林彪一起，被推上镇压"百万雄师"的被告席；而另一个事件制造者陈再道、钟汉华等人，则在被撤职而"委屈"了几年后，又返回了大军区领导的任上。当年大肆批判"百万雄师"的《人民日报》和《红旗》呢？他们摇身来了个180度大转变，成了"百万雄师"赞扬者，没有丝毫知耻负疚的表示。

"七二〇事件"的主要制造者和现场导演毛泽东呢？在中共党内右派掌权后，林彪、"四人帮"成了他的替罪羊，他本人则在右派蓄意掩盖下，仍旧是那样"伟大、光荣、正确"！

三、分裂军队挑动武斗的"八四指示"

"七二〇事件"使毛泽东认识到，由于右派军方和地方右派当权派的联合支持，右派造反派很快形成了对左派造反派的压倒优势，武汉拥有130万之众的"百万雄师"，以数倍的"兵力"压倒了以"三钢"、"三新"为首的左派造反派，郑州十多万人的"十大总部"，以绝对优势压倒了区区数千人的左派"二七公社"，等等，就是这种党、政、军内右派联合支持的结果。因此，全国各地左派造反派，纷纷向中央文革告急，尽管"百万雄师"在中央巨大压力下已土崩瓦解。

军队"支右"举动，使善弄权术的毛泽东大失所望。为了不使夺权斗争毁于右派将领之手，毛泽东以破釜沉舟的气概，做出了**武装左派**和**群众专政**的两项重大决定。

1967年8月4日，穷兵黩武的毛泽东写信给江青说："**75%的军区和驻军支持右派**。"因此，他在信中下达"**应大量武装左派**"和"**专政是群众的专政**"的"最高指示"。史称"**八四指示**"。这封信在中共中央常委扩大会上宣读并交付执行。在毛泽东看来，"武装左派"和"群众专政"相辅相成，都是制约党、政、军内右派当权派专政的手段：不把专政权力交给他的"群众"，"武装左派"就会变成"武装右派"，"走资派"就会专"群众"的政；没有"武装左派"，右派就会当道，"群众专政"就是一句空话。上海"武装左派"工人和学生，确保了左派政权的稳固；北京"红八月"里的喋血，鼓舞了各路红卫兵"横扫"、破"四旧"的士气，就是"群众专政"的典范。

1. 武装左派——鼓动抢枪

早在"八四指示"前，毛泽东已做出了武装左派的决定，并在高层传开。7月18日，他在东湖梅岭一号对周、谢、王等近臣说："**为什么不能把工人、学生武装起来？我看要把他们武装起来。**"他还夸赞"钢工总"工事修得好，表示要去看看。——这就是后来所谓的"七一八讲话"。当获悉毛泽东"武装左派"的谈话后，7月22日，江青在接见河南"二七"公社的代表时，便提出了"**文攻武卫**"口号，号召左派造反派武装自卫。周恩来步步紧跟毛泽东，8月11日，在接见首都红代会学生代表时，他说："**武汉的工人就可以武装起来。**"

有人说，"武装左派"的左派，是一个含混的概念。谁是左派？谁是右派？由谁来界定？这种担心是多余的。因为，**毛泽东喜欢政策的模糊性**。模糊性使毛泽东的"一分为二"哲学有了广阔的游刃空间：左或右均可按"政治需要"和"个人好恶"来界定，而且能使界定达到左右逢源、横竖是理的境界。这是毛泽东的重要统治权术之一。

在毛的"七一八讲话"特别是"**应大量武装左派**"的"八四指示"在上层传达后，"支左"部队向造反派发枪和造反派主动夺枪事件，相继在多地发生，而且愈演愈烈，并很快形成了抢劫武器运动；冲击军事机关、抢掠武器库事件也从武汉、北京向全国蔓延，各地左、右造反派纷纷加入了抢劫武器行列。

8月初，林彪感到事态严重，有些坐不住了，他要下文严禁群众组织抢夺军队的枪枝，但毛泽东否决了他的计划。8月5日，毛泽东针对林彪的计划批示说："**夺枪问题并不严重。**"显然，他支持夺枪；一句话打消了林的计划。这就是后来所称谓的"**八五批示**"。

8月1日，关锋主持起草的《红旗》社论发表了。这篇题为《无产阶级必须牢牢掌握枪杆子——纪念中国人民解放军建军40周年》的社论，再次强调了毛泽东"武装左派"和"揪军内一小撮"的言论，向军内右派将领发起猛烈攻击。

从"七一八讲话"到"八四指示"和"八五批示"，人们看到了一条分裂军队的政治路线：毛泽东决心要与他"亲自缔造和指挥"的军队分道扬镳！

但形势并没有完全按毛的意志发展，毛的乱军的谋图受到了强烈的对抗。"八四指示"后，各地右派造反派从中汲取教训，在各地右派将领或明或暗的支持下，他们也像左派那样，疯狂地抢夺枪枝弹药，胆大到敢于把支援友邦越南的"抗美援越"军用列车洗劫一空。很快，他们不仅在人数上而且武器装备上，都对左派造反派构成优势，成了各地武斗主要挑起者。这样，右派将领们成功地将"支左"变成了"支右"。

据曾担任过湖北省革委会副主任的**杨道远**回忆："1967年《红旗》杂志八一社论出来后，还发来文件，有'武装左派'的精神。我和方保林（武汉机械学院学生，钢二司勤务组成员，后为湖北省革委会常委）等几个人去找时任15军政治部主任**康星火**，要求发枪。**第二天他们就答复说，武装你们肯定是应该的，但是群众组织很多，单给你们发枪其它组织找上门来不好办；最好是你们自己去仓库里搞，我们支持你们。**我马上召集会议，决定由武大、武测和武工三校学生去，守卫排看到钢二司的人来了，就派了几个人开门热烈欢迎，后面的车子就开进去了，我也亲自进了仓库。先是拿枪和子弹，后来连擦枪布都搬回来了，还有几尊迫击炮也运回来了。"他还说："武汉警备区部队派了很多校枪的、修配的技术军官过来。""训练也是部队的干部搞的，还打过靶，此事还在《解放军报》

上登过。"

据不完全披露，在毛泽东"七一八讲话"后的一个多月中，发生了数十起抢劫武器事件。其中规模较大的有：

在**浙江**，7月21日，温州军分区所属的6515部队6分队、防化连及军械库的武器，遭两大派组织抢劫。被抢的武器中，除步枪、冲锋枪、轻、重机枪、火焰喷射器外，还有60炮、82炮、122榴弹炮等重武器。8月5日，受驻浙江20军支持的右派造反派"省联总"头头**张永生**等人，组织千余人包围省军区军械二库，骗开大门，强行砸开仓库，将1,000多件枪械和价值约40万元的军用物资洗劫一空。9日，张永生再次组织上千人，抢走省军区军械一库的汽车及子弹几百万发，手榴弹万余枚。根据《中华人民共和国实录》记载，5日和9日，两次共抢劫走长短枪1,900余支，轻重机枪523挺，炮40门，子弹120万余发，手榴弹1.69万余枚。

在**四川**，7月下旬以后，泸县武装部的武器库被造反派抢劫21次，被抢步枪2,481支，轻机枪115挺，重机枪12挺，手榴弹115枚，各种炮72门，子弹28.4万多发。8月下旬，重庆市北碚地区造反派武斗人员2,000余人，冲进404团营区，抢走枪支3,000支，轻重机枪49挺，炮16门，枪弹16万发，手榴弹8,000枚，打死指战员2人，抓走18人。

在**广东**，广州两派造反派在抢劫武器上都大显身手。8月5日深夜，他们冲进已实行军管的市公安局，捆绑哨兵，打昏查哨的连长，砸开武器仓库大门，抢走各类枪支1,850支，子弹数万发；8月8日晚，他们将广州市郊区金鸡岭枪械库洗劫一空；8月9日，他们冲击广州市军管会，又抢去一批枪支弹药；8月10～12日，广州警备区机关先后遭受造反派8次冲击，抢走一批枪支弹药和其他装备。

在**吉林**，8月11日，造反派"长春公社"袭击了长春市英俊区武装部和长春拖拉机厂武装部，抢走大量武器；8月13日，他们又联合长春军事院校数千人袭击了第5坦克学校军械库，抢劫了大量枪支弹药，其中有机枪120挺，高射机枪50挺。另一造反派"二总部"也不示弱，8月14日，他们出动近千人，50多辆汽车，洗劫了白老虎屯武器库。据不完全统计：从8月9日到14日的5天中，长春市就发生40多起抢劫部队及人武部门枪支弹药的事件。

在**福建**，据中央军委总参作战部报告，停泊在厦门某地10艘军舰于8月21日遭厦门造反派抢劫，一些人不断地冲上舰去抢夺武器。

在**湖南**，从7月底到8月下旬，邵阳军分区、邵阳武装部大批武器弹药被抢。共计被抢走各种枪支818支，"60"及"82"迫击炮27门，手榴弹1万多枚，子弹250万发。

在**江西**，据张春桥9月28日接见江苏代表团时的讲话披露，江西全省造反派得枪7万多支，其中大多数是发的，少数是抢劫的。

在抢劫武器运动中，其他各省夺枪都有发生，只是规模相对小点。

据邓礼峰《"三支两军"述论》中记载：到 1967 年 8 月 19 日止，全国发生 1,175 起抢夺部队的武器、弹药事件。总共抢夺步枪 2.16 万余支，冲锋枪 4,600 余支，手枪 2,000 余支，其他枪 2,100 余支，轻机枪 1,190 余挺，重机枪 350 余挺，高射机枪 78 挺，"60" 炮 40 门，迫击炮 22 门，火箭筒 61 具，无后坐力炮 8 门，子弹 648.7 万余发，弹药 1,296 公斤，雷管 4,290 余支，手榴弹 163 万余枚，喷火器 10 具，高射机枪子弹 700 发，发射药 28 吨。

本来"武装左派"是毛泽东对付"支右"的右派将领和军队的，然而，事态的发展却与他预期相反：右派造反派得到的武器装备，远远超过左派。此时，他忽然发现大事不好，急忙于 9 月 5 日下达了禁止抢夺武器的"**九五命令**"，似乎已完全忘记了一个月前他否决林彪的"严禁群众组织抢夺军队枪枝"计划的"八五批示"。但抢劫武器运动的惯性已势不可挡。据报导，在"八五批示"下达后不到一年里，约有 **180 多万** 支枪、数百门火炮、数十辆坦克、装甲车和数艘舰艇，落入各种造反派手中。

在"**武装左派**"、"**群众专政**"和"**文攻武卫**"等鼓吹武斗的口号下，左、右两派造反派都在夺枪中武装了起来。实力大增的左、右造反派们，在"誓死捍卫毛主席革命路线"旗帜下，相互攻讦对方是"右派"、是"反革命"。于是，真枪实弹的大规模武斗迅速在全国展开，全面实现了毛泽东"**全国全面内战**"的号召！

如果说"八四指示"前，造反派之间的武斗还停留在棍棒、长矛、大刀等冷兵器的水平上，那么，"八四指示"和"八五批示"后，武斗已升级为现代化战争。

河南左派造反派"二七公社"，在听江青的"文攻武卫"口号后，旋即在郑州等地成立武斗指挥机构，拉起庞大的武斗队伍，修筑工事，配置武器。7 月 26 日，他们大规模洗劫了郑州卷烟厂和开封化肥厂，导致 37 人毙命，291 人伤残，300 人被俘，2 人被活埋的惨剧。此后，"文攻武卫"合乎逻辑地升级为"武攻武卫"。

8 月初，在**广西**梧州市驻军，一次向他们认为的左派造反派发枪 700 多支，引发了一场恶斗，双方死亡 1,470 多人。

重庆对立两派造反派，继 5 月 14 日打死 103 人、打伤 1,500 人的武斗外，8 月 5 日，两派又在机床厂制高点清水池展开大规模武斗；是役动用了坦克、高射机枪等重武器，死 22 人，伤不计。8 月 8 日，两派的"重庆八八海战"，震惊全国；是役，打死 24 人，打伤 129 人，打沉船只 3 艘，打坏 12 艘，长江航运为之中断。8 月 12 日，武斗队又在嘉陵厂摆开战场，双方参战均在 700 人以上，支援者上万；除枪炮外，也动用了坦克；战斗到 13 日夜结束，双方均死伤一百多人。8 月 14 日，他们又在嘉陵江大桥畔开展战斗，一方猛烈炮击上清寺，当场炸死 11 人，伤多人，烧毁房屋数幢。

在**宁夏**铜峡，两派在 8 月 16 日展开战斗。8 月 28 日，驻军断定一方是"反革命叛乱"，遂下令镇压，当场打死101人，打伤133人。

同日，**黑龙江**齐齐哈尔市发生严重武斗，8人死亡，700多人受伤。下午2时多，六七四厂和港务局200余人手持机枪、步枪、手榴弹等，在两辆坦克配合下，扫射另一派造反派人员，当场打死12人，重伤20人。

8月18日，**广州**两大造反组织，在省总工会大楼展开战斗，枪战4小时，双方死亡3人，伤33人。

在**浙江**，8月24日，"省联总"部署所属组织，攻打富阳县城，死伤多人。8月26日凌晨，**张永生**、**贺贤春**组织省级机关和杭州市经过军训的三、四千人，全副武装攻打萧山，打死90多人，打伤100多人。10月3日，"富联总"造反派谎称县主要领导被龙门公社对立派所绑架，在得到省军管会的支持后，"富联总"当晚组织攻打龙门公社，在攻打战斗中，打死100多人，伤残300多人，俘获700多人，烧毁房屋1,200多间，砸了166个单位和2,000多间房屋。

8月24日，**江西**抚州地区发生严重武斗，军区司令**程世清**等人，本着坚决支持左派的原则，派出"支左"部队介入，先后打死干部、群众65人。

在毛泽东"八四指示"和"八五批示"下达后的一年多里，在"文攻武卫"和"武攻武卫"的口号声中，武斗在全国各省、各县市、各乡镇全面展开，约有50~60万人在武斗中丧生，伤残不计其数。

毛泽东"支左"和"武装左派"的决定所引发的抢劫武器和武斗，使军队走向分裂。据报导：

浙江省军事管制委员会自3月23日正式成立以来，在"支左"问题上一直存在两种不同意见。以**南萍**、陈励耘为首的二十军、空五军，坚决支持"省联总"，以**龙潜**为首的浙江省军区则比较支持"红暴派"。8月22日，中共中央作出《关于改组浙江省军管会和省军区的决定》，任命南萍为省军管会主任。军内两派的分歧日益发展，从而促使左、右两大造反派抢枪和武斗日趋白热化。

云南省也出现类同浙江的问题：自"支左"介入地方两派斗争后，省军区和军管会内部便出现了意见分歧，甚至出现了尖锐斗争。于是，对立的两大造反组织，在军管会内，都找到了它的靠山，从而对抢枪、武斗有恃无恐。

8月10日，中共中央认为，江西省军区在"支左"工作中犯了严重的方向、路线错误。经毛泽东批准，改组了江西省军区，任命程世清为江西省军区政治委员，杨栋梁为省军区司令员，并派遣济南军区、广州军区的部队进驻江西各地。毛的决定，加剧了军内的分歧，使省内各地抢枪和武斗进一步发展。

其他各省诸如甘肃、内蒙、湖南、河南、四川、东北三省等，军队内"支左"分歧严重，使造反派抢枪、武斗的规模不断升级。

对此，毛泽东对其"八四指示"引发的全面大屠杀毫无悔意。1968年7月28日，在召见首都红代会负责人的谈话时，他说："**武斗有两个好处，第一是打了仗有作战经验，第二个好处是暴露了坏人。武斗再斗十年，地球照样转动，天也不会掉下来。**"造成100多万人死亡、数百万人伤残的"全面内战"，竟获得了他的赞扬，再次凸现了他嗜血的本性。——这就是曾被御用作家们描绘为"**怕泪、怕血、怕死人**"的"伟大领袖"！

2. 群众专政

对于"八四指示"中的"**群众专政**"问题，毛泽东解释说："**北京过去大体上就是这样做的。**"这样，在"横扫"、"红八月"和而后的武斗中，抓人、私设公堂、打人、杀人以及大兴、昌平大屠杀等野蛮暴行，都被毛泽东肯定了。一年后的1968年7月28日，毛泽东在接见北京红卫兵领袖时，再次肯定了北京的"群众专政"："**过去北京革委会、卫戍区对大学的武斗不怕乱、不管、不急、不压，这看来还是对的。**"由此可见，毛泽东所谓的"群众专政"，就是有领导的无政府主义，它的实质是**中共党和政府领导下的痞子、流氓无产者的法西斯专政，亦即无产阶级专政**。这是"毛泽东思想是马列主义的顶峰"论的有力证据之一！

在毛泽东的"群众专政"号召下，特别是在北京红卫兵和民兵大屠杀被最高领袖赞扬之后，公安、检察、法院等政法机关迅即丧失功能；与此同时，"抓促小组"、"群众专政法庭"、"人民最高法庭"、"贫下中农最高法院"等名目繁多的"群众政法机关"，在毛的"群众"痞子、无氓无产者的组织下，纷纷登台亮相，开始疯狂地反人类的大屠杀。

"群众专政"颠覆了"仁义礼智信"和真、善、美的华夏文明，解放了人的兽性，使法制崩溃，道德沦丧，人性泯灭；在这种人造的政治情势中，毛泽东的那句"要文斗，不要武斗"的"最高指示"，变成了人们效法"说一套，做一套"的样板。其中：

1967年以湖南省道县的"群众专政"为最。官方统计，从1967年8月13日到10月17日的66天里，道县全县36个公社1,590个生产队，经"抓促小组"、"贫下中农最高法院"判杀4,193人，逼迫自杀326人。

受道县杀人事件影响，零陵地区其余10个县市也在不同程度上杀了人，共杀3,503人，逼迫自杀1,071人。全地区（包括道县）被杀7,696人，逼迫自杀1,397人，致伤致残2,146人。死亡人员按当时的阶级成份划分：四类分子3,576人，四类分子子女4,057人，贫下中农1,049人，其他成份411人。其中未成年人826人。被杀人中，年纪最大的78岁，最小的才10天。（详见第十五章"'群众专政'在湘南道县——文革第三轮大屠杀"。）

1968年以广西的"群众专政"为最。据报导，在1968年广西全省杀死的十多万人中，有4~6万人是在省革筹委（政府）的"七三布告"号召镇压"阶级敌人"后，由县、公社、大队等政权机构用"群众专政"的办法杀死的。其中杀人上千规模的市县有：

宾阳县杀害及迫害致死共3,681人，其中，国家干部51人，教师87人，工人27人，集体工75人，农民、居民3,441人，176户全家灭绝；**贵县**杀害及迫害致死3,138人，其中，国家干部及职工263人，教师156人，学生47人，居民106人，农民1,311人，其它1,255人；**临桂县**杀害及迫害致死2,051人，其中，国家干部326人；**灵山县**打死、杀死、害死3,222人，其中有三个公社杀人在500人以上，287个大队都参与屠杀；**桂林市**杀死、打死、害死1,128人，其中，干部、工人556人；**天等县**杀死、害死1,651人；**上思县**杀害1,701人，占当时全县人口1.33%。（详见第十五章"'群众专政'在广西——文革第四轮大屠杀"。）

毛泽东领导下的"群众专政"，仅在中国贫苦的农村，从1966年8~9月以北京大兴县为代表的大屠杀起，再到1967年8~10月以湖南道县为代表的大屠杀，直到1968年8~9月以广西宾阳为代表的大屠杀为止，毛泽东就完成了从杀几百人再到杀几千人直到杀几万人的**"群众"**屠戮三级跳！

在毛泽东领导下的"群众专政"中，四川、云南、贵州、河南、甘肃、江西等省的县城和农村，都发生过与道县、宾阳类似的屠杀，其规模、时间和波及的范围各有不同。

在毛泽东领导的"群众专政"屠杀中，中共各级权力部门都有不俗的表现：乡社和大队一级肆无忌惮地大砍大杀，但也有不少地方按兵不动；县级暗中支持或公开纵容，但相当多的县级作壁上观；省、地市级装聋作哑或熟视无睹；"群众专政"的发动者毛泽东和他的中共中央、中央文革呢？他们在号召、鼓励和怂恿之后，便根据老百姓的呼声和形势的发展，最后出来"纠偏"，继续扮演"**大救星**"的脚色！

据估算，在1966年之夏到1968年之秋的两年多时间里，全国县城和农村，有10~30万人被"群众专政"杀害，伤残不计其数。由此可见，毛泽东的"群众专政"，实质上是纵容、煽动痞子、流氓无产者的**无产阶级法西斯专政**。

3. 火烧英国代办处

1967年的夏天，在九百六十多万平方公里的土地上，当人们听到了"**武装左派**"和"**群众专政**"的"最高指示"后，从中央到地方，人们都被裹胁到"群众专政"中，并在那里呐喊、疯狂、颤栗和呻吟！但疯狂的造反派们并不满足，他们高举着毛泽东"**造反有理**"的革命红旗，把"**解放全人类**"和"**要扫除一切害人虫，全无敌**"的"**群众专政**"，推出国界。1967年1月25日，69名留学生回国途中，到苏联莫斯科红场上造反。他们高声朗读着毛的"**反帝**""**反修**"语录，扬言要对苏共修正主义实行"群众专政"，因而与苏联警方发生冲突，导致多人挨打负伤，酿成了红场血案。在巴黎的留学生，听说留学生在红场上挨了打、流了血后，立刻带上刷子，提上油漆桶，列队前往苏联驻法大使馆前写抗议标语。当他们走到半路时，便被法国警察截住，不仅挨了打，还被法警用囚车押送机场，逐出法国。

"解放全人类"的"群众专政"在国外失利之后，造反派把"反帝"、"反修"的目标，指向外国驻华使馆。

1966~1967年间，由于红卫兵、造反派的造反行动，使中国与已建交的四十多个国家中，有近三十个国家，先后发生过外交纠纷。继6月18日砸了印度驻华大使馆、7月3日砸了缅甸驻华大使馆后，到了8月，疯狂的红卫兵先后火烧了印尼驻华大使馆和英国驻华代办处。

为了"解放全人类"，毛泽东的中共还向东南亚输出革命。周恩来说："**东南亚有这么多华侨，中国政府有能力通过这些华侨输出共产主义，使东南亚一夜之间改尽颜色。**"受命于中共的印度尼西亚共产党发动政变，处决了一批高级将领。然而，政变失败了。政变失败后，拥有200多万党员的印尼共产党，遭到了残酷镇压，数十万印尼华人也因而丧生。1967年8月5日上午，上千印尼人，用卡车撞开中国驻印尼大使馆的大门，狂呼着反华口号，冲进了大使馆，打伤了四名中国外交官，纵火焚烧了馆内的两幢建筑物。当天消息传到北京后，一些激愤的造反派组织，闻风而动，纷纷到印尼驻华大使馆示威抗议。当晚8时，他们决定对印尼实行"群众专政"：他们冲入大使馆，放火烧毁南院大楼内部建筑，制造了第一起火烧外国大使馆事件。

火烧外国驻华使馆最著名、影响最大的就是火烧英国代办处。

近在一水之隔的香港，很难避免国内造反和"群众专政"的影响，而大陆驻港机构已奉命在港输出革命。

8月初，香港《夜报》、《田丰报》、《新年报》等三家中共报纸，奉命刊登了国内文化大革命的消息，号召香港民众起来造反，推翻港英当局和资本家的反动统

火烧英国代办处

治，当香港的主人。香港舆论哗然。港英当局立即采取行动，武力查封了三家报社，逮捕了19名新闻记者和三家报社的34名工作人员。香港政府这一举措，犹如火上浇油，激怒了中共支持的港九地区造反派，他们发誓要把文化大革命的熊熊烈火烧遍港九，要让"群众专政"取代港英当局。8月4日，首都新闻界召开盛大集会，"支持香港人民的抗暴斗争"，中共中央大员们和受毛泽东、周恩来支持的外交部造反派头头姚登山，都亲临现

场，为大会助威。几天后，广州地区的红卫兵和工人纠察队，摸过尖沙嘴港穗分界线，缴了港英当局边防警察的枪。8月7日，王力向外交部造反派"革命造反联络站"的代表，发表了可以夺外交部权的"八七讲话"。8月16日，在中央文革的支持下，外交部造反派夺了外交部的权，要求姚登山出任外交部长。

香港处于一片恐慌中，楼价暴跌90%；8月4日，英国航空母舰"堡垒"号，开来香港压惊。

8月20日，中国外交部就"香港抗暴斗争"向英国驻华代办处发出照会，最强烈抗议港英当局疯狂迫害香港爱国新闻事业的"滔天罪行"，要求港英当局在四十八小时内撤消对"三报"的停刊令，释放被捕的新闻记者与报社工作人员。接着，他们在京召开数万人参加的声讨大会。与此同时，由北京第一机床厂、北京外国语学院、清华大学、北京师范大学等十几个单位组成的"首都无产阶级革命造反派反帝反修联络站"决定在英国代办处门前召开声讨大会，并对代办处采取"革命行动"。

8月22日晚，外交通牒的四十八小时时限到时，外交部"反帝反修联络站"组织数万人在英国代办处门前召开了"首都无产阶级革命派愤怒声讨英帝反华罪行大会"。会后以英方逾期不答复最后通牒为由，由外语学院、外交部为主的约千人红卫兵和造反派，于22时40分，分别从西墙、北墙、正门三面冲进代办处。他们在代办处内进行革命：捣砸各类器物，放火焚烧东、西院楼，烧毁卧室、车房、油库和9辆汽车，烧光了室内存放的档案，对英国进行了一次令世界瞠目的"群众专政"。

据报导，在"群众专政"的疯狂中，英国临时代办处的官员和工作人员，纷纷逃离代办处：临时代办逃到使馆后面的印度使馆，躲在大门后；逃到芬兰使馆的两位姑娘，受到了保护；几位女士，逃到对面的阿尔巴尼亚使馆，被拒于使馆门外，惊恐万状……

当年，英国《每日电讯》记者克莱尔.霍林沃恩做了这样的记载：

代办处外，中国军队站成一排，仿佛要阻止那些高呼着侮辱性口号（的人群）以保护里面的外交人员。示威者在树上架起了高音喇叭，还举着强烈的排外标语。天色渐晚，一个红卫兵组织架起了探照灯，另一个组织领导着人群唱起了革命歌曲。大约晚上十点半左右，红卫兵涌进了代办处——战士们让开了道。他们先点燃了停靠在游泳池附近的汽车，然后冲入大楼，破坏窗户，捣毁室内设备，并用自带的汽油在代办处内放火。

英国临时代办唐纳德.霍布森和工作人员一齐躲进了保险库……但他们又被红卫兵从通风口灌进的烟熏了出来。

当年，英国临时代办唐纳德.霍布森在给他妻子的信中，描述了当时的情景：

我打开房门第一个冲了出去，其他人也跟在后面出来了。院子里大约有5000多人。我当场就被打得青一块紫一块，能打到我的人随手操到什么就拿什么打。女人们也像泼妇般地朝我扑过来，想用棍子把我打倒。他们抓住我的头发搡，并想用领带勒我的脖子。我真的不知道自己是怎么来到大门前的。冷不防伸过来一只手抓住我的手臂，有人用中国话冲我喊道："到这边来！"那人拖着我跑向印度大使馆（英国大使馆背后），他把我藏在大门背后。头部受到的打击使我晕了过去，失去了意识，此时的我就像牲口一样淌着血……

几位妇女逃向对面的阿尔巴尼亚大使馆，但阿尔巴尼亚人紧关着铁门。她们遭到群众殴打和辱骂时，阿尔巴尼亚人却在一旁幸灾乐祸，只有两位姑娘设法得到了芬兰大使馆的庇护。所有工作人员都被迫向毛泽东像低头，而且还得忍受唾骂和拳打脚踢。尤其使我感到震惊的是一位外交人员告诉我，围攻的人中有些是英国人。其中一个头领来自'有良好教育'的家庭，她穿着半统工作鞋在女王的像上跳上跳下……

8月23日，《人民日报》报道说："首都红卫兵和革命群众一万多人，昨晚涌到英国代办处举行声势浩大的示威，在门前召开了声讨英帝反华罪行的大会，并激于义愤，对英国驻华代办处采取了强烈行动。"

8月底，在伦敦的中国驻英国代办处，遭到部分英国人报复。在冲突中，一些中国外交官被打得头破血流。

这一场外交史上的大丑闻，严重损害了中国的国际形象，使本已孤立的中国外交处于更加困难的境地。毛泽东及其左派的倒行逆施，颠覆了保护外国使节的现代文明，使党内右派抓住了左派的把柄，有了反击的口实。

四、挫败"清君侧"

"八四指示"后，国内形势迅速恶化，支持中共的基本群众怨声载道，军队已处于分裂的边缘。对此，右派高级将帅们忧心忡忡，担心他们用血肉打下来的江山会因"武装左派"而毁于一旦，使他们堕入万劫不复的深渊。于是，继"二月逆流"失败后，他们悄悄重整旗鼓，悄悄"逆流"而上，李商隐的两句诗在"逆流"中悄悄扩散：

古有清君侧，今非乏老成！

1. 主动妥协

熟读经史的毛泽东对古代"清君侧"的史事如数家珍，十分清楚：

——汉景帝初年，刘氏宗室诸侯国势力强大，常与朝廷分庭抗礼，威胁中央权力。御史大夫晁错向皇帝上疏，建议削藩，为汉景帝采纳。对此，当时实力最强的吴王刘濞以**"诛晁错、清君侧"**为名，联合楚、赵、胶西、胶东、菑川、济南六国的藩王，发动叛乱，史称"七国之乱"。为了平息叛乱，汉景帝将晁错杀掉，但叛乱并没有因此而停止。景帝始决心平叛。三个多月后，刘濞被杀，叛乱方止。

——唐武则天称帝后,男妾专权,引起朝廷大臣们的不满。神龙之春,宰相张柬之趁武则天重病卧床时,发动政变,带军队进宫杀掉了张易之两兄弟,迫使武则天退位,中宗复位。宰相武力"**清君侧**",取得了成功。(这是深藏于毛泽东心底的"张柬之情结",因而是他制造系列冤案的"秘密情结"。)

——唐天宝十四年,安禄山以"讨伐奸臣杨国忠"的名义,从幽州(今日北京)起兵,直捣京都长安,史称"**安史之乱**"。安禄山"**清君侧**"取得成功,迫使玄宗杀了杨国忠,勒死杨贵妃,但他却兵败被杀,而唐朝也从此一蹶不振。

——历史上最著名最成功的"**清君侧**"事件当属明朝初年的"**靖难之役**"。明太祖朱元璋死后,他年轻的孙子朱允炆即位,史称建文帝。建文帝接受齐泰、黄子澄等大臣的削藩建议,着手进行削藩。盘踞在北平的燕王朱棣对此极为不满,他打着"诛杀齐、黄,清君侧"的旗号,发兵攻入南京,废朱允炆,自立为帝,改年号为永乐,是谓明成祖。

熟悉这些历史事件的毛泽东,听到李商隐诗句的传闻后,不免有些吃惊!

抢劫武器运动的快速发展,使武斗规模越来越大,伤亡越来越多,涉外事件越来越严重,特别是火烧英国代办处,使中国威信扫地,这都是他始料不及的,而党内右派和中间势力的暗中手脚,又使局面快速向更加恶化的方向发展,着实令他头痛。他十分清楚,他是这种恶化局面的始作俑者和推波助澜者。他的"伟大、光荣、正确"光环也使他从未公开做过自责,更不用说下"罪己诏"了;但他的天才在于:处变不惊和冷静观察。

毛泽东发现,在造反派中两股令他担心的"逆流"正在形成,正在给恶化的形势推波助澜。一股是左派造反派,他们像群脱缰的烈马,不听招呼,任意狂奔,自由主义和无政府主义倾向越来越明显,越来越难以控制,正在向右派异化;其中,有的竟提出"巴黎公社选举原则",妄图否定党的领导,有的大反"血统论",力图批判阶级斗争学说,等等,已经超越他设定的造反底线,变成了名符其实的右派。另一股是右派造反派,他们已经极左化:任意揪斗、残害中共当权派,任意制造事端、挑起武斗、镇压左派势力,任意制造红色恐怖,实行红色大屠杀。

对于左派造反派,他早有所料:他们是一股可以利用不可以重用的势力,他们只能充当向右派当权派即"走资派"夺权的主力和炮灰,他们的自由主义和民主诉求,注定是新生政权的专政对象。对于右派造反派,他早有定论:只要他们能摆脱党内右派的控制,并反戈一击,同左派联合夺取"走资派"的权力,他们仍然是无产阶级专政的依靠力量。但他最担心的不是前者,而是后者。因为,对于前者,一个命令就可以镇压下去;而后者则不那么简单,他们在党、政、军内有靠山,有千丝万缕的联系,镇压他们势必引起链锁反应。

他已看准了党内右派势力的反夺权动向:他们以"以乱制乱"为策略,支持和纵容右派造反派,力图把水搅混,借以干扰和转移向"走资派"夺权的大方向;他们蓄意挑起事端，滥杀无辜，制造党群、干群间的对立，为重新掌权制造口实，创造条件；他们挑动右派将领，以"支左"名义"支右"，镇压左派造反派，制造军队的分裂。

在反夺权的动向里，他还看到了"三老四帅"的影子。元帅陈毅、叶剑英、聂荣臻、徐向前和副总理李富春、李先念、谭震林等大员，在"二月逆流"中，虽然受到了批判，但没有伤及他们的元气。一旦局势继续恶化，在下面，他们会得到强悍将军们的支持，在上面，他们会得到朱德、刘伯承等老右倾们的联手，甚至还可能得到周恩来、林彪等人的青睐；他们就会重新扛起反对中央文革的大旗，效法古代"清君侧"的故事，发动政变，逮捕江青、陈伯达、康生等中央文革大员，武力要挟他就范。到那时，他所发动和领导的文化大革命，将毁于一旦。

毛泽东冷静观察之后，他做出了以下判断：为了不让"八四指示"发展成右派发动清君侧政变的口实，必须用稳住军队、强调秩序和纪律的策略，来挫败右派政变的谋图。于是，他开始调整自批《海瑞罢官》以来的进攻态势，亦即弱化批判"走资派"和"资反路线"的烈度，约束红卫兵、造反派的无政府法西斯主义倾向，强调大联合，强调"复课闹革命"和"恢复党的组织生活"等等，不断向右派示好，8月12日，他又发出了"**'党内、军内一小撮'提法不策略**"的指示，淡化他早先的"揪军内一小撮"的指示，主动与党内、军内右派修好，并做好了与右派适当妥协的计划。

但妥协计划不可能一蹴而就，尚需时日。期间，如果有一个鲁莽将军利用火烧英国代办处事件、打着"清君侧"的旗号揭竿而起呢？怎么办？

正当他为实施新的谋略冥思苦想的时候，周恩来的"建议"送上门来。

8月4、5两日，毛泽东发出了"八四指示"和"八五批示"后，周恩来听到了"清君侧"的唐诗，也触到了军内"清君侧"的潜流，预感到中共大厦将面临倾覆的危险。

在文革期间，周恩来同江青、陈伯达为首的中央文革小组，并肩战斗，都是为毛泽东冲锋陷阵的先锋；但他同江、陈等人并不完全同路。在"横扫"、破"四旧"以及镇压弱势群体上，他们志同道合，目标一致；但在如何对待干部、对待军队、特别是对待高级干部和高级将领问题上，他们之间存在着很大分歧；"八四指示"后，他们的分歧更加鲜明。

周恩来十分清楚，毛泽东并不信任他，一直通过中央文革对他实行监督：江青经常指责他"和稀泥"，甚至拿"伍豪事件"要挟他，就是这种监督的证明。他早想扳倒以江青为头领的江左们，苦于没有机会；"八四指示"后，江左们更加飞扬跋扈，特别令他反感的是，江左们根本不把他这个总理放在眼里，肆意在他主管的外交部里寻衅滋事。听到毛泽东说"**'党内、军内一小撮'的提法不策略**"后，他发现了转机，开始寻找整治江左们的机会。火烧英国代办处事件，使他终于找到了这个机会。他决定派代总长杨成武代表他，向毛泽东秘密进谏：状告中央文革小组，并报告他的提防"清君侧"的建议。

为此，周恩来单独找杨成武做了一次推心置腹的长谈。据《周恩来外交文选》记载，

8月25日，周恩来单独找杨成武谈话。谈话中，他向杨成武谈他对近来全国一系列重大事件的看法。他特别提到了**王力**在8月7日同外交部造反派的谈话，提到了**关锋**起草的《红旗》杂志社论中所提的"揪军内一小撮"的问题。他对杨成武说，这样下去怎么得了？连锁反应怎么办？他要杨向毛报告他的主要建议："**现在，一个是中央的领导不能动摇，一个是解放军的威信不能动摇。**"经验老道的周恩来，并不直接状告"火烧英国代办处"事件策动者的后台老板江青，而把矛头对准江青的亲信**王力、关锋、戚本禹**，力图斩断江的左右手，并让江左集团的王、关、戚当替罪羊；也不直说军内"清君侧"的潜流，而突出毛泽东当前最关心的军队稳定问题，暗示毛泽东应自"清江侧"，以挫败他人"清君侧"。据说，周恩来后来曾这样说过，他当时已经认定王、关、戚是坏人，他们这些"**坏人利用文化大革命的机会，来操纵群众运动，分裂群众运动，破坏我们的对外关系**"。但对王、关、戚的后台老板——毛泽东的前台打手江青的分裂、破坏活动，却视而不见。

毛泽东听了周恩来"奏折"后，领悟到周的暗示。经过整整一天的掂量、权衡，他做出了令人吃惊的决定。

2. 抛出忠君打手"王关戚"

据报导，8月25日上午，杨成武在周恩来处受领任务后，当即肩负重任，飞赴上海，向毛泽东报告周恩来的"建议"。他还按周恩来的布置，带去王力的"八七讲话"和关锋等人起草的《红旗》杂志"八一社论"等文稿，面呈毛泽东。

毛泽东听了杨成武的汇报之后，看着他早已看过并曾加以认可了的文稿，双眉紧锁。他让杨成武先去休息，说"**考虑考虑**"再说。经过整整一夜的掂量和权衡，他做出了决定。第二天上午，他召见杨成武说："**你马上准备飞机回北京，准备好了再来。**"杨成武安敢怠慢？安排好飞机后，迅速回到毛泽东的住处，聆听"最高指示"。

毛泽东狠狠吸了一口烟，吐出后，在弥漫的烟雾中缓缓地说："**我考虑好了，我说你记。**"杨成武赶忙拿出笔记本和钢笔，做出了记录的架式。只听毛泽东不紧不慢、一字一板地说："**王、关、戚是破坏文化大革命的，不是好人。你只向总理一人报告，把他们抓起来，要总理负责处理。**"

8月26日下午，杨成武乘机飞回北京后，立即赶赴钓鱼台，向周恩来汇报了毛泽东的决定。周恩来听后异常兴奋，当即表示：事不宜迟，马上开会解决。他决定晚上在钓鱼台召开由中央文革全体成员参加的小型碰头会，并嘱秘书在会场外布置十多名军警，随时执行逮捕任务。考虑到王、关、戚都是中央文革大员，抓他们不是一件小事，老谋深算的周恩来，采取分化战术：把计划密告了文革小组组长陈伯达，取得了陈的支持，分化了小组的领导层，确保了逮捕行动的顺利进行。

是晚，中央小型碰头会在钓鱼台召开。陈伯达、康生、江青、张春桥、姚文元、王力、关锋、戚本禹等都先后走进会场，坐到指定的位置上。除陈伯达外，他们都不知将要发生的事，都在谈论着近几天发生的文革新闻。

碰头会准时开始。会议主持人周恩来严肃地宣布："**今天的会议，是传达毛主席的一个重要决定。**"

与会者都习惯地拿出笔记本和笔，做好记录"重要决定"的准备。王力、关锋、戚本禹"三大才子"，不仅做好了记录准备，按照他们的思惟定势，他们还要猜想这个"重要决定"可能内容，甚至联想到这个"可能内容"将对文化大革命产生的重大影响。然而，当周恩来照本宣读杨成武的记录后，他们的脸色顿时大变，颤抖的右手已无法运笔记录了。不知情的江青，顿时脸色大变，一下损失了三员大将，惊愕得半天说不出话来。事先已被告知的陈伯达，正襟危坐，目光迷惘，已经在思考这个"重要决定"对他的工作的重大影响了。

"**把王力、关锋隔离起来，让他们'请假检讨'，戚本禹停职写检查。**" 周恩来一字一板地宣布后，在会场外等候的军警迅速走了进来，把王力和关锋逮到事先已经准备好了的地方。从轻发落的戚本禹，几个月后，也被关进了秦城监狱。经过秘密穿梭，不费一枪一弹，周恩来成功达到了"清江侧"的目的！

从周恩来一个人的秘密"奏折"，经杨成武一个人的秘密穿梭，到毛泽东一个人的秘密决定，最后到周恩来等几个人的秘密执行，让人们再次看到了中共所谓的"民主集中制"及其运作方式：**独断加暗箱**——这是中共赤文化的又一大特色。

"王关戚"何许人也？王者**王力**，原中共中联部副部长，曾当过毛泽东的政治秘书，时任宣传组组长（宣传部部长）；关者**关锋**，原中共中央政治研究室成员，时任军委总政治部副主任；戚者**戚本禹**，原毛泽东秘书，时任中央秘书局局长。1966年5月28日，中央文化革命小组宣告成立。王、关、戚三人，同时被任命为中央文革小组成员，同时成了江青的左膀右臂，同时被尊称为"中央首长"，因而，同时发飙成了文化大革命初期红得发紫的风云人物。

王力（1921-1996），原名王光宾，1921年8月生于江苏省淮安县，14岁加入共产主义青年团，1939年3月加入中国共产党。1943年任中共山东分局党刊《斗争生活》主编。期间写过一本小说《晴天》，始用笔名"王力"。抗日战争胜利后，王力先后担任过华东局驻渤海区土改工作总团团长兼党委书记、土改干部训练班主任等职。后任中联部副部长。在中联部时，他受命参加中国共产党与苏联共产党的谈判，十次去莫斯科，是《九评》的主要起草人之一，受到中央高层领导人的重视。1965年9月，中央决定以林彪的名义发表《人民战争胜利万岁》一文，王力参加了起草工作。1966年，毛泽东下决心发动文化大革命，并重新设立中央文化革命小组，隶属于政治局常委之下。王力成为中央文革小组成员之一，进入了中央权力中枢。在起草《五一六通知》、《十六条》和林彪、周恩来在天安门上的历次讲话文稿中，都有他的手迹。他善于揣摩"圣意"，成了江青、陈伯达等人的得力助手，被誉为中央文革一号笔杆子；他紧跟领袖的"战略部署"，在批《海瑞》、斗彭真、破"四旧"、倒刘、邓、陶中，特别是在煽动造反和促成"七二〇事件"中，曾大显身手，功勋卓著，实为毛泽东一大功臣。然而，令他意外的是，他效法"伟大领袖"口吻说的"八七讲话"，成了他倒台入狱的罪证。这位曾在7月25日天安门广场上，被一百多万人热烈吹呼为"胜利归来的英雄"的他，刚当了一个月另一天英雄，便从巅峰上跌落下来，跌进了秦城监狱。

关锋 (1919-2005)，原名周玉峰，又名秀山，1919年7月，生于山东庆云县。1933年加入中国共产党，历任中共山东乐陵县委书记、中共山东分局渤海区教育科长、中共中央第四中级党校副校长等职。1956年，调任到北京中共中央政治研究室工作。1938年改名为关锋。1964年6月8日，毛泽东在中央常委会上说："**一分为二是辩证法，合二而一是修正主义。**"他立马跟上，撰文大批杨献珍的"合二而一"来，受到毛泽东的称赞。1966年4月，他被钦点为《五一六通知》的起草人之一，留在毛泽东身边，并被任命为中央文革小组成员。担任中央文革小组成员后不久，被任命为总政治部副主任，并受林彪之命，主持《解放军报》工作。由于他善于揣摩"圣意"，很快取得了信任，成了江青、陈伯达等人的得力助手，被誉为中央文革二号笔杆子。他伙同戚本禹成了揪斗彭德怀的策划者和主使者。在批《海瑞》、斗彭真、破"四旧"、倒刘、邓、陶中，特别是在煽动造反和主持《解放军报》、《红旗》工作中，他紧跟"伟大领袖"的"战略部署"，功勋卓著，实为毛泽东又一大功臣。然而，到了1967年8月1日，他主持的"八一社论"，学着领袖的口吻，大讲起"揪军内一小撮"来，受到了毛的赞许。但由于"理无常是"哲学水平不高，他没有料到，不到半个月，"伟大领袖"竟改变了口气，使他栽了个大跟头，一下子栽进了秦城监狱！

戚本禹 (1931-)，祖籍山东威海市，1931年生于上海市，1949年加入中国共产党。五十年代初，他从中央团校学习结业后，被毛泽东的秘书田家英看中，选他当助手，做资料整理工作。1963年，他写了一篇题为《评李秀成自述》的文章，给李秀成扣了许多政治帽子。如，他在文章中说，李是太平天国的叛徒。他的这个观点，虽受到了历史学界的广泛批评，但却引起了毛泽东的好感。毛在他的文章旁边，批了否定李秀成的16个字："**白纸黑字，铁证如山。晚节不忠，不足为训。**"他由此而发迹。1964年，戚本禹得到提拔，出任《红旗》杂志历史组组长。政治上十分敏感且摸到了毛泽东思想脉搏的戚本禹，当看到姚文元用**政治图解历史**的方法批判《评新编历史剧〈海瑞罢官〉》一文后，受到了启发，很快用政治图解历史的方法，撰写了一篇题为《为革命而研究历史》的文章，矛头直指著名历史学家翦伯赞，再次受到毛泽东的称赞。姚文导致吴晗夫妇监毙，女儿神经错乱自杀于狱中，戚文致使翦伯赞夫妇双双自杀于北大校园。1966年5月22日，他取代田家英掌管秘书室工作，掌握中央办公厅的枢密大权。第二天，田家英自杀。田的自杀，使他很快成了毛泽东、江青两人的秘书。5月28日，35岁的他，荣任中央文革小组成员，挤进权力中枢，一跃成了"中央首长"。年轻得志，血气方刚，权欲强烈，头脑发烧，其革命热度远非王力、关锋所能攀比，成了中央文革第一大杀手。由于他在"横扫"、破"四旧"、批"资反路线"和夺权中，经常深入第一线，亲自策划、指挥红卫兵和造反派造反、夺权，又被誉为"戚大帅"。为了报答知遇之恩，"戚大帅"紧跟"伟大领袖"的战略部属，做出了许多惊天动地的大事。例如：他指挥红卫兵把毛的死敌彭德怀从四川揪回北京批斗，打断彭的肋骨；3月底，他著文《爱国主义还是卖国主义？——评反动影片〈清宫秘史〉》，矛头直指刘少奇，把刘气得口吐鲜血；8月5日，他组织和指挥红卫兵造反派在中南海内造反，批斗刘、邓、陶，把国家主席刘少奇打翻在地；8月上、中旬，他同中央文革其他要员，支持姚登山打倒陈毅，夺外交部的权，支持向港英当局发最后通牒，最终导致火烧英国代办处，等等。他这种不顾一切的打手脚色，使他成了党内右派眼中钉，肉中刺，当领袖改变方略向右派妥协时，他不可避免成为牺牲品。随着他的倒台，一大批人因株连而遭清洗，仅北京市一地就"清理"出戚派人物150多个。党内右派政变成功后，恶迹斑斑的王力和关锋，都被免于起诉，而这位为毛泽东立过大功的"戚大帅"，却被判18年徒刑。正是：

朝为座上宾，暮成阶下囚！

毛泽东为什么突然要打倒他的功臣王、关、戚呢？

善于用真假搀和来打扮历史的御用史学家们说，一是王力于当年8月7日对外事口造反派作了一个著名的"八七讲话"，观点极左，二是王力、关锋在当时的《红旗》杂志上，组织发表的那篇"八一社论"，提出了"揪军内一小撮走资派"与"带枪的刘邓路线"口号，因而，激起了毛泽东对王、关、戚的不满，指责他们**是破坏文化大革命的，不是好人**。他们甚至指证说，毛泽东看到"八一社论"和"八七讲话"后，忿怒地批道："**大、大、大毒草！**"

实际情况并非像御用史家们说的那样。作为毛泽东的打手，不论是"八一社论"还是"八七讲话"，或策划外交部造反派的"揪陈大军"揪斗陈毅，以及"火烧英国代办处"的恶性事件，都是毛泽东主持制定的《五一六通知》、《十六条》等决定和"**天下大乱达到天下大治**"、"**全面内战**"、"**武装左派**"和"**群众专政**"等一系列"最高指示"逻辑发展的结果。

王力"八七讲话"的极左观点是什么呢？王在讲话中说，要打倒陈毅，要夺外交部的权。他说："**外交部吓人嘛，别人不能干，了不起，把它神秘化，只有少数专家才能干。你这外交部就这么难？我看处理红卫兵内部问题比这复杂多了。红卫兵就不能干外交？**"

"揪陈毅大方向当然对，为什么不可以揪？" "我看你们现在权没有掌握，有点权才威风。"等等。

那么，在夺外交部的权和揪陈毅问题上，毛泽东持什么观点呢？"**全国展开全面内战**"是他号召的，"**一月夺权**"和尔后的全国夺权风暴是他煽起来的，造陈毅的反，夺外交部的权，他也是支持的。他在7月1日说："**群众喊打倒陈毅的口号就让他们喊，没有什么了不起。**"王力"八七讲话"后的8月17日，他还在说："**外交部问题，对陈毅我也不那么高兴。……对陈毅这样的人，我，林总，总理有什么办法，这是要靠红卫兵……**"王力在他的回忆录中说："本来毛主席早已看到了这个所谓'八七讲话'的传单，**这里边许多话就是他自己（指毛）的原话的重复。**"

紧跟毛泽东状告王、关、戚的周恩来，在夺权和揪斗陈毅问题上又持什么立场？1967年1月17日，他在大专院校及各机关造反派座谈会上说："**我们夺的是领导权，可以先夺权再逐步改造。**"1月20日，他在接见二机部革命造反派代表谈话时说："**巴黎公社是用暴力夺取政权，我们是用暴力保护你们夺权。**"1月21日，他在接见科学院京区各单位代表谈话时说："**政治统帅一切，要全面夺权。**"1月29日，他在接见浙江省革命造反派代表谈话时说："**夺走资本主义道路当权派的权，夺坚持资产阶级反动路线的顽固分子的权，矛头对准这里。有些单位不一定是这样也要夺……**"4月26日，他在国防工业及科研部门军管人员会议上说："**从夺权来说，在需要的单位进行夺权，如有的单位没有走资本主义道路的当权派，只有资产阶级反动路线，也存在夺权问题。**"5月12日，他在与外交部革命造反联络站及外事口其他九个革命造反派组织谈话时说："**外交部夺权我是支持的。**"但揪出王、关、戚后，他改口了。9月2日，他在接见国务院财贸口"批刘邓联络站"时说："外交部夺权是错误的。"不仅如此，他还借机清理经常给他制造麻烦的江青的打手们。他向北京市委书记谢富治、吴德和北京卫戍司令傅崇碧明确交代："**把与'王关戚'有关的人员，清理出市领导机关。**"结果"清理出去了一百四、五十个人"。应当肯定的是，他始终是保陈毅的。

在外交部夺权和打倒陈毅问题上，王力不过是一个前台打手。之于"**揪军内一小撮**"，既不是关锋的发明，也不是王力的创造。

早在《五一六通知》中，毛泽东就在《通知》的文稿中，亲笔加上了这样一段文字："**批判混进党内、政府里、军队里和各种文化界的资产阶级代表人物，清洗这些人……混进党里、政府里、军队里和各种文化界的资产阶级代表人物，是一批反革命的修正主义分子，一旦时机成熟，他们就会要夺取政权，由无产阶级专政变为资产阶级专政。**"这段文字就是"揪军内一小撮"的原始版本。之后，毛泽东便开始逐步实现他制定的揪斗军内"**一批反革命的修正主义分子**"的计划：1月8日，北京军区政委廖汉生上将被揪斗；18日，北京军区司令杨勇上将被打倒；19日，解放军总参谋长罗瑞卿大将和一批高级将领，被拉到北京十万人大会上批斗，身负重伤的罗，还坐了残酷的"喷气式"；26日，海军政委苏振华上将，被揪到北京工人体育馆万人大会上进行批斗……

1967年1月10日，关锋会同王力和军报其他两位领导，搞了一份四人联名的《关于解放军报宣传方针问题的建议》，上报给"全军文革小组并林副主席"。他们在建议中非常谨慎，没有敢使用毛泽东"一批"的估量，小心翼翼地选择了比"批"量小得多的"一小撮"和"极少数"等量词。他们在建议中说："要大力宣传毛主席的革命路线，彻底批判资产阶级反动路线，彻底揭穿军内一小撮走资本主义道路的当权派，和极少数坚持资产阶级反动路线的顽固分子的阴谋诡计，热情地坚定地支持无产阶级革命左派，把军队的无产阶级文化大革命推向一个新阶段。"毫无疑问，这个《建议》是《五一六通知》的合理延伸，是对"一批"范围的谨慎压缩。对此，江青划圈表示同意，林彪批"完全同意"。自此，"军内一小撮"的提法正式登场。

7月25日，在天安门广场召开了一百多万人参加的欢迎谢富治、王力等人胜利归来大会。会上，旗帜鲜明地声讨武汉地区"**党内、军内一小撮走资本主义道路当权派**"。林彪、周恩来、江青、陈伯达、康生等中央大员都参加了大会。当时康生说，他请示过毛泽东，说毛主席完全赞同。1967年7月26日，中共中央、国务院、中央军委发出《给武汉市革命群众和广大指战员的一封信》。经毛泽东审定的这封信明确提出："**你们英勇地打败了党内、军内一小撮走资本主义道路当权派的极端狂妄的进攻。**"自此，"揪军内一小撮"的声浪席卷中国。例如"决心把混进党政军里的一小撮走资本主义道路当权派斗倒斗臭"，"坚决打倒中国的赫鲁晓夫，坚决打倒党内军内一小撮走资本主义道路的当权派，坚决打倒武汉地区党内、军内一小撮走资本主义道路的当权派"等等，充斥了全国大、小报刊的头版和首页，"八一社论"不过是其中之一。

为了呼应"揪军内一小撮"声浪，毛泽东在8月初做出了"武装左派"的决定，表达对"军内一小撮"将帅"支右"不"支左"的愤慨。直到8月12日，国内形势恶化到快要失控的时候，特别是听到"清君侧"的传闻，他那颗发烧的大脑才开始冷却，才不得不发出"**'党内、军内一小撮'的提法不策略**"的指示，主动为"揪军内一小撮"降温。但"提法不策略"不等于否定"提法"；然而，御用上层精英们，却以此迫不及待地制造出了个毛泽东怒批"**大、大、大毒草**"的谎言。

由此可见，无论是"八一社论"的"揪军内一小撮"，还是"八七讲话"中的"揪陈毅和夺外交部的权"，都是毛泽东、周恩来主导下的集体"产品"。

那么，为什么毛泽东要拿他的功臣王、关、戚问罪呢？

当听到周恩来要他自清江侧的暗示后，熟读历史书籍的毛泽东，立刻想到了曹操**借头平兵怨**的故事。

《三国演义》第十七回写了这样一段故事。曹操与袁术战于寿春。时曹操率兵17万，日费粮食浩大，又逢各地大旱，接济不及，虽向孙策借粮 10 万斛，也只能解得燃眉之急。适逢仓官王垕入禀："兵多粮少，当如之何？"曹操巧设"阳谋"告诉他："**可将小斛散之，权且救一时之急。**" 垕说："士兵怨愤，如何？"曹答曰："**我自有良策。**"王垕遂遵命照办。因兵士食不果腹，遂生怨愤，军心不稳。曹操乃密召王垕来见，说："**我欲借你一物，以压众怨，你可不要吝惜啊。**" 王垕莫名其妙，问道："丞相欲借我何物？"曹操不动声色，凛凛可畏地说："**我欲借你人头示众！**"王垕大惊失色，力辩："我无罪……"曹操成竹在胸："**我也知你无罪，但不杀你，军必生变。你死后，我会供养你的妻子家小，不必多虑。**"王垕还要申辩，曹操喝令刀斧手推出门外，一刀斩讫。悬王头于高竿，出示榜文曰："**王垕故行小斛，克扣军饷，盗窃官仓，军法从事！**"蒙在鼓里的众兵士们，欢声雷动，怨忿顿解，只差没呼"万寿无疆"了。化解矛盾，赢得军心，突现刁雄曹操"伟大、光荣、正确"的魅力。

掂量和权衡了整整一夜后，毛泽东决定依典复制曹操借头史：他向杨成武口述了他清除王、关、戚的决定。显然，这个决定是他不得已而为之决定；但这个决定，在一定程度上节制了中央文革和江青的霸道，安抚了将帅，稳定了军心，从而挫败了少数将领清君侧的谋图。在毛泽东的权弄下，功臣王、关、戚，稀里糊涂地当了"王垕"，成了罪有应得的替罪羊；所幸没被斩首。

也许良心再现，1967 年 9 月 7 日，毛泽东在戚本禹写给他的检讨信上批道："**已阅，退戚本禹同志。犯些错误有益，可以引起深思，改正错误。便时，请你告之关、王二同志。**" 做出了"我会供养你的妻子家小"的曹式安抚。

9 月 24 日，外交部保陈毅派的刘华秋和毛的外孙女王海容，急想探听毛泽东对打倒王、关、戚的真实态度。毛泽东也不避讳，对他们吟出了"**时来天地皆同力，运去英雄不自由**"两句唐诗，表达了他对"王关戚"的倒台充满不得已的惋惜之情。

毛泽东权术史不断证明，他每次搞权力平衡，都须要有人为此付出代价。因此，虽已改称"王关戚"三人为"同志"，却难以免除他们的牢狱之苦。

3. 打倒"杨余傅"与张柬之情结

1968 年 3 月，为了调整中央文革与军队、军队内部左、中、右派之间的权力分配，借以强化他个人的权力，毛泽东再次施展平衡权术。这次的权力再分配的平衡术，付出代价的是代总长**杨成武**上将、空军政委余立金中将和北京军区副司令兼卫戍司令**傅崇碧**少将等三人，史称"杨余傅事件"！

1968 年 3 月 24 日，林彪、周恩来和中央文革成员，出席了在人民大会堂举行的驻京部队万人大会。会上林彪说：

"今天，这个会是要向同志们宣布中央最近的一个重要决定。最近我们党的生活中间又出现了新的问题，发生了新的矛盾，发生了阶级斗争中间新的情况。这个问题虽然没有像刘少奇、邓小平、陶铸、彭、陆、罗、杨那么大，但是也比一般的其他问题要大一些。主席说，是不很大也不很小的问题。这就是，最近从空军中发生了杨成武同余立金勾结，要篡夺空军的领导权，要打倒吴法宪；杨成武同傅崇碧勾结，要打倒谢富治；杨成武的个人野心，还想排挤许世友、排挤韩先楚、排挤黄永胜以及与他地位不相上下的人。中央在主席那里最近接连开会，开了四次会，主席亲自主持，会议决定撤销杨成武的代总长职务；要把余立金逮捕起来法办！撤销北京的卫戍司令傅崇碧的职务。"

"他做了事情不承认。例如，傅崇碧前一时期带了两辆汽车，全副武装，冲进中央文革的地点去抓人。这件事情本来是杨成武的命令，他给傅崇碧的指示，但是杨成武不承认。"

"拉了余立金夺权。"

"江青有病时，他同戚本禹这些人就搞江青同志过去的黑材料啊。早在去年春天就搞江青同志的黑材料，实际上成立了这种专案，来迫害江青同志。"

"杨成武的错误主要是山头主义、宗派主义。"

"他才是王、关、戚真正的后台。"……

会议进行到凌晨1时35分，毛泽东突然出现在主席台上，顿时全场欢声雷动。毛泽东一句话也没说，只是向大家招招手。他用这样一种特殊语言，表达了对林彪关于打倒杨、余、傅的支持。

这就是著名的"杨余傅事件"。但五年多后的1973年12月21日，毛泽东在军委会上宣布："**'杨余傅事件'搞错了。这是林彪搞的。**"

这个"搞错了"的案子，当年是何等威烈！

(1) "杨余傅事件"回放

逮捕总参代总长杨成武

3月23日凌晨2时多，部队包围了杨成武的住宅，几十个全副武装的军人冲进楼里。杨成武的家人一个个被唤醒，睡眼迷离的他们，还没有还过神来，就被驱赶进了楼下的客厅里。门口站了几个荷枪实弹的彪形大汉。

这时，邱会作和李作鹏带人上楼，敲开了杨成武的门。杨成武穿着一身睡衣，站起来看了看他们。

总后勤部部长邱会作说："**林副主席请你去开会。**"

海军政委李作鹏站在后边，眼睛被那副变色眼镜挡了个严严实实。他们身后的士兵，手执短枪，如临大敌。

杨成武说："**开什么会？要你们两个来请，啊？你们搞什么名堂！**"

邱会作说："去了你就知道了。"

杨成武觉得大势不好，转身拿起红色电话，想问总理是怎么回事。电话线已被切断，一点声音也没有。

"**怎么回事？**"他火了。

邱会作很有几分得意地笑着。李作鹏仍旧在一旁不动声色。

杨成武知道自己被捕了。他毕竟是久经风雨的高级将领，熟知中共秘密拘捕那一套，也是他曾多次用过的对付政敌的那一套。他转身拿了件军大衣披在身上，在士兵押送下下了楼。经允许后，他走进客厅，对惊魂未定的母亲说："妈妈，你们不用害怕，我没有问题。要相信共产党，相信毛主席，事情是可以搞清楚的。"母亲点了点头，似乎听懂了儿子的话。

杨成武走出屋门，见有辆黑色的吉姆车停在楼门口。

很快，杨成武被押送到人民大会堂福建厅。在厅里，他看见林彪、周恩来、江青、黄永胜、汪东兴等人已庄严地坐在那里。这位熟悉中共"民主集中制"运作方式的高级将领，已经感知等待着他的将是什么。林彪发话了："**现在开会。我来宣布中央的决定：一、杨成武搞晋察冀山头主义，搞派性。二、杨成武勾结余立金，想夺吴法宪的权；勾结傅崇碧，想夺谢富治的权。三、杨成武把王飞、周宇驰、于新野打成反革命。**"接着他又宣布："**中央决定撤销杨成武的代总长职务。**"

是晨，撤职后的杨成武，被武装押解到机场，送到湖北省武昌山坡机场关押起来。不久，他妻子赵志珍也被押解到这里，同他关押一起。其间，夫妻曾双双被转押于洛阳龙门，最后被监押于开封。这位自认为"我没问题"的高级将领和他的夫人，一关就是六年多。在六年多的时日里，没有人来审讯他们，也没有人核查他们的问题，更没有人要他们写材料。被关押期间中，他俩与家人完全失去了联系，母亲悲痛去世，大女儿杨毅和赵志珍弟弟赵晶溪先后被迫自杀身亡，他俩一无所知。

逮捕空军政委余立金

就在部队包围杨成武住宅前一个小时，空军政委余立金已被空军司令吴法宪铐了起来。

那是23日凌晨1点，余立金的秘书接到了吴法宪的秘书的电话："**吴司令刚刚从林副主席那里开会回来，有件很重要的事情，需要和余政委商量。**"

刚刚睡着的余立金被叫了起来。他披着睡衣问："**什么事？**"

秘书说："**吴司令刚从林副主席那里开会回来，有急事商量。**"

余立金着好军服，走下楼梯，独自出后门，向吴宅走去。空军大院的首长居住区里，两宅相距不足50米，他出了后门，便看见吴家客厅里的微弱灯光。是夜，冷风飕飕，寒气袭人。走进吴宅的院中，在客厅微弱灯光的映射下，院里几乎是黑乎乎一片。

快到客厅门口时，冷不丁从黑暗中窜出四条汉子，其中一个问道："**是余政委吗？**"

"**是。**"余立金先是愣了一下，然后回答他们。

四个人忽地扑上来，其中两个扭住余立金的胳膊，一人咔嚓一下，给余戴上了手铐。

余立金挥动着被铐住的手，吼道："**你们要干什么？**"

"**进屋去说！**"一支枪顶在了他的后背。另外几个人连推带搡把他推进吴法宪的客厅。

余立金怒火满腔，对着坐在沙发上的吴法宪吼道："**你凭什么铐我？**"

吴法宪从沙发上跳起来说："**你是个大叛徒、大特务！不铐你铐谁？**"

"**我是空军的政委！你要干什么！我要向党中央控告你！向毛主席控告你！**"

"**嘿嘿！你还是空军的政委？告诉你，你被撤职了。从现在开始，交代你的反党反社会主义的罪行！……**"

在空军的批斗中，余立金不承认他是叛徒。但毛泽东已经表了态："**许世友的材料早就送到我这里来了，说余立金是叛徒，既然是这样，那就逮捕起来，予以审查吧。**"对此，没有人敢提出异议。余政委很快被投进了秦城监狱，开始了长达六年另四个月的囚徒生活，尽管没有足够的证据定罪。

就在余立金被捕半个多小时后，他的夫人**陆力行**也被捕入狱。她的罪名是："解放"初年，她的姐姐陆迅行在上海市公安局任职时，曾接触过敌伪档案，可能知道演员**蓝苹**即江青的绯闻。姐姐早已被捕，可能知情的妹妹，自然"罪责难逃"。以"**可能知情**"获罪的她，同丈夫一样，开始了六年另四个月的监牢生活。但他们夫妇俩没有杨成武夫妇幸运，他们相互不知道对方的音息。

拘禁北京卫戍司令傅崇碧

相对来说，对傅崇碧客气得多。

3月23日零时，傅崇碧被召入人民大会堂。据报导，在会议厅里，林彪紧挨着傅崇碧坐下，对他说："**你到沈阳当第一副司令，温玉成接你的手，主管卫戍区。**"命令一宣布，周恩来叫傅崇碧与沈阳军区司令员陈锡联谈一谈。天快亮的时候，周恩来便催傅崇碧上任。他紧紧握住傅的手说："**走吧，要经得起考验！**"傅崇碧想回家一趟，见周恩来有难色，便不情愿地随陈司令一起登上了飞机。走马上任的沈阳军区第一副司令傅崇碧，下了飞机，便被带到一幢楼里，旋被一个排的兵力"保护"了起来，不准随便走动，也不准同外面联系。就这样，当了"沈阳军区第一副司令员"的傅司令，竟在一个排兵力的"保护"下，艰难地熬过了六年多的时日。据说，在长达六年多的"第一副司令员"任上，由于无权与外界联系，他的家人自然也不知道他在哪里当司令。也许历史在开他的玩笑，当听到外边造反派用高音喇叭高呼"打倒杨、余、傅"的口号时，他在冥思苦想："谁叫杨余傅！"

尽管逮捕杨、余、傅三人的形式不尽相同，但反映出来的赤文化却是一致的：**颠覆法**

制文明——这是自"解放"以来，毛泽东的中共用野蛮颠覆现代文明的继续。直到二十一世纪的今天，这种颠覆还在继续，就是举世闻名的"劳教"、"双规"和镇压法轮功！

(2) 杨、余、傅其人

后来杨、余、傅都被平反了，这是必然的，因为他们都是中共党和毛泽东的功臣。

杨成武 (1914-2004)，福建省长汀县人。1929年参加中国工农红军，1930年加入中国共产党。第一次国内战争时期，历任队、团、师政委，后任红一军团第一师师长兼政委，并参加了长征。在抢渡金沙江、飞夺泸定桥战斗中，他率红4团一天奔袭240里，奇迹般地夺取了铁索桥，使中央军委和红一方面军主力顺利渡过了大渡河，受到中央军委的嘉奖。抗日战争时期，历任八路军一一五师团长、师长和军区司令等职。在太行山麓，他参加了著名的百团大战。他曾在雁宿崖、黄土岭战斗中，率部歼灭日军1,500余人，击毙"名将之花"阿部规秀中将。"解放"战争时期，历任纵队司令、政委和兵团司令等职，率部先后参加过石家庄、察绥、张家口、太原等战役。他发起的张家口围歼战，歼敌5.4万余人，被毛泽东称之为"伟大胜利"。在韩战期间，他担任志愿军二十兵团司令员，参与指挥"三八"线东线夏秋季防御作战，"粉碎"了美军的多次进攻，荣获朝鲜民主主义人民共和国一级自由独立勋章。"新中国"成立后，历任华北军区副司令员兼参谋长、京津卫戍司令、北京军区司令、防空军司令、副总参谋长、第一副总参谋长和代总参谋长等要职。参与指挥过炮击金门、大西南和大西北"剿匪"、西藏"平叛"、中印边境"自卫反击战"和台湾国民党海空军及武装"匪特"袭扰等的作战行动。还曾担任援越领导小组组长，为支援越南、老挝、柬埔寨抗美斗争，做了很多工作。1975年，他指挥了镇压云南省蒙自县沙甸村回族的"武装叛乱"，取得了"毙敌"1,600多的"胜利"。1955年被授予上将军衔。他是中共中央委员和国防委员会委员，1983年当选为第六届全国政协副主席。

余立金 (1913-1978)，湖北省大冶县人。1928年参加红军，1930年加入中共。第一次国内战争时期，历任排长、连政治指导员、团政委、师政治部主任和政委等职，并参加了长征。抗日战争时期，历任新四军组织部副部长、教导总队政治处主任、抗日军政大学第五分校政治部主任等职。"解放"战争时期，历任新四军第二师政治部副主任、主任、华中党校副校长等职。"解放"后，历任华东军政大学副政委、第三高级步兵学校校长兼政委、南京军区空军政委、解放军空军副政委和政委等职。1955年被授予中将军衔。

傅崇碧 (1916-)，四川省通江县人。1932年参加红军，1933年加入中共。第一次国内战争时期，历任宣传员、县委书记兼县独立团政委、特委书记等职，参加了长征。抗日战争时期，他历任股长、科长、团政治处主任、大队政委、团政委、军分区副政委等职，参加过"百团大战"和晋东南、晋察冀反"扫荡"等战役。"解放"战争时期，历任旅政委、旅长、纵队副政委、军副政委，参加了张家口、石家庄、平津、太原和进军大西北等战役。"解放"后，任军长，参加了韩战第四次、第五次战役全过程。1965年任北京军区副司令员，文化大革命初期，兼任北京卫戍区司令员。1955年被授予少将军衔。

杨、余、傅的历史证明，他们不仅是中共党的功臣，在文化大革命中，他们还是毛泽东的忠臣。可悲的是，他们同周恩来没有拉开一定的距离。

在大陆允许出版的著作中，杨、余、傅都被塑造成忠于党、忠于毛泽东的英雄，几乎看不到他们的负面形象。但中共党的历史证明，几乎所有的中、高级干部，都有整人和被人整的历史，杨、余、傅不可能例外。

当毛泽东忠臣罗瑞卿的地位岌岌可危之时，杨成武从副总参谋长升迁为第一副总长，从中央军委委员升迁为军委副秘书长。1965年12月8日至15日，在上海召开的政治局常委扩大会议上，在刘少奇、周恩来、朱德、陈云、邓小平等多数常委不知情的情况下，在毛泽东和林彪的策划下，他同叶群等人联手，把他的上司罗瑞卿赶下台，踩着罗的双肩，登上了代总参长的宝座。

1966年3月，在北京召开的由各中央局、各大军区负责人参加的会议上，杨成武对罗瑞卿大加鞭挞。他说：罗瑞卿"**是一个野心家、阴谋家、伪君子，是我们党内、军内的极端危险分子**"，"**是一个最喜欢最善于撒谎、造谣、挑拨、抵赖的人。他已撒谎成性，而且情节极为恶劣**"，"**是一颗'定时炸弹'。他近几年来之所以特别仇恨林彪同志，折磨林彪同志，集中力量攻击林彪同志，并不是他和林彪同志有什么私仇宿怨，而是由于他的地主阶级本能和个人野心所驱使的，他想从这里打开一个篡军反党的突破口**"。"**罗瑞卿的错误，是反对突出政治，反对毛泽东思想，反对毛主席军事路线，推行资产阶级军事路线的错误，是资产阶级个人野心家、阴谋家，篡军反党的错误，是阴谋搞反革命政变的严重罪行。**"

在他和总政治部主任萧华的唆使下，因跳楼自杀而身负重伤的罗瑞卿，被造反派用箩筐抬出去批斗。在身体多处骨折未愈的情况下，又被暴力残酷地扭成"喷气式"，造成终身残废。这种前无古人、后无来者的残酷批斗，把中共反人权、反文明的无产阶级专政文化，表演得淋漓尽致！。

为了紧跟"伟大领袖"，1967年11月3日，《人民日报》、《解放军报》同时登载了由新华社播发的杨成武进一步批判罗瑞卿的文章：《**大树特树伟大统帅毛主席的绝对权威，大树特树伟大的毛泽东思想的绝对权威——彻底清算罗瑞卿反对毛主席、反对毛泽东思想的滔天罪行**》，创造文章标题长达57个字的新纪录。这一次，即将失宠的他，马屁拍到了马腿上，结结实实挨了一蹄——伟大领袖愤怒地斥责他："**权威或威信只能从斗争实践中自然地建立，不能由人工去建立……**"受批之后，他竟说"**当时就我的水平而言，是写不出这样大块理论文章来的。**"林彪、叶群摔死和陈伯达倒台后，他又把发表的责任推到陈、叶、林的身上，真乃迷天下之大谎。

此外，他兼任中央专案组二办主任，负责全军专案工作，制造了许多冤假错案。1975年，在毛泽东、邓小平制造的"沙甸事件"错案中，做为前线总指挥，他充当了毛、邓鹰犬，屠杀了1,600多个回族同胞，成了镇压少数民族的刽子手。

余立金和傅崇碧在整人上也有"建树"。

善于整人的余立金，被任命为"贺龙专案组"组长，并领导"许光达专案组"等6个专案组，直接在周恩来领导下工作。他特别关照"许光达专案组"。在他的指示下，专案组开始批斗许光达。罚站、弯腰，三天三夜不让休息的车轮战，成了审讯的主要方式。由于没有达到让许"坦白交待"的目的，余立金下令，用饥饿来摧垮许的意志。由于许光达的"顽固不化"，拒不承认是贺龙政变的总参谋长，余立金怒斥专案组"右倾"，"办案不力"。在他的命令下，素与许光达有怨恨的都曼林、党志壁等人，都被调入专案组。都、党等人对许大打出手，最终使许光达大将死于马桶之上。

傅崇碧是在毛泽东发出"保卫首都"的指示之后调任北京卫戍司令的，可以说是受命于"危难"之时。上任后的傅司令，在导致北京数千人死亡的"横扫"、破"四旧"运动中，他命令卫戍部队"坚决支持红卫兵小将的革命行动"，成了红卫兵法西斯暴行的帮凶；在批"资反路线"和"支左"行动上，他都能毫不留情地打击异毛势力，为"伟大领袖"夺权斗争，作出了重大贡献。

(3) "清周侧"的张柬之情结

对于杨、余、傅这样忠心耿耿的功臣，毛泽东为什么要打倒他们？

御用史学家把打倒他们的责任都推到林彪、江青等左派人的身上，有意开脱毛泽东的责任。他们说：

杨成武将刘伯承元帅先安排到山东治疗眼病，后又到上海治疗；他将徐向前、聂荣臻、叶剑英三位老帅都保护在西山军委的房子里，派两个营守卫；他还将贺龙元帅保护在象鼻子沟，派一个营守卫。**余立金**在毛泽东巡视大江南北时，伴随其间，受到信任，使林彪死党、空军司令员吴法宪极度不快，欲除之而后快。**傅崇碧**担任北京卫戍区司令时，林彪、江青向他发出的一些指示，他不敢公开反对，却经常请示于周恩来和聂、陈、徐等老帅；他曾按周恩来的指示，将30多名党政大员，藏到军事重地，使造反派找不到他们；更严重的是，傅以找鲁迅手稿为名，亲率数名军人，乘坐两部汽车，冲击中央文革，等等。杨、余、傅这些作为，使林彪、江青一伙非常不满。

笔者认为，他们说的也是实情，但不是打倒他们的关键。

老谋深算的周恩来清醒地意识到，打倒杨、余、傅是打倒王、关、戚的映衬，是毛泽东新的平衡权术：他的权力过大，引发了毛泽东的**张柬之情结**。

足智多谋的毛泽东，已经发现：抛出王、关、戚后，中央文革威望遭到重挫，右派将领受到鼓舞，激烈的武斗越来越难以控制；**处于关键岗位上的杨、余、傅，正逐渐向周恩来靠拢，有架空林彪之势**，犹如当年罗瑞卿有投靠刘少奇架空林彪嫌疑那样。在杨成武"秘密穿梭"后，周恩来的权力越来越大，"一旦时机成熟"，他是否会效法唐神龙年间的张柬之？尽管周恩来当时还没有清君侧的意图，但为了防患于未然，生性多疑的毛泽东，再次施展平衡术，调整权力结构，在"**清江侧**"之后"**清周侧**"，使权力天平向林彪、中央文革一方倾斜，借以警告军内右派将领。这次打倒式的"调整"，使中共和毛泽东的忠臣良将杨、余、傅等人，个人和家庭都付出了惨痛代价。

毛泽东"清周侧"式的"调整"，正合林彪扩大权力安排亲信的意图。于是，他自觉充当了打倒杨、余、傅的急先锋。因此，"杨余傅事件"，实际上是毛、林联手"清周侧"的结果。

第十三章：文革无义战暨文革第二轮大屠杀

一、全面内战起因

1. 纵火者兼灭火者

1980年11月，在中共政治局的连续会议上，首次公布了文化大革命期间武斗情况、军队介入情况和武斗造成伤亡人数等文件档案。其中：

"**各地原始档案上报汇总武斗伤亡人数：根据1979年4月，全国各地公安、民政部门、各地驻军原始档案，上报汇总：文化大革命武斗伤亡人数：1,234,700人。其中群众、干部、学生死亡143,720人，公安民警死亡8,467人，军人31,086人。另有失踪者274,500多人。**"

"**武斗伤亡超过5万人以上的省区：文革期间武斗伤亡超过5万人以上的省区有12个：新疆维吾尔自治区、河南省、四川省、黑龙江省、河北省、贵州省、广西壮族自治区、湖南省、湖北省、山东省、陕西省、山西省。**"

"**武斗伤亡超过5千人以上的城市：文革期间武斗伤亡超过5千人以上的城市有42个：乌鲁木齐、石河子、郑州、开封、兰州、武汉、平顶山、新乡、合肥、芜湖、蚌埠、宜昌、思茅、昆明、金华、温州、南宁、邵阳、长沙、冷水江、石家庄、保定、哈尔滨、齐齐哈尔、长春、重庆、宜宾、南昌、湛江、贵阳、遵义、西安、宝鸡、枣庄、曲阜、徐州、南通、鞍山、丹东、湘潭、太原、包头。**"

又据文革史学者们估计，文革武斗死难者约50~60万人，但也有人认为，武斗死亡不下百万。笔者倾向于前者。

从这个系列数字里，我们看到了一个纵火者的身影。

善于运筹内战的毛泽东，早在文化大革命之初，就拟定了乱中夺权的计划。他认为，乱可以打破秩序，从而打破刘、邓长期构建起来的权力结构。为此，他成了一个颠覆刘、邓秩序的纵火者。毛泽东这种纵火脚色，都被历史忠实地记录了下来：

1966年6月1日，他下令中央广播电台全文广播北大聂元梓的被他赞誉为"**全国第一张马列主义大字报**"，向全国传递了他要武力夺权的决心："**坚决、彻底、干净、全部地消灭一切牛鬼蛇神、一切赫鲁晓夫式的反革命的修正主义分子。**"从而吹响了用红色恐怖血染中华大地的号角！

同年7月8日鼓吹"大乱"。他写道："**天下大乱，达到天下大治。**"

8月1日，他写信给清华大学附中红卫兵说："**造反有理。**"鼓动他们起来造反，揪斗、打倒以刘、邓为首的右派当权派——他心目中的牛鬼蛇神和修正主义分子。

8月23日，他在中央工作会议上继续鼓吹"大乱"说："**主要问题是对各地所谓乱的问题，采取什么方针？我的意见是乱它几个月。**"又说："**我看北京乱得不厉害。**"

到1966年年底，面对右派越来越激烈反抗，即"资产阶级反动路线"对他的"无产阶级革命路线"的激烈反抗，善于从敌我力量对比变化中决策的他，决心把"**乱中取胜**"变为"**内战中取胜**"。12月26日，在他的生日宴上，他高举酒杯向宠臣们发出号召："**为展开全国全面内战干杯！**"

在1967年4月军委扩大会上，他再次公开号召打内战。他说："**这次无产阶级文化大革命是一场全面内战。**"

5月16日，他同刚果（布）政府保安代表团谈话时说："**我们的一些事，完全没办法。我们政府、中央、公安部毫无办法，红卫兵、群众一起来，就有办法了。几十年我们不清楚的事，红卫兵一闹就清楚了。**""**你不借红卫兵的力量，什么法子也没有，一万年也不行。**""**乱是由于阶级斗争，两派斗争，左派同右派斗争。乱也没有什么大不了的事，天掉不下来。我曾经给别的外国朋友讲过：第一，天掉不下来；第二，山上的草木照样长，你不信到山上去看看；第三，河里的鱼照样游；第四，女人照样生孩子。**""**我们的政府是靠群众。没有群众，什么事也办不成。**"

5月25日，他对全面内战大加赞赏说："**北京也在分裂成两大派，打乱架，乱就可以乱出名堂来。**"

7月13日，他在中央文革碰头会的全体成员会议上，鼓吹打死人。他说："**南京街上闹得很厉害，我越看越高兴。**"又说："**现在打死几个人，没有什么了不起。**"

7月18日，在武汉，他赞扬武斗。他对周恩来、谢富治说："**钢工总的工事很好，我还要去看看。**"

在他的授意下，7月22日，江青向郑州左派造反派"二七公社"，举起了"**文攻武卫**"的战旗，令他们以武力击败右派造反派"十大总部"。

他对许多将领"支右"不"支左"的行径，早有戒备。善弄权术的他，对军队将领采取两面手法：一方面说军队内有"一小撮"野心家、"走资派"，甚至还有"**睡在我们身边的赫鲁晓夫**"，无情拷打、处死一些将领，如彭德怀、贺龙、许光达、陶勇等，严厉警告将领们不得三心二意，要紧跟着他，另一方面，又给他们以信任，赞誉他们为"**无产阶级专政的柱石**"，委以"支左"的重任，要他们在"支左"中"立新功"。

7月28日，他继续赞扬武斗道："**一年来发生了天翻地覆的变化，虽然有点乱，这里乱，那里乱，没有什么关系。像武汉就是很好的事，矛盾暴露出来，就好解决。**"

8月4日，他下令"**武装左派**"，以武力对抗军队中右派将领"支右"不"支左"的

"阴谋"，支持左派造反派的"**文攻武卫**"，演变成"**武攻武卫**"。

9月18日　他在视察路经长沙时，召见了湖南省军政领导黎原、华国锋、章伯森。他对他们说："**全国抢了三十多万支枪，我看不多，民兵就有三百五十多万支枪。**"当黎原说到"这次是一次很好的战备演习"时，他说："**英雄所见略同，是一次很好的战备演习。**"他还肯定了黎原"发枪"的作法。他说："**枪发给左派了，现在他又送回来，给你保管好了枪，不然右派就抢跑了，这是个好经验。**"

1968年7月28日，他在召见首都红代会负责人谈话时，再次赞扬武斗。他说："**我才不怕打，一听打仗我就高兴。北京算什么打？无非冷兵器，开了几枪。四川才算打，双方都有几万人，有枪有炮，听说还有无线电。**"又说："**武斗有两个好处，第一是打了仗有作战经验，第二个好处是暴露了坏人。……再斗十年，地球照样转动，天也不会掉下来。**"

由此可见，毛泽东是个名符其实的文革**纵火者**。

但毛泽东是一个天才的权谋大师。他一生信奉"一分为二"的"理无常是"哲学，他不满足于纵火者一种脚色，他还要扮演灭火者脚色。这种双重脚色，能使他左右逢源、横竖是理，从而确保他的表演能充分地体现出"伟光正"的本色。因此，文革以来，在作为一个肆无忌惮的纵火者脚色的同时，他的另一面——积极**灭火者**脚色，在历史记录里也得到了充分地展示：

他主持制定的《关于无产阶级文化大革命的决定》即《十六条》中明确规定："**要用文斗，不用武斗。**"

当他看见红卫兵强迫抄家、侮辱人格、打人伤人的野蛮行为后，便对《人民日报》发出指示说："**实现这一场大革命，要用文斗，不用武斗。**"

1967年1月22日，在接见军委碰头会扩大会议的高级将领时，他批评造反派说："**军队里对廖汉生、刘志坚、苏振华搞'喷气式'，一斗就是四、五个小时，污辱人格、体罚，这个方式不文明。造反派造反有理嘛，搞'喷气式'干什么？**"（注：廖、刘、苏都是高级将领）

同年9月16日，他在浙江对武斗提出批评："**对待干部不能像对待地主一样，罚跪、搞喷气式、抄家、戴高帽子、挂牌子，这种做法，我是反对的。**"

12月，他说："**有些事情，我们事先没有想到。每个机关、每个地方都分成两派，搞大规模武斗，也没有想到。**"为了解决群众组织之间的分歧，他指示："**在工人阶级内部，没有根本的利害冲突，更没有理由一定要分裂为势不两立的两大派组织。**"

随着武斗的升级，毛泽东亲自出面制止武斗。1967年9月5日，他发出了《关于不准抢夺人民解放军武器、装备和各种军用物资的命令》的《九五命令》；1968年，他签发了"立即停止武斗，拆除工事，撤离据点"的《七三布告》；紧接着，他签发了"**抢去人**

民解放军的武器装备，必须立即交回"的《七二四布告》；7月28日，他又派遣数千人的"工人毛泽东思想宣传队"进驻清华大学，制止了那里的武斗。他警告红卫兵领袖蒯大富等人说："**如果有少数人不听劝阻，坚持不改，就是土匪，就是国民党，就要包围起来，还继续顽抗，就要实行歼灭。**"

1970年12月18日，他在会见美国记者斯诺时，表达了他反对武斗的立场：**一不赞成武斗，二不赞成虐待俘虏。**

毛泽东两种脚色的表演，使人们看到一个软硬兼施的权棍：他既是一个"为革命"的纵火者，又是一个"为人民"的灭火者。由此可见，毛泽东打着为革命、为人民旗号发动的内战，是场名符其实的**文革无义战**。

对此，有人认为，此时的毛泽东，是个人格分裂的病人。他言而无信、出尔反尔、口蜜腹剑的历史，都是他人格分裂的证明：一方面以权谋为中心，推重谎言，崇信"**为了目的，不择手段，为了目的，强奸道德**"的哲学，甚至是"可以和魔鬼结盟"的**魑魅魍魉**，另一方面则不忘往脸上涂脂抹粉，把自己打扮成"为人民服务"的楷模和耿耿为革命的"公仆"，一个人间无法类比的**天使或大救星**。有人甚至说，他人格分裂最为鲜明的是：一面是道貌岸然的**君子**，一面是道德败坏的**小人**！

人格分裂是双重人格的病态表现。双重人格，人皆有之："**崇高与卑劣共存，坚强与怯懦同在，真诚与虚伪并行**"，是双重人格的自然状态，毛泽东不能例外。所谓双重人格，有心理学家说："**在个体内存在两个或两个以上独特的人格，每一个人格在一特定时间占统治地位。这些人格彼此之间是独立的、自主的，并作为一个完整的自我而存在。**"心理学家们还认为：在任何特定的时间阶段，在个人的意识层上只有一种身份，称为**主体人格**。此时个人的情感、思想和言行，都能按照主体人格的方式活动，不会显示出另一身份的痕迹。但受到精神刺激之后，可能突然转变为另一完全不同的身份，一切情感、思想和言行都会按照**后继人格**的方式行事。美国精神病医生则将双（多）重人格界定为"一种癔症性的分离性心理障碍"。据此，有些心理学家进一步认为：双重人格为人的常态，而人格分裂则是个人人格分裂的病态表现。

笔者不是心理学家。但依据心理学家们对双重人格的定义和对人格分裂病态的论述，人们能清楚地看到，毛泽东在文革中的所作所为和他"情感、思想和言行"的反复无常，看到他对权力渴求的"主体人格"和不惜牺牲一切的"后继人格"之间的相互"突然转变"，而这些"反复无常"或"突然转变"，显示他是个人格分裂的病人。据此，笔者认为，毛泽东既纵火，又灭火，完全是一个人格分裂的病态行为。

一个具有五千年文明史和拥有七亿人的中国，被一个人格分裂的狂人玩弄于孤掌之中，难道不是我中华民族的悲剧吗？

但毛泽东的人格属智能型，人格分裂的病态却成全了他"权谋盖世"的天才。为了向刘、邓右派集团夺权，他不惜生灵涂炭，号召"**全国全面内战**"。在发动内战前期，他曾多次说过"**要文斗，不要武斗**"的话，那是平衡权术的假言，而"**全面内战**"、"**武装左派**"，则是他内心的真语。与此相反，在内战后期，夺权目的达到了，他要鸣金收兵，那时他说他反对武斗就是真话，而他说"**我才不怕打，一听打仗我就高兴**"，纯系舞台戏言。由此可见，人格分裂的毛泽东，是个天才的信奉权力拜物教的权棍或曰权力谋略家。

在天才的权力谋略家毛泽东的愚弄、蛊惑和导演下，全面展开了**文革无义战**：数百万红卫兵、造反派，高举着马列主义、毛泽东思想的红旗，激烈地展开了武装夺权大拼杀，数千万群众稀里糊涂地跟着摇旗呐喊，数亿人在怅然自失中默默冷眼旁观——中华大地呈现出一片古今中外绝无仅有的惨烈场面：50~60万人在"保卫毛主席"的枪炮声中"义无反顾"地成了短命"烈士"，一百多万伤残者，也随之成了"荣军"过客。

记者李肃写道："在这场中国人奇怪的内战当中，也许只有一个人始终清醒，始终保持着明确的目标，就是要在'从天下大乱，走向天下大治'的过程中清除异己，巩固统治。他，就是一手导演这场内战的毛泽东。"正是：

权棍施惑术，导演文革无义战；伏尸数十万，血染万里江山！

2. 纵火

1966年12月26日，毛泽东在他七十三岁生日的寿宴上，发出了令人惊愕的"生日号召"：

"为展开全国全面内战干杯！"

许多人可能不理解，为什么已是说一不二的"伟大领袖"毛泽东，怎么会号召全国全面内战呢？是造谣？还是丑化？

笔者在前面"十月进击"一节中写道：

"在八届十一中全会上，党内右派势力的强大阻力，使位极人臣的毛泽东，倍感孤立，大有'高处不胜寒'之栗。在批判资产阶级反动路线的一个多月中，一边冷静观察的毛泽东发现，受他支持的左派造反派的造反精神，虽已活跃起来，但各地党内右派扶植的右派造反派，势力依然强大，左派造反派处于少数的局面，没有得到根本改变。党内右派势力的反抗，使他有理由认为，全国政权的大部分权力，还在刘、邓党内右派各级领导干部的手里，形成了刘、邓复辟的党内基础，从而使他的政令很难贯彻到全国。这种权大而不逞的局面，使他深感其地位岌岌可危，随时都有被推翻的危险。毛泽东越来越感到，他所发动的文化大革命，已经得罪了党内各级领导干部，党内决斗形势已经形成。对此，1967年2月3日，他在同阿尔巴尼亚的政府领导卡博.巴卢库谈话时，裸露了当时的心机：'**只有发动群众才有办法。没有群众我们毫无办法，他们不听。**'因此，他决心对权力来一个根本解决。他从重庆左派红卫兵通过制造 '一二四' 武斗取得胜利的事件中得到启示：支持左派造反派剥夺各级党政机关的权力，重组干部队伍，把刘、邓党内右派势力排除于各级权力之外。于是，他横下一条心，一不做、二不休，置生灵荼毒于不顾，利用造神运动在芸芸众生中树立起的绝对权威，借酒发狂，号召 '**全国展开全面内战**' 。"

那么，重庆 **"一二四"** 武斗是个什么样的事件呢？

8月28日，重庆大学 "八一五" 战斗团的一部分红卫兵，到江北区 "宣传《十六条》"，鼓动造反，同一些反对造反的群众发生冲突。

为了稳住重庆，9月初，西南局第一书记**李井泉**向中共重庆市委领导示意，可以效仿国务院支持成立北京 "西城区红卫兵纠察队" 即 "西纠" 那样，建立**重庆工人纠察队**。到了9月中旬，重庆全市性的工人纠察队总部，很快建立了起来。由于是各级中共组织、各地公安和各单位保卫部门发起的，其人数之多、组织机构之健全，都是以重庆大学 "八一五" 战斗团为首的左派造反派无法匹敌。"工纠" 中党员多，共青团员多，老工人多，劳动模范多，生产骨干多，大多是 "新中国" 成立后的既得利益者，他们认为造反就是 "右派翻天"，这就注定他们的立场从一开始就与左派造反派势不两立；他们人多势众，且有各级党政权力撑腰，这也注定他们在与左派造反派发生矛盾冲突时，往往居于上风。尽管他们人多势众，却被骂成令人不齿的 "保皇派"。10月中央工作会议后，支持红卫兵造反派 "炮打司令部"，已是大势所趋，运动初期被打成 "反革命"、"右派"、"牛鬼蛇神" 的人，纷纷获得平反，而各级党委则纷纷检讨自己 "执行了资产阶级反动路线"、"犯了方向性、路线性错误"，等等。这时他们才发现，文化大革命并不是一场新的反右派运动。为了稳住阵脚，争取主动，甩掉 "保皇派" 的帽子，以实际行动来证明他们一贯忠于党、忠于毛主席，便调整策略，改 "工纠" 的组织名称为 "重庆工人战斗军司令部"。他们接过造反大旗，决定于12月4日在重庆大田湾体育场召开十多万 "工纠" 队员参加的大会，学着左派造反派那样，将大会定名为 "高举毛泽东思想伟大红旗，深入揭发批判西南局、省市委所执行的资产阶级反动路线誓师大会"，以此来证明，他们是造反派，不是保皇派。

这种换汤不换药的 "演出"，怎能逃过左派造反派的眼睛。消息传出后，重庆左派造反派和首都三司等外地驻渝红卫兵，都认定这个大会是 "阴谋"，是 "假批判、真包庇"，决定要对大会造反。

12月3日上午，以重大 "八一五" 战斗团为首的重庆红卫兵革命造反司令部召开了联席会议，制定了冲击大会主席台方案。由于冲击主席台必然引起武斗，他们制定了周密的作战方案，并计划将三辆救护车，安排停放到主席台后边的马路上。为下一步斗争做准备，他们还计划在武斗开始后，迅速占领和控制住火葬场。

也许当事者迷，西南局第一书记李井泉和重庆市委第一书记任白戈等人，都是政治角斗场上的老手，竟没有识破红卫兵娃娃们的诡计。12月4日，"工纠"组织的批判"资反路线"大会，如期召开。

令大会主持人没有想到的是，大会刚开始，十多万"工纠"队员参加的大会，竟被千余名左派红卫兵所控制。以重大"八一五"为首的红卫兵，高呼着"造反有理"的口号，冲上主席台，夺过话筒，抓住"工纠"写的"谁反对工人纠察队就砸烂谁的狗头"的标语，以攻其一点不计其余的手法，进行了激烈批判。他们说，当我们提出"谁反对毛主席就砸烂谁的狗头"口号时，"工纠"竟敢提出把自己与伟大领袖相提并论的"反革命口号"，是可忍？孰不可忍？台下的左派红卫兵冲着"工纠"队员，高呼挑衅性的口号："工人纠察队必定垮台！""工人纠察队总部必定完蛋！"工人纠察队员被激怒了，双方发生了口角争执，继而推搡抓扯，接着便是拳脚相加……大规模武斗，终于在重庆大田湾体育场上发生了。

军警迅速介入，迅速将对立双方隔离，大会也因而迅速流产。

以重大"八一五"为首的红卫兵造反派，抓住有利战机，发动哀兵攻势。他们以受害者身份血泪控诉重庆市委和"工纠"的暴行：他们声明，他们在"一二四血案"中，伤亡200多人；他们从控制的火葬场抬出五具待火化的尸体，摆放在重庆市委门前进行示威，要求严惩凶手；他们通电中央文革和全国红卫兵造反派，"强烈抗议"重庆市委和工人纠察队的暴行；接着，他们又组成了"一二四惨案赴京控告团"，启程北上告状——他们把中共妖魔化敌人的诡诈权术，运用得精妙绝伦，表演得有声有色。

他们的宣传攻势收到了立竿见影效果。当"一二四血案"传到北京和各地后，引起全国震惊和激愤。国务院和中央文革来电慰问左派红卫兵，各地造反派也纷纷致电重庆红卫兵造反派，表示坚决和他们站在一起。策动和帮助重大"八一五"制造这次武斗的"红卫兵首都三司"，于12月17日发起召开了"全国在京革命派为捍卫毛主席的革命路线，夺取新的伟大胜利誓师大会"。大会《开幕词》中便特别提到："**在重庆……我们的一些革命战友为夺取无产阶级文化大革命的胜利，英勇地献出了自己宝贵的生命**"。重庆"八一五"代表在会上作了40分钟慷慨激昂的讲话。中央文革小组组长**陈伯达**莅临大会，作了重要报告，指出："**我们准备为人民牺牲，我们已经牺牲了很多好同学，好同志，但是革命在前进。**"

在国务院、中央文革和全国左派红卫兵造反派的声讨声中，重庆工人纠察队和重庆工人战斗军司令部土崩瓦解，重庆市委陷入四面楚歌之中。尽管后来的调查证明，"一二四事件"只打伤了人，没有打死人。

重庆"一二四事件"是全国第一次大规模武斗，是以左派造反派胜利告终的一次大规模武斗。重庆左派红卫兵造反的胜利鼓舞了毛泽东，使他看到了通过内战战胜刘、邓右派的光明前景。于是，他号召"**开展全国全面内战**"！

在毛泽东举杯"**为展开全国全面内战干杯**"后的第四天，即 12 月 30 日，在中共上海市委办公楼所在地的康平路上，发生了号召内战后的第一场大规模的流血武斗，双方伤残 91 人；不足一个月以后的 1967 年 1 月 25 日，新疆生产建设兵团所在地石河子地区，发生激烈枪战，两天内战中，双方打死 29 人，打伤 80 多人……自此，一场导致数百万人伤亡的全国性内战，一发不可收拾。

另一个不可忽视的原因是："有权就有理"的中共赤文化。无论是左派造反派或右派造反派，他们长期腌渍在"**枪杆子里出政权**"、"**有了政权就有一切**"、"**驯服工具论**"和"**对敌人手软就是对革命残忍**"等血腥专制思想的染缸里，一朝权在手，他们便认为，他们已经掌握了不容分辩的绝对真理。在这种"有权就有理"的熏陶下，他们便理直气壮地要为攫取权力而拼杀。

二、各地武斗掠影

从 1967 年到 1969 年的武斗期间，最流行的毛泽东语录或"最高指示"是：
造反有理！
要文斗，不要武斗。
天下大乱，达到天下大治。
革命不是请客吃饭，不是做文章，不是绘画绣花，不能那样雅致，那样从容不迫，文质彬彬，那样温良恭俭让。革命是暴动，是一个阶级推翻另一个阶级的暴烈的行动。
对打人也要进行阶级分析：好人打坏人，活该。
在工人阶级内部，没有根本的利害冲突，在无产阶级专政下的工人阶级内部，更没有理由一定要分裂成为势不两立的两大派组织。
专政是群众的专政！
武斗有两个好处，第一是打了仗有作战经验，第二个好处是暴露了坏人。武斗再斗十年，地球照样转动，天也不会掉下来。
拿了枪炮，不打不过瘾。
枪杆子里出政权。
政权就是镇压之权。
成千成万的先烈，为了人民的利益，在我们的前头英勇地牺牲了，让我们高举起他们的旗帜，踏着他们的血迹前进吧！

在这种自相矛盾、出尔反尔的"一分为二"思想指导下，全国各地无一例外的展开了**文革无义战**！笔者根据政府有意或无意散落于民间的不完整资料，将各省内战情况概略分述如次：

1. 北京

据报导，北京发生过数百次武斗。其中，西单商场、国棉二厂、外语学院、钢铁学院、国棉一厂、京西煤矿、琉璃河水泥厂和通县等单位，武斗规模较大，通县参加武斗人员最多，多达两万以上。又据《鬼哭神嚎的五月》一文记载，北京从4月30日到5月10日的13天里，发生五十人以上规模的武斗133次。但最有影响的是著名高等学府——北大和清华两校校园内的武斗。

北京大学三次大规模武斗。 1968年3~7月，在北京大学的"新北大公社"和"井冈山兵团"两大派造反组织之间，发生三次大规模武斗。

3月29日凌晨一时，"新北大公社"的头头们经过精心策划、周密部署，决定首先对"井冈山兵团"据守的31楼（斋）发起突袭，然后各个击破。武斗持续了五个多小时。"井岗山兵团"师生被迫奋起还击，保住了28楼、36楼等6幢宿舍楼，打退了"新北大公社"武斗队的轮番进攻。在这场武斗中，双方有一百多人受伤。

4月26日，双方为争夺36楼，发生了第二次大武斗。双方出动全部人马，全力拼斗。"新北大公社"的**孙蓬一**、**高云鹏**任武斗现场指挥。孙蓬一手拿"语录"大叫："为捍卫毛主席的革命路线冲啊！勇敢的不怕死，怕死的是胆小鬼！"这次武斗，持续了五个多小时，双方有200余人受伤。

"四二六"武斗以后，"新北大公社"一方占领了17至24楼、26楼至27楼，对据守28楼的"井冈山兵团"构成包围态势。7月22日，"新北大公社"出动数千人的武斗队，个个头戴矿工头盔和铁网面罩，身着薄钢板盔甲，手持两米长的无缝钢管扎枪，向围困在28楼里的"井冈山兵团"发起进攻。面对数千人武斗大军的进攻，只有几百人的"井冈山兵团"在停水断电、绝粮断炊的困难条件下，奋力抵抗。在多次冲击与反冲击中，双方都大批使用了自制的燃烧瓶，杀伤对方。期间，地质地理系学生**刘玮**、地质学院附中学生**温家驹**和无线电系学生**殷文杰**，没有参加武斗，却被活活打死，成了武斗中的无辜者。

清华大学武斗。 在清华园里，一派独大的红卫兵组织"井冈山兵团"，迅速分裂成两派：一派以工程化学系学生**蒯大富**为首，声称为"井冈山兵团总部"，简称"团派"，自称拥有战士一万多人；另一派以工程力学数学系学生**沈如槐**为首，声称为"井冈山兵团"四一四总部"，简称"四一四派"，自称拥有队员七、八千人。

1968年4月23日，两派学生在打了一整年笔墨官司后，终于兵戎相见：在美丽的清华园里真枪实弹地打了三个多月，史称"清华百日大武斗"。武斗在夺去了十多个鲜活的年轻生命后，也为席卷全国的红卫兵运动，划上了个句号。

2. 安徽

据报导，安徽省自 1967 年初到 1968 年底，在合肥、安庆、芜湖、蚌埠、淮南等地，伤 10 人以上的武斗数十起。其中蚌埠、淮南武斗最为惨烈。

1968 年 5~9 月，在安徽省蚌埠和淮南，85 个企业单位的职工发动造反，要揪"李葆华在安徽的代理人"，包围了两地的革命委员会，占据了铁路、公路交通长达 12 天。经毛泽东、中央文革的调查，将事件定性为反革命性质，是"**搞反攻倒算，要追查黑后台**"。因对方不服，便发生大规模的围剿和反围剿内战。军令如山倒，驻军和民兵参战，其中，参战民兵达五万多人。在长达 35 天内战中，先后有 7,300 多人伤亡，其中击毙"敌人" 3,433 人，驻军、民兵伤亡 525 人，827 间建筑被毁。

又据报导，12 军进驻安徽支左后，三个月内收缴了各种枪支 2.9 万余支，火炮 290 门，各种车辆 51 台，还有大量弹药。

3. 福建

1966 年 11 月 24 日，受福建党内右派支持的工人赤卫队，在福州市体育场召开的一万多人大会上，发生武斗，造成 100 多人受伤。这个武斗被称为"一一二四事件"，是福建第一场大规模武斗。

1967 年 8 月 10 日，陈伯达与福建省对立双方谈判代表谈话时，"八二九"造反派当面控诉"革造会"造反派说："**他们围攻我们，他们有四千人围攻我们，我们在楼上只有四百人。刚才通电话时，他们还在进攻，占领了三楼，还放毒气，还准备放火，用抢来的棉被、棉衣放火。冲击时他们用小口径步枪配合，我们大部分人被小口径步枪打伤，伤势很重，有的穿过肺部、心脏，他们还挖了三个洞，准备用炸药爆炸。我们重轻伤有二百多人。现在已断水、断粮。我们战友二天二夜没有吃饭了，天天被挂牌游街和强奸。**"

武汉"七二〇事件"发生后，福建省福州市也发生了火烧交际处事件。两派群众对峙，短兵相接。部队派兵制止，士兵们手挽着手筑成人墙，试图把两派群众隔开，以致许多士兵手臂被打成骨折。武斗中，有人目睹，被对方抓获的俘虏，被蒙上棉被，洒上汽油，活活烧死。

为了对付左派造反派，各地人武部动员农民进城。于是，全省各县市十多万农民纷纷进城，在福州、诏安、厦门、泉州、崇安、晋江、福清、仙游、建阳、建瓯、南平、宁德等市县，举行游行示威。他们先后参加了导致双方数千人伤亡的多次武斗，酿成了"火烧交际处"事件。在沙县，1967 年 9 月 10 日武斗中，双方各有数十人受伤。11 月的武斗，又使 200 多人受伤，其中重伤 100 多人。又据报导：武斗使石狮县社会混乱，武斗频繁，死于武斗者，多达 30 余人；工厂、商业、学校曾一度关闭；侨汇、华侨存款也被冻结；工农业生产停滞不前，物资缺乏，物价昂贵，社会经济濒临崩溃的边缘。

4. 广东（回掠影）

随着中英关系和香港局势的紧张，中英边界地区的中国造反派，不断发起"反英援港抗暴"事件。6~7月间，宝安县造反派，在罗湖、文锦渡等边界地区，经常举行集会、示威游行，而向英军、英警进行挑衅和过境袭扰事件，即达数百次之多。1967年7月8日，中国广东造反派与港英当局，在广东宝安沙头角发生严重武装冲突。那天，中方前线指挥部接到了可以开火的命令，几十挺机枪同时向联乡会大楼和两路英警开火。15分钟之后，处于劣势的英方，被打死防暴警察和英军42人。由于英港方克制，事态没有扩大。

1967年7月，广东已形成"东风"和"红旗"两大造反派组织。23日，在江青发出"文攻武卫"号召的第二天，两派在中山纪念堂前摆开战场，参加拼杀者超过万人。是役，"东风"公布其"死亡与失踪"26名，伤者无数，"红旗"公布其"牺牲33人"，负伤400多人。

1967年7~9月间，在广州，不断发生"红旗"派与军队的冲突，也不断发生两大派抢夺军用物资和武斗系列事件。8月5日深夜，一造反派动员1,000多人冲进已实行军管的市公安局，将两名值勤战士击昏后，捆绑哨兵，打昏查哨的连长，砸开武器仓库大门，抢走各类枪支1,850枝，子弹数万发——这是广州造反组织在文化大革命中的第一次有组织的抢枪；另一造反派闻讯后，于8月7日抢走远洋公司黄埔仓库的枪支弹药。8月8日晚，一造反派近百人乘车到郊区新市附近的金鸡岭枪械库抢枪；8月9日，另一造反派开着架有机枪的卡车，冲进市军管会大院，对办公室和警卫连大楼进行打、砸、抢、搜，抢去一批枪支弹药。8月10~12日，一造反派一连8次冲击广州警备区机关，抢去一批枪支弹药和其他装备；8月10日晚，另一造反派则依恃人多，到长堤抢了广州市人民银行保卫金库的一连解放军的武器，8月12日，他们又开两部卡车到市内海军后勤部，抢了该部的军用卡车和两卡车武器。由于大量枪枝弹药被对立造反派抢走，广州地区武斗加剧，随之发生两派残杀数百名无辜群众和吊尸街头事件。8月20日，一造反派出动十几部卡车，到石井军火仓库抢枪时，武力攻打广州条堤广东省总工会，残杀无辜群众140人。白云机场附近农民，不甘坐视，也携带抢来的枪炮，参加中南林学院内的武斗，造成数十人伤亡的严重流血事件。

1968年8月，广东海南区革委会和儋县军管会，调集野战军、地方部队和全岛8个县共14个国营农场的武装基干民兵，在革命老区儋县城乡，对"联络站"派组织人员，实行武装围剿和烧杀。在当时称为儋县"八月戡乱平暴"事件中，全县被杀害的干部群众有700多人，伤残无数，烧毁民房700多间；儋县军管会设置临时监狱500多所，非法关押干部群众5万多人，许多人受到了严刑拷打或逼供信，致伤致残者数以千计。

5. 甘肃

1967年4月18~19日，为了争夺《甘肃日报》的控制权，"红联"和"革联"两对立造反派，进行了争夺"甘肃日报"大楼的攻防战。双方出动数千人参战，造成数百人受伤。

1967年7月28~30日，以产业工人为主的"红三司"造反派为了"讨还血债"，向"红联"派的"长风司令部"武装占据的长风机器厂大楼，发动攻击。在强敌面前，"红联"被迫撤出了大楼，逃到兰州铁通学院。在那里，他们组成了"前线指挥部"，用卡车组织了上万人的武斗队，配置长矛、马刀等武器，准备对占据长风机器厂的"红三司"进行报复。从7月28月凌晨到下午，双方在长风机器厂大战几个回合，最终以"红联"失败而结束。是役，双方死伤200多人。

1967年7月31日到8月2日，"革联"与"红三司"两派在兰州二中校园里武斗。双方出动数千人参战。武斗造成数十人受伤，将教学大楼烧毁。

据报导：甘肃的"红联"与"革联"以及后来杀出的"红三司"，"**在老干部、省军区、兰州军区的不同支持下**"，一遍接一遍地械斗、肆杀，造成伤亡不计其数，"**几乎阻截了兰新、兰青、包兰、陇海铁路的交通……**"

6. 广西

广西壮族自治区是中共政治局承认文革武斗伤亡超过五万人的十二个省区之一，也是武斗频繁、规模很大、死伤很多的省份之一。根据能查到枪杀百人以上武斗记录的有：

柳州市武斗。1968年4~6月，"联指"派与对立的"四二二"派的"造反大军"，战于柳州。在"三大战役"中，双方相继投入武斗兵力高达数千人。武斗中使用的武器有：步枪、手枪、冲锋枪、轻重机枪、炸药包、高射机枪、自制大炮、高射炮、"60"迫击炮、"92"野战炮等。双方死亡数百人，伤残不计其数。

桂林市武斗。1968年5月24日到8月3日，"联指"派与对立的"四二二"派的"造反大军"，战于桂林。在两个多月的攻防战斗中，两派投入兵力数万，战死426人，伤残不计其数。双方除使用步枪、机枪和手榴弹外，还用加农炮、榴弹炮和迫击炮互相轰击。

南宁市武斗。1968年7月至8月的一个多月中，"联指"派在围攻"四二二"派据点事件中，参战人员使用了重机枪、手榴弹、炸药包、土坦克、无后座力炮、火箭筒、战防炮等武器。据官方称：在这次武斗中，双方共被打死1,587人，枪杀俘虏2,324人，当作"要犯"长期关押246人，烧毁街（巷）33条，5万多居民无家可归。另外，有近

7,000人的"四二二"造反派及其家属，逃进地下人防工程里躲避战火，被"联指"派开闸引入邕江河水，除少数人逃出投降外，其余全部溺死。

梧州市武斗。1968年4月17日至5月6日，在两场大型武斗中，共打死67人，处决43人，伤残不计其数，烧毁房屋1,029幢，其中181间商店和20间厂房，建筑面积387,300平方米，致使3,800多户居民无家可归。

龙州县武斗。1968年4月下旬到6月，"联指"派在龙州县对"四二二"派武斗后进行的屠杀，189人被杀，其中12人是俘虏。

河池地区武斗。1968年8月10日，河池军分区奉广西军区之命，率6911部队、9个县的民兵和"联指"派武装人员，围剿"四二二"派的凤山县"七二九革命造反大军"。该战役毙杀1,016人，伤者难以计数。

梧州平桂大战。1968年5月25日到7月7日，"联指"派攻克"平桂井冈山"派的西湾战役，双方共计死亡398人，其中战死101人，被杀俘虏297人，伤者无数。7月11日，"联指"派开始向"红旗公社"武斗据点珊瑚矿发起进攻，双方共死亡351人，其中，战死112人，突围中死因不明10人，突围过河时淹死6人，杀俘223人。

马山县武斗。3月19日，"联指"派开始向县城内的"四二二"派据点发动总攻。整个县城枪声大作，硝烟弥漫。是役，双方被打死387人，127间民房被炸毁。

柳江县武斗。1968年8月24日，柳州军分区调动8县两矿一郊的"联指"武装人员，联合攻打柳江县福塘的"四二二"据点，打死146人。

另外，在毛泽东亲自批示的《七三布告》后，广西军区、广西区革筹小组负责人韦国清号召："严惩一小撮现行反革命分子，向阶级敌人'**刮起十二级台风**'，为自治区革委会成立扫清道路。"

又据史料记载：1968年7月至8月，即广西壮族自治区革委会成立前的一个多月中，全区共屠杀和迫害致死**84,000多人**。其中：

宾阳县屠杀和迫害致死3,951人。贵县屠杀和迫害致死3,138人，其中，国家干部及职工263人，教师156人，学生47人，居民106人，农民1,311人，其它1,255人。临桂县屠杀和迫害致死2,051人，其中，国家干部326人。灵山县屠杀和迫害致死3,222人，其中，有三个公社杀人均在500人以上，287个大队都发生乱杀事件。桂林市屠杀和迫害致死1,128人，其中，干部、工人556人，全市冤、假、错案高达11,522起。天等县屠杀和迫害致死1,651人。上思县屠杀1,701人，占当时全县人口1.33%。钦州地区7个县市失踪10,359人。玉林地区屠杀10,156人……

广西壮族自治区革委会，同其他各省革委会一样，都是在腥风血雨中成立的！面对血流成河的广西自治区，《人民日报》、《解放军报》编辑部发表社论高呼：《紧跟毛主席的伟大战略部署前进——热烈欢呼广西壮族自治区革命委员会成立》！但广西老百姓却说，广西"**杀人之多，全国之冠，杀人之惨，历史罕见**"。然而，广西杀人魔头韦国清，因屠杀有功，在步步高升到全国人大常委会副委员长后，安然寿终正寝于1989年的北京！

7. 贵州

据悉：贵州是中共政治局承认文革武斗伤亡超过五万人的十二个省区之一。

1967年7月29日，贵阳市暴发了紫林庵的"七二九事件"。"八一八"兵团借着贵州省革委会主任、省军区第一政委李再含的支持，用刀枪"踏平"了"四一一"兵团。"踏平"中，双方伤亡数百。到最后，谁也没有沾光：两派的子女都得下乡当知青，两派摇旗呐喊的"革命群众"，都得继续在饥饿线上挣扎。

在铜仁县，"三红"派攻占县城后，满城墙上、街巷里、汽车上，到处刷着"活捉杨平凡"、"杀死杨平凡"的标语。他们要"活捉"、"杀死"的杨平凡，竟然是李再含支持的"八五"派头头、铜仁军分区司令员兼革委会主任。据说，杨平凡曾带着警卫"**在街上走了一圈**"，扬言要"杀死杨平凡"的"三红"派竟没敢向他开枪。不久，"八五"派杀回县城，夺回了县城的控制权。在"三红"与"八五"两派你来我往地拼杀中，数百人丧生，数千人负伤。他们的最终结局，同贵阳"八一八"和"四一一"的结局，别无二样。

8. 河北

据悉：河北是中共政治局承认文革武斗伤亡超过五万人的十二个省区之一。

保定"解放"后，一直是河北省省会。"一月革命"后，1967年2月，保定造反派分裂为两大派，即由38军支持的"工总"派和由河北军区、63军及李雪峰、刘子厚支持的"工筹"派。5月，两派展开武斗。目击者称："**两大派组织在保定城内展开了激烈的巷战，临街的房屋全都被打得弹痕累累。街上堆起路障，用沙袋堆成的掩体随处可见。街上的血一滩一滩的，尸体随处可见。城内没有一天不响枪的，只不过有时激烈有时稀稀拉拉，激烈的时候如同炒豆一样，乒乒乓乓听不清个数。城内大街上没有一个行人，居民大都躲出去了。在保定广大农村，战斗更为激烈。由于地域辽阔，枪炮能施展开来，对立双方投入了最大的火力。枪炮声爆炸声昼夜不停，有时火光映红了半个天，几十里外都能看见。当时，战斗最激烈的，当属满城县。此地由于有一个军械库，对立双方都想占据这块宝地，于是展开了一场激烈的争夺战。连迫击炮都用上了，双方死伤无数。**"武斗断断续续持续到1976年11月，估计死伤数千人，省府被迫迁到石家庄。

河北农大武斗事件：1967年6月23日，河北农大两派发生武斗，死7人，伤250余人。

邯郸地区磁县县城内发生了一起震惊全国的事件——解放军向正在武斗的造反派开枪，造成51人死亡，伤数百人，当地时称"二九事件"。

9. 湖北

据悉：湖北是中共政治局承认文革武斗伤亡超过五万人的十二个省区之一。

在武汉，"七二〇事件"前，武斗导致数千人伤亡。其中，1967年6月4日到30日，武斗双方共死108人，伤2,774人。

"七二〇事件"后，8月31日至9月6日，湖北荆州和沙市两地的"钢派"与"新派"组织之间，发生了伤亡千余人的系列武斗事件。其中：荆沙"八三一"大武斗，前后进行7天。两派参战人员6,600多人，包括大批轻、重机枪和13门大炮在内的轻重武器四千多件，消耗子弹10万发，手榴弹数百枚，炮弹137发，打死43人，打伤200多人，烧毁棉花9,010担，损失粮食48,000多斤。9月1日，"钢派"宣布对荆州城内戒严，出动大批武装人员四处搜查"新派"。在6天的戒严中，打死老人、小孩和其他无辜群众8人。9月2日凌晨，"钢派"向沙市向阳纱厂开炮，打死8人，炸伤数十人。

1967年7月到1968年8月，在广济县，两派组织之间发生了系列武斗事件。武斗中，全县共打死252人，打伤千余人。

在来凤县，"五一八"武斗最为知名。从1968年5月18日至8月10日，两派之间的武斗连续发生。双方共打死87人，重伤致残300多人，近千群众挨打、负伤，数千人被俘后遭到虐待。

据湖北省委统计，全省被打死的干部、军人和群众多达18.4万人。仅武汉市，打伤打残者6.6万人，打死600多人。

10. 黑龙江

据悉：黑龙江也是中共政治局承认文革武斗伤亡超过五万人的十二个省区之一。中共政治局还透露：1966年10月21日，在黑龙江省哈尔滨市，发生了第一次武斗事件，造成2死91人受伤，是全国最早几起武斗事件之一。

1967年4~7月，哈尔滨市有97个单位发生武斗132起，伤146人。武斗中，他们用自制的铁甲车参战。

5月1日，鸡西市"红联总"、"三司"两派发生大规模武斗，造成9人死亡，44人重伤。

5月6日，佳木斯市两派参战二万多人，死11人，被捕150人；6月30日，两派又在佳木斯师范学校内展开武斗，死3人，150多人伤残。

7~8月，伊春市林业局在筹备成立革命委员会时，对立的两大派组织都以"革命造反派"自居，权力分配互不相让，矛盾随之激化导致武装冲突。8月2~25日，两派武斗全面展开：两座军营遭炮弹攻击，37幢政府建筑物被毁，伤亡3,750多人，其中死亡1,944人，多数是林场职工和家属。

哈尔滨市武斗中自制的铁甲车

8月12日，哈尔滨港务局造反派与哈工大造反派在哈工大门前发生武斗，当场死亡3人，伤100多人。

8月16~17日，在齐齐哈尔市富拉尔基重型机器厂，两造反派发生武斗，8人死亡，700多人受伤。28日下午2时多，六七四厂和港务局200余人，手持机枪、步枪、手榴弹等，在两辆坦克配合下，用机枪扫射另一派人员，造成12人死亡，20人受伤。

8月27~28日，哈尔滨市"捍联总"在哈一机厂与哈尔滨港务局等单位展开武斗，双方动用步枪、机枪、手榴弹、装甲车、坦克等武器，造成十多人死亡，数十人受伤。28日下午，哈尔滨市"捍联总"与"炮轰派"，又在松江罐头厂展开武斗，造成9人死亡，6人受伤。10月12日，"捍联总"围攻"炮轰派"最后据点哈一机厂，动用了机枪、冲锋枪和炸药，击毙5人，毙伤100余人。

1968年1月12日，齐齐哈尔市富拉尔基重型机器厂两派发生武斗，造成3人死亡，51人重伤。

2月10日，佳木斯市两派在市电机厂等七个地方，同时进行武斗。双方参战1,900余人，动用步枪227支，冲锋枪101支，轻重机枪4挺，"82"迫击炮1门，手榴弹109枚，汽车55辆。武斗至次日凌晨结束。造成7人死亡，119人受伤。

11. 河南

据悉：河南也是中共政治局承认文革武斗伤亡超过五万人的十二个省区之一。

1967年2月7日，河南郑州的几个左派造反派和"保皇派"为争夺《河南日报》社而发生的武斗。双方投入的武斗人员约三、四千人。他们使用的武器，主要是石头、砖块、棍棒等。这场武斗，造成大批人员受伤。据不完全统计，仅河南中医学院"八三一公社"

就有200多人被打，受伤40人，5人被绑架。

5月26日，郑州市的"二七公社"和"十大总部"，进行了大规模武斗。两派武斗中，除使用石头、砖头外，还使用了"冷兵器"铁棍、钢条和刀具等，造成严重伤亡。双方伤亡千余人，其中死亡数十人，有名单查的重伤号，就有五、六百名。

5月31日，河南"十大总部"、"河造总"与"二七公社"多次武斗，使"二七公社"派群众伤残数百人，死亡数十人。

由于河南省军区政委何运洪为首的军内右派"支右"不"支左"，江青号召河南左派"二七公社"，拿起武器，进行"文攻武卫"。"二七公社"旋即在郑州等地成立了武斗指挥机构，拉起庞大的武斗队伍。他们修筑工事，配置现代武器，进行"文攻武卫"。7月26日，他们大规模洗劫了郑州卷烟厂和开封化肥厂，导致37人毙命，291人伤残，300人当了俘虏，2人被活埋——江青的"文攻武卫"口号，在河南取得了立竿见影的成功！

8月，开封市化肥厂发生武斗。双方伤亡惨重，有些被俘者被当场活埋。

河南省会的武斗，迅速波及其他城镇。河南"二七公社"在一些地市级城市的组织，如：开封师院"八二四"、洛阳"八一六"、焦作矿院"八一八"、平顶山"二七"联络指挥部、新乡"八一八"、"河南二七公社信阳分社"、"河南二七公社鹤壁分社"、"河南二七公社许昌分社"、兰考贫下中农卫焦造反司令部、河南偃师高中"八二五"等等，无一例外地遭到了以河南军区何运洪政委为首的军内右派的残酷围剿和镇压，伤亡数千人。

确山县发生武斗事件17起，造成人员伤亡数百人，其中打死18人，重伤91人。

12. 湖南

据悉：湖南也是中共政治局承认文革武斗伤亡超过五万人的十二个省区之一。

1966年8月19日，中共长沙市委认为，红卫兵造反是"右派学生要翻天了"，他们调动党团员和工人，组成"赤卫队"和"红色政权保卫军"，殴打游行示威中的湖南大学土木系学生，打伤数十人。

1967年6月4~6日，长沙"工联"派和"红联"派，在长沙中苏友好馆内外进行武斗，打死10人，伤215人。

8月20~22日，"工联"派与"湘江风雷"派在长沙市解放路、五一中路一带进行武斗，双方死亡24人，伤百余人，炮火烧毁湘绣大楼。

9月4~5日，长沙"工湘"派与"高司"派，战于长沙县莲花桥、九江庙、坪塘镇和市二十四中等地，双方共杀死80人，其中，枪杀被俘人员13人，枪杀被俘伤员8人。

8月10日到9月20日，长沙、湘潭两地的"工湘"派与"红联"、"革造联"派，在湘潭县易家湾、暮云市、白马垄一带发生系列武斗，双方死亡 92 人，受伤上百。为了"垫棺"、"祭坟"，双方虐杀战俘 10 多名！

7月4日到9月25日，常德地区"工湘"派和"红联"派，在常德市东风剧院等处进行系列武斗。双方死亡达 300 余人，伤数千。

1967 年 8~10 月，湖南零陵地区发生震惊中外的湘南大屠杀惨案。中共道县党政负责人，发动"红联"造反派和基干民兵等积极分子，进行"**群众专政、狠狠打击阶级敌人的破坏活动**"运动。文革后，据零陵地区"处遗办"的查明：从 1967 年 8 月 13 日到 10 月 17 日的 66 天中，道县共杀死、自杀 4,519 人，其中被杀 4,193 人，逼迫自杀 326 人。受道县杀人事件影响，全地区其他 10 个县市，也先后杀了人。全地区（含道县）杀死、自杀 9,093 人，其中未成年人 826 人。被杀人中，年纪最大的 78 岁，最小的才 10 天。当年"处遗办"对道县惨案进行过三次统计：第一次统计，共杀 4,500 多人；第二次统计，共杀 6,500 多人；第三次调查结果是死两万多人——究竟那一次统计真实呢？

零陵地区下乡**知识青年大逃亡**。1967 年 8 月，在零陵地区"**群众专政**"的大屠杀中，零陵县和江永县先后发生枪杀、打死下乡知青 10 人、打伤 15 人的惨案，引起远离家乡的知青们和他们的父母们的极大恐慌。其中，被驱赶到江永县的 6,000 多名长沙知青，先后从三个方向冒死逃向郴州、全州、桂林火车站，强登火车，逃回长沙。江永知青大逃亡，震撼了长沙市民。在家长们的强烈要求下，驻军四十七军，破例对回城知青予以保护，并下令所有下乡知青返回长沙。

13. 吉林

1967 年 10 月 16~19 日，吉林长春市"八一八野战军"、"长春公社"与对立的"红色造反军"发生武斗。双方为争夺白求恩医科大学基础楼，死亡多人，伤数十人。

1967 年 9 月 18 日，"红二"派和"公社"派在火车站前，为争夺几处主要建筑展开激战。两派动用了手枪、步枪、冲锋枪、轻重机枪，"60"迫击炮、"82"迫击炮、野战平射炮、手榴弹、炸药包、火焰喷射器、燃烧弹等武器，发射了 350 发炮弹和 47 万发子弹，40 多人在战斗中死亡，200 多人受伤。

又据报导，长春地区的两派四大组织（"长春公社"和"东方红公社"，时称"公社"派，"红革会"和"二总部"，时称"红二"派）之间发生数十次武斗，持续了半年多，先后造成 219 人死亡，数千人受伤。

14. 江苏

1967年1月3日，南京地区南京市工矿企业"赤卫队"与江苏省"红色造反总司令部"两派，战于江苏饭店。为争夺饭店控制权，双方投入兵力上万，数十人负伤。6月27日，南京机器制造学校发生武斗，造成伤员数十人，机校大楼被烧毁。8月16日，南京市"红总"派与"八二七"派之间发生武斗，双方受伤达60人，其中多人重伤。

在无锡，1976年6月23日晚上，"革派联总"主力军与"九二"两派在西门桥至"五爱广场"路段摆开战场。结果"九二"派寡不敌众，留下9具尸体，仓皇出逃。6月27日，"九二"派出动用钢板焊成的土制"装甲车"，向"革派联总"据守的市一中和轻工业学院地区冲击。土"装甲车"闯至轻工业学院门前弯曲路段时，驾驶失控，翻车起火，司机逃出，车内9人全部烧死。7月，"革派联总"出动300多名武装人员，进驻无锡县洛社镇。"九二"派集中武器精良的"基干团"，以十多倍的优势兵力，对洛社发动突然袭击，使"革派联总"败走洛社。武斗死伤数十人，沪宁铁路被迫中断半日。到了9月，在两派武斗中，主力军派被对方打死了20多人。

宿迁县发生三次大规模武斗，以"七三"武斗为最。1967年7月3日，"白派"和"红派"在农村和城镇同时开打，双方5,000多人参战。武斗持续5天4夜，双方共被打死10人，打伤200多人，其中，重伤50多人。

此外，省内其他城市如镇江、常州、无锡、杨州、南通、徐州等，都发生过大规模武斗，伤亡数十到数百人不等。

15. 江西

1967年6月，南昌两派在南郊农学院武斗。县基干民兵和县党政军支持的"赤卫军"，共同将农学院团团包围。农学院的红卫兵见对方人多势众，急电省城求援。驰援的"英革司"造反派，在13岁的小学七年级（暂时无法升入初中）学生司令"黑皮"的率领下，在朱姑桥与"赤卫队"展开激战。当**桥上的红卫兵看到老保们抬着几具尸体和伤员匆匆登车绝尘而去，不禁欢呼雀跃。但欢呼过后一清点战场，发现自己也损失惨重：牺牲38人，负伤100多。大家的心情顿时又沉重起来，不少女生还痛哭失声**。

1967年6月29日，南昌军分区发枪弹给右派造反派，支持他们与左派造反派武斗。

6月29日到7月4日，赣州发生大规模的武斗，打死168人。7月13日，宜春军分区和萍乡武装部，策划火烧萍乡煤校，死伤多人。7月15日，他们用机枪扫射五十八次快车，打死5人，打伤7人。到了7月至8月初，赣州军分区率领下的"反复辟大军"，枪杀左派红卫兵、造反派223人。

抚州市左派与右派发生冲突，军分区出兵镇压左派造反派，打死打伤数十人。遭到重创的抚市左派造反派，向省城告急，省城左派造反派立即派出数千人，驱车前往支援。车至铁路大桥，打前锋的红卫兵，遭到了军分区独立营的伏击。当场伤亡两百多人。其中，13岁"黑皮"司令指挥的"英革司"，又被打死了十几个。

在南昌军分区发枪弹给右派造反派的同时，6月29日，受中央支持的"江西省造反派革命委员会"左派造反派，在莲塘大肆夺枪。他们洗劫了民兵、武部、军区政治部、警卫团等军事单位，夺枪85,000多支，子弹1,524万多发。

8月24日，在江西省军区政治委员**程世清**的指使下，江西军区司令员**杨栋梁**和洪都机械厂工人**张羽**，以抚州军分区"扣留支左人员"、军分区独立营"不服从调动"和军分区部门以上领导"抗拒来南昌开会"等罪名，率部去抚州"平叛"，枪杀了包括抚州市人武部长在内的65名干部和群众。这是全国军队内部第一次火并事件。

16. 辽宁

1980年11月，中共政治局的连续会议上透露：1966年11月8日，在辽宁省沈阳机械厂，发生了第一次企业民兵动用枪支参加武斗事件，造成15人死、170多人伤残。这是全国最早发生的几起大规模武斗事件之一。

在沈阳，1967年5月18日，沈阳黎明机械厂两派，在黎明文化宫发生武斗，打伤60多人，并造成大批工人游离。6月1日，"辽革站"派冲击"辽联"派总部东北工学院，与"辽联"战士发生大型武斗，多人伤亡。6月18日，沈阳医学院的"辽联"和"八三一"两派发生武斗，双方动用了步枪、手榴弹一类军用武器，多人伤亡。8月6日，"八三一"和"辽革站"两派，在铁西区兴华电器厂武斗，数十人伤亡。8月10日，沈阳黎明机械厂两派，在黎明文化宫再次发生大型武斗，双方动用了轻重机枪、火炮等武器，死伤一百多人。8月17日，沈阳纺织厂两派发生大规模武斗，烧毁原棉1.7万多担。

在鞍山，钢铁公司武斗急剧升级，数十人伤亡。武斗导致高炉、平炉被迫停产，整个工厂有瘫痪报废危险。中央决定成立以三十九军军长张峰、政治委员陈绍昆为首的鞍山市军事管制委员会，对鞍山市、鞍山钢铁公司实行全面军事管制，大规模武斗才被控制。

在旅大，海军基地和旅大警备区各持己见，支持不同派别。由于部队支持，武斗双方几乎占据了市内所有制高点，据险武斗，导致数百人伤亡，从而使一个美丽宁静的滨海城市，到处弥漫着战火的硝烟。

在锦州，1967年6月，"好字派"的"锦联筹"围攻锦州二高中，几百人负伤。8月初，锦州武斗进入高潮：右派"好字派"和左派"糟字派"都分别用步枪、冲锋枪、重机枪和大炮武装起来。8月中旬，"好字派"偷袭"糟字派"的铁路局大楼，结果被打得一败涂地，多人伤亡。9月18日，在锦州医学院外围，"好字派"伏击"糟字派"巡逻队，毙伤"糟字派"10多人后，胜利撤出。1968年1月，锦州"糟字派"的"石油兵团"，与锦州驻军支持的"好字派"的"锦联筹"，在四十军司令部门前武斗，双方死伤数十人。1968年5月，锦州革命委员会成立后，左派"糟字派"遭到了残酷镇压。据事后的不完全统计："糟字派"被打死和迫害死的多达2,100人，伤残无数。

17. 内蒙

1967年2月5日，在内蒙古军区大院门口，军队与"造反派"发生了冲突，一名军官奉命开枪打死了一个学生，重伤20多人。

1967年10月20日到1969年5月底，内蒙古发生"内人党"特大惨案。在惨案中，中共党员、干部、知识分子、农牧民、知识青年（主要来自北京、河北、山东的大专毕业生），有56,200多人被杀害，377,000多人被关押，受冤案打击迫害的人高达355万多人，占当时内蒙古自治区总人口的四分之一。

18. 宁夏

1967年7月31日到8月1日，宁夏银川"指挥部"派与"筹备处"派，在银川市西塔摆开战场。是役，"指挥部"派获胜，打死"筹备处"人员5人，打伤多人，重伤致残6人，抓获俘虏300多人。

8月5日晨，"指挥部"调集万人大军，南下声援永宁"指挥部"派的时候，在永宁大观桥遭到了永宁县武装部部队与基干民兵的阻击。据当事人回忆："**大官渠里泡满了尸体，沟沟坎坎里，到处是狼狈不堪的人群，腰扭了的，脚崴了的，家人同事跑散了的，丢盔撂甲的，人人惊恐万分，懊丧不已。才知道，真正打起仗来，可不是看电影那么简单热闹。那炒豆子似的枪声，都是催命符，听得人心里只发毛，恨爹妈少长了两条腿！**"是役，数十人伤亡。

8月20日后，青铜峡河东"筹备处"聚众数千人，向"指挥部"据守的最后据点青山机器厂发起强大的攻势。并顺势包围了驻扎在峡口、青山机器厂支持"指挥部"的8047部队。当接到反击的命令之后，8047部队用迫击炮、轻重机枪构成了密集火网。在火网中，一排排人被机枪扫倒，一堆堆人被炮弹炸翻，一时间，青山机器厂前面的旷野，成了真正的屠宰场。是役，"筹备处"伤亡200多人。

8月30日，"指挥部"与"筹备处"在银川市掌政桥公社进行了武斗。"指挥部"派武斗人员100多人，携带机枪、步枪，突然袭击"筹备处"设在掌政桥公社的基地和据点。双方共死亡 15 人，伤数百人。

8月28日，中共中央判定青铜峡发生"反革命叛乱"，命令驻军 8047 部队协同"指挥部"武装，剿灭"筹备处"武装。是役，当场打死 101 人，打伤 133 人。

19. 青海

1967年1月12日，青海"八一八红卫战斗队"、"青海日报社革命职工造反司令部"等组织，在"首都红卫兵第三司令部"和北京航空学院"红旗"赴西宁支队的支持下，夺了《青海日报》的权。在青海省实际主政的省军区副司令员赵永夫，对"八一八"造反派的行经早已看不惯，在总后勤部青藏办事处主任张晓川的支持下，决心摧毁"八一八"造反派。机会来了。他趁着"二月镇压"的有利时机，宣布"八一八"造反派为反革命组织，立即加以取缔。2月22日，他派13个步兵连包围了《青海日报》社大院，那里有近两千名"八一八"造反派和支持者防守。23日，他宣布西宁市全城戒严。下午两点多，他发出进攻信号。二十多分钟后，战斗结束，打死造反派 169 人，打伤 178 人，军人死 4 人，伤 46 人。史称"青海'二二三事件'"。

20. 山东

据悉：山东也是中共政治局承认文革武斗伤亡超过五万人的十二个省区之一。

1967年5月7日，由山东两大派组织间发生的多达几十万人参与的武斗事件。6日下午，省革委会主任王效禹以"保皇派"冲击省革命委员会为由，调集二、三十万造反派，包围了"保皇派"据点山东省革命委员会大院。5月7日凌晨4时，王效禹等人调动的大批人员，在宣传车前导下，拥进大院，对占据省革委会大院人群，进行分割围攻，双方棍棒、拳脚相加，打得十分激烈。两个多小时后，"保皇派"被制服。这次武斗，数千人受伤，致残数十人。

在山东郯城，还发生了件骇人听闻的虐尸事件：武斗中，一派在打死对方 18 人后，还不解恨，便将死者尸体挂在树上，练习打靶。

21. 山西

据悉：山西也是中共政治局承认文革武斗伤亡超过五万人的十二个省区之一。

山西武斗以长治地区为最。在这个中国军火工业的基地之一的长治地区，军分区和当地空军驻军，分别支持对立两派。由于陆地交通被切断，空军被迫用"空中走廊"支持一派守城。为了攻城，军分区打开军火库，武装各县数万民兵，并集中组成"剿匪兵团"，由军分区司令统一指挥攻城战。其中，在攻占一座煤矿的激战中，打死守方200多人，致伤数百人。而在另一次攻防交火中，守方竟俘获参战的现役官兵12个整连，并缴了他们的武器。在攻防战斗中，**"双方打死打伤参战人员不计其数"**。

1967年8月1~9日，山西省晋中地区平遥县的"总司"和"联络站"两派，在平遥县城，爆发由陈永贵插手的系列武斗事件。8月7日，陈永贵等到达平遥后，县武装部、县革委的一些人以及受其支持的"总司"头头，本来就是反陈派。陈永贵到达平遥一中后，随即通过"联络站"的高音喇叭发表讲话，明确表态支持"联络站"。"总司"派被激怒了。下午5时许，他们便对平遥一中发起总攻。是役，双方动用了重机枪、钢炮、土枪、步枪、硫酸和带钩长矛等武器，死伤50多人。在总攻开始后，"联络站"迅速将陈永贵转移到城隍庙里躲藏。

为了平息"总司"派平遥之难，山西省革委会派"红总站"十三冶的钢铁工人，头戴柳条帽，手持铁棍，乘坐20辆10轮大卡车，前往支援平遥"联络站"派。与此同时，太原和平遥附近各县的"红总站"派也派出万人以上的武斗队伍，火速赶到平遥，支援钢铁工人，形成对"总司"派的夹击之势。8月9日晨，六十九军军长解振华，率部陪陈永贵重返平遥，来"制止武斗"。上午9时许，在陈永贵等人指挥下，"红总站"向"总司"的所有武斗据点发起进攻。到下午2点左右，"总司"除部分人员突围和数十人伤亡外，其余全部当了俘虏。武斗基本平息。

22. 陕西

据悉：陕西也是中共政治局承认文革武斗伤亡超过五万人的十二个省区之一。

从1966年底到1968年9月间，全省发生的重大武斗事件有：

1967年1月28日，西安庆华电器制造厂的"文革临委会"与"联合总部"两派之间发生武斗，造成数十人负伤。

8月31日至9月2日，西安两大派在持不同观点的现役军人师、团级干部的"高参"下，组织了有工厂、学校、机关和现役军人参加的大规模武斗。双方参战人员近万，共出动坦克4辆，汽车百余辆，使用了机枪、步枪、手榴弹、体育用枪等常规武器，造成交通中断，社会秩序大乱，机关、工厂被迫停工，停产，商店关门。武斗中，双方共打死69人，打伤数百人，相互俘虏近2,000人。

1967年8月到1968年5月底，安康县城先后发生两次大规模武斗，打死784人，炸毁防洪堤8,357立方米，烧毁房屋15,000间，使18,000余人无家可归；城市防洪、自来水、照明等设施遭到严重破坏，经济损失达1,400多万元。

1967年8月，宝鸡几个造反组织，先后抢走宝鸡市武装部、县武装部、市公安局等单位的步枪1,400多支，轻机枪110多挺，冲锋枪2支，手枪100多支，子弹几十万发。

1967年10月14日，铜川市两派出动400多人，以真枪实弹在前原村附近交战，双方打死25人，打伤60多人。

1967年10月24日，横山县的"二红总部"与"红工机"两派之间发生武斗，双方打死3人，打伤20余人。

1967年12月中旬，兴平县一个武斗组织大搞打、砸、抢、抓的武斗活动；到1968年6月，他们先后数次抢劫武器200多件，拦路夺取部队高炮1门，抢劫银行现金5万多元，粮站面粉4万多斤，食油1千多斤，打死17人。

1968年4月到5月中旬，汉中两派发生了大规模武斗，双方动用步枪、冲锋枪1,400多支，轻机枪150多挺，发射子弹100多万发，打死160多人，炸毁电机厂、电影院、面粉厂、粮库等建筑，迫使城内交通中断。

1968年6月5日至9月10日，陕西省佳县"红工机"与"东方红"两派发生持续98天的武斗，共打死60多人。

1968年7月19日，西安市两派在市西郊白家口发生武斗，双方有数千人参战，动用了航空机关炮、土坦克等武器，打毁楼房1幢，打死21人。

1968年12月到1969年2月，陕西省宝鸡地区八个兵工厂展开"清理阶级队伍"政治运动。当局借运动镇压左派造反派。在"清队"中，7万名职工中，有45,400多人（占65%）被列为阶级异己分子、历史反革命、现行反革命，其中297人被判死刑并立即执行。对此，一年多前还跟着"伟大领袖"闹革命的左派造反派们，惊恐万状，被逼揭竿而起，真正造起反来，使全地区陷入动乱。驻军谎称左派造反派为"发生反革命暴乱"，经毛泽东的中央批准，他们出动坦克、装甲车、平射炮、喷火器等武器，展开了对左派造反派的围歼和追击。战斗中死伤48,300多人，其中死亡13,300多人，宝鸡驻军两栋营房被炮火击毁。

此外，陕西勉县武斗死亡85人；蒲城县武斗双方及无辜平民死34人，城区十多条街道的两万多所民房被烧毁。

23. 上海

1966年12月29~30日，上海"工总司"与"赤卫队"两派在康平路进行大规模武斗。是役，重伤91人，中共上海市委组织的"赤卫队"全军覆没。

1967年6月29日到8月4号，上海"联司"与"工总司"两派在上海柴油机厂等地，进行了系列武斗。6月29日中午12点，"联司"对"工总司"发起进攻。是役，双方200多人受伤，其中重伤50多人，王洪文领导的"工总司"派受到重创。7月18日，双方又在上海柴油机厂展开武斗，一千多人参战，300多人受伤，一人重伤，不治身亡。上海"工总司"决定铲平"联司"。8月4日，他们在上海柴油机厂周边地区发动了上海最大规模的进攻战斗。4日清晨，以总指挥王洪文为首的"工总司"调动10万大军，号称24万，陆上出动一千多辆卡车和公共汽车，水上出动巡逻艇和打捞船数艘，天上出动两架直升飞机在上柴厂上空示威，他们从水陆空三路将上柴厂团团包围住。而此时，盘据在上柴厂厂区内的"联司"，仅有武装人员1,000多人。是役，双方死亡18人，伤983人，致残121人，"联司"寡不敌众，被俘663人，全军覆没。

1967年2月到1968年1月，上海市青浦县的"工青联"和"农革司"两大派，在青浦县进行了系列武斗。其中上规模的有：5月4日，一日之内连续发生三次大规模武斗，参战达7,000多人，伤数十人；7月18日深夜到22日晚，双方使用了石头、棍棒、刀具、梭标等"冷兵器"和土制的炸弹、燃烧瓶等，打死3人，伤残400多人，大片房屋变成废墟；10月17日下午，"工青联"出动大批武斗人员，对"农革司"派的两个据点进行攻击，造成1人死亡、2人严重致残的恶果。

24. 四川

据悉：四川也是中共政治局承认文革武斗伤亡超过五万人的十二个省区之一。

四川成都一三二厂血案：1967年5月5~6日，成都一三二厂的"一一九革命造反派"与"八一兵团"、"赤卫军"之间发生武斗，打死45人。

四川成都双流中和场大武斗：1967年5月19日，由成都"红成"、"八二六"与"产业军"、"贫卜中农战斗军"两派之间展开武斗，伤亡数十人。

重庆七月北碚大血战：1967年7月，重庆"八一五"与"砸派"两派为争夺地盘，在北碚地区展开系列武斗，双方死亡58人，伤1,000多人。

重庆嘉陵江大桥武斗：1967年8月14日，重庆"八一五"与"反到底"两派为争夺嘉陵江大桥的控制权，进行大规模武斗，其中，"反到底"派在江北部署18门大炮，一天发射炮弹6,000多发，炸死27人。

重庆夏季系列武斗：1967年8月，重庆"八一五"派与"反到底"派在重庆展开了系列攻防战。双方动用了坦克、装甲车、轻重机枪、高射机枪、迫击炮、无后坐力炮、122榴弹炮和炮艇等武器进行战斗，击沉拖轮3艘，打坏12艘，死亡351人，伤残数千。

四川江津六七大武斗：1967年6~9月初，四川江津县的"九七"（属"八一五"）派与"红总"（属"反到底"）派，在江津县城进行长达3个月的系列武斗。开始，双方使用棍棒、梭标、石头、砖头、瓦块、土炸弹、土炮进行武斗；当"武装左派"的"最高指示"发出后，步枪、半自动步枪、冲锋枪、轻机枪、重机枪和坦克都派上用场。系列武斗中，"九七"派死9人，"红总"派被击毙4人，双方数百人负伤。随后，发生了震惊全国的杀俘事件。

四川重庆"一〇二七"血案：1967年10月27日，重庆军地两方的"八一五"与"反到底"两派在总参通信兵学院进行武斗时，该校驻军向冲击营地的"八一五"派开枪，共有32名造反派成员及附近群众被打死，53人受伤。

四川重庆空气压缩机厂系列争夺战：1967年6月到1968年8月，重庆"反到底"派与"八一五"派在重庆空气压缩机厂内外，进行了系列武斗。双方动用了轻重机枪、三七炮、四联高射机枪、坦克、装甲车等现代武器装备，战死124人，伤残上千，还创造了一夜之间发射高射炮弹1万多发的纪录。"发射纪录"上报到中央后，毛泽东赞道："**好！这是个训练，战备演习，拿了枪炮，不打不过瘾。**"

四川成都市人民南路枪战：1968年2月17日到3月7日，成都"八二六"派和"红成"派，在成都人民南路进行武斗，双方死亡44人。

四川八县联防打中江事件：1968年3～5月，四川革委会领导为"彻底铲平"中江地区的"红成"派和重庆"八一五"派，调动绵阳、江油、三台、德阳等八县武装组织，进行了一系列大规模武斗。在长达两个多月的武斗中，发生了"凤凰山事件"、"太阳山事件"和"乐玉事件"等几起大惨案，打死800多人，致伤致残6,000多人，约有3万多人惨遭毒打和毒刑。

四川泸州三次"武装支泸"事件：1967年7月到1968年7月间，四川革委会领导，调集10多万武装人马，打着支泸造反派的旗号，与"八一五"派在泸州进行了系列血战。双方使用了尚未装备部队的步枪、机枪等新式武器，动用了迫击炮、无后座力炮等重武器进行厮杀。厮杀造成43,800多人伤亡，其中死亡21,100多人，致残8,000多人，动用国库3亿多元、粮食6,840万余斤，损失汽车1,000多辆和大批物资。

对此，江青说："**四川武打全国出名了。**""**重庆打得稀烂，阵线就比较清楚了。好得很！**"

25. 天津

1967年4月27日，天津大学、南开大学、体育学院、河北大学等院校学生，在南开大学校内，展开万人大武斗，伤270多人，其中重伤50人。

据多方报导，发生武斗的还有：天津铁路分局的"5.12武斗"、天津钢厂的"7.28武斗"、天津609厂的"609武斗"等，伤亡人数不详。

26. 西藏

1967年3月，在"二月镇反"被平反后，西藏自治区形成了"大联指"和"造总"两大对立的造反派。6月前，双派之间的武斗是拳脚，进入7月后，拳脚被冷兵器如石头、砖块、棍棒、大刀、砍刀、梭镖等取代。在拉萨，以冷兵器对阵的大规模武斗发生过多次，参加武斗人员数百人到数千人不等。据记载，7~8月，两派大规模武斗共有5次：7月9日，争夺拉萨大昭寺内的市人委招待所；7月14日，争夺拉萨第二招待所的广播权；7月30日，争夺拉萨汽车保养厂"造总二司"武斗据点；8月13日，争夺拉萨工交小学据点；8月29日，在拉萨市财经大院藏式大楼的肉搏战。五次武斗共打伤1,100多人，其中重伤228人，不治身亡1人。

进入9月，西藏武斗进入热兵器即现代化武装战斗时期。

9月6日，"大联指"派在堆龙德庆县拦截住"造总"购进的一批粮食，双方以现代武器展开战斗。是役，"造总"有7人当场被打死，20多人重伤；随粮食车队进藏的11名"首都中学红代会"人员中，7人重伤入院；"大联指"派的伤亡人数不详。

9月15~16日，"大联指"和"造总"战于拉萨市郊曲水县，双方动用了步枪、半自动步枪、冲锋枪、手榴弹等现代化武器。是役，"造总"有2人当场被打死，1人负伤后被抛入河中淹死，数十人被炸伤、打伤，100多人被俘；"大联指"派伤亡不详。

1968年1月22~23日，"大联指"同"造总"在拉萨市区摆开了战场。武斗中，"造总"1名成员中弹身亡；在市交通局，"造总"派有3人被打死。是役，"造总"派5人死亡，22人重伤；"大联指"派伤亡不详。

1968年6月初，大昭寺、西郊等地驻军，遭到"造总"派的围攻、辱骂、殴打、断粮、断水，有的遭到射击，打死打伤军队官兵20多名，抓走数名。

27. 新疆

据悉：新疆也是中共政治局承认文革武斗伤亡超过五万人的十二个省区之一。

1967年1月26日，在石河子地区，新疆生产建设兵团部队与地区造反派"石造联总"交火。这是军队参与武斗、大规模开枪杀人事件，史称军队打响的"文革第一枪"。是役，部队共射杀26人，打伤74人，包括误伤"自己人"20个。

1967年5月8日，新疆两大造反派"三新"和"三促"为争夺《新疆日报》社展开大规模武斗。双方参战达千人以上，使用石头、砖块、瓦片、棍棒等冷兵器，大打出手，造成数十人受伤。

1967年7月26~27日，乌鲁木齐市的"三促"和"三新"两派，在新疆医学院展开大规模武斗。这场武斗，烧毁和炸坏 2 幢楼房，死 5 人，伤数十人，有 400 多个"三新"派武斗人员被俘，遭到毒打和关押，有的被打死、致残。

1967 年 10 月 14~15 日，"三促"和"三新"两派，又在乌鲁木齐市第一师范学校摆开战场。武斗人员在机枪掩护下，用炸药包炸开教学楼和西楼。这次武斗，双方死亡 5 人，伤 24 人，两幢大楼各被炸开一个洞，教学仪器被毁。

1968 年 1 月 9 日，还是"三促"和"三新"两派，又在乌鲁木齐市一中展开激战。此次武斗，双方参战人员有 1,000 多人，使用步枪、冲锋枪、机枪、手榴弹等现代武器，双方死亡 10 人，伤数十人，财产损失达 7 万多元。

1967 年 12 月 19~23 日，在新疆和田地区皮山县幸福公社藏桂管理区，"革命造反军"派和多数派进行了长达 5 天的战斗。在战斗中，抄了 87 户社员的家，烧毁部分民房，双方共打死 19 人，打伤 162 人，其中重伤 60 多人。

28. 云南

"炮派"与"八派"是云南省的两大造反派组织，分别受到昆明军区与云南省军区的支持。在昆明，两派武斗使昆明市一分为二：西城及西郊属"炮派"的势力范围，叫"炮管区"；东城及东郊属"八派"的势力范围，叫"八管区"。各地州市县也跟着一分为二；不同的是，当地哪一派占上风，该地区就基本上变成了哪一派的势力范围。

1967 年，"炮派"与"八派"在昆明市展开了系列武斗：

4 月 26 日，"炮派"在市内检阅台召开"打倒刘、邓、陶，万炮再轰省市委血战到底誓师大会"，并准备会后游行，"八派"冲击会场，迫使大会中断，双方遂在广场上、东风路上展开打斗；5 月 29 日，两派在昆明市区拼杀，双方战死 266 人，重伤残逾千人；8 月 1 日，两派在昆明海口二九八厂拼杀，双方死 3 人，伤十数人；8 月 24 日，"八派"围攻"炮派"据守的昆明水泥厂矿山车间，双方战死 9 人，伤残数十人；8 月 27 日，两派在三五六厂拼杀，双方战死 20 人，伤 230 人；8 月 31 日，"炮派"攻占"八派"据守的博物馆，双方战死 8 人，伤 10 人；9 月 3~7 日，两派在昆明电机厂展开厮杀，双方战死 68 人，伤残数十人；11 月 22 日，两派在昆明市粮食局第一直属库进行武斗，双方战死 2 人；12 月 10 日，"八派"攻打昆明市公安局消防大队，死 1 人，损失财产 42 万多元；12 月 13 日，"八派"攻打"炮派"据守的昆明钢铁公司桥头钢厂，双方战死 17 人，伤 4 人；12 月 22 日，"八派"攻打"炮派"据守的预制管厂，双方战死 14 人；12 月 22 日，"八派"攻打驻守元宝山的"炮派"，双方战死 15 人；12 月 27 日，"八派"在小麦峪设伏，打死过路平民 10 人，伤 1 人；12 月 27~29 日，"八派"攻打"炮派"据守的云南砖瓦厂，死 21 人，伤残多人；12 月 27~29 日，"炮派"组织大兵团作战，攻打据守云南汽车修配厂的"八派"组织"一一三〇",双方战死 66 人,数百人伤残。以上合计死亡 520 人,伤残 2,000~3,000 人。

1967 年 8 月,在东川市城区、农村、工厂,杀害"八派"的工人、农民、干部 200 多人。"炮派"不准"八派"收尸,造成几十具尸体曝晒一周之久。

昆明"炮派"有个闻名全省的"工八团",他们是由山东来云南支援边疆建设的工役制工程第八团。他们响应毛泽东"**全面内战**"和"**武装左派**"的号召,已深深地卷入当地派性拼杀。1968 年 1 月 1~18 日,他们全副武装从昆明乘坐汽车出发,沿滇缅公路西进 450 多公里,18 天内,先后攻占了禄丰、一平浪、楚雄、南华、祥云、下关等重要城镇,打死、打伤平民无数,仅下关一地,发现曝尸 200 多具。

1 月 27 日,下午 6 点 10 分,当地驻军党委给"工八团"扣上"**滇西挺进纵队**"的帽子,围歼于甘海资矿区中,打死"工八团"184 人,煤矿职工家属 59 人。"工八团"有 480 人被捉。2 月 13 日,中共中央将"滇西挺进纵队"定性为"**执行国民党云南特务组计划**"的"反革命匪帮的典型",在云南全省掀起了抓"滇挺"分子的高潮,导致 14,000 多人死亡,38,500 多人伤残。

此外,在一平浪、文山、大理、曲靖及其他一些地方,武斗频繁,伤亡数十人到数百人不等。

29. 浙江

1967 年 3 月,浙江省军管会内部在"支左"问题上意见相左,步调各异,导致对立造反派都有恃无恐。

1967 年 4 月以来,浙江各地发生了一系列武斗流血事件。

1967 年 7 月,左派造反派"省联总",在中央文革以及驻浙江空 5 军、20 军的支持下,武装镇压了肖山、富阳等地的右派造反派"红暴派"。其中:在肖山县,打死 27 人,绝大部分是被俘后被活活打死的;在富阳县,打死 135 人,打伤致残 319 人,烧毁房屋 1,200 余间,被砸单位 166 个,受害家庭 2,005 户;在嵊县,双方战死 191 人。1968 年 8 月,"省联总"带领"宣传队"去浙南镇压"红暴派",仅丽水大港头一地就打死 11 人。林彪摔死后,引发浙江省权力再分配,左派"省联总"逐渐失势。1974 年 12 月,失势的"省联总",与军分区支持的右派"红暴派",战于金华县城关镇,双方共战死 29 人,打伤 200 多人。

在浙江,武斗规模最大、持续时间最长、军队和造反派一起战斗即军民一体化程度最高的战斗,当属温州。

根据报导,在温州,一派是由南京军区司令员许世友支持的"温联总",持"红暴派"观点,受到温州军分区司令员的公开支持,一派是由驻浙二十军支持的"工总司",持"省联总"观点,受到中央文革的公开支持。都有强大后台支持的两派,从 1967 年起到 1976 年止,随着高层权力的不断调整和再分配,他们之间的武斗,也随着此起彼伏,整整持续了十年。十年间,双方战死 3,000 多人,平民死亡 2,000 多人,造反派和平民的伤残无数,难以统计。

三、派性大血战实录

自从毛泽东发出"展开全国全面内战"、"支左"和"大量武装左派"的指示后,全国各地都展开了全面内战。由于资料不足,笔者根据政府有意或无意散落于民间的不完整资料,选择规模较大的武斗战例,简介于后,以飨读者。

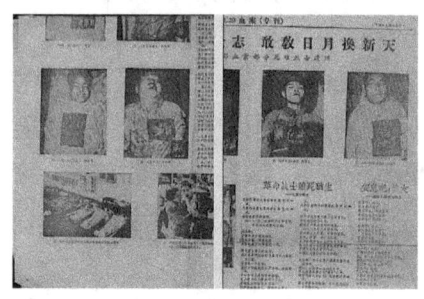

广州红卫兵小报上刊登 1967 年
"820"武斗中死难的部分"烈士"

1. 温州的十年大拼杀

在毛泽东**"全面内战"**和**"武装左派"**的号召后,浙江温州地区逐渐形成了两大对立的造反组织。一派叫**"温联总"**,其司令**姚国麟**是个卫护中共官僚体制的退伍军人,因而深受军分区司令员王福堂的信任和各县区人武部门的支持;而王福堂的老上级南京军区司令许世友,则是他们的坚强后盾。"温联总"组成人员,主要是党政机关基层干部、国企温州港务局和温州化工厂的工人,其外围支持者,大多是官僚体制的拥护者或既得利益者,是中共官僚体制的基本群众。因此,这个造反组织是个名副其实的右派保皇派。另一派叫**"工总司"**,其领导层面基本上是些政治嗅觉灵敏的文人和对官僚体制不满、向往自由、民主非国企的青年工人,他们的外围支持者,多数是文革前官僚体制的受害者和不满者。这就决定了"工总司"是中共官僚体制的颠覆者,因而是货真价实的左派造反派。因此,"工总司"理所当然地受到了地方政府和军分区的排斥和压制;但他们能通天:通过串连,他们取得了中央文革的同情和支持,并建立起了密切联系。

各有后台支持的"温联总"和"工总司",是温州十年拼杀的主要对手。他们都是为"捍卫毛主席的革命路线"而拼杀;但这种拼杀却使他们付出了 3,000 多个宝贵的性命和上万个伤残者,也使温州市中区化为废墟,老百姓的个人财产和国家财产的损失,高达数千万元。

随着高层权力的再重组、再分配，十年中，他们经历了互有胜负的三个回合大拼杀。第一个回合是1967年初到1968年8月的大拼杀。

1967年1月23日，毛泽东签发了《关于人民解放军坚决支持革命左派群众的决定》之后，以温州军分区司令员为首的军方，获取了主导温州形势的政治权力。他与温州地区右派当权派一起，暗中抵制毛的文革路线，扶植右派造反派"温联总"，压制左派造反派"工总司"，使"温联总"成了可以左右温州形势的强大保皇组织。一年多的数十次武斗中，"工总司"往往屈居下风，伤亡人数也比"温联总"多得多。

到了1968年8月，"工总司"时来运转，他们以受压着的身份昂首阔步，同"温联总"展开了第二回合大拼杀。

由于省军管会和省军区主要领导在"支左"上严重分歧，省军区政委、省军管会主任**龙潜**和军区司令员**张秀龙**被控为"支右"不"支左"，随即失去了权力。1967年8月，中共中央决定改组浙江省军管会和省军区，任命二十军军委**南萍**为省军管会主任、省军区代政委，空五军政委**陈励耘**为省军管会副主任，二十军军长**熊应堂**为代省军区司令员。

在改组省军管会和省军区之前的7月25日，据称，"工总司"巧设纵火计，烧毁温州市商业中心区五马街的房屋2,000多间，并将罪责转嫁到"温联总"身上。据此，南萍决定派二十军一个团进驻温州，剿灭"温联总""匪帮"。8月1日，这支"支左"部队打败了"温联总"的阻击，杀进温州，协同"工总司"对"温联总"进行围剿。"温联总"被迫撤离市区，先后在仰义、牛山、三溪、藤桥等地组织抵抗，后在永嘉，瑞安等县进行反围剿战斗。由于有毛泽东爱将许世友暗中支持，到1971年9月的三年中，"工总司"和"支左"部队组织了几次大规模的进剿，除带来惨重伤亡外，并没有剿灭"温联总"。

1971年9月，林彪折戟沉沙于蒙古国温都尔汗，他的爱将南萍、陈励耘、熊应堂等人纷纷落马收审，"工总司"因而军心动摇，一些头头被隔离审查，锐气大减。"温联总"乘机凯旋归城，同"工总司"展开了此起彼伏的第三回合大较量。

由于南、陈、熊的倒台，"温联总"逐渐得势。但随着"批林批孔"运动的发展，"工总司"又获得了毛江左派的支持，旋又卷土重来：两派后台势力的消长，使他们在1973年到1975年间的多次大规模武斗中，各有胜负，无法独霸一方。然而，在"评法批儒"和"反击右倾翻案风"中，"温联总"再次失势，再次被赶出温州城，只好据山为"寇"。但由于许世友暗中支持，"工总司"始终无法制服"温联总"。

决定"温联总"与"工总司"两派最终命运的是1976年的宫廷政变。随着"四人帮"倒台和党内右派重新掌权，左派造反派"工总司"的头头们，或被处决，或被判刑，他们十年的"辉煌"战绩，也随之付诸东流——这就是他们紧跟"伟大领袖"造反和继续革命的悲惨结局，不论他们想到还是没有想到。随着"四人帮"倒台和党内右派重新掌权，右派造反派"温联总"的头头们，终于扬眉吐气了。这些以打、砸、烧、杀为业的头头们，以文革受害者的身份进入政界，如"温联总"司令姚国麟，荣任温州工人与青年团体的领导，坚定不移地支持"温联总"的军分区司令员王福堂，荣升浙江军区第一副司令。

温州两派拼杀，最倒霉的还是老百姓。十年武斗中，两派打死了 3,000 多人，绝大多数是年轻气盛的工人、学生，有的只有十四、五岁。又据报导，十年拼杀中，无辜平民死亡，可能超过 2,000 人。有人看见，一个少年被打死了，造反派从冷库里拖出几爿冻猪肉来作赔偿。在当时，这还算较有人性的。目击者说："**第二天我再次从那里经过，见那少年的父亲蹲在冷冻厂附近的路口卖猪肉，一脸呆滞麻木的样子……**"十年武斗中，为"保卫毛主席"而"光荣牺牲"的人们，在天国里看见这位卖猪肉的父亲，不知会产生怎样的感伤！

2. 广西烽火连天烧——四大武斗

在 1968 年 7 月中共中央发表"七三布告"和"七二四布告"之前，广西已经形成了以"联指"和"四二二"为代表的两大对立造反组织。"联指"是右派造反派，它的基本力量大多是中共官僚体制的受益者，他们的头头许多是中共官僚体制的卫护者，因而，他们得到了广西军区和地方各级武装部的支持。"四二二"是左派造反派，它的基本力量大多是没有权力背景的一般平民，他们的头头很多人都属弱势者。由于毛泽东"层层剥笋"的政治需要，他们被推为造反的先锋，封为"响当当"的革命派，受到了中央文革、周恩来等中共权力的支持。在各自后台的支持下，两派在广西自治区各地，展开了上百次的现代化大拼杀，**打死 5~8 万人，伤残难以计数**。到了 1968 年 4~7 月，武斗加剧，4 个月间，上规模的大武斗竟有 22 次**伤亡 175,000 多人，其中死亡 101,000 多人，失踪 33,115 人**。由于局面失控，中共中央不得不先后出台"七三"和"七二四"两个布告，为自己挑起的武斗降温、遏阻。（笔者年迈，确切数字只能寄托于中共档案解密和允许独立调查之后，由后代去修正。）1968 年 8 月前，两派之间的拼杀，虽部队经常介入，但基本上属派性武斗；8 月后，则质变成政府的军事镇压。根据政府有意或无意散落于民间的不完整资料记载，广西自治区上百次派性武斗中，双方战死数百、致伤致残数千人的大规模武斗有：

(1) 马山攻防战

1967 年底，马山县"联指"和"四二二"两大派的矛盾冲突越来越严重，抢枪事件不断发生。双方之间的武斗由拳头、石头、砖头、棍棒、大刀、长矛的"冷兵器"开始，逐渐发展为真枪实弹的大规模现代化战斗。

1968年2月15日，"四二二"派向"联指"派据点发动进攻，双方展开石头仗。由于"四二二"人多势众，"联指"派被迫撤出县城。3月13日，"联指"调动武装民兵1,069人和3,000多名群众，携带高射机枪一挺，轻重机枪27挺，步枪894支，炸药2吨，对马山县城实施包围。3月19日开始向县城总攻。凌晨枪声大作，硝烟弥漫，整个县城陷入大屠杀中。

到3月23日下午，"联指"用炸药摧毁了"四二二"各个据点的工事。"四二二"被迫突围，撤离县城。"联指"在随后的追捕中，俘获数百名"四二二"派逃散人员，许多人被就地处决。

是役，**双方战死197人，枪杀俘虏190人，伤残难计其数**，127间民房被炸毁，居民和机关财产损失达30多万元。

(2) 柳州据点争夺战

1968年4~5月，广西柳州"四二二"派的"造反大军"与柳州"联指"，在柳州市内摆开战场，展开了系列武斗，**造成442人丧生，数千人伤残**。武斗中双方投入数千兵力，使用的武器有：步枪、手枪、冲锋枪、轻重机枪、炸药包、高射机枪、高射炮、迫击炮和"92"野战炮和自制大炮等。

4月上旬，"造反大军"向"联指"派控制的柳铁文化宫首先发起进攻，死伤多人。4月20日，"造反大军"拦截"联指"，打死1人，打伤12人，抢走现金七万多元和一些枪支。4月28日至5月上旬，"造反大军"对"联指"派在柳州市水厂的武斗据点，展开进攻。战斗打响之后，"联指"派迅即从各单位的战斗队调来几百人增援。在长达半个多月的激烈交火中，双方死亡20多人，伤数十人。

三次战斗后，两派划江而治："联指"占江北，"造反大军"据江南。

5月底至6月上旬，柳州"联指"在江北的中共柳州市委礼堂私设监狱，先后杀害"造反大军"奸细42人。5月28日，"联指"向柳州市区的"造反大军"武斗据点发起攻击，炸死31人。6月，象州"联指保卫红色政权野战军"派出700多人，携带长短枪638枝，轻重机枪40挺，炮两门，占领石龙、穿山、新兴农场、大桥园艺场，攻打柳州"造反大军"据点，造成双方数十人伤亡。

据一位当年柳州二中红卫兵小将、如今已年近花甲、两鬓染霜的老人回忆：

在逐街逐巷的绝地反击中，我的冲锋枪子弹打完，正准备换弹匣。这时，一个鹿寨（县武装）民兵手持步枪翻墙而入。刹那间两人同时端枪瞄准对方。

我先发制人：放下武器，缴枪不杀！

民兵：你也放下武器，缴枪不杀！

当时巷子就我们两个人僵持在那，真的是"麻杆打狼两头怕"啊！

横竖都是死，我只能硬着头皮打心理战：老俵，你那杆"老七九"打我只是一个窟窿，还不一定死。老子这把"五六式"扫过去，你会成蚂蜂窝死得很难看！我数三声放下武器，一……二……还没数到三，那个老俵吓得脚软缴枪！退枪膛一看，里面有子弹，而且是上了（枪）膛的……

(3) 梧州平桂矿区酣战

平桂矿务局是一家国营大型有色金属企业，位于梧州钟山、贺县境内。"全面内战"中，该矿形成了"平桂联指总"和"平桂井冈山"两大对立组织。前者属"联指"派，受梧州军分区和武装部支持，后者属"四二二"派，受驻平桂6975部队支持。1967年底，两派先后在矿区进行武装割据，建立起了各自的武斗据点和领地。"平桂井冈山"占据了矿务局和珊瑚矿、新路矿、里松矿等地。到1968年5月，"平桂井冈山"处于有利地位，"平桂联指总"被逼向梧州军分区求援。

1968年5月25日到7月下旬，梧州军分区派兵协同"联指"清剿"平桂井冈山"。他们先后调集钟山、贺县、昭平、富川四县的武装民兵和梧州地市"联指"派的武斗大军近万人，对矿区"平桂井冈山"派的武斗据点，进行了长达54天的清剿。**双方战死147人，残杀俘虏389人，伤残数千，平民伤亡300多人。**其中：

5月25日凌晨，梧州军分区先后调集钟山县2,000人，贺县460多人，昭平县300多人，梧州地市"联指"近200人，富川县200多人，组成3,200多人清剿大军，配有迫击炮3门、重机枪13挺、高射机枪5挺、轻机枪40多挺、冲锋枪140多支、步枪1,200支、手枪110多支、手榴弹3,500枚等现代武器装备，向"平桂井冈山"的据点发动猛烈进攻，遭到了顽强抵抗，进攻受阻。

6月2日，"联指"前线总指挥部，集中钟山、贺县、梧州民兵2,600多人，攻打选炼厂，11日，占领该厂。

7月初，"联指"又集中5,600兵力，与"平桂井冈山"战于黄华山，7日大胜。

7月11日，"联指"又集中2,000多兵力，向"四二二"的"红旗公社"珊瑚矿据点发起猛攻，21日克之，杀死战俘52人。

7月15日，"联指"又出动民兵1,000多人，兵分四路，围攻姑婆山。而"红旗公社"队伍逃至湖南江华，被俘人员多数遭杀，人数不详。

7月14日，"联指"在西湾矿召开庆祝胜利和追悼"烈士"的万人大会。会上，枪杀俘虏16人以"祭奠革命烈士"，当天下午又杀24人以"追祭"。

矿区大战使平桂矿务局停产半年，造成财产损失达数千万元，1968年直接亏损达900多万元。

(4) 桂林夏季大拼杀

1968年4月,在筹建桂林地、市革委会问题上,"四二二"派"造反大军"对桂林军分区和部分驻军支左人员偏袒"联指"派深为不满。4月29日,"造反大军"上街游行,静坐示威。

5月4日,两派开始抢占武斗据点,构筑工事,抢占地盘,扩大占领区域,并多次抢夺军分区、武装部、警备司令部和当地驻军的武器弹药。据统计,"联指"派共夺得各种枪枝5,800多支,各种弹药325.7万多发,手榴弹12.44万多枚,爆破筒114根,火炮多门,还有一批军用物资;"造反大军"共夺得各种枪枝3,410支,子弹26.92万多发,手榴弹3,400枚,火炮8门,以及炸药50吨。

6月5日,"联指"向"四二二"派发出"最后通牒":"**'造反大军'必须无条件投降。如胆敢抗拒,则坚决、彻底、干净、全部消灭之!**"

6月6日,"造反大军"在北门贮木场附近的铁路叉口,伏击"联指"汽车,当场打死"联指"人员15人,伤多人。6月12日,桂林"联指"派的"桂保总",在东方红饭店语录牌楼里,建立了一个"看守所",先后关押"造反大军"258人,其中,被打死35人,致伤、致残75人。6月13日,"联指"向北站的"造反大军"发起攻击,炸死职工及家属5人,俘获"造反大军"6人,打死俘虏5人。6月15日,"造反大军"攻打"联指"据点,交火中伤亡多人,并烧毁了百货仓库和商品。
6月25日,"联指"在灵川县城一带与"造反大军"展开激战,双方死亡近100人,并打死无辜百姓10多人。6月30日至7月4日,"联指"连续5天11次冲击军事453仓库,在抢夺枪支弹药中,打伤守围部队114人。7月13日,在西山一带,"联指"从西、南、北三面向"造反大军"的阵地发起进攻。在攻防中,双方使用了迫击炮、加农炮和榴弹炮展开激战,打死249人。7月14日中午,"造反大军"将桂林针织厂职工12人,拉到十一中对面树林里,集体枪杀。

这场历时近三个月的桂林大拼杀,直到8月初才结束。两派参战人员高达1万多,**打死参战人员和无辜百姓600多人,负伤致残者数以千计**。战斗使铁路运输中断,大片房屋被毁,大批物资被烧、被抢,学生停课,工厂停产……风景如画的桂林山城,腥风阵阵,血雨沥沥,全城陷入红色恐怖之中。

3. 四川硝烟弥漫——四大武斗

1967年5月7日和16日,中共中央前后作出了解决四川问题和重庆问题的两项决定,即当时称谓的"红十条"和"红五条"。决定撤销了中共西南局第一书记兼四川省第一书记**李井泉**的职务,并为李井泉关押的原宜宾地委书记刘结挺、市委书记张西挺平反,组成了以**张国华、梁兴初、刘结挺、张西挺**为首的省革筹组。由于在"支左"问题上，省军区和省革筹委领导内部意见分歧很大，驻军也不能步调一致。到了7月，造反派遂应时重新洗牌，分化、溶合成阵线分明的势不两立的两大派组织：一派为拥刘、张的成都"八二六"和重庆"反到底"，他们被周恩来、江青等中央文革称为左派造反派，受到了省军区的支持；另一派为反刘、张的成都"红成"和重庆"八一五"，他们经常受到周恩来、江青等中央文革要员的责难和压制，但却能得到五十四军的支持。拥护和反对刘结挺和张西挺夫妻官，成了两大派斗争的焦点；但其实质则是军方右派势力与中央文革矛盾在四川的反映。

在当四川武斗激烈进行的时候，第一夫人江青说：**"四川武打全国出名了。""重庆打得稀烂，阵线就比较清楚了。好得很！"**针对四川等地的武斗，8月9日，林彪说：**"现在不少地区党、政机关瘫痪了，表面上看来很乱，这个乱是必要的，正常的。"**10月17日，周恩来也说：**"外交部乱的不够，还要大乱。"** 11月初，周又说：**"乱得越透，解决得越快越彻底。"** 显然，他们说的都是秉承了毛泽东的旨意。1968年7月28日，在召见首都红代会负责人谈话时，毛泽东不自觉地流露出赞颂武斗的喜悦心情。他不加掩饰地说：**"我才不怕打，一听打仗我就高兴。北京算什么打？无非冷兵器，开了几枪。四川才算打，双方都有几万人，有枪有炮，听说还有无线电。"** 又赞道：**"武斗有两个好处，第一是打了仗有作战经验，第二个好处是暴露了坏人。……再斗十年，地球照样转动，天也不会掉下来。"**

但在"舆论一律"的钳制下，御用精英们总能引用**"要文斗，不要武斗"**的"最高指示"来证明毛是反对武斗的，总能用这个"通告"那个"布告"来证明毛、江、林、周反对武斗是真诚的；但他们却唯独隐瞒了**"展开全国全面内战"**煽动者毛的真实目的：**"左派要准备牺牲几千人，换取右派几十万。"** 显然，这都是御用精英们隐瞒真相的蛊惑。然而，血的教训使造反派们不再相信御用精英们蛊惑人心式的宣教：他们已经懂得，他们面对的是一个出尔反尔、没有诚信的权力，"要文斗，不要武斗"和那些制止武斗的"通告"、"布告"，不过是一张张美丽的"画皮"，一旦他们放下武器，必遭灭顶之灾！因为，**"枪杆子里出政权"**已经是对立双方的行动准则，谁也不敢冒然放弃。因此，在"要文斗，不要武斗"的喧闹中，在这个"通告"那个"布告"的漫天飞舞中，造反派之间的战斗，却愈演愈烈！

(1) 重庆千人死亡大拼杀

1966年12月4日，左派"八一五"造反派通过武斗击溃了老保"工人纠察队"后，在争权夺利中，很快被分化成新右派**"八一五"**和新左派**"反到底"**两大派组织。前者受到驻军五十四军的支持，后者得到周恩来、中央文革等中共高层的青睐。

1967年4月23日，"八一五"与"反到底"两派在北碚、重钢等地辩论。先是用高音喇叭对骂，继而推搡、拳打脚踢、砸宣传车和广播器材等。到了5月23日，两派又在石油学校进行武斗。武斗方式已从拳打脚踢升级到用钢钎、铁棒、匕首等冷兵器搏斗。这种升级版，迅速向全市蔓延，重庆医学院、嘉陵机器厂、西南师范学院等单位，纷纷效法，导致数百人负伤。

6月5日，西南师范学院两派发生武斗，全市两大派先后派兵数千人前往支援。双方武斗使用了步枪、冲锋枪、手榴弹、轻机枪等常规武器，直打了三天三夜，死伤数十人，从而拉开了重庆市常规武器大规模作战的序幕。由于重庆有多个生产重型武器的兵工厂，两派得天独厚，很快用重机枪、高射机枪、机管炮、迫击炮、122榴弹炮、高射炮、装甲车、坦克等重型武器武装起来，并投入了战斗。

从7月8日起，到10月底的三个多月中，"八一五"与"反到底"两派在重庆用现代轻重武器拼杀二十多次，造成近千人死亡。其中：

7月8日，双方在红岩柴油机厂拼杀，射杀9人，伤数人；7月25日，两派在重庆工业学校拼杀，造成数十人伤亡；7月31日到8月6日，两派在市郊荣昌县拼杀，参战700多人，打死78人，打伤致残数百；8月3日，两派在国营望江机器厂，用高射炮击沉了重庆军分区的交通艇，打死艇上3名士兵；8月5日，两派在国营建设机床厂清水池拼杀，双方死亡22人，伤者近千人；8月8日，国营望江机械厂的武斗组织，用改装的三艘炮船组成"长江舰队"，沿长江炮击对方据点，打死24人，伤129人，击沉船只3艘，打坏12艘；8月12日，两派在嘉陵机械厂拼杀，双方参战人员逾千，支援人员上万，战死数十人，伤600多人；8月14日，为争夺嘉陵江大桥的控制权进行拼杀，"反到底"派用18门大炮，发射炮弹6,000多发，打死27人，烧毁重庆市第二轻工业局办公大楼等多幢楼房和设备；8月18日到20日，两派在沙坪坝、杨家坪地区用坦克、装甲车进行战斗，打死128人，伤者无数；8月22日，两派在南岸区上新街战斗，打死22人，伤数十人；8月28日，两派在北碚区歌马场战斗，投入兵力3,000多人，打死40人；8月中、下旬，两派在杨家坪地区战斗，参战人数4,000多人，经过一周激战，用高射炮打了一万多发炮弹，杨家坪街道房屋成为一片废墟，打死200多人；10月27日，双方在解放军重庆通讯兵工程学院战斗，32人被打死，53人受伤……

9月1日，周恩来总理听说杨家坪武斗期间，一夜打了一万多发高射炮弹时，痛心疾首地说："**在越南，万余发炮弹能打下多少飞机！这是国家财产啊，我想了是很痛心的。**"唯独没有疾首于被炮弹炸死的那200多个亡魂。

进入1968年，两派继续武斗。3月中旬，在长寿云台川东北石油钻探处本部拼杀，打死40多人；4月7日，两派又在国营长安机器厂战斗，双方动用坦克、大炮等重武器，把工厂炸成废墟，人员死伤不计其数；4月28日，两派在长安机器厂拼杀，40多人倒在血泊中；7月9日，两派又在江陵机械厂战斗，双方继续用坦克、大炮、轻重机枪战斗，造成大量武装人员和无辜居民伤亡，一百多幢楼房被打坏……

在一年多的系列大拼杀中，一、二千名造反派战士和无辜群众，都为"捍卫毛主席的革命路线"，献出了他们的宝贵生命，伤残者难以计数，自认倒霉！（伤亡人数有多个版本。随着时间的流逝，考证越来越困难。看来，只能等到文革资料解密和官方允许独立调查后，比较准确的伤亡数字才能被考证出来。）

(2) 三次支泸围剿"麻匪"

宜宾地区泸州市同全省其他地区一样，在反"二月逆流"的风潮中，逐渐分化成相互对立的两大派：一派叫"红旗派"，对方送其绰号"黑匪"，属成都"八二六"和重庆"反到底"体系，拥护刘结挺、张西挺，他们被周恩来、江青等中央文革册封为左派，因而也受到省军区、省革筹委部分头头的支持；另一派叫"红联站派"，对方送其绰号"麻匪"，属成都"红成"和重庆"八一五"体系，反对刘、张，他们虽然受到周恩来、江青等中央文革的批评和压力，但他们却能得到五十四军和省军区、省革筹委部分头头的暗中支持。

宜宾地区革筹小组组长和后来的革委会主任**王茂聚**，是一个信仰"枪杆子里出政权"屠夫，是"红旗派"的领导核心，因而为周恩来、江青等人所倚重。当他掌握宜宾地区政权之后，为了巩固来之不易的权力，他要效法毛泽东为巩固政权镇压反革命那样去剿灭盘踞在泸州市与他分庭抗礼的心腹大患"红联站派"。为此，他在中央文革默许和四川省左派头头的支持下，先后发动了三次武装支泸行动。

1967年7月和9月，为"捍卫毛主席的革命路线"，王茂聚先后两次调动数万名"红旗派"武装，配有迫击炮、无后座力炮等重型武器，对泸州"红联站派"实施围剿。但由于"麻匪"受到五十四军暗中的坚定支持，两次围剿除造成工厂停产、商店关门、交通断绝、一些建筑物被毁和大量伤亡外，其目的并没达到，反使泸州更加混乱，"麻匪"更加"猖獗"。

机会终于来了。1968年3月15日，在接见四川省革筹小组领导成员时，周恩来说：**"五十四军在重庆的态度有问题，助长了'红成'打倒刘、张的气焰。"** 康生说：**"反刘.张就是给李，廖翻案。"** 周恩来紧接着说：**"就是刘、邓复辟。"** 江青说：**"刘、张是中央平反的。"** 陈伯达说：**"说要李井泉，不要刘结挺，是反革命口号。"** 由于五十四军"支右"不"支左"，受到了周恩来和江青等中央文革大员的指责，中央军委的林彪，不得不拟定了五十四军调往云南、十三军入主重庆的计划。

王茂聚得知这一消息后，立即组织了第三次武装支援泸州左派的"平叛"行动。1968年7月4日，他调集数十个县、市的"红旗派"武装，配备无线电台和包括火炮、坦克等各种新式武器，四路齐发，水陆并进，围攻泸城。经过十几天的鏖战，"红联站派"兵败，被赶出城区，泸州成了"红旗派"的天下。

据《泸州历史大事纪》记载："**1968年7月，刘、张、王、郭调集数万人，非法动用国家资金3亿多元，粮食6,840多万斤，搞第三次武装支泸。结果，死亡2,000多人，伤残24,000多人，损坏车船2,000多辆（只），并私设监狱关押干部、群众3万多人。**"这位双手沾满鲜血的屠夫好景也不长：随着毛泽东的战略转移、左派造反派利用价值告罄和刘、张失势，这位曾在宜宾地区革委会主任任上八面威风的王茂聚，终于被推上了"组织武斗"的被告席，不得不在"三忠于、四无限"的无限怨恨中，于1969年11月21日悠然自杀身亡。他又是一个"**武装左派**"和"**展开全国全面内战**"的牺牲品，又成了一个罪有应得的替罪羊！

(3) 涪陵三次围剿"贸匪"

1967年6月，随着全国反"二月逆流"的发展，涪陵地区的涪陵县，也分成了两大派。一派是"忠实派"，又称"川涪工总司"，持重庆"反到底"派观点，受涪陵军分区的支持；另一派叫"红贸派"又称"红联司"，持重庆"八一五"派观点，因而也得到五十四军的暗中支持。双方都称"为捍卫毛主席的革命路线"而战斗。

1967年8月4日，涪陵地区南川县"红贸派"的"红联站"，抢劫了县武装部军火库，数量不详。作为对抗，8月5日，涪陵军分区根据毛泽东"武装左派"的指示，下令武装"忠实派"，给其发枪。"红贸派"闻讯后，立即组织数百人，强行打开军分区军械库，抢走枪械3,000余枝，火炮22门，子弹100多万发。8月8日，"忠实派"用5艘机动船，将石柱、丰都两县武装部库存枪弹、火炮数千件，全部运到涪陵。至此，两派做好了进行现代化战斗的准备。

8月11日，涪陵"红贸派"在龙潭车站附近，截击了"忠实派"军车4辆，激战中，双方共战死58人，伤25人。负责"支左"的涪陵军分区政委李畔，闻讯后勃然大怒，8月14日，根据他的部署，下令"忠实派"对"红贸派"进行围剿。

8月15日，数千名"忠实派"大军，在**李畔**亲自指挥下，对"贸匪"进行了"第一次围剿"，把"红贸派"赶出了县城。两天战斗中，打死上百人，伤残上千。

战败撤离县城的"红贸派"，在焦石成立了"军法处"。到9月为止，该"军法处"先后进行了六次审判，处决"敌人"30多名。

由于"红贸派"在涪陵城外、在涪陵地区其他各县对抗"猖獗"，李畔在8月22日、9月10日，又先后组织上万名"忠实派"大军，又命令各县人武部武装复员退伍军人，组成一千多名"围剿贸匪"战斗队，协同"忠实派"大军对"红贸匪"进行了第二次、第三次围剿。围剿中，迫击炮、无后座力炮、三七高炮、重机枪和望江101号炮艇等现代武器装备，起到了巨大作用。到 9 月 27 日，"忠实派"武装和协同作战的"围剿贸匪"战斗队，将突围到武隆县黄沙坝一带的一万多名"红贸派"武装，围而歼之，战斗结束。是役，历时 45 天，追击、围歼"贸匪"，经过了 4 个县、22 个区、67 个公社，打死上千人，伤残不计其数。据说，这位两手沾满鲜血的刽子手李畔，曾因罪有应得的替罪羊身份，遭到四川军区司令梁兴初的整肃，"整得很惨"；但他没走王茂聚的"路"，因而寿终正寝于 2009 年！

(4) 八县联合破中江

到了 1968 年，当时的四川省绵阳地区，基本上是成都"八二六"派的天下，唯独中江县例外。中江县是抗美援朝红色英雄黄继光的故乡，英雄的价值在中江得到了充分利用。为了"捍卫毛主席的革命路线"，黄继光的母亲邓芳芝责无旁贷地当了中江县"继光兵团"政委。"继光兵团"隶属于成都"红成"派，他们通过武斗，很快击败了隶属于成都"八二六"派的"东造司"，遂使中江县成了"继光兵团"的一统天下。"东造司"败出中江县城后，逃到中江县周围各市县避难，向成都"八二六"求援。在省革筹组的策划下，中江县周围八个县的"八二六"派，迅速成立了"八县联防指挥部"。他们调集了数万武装人员组成"联军"，准备对"四川的老保根据地"——成都"红成"派"继光兵团"盘踞的中江地区，来个"彻底铲平"。

"继光兵团"非等闲之辈，闻讯后便组织抵抗。他们在成都"红成"、重庆"八一五"和驻军的支持下，修筑工事，构筑据点，储备了大量粮食弹药，做好了迎敌的准备。他们扬言：中江城池"固若金汤"，是"八二六"的葬身之地！

在 1968 年 3~5 月间，"八二六""联军"对中江县实行武装合围，切断了"继光兵团"的物资供应和公路交通，组织了多次大规模进攻。但由于武器落后，进攻中除造成人员伤亡和财产损失外，"铲平"计划没有取得什么进展。4 月 27 日，当周恩来再次表态支持重庆"反到底"后，在权力的默许下，八县"联军"在广元市"砸开"重兵把守的战略物资库，"抢走"了大批援越武器装备。用先进武器武装起来的"联军"，对"继光兵团"构成压倒性的优势。进入 5 月，经过十多天的鏖战，"继光兵团"大部被歼，突围出去的千余人，几天后也被歼灭于他乡。到此，"继光兵团"全军覆没。是役，**800 多人死于非命，6,000 多人致伤致残**，三万人成了俘虏！

据知情者描述："1968 年 5 月 15 日，大批武斗人员用双管高射机枪和三七炮对广福太阳山的对立派工事发起进攻，首先进行猛轰，然后以现代化武器装备起来的武斗人员发起猛攻，最终攻占该阵地。""在不到一天的时间里，**太阳山下 1 公里范围内就摆下了 200 多具尸体**，3,000 多名对立派武斗人员及群众被俘，武装押解驱赶到乐至后，宣布这些群众为'俘虏'，五花大绑，押回中江。**沿途枪毙了 80 多人。**"知情者回忆说，当胜利的"联军"入城后,这个"永远忠于毛主席无产阶级革命路线"的左派造反派,任意掠夺钱财,奸淫妇女和女战俘,杀戮战俘,**"对自己的同胞却实施了比侵华日军、纳粹匪徒和苏联红军更为凶残的暴行!"**

唯一免遭灭顶之灾的头头是"继光兵团"的政委邓芳芝。当周恩来得知她被俘后,给四川省军区下达了个死命令:**保护好邓芳芝!**而其他俘虏的命运,都不在周总理"关爱"之内。省军区司令不敢怠慢,立即派出一个团的兵力,把黄继光的母亲邓芳芝解救了出来。

4. 黑龙江伊春大武斗简介

1967年7~8月,黑龙江省伊春市的两大对立造反派,都以"革命造反派"和"毛泽东思想捍卫者"自居。在成立伊春市林业局革委会筹备委员会时,两派派性暴发。双方虽经过15天的讨价还价,但在席位占有上,没有达成妥协。于是,矛盾激化,发生冲突:在武装对峙中,为争夺财权,双方便派兵抢掠市财政、银行。8月2~25日,双方的武装对峙演变为大规模武装冲突,有3,750多人伤亡,有记录的死亡名单为1,944人,多数是林场职工和家属。在地方驻军的"支左"行动中,37幢政府建筑物被毁,两座军营遭炮弹攻击,230多名官兵伤亡。(资料不全,待补)

5. 武汉大武斗事件略计

从1967年6月4日到30日,武斗双方共死108人,伤2,774人。"七二〇事件"后,据湖北省委统计,全省被打死、打伤的干部、军人和群众,高达18.4万多人,其中,武汉市打伤、打残6.6万人,打死600多人。

四、武力大镇压实录暨文革第二轮大屠杀

为了向刘、邓右派夺权,毛泽东在1967年初便发出了**"展开全国全面内战"**的号召,以粉碎右派的反抗。为此,他下令"支左"部队**"可以开枪自卫"**;到8月4日,他又下令**"武装左派"**。但到1968年7月,他的夺权目的基本达到时,特别是他与右派做出妥协声明要"解放"右派干部后,左派造反派、红卫兵的利用价值由是告终,而且已经变成了他的累赘。于是,1968年7月28日,他在人民大会堂向北京红卫兵五大领袖发出严重警告:**"我再说一遍,谁如果不听劝告……就歼灭之!"**随后,便下令全国各地展开对"不听劝告"的左派造反派进行武装围剿。由于资料不足,笔者根据掌握的资料,选择规模较大的中共武力镇压事件,简介于后,以飨读者。

1. 镇压西宁"二二三事件"

1967年2月23日上午11点左右，在青海省军区副司令员**赵永夫**、总后勤部兵站部政委**陈郁文**、二炮驻青某军副军长**张晓川**等将领的直接策划下，调动13个连的兵力，对占据《青海日报》社的左派"八一八"战斗兵团发起攻击。二十多分钟后，军区部队攻占了报社，占领报社的左派造反派全部就歼！是役，打死左派造反派169人，打伤致残178人，俘虏1,000多人，部队伤亡50人，其中死4人。这就是著名的"**青海二二三事件**"。

"青海二二三事件"是中共上层左、右两派在京西宾馆和怀仁堂政治角力的继续，也是中共青海省委第一书记杨植霖、省军区司令员刘贤权同省第二书记王昭、省军区副司令赵永夫钩心斗角的总暴发。维护官僚体制反对毛泽东造反政策的赵永夫，在中央军委右派高级将帅的支持下，利用造反策略，一举夺了话不投机又支持"八一八"造反的司令员刘贤权的权，并把他软禁起来。这个事件也是中共军内右派对左派造反派的第一次血腥镇压！

一位现场目击者写道："上午十一时，军队枪击报社外的'八一八'的广播喇叭，凡外面能看到的喇叭全部打哑。下午近二时，赵永夫所在的宾馆和报社后们临河的桥头先后发出信号弹，顿时枪声大作。部队从报社前面以及后面临河的桥头同时向报社院内密集射击。守卫报社前院大门的是水利局的'八一八'成员。水文站三个人首先倒下，其中一位当场身亡。报社西北角是湟水河大桥，守在桥头的是汽车三场、五场、六场的工人。他们手挽着手，高声朗读毛泽东语录'下定决心，不怕牺牲，排除万难，去争取胜利'。'第一排的同志倒下去了，第二排的同志巍然不动，仍然高声朗读毛主席语录。第二排又倒在血泊中了，第三排仍然坚持，结果又壮烈牺牲。'"

23日下午，赵永夫通过电话向中央军委副主席兼秘书长叶剑英元帅报告，说占据报社的人开枪寻衅，军队反击，胜利地平定了"反革命暴乱"。叶帅称赞说："**你们打得对，打得好！**"在西宁大街上，也出现了"林副主席来电：你们打得对！打得好！"的标语。

有中央军委撑腰，赵永夫的胆子更大了。事件发生后，他下令省军区会同省公安厅联手逮捕左派造反派4,131人，拘留2,522人，管制3,504人。又据报导："1967年2月26日，青海西宁武斗扩大到省委、省政府、军民用机场。省公安厅、西宁市公安局被占据，3所大学、12所中专、职校、35间军工企业职工参与造反，从2月26日到3月5日持续武斗，曾出动T55型坦克等重型武器，造成2,177人伤亡，其中死亡822人。"（待档案解密核实。）赵永夫也变成了镇压"反革命暴乱"的英雄，被招到北京作报告。

毛泽东对青海省的屠杀并不介意，因为是他发出"部队可以开枪自卫"的指示；但在江青等中央文革大员的反复状告下，特别是"二月逆流"的威胁使他改变了主意，决定拿赵司令是问，令周恩来处理。领了旨意的周恩来，于3月24日迅速下达了《关于青海问题的决定》。决定指责赵永夫夺司令员的权是"**反革命政变**"，开枪屠杀是对"**革命群众组织进行残酷的武装镇压**"，并把"赵永夫隔离收审"。但十多年后，左派被赶下台，青海省委撤销了1967年3月24日《关于青海问题的决定》，并表示对由这一决定造成的冤案、假案、错案，一律予以平反昭雪。中央军委迅速作出了"**赵永夫受了冤屈**"的结论，使刽子手以正军职级别离休，寿终正寝于1987年10月18日。

那些惨死的冤魂们，当他们倒在刽子手赵永夫枪口下后，他们才明白：他们被愚弄了；他们不过是毛泽东手里一捧任意抛撒的炮灰！

2. 湖南怀化大镇压事件

1967年8~11月，湖南省怀化市左派职工红卫兵造反派，占领、接管了怀化劳改农场、劳改工厂。军队奉命进驻，遭到左派对抗，发生武装冲突。劳改农场、劳改工厂的囚犯们，都被武装起来，编成敢死队，与军队对垒。军队奉命镇压"反革命武装叛乱"，造成37,700多人伤亡，其中死亡13,300多人，军队伤亡430人。

3. 四川宜宾大镇压

1967年6月到1968年3月，四川宜宾地区两派造反派，就"刘结挺、张西廷，是毛泽东司令部战士还是刘、邓司令部黑干将"的不同观点，发生激烈冲突。周恩来和中央文革，在1968年3月15日先后表态说，**刘、张是毛主席司令部战士，长期受到刘、邓在四川的代理人李井泉之流的迫害**。应着周恩来和中央文革的表态，拥护刘、张的左派"红旗"，在武斗中占了上风，先后发动了三次由部队和民兵直接参加的"武装支泸"行动，力图歼灭炮打刘、张的泸州右派"红联站"。但到了1968年7月，当毛泽东夺权战略开始转移左派利用价值因而告罄时，周恩来和中央文革及时重新表态，严厉批评了左派的"支泸行动"，并将"支泸"后台刘结挺和张西廷绳之以"法"，迫使"支泸"组织和指挥者宜滨地区革委会主任王茂聚自杀身亡。由是，泸州武斗形势大变，风光一时的左派"红旗"，最终惨遭灭顶之灾。后据统计，在部队直接参加下的泸州镇压，双方投入兵力高达17万之多，伤亡43,800多人，其中枪杀21,100多人，军队在宜宾地区实施戒严长达15个月之久。

一个当年的左派造反派回忆四十年前的经历后，写道："40年后想想，当造反派一文不值：武斗平息后各地成立革命委员会，全国除王洪文控制的上海和少数地区外，几乎没有造反派掌权。四川省的刘结挺、张西廷被打倒，宜宾王茂聚自杀，郭什么被打倒，造反派被打得落花流水一败涂地。泸州周之良、赵殿国被判刑劳改，我们沙湾造反总部的头头某某，被'红联站'人打的七生九死，还被扔进监狱，我本人也在'一批双清'中以可笑的'反军乱军'（我算老几！）等大帽子压着坐了几次'学习班'，幸好我不曾坦白交待，不然也没此闲心坐在这里念文革经了！造反派为何落得如此下场？**卸磨杀驴**！敢造反的绝不是好驴，该杀！于是有训子孙：不要参加党派当**炮灰**！"

4. 安徽蚌埠、淮南大镇压

1968年5~9月，安徽省蚌埠、淮南两地85间企业单位的职工，发动第二次造反。他们打着要揪"李葆华在安徽的代理人"的造反旗号，包围了两地的革命委员会，占据了铁路、公路交通长达12天。中央文革派调查组前往调查，毛泽东也派汪东兴带队下去了解情况。调查后，中央文革和汪东兴认为，第二次造反是"搞反攻倒算"，把事件定性为"反革命"。经毛泽东同意，新生的安徽省革委会，从合肥等地调动5万武装民兵，配合驻军进行围剿。在长达35天围剿、追捕中，有7,300多人伤亡，其中死亡3,433人，军队、民兵伤亡525人，827间建筑被损毁。因镇压有功，12军军长李德生，在毛泽东的"关怀"下，飞黄腾达，由一不见经传的少将，先后擢拜为大军区司令、总政治部主任，直飞上中共中央政治局常委、中共中央副主席的高位。

5. 广东海南岛儋县"六八戡乱平暴"事件

1968年8月，在"八月戡乱平暴"事件中，**全县被杀害的干部、群众有700多人**，烧毁民房700多间，设置临时监狱500多所，"依法"关押的群众高达5万多人，其中，许多人遭到严刑拷打和逼供信，致伤致残者数以千计。

6. 陕西宝鸡镇压群众起义事件

1968年12月到1969年2月，陕西省宝鸡地区八间兵工厂展开"清理阶级队伍"运动，7万名职工中，有45,400多人（一多半）被列为阶级异己分子、历史反革命、现行反革命，其中，297人被军管会宣判死刑，立即执行。面对野蛮暴政，当地老百姓已忍无可忍，他们在第二天揭竿而起，武装反抗当局的"清队"暴虐。驻军谎报称发生了反革命暴乱，并依毛、周谕示，对老百姓展开军事镇压。他们出动了坦克、装甲车、四筒平射炮、喷火器等投入战斗。两个月的武装镇压中，**打死13,300多人，打伤致残多达35,000多人。**

五、毛泽东的内战休止符

当毛泽东举杯"**为展开全国全面内战干杯**"后,便亲手打开全面**内战**的"潘多拉魔盒",解放了争权夺利者、挟嫌报复者、恣意妄为者、寻衅滋事者等众多**痞子、流氓无产者**。野心勃勃的痞子、流氓无产者,在毛泽东、林彪、周恩来和中央文革的推动下,统帅造神运动中制造出来的失却文明理性的芸芸群氓,在有五千年文明史的中华大地上厮杀。

到了1967年8月,毛泽东还在继续策动武装左派、彻底打败右派,第一夫人江青还在继续号召左派造反派"文攻武卫",8月16日,毛泽东还在充满信心的对阿尔巴尼亚两位专家说:"**凡是烂透了的地方,就有办法,我们有准备。凡是不痛不痒的,就难办,只好让它拖下去。**"又说:"**有些地方还要乱一些时候,乱是好事。有些外国朋友问我,为什么你们高兴乱呢?如果没有大乱,矛盾就不能暴露。**"然而,出乎他意料的是,就在这个时候,军内右派将领"清君侧"的呼声高涨起来。周恩来适时将这一"情报"以暗示的方式密报给毛泽东。此刻,毛泽东有所醒悟,**突然意识到右派势力强大**,短期内不可能彻底铲除,如不及时改变策略,调整部署,"退一步"寻求适当妥协,局面将很快失控。于是,天才的毛泽东,在发出"**武装左派**"和"**群众专政**"的"最高指示"后的二十一天,8月25日,迅速做出改弦更张的决断:抛出他的忠诚打手**王、关、戚**,以慰抚高级将领;逐渐淡化打倒"走资派"和"资产阶级反动路线"的口号,以安抚各级党政官员;鼓励"走资派"和执行过"资产阶级反动路线"官员们承认错误,同刘、邓一伙右派划清界线,听他的话,站到他这一方来。显然,他改弦更张的目的,是力争同党内中、右派联手,化解"清君侧"的危机,以稳定国内局势,并为体面地结束文革创造条件。

毛泽东的决断,很快以中共中央、国务院、中央军委、中央文革小组"四大班子"的名义,付诸实施:

8月25日,发出了关于开展"拥军爱民"运动的号召;**9月5日**,发出了关于不准抢夺人民解放军武器、装备和各种军用物资的命令,史称"九五命令";**9月13日**,发出了关于严禁抢夺国家物资商品、冲击仓库、确保国家财产安全的通知;**9月23日**,发出了关于在外地串连学生和在京上访人员立即返回原单位的紧急通知;**10月14日**,发出了关于大、中、小学校复课闹革命的通知;**10月17日**,发出了关于按照系统实行革命大联合的通知;**10月27日**,发出了关于已经成立了革命委员会的单位恢复党的组织生活的批示;**11月14日**,发出了关于各级军区机关目前不搞"四大"和军以下部队坚持正面教育的通知。

此外,毛泽东多次召见地方大员,向他们伸出和解的"橄榄枝",以缓解对抗。

毛泽东曾说:"**政治路线确定之后,干部就是决定的因素。**"当他为了稳定局势,就产生了结束文化大革命的打算;而要体面地结束文化大革命,就是借助党内中、右派力量来稳定当前的国内乱局。于是，9月4日，他在回答文革小组成员提出的问题时说："**对，要解放一大批干部！**"

9月16日，他在同浙江左派当权派**南萍**（笔者：二十军政委、浙江省军管会主任、省军区代政委）、**陈励耘**（笔者：空五军政委、浙江省军管会副主任）谈话时说："**龙潜**（笔者：原浙江省委第一书记）、**阮贤榜**（笔者：原浙江省军区副司令员、省军管会副主任）**有错误，还要帮助他们，不能一棍子打死，不能像湖南农民对待地主一样。对待干部不能像对待地主一样，罚跪、坐喷气式、抄家、戴高帽、挂牌子，这种做法我是反对的。这种做法破坏了我们的传统。对国民党的杜聿明、黄维、王耀武还优待嘛！希望他们错了就改嘛，能站出来。哪有那么多人要打倒啊！对干部要一分为二嘛！不能一切都抹杀了，他们过去还打过很多仗嘛！**"

9月17日，毛泽东在召见江西左派当权派**程世清**等谈话时说："**干部垮得这么多，究竟是个好事还是坏事？现在要批评极左派思想——怀疑一切。这种人不多，但是能量很大，与社会上坏人勾结在一起。我们不是专为保皇派说话，是教育左派的问题。总之，要团结大多数嘛！**"这次谈话，成了镇压左派造反派的先声。

1967年8月16日，毛泽东同阿尔巴尼亚两位专家谈话时说："**我们这次运动打算搞三年，第一年发动，第二年基本上取得胜利，第三年扫尾，所以不要着急。**"9月16日，他在同南萍、陈励耘谈话中还说："**运动的第一年已经过去了，第二年又过了三个月了，七、八、九，我看（明年）春节差不多了，可能有个眉目。**"据杨成武回忆："在视察途中（笔者：1967年7月14日至9月23日），毛泽东还提到，明年春天'文革'结束后，接着召开九大，把老同志都解脱出来，许多老同志都要当代表、当中央委员。他还列举了邓小平、乌兰夫、彭真、贺龙等人。"9月21日上午，毛泽东又"满怀信心"地宣布："**七、八、九三个月，形势发展很快，全国无产阶级文化大革命形势大好，不是小好。整个形势比以往任何时候都好。全国在春节前就差不多了，解决了。**"并且说："**文化大革命明年春天结束，不能再搞了。**"——在这里，毛泽东提出了两个结束文化大革命的时间表：1968年春和年底。显然，他要以结束文化大革命来缓解右派对抗。

然而，毛泽东很快改变了他结束文革的路线图。

也许是受到御用精英们提示，毛泽东很快发现，他宣布明年结束文化大革命，并不能结束右派对他发动和领导文化大革命的质疑和不满，也无法抚平右派心中的创伤和怨恨。于是，他发明了"**继续革命**"的理论。这个理论同"千万不要忘记阶级斗争"一样，与其说是理论，不如说是克敌制胜的谋略。根据这个理论，1967年11月6日，《人民日报》、《红旗》杂志、《解放军报》发表了《沿着十月社会主义革命开辟的道路前进》的编辑部文章。这篇文章秉旨把毛泽东发动文化大革命的论点概括成所谓"**无产阶级专政下继续革命的理论**"。文章断言，无产阶级专政下继续革命，就是要开展文化大革命，并将其颂扬为马克思主义发展史上的"**第三个伟大的里程碑**"。显然，他警告右派，在解放干部中不要否定文化大革命。但为了同党内中、右派联手来稳定当前的国内乱局，他不得不对他们有所让步，把文化革命方向转移到枪口一致对外上，让他们在"继续革命"中"立新功"从而达到"团结起来，争取更大胜利"的目的，成了他的新的战略选择。

12月18日，他同阿中友好协会代表团谈话时说："**有些事情，我们事先也没有想到。每个机关、每个地方都分成了两派，搞大规模武斗，也没有想过。等到事情出来以后，就看出了现象。**" "**这绝不是偶然的事，是尖锐的斗争。解放后包下来的国民党、资产阶级、地主阶级、国民党特务、反革命——这些就是他们武斗的幕后指挥。**" 基于这样的认识，1968年4月10日，他通过喉舌《人民日报》和《解放军报》的社论,提出了对文化大革命性质的新判断："**无产阶级文化大革命，实质上是在社会主义条件下，无产阶级反对资产阶级和一切剥削阶级的政治大革命，是中国共产党及其领导下的广大革命人民群众和国民党反动派长期斗争的继续，是无产阶级和资产阶级阶级斗争的继续。**"至此，毛泽东推翻了他结束文化大革命的路线图，把由打倒"走资派"、批判"资产阶级反动路线"和向右派夺权等内讧式革命，转移到清理阶级队伍等与外部阶级敌人"继续革命"上来。

这一系列措施和谈话，使党内保权的右派和中间派备受鼓舞，他们坚定不移地支持右派造反派攻击和镇压左派造反派；而党内左派如鲠在喉，他们暗中支持左派造反派反抗。因此，各地的武斗非但没有减少，反而向大规模方向发展。

到了1968年夏天，两派武斗愈演愈烈。同时，两派抢劫国家银行、仓库和商店,烧毁和炸毁公共建筑和民居,抢劫车船，中断铁路、公路交通和邮电，私设电台,冲击部队机关和兵营，抢夺武器、装备和援越军用物资,等等，犯罪行为层出不穷，不可胜数，各地纷纷向中央告急。混乱状态迫使毛泽东下定更大的决心，采取更严厉的措施，来制止两派武斗。

1968年7月3日，他授意中共中央、国务院、中央军委、中央文革发出《七三布告》。《布告》中以严厉的措词规定：

"一、立即停止武斗，拆除工事，撤离据点。首先撤离铁路交通线上的各据点。二、无条件地迅速恢复柳州铁路局全线的铁路交通运输，停止一切干扰和串连，保证运输畅通。三、无条件地交回抢去的援越物资。四、无条件地交回抢去的人民解放军武器装备。五、一切外地人员和倒流城市的下乡上山青年，应立即返回本地区、本单位。六、对于确有证据的杀人放火、破坏交通运输、冲击监狱、盗窃国家机密、私设电台等现行反革命分子，必须依法惩办。"

7月24日，毛泽东又授意中央"四大班子"发出《七二四布告》。《布告》规定：

"一、任何群众组织、团体和个人，都必须坚决、彻底、认真地执行伟大领袖毛主席亲自批准的'七三布告'，不得违抗。二、立即停止武斗，解散一切专业武斗队，教育那些受蒙蔽的人回去生产。拆除工事、据点、关卡。三、抢去的现金、物资，必须迅速交回。四、中断的车船、交通、邮电，必须立即恢复。五、抢去人民解放军的武器装备，必须立即交回。六、对于确有证据的杀人放火，抢劫、破坏国家财物，中断交通通讯，私设电台，冲击监狱、劳改农场，私放劳改犯的现行反革命分子以及幕后操纵者，必须坚决实行无产阶级专政，依法惩办。"

《七三布告》和《七二四布告》实际上是剿灭左派造反派的命令。历史已经证明，在两个布告发布后的几个月里，各地革委会（或革筹组））、军区、军分区和驻军，同各地右派造反派联合在一起，对左派造反派进行了残酷镇压。到 10 月 13 日中共八届十二中全会前夕，以二、三十万人伤亡的代价，才基本上制止了右派镇压、左派反抗式的大规模武斗。

同时，毛泽东还决定，由数万工人、士兵组成的"工农兵毛泽东思想宣传队"，强行进驻清华、北大等北京高校，解除了两派武装。7 月 28 日，毛泽东在人民大会堂召见北京红卫兵五大领袖，严厉斥责他们"**脱离农民，脱离工人，脱离军队，脱离工农兵**"，毫不留情地警告他们，"**谁如果不听劝告……就歼灭之**"。北京大规模武斗也终被平息。

解铃还须系铃人。从 1966 年 12 月 26 日毛泽东号召"**展开全国全面内战**"开始，到《七二四布告》发布和"七二八召见"五大领袖为止，在 20 多个月的时间里，他这一"系"一"解"，使全国 50~60 万人为他的向刘、邓夺权的大革命，献出了宝贵的生命！

六、人兽之间（一）——虐杀俘虏

当传统文明和普世价值被无产阶级专政理论所颠覆，人类"天使"一面就会被压制，包裹着罪恶的"潘多拉魔盒"就会被打开，人类的兽性便被解放出来，从而能使"解放"后的中国人性泯灭，道德沦丧，许多中国人甚至包括一些善良的人在内，都蜕变成了痞子和流氓无产者。

在文化大革命的派性拼杀和武装镇压中，虐待和滥杀俘虏的兽行，成了"**全国全面内战**"中普遍存在的一大特色。

据《**文革 40 年祭**》一文记载：河北雄县三十八军支持一派用大炮攻打对立派别，攻克对方据点后，将俘虏都用铁丝串起；男俘穿肩胛骨，女俘从肛门穿进、阴户穿出（笔者：这都是从土改和镇反中继承下来的对付阶级敌人的手段，笔者曾目睹过铁丝穿锁骨），游街示众之后，全部枪杀。陕西安康县武斗中，乱打滥杀俘虏 286 人，自杀 20 人；乱打滥杀包括**矛刺、刀砍、石砸、枪打、绞决**，还有让被杀者背炸药包、手榴弹炸死；甚至在一次审讯后，一下子活埋了 13 人。山西长治"刘格平"派缴械后，遭到肆意报复。作家赵瑜采访后记称："**其复仇面积之大、手段之狠，都是空前绝后，不忍赘述的。凡是古代曾**

经用过的酷刑，这里全用上了。"

据《**三十年前的温州武斗**》一文记载：1967年夏，"工总司"在"支左"部队支持下，在将"温联总"赶出温州城后，对"温联总"被俘成员进行报复——打、砸、抄家、游斗和逼供，成了家常便饭。更令人发指的是，胜利者发明了空前绝后的惩罚手段："爬棺材底"和"吮尸汁"。在温州"工总司""烈士"的棺木集中供奉处，俘虏们被逼着跪在"烈士"面前"请罪"，然后强迫他们一个个从架空的棺材下爬过去；时值酷暑，尸体腐烂，腐汁漏出，又威逼俘虏们张嘴吮吸。

《**泸州武斗亲历记**》的作者**唐伟励**，是当时四川泸州市沙湾公社的农民。他在文中写道：

大概是到"革大"的第三、四天的中午，因为天热，沙湾总部和"红司警卫连"的人都在食堂外面的过道上吃饭，只见二男一女押着一个头蒙黑布的俘虏走来。警卫连负责关押俘虏的任务，押俘虏来的人留下一个看俘虏另两个进办公室做什么去了（应该是办交接）。吃饭的红旗战士纷纷跟过去看，几十个人把俘虏围在中间，交头接耳地像看什么珍稀动物似的。俘虏是个男子，瘦高个，穿一身发白了的旧军装，头上被蒙了黑布，估计不到30岁。看着看着，不知是谁叫了一声："他妈的裤子上有血，肯定是杀过人的！"本来打起武斗两派的人都和仇人般分外眼红，经这样一叫群情立即激愤起来。叫喊的声音刚落，一个满脸胡渣的人上前一脚就把俘虏踢倒在地，于是几根钢钎同时戳向了俘虏背上。大概是钢钎的钢火不好，间或那俘虏的骨头特硬，钢钎戳到那人背上"空空"响就是戳不进里头去。胡渣人骂道："妈的逼，看你硬得过钢钎！"说着，把钢钎插到俘虏身下一下子把他挑转过来，抢像伙在俘虏的胸口上用力一戳，就听"噗"地一声钢钎钻进俘虏的胸膛中，一绞一拉，殷红的鲜血随着钢钎喷了出来！在这个杀人的过程中，有三点是需要特别交待的：一是我真没看见俘虏身上那有血；其二，当围观的人对俘虏动手的前前后后，押他来的人站在一旁像和他无关似地根本不去阻止；第三，那个穿一身旧军装的瘦高男子，在被踢倒到被钢钎扎进胸膛的全过程中，至死竟然没有哼一声！过去看电影小说，看那些被敌人严刑拷打、火烧铁烙宁死不屈的革命战士，只认为那不过是艺术形象而已，世界上那会有如此坚强的人。这一次算是开了眼界，世界上竟然还真有这样宁死不屈的人！这个可怜的"红联站"人是什么特殊材料做出来的呢！恐怕只有天知道。时过40年，现在回忆起那场景来，那种毛骨悚然的感觉仍使我心悸不已！

一位知情者在《**文革八县联防打中江**》一文中写道：

联军入城后，进驻一切单位，包括政府机关，公共场所，民宅。他们抢窃粮食仓库，银行，开枪打杀百姓的鸡鸭猪狗。反正被占领地的一切都归胜利者所有。对于所有的"战俘"，不管男女老幼，全部脸上用锅烟墨涂黑，双手反剪，关在几处强占的平房里，并有持枪的联军士兵把守。

联军审讯俘虏的做法非常特别，几个人搭张桌子，到"战俘营"里随便抓一个来，先一顿拳脚后，便怒斥对方："干了多少坏事，老实交代。"对方回答稍不如意，"法庭"便宣布，我们代表中江县人民，判你死刑，立即执行。然后将俘虏推出去，随便到一个地方实施枪毙。

比我年长的一位老哥向我讲述了一件事情：攻下中江后不久，我们每人发了二十元。由于当时的中国没有百元大抄，十元即是最大面额。这二十元对当时的低工资收入的中国人来讲，相当于一个中下级收入的工人一个月的工资。我们用这二十元买了些酒肉，放开肚子吃喝，因战斗暂时结束了，可以开怀畅饮一下。在烈性酒充满血液后，人人云里雾里，昏昏然然。这时，有人提议，我们去拉几个俘虏来枪毙玩，怎么样？其中的有几个人附和。

晚上，到一个"俘虏营"中随便抓了五、六个（到底是五、六个，还是六、七个，我的这位老哥说记不起了）。这位老哥说，他们几个人把俘虏用解放牌汽车押到一条河边，在汽车强光照射下，这些俘虏被强迫沿河跪下成一字型。一位头头大声吼道："我们代表全体中江县人民宣布你们死刑，希望你们来世当造反派。"一阵枪声，俘虏全部倒地。俘虏中有个十五、六岁的女中学生，一个造反派突发奇想说："这么小的年纪，看看她那里长毛了没有。"于是，他把"六三式"步枪挺上刺刀，戳开了女尸的裤子，用双手将裤子撕开，然后高叫："嗨，有毛了。"然后扬长而去。

更有些报私仇者，当着人家父亲的面，众目睽睽之下，强奸别人的妻女。关于强奸妇女的事件，不知发生多少。只要联军士兵愿意，到俘虏群中找一个女俘虏就行了。

1968年7月14日，在广西梧州平桂矿区召开庆祝胜利追悼"烈士"的万人大会。为"祭奠革命烈士"，会后枪杀俘虏16人。平桂大战共杀俘虏297人。

在湖南湘潭易家湾，从1967年8月10日到9月20日，前后大战40天，双方死92人，受伤人员上百。武斗中，双方都虐杀战俘。"工联"派的"长沙青年"和"青年近卫军"，在埋葬他们死去的战友时，把抓起来的数名战俘，活活垫了棺，以报复湘潭"红色怒火"枪杀他们7名"工联"人员祭坟。

据披露的广州市档案馆材料记载：在派性武斗中，经常发生将对立派人员打死后吊在公共场合示众的事件。他们把尸体吊在繁华的北京路、越秀路的大榕树或其他大树上，制造惨不忍睹的红色恐怖，以震慑敌对者。仅1967年7~9月间，在广州市区和郊区，记录在案的**悬吊尸体，高达二百多具**。

作家**秦牧**这样记述他在广州街头所见：

"人们咬著匕首，抬尸游行。"

"在一些中学门口，看到因武斗而死的学生的讣告，上面大书'享年十七岁'、'永垂不朽'等字眼。"

"当我走回报社的时候,一路都看到路树吊尸的景象。那些尸体,大多是被打破了头颅、鲜血迸流的。在从一德路到人民中路短短一段路程中,我竟见到八具这样的尸体。"

中国虐杀俘虏的暴行,与美国在伊拉克的虐俘丑闻相比,任何一个正直而知耻的中国人,都羞于面对,更不要说指责他人了!

但在无情的虐杀中,也出现过人性闪光,使我中华民族真、善、美的文明传统,得已绵延不绝!

在**《震惊全国的文革"江津杀俘事件"》**一文中,记录了杀俘过程。笔者**择要改写**如下:

1967年9月6日,四川江津县"九七"派攻陷"红总"派据点战斗中,战死9人,击毙"红总"派4人,抓获15名战俘。

9月6日晚,"九七"派"舰队"胜利返航,江津县通泰门码头已挤满了欢迎人群。当人们看见抬着9具"烈士"尸体上岸后,引发了呼天抢地的哭嚎声。

率领"舰队"出征的何司令,登高向欢迎人群发表了慷慨激昂的讲话。他以毛泽东**"唯有牺牲多壮志,敢教日月换新天"**的诗句来勉励大家,他以毛泽东**"化悲痛为力量"**、**"掩埋好同志的尸体,踏着战友的血迹继续前进"**的话来鼓励死者亲属们,他又用毛泽东**"革命不是请客吃饭,不是做文章,不是绘画绣花,不能那样雅致,那样从容不迫,文质彬彬,那样温良恭俭让。革命是暴动,是一个阶级推翻另一个阶级的暴烈的行动"**的语录来激励"九七"战士……"烈士"亲属被激怒了,"九七"战士被激怒了,他们冲向战俘,用拳打、脚踢和牙咬,来发泄他们的仇恨。从通泰门码头到民工纪念堂的路上,"红总"派战俘们,被夹道的人群辱骂、毒打;在众目睽睽之下,好几名战俘的耳朵、鼻子被咬掉、撕裂,一个个连滚带爬,鲜血淋漓。在第二天的"九七"派成立周年纪念大会上,仇恨又被进一步煽动起来。悲痛欲绝的"烈士"亲属们,好友们,或用刀砍,或用手榴弹砸,当场活活打死4名战俘,当晚又杀了4个。

9月8日,在"烈士"亲属和好友的强烈要求下,"九七"派司令部根据**"专政是群众的专政"**的**"最高指示"**,决定当晚在船上处决另外7名战俘。

午夜,在"九七"派森严戒备下,包括白沙中学十五岁学生**魏炳炎**在内的7名战俘,被捆着、嘴里塞着布条,用汽车押送到江边。行刑队员们,个个戴着钢盔,穿着清一色的劳保服,人人手持枪械,两人挟一个,将已吓瘫了的战俘们架到汽车轮渡船上。

战俘魏炳炎忽然发现,在左边挟着他的是他白沙镇的邻居——长风厂工人**许智清**。求生的本能使他张口向许求救,但嘴里塞着布团无法说话,本能又使他扭着头拼命给许使眼色。令他失望的是,从小经常一同到长江里游泳、踩水、嬉戏的大哥哥许智清,此时面色冷峻如铁,视若仇敌。

当船到公园一带江心时,刽子手们开始杀人。已经站立不稳的魏炳炎,眼睁睁地看着,他的战友们一个接一个被推到船边,遭半自动步枪射杀后推入江中。终于轮到他了。朦朦中,他被许智清推到了船边。他仰天长哼一声,紧闭双眼,等待着生命的最后一瞬间。突然,砰地一声,震得他双眼火星四溅,接着被一脚踹入江中。清凉江水的刺激,使他很快清醒:他没有死。凭着好水性,他游离危险区,被一只渔船救起。他死里逃生,跑到成都,声泪俱下地向四川省"革筹组"报告了江津虐杀俘虏经过,华夏为之震撼。

七、愚弄的见证——重庆红卫兵公墓

重庆红卫兵公墓远眺

你什么都不记得了不记得了,
只剩下不知不觉的日子无缘无故的欢笑。
你什么都不记得了不记得了,
曾经血雨腥风、遍野哀号。
谁都无路可逃,无路可逃。
你也曾伤痕累累,
你也曾命如芥草。
可是你什么都不记得了不记得了。
今天的餐桌上,
连动物的尸体都是那么美丽高雅地细刻精雕。
你什么都遗忘了都遗忘了,

只留下那么心安理得的快乐消遥。

你也曾蒙冤受辱，埋头弯腰，

谁没有撒野一把，疯狂一遭。

你也曾因生而跪，

你也曾因死而逃。

可是你什么都遗忘了，什么都遗忘了。

阳光下，你在孜孜不倦地，

教给孩子们做人的诀窍。

走过的路都忘记了，都忘记了，

有多少明枪暗炮、鸡鸣狗盗，

有几颗活着的心还在蹦跳？

你难道没沾过血污？

你难道没迷过心窍？

可走过的路都忘记了都忘记了。

在下一个十字路口，

哪个方向是你子子孙孙的人生目标。

这是摄影家**田太权**一组摄影作品上的题词。

摄影作品的背景是重庆沙坪公园角落里的一个公墓：纵横交错地排列着113座坟墓，掩埋了400多个亡魂，被时人称之为"**重庆红卫兵公墓**"。

从1967年7月8日起，到10月底的三个多月中，崇拜"**枪杆子里出政权**"信条的重庆市造反派，为争夺市革委的控制权，在"**展开全国全面内战**"的号召下，制造了20多次的大规模武装冲突。战斗从使用冷兵器开始，逐步升级到使用小口径步枪、冲锋枪、轻机枪、重机枪、手榴弹、坦克、高射炮、舰艇等现代化武器，从巷战发展到野战，规模越来越大，死伤的人越来越多。据不完全统计，三个多月里，炸毁房屋数千间，击沉船只3艘，重创12艘，打死近千人，伤残难以计数。

"八一五"和"反到底"是重庆市势不两立的两大红卫兵造反组织，前者得到驻军和军分区的支持，后者由省军区和省"革筹组"撑腰。

请看，两派旗帜鲜明，"不可调和"：

"**反到底**"——"为了保卫毛主席"，"为了捍卫毛主席的无产阶级革命路线"，他们高举着"反到底"的战旗，高呼着"头可断，血可流，毛泽东思想不可丢"的口号，**向"八一五"开炮**！

"八一五"——"为了保卫毛主席"，"为了捍卫毛主席的无产阶级革命路线"，他们高举着"八一五"的战旗，高呼着"头可断，血可流，毛泽东思想不可丢"的口号，

向"反到底"轰击！

这是"**全国全面内战**"中司空见惯的一大奇观！这是古今中外绝无仅有的一大奇观！也是一个匪夷所思令人瞠目的一大奇观！

在这匪夷所思的大奇观中，近千名红卫兵造反派，献出了他们的宝贵生命。为了缅怀"烈士"，"八一五"决定在沙坪坝地区沙坪公园角落里修建公墓，以纪念400多位为"八一五"献身的"烈士"。于是，一座"重庆红卫兵公墓"应劫而生。

人们可以从墓碑上看到一个个活鲜鲜的名字，老的有50多岁，小的才刚刚14岁！

在一块"红警区新19中红卫兵八一五战斗团"的墓碑上，镌刻着一个14岁男生**邹卫远**的名字，其上款是：（他为）"捍卫毛主席的革命路线，于1967年8月18日英勇牺牲！"

在一块"警备区29中毛泽东主义战斗团"的墓碑上，镌刻着9位"八一五""烈士"的名字，其中有14岁女生**杨武惠**和16岁"校花"**唐明渝**。据一位当年处于杨、唐等死难现场的幸存者陈国英回忆："唐明渝当时才16岁，身高一米六几，热情大方、漂亮，特别擅长跳舞。我唱歌挺好的，就因为这个原因，我和她加入了战斗团，唱歌跳舞搞宣传……"

人们还可以从墓碑上看到一句句激动人心的、效忠毛泽东的豪言壮语："**头可断，血可流，毛泽东思想不可丢。**""**为有牺牲多壮志，敢教日月换新天。**""**可挨打，可挨揍，誓死不低革命头。**""**砍头何所惧，革命志不移。**""**敢上刀山下大海，誓死保卫毛主席。**"……

《孙子》曰："**道者，令民于上同意者也，可与之死，可与之生，民不诡也。**"毛泽东以马恩列斯为师，行老庄孙武之道，合二而一，可谓权谋天才！

人们还可以从墓碑铭文上感受到战斗的激烈："**毛主席最忠实的红卫兵、我毛泽东主义战斗团最优秀的战士（姓名省略）等烈士，在血火交炽的八月天，为了捍卫毛主席的革命路线，流尽了最后一滴血，用生命的光辉照亮了后来人奋进的道路。**""**你们殷红的鲜血，已浸透八一五红彤彤的造反大旗。**""**成千成万的先烈，为了人民的利益，在我们的前头英勇地牺牲了，让我们高举起他们的旗帜，踏着他们的血迹前进吧！**"

充满仇恨的暴言戾语，使曾身临其境的人们，仿佛又听到了当年拼杀的"战鼓"！

不！那不是鼓，那是喇叭，是架在楼顶上、汽车上、树干上、电杆上的银灰色的声压超过一百分贝的高音喇叭。

喇叭尖叫声，像撕破夜空的一道闪电，把人们从梦幻中击醒！

喇叭尖叫声，又像万里晴空中的一声霹雳，把人们的心灵震慑！

喇叭尖叫声，好似战鼓，以它那尖锐刺耳的声波，朗诵着《**毛主席语录**》，**煽动仇恨**，理直气壮！激励人们去猜忌！去构陷！去揭批！

喇叭尖叫声，又似号角，以它那超高分贝的音响，高唱着《毛主席语录》歌，**挑动仇恨**，响遏行云！鼓舞人们去夺权！去拼杀！去牺牲！

……

在充满仇恨的尖叫声中，全国各地涌现出 50~60 万个前仆后继、英勇献身的"英雄"！

一切都过去了——在仇恨的喧嚣中，数十万个"保卫毛主席"的"烈士"走了；在"主旋律"悄悄"扫除痕迹"中，一座全国唯一的、唤醒记忆的"重庆红卫兵公墓"，侥幸存"活"了下来。

一切都过去了——在仇恨的喧闹中，高举酒杯**"为展开全国全面内战干杯"**的伟人走了；在万众注目中，广场上突兀而起一座供人顶礼膜拜的神坛庙堂。

一切都过去了——"原罪"拉出了一群罪有应得的"替罪羊"，要用"审判"来洗掉沾满双手的血污；再造一件"伟大、光荣、正确"的"皇帝新衣"，给恣意制造仇恨的嗜血魔王穿上。

一切都过去了——面对孤零零的公墓，"八一五"派司令**周劲松**说，"**我为文化大革命坐了 15 年牢**"，一个服刑三年的"反到底"派头头也说，"**我一直在抚摸身上的刀伤枪伤**"。他俩分明在说，仇恨难忘！他俩分明在说，他们已还清了文化大革命的血债，从此，谁也不欠谁人的帐！

一切都过去了——没见有人去为仇恨买单，也不见有人去忏悔，更没见有人去谢罪！"原罪"用"导向"来掩盖地上的血污，再用"遗忘"来埋藏野蛮、邪恶、愚弄和荒唐！

一切都过去了——历史不会因"主旋律"的强暴而消亡。在生生不息的长流里，冲刷"导向"，荡涤"遗忘"，漂白谎言，泯没仇恨，继续谱写真、善、美的人性篇章……

笔者谨借**毛清江**的《**文革祭**》，权作本章的结束语。

文革祭（毛清江作于 2005 年 10 月 10 日）

蓦然回望，悲愤满腔，一九六六，灾祸突降；
乌云压顶，长夜未央，日月失色，天地无光；
暴君蟊贼，混世魔王，伪善嘴脸，蛇蝎肚肠；
醉心权位，施展伎俩，只手云雨，兴风作浪；
名曰文革，实为国殇，纳粹行径，封建勾当；
剪除异己，诛杀同党，宠信奸佞，戕害忠良；
摧毁文化，毒化课堂，图书焚烧，文物遭殃；
邪恶横行，道德沦丧，良知泯灭，愚昧高亢；
人妖颠倒，黑白无常，挑动群众，拉派结帮；
阶级敌人，专政对象，同胞相残，狠如虎狼；

《草根评说：文革—毛泽东》

经济崩溃，斗争为纲，文字狱兴，武斗疯狂；
祸国殃民，自称帝皇，个人崇拜，无耻荒唐；
万寿无疆，永远健康，接班人名，写进党章；
内外交困，前途迷茫，国家民族，元气大伤；
作恶自毙，余孽落网，十年浩劫，终成绝响；
冲破禁锢，解放思想，改革开放，势不可挡；
可恨僵尸，高居庙堂，腊肉腐臭，阴魂游荡；
涂脂抹粉，欲盖弥彰，有待来日，鞭尸清场；
审判罪魁，披露真相，告慰冤魂，正义伸张；
自由歌飞，民主旗扬，法制建立，人权保障；
中华复兴，国运隆昌，大道宽广，前程辉煌；
感慨行文，永志不忘，痛定思痛，奋发图强。

第十四章：绞杀政敌

同农民出身的汉刘邦、明朱元璋建立王朝后大杀功臣一样，农民出身的毛泽东，也没有逃脱小农狭隘意识的束缚，而权力拜物教又使他在屠戮功臣上，远比刘、朱二皇行动更猛烈，手段更高明，株连更广泛。如为诛杀刘少奇、林彪等中共功臣，导致全国200~300万人丧生，伤残无法计数！

一、逼死云南省委书记阎红彦上将

1966年8月，在中共八届十一中全会上讨论《十六条》时，"封疆大吏"云南省委第一书记兼云南军区政委**阎红彦**和四川省委第一书记廖志高，在小组会上，都表示了自己对文化大革命"不理解"的态度。消息很快传到毛泽东那里。毛泽东问西南局第一书记李井泉："**听说，阎红彦、廖志高的思想到现在还不通呢？**"李连忙遮掩说："通了！通了！"李打哈哈，怎能逃出毛泽东的眼睛？

新的考验很快摆到阎红彦面前。1966年10月9日至28日，阎红彦在北京参加中央工作会议期间，被江青、陈伯达召集去揭发邓小平的问题。会上，谢富治上将对他的老领导邓小平大加鞭挞，揭发其"**在淮海战役中动摇，企图后撤**"，犯有逃跑主义的罪行。生性过"刚"的阎红彦，本来就看不惯谢富治落井下石的德行，他立即站起来反驳说："**我怎么不知道这件事？整个淮海战役期间，中野总部一直是随我们三纵行动的，邓小平一直是和我们在一起的。**"他又问原三纵作战部长赵增益（时任昆明市委第一书记）："你知道不知道？"回答是"不知道"。反驳弄得江青、陈伯达和谢富治都涨红了脸，会议因此不欢而散。不幸的是，在当"革命派"还是当"走资派"的考验上，他没有能像谢富治那样积极争当"革命派"，没有能像谢富治那样识时务地按毛、江所指进行检举揭发，落井下石，因而便不由自主地跌入"走资派"泥潭，并为此付出了生命代价！

当阎红彦跌入"走资派"泥潭后，本来形势十分严峻的云南，造反派理直气壮地冲击并占据了省委办公楼，抄了阎红彦的家，迫使他无法履行职责。

为了对付混乱局面，支持阎红彦工作，昆明军区党委扩大会议做出决议："保护阎政委。"昆明军区司令员秦基伟，责成副司令员王银山负责阎红彦的安全，并把阎的家安排到云南省军区警卫团驻地小麦峪。

11月，年近六十的阎红彦受到了严重冲击，批斗会一个接着一个，甚至有时从早晨8时斗到晚上8时，不能吃一点东西，没能喝一口水。

中旬的一天，江青在北京召开大会，指责"**昆明文化大革命还是死水一潭**"、"**局面没有打开**"、"**'保皇派'还在保护走资派掌权**"、"**要求中央文革增派力量，赶赴昆明，彻底扭转局势**"，等等。此时，不识时务的阎红彦，已被毛、江的中央正式列入到"反革命修正主义分子"的名单中。于是，北京街头出现了"炮轰阎红彦"的大标语、大字报。受到支持的昆明红卫兵造反派扬言："哪里抓到阎红彦，就地处决。"

1967年1月4日，云南省造反派头目**黄兆麒**，准备在昆明检阅台广场召开批判省委资产阶级反动路线大会，勒令阎红彦到会接受批斗。由于找不到阎红彦，造反派报告了他们的后台中央文革。1月8日凌晨1时，中央文革组长陈伯达，接通了正在小麦峪的阎红彦的电话。电话里陈伯达对阎红彦咆哮说：

"**你不要像老鼠一样躲在洞里，去见见革命群众嘛！你的命就那么值钱？你没有了命我负责赔你一条命！我可以给立个字据，你不要胆小，不要养尊处优，当老爷当惯了，见不得风雨。斗个一次两次就怕了？十次、八次也不怕！这就是中央的意见！**"

本来就看不起"阉宦"陈伯达的阎红彦，反唇相骂道："**我就不承认你是代表中央讲话！文化大革命这样搞，谁高兴？你们坐在北京，只知道乱发号令，了解不了解下面的情况？你们对云南的经济建设怎么看？对边疆怎么看？你们究竟想什么？把地方领导机关搞成这个样子，怎么领导？你们这样干下去，是要出乱子的！**"

圣旨在身的陈伯达大骂阎红彦"顽固"，他说："**中央文化大革命的决定写得明明白白的嘛，你还怕出乱子？要依靠群众自己解放自己，靠毛泽东思想领导。你这么害怕群众，难道要毛主席出来为你保命……**"陈伯达说罢，挂断了电话。

陈伯达的指责，让激动万分的阎红彦无法入睡。他来到隔壁房间，对云南省长周兴说："**我要进城，去见那些造反派！**"清晨4点多，造反派得知阎红彦在小麦峪的消息后，急匆匆地乘车从昆明赶来揪斗。阎红彦的秘书曹贤桢马上去报告阎红彦，但阎红彦却躺在那里没有反应。曹贤桢大声喊他，还是没有回应。开灯一看，才发现阎红彦已经去世。阎红彦在临终前，愤然写下了一张字条："**我是被江青、陈伯达逼死的。**"事后才查明，阎红彦是吞服了几十片眠尔通而死的。

阎红彦是谁逼死的？真正的凶手是谁？按中共最标准、最权威的答案是被"林彪、四人帮"害死的：中央文革不仅把阎红彦列入了"反革命修正主义分子"名单，授权昆明造反派宣布他是"走资派"，阎红彦死后，还下令不准开追悼会，等等，就足以证明。

但在笔者看来，那个"最标准、最权威的答案"，恰恰是中共最不愿反思、最不愿忏悔的表现。

1967年1月12日，周恩来对云南赴京代表谈阎红彦自杀时说："**经北京去的法医检验后确实是自杀的，是他自绝于党，自绝于人民，是一个可耻的叛徒。**"接着1月13日，周以中共中央、国务院的名义向昆明地区革命造反派发去支持电说："**你们站在以毛主席**

为代表的无产阶级革命路线方面，坚持彻底批判以阎红彦为首的云南省委继续执行资产阶级反动路线的严重错误，你们做得对，做得好，我们完全支持你们。"

当阎红彦的死讯传到毛泽东耳朵里时，当谭震林在大闹怀仁堂中为阎死鸣不平说"**阎红彦有什么罪，都给整死了**"的记录传到毛泽东眼前时，毛有什么反应？毛泽东的第一反应是所谓的"无产阶级震怒"，大骂谭震林等人："**中央文革小组执行十一中全会精神，错误是百分之一二三，百分之九十七是正确的。谁反对中央文革小组，我就坚决反对谁！要否定文化大革命，办不到。**"而对阎红彦的死未表丝毫哀悼或惋惜之情。从毛泽东冷若冰霜的态度上来看，同周恩来一样：阎红彦之死是咎由自取。

显然，逼死阎红彦的真正凶手不是别人，正是对阎红彦的死冷若冰霜的毛泽东和周恩来。那么，为什么阎本人说是"**我是被江青、陈伯达逼死的**"呢？在株连成风的毛泽东独裁下，任何公开直接反毛者，都会被整得妻离子散，家破人亡。因此，为了抗毛，把反对的矛头对准毛的打手，是一种自我保护的良策，也是保护妻儿、亲友不受肆虐的最好选择！

从历史看，阎红彦是个不得不向毛泽东低头的持不同政见者，他对毛的怨气由来已久，而这种积怨，最终使他走向毁灭！

从延安时代开始，中共内部就产生了井冈山派和宝塔山（延安城东南）派的分野：前者以井冈山败逃到陕北的精英为代表，他们认为他们是革命的中流砥柱；后者以陕北土生土长的领袖为核心，其中包括阎红彦，他们则认为他们拯救了党中央。这种认识上的差异，决定了他们在利益和权力分配上的不同诉求。

众所周知，1934年10月，中共中央和红军总部，率领八万六千多中央红军，被迫从瑞金出发，离开了经营多年的已被国民党政府军荡平了的井冈山湘赣根据地，开始了死伤惨重的、前途未卜的漫漫遁途。1935年10月，毛泽东和他的党中央、中央红军，几经险阻，到陕北吴起镇时，只剩下不足8,000人。因此，在宝塔山派看来，没有他们的庇护，井冈山派难逃灭顶之灾。但毛泽东并不看重他们，而仅仅想利用他们。为了站稳脚跟，权谋大师毛泽东依托和利用中共中央的权势，对宝塔山派玩了个"**捉放曹**"的闹剧，摇身一变，成了宝塔山派领军人物刘志丹、习仲勋、贾拓夫等人的救命大恩人，初步稳住了宝塔山派的军心。但不久，宝塔山派内发出了要毛泽东另辟根据地的呼声。震惊之余，权谋大师又耍了个借刀计，让潜在的对手刘志丹和他的亲信杨琪、杨森等人，在不到半年的时间里，先后"**光荣牺牲**"。（据说，延安党史馆证实：刘志丹是被警卫员从背后开枪击毙的，而这个出身中央红军的警卫员，以"被敌人买通"罪被处决。另一说法：刘被特派员裴周玉击毙。）为了控制住流痞成性的陕北红军，权谋大师又来了个换头术，把比较听话的、善于投机钻营而流氓成性的大麻子高岗扶植起来，让他当了中央西北局书记，成了群龙无首的陕北红军新头领。扶植高岗，在一定程度上满足了延安刘志丹派在利益和权力上的诉求，从而使毛泽东和他的党中央、中央红军，在陕北站稳了脚跟。

此时，陕北根据地创始人之一的阎红彦，刚从苏联返回陕北，手中已无兵权，但对重用高岗很反感。在阎红彦看来，作为刘志丹副手的高岗，同刘志丹一样不是革命者，而是一帮土匪，他们不能代表宝塔山派。阎说，在陕北，他们打家劫舍，到处"**抢东西，抢女人，吸大烟，打仗时拿毛驴驮着女人一块跑**"。对此，在三甲塬整顿时，负责整顿的阎红彦就清洗过他们军中的地痞、流氓300多人，还开除了刘志丹的弟弟刘景范（此人在"解放"后曾任地质部副部长）。因此，阎红彦认为，只有已病逝的**谢子长**和他本人，才是陕北根据地的开创者，只有他和他的追随着，则应代表宝塔山派获得权力。可惜毛泽东没有看重他，甚至有意压着他，使他耿耿于怀。

陕北根据地开创者之间的恩恩怨怨，只有等档案解密后由史学家们去了结。从流传的资料看来，阎红彦确有过高估价自己的地方，至少性格刚而少柔，缺乏政治家应具备的钻营手腕。

1964年12月2日，毛泽东在中央工作座谈会上说："**我们开始打仗，靠那些流氓分子，他们不怕死。有一个时期军队要清洗流氓分子，我就不赞成。**"毛的一语道破了红军时代的天机。

有人这样描述红军时代："**闹红军时，我不到十岁，我家院子就是关押土豪的地方，几十个，哪有那么多土豪？有三两户地主早逃到城里去了，还能等他们来打？谁富裕一点，谁就成了土豪。小工商业全毁了。灌辣椒水，上老虎凳，吓得我夜里尽做恶梦。**"没钱花了便抓人，叫人家拿洋钱赎人，一手交银元，一手放人；不拿钱，撕票：这不叫绑票，叫"打土豪"。没饭吃了，便拿着枪去"借"粮，还装模作样地打个借条什么的：面对带枪者，你敢不"借"？在陕北，大官们可以随军带着"妻妾"，随时发泄，逃跑也不忘用驴驮着她们跑。在井冈山，没有陕北人那么土气，她们可以穿上军服，扎上皮带，挎上手枪，俨然一名战士，不叫"压寨夫人"，叫秘书，或升级叫秘书兼妻子。例如毛泽东，在1928年，当他的发妻杨开慧（1930年11月被害）还在监狱里服刑时，便"纳"土匪王佐、袁文才麾下挎着手枪的17岁战士贺子珍为"秘书"。小官呢？当兵呢？不是曾鼓励过他们像1927年毛泽东宣扬的那样"**到地主小姐的牙床上滚一滚**"吗？"迎闯王，不纳粮！"至今还被某些专家、教授津津乐道。"不纳粮"千军万马吃什么？但这种胡说八道却大有市场。不近女色的阎红彦，想用土匪、流氓等罪名告倒高岗，是告错了地方。

不可否认，革命者也有另一面。当懂得"水可载舟，亦能覆舟"道理后，他们也能自我约束，即在裸露魔鬼一面的同时，也不忘张扬天使一面；两张脸皮的变换，随政治、军事需要的变化而飘忽。于是，"奸一民女，如奸我母"，被闯王叫响，"**不拿群众一针一线**"和"**不准调戏妇女**"等较有人性的条款，便被毛泽东唱了出来，——这就是所谓"放下屠刀，立地成佛"的禅机。如今，在"主旋律"作用下，经过一代接一代作家们的努力，"高大全"的"佛面"被塑造出来，擦掉血污的屠刀，装饰成"革命文物"。由此可见，在革命洪流中打游击的阎红彦，很可能也有两张脸皮表演；他把刘、高说成土匪，似有五十步笑百步之嫌。

到1942年，机会来了。在10月召开总结陕甘宁边区历史经验的高干会议前，高岗主动与阎红彦修好，但被阎拒绝。阎不为名利许愿所动，严词以对："**你不要把自己打扮成陕甘游击队的领袖。你的历史我知道。组织晋西游击队时没有你，成立反帝同盟军时没有你，陕甘游击队成立后，你只是三支队二大队的政委，不是陕甘游击队的队委，那时候你没有负责任。在临镇战斗中，你火线上当了逃兵，大家都很气愤。队委会决定开除你的党籍，并下令通缉。按当时游击队的纪律，叛逃者抓回来是要枪毙的。后来你回来了，编造了一套谎言。当时，我任游击队总指挥，考虑到你是自己回来的，给你留党察看的处分。刘志丹要你立功赎罪，队委会决定让你到一个游击小组去当战士。**"得到毛泽东宠信的高岗恼羞成怒，倒打一耙，说阎红彦对他"造谣、陷害"，"有野心"。对阎、高之争，毛泽东很快以党中央的名义表了态："**刘志丹、高岗是正确路线。**"阎红彦败下阵来，还挨了整，自然又憋了一肚子气。

1945年，阎红彦作为代表，参加了中共"七大"会议，对大会选举高岗为中央委员并进入政治局表示不满。会后，他向刘少奇、任弼时反映了高岗问题，提出了高岗**伪造历史，临阵脱逃，品质不好，诡计多端，不可信赖**，望中央注意和要求记录存档的"几条意见"。记录存了档，但"几条意见"没被采纳。在同年7月，在召开的第二次解决西北历史问题，即解决刘、阎分争（实为高、阎分争）的会议上，阎红彦受到了批判。康生代表党中央宣布："**高岗是西北的革命领袖，今后不准任何人反对。阎红彦反对高岗是错误的。**"得胜后的高岗对人说："我原来要阎红彦当边区保安司令，因为他和我闹别扭，没让他当。"阎红彦又一次败阵。

陕北刘、阎之争或称高、阎之争，使毛泽东坐收渔翁之利：既可以淡化"陕北救了党中央"的不逊之议，还可顺以分而治之的策略强化对宝塔山派的监控，从而进一步巩固井冈山派的主导地位。历史就这样为毛泽东积累、制造了"伟光正"的条件。

1954年，又一次机会给了阎红彦：高岗因反对刘少奇、邓小平，被毛泽东打成高饶反党集团，他那强奸、诱奸、玩弄一百多女性的流氓丑闻也被揭了出来，其中有名有姓的就有40多名，迫使高岗自杀了结。但高岗的倒台并没有给阎红彦带来升迁的机会，还在副省级上徘徊。令他困惑的是，高岗党羽习仲勋、贾拓夫在高倒台后，都在八大上当选为中央委员，还在国务院担任副总理级和部长级的高职，就连曾被他清洗出游击队的刘子丹弟弟刘景范，也当上了地质部副部长，而他本人仅免强进入后补中央委员序列，外放当了个副省级的四川省辖重庆市委第一书记。1958年3月，终于有了转机。在成都召开中央工作会议上，毛泽东把阎红彦叫到身边，向他公开道歉说："**阎红彦同志，很对不起，把你冤枉了十多年，当时只怪我看错了人。**"又当众宣布说："**阎红彦是一位好同志。在陕**

北苏区、陕北红军、陕北党的建立过程中，除了刘志丹、谢子长，数阎红彦的贡献大。"此时的阎红彦已经看透了毛泽东的计谋，对毛的"道歉"已经没有兴趣。

1959年8月，阎红彦被任命为云南省委第一书记，开始独当一面。也许是长期压抑的结果，使他良心再现，天使一面张扬起来；但握有重权的"封疆大吏"，他不得不执行毛泽东制定的政策。在三年饥馑中，由于他和他的前任或被迫或忠实地执行了毛的政策，使浮肿病蔓延，饿殍环生，从而使云南边疆民族地区动荡不安，13万多边民纷纷越境外逃。他在调查时发现，"三面红旗"给人民带来的苦难罄竹难书。特别在澜沧江山区，他看到一个老太婆，为了吃一顿饭，挎着篮子，在风雨中爬坡上坎去食堂，滚了一身泥。他动情了，良心使他对毛泽东的人民公社和公共食堂政策产生了恶感。1961年5月9日，他不顾朋友和助手们的劝阻，冲着彭德怀写信批评毛泽东的"三面红旗"而被打倒的教训上书，公然批评毛的人民公社政策，大胆提出了他的意见：社队规格"**该小就小**"，甚至"**可以包产到户**"；"**办不办公共食堂，还是根据群众自愿，不能有任何勉强**"；"**耕牛、大牲畜归生产队所有**"等等。这些公然同毛泽东"一大二公"相对立的意见，是抗上犯忌的，不仅自己会被打成"右倾机会主义分子"，还会株连众多他人。他的上书，着实让朋友和助手们为他、也为自己捏了一把汗。然而，出人意料的是，毛泽东接受了他的意见，批示说"**此信写得很好**"，并发文要各地"**参考**"。

可惜，阎红彦不懂权谋大师"**退一步，进两步**"的策略，以为毛接受批评，竟大胆作为起来。

1961年6月16日至7月16日，他在昆明西山召开的云南省委工作会议上说："**你们说公比私好，大比小好，我看现在办不到就不好；集体比个体进步？公有比私有进步？我看不能促进生产就不进步。**"社会主义教育运动开始后，全国开展了大规模的阶级斗争。他认为，以阶级斗争为纲的方针不符合实际。他对邓小平说："**没有饭吃，搞哪样阶级斗争！**"他大胆地主张："**该集体的坚持集体，该单干的坚持单干。**""**该集体不集体是路线问题；不该集体你硬集体也是路线问题。**""**按空气办事是危险的。**"1962年12月21日，他在中共云南省委批转的省委宣传部关于今冬明春在农村中进行社会主义教育的意见中，公开提出："**不需要以阶级斗争为纲去开展一次社会主义教育的群众运动。**"明确主张，从云南的实际出发，"**应当把主要精力放在发展生产力上去，这是广大群众的根本要求**"。在他的主持下，云南省委制定了"照顾大局，服从稳定"的边疆工作方针，制定和贯彻了一系列比较适合边疆民族地区具体情况的政策。经过通盘调整以后，云南省政治和生产形势有了好转，出现了国民经济比较协调的发展景象。1966年，粮食总产量比1960年增加三成，超过历史最高水平；猪平均每户2.01头，居全国第一位；边民外逃也得了控制。阎的这些较为开明的政策，**被视为八十年代改革开放的先声**。人们称，这个时期是云南的黄金时期，阎红彦被赞誉为"生产书记"。

创造了云南黄金时期的"生产书记"阎红彦，引起了毛泽东的反感。他针对阎的"该单干的坚持单干"和"不需要以阶级斗争为纲"的言论和"把主要精力放在发展生产力上去"作法，提出了严厉批评："**这是大胆地主观主义的假设，小心地主观主义的求证。**"阎红彦面临受惩处的危险。

有人说性格决定一切。刚而乏柔的阎红彦，没有悬崖勒马，没有低头认错，反而固执地坚持他的对抗。1966年4月，阎红彦明确倡导"**突出政治要落实在业务上，落实在生产、生活上**"，又公开与林彪的"四个第一"和"政治可以冲击一切"叫板。于是，毛泽东和毛的意志执行者中央文革小组以及周恩来，便把他打入"走资派"即"反革命修正主义分子"的黑名单中。他最后走向自杀的命运，为势所必然！

二、浸死东海舰队司令陶勇中将

陶勇（1912~1967），原名张道庸，抗战时调任新四军二支队参谋长。为迷惑国民党，新四军军长陈毅为其改名陶勇。问其故，陈毅曰："陶者，无忧也，勇者，无畏也。"陶勇甚喜，遂用一生。

陶勇直鼻梁，厚嘴唇，卧蚕眉，性格刚烈，作战悍勇，临阵常脱外衣，袒臂露胸，举驳壳，挥战刀，赤膊冲锋，人称"拼命三郎"，又像张飞。

1940年9月30日，驻江苏省泰兴县的新四军部队，在黄桥附近同国民党江苏省政府主席兼鲁苏战区副总司令韩德勤的部队进行决战。**黄桥决战**前夕，三纵司令陶勇，根据陈毅和粟裕死守黄桥的部署，对各旅领导下达作战命令。他端坐一桌前，突然站起，虎眼圆瞪，指挥刀和驳壳枪砰然甩桌上，大声喊道："**谁他妈的敢丢黄桥一间房，一条街，要杀头，要枪毙，你自己挑。我这两个家伙可不认得谁是爹，谁是娘！**"众部将闻之悚然。打响后，三纵官兵在敌人数倍于己的兵力进攻下，顽强拼杀，终于守住黄桥，有力地配合了兄弟纵队在运动中消灭敌人的计划。是役，内战内行的新四军大捷，消灭顽军（对国民党反共军队的称谓）一万多人。对这次胜利，中共御用史学家们著书说："**黄桥决战，为创建苏中、苏北抗日根据地奠定了基础，打开了华中抗战新局面。**"而这次胜利，也载入中学历史教科书。遗憾的是，八年抗战中，这个"打开了华中抗战新局面"的新四军，没能留下一次值得书写的抗日战例。

1940年12月，乘陶勇率三纵主力离掘港兵发曹甸之际，国民党江苏省主席韩德勤闻之，密令游击第六纵队司令徐承德、保安一旅旅长詹长佑乘机夺掘港。曹甸役毕，陶勇急令主力兵分两路，一路直奔掘港解围，一路直捣徐承德老巢石港。陶勇则只身骑摩托车飞奔马塘，以阻詹长佑驰援。詹长佑正欲领兵出发，忽见陶勇推门入室，大惊。经陶勇说明厉害，詹长佑答应按兵不动。陶勇即驱车奔掘港，一举击溃徐承德部队。

1942年春，孙二虎上岸向渔会要粮。孙系启东海匪头目，身佩双枪，百发百中。渔会惧其强悍，飞报陶勇。陶闻讯，出奇兵生擒之。孙二虎对陶大叫："要杀就杀，无须多言。"陶勇喜其勇，亲为松绑。孙二虎谢恩以告陶勇："如能一起上船，愿说服部下投诚新四军。"将军慨然应许。次日，陶随孙二虎单刀赴会，登海匪指挥船，会众头目。众匪见陶虎胆义胸，愿听候收编，遂交出50枝枪和所有船只。不久，孙二虎被任命为新四军海防团营长。

1944年3月，陶勇率三纵包围启东县久隆镇之敌。敌首徐宝富自恃碉堡工事坚固，固守不出。陶勇命日伪镇长喊话，无应；令部下用掷弹筒发射两枚炸弹，毁其城东北角。徐宝富始回话说："请陶司令亲自出面谈判，再作考虑。"陶勇决定亲往，部将彭德清等人劝道："恐有诈。"陶取钢笔交彭德清说："万一有诈，此笔打坏太可惜，请你代我保存一下。"即带一名警卫员，昂然走近吊桥，大声喊道："徐宝富，陶勇在此。"徐宝富震惊，折服，走下碉堡，放下吊桥，双手高举克罗米弯把指挥刀说："久仰大名，今日得见，三生有幸。陶司令大勇大义，坦荡豪侠，特送此刀，以表心迹。"遂率部投降。

1947年1月，在鲁南战役中，陶勇率部向敌快速纵队进攻。突然，敌人发起反扑，数辆坦克隆隆而来，陶部官兵如潮而退。他见之，急至路口，坐一大石礅上，厉声喊道："老子在此，谁敢往后跑，格杀无论！"随行人员紧急围住陶勇，以保安全。他分开保卫人员，怒吼道："他妈的，闪开！"乃安坐在石礅上。溃退官兵见怒目司令，纷纷返身战斗，终于击退了敌人的反扑。是役，陶勇率部攻枣庄，连攻四日不下。陈毅、粟裕严令陶勇限时拿下枣庄。陶勇当即调整部署，命部将张震东说："拿不下枣庄，咱俩都准备脑袋一块搬家。"张震东再次发起进攻，终克枣庄。张震东班师以归，陶勇率司令部迎接，双手抱起张震东，大叫道："打得好啊，老张，咱俩脑袋都保住了。"两人仰天畅怀大笑。

陶勇开朗豪爽，尤重义气，人皆喜与他为友。苏北抗日，当地实力派人物纷纷慕名而归降，如詹长佑（韩德勤保安一旅旅长）、姚健（"军统"特务头子戴笠手下的忠义救国军第二纵队四团二营营长）、徐宝富（日伪团长）、孙二虎（启东海匪头目）、汤景延（国民党中校炮兵营长）、陆洲舫（伪新亚救国军副司令）、季敦廉（"三友商店"商人）等。

在苏中的陶勇，但见他同国民党"磨擦"，不见他跟日本鬼子战斗。据一篇回忆陶勇革命生涯的《"拼命三郎"陶勇手下的"孤胆英雄"》文中记载，陶勇在苏中通海地区，有一次为**进击国民党顽军而"借道"鬼子地盘**，陶勇曾派警卫排长毛俊雄下书鬼子。鬼子队长乐于坐山观虎斗，欣然签字应允。由是，陶勇借鬼子之力，迂回到顽敌侧翼，一举击溃之。显然，这不是陶勇个人行为，这是新四军在江苏战略的组成部分。陶勇"借道"鬼子的官方行动，为文革中的暴毙，埋下了祸根。

此外，许多著名的战役都留下了陶勇的英名，如苏中七战七捷、莱芜战役、孟良崮战役、淮海战役、渡江战役、淞沪战役以及抗美援朝战争等。他是中共历史上一员功勋卓著的战将。

陶勇这个"拼命三郎",生活情趣多样,又称"八好司令"。那"八好"是:好热闹、好美食、好鲜衣、好梨园、好打球、好玩牌、好饮酒、好交友。凡游戏之事,皆粗通而不精,只求刺激,不计输赢。他喜打牌,且常偷牌。若有人责其牌风不正,他振振有辞地反驳:"打牌如同打仗,要真真假假,虚虚实实嘛。"战斗间隙,他喜与士兵嬉戏打闹,装疯卖傻,以逗人乐为乐。凡打牌,输者或掌嘴,或刮鼻,或画王八,或钻桌子,他绝不恃权例外。与他玩牌,无论输赢皆有炫耀资本:"我今天打了陶司令两巴掌",或"我今天挨了陶司令两巴掌。"他豪饮,凡打胜仗归来,必高呼"拿酒来"。四分区专员季方亦豪饮,当地有"季一缸"之诨名。一次胜仗归来,陶与季以茶缸对饮,酒过三巡,季不支而告饶,陶不允,遂拧其鼻灌之。季方大醉三天,醒后曰:"陶司令打仗是英雄,喝酒也是英雄。"陶喜看戏,无论京剧、话剧、淮剧、锡剧,皆入迷。

陶勇的婚恋简单明净得如一张白纸,没有什么罗曼蒂克式的"花边"。一天傍晚,陶勇去九团检查工作。来到九团团部门口,便有一个哨兵上去敬礼,并喊:"首长!"陶勇抬头一看,是个女兵。不禁怒气冲天而起:**"九团的人都死啦?怎么派个女的来站岗?"**也许第一印象的作用,他竟对这个眉目清秀的女兵产生了爱慕之心。善于察颜观色的旅政治部主任韩念龙(后来的外交部副部长),很快看出了陶的心思,有意当回"月下老"。韩念龙向陶勇介绍说,她叫朱岚,师范学生,22岁,因父亲和弟弟被日本刺死,立志报仇,去年参军,进步很快。一日,陶勇突然来到朱岚身边,单刀直入地问道:**"唉,今天我来这里,可不是以司令的身份给你下命令,而以同志的身份,问你同意不同意?"** "同意什么?"朱岚装起糊涂来。那时婚配,只要双方同意,组织决定,就成。韩念龙已代表党组织征求过她的意见。**"唉,你们小资产阶级就是喜欢拐弯抹角!这不很明白嘛,就是咱俩的事呀!"**含羞的朱岚终于点了头。1941年7月,陶勇和朱岚在沙家庄举行了婚礼。令朱岚没有想到的是,26年后,她为她的这个刚烈丈夫,付出了生命代价。

"解放"后,由于战功卓著,陶勇官运亨通,由兵团司令晋升为海军副司令员兼东海舰队司令,后又兼任南京军区副司令员。然而,刚烈好似张飞的性格,决定他必然像张飞一样死于非命。

陶勇是个骁勇战将,一个合格的军人,但不是一个合格的政治家。在军事上,他懂得"真真假假,虚虚实实"的兵法,能机动灵活地运用战略战术,但在政治上,他却不懂或不善于使用潜规则。然而,这些潜规则恰恰能证明,只有善施阴谋诡计、功于御人权术且心狠手辣的人,才能撑得起"人民领袖"的旗号,才能镶得上"伟大、光荣、正确"的金边,才能受到众人顶礼膜拜,因而才能立于不败之地。

到六十年代,海军内部权力斗争日趋白热化,这是党内左派林彪元帅、右派贺龙元帅和中摇派叶剑英元帅插手的结果。1965 年在中央军委解决海军权力再分配的会议上，陶勇没有看清上层权力斗争的残酷性，本能地站在党内右派和中摇派一边，认为有人搞阴谋诡计，他怒火填膺，"拍案而起，愤然离席。" 1966 年 7 月，中央军委再次召开海军权力再分配会议。此时的林彪已不是一年前的林彪，他在毛泽东的支持下，已确立了军队绝对领导地位，即将登上副统帅的宝座。陶勇应叶剑英之邀参加会议，不识时务地痛斥以副司令李作鹏中将为代表的海军左派说："**你们搞地下活动，伸手夺权，这是同毛泽东思想根本不相容的，也是党的纪律绝不允许的。这样搞下去，哪里还有什么党的利益、党的原则？哪里还有党的团结、党的统一？**" 被人当枪使的陶勇，他的痛斥无异于以卵击石，为半年后的家破人亡，埋下了祸根。

在无产阶级专政的社会主义条件下，权力斗争残酷性就是你死我活，"仁义礼智信"的传统价值，已被批得荡然无存。在权力斗争上，陶勇已处于岌岌可危的境地。

1966 年底，叶帅打电话给上海市委第一书记陈丕显，要他转告陶勇 "海军的风要变"，要陶勇提高警惕；陈丕显如实转告。许世友上将专程到上海来看患有胃病的陶勇，规劝他说："海军的事你不要管了，到南京去养病吧。" 可陶勇仍然坚持说："**我要在这里顶着，看他们能把我怎么样！**"

性格决定人的一生。当致命的危险悄悄向他袭来的时候，刚烈的他，却明知山有虎，偏向虎山行！

1967 年年初，被造反派整得焦头烂额的陈丕显，想开个常委会都没地方开。陈向陶勇借地方，陶勇二话没说，便把东海舰队司令部礼堂借给了他。这件事很快被以舰队政委刘浩天中将为首的左派捅上了天。林彪在给陶勇的一份电报上，严厉批评道："**军队不能成为地方走资派的庇护所。**"

挨了林彪批评的陶勇，理应有所收敛，但他却迎风而上。交通部长彭德清，是原 27 军军长，是陶的好友和原部下，因被揪斗，跑到东海舰队躲避。陶勇说："**你就在这儿，哪都别去。**" 左派政委刘浩天却告诉造反派，致陶勇被冲击，彭德清被掳走。

陶勇硬是不吸取教训。陈丕显被造反派抓走并被关压了起来。陶勇闻讯，便驱车前去寻找。他冲进造反派占领的市委，找毛泽东的鹰犬张春桥要人，因没有找到张，只得作罢。回司令部后，他挂电话给东海舰队机场负责人龚云池说："**老陈被抓起来了。你给我准备几个房间，我要把他弄出来，然后送到你们那儿去，你给保护起来。**"

陶勇公然对抗文革的所作所为，已经使左派当权人忍无可忍了：陶的 "**汉奸**" 软肋，很快被左派翻了出来。

1967 年 1 月 21 日，五十五岁的东海舰队司令陶勇，已走到了自己的末日，死神随着一个不见阳光的秘密计划，悄悄来到了他的身边。

早上，妻子朱岚似有预感，她劝他不要出去。陶勇厉声说道："**怕什么？戴高帽子游**

街有什么了不起，它和党的事业相比算不了什么。近来有很多事情我也不太理解，可我相信党，相信群众。有了这两点，就什么也不怕了。"他是个坚信党的共产党员，但他的智力没有与时俱升，还停留在苏中跟孙二虎、徐宝富们斗智的水平上。

上午，陶勇和老战友、上海警备区司令廖政国在办公室里，一起发文革的牢骚，一起骂文革的"娘"，还说，他要带一个排，把陈丕显从造反派手中抢出来。午饭后，他在舰队招待所501号房间里休息，那是他经常午休的地方，舰队许多干部都知道他的这个秘密。由于他同廖政国一起大骂文革，使得他在床上辗转反侧，难以入睡。他想找理发员周妙基理发，下床踱出楼外，在小花园里散步。两点多钟，他看见招待所所长。他建议所长以后多养黑猪，说黑猪瘦肉多，好吃。初春的花园里，百叶凋零，寒风吹来，光秃秃的树枝在灰色天空中摇曳，发出呜咽哀鸣，似乎在为他送葬，枯黄的衰草在寒风中瑟瑟颤抖，好像已经看见死神的狰狞：这一切他都没有察觉，想到的只是理发。"**把周妙基找来，我要理发。**"他把生命的最后一句话，传给了招待所所长。十多分钟后，招待所所长领着周妙基来到小花园时，大吃一惊地发现，舰队司令陶勇已死在直径仅及两肩、深不没顶的小水井里。

现场迅速被制造了出来：拖出井来的陶勇尸体，身上泼满墨汁，胸前挂着打红叉的牌子，戴着一顶高帽子，头上的钝伤被巧妙地盖住……这个漏洞百出的自杀现场，把招待所所长和理发员吓得目瞪口呆，不敢多说一句：制造者后台之强大，足以封住所有人的嘴。

事发不到两小时，政委刘浩天在舰队司令部宣布："陶勇一贯争强好胜。这几天，他害怕自己卷到苏（振华）、罗（瑞卿）圈子里去，所以才走这条绝路。我看他是畏罪自杀、抗拒运动，是叛徒行为。"很快，他又把审定的"陶勇自杀的经过和初步分析"电报，发往北京。不到四个小时，大权在握的李作鹏，便对陶勇做出"自杀"、"叛徒"的结论，并以海军党委名义发出通报："叛徒陶勇，畏罪自杀。"从死亡到电报，到结论，到通报，工作效率之高，前无古人，其速度之快，令人瞠目！

一个"张飞"死了；不同的是，张飞不是死于刘备或诸葛亮等首脑人物的策划。

由惮于舰队官兵对"自杀"结论的怀疑和不服，陶勇的尸体一直保存在冷冻室里。但在长达数月的时间里，没有人敢做复检的决定。随着时间的流逝，打斗拼杀在全国全面展开，陶勇之死渐渐淡出人们的记忆。一个夏日的上午，陶勇的遗体被压送进龙华火葬场。焚尸炉的炉工蔡其家，看到陶勇的火葬申请单上，赫然写着八个大字："家属不看，骨灰不要。"乘人不注意时，蔡师傅偷偷把骨灰埋藏了起来。

毛泽东时代是个株连成风的时代，一人出事，全家遭殃！

陶勇"自杀"的当晚，造反派闯进陶家，向朱岚宣布："陶勇自绝于党，今天下午已经自杀。"这不啻是晴天霹雳，陶家陷入悲哀恸哭中。朱岚愤怒地对造反派呼喊："陶勇跟着毛主席出生入死打了一辈子仗，他绝不会自杀！是你们害死了陶勇，你们要交出杀人的凶手！"对她怒喊的回答是，三天反复抄家，抄查陶勇的罪证。

许世友上将派人来劝朱岚，尽快离开上海这块是非地，搬到南京住。陶勇的"自杀"改变朱岚温文尔雅的性格。她对来人说："不把陶勇问题搞清楚，我不离开上海。"她谢绝了许司令的关照。她相信党会为陶勇伸冤，会严惩凶手。与许司令比较起来，她的"相信"多么愚蠢，又多么令人悲哀！她开始日复一日地申诉、上访，但她的一次次申诉和上访，换来的却是迫害的一步步升级：她，一个立志要替父亲、弟弟报仇的朱岚，被打成了日本特务。1967年8月，朱岚突然被捕，被秘密关押起来。专案组夜以继日地轮番对她围斗、拷打，逼她承认是"日本特务"，交代陶勇的"通日罪行"，其中包括苏中"借道"之事。对于"借道"等不光彩的勾当，中共高级权贵们，在中共是抗日战争"中流砥柱"的一家独霸的"舆论一律"环境里，谁都没有胆子站出来替陶勇分担责任。君不见：当年中共与日伪汪精卫相互勾结、分享情报为中共作出过重大贡献的当事人潘汉年，因嫌上海副市长官位太小，1955年向中央报告了当时勾结的详情，借以邀功请赏。不料毛泽东见字后，勃然大怒，遂被毛以"**秘密投降了国民党，是CC派人物**"的罪名逮捕入狱，终被杀人灭口，监毙于狱中；潘手下的知情人，也被一网打尽；当年根据毛、周的决定，派遣潘汉年与日伪勾结的新四军政委、中共华中局书记饶漱石，在"高饶事件"已中箭落马，也因有暴露与日伪勾结绝密事件的重大嫌疑，终被灭口于狱中；陶勇曾奉命"借道"日军，岂能好死？年轻的造反派，哪里知道个中的重大隐情？可怜替罪羊朱岚，被打得遍体鳞伤，肋骨折断，最后精神崩溃，跳楼自杀，随夫君而去。

朱岚死后，三个大孩子已参加工作在外，四个未成年孩子流落街头，随时可能遭到不测。在陶勇生前好友的帮助下，他们逃出了上海，跑到南京军区司令部。他们跪在许司令的面前哭道："**许伯伯，救救我们！**"许世友含泪扶起了落难的孩子们。由于南京军区也经常受到造反派的冲击，为了保护他们的安全，他下令部队接受他们。于是，南京军区部队里出现了一群娃娃兵。许世友是个好心肠的司令。然而，他的另一面不久呈现。当他成了江苏省革命委员会主任后，在南京搞了一个规模庞大的全家"下放"运动。凡成份不好的家庭，都被武装民兵押送到苏北最为贫穷的农村……一时间全城笼罩在一片红色恐怖之中。有人目睹："**城南东西向的长乐路与集庆路接头处有座桥，名曰新桥，桥畔有个卖开水的老虎灶，因为老板被作为反革命分子抓走劳改去了，由一个'活寡妇'带着一群女儿在惨淡经营。那天我下班路过，正遇上武装民兵开来的一辆卡车，准备把这家人家扫地出门。一些破旧的家具已经被搬上了卡车，但那蓬头垢面的寡妇和她的几个衣衫褴褛的女儿们，死活不肯上车，躺在地上一边打滚，一边呼天抢地地哀号……她们拿定了主意：宁肯死在祖祖辈辈居住的南京，也不愿倒在人地生疏的边远农村。**"许世友还在江苏全省大抓"五一六"分子，受害者达数十万人之多。其中，仅在南京军区内，副军级以上干部就关押了五、六十人，整死和自杀的超过100人。**当权者若不被人整，必当去整人**，这种习以成性的赤文化，许世友焉能化外？

一年多后，最高领袖再现"天使"，其他大员便紧随其后。周恩来说："**陶勇同志打日本帝国主义那么坚决，说他是'日本特务'，无论如何也说不过去嘛！**"陈毅感慨万端地对夫人张茜说："**陶勇不在了，可痛！可惜！陶勇不可能是自杀，他的死大有问题，总有一天我要面陈毛主席，把这个问题说清楚！**"他们都知道陶勇暴死的原因，都知道他是"通日卖国"政策的替罪羊，但他们都不敢直面"借道"之事。可见，他们事后替陶勇抱不平，不过笼络人心而已。

对陶勇之死负有不可推卸责任的刘浩天中将，在林彪摔死后，安然无恙地度过审查，寿终正寝于1984年；另一个责任人李作鹏，在被审讯时，却能避开陶勇之死。这其中的隐情是不言而喻的：如果没有大人物作梗，刘浩天能逃过审查吗？李作鹏的审讯者能回避陶勇之死吗？

陶勇之死是自杀还是他杀，本来是个并不复杂的案件，但为了掩盖"与日伪勾结绝密事件"，维护中共"伟大、光荣、正确"的尊严，在顶立巨人的干预下，这个不该成谜的陶勇之死，却成了千古之谜！

1984年初，粟裕大将在他最后的日子里，再三提到他所倚重的战将陶勇说："**我这一生有一大憾事，就是没有能在有生之年，把陶勇被害一案查出来。**"也许他知道保护刘浩天的重大隐情，知道那是一个令他无法撼动的大人物，他只好做了个无可奈何的临终忏悔！

三、打死煤炭工业部部长张霖之

第一个被红卫兵打死的高级干部是59岁的煤炭工业部部长张霖之。

张霖之曾对毛泽东的工作作风、生活作风和大跃进政策有过不满，且颇有微词。文革中，在毛的默许和江青的怂恿下，1966年12月，戚本禹在矿业学院的大会上说"张霖之是彭真的死党"，鼓动学生"要集中炮火狠狠地打击"。自此，张霖之以"不满"和"株连"的双重"罪恶"，多次受到批斗和殴打。1967年1月22日，终于在矿业学院内被左派红卫兵暴打致死。

批斗张霖之

一位目击者偷偷在日记中写到：

"**1966年12月28日**

"张部长被送至台上，强行按倒跪下。他使劲抬头，李XX，载X猛扑上前，用力压。接著，又有四个人一齐踩在他的小腿上，让他无法再站。又有些人拿著一根钉着木牌的棍子插进衣领，张部长拚力反抗，棍上的倒刺把他的耳朵、脸、鼻子都划破，顺著脖子淌血。会刚开完，李XX和一群人扭着张的胳膊串过大、小礼堂游斗，後又到院里斗，大门口斗。张部长站在一把凳子上，上衣被扒光，在零下十七度的严寒里冻着。他遍体鳞伤，双手举着木牌，又气又冻，全身哆嗦。有几个家伙说他站得不直，就用小刀子捅他、割他……"

"**1967年1月12日**

"汾西矿务局的李XX来京，带来一个特制的六十多斤重的铁帽子。

"斗争会一开始，几个小子就拎着铁帽子往张部长头上扣。他双腿打战、脸色蜡黄，汗珠直往下掉。不到一分钟，铁帽子就把他压趴在台上，口吐鲜血。这么折腾了三四次，张部长已奄奄一息，昏死过去。"

"最後，打手们把一个大铁炉挂在他的脖子上，用皮带铁头打裂他的後脑骨，他就这样死去。有专人拍照，照片送到了周恩来手里——毫无疑问，也到了毛泽东的眼前。"

对于张部长的死因，有多种不同的解读；但在"舆论一律"和后来的"主旋律"的监控下，这些解读都被一一边缘化了，而在史无前例的大审判中，官方则把他们的解读堂而皇之地写进了历史。在中央文献出版社出版的《中国大审判》一书中，官方详尽地记录了对江青的审判：

"法庭出示江青犯罪的证据，幻灯放映了几张照片：一位老干部头上戴着60斤的铁帽子，胸前挂着写有'彭真死党'的牌子，跪在地上，正在任人凌辱和批斗。这是目不忍睹、骇人听闻的场景。这是在批斗张霖之。

"张霖之是位红军时期的老革命，1929年参加中国共产党，原任煤炭部部长、中共八届中央候补委员、第一、二、三届全国人大代表。1966年12月14日，江青在人民大会堂接见北京大专院校群众组织代表时，诬陷他是'**彭真的死党**'。张霖之在病中关押的33天中，据有记录可查的逼供、审问就多达52次。1967年1月21日，张霖之被迫戴着铁帽子，举着牌子，在北京矿业学院校园内外游斗。晚上又遭刑讯，身上被打伤30多处，头部被打得伤口露出骨头，当夜就含冤惨死。"

证据放映后，针对江青说"**我就是毛主席的一条狗**"的辩解，"公诉人江文痛斥江青的无耻诡辩"。他说："江青妄图把自己的罪行推到毛主席身上是绝对办不到的。"接着他列举了六宗迫害老干部和群众的罪行，执问江青说："**难道这是毛主席叫你江青干的吗？**"当列举到张案时，公诉人**江文**大声执问江青：

"江青诬陷中共中央候补委员、煤炭部部长张霖之是'彭真死党'，指使戚本禹煽动组织不明真相的群众残酷批斗张霖之40多天，**张霖之被迫害致死，难道这也是毛主席叫你干的吗？**"

江文痛斥江青时，可以说是理直气壮，所列罪行，条条都是有理有据，罄竹难书。但公诉人江文和最高人民法院特别法庭对江青"我就是毛主席的一条狗"的辩解，却不予采信，显然是内定好了的。

张霖之是不是被江青"咬"死的？历史不会忘记，张霖之的命运，早在两年前已经安排好了。那是1964年12月，在总结"四清"运动经验的中共中央工作会议上，当毛说"四清"重点是要整"党内走资本主义道路的当权派"时，刘少奇对毛的说法表示不满。他发问道："哪个是走资本主义道路的当权派？"毛忿怒地脱口而出："**张霖之就是！**"自此，张霖之成了**争宠谄媚者、告密出卖者和落井下石者**的"众"矢之的。据说，张霖之对毛泽东的工作作风、生活作风和大跃进政策不满的私下言论，都从不同渠道，秘密地传到了毛的案上和耳里。由于是"据说"，张是否说过这样的话，已无据可考，但有一句广为流传的话，又有《彭德怀自述》和《庐山会议纪实》两本书加以旁证，使这句话的真实性大为增加。人们流传说，张霖之曾说过一句"触讳犯忌"的话：

"历史上的第一任都很厉害，如秦始皇、毛主席等等。"

从"触讳犯忌"上来说，张霖之的这句话，即不"触讳"，也不"犯忌"，因为，早在1957年，毛泽东在回应右派指责他是"秦始皇"时，他痛斥道："**不对，我们超过秦始皇一百倍。骂我们是秦始皇，是独裁者，我们一贯承认；可惜的是，你们说得不够，往往要我们加以补充。**" 1958年全民大炼钢铁中，他命令全党用"**马克思要与秦始皇结合起来**"的铁纪律去完成大炼钢铁任务。面对一个自称为秦始皇的毛泽东，张霖之的话怎么能说是"触讳犯忌"呢？其实，张说的那句话，的确有不敬之嫌。中共是个等级森严的党，尊贵与卑微，界线分明，在延安时期，物资上就有"衣分三色，食分五等"之别。言论上呢？言论上不仅内外有别，上下更有其别：毛泽东说自己是秦始皇，那是高尚的自谦，因而是革命的；臣民这样说，不是恶毒污蔑，便是卑劣攻击，因而是反革命的——这是赤文化规定好了的原则。

江文在"痛斥"江青时，有意回避了毛泽东大骂张霖之的那句致命的话，更回避了他和特别法庭都无法抹去的历史记录：江青当时连个中央委员都不是，她那来的那么大的权力，能置一个中央后补委员于死地？

江文在"痛斥"江青时，还有意掩盖了历史无法抹去的杀戮氛围：毛泽东所支持的聂元梓的大字报中，公开宣誓要"**坚决、彻底、干净、全部地消灭一切牛鬼蛇神、一切赫鲁晓夫式的反革命的修正主义分子！**"自此，批、斗、辱骂、罚跪、坐"喷气式"、颈上吊砖等"触及灵魂"的**毛式批斗法**被以抄家、挂牌子、戴高帽子、游街示众、奸污、吊打、打死等暴力为主的**毛式揪殴法**所取代。在毛泽东亲自发动和领导下，到1966年8月，在全国就形成了批、斗、抄、打、杀红色恐怖氛围，形成了导致十万人丧生的"**红八月**"——文革第一次大屠杀。其中，在北京，就有5,000多人被打死。在这个红色恐怖氛围继续发展过程中，毛泽东又在 1966 年 12 月 26 日的生日宴会上，举杯发出了"**为展开全国全面内战干杯**"的"**生日号召**"，接着，又在他直接策划和江青的直接指挥下，乘着红色恐怖的腥风血雨，借着以王洪文为首的上海造反派夺取了上海市党政大权之势，于 1967 年元月 6 日，掀起了"打倒走资本主义道路当权派"的"一月革命"的夺权风暴，又称"一月风暴"。在毛泽东掀起的"一月风暴"里，1967 年 1 月 8 日，云南省委书记阎红彦上将被逼自杀身亡，1967 年 1 月 21 日，东海舰队司令陶勇中将被打昏后推入井中淹死。同日，毛泽东向他的副手国防部长林彪下令："**应派军队支持左派广大革命群众。**"第二天，1967 年 1 月 22 日，红卫兵应声把张霖之打死在北京矿业学院里。因为，在两年前的 1964 年 12 月，张霖之已被毛泽东定性为"反革命修正主义分子"——全国第一个走资本主义道路的当权派。

有人说，阎红彦、陶勇和张霖之是为毛泽东武力夺权祭旗而被逼杀、打杀的，这话不无道理。为了夺权，毛泽东要排除"资产阶级反动路线"的阻力，"**坚决、彻底、干净、全部地消灭一切牛鬼蛇神、一切赫鲁晓夫式的反革命的修正主义分子**"。于是，拿反对文革的阎、陶和张霖之等"反革命修正主义分子"来开刀祭旗，是势所必然。由此可见，张霖之被江青"咬"了一口应属真实，但没有"主人"的口令，"犬决"张霖之是不可能的。

在"势所必然"的杀戮中，毛左集团里的江青、周恩来、陈伯达、张春桥等权贵，都是听命于毛的马前卒。然而，只有江青一人，敢于承认她是毛的一条"狗"。邓小平的中共谎骗乖谬之处在于：他们运用手中的权力，把"狗"与主人分开，指责"狗"利用主人的"晚年错误"乱咬；但对主人养"狗"、训"狗"和纵"狗"的责任，却避而不审。

同**贬谪臣下、褒美君王**的封建传统一样，避而不审主人养"狗"、训"狗"和纵"狗"的责任，是赤文化规定好了的原则。但中国人都知道"马仁狗义"的真理，也知道"打狗看主人"的古训，因此，江文和特别法庭硬把江、毛分开，以打"狗"饰毛来媚主，也使自己堕入到巴儿的犬儒 (1) 行列中。

四、拷死装甲兵司令许光达大将

许光达是毕业于黄埔军校的学生，能征善战且能武尚文。17 岁加入共产党，19 岁参加南昌起义，先后担任排长、连长等军职，22 岁便升当红二军团十七师师长。1932 年，同国民党军作战时，身负重伤。先赴上海手术，因身份暴露，迅即转入苏联手术治疗。在苏联伤愈后，入国际列宁主义学院、共产主义大学学习。1938 年年初，未满 30 岁的他，由苏联回到延安。先任抗大总校训练部长，后任抗大教育长。这位风华正茂英俊飒爽且又留过洋的将军，一出现在延安，立即引起了人们的注意，也成了诸多年轻姑娘瞩目的对象。

抗大是人才集中的地方，有端庄娴淑的大家闺秀，有才华出众的作家、记者，有能歌善舞、俊俏艳丽的演员，还有风度翩翩的女军官，等等。其中，不乏有向许光达求爱者，也有牵线搭桥者，但都被他婉言谢绝。于是，"教育长这个人太清高，难接近，不懂得感情。"是不涎女色的"**彭德怀第二**"等飞言流语，在延安传播开来。其实，许光达是个情种，在他的感情深处，十年如一日地装着一个人，就是他的结发妻子邹靖华。

许光达与妻、儿合影

许光达原名许德华，乳名五伢子，1908年生于湖南省长沙东山乡萝卜冲；父亲许子贵，是一位老实的农民。邹靖华原名邹经泽，乳名桃妹子，1913年生；其父邹希鲁，以教书为业，与毛泽东的老师徐特立友善。当五伢子十四岁桃妹子九岁那年，在两家父母包办下订了亲。南昌起义失败后，许光达随部队转战南北。1928年，他又奉党组织之命，打入国民党三十三军做兵运工作，在安徽寿县办学兵团当教官。事败露后潜回家乡。是年十月，在父亲主持下，与十五岁相貌平平的桃妹子完婚。由于叛徒告密，身份暴露，许光达不得不与新婚十天的妻子洒泪而别，逃到上海周恩来处。但这一别就是十年。十年思念的苦楚难于用语言表达清楚。当邹靖华从林伯渠那里得知许光达在延安时，毅然决然地踏上了千里寻夫的路程。而在邹靖华奔向延安的途中，许光达已从林伯渠发来的电报里，获得到了这个令他晚上难以入眠的"情报"。几天后，邹靖华到了延安。远道奔波，十分疲劳，正想痛痛快快睡一觉的时候，一位小战士来到了她的住处。——"谁叫邹靖华？"——"谁找我？"——"我们教育长。"——"你们教育长是谁？"——"许光达！"一位高大的军人走了进来，借着微弱的麻油灯，邹靖华一眼就看出这是她思念多年的丈夫。夫妻十年后重逢，自是悲喜交织，无声的泪珠潸然落下，千言万语也难以名状。在延安，有许多人当了大官后，就以反对父母包办婚姻为由而另组家庭，造成了许多"但见新人笑，那闻旧人哭"式的悲剧。许光达自是异类；但夫妻这段忠贞不渝的爱情佳话，却在延安广为传扬。

抗日战争时期，许光达任抗日军政大学训练部部长，发表了多篇军事学术论文，毛泽东评价甚高。1942年4月，任八路军第120师独立第二旅旅长兼晋绥军区第二分区司令员，在晋西北五寨、偏关一带，领导军民开展游击战，忠实地执行了中共保存实力、积极发展的战略方针，巩固和扩大了抗日根据地。内战其间，许光达先任一野三纵司令，后任第二兵团司令，在彭德怀指挥下，攻城略地，战功卓著。其中，一次掩护中共中央机关撤退时，在背靠黄河的佳县乌龙镇北，阻击了国民党三个旅的轮番进攻，使中共中央机关顺利撤退到安全地点，被毛泽东称赞为"前无古人的胜利"。

"解放"后，许光达受命组建装甲兵，任装甲兵司令员。1955年授大将军衔。因在十个大将中年龄最小，怕人忌妒影响团结，遂上书让衔降级言："**授得太高了**"。据说，毛泽东读了他的"降衔申请报告"后，甚为感动，举报告曰："**五百年前，大将徐达，二度平西，智勇冠中州；五百年后，大将许光达，几番让衔，英名天下扬。**"遂决定衔不降，行政级别由四级降为五级。

任何独立思想都是中共大敌。许光达提出的"**没有技术就没有坦克部队**"、"**为掌握坦克技术而斗争**"等口号，就与毛泽东的"政治挂帅"和林彪的"突出政治"相背；他还曾擅自在坦克兵部队中，一度实行过苏联的一长制，又与毛泽东"支部建在连队"的思想相左。这些都为他在文革中迅速倒台，埋下了祸根。

许光达还是个对亲友缺乏温情的冷漠将军。据将军的儿子许延滨少将说："父亲在母亲面前念叨，'爹爹去世，我理应回去，尽尽做儿子的责任。可是，哥哥们要大搞排场，点名让我去主持丧礼，光是白布就要带回几十匹，这怎么行啊！'"为了响应中共中央从简办丧事的号召，冒着"六亲不认"的骂名，派了一名政治干事代表他，草草埋葬了他的父亲。三年人祸饥荒中，装甲兵机关许多军官的亲属，因饥饿从四面八方拥进北京，在机关大院里长吃长住。为此，许光达主持召开装甲兵司令部党委会议，做出一项决议："困难期间，司令部机关的干部，要动员亲属不要来北京；已经来的，要动员其尽快回去；凡是来探亲的，只允许住三天，就动员他们返回原籍。"没想到这个决议刚颁布几天，许的四哥和六弟，也来到了北京，他们也是在饥饿难耐的情况下来投靠他的。整个装甲兵机关大院的军官和家属们，瞪大了眼睛，注视着许司令。许光达二话不说，劝走了四哥和六弟。结果，刚走两天，六弟饿倒在安阳车站，他急将六弟接来北京抢救，因胃完全萎缩抢救无效而死亡。许光达为他亲自主持制定的决议，付出了饿死亲弟弟的惨痛代价！

许光达为了维护中共党的团结，他要求降衔降薪，为了维护中共党的威望，他六亲不认并饿死了亲弟，可以说，他是个忠于中共、疏于亲情、不苟淫欲、谦恭耿介、功勋卓著的共产党员。然而，这样一个共产党员，文革后不久，便在"二月兵变"的旋涡里挣扎，终惨遭灭顶之难。

在中共伦理共识作用下，为了向毛主席表忠，与许光达有隙的原装甲兵政治部主任、后任二十六军政委的程世清少将，向副统帅林彪写了一封告密信，揭发许光达对林副统帅"**最不满、最仇恨**"，"**与苏修有勾搭，有联系，有里通外国之嫌疑**"，"**时机一成熟，他就会出来将我们伟大领袖毛主席缔造的人民江山变成修正主义江山**"，等等。这封告密信，不啻一颗重磅炮弹，轰向许光达和他的老上级贺龙元帅。"二月兵变"的"假说"有了新的证据，甚至可以说是"证据确凿、铁证如山"了。由于检举有功，程世清少将很快升任江西省委第一书记、福州军区副政治委员兼江西省军区第一政治委员，中共九大时，又当选为中央委员。在程世清飞黄腾达之时，许光达和贺龙正一步步走向地狱。

1966年9月8日，以周恩来为组长的中央专案审查小组，在起草对贺龙立案审查报告的当天，林彪在中央军委常委会上，便点了许光达的名。他说："**贺龙准备利用许光达控制总参。**"周恩来起草的审查报告和林彪的点名，给而后审讯许光达定了总调子。贺龙专案组成立以后，便按周恩来的报告和林彪的讲话，把许光达定为贺龙一案中的第二号人物，是贺龙兵变的"总参谋长"。1967年3月6日，善搞逼供信的"整人专家"装甲兵政委黄志勇中将，便在装甲兵成立了"斗许光达、张文舟（装甲兵副司令员兼装甲兵学院院长）**专案组**"，对许、张实行隔离看管。

1967年9月13日，贺龙专案组成立，许光达专案组也紧随其后挂牌办公。从1967年12月起，专案组开始批斗许光达，经常罚他站立、弯腰，而"车轮战"使他三天三夜不能休息。由于没有达到让他"坦白交待"的目的，专案组请示后，将许光达伙食标准下降为犯人标准，即每月8元，力图用饥饿来摧垮他的意志。

许光达的顽固不化，激怒了贺龙专案组组长余立金。这位在"杨余傅事件"中含冤落马的空军政委余立金，文革初期是个红得发紫的人物。他怒斥许光达专案组"右倾"，"办案不力"，他要黄志勇从装甲兵里抽调一些得力骨干来对付许光达。于是，与许光达有怨恨的人如**都曼林、党志璧**等，都被调入专案组。

据占有机密资料的专家们披露，在专案组批斗许光达期间，林彪党羽吴法宪对许光达一案批示是："**要连续作战，不给敌人以喘息的机会，对于许光达要敢于刺刀见红。**"李作鹏的批示是："**打下许光达，向九大献厚礼。**"邱会作的批示是："**不怕许光达死，就怕完不成无产阶级司令部交给的任务。**"令人遗憾的是，今天，我们所能看到的都是被中共斥为林彪反党集团成员的批示，却看不到专案组直接领导——"中央专案组"组长**周恩来**的批示。也许我们不能责怪占有机密资料的专家们的偏袒，因为，他们不能不慑服于"主旋律"的淫威！

在"刺刀见红"和"不怕许光达死"的批示下，专案组提出要**血洗许光达**。于是，他们从总后勤部借鉴了23种"行之有效"的酷刑，来对付许光达。肖思科在他的《超级审判》一书中，对这些酷刑做了以下描述：

1. **车轮战**：日夜连续审讯；
2. **低头弯腰、罚站**，瞌睡得碰墙壁；
3. **下颏顶茶杯**：把两个茶杯摞在一起，下边放在衣扣上，上边顶着下颏，使他不能动；
4. **坐高低凳**：叫他坐在一个矮木凳上，两脚放在桌上，两三小时不能动，只能用手扶桌子凳子；
5. 作"**体操**"：身体靠墙，两手揪耳朵，上上下下，一站一蹲；

6. "打反骨"：用棒子打后颈骨，造成很长的时间抬不起头来；

7. 打嘴巴；

8. 刮伤：在打得遍体鳞伤的时候，再用木棍拨弄伤痛的地方，增加痛苦；

9. "吃元宵"，集体拳打：审查人员站在四周，被审人员站在中间挨打，周围你一拳，我一拳，捅来捅去；

10. 用劈柴、扫把打：打双肩、脖颈、屁股、踝骨，致使皮肤红肿、溢血、溃烂，长时间还有紫色伤疤；

11. 脖子上挂椅子、铁凳子、砖头：将椅子倒立后从背后挂在脖子上或挂铁凳子，在椅子底部加上砖，或脖子上套铁丝，两边各挂三块砖，也有时双手各拿一块；

12. "捏羊蹄"：将手指屈曲后用大拇指猛压指甲处，痛得被审者在地上打滚，还不让喊出声，否则用擦桌布堵住嘴，捏后被审者手指溢血、青肿，致使手指变形；

13. 让被审人员站在砖上，将其手腕、大小指用纱布捆起来，吊在地下室天棚上，然后将砖去掉，脚离地面；

14. 双手举铁凳：双手将二十多斤重的铁凳举起，因支持不了，只好慢慢套在脖子上；

15. 烟头烧踝骨：留下黑色伤痕；

16. 逼着吃带粪便的馒头，造成中毒性的痢疾，险些死亡；

17. 拧大腿肉：看守者（注：利用犯人看守）用指甲掐他大腿内侧。

18. 逼自己打自己：看守打人是经常的，有时不愿打了，就逼着他自己打自己的嘴巴；

19. 强制在身上练针灸：看守为学针灸，以治病为名，在身上多次练针，想扎哪就扎哪，乱扎一阵，不准反抗；

20. 头顶大碗：为折磨人，曾几次用大碗装满凉水，顶在头上，每次半小时左右，还不能用手扶；

21. 限制喝水，逼喝脏水：天热口渴，多次要求喝水不给，逼着喝洗脸水；

22. 烟头烫嘴：不交代问题，审查人员就用烟头烫嘴；

23. 捆在椅子上：为了不让走动，就用绳子将两手捆在椅子上。

以上23种酷刑并非解放军总后独创，更不是总后首长邱会作的专利，那是在中共伦理共识作用下，广大党内外积极分子长期共同创造的刑罚集萃。笔者少年时期，就从墙缝间偷看过解放军斗争逃兵大会，第一次听到"打！打！打！"的集体呼号，第一次见到吊起来用棍子打、皮带抽的刑罚。"解放"后，笔者经历了镇反、土改、三反五反、肃反、反右、拔白旗、抓小彭德怀、反后进、民主革命补课、四清和文化大革命等历次政治运动，见过的刑罚至少还有六项未包括在23种中。那六项是：1. 铁丝穿锁骨刑；2. 晒太阳刑，即反缚双手，跪在砖上晒太阳；3. 活体倒挂刑；4. 跪砖触电刑；5. 嘴塞脏布刑；6. 鼻子灌水刑。在肃反运动中，笔者见一个被吊打者死不招供，有积极分子建议用"老虎凳"，政委说:"**不行,那是国民党对付共产党人的野蛮刑罚,我们共产党人讲文明!**"文革后,刑罚又有所发展,其承前启后版广为流行,中国人已见怪不怪了。

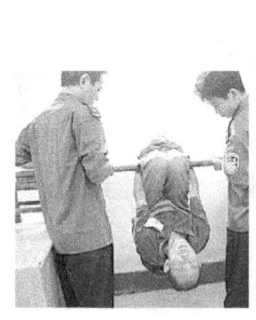
活体倒挂刑

跪砖触电刑

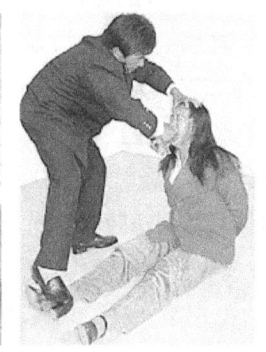
嘴塞脏布刑

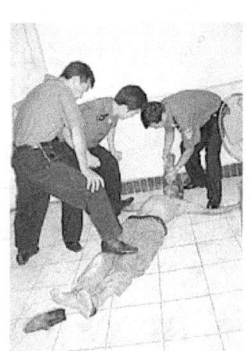
鼻子灌水刑

没有资料证明这23种刑罚都用在了许光达身上,但从各方记载来看,专案组在借鉴中却有创造性地发挥。据《胡耀邦与平反冤假错案》等书记载,专案组的打手们,故意将面条倒在楼梯上,逼迫许光达趴下去舔吃,并放肆地呵斥说:"**你中央委员有什么了不起?你大将有什么了不起?我们想什么时候斗你就什么时候斗你!**"专案组组长**薛振先**,是位与许光达素有芥蒂的装甲兵保卫部副部长。为了解恨,审讯时,他率先动武,带头朝许光达当胸一拳。打手们见领导动手,便纷纷赤膊上阵,把许光达打得昏死过去。当医生将昏死的许光达弄醒后,经过培养的打手们,接着再打,直打得许内伤累累,却不见出血。打手们直把许打得站不住了,就把他按在藤椅上再打。只见一个粗壮打手,飞起一脚,将许连人带椅踢翻,然后又把他揪起来,再推到椅子上。鲜血终被打了出来,浸透了许光达的白衬衣和军装。

专案组还对许光达施行车轮式滚动审讯。一次,身高马大的师团级军官党志壁和都曼林,一左一右地反拧住许的胳膊,将他的腰搋弯成九十度。主审人要许承认他是"贺龙兵变总参谋长",许光达据理力辩,坚决不承认,都曼林便一拳又一拳地猛击许光达的腹部,边打边狂叫:"我干脆给你白刀子进红刀子出算了!"原装甲兵保卫部军官党志壁,因许曾说过他是"小贝利亚"(原苏联内务部部长,刽子手),便怀恨在心,乘机对许大打出手,致使许光达口吐鲜血。

61岁的许光达终于被拷打垮了。1968年11月到1969年1月,许光达一次带伤病入院治疗60天,受审79次,被逼写交代材料25份;又一次住院81天,受审29次、逼写材料29份。1969年5月23日,许光达被报病危,专案组仍加紧审讯。5月31日,病危的许光达已卧床不起,竟被专案组残忍地拖下床去向毛主席像请罪!1969年6月3日晚十时二十分,许光达惨死于病房厕所的马桶上,死因迄今不明。

历史竟是那样的荒谬和无奈：

当听说要给许光达平反时，现场看管许光达的警卫连连长罗治芬，惶惶不可终日；1975年6月3日，罗在受到恐吓的当晚，便在家中上吊身亡。

为了表彰专案组有功之臣，都曼林被提拔为兰州部队十九军副军长。许光达冤案平反后，打手兼刽子手都曼林却安然无恙。二十一世纪初，笔者发现，这位当年曾血洗过许光达的都曼林，在2001年6月8日上午，以"原中国人民解放军十九军副军长"身份，出席浙江省绍兴市上虞市组织的"隆重举行陈树谷烈士塑像揭幕许岙战斗纪念室揭匾仪式"。据当地报导："**老领导都曼林和市政协主席章永志在庄严肃穆的气氛中为纪念室揭匾。**"

五、药死贺龙元帅

"**滚！你给我滚！**"1969年1月的一天，年近73岁的**贺龙**元帅，怒冲冲地把手杖向门口一指，对着"医生"大骂起来。

何以使这位当年叱咤风云的元帅大发雷霆？

原来，在1967年新年伊始，为了躲避揪斗，贺龙和夫人薛明，逃到老朋友、老上级周恩来家里躲藏。碍着共事四十多年的情面，周担着风险无可奈何地收留了他们。1月19日，周恩来代表中共党组织下达了逐客令：20日凌晨4时，派人将贺龙和夫人薛明"送"到北京西山囚禁了起来。囚禁的地方是一处建在半山腰的平房院落，三面环山，只有一条路可以出入。从此，他们开始了与世隔绝的生活。大半辈子都是在激烈战斗和紧张工作中度过的贺龙，突然到这么一个荒僻的山沟里，真是难以忍受。他说："**我真不该到这个鬼地方来。**"

本来主持军委工作雄心勃勃的贺龙，与总参谋长罗瑞卿联合在一起，大有取代林彪之势。1965年，在解决海军问题时，贺龙与养病中林彪发生分歧。贺龙利用主持军委工作之权，公然向林彪发难："**有的人'老虎屁股摸不得'，一'摸'就不高兴。我是主张'摸'的。**"又说："**大姑娘的屁股摸不得，有的人的屁股凭什么摸不得？**"这"有的人"当指林彪无疑。然而，贺的权谋技艺逊林一筹，被林彪来了个釜底抽薪。林的权谋是："**大将、元帅不能一勺烩。**"他先掀翻了贺的帮手罗瑞卿大将，然后徐图贺龙。随着罗瑞卿倒台、跳楼，贺也失去了主持军委工作权力；如果不是"南昌起义"总指挥的功劳在册，早被林彪掀翻了。

1966年，是贺龙力不从心郁郁不乐的一年。忆当年，他指挥"南昌起义"时，林彪不过是一个小小连长，今日竟在他头上拉屎拉尿；他不想则已，一想起便忿忿不平，大有虎落平川被犬欺之感。然而，年龄不饶人，本来健康良好的贺龙，在精神压抑又与世隔绝的孤寂环境中，性情暴躁起来，原患有轻度高血压、糖尿病也日渐加重：疲乏、头昏、脉搏极不规律、睡眠不好……到1968年3月，又患上了脑缺血失语症——他终于被病击倒了。

随着贺龙病情日益加重，他的罪行也日渐升级。林彪在掀翻罗瑞卿后，便对这位南昌起义时的上司，频频出招，一心要掀翻他。开始他说贺是罗瑞卿的后台；在亲信面前他又指责贺"**有野心**"，"**到处插手，总参、海军、空军、政治学院都插了手**"；由于出身"黄埔军校"，自恃清高，他还背地里骂过贺是土匪、"刀客"。接着，他同支持他的中央文革小组陈伯达、江青等成员，翻出了个"小手枪事件"。他们放风说，贺龙有支小手枪，常带在身上，随时准备暗杀毛主席。弄得毛泽东也起了疑心：在一次接见造反派领袖的谈话中，毛突然冒出一句"**那个贺龙，到哪都带著枪嘛**"的话，引发了"带枪刘邓"的传言。文革小组成员不敢怠慢，穷追猛查，最后，终于查出了小手枪的下落。原来，贺龙确实有支小手枪，但已锈蚀得不能当枪用，便送给董必武的小女儿当玩具玩；当从董家缴获了这支无用的小手枪后，这个案子才算了结。

无产阶级专政条件下的阶级斗争，不论党内党外，都是你死我活，不打则已，一打要往死里打：林彪掀翻贺龙的"二月兵变"，便被精英们炮制了出来。

"**二月兵变**"是毛泽东思想主导下，由毛泽东亲自出题目，林彪联合江青、康生等人做文章的一幕悲剧。悲剧的主人公是贺龙和他的老部下许光达等人。

毛泽东出的题目是"**保卫首都**"，防止政变。他亲自任命叶剑英为中央军委秘书长，为防止罗瑞卿旧部滋事，撤销了独立的公安部队，增调两个师加强北京卫戍。据此精神，林彪在5月18日的中央全会上，发表"**防止政变**"的讲话，制造了有人要搞政变、搞颠覆的紧张气氛。周恩来根据"保卫首都"的"最高指示"，立即提出"**成立以叶剑英为组长，杨成武、谢富治为副组长的首都工作组，负责保卫首都安全工作**"的意见书；该意见书经毛泽东批准后付诸实施。1966年7月初，北大学生**丁键**根据"保卫首都"的指示和林彪讲话，以二月份有部队人员来北大看房子为由，提出了彭真企图搞政变的"假说"，贴出了一张名为《触目惊心的二月兵变》的大字报。以整人、杀人为乐的康生，见到大字报后，为了迎合林彪掀翻贺龙的需要，根据大字报的"假说"，7月27日，他在北师大主持批判工作组大会上，煞有介事地讲起了彭真联合贺龙试图发动"二月兵变"来。他庄重肃然地说："**今年2月，北京市彭真这个大黑帮，他们策划政变！策划在北大、人大，每个学校驻一营军队，这是千真万确的。他们在北大看过房子，这件事含有极大的阴谋。**"随后，他又在中央文革会上说："**贺龙私自调动军队搞'二月兵变'，在北京郊区修了碉堡。**"一时间，"二月兵变"流言充斥北京。对于这种流言，周恩来说"**据我知道没有这件事**"，邓小平也说"**我们查了，没有这个事**"，但"二月兵变"流言却越传越神乎。什么贺龙"在体育口阴谋组织政变队伍，给体委发了枪、炮，炮安在什刹海，炮口对准中南海，海军、空军都有他的国防俱乐部，还有无线电俱乐部"，等等。连周、邓都出来否认的"二月兵变",为什么越传越神乎了呢?这当然同林彪、江青和康生紧追不舍有关,但关键是毛泽东对此态度暧昧。

毛泽东怀疑贺龙对他不忠吗?否!那两个"枪毙"他不会忘记。一件是当毛泽东执意要娶江青时,遭到党内许多人反对,时任陕甘宁晋绥联防军司令的贺龙,力排众议,放出粗话说:"**堂堂一个大主席,讨个女人有什么了不起,谁再议论,老子就枪毙他。**"另一件是毛泽东与王明争夺王位时,贺龙又放出粗话说:"**毛主席的方向就是我们党的方向,王明懂什么?他要骑在主席头上,我就一枪撂倒他。**"贺龙的这番话当时震动了整个延安。有人说,在林、贺二虎相斗时,为了"大局",毛泽东不得不重演保林倒罗的故技而保林倒贺。这种分析虽有道理,但不充分。毛泽东同一切独裁者一样,都有疑心重重的痼疾。无论是**保林倒罗**抑或**保林倒贺**,在"疑"字前面,"保"字和"倒"字之间,没有鸿沟。毛泽东的天才在于他的权谋,在保谁、批谁、倒谁的选择时,不仅要服从他在"大局"上的政治考量,还要留一手考察。他在贺龙问题上的暧昧,就是这种权谋的表演:一方面他开会时拉着贺坐在他的近旁,做出了"保"贺的宽容姿态,一方面默许或暗示林彪和江青等中央文革人员对贺制造流言和批判,借以警示一切"带枪"的将帅们,不得轻举妄动,从而达到一箭多雕的目的。

在林、江等人打倒贺龙的鼓动和穷追下,终于有人出来落井下石、往深处揭发了。

1967年2月14日,武汉二十中学教师**晏章炎**,写信给中央文革小组,揭发贺龙在历史上曾向蒋介石"**乞降**",企图"**叛变投敌**"。林彪见信后,如获至宝,立即批转江青等人。9月13日,经毛泽东批准,贺龙专案组成立,贺的"**企图叛变投敌**"和"二月兵变"等问题,被正式立案审查。祸不单行,1968年3月,与贺有隙的国务院参事室参事**李仲公**,将两封据称是贺龙向蒋介石"**求降**"的"亲笔信",交给了参事室。"二月兵变"也株连了十多个高级将领和官员,如大将**徐光达**,中将**王尚荣、廖汉生、黄新廷、杨秀山、顿星云和成钧**,少将**雷英夫、金如柏、李贞、郭林祥、向黑缨、谭友林、陈鹤桥和樊哲祥**,高官**荣高棠**(体委副主任)和**张仲翰**(农垦部副部长)等。重刑之下,空军副司令员成钧和总参作战部副部长雷英夫"画供":一共召开了八次黑会,兵变时间是十月一日。晏、李的揭发和成、雷的"招供",使贺龙陷入挨打的困境。

往死里打,就要不断扩大打击范围。在林、周、江、康等人支持下,贺龙兼任主任的国家体委,被炮轰为重用坏人的"独立王国"。为了给打倒贺龙制造舆论,贺龙在体委的代理人副主任荣高棠在劫难逃。1966年12月24日,在全国体育界斗争荣高棠大会上,周恩来大批荣高棠"**是彭真型的人**",大声责问并旁敲侧击贺龙道:"**在我们体委,荣高棠掌握这样领导权的人,完全是一个修正主义分子,那怎么能不把我们体育界引上歧途呢?**"为了保全自己、急于划清界线的贺龙,在这次大会上,对共事十多年的亲密助手反咬一口,说:"**荣高棠根本看不起我们这些老粗的,因为我是老粗,根本看不起的。**"他还恶狠狠地大骂："**荣高棠是彻头彻尾的修正主义分子。这个大会开得很好，要把荣高棠斗倒！斗垮！斗臭！**"于是，一篇批判体委"长期脱离党的领导，脱离无产阶级政治，钻进了不少坏人，成了独立王国"的文章，在报纸上传播开来。

文章所说的"坏人"，直指乒坛三杰**傅其芳**、**姜永宁**和**容国团**。原来，1952年，贺龙出任国家体育运动委员会主任后，积极笼络海外运动人才回国效力，傅其芳和姜永宁，被一起从香港被贺、荣"统战"回国。在全国乒乓球赛中，姜永宁获单打冠军，傅其芳获亚军，后被双双选入国家队。1958年起，傅和姜先后担任了国家乒乓球男队总教练和北京乒乓球队总教练，培养出庄则栋、徐寅生、李富荣、张燮林、何智丽等一批世界级乒坛名将。他们在1961年至1965年的世界杯比赛中，为中国队荣获男、女单打冠军和三次蝉联男子团体世界冠军，做出了重要贡献。容国团二十岁便夺得全港乒乓球单打冠军，并挫败了访港的日本世界冠军荻村伊智朗，声名大噪。1958年他从香港被贺、荣"统战"回国，当年便获全国单打冠军。在1959年的世界杯乒乓球锦标赛上，他一举登上冠军宝座，成为中国首位夺得世界冠军的运动员。然而，随着后台贺龙、荣高棠的倒台，他们也纷纷"落马"：1969年清理阶级队伍中，傅、姜、容先后被打成"**三青团特务**"和"**日本特务**"。因不堪毛式揪殴法的残酷批斗，三人先后于4月16日、5月16日和6月20日自缢身亡。据说，他们的死，与当时的乒坛精英包括他们培养的乒坛名将落井下石有关。虽然1979年三人都得到平反昭雪，但在当时，他们都是"畏罪自杀"，其后台贺龙也因而罪责难逃。在专案组的贺龙罪行录中，"二月兵变"、"乞降"、"求降"和乒坛三杰的自杀等证词，都成了贺龙"证据确凿"的反革命罪行。

1966年9月5日，在中南海游泳池休息室里，毛泽东当面对贺龙说："**我对你是了解的，我对你还是过去的三条：忠于党、忠于人民，对敌斗争狠，能联系群众。**"又说："**你不要怕，我当你的'保皇派'。**"然而，两年后的1968年10月13日，在中共八届十二中全会上，他宣布"**不保**"贺龙了，为倒贺开了绿灯。被御用精英们称为贺的"保护人"周恩来呢？1968年3月15日，就是这个"保护人"，在接见四川省革筹小组领导成员时，就下令"**把斗争矛头对准贺龙**"。

绿灯打开后，贺龙专案组便伸入到西山囚贺处。由于贺脾气太大，专案组的面对面审察，往往以双方顶牛而无结果。权变方式，以较有人性的"背靠背"审，即提出问题，要贺龙老实回答。但他们得到的回答，往往是怒不可遏地吼叫："**真是活见鬼！**""**完全是栽赃！**""**统统是假造的！**"等等。这种不屈服态度，使专案组十分恼火，因为他们常常受到上级领导"办案不力"的责难。于是，他们尝试从精神上、肉体上加大整治力度，迫使不低头、不认罪的贺龙屈服；同时，他们还从毛、林、周、江等"**医疗为专案服务**"的方针里，找到了这种尝试的"合法"性。

本来在囚禁中的贺龙，健康状况每况愈下，专案组的"尝试"，又使他的身体越变越坏。专案组的"尝试"首先从饮食上入手。对此，有知情者写道："两层的圆形饭盒里，一层是盛不满的饭，一层经常是清水煮白菜、萝卜，或是老得像甘蔗皮似的豆角。贺龙经常感到饥饿。薛明只好到被允许他们走动的山边去搞些野菜给贺龙充饥。"接着，他们"尝试"用"医疗为专案服务"去治贺。他们精心为贺龙选了个"医生"。据报导，这个"医生"是个神经科护士，对贺龙的糖尿病、高血压等病情知之甚少。这个"医生"按专案组的授意，先以检查药品是否变质为名，强行收缴了贺龙从家中带去的自备药品，继而在医疗上进行控制，减少药品和调换重要药品，使贺龙连普通降糖药也得不到及时和按量服用。一天，"医生""送错了"药，被薛明及时发现，"医生"也被迫承认了。贺龙本来就认为"医生"不是真正医生，而是个监视他的特务，早憋了一肚子气，今天顺势暴发，怒斥"医生"说："**把药都送错了，你还算个医生吗？**"那个"医生"毫不示弱，顶撞道："要不是上级决定，我还不愿意来呢！"于是，就出现了本节开始的那个场面。

不论贺龙如何怒骂，也不过是一只在铁笼里咆哮的猛虎。"尝试"很快显效。在政治上打击，精神上折磨，生活上虐待，医疗上限制、刁难下，贺龙病情迅速恶化，到1969年5月上旬，连续摔倒过7次。此时，贺龙已发现，专案组要饿死他、困死他、拖死他，他对夫人薛明说："**他们硬是想把我困死、拖死，杀人不见血。我不死。我要活下去，和他们斗到底。**"他说的"**他们**"是谁？是"贺龙专案组"两任组长余立金和张秀川吗？还是"贺龙专案组"的直接领导"中央专案组"组长**周恩来**？可惜，困兽犹斗的贺龙已无回天之力了。在"医生"给他输了糖尿病人不宜随便使用的高渗葡萄糖后，1969年6月9日，被301医院医生确诊为糖尿病酸中毒，旋即送进医院抢救。被折磨得骨瘦如柴、不成人样的贺龙，当天下午3时零4分，因抢救无效停止了呼吸。

贺龙是中共开国元勋之一。他原名文常，字云卿，1896年3月22日，生于湖南桑植洪家关一户农民家庭。因父母早丧，幼年便生活在姐姐贺英家里。少年时，曾赶着骡子行走于湘、鄂、云、贵、川之间，驮运贩买盐巴、烟土和马匹。1916年20岁时，率领21名弟兄，带了几把菜刀和马刀，劈砸了桑植县芭茅溪盐税局，夺得十几支步枪，组织了一支农民武装。1917年，因刺杀湖南督军潭延闿失败后，逃回湘西。在慈利县，他同一名弟兄，各拿一把菜刀，干掉了知县的两名护兵，夺得两支步枪，又拉起18个弟兄的队伍，并通过打劫、抄杀，壮大了队伍，打起湘西援鄂军第一路游击支队的旗号。1918年春，在石门县被编入湘西护法靖国军，先任营长，后任团长。由于年少得志，年轻力壮的他，难免有寻花问柳、男女苟且的传闻。这就是名闻遐迩的"两把菜刀闹革命"的由来，同时也是林彪和造反派骂他是土匪、"刀客"的原因。

在1924年至1927年间，贺龙拥护蒋介石，率部参加北伐战争，先后担任国民革命军第九军第一师师长和第二十军军长，是北伐军中左派将领之一。1927年，他倒戈站在共产党一边，率部参加并参与领导了南昌起义，担任中共起义军总指挥。起义失败后，他转战于湘、鄂、川、黔等地。长征期间，他任中共第二方面军总指挥，打破了国民党追堵、围剿。

抗日战争开始后，贺龙任八路军第120师师长，为中共保存实力、积极发展做出了贡献。1942年6月，他担任陕甘宁和晋绥联防军司令员。在党的第七次全国代表大会上，他当选为中共中央委员。

国内战争开始后，贺龙协助彭德怀组织指挥西北战场。1949年12月，他率华北野战军第十八兵团等部，由陕入川，配合二野，在成都地区歼敌数十万。西南各省"解放"后，他任西南军政委员会副主席和西南军区司令员，与邓小平、刘伯承一起，在领导清剿土匪、杀掠式土改和"解放"西藏中，做出了重大贡献。1952年冬或1953年春，未满18岁的笔者，在重庆西南军区高干招待所里，曾有幸目睹了贺龙的风采。

1947年7月，在山西兴县，中共用大刀秘密处决了一名"**要犯**"，把砍掉的头颅和尸体扔在一个枯井中。是贺龙下令处决的，体现了贺龙"**忠于党、忠于人民、对敌斗争狠**"的精神。这个"**要犯**"是一介文弱书生，他就是有"**至大至刚的硬骨头**"精神的、直言不讳的、敢于大声批评中共"**衣分三色，食分五等**"等级森严的天才作家、翻译家**王实味**。

又据报导，在调查"**贺龙刀下的冤魂**"时，发现了一个案子。记者写道："一批东北学生，想要南下参加三青团抗日，在山西路过贺龙防地的时候，抓获他们的贺部得令'**全部活埋**'。对我讲述这段历史的那个目击者（原部下）说：女学生抱着行刑人的腿，求一条活命，答应当小老婆伺候……最后还是埋了。"记者还说："这事当事人还活着。那批学生失踪，也能从当时报上查出来。"这个案子再次体现了贺龙"**忠于党、忠于人民，对敌斗争狠**"的精神。据说，贺在临终前曾"**为滥杀而痛悔**"。

1954年，贺龙上调中央任国务院副总理兼国家体委主任、中央军委副主席等职务。中共八届一中全会上，被选为中央政治局委员。1959年底，任国防工业委员会主任，同罗瑞卿等领导了国防建设。1964年初，主持军委日常工作。

纵观贺龙的一生，可以说赤胆忠心为中共的一生，是中共重要开国元勋之一。然而，他被定为"党内军内通敌分子"、"篡军反党分子"，"反革命修正主义分子"，他的归宿令人心寒：终被"杀人不见血"地困死、药死！林彪摔死后，为了安抚军队将帅，毛泽东把处死贺的责任推给了林彪，在军委常委扩大会上，声言要为贺龙平反。他说："**我看贺龙同志搞错了，我要负责呢。**"又说："**听一面之词，就是不好呢，向同志们做点自我批评。**"毛的所谓"做点自我批评"，竟被精英们赞誉为"**他真诚地做出了自我批评**"。总管贺龙专案组负责人周恩来闻讯后，下令对贺龙专案组提出的"证据"重新审定。重新审定结果"**证明**"：

晏章炎的揭发是诬告，李仲公上交的求降"亲笔信"是**伪造**，"二月兵变"**子虚乌有**，是康生的胡编乱弹，成钧中将和雷英夫少将的"供词"是**屈打成招**。正是：

来有形，去无踪，一切都在魔术师的皮囊中！

历史就是这样被中共轻而易举地制造出来！1974 年 9 月 29 日，中共中央发布文件，为贺龙平反恢复名誉；晏章炎也因**诬告**罪被判八年重刑，放过了**伪造**罪的当事人八十多岁奄奄待毙的李仲公。

株连罪在毛泽东时代司空见惯！**最为惨烈的是**，跟随贺龙南征北战多年的大将**许光达**，在贺倒毙前六天，以"二月兵变"总参谋长之罪，被专案组严刑拷打致死。**最为冤屈的是**中将**秦基伟**。这位刘伯承、邓小平的部下，从没同贺单独共过事，仅因其妻是贺龙、邓小平领导下的西南军区里的一名干事，贺曾为他们牵过线，因而受审、流放、坐狱长达七年之久。好在八十年代，邓小平叫他当了国防部部长并晋升为上将，算是对七年冤情的补偿。

六、瘐死政治局常委陶铸

陶铸这位中共中央中南局第一书记兼广东省委第一书记，1965 年起，因功勋卓著得宠于毛泽东，开始平步青云：1965 年 1 月晋升为国务院副总理，1966 年 5 月，又升任为中共中央书记处常务书记兼中央宣传部部长，同年 5 月，被毛任命为中央文革小组顾问，8 月，在中共八届十一中全会上，当选为政治局常委，成了中共排在毛、林、周后的第四号人物，可谓春风得意，红到极点。然而，刚刚"红"了五个月的他，功败垂成，突然被打倒，旋即失去了人身自由，成为与刘、邓并列的打倒对象。全国上下一致高呼："打倒刘、邓、陶！"拉出去批斗时，罚站、挨骂、挨打、坐"喷气式"等毛式揪殴，成了他必须面对的"考验"。1967 年 8 月 5 日，是毛泽东发表《炮打司令部》一周年的日子。这一天，在中南海内，红卫兵分别于刘、邓、陶所住的三处院子里，举行的批斗会，批斗刘少奇、邓小平和陶铸，他们的夫人跟着陪斗。据陶铸夫人**曾志**回忆："斗陶铸的有 300 多人，我被拉去陪斗。我看见有几个人把陶铸的脑袋使劲往下按，把他的双手反剪着，陶铸则进行着反抗，拼命把头昂起来，于是几个围上去对准他一阵拳打脚踢，额头上顿时鼓起几个鸡蛋大的肿包。为了拍实况纪录片，这场残忍的闹剧足足持续了三个小时。我俩心碎神疲地回到家中……"造反派要依"法"斗曾志，被主持人制止，让曾坐在一边。造反派后来得知，当年在井冈山上，曾志与毛妾贺子珍形同姐妹，关照贺生子非常尽心，有恩于毛。此刻，毛知恩报恩，谕示造反派放曾一马。遭受五个多月胰腺癌绝症反复折磨的陶铸，在 1969 年 10 月中旬，被无情地押解出北京，发配到合肥。本可以照顾病危丈夫的曾志，把政治生命看得比夫妻关系更重要，无情地抛弃了夫妻亲情的人伦道义，拒绝跟从随护。四十三天后，即 11 月 30 日，这位中共元老功臣陶铸，身边没有一个亲人，孤独而痛苦地死于囚禁地安徽合肥，骨灰不知何所。

对于陶铸的倒台的原因，其妻中组部副部长曾志回忆说，是因为他拒绝了江青要求，在倒刘批邓上态度暧昧，不肯带头发炮，还当面痛斥过江青"干涉得太多了"，导致江青大哭大闹，说她这一辈子还没有受过如此大的气。1967年2月10日，毛泽东在常委扩大会议上，就打倒陶铸问题大发脾气。他骂陈伯达说："**你这个陈伯达，你是一个常委打倒另一个常委。过去你专门在我和少奇之间进行投机。我和你相处这么多年，不牵涉到你个人，你从来不找我！**"然后又骂江青："**你这个江青，眼高手低，志大才疏，你眼里只有一个人。打倒陶铸，别人都没有事，就是你们两个人干的。**" 1978年12月，陶铸的女儿**陶斯亮**，写了一篇题为《一封终于发出的信》的文章，悼念她的亡父。她在《信》中写道："是万恶的林彪、'四人帮'害得我们家破人亡，妻离子散。"又写道："您知道女儿是单纯的，我不敢想，可无情的现实却逼得我不能不想：为什么江青、陈伯达他们要这样从背后捅您一刀？"然而，正是这位"单纯的"小姐，一位当年第二军医大学的学生，10月初，曾向毛、林状告军校领导镇压群众，直接促成林彪下达了一个"踢开党委闹革命"的紧急指示，即1966年10月5日的《关于军队院校无产阶级文化大革命的紧急指示》。《紧急指示》下达后，军事院校乱作一团，院校中许多专家、学者和教职员工，被批斗得妻离子散，家破人亡。但在"主旋律"的坚挺下，这篇遭到许多人反对的《信》，还是被教育部定为教材，印在广为传播的中学语文教科书上。

看来，打倒陶铸系江青、陈伯达所为是确定无疑了；但看法并非完全一致。

中科院历史研究所研究员高文谦，在他的《晚年的周恩来》一书中写道："**批陶**的决定正是毛泽东亲自做出的，陶铸在政治上被抛出来只是时间早晚的问题，江青不过是拉上陈伯达将此事提前捅了出去罢了，就像早先在文革运动中屡屡干过的一样。毛对此虽然不大高兴，但事后已经表态默认了这一点，因此并不真想算江、陈二人的账，还陶铸一个公道，以免损及中央文革的声名。"

在那个时代，在毛泽东的辞典里，批分"批而保"和"批而倒"，其区别是最终处理不一样："批而保"，即被批判者不一定要打倒，在认错、拥毛的条件下，还可使用，甚至重用；"批而倒"，则相反，被打倒者必须批倒、斗臭，"**打翻在地，再踏上一只脚**"，叫他永世不能翻身。对哪些人"批而保"？对哪些人"批而倒"？毛泽东具有不可争议的决定权！

笔者认为，对陶铸，毛泽东先是"批而保"。在中共八届十一中全会上，连中央委员都不是的江青，在敲定中共政治局常委排次位时，一句话，把陶从末位提到仅次于周恩来的第四位。她说："'老夫子'（陈伯达）书生一个，压不住邓小平，陶铸厉害，把陶铸调上去。"由此，人们可以清晰地窥见到毛对陶钟情之所在：1965年把陶调到中央，就是毛泽东倒刘批邓的部署之一。但为了警告周恩来，毛泽东却默认了"打倒陶铸"的既成事实。

毛泽东重用陶铸是有道理的。

1950年，陶铸任第四野战军兼中南军区政治部主任、中共中央中南局常务委员，尚未进入毛泽东视线。当年秋调任中共广西省委代理书记后，在领导剿匪反霸斗争中，因取得巨大胜利才崭露头角。在剿匪反霸中，他向毛泽东报告说："广西剿匪45万，杀了4万，其中三分之一可杀可不杀。"毛批："**广西应该杀。**"一万三千多冤魂就这样被追认为功劳，陶铸也因而被誉为"**用人血染红了顶子**"的典型，受到了毛的肯定。

1951年11月，中共华南分局副书记方方在主管广东省土改中，犯有温情主义的错误，被毛泽东斥责为"土改右倾"和"迷失方向"。"用人血染红了顶子"的陶铸，被毛调到广州，接替方方主管广东土改运动。他一上任，便大批"和平土改"思想，撤换了许多"对地主不够狠"的土改干部，其中5.2%被判刑或处死。陶铸提出并经毛泽东批准的新方针是："**对地主要狠**"，即"**村村见血，户户斗争**"！不能让地主交出（包括主动交出）土地和财产，就算完事；要发动贫雇农，**追忆**地主剥削之苦，**控诉**地主压迫之恶，**打斗**地主之身，内部规定，每村至少**杀一个地主**"以立政威"，借以**提高**贫雇农紧跟共产党的政治觉悟。于是，杀地主定额秘密分配到县、乡一级，杀人审批权限也下放到县、乡一级。由于档案尘封，人们不知道广东省土改中枪杀的具体人数，但据知情者披露(待核实)，每县处死地主约两、三千人，全省处死约为20~30万人(含自杀)。又据《带刺的红玫瑰》一书透露，1953年春季，广东粤西地区在土改中，有1,165人自杀，其中2月3日到3月6日，自杀者高达805人。由于功大不可抹，1955年，陶铸被毛提拔为中共广东省委书记兼省长，1956年9月，被选为中共第八届中央委员。

到了1957年，中共功臣陶铸在反右中又大显身手。5月19日，他学着毛泽东也对知识分子玩了个"**引蛇出洞**"：他亲自到中山大学发动师生给共产党提意见，鼓励中文系教授**董每戡**和**詹安泰**、政治经济教授**林楚君**积极提。结果，这三个提意见的"积极分子"，统统被打成右派。据统计，广东省共划右派分子36,610名。其中，全省8,076人的民主党派成员中，有1,623人被打成右派分子，占全省民主党派成员总数的百分之二十。广东反右斗争的胜利，使成百上千个家庭妻离子散，家破人亡！由于反右有功，陶被誉为"**毛主席的好学生！**"

在1958年的大跃进中，"毛主席的好学生"陶铸，紧跟导师，在《红旗》杂志上发表了《**驳"粮食增产有限论"**》的文章。他在文章中说：广东的粮食亩产可以达到三四千斤以至一万斤；他以亩产数千到数万斤的"高产卫星"为根据，尖锐地批驳了"粮食增产有限论"者的"**荒谬**"，嘲笑了他们对自然科学技术知识的"**贫乏**"。据此驳论，他提出了"**三餐干饭不要钱**"的著名口号，叫响全国。他的文章和口号，对于当时处在"瓜菜代"饥肠辘辘中挣扎的广大农民来说，是张美丽馋眼而无法填肚的图脯和画饼；但他却在广大农民敢怒不敢言中，成为大跃进运动中的一颗耀眼明星！在"三餐干饭不要钱"的共产主义口号下，全省有65.7万人在图腹吞咽中倒毙，在画饼充饥中饿亡，这些在曹树基所写的《1959-1961年中国的人口死亡（3250万）及其成因》一文中，有详尽的论证。如果不是广东得天独厚，有数以十万计的华侨通过港澳接济，饿殍将超过百万。由于饿死人数相对较少，名列全国第14位，这个政绩，又被记在陶铸的"功劳薄"里！

　　面对"三面红旗"造成的可怕恶果，陶铸也许良心再现，有所反思。在1959年庐山会议上，他对彭德怀敢于"**我为人民鼓与呼**"的万言上书，曾表示过支持，差一点为此付出代价。但当毛泽东率众批斗彭时，在中共伦理共识作用下，他摇身一变，坚定不移地站在毛的一边，对彭大加鞭挞，痛斥彭德怀的"**《意见书》不过是公开放的箭，在背后对毛泽东同志的领导，不知道放了多少更毒的冷箭**"。庐山会议后，全国饥馑迅速扩大，陶"功"不可抹。此时的陶铸，已经是说一不二的"封疆大吏"，被人称之为"**南霸天**"！

　　上调中央后，特别是在"横扫"、破"四旧"和支持红卫兵**批、斗、揪、打、砸、抢、驱、游、抄、烧、杀**中，在批刘、邓和批"彭罗陆杨"中，陶铸紧跟导师的部署，赤膊上阵，"刺刀见红"；他积极参与文革纲领《五一六通知》和《十六条》的起草和修改工作；在毛泽东"接见"红卫兵中，他主持起草了林彪、周恩来在天安门城楼上的历次讲话稿，等等。由此可见，他在支持和推动文化大革命中，功勋卓著，理所当然地飞黄腾达，从一个普通中央委员，一跃成为地位仅次于周恩来的党国第四把手。然而，好景不长，在大批资产阶级反动路线中，他同周恩来一样，不自觉地维护了一些右派高干，特别在上海夺权风暴中，同情和支持老朋友上海市委第一书记陈丕显和市长曹荻秋，偏离了导师的教诲。1967年1月8日，他在被他的导师斥为"**很不老实**"后而惨遭大难。他同周恩来一样，对"阶级敌人"立场坚定，从不手软，而对干部特别是高级干部，却是佛心高照，总是心慈手软，关爱有加；可惜手段玩得不如周恩来高明，最终促成他对毛晚节不保，死无葬身之地！

　　毛泽东对待中共功臣是关爱有加的，只要不威胁他的权力；毛泽东对待犯错误的功臣，也能网开一面，只要你能低头认错，紧紧地跟着他。在大批资产阶级反动路线中，毛泽东见陶铸同周恩来一样同情和支持一些老朋友，偏离了他批斗"走资派"的大方向，自然非常恼火，在高层中说了些"**很不老实**"和"**打倒**"的气话，也借以敲打一下周恩来，其内心深处还没有准备打倒陶铸。不料，早想扳倒陶铸的江青听了后，如获至宝，便伙同陈伯达、康生等人，把"打倒陶铸"捅了出去。对此，毛泽东自然生气，在常委会上怒斥江青、陈伯达也在情理之中，并非像有人分析的那样是"逢场作戏"。而从"批而保"到"批而倒"，诚如高文谦所说，是毛泽东对既成事实的不得已认可。

　　由此看来，尽管**曾志**的回忆有谄媚邓小平之嫌，但她和她的女儿把陶铸悲剧直接归罪于江、陈是有道理的。也许"不识庐山真面目"，她们在无产阶级专政理论腌渍中执迷不悟，而那种无法摆脱的根深蒂固的顽钝和偏见，使她们无法承认发生这种悲剧的根源。当陶斯亮顿足锤胸、大声哭喊"**是万恶的林彪、'四人帮'害得我们家破人亡，妻离子散**"时，那些在陶铸铁腕统治下的数十万冤魂的在天之灵，听了陶女的哭嚎，会有何感受？也许有人认为：他们会幸灾乐祸，大骂陶铸死有余辜。不！那是官方和上层精英们的思维模式；恰恰相反，在另一个世界里，他们听到陶女的哭嚎，也会痛心疾首、落下同情的泪珠。因为，经过无产阶级专政血腥镇压的洗礼，他们都已懂得了真、善、美华夏文明和自由、民主、人权普世价值之可贵，多年洗脑所形成的"**与人斗，其乐无穷**"的阶级斗争酷虐观，在另一个世界里，人类兽性一面的仇杀、冷酷、淡漠和冥顽等恶疾，都被恢恢天道自动洗涤干净，变成了天使具有的恻隐、宽容、仁爱和理智等**天理之心**！他们对良心再现者如是，对"放下屠刀，立地成佛"者也不例外——这一切都是陶斯亮母女和官员们无法或不愿理解的。

七、拖死国家主席刘少奇

1966 年 12 月 25 日，北京红卫兵"三司"，在天安门广场上，召开了"彻底打倒刘、邓为首的资产阶级反动路线誓师大会"。凌晨，约 5,000 名红卫兵的人流，迅急地涌到这里，几辆安装着高音喇叭的宣传车上，插满了清华大学井冈山兵团的旗帜。在红卫兵和数万围观者的仰视中，一个头着军帽、身披军大衣、眼戴近视镜、仪表文质彬彬的青年人，即席发表演讲。他就是赫赫有名的红卫兵五大领袖之一的**蒯大富**。口若悬河的他，以其极富煽动性的语音，激起台下阵阵掌声和狂热的欢呼声。突然，高音喇叭中传出他声嘶力竭地呼号：

"**打倒刘少奇！**"

这是全国第一次在公开场合指名道姓地攻击国家主席刘少奇。蒯大富吃豹子胆了？事后人们知道，这是中央文革江青、张春桥等人，在周恩来的支持下根据毛泽东发出的"**要公开批判刘少奇**"的"最高指示"所导演出来的大作。于是，全国各地红卫兵们，纷纷学步北京，开始组织游行示威，亦步亦趋地喊出打倒刘少奇、打倒邓小平等口号。

刘少奇曾说过："**溜须拍马不好；但为了革命工作，就是好的，就应该做。**"听命于中央文革一心上爬的蒯大富等人，接过"拍马好"论，把枪口对准了"拍马好"论的发明者。这是历史的幽默？抑或历史的嘲讽？

原来，1966 年 10 月 16 日，在北京召开的中央工作会议上，陈伯达代表毛泽东做了题为《无产阶级文化大革命中的两条路线》的讲话。这个讲话稿是经过毛泽东亲自审阅了的，并得到了周恩来的全力支持。这篇讲话，公开点名批判刘少奇和邓小平，激烈指责他们所代表的路线是"资产阶级反动路线"，是公然对抗毛主席无产阶级革命路线的反动路线。

然而，在几天后的 24 日会上，毛泽东却对刘、邓"网开一面"。他郑重地说："**对刘少奇不能一笔抹煞。**"在 25 日会上，他又说："**也决不能完全怪少奇同志和小平同志，他们有责任，中央也有责任，中央也没有管好。**"这种"打一把，拉一把"的权术，被御用精英们捧为"领导艺术"！

应该承认，毛"**对刘少奇不能一笔抹煞**"的理由是充足的。远的不说，从"解放"后开始，1950 年的土地改革运动，历时三年多，接着便是 1950~1951 年镇压反革命运动，1951~1952 年的对知识分子"改造"运动，1952 年的"三反"、"五反"运动，1954 年的批高岗、斗饶漱石和批俞平伯、斗胡风运动，1955 年的肃反运动，1957 年的反右运动，1958 年的大跃进、人民公社、大炼钢铁和拔"白旗"运动，1959 年的反彭德怀、黄克诚、张闻天、周小舟运动，1960 年的反后进运动，1963~1966 年的"四清"运动，等等，制造了数百万件冤假错案，导致数千万人惨死，数百万个家庭妻离子散、家破人亡，数千万人被打、抓、管、关和发配，无辜受株连一个多亿。从 1949 年到 1966 年的十七年间，残酷的阶级斗争使仁义理智信和真、善、美的中华大地，人性泯灭，道德沦丧，假恶丑横行天下，批斗杀甚嚣尘上，从而为导致数百万人死于非命的文化大革命创造了不可或缺的条件。毫无疑问，毛泽东是中国这场悲剧的主帅，而刘少奇则是其头号帮凶。

毛对刘、邓"网开一面"的恩惠，一个多月中刘、邓竟无任何表示。长期在毛泽东手下工作的刘、邓，对毛的权术再熟悉不过了。他们熟悉毛泽东的"**二皮脸**"，一张是"佛"脸，一张是"魔"面，在"**理无常是**"的"一分为二"理论支配下，两张脸变来变去，交互使用，其"精神实质"难以琢磨。因此，他们对毛的"恩惠"采取观望态度。但这在毛泽东看来，分明是大逆不道，分明是负隅顽抗，其"无产阶级震怒"可想而知。不用命令，善于察言观色的周恩来、江青、张春桥、康生、戚本禹等人，便洞悉到"伟大领袖"的"精神实质"。

12 月 18 日，在周、江的支持下，**张春桥**派人把"三司"红卫兵司令**蒯大富**叫到中南海，向他布置了中央文革小组制订的打倒刘少奇的计划。

12 月 24 日，戚本禹在北京矿院按计划扇风说："**刘、邓是党内最大的走资本主义道路的当权派。**" 12 月 26 日，康生在人民大会堂接见"全国红色劳动者造反兵团"代表时，按计划公开宣称："**刘少奇是中国的赫鲁晓夫。**" 12 月 27 日，北京高等院校造反派在工人体育馆召开了"彻底批判资产阶级反动路线大会"，根据中央文革的布置，聂元梓在会上作了《**向刘少奇、邓小平资产阶级反动路线猛烈开火**》的报告。

红卫兵被周恩来和中央文革小组按计划煽动起来。到 25 日，按计划由蒯大富带头，把打倒刘少奇、打倒邓小平的口号喊遍全国。

毛泽东迅速表达了对红卫兵们的支持。12 月 28 日他说："**现在看起来，对刘少奇问题不能象过去那样内外有别了，现在不公开批判不行了，要公开批判。**"这样，毛泽东用天才的"阳谋",完成了他"走群众路线"的杰作!

期间,中央文革成员专程找到刘少奇与前妻王前所生的女儿刘涛,动员她"要与家庭划清界线",不要"**舍后妈,保亲爸**"。在中共伦理共识文化熏陶下的刘涛,为了自保,果然出卖生父,贴出了《**看刘少奇的丑恶灵魂**》的大字报,也来了个落井下石!

1967年1月1日清晨6点钟,刘少奇家的大门就被人叫开。进来者用排笔在院子里的地上,浓墨涂写了两条大字标语:"**打倒中国的赫鲁晓夫刘少奇!**" "**谁反对毛泽东思想决没有好下场!**"

1967年第一期《红旗》杂志,发表了姚文元的长文《评反革命两面派周扬》。1月3日,《人民日报》和首都各报都转载了此文。姚文元在文的一条注释中明确写道:"**鼓吹《清宫秘史》的'大人物'当中,就包括有在当前这场无产阶级文化大革命中提出资产阶级反动路线的人,他们反毛泽东思想的反动资产阶级世界观,他们保护剥削阶级、仇恨革命群众运动的本质,早在建国初期吹捧《清宫秘史》时就表现出来了。**" 明眼人一看就知道,这个"大人物"指的是刘少奇。这是中共官方喉舌报刊,第一次公开用不点名的点名方式攻击刘少奇。

1月3日傍晚,中南海造反派出动二、三十人,闯进刘少奇的住所,将刘少奇、王光美揪到走廊门口批斗达40分钟之久,强令刘少奇背诵毛主席语录,并勒令他每天去怀仁堂前看大字报。

1月6日傍晚,北京"三司",成功地上演了"智擒王光美"闹剧(详见第九章)。

1月8日,周恩来紧跟毛泽东,在接见全国石油系统在京革命造反派的讲话时,他振臂高呼:"**我们要彻底批判刘、邓为代表的资产阶级反动路线,彻底打垮!**"

为了显示伟人的宽大胸怀,1月13日深夜,毛泽东派秘书将刘少奇接到人民大会堂。一见面,毛泽东满面春风地问:"**平平的腿好了吗?**" 刘少奇苦笑道:"**根本没有这回事,是个骗局。**" 聪明一世的刘少奇,竟然以为毛不知这个骗局!

据报导,这次会见,毛泽东态度和蔼,姿态高雅。刘少奇则不识时务地、郑重地向毛泽东提出了经过反复考虑的要求。他说:"**一,这次路线错误的责任在我,广大干部是好的,特别是许多老干部是党的宝贵财富。主要责任由我来承担,尽快把广大干部解放出来,使党少受损失。二,辞去国家主席、中央常委和《毛泽东选集》编委会主任职务,和妻子独生女去延安或老家种地,以便尽早结束文化大革命,使国家少受损失。**"

刘少奇这一番话,使毛泽东犹遭五雷贯顶。他强压怒火,不停地大口吸着烟,沉吟不语。过了好一阵子,火压了下去,终于开口了。他建议刘少奇认真读几本书,还专门介绍了德国动物学家海格尔写的《机械唯物主义》和狄德罗的《机械人》。临别前,毛泽东亲自送刘少奇到门口,嘱咐他:"**好好学习,保重身体。**" 从书名可以看出,毛要刘少奇不要太"机械",太死板,要刘向他低头认错。

由于刘少奇没有低头认错，遂被毛推定为死不悔改，批斗迅即升级。

1月18日，即毛找刘谈话后的第5天，中南海电话局的一些造反派，闯进刘少奇办公室，二话不说，将电话线扯断，撤了刘的电话。

3月31日，中央人民广播电台播出了《红旗》1967年第5期发表的戚本禹文章《**爱国主义还是卖国主义？——评反动影片〈清宫秘史〉**》。之前的2月23日，毛泽东在对此文作些修改后批示道："**看过，写得很好。**"

戚本禹在文章中引述了毛泽东对《清宫秘史》的批判："**《清宫秘史》是一部卖国主义的影片，应该进行批判。**""**《清宫秘史》有人说是爱国主义的，我看是卖国主义的，彻底的卖国主义。**"文章在揭露和批判刘说《清宫秘史》"是爱国主义"和刘说要当"红色卖办"之后，用匕首直刺刘少奇的心窝：

为什么你要在抗日战争爆发前夕，大肆宣扬活命哲学、投降哲学、叛徒哲学，指使别人自首变节，要他们投降国民党，叛变共产党，公开发表"反共启事"、宣誓"坚决反共"？

为什么你要在抗日战争胜利之后，提出"和平民主新阶段"的投降主义路线？

为什么你要在解放以后极力反对资本主义工商业的社会主义改造？反对农业合作化，大砍合作社？

为什么你要在社会主义三大改造完成以后，竭力宣扬阶级斗争熄灭论，积极主张阶级合作，取消阶级斗争？

为什么你要在三年困难时期，与国内外牛鬼蛇神遥相呼应，恶毒攻击三面红旗，鼓吹"三自一包"、"三和一少"的修正主义路线？

为什么你要在1962年还重新出版过去那种不要革命，不要阶级斗争，不要夺取政权，不要无产阶级专政，反对马克思列宁主义，反对毛泽东思想，宣扬腐朽的资产阶级世界观，宣扬反动的资产阶级唯心主义哲学的、欺人之谈的大毒草《论修养》？

为什么你要在社会主义教育运动中提出和推行形"左"实右的机会主义路线，破坏社会主义教育运动？

为什么你要在无产阶级文化大革命中，勾结另一个党内最大的走资本主义道路的当权派，提出和推行资产阶级反动路线？

答案只有一个：**你根本不是什么"老革命"！你是假革命、反革命，你就是睡在我们身边的赫鲁晓夫！**

戚本禹这篇经毛泽东修改和首肯的文章，从政治上宣判了刘少奇的死刑。悲愤之极的刘少奇，把刊有这篇文章的《红旗》往桌上一摔，愤怒地说："**假话！造谣！我什么时候说过那个电影是爱国主义？什么时候说过要当'红色卖办'？这不符合事实，是栽赃！党内斗争从来没有这么不严肃过。我不反革命，也不反毛主席，毛泽东思想是我在七大提出**

来的，我宣传毛泽东思想不比别人少！"说着说着，"哇"地一声，一股鲜血夺腔喷出……退一万步论，说过《清宫秘史》是爱国主义就是"彻底的卖国主义"吗？就是反革命吗？这是什么逻辑？当人性泯灭，道德沦丧之时，造谣、诽谤、栽赃和诬陷，便成了马列毛革命者的必然选择，因而横行无阻。令人困惑的是，这种对付对手的伎俩，刘少奇过去也曾多次使用过；令人哀叹的是，当别人又用这种伎俩对付他时，竟忿怒得口吐鲜血。可怜呀可悲！

反"二月逆流"后，党内右派溃不成军，实权完全操纵在周恩来和中央文革手里。一些高层领导，倒的倒，垮的垮，人人自危，谁也不敢站出来为刘少奇开脱。然而，一个党外人士、曾当过北洋政府教育部部长的**章士钊**，自恃年高且曾有恩于毛，其养女**章含**之做为英语教师，又零距离服务于毛，毅然致信毛泽东替刘少奇讲情，却成了墙倒众人推中唯一侠义之举。章在信中说：

毛、刘分裂就会使国家分裂，望毛、刘两位领导赤诚相待，好好谈谈，刘可做检讨，但不要打倒。

见信后，毛泽东当即回信如下：

行严先生：

惠书敬悉。为大局计，彼此心同。个别人情况复杂，一时尚难肯定，尊计似宜缓行。敬问安吉！

毛泽东，3月10日

随信附去的是当时中央所整理的有关刘少奇罪状的材料。章士钊读了这些材料之后，仰天长叹，对养女章含之说，毛已"**蓄意致刘少奇于死地**"。

4月10日，经周恩来和中央文革批准，清华大学红卫兵召开了有三十万人参加的批斗王光美大会，并揪彭真、薄一波、陆定一、蒋南翔等三百多高级干部做陪斗。

接着，刘少奇的《**论共产党员的修养**》一书遭批判。1967年5月8日，《红旗》杂志和《人民日报》发表了"**《修养》的要害是背叛无产阶级专政**"的文章，而早在1962年8月，曾赞扬过《修养》又面谕康生要刘少奇尽快编辑出版《刘少奇选集》的毛泽东，此时却来了个180度的大转弯，在赞扬这篇批《修养》文章的同时，还在文中加写了这样一段话："**作者在这里宣扬了形而上学，抛弃了伟大的辩证唯物论和历史唯物论。**"1967年5月11日，中共中央发出了"关于批判刘少奇《修养》的通知"，号召全党批《修养》！

7月9日，在中央文革的支持下，北京建筑工业学院的造反派，发起了"揪刘行动"。在中南海西侧的府右街，人山人海，水泄不通，锣鼓喧天，口号声歌声不断。据说，有二十万"革命群众"驻扎在中南海墙外，要求把刘少奇"揪出中南海"。这就是名震全国的"围困中南海事件"。

1967年7月14日，毛泽东去武汉。他前脚走，批斗刘少奇"大火"，便在北京中南海内外燃烧起来。毫无疑问，江青领了"圣旨"。

中央文革向北京各路红卫兵下达了批斗刘少奇的命令。7月17日，建工学院"新八一战斗团"首先发出了《最紧急最严正声明》，"**勒令刘少奇于7月22日零时以前和王光美一起'滚'出中南海**"，否则，他们将采取"最紧急、最坚决、最强硬的革命行动"。

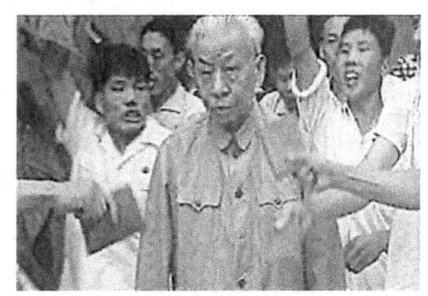

刘少奇做梦也没想到……

7月18日，中南海内的造反派，分别将刘少奇和王光美揪到中南海的两个食堂里进行批斗。批斗会上，年近七十的刘少奇，低头弯腰，站了两个多小时。对此，曾亲临现场的人回忆道："**刘少奇掏出手绢，想擦一下汗，立刻被旁边的人狠狠一掌，手绢打落，汗水滴在了地上……**"斗他们的人，许多是秘书局的干部。

1967年8月5日，是毛泽东《炮打司令部》大字报张贴一周年。《人民日报》登载了大字报全文，并配发了《炮打资产阶级司令部》的社论。为纪念毛泽东的大字报张贴一周年，在北京天安门广场上，召开了300万人的誓师大会，声讨刘、邓、陶。而在同一天，大会后的中南海内，刘少奇、王光美被几个彪形大汉架进了批斗会场，拳打脚踢，坐"喷气式"。大汉们揪着刘少奇稀疏的白发，强迫他抬起头来，拍照录像。在长达两个多小时的批斗会上，刘少奇不断遭到肆意漫骂和野蛮扭打。他的每一次辩解，都被一阵阵口号声打断，他的每一次张口，都招来一本本语录本劈打，**打得刘少奇鼻青脸肿**。

会毕，刘少奇、王光美被押到会场一角，被强按着头，向两幅巨型漫画上的红卫兵小将鞠躬。鼻青脸肿的刘少奇，鞋子不知什么时候被踩掉了，他穿着袜子，双腿像灌了铅似的一瘸一拐地走回了办公室。

经过残酷批斗的刘少奇，似乎有所醒悟。在一次批斗会上，他拿出事前准备好的《中华人民共和国宪法》，怒气冲冲地抗议道：

"**我是中华人民共和国的主席，你们怎样对待我个人，这无关紧要，但我要捍卫国家主席的尊严。你们这样做，是在侮辱我们的国家。我个人是一个公民，为什么不让我讲话？宪法保障每一个公民的人身权利不受侵犯，破坏宪法的人一定要受到法律的严厉制裁。**"

正如章士钊所言，毛已"蓄意致刘少奇于死地"，无论他如何辩白或抗议，都没有用了。在中南海的小规模斗争会上，只要他一开口，就有人用《毛主席语录》本敲打他的嘴和脸，喝令"不准放毒！"刘少奇的嘴也就从此闭上，再也没有作任何辩解和抗议。

刘少奇同其他挨批、挨斗、挨打的官员一样，到了无法忍受迫害时，才想起了《宪法》。在"一化三改造"中，在"反右"中，在"肃反"中，在大跃进和反彭德怀中，在"四清"中，甚至在文革初期的"横扫"、破"四旧"和"红八月"里对无辜者的抄、打、屠杀中，面对无数人挨批、挨斗、挨打、挨罚、自杀、枪杀，面对数不清的家庭妻离子散，家破人亡，试问国家主席刘少奇：你什么时候想到过《宪法》？你什么时候用《宪法》来约束过自己侵犯人权的行径？你什么时候用《宪法》来规劝过毛泽东独断和暴虐？当然，人们不会忘记，你对"三面红旗"罪孽的良心反思，大胆地指责其为"**三分天灾，七分人祸**"；人们也不会忘记，你策略而谨慎地采取"三自一包"等修正主义补救措施，缓解了毛泽东一意孤行给广大农民带去的饥馑和灾难！

从集体遗忘《宪法》到受害时才想起《宪法》，是一个令中国每个人都要认真反思的沉重话题。可惜，这种反思直到二十一世纪的今天也没真正实现，许多人还在幽梦中酣睡！

当《中华人民共和国宪法》成为一张废纸时，迫害刘少奇的行动紧锣密鼓地逐步升级。

由于"走资本主义道路当权派"、"中国的赫鲁晓夫"和"资产阶级反动路线"等为代表的帽子不足以定罪，也不能令人信服，寻觅其他罪行便成了毛左派的当务之急。机会终于出现，东北有人揭发刘少奇曾被捕叛变过。1967年6月3日，以周恩来挂帅、江青、谢富治、戚本禹等人负责的"刘少奇、王光美专案组"，迅速成立。

据报导，为了查找刘的叛变罪行，专案组在东北三省查阅了245万卷档案和报刊资料，却一无所获。面对这种状况，专案组并不死心。他们把中共满洲省委工作人员名单、奉天军警宪特名单和奉天钞厂职工名单，编印成花名册，分发到东北三省各市、县、街道和农村，逐一查找名单上的人，并要求"**活着的查到人头，死了的查到坟头**"。在强大的政治攻势下，他们找到了十多个证人。接着，他们展开了对证人的攻心战：在四个证人自杀未遂的情况下，依靠诱供、逼供和酷刑等刑讯手段，最终找到了几条刘少奇叛变的"根据"，终于完成了毛、周、江等中央领导交给的重大政治任务。

为了证明王光美是美国战略特务，周、江领导下的专案组，批准逮捕了几个有关证人。其中，一个证人是中国人民大学教授**杨承祥**，另一个是北京师范学院外语系教授**张重一**。两个教授均为重病在身的老人，又都在狱中的反复提审中审毙。据叶永烈在《江青传》中披露，1967年11月9日，在江青等人圈阅的专案组审毙张重一的报告中，有这样一段文字：

因张犯（笔者：张重一）患肝硬化癌变、腹水，为争取时间获取口供，经领导批准，请解放军总医院在监内采取了医疗监护和急救措施。十月二十六日张犯病情急剧恶化，二十八日移入解放军总医院，**经大力抢救，给我们创造了多审七天的条件**。至十一月一日死亡。张犯是十足的带着花岗岩脑袋进棺材的家伙。……对于这样一个死顽固，我们组织了一个强有力的审讯小组，持续地发动政治攻势，**在拘留二十七天中，突审了二十一次**，穷追紧逼，终于迫使他断断续续地交代了有关王光美特务问题的几个情况。

又据披露，在张重一咽气前的最后一次审讯中，审讯录音带录下了审问者和张重一临终前的对白：

问：你听谁说的王光美是特务？

张：我……有个具体印象。

问：你怎么知道王光美是特务呢？

张：嗯，我是从那封信知道的。

问：谁的信？

张：还不是信，就**是从咱们政府的公报上我知道的**……（话没说完，张气绝身亡。）

"审毙报告"和"临终对白"，使人们看到了毛式无产阶级专政的野蛮和邪恶。

1968年9月16日，刘少奇专案组（此前，刘、王专案组已分开）终于写成的《关于叛徒、内奸、工贼刘少奇罪行的审查报告》，上报中共中央。**江青**大笔一挥，在《审查报告》上写下这么一段批示："**我愤怒！我憎恨！一定要把无产阶级文化大革命进行到底！刘少奇是大叛徒，大内奸，大工贼，大特务，大反革命，可说是五毒俱全的最阴险，最凶狠，最狡猾，最歹毒的阶级敌人。**"周恩来批示说："**此人该杀。**"9月29日，**林彪**在《审查报告》批示："**刘贼少奇，五毒俱全，铁证如山，罪大恶极，令人发指，是特大坏蛋，最大隐患。把他挖出来，要向出色指导专案工作并取得巨大成就的江青同志致敬！**"专案组建议对刘处以极刑，但毛泽东不同意判刘死刑，却默认其他处置方法。

10月13日至31日，在毛泽东的主持下，中共八届十二中全会通过了《**关于叛徒、内奸、工贼刘少奇罪行的审查报告**》，并做出了把刘少奇"**永远开除出党，撤消其党内外一切职务**"的决议。会上只有中华全国总工会副主席**陈少敏**一人反对，成了一百多个中央委员中的唯一另类。

对于这段历史，著名传记作家是这样描述的：

10月13日至31日，中共八届十二中全会在北京举行，在极不正常的情况下，全会批准了江青、康生、谢富治等用伪证写成的《关于叛徒、内奸、工贼刘少奇罪行的审查报告》，做出了把刘少奇"永远开除出党，撤消其党内外一切职务"的错误决议。

什么叫"**极不正常的情况**"呢？作者迴避了。据报导：第八届中央委员97名，候补中央委员73名，合计170人；其中，被毛、林、周和中央文革等认定为"阶级敌人"和"牛鬼蛇神"等罪名的中央委员和候补中央委员，高达121人，占总数的71.2%，他们都被剥夺了参加全会的资格；在中央委员中，除去世的10人外，能参加这次会议的只有40人，仅占中央委员人数的41.2%；为了凑够党章"规定"的半数以上之数，便"依规"从候补委员中晋级10人，使中央委员人数过半，达到了50人；与会的中央候补委员19人，仅占应与会人数的26%，除10人晋为中央委员外，剩下9人与会。又据报导：参加八届十二中全会成员共133人，其中正式成员59人，占参加会议总人数的44.4%，而由毛泽东指定与会的非正式成员，高达74人，占参加会议总人数的55.6%。据此有人推定，中共八届十二中全会是个非法的全会。在这个"非法的全会"上，中共党的第一副主席、国家主席刘少奇被双开除了。

此外，著名传记作家在"**全会批准了江青、康生、谢富治等用伪证写成的……**"一段话中，有意迴避了专案组总负责人**周恩来**的大名。

向刘少奇本人传达中共八届十二中全会决议的时机，选定在1968年11月24日，即刘少奇七十岁生日那一天。这是一种"**致刘少奇于死地**"精神摧残。果然，听罢决议，刘少奇高烧40度！

1969年10月17日，根据中共中央决定，正在重病之中刘少奇，鼻子里插着鼻饲管，喉咙里通着吸痰器，身上扎着输液管，披着盈尺白发，棉被一裹，抬上担架，送上飞机，被武装押送到河南开封囚禁。又有报导说："**患有糖尿病的刘少奇，由于失去生活自理能力，长期卧床，又没有人为他清洗，身上又脏又臭。临离开北京时，看护人员索性把他的衣服剥去，包裹在一床粉红色的缎面被里，被上蒙了一条白色床单。**"

到了开封，刘少奇陷于持续高烧之中。对此，《文革十年史》一书中这样描写："没有人帮他换洗衣服，没有人扶他上厕所大小便，以至把屎尿拉在衣服上。长期卧床，造成双下肢肌肉萎缩，枯瘦如柴，身上长满了褥疮。……并用绷带将刘少奇双腿紧紧绑在床上，不许松动。"

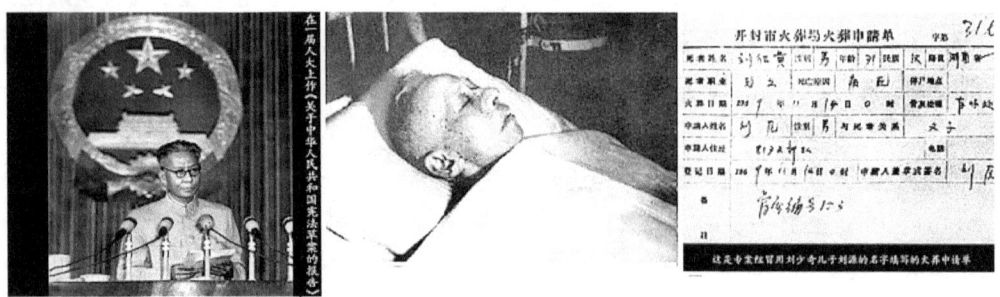

左：刘少奇在人大会上做《宪法》修改报告；中：刘少奇死于囚室；右：火葬申请单

又据《**刘少奇最后27天的〈监护日记〉**》一文披露：

在**北京特派员**的严密监控下，在缺医、少药最后断药的着意安排下，在没咽气的前几天已经做好了火化准备的情况下，刘少奇的精神和肉体受到了难以名状折磨和摧残。这位钦定不判死刑的国家主席，于1969年11月12日，在毛泽东默许下，在没有一个亲属在场的情况下，被**拖死在开封囚室里**。火化时，根据北京特派员的事先安排，执行者在火葬申请单"死人姓名"一栏里，将刘少奇名字改称为"**刘卫黄**"，而在"申请人"一栏里，又冒充刘少奇小儿子刘源，填上了"刘原"两字：执行者终于圆满地完成了中共官方设计的"历史"纪录！

当接到刘少奇死亡报告后，毛泽东在报告上批道："**自作孽，不得活！**"

历史记录了这样一组数字：株连刘案或为刘鸣不平而被逮捕法办的有 28,000 多人；被批、斗、开除党籍和撤职下放的达十万人以上；令人遗憾的是，因刘案被处决的人数不详。笔者不得不拾遗补阙：仅在本书第十八章"中国共产党幸福委员会"血案中，记录了因同情、支持刘少奇、高呼"**刘主席万岁**"的福建农民，有 21 人被判处死刑，立即执行，有 12 人被逼自杀身亡，8 人被打伤致死，还有为数不详的"犯人"妻子、母亲，被逼自杀身亡；在第十九章"摧残民主，绞杀自由"中，记录了陆兰秀、王申酉、史云峰、李九莲等四人，因替刘鸣不平而惨遭处决的经过。

对这位中华人民共和国主席的惨死，有人在《发掘出刘少奇悲剧的实质》中写道："**这是一个不遗余力的造神者最终被他所造的神无情抛弃和残杀的悲剧；这是一个加害他人的掘墓者到头来自掘坟墓的悲剧；这还是一个冷酷无情的背叛者最后众叛亲离的悲剧。**"但笔者认为，中国人应为这种悲剧默哀！

笔者还认为，中国人应当从刘少奇的悲剧中看到：他的"反动路线"是他曾一度对冷酷无情的毛泽东思想做过微不足道的**民主化反思**；他的"修正主义"是他曾一度对残忍暴虐的无产阶级专政做过无足轻重的**人性化修剪**。因此，中国人应当记住：刘少奇的这些"反动路线"和"修正主义"，曾给苦难中的人民带来过短暂生机；尽管他不可能会立地成佛！

八、重伤囚死彭德怀

1966 年 12 月，根据毛泽东的默示，江青打电话给在成都的北京红卫兵五大领袖之一的地质学院"东方红公社"头头王大宾说："**你们红卫兵这也行，那也行，怎么就不能把彭德怀揪出来呀？让他在山里头养神，天天还打太极拳，将来回来好反对我们，把我们打入十八层地狱！**"戚本禹听后心领神会，立刻打电话给北京另一个红卫兵五大领袖之一的航空学院"红旗战斗队"头头韩爱晶，对他说："**海瑞就是彭德怀，他现在四川，是大三线的副总指挥，那里没有人敢动他。要把他揪回北京，打翻在地。**"

12 月 27 日晚，北京红卫兵，根据**周恩来**的命令，共同将彭德怀押解到北京，囚于北京卫戍区某部。

彭德怀在监押期间，因遭受轮番批斗和人身摧残，造成严重内伤。纪希晨在《**史无前例的年代：文革四十年祭**》文中写道：

《草根评说：文革—毛泽东》

（1967年）7月11日，北京市50多所高等院校师生举行复课闹革命誓师大会，动员开展大批判、大揭发。江青几次对红卫兵说："彭德怀在卫戍区养得胖胖的，还没有公开批判一下呢！""要把他批倒批臭啊！"

12日，康生、陈伯达、戚本禹在人民大会堂召开造反派头头会议，戚本禹对韩爱晶等人说："你们要彭德怀交待反对毛主席的罪行。彭德怀反对毛主席，应当要他低头认罪。他要是不老实，得对他厉害点，不能对他客气。"

18日，戚本禹对"彭德怀专案组"说："毒蛇僵了，但没有死……彭德怀是个军阀，如壁虎一样，装死，实际没有死……要打翻在地再踏上几只脚！"

19日酷热的中午，彭德怀刚吃完有人塞给他的一个玉米饼，就被拉进吉普车，押到北京航空学院的一间教室里，面对着几十个红卫兵。

红卫兵厉声地要彭德怀交代问题！

"我不明白有什么问题。"彭德怀昂着头态度温和地说："我几十年来忠于毛主席，勤勤恳恳为中国人民出力。"

……

韩爱晶扑上来，一拳打在彭德怀的下巴上，彭德怀倒退几步，跌坐在地上。一群红卫兵跟着围了上来，一阵拳打脚踢，一连七次，把这个年近70的老人，拽起来，打倒，再拽起，再打倒。一个穿皮鞋的坏家伙飞起一脚，向躺在地上的彭德怀的右胸踢去，彭德怀哼了一声，昏迷过去。他的肋骨被打断了两根……

彭德怀被人拉起来时，他头上淌着血，站不住。一些女孩子吓得用手蒙住眼睛，当场哭泣起来。

这次批斗会上，彭德怀受了重伤。在场的北京卫戍区警卫战士，次日向"中央文革"写了一个报告：昨天北航开三、四十人的小会斗彭德怀。会上打了彭德怀，打倒七次。前额打破了，肺部有内伤，彭胸部疼痛，呼吸困难，痰吐不出来，不吃饭，不起床……

同其他体制内作家一样，在批斗彭德怀问题上，纪希晨有意回避了决策人毛泽东的所作所为：在1967年，彭德怀向毛泽东写了一封信，简略介绍了他被关押的经过，希望毛能高抬贵手，放他一马，并说："**向您最后一次敬礼！祝您万寿无疆！**"毛阅后，"拿起一支黑铅笔，迅速**在信上画了一个不规整的圈**，没有任何批语。"显然，那"一个不规整的圈"，放出了可以任意批斗彭德怀的信号。

7月26日下午，北京航空学院和北京地质学院，在北航南操场联合召开"批斗彭德怀万人大会"。身负重伤的彭德怀又被拉去批斗，张闻天也被拉去"陪斗"（见上图）。会上对年近七十的老人彭德怀、张闻天大搞"喷气式"。会后，红卫兵又把重伤的彭德怀押上卡车进行游斗。游斗中，彭被迫弯着腰，两个人揪着他的耳朵，一个人托着他的头，另有人时不时对他拳打脚踢。游斗是从北京航空学院开始，经新街口到天安门，由于游斗距離过长，致使彭德怀伤势恶化，昏倒在车上，红卫兵不得不把他从汽车上抬下来，送回"特监"。

批斗身负重伤的彭德怀——左起：彭德怀元帅戎装像；台上批斗；揪斗；张闻天陪斗

没有毛泽东的默示，江、康、陈、戚、韩等人，敢对开国元帅大打出手吗？没有毛泽东那个"不规整的圈"，处在第一线代表毛泽东指挥文革的周恩来，能对昔日患难与共的战友无动于衷吗？更为恶劣的是，在那"一个不规整的圈"的信号传播下，与彭有积怨的北京军区副政委**王紫峰**中将，借机把便纸篓扣到了彭德怀的头上，北京卫戍区副司令员**李钟奇**少将，亲手把彭打翻在地，又踏上一只脚，恶狠狠地骂道："**彭德怀，你也有今天！**"

毛、彭怨恨由来已久。在1959年4月庐山会议前的上海会议上，毛泽东曾强压怒火，对亲信们脱口说出了心存已久无法疏解的愤懑："**我这个人是被许多人恨的，特别是彭德怀同志，他是恨死了我的；不恨死了，也有若干恨。我跟彭德怀同志的政策是这样的：'人不犯我，我不犯人；人若犯我，我必犯人'**。"在庐山会议上，彭德怀的"万言书"，给毛泽东提供了整肃异己的机会。在毛看来，彭的"万言书"，就是向他下的"战书"，不应非君子也！于是，他率众罢了彭的官，并把彭逐出中央决策层。（详见"序幕"图注19：庐山会议批判彭德怀）

冰冻三尺，非一日之寒。毛泽东整肃彭德怀的表面理由是彭反对"三面红旗"，但其深层原由则是**两人积微成著**的怨恨。在庐山会议上，毛泽东曾毫不掩饰地表明，他同彭德怀三十一年芥蒂关系："**是三七开：三分合作，七分不合作；三成融洽，七成搞不来。**"

那"搞不来"的"七成"是什么呢？

其一. 彭德怀剿除王佐、袁文才土匪武装，获罪于毛泽东。

"秋收起义"后，毛泽东上井冈山后能站稳脚跟，得力于王佐、袁文才两支土匪武装的包容，而毛的"秘书"兼妻子贺子珍，是袁的部下，又是袁促成其美，因而同王、袁两人情同手足；但土匪武装为共产国际所不容。中共在前苏联莫斯科兹维尼果罗德镇召开的第六次代表大会上，对土匪武装作出了决定："**与土匪或类似的团体联盟仅在武装起义之前可以适用，武装起义之后亦解除其武装，并严厉地镇压他们，这是保持地方秩序和避免反革命的头领死灰复燃。他们的首领均应当反革命的首领看待，即使他们帮助武装起义时亦应如此。这类首领应完全歼除。**"由于毛同王、袁情深意厚，气味相投，对六大决议深不以为然，在红四军前委讨论六大决议时，毛把处置土匪的条款删掉了，有意保护王、袁两人。但王、袁后来还是看到了原文，遂生叛意。

为了翦除王、袁，边界特委书记朱昌偕联合红五军军长彭德怀，于1930年2月23日，将王、袁骗到永新县城中。次日凌晨，朱昌偕将袁文才击毙在床上，王佐闻讯逃跑时，被彭德怀的红五军枪杀于城东冬瓜潭中。

毛泽东在赣南闻听王、袁被杀的消息后，愤而生怨，怒而生恨。机会来了，特委书记朱昌偕在当年年底，被打成"AB团"成员，遂遭"错"杀，抚慰了王、袁幽灵！五十年代初，毛将王、袁追任为烈士，又接见了他们的遗孀，算对情谊做出了补偿。由于种种原因，毛放过了彭德怀。

其二. 彭德怀对打"AB团"有所反省，使毛不快。

1930年2月，总前委书记毛泽东，在主持的红四军前委、赣西南特委、红五军、红六军军委的联席会议上，发出了捕杀"AB团"号令。

从1930年5月起，赣西南苏区与红一方面军内开始了"反AB团的斗争"。11~12月中旬，毛泽东在他直接率领的一方面军内，迅速发动了"快速整军"运动，捕杀军中地、富出身的党员和牢骚不满分子。在不到一个月的时间内，在四万多红军中，处决了4,400多名"AB团"分子，其中有"几十个总团长"。毛泽东在一方面军内开展的捕杀运动，为中共苏区党、政、军内的肃反，做出了榜样。

与军内捕杀的同时，12月3日，毛泽东以总前委书记的名义，向中共苏区地方党政最高权力机关江西省行委发出一封《总前委致省行委的信》。信中说："**各县各区须大捉富农流氓动摇分子，并大批把他们杀戮。凡那些不捉不杀的区域，那个区域的党和政府必是AB团，就可以把那些地方的负责人捉了讯办。**"信中指名道姓说省行委李白芳等几名常委是"AB团"分子，而且要求"**对红二十军内也必须找得'AB团'分子线索，来一个大的破获**"。他在另一封致总前委肃反委员会主任李韶九的信中命令道："**党内地主富农成份现在举行大规模叛变，此问题在赣西南还是异常严重，必须运用敏捷手段立即镇压下来。**"——这是二十年后的土改和三十五年后的文革大规模捕杀"五类分子"及其子女的先声！

肃反委员会主任李韶九接信后，在他和省苏维埃主席**曾山**（前国家副主席曾庆红的父亲）的主持、审讯下，几天中用残酷的肉刑进行"逼供信"，即"**抓起来就逼，一逼就供，一供便信，一信便杀**"的审讯办法，先后把120多个地、富出身的党员、干部，把读过几年书的小知识分子和其他异己分子，打成"AB团"分子，杀害了其中的41人。据知情人回忆："**李韶九在十二月七号到了富田，当晚就开始抓人用刑。一种刑法叫'打地雷公'，把竹签从手指头与指甲盖之间的缝里打下去，一锤锤钻心的痛。另一种刑法，用香火烧，也是慢慢地折磨你，叫你长久地痛。李韶九还为江西领导人的妻子备有专门的刑法。**"又据一位受害者事后控诉，李、曾"**将女子衣服裤子脱下无片纱，用地雷公打手，线香烧身，烧阴户，用小刀割乳。**"李、曾的滥杀引发了红二十军兵变：12月12日，红二十军174团政委**刘敌**，发动兵谏，逮捕了军长刘铁超，李、曾逃脱，释放了全部被关压的"AB团"分子，高呼"打倒毛泽东，拥护朱德、彭德怀、黄公略"的口号——这就是中共党史上著名的"**富田事变**"。事变迅即被已任中共苏区中央局书记的毛泽东定性为"AB团"分子"叛乱"，尽管事变后，刘敌派人给中共中央送去200斤黄金，并请求处分。

1931年4月18日，当刘敌按约来到宁都县青圹村中央局"解决纠纷"时，迅被毛泽东捕杀。接着，毛又指令彭德怀、林彪处决了红二十军军长肖大鹏以下、副排级以上军官近800人。接着，毛泽东便在全苏区展开了肃"AB团"分子运动。

据报导：在肃"AB团"运动中，先后处决了一万多（另一说七万多）"AB团"分子、"改组派"和数千名"社会民主党"成员。肃"AB团"运动虽没有正式平反，但六十年后的1991年，在中央党史研究室编写的《中国共产党的七十年》一书里，明确肯定肃清"AB团"和"社会民主党"的斗争，"**是严重臆测和逼供信的产物，混淆了敌我，造成了许多冤、假、错案**"。

在肃"AB团"问题上，毛、彭"搞不来"发于1945年1月。当毛泽东"征求意见"时，彭德怀竟毫不客气批评道："'**富田事变'的处理方式不妥，基本上是地方干部与军队干部的隔阂，客观上不都是AB团。**"面对彭德怀的反省，毛泽东愀然变色，极为不满。

肃"AB团"运动的发动和领导者是毛泽东，但"主旋律"的史学家们，却把罪责算到王明等人头上。由此可见，在"主旋律"面前，**历史是个任由权力打扮的小姑娘！**

其三. 在毛泽东落寞中，彭德怀有落井下石之嫌。

1931年11月1日至5日，中央代表团在江西瑞金叶坪主持召开了中央苏区党组织的第一次代表大会，即"赣南会议"。会上，毛泽东受到了多方指责：批评他"狭隘经验论"、"富农路线"、"右倾保守"、"游击主义的传统"、"保守主义"和"单纯防御路线"等等。会上，撤销了毛泽东苏区中央局代理书记的职务，改由项英担任。毛泽东的权力受到了前所未有的挑战。在挑战中，毛窥见到彭的不逊身影。

1932年6月，蒋介石自任总司令，发动了对中共苏区的第四次"围剿"。国民党围剿的矛头首先指向兵力较弱的鄂豫皖与湘鄂西两个苏区。为了配合鄂豫皖与湘鄂西苏区的反围剿战争，临时中央和苏区中央局，敦促红一方面军"**不宜在南丰、南城、宜黄间久待**"，快速北进，威胁南昌。但为了保存实力，总政委毛泽东等人，命令红一方面军在东韶、洛口一带休整。毛的按兵不动，特别是鄂豫皖与湘鄂西苏区的反围剿战争失利后，临时中央和苏区中央局，迁怒于毛泽东。10月初，苏区中央局在宁都召开全体会议，即"**宁都会议**"。会上，毛泽东违抗中央命令和肃反扩大化等错误，受到了周恩来、项英、任弼时等中央局负责人的指责。会议决定撤销毛泽东红一方面军总政委的职务，由周恩来兼任。"宁都会议"使毛泽东失去权力长达两年多，是他一生中最为落寞的日子。

到了文化大革命，成了"千古一帝"的毛泽东，提起"宁都会议"，那忿忿不平的心情难以自制。而此时，谨小慎微的周恩来不得不经常检讨，说"宁都会议"是他"**一生中最大错误和罪恶**"，乞求毛高抬贵手。彭德怀呢？在当年这场周胜毛败的角力中，他荣升任军委副主席兼任红一方面军副总司令。因此，生性耿直、孤傲又不愿请"罪"的彭德怀，能逃落井下石的嫌疑吗？

其四. 毛泽东疑林彪要他让权的信系彭德怀所为。

1935年3月10日三渡赤水前，林彪、聂荣臻致电朱德："建议野战军应向打鼓新场、三重堰前进，消灭西安寨、新场、三重堰之敌。"中共总书记张闻天召开会议讨论。会上大多数人同意打，但毛泽东坚持不打。张闻天根据多数人的意见，作出打的决定，并命彭德怀为前敌总指挥，取代毛泽东去指挥作战。但到第二天，应毛泽东的要求，中央又召开了一次会议。会上，毛泽东终于说服了多数人，改变了张闻天打打鼓新场和彭德怀取代毛泽东为前敌总指挥的决定，组成了以周恩来为组长、毛泽东和王稼祥参加的"三人团"，负责指挥作战。在毛泽东看来，在打不打打鼓新场问题上，不是胜算多少的分歧，而是张、彭勾结要夺他的兵权。

四渡赤水后，中共高层又出现了严重分歧。据红三军团政委杨尚昆回忆：为了摆脱敌人，四渡赤水是红军在长征中走得最频繁的时候，不仅白天走，晚上也走，天又接连下雨，部队非常疲劳，又不了解领导意图，怕部队给拖垮，怪话很多。战士们说：不要走了，打仗吧。他回忆说："**在四渡赤水时，林彪一直抱怨毛主席的军事指挥，说我们走的尽是'弓背路'，应该走'弓弦'；说这样会把部队拖垮的，像他**（毛泽东）**这样指挥还行吗？**"

1935年5月11日，红一军团到达会理城外的大桥后，利用休整期间，林彪给彭德怀打电话，要求彭出来指挥。他说："**现在的领导不成了，你出来指挥吧。再这样下去，就要失败。我们服从你领导。你下命令，我们跟你走。**"林的要求被彭德怀回绝了。随后，林彪直接给周恩来、毛泽东和朱德写了一封长信。据聂荣臻回忆：林彪写了一封信给三人小组，要朱、毛下台，让权给彭德怀。

为了整合分歧，1935年5月12日，中共政治局在会理举行扩大会议。会上，毛泽东批评林彪说："**你是个娃娃，你懂得什么？！**"他还指责说："**彭德怀同志你对失去中央苏区不满，在困难中动摇，这是右倾；林彪写的信，是你鼓动起来的。**"遂将夺他兵权的企图，推到了彭的身上。

对彭德怀"鼓动"夺权之事，毛泽东耿耿于怀。据彭德怀回忆，从1935年到1959年，毛泽东曾四次提起此事。他说："**在这24年中，主席大概讲过四次，我没有去向主席申明此事，也没有同其他任何同志谈过此事。从现在的经验教训来看，还是应当谈清楚的好，以免积累算总账。**"彭的担心不幸言中。在1959年的庐山会议上，毛泽东又重提此事，矛头直指彭德怀。令彭意外的是，紧跟毛的林彪，在会上立即声明，说他写的那封信"**与彭德怀无关，他写信时彭不知道**"。对林彪的声明，彭十分感激；但为时已晚，怨恨已有结果：毛泽东彻底打倒彭德怀的决心正在付诸实施中。

其五. 彭德怀反对毛泽东消极抗日的卖国思想。

彭德怀亲自发动和指挥的"百团大战"，是中共整个八年抗战中唯一的、上规模的抗日战争。然而，这次真正的抗日战役，却受到中共和毛泽东的无理责难，引发了"骂娘四十天"的冲突，成了彭德怀的"罪证"之一！（详见"序幕"图注05"抗日战争"，图注06"百团大战"。）文化大革命中，精英们在声讨彭德怀的"滔天罪行"时著文说："**1940年八月，彭德怀背着毛主席伙同朱德擅自搞了个'百团大战'。战役进行了三个月二十五天，暴露了我军主力，使日寇攻打蒋介石的军队来进攻我军，保护了蒋介石，使我军和根据地遭受严重损失。**"这种无耻的消极抗日的自我保护主义，至今仍有很大市场。在抗日战争胜利六十年纪念日之际，中共中央总书记胡锦涛说："**中国共产党是抗日战争的中流砥柱！**"显然，当年中共和毛泽东为保存实力而对"百团大战"的谴责，并不影响中共做出中共是"中流砥柱"的结论！这就是中共领袖和上层精英们的历史观！

其六. 在毛泽东的压力下，彭德怀不情愿地发动了第五次战役。

在抗美援朝战争中，当中朝军攻到三七线时，彭德怀下令停止进攻，引发高层激烈争吵。金日成和苏驻朝大使兼北朝鲜军总顾问拉佐瓦耶夫认为，志愿军应乘胜追击，一鼓作气，把联合国军赶下大海。他们毫不客气地批评彭德怀右倾，并把"状"告到斯大林和毛泽东处。

连续三次战役使彭德怀意识到，今天的对手不是当年兵败如山倒的国民党军，毛泽东的消灭美军一个整师和速战速决的方针不现实。他清楚，在第四次战役反击时，中国曾以五个师的绝对优势，包围了美2师23团的阵地，力图歼灭一个整团。但攻击几天后，除阵亡两千多人外，一无所获。最使他痛心的是，由于没有空军掩护，一次在大江南岸，因接不到撤退命令，四个军的6万多志愿军，大部分死于炮火和轰炸之中！因此，他认为，必须改变消灭整师和速战速决的方针，为此，他必须说服最高统帅。（见"序幕"图注09:抗美援朝战争）

1951年2月21日，彭德怀夜飞北京，赶到毛住地新六所，排闼直入，唤醒酣睡中的毛泽东，力陈兵员不足、后勤保障困难等问题，并晓之以速胜的危险性。毛泽东经过认真思考后，修改了他的战略，敕令彭德怀："**朝鲜战争能速胜则速胜，不能速胜则缓胜，不要急于求成。**"毛泽东的表态，支持了彭德怀，但却下令彭德怀组织第五次战役，把联军赶到三七线上。彭德怀不得不按照毛的旨意发动了损失惨重的被西方媒体称为"绞肉机"的第五次战役。第五次战役的失利，使毛泽东有理由认为，彭的右倾情绪错失"战机"，特别对180师全军覆没，负有不可推卸的领导责任。

其七. 毛、彭个人品质的某些方面相形冰炭。

中共七大确立了毛泽东的领导地位，并把毛泽东思想确定为中共党的指导思想。"解放"后，毛的威望如日中天。1949年10月1日，有人高呼"毛主席万岁"和"朱总司令万岁"两个口号。由于这两个口号散发着浓厚的封建臭气，与中共"人民当家做主"的理论格格不入，因此，在设计1950年"五一劳动节"的口号时，宣传部门没有把这两个口号收录其中。但在审定口号时，矜而持之的毛泽东，大笔一挥，添上了一条"毛主席万岁"口号。自此，"毛主席万岁"口号以中央文件形式固定了下来，自动成了各级领导人和群众必须高呼的口号，一直呼唤了27个春秋；而"朱总司令万岁"的口号，则在一年后逐渐销声匿迹。

"**从来就没有什么救世主，也不靠神仙皇帝，更不靠那些英雄豪杰，全靠自己救自己。**"这是共产党的《国际歌》歌词。《国际歌》的词曲，是《共产党宣言》所阐述的共产主义理想和战斗精神的强烈张扬。然而在中国，领袖毛泽东却被赞誉为"人民的大救星"，其颂歌《东方红》从上世纪四十年代起，一直唱到二十一世纪！这种理论和实际的背离，是中共赤文化的又一大特色。在大唱《东方红》中，总理周恩来的"功"不可抹。为了争取毛宽恕"宁都会议"之罪，他配合"学雷锋"、"学大庆"、"学解放军"等造神运动，在1964年9月，亲自导演了有3,500多名专业和业余音乐舞蹈工作者参演的大型音乐舞蹈史诗《东方红》，成了古今中外少有的歌舞鸿篇巨著。直到2008年，这部"史诗"还在公演。这对于"**须要点个人崇拜**"的毛泽东来说，难掩内心之欢愉！

从延安时代起，中共首脑们就有组织舞会跳舞的习惯。据说战争年代也没间断过。"建国"后，每星期六晚成了例行舞会时间。到了星期六晚上，首脑大员们便不约而同地来到舞厅，由各军种总部派出的女文工团员们陪舞。许多年轻的文工团员，以能陪毛主席跳舞为荣。有时夜半，她们中有人还会有幸被召入"伟大领袖"下榻"促谈"。

对毛泽东这些习性，彭德怀很反感。据传，大员们见毛泽东时，除朱德常称"润芝"外，其他都喊"主席"，唯独彭称其为"老毛"。这显然是对毛尊严之不敬。平时，彭不加掩饰地反对喊"毛主席万岁"，反对唱"东方红"，这些在庐山会议上都被揭发了出来。这显然是对毛最高权力的蔑视。毛对于彭德怀这种孤高自傲的德行，常强压怒火忍受；最不能容忍但又无法拿到台面上去的是，彭对他好色隐私的攻击！

彭德怀是中共不涎女色的少数大员之一。在女色方面，他对属下要求更严。

1953年夏天，他在视察哈尔滨军事工程学院时，闲暇之余想看看松花江。在院长陈赓和院政治部副主任张衍的陪同下，来到松花江边。夏季松花江江水浩大，年轻人们在堤下游泳、玩水，传来阵阵嘻嘻哈哈的打闹声。彭德怀突然问："江水这么急，淹死过人没有？"张衍不经意脱口而说："听说每年都有人淹死，我们学院最近就淹死了一个女护士。"彭德怀认真地问道："为什么淹死了？"张衍说："她是我们医院里的一个女护士。有个干部追求她，姑娘不愿意，可顶头上司又出面'劝'她，姑娘心眼小，一时想不开，晚上跑上江堤投了江。"彭德怀听了眉毛一拧说："自杀？"然后大声问道：**"你们怎么处理？"**见部长变色，张衍赶快煞车："我们正在调查处理！"彭德怀怒道：**"有什么好调查的？把那几个干部统统开除党籍！"**说罢，不看松花江了，转身对陈赓说："回学院！"

1956年，为了防止军官借舞会搞不正当男女关系，他下令军以下机关不准跳舞。彭的这种生硬、粗暴的领导方式，得罪了不少将领和高级军官。1957年，笔者曾在任教的高级工程兵学校目睹了一场为跳舞问题引起的分争：最后，校政委以"下级服从上级"为由，"说服"了校政治部主任——下令不准跳舞。笔者从此告别了舞场。

彭德怀的悲剧在于，他对下级如何严厉都不要紧，千不该万不该，不该把矛头对准最高领袖：当听说毛泽东夜召女文工团员到下榻"促谈"时，他一怒之下，撤销了由年轻貌美女孩子组成的总政中南海文工队建制，没给毛泽东留一点面子。他还毫无顾忌地批评公安部部长罗瑞卿和总政治部主任萧华，斥责他们经常挑选漂亮女孩子往中南海里送是"选妃子"。当"选妃子"一说传入中南海后，毛泽东有什么反映？人们不得而知；但一句"小资产阶级狂热"便把彭德怀定性为反党反社会主义甚至"里通外国"的罪犯，便可窥见到"选妃子"一说的严重性。

八年前的庐山会议上，毛泽东挟中共中央大员罢黜了彭德怀的官，应该说已解除了毛的心头之恨，但为什么到1967年又把这只"死老虎"拉出来当"活老虎"来打呢？——"痛打落水狗"，毛泽东怨恨之深之至矣！正是：

量大非君子，无毒不丈夫！

彭德怀这位在中共高级大员中少有的比较耿正、较有良心的元帅，**为指挥为**毛泽东所反对的真正抗日的百团大战，**为批评为**毛泽东所发动的导致数千万人死亡的大跃进和人民公社的祸国殃民政策，**为反对为**毛泽东所怂恿大唱《东方红》的个人崇拜，**为责难为**毛泽东所笑纳的"选妃子"、输送女孩子的卑劣行径，付出了惨痛的代价。在长达8年的囚禁中，彭德怀备受精神折磨和肉体摧残，终因年老体弱，不胜其虐，郁郁成癌，于1974年11月29日15时35分，心脏停止了跳动，是年76岁。

九、抓叛徒和叛徒集团

在中共八届十一中全会上，尽管按照毛泽东的意愿通过了《关于无产阶级文化大革命的决定》即《十六条》，但反对《十六条》的中央委员不在少数，多数人同情和支持刘、邓，思想上带有明显的抵触情绪。对此，毛泽东看在眼里，记在心中。他决定利用红卫兵打、砸、抢、烧、杀的法西斯无畏精神，去摧毁从中央到地方各级党内右派官僚的反抗。于是，从8月18日开始，历时三个多月，他先后八次"接见"了1,200多万红卫兵，把北京红卫兵冲击各级党政机关、揪斗走资派、屠杀"地富反坏右"以及毛式揪殴法的经验，传播到了全国各地。但形势的发展却应了他常说的一句话："**那里有压迫，那里就有反抗。**"按照这句话的逻辑，形势已向失控方向发展：在右派官僚的暗中支持下，各地右派"保皇派"红卫兵，迅速壮大，使造反的左派红卫兵变成了少数派；同时，不少地方官僚甚至公然骂"娘"，阻挠中央决定的贯彻；有的甚至公然利用权力，派出军警干涉、镇压左派红卫兵。然而，天才的毛泽东技高一筹，他决定在"接见"红卫兵的同时，适时采取非常手段，不停顿地向右派官僚发动攻击：8月22日，他指示公安部发出《**严禁出动警察镇压革命学生运动**》的通知，使打、砸、抢、烧、杀等法西斯暴行合法化；10月5日，他下令林彪和中央军委发出紧急指示，宣布取消"**军队院校的文化大革命在撤出工作组后由院校党委领导的规定**"，引发了"踢开党委闹革命"的高潮，极大地支持了左派红卫兵；10月9日至28日，他主持的中央工作会议上，让陈伯达代表他作了题为《**无产阶级文化大革命中的两条路线**》的报告，全面讨伐刘、邓右派的"资产阶级反动路线"，力图使走资本主义道路的"罪行"成为过街老鼠；1967年1月13日，他又以中共中央、国务院名义颁布《**关于在无产阶级文化大革命中加强公安工作的若干规定**》（简称《公安六条》），严惩文革反抗者、骂"娘"者，等等。

尽管毛泽东对右派官僚不停顿地发动攻击、攻击、再攻击，但心里仍不踏实。他明白，他批判刘、邓的资产阶级反动路线，批判他们走资本主义道路，尽管可以挑动年轻的红卫兵为他冲锋陷阵，但却很难说服党内广大干部。实际情况确也如此。在广大干部看来，如果不是刘、邓"走资本主义道路"，即在农村实行自留地、自由市场、自负盈亏、包产到户的"三自一包"政策，在干部问题上实行"甄别平反"和"神仙会"等较为开明、较有人性的政策，很难走出大跃进、人民公社所造成大饥荒的困境。因此，在他们看来，毛泽东批判刘、邓走资本主义道路，**是得鱼忘筌、卸磨杀驴之举**。毛泽东对他长期训导下的干部们的这些想法，十分清楚，因此，他必须在打倒刘、邓问题上，找出一个比批走资本主义道路更有说服力的"实质问题"。于是，**由康生策划的"抓叛徒"策略，便应劫而生**。

"**抓叛徒**"对以选票定成败的民主党派来说是不存在的，因为，他们的党派成员，没有义务为他所在党奉献一切，他们有权自由出入于这个党，甚至有权自由加入对立的党，他们的自由没有因而受到生命的威胁。马列毛主义的革命党则完全相反：他们的成员，无权自由脱党，更无权自由参加对立的党，否则，他的自由将受到党的严惩。

刘少奇是在白区工作的最高负责人，他带出的一大批白区干部，都在党政军显要岗位上工作，构成了右派官僚主干。这批人被捕、脱党甚至叛变、当特务的机率很高，从他们中抓出叛徒、特务，将会给刘少奇增加一项"招降纳叛"的新罪名。于是，在"接见"红卫兵的高潮中，康生在天安门上对南开大学的红卫兵说：**"要查走资本主义道路当权派的历史。查出几个实质问题来，比如叛徒、特务，就会使他永世不得翻身！"** 天津南开大学红卫兵茅塞顿开。在查校党委书记高仰云的历史时，查出了个包括高在内的薄一波等六十一人叛徒集团；这个叛徒集团在三十年代的国民党"北平军人反省院"里，集体办理了自首出狱手续。他们发现，在1936年8月31至9月2日《华北日报》上，先后刊登了他们的反共启示。启示全文如下：

徐子文反共启事

子文前因思想简单观察力薄弱交游不慎言行不检致被拘禁于北平军人反省院反省自新当兹国难时期凡属中华青年均须确定方针为祖国利益奋斗余等幸蒙政府宽大为怀不咎既往准予反省自信新现已诚心悔悟愿在政府领导之下坚决反共做一忠实国民以后绝不参加共党组织及其他任何反动行为并望有为青年俟后莫再受其煽惑特此登报声明

徐子文（笔者：即中共中央组织部部长安子文）等人

南开大学的红卫兵们还查明，在这个叛徒集团还活着的成员中，有二十二名担任省委书记、副省长、中央机关副部长以上的职务，十三人为司局级干部。其中：国务院副总理**薄一波**、中共中央西北局第一书记**刘澜涛**、中共中央西北局书记处书记**胡锡奎**、中共中央组织部部长安子文、中共中央组织部副部长**李楚离**、中共中央监察委员会副书记**刘锡五**、农业部部长兼党组书记**廖鲁言**、国家经委副主任**周仲英**、公安部副部长兼党组书记**徐子荣**、吉林省委第一书记**赵林**、中共中央中南局书记处书记**王德**、西藏工委书记**王其梅**、福建省委书记**侯振亚**、南开大学党委书记**高仰云**，等等，这些都是在刘少奇领导下的白区干部。

11月1日深夜，南开大学红卫兵，秘密上书向康生邀功，说他们已"查明"了薄一波等六十一人叛徒集团。

对南开大学红卫兵"查明"的薄一波六十一人叛徒集团案，康生了如指掌。1931年前后，一批在大革命和土地革命时期入党入团的共产党员，被国民党关押在北平军人反省院。1936年，他们的刑期已满，需要履行一个"反共启事"手续才能出狱。当时的中共北方局组织部长柯庆施，向中共驻北方局代表刘少奇建议，让他们履行手续出狱。刘少奇表示同意，并致电党中央。中共总书记张闻天，在与其他包括毛泽东在内的中央领导人商量后，做出了同意北方局建议的决定。由是，张闻天向刘少奇发了回电，表示中央批准了"履行手续出狱"的建议。于是，在押的薄一波等六十一名中共党员，在监狱主管当局印好的"反共启事"上签了字后，先后分九批出狱。

这件康生了如指掌且早已定论的往事，为什么引起他的关注呢？这要从康生的个人品质说起。

康生非等闲之辈。他才艺稍佳，长于鉴赏，书画也颇有名气；政治上则多谋善变，阴险狡诈，以罗织罪名为能。因从师于苏联政治保卫局"格伯乌"，丰富了他的肃反经验，崇拜杀人不眨眼的苏联肃反委员会主席捷尔仁斯基，被诩为中国的"捷尔仁斯基"。

在中共党内，康生最初是拥护王明起家的。由于王明握有斯大林的"尚方宝剑"，他便把他的未来压在王明身上。当他察觉到王明在党内嫡系不多，对手强悍，如林育南、何孟雄等，他决意帮助王明铲除林、何等对手。他设计了阴毒的借刀计，有意将林、何等人的机密泄露给国民党。1931年1月17日晚到18日凌晨，准备召开反王明会议的林育南、何孟雄等36人，被国民党一网打尽，不久后惨遭处决。康生的借刀杀人计，成功地帮助王明扫除了党内反对派，也为他自己捞到了好处：不久成为中共特工部的首脑，负责中共在整个国民党白区的安全和谍报工作；两年后受命离开上海去莫斯科深造，并成了王明的副手。在莫斯科，他在中国人中搞了一次要王明当总书记的签名运动，串联一些人向共产国际写请愿书，要求批准王明为中共中央总书记。

但康生在中共党内的迅速攀升，却又开始于出卖王明。1937年11月，初到延安的王明，受到毛的亲迎，赢得延安知识界的拥戴。那时的康生也在高呼："我们党的天才领袖王明同志万岁！"然而，当他察觉毛泽东在党内地位稳固与王明分歧日益尖锐时，他迅速背叛王明而投向毛泽东。表面上他仍然与王明十分亲近，经常到王明住处去，以亲信的姿态与王明交谈各种问题，但随后便跑到毛泽东住处，报告王明的思想、言论和动向。同时，他同张闻天、刘少奇、陈云等人一起，成了拥毛倒王的打手。康生还力排众议支持毛泽东与江青结婚，由此获得毛的完全信任。1939年2月，毛任命康生担任中央社会部部长兼情报部部长、敌区工作委员会副主任。到了延安整风时期，康生几乎成为毛最信任的前台打手，变成了毛手中的狼犬，一跃而成为领导延安整风运动的二号人物，升任中央党校校长和中央书记处书记。

嗜血污、好眼泪、喜看家破人亡，是康生的乖僻嗜好。当发现刘少奇、邓小平和彭真将被毛泽东整肃时，康生一改过去对他们的迎奉笑脸，成了批判他们的冷酷无情的急先锋。康生在文化大革命中的第一篇"杰作"，就是他暗授聂元梓那张大字报。在那张大字报里，他通过聂的手，提出了要"**坚决、彻底、干净、全部地消灭一切牛鬼蛇神、一切赫鲁晓夫式的反革命的修正主义分子**"主张，受到了毛泽东的称赞，被誉为"**全国第一张马列主义大字报**"。5月28日，毛泽东任命他为中央文化革命小组顾问。从此，他开始了新一轮的打手脚色。

这个"反共启事"案，是个中共早已定论的问题；但作为打手的康生，却发现了其中的新内涵。他查阅档案发现，尽管不少人回忆说，对薄一波等六十一人出狱之事，毛泽东曾多次说过"**中央知道他们出狱的经过**"，但没有查到毛泽东的亲笔批示记录，这就为重审这个案件提供了可能。经过与江青、陈伯达等中央文革要员的秘密策划，1966年9月16日，康生给毛泽东写信说："**最近我找人翻阅了1936年8、9月的北京报纸，从他们所登报的'反共启事'来看，证明这一决定是完全错误的，是一个反共的决定。**"随信附上了1936年有关报纸的影印件。而此时，南开大学红卫兵还在为康生直接交给的挖叛徒任务忙碌着。

1966年11月12日，在中央文革的支持下，南开大学红卫兵发表了号召揪斗叛徒集团的《告全国人民书》，组织了"抓叛徒战斗队"，进驻北京、石家庄、太原、西安、南京、苏州、广州、郑州、长春、乌鲁木齐等地，在各地掀起了抓叛徒的风暴。中共中央西北局第一书记刘澜涛和吉林省委代理书记赵林等人，先后以叛徒罪名被揪斗。而此时，不知内情的毛泽东和周恩来，都被蒙在鼓里。11月24日，周恩来在西北局请示中央的急电批复道："**23日电悉。请向南开大学红卫兵和西安炮打司令部战斗队同学说明，他们揭发的刘澜涛同志出狱的问题，中央是知道的。如果他们有新的材料，可派代表送来中央查处。**"同样的复电也打给了东北局和吉林省委。为了慎重起见，周恩来又将批复件送毛泽东审批，同时附信说："**当时确为少奇同志代表中央所决定，七大、八大又均审查过，故中央必须承认知道此事。**"当时毛泽东没有想到康生的心计，挥笔就批准了周的报告。

到了1967年初，毛泽东发现，文化革命的阻力相当大，尤以来自刘少奇系的干部阻力最大，而他能用来清除这些干部的罪名并不多。而此时，"执行反动路线"和"走资本主义道路"的罪名，不服的人越来越多，越来越受到抵制，1月13日深夜刘少奇的抗拒态度，就是这种不服和抵制的表演。信奉"理无常是"辩证哲学的毛泽东，根据彻底打倒刘少奇的政治需要，决定改变态度，采纳康生的意见。毛泽东的天才在于，他任做180度的大转弯时，力图转得"有理、有利、有节"：2月3日，他对来访的阿尔巴尼亚国防部长巴卢库说："**有些过去是共产党被国民党抓住，然后叛变，在报纸上登报反共。那个时候我们不知道他们反共，不知道他们'履行手续'是一些什么东西。现在一查出来，是拥护国民党、反对共产党。**"

"**现在一查出来**"是毛泽东发明的一大"**专利**"武器。1955年他宣布胡风是反革命时，就举着这个"专利"武器说："**胡风的这个简单历史，是最近才查明的。**"1959年庐山会议上，为了打倒彭德怀，他又举起这个"专利"武器说："**现在已经查明，彭德怀和黄克诚早就同高岗形成了反党联盟。**"1966年5月，为了给文化大革命点火，他把这个"专利"武器指向邓拓，他宣布："**邓拓是一个什么人？现在已经查明，他是一个叛徒。**"在无产阶级专政条件下，这个"专利"武器，被他运用得从心所欲，令人瞠目结舌！

毛泽东对巴卢库的谈话，显然给了康生出了一个明确的题目，要他在重审重做结论即

"**现在查出**"上做文章。

在中央文革的鼎力支持下，嗜血的康生开动了他善于整人的天才，重新审定的结论很快被写了出来。1967年3月16日，康生起草了一个《薄一波、刘澜涛、安子文、杨献珍等六十一人的自首叛变材料》中共中央文件，送到毛泽东那里。文件中说："**薄一波等人自首叛变出狱，是刘少奇策划和决定，张闻天同意，背着毛主席干的。**"毛泽东立即批准了这个文件，并下发全国，引发了全国抓叛徒的高潮。

这个中共文件的形成，**周恩来**和**张闻天**起到了别人无法替代的落井下石作用。

善于看风转舵、左右摇摆的周恩来，看到毛泽东态度明朗，蓄意要借叛徒问题打击刘少奇和他的势力，便不再为薄一波等六十一人说话。他装聋作哑，好像当年他不知道这件事；去年11月24日他给毛写的信，以及毛的批复，也好像压根儿都没有发生过。

张闻天的表演则更上一层楼。这位当年的总书记、中共第一把手、"履行手续出狱"建议的批准者，1967年2月18日，他致信中央文革说："**六十一人出狱是经过我签字批准的，当时我是中央负责人。**"他还昧着良心说："**（我）没有请示我们的伟大领袖毛主席，没有提到中央会议上正式讨论，而轻率地以我个人的名义，同意了刘少奇的建议，并在请求书上签了字。这样我不但违反了党章、党纪的规定……而且也给刘少奇招降纳叛干部政策打开了方便之门。我在这个问题上犯了严重的反党罪行，而且也成了刘少奇的帮凶。**"在信里，他还嫁祸于人说："**此案的直接主谋者、组织者和执行者是刘少奇。他利用他的资产阶级招降纳叛干部政策，以实现他篡党、篡军、篡政的政治野心。**"

周恩来的装聋作哑的表演和张闻天嫁祸于人的信，使"履行手续出狱"的原结论顺利被推翻，从而使当年"六十一人"中的存活者，全部遭到了红卫兵的批斗。其中，农业部部长**廖鲁言**、西北局书记处书记**胡锡奎**、公安部副部长**徐子荣**、中央监委会副书记**刘锡五**、西藏工委书记**王其梅**等多名中共高干，先后倒毙在毛式揪殴法的残酷批斗中。

毛泽东死后，为了开脱张闻天撒谎的责任，他的妻子**刘英**辩解说，当时张闻天如果承认六十一人出狱的事毛泽东知道，就等于"炮打无产阶级司令部"，这罪名他"担待不起"。由于"**担待不起**"，就可以对刘少奇落井下石，促使他死于非命？这种"理直气壮"又毫无廉耻的"辩解"，这种为了保全自己不惜采取昧着良心、嫁祸他人和落井下石等恶劣作风，不就是司空见惯了的中共赤文化的重要特色吗？

在全国抓叛徒的高潮中，抓出一个"冀东反革命党"。1938年，中共冀东党组织李楚离等领导人，没有领悟毛泽东的"**一分抗日，二分应付，七分发展**"的指导思想，便与当地国民党以及当地的民众爱国组织，联合在一起，发动了名震全国的冀东抗日大暴动。然而，同"百团大战"发动者的命运雷同，二十九年后的1967年，李楚离等冀东党组织领导人，因发动冀东抗日大暴动被打成叛徒和国民党特嫌；参加当年抗日大暴动的八万多人，都受到了审查，其中，在毛式揪殴法的残酷批斗中，有2,955人自杀或被枪杀，致残者达763人。（详见第十六章"冀东大血案"）

在全国抓叛徒的高潮中，江西省省委书记**方志纯**和东北局第三书记**马明方**等九十人，被打成"新疆叛徒集团"。他们曾在新疆国民党狱中服过刑。1946年6月，他们按照中共中央指示，办理了"声明脱党"手续后，被放出监狱。这批人回到延安时，毛泽东等中共领导人曾亲自参加欢迎晚会。但二十二年后，他们都成了"新疆叛徒集团"成员。他们的命运是：方志纯被宣布为叛徒集团的头头，包括方在内的91人，被投入监狱；其中，包括马明方在内的24人，先后死于残酷批斗的折磨中。

此外，在抓叛徒的高潮中，还"挖出"了"东北叛徒集团"和"南方叛徒集团"，数百名曾被中共党组织批准"自首"出狱的党员干部，都被以叛徒论处，遭到清洗式的批斗。一时间，全国各地凡被捕过的人，差不多都成了"叛徒"。据全国不完全统计，仅在1967年头五个月里，因历史上曾被捕、被俘过的中共人员，被指控为"自首变节"或有自首变节嫌疑者，高达5,200多名，其中，有数百人在毛式揪殴中遭折磨而死。

毛泽东抓叛徒的决策，大大削弱了刘少奇党内右派集团势力，为左派集团全面夺权创造了有利条件。

十、放过总理周恩来

1967年5月初，在抓叛徒的风浪中，紧跟中央文革小组的天津南开大学红卫兵，从1930年的旧报纸里，翻到一条"**伍豪等脱离共党启事**"，认为挖出了个大叛徒，便迅速上报到中央文革请功。伍豪是周恩来化名，"伍豪等脱离共党启事"，无疑是一颗可以置周恩来于死地的重磅炸弹。早对周恩来在打倒"走资派"中所持的中间立场和在处理"二月逆流"中的和稀泥态度很不满意的江青，对红卫兵的发现，如获至宝。5月17日，江青在毛泽东的默许下，就"伍豪事件"写信给林彪、康生和周恩来本人，直接向周发难。信中说：**"红卫兵查到一个反共启事，为首的是伍豪（周恩来），要求同我面谈。"** 随信附上"伍豪等脱离共党启事"的影印件。

周恩来已有所料。5月19日，他断然否认"伍豪启事"。他在江青的信上批道：**"伍豪等脱离共党启事，纯属敌人伪造。只举出二百四十三人，无另一姓名一事，便知为伪造无疑。我当时已在中央苏区，上海的康生、陈云等同志均知为敌人所为，故采取了措施。详情另报。"** 为防不测，这一天，他把从北京图书馆借回的当年上海各报，将其中与之有关事件编为《大事记》，并将其拍照下来，印制多份。就绪之后的当天，他即亲笔致信毛泽东，说明事件真相。信中说：**"现在弄清了所谓'伍豪等启事'，就是一九三二年二月十八日的伪造启事。""伪造启事和通过申报馆设法的处置，均在我到江西后发生的。"** 令周恩来意外的是，对这个简单而明白的问题，毛泽东竟这样批示：**"送林彪同志**

阅后，交文革小组各同志阅，存。" 毛的批示等于说："**挂起来！**"

为什么说"伍豪事件"是个"简单而明白的问题"？其一，"启事"发生在 1931 年 12 月，当时周恩来已潜到了江西中央根据地；其次，在 1932 年 3 月，毛泽东曾以中华苏维埃临时中央政府主席的名义，发布布告辟谣说："**'伍豪等二百四十三人'的冒名启事……显然是屠杀工农兵士而出卖中国于帝国主义国民党党徒的造谣诬蔑。**"其三，在 1942 年延安整风时，中央对"启事"已作了否定的结论。显然，"伍豪事件"是个不成问题的问题。

但三十五年后，这个不成问题的问题怎么又成了个问题呢？这是中共整人赤文化之使然！

"伍豪事件"是由"**顾顺章灭门事件**"引发出来的事件，毛泽东对此十分清楚。

顾顺章是中共中央政治局候补委员，是在周恩来直接领导下的中央特科行动科（三科）负责人。1931 年 4 月 25 日，顾在汉口被捕后即叛变，供出他所知的一切中共机密。打入中统内部并担任特务头子徐恩曾机要秘书的**钱壮飞**，及时将顾叛变的绝密情报，迅速报告给周恩来。周得到情报后，抢在中统特务动手之前，迅即组织在上海的中共中央各机关转移。据当年在中央特科工作并参与组织撤退的聂荣臻元帅回忆："**当时情况是非常严重的，必须赶在敌人动手之前，采取妥善措施。恩来同志亲自领导了这一工作。把中央所有的办事机关进行了转移，所有与顾顺章熟悉的领导同志都搬了家，所有与顾顺章有联系的关系都切断。两三天里，我们紧张极了……**"

当顾顺章还没有来得及出卖中共中央机关而中央机关正在仓皇撤离时，周恩来人格的另一面迅速展现：他当即立断，**消灭顾顺章全家，斩草除根，以儆效尤**。于是，一起震惊全国的灭门大案，便在上海出现！

在四月底一个漆黑的夜里**周恩来**亲率**康生**和**宋再生、王竹友、吴兰甫、陈一帆、王德明、洪扬生、李龙章**等中共特工红队人员，分坐两辆小汽车，悄悄地开到威海卫路（今威海路陕西路）802 号门口停了下来。这是幢二层结构的新式楼房。房间里陈设堂皇，一楼客厅摆放着成套红木家具，墙上挂着任伯年、吴昌硕的画，一副殷实的生意人的样子。楼里住着顾顺章妻子**张杏华**和八岁女儿**顾利群**，同住的还有顾的岳父**张阿桃**，岳母**张陆氏**，小姨子**张爱宝**，小舅子**张长庚**，顾姨母的女儿**叶小妹**。这就是用苏俄卢布供养的顾顺章八口之家。周恩来带领杀手，鱼贯般地闪进 802 号。当是时，张杏华正在二楼陪着顾的好友朱完白夫妇和斯励打麻将，而张长庚当晚住校不在家里。周恩来看见了正在打牌的斯励，不觉苦笑了一下。1927 年"四一二"清党时，周恩来和顾顺章被国民党二十六军第二师师长斯烈抓获，却被他的弟弟斯励放走。斯励自然成了周和顾的恩公，也成了顾家的座上客。但一不作、二不休，"**对待敌人从来不手软**"的周恩来，脸一沉，下达了执行的命令。九人一齐动手，人不知、鬼不觉，先后用细麻绳勒杀了顾顺章家庭主要成员（放过顾的八岁女儿）和包括**斯励**在内的牌友等8人。勒杀之后，趁着夜幕，他们将尸体深埋好，上面栽上花草，作得干净利索，不留一点痕迹。**事毕，从不抽烟的周恩来，点了一支香烟，深深吸了一口，又缓缓吐了出来。**那天晚上究竟杀了多少，说法不一。据与周恩来、邓颖超关系极好的美籍作家韩素音说，杀了17人，留下了一个12岁的男孩和一个8岁女孩。但有的资料说杀了7人或9人，也有说多达30多人。又据周恩来为申辩"伍豪事件"上交给毛泽东的《大事纪》中说："**五月，中央决定消灭顾顺章家属10人。**"

顾案发生四个月后，王竹友被捕，供出了上述案情。国民党当局向法租界当局接洽，会同法警方，按王竹友指认的地址挖掘尸体。消息传出后，市民挤满墙头，爬在树上，围观挖掘。在充满怀疑和期待下，人们在毫无痕迹的花草下，一尺复一尺的挖下去，终于在八尺深处，挖出了被勒杀的8具尸体。接着，又先后在公共租界武功坊32号，新闻路斯文里70号等处，挖掘出了三十多具尸体，其中，有顾顺章的哥哥中共地下工作者**顾维桢夫妇**，顾维桢的妻弟中共地下工作者吴克昌夫妇。这些尸体都是被周恩来、陈云等中共领导下令或亲手勒杀的所谓动摇、叛变嫌疑分子。挖掘出的尸体使全上海市为之惊颤！灭门和屠戮新闻不胫而走，传遍全国，震撼世界。1972年来访中国的美国总统尼克松，在同周恩来亲切握手后，在他的《领袖们》一书中，特别关照了这件发生在四十多年前的灭门大血案。他写道："**周恩来虽然很有风采，但他曾经亲手杀过人，然后又抽着香烟离去。**"

历史是无情的。它昭示了周恩来对中共忠诚和对敌人凶狠的历史形象！

当年上海报纸上登出照片：顾顺章抱尸大哭，发誓要向共产党讨还血债。

1931年9月1日，国民党当局悬赏两万大洋，缉拿周恩来或人头，而此时，周恩来正在潜向中央苏区的途中；11月，上海各报刊登《顾顺章悬赏缉拿杀人凶手周恩来等紧急启事》，而此时，周恩来已潜入中央苏区。由于没有抓住周恩来，离间中共中央领袖关系的"伍豪等脱离共党启事"，便被炮制了出来。

国民党这种笨拙的离间计，当年没有得逞，但在三十五年后的文革中，却起到了作用。

当看到一个佼佼者在他面前点头哈腰、诚惶诚恐的样子，毛泽东便油然产生一种快意和满足。因此，为了控制周恩来，使其俯首贴耳、惟命是从，把"伍豪事件"挂起来，是个理想的选择。但对周恩来来说，这是不公正的，是一个令他难咽的苦瓜。周恩来无法怨天尤人，因为，是他和他的同事们，把毛泽东推上了说一不二的九五帝王之尊。

在毛泽东看来，周恩来是个不得不重用又不得不警惕的特殊人物；在周恩来看来，毛泽东的才智过人，嗜权如命，但居高临下的霸气和不择手段整人的残酷性，难免众怨，他早晚必取而代之。毛、周的关系史，就是一部即联合又争斗、充满恩恩怨怨的历史。

正当周恩来在上海屠杀顾顺章全家和亲朋好友之时，毛泽东在中央苏区大搞肃反，开展轰轰烈烈反"AB团"的运动。他派肃反委员会主任李韶九，用残酷的肉刑进行"逼供信"，即抓起来就逼，一逼就供，一供便信，一信便杀。先后屠戮所谓"AB团"和"社会民主党"成员等异己分子万余人（另说：有大约七万人被冠以AB团分子遇害），其中，在红二十军，包括军长、政委在内的副排级以上干部近800人，全部被处决！这就是著名的中央苏区肃反，史称"AB团事件"。

12月，周恩来到达中央苏区，正式出任苏区中央局书记。为了夺权而笼络人心，周恩来批评毛泽东肃反扩大化，并在1932年10日的宁都会议上，罢了毛泽东的官，夺了他的兵权，迫使他离开军队。自此，周取毛而代之，并同王稼祥和苏俄特使德国人李德，组成了中央苏区军事三巨头。

周、毛怨恨也由此引发，使毛泽东耿耿于怀，终生难忘。第四次反围剿的胜利，强化了三巨头的权力，使嗜权如命的毛泽东坐冷板凳长达两年之久，成了他一生中最为失意、最为落寞日子。

第五次反围剿失败，周恩来等人不得不突围向云贵方向逃跑，这给毛泽东东山再起创造了条件。周恩来等人率队逃跑前，处决了近万名俘虏、伤病员和动摇嫌疑分子，制造了震惊中外的"**万人坑事件**"。同时，周恩来等人，还以打游击的名义，将异己的中央要员如患肺病的瞿秋白、患疟疾的毛泽东等人，留在中央苏区，让他们在国民党围剿中自生自灭。不久，留在苏区的瞿秋白，在福建上杭濯田附近被国民党抓获，1935年6月18日，被杀于长汀。

毛泽东的天才在于，他能看破周恩来等人的借刀计。在疟疾康复中的他，紧紧跟在他熟悉的队伍后面，没有执行周恩来等人要他留下的命令。翻盘机会终于来了，在清算第五次反围剿失败责任的遵义会议上，毛泽东反客为主，对中共头头博古和三巨头，大张挞伐，赢得了一些将领的支持，但却无法撼动博古和三巨头的地位。然而，周恩来的突然倒戈，成全了毛泽东，使张闻天取代了博古，撵走德国人李德，换上了毛泽东。

遵义会议后，毛、周积怨并没缓和。在延安，毛泽东借助刘少奇、贺龙、彭真、高岗、康生等人之力，爬上了中共权力峰巅。在延安整风中，毛泽东借批王明左倾路线之名，整肃对手周恩来。正当周恩来处境险恶之时，1943年12月22日，苏俄党魁斯大林通过"共产国际"首领季米特洛夫，向毛泽东密电要求**停止对王明和周恩来的整肃**。密电说："**发动反对周恩来和王明的运动……政治上是错误的。**"莫斯科的支持，使毛泽东不敢对周下狠手，周也因而保住了他的权力。

领教了毛的报复手段后，周恩来变得小心翼翼起来，开始用"太极软功"与毛周旋。1957年，当他在经济上反冒进的举措被毛斥为"**离右派只有50米的错误**"后，他立马改弦更张，来了个180度的大转变：1958年经济计划，完全按毛泽东和刘少奇的主张安排。在大跃进、人民公社运动中，他同刘少奇一样，成了毛的主要帮手和积极执行人。1959年，当中国农村开始大量饿死人的时候，为了表示对毛的忠诚，他不顾人民的死活，着意拉开与"**右派**"的距离,力图完全甩掉"**50米的错误**",把出口粮食从1958年的266万吨,提高到415万吨,出口量猛增56%!他这种改正"错误"的丑行,加速和扩大了中国的饥馑发展,至少增加了1,000万个饿殍。在饿殍遍野之后的"七千人大会"上,党内派别重新组合,形成了新的左、中、右三派。善于左顾右盼的周恩来,摇摆于左右之间,没有像右派刘少奇、邓小平那样,把大跃进失败的责任,用暗示的方式推到左派毛泽东的身上,巧妙地往自己身上贴金,而是主动承担经济失误的责任。他没往毛身上泼粪,使处境困难的毛泽东舒缓了一口气。

在谋划打倒刘少奇和邓小平的文化大革命中,天才的毛泽东充分利用周与刘、邓的矛盾,把老对手周恩来,当作可团结的对象加以利用。果不出所料,周恩来在"**煽社会主义之风,点文化大革命之火**"中,亲临一线,指挥红卫兵打、砸、抄、烧、杀,可谓赤膊上阵,废寝忘食,为毛打倒刘、邓党内右派的文化大革命运动,立下了汗马大功。对此,毛泽东看在眼里,喜在心中。但当斗争的矛头直指走资本主义道路的当权派时,毛发现,周在高喊"打倒"的同时,却在暗中保护党内右派和中间派的老干部,心里老大地不高兴。不过,毛也发现,周恩来虽有暗保"走资派"的嫌疑,但在保谁、打倒谁上,都在看他的眼色行事,没敢擅自做主。为了打倒党内右派,团结中间派,毛泽东做出决断:**放过周恩来,把"伍豪事件"挂起来**;同时又默许中央文革,利用"五一六"红卫兵来敲打周恩来,使他不敢轻举妄动!

周恩来卑躬屈膝的"太极软功"也收到了效果,使他涉过险滩,稳坐第三把交椅!

第十四章附注:

注1、犬儒

原指抱有玩世不恭思想的哲学家学派,这里借来泛指像犬忠一样的知识分子。

第十五章："群众专政"暨文革第三、四轮大屠杀

1967年8月4日，毛泽东在给江青的信中，向中共中央发出了"**武装左派**"和"**专政是群众专政**"的指示——著名的"**八四指示**"。对于"群众专政"问题，毛泽东曾解释说："**北京过去大体上就是这样做的。**"这样，1966年的"横扫"、破"四旧"和而后的武斗中随便抓人、打人、私设公堂、杀人以及大兴、昌平县为代表的农村滥杀无辜等那些曾使全国十万多人丧生的野蛮暴行，都被毛泽东纳入到"群众专政"中加以肯定了。由此可见，毛泽东所谓的"**专政是群众的专政**"，同他一贯倡导、标榜的"**群众路线**"、"**群众运动**"，其内涵基本上是一致的：就是中共党和政府，蔑视个人自由、人权，蓄意违宪、犯法，制造出一种混乱的无政府局面，动员、唆使包括那些无法无天的痞子、流氓无产者等法西斯分子在内的所谓"群众"，在混乱中对守法公民（老百姓）实施暴力专政。因此，毛泽东的"**群众专政**"和他一贯倡导、标榜的"**群众路线**"、"**群众运动**"，实质上都是有领导的无政府主义的法西斯专政。

毛泽东发出"**群众专政**"的指示后，从中央到地方，都根据这两条指示行动起来。毛的"群众"——痞子、流氓无产者等法西斯分子，大显身手，很快酿成了比北京"红八月"里**大兴**、**昌平**两县为代表的农村大屠杀范围更广泛、刑讯更野蛮、手段更残忍的大屠杀！

在全国各地"**群众专政**"中，湖南湘南和广西农村大屠杀，最具代表性。

一、"群众专政"在湘南道县——文革第三轮大屠杀

（本节根据以下十多篇资料撰写：《公元一九六七年夏末秋初湖南道县农村大屠杀纪实》、《采访手记之一：血海拾遗》、《不堪回首，一群弱女子的悲惨命运》、《老虎坪纪事》、《人性，在疯狂与血腥中失落》、《杀杀杀，血光中的罪恶与无耻》等。）

1982年春，时任最高人民法院院长江华回故乡探亲。当中共湖南省零陵地委书记向他汇报文革中道县滥杀无辜的情况时，江华突然问道："你们道县到底有多少和尚？"这位地委书记没有想到首长会这样幽默，老老实实答道："没有哇，没听说过道县有和尚。""还没有和尚？"江华的语调一下提高了八度，气愤地说，"**杀了那么多人，无发（法）无天！**"地委书记很清楚，这位中华人民共和国最高人民法院院长的堂弟，就是在那次"**群众专政**"中，被残忍杀死的。

1984年5月，中共右派当权者，根据否定文革的政治需要，在湖南省零陵地区成立

了有1,389名干部参加的**"处理文革杀人遗留问题工作组"**，对以道县为中心的全地区屠杀情况，进行了清查、处理和遗留安置。据"工作组"清查后透露：

道县大屠杀，从1967年8月13日到10月17日，历时66天。该县10个区、36个公社、468个大队、1,590个生产队，都进行了屠杀。共屠杀2,778户，死亡4,519人，其中，被打死、枪杀4,193人，被迫自杀326人。

大屠杀向零陵地区其余10个县市扩散，全地区各县都进行了不同程度的屠杀。据清查统计：全地区（含道县）屠杀9,093人，其中，被杀7,696人，被迫自杀1,397人，致伤致残2,146人。死亡人员按当时的阶级成份划分为：四类分子3,576人，四类分子子女4,057人，贫下中农1,049人，其他成份411人。按年龄划分为：未成年826人；年纪最大的78岁，最小的才10天。大屠杀直接受牵连者，高达14,000多人。

又据不完全统计，除道县外，零陵地区各县和相邻地区的县市屠杀情况如次：

宁远县：从1967年8月18日开始屠杀，共屠杀1,092人；

江华瑶族自治县：从1967年8月29日起，历时57天，共屠杀898人；

双牌县：共屠杀345人，其中被迫自杀48人；

江永县：先后屠杀325人；

东安县：屠杀11人，但在杀人腥风停息了8个月之后，该县又屠杀141人，自杀278人，致伤致残1,132人；

祁阳县：33个公社，共屠杀218人；

永州市：9月间的几天内屠杀158人；

南山县：共屠杀145人；

常宁县：共屠杀83人；

邵阳县：杀死295人，自杀277人．

新田县9月8日开始屠杀，动手稍晚但声势浩大，全县21个公社就有18个公社先后在现场大会上杀人；冷水滩市也发生了全市性屠杀事件。此外，在湘南的郴州、桂阳、嘉禾等地，都传出了大批杀人的消息。但遗憾的是，新田、冷水滩、郴州、桂阳、嘉禾等地，都没有留下杀人记录。

湖南零陵地区和相邻地区的县市杀人手段，大致归纳为以下10种：

(1) 枪杀（含步枪、猎枪、鸟铳、三眼炮等）；

(2) 刀杀（含马刀、大刀、柴刀、梭镖等）；

(3) 沉水（沉潭和沉河，沉河又称"放排"）；

(4) 炸死（又称"坐土飞机"）；

(5) 丢岩洞（一般都辅以刀杀、棒打）；

(6) 活埋（基本上是埋在废窖里，故又称"下窖"）；

(7) 棍棒打死（含锄头、铁耙、扁担等）；

(8) 绳勒（含勒死和吊死）；

(9) 火烧（含熏死）；

(10) 摔死（主要对付未成年的孩子）。

在毛式有政府的无政府法西斯主义的"**群众专政**"下，四川、云南、贵州、河南、甘肃、江西、黑龙江等省的县城和农村，也都发生过与湖南类似的屠杀，其规模、时间和波及的范围，各有不同。

也许是巧合。正当湘南"**群众专政**"轰轰烈烈进行的时候，1967年9月18日，毛泽东驻脚湖南长沙，进行视察。他在视察时的讲话内容，竟只字不提湘南屠杀，却对湖南省、地一级领导面对屠杀放弃管理的不作为行为，大加赞扬，对大屠杀起了推波助澜作用。请听，当湖南省委领导们反映保守派煽动农民进城打造反派时，毛泽东赞道："**打打也好，受受教育嘛，许多农民不容易进城，现在是十五个工分，还有三十个工分，有的是抽人去打，有的是二元钱一天，有的是打一仗一百元钱，打死了给一百元钱，没打死也给一百元钱。**"当湖南省委领导们反映"公检法"不能发挥作用时，主张"**群众专政**"的毛泽东回答道："**过去好像没有公检法就不得了了，我一听说公检法垮台了，我很高兴。**"在坐的省委大员们，听到毛支持大屠杀、鼓动政府放任不管的讲话，无不因震惊而颤栗。这是否可以证明有人说"**省级国家权力的失灵**"是有根据的？

那么多共产党组织、党员，难道没有一个主持正义吗？下面一则报导，请读者剖析。

在杀人的高峰期，零陵军分区曾将道县杀人的情况上报，湖南驻军四十七军转发了这份电报：

……各方反映和部份查证，道县近来四类分子（见"序幕"简评四清运动附注）活动嚣张，**散发反动传单，凶杀贫下中农，进行反攻倒算，组织反革命组织，阴谋暴动**。在县武装部和公安机关瘫痪的情况下广大贫下中农惟恐四类分子翻天，有的主张采取行动。各地从七月以来，特别是从8月22日以来，据不完全统计，他们用鸟铳、锄头、扁担等，共杀死四类分子（包括少数四类分子子女）207人，其他县区也有类似情况。我们认为，对杀人凶手和四类分子中作恶多端、活动嚣张、企图翻天的可以依法惩罚外，四类分子不宜滥杀，四类分子子女不应视为四类分子，必须按照政策团结教育，不能混淆专政对象和非专政对象的界限。这样才便于争取四类分子，如杨家公社与宁远交界处有77个四类分子（包括少数子女）因怕杀或企图暴乱，外逃集结上山顽抗……

后来县"处遗办"查明："**散发反动传单**"，实际上是台湾国民党空投飘到湘南的传单；当时四个区报上来的七个"**反革命组织**"，全部是假案；至于"**凶杀贫下中农**"、"**进行反攻倒算**"等等，更是子虚乌有。但这毕竟是第一份表态反对滥杀的文件。然而，一个握有"三支两军"即支左、支工、支农、军事管制和军训大权的零陵军分区，不仅

"**情况上报**"中有袒护屠杀之嫌，且明知"**不宜滥杀**"却又不采取强制措施去制止滥杀，如军事管制等。对这种熟视无睹的不作为行径，同毛说的"**我一听说公检法垮台了，我很高兴**"和专家说的"**省级国家权力的失灵**"联系在一起，难道不能发人深思吗？

1. 大屠杀借口种种

毛泽东每次发动镇压运动前，都要做妖魔化阶级敌人的舆论准备。道县毛的党员、干部和"**群众**"，也学会了这一套，但他们妖魔化的水平，远比毛平庸、低劣。然而，平庸、低劣妖魔化的手段，在落后、愚昧的农村，还是起到了作用。他们屠杀五类分子（地富反坏右）及其子女的"理由"是：

(1) "**美帝要发动世界大战**"。道县县委副书记**熊炳恩**，在全县各区的紧急会议上说："**当前阶级斗争十分复杂。前几天，六区出现了反动标语，阶级敌人造谣说，蒋帮要反攻大陆，美帝要发动世界大战，战争一旦打起来，先杀正式党员，后杀预备党员。**"这是一个最普遍、最统一的"理由"。

(2) "**四类分子要造反**"。这又是一个最普遍、最统一的"理由"。中共零陵地委处理文化革命遗留问题工作组，对这段历史所作的总结中说："**全县普遍流传'四类分子要造反，先杀党，后杀干，贫下中农一扫光，中农杀一半，地富作骨干'。加之在这个时间里，有四个区搞出了七个反革命组织（假案），逼供出一个'纲领'，即'八月大组织，九月大暴动，十月大屠杀'，气氛十分紧张。在当时无政府主义泛滥，法制遭到严重破坏的情况下，从8月17日开始，清塘、清溪、梅花等区，先后召开社队干部会议，动员部署杀人……**"他们说的四类分子，实际上是指五类分子，即地、富、反、坏、右。

"理由"是中共赤文化"**目的崇拜**"的一种：为了达到屠杀之目的，可以不择手段地妖魔化敌人。因而，"理由"等于谎言。

但也有不是谎言的"理由"——毛的党员、干部们，亦即毛的"**群众**"们，还从"官本位"出发，规定了多项维护官员尊严和官僚体制的屠杀条条：

(3) **不尊敬干部者，杀！**第一个被"开刀祭屠"的是寿雁公社下坝大队当过军统特务的光棍**朱勉**。此人读过很多书，曾因特务问题坐过12年大牢；出狱后，仍恪守"**可杀不可辱**"的信条。他对区公安助理员**陈智希**和大队治保主任**陈甫厉**的历次"管教训话"，不像别的人那样诚惶诚恐，而是不以为然地随便站着，大有**不尊敬**之嫌。两陈早想整整他，杀杀他的傲气。机会来了，已升任寿雁公社"抓促小组"组长的陈智希，请示上级后，便以子虚乌有的"搞反革命组织"的罪名，下令陈甫厉把朱勉"搞掉"。8月13日晚上，接受命令后，陈甫厉便以"不老实"、"不请假"的"罪名"，叫了几个民兵，把朱勉挟持到山上打死。

(4)"表现不好"者,杀! 湖南大学机械系学生**蒋晓初**,时年22岁,因学校停课闹革命,便从长沙回到家乡审章塘公社黄土坝大队暂避乱世。谁知,他这一回家,便踏上了一条不归路。他的父亲叫**蒋勋**,1942年毕业于湖南大学历史系,1949年后,曾在道县担任过教师和一中校长等职,因出身不好被开除回家。其时,蒋晓初竟天真地跑到大队部,向大队干部宣传"**出身不由己,道路可选择**"的毛泽东思想,试图说服干部不要乱杀无辜。但这种宣传在毛的"**群众**"看来,就是"打着红旗反红旗",有"表现不好"之罪,对此,毛的党员、干部和"**群众**"们,岂能容忍?于是,他同他的父亲蒋勋、二弟**蒋晓中**和几十个地子女一起,被抓了起来,遂遭屠戮。

据零陵处遗工作组统计:零陵地区被"**群众**"屠杀的9,093人中,犯有"表现不好"之罪的"四类分子"有3,576人,占39.54%,犯有"表现不好"之罪的"四类分子"子女有4,057人,占44.61%,犯有"表现不好"之罪的其他成份者有1,049人,占11.53%。

(5)持不同政见者,杀! 当了右派造反派"红联"司令的四马桥区杨家公社秘书**蒋文明**,成了地方当局的保护伞和打手。8月13日,他在杨家公社周塘管大队的红东庙内,向公社各大队干部发出指示:"**第一,从现在起,各大队要组织人站岗放哨;第二,要采取得力措施防止'革联'下乡串联;第三,要发动贫下中农管好四类分子;第四,四类分子如果乱说乱动,要搞暴动,各大队要联合起来,采取断然措施……**"蒋四条指示中的"革联",是湖南省左派造反派"湘江风雷"在道县的下属组织。参加"革联"的大多数人,都是长期受压的弱势群体,而对立面"红联",则是以老党员、老干部、老贫下中农和基干民兵为骨干的右派造反派。两派政见不同,在"**全面内战**"的号召下,自然势不两立。在省城长沙,毛泽东"武装左派"的"最高指示"下达后,"湘江风雷"红火一时,大有半壁河山之势;但在县城和农村,那里却是右派的天下。在那里,左派造反派"革联"成了"群众专政"的对象,"湘江风雷"鞭长莫及,爱莫能助。会上,郑家大队党支部委员**郑逢格**说:"**我们大队地富活动很猖狂,已经组织起来开了几次秘密会了。历史反革命郑元赞的老婆钟佩英,串联一些地富子女去宁远参加了'湘江风雷',已经领了两个月工资了,还准备领枪回来,跟贫下中农作对。**"于是,会议决定先把**钟佩英**"搞掉"。

8月15日晚上,郑家大队民兵营长郑会久和郑逢格,按照蒋文明的布置,召集四类分子和子女训话会。会上,郑会久向钟佩英喝斥:"**你到宁远去,为什么不请假?**"钟佩英答道:"我又不是分子,我是子女,为什么要请假?党的政策规定,出身不由己,道路可选择……"话没说完,便被握着生杀大权的民兵捆了起来,拉到山上,用锄头和棍棒把她"搞掉"。为了斩草除根,不留后患,民兵们按分付,又将她的一个20岁、一个18岁的两个儿子,分别拉到两个山头上,先后用锄头和扁担打死。这样,在道县的"**群众专政**"中,第一起灭门案便被毛的"**群众**"制造了出来。

(6) 生性耿直者，杀！清塘区久佳公社的公安特派员**蒋白举**，带领三四十人冲到右派分子**唐玉**的家。当时，唐玉已经在前一天的批斗会上，被蒋白举等人用锄头敲断了一条腿，正躺在床上呻吟。蒋白举把他从床上一把揪起，拉倒外面的禾坪上，众人扑上去，一阵乱棒，将他打死，然后抛尸于禾坪边的水塘里。唐玉者何许人也？何以这般惹人恼恨？他家庭出身中农，原先是小学教师，1957年被打成右派，遣送回乡务农。蒋白举在该大队蹲点时，许多人说他"蹲点蹲到了女人肚子上去了"。别人敢怒不敢言，为人生性耿直的唐玉，帮人写了一张状子，把蒋特派员告了，害得蒋不仅受了批评，仕途也受到很大影响。自此，蒋白举怀恨在心，伺机报复。机会终于来了：他把他捏造的"**唐玉是'人民党'成员、想当区长**"等"罪行"，"举报"给区领导**周仁**。

8月17日，在部署杀人的干部会议上，清塘区武装部长兼"红联"营江前线总指挥关有志说："**阶级敌人要杀我们的党、团员、干部和贫下中农，我们怎么办？如果让他们的暴乱成功，我们千百万人头就要落地。我们必须遵照毛主席的教导：'人民靠我们去组织，中国的反动分子靠我们组织起人民去把他们打倒'，'凡是反动的东西，你不打他就不倒'，'敌人磨刀，我们磨刀；敌人擦枪，我们擦枪'……现在公检法都瘫痪了，阶敌人如果拿刀杀我们，我们就要杀他们，先下手为强，后下手遭殃……**"区"抓促"领导小组副组长周仁也附和说："**现在政法部门都瘫痪了，真正是罪大恶极的五类分子由贫下中农讨论干掉他，事先不用请示，事后也不用报告，最高人民法庭就是贫下中农。**"当说到蒋白举"举报"唐玉要当区长时，周仁冷冷一笑说："**我们今天就打发他到阎王那里去当区长！**"拿到"令箭"后的当天，蒋白举便带领三四十人，用乱棒将唐玉打死在禾坪上。

(7) 未婚妻漂亮者，杀！7月，蚣坝公社贺家山大队的回乡知青贺远能，带着未婚妻何端珍回家。贺远能出身不好，但人长得英俊又聪明，他是在县城读中学时认识何端珍的。事情偏不凑巧，他俩在村口碰上大队干部周XX。周见贺远能的未婚妻长得端庄秀丽，又穿得漂亮，便心生妒忌：我们许多贫下中农的子弟都讨不到老婆，你这狗崽子倒骗得了这么漂亮的妹仔，明明是带她来刺我们的眼睛！妒忌生恨，他一口咬定贺远能是"革联"的探子，叫民兵把他捆起来，关进大队礼堂。第二天，何端珍求人说情放了贺远能，但贺的双手已被棕绳勒脱了臼。何姑娘含泪将未婚夫接到自己家，治疗了个把月。

伤好后的贺远能，鬼使神差使他自投罗网，竟于8月24日回到了家里。此时的蚣坝公社，杀人已杀红了眼，屠杀人数已遥遥领先于其他公社。他见势不妙，便连夜逃跑，躲到洲背岭上草丛中。第二天，大队"贫下中农最高法院"贺主席，以放跑"奸细"罪，处决了他的父母和弟弟全家人，并下令追捕他。躲了一天的贺远能，因思念未婚妻而冒险下岭，终被民兵抓获。贺主席问："**你要怎么个死法？**"听到这话后，贺远能失声痛哭起来，不停地喊着未婚妻何端珍的名字。对这个可怜的情种，贺主席下令用鸟铳处决。也许是爱情的力量在支撑，鸟铳三声响后，贺远能竟没有倒下，依在石头上痉挛。贺主席又下令，把贺远能身上绑上一大块石头，推到潇水河里。有人说，贺主席由此赚得了"棒打鸳鸯作话传"的恶名。其实，在中共党员干部中，棒打鸳鸯寻常见，本书就记载了多例。

2. 组织实施

道县"**群众专政**"，是由中共县委以下各级党政机关和武装部的领导人会同以干部、工人和农村基层民兵为骨干的右派造反派"红联"联合组织实施的。其实施模式是：**谎言——命令——虐杀！**

(1) **召开动员大会**。8月8日下午，道县"抓革命促生产"领导小组副组长、县委副书记**熊炳恩**，在"县抓革命促生产领导小组"召开的全县各区紧急会议上，他用毛式谎言炮制法炮制了许多耸人听闻的谎言。他说："**当前阶级斗争十分复杂。……一区有个伪团长，天天找到大队支书和贫协主席，闹翻案、闹平反。十一区唐家公社下龙洞大队的地主、富农公开反攻倒算，扬言要把贫下中农分得的房屋田地要回去……对于阶级斗争的新动向，同志们一定要提高革命警惕，万万不可掉以轻心。我们要狠抓阶级斗争这个纲，绷紧阶级斗争这根弦，对于阶级敌人的破坏活动，要严厉打击；对于不服管制的四类分子，要组织群众批判斗争，发动群众专政。**"这是大屠杀的先声：舆论准备的动员大会。

(2) **层层动员，层层部署**。蚣坝区是道县杀人最多的区。8天时间，毛的"**群众**"共杀人1,054人，全区50人中就杀了1人，占全县杀人总数的四分之一强，堪称"杀人冠军"。蚣坝区敢于大规模杀人，主要原因是从区到公社到大队，层层动员，层层部署：区委先召开由正副书记、"红联"司令、武装部长和会计参加的核心成员碰头会，进行动员和部署，接着，召开全区各公社负责人、武装部长、"群众"组织头头参加的干部会议，传达部署，然后再由各个公社召开各个大队负责干部会议，贯彻执行。

(3) **号召"杀人要越快越好"**。8月22日，小甲公社武装部长**廖龙九**，有感于己已落后于形势，便号召"杀人要越快越好"。当晚，洞仿口大队计划杀5人。大队党支部打电话向公社请示，公社秘书**杨庆基**接到电话，当即答复可以。得到批准后，洞仿口大队民兵将这5名四类分子押到村口，用鸟铳、锄头打死，丢进一眼废红薯窖中。这5人成了小甲公社有组织、有计划杀人的第一批殉难者。

正当县里召开会议讨论停止杀人问题时，祥林铺区区长**袁礼甫**，闻风组织了一次大砍大杀。他率领120名民兵，三天突击杀了569人，成了道县快速杀人之最。

(4) **向下摊派杀人指标**。在兴桥公社坐镇的蚣坝区主要负责人**王盛光**，下令民兵杀"阶级敌人"**杨贵清**。8月22日晚，将杨押送到上关河边时，被民兵杨飞吉从背后砍了一马刀，抛尸潇水河中。当晚，王盛光摇电话给区武装部长兼区"红联"司令何昌学，通报了搞掉杨贵清的情况，同时要求部长以区委和区"红联"的名义，打电话给小甲和蚣坝公社，指示每个大队选一两个"罪大恶极、调皮捣蛋"的四类分子宰掉。第二天全区三个公社和几乎所有的大队都相继召开了会议，部署杀人。

(5) 现场大会制作杀人样板。 8月22日。上关公社"抓促小组"副组长周永记在虎子坪生产队作杀"阶级敌人"的动员报告。参加大会有齐心、建筑、向阳三个大队的干部、党团员和贫下中农代表等一千多人。大会场上人头攒动，梭镖林立，全副武装的民兵把守着，只准进，不准出。周永记依照部署作动员报告："**贫下中农同志们，四马桥那边的四类分子已经上山了，二中那边抢枪政变了，八区、十区、十一区的贫下中农已经起来杀四类分子了……现在，毛主席把专政权力交给了我们贫下中农，杀人不要经任何地方批了，贫下中农就是最高人民法院，同意就可以杀。**"接着，齐心大队团支部书记**罗特良**，便代表贫下中农最高法院宣布：判处"调皮捣蛋的四类分子"的**何光清**"死刑，立即执行！"何光清以为是像以往一样押来批斗批斗，一听是死刑，吓得魂不附体，还没有还过神来，头颅被一刀砍掉，鲜血四溅，喷洒到碧绿的稻禾上。杀人样板就这样被毛的"**群众**"轻而易举地制造了出来。于是，各大队纷纷效法。

(6) "贫下中农最高法院"杀人。 最具有"现代文明"意识的是，在8月23日的鞭炮声中，相当于省级"柑子园公社贫下中农高级法院"宣布正式成立。公社贫协副主席**梁域**当选为"贫下中农高级法院"院长，白底红字的"**柑子园公社贫下中农高级法院**"招牌，也堂堂正正地挂在公社大院的门口。"高级法院"成立后，迅速开庭审讯了13个人，判处8人死刑。然而，几天后，公社下属的各大队，都纷纷成立了相当于中央级的"**贫下中农最高法院**"。那些"最高法院"自动拥有杀人的最高权力，并接二连三地判处了数十人死刑，从而使这个代表公社的"高级法院"名字上成了下级。于是乎，这个牌子没挂几天的"高级法院"，不得不灰不溜丢地摘牌收场。

(7) 江华瑶族自治县政府的六条。 人们不禁要问：道县县委领导**熊炳恩**明明说"对最大恶极的，要整理材料上报，依法惩办，狠狠打击"。为什么公社一级政府杀人即不请示也不上报而肆意屠杀呢？这是中共长期形成的赤文化决定的。毛泽东左右逢源的"一分为二"，即能反左也能反右，关键是要下级领会其"**精神实质**"。中共各级领导干部学会了这一套，他们也要求下级领会他们讲的"精神实质"。在反复说教中，公社领导干部终于也领会到熊书记讲活的"精神实质"：**发动"群众"，进行"群众专政"**。因此，在长达两个多月的屠杀中，道县县委没有人出来制止屠杀，熊书记也许还在为有这么多下级能领会其"精神实质"而暗自高兴呢。

相对"诚实"一点的是江华瑶族自治县政府，他们的《关于制止杀人的六条意见》文件最具代表性。

江华瑶族自治县，从1967年8月29日起到10月25日的57天里，共杀了898人。当时行使政府职权的江华县"抓促领导小组"和县武装部，为了"制止"滥杀，他们在9

月下发过一个《关于制止杀人的六条意见》的文件。文件中说："**群众自觉组织起来，造四类分子的反，对他们实行专政的大方向是对的。贫下中农杀四类分子，首先是四类分子挑起来的。因此，我们不能压制和指责他们。**" "**对解放十七年来一贯不接受改造，而现在又要向贫下中农夺权的四类分子，群众要杀他们，是完全可以理解的，群众的造反精神是对的……不能硬性阻止，给群众泼冷水。**" 当然文件中也有"制止"的规定。其中最明确的规定是："**我们一定要支持贫下中农，要和他们站在一起，对于他们的某些错误行为，通过宣传毛泽东思想和党的有关政策，广大贫下中农自己一定会纠正过来的。**"

他们在制止杀人还是鼓励杀人？文件说"**首先是四类分子挑起来的**"，这种反咬一口的伎俩，是从毛泽东那里学来的。1966年3月20日，毛泽东在准备"横扫"知识分子为牛鬼蛇神时说："**发动年轻人向他们挑战，要指名道姓。他们**（知识分子）**先挑起斗争。**"

应当肯定的是，在"**专政是群众专政**"和"**革命是暴烈行动**"的"**最高指示**"下，江华瑶族自治县敢于以文件形式公开说毛的"**群众**"杀人的"**大方向是对的**"，远比装聋作哑、作壁上观和掩盖屠杀恶行的中共省、市、地级当权派和道县县委"诚实"得多。

3. 大屠杀模式选择

在"**相信群众**"，"**尊重群众的首创精神**"等"**最高指示**"下，毛的"**群众**"——道县的基层党员干部，创造了许多集体大屠杀模式。以下四种具有代表性：

(1) 洞口屠杀"大老虎"

8月26日早晨，21名被五花大绑着被称为"大老虎"的青壮年汉子，汇集在通往山里的三叉道口，旁边站着数十名手持马刀、梭镖、鸟铳和锄头的民兵。蛟坝公社河滩大队文革主任、"贫下中农最高法院"负责人**何兴盛**，站在一处高坎上，像点牲口那样将各队捆绑来的人清点了两遍，然后下令往山里押送。这是大队党支部**周书记**根据公社"**先将有可能暴动的家伙搞掉**"的部署，所采取的一次革命行动。

投错娘胎的"地富反坏右"的子弟们，由于十八年来已过惯了没有做人权利的屈辱生活，对五花大绑也习已为常了。他们对管教他们的大队、公社乃至县里的干部，再熟悉不过了：这些毛的"**群众**"，许多人都是在土改运动中成长起来的，其中，不少人是心狠手辣的地痞、无赖、混混甚至流氓，在土改和而后的合作化、大跃进、四清等运动中，这些人大都变成了大小干部，因而，在这些干部面前，他们只有点头哈腰、恭顺谨饬、唯命是从的权利。而今，他们不知道他们将被押送到那里，更不知道前面等待着他们的是什么。走着，走着，他们已预感到有些不妙，不由自主地紧张起来。回头望着渐渐远去的村落，依依不舍之情出现在他们的脸上。那里有他们年迈的父母，有他们年轻的妻子和年幼的孩子，那里有他们贫困中的温馨，有受屈辱时的安抚……总之，那里有他们理不清的思念，有他们割不掉的牵挂，但他们只能在这条任人宰割的路上走着，自由地想着。因为，在无产阶级专政的社会里，他们唯一的"罪行"，就是投错了娘胎，他们没有选择的余地。

屠场设在山腰的一处叫葫芦岩的洞口。他们被押到洞口，每个人都被两三个民兵挟住，动弹不得。他们知道大事不好。只见何兴盛对着他大声宣布："**我代表'贫下中农最高法院'宣布，判处你们死刑，立即执行！**"他们在十多年的肆意蹂躏下，已经麻木了，在死刑判决面前，他们认命了。有人回忆道："**面对死刑，他们站在那里一动不动，出人意料地平静。**"

他们一个接一个被推到洞口边，或用马刀砍死，或用梭标刺死，或用棍棒打死，或用锄头锄死，然后被推入洞里。没有人哭，没有人叫，唯一一声惨叫，是一个被打昏的人堕入洞底时发出的。

工作认真负责的何主任，在细心观察洞底的情况时发现，有人没死，还在呻吟。他决定要民兵往洞里扔石头，又叫人搬来成捆的稻草，点燃后扔到洞底薰烧。由于他还不放心，便打发人回村里，拿来了一包炸药，点燃导火索后，抛入洞里。随着一声沉闷的巨响，葫芦岩岩洞重又归复往日的寂静。共产党员何兴盛，在胜利完成这一次"**一个阶级推翻另一个阶级的暴烈行动**"的革命后，紧张的心情并没放松下来，因为还有三十多个"小老虎"等着处理。

(2) 船上沉溺"小老虎"

还是这个河滩大队，还是这些共产党员，当完成了"搞掉""大老虎"后，两个无法回避的问题，便摆在他们的面前：其一是，"大老虎"除掉了，还留下三十多个老的老、小的小的"小老虎"，谁来养活他们？这对于终日以"瓜菜代（粮）"为生的贫困的河滩大队来说，未始不是一个牵动利益的大问题；其二，"小老虎"长大要报仇怎么办？对此，一个毛的"群众"理直气壮地提出："索性斩草除根，老的小的一齐搞掉，免得留着老鼠啃仓门。"

何主任是个组织纪律性很强的中共党员，他知道公社领导部署杀人时，没有说过要"一窝端"，尽管有"群众"要求这么干，他也赞成这么干。他本能地拿起电话，请示公社领导。区委秘书回答说："大老虎杀掉是罪有应得；杀小老虎恐怕不大符合政策吧？"秘书的回答，使他不知如何是好。杀"小老虎"符不符合政策，他一时也吃不准。但他坚信，这几天他们的革命行动，完全符合党的政策，符合党的阶级路线，符合毛主席"**对敌人要狠**"的"伟大教导"。回想起土改时的幼稚，他悔恨不已。那时，那些大打出手、大搞"村村见血"的同龄人，一个个都升迁到公社、到县里甚至到省里当干部去了，而他呢，因受孔老二的毒太深，下不了手，当时也不知道有"对敌人要狠"的"伟大教导"，犯了右倾错误，因而多年都在小队、大队干部中徘徊。这次文化大革命，给他提供了改正错误的机会。现在，毛主席把生杀的专政大权交给了贫下中农，我们不能辜负他老人家的期望。他决心要在这次处决"阶级敌人"的革命中，先拔头筹，以此证明自己是一个真正的革命派，一个真正的共产党员。他怀疑秘书的回答；他要直接请示公社领导。电话又接通了，那边传来了公社书记**叶成虎**洪亮而铿锵的回答："**全部杀掉！**"

何兴盛兴奋得跳了起来。他很快同大队党支部**周书记**决定了"行动计划"，并及时向各生产队（小队）部署了晚上的革命行动。

太阳快要落山了，潇水在静静地流着，在夕阳的映射下，河水彤红如血。早上杀人的消息已经传遍了全村，死难者的亲人们在哭泣；看见村内村外立林的岗哨，老人们已经知道，中共已经对他们撒下了天罗地网，使他们有理无处诉，插翅难以飞，他们预感到大难即将来临。土改前，地主分子**张秀姣**同她那个不苟言笑平时不愿意说话的**丈夫**一样，以积德行善称道于乡里。土改时，分他们的房产土地，她不敢有任何怨言，因而，在"村村见血"的魔难中，她和丈夫躲过了一劫。土改后，她安分守己，处世谨慎，手脚勤快，不争不怨，把邻里、干部关系处理得很好，为人称道；丈夫虽然不爱说话，也得到了乡亲们的谅解。当他俩听说到处都在杀四类分子和子弟时，她和丈夫已预感到在劫难逃了。

敲门声，打断了思虑，中止了哭泣，难属们被押到大队的晒谷坪上集中。一个形容枯槁的生病老人问道："都这么晚了，你们要把我带到那里去？"一个手持马刀的民兵，干脆利落地回答说："你儿子判了死刑，杀了；生产队养不起你，请你去西天享福。"一句话使晒谷坪骚动起来，小孩在哭，老人在呼叫……他们都已变成了死囚。双方力量太悬殊了，很快在虎视眈眈的民兵驱赶下，死囚们跌跌撞撞来到了潇水河边的白石渡。在那里，身强力壮的民兵们，没费多大力气，便像老鹰叼小鸡那样，把死囚们捆得结结实实，外吊一块大石头，然后把他们架到船上。当船划到潇水中心时，张秀姣那个不苟言笑的丈夫，突然冲着何兴盛大喊道："**我们犯了什么罪？**"

何兴盛面对这些老老少少的死囚，其中不少与他还沾点亲，带点故的，铁石心肠的人也会为之动容；但一想到革命，一想到"伟大领袖"的"**革命不是请客吃饭**"的谆谆教导，革命便战胜了亲情。他干咳了一声说："**你们也不要怨我，是上面要我杀你们的，怪不得我。我不杀你们，我的脑壳也保不住。你们好好上路，明年的今天，就是你们的周年！**"说罢下令执行。

几分钟后，31名死囚被推入河中溺毙！其中，老的74岁，小的只有56天！

潇水河水静静的流淌着，时而发出悼念逝者的呜咽哀鸣；清晨，公社的高音喇叭又尖叫起来，播放起激励人们去拼杀的战歌：

大海航行靠舵手

万物生长靠太阳

雨露滋润禾苗壮

干革命靠的是毛泽东思想……

(3) 土窖吞噬六十二

从8月13日杀朱勉开刀祭屠和15日杀钟佩英一家开禁灭门起，诛杀四类分子和子女风暴，迅猛地刮向道县各地。到8月25日，跃进大队却不见动静。公社武装部**李部长**，严厉批评跃进大队，说他们右倾，行动慢，拖了全公社的后腿！

跃进大队党支部书记**何方前**，是一个争胜好强的干部，是从土改、合作化、大跃进和"四清"运动中摸爬滚打过来的干部，有丰富的对敌斗争经验。经验告诉他，要当一个优秀的出人头地的支部书记，必须紧跟党、紧跟形势，而紧跟党和形势就是要坚定不移地紧跟上一级党组织的领导。现在，上级党组织号召杀"阶级敌人"，他能不紧跟吗？看见其他大队都在大砍大杀，他的手早已痒痒了；怎奈，他在大队里遇到些麻烦。全大队四类分子和子女有64个，占全队人口近10%，他们与大、小队的干部、党员、团员，有着千丝万缕的亲戚和朋友关系，而其中，还有他的远房亲戚。当屠杀风刮到跃进大队时，许多贫下中农来找他说情，有的人甚至公然批评说，杀四类分子和子女不符合党的政策。在杀不杀、紧跟不紧跟的问题上，他的确有些犹豫不决，被戴上"右倾"帽子，不算冤枉。但在李部长批评后，他幡然悔悟，决定用陈永贵"大批促大干"的办法来解决杀不杀的问题。

8月25日晚上，即遭公社李部长严厉批评的当天晚上，在副支部书记**左隆交**的有力支持下，何书记在召开了支委会后，便连夜召开党支部紧急扩大会议，扩大所有党员、团员和各生产队干部参加。会上，何书记在念了几段诸如"**革命不是请客吃饭**"之类的《毛主席语录》后，严厉地批评了要亲情不要党性的说情风，尖锐地判定"杀四类分子和子女不符合党的政策"的批评是反革命言论，并以极其强硬的口吻宣布："**你要是革命，就站到党支部这边，你要是不革命和反革命，就站四类分子那边。**""大批"这一招果然奏效，那些说情者和批评者，立刻蔫不溜湫地低下了头。与会者很快便"统一"了思想，并根据党支部制定的"解决方案"，接受了规定的任务。

一切都按"方案"顺利进行。26日上午9点多，64名五花大绑着的四类分子及子女，被以何方前为首中共干部、党团员和民兵们，用武力押赴到石头山水库尾端的坪上。半途，两个有病的老人走不动了，何书记下令就地处决。两声鸟铳响后，老人倒地，抛尸河中。坪上三口昨晚连夜挖成的地窖，一字儿排在那里。在窖口前，大队贫协主席代表"贫下中农最高法院"，宣布判处**何光美**、**左南方**等62人死刑，立即执行！在一片哭喊叫骂声中，62人悉数被推入窖里，接着按"方案"点燃浇上煤油的稻草，投入窖里薰烧。少许，当听不到哭喊叫骂和咳喘声后，按"方案"把地窖填平封死，上面覆盖上一层地表土！

跃进大队在党支部的率领下，把大屠杀做得干净利索，不留一点痕迹。这个后来居上大队，来了一次大跃进，放了一颗大卫星，从没有名次的落后者，一下跃进成全县杀人最多的大队。当何方前用电话向公社请功时，传来了公社文革主任**郑来喜**的赞美声："**哇！好家伙，这么多，你真了不起！**"遗憾的是，他无权向何方前颁发"杀人大跃进"勋章，也没法鼓励何方前再放了一颗"杀人大卫星"。

(4) "土飞机"炸飞一十二

8月30日，小甲公社全社13个大队已有12个大队杀了人，但公社眼皮底下的小甲大队，却迟迟不见行动。其原因人们都很清楚：这个大队里的几个四类分子，平时逆来顺受，叫他往东，他不敢往西，很听话，表现很好；"雷公不打笑脸人"呀，小甲大队的干部咋下得去手？公社副书记**杨盛芳**和武装部长**廖龙九**，见小甲大队的干部下不得手，勃然变色。在严厉批评他们"右倾"、对敌人"温情"之后，气呼呼地派出一个排的基干民兵，带着枪支、马刀、炸药，进驻小甲大队，帮助他们革命。当小甲大队的12个四类分子和子女，正庆幸自己遇到了好心领导人时，飞祸天降：基干民兵将他们五花大绑起来，并用一根绳索将他们捆成一团，中间放上炸药，然后点燃导火索，把他们12个人炸得血肉横飞。一位老人回忆当年的惨状时，周身寒战。他说，只听"轰"地一声巨响，大块大块的血肉像雨点一样砸落了下来。有几个炸断了手脚，有几个炸掉了屁股，没有死的哭爹喊娘，痛得在地上乱滚……民兵们一拥而上，用锄头、马刀结束了他们的痛苦。对此，刽子手们谑而虐之说："**请他们坐了'土飞机'！**"

在毛泽东"**相信群众**"，"**尊重群众的首创精神**"等"最高指示"下，道县基层党员干部所创造的这些集体屠杀模式，令人发指。但一位知名史学家却说："**文革是全民犯罪！**"我们质问史家：被溺毙的56天婴儿犯的是什么罪？还有一位知名教授，他经过多年研究后，竟得出了这样一个结论："**中央政府无力左右地方官员的行为。**"和"**省级国家权力的失灵。**"显然，他在为毛泽东和中共辩护。试问教授：中国人被"解放"十八年了，唱《东方红》也唱了十八个年头了，在毛泽东和中共领导的无产阶级专政下，"中央政府"怎么可能会"无力"？"国家权力"怎么还会"失灵"？你的"结论"能令人信服吗？

4. 人兽之间（二）——滥杀无辜

当毛泽东用"**群众专政**"打开"潘多拉魔盒"放出贪婪、野蛮和杀戮后，他的"群众"即痞子和流氓无产者，便被各级权力部门以不同方式"收买"或重用，变成了邪恶歹徒和凶残杀手！

杀人"英雄"。目不识丁的贫农**胡茂昌**，平时好吃懒做，手脚又不干净，穷得叮叮当当，没人看得起，连老婆都讨不到。但在"群众专政"中，他一跃变成了"英雄"。当大队"贫下中农最高法院"判处21名四类分子及其子女死刑、立即执行时，没被安排当刽子手的胡茂昌，手心发痒。当他见一些民兵有点畏缩下不得手时，他突然跳了出来，大声喊道："**怕什么，看我的！**"他抢过一个民兵手里的马刀，手起刀落，先砍掉了一个人头，接着一口气又连砍掉六个人头。当砍第八个时，刀卷了口，他嘴里不干不净地骂着，一刀接一刀猛剁，硬是把那个脑袋剁掉了，弄得他浑身是血，连他的头发都被血浆糊住了。在他的带动下，其余13个人头也被民兵砍掉。杀完人后，经大队党支部书记批准，他又杀回村里，杀了地主子女的三个毒麻仔（小孩子）。

大队党支部规定：杀一个人奖5元。这一天，胡茂昌便得到55元奖金，比他去年一年收入还多好几块。高兴之余，他用奖金打了一斤酒，一伸脖子，灌了下去。醉意朦胧中，他想到了女人。然而，自痞子当了"英雄"之后，连丑陋的寡妇见他都躲得远远的：无形的道德审判，注定他光棍一辈子。

贪婪的公安。8月14日，桥头公社公安特派员**杨逊卿**，到大江洲大队督促杀人时，听说何国新家里存有许多光洋，身上还藏有几本存折。杨逊卿心里一动，觉得立大功的机会来了。他决定先把何的母亲75岁的**秦秀容**和5岁**小儿**抓起来，逼他们交出光洋和存折，然后开刀示众。然而秦老太"顽固不化"，至死不承认有光洋和存折；他又拿手枪吓唬小孩。从未有见过光洋的孙子，哀求奶奶交出光洋。奶奶摇摇头说："**那有什么光洋。他们要杀人，还要找点理由。好细崽，跟奶奶一起走，路上也好有个伴。**"特派员大怒，遂下令将祖孙二人一块打死。

刀刃孕妇。19岁的**唐水兰**再过一周就要做母亲了。摇篮做好了，尿布叠好了，小衣小袜都准备好了，等待着幸福的降临。然而，8月下旬，骤然而起的腥风血雨，无情地毁灭了她的一切。唐水兰娘家的成份不好，她将被押解到娘家下柳大队受审。押解的民兵是送方的**张天沙**和接方的**唐ＸＸ**两人。时值夏末秋初，白天的气候特别炎热，唐水兰挺着大肚子艰难地走着，走得很慢。当三个人走到一座茶山时，太阳已经偏西了，剩下还有一大段路程。两个民兵有些不耐烦了，悄悄合计：送到娘家也是死，还不如就在茶林里搞掉她，省得麻烦。主意已定，张天沙抽出随身携带的一根钢条，猛地朝汗水淋淋的唐水兰刺去，锋利的钢条从背部直穿腹底。唐水兰一声尖叫，回头愤怒地望着凶手。张天沙抽出背上的马刀，上前一把扯下唐水兰的裤子，对准在跳动的胎儿，在肚皮上划了两下，胎儿就伴着血浆流出来了，唐水兰也随着血浆倒下去了。刽子手张天沙回到队上，四处炫耀："**妈的，我左右两下一划，毛毛就出来了！**"

报复杀人。梅花公社东风大队民兵营长中共党员**何子良**，在1950年因一棵樟树纠分同区代表**何定信**打起官司来。官司打到区政府后，何子良败诉。对此，何子良耿耿于怀，十七年来一直伺机报复，苦无良机。在大砍大杀"阶级敌人"中，给生杀大权在握的何营长提供了机会，但何定信是贫农，何营长十多天也没有找到可置何定信于死地的"理由"。冥思苦想几天后，"理由"最终找到了。他以同左派造反派"革联"搞串连的"罪名"，整理了何定信"通匪"的十条罪状，报请公社处决。公社也竟同意了他杀何定信的意见。9月5日，何子良营长率领20多个民兵，将何定信枪杀于狮子山槽古里。斩草不除根，后患无穷。当晚，他以押送何定信儿子**何若英**到公社受审为名，半途将其枪杀，终于完成他的报复心愿！

昧债杀人。横岭公社小路窝大队支部书记**唐兴浩**，是个对党忠诚的老党员。8月26日，他决定处决14个四类分子和子女，其中包括原小学教师夫妇：男的叫**蒋汉镇**，家庭成份不好，女的是32岁的**周军阳**，娘家贫农成份，但父亲是历史反革命。当年，唐兴浩生活困难时，曾向蒋氏夫妇借过100元。晚上，被捆得结结实实的14个四类分子及子女，集中到大队仓库边的禾坪上。他们被数十个持大刀、鸟铳的民兵押着，说是往区里押送。突然间，唐兴浩叫道："慢点，蒋汉镇还有三个崽女在家里，去几个人把他们带来。"这样蒋氏夫妇和他们三个4到8岁的小孩，都在被"押送"之列。押送队伍来到枫木山的天坑边，唐兴浩下令停下。他跳上一块石头宣布："**现在，我代表大队贫下中农最高法院宣布你们的死刑！**"接着民兵们将17个人用鸟铳、梭标打死后，推入十多米深的天坑中。也许有些民兵下不了狠手，最后被推下去的蒋氏一家，都摔到死人堆上，一阵大雨后，他们先后醒来。但最先醒来的周军阳，却眼睁睁地看她的丈夫和三个子女在而后的几天里先后死去。七天后，她被她的两个学生成功救出。周军阳说："**到了1985年，在处遗工作组的追问下，唐兴浩才托人将那100元还给我，但他永远还不了我的四个亲人！**"

手刃养母。当历史被权力诠释为阶级斗争史后，维系亲情和温馨的孝道被颠覆，家庭变成了你死我活的战场。她，一个豆蔻年华、朝气蓬勃、容颜娇美的大队基干民兵，命运使她从小失去了父母，却又为她安排了一位热心肠的婶娘当养母。**婶娘**收养了她，爱她，疼她，视为己出。在阶级斗争的腌渍中，成人后的她，成了一个"**爹亲娘亲不如毛主席亲**"、"**河深海深不如阶级友爱深**"的狂热信徒。当她为生身父母是贫下中农而感到无比骄傲和自豪的时候，却又为养母是个地主婆而感到无比羞耻和痛苦。大队砍杀四类分子那天，她的养母不在砍杀之列。党支部研究杀人名单时，也提到了她的婶娘。有人说："**这婆娘心好，又帮我们养大了贫下中农的女儿，就特殊对待，不杀算了。**"于是，党支部决定"特殊对待"，放过她的婶娘。然而，她把党支部不杀她养母的决定，当成对她的莫大侮辱。她用大义灭亲的革命行动，亲手把婶娘押到了刑场。当大队贫协主席兼"贫下中农最高法院"院长提醒她要"特殊对待"时，姑娘杏眼圆睁："**什么婶娘，阶级敌人！**"说罢，抄起刀来，对准了他的婶娘。婶娘回头望着手持雪亮马刀、面若冰霜的侄女问道："**夯子**（妹子），**这些年来我究竟亏欠过你没有，我只想听你说句实话。**"姑娘大喝一声：

"**不用讲了，今天我要革命！**"手起刀落，将婶娘的脑壳砍了下来。

当然，她也为自己的"革命行动"付出了代价：受到了无形的道德审判。尽管她长得很漂亮，附近几十里的后生没有人敢娶她。容貌衰谢多年后，她才被外地一位因出身不好、三十多岁尚未讨到老婆的小学教员娶走。原作者说，今天不披露她的真实姓名，是"**可怜她的丈夫，也可怜她，可怜她这个可咒的乡下女孩！**"

奸杀无名女。一个资料，记录了东门乡政府党委书记蒋井元和纪检组长冯和光所讲的一段往事：

1967年9月2日，乌家山大队的民兵郭某等四人，在茶山上捉住了一个过路的女青年。他们立即将她带到大队部审讯。开始她一言不发，问急了，才说是广东人。听她口音也的确像那边人氏。于是，郭某四人又将她押往公社。因为那里抓的人太多，看管的人手不够，只好又将她押回。正是黄昏时分，西天一抹晚霞。走到乌家塘边，民兵们动了邪念。郭某说："**这个女人连公社都不收，押回大队也没用。不如就在这里搞了她，开开洋荤。**"其余三人欣然同意。四人就在塘边将这个姑娘轮奸了。奸毕，有人说，放了算了。郭某不答应，怕她以后找麻烦，并用锄头将她打翻，丢入塘水中。奇怪的是，这个女青年落水后，几翻几腾，竟又站起来了，塘边的水只到她的胸部。四人又用石头打，把她打到深水中淹死。

读到这里，笔者已泪流满面：她，一个可怜的姑娘，可能刚刚逃出狼穴，旋又堕入了虎口，一个堂堂的中华人民共和国，竟没有她立身之地？无法否认的是：那四个流氓无产者的狰狞嘴脸，使她倍感恐怖，因而，在石块的无情追打下，软弱无助的她，带着愤懑，带着屈辱，带着对这个世界的彻底绝望，向深水区蹚去……

轮奸少妇。她，隐去她的名字，是朱家湾一个贫农的女儿。去年10月，才与田广洞大队的一个为人厚道、能吃苦耐劳、模样不错的地主子弟**陈高肖**结了婚。8月26日晚上，丈夫被人叫走。不一会儿，噩耗传来，丈夫被大队贫协主席**陈登义**等人用乱棍打死，又砍掉了头。突然飞来的横祸，吓得她晕了过去。第二天一早，她乘机逃回了娘家。少妇的出逃，引发了民兵们的不满。他们说："**朱家湾、倒水洞一带，地主婆都给贫下中农开了大锅饭，我们这里为什么就不开？**"什么叫"开大锅饭"？就是轮奸。于是，经党支部批准，逃跑到娘家的少妇被抓回来。这个被抓回来的"地主婆"，呼天天不应，喊地地无声，旋遭12个贫下中农"开了大锅饭"。奸后，少妇又被强行嫁给老光棍陈高月，遂又遭奸污。被野兽般蹂躏的少妇，神志稍稍清醒，便又乘机逃回娘家。轮奸少妇的贫下中农都是些什么人？后来"处遗办"查明，按施暴顺序排列，他们是：

一号，**陈高友**，赌徒；二号，**陈登义**，贫协主席；三号，**陈锡位**，有犯罪前科；四号，**陈高和**，涉嫌杀人犯；五号，**陈吉光**，二流子的儿子；六号，**陈高仇**，赌棍；七号，**郑XX**，游手好闲；八号，**陈XX**，赌徒；九号，**陈XX**，有贪污前科；十号，**陈登积**，惯偷；

十一号，**郭发清**，赌徒；十二号，**陈高辉**，有奸污妇女前科。——"伟大领袖"用"**群众专政**"打开的"潘多拉魔盒"，就放出了这些恶棍！

支部逼婚。也是8月26日，在蚣坝公社河滩大队，党支部**周书记**亲自领导并指挥了一场革命：继上午在葫芦岩洞口搞掉了21个"大老虎"后，晚上又在船上沉溺了31个"小老虎"，成功地取得了"对敌斗争"的完全胜利。在这场革命中，**何兴盛**是当之无愧的头号杀手。之所以说周书记指挥的革命"成功地"和"完全胜利"，是因为在全大队53个"阶级敌人"中，已"成功地"杀掉了52个，留下的一个"敌人"，也被"成功地""改造"成贫农，从而达到了"完全胜利"的目的。那留下来的一个"敌人"叫**张秀华**，是地主的儿媳妇。在那可怕的一天里，她一下子就失掉5个亲人：丈夫已死于葫芦岩，婆母和三个孩子，也被淹死在潇水中。她之所以能被留下，完全是因为贫农**蒋癞子**看上了她。蒋癞子虽然癞，又好吃懒做，但他是三代单传贫农，至今已37岁，还是光棍一条，无产阶级文化大革命就该为蒋癞子们"**谋幸福，呼儿咳哟**"。在蒋癞子的苦苦请求下，为了繁衍贫农后代的革命需要，党支部最终"呼儿咳哟"地留下张秀华。可怜张秀华为了活命，麻木了，被征服了。当她被蒋癞子搂到怀里时，还清楚地记得，正是这个蒋癞子从她怀里夺走了才56天的孩子。仇人见面分外眼红，但她完全麻木了，无可奈何地成了仇人任意发泄的工具，成了仇人蒋癞子繁衍贫农后代的一台肉欲机！

宁死不嫁。在道县，许多出身不好的女孩子为了苟活，像张秀华一样在刀口下屈从嫁人。但在沉沉黑夜里，也有闪耀的星光，也有威武不屈的烈女。

在竹山园子刑场，小学老师右派分子**向雨生**和他的**妻子**、**儿子**被大队"贫下中农最高法院"处决了，留下了一个女儿**向丽丽**。她，向丽丽，一个刚刚十八岁、风华正茂、天生丽质的女孩，被一个30多岁的穷光棍看上了。贫农光棍像蒋癞子一样，向大队党支部苦苦请求。出于繁衍贫农后代的革命需要，支部书记亲点"留下"；但向丽丽死活不嫁。于是，大队党支部又决定，把她这个不识抬举的"狗崽子"押往竹山园子———杀！在押解路上，许多社员看见，她面色苍白，头发凌乱，不停地喊："我不要嫁人！我要父母！"临刑前，刽子手们给了她一个最后机会："**答应嫁，就放你！**"她仍坚定地喊道："**我不嫁！我要父母！**" 一个刽子手气急败坏地举起锄头，对准她的头就是一锄，刹那间，脑浆四溅……

比起向丽丽，三个姐妹的命运要幸运得多。三姐妹分别叫**涂月华**、**涂美珍**和**涂秋蕾**，她们在同一个大队里，都只有17岁，三人的父母都被杀害了，都成了孤女。根据几家贫下中农的请求，党支部做出了令三孤女嫁人的决定。大队贫协主席代表"贫下中农最高法院"下达命令，指名道姓要她们分别嫁给本队的三个贫下中农，其中一个是傻子。这是大队党支部对她们三个人的"恩赐"。但三姐妹并不领情，没一个表态愿嫁。大队头头们火了，发出威胁说："**不嫁就杀！**"三姐妹竟异口同声顶撞说："**杀了也不嫁！**"大概是风向在变，头头们嘴硬手有些软了，三姐妹得以死里逃生，意外保全了自己。

多余的史话：像向丽丽这样宁死不屈的烈女，在封建时代是要给她立牌坊的；但在社会主义"新社会"，谁敢为她树碑立传？

贼瞟母亲下身。还是那个1967年8月26日。下午，四个手持马刀、鸟铳的民兵，押着一个六十多岁的老妇人朝洞口———一个天然的坟墓走去。老妇人叫**唐长凤**，一个地主的寡妇。在十几年极其艰难的环境中，她凭着坚定的信念和含垢忍辱的耐力，拉扯大了三个儿子。如今，三个儿子又养育下了两儿两女。她总算熬出头了，该享受一下含饴弄孙的清福了。然而，道县八月的腥风血雨，毁灭了这个传统老人的最大心愿。这天上午，她的三个儿子、两个孙子和两个孙女，一齐被拉出去杀掉，推到了这个天然坟墓的洞底。她想：儿孙们都死光了，活着还有什么意思？死了好，死了干净！在押向天然坟墓的黄泉路上，她走得安然，平静，无牵无挂。当她快走到洞口时，一件意外的事发生了：她的裤带断了，裤子脱掉了下去，下半身赤裸裸地暴露在光天化日之下，引起民兵和旁观者贼眼溜溜地嘻嘻啼啼。她本能地"啊"了一声，弯下腰，把腿夹紧，同时乞求剑子手说："**求求你们，松松绑，让我提起裤子！**"作为人，她知道羞怯，知道维护人的尊严。然而，民兵们却嬉皮笑脸地对她说："你都是要死的人了，还提什么裤子？起来！快走！"唐长凤哭了。她再一次哀求道："**论年纪，我是你们的娘、你们的奶奶，我一生没做过缺德的事，你们莫要让我光起身子去见阎王呀。**" "**革命不是请客吃饭！**"民兵们用《毛主席语录》"驳倒"了老人的尊严。而后，民兵们一边骂着、嬉笑着、贼眉溜眼地乜斜着，一边推着老人快走。就这样，唐长凤被迫光着下身，一步一步走到生命的终点！

三光政策。你可能听说过日本鬼子的"三光政策"，因为"主旋律"经常在宣传；你可能对文化大革命中的"三光政策"闻所未闻，因为"主旋律"禁止人们回忆和书写。下面的现实给你提供了些什么，请你自断。

在道县黑八月的腥风血雨中，桥头大队的右派分子**周文栋**，当一家大小5口全部被杀光后，家中留下的一切，当晚便被村民吃光、分光。道县一带有句古话：人死饭门开。就是说，谁家死了人，全村人都去帮忙，都去吃。惨遭灭门的当晚，周文栋家灯火通明，桥头大队的党员、干部和民兵们，一窝蜂似的来到周家，跟着吃，帮着分，忙着拿。他们先把周家的鸡、鸭和一条黄狗、一头大肥猪宰杀后，支起炉灶，进行煎炒烹饪，然后大吃大喝起来。酒足饭饱后，他们又将周家的其它东西，如大米、黄豆、菜油、棉花、家俱、衣被、坛坛罐罐，甚至梁上的楼板，等等，除不动产房屋外，像土改运动中分胜利果实一样，把周家分得干干净净！

对右派周文栋一户这种杀光、吃光、分光的三光政策，在道县并非桥头大队一家。

在河滩大队，当"成功地"杀掉52个"大小老虎"和把一个四类分子儿媳"改造"成贫农老婆后，当晚就成立了"财产清理小组"，对灭门的几户财产，进行了全面清理和分配。第二天，他们用抄来的鸡、鸭和肥猪，在晒谷坪上摆开了庆功宴。大队党支部**周书记**同文革主任兼"贫下中农最高法院"负责人**何兴盛**一起，喜气洋洋地高举着酒杯敬酒道："**昨天打了一个大胜仗，我们贫下中农胜利了！现在，请大家为毛主席革命路线的伟大胜利干杯！**"周书记仰头干了第一杯。尔后，他每敬一次酒，都要情不自禁地高呼"毛主席万岁！""共产党万岁！""无产阶级文化大革命万岁！"等口号。好事者也先后举杯回敬周书记、何主任。

毛泽东"**群众专政**"的暴虐，使希特勒屠杀犹太人的残忍，相形见绌。

5. 题外话星空

(1) 正义的闪光

当道县"黑八月"的恐怖正在向四周扩散的时候，当江永、双牌、东安、新田、桂阳、嘉禾、常宁、郴州等市县到处风声鹤唳、人人自危的时候，当五类分子和子女们被红色恐怖搞得胆战心惊、惶惶不可终日的时候，桂阳二中教师**周家雄**不顾个人安危，挺身而出，组织了一个13人的"反屠杀代表团"，北上进京告御状。

在13个人中，有一个叫**王永和**的在职教师，他是死里逃生的三个人证之一。天黑时，他被五花大绑捆着，强迫跪在薯窖边等待处决。只听一个刽子手说，吃了晚饭再来杀，另一个则说，杀了再吃。只见一刀从背后砍来，在刀刃砍进皮肤的一刹那，他顺势倒进薯窖里，砸在几具死尸上。他发现，先被砍倒的弟弟还未死，但伤势严重，已无生望。在受重伤的弟弟帮助下，他爬出薯窖。王永和爬到大队**老支书**家喊门。老支书以为鬼上了门，吓得忙说："王老师，你莫怪我呀！我已经没有权了，制止不住了。他们知道我一向对你兄弟俩好，就背着我来杀你们兄弟的。"王永和忙说："我还没死，求你救救我。"老支书开门，见他满身是血，连忙扶他进去，赶紧帮他扎住伤口。老支书背着他来到公路上，搭上过路车，把他送到桂阳县医院。

代表团还从双牌水库和潇水里提取的水样做标本，带到北京。后经化验，标本含血量达千分之三。

北上途中，他们沿途散发传单；到达北京后，他们大声吁请有正义的群众组织和知名人士，关注湘南大屠杀；他们还把"湖南屠杀"简报送入中南海。强大的声势和压力，终于震动了中南海，使他们不得不摇身变成菩萨。与中央文革同在一线指挥文化大革命的周恩来接见了他们，并下令四十七军进驻零陵，制止以道县为中心的大屠杀。湘南大屠杀在周恩来、中央文革的直接干预下，终于被制止了。侥幸存活下来的五类分子和他的子女们，都感动得高呼起"伟大、光荣、正确"的党来！

(2) 迟到的通告

从 1967 年 8 月 13 日开始的大屠杀，在正义人士的状告下，终于"感动"了"上帝"！1967 年 9 月 27 日，四十七军和湖南省革命委员会筹备小组联合发出紧急通告：

最近道县、江华、江永、东安、南山、等县的一些地方不断发生杀人、破坏通讯和交通运输的现行反革命事件。为了……保障人民的生命安全……特就上述事件，发出以下通告：

一、必须坚决贯彻执行中共中央、国务院一九六七年一月十三日"关于在无产阶级文化大革命中加强公安工作的若干规定"……坚决制止任何杀人、破坏通讯和交通运输的事件发生。

二、目前道县、江华、江永、东安、南山、零陵等县农村成立所谓"**贫下中农最高法院**"是非法的，必须坚决取缔。对少数杀人坏头头及主谋者，要严加追查，依法惩办。

三、对各县保守组织手中的武器，必须迅速按照中共中央、国务院、中央军委、中共文革小组一九六七年九月五日命令，立即全部收回上交当地人民解放军陆军第四十七军所属部队。在保守组织手中的武器收缴以后，掌握在革命造反组织手中的武器亦应封存上交。

四、……凡被迫离开本单位的群众、干部一律保证返回原单位参加斗批改，不准以任何借口对其进行围攻、殴斗甚至杀害。对于沿途所设的关卡，要立即撤消，并严禁拦路搜身，保证行人安全和邮电、交通运输畅通。

（此公告可在各公社、大队、生产队张贴）

《紧急通告》20 天后，即 10 月 17 日，大屠杀才被控制。

(3) 我不能超越时代

正当县里召开会议讨论停止杀人问题时，祥林铺区区长**袁礼甫**这个从土改、镇反、大跃进等运动的大砍大杀中成长起来的基层领导干部，为了证明革命立场坚定，闻风又组织了一次突击杀人行动。他率领 120 名民兵，三天突击杀了 569 人。为此，他付出了代价：当了罪有应得的"替罪羊"，被判十年徒刑。对此，这个血债累累罪有应得的流氓无产者，在服刑中无限委屈地说："……判我的罪脱离了当时的历史事实。要尊重历史，尊重事实。从开始杀人到结束，我没见到上头有谁出来讲一句杀人是错误的。只讲造反有理，革命无罪；相信群众，尊重群众的首创精神……**我不能超越时代**。要我负主要责任，不合理。说我对**蒋光德**的话有所发挥，是的，也许我多说了几句，但是当时那个情况，全国上下人人都在讲大的，多说几句和少说几句有什么区别？再说当时整个民族都神经不正常了，怎么能要求我一个人保持清醒呢？现在来判我的刑，**我想不通**。"

尽管袁礼甫罪有应得，甚至有人愤怒地骂他是罪大恶极的魔鬼，尽管他说"**当时整个民族都神经不正常了**"不符合历史事实；但他说"**我不能超越时代**"却切中"伟大、光荣、正确"作祟的要害。因为，这个滥杀无辜的时代，是"伟大领袖"一手造成的！

(4) 历史的记录

1966年，当"伟大领袖"号召破"**四旧**"、"**横扫**"和造反时，全国各地都出现了以北京大兴县为代表的"**红八月**"农村大屠杀，仅大兴县一地，就有325个农民惨遭屠杀。那次大屠杀传出后，被"伟光正"制止了。1967年，当"伟大领袖"又号召"**内战**"、"**群众专政**"时，全国各地又出现了以湘南道县为代表的"**黑八月**"农村大屠杀。仅湖南零陵地区，就有9,093个农民遇害。这次大屠杀传出后，又被"伟光正"制止了。

这两次农村大屠杀传出后，都被"伟光正"制止了，体现他们恩威兼施的统治权术：**他们既是代表革命撕毁法律的怂恿纵火者，又是代表"正义"制止乱法的"积极"灭火者。**

常言道："只有再一再二，无有再三再四。"两次大屠杀被制止后，理应不会再有第三次大屠杀，然而，到了1968年，中华大地又迎来一轮新的、规模更大的大屠杀，这就是以广西为代表的"**韦六八**"大屠杀——1968年广西革委会主任、军区第一政委**韦国清**在广西农村的大屠杀，仅广西一省就导致4~6万农民死亡，200~300人被吃掉。（见本章第二节："群众专政"在广西）

在中共领导下的**和平环境里**，这种"号召→屠杀→制止⇨又号召→又屠杀→又制止⇨再号召→再屠杀→再制止"的悲剧，年复一年地不断发生；而其组织屠杀的领导干部，1966年是公社一级，1967年提高到县一级，1968年又蹿升到省一级，这种不断升级的"提高"和"蹿升"，难道不能令那些浑浑噩噩的中国人深醒吗？

(5) 当"卖国贼"和"亡国奴"的经历

当笔者从一些资料里摘录、编辑、评述上述屠杀事件时，双手颤抖得几乎无法自制。人们不禁要问，在和平的年代里，中国人为什么会这么野蛮、残忍？是我中华民族固有文化基因的遗传？还是马列毛先生的仇恨主义在作祟？这不由自主地使笔者想起了那遥远的兵荒马乱的抗日年代。

那是在1944年的洛阳，笔者九岁。鉴于南京大屠杀的教训，在日军攻陷洛阳前，十万城中市民闻风逃离家园，国民党15军撤退后，留给鬼子的是一座空城。笔者随舅父母仓皇出逃乡下，在三个村子里辗转流亡了三个多月。国民党撤走了，鬼子尚未进村，没听说过共产党，也没有见过以村民为肉盾、"打了就跑"的游击队，那里的农村出现了权力真空。然而，真空很快被中华文明自动填充。在乡间士绅的安排下，邻里间包括像我们这些逃难者，都能相互关照，和睦相处，村民生活、生产都能照常进行，连村里私塾都能照常上课。三个多月里，我没有见过也没有听说过一起仇杀、奸杀和抢劫事件。一天夜里，我被突然唤醒，朦胧中见两个舅父非常紧张，正在召唤我的五个表姐表姨往一个矮洞里爬

（她们都处在鲜花般的年令段），然后用柴禾堆把洞口堵住。原来鬼子要进村了；但不知什么原因坦克开到村寨的大门口，又退了回去。第二天，"空气"十分紧张，年轻的妇女都躲了起来，村子里家家户户门口都摆了一张桌子，桌上放着点心糖果之类好吃的东西，有的上面还插着一面纸糊的像膏药一样的鬼子太阳旗。一夜没合眼的舅父，脸色苍白，借了一张桌子，也忙着往上摆放好吃的。不记得是谁塞给了我一个纸糊"膏药"旗，要我拿着。**显然，村里人都作好了"欢迎"鬼子进村的准备**：摆设糕点面食以迎日军，俨如当年毛泽东所赞"**箪食壶浆以迎红军**"那样。那一天，我随着长辈们当了一天小"卖国贼"，也没见鬼子进村。第三天，来了几个"皇协军"（伪军），和大人们嘀咕了一下，紧张"空气"才算缓和下来，表姐表姨们才敢爬出黑洞。三个月后，鬼子展开"和平"攻势，鼓吹**中日亲善，打倒英美**"。在他们的软硬兼施下，特别是在相对宽容的同化政策诱惑下，逃到乡下的城里人，都陆续应召返城。洛阳街道又热闹起来。学校也纷纷开学，像当年满人用辫子来征服汉人一样，设日语为主课以同化中国人。在"中日亲善"的攻势中，每逢节假日，家家户户门口两边，都必须插上两面国旗：一面中华民国的"青天白日满地红"旗，一面日本帝国的"膏药"旗。就这样，我又随着长辈们，当了一年多的小"亡国奴"。

在记忆中的童年时代，笔者虽曾目睹过中国人有奴性基因的表现，却未曾见过中国人有野蛮、残忍基因之乖张。——童年所见所闻，埋在心底数十年。今日借书外泄，静候"爱国者"的叱骂！

二、"群众专政"在广西——文革第四轮大屠杀

（本节根据以下数十篇资料撰写：《广西"文革"时的吃人事件》、《红色纪念碑》、《韦国清南宁屠城四二二全军覆没》、《副师长在宾阳亲自主持杀人现场会》、《官方文书：文革中的杀人记录（广西）》、《中共机密文件记录的文革广西大屠杀》、《广西文革杀人记录》、《向"阶级敌人"刮起12级台风》等。）

1. 广西魔头韦国清

魔头**韦国清**，原名韦邦宽，壮族，1913年生于广西东兰县，狎称"广西王"。文革前，任中共广西壮族自治区委第一书记兼广西军区第一政委、区政府主席，文革中，历任区"革筹组"组长兼广西军区第一政委、区革命委员会主任等职。在文革中，他紧跟毛泽东的战略部署，紧随周恩来的指挥棒转，在广西屠杀了约**18万**"阶级敌人"，是广西抗战八年中死亡115,159人的1.56倍，当上了全国省级第一杀人魔头。据《广西文革大事

记》记载：1968年5月，在广西各地市县成立革委会后的几天里，全区县以下农村，共杀死"五类分子"及其子女等各种"阶级敌人" **18,000多人**。1968年7~8月的一个多月中，又以《七三布告》为武器，屠杀"坏人" **84,000多人**。由于革命立场坚定、"**对敌人狠**"，杀人不眨眼，很快荣升中央政治局委员、解放军总政治部主任、中共中央军委副秘书长和全国人大常委会副委员长等要职，1989年6月14日，他恶贯满盈，病死于北京。

韦国清是个标准的、忠诚的共产党党员。1928年，十五岁就参加了韦拔群领导的农民自卫军。1929年12月，他参加了邓小平领导的百色起义，成为红七军第十九师五十六团一个排长。在井冈山时代，他参加了第三至第五次反"围剿"作战。1934年10月，随中共撤出湘赣根据地，参加了向陕北逃遁的"长征"。抗战爆发后，任新四军第3师第9旅政治委员，第4师第9旅旅长，第4师副师长等职。1943年春，善搞内战的韦国清，率九旅主力，在兄弟部队配合下，主攻驻守山子头的国民党江苏省主席兼鲁苏战区副总司令韩德勤的部队，歼灭其总部并生俘韩德勤。歼灭国民党韩德勤部队的胜利，为新四军报了"皖南事件"的一箭之仇，又为新四军在苏北开辟根据地借以为"保存实力、积极发展"的战略，"创造了更为有利的条件"。抗日战争胜利后，任山东野战军第2纵队副司令员，华东野战军第2纵队司令员兼政治委员，兵团司令员、政治委员，为中共领导的"解放"战争做出了贡献。"解放"后，率领军事顾问团援越，帮助越共胡志明打胜了越南奠边府战役，为建立北越政权做出了贡献。归国后，历任广西壮族自治区主席、区党委第一书记等要职。1955年被授予上将军衔。

韦国清是个文革中的不倒翁，是个唯一在原地从未下过台、从未靠过边又始终站在台上领导文化大革命的区委第一书记。在中共高级大员中，他是个善于钻营、工于心计又心狠手辣的人材。韦国清之所以能稳住他"广西王"的位置，与他对毛泽东忠贞不二、百般献媚分不开。1956至1966年期间，毛泽东几乎每年冬天都要到南宁来冬泳冬憩。韦国清投其所好，拨巨款在邕江两岸修建了明园和西园两座大花园，配以年轻漂亮的女服务员，供毛选择休闲、娱乐和纵欲，因而被毛誉之为"**我的广西老朋友**"。文革中，在"老朋友"的保护下，他涉险滩、渡急流而安然无恙。曾声嘶力竭地叫喊过打倒邓小平的他，当洞悉邓小平的潜在价值后，便改弦更张，力主邓小平复出，受到邓的赞许。他看风转舵的痞气，又确保了他的仕途得意。

文革伊始，作为"广西王"的韦国清，首当其冲，被"四二二"左派造反派打成了广西自治区"最大的走资本主义道路的当权派"。

韦国清同各地一把手一样，很快把保守派组织了起来，与左派造反派相抗横。在他的支持下，广西党团基础组织中的党员、干部、工人、民兵和其他既得利益者，成立了右派造反组织"无产阶级革命派联合指挥部"，简称"**联指**"。这一派人多势众，组织严密，装备精良，其中许多是毛的"**群众**"痞子、流氓无产者，是韦国清政权的支柱，因而是韦国清名符其实的"御林军"。左派造反派"四二二"呢？由于它是以与韦国清政权素有芥蒂的或出身不太好的大中学校学生、干部、工人和农民群众组成，其中也不乏痞子、流氓无产者，很快被韦国清打成"**牛鬼蛇神总司令部**"，并加以取缔。

取缔左派造反派"四二二"，显然背离了毛泽东的战略部署。在周恩来和左派中央文革的支持下，"四二二"重整旗鼓，不断冲击自治区党政和军区，向韦国清发难。1967年8月24日，周恩来在接见广西双方代表时，批评了韦国清和省军区。周表态说，"四二二"是革命造反组织；批评保韦派"联指"的"**方向错了**"、"**越搞越不象话**"了；批评省军区"**压制了**""四二二"，"**把'工总'解散是错的**"。周的表态和批评，使韦国清处于困难之中：尽管他暗地里还在鼓动"联指"对着干，但明里不得不表示支持仇敌"四二二"。由是，广西派性武斗愈演愈烈。在周恩来的压力下，他不得不在当年11月6日写了个"**我在广西文化大革命中所犯方向路线错误的检讨**"报告，上报中央；但支持"联指"依旧。这种说一套做一套的赤文化，已溶化在韦国清的血液中。

进入1968年，善于窥测上层权力斗争方向的韦国清，察觉风向在逐渐变化，毛泽东正在不断地向党内右派当权派、向右派将领伸出橄榄枝；特别是当毛泽东4月8日发出了文化大革命"**是中国共产党及其领导下的广大革命人民群众和国民党反动派长期斗争的继续**"的"最高指示"后，他敏锐地察觉，"老朋友"斗争大方向已开始从党内"走资派"向传统阶级敌人身上转，左派造反派的使命行将结束，终将被抛弃。于是，他抛开"检讨"，支持各县武装部武装"联指"，支持"联指"冲击军械仓库，夺取武器装备来武装自己。为了给剿灭"四二二"和实行"**群众专政**"制造借口，他一手炮制了"**中华民国反共救国团广西分团**"假案，号召"**刮起十二级台风**"进行"**群众专政**"，指导"联指"全面清剿"广西分团"的"四二二"，毫不手软地镇压包括"五类分子"及其子女在内的一切"阶级敌人"。《七三布告》公布后，他乘风借势，派部队协同"联指"作战，进行了惨绝人寰的清剿和屠杀。

2. 左派"四二二"的末日

1967年7月到8月，毛泽东虽然知道"**75%的军区和驻军支持右派**"造反派，但他深信，依靠他个人的威望和左派造反派的支持，可以迅速改变少数派的被动局面。因此，他信心十足地做出了"**武装左派**"组建第二武装和发动他的"群众"进行"**群众专政**"的两项重大决策。但当听到周恩来"清君侧"暗示后，权谋大师立即做出了"清江侧"的决定，抛出爱臣王、关、戚，做出了与右派将领妥协的姿态。显然，这是"退一步，进两步"的故技重试，借以先稳住军队，再徐图良策。为了把军队牢牢控制在自己手中，1968

年春，权谋大师又做出了"清周侧"的决定，抛出了爱将杨、余、傅，强化了林彪等左派将领对军队的领导。从此，林彪也开始走上了不归途。

毛泽东的如意算盘打得并不如意。他所期待的类于重庆左派完全胜利的"一二四"事件并没有在各地重演。各省党政军当权人都在玩弄权术，**或打着"支左"的旗号"支右"，或借着武装左派的名义武装听话的右派，或将中央文革支持的左派一分为二，变成势不两立、相互争斗的两大派组织，或武装左派为我所有，变成打击政敌的工具**，等等。到了1968年，全国已告别了冷兵器内战时代，进入了除飞机、导弹外的现代化热兵器内战时代。武斗双方都打着保卫毛主席的旗号，旁观者谁也分不清谁左、谁右。到此，天下一片混战，终于达到了毛泽东向往已久的"**天下大乱**"的境界。

但要实现毛的"**天下大乱到天下大治**"谈何容易？1967年12月18日，毛泽东不无感慨地对阿中友好协会代表团说："**有些事情，我们事先也没有想到。每个机关、每个地方都分成两派，搞大规模武斗，也没有想到。**"本想乱中夺权，使党内左派主导国家一切的毛泽东，到此已感到力不从心了。内战已经失控，如不加以控制，一旦那些骄横狂躁的右派将领们和党内右派当权派联起手来，势必发动兵变。到那时，不仅文革毁于一旦，他缔造的"新中国"也将分崩离析。但权谋大师的天才在于：他清楚地知道，对于右派当权派和将领们来说，**权力高于一切，亦即权力高于主义，高于路线，高于法律，高于道德**，一句话，他们的既得利益是建立在权力拜物教基础之上的。因此，只要把文化大革命的斗争方向转移到枪口一致对外上来，积极恢复秩序，满足他们权力上的追求，一切问题将迎刃而解。

于是，权谋大师在抛出爱臣王、关、戚之后，便发明了"继续革命"理论，开始了与**党内右派妥协，分享权力**的进程。为此，他频频向党内右派伸出橄榄枝：在最大限度孤立刘少奇党内右派集团和释放出区别对待邓小平和解信号的同时，适时地、逐步地"解放"了很多被打倒的党内右派当权派，把他们"三结合"到各地新生的革命委员会里，以分享权力来共同控制局势。

与党内右派妥协，分享权力就要做出牺牲。于是，他又做出另一个重大决定：适时地抛弃左派造反派。

在无产阶级专政条件下，左派造反派被抛弃的命运在所难免。**对左派造反派，毛泽东早有定论**：左派造反派是股可利用不可重用的势力，他们只能充当向右派当权派即"走资派"夺权的主力，他们的自由主义和民主诉求，注定与新生政权格格不入，终会被抛弃或镇压。1967年1月30日，毛泽东在关于阶级斗争情况的报告上批示："**党、政、军、民、学、工厂、农村、商业内部，都混入了少数反革命分子，右派分子，变节分子。此次运动中这些人大部自己跳出来，是大好事。应由革命群众认真查明，彻底批判，然后分别轻重，酌情处理。**"在这里，他点明"跳出来"不是指共产党官员、当权派，而是在文革中的积极分子即左派造反派。**对右派造反派，毛泽东也早有定论**：只要他们能摆脱党内右派的控制，并反戈一击，紧紧跟着他，去夺取那些敢于与他分庭抗礼的"走资派"的权，他们同过去一样，仍然是无产阶级专政所依靠的基础力量。

一年前还被周恩来、江青等中央文革赞誉为"誓死捍卫毛主席革命路线"的革命群众组织——"四二二"左派造反派，其利用价值已消耗殆尽：在毛泽东新的妥协、分享权力的决策下，他们被扣上了"**牛鬼蛇神总司令部**"和"**中华民国反共救国团广西分团**"的两顶大帽子，倏忽之间，他们便从一个"响当当"的革命派，变成了一个血债累累的"**反革命组织**"。尽管"中华民国反共救国团广西分团"事件到十五年后的1983年，被中共彻底平反。

1968年7月3日，中共中央根据毛泽东的批准，发布了针对广西左派造反派"四二二"的《七三布告》。《布告》以严厉的措词命令"四二二"：

一、立即停止武斗，拆除工事，撤离据点。首先撤离铁路交通线上的各据点。

二、无条件地迅速恢复柳州铁路局全线的铁路交通运输，停止一切干扰和串连，保证运输畅通。

三、无条件地交回抢去的援越物资。

四、无条件地交回抢去的人民解放军武器装备。

五、一切外地人员和倒流城市的下乡上山青年，应立即返回本地区、本单位。

六、对于确有证据的杀人放火、破坏交通运输、冲击监狱、盗窃国家机密、私设电台等现行反革命分子，必须依法惩办。

接着，1968年7月24日，中共中央又根据毛泽东的批准，针对陕西出现的左派专业武斗队，发布了《**七二四布告**》，进一步敲打"四二二"。《布告》规定：

一、任何群众组织、团体和个人，都必须坚决、彻底、认真地执行伟大领袖毛主席亲自批准的"七三布告"，不得违抗。

二、立即停止武斗，解散一切专业武斗队，教育那些受蒙蔽的人回去生产。拆除工事、据点、关卡。

三、抢去的现金、物资，必须迅速交回。

四、中断的车船、交通、邮电，必须立即恢复。

五、抢去人民解放军的武器装备，必须立即交回。

六、对于确有证据的杀人放火、抢劫、破坏国家财物，中断交通通讯，私设电台，冲击监狱、劳改农场，私放劳改犯的现行反革命分子以及幕后操纵者，必须坚决实行无产阶级专政，依法惩办。

紧接着，1968年7月28日，毛泽东在人民大会堂召见了北京平民红卫兵造反派的五大领袖聂元梓、韩爱晶、蒯大富、谭厚兰、王大宾。毛泽东警告曾为他夺权而冲锋陷阵的左派领袖们说："**现在轮到你们小将犯错误的时候了。不要头脑膨胀。**"尽管五大领袖争辩说，把杀人放火都归到他们头上"不公平"，他还是毫不留情地警告这些痞子、流氓无产者："**我再说一遍，谁如果不听劝告，再破坏交通、放火、打解放军，谁就是国民党、土匪，就歼灭之！**"此刻，毛泽东所借助红卫兵造反派的那口屠刀的使命已经完成，"狡兔死，走狗烹"，他的痞性使他毫不犹豫地推翻了 1966 年 8 月 22 日他批准公安部下达的《中央同意公安部关于严禁出动警察镇压革命学生运动的规定》，一锤定音，毫不留情地将平民红卫兵赶下了历史舞台。

《七三布告》、《七二四布告》和召见五大领袖的决定，使党内右派当权派扬眉吐气，他们同右派将领一起，开始了围剿左派造反派战争行动。广西韦国清是这种行动的典型代表。

3.《七三布告》前的"群众专政"

鼓吹"**全国全面内战**"的毛泽东，的确把全面内战鼓动了起来。但到 1967 年秋后，他发现内战中没有占多少便宜的左派，不听话的倾向有所发展。于是，他改弦更张，加快了与党内右派妥协、分享权力的进程，开始转移文化革命的斗争大方向。

毛泽东的哲学观是"**外因是条件，内因是根据，外因通过内因起作用**"；但"理无常是"的"一分为二"哲学，却又使他常常变成外因决定论者。当 1960 年信阳大量饿死人的消息传入中南海时，毛泽东本能地一拍脑袋就知，这是"外因""地富反坏右"搞破坏的结果，与他的"三面红旗"的"内因"政策无关。于是他批示说："**信阳出的事件是反革命复辟，是民主革命不彻底，须组织力量进行民主革命补课。**"在 1967 年的混战中，他本能再现，一拍脑袋便知，混战是"外因""**有阶级敌人在背后操纵指挥**"搞破坏的结果，与他的"**全面内战**"、武力"**夺权**"号召等"内因"无关。1967 年 12 月 18 日，他对来访的阿中友好协会代表团说："**有些事情，我们事先也没有想到。每个机关、每个地方都分成了两派，搞大规模武斗，也没有想过。等到事情出来以后，就看出了现象。**"接着，他便做出结论："**这绝不是偶然的事，是尖锐的斗争。解放后包下来的国民党、资产阶级、地主阶级、国民党特务、反革命——这些就是他们武斗的幕后指挥。**"显然，在这里，"一分为二"的毛泽东，已把"外因"变成了"根据"。因此，为了与党内右派妥协、分享权力，他要卸磨杀驴，煎烹走狗。自此，毛泽东亲自发动和领导的文化大革命，其"大方向"开始由向"走资派"武力夺权转到镇压传统阶级敌人即"地富反坏右"等弱势群体上来——左派造反派面临灭顶之灾。

听到这个"最高指示"后，党内左、中、右派大多数都能团结对敌，因为，镇压 18 年来被他反复清算过多次的弱势群体，是他们共同的理念和本能。当然，也会有少数较有良心者，他们反对那些右派痞子、流氓无产者的胡作非为；但当听到毛泽东在 5 月 11 日发表的支持右派的讲话后，为了安全，他们只好变成了旁观者。因为，在那次讲话中，毛泽东明确地警告他们："**对群众是保护还是镇压，是共产党同国民党的根本分别，是资产阶级同无产阶级的根本分别，是资产阶级专政同无产阶级专政的根本分别。**"他们十分清楚，此时毛所指的"群众"，就是那些胡作非为的右派痞子和流氓无产者。

在镇压左派"四二二"和弱势群体上，韦国清力拔头筹，成为利用毛的右派"**群众**"进行"**群众专政**"最为突出的佼佼者！据史料记载：

1968 年 2 月 6 日，玉林地区右派"联指"组织 2,000 多人，配备步枪 800 多支，轻重机枪 26 挺，冲锋枪 407 支，各种炮 8 门，手枪 164 支，以及自制坦克一辆，攻打左派"四二二"的州佩据点。包围两天后，攻下据点，抓获"四二二"派 13 名俘虏，全部枪杀。

从 2 月 7 日至 5 月 27 日，**上思县**大搞"**群众专政**"，揪斗左派和弱势群众 1,125 人，打死 39 人。

2 月 11 日至 20 日，**灵山县**在召开"学习毛主席著作积极分子暨贫下中农代表会议"期间，打死 3 人，陈尸示众。会议号召对弱势者"阶级敌人"进行"**群众专政**"。会中，新圩公社代表们，一马当先，晚上赶回公社，力杀 5 个"阶级敌人"，第二天一早。赶回县城邀功，"捷报"传于会议中。

2 月 16 日，右派"联指"攻打柳州地区**融安县**的铜鼓桥时，抓获俘虏 36 人，押解途中，随意处决了 15 人。

2 月 25 日至 28 日，**大新县**召开了县区村"抓促"领导、厂矿武装部长和民兵营长会议。会议由武装部长**周永山**主持，政委**韩奇**传达了区革筹小组领导人实行"**群众专政**"的讲话。会后的 17 天里，全县屠杀"地富反坏右"及其子女等弱势者 239 人。

3 月上旬，**宜山县**发生两派大规模武斗。右派"联指"联合罗城、都安等县数千武装人员，围攻"造反大军"据点。8 日"造反大军"的支持着近万人，从城里撤出时，被枪杀数十人。

1968 年 3 月 16 日，**天等县**革委会成立。县武装部长**马政华**在成立大会上强调：为树立"正气"，压倒"邪气"，保卫新生红色政权，每个乡干掉个把"罪大恶极、民愤大"的四类分子和坏头头。从 3 月 8 日至 27 日的十多天里，全县发生 190 多起杀人事件，共屠杀弱势者 630 多人。其中祥元乡共杀 46 人，造成 16 户无男人，9 户灭绝。死者农会冲的女儿，被凶手**黄正建**等人轮奸后，强迫嫁给凶手**农朝丰**；死者**农朝权**、**农良宁**的妻子，被强迫嫁于凶手黄正健、**蒙加丰**为妻。

3 月 19 日，**崇左县**负责人**张洪恩**说："**天等县红色政权是用枪杆子打出来的，我们要向天等学习，也要用枪杆子建立和保卫红色政权。**"于是，在筹备成立县革委会期间，他们效法天等县，一口气就屠杀了弱势者94人。

面对天等、崇左县"**群众专政**"的滥杀行径，在7月5日的专区革委会上，南宁军分区司令员兼南宁专区革委会副主任**熊光武**赞扬道："**天等县是在紧跟毛主席伟大战略部署，落实毛主席最新指示是好的。**"革委会第一副主任**董以法**，则号召各县"**向天等学习，迅速实现一片红**"。由于南宁专区革委会对天等县滥杀无辜的坚决支持，"**群众专政**"旋在南宁专区展开，滥杀无辜迅即扩散到全专区各个角落，数十人惨遭杀害。

3月18日，**钦州地区**公检法军管会给军分区的情况反映中写道："**3月5日至12日全专区共杀'阶级敌人'2,000左右，其中灵山县杀1,000多人。**"

3月27日到5月22日，**贵县**石龙公社松英大队，原乡长**覃锡明**等人，分12批用枪棍、锄头打死"阶级敌人"40人，有13户男性全被杀光。在被杀者中，未成年的"阶级敌人"12人；还有两个特殊的"阶级敌人"，一个是双目失明老妇人，一个是未满10个月的婴儿。

三月下旬，**陆川县**右派"联指"在武装部支持下，围剿"四二二"派。"四二二"派被杀110人，受牵连审查一万多人。支持"四二二"派的县委书记**周履光**等8人，被枪杀后，又用炸药毁尸。

4月上旬，**巴马瑶族自治县**"四二二"派的部分人，从县城撤至羌圩公社下乙屯后，县武装部副部长**李彦智**、羌圩公社武装部长**卢金珊**、副部长**黄正业**和已圩大队革委会主任**覃德强**等人，组织了数百民兵和右派"联指"武装，对其进行围剿。役毕，全屯46户有30户遭"**群众专政**"，被杀弱势者56人；全屯140间民房被烧毁133间，44户无家可归。

4月13日，**贵县**举行庆祝革委会成立大会。在会后的10天里，捕杀"四二二"派和"阶级敌人"230多人。由于中共贵县县委"**群众专政**"的示范，各公社纷纷效法，成立了"**群众专政**"组织"贫下中农法庭"；他们召开杀人大会，先后公开枪杀"阶级敌人"38人，斗死90多人。

4月21日，**龙州县**右派"联指"和人武部、公检法军管会的干部武装，包围了"四二二"派的工商联据点，"俘虏"90多人，枪杀12人。从4月至6月的两个月中，共打死、杀死弱势者177人，占全县文革中死亡人数的40%。

4月23日，**玉林专区**革委会召开全专区政工会议，布置"刮十二级台风"进行"**群众专政**"问题。专区革委会主任、军分区政委**甘照寰**、副主任军分区副政委**孙景芳**、副主任**蒋昌永**，分别在会上号召：在"反击右倾反案风"、"击退二月逆流"中要"刮十二级台风"。全专区在文革中死亡的10,156人中，大部分是在"刮十二级台风"进行"**群众专政**"中遇难的。其中，**陆川县**部署"十二级台风"后，掀起了"**群众专政**"高潮。全县11个公社的155个大队中，有154个大队杀了人。到29日，全县共屠杀无辜"阶级敌人"1,229人，陈尸百里。

又据官方"**处理文化革命遗留问题办公室**"统计：到5月11日，全自治区"**群众专政**"中惨杀"叛徒"、"特务"、"走资派"、"反共救国军"、"五类分子"及其子女18,000多人。

1968年5月17日，韦国清根据"最高指示"，虚构了"**中华民国反共救国团广西分团**"一案。当"破获"该案《报告》得到了毛、林、周等中央领导首肯后，韦国清便拿到了对"四二二"和弱势群体进行"**群众专政**"的"尚方宝剑"，遂将大屠杀推向一个新高潮。

5月24日，梧州地市右派"联指"，在人武部和革委会的策动下，调集5,600多人的武装，以到钟山县的**平桂矿务局**围剿"四二二"派为名，枪杀无辜群众800多人。

6月12日，桂林右派"联指"，在桂林南站东方红饭店前的"看守所"里，打死35人，致伤致残75人。7月14日中午，平乐县"联指"**伍学强**、**林海**、**廖昌辉**、**候永成**、**唐桥生**等24人，冲到"看守所"楼上，将被关押的桂林针织厂职工**唐跃武**、**候霉**、**李江**、**白先德**、**马震鹏**、**秦恩深**等12人，拉到桂林十一中对面的树林里枪杀。

6月19日下午，**凌云县**人武部政委、县革委会主任**王德堂**，在"积代会"上作总结报告时，布置杀人，煽动县工代会主任**韦德**带领一伙凶手，把县委书记**赵永禧**等三十多干部、教师和学生，拉到大街上游斗。赵永禧等11人当场被打死，20多人被打伤致残。"积代会"后，全县各公社掀起了"**群众专政**"高潮，数百名所谓"叛徒"、"特务"、"反革命分子"、地、富、反、坏、右分子及其子女，惨遭枪杀或自杀。其间，**河池地区**的包括凌云县在内的十个县，共打死、逼死7,864人，遭关押毒打者有数万人之多！罪大恶极的王德堂，这个被韦国清表彰为省军区"支左"的好干部，利用职权，先后多次强奸6名被害人的妻子和女学生。

1968年的**武鸣县**，在"**群众专政**"中，就杀死弱势者各类分子2,463人。其中，6月中旬到7月初的一次"**行动**"中，就杀死1,546人，为全省杀人之最。

1968年6月至8月，**融安县**右派"联指"，在部队、县革委会以及县人武部的武力支持下，大肆屠杀持不同观点的群众，其中包括当时被称为"阶级敌人"的"**二十一种人**"。那21种人是：地（主）、富（农）、反（革命）、坏（人）、右（派）、资（本家）、特（务）、警（伪警察）、宪（兵）、团（三青团员）、军（国民党军官）、贷（高利贷者）、小（小老婆）、巫（婆）、道（士）、尼（姑）、流（氓犯）、小商、小贩、娼、僧。1969年12月，融安县公检法军管会上报了这样一组统计数字：打死"阶级敌人"1,089名，自杀126名。

由此可见，在《七三布告》前，韦魔屠杀的"阶级敌人"、"牛鬼蛇神"，应在25,000人以上。

4.《七三布告》后的"群众专政"

1968年7月，发表的中共中央、国务院、中央军委、中央文革《七三布告》，已宣判了广西"四二二"左派造反派的死刑，而《七二四布告》的发布，则宣判了全国各地左派造反派的死刑。两个布告公布后，广西"联指"与"四二二"之间的派性武斗，随之转变为政府派军队、民兵与右派"联指"联合在一起对"四二二"左派造反派的武装镇压。此时的"联指"等右派，也随之名正言顺地转变成新的官僚特权阶级的打手和炮灰。

《七三布告》后，得到指令的韦国清，加快了镇压"四二二"左派的军事部署。

以韦国清为首的广西当局，为了一举剿灭对手"四二二"派，从1968年7月12日至8月3日，在《广西日报》上连发九篇社论。社论祭起中共党的传家宝——**煽动仇恨，不择手段地妖魔化敌人**，鼓吹"**向阶级敌人刮十二级台风**"，号召毫不手软地屠戮所谓牛鬼蛇神的"**二十一种人**"。九篇社论史称"杀人九论"。

《七三布告》发表后，"四二二"派的头头们，这些昔日的"**革命先锋**"们，当年以"**追随毛主席起来造反，为保卫毛主席而浴血奋战，流血牺牲**"为己任，大有唯我革命、唯我响当当的自豪感；然而，两年后的今天，他们却变成了"**革命对象**"，陷入了"狡兔未死烹走狗"的惨境。上当受骗的感觉，使他们无法接受失败这一严酷现实。于是，他们中间的死硬分子，便孤注一掷地"悲壮应战"，直到"悲壮牺牲"！

据官方《广西文革大事年表》（下称《年表》）记载，7月24日，**柳州军分区**经广州军区批准，调动八县和两矿、一厂、一郊的右派"联指"武装人员，联合攻打柳江县福塘左派"四二二"据点，共打死146人。是役，政府开支104,000多元，消耗粮食53,583斤。

同日，《广西日报》头版发表了上述消息后，全自治区掀起了对"敌"实行"**群众专政**"新高潮：从城镇到农村，再次刮起"**十二级台风**"的杀人狂飙。

宾阳县在执行《七三布告》中，全县每个公社都在成批杀人。7月27日，新宾镇墟日，被压到墟集上游街的14个"四类分子"，全部当场打死。29日，县革委会主任、6949部队副师长**王建勋**，在县政法会上推广新宾镇杀人经验时说："**当运动起来，积极分子用枪杀几个问题不大，但我们要引导用拳头、石头、木棍打，这样才教育群众，教育意义较大。**"显然，他是土改成长起来的中共干部，那时就有不杀地主不能教育农民的口号。宾阳有4,000多"四类分子"。他鼓动说："**这些人交给群众专政，用不到三天时间就干光了，不花一枪一弹。**"他下令说："**这次行动，时间三天。现在告诉你们一些底：这次运动要对敌人砸死大约三分之一或四分之一。**"据《年表》记载，从7月26日到8月6日的十一天里，在他和县革委会副主任、县人武部副政委**王贵增**的直接指挥下，全县打死"阶级敌人"3,681人。其中，国家干部51人，教师87人，工人27人，集体工75

人，农民、居民 3,441 人，有 3 家全部男性被杀，170 户妻离子散、家破人亡，14 户斩草除根、全家灭绝。处决手段除少数几个枪决外，其他处决手段是刀砍、绳勒、矛戳、棍打、水溺、石砸、活埋等等，几乎全部实现了王师长"**不花一枪一弹**"的"指导"。显然，这是自上而下地、有政府地、有组织地杀人。没有韦魔头的指示或暗授，王师长敢这么干吗？由于杀人有功，文革后期，他被韦魔头提拔为广州警备区第一副司令，就足已证明。

　　1968 年 7 月，韦国清在毛泽东、林彪和周恩来的明确支持下，调动 6912 部队、6936 部队、6966 部队、广西军区警卫营、南宁军分区独立营和两个炮兵连等部队，会同南宁、玉林、陆川、贵县、马山、邕宁、横县、崇左、武鸣、上林等市县的右派"联指"武装，数万大军联合围剿南宁左派"四二二"。据《年表》记载，7 月 16 日中午 12 时到晚上，部队和"联指"在南宁市区，用炮火将"四二二"派控制的解放路、灭资路、上国街、博爱街等十几条街道，轰成一片火海，炸成一片废墟。到 8 月 5 日，战斗基本结束，共打死 1,470 人，烧毁 33 条街（巷）。其中，烧毁机关、学校、工厂、商店和民房共 2,820 多幢（间），建筑面积 46 万平方米，使 1 万多户的 5 万多居民，无家可归，财产损失达六千万元以上。是役，抓获俘虏 9,845 人。其中有 7,012 人，被打成"杀人放火"、"四类分子"、"坏头头"、"国民党残渣余孽"、"反共救国团头头"等罪犯，交各县拉回去"处理"。在"处理"中，有 2,324 人被打死，246 人被当作"要犯"长期关押。据一位知情者回忆：

　　就在二舅逃出南宁的这一天，被关押在二中的反革命，绝大多数被一个接一个用麻绳拴着，一车车拉到邕江边用机枪射死！足足三天，邕江河畔枪声不断。那几天，河上漂满了尸体，江水全都染成了红色，西津水电站连夜开闸，好多天过去，仍有源源不断的尸体向下游冲去。一具具尸体从上游一直漂到港澳地区，港澳的报纸惊呼："广西武斗造成人员大量伤亡，尸体漂至大海……"一时震动世界。

　　围剿战斗基本结束后，有近三千人（一说七千人）"四二二"派成员和他们的家属，逃进市郊一座有独立供水、供电、通风系统和防毒设施的地下人防工程里坚守。当时，正值邕江大水，超过了 1958 年的历史最高水位 74.71 米。8 月 8 日，"联指"前线指挥部，在请示了韦国清后，在邕江上游开闸放水，将躲藏在地下人防工程中的数千人，大部分溺毙。几天后大水退去，解放军从地下人防工事里清理出数千具发臭的尸体。南宁市武斗到此宣告结束。

　　在上林县，"联指"总部分别于 8 月 2 日在县城、8 月 3 日在巷贤区、8 月 7 日在乔贤区召开了三次声势浩大的"追悼会"，先后打死"四二二"成员和"五类分子"24 人、43 人、72 人，共 139 人。杀人手段之野蛮之残忍，为世人罕见。例如：16 岁的农中学生**覃恒河**，被拉到"联指"阵亡民兵潘连标墓地，当场枪杀陪祭；古楼大队潘成昌的儿子**潘展才**、**潘展光**和兄弟**潘海青**、**潘棉波**被打死后，不准潘成昌收尸埋葬，强迫他拿出柴火 500 斤，黄豆 5 斤，火油 5 斤，用火烧两个儿子和的两个兄弟的尸体；原独山大队党支书**苏兰生**，因持"四二二"观点，被铁钉钉死在墙壁上；令人震惊的是，高长大队大队长**周 XX**，因持"四二二"观点，一家五个党员全部被杀，周的 18 岁女儿，赤身吊在梁上，下用煤油烧其阴毛，然后又叫一民兵当众强奸之。文革后，其主谋者，仅判 20 年徒刑。

8月10日，<u>河池军分区</u>奉韦国清之命，调宜山、河池、巴马、天峨、南丹、东兰、凌云、乐业、罗城等县的"联指"武装，会同 6911 部队、凤山人武部中队共 4,400 多人，围剿逃到凤山县的南山和北山属"四二二"派的"七二九"人员，抓捕了一万多人，枪杀 1,016 人。25 日，凤山县革委会在枪杀"七二九"的腥风血雨后，宣告成立。

据《广西文革大事记——1968 年》记载：8 月 10 日，以**李树春**任主任，**刘彬**、**韦宗芬**、**杨仲林**任副主任的融安县革委会成立。15 日，长安镇革委会副主任、镇武装部副部长**刘子卫**等五人领导小组讨论决定，在长安镇大刮"**十二级台风**"，并通过了杀人名单。16 日，长安镇圩日的早上五时，先枪杀了长安贫民**周老关**；上午八时，又杀了县教育局干部**莫海明**和教师**曾漫涛**；中午，纠察队按革委会的安排，押着 26 人游街示众，当天在大街上，用木棒、铁棍、转头、石块，活活打死了 21 人；21 日，又在街上打死了 56 人。"**十二级台风**"的腥风血雨，使整个长安镇陷入红色恐怖中。在韦国清的领导下，红色恐怖的"十二级台风"，正在刮向融安县各个角落。8 月 21 日，融安县革委会副主任韦宗芬，在县革委会第一次会议上，代表党和政府，赞扬了长安镇打死 77 人的革命行动，是个"值得推广的好经验"，号召全县学习。于是，红色恐怖迅猛扩展，从 8 月 21~23 日的短短三天里，融安全县就又打死了 1,006 人。其中，大将乡的龙妙街为最，被后人称之为"十八寡妇街"。

洒在长安镇街头鲜血的人，都属普通得不能再普通的弱势人群。在官方的机密档案中，只有死者数字，没有名单。为了抗拒遗忘，民间记录了被打死的 77 人中的 60 人名单。他们是：

公靖波、锺维锃、岳朗，县财政局干部；

周富云，县委工作队；

黎继昌，长安税所公务员；

莫海明，县教育局干部；

朱伯初，县工商联主任；

殷远芳，县邮电局职工；

向金荣，县粮食局直属粮库工人；

覃美荣，长安粮所干部，复员军人；

黄斌，大巷粮所干部；

胡雄，县油脂公司干部；

黎锡，县粮油加工厂工人；

锺玉明，县粮油加工厂技术员，转业军人；

刘显扬、**李智元**，县粮油加工厂干部；

覃启明，县酒厂青年工人；

傅剑秋，服务公司照相工人；

刘祥斌，服务公司饮食店工人；

王德裕，服务公司旅社工人；

覃国雄，县桂剧团扮演杨子荣演出《智取威虎山》的青年演员；

韦超元，县供销社干部；

韦亮、**杨捷荣**，县公路段工人；

罗美和，县水电局技术工人；

满举世，县拖拉机站青年拖拉机手，死时被用杀人的木棒插进嘴里；

陈德渊、**戴景松**、**孔繁树**，长安铁木厂工人；

戴景培，教师；

王振声，长安护林队工人；

陈友才，长安和平街居民；

杨贵安，长安竹器社职工；

张德尧，长安服装厂工人；

曾碧英，女，五金社钟表组工人；

韦克利，长安车缝社工人；

李引弟，竹器社工人；

黄太成 与其岳父（姓名不详），长安渡船社工人；

张炮光，理发社工人，复员军人；

蒋喜田，理发社工人；

杨火美，长安棕绳社工人；

林世民，长安服务社劳工；

黄太培、**甘雄飞**、**杨冬梅**（女），长安新华街居民；

陈云发、**曾安苟**，长安大庆街居民，劳工；

尹新贵，和平街居民，手工业工人；

江绍先，和平街居民，劳工；

雷振强，35岁，教师；

李庄和，长安插队青年；

周老关，长安以埋死人为生的土公；

余寿宽、**余寿松**、**龙安志**、**陈汉英**，立新街居民；

余万春，长安诊所医生；

兰水养，长安车缝社社员之子，年仅十多岁；

曾漫涛，教师。

8月23日，**上思县**革委会常委、人武部长、公检法军管主任**段振邦**，下令枪杀与"枯那反革命事件"有关群众和干部973人，其罪名是"通匪，济匪，窝匪"。"枯那反革命事件"源发于5月17日。当时，段振邦命枯那大队"联指"派民兵营长梁国雄，去收缴"四二二"派大队治保主任**宁协利**的枪，引发宁协利抗命不缴，争吵中，宁开枪打死"联指"派民兵李巨才。

据作家郑义的《红色纪念碑》一书中记载：8月17日，在**钟山县**三里区召开的"声讨一小撮阶级敌人爆炸红色政权"的万人大会上，一次打死167人。

随着军事围剿的胜利，韦国清根据《七三布告》和《七二四布告》，下令大"**刮十二级台风**"，乘胜镇压一切"阶级敌人"。据有关史料记载：1968年7~8月的一个多月中，广西区革筹、广西军区、各军分区、人武部和各地、市、县革委会以及各地"联指"指挥部，以《七三布告》为武器，追剿"四二二"，镇压"**反共救国团**"和"**二十一种人**"等"阶级敌人"，**全区共杀害和迫害致死84,000多人**。其中，杀人较多的县市有：

宾阳县杀害、迫害致死3,951人，是抗战时期日寇杀害宾阳群众300余人的13倍；

贵县杀害、迫害致死3,138人，其中国家干部及职工263人，教师156人，学生47人，居民106人，农民1,311人，其它1,255人；

临桂县杀害、迫害致死2,051人，其中国家干部326人；

灵山县杀害、迫害致死3,222人，其中有三个公社杀人在500人以上，287个大队进行过屠杀；

桂林市杀害、迫害致死1,128人，其中干部、工人556人，全市冤、假、错案11,522起；

天等县杀害、迫害致死1,651人；

上思县杀害1,701人，占当时全县人口1.33%；

融安县打死1,089名，其中地主分子112名，富农分子61名，伪军官21名，农民475名，工人9名，学生21名，其它391名；自杀126名，其中地主分子18名，富农分子10名，农民64名，工人2名，学生14名，其它8名；

钦州地区7个县市失踪10,359人；

玉林地区杀害10,156人。

另外，由民间调查而获得的死亡数有：

都安县杀害、迫害致死441人；

开鸣县杀害、迫害致死698人；

上林县杀害、迫害致死1,906人；

蒙山县杀害、迫害致死850余人，其中，6月中旬的五天中，杀500多人；

百色地区杀害、迫害致死1,073人；

河池地区杀害、迫害致死7,864人，其中，有五个县打死千人以上。

在大"**刮十二级台风**"里的广西，**韦国清的"群众"**，极尽了残忍之能：剖腹挖肝，割肉挖眼，割头示众，吊割阴茎。**韦国清的"群众"**，还大搞成批屠戮：成批打死，成批戳死，成批爆破炸死，成批推下矿井困死，成批推到山洞里下石砸死，成批推入江河中溺死。**韦国清的"群众"**，还在屠杀中寻欢作乐：先奸后杀，杀夫奸妻，杀父奸女……**韦国清的"群众"**杀人手段之残忍，使侵华鬼子和希特勒党徒相形见绌——毛泽东"**群众专政**"的魔法，使**韦国清的"群众"**为代表的兽性表演，达到了无以附加、令人发指的境界！

广西大地，腥风血雨，冤案如山，悲情惨况，史无前例。这个被毛泽东、周恩来和中共连连擢拔为总政治部主任、军委副主席、人大常委会副委员长并被他们誉为"革命领导干部"的韦国清，就是这样一个双手沾满人民鲜血的刽子手！

1984年，官方"处遗办"对广西"群众专政"的评述是："**杀人之多，全国之冠；杀戮之惨，历史罕见！**"

在"**群众专政**"的红色恐怖中，腥风血雨也在其他省市中扩展！

在四川武胜县双星公社，当年曾身临其境的周公正，在他的《"**文革**"中的一场棍棒屠杀》一文中，记录了1968年8月2日公社党和政府制造的一起集体棒杀"五类分子"的红色恐怖事件。笔者根据周文记录改写如下：

当场打死多人，周公正的地主分子母亲险遭毒手。一个女人在被砖头砸死前，哭喊着她儿女的名字说："**我再见不到你们了。**"一位贫农母亲林老太太看不下去了，大声哭道："**我从来也没有见过哪个政府这样随便把人打死的呀！**"她毫不畏惧地走上公社领导正襟危坐的主席台，拉住坐在台上的女儿（妇女主任）骂道："**走！我们回家！不当这个干部了！他们哪里是人啊？简直畜生不如啊！要把这么多人活活打死，天底下哪有这种道理呀？**"贫农林老太太义正辞严的哭骂，竟震住了那些痞子、流氓无产者，遏止了他们的屠杀，使那天少死许多无辜者，周公正的母亲也因而幸免于难。

大义凛然的林老太太的行为表明："解放"前的中国农村，虽有阶级斗争，但基本上是个和谐相依、休戚与共的社会；这个相对平和的农村社会，却被马列毛主义政治化、妖魔化，变成了你死我活的鲜血淋淋的战场！

另据披露：1968年5月23日到6月20日，云南省巧家县人民武装部某副部长和红派头头决定，从农村调集3,350人进县城。在县"贫总"常委扩大会和县武装部政工会上，决定把对立派中跳得凶的人干掉几个。于是，全县批斗 2,438 人，杀 277 人，其中"五类分子" 53 人。

中国的传统文化是"**以和为贵**"和"**先礼后兵**"；中共赤文化传统则是"**杀一儆百**"和"**先杀后抚**"。1968 年 9 月 23 日，广西自治区革委会、广西军区发出了《坚决制止乱杀人、乱抓人的通知》，晓之以中共"反对"乱抓、乱杀政策的"**伟大**"；1983 年，中央军委纪委为"严明军纪"，对参与杀人事件的军队指挥者给予"应有"的法纪、军纪、党纪处分，动之以中共"实事求是"政策的"**光荣**"；1984 年，经毛泽东批准周恩来推动的、韦国清等人部署的、在全区造成大批无辜群众死亡的"**中华民国反共救国团**"案，几经周折，终获平反，广西政府也对受害人进行了抚恤，据以证明中共"有错必纠"政策的"**正确**"！中共"先杀后抚"愚弄权术，数十年如一日，直到今天，在解决官民、民族纠纷时，仍沿袭不变。

"**先杀**"以镇压反抗，"**后抚**"以慰悦民心：这种帝王宽猛相济、软硬兼施、恩威交加的御民权术，被中共玩得得心应手；他们还以其淋漓尽致的表演，蛊使芸芸群氓安之若素，甚至惑使蒙难人之亲属中产生大量斯德哥尔摩综合症患者，对刽子手感激涕零！

5. 人兽之间（三）——兽行种种（人食人等）

以韦国清为代表组织实施的广西农村大屠杀，比 1966 年"红八月"里以北京为代表的大屠杀和 1967 年"黑八月"里以湖南湘南为代表的大屠杀，无论在数量和残忍上，都更加肆无忌惮；北京、湘南的种种屠杀暴行，在广西都复制重演，其暴烈程度有过之而无不及。上层的政治构陷、活体人展和下层的霸女敛财、烹食人肉，构成了广西魔头韦国清实行"**群众专政**"的特异色相，其中，尤以吃人肉为甚！

兽行之一：政治构陷

中共不但善于构建一群异类，诸如地、富、反、坏、右、资（本家）、牛（鬼蛇神）、走（资派）等敌人，善于虚构一个 XX 反革命组织，套在 XX 异类族群头上，而且还善于妖魔化这些族群或组织，"揭露"他们已给国家造成了某种迫在眉睫的威胁和耸人听闻的破坏。这是中共最拿手的统治策略——政治构陷，是中共赤文化的重要特色之一。在毛泽东时代，这种构陷不断重复上演，做为"革命领导干部"的韦国清，自然轻车熟路，对其运用自如。

为了给政治对手致命一击，1968 年 5 月 17 日，韦国清得意之作"**中华民国反共救国团广西分团**"一案，正式出笼。他在给中央和毛泽东的报告中说，破获的《中华民国反共救国团广西分团》反革命组织，"**已捕获团长一人，副团长三人，政治部主任三人，经济**

部长一人，支队长四人，联络站负责人共63人。缴获反动组织纲领、反革命刊物、入团登记表、印鉴、与国外敌特机关联系的秘密通信地址及部分枪支弹药等罪证。""该反革命组织涉及南宁市及南宁、玉林、钦州、柳州等四个地区。于今年2月2日正式合并定名为匪'中华民国反共救国团广西分团'。分团下设大队、中队，全区已发展匪徒两千人。""发展组织和活动特点是：利用群众组织中的派性，易地活动，钻进群众组织，互相串连。靠打砸抢补给经费，通过武斗掌握武器。总部设在南宁市解放路新华街，利用'四二二'据点造反楼做联络站，与越侨有联系。"等等。

　　这个子虚乌有的、1984年终得平反的特大假案，在当时是"证据确凿"、"不容置疑"的，是被毛泽东首肯的"铁案"。韦国清等广西官僚特权阶级的政治对手"四二二"左派造反派，在"铁案"笼罩下，遭到了毁灭性的打击；而那些毫无反抗能力的弱势群体，随着"四二二"派的覆没，其生存权也惨遭**群众专政**的肆意践踏！

　　在1968年，韦国清政权发动的围剿"四二二"的军事行动，都是打着清剿《反共救国团》的旗号进行的，而且取得了成功。

　　在反《反共救国团》中，无辜的群众和干部，遭到了"**群众专政**"的蹂躏。据《广西文革大事记——1968年》记载：南宁市部分单位不完全统计，被列"反共救国团"的有3,547人，其中，已被批斗的1,722人，关押957人，打死37人，自杀34人，致残2人，下落不明4人；柳州市十四个单位统计，受审查的438人，其中，被关押45人，致死16人；百色地区共追查"反共救国团"嫌疑案104起，批斗9,274人，其中，打死、逼死1,073人，伤残2,135人；那坡县追捕"反共救国团"551人，其中，活活打死8人，打伤致残43人，47人被定为"现行反革命"罪而被逮捕判刑，等等。

　　上行下效。玉林专区容县的"贫下中农"，一马当先，双手轻轻一抬，便抓出了一大批"反共救国团"组织。他们抓出的"反共救国团"组织有：容县"四二二革总"的"反共救国队"；长寿公社的"反共救国军"；大鹏公社的"西江地下反共救国军"、"杀人战斗队"及"反共救国军第三军"；松山公社的"反共救国军"；下河公社的"反共救国军"和"反共救国军第四集团军"；寺堂公社的"反共集团第四军"；黎木公社的"反共救国军"；顶底公社的"反共支修集团军"；半月公社的"反共第一方面军"；三岸公社的"新编步兵师第一独立师"；沙田公社的"反共救国军第三集团军"；石扶公社的"反共救国军"；大水公社的"反共救国军青年独立团"；寻阳公社的"反共救国团"，等等。在短短几天间，一个**小小容县**，遍地都是"反共救国团"，而坐在县委大堂上的中共权贵们，竟都能安然无恙！

　　直接死于"中华民国反共救国团广西分团"一案的干部和群众有多少？1968年7月至8月的一个多月中，广西区"革筹"、广西军区、地方各级党政军机关和各地"联指"指挥部，在全区共杀害和迫害致死84,000多人，其中多数与"反共救国团"一案有关。

据此，有学者认为，直接死于"中华民国反共救国团广西分团"一案的干部和群众，应在 50,000 人以上，致伤、致残者难以计数。

在罗织罪名的赤文化熏陶下，1968 年 6 月 10 日，宁明、崇左、扶绥三县又先后"破获"了**中国青年党**、"**反共救国农民起义军**"、"**叛国投敌**"和"**二〇三战略部**"等四个"反革命集团"。此案涉及南宁地区五个县，连越南的陆平县也牵涉了进去。涉案"罪犯"宁明县 619 人，崇左县 222 人，扶绥县 11 人。1970 年 4 月 9 日，四个"反革命集团"的首要分子**黄志忠**、**卢秀业**、**黄敬贤**、**黄吉林**、**林春初**、**陈韬**、**王石养**等 7 人，被判处死刑，执行枪决。1980 年 11 月，南宁地区中级人民法院复查认为，所谓"中国青年党"、"反共救国农民起义军"、"叛国投敌"、"二〇三战略部"纯属冤假错案：一无反革命纲领，二无反革命组织，三无反革命行动计划。

南宁地区的扶绥县笃邦公社，在文革中是地、县、区三级重点，是韦国清政权严抓"**群众专政**"的样板。1968 年 5 月中旬，扶绥县革委会在笃邦公社所在地，召开了一次有 1,064 人参加的现场会。会后，笃邦公社根据现场会对敌斗争的部署，经过对受审人踢、打、跪、吊、吃屎、喝尿，或将受审人衣服扒光滚 20 米高的陡坡，或将受审人塞进泄洪管用水将人从另一端冲出，或将受审人脱光衣服推进石灰池中翻滚，用等等系列酷刑，挖出了"**反共救国团**"、"**红青战斗团**"、"**中国救民党**"等三个"反革命组织"，揪出"阶级敌人"1,500 多人。其中笃邦大队抓出"反革命分子"58 人，打死其中 6 人。

在韦国清的领导下，南宁地区革委会，把扶绥县笃邦公社用酷刑深挖的验方，总结上升为"笃邦经验"，向全自治区推广。

兽行之二：活体人笼展

科学界常组织活体展览，诸如"活体昆虫展览"、"活体动物标本展览"等。在动物园里，笼圈中动物，也可叫活体动物展览。文化大革命伊始，毛式揪斗法是把人押到台上批斗，或拉到大街上游斗，或押到汽车上游斗，可叫做活体人示众；但从广意上来说，这种斗法也可叫做活体人展览。韦国清政权在"**群众专政**"中，从活体人展览和笼圈动物展览中获得了灵感，创造了一套新的批斗形式：**活体人笼展**。

5 月 12 日，韦国清御用的"联指"总部，制造了一些木笼，将持不同观点的区水电厅副厅长**林执真**、地质局处长**张祖贵**、钦州地区手工业经理部副经理**黄海泉**、"四二二"派成员以及持不同观点的群众 20 人，拉到南宁市北大路建筑研究所，关进木笼展出，组织群众观看。在三天的展览中，这些持不同政见者，肉体和心理都受到了严酷折磨和摧残。活体人笼展的威慑力是显而易见的，因而被推广到全自治区各县市。据悉，被笼中展出的人达万人以上。

可悲的是，施刑者把这种活体笼展命名曰"禽兽展览"。当施刑者不把人当人而当禽兽看待时，人兽之间的鸿沟被他们填平了：此刻，施刑者也自然而然地、不由自主地变成了禽兽。也在此刻，只有观展者还有机会在人兽之间做出选择。

兽行之三：杀男霸女掠财产

同湖南道县许多党组织杀人有奖一样，浦北县北通公社旱田大队革委会，从4月15日到17日的三个晚上，共杀"**二十一种人**"22人，杀绝5户。刽子手民兵，每杀一个，得奖金3块，看守民兵每天补助五毛。北通公社十专学大队革委会，从4月5日到5月6日，杀92人，祸及56户，杀绝15户。

旱田、十专学大队革委会，对杀光的绝户，同湖南道县一样，实行**三光政策**：杀光后，对其财产吃光、分光。

同湖南道县许多大队党支部一样，他们都能对"**二十一种人**"家中的年轻妇女"高抬贵手"。这是出于怜悯吗？不！这是出于满足贫下中农光棍们的生理需要，出于繁衍贫下中农后代的承袭需要，更出于将"反革命分子"改造成"贫下中农"的政治需要。根据三个需要，他们采用了同湖南道县一样手段，**以杀相逼**：或嫁、或死，要新生寡妇和未婚姑娘们，迅速做出选择！

但旱田、十专学的做法，比湖南道县技高一筹：他们还要收取改嫁、出嫁"**证明费**"。例如，旱田大队的张玉使，符冠英，何迁兰，卢秀珍等24人改嫁、出嫁时，大队革委会共收取改嫁、出嫁"证明费"894元；十专学大队革委会收取改嫁"证明费"218元。"证明费"用以证明，她们改嫁、出嫁后，开始享受贫下中农政治待遇，不再遭受歧视、批斗、打骂和杀戮。

兽行之四：人食人

白居易在《轻肥》诗中咏道："是岁江南旱，衢州人食人。"读此句曾使我惊颤！岳飞在《满江红》中写道："壮志饥餐胡虏肉，笑谈渴饮匈奴血。"读此句几乎使我发抖了！笔者思忖：连我们所崇拜的英雄都是餐胡虏肉、饮匈奴血，难道我五千年文明的中华民族，真有嗜人血、啖人肉**悖逆天道的邪恶**吗？

翻开历史一看，笔者大吃一惊地发现：果真如此！

《吕氏春秋》记载：卫懿公被翟人所杀，"尽食其肉，独舍其肝。"《资治通鉴》记载：王莽被悬首示众后，"百姓共提击之，或切食其舌。"《晋书》云："士众从之，啖死人肉。"《旧唐书》说："军中罄竭，无所虏掠，乃取婴儿蒸而啖之。"《太平广记》中说：张易之、张昌宗兄弟伏诛后，"百姓脔割其肉，肥白如猪肪，煎炙而食。"《新五代史》说赵思绾："城中食尽，杀人而食。"元《南村辍耕录》曰：元末"天下兵甲方殷，而淮右之军嗜食人，以小儿为上，妇女次之，男子又次之。"《明史》写道："把缚俘囚，置高竿，集健卒乱射杀之，复割裂肢体，烹啖诸壮士。"纪昀《阅微草堂笔记》云："盖前明崇祯末，河南、山东大旱蝗，草根木皮皆尽，乃以人为粮，官吏弗能禁。"彭遵泗《蜀碧》卷四云：明末"蜀大饥，人相食。"计六奇《明季北略》卷五"逮袁崇焕"云："是时百姓怨恨，争噉其肉，皮骨已尽，心肺之间叫声不绝，半日而止，所谓活剐者也……百姓将银一钱，买肉一块，如手指大，噉之。食时必骂一声，须臾崇焕肉悉卖尽。"又据史载：北宋末年靖康之乱时，江淮之间民众相食；清同治三、四年间，皖南到处吃人，人肉开始卖到三十文一斤，后来涨价到一百二十文一斤，同时，江苏句容、溧阳、溧水等处卖到八十文一斤。……

尽管如此，这种悖逆天道的兽行，在华夏文明的洪流里，不过一股邪恶逆流而已！

到了中华民国，人食人的邪恶兽行似无改变。陈沅森在《佛怀煽仇录》中写道："**农运大王彭湃**（笔者：中共早期领导人之一）**厉声疾呼：'把反动派和土豪劣绅杀得干干净净，让他们的鲜血染红海港，染红每一个人的衣裳！'他效法明末张献忠发布'七杀令'，下达每一个苏维埃代表杀20人的指标。海陆丰暴动后有一万数千人被杀，甚至出现复仇者吃人肉、吃心肝的现象。烧杀之惨烈，令人心惊胆颤。**"笔者少年时期，也曾听老人们说过灾荒年人相食的故事，只因年代久远，细节忘却，无法书录于此。

到了中华人民共和国，人民"解放"了，"当家作主"了，人食人的邪恶兽行理应终结；遗憾的是，在马列毛仇恨主义的教唆下，在和平环境里，人食人的邪恶兽行非但没有终结，反而有所发展。在1960年前后的三年里，当"三面红旗"在大陆上空猎猎飘扬、数千万农民在饥饿中纷纷倒下之时，为防止四方异见的传播，毛泽东用"舆论一律"撒下天罗地网，给人的嘴头、笔头贴上能过滤负面信息的封条；但封条密而有漏，人吃人的丑闻，还是被人从毛的监控疏漏中偷越，悄悄从安徽、河南、甘肃等地传出。到了文革高潮的1968年，在毛泽东阶级仇恨主义和"**群众专政**"的鼓噪下，人食人的邪恶兽行又发起飙来。在广西疯狂屠杀弱势群体时，有数百人被毛的"**群众**"即痞子、流氓无产者吃掉。如果不是邓小平急于否定文革的政治需要，曾一度允许官方和民间调查、报导、著书，这些令人发指的罪恶，还会被"舆论一律"封锁在官方的档案中，或者被"主旋律"闷死在人们的"腹中"。

在继承人食人悖逆天道的兽行上，广西武宣县当属首恶之县。

1968年5月13日，韦国清的"御林军"右派"联指"总部，以"武宣县贫下中农指挥部"名义，调集900多人，攻打"造反大军"盘据在武宣县的北楼、北街、武宣小学据点：打死97人，毁掉房屋67间，价值37,900元；抄家37户，被抄去财物价值26,600多元。自此而始，"联指"中的痞子、流氓无产者的兽性逐渐发飙，在光天化日之下，竟吃起"造反大军"人的肉来。6月14日，武宣县革委会召开四级干部会议，传达贯彻军分区"刮台风会议"精神。县革委会主任、武装部部长**文龙俊**在会上号召："**对**

敌斗争要刮十二级台风。方法是：**充分发动群众，依靠群众专政，把政策交给群众。搞阶级斗争不能手软……**"于是，武宣县处处变成杀人场，队队大摆人肉筵。中共广西整党办的内部文件《广西文革大事记》，披露了1968年鲜为人知的机密（文字稍做修订）：

6月15日，五星大队"联指"民兵**李坤寿、彭振兴、李振华**等多人，将仇敌"造反大军"的**刘业龙、陈天掌**等4人，拉到三里圩游斗。游斗到车缝社门口时，便将4人活活打死。李坤寿等拔起尖刀，挖去死者的肝，割掉他们的肉，拿着回大队部会餐。到8月底，该县与"联指'观点相左的干部群众，有75人的心、肝和肌肉，先后被吃掉。吃人者有男、有女、有老、有少，他们中有工人、农民、国家干部和中共党员，他们都是毛的"根红苗正"、先进阶级出身的"**群众**"。

桐玲中学副校长**黄家策**，早年参加革命，曾任游击队桂支18大队大队长，"解放"后，曾任仓梧县副县长。文革开始，黄家策被打成"叛徒'；又因他同情左派造反派"造反大军"，7月1日晚，在该校革筹副主任**谢东**主持的批斗会上，被残忍打死。翌日晨，**黄佩农、张继锋**等人，遵照毛"**对敌人要狠**"的教导，挖出他的肝，剥下他的肉，剩下一副骨胳。接着，凶手领着一群人，在学校宿舍巨檐下，用瓦片烘烤人肉和肝吃。一时间，学校里火烟缭绕，腥风飘荡，其阴森可怖的情景，令人不寒而栗。

7月17日，上江大队"联指"头头组织批斗"造反大军"**廖天龙、廖金福、钟振权、钟少廷**等四人时，**李灿熙、徐达财、樊荣生**等人，当场把他们杀死，然后把尸体拉到平昭码头，割下他们的肉肝和生殖器，拿回大队部煎炒下酒。有二三十个"根红苗正"的"**群众**"，参加了人肉酒筵。

又据王毅《"文化大革命"野蛮性和残酷性的文化根源》一文记载：6月18日，武宣中学教师**吴树芳**在批斗中被打死后，肝被烘烤当药用。

当宣武县吃人猖獗时特别是学生也吃起老师、校长的肉时，县文化馆工作的"摘帽右派"**王祖鉴**，怒不可遏，拍案而起，奋笔疾书向中央控诉。他避开邮局的严密监控，通过友人将控告信送进了中南海。两个月后，广西军区司令员欧致富少将率兵一个连，直趋武宣，才制止了近三个月的人食人红色暴行。吃人肉被制止了，举报人王祖鉴却遭到了残酷批斗。

武宣县官方"处遗办"，根据各公社1983年7月4日的统计，列出了个**《武宣县被吃人肉者名单》**：

黄茆公社九人：1新贵：黄礼康、覃伟成、黄德安、黄德惠、覃乃光、黄荣昌；2大浪：覃世情；3上兀：覃会文；4马天：覃守珍。

二塘公社二人：5四通：覃国良；6朗村：方宏南。

武宣公社九人：7官禄：韦尚明、谭正清、黄振基、谭启荣；8雅村：覃荣生、卢汉才；9大禄：陈魁达；10草厂：黄志华、郭翼基。

武宣镇六人：11 武北：覃乃武；12 北街：周石安、周伟安；13 河边：杨贵才（？）；14 西街：汤展辉、梁文振。

三里公社十人：15 上江：廖金福、钟振权、钟少廷、廖天龙；16 台村：陈承云、陈汉宁、陈徐建；17 五星：李占茏、李锦良；18 五福：陈大长。

东乡公社八人：19 三多：雷炳绪、吴华堂；20 金岗：刁其棠、刘达瑞、刘茂槐；21 长龙：张福展；22 李运：李瑞仔；23 麻村：刘业龙。

禄新公社二人：24 古碌：林信忠；25 上堂：梁道邦。

桐岭公社三人：26 统安：韦国莱；27 大同：廖耐南；28 新龙：谭世X。

通挽公社十一人：29 花马：陈国萝；30 大昌：张文美、张永亨；31 大团：甘加杞、甘大作；32 尚满：陈光厚、张孟囯；33 江龙：陈炳现；34 古佑：覃和家、覃允琢；35 安村：陈天然。

国家干部四人：36 桐岭中学：黄家集；37 武宣中学：吴树芳；38 黄茆小学：张伯勋；39 组思灵卫生所：韦金光。

其中被吃肉后砍头的 1 人，挖心肝的 56 人，割生殖器的 13 人，全部吃光（连脚底板肉都被吃光）的 18 人；活割生剖的 7 人。

根据中共制定的处遗"宜粗不宜细"方针，官方没有做深入调查；上面 64 人名单，显然是个各公社大大缩了水的上报名单。又据《武宣县无产阶级文化大革命大事件》记载："**武宣县在'文革'期间，有 75 名死者被挖肝吃肉。**"

武宣县毛的"**群众**"究竟吃了多少人？官方与民间说法很不一致。民间人士认为，吃了一百几十人；据吃人肉举报者王祖鉴说，武宣一个县，他个人即可列出 100 个以上名单。对此，官方不予承认！

为了平息民愤，根据中共"**先杀后抚**"的惯例，武宣县当局对吃人肉者也做了处理。县"处遗办"有一份因吃人肉而受党纪政纪处分者的名单：

1. 党员干部因吃人肉受开除党籍的共 27 人，他们是：**韦善端**……（其他名字从略，下同）

2. 非党员干部因吃人肉受行政记大过、开除干籍、行政开除留用的共 18 人，他们是：**甘兰光**……

3. 党员工人因吃人肉受开除（清除）出党、留党察看的共 5 人，他们是：**龙集**……

4. 非党工人因吃人肉受行政记大过、降工资、行政开除留用的 21 人，他们是：**谭振芳**……

5. 农民党员因吃人肉受开除党籍的共 59 人，他们是：**何久海**……

此外，"处遗办"还记录了两个干部的恶行。他们是：

武宣县革委会副主任**王文留**（女），群众揭发她专吃男性生殖器，但调查时她死活不承认；"处遗办"根据"宜粗不宜细"方针，对她只做了开除党籍、降为工人处理。策划杀人并参与吃肝的县委干部**谢锦文**，"处遗办"仅给了他开除党籍处分。

广西其他各县，也先后发生过吃人事件。

据广西各地《文革大事记》记载，在隆安、大新、上林、武鸣、浦北、灵山、贵县等县，都有雷同于武宣县割肉、挖肝、煮吃的野蛮记录。

1968年3月23日晚上9时，在隆安县布泉区武装部长**黄以荃**的策划下，该区高峰乡乡长兼民兵营长**周朝珠**、布泉乡党支书**隆秀佳**两人，组织民兵**黄光权**、**冯品业**等人，将高峰乡四类分子**梁受玉**、**韦信家**两人，绑架到龙厚山（地名）打死，然后剖腹、取肝、胆，煮食。

4月25日，**浦北县**北通公社定更大队，分四批杀了24人，被剖腹、取肝、煮食、下酒。全公社被杀害180人。**刘维秀**、**刘家锦**等人，先把**刘振坚**打死，再将其**16岁的女儿**轮奸、打死，然后剖腹、取肝、切乳、割阴，煮食下酒。

5月28日，**大新县**昌明公社，大队民兵连长**赵荣廷**指派**赵兴廷**等20多人，持械抢杀**何以路**等3人。杀后割腹取肝，准备食用，余下陈尸野外。

在**灵山**、**贵县**和**武鸣**华侨农场，有一百多个"阶级敌人"，先后被挖肝、割肉，吃个精光。贵县一个凶手还深藏两个人肝，直到1983年处理文革遗留问题时，才被迫交出来。

在**上林县**，据说当地人认为吃人肝大补、壮胆。8月7日，在乔贤区乔贤大队"四二二"分子**蒙光忠**被打死后，凶手剖其腹取其肝，煮吃。

据**钟山县**公安局预审档案"**易晚生杀人案**"中记录：在四哨村，一个叫**易晚生**的贫下中农，亲手杀死了地主子弟**邓记芳**后，举刀剖其腹，掏其心、肝、胆、肾，并将其切成手指头粗细，分给其他人吃，他自己拿了三个指头宽、两寸长的肝回家吃。

但据广西"处遗办"调查统计，该自治区从1968年3月下旬至5月，发生杀人剖腹取肝胆事件11起，共21人。显然，这是个大大缩水的政治统计。

人吃人，并非广西一家。

在四川省**资阳县**，一个当年亲历现场年仅十三岁的马由子写道：

我对共产党并无私仇。文革时也才十几岁。没有挨过批斗。但却看够了杀人、死人的场面。我亲眼看到割人肉，这一辈子也忘不了。第一个被割的是一个红卫兵武斗头目，叫**孟长江**。那大约是在1970年。孟住我老家四川省资阳县正东街。他当时是"文攻武卫第二指挥部"总指挥。全家根红苗正，母亲人称"双枪老太婆"，是街道革委会主任，阶级觉悟高，爱憎分明。武斗中都是英雄，为捍卫无产阶级思想冲锋在前。

马由子说，在一次"孟又主动'义务'到街上'值勤'"时，开枪打死了一个农民，被判处死刑。在孟被枪决后，发生了一件让他"这一辈子也忘不了"的事。他写道：

谁知突然一个农民掏出一把菜刀，喊着："我要挖他的心，剥他的皮！"几刀之下，热气滚滚的肠子便流了出来。我好像闻着腥味，赶快就躲了出来。蒙住眼却又从指缝里看。只见几个人拿着肠子翻，把肝、肾、心都摘下，分成几块。又有几个扒掉孟的衣服，割臂上的肉，舌头也割下来了。有人在一边鼓劲："**干得好！老天为我们伸冤报仇啊！**"突然还有人喊了一句"**无产阶级专政万岁！**"没有人跟着喊，大家多在看热闹，笑的哭的各半。有几个拿着要件的还显示了一番战利品，说是回家下酒去，先走了。

一会，又来了几个农村女人，大声哭着，一个说是要找药引子，苦胆。可下不了手，求人帮忙。正好苦胆还在残肝上，于是有"好心人"去摘下，河水里洗了洗。她接过去，千恩万谢走了。

更晚回来的人告诉我，孟的头被砍下来，挖了眼睛，耳朵也被人割走"下酒"去了，肚腔塞满了石头，下身也给砍走。晚上，孟的母亲和兄弟去拖走了尸体埋在了无人知晓之处，以免再被鞭尸。

这个右派造反派"文攻武卫"总指挥的下场，着实让人可怜！

笔者恸而评曰：当仁义理智信和真、善、美的传统价值，被毛泽东的中共当成罪恶的渊薮加以批判并颠而族之之后，人食人的邪恶兽行，就被毛的"群众"——包括痞子、流氓无产者在内暴民们继承了下来，并把他们自己与禽兽等同起来！

《吕氏春秋.顺民篇》曰："汤克夏而正天下，天大旱，五年不收。汤乃以身祷于桑林，曰：'**余一人有罪，无及万夫；万夫有罪，在余一人。**无以一人之不敏，使上帝鬼神伤民之命。'于是翦其发，磨其手，以身为牺牲，用祈福于上帝。"

在赤文化的词典里，中共拥有撒谎、批判、杀戮的特权，没有商汤"**万夫有罪，在余一人**"的胸臆，因而也不存在效法商汤致歉或下《罪己诏》的义务。在他们的教化下，一代"**群众**"痞子、流氓无产者，也不会改变他们的禽兽本性。作家郑义在钟山县采访了那个叫易晚生的凶手，并为其留了一张魔影。面对采访，这个穷困潦倒、干瘪憔悴、奄奄待毙而又飘飘然的八十六岁老头儿，还以"革命者"自居，举着他那指如猴爪的左手，"大义凛然"地说："**干革命，心红红的！毛主席不是说：不是我们杀了他们，就是他们来杀了我们！**"他挑战采访者说："是我杀的，谁来问也是这个话。"活脱脱一个"我是流氓我怕谁"的泼皮！——这就是毛共实行"**群众专政**"时所依靠的"**群众**"！这与毛说红军时要"**靠那些流氓分子**"打仗，何其相似乃尔！

历史再次证明：不论什么时代，不论那个民族，不论谁人当权，只要当权者肆意毁弃法律，恣意泯没道德，不惜用铁血取代文明，人的兽性就被解放，便会张牙舞爪、荼毒生灵。历史不会宽恕那些禽兽式的痞子、流氓、刽子手，更不会宽恕那些打着解放旗号去解放禽兽的领导者和纵容者——利用痞子、流氓无产者即暴民进行血腥"**群众专政**"的中国魔王毛泽东和广西魔头韦国清，势必被铁钉在人食人的历史耻辱柱上。

第十五章点评："群众专政"

八十年代，笔者曾想赴道县调查，由于种种原因未能成行。

中国儒家崇"仁"尚"义"，孔子讲"**志士仁人，无求生以害仁，有杀身以成仁**"；佛家讲"善"，讲慈悲、讲忍辱，重视生命，信奉众生平等；道家强调"真"，强调清静无为，强调人与自然和谐的统一，达到返朴归真的目的，即"道法自然"。——这就是使我中华民族五千年凝聚在一起的"仁义礼智信"和真、善、美的儒释道文化。如果没有权力阻挠，这种文化可以自然而然地与自由、民主和人权的普世文明价值融合在一起。

中共引入的西方马列理论是一种什么文化？它是权力拜物教文化或曰乌托邦共产主义。这种丛林乌托邦文化，在共产主义乌托邦和社会主义是"历史必然"的"科学"包装下，两个主要特征强烈地表现出来："**暴力崇拜**"和"**目的崇拜**"。笔者在本书"前言"中这么写道：

马克思说："**物质力量只能用物质力量来摧毁。**"恩格斯说："**机关枪、大炮是最有权威的东西。**"列宁说："**暴力比100次辩论更有效。**"因而，毛泽东说："**枪杆子里面出政权。**""**政权就是镇压之权。**"继而，邓小平说（网传待考）："**杀200人，保20年稳定。**""**学生娃不听话，一个机枪连就解决了。**"等等，就是"暴力崇拜"的宣泄。"成王败寇"是"目的崇拜"，就是为了"目的"可以不择手段。"罪恶导师"马基雅维里说："**目的总是证明手段正确。**"普列汉诺夫谴责他的学生列宁，为了胜利"**甚至可以和魔鬼结盟**"；斯大林对毛泽东说："**胜利者不会受责备。**"

因此，胜利者的任何谎言、任何"妖魔化敌人"的卑劣手段，都是革命者的最佳选择，都应加以美化包装，任何"责备"都是对革命的"反动"。这就是二十世纪的世界造成亿万人死亡的无产阶级专政的丛林乌托邦文化，或曰赤色恐怖文化。这种文化是对真、善、美的蹂躏，是对自由、民主和人权普世文明价值的颠覆。

无产阶级文化大革命是邪恶向文明挑战的赤色文化大革命。在中国封建专制文化即"**打天下，坐天下**"、"**朕即国家**"和"**普天之下，莫非王土，率土之滨，莫非王臣**"的文化糟粕支撑下，以马列主义与中国专制文化相结合的毛泽东思想主宰了中国，打开了人类兽性的"潘多拉魔盒"，解放了一大批屠戮杀人狂、挟嫌报复狂、见利忘义狂、借刀杀人狂和落井下石狂，还造就一大批崇毛媚共的犬儒，使华夏文明的中国，陷入苦难的深渊，付出了200~300万人惨遭屠杀的巨大代价！

对此，天才的毛泽东早有预期。1967年5月16日，他同刚果（布）政府保安代表团谈话时说："**我们的一些事，完全没办法。我们政府、中央、公安部毫无办法，红卫兵、群众一起来，就有办法了。**""**乱是由于阶级斗争，两派斗争，左派同右派斗争。乱也没有什么大不了的事，天掉不下来。我曾经给别的外国朋友讲过：第一，天掉不下来；第二，**

山上的草木照样长，你不信到山上去看看；第三，河里的鱼照样游；第四，女人照样生孩子。""**我们的政府是靠群众。没有群众，什么事也办不成。**"总之，在毛泽东看来，他解放出来的"群众"，乱批、乱斗、乱打、乱砸、乱烧、乱抄、乱游斗、乱驱赶和乱杀戮，都是天经地义的，是"**没有什么大不了的事**"，不仅"**天掉不下来**"，而且"**女人照样生孩子**"！

显然，毛泽东"**群众专政**"，表面上看是无政府主义的，实则为有政府、有领导的**无政府法西斯主义**。在湘南和广西的大屠杀，以及他说"**北京太文明了，要动动**"引发的"**红八月**"大屠杀，正是这种有领导的无政府法西斯主义作祟的结果。湘南和广西的大屠杀，仅仅是赤色革命下中国老百姓苦难中的冰山一角。有些专家、教授把"**群众专政**"的大屠杀归结为"**中央政府无力左右地方官员的行为**"和"**省级国家权力的失灵**"，甚至说"**文革是全民犯罪**"等等，看看毛泽东说的、做的，看看他领导和放纵的无政府法西斯主义，你们的结论是无知呢？还是无耻？

第十六章：清理阶级队伍暨文革第五轮大屠杀

清理阶级队伍，简称"清队"，是文化大革命中持续时间最长、受害面最宽的一次运动。1967年12月18日，毛泽东同阿中友好协会代表团谈话时说：这次文化大革命"**有可能要冤枉一部分好人，但横竖不杀，搞错了将来平反**"。但史学家丁抒在研究了许多档案资料之后，他结论说："**清理阶级队伍运动三千万人被斗，五十万死亡！**"

一、"清队"中的"毛氏规律"

1967年6月，毛泽东派由中央办公厅主任**汪东兴**统帅的"御林军"——中央警卫部队即8341部队，组成毛泽东思想宣传队，简称"军宣队"，进驻北京针织总厂，新华印刷厂，二七机车车辆厂，南口机车车辆机械厂，化工三厂，北郊木材厂，清华大学和北京大学，对"六厂二校"实行军事管制。为了能获得第一手资料，毛泽东还先后派他身边的工作人员到"军宣队"中工作。据披露，毛身边的"徐秘书、服务员小周、警卫员和护士长吴旭君，"都参加了"军宣队"；那些能经常同毛在一起的人民大会堂118厅的女服务员，也参加了。"**这些女孩子们，穿上军服，风风光光地去了工厂。**"

这是权谋大师毛泽东要亲自指导汪东兴在"六厂二校"制造出个典型来。制造这个典型的目的是在密室中确定好了的：不仅要证明**阶级斗争的长期性、尖锐性和复杂性**，还要证明阶级斗争是个"**不以人的意志为转移**"的"**客观规律**"，更要证明发动文化大革命的"必要性"和"**无产阶级专政下继续革命理论**"的"正确性"。

毛泽东发动的每一次政治运动——"**群众运动**"，都要刻意树立一些"阶级敌人"加以打倒，借以昭示阶级斗争的长期性、尖锐性和复杂性。心领神会的"总管"汪东兴，不负重托，很快总结出多个挖出"阶级敌人"的"先进经验"，用来证明毛泽东思想的正确。"军宣队"进驻后，随即在"六厂二校"开展"对敌斗争"。其中，新华印刷厂"军宣队"进厂不到两个月，就揪出了10个"反革命分子"。由于其中多个是国民党时期进厂的老工人，因此，"总管"轻而易举地给他们扣上"国民党反动派的残渣余孽"的罪名，并由此总结出了一个"**发动群众开展对敌斗争的经验**"。在对二七机车车辆厂实行"军管"后，"军宣队"挖出了历史反革命215人，现行反革命31人，国民党等反动组织成员373名；全厂155名中层以上干部中，已查出有各种政治历史问题的49人，占31.6%；这些人"窃取"了党委书记、副厂长、监委书记和副总工程师等重要领导职务，"把持"了全厂党、政领导大权。"六厂二校"的典型"经验"，使毛泽东的阶级斗争

"客观规律"理论,找到了新的"证据"。他说:"**相当大的一个多数的工厂里头,领导权不在真正的马克思主义者、不在工人群众手里。**"

到了1968年3~4月间,为了与党内右派妥协,控制武斗加剧的混乱局面,毛泽东开始了新的战略部署:把文革"斗争大方向",从打倒"走资派"和批判"资产阶级反动路线"的党内权力斗争上,向党外的传统阶级敌人"地富反坏右"和"国民党残渣余孽"身上转移,并给发布镇压左派造反派的《七三布告》以理论和政策上的支持。于是,他本人导演的新华印刷厂"发动群众开展对敌斗争的典型经验",便派上了用场。

1968年5月,姚文元根据毛的新部署,将新华印刷厂军管会的文章整理修改后,呈送毛泽东批阅。毛泽东阅后批示:"**建议此件批发全国。……在我看过的同类材料中,此件是写得最好的。**"5月15日,北京市革命委员会全体会议根据内部指示,率先通过并发出《关于清理阶级队伍工作中几个问题的通知》。5月25日,中共中央和中央文革以(68)74号文件转发了**《转发毛主席关于〈北京新华印刷厂军管会发动群众开展对敌斗争的经验〉的批示的通知》**,严令全国各地根据毛主席批示,学习新华印刷厂开展对敌斗争的经验,"**团结一切可以团结的力量,稳、准、狠打击一小撮阶级敌人,以充分发挥群众专政的巨大威力**"。由是,在全国多地武斗犹酣之时,清理阶级队伍(下称"清队")运动即在全国展开。对此,中共八届十二中全会发布公报说:"**必须继续在工厂、人民公社、机关、学校、一切企业事业单位、街道等各个方面,认真做好清理阶级队伍的工作,把暗藏在广大群众中的一小撮反革命分子挖出来。**"

为了发动清理阶级队伍运动,毛泽东亲临一线,以"六厂二校"的"典型经验"为蓝本,亲自为"清队"大造舆论。

1967年12月18日,他同阿中友好协会代表团谈话时说:"**有些事情,我们事先也没有想到。每个机关、每个地方都分成了两派,搞大规模武斗,也没有想过。等到事情出来以后,就看出了现象。**""**这绝不是偶然的事,是尖锐的斗争。解放后包下来的国民党、资产阶级、地主阶级、国民党特务、反革命——这些就是他们武斗的幕后指挥。**"

显然,毛泽东是个形而上学的外因论者。当年,他把他的大跃进、大炼钢铁、人民公社等"三面红旗"政策所造成数千万饿殍的"三年人祸灾难",说成是"阶级敌人"破坏的结果,因而一意孤行地掀起"**民主补课运动**",使数万基层干部和数十万"地富反坏右"弱势群体,蒙受不白之冤,成百上千人自杀或被杀。如今,他在煽起"横扫一切牛鬼蛇神"之后,又鼓动红卫兵造反,破"四旧",斗"走资派",为了向刘、邓夺权,他又号召造反派"全面内战"、"武装左派"等等。他一系列破坏法制的倒行逆施,使红卫兵成了打、砸、抢、烧、杀的歹徒,造反派成了"全面内战"中的炮灰。但在"舆论一律"的独裁条件下,他却颠倒黑白,竟把他的倒行逆施所造成的全面内战的混乱局面,说成是"地富反坏右"、漏网右派、"国民党残渣余孽"等阶级敌人"**幕后指挥**"的结果。

然而，历史记录的是：他毛泽东的这些敌人，包括这些敌人子女、亲属，几乎无权参加任何组织；人们也不会忘记，他的这些敌人，在土改、镇反、反右、合作化、民主补课和"四清"等运动中，已遭受过反复清算和镇压；人们更不会忘记，在文革中，他的这些敌人，先后又在以北京大兴和湘南道县为代表的全国各地，遭到了灭绝人伦的大屠杀！显然，他的这些敌人，早已被他整得服服贴贴、毫无反抗能力，已变成了二十世纪最为穷困的弱势群体。然而，在失控的"大规模武斗"中，这些"最为穷困的**弱势群体**"，在他的眼里，亦即在毛泽东思想里，却变成了武斗的"**幕后指挥**"者，变成了能左右武斗的**强势群体**。

为了与党内右派妥协，找出一条党内右派可以接受的他发动文化大革命的"理由"，1968年4月10日，在《人民日报》、《解放军报》社论《芙蓉国里尽朝晖》中，用黑体字传达出了毛泽东对文化大革命性质的新判断："**无产阶级文化大革命，实质上是在社会主义条件下，无产阶级反对资产阶级和一切剥削阶级的政治大革命，是中国共产党及其领导下的广大革命人民群众和国民党反动派长期斗争的继续，是无产阶级和资产阶级阶级斗争的继续。**"

此刻，毛泽东这个"彻底"的唯物主义者，已变成了"天不变，道亦不变"的唯心"血统论"者。他念念不忘那些在18年前已经被他打倒了的阶级敌人，而这些敌人又在而后的历次运动中又被他整得死去活来早已退变成弱势群体，但他们有影响，有后代，人还在，心不死，一定会把"反革命"世世代代承袭下去。因此，他不仅要对阶级敌人"**踏上一只脚，叫他永世不得翻身**"，还要坚持"**无产阶级专政条件下的继续革命**"，与他们的子子孙孙做长期不懈的斗争。

1968年6月21日，毛泽东同尼雷尔总统谈话时说："**过去我们留下了一些表现比较好的国民党人，这是我们的政策。我们没有教授、教师，没有办报的，没有艺术家，也没有会讲外国话的，只好收罗国民党的一些人或者比较好的一些人。有一些是国民党有计划的隐藏在我们的工厂、政府机关和军队里。**""**这次文化大革命就是清理他们，加以清理，好的继续留下来做工作，坏的踢开。**"1968年7月12日，他同中央文革碰头会成员谈到陕西问题时说："**这些省所谓解放是怎么解放的？把胡宗南一扫就解放了。东北装了个口袋，一个也没有跑掉。没有这次文化大革命，这些坏人搞不出来。至于钻进我们队伍里的坏人，一下子也搞不清楚，一个工厂需要几个月。**"1968年11月4日，毛泽东同中央文革碰头会成员谈话时说："**大陆上有国民党残渣余孽。有些人钻到我们中央领导机关来了，或钻到地方领导机关来了。这一次算是一个一个作了清理。**""**解放以后十几年，被资产阶级包围，被国民党的残渣余孽和党内的叛徒、特务、反革命等坏人包围着。**""**过去好多工厂、学校不在我们手里，很多在资产阶级手里，在国民党留下来的那些人手里……**"善于制造舆论的权谋大师毛泽东，通过亲临一线的说教，终将文革"斗争大方向"从打倒

"走资派"和批判"资产阶级反动路线"的党内权力斗争上，拉回到清理"解放"后被他清理过多次的早已被清理成弱势群体的"地富反坏右"和"国民党残渣余孽"上来。

然而，历史给毛泽东开了一个大玩笑：中共执政六十年后的今天，埋葬他的"无产阶级专政条件下的继续革命"理论和独裁社会主义并用"改革开放"理论和"特色"社会主义取而代之的人，既不是他"念念不忘"的"地富反坏右"等弱势群体，也不是他深恶痛绝的"国民党残渣余孽"，而是以他为代表的中共官僚特权阶级及其后代，即以红二代、官二代为代表的红色地主和资本家。

任何天才都有局限性，不可能是无所不知的"神"；但在当时的条件下，毛泽东把文革"斗争大方向"拉回到清理"地富反坏右"和"国民党残渣余孽"方向的决策，应当说是高明的。清理阶级队伍的决策，使中共党内左、中、右派，迅速形成共识；党内右派们像左派一样，纷纷向毛效忠；作为"受害者"的党内右派们，刚刚摆脱掉套在身上的"走资派"和"资反路线"的枷锁，便投入到镇压弱势群体的"斗争大方向"上来。——清理阶级队伍的决策，使走向分裂边缘的中共，复又团结了起来。

同其他**政治运动**一样，清理阶级队伍也是通过"**群众运动**"组织实施的。在蔑视人权的赤文化腌缸里，中共各级领导干部，在毛泽东发动的每次政治运动之前，都已熟知毛氏"**群众运动**"的无政府性和法西斯性：大"敌"当前，为了发动"**群众**"，不要怕犯"**宁左勿右**"的错误，"**矫枉必须过正，不过正不能矫枉**"，因而"**对敌斗争要狠**"，不可姑息，不得怜悯，不能宽容——这是毛泽东考察干部对他、对党是否忠诚、立场是否坚定的党传准则。在腌缸里，各级领导干部也摸透了毛泽东领导"**群众运动**"的心态：犯"宁左勿右"的错误，属左倾，是方法问题，可以谅解；犯姑息、怜悯、宽容的错误，属右倾，是立场问题，不可宽恕。中共的各级领导干部们，谁也不敢忘记这个教训：在土改运动中，广东省委书记方方，因对地主仁慈手软，搞"和平土改"，违抗了他"村村见血"的教导，犯了右倾错误，被撤职查办，险些坐牢！

为了利用那些敢打、敢骂、敢冲、敢杀和敢于构陷的痞子、流氓无产者，包括那些杀人不眨眼的"父母官"，如广西魔头第一书记兼广西军区政委**韦国清**，南宁军分区司令员**熊光武**，6949部队副师长兼宾阳县县革委会主任**王建勋**，湖南道县县委副书记**熊炳恩**，等等，借以达到"**群众运动**"的政治目标，毛泽东对他的这些"**群众**"，关怀备之，呵护有加。毛泽东说："**这是一场革命，群众发动起来了，即使有些过火的行为，也不能挫伤他们的积极性。**"他还把专政的权力交给了他的"**群众**"。他说："**专政是群众的专政，靠政府捉人不是好办法。政府只宜根据群众的要求和协助，捉极少数的人。**"为了保护他的"**群众**"，他曾严辞警告过各级领导干部们："**对群众是保护还是镇压，是共产党同国民党的根本分别，是资产阶级同无产阶级的根本分别，是资产阶级专政同无产阶级专政的根本分别。**"显然，毛泽东要支持、要保护的所谓"**群众**"，就是那些痞子、二愣子、勇敢分子和流氓无产者等法西斯分子，以及那些杀人不眨眼的领导干部。

前面已说过，毛泽东是炮制"**群众运动**"或曰"**群众专政**"的老手；在他的领导下，各级领导干部也都成了按"**毛氏规律**"操作"**群众运动**"的行家。在清理阶级队伍的"**群众运动**"中，"**毛氏规律**"成了"**三千万人被斗，五十万死亡**"的魔爪。由于造成大量伤亡，这个魔爪，理应在这里再晒它一晒，尽管在"序幕"中已曝过：

开始——确定运动的革命目标（对象），调动所有媒体采编人员，组写文章，放送广播，以制造舆论；各级党政军和企事业单位领导，分别召开动员大会作报告，以妖魔化敌人的手段，造成"怀疑一切，打倒一切"肃杀氛围和"你死我活"的恐怖情势。

继而——成立3或5人"领导小组"领导运动；命令人人检查，个个"过关"，鼓动大胆怀疑，大胆揭发，以排查、筛查的方式挖出"阶级敌人"。

接着——定任务，分指标，确定运动重点对象（一般占单位人数的3～5%）；成立"专案组"，对重点对象内查外调；训练积极分子（多数是勇敢分子和痞子、流氓无产者），对重点对象进行批、斗、打、抄、杀等刑讯逼供；召开宽严大会，以体现"坦白从宽，抗拒从严"的政策。

后期——总结运动"胜利成果"，对新制造出来的"阶级敌人"实行专政；对批斗刑讯错了的重点对象，"落实政策"，宣布"解放"，以示党的"宽大"，舒缓矛盾。

在实际操作中，四个阶段没有严格界线。在诸如镇反、土改、"横扫"、破"四旧"、夺权武斗等特殊时期，处决"阶级敌人"则授权基层党组织或"群众组织"，直接捕、审、决。

随着轰轰烈烈"清队"运动的展开，全国各地各级政府设立的"专案组"，成了领导"群众运动"的核心力量，"**触目惊心的敌情**"，也被他们先后制造了出来。

在《七三布告》发布后《七二四布告》发布前的1968年7月21日，广州军区、广东省革委会，在上报的《关于广州地区敌情的报告》中说："**国民党的残渣余孽一直在进行着变天活动。据统计，全省光是军、政、警、宪、特五个方面的反革命分子和匪首、汉奸、反动会道门中小道首即达四十二万人，占全省人口总数的百分之一。这些人是翻案复辟的急先锋。他们中的很多人已经打进了我们的党政机关、群众团体、事业单位和各种文化界。**"《报告》几乎完全是按照毛泽东主意写的，因此，毛泽东迅即在报告上批道："**各地大都如此，不独广东一处。**"

宣扬仇恨主义、传播"**与人斗其乐无穷**"的毛泽东，也培养了一批在"无产阶级专政条件下继续革命"的各级领导干部。在这些"立场坚定"、"爱憎分明"的干部领导下，"清队"中的"**专案组**"，都成了逼供信的刑堂，其成员都成了职业杀手。吉林省某设计院"清队"领导小组，在向上级报告的"群众办案"体会中写道："专案组是尖刀班、爆破手，广大革命群众是审讯斗争的主力部队。只有尖刀班、爆破手与主力部队紧密结合，才能战胜敌人，消灭敌人。如何使尖刀班、爆破手与主力部队紧密结合呢？我们采取大会（全院揭发、批判和公审）、中会（部分群众十几个人、二十几个人审）、小会（专案组几个人审）相结合；揭发批判、核实对质相结合的办法。还根据不同情况，采取不同性质的批判会（主要是肃清流毒、批深批透）、斗争会（主要是斗态度，斗倒斗臭）、审讯会（主要是揭发、核实、审讯其罪恶）等多种形式。具体做法是：审讯前，专案组和群众一道忆敌情、摆敌情、揭敌情，激发对敌仇恨，调动积极性，形成人人上战场、个个挥刀枪的局面。大家出主意想点子，群策群力，研究作战方案。审讯时，群众主攻、专案组突破一点，采取"一点两面"（即突破一点，两面以上围攻）、"三猛"（猛打、猛冲、猛追）的战术，发扬不怕疲劳、连续作战的作风，审、批、斗相结合，审中有批，审中有斗，审审、批批、斗斗，追罪恶、挖根源、上挂下连，从政治上、理论上、思想上搞臭敌人，歼灭敌人……"——这是"群众运动"中**毛氏规律**的真实写照之一。

任何一个暴君，之所以能成其为"君"，其中原因之一，是他能天才地运用恩威兼施两手，亦即"宽猛相济"的君王统治权术。毛泽东在为清理阶级队伍运动立威的同时，决不会忘记张扬"天使"的一招，借以树立他赐恩泽于民的"伟大"胸怀，从而达到控制"群众运动"的目的。

1968年5月8日，毛泽东同中央文革碰头会成员谈话时说："**我们在延安就规定了一个不杀、大部不捉。随便杀人没有手续不好，抓人抓多了也不好。搞逼供信，不讲也得讲。我们还是应该重证据，重旁证，不要重口供。**" "**抓一个人来审，这时一般的心理状态，就是希望他供出来的越多越好。**" "**凡是拼命地逼，他就会供，供了你就会相信，又会要许多人这样去供。这样做也不好。**" "**投降过国民党就永远忠实于国民党，投降过共产党就永远忠实于共产党，这个规律我就不信。**"

1968年5月11日。毛泽东在关于武斗、造反等问题的讲话时说："**整顿队伍，把坏人抓出来，基本上是对的。自从我说了文化大革命是国共两党战争的继续后，抓了一批国民党坏人。抓坏人还是要搞，但是要有条件，要有人掌握。搞到什么时候，就要煞车。**" "**十六条规定，现行反革命就是杀人、放火、放毒、破坏国家财产。贴了几张反动标语，也不一定要抓嘛！总之，现在现行反革命的范围相当扩大。**" "**只要不是真特务、真反革命，就不要那么去搞，不要使人毫无出路。**"

1968年5月19日，毛泽东在新华社《文化革命动向》内部参考特刊所载的《北京新华印刷厂军管会发动群众开展对敌斗争的经验》上，批示："**建议此件批发全国。**" "**在我看过的同类材料中，此件是写得最好的。**"同时，还在这份材料的一些话下面画了粗线，表示认同和支持，如："**政策和策略是党的生命。**" "**对于犯了严重错误的人，必须从严要求，也要注意团结。**"在材料中的"**这是一些'推一推就可以掉下去，拉一拉就可以站过来'的人**"下面，还画了双线，意欲引起各级干部重视。

在"清队"高潮的 10 月，他又发出"最高指示"说："**现在正搞大批判，清理阶级队伍。这件事一是要抓紧，二是要注意政策。不是要稳、准、狠嘛？稳，有右的，稳就不稳了。狠就可以搞得很'左'，就搞过了火。重点就是'准'字。否则，不准，稳也稳不了，狠也狠不起来。**"此时，他明确提出在"清队"中"**要注意政策**"，对敌斗争中"**要稳、准、狠**"。

一贯坚持封建人治传统的毛泽东，他的上述说教，并非都是对"清队"讲的。但他的这些讲话，远比他在发动"清队"时说的那些杀气腾腾的"最高指示"，显然"宽容"、"理性"得多。但他的"宽容"是蔑视人权条件下的"宽容"，"理性"是毁弃法制基础上的"理性"：这种通过"**群众运动**"或曰"**群众专政**"亦即通过利用流氓无产者的暴虐恣睢来实现其政治目标的"宽容"和"理性"，注定是个美丽的骗局和动听的谎言！请看：

毛泽东多次强调"**要文斗，不要武斗**"，却使武斗愈演愈烈，导致五六十万人丧生；

毛泽东强调清理阶级队伍运动中"要注意政策"，不"搞逼供信"，却使逼供信泛滥成灾，导致三千多万人被斗，五十多万人死亡；

毛泽东多次强调"**重证据**"、"**要稳、准、狠**"和"**一个不杀，大部不捉**"，却使全国各地，捕杀成风。最高法院供认，文革中政府错判十七万多人，错杀数万人，"**狠**"得发狂；而在"横扫"、破"四旧"、"**群众专政**"中，又杀掉数十万人，造成的冤假错案高达三百多万件！

在文革中，不论毛泽东发布的什么"立威"或"赐恩"的"最高指示"，都是以**毁弃法制、践踏人权**为前提，都是以肆意侵犯人权的"**群众运动**"或曰"**群众专政**"方式付诸实施的。

这就是毛泽东有党、有政府、有领导的"**群众运动**"！这是蔑视法制、践踏人权的中共赤文化。

毛泽东不愧是个天才的马列主义理论家和政治家。他的理论家天才在于：他能把唯物辩证法哲学，归结为左右逢源的"一分为二"理论，使人们无法指责他出尔反尔、信口雌黄的那种霸王兼恶棍的痞气。他的政治家天才在于：他策划的每项政治任务，都能借"群众运动"中的"**群众**"之手，进行批、斗、抄、打、杀，借以达到他的政治目的，使人们无法指责他是残暴的打手和鲜血淋淋的刽子手。他的理论家兼政治家天才还在于：他能在把权力拜物教的无产阶级专政列为他的核心价值的同时，掩盖住他那嗜权入魔的权力情结；还能在拒绝自我反省的基础上，用"外因论"创造出一套"**不断革命论和革命发展阶段论**"以及"**无产阶级专政条件下的继续革命论**"，把政策失败的主要责任，"论证"成阶级敌人破坏或下面"歪嘴和尚唸错经"的结果，妄拒自我反省，借以掩盖他领导下的中共的祸国殃民的罪行。

1968 年 7 月 12 日，毛泽东在同中央文革碰头会成员谈话时说："**这次文化大革命，**

才有社会主义革命之气，是群众自己搞的，是自下而上的群众运动。**"** 看一看毛式有党、有政府、有领导的"群众运动"的操作过程，这句"最高指示"难道不是无耻的谎言吗？

中共从中央到地方的各级领导干部中，许多人都曾按"**毛氏规律**"成功地领导过多次"群众运动"，如刘少奇、周恩来、邓小平、陶铸等，都是侵犯人权的帮凶。

诚然，中共各级领导干部中也不乏有良心者，例如原广东省委书记方方等。但他们中间的大多数人，当看见"**群众**"中出现侮辱、吊打、逼供信等严重侵犯人权的法西斯暴行时，并不认可，甚至反感，但却不敢制止，不敢"**泼冷水**"降温，害怕挫伤"**群众**"的"革命积极性"，犯下同方方一样不被毛泽东宽恕的右倾错误。

毛泽东的这种指导思想和由此而产生的各级领导干部的心态，已深根于中共赤文化的基底中，使中共和毛泽东发动和领导的历次"群众运动"，都不可避免地犯下**严重践踏人权的罪行**。对这种屡试不爽又司空见惯的法西斯暴行，中共利用"舆论一律"和"主旋律"的专权，把它淡化为"**过左**"、"**过火**"，或诡称为"**扩大化**"。这是中共拒绝认错、认罪、不思悔改的表现！

因此，在清理阶级队伍运动中，中共各级领导干部和"**群众**"，再次根据"**毛氏规律**"去复制有领导的无政府法西斯主义的"群众运动"，在所难免！

二、"清队"简介

在五十年代，毛泽东曾对他的"御医"李志绥说："**我也常说，地主、富农、反革命、坏分子、加上这次的右派，共有三千万人。这三千万人集中在一起，就是一个不小的国家，集合在一起就会闹事。现在我们不将他们集中起来，把他们分散在各单位，这么一来他们就是少数，我们这六亿人口里面有三千万，二百人里面有一个，还怕什么？**"又说："**我们有这么多人，死个一、两千万算得了什么？**"

根据毛泽东的战略部署和不怕死人的精神，各地诸侯和"父母官"们，遵照毛泽东确定的"**毛氏规律**"，轰轰烈烈地展开起清理阶级队伍运动来。在运动中，他们充分运用毛的"群众运动"的专政武器，掀起了"**不停顿地向阶级敌人进攻**"的高潮，很快取得了"辉煌战果"。文革后，中共领袖们很快意识到，这种严重践踏人权的"辉煌战果"不宜宣传。为了树立亲民的"伟大、光荣、正确"的高大形象，他们决定封杀"清队"信息。为此，中共先后用"舆论一律"和"主旋律"的监控系统，布下了天罗地网：尘封档案，扼阻调查，严控媒体，封锁"战果"。但在茫茫监控中，难免有忽忽之疏，眨眨之漏，致使许多"战果"经过不同渠道，流传了出来。

笔者从互联网上和官方出版的著作中，搜集到一小部分中共疏漏流出来的"战果"，将其摘要整理如下：

1. "清队"运动"捷报"频传

在**上海市**，局级以上干部有 1,019 人，其中，有 853 人被审查并遭毛式批斗；处级干部有 6,161 人，其中，5,868 人被审查并遭毛式批斗。1968 年 12 月的"清队"高潮中，全市被列为重大案件的有 965 起，重大集团性案件 731 起，立案审查并遭毛式批斗的高达 169,405 人，其中，打死、自杀、折磨死（在遭毛式批斗中，突发急病或致病情恶化而死亡的）等非正常死亡有 5,449 人。在宝山县，文革初的"横扫一切牛鬼蛇神"时，非正常死亡 70 多人，而"清队"中，非正常死亡人数多达 334 人，为"横扫"时的 4~5 倍。在松江县，5,063 人被审查并遭毛式批斗，致死 236 人。金山县在审查和毛式批斗中，自杀 291 人，6 人出逃。在崇明县，"清队"中非正常死亡者达 456 人。青浦县在 1967 年，一年武斗死亡 20 人，1968 年 4 月开始的"清队"，不到一年，非正常死亡的高达 170 人，为武斗死亡人数的 8.5 倍。在奉贤县的新寺人民公社，91 人被批斗，48 人遭揪殴，11 人致死。在华东师大，成百名学生被"隔离审查"，30 多个学生被逼跳楼自杀！

在**北京市**，据北京市革命委员会 1968 年 11 月的报告称："**在刚刚过去的'清理阶级队伍运动'中，'揪'出了 8 万多'阶级敌人'。**"伤亡人数不详。

在**辽宁**，凌源县的"父母官"们，虚构了个"国民党反共救国团"案，立案审查、批斗了 913 人，致死 25 人，致残 51 人。长海县在"清队"中，109 非正常死亡，其中 5 人被刑具拷死，其余多为自杀。

在**广东**和平县，全县被立案审查批斗的"阶级敌人"，有 12,000 多人。伤亡人数不详。

在**陕西**西乡县，"父母官"紧跟"伟大领袖"的战略部署，"大打了一场'清队'的人民战争"，揪斗了 10,000 多个"阶级敌人"。在安康县，清理出"阶级敌人"11,000 多名，其中 8,500 多被定为"敌我矛盾"。仅 3.25 万人的甘泉县，清出"阶级敌人"1,155 名，其中 8 人自杀身亡。清出的"敌人"数约占全县人口的 3.6%，符合毛泽东规定每次"群众运动"中的"阶级敌人"不超过 5% 的教导。

四川省的新津县，被毛式揪斗审查的达万人以上。什邡县"清队"中，在批斗了 10,000 多人之后，宣布清理出各类敌对分子 2,600 多个。射洪县在"清队"中，"普遍出现挂黑牌、穿白褂、关牛棚、扣工资、捆打吊骂等现象"，先后导致 73 人自杀身亡。

1968 年 6 月，**河南**新安县召开了"深挖叛徒、特务、清理阶级队伍誓师大会"，先将各类"敌对"分子挂牌游街示众，后将其中的 10,000 多人关进"清理阶级队伍学习班"。

浙江淳安县，清理出各类"敌人"11,000 多人。在武义，9 月掀起"清队"高潮，有 11,471 人被审查并遭毛式批斗。1968 年 5 月 1 日，武义县建立革命委员会后，即成立

"文攻武卫指挥部"。该指挥部并未指挥武斗，却肩负起"清队"批斗来：先后关押了 6,425 人，其中，打成重伤 181 人，打死、自杀 59 人。

江苏昆山县人口为四十六万，"清队"中，各类"敌对"分子天天挂牌游街。到年底，全县共揪斗 18,000 余人，约占总人口的 3.9%，其数量也符合"毛主席的教导"。在高邮县，军管会从七月开始搞"清队"，"有 13,326 人被当作地、富、反、坏、右和叛徒、特务、反动会道徒而审查"。在如东县，六月初开始"大打对敌斗争的人民战争"，揪斗 15,000 余人，其中，8,400 余人被定为"敌我矛盾"的敌对分子。武进县"清队"时，"父母官"大喊大叫"刮二十四级红色台风"。五月间，他们先将县一级的"牛鬼蛇神"100 多人，挂上牌子游街，大会批斗。有了榜样，上行下效，县以下各级革委会，先后揪出 14,600 多"敌人"进行批斗、挂牌子游街。

内蒙古伊金霍洛旗是个人口较少的小县，揪斗人数虽不足一万，但到 1969 年 2 月，全旗从中挖出"阶级敌人"6,600 多人，打死 37 人，致残 30 人。

广西大新县，人口共二十万，揪出了三千多人，约占县人口的 1.5%，符合"毛主席的教导"。扶绥县的昌平公社，"清队"时非正常死亡 23 人。其它各县"清队"状况，参看第十五章 "'群众专政'在广西"一节。

总人口十二万的**安徽**祁门县，揪斗了 2,648 个"敌人"，约占县人口的 2.2%，符合"毛主席的教导"。金寨县的古碑、七邻湾两个公社，"清队"中打死 30 多人。

在**黑龙江**省宾县，"清队"中揪出各类"敌对"分子 925 名，致死 143 人，致残 32 人。中苏边境上的爱辉县，人口数万，关押看管了 1,500 多人，死亡 65 人。望奎县，"清队"中的冤、假、错案，受害者达 1,883 人，致死 55 人。伊春市带岭区，挖出 13 个"反革命集团"，整死 20 人。在兴凯湖边的密山县，揪出各类"敌对"分子 3,000 多人，打死、自杀 110 多人。笔者所在的三梭通公社，打死 1 人，自杀 1 人。笔者曾在 1959 年日记里批评过"三面红旗"因而获"恶攻罪"的那三篇日记，1962 年已被中共免于刑事处分，但在"清队"中，又被翻出来"清理"，险些被"**群众**"打死在那里。

在**云南**，镇雄县，由省革委会派工作队"指导"运动，造成 107 人死亡。弥勒县"向阶级敌人发起猛烈进攻"，在批斗中进行吊打，全县伤残死亡数百人。在武定县，"由于酷刑逼供、诱供，造成 121 人非正常死亡。"思茅县的"清队"历时两年，全县干部有一半被划为各类"敌对"分子，计 631 人；其中，叛徒 72 人，特务 24 人，死不改悔的走资派 116 人，地主 86 人，富农 3 人，坏分子 72 人，右派 31 人，历史反革命 82 人，现行反革命 145 人。

据《长春公安志》记载：**吉林省**长春地区，从 1968 年 5 月至 12 月，在"清队"期间，"清"错的有数千人；全地区因"清队"造成的非正常死亡人数为 1,929 人。其中，打死和刑讯中拷死 184 人，自杀 1,745 人。长春地区外的五个县，情况最为严重：自杀

1,031 人，打死 172 人，共计 1,203 人；其中榆树一个县，就打死 61 人，自杀 342 人，共计 403 人。

江西万年县总人口为二十一万人，一下子揪出"阶级敌人"8,107 个，约占县人口的 3.9%，全部押往农村"劳动改造"。被"深挖细找"出来的"阶级敌人"，无不惨遭"群众专政指挥部"的酷刑。这些酷刑是：捆绑、吊打、压杠子、站凳子、跪瓦片、坐老虎凳、坐"喷气式"、电触、红铁烙、灌吃大粪、开水浇头、高温热天反穿羊皮大衣晒太阳等数十种。大黄公社一位女医生，被诬为"现行反革命"，揪斗时，用电触奶头，开水浇阴道，当场昏死，目不忍睹。文革后，据县公安局统计，全县被打死、折磨死的有 214 人。

1968 年 5 月，**山西**乡宁县"清队"时，"群众专政指挥部"乱捕乱斗、挂牌游街、殴打干部群众 1,200 多人次，打死 26 人，打伤、残 50 多人。6 月，他们抓捕了一批中学生，刑讯逼供中，打死 3 人，打伤、残 10 多人。

以上仅为 17 个省市部分地方的很不完整的记录。

当年，有人冒着生命危险，秘密口传这样一首民谣：

站不完的队，
请不完的罪，
埋不完的亲人，
流不完的泪。

这个民谣，道出了在"**八亿人口，不斗行吗**"的"最高指示"下"**群众运动**"悲惨情境的一角。

史学家丁抒认为：全国两千余县，被揪斗者超过两千万，加上数百大中城市，约有三千万人在"清队"中遭迫害、折磨，五十万死亡。

2. 革命军人风光无限

执掌各省市党、政、军大权的军人，是这场运动的主要指挥者。这些曾在战场上出生入死拼杀的剽悍将军们，打着"支左"的旗号介入地方后，便找回了昔日战场上的感觉：以强而有力的威慑征服"阶级敌人"，恫吓异已者和持不同政见者。当他们控制了"新生"的革委会后，便本能地接过红卫兵的"红色恐怖"口号，大喊大叫"**刮红色台风**"、"**刮十二级台风**"和"**刮二十四级台风**"，成了毛泽东镇压包括异已者、持不同政见者在内的"阶级敌人"的先锋官。全国各地发生的大规模迫害事件，几乎都是在他们的主持下进行的。"清队"运动展开后，他们再次找回了战场上的感觉：要取得"胜利"，就要充分利用"**群众运动**"的群羊战术，不顾一切地"地毯轰炸"、"密集扫射"，从而达到征服"敌人"的目的。

(1) 在黑龙江大庆油田，担任军管会主任后又当了革委会主任的第十六军副军长**诸传禹**，从1968年初"清队"开始，便制造红色恐怖。据报导："自杀、打死人的现象不断发生，并逐渐增多，一至四月份自杀15人，五至六月份自杀36人，打死7人。"由于"清队"有功，不久晋升为陆军第四十三军军长。

(2) 原二十六军政委**程世清**少将，因向副统帅林彪写了一封告密信，揭发许光达大将对林副统帅"**最不满、最仇恨**"有功，荣升福州军区副政治委员，并当了"封疆大吏"——江西省革命委员会主任兼江西省军区第一政委。在"清队"中，他提出了"三查"任务和"三群"方针。所谓"三查"是：查叛徒、查特务、查现行反革命；所谓"三群"是：群众办案、群众定性、群众判刑。他的所谓"**群众**"，当然就是包括各基层单位掌权人在内的痞子、流氓无产者。程世清说："**杀死一个阶级敌人，就节省了我们一颗子弹。**"一个标准流氓、强盗的官腔！

"三查"中，**江西**各地疯狂屠杀"阶级敌人"。据披露：兴国县杀了270多人，瑞金县杀死了300多人，于都县杀了500多人。其中，在江西瑞金县屠杀时，一位目睹者写道：

一个公社，将预先选定的"三查"对象集中起来，要他们去山上挖树洞。横多少米，宽多少米，均有严格要求。可树洞不挨在一起，疏疏朗朗，以至谁也看不见谁。挖好洞后，便向看押者报告。未等讲完，报告者便被一顿铁锄砸死，推进洞里埋掉了事。事后，公社"三查"领导小组负责人说："**伟大领袖毛主席教导我们：阶级敌人总是搬起石头砸自己的脚，我们活学活用了，阶级敌人也得给自己准备坟墓。**"

兴国县的"革命干部"屠杀的270多人中，有19个人杀得随心所欲。XX公社抓来了19个"阶级敌人"，他们分别是五类分子的子女和反革命组织的司令、副司令、参谋长、组织部长等。（事后查明，这些官衔都是中共"革命干部"出于杀人需要而捏造的。）当他们被捆在树上准备杀掉时，县里来人下达了不准随意杀人的通知。公社"三查"领导小组的这位"革命干部"，不听那套，他**端杯茶水，慢悠悠地从屋里荡出来，环视了一下现场，又慢悠悠地说：'既然绑来了，放也麻烦。反正明天就不杀了，今天还是杀了吧'**"。这19条人命就这样被断送掉。

在**武宁**县黄沙大队，"**群众**"根据"三群"方针，创造了多种刑讯逼供和处决方法。如棒打、烟熏、火烤、踩杠、跪瓦片、吊光砖、打土雷、假活埋等，先后处死了3个"阶级敌人"。大队"三查"负责人**龚兼兴**，从县里开会回来，便把地主孙子**郑家树**拉出来批斗。他煽动说："**县里'三查'还要厉害，打得肉都喷到墙上去了，耳朵割下来往地上一丢，狗就衔着跑了。斗反革命就得凶狠一点，上头说了，打死个把反革命，还节约几颗子弹，怕什么！**"话音刚落，他的弟弟**龚兼隆**手起刀落，便把郑的右耳朵割了下来。负伤的郑家树，连夜出逃，在外隐姓埋名流浪十一年。回来时已家破人亡：祖母病死，妻子改嫁，弟弟伤残，唯一宽慰的是儿子，侥幸长到15岁！

在**瑞金**县一个小理发店里，发生了一件匪夷所思的事件。那里有三个理发师傅，其中，两个出身成份好的师傅说自己是革命群众，将另一个闹别扭、合不来的师傅打成了"现行反革命"。根据**程**司令"三群"方针，两个人成立了一个"**革命群众法庭**"，宣判另一个"死刑，立即执行"，然后将其打死，并在理发店门口张贴布告公示。对此，许多过来人都认为，在"**群众专政**"荒谬绝伦的年代里，"**群众**"什么事干不出来？因此，看似荒谬事件，却是那个时代的真实写照。

(3) 1968年5月19日，工程兵政委**谭甫仁**中将，取代李成芳当上了昆明军区政委，8月10日，又被任命为**云南省**革委会主任。他上台伊始，正值"清队"运动蓄势待发，他便以"划线站队"切入运动，使"清队"声色俱厉地开展起来。

为了追查所谓的"滇西挺进纵队"和"国民党云南特务组"，他曾作过很多"指示"。他说："（阶级敌人）**有一千抓一千，有一万抓一万，你们不要手软，不要受两个百分之九十五的框框的约束、限制。**""**我在个旧地区讲了一次话，一夜之间就揪出了990多个坏人。有人问，可不可以拉出去游街？游街后能不能把这些人下放劳动？我说游街可以，下放劳动也可以，戴白袖套也可以，让群众识别嘛！**"

谭说"不要受两个百分之九十五的框框的约束、限制"是什么意思呢？1964年5月16日，毛泽东曾说："**要团结广大群众，团结广大干部，团结这两个百分之九十五。**"换言之，专政的对象只占人口的百分之五。显然，**谭**要"群众"抓、揪"阶级敌人"的数量，可以突破毛的5%的"最高指示"。

根据有关统计，仅下关一地，在追查"滇挺"分子运动中，就打死、逼死700多人，打残1,000多人，打伤10,000多人。临沧地区在追查"慰问'滇挺'"一案中，就株连10,000多人，其中2,000多人被吊打，500多人被打伤、打残，600多人被打死、逼死。

据云南省委落实政策办公室统计，曲靖和昭通地区，受"滇东北游击军"假案牵连的干部、群众，多达600,000人；其中，曲靖有20,000多人被批斗，2,000多人被关押，4,000多人被打伤，2,000多人被打残，200多人被逼死，100多人被打死。

在**蒙自**县，革委会主任、军代表宣布："炮派"组织"站错队"的，都是刘少奇、阎红彦（原省委第一书记）、赵健民（原省委书记）在蒙自的代理人。当晚，他下令就抓捕了200余人，数十人打成重伤。全县7,823人被划为站错队；其中，被捆绑批斗的有2,624人，打伤385人，打残103人，非正常死亡67人。此案受株连的亲属子女，约10,000余人。

腾冲县从1968年12月开始划线站队，被批斗人数达4,654人，吊打致死15人，逼死71人，打伤、致残247人。

据1982年4月29日报导，云南省昆明市中级人民法院刑事判决书透露，在追查"滇西挺进纵队"和"国民党云南特务组"等案时，直接遭受迫害的干部和群众达1,380,000人，其中，打死、逼死的有17,000多人，打伤、致残的有61,000多人。仅在昆明市，迫害致死的就有1,473人，打伤、致残的有9,661人。

又据1975年的统计，全省受到各种刑讯逼供、审查监禁的达300,000多人，其中，37,000人死于非命。

这个沾满云南人民鲜血的刽子手谭甫仁，当了中共和毛泽东土地革命、阶级斗争等制造仇恨政策的替罪羊，1970年12月17日遇刺，死于被隔离审查的当年还乡团的嫌犯军区保卫部副科长王自正的枪口之下。

(4) 天津市塘沽碱面厂有8个工程师，被军管会定为特务。据报导："**军代表指挥打手，将他们抓起来刑讯，不久8个工程师全部死于酷刑。其中一位刘姓老工程师的妻子已56岁，也被关押。她被逼交电台，交不出就打，还不给饭吃。折磨了两年后放回到家里，军代表扔给她一个骨灰盒了事。**"

(5) 又据报导说：**安徽大学在"支左"的军代表指挥下，**"**搞法西斯专政，制造了大批冤、假、错案。安大原有教职工809人，受审查的有262人，其中被非法专政的有120人......并有5人被迫自杀**"。

(6) **陕西省革委会副主任二十一军军长胡炜**少将，宣布"**陕西敌情严重**"，在"清队"中大揪"国民党特务"。**汉中**制造飞机的一七二厂，在国民党时期就在该厂做工的老工人，先后有60多人被抓进"学习班"里。"学习班"用捆绑、抽打、铁丝勒嘴、假枪毙、烤大灯泡、关干燥箱和全身通电等手段刑讯逼供，很快逼出了个"特务集团"。其中，500多人为定为"特务分子"，株连1,000多人。运动中，逼死了21人，自杀未遂15人，打伤、打残74人。其中一个工人妻子，听说丈夫被打成特务后，在极度悲愤中，用煤油浇身自焚。在**铜川市焦坪煤矿**，胡炜少将深挖"反共救国军"组织，株连500多人，逼死8人。最终证明："**此案子虚乌有。**"

(7) 辽宁台安县成立革委会时，原县委**武装部长**被任命为主任。他一上台，便在全县按全国统一部署，大搞清理阶级队伍运动。据报导：城乡各单位"**用法西斯的手段私立公堂，严刑拷打......橡皮鞭、门弓子、木棒子、炉勾子，各种刑具交替使用，坐'喷气式'、挂黑板**（用细铁丝勒到脖子上）**、举砖头、跪碗渣，应有尽有。全县处在恐怖之中**"。运动中，新挖出各种"阶级敌人"1,288名，135人死于非命，许多人致残，43人被判以徒刑。

(8) 1968年，**甘肃省革委会主任、兰州军区政委冼恒汉**中将，提出要在农村"**刮十二级台风**"，"**用无产阶级专政的办法办农业**"。如何办？知情人这样写道：

（一）利用民兵举办"劳改班"。譬如庆阳地区关押了七千多人，施用酷刑几十种。

（二）以"大干社会主义"为名，不论炎夏寒冬，强迫农民每天干活十几个小时。

（三）在"专政"的口号下，农村干部打人骂人罚人成风。有的地委书记、县委书记甚至扬言"**打出了高产就受奖励**"、"**学大寨还不死几个人**"！

由于冼恒汉已被打成林彪死党，国务院和中国社会科学院便组织一个联合调查组，赴甘肃调查。调查后，联合调查组在报告中写道："**普遍侵犯农民人身权利的县，在甘肃不会少于二十个！**""**估计全省直接被迫害致死的农民不少于万人，冤案如山。**"

(9) **内蒙古**自治区革命委员会成立，**滕海清**中将任主任。在"清队"中，区革委会正式提出深挖"内人党"后，内蒙古地区和内蒙古军区内，"胡抓乱捕"随之成风。全区有346,000多人被审查、揪斗、关押，终身致残者多达87,180人，整死的则多达16,222人（另说死者达十万人以上）。挖"内人党"事件引发自治区上层分裂，政局不稳。1969年12月19日，中央不得不对内蒙实行军管，北京军区司令员郑维山，率部赴内蒙，取滕海清而代之。

(10) 在**广西魔头韦国清**的治下，"清队"运动妖雾翻腾，许多军人都成了杀人不眨眼的刽子手。他在广西大刮"**十二级台风**"的"**群众专政**"，屠杀了18万"阶级敌人"，当了全国省级第一杀人魔头。

3. 革命干部频出绝招

由于黑河地区与苏联接壤，**黑龙江**省革委会主任**潘复生**说："**黑河地区特务如毛。**"因此，他确定，"清队"的重点是抓日特、苏特、国民党特务。黑龙江岸边小城嘉荫县也抓起特务来。全县私设监所六十五处，刑讯中致死7人，致残192人。离嘉阴县400多公里的**望奎**县，也大挖苏特、蒙（外蒙）特和朝（北朝鲜）特，挖出特务等"阶级敌人"1,883人，导致非正常死亡55人。

中共中央政治局常委、文革小组组长**陈伯达**，亲抵**邯郸**市指导"清队"运动，彻查"国民党员案"。在他的指导下，邱县搞得尤为激烈。教育局局长刘雷被打成"国民党员"，在刑讯中被拷打致死。为了不失时机地扩大"战果"，有50多人先后被打成"国民党员"，拷死多人。

在**云南**省左、右两派角斗和"清队"中，毛的"群众"，借助"群众专政"的威力，揭出了一个"国民党云南特务组"，云南省委副书记赵健民是其负责人。1968年1月21日，当中共中央政治局常委、文革小组顾问**康生**指控赵健民是叛徒之后，整个云南便掀起了抓"**执行赵健民国民党云南特务组计划**"的特务分子来。仅此一案，云南省有138万人受牵连，17,000多人被打死、逼死，61,000多人被打残。其中，昆明市就打死、逼死1,473人，打残9,661人。

江苏武进县革委会的头头们，在"清队"中提出了个"**刮二十四级红色台风**"的口号。显然，他们要力争头筹，要把"刮十二级台风"的广西，远远抛在后面。5月间，他们先将县一级的现有的"牛鬼蛇神"100多人，挂上牌子，大会批，小会斗，满城游街，为县以下各级政府做出了个榜样。

湖南凤凰县的"父母官"，把所有"地富反坏右"五类分子及其子女，集中到由民兵看守的指定地点，然后逐户翻箱倒柜查抄，美其名曰"**政治大搜查**"。在**攸县**，革委会头头们提出了"**横扫政治垃圾**"的口号，并武力实施：1968年9月，他们在县城召开大会，批斗五类分子及其子女，然后挂牌游街示众。据官方记载：全县抄家5,000多户，拘捕9,000多人。

山东省革委会主任王効禹和副主任**杨德志**上将，在枣庄制造了一个"**反党叛乱反革命事件**"。事件中，有11,720人被抓，10,659人遭毒打；其中，打伤后留有后遗症者2,425人，致残者692人，打死、逼死的94人。在**临沂地区**，他们"挖出"了一个"**马陵山游击队土匪集团**"。在深"挖"中，全地区有40,000多人被抓、关和毒打；其中，有9,000多人被打伤、致残，569人被打死、逼死。

江青说句天津市公安局"**专了我们的政**"后，天津市革委会不敢抗旨，立即行动。于是，天津市公安局1,200多干警被审查；其中，包括公安局局长**江枫**在内，被逼死、整死的多达44人。

河北深泽县是天津市委书记王亢之的家乡。在江青说深泽县"**有一个很大的叛徒集团**"之后，天津市的"**群众**"头头们，便制造出了一个由307人组成的"深泽叛徒集团"。并抓出叛徒1,500多人。在抓叛徒过程中，非"群众"的老百姓，受株连的竟高达三万多人，占全县人口总数的五分之一，远远超过了毛泽东5%的敌人指标。在白庄，"深挖"中打死"叛徒集团"成员3人。

4. 工人阶级难免灾祸

工人是"革命的领导力量"，不是文革斗争目标；但自毛泽东批转北京新华印刷厂"发动群众开展对敌斗争的经验"和发出文革"**是中国共产党及其领导下的广大革命人民群众和国民党反动派长期斗争的继续**"的"最高指示"后，曾在国民党时期当过工人的老工人，便成了"清队"中的主要清理对象，堕入了挨批、挨斗和刑讯逼供的灾难之中。

(1) **北京二七机车车辆厂**也是毛泽东亲自抓的"六厂二校"的典型之一。"御林军"8341部队在"清队"中，把900多名"解放"前老工人确定为"审查"对象，约占"解放"前1,400多老工人的三分之二。又从"审查"对象中抓出"敌嫌"200多名；其中，32名被戴上了各类"帽子"，交"群众监督改造"，4名被打成"反革命分子"，投入监狱，14名老工人被逼自杀身亡。

(2) **甘肃玉门油矿**，曾是国民党执政时期中国主要石油企业。"清队"中，凡中共接管油矿时已年满十八岁的工人，都要"过筛子"。油矿革委会大刮"**十二级台风**"，揪出了两千多个"阶级敌人"。革委会还大肆追查"玉门油矿潜伏特务组织"，"**整死了9名干部和8名工人，数百人被毒打致残、精神失常**"。

(3) 在柴达木盆地戈壁滩深处的 **32109 石油钻井队**，不足百人，揪出了十几个"反革命分子"，包括当年与王进喜一起打出第一口油井的**于连杰**。

(4) 在"清队"中，**陕西铜川市焦坪煤矿**，将一名曾在国民党军队里当过兵的老工人**熊坤**，打成"反共救国军副司令"；一个不识字、以买豆腐为生的**矿民**，被打成了国民党"少将师长"；瞎了一只眼、断了一只手，以割荆条编织器皿为业的**矿民**，也被打成"胡宗南部少将旅长"，等等，结果都是子虚乌有。

(5) 在**石家庄铁路局**，"清队"使该局 1,000 多人变成了"特务组织的成员"。他们被关进"牛棚"后，遭到了名目繁多的刑讯逼供。如：坐老虎凳，灌凉水，打落牙齿逼迫他们吞进肚，将窝窝头扔在地上，强迫双手被绑的犯人趴在地上吃，早晨起床，逼迫他们用小便互相冲头，互相拷打，舔血和喝尿，等等。文革后，官方的记载也不讳言："**许多下流无耻的非刑，有污纸笔……连日本法西斯的'宪兵队'和国民党反动派的'渣滓洞'、'白公馆'也望尘莫及！**"这一血案，被迫害的干部、工人达 1,645 人，其中，致死 48 人，致残 128 人。

5. 知识分子再遭横扫

文革伊始，毛泽东先拿被贬为"臭老九"的知识分子开刀祭旗：在"横扫"和破"四旧"中，使他们首当其冲，对他们进行了**批、斗、打、抄、杀**式的"革命"；这还不解恨，"清队"中又把他们拉出来"再革命"。

(1) 大学"清队"

湖南大学：自学校革委会成立后，被捕、关、游斗的就有 300 多人；其中，被迫害自杀身亡的有 18 人，长期挨斗折磨致死的有 6 人，被错判刑的有 16 人。

兰州大学：在清理阶级队伍中被立案审查的达 450 人，迫害致死的就有 23 人。

安徽大学：在"支左"军代表的无产阶级专政下，教职员工被审查的有 262 人，约占全部 809 人的三分之一；其中，被"非法专政"的有 120 人，有 5 人被迫自杀身亡。

清华大学：六千名教职员工中，五分之一被"审查"，178 人被定为"敌我矛盾"，12 人自杀身亡，包括两位一级教授。

北京大学：在文革初和"清队"期间，共有 24 位教授自杀身亡。

苏州大学：有 10 多个"有历史问题"老教师自杀。自杀方式是跳楼、跳河、跳井、喝农药；更为惨烈的是，一位老教师朝自己脑门上猛砍一斧，脑壳迸裂而死！

华东师范大学："清队"运动半年，800 多学生定为"敌我矛盾"，60 多人卧轨、跳楼、割脉、服毒自杀身亡。

北京农业大学：中国科学院院长郭沫若的儿子郭世英，被打成"现行反革命"。"清队"中被打死，4 月 21 日尸体从三楼扔下。周恩来闻讯后，"安慰"郭氏夫妇说："**'为有牺牲多壮志'，干革命怎么会不死人呢！**"

中央戏剧学院：图书管理员符冰是符号和女作家谢冰莹的女儿。谢冰莹在抗战胜利后，应台湾师范大学之聘渡海而去，再也没有回来；符号 1950 年应章伯钧之邀到北京交通部任职，1957 年反右时，与部长章伯钧一道成为右派分子。清理阶级队伍中，符号被遣送回湖北老家仙桃，符冰在戏剧学院"理所当然"地成了"清队"对象。在一次围斗后，她爬上学院建筑的最高层，纵身而下。学院"**群众**"和"革命领导"们，很快给符号发了一则电文："**反革命、右派符号的女儿符冰，反对革命群众的斗争，自绝于人民，跳楼自杀。**"

以上九所高校，约占当年高校数的 3.5% 左右。由于档案尘封，调查阻扼，笔者无法知道毛的"群众"在其他高校里"清队"中的"战果"。

(2) 中、小学"清队"

江西崇义县将全县近千名教师集中起来审查，清除了三分之二。

河北邢台县，400 多名教师在"清队"中被"审查"，8 人被逼自杀身亡。

山西省山阴县 600 多名教师集中到县里"清队"，一位刚从北京分配去的大学生记述道："这种穷乡僻壤斗起人来比大城市野蛮得多。有时把县长、县委书记们弄来批斗，用铁丝栓上几十斤的大粪桶挂在脖子上，一边斗还一边往桶里扔石头，粪汁溅得满身满脸。有的人熬不住就自杀，找不到自杀的家伙，便在吃饭时把筷子插进鼻孔，把头用力往桌上一磕，筷子穿进脑子；还有的跳粪坑活活憋死……"

广东和平县 1,100 百余名中、小学教师，424 名被抓起来"审查"。全县被揪斗的"阶级敌人"12,000 多人，致非正常死亡 243 人，伤残 750 多人。其中有多少是中、小学教师呢？笔者无法考知。

笔者仅知以上四县。全国县以上市镇 2,000 多个，中、小学校数万所，"清队"中有多少教师伤、残、死亡？与大学"清队"雷同，在档案尘封、调查阻扼的专政下，包括笔者在内的老百姓，无权知晓。

(3) 科研界"清队"

国防科委第九研究院所属**二二一厂**和**开采铀燃料的矿区**，是重要的核武器研究和生产基地。基地由科委派出的工作组负责人**赵登程**与科委副主任**赵启明**（原海军副司令）负责

"清队"。他们说："**不杀人打不开局面。**"赵登程宣布："**二二一厂的反革命特务一伙一伙的，像花生一样一串一串的，像白薯一样一窝一窝的。**"在他们指挥下，该厂设了40多处监狱，先后关押4,000多人。在那里，从全国各地经过严格政治审查调来的一百多名专家、教授、工程师，百分之九十被"清理"成"特务"、"反革命"；其中，一名**爆破专家**、一名**工程师**在逼供时被活活打死。他们扬言："**九院要杀人，要开杀戒。**"他们所杀就杀，先后枪毙了5人，并命令警卫团挖了十六个待日埋尸体的坑，待以后枪毙人时使用。全厂被打死、被逼自杀的达59人，打伤、打残有300多，被逼疯的职工和吓疯的小孩近百名。

有"磁都"之称的**江西景德镇陶瓷研究所**，集中了中国最优秀的陶瓷研究人员。1968年5月下旬，"清队"的台风刮到该所，157名研究人员被打成"现行反革命"、"中国青年反共救国军"成员。在那里，拷打是"家常便饭"，所长**傅德鑫**和一位**女翻译**，先后被拷打致死，许多人受伤、致残。12月，省革委会下令撤销景德镇陶瓷学院和陶瓷研究所，全体教员、研究人员，被遣往农村和工厂去劳动改造。

在**中国科学院**的"清队"中，自杀的一级研究员有20人，其中有被后人称为"人造卫星之父"**赵九章**。在赵自杀前，一级研究员、火箭金属材料研究专家**姚桐斌**，在1968年6月8日那天，被打死在批斗会的现场。

在中国科学院**上海分院各研究所**，有600多人被诬为特务，其中，200多人被"隔离审查"，2人被活活打死，10人被打成残废，4人自杀，9人自杀未遂。

中国科学院**大连化学物理研究所**研究员**萧光琰**，1950年从美国被"统战"回国，1957年划为"内控右派"，"清队"又升级成了"反革命特务"。1968年10月，该所"工宣队"派人将他家的财物查抄一空，把他关进"牛棚"。宁死不屈的萧，在遭侮辱和鞭打后，服安眠药自杀。"工宣队"并不罢休，他们又把正在农场劳动改造的萧的妻子、原美籍华人**甄素辉**（大连海运学院教师）拉到研究所"继续交待"。甄见到丈夫的遗体后，便与年仅十五岁的女儿**萧络连**一同服药自杀。萧光琰一家死后，"工宣队"在以"特大喜讯"的大字报欢呼"无产阶级专政的伟大胜利"的同时，成立专案组，全面追查"**以萧光琰为中心的特务集团**"，使数十个无辜者因株连而惨遭批斗。毛泽东的侄子毛远新，发现了这个"工人阶级占领科研部门"的好样板后，将其"经验"写成文章，登在《人民日报》上。

(5) 文艺界"清队"

北京电影制片厂的剧作家**张海默**，1968年5月16日，被装入麻袋，封住口，乱棍打死在摄影棚内，年四十五。

在**江青**说"**上海人艺还是老家伙霸占舞台，最坏了**"后，**上海人艺**一团团长高重实，在被连续三天拷打逼供后，自杀身亡。

四川省级文艺机关团体人员，被集中到"**学习班**""学习"。"学习"期间，被班里毛的"**群众**"打死、逼死7人，包括著名电影演员**冯哲**，打伤40余人。在各县，打死、逼死、打伤、致残的不计其数。其中，川剧名演员**张德成**、**琼莲芳**，都惨死在"学习班"里。

3月，**上海**当局宣布拘留著名京剧演员周信芳，其子周少麟也被拘捕。**其妻**对儿媳说："别哭了，一切都结束了。"遂绝食，三天后死去。

4月，黄梅戏一代名优**严凤英**，不堪凌辱，自杀身亡，年仅37岁。

11月，**上海**电影制片厂来了两位外调人员，指明要提审押在"牛棚"里的著名女演员**上官云珠**。来人说，上官云珠是国民党潜伏下来的战略特务，毛主席接见过她七次，她在搞毛主席的情报。他们勒令她逐日"写清楚那段历史"，第二天上午交出。当晚，这位曾与毛"亲密"接触过的上官云珠，从家中窗口跳下，自杀身亡。

革命样板戏之一的京剧《沙家浜》，是根据沪剧《芦荡火种》改编而来的。上海钢管厂的青年工人谈元泉，不明白《沙家浜》已成江青的专利样板，原来的沪剧不得再登台演出。他与几位沪剧爱好者组织起来，在里弄里演出了《芦荡火种》。有人将此事报告给徐景贤。徐在市革委会的会议上说："**这不是一般的演戏，这是破坏样板戏的现行反革命行为。**"遂将4个主要参演者逮捕。1969年9月，**谈元泉**被处以极刑！

6. 传统"阶级敌人"再遭魔难

在数十年的一系列**政治运动**中，中共树立了3,000~4,000万个"阶级敌人"。其中：土地革命和土改运动中，树立了一千多万个地主、富农；镇压反革命和肃反运动中，又抓出了上千万个现行反革命和历史反革命；反右运动中，除反出了55万个右派分子外，同时还反出了数百万个坏分子、档案右派分子和**阶级异己分子**；"一化三改造"、"三面红旗"运动中，又划出了数以百万计的"白旗"、右倾机会主义分子和反革命分子；"四清"运动中，又反出了数十万个"漏划"的地主、富农、右派和坏分子；到了文革，又揪出了以千万计"牛鬼蛇神"、"黑帮"、叛徒、特务和"走资派"。除文革新揪出的"阶级敌人"外，其余约三千多万人统称"**传统敌人**"。这次"清队"，"传统敌人"都要重新"清理"一遍。

地主、富农的财产在土改时已被没收，他们只剩下一两间陋屋遮遮风雨，过了十七年的赤贫生活。如今，革命再次光临，云南省革委会主任**谭甫仁**提出："**对地主富农进行第二次革命。**"于是，全省开始大规模没收"地富"的所谓"多余财产"。"传统敌人"再次任人宰割。

在**湖南**，凤凰县把所有"地富反坏右"及其子女，集中到由民兵看守的指定地点，然后逐户翻箱倒柜查抄，是谓"**政治大搜查**"。在攸县，全县开展"**横扫政治垃圾**"，查抄"地富反坏右"及其子女5,000多户，拘捕了9,000余人。9月，邵东县用两个晚上，全县统一行动，绑走"坏人"9,243人，查抄财物折人民币71万元。醴陵县在"**刮红色台风**"中，抄家7,824户。

在**甘肃**，正宁县革委会头头们认为，1966年的破"四旧"不彻底，宣布进行"**政治、经济大扫除**"。他们派出清查小组，在全县范围内对"地富反坏右"及其子女等农户，强行查抄。全县查抄出白银2,585两，银圆15,000元，使已过了十七年清贫生活的"传统敌人"，陷入赤贫中。

在**江西**，丰城县泉港公社，4月成立的革命委员会，5月里就下令"**揪斗牛鬼蛇神**"，没收"地富反坏右"及其子女黄金、白银和银圆，折合人民币287,885元，房屋92幢。

在**江苏**，如东县大刮"红色台风"，仅3,000户人家的掘港镇，就有60人被关押，183户"地富反坏右"及其子女被封门抄家。1966年全国大抄家时没抄尽的黄金、银圆，这次基本搜罗干净，甚至连家具也在查抄之列。

在**江西**，洪都机械厂是一间大型飞机制造厂。400多"传统敌人"被抄家，造成10人死亡。

在**山东**，广饶县大王桥村出了两位国民党将领。李延年是与日寇血战台儿庄的将军，**李玉堂**为国民党海南岛守军司令。李玉堂在1949年与中共叶剑英部联络率部起义，因事泄未成，在台湾被枪决。"清队"时，李玉堂尚未被中共追认为烈士，因此，凡与李家有一点联系的人，都成了审查对象。如：谁为李家牵过马、挑过夫？谁的爷爷给李延年的奶妈祝过寿？谁的父亲到李府喝过酒？都成了审查问题。大王桥500户的庄子，揪出了200多"阶级敌人"。枣庄在"清队"中，"传统敌人"被抄家的有5,014户。

在北京，漫画家、主持《漫画》杂志十年的**米谷**，四岁丧父，由寡母一手拉扯大。他被批斗成"反动学术权威"后，送静海县团泊洼农场劳改。留在北京家中的母亲，被故乡浙江海宁来的人揪走，按"地主婆"之罪日夜批斗。1968年9月底，**米母**自缢身亡。

在**甘肃**，庆阳县开展"深挖底财"和"金银大扫除"运动，有5,062人被揪斗，对他们实行批、斗、抄、打、杀式的"**群众专政**"。

"清队"中，这场全国性的"二次抄家"延续了一年多。1970年，**广西阳朔县**还组织了23,000多人的"大清查"队伍，查"二十六种人"，共抄了4,683人的家。查抄物包括：现金、黄金、光洋、银毫、银器、宝石玉器、手表、自行车、收音机等。

又据报导，1968年秋，**江苏高邮县**一个村子的贫协主席郭金贵，找到本村的地主分子王世昌说："**你要不挨斗，就把女儿嫁给周家，我就给你把帽子摘掉。不然，挨斗的日子还在后头呢！**"王屈服了。但他的女儿王家娟却不肯如此嫁人，见周家送来订婚礼后，便以死抗婚。获救后，母亲哀求她："**要成全父亲，否则你父亲的帽子永远摘不掉。你们**

做子女的也就要背一辈子黑锅。"她终于屈服了。就这样,一个二十年前的地主女儿,被带到周家,做了贫农儿子的老婆。

在**黑龙江**省密山县,单身笔者寄宿在三梭通公社食堂的公炕上。除铺盖和几件衣服外,主要财产是两个木箱装的 300 多本书。"清队"中,被公社专案组以查抄"反革命"为名,连木箱全部抄走。

7. 狠抓"漏划",增加新敌人

每次"**群众运动**"都要新增加一批敌人,这是毛泽东的统治权术。据报导,在"清队"中,毛的"**群众**"运用"毛氏规律",挖出了"漏划"或"漏网"的"地富反坏右"等"**新增加的阶级敌人,高达数百万人之多**"。

内蒙古伊金霍洛旗,在农村牧区搞重划阶级成份运动。"漏划"的"阶级敌人"480 户,株连 2,118 人,批斗 683 人,死亡 17 人,严重伤残后死亡 20 人,致残 30 人。

江西景德镇在"清队"中,新挖出的"敌对阶级分子"972 人。其中,地主 156 人,富农 145 人,资本家 464 人,叛徒、特务、反革命、坏分子 207 人。此外,还有 380 个"怀疑对象",当做下次运动的"漏划"储备。

刘少奇的老家**湖南**宁乡县,"清队"中,新挖出的"阶级敌人"达 9,835 个。

尽管在"主旋律"的监控下疏漏出来的历史记录少得可怜,但笔者仍然认为:"**新增加的阶级敌人,高达数百万人之多**"是可信的。因为,在每次政治运动中,毛泽东都能拍脑袋"证明":他代表的是 95% 以上的大多数"**群众**";他告诫各级干部,"**不要扩大打击面**",阶级敌人"**不超过百分之五**",打击面应"**控制在百分之一、二、三左右**"。对此,笔者做了个粗略计算:"解放"后,毛泽东亲自发动和领导的政治运动有 27 次之多,而当年全国平均人口约为六个亿;如果每次运动"挖出"的"阶级敌人"按百分之一计算,则每次运动"新增加"的阶级敌人应为六百万。实际上,小运动可能远远低于这个数,大运动则可能超过这个数。据报导,"清队"清出"新"的"阶级敌人",约在千万以上。但也不可否认的是,当运动高潮过后,毛泽东的中共,会用"先严后宽"亦即"**宽猛相济**"的权术,采取"落实政策"和"平反"等"降温"措施,去缩小打击面,压缩这个数。例如,笔者曾三次打成"反革命",又三度被"解放"成"人民"!

8. 少数民族难逃厄运

四川凉山彝族区的"罗罗王国",1956 年"民主改革"后,"奴隶主"黑彝阿侯交出了一切财产,仅允许留一点土地和牲口以维持生计。十二年过去了,阿侯还是被视为奴隶主。"清队"中，副县长下令区革委会主任，带领红卫兵，将乡里所有的阿侯及其家属全部枪杀。只有一个在血泊中还在吮乳的婴儿，被一位当年的女奴隶救起，躲往另一个部落，扶养成人，侥幸躲过屠杀。那个区革委会主任因立场坚定，杀人有功，遂升任为副县长。

云南江城哈尼族、彝族自治县，在"评审四类分子"时，刑讯逼供，打死和用刀子捅死6人，被迫自杀10人。

吉林省延吉县军管会和革委会，号召"**深挖地下国民党特务，深挖朝鲜特务**"，鼓动"**棒子底下出特务**"。该县桦田大队110户人家，有44人被揪斗，打死、致伤41人。

9. 海归、留用人员命运凄惨

在海归、留用等统战人员中大抓国民党特务，与"解放"初期收罗人材的"开明"形象，形成鲜明反差，充分暴露了中共统战政策的虚伪性和欺骗性。

从香港统战回国的国家乒乓球队教练**傅其芳**、**姜永宁**和为中国争得第一个世界冠军称号的乒乓球运动员**容国团**，在"清队"中，都被打成"国民党特务"。在遭到多次侮辱、游斗、毒打后，相继在1968年4月、
5月、6月，悬梁自杀。

傅其芳，1923年生，原籍浙江宁波；姜永宁，1927年生，原籍广东番禺。1952年，傅其芳与姜永宁从香港一同来参加全国乒乓球赛，姜永宁获冠军、傅其芳获亚军。之后，他俩都被选入国家乒乓球队，成为国家乒乓球男队的主力队员，多次在国际比赛中为祖国赢得荣誉。1957年后，两人都退役，傅其芳出任中国乒乓球队教练，对中国队在第26至28届世界乒乓球锦标赛中三次蝉联男子单打和男子团体冠军作出了重要贡献；姜永宁先担任国家乒乓球队的教练，后担任北京乒乓球队总教练。

容国团，原籍广东中山县，1937年出生于香港一个海员之家。1957年从香港统战归来，入广州体育学院学习。1958年，入选广东省乒乓球队。同年参加全国乒乓球锦标赛，获男子单打冠军。1959年，在第25届世乒赛中获男子单打冠军，成为中国第一个世界冠军获得者。1961年，参加第26届世乒赛，成为中国队第一次获得世乒赛男子团体冠军的功臣。1963年，任中国乒乓球女队教练；1965年，率领中国女队获得第28届世乒赛女子团体冠军。

在两个多月的时间里，三名曾为国家做出过重大贡献的民族精英，以同样的方式结束了自己的生命。"工宣队"挖出的这个香港"潜伏特务组织"，是一颗特大的"定时炸弹"，而傅、姜、容三人的"畏罪自杀"，是"毛主席的革命路线"在体育界"**取得了辉煌胜利**"的又一证明！

1938年国共合作，周恩来在武汉国民政府军事委员会政治部任副主任，与中共关系密切的郭沫若任政治部第三厅厅长，主管宣传工作。周、郭利用权力，将共产党领导的文艺工作者组织成几支抗敌演剧队，到各战区演出，宣传抗日。文革中，这些文艺工作者多被打成"反革命别动队"，"清队"时有14人被迫害致死。第三厅下属的电影制片厂，属国民政府军编制，女演员舒绣文被授校级军衔，文革却成了"反动军官"。1968年她在监狱中自杀身亡。

从**菲律宾统战归国的干部**中，有200多人被打成"美蒋特务集团"，关押批斗中，致死10多人。

在**辽宁凌源县**，因子虚乌有的"**国民党反共救国团**"案，被揪斗913人，致死25人，致残51人。

1968年6月，**上海市**革委会《深入开展对敌斗争大会》的报告中说："**有那么一个办事处，这地方只有400多人。他们通过学习毛主席一系列最新指示……揪出了国民党的特务、叛徒和国民党的残渣余孽200多名。**"

北京密云县高岭公社，构陷了一个"**反共救国军库北地下野战军**"，100多人受审，其中7人被迫害致死，多人致残。

10. 卸磨杀驴造反派殉教

贵族红卫兵和右派造反派，都是卫旧派、保守派，他们保卫的是中共一党天下，保护的是17年的既得利益；平民红卫兵和左派造反派，多是改革派，他们渴望通过毛泽东"造反有理"的教义，合法地冲击旧的专制体制，造官僚特权阶级的反，来争取平等权利和改善贫困状态。经过两年多的浴血奋战，前者正在接近目标，后者则离目标越来越远。其中，多数左派造反派，已变成了"造反有理"教义的殉教者。本书中，第十二章的"武汉左派残局"、第十五章的"左派'四二二'的末日"和第十七章的"取缔左派红卫兵"，就是殉教者证明。

在"二月镇反"中被捕而到4月《军委十条》下达后被释放出来的平民红卫兵、造反派，在内战中冲锋陷阵，为毛泽东夺取刘、邓右派集团的权力做出了重大贡献，因而被誉为"响当当"的左派造反派，成了毛、林、周和中央文革的宠儿。但当毛泽东与党内右派达成妥协，遂收回"造反有理"教义，使"响当当"的宠儿们命运突变，旋即失宠，迅即成为毛和党内右派镇压的对象。到了"清队"，他们在劫难逃，坠入"狡兔未死烹走狗"之中。

在**湖南宁乡县**，左派造反派一千多人，被扣以"打砸抢抄抓分子"、"造反派坏头头"等罪名关押起来，造反派组织自此解体。

云南省"清队"的主要内容是"划线站队"。在两派斗争时，站到左派一边的都成了审查对象。一时间，昆明街头上贴满了"枪毙"布告。有的人被活活打死，补上告示了事。

最为惨烈的是**广西**"四二二"左派造反派。由于毛泽东的政策变化，很快被戴上了"牛鬼蛇神总司令部"和"中华民国反共救国团广西分团"的帽子，变成了血债累累的"反革命组织"。仅在1968年7月至8月一个多月中，广西区革筹、军区、各人武部和各地右派造反派，以《七三布告》为武器，镇压"四二二"及其支持者，全区枪杀和迫害致死"阶级敌人"达84,000多人！

三、要案剖析

各地诸侯和"父母官"们，遵照毛泽东"**群众运动**"的"**毛氏规律**"，在发动和领导清理阶级队伍的"**群众运动**"中，充分运用"**群众专政**"武器，轰轰烈烈地制造了许多骇人听闻的、灭绝人性的大血案！

1. 镇压蒙族"新内人党"血案

1968年2月4日，中共中央政治局常委**康生**根据中央决定，指示在内蒙古抓"**新内人党**"。在区革委会主任**滕海清**的领导下，在包括内蒙古军区内的整个内蒙古地区，开展了一场"深挖新内人党"运动。运动株连上百万人，其中，70~80万人遭逮捕和关押，近十万人被迫害、折磨致死，受害者70%以上是基层蒙古族干部和群众，堪称文化大革命中天下第一大血案。但官方承认的数字却少得多。官方承认：有346,000多人被审查、揪斗、关押，在刑讯逼供中，打死、自杀的有16,222人，致残120,000多人，致伤者不计其数。

这就是因**怀疑**蒙古人有二心，毛泽东特派北京军区副司令员滕海清赴内蒙古，制造了一起骇人听闻的"新内人党"事件。

主仆权斗，毛乌角力

1958年3月，毛泽东在成都会议上听取乌兰夫汇报时，对民族问题作了规定。他说："**蒙汉两族要密切合作，要相信马克思主义。……不要一定是本省人执政，不管哪里人——南方或北方，这族或那族，只问那个有没有共产主义？共产主义有多少？这一点要向少数民族说清楚。**""**究竟吃民族主义的饭，还是吃共产主义的饭。吃地方主义的饭，还是吃共产主义的饭？首先，应当吃共产主义的饭，地方要，但不要主义。**"显然，他要共产主义丛林文化取代民族自治文化，推翻了他亲手制订的《中华人民共和国宪法》中有关民族自治的条款。如：《宪法》第七十条规定"**可以依照当地民族的政治、经济和文化的**

特点，制定自治条例和单行条例"，第八十八条规定"**中华人民共和国公民有宗教信仰的自由**"等。历史已经证明，在无产阶级专政或一党独裁下，无论是毛泽东或是中共的其它当权派，在民族自治的问题上，立场都是一致的：强调自治，就是分裂；由党全面控制，就是"自治"。他们对汉族占绝大多数的香港人尚存疑虑，不放心，拒绝兑现"港人治港"的自治承诺，何况其它少数民族？他们不放心那些在自治区里担任一把手的本族干部，不论他们是否是忠实的中共党员。因此，直到二十一世纪的今天，全国五大自治区的一把手，都是由清一色的汉族担当。《宪法》上规定的自治，完全是一派谎言！

毛泽东的大跃进和人民公社政策，使蒙族吃尽了苦头，政治、经济都远远落后于外蒙古；文革中，又使他们雪上加霜，陷入贫困加迫害中。

当时，身为中共第八届中央政治局候补委员、国务院副总理、内蒙古自治区党委第一书记、自治区人民委员会主席、内蒙古军区司令员兼政委、内蒙古大学校长和中共中央华北局第二书记的乌兰夫，对空头"自治"很不高兴。良心再现使他利用在中共党内的地位和在内蒙古自治区的权威，采取了一些有利于发展的民族、民主措施，与毛泽东的僵死教条相周旋。

乌兰夫称赞中共在牧区不分、不斗，不划阶级的民族政策，他提出在牧区实行和平过渡，对民族上层和宗教上层较为宽容。1962 年 4 月，他在全国民族工作会议上说："**我们现在有很多干部，都是过去的亲王、公主……而且工作得很有成绩。所以，各族人士，各阶层、宗教上层人士和一切爱国的，赞成实行民族自治的各阶层人民，我们都团结了，并进行了思想改造工作，同时放手使用他们。**"又说："**保卫自治区，就是保卫着蒙古人民，也保卫着宗教信仰。**"1965 年 12 月，他在一次会上说：这个政策"**调动了牧主生产发展的积极性，牧主也好，牧民也好，富的也好，穷的也好，都发展了牲畜**"。他主张与牧主和宗教上层和谐相处。

乌兰夫的这些比较宽容的民族政策，体现了《宪法》的基本精神，也符合中共 1961 年起实行的"调整、巩固、充实、提高"的八字方针，使生产有了较大发展，群众的物资和文化生活也得到了较大改善，受到了内蒙古大多数人的拥护。但这一较为开明的民族政策，却受到以"**大救星**"自居的毛泽东为首的党内左派的指控。他们指责乌兰夫反党、反社会主义、反毛泽东思想，是个反革命修正主义分子，指控乌安插亲信、打击汉族领导干部，是破坏祖国统一、搞独立王国的民族分裂主义分子。1966 年 5 月 16 日，中共中央发出《五一六通知》、宣布无产阶级文化大革命开始后，5 月 21 日，中共华北局按毛的指示，在北京前门饭店召开了批判乌兰夫工作会议，史称前门饭店会议。内蒙古党委常委、自治区有关部门、部分盟市旗县和"四清"工作团的负责人等计 146 人，参加了会议。8 月 16 日，中共中央根据"前门饭店会议"精神，下令撤销乌兰夫内蒙古党委第一书记、华北局第二书记职务，并将其监护在北京。于是，一场以批判和打倒乌兰夫为主要内容的文化大革命，在内蒙古自治区轰轰烈烈地开展起来。

构陷升级，肃乌流毒

乌兰夫是个对中共忠诚的大员，历史清楚，没有叛徒、特务的嫌疑，也没有投靠苏修、外蒙修的把柄，因此，仅以"走资派"的理由去打倒他，很难服人。于是，紧跟圣意的中央政治局常委**周恩来**、**康生**、政治局委员江青等人，便将主持内蒙古政权的内蒙古军区司令员滕海清等人召到北京，面授机宜。1967年10月，康生对滕说："**内蒙的敌人是很多的。**""**你了解乌兰夫在内蒙用的人就知道了，奎璧、吉雅泰是叛徒，权星垣、王再天、王逸伦是特务，王铎是走资派。**"面对由毛泽东挑起的内战因而使内蒙古政局动荡、武斗频繁的局面，康生栽赃说："**要斩断背后操纵的黑手，提高警惕。内蒙很复杂，有苏蒙二修、汉奸、日本人、傅作义的、乌兰夫的，复杂得很，这方面要提高警惕。**"此前的4月27日，周恩来曾当众高呼："**彻底批判内蒙古的反动路线的头子乌兰夫、王逸伦、王铎！把他们批倒、批臭、批垮！**"领到"圣旨"的滕海清，回到内蒙古，便打起了"挖乌兰夫黑线，肃乌兰夫流毒"时称"**挖肃**"的"人民战争"来。

祸起萧墙，作家虚构

在"挖肃"中，作协内蒙古分会主席、长篇小说《草原烽火》作者**乌兰巴干**，以小说家的敏锐观察和巧妙构思，罗织一篇《乌兰夫黑帮包庇一个大叛徒集团的罪行的简要报告》。这篇构陷"新内人党"的报告，秘密送进了"滕办"，飞入了中央文革和中南海。所谓"新内人党"，它的前身是成立于1924年的内蒙古人民革命党。当年，这个党是以实现内蒙古自治为目标；1946年它接受中共指示，已停止活动。权力在手的小说家，从内蒙古电影制片厂一个女演员同刚从外蒙古归来的蒙大一位男教师的暧昧关系上，切入制假，把已停止活动二十多年内蒙古人民革命党，演义成重新恢复活动的地下"新内人党"。严刑之下，竟从女演员嘴里挖出了个"新内人党"人单。"新内人党"案由此浮出水面。

康江面示，海青出手

清理阶级队伍运动前夕，中央文革小组康生、江青等人，又在北京召见了滕海清一行。康生、江青向滕海清等人施压说："**乌兰夫影响很大，流毒很深，首先应在部队内肃清。**"又说："**内蒙地区苏修、蒙修、日本特务不少，内人党至今还有地下活动，开始可能揪得宽点，不要怕。**"还严厉批评道："**你们内蒙的同志脑子里是没有敌情的。内蒙有这样大的反革命组织，他们还向中央请示什么呢？有多少挖多少，越多越好嘛。**"还向他们面授机宜："**一方面对乌兰夫进行批斗，同时大揭王逸伦、王铎，这样群众就知道我们不是反对蒙古族。**"

滕海清及其打手们，秉承北京旨意，在内蒙古继续"挖肃"的同时，又发起了深挖"新内人党"运动。滕海清说："**这是革命的需要，是形势的需要，是巩固政权的需要，是对敌斗争的需要，是反修、防修的需要，是夺取无产阶级文化大革命全面胜利的需要。**"

六个"需要"把深挖小说家乌兰巴干虚构的"新内人党"案，摆到了内蒙古文化大革命的案首：一场人为的新的兵燹之灾，又烧到了内蒙古人民的头上。1969年2月26日，以滕海清为首的区革委会，做出了关于清理"新内蒙古人民革命党"的若干规定。《规定》说：

"新内蒙古人民革命党"（以下简称"新内人党"）是一个进行民族分裂、背叛祖国的反革命集团。"新内人党"是在1946年春由哈丰阿、博彦满都、特木尔巴根等一小撮民族反动派为首，笼络了一些民族上层分子和蒙族中的资产阶级知识分子组织起来的。内蒙党内最大的走资派，反革命修正主义、民族分裂分子乌兰夫，利用内蒙古自治运动的机会和他窃取的权力，大耍反革命两面手法，极力网罗民族分裂主义势力，把"内人党"的头目哈丰阿等人陆续拉入共产党内。从此，他自己成为"新内人党"的总头目，"新内人党"则成为乌兰夫反党叛国的工具，成为一个暗藏在革命阵营的反革命集团，一个地下的独立王国。它的首要分子都是地、富、王公、贵族、蒙奸、反动军官，其中绝大部分又是特务、叛徒。1947年4月20日，我党中央明令在内蒙古不组织"内人党"、"新内人党"暂时有计划地转入地下。1960年后，"新内人党"进入了组织大发展时期。当时，帝、修、反联合反华，西藏、新疆民族反动派搞叛乱，蒋介石叫嚣"反攻大陆"。印度反动派武装入侵，加上我国三年自然灾害，他们便认为"中国共产党已经进入一个严重的危机。"于是大搞反革命活动，并极力扩大组织。经过这个时期的大发展，在党里、政府里、军队里和一些农村、牧区建立起"新内人党"的组织。

"新内人党"是一个有组织、有纲领的反革命集团。它的纲领就是"新内人党"党章所规定的"为实现内蒙古的统一和民族统一与独立，第一步统一内蒙古，继而逢相当的时机在合理的条件下实现我们全蒙古民族的独立统一。"其步骤是，先自治后自决，先独立后统一。就是在我党中央明令在内蒙古不组织"内人党"的这一天，"新内人党"总头目乌兰夫在内蒙古自治运动联合会执委会上公开宣称："我们最后的目标是内蒙人民共和国。""目前的策略是不公开的，将来我们广播到全世界，争取进步人士，如今天独立，国际上不承认，但是我们将来争取国际上的同意。"这是"新内人党"二十多年来进行民族分裂，背叛祖国的反革命活动的指导思想和行动纲领。

"新内人党"还是一个庞大的苏、蒙修的间谍特务组织，长期以来，他们组织特务机构，采取特务手段，通过各种渠道，盗窃我国、我区大量的政治、军事、经济、文化等方面的重要情报，大搞里通外国的活动。

《规定》发誓说：

总之，"新内人党"反动透顶，罪恶累累。是我们伟大祖国北部边疆的一大隐患，我们必须更加充分，更加深入地发动群众，把这个反革命集团从组织上彻底摧毁，从政治上彻底批臭，从思想上彻底肃清它的流毒。不达目的，决不罢休。

《规定》还做了具体规定：

1. 坚决打击证据确凿的首要分子（上层领导机构成员）和支部书记以上有重大罪恶的分子。对这些分子也要区别对待，实行坦白从宽、抗拒从严的原则。对坦白交待好的，有主动表现的应从宽处理，贯彻执行"给出路"的政策。

2. 一般党徒要通过办学习班，讲清问题。只要他们彻底交待就不以反革命分子论处，对于虽系一般党徒，但有重大罪恶，民愤很大的而态度恶劣的分子则应严惩。

3. 对工人、贫下中农、贫下中牧、农村、牧区的大、小队干部、青年学生、干部家属和职工家属中受蒙蔽参加了"新内人党"的人，坚持正面教育，开展对"新内人党"反党叛国罪恶的革命大批判，启发教育他们的政治觉悟，只要他们从组织上、思想上与"新内人党"划清界限，就不再追究。

4. 各级革命委员会的成员中，如发现有混进来的"新内人党"分子，应上报材料经领导机关批准，按不同情况分别处理。

5. 对"新内人党"分子的子女应坚决按中共中央、中央文革1968年12月26日的通知的精神执行。对"新内人党"分子的家属也不应歧视。

6. 挖"新内人党"的活动，主要在公社以上的企事业单位进行，农村牧区也要把"新内人党"挖出来，但主要应采取正面教育，办学习班的方法进行。

7. 凡是由"新内人党"骨干分子操纵的，它的纲领与"新内人党"基本一致的组织，如"统一党"、"兴蒙党"等均为"新内人党"的变种组织，一律按"新内人党"对待。

随着全国清理阶级队伍运动深入发展和层层加压，内蒙古"挖肃"和深挖"新内人党"运动，在自治区全面展开。

层层加压，直捣"羊群"

滕海清在中共中央首长们压力和直接督导下，亲自深入到挖"内人党"的第一线指挥作战。1969年1月8日，他说："**从党、政、军真是三里五界都有'内人党'……现在不但军队里有，还被他们夺了权，有的已钻进革委会来了。**"

1969年2月4日，中共中央首长们又给滕海清加压。中央政治局常委**康生**说："**军队里有内人党，这个问题很严重。**""**内人党有多少挖多少，这是埋在我国北部边疆的定时炸弹，挖！决不能手软。**"中央政治局委员、公安部部长**谢富治**说："**内人党明里是共产党，暗里是内人党，要把它搞掉。**"中央政治局委员**江青**煞有介事地说："**内人党是专门搞破坏的。**"又说："**内蒙的边防线那么长，骑兵到处跑怎么得了？**"中央政治局委员、总参谋长**黄永胜**杀气腾腾地说："**内人党有多少挖多少，要挖净。**"遗憾的是，没见有跟康、江同在一线指挥"清队"的**周恩来**的谕示，显现"主旋律"褒贬人物潜规则的狡黠，也再次显现草根难觅秘密档案的无奈。

中共中央首长们的压力，使滕海清及其打手们更加有恃无恐。他们陆续派出了大批工宣队、军宣队去领导深挖"内人党"运动。由于人手不够，他们把北京和各地上山下乡的知识青年组织起来，唆使他们为工宣队、军宣队打头阵。其中，有北京的知青典型，成了深挖"新内人党"的杀手。各级工宣队、军宣队，都接到了各个上级的层层压力，与各级**"群众专政指挥部"**结合在一起，私设牢房，大搞逼供信，实施**"群众专政"**。各级工宣队、军宣队队员和知识青年，绝大多是汉人，其中，许多人都是痞子、流氓无产者，整肃起蒙古人来毫不手软。就这样，一场在中共中央不断压力下、由汉族刽子手滕海清督战的、祸害百万人致死近十万人的深挖"新内人党"运动，到1968年12月，已进入了高潮。

在上层，在内蒙古党、政、军、群机关里，运动整死了许多"新内人党成员"，其中包括：曾任中华人民共和国驻蒙古人民共和国首任特命全权大使、自治区人民委员会（政府）副主席**吉雅泰**，人民委员会副主席哈丰阿，人民委员会副主席、原率部起义的国民党军中将**达理扎雅**，自治区高级人民法院院长**特木尔巴根**，自治区副秘书长**嘎如布僧格**，内蒙古师范学院院长**左智**，内蒙古大学历史系主任**何志**和内蒙古历史研究所所长**勇夫**等人。在下层，运动直挖到蒙古包的"羊群里"，致使数万普通农、牧民，甚至还有妇女、儿童，都死于非命。例如：昭乌达盟挖出"内人党"及其变种组织450多个，其中，集团性质的146个，全盟27,000多人受害，非正常死亡2,000多人；汉蒙杂居的一百二十多户人家的巴林左旗八一大队，在汉人党支部副书记**宋振廷**主持下，打斗"新内人党"毫不手软，14人被打死，16人被打成终身残废；武川县由汉人领着深挖"新内人党分子"，致全县80人死于非命，伤残不计其数。

恣意妄为，酷刑种种

汉族刽子手**滕海清**及其打手们，"群众专政"手段之残忍，达到恣意妄为、令人发指的境地！

据披露：刽子手们所使用的酷刑中，如吊打、老虎凳、过电、钉竹签、烙铁烫等，已是"家常便饭"。此外，还有许多鲜为人知的法西斯刑法：一个男青年拒绝招供，被割下生殖器；一个刚满二十岁的男青年，被架在火上烤死，名曰"烤活人"；一个女青年被专案人员用一根木楔，从阴道插入子宫，活活折磨死；在哲里盟，有一个妇女被逼与公牛交配；还是这个哲里盟，一个牧民被挖掉两眼，名曰"取走两只灯泡"；在锡林郭勒盟，有被活埋者，有被割去耳朵者，有被砍断胳膊者，有被砍断大腿者，其惨状目睹者不堪回首。骑五师战士郭建奇，遭到了严刑拷打，当抽打他到1,600多次后，他申辩道："**我不是'内人党'，你们不信，我把心掏出来给你们看！**"果然，他剖胸自杀，露出来的心脏还在微微搏动……

受害者在酷刑折磨下，屈打成招。根据专案组人员的诱导，受害者编造出了令刽子手们满意的假笔记、假文件、假党旗、假印章，等等。如：在昭乌达盟翁牛特旗的白音公社，一位教师被指是"内人党"人，为了换取"从宽处理"，他不得不按专案组的要求，伪造了一份"党纲十二条"上交；在内蒙古军区，一位军官被指是"内人党"人，在严刑之下，他不得不让妻子用孩子的红领巾，伪造了一面画有锄头和套马杆的"内人党"党旗，上交专案组；伊克昭盟的一个受害者，严刑之下，他不得不伪造了一枚"内人党"印章，而这枚印章所刻蒙文，竟不能成字。经过一场行之有效的"**群众专政**"后，"新内人党"陷入了内蒙古"**人民战争的汪洋大海之中**"，先后从中挖出了一百多个"井眼党"、"沙窝子党"、"黑虎厅"等等"内人党"的变种组织，连草原上的一个民兵连，也被打成"内人党"的武装组织。

在"清队"深挖中，7月20日，滕海清及其打手们，又抛出了一份文件——《关于在牧区划分和清理阶级成份的几项政策规定（草案）》，打破了既往中共"不斗、不分、不划阶级"和"牧工、牧主两利"的政策，决定在自治区牧民和佛教喇嘛中划分阶级，树立牧主、富牧为"敌人"，然后再加以打倒，借以"教育"蒙古人。

在"清队"深挖"内人党"运动中，打击的对象主要是蒙古族，同时也有其它少数民族，有一些汉人也受到牵连。

天怒人怨，恩威兼施

从"挖肃"运动到挖"内人党"和"清理阶级队伍"运动，旷日持久，牵连的人越来越多，刑讯逼供花样不断翻新，死亡和残伤人数不断增加。令人匪夷所思的是，在偏远的山区和草原，许多人连"内人党"这个名词都没有听说过，却不明不白地被打成了"内人党"党徒；令人瞠目结舌的是，越来越多的共产党的基层组织被打成"内人党"，许多忠于中共的党员，都稀里糊涂地成了"内人党"党徒！

这是汉人政权对蒙古人民犯的一大法西斯暴行。面对如此残暴的政权，蒙族人被激怒了，汉族人被激怒了，其它民族人被激怒了，许多干部、军人、党员也被激怒了——天怒人怨之火以燎原之势，烧向内蒙古各地。成千上万蒙古人先后涌向呼和浩特："**五十孤儿上访团**"，在首府街头哭声震天；"**一百寡妇上访团**"，在刽子手衙前顿足呼号；"**军队干部家属申冤团**"，到内蒙古军区司令部大放悲声。数以千计的蒙古人突破封锁，涌向北京：难属们在天安门前跪地嚎啕；"**八百铁汉**"，裸露着上身，将碗口大的毛主席像章别在胸肌上，鲜血淋漓，在中南海新华门门前要求接见……

"上帝"被触动了。一贯以"伟大、光荣、正确"自居的毛泽东，为了防止事态扩大，他采取了宽猛相济、恩威交加的两手对付蒙古人。**一手施之以恩**：1969年5月22日，他批示称"**在清理'内人党'运动中，内蒙古已经扩大化了**"，下达了"纠偏"命令；谕示周恩来纠正"扩大化"，停止挖"内人党"，落实政策，安抚受害人，平息内蒙古人的怨恨；以强手北京军区司令员郑维山取代滕海清。**另一手立之以威**：先将内蒙古自治区一分为六，即将呼伦贝尔盟划归黑龙江省，哲里木盟划归吉林省，昭乌达盟划归辽宁省，巴彦淖尔盟划归宁夏自治区，阿拉善盟划归甘肃省，使自治区缩小了三分之二，借以达到分而治之的目的；再对内蒙古实行军管，命郑维山同北京军区副司令员杜文达、副政委黄振棠、张正光组成内蒙古前线指挥所，调六十九军、四十二军、二十七军和三十八军进驻内蒙古，借以威慑敢于轻举妄动的蒙古人。

毛泽东的恩威两手，使善良的蒙古人失望了。他的"**扩大化**"批示，明确训示蒙古人："**反乌兰夫、挖'内人党'、清理阶级队伍，方向还是对的。**"而在"清队"和深挖"内人党"中，那些肆意破坏《宪法》、恣意侵犯人权、随意砸毁寺庙、任意虐杀生灵等种种反人类的法西斯暴行，在他看来，不是罪，而是错，而且仅仅错在"扩大化"上。这样，毛泽东便给法西斯暴行披上了一件"扩大化"的外衣。这种反文明、反法治、反传统和反人类的批示，充分暴露了毛泽东思想的虚伪、流痞和强盗本性。

毛泽东的"扩大化"批示，**袒护**了不断向内蒙古刽子手们施压的一线指挥官周、康、江等大员们"宁左勿右"的冷酷无情，让他们继续在一线指挥"清队"；**赦免**了刽子手滕海清忠心耿耿的残忍本性，把他调往济南军区当副司令；**处理**了几个民愤极大的"喽啰"，让他们当了罪有应得的替罪羊，借以抚慰民心。毛泽东玩弄的软硬兼施或"**先杀后抚**"的封建统治权术，也收到了效果，反抗行动被压下去了，尽管反抗的声音还在无声处传播！

毛泽东死后，他指定的继承人华国锋，推翻了他的导师"扩大化"的结论，1978年4月20日，内蒙自治区党委向中共中央呈送了一份《关于进一步解决好挖"新内人党"问题的意见的报告》。报告说："**随着形势的不断发展，根据在落实政策中了解到的大量事实，使我们越来越清楚地看出：所谓'新内人党'是根本不存在的；当时决定挖'新内人党'是错误的，是原自治区党的核心小组几个主要负责人，在林彪、'四人帮'反革命修正主义路线影响下，主观臆断，盲目蛮干，大搞逼供信造成的一大错案。因此，应该完全予以否定。**"对此，中共中央批示道："**华主席、党中央同意内蒙古自治区党委尤太忠、池必卿、侯永同志《关于进一步解决好挖"新内人党"问题的意见的报告》，并希望认真贯彻执行。**"

到此，由清理阶级队伍运动所造成十万人死亡、伤残无数的"新内人党"一案，从"**罪恶累累**"到"**扩大化**"，再到"**应该完全予以否定**"，经历了十年猖獗、变色之后，才被画上了个句号。

2. 广西"中华民国反共救国团广西分团"血案

血案致死50,000人以上，致伤、致残难以计数，是文化大革命中杀人仅次于"新内人党血案"的第二大血案。本书在第十五章"兽行之一：政治构陷"中做了概述，此不重笔。

3. 云南省委书记赵健民叛徒血案

　　1967年上半年，云南全省上上、下下、大大、小小的持各种不同观点的造反战斗队，经过不断分化、组合，出现了全省性的两大对立的造反组织：以云南大学学生**方向东**、**李毅**、云南省物资局司机**杨凯**为代表的"炮兵团"右派造反组织，简称"**炮派**"；以昆明工学院研究生**黄兆琪**、昆明市公安局干部**刘殷农**、云南省建筑工人**杨树先**为代表的"八二三"左派造反组织，简称"**八派**"。这两大对立的造反组织，左右了云南武斗的形势。

　　上海"一月夺权"风暴后，云南省党政军大员之间的分裂已无法调和，已无走社会主义道路还是走资本主义道路的分争，只有赤裸裸的权力搏斗。为了自我保护，他们必须抓住权力不放。于是，他们纷纷公开支持或暗地保护某一造反组织。如：昆明军区副司令员**陈康**、云南省军区政委**张力雄**、云南省委书记**赵建民**等大员，公开或暗地里支持"炮派"，炮打昆明军区司令员**李成芳**、昆明军区副司令员**鲁瑞林**、云南省委书记省长**周兴**等大员；而李成芳、鲁瑞林、周兴等大员，则公开或暗地里支持"八派"，攻击陈康、张力雄、赵健民等大员。由于两大派后台都过硬，斗争激烈，武装冲突不断扩大，很快失控。为了在云南实现联合夺权的目的，**周恩来**和中央文革**陈伯达**、**江青**、**康生**等大员，曾多次试图调解"炮派"和"八派"的分争，均未奏效。他们恼羞成怒，决定按1967年12月18日的"最高指示"，抓"**武斗的幕后指挥**"的"黑手"。"黑手"很快被揪了出来，他就是原省委书记**赵健民**。

　　把赵健民打成挑动武斗的黑手是有"道理"的。1966年12月，赵健民在一次省委书记处会议上说："**打倒修正主义分子阎红彦，我想不通。**"就在这天，赵健民被红卫兵揪到军区，要他说出阎红彦的去处。他毫不危惧地说："**阎红彦是第一书记，我是书记，我知道阎红彦在哪里。阎红彦在哪里，我知道也不告诉你们！**"阎红彦自杀后，云南政局进一步混乱。1967年5月，赵健民反戈一击，在省委大院贴出了一张《揭开云南省委内阶级斗争的盖子》的大字报，矛头直指已死了四个多月的第一书记阎红彦。赵由反对造反派到站出来支持造反派的革命行动，受到了以司令员李成芳为首的昆明军区的欢迎，也受到了周恩来、中央文革的首肯。令人意外的是，"站出来"的赵健民，没有站到周恩来、中央文革和昆明军区青睐的"八派"一边，而越来越向右转与"炮派"站在一起。

　　赵健民的"软肋"很快被周恩来、中央文革、昆明军区和"八派"翻了出来：1936年他曾被国民党逮捕过，按照凡历史上被敌人逮捕过都是叛徒的"文革逻辑"，**他无疑是个大叛徒**；其次，他是**刘、邓路线的人**——1958年在担任山东省省长期间，因对"大跃进"不理解，在整风"补课"中，他被打成"山东地方主义、分散主义、右倾机会主义"总代表和"反冒进"的急先锋，曾被贬到一家工厂当副厂长；最严重的是，在毛泽东的夺权狂热中，他不识时务地向康生表达了对文化大革命的疑虑，使康生有"理由"得出他**反**

对毛泽东革命路线的结论，要李成芳司令员"注意"他的"动向"。经过几个月对赵"动向"的"注意"，周恩来和中央文革做出了逮捕赵健民的决定：1968年1月21日，康生、谢富治在接见昆明军区和云南群众代表时，将赵健民当场"监护起来审查"。自此，赵被投进监狱长达8年之久！

为了打垮和消灭"炮派"，"八派"在周恩来、中央文革和昆明军区的支持下，把打击的目标锁定在赵健民身上。造反派从毛泽东反复无常的言论中，抓住了毛的一件"法宝"：要打倒当权派，光用"走资本主义道路"或执行"资产阶级反动路线"来批判他们，不行，难以服众，唯独叛徒、特务两颗炮弹，最具杀伤力。于是，"八派"的"打赵作战部"，先后编织了《叛徒赵健民的自白》、《赵健民是怎样被大军阀韩复榘刀下留情的？》等文章，向赵发难。到了1968年7月10日，秉承康生和周恩来旨意，精明的研究生黄兆琪和富有办案经验的公安干警刘殷农结合在一起，又构陷了一个《赵健民反革命集团执行国民党计划，镇压造反派》的报告，呈送给中共中央，欲置赵于死地。

黄、刘的报告是有背景的。当时康生曾说过："**赵健民就是耍两面派的典型。**""**赵健民1936年投降了国民党。他们实行的计划，不是我们党的计划，是实行国民党的计划。派性掩护敌人，敌人利用派性，赵健民是个非常典型的例子。**"其时，周恩来也说："**像阎红彦、叛徒赵健民这样的人，应该彻底批判。**"于是，在昆明军区和"八派"的共同炒作下，赵健民不仅是个大叛徒，而且还是个执行国民党计划的大特务，几乎到了"不杀不足以平民愤"的地步。

刽子手谭甫仁主政云南后，便以谭字号的"站队划线"切入清理阶级队伍运动。他在云南全省积极推行"以人划线、层层站队"的路线，以是否支持赵健民划线，力图把支持赵的干部和"炮派"群众打成反革命。1968年12月2日，他授权《云南日报》发表了**《大叛徒赵健民是云南人民不共戴天的死敌》**文章，发出了深挖、追查"滇西挺进纵队"和"赵健民国民党云南特务组"的号令，把"清队"运动推向高潮。为此，他亲临一线指挥，作过很多重要讲话，如"**有一万抓一万**"、"**不要受两个百分之九十五的框框的约束、限制**"等，使上层权力搏斗，演变成对普通老百姓的血腥镇压，导致直接遭受迫害的干部和群众高达138万多人。其中，被打死、逼死的有17,269人，被打伤、致残的有61,000多人。

1976年10月北京宫廷政变后，在云南，在给赵健民平反的同时，开始了新的"划线站队"行动，横行数年的左派"八派"头头，悉数就擒。其中，原云南省革命委员会副主任、中共云南省委工交政治部副主任**黄兆其**，被判有期徒刑十八年，剥夺政治权利四年；原云南省革委会常委、昆明市革委会副主任、中共昆明市委常委**刘殷农**，被判有期徒刑十七年，剥夺政治权利四年；原中共云南省委办公厅副主任**胡延观**，被判有期徒刑十三年，剥夺政治权利三年；原云南省文化局干部**涂晓雷**，被判有期徒刑十四年，剥夺政治权利三年。在**刘殿农**的判决书中说："**在刘殿农及其同伙的煽动和指挥下，他们在昆明市追'滇挺'，查'左派政府'，挖'地下银行'，打'地下公检法'，制造了大量的冤案。仅昆明地区因蒙受不白之冤被迫害致死的就有 1,473 人，被打伤致残的有 9,661 人。对此严重后果，刘殿农负有直接和间接的责任。**"在黄兆其的判决书中说："**由于黄兆其等人的诬陷和煽动，以致全省在追查'赵健民特务案'、'赵健民之流'和'地下公检法'的过程中，造成了冤案 15,000 余件，直接遭受迫害的干部和群众 138 万余人，其中被打死、逼死的 17,000 多人，被打伤致残的 61,000 多人，对此，黄兆其负有直接和间接的责任。**"与"间接责任"相对应的另一部分直接责任应有谁负呢？对此，判决书失语。但历史不会打扮权力，它忠实地记录了那段"失语"的历史真相：当年，是周恩来、江青、康生和谢富治等中央大员以及"封疆大吏"谭甫仁、李成芳、周兴等人，公开表态支持左派"八派"、打压右派"炮派"的，又是他们决定逮捕赵健民的。

到此，痞子、流氓无产者黄兆其、刘殿农、涂晓雷和胡延观等人，无一例外地成了毛泽东无产阶级专政、**"群众专政"**理论和实践的牺牲，变成了罪有应得的替罪羊。而饱受周恩来、江青、康生压制的"炮派"，同各地的右派造反派一样，也取得了最后胜利。他们中那些痞子、流氓无产者，洗掉双手的血污，也以"胜利"者的姿态，弹冠相庆而觥筹交错。

4．冀东大血案

1938 年，中共冀东党组织李楚离等领导人，没有领悟毛泽东的"一分抗日，二分应付，七分发展"的指导思想，便与当地国民党以及当地的民众爱国组织，联合在一起，发动了名震全国的冀东抗日大暴动。然而，这个与国民党合作抗日的中共冀东党组织，在二十多年后的文革抓叛徒高潮中，却变成了"冀东反革命党"，遭到了残酷迫害和镇压，致使 84,000 多人受害，2,955 人死亡，763 人致残。

对于这个"冀东大冤案"，传记作家叶永烈在《陈伯达传》书中写道：

被列入"冀东专案名册"受审查的干部 1,604 人，被定为和列为叛徒、特务、国民党、走资派等问题的 737 人……唐山地、市遭受迫害的干部、群众 84,000 余人，其中被迫害致死的 2,955 人，致残的 763 人。

1980 年 11 月 29 日上午，最高人民法院特别审判庭第一审判庭审问了陈伯达，调查了他制造"冀东大冤案"的罪行。

以下是当时庭审的记录：

审判员李明贵问："被告人陈伯达，起诉书控告你，1967 年 12 月 26 日，你在唐山说，中共冀东党组织**'可能是国共合作的党，实际上可能是国民党在这里起作用，叛徒在这里**

起作用'。现在我问你,1967年12月26日,你在唐山市是不是讲过这些话?"……

答:"我也不记得我讲过这句话,我不记得了。"

法庭宣读了李准记的陈伯达1967年12月26日上午在唐山市接见唐山地区各县、市代表团、地区革筹小组及驻军大会上的讲话记录(节录):"**过去你们冀东这个党就是很复杂的,可能是国共合作的党,实际上可能是国民党在这里起作用,叛徒在这里起作用。你们矿派**(引者注:"矿派"是当时唐山市群众组织的一派)**要结合的一个人,他自己就承认原来是国民党县党部委员,这个人就是原市委第一书记杨远,还有一个女的是市长,叫白芸,她的丈夫我知道,是个大庄园主,解放后在你们唐山建立一个大庄园……**"

宣读后,法庭又播放了陈伯达当时讲话的录音。

播放后,陈伯达说:"**这些讲话是到了那里以后,东听西听,总是经过有什么汇报,我信任了**","**事情发生这么大,这些胡说八道的话,发生了这么大的案子,八万人呢,两千多人的命呀!八万多人的冤**(陈伯达流泪)**,我完全不知道,我完全无所动心,完全没有表示,没有对组织上说什么,对我自己也没说什么,因为我不知道嘛……有人说我,我当时当了那么一个名义,说话是惊天动地……我听了也惊天动地**","**说错话,看什么错话,一种是很严重的,一种是轻微的,我的话是很严重、很严重……对于这件事情,我的的确确不记得,的的确确忘了,这忘了,当然是大罪了。是罪很大的,我并不想减轻我的罪。**"

检察员曲文达讯问被告人:"你在唐山讲冀东地区这个党是很复杂的,是国共合作的党,是国民党、叛徒在这里起作用,你有什么根据没有?"答:"**我已经说过了,这些话,我一点根据都没有,我是凭空,那天晚上凭空听来的话……**"

问:"你这是给冀东党定性,是不是?冀东地区的党,是革命的党,说成是反革命的党,是不是这么一个问题呢?"

答:"**我没有说是反革命的党。**"

问:"那你说是国民党、叛徒在这里起作用,这是一个什么问题呢?"

答:"**起作用这是有可能的呀!起作用,是有的组织起作用,有的地方组织起作用。**"

问:"冀东党在民主革命,社会主义革命和建设当中,作了那么大的贡献,抗日战争坚持下来了,哪一个国民党、叛徒在那里起作用的党,能作这样的事情呢?"

答:"你说的很对,很对。"

接着,法庭宣读了刑安民、李致和、苏维民、赵连辅1980年8月1日的证言。其中谈到:"1967年12月26日陈伯达来后,在唐山搞了一个杨白反党集团,杨远、白芸、张达同志被定成敌我矛盾。送到农场劳动改造,吴良俊同志被判刑20年,方正同志被公安机关长期拘留,并株连了大批的党员和干部。在搞杨、白专案的同时,认为杨、白的班底是从老冀东发展演变而来的，一方面上追杨白的根子，大搞'冀东党'，一方面下挖杨白的社会基础，大搞'肃反动流派'运动……被列入'冀东专案名册'受审查的干部1,604人，涉及到中央29个部门和24个省市，被定为和列为叛徒、特务、国民党、走资派等问题的737人……唐山地、市遭受迫害的干部、群众84,000余人，其中被迫害致死的2,955人，致残的763人。"

法庭还宣读了中共唐山市委第一书记杨远1980年9月29日证言（节录），他陈述了1967年12月26日陈伯达在唐山讲话后，自己遭受残酷迫害和亲属受到株连的情况。宣读后，审判员李明贵问："被告人陈伯达，你听到了吗？"

陈答："听到了。"

审判长曾汉周说："冀东这件事，造成了这么严重的后果，是你讲话起了作用造成的。"

被告人陈伯达说："这个没有问题。"

冀东大冤案不仅使84,000多人受诬陷、遭迫害，而且使已经长眠于冀东烈士陵园的238名烈士竟然也无一例外地受到清查！

看了传记作家的描述，人们不禁要问：一个使八万多人受害、近三千人死亡的大血案，似乎是陈伯达"记不得"、"东听西听"、"有可能"的几句讲话造成？河北省委和唐山市委都干了些什么？那些具体执行者都干了些什么？当时革委会权力大都集中在军人的手里，他们都干了些什么？1967年以后的文革历史证明，各地发生的血案几乎都有支左军人的身影，许多大血案几乎都是他们一手造成的。据说，陈伯达说，把"冀东冤案"算到他的头上是"**最冤枉了**"的。因为，他的几次华北之行，都是由周恩来主持的"中央文革"碰头会集体讨论并报请毛泽东批准的，而且行前有请示，归后有汇报。显然，"冀东冤案"不是陈伯达个人行为，而是从中央到地方到**群众**共同犯罪的结果。但在"主旋律"的作用下，见过秘密档案的作者，却有意回避毛泽东、周恩来等中央领导**群众运动**的血腥，有意回避河北省委、唐山市委和驻军首长们操作"**毛氏规律**"的直接责任，而"最冤枉了"的陈伯达，却也想借公审机会，用"记不得"、"东听西听"、"有可能"等词藻来包装自己，力图洗刷掉他那罪有应得的替罪羊的罪行！

笔者一介草根，无权查看档案资料，只好对传记作家的描述进行全文转抄。看来，这个冀东大血案，还有待公正的史家们去挖掘、澄清。

5. 二七机车车辆厂血案

北京二七机车车辆厂是毛泽东亲自抓的"六厂二校"之一，同新华印刷厂一样，是全国"清队"运动的样板工程。"清队"中，这个样板工程，在毛泽东的直接"关怀"下，取得对敌斗争的丰硕成果：挖出历史反革命 215 人，现行反革命 31 人；全厂 155 名中层以上干部中，查出有各种政治历史问题的 49 人，其中，叛徒、特务、死不悔改的走资派和其它反革命分子 24 人，他们窃取了党委书记、副厂长、监委书记和副总工程师等重要领导职务，把持了全厂党政领导大权；挖出国民党员等反动组织成员 373 名；对该厂"解放"前的 1,400 多名老工人，审查了其中的 900 余人，14 名老工人自杀身亡。在 1969 年 4 月 25 日召开的中国共产党九届一中全会上，为了说明文化大革命的必要性，毛泽东依据二七机车车辆厂挖出隐藏很深的阶级敌人的"经验"，得出结论说："**相当大的一个多数的工厂里头，领导权不在真正的马克思主义者、不在工人群众手里。**"但到 1978 年 9 月 1 日，新华社高级记者**夏俊生**在新华社内部刊物上发表了题为《二七厂清队的经验是假的》的报导，揭露毛泽东亲自抓的这个典型，几乎全是冤假错案！三十年后，人们从 2008 年第 8 期《炎黄春秋》杂志上，看到了他公开发表的《文革样板：北京二七厂清理阶级队伍》文章，了解到了毛泽东炮制的"清队"典型的概貌。

现将夏文《文革样板：北京二七厂清理阶级队伍》摘录如下：

二七机车车辆厂是文化大革命中著名的"六厂二校"之一。由于"六厂二校"的军宣队是由中央警卫团（8341 部队）派出的，这些单位被称为毛主席的试点。在文化大革命中被批判的一些老帅、副总理和省部级的老干部都在这六个工厂里参加过劳动，"接受工人阶级的再教育"。

毛泽东主席当年曾批转的"六厂二校"的"经验"，在当时看起来好像是纠左的，但现在看来，只是左了 100 步往回纠正几步而已。

二七机车车辆厂的前身是长辛店机车厂，是 1897 年在建设京汉铁路时建立的。工厂里解放前也有国民党、三青团以及其它政治组织。因此，在文化大革命中，这个厂在军宣队的领导下，"深挖阶级敌人"，不少老工人被打成特务、叛徒、反革命。

1969 年 5 月 27 日，北京市革委会向全市转发了由二七厂革委会、8341 部队驻厂毛泽东思想宣传队、新华总社记者联合署名的《北京二七厂关于认真落实毛主席的对敌斗争政策清理和改造阶级敌人的报告》（以下简称《报告》）。在 1969 年 4 月 25 日召开的中国共产党九届一中全会上，毛泽东主席为了说明文化大革命的必要性，他大量引用了《报告》中"经验"材料。当他引用了"**相当大的一个多数的工厂里头，领导权不在真正的马克思主义者、不在工人群众手里**"一段话之后说："过去领导工厂的，不是没有好人。有好人，党委书记、副书记、委员，都有好人，支部书记有好人。但是，他是跟着刘少奇那种路线走……但是，工厂里确有坏人。比如二七厂，就是长辛店铁路机车车辆修理厂，是一个大工厂，8,000 工人，连家属几万人。过去国民党有 9 个区分部，三青团有 3 个机构，另有 8 个什么特务机构。"

1978 年 7 月，铁道部派出工作组，与北京市工交办的领导一起，帮助二七厂落实政策。

经调查核实，1969年影响全国并被毛主席引用的这个《报告》里的许多材料，竟然是假的。

打倒一切怀疑一切

《报告》说：解放前，这个厂残留下来的反动势力相当庞杂，线多、面广、根子深。从目前掌握的材料看，有国民党区分部9个；三青团分队4个；有"中统"、"军统"等特务组织8个，包括解放前夕国民党反动派计划潜伏下来的特务组织。此外，还有叛变了的地下党员，有日本特务、几十种会道门的大小道首，以及一批没有改造好的地富反坏右分子等。这些反动组织交织在一起，遍布全厂各个车间、科室。

事实是：解放前，二七厂内确有9个国民党区分部。但4个三青团分队是长辛店地区的，并不都在厂内。所谓的8个特务组织，有的根本不是特务组织，有的完全是无中生有搞出来的大冤案。涉及全厂278人（连同厂外计500多人）的所谓军统特务组织"戡乱救国潜伏小组"根本不存在，更不是什么"解放前夕国民党反动派计划潜伏下来的特务组织"。二七厂解放前的地下党支部不能定为"叛变了的地下党支部"，地下党员没有一个能定为叛徒。至于所谓的里通外国分子和进行间谍活动的天主教骨干分子，都是没有的。

在解放后进行的镇反和肃反中，二七厂的反革命组织都早已基本查清，一些骨干分子也都已逮捕法办。"清队"的结果完全证明了这一点。在"清队"中新挖出来的历史反革命，只有8个国民党区分部候补委员、1个伪保长和2个特务分子。绝大多数为了保饭碗而参加国民党等反动组织的老工人，在解放后都主动作了交代，许多人还参加了共产党，被提拔为领导干部。《报告》却说，"解放后，在大叛徒刘少奇及其二七厂代理人的庇护下，这些阶级敌人不但没有被揭发出来，有些竟窃据了厂和车间的领导岗位。"

《报告》说：在全厂155名中层以上干部中，已查出有各种政治历史问题的49人，占31.6%，其中叛徒、特务、死不悔改的走资派和其它反革命分子24人，占15.5%，他们窃取了党委书记、副厂长、监委书记和副总工程师等重要领导职务，把持了全厂党、政领导大权。叛徒当上了干部部长，一贯道坛主当上了组织部长，保卫科3个科长有2个有严重政治历史问题。全厂27个车间中20个车间的领导权和17个科室的领导权也大部或全部落入这些人手中。

事实是：二七厂在"清队"中因历史问题被审查的中层以上干部有97人，其中被定为敌我矛盾的有42人。经过1975年落实政策的复查，只有1名副厂长能不能定为叛徒还有待进一步复查（他的问题过去已经交代并按一般历史问题作了结论）。其余41人的问题，全是假的或搞错的，有些人根本没有任何问题。《报告》中所点的党委书记、副厂长、监委书记、副总工程师、干部部长、组织部长、2个保卫科长，除了上面说的那位副厂长的问题有待进一步复查外，没有一个人是叛徒、特务、死不悔改的走资派和其它反革命分子。所谓全厂27个车间中20个车间的领导权和17个科室的领导权也大部或全部落入反革命分子手中的说法也是站不住脚的。

《报告》说：**全厂已清查出叛徒、特务、死不悔改的走资派和其它反革命分子215人，清查出国民党员、三青团员、国民党特务外围组织和其它反动组织的一般成员373人，基本上弄清了全厂敌特组织的系统和关系，清出了一些血债累累的反革命分子，破获了解放以来发生的几起重大纵火、放毒、破坏生产等无头案件并掌握了潜伏特务组织等若干重大线索。**

事实是："清队"中定的215名反革命分子，1975年复查时，只有12人仍定为敌我矛盾，其余203人的问题全是假的或搞错的。之于373名国民党员等反动组织的一般成员，多数也是假的，即使是真的，也只是一般历史问题，大多数早已主动作过交代。所谓掌握了"潜伏特务组织"的重大线索，纯属靠逼供信搞出来的假案；所谓"清出了一些血债累累的反革命分子"，当时没有一个能落实；所谓"破获了解放以来发生的几起重大纵火、放毒、破坏生产等无头案件"，也多是冤案或错案。如，工人许彬被揭发为一起火灾的纵火犯，可是他当时参加抗美援朝根本不在厂内。《报告》说的制材车间两起大纵火案，其实当时只烧了点刨花就被扑灭了。在"清队"中，工人党员王玉被逼供认是这两次火灾的纵火犯后上吊自杀，现在也无法证明是他放的火。所说煤水车间的投毒案，是工人杜某怀疑他的老婆与人有不正当关系，杜某在这个人喝的酸梅汤中放了巴豆霜。所说的破坏生产案，多是生产事故，不是故意破坏。

二七厂"清队"扩大化，完全是"打倒一切、怀疑一切"的产物。为了"挖得深，战果大"，肆意扩大敌情，制造冤案，把二七厂说得似乎到处都是阶级敌人，领导权根本不在共产党手里，老工人和绝大多数从老工人中提拔的干部受到严重摧残。在"清队"中被错定为"历史反革命"的，几乎都是解放前入厂的老工人和从这些老工人中提拔的干部，其中一半是共产党员，中层以上干部有60%受到审查。这些人被定为"反革命"后，党员都被开除出党，干部全部监督劳动，其亲属和子女也受到株连。

从几例冤案看二七厂"清队"的真相

《报告》说：**二七厂在"清队"中"强调突出一个'准'字，防止扩大化，对他们（指审查对象）交代的问题认真调查，反复核实，对他们检举的问题不轻易相信，没有确凿的证据不定案。"**事实却完全相反。请看下面几例冤案：

铸工车间1944年入厂的老工人康长，出身贫农，解放后一直表现很好，1960年加入共产党。解放前，康长曾替国民党员、情报组长刘某通知人开会，但本人并未参加过刘召集的会议。这个问题入党时已向组织作过交代，此外历史上再没有任何问题。"清队"中，据此怀疑康长也参加了反动组织，给他办"学习班"进行审查。在压力下，康长被迫承认参加过国民党、情报组，但又否认，先后反反复复了多次。同时，在逼供和指供下，刘某等12人证明康长参加了国民党、情报组。1969年10月，康长因"历史问题"和"现行问题"（指清队中"态度恶劣"，先后"翻案"100多次，"不交代问题"等），被开除党籍、厂籍，全家遣送原籍。1970年5月，康长在几次来找军宣队负责人申诉都被拒之不见的情况下很生气，打破了门上的玻璃。军代表找人把康长扭送到保卫科，康进行反抗，双方动起拳脚。康长被殴打一顿后被捆在暖气管上。他趁看管人员吃饭时，挣脱绳索，拿起屋内一枝气枪准备自卫。军代表和保卫人员发现后，夺过气枪，将康长五花大绑送到公安分局。当年6月，康长以"**打骂军代表、革命群众，行凶闹事，进行阶级报复**"等罪名，被判处15年徒刑。直到1978年7月，北京市委第三书记贾庭三作了批示，**康长才被无罪释放，恢复厂籍、党籍，全家返回北京。**

原动力车间工人**王敬贤**，河北完县人。在"清队"中，军代表从一个人的档案中发现易县岭西村一个姓孔的日本特务的口供说："我们村的王敬贤是日本特务。"本来，只要稍微细心一点，就可判明这是同名不同村也不同县的两个人。但当时却张冠李戴，认为厂内的王敬贤就是易县岭西村的日本特务王敬贤，马上给王敬贤办了隔离"学习班"，并派人到家里交底，让家属帮助"政策攻心"。结果，王敬贤被逼自杀。人死后，车间还开批判大会，说他"畏罪自杀"。王敬贤被逼死后，其夫人脑溢血加重，1975年去世，剩下的3个孩子都因受到刺激精神不正常。历史清白的王敬贤，就这样被搞得家破人亡。这样明显的冤案，二七厂1973年复查时却对王敬贤作了个"**因对清队不理解自杀，按非因工死亡处理**"的结论，不给彻底平反。

工人党员**马永**是个转业军人。一次在"学习班"上同军代表争论问题，说除了毛主席，没有一贯正确的。军代表说，那江青呢？对江青"文攻武卫"那一套早有不满的马永说，江青也不见得一贯正确，也值得怀疑。就这一句话，马永被戴上现行反革命分子帽子，实现**群众专政**一年多，整党中被开除党籍，并不准重新入党。

根本不存在的所谓军统特务组织"戡乱救国潜伏小组"，完全是靠逼供信搞出来的大冤案。1948年5月，蒋介石政权于覆灭前夕曾在全国逐级成立戡乱建国动员委员会。北平的委员会只存在一个多月就因无经费停止了活动。当时，二七厂有的工人参加了铁路的戡乱建国动员委员会进行反动宣传的训练班。从公安机关掌握的材料看，戡乱建国动员委员会并不是特务组织，在二七厂也没有其下属组织。但在清队中，二七厂却捕风捉影地搞出了个"戡乱救国潜伏小组"，说这是个解放后继续进行反革命活动的"潜伏特务组织"，而且内部纪律森严，订有"攻守同盟"，其成员还有不少兼有中统、军统等多种特务身份。为了攻破这个"顽固堡垒"，选择了老工人**和林**作为突破口。其实，厂里并没有掌握和林有历史问题的任何材料，只是认为他形迹可疑：一是每逢政治运动他就歇病假；二是他在国民党统治时期是当时工会负责人的女婿。据此，就怀疑他是特务，给他办了隔离"学习班"。和林不承认，就采取车轮战"政策攻心"，每天只让他睡三四个小时的觉。日子一长，和林受不了，只好交代。交代特务身份以后，又追问他的同案人、组织活动和潜伏活动。在办案人员的指供、诱供、逼供之下，和林只好胡编了一通"内幕和罪行"，并检举了 103 个"特务分子"。《报告》中所讲的铸工车间副主任**康治**，也是在这种逼供、诱供之下，被迫承认是"戡乱救国潜伏小组"的特务分子，1962 年开过会"准备迎接蒋介石反攻大陆"，还往香港送过情报，并检举了不少同案人。就这样你揭发我，我揭发他，"特务"越来越多，"特务组织"的活动越来越玄。

二七厂在"清队"时规定，不管本人承认不承认，只要有三个人揭发就可以强行定案。所谓人证物证旁证"三证俱全"，其实都是没有任何证据的假口供。

以"政策攻心"为名大搞逼供信

二七厂"清队"中有一条很重要的"经验"："**调查组办案与群众办案相结合，以群众办案为主；查档案、搞外调与发动群众、政策攻心相结合，以发动群众、政策攻心为主。**"这两个为主，实际上就是不要证据和调查研究，靠捕风捉影和逼供信搞假口供。工人们说，二七厂的"清队"不是突出一个"准"字，而是突出一个"狠"字，不是政策攻心发挥了威力，而是逼供信发挥了威力。

所谓"**以群众办案为主**"，就是把群众中一些捕风捉影的传说、怀疑、猜测，作为"活档案"提供的线索，又不认真分析核实，就作为办案定罪的依据。《报告》说，有一个解放前参加四个反革命组织的反革命分子，调查组调查了 20 多次，问题也没有弄清，后来群众中有人认为他四个孩子的名字连起来是反动口号"建立中华民国"，就抓住这个问题对他展开"政策攻心战"，终于使他"坦白交代"了自己的"反革命身份和罪行"。这个人指的是劳资科的**张洪儒**。其实，他的四个孩子的名字按顺序是建华、建国、建中、建民，根本不是什么反动口号。他本人也没有加入过四个反动组织。所谓"坦白交代"完全是逼供下的"顺杆爬"。

所谓"以政策攻心为主"，就是在没有任何确凿证据的情况下，先定性，后逼供。"政策攻心"时，常常是三班轮流"熬鹰"，不交代问题就不让睡觉，不让回家，或者白天劳动，夜里被"攻心"，甚至搞变相体罚。这样搞上几个月，身体再好也顶不住，只好"坦白交代"。还有被隔离审查的老工人，家中上有老，下有小，家务事无人管，为了能够回家料理家务，只好"缴械投降"，争取"从宽处理"。

二七厂的"政策攻心"还有树立"宽严样板"和"发动家属参战"两种做法。

所谓宽严大会实际上是引供、诱供大会。被从宽处理的人在大会上发言说，"参加特务组织的还有同我在一起的张某某、王某某，你们赶快交代吧！"会后，被点名的人只好赶快去"坦白"。

所谓"发动家属参战"，就是把要审查对象交代的问题告诉其家属，要家属做审查对象的工作。家属怕审查对象被从严处理后停发工资只给生活费，造成生活困难，又影响子女分配工作，只好苦苦劝说审查对象去"坦白"，有的甚至下跪哀求，搞得全家不得安宁。

有的车间让家属办家庭"学习班",帮促审查对象交代问题,什么时候"帮出来"什么时候结束,家属不能上班就减少了工资收入。还发生过审查对象"交代问题"后车间敲锣打鼓向家属"报喜"的笑话。审查对象受到家庭和工厂内外夹攻,精神压力很大。二七厂在"清队"中有20人自杀,大多是在这种情况下发生的。有些人死前无任何证据证明本人有问题,完全是在死后才想法"取证"的。

8341部队进厂前,二七厂曾搞过一段"清队"工作。那时,对审查对象严刑拷打,有的被活活打死。8341部队进厂后,武斗逼供的现象确实大大减少了,但这种"政策攻心"对审查对象的精神折磨和政治压力更大了,乱供乱咬的情况十分严重。有的一人就"交代"了几百人的中统和军统特务名单。不少人被揭发参加了中统、军统等七八种反动组织,当时只有14岁的小徒工也被揭发为"中统特务"。有的人被迫咬了别人之后,就找到这个人打招呼:"对不起,我投了你一票。我知道这样不好,可是没有办法。如果找到你,你就说吧。"全厂职工中1949年前入厂的老工人占58%。当时,二七厂各个车间把1949年以前入厂的老工人集中在一起办大"学习班",让每个人都交代历史,搞得老工人人人自危,胆战心惊。底架车间1949年以前入厂的老工人54人,53人被整了材料,36人受到审查。

据调查,这个厂当时的一些外调人员采取武斗逼供、诱供、指供的做法,从反革命分子那里搞来许多假证明材料。外调人员对刑满就业人员、原二七厂锻工车间的历史反革命分子**张某**拍桌子,搞体罚,让张在解放前二七厂锻工车间的人员名单上标出哪个人参加了哪些反动组织(比如,参加中统的打叉,参加国民党的划勾),张某一下子就证明解放前锻工车间的100人中,有80人参加了反动组织,其中32人参加了5种以上的反动组织。找原二七厂机械车间历史反革命分子、在押犯**齐某**的外调人员,拿着解放前二七厂机械车间的一张图(每台机床设备的位置及操作人员名单),强迫齐交代特务组织情况,齐就照着名单乱咬,出证164人参加了中统等反动组织,全部是假的。

1975年,二七厂对"清队"中处理的人员进行了一次复查,"清队"中定为敌我性质的246人(历史反革命215人,现行反革命31人)中,仍定为敌我性质的有24人(历史反革命12人,现行反革命12人)。被搞错的222人中,大致有以下几种情况:一是有40多人根本没有任何问题,被强行戴上特务帽子。二是反对林彪、四人帮被打成反革命。三是对文化大革命不理解、对军宣队有意见,或存在一般的思想政治错误,被无限上纲,打成现行反革命。如《报告》中说的**徐振海**,是在大家猜谜语"东门外失火,内里烧死二人,一男一女,酉时三更"时,随手把谜底繁体字的"烂肉好酒"四个字记在一本刊有周恩来总理和江青讲话的小册子封面上,便被以"攻击中央领导同志"的罪名定为现行反革命。四是把责任事故、技术事故当成故意破坏。五是本人早已交代并做过结论的一般历史问题,翻出来炒回锅肉,或无限上纲,或妄加莫须有的新罪名,打成反革命。这一类人有

100多人，占绝大多数。

我在1978年8月到二七厂采访，了解到这些情况后，在分社领导的支持下，写了题为《二七厂清队的经验是假的》的内部情况反映，1978年9月1日在新华社内部刊物上发表。

通过采访者夏俊生的报导，人们对毛泽东"**要注意政策**"和"**要稳、准、狠**"的说教，应该有一个清醒的理解：所谓"**要注意政策**"，是蔑视法制不要政策的政策，也是有领导的无政府法西斯主义的"**群众运动**"的同义语；所谓"**要稳、准、狠**"，是践踏人权鼓吹人治的逼、供、信，亦是有领导的无政府法西斯主义的"**毛氏规律**"的集中反映。

6. 新金"活学活用"血案

（血案初见于郑义所著《红色纪念碑》。由于该书是网络版，编辑上存有诸多纰缪，不便直接引用。笔者依据该书内容和参照相关回忆录，编缀撰述成篇。）

在毛泽东个人崇拜的造神运动中，根据林彪的学习毛主席著作要"活学活用"、"立竿见影"的号召，"群众"创造出现身说法的"活学活用毛泽东思想讲用会"新形式，涌现出了一大批"讲用"毛主席著作先进分子，其中，许多人都是痞子、流氓无产者。辽宁省旅大市新金县武装部副政委王立龙，就是个以"讲用"毛泽东思想闻名遐迩的佼佼者。

1968年的中国，是"伟大领袖"号召"**群众专政**"全面开"花"的一年——一个多灾多难之秋！

5月，毛泽东下令全国开展清理阶级队伍运动，深挖一切阶级敌人。活学活用毛泽东思想的先进分子王立龙，闻风而动，而紧跟，他要在7月间的一次大型"讲用会"上，更上一层楼，力争他的"讲用"有新发展，新创造，从而能在他这个"老典型"的花冠上，再罩上一个霞光四射的新光环。于是，他用阶级斗争的锐利目光，搜寻、审视着周围发生的一切。终于他从听来的一件民事纠葛传闻中，嗅到新"敌情"，而这个新"敌情"的发现，的确使他的"讲用"水平提高到了一个新的"高度"，赢得了阵阵掌声。

然而，王立龙政委"讲用"毛泽东思想的高度和博得的掌声，却使一个农民家庭付出了惨痛代价：**一家七口人含愤集体自杀！**

王立龙洞察到新"敌情"的传闻，是个什么样的传闻？

原来，夹河庙公社栾家大队革委会主任、党支部书记**李本柱**，殴打了妹夫，他的妹夫为了报复他，便在村中散布谣言说他同他没过门的弟媳许连荣搞不正当的男女关系。由于许连荣是"反革命"家庭出身，谣言株连了许家，好事者讹传许家有攀高枝、找大人物做保护伞的谋图。谣言传播中，又被好事者不断放大，许连荣被放大成了一个曾扔掉过私生子的荡妇。这个传闻不过一桩民间纠分而已。但这个传闻，却使王立龙发现了新"敌情"，用毛泽东思想武装起来的他，"立竿见影"地推断到：敌人用"美人计"腐蚀党的干部，"走资派"在"美人计"前屈膝投降——这是一个典型的"阶级斗争新动向"！

王立龙带着助手现役军官**王成海**、公社革委会常委**张玉德**，火速赶到栾家大队。在大队民兵连长**徐作善**主持下，开始了为他的"讲用"攻略"美人计"的进程。

在撤职、关押、批斗下，李本柱不承认中了"美人计"。王便亲自出马，先对李来了一个下马威，呵斥道：**"告诉你，李本柱，你今天不是犯错误，你是犯罪。今晚上如不交代，就要加重处分。"**接着又施出软的一招诱供道：**"只要你老实说出来，不戴帽，不逮捕，也保证不给其它处分。"**

略知宦海风云的李本柱，对软硬兼施那一套并不陌生；但好汉不吃眼前亏，为了避免挨打，他承认了那种关系。他低声向王政委供认：**"既然首长这么讲，我就没什么顾虑了……"**

"走资派"被攻破。首战告捷，王立龙便命移师审讯"反革命"许家。

许连荣的父亲**许长家**，是个忠厚、老实、本份的贫农。在株连成风的年代里，因他的儿子（据说是四子许连祺）上中学时，曾参加过什么"反动组织"，被判处管制三年，从此改变了这个家庭的命运。许长家这个有七口人的家，因一人获"罪"而全家遭殃：原来的红色贫农家庭，旋即改变了颜色，变成了白色的"反革命"家庭，连成家后分出去的儿女们，也受到了株连。

长得俊俏的许连荣，与李本柱的弟弟订了婚，本是件很普通的民事；但在王立龙等人"活学活用"毛泽东思想下，这件很普通的民事变成了"美人计"，变成了"走资派"与阶级敌人相互勾结的罪证。

"反革命"家长许父许长家，被抓到大队部实行**"群众专政"**；但批斗和毒打并没有使这位农民屈服。他和他的家人，满怀着对毛主席、对党中央、对人民政府主持公道的强烈渴望，走上了去沈阳、去北京告状之路。然而，他们失望了，他们得到的答复竟是那样千篇一律：**"要相信新生的革委会。"**懊丧而归的他们，又陷入"群众专政"的魔窟中。

7月10日，在连续酷刑之后，许长家受刑不过，只好按"美人计"招供。但根据"讲用"者构思讲稿的"标准"，许还必须交出"美人计"的"黑心"，即主观故意。因此，审讯者喝令许在第二天交"黑心"。

招供已使许长家陷入深深的痛苦之中：作为父亲，怎么能往自己女儿身上泼脏水！

7月11日晨，许长家又被提审。在"群众专政"面前，许长家已无法用言语来证明自己了，他决定以自伤来表达清白。趁着上厕所的机会，他用玻璃在胸部划开了十公分长的口子，用衣襟捂住，然后颤巍巍地挪蹭到审讯室。当审讯者要他交"黑心"时，他痛苦地说：**"我昨天交代的都是假的，这是我对毛主席他老人家不忠。我没有黑心，我要向毛主席交红心……"**说着撩开两襟，露出鲜血淋漓的前胸。

自伤报到了王成海处。王冷酷地说："不要怕，老耗子给咱施加压力了，他这是威胁我们嘛。你们问问他，这是不是威胁！"得到军方支持的张玉德，便叫人把许长家又绑在大树上，边打边问："你是不是要威胁我们？"

许长家汗泪俱下，与胸部鲜血混在一起，淋漓黑土地。他又被打昏了过去。

张玉德看着昏死的许长家恶狠狠地说："**赶紧整理材料，判了算了。只要宣判了，死就死吧！**"

于是，根据全国各地正在推行"**群众专政**"的"**三群**"新经验，即"**群众破案、群众审讯、群众判决**"的"新"政，栾家大队在7月12日，召开宣判大会，宣读了由栾家大队农代会署名的判决书：

"**根据许犯的罪恶事实确凿，供认不讳，依法判处反革命分子许长家有期徒刑十年，监外执行，交群众管制生产**（劳动）。"同时，23岁的许连荣因"腐蚀"干部罪，也被"群判"有期徒刑十年。

事情并没完。因为没有"美人"的口供，首长的讲用稿子就不够完美。为了完成首长交给的"革命"任务，王成海、张玉德等人决定：撬开许连荣的嘴巴！

7月15日，栾家大队开始对许连荣进行"群众审讯"。以沉默不语相对抗的许连荣，在反复咒骂、侮辱和毒打下，嘴终于被撬开了：不仅"供认"了通奸的"罪行"，还"供认"了她曾在皮口医院做过"人工流产"并"把私生子扔到南山沟"的淫荡"事实"。

据传："奸妇"的口供，当晚迅速上报给了王立龙。第二天，破获"美人计"的材料，使王立龙的"讲用"光芒四射，赢得了阵阵掌声。当他走下讲坛时，有人向他耳语了一番；一阵短暂惊诧之后，他双肩微微耸动了一下，便若无其事地走开。

当是时，遍体鳞伤的许连荣，被搀扶回家后，全家人精神崩溃了：一人获罪全家反革命，在"英明"的"给出路"政策制导下，没有出路的许家，做出了用全家集体自杀来抗议迫害的选择。

1968年7月16日上午，正当王立龙在"活学活用毛泽东思想讲用会"上"讲用"得光芒四射赢得阵阵掌声的时候，民兵发现许家动静异常，撬开屋门后发现：许长家夫妇和他们的五个子女全部自杀。

"**老许一家人全都自杀了！**"像一颗巨型炸弹突然爆炸，震撼了栾家大队的老老少少！惊骇了远乡近里的男男女女！

勘查现场的官员们来了。很快有了勘查结果：

——房梁上并排悬挂着四具尸体，分别是许父**许长家**（57岁）、五子**许连福**（26岁）、四子**许连祺**（28岁）、四女**许连荣**（23岁），五女**许连玲**（20岁）自缢绳断，卧尸于地，许母**王朝臣**（57岁）和小女儿许连清（18岁）自缢后，两具尸体端端正正躺在炕上。

——死者颈上均有索沟痕迹。除许长家外，其余的都洗过脸，梳过头，穿上了新衣服，有的脸上还留有泪痕！

——在屋内墙上的醒目位置，用粗犷的笔锋写了两个大字："屈死！"柜子上整齐地摆着一套用红纸盖好的"红宝书"，两扇门上写着"毛主席万岁！""共产党万岁！"

——在逝者许连荣身上发现了他们留下的四封遗书，时间是晚上八点三十分一封，九点零五分一封，午夜十二点两封。他们在遗书中悲愤地高呼："**我们全家的死是走投无路啊！**""**毛主席呀，毛主席，我们全家屈啊，屈！屈！冤枉！冤枉！**"遗书上留下了七个人的签字笔迹和血红手印。

——许连荣在遗书中写道："**今天把我叫去大队毒打，打得我皮肉分家，没有的事叫我承认，不承认就打，我不懂的事，你们处处往上领，我要求把我的尸体送到医院检查，还我一个清白。**"

在死难现场，许母和小女儿的遗体停放在炕上，身下铺着褥子，枕着枕头，娘儿俩手拉着手。显然，她俩是先走了的。

试问后走的五位亲人：

"你们是怎样眼睁睁地看着自己的亲人上吊？

"你们在眼睁睁地看着或帮着自己亲人上吊时，手发抖了吗？气发喘了吗？

"你们看着或帮着自己亲人上吊时，是否曾低泣、哽咽？是否曾大放悲声？

"你们把先走的亲人卸下来抬到炕上，让她俩手拉在一起，想向后人说些什么？

"你们在走前洗脸、梳头和更换新衣时，都互相说了些什么？

"你们脸上的泪痕，是低泣哽咽的遗痕？还是声泪俱下的残迹？

"你们是如何强压悲伤？又如何从容不迫？

"你们是在什么时候一齐上吊或先后自缢的？"

地也，谁能知道？！**天也**，谁能回答！？

然而，从他们走前留在门上、墙上、遗书上的字迹和四封遗书写的时间可以判定，他们的精神在遭到残酷折磨后很快镇静了下来：他们走得那么坚定，走得那么从容，走得那么坦然，走得那么理智，因而，他们走得凄婉，走得壮烈，走得惨不忍睹，走得催人泪下！

啊，风萧萧兮辽水寒，全家自杀兮为哪般！

医院很快做出了鉴定：**许连荣是处女！**

天哪，人性何在？人权何在？公理何在？

在700多年前黑暗腐朽的元代，关汉卿在《窦娥冤》中呼喊道："**地也，你不分好歹何为地？天也，你错勘贤愚枉做天！**"700多年后的今天，在"人民当家作主"的新时代里，有谁敢写《许连荣冤》？谁敢高呼"地也"、"天也"、毛也、党也？也许人民只配有权像许家临死前书写的那样——只配有权高呼"毛主席万岁""共产党万岁"！

在"清队"的高潮中，在"群众专政"的高压下，善良正直的人们，对许家的惨死敢怒而不敢言；毛泽东死后，"拨乱反正"了，人们的怒吼才迸发了出来。由是，许长家一家的奇冤才得到了伸雪；由是，冤案执行者亦即那些痞子、流氓无产者，才得到惩处。其中，策划者**王成海**（军官，已转业）判刑十五年，主持批斗者**张玉德**判刑十二年，主持刑讯逼供者民兵连长**徐作善**判刑十年，打手**朱广殿**、**李永贤**判刑八年，其余主要参与者也都受到了不同处置。

然而，**首恶流氓无产者王立龙**却能消遥法外！何也？据传：有的说他恶贯满盈已死或病入膏肓奄奄待毙，有的则说他能紧跟"**群众专政**"的发明人，是个老革命、老先进、老雷锋，故而对他网开一面："将功补过"。孰真孰假？留给后人去查证吧。

四、第三波自杀风潮

毛泽东发动的清理阶级队伍运动，引发了文革第三次自杀风潮。粗略估计，"清队"中全国死亡的50万人中，自杀人数应在20~30万之间，其中，农村约占一半。笔者当年身处黑龙江省密山县三梭通公社，"清队"中全县死亡110多人，多为自戕，其中，三梭通公社打死1人，自杀1人。如按此50%推算，"清队"中全国农民自杀者，应在10万人以上。

笔者根据《中国文革受难者纪念园》等有关纪录和本人见闻，编录出了第三波自杀名单：1968年自杀身亡者名单(1)和1969年自杀身亡者名单(2)，供参阅。令人遗憾的是农村自杀纪录甚少。

下面几位知名人士，都是"清队"运动中的受难者，各有学者著文为其立传。

忆容国团（作者：张五常）

1989年世界乒乓球赛在西德举行，中国大陆的男子选手全军尽墨！三十年前，在同一地方，我的好友**容国团**在世界男子单打的决赛中，左推右扫，把匈牙利名将西多杀得片甲不留。中国作为乒乓王国是从那天起的，到今天为止，整整三十年。没有哪项体育活动能这样持久地一面倒的。

多年来，很多朋友要求我写一篇追忆容国团的文章；但每次拿起笔来，内心实在不好过，写不上二百字就停下来了。这次中国男子队落败，我不禁想起三十多年前的一些往事。容国团在1965年亲手训练出来的女子队，薪尽火传，到今天还是光耀世界乒乓球坛。我想，阿团若死而有知，也会感到骄傲吧。一个身体瘦弱的体育天才，其影响力竟然历久不衰，而女子队的成就只不过是其中一方面而已。

《草根评说：文革—毛泽东》

　　1957年，春夏之交，容国团和我决定分道扬镳。他打算去中国大陆，而我却要到北美洲去碰碰运气。他决定北上的原因是这样的。该年初，他获得香港的单打冠军，跟着在四月二十三日，在九龙的伊丽莎白体育馆以二比零击败了荻村伊智朗。荻村并非一个普通的世界冠军。他的正手抽击万无一失，百战百胜，于是红极一时，没有谁不心服口服的。但容国团当时在一间左派工会任职，备受外界歧视，赛后在伊馆的更衣室内，冷冷清清的只有我和他两个人。战胜荻村是一宗大事，竟然没有记者来热闹一下，他显得有点尴尬。我打开话题，对他说："你的反手推球越来越快了。应该有资格向世界冠军之位打主意吧。"他回答说："今晚我胜来幸运。不要忘记，在第二局十九平手之际，荻村发球出界。"我说："打五局三胜，你的体力可能不及，但三局两胜，我认为你赢面居多。"

　　到了五月间，马尼拉举行亚洲乒乓球赛，容国团竟然成了遗才，不被选为香港队的选手之一。连亚洲赛也不能参加，世界赛又怎能有一席之位呢？我和一些朋友就认为：他要进入大陆才有机会闯天下。北行就这样决定了。想不到，昔日我们的好意劝勉、支持，到后来反而害了他。

　　我是在1957年七月三十一日离港赴加拿大的。船行的前一天，阿团清早给我电话，要我在下午到他任职的工会见见他。会址在湾仔修顿球场隔邻的一幢旧楼上，我到过很多次了。那会所是一个不及一千平方尺的单位，其中一个作图书室之用（阿团是图书室的管理员）；另一小房间，放着一张康乐球桌（他是此中高手），也放着一盘象棋。余下来的一个较大房间，放着一张乒乓球桌。这是容国团的天地了。

　　日间无聊（他那份工作的确无聊之极），没有对手，他就在那球桌上单独研究发球。可以说，今天举世高手的发球有如怪蛇出洞，变化莫测，都是源于这个不见经传的工会之斗室中。也是在这斗室之中，容国团创立了持直板的四个重要法门：发球、接发球、左推、右扫。我们今天看来是很基础的打法，在五十年代却是一个革命性的创新。容国团的方案一定下来，日本的乒乓王国就一去不返了！

　　话说那天下午我应约去找他，会所内只有我们两个人（日间那里一向少人到的）。他知道我隔一天就要出国，而过几个月他也要到中国大陆去了。在那时，远渡重洋，差不多是生离死别的事，更何况大家天南地北，要通讯也不容易了。做了七年朋友有几段时期朝夕与共，谈天说地，大家都有点少年人的豪气干云，对什么事情都拿得起放得下的。可是，在那天下午，我们都出奇地沉默，似乎只要见见面就行，毋须多谈什么似的。"行装都整理好了吧？"他轻声地说。"差不多了。""到那边还打算搞摄影吗？""摄影机是带去的，但将来不会靠摄影谋生吧。"他看着我，想着些什么，说："我不知道你将来会是什么行业的大师，但你总会是其中一个！"我想，是说笑吧。在香港不得志而远走他方，前路茫茫，连起居饮食也不知道日后如何，还谈什么大师了？我知道他很羡慕我能到北美洲去，但我羡慕的却是他的才华。我于是回答说："我的机会可能比你好，但你是个音乐天才,也很可能是将来的世界乒乓球冠军,大家以后努力吧。"

最后,他说:"我没有钱,不能送给你些什么,把我的球拍送给你怎样?"我喜出望外。为了要珍存那球拍,我把它留在香港;想不到,两年后他赢得世界冠军,那球拍就给朋友"抢"走了。他又说:"最近我想出一招新的发球技巧,今天要你到这里来,是想教你怎样打这一招。"我当时心想,到北美洲还打什么乒乓球呢?但见他盛意如斯,我怎能推却?

那是一招反手发球,同一动作,可以有上、下两种不同的旋转。以今天的眼光看,这样的发球当然是平平无奇,但三十多年前,那确是创新。后来我凭这招发球得了加拿大冠军,见到那些球技比我高得多的对手脸有"怪"色,输得胡里胡涂,我实在觉得有点尴尬。

离港后,我再也没有见过阿团。后来朋友来信说他去了大陆;但一般人都知道,当年从外国写信给中国大陆的朋友,可能会给后者带来牢狱之灾。于是,我们二人之间音讯断绝了。1959年四月的一个晚上,我在多伦多一间影院里看电影,正片前放映新闻简介。突然从银幕上见到容国团胜西多的最后一分,我霍然而起,电影不看了,步行回家后整晚也睡不着。

十年后,我从芝加哥转到西雅图的华盛顿大学任教,驾车到温哥华一行,遇到了一位从中国大陆来的乒乓球员,就很自然地向他问及容国团的情况。他回答说:"他在去年(1968年)死了,是自杀的。"晴天霹雳,我泪下如雨。

我一向知道容国团热爱国家。但当我在1963年回港一行时,一位共识的朋友对我说,他变得很崇拜毛主席,对共产主义有万分热情,当时我就有点替他担心。1967年我到了芝加哥大学,在邹谠那里知道不少有关文革的事情,也知道那些小小的红卫兵像费沙那样,将资本的概念一般化。我于是想,乒乓的球技也是资本,不知容国团怎样了?1968年,我为此在《政治经济学报》上发表了《费沙与红卫兵》(Irving Fisher and the Red Guards),指出红卫兵的资本概念是正确的,但假若他们真的要消灭资产阶级,乒乓球的高手也就不能幸免。在该文的结论中,我再指出若真的要彻底地消灭所有资产阶级,中国大陆只能有一个人生存,所以文革不可能无尽期地革下去。

我也知道容国团热爱生命,外软内刚,决不会轻易地自杀。他的死,使我深深地体会到文革的恐怖。后来我才知道,从香港到大陆去的三位乒乓球名将——姜永宁、傅其芳、容国团——都自杀了,而阿团是最后一个。他热爱生命是对的吧!内刚之如容国团,也经不起文革的一击。

容国团是广东珠海人。1987年十一月中旬,珠海举办一个容国团诞辰五十周年纪念会,隆重其事。不知道他们从哪里获悉我是阿团少年时的好友,邀请我参加。我当时在美国,电话中知道这个邀请,就立刻飞回香港,睡也没睡赶到珠海去。进了当地的一家宾馆后,不知与谁联络,正彷徨无计时,突然在会客厅内见到一个似曾相识的女孩子。我若有所悟，走上前去，说："你是容国团的女儿！"她对我嫣然一笑，使我感到一阵温馨。

我跟着见到她的母亲，大家不停地细说阿团的往事，一说就是几个小时了。后来我们去参观珠海市为纪念容国团而建立的铜像，见到铜像下边所刻的铭文竟然没有提到容国团是怎样去世的，我冲口而出："写得不好！"她们母女俩看着我，我不再说什么。我想，假如由我执笔，我是会这样写的：

"容国团是广东珠海人，生于1937年八月十日。1959年四月五日，他获得世界乒乓球赛的男子单打冠军，也就是中国在任何体育上的第一个世界冠军。他对乒乓球技全面革新，训练出1965年世界冠军的女子队。在此后一代的世界乒乓球坛上，中国战绩彪炳，所向披靡。1968年六月二十日晚上，容国团不堪文化大革命的迫害，自杀身亡。"

研究员肖光琰全家自杀（作者：王友琴）

肖光琰，男，1920年生，中国科学院大连化学物理研究所研究员。曾经留学美国，文革中被指控为"特务"。1968年10月被关进"牛棚"，遭到虐待和毒打，12月11日死亡。他被宣布是服用安眠药自杀的。时年48岁。两天以后，他的妻子**甄素辉**和15岁的女儿**萧络连**被发现在家中一起自杀。

笔者在芝加哥大学图书馆的网页上检索出肖光琰的学位论文，对他的遭遇也多了一份感慨。论文是1946年印制的。当时没有电脑网，电脑网上的索引是后来做的。论文保存在芝加哥大学图书馆的新楼里面。这是一篇关于叶绿素和光合作用的论文。科学也许日新月异，但是这些论文将要长久保存下去，作为人类知识积累的长河中的一部分。

但是，在文革时代，价值观是完全相反的。因此，不要说论文，肖光琰一家人都被害死。

肖光琰在芝加哥大学取得博士学位，1950年回国，到中国科学院大连化学物理研究所工作，是二级研究员。他长期从事催化剂研究。他的妻子甄素辉在美国长大，其父曾任孙中山的卫士，随肖光琰到大连在海运学院教授英文。他们有一个女儿名叫萧络连。

肖光琰在1952年的"知识分子思想改造运动"中遭到批判，被迫作检讨。1958年的"拔白旗运动"中被当作"白旗"批判。

在1968年的"清理阶级队伍运动"中，肖光琰被关押进化学物理研究所的监狱，也就是所谓"牛棚"之中。两个月后，他死在被关押地，并被宣布是服用大量安眠药"畏罪自杀"。

1968年8月，毛泽东派"工人解放军毛泽东思想宣传队"到全国所有的学校、科研单位和文化机构"占领上层建筑"。化学物理研究所的"清理阶级队伍运动"就是在"军代表"和"工宣队"的领导下进行的。当时化学物理研究所有一百多人被指控为"特务"。

从国外留学回国的人全部都被指控为"特务"组织成员。这些人被"隔离审查"，长期关押，遭受刑讯拷打。在这过程中，有七个人死亡。

这七个人都被宣布是自杀的。他们的家属都认为他们是被打死的。比如说，对所谓"跳楼自杀"的人，家属认为是被打死以后扔下楼去的。

肖光琰的一家最为悲惨。在肖光琰死亡两天之后，邻居见他们的家里没有动静，打开门看到，他的妻子甄素辉和15岁的女儿萧络连已经一起死在床上。他们服安眠药自杀。一个三口之家就此彻底被毁灭。

张存浩是这个"特务案"的幸存者之一。他也是研究所的研究人员，曾到美国留学。1968年，他38岁。他被从家里押上汽车带走的时候，他的妻子正锁骨骨折不能行动，家里有四个孩子。他被抓走后，工资一分不发，全家和他的一个老姐姐全靠他妻子的60元工资过活。

他的家被抄了7次。地板都撬开，柜子里的东西都被翻出来。他的工资比较高，每月有200多元。但因为孩子多，他又买了很多书和政府公债，因此没有什么存款。抄家的人抄不出银行存款，审问他说：你家为什么没有存款？一定是做了特务经费。

他的12岁的儿子张捷被叫去"揭发"他。他们说：你爸爸是特务。儿子问，特务是什么？他们说，你没看过电影吗？

张存浩在"牛棚"中被关了一年。他被抓进去以后，人们看到在他脖子上挂了很重的牌子。不过，即使在文革后，他从来都很少提起他在"牛棚"里所受的折磨和侮辱，甚至对家人也从来不提。他只是告诉过家人一件事情，也许是因为这件事情虽然悲惨，但是也有些可笑：

被抓进"牛棚"以后，给了张存浩一个长长的单子，里面全是人的名字。"专案组"叫他承认那些人是他们组织的"特务"。名单上有一个名字是"张捷"。他当时并不老，38岁，但是气糊涂了，而且，也绝想不到自己12岁的儿子会在所谓"特务"名单上，所以坚决否认他认识一个名叫"张捷"的人。为此，他被打了一个晚上的耳光，说他"态度不老实"。他说，真是难以忍受，但是他想到了妻子和孩子，想到自己的家，他不会自杀。

文革以后，政策改变，张存浩担任过化学物理研究所的所长。但是，1968年和他一起被指控为"特务"而死亡的七个人，永远都不会回来了，也不能说出他们在"牛棚"里到底遭遇了什么。

张东荪及其子孙的恐怖遭遇（作者：王友琴）

张东荪，知名政治学学者，1949年以前曾任大学校长。1949年时63岁。1949年后从来没有发表过一篇文章，保持沉默。文革中，他在1968年1月被"逮捕"，其家人五年中一直不知道他被关在哪里。他被关在北京郊区的特种监狱"秦城"。1973年，张东荪死在"秦城"监狱中。

张东荪有三个儿子。大儿子张宗炳是北京大学生物系教授，老二张宗燧是中国科学院物理研究所的物理学家，五十年代成为中科院院士。老三张宗颖学社会学，1949年以后一直在天津文化用品公司工作。

文革开始后，1966年，三儿子**张宗颖**和其妻子**吕乃朴**一起**自杀**。

1968年1月，当张东荪被逮捕并关入"秦城"的同时，他的大儿子，北京大学教授**张宗炳**也被逮捕，也被关在"秦城"监狱。但是张宗炳和他的父亲互相并不知道他们都被关在那里。张宗炳的妻子**刘拙如**，在中国科学院动物研究所的图书馆工作。张宗炳被逮捕后，他的妻子在她的单位中被批判斗争，还被"扭送"海淀公安局，她被关押了半年多。（当时，有"由革命群众扭送公安局"的流行说法，是一种通过各单位的文革群众组织来捕人的办法。）张宗炳在监狱中精神错乱。1975年被释放。

1969年，在"清理阶级队伍"中，二儿子**张宗燧**在中国科学院物理所自杀。

就这样，在文革中，张家的三个儿子，两个自杀，一个被逮捕和长期关押在特别监狱中。

张东荪的长子张宗炳大学毕业后，以最佳成绩考取当时的公费留学，到美国的康乃尔大学取得博士学位。朋友们都说他是绝顶聪明的人，流传着关于他的过人才智的有趣故事。除了生物专业上的成就，他还会数门外国语，并且在诗词绘画书法上都很有造诣。他口才也好，和**陈同度**教授一起被认为是北京大学生物系讲课讲得最好的两位教授，很受学生欢迎。1980年代初他病愈后，在北京大学教"普通生物学"的公共课，上百人来听课，常能讲得台下掌声四起。但是，另一位和他一样受欢迎的生物教授陈同度，却已经在1968年8月28日，在文革的"清理阶级队伍"运动中，服毒自杀了。

张东荪的一个孙子**张鹤慈**，1963年时是北京大学哲学系学生。因为和另两个学生结社写诗和发表了一些议论，张鹤慈被"劳动教养"三年。后又因"文革"爆发，直到1978年，也就是15年之后，才被从茶淀劳改农场放出来。也就是说，他实际上被"劳动教养"了15年。

张东荪还有一个孙子**张佑慈**，文革时在天津当工人，1968年因"给父母报仇"等"反革命罪行"，被判刑15年。1978年张佑慈获"平反"被释放时，已经在监狱中被关了10年。

这样的遭遇听起来就像恐怖小说：一家人一个接一个地落入悲惨结局。张家人的遭遇和恐怖小说的不同之处，不在于恐怖的程度，而在于在小说中往往说出所有的恐怖细节，那些细节却都出于虚构；对张家人来说，可怕的细节实实在在真真切切地发生过了，可是却从未被记述下来。**文革中的事情，最真实的也是可怕的细节，往往被隐瞒了，或者被掩**

盖了。我们只是从这些词语：逮捕（不经过正常法律程序），秘密监狱（"秦城"），秘密关押，"由革命群众扭送公安机关"，精神失常，自杀，"劳动教养"，以"反革命罪"判刑，来了解这种恐怖的程度。其实，在相当程度上，**连细节都未有机会说出的恐怖，是更加深重的恐怖**，对千千万万的别的人有更大的恐吓和威慑作用。另外的一个不同之处是，在恐怖小说里，制造恐怖的是一个或者几个坏人，是一种个人的行动，属于私仇。在张家的故事中，就其中的每一个个人的死来说，其中私仇的因素不可排除，但是使这一大家人那么多人共同遭遇其所遭遇的，只能是"文革"以及文革得以产生其中的制度。

"文革"对人的打击杀伤总量，由于缺乏记载和报道，更由于不准阅读档案资料，普通人很难对此进行统计。但是从了解到的局部情况，比如说一个家庭，我们可以看出打击杀伤的密度，从而也可能作出一些总量的估算和对整个文革大图景的基本评估。

史家翦伯赞夫妇之死（作者：于松然）

1968年12月4日，刘少奇专案组副组长巫中，身着军装，腰挎手枪，带着几名副手，直奔燕南园。他要**翦伯赞**交待1935年国共在南京谈判时刘少奇的叛卖活动；但翦伯赞否认那次谈判中刘少奇有叛卖活动。双方话不投机，无奈之下，临走他撂下一句话："**翦伯赞你听着：刘少奇的罪行，已经查清楚，中央已经做了结论，他是叛徒、内奸、工贼，马上就要在'九大'上宣布。你是站在毛主席革命路线一边，还是站在刘少奇一边，现在就看你的表现了！**"他警告翦说：过几天他还要来。18日下午，巫中带着一群人又来审问翦伯赞。由于翦拒绝做伪证，巫中勃然大怒，猛地从腰中拔出手枪，往桌上一拍骂道："**今天你要不老实交代，老子就枪毙了你！**"翦伯赞闭口不语。巫中冲到跟前，把手枪顶在翦伯赞的鼻孔下面，大吼："**不要以为毛主席讲了话，你就没有问题了。不！你要是不老实，我们照样可以把你关起来。**"但巫中并没有达到目的，而是空手悻悻而归。巫中的逼供，再次使翦伯赞的尊严受辱，斯文扫地，遂产生了轻生念头，做出了立即自杀的决定。

就在翦伯赞自杀前的1968年10月13日，毛泽东在中共召开的八届扩大的十二中全会上，对已被打倒、斗臭了的高级知识分子开始"施恩"，借以证明他的"宽容"。他发布的"最高指示"说，对"资产阶级的学术权威"要"**给出路**"，他还特别关照北大的翦伯赞和冯友兰，指示北京当局和北大校方"**要照顾他们的生活，安排他的工作**"。有了这一"最高指示"，备受折磨的翦伯赞夫妇看到了希望，也松了一口气。他们被安排到北大校园内风景优美的燕南园64号庭院内居住，生活费也由30元增至120元，还派退休工人杜铨"照顾"他老两口的生活（实则为监视）。翦伯赞对毛泽东的关照感激涕零。他连夜写信给毛泽东，表示感谢。毛泽东看信后，称赞翦伯赞"**信写得很好**"。高枕无忧的翦伯赞夫妇，胸戴毛主席纪念章，手拿《毛主席语录》，参加了落实政策大会。会上，他再三感谢"伟大领袖"对他的特别恩典。然而，巫中的出现，使他突然有所参悟。他悟出善搞"阳谋"的毛泽东，痞气再次大发作：原来对他发出的"最高指示"是虚晃一枪，毛泽东要置他于死地了。

第二天，人们发现翦伯赞夫妇服用过量"速可眠"，离开了人世。他俩穿着新衣服，合盖一条新棉被，平卧在床上。人们还发现，在翦伯赞穿着中山装的左右口袋里，各装一张字条。一张写着：**"我实在交代不去（出）来，走了这条绝路。我走这条绝路，杜师傅完全不知道。"** 不忘为监视他的杜师傅开脱责任。另一张则写着："毛主席万岁！毛主席万岁！毛主席万万岁！"这是封建连坐时代自杀者的共有心态：恳求统治者对他的子女们**高抬贵手！**

这次翦伯赞**判断错了**：毛泽东虽没有完全放过他，却也无置他于死地的打算；置他于死地的是毛泽东营造的血腥氛围，巫中不过是在这种邪恶氛围里的一个卒子———一名上窜下跳的痞子、流氓无产者而已。

翦伯赞（1898年4月14日~1968年12月18日），维吾尔族，原籍湖南省桃源县枫树乡回维村人，是中国著名的历史学家，也是在周恩来领导下搞过统战工作的政治家。

1916年他进北京法政学校学习，不久又转入国立武昌商业学校学习，1919年毕业。1924年赴美国加利福尼亚大学攻读经济专业。回国后，研究历史学和哲学。1937年5月加入中国共产党。抗日战争期间，他撰写文章批判中国国民党的亲日独裁政策，与反蒋的民盟章伯钧等政要交往甚厚，与反蒋的社会贤达张澜、罗隆基、张君劢、张东荪、沈钧儒等交往频繁，做了大量的统战工作。"解放"后，他先后担任北京大学历史系主任、副校长，历任第一届全国政协委员，第一、二、三届全国人民代表大会代表，中央民族事务委员会委员，中国科学院哲学社会科学部学部委员等要职。著有《历史哲学教程》、《中国史论集》、《历史问题论丛》、《中国史纲要》等著作。

他是个马列主义信徒，在中国史学领域，他开创了唯物史观的先河：用阶级斗争和经济基础决定上层建筑等马克思主义观点来梳理历史。他积极配合毛泽东改造知识分子政策。当获悉毛泽东要批判教授**张东荪**时，他责无旁贷地肩负起批判的重任。1952年1月，身为燕京大学哲学系系主任，同时又任中央人民政府委员兼民盟中央政治局委员的张东荪，已经是"改造知识分子"运动中的众矢之的。

翦伯赞在批判他曾统战过的张东荪时，言辞锋利，杀机昭然，指出张的"中间路线"完全是幌子，在思想上是**"一贯反苏、反共、反人民、反马列主义的"**。批判中，他列举了张的许多"罪行"，如张东荪曾在几本书里曾写过："**资本主义不会灭亡，共产主义不能实现。如实现则劳动者都就会饿死。**" "**把马克思主义列为学说，乃人类之奇耻，是思想史上的大污点。**" "**无产阶级专政是不民主的，结果必变成少数人的专制，而决不是无

产阶级专政。"等等。历史业已证明，张东荪的这些思想是至高无上的。但令他意想不到的是，批判结果，张东荪被打成"特务"。据报导，张东荪"国民党特务"身份的唯一"知情人"是毛泽东，因为，"伟大领袖"的感觉就是"铁证"。从此，被统战回国的张东荪和他的子孙，接二连三地遭遇横祸：两个儿子和一个儿媳自杀身亡，两个孙子被重刑入狱，82岁高龄的张东荪本人，也没有逃脱监牢之苦，五年后的1973年，死在狱中。

翦伯赞是一个史学家，一个有见地的学者；也曾是善搞统战权术的政治家。在国民党统治时期，他在学术领域，有任意驰骋的辽阔空间，使他自由地选择了马列主义；在那里，他还是个政治家，但他能找到政治和学术的平衡点，像平衡木上的体操少女一样，能自由地、主动地调整自己的"体态"。"解放"后，政治与学者的平衡逐渐被打破，越来越向政治上倾斜。初期，他似乎认为，用"改造"去确立马列主义是合理的，批判张东荪就是这种"合理"的体现。也许是史家的学术良心再现，他越来越感受到政治对学术的压力，毛泽东的"改造"政策，正在变成学术发展的桎梏。作为中国马克思主义史学奠基人，他开始反对"以论带史"和史学为政治服务的权力史观，偏离了毛泽东的"唯物主义"历史观。到六十年代，他逐渐完成了从"**首先是共产党员，然后才是历史学家**"到"**首先是历史学家，然后才是共产党员**"的过渡。此时的他，已强烈地意识政治对学术的压抑。他说，当史学拜倒于权力的脚下时，"**内容丰富多彩、具体生动的历史变成了单调、僵死和干燥无味的教条，变成了一片沙漠……**"他的历史主义观点受到了批判，但他却坚持己见。当看了姚文元批判《海瑞罢官》的文章后，不知就里的翦伯赞，竟为吴晗辩护：对前来采访的《文汇报》记者说，姚文元的批判文章"牵强附会"，态度极粗暴，完全是对吴晗的污蔑和陷害；他甚至还说："**见一叶落，而知岁之将暮；睹瓶中之冰，而知天下之寒。**"公然反对对吴晗的批判。于是，毛泽东被激怒了。1966年3月17日至20日，毛泽东在杭州召开的中央政治局常委扩大会议上，发出打倒翦伯赞的"最高指示"。他说："**我的意见，还要打倒什么翦伯赞呀，侯外庐呀等等一批才好，不是打倒多了。这些人都是资产阶级，帝王将相。**"翦伯赞应声变成了"反动权威"、"反共老手"、"黑帮分子"和"牛鬼蛇神"，遂被"革命师生"揪出批斗，备受肉体摧残和人格凌辱。

人们可能会问，为什么前一个"最高指示"说"打倒"就打倒了，而后一个"最高指示"说"给出路"却找不到出路了呢？**伟大的学者张东荪在五十年代就预言："无产阶级专政是不民主的，结果必变成少数人的专制，而决不是无产阶级专政。"**这个预言是最好的答案！

1978年8月，中共新领导人邓小平对翦伯赞的自杀亲自批示说："**我认为应予昭雪。**"1979年北大为翦伯赞举办了的追悼会，追认他是中国历史学家的典范。

值得一提的是，翦伯赞的学生中，有一佼佼者，师生关系甚佳。然而，文革一到，他便贴出大字报，大骂《**反共老手翦伯赞**》，旁边还配有翦伯赞抱着一部《金瓶梅》，嘴里流着口水的漫画，对老师加以人格上的侮辱。但当官方正式为翦伯赞平反后，此人摇身一变，撰文**《我的恩师翦伯赞》**，以为纪念。这种司空见惯的无耻表演，是中国特色的赤文化之一。

第十六章附注：

附1、1968年自杀身亡者名单（大部分死于"清队"）

根据《中国文革受难者纪念园》、《文革博物馆》、《文革时代》等网站纪录统计
令人遗憾的是农村自杀纪录甚少。

编号	姓名	职业	性别	年龄	死亡月份	死亡地点	何种运动、说明
1	安铁志	干部	男		2	北京	北京农大工会
2	毕金钊	医生	男	60	?	天津	天津总医院小儿科主任
3	常溪萍	干部	男		5	上海	上海华东师大党委书记
4	蔡妻		女		?	山西	平陆县张村小学蔡启渊被打死后自杀殉夫
5	陈步雄	中师	男	40	?	上海	上海复兴中学制图教师
6	陈传碧	中师	男		7	石家庄	河北师大附中学教员
7	陈孚中	中师	男		8	江西	江西德兴中学教导主任
8	陈浩烜	教授	男	40	7	上海	同济大学建筑副教授
9	陈同度	教授	男		8	北京	北京大学生物系教授
10	陈永和	大师	男		11	北京	北大数学系教师
11	陈又新	教授	男		12	上海	上音学院管弦系主任
12	陈祖东	教授	男	56	9	北京	清华大学水力系
13	陈子信	干部	男		?	北京	中央乐团办公室主任
14	程应铨	讲师	男	49	12	北京	清华大学土建系
15	程远	大师	男		?	北京	北大西语系德语教师
16	崔雄昆	大师	男		10	北京	北京大学教务长
17	陈天池	教授	男	48	12	天津	南开大学化学系教授
18	戴立生	教授	男	70	12	天津	南开大学生物系主任
19	丁苏琴	大师	女		?	上海	上海外国语学院教师
20	董铁宝	教授	男	51	10	北京	北大数学力学系教授
21	董友道	大师	男			上海	上海戏院文学系教师
22	范步功	学生	男	24	7	西安	西安交大学生"地主"家庭

23	范乐成	医生	男		?	武汉	武汉医学院副院长
24	高景星	医生	男	54	6	武汉	武汉协和医院院长
25	王祥林	医生	男		?	南昌	在南昌一医院
26	孙明	医生	男		?	南昌	南昌妇幼保健医院院长
27	樊庚苏	中师	男		?		上海松江二中教师
28	樊英	教授	女		7		复旦大学外文系教授
29	方婷之	中师	女		?		北京三女中教师
0	费叔子	学生	男	24	6	上海	上海同济大学地质系
31	冯文志	员工	男		4	上海	上海戏剧学院员工
32	傅国祥	学生	男	24		北京	北京化工学院化工系
33	傅其芳	教练	男	45	4	北京	国家乒乓球队男队教练
34	姜永宁		男		4	北京	国家级乒乓球运动员
35	容国團		男	31	6	北京	世乒赛男子单打冠军
36	郝立	大师	男		3	上海	上海华东师大教师
37	何光汉	中师	男			北京	北京五中俄语教员
38	贺小秋		女		4	上海	上海音乐学院贺绿汀女儿
39	胡秀正	中师	女	35	8	北京	北京师大附女中化
0	黄家惠	中师	女		12	上海	上海市长缨中学语文老师
41	老保姆		女		12	上海	黄家惠的保姆
42	黄耀庭	大师	女		5	上海	上海华东师大教育系讲师
43	黄钟秀	教授	男	46	8	西安	西安交大基础系工程画教研室副主任
44	张瑛铃	护士	女		9	西安	西安交通大学保健室护士长黄钟秀之妻
45	翦伯赞	教授	男		12	北京	北京大学历史学教授
46	翦妻		女		12	北京	
47	蒋梯云				7	上海	上海同济大学副校长
48	焦庭训	中师	男			北京	北京第六中学
49	金大男	大师	女		8	上海	上海华东师范大学外语系教师
0	雷爱德	医生	男	0		天津	天津医大教材科科长
51	李季谷	教授	男		7		华东师大历史系
52	李丕济	教授		57	11	北京	清华大学水力系教授
53	梁希孔	中师	男			北京	北师大附女中
54	卢锡锟	教授	男		6	北京	北大化学系副主任，其妻林芳为北大化学系器材室职员
55	林芳	职员	女		7	北京	
56	林丽珍	中师	女		5	上海	上海市育才中学老师

序号	姓名	职务	性别	年龄	月份	地点	备注
57	施济美	中师	女		5	上海	上海市七一中学语文教师
58	?	校工				上海	上海市七一中学校工
59	刘承娴	干部	女		6	北京	清华大学统战部副部长
0	刘承秀	中师	女			北京	北京四中老师 "清"
61	刘浩	医生	男	42	5	北京	陆军总医院骨科医生，母亲听到刘浩死讯后自杀
62	刘母		女		6	山东	
63	刘培善	中将	男		5	福州	福州军区第二政委
64	刘书芹	教授	男		4	北京	北京农大兽医系副教授，"清"中全校死16人
65	陆谷宇	讲师	男		12	西安	西安交大工企教研室
66	罗森	大师	男	0		上海	上海戏剧学院导演系教师
67	罗仲愚	教授	男		6	北京	北京农大兽医系
68	马圭芳	技师	男	54	9	上海	上海新沪玻璃厂技师
69	马思武	教授	男	63	7	上海	上海外语学院教授
0	马幼源	讲师	男		3	上海	上海华东师大
71	莽大令	教授	男	67	7	吉林	东北师范大学英语教授
72	毛一鸣	家属	女		9	西安	西安交通大学家属
73	蒙复地	大师	男			北京	北大西语系西班牙语专业教师
74	莫德勒图	军人			11	内蒙古	内蒙古军区政治部干部部副部长
75	牧仁	军人			11	内蒙古	内蒙古军区政治部秘书处副科长，遗书："逼人太甚，不得不死。"
76	沐家云	干部	男		8	北京	昆明耐火材料厂副厂长
77	穆淑清	小师	女			重庆	重庆市区东升楼小学
78	饶毓泰	教授	男		0	北京	北京大学物理系
79	任服赝	学生	男		8	西安	安交大铸工21班
80	上官云珠	演员	女	48	11	上海	上海电影制片厂电影演员
81	尚鸿志	干部	男	45		天津	天津电器传动研究所处级干部
82	尚女		女			天津	随父自杀
83	沈天觉	医生	男	0	4	北京	陆军总医院骨科医生
84	沈宗炎	职员	男	31	12	西安	西安交大230教研室实验员
85	孙国楣	讲师	男	0		上海	同济大学数学系讲师
86	孙兰	干部	女		4	上海	上海市教育局长
87	孙历生	中师	女	34	7	北京	北京第三女子中学教员
88	孙明哲	大师				北京	原北京地质学院政治课教师

89	孙若鉴	大师	男		7	上海	上海华东师范大学外语系教师
0	谭立平	学生	男			上海	上海戏剧学院导演系学生
91	唐亥	干部	男			北京	夫妻分别是中央民族学院艺术系主任和汉语系主任，双双自杀。
92	徐垠	干部				北京	
93	唐兴恒	工人	男	47	11		西安交大福利部工人
94	汤家汉	大师	男			北京	北大东方语言系教师
95	陶钟	讲师	女	0	5	西安	西安交通大学外语教研室讲师
96	王德宏	工人	男	0	8	西安	西安交大机械系修配组
97	王厚	炊工	男		7	北京	北大附中食堂炊事员
98	王惠敏	干部	女			上海	上海戏剧学院舞台美术系书记
99	王玉珍	中师	女		12	北京	北京一女中副校长同丈夫（无名氏）一起投河
0	无名氏		男		12	北京	
0	王振国	助教	男	32	12	西安	西安交大零件教研室助教
0	汪国庞	讲师	男	0	12	西安	西安交通大学350教研室讲师
0	翁超	工程	男			上海	上海黑色冶金设计院土木工程师
0	吴湖帆	画家	男	74	8	上海	上海中国画院
0	吴淑琴	校长	女			南京	南京古平岗小学校长
0	吴伟能	干部	男		11	北京	北大历史系办公室主任说过"幸福公社不幸福"
0	肖光琰	专家	男	48	12	大连	中科院大连化学物理研究所研究员，同英语教师的妻子、女儿一起自杀。
0	甄素辉		女		12		
0	萧络连		女	15	12		
0	谢龙甲	干部	男		9	忠县	四川省忠县县政协副主席
111	徐月如	专干	女			北京	北大西语系德语专业干部
112	许连荣		女			辽宁	新金县七口人一起上吊死
113	严裕有	工人	男	0	8	上海	上海星光工具厂工人
114	杨爱梅	中师	女			广州	广州第十七中学语文教员
115	杨景福	大师	男	36	11	北京	清华大学外语教师
116	杨朔	作家	女	55	3	北京	中国作协外文委员会主任
117	姚秉豫	干部	男		5	上海	上海华东师大生物系总支书
118	姚剑鸣	工人	男	66	7	宿松县	武汉建筑公司退休职工
119	殷贡璋	讲师	男	42	11	北京	夫妻都是清华大学基础课讲师，双双自杀
0	王慧琛	讲师	女	41	11	北京	
121	于共三	中师	男		8	北京	北京景山学校中学部语文老师

122	袁丽华	小师	女		11	成都	四川成都市龙江路小学教师
123	钱宪伦	讲师	男	59	4	西安	西安交通大学化学教研室讲师，同妻、岳母一起用煤气自杀
124	袁云文	钱妻			4	西安	
125	张淑修	袁母			4	西安	
126	章申	教授	女	0		上海	上海外贸学院教授
127	张放	中师	女			新乡	北京西城区二龙路中学英文教员
128	张富友	工人	男	30		天津	天津市葛沽锻铁厂工人
129	张健	大师	男			上海	同济大学水暖教研室教师
0	张景福	中师	男			上海	上海市复兴中学英语教师
131	张景昭	大师	女			北京	北京大学数学系老师
132	张燕卿	小师	女		11	北京	北京小学的生活老师
133	张友良	干部	男		3	上海	上海电影制片厂海燕厂副厂长
134	赵福基	教授	男	57	夏	哈尔滨	哈尔滨交通学院教授
135	赵光远	编辑	男			北京	人民文学出版社编辑
136	赵九章	专家	男	61	10	北京	中国科学院地球物理研究所所长
137	赵希斌	教授			4	北京	北京农业大学畜牧系副教授
138	赵晓东	中师	男		8	北京	北京清华附中体育老师
139	锺显华	中师	男			四川	四川井研县马踏乡公社中学教员
140	邹莲舫	家属	女	68	11	上海	因是文学史家、复旦大学中文系主任朱东润之妻被斗
141	邹致圻	教授	男	57	12	北京	清华大学机械系教授
142	周寿根	工人	男		12	西安	西安交大"五七"工厂
143	周瘦鹃	作家	男	67		苏州	江苏省苏州市博物馆
144	周醒华	校长				上海	上海模范中学校长
145	周学敏	中师				北京	北京师大附女中语文老师
146	无名氏	中师	男			北京	北京工业学院附属中学物理教师
147	无名氏	校长				山西	山西曲沃县下裴乡小学校长
148	无名氏	裁缝	男		6	黑龙红	密山县三梭通公社社员
149	无名氏		男			郑州	郑州大学附中炊事员
0	无名氏					北京	从财政部楼上跳下自杀的人
151	无名氏	中师	女		12	上海	上海红旗中学高中老师

注2、1969年自杀身亡者名录（大部分死于"清队"）

根据《中国文革受难者纪念园》、《文革博物馆》、《文革时代》等网站纪录统计

令人遗憾的是农村自杀纪录甚少。

编号	姓名	职业	性别	年龄	死亡月份	死亡地点	何种运动、说明
1	阿迪雅	军人	男		4	内蒙	军区政治部副处长"新内人党"
2	陈伯铭			0	2	上海	上海女六中会计
3	陈文章	军人	男		4	内蒙	军区政治部科长"新内人党"
4	韩珍	医生	女		1	重庆	重庆市公安学校医生
5	季新民	小师	男			北京	北京景山学校小学部语文教师
6	江楠	讲师	女			安徽	安徽师范大学俄语讲师
7	姜一平	局长	男	47	11	北京	国家计委化工局局长
8	李良	干部	男	51	2	天津	天津市公安局三处
9	李永康	干部	男		2	云南	云南省法院干部
0	李玉珍	职员	女	58	4	北京	清华图书馆职员"清队"
11	林庆雷	医生	男		?	福建	福建医学院医生"清队"
12	刘继宏	科长	男	45	2	西安	西安交大科研处科长
13	刘文杰	农民	男			巍山	云南省巍山县庙街公社新华大队
14	路学铭	大师	男	41	2	北京	清华大学体育教师
15	覃淑贞	职员	女		3	新平	云南省新平县医院工作
16	沈家本	讲师	男	48	1	西安	西安交大企工教研室副主任
17	孙兆禄	讲师	男	50	1	天津	南开大学经济系讲师
18	汤聘三	中师	男		4	北京	北京51中学体育教员
19	王大树	助教	男	31	5	北京	清华大学电机系助教
20	王熊飞	医生	男	60		上海	上海浦东六里中心卫生院医生，住东昌路，一家三口自杀
21	张启行	医生	女	58		上海	
22	王祖华		女	20		上海	
23	杨家发	干部	男		3	新平	云南省新平县戛洒区副区长
24	张永恭	干部	男		1	重庆	重庆市公安局二处干部
25	张宗燧	专家	男	52		北京	中国科学院物理所研究人员

第十七章：权力更迭

从1966年12月号召"展开全国全面内战"起，到1968年9月，全国29个省、市、自治区都先后成立了革命委员会（下简称"革委会"），毛泽东达到了夺权的目的，实现了所谓"全国山河一片红"。

一、解放右派当权派

毛泽东发动文化大革命的初衷，是打倒他的接班人刘少奇，教训紧跟刘少奇而不听他的话的各级领导干部，而让听他话的左派上台执政。为了这个目的，他把妖魔化阶级敌人的惯用伎俩，搬到了中共党内。他把长期追随他的刘少奇比成"睡在他身边的赫鲁晓夫"，是"牛鬼蛇神"。当刘的死讯传给他时，他咬牙切齿地批道："**自作孽，不得活！**"他把追随刘少奇的各级领导干部，统统斥责为脱离群众、高高在上当官做老爷的"**走资派**"。他还把稍显独立意识的知识分子，打入"地富反坏右"的传统敌人行列，统统打成"牛鬼蛇神"。

但他也不是事事都能从心所欲。在八届十一中全会上，当他发现多数中共中央委员"同情和支持刘、邓思想上的弯子转不过来、甚至带有明显的抵触情绪"时，他便煽动和"接见"年幼无知的红卫兵造反，"**横扫一切牛鬼蛇神**"，借以向党内右派施压。当他发现各地右派当权派镇压红卫兵时，特别是贵族红卫兵摇身变成了"保爹保娘"派时，他便发动党内外左派在全国大张旗鼓地批判"**资产阶级反动路线**"。当批判"资反路线"受到党内右派顽强抵抗时，引发了他的"无产阶级震怒"：号召左派红卫兵、造反派夺权，他还下令军队"支左"，即支持左派夺权。当他发现他的"**展开全国全面内战**"的号召导致造反派分裂、75%军队"支右"不"支左"时，1967年8月4日，他竟孤注一掷地抛出了"**武装左派**"、建立第二武装的决定。

显然，毛的所作所为，已经把中共推到了分裂的边缘。当是时，忠于中共的周恩来，心急如焚，生怕中共被毛之不争而毁于一旦。他借机向毛传出"**清君侧**"的暗示。接到暗示的毛泽东，大吃一惊，发热的大脑才开始渐渐冷却。8月26日，"武装左派"的决定刚过21天，他便来了个180度的急转弯，做出了打击左派、令党内外左派瞠目结舌的决定：**抛出王、关、戚**。这个"清江侧"的决定，向党内、军内右派伸出了橄榄枝，释放出了妥协、和解的信息。

曾几何时，毛泽东在《五一六通知》中咬牙切齿地说："**混进党里、政府里、军队里**

和各种文化界的资产阶级代表人物，是一批反革命的修正主义分子。"在"接见"红卫兵时，他又通过林彪的嘴喊道："**要把反革命修正主义分子，把资产阶级右派分子，把资产阶级反动权威，彻底打倒，打垮使他们威风扫地，永世不得翻身！**"他还通过聂元梓的大字报，恶狠狠地号召红卫兵："**坚决、彻底、干净、全部地消灭一切牛鬼蛇神、一切赫鲁晓夫式的反革命的修正主义分子！**"还要"**彻底打倒**"党内右派即走资本主义道路和执行资产阶级反动路线的当权派，叫他们"**永世不得翻身**"。但为了释放和解信息，此时的毛泽东，摇身一变，竟成了广大"走资派"和执行"资反路线"当权派的保护神！

9月16日，毛泽东乘坐专列离开上海，到各地视察，向党内、军内右派伸出了橄榄枝，同各地要员大谈起正确对待干部等问题来。

9月16日，在浙江，他告诫浙江左派军干——省军区代政委，省军管会主任**南萍**、省军管会副主任**陈励耘**说："**龙潜**（前省军管会主任）、**阮贤榜**（前省军管会副主任）**有错误，还要帮助他们，不能一棍子打死，不能像湖南农民对待地主一样。对待干部不能像对待地主一样，罚跪、坐喷气式、抄家、戴高帽、挂牌子，这种做法我是反对的。这种做法破坏了我们的传统。对国民党的杜聿明、黄维、王耀武还优待嘛！希望他们错了就改嘛，能站出来。哪有那么多人要打倒啊！对干部要一分为二嘛！不能一切都抹杀了，他们过去还打过很多仗嘛！**"

9月17日，在江西，他警告江西左派军干——福州军区副政委兼江西省军区政委**程世清**等人说："**干部垮得这么多，究竟是个好事还是坏事？现在要批评极左派思想——怀疑一切。这种人不多，但是能量很大，与社会上坏人勾结在一起。我们不是专为保守派说话，是教育左派的问题。总之，要团结大多数嘛！**"

9月19日，他在武汉说："**要解放一批干部，大胆使用一批干部，多数的干部是好的。**"据跟随视察的代总长杨成武回忆："在视察途中，毛泽东还提到，明年春天'文革'结束后，接着召开九大，把老同志都解脱出来，许多老同志都要当代表、当中央委员。**他还列举了邓小平、乌兰夫、彭真、贺龙等人。**"

9月20日，他对武汉军区司令员**曾思玉**、武汉军区政委**刘丰**等人说："**邓小平是不是要保？一个他打过一些仗；第二，他不是国民党的人；第三，他没有黑修养。**"但贺龙没有邓小平那么幸运：1968年10月13日，他宣布"不保"贺龙后，贺的"罪行"旋即升级，审讯恶化，第二年的6月9日死于非命。

中共中央刊印毛泽东亲自修改的《视察华北、中南和华东地区时的谈话》文件中记载，视察中，他还反复训导各地"诸侯"："**要团结干部的大多数。犯了错误的干部，包括犯了严重错误的干部，只要不是坚持不改，屡教不改的，都要团结教育他们。要扩大教育面，缩小打击面，运用'团结——批评和自我批评——团结'这个公式来解决我们内部的矛盾。**""**要允许干部犯错误，允许干部改正错误。不要一犯错误就打倒。犯了错误有什么

要紧？改了就好。要解放一批干部，让干部站出来。"

显然，毛泽东是要重新起用党内右派干部，只要他们能跟刘少奇划清界线，反戈一击，能听他的话，紧跟着他走。

重新起用党内右派干部，并非毛泽东心血来潮，是他在周的暗示后深思熟虑的选择。

尽管他的文革初衷是要左派掌权；但他很快发现，左派"曲高和寡"，没有他的支持，他们很难成气候，因此，将权力交给他们他并不完全放心。对于右派当权派，毛泽东很清楚：无论在"民主"革命时期或是在社会主义革命和建设时期，他们中绝大多数都是跟着他拼杀出来的左派干部；在对敌斗争中，特别是在镇反、土改、肃反、反右甚至在大跃进、大炼钢铁等运动中，他们大都立场坚定，能武善文，是对敌"从不手软"的"好干部"；而这些在他一手培育下成长起来的"好干部"，构成了**中国官僚特权阶级**，是他"打天下，坐天下"的依靠力量。然而，当大跃进饿死数千万人后，他们变了，变得对他敬而远之了，不听他的话了，纷纷站到相对务实的刘、邓一边，形成了党内右派。这种党内势力重新洗牌的结果，使他变成了少数派，深深陷入大权旁落的痛苦之中，憋了一肚子恶气，迫使他"别无选择"地发动了文化大革命。发动文革，仅仅是想教训教训除刘少奇以外的右派干部：叫红卫兵、造反派打打他们的威风，斗斗他们的官气，冲冲他们的不听话，出出憋在他心头的恶气，并不想全部打倒他们。文革伊始，他在大叫"打倒""斗臭"的同时，不断地高喊要**"正确对待干部"**，反复地说反革命修正主义分子**"只是一小撮"**，等等，意在警告党内右派的同时，敦促他们"改邪归正"：只要能听他的话，紧跟着他走，就是左派，他还会把权力交给他们。但当文化大革命遭到党内右派的激烈反抗时，引发了他的"无产阶级震怒"，诱发了想彻底打倒党内右派的一闪念：下令批斗刘、邓、陶，做出了**"支左"** 和 **"武装左派"** 的决定。

但毛泽东毕竟是个天才的毛泽东：当接到周恩来"清君侧"的暗示后，很快能自我反省，重新评估他的"无产阶级震怒"，决定向党内右派、军内右派伸出橄榄枝，释放出妥协、让步信息，以重新驾驭全党、全国。

毛泽东的急转弯，使许多党内外左派跟不上队，先后渐次倒台、挨整或被杀。

二、整肃左派当权派

为了重新驾驭全党、全国，不仅抛出王、关、戚，适时解放和保护右派干部，还让军事将领出任各地"封疆大吏"等要职，借以安抚军方。29个省、市、自治区的革命委员会主任当中，有21人是军队干部，占总数的72%，其中多数都是中、右派将领。这种军管式革命委员会的建立，可以看出，毛泽东利用右派官僚主义阶级控制全国的心态。

按说，这些革委会的主任，都是在刘少奇被打倒、"走资派"遭整肃以后上台的，都是毛泽东亲自批准的。用当时的话来说，这些人都是"毛主席革命路线"上的人，因而，在1969年4月召开的中共九大上，他们都当选为中央委员或候补委员。但由于当时的革委会是以党内左派为主左、中、右派妥协的产物，因此，当权谋大师的"战略转移"时，许多左派大员跟不上"伟大领袖"的"战略布署"，纷纷中箭落马。据统计：在最初的29个省、市革委会主任当中，先后遭到整肃的有13人，占了45%，他们大部分都是文革中崭露头角的左派干部；而稳坐台上的55%，几乎都是党内中、右派大员，他们多数都是曾经遭受过残酷批斗的"走资派"或执行过"资反路线"的人。

第一批遭到整肃的党内左派"封疆大吏"（省革委会主任）的有6人。他们是：

1. 山西的**刘格平**，1969年7月被免职，由69军军长谢振华接任；
2. 贵州的**李再含**，1969年10月被撤职，1975年去世。由54军副军长蓝亦农接任；
3. 河北的**李雪峰**，1971年1月被撤职。由"走资派"文革前的河北省委第一书记、省革委会副主任刘子厚接任；
4. 山东的**王效禹**，1971年3月被撤职，由济南军区司令员、省革委会副主任杨得志接任；
5. 内蒙的**滕海清**，1971年5月被免职，由北京军区副司令员尤太忠接任；
6. 黑龙江的**潘复生**，1971年6月被撤职，由黑龙江省军区司令员、省革委会副主任汪家道接任。

在这些大员中，除李雪峰因株连"陈伯达案"被撤、滕海清杀人过多被免外，刘格平、王效禹、潘复生和军队干部李再含，都是文革早期站出来表态支持左派造反的左派干部。在全国全面内战中，由于他们过分依靠和支持左派造反派，没有平衡左、中、右势力的手段，因此，在毛泽东与右派妥协后，他们便成了众矢之的，替罪羊的命运不可避免。

第二批遭到的整肃的党内左派"封疆大吏"有3人，都因与"林彪事件"有牵连而下台。他们是：

1. 浙江的**南萍**，1972年被撤职，由"走资派"文革前的山东省委第一书记谭启龙接任；
2. 江西的**程世清**，1972年被撤职，由"走资派"文革前的江苏省委第一书记江渭清接任；
3. 新疆的**龙书金**，1972年被撤职，由"走资派"文革前的自治区主席、省革委会副主任赛福鼎接任。

在中共的赤文化里，有两条重要原则是：一条是**一人得道，鸡犬升天**；另一条是**一人获罪，亲朋遭殃**。九届二中全会后，风云突变，毛泽东发现副统帅林彪威胁到他的权力，便与周恩来联手，开始了整肃林彪的进程。第一个被抛出来批判的是他过去的秘书、中央文革小组组长、中共中央常委陈伯达。由于李雪峰同陈走得较近，因株连而遭撤职。黄永胜、南萍、程世清和龙书金，在"九一三事件"林彪摔死后，遂被打成"林彪反党集团"成员而遭罢黜、整肃。

第三批遭到整肃的党内左派"封疆大吏"有4人，都是在1976年10月宫廷政变逮捕"四人帮"后遭整肃的。他们是：

1. 上海的**张春桥**，1976年10月被隔离审查，由右派将领前海军政委苏振华接任；
2. 吉林的**王淮湘**，1977年免职、调离，由"走资派"前的新疆区党委第一书记王恩茂接任；
3. 甘肃的**冼恒汉**，1977年被撤职、降级，由"走资派"前的甘肃省委副书记宋平接任；
4. 北京的**谢富治**，已于1972年去世，1979年遭到鞭尸式的清算。

毛泽东"驾崩"后，党内右派发动宫廷政变，毛的左派干将江青、张春桥、王洪文、姚文元束手就擒，所剩无几的左派"封疆大吏"，或被隔离审查，或被撤职，或被调离。

值得一提的是，1975年八大军区司令员对调时，曾遭过残酷批斗的"走资派"或执行过"资反路线"的右派大员，纷纷走马上任。他们是：

前江苏省委书记**彭冲**，接任江苏省革委会主任；前湖北省委书记**赵辛初**，接任湖北省革委会主任；前安徽省委书记**宋佩璋**，接任安徽省革委会主任；前四川省委第一书记**廖志高**，接任福建省革委会主任；沈阳军区政委右派将领**曾绍山**，接任辽宁省革委会主任。

1979年12月前后，撤销文革"一元化领导"的"革委会"体制，恢复了文革前"四大班子"的党委、政府、人大和政协建制。自此，中共右派，通过十多年的权力搏斗和厮杀，以中国老百姓死亡200~300万人和伤残上千万人的代价，击败左派，重掌大权，毛左派骨干大员，悉遭整肃；与此同时，党内左、中、右派势力，开始重新洗牌，新的左、中、右派派系，便在酝酿、串连、汇合中逐渐形成，为展开新一轮的权力搏斗聚集能量。

三、取缔左派红卫兵

毛泽东为了重新驾驭全党、全国，在整肃左派当权派之前，要先解决支持左派当权派的红卫兵。那些紧跟他的战略部署的左派红卫兵、造反派，在"横扫"、破"四旧"、造反、揪斗"走资派"、批"资反路线"、夺权和武装镇压贵族红卫兵、右派红卫兵的战斗中，为保卫他的革命路线，付出过巨大牺牲，做出了重大贡献。但要团结党内右派，他必须抛弃他们，因为他们同左派当权派一样，只能是他可利用的炮灰，而不是依靠对象。这不叫"卸磨杀驴"，叫"规律"：老祖宗留下的"狡兔死、走狗烹"的"规律"！

1. "工宣队"开进清华园，赶走红卫兵

1968年7月，随着以广西、陕西为代表的镇压左派造反派军事围剿行动的进展，毛泽东决定把五大领袖为代表的红卫兵赶下历史舞台。

1968年7月27日，由首都钢铁公司、北京内燃机车总厂、新华印刷厂、北京针织五厂等厂矿产业工人，组成1,500多人的"工人毛泽东思想宣传队"，简称"工宣队"，浩浩荡荡开进了北大、清华两所高等院校。

当年，1966年8月，毛泽东宣布，刘、邓派"工作组"进入大专院校，是镇压"革命师生"，是"实行资产阶级专政"；但两年后，他派"工宣队"进驻清华、北大，镇压的对象，恰恰是当年被刘、邓镇压过的"革命师生"，却叫"实行无产阶级专政"。还有不同的是打手不同：前者叫"工作组"，由干部组成；后者叫"工宣队"或"军宣队"，由工人和现役军人构成。在这里，毛泽东把出尔反尔的"一分为二"哲学思想，演译得有声有色。

"工宣队"的进驻十分突然。一直在中央文革直接领导下进行革命的井冈山派司令蒯大富，由于没有人同他打过招呼，便敏感而迅速地作出判断："工宣队"同两年前的"工作组"是一丘之貉，是反动路线的新反扑！

无限忠于毛主席、忠于毛主席革命路线的蒯大富，他那里知道，一贯支持他的中央文革，在王、关、戚事件后，锐气大减，正处于逐步丧失权势的过程之中，也无暇关照他了；他那里知道，晁错伏诛，七国平定，左右妥协后，兔未死而烹走狗，他所崇拜的"红司令"毛泽东，要收拾他们了。

作出错误判断的蒯大富，"义正辞严"地对"工宣队"负责人说："这里没有你们的事。这是大学，工人没理由也不可能解决我们红卫兵之间的事。"

圣旨在手的"工宣队"，则针锋相对地说："**我们是毛主席派来的，是来这里宣传毛泽东思想的。谁阻拦，谁就是反对毛主席，反对文化大革命！**"

面对"毛主席派来"一说，蒯大富根本不相信。他相信中央文革：过去毛泽东许多最新最高指示，都是通过中央文革传给他的。因此，没有中央文革的指令，就是右派反扑。于是，他当即立断，迅速召集几千名红卫兵，将"工宣队"团团围住，进行说"理"斗争。在文革中，"理"与"力"之间没有不可逾越的鸿沟：一阵雨点般的拳头和脚踢之后，"工宣队"员被打得晕头转向，仓皇逃出清华园。

红卫兵与"工宣队"的第一次交锋，大获全胜。他们欢呼，他们雀跃，他们载歌载舞欢庆胜利；然而，欢庆不过是回光返照，红卫兵墓穴大门已经向他们敞开……

五个小时后，近三万名工人和解放军士兵，潮水般地涌进了清华园。他们兵分七路，在校内实施分割包围，使红卫兵所构筑的条条封锁线，顷之化为乌有。紧接着，他们展开

强大的宣传攻势，要求两派放下武器，走两派大联合之路。

得到党内右派支持和特别关照的"四一四"右派红卫兵，紧急会议后，决定响应"工宣队"的号召，放下了武器。被围困了两个多月的98名"四一四"派红卫兵，在"工宣队"的保护下，抬着两具棺材，低着头走出了科学馆大楼，到达了安全区域。

以蒯大富为首的左派井冈山兵团红卫兵，没有中央文革的指令，不肯放下武器，他们固守在据点里顽抗。黄昏时分，在绝对优势兵力面前，他们见势不妙，28日凌晨2时多，从大礼堂后门突围逃出了清华园。当逃经西单电报大楼时，蒯大富向毛泽东、党中央及中央文革小组，发了一则紧急呼救的电报：有十万工人血洗清华园，背后有"黑手"指挥，形势万分危急，请中央紧急救援。发完电报，他跳上一辆吉普车，直奔北京郊区昌平县。

"工宣队"终以五名工人死亡和几百名工人受伤为代价，把蒯大富赶出清华园，为清华大学的"百日大战"，划了个句号。

2. 红卫兵全军覆没于人民大会堂湖南厅

28日凌晨2点多，当蒯大富驱车奔向昌平之时，毛泽东在人民大会堂湖南厅召开紧急会议，召见北京红卫兵五大领袖——北大的**聂元梓**、清华的**蒯大富**、北航院的**韩爱晶**，北师大的**谭厚兰**和北地院的**王大宾**。五大领袖的"爵号"，据说是毛泽东钦封的。毛泽东的"召见"，是给红卫兵下达的最后通谍。但下达最后通谍的方式别出心裁，令人回味无穷！

据韩爱晶回忆，当他和聂元梓、谭厚兰、王大宾跟着谢富治来到湖南厅门口时：

就看到毛主席和身后陪同的中央领导已经在门口迎我们。我们三步并着两步走上前去，毛主席也往前走动一下，我们非常激动地跟毛主席握手，嘴里说："毛主席，您好！"

毛主席说："都是一些年轻人。"

然后，毛主席要大家坐下，我们在沙发上坐了下来。这是毛主席会见客人，召集中央领导人议事的一个厅室，一个一个沙发围成大半个圆形，沙发旁边有茶几，茶几脚旁有白色搪瓷痰盂。可以看得出来，毛主席和中央领导们刚才已经在这里碰头议论了一个时候，也正是我们在外面走廊口等待的时候。

陪同毛主席接见我们的有：毛主席的接班人、中共中央副主席、国防部长林彪元帅、国务院总理周恩来、中央文革小组组长陈伯达、文革小组顾问康生、毛主席夫人文革小组副组长江青、文革小组成员姚文元、林彪夫人叶群、中央办公厅主任中央警卫团负责人汪东兴、国务院副总理、公安部长、北京市革委员会主任、北京军区政委谢富治、解放军总参谋长黄永胜、空军司令员吴法宪、副总参谋长北京卫戍区司令员温玉成、北京卫戍区政委黄作珍、北京市革命委员副主任吴德。在我们坐定以后，大会堂女服务员给大家分别倒了茶水。

为了防止各取所需，召见时毛泽东打破常规，授意中央办公厅对谈话的全过程进行了录音。毛说："**我是历来不搞录音的。今天录了，不然回去各取所需。如果你们各取所需，我就放我这录音。你们先去讨论讨论，这么放，许多人都被动。**"

官方的录音是否整理成文，档案尘封，人们不得而知。目前流传的"召见"版本主要有：《毛泽东传》、《毛泽东文革中文字》、《红卫兵档案》、《余汝信：七二八召见与红卫兵运动的终结》、《韩爱晶：毛泽东主席召见五个半小时谈话记》和《毛泽东召见首都红代会"五大领袖"时的谈话》等。从流传的多个版本来看，似乎有人看到过录音文本。也许是受"主旋律"的制约，这些版本在讲话顺序、内容详实和删节上不尽一致，但倾向性明显一致。

尽管流传的版本颇多，但一些内容的可信度还是较高的。笔者根据流传版本的基本内容，编撰、点评如下：

(1) 抓"黑手"

当谈及蒯大富为什么没有来时，毛泽东说："**蒯大富要抓黑手，这么多人去'镇压'红卫兵，黑手到现在还没有抓出来，这黑手不是别人，就是我嘛！他又不来抓，抓我好了！本来新华印刷厂、针织总厂、中央警卫团就是我派去的，你们就给吹。我问他们怎么对待校园的武斗，我说你们去做做工作看看。结果去了三万人，其实他们恨北大不恨清华。**"

显然，这是毛泽东针对蒯大富向他发出"紧急呼救"的电报说的。

(2) 大联合

毛泽东说："**我看天下大势，合久必分，分久必合。**"

林彪也说："天下大事嘛，分久必合，合久必分。把武斗工事统统拆掉，什么热武器、冷武器，要刀枪入库。"

周恩来说："你们不要再分派了。"

江青说："希望你们团结起来，不要分天派，地派。什么张家派，李家派，都是毛泽东思想派。" 对此，

毛泽东说："**不要搞成两派，搞成一派算了，搞什么两派？困难是有的。**"

林彪说："首先还是要联合，主席讲的四个方案：第一，军管；第二，一分为二；第三，斗、批、走；第四，要打就大打。"

显然，"军管"和"斗、批、走"是事前定好的基调。

(3)"七三布告"

重申1968年7月3日和24日发布的两个布告。这是毛泽东下令歼灭各地左派造反派的布告。

毛泽东说:"有人讲,广西的布告只适用于广西,在我们这里不适用。陕西的布告只适用陕西。那现在,再发一个全国的布告,如果谁继续违反,打解放军,抢劫军用物资,破坏交通,杀人放火,就是犯罪。如果有少数人不听劝阻,就是土匪,就是国民党,就是包围起来,就要打围剿,继续顽抗,就要实行歼灭。"

林彪接着说:"现在有的是真正的造反派,有的是土匪、国民党,打着我们的旗号造反。广西烧了一千间房子。"

毛泽东说:"**在布告上写清楚,给学生讲清楚,如果坚持不改,就抓起来,这是轻的。重的实行围剿。**"

林彪接着说:"广西烧了一千间屋子,还不让救火。"又说:"国民党还不是这样!这是阶级敌人一种垂死挣扎。烧房子要犯大错误。"又说:"以后布告出来要广泛宣传,如果谁不遵照执行,个别抓起来,个别的包围消灭,因为这是反革命行为。"

周恩来说:"你们也不想一想,广西布告为什么是毛主席的伟大战略部署?说关心国家大事,你们五个也不发表联合声明表示态度,做做工作。"

显然,这是把左派红卫兵与左派造反派等同起来,实行歼灭!

(4)"关怀"五大领袖

毛泽东说:"你们这五大将我们都是护你们的,包括蒯大富骂你们黑手的,我也是偏向你们这一边,你们回去一讲,我们有偏向,'井岗山''四一四'兵团,就会对我有意见。"又说:"简言之,我们和五大将打交道很多,我们是有经验的。一个叫聂元梓,一个叫谭厚兰,女将,一个叫蒯大富,一个叫韩爱晶,一个叫王大宾。其它各个学校都有领袖,著名的就这么五个,你们也做了很多工作,不管运动中有多少缺点,我们都是护你们的。"

谢富治说:"主席爱护你们,是红卫兵小将,林副主席,总理,中央文革,特别是江青同志很关心你们,这个事情说起来责任在我,**帮助你们不够,我可以向你们检讨。**"

王大宾反映说"那几个反对谢富治的跑了"时,谢富治说:"他的二把手要夺权,说他右了。"王大宾反驳说:"那是他们挑拨关系。他是一个好同志,出身又好,苦大仇深。这个人很正直,革命干劲也大,革命性强,就是急一些,不大会团结人,工作方法生硬一些。"对此毛泽东说:"**你能团结他吗?一个左,一个右,很好团结嘛!你坐过来,到我这里来。**"王大宾坐到了毛的身边。

当林彪说:"谭厚兰同志,梳两个小辫子,你要求下放,在学校里读了十几年书,大家都同意你下放，我怕你走不开，你走了，谁代替你呢？"毛泽东表示同意林的意见。他说："谭厚兰，文化革命两年了，你那个一、二百人的兵团也弄得睡不着觉。你暂时还不能走，你是一个女皇。今天到会四个，有两个女的，真了不起！我看你暂时不能走。"

谈到聂元梓，毛泽东说："你哥哥也不好，姐姐也不好。你那个娘家就是不好嘛。哥哥不好是哥哥嘛，姐姐不好是姐姐嘛，为什么一定要牵连妹妹呢？"

当陈伯达等人批评韩爱晶时，毛泽东说："你们不要把韩爱晶说得那么坏，人家很难受。" 又夸奖说："**韩爱晶这个人好啊！他的性格很像我年轻的时候，认为自己对的，就要坚持。**"江青对韩爱晶说："我有错误，**宠了你**。谢富治，你比我还宠，宠坏了，现在下点毛毛雨，还是主席这个方法好。"

陈伯达批评说："六六年上半年比较好，北京大专院校在全国煽风点火，搞革命风暴是对的。现在脑子膨胀了，自以为了不得，想要统一天下。蒯大富、韩爱晶到处伸手，又没有知识学问。"毛泽东反批评陈伯达说："**二十几岁嘛，不能轻视年青人。周瑜出身起兵，才十六岁，你们不要摆老资格。**"

当陈伯达批评蒯大富时说："蒯大富不尊重工人群众，如果仍然不听我们的，就是不尊重中央，不尊重毛主席。"毛泽东说："**是相当危险，现在是轮到小将犯错误的时候了。**"

显然，毛泽东处理五大领袖与处理打手王、关、戚手段不同，亦与围剿广西"四二四"、取缔陕西"工联"、"工总司"等组织手段各异，体现了"**你们这五大将我们都是护你们的**"的关怀，由此，人们可窥见到权谋大师城府之深邃。

(5) 蒯大富的号啕

蒯大富到昌平县不久，便接到了毛泽东通知。他带着几分惶恐，揣着几分安慰，匆匆驱车重返京都，来到人民大会堂。

蒯大富到来之前，谢富治在向蒯头上泼污水："广播了，点名说中央文革要找，要请他蒯大富来开会，他就是不肯来。"但毛泽东认为："**蒯大富这个人，我看是好人，出面多，操纵他的人是坏人。**"

见到毛泽东的蒯大富，真如见到了大救星。他泪流满面地告状说："**主席救我，主席救我！**杨、余、傅黑后台调几万工人突然把清华包围。我们跟工人讲理，他们也不讲。我们学生一出去，他们就把学生抓到卡车上拉走。我们打不过工人，我们的人现在都在大街上……"蒯大富的号啕，给召见蒙上了一层悲壮的阴影，江青哭了，毛泽东也落下了眼泪。但悲壮气氛很快被打破。

周恩来、陈伯达、谢富治等大员纷纷指责蒯大富。周恩来要求蒯"现在回去，要立即停止武斗，把工事拆除，把枪支和其它武斗器械交给工宣队，恢复大学应该有的样子"。

蒯大富站起来，态度强硬地对抗道："这明显是让我们投降，宣判红卫兵的死刑，我想不通。"又说："总理和几位中央首长的讲话，意思我们都听清楚了。第一，是要'盖棺定论'，对我们红卫兵运动作出结论。但我们认为，这为时过早。鉴于形势的需要，红卫兵不能也不想过早地退出历史舞台。第二，是'祸水东移'。中央领导同志似乎把今年和去年冬天发生的一切过错都归结到红卫兵头上，整个社会都像是红卫兵在杀人、放火，这不公平。**事实上，我们红卫兵的行动都是在中央文革的直接领导下进行的，是毛主席的无产阶级司令部直接指挥的。**第三，是'辕门斩子'。红卫兵从去年以来，就不断遭到某些镇压，解放军也介入了，而中央却没有指出这种镇压的错误，使红卫兵始终处于受压之中……"

毛泽东把话接过来："**我看，现在不是别人杀你们，而是你们自己杀自己，自相残杀。**"

会场又出现了一阵难堪的沉默。

毛泽东似乎动了感情道："**蒯大富，你们的行动是不是对抗中央？黄作珍讲话不听，谢富治讲话不听，市革委会开会不算数，只好伸出'黑手'，调动工人制止武斗。**""**文化大革命进行已经两年了，你们现在一不斗，二不批，三不改。斗，你们主要在搞武斗。你们脱离了工人、农民、战士和学生的大多数……**""**我再说一遍，谁如果不听劝告，再破坏交通、放火、打解放军，谁就是国民党、土匪，就歼灭之！**"

会场气氛旋即紧张起来。

吴德趁人之危奏道："昨天我找蒯大富谈过，他不听。"

善做方向性引导的权谋大师，对吴德的奏本不予理睬。他说："**'四一四'欢迎工人，你们井冈山很蠢，很被动。我才不高兴那个'四一四'。**"一句恨铁不成钢的话，冲化了紧张气氛。

批评蒯大富多少有些尴尬的江青，灵机一动，顺着毛的思路说："就是'四一四'的群众，他们也说蒯大富偏左，沈如槐（'四一四'头头）偏右的。清华搞大联合，没有蒯大富还是不行的。"

毛泽东顺着他确定的思路问道："**蒯大富，你能不能当校长？井冈山二人，'四一四'一人，沈如槐当副校长。**"

蒯："我不能当了，当不了。"

毛泽东毫不犹予地许以官衔："**蒯大富当校长，沈如槐当副校长。**"

上午八点召见结束时，毛泽东反复嘱咐大员们："**不要又反过来整蒯大富啦，不要又整他们。**"

尽管就派"工宣队"进驻清华园一事吴德向蒯大富打过招呼，尽管率领"工宣队"的8341部队军人代表迟群，要蒯立即停止武斗，拆除工事，交出凶手；**但在整整一天里，**

他们都隐瞒了派"工宣队"是毛的决定的重要信息。在中央文革江青、陈伯达等人直接领导和指挥下的蒯司令，骄横狂暴，一意孤行，以"一贯正确"自居，怎会把吴德、迟群等辈看在眼里？面对"工宣队"的步步进逼，他下命开枪，打死了五个工人，终于使他跌入毛泽东设的圈套中：隐瞒毛决定的信息，是诱导他反抗；他的反抗，能使"工宣队"名正言顺地取其而代之，并使他陷入四面楚歌中；进而借"群众"之名，名正言顺地将五大领袖和他们所代表的红卫兵清除掉！

五条人命使毛泽东的计谋成功了。八月八日，他接见中央文革碰头会成员和吴德谈高等学校问题时说："**靠学生解决问题是不行的，历来如此。学生一不掌握工业，二不掌握农业，三不掌握交通，四不掌握兵。他们只有闹一闹。**""**所谓'五大领袖'，群众不信任他，工人、农民、士兵不信任他，学生不信任他，本派的大部分不信任他，只有几百人勉强控制，怎么行呢？学生为人民没作什么好事，怎么能取得群众的信任呀？**

毛泽东"接见"红卫兵时灿烂的笑

要二十年、三十年做了点好事，才能取得群众信任。"此时，"理无常是"的毛泽东，已经"忘记"了一年前他曾说过的那句名言："**教育部管不了，文化部管不了，我们也管不了，红卫兵一来就管住了。**"也"忘记"了1966年8~11月在"接见"1,200多万红卫兵时他那灿烂的笑容；"忘记"了"接见"中林彪代表他发表的对红卫兵充满信赖的超高赞语："**你们做得对，做得好！**""**你们的革命行动好得很！**"

姜还是老的辣。在人民大会堂的湖南厅里，由毛泽东和中央文革扶植和豢养的五大领袖，在毛泽东等人的"柔性"围剿下，很快都举手投降、束手待毙了。第二天，五大领袖在谢富治的监控下，写了一纸《毛主席关于制止武斗问题的指示精神要点》，向全国公布。《要点》实际上宣布：红卫兵退出历史舞台。在召见中，五大领袖都受到"关怀"；但过后不久，他们同王、关、戚一样，先后失去了自由。十月宫廷政变后，他们又先后"领"到了他们各自罪有应得的不同期龄的徒刑，结束了他们即轰轰烈烈又可耻、可悲、可怜的走狗生涯！

在湖南厅里，那没有硝烟的围剿，是"清江侧"和"清周侧"的续篇，而这种对红卫兵的围剿，则是党内左、中、右派妥协和共同发力的结果！

四、各省、市革委会成立简介

1. 黑龙江省（1967.1.31/3.20——革命委员会成立日期，下同）

文革初，在取代欧阳钦当了省委第一书记的潘复生支持下，由二十三个大专院校和单位组成的造反团总部，在1967年1月31日召开的"黑龙江红色造反者大联合大夺权誓师大会"上，宣告成立"黑龙江省红色造反者委员会"。哈尔滨师范学院造反派负责人范正美为核心小组班长，潘复生和省军区司令员汪家道为成员。成立"红色造反者委员会"后，党内右派省长李范伍，省委书记王一伦、陈雷、任仲夷等，悉数被打倒，交**"群众"**批斗。1967年2月2日，根据毛泽东的部署，《人民日报》编辑部配发了《**东北的新曙光**》的社论，对成立"红色造反者委员会"的做法，给予充分肯定和支持。

1967年3月20日，中共中央批准黑龙江省成立革命委员会，**潘复生**为主任，**汪家道**为副主任，范正美等为常委。1967年3月22日，黑龙江省"红色造反者革命委员会"发出通知，从即日起，"黑龙江省红色造反者革命委员会"改称"黑龙江省革命委员会"。

省革委会成立后，左、右两派武斗加剧，成了伤亡超过五万人以上的十二个省份之一（1980年11月中共政治局的连续会议档案记录——下同）。到中共九大前后，党内右派卷土重来，许多被打倒的干部，又重回到领导岗位。党内左、右两派勾心斗角，斗争激烈，潘复生逐渐孤立而失宠。

1971年6月，招架不住右派进攻的潘复生被撤，由黑龙江省军区司令员、省革委会副主任汪家道接任。历任主任是：潘复生、汪家道、刘光涛、杨易辰。

2. 山东省 (1967.2.3)

原青岛市副市长王效禹是个受排挤的干部，又是最早支持红卫兵造反因而受到毛泽东赞扬的革命领导干部。1967年1月22日，他同康生的儿子青岛教育局局长张子石联手，支持并参加了青岛市二十三个革命造反团体成立的"青岛市革命造反委员会"，武力一举夺取了青岛市委、青岛市人民委员会全部权力，得到了中共中央承认。1967年1月30日，《人民日报》在发表《**关键在于大联合**》的编辑部文章中，传达了中共中央的声音："这是继上海、山西无产阶级革命造反派成功地夺权之后，毛泽东思想的又一次伟大胜利。"青岛夺权后，王效禹肩负着中共中央的使命，到济南夺权。

1967年2月3日，王效禹为首的造反组织，宣布成立"山东省无产阶级革命造反派大联合革命委员会"，武力一举夺了省委第一书记谭启龙的权力。同月23日，"大联合革命委员会"改称"山东省革命委员会"，**王效禹**为主任，济南军区司令员**杨得志**上将等为副主任。1967年3月2日，《人民日报》发表社论《**革命的"三结合"是夺权斗争胜利的保证**》，对山东省的夺权给了坚决支持。历任主任是：王效禹、杨得志、白如冰。

在中共等级森严、论质排辈的官场里，在省级第一把手的配置上，王效禹级别最低，权力最大，因而受到了党内右派势力的抵制。左、右两派武斗加剧，成了伤亡超过五万人以上的十二个省份之一。到了1969年，随着党内右派势力卷土重来，王效禹发动的使左派造反派重新上台的"反复旧"运动，遂告失败，旋即失宠靠了边，山东革委会改由杨得志、袁升平主持工作。1969年11月，王效禹遭到公开批判，1971年3月被正式撤职，省革委会主任一职由济南军区司令员、省革委会副主任杨得志接任。党内右派上台后，到1979年，王效禹被开除党籍。

3. 上海市 (1967.2.5)

文革前任上海市委书记处书记、文革中任中央文革副组长的**张春桥**，在毛泽东的导演下，1967年2月5日在上海成立了"上海人民公社"后改称上海市革命委员会，用武力一举夺了上海市委第一书记陈丕显和市长曹荻秋的权，成为上海市革委会主任、市委第一书记。同时他还兼任南京军区第一政委、国务院副总理、解放军总政治部主任等要职。文革中，他步步高升，是九届中央政治局委员，十届中央政治局常委，成为党内左派灵魂人物，誉为"军师"。尽管张春桥是毛的宠儿，权力极大，炙手可热，但却受到了党内右派势力的强烈抵制，左、右两派武斗接连不断。到了1976年10月，他与江青、王洪文、姚文元，在右派发动的十月宫廷政变中，同时被捕，并以反党、反毛的"四人帮"罪名隔离审查。上海市革命委员会主任由文革前的海军政委苏振华接任。1977年7月，张春桥被永远开除党籍，1981年1月被判处死刑，缓期二年执行，1994年死于狱中。

1968年4月29日，伟大的自由战士**林昭**，被上海革委会处决于上海提篮桥监狱，英年36岁。1977年4月中旬，苏振华上任上海市革命委员会主任半年多，不屈的民主社会主义斗士**王申酉**，被枪杀于上海卢湾区体育馆，英年31岁。

4. 贵州省 (1967.2.14)

一心想当"封疆大吏"的贵州省军区副政委李再含大校，同"毛泽东思想贵州省红色工人战斗团"、"清华大学井冈山兵团'号兵'战斗队"等40个造反组织勾连在一起，组建了"贵州无产阶级革命造反总指挥部"。在1967年1月25日晚上，"总指挥部"武力一举夺了贵州省委、省人委和贵州省委第一书记贾启允的一切权力。1967年2月1日，《人民日报》编辑部社论**《西南的春雷》**，传达了中共中央对李再含的支持。2月14日，经中共中央批准，贵州省革命委员会成立，**李再含**终于如愿以偿地爬上了"封疆大吏"的宝座：担任省革委会主任，兼任昆明军区副政委和贵州省军区第一政委。

由于李再含坚决镇压右派造反派，受到了毛、林、周、江等中央头头们的赞许；但当毛泽东改变初衷与右派妥协时，他没有跟上，没有采取措施安抚右派，使贵州武斗愈演愈烈，成了伤亡超过五万人以上的十二个省份之一。

1969年10月，当了两年多贵州省"一把手"的李再含，被撵下台，由54军副政委蓝亦农接任。1971年3到4月间，李再含遭到点名批判，之后又遭多次批判，当了罪有应得的替罪羊。深有"卸磨杀驴"之感的李再含，窝了一肚子火，终于气出病来：1975年56岁时，据说，他大叫一声，口吐鲜血，气绝身亡。历任主任是：李再含、蓝亦农、鲁瑞林、马力。

5. 山西省 (1967.3.19)

1967年1月7日，关锋代表中央文革，同山西省副省长刘格平进行了"谈话"。这位副省长是个坚定的共产党员：1938年8~9月间，在国民党狱中服刑的薄一波等六十一个中共党员，都按中共中央的要求，向当局写了"悔过书"后出狱，而同在一个监狱里的他，却拒绝这样做，结果又多坐了八年大牢，被康生讥为"太古板"。

经过"谈话"的刘格平，突然灵活起来。1月9日，他同其它五人贴出《揭发省委问题》的大字报，矛头直指省委第一书记卫恒和书记王谦。1967年1月12日，在他的组织下，各造反派采取联合行动，武力占领了省委、省市人委、省市公安机关，夺了他们权。原省委、人委的主要领导干部，交由"山西革命工人造反决死纵队"关押看管。1月25日，《人民日报》发表**《山西省无产阶级文化大革命的伟大胜利》**社论，传达了中共中央对山西夺权的支持。1月29日，省委第一书记卫恒自杀身亡。

1967年3月19日，山西省革命委员会成立，**刘格平**出任革委会主任，兼任北京军区政委和山西省军区第一政委。夺权后，造反派分裂成"红总站"和"红联站"两大派，前者受刘格平、陈永贵等支持，后者受省军区政委张日清等人支持，矛盾加剧，内战不止，终于成了伤亡超过五万人以上的十二个省份之一。

随着党内右派势力卷土重来，1969年7月，刘被免职，由69军军长谢振华接任。历任主任是：刘格平、谢振华、王谦。

6. 北京市 (1967.4.20)

在1966年5月的中共中央政治局扩大会议上，原北京市委第一书记彭真被罢黜，以李雪峰为市委第一书记、吴德为市委第二书记的新市委应运而生，6月4日向全国宣布。

但新市委好景不长。1967年1月17日，北京政法学院《政法公社》红卫兵，在公安部部长谢富治的支持下，武力一举夺取了北京市公安局的全部权力。2月11日，北京市公安局由军队接管，实行军事管制。1月18日，北京三十多个单位的造反派，武力进驻了市委大楼，夺了新市委的权。因派工作组执行了刘、邓反动路线，第一书记李雪峰受到批判，被迫逃到天津市躲藏。对于1月18日的武力夺权，周恩来、江青、陈伯达在北京工人革命造反派座谈会上，大加赞扬。

4月20日，中共中央正式批准成立北京市革命委员会，任命**谢富治**为主任委员兼北京军区第一政委，吴德、郑维山、傅崇碧和聂元梓为副主任委员。4月21日，《人民日报》配发编辑部社论：**《热烈欢呼北京市革命委员会成立》**；同日，《北京日报》也配发社论：**《毛主席革命路线的伟大胜利——热烈欢呼北京市革命委员会诞生》**。历任主任是：谢富治、吴德、林乎加。

在毛泽东的眼皮底下，两派拼杀如火如荼。其中，仅在1967年4月30日到5月10日这13天里，发生死伤五十人以上规模的武斗，就有133次之多！

1972年，谢富治病死于任上，北京市革委会主任一职由副主任吴德接任。谢富治是个坚定的毛左派政治家，是邓小平的老部下，却又是反邓的急先锋。邓小平执政后，死了多年的谢富治，遭到掘墓鞭尸式的全面清算：1980年谢被开除党籍；1981年谢被最高人民法院特别法庭确认为林彪、江青反革命集团主犯，鉴于其已死亡，决定不再追究刑事责任。

1970年3月5日，27岁的人权先驱**遇罗克**，被北京革委会枪杀于北京工人体育场。

7. 青海省 (1967.8.12)

1967年2月23日，青海省西宁市发生死伤397人的"青海二二三事件"，震惊海内外。这个事件是上层权力角斗的结果。

1967年1月12日，受省委第一书记杨植霖和省军区司令员兼党委书记刘贤权支持的青海"八一八红卫战斗队"，武力一举夺了《青海日报》的权。1月29日，又用武力夺了省委、省人委的权。素与杨植霖有隙的第二书记王昭省长，见势不妙，以治病为由躲离青海。素与刘贤权不睦的副司令赵永夫，在中央右派将领的默许下，武力一举夺了刘贤权的权，并发动了"二二三"大屠杀。随着反"二月逆流"的发展，左派得势，3月14日，周恩来宣布赵永夫夺刘贤权的权"是一个反革命政变"，赵由是而成阶下囚。随后，中央军委发布命令，由"刘贤权同志全权负责处理青海问题"。

1967年8月12日，青海省革命委员会成立，**刘贤权**任主任、省委第一书记，兼兰州军区副司令员、青海省军区司令员，张江霖等任副主任，第二天，《人民日报》配发社论**《青海高原的凯歌》**加以肯定。

但青海左派的好景不长，到 1968 年 4 月，支持左派的刘贤权调出青海，先到内蒙古，9 月又调任铁道兵政委。主任一职由被打成"走资派"的原山东省委第一书记谭启龙接任，右派很快东山再起。十月宫廷政变后，在济南军区副司令任上的刘贤权，遭清算、撤职，刽子手赵永夫则被平反，恢复名誉。历任主任是：刘贤权、谭启龙、张国声。

8. 内蒙古自治区 (1967.11.1)

1967 年 2 月 5 日，呼和浩特市左派"三司"造反派，在内蒙军区门前静坐示威。中午 12 点 15 分，内蒙师范学院四年级学生韩桐在喊话，被军区军训部副部长柳青开枪重伤，死于医院，酿成了"二五惨案"。"二五惨案"是上层权力角斗的结果。

进入 1967 年，内蒙古呼和浩特市已分成对立的两大派组织：一派以"三司"为代表的左派造反派，他们受军区党委书记、副政委吴涛的支持，炮打区党委书记处书记王逸伦、王铎等领导干部；另一派以"红卫军"为代表的右派造反派，他们受军区副司令员黄厚、副政委刘昌、参谋长王良太、政治部副主任张德贵的支持，炮打区党委书记处书记高锦明、权星垣、康修民等领导干部。由于周恩来的干预，曾被打成"三反分子"的吴涛逐渐得势。4 月 13 日，中共中央决定改组内蒙军区，刘贤权任内蒙军区司令员，吴涛任政委。刘贤权到任之前，由北京军区副司令员滕海清代理。

中央决定下达后，内蒙古军区部分干部、战士，不服中央的决定，组织 1,000 官兵赴京上访，到中南海门前静坐。5 月 26 日，中央军委发出《关于处理内蒙古军区问题的决定》：黄厚、王良太隔离反省；刘昌、张德贵停职反省；内蒙军区降为省军区；上访人员禁止外出，集中整训。同时，滕海清和吴涛亲率一个师开进呼和浩特，以弹压军内反叛势力。

1967 年 11 月 1 日，内蒙古自治区革命委员会成立，**滕海清**任主任，**吴涛**任副主任。11 月 2 日，《人民日报》、《解放军报》配发编辑部《**红太阳照亮了内蒙古草原**》文章，表示支持。历任主任是：滕海清、郑维山、尤太忠、孔飞。

1968 年 7 月 5 日，在毛泽东亲自发动的清理阶级队伍运动中，区革委会正式提出深挖"新内人党"，在内蒙古地区和内蒙古军区内胡抓乱捕。全区有 346,000 多人被审查、揪斗、关押，致残 120,000 多人，整死的则有 16,222 人（另一说"被迫害致死者达十万人以上"）。挖"新内人党"事件引发自治区上层分裂，政局不稳。1969 年 12 月 19 日，中共中央决定对内蒙实行军管，北京军区司令员郑维山率部赴内蒙，取滕海清而代之。1971 年 1 月，郑维山因株连陈伯达案被撤，尤太忠取郑维山而代之。

9. 天津市 (1967.12.6)

1966年9月18日，天津市委第一书记**万晓塘**在一场批斗会后，因心脏病发作去世——这是一起典型迫害致死案例。9月19日，有五十万人参加了万的追悼会。毛泽东接到报告后，龙颜勃然变色，怒批曰："**这实际是向党示威，是用死人压活人**"，遂确定万晓塘、张淮三（市委书记）为"万张反党集团"。但到毛死后的1979年，"万张反党集团"案被平反。

1967年1月4日，中央宣布天津由河北省辖改为中央直辖，解学恭任市委第一书记。由于上层左、右派的角力，天津市"大联筹"和"五代会"两大派造反组织，横眉冷对，武斗频繁，政局混乱。2月14日，当局决定对天津市公安局实行军管。

经过近一年的流血武斗，1967年12月1日，毛泽东终于批准成立天津市革命委员会，任命**解学恭**为主任，**肖思明**、**郑三生**、**江枫**为副主任。12月7日，《人民日报》、《解放军报》编辑部配发社论：《**海河两岸尽朝晖——热烈欢呼天津市革命委员会诞生**》，颂扬天津革委会的成立。历任主任是：解学恭、林乎加、陈伟达。

10. 江西省 (1968.1.5)

1967年3月16日，《江西日报》已实行军管。5月30日，周恩来批评江西军区在"支左"中"**犯了一些缺点错误**"。7月6日，毛泽东为了制止赣州武斗，命令"**广州军区调一个师，至少一个团进驻赣州**"。

8月10日，中共中央决定：改组江西军区，任命程世清为福州军区副政委兼江西省军区政委，杨栋梁为江西军区司令员；责令原江西军区司令员吴瑞山等，应对所犯错误向群众作认真的检讨；要求全省把斗争矛头对准省内方志纯等一小撮"走资派"；在革命委员会筹备小组的领导下，在条件成熟的地区，**把左派群众武装起来**。但到9月5日，中共中央又发布了收缴武器的"九五命令"。由于令出多门，又反复无常，使部队无所适从，在8月间，抚州军分区一些官兵用武力反抗军令。9月27日，毛泽东定性说："**抚州问题实际是叛乱，是典型之一。**"杨栋梁率部平叛，包括抚州市人武部部长在内的65名官兵和群众，惨遭枪杀。

1967年12月30日，中共中央批准江西省成立革命委员会，任命**程世清**为主任，杨栋梁、黄先、于厚德、万里浪为副主任。1968年1月5日，革委会成立，1月7日，《人民日报》、《解放军报》配发编辑部社论：《**井冈山红旗飘万代——热烈欢呼江西省革命委员会成立**》。"九一三事件"后，1972年4月27日，中共在"中发 [1972] 17号文件"中指出："**程世清同志上了贼船，并且制造谣言、篡改党的历史，积极吹捧林贼，**

散布谣言。"由是，程被撤，革委会主任一职由**江渭清**继任。历任主任是：程世清、江渭清。

1977年12月14日，赣州维权斗士**李九莲**，被判处死刑，枪杀于赣州西郊青光岭。

11. 甘肃省 (1968.1.24)

1966年6月25日，中共甘肃省委第一书记汪锋与常务书记裴孟飞联手，罢了兰州大学党委书记兼校长江隆基的党内外一切职务（当年，江任北大党委书记时，曾抓了七百多个右派分子，为中共做出了贡献），当日下午，江隆基自杀。8月22日，为了保全自己，汪锋将裴孟飞打成"黑帮"，裴遭受到戴高帽，挂大牌，坐"喷气式"等毛式批斗（1968年3月29日，裴又被冼恒汉打成"**以裴孟飞为总头目的刘、邓第二套班子**"，最终导致裴孟飞自杀身亡）。11月10日，汪锋停职反省，由胡继宗代理省委第一书记。

11月14日，兰州军区机关拉开文革序幕，开始搞"四大"。政治部副主任张XX和王XX，掌握了领导兰州军区文化大革命的权力，使兰州军区司令员张达志和政委冼恒汉的权力受制。半年后，张XX和王XX被打成"篡党反军集团"。12月30日，兰州军区决定对甘肃省各级公检法机关实行军事管制。

在兰州军区和省军区内系派的支持下，造反派分裂成"红联"、"红三司"和"革联"三大派，形成三足鼎立之势。1967年2月，以"红联"为代表的造反派宣布夺了甘肃省委、省政府的权力。于是，"红联"、"红三司"和"革联"三派之间矛盾迅速激化，导致大规模武斗不断发生。1968年1月24日，甘肃省革命委员会成立，**冼恒汉**任主任、徐国珍、张忠、胡继宗、邱裕民、肖泽民任副主任。1月25日，《人民日报》、《解放军报》配发题为《**春风已到玉门关**》的社论，庆祝甘肃省革命委员会的成立。历任主任是：冼恒汉、宋平。

1977年6月，由于冼恒汉不听命叶剑英，多次无视叶要他为刽子手赵永夫平反的指示，兰州军区开始在各级领导班子中清查"冼家帮"。最后的结论是：冼站在"四人帮"一边去了，但还不是"四人帮"的死党，故免于刑事处分，降低政治生活待遇，提前离退休。冼的职位由甘肃省委副书记宋平接任。

12. 河南省 (1968.1.27)

1966年8月14日下午，河南省委第一书记刘建勋在北京会见郑大学生党言川等时，明确宣布："回到河南后，要在郑州召开一、二十万人的群众大会，号召大家炮打省委司令部，首先炮轰我这个司令官。"刘的宣布，使他从中间立场转瞬间变成了左派，从而使他的副手如文敏生、赵文甫、戴苏理等省委书记们，成了红卫兵炮轰的目标。

同全国各地一样，进入 1967 年，红卫兵很快演变成对立的左、右两大造反派：一派是左派"二七公社"，一派是右派"河造总"和快要瓦解的"十大总部"。左派郑大联委，串联省会各大专院校造反派，组织了"专揪吴芝圃联络站"，揪斗这位大跃进时期的河南省委第一书记，清算他造成饿死数百万农民的"蛮干"罪行。毛泽东发布"支左"命令后，河南军区右派将领省军区政委**何运洪**，迅速行动，打击左派势力，党言川、陈红兵等左派领袖相继被捕。两派武斗遂呈白热化，使河南省成为伤亡超过五万人以上的十二个省份之一。6 月，周恩来表态支持"二七公社"。7 月 10 日，中共中央下文，批评了河南军区在支左问题上犯了方向、路线的错误，造成了部队同群众、群众同群众之间的对立。文件明确指出："这个错误主要应由军区第二政委何运洪同志负责。河南省委内走资本主义道路的当权派是代理第一书记文敏生、书记处书记赵文甫。"何运洪被撤职，由王新取代。

1968 年 1 月 25 日，中共中央批准河南省革命委员会成立，任命**刘建勋**任主任，王新、纪登奎、耿其昌等为副主任。1 月 30 日，《人民日报》、《解放军报》配发编辑部社论：**《辽阔中原唱凯歌——热烈欢呼河南省革命委员会成立》**。1972 年 11 月 4 日，王新变成"林彪死党"被撤，刘建勋依然稳坐第一把手交椅。1979 年，刘建勋被段君毅和平取代。

1975 年 8 月 8 日，驻马店地区的板桥、石漫滩两座大型水库和 2 座中型水库、58 座小型水库，从零时 30 分起，在短短数小时内，相继垮坝决堤，57 亿立方米的特大洪水，使驻马店等地区的 20 个县（镇），俄顷变成泽国。受灾人数 1,100 多万，死亡 23 万多人（官方公布死亡 2.6 万人）。

13. 河北省 (1968.2.3)

上海"一月革命"后，当时的省会保定市，造反派已分裂成遍及全省的两大派组织，即"工总"派和"工筹"派。前者受驻军 38 军的支持，后者由河北军区、63 军以及省委第一书记李雪峰、书记刘子厚的撑腰。1967 年 5 月，两派武斗白热化，使河北省成为伤亡超过五万人以上的十二个省份之一。

1968 年 1 月 29 日，中共中央批准河北省革命委员会成立，任命**李雪峰**为主任，刘子厚为第一副主任，马辉、曾美、张英辉、刘殿臣、耿长锁五人为副主任，并同意河北省省会迁至石家庄市。2 月 5 日，《人民日报》、《解放军报》配发编辑部社论：**《华北山河一片红——热烈欢呼河北省革命委员会成立》**。历任主任是：李雪峰、刘子厚、李尔重。

3 月 2 日，中共中央批准河北省革命委员会工作机构的设置：设立办事组、秘书组、保卫组、政治部、生产指挥部等五个组（部）；工作人员核为 80 人。1971 年 1 月，李雪峰因株连"陈伯达案"被撤，由省革委会第一副主任刘子厚接任。

1976年7月29日，唐山发生7.8级强烈地震，死亡24万人。世界各国纷纷来电慰问，并伸出援助之手，但病危中毛泽东，拒绝接受任何援助，发出了自力更生的"革命号召"，置数十万伤残、一百多万灾民生计于不顾。

14. 湖北省 (1968.2.1)

"七二〇事件"后，原沈阳军区副司令员兼参谋长曾思玉，取代陈再道任武汉军区司令员，原武汉空军政委刘丰，取代钟汉华为武汉军区政委，两人主导湖北政事。

以"七二〇事件"为代表的两派激烈武斗，使湖北省成为伤亡超过五万人以上的十二个省份之一。

1968年2月1日，经中共中央批准，以左派造反派为主体的湖北省革命委员会成立，**曾思玉**任主任，刘丰、张体学、任爱生、梁仁魁、朱洪霞、饶兴礼、杨道远、张立国任副主任。同日，《人民日报》、《解放军报》编辑部配发社论：《**长江万里起宏图——热烈祝贺湖北省革命委员会成立**》。历任主任是：曾思玉、赵辛初、陈丕显。

随着"斗、批、改"的发展，革委会趋于分裂，左派造反派中出现了"北斗星学会"、"决派"和《扬子江评论》组织，时称"北决扬"，与革委会中的曾、刘主导势力对着干。1969年底，革委会的曾、刘主导派，在湖北开展"两批一清"运动，将"北决扬"打成"五一六"加以取缔，许多左派造反派的头头被打成"五一六"或"现行反革命"分子。处于省革委会核心的左派造反派头头，也被迫"靠了边"，失去了权力。1972年，刘丰因株连林彪案倒台后，副主任张体学，指责曾、刘在大抓"五一六"和"北决扬"中，抓了60多万，犯了扩大化错误。

随着"批林批孔"和"批邓反击右倾翻案风"运动的发展，左派造反派时来运转，头头们又得以"补台"，恢复了一些权力。十月政变使上层权力发生了重大变化，下层干部和群众的权益也随之变形。1976年11月，右派"百万雄师"死灰复燃，摇身变成了"工农兵"，在党内右派的支持下，他们把昔日仇敌左派造反派头头朱鸿霞、张立国、夏邦银、胡厚民等多人抓了起来。1982年，朱、张、夏、胡等人被交付"审判"，分别科以重刑，其中胡厚民判20年徒刑。

15. 广东省 (1968.2.21)

1966年9月28日，广东省委召开批判省委后补书记、华南分局宣传部部长王匡大会。省委第一书记赵紫阳在会上说："**王匡是广东省最大的走资本主义道路当权派。**"这显然是"舍车保帅",王匪只能认命。

1967年1月22日,省"革联"宣布夺了中共广东省委的权。赵紫阳看透了这场由毛泽东一手导演的"自下而上的夺权"把戏,因而,在省委机关只有二、三十人起来造反的情况下,就主动交权,把省委、省政府所有公章,统统装在一个麻袋里,交给了"革联"。赵的交章行动,被周恩来斥为"是逃避责任","很可笑"。

1967年3月15日,广州军区正式宣布,对广东全省实行军事管制。由于军管会内部分歧严重,广州地区逐渐形成了"东风"和"红旗"两大造反派,武斗频发,年轻学生都变成了上层权力角斗的炮灰。

1968年2月21日,中共中央批准成立广东省革命委员会,任命**黄永胜**为革委会主任,孔石泉任第一副主任,陈郁、王首道、邱国光、阎仲川、黄荣海、刘继发、黄育英(女)任副主任。2月23日,《人民日报》、《解放军报》配发编辑部社论:《**"战士指看南粤,更加郁郁葱葱"热烈欢呼广东省革命委员会成立**》。

黄永胜上台以后,狠批赵紫阳,并把赵的材料报送到中央专案组。周恩来对广东的造反派说:"**赵紫阳就是个小爬虫,你们斗他能说明什么问题?不触及要害嘛。另外他一直是搞农业的,只会说养猪**(众人大笑),**不懂阶级斗争嘛。**"周巧妙地保护了赵紫阳。1968年"杨余傅事件"后,黄永胜上调北京取代杨成武任总参谋长。1969年6月,革委会主任由广州军区司令刘兴元取代。历任主任是:黄永胜、刘兴元、丁盛、赵紫阳、韦国清、习仲勋。

16. 吉林省 (1968.3.6)

1967年1月,长春市多个造反派组成第二总指挥部,时称"二总部"。2月初,"二总部"分裂,分裂出去的组成"长春公社"。8月17日,中共中央批发吉林省军区、十六军、空一军向"长春公社"广大革命群众赔礼道歉的"给长春市广大革命群众的公开信"。1968年1月24日,吉林省长春市两大派四个造反组织("长春公社"、"东方红公社"的"公社"派和"红革会"、"二总部"的"红二"派)实现革命大联合。

1968年3月6日,中共中央批准成立吉林省革命委员会,任命**王淮湘**为主任,阮泊生、郑季翘、肖道生、何友发为副主任。3月10日,《人民日报》、《解放军报》配发编辑部社论:《**红日高照长白山——热烈祝贺吉林省革命委员会成立**》。1977年2月,王淮湘因株连"四人帮"案被免职,1980年被开除党籍。省革委会主任一职由文革中的"走资派"前新疆维吾尔自治区第一书记王恩茂接任。历任主任是:王淮湘、王恩茂。

17. 江苏省 (1968.3.23)

文革初期，以第一书记江渭清为首的江苏省委，做出系列决定，支持文化大革命：1966年5月，他们抛出省教育厅厅长吴天石等多人进行批判，导致吴氏夫妇被学生打死；6月6日，他们决定撤销南大校长匡亚明的一切职务，支持学生"横扫一切牛鬼蛇神"；1967年1月3日，他们支持"赤卫队"与中央文革对抗，导致"一三"江苏饭店武斗事件；1月26日，他们默许"红造总"单方夺权，促使造反派分裂成"好"派和"屁"派。由于"好"派和"屁"派在党内军内都有支持者，武斗规模不断扩大，其装备不断升级。3月5日，公安厅、公安局被军事接管。

为了逃避揪斗，南京军区司令许世友，逃到大别山军事重地躲藏，扬言造反派敢来抓他，他就开枪。"七二〇"事件后的8月18日，毛泽东在上海召见许世友。许应召从山里赶赴上海，"扑通"跪在毛的面前请罪。毛扶起许说："**世友，我信任你，南京军区党委是可以信任的，你还是南京军区司令员。不许揪许世友，这是我的意见，我派人打电话给他们，你回去也传达我的意思，你看这样行吗？**"后来又对许说："**江苏革委会主任由你来当。**"

1968年3月23日，江苏省革命委员会成立，**许世**友任革委会主任，吴大胜、杨广立等任副主任。3月25日，《人民日报》、《解放军报》配发编辑部社论：《**天翻地覆慨而慷——热烈欢呼江苏省革命委员会成立**》。历任主任是：许世友、彭冲、许家屯。

许世友是个聪明的大老粗。在江苏当政后，在"清队"、抓"五一六"和"一打三反"等运动中，坚决执行毛泽东的部署，借机镇压左派造反派和军内异己分子。据报导，仅百万人口的南京市，就抓出"五一六"分子二十多万，六十多万人口的无锡市，也抓出七万多个"五一六"分子，使成千上万个家庭妻离子散、家破人亡。在"九一三"事件中，他反林彪，在十月宫廷政变中，他又反"四人帮"，因而使他当上九、十、十一届中央政治局委员，进入了中共最高领导核心。

1975年，八大军区司令对调，许世友调往广州，省革委会主任由"走资派"原省委书记彭冲接任。

18. 浙江省 (1968.3.24)

1967年1月15日下午五时，浙江省八十五个革命造反派组织，采取联合行动，封闭了浙江省军区司令部大楼。1月30日，中共中央批评浙江党、政、军当局，指责他们压制革命造反派"省联总"，支持群众斗群众。3月15日，中共中央成立浙江省军事管制委员会，浙江省军区政委龙潜任主任，阮贤榜（省军区副司令员）、曹思明（舟嵊要塞区政委）、南萍（二十军政委）、陈励耘（空五军政委）任副主任。由于军管会内部分歧，逐渐形成的"省联总"和"红暴"两大派之间的武斗，愈演愈烈。8月，中共中央决定改组浙江省军管会和省军区，任命南萍为浙江省军管会主任，陈励耘为副主任，熊应堂代浙江省军区司令员，南萍代政委。

1968年3月24日，中共中央批准成立浙江省革命委员会，南萍为革命委员会主任，陈励耘为第一副主任，熊应堂、周建人、赖可可、王子达、张永生、华银凤为副主任。《人民日报》、《解放军报》配发编辑部社论：**《紧跟毛主席就是胜利——热烈祝贺浙江省革命委员会成立》**。历任主任：南萍、谭启龙、铁瑛。

"九一三"事件后，陈励耘被捕，1972年6月，"上了林彪贼船"的南萍、熊应堂被隔离审查。1973年5月，原山东省最大"走资派"谭启龙，接任浙江省委书记和革委会主任。1976年4月，谭启龙因镇压左派张永生等，在批邓中再次中箭落马，被撤销党内外一切职务，由原舟山地区革委会主任铁瑛接任。十月政变后，党内"走资派"掌权。1979年4月3日和8月13日，浙江省杭州市中级人民法院，先后判处"省联总"头头张永生和翁森鹤无期徒刑。正是：

"造反派"夺"走资派"的权，

"走资派"要"造反派"的命。

19. 湖南省 (1968.4.8)

1966年8月17日，由省委、省军区负责人的子弟为首的"红色政权保卫军长沙总部"正式成立。市五中学生、省军区某副司令员之子**李正**、市一中学生、省委代理第一书记王延春之女**王虹霞**等高干子弟，为"总部"负责人。9月，在省委、省军区支持下，以保卫党、政、军的"保卫毛泽东思想工人赤卫队"、"无产阶级专政军"、"红色政权保卫军湖南高等院校总指挥部"等造反派相继成立。在官方红卫兵、造反派成立后，非官方的也纷纷亮相。其中，9月7日，"毛泽东主义红卫兵东方红总部"宣告成立。

9月24日，省委第一书记张平化发动抓"黑鬼"运动，全省数千人被打成"黑鬼"和"右派"。10月12日，在中央文革的干预下，张宣布停抓"右派"和"黑鬼"，并给被抓被斗的人恢复名誉。为了与官方右派造反派抗衡，10月14日，左派造反派"湘江风雷"成立，矛头直指张平化。1967年2月4日，"湘江风雷"、"红旗军"等左派被打成反动组织，大小头目悉数就擒。7月13日，毛泽东公开支持左派造反派，他说："**我们要为'湘江风雷'平反。**"对此，7月31日，省军区司令员龙书金被迫写了检讨，承认犯了方向性错误。8月10日，中共中央改组省军区，成立以47军军长黎原和华国锋、章伯森等为首的湖南省革筹小组，领导全省革命和生产。10月11日，以"湘江风雷"为主的"省无联"成立。由于造反派系林立,武斗频繁,湖南成为武斗伤亡超过五万人以上的十二个省份之一。

1968年1月6日,"省无联"杨曦光发表《中国向何处去?》等文章,抨击党内左、中、右派势力,都是"红色"资本家阶级。2月,"省无联"被取缔,其头头和《中国向何处去?》作者杨曦光等人,被捕入狱,其中杨被判10年徒刑。

1968年4月8日,湖南省革命委员会成立,**黎原**任主任,龙书金、华国锋、张伯森等任副主任。《人民日报》、《解放军报》按规定配发编辑部社论,表示热烈祝贺。历任主任是:黎原、华国锋、毛致用。

1970年,中共中央发出3、5、6号三个文件,提出对在"一打三反"中被清查出来的对象,要"**杀一批、关一批、管一批**",并规定杀人由省一级革命委员会批准。此刻,毛泽东多次重复的"**一个不杀,大部不捉**"的讲话,成了千古谎言。为了贯彻中央文件精神,《长沙晚报》在一篇社论中高呼:"**不杀不足以平民愤,不杀不足以正国法,杀、杀、杀、杀、杀、杀、杀出一个红彤彤的毛泽东思想的新世界!**"一口气喊了七个"杀",空前绝后。在"一打三反"和1971年的"清查五一六"中,多数左派造反派被整肃。在而后的"批林批孔"中,左派们的日子虽然好过了些,但到十月宫廷政变后,他们都被科以重刑,如"工联"头头、原省革命委员会副主任胡勇,被判15年徒刑。

20. 宁夏自治区 (1968.4.10)

1967年1月27日,银川市"宁夏革命造反派联合委员会"成立,宣称大联合夺了自治区党政机关的权。2月11日,宁夏军区发表声明,撤销对"宁夏革命造反派联合委员会"的支持,并对一些单位和学校实行军管、军训。

3月10日 反对"一二七"夺权的造反派,以民兵为骨干,成立了"银川地区无产阶级革命派大联合筹备处",简称"筹备处",由省军区和各级人武部支持;3月18日,肯定"一二七"夺权的造反派,以学生为骨干,组成了"宁夏无产阶级革命派总指挥部",简称"总指挥部",由中央文革遥控撑腰。自此,宁夏对立两大派形成。由于双方都有后台,武斗经常发生。8月28日,六十二师在青铜峡,协同"总指挥部"镇压"筹备处"。结果当场打死101人,打伤133人。

自治区军区司令朱声达与周恩来和中央文革对着干。他死保自治区书记杨静仁、马玉槐等"走资派",支持"筹备处",镇压"总指挥部"。7月26日,中共中央将"宁夏无产阶级革命派大联合筹备处"定性为保守组织,8月18日,改组宁夏支左领导小组,由兰州军区副司令员康健民为组长、六十二师师长徐洪学为副组长,靠了边的朱声达,旋即失去了自由。8月25日,徐洪学率部进入宁夏银川等地,支持左派"总指挥部"。

1968年4月10日，中共中央批准成立宁夏回族自治区革命委员会，任命**康健民**为革委会主任，张怀礼、徐洪学、王志强、安建国任副主任。4月12日，《人民日报》、《解放军报》按规定配发编辑部社论，表示热烈欢呼。历任主任是：康健民、霍士廉、马信。

革委会在清理阶级队伍运动中，仅银川市就挖出"叛、特、反、资"等"阶级敌人"1,200多人。文革后，悉数平反。

1969年11月15日，革委会开展"加强战备、准备打仗"为理由的遣散弱势群体的"群众运动"。仅银川一地，就有1.5万多人被迫落户到偏远山区农村。

1970年4月29日，宁夏综合地质大队物探技术员**余渭国**，因发表《砂不见木》的讨林彪檄文，被革委会以"现行反革命罪"处以极刑，枪杀于银川市郊。

21. 安徽省 (1968.4.18)

1967年1月21日，南京军区向林彪报告说："顷接安徽军区报告，首都第三造反司令部驻安徽联络站等单位向安徽军区提出，22日到23日，在合肥召开15万到20万人大会……要安徽军区派出三百到五百名部队警卫会场。他们提出，如派部队就是支持文化大革命，如不派就是不支持文化大革命，并限安徽军区21日14时前答复。是否派部队，请速指示。"1月21日，毛泽东批示："**应派军队支持广大革命群众。**"毛的批示，催生了1月23日中共中央发出的《**关于人民解放军坚决支持革命左派群众的决定**》。

1967年1月26日，安徽省"八二七革命造反总指挥部"、"工人联合委员会"等造反组织，宣布夺了省委的权。但由于没有实行大联合、三结合，遭到了"八二七革命到底联络站"、"红革会"、"工人一司"、"工人三司"、"红卫军"，"安徽省暨合肥市机关革命职工造反司令部"等造反组织的反对。自此，以对待"一二六"夺权的态度，分裂成两大派：支持者叫"G派"，反对者叫"P派"。由于两派各不相让，同全国各地一样，从辩论到武斗，又从冷兵器相拼杀到现代化兵器攻防战，连续不断。3月27日，中共中央认定安徽省军区司令员严光，犯了执行"资产阶级反动路线"的错误，立即成立了以南京军区副司令员钱钧为首的军管会，取严而代之。但由于军管不力，武斗不断。10月28日，军管会改组，由12军军长李德生任主任委员，张文碧、廖成美、杨广立任副主任委员。12军进驻合肥等地。李德生果然不负使命，仅用了三个月，便从造反派手中收缴了各种枪支2.9万余支，火炮290门，各种车辆51台，还有大量弹药，基本上控制住了省会合肥市大规模武斗。

1968年4月18日，中共中央批准成立安徽省革命委员会，任命**李德生**为主任，廖成美、宋佩璋、李任之、杨效椿、徐文成、张秀英（女）、张家云（女）为副主任。4月20

日，《人民日报》、《解放军报》按例配发编辑部文章热烈祝贺。历任主任是：李德生、宋佩璋、万里。

在省革委会领导下，5月起便开展清理阶级队伍运动。据报导，到1968年年底，全省揪出"阶级敌人"43万多人。在残酷的逼供信中，数万人致死、致伤、致残，以霍邱县最为严重。

22. 陕西省 (1968.5.1)

1966年9月17日，陕西省委第一书记霍士廉，在西安市号召"炮打司令部"。他把陕西文化大革命的矛头，对准了省委第二书记赵守一、省长李启民、省委书记处书记冯基平、省委常委刘子义、省委副秘书长林牧、陕西日报总编辑丁济沧和宣传部副部长吴钢、陈吾愚等。此外，在"炮打司令部"讲话中，他把文化、教育、学术界人士罗明、黄俊耀、彭康、郭琦、王云、康迪、李一青、宋醒民、王维祺等人，称为"反党反社会主义反毛泽东思想的反革命修正主义分子"。显然，他是中共惯用的以打倒他人来保护自己的左派当权派！

1966年9月20日，以西北局、陕西省委和部分军队高干子弟组成的"红色恐怖队"在西安成立。时任陕西省军区副司令员张开基之子张文光任司令，西中、十一中等高干子弟云集学校的学生，是"红色恐怖队"的主要力量。他们在陕西煽文革之风、点文革之火和大破"四旧"中，大显身手，其中，许多人都是专门对付弱势群体的杀手。文革后，他们中许多人同北京"联动"中的高干子弟一样，得到了陕西省各级党政当局的重用。

同全国各地一样，从1967年到1968年间，陕西武斗不断，成为武斗伤亡超过五万人以上的十二个省份之一。为此，中共中央于1967年11月9日，下发了"关于停止武斗、恢复生产的协议"，要求陕西省军区、驻陕部队支左委员会，监督铜川地区的"铜总会"和"铜总司"两派之间、渭煤系统的"红造总"和"联委"两派之间，实行停火，并收缴武器。

1968年4月30日，中共中央批准陕西省革命委员会于5月1日成立，任命**李瑞山**为革命委员会主任，黄经耀、胡炜等11人为副主任。第二天按例，由《人民日报》、《解放军报》配发编辑部文章表示热烈祝贺。历任主任是：李瑞山、王任重、于明涛

据报导，省革委会紧跟毛主席的战略部署，在清理阶级队伍中，共清出"阶级敌人"46,724人，增补地主、富农10,048户。在一打三反中，拘捕"反革命分子"1,934人，其中，判刑1,539人，处决101人，"畏罪自杀"8人，潜逃13人。又据称，中共十一届三中全会后，陕西省的大量冤假错案得到了纠正。

23. 辽宁省 (1968.5.10)

1966年6月4日，辽宁大学因反校党委，有四、五十人被打成"右派"。到7月25日，全校被打成"右派"的人数增加到409个，其中，哲经系陈玉凤被逼疯。

1967年1~2月，沈阳军区宣布"八一红卫军"是反动组织，并多次出动部队镇压。1967年4月，"辽革站"、"八三一"和"辽联"三大造反组织先后成立，逐渐形成三足鼎立之势。在党内、军内派系的支持下，他们之间武斗频繁发生。

8月10日，中共中央常委李富春宣布："王鹤寿是高饶反党集团的漏网分子"。8月17日，中共中央关于鞍山问题的决定指出：鞍山市委第一书记兼鞍山钢铁公司党委书记王鹤寿和其它市委领导赵敏、罗定枫、钟剑平等人，是党内一小撮走资本主义道路当权派。他们顽固地执行资产阶级反动路线，挑动群众斗群众，挑起严重武斗，对鞍山市人民犯下了滔天罪行。中央决定撤销王、赵、罗、钟四人的党内外一切职务，对王鹤寿实行隔离反省。中央决定成立以39军军长张峰、政治委员陈绍昆同志为首的鞍山市军事管制委员会，对鞍山市、鞍山钢铁公司实行全面军事管制。

12月7日，东北局第一书记宋任穷做了书面检讨。12月8日，沈阳军区党委承认"支左"中犯了错误：支持"辽革站"，却对"八三一"和"辽联"两派支持力度不够，感情上有所疏远。

1968年5月10日，辽宁省革命委员会宣布成立，革委会主任由沈阳军区司令员**陈锡联**担任，副主任由李伯秋，毛远新，尉凤英等十五人担任。5月12日，《人民日报》、《解放军报》依例配发"热烈欢呼"的编辑部社论。历任主任是：陈锡联、曾绍山、任仲夷。

省革委会紧跟毛主席的战略部署，在清理阶级队伍运动中，大搞"群众专政"，随意抓人、抄家、私立公堂，大搞逼供信。全省被立案审查10多万人，被关押19.4万人，上万人致伤、致残或致死，十几万家属亲友受到株连。

1975年4月4日，敢于批评毛泽东的共产党员**张志新**，被割断喉管枪杀于沈阳大洼刑场。

24. 四川省 (1968.5.31)

当"三老四帅"大闹怀仁堂时，在叶剑英等右派将帅的支持和林彪的默许下，四川省军区和驻军，从2月24日到3月中旬，就抓捕了造反派十多万人，史称"二月镇反"。其中，成都抓捕两万多，重庆市取缔和捣毁左派造反组织118个，迫其自动解散146个，抓捕2,253人。

当中央挫败"二月逆流"后,左派造反派翻身,但很快又分裂成势不两立的两大造反组织。在成都分裂成"红成"派和"八二六"派,在重庆分裂成"八一五"派和"反到底"派。两派都有后台,都有军区或驻军的支持。他们之间的对立,与全省各地的造反派之间的对立,紧密地联系在一起。由于各派都有军队的支持,他们之间的争斗很快白热化,成为武斗伤亡超过五万人以上的十二个省份之一。

1967年4月4日,中共中央决定为前宜宾地委书记刘结挺、前宜宾市委书记张西挺夫妇平反,给四川两派武斗火上浇油。

5月7日,周恩来批评成都军区,把文化大革命当作镇反运动,把革命派打成反革命,犯了严重的方向路线错误。接着他代表中共中央宣布:撤销李井泉的中共中央西南局第一书记的一切职务,任命成都军区第一政委张国华为四川省革命委员会筹备小组组长,成都军区司令员梁兴初和刘结挺为副组长,负责筹建四川省革命委员会。

5月16日,中共中央宣布:撤销任白戈重庆市委第一书记的一切职务,建立重庆市革命委员会筹备小组,由54军副政委蓝亦农、副军长白斌、重庆市军分区司令员唐兴盛等人组成,负责筹建重庆市革命委员会。

1968年5月31日,根据中共中央的批准,四川省革命委员会成立,**张国华**任四川省革命委员会主任,李大章、梁兴初、刘结挺、张西挺等15人任副主任。6月2日,《人民日报》、《解放军报》依规发表编辑部文章"热烈欢呼"。1972年3月23日,中共中央又指责"梁兴初、陈仁麒、谢家祥三同志上了(林彪)贼船,犯了严重的方向路线错误和宗派主义错误。"张国华病死后,主任一职由广州军区司令刘兴元接任。历任主任是:张国华、刘兴元、赵紫阳。

1969年3月25日,重庆市革委会发出《关于建立"群众专政大军"的几点意见》,要求各地各单位在清理阶级队伍的基础上,建立"群众专政大军"和"群众专政指挥部"。到7月止,全市"群众专政大军"人员已发展到30余万人,出现了大量乱抓人、关人、抄家、刑讯逼供等武斗行为,伤亡数千人,被群众骂为"专群众政大军"。又据报导,四川新津县"被揪斗的在万人以上。"什邡县揪斗了一万多人后,宣布清理出2,600多个各类"分子"。

1969年12月,在周恩来主持下,调整了四川省革委会领导班子。12月25日,周说:**"刘结挺、张西挺是个人野心家,要发动群众揭发批判。"** 由是,刘、张被撤。但在两年前即1967年12月19日,周对四川省革命委员会筹备小组指示说:**"打倒刘、张就是反对四川十条,就是反对了中央。"** 真可谓"此一时,彼一时也。"

25. 云南省 (1968.8.13)

1966年6月10日，省委第一书记阎红彦在地委书记会上作总结时说："**文化大革命的方针是集中力量打击牛鬼蛇神，打击反革命，打击资产阶级右派，打击资产阶级代表人物……具体说，就是打击资产阶级权威专家，老古董，因为他们天天骂我们，什么是资产阶级代表人物？不是指一般有缺点人，是包庇牛鬼蛇神的人，牛鬼蛇神就是三反分子。**" 6月26日，阎红彦从西南局开会回来说："**全国要抓40万右派。**"又说："**云南这么大个省，不抓他万把反革命还行。这次恐怕不止此数，搞的面会大大超过。**"为了与中央保持一致，7月5日省委决定舍车保帅，抛出主管宣传工作的书记处书记高治国进行批判。阎说高是"牛鬼蛇神"。

从1957年4月27日中共中央发出《关于整风运动的指示》起，到6月8日《人民日报》刊出了《这是为什么？》的社论，毛泽东发出反击右派进攻的号令止，共经历了43天。但这次文化大革命却出乎他们的意料之外。9月初，省委书记处书记赵健民焦急地说："**毛主席为什么到现在还不组织反击，还在稳坐钓鱼船。**"因为从公布《五一六通知》起已经三个月了。显然，阎、赵还在做九年前反右的梦。然而，他们失算了：毛泽东把矛头对准了他们。

11月3日，在周恩来和"中央文革"的支持下，昆明市造反派成立了批判资产阶级反动路线联合指挥部。阎红彦被迫在大会上作"检查"。

1967年1月8日，阎红彦自杀。1月12日，周恩来对云南赴京代表谈阎红彦自杀时说："经北京去的法医检验后确实是自杀的，是他自绝于党，自绝于人民，是一个可耻的叛徒。"接着，1月13日，中共中央、国务院向昆明地区革命造反派发去支持电说："**你们站在以毛主席为代表的无产阶级革命路线方面，坚持彻底批判以阎红彦为首的云南省委继续执行资产阶级反动路线的严重错误，你们做得对，做得好，我们完全支持你们。**"

1月，昆明形成"炮派"与"八派"两大造反组织。26日，"炮派"兵分两路：一路夺了省人委所属各厅局的权，一路夺了省委和昆明市委的权；晚上，"八派"开进省委机关，当面向省委书记周兴、赵健民宣布夺权。

3月，中央批准成立云南军管会，昆明军区政委李成芳为主任，副政委张子明、云南军区司令员黎锡福为副主任。李成芳支持"八派"，云南省军区政委张力雄、副司令员朱家璧、省委书记赵健民等却支持"炮派"。两派武斗迅即激化。

1968年5月19日，中央任命谭甫仁为昆明军区政治委员，取代李成芳。8月10日，中共中央任命**谭甫仁**为云南省革命委员会主任，周兴、陈康等8人为副主任。8月13日云南省革命委员会成立。8月15日，《人民日报》、《解放军报》发文《**热烈欢呼云南**

省革命委员会成立》。历任主任是：谭甫仁、周兴、贾启允、安平生。

在省革委会的领导下，在清理阶级队伍中，有数万人在逼供信中致死、致伤、致残；在边疆地区建立政治边防中，揪出九种人 28,162 人，导致德宏州 17,961 人外逃到缅甸，红河州 1,311 人外逃到越南。

1970 年 12 月 17 日，恶贯满盈的谭甫仁遭暗杀身亡。中央任命**周兴**为省革委会主任。

1976 年十月宫廷政变后，安平生执行中央关于清查"帮派体系骨干"的指示，依靠"炮派"，把"八派"作为主要清查对象。据报导，清查波及全省 150 万人，清查出"四人帮云南帮派体系骨干" 5 万多人，数千人被判刑入狱。

26. 福建省 (1968.8.14)

1966 年 11 月 1 日，红卫兵封闭福建省委办公厅大楼，省委第一书记叶飞要调军队镇压，省军区司令员韩先楚坚决反对。他说："我们不能去，群众运动是符合大方向的。"

11 月 24 日，叶飞支持的工人赤卫队在体育场召开的一万多人大会。会中，与红卫兵发生流血冲突，多人受伤。韩先楚表态，支持红卫兵，抨击叶飞。

在毛、周和中央文革的压力下，1967 年 1 月 4 日，叶飞向全省发表"向全省人民请罪"书："没有执行毛主席的革命路线，执行了资产阶级反动路线，转移了斗争的大方向，压制了广大革命群众的热情，打击了革命左派，使我省的无产阶级文化大革命运动遭到了严重的挫折和损失，我是要负主要责任的。"

1967 年 1 月 26 日，保叶造反派冲击军事指挥机关，要韩先楚承认冲司令部是革命行动；2 月 7 日，厦门取缔了 16 个造反组织。于是，福建一些地方出现"拥护解放军，炮打韩先楚"的标语口号。

对"一二六"冲击事件和"二七"取缔事件的赞成和反对，福建形成了以"八二九"中心和以"革造会"中心的两大对立造反派别。前者受中央左派和省军区的支持，后者受中央右派和各级地方政府、人武部的暗中支持。两派都有坚强的后盾，各不相让，武斗频繁。

1967 年 4 月 30 日，周总理宣布："我们的伟大领袖毛主席和林副主席委任韩先楚同志为福建军事管制委员会主任。"但有因于以叶飞为代表的地方势力的强大，韩先楚"病"了一个多月。"病"好后，他改变了策略：在孤立叶飞的同时，向地方势力修好。8 月 22 日他说："我身体不好，正在治疗，对家里的事情不了解，请同志们谅解。我们没有彻底走群众路线，没有和地方领导干部很好商量……"

1968 年 8 月 14 日，中共中央成立福建省革命委员会，任命韩先楚为福建省革命委员会主任，副司令皮定钧等 11 人为副主任。8 月 21 日，《**人民日报**》、《**解放军报**》依规发表编辑部社论"热烈祝贺"。历任主任是：韩先楚、廖志高。

在"一打三反"中，以韩先楚为首省革委制造了一起大血冤案：枪杀"中国共产党幸福委员会"主要成员**谢洪水、谢永祺**等21人，打死8人，逼死12人，致残者28人，自杀多人。

27. 广西自治区 (1968.8.26)

1966年7月，广西省委第一书记韦国清把红卫兵视为洪水猛兽，通知要害部门加强警卫，要求各机关、工厂成立赤卫队，防止红卫兵冲击。

1967年1月，韦为自保，抛出了省委书记处书记、副省长贺希明和省委书记处候补书记霍泛进行批斗。贺希明曾当过国民党政府广西航空学校政治教官和寿县县长，被打成历史反革命；霍泛曾被捕过，被打成叛徒。

1967年4月中旬，省委书记处书记伍晋南声明支持红卫兵造反派。

1967年5月，南宁地区围绕着"支韦"还是"支伍"的问题，形成了"联指"、"四二二"两大派。

1967年6月14日，周恩来发表了"保韦"讲话。在回答毛曾赞扬"**韦国清同志是好同志、好党员，是我们司令部的人，请你们放心**"的话时说："**主席是说过的，越南同志对韦国清同志是很尊重的，韦国清同志在越南是有功劳的**（笔者：指韦任驻越军事顾问团团长时，在击败法国的"奠边府战役"中作出的贡献）。**对韦国清站出来的问题中央是要支持。韦国清同志在越南有威望，有功，这是事实。**"毛、周对韦的支持，确定了广西文革的走向，注定了"四二二"反韦的派的命运。

但到1967年8月24日，周恩来改变了立场，他要军区端正态度支持"四二二"派。1967年11月6~8日，韦国清和广西军区，被迫先后作了检讨，承认压制"四二二"派"犯了方向路线错误"。

1967年11月18日，中共中央决定建立由韦国清、军区司令欧致富、军区政委魏佑铸、空七军政委焦红光等参加的广西壮族自治区革命委员会筹备小组。

1967年5月以后，"四二二"与"联指"之间的武斗，规模不断扩大，烈度不断升级。直至1968年8月，已导致十多万人伤亡，成为武斗伤亡超过五万人以上的十二个省份之一。

在韦国清的省革筹组领导下，不少地方刮起了大杀"阶级敌人"之风。资料显示，到1968年5月11日为止，在县以下，全区共诛杀"五类分子"及其子女等各种"阶级敌人"18,000多人。

当知悉中央取消对"四二二"派的支持后，韦即开始了剿灭政治对手的部署。从

1968年7月12日至8月3日，《广西日报》连发九篇社论，煽动仇恨，挑起屠杀，鼓吹"**向阶级敌人刮十二级台风**"。资料显示，区革筹组和广西军区以"七三"布告为武器，大开杀戒，仅在7~8月的一个多月中，全区又枪杀包括"四二二"在内的各类"阶级敌人"84,000多人。

1968年8月26日，广西壮族自治区革命委员会在腥风血雨中成立，双手沾满血污的屠夫**韦国清**任革命委员会主任，欧致富等十二人任副主任。1968年8月28日，《人民日报》、《解放军报》配发编辑部社论：《**紧跟毛主席的伟大战略部署前进——热烈欢呼广西壮族自治区革命委员会成立**》。历任主任是：韦国清、安平生、乔晓光。

28. 西藏自治区 (1968.9.5)

1966年10月15日，周恩来在接见中央民族学院干训班西藏学生的谈话中，传达了中共中央消灭藏族文化的决心。他以"解放者"的姿态说："**西藏地区经历了三次大解放：第一次是1951年人民解放军进驻西藏，西藏回到了祖国大家庭；第二次是1959年的农奴解放，平叛之后，进行了经济制度的改革，取消了农奴制度；第三次是文化大革命，喇嘛获得了解放。全西藏有十几万喇嘛，90%已还俗，要组织这些解放出来的小喇嘛参加生产。**"又说："**喇嘛制度一定要打碎，因为喇嘛制度严重妨碍了民族发展。为什么解放前西藏、内蒙的人口逐渐减少？就是喇嘛宗教制度的影响。这次文化大革命是思想大革命，就是要把喇嘛制度彻底打碎，解放小喇嘛。**"

1967年2月5日，"造总"等群众组织在拉萨市开大会，宣布夺权。西藏军区支持。

1967年3月，"二月镇反"平凡后，西藏自治区形成了"大联指"和"造总"两大派对立造反派。武斗由是开始，一发不可遏制。1967年9月18日，中共中央确认双方都是革命群众组织。

1968年8月28日，中共中央批示成立西藏自治区革命委员会。批示中确定：西藏的代理人周仁山（原西藏自治区委书记、代理第一书记），王其梅（原西藏军区副政委、西藏自治区党委书记，1967年8月15日含冤去世。）等勾结达赖、班禅叛国集团和国民党反动派的残渣余孽，妄图复辟封建农奴制度和资本主义。批示中确定西藏军区司令员**曾雍雅**任西藏自治区革命委员会主任，任荣，陈明义等13人任副主任。9月5日，西藏革委会在敲锣打鼓中成立，《人民日报》、《解放军报》配发编辑部社论予以祝贺！历任主任是：曾雍雅、任荣。

1970年12月8日，中共中央发出《关于西藏社会主义改造问题的指示》。《指示》认为，西藏的社会主义改造高潮已经出现，要求西藏的各级党组织依靠贫下中农牧，联合中农牧，消灭农奴主、牧主和富农富牧阶级的剥削制度，在两、三年内基本实现人民公社化。这是继 1959 年强行消灭"农奴制"后以"解放者"自居的汉人，主导的第二次强行消灭！

29. 新疆自治区 (1968.9.5)

1967 年 1 月 25 日，新疆维吾尔自治区石河子市发生流血事件。新疆军区认为，这是部队在忍无可忍的情况下镇压反革命歹徒；但新华社记者则认为，这是一起镇压革命群众的严重的反革命事件。

1967 年 2 月 11 日，中共中央规定：生产建设兵团在军事管制下，进行无产阶级文化大革命。

1967 年 3 月中旬后，乌鲁木齐市的造反派逐渐分裂成两大派："三新"派和"三促"派。前者由省军区和原区委第一书记王恩茂的支持，后者由周恩来、中央文革撑腰。由是，两派互不相让，武斗不止，成了武斗伤亡超过五万人以上的十二个省份之一。

1968 年 5 月 4 日，周恩来说："**兵团还有张仲瀚的余孽。**"周说的"余孽"除"五类分子"、劳改犯、国民党起义官兵和盲流外，还包括支边青年。他说："**动员的上海、武汉、天津支边青年，上海尽量把工人子弟留下，把资本家的子女送去，从上海来讲，是对的，但你们那里增加了负担。**"

1968 年 8 月 31 日，新疆军区党委在关于成立新疆维吾尔自治区革命委员会的报告中说，武光（原区党委书记、政府副主席）、吕剑人（原区党委书记）、张仲瀚（原新疆军区副政委、生产建设兵团第二政委）、伊敏诺夫（原区政府副主席）、包尔汉（前新疆人民政府主席）等，代表了美帝、苏修、国民党反动派、地富反坏右的利益，疯狂地反党、反社会主义、反毛泽东思想，极力推行一条反革命修正主义路线，破坏祖国统一，分裂民族团结，妄图在新疆复辟资本主义。报告建议**龙书金**担任革委会主任，王恩茂、赛福鼎等九人任副主任。9 月 1 日，中共中央批准了这个报告。9 月 5 日，新疆维吾尔自治区革命委员会成立，《人民日报》、《解放军报》配发编辑部社论予以祝贺！历任主任是：龙书金、赛福鼎、汪锋。

1972 年 7 月 16 日，中共中央发文说："龙书金同志站在以林彪为头子的资产阶级司令部一边，上了贼船，陷的很深，坚持资产阶级立场，对抗毛主席的革命路线，转移斗争大方向。"龙由是被撤，由赛福鼎继任。

1975 年 5 月，新疆生产兵团发生"兵变"，新疆军区出动军队镇压，伤亡 7,330 多人；其中，枪杀 2,170 人，失踪 8,137 人。到八十年代，"兵变"被平反——这是中共先镇压、后平反即"**先杀后抚**"的又一例证。

笔者评语

二十九个省市革命委员会的建立，都是通过武力夺权实现的，其血腥性无一例外——这是毛泽东"**枪杆子里出政权**"理论的写照。

据悉，在海外，有"民运人士"声称："**当年毛泽东支持的'革命委员会'，就是人民群众在文革历史条件下，争取民主斗争的政治成果。**"如果你不健忘，请回头看一看全国二十九个省、市、自治区革委会成立过程：在那里，除了赤裸裸的权斗和鲜血淋漓的内讧、武斗外，**你能感受到"天鹅绒"民主的温馨、嗅闻到"茉莉花"自由的芳香吗？**又有人说："（革委会）**其得而复失，完全是因为老'走资派'又重新回到了权力的中心。**"可悲的是，这些"民运人士"还在"走资派"、"走无派"之间徘徊。他们竟然没有看到，无论是在毛泽东鼓噪的"人民当家做主"的五、六十年代和"继续革命"的文革年代，还是在邓小平倡导的"改革开放"年代，抑或是在"不断深化改革"的"江、胡、习"时代，他们都是打着社会主义和乌托邦共产主义旗号，造就了一批又一批、一代接一代的**官僚特权阶级**。这些官僚特权阶级的共同特点是：一谎言，二镇压，三腐败！寿命短暂的革委会，同"人民政府"的德性一样，都是一党专政工具，有什么值得赞扬、值得怀念呢！

五、中共九大和选举秘笈

1. 八届十二中全会——毛泽东向党内右派伸出橄榄枝

1968年9月5日，新疆维吾尔自治区革委会的成立，是全国29个省、市、自治区成立革委会的任务已经完成的标志。9月7日，《人民日报》、《解放军报》发表《无产阶级文化大革命的全面胜利万岁》的社论，欢呼"全国山河一片红"，宣布"整个运动已在全国范围内进入了斗、批、改的阶段。"社论传达了毛泽东的"最高指示"："**建立三结合的革命委员会，大批判，清理阶级队伍，整党，精简机构，改革不合理的规章制度，下放科室人员，工厂里的斗、批、改，大体经历这么几个阶段。**"

当中共官员们在用社论欢呼"全国山河一片红"的同时，还特别印发了一张"全国山河一片红"的邮票，以资纪念。然而，"胜利"冲昏了他们的头脑，竟把港、澳、台排斥在"全国"之外，犯了分裂国家的严重政治错误。但当发现这个错误时，为时已晚，那张"全国山河一片红"邮票，已无法全部追回。二十一世纪的今天，那张"犯了分裂国家的严重政治错误"的宝贵邮票，已经成了天价抢手货。

权谋大师毛泽东本想以"横扫"、破"四旧"、批"走资派"、批"资反路线"、抓叛徒、"群众专政"、武装左派，甚至发动全面内战的战争方式，一举将党内右派悉数歼灭；但当他发现党内右派势力强大，强大得足以毁灭掉他几十年来构建的一切时，他后退了，决定与党内右派妥协，以期左右共治。一年来，他通过"清江侧"、"清周侧"、取缔红卫兵、围剿左派造反派等一系列权术，抚慰了党内右派，鼓舞了党内左派，孤立了刘少奇"一小撮"政敌，巩固了他至高无上的独断地位。29个省、市、自治区革委会成立后，他认为以左派为主、左右共治的局面已经形成，发扬一下民主的时刻已经到来：他决定召开中共第九次全国代表大会，规定大会不仅要开成一个胜利的大会，更要开成一个团结的大会。显而易见，他要创造条件，来体面地结束他亲自发动和领导的文化大革命。

于是，1968年10月13日，为"九大"做准备的中共第八届扩大的十二中全会在北京举行。

中共中央文献研究室"主旋律"精英们，在主编的《毛泽东传》一书中写道：

十月十三日，中共八届扩大的十二中全会在毛泽东主持下召开。这是自1966年八月中共八届十一中全会决定进行"文化大革命"以来，经过两年多时间才召开的一次中央全会。出席全会的133人中，**中央委员和中央候补委员只有59人，不足到会者的一半**。八届的中央委员原有97人，其中在"文化大革命"中被"打倒"或"靠边站"的有57人，只能从中央候补委员中确定十人递补已去世的中央委员的名额，使出席会议的中央委员达到50人，**稍稍超过法定最低人数**。中央候补委员能出席会议的只有9人。其它参加会议的74人是：中央文革碰头会成员，军委办事组成员，各省、市、自治区革命委员会和大军区主要负责人，中央直属机关负责人。这是"文化大革命"中出现的很不正常的状况。

主编精英们刻意回避毛泽东违犯党章的主要事实：党章规定每五年开一次党代表大会，而"八大"是1956年开的，毛利用权力拖了近13个年头，等把他的政敌一一清除掉并把权力牢牢握在他的手中后，才放心去召开这次大会。

在全会上，毛泽东为已经失败了的文化大革命辩护。他说："**这次无产阶级文化大革命，对于巩固无产阶级专政，防止资本主义复辟，建设社会主义，是完全必要的，是非常及时的。**"在他的默许下，左派大臣们围攻了几个还不太服气的开国功臣。

在毛泽东的主持下，全会还通过了为"九大"准备的几个文件。全会的主要成果是：完成了开除毛的政敌刘少奇党籍的"民主"程序。对此，上层精英们在他们编纂的《中共大事纪》中写道：

9月16日，江青操纵的"刘少奇、王光美专案组"整理报送了3本所谓刘少奇的"罪证材料"。江青在这些材料的批语中，诬陷刘少奇是"**大叛徒、大内奸、大工贼、大特务、大反革命**"，是"**美国远东情报代表**"。29日，林彪批写，"**完全同意**"，"**向出色地指导专案工作并取得巨大成就的江青同志致敬！**"在极不正常的情况下，全会批准在江青、康生、谢富治等人主持下，用伪证写成的《关于叛徒、内奸、工贼刘少奇罪行的审查报告》，作出了把刘少奇"永远开除出党，撤销其党内外一切职务"的错误决定。

上层精英们有意隐瞒了一个重要史料：刘少奇专案组总负责人是周恩来；周恩来在《关于叛徒、内奸、工贼刘少奇罪行的审查报告》上批道："**此人该杀！**"

为了把"九大"开成一个团结的大会，十二中全会后，毛泽东频频向党内右派伸出橄榄枝：

1968年12月1日，北京新华印刷厂在一份报告中提到要解放一位厂党委副书记时，他批注道："**像这样的同志，所在多有，都应解放，给予工作。**"

12月17日，他在中共中央、中央文革草拟的关于对敌斗争中应注意掌握政策的通知稿中写道："**在犯过走资派错误的人们中，死不改悔的是少数，可以接受教育改正错误的是多数，不要一提起'走资派'，就认为都是坏人。**""**即使是反革命分子的子女和死不改悔的走资派的子女，也不要称他们为'黑帮子女'，而要说他们是属于多数或大多数可以教育好的那些人中间的一部分（简称'可以教育好的子女'），以示他们与其家庭有所区别。实践结果，会有少数人坚持顽固态度，但多数是肯定可以争取的。**"

1969年1月3日，他在军委办事组报送的一个材料上的批道："**所有与'二月逆流'有关的老同志及其家属，都不要批判，要把关系搞好。**"

3月3日，他在同中央文革碰头会成员谈话时说："**中央文革不要加了，是管文化革命的。文化革命快要结束了，用常委。**"一句话，决定了中央文革小组被踢出政治舞台的命运。

3月22日，他在同将被"踢出政治舞台"的中央文革碰头会成员及陈毅等谈话时说："**报告上有些名字不要写，中央文革成员的名字一个都不要写，只写我和刘少奇两个人的名字，只写刘少奇的资产阶级修正主义路线。这次犯错误的同志，没有王明犯的大。七大时一个也没有丢。我们还是按过去老规定，凡是能团结的都要团结，允许人家犯错误，允许人家改正错误。大多数当成人民内部矛盾处理，不当敌我矛盾处理。至于有些人，江渭清、谭启龙、张平化、赵紫阳、霍士廉，要好好研究一下，究竟有些什么样的严重问题。如没有什么严重问题，只是这一次犯严重错误的话，过一个时间，群众的气消了，就可能解放他们。**"

毛泽东伸出的橄榄枝，使党、政、军内右派得意洋洋。他们借机东山再起，理直气壮地镇压起左派造反派和"地富反坏右"等传统阶级敌人来。

2. "九大"大会盛况和选举秘笈

在中、苏剑拔弩张的形势下，有人建议推迟召开"九大"，但急于结束文化大革命的毛泽东则认为，召开"九大"是当务之急：其一是一个胜利的团结的大会可以凝聚党心、民心，是最好的备战；其次是苏修还没做好准备。为了防止苏联可能的突然袭击，3月下旬，他要外交部通告苏联，准备就边界问题进行谈判，以为缓兵之计。

1969年4月1日，毛泽东的中国共产党第九次全国代表大会，如期在北京召开。1,512多个代表，神不知鬼不觉地来到了北京。据报导，代表们到京以后，分别被安排住在北京饭店、前门饭店和京西宾馆。代表入住的宾馆，如临大敌，戒备森严，大门紧闭，代表们一律不准外出；室内电话已被全部撤销；靠街的窗户不得打开，晚上须拉上窗帘，不能让"阶级敌人"觉察到丝毫痕迹。几天后，代表们才从通知中得知，4月1日下午举行大会，会场在人民大会堂。代表们去人民大会堂开会，也作了别出心裁的安排：先乘车在市内兜圈子，然后分时、分批、分门隐蔽进入。滴水不漏的保密工作，令境外媒体有些惊讶。

1日下午，"九大"在毛泽东主持下开幕。会议议程包括宣读、审议政治报告、党章修改、国民经济计划、国内外形势和政策以及备战等。

毛泽东致开幕词。他说："**我希望，我们的大会，能够开得好，能够开成一个团结的大会，胜利的大会。**"由于他的致词不断被"暴风雨般"掌声、欢呼声、万岁声打断，短短649字三、五分钟就可念完的开幕词，他竟讲了二十多分钟。——在领袖崇拜的共产主义国度里，这种赤文化的顽强表现，十分正常！

接着，副统帅林彪代表八届委员会作政治报告。据说，林彪对这个由张春桥、姚文元起草的经毛泽东、周恩来等人反复修改过多次的政治报告，不很满意，但他必须照本宣科。

政治报告以毛泽东的"无产阶级专政下继续革命的理论"分析了文化大革命的准备和实施过程，极力宣扬文化大革命的丰功伟绩。报告把毛为保卫个人权力向刘、邓夺权而发动的文化大革命，贴上无产阶级革命的标签，概括成"**社会主义社会中的两个阶级、两条道路、两条路线长期尖锐斗争的必然结果**"。政治报告还把毛泽东权力情结的阶级斗争思想，规定为"我党的整个社会主义历史阶段的基本路线。"为了把大会开成"胜利的大会"，政治报告严辞规定大会的方向："**这个伟大的革命风暴，摧毁了以叛徒、内奸、工贼刘少奇为首的资产阶级司令部，揭露了以刘少奇为总代表的党内一小撮叛徒、特务、死不改悔的走资本主义道路的当权派，粉碎了他们复辟资本主义的阴谋，大大地加强了我国的无产阶级专政，大大地加强了我们的党，从政治上、思想上、组织上为这次代表大会准备了充分的条件。**"为了把大会开成一个"团结的大会"，政治报告在强调正确执行知识分子、干部、"可教子女"等政策的同时，鼓吹"正确处理敌我矛盾和人民内部矛盾这两类不同性质矛盾"的权力拜物教理论，号召"全党、全国人民团结起来，争取更大的胜利。"4月14日，大会一致通过了这个政治报告。

在党章修改草案中，引人注目的一条规定是："**林彪同志是毛泽东同志的亲密战友和接班人。**"这是史无前例的大胆之举？当鲜花盛开的时候，已经开始凋谢了：林彪接班人的地位被写入党章，是左派胜利的标志，但也是走向分裂、走向陨灭的开始。据当时担任中共中央办公厅副主任的张耀祠回忆，把林彪作为毛主席接班人这一条写入党章，是江青提出来的，而且"她进一步强调说：'**一定要写！**'"并说"张春桥第一个赞成。"据此，精英们著文说："这不仅严重违背党的组织原则"，而且是"对党的理论基础马克思列宁主义、毛泽东思想进行了歪曲的解释"。精英们的批判，刻意回避了周恩来的支持和毛泽东不容争议的决定权——这是真假搀和、文过饰非、阿谀谄媚赤文化的顽固表现。

"九大"对中央委员和后补委员的选举，充分体现了毛泽东和中共的"民主集中制"原则，亦即所谓"民主基础上的集中"和"集中指导下的民主"原则。全会提出的中央委员和候补中央委员候选名单，是经过自上而下、又自下而上反复"民主协商"产生的，体现了**集中指导下的民主**；全会选出的中央委员和候补中央委员279人，都是经过代表一人一票"民主选举"出来的，体现了**民主基础上的集中**。这种协商民主与选举民主的有机结合，就是毛泽东和中共的民主集中制。

据报导，参加全会的代表除2人因病缺席外，都参加了投票。选举结果：毛泽东投了自己一票，得了满票1,510张；周恩来没敢投自己一票，得票1,509张，仅次于毛；林彪不敢与毛平起平坐，他同妻子叶群都没投他的票，故得票1,508张，位居第三；第一夫人江青得票1,502张，除一张"谦虚"票外，尚有7人敢不选她，也算发扬民主了。

在协商民主与选举民主相结合的民主集中制制导下，出现两个意义不同的选举结果：前者是有意设计，后者是无知自封。

一个是如何对待党内右派领军人物，如五老：陈云、李富春、邓子恢、李先念、张鼎丞，五帅：朱德、陈毅、徐向前、聂荣臻、叶剑英。他们在文化大革命中，都犯过不同程度的这样或那样错误，但他们在党内、军内威望较高，很可能高票当选；为了约束他们并以示惩戒，主持者提出了他们的得票率不得超过2/3的设计。按此设计，各代表团把选与不选他们的人数，通过"民主协商"，落实到每位代表的人头上。"民主选举"结果证明，这个设计取得了成功：得票最低的是徐向前，获808张，得票最高的是张鼎丞，获1,099张，其它人得票都在809~922张之间。

另一个具有传奇色彩的是工人**王白旦**的当选。王1935年出生在河北景郅太行山区，初中文化，是地地道道的农民。"解放"后，他先后在太原钢厂和齐齐哈尔北满钢厂当工人。这位王白旦有点"二愣子"品性,名字因与"王八蛋"谐音,工友们便以此戏称之，他也不介意。1969年"九大"召开前，因他是贫农出身，根红苗正，被推选为厂革委会副主任。当一名参加九大的名额分配到北钢时，他"阴差阳错"地被指定为九大的代表。令人惊奇的是，他不但当了代表，还"阴差阳错"地当选为中央委员。也许"时势造英雄"，当是时，"工宣队"把红卫兵撵下了历史舞台，"工人阶级必须领导一切"的"最高指示"已家喻户晓。因此，作为工人阶级的他，在选举时，代表们不约而同地往他的名字上划钩。怎奈他不知就里，也给自己名字上划了个钩。他的这一钩不打紧，把自己钩成了一个唯一与"伟大领袖"同得全票的人。如果他不是一个只有初中文化的工人,这个敢于同"伟大领袖"平起平坐的行为,就构成了一个"全民共诛之、全国共讨之"的重大政治事件。时代宽恕了他的"二愣子"品性,成就了他的官运。

对"九大"选举中出现的这两种不同的选举结果,文革后被精英们抨击为"**很不正常**"。

精英们对五老五帅不能高票当选忿忿不平,说这是对民主集中制的"糟踏"。精英们错了:民主集中制不仅不会去干涉这类"糟踏",而且还会力促这类"糟踏"。精英们嘲笑"王八蛋"的当选是"阴差阳错",甚至说他"二愣子"品性不能代表工人阶级。精英们又错了:王白旦当选甚至高票当选是否是"阴差阳错"?他能不能代表工人阶级?工人阶级承认不承认他的代表权?民主集中制不仅蔑视"阴差阳错"问题,而且对王"能不能代表工人阶级"的质疑,也不屑一顾。在无产阶级专政理论腌渍中的精英们,已无法摆脱那种根深蒂固的顽钝和偏见,他们不会承认,所谓民主集中制,就是"毛主席正确领导下"的民主制,或曰刀架在脖颈上的民主制,正如林彪在日记中表白的那样:"民主集中制——服从——纪律。"他们更不会承认,所谓民主集中制,是中共专制体制下滋生出来的一种变态民主的赤文化。

精英们的抨击,并不证明他们有了什么新思惟,他们的思维仍然是**仰头思维**,即看当权者的颜色行事的思维模式。当今主子要否定文革,他们便找理由抨击"九大"选举"很不正常",闭眼不看过去主子和当今主子的做法并无不同。毛泽东用不太听招呼的右手,夹住铅笔,在纸片上颤抖抖地划了"**你办事,我放心**"几个字,请看,一代"英明领袖"华国锋便呱呱落地;邓小平说了句"**江、李体制好**",这不,江泽民、李鹏便在第一、二把交椅上正襟危坐了13个年头;邓小平生前交待江泽民说,两届后把权力交给小胡,江乖乖照办;于是乎,13年的媳妇熬成婆,胡锦涛羽扇纶巾,粉墨登场。这就是"协商民主"的典范。在典范的示导下,中共各级党代、人代、政协的选举和干部选拔,都纷纷效法。由此可见,无论是毛泽东的"九大"选举设计,或着是邓小平的指定接班人的设计,都是"服从——纪律"即民主集中制的一脉相承,如果有所差别,不过同工异曲而已。精英们对"九大"选举的抨击,是数十年如一日的**仰头**秀。

四十多年后的今天,权贵和精英们已经忘记了他们对"九大""民主协商"和"民主选举"的批判,再次检起"协商"和"选举"相结合的牌子。2010年9月16日,他们在《求是》杂志上发表的《划清中国特色民主同西方民主界限》文章中宣称:"**坚持选举民主与协商民主相结合,是中国特色社会主义民主的一大特点。**"他们还号召要"**同西方资本主义民主划清界限,积极稳妥地发展中国特色社会主义民主**"。昨天,这种"中国特色社会主义民主",曾使"九大"成了毛泽东的独裁天下,而今,这种"中国特色社会主义民主",已使中国官场买官卖官泛滥成灾。

3. 一中全会权力再分配

中国共产党第九届中央委员会第一次全体会议，于1969年4月28日在北京召开。出席会议的有中央委员170人，候补中央委员109人。

毛泽东主持会议，并讲了话。他说：

"**我们讲胜利，就要保证在无产阶级领导之下，团结全国广大人民群众，去争取胜利。**" 他所说的"无产阶级领导"，就是他个人的绝对领导。

他在讲话中再次肯定了文化大革命。他说：

"**看来，无产阶级文化大革命不搞是不行的，我们这个基础不稳固。据我观察，不讲全体，也不讲绝大多数，恐怕是相当大的一个多数的工厂里头，领导权不在真正的马克思主义者、不在工人群众手里。过去领导工厂的，不是没有好人。有好人，党委书记、副书记、委员，都有好人，支部书记也有好人。但是，他们是跟着过去刘少奇那种路线走，无非是搞什么物质刺激，利润挂帅，不提倡无产阶级政治，搞什么奖金，等等。**" 他所说的"刘少奇那种路线"，无非是刘少奇对他的路线做了较有人性化修正的路线。

全会选举出中央政治局常委5人，中央政治局委员21人，中央政治局候补委员4人。九届一中全会的公告中说：

*会议的内容是选举中央机构。选举结果：中央委员会主席毛泽东，中央委员会副主席林彪，中央政治局常务委员毛泽东、林彪、**（以下按姓氏笔画为序）** 陈伯达、周恩来、康生。*

中央政治局委员：毛泽东、林彪（以下按姓氏笔画为序）叶群、叶剑英、刘伯承、江青、朱德、许世友、陈伯达、陈锡联、李先念、李作鹏、吴法宪、张春桥、邱会作、周恩来、姚文元、康生、黄永胜、董必武、谢富治。

中央政治局候补委员：纪登奎、李雪峰、李德生、汪东兴。

"**以下按姓氏笔画为序**"和以上不按，反映了中共根深蒂固的腐朽的等级观念！

在八届一中全会上，当选的23人（死亡2人）政治局委员和后补委员中，左、中、右派的比数是：**4:1:16**。经过几届打倒、靠边和调整，到八届十一中全会时，26人组成的政治局中，左、中、右派的比数变成：**5:2:19**，左派虽有增加，但右派仍占优势。新的九届一中全会25人的政治局名单中，左、中、右派的比数是：**16:3:6**，显然，左派取得了胜利，右派遭到了沉重打击。但右派并没有完全失败：不仅在中央一级保住了翻盘的筹码，看看中委名单便知，各地左派并不占绝对多数，右派还占相当份额，许多省市是左、中、右派平分秋色。

笔者评曰：

中共"九大"，这个被宣布为团结的胜利的大会，实际上是党内右派受挫毛左庆功大会。尽管大会高唱"团结"、"胜利",但人们还是能嗅到没有散去的腥风,看到还在徘徊的血雨。因为,在庆功的祭坛上,陈列的牺牲就有200~300万个,而伤残者则超过1,000万:历史不会让中国人忘记毛泽东所谓的"团结"和"胜利"。更不能让中国人忘记的是,在那些牺牲中,有50~60万个是"为保卫毛主席"而献身的"烈士",有100多万个是为"捍卫毛主席的革命路线"而负伤的"荣军"。这些"烈士"和"荣军",为毛左集团夺取刘右集团的权力,做出了重大贡献。可惜,毛泽东关心的是个人权力,不是他们的贡献:他们遗留下的斑斑血渍,被毛的"舆论一律"洗刷得干干净净;他们被埋葬的遗骨,也被毛的"舆论一律"分解得无影无踪;因而,他们为中国历史留下来的竟是:千古愚弄,万古笑谈!

六、核战危机——两党玩火,美帝灭火

正当中共"九大"紧锣密鼓准备召开之际,1969年3月2日,中苏两国军队在珍宝岛展开激战,造成数百人伤亡。

这是个出人意料的突发事件吗?非也!

自苏共党魁赫鲁晓夫做了批判斯大林的"秘密报告"后,中苏两党两国关系由热变冷,又从论战向武装冲突发展。到了六十年代中期,在当时两国7,000多公里的边界线上,摩擦事件接连不断。据统计,从1964年10月至1969年2月,中苏边境地区发生的各种事件就高达4,180余起之多。尽管冲突事件频发,双方都没有做打仗的准备。但在文化大革命中,一些狂躁起来的中国人,那些曾在砸印度使馆、砸印度尼西亚使馆、砸缅甸使馆和火烧英国代办处中大显身手的造反派们,那些曾在莫斯科红场上造反、扬言要对"苏修"实行"群众专政"因而导致同苏联军警浴血肉搏的大学红卫兵们,那些曾在派性厮杀中百炼成钢的"英雄"们,以及那些热衷内战、支持红卫兵、造反派横行霸道的以毛泽东为首的左派权贵们,对摩擦事件已经到了"忍无可忍"的地步,频频发出"教训"苏联修正主义叛徒集团(下称"苏修")的呼声。

红卫兵高呼:"油炸勃烈日涅夫!"(苏共总书记)造反派高呼:"绞死柯西金!"(苏联政府总理)据说,江青曾扬言,给她十万红卫兵,便可踏平莫斯科!这个"据说"似有丑化之嫌,但却反映出那个时代中国人特有的骄狂和浮躁!

中苏对立中,客观形势是敌强我弱,至今未变。在敌强我弱又无外援的情况下,索要被侵略者侵占的领土,外交谈判不失为一种好的选择。例如,日本数十年如一日地坚持不承认俄占其北方四岛的合法性,即坚持**不承认、不冲突、维持现状**的立场,为后代子孙有力量在向俄国讨还失地时,创造了占据国际法理高地的有利条件,不给侵略者留下任何赖帐文字或口头把柄。但在毛、林、周、江等人的鼓动或默许下,敌强我弱这一客观国情被

"**人民战争所向无敌**"的愚昧所湮没,冒险主义占了上风,解决边界冲突的**外交谈判**被边缘化。

在7,000多公里的边界上,除根据中俄不平等条约被苏俄侵吞的约150多万平方公里的国土外,还有许多被苏占领的有"争议"国土,其中有:0.74平方公里的**珍宝岛**,350多平方公里的**黑瞎子半岛**,4,815平方公里的**江东64屯**,约103,000平方公里的**唐努乌梁海**,30,000多平方公里**帕米尔的部分地区**,等等。此外,尚有许多被苏俄蚕食但多数中国人不知情的地区。如笔者在黑龙江省密山县三梭通公社发现:大顶山大队边境线以南,有一块约10多平方公里的中国领土,五十年代被苏军蚕食掉(1)。

珍宝岛北距饶河县城45公里,是个位于中、苏界河——乌苏里江主航道西靠中国一侧的一个小岛,长约1,700米,宽约500米,面积0.74平方公里。枯水期,小岛几乎与西岸连成一片,是一块无可争议的中国领土。 就国际法而论,苏联对该岛的主权要求是霸道。1964年中苏边界谈判时,苏方以乌苏里江主航道在珍宝岛西侧为由,把该岛划归苏联所有,称其为达曼斯基岛,从此形成争议,摩擦不断。

航拍珍宝岛

边界冲突不断激化。**据中方统计**:从1967年1月到1969年2月的两年多时间里,中苏边境上的我方边防巡逻部队,在珍宝岛上,与苏军发生肢体冲突达10多次。其中,在1968年12月27日冲突中,我边防军人被打伤8人;1969年1月6日,苏军抓走两名捕鱼的我国农民;1月23日,苏军打伤20多名我边防军人,其中重伤9人;2月6日至25日,苏军又连续多次围攻、毒打我边防部队巡逻人员。**据苏方当年伊曼边防总队队长康斯坦丁诺夫上校回忆**:1968年,仅在伊曼边防段,双方就发生过40次打斗;1969年1~2月,在达曼斯基岛(珍宝岛)地段经常发生冲突,双方不再使用棍棒,而是使用枪托来互相打击;在一次打斗中,我们从中国人那里抢来15支枪,非常吃惊地发现,他们的枪膛里都有子弹;于是,我们把边防哨所值勤人员加强到了50人,并增加了装甲运兵车;同时下令,只要中国人一出现,边防人员可以向他们射击,将他们赶走;但我们并不知道,2月底,在乌苏里江左岸中国一侧,已经秘密集结了几千人的部队,并做好了攻击的准备。

为了给"九大"壮势,造神运动冲昏了头脑的毛泽东,已将苏联晋封为"苏修社会帝国主义",因而对帝国主义针锋相对地斗争,就有了"理论"根据。于是,他回应"**群众**"要求,决定用武力"教训"一下没有赫鲁晓夫的"苏修"。于是,沈阳军区组成以副司令员**肖全夫**、副政委**李少元**为首的前线指挥部，集中黑龙江省合江军分区边防部队和陆军第 23 军 1 个步兵团、2 个侦察连、2 个加农炮营和 1 个高炮营的数千兵力，准备"教训"。这是以全世界人民领袖和导师自居的毛泽东，继 1968 年 4 月 16 日发表"**支持美国黑人抗暴斗争的声明**"、号召美国人民起来"**推翻美国垄断资产阶级的反动统治**"之后，再次以世界人民导师和领袖身份所做出的充满"革命英雄主义"的决定！

武装冲突一触即发！

毛泽东撇开**外交谈判**，选择在不足一平方公里的珍宝岛进行武装"教训"，是基于"苏修"不会为这个小岛大动干戈的**冒险主义**判断，其政治目的是显而易见的：利用外患，强化专政，为召开"九大"凝聚党心！

经充分准备后，1969 年 3 月 2 日，沈阳军区用经过专门训练的部队潜入珍宝岛，伏击苏联巡逻队，打死 32 名苏联军人。苏联人恼羞成怒，立即调来坦克、直升机、重炮以及当时被称为"冰雹"的"秘密武器"BM-21 火箭，于 15 日和 17 日两天，在珍宝岛南北数公里的正面上，实施报复性袭击：重炮、火箭射入我国领土纵深达 6~8 公里，造成大量军民伤亡。美国中央情报局的照片专家说，乌苏里江的中国沿岸，"被苏联大炮轰得密密麻麻尽是弹坑，好似月亮的表面"。

苏联人显然是认真了；其反击手段之狠使毛泽东吃了一惊。由于担心苏联入侵，毛泽东下令"**不要打了**"。之后，苏军对珍宝岛和附近沿岸进行了狂轰滥炸，使珍宝岛旋又落入苏军控制中。对此，我边防军听之任之，没再认真反击，间或放一、二冷枪以示主权。但在"舆论一律"的强权下，蒙在鼓里的中国人，还以为我军已夺回并扼守住了珍宝岛。

是役，苏方被毁坦克、装甲车 17 辆，死 58 人，伤 94 人。苏方认为，他们"吃了亏"。但据报导：我边防军伤亡 100 多人，而民兵和平民的伤亡约 600 余（另说 800 多）。

毛泽东的冒险主义在国外败北，在国内却取得了成功：全国各地都在欢庆珍宝岛"自卫反击战"取得了胜利。参加珍宝岛"自卫反击战"的边防站站长**孙玉国**，戴着战斗英雄的光环，在"九大"上，出尽了风头。由于是"自卫反击战"，负责指挥作战的沈阳军区副司令**肖全夫**、副政委**李少元**以及那些参战的团长营长们，都无法公开亮相，因而无法享用孙玉国的荣光。

尽管毛泽东宣布"取得了胜利"，也达到了为"九大"壮势的目的，但判断上的失误，非但没有夺回一寸领土，反而引发了中苏热核战争危机。

珍宝岛武装冲突爆发后，共产主义者嗜血的本能，使苏共领导层反应十分强烈。在以总书记勃列日涅夫、苏联国防部长格列奇元帅、部长助理崔可夫元帅为首的鹰派人物主导下，苏共决定"**一劳永逸地消除中国威胁**"：计划动用部署在远东地区的中程弹道导弹，携带百万吨级当量的核弹头，对中国重要的军事、政治目标实施"外科手术式核打击"；

同时，调动百万大军，陈兵中苏边境，随时入侵中国。于是，在新沙皇勃列日涅夫领导下的苏联，冒险主义占了上风，开始了与中国打大仗、打热核仗的准备。

准备就绪的北极熊，为了给发动战争制造借口，刺激中国反击，1969年8月13日，苏军300多人在6辆坦克和两架直升机的支援下，突然入侵中国新疆裕民县铁列克提地区，一举围歼了一支我国边防巡逻队，致连长以下38名官兵无一生还（另一说为79人）。

令苏联意外的是，已获悉"苏修"核战谋图的毛泽东，此刻冷静得多：他开始正视敌强我弱这一客观国情，没敢下令反击，因而无法宣布"胜利"。对于这个国耻事件，他不愿让老百姓知道，便下令不准报导。文革后，人们能看到的仅仅是，军方在当年巡逻队罹难处，修建了79个墓碑。

毛泽东多次"论证"说：原子弹是"**纸老虎**"。但他对自己的"理论"并不当真，那是讲给老百姓听的：一旦"纸老虎"真地扑来，天才的他，决不会愚蠢地率领红卫兵举着火把去迎击。

珍宝岛"自卫反击战"后，在苏共准备打大仗、打热核战争的压力下，毛泽东撤掉了"纸老虎"学说的伪装，在全国掀起迎击真老虎的备战活动。

在珍宝岛缴获的"纸老虎"苏军军帽

1969年7月，他提出大搬迁的"**地、后、山、分、小**"的五字方针，开始把主要工业特别是国防工业，按地下、后防、山区、分散和小型化配制方案进行拆迁、转移和分割，并使许多企业转为军工生产。8月，获悉苏联准备对中国实施核打击后，他下令全国各地成立"人民防空领导小组"，开展了挖防空洞活动。这种活动到1972年，演变成他的"**深挖洞，广积粮，不称霸**"的"最高指示"。9月起，他开始大规模疏散大、中城市人口和物资，其中，在京的中央党政机关、各主要单位、学校及其家属，被紧急疏散到外地。各部门各单位的重要档案、文件、珍贵资料，都按备战要求集中装箱运往"三线"或山区保存。在边境地区，军政机关如黑龙江黑河地区的革委会、军分区，也按备战要求向内地迁移。备战中，吉林市计划将全市人口的三分之一疏散到农村，等等。10月，笔者在密山县县政府大楼里看到，空空如也的档案柜、文件箱上，都贴上了"苏修，小心炸弹！"之类的封条……据报导，全国共拆迁、分割了数百家大型工厂企业，疏散了94万多人，还疏散了4,100架飞机，600多艘舰艇。大疏散，大搬迁的备战活动，使数百亿元付诸东流。

毛泽东在珍宝岛玩火，一寸领土也没有夺回，却使中国付出了高昂的代价！

1969年9月，全国已进入临战态势——北极熊这只真老虎，果真要来了！

1969年8月20日，苏驻美大使多勃雷宁，奉命紧急约见美国总统国家安全事务助理基辛格博士，向他通报了苏联准备对中国实施核打击的意图，征求美方的意见，并要求美国保持中立。基于"**我们能够毁灭世界，可是他们却敢于毁灭世界**"对苏共本质的判断，美国总统尼克松在同他的高级官员紧急磋商后认为：美国和西方国家的最大威胁来自苏联；**一个强大中国的存在，符合西方的战略利益**；大规模核战争的后果极其严重，直接危及美国在远东的利益。因此，美国政府一方面通知苏方，明确表示美国反对使用核武器；另一方面设法告知中国。由于当时中美处于敌对状态，又没有外交关系，美国政府巧妙地把"绝密情报"透露给一个不起眼的小报，借以让中共深信不疑。

狡黠的美国人，充分利用中苏交恶之机，徐图渔翁之利。

8月28日，《华盛顿明星报》在醒目位置刊登了一则消息，题目是"**苏联欲对中国做外科手术式核打击**"。文中说："**据可靠消息，苏联欲动用中程弹道导弹，携带百万吨当量的核弹头，对中国的重要军事基地——酒泉、西昌导弹发射基地、罗布泊核试验基地、以及北京、长春、鞍山等重要工业城市进行外科手术式的核打击。**"

一石激起千层浪，这则消息立即在全世界引起了强烈反响。勃列日涅夫对美国的失信气得发疯。毛泽东在听取了周恩来的汇报后说："不就是要打核大战嘛！原子弹很厉害，但鄙人不怕。"话虽轻松，但他对真虎北极熊的威胁，没敢掉以轻心。他明确地告诫全党："**要作好打仗的准备，要作好打核大战的准备，要作好死一半人的准备！**"好家伙，要准备死4个亿！这与1957年他在莫斯科发表的漠视生命的狂言，同曲同工，一脉相承。那时他说："（原子弹打下来）**无非是死几个人，即使死一半，还有一半继续革命。**"——什么是毛泽东？这就是毛泽东！

苏联鸽派出于全球主要对手是美国、战略重点在欧洲和遭中国核报复等多方面考虑，9月11日，苏联部长会议主席柯西金，力图缓和紧张关系，利用赴越南吊唁胡志明逝世后归国途中，在北京机场同周恩来总理会谈。由于周**恩来坚持过去中国与苏俄签订的条约是不平等条约的立场**，会谈没有达到缓和两国关系的目的。但毛、周这个正确的民族主义立场（附注2）和错误的冒险主义立场，到九十年代，成了卖国贼江泽民、李鹏等留苏派卖国的借口。

柯西金回国述职后，鹰派勃列日涅夫主义卷土重来，冒险主义又占了上风。

9月16日，伦敦《星期六邮报》登载了苏联自由撰稿记者维克多·刘易斯的文章，称"苏联可能会对中国新疆罗布泊基地进行空中袭击"。美国很快判明，维克多是苏联克格勃新闻代言人，他的文章是对中苏热核冲突中美国态度的一个试探。同时，美国侦察卫星显示，数千帐篷一夜之间在中苏边境竖起，苏军已进入攻击阵地！

在中苏一触即发的核战争的紧急情况下，尼克松总统召开了有副总统阿格纽、国防部长莱尔德、参谋长联席会议主席惠勒、国务卿罗杰斯和安全助理基辛格等人参加的紧急国安会议。会议认为："**对于眼前这场中苏一触即发的战争，我们当然应当阻止。**"为此，美国尼克松政府采取了三大措施：1. 向苏联重申美国反对核战的立场，表明中国利益同美国利益密切相关，美国不会坐视不管，如果中国遭到核打击，将认为是第三次世界大战的开始；2. 利用各种渠道向中国示好，释放善意，通报情势；3. 为了防止苏联一意孤行，巧妙运用"**已被苏联破译的密码，发出向苏联本土134个城市、军事要点、交通枢纽、重工业基地进行核打击准备的总统指令**"。

苏联克格勃把"破译"到的美国"总统指令"，迅速上报给苏共总书记。一直在利用中美矛盾、认为**中美仇恨不可调和**的勃列日涅夫，忘记了"**没有永远的朋友，也没有永远的敌人，只有永远的利益**"的名言，看完报告后，愤怒地大叫道："美国人出卖了我们！"不得不接受中国的建议，下令恢复边界谈判。

一场可以由外交途径来解决的珍宝岛争端，由于毛泽东的错误判断，在两个共产党"教训"和"消除中国威胁"的强权运作下，演变成两国之间的热核战争危机。然而，令人意外的是，这场可能导致亿万人死亡的危机，却在"美帝国主义"尼克松政府的干涉下，烟消云散，转危为安！

对此，中国上层精英们自有"特色"高见。他们著文对中国老百姓说："**由于中国装有核弹头的导弹都对准了苏联目标，才使他们没敢轻举妄动！**"还有人这么对中国老百姓说："**第二炮兵很快进入临战状态，展示了中国坚决反击的决心，使苏联领导人最终放弃了对中国实施核打击的企图。**"

由此，珍宝岛这个巴掌大的荒岛，力排其他比它大几十倍乃止几万倍的被占领土，一跃成为名扬天下的耀眼红星，成为中共"捍卫国家领土主权、寸土必争"的象征！这种力排外交谈判而用"**捡芝麻，丢西瓜**"结果连"**芝麻**"也没守住式的武装"教训"，尽管没有收复一寸国土，尽管备战又使中国人付出了巨大代价，但却使毛泽东和中共达到了他的政治目的：不仅达到了为"九大"壮势的目的，而且达到了利用外患强化国内无产阶级专政的目的，从而使血腥镇压异己者的"一打三反"和"清查五一六"运动，找到了"攘外必先安内"的借口！

核战危机雨过天晴后，一直被中共骂为"反共狂徒"、"战争贩子"的美国总统尼克松，突然被中共重新包装：1970年12月18日，毛泽东同美国记者斯诺谈话时赞扬尼克松道："**是好人啊，是世界上第一个好人！**"1972年2月21日，尼克松登陆中国，开始了中、美修好因而惊诧世界的"破冰之旅"！

行文到此，不得不说几句看似离题的话：

从五十年代到九十年代的四十多年间，中共几代领导人，在解决被苏侵占的领土上，其立场几经变化：五十年代，中苏友好时是亲苏的**放任主义**；六十年代初，中苏关系冷淡时，变成了**不承认、不冲突、维持现状**的民族主义；到了中苏关系恶化时的六十年代末，走上了**冒险主义**；九十年代，为了抵御以美国为代表的自由、民主、人权普世价值对一党专政的威胁，又认敌为友，求助于中俄合作，最终走上**卖国主义**。为此，他们的第三代领导人**江泽民、李鹏**等，以"既成事实"为由，抛弃民族主义，采取了与解决南沙群岛、钓鱼岛争端迥然不同的立场，偷偷干起了卖国勾当，与北极熊签订了领土条约，使俄国侵占我国的 160 多万平方公里领土全部合法化，没有给后代子孙留下一丁点讨债的余地。他们做贼心虚，不敢让全国人民知道谈判内容和相应地图，

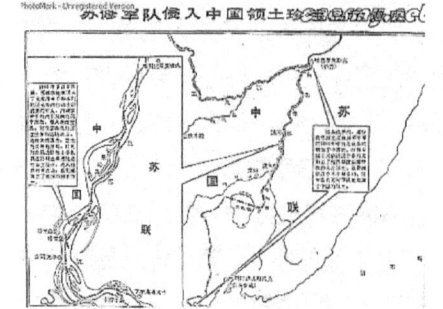

左图为珍宝岛位置，右图上角为黑瞎子半岛位置

只在《人民日报》不起眼的地方，发布一条简短"新闻"，力图让中国人在不知不觉中悄然忘记。他们的偷偷摸摸丑行，与俄方大张旗鼓地公布谈判内容和相应地图，形成鲜明对照。可以这么说，他们连日本国历代政治家们的徒子徒孙都不配当，他们只配当遗臭万年的中华民族天字第一号大卖国贼！然而，正是这些卖国贼，当了婊子还要给自己树牌坊。他们继承了毛"太祖"愚弄中国人的衣钵：在中俄领土谈判中，用出卖大量土地其中包括 350 多平方公里的黑瞎子半岛几乎一半的土地，换回了大名鼎鼎的仅有 0.74 平方公里大的**珍宝岛**，然后在岛上修建了一座"功德牌坊"——纪念馆，对中国人进行"寸土必争"的热爱中国共产党的"爱国主义"教育！

七、五七干校

在权力再分配中，许多干部特别是知识分子干部，被迫"靠边站"，失去了工作和权力，发配到五七干校去接受劳动改造。笔者用曾写过仅在博客上发表过的一篇短文《点评两首诗》，重现当年毛泽东五七干校的原形。

点评两首诗

第一首：《五七道路》，作者：牛玉儒（2004年8月14日，病逝于内蒙古自区党委常委、呼和浩特市委书记任上），1976年。

五七道路宽又广，
锤炼红心为人民，
今朝学习添翅膀，
来日展翅任翱翔。

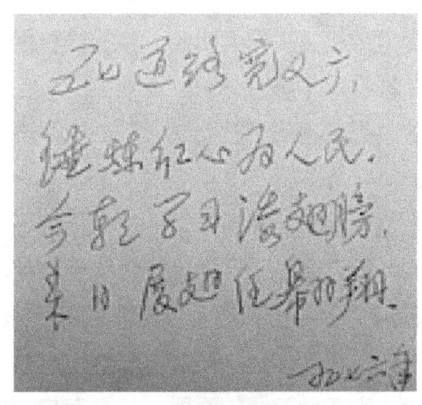

《五七道路》

第二首：《江城子.五七干校》，作者：高国彬，1969年。

枯树寒鸦啼声咽，
金风烈，
日西斜。
残秋将尽，
观衰草遍野。
暮霭沉沉黄昏后，
号声起，
归队列。

学员"劳动课"间休息

夜阑更深人不寐，
倚窗望，
宁静夜。
骨肉分离，
伫立对残月。
来时有日无回期，
何时归？
音信绝。

点评前，先说啥叫五七干校。

啥叫五七干校？年轻人可能不太懂。简单地说，就是按毛泽东的"五七"指示建立起来的干部学校。

1966年5月7日，毛泽东写给林彪的一封信中要求："**军队应该是一个大学校……这个大学校，学政治，学军事，学文化。又能从事农副业生产。又能办一些中小工厂……又要随时参加批判资产阶级的文化革命斗争。**"信中要求工人、农民、学生、商业、服务行业、党政机关工作人员，"**也要这样做**"。之后，人们常说的"**亦工、亦农、亦文、亦武**"，都是这个意思。

这就是著名的"五七指示"。这是典型的自给自足的农耕思想，也是现代版的**陶渊明主义**。

在文化大革命风暴中，经过"横扫一切牛鬼蛇神"、破"四旧"、批"资反路线"、夺权、"群众专政"、清理阶级队伍和武斗等，一场接一场的厮杀，该杀的杀了，该判的都关起来了，剩下了大批"问题干部"，仅中央机关就占干部总数的82%。在这些人中，相当一部分是高学历、高素质，他们过去在组织上或思想上，大都与刘少奇、邓小平、彭德怀等人有千丝万缕的联系，甚至有与美帝、苏修、国民党反动派勾结的嫌疑，因而有应得之"错"或"罪"；但毛又无可奈何地说"**查无实据**"。怎么安置？还有学校里的那些"**王八蛋**"，诸如那些教授、学者、专家等；毛泽东曾愤怒地厉声责骂大、中学校是"**庙小神通大，池浅王八多**"。怎么安置？留在城市里，他们会做小动作，无事生非，甚至兴风作浪。中国无法继承清代充军发配那套，因为，他们是封建专制，我们是"人民民主"，过不了这个"理"；也无法借鉴苏俄流放政策，因为，没有可供使用的西伯利亚，那里遥远而辽阔，且常被冰雪覆盖，是个放逐的好地方：苏共列宁、斯大林时代，曾使数百万个"政治犯""思想犯"在那里自生自灭。正当毛泽东等中央高层领导人为处置上述干部犯愁时，1968年5月，远在边陲的黑龙江省庆安县，突然冒出了一个**柳河五七干校**。

据创办柳河五七干校的黑龙江省革命委员会负责人说："柳河这个地方，自然资源比较好，也有一部分空出的房舍，**安置**第一批干部不成问题。第一批干部到达柳河后，还可以继续建房、开荒、种树、办小工厂，为**安置**第二批干部创造条件。"这位负责人还说："五七干校是改造和**培养**干部的好地方，是实现机关革命化，搞好斗、批、改的一种好办法。"

到底是"**安置**"还是"**培养**"？这位负责人大概不想也不敢说得太明白。

毛泽东发现柳河五七干校的材料后，大赞"培养"说，欣然命笔，在材料上批道："**对反修、防修，对搞好斗、批、改，有十分重大的意义，应引起我们各级革命干部和广大革命群众的高度重视。**"批语传阅后，中共中央于1968年9月30日，通令全国照办。于是，五七干校遍地开花，全国一片"红"。

"五七干校是改造和培养干部的好地方"，怎样改造和培养呢？**学工**，就是盖房、挖渠、砸油、磨粉之类。**学政治**，就是读毛主席语录和"老三篇"。林彪说："'老三篇'不但战士要学，干部也要学。"林彪跨台以后，便学毛主席的其他著作。**学文**呢？对于那些高知学员们，诸如那些专家教授们，他们虽然懂得什么运筹、模糊等高等数学，或会做诗写文章，但由于"伟大领袖"说"**书读得越多越蠢**"，急需由工农兵给他们补一补文化课。**学军**呢，有吹哨起床，排队下地干活的操练。只有**学农**范围较广，春种、夏锄、秋收、冬备，样样得按时，样样不能少。这就是五七干校。从当年干校学员们写的回忆录中我们可以看到，在"反修、防修"和"培养"这种堂而皇之又荒谬绝伦的口号压抑下，他们对被遣送到农村去接受劳动改造的失落、无奈和愤懑。

1979年2月17日，国务院发出了《**关于停办"五七"干校有关问题的通知**》，数十万机关干部和知识分子，先后从劳改生涯中解脱了出来。自此，历时十年辉煌的五七干校寿终正寝，从中国的政治舞台上消失得无影无踪，给历史留下了一页令人难忘的篇章。

看看五七干校的历史，再看看当年干校学员们所写的回忆录，你就会对上面那两首不同心声的诗作出自己的评断。

不管人们怎样评断这两首诗，作为一个过来人，笔者对这两首诗的点评是：

第一首《五七道路》是"真实的谎言"。

为了摆脱困境，当时最有效的办法之一是向上表忠心。这是一首典型的阿谀表忠诗。作者绝不会相信，学会种地就会给他"添翅膀"，学会锄草，学会"**你前腿弓，那个后腿蹬**"（《朝阳沟》学锄草唱词），就能使他"**来日展翅任翱翔**"。但要表示忠心，就必须有这样美丽动听的谎言，而这种谎言的的确确是那个时代的真实写照。不过，不容否认的是："**不说假话办不成大事**"的毛泽东，用真假搀和的谎言，夺得了天下；作者用"真实的谎言"，"翱翔"在呼和浩特市委书记的任上。

第二首《江城子.五七干校》是"深藏的真情"。

那个时代是残酷批斗和争相表忠的时代，许多人的真实情感往往被那美丽动听的、感人落泪的、甚至神圣得不容置疑的谎言所掩盖。"**骨肉分离，伫立对残月。**"分明是真情的宣泄。这是一首典型的泄愤诗。这种另类怨恚权势诗，当时必须深藏不露，否则，作者早已是高墙囚徒，甚至还有暴毙荒野、永别妻儿的可能。

第十七章附注：

注1、被苏军蚕食掉的国土

在黑龙江密山市的地图上，兴凯湖上有一条直线分界线，东南起于龙王庙，东北止于当壁镇。在六十年代以前的地图上，这条直线边界线一直延伸到二人班乡。然而，到了五十年代农业合作化时，为了"便于管理"，农村大搞合村并屯，"大搞集中居住"，住在直线边界线一侧的零星居民，被迫北移，为苏联蚕食中国领土创造了有利条件。自此，这条实地边界线，从当壁镇起便向北弯曲。这一弯曲，使我国丧失约十多平方公里的国土，比珍宝岛大十多倍。事实也确如此。1966年5月，笔者在大顶山大队以南的边界我方巡逻线上，即地图上兴凯湖西侧向北弯曲线的顶端处，发现了一块石碑。记得石碑露出地面高约60厘米，宽约35厘米，厚约6~7厘米，正面刻着"拉字牌"三个大字（不知其意），落款是"大清国光绪三十二年立"。我问大顶山大队的大队长："这是界碑吗？"大队长说是界碑。他指着南面苏联管控的一条山岭说："十多年前，界碑还在山梁南面坡底，不知什么时候被搬到这里。"他还告诉我："（他们）大队里有几户祖坟都在南山坡上。五八年前，老毛子还叫过去上坟，后来他们修了路，设了铁丝网，盖了瞭望塔，就不让去了。"我问他："向上级反映了没？"他说："反映了多次，说外交部知道。以后没有了下文。"我目测了一下："拉字牌"距南岭岭脊约4华里，约为地图上"向北弯曲"距离的1/2（按兴凯湖湖面直线分界线长约70公里的比例计算）；岭南坡长不得而知。

注 2、民族主义立场

　　解决中俄边界的原则应是不承认、不冲突、维持现状。其一是要俄国人承认过去的九项条约是"不平等条约",其二是维持现状,不挑衅,等待时机。毛泽东、周恩来在与俄国谈判边界时,曾经坚持过这个原则。坚持这个原则,就是当时机成熟中国有条件收复失地时,无论在外交上、军事上,都会给后代子孙留下一个占据国际法理高地的有理、有利空间;但当江泽民的中共,偷偷与北极熊签订条约使其侵占中国领土全部合法化后,收复失地的路子就被卖国贼彻底堵死了。

第十八章：巩固权力暨文革第六轮大屠杀

一、"一打三反"大镇压

1、镇压借口

1969年11月12日，国家主席刘少奇在开封囚室中被折磨死去，毛泽东向刘少奇夺权的任务已胜利完成；但彻底消除中华传统文明和现代普世价值的文化大革命任务，还远没有完成。1970年1月30日，根据"无产阶级专政条件下继续革命"的理论，毛泽东的"大管家"周恩来，将亲自拟定的《关于打击反革命破坏活动的指示》报送毛泽东、林彪。《指示》中说："**苏修正在加紧勾结美帝，阴谋对我国发动侵略战争，国内的反革命分子也乘机蠢动，遥相呼应……**""**打击反革命破坏活动是一场激烈的阶级斗争，是打击帝、修、反'别动队'的斗争……实际上也是一场重要的战备工作。**"周大管家在报送时提出："我们几经讨论，认为现在需要发这样一个指示，给在备战动员中一小撮反革命分子的破坏活动以打击。"毛泽东在1月31日批道："**照办。**"

在毛泽东和中共的词典里，"反革命"与"人民的敌人"是两个互为注释的同义词，有明确的定义。毛泽东在《关于正确处理人民内部矛盾的问题》一文中规定："**在现阶段，在建设社会主义的时期，一切赞成、拥护和参加社会主义建设事业的阶级、阶层和社会集团，都属于人民的范围；一切反抗社会主义革命和敌视、破坏社会主义建设的社会势力和社会集团，都是人民的敌人。**"因此，一切异己者、持不同政见者，都是反革命。

《指示》做出的六条规定，主要内容是：

一、要放手发动群众。用战备的观点，观察一切，检查一切，落实一切。号召广大群众，对反革命分子检举、揭发、清查、批判，从而把隐藏的敌人挖出来。

二、要突出重点。**打击的重点是现行的反革命分子。**对那些通敌叛国、阴谋叛乱、刺探军情、盗窃机密、杀人行凶、纵火放毒、反攻倒算、**恶毒攻击社会主义制度**和抢劫国家财产、破坏社会治安的现行反革命分子，必须坚决镇压。

三、要严格区分两类不同性质的矛盾，分清敌我，区分轻重。

四、要大张旗鼓地、广泛深入地做好宣传、动员。杀人不可过多，杀的应是极少数，关的亦不应多，管的是大多数。不论是杀、是关、是管，都要搞得很准，必须罪证确凿，判处得当；都要交给群众批判、斗争，把他斗倒斗臭。

五、要统一掌握批准权限。**杀人由省、市、自治区革命委员会批准，报中央备案。**

六、要加强领导。必须首长负责，自己动手，具体指导，深入实施。严格地审查捕人和杀人的名单。

"人民的好总理"周恩来的《指示》，推翻了毛泽东的"**一个不杀，大部不捉**"的承诺，成了镇压异己者、持不同政见者和无辜老百姓的刽子手。

1968年5月8日，毛泽东同中央文革碰头会成员谈话时说："**我们在延安就规定了一个不杀、大部不捉。随便杀人没有手续不好，抓人抓多了也不好。**"1969年4月5日，毛泽东同谢富治等的谈话时强调："**十六条第七个问题，我就只加了一句：在运动中，除了确有证据的杀人、放火、放毒、盗窃国家机密的现行反革命分子，应予依法处理外，其它一个不抓，一个不杀，一个不关。**"又说："**我说的放毒，是食物放毒，不是政治上的。**"1969年4月14日，"九大"通过的《政治报告》中明确规定："**在对敌斗争中……除确有证据的杀人、放火、放毒等现行反革命分子，应当依法处理外，都应当采取'一个不杀、大部不抓'的政策。**"1969年5月14日，周恩来在国务院所属单位传达毛泽东"九大"期间的讲话时说："**要防止扩大化，延安审干时就讲过九条方针嘛，特别是大部不抓，一个不杀，错了要道歉，错了太多很不利，弄清后再处理，清楚了少杀，改造劳动，改造促生产。**"

眨眼一看，毛和周的讲话不无理性，也似有人性，但其鲜明的"恩施"色彩，使人们想到，他们的这些讲话，即没有法制观念，也没有人权意识，只有赤裸裸的封建帝王宽猛相济、恩威兼施的统治权术。这种统治权术的恣肆无忌，连他们自己剪裁的遮羞布也不要了——《中华人民共和国宪法》第八十九条规定："中华人民共和国公民的人身自由不受侵犯。"因此，《指示》下达后，上面"恩施"的一切都不算数了：毛泽东要"立威"了，他批准了刽子手周恩来的"推翻"，打开了大规模杀人的"魔盒"！

2月5日，经周恩来审阅修改的《关于反对贪污盗窃、投机倒把的指示》和《关于反对铺张浪费的通知》两个文件，同时以中共中央名义发出。《通知》认为，在经济领域内，有一小撮阶级敌人与暗藏在国家财经部门的坏人相勾结，利用派性和无政府主义倾向，煽动经济主义妖风，破坏社会主义经济基础。为此，中央提出，有必要在全国掀起一个大检举、大揭发、大批判、大清理的高潮，坚决打击贪污盗窃、投机倒把活动，"粉碎阶级敌人在经济领域的进攻"。

上述3个文件下达后，一个打击反革命破坏活动、反对贪污盗窃、反对投机倒把和反对铺张浪费的"一打三反"运动轰轰烈烈地开展起来。在周大管家直接领导下，中央成立"二五"运动办公室，领导各地的"一打三反"运动。

开展"一打三反"运动，理由是"充分"的，因而执行起来理直气壮，不容争议。直到三十多年后的今天，除了把法西斯暴行说成是"扩大化"外，不少精英还在为"一打三反"罪恶行径扬幡招魂。例如，为了替"一打三反"找到一个合理的支点，作者**阎志峰**在

《党史纵横》上发表一篇题为"'一打三反'运动是怎样掀起来的"文章，在批评所谓"扩大化"的同时，为这个法西斯运动搜寻了许多"合理"的支点。他写道：

1964年5月之后，苏、美加紧了对中国的军事威胁。据公安部发布的公告，从1963年11月至1965年1月，广东、福建、浙江、江苏等沿海地区军民，连续歼灭16股美蒋武装特务。1967年6月13日，北京市高级人民法院公审印度驻华大使馆间谍分子鲁冠南，宣判将其驱逐出境。1967年至1969年，解放军在华东、华南连续击落美蒋飞机18架。

1969年是新中国成立后中苏关系最紧张的一年。这年3月，中苏边境发生珍宝岛武装冲突，苏联在中国北部边境之外陈兵百万，拉开"大兵压境"的架势。8月13日，又发生了新疆裕民县铁列克提事件，中苏边境形势全面恶化。远东地区的苏联空军多次发布停飞待命的通知，制造发动突然袭击气氛。8月底，我情报机关获得比较准确的信息：苏联军方确实正在积极谋划对中国实行一次突然性的核袭击。

1969年国庆节过后，形势更加紧张。有关部门认定，苏联谈判代表团到达北京的10月20日，很可能就是苏联进攻的时刻。因此，10月19日以前一定要做好准备。为此，林彪在黄永胜、吴法宪等陪同下，乘"子爵"号飞机勘察张家口一带的地形，并检查了部队的战备工作。这次行动极其保密，除了报告毛泽东外，连周恩来都不知情。从张家口回到北京，林彪受毛泽东委托，主持召开政治局会议，专门分析中苏关系的发展趋势，研究防备苏联发动突然袭击时的具体措施。10月18日下午，林彪口授发布了四条指示，即"第一个号令"，全军进入紧急战备状态。

"一打三反"的文件就是在这样的背景下出台的。《关于打击反革命活动的指示》提道："自从党的第九次全国代表大会以来……形势大好。但是国内外阶级敌人不甘心他们的失败……加紧进行破坏活动，……有的散布战争恐怖，造谣惑众，有的盗窃国家机密，为敌效劳；有的乘机翻案，不服管制；有的秘密串联，阴谋暴乱；……有的破坏插队下放。……为了落实战备，巩固国防……必须坚决地稳、准、狠地予以打击……"《关于反对贪污盗窃、投机倒把的指示》则指出："一小撮阶级敌人不仅在政治上伺机反扑，而且在经济领域里向社会主义也发动了进攻。"

显然，这是上世纪三十年代初蒋介石提出的"攘外必先安内"政策的翻版。

近人对蒋介石提出的"攘外必先安内"政策看法各异：一部分人认为正确，不先安内，焉能攘外？另一部分人则认为完全错，安内的目的是强化独裁。笔者认为，"攘外必先安内"的政策无可厚非，关键在于如何"安内"？正如"攘外"至少有战争和外交妥协两种以上选择一样，"安内"也至少有两种以上的选择，如镇压和民主整合。当年蒋介石提出的"安内"是镇压、围剿，1970年周恩来提出经毛泽东批准的"一打"的"安内"术，是镇压、围攻；当年蒋迫于内外压力，接受了民主整合的建议，与中共合作抗日，而七十年代毛、周没有压力，只有随心所欲地镇压！

作者阎志峰发表于2006年的这篇文章，坚持毛泽东镇压异己以安内的观点，替反人类的无产阶级专政**树德**，代表了中共大员和上层精英们的正统观念，具有很大的蛊惑性。也许是"主旋律"的作用，上层精英们在普世价值的潮流面前，都能自觉同官方保持一致，以中国"特色"之名，宣扬镇压有理，拒绝民主整合。当弹丸小国以色列在周围虎视眈眈的军事压力下，为了生存，他们的"安内"政策没有选择镇压异己，而是选择民主整合，即**民主选举、多党政治、司法独立和新闻自由**，对此，上层精英们视而不见。当印、巴两国剑拔弩张怒目相拼时，他们没有选择镇压异己，而是选择民主整合，对此，上层精英们不置一词。当**台湾**在大陆导弹、军演的威慑下，为了生存，他们的"安内"政策没有选择镇压异己，而是选择民主整合，对此，上层精英们用攻其一点不计其余的手法，把当今台湾政局描绘或影射成"**漆黑一团**"，借以为**镇压异己**张目。之于**西方发达国家**"安内"的民主整合政体，上层精英们自有说辞：过去斥之曰"为资产阶级服务"；当中共新资产阶级崛起后，他们则应"主旋律"之命，巧言为"不适合中国国情"。

在无产阶级专政条件下，为了巩固一党专政的政权，毛、周他们像"解放"初期发动的"镇反"、"三反、五反"运动一样，毫无顾忌地开展起"一打三反"的法西斯运动，而且他们还能按照他们的意愿，毫无阻挡地把法西斯运动进行到他们想要停止的时候。

2. 红祸中华

(1) 简述"一打三反"与周恩来

毛泽东说："**除了杀人、放火、放毒的，其它的一个不杀，大部不抓，我说的放毒，是食物放毒，不是政治上的。**"这些较有人性的"恩"字号话，都被他"一三一"的"照办"两个"威"字号批示，批得一干二净，成了出尔反尔、言而无信的经典力作之一！

据知情的史学家们披露：1970年2月至11月的10个月中，受到非法批斗、审讯者不少于200万人；从中挖出的所谓"叛徒"、"特务"、"反革命分子"等异己者、持不同政见者，高达148万人之多；其中，逮捕了28.48万多人，枪杀了9,000多人（另说3万人以上）；就全国而言，在"一打三反"运动中，包括自杀、虐杀在内的非正常死亡人数，应在十万人以上。

这是继一年前清理阶级队伍大屠杀后的新一轮大屠杀，亦即**文革第五轮大屠杀**！

"一打三反"是在周大管家直接领导下进行的。对不同政见者心狠手辣的周恩来，充分利用各地"支左"部队首长、军管会负责人和以军人为核心的革委会，主持"一打三反"运动，以残酷批斗、杀一儆百之红色恐怖，震慑广大异己分子。

为了防止杀人"扩大化"，中央下达了杀人**控制指标**。指标指令各地诸侯，不杀人不足以威慑，但"杀人不可过多"。"控制指标"体现了周大管家恩威相济的人治权术。

在"一打三反"的高潮中，一位知情者看到当年**安徽**当权派是如何考虑杀人指标、如何决定谁该枪毙的。他写道："**他懒洋洋地随手翻着公安部门每月上报的可杀的'反革命'花名册，不时打着官腔说：'这个还留着吗？杀了算了。'又翻一页：'这个呢，也杀了吧。'他问身边人：这个月江苏杀多少？浙江杀多少？身边人回答后，他说：'我们杀个中等数吧。'人的生命便结束在这样的官腔下。"

为了鼓励屠杀政治犯、思想犯，中共中央将判处死刑的审批权下放给各省、市。以许世友为首的**江苏省**革委会，迅速在南京组织了几次大屠杀：继3月6处决了11名政治犯后，4月28日又处决了12名，7月24日又处决了24名，12月10日又处决了10名。江苏各市县也相继学着省府杀人，据说杀人上千，成了全国之最！在**湖南**，省府长沙在三月间，开了两次杀人大会，每次处决近百名犯人，其中一半以上是政治犯、思想犯。由于各地杀人过多，引起上层议论纷纷，毛泽东和周恩来立即施之以"恩"，收回了死刑审批权。这样，数千政治犯躲过了杀戮。例如，长沙将召开宣判大会，要处决60多名政治犯、思想犯，因死刑审批权被中央收回，不得不将死刑改判为徒刑。其中，**杨小凯**死里逃生，被改判为10年徒刑，意外获得了生存权，才使得他后来能成了国际著名的经济学家。

在档案尘封的条件下，有良心的史学家们如**丁抒**等，利用他们的名气，从几处地方志上查获了一些"一打三反"的历史纪录。例如：

《西平县志》记载：**河南西平县**，"五至八月，集中全县中、小学教师举办'一打三反学习班'，刑讯逼供，残酷斗争，批斗一百八十人，其中被逼自尽四人，拷打而死五人，残八人"。《沂水县志》记载：**山东沂水县**，在"一打三反"中将公办学校的教师集中，搞了四个月，批斗173人，处分84人，3人自缢身亡。《泰兴县志》记载：**江苏泰兴县**，"一千四百多名干部群众被关押、批斗，严刑逼供，有的被迫害致死。"《户县志》记载：**陕西户县**搞出"反革命案件"662起，"定案"处理483人。《安阳市郊区志》记载：**河南安阳市**郊区揪斗2,392人。《邢台县志》记载：**河北邢台县**"挖出"122名"反革命分子"。《松江县志》记载：**上海松江县**定性处理2,975人，其中被判徒刑56人，管制10人，"在政治性案件处理中，又产生了一批冤假错案，非正常死亡53名。"

据《宁波大事记》记载：2月17日，开展"一打三反"运动。在运动中，**浙江镇海县**2月28日至3月24日，发生自杀事件20起，其中死16人。

《历史的审判》一书记载：**上海市**革委会把几年前几个反张春桥的大学红卫兵头头的案子重新翻出，定为"反革命集团"。六七、六八年间曾参与过炮打张春桥的学生，都是"新生"的反革命分子。市革委会副主任王秀珍声称："**对这批新生反革命不能手软。**"于是，市委布署各高等院校集中追查曾参与"打张"的学生。炮打张春桥一案，株连近千人，仅复旦大学等六所大学，就有120多人被逮捕、监禁，自杀5人，逼疯3人。

据报导，1970年2月初，**广西北海市**革委会成立了"二五"运动办公室，领导全市的"一打三反"运动。3月12日，市革委会召开全市干部动员大会，主要领导在会上作了《关于进一步贯彻毛主席批示"二五"文件精神全面围歼反革命》的动员报告，提出要在10天内，狠狠打击现行反革命的破坏活动。主要目标是：侦破反革命标语案(包括过去发现的)，侦破收听反动电台案，侦破偷越或准备偷越国境案，查办严重破坏生产案件，查办历史上的杀人放火案件，查办历史上可疑的人或事，查办散布帝、修、反反革命言论的案件，查办清理阶级队伍中揭出的问题未做清理的案件，等八大案件。3月9日至10日，全市3万工、干、群斗争了8名现行反革命分子；4月8日，市工交战线4,800多人批斗了17名"帝修反别动队分子"；4月11日，市革委会组织3.2万人批斗了16人，当场逮捕4人(后复查均属错捕)。5月4日至5日，市革委会又召开全市公判、宽严、坦白检举大会。主会场参加人员6.6万人，市内设404个收听点，1.6万人收听了主会场实况转播。会上8名现行反革命和刑事犯罪分子判处了徒刑，4名能坦白交代、积极退赔、检举揭发他人的人员免予刑事处分。会议期间，全市划分13个"战区"，设大小战场560个，坦白检举登记站404个，共批斗干部群众500多名，582人被逼迫交待问题。会上披露，该市自"文化大革命"以来，发生自杀事件39起，死亡24人，其中，5月4日至9日，共发生自杀事件8起。

据《三中全会以来重要文件汇编（上）》记载：1970年是文革十年间当局"依法"枪决"反革命分子"的集中期。文革结束后最高法院向中共中央报告说："**一九七〇年'一打三反'运动中错判死刑最为突出。宁夏错杀七十人中，一九七〇年判处的有六十八人；天津市错杀的二十八人中，一九七〇年判处的有二十二人。**"

"一打三反"之残酷，只比"清队"稍逊，但也猛烈异常。**云南镇雄县**的官方记载，把"清队"和"一打三反"合一而谈："**省革委派工作队来镇雄指导'清理阶级队伍'和'一打三反'，搞逼供信，造成一百〇七人非正常死亡。**"上海市南汇县"一打三反"，审查、斗争了三千余人，"**造成非正常死亡六十二人**"。**宝山县**"一打三反"和"清查五一六分子"结合，共清出五千多"有问题的对象"、"**四十一人被迫自杀**"。陕西康县副县长**雷云祺**、县政协常委**张开印**，是一九四九年起义投诚后的留用人员。军管会以"反革命"罪将他们枪决。该县"一打三反"中，拘捕254人，枪决17人，判刑12人，戴"反革命"帽子25人，20人自杀身亡。

安徽淮南市监狱，"十尺零六寸长□监房里，经常关上十四、五个人，每人只有八寸宽的地盘。……一杀人，就早上四点拉铃，然后用几个高音喇叭放样板戏。然后凶神恶煞般的刽子手就进来拉人：'你！''你！''你！'惊天动地哭叫，随着是一排摄人魂儿的枪声……"

由于"清队"、"一打三反"、清查"五一六"分子三场运动，一个连着一个，江苏省只笼统公布了这三场运动中受迫害的人的总数："以莫须有的罪名，把几十万无辜的干部、组织打成叛徒、特务、现行反革命和'五一六'分子，加以迫害，成千上万人致伤、致残、致死。"

据国防大学教授王年一在《大动乱的年代》一书中记载："据统计,1970年2月到11月共十个月挖出了'叛徒'、'特务'、'反革命分子'184万多名，捕了28.48万多名，**杀了数以千计的人**，某自治区从1970年2月开展'一打三反'，到十月，搞出所谓'叛徒'、'特务'、和'反革命分子'12,768名，其中由公安机关逮捕4,395人，拘留审查4,059人，在整个'清队'、'一打三反'中，具不完全统计，生产建设兵团共揪出所谓各种'坏人'70,000多名，各地区揪斗了159,900人。在运动中，兵团系统刑讯逼供，**打死、逼死2,769人，各地区自杀的有2,700多人，被打死的有640多人……**"

由于档案死不解密，又不许体制外调查，人们很难知道全部实情。据一些研究者估计，在"一打三反"运动中，包括自杀、打死、折磨死和"依法"处决的人数，**应在十万人以上**，其中大多数是下层的弱势群体。但也有文革学者著文认为："**这场运动的非正常死亡数，也应在十五至二十万之间。**"

然而，1970年12月，刚刚进行了十个多月的"一打三反"运动，嘎然而止，各地计划进行的杀人"公判"，也突然不搞了。原来，毛泽东在12月全国公安会议前，发出了新的"最高指示"："**我们不是靠杀人来统治的。**"对主持"一打三反"大砍大杀的周恩来，当头一棒！据笔者估计：毛对周的当头一棒，至少使上千名等待处决的异己者和持不同政见者，绝地逢生！

毛泽东对周恩来的当头棒喝，是毛、周较量的一部分：毛在把自己打扮成菩萨的同时，却把鲜血淋淋的人权暴行，都推到了周恩来的头上。

尽管"一打三反"嘎然而止，但它的"辉煌战果"，再次显现了周恩来的"丰功伟绩"。由于保护中共特权阶级和镇压持不同政见者有功，被中共戴上了"人民好总理"的桂冠。但不论"主旋律"对周如何粉饰，人们还是能从那顶光彩夺目的桂冠上看到：

宝石顶戴，血光闪烁，三眼花翎，鲜血欲滴！

(2) 四十种酷刑

在"一打三反"中，在各地军人为核心的革委会领导下，毛泽东的"**群众**"创造了许多刑讯逼供和处决法，其中最著名的是**四十种刑罚**和**消声处决法**。由公安部《上访通讯》编辑室编的《春风化雨集》里，披露了在"一打三反"运动中，在各地"学习班"里的刑讯逼供中，毛泽东的"**群众**"曾广泛采用过的四十种酷刑：

一、背宝剑

将受刑者右手从右肩反向背后，左手往背后反上，然后用铐子将双手铐住，三天三夜不松铐，饭倒在地上用舌舐，舐不净即遭打，连屙屎、屙尿、睡觉都不松铐。受刑者有**伍**

星雄等。

二、紧箍咒

先将粗麻绳在受刑者头上反复缠上几圈，后将绳头两端捆住一根木棒，执刑者手握木棒上下旋转，使套在脑袋上的麻绳越转越紧，顿时头昏脑涨，眼睛发黑，天崩地裂，痛不欲生，立即昏死。受刑者有**曾早生**等。

三、坐轰炸机

将受刑者双手反捆悬空而吊，在他脖子上挂一个箩筐，再往箩筐中放砖头，而且逐步加多，使之如轰炸机状，并将受刑者推拉幌荡。受刑者有**邓裕耀**等。

四、筷子夹手指

将受刑者的一只手掌插入竹筒，然后往空隙处加插筷子，越插越多，插不进就用铁锤敲打筷子，使之往里硬挤，手指被挤压得骨痛肉麻，全身发颤，汗流如雨。受刑者有**皮春媚**等。

五、吊半边猪

将受刑者的一个大姆指和一个大脚指分别用麻绳捆绑，然后将绳头合拢悬空上吊，边吊边打，时间长了，手脚指往往被吊断，形成终身残废。受刑者有**唐汉春**等。

六、抬杠子

先将受刑者打倒在地，然后用绳索将其双手双脚捆绑好，再用木（竹）棒从捆牢的脚手中穿过，由两人抬起棒子的两端上下摆动或来回走动，然后连人和杠子一并重重的摔在地上，受刑者全身骨头像散了架子一样，久久昏死。受刑者有**胡英祥**等。

七、雷公尖

先让受刑者将手掌伸直，用麻绳将五个手指扎紧，再用槌子敲打木尖，使木尖硬生生地从指缝中挤过去。俗谓十指连肝心，受刑者痛不欲生。受此刑的有**郑仲翔**等。

八、四马分尸

将受刑者打倒在地，用四根绳索分别将其双手双脚捆紧，由四个人站在四个不同的方向捏住绳头，使力拖拉，只拉得受刑者皮开肉绽，血肉模糊。受此刑的有**粟匡国**等。

九、金线吊葫芦

用一根麻绳将受刑者的大姆指扎牢，悬空上吊。由于一个姆指承担不了全身的重量，致使手指吊断或皮肉剥落。受此刑的有**胡祥**等。

十、拖泥船

将受刑者反手捆绑，俯躺在地，然后再用绳子绑住其双臂，由执刑者拉住绳头，来回拖动，像拖泥船一样在地上磨擦，使之皮开肉绽，鲜血直流。受此刑者有**邓云卿**等。

十一、坐喷气式飞机

先将受刑者双脚捆在一起，然后将双手向后反绑，再在脖子上套一根索子与反手捆绑的绳索子相连接，随即脸向下背向上悬空上吊，还要在背上加放土砖一至两个，或层层加码，受刑者立即骨折筋断，眼鼓舌伸，当场昏死。受此刑者有**周维精**等。

十二、冲碓

让受刑者跪地，将其双手反绑，并与双脚捆在一起，全身成了弧形，然后将绳索一拉一放，使之前后上下摆动，额头碰地冬冬作响，就像旧时冲碓一样，执行者哈哈大笑，受刑者痛不欲生。受此刑的有**杨远林**等。

十三、吊头发

将女受刑者的头发扎在绳子之上，然后悬空上吊，使头发因承受不了全身的重量而连头皮一并剥脱，鲜血直流，人被昏死，惨不忍睹。受此刑的有**简剪肖**等。

十四、人上吊人

先将受刑者双手反绑悬空而吊，然斥将其双脚并拢捆紧，脚下留一小圈，圈内横插一木棒，执刑者踩在木棒上任一摆动，受刑者无力承受，当场昏死。受此刑者有**杨理智**等。

十五、坐快活凳

受刑者双手向后反绑并上牵引至后脖，然后将反绑的双手套入一条竖立的长凳上，随后对竖立的长板凳猛踢一脚，凳子落地平立，受刑者遭此猛烈震动，肝肠寸断。受刑者有**刘千云**等。

十六、陪斩

县大米厂老工人、共产党员**谢长发**在"一打三反"中被诬为"大老虎"，死不认罪，正好县里枪决反革命犯**刘吉生**，便趁机将谢五花大绑，与死刑犯同车同跪，枪响后，谢形同死色，神智不清，从此一蹶不振。

十七、吊秋迁

受刑者反手捆绑至后脖，然后悬空上吊，执行者将他来回推拉，使之像打秋千一样前后幌动不已，上吊者惨不忍睹，行刑者却哈哈大笑。受刑的有**李东元**等。

十八、蛤蟆呷水

受刑者跪地，双手向后反搏，脖子上再挂上一块64斤重的大杂木板，执刑者将其头部一下一下往下按，木板也跟着一下一下往前移，于是出现了蛤蟆喝水的样子，受刑者的脖子被撑得稀烂。受刑者有**蒋子正**等。

十九、拔河

先将受刑者双手向后反绑，再在双手臂上各套一根绳索，由执刑者二人站左右两边，分头像拔河一样紧拉不舍，硬将其两只胳膊拉得重叠在一起。结果轻者脱臼，重者骨折。受刑者有**蒋顺甫**等。

二十、过软桥

将受刑者双手反绑，推倒在地，呈俯卧状，让执刑者数人在其身上背上踩来踩去，像过软桥一样。受刑者肋骨脊骨被踩断，并且屎尿直流。**蒋顺甫**等遭此刑法。

二十一、人造拱桥

受刑者双手反绑跪地，行刑者从后用膝盖力顶其腰，双手抓其双肩，使力后扳，另一执刑者将其头用力往后脚跟上按，成拱桥状。**马文卿**等受此酷刑。

二十二、挂灯笼

将受刑者双手捆绑，悬空上吊，再在其脚上吊土砖，状如灯笼，受此刑者有**陈介之**等。

二十三、踢足球

受刑者双手向后反绑至后脖跪地，执刑者以其为中心围成一圈，然后左右开弓，拳打脚踢，对受刑者像踢足球一样踢来踢去，踢得他死去活来。受刑者有**王涛**等。

二十四、岩鹰呷食

受刑者跪地，双手臂平衡伸开与肩平，用一根两米长的木棒横放后肩，再用绳索将双手臂捆绑在木棒上，然后在他的前胸和肚腹上大施拳脚，使其头不住地往下点，就像岩鹰吃食一样。受刑者有**邓先福**等。

二十五、犀牛望月

受刑者双手反绑跪地，执刑者一手捏其鼻孔，一手端其下颌，用力后扳，使其成仰头望天之势，而且头越按越下，鼻孔不能出气，脖颈和腰子被扭得嘎嘎响。受刑者有**王克俊**等。

二十六、反手吊土砖

将受刑者双手向后反绑，又从脖子上套一根绳子与绑手的绳索相连接紧拉，把双手拉至脖颈，然后再在绳索上吊土砖，一直加到五个，计重150斤，人被吊得屙血而死。受刑者有**邓云桥**等。

二十七、栽跟斗

受刑者被反手捆绑至后颈跪地，执刑者从背后用脚猛踢，使其像栽跟斗一样栽了过去，又用脚踢，让他再倒过来，如此反复不断，受刑者被栽得头破血流。受刑者有**邓成铭**等。

二十八、推磨

将受刑者双手反绑至后颈跪地，再将一根木棒从背手之间往下插抵地，执刑者一人扶住木棒不动作轴心，其余的行刑者硬推着他转园圈像推磨一样，如此反复推磨，受刑者手、腿、背被磨得血肉模糊。受刑者有**蒋顺甫**等。

二十九、跪刑

1. 跪刺猬皮：该皮有针如钢，强迫受刑者光膝跪上，还要在双肩上加压，使其越刺越深，刺入骨髓；

2. 跪凳：让受刑者跪在木凳上，然后猛然将木凳踢倒将其重重的摔倒在地；

3. 跪柘木刺棒；

4. 跪碎瓷瓦片和玻璃碴子；
5. 跪碎砖头。

受此数种跪刑的有**邓初艮、刘根柱**等不计其数。

三十、火烧眉毛

受刑者反手被绑，跪在板凳上，执刑者用打火机打火，烧他的眉毛、胡须，脸、鼻、下巴被烧焦烧烂。受此刑的有朱得喜等。

三十一、打排球

受刑者双手反绑至后颈，打手在他的周围形成园圈，然后将受刑者像打排球一样推来推去。受刑者有**曾重元**等。

三十二、人造天花

将受刑者的衣服强行脱光，然后，打手们用手或别的刑具在他身上乱打、乱扎、乱抓，使其全身又青又紫，像天花一样遍体淤伤。受刑者有**谢武邵**等。

三十三、压面

受刑者面地俯卧，手脚被捆绑，再将一根六寸围的木棒横放在他的背上，执刑者分别在木棒两端用力（也有坐人的），在他的身上压来压去像擀面条一样，只压得他骨碎筋断，屎尿直流。受刑者有**杨远栋**等。

三十四、碰壁

抓住受刑者的头发，将其头部在墙壁上乱撞乱碰，只碰得他头破血流，形成严重脑震荡。受刑者有**王球**等。

三十五、扳手指

让受刑者手掌向上，手背紧贴桌面边沿，行刑者一手将其手掌按住不放，另一手向下猛扳其手指，使之皮绽骨折，甚至变成残废。受刑者有朱笃品等。

三十六、打刑

1. 拳打、脚踢、抽耳光；
2. 用铁丝、皮鞭、三角皮带猛抽；
3. 用布鞋底、皮鞋、铁钉鞋掌嘴；
4. 用木棒、竹鞭、扁坦等物在全身乱打。挨以上毒打者**不计其数**。

三十七、挂灵活牌

1. 挂木板牌子加青砖。首先在受刑者脖子上用细铁丝吊一块六十三斤重的杂木板子，板子上再吊四个青砖，另两人在其左右两旁将木板来回拉锯一样推动，铁丝即刻扎进皮肉，出现了一条又长又深的血痕。受刑的有朱得喜等。
2. 将几十斤重的杂木板子用麻绳挂在受刑者耳根上。受刑者耳根如刀割。
3. 将受刑者脖子上挂一个箩筐，箩筐中间放煤灶心十多个，而箩筐正面又用纸糊成纸牌状，上面写着种种莫须有的罪名，表面上看去活像一张纸牌。受刑的有**陈远魁**等。

三十八、划地为牢
首先在地上划一小圆圈，要受刑者站在其中，看守者则轮流换班在旁监视，若受刑者脚手伸出圈外，即遭毒打，脚手浮肿直到昏死。受刑者有**廉杏喜**等。

三十九、空中罚站
先在桌面上放一条凳子，然后要受刑者用一只脚站在凳上，另一只脚悬空，单腿长久站立，持续时间越长越好，受刑者多次摔倒在地，痛苦难堪。受刑的有**胡松江**等。

四十、舐痰
受刑者在遭受种种酷刑后屈打成招，尔后又矢口否认，于是刑罚再次加码，让受刑者舐吃自己吐地的浓痰。白仓公社食品站职工**莫万秋**就受到把浓痰舐尽的酷刑，前后折磨了七个多月，被逼疯自尽。

四十种酷刑，体现了毛泽东"**群众专政**"的魔力！

也许有人质疑《春风化雨集》的真实性，但笔者对四十种酷刑持基本肯定。笔者在毛的统治下走过了二十七个年头，领教了毛发动和领导的27次"群众运动"中的残酷性和非人性——目睹毛的"群众"创造的酷刑远非这40种，譬如铁丝穿锁骨、跪砖晒太阳，等等；但笔者见过的酷刑也并非全像上面所描述的那样。

(3) 消声处决法

在井冈山，中共和毛泽东在打"AB"团等肃反中，就打破了死刑犯临刑时有说话、喊冤和呼口号等所谓"资产阶级"法权的禁锢，行刑时，为使死刑犯无法喊"冤"、呼"反动口号"，处决消声法便被毛泽东的"**群众**"和"**法官**"们研发了出来。全国"解放"后，这种"消声"传统被继承下来，并在全国大行其道，尤以"镇反"、"土改"和"一打三反"为烈。这种无视文明、人权的野蛮"消声处决法"，迄今风行不殆，中国人也已习以为常见怪不怪了。

嘴塞压舌器外加口罩法
据报导：宁夏银川市枪决"共产主义自修大学"成员**吴述森、鲁志立、吴述樟**前，使用"压舌器"压住舌头，使其在临行时无法喊叫；贵阳市建筑公司女技术员**马绵珍**被处决时，在她嘴里塞进了"压舌器"，外面再扣上一只口罩，以消异议。

"一打三反"中，笔者在河南许昌市目睹了多起枪杀案。其中，一起是枪毙临颍县人大代表、县一高权威教师**王炳灿**。他的"不杀不足以平民愤"的"滔天罪行"，是他在日记中写下了许多"恶毒攻击伟大领袖毛主席"的文字，是"隐藏"的反革命分子。在数万人参加的市体育场宣判大会上，他扬着头，挺着胸，嘴上勒着口罩；据说嘴里有个"压舌器"。枪响后，他倒在体育场的西北角。

缝合线缝嘴法

毛泽东死后，压舌法在"一打三反"的基础上有所发展。1976 年 12 月 19 日上午，吉林省长春市在处决为刘少奇鸣不平的长春市第一光学仪器厂工人**史云峰**时，为防止他喊冤，刑前在他颔下注射麻醉剂，嘴里塞满了纱布团，并用缝合线将嘴紧紧缝住。

竹筒塞嘴、竹签穿舌法

据报导：1970 年 10 月，广州军区司令员丁盛，听说海南岛白沙县一名女医士**官朋华**在监狱里写文章骂林彪，便亲自主持会议，将她判处死刑。枪决前，怕她呼喊口号，特用一节竹筒塞进她嘴里，穿上铁丝，扎在脑后。

这种消声法到了 1977 年，已进化到竹签穿舌。江西官员们在处决思想犯**李九莲**时，便使用他们创新的竹签穿舌法。

端下颌车法

陆兰秀是一个虔诚的共产主义信徒，一个忠实的女共产党员，因写了二十多篇批判毛泽东和文革、呼唤"自由"的文章，1970 年 7 月 4 日，被以许世友为首的江苏省"革委会"批准枪决。就刑前被端下颌车，枪杀于苏州市横山脚下。

割断喉管法

割喉管消声法最具代表性，最为"时尚"。许多人都记得，1975 年 4 月 4 日那一天，共产党员**张志新**在就死前，被残忍地割断了喉管；但许多人未必知道，张不是第一个被割断喉管者。据披露，仅辽宁省一地，行刑前被割喉管的死囚就达 30 多人。行刑前割喉管是文革中出现的"新事物"，在清理阶级队伍、"一打三反"中已被广泛采用。例如：上海交响乐团指挥**陆鸿恩**，因"涂写《毛主席语录》"，被判处死刑，押往刑场前，喉管被割断；甘肃静宁县女技术员**毛应星**，枪毙前，也被刽子手割断了喉管。

麻绳勒脖法

这是最常见的消声法。《炎黄子孙》披露：江苏省常州市处决的某局长**蔡铁根**，转业前，是南京高等军事学院训练部长，大校军衔，红军干部。他"贼"胆包天，竟敢在日记中"为彭德怀鸣不平"，"恶毒攻击三面红旗"。他的罪证在抄家时被悉数缴获，旋即被揪斗，被关压，"一打三反"中又被判处死刑。1970 年 3 月 11 日，他被非法关压了三年多后，狱方突然用麻绳将他捆牢、脖颈上套上麻绳，然后向他宣读正式"逮捕令"，随之又对他宣读"死刑，不准上诉"判决书。他刚要申辩，行刑者便勒紧已套在他脖子上的麻绳……很快，枪响，他应声倒在血泊中。

作者铁流在他的《第二个林昭似的女英雄》一文中，记载了四川大学生物理系女学生**冯元春**在"一打三反"中被枪杀的故事。冯因批评毛泽东被打成右派，判 15 年徒刑；又因狱中坚持批毛，被加刑五年；加刑后仍不低头"认罪"，1970 年 7 月 1 日，被四川南充市当局处决。行刑时，人们看见：她"**个儿不高，五花大绑地捆扎着，背上插有三角尖**

形的白色死牌，胸前挂着写有'冯元春'打上红叉的大纸牌。冯元春昂头挺胸站立着，两个恶狠狠的军人死死压住她的脖子。一条细麻绳像勒进了她的的皮肉，在颈脖处还缠了一圈，让她喊不出声音来。虽然由于血脉不通，冯元春脸呈青紫色，但她仍金刚怒目，威武雄壮，像个不屈的武士……"同时枪毙的还有另外两个男子，脖子上勒着细麻绳。

"一打三反"中，笔者在河南许昌市目睹的另一起枪杀案，是枪毙奎楼街回民**王华民**。此人爱习武弄拳，经常同几个拳友聚集在一起，拳来脚往，间或酒令助兴。由于酒后真言，他们对文革不满的话随酒吐出，惹了大祸，遂被打成"反革命纠合集团"。王是首犯，判死刑，立即执行，其它拳友被判死缓、徒刑不等。他们"罪大恶极"的证据是，在一次酒会中，竟敢"冒天下之大不韪"，用《毛主席语录》垫桌腿！王华民就刑时，脖颈上勒了一根细麻绳。也许是他拳脚了得，有反抗嫌疑，细麻绳勒得过紧，在刑车上已窒息而死。被拉下刑车时，他耷拉着脑袋、两脚背拉在地上。刑警们将他连架带拖，抛尸于西汉晁错墓前，然后在他的头上补了两枪！

据观察，过去的细麻绳勒脖消声法，发展到现在，已进化到用**尼龙丝勒脖**。由于细尼龙丝不易被人看见，已被官方广泛采用；自此，爱对中国人权指手划脚的外国人，也无可奈何了。也许人们不得不承认，细麻绳勒脖容易看见，是文革时代野蛮落后的象征，而细尼龙丝勒脖不易察觉，也算是现代中国"文明进步"的体现！

吃请灌醉法

不过，在毛泽东时代，也不乏"**文明**"处决法。据《党史纵横》2008年第10期刊登的《原中央政治局常委**卢福坦**被秘密处决真相》一文记载：1969年11月，上海公安局根据康生下达的处决令，处决"**一位79岁高龄、被关押近30年、名叫'卢福坦'的老人的**"。此人曾是中共"五大"中央政治局常委，1932年12月被捕叛变，成了叛徒。由于他知道康生叛变和出卖的人多"机密"，便被康下令秘密处决。处决时，"**以吃饭为名'请'犯人'喝酒'，把他灌醉后执行枪决。**"

到了二十一世纪，除尼龙丝勒脖消声法外，其它消声刑法包括最"文明"的吃请灌醉法，都悄然遁行于无形无稽之中。保留尼龙丝勒脖消声法是中共的"文明进步"？还是继续用野蛮来对抗文明、用冷酷来践踏人权？

(4) 相对文明的处决法

在被中共贬为"**水深火热**"的"旧"时代里，尽管不乏野蛮者，但多数政府都是文明规则的遵循者。

儿时的笔者，在国民党抗日中的"旧社会"里，曾在洛阳县城的西大街上，目睹了枪毙汉奸行刑队行进中的一幕：

前面两个号手吹着号，中间一个人力车上，坐着一个五花大绑背上插着亡命牌行将枪决的汉奸，两边是二三十名荷枪实弹押送死囚的武装军警，最后面的人力车上，坐着一个"监斩"官员。当拉汉奸的车子来到一家酒馆门口时，车夫突然停了下来，号声也嘎然而息，整个行刑队伍也随之停了下来。原来，汉奸大声嚷着要喝酒。店家闻声，不敢怠慢，急忙端上一碗白酒，送到死囚嘴边，喂他"咕咚、咕咚"喝完。死囚微笑，向店家点头致意。号声复又响起，囚车拉起，继续行进。行刑队刚刚过去，只听"咔嚓"一声，店家把黑瓷酒碗摔得粉碎！

在"旧"中国，1898年9月28日，维新变法思想家**谭嗣同**临刑时，在法场上发出了气壮山河的呼喊："**有心杀贼，无力回天；死得其所，快哉快哉！**"然后对剑子手道："动手吧！"遂就义于北京菜市口。1927年4月28日，中共创始人之一的**李大钊**，走上奉系军阀最新从德国进口的绞刑台时，三呼"**共产党万岁**"后，英勇就义。1935年6月18日，卸任的中共中央一号领袖**瞿秋白**，走向刑场时，"他背手挺立，面带微笑，先照了张相，再自斟自饮，放歌长吟。然后在敌人的刀枪环护下，手夹香烟，顾盼自如，缓步走向刑场。沿途用俄语唱《国际歌》，并唱《红军歌》，呼'中国共产党万岁'等口号。到刑场后盘膝而坐，说'此地甚好'，**从容就义**。"最令人感动的是发生在二十年代末那出"美丽的悲剧"。共产党人**陈铁军**和**周文涌**，因为在广州组织武装暴动，被国民党当局逮捕，并以暴力罪判他俩死刑。在执行死刑前，当局问他们还有什么要求。他们说，本来他俩已经相爱，因为革命工作太忙，未及结婚，因此希望在执行前让他俩举行一个婚礼。他们的要求得到了"反动"当局满足。在执行前，他们在佛山城中举行了婚礼。他俩当众宣布："**让反动派的枪声做为我们婚礼的礼炮吧！**"枪声响，他俩凛然就义！——看来，无论是腐败的满清政府，还是万恶的国民党政府，都能尊重死刑犯的人格和权利，未曾见过"处决消声"记录。

在国外，19世纪的宗教改革家**哲罗姆**，被绑到火刑架上时，一个老太太冲上前去，捡了一根柴火，说："烧死他！"哲罗姆没有愤怒，没有辩解，只是低声感叹道："**多么虔诚的愚昧啊！**"1943年2月22日下午4点，希特勒德国在慕尼黑处决在慕尼黑大学散发反纳粹传单的**汉斯.舒和**兄妹。当兄妹俩踏上断头台时，汉斯振臂高呼："**自由万岁！**"1946年，美国路易斯安那州电刑处决罪犯**威利.弗朗西斯**时，执行死刑的电椅发生故障，电流加大到极量，也没有击毙他。电椅上的弗朗西斯突然大叫道："快关上电源，让我喘口气！"1953年6月19日，美国将出卖原子弹机密给苏联的**罗森堡夫妇**执行电刑处决时，罗森堡夫妇临刑前不屈服，不畏惧，从容坐上电椅，竟使行刑人员对他们产生敬意。在绞决伊拉克前总统**萨达姆**时，伊拉克新政府规定：允许萨达姆写遗嘱、呼口号、发表演说，行刑人员不得侮辱他的人格。2006年12月30日，萨达姆被送上了绞刑架。在绳子套上他的脖子之前，他大呼："**真主伟大！**""**这个国家将赢得胜利！**""**巴勒斯坦是阿拉伯的！**"——看来，在资本主义世界，无论在近代和现代，都能尊重死刑犯的人格和权利，没有"处决消声"的约定。

由此可见，野蛮的"处决消声法"是中国共产党人的特产和专利。这是人权的倒退！这是对五千年华夏文明的亵渎！这是对普世文明的摧残！对此熟视无睹的中国人，不应好好反省吗？

3. 血案种种

(1) 偷越国境血案

1970年1月31日，毛泽东批准周恩来亲自拟定的《关于打击反革命破坏活动的指示》下达后，北京市紧紧跟上。2月21日，北京市公检法军管会向各单位下发了一个《通知》，公布了"顾文选等五十五名罪犯"的材料，并于2月下旬大开杀戒，为全国树立了杀人的榜样。这批55名"罪犯"中，除少数例外，都先后死在无产阶级专政的枪口之下。

"民愤极大"的首犯顾文选是怎么样一个人呢？《通知》里是这样说的："**现行反革命叛国犯顾文选，男，三十六岁，浙江省人，系反革命分子，北京市清河农场劳改就业人员，因反革命罪被判过刑……顽固坚持反动立场，经常散布反动言论，恶毒攻击我党和社会主义制度；刑满就业后多次策划叛国投敌，于一九六六年七月十九日，偷越国境，叛国投敌，并出卖了我国重要情报，后被引渡回国。**"

顾文选是怎样"恶毒攻击"又是怎样"出卖了我国重要情报"，其详情老百姓无权知道。但从顾文选的简历中，便知他"恶毒攻击"的"严重"程度和手中掌握"我国重要情报"的"机密"高度。

顾文选，男，1934年生。1949年，他15岁时"参加了革命"，在杭州公安局工作，并且是一名共青团员。1954年，他考入北京大学西语系英语专业。1955年7月1日，毛泽东签发了**《关于展开斗争肃清暗藏的反革命分子的指示》**后，一场践踏人权的"肃反"运动，迅即在全国一切机关、团体、军队、学校、企事业（包括公私合营）的各个角落里展开。在北大"肃反"中，顾文选自以为出身好，历史清白，亲友中没有地、富、反分子，没有海外关系，"肃反"怎么也肃不到他的头上。然而，千不该，万不该，不该写了一篇农村出身的共产党干部进城后抛弃原配的小说，触犯了毛泽东文艺思想，即"为工农兵服务"的大忌：丑化共产党员的高大形象，就是丑化工农兵，就是胡风的"反动文艺思想"，就是"人民"的大敌。于是，转瞬间，他变成了"暗藏的反革命分子"，成了"肃反"重点对象。运动中，他挨了批斗，遭到了毒打；自以为清白无辜的他，遭毒打时还了手，反被捆绑起来，住了四个月的监狱，人身自由受到严重侵害。毛泽东发动和领导的"肃反"运动，有400多万人被整肃批斗，错整错斗率高达93%。面对这种无视人的尊严与权利的法西斯暴政，顾文选异常愤怒。到了 1957 年，他没有认清无产阶级专政蹂躏人权的"合法"性，又堕入毛泽东的"阳谋"圈套中：他向强权挑战，直言控诉"肃反"运动对他的迫害，质问"**公理何在？法制何在？人权何在？**"遂被打成了右派分子。

比顾文选小一岁的笔者，也有一段与顾兄既类似又相异的经历。笔者七岁丧母，父出走后，在安南中国远征军中服役，迄今不知所终，凭亲友接济熬过童年，十二岁便辍学流落街头。14 岁半当兵参加了解放军，历史清白。按理，"肃反"不会肃到我的头上。但因笔者喜书好文，爱发表不同见解，曾被领导批评为"爱耍小聪明"；又因笔者曾不经意说了一句胡风集团成员**路翎**的小说《洼地下的战役》"**写得不错**"，被人告发，而从日记中抄出的两首情绪低沉的小诗，也成了罪证。于是，转瞬间，"爱耍小聪明"的笔者，变成了"暗藏的反革命胡风分子"，遂成"肃反"重点，旋遭残酷批斗达半个月之久。又因在批斗中不服，"犟嘴"，曾遭两次毒打，险些被打成胡风分子。20 岁身心受到严重侵害的笔者，被逼着去想"**这是'新中国'的民主、自由吗？**"。两年后，在 1957 年的"阳谋"中，同顾兄一样，没有认清无产阶级专政蹂躏人权的"合法"性，直言农业合作化走得过快、"肃反"有些过火等，又差一点被打成右派分子。独立意识再次被激活，逼着你自问："**这是为什么？**"除了俯首贴耳、唯命是从者外，中共对任何稍有自由意识者的思想和言行，都是要记录在案的。因此，笔者成了"**阶级异己分子**"，旋被清出部队。而档案中那顶"阶级异己分子"的帽子，像被带上了沉重的镣铐一样，压着我跌跌撞撞去了北大荒，踉踉跄跄度过了中年，当我悠悠忽忽熬到改革开放的八、九十年代时，刚伸了一下腰，才舒缓了一口气，便步入暮年，走进秋风叶落黄昏雨之中！

不幸的是，顾文选被打成右派后，无处伸冤，便思念起日夜牵挂着他的妈妈。他偷偷地跑回杭州家里，找母亲哭诉。结果呢？不知触犯了毛官家那条刑律，他被抓回北京，以"非法"偷跑罪，判了五年徒刑；刑满释放后，又不知触犯了毛官家那条刑律，被限制在清河劳改农场"留场就业"，永远也不能再回到妈妈身边，人身自由再次受到严重侵犯。所幸的是，笔者被发落到北大荒，一去十二年，当是活罪自受，没人怜悯，无人牵挂，自然也无思母恋情，因而也没有五年牢狱之苦。**更为不幸的是**，被逼得走头无路的顾兄，**一时糊涂**，竟愚蠢地选择北投苏联，想到那里去寻找自由。哪知天下乌鸦一般黑，苏联共产党也不把他当人看，像对待畜生一样，把他装进麻袋，弄到莫斯科审讯。由于榨不出情报来，便把他甩渡给中国。所幸的是，笔者当年常在中苏边境线上走动，抬腿跳过铁丝网便是苏联，但从没有越境念头。尽管有人告密，说我企图越境，曾使官方一度监视过我的行动。因为，当年笔者心底清楚：**同是共产主义，那边的空气不会比这边新鲜。**一念之差，使笔者避开了杀身之祸，而顾兄则惨遭灭顶之灾！1970 年 3 月 5 日，顾文选同十多名反革命分子，一起被枪杀，其中，包括人权先驱**遇罗克**。留给人们思索的是：顾文选一介文弱书生，既没有杀人、放火，也没有投毒，更不具有盗窃国家机密的条件，唯一的"错"

是被逼"非法越境"，究竟有多"反动"？有多"恶毒"？究竟有多少"罪行"以致"不杀不足以平民愤"？而"民愤"又何在？从而后顾兄被平反来看，这一切都是周大管家麾下编织的不容置辩的强盗谎言！

"顾文选等五十五名罪犯"中，还有一位北京大学历史系学生**沈元**。沈元异常聪明，作为右派分子在北京郊区劳动改造期间，还写了几篇论文，投给《历史研究》。他的才华为近代史研究所所长黎澍所赏识，将他调到该所当实习研究员。文革中，黎澍成了"反动学术权威"，沈元也成了"历史学界十大学术权威"之一的"罪名"，遭到残酷批斗。由于他受不了肉体和精神上的折磨，一时糊涂，便买了盒黑色鞋油，涂在脸上，扮成黑人，躲进马里大使馆，申请政治避难。谁知马里使馆惧于中共的肆无忌惮，转手就把他交给了中共，他因而成了"不杀不足以平民愤"的反革命分子。到枪毙前的一刹那，他大喊一声："我还有重大问题要交待！"其他二十多人都倒在血泊中了，他被押了回去。但他并没有交待出什么"重大问题"，第二天又被押赴刑场……

在"顾文选等五十五名罪犯"中，中央美术学院学生**张郎郎**是个幸运儿。他被《通知》指控为"对我党和社会主义制度极为仇视……出卖了我国大量重要军事、政治、经济情报"的反革命分子，自然难免枪毙。但他的父亲张仃是中共老干部，与总理周恩来、公安部部长李震熟识，其母陈布文曾当过周的秘书，而张郎郎又是在延安出生的红色后代。紧张的幕后操作之后，军管会遂以"缓刑，继续调查"为名，赦了张郎郎一命，"出卖了我国大量重要军事、政治、经济情报"和"对我党和社会主义制度极为仇视"的"罪行"，也被一笔勾销。正是：

欲加之罪何患无辞，恩威相易自有其理！

死里逃生的张郎郎，自然对周恩来感恩戴德。出狱后，他在《关于文革中的"一打三反"运动》一文中，谈到了"关于周恩来的角色"问题。他为周开脱罪责，在文中写道：**"'一打三反'整个要做这件事，是周恩来写的汇报，建议要搞'一打三反'。这是个角色的问题，他不写，也有人要写……"** 这是"在特定条件下镇压合理"的谬论之一。他还回避了"一打三反"的法西斯运动，是在周恩来直接领导下进行的。

遗憾的是，到九十年代，竟有人质疑平反："非法越境"罪不应免除。笔者试问：**合法出境自由在哪里？** 中国《宪法》中虽有"迁徙自由"的条文，但平民百姓却无"迁徙自由"的自由！曾记否？在"到处莺歌燕舞"的三年灾难中，数千万在饥饿线上挣扎的农民们，被民兵围堵在家中饿死，连"旧社会"允许他们外出逃荒的自由都被无情地剥夺了，那里还敢奢望合法出境谋生！在毛泽东时代，合法出境是官僚特权阶级的专权，平民百姓岂可与共？"非法越境"是被无产阶级专政逼出来的。请看今日世界：除北朝鲜、古巴等共党极权国家外，有几个国家还在坚持实行"非法出境，以罪重处"的野蛮法规？

(2) "中国共产党幸福委员会"血案

《中华人民共和国宪法》："第八十七条 中华人民共和国公民有言论、出版、集会、**结社**、游行、示威的自由。"但在毛泽东的无产阶级专政下，自由结社就是反革命。

1966年10月16日，在北京毛泽东主持召开的中央工作会议上，陈伯达做了题为**《无产阶级文化大革命中的两条路线》**的讲话。这个讲话稿是经过毛泽东亲自审阅了的。这篇讲话公开点名攻击刘少奇和邓小平，指责刘少奇代表的"资产阶级反动路线"公然对抗毛主席的无产阶级革命路线，并在全国掀起了批判刘、邓"资产阶级反动路线"的高潮。然而，就在这个月——1966年10月下旬，福建省龙岩县适中公社贫农**谢洪水、谢永祺**等数十个农民，成立了拥护刘少奇、打倒毛泽东的"**中国共产党幸福委员会**"，来对抗批判刘、邓的"资产阶级反动路线"。

福建省龙岩地区，是全国著名的闽西中共老革命根据地之一。据报导：闽西地区有革命基点村610个，中共烈士2.36万人，占全省烈士数的一半多；1955~1965年间，授衔的闽西籍将军68名，占福建省籍将军总数的82%，其中，上将2名，中将7名，少将59名。对中共来说，闽西是人杰地灵、一片红彤彤的大地！

但闽西农民并不因"红彤彤"而独享幸福，他同全国各地农民一样，都深受中共农业合作化、人民公社化政策的祸害。适中公社农民谢洪水，在中共夺得政权的1949年，才十二岁，贫农成份，初小文化，土地改革中，他们家分了一块土地，全家对共产党感恩戴德。可是，好景不长，毛泽东、刘少奇等中共领袖们，权力情结恶性膨胀，借口走"共同富裕"道路，开始"折腾"起农民来：在合作化中，他们把农民自有的和刚刚分得的土地、生产工具，统统收归集体；到了1958年，他们又搞人民公社化，把刚刚收归集体的个人财产全部公有化，变成了中共各级党政部门的财产。农村土地和生产工具的集体化、公有化，使毛泽东和中共成了亿万农民的唯一雇主。在雇主的领导下，全国各地涌现出一大批雇主的代理人——**官僚特权阶级**，为任意挥霍、平调、瞎指挥和镇压异己敞开了大门，终于酿成了饿死数千万农民的大饥荒。在雇主和官僚特权阶级高压下，农民们敢怒不敢言，却在背地里骂"娘"：公社化不如合作化，合作化不如土改前。到了1960年，当饿殍遍及全国时，适中公社也家家户户断粮，全公社饿死了四百多口人。为了生计，谢洪水被迫外出寻活路，帮人打铁、做苦工；但在毛式户口管控下，他又被当作"盲流"扣押、遣返回乡。回到家里，孩子饿死，妻子出走他乡，已家破人亡。在饿殍遍野面前，中共党内分化，处在一线工作的刘少奇等右派领导人，良心闪现，开始对"三面红旗"政策进行反思，对毛泽东思想进行了人性化的"修正"。他们迫使毛泽东把人民公社的全民所有制，退回到以队为基础的集体经济上来，并将"三自一包"（自负盈亏、自由市场、自留地和包产到户）和"四大自由"（雇工、贸易、借贷、租地不加限制）等初级市场模式，引入到集体经济中去，从而使被毛泽东"三面红旗"破坏了的农业，有了一线生机，包括谢洪水在内的龙岩农民，才有了一条活路。

经过"总路线、大跃进、人民公社"的"**三面红旗**"政策痛苦折磨的龙岩农民们，对中共"毛、刘、周、朱、陈、林、邓"七大领袖，深恶痛绝，认定他们都是这种罪恶政策的制定者和推行者。但当毛泽东发动文化大革命批判刘少奇的"三自一包"和"四大自由"时，他们才有所发现：原来让他们饿死的是毛泽东，给他们一线生机的是刘少奇！爱与恨的本能，使他们对毛泽东产生恶感，反而对刘少奇充满着同情。在批判"资反路线"的高潮中，以谢洪水为首的青年农民，经过秘密串连，成立了以贫下中农为主的"中国共产党幸福委员会"，扛起了反人民公社、反合作化的旗帜，声称由刘少奇直接领导，与魔头毛泽东相抗衡！

读过中学的青年农民谢永祺，1960年几乎饿死，对成立"幸福会"积极响应，协助谢洪水进行组织、宣传工作。他们出版了两期《大众之声》的小报，拟定了中央委员的名单。在拟定的名单中，有刘少奇、彭德怀、彭真、邓小平、周恩来、朱德、宋庆龄、董必武，还有早年在闽西领导革命、龙岩老百姓都熟悉的邓子恢、张鼎丞等，是清一色的右派；没有左派毛泽东、林彪、江青等，也没有他们自己。在他们编写的《军委密件》中，强调"**要跟刘少奇走**"，"**要推翻毛泽东**"，"**以人民的利益为重**"，"**兴起学习《论共产党员的修养》高潮**"，等等。

1967年5月，他们又专门印发了《口号、呼吁书》：

起来争自由、争幸福！

坚决打消一切不合理的制度，反对统购统销！

拥护缴公粮，拥护三自一包、四大自由！

中国共产党万岁！幸福委员会万岁！

马克思列宁主义万岁！

刘主席万岁！万万岁！

六月，他们编写《党章》。主要内容是："**我们坚持执行三自一包、三合(和)一少、四大自由，取消阶级，取消集体；我们的最终目的是彻底消灭毛林集团，为人民争取最大的自由和幸福。**"

当局从三月立案并"成立侦破工作队"之始，"幸福会"几乎成了半公开的组织，近三百人参加了该会。农民入会时的决心书上，写明"拥护刘少奇"，入会相片反面写着："为共产主义奋斗。"相邻的南靖县农民闻讯，有的赶去要求入会。蒲田、仙游等县，有农民也自行搞起了"幸福会"。

当"侦破工作队"宣传刘少奇的罪行材料时，绝大多数会员公开针锋相对地为刘少奇辩护。谢洪水、谢永祺被捕后，在狱中抗辩说："**大跃进……造成国家困难，那是毛主席的错，刘少奇提出三自一包才扭转了困难局面。**"审讯人问谢永祺，为什么"顽固不化"？

谢回答:"**不愿做刘少奇的叛徒!**"

"幸福会"不过是中国善良农民们原始而蒙昧的自由、民主、人权观念的萌动,他们悲剧性的命运,难以避免。

1970年6月30日和7月1日,以韩先楚上将为首的福建新生革委会,剥夺了《宪法》赋予农民们自由结社的权利,先后判处**谢洪水、谢永祺**等19人死刑,立即执行;判处徒刑的**谢百添、谢寻兴**,由于在劳改中继续为刘少奇辩护,被加刑改判成死刑,立即执行。此外,地区和县级革委会判处40人,拘留审查12人;公社关押30人,宣布戴帽94人;生产队以捆绑、吊打、抄家实行"**群众专政**"的126人,其中,被逼死12人,打伤致死者8人,致残者28人,有的一家4兄弟两死两残;有些当事人被枪毙后,妻子、母亲也相继自杀身亡。

贫下中农为生存而组织起来的"幸福会",终被残酷地镇压了下去。但星火燎原之势不可阻挡:毛泽东死后不久,全国农民起来把人民公社、合作化扫进了垃圾堆,谢洪水、谢永祺等人权先烈"**取消阶级,取消集体**"的理想,终于实现了!

根据"**先杀后抚**"的惯例,文革后的1981年,该血案被中共平反;但冤案的制造者韩先楚,并没有因而问责,1983年反高升为第六届全国人大常委会副委员长。

(3)"共产主义自修大学"血案

1970年2月,宁夏银川市"破获了一起重大现行反革命集团"案——以13名青年学生组成的"**共产主义自修大学**"。红色8月的一天,银川市近十万人挤满在体育馆看台四周和附近的街道上,观看对"共产主义自修大学"现行反革命集团成员的"公开宣判"。除一名22岁的女青年**熊曼宜**已在关押期间触电自杀外,判处宁夏大学毕业生**吴述森**、其弟银川二中毕业生**吴述樟**、北京农业大学一九七〇届毕业生**鲁志立**三人死刑,立即执行。其中二十二岁的吴述樟,"罪大恶极"的罪证是:竟敢在《毛主席语录》"再版前言"中的"**毛主席的指示,一句顶一万句**"文字旁边,批写上"**放屁**"两个字。集团其它成员分别被判无期、有期徒刑和管制。其中,判处**陈通明**无期徒刑,**徐兆平**15年徒刑,**张维智**8年徒刑,**张绍臣**3年徒刑,其余5人则受到刑拘、关押、隔离和批斗。受集团牵连的东北工学院学生**刘唯勇**,也被判处三年徒刑,因备受折磨而监毙狱中。

这个由13人组成的"重大现行反革命集团",都是六六、六七届大、中学校毕业不久的学生,其中5名共青团员,3名上山下乡知识青年,最大的26岁,最小的只有21岁。

在"共产主义自修大学"成立以前,他们平时就比较注意理论学习,有人还将学习马列著作和毛主席著作的心得笔记,刻印出来,互相传阅。为了进一步交流学习体会,探讨理论问题,便于1969年11月在银川成立了自学组织"共产主义自修大学"。他们在"共大守则"中明确提出:要"**培养和造就一批真正地而不是形式地、踏实地而不是虚浮**

地、勇敢地而不是怯懦地掌握马克思主义的历史发展，有政治远见、具有独立的思想和工作能力，富于牺牲精神，探索并了解现代社会的运动规律，誓为世界上绝大多数人谋利益，为共产主义事业奋斗终生的坚强的革命战士。"由于成员不在一地，所以"守则"还规定，"共大"是以"刊物为中心，通过自修与交流讨论相结合的方式进行学习。"这个组织成立后，自筹经费刻印过两期"学刊"，刊登了社论等6篇文章和3篇农村调查报告。

他们的这些文章和一些书信，有对马列主义基本理论学习的体会，也有针对极左路线的批判，甚至向专政投掷匕首。例如，吴述森在《迎接七十年代第二个春天》的"学刊"社论中写道："革命就是批判，包括精神的和物质的批判，揭露矛盾，正视斗争，批判现实中不合理的内容，在批判旧世界的基础上，开创一个崭新的社会。"而鲁志立撰写的《什么是法西斯主义》，则是一篇声讨中共和毛泽东当局法西斯暴政的檄文：

（中共当局）**禁止一切为世界公认的民主权利以至人民的思想和言论自由，残酷镇压一切反对或仅仅不同意暴力统治的人民，甚至采用公开的恐怖手段。**

竭力推行种种仇视人类的反动谬论，例如宣传种族优劣论、反动血统论，人为制造阶级与阶级划分论等来迷惑笼络一部分人以达到镇压人民的目的。此外还竭力推行愚民政策，实行奴化教育，提倡奴隶主义的盲目服从精神，宣扬个人迷信和领袖至上的神话，从意识形态上已堕入了完完全全的唯心主义。

打倒法西斯！

"共大"这些成员这种充满自由、民主精神的文章和笔迹，被毛泽东的中共当局视为洪水猛兽，必擒而杀之方能安心。于是，1970年3月开始了一场震惊宁夏全区，涉及北京、湖南的大搜捕，并把"共大"打成了"**打着研究马克思主义、毛泽东思想的旗号，进行旨在推翻我国无产阶级专政的社会主义国家的一个反革命组织**"，是一个"**有组织、有纲领、有计划、有策略、有言论、有行动的现行反革命集团**"，"**是一个十足的帝、修、反的别动队**"。13名成员悉数就刑。

文革后，"共大"一案被中共平反！

无产阶级专政抑或人民民主专政，都是一党专政的产物，都是镇压老百姓的机器，与现代文明的自由、民主、人权的普世价值格格不入，无论他们在他们的《宪法》上把"结社自由"写得多么冠冕堂皇！

二十多年后，有学者评论"共大"血案时说："**在具体办案过程中，办案人员是主观主义先入为主，案件没有审查清楚，就轻率地定性为'反革命'，并据此捕人、审讯、找材料；对'共大'的性质及成立的目的没有认真审查，对其成员所写的文章、书信没有认真分析，就断章取义，无限上纲；对其成员则片面强调家庭出身，根本没有作全面、历史的分析。**"还有人说："一些办案人员为了罗织'反革命'罪名，任意断章取义，牵强附会，无限上纲，将其中的正确观点，作为'反动言论'和定罪的依据。"

上述评论不是没有道理的：许多冤假错案，都是那些无产阶级专政打手们一手制造的，其中许多人都是痞子、流氓无产者。但他们并没有因而受到惩罚，甚至许多人还会因而高升，如韩先楚辈等。为什么呢？因为，他们忠实执行的是毛泽东和中共制定的方针、政策。从这个意义上讲，他们不过是鹰犬、帮凶，把冤案责任完全推到他们身上，有欠公允；但放过主人毛，避而不批主子的罪责，更难服人。

由此可见，如果不是为了否定文革的政治需要，中共不会为"共产主义自修大学"一案平反；如果把《什么是法西斯主义》一文拿到今日中共当权派面前，也会判个"煽动罪"或"颠覆罪"，鲁志立入狱命运在所难免。显然，一党专政的封建体制与现代文明的普世价值格格不入，2010年度诺贝尔和平奖获得者**刘晓波**因言获罪，被判11年重刑，就是证明！

(4) "中国共产主义联盟" 血案

1970年3月，山西省大同市公安机关军事管制委员会，破获了一起"中国共产主义联盟"的"现行反革命暴乱集团"案。3月21日进行了宣判。判决书如下：

最高指示

坚决地把一切反革命分子镇压下去，而使我们的革命专政大大地巩固起来，以便将革命进行到底，达到建成伟大的社会主义国家的目的。

中国人民解放军大同市公安机关军事管制委员会刑事判决书
（70）军刑字第29号

现行反革命暴乱集团"中国共产主义联盟"（简称"共联"），是以在押犯徐关增、王汝强为首，于一九六七年三月份正式成立的；以"首都支部"为核心领导，行使最高权力，下设五个活动小组和一个越狱突击组，共网罗罪犯二十六人。召开反革命会议三十四次，先后通过了反革命纲领、路线、组织原则、组织纪律、成员条件，监内外联系方法和反革命暴乱计划。在反革命纲领里狂妄地叫嚣，要推翻"元首主义"、"元首党"、"元首政府"，公开承认南修纲领和苏修路线。预谋在苏修挑起反华战争时，煽动犯人进行反革命暴乱，与帝、修、反里应外合，颠覆我国无产阶级专政。为实现其罪恶阴谋，大造反革命舆论，先后书写反革命文章六十五篇、反革命诗词三百多首、反革命书信一百七十九件，从政治上、经济上、军事上恶毒地攻击、诽谤我国社会主义制度和无产阶级专政，极其疯狂地诬蔑、咒骂伟大领袖毛主席和伟大、光荣、正确的中国共产党。其反革命活动十分猖狂，气焰极为嚣张。

"中国共产主义者联盟"，是一个有组织、有领导、有纲领、有目的、有行动计划的现行反革命暴乱集团。为了全面落实伟大领袖毛主席，亲自批示"照办"的"一.三一"指示，坚决镇压反革命破坏活动、加强战备，保卫祖国，巩固无产阶级专政，根据党的政策和广大革命群众要求，报请山西省革命委员会核准，特依法判决如下：

一、首犯**徐关增**，男，三十二岁，地主出身，学生成份，右派分子，浙江省新昌县人。一九六零年因组织反革命集团"中国社会主义自由民主党"被判处死刑，缓期二年执行，一九六二年改判无期徒刑。

徐犯顽固坚持反革命立场，誓与人民为敌。一九六六年八月亲自策划组织反革命暴乱集团"共联"，自封总负责人，"首都支部"主要成员。多次主持反革命会议，制定反革命纲领，发展反革命成员，封官委职，预谋抢夺我保卫人员武器，进行反革命暴乱。在禁闭室恶毒攻击伟大领袖毛主席和中国共产党。反革命气焰极为嚣张。实属死心塌地与人民为敌到底的反革命分子。判处死刑，立即执行。

二、首犯**王汝强**，男，三十五岁，资本家出身，学生成份，北京市人。其父系留美学生，其母、兄、姐均在美国和新加坡。该犯一九五八年任英国驻京记者办公处翻译，因向英帝记者提供我国政治、经济情报，攻击、诬蔑我党和政府，被判刑十五年。

王犯与徐关增狼狈为奸，同恶相济。一九六六年八月亲自策划组织现行反革命集团"科学共产主义"（简称"科共"），一九六七年三月和徐犯合并，成立"共联"，系总负责人，"首都支部"主要成员。多次主持反革命会议，发展反革命成员，亲自炮制反革命纲领"向马列主义战士提出的二十个问题"和反动文章八篇、诗词十二首、信件二十九封，恶毒攻击伟大领袖毛主席和中国共产党。穷凶极恶地叫嚣要推翻"元首主义"、"元首党"。反动透顶，罪恶昭彰，实属死心塌地誓与人民为敌到底的反革命分子。判处死刑，立即执行。

三、主犯**任大熊**，男，三十八岁，旧职员出身，学生成份，右派分子，杭州市人。其兄一九四九年逃往台湾。该犯一九六零年因纠集反革命集团、企图叛国投敌，被判无期徒刑。

任犯一九六七年四月积极参加反革命集团"共联"，任小组长。参加制定反革命纲领，发展反革命成员，预谋抢夺我保卫人员武器。先后书写"时事评论"等反动文章九篇，极其恶毒地诬蔑、攻击我们伟大领袖毛主席，在禁闭室挖穿狱墙，与主犯常瀛清订立攻守同盟，妄图负隅顽抗。反动透顶，猖狂至极。罪恶累累，死有余辜，民愤极大。判处死刑，立即执行。

四、主犯**刘世广**，男、三十六岁，地主出身，学生成份，右派分子，山东昌邑县人。该犯一九五八年组织反革命集团"中国人民社会党"被判刑十三年。

刘犯首先提出在大青山建立反革命暴乱集团"共联"，任小组长，"首都支部"成员。积极发展反革命成员，亲自制定反革命纲领，预谋抢夺我保卫人员武器，进行反革命暴乱。亲自书写"梅花论纲"等反动文章四篇，恶毒攻击无产阶级司令部。反革命气焰极为嚣张。该犯是"科共"、"共联"发起人之一，两个反革命组织合并的策划者，积极扩充实力，罪大恶极，民愤甚深，判处死刑，立即执行。

五、主犯**鲍明**，男，二十八岁，伪官吏出身，学生成份，天主教徒，重庆市人。其父鲍克系国民党中央委员。该犯一九五九年组织反革命叛国投敌集团，被判刑二十年。

鲍犯积极组织反革命集团"共联"，任小组长，"首都支部"成员，在监内积极传递反革命信件，发展反革命成员，亲自制定反革命纲领，书写反革命文章四篇，恶毒攻击我党和社会主义制度，诬蔑伟大领袖毛主席和战无不胜的毛泽东思想。多次提出抢夺枪枝进行武装暴乱，上大青山为匪，与苏修里应外合，妄图依赖帝修反武力，实现其反革命阴谋。罪大恶极，十恶不赦，判处死刑，立即执行。

六、主犯**常瀛清**，男，三十岁，职员出身，学生成份，河北省抚宁县人。一九六二年因策划抢劫枪枝、银行、向英帝驻华代办处投寄反革命信件和贪污盗窃罪被判刑十年。

常犯积极献策成立反革命集团，阴谋武装暴乱，担任三人突击小组组长，"首都支部"成员。积极发展反革命成员，传递反革命信件二十余份，制定"组织纪律十一条"，提出从监狱突围出去到太行山、大青山建立反革命根据地。与苏修里应外合，为实现其反革命阴谋，还准备了逃跑用的便衣和大量药品。禁闭后与主犯任大熊订立攻守同盟，企图顽固到底，并将伪造领章帽徽烧掉，毁证灭据。罪大恶极，民愤极大，判处死刑，立即执行。

七、主犯**任宗正**，男，三十二岁，地主出身，学生成份，江苏省丰县人。土改时其家被斗，其祖母被判刑。该犯在一九五八年组织反革命集团"社会民主党"和"社会主义青年联盟"被判无期徒刑。

任犯是反革命组织"共联"的发起人之一，"首都支部"成员。积极发展反革命成员，扩充反革命实力。准备便衣预谋武装暴乱，反革命气焰极为嚣张。罪大恶极，民愤极大。判处死刑，立即执行。

八、主犯**白徽录**，男，四十三岁，地主出身，旧职员成份，贵阳市人，其父被我镇压，该犯曾充当蒋匪军政要职。一九五一年两次混入革命队伍，被开除、劳教。一九六一年因组织反革命集团，企图叛国投敌，判刑十五年。

白犯与我党有杀父之仇，系"首都支部"成员，积极发展反革命组织，亲自拟定反革命纲领，书写反革命文章，恶毒攻击我们伟大领袖毛主席和我党。传递反革命信件，反革命气焰极为嚣张，罪大恶极，民愤极大。判处死刑，立即执行。

九、主犯**陈咸权**，男，三十岁，地主出身，学生成份，沈阳市人。该犯曾因搞流氓活动，被开除学籍。一九六零年向南修驻华使馆投递反革命信件和到该使馆叛国投修，判刑十五年。

陈犯积极组织反革命暴乱集团，是"共联"发起人之一，任小组长，"首都支部"成员。积极书写反动文章，攻击我社会主义制度和无产阶级专政。传递反革命信件二十余封，并亲自观察地形、路线、规定逃跑暗号，预谋武装暴乱，罪恶累累，民愤极大，判处死刑，立即执行。

十、主犯**曹介弘**，男，三十一岁，中农出身，学生成份，右派分子，江苏省武进县人。一九五八年因组织现行反革命集团"中国青年反法西斯同盟"被判刑十五年。

曹犯积极组织反革命暴乱集团"共联"，任小组长，"首都支部"成员。准备便衣预谋反革命暴乱，书写反革命文章四篇，恶毒攻击我社会主义制度和无产阶级专政。反革命气焰极为嚣张。非杀不足以平民愤。判处死刑，立即执行。

十一、主犯**吴国延**，男，二十八岁，伪职员出身，学生成份，辽宁省宽甸县人，一九六二年因组织反革命集团"中国劳动党"被判刑七年。

吴犯首先和徐犯关增合谋组织反革命暴乱集团"共联"，任小组长，"首都支部"成员。参与制定反革命纲领，预谋武装暴乱，积极传递反革命信件，发展反革命成员，当首犯王汝强被禁闭，其还向同犯打气："坚定信心斗争到底。"反革命气焰极为嚣张。罪大恶极，民愤极大。判处死刑，立即执行。

十二、主犯**汤福玺**，男，三十岁，商人出身，学生成份，山东省蓬莱县人，一九五八年因组织反革命集团"卫国军筹备会"判刑十二年。

汤犯积极参加反革命暴乱集团，系"首都支部"成员，为"黑流水"地区负责人。曾观察地形、岗哨、制作领章、帽徽、发展反革命成员，预谋武装暴乱。并大量书写反动诗词，恶毒攻击我社会主义制度和无产阶级专政。咒骂我们伟大领袖毛主席和中国共产党。反革命气焰极为嚣张。非杀不足以平民愤。判处死刑，立即执行。

十三、主犯**关焕章**，男，四十五岁，小业主出身，伪职员成份，北京市人，一九四八年曾受蒋匪河北省特务外围组织"干训团"训练，一九六零年因组织反革命集团"民主自由保卫同盟"被判刑十三年。

关犯参加反革命暴乱集团，任小组长，积极进行反革命活动，搞反革命串联，预谋反革命暴乱。反革命气焰十分嚣张。认罪态度极坏，判处死刑，立即执行。

十四、同案犯**马日新**，男，二十七岁，城市平民出身，学生成份，天津市人。一九六三年因企图抢夺武器，投修叛国判刑八年。

马犯参加反革命暴乱集团，任小组长，三人突击小组成员，私藏军衣，伪造帽徽、领章、观察地形和预谋反革命暴乱，活动猖狂，气焰嚣张。判处无期徒刑。

十五、同案犯**鲁少山**，男，三十三岁，富裕中农出身，学生成份，北京市房山县人。一九五七年因组织反革命集团"全民党"被判刑十七年。

鲁犯参加反革命集团，任小组长，系三人突击小组成员。预谋杀害我管教干部，武装暴乱，书写反动文章两篇，反动诗词多首，恶毒攻击我社会主义革命和社会主义建设，罪行严重，判处无期徒刑。

十六、同案犯**孟源**，男，三十三岁，中农出身，学生成份，山西省清徐县人。一九六三年因组织反革命集团投敌叛国被判刑十二年。

孟犯积极参加反革命暴乱集团，书写反动文章和诗词九十多首，进行反革命宣传，大造反革命舆论。气焰嚣张，罪行严重，判处有期徒刑十五年（连同原判合并执行二十七年）。

十七、同案犯**王作先**，男，二十七岁，地主出身，学生成份，河南省尉氏县人。一九六二年因组织反革命集团"复中会"被判刑十年。

王犯参加反革命暴乱集团，任小组长，积极进行反革命活动，罪行严重。判处有期徒刑十年（连同原判合并执行二十年）。

十八、同案犯**张久常**，男，三十岁，富农出身，学生成份，河北省兴隆县人。一九六三年因企图杀害我公安战士被判刑十五年。

张犯坚持反动立场，参加反革命暴乱集团，预谋越狱暴乱，观察地形、岗哨。罪行严重，判处有期徒刑十年（连同原判合并执行二十五年）。

十九、同案犯**杨喜法**，男，三十岁，中农出身，店员成份，河北省行唐县人。一九六三年因组织反革命集团，被判刑十年。

杨犯在服刑中，不接受改造，参加反革命集团，积极进行反革命活动，任小组长。罪行严重。加刑七年（连同原判合并执行十七年）。

二十、同案犯**郝祥龙**，男，四十六岁，贫农出身，工人成份，北京市人。一九六二年因书写散发反革命传单被判刑八年。

该犯参加反革命暴乱集团，为反革命暴乱集团献策，举办刊物进行反革命宣传，统一反革命思想，罪行严重。加刑五年（连同原判合并执行十三年）。

二十一、同案犯**赵志强**，男，四十四岁，贫农出身，工人成份，山东省蓬莱县人。一九六一年因组织反革命集团被判刑十三年。

赵犯参加反革命暴乱集团，积极进行反革命活动，观察地形、岗哨，预谋暴乱，罪行严重。加刑五年（连同原判合并执行十八年）。

二十二、同案犯**毕复英**，男，三十一岁，小业主出身，学生成份，山东省威海市人。一九六零年因组织反革命集团"中国民主自由党"被判刑十年。

该犯参加反革命暴乱集团，进行反革命活动，罪行严重。加刑三年（连同原判合并执行十三年）。

二十三、同案犯**马辛未、万维钧、章鸥、吴溢修**，参加反革命暴乱集团，系一般成员；尚能坦白交待、检举揭发，有悔过表现，不予加刑。

对查获罪犯实物（见附表）全部没收，上缴国库。

此判

一九七零年三月二十八日

在这个死刑判决书上，我们至少能发现它有七大中国"特色"：

一、判决书是根据周恩来亲自拟定经毛泽东批准的《关于打击反革命破坏活动的指示》判决的，是继北京市大规模杀人后，又一次大规模杀人，也是继几个月前"九大"决议规定的"**除确有证据的杀人、放火、放毒等现行反革命分子，应当依法处理外，都应当采取'一个不杀、大部不抓'的政策**"的倒行逆施。

二、判决书是由"军管会"做出经"山西省革命委员会"批准的，没有法院，没有检察院，没有审判程序，不许辩护，不准上诉，一切均有文革的"新生事物"革命委员会包揽一切，体现了毛泽东的"一元化"领导。

三、判决书上写有"依法判决"，但依据的是哪一条哪一款，根本没有说明，也无需说明，因为毛泽东说**主要靠决议、开会，一年搞四次，不靠民法、刑法来维持秩序**"；因此，毛、周的六条"指示"就是必须执行的"圣旨"，其它一切律令包括《宪法》、"九大"规定"一个不杀"的决议等，统统不算数。

四、判决书把人的父辈亲友政治面貌和社会关系列为罪状。例如"其父系留美学生，其母、兄、姐均在美国和新加坡"、"其兄一九四九年逃往台湾"、"其父鲍克系国民党中央委员"等等，这种"**连坐法**"是中共赤文化之一。

五、在处决的13人中，没有一个是"杀人、放火、投毒"的刑事犯，是清一色的政治犯、思想犯，其中11人是"学生成份"，1人为"旧职员成份"。

六、在处决的13人中，几乎全部是已判刑的在押犯、劳改犯，中共以老帐新算的方式进行罗织升级，为"一打三反"运动壮势。

七、判决书用"极其恶毒"、"负隅顽抗"、"罪恶累累"、"死有余辜"等形容性词组来描述犯罪事实，不让老百姓知道详情。

本案在文革后被中共平反，再次证明当年的判决书是强权下罗织的不容置辩的**强盗谎言**！

由于中共尘封档案和遏制调查的蛮横恶政至今不改，后人难以知道罹难者的生平事迹。为了告慰逝者的在天之灵，许多正义之士正在努力收集这方面的资料，以便为烈士们树碑立传。在正义人士的努力中，笔者也获得了个别烈士的简略生平。现抄录于后，以歆飨先烈！

任大熊：1932~1970，男，杭州市人，1957年时任北大数学系助教。据报导，1956年2月，苏共头领赫鲁晓夫做了反斯大林的"**秘密报告**"，震惊了全世界：揭露了斯大林疯狂屠杀大批苏共干部和普通群众的种种暴行。"秘密报告"给共产党敲起了丧钟，使世界共产主义运动开始走向没落。对此，中共和毛泽东十分害怕，他们构筑起信息封锁线，不让中国人知道这个报告。但向往自由的年轻人，很快突破了这条信息封锁线：北大青年教师任大熊从外文阅览室里，看到了英国《工人日报》转载的"秘密报告"英译本，便同教师陶懋颀、学生陈奉孝三人一起进行了翻译，并在校内传播开来。北大师生们对共产主义美好远景的无限憧憬，一下子被报告中所揭露的斯大林实行独裁统治犯下的种种反人类的罪恶破灭了，他们对"无产阶级专政"的政治体制产生了恶感。恼羞成怒的中共当局，在反右中，把任、陶、陈三人打成右派分子，并判处任大熊无期徒刑。十三年后的"一打三反"中，中共又以罗织的"积极参加反革命集团'共联'"新罪名，把任大熊送上了断头台！

(5) 言论自由罪种种

（一）批评"伟大领袖毛主席"罪

在四川芦山县劳改中的反革命分子**胡风**，1970年1月，因在报纸上印有毛主席画像的空白处写诗，被四川省革委会以"在毛主席像上写反动诗词"的罪名，判处他无期徒刑。

陕西康县农民**易道均**，因在小孩呼喊"毛主席万岁"时，说了句"**哪里能活一万岁**"的话，被县军管会以"现行反革命"罪，判处死刑，1970年6月，执行枪决。

湖南土家族自治州大庸县女社员**丁祖晓**，写信抨击当局强迫农民卖猪换"红宝书"、"请毛主席像"，说这是"把毛主席当封建帝王，天天朝拜。"中共九大闭幕后，全县都忙着扎"忠"字牌搂，挂"忠"字旗。丁连夜写了好几张传单，呼吁"**一切正直的革命人们**"，"**不要甘于做奴隶，起来造忠字的反，革忠字的命！**"被判死刑，1970年5月8日执行枪决。

同案犯青年女社员**李启顺**，是丁祖晓的好友。她油印了一批《告革命人民书》声援丁，被判死刑，也遭枪杀。

毛泽东说："**阶级斗争，一些阶级胜利了，一些阶级消灭了，这就是历史，这就是几千年的文明史。**"甘肃师范大学历史系老教授**张师亮**，曾在该系的学术讨论会上，批评毛泽东的这种说法"**不妥当、不全面**"。1970年3月22日，以"恶毒攻击"的现行反革命罪，枪杀于兰州。

青海柴达木戈壁滩的32108钻井队的青年工人**刘延德**，在《毛泽东选集》书页空白处打问号，被定为"现行反革命分子"，判五年徒刑。

1970年8月，被枪杀在宁夏银川的青年学生**吴述樟**，"罪大恶极"的罪行是：他竟敢在《毛主席语录》"再版前言"中"毛主席的指示，一句顶一万句"的文字旁边，批写上"**放屁**"两个字。

宁夏综合地质大队物探技术员**余渭国**，在1970年所写的一篇文章中说："**林彪说毛主席的话句句是真理，这句话是错误的，是唯心主义的东西。他这样一搞，实际上把毛主席搞成偶像了。**"为此，他被判处死刑，当年被处决。

1970年8月，河南许昌市枪杀了临颖县人大代表、县一高权威教师**王炳灿**。他的"不杀不足以平民愤"的"滔天罪行"是，他竟敢在日记里写下了许多"恶毒攻击伟大领袖毛主席"的文字。但"恶毒"文字，当局至今不露。在数万人参加的市体育场宣判大会上，他带着"口罩"，扬着头，挺着胸，枪响后，他倒在体育场的西北角。

此外，本书还记载了多位因批评毛泽东而被枪杀的烈士，他们是：

书写《驳文化大革命十六条》万言书的**刘文辉**，**批判**社会主义制度是"抢光每一个人作为人的全部一切的恐怖制度"的**林昭**，**反对**毛泽东血统论的**遇罗克**，**厉声**"要毛泽东放下屠刀"的**陆兰秀**，**大呼**"中共极右路线的总根子是毛泽东"的**张志新**，**斥责**毛泽东是"古今中外从来也没有出现过如此疯狂的大独裁者"的**王申酉**，**希望**"党的领袖也是普通党员、反对个人迷信、反对个人崇拜、共产党不要当皇帝"的**史云峰**，**不屈**于强权、为民主权利而死的**李九莲**，**抗横**毛泽东《在延安文艺座谈会上的讲话》、发表"是贝多芬面向工农兵，还是工农兵面向贝多芬呢？我看应当是工农兵面向贝多芬，工农兵应该提高自己的文化艺术修养，逐步熟悉交响音乐"意见的**陆洪恩**。

（二）为刘少奇鸣冤叫屈罪

在"**群众专政**"的红色恐怖下，全国仍有不少人挺身为刘少奇鸣不平。据报导，因替刘少奇鸣不平而被判刑、枪决的人，在两万八千以上。笔者搜集了一些为刘少奇殉葬者。

在福建，福清县有一位公社**党委委员**，他坚持"**没有理由发动群众批判刘少奇主席**"的观点，于1970年2月25日，死在枪口之下。

在甘肃，宁县某农场职工**朱守忠**，不赞成"断章取义"地批判刘少奇，拒绝表态同意刘少奇是"叛徒、内奸、工贼"，于1970年2月21日被处死。

在河北，省电信工程队青年电缆工人**张坤豪**，公开说"**刘少奇打不倒**"。他被勒令检查，但他却在纸上写道："**我热爱刘少奇主席。**"为此，他付出了"判处死刑，立即执行"的代价。

在湖北，安陆县财税所**王竟成**，坚持认为"**处理刘少奇是强权代替公理。**"在巨大压力下，他拒不改变观点，甚至说"**砍头也只矮五寸。**"结果，他被判死刑，枪杀于1970年4月23日。

在湖南，《新湖南报》原编辑锺叔河回忆："我还曾亲眼看到白发斑斑的**老太婆**，因为'为刘少奇翻案'而被判处死刑，当场枪毙示众。"

(6) "一打三反"典型：邵阳县纪实

根据**陆芒**编著的《老虎坪纪事》一书记载的史实，笔者选、删、改写如下：

湖南邵阳县在1967年的"**群众专政**"中，曾在杀人上大显过身手的毛的"群众"，杀人的手又发痒了。1970年农历正月初八，他们在县里召开的三千干部誓师大会上，县革委主任、人武部部长**汪某**杀气腾腾地说："这次'一打三反'运动,就是要用无产阶级专政的铁拳头,将旧社会遗留下来的那些污泥浊水、资产阶级毒瘤、也就是那些贪污、盗窃、投机倒把和形形色色的反革命分子、坏分子,以及有各种各样严重问题的人,全部、干净、彻底地清查出来,该抓则抓,该关则关,该判则判,该杀则杀,以免他们一有风吹草动就跳出来兴风作浪,危害社会主义革命和建设。对于这些危害社会的残渣余孽和害群之马,绝不能心慈手软,要下狠心将他们一网打尽,斩尽杀绝。""杀!杀!杀!……"他一口气喊了七个杀字后,高呼道:"要杀出全县城乡一片红,要杀出一个红彤彤的新世界!"县革委抽调大批干部组成工作组,分赴所谓"资本主义势力发展严重的地区",去领导、督促运动的深入开展。在县直属机关,集中各系统2,000多名干群,分三期在县一中举办所谓"学习班",开展"一打三反"。县革委抽调一百多名干部,组成专案班子,领导"学习班";选拔177名贫下中农代表,组成毛泽东思想宣传队,进驻"学习班"。某部政委在"学习班"培训会上说:"现在是二百米拼刺刀的时候了,不要心慈手软,要把火药味搞得浓浓的,给他们以致命的打击!"他号召:"**领导者要威风凛凛,指挥者要杀气腾腾,执行者要步步扣紧,搞得他们昏昏沉沉!**"

经过毛式"**群众运动**"规则的运筹,果然"战果累累"。据邵阳县公安局粗略统计:全县共挖出反革命组织98起,成员744人。(最后落实,除一起涉嫌立案外,其余全是假的。)全县农村展开的"一打三反"运动,刚刚一年,也取得了"辉煌战果"。据1974年地县联合调查团摸底统计:共打击了19,721人,其中,贫下中农等劳动人民17,016人,占被审人数的86.3%;有15,340人被打成贪污盗窃、投机倒把分子,定性金额123万多元;有6,417人被关押,抄家1.6万户,抄走各项财产无数;有300多人被迫害致死,91人被打成残废,数十个家庭倾家荡产,或家破人亡。

该书还记录了几多个人和家庭的悲惨遭遇:

黄亭市粮站会计**罗庆云**,怀疑他是只"大老虎"。毛的"群众"用"车轮战术"轮番"轰炸",在用各种刑罚狠狠整了他两天两夜之后,他躲在厕所里用剃须刀片,刎颈自杀。死后,被宣布为"**对抗运动,自绝于人民的现行反革命分子**"。

下花桥医院革委会副主任**李根银**,因看不惯刑讯逼供的做法,对人说:"听说中央来政策了,松了。"一句话,被扣上"动摇军心"的帽子,批斗三次后,刎颈自杀。

下花桥区发现了一条"**打倒毛泽东**"的"反标",疑地主出身的完小校长、学区主任**邹仕楚**所为。酷刑之下,邹说:"口说不信,我自剖心肝,让你们看看到底是红的还是黑的?"当众菜刀剖腹,肠胃全部流了出来,急救无效身亡。后经省公安厅鉴定,反标非邹所为。

小溪市公社文昌大队赤脚医师**简雪波**,运动中疑他有经济问题,关在大队部的"学习班"里。适逢他爱人生女,向治保主任请假去塘渡口购买坐月子食品。大队党支部书记知道后，疑其借买东西为名去县城里告状，便派人追打成重伤，第二天不治身亡。

河伯岭林场马头岭工区妇女主任**邓细妹**，有五个月的身孕，"一打三反"中，遭人诬陷，被人强迫脱光衣裤，坐在装满水的大脚盆里，名曰"坐水牢"，活活折磨而死。

河伯公社上阳大队十九生产队贫农**陈勋尧**，曾贩卖过几匹土布，"一打三反"中，被打成投机倒把分子，背脊骨被打断，睾丸被捅烂，疼痛难忍，遂上吊自尽。

九公桥公社湘河大队贫农**谢习之**，篾匠（用竹子薄片编制用品的手艺人）。1962年起外出搞副业三年，年年按规定交纳费用，未欠集体分文，却被县革委会工作组打成"资本主义典型"。他们给他算了三笔"剥削"帐：1、三年中先后带徒弟六人，按每年剥削每个学徒180元计，共剥削3240元，再按60%退赔，计1944元；2、在外给人打晒簟（凉晒农产品的竹席）936床，每床获暴利0.5元，计468元；3、在新宁县花500元买了一座旧屋架子修屋，剩余部分木料，做了四副棺材，出卖两副，得230元，重罚500元。三项合计2,916元，命谢立即退赔。谢见了罚单后，旋即悬梁自尽。

新建公社新民大队团支部副书记**刘再兴**，回乡知青，贫农。因爱提意见，被人怀恨在心。"一打三反"时被诬为反革命，关入烤烟房折磨46天，打得遍身是伤，后吊死在大队部。

九公桥公社湘河大队贫农回乡知青**谢龙**，因参加过"横空出世"的造反组织，运动中把他关押到大队，逼他承认该组织为反革命组织，严刑逼供下，谢不堪忍受，碰壁而死。其老父见儿子被整死，悲愤交加，一命呜呼。

县肉食品公司职工**何文亮**，下中农出身，以诊猪诊牛为业。"一打三反"时，被抓到邵阳饭店毒打致死。临死时，他高喊："**我相信毛主席的无产阶级革命路线总有一天会胜利！**"

红石公社石湾大队贫农社员**邓星飞**，因积极参加文革，运动中被诬为反革命，先后在公社、大队关了十一天，受尽种种酷刑；后被人用铁棍活活打死，反说他畏罪自杀。

黄亭市公社金锋大队中农**邓星杞**，1958年毕业于湖南师范学院，先后在本县二中、四中、五中任语文教师，1970年调县教师训班教语文。因学员们要求去韶山参观的请求没被教育组批准，他们选出九个代表，带着报告去县革委会请示，犯了"**冲击新生的红色政权县委**"罪。邓星杞被打成"幕后操纵指挥者"，批斗七天后，悬梁自缢。由于宣布他"是畏罪自杀，是现行反革命"，**其妻**随之自杀身亡，未满周岁的**小儿**断奶饿死，**祖父母**被活活气死：一家三代冤气冲霄！

长乐公社民办教师**田南堂**，为人心直口快，敢讲真话。他写了一张大字报说："书记弄虚作假，害得群众冒饭呷。"公社书记批评他以下犯上。他说公社书记的屁股没有坐正，还说大队书记为了向上爬，给县委X政委送茶油、送鸡婆、送猪肚子、猪腰子、猪舌子等等。公社书记说他恶毒攻击县、社、队三级领导，反动之极，宣布逮捕法办。田在县监狱绝食五天后暴毙。但暴死原因至今还是个谜。

据《邵阳县志》记载：在"清队"高潮的 1968 年 7、8、9 三个月中，全县共杀死 295 人，自杀 277 人，毒打致残 204 人；其中，年龄最大的 78 岁，最小的 4 岁。1970 年的"一打三反"运动，又"有 300 多人被迫害致死，91 人被打成残废"。显然，"一打三反"运动是清理阶级队伍运动的继续和发展。邵阳县是文化大革命的缩影，因而是毛泽东强加给中国人民苦难的冰山一角。

二、清查"五一六"——从"造反有理"到"造反有罪"

1. 简述

随着清理阶级队伍、"一打三反"运动的威势，毛泽东和中共为整肃左派红卫兵、造反派，展开了新的部署：1970 年 3 月 27 日，中共中央发出**《关于清查"五一六"反革命阴谋集团的通知》**。《通知》在防止"扩大化"的幌子下，对三年多紧跟毛泽东的"无产阶级革命路线"并在"横扫"、破"四旧"、批"资反路线"、夺权等运动中冲锋陷阵的左派红卫兵、造反派，进行"秋后清算"，大多数组织，被打成"五一六"反革命阴谋集团，其成员和支持者，大多数被打成反革命"五一六"分子。——这与反右"阳谋"，异曲同工。

所谓"'五一六'反革命阴谋集团"，它的前身是 1967 年 5 月底成立的"北京钢铁学院五一六兵团"，头头是北京钢铁学院学生**张建奇**。6 月 2 日，在中央文革大员**戚本禹、林杰**的支持下，张建奇就贴出给周恩来总理一封"公开信"的大字报，提出 23 个问题，责问周恩来。大字报贴在很多地方。耐人寻味的是，张建奇并非平民出身，而是一个高干子弟：其父是林业部副部长、东北林业总局局长兼党委副书记，文革开始后被打成"黑帮"；他的母亲是原黑龙江省轻工业厅副厅长，也被打成"坏干部"，受到揪斗。也许由于这样的家庭背景，他把矛头对准处于一线指挥红卫兵打、砸、抢、烧、杀等造反行动的周恩来，而不像"联动"高干子弟们那样把矛头对准中央文革。6 月 14 日，张建奇与北京外国语学院"六一六兵团"的头头**刘令楷**等人，在中央文革的支持下，成立了"**首都五一六红卫兵团**"。当是时，全国正处于反击"二月逆流"的高潮中。为了配合中央文革反击行动，7 月 1 日，他们召开了第一届代表大会，做出了声讨周恩来的决议。决议称：

周恩来是刘邓司令部的一员干将，是最大的反革命两面派，是中国最大的卖国主义者、修正主义者、右倾机会主义者之一。解放以来两（历）次政治运动和文化大革命第一战略阶段，他都逃走了，他是十二月黑风的煽动主角，是全国自上而下的资本主义复辟逆流的总后台，是我国生产资料所有制和社会主义改造基本完成以后，我国党内出现的一股资本主义暗流的总后台之一，是最近全国发生一连串大规模屠杀的客观支持者，是一个不折不扣的企图把水搅浑、篡党、篡军、篡政伸手来摘无产阶级文化大革命胜利果实的中国第二个赫鲁晓夫式的个人野心家。我们"首都5.16红卫兵团"，誓与以周恩来为首的反革命集团干将谭震林、李先念、陈毅、余秋里、谷牧等决一死战！"为有牺牲多壮志，敢教日月换新天"，我们坚信：我们必胜！因为我们有战无不胜的毛泽东思想为指导，我们坚定地站在无产阶级一边！我们也坚信，反革命两面派必败！因为一切反动派都是纸老虎，都是必然要灭亡的一具僵尸。

"首都五一六红卫兵团"炮打周恩来的决议，正中江青的下怀。在江青看来，在批判资产阶级反动路线中，她发现周有保护"走资派"之嫌，在"四帅五老"大闹怀仁堂时，她见周是个圆滑的两面派。于是，她借毛泽东利用"吴豪事件"整治周恩来的用心，面谕王、关、戚等打手，支持"五一六兵团"，炮打周恩来，其中，打手戚本禹最为卖力。

由于中央文革的支持，在反击"二月逆流"里，"五一六兵团"可以说是乘风破浪，春风得意。8月9日前后，他们将一张张攻击周恩来的大字报、大标语和传单，张贴在北京动物园门口、甘家口商场和西四丁字街等处。诸如《揪出二月黑风的总后台——周恩来！》、《周恩来之流的要害是背叛"五一六通知"！》、《彻底捣毁资产阶级司令部！——质问周恩来》、《周恩来是毛泽东主义的可耻叛徒！》、《周恩来还我战友！》、《周恩来，你在农林口究竟要干什么？》等等。他们的"革命行动"，曾一度使"煽社会主义之风，点无产阶级文化大革命之火"的周恩来，处境困难。

然而，由于上层政治斗争的诡谲与险恶，张建奇、刘令楷等学生，无法掌握自己的命运：当"伟大领袖"突然改变文化大革命的部署、改变利用"五一六兵团"敲打周恩来的初衷、因而抛出王、关、戚、发出支持周恩来的信号的时候，他们任人宰割的命运就被安排好了。1967年9月8日，毛泽东借在《人民日报》上发表的姚文元《评陶铸的两本书》一文之际，在文中加进了一段话，发出了取缔"五一六兵团"的指示：**所谓"五一六"的组织者和操纵者，就是这样一个搞阴谋的反革命集团。应予以彻底揭露。**"曾支持这个集团和思潮的中央文革大员江青、陈伯达、康生等，不得不紧紧跟上，纷纷表态揭批"五一六"。"五一六兵团"旋即被取缔，张建奇等头头悉数就捕、获刑。过后不久，**张建奇被判死刑、枪决**——这是批周恩来被杀的第一人。到此，北京市**第一轮**清查"五一六"运动告结，炮打周恩来的"首都五一六红卫兵团"，灰飞烟灭，销声匿迹！

然而，到了1968年，尸体已经腐烂了的"首都五一六红卫兵团"，在清理阶级队伍运动中，突然蹿了出来，大有借尸还魂之势。实则非也。原来，在北京外国语学院"红旗"造反派里，有个漂亮的被誉为"末代名媛"的**章含之**，是毛泽东的英语教师，她秉承毛旨向毛写信，状告北京市委第一书记谢富治不抓"五一六"。善于演戏的毛泽东，出于稳定局面、取缔左派造反派的政治需要，接信后，借机把已"打死"了一年多的"'五一六'反革命组织"拉出来鞭尸示众，在"蜜友章"的信上做了批示。据报导，批示大意是批评北京市不抓"五一六"，说要市委解决这个问题不容易，要周恩来出面去解决外国语学院的问题，并说："**'五一六'从极左跳到极右。**"批示之后，他又多次发出"最高指示"说："**革命学生要团结，要联合，打倒反革命阴谋集团'五一六'。**"又说："**'五一六'问题不能一风吹。有些单位已经一风吹了，例如（北京）外语学院。**"1969年10月，他警告各地、各单位大员："**不挖"五一六"就是右倾。**" 1970年5月11日，毛泽东在会见越共总书记黎笋时说："**……今天打倒周恩来，明天打倒叶剑英，后天打倒李先念。现在明白了，有那么个小团体，叫'五一六'兵团，趁此机会要夺取政权。**"同年10月8日，毛泽东在会见朝共主席金日成时说："**外交部也有两派，在一个短时期，1967年8月，7、8月，是在极'左'派的统治之下，烧了英国代办处。你看，这个领导的是一个反革命秘密组织，它的名字叫'五一六'，5月16日。这个组织非常秘密，人不多，可是煽动性很大，在大街上公开贴标语，打倒周总理，打倒李先念这些人。**"同年12月18日，毛泽东在会见美国记者斯诺时说："**1967年7月和8月两个月不行了，天下大乱了，这一来就好了，他就暴露了，不然谁知道啊！？……这个敌人叫'五一六'，在中央文革小组里边有4个人……王、关、戚，还有一个下次我给你讲。**"这个"下次我给你讲"的人是谁？有人判断，此人是即将失宠的中共中央常委、中央文革小组组长陈伯达。

什么是"五一六"呢？善搞模糊哲学的毛泽东提出了两条标准："**一个是要破坏和分裂我们的伟大领袖毛主席为首的党中央的领导；一个是要破坏和分裂无产阶级专政的支柱——伟大的人民解放军。**"到此，"五一六"这个炮打周恩来的专用代词，已演变成"破坏和分裂"党中央和人民解放军的普适代词。但不管这个"五一六"定义如何变化，它同"牛鬼蛇神"、"反动路线"等概念一样，都没有法理依据：它是独裁者"一拍脑袋，计上心来"的结果。

毛泽东对"蜜友章"的批示和后来的系列指示，在全国引起了震动。中共中央也迅速成立了清查"五一六"专案领导小组，即将失宠的陈伯达出任组长，谢富治、吴法宪为成员。北京市委第一书记谢富治、第二书记吴德等大员，见批示后大吃一惊，马上调整力量，强化对左派造反派的围歼。于是，由"蜜友章"引发的全国新一轮北京市**第三轮**清查"五一六"运动，迅速而轰轰烈烈地由北京推向全国，变成了打击和终结左派红卫兵、造反派运动。

1970年2月，当陈伯达失宠之时，周恩来的亲信北京市委第二书记吴德，异军突起，被任命为新的清查"五一六"专案联合小组组长（吴德自称：抓"五一六"办公小组组长），继续领导全国清查"五一六"打击左派造反派运动。二十年后，这位大员在回忆中竟这么说：

到底有没有一个经过填表的严密的"五一六"反革命组织，这却是清查过程中发生的疑案，**恐怕**是逼供信的产物。什么是"五一六分子"？**好像**是以反周总理为标志，实际上包括涉及"揪军内一小撮"等问题都在内，也就是**所谓**"三指向"者，把矛头指向了"无产阶级司令部"的，指向了人民解放军的，指向了"新生的革命委员会"的，摊着一项，就都是以"五一六分子"论了。"五一六"定性的扩大，使"五一六"问题大无边际，成为了全国性的问题。"五一六"问题愈是严重扩大，所谓"五一六"的反革命组织问题就愈是被搞得**玄而又玄**。

在周恩来手下直接领导运动的吴德，用"**恐怕**"、"**好像**"、"**所谓**"、"**玄而又玄**"一类语汇堆砌起来的一段回忆，意在淡化清查中的法西斯暴行，粉饰做为清查"五一六"专案联合小组组长的罪责，掩盖毛、林、周"卸磨杀驴"清算左派造反派的丑行！

在吴德的轻描淡写的回忆中，一场长达数年的充满血腥的"理直气壮"的清查"五一六"运动，**1,000多万人被打成"五一六分子"，数十万人被打死、自杀、致伤、致残、逼疯**，其中，绝大多数是左派红卫兵、造反派和支持他们的军人、干部、工人和普通百姓。

到了1973年中共"十大"前后，毛、周角力日益突出，周恩来受到了毛泽东"**搞修正**"、"**不议政**"的严厉批评，批林批孔批周公运动，正在暗地里积极策划中，清理"五一六"运动也因而到了该煞车的时候。于是，在全国大抓"五一六"的始作俑者毛泽东，摇身一变，来了个180度的大转弯，在一封匿名信中批示道："'五一六'**是极少数，早抓起来了，是不是没有注意政策，请市委酌处。**"毛泽东的"批评"，使周恩来、吴德等大员又大吃一惊，立即指派"消防队"给清查"五一六"运动降温、灭火。吴德回忆道：

我们商量说：抓"五一六"扩大化了，**我们只好认这个账**。现在就按毛主席的批示精神，落实政策，统统把"五一六"分子的帽子给他们去掉。

至此，善施"阳谋"的毛泽东，在周恩来全力配合和直接统领下，从1968年为支持周恩来而在"蜜友章"信上批示起，到1973年计划批判周恩来而在匿名信上批示止，数年间，终于完成了从"造反有理"到"造反有罪"、亦即从**利用**左派造反派到**消灭**左派造反派的过渡，演完了一出远比反右"**阳谋**"剧时间更长、波及面更广、更加血腥的清查"五一六""**阳谋**"连续剧。对此，吴德回忆道：

毛主席一批就没有"五一六"了，所有市里抓的"五一六"，主要是工厂的，统统把"五一六"分子的帽子都摘了，这样就没有"五一六"分子了。一场声响很大的抓"五一六"的运动就此结束，但留下的后遗症却不是一下子就能消除的，在一段时间里，人们要轮流地吃它的苦果。

"**吃它的苦果**"是响应毛泽东号召起来造反的造反派，主要是左派红卫兵、造反派和支持他们的平头百姓：那数十万人被打死、自杀、致伤、致残、逼疯的"五一六"分子，除摘掉了"五一六分子"帽子外，迄今没有得到应得的抚恤！

2. 周恩来统领清查"五一六"

不论是清查"五一六",还是"清队"和"一打三反",统帅是毛泽东,领军人物不是林彪,也不是江青、陈伯达、康生,而是毛的大管家周恩来。

当"伍豪事件"挂起来后,周恩来遭到了毛、江集团支持的"五一六兵团"等造反派的肆意攻击,迫使他萌生退意。但历史又给了他一次机会:毛泽东做出了与右派妥协的决定:逮捕江青的得力助手王、关、戚。9月7日,毛泽东又明确发出了取缔"五一六兵团"的指示,并谕示江青及中央文革,全力支持周恩来。

倍受鼓舞的周恩来,打消了退隐的念头,昂首挺胸,统领党、政、军三路人马,开始反击"首都五一六红卫兵团"及其思潮的挑战。

1967年8月31日,他在接见外交部党委成员和联络站核心组成员时说:"**外面现在调查'五一六',材料很多,牵涉到很重要的问题,主席已经肯定了,这是一个反革命组织。**""你们(外联)**要注意,外交部大一统了,不会一个没有(五一六分子)。我看你们不要太天真了,既有'五一六'组织,哪个地方都能钻进去,秘密活动、抓材料。**"

1967年9月18日,他对外事口领导干部、群众代表讲话时说:"**'五一六兵团'反对以毛主席为首的党中央,是个反动的阴谋小集团,没有什么了不起,没有多少人。**""**有黑线牵着,目的首先是动摇和削弱以毛主席为首的司令部,拿反对我作幌子,收集我的材料。**"

尽管他知道"五一六"思潮的推动者是毛泽东和中央文革,尽管他知道毛泽东替他清除的王、关、戚,不过是"五一六"真实后台江青的替罪羊——几个"变色龙"、几条"小爬虫"而已,但他必须坚定不移地与中央文革的主人江青站在一起。他说:"**'五一六'想动摇中央,挑拨我和中央文革的关系,这是不会得逞的!我和中央文革是在一起办公的,今晚我们又在一起。**"

在周恩来的直接统领和江青等人的违心支持下,才蹦跳了几个月的"首都五一六红卫兵团"全军覆没,被彻底摧毁!

到此,"五一六"问题已经解决。然而,到了1968年,"五一六"阴魂突现;但不是"五一六"借尸还魂,而是毛泽东根据他授意的"蜜友章"告密信,要借尸整肃左派造反派。

根据毛泽东的决定,中央成立了以陈伯达为组长,谢富治、吴法宪为成员的清查"五一六"专案领导小组,领导和推动全国清查"五一六"工作。对此,**金春明**先生在《**"文化大革命"史稿**》一书中说:"当时陈伯达毛遂自荐任组长。"显然,这是"主旋律"声音。当时陈伯达是中共五大领袖之一(1),爵位如日中天,何须自荐?

金春明教授是中共上层精英,他同其他许多御用精英一样,在文革中,竭力为"舆论一律"服务，文革后，又竭力为"主旋律"服务，因而，他们创造了许多可笑的荒诞的历史，清查"五一六"运动焉能例外？

例如，他说陈伯达把持专案组大权后，"**一方面大肆鼓吹查组织、追表格，强迫'坦白交代'，以制造扩大化；另一方面，又借机把许多反对'中央文革'、反对林彪、江青一伙的干部、群众打成'五一六'分子。**"又说："**因为曾经有过'五一六兵团'，因此，认为'五一六'是一个广大的组织。**（笔者：谁"认为"呢？他们回避的领军人物的大名。）**追查登记表、追查组织网首先提上了清查'五一六'的日程。然而，追呀追呀，越追组织问题越模糊。由于绝对不肯否定'五一六'的存在，于是提出，组织是一个问题，但更重要的是罪行，要从清罪行入手。**（笔者：谁"提出"？他们又回避了领军人物的大名。周恩来说："是不是参加组织，填表没有，不是主要的。要重本质，罪行就是本质，形式是第二位的。"）**然而，清呀清呀，越清越清不出头绪，于是又重提清组织问题。就这样，清查'五一六'，从清'罪行'到清'组织'，又从清'组织'到清'罪行'，反反复复地进行着。由于普遍存在着逼供信，'五一六'的问题也就越清越大了。1970年1月24日，林彪、江青等人在人民大会堂召开大会，就抓'五一六'问题作了'新的指示'。林彪大声疾呼：不吃饭、不睡觉，也要把'五一六'彻底搞出来。江青说，她三天没睡觉了，一定要彻底清查'五一六'。黄永胜也在会上跟着林彪、江青，亦步亦趋。很快，抓'五一六'成了全国性的大问题。**"由于能独占档案资料，他便轻而易举地把清查"五一六"扩大化的责任推到了林彪集团和"四人帮"的身上。

金春明等一类上层精英们，还有孙悟空七十二变的本领。当王、关、戚倒台后，他们说王、关、戚是"五一六"的后台；当杨、余、傅被撤后，他们便把"五一六"操纵者的帽子扣在三人头上；陈伯达被批后，他们没有放过他；林彪摔死后，他们又把"五一六"后台或操纵者的帽子扣在林和他的"五虎上将""黄（永胜）、吴（法宪）、叶（群）、李（作鹏）、邱（会作）"的头上；只有到毛泽东死后，他们才敢把"五一六"后台的帽子扣到江青的头上。为了与中共中央保持一致，在邓小平"**一定要注意维护毛主席这面伟大旗帜**"的命令下，他们不仅放过开始支持"五一六"后来又打倒"五一六"的统帅毛泽东，更刻意放过秉承整肃造反派的旨令在清查"五一六"中造成大规模人权灾难的领军人物周恩来总理，也放过了直接在周领导下的专案联合小组组长吴德。

因此，那些真实的历史记录，在金春明等一类御用精英们的著书立说中，几乎看不到它的踪影！

1969年9月20日，周恩来在中央机关布署清查"五一六"时说：

"*阶级斗争在国内还会有起伏。这样来一下也好，把敌人暴露了。极'左'（后边的坏人）不能说外交系统一个也不存在。'一外'批极'左'就搞得不深不透。'五一六'是个阴谋集团，他要为资本主义复辟。他们表面上是搞极'左'，实际上是要颠覆无产阶*

级政权。当然，也不能说凡是参加'五一六'的都是反革命，都不可救药，只要他坦白交代了，自己是受欺骗、受蒙蔽的，坦白了可以不戴帽子。要区别一般受蒙蔽的群众坏头头，更要区别埋在后头的反革命黑手。批极'左'，不仅是外（语学）院没有批深批透，从整个中央机关来看，也还没有搞深搞透。"

1970年1月24日，周恩来在接见中央直属系统文化部、学部、教育部等单位的军宣队代表时说：

"66年5月16日"通知"正式发表后，他们组织了'五一六'反革命阴谋集团，但根子还在以前。两个系统，大的以学部为中心，还有外事口、政法口、农林口、工交口、文化口、教育、宣传、民族、统战，军队一个口，大的是方面军，军队是冲派，是新三军。"

"还有学校叫小'五一六'，大专院校以学生为主，工交以张殿英为主，农林以农业大学，林学院为主，外交以一、二外为主，财贸以商业、财经、商学院为主，体育以体育学院为主，学部是'五一六'兵团。"

"这段事情很复杂，集中到'五一六'这个问题上，名字叫'五一六'反革命阴谋集团，来源是各个方面的，既有国外的帝修反，又有暗藏的反革命、国民党特务、党内叛徒、内奸、走资派、修正主义分子，没有改造好的地、富、反、坏、右分子是个大杂烩，不仅是中央有而且地方也有，在地方插到了广西、湖南、石家庄、湖北、四川、山西、贵州、武汉等地。"

"第二个问题，对有关问题要说的就是'五一六'不单是在六七年发表了'五一六'通知才有的，活动是有根据的，早就存在，通过两年半，逐步认识，得到了一些资料，现在比以前认识清了。但还未公布，必须和群众上下结合、内外结合才能搞清楚。现在还是要继续揭发、批判，既是反革命阴谋集团，阴谋就不是公开的，是秘密的活动，当面一套，背后一套，使用两手打着红旗反红旗。这些人隐藏在最革命的中央文革里，最革命的军队里头，就必须深挖，需要冷静，运动中掩盖一种极'左'思潮，个别人对现状不满，否定一切，掩盖'五一六'的反革命阴谋。"

在他直接统领下，文化教育系统清查"五一六"运动全面展开，造成大量冤假错案。其中，不过一百五六十人的东方歌舞团，一开始就抓出五六十个"五一六"分子。

1970年11月，实际上已主持中央工作的周恩来，向外事口核心组、军宣队、工宣队负责人发出指示说：

"中央3月27日发了个材料，讲'五一六'反革命阴谋集团，在反革命两面派萧华、杨、余、傅、王、关、戚操纵下，向无产阶级文化大革命猖狂进攻，罪大恶极。有些人认为根本不存在'五一六'反革命集团，对清查'五一六'极为抵触，甚至为他们翻案，是完全错误的。后面说清查'五一六'斗争已经展开，其实也没有大展开，没说清楚，有些

单位'五一六'很隐蔽，一搞深了，情况就不明。"

在他直接统领下，清查"五一六"运动全面铺开。在北京，吴德回忆说："（北京市）**这样搞了几个月，大概搞到最多的时候是群众揭发出来涉及五万多人，触动的有一万四五千人，下边报上来的重点人是七百多人。办留宿学习班，全市最多时有三千人。**"在湖北，1971年清查高潮中，仅仅一个武汉钢铁公司，把历史有些小污点的造反派，例如，曾在三年灾害时期做过小生意犯过所谓"投机倒把"等"罪"的，一次就枪毙了13人；另外还有18个待处决的"坏头头"，根据武汉军区司令员、湖北省革委会主任曾思玉批示，预备"在必要的时候处以极刑"。在江苏，南京歌舞团副团长、江苏省歌舞团合唱队副队长**李香芝**，因反对挑选漂亮的女演员去给中央首长陪舞，被打成"五一六"分子；"精神失常"后，"疯话"毛泽东曾污辱过她，被判死刑，1971年9月2日执行枪决。

外交部的清查工作是周恩来亲自抓的，在全部4,000（另说3,000？）多工作人员中，仅"五一六"分子就抓出1,700多名，有些司几乎二分之一的人被打成"五一六"分子，个别司甚至更多。何方是早早被批斗"靠边站"的外交部官员。他回忆说，周恩来在外交部打击"五一六"分子有报复之嫌。外交部的"五一六"分子被逼死、逼疯、打伤的不计其数，造反派就这样全被打下去了。

1971年"九一三"事件后，周恩来正式主持中央日常工作，做出了保卫中共官僚特权体制、批判极左思潮的决定。1972年10月，《人民日报》根据周恩来的讲话精神，发表文章批判极左思潮和无政府主义，进一步强化了清查"五一六"运动。

诚然，周恩来在清查"五一六"运动中，也说了许多注意政策即"施恩"的话，诸如**"不要逼供信"**，**"千万不要扩大化"**，**"不要扩大化，只是几个坏头头嘛"**，**"群众是受蒙蔽的"**，等等。但由于运动本身是反人权、反文明、反法治的法西斯暴行，而"扩大化"是法西斯主义的同义语，因此，"注意政策"的说教，不过是控制运动平衡的一块砝码而已。

权力可以打扮历史，但只能打扮于一时；金春明等一类御用精英们，遵照"主旋律"的规定，力图用真假搀和的办法去篡改历史，漂白周恩来等人，历史能答应吗？

与封建帝王将相一样，周恩来也善于玩弄"宽猛相济""恩威兼施"的人治权术，但玩得不如毛泽东泼赖。杨小凯教授在《中国文化大革命对社会主义制度的突破》一文中说：**"不幸的是，在后来的'一打三反'运动和清查'五一六'运动中，周恩来受毛泽东之命大规模镇压造反派，结果又造成了严重的人权问题。可是在'批林批孔'运动中，毛泽东竟然再一次打人权牌——用平反的手法，将周恩来置于极为危险和被动的地位。"**尽管这段文字有为周恩来抱不平之嫌，却反映出在无产阶级专政条件下主人与打手之间合乎政体的默契：打手应具有善当、甘当主人替罪羊的"革命情操"！

文化大革命发展到清查"五一六"，作为毛泽东助手的周恩来，其凶悍的强人形象已裸露无余：在"横扫"和破"四旧"中，他煽风点火，亲临一线，对"反动权威"、"地富反坏右"等弱势群体实行红色恐怖，指挥红卫兵打、砸、抢、烧、杀，**演足了对独裁者毛泽东的无限忠诚**；在批"资反路线"和夺权中，他明喊打倒，暗中保护官僚特权阶级，**做尽了令党政军要员们感恩戴德的人情**，也埋下了被谪为"投降派"的祸根；在"清队"、"一打三反"和清查"五一六"中，他毫不犹豫地捍卫中共官僚特权体制，用血腥手段镇压持不同政见者的反抗，**曝透了屠戮异己者的凶残兽性**。历史已经证明必将继续证明，毛泽东制造的大规模屠杀和人权灾难中，都记录着周恩来的殊功；历史也已经证明必将继续证明，周恩来是弱势群体屠杀者、中下层人权灾难的主要制造者和中上层官僚特权阶级的主要保护者。例如，原河南省委第一书记段君毅，曾不无担忧地说："总理可不能倒！他一倒，我们都成没娘的孩子了！"因此，他被弱势群体、中下层贫困百姓骂为"**人类的恶魔**"，被中上层权贵、精英和既得利益者戴上"**人民的好总理**"的桂冠，都不会使人感到意外。

3. 北京清查"五一六"

周恩来设计借毛泽东之手清除掉江青的得力干将王、关、戚，取得了与江角力中一个回合的胜利。他乘胜追击，要北京市的谢富治和吴德，清理王、关、戚安插在北京市领导机关中的爪牙，他们多数都是反周的"五一六"分子。谢、吴不敢怠慢，迅即成立了抓"五一六"办公室，把清查的矛头对准炮轰周恩来的干部和群众。

对此，在谢富治病故后升任第一书记的吴德，在二十年后的《北京市抓"五一六"的情况》一文中写道："'**王、关、戚'倒台以后，周总理专门找了谢富治去谈，后来把我和傅崇碧也一起找去参加谈话。周总理向我和傅崇碧明确交代，要把与'王、关、戚'有关的人员，清理出市领导机关。**" "**周总理当时明确地说：那些人不清理，你们市里稳定不了，你们也工作不了。**"因此，可以认为，北京市**第二轮**清查"五一六"，是从清查中央文革江青、戚本禹等人安插在市革委中的红卫兵、造反派开始的。

尽管谢富治、吴德根据周恩来的指示，很快铲除了中央文革安置在北京市领导机关中的爪牙。但正当他们乘胜扩大战果时，突然冒出了个"杨余傅事件"，诡谲多变的政治形势，使他们不得不重新考虑紧跟周恩来的后果。于是，在清查"五一六"上，他们变得谨慎小心起来，甚至有按兵不动之嫌。北京市第二轮清查"五一六"运动，由是结束。

然而，令他们料想不到的是，后院突然起火，外国语学院右派"红旗"造反派成员"蜜友章"状告北京市委第一书记谢富治不抓"五一六"。毛泽东见信后，立刻批示："**北京市不抓'五一六'。**"并"**要周总理出面去解决外国语学院的问题。**"毛的批示，使谢富治"十分紧张"；但谢、吴很快有所省悟：他们从《七三布告》和《七二四布告》

里得到了启示,毛泽东要镇压他曾利用过的、依靠他们向右派夺权而流血牺牲的左派造反派;他们又从蒯大富在大会堂里大哭和工宣队开进北大、清华园中看到,毛泽东要取缔他曾热情赞扬过的、依靠他们向右派冲锋陷阵的左派红卫兵。于是,他们紧紧跟上,把北京市**第三轮**清查"五一六"对准了"三指向"。所谓"三指向",按吴德的说法就是"**把矛头指向了'无产阶级司令部'的,指向了人民解放军的,指向了'新生的革命委员会'的,摊着一项,就都是以'五一六分子'论了。**"由是,"三指向"也成了全国清查"五一六"的方针。显然,这种扩大了的"五一六"定性,涵盖了所有跟着毛泽东闹革命的左派红卫兵、造反派,甚至涵盖了给领导贴过大字报的普通老百姓。

窥见毛泽东又支持周恩来,北京市便把清查"五一六"的矛头对准了左派红卫兵、造反派和支持他们的平头老百姓。他们在排查包括"夺中央外交大权"的 15 件大事中,突出抓了**围困中南海、火烧英国代办处**和**午门大会**三件事。按吴德的说法,这"三个都是对着周总理"干的大事。

对于围困中南海事件,笔者在本书第十四章"拖死国家主席刘少奇"一节中有所描述。这里着重指出的是:1967 年 7~8 月间,围困中南海"誓把刘少奇揪出中南海"的"揪刘行动",被中央文革、北京市委和《人民日报》等主要报刊,定性为革命造反组织和革命群众的"革命行动"。据当年造反派印刷的《三十一天慨而慷》一文中记载:"**刚成立不久的新权力机构'北京市革命委员会',给学生提供大量纸张,印刷报纸和传单。全市各个单位的'造反派',都前来支援。大卡车从郊区的大学校园,运来食品、宣传品和广播器材。**"然而,在北京市第三轮清查"五一六"中,1967 年曾被吴德等市委领导热情支持过的"'揪刘'革命行动",到了 1970 年,竟变成了"围困中南海反革命事件"。可笑的是,在北京市委派出的调查组所写的《关于围困中南海事件:初步揭发、交代、调查情况》的报告中,在继续把刘少奇称作"刘贼"的同时,却作出一个这样的结论:"**以'揪刘'为幌子,用'绝食'的手段,造舆论,拉队伍,搞暴乱事件,以反总理为目标,矛头直接指向毛主席为首、林副主席为副的无产阶级司令部,妄图颠覆无产阶级专政,进行反革命夺权。**"就这样,善于说谎造假的吴德等中共权贵和精英们,"名正言顺"地将他们积极支持过的围困中南海的"'揪刘'革命行动",诡称为"以反总理为目标"的"围困中南海反革命事件"。可悲的是,毛、周的中共能翻手为云,覆手为雨,其信口雌黄式的造假手段并不高明,但在"舆论一律"的专政下,却能大行其事,中国没人敢公开说个"不"。

火烧英国代办处和午门大会事件,都是外交事件,与主管外交的周恩来密切相关。但这是否可以说是"五一六"分子与周总理"对着"干呢?

火烧英国代办处事件,本书第十二章第三节中已作过介绍,此不累述。**午门大会事件**呢?

午门大会源发于缅甸华侨中的左派学生被缅甸军政府镇压的事件。1966年底，缅甸军政府当局规定，华侨学生不得佩戴毛泽东像章。但在中国驻缅大使馆的支持和鼓励下，左派学生，无视所在国当局的规定，把"无限忠于"和"造反有理"推向国外，与"**反动政府针锋相对**"地斗争：他们把像章越做越大，越戴越多，有的还故意多戴几枚。1967年6月22日，在仰光华区中心的两所学校里，左派学生所戴的毛泽东像章，被学校当局强行拽下，然后丢入厕所中，引发了左派学生静坐抗议。亲共华侨，闻讯赶到学校声援，遂与缅甸记者发生冲突，被缅甸军政府指责为殴打记者。据报导：6月26日下午，当左派学生继续在校园内静坐示威的时候，数千"暴徒"包围了他们，勒令他们结束示威，无果；27日上午，在缅甸军政府的支持下，手持铁棍、短刀的"缅甸社会主义纲领党"党员几万人，一批接一批地冲进华侨学校和仰光市区华侨集中的地方，袭击左派学生和华侨，捣毁华人商店、住宅，打死学生和华侨40多人，打伤100多人。消息传入北京后，各路造反派义愤填膺，很快在午门前组织了声势浩大的声讨大会，声讨缅甸军政府法西斯暴行，是谓"午门大会"事件。出于义愤，一些造反派，冲进缅甸大使馆，乱砸了一通。

如果说火烧英国代办处和午门大会是两起孤立事件，那么，说"五一六"分子与周"**对着**"干，就缺乏根据；但这两起事件却不是孤立的。请看：

1966~1967年间，由于红卫兵、造反派的造反行动，中国与已建交和半建交的四十多个国家中，有近三十个国家先后发生了外交纠纷。其中，在国内，严重的外交事件有：1967年6月18日，北京造反派砸了印度驻华大使馆；7月3日，北京造反派又砸了缅甸驻华大使馆；8月5日，北京造反派火烧了印尼大使馆；8月22日，北京造反派又火烧了英国代办处。在国外呢？**在欧洲**，我驻外使馆的造反派，在大街上散发印有"造反有理"语录的传单，被东道国提出抗议；**在非洲**，我援建人员中的造反派，因要在工地上竖一块"**社会主义终究要代替资本主义**"的巨幅毛主席语录标语牌，与警方发生冲突，造成流血事件；还有一些驻在国使馆中的造反派，在公共汽车里朗读毛主席语录，向街头来往行人硬塞"毛主席语录"和毛主席像章，引起所在国群众的抗议；**在中东**，我驻外使馆中的造反派，拦住蒙黑色面纱的伊斯兰妇女，宣传毛关于妇女解放的思想，遭到臭骂；**在法国**，一个演出团体在每个节目表演前，都要先念一通毛主席语录，引发一片嘘声，使馆官员对此提出了批评，归国后，批评者被打成反革命，等等。最大丑闻是：69名留英、法等国的学生，回国途经苏联时，到红场上造反，高声朗读毛泽东关于反修防修的语录，扬言要对苏联修正主义实行"群众专政"，因而与苏联警方发生冲突；冲突中，有30多名学生负伤，其中重伤4人。

有五千年文明史的中国，为什么会出现一系列荒诞、野蛮而令人作呕的丑闻呢？

权力拜物教使毛泽东失去了理智；他的"世界人民导师和领袖"权力情结，又使他不顾中国人的死活，要用"**解放全人类**"的"崇高理想"，来掩盖数亿中国人在"瓜菜代"

煎熬中的贫困生活。于是，他要把他的思想及其载体《毛主席语录》，推向世界，为世界革命制造舆论。

凡是经历过文革的人，都不会忘记当时被誉为"东方圣经"的《毛主席语录》。由于林彪和罗瑞卿的鼓吹和推行，**毛泽东、周恩来、江青等权贵们强有力的支持**，这本小小册子，印刷数竟高达 **50 多亿册**，并很快由全国风靡世界。其中，用英、法、僧伽罗等 24 种文字印刷的《毛主席语录》，输送到 150 多个国家和地区。按当年全世界 30 亿人口计算，全世界人均持有 1.5 册以上。显然，这是毛泽东决心要把他的思想及其载体《语录》推向世界的证明。而此时，中国权贵和上层精英等毛左们，紧紧跟上，利用所有媒体，对中国人进行"洗脑"：毛泽东不仅是中国人民的伟大领袖，而且也是"**全世界人民的伟大导师和领袖，中国也因而成了全世界人民响往的胜地。**"于是，被毛左们誉为"**世界革命先锋**"的红卫兵、造反派，便应劫而生。

为了支持红卫兵、造反派在国外的造反行动，毛泽东在 1968 年 4 月 16 日，以"世界人民导师和领袖"的身份，发表了"**支持美国黑人抗暴斗争的声明**"，号召美国人民起来"**推翻美国垄断资产阶级的反动统治！**"接着，在 1970 年 5 月 20 日，他又以"世界人民导师和领袖"的身份，向全世界人民发出号召："**全世界人民团结起来，打败美国侵略者及其一切走狗！**"声明和号召，再次激起了红卫兵、造反派在国外造反的革命狂潮。

然而，毛左们支持的"世界革命先锋"的红卫兵、造反派，虽在国内横行霸道，但在国外却处处碰壁。到了 1970 年，特别是在中苏核战危机被"美帝"化解后，毛泽东的发烧头脑，才有所降温：在发出"五二〇"号召刚逾半年，他便赞扬起他要"打败"的"美帝"总统尼克松："**是好人啊，是世界上第一个好人！**"几乎在同一时期，他又不情愿地下令说："**对于一切外国人，不要求他们承认中国人的思想。**"由是，红卫兵、造反派在国外的荒诞、野蛮、丑恶的造反行径，才宣告结束。

从系列事件的发生和发展上来看，不排除有"五一六"分子与周恩来"**对着**"干的嫌疑；但更不能排除的是，做为毛泽东先锋官的周恩来，在"**煽文化大革命之风，点文化大革命之火**"上，一直同毛的前台打手江青、陈伯达、康生等中央文革大员站在一起，对酿造的一系列丑恶的外交事件，负有不可推卸的责任。

由此可见，"五一六"分子制造的围困中南海、火烧英国代办处和午门大会等野蛮的非法事件，其始作俑者是反"五一六"的毛泽东。因为，他的"**解放全人类**"、"**支援世界革命**"、"**造反有理**"、"**夺权**"、"**武装左派**"和"**群众专政**"等等"最高指示"，都是"五一六"思潮的理论基础。由此也可见，林彪、周恩来、江青、陈伯达和中央文革大员们，都是"伟大统帅"的先锋官或马前卒，因而，都是"五一六"思潮鼓动者和丑恶外交事件的制造者。

根据"打倒小鬼、解放阎王"或曰"贬谪臣下、褒美君王"的赤文化，吴德便在北京市大抓起"五一六"分子来。对此，他写道：

> 北京市的运动有一百多万人参加，经过群众议、摆、查，**揭发**出有"五一六"嫌疑的人有五万七、八千人，**触动**的有一万四、五千人，办各种"学习班"的包括**留宿的，走读的**三、四千人，根据大家报的重点人七百多人。

怎么"摆、查、揭"又怎样"触动"、"留宿"、"走读"呢？为了洗净双手，吴德又轻描淡写地披露了几句真情：

> 如有搞逼供信的，违犯政策的，**也有打死人的**，"五一六"也不应该打死嘛！有的说白天不出活，晚上出活，夜间熬夜搞体罚，**搞逼供信，指供、诱供**，第六建筑公司四营共有职工1,052人，在一段时间里20几天，搞出"五一六"嫌疑283人，占职工总数27%，占在职干部43%，占党员28%，占老工人26%，不少人都"揪斗"了。好一点的"帮促"，搞过揪斗、"帮促"的占60%。面宽的有的到了30%、40%、60%，有个单位把一派群众组织都说成是"五一六"，这不对嘛！审查重点人，重点人说不清楚了，就把职工名单交给他看，他就在上边画圈，一画一二百。有的工厂把二分之一的职工都搞成了"五一六"嫌疑对象，还有的把一派组织90%列为嫌疑对象，有个人一供就二、三百。

做为领导全国清查"五一六"专案联合小组组长、北京市委第一书记吴德，他的回忆，力图证明，"违犯政策的"都是下面人干的，与他无关。你相信他吗？尽管如此，人们还是能从吴德那真假搀和又轻描淡写的谎言里，看见了一些侵犯人权的真实记录！

一个科学院哲学社会科学部的造反派头头**孟祥才**，在他的《我成了学部"五一六"政委》一文中，针对刑讯逼供写道：

> 运动开始，我心地坦然，反正我没有参加"五一六"，自然也不知道谁是"五一六"。后来听了工军宣队传达的中央文件特别是中央某重要领导人的讲话，我就意识到在劫难逃了。因为只要承认学部有"五一六"组织这个假前提的存在，我就逃不掉"五一六分子"的噩运。专案组对我的逼供信就充分发挥了这个假前提的威力。他们问："×××说学部是'五一六'的大本营，黑据点，潘、吴、林、周、洪、王、傅是'五一六'的操纵者、组织者、骨干分子，对不对？"我明知道不对，但当时却只能回答："对。"又问："既然对，那么，傅崇兰是光杆司令吗？他一定要发展组织，在历史所，他第一个发展对象是谁？"因为在历史所的造反派中，我与傅崇兰的关系非常密切，他任"革筹"小组长时，我任副组长。于是我回答："依照逻辑推理，他第一个应该发展我。可是奇怪的是，他确实没有发展我。"我的回答自然是"负隅顽抗，态度恶劣"。于是，对我用车轮战术，分两组人马，轮流进行逼供，不让我有休息机会。我在极度疲惫，极度绝望的情况下，只得承认自己是"五一六分子"。可一旦承认了自己是"五一六分子"，就必须交代自己的组织关系、职务和"罪行"。通过他们几天的逼供，我隐隐感觉到他们已经掌握了别人"交待"的关于我的所谓材料，肯定给我安上了重要职务。凭我在大批部组织中的地位，大概

应该是"部长"之类。我于是交代自己的职务是"宣传部长",他们说我"不老实",我又说是"作战部长",还说我"不老实",我想干脆说大一点:"参谋长。"仍然斥责我"不老实"。我就再给自己升一级:"副司令"。谁知还对不上号。这时我只得说:"你们认为我是什么就是什么吧。"我这种态度自然又被斥之为"十分恶劣"。可是我实在不知道他们要我当个"五一六"的什么官,就只能以沉默对抗了。这时,他们启发说:"你们'五一六'不是按军队编制吗?军队里边两个最大的官是什么?"我说:"一个是司令,一个是政委。"他们说:"对。傅崇兰是司令,你就是另外那个最大的官。"我心里既好气又好笑,你们早告诉我是"政委",这连夜"熬鹰"的罪不就免受了么。我于是当上了"五一六"的"政委"。

又如,1973年3月1日,北大校党委扩大会议在讨论了清查"五一六"的情况后表示:经两年调查,涉嫌"五一六"分子的117人的问题已经查清。其中,认定为"五一六"反革命分子的有两人,即聂元梓和孙蓬一。其他人则"**事出有因,查无实据**"。会议决定:"**给聂、孙戴上'五一六'反革命分子帽子,开除出党,报市委批准后,全校召开大会进行批斗。**"会议同时宣布:"清查'五一六'运动到此结束。"但在"**事出有因,查无实据**"中,多人因"有因"而丧生。著名学者钱钟书和杨绛夫妇的女婿、很有学养的北师大青年教师**王德一**,以"炮打林副统帅"罪被驻校"宣传队"宣布隔离审查,在一次残酷批斗后,1970年上吊自杀,时年33岁。

市委第一书记吴德治下的北京,一句顺口溜广为流传:"五一六,家家有,不是亲来就是友。"

在北京清查"五一六"运动中,有多少人被打死、自杀、致残、致伤?因档案尘封,拒绝调查,人们暂时无法知道其具体数字。

4. 江苏许世友清查"五一六"

据报导：江苏省在清查"五一六"运动中，以"反许乱军"等罪名抓出的"五一六"分子多达 30 万人，被打死、自杀、致残、致伤者无数。（由于"清队"、"一打三反"、"清查五一六分子"三场运动，一个连着一个，又多相重叠，因此，各个运动的伤亡人数也难以一刀切清。）从某些渠道披露出来的有：

南京大学是清查"五一六"突破口，由许世友的副手省革委会副主任、原南京军区后勤部副部长吴大胜大校亲抓，以图造出声势，搞出经验，推动全省。吴不负许望，很快清查出"五一六"分子 1,560 人，其中有 21 人自杀身亡，成了全省效法的经典。

在省"五七"干校，仇视"五一六"、批臭"五一六"、深挖"五一六"、全歼"五一六"的标语口号随处可见，一片红色恐怖气氛。干校 3,000 多人中，抓出"五一六"分子 1,600 多人。

省革委会 45 常委中，有 25 人打成"五一六"分子；省农业局 64 名"留守人员"，有 39 人打成"五一六"；省科技局被视为"五一六"的黑据点，1,000 多人的直属科研单位，有"五一六"嫌疑分子 400 多人，其中打成"五一六"分子并关押起来 100 多人，自杀 5 人。

南京市 2 万多人被打成"五一六"分子，自杀 300 多人；其中，南京市公安局、市中级法院 600 多干警，159 人打成"五一六"，自杀 4 人；女演员江苏省歌舞团合唱队副队长**李香芝**，因反对挑选女演员为中央首长陪舞，被打成"五一六"分子，整得"精神失常"后，她写了些暗示**毛泽东曾污辱过她"疯话"**，被判死刑，立即执行。

南京军区内有 298 名被打成"五一六"分子，其中军级以上干部 84 名。

盐城地区公检法机关的 500 余干警中，有 327 人被打成"五一六"分子。

无锡市抓"五一六"中，被打成"五一六"分子的超过五万人，死于"抓'五一六'学习班"中的 81 人。

毛泽东死后，江苏省被称为清查"五一六"的重灾区之一。

对于这场强加于江苏人民头上的灾难，"主旋律"的学者、作家们同中共保持一致，他们说，这是"**'四人帮'及其在江苏的代理人、追随者**"造成的。然而，历史打了他们一个响亮的耳光：造成这场灾难的"'四人帮'及其在江苏的代理人、追随者"不是别人，恰恰是激烈反对"四人帮"的南京军区司令许世友上将。

许世友，1905 年 2 月 28 日出生于河南新县一个贫苦农民家庭里。1926 年 8 月，他在武汉国民革命军第一师第一团任连长，1927 年 11 月，参加了著名的黄麻起义，开始了在中共红军里的漫长的军事生涯。

许世友凡事敢做而敢当，粗野而狡黠，鲁莽而机敏，武断而恤下，是一位聪明大老粗式的农民英雄。他的一生中，曾两次向毛泽东下跪；而这两次下跪，给他的一生涂上一层浓重的传奇色彩。

第一次向毛泽东下跪在 1937 年的延安。

许世友是张国焘红四方面军旗下的一名师长，英勇善战，屡建奇功，是张国焘倚重的一员爱将。在延安红军大学里清算张的"分裂罪行"时，红四方面军里许多人，纷纷倒戈，落井下石，许世友却替张国焘辩护。一天，他突然冲到主席台上，大声责问：**"为什么说张国焘是逃跑主义呢？中央就没有逃跑？中央红军不是也从中央苏区撤出来了吗？如果说是逃跑，都应该定为逃跑。打不过敌人，换一个地方再打嘛，怎么能叫逃跑主义呢？"** 许的辩护，换来了一片叫骂声："打倒张国焘的徒子徒孙许世友"、"许世友是大别山的土匪"等等。接着，他陷入了残酷批斗和严刑拷打中；当延安县妇女部长的妻子雷明珍，也被迫与他划清界线，离了婚。许世友气得破口大骂：**"老子不干了，老子去学梁山好汉，落草为寇去！"** 这句话被定性为"阴谋组织暴动，要抢去张国焘，枪杀毛泽东，还要炸平延安"的罪状。

许世友狂怒到了极顶，他把一腔怒火指向毛泽东。令他没有想到的是，天才的毛泽东，已经对他产生了好感。

为了说服许世友，毛泽东当面示好："**今天，我代表党中央，来向你道歉！**"。毫不领情的许世友，怒火胸中烧，跳起来对准毛泽东就是一拳。早有所料的罗瑞卿一声令下，把许世友捆得结结实实。被捆住的许世友对着毛泽东大骂："**别来那一套。要打要杀老子都不怕，砍头不过碗大的疤。**" "**毛泽东，你算个什么东西？老子要是有枪，非毙了你不可！**" 毛泽东本想宽待许世友，想不到却挨了他一拳，气得他悻悻而去。

为了稳住红四军的军心，毛泽东决定重演历史上**刘邦赦蒯通**、**太宗厚魏征**的故事。当许世友被绑赴刑场执行枪决之际，毛泽东传令召见许世友。许世友以为毛又在耍花招，大喊道："见他可以；给我一支枪！"许的要求很快得到了满足：罗瑞卿把一支装满子弹的左轮手枪交给了他。（如果你以为压入枪膛的子弹都是未经处理的真子弹，你也忒小觑未来的公安部罗部长了。）许世友握着手枪，大步向毛泽东的办公室走去。但走着走着，则越走越慢。当他走进办公室看见到毛泽东时，突然把手枪扔到地上，"扑通"跪了下去，痛哭流涕道："**主席，俺错了！**"从此，许世友成了毛泽东的忠臣良将。

三十年后，许世友给毛泽东第二次下跪，那是在 1967 年的上海。

1964 年，毛泽东考验许世友的忠诚，问他："**如果有人要走资本主义道路怎么办？**"许世友毫不含糊地回答道："谁反对毛主席，我就干他个驴操的！不论他是谁！"毛泽东听了大为满意，当面表扬许世友**党性强**；文革前夕，毛泽东对部分党内高级干部说："**中央出了修正主义怎么办？**"许世友抢着表态说："我就带兵进京'勤王'。"毛泽东高兴地对亲信们说："**许世友的屁股始终是坐在无产阶级这一边。**"

然而，到了文化大革命，他对毛泽东的忠诚经受了严峻考验。从"横扫"到破"四旧"，又到批"资反路线"，他越来越看不惯。他在家里骂道："什么革命小将，一窝土匪！"进入1967年，"伟大领袖"号召"夺权"和"全面内战"，他奉命"支左"，曾得意于一时。但很快在"支左不支派"的明明白白的模糊中，陷入支一派压一派的泥沼中。在中央文革的支持下，他成了受压一派的炮轰目标："**打倒许大和尚**"、"**揪出许大马棒**"的呼声越来越高，他的日子越来越不好过。他眼睁睁地看着，他的亲密副手南京军区副司令、军区海军司令兼东海舰队司令员陶勇，被造反派打死在小水井里；他眼睁睁地看着，他的另一亲密副手南京军区副司令、军区空军司令员聂凤智，被造反派打掉八颗门牙，在死亡的路上，被他武装抢救了回来；他还眼睁睁地看着，他的家被造反派抄了个底朝天。

他恨透了造反派，但对支持造反派的"红司令"毛泽东，仍然忠心不贰。他知道，"红司令"曾多次发出"保许世友"、"不准揪许世友"的"最高指示"；但粗中有细的许世友，看出了党内权力斗争的玄机："红司令"说要保萧华，萧华被打倒了，家也被抄了；"红司令"请武汉军区司令陈再道和武汉军区政委钟汉华到北京谈话，结果被双双关起来了；"红司令"说支持北京军区，结果北京军区政委廖汉生和军区司令员杨勇先后失去自由……他得出结论：他保不如自保；绝不能落入造反派之手，否则，死不了也要脱层皮。于是，他称病躲进了大别山军事重地医院。

南京的左派造反派（主要是"好派"），很快从中央文革那里得到了情报，组织数百人，奔赴大别山捉拿许世友。许世友早有准备：他对军区工程兵工区主任柴树林说，什么造反派？土匪，流氓，一旦被他们捉住，只有死路一条。你们工区人人都要拿枪，一旦造反派来了，咱们打一个小规模的淮海战役。他派人到来大别山必经之路的六安市，向那里的军管会打招呼，要他们警告造反派，不要冲击军事重地工区和医院，否则，"**碰到我老许的枪口下，叫他们站着进来，躺着回去！**"中央文革电话命他参加"群众"大会，许世友大叫道："**我不去！要命有一条，污辱不答应！**"扬言："**谁敢污辱我，我就开枪打死他！**"

许世友是个聪明的大老粗——鲁莽中见细巧。他能充分利用毛泽东对他的信任和人们对他生性粗野的看法，**把鲁莽运用得恰到好处**：他的武力不仅吓走了造反派，还使权力极大的中央文革对他束手无策。在八大军区中，他是唯一敢于以武力对抗造反派、对抗中央文革的司令员。按当时的"批资"大方向，把一顶"顽固执行资产阶级反动路线"的帽子扣在他的头上，是没有任何冤情可谅的；但毛泽东却对他网开一面。

1967年8月17日，毛泽东派张春桥把他从大别山请到上海。第二天上午，他见到毛泽东后，便倒头下跪，磕了个大响头，"痛心"承认他"**犯了错误**"。

许世友一个响头把自己磕上了天安门。10月1日，毛泽东在天安门上同他交谈了半个多小时。毛有意向南京军区和江苏省造反派传达一个信息：许世友是"毛主席无产阶级司令部"里的人，不准揪斗，更不准打倒！——南京造反派特别是受中央文革支持的坚决打倒许世友的"好派"，终于发现：他们被出卖了！

1968年3月23日，江苏省革命委员会成立，许世友被毛泽东任命为革委会主任。上任前的21日，他表态道："**中央的批示，中央一系列指示，我们只有坚决照办，坚决高举毛泽东思想伟大红旗，把革命胜利进行到底！我们活着做毛主席的人，死了做毛主席的鬼。誓死保卫毛主席！誓死保卫林副主席！誓死保卫党中央！誓死保卫中央文革！有人想搞什么鬼名堂，陷害毛主席，陷害林副主席和中央文革、中央军委，我们就对他不客气，叫他人头落地，就和他干到底。祝毛主席万寿无疆！祝毛主席万寿无疆！祝毛主席万寿无疆！祝毛主席万寿无疆！祝林副主席身体健康！**"

一朝权在手，便把令来行。当许世友集南京军区司令员、江苏省党政财文大权于一身时，下令："**今后谁敢造反，格杀勿论！**"显然，鲁莽而机敏的他，从王、关、戚和杨、余、傅事件中已经洞悉：政治气候要大变。到了1970年，机会终于等到了：在"一打三反"和抓"五一六"中，他对左派造反派大开杀戒，欣赏到了久违的杀人快感。

"一打三反"伊始，他分批处决了"现行反革命"57人，其中不乏"好派"造反派。此外，他还处决了组织"马列小组"质疑时政的学生**查金华**，处决了书写"打倒林彪"、"打倒江青"等标语口号的知青**陈卓然**，处决了反对挑选漂亮的女演员去给中央首长陪舞的江苏省歌舞团合唱队副队长**李香芝**，在常州市，还处决了在日记中"为彭德怀鸣不平"的原南京高等军事学院训练部长**蔡铁根**大校，等等。特别残忍的是：在"一二一〇"处决中，"现行反革命分子"**李立荣**与他年届六旬的母亲**林舜英**，被并排捆绑在同一辆刑车上示众；在刑场，娘儿俩并肩跪在一起被枪杀！1980年复查时。上述案件全部被确定为冤杀，无一例外，冤杀率为百分之百！

在清查"五一六"运动中，他认定："'**五一六'组织遍布全江苏各条战线各个领域，具有群众性、隐蔽性、顽固性和欺骗性，十分危险。**"因此，他作出了"**破口、围点、扫面、深挖**"的清查部署，号召全省"**挖地三尺，一个不漏**"地打一场全歼"五一六"分子的人民战争。

在清查"五一六"高潮中，许世友带着他的警卫班来到无锡。在大箕山召开的由左、右两派造反派代表参加的市革委会议上，许世友登上主席台，恶狠狠地说："**深挖'五一六'反革命，要挖地三尺，一个不留。你们当初去抄我的家，现在我欢迎你们再去……**"（抄许世友家的是南京'好派'和无锡'六派'）报复心态，宣泄无余！"反许乱军"的"好派"成了清查重点。在他的得力副手吴大胜亲自督战下，"好派"第一把手、江苏省革委会常委**文风来**，被清查成疯子！

1973年波谲云诡，与人斗其乐无穷的毛泽东，开始把周恩来当成心腹大患。他批评周恩来"**不议政**"、"**不议军**",批评抓"五一六"扩大化,还严厉批评了"**右倾回潮**",他重新起用被打倒了的邓小平,欲其取周而代之。到了1974年,批林批孔暗批周恩来的运动正式拉开帷幕。11月13日,中央政治局在接见南京军区、江苏省委负责人丁盛、彭冲、吴大胜、杨广立、许家屯等人的谈话时,叶剑英对江苏省清查"五一六"运动中出现的所谓"扩大化"即法西斯化,提出了批评。他说:

> 江苏深挖"五一六"的严重错误,说罪行也不为过,许世友当负主要责任,因为他是一把手。像收拾江渭清、陈光、包厚昌、杜方平这样的高级干部,没有他的点头,吴大胜、蒋科等人没有这个胆量。但主持江苏省委日常工作的吴大胜和蒋科等人也起了相当恶劣的作用,他们是实际操作者,是打手,是他们在仗势欺人,指鹿为马,是他们在翻手为云,覆手为雨,是他们在无中生有,加油添醋,所以中央对吴大胜的批评特别严厉。

叶剑英在批评中,有意淡化许世友的法西斯罪责。

有人说,许世友是领导全国抓"五一六"运动总指挥周恩来的替罪羊,笔者不敢苟同;但中共第九届、十届中央委员**吴大胜**,当了许世友罪有应得的替罪羊,是谁也否认不了的。

5. 清查"北决扬"

武汉全面清算左派造反派的清查"五一六"运动,是从1969年秋天清查"北、决、扬"思潮和所谓反革命组织开始的。

1969年9月27日,中共中央直接向湖北省下达了《关于武汉北、决、扬的指示》。《指示》说:

> 在武汉市出现的所谓"北斗星学会"、"决派"这类地下组织,幕后是由一小撮叛徒、特务、反革命分子假借名义,暗中操纵的大杂烩。那些反革命分子的目的,是妄图推翻无产阶级专政和社会主义制度,破坏无产阶级文化大革命,搞反革命复辟。他们不择手段,制造谣言,散布各种反革命流言蜚语,混入群众组织进行挑拨离间,大刮经济主义、无政府主义的妖风。对这类反革命的地下组织,必须坚决取缔。
>
> 所谓《扬子江评论》是一些叛徒、特务、反革命分子幕后操纵的反动刊物,肆无忌惮地大量放毒,必须查封。《扬评》的主要编写人员,应由湖北省革命委员会责成有关机关审查,按其情节轻重,分别严肃处理。

中共中央的《指示》,宣判了"北决扬"的死刑。

1970年3月27日,中共中央发出了《关于清查"五一六"反革命阴谋集团的通知》后,在湖北省革委会、武汉军区司令员曾思玉的领导下,从清算"北决扬"入手,在"三新"、"三钢"等左派造反派组织中,大抓大揪起"五一六"反革命分子来。据报导,省各级革委会、军方与死灰复燃的右派造反派"百万雄师"的残余势力联手，在全省抓出"五一六"分子 60 多万。其中，据官方《武汉大典》记载：武汉市"全市被定性为'五一六'、'北决扬'的多达数万人"。

在左派造反派中找"坏人"的清查"五一六"运动，到 1971 年进入高潮。据报导：仅在武汉钢铁公司一个左派造反派的"根据地"里，一次就枪毙了"五一六"分子 13 人；在 1972 年的"批极左"运动中，湖北省和武汉军区把左派造反派头头，集中到湖北省二招"学习班"，准备对左派造反派的头面人物进行"杀、关、管"；其中 18 人，根据武汉军区司令员、湖北省革委会主任曾思玉批示，准备"**在必要的时候处以极刑**"。

武汉"北决扬"是个什么样的组织？

武汉"北决扬"的全称是"**北**斗星学会"、"**决**心把无产阶级文化大革命进行到底的无产阶级革命派联络站"和《**扬**子江评论》，**是一个以青年学生为主体的读书会组织。该组织最活跃时期**，也不足千人。这个组织的核心人物是华中工学院的学生**鲁礼安**和**冯天艾**。同湖南"省无联"一样，他们认为：十七年来中国存在着一个"**官僚资产阶级**"，"要彻底让工人阶级获得解放，就必须号召无产阶级革命派联合起来推翻这一阶级"；他们宣布：在一月夺权后成立的"革命委员会"，只是一个"临时权力机构"，并且是"直至今天仍在袭用的资产阶级国家体系"；因而他们断定："革命委员会这种由革命群众自己创造出来的新事物，必将由革命群众自己来把它消灭掉。"他们要建立什么样的政治体制呢？

他们说，他们要效法巴黎公社原则建立"**北京人民公社**"。那么，"公社"的原则又是什么？马克思在《法兰西内战》一文中写道：

公社是由巴黎各区按**普选制**选出的城市代表所组成。这些代表应该负责并且随时可以更换。其中大多数自然是工人或已被公认的工人阶级代表。公社应当不是国会式的，而是同时兼任立法和行政的工作团体。向来都是中央政府工具的警察，立刻就被革除了一些政治职能，而变为随时可以撤换的社会负责机关了。其他一切行政部门的官吏，也是一样。从公社委员起，自上至下所有一切公务人员，都只应领得相当于工人工资的薪水。……

为了实现"北京人民公社"的理想，他们根据毛泽东"枪杆子里出政权"的理论，主张用武力实现"公社"。他们说："政治革命必然地不可避免地要采取国内战争的形式。"他们认为：从中央到地方，都存在着一批右倾机会主义者组成的"中派"或"考茨基派"。他们还认为，在中央，拒绝"公社"坚守"官僚资产阶级"体制的不是毛泽东，而是在"七二〇事件"中曾支持过他们而现在又反对他们的"**文革派首要人物康生、张春桥及周恩来**"等。

从 1967 年到 1968 年的近两年时间里，他们利用《扬子江评论》这块阵地，发表了许多与当权派观点相左语言不恭的文章，叫响了"北决扬"；一时间，形成了"北决扬"思潮！现将其主要文章，摘要抄录、简评于后。

1967年到1968年之际，是毛泽东的文革战略大调整、大转折之时。被"阳谋"大师玩弄得晕头转向的决派联络站精英们，愚蠢地以左派自居，不识时务地提出他们要**主宰中国**的诉求。1967年12月10日，他们在发表的《北斗星学会宣言》一文中写道：

学者们写史，十有八九无血无肉，不是历史创造者的呼声，为什么？就因为他们是名家，是黄鹤楼的秀才，不像长江水里的弄潮儿，懂得波涛是如何汹涌，浪潮是怎样澎湃，回流是何等险恶。一个普通的工人，巴黎公社社员笔下的一八七一年公社史就远远胜过了好多历史学家关于公社的论述，震撼世界的我国无产阶级文化大革命如何总结它，如何承受它，难道还需要等着那些黄鹤楼上看帆船的大人先生去进行，而不是由我们这些多少在运动的泥巴里滚了半天的毛小子和工人同志一道来完成吗？

我们从来都把这场空前伟大的中国无产阶级文化大革命看作是更为空前伟大的世界革命风暴的引子和序幕，**那些不读书不看报，不接触群众，什么学问也没有，而又专好以势压人，进入官场的人，管他司令也好，佛爷也好，在历史的长河中，终于混不了多久，大浪淘沙，决少不了他一份。**"真正有希望的人是那些善于思考问题的人。"历史证明了，未来不是属于陈独秀、瞿秋白这些五四时期曾经大喊大叫一时的风云人物，历史还将证明下去。只有那些永远善于思考，善于学习，紧跟毛主席的伟大战略部署的，方是将来历史舞台上的主将。

与工人阶级相结合，而又与人民大众相结合，将使得**决派**获得空前巨大的力量。巴黎公社社员喊得多么好啊："快把那炉火烧得通红，趁热打铁才能成功。"炉火，你燃烧吧，铁锤，举起来吧，决心把无产阶级文化大革命进行到底的无产阶级革命派，高唱起国际歌，决然地抛掉派性、私心的束缚，到伟大的战无不胜的毛泽东思想的旗帜下集合，向旧世界发动狂飙般的进攻。

北斗北斗，未来的几十年的中国，世界将是**谁主沉浮**！

《扬子江评论》的头头**鲁礼安**，为了向毛泽东表忠，**提出了比"三面红旗"更加激进的早被毛不得不终止了的农业政策**。1967年12月30日，他在《浠水农民运动考察报告》一文中写道：

在无产阶级领导下的农民运动，正以无限的生命力磅礴于全中国。不仅在浠水，而且在麻城、广济、当阳，更远一点，湖南、江西、福建、延边、广西等具有革命传统的地区，据我们所知农民运动都在蓬蓬勃勃地开展。

是仍然依照第三个五年计划那样按"调整政策"在慢慢推动农业的发展，还是随着生产力的提高，造成一个五八年似的大的革命热潮向二级甚至一级所有制进军。贫下中农迫切地希望着后者……**在巴河五州地区，技匠集中，办合作社，搞综合厂，是群众早有的愿望**。历来因为公社党委内一小撮走资派的阻挠而不能成功。五州总部成立后，立即拨款八百多元，加上匠人自动筹款共一千多元，建成了一栋房子，匠人集中管理，深受当地贫下中农欢迎。

五州总部成立之后搞起耕牛集中，牲猪集中，匠人集中等强化集体经济的工作便是一个明证。牲猪集中时，社员利用农闲时间，捡石头，买少量水泥，大修猪栏。贫下中农交猪给生产队集中喂养，立即付钱，而对地富则分批付给。

"新农村"，小队并大队实行三集中等，农民们的反映是不一样的。他们说："贫下中农拥护，中农跟着跑，富裕农民反对，干部都跑光了。"何等分明的阶级阵线。

1968年1月25日，正当十一个省市先后成立省市革委会、湖北省革委会行将成立之际，由于无法成为革委会的多数派，决派发表了"消灭"新生的革委会的《决派宣言》：

革命委员会的成立并没有消灭两大派的对立，它只不过是用新的两大派别压完全不同于过去钢新斗争的崭新的矛盾，用新的斗争形式代替了旧的。

取（革命群众组织）而代之的是革命委员会。

但是，与其说是这种革命委员会，不如说取而代之的是以革命委员会中某些人为代表的强势力，与另一支崛起的新军的斗争。

革命委员会又不过是一个各派派性大力被压的一个暂时同一体，更何况是这样一个暂时同一体也是极不巩固的，……这样的各派政治势力组成的临时权力机构，决不可能长期地维持下去，而必须由一派通过斗争取得统治地位，……。

革命委员会这种由革命群众自己创造出来的新事物，必将由革命群众自己来把它消灭掉。

这个任务，毫无疑问地被放到了"决派"肩上。

直至今天仍在袭用的资产阶级国家体系，将在这场斗争中被决派所摧毁。

"决派"则将在这场残酷的斗争中得到锻炼，上升为统治集团。

以"赤总工二司"、"民办工人"等为代表的临时工，合同工，他们同党内走资本主义道路当权派的英勇斗争，很大程度是从他们的社会地位出发，为维护并且巩固他们的经济地位而奋斗，这一大阶层被空前浩大的无产阶级文化大革命卷进了运动。他们最希望革命越彻底越好，因此留念他们在运动中结成的团体……这中间有相当一批人会参加**决派**的队伍。

新华工决战决胜战斗队，在"决心紧跟毛主席"的旗帜下，积极宣扬暴力、战争，对抗收缴武器的"九五命令"、"二六命令"，反对"放下武器"。1968年5月16日，他们在**《无产阶级文化大革命与叛徒考茨基——为捍卫516通知的原则性与纯洁性而作》**一文中写道：

我们把那些在文革初期，以中派的面目出现，而终于在革命进入了第五个回合时沦为右派的先生们，称为考茨基派……如谭震林，徐向前，叶剑英，余秋里。

"考茨基派的"大棒之一曰：论派性的反动性。……根本否认各个派别，各种派性，其实都是代表着不同阶级，不同阶层的利益、观点和要求，它们之间的斗争实质上是阶级斗争的表现。相反，它们都极力鼓吹派性均是超越阶级性，无原则性的。

大棒之二曰：无条件实现大联合。毛主席指出"只要两派都是革命的群众组织，就应该在革命的原则下，实现革命的大联合。"可是上海有家报纸却公然删去了"在革命的原则下"这个极其根本的前提，而代之以"无条件"三字……什么无条件联合，就是向资产阶级保皇派投降，就是要无产阶级革命派无条件倒旗散伙。

大棒之三曰："现在的斗争只有公与私的斗争，没有什么革与保的斗争了"……最近这么一个要为刘邓翻案，要为二月逆流申辩的不大不小的反党集团跳了出来，不是给"革和保不存在了"论者一记响亮的耳光了吗？

……原来社论中指出了"有些人打着批判极'左'思潮的旗号跳出来为二月反革命逆流翻案。"而此地正是批判极"左"在全国首屈一指的。仅仅在一所大学里就抓出了具有极"左"思潮的"右派学生"两千余名。

我们从一切阶级斗争都是政治斗争这一马克思主义的基本论点继续引申：战争是政治的特殊手段的继续，"政治发展到一定的阶段，再也不能照旧前进，于是爆发了战争，用以扫除政治路上的障碍。……"这是当代最伟大的马列主义者毛主席的战争观。

这时候就是革命的暴力来对付反革命的暴力，革命的战争来对付反革命的战争。

这时候宣扬"放下武器"就是对革命人民犯罪。否定国内战争并不能欺骗资产阶级，只能麻痹无产阶级，使它们遭受突如其来的牺牲。

1968年6月12日，《扬子江评论》发表了《**怎样认识无产阶级政治革命**》的文章，提出要打倒以周恩来为代表的"中派"，改造共产党。文章说：

二十年来，中国社会形成了新的官僚资产阶级，……要彻底让工人阶级获得解放，就必须号召无产阶级革命派联合起来推翻这个阶级。

要革命么，必须要有革命党。

在革命的关键时刻，中国和世界各国的共产党都面临着**重新改造，重新建设，重新组织**党的队伍的严重任务。

从第五个回合中形成的无产阶级左翼队伍，将是整顿后的中国共产党的基本队伍。随着这样一支队伍的形成，中国革命和世界革命才有可能获得最后胜利。

从中央到地方，都有这样的一批"中派"。经过批判，他们中间一部分人可以站过来，另一部分人，必定会最后走上向党闹分裂而自绝于人民的道路。

只有反对右倾机会主义的斗争取得绝对胜利，只有最后撕下那些顽固至死的中派先生的画皮，第五个回合斗争才可能获得胜利。

政治革命必然地不可避免地要采取国内战争的形式。毛主席在"学习《政治经济学教科书》"笔记中写到："革命不能不经过国内战争，这是一个法则。"

要生存，就反抗。当革命者也拿起武器的时候，战争就不以人的意志为转移地爆发了。谁敢否认67年出现了国内战争的事实呢？谁敢断言一旦中派里的顽固分子与党最后分裂时，他们不会挑起战争呢？

政治革命必然伴随以社会革命，**公社的原则是永存的。**通过临时权力机构——革命委员会——的过渡，会有这一天到来的。这就是二十世纪六十年代在中国大地上发生的史无前例的无产阶级文化大革命将要向世界和历史宣布的一个划时代的社会产物——**北京人民公社。**

1968年6月20日，《扬子江评论》发表了《**无产阶级文化大革命中各种派别的分析**》的文章。文章在对各种派别进行了划分后，他们自封为"决心把无产阶级文化大革命进行到底的无产阶级革命派"，他们的"**时代的任务**"是主导革委会，使革委会过渡到北京人民公社，尽管毛泽东早已否决了"一月风暴"夺权后成立上海人民公社的要求。文章说：

如果说他们开始还不完全理解毛主席把全国第一张马列主义大字报誉为"二十世纪六十年代的北京人民公社宣言"的重大意义，那么在付出巨大代价积累了无数经验后，他们开始懂得了"被党内一小撮走资本主义道路当权派控制的这一部分国家机器，实际上是资产阶级的国家机器"（林彪）的真理。因此如同《红旗》杂志1967年第三期社论"论无产阶级革命派的夺权斗争"正确地指出的那样"这些系统的夺权斗争，必须实行马克思主义的打碎旧的国家机器的原则"。这些单位，"变成了资产阶级专政的机构，我们当然不能把它现成地接受过来，不能采取改良主义，不能合二而一，不能和平过渡，而是必须把它彻底打碎"。

决心把无产阶级文化大革命进行到底的无产阶级革命派向党内一小撮走资派手里夺来了政权，迎来了新生的革命委员会。但是无产阶级夺取政权并不意味着革命的终结，而是意味着革命的真正开始。这个"必须的，非常重要的"临时权力机构，还必须"经过一个过渡，充分发挥广大群众的智慧，创造更适合社会主义经济基础的崭新的政权组织形式"（红旗67年第三期社论），这是时代的任务。

最近毛主席精辟地总结了革命委员会的基本经验，指出"革命委员会要实行一元化领导，打破重叠的行政机构，精兵简政，组织起一个革命化的领导班子"，这就为由临时权力机构——革委会——过渡到公社指明了具体途径。毛主席光辉的五七指示，展现了革命人民将用自己的双手创造出的崭新的国家机器的宏伟蓝图，公社必将是无产阶级文化大革命涌现出的最最惊人而又合乎规律的奇绩。

从以上文章可以看出，"北决扬"的作者们，是一批幼稚的、激进的、很不成熟的革命者，尽管他们的理论，都能在马列主义、毛泽东思想的原旨条条中找到根据。但这并不证明他们多么高明。请看，他们在马列毛主义里找到的根据，大多都是当年中国人熟知的句子：

他们关于"十七年来中国存在着一个'官僚资产阶级'，号召无产阶级革命派联合起来推翻这一阶级"的思想，来自于毛泽东。1964年12月12日，毛泽东为了打倒党内右派，提出的一个官僚主义者阶级的新概念。毛泽东说："**官僚主义者阶级与工人阶级和贫下中农是两个尖锐对立的阶级，这些人是已经变成或正在变成吸工人血的资产阶级分子。**"毛泽东还对外宾说，这些新生的资产阶级分子，"**有中央委员、书记处书记，还有副总理。除此以外，每个部都有，每个省都有，支部书记里头更多。**"他们关于"新农村"设想和"造成一个五八年似的大的革命热潮向二级甚至一级所有制进军"新的大跃进的期待，来自于毛泽东造成数千万饿殍的总路线、大跃进、人民公社的"三面红旗"政策。他们要终结新生的革命委员会思想，来自于"**无产阶级革命胜利后，必须打碎资产阶级国家机器，以无产阶级专政代替资产阶级专政**"的马列毛主义的无产阶级专政学说。他们对毛泽东"**革命的暴力来对付反革命的暴力，革命的战争来对付反革命的战争**"条条的迷信，显然是对"**枪杆子里出政权**"的崇拜。他们对中共"重新改造，重新建设，重新组织党的队伍"的诉求，来自于毛泽东的"五十字建党方针"和"吐故纳新"的说教。1967年10月27日，毛泽东指出："**党组织应是无产阶级先进分子所组成，应能领导无产阶级和革命群众对于阶级敌人进行战斗的朝气蓬勃的先锋队组织。**"11月5日毛泽东又说："**一个人有动脉、静脉，通过心脏进行血液循环，还要通过肺部进行呼吸，呼出二氧化碳，吸进新鲜氧气，这就是吐故纳新。一个无产阶级的党也要吐故纳新，才能朝气蓬勃。不清除废料，不吸收新鲜血液，党就没有朝气。**"他们对"公社的原则是永存的"恭维，来自于1966年8月8日中共中央通过的《十六条》。《十六条》第九条规定："**文化革命小组、文化革命委员会和文化革命代表大会的代表的产生，要像巴黎公社那样，必须实行全面的选举制。**"

尽管"北决扬"的理论，都能在马列毛主义的原旨条条里找到根据，但他们不是纯正的马列毛主义的信徒。他们不懂得"**一切依条件、地点和时间为转移**"的马哲教义，不懂得毛泽东"**理无常是：今日是之，后或非之；今日非之，后或是之**"的"一分为二"权谋哲学，特别是他们不懂得"出尔反尔"在他们面前表演过许多次却没有人敢说不的根源，因而，他们不懂得也跟不上"阳谋"大师毛泽东玩弄的统治权术——暗中策划的两个过渡：一个是从"造反有理"支持左派红卫兵，到"造反有罪"取缔左派红卫兵的过渡；另一个是从号召左派造反派夺权、内战，到取缔、镇压、围剿左派造反派的过渡。

两个过渡使"北决扬"处于灭顶的边缘。对此，他们不仅视而不见，而且还把"谁主沉浮"的希望压在"紧跟毛主席的伟大战略部署"上；他们历史知识的浅薄和目空一切的愚蠢，注定了他们要为自己的言行付出惨重代价！请看，他们"紧跟"的"伟大战略部署"，正是一步步把他们逼向坟墓的部署：

1966年底，毛泽东号召"全面内战"，1967年初，又号召军队"支左"，支持左派"夺权"，8月4日，他又下命"武装左派"。但仅仅过了22天，便开始了与党内右派党、政、军大员们的妥协进程：8月26日，他抛弃了支持左派的功臣王、关、戚，人称"八二六"事件；左派还没有武装起来，他便签发了收缴武器的"九五命令"；到了第二年，随着各省市革委会的建立，利用左派造反派夺权的使命已结束，他便改变战略，签发《七三布告》和《七二四布告》，开始了镇压包括"北决扬"在内的左派造反派的部署。

文革之初，毛泽东批判刘、邓派工作组接管学校领导权是"**镇压学生革命运动**"；但到了1968年，同他镇压左派造反派的部署一样，也开始了对学校左派红卫兵的镇压。就在"北决扬"发表**《无产阶级文化大革命中各种派别的分析》**文章一个多月后的7月26日，由北京市60多个工厂三万多名工人组成"首都工人毛泽东思想宣传队"，浩浩荡荡地开进了北京各大专院校，接管学校的领导权，把红卫兵和包括他们"北决扬"在内的左派造反派，统统撵出了历史舞台。

"北决扬"天真地认为"公社的原则是永存的"，但毛泽东可不像他们那样天真：毛是取其所需。例如，"巴黎公社原则"之一的**普选制**，在马克思那里都是含糊不清的，操作起来，与"资产阶级"选举没有质的区别，马克思和恩格斯也难以把它们区别开来。对此，毛泽东同其他夺取政权后的共产党人一样，以种种借口拒绝兑现。在文革纲领《十六条》中，虽有"**必须实行全面的选举制**"的规定，但却是一条并不实行的官样文章。又如，巴黎公社"**同时兼任立法和行政的工作团体**"的原则，毛泽东同其他夺取政权后的共产党人一样，如获至宝，并把它发展成腐败丛生的"一元化领导"体制，有的则发展成为父子承袭制和兄弟依存制，一直沿袭至今。"北决扬"想要实行巴黎公社的普选制，岂非天方夜谭！

夺权前"**必须实行全面的选举制**"，夺权后则变为任命制，这是毛泽东固有的"变色龙"哲学的表演和部署。在这种哲学面前，亦即在因夺权、保权而变化的不同政治任务面前，"北决扬"以原旨马列主义来反对变化中的马列毛主义，显然是走不通的。他们不懂"**党叫干啥就干啥**"的马列毛主义原则，抑或叫做"紧跟毛主席的战略部属"的教义；他们也不是什么民主斗士，自由精英和人权卫士：假如时代给了他们走通的机会，毛共可能被瓦解，取而代之的他们，也将是另一个独裁政权，如果他们不改变原旨马教立场的话。

当湖北省革委会主任、武汉军区司令员曾思玉，看到《北斗星学会宣言》后，特别是看了刺眼的"**那些不读书不看报，不接触群众，什么学问也没有，而又专好以势压人，进入官场的人，管他司令也好，佛爷也好，在历史的长河中，终于混不了多久，大浪淘沙，决少不了他一份**"的句子后，勃然大怒，公开宣布"**《宣言》极其反动，反动透顶**"，"**每一个字都是反动的！**" 1968年5月，**鲁礼安**在铁山遭到绑架，"失踪"两个月后遭到逮捕，并判十二年徒刑。其他13名核心人物也受到了不同处置。

由于"北决扬"思潮在湖北有较大影响，被中共中央界定为"反革命的地下组织，必须坚决取缔"。在清查"五一六"运动中，湖北省有数万人因同情"北决扬"或持"北决扬"观点，被打成"五一六"分子。

三、第四波自杀风潮

1970年2月初，自中共中央发动"一打三反"运动和接着又在3月27日发动清查"五一六"运动后，很快就形成了文革第四次自杀风潮。据统计：在2~10月的"一打三反"运动期间，约有十万人非正常死亡，其中，粗略估计，至少有五万人是自杀身亡的；在长达三年多的清查"五一六"运动中，被打死、自杀、致伤、致残、逼疯的数十万人中，粗略估计，也有十万多人死于自杀！

笔者根据《中国文革受难者纪念园》等有关纪录，摘录出了第四波自杀名单：1970年自杀身亡者名单 (2) 和1971~1973年自杀身亡者名单 (3)，供参阅。令人遗憾的是，农村自杀记录甚少。

下面从《自杀名单》中选出几位遇难者，以传立之、悼之！

陈子晴，男，江苏无锡人，1926年生，西安交通大学应力教研室高教六级副教授。其"罪行"是"恶攻"，即"污蔑、攻击伟大领袖毛主席和毛泽东思想"。陈子晴于1970年7月4日上吊自杀身亡。

文革后，当局对他做了复查。"复查结论"是：陈在文革中交代了一些**错误言论**，在复查中不幸逝世，按革命教师对待。不思悔改的中共当局，在十年"浩劫"后，仍把批评他们党的领导人的民主权利，判定成"**错误**"，而他们在西安交大害死数十个人的法西斯暴行，不仅不是犯罪，连个错误都不是。这种复查是混淆黑白的继续。

空尘、纯志、德乘，三人均为佛教徒，男。1969年11月27日，云南省在清查所谓"国民党云南特务组"时，清查专案组报请云南省革委批准，将昆明市华亭寺、太华寺、筇竹寺、曹西寺、庙高寺、胜阳寺等寺庙的64位和尚、尼姑、居士以及还俗人员，集中到华亭寺，以办"学习班"的名义实行关押审讯，追查他们的所谓特务罪行。在长达一年零四个月的非法关押审讯中，对他们施以各种酷刑逼供，空尘、纯志、德乘等人，不堪"学习"的暴虐，先后上吊、投水自杀而去！

崔容兴，男，1945年生，复旦大学数学系65级学生。毕业后，分在上海横沙岛军垦农场。1970年，他的同学方析元（曾改名方农）被打成"胡守钧反革命小集团"成员。崔容兴仅仅因为曾经和方析元通过几封信，便被农场当局非法"隔离审查"。由于据说他的父亲曾当过国民党汤恩伯的农业顾问因而"出身不好"，审查中，被"逼供信"酷刑特别"关照"。他不堪凌辱，于1970年7月上吊自杀身亡。事后当局证明，他和所谓的

"胡守钧反革命小集团"毫无关系。

杨文，男，山东文登人，1920年生，西安交通大学政治部副主任，行政13级。文革中，由于他坚决站在毛主席革命路线一边，成了革命干部，被任命为西安交大革命委员会副主任。然而，在"一打三反"运动中，他因1939年去过东北、1942~1943年在家养病和1947年国民党攻打烟台时他在烟台陈家庄养病等三个历史问题，有叛变和通敌嫌疑，遂被关押"审查"。1970年3月29日，他不堪折磨，在西安东郊苗圃上吊自杀。

在无产阶级专政条件下，像杨文那样**昨日座上客，今为阶下囚**的，并不少见。

姚培洪，男，上海人，38岁，西安交通大学绝缘教研室讲师，文革初即被关押"审查"。他的主要问题有：解放后参加反动组织，表现落后、反动，有攻击性言论，有盗窃国家机密和企图叛国的嫌疑等。被关押审查期间，他备受折磨，因不堪凌辱，于1970年5月19日跳楼自杀身亡。文革后期，官方"复查结论"认为：姚在经济困难时期**有过一些政治性议论**"。

所谓"经济困难时期"，是指在1960年前后三年里有数千万人饿死的大饥荒年代。那是毛泽东和中共的总路线、大跃进、人民公社所谓"三面红旗"的罪恶政策造成的。官方不但不追究造成那场大饥荒的罪魁和帮凶，反而把对其祸国政策的批评，结论为"有过一些政治性议论"。显然，这种复查，是人妖颠倒式的复查。

孙凤池，南开大学数学系讲师，男，1929年11月29日生。1956年毕业于南开大学数学系。1971年4月25日，在清查"五一六"运动中自缢身亡。

伊钢，男，32岁左右，南京林学院教师。1960年，伊是上海市复兴中学的少先队辅导员，后考入武汉测绘学院，毕业后被分配到南京林学院教书。1971年清查"五一六"运动时，被指控为"五一六"反革命分子，不堪迫害，遂卧轨自杀身亡。

董临平，女，北京建筑材料工业学院学生，1970年在清查"五一六"运动中自杀身亡。

1967年7~8月，在中南海的红墙外面，发生了一场声势浩大的"揪刘行动"。那是在中央文革鼓动下由北京建筑工业学院红卫兵发起的，据说有二十万"革命群众"参加。刚成立不久的北京市革命委员会，对学生们的革命行动给予了大力支持：他们向学生提供大量纸张、油墨等印刷物资，供学生们印刷报纸、传单；运去大批宣传品和广播器材，供学生们宣传使用；他们还下命有关政府部门，用大卡车给学生运去茶水、食品等日常生活用品，支持学生们长期坚持......为了感恩戴德，在这一行动中，学生们在报纸上留下了篇篇报导和纪实文章，欢呼**三十一天慨而慷**"。

三十一天慷慨的"揪刘"行动中，建工学院红卫兵"新八一战斗团"是行动的中坚力量，他的头头们都成了当时响当当的"革命小将"，其中，20岁的机电系二年级女生董临平，更是个出类拔萃的风云人物。然而，他们聪明一时，糊涂一世，傻瓜式的聪明使他们无法洞悉毛泽东的权谋，他们被愚弄了：当他们失去了夺权价值，便成了刘少奇的殉葬者。1970年清查"五一六"运动中，中共当局来了个180度的大转弯，把他们当年曾热情支持过的"揪刘行动"，改判为"**以'揪刘'为幌子，用'绝食'的手段，造舆论，拉队伍，搞暴乱事件，以反总理为目标，矛头直接指向毛主席为首、林副主席为副的无产阶级司令部，妄图颠覆无产阶级专政，进行反革命夺权。**"于是，董临平被清查成"五一六"分子。在"隔离审查"的批斗中，她被迫"交待问题"和"低头认罪"。7月的一天，她上吊自杀了，为毛泽东的权谋付出了代价，成了"死敌"刘少奇众多殉葬者之一！

第十八章附注：

注1、五大领袖

或称五大常委。1969年4月，中共"九大"选出的五个政治局常委是：**毛泽东、林彪、陈伯达、周恩来、康生**。而在1966年8月，中共"八届十一中全会"选出的政治局常委是11人，他们是：毛泽东、林彪、周恩来、陶铸、陈伯达、邓小平、康生、刘少奇、朱德、李富春、陈云。进入1967年，由于常委中刘、邓、陶被打倒，常委朱、李、陈（云）也随之"靠边站"，剩下来的五个常委，就是"九大"选出的五大领袖。

注2、1970年自杀身亡者名录（大部分死于"一打三反"中）

（根据《中国文革受难者纪念园》记录统计）

编号	姓名	职业	性别	年龄	死亡月份	死亡地点	何种运动、说明
1	陈子晴	教授	男		7	西安	西安交大副教授
2	崔容兴	员工	男	25	7	上海	上海横沙岛军垦农场
3	纯志	和尚	男		4	云南	昆明市佛教徒
4		和尚	男		4	云南	昆明市佛教徒
5		和尚	男		4	云南	昆明市佛教徒
6	董临平	学生	女	23	8	北京	北京建筑材料学院
7	顾而已	导演	男	55	6	上海	上海电影制片厂导演
8	李希泰	教授	男	53	7	西安	西安交大电工教研室教授
9	刘静霞	校长	女			上海	上海复大附中副校长
10	熊曼宜		女	22	3	宁夏	宁夏"共产主义自修大学"13名成员，死刑三人，自杀一人，四人徒刑。
11	门春福		男			北京	中央乐团的音乐家
12	孙丰斗	学生	男			北京	北京建筑材料工业学院学生

编号	姓名	职业	性别	年龄	死亡月份	死亡地点	何种运动、说明
13	王德一	高师	男			北京	北京师范大学教师
14	王毓秀		女	38	7	西安	西安交大涡轮教研室实验员
15	许志中	高师	男	39		西安	西安交通大学压缩教研室助教
16	燕凯	学生	男	24	3	上海	上海音乐学院民乐系
17	杨世杰	干部	男	50		南京	南京大学科研副校长
18	杨文	干部	男		3	西安	西安交大校革委会副主任
19	姚培洪	讲师	男	38	5	西安	西安交大绝缘教研室讲师
20	袁光复	学生	男	23	6	西安	陕工大热能31班学生
21	张胖子	厨师				武汉	武汉市第一中学的校工
22	张长子	杂工				武汉	武汉市第一中学的校工
23	x培民	工人				杭州	上海市泰兴路居民听过"美国之音"

注3、1971～1976年自杀身亡者名录（多数死于清查"五一六"中）

（根据《中国文革受难者纪念园》记录统计）

编号	姓名	职业	性别	年龄	死亡月份	死亡地点	何种运动、说明
1	程述铭	学者	男	46	71.1	上海	上海天文台工作
2	甘露林		男		72，		受"反革命小集团"案的牵连
3	柯秉毅		男	37	71.3	北京	北京无线电研究所工作
4	李大申	学生	男	26	75	上海	以"反革命罪"刑满出狱后自杀
5	李景文	中师	男	30	76.9	上海	上海市五七中学语文教师
6	黎兆辉	干部	男		73	上海	上海市复兴中学后勤组副组长
7	孙凤池	讲师	男	42	71.4	天津	南开大学数学系
8	王重民	教授	男		75.4	北京	北京大学图书馆系教授
9	伊钢	高师	男	32	71	南京	南京林学院教师，被打成"五一六"分子

第十九章：摧残民主，绞杀自由

当发自中南海的狂飙席卷全国时，中华大地阴风怒号，浊浪排空，多少老谋深算的权臣，多少武功显赫的元勋，多少权倾一方的封疆大吏——那些曾不可一世的官僚特权阶级的大员们，顷刻间，都失去了革命的活力，乖乖地低下高贵的头颅，接受毛泽东的任意宰割。没有人敢公开质疑，甚至反对，至多在背地里骂骂"娘"，或像叶剑英元帅那样拍拍桌子，抑或如"三老四帅"那样闹闹怀仁堂，而受"迫害"最"严重"的刘少奇，也只不过说了句"**好在历史是人民写的**"废话。如果一部文革史只依他们的荣辱为纲，整个文革史就变成了无产阶级专政的大杂烩。

然而，在人类的浩劫前面，敢于揭穿独裁者的谎言、野蛮和邪恶的人，不是身居庙堂高高在上的大官们，而是身居蓬荜身份卑微的小人物。这些可敬、可爱的小人物，因敢于直捣皇帝新衣而或被囚，或被杀，付出了青春和生命的代价。当年，他们对文革清醒的理论思辨和高超的洞察力，是我们民族最宝贵的精神资源，他们身上显示的无畏的道德勇气，也是我中华文明生生不息的根本动力。一部文革史，因为有他们的存在，才能说得上完整，才能让人们看得见普世价值的光辉，才能使人们触及到真、善、美闪闪发光的华夏文明！

他们是**民主先驱**，他们是**自由战士**。历史应该铭记这些小人物的名字——刘文辉、陆洪恩、林昭、遇罗克、陆兰秀、张志新、史云峰、王申酉、李九莲、钟海源、马思聪、王容芬……

一、刘文辉：被枪杀的《十六条》批评者
——文革中敢于同毛泽东和中共对着干的第一人

刘文辉，男，1937 年生，上海人。1957 年反右运动中，在上海沪东造船厂被划为右派分子，发配到浙江嵊泗机械厂当辅助工。1962 年，他曾想偷渡国外，发现后，被指控为"蓄谋叛国投敌"的"现行反革命罪行"，遂被押回上海"监督改造"。

1966 年 8 月 8 日，中共中央在发出了反人类的《关于无产阶级文化大革命的决定》即《十六条》。9 月 28 日深夜，基于对毛泽东和中共

刘文辉

祸国殃民罪行的强烈义愤，在弟弟刘文忠门外放哨守护下，刘文辉伏案奋笔疾书四个小时，一气写成了**《驳文化大革命十六条》**的万言书，严词批驳了《十六条》的反动性。第二天，他同其弟一起将"万言书"复写了14份，分别投寄给北大、清华、复旦等14所全国最著名的大学。因为这篇文章，刘文辉在1966年11月26日被逮捕，1967年3月23日，被判处死刑，就义于上海，时年30岁。

刘文辉是当代的谭嗣同！他是时代的楷模，社会的良知，民族的英魂！

戊戌变法失败后，日本有意为谭嗣同提供保护；但谭嗣同坚辞不受并傲然宣称："**各国变法，无不从流血而成，今中国未闻有因变法而流血者，此之所以不昌者也；有之，请自嗣同始！**"旋被捕，于1898年9月28日，就义于北京菜市口。刘文辉对其弟刘文忠说："**全让毛泽东一人专制独裁，为所欲为，中国迟早会退到封建旧社会去！**"接着他又以"我不入地狱谁入地狱"的无畏气概，斩钉截铁地说："**我们年轻人再不能继承爸爸的软弱可欺了，而要发扬母亲的傲骨抗争，学习历代志士仁人'挽狂澜于既倒'的大无畏精神。古今中外，反专制反独裁，必然有人以身许国，抛头颅、洒热血，唤起苦难而软弱的民众奋起反抗；那末，今天就从我刘文辉开始吧！**"遂就义于上海！

由于档案尘封，笔者无法看到《驳文化大革命十六条》的万言书和他的一些著作；但人们从《上海市中级人民法院刑事判决书》上罗列出的"罪行"中，可以感触到他那舍生取义的伟大精神。《判决书》中给他罗织的"罪名"有：

1957年"疯狂地攻击共产党的领导和社会主义制度，大肆污蔑我历次政治运动和各项方针政策"，1962年"为首组织反革命集团，阴谋劫船投敌。当无产阶级文化大革命开展后，竟针对我党中央关于无产阶级文化大革命的决定（即十六条），编写了反革命的'十六条'，分别散发到全国八大城市十四所大中院校，用极其恶毒的语言咒骂我伟大领袖；疯狂攻击我社会主义革命新阶段是'穷兵黩武主义的新阶段'，社会主义制度是'战争的策源地'，诬蔑无产阶级文化大革命运动是'全民大迫害'。同时大肆宣扬资产阶级的'和平、民主、平等、博爱'，竭力吹捧苏修、美帝……"

毛泽东的中共，预设的这种反人类的法西斯式"罪名"，早已被历史所唾弃，但在当年的中国大陆，却横行霸道，为所欲为！

人们还可以从他的遗书和胞弟刘文忠在澳门出版的《风雨人生路》书中，看到刘文辉热爱生活、追求"民主、自由、平等"和反抗暴政的宁死不屈的英雄侠气。

在清理英雄的遗物中，亲人们发现了他藏着的《刘文辉遗书》。他在《遗书》中写道：

三月九日四时许，我在法警强力驯逼之下，在不大于五平方的私堂与外人隔绝，由检察院一人给我检察院起诉书，五分钟后仍由他代表中级人民法院宣判我死刑，立即执行。仅隔二小时左右，高级人民法院就传出驳回上诉，维持原判。事实上，我的上诉书刚写好，高院高明未卜先知，如此猴急，只能证明我使他们十分害怕，惟恐我多活一天来反抗他们的残忍，此外说明披法袍的法者是多么遵纪守法啊！庄严而郑重的法律程序手续总是到处被他们强奸。

此遗书一定要保存好，让我死得明白。我说它是私堂并不污诬它。我的亲人，我将死去，我为什么被害，因为我写了二本小册子：《冒牌的阶级斗争与实践破产论》、《通观五七年以来的各项运动》，此稿被红卫兵抄去。另一本是传单"反十六条"，其中分类分条为"穷兵黩武主义的新阶段"、"主流和曲折"、"敢字当头，独立思考，反对教条，自作结论"、"论群众在切身痛苦中教育自己"、"反对毛的阶级斗争理论"、"正确对待同胞手足"、"区别对待党团干部"、"警惕匈牙利抗暴斗争的教训"、"民主主义者在抗暴斗争的旗帜下联合起来"、"关于自杀与拼杀"、"武装斗争的部署"、"里应外合"、"知识分子问题"、"主张部队研究它、批判它"。此传单是由忠弟投寄出了事故，也正是我被害的导线。

你们了解我的情操，它可以用诗概括之："从诬'反、右、坏、修、资'，非资非奸非乖暴。反右幸尝智慧果，抗暴敢做普鲁米。锁国应出土玄装，焚坑犹落揭石子。今赴屠场眺晨曦，共和繁荣真民主。"我是个实行者，敢说更敢做。如今就义正是最高的归宿。我在经济上对家庭大公无私，在政治上为祖国大公为人。这正是你们有我而自豪之处。所以我要求你们不要难过，不要从私情上庸俗地赞扬我，应明智些不因当局的压迫、愚弄而误会我的生平。我相信死后我国的民主主义者、共产党中的现实主义者朝着世界潮流行驶。中国是会有希望的，那就是民主、自由、平等。

毛作为个历史人物对中国人民是有功绩的，但自55年后就转化到反动方面去了。整个世界在变化，但他竟这样昏聩、刚愎自用、居功自傲，自翊为救世主，以至内政、外交竟是乱弱难定，估计越来越冒险，将成为我国家的灾星。无产阶级文化大革命正是强制人民服从己意，清除异己，其方式退居幕后，暗施毒箭，指使亲、宠、奸，把天下搞得昏天暗地，愚弄群众，混淆是非，独夫欲名，玩亿万性命，冒天下之大不韪，孤注一掷，拼其伟大理想之实现。

我坚决反对锁国排他主义、军国主义、反民主自由、反经济实业、焚书坑儒主义、阶级斗争恶性报复为奴役人民的手段，反对所谓解放世界三分之二的人民之谬论。所以作为匹夫有责，我就愿意敢与毛斗争。这才是死得其所，重于泰山。我的家庭不要因悲痛、受侮辱和受迫害而误解我，不相信我。我的正义行为一时不易证明就留待日后吧！

外甥们成长吧！要相信烈士遗书的价值。我的血不会白流。请把我的诗与血书铭刻在烈士碑上，不要枉我此身。视亲人能见到我立碑的荣幸。等毛政权倒台后，作为烈士的我必能恢复光荣，洗涤家庭所蒙受的污垢。我在第一所1211，在沪监牢号167（761号）。我的手被铐着，不准我写信和要求见亲人。此遗书是写上诉书时偷写的，请秘密妥善保管。

请你们将此书交给我弟弟，另有我诗词七首分别收藏在衣服中，其中一首是："庞然世界二疯子，毛林发作几下抽搐，几下嚎叫，踞功自傲，夸口最舵手，世界革命谈何易，漩竭急转碰石岩。迫害毛急，亿万命竟玩忽，独夫欲名，惟君命有所不受。须自主，沉舟侧畔千帆过，民意歌盖君之代，天皇战歌遭唾骂。顶礼膜拜，必战灾情势急。"有朝一日将它发表。临刑前十分抱感，不能着手写心中久已策划的，创办一份"人人报"，开辟"层层说"专栏，其内容针对毛反动方面公布天下，切希望有人接任。

今天三月二十日阎罗殿的判官到监狱来，催我明或后将开群众大会要我态度老实，言明将视态度而改判与否。我斗争很激烈。我当然立志于"将头颅钝屠刀，血溅污道袍"，也即站着死，不跪着生。这是必然宗旨。但是我最大的遗恨是不能做更生动更重大的贡献与人民。如今我可谓风华正茂，血气方刚，更因毛江河日下，气息奄奄之际。我多么想活下去，再来个反戈一击其死命啊！我应当为祖国为人民多做些事啊！

但我确信我的上诉只能在毛政权垮台后提出，我将向人民上诉毛的阶级斗争理论与实践是反动的是奴役广大人民的；我将向先烈们上诉毛贪天之功为己功，把先烈血换下的事业作为实现自己野心的本钱；我将向社会贤达上诉，毛焚书坑儒迫害异己，愚民毁纲，亡国亡民；我将向祖国上诉，我作为爱国志士反对毛的战争政策，毛的锁国排他主义；我将向世界人民上诉，我是个国际主义者，我反抗毛所谓解放三分之二人类的谎言野心。

我将死而后悔吗？不！决不！人生自古谁无死？留取丹心照汗青。**从来暴政是要用烈士血躯来摧毁的，我的死证明毛政权下有义士。**我在毛的红色恐怖下不做顺民，甘做义士！

辉　写于 1967 年 3 月 20 日（以上系网络版，笔者未做校勘）

从《遗书》中人们可以清楚地看到，刘文辉曾逐条对《十六条》进行了批驳。例如，《十六条》提出"社会主义革命的新阶段"，《遗书》对之为"**穷兵黩武主义的新阶段**"；《十六条》规定"'敢'字当头，放手发动群众"，《遗书》则提倡"**敢字当头，独立思考，反对教条，自作结论**"；《十六条》规定"坚决执行党的阶级路线"，《遗书》则宣称"**反对毛的阶级斗争理论**"；《十六条》规定"正确处理人民内部矛盾"，《遗书》则要求"**正确对待同胞手足**"；《十六条》规定全国都要成立"文化革命小组、文化革命委员会、文化革命代表大会"，《遗书》则号召"**民主主义者在抗暴斗争的旗帜下联合起来**"；等等。显然，刘文辉是文革中敢于同毛泽东同中共对着干的第一人。可叹的是，在全民昏蒙中，他被迫孤军奋战，终致"**头颅钝屠刀，血溅污道袍**"！

刘文辉的弟弟刘文忠，是其三哥的同案犯。1966 年 10 月，他利用国庆节休假期间，去杭州替三哥文辉向北大、清华、复旦等 14 所高等院校投递批驳《十六条》的匿名万言书。案发后，被逮捕入狱。1979 年 3 月，这个自小患小儿麻痹症致左脚伤残的残疾人，前后遭监禁、劳改、管制近十五年之后，被上海高院宣布无罪平反。2004 年，他写的自传体长篇小说《风雨人生路》，在澳门出版。人们可以从刘文忠的笔下，看到刘文辉短暂一生的坎坷和伟大。现将该书中描述刘文辉部分，摘抄于后，以飨读者。

★记得是一个多月前，9月28日深夜，辉哥把他深思熟虑后书写的万言书《驳文化大革命十六条》，抄写成十四份，装成十四只信封，交给我。这是向全国最著名的十四所大学发出的匿名呼吁书。他要我到杭州去悄悄投寄。辉哥说："毛泽东发动的这场文化大革命，狂澜奔腾，是一场祸国殃民的大灾难，十六条是对中国人民的毒害和控制，是残害知识分子和国家忠良，我一定要大声疾呼地揭露它！遏止它！"辉哥又说："这件事一旦暴露，是要'杀头'的，我不怕，你怕不怕？"我恳求辉哥不要干，他风华正茂，才气横溢，何必去撞死在最高当局的枪口上呢？！但是辉哥却两眼炯炯，视死如归，他指着早在桌上放着的两条亲书毛笔题词说："范仲淹说得好：**'宁鸣而死，不默而生'**。亨利.柏德列也说：**'不自由，毋宁死'**。"我沉默了，答应他去投寄。因为我自小对聪明睿智的辉哥佩服万分，始终认为他所作所为总是对的。10月1日，国庆17周年，我独自一早乘火车到了杭州，下车后即找邮筒投寄匿名信。接着乘公共汽车到秀丽的西子湖边，沿着湖滨大道，一路寻邮筒投寄。下午三点钟左右，我投完匿名信，登上南高峰的灵隐寺，但见寺庙荒废，游客寂无，正在叹伤文革"破四旧"带来灾难时，一摸背包中还剩下一封匿名信未投寄。情急之中，向坐在寺门口的一位戴纠察袖章的女同志打听哪里有邮筒，她扬手指点说，转弯靠办公室墙上挂着就是。我毫不考虑地跛着左脚去投掷了。这时，我松了口气，辉哥交办的任务完成了，赶忙返回车站，搭乘夜车回上海。过了一个月，我借了同学的红卫兵证件，又穿上二哥留在家中的旧军装，离开上海，出外大串联去了。怎能料到，串联个把月回到上海家中，当天夜里就被公安逮住，是哪个环节上出了差错，暴露了问题，引起东窗事发呢？老审讯员说得对，我还年轻，今年才刚20虚龄。古人说："二十而冠"，二十岁要戴上成年人的帽子，可是我二十岁，却被戴上了反革命帽子，投入监牢。

★辉哥回到家中，我们才知道他又出事的经过情况。由于嵊泗位于舟山群岛之中，特殊的沿海地理位置，使辉哥能长年收听到海外一些电台的广播、特别是美国之音。当时大陆全封闭，最高当局推行愚民、压制、混淆视听的阶级斗争政策，中国老百姓根本不知道外面情况。而辉哥了解和看清世界与中国两种截然不同的发展差距情况。他长时期博览群书很有抱负。他崇尚"民主、自由、平等"，反对"专制、独裁、暴虐"；他尊重科学、教育、艺术，厌恶对人民推行愚民封锁政策。他勇于奋斗，要改变强加给他的右派困境，所以一直想出国去看看，寻找新的生活和世界。为实现这一计划，他一直在攻读英语，学习研究西方政治、经济、历史、文学等书籍，他在嵊泗常独自一人出海游泳，以增强体魄，几年锻炼下来他能在海上游出万米以外。船厂许多人佩服他的才学和人品。他结识了少数几位志同道合的船厂工人、船员、船老大和来实习的大学生。他们曾合谋偷偷潜上渔船或客轮驰出公海寻求政治避难。后来此计划在64年"四清"运动中被胆怯者出卖而落空。

出事后辉哥一人把主要责任承担下来。

★八年多的"右派"灾难与"现反"帽子，不仅没有压垮辉哥，反而使他磨练得一副铮铮铁骨，在人间炼狱中炼出来一双火眼金睛。他系统大量通读了马克思、恩格斯、列宁的著作，特别熟谙毛泽东选集，他又广涉力能所获的有关西方大哲学家、思想家与政治家的经典名著，他从黑格尔、费尔巴哈、杜威、安吉尔、厄德诺、艺达基、马德瑞、华盛顿、林肯等人的著作、传记中追索、比较研究、深思熟虑。他深入地阅读、研究了胡适的不少著作，通读了鲁迅全集，以及胡风和他弟子们的许多作品。他还将中国古代孔孟先贤思想同西方先哲睿智言行作比较研究。为了更深入了解西方政治制度，便于作东西方比较，他刻苦自学大学英语，与一些在交大、外语学院当老师的中学老同学交流、探索、辨论，朋友们都敬佩他超人的敏锐洞察力，那种摆脱禁锢的犀利智慧。自从戴上"现反"帽子被遣返上海老家后，除了白天受监督劳动，几乎天天夜晚读书思考不断。"文革"全面开始后，尽管屡遭非人的批斗、抄家、残酷惨虐，他思想车轮却依然在奔驰不息。

★白天，辉哥照样在里弄与老父亲一起扫垃圾、掏阴沟，即使一连几个通宵，他忙于去大学院校串联，没有合过眼，双眼熬得通红，但还是卖力地接受监督劳动，甚至时时叫老父亲少做点，让他全力来负担，专政队看到他滚得一身肮脏、卖力干活的样子，以为他真的在认罪改造了，其实谁都不知道，辉哥他恰恰在对着"文革"的腥风血雨冲锋陷阵，他早已把个人的安危、自身的劳累、命运的生死置之度外了。

他说，也想写一篇巨型的大文章，全面揭露毛泽东发动"文革"的祸国殃民的大阴谋，借各派混乱之手，以反面教材写成大字报贴出来，使它震撼中国大地。他还说，现今真的需要有人像普鲁米修斯那样，在这"文革"黑暗年代里点燃一把熊熊烈火，照亮中华大地，使人民觉醒，擦亮眼睛，辨别真伪，让亿万民众团结起来挽倒狂澜，遏制倒行逆施的毛泽东祸国害民路线。辉哥告诉我，他已经写成了二本小册子，一本名为《冒牌的阶级斗争与实践破产论》，另一本是《通观五七年来的各项运动》。他心中还在策划，想着手创办一份《人人报》，开辟"层层驳"专栏，通过大字报的形式抄写贴到大学校园中去……。

敢作敢为、不屈不挠、誓死抗争的性格，使辉哥心里燃起更猛烈的斗争怒火。到了9月28日深夜，也许他已深思熟虑了，犹如黄继光孤身扑上敌人的机枪碉堡洞口那般，断然地摊开了中共中央"十六条"公报，叫我去门外放哨、望风，以防有人来窥窃偷看，突然撞进家来坏了大事。他伏案奋笔疾书了4个小时，写成了《驳文化大革命十六条》万言书。第二天夜里，辉哥要我与他一起复写成十四封长信，每封信有十张信纸厚。我一边抄写，一边心里阵阵颤抖，那不是信，而是一排排密集的巨型炮弹，向着毛泽东的文化大革命、向着祸国殃民的阶级斗争谬论猛烈开火……。辉哥说，这是要杀头的，但他早已不怕杀头了。辉哥说，天下兴亡，匹夫有责。他宁愿做当代的顾炎武、谭嗣同、中国的普鲁米修斯！辉哥计划决定，要我趁国庆节休假，赶去杭州向全国北大、清华、复旦等14所最著名的大学投寄这14封匿名信。

我有点犹豫为难，对辉哥说："中国是大家的，不是你一个人的，你一个人改变不了什么，何必撞到当局者的枪口上呢！"。

"人人都像爸爸这样逆来忍受"，辉哥回瞥一眼早已熟睡的老父亲，轻声而担忧地说，"全让毛泽东一人专制独裁，为所欲为，中国迟早会退到封建旧社会去！"接着他果断地激励我："我们年轻人再不能继承爸爸的软弱可欺了，而要发扬母亲的傲骨抗争，学习历代志士仁人'挽狂澜于既倒'的大无畏精神。古今中外，反专制反独裁，必然有人以身许国、抛头颅、洒热血，唤起苦难而软弱的民众奋起反抗，那末，今天就从我刘文辉开始吧！"说毕，辉哥他猛然站立起来，面对窗外漆黑色的夜空，双目闪光，凛凛无畏、誓言无声，好似听到他的呼喊"我不入地狱，谁入地狱"的心声。在他铜像铮铮、视死如归的身影边，我也热血沸腾，果断地打消犹豫，临危授命，欣然答应去杭州投寄。

我还记得辉哥在《驳文化大革命十六条》中触目惊心的话语："反对毛的阶级斗争理论"、"毛的社会主义革命新阶段是穷兵黩武主义的新阶段"、"文化大革命强奸民意，疯狂迫害民众，是全民大害"，"民主主义者在抗暴斗争的旗帜下联合起来"，直言不讳地指出："当权者人人正装，登天安门城楼掀起疯狂的红卫兵运动，宣扬穷兵黩武，高唱世界革命，控制报刊广播，操纵全国舆论，对内专政暴行，镇压知识分子，焚书坑儒推行愚民政策，比秦始皇更犹之过，处人人唯唯诺诺不敢言，陷社会暗无天日，使神州大地百业俱毁，遍地饥饿赤身，穷山荒乡，白丁文盲。工人不干活，农民不种田，学生不读书，教书者牛棚劳役，形形色色流氓高喊革命口号。武斗伤民，残酷迫害，抄家捕人，惨无人道……。"这绝不是一封意气用事的匿名信，而是辉哥用鲜血惨泪凝铸成的惊世檄文、醒世愤言，如一道强烈的闪电撕破漆黑的混沌，如在黑夜中升跃起一颗亮耀的晨星。辉哥拼死独挽"文革"狂澜，毫不自顾命运走向何方。（以上系网络版，笔者未做校勘）

反独裁先烈刘文辉，永垂千古！

本文附注：

刘文辉的家庭原本是革命世家：两个舅父，一是黄花岗七十二烈士之一，一个牺牲于"一二八"上海吴淞闸北保卫战。父亲刘宗汉早年同情、参与和资助过同盟会活动。抗战时，刘宗汉为救济难民，主动向美国救济总会申请大米，办了南市粥厂，坚持半年之久，救活了无数流入上海的难民。他坚守民族气节，拒绝为汪伪政权服务。抗战胜利后，他受邀参加联合国善后总署工作，为了给中共"解放区"运送物资，经董必武提议，刘宗汉获以总署专员身份，三次押送物资到秦皇岛，交中共方面的伍修权接收。1949年，他坚拒赴台，也不同意谢绝别人让大儿子去台的提议，并支持二儿子刘文兵参加共军。

1949年后,由于刘文兵的参军、入党、入朝作战受伤、立功受奖,刘家也成了"光荣之家"。可是风光不过二三年,过河拆桥的共产党,通过镇反、三反、肃反来反复清算刘宗汉,把他内定为"历史反革命",迫其辞职。1958年又公开宣布其为"历史反革命分子",判处就地监督劳动改造。从此,刘宗汉成了人人可以骂、可以打、可以践踏的罪人。不惟如此,他的"罪行"还株连了他儿女。长子刘文德被批斗,开除公职,遣送农村改造,三子刘文辉被杀,小儿子刘文忠被关、管。由是,刘家从革命家庭跌进了反革命世家的深渊!

二、陆洪恩:备受摧残的音乐家

陆洪恩,男,1919年生。1941年毕业于国立上海音乐专科学校,1954年起任上海交响乐团指挥。1965年1月,在奉贤县参加农村"四清运动"中,突然行为失常,遂被送往上海精神病医院,诊断为"精神分裂症"。经两个多月住院治疗后,缓解出院,回团上班,不再担任指挥。1966年5月,再次发病,在政治学习中被诱发出许多"反动言论"。5月28日被捕,1968年4月27日,被以"反革命罪"处决。押往刑场前,喉管被割断,年49岁。

陆洪恩

陆洪恩的父亲是在一所孤儿院里长大的孤儿,十七岁时为一个天主教徒所收养。父母婚后,育有二子一女,他最小,颇受宠爱。他们全家都是天主教徒,以母亲最为虔诚:她生性情温和善良,是邻里间有名的大好人、大善人。1932年,陆洪恩就读于法国人办的徐汇中学,对音乐课情有独钟。当父亲给他买了个钢琴后,他更加迷恋于音乐。1937年,他考取了上海音专的键盘系,专攻钢琴演奏。1941年,从上海音专毕业后,他应邀参加了上海滩著名音乐家黄贻钧主持的乐团,担任钢琴演奏员。抗战胜利后,经中共地下党员李之华的介绍,到《时事新报》当了记者。他才思敏捷,写了许多介绍和评点交响音乐的文章,同时还编了一本《中学生音乐教材》,在中学生中传播交响乐的知识。上海"解放"后,又在黄贻钧的帮助下,进入上海交响乐团,步入了他人生的辉煌时期。

在上海交响乐团,陆洪恩充分施展了自己的艺术才能。1954年,黄贻钧和陆洪恩分别被任命为上海交响乐队正副队长和正副指挥。1956年,建国后的首次全国音乐周,在北京举行,陆洪恩率上海交响乐团赴京演出。有人记载了当时的盛况:"**陆洪恩身穿燕尾服,手提指挥棒,在金碧辉煌的大厅里,热情洋溢地指挥自己的乐团,为各国使节做了精**

彩的表演。当他的指挥棒在空中划了一个潇洒的圆点、结束最后的演出时，全场报以雷鸣般的掌声，他转身向各国朋友致意，他热泪盈眶，心中充满着一个中国人的自豪！"此后的几年中，他曾为招待苏加诺总统等各国首脑人物演出，还与苏联、捷克、波兰等音乐家代表团联合演出。虽然忙碌，却是他最有成就感、精神最为快乐的时候。

1956年10月11日，在给父母的信中，表达了他对"新中国"、对共产党的尊崇和敬爱："……**孙中山先生的学说来讲：'联合世界上以平等待我之弱小民族共同奋斗'这么句词儿，今天在共产党领导下，中国完全能够实现中山先生的遗言，而且由于解放七年来党的努力，我们国家已经成为亚洲的盟主了**……"

1959年，作为乐团常务副团长的陆洪恩，决定创作一部管弦乐《年年欢》，向建国十周年献礼。其子**陆于**为在《我记忆中的父亲》一文中，有这样一段记载：

国庆十周年前夕，父亲一直在家里埋头创作管弦乐《年年欢》。为使作品更好地体现对美好生活的向往和追求，歌颂社会主义祖国，那些日子父亲每天翻阅乐谱，苦思冥想，简直到了如痴如醉的地步。记得有一个星期天，全家聚在一起高高兴兴地吃饭。父亲很爱喝酒，这时，只见父亲举着高脚酒杯，津津有味地品尝着我刚给他拷来的七宝大曲，并用筷子夹起菜刚要往嘴里送，忽然，筷子在半空中停住了，他竟把筷子当作指挥棒挥动起来。也许他一下子来了什么灵感吧，竟越来越起劲，并不时用手把一撮头发捋到脑后。到了乐曲高潮时，居然流下了眼泪……

经过近一个月的努力，大型管弦乐《年年欢》，终于创作成功。1959年10月1日，陆洪恩指挥上海交响乐团演奏了这部乐曲，电台实况转播了《年年欢》。那欢快明朗的旋律，在上海上空回荡，把一个知识分子对祖国的赤诚之心，袒露在千千万万人民面前。

然而，在他事业辉煌的同时，性格上的"缺陷"逐渐裸露出来：他纯厚敦实而胸无城府，才思敏捷而不善钻营，潇洒倜傥而耻于文过饰非。在毛泽东的无产阶级专政条件下，这种性格注定了他的悲剧命运。

早在五十年代初，陆洪恩在黄贻钧的领导下，参加电影《武训传》的配音工作。1951年，毛泽东发出了批判《武训传》的命令，黄因而受到批判。对此，他感到十分懊恼和不平，他假武训之名，写了一首打油诗送给黄贻钧。诗中说："**活鬼闯祸，带累死人。下次创作，千万小心。**"表示了对批电影《武训传》的不满。这首诗后来被上纲为"恶毒攻击伟大领袖毛主席"的罪证。1957年到1963年间，陆洪恩主张"**指挥负责制**"和"**演奏员要忠实于乐谱的每一个音符**"，被批判为"疯狂排斥党对文艺事业的领导"。1962年，在乐团学习讨论《在延安文艺座谈会上的讲话》时，他直率地说："**是贝多芬面向工农兵，还是工农兵面向贝多芬呢？我看应当是工农兵面向贝多芬。工农兵应该提高自己的文化艺术修养，逐步熟悉交响音乐。**"这句话成了"刻骨仇恨工农兵"的罪证。

显然，不懂得用谎言来保护自己的陆洪恩，在"实话实说"中，用真话把自己说向了绝路！

1965年11月至1966年5月，姚文元先后发表了《评新编历史剧〈海瑞罢官〉》及《评"三家村"》等文章，气势汹汹，不可一世。这是毛泽东一手导演的杰作。

对此，缺乏政治嗅觉的陆洪恩，还以为是姚文元的一己之见。他在上海交响乐团小组学习讨论会上说："**我没有看过海瑞的戏，也没有读过姚文元的文章。党中央并没有肯定戏是毒草，既然党号召我们讨论海瑞，我就要发言。关于海瑞，历史上确有其人，他退田减徭役、治吴淞江，这些都是事实，他被罢官时有几十万老百姓去送他，这也是事实。人民欢迎他，因为他对人民有利。这才是马列主义。无产阶级总不能否定历史吧？！把岳飞、文天祥等这些民族英雄都否定了，还有什么历史文化遗产呢？！**"第二天，他觉得意犹未尽，在小组会上继续说："**《评'三家村'》的文章是姚文元开的火，党中央并没有下结论；难道姚文元说他们反党反社会主义，我们就肯定他们是反党反社会主义？我们到底是听姚文元，还是听毛主席、党中央呢？当初邓拓的文章也是在《人民日报》上发表的，难道毛主席、党中央就不知道？为什么要到现在才来反对才来批判？到底是毒草还是什么？不能乱扣帽子！**"他在学习讨论会中的发言，已被知晓姚文元背景的人整理成揭发材料，密报于上级党委。

1966年5月28日星期六，乐团正在继续学习讨论《评"三家村"》时，突然来了一帮文化界人士。这帮外来人士，反客为主，在讨论会一开始，便气势汹汹地、劈头盖脸地批判起陆洪恩是"修正主义"来。其时，陆洪恩的神经受到了强烈刺激，精神处于亢奋状态。他一下子站起来，大声对抗道："**你们到底摆不摆事实，讲不讲道理？如果摆事实讲道理，邓拓就讲对了。你们说我是修正主义，如果这也算修正主义，那我就喊'修正主义万岁！'**"此时，精神分裂症使他失控了。在外来人的追逼下，他又大喊了一句："**修正主义万岁！**"参加讨论会的乐团人们，都被他那可怕的喊声惊呆了，整个会场一片寂静。突然，有人大喊一声："抓反革命！"于是，外来人一拥而上，将陆洪恩扭送到公安局。这就是当年轰动整个上海文化界的"**陆洪恩反革命事件**"。

据陆洪恩妻表妹林志明女士回忆：

陆洪恩被关押后，曾多次被拉出去"陪斗"，在批斗音乐家贺绿汀时，他被拉去"陪斗"，要他批判贺，而陆却说，贺绿汀是爱国爱党的音乐泰斗，他的《游击队之歌》鼓舞了民众奋起抗日；还有另外多次"陪斗"，他都不屈服。为此，他遭到的酷刑格外严厉和狠毒。进入监狱后，他一直服用的镇静剂被停用，当然也不给烟抽。经过如此这般的折磨，他常常发烧，乃至说胡话，到后来，竟至看到红色的东西就要发火，当时到处都是红色，而他对红色的反感也更加重了他的"反革命罪行"。但是，据当时与他一起的难友说，在多数情况下，陆洪恩的头脑还是十分清醒的。

陆洪恩在狱中的魔难，同狱难友**刘文忠**在他《风雨人生路》一书中有详细纪载。这里

《草根评说：文革—毛泽东》

摘抄如下：

可怜的陆洪恩老师，几乎每月都要被拉出去批斗。有一次，他被拉到上海音乐学院批斗后回来，人被打得鼻青脸肿，他却顾不得自己伤痛，慷慨激昂地告诉我们，他是贺绿汀的陪斗对象。

后来又有一次他被拉到上海小剧场批斗，当他回到牢房时，一副惨不忍睹的模样，脑袋被打得红肿起来，嘴唇被撕裂开，连晚饭都无法吞咽，看了叫人心酸。我们劝他以沉默对抗批斗会，以免遭皮肉之苦，但他却苦笑着，固执地说："我还是要讲，有一口气在就要讲，**什么样板戏？破烂女人搞的破烂货！**"

冷酷无情的造反派看守还要把他旧伤未好、新伤淌血的双手扭到背后反铐起来。背铐是很重的惩罚，血液循环受阻，长期血管会又肿又胀，痛起来钻心刺骨。有时，他刚松铐几天又被立即铐上。

他对江青很熟悉，听他说见过江青多次，他一针见血地抨击她是"**中国文艺界的大灾星，中国人民的大灾星！**"音乐家告诉我：……毛泽东指使她搞的是什么文化大革命，完完全全、彻彻底底是"**大革文化的命，大革知识分子的命**"，是中国人民、中华民族遭遇的一场空前的反革命劫难。

陆老师告诉我意大利文艺复兴给欧洲给世界带来的巨大影响与历史的进步。人文主义者的新思想、新知识、新文化在各国生根发芽开花结果，产生了无数杰出的音乐家。他详细地介绍了世界音乐流派的过去与现在，古典音乐、文艺复兴音乐、维也纳乐派、印象主义……。尽管我对音乐一窍不通，但听他纵谈贝多芬、肖邦、柴可夫斯基、莫扎特、施特劳斯、巴赫……众多世界音乐大师的故事，无不使我肃然起敬、大开眼界。更可以理解他为什么对"文革"所谓摧毁一切"封资修"的残暴言行那样刻骨气愤与极端反抗，为什么无比鄙视所谓的"革命样板戏"。

一天，开饭时刻，看守突然打开牢门进来，叫伙司（监狱中给犯人送饭的轻囚犯）把陆老师的饭菜倒在地上，喝令他趴在地上像狗一样舔着吃。可怜的陆老师，这位有社会声望的音乐家，怎经得住这般凌辱人身尊严的胡作非为，何况他双手被反铐着，连低头弯腰也艰难万分。我主动上前去喂他，谁知看守凶狠地训斥"不许！谁喂他饭就惩罚谁！"陆老师再也忍受不住了，怒火万丈，当着看守的面破口大骂："巫婆！什么文化大革命，大革文化的命，大革人的命！"看守听着不由惊呆了，随即把他横拖竖拉出去，又是一顿暴打。

反铐着双手是无法着地睡觉的，所以每当夜深大家睡后，我都会悄悄地帮音乐家把反铐转成正铐。

不久，我发觉他的脑子不是被打坏就是受刺激太深而疯了，他开始发高烧、讲胡话，日日夜夜在说"巫婆来了"、"巫婆来抓人了"，又不断地自言自语"毛……毛……毛毛……"他发了疯似的见到一切有毛的和红色的织物都要咬，毛巾、毛衣、毛裤……。渐渐地，他开始精神意识失控了，医生给他吃药退烧都无用。我们也无法阻止他，大家心里都为他捏把汗，惊恐异常地眼睁睁看着他一步步加速走向死亡。

这一天终于来临了。训导员把我们监房里关的14个犯人全叫到训导室，责令个个席地而坐。办公桌后坐着三个人，一个是审讯员，一个是训导员，另一个据说是上面派下来的。训导员首先开腔，训斥陆老师在外面批斗会上呼喊反动口号，在牢房里犯"扩散反动言论罪"，公然污蔑伟大领袖毛主席，恶毒攻击文革旗手江青同志，是罪大恶极，死有余辜！审讯员勃然凶狠地问："1144（陆老师在监狱里的编号），你究竟要死，还是想活？今天你表一个态！"我们同牢房的13位犯人个个提心吊胆，惊恐莫名。

这位音乐家痛快淋漓地说：**"我想活，但不愿这样行尸走肉般地活下去。'不自由，毋宁死'。文革是暴虐，是浩劫，是灾难。我不愿在暴虐、浩劫、灾难下苟且贪生。"**他说，"自从十四世纪意大利文艺复兴，十八世纪英国产业革命以来，人类社会开始从农业文明迈向工业文明，而人文科学、自然科学百花齐放，争妍斗艳。西方的民富国强哪里来？我国的民穷国弱又哪里来？世界在两极分化，西方社会在搞工业革命，科教兴国，振兴经济建设；而我们在搞阶级斗争、政治运动，搞内耗，造反，停课、停工，闹'革命'。人家主张民主、自由、法治、文明；我们搞专制，愚昧，个人迷信，残酷斗争，无情打击。人家保护文物，保护知识产权，尊重知识，拿知识分子当宝；我们砸烂文物，侵犯人权，打、砸、抢、抓、抄、批斗、毒打教师，视知识越多越反动，称知识分子为'臭老九'，当'牛鬼'；人家求安定、讲团结，重视伦理道德；我们惟恐天下不乱，争权夺利，批判孔孟忠孝节义，搞阶级成分论，搞专政。"

他激昂义愤地直言抨击道："文革消灭了真诚、友谊、爱情、幸福、宁静、平安、希望。文革比秦始皇焚书坑儒有过之而无不及。它几乎要想整遍所有的知识分子，几乎要斩断整个中华文化的生命链。知识分子命运多惨，苦不堪言。堂堂中华民族五千年灿烂文化，如今只剩下孤零零的八个样板戏，而且没有作者，都是文革旗手一手遮天，这只能证明我们民族已在走向文化沦丧。""我不能理解毛泽东为什么要侮辱大批跟着党走革命道路的知识分子？为什么要斗倒批臭大批爱国的人民教师、学者、工程师、艺术家？他们在辛勤耕耘，传播文化知识，他们已经把一切个人功劳与荣誉都上缴给组织、给党，一切的一切都归功于伟大的一个人。可是他还要屈辱我们，称知识分子是'臭老九'！我们爱国，可是国爱我们吗？我们听毛主席话跟着党走，可是他建国以来，从53年围剿胡适、55年反胡风、57年设阳谋反右、66年又开展文革焚书坑儒，都是要对知识分子赶尽杀绝。新中国成立以来除了一次又一次的政治斗争、阶级斗争，我们国家还为人民搞过什么好事？我作为一个中国知识分子，抱着一颗报效祖国的心忠贞竭力、奋发工作，谁知落到这等半死不活的地步。我这样生活下去还有什么意义？现在广大知识分子生不如死，一个民族发展到死比活还安定，这个民族无疑已经坠入了灭绝生命的深渊。'文革'是毛泽东引给中国人民的一场地狱之火，是为中国人民摆上一席'人肉大餐'。我不怕死，也不愿死！！但如果要我为了求得这种全民恐惧、天下大乱的生活，如果说社会主义就是这样残忍无比的模式，那么我宁做'反革命'，宁做'反社会主义分子'，不做专制独断、一味希望个人迷信的毛的'顺民'！"

我们被赶回牢房时，陆老师还坐在地上，似乎恶气一吐为快，像一尊雕像那般平静地一动也不动。

三十分钟后，牢门再次打开，看守凶狠地推进了陆老师，双手反铐着的他，又上了脚铐，几乎是滚进来的。只见他脸面全是血，这顿毒打几乎夺了他的命。我们的眼泪都夺眶而出。看守训斥大家："谁也不准帮他，否则严惩！"看守出去把牢门关上后，我与三座**胡懋峰**（一年后在文化广场同样走上死路）顾不得警告，上前把他扶起来，用水擦洗他满脸的血迹。他嘴里鼻孔里都淌血，眼角也流血，双眼血肉模糊。这天大家心情沉重，敢怒而不敢言。同监的盲人修士颤抖地在作祷告，喃喃不断地低声说"罪孽啊！罪孽！"晚上我躺在老陆身边一夜未合眼，又偷偷帮他从反铐转正铐，不断帮他按摩手、肩、腰背和小腿。

一个星期后的一天深夜12点钟，我们被看守"嘭嘭"敲门声惊醒，只听叫喊："1144出来！"看守指着我说："你帮他东西全部整理好，拿出来。"我一边帮他整理东西，一边含泪向他告别，并悄悄告诉他，你托的口信我一定帮你带出去。我看到陆老师镇静自若，带着手铐脚镣嘴里依旧哼着《庄严弥撒》，我扶着他跨出了牢门，把他的东西拎到门外，看见走廊里已有三、四个囚犯像陆老师一样被押走。几年牢狱蹲下来，我已知"整理好你的东西出来"这句话的含义——要么调牢房，要么判刑送提篮桥市监狱，要么释放回单位管制改造。可是半夜三更像陆老师那样被匆忙带走，凭老犯人的观察经验，十有八九将走上不归路。

四天后，长时间读不到报纸的我们，见门上小框洞里丢进一张4月27日的《解放日报》。看守隔门叫喊："好好读读1144的下场！"我赶忙捡起一看，第一版上醒目地刊登严厉镇压十名反革命分子公判大会的消息。七名犯人被处决，其中就有"反动学术权威上海交响乐团指挥陆洪恩"。这是我们预料之中要发生的事。大家一言不发，听我一口气读完了这段新闻报导。七座的师大教授咬耳对我说：在希特勒时代，法西斯规定，德国公民凡侮辱元首者拘捕两星期。可"文革"中对领袖远未达到"侮辱"的程度，就可以被枪毙，真是有过之而无不及。而盲人金修士正在痛苦地不断默诵圣经，为这位信奉天主教的音乐家兄弟超度亡灵。（以上系网络版，笔者未做校勘）

根据"宽猛相济""先杀后抚"的惯例，1979年9月26日下午，陆洪恩平反追悼大会在上海龙华革命公墓大厅举行。中国音乐家协会、上海市文联等文化界名流参加了追悼大会。大会由市文化局主持，上海交响乐团团长黄贻钧含泪致了悼词。悼词中除千篇一律地谴责"林彪、'四人帮'的残酷迫害"外，对狱中令人发指的法西斯暴行却只字未提！

事后人们得知，杀害陆洪恩的决策人是张春桥。据传，1968年4月，上海掀起了"炮打张春桥"的浪潮。在"一月风暴"中刚刚当上上海市革委会主任的张春桥，那能容忍红卫兵的"炮打"？于是，他遵照"伟大领袖""政权就是镇压之权"的教导，决定从监狱里拉出几个"死老虎"来"杀一儆百"，警告那些"炮打"他的红卫兵。陆洪恩不幸被拉了出来。据公安局的一位离休干部回忆：当时有人曾提出，陆洪恩关在监狱里近两年了，恐怕与"炮打张春桥"的事联系不上。张春桥却说："**怎么会联系不上？社会上的那根黑线又黑又粗，根子就在那些死不改悔的老家伙身上！陆洪恩这样罪大恶极的人，还关在监狱里，浪费人民的粮食，你们的屁股坐到谁的板凳上去了？杀陆洪恩，就是杀一儆百！**"由是，陆洪恩就成了上海"炮打张春桥"浪潮中的替罪羊，因而也成了文革中上海枪杀的第一个高级知识分子。

文革结束后，张春桥受到了审判，但被控的罪行中没见有杀害陆洪恩的记录。由此可见，不愿彻底反省的中共，仅仅把这种屠杀说成是"非常"时期的错误。由是，直接杀害和暴虐过陆洪恩的专案人员和狱中恶警，也就逃脱了像"虐俘事件"中美军当事人被起诉被惩罚的命运，因为，中共政权需要这些痞子、流氓无产者的暴虐，去"改造"那些在狱中受刑的异己者和持不同政见者。这就是"新中国"历次大屠杀中没有留下刽子手、恶警、痞子、流氓无产者姓名的原因。

三、自由圣女林昭殉国

人人生而自由，在尊严和权利上一律平等。
　　　　　　　　——联合国：《世界人权宣言》
自由无价，生命有涯；宁为玉碎，以殉中华！
　　　　　　　　——林昭

1. 罪恶的三枪

1968年4月29下午三时许，两辆军用吉普车奔驰到上海郊区龙华飞机场第三跑道上，嘎然停下。车上迅速跳下几个持枪的彪悍军人，然后从车里拖下一女子。那女子瘦弱娇小，双手反缚，长发凌乱，两眼圆睁，口塞异物，血迹斑斑。女子站立不稳，军人将

林昭

她拖到道中，脚踹腿窝，迫使女子跪倒地上，然后一枪将女子撂倒；见女子在挣扎，军人又补了两枪。毙毕，军人将女尸抬入车内，飞驰而去。

处决的是在**为自由**不断抗争中被中共不断加刑最后判处死刑的北京大学才女**林昭**！

这是一次秘密处决。也许苍天有眼，这一非法处决，却意外地被林昭母亲好友的儿子祥祥看到了。那天，在机场里勤工俭学打杂工的中学生祥祥，目睹了大姐姐林昭被枪杀的全过程。

第二天，在林昭家发生了一起历史上绝无仅有的具有中共"特色"的一幕：

1968年4月30日下午(另一说是5月1日)，上海茂名南路一五九弄十一号二楼上的林昭家门前，有人大声呼叫林昭母亲的名字："许宪民！"林昭胞妹彭令范闻声开门，只见是一个穿警服的警员说："我是上海市公安局的。林昭已在4月29日枪决。家属要交五分钱子弹费。"当听到胞姐被杀时，彭令范如雷贯顶，但她不得不强忍悲痛按要求拿了五分硬币打发了那个警员。当追问"尸体何处"时，警员闭口不答，转身扬长而去。林母许宪民听说女儿被处决后，晕厥在地板上。

中共向被枪杀者的亲属追索子弹费是"天经地义"的，这是无产阶级专政震慑老百姓的赤文化，也是"史无前例"的独具中国特色的创造发明：子弹是由人民用汗水制造出来的，其家属应该交纳五分钱的"**人民的子弹费**"。清廷为什么会被推翻？盖因在砍谭嗣同头颅后，不懂得向谭的亲属追索"**朝廷的磨刀费**"。国民党为什么会失败？盖因在处决原中共党魁瞿秋白后，不懂得向瞿的遗孀杨子华追索"**政府的子弹费**"。在中世纪的欧洲，各国统治者低能得可怜：他们竟然不知道向"火刑"处决犯的家属征收"**教廷的柴火费**"。在现代资本主义世界，那里的统治者也是低能儿：他们竟然不知道向"电椅"处决犯的家属征收"**纳税人的电费**"！

据报导：林昭在处决前，曾在上海提篮桥监狱狱中召开的犯人大会上，当众犯公审。

1968年4月上旬，监狱医疗室的"病房"墙上，毛泽东画像的两只眼，突然变成猩红色，鲜血欲滴，非常可怕。这在当时是个特大的政治事件，狱方迅即成立专案小组进行审查。不等调查，林昭以女丈夫的气魄，明确告知狱方：毛泽东是个杀人魔王，两眼滴血**是她着意之作**。于是，不到二十天，中共专政机器便完成了立案重审、加刑改判死刑并经"最高"核准的所有程序。

林昭完全知道这么做的严重后果！在改造与反改造、管教与反管教、制服与反制服中，被判二十年徒刑的她，在狱中被狱警百般折磨，特别那个作恶多端的女狱警，像个凶神恶煞似的，对她极尽蹂躏之能事。在恶毒狱卒的折磨下，意志顽强而体质弱不禁风的林昭，体重下降到不足70磅，三十多岁头发已斑白，而肺病又使她不断咯血，精力已濒临枯竭边缘，使她深感生不如死了。她渴望个人和民族的自由，渴望结束个人的不幸和民族的苦难，渴望远离这个黑暗而恐怖的魔窟——上海提篮桥监狱；但她已清醒地看到，在这座黑暗的红色监狱里，人们做人的渴望，人们对现代文明的追求，都被大独裁者毛泽东无情地扼杀了。她躺在"病床"上，每当看到毛泽东画像时，她的愤怒难以抑制：一个杀人不眨眼的狰狞魔鬼，一个道貌岸然的伪君子，一个毫无诚信工于撒谎的痞棍，怎么能会那样庄重、慈祥？这是对中国人的欺蒙和奸污！一位同情她的狱医看见骨瘦如柴的她还在血书抗争时，曾劝她道："又何苦呢？"她坚定地回答："宁为玉碎！"不久，被折磨得精神近于失控的她，作出了常人无法理解也不敢为之的决定：血涂魔王双眼，还他狰狞原貌。

躺在"病床"上的林昭，接到判决书后，强打精神，挣扎着坐了起来，从容地用发卡刺破手臂，蘸血在预料之中的判决书上批道："**历史将宣判我无罪！**"

1968年4月29日上午，三四个军人直冲进"病房"，大声嚷道："死不改悔的反革命，你的末日到了！"说着便将极度虚弱的林昭拖下床来。当林昭要说什么时，一个橡皮塞子被强行塞入她的嘴中，一根细麻绳勒住了她的喉颈，封锁了她的声音，然后，把她架上公审台，拉向刑场……据《小奢摩馆脞录》记载：辛亥革命诗人秋瑾临刑前，"**乃与县官约三事：一请作书别亲友，一临刑不得脱衣带，一不得枭首示众。县官许以后二事，秋氏谢之。**" 在清朝末年的残酷的环境里，封建官僚山阴县县令**李钟岳**，虽不敢保全诗人的性命，也不敢允许她与外界通信，但却敢于应允其他两条人性要求。两代官僚——1907年清朝的封建王朝官员和1968年中共的社会主义官员，前者笃仁重义，后者嗜血好虐，两者人类品格的鲜明对照，是中华文明大倒退的见证！

1980年8月22日，上海高级法院"沪高刑复字435号判决书"宣布三枪为罪恶："**这是一次冤杀无辜**"。亲朋好友闻之为之动容，哀叹不绝！北京大学为林昭召开追悼会，其条幅**上联曰：？下联曰：！**此处无声胜有声，与会者悲愤极矣！

2. "洗脑"中的崇拜

林昭，原名**彭令昭**，1932年12月16日生，籍苏州。林父彭国彦，1922年考入东南大学，主修政治经济学，后留学英国。1928年9月，在国民政府举办的第一届县长考试中获第一名，随后被任命为苏州吴县县长。因为政清廉，不擅逢迎，只任两届，便赋闲在家。日本投降后，他又任中央银行专员，按例，可免费分得镭金一块，他却认为是不义之财，坚决拒收。1955年肃反时，被订为"历史反革命"。林母许宪民，是一位热心地方公益事业的社会名媛。在内战年月里，她曾冒风险拿出200元美金给中共购买电台，打通了中共地下党和苏北的联系；她还以"国大"代表身份，搜集了许多情报给中共，为中共战胜国民党作出了贡献。"解放"后，她被委以苏州市政协委员。林舅许xx是最早的一批共产党人之一，曾任中共江苏省委青年部长，死于"四一二事变"，被追认为"革命烈士"。

生而自由的林昭，在这个家庭里受到了良好的教育。她从小爱读《红楼梦》、《水浒》和《三国演义》等古典名著；稍长，博览李白、杜甫、鲁迅、巴金、马雅可夫斯基、莱蒙托夫、罗曼罗兰等中外名人的著作；她还爱听《二泉映月》等民乐，喜赏贝多芬等人的西洋乐章。良好的家庭教育和优秀文学、音乐作品的陶冶，**自由之神——自由主义**促使她形成刚毅、果敢、善良、独立思考和不屈于恶势力的优良品格，但也注定了她在无产阶级专政条件下的悲惨命运。

1949年10月，中共夺取政权后的中国，曾呈现过一派新气象。经过三年恢复性的建设，遭抗日、内战近二十年破坏的生产力，有了较大的发展；国民党溃败时的通货膨胀，得到了有效控制；人民生活趋于安定，质量有所提高；取缔娼、赌、毒等陋习，使人拍手称快；治理官场腐败，使人举手叫好；提倡婚姻自由，受到青年人的欢迎，等等，许多百姓曾感受到"解放区的天是明亮的天"里的清新空气。但不久，随着"镇反"和"土改"的腥风血雨，随着"思想改造"、"批胡风"、"肃反"等强权谎言说教，随着思想、文字狱的兴起，清新的空气越来越混浊。毛泽东和中共的官员们，正在强硬地、蛮横地、有计划地用"舆论一律"即用一种声音反复贯耳、一种图像反复养眼的洗脑术，对中国人们进行政治洗脑：**以专权洗掉自由和民主，以仇恨荡除仁爱和宽容，以谎言、虐政涤去真、善、美，以阶级斗争淘尽传统精髓和普世价值，用暴力强化洗脑效果。**生活在那个时代人们，特别缺乏历史知识和经验的青年一代，包括林昭和笔者在内，在"舆论一律"的充满谎言的宣传、教育中，许多人都被改造成共产主义的忠实信徒，蜕变成毛泽东和中共的真诚拥护者。那一代青年人，包括林昭和笔者在内，对腥风血雨熟视无睹，甚至认为理所当然；从某种意义上来说，那一代青年人，许多人都曾经是毛泽东和中共专制、独裁政体的建设者，许多人都曾经是传统和普世价值的破坏者，笔者是其中之一。

在部队里的"忆苦思甜"教育中，缺乏独立自由意识的笔者，曾痛诉过"旧社会"的苦难，赞颂过"新社会"的甜蜜。在一次斗争"恶霸"地主的大会上，笔者也曾跟着起哄，高呼"杀"，而不论判处死刑的合法性。1953年3月5日下午3时，在追悼约.维.斯大林的大会上，未满十八岁的笔者，曾为大独裁、大暴君、大刽子手，流下了串串真实的泪珠……与笔者同属一代的林姐，尽管她具有高智商、高学历、诗人的气质和情感，尽管她有很强的自由主义意识，也难以得挡住"舆论一律"的诱惑而免遭洗脑。

在国民党的溃败中寻求未来的林昭，倔强的自由主义意识，使她很快接受了中共的"洗脑"教育，成了一个响往共产主义的社会主义者。她曾称为官清廉耿直、洁身自好的父亲为"反动官僚"，并以此为耻；她曾拒绝父母让她到资本主义英国留学的建议，执意考取了被誉为中共"革命摇篮"的苏南新闻专科学校；她还曾无情地揭发过母亲的"反动"；她笃信基督，但又曾赞同过政府限制基督徒的自由。1951年，她在给好友的信中写道："**我敢说，我们心中的目标是一致的。**""**如果做不到，让我们在见面时总结总结，**

检查检查，争取在一九五一年入党。好同志，请你伸出应战的手来！""你对我的评语我诚恳接受。事实上，上次和你挑战的那些话，确也是针对我自己的毛病说的。……我为什么要如此发愁、情绪不定呢？这样岂不是让我离开党更远一些吗？决不，我只有更积极地工作，为党的事业努力，党不会看不见的，你同意我这样说不？""我心中只有一颗红星，它却在北京和莫斯科（不从地理上来说），但他并不拒绝将它的光辉指引我。我一想起它，我便感到激动，我常使自己从它取得力量。五反运动开始时我便在心里默念着我们伟大领袖——亲爱的父亲的名字，而写下我的誓言。"她在给胞妹彭令范的信中说：**"我认为我热爱党的程度是压倒一切的！"** 1952年从新闻专科学校毕业后，她曾随苏南农村工作团参加苏南农村土改。左倾思想使她对中共土改的血腥视而不见。工作团将地主放在冬天的水缸里，冻得彻夜嚎叫。林昭把这称为"冷酷的痛快"，认为，只有这样才能灭掉地主的威风。她曾写信给同学说：**"土改，谁都知道是我们巩固祖国的一个重要环节。我们的岗位是战斗岗位，这样一想，工作不努力怎么也对不起党和人民。"** 她甚至准备写一本《中国土改史》，欲替中共张目。1954年，她以江苏省第一名的成绩，考入北京大学中文系新闻专业。在北大，她的才智曾在那里自由挥洒。她先任校刊的副刊《未名湖》、《北大诗刊》的编辑，后任《红楼》的编委，并在那里发表了许多歌颂中共和社会主义的诗篇。

她的顽强的自由主义意识，不仅使她坚定不移地与父母亲划清界线，她还敢于同党的化身——基层党组织的领导人抗横。例如，在土改队，她反对土改队队长的歪风邪气。她说：**"就看不惯你们苏北的干部到了苏南来，就把过去的老婆丢掉了，作陈世美。"** 说话锋利不饶人的她，很快遭到了打击报复，受到了批判，本想在土改中争取入党的愿望，也泡了汤。但挫折并没有改变她对"伟大领袖——亲爱的父亲"毛泽东的崇敬。

3. 自由与专制的碰撞

1957年的春天。2月27日，毛泽东在最高国务会议上强调：中共要坚决贯彻执行**"百花齐放、百家争鸣"**、**"长期共存、互相监督"**方针。4月27日，中共中央又发出《关于整风运动的指示》，决定在全党范围内开展以反对官僚主义、宗派主义、主观主义为内容的开门整风运动，发动群众向党提出批评、建议。"开门整风"，像一阵暖意融融的春风，吹向全国，吹进了知识界，也吹进了北京大学。

对此，身临其境的林昭，在5月20日的日记中写道：**"在这样的春天，到处谈论着整风，我们怀着兴奋的心情，期待着……昨天出现了第一张责问主席团三大的代表由谁选出的大字报，随后出现了用大字报帮助党整风的建议……夜里，大饭厅前出现了更多的大字报。这可真是'忽如一夜春风来，千树万树梨花开'！"**

顽强的自由主义意识使她选择了社会主义。她当时也许不知道社会主义与自由主义格格不入——**自由主义说到底是个人主义，它强调个人自由，但更尊重他人自由；社会主义是集体主义，它强调官员的领导作用，推行限制他人自由的服从机制，说到底是独裁主义。**如今，中共要"开门整风"了，她又下意识地选择了自由主义的"百花齐放、百家争鸣"。

　　人们也可能知道，中共和毛泽东也讲民主和自由，但未必知道他们的民主和自由是什么？**他们把民主和自由关在铁笼中：民主可以在笼中纵情驰骋，自由可以在笼中任意翱翔；但如果你不小心撞及笼子铁壁，就要付出头破血流乃至粉身碎骨的代价！**

　　在北大，5月19日，是个不寻常令人难忘的日子。那天中午，北大历史系学生**许南亭**以"历史系一群同学"的名义，在大饭厅东墙上出现了一张大字报，质问校团委会关于我校出席团的"三大"代表产生的情况；下午，哲学系学生**龙英华**贴出了大字报，号召搞一个"民主墙"；晚上，一首"撞及笼子铁壁"的长诗《**是时候了**》贴到了墙上。

　　长诗的作者说："**今天，我们要鸣起心里的歌，化为一支巨鞭，鞭笞死阳光中的一切黑暗。**"诗中写道：

是时候了，
年轻人放开嗓子唱，
把我们的痛苦和爱情一齐写在纸上。
不要背地里不平、背地里愤慨、背地里忧伤，
心中的甜酸苦辣都抖出来、见见天光，
即使批评和指责急雨般地落在头上。
新生的草木从不害怕太阳的照耀，
我的诗是一支火炬烧毁一切人世的藩篱。
它的光芒无法遮拦，
因为它的火种来自——"五四"！

　　大字报诗引起了轰动，赞成者和反对者鲜明对峙。这张大字报是林昭的同学、《红楼》编委中的同事**张元勋**和**沈泽宜**所写。

　　在"**百花齐放、百家争鸣**"的春风里，一首诗怎么能引起赞成与反对者旗帜鲜明的对峙呢？原来，5月15日，毛泽东写了《**事情正在起变化**》一文给中共高干阅读。在这篇文章中，毛说："**在民主党派和高等学校中，右派表现得最坚决最猖狂。现在右派的进攻还没有达到顶点，他们正在兴高采烈。我们还要让他们猖狂一个时期，让他们走到顶点。他们越猖狂，对于我们越有利。**" 毛泽东将此计管叫做"**引蛇出洞**"。校内的中共党员们，很快接到了"引蛇出洞"的指示，用大字报围攻起《**是时候了**》来。

　　此时，已获"引蛇出洞"之计的林昭，并没有发表什么"恶攻"言论，但已有了"我有受骗的感觉"，发表了"良心与组织性"的演讲，开始了**自由与专制的碰撞**。

6月8日，毛泽东替《人民日报》写出了《这是为什么？》的文章，向全党发出了"反击"右派的号令。在北大，《是时候了》的作者遭到了日以继夜的围攻和冰雹般的狂轰。

在猛烈的围剿下，沈泽宜举手投降了，写了《我向人民请罪》的认罪书，而张元勋还在"负隅顽抗"。

一个夏日晚上，当张元勋正遭到围剿时，与张元勋关系并不密切、当时又无什么"右派"言论的林昭，在良心的驱使下，毫不危惧地向专制撞击。她突然跳到桌子上，质问围攻者：

"**今天晚上开的是什么会？是演讲会，还是斗争会？斗争谁？斗争张元勋吗？他有什么地方值得你们一斗？**" "**我们不是号召党外人提意见吗？人家不提，还要一次一次地动员人家提。人家提了，怎么又勃然大怒了呢？**" "**你们这些先生，刚才发言的我都认识，都是中文系的党员！**"

"**你是谁？你叫什么名字？**"黑暗的人群中，突然传出一声威慑性的吼叫。

"**你是谁？**" 林昭反问道，"**你有什么资格问我？你是'公检法'吗？还是便衣密探？**"她停了一下，接着说："**我可以告诉你，没关系。武松杀了人还写杀人者打虎武松也，何况我还没杀人。你记下来：我叫林昭。林，双木比肩不弯腰之林；昭，刀在口上气不喘之日之昭！**"

"**你是什么观点？讲出来。**"黑暗中有人大声嚷道。显然，此君已学会了"引蛇出洞"之术。

"**我的观点很简单，就是人人要平等、自由、和睦、和蔼，不要这样咬人！**"林昭回答得尖刻、锋利，毫不宽恕那些用"阳谋"来威吓她的打手们。由是，她被打成了右派。

一位北大"右派"**陈爱文**回忆说："几乎所有的右派都检讨了。我知道的惟一一个不肯检讨的，就是林昭。不仅不检讨，还在会上公开顶撞。"

林昭一位同班"左派"同学，在接受采访时说："平心而论，林昭那时的言论，实际上都是常识。但我们那时处于历史的低谷，把常识说出来，就是反革命。"

软骨病和媚骨病，是存在于中国人群中的两大传染性很强的瘟疫，尤以知识分子为烈。"新中国"成立后，这两大瘟症，被中共冠以"阶级觉悟高"、"立场坚定"、"爱憎分明"、"热爱党"、"紧跟"等权力制造的词汇加以美化，成了"革命"、"进步"的标准，至今已发展成了具有中国"特色"的令独立者不齿、令奴才们雀跃的痼疾！而以自由主义为基础的传统文明和普世价值，则在官方高压下，被御用精英、打手以及软骨病、媚骨病的患者，围剿得几无立身之地！

林昭精神的价值在于，在威武面前，不仅敢讲常识，不承认所谓"错"、"罪"，还敢抱打不平——不有软骨和媚骨，唯见不屈的硬骨头！她被打成了右派后，由于"态度恶劣"，被判三年劳动教养。她不服，跑到团中央质问那里的官员：

"当年蔡元培先生在北大任校长时，曾慨然向北洋军阀政府去保释'五四'被捕的学生，现在他们（指北大领导）**却把学生送进去，良知何在？"**

这是弱智吗？不！这是无度吗？不！这是敢于在万马齐喑里、敢于在痞子、流氓高压下独擎一帜的硬骨头！这是"威武不能屈"传统的继承和发扬！"新中国"缺少的不是智慧，缺少的是人的尊严、良心和道义，缺少的是谭嗣同的民族脊梁、**林昭的中华国魂！**

从此，面对毛泽东和中共血淋淋的文字狱，这种孤傲不群殊死奋战的硬骨头精神，使林昭走上了魔难无穷的不归之途！

4. 自由在飞翔

反右中，林昭眼看着那些忠心耿耿、敢说敢为的同学，一个个被批成是神经错乱，是"狂人"、"疯子"，是"魔鬼"和"人民的敌人"，她无论如何也接受不了。她在日记中写道：**"是这样的吗？不！不是！"** **"党啊，你是我们的母亲，母亲应当最知道孩子们的心情！尽管孩子过于偏激，说错了话，怎么能说孩子怀有敌意呢？"** 然而，残酷的铁的事实就在眼前，就在最亲近的同学、朋友们身上不断发生：昨天还是同志，今天已成敌人；没过几天，她自己也成了右派，成了人民的敌人，并判三年劳动教养。她在写给妹妹彭令范的信中说："**当我加冕成为'右派'后，你是无论如何也不能体会我的心情的，我认为我热爱党的程度是压倒一切的，没有任何事物可以与之相比拟。我不能忍受它对我的误解，而且误解得那样深。维系我的一切全垮了，比牛虻不信蒙泰里尼还惨……**"反右把她逼向牛虻：像牛虻不相信他曾爱过的蒙泰里尼主教那样，不再相信她曾深爱过的那个"**伟大领袖——亲爱的父亲**"；她又像牛虻不相信他曾笃信过的基督那样，不再相信那个她曾为之讴歌过的共产党；她要像牛虻那样，"**不管我活着，还是我死去，我都是一只牛虻，快乐地飞来飞去**"。反右逼迫她从长期的洗脑中挣脱出来，使自由之神开始清除因洗脑郁结在她胸中的无知、困惑和迷惘。

中共干部并非都是冷血动物，亦非都是痞子、流氓无产者，良心者、开明者也大有人在。例如，北大新闻系副主任**罗列**先生，由于担心右派才女林昭体弱咯血，若劳动教养可能会折磨而死，于是出面为她担保、游说，成功地将她留于新闻专业资料室由群众"监督改造"。北大新闻资料室合并到人民大学书报资料室后，林昭来到了人大，在那里又受到资料室负责人王前的"多方关照"。**王前**者，国家主席刘少奇之前妻也。文革中，红卫兵揭发说："刘贼见王光美姿色后，便借故抛弃了被他玩弄过的妻子王前。"与王前惜别时，她赋诗一首：

风雨同舟始相知
看记天涯共命时
今日握手成一笑
胸怀依然凌云志

在"监督改造"的 1958 到 1960 年的三年里,从"除四害"的荒唐和大跃进、人民公社"三面红旗"的群魔乱舞中,又使林昭从"牛虻"演进成海鸥和普罗米修斯:在"监督改造"中,她完成了《海鸥之歌》和《普罗米修斯受难日》两首长诗的创作。遗憾的是,由于档案尘封,信息围堵,笔者至今没读到这两首诗的片断文字。但显而易见的是:她要像海鸥那样,在乌云和大海之间,迎着惊涛骇浪高傲地、自由地飞翔;她还要像普罗米修斯那样,"盗取"太阳神阿波罗的"天火",把长夜难明的"新中国"照亮。

在"监督改造"中,她曾与右派同学**甘粹**产生了爱情。当他们申请结婚时,党总支书记冷冷地说:"你们两个右派还结什么婚啊!"一棒将他俩打开:1959 年 9 月,甘粹被发配到数千里外的新疆农二师劳改营,在那里度过了地狱般的 22 年。林昭一生唯一的一次婚恋,以流氓无产者的否决而失败、告终。

1960 年春,咯血加重的林昭,被人大校长吴玉章恩准回家疗养。在上海养病期,普罗米修斯精神使她又闯了大祸。她接待了因读了"海鸥之歌"而慕名从天水农村而来的兰州大学历史系右派学生**张春元**和物理系研究**生顾雁**,三人一拍即合。张、顾回兰州后,在他们筹办的针砭时弊的《星火》杂志上,提出了**要在中国实现一个和平、民主、自由的社会主义社会**"的构想,并在《星火》第一期上,发表了林昭的长诗《海鸥之歌》和《普鲁米修斯受难之日》。1960 年 10 月,第一期杂志还没送出,参与《星火》杂志出版的 30 多人,遭到捕杀。其中,顾雁在上海被捕,判刑 17 年,张春元逃脱,几年后被捕,1964 年春遭枪决,其未婚妻**谭蝉雪**(敦煌研究院研究员),判刑十四年。是时,林昭也在苏州被捕,囚于上海第一看守所。当警察逮捕她并抄家时,为政清廉、不擅逢迎的父亲**彭国彦**,在喃喃地说了句**"我们家完了"**之后,便自杀身亡。

5. 血书录自由

为了诱捕张春元,1962 年春,林昭被以"保外就医"之名,释放回家。期间,她先后书写了《我们是无罪的》、《给北大校长陆平的信》等文章,曾请上海的无国籍侨民阿诺,将文章带到海外发表。未果。

1962 年 12 月,林昭又被捕收监。在狱中改造反改造、管教反管教和制服反制服中,不知屈服的她,受到狱卒们的残酷虐待,使她数次以绝食、自杀来诉诸抗议。为了直言不讳地表达政治见解和反映案情,她先后两次给当时的上海市长柯庆施和《人民日报》写信,慷慨陈词，但都无回音。在狱中，她还书写了《**灵耦絮语**》（约十八万字）、《**基督还在世上**》、《**不是练习——也是练习**》、《**练习二**》、《**练习三**》、《**鲜花开放在悲壮的五月**》、《**囚室哀志**》、《**秋声辞**》、《**自谏**》、《**血诗题衣**》、《**血衣题跋**》、《**告人类**》等数十万言。由于无视管教，抵制改造，反抗暴力，5月31日，林昭被判有期徒刑20年。1965年6月1日，接到判决书后，林昭刺破手指，用鲜血在判决书上写下《判决后的申明》：

"昨天，你们，所谓的伪法院，盗用法律的名义，非法判处我徒刑20年。这是一个极其肮脏极其可耻的判决。但它确实也够使我引为叛逆者无尚光荣的，它证明着作为一名自由战士的林昭，吾至清操大节正气！"接着，她蘸血书诗一首：
《献给检察官的玫瑰花》
向你们，
我的检察官阁下，
恭敬地献上一朵玫瑰花。
这是最有礼貌的抗议，
无声无息，
温和而又文雅。
人血不是水，
······

上海提篮桥监狱狱方，为林昭加判死刑的报告中这样写道："**关押期间（林昭）用发夹、竹签等物，成百上千次地戳破皮肉，用污血书写了几十万字内容极为反动、极为恶毒的信件、笔记和日记……公开污蔑社会主义制度是：'抢光每一个人作为人的全部一切的恐怖制度。''是血腥的极权制度。'她把自己说成是：'反对暴政的自由战士和年青反抗者。'对无产阶级专政和各项政治运动进行了系统的极其恶毒的污蔑。**"

善于对华夏、普世文明说"不"的中国共产党人，对监狱中的文明也说"不"：囚犯除书写认罪书外，其他一律不准，违者以抗拒改造论处。林昭无视管教，抗拒改造，剥夺她的写作权，禁止她使用笔、墨、纸的写作工具，便是"顺理成章"的狱规。在中共说"不"的情况下，**不屈的林昭，被迫用发卡刺破皮肤，用鲜血在白色的被单上、衣衫上写下了二十余万言的血书，成了古今中外绝无仅有的人权记录。**

忆当年：1936年11月22日，国民党政府以"危害民国"罪，逮捕了救国会领导人沈钧儒、邹韬奋、李公朴、沙千里、史良、章乃器、王造时等七人，移送苏州吴县前横街看守所内关押，制造了震惊中外的"七君子"事件。其中邹韬奋，是原中共中央委员、国务院副总理邹家骅的老父。在苏州关押的243天中，邹韬奋以"无畏的革命风范及英勇的斗争精神"（中共对邹的赞语），充分利用现代文明赋于他的权利，充分利用笔、墨、纸、砚，奋笔疾书，一气呵成了针砭时弊指斥国民党专权腐败的《经历》、《展望》、《萍踪忆语》、《读书偶译》等四部书，达百万余言。迫于正义呼声，国民党政府于次年七月，释放了"七君子"：邹韬奋挟着狱中著作，昂首阔步，走出监狱。正是：

国共主义不苟同，奈何文明两重天！

6. 自由血书在呐喊

(1) 是非篇

林昭说："利害可以商榷，是非断难模糊！"

被剥夺了使用笔墨权利的林昭，在狱中蘸血写道："**每当想起那惨烈的1957年，我就会痛彻心腹不由自主地痉挛起来。真的，甚至听到、看到、提到那个年份都会，使我条件反射似地感到剧痛。这是一个染满中国知识界和青年群之血泪的惨淡悲凉的年份。假如说在此之前处于暴政下的中国知识界还或多或少有一些正气的流露，那么在此之后确实是几乎被摧残殆尽了。**"

——当"正气……几乎被摧残殆尽"后，接踵而来是万马齐喑，促成了"三面红旗"的横行霸道。如果说中共把文革界定为"浩劫"，那么，反右后"三面红旗"的肆虐，就是万恶不赦的"洗劫"！毛泽东和中共首领们，通过农业合作化和人民公社化，**将农民个人和集体财产洗劫一空**，在使他们变成任意支配、挥霍人民财富的雇主和官僚特权阶级的同时，也使3,000～4,500万个农奴饿毙在乡里、家中！这是毛泽东"引蛇出洞"直接恶果，是中共无法抹掉的滔天大罪！

林昭在狱中蘸血写道："**我们不过是好心提意见罢了，不过想帮助执政党改掉缺点，促进社会更快的进步。其实，按社会分工，那主要不该是我们学生的事，学生没有直接的、功利的目的，只是追求更高的社会价值，那就是民主与科学。**"

——国共两党的争斗，实质上是"马列先生"与"德赛先生"的争斗。结果"马列先生"击败了"德赛先生"，使领袖崇拜、个人独裁主宰了中国，从而使血腥的无产阶级专政镇压了民主与科学，林昭等先知们"追求更高的社会价值"的理想，也随之化为泡影。这是中华民族的悲剧！

在狱中，林昭把1957年称为"**一个染满中国知识界和青年群之血泪的惨淡悲凉的年份**"，她一眼洞穿了那个"**披著洋袍的真命天子**"毛泽东的暴虐。在给《人民日报》的公开信中，她这样写道："**青少年时代思想左倾，那毕竟是个认识问题，既然从那臭名远扬的所谓反右运动以来，我已日益地看穿了那伪善画皮底下狰狞的罗刹鬼脸，则我断然不能容许自己堕落为甘为暴政奴才的地步。**"

——林昭比笔者至少早觉悟八年！当笔者也"看穿了那伪善画皮底下狰狞的罗刹鬼

脸"时，已在文革中；而当"暴政奴才"的时间长达数十年之久。为了苟且偷生，养育家小，笔者不得不对**无知**言听计从，对**权力**躬身哈腰，苟延残喘到老，实一软骨重症患者耳！来日丧亡九泉，也无颜面对林姐！

林昭蘸血写道："**这怎么不是血呢？阴险地利用我们的天真、幼稚、正直。利用着我们善良、单纯的心，与热烈、激昂的气质，欲以煽动加以驱使，而当我们比较成长了一些，开始警觉到现实的荒谬、残酷，开始要求我们应有的民主权利时，就遭到空前未有的惨毒无已的迫害、折磨和镇压。**"

——由于忽视历史教育，曾发过的历史事件却在顽强地重演！九年后的文革中，年轻的大、中学生们，他们的无知被毛泽东利用，成了红卫兵、造反派，为毛泽东的夺权冲锋陷阵。但愚蠢蒙蔽了他们的双眼，使他们无法看到：兔死狗烹的命运，正在前面等待他们。

文革后，基于人民群众的呼声和压力，中共对反右运动做出了"善意"回应。当年以总书记身份主持反右运动的邓小平，不愿全盘否定反右运动，别出心裁地搞了个所谓"改正"。除罗隆基、林希玲等少数几个高级右派分子外，他们把其余55万多个右派分子，一笔"改正"成"人民内部矛盾"，即不赔偿，也不道歉，家破人亡者活该！邓小平的伪善表露无余。

(2) 抗争篇

任何人不得加以酷刑，或施以残忍的、不人道的或侮辱性的待遇或刑罚。

——联合国：《世界人权宣言》

林昭说："**不，我没有错，决不向邪恶低头。**"

在毛泽东发动和领导的历次政治运动中，两幅标语都清晰地挂在每个人的眼里：一幅是"**坦白从宽，抗拒从严！**"一幅是"**顽固不化，死路一条！**"这是中共数十年阶级斗争中总结出来的赤文化之精髓。过来人都翻熟了毛泽东和中共的赤文化词典，熟知这些词组的真正涵义。所谓"坦白"者，认"错"、认"罪"、检举、出卖他人者也；所谓"抗拒"、"顽固"者，不认"错"、不认"罪"、不检举、又敢于自我辩护者也；所谓"死路一条"者，要对其施行无产阶级专政者也。监狱是毛泽东和中共实行无产阶级专政的重要工具，那些狱警狱卒们，其中不少人都是低能的打手，是暴虐的痞子、流氓无产者，他们都肩负着中共管教、改造囚犯的重任。

先后坐狱七年的林昭，既不认罪，又不低头。他蘸血写道："**我怎么能认错！认错就是投降，认错就是叛变，我没有错！**"

不认罪、不低头意味着什么？一个臃肿恰似母猪的女狱警这样对她说："一个黄毛丫头，我就不相信制服不了你！"她一语道破了赤文化的秘诀："管教改造"就是"制服"。

根据"抗拒从严"的赤文化，女狱警便对林昭施之以反铐，不服，施之以双反铐！

面对残酷的肉刑，被剥夺了使用笔墨权利的林昭，蘸血写道："**这么地，一场'制服'与'反制服'的斗争就开始了。而这事情也跑不了两种可能……**（以下字迹模糊不清）非刑虐待光是以镣铐，人们不知玩了多少花样。一副反铐，两副反铐，不行，时而交叉等等，至今臂肘之上，伤痛犹在。最最惨无人道、酷无人性的在我绝食之中，胃炎发病，痛得死去活来之时，乃至在妇女生理特殊的情况之间，不仅从未为我解除镣铐，从未为我减轻些，譬如暂时除去一副。"

面对残酷的肉刑，体弱多病的弱女子林昭，不仅不低头、不屈服，反而更加顽强。她蘸血写道：

"**不怕你们把林昭磨成了粉，我的每一粒骨头渣儿都会是一颗反抗的种子！**"

在毛泽东的监狱里，充满了腥风血雨。1966年5月6日，林昭的北大同学张元勋偕同林母**许觉民**，到狱中探望她。在陪同十多名男女狱警虎视眈眈地监视下，他们完成了诀别式的探望。据当事人张元勋回忆：

"……稍停，她问：'什么时候来到上海的？'我答：'五四。'又问：'家里都好吗？'我答：'都好！都非常惦记你、挂念你！都希望你好好改造、平安出狱。'她打断了我的话，高声说：'**出狱？已经是不可能的了！他们早就告诉我：要枪毙我！**这已是早晚的事了：民不畏死，奈何以死惧之！他们可以唆使一群女流氓、娼妓一齐来打我，故意地把我调到'大号'里去与这些社会渣滓同室而居，每天每晚都要在他们（以手指周围狱警）的主使下开会对我斗争。开始这群泼妇也瞎三话四地讲一些无知而下流的语言，可笑的是她们竟连我是什么犯都一点也不知道，骂我'不要脸'！真是可笑！她们这帮东西！她们是干什么的？我是干什么的。他们竟然还知道'要脸'！她们理屈词穷，气急败坏，于是对我一齐动手，群起而攻之。"

可以想像，这样的"斗争会"就是对林昭的肉体的摧残！实际上就是一种变相的酷刑！"解放"后虽然标榜"废除狱肉体罚"，而许多地方仍采用开"斗争会"的方式鼓动犯人打犯人，依然进行着这类人身的折磨，其残忍野蛮的程度真可谓骇人听闻！（笔者：中共的这种"赤色文化传统"，一直被继承到二十一世纪。君不见：2003年3月17日晚，刚被广州达奇服装公司录用的大学生**孙志刚**，一人在广州街头散步时，忘记了随身携带"暂住证"，被公安民警"抓获"，第二天被"犯人"打死在收容站里！）那些女犯为了"立功"，斗争林昭乃是她们"积极靠拢政府，与坏人坏事作斗争"的"立功"良机，所以对林昭越是殴打得凶狠与残忍，就越算是"积极改造"、"靠拢政府"，"立功"也就越大！在这样的诱导与唆使下，林昭几乎天天都在群妇的撕、掐、踢、打的非人虐待中煎熬着。

她说："**我怎么能抵挡得了这一群泼妇的又撕、又打、又掐、又踢，甚至又咬、又挖、又抓的疯狂摧残呢？每天几乎都要有一次这样的摧残，每次起码要两个小时以上，每次我**

都口鼻出血、脸被抓破、满身疼痛，衣服、裤子都被撕破了，钮扣撕掉，有时甚至唆使这些泼妇扒掉我的衣服，叫做'脱胎换骨'！那些家伙（她指着周围狱警）在一旁看热闹！可见他们是多么无耻，内心是多么肮脏！头发也被一绺一绺地揪了下来。"

说到这里，林昭举手取下头上的"冤"字顶巾，用手指把长发分理给我看：在那半是白发的根部，她所指之处，乃见大者如枣，小者如蚕豆般的头发揪掉后的光秃头皮。她又说："因为知道你要来接见，怕打伤了我无法出来见人，故这几天斗争会没有开，我也被调到一个'单号'里单独关押，其实就是让我养伤，以掩盖狱内无法无天的暴行！但，头发揪掉了，伤痕犹在！衣服也是他们撕的，你看。"她披着的衣服里面是一件极旧的衬衣，已经没有扣子，仔细看去，才发现是针线缝死了的无法脱下。她又说："这是一帮禽兽。"指着周围狱警："他们想强奸我！所以我只能把衣服缝起来。"我发现：她的衣服与裤子都是缝在一起的。她说："大小便则撕开，完了再缝！无非妹妹每月都给我送线来。"她边说边咳嗽，不时地撕下一块一块的卫生纸，把带血的唾液吐在纸上，团作纸团扔在脚边。"但他们还不解恨，还要给我带上手铐，有时还是'背铐'。"稍停问我："你知道什么叫'背铐'吧？"我点了点头。一直还极力故作"静而不怒"的那些"管教干部"此时也无法再故作下去了⋯⋯

探视后，新一轮蹂躏又落在不屈的林昭头上。她蘸血写道："**我经历了地狱中最最恐怖最最血腥的地狱，我经历了比死亡本身更千百倍的惨痛的死亡！**""**怎么不是血呢？我们的青春、爱情、友谊、学业、事业、抱负、理想、幸福、自由，我们之生活的一切，这人的一切几乎被摧残殆尽地葬送在这污秽、罪恶、极权制度的恐怖统治之下，这怎么不是血呢？**"

经历了地狱中最最恐怖、最最血腥的地狱的林昭，毅然蘸血写道：
将这一滴注入祖国的血液里，
将这一滴向挚爱的自由献祭。
揩吧！擦吧！洗吧！
这是血呢！
殉难者的血迹，
谁能抹得去？

自由圣女林昭，以其"**宁为玉碎**"的硬骨头精神，在地狱里搏斗到最后三枪！

(3) 人性篇

林昭说："我这不肖子孙无论如何，断难再从人变为猴子。"

林昭在黑暗中奋力挣扎，挣脱了马列先生缔造的社会主义枷锁，在基督上帝那里找到了归宿。

她蘸血在狱中墙壁上写道："不，不！上帝不会让我疯的，在生一日，她必需保存我的理智，与同保存我的记忆！但在如此固执而更加阴险的无休止的纠缠与逼迫之下，我似乎真地要疯了！上帝呀，上帝帮助我吧！我要被逼疯了！可是我不能够疯，也不愿意疯呀！"

她没有疯。她的理智使她从上帝那里找到权利之源。她蘸血写道："**那么天赋人权世人都拥有自己所应有的一份！谁也不比谁少即谁也不比谁多！**"

独立自由的人格，使她不屈于做统治者手中的一只棋子。她蘸血写道："**（我）做一个人，不做一张牌！**"她警告自己："**我这不肖子孙无论如何，断难再从人变为猴子。**"

作为基督徒，上帝仆人，她把对人的爱施于自己，也施于他人，甚至施于折磨过她的人。她蘸血写道：

"**作为人，我为自己的完整、正直而干净的生存权利而斗争那是永远无可非议的。作为基督徒，我的生命属于我的上帝，我的信仰。为着坚持我的道路，或者说我的路线，上帝仆人的路线！基督政治的路线！这个年轻人首先在自己的身心上付出了惨重的代价，这是为你们索取的，却又是为你们付出的。先生们人性，这就是人心呐！**

"**为什么我要怀抱着，以至对你们怀抱着人性呢？这么一份人心呢？归根到底，又不过是本着天父所赋予的恻隐、悲悯与良知。在接触你们最最阴暗、最最可怕、最最血腥的权利中枢、罪恶核心的过程中，我仍然察见到，还不完全忽略你们身上偶然有机会显露出的人性闪光。从而察见到你们的心灵深处，还多少保有未尽泯灭的人性。在那个时候，我更加悲痛地哭了。**"

在这里，林昭把天赋人权、人生而自由和基督精神融合在一起，深深根植于心底！

(4) 闪光篇

林昭说："要有普罗米修斯窃火的勇气和献身的决心。"

在狱中，林昭在给《人民日报》的信中，痛斥中共用偶像崇拜压制自由。她写道："**长期以来，当然是为了更有利于维护你们的极权统治与愚民政策，也是出于严重的封建唯心思想和盲目的偶像崇拜双重影响下的深刻奴性，你们把毛泽东当作披着洋袍的'真命天子'竭尽一切努力在党内外将他加以神化，运用了一切美好辞藻的总汇和正确概念的集合，把他装扮成独一无二的偶像，扶植人们对他的个人迷信。**"

她认为毛泽东反右是时代悲剧；砸碎偶像崇拜的镣铐，就要借助普罗米修斯精神。她蘸血写道："**我绝不悔恨被打成右派，时代的悲剧，只能证明我们的使命之所在：新的青春代的事业将比五四时代更加伟大；我们的道路也将比五四前贤的更加艰辛。千百年来人类的理想，百十年来先烈们的梦，要在中国的泥土上化为现实，就要有普罗米修斯窃火的勇气和献身的决心……**"

也许有人认为，她的普罗米修斯精神是常识；但在患软骨、媚骨重症的中国，这种"常识"就是伟大的"常识"，正如今日中国，为重建道德，就要恢复"仁义礼智信"、"真、善、美"的传统价值和自由、民主、人权的普世文明，这些都是无须论证的伟大"常识"！

林昭说：高尚的目的，要用高尚的手段去实现！

她对毛泽东的"阳谋"深恶痛绝。她蘸血宣言道："**高尚的目的根本不需要更加不可能用卑鄙的方法去达成，只有卑鄙的目的才能够与卑鄙的方法相得益彰地'配套成龙'**。"显然，她的宣言是力图把完全脱离了伦理道德来独立研究权术的政治，重新拖回到伦理道德的层面上来。

她的宣言是真诚的。但一切专制和独裁者都是这样：**为了目的，不择手段；为了目的，强奸道德！**马基雅维里在他的《君主论》一书中写道："一位君主如果能够征服并且保持那个国家的话，他所采取的手段总是被人们认为是光荣的，并且将受到每一个人的赞扬。因为群氓总是被外表的事物所吸引，而这个世界里尽是群氓。""君主既然必需懂得善于运用野兽的方法，他就应当同时效法狐狸与狮子。由于狮子不能够防止自己落入陷阱，而狐狸则不能够抵御豺狼。因此，君主必须是一头狐狸以便认识陷阱，同时又必须是一头狮子，以便使豺狼惊骇。然而那些单纯依靠狮子的人们却不理解这点。所以，当遵守信义反而对自己不利的时候，或者原来使自己作出诺言的理由现在不复存在的时候，一位英明的统治者绝不能够，也不应当遵守信义。"《君主论》虽被哲学家**罗素**斥之为"**恶棍的手册**"，它的作者马基雅维里，虽被西方称为"**魔鬼的搭档**""**罪恶的导师**"，但却成了希特勒、墨索里尼等大恶人的必读之书，成了杀人君王斯大林、毛泽东的枕上秘籍。经过反右的血腥"洗礼"，她已看穿了毛泽东"**政治无道德**"的野兽规则。

她的宣言是高尚的。但高尚的政治只能由具有高尚道德的政治家去成就。在社会主义社会里，无产阶级专政成就了一党专政，一党专政又成就了毛泽东和中共的绝对权威，而"**绝对权力必然导致绝对腐败**"，谎言、阴谋、狡诈、贪欲、屠戮等集腐败之大成，便成了无产阶级政治家实现其政治目的的主要手段。因此，在那里，很难产生真正德高望重的政治家和领袖。相反，在自由、民主体制下，任何政治家都在众目睽睽监督之下，产生相对清廉、道德相对高尚的政治家，就有了不可或缺的前提，尽管还不能完全杜绝腐败。

由此可见，林昭对政治目的和手段的宣言，是对社会主义政治的净化，归根结底，是对自由渴求和民主的企盼！

林昭说："自由是一个完整而不可分割的整体。"

在狱中，她对自由的理解，已经达到一个新的境界。她蘸血论道："**自由是一个完整而不可分割的整体，只要还有人被奴役，生活中就不可能有真实而完满的自由。除了被奴役者不得自由，即使奴役他人这也同样不得自由。**"

历史已经证明，林昭的自由观是正确的。当把地、富、反、坏、右、资本家、牛鬼蛇神、黑帮、反动学术权威等阶级敌人打倒并加以奴役之后，毛泽东便达到了惩一儆百的目的：除少数痞子、流氓无产者外，全国人民都处于自我保全的不自由状态：不敢多说一句毛不愿听的话，不敢多做一件党不乐意的事。作为奴役者的各级官员特别是高级官员有自由吗？看看刘少奇、林彪的下场，便知他们的"自由"既可怜又可悲。毛泽东自由了吗？远的不说，仅在"解放"后，差不多每年他都要发动一次大规模清除异己者的政治运动。显然，位居九五之尊的他，始终处于"高处不胜寒"之中，常常被暗算、被推翻的惊恐所困扰！

林昭说：不能用暴力去建设自由。

她蘸血写道："**......我们反对什么那是很清楚的，可是我们到底要建立什么呢？要把自由的概念化为蓝图而具体地按着它去建设生活，可不是一件简单轻易的事情，特别是要在这样一个广大分散痼疾深沉的国家里来建设它，就更其复杂艰巨！**"自由之神在她的思想库里，已升华于更高的层次中。

在多年的洗脑中，"打天下，坐天下"的封建帝王——毛泽东思想已深入人心，成了中国人的顽疾。但她则蘸血写道："**当我们深受暴政的奴役，我们不愿做奴隶的同时，我们自身作为反抗者，但我们不能建立新的形式的奴役制度。**"她又蘸血写道："**然则，身受着暴政奴役切肤之痛再也不愿意作奴隶了的我们，是不是还要无视如此悲惨的教训，而把自己斗争的目的贬低到只是企望去作另一种形式的奴隶主呢？**"

她所说的"如此悲惨的教训"是指什么？人们不会忘记刚刚过去的历史：共产党是以反对国民党的专制、独裁、腐败之名取得胜利的，但它建立起的"新社会"，却比国民党的"旧社会"更专制、更独裁、更腐败、更血腥！而这种靠枪杆子建立起来的"新社会"，使中共**官僚特权阶级变成了新的奴隶主**！

这是历史教训！对此，他蘸血写道："**奴役，这是可以有时甚至还必需以暴力去摧毁的，但自由的性质决定了它不能够以暴力去建立，甚至都不能够以权力去建立！**"

她反对以暴易暴，反对以暴力建立新的奴隶制度，形如反对中共以暴力建立起来的一党专政体制。但在这里，她已超越了"以暴易暴"市侩的低级层次，跨进了民主建国的崇高理想。

民主建国在文明世界已不乏先例，但在中国大陆，仍属可望不可及的理想。领导人民抗击殖民者的总司令华盛顿，胜利后谢绝了当国王的动议，主动交出了军权，过上平民生活，没有"打天下，坐天下"；以选票当上两届总统后，他又毫不恋栈地交出权力，为美利坚民主建国树立了榜样。为实现人生而平等的理想，美国总统林肯受到了南方奴隶主的严重挑战，不得已发动了旨在解放黑奴的南北战争。林肯及其追随者，在四年内战胜利后，没有像中共那样以解放者自居，也没有像中共那样发动诸如暴力"镇反"、暴力"土改"、暴力"民主改革"等大规模运动，镇压异己，清算叛徒，而是把权力交还给了选民，由他们以和平方式去进行解放黑奴的未竟事业。美国的民主建国宗旨同毛泽东的"**枪杆子里出政权**"和"**政权就是镇压之权**"的观念形如冰炭，是文明与野蛮的分水岭。

林昭的不能用暴力建立自由和民主的思想，是"五四"民主和科学精神的继承和张扬。而今中国，当"德赛先生"还在重压下呻吟的时候，**林昭的这种思想，就是一株普罗米修斯盗取来的必将照亮中国的圣火！**

王民怒在《林昭：被扼杀的思想先驱》一文中写道：

林昭，一个民族难得的思想先驱，不但对迷茫的社会现实具有超常的洞察力和穿透力，更具有不畏权势，不怕牢狱监禁、甚至对生命也在所不惜的普罗米修斯情怀。为了坚持自己的理想和真理，她永不低下高贵的头颅，绝不向权势者屈服。她宣称"不怕你们把林昭磨成了粉，我的每一粒骨头渣儿都还只是一颗反抗的种子！"在与审讯者的对决中，她更是气宇轩昂的藐视那些思想侏儒："利害可以商榷，是非断难模糊！"在那样黑白颠倒，是非不分，人人自危的年代，没有对自身理念高度信奉，没有对真理的执着追求，没有对一切伪装圣人的蔑视和气概，一个弱女子是断然难以做到这些的。面对这样一个思想和行动都顶天立地的真理捍卫者，我们有多少七尺男儿当自愧弗如？我们有多少自命不凡的理论家，改革家，革命家不汗颜？我们经常感叹，**中国怎么就没有西方那么多的思想巨人？那么多的追求真理捍卫真理的清醒者？林昭不就是一个让我们民族骄傲的代表吗？可惜，在中国这样一片古老而又血腥的土地上，这样的代表人物除了被残酷的扼杀，是没有其他出路的，剩下的只能是不得已苟活的芸芸众生。**回首数千年，我们尚且还有那么几个屈指可数的民族脊梁，思想前驱，比如屈原，比如龚自珍，比如鲁迅，柏杨等，但是1949年以后，这样的血脉被一把把锋利无比的革命利剑腰斩，再也看不到曾经的一脉相承的思想火种能够绵绵不断的延续到今天，除了万马齐喑，我们已经一无所有！

四十多年前，毛泽东暴政虽可以枪杀林昭的肉体，但他们无法消灭林昭的思想和精神！**林昭，伟大的圣女！永远的圣女！**

四、反血统论的殉道者遇罗克

1. 血溅京都

1970年3月5日，北京工人体育场内拥挤了10万人。在万众高举《毛主席语录》的红色海洋里，在一片高呼"坚决镇压反革命"的口号声中，随着"该犯罪大恶极，民愤极大，依法判处死刑，立即执行"宣判词的结束，一位年方27岁的青年被拉下刑车，推向刑场。他昂首阔步，仰视苍天，默默地向祖国、向同胞、向亲人告别。罪恶的枪响后，他倒在体育场的土地上，鲜血染红了他曾深深热爱着的土地。他，就是讨伐"血统论"的檄文《出身论》的作者——人权先驱**遇罗克**！

人权先驱：遇罗克

想当年，在1966年8月下旬到9月中旬的"红八月"里，毛泽东发出了"**北京太文明了要动动**"、"**我看北京乱得不厉害**"、"**我的意见乱它几个月**"等一系列"最高指示"后，林彪、周恩来、谢富治等人紧紧跟上，到处煽风点火。林彪对贵族红卫兵的批、斗、打、抄、杀的"五敢"精神，大加赞扬，煽动他们说："**我们坚决地支持你们敢闯、敢干、敢革命、敢造反的无产阶级革命精神！**""**要打倒一切牛鬼蛇神！**""**我们要扫除一切害人虫，搬掉一切绊脚石！**"周恩来不甘落后，他煽动红卫兵说："**你们那种敢想、敢说、敢做、敢闯、敢于革命、敢于造反的精神，得到了全国广大工农兵和革命干部的热烈支持。**"紧跟毛、林、周、江的公安部部长谢富治，秉承旨意，向公安系统发表了著名的"**杀人无罪**"讲话。他说："**打死人的红卫兵是否蹲监狱呢？我看，打死人的就打死了，我们根本不管。我们不能按照常规办事，不能按刑事案去办。如果你把打人的人拘留起来，捕起来，你们就要犯错误。**"谢的讲话，把毛泽东"群众专政"的"天机"，表述得鲜血淋漓！

在毛、林、周、江、谢等中共左派大员们的公开煽动和刘、邓等右派大员们的暗中支持下，以高干子弟为首的贵族红卫兵们，痞性、流氓性和法西斯性大发作，他们高举着"造反有理"的大旗，呼唤着"**老子英雄儿好汉，老子反动儿浑蛋**"和"**老子拿下了政权，儿子就要接过来**"的"血统论"的口号，向"反动学术权威"、向"地富反坏右"和他们的子女、向党内"走资派"、向一切异己者和持不同政见者等所谓的"牛鬼蛇神"造反，制造了文化大革命第一轮大屠杀：1966年8月下旬到9月底的40天里，他们在北京打死所谓的"牛鬼蛇神"5,000多人；上海、天津、广州、成都、西安等地的红卫兵，相继效法北京杀人，少则杀数十，多则屠上千；在他们的策动下，8月27日至9月1日，大兴县的基层干部党员们，在13个公社48个大队里，先后劈杀了"四类分子"和他们的家属325人，最大的80岁，最小的才38天，杀绝了22户。总之，在毛泽东发出"**要动动**"的"红八月"里，全国至少有十万人惨遭屠戮！

在"红八月"大屠杀前夕的8月12日，北京工业大学学生高干子弟**刘京**（后在九十年代曾任公安部副部长）、**谭立夫**（后在九十年代曾任故宫博物院党委书记，已更名**谭斌**）合写了《从对联谈起》的文章。8月20日，谭力夫又发表了措词蛮横的《谭力夫讲话》。他俩叫嚷"**老子英雄儿好汉，老子反动儿混蛋**"的"**鬼见愁**"对联："**大长好汉们的志气，大灭混蛋们的威风！**"他俩在文章里叫骂道："**要革命的过来，不革命的滚**

蛋！"谭又在数万人的大会上，破口大骂："**看着共产党的干部犯错，你高兴什么？他妈的！**"在中共各级党政军权力的支持下，他们的文章、讲话，被印刷成数百万份传单、册子，传遍全国各个角落，为大屠杀推波助澜，成了大屠杀的帮凶，而贵族红卫兵谭力夫，也成了全国闻名的被高干子弟们引以为荣的捍卫"血统论"的骁将！

当"血统论"甚嚣尘上、大屠杀的腥风血雨电闪雷鸣之时，时年22岁的学徒工、人权卫士遇罗克，拍案而起，以子之矛攻子之盾的笔法，奋笔疾书，终成《**出身论**》，对毛泽东和中共推行的"血统论"，大加鞭挞。

《出身论》定稿于1966年9月，开始只是几百份油印的传单。那是每月仅18元薪水的学徒工遇罗克，省吃俭用，用节省下来的钱购买钢板、蜡纸刻印而成的。在其弟遇罗文和朋友的帮忙下，把传单张贴到北京大街小巷的墙壁和电线杆上。

1966年年底，在批判"资产阶级反动路线"的热潮中，北京四中学生**牟志京**（今耶鲁大学计算机科学博士）"于极偶然中"，在一根电线杆上，看到了署名为'北京家庭问题研究小组'的《出身论》。读过之后，产生共鸣，遂与遇罗克兄弟相识、结盟。三人商量后，决定把《出身论》变成铅印，广为散发。牟志京主动向四中借了500元钱，并联系到解放军1201印刷厂印刷。1967年1月18日，三万多字的《出身论》，以"首都中学生革命造反司令部"主办的名义，在《中学文革报》创刊号上，全文刊出。《出身论》刊出后，像一把锋利的匕首，直刺"血统论"的心窝，使众多受害于"血统论"的弱势者，拍手称快。第一期《中学文革报》三万份，竟在几天内一售而空。很快又出《出身论》专刊六万份，也在几天内销售一空。当是时，一纸风行，京城纸贵，群众自发地将它抄成大字报，印成传单，在全国各地城镇街巷广为散发。

很快，北京和许多大、中城市的街头，围绕着"血统论"和《出身论》，展开了激烈的论战。为了迎接"血统论"的挑战，《中学文革报》连续出了六期，连续发表了学徒工遇罗克写的"**谈'纯'**"、"**'联动'的骚乱说明了什么？**"、"**论郑兆南烈士的生与死**"、"**谈鸿沟**"、"**反动血统论的新反扑**"和"**为哪一条路线唱颂歌**"等六篇文章，驳斥了"血统论"的反人性、反人权的封建本质。

《中学文革报》编辑部，每天都会收到近万封来自全国各省市的群众来信。来信纷纷表示：坚决支持《出身论》，反对封建"血统论"。《中学文革报》及其《出身论》，反中共"血统论"和争取人性、人权的立场，遭到了中央文革的敌视、戕杀。4月14日，中央文革要员戚本禹，代表中央文革宣布："**《出身论》是大毒草，它恶意歪曲党的阶级路线，挑动出身不好的青年向党进攻。**"由是，出版不到三个月的《中学文革报》，被迫停刊。1968年1月1日，遇罗克被捕，1970年3月5日，遇罗克被中共"依法"枪杀。

2. 不屈胆识

遇罗克生于 1942 年，北京"解放"时他才六岁，是北京第一批戴上红领巾的少先队员。他从小喜欢读书，爱思考问题。小学四年级时，同学们给他起了个外号——"小学究"。1954 年，十二岁的遇罗克，考入了北京市二十五中学。一踏入中学的大门，他就向组织递交了入团申请书。在"通向社会主义的康庄大道上"，他信心十足地向更高的目标迈进。

然而，火热而幸福的金色少年年代，很快就消逝了，取而代之的是社会主义的冷漠、歧视和不公！

1957 年反右运动中，他的早年毕业于日本早稻田大学土木工程系的父亲**遇崇基**，在水电部任工程师时，因说了一句"人与人，冷冰冰"对社会不满的话，被打成了右派分子；他的曾留学于日本的母亲**王秋琳**，是北京市工商联委员、全国妇代会代表，仅仅因对大右派粮食部部长**章乃器**表示过同情，也被打成了右派分子。父母双双被打成右派后，遇家磨难自此开始，而这个家庭问题，就像一块沉重的大石头，压在年轻的长子遇罗克的身上。

1960 年高中毕业的遇罗克，信心十足地参加了全国统一高考。考试成绩优异的他，收到的却是一张未被录取的通知书。他没有气馁，决心再考一次。为了迎接第二次高考，他几乎用全部业余时间，全副精力复习功课，并在一年多的时间里，把大学一、二，三年级的有关课程全部学完。但命运再次愚弄他：高考各门成绩都在九十分以上的他，再次落榜了。他不服，询问于北京教育局，得到的答复是："**家庭出身**"这个政治条件，"**不够录取标准**"。面对不平等，他愤怒极了。无情的现实终使他明白，在毛的"血统论"中国，像他这样家庭出身的人，是得不到公平待遇的。尽管他被挡在大学门外，却挡不住他求知、进取的欲望：他决心踏出一条自己的路来。

为了减轻父母经济负担，1961 年他响应政府号召，到大兴县红星公社农场落户当农民；1964 年，他回到城里，在北京人民机器厂当学徒工。他利用工余时间，狠下苦功读书。他很快自修完了大学全部课程，通读了《毛泽东选集》。他还如饥似渴地选读了古今中外文学名著，选读了马克思主义的哲学和政治经济学，选读了柏拉图、黑格尔、苏格拉底、希庇何斯的哲学、美学和卢梭的《论人类不平等的起源和基础》，等等。大量文学、哲学、人学、社会学和政治学著作的滋润，丰富了他的知识，开拓了他的视野，培养了他的独立意识和进取精神。

在农场劳动期间，他利用每天的劳动之余，一边读书，一边搞文艺创作。1962 年《北京晚报》发表了他的短篇小说《蘑菇碉堡和菜花老人》；1963 年《大众电影》登了他的《评影片<刘三姐>》；1964 年他写了《焦裕禄演戏》的梅花大鼓词，由北京曲艺团演出。当时，《北京文艺》有一个编辑从来稿中发现了他的才华，想培养他当"业余作者"，后因发现他的"出身不好"，不仅取消了"培养"的打算，他的作品，也"一篇接一篇被退了回来"。

新的不平等刺激了他的反抗精神。1964 年到 1966 年的中国，是"山雨欲来风满楼"的时代：许多文学、哲学、美学和史学等著作，都受到了批判；许多文学作品，都由"优秀"而"错误"、而"严重错误"、而"毒草"，一路飙升到"反党反社会主义大毒草"，其作者也从"功臣"到"错"、到"罪"，一气贬斥为"阶级敌人"。他预感到一场风暴即将到来。他曾对朋友说："**世界在发疯，理智的人是注定要做祭品的。**"但他毫不犹豫地迎着风暴、冲着"祭品"而上，本能地卷入到政治动乱的漩涡之中。

1965 年 11 月 10 日，毛泽东利用江青，张春桥、姚文元三人在上海的"地下"活动，写成一篇题为《评吴晗新编历史剧<海瑞罢官>》的文章，署名姚文元，在上海《文汇报》上发表，发出了摧毁以彭真为首的北京市委的信号。遇罗克看了姚文后，对乱扣帽子的霸道文风非常反感。他忿然提笔，写了**《从〈海瑞罢官〉谈到历史遗产继承》**稿子，寄到《红旗》杂志社，批驳姚文元对《海瑞罢官》的错误观点。接着他又写了**《和机械唯物论者进行斗争的时候到了》**，寄给《文汇报》，直接挑战姚文元。

寄给《红旗》的稿件没几天就被退了回来。遇罗克在当天的日记上嘲笑左派文霸时写道："**报纸上的一些无聊文人大喊：'吴晗的拥护者们态度鲜明地站出来吧！'今天有一篇态度鲜明的文章又不敢发表。**"1966 年 2 月 13 日，寄给《文汇报》的那篇文章发表了，但编者别有用心的编排被他看了出来。他在当天的日记中写道："**整个版面安排对我纯属不利……我的文章俨然是工人和农民的反面教材了。**"对此，他毫不畏惧，他为自己"敢道他人之不敢道，敢言他人之不敢言"的精神而自豪。他在日记中写道："真理是在我这一边的。"

1966 年 5 月 8 日，毛泽东拿北京市委开刀：满城的报纸都用工农兵的名义，连篇累牍地声讨北京市委里的"三家村"黑店。遇罗克一眼便看出，这是权力斗争的阴谋。他在 6 月 13 日的日记中写道："**文化革命闹得不可开交，都是工农兵发言？都是一个调门？我想这次假使不是反对邓拓，反对的是姚文元，只要报纸一说姚文元是反革命，那么，这些工农兵的发言用不着修改，就可用在姚文元身上了。**"遇罗克对盗用工农兵名义讨伐北京市委，很不以为然，尽管北京市委是他父母的直接迫害者，也是对他不公平的制造者。

上层权力斗争愈演愈烈。随着《五一六通知》的公布，特别是《人民日报》"横扫一切牛鬼蛇神"社论的发表，贵族青年学生行动了起来，年轻无知的学生被煽动了起来。他们打着毛的破"四旧"和"横扫"旗号，在校园内外制造了一起又一起法西斯红色恐怖事件，残杀了数以千计的无辜者。很快，以高干子弟为主的贵族红卫兵，打出了"老子英雄儿好汉，老子反动儿混蛋"的"血统论"旗帜，要把毛的"血统论"定为国策，为他们的法西斯暴行制造"法律"依据。在他们鼓噪下，无数出身不好的青年学生遭到批斗、毒打、残害，在农村，无数个"地富反坏右"子女，遭到"连根拔"式的屠杀，其中，遇罗克曾劳动过的大兴县农村，大屠杀尤为残忍。

遇罗克按耐不住了，他拍案而起，毫不犹豫地向毛的"血统论"投出一把锋利的匕首——《出身论》！

3. 追求平等

历史已经证明，毛泽东和中共，在夺取政权后的二十七年中，在高调批判资产阶级不平等法权时，却构建了一整套无产阶级不平等法权，制造了一大批无产阶级贱民，其中，以"血统论"制造的贱民为最。因此，在1966年之夏，出现以"鬼见愁"对联为代表的"血统论"思潮是不可避免的。趾高气扬的贵族们，人为地把青年分成"红五类"（革干、军干、工、农、兵）出身的和"黑七类"（地、富、反、坏、右、资、牛）出身的，借以高高在上，颐指气使地统治一切！这不能不逼着以遇罗克为代表的最低层"黑七类"贱民们的抗争。

遇罗克的《出身论》代表"黑七类"青年，向毛泽东和中共，提出了与"红五类"青年政治平等的诉求。

遇罗克呼唤正义

"鬼见愁"对联出笼后，北京大学附属中学的贵族红卫兵"红旗战斗小组"宣布："**老子拿下了政权，儿子就要接过来，这叫一代一代往下传。**" "**我们工农革干子弟要当家做主人，任何出身不好的人在我们面前必须老老实实，不许乱说乱动！**" 显然，他们明确宣布出身于"黑七类"家庭的青年都是阶级敌人。

贵族红卫兵的嚣张，使遇罗克感到了反"血统论"的迫切性。他在《出身论》写道："**由于形'左'实右反动路线的影响，他们往往享受不到同等政治待遇。特别是所谓黑七类出身的青年，即'狗崽子'，已经成了准专政对象，他们是先天的'罪人'。**" 面对农村已经开始了的对"黑五类"及其子女的大屠杀，如大兴、昌平等县的斩草除根式的大屠杀，他愤怒地写道，"**这一时期，有多少无辜青年，死于非命，溺死于唯出身论的深渊之中，面对这样严重的问题，任何一个关心国家命运的人，不能不正视，不能不研究。而那些貌似冷静和全面的折衷主义观点，实际上是冷酷和虚伪。**"

在"血统论"有恃无恐的横行霸道下，在全国各地农村，继以北京市大兴县为代表的第一轮大屠杀后，接着在1967年发生了以湖南道县为代表的第三轮大屠杀和1968年以广西省为代表的第四轮大屠杀。三次大屠杀使中国农村数以十万计的毫无反抗能力的弱势群体——"地富反坏右"及其亲属子女，惨遭灭绝人性的屠戮。例如，在道县屠杀中，天生丽质的18岁右派分子女儿**向丽丽**，被党支部书记逼嫁给一个30多岁贫农穷光棍，撂明：**嫁，活；不嫁，杀！**向丽丽选择了不嫁，被锄头劈杀于竹山园子里。

遇罗克驳斥专横

在"血统论"肆虐中，未来的公安部副部长**刘京**和自诩"一身正气"的未来的故宫博物院党委书记**谭力夫**，在联手推销"**鬼见愁**"对联时写道："**这幅对联一出来，就几乎震撼了所有人的心弦。大长好汉们的志气，大灭混蛋们的威风。**"

对此，遇罗克反对刘、谭两位未来中共高官的专横。在谈到家庭、社会对一个人的影响时，《出身论》认为"老子英雄儿好汉，老子反动儿混蛋"对联的"**错误在于：认为家庭影响超过了社会影响，看不到社会影响的决定性作用。说穿了，它只承认老子的影响，认为老子超过了一切。**"在经过论证并肯定了社会影响大于家庭影响后，遇罗克又用毛泽东的哲学思想论证了人的主观能动性。他写道："**家庭影响也罢，社会影响也罢，这都是外因。过多地强调影响，就是不承认主观能动性的机械论的表现。人是能够选择自己的前进方向的。这是因为真理总是更强大，更有号召力。**"接着，遇罗克反诘刘京、谭力夫之流写道："**你真的相信马克思列宁主义是无比正确的吗？你真的相信毛泽东思想是战无不胜的思想武器吗？你真的承认内因起决定作用吗？那么，你就不应该认为老子的影响比甚么都强大。**"

"**外因是条件，内因是根据，外因通过内因起作用。**"是毛泽东的哲学经典。但当列宁给辩证唯物主义打上"无产阶级哲学"标签后，毛泽东遂宣布哲学为无产阶级专政服务，因而，左右逢源的"一分为二"的"辩证法"，便成了毛泽东随心所欲的政治工具。在毛泽东统治的二十七年间，"**内因**"和"**外因**"的位置可因政治需要而互相转换。例如，为了说明饿死数千万人的大饥荒不可避免时，"外因"变成了"根据"：大饥荒是三年自然灾害和苏修撕毁合同造成的；当判定刘少奇是"走资派"不足以服人时，"叛徒、内奸、工贼"的本质即"内因"的"根据"，便被制造了出来。年轻的遇罗克，懂得毛泽东理论上的说教，却不懂得毛泽东政治上翻云覆雨的"一分为二"运作，因而不懂"因"论中的"根据"和"条件"，会随政治的变幻而相对位移。因此，《出身论》被中共判为"大毒草"的命运，是早已注定了的。

遇罗克论说"表现"

制造"血统论"的毛泽东和中共，多次公开宣布说，他们的阶级路线是"**有成份论，不唯成份论，重在政治表现。**"因此，《出身论》以较大篇幅论述"**重在表现**"。

在提出了"**出身和成份是完全不同的两件事。老子的成份是儿子的出身**"的论点后，遇罗克论证说："**出身和成份是不能相提并论的。**"他还以马列毛主义的按生产资料占有形式来划分阶级的"理论"来反驳"血统论"。他说："**地主、资本家他们长期在剥削阶级地位中生活，他们的思想无不打上剥削阶级的烙印。因此，他们要想重新做人，就必须脱胎换骨地改造，这也就是我们'有成份论'的根据。但是对他们的子女，就不能这样看**

了。特别是在新社会长大的青年，能说他们是在剥削阶级地位中生活吗？世界上哪有一种没有剥削的剥削阶级呢？没有这样的东西。"进而他认为，"**在表现面前，所有的青年都是平等的。出身不好的青年不需要人家恩赐的团结，不能够只做人家的外围。谁是中坚？娘胎里决定不了。**"

应当说，"重在表现"对任一阶级、任一阶层都是公平的，因而是平等的；但出于分而治之的政治需要，毛泽东的中共，特意为"黑七类"的子女们打造了一个"**有成份论，不唯成份论，重在政治表现**"的歧视政策，蓄意用这种不平等政策来制造贱民，挑动对立。由此可见，用"血统论"来制造"黑七类"的政治贱民，让他在社会最低层里挣扎，就是中共巩固无产阶级专政的政治需要。遇罗克虽然看出了中共把"把群众分成三六九等……以便分而治之"的玄机，但可能因策略上的原因，他没有直接抨击产生这种不平等的根源——蓄意制造对立的无产阶级专政体制，只好用中共的"重在表现"政策来论证平等，致使批判显得软弱无力。

《出身论》说："**世界上哪有一种没有剥削的剥削阶级呢？没有这样的东西。**"遇罗克的反问和否定，是对毛泽东和中共阶级斗争尖锐化的否定。人们都知道，实现剥削的手段是占有生产资料和雇工，这是常识。

但出于巩固无产阶级专政的政治需要，从列宁"**每日每时都生长着资本主义**"的"论述"，到毛泽东的"**千万不要忘记阶级斗争**"的"教导"，这种常识性概念，已经从经济学领域混入到政治学、思想学范畴之中；什么**反**（革命）、**坏**（分子）、**右**（派分子）、**走**（资派）、**牛**（鬼蛇神）、**反**（动权威）、**叛**（徒）、**内**（奸）、**工**（贼）等等，异己者、持不同政见者和刑事犯，统统都变成不占有生产资料、没有雇工的剥削阶级——这是对马克思主义者"剥削阶级"概念的否定。在制造了这些"剥削阶级"之后，"**千万不要忘记阶级斗争**"和阶级斗争要"**年年讲、月月讲、天天讲**"，便有了现实根据——这是毛泽东的**谎言构造术**。在这种政治谎言的氛围中，出身于"地、富、资"家庭的子弟，由于是剥削阶级家庭出身，自然难逃"狗崽子"的命运；而"反、坏、右、走、牛、反、叛、内、工"家庭的子弟，因其父辈已变成了不占有生产资料"剥削阶级"，他们同样难逃"狗崽子"的命运。这是中共赤文化——中国人习以为常的荒诞文化。

遇罗克剖析"保险"

《出身论》在抨击"黑五类"子女"**不保险**"时写道："**我们常常形容一些只受过红色教育而没有经过刻苦的思想改造的青年为温室里的花朵。他们经不起风浪，容易为坏人利用。不是这样吗？文化大革命初期，那些喊"老子英雄儿好汉"的出身颇为令人羡慕的好汉们，后来不是执行了修正主义路线，成了资产阶级的代言人了吗？他们保险吗？**"他在列举了一些红卫兵头头的腐败行为后写道："**可见，只依靠出身好的人同样不能取消复辟的危险。**"

历史证明了遇罗克的预见。毛泽东担心的"修正主义"和"复辟"的危险，主要不是来自于被他反复迫害了二三十年的"**不保险**"的"黑七类"和他们子弟，恰恰相反，搞"修正"、搞"复辟"的危险，主要来自于他长期依靠的、文革初期被他打倒后又被他平反了的"**保险**"的官僚特权阶级和他们的"红五类"子女。请看历史这样写着：

1976年4月5日到天安门前反毛泽东的人，绝大多是中共的基础力量"红五类"子弟；

1978年"揭书"而起反叛人民公社、合作化复辟分田到户的，是凤阳县小岗村的18户农民，他们都是毛泽东依靠的贫下中农，无一例外；

1978年的"三中全会"上，提出"改革开放"、全面复辟资本主义是受到大多数官僚特权阶级拥戴的邓小平；

在"改革开放"的旗帜下，八十年代起步、九十年发迹、二十一世纪初已"修正"和"复辟"成亿万富翁的红色资本家，绝大多数都是"红五类"干部和他们的子女！

…………

历史无情地嘲弄了毛泽东时代的"保险论"。但作为"血统论"变种的"保险论"，到了邓小平时代，其内容也随中共权力斗争的变化而变化。文革后，中共元老**陈云**说："**还是我们自己的子弟比较靠得住**（"保险"）。"王震也说，权交给别人他"**不放心**"（不保险）；他们放心的是他们的"红五类"子弟。由是，当年鼓吹"血统论"的骁将刘京、谭力夫之流，便平步青云，弹冠相庆。如果说毛泽东时代的"保险"是要提防"修正"、"复辟"，那么，邓小平时代的"保险"，则是要保住中共一党专政的权力，尽管邓氏的"修正"和"复辟"是历史的一大进步。显然，历史这种荒谬式的变化是马克思主义式的变化，远比遇罗克的预言深刻、复杂得多。

遇罗克指控迫害

当《北京日报》为"血统论"推波助澜大量刊登"红五类"子弟遭受刘、邓反动路线迫害的文章时，遇罗克针锋相对地指出，**真正受迫害的是"黑七类"出身的子弟**。他"以子之矛攻子之盾"亦即当时所谓"打着红旗反红旗"的**笔法**，指控了毛泽东和中共十七年来迫害"黑七类"子弟的种种事实。他写道：

"不少大学几乎完全不招收'黑五类'子女。大学中的重要科系就更不用提了。

"有位校长对青年教师说：'有两个孩子同时说一句反动的话，出身好的是影响问题，出身不好的是本质问题。'

"工厂这种现象也很普遍。凡是近三、四年提升的行政干部，几乎无一例外是出身好的。有的工厂还规定，出身不好的师傅不许带徒工，不许操作精密机床。

"修正主义代表人物搞过'四清'的地方，把地富子女划分了一下成份。表现不好的，出身就是成份；表现一般的，是农业劳动者；表现好的，是中农。出身不好，便不能做行政、财会、保管等各种工作，也不能外调。

"农村中有的地区曾规定：小学升初中时，出身占六十分，表现占二十分，学习成绩占五分，其他占十五分。

"社会上的其他部分也如此。北京街道近两年改选居民委员会，出身是一个首要条件；连街道办事处印制的无职青年求业登记表上也有出身这一项。"

在《出身论》中，遇罗克激烈地抨击了文革初期刘、邓右派集团派出的工作队。他写道："**工作队当政时期，又以极"左"的面目抹杀了阶级路线。在对待出身问题上，与修正主义集团可以称得上是一丘之貉。**"在这里，他所说的"修正主义集团"，当指刘、邓右派集团。"**因此，这个严重的社会问题非但没有解决，反而更加深化了，反而将矛盾扩大化、公开化了。残酷的'连根拔'，极尽侮辱之能事的所谓'辩论'，以及搜身、辱骂、拘留、殴打等严重侵犯人权行为，破坏这一部分青年生活的正常秩序的种种手段，剥夺他们政治权利的种种措施……**"遇罗克还写道："'**出身压死人**'这句话一点也不假！类似的例子，只要是个克服了'阶级偏见'的人，都能被我们举得更多、更典型。那么，谁是受害者呢？像这样发展下去，与美国的黑人、印度的首陀罗、日本的贱民等种姓制度有什么区别呢？"

备受压抑的遇罗克，发出了反抗"血统论"的呼喊！

遇罗克在他的其他文章中，也无情地批判了"血统论"。在他看来，十七年来相当一部分高级干部和他们的子女，成了"**物质上的特权阶层**"和"**精神上的特权阶层**"；他认为"**一个新的特权阶层形成了，一个新的受歧视的阶层也随之形成了……**"他在肯定了资产阶级在历史上对"血统论"的瓦解作用后指出，"血统论"完全是毛泽东和中共企图使"**新中国也形成封建社会的等级制度**"。

历史实证了遇罗克的指控：这种"**封建社会的等级制度**"，使"**一个新的受歧视的阶层**"，形成了"新中国"雇主奴役下的第一批没有自由和人权的无产阶级贱奴。

毛泽东和中共，在中国构建的一整套具有中国"特色"的"种姓制度"，其受害者不仅仅是"黑五类"及其子女！

毛泽东和中共不仅是制造"黑五类"或"黑七类"无产阶级贱奴的行家，而且还是在各阶层中制造无产阶级贱民的里手。从理论上说，社会主义"解放"了一大批资本主义贱民，即他们所谓的"工农兵群众"；但他们的一系列巩固一党专政权力的政策，却又在被"解放"了的"工农兵群众"中，制造出了一批又一批无产阶级贱民。例如：

他们的户口政策，把城乡分割开来，使出身于农村的农民，变成了等同于贱民的**二等公民**；

政治和福利待遇比城市差得很远的农民，至今还不得不以农民工的身分，在城市里从事繁重的低劣的体力劳动，成了城市里的新兴**贱民**；

他们把工人分裂成国营工、集体工和临时工，甚至把集体工划分成大集体工和小集体工，使大批生产条件恶劣、收入微薄的小集体工和临时工，变成了工人中的贱民；

他们确立了官本体制，把官位分成二十八级，企、事业单位也按行政官阶套级，形成了庞大的**官僚特权阶级**；

养尊处优的官员们，把广大"工农兵群众"即老百姓，当成可以任意驱使和镇压的**雇佣**和**奴仆**（以大跃进时代为最），至今官民对立或曰官奴对立，反对官府的群体事件大量发生，就是这种官本体制祸根的裸露；

在毛泽东和中共制造的大量贱民中，"黑五类"或"黑七类"及其子女，处于贱民社会的最低层，成了名符其实的无产阶级**贱奴**。

对此，遇罗克为捍卫"人人生而平等"的自由精神，在《出身论》中呼吁："**同志们，难道还能允许这种现象继续存在下去吗？我们不应当立刻起来彻底肃清这一切污泥浊水吗？不应当填平这人为的鸿沟吗？**"

也许有人会说，《出身论》是以毛泽东语录立论的，文中还赞扬过专制政体，说"我们的社会制度是无比优越的"，等等。这都是事实。但我们应当看到，《出身论》整篇都是用毛泽东**说的**来批判毛泽东**做的**；还应看到，遇罗克对毛泽东和中共的批判，是借批"修正主义反动路线"之名进行的。这是回避直言的策略。不要忘记，在那个群魔乱舞、万马齐喑的时代，任何直言，都会被扼杀于襁褓之中。

4. 平反

迫于正义的呼声，中共不得不重审遇罗克血案，并做出了平反决定。再审判决书如下：

北京市中级人民法院刑事再审判决书

（79）中刑监字第1310号

遇罗克，男，一九四二年生，汉族，北京市人，家庭出身资本家，本人成份学生，原系北京市人民机器厂徒工，住北京市朝阳区南三里屯东五楼十三号。一九六八年一月以"现行反革命"罪被原中国人民解放军北京市公检法军事管制委员会，以"现行反革命"罪判处死刑，立即执行。

一九七八年十一月一日以来，遇之父遇崇基对原判不服多次申诉。

经本院再审查明：原判以遇罗克犯反革命罪，判处死刑，从认定的事实和适用法律上都是错误的，应予纠正，据此改判如下：

一、撤销中国人民解放军北京市公检法军事管制委员会（70）刑字第30号判决书。

二、宣告遇罗克无罪。

如不服本判决，可于接到判决书的第二天起十天内，向本院提交上诉书及副本，上诉于北京市高级人民法院。

北京市中级人民法院
一九七九年十一月二十一日

5. 余音

在"血统论"横行霸道的黑暗中，倍受歧视的遇罗克，勇敢地抨击了由毛泽东和中共制定和推行的"血统论"，成了生活在社会最低层"黑七类"出身青年的代言人。

在那段黑云压城城欲摧的岁月中，《出身论》无愧为黑暗王国中一颗耀眼的人权宣言书！

在万马齐喑、群魔乱舞的年代里，遇罗克不愧为捍卫"人人生而平等"的人权先驱！

文革后，中共被迫淡化了"成份"和"出身"，回归了部分人性，遇罗克争人权的《出身论》功不可没！

比遇罗克年长7岁的笔者，却无罗克的胆识，真乃愧有余而悔无益也。谨选遇罗克狱中所书诗三首，遥祭人权先驱遇罗克：

其一：
千里雪原泛夜光，
诗情人意两茫茫。
前村无路凭君踏，
路亦迢迢夜正长。

其二：《赠友人》
攻读健泳手足情，
遗业艰难赖众英。
清明未必生壮鬼，
乾坤持重我头轻。

其三：
神州火似荼，
炼狱论何足。
义举惊庸世，
奇文愧烂书。
山河添豪壮，
风雨更歌哭。
唯念诸伯仲，

时发一短呼。

人权先驱遇罗克血溅《出身论》，凛然正气，永垂千古！

五、要毛泽东放下屠刀的陆兰秀殉党

陆兰秀

陆兰秀（1917~1970），女，江苏吴县人。1937年入武汉大学学习，1940年加入中共，积极从事抗日救亡活动；在"下关惨案"中，她同国民党特务斗争而被毒打致伤；1948年，她同丈夫朱傅钧给第二野战军提供重要军事情报，为解放南京作出贡献。1949年后，在燃料工业部和全国科协任职，后任苏州图书馆副馆长。文革中，她公开反对毛泽东的法西斯暴政，多次著文、上书中共中央，说"**刘少奇是按毛主席指示办事的**"，"**请毛主席党中央放下屠刀，向真理投降**"，遭到了以27军79师师长**向孝书**为首的苏州市"革委会"的残酷迫害。1970年7月4日，被以**许世友**为首的江苏省"革委会"批准，枪杀于苏州横山脚下。1978年平反昭雪，1982年追认为革命烈士；但刽子手**许世友、向孝書**等当权派，依然是革命领导干部。

1966年，中国大地上刮起了一场昏天黑地的风暴。年近半百有学者风度的陆兰秀，刚从首都调回苏州，就迎来了这场"史无前例的无产阶级文化大革命"。

作为一个新来乍到的苏州图书馆副馆长，这场革命开始本不会触及她的皮肉；但她的思想与刘、邓右派主张息息相通，反对"造反有理"的口号和"打倒一切"的暴行。她的倔犟性格使她偏离了刘少奇"驯服工具"的说教，认为对错误的东西不应该拥护，而应该抵制。因此，每逢参加会议呼喊"打倒刘少奇"、打倒其他老革命家的口号时，她都拒不响应。于是，她很快卷入了权力斗争的旋涡，被打成"铁杆保皇派"。1968年3月23日，江苏省革命委员会一成立，5月3日，她便被以"叛徒"罪名收押审查。

在审查中，陆兰秀拒不承认刘少奇是"叛徒、内奸、工贼"，拒不承认"打倒一切"、"全面夺权"是革命行动。于是，她成了苏州市文化界重点批斗对象之一。

经过多次的批斗，没有能使陆兰秀屈服：她只跟着举手喊"毛主席万岁"的口号，拒不举手喊"打倒刘少奇"的口号。在一次批斗会上，市革委属下专案组的痞子、流氓无产者们，想出了一个整治她的"锦囊妙计"：把"打倒刘少奇"和"毛主席万岁"的口号合并在一起喊。陆兰秀中计了，她低着头不呼喊也不举手。于是，当场爆发了一场激烈的批斗。目睹者现场笔录如下：

批斗者问："大家喊打倒刘少奇、毛主席万岁时，你为什么不举手？"

陆答："我不知道是什么意思。"

批斗者问："你说刘少奇是什么人？"

陆答："你们说他是敌人，我认为刘少奇是革命领导干部。"

批斗者问："彭罗陆杨是什么人？"

陆答："也是好人。"

批斗者问："是好人为什么要打倒？"

陆答："这是'文革'的需要，'反面教育'的需要。"

有人掏出八届十二中全会的公报，责问："党中央早把刘少奇开除出党了，你看到没有？"

陆答："我不相信！"

批斗者问："你有什么根据？"

陆答："选刘少奇当国家主席，是毛主席提议的。我不相信他一当上国家主席就变成坏人。苏州的实际情况，也证明被打倒的并不是坏人。"

会上有带头高呼："打倒现行反革命分子陆兰秀"、"陆兰秀不投降，就叫她灭亡"和"陆兰秀罪该万死"的口号，与会者"群情激昂"，也随着高呼。

陆兰秀昂起头高声对抗道："我不是现行反革命，刘少奇也不是叛徒、内奸、工贼，在'文革'中被揪出来的大都是好人。我也是好人。"

批斗者一拥而上，揪头发的揪头发，动拳头的动拳头，按"最高指示"，把她"**打翻在地，再踏上一只脚**"。此后，拒喊"毛主席万岁"的陆兰秀，正式成了现行反革命分子。

由于陆兰秀态度强硬，拒不认错，"罪行"不断升级，从1968年5月3日被收审起，到1968年9月23日，被关进了设在忠王府的"**文化系统斗批改学习班**"，而到1969年3月九大召开前夕，她又被关进专为"铁证如山"的阶级敌人举办的"**对敌斗争学习班**"。毛泽东的"**学习班"，是个集改造、批斗、审讯、囚禁和劳教于一体的专政组织，是中共借"学习"和"群众"之名进行迫害不同政见者的场所**。在这些名目不同的"学习班"中，她受到残酷批斗和暴虐。"官逼民反"规律开始发作，逼着她向造反方向转化。

在"文化系统斗批改学习班"里，她还天真的认为，文化大革命是毛主席为了我们国家不会变修，对全国人民进行的一次反面教育大演练。她说："**是反面教育，看来是有意识的一次反面教育……**"。当她的身体升级到"对敌斗争学习班"里后,她的思想也有所升级，认为："**凡是文化大革命中的问题，我都是要独立思考的。**"她作出了属于自己判断：文革是毛主席本人的指导思想出了严重错误。对于毛的严重错误，她寄希望于毛泽东的自省。她上书毛泽东，力谏立即结束文革。她在信中写道：

"为了全国人民的命运，为了世界革命人民不致迷失航向，为了马恩列斯的事业不致中断，请即结束文化大革命，解放全国人民，恢复正常的社会秩序，对人民进行正面的共产主义教育，全国人民全世界人民都会感激。"

然而，她得到的回答是更加残酷批斗和暴虐。在"学习班"里的惨烈"学习"中，她被逼上了毛泽东不能批判的禁区，走上了"造反有理"的不归之途。她当着多人，突然站在床上，起下图钉，取下床头墙上的毛泽东像，表示要批判毛的决心。她的"反革命"行为，招来了一场接一场的毒打。1969年11月4日，在"学习班"中，被多次打得伤痕累累的陆兰秀，开始绝食抗议。在绝食其间，她写了《**学习毛泽东思想的几点体会**》共计两万多字的批判毛泽东的文章。其中包括《**关于无产阶级文化大革命**》，《**关于干部问题**》，《**关于什么是毛泽东思想的问题**》，《**关于阶级和阶级斗争的问题**》，《**关于外交政策和外贸关系问题**》，《**关于文化艺术和科学技术问题**》，《**关于对现阶段文化大革命形势的认识**》等九篇文章。

1969年11月22日，她写了《**为知识青年上山下乡问题——给革命家长和各级领导同志的一封公开信**》，公开挑战毛泽东的知识青年上山下乡政策。她写道："**为什么不把知识青年直接送到工厂、矿山，立志务工，直接接受工人阶级的再教育？**"她认为，毛泽东号召知识青年上山下乡，使"**知识青年们单纯幼稚，他们热爱毛主席，把一切时髦的口号都当成真理，而不能分辨什么叫马列主义，什么叫修正主义。于是，他们在反面教育的美丽词句蒙蔽下，被送上了歧途。**"她呼吁"**全国革命家长、各级领导同志一起来做工作，大家一起来做工作**"，"**群起而促之**"，使毛泽东"**接受大家意见**"。

1969年11月26日，她将批判升级，写了《**告全国人民书**》的声讨毛泽东的檄文。她在檄文里写道：

"自从奴隶社会以来，统治者总是要塑造一些神像，利用宗教的天堂来麻痹人民，让人民每天祈祷上帝赐给自己每日的面包，以证明人民的面包不是人民自己劳动所得。文化大革命中的反面教育就给人塑造了一个共产主义的神像，让人们每天祈祷神像给人们以理想的幸福世界，而这世界在反面教育的现实中并不存在。……请问世界上曾见过哪一个历史阶段有过这种事实，人民挣得的自由和幸福，不是自己的力量而是神赐给的呢？"

在檄文中，她对毛泽东愚弄中国人的伎俩进行了抨击。她写道：

"从来的统治者，总是利用生产关系中的各种集团阶梯和各种社会问题，在人民中挑拨离间，分化瓦解，颠倒是非，混淆黑白，造成人民中的长期分裂和莫须有的仇恨，甚至造成经久不息的械斗，传之后代，难解难分。文化大革命中的反面教育，就是挑动群众斗群众，挑动干部斗干部，挑动干部群众互相斗争，利用社会历史所遗留和造成的各种问题，在人们中散布互相仇恨、互相敌视的种子，甚至破坏本来是亲密无间的同志友谊和和睦的家庭关系，并利用种种马列主义词句以证明这种现象是应该的、正确的。" "从来的统治者总是采用各种愚民政策，歪曲事实真相，欺骗人民，利用各种宣传机器，编制一套套美丽的谎言，把人民变成自己的俘虏和驯服工具，驱使他们去残害自己的同胞，或干尽损害无辜人民利益的坏事。"

对于中苏边境流血冲突，她看出了毛泽东的政治目的。她在檄文中写道：

"从来的统治者总是要制造国际紧张局势，甚至不惜挑起战争，用以缓和国内的矛盾，以利镇压人民的目的；文化大革命中的反面教育就是利用边境问题，制造战争紧张空气，天天开动宣传机器，要人们准备打仗。"

对此，她警告中国人说：

"人们如果不觉悟，不奋起抵制，不采取积极行动，这种历史的倒退……如果人们永远束缚在'毛主席挥手我前进'或'一切紧跟毛主席，一切服从毛主席'的思想枷锁下，人们将永远得不到解放。"

三天之后，陆兰秀又写了《再告全国人民书》，进一步呼吁大家从神化毛泽东的个人迷信中解放出来。她写道："**人民是社会的主人，而不是统治者的奴隶。**"因此，"**对毛主席的指示，要分析其内容，然后决定应否接受和应否抵制。**"

由此可见，她是当年中国一个少有的先知先觉又敢言者，她的文字，证明她是一个顶天立地的女丈夫。她的檄文，使七尺男儿的笔者，自愧弗如！

1970年1月26日到30日，她连续写出了《居中》、《战争论》、《人之初》三篇政论，多角度批判毛泽东。

在《居中》中，她针对反毛就是反革命之类的口号批判道"**对某些理论和政策，提出不同的看法，只要是科学的探讨，称不上叛逆、反革命之类。叛逆者，是古代帝王自以为神圣，对自己的臣民所加的罪名。在科学的探讨上，从来没有什么叫叛逆的。**"在《战争论》中，她批判了空喊备战"**对人民封锁事实真相**"的愚民政策说："**只管骂人家**（笔者：指骂"帝修反"即帝国主义、修正主义和各国反动派）**日子不会长了，有什么实际意义呢？**"在《人之初》一文中，她反对随意把人称为"坏人"而加以专政的恶劣作法。认为人之初原本一尘不染，没有什么先天带来的善恶和好坏。她认为，无产阶级夺取政权以后，不应以新的统治者的面貌出现，不应把责任完全归之于个人，单纯地将他们判罪关押、斗争打倒，单纯采用专政手段解决各种社会矛盾，而要努力通过发展生产力，改变人们的生存环境，改革不合理的社会制度，最后消灭三大差别。

为了抗议迫害，1970年3月3日，陆兰秀写下了《**请总部负责人电转毛主席党中央的电报**》。3月5日，她开始第二次绝食。在绝食中，她又写下了《**再电毛主席**》、《**亲痛仇快**》、《**人民的要求**》等文章。

在《**请总部负责人电转毛主席党中央的电报**》中，她以严厉的词句指出，文革已使"**全国人民处于水深火热之中，痛苦不堪，祖国已濒于民穷财尽、国破家亡的边缘，时间**

已不允许再多拖延。"她敦促毛泽东和中共："**请毛主席党中央放下屠刀，向真理投降！**"

在《**再电毛主席**》的电文中，她着重分析了发生文革这场历史大倒退的原因："**由于毛主席对掌握全国政权后的新历史阶段的规律没有全面掌握，对社会主义社会存在阶级和阶级斗争的理解有错误，没有完全摆脱旧统治阶级思想的影响，看不见自己世界观的改造对中国前途的重要性，长期以来，排斥不同意见，坚持似是而非的一种修正主义理论，运用强大的行政力量和宣传机器，强制推行，流毒深远，清除已感困难。**"

绝食的第四天，在苏州市公检法系统的工作人员提审时，因她拒读"坦白从宽，抗拒从严"的语录，被痞子、流氓无产者打得鼻青脸肿。回到囚室，忍着疼痛，写下一篇规劝"学习班"里的打手们，弃恶从善的杂文《**亲痛仇快**》。

在《**人民的要求**》一文中，她寄希望于有"橡皮图章"之称谓的人代会。她提出："**当务之急，是召开人民代表大会，结束文化大革命，解放全国人民，提出新宪法草案，开始新的历史篇章。**"

随着她对毛泽东批判的广泛和深入，她的"罪行"也在不断罗织中升级：1970年3月25日，陆兰秀被正式逮捕。

在逮捕前后，她写出《**陆兰秀代遗书**》、《**致毛主席的忠告信**》和《**自由**》。

在《**代遗书**》中她写道："**毛泽东亲自发动和领导的文化大革命，陷全国人民于水深火热、苦难深重之中，扼杀了中国的共产主义前途。毛泽东犯此严重错误后，又拒不接受人民意见，拒不解放全国人民，包括受其蒙蔽、充当其御用专政工具或变相专政工具的人员在内。凡我中国人民，中华民族儿女子孙，都应世世代代牢记这一血的沉痛教训，清算这场祸国殃民的文化大革命，并且永载史册，以儆后人。**"

在《**致毛主席的忠告信**》中，她仍寄希望于毛泽东。她写道："**你应完全了解文化大革命至此不应再发展下去了。建设共产主义社会，工作千头万绪，任重而道远，拖延时间已没有任何现实意义。请即作出决定。**"

在生命的最后时刻，她通过文章《**自由**》发出了呼唤自由的声音："**千百年来，人们前赴后继，付出高昂代价争取自由，但是，由于有些争取自由的人掌握政权以后随着地位的改变而引起的思想的改变，人民的自由仍然没有来到。人们不过是从一种不自由改变到另一种不自由。在新中国，宪法规定人民有许多自由权利，人们却并没有享受到应有的自由。对上级的逢迎吹捧，对持不同意见的人们的排挤打击，这些形成了风尚，日益严重地剥夺人们的自由，从思想的不自由，转化为人身的不自由。意识形态里的不自由，并不比旧社会好多少。在新社会奴役着人们的不仅是旧社会遗留下来的旧思想，还有被教条化了的马列主义、毛泽东思想，特别是被奉为'红宝书'的毛主席著作和语录。对毛泽东思想的神化禁锢了人们的思想，剥夺了人们的最高权力——自由。**"

在狱中,她对狱友张惠英说:"**毛主席也说过,对不正确的领导,可以抵制。现在大家就要团结起来,抵制这种不正确的领导。……现在害怕的是他们,不是我。我没有做对不起人民的事,我不着急。这一代人不替我平反,下一代人看了我的材料,一定会替我平反的。过去有个屈原,他对皇帝很忠,结果皇帝把他放逐了,他一气之下投了江。现在端午节吃粽子就是纪念屈原。我就等于当年的屈原。**"

陆兰秀是一个虔诚的共产主义信徒,一个忠实的共产党员,一个1966年前无产阶级专政体制的维护者,一个坚信"只有共产主义可以救中国"的理想主义者;但现实经历使她的思想深处,发生了自由思想的萌动,从而使她逐渐偏离了毛泽东"**统一思想**"和刘少奇"**驯服工具**"的教导,开始了"独立思考"的实践。然而,她的悲剧在于,这种反叛无产阶级专政的自由主义的萌动,使她走上了充满魔难的不归之途。在生命的最后时光里,她的思想有所升华,开始呼唤"**人们的最高权力——自由**",但留给她的时间太短了,三十多年的革命奴化熏陶太深了,她没有能够挣脱忠于党忠于君的羁绊:她要做现代屈原。可悲的是,两千多年前被楚顷襄王放逐的屈原,不愿以"皓皓之白"去蒙受世间的垢尘而投江自杀,她却没有那样幸运,赤胆忠心给她带来的是:就刑前被端下颌车,接着便倒毙在她所忠于的党和领袖的枪口之下!

六、被割喉处决的殉党者张志新

**她把带血的头颅,
放在生命的天平上,
让所有的苟活者,
都失去了重量。**

——摘自悼念张志新烈士诗集

1975年4月4日,一声凄惨的尖叫声,划破了中国阴云密布的灰色天空。一个"疯"了的女人,被三个彪形男性狱警和一个女性狱警,强行按倒在地,一块准备好的砖头,垫在她的颈背上,一把锋利的手术刀,直刺她的喉管。他们残忍地割断了"疯子"的喉管,再把一截不锈钢管,插入"疯子"的气管……

动作麻利、熟练,像是一个游刃有余的屠夫。在刀子割切喉管的一刹那,"疯子"凄惨地尖叫了一声,接着是万分痛苦的挣扎和哼鸣。她愤怒地瞪着双眼,痛苦至极,咬断舌头,吐向行刑者。然而,割断了的喉管,限制了她喷吐力量,咬断的舌头,挂在她的嘴角,吐出了鲜血,沾满了她的双颊,喷到行刑者的手上,滴到砖上,溅到地上。突然"啊"地一声，被吓得面色苍白的女警，昏倒在地上……

还暖乍寒的四月，恐怖的血腥弥漫在冷风中，向四周扩散去：此时此刻，辽宁记住了沈阳，中国记住了沈阳，世界记住了沈阳；同时，人们记住了沈阳"模范"监狱的兽行，记住了无产阶级专政的残暴，记住了毛泽东"伟大、光荣、正确"的本性。

这里不是古代奴隶主的屠宰场，不是希特勒的奥斯维辛集中营，也不是日本鬼子"731"细菌部队在哈尔滨附近的实验基地，这里是"新中国"在沈阳建造的"模范"监狱。在这座"模范"监狱里，"割喉消声法"是他们的革命"创举"，已经成功地实施了三十多例。据说，第一个"享受"割喉管"待遇"的是沈阳皇姑区克俭小学青年教师**贾承厚**。校长诬告他强奸女生，被判死刑。执行时，贾不服，大呼冤枉，遂被割断喉管后枪决。（文革后昭雪。）

她，**张志新**，一个忠于中共的共产党员，一个在辽宁省委宣传部任职多年的宣传干事，一个被判了死缓的"疯"女人，竟敢在批判林彪执行极右路线的会上，站起身来，大声喊道："**中共极右路线的总根子是毛泽东！**"她为此付出了代价：割断喉管后，被拖了出去，拖向刑场。一声清脆的枪声，"疯子"倒下了。此时此刻，空气凝固了，时间凝固了：人们记住了她的名子叫张志新，记住了她死时的年龄是45岁，记住了她殉党的日子是1975年的4月4日！

然而，四年后，在这座"模范"监狱里，上演了一出古今中外无与伦比的令人啼笑皆非的闹剧。随着张志新被平反并追认为烈士，那些曾残忍肆虐她、纵容男犯人污辱、奸污过她的狱警们，在主人指导下，个个摇身变成了"正义的诗人"。他们在"赛诗会"上唱道：

啊，张志新，／你是党的骄傲，／你是五十六个民族的骄傲，／你是辽沈大地的骄傲，／你是我们的骄傲，／当然也是沈阳监狱的骄傲。／你是傲霜的菊，／你是斗雪的梅，／你是常青的松，／你是有气节的竹。／你是刘胡兰，／你是秋瑾，／你是双枪老太婆，／你是江竹筠，／你是哥白尼，／你是党的好女儿。／张志新的成长升华，是毛泽东**劳改思想**的又一伟大胜利……

这种荒诞不经、不伦不类的"诗"，既体现了那个时代"理直气壮"的暴虐和屠戮，也反映了那个时代"革命友谊"的伪善和荒诞！这种暴虐和伪善，体现了毛泽东"理无常是"的"一分为二"哲学：昨天割喉施暴有理，今日唱"诗"赞美有情，一切都在"情理之中"！

张志新（1930年12月5日~1975年4月4日），女，天津人，1955年加入中国共产党，1962年任中共辽宁省委宣传部干事。她出身于音乐世家。父亲张玉藻，早年参加过辛亥革命，有很高的音乐素养，母亲郝玉芝曾就读于济南女子师范学校。她有3个哥哥，3个妹妹，从小都学会了弹奏乐器。少年时代，她同妹妹志惠、志勤一起，组成小乐队参加演出，成了闻名津沽的"张氏三姐妹"。张志新生前最爱听最爱拉的曲子是波隆贝斯库的小提琴《叙事曲》。抗美援朝期间，她报名参加了中国人民志愿军，被部队保送到人大学习俄语。1955年，她与时任人大哲学系团委书记曾真结为夫妻。

1968年5月10日，辽宁省革委会成立后，当年10月，省革委便把省五大机关三万多名干部，包括"有问题"的干部在内，遣送到盘锦地区的省"一〇五"干校"学习"。时任省委宣传部干事的张志新也在其中。按照"伟大领袖""五七指示"精神，干校除劳动改造和学政、军、文外，还要"批判资产阶级"。在干校里，张志新被当成"阶级敌人"，拉出来批斗。

张志新的"阶级敌人"身份，源发于年初。一个星期天，她到一个姓闫的女同事家里，想借看江青的讲话资料。闫同事动员张志新说："我们派是革命的，你站过来吧，不要站在那一边。"张志新对闫说：**"我考虑的不是这一派那一派的问题，我考虑的是文化大革命的问题。文化大革命好多问题我不理解，比如，江青、叶群她们过去是干什么的，我对她们都不了解。"** 不料，姓闫的女人是个痞子，把她出卖了，向党组织告发了她。于是，她成了"问题"干部，揭发材料装进了她的档案袋。

同全国各地一样，1968年的盘锦干校，也处于"清理阶级队伍"狂风暴雨中。作为中共赤文化的一部分，发现和制造"敌情"的传统思惟模式，已经溶化在各级领导干部的血液中：那里抓不出敌人，轻是"和平共处"，重则同流合污，其丧失阶级立场的下场不言而喻。——这是全党各级领导干部和毛的"革命群众"的痞性根源。为了学习毛泽东批准的北京新华印刷厂对敌斗争的经验，"充分发挥群众专政的巨大威力"，深挖一切暗藏的阶级敌人，张志新私下里随意说的那几句闲话，"理所当然"地被推定为有重大嫌疑的阶级敌人。

张志新被揪了出来批斗。干校领导和作为"革命群众"的"学员"们，批斗张志新是"理直气壮"的。江青是什么人？她是第一夫人、政治局委员、直接指挥文化大革命的中央文革第一副组长！叶群何许人也？她是第二夫人、政治局委员、握有军机大权的军委办公厅主任！怀疑第一、第二夫人不等于怀疑"伟大领袖"和林副统帅吗？过来人都知道那时代的政治逻辑："反对"就是反革命；"怀疑"虽不同等于"反对"，但一步之遥的距离，便可"证明"其脉脉相通的思想反动性。毛泽东曾说过：**"抓一个人来审，这时一般的心理状态，就是希望他供出来的越多越好。"** 干校领导和"革命群众"深得其要领：他们要在"坦白从宽，抗拒从严"的口号声中，对张志新施以强大精神压力，从她灵魂深处压榨出一个"黑"思想，再从"黑"思想中挖出一个货真价实的反革命来。这样，他们的目的就达到了！

张志新大概是个既不会说谎也不愿造假的共产党员，她的悲剧命运是注定了的。记得1957年反右中，笔者在长沙高级工程兵学校任教期间，曾面临过效忠和说谎的选择。在

"向党交心"中，说了几句老实话，差点被打成右派分子。一个长我四五岁的大尉教员王明，对我关怀备至，批评我"幼稚"，我惘然不懂。假如我当时不如实"交心"，假如在如实"交心"后"聪明"点，迅速来个180度的大转弯，做出效忠的姿态，对落井的右派分子，恶狠狠地砸下几块大石头，我可能会逃脱"阶级异己分子"和"配军"的命运。但我做不到；仅仅用谎言把自己打扮成一个知"罪"能"改"的苟且偷生者，全无张志新的坦率。

在效忠和说谎的选择上，张志新非同我类。她的效忠是真实的，但她拒绝说谎。也许她不懂得共产党党性和说谎的关系；于是，在被批斗中，她滔滔不绝地向党交出了她的真实"**意见和看法**"。

在如何评价毛泽东时，她写道：

"中国共产党从诞生以来，以及在新中国建立初期前的各个历史阶段中，毛主席坚持了正确路线。……但我认为，在社会主义革命和社会主义建设阶段中，毛主席也有错误。集中表现于大跃进以来，不能遵照客观规律，在一些问题上超越了客观条件和可能，只强调了不断革命论，而忽视了革命发展阶段论，使得革命和建设出现了问题、缺点和错误。集中反映在三年困难时期的一些问题上，也就是三面红旗的问题上。"

"把观点明确一些讲，就是认为毛主席在这个历史阶段犯了'左'倾性质的路线错误。"

"毛主席在大跃进以来，热多了，科学态度相对地弱了；谦虚少了，民主作风弱了；加了外在的'左'倾错误者的严重促进作用。具体地说，我认为林副主席是这段历史时期中促进毛主席'左'倾路线发展的主要成员，是影响'左'倾错误不能及时纠正的主要阻力。导致的结果从国内看，是使我国社会主义建设、社会主义革命受到挫折和损失。这种局面确实令人担忧和不安。"

她还对毛泽东搞的个人崇拜提出了批评。她写道："**无论谁都不能例外，不能把个人凌驾于党之上。**" "**对谁也不能搞个人崇拜。**"

她对搞"三忠于"和跳"忠字舞"等个人崇拜仪式特别反感。她说："**过去封建社会讲忠，现在搞这个干什么！搞这玩意干什么！再过几十年的人看我们现在和党的领袖的关系，就像我们现在看从前的人信神信鬼一样不可理解。**"

谈到文化大革命时，她写道："**这次文化大革命的路线斗争是建国后，1958年以来，党内'左'倾路线错误的继续和发展。并由党内扩大到党外，波及到社会主义的经济基础和上层建筑的各个领域、多个环节。这次路线斗争，错误路线一方伴随了罕见的宗派主义和资产阶级家族式的人身攻击，借助群众运动形式，群众专政的方法，以决战的壮志，实行了规模空前的残酷斗争，无情打击。因此，在它一直占有了压倒优势的情况下，造成的恶果是严重的。它破坏了党的团结，国家的统一，混淆了两类不同性质的矛盾，削弱了党**

的领导，影响社会主义革命、建设事业的正常进行……"

显然，她的"意见和看法"触及了中共的敏感底线，是百分之百的"反革命"言论。

最使当权者不能容忍的是，她"顽固不化"，拒绝认罪。在批斗中，当"革命群众"指责她的观点反动时，她说："**这些观点，我认为是应允许存在的，应在今后的革命实践中去证实是不是正确的，还是错误的。**"在回答"哪些观点需要在实践中证实"时，她说："**两个司令部斗争问题，打倒那么多人的问题，这里面有些肯定是对的，但有些不一定对。**"当"革命群众"要她表明态度"站在哪一边"时，她公开宣称："**我的立场确实没有站过来，还是站在刘少奇的'反动路线'一边。**"在一个"交待罪行"的材料中，她公然与"革命群众"相对抗，写道："**强迫自己把真理说成错误是不行的，让我投降办不到。人活着，就要光明正大，理直气壮，不能奴颜婢膝，低三下四。我不想奴役别人，也不许别人奴役自己。不要忘记自己是一个共产党员，不管出现什么情况，都要坚持正义，坚持真理，大公无私，光明磊落……**"

在深挖批斗中，作为毛的"群众"的干校领导和"学员"们，那些痞子、流氓无产者们，终于如愿以偿地把现行反革命分子张志新挖了出来。1969年9月18日，张志新以反革命罪被捕入狱，关押在沈阳看守所。1970年5月14日，盘锦地区革命委员会人保组，以张志新"**反对毛主席，反对江青同志，为刘少奇翻案**"等"**罪大恶极**"的反革命罪名，判处张志新死刑。同年8月，改判为无期徒刑，投入沈阳监狱，强迫劳动改造。

在沈阳这座"模范"监狱的劳动改造中，由于不服管教，常遭狱卒辱骂；由于反抗管教，狱方将她戴上脚镣背铐，关在小号里独囚长达一年半。她忍无可忍了，向狱长投出了声讨檄文：

"**质问、控诉、声讨！身为专政机关之长，你听着：**

"1. 你为什么不敢把钢笔退还我，不是要我写写对宣判大会的感触吗？难道由于事情繁忙忘记了吗？如果是这样，在此提醒一下！如果是怕给了我这枝笔后，写出不合乎要求的感想而改变方针，这也真是少找点麻烦，也愿听便。看来，我的笔是被你们当作枪给缴去了，但指挥这支枪的思想你们却永远也缴不掉！

"2. 自称为代表无产阶级、共产党执行专政者，你们的作为那一点像无产阶级！一首未写完的革命诗歌，做为导线借口，行凶殴打凌辱女政治犯！你们以为一个女共产党员就可以这样随便凌辱的吗！行凶者、帮凶助威侮骂者，你们可以逃之夭夭吗？不！我要向党向人民控诉你们，要声讨你们。你们若不认错，将会受到历史的严惩！这笔账是要算的！

"3. 你们管理的哨兵可以无缘无故辱骂女共产党员！

"4. 你们管理领导下的伙房，可以用带有煤渣沙子的黄馍虐待政治犯！你这个一所之长，却推脱责任，回避问题，逃之夭夭！

"5. 一所之长竟用拖压办法，不发给女政治犯特需手纸，进行生活上的刁难！

"你们若是无产阶级,你们为什么那么怕真理!没听说无产阶级、共产党的专政机关殴打犯人、辱骂犯人,生活上虐待犯人、刁难犯人!你们所作所为是哪个'无产阶级'?

"你们以为利用上述恶劣手段、可耻勾当,就可以软化革命者的意志,可以向错误路线投降吗?这除了说明你们手中没有真理,在真理面前束手无策,软弱无能外,你们什么也得不到!

"告诉你们:如果谁认为只有革命一帆风顺,事先得到不会遭失败和牺牲的保票才去革命,那他就根本不是革命者。共产党人,一个被错误路线迫害者,脱党状态的女共产党员,孤家寡人一个,在这尖锐复杂的阶级斗争中,缺点错误失策在所难免,是前进中的问题,自身有克服的基础和可能,在斗争中只会提高觉悟,越战越强!因为她日益掌握真理!如果上述办法能征服,那就不是真正的共产党员!你们还有什么办法都使出来吧!她只能作七十年代的哥白尼……。克服意大利青年'亚瑟'式天真幼稚幻想,克服法国布朗基式革命冒险主义,要自觉锻炼严格的无产阶级党性。对此,是无产阶级不难理解!不是无产阶级本来就没有共同语言!坚持真理永不放弃!有什么办法尽量来使。"

她的怒吼给她带来是更加严厉的惩罚。狱警们不仅经常对她拳脚相加,还纵容其他犯人侮辱、奸污她。这同上海提篮桥监狱狱警暴虐**林昭**,几乎一模一样。在狱警和犯人的双重折磨下,她的精神终于崩溃了:在监狱里批判林彪执行极右路线的会上,她站起身来,大声喊道:"**中共极右路线的总根子是毛泽东!**"并高呼"**打倒毛泽东**"等口号!

1975年2月26日,在中共辽宁省常委召开的扩大会议上,时任辽宁省革委会主任、沈阳军区第一政委的毛泽东侄儿毛远新说:"(张志新)**在服刑期间,这么嚣张,继续进行反革命活动。多活一天,多搞一天反革命,杀了算了。**"其他常委跟着纷纷表态说:"**干脆!**" 4月4日,张志新被执行枪决!其尸体由医学院拉走,投入防腐池中,后又被分解,制成了教学标本。

七、死于共产党人共同犯罪下的史云峰

1974年10月27日清晨,人们在吉林省首府长春市胜利公园正门前面的交通岗亭上,发现一张标语。上面赫然写着:

必须给刘少奇主席恢复名誉!
打倒刘少奇主席违反党纪国法!
广大干部、党员、工人怀念刘主席!
所谓文化革命是极左路线大泛滥!

这张标语立刻引起了轰动。在当年的人们看来,这是一条"十恶不赦"的"反标",因而震惊了省、市各级领导人。

第二天，吉林省、市、区 14 个机关单位先后收到了 25 张匿名传单。传单上写着一系列口号，与"反标"相似：

沿中共八大路线前进！马列主义万岁！
团结起来，为共产党宣言的原则而斗争！
巴黎公社普选制万岁！中华人民共和国万岁！
我们信任周恩来同志！刘少奇同志是我党的优秀革命家，优秀理论建设者！
必须给刘少奇同志及其他中央马列主义领导同志恢复名誉！祝少奇同志、周恩来同志、邓小平

史云峰

同志身体健康！全党全军全民怀念刘主席！

刘少奇同志是野心家上台以非法形式，用极左浪潮阴谋搞掉的！千古奇冤！

打倒刘少奇主席违背党纪、国法，是阴谋手段，是先戴帽子后打倒！《论共产党员修养》是部好书！刘少奇主席功大于过！

全党全军全民向陈毅同志、贺龙同志致哀！

必须给受到不应有的打击和以莫须有罪名非法罢官、降职，挂起不用的各级干部恢复名誉，解放这些同志！

文化大革命让党组织瘫痪，全体党员靠边站，整个党的干部挨整挨斗，这是严重反党事件，政变暴乱，坏人上台，好人受气，党国全变，后遗症已愈演愈烈！

七、八年搞一次运动，是亡党亡国路线！

文化革命后，社会愈加混乱，一切都倒行逆施，不正之风愈加严重。人民生活愈加下降，供应愈加不足。所谓工农大学实际是后门大学，文化生活八年发展不大，人们精神生活死气沉沉，这难道不是事实！这是为什么了？

党的领袖也是普通党员，反对个人迷信！反对个人崇拜！共产党不要党皇帝！

江青！还我八亿人口的文艺生活，民族文化，传统文化，必须恢复！不能全盘否定建国十七年的文化艺术电影戏剧！

口号虽没有点毛泽东的大名，但条条口号都是对他的声讨。在当时的政治环境里，这些传单是"反动透顶"的。

当是时，毛泽东正向周恩来发难，在全国开展了批林批孔暗中批"周公"运动，各路诸候或自觉或被迫以紧跟而自保。吉林省革委会主任**王怀湘**，原效忠林彪，林倒台后，据说转而效忠于江青"四人帮"，似属自觉紧跟派。面对批毛保刘、邓、周的传单，王怀湘立即运用权力，把这一事件列为"**44号重大反革命案件**"，并报告给党中央。接报后，当年毛泽东指定的接班人中共中央副主席王洪文，基于问罪党内右派的需要，亲自布置，责令公安部门派人到长春市协助破案。"44号重大反革命案件"也因而变成了"通天"大案。在王怀湘的直接领导下，长春市掀起了一场"群众"性的大清查的破案活动。

是时，省、市两级党政机关先后成立了"44号"案件侦破领导小组，抽调了三百一十多名骨干担负侦破工作。省、市各系统、各单位层层负责，分片包干，都相应成立了"44号"专案小组。全市共成立专案小组1,652个，专案人员达六千六百多。在案件侦破中，全市所有文革中受过冲击的党员、干部、群众，都被列为嫌犯，上报的重点嫌犯，高达三千人以上。

案件很快告破：作案者是长春市第一光学仪器厂25岁的青年工人**史云峰**。1974年12月24日深夜，史云峰被秘密逮捕。不久，又以反革命教唆犯的罪名，逮捕了吉林省二轻局供销处副处长**傅长春**、长春市教育局组织科负责人史云峰的舅父**贾文会**。此外，还株连了众多他人。据报导：从1974年12月到1976年12月的几十次审讯中，史云峰始终没有改变自己的观点。

逮捕当夜，专案组对史云峰进行了第一次审讯。审讯中，史云峰直言不讳地承认了标语和传单全是他书写的。在多次审讯中，审讯者一再让他交待"目的"，他理直气壮地回答说："**我不是软骨头，因为我追求真理！……像我这样思想的人，从党内到党外很多。不少人都有所流露，比我的还多！……我不过是有勇气正视这些东西，这些客观事物！其它同志的思想反映在我头脑中，我反映出来了……我完全是由于追求真理，不怕打击，因此很多东西并不涉及我的切身利益，而是要正视现实，为人类服务！" "甚至就连在座的老干部，有的也是这样认为，只是在这里不能说，回家去说。**"

"其它同志的思想反映在我头脑中，我反映出来了"，株连了傅长春、贾文会等多人。

笔者认为，他说的都是事实。过来人都知道，林彪在外蒙古爆炸后，中共中央重新洗牌，逐渐形成了以毛泽东为首、以"四人帮"为中坚的左派与以周恩来、邓小平为首、以老干部为中坚的右派两大集团相对立，权力争斗在他们之间展开。

从表面上看，党内左派集团始终处于主动地位，但党内右派集团实力与日俱增。

1973年11月底到12月初，毛泽东借中美外交等问题整肃周恩来，大有"**打翻在地，再踏上一只脚**"之势，但终被周恩来"深刻检查"的"太极功"化解。消息传出后，周恩来赢得了党内外一片同情和支持。林彪死后，多数老干部对革命不报希望，为了改善待遇，纷纷走起后门来，其中，尤以参军、上大学走后门为甚。为了打击右派老干部，江青把矛头指向主持军委工作的叶剑英元帅，指责他是参军、上大学走后门的后台，迫使叶作了检讨。但为了稳住军心和舒缓老干部的对抗，毛泽东却在叶的检查书上批道："**开后门来的也有好人，从前门来的也有坏人。**"从此，后门大开。批林批孔批周公中，尽管党内左派张牙舞爪，不可一世，但由于人们厌倦了毛泽东的文革，军心、民心自然的然地向以周恩来为代表的党内右派一边汇集。1974年，笔者曾在许昌军分区内，目睹了一场军人牢骚。军分区政委，躺在值班床上，枕着双手，跷着二郎腿，静听参谋干事们发牢骚、讲怪话。他们对毛泽东"参沙子"参进中央军委中的领导干部不满，牢骚满腹。一个参谋牢骚说："**他们不行！打仗没有瞎子、瘸子、矮子不行！**"我问："**谁是瞎子、瘸子、矮子？**"答曰："**刘伯承，罗瑞卿，邓小平。**"躺在床上的政委，用二郎腿的脚点了几下。天才的毛泽东对于基层官兵的这种反叛情绪不会不知道。为了安抚军心，1975年1月5日，根据毛泽东的提议，中共中央发出文件，任命"**矮子**"邓小平为中共中央军委副主席兼中国人民解放军总参谋长；年迈的"**瞎子**"刘伯承元帅，继续充当中共中央政治局委员；因跳楼招致严重骨折的"**瘸子**"罗瑞卿，已被毛泽东平反，但还不得不在治疗中艰难度日。

史云峰的标语和传单，就是在这种政治背景下发生的。可以说，生于贫寒工人家庭为人正直的史云峰，他的标语和传单代表了党内右派的呼声，也代表了厌倦文化大革命的广大军、干、群的党心、军心和民心。

1976年10月6日，华国峰同叶剑英联手，逮捕了王洪文、张春桥、姚文元和毛泽东夫人江青，时称"**一举粉碎了'四人帮'**"。

毛左派集团的倒台，应当说给反对毛左派的史云峰带来了光荣出狱的希望；然而，两个多月后的12月19日，他却被以现行反革命罪判处"死刑，立即执行"，枪杀于长春市市郊刑场。刑前，为了防止他喊冤，市公安局在其颈部皮下注射了两针普鲁卡因麻醉剂，嘴里塞满纱布团，用医用缝合线把嘴紧紧缝住。

1980年3月24日，中共吉林省委、长春市委召开大会，为史云峰彻底平反昭雪，并追认史云峰为中国共产党党员和革命烈士。同时，也为受株连者平了反。省委和省革命委员会号召全省共产党员、共青团员、广大干部和群众，向史云峰学习！

史云峰走了，留给人们的却是不尽的思索。

中共吉林省委、长春市委为史云峰平反昭雪时说是"惨遭'四人帮'杀害"的。在《坚持真理宁死不屈——史云峰》一文中，作者说：（史云峰）"**在文化大革命中，他坚持马列主义，毛泽东思想，英勇无畏地反对江青反革命集团，惨遭杀害。**"作者还明确指出，杀害史云峰的是"四人帮"在吉林省的代理人、省委书记、革委会主任**王怀湘**，是他"操纵省委常委会议，决定判处史云峰死刑"的。显然，吉林省委和《坚持真理》一文的作者，把处死史云峰的罪责推到"四人帮"和王怀湘的身上是"最有说服力"的，因为，这符合"主旋律"的规定。

在"任由权力打扮的小姑娘"的"历史"面前，真实的历史竟变成了"谬误"。然而，权力虽可以任意打扮历史，但历史不会去打扮权力，也不会让权力打扮、篡改历史的行径得逞于永远。

翻开真实的历史记录看看：

从1974年12月24日史云峰被捕到1976年12月19日被处死止，历史匆匆过去了725天，差5天不到两个整年；在1976年9月9日毛泽东死前，或在1976年10月6日"四人帮"被捕之前，是"四人帮"横行霸道之时，史云峰却能安然无恙地度过了近两个年头！然而，就在"四人帮"身陷囹圄两个月又十三天后，他们的代理人，竟能秉旨处死史云峰，这，难道不发人深思吗？

再翻开真实的历史记录看看：

1974年12月24日前，仅长春市参加破案人员，就达6,600多人。

1976年5月31日到6月4日，长春市中级法院院长会议讨论决定判史云峰死刑。

6月14日，市中级法院院长会议再次讨论史云峰案时，院长表态：**"史不杀掉，法院就失职。62年以后没有像这样的。"** 讨论中有多位检讨自己：思想跟不上形势，专政理论没学好，特别是对走资派还在走没学好。一位副院长说：**"我们的法律不是机械的，要根据形势而定。"** 16日，市中院院务会议最后决议：史云峰"现反罪"多数人意见处死。

8月23日，长春市委常委会讨论"44号"案件。会议纪要记载：**"常委多数人意见判处史云峰死刑，立即执行。"**

毛泽东死后的9月22日，省高院讨论"44号"案件后一致决议：以"现反罪"判史云峰死刑，立即执行。

12月1日下午，省常委讨论"44号"案。**常委一致意见：判史云峰死刑。** 执行死刑定于12月19日星期日。

17日，向史云峰宣布判决书。史云峰当即反对，拒绝按手印，被两个管教员强行拽住在回执上按了手印。当晚，史云峰上诉，因戴刑具不能书写，口述由同监犯人代笔。

史云峰的上诉书送抵高院，接上诉书的副院长说："主罪没变化，**仍按省委意见办。**"

当史母贾秀云得知儿子的死刑判决后，当即口头上诉，次日书面上诉省院。两天之中，史母跑遍市法院、公安局、市委，甚至拦车喊冤，但遇到的都是冷冰冰的面孔。

12月19日上午，省市法院向史云峰宣布驳回上诉，并验明正身，准备执行。史云峰大喊冤。于是，**缝其嘴而消其声。**

共产党人共同犯罪的主要负责人、"**'四人帮'在吉林省的代理人、省委书记、革委会主任王怀湘**"少将，于1977年初离职，走马升任武汉军区副司令。

显而易见，史云峰之死是共产党人共同犯罪的结果。遗憾的是，迄今为止，没见一个当权者，没见一个共产党员，也没见一个毛泽东的"**群众**"，因良心再现而为史云峰的死忏悔、谢罪。因为，共同犯罪者都是中共的依靠力量，他们听党话的奴性和对敌斗争的流痞性，需要加以保护。

八、王申酉殉道马列主义

1. 蛮横的处决

毛泽东死后，"四人帮"被捕，"英明领袖"华国锋主席，粉墨登场。他上台伊始，便学着毛泽东"立威"的行之有效方法，大开杀戒。1977年2月22日，他在签发的中共中央"中发[1977]六号"文件中，借转发《全国铁路工作会议纪要》之际，发出了新一轮也是文化大革命最后一轮大屠杀的号令："**对攻击毛主席、华主席和以华主席为首的党中央的现行反革命分子，要坚决镇压！**""**对极少数罪大恶极、证据确凿、不杀不足以平民愤者，则杀之。**"在文革最后一轮大屠杀中，有成百上千的持不同政见者，倒在他的枪口之下，其中包括上海的**王申酉**和江西的李九莲。

王申酉

在上海，逮捕"四人帮"后走马上任的中共上海市委第一书记、市革委会主任苏振华、中共上海市委第二书记、市革委会第一副主任倪志福和中共上海市委第三书记、市革委会第二副主任彭冲等人，在文革中都是备受林彪、"四人帮"迫害的革命领导干部。"四人帮"倒台后，他们肩负着清除"四人帮"余党的重任，总揽了上海市党、政、军、财全部权力。到1977年初，他们根据华国锋主席的命令，大开杀戒。**他们的屠刀首先对准的不是"四人帮"在上海的同伙，而是对准同他们一样饱受蹂躏而反对文化大革命的平头百姓。**4月7日，在丁香礼堂的会议室里，苏、倪、彭等人为首的上海市委，讨论了市高级法院上报的68个罪犯案件。其中反对文革、批判毛泽东和"四人帮"的王申酉一案，仅讨论了6分钟，便批准了"死刑，立即执行"的判决。

由此可见，马列主义无产阶级专政或称人民民主专政体制，对老百姓从不手软，不论哪个共产党员上台执政、当权。

1977年4月27日下午，阴云密布，大雨瓢泼，有一万六千多人参加的"群众公判大会"，如期在普陀区体育场举行。

王申酉身穿褪色蓝布学生装，浑身湿透，反铐双手，被押进会场。他面目清秀、端庄，目光深沉，神态安详，坦然环视会场，期待着对他的公正的宣判——逮捕"四人帮"，使他看到了出狱的希望。他自信是个马克思主义者，他反对林彪、"四人帮"的倒行逆施，他同情刘少奇等被打倒、被迫害的老干部，他赞扬周恩来、邓小平在文革中的所作所为，他自信他对毛泽东的批判，是完全站在马克思主义立场上的，会得到新上任的苏、倪、彭等老干部的体谅。由于事前没有接到过任何判决通知，他以为是公审陪绑。但当听到宣布他"死刑，立即执行"的判决时，全身强烈颤抖起来，炯炯双目喷射出愤怒的光焰。他怎么也没有想到，他曾同情过的老干部们，一朝权在手，便不能容忍在文革中同他们一样遭受过迫害的囚犯，**并为处决他创造了一项"史无前例"的比毛泽东的镇反、土改和"一打三反"更为独绝的蛮横——从宣布判决到执行枪决，只"给"他二十几分钟对判决的思辨和对人生的怀念；细麻绳狠狠勒住他的喉颈，不准上诉；囚车径直把他拉到刑场，不许申辩！** 随着罪恶的枪声，他卒然倒地，结束了他31年短暂而悲壮的一生！

《人民日报》记者金凤是王申酉冤案调查者。她在《杰出青年思想家王申酉》一文中写道："**可笑的是，上海市高级法院的书面批文，在王申酉被枪决后的第二天才送到普陀区法院，而区法院却在没有见到批复件之前就宣布判决了。**"

2. 入团不成反为异己分子

1945年，王申酉出生在上海一个多子女的工人家庭。九口之家，全靠父母每月90多元的工资维持生计，过得十分清贫。

1962年秋天，17岁的王申酉，以480分的高分，考进了重点大学上海华东师范大学物理系。

跨入华东师范大学，那优美的环境、设备完善的教学楼、实验室和藏书几十万册的图书馆，使稚气未脱的王申酉难掩心中的狂喜：一个贫困工人子弟的他，未来将在这所环境优美的重点大学里度过有意义的五年大学生活。他崇拜爱因斯坦、牛顿、居里夫人、哥白尼等科学家，他在日记中写道："**像科学家一样用孜孜不倦的个人奋斗，以极顽强坚毅的辛劳换取无穷尽的科学成就，一切为了人类的幸福，从而也享受着丰硕的劳动成果（是他所创造的极大财富中极小的有限的一部份）**"。他立志将来要"**以科学家的身份，将我毕生的精力与才智贡献于全人类，以取得社会对我的信任和报酬。**"

正当王申酉怀着激情努力攀登科学高峰的时候，北京先后传来了毛泽东"**教育必须为无产阶级政治服务，必须同生产劳动相结合**"、"**学制要缩短，教育要革命**"的命令。上海华东师大同全国大学一样，奉旨搞起了这样的"革命"：专业课砍掉一半，取消外语考试，大幅度地增加了政治学习和劳动时间。

毛泽东的"教育革命"，其实质是要革掉知识分子的个人尊严、独立精神和自由思想，把他们改造成党的"**驯服工具**"。这是继1963年5月开始批判"有鬼无害论"借以棒打没有完全驯服的文艺界人士后，毛泽东为文化大革命设计的另一个战略部署。面对这样的"改革"，具有独立意识的王申酉，自然想不通，尽管他还没看出毛"教育革命"的根本目的。

他在日记中写道："**这样做对系统的不容间断的科学知识的掌握有什么好处？**""**不要读书，不要科学，还搞什么建设？中国如此会被引向繁荣富强吗？**""**自从'教学改革'以来，教学搞得乌烟瘴气，倒退了好几年，学的东西实在太少了……**"他还感慨地说："**这种改革总算来晚了两年，要不然（我）五年的大学等于白念了。**"他沉痛地写道："**我个人又算得了什么呢？但我不能不为中华民族担心，担心这个世界上最庞大民族的衰灭……**"

随着知识累积和观察能力的提高，他日益觉察到高调的政治说教和严酷的社会现实之间存在着的强烈反差。

当官方传媒将社会主义制度的优越性吹得天花乱坠的时候，他感受到的却是物质与精神生活的极度匮乏；当各级领导人都在倡导"三老四严"作风的时候，他看到的却是普遍存在的弄虚作假和谎言妄语；当最高领袖高唱"团结——批评——团结"和"正确处理人民内部矛盾"的时候，他看到的却是持续不断的"残酷斗争，无情打击"；特别是当他知道摧残精英的反右运动和饿殍遍野的大跃进运动那段悲惨的历史后，他的困惑和不满便与日俱增。这种理想与现实的捍格，促使他对毛泽东和中共的"伟大、光荣、正确"性，由怀疑而否定。

1957年反右后，中国进入了万马齐喑的黑暗时代，毛泽东把阶级斗争那柄达摩克利斯之剑，悬在人民的头顶上，谁也不敢对毛泽东随心所欲的这种"改革"、那种"革命"，公开表达不满。善于独立思考的王申酉，不愿意浪费自己思想。于是，他在日记里找到了可以任意挥洒的辽阔大地，无保留地记录下自己对时政的看法。然而，**日记——这个任他思想自由驰骋的狭小空间，却为他埋下了苦难、灭顶的种子，最终成了揣在怀里却被政府遥控着的定时炸弹！**

1965年秋天，王申酉随学校到崇明岛参加工厂"四清"。当时许多同学都借此机会要求入团，而入团就要经常向团组织汇报自己的思想和别人的表现。**对这种报告个人隐私和特务式的告密做法，他十分厌恶。**政治指导员几次要他向组织交出"真实思想"，都被他拒绝了。由是，他与党组织之间产生了隔阂。不久，党组织知道他喜欢写日记，叫他把日记交出来，让党组织来考察他的思想，又被他拒绝了。结果，团员没当上，却引发了他与党组织之间的信任危机——开始他的人生悲剧。

在"伟大领袖"发出**千万不要忘记阶级斗争**号召的推动下，许多党员干部都能用阶级斗争的目光去审视周围发生的一切人和事。不久，校党委派人查阅了王申酉的家庭、亲友和中学同学的档案，调查他的"反革命小集团"活动。单纯的王申酉哪里知道，他的日记已被指导员委派的学习班长偷看过了，并把他对"教改""时政"怀疑和不满的话，都偷偷摘抄了下来；偷看者还在日记中发现了他的"机密"，一些缩写的英文字母，似有"反革命小集团"代号之嫌。这一切材料都被呈送到了校党委书记的案头。于是，开始了对他的专案调查。尽管调查结果证明是子虚乌有，查明缩写英文字母系诸亲友的代号，但信任危机已经加深。党组织发现：王申酉是个对党不满同党离心离德的**异己分子**。

3. 独立思考使他滑向"反动"

"人生而自由。"考察一下王申酉的思想发展轨迹，人们会发现，出身于工人阶级家庭的他，多年的学校政治"洗脑"特别是"教改"中的"洗脑"，并没有洗掉具有先天自由主义本性的独立思考。

在日记的这个隐密而狭小的"广阔天地"里，他展开自由的翅膀：1963年，他批评**"在我们国家里，还存在着'革命'功臣与广大平民的不平等"**；1964年，他批评中共**"思想独裁"**；1965年，他批评**"三面红旗一出，三年困苦降临到六亿人头上"**；1966年，他批评**"在六万万人民中空前地培植起同封建时代类似的个人迷信、个人崇拜"**；到了文革中的1967年，他还批评**"毛在十年前划了三十万右派分子，他们绝大多数是无权无势的耿真志士"**。

1966年文化大革命开始后，他感到一场暴风骤雨从天而降。对此，他在日记中写道：**"将席卷文教界，也许将涉及更多方面。"**当报纸上大张旗鼓地批判彭真、吴晗、邓拓时，他写道："难道彭真、吴晗、邓拓等人的政治生命消失了？人说我终日忧心忡忡，以为我始终在为个人考虑，我实是忧国忧民啊。""中国共产党是在干着一场极其空前、极其史无前例的事情。它把中国引入一条极其与世界不同的道路！""这场所谓的无产阶级文化大革命，彻底打翻了曾经稳定一时的教育秩序，把中国引向一条迷茫的路。我从内心深处讨厌这场革命。国家、民族的前途越来越渺茫。生为一个热血青年，一腔热血无处可洒啊！"他预言：**"这场'革命'将使中国倒退至少十年。"**

1966年6月23日，入团不成反成类反革命异己分子的王申酉，从崇明岛回到华东师大。学校已经停课，师大已经处于一片混乱和狂热中。

他对任意批斗老教授很反感。他写道："**骂这些老'不死'的老教授'是资产阶级代表人物'，是大草包、骗子是没有关系的，甚至骂他们反党反社会主义杀人魔王、牛鬼蛇神也绝不会有人批评你，相反说明你革命性强。这幕剧难道不可笑又可悲么？**"8月4日，华东师大一百多位教授在校园里被批斗，有的被打得头破血流，有的被迫吃泥土和毛毛虫。不久，物理系教授**姚启钧**跳楼自杀。面对暴行，王申酉十分苦恼。

8月19日，他在日记中写道：**"总之，这场'革命'一结束，中国将出现最黑暗的**

时代。""古今中外从来也没有出现过如此疯狂的大独裁者,但越独裁,越搞个人迷信,个人崇拜,最听不见别人的话,也越受孤立,现在真是'众叛亲离的时候'。国际国内的人们越来越对他失去信任,少数只看鸡毛蒜皮的鼠目寸光的人也许一时被迷住了心窍,但广大的知识分子的耳目别想遮尽!这场'革命'被埋葬的时候不远了,现在已在奏出序曲了!"

1967年是毛泽东向刘、邓党内右派全面夺权的一年,也是党内右派反夺权最激烈的一年,王申酉参加了上海学生炮打毛泽东的权臣张春桥的行动。他的批左行动,并没有改善他的政治待遇:无论是中共党内左派或右派,都把他列为"反动学生",尽管他还在替党内右派鸣不平。

随着夺权反夺权的白热化,全国各地的武斗不断升级,形势愈来愈乱。对此,身处逆境的王申酉感到万分的孤独和无聊。他在日记中感叹:"**这样无聊的日子怎么过得下去呢?早些回到科学研究的希望落空了,整整两年大好光阴沦到汤里去了!**""**几十万大学生,几百万中学生,几万万小学生在虚度光阴,更有几百万工人和几万万农民在消极怠工,中华民族的文明受到空前的浩劫!我对这样的政局失去了兴趣。**""**近一年来的'文化大革命'使社会上失去的太多了,我的失去是与社会的失去一致的。**""**这一次,历史开了玩笑,几十万当权派(有低到一个小小的里弄干部,有高到国家主席)被戴高帽子、罚跪、肉体折磨。而一帮无赖、流氓、小人反而上了台!**"

此时,年仅21岁的王申酉,他的自由主义独立思想意识,他对未来的叹息和忧虑,他对文化大革命的反感,都已经触及了中共的敏感神经,与毛泽东思想格格不入。在中共党人的眼里,这足以证明他是一个货真价实的类反革命异己分子,因而,对他采取必要的无产阶级专政措施,就"顺理成章"了。

4. 实施无产阶级专政:三不准

人类的思维是自由的、活跃的,任何天才的精于"洗脑"的独裁者,都无法将天下所有人的大脑"格式化",然后输入他一个人的思想。但在毛泽东思想教导下的共产党人,虽然他们无法"格式化"王申酉的自由思想,但却可以用专政手段,切断他的自由源泉,使他无法继续"放毒"。于是,他们向王申酉下达了"三不准"的命令:

(1) 不准看外文和科技书

在1968年清理阶级队伍中,华东师大几百个学生被点名批斗,成百学生被"隔离审查",三十多个学生被迫跳楼自杀。王申酉是被"隔离审查"者其中之一。他多年节衣缩食买的几百本书、一些无线电零件和从14岁开始写的日记,当作"反革命罪证",全被抄走了。"隔离审查"中,他被皮鞭打得满地翻滚,昏死过去,又被冷水泼醒。他在白纸上写了几百个"天地难容"的大字,又成了他反对文革的"罪证"。

1968年初,王申酉被关进了上海第一看守所牢房。在一年多的关押中,他以顽强的毅力掌握了俄语、英语,又学会了德语和日语。

1970年,华东师大同全国一样开展"一打三反"运动。一名女生吴美娣看到报纸上"大力提拔革命干部"的社论,情不自禁地在报纸上批上:"**鱼恋鱼,虾恋虾,乌龟恋的是大王八!**"遂被揪出当作"反动学生"进行批判。已经释放回校的王申酉,对吴美娣表示同情,暗中写了个字条支持她:"**任凭风吹浪打,胜似闲庭信步。**"不幸被发现。他埋头学自然科学和外语的勤奋,被市革委"工宣队"的痞子们打成"**走白专道路**"的典型,学习外语又被流氓无产者们推定为企图"**里通外国**";他所有的自然科学和外文书籍被悉数没收,还被勒令:不准再看业务和外语书籍,只准"**学习'毛选',好好劳动,改造思想,重新做人。**"

王申酉气愤极了。他以马、恩、列、毛和鲁迅的名言立论,写了《**我的自由**》、《**大学八年思想小结**》和《**我头脑里真实想的东西**》三篇自我辩护的文章,交给工宣队。但三篇文章却成了他"打着红旗反红旗"、猖狂攻击文化大革命、"破坏一打三反运动"的"罪"证。由是,上海市革委会文教组,将他的"错误"定性为"敌我矛盾"。于是,同班同学都毕业分配了工作,只有他被赶出"人民"范围,成了唯一留校监督改造的"阶级敌人"。

1970年11月9日,王申酉又被发配到苏北大丰干校劳动。

嗜书好文的王申酉,反对毛泽东"书读得越多越蠢"和"知识越多越反动"的说教。他在日记中写道:"**做学生追求点知识;当工人追求点技术;当教师多追求点传授知识;当学者多追求点学术研究,为什么是罪恶?为什么知识越多越反动?**"当被剥夺了学习外语和自然科学的权利后,他便利用干校图书馆里的马列毛著作和社会科学书籍进行研读,从中探索"这个社会的本质"。

(2) 不准读《资本论》

一个初春的夜晚,同宿舍的人都已入睡。躲在蚊帐中王申酉,正在手电筒微弱的灯光下摘抄《参考消息》上一些国外经济资料时,"监管小组"人员,突然扑到他床头,大声喝问:

"王申酉,你在干什么勾当?"

"把东西交出来!"

王申酉还没明白是怎么回事,《参考消息》这份中共公开发行的报纸被夺走了,枕头内和书架上的书籍、笔记本都被抄走了,连塞在枕头芯中的一叠"摘录"也被抄走。第二

天,"罪证"在手的"群众"们,把王申酉被拉到干校的操场上批斗。现场笔录如下:

"你老实交代,偷看《参考消息》和抄录其中材料,有什么反动目的?"

"我是为了更好地理解马列主义经典著作而收集些材料,没有反动目的。" 王申酉平静地回答。

"毛主席著作和规定的六本马列著作你为什么不看,要去看《资本论》?"

"规定的我都看完了。"

"你为什么偷偷地学德文?"

"德国是马克思的故乡。我学德文是为了学习马克思、恩格斯的原版著作。"

"那就是说,你对中共中央编译局出版的马列著作不相信。你这不是怀疑马列主义在中国遭到了篡改吗?你是妄图否定马列主义!"

"怀疑"就是"否定",这是痞子、流氓无产者的强盗逻辑,是中共赤文化的重要特色之一。

由于王申酉的"顽固态度",当天下午,一张揭露他学习马列是个"阴谋"的大字报贴了出来:

"王申酉学习马列著作,是为了寻找资本主义复辟的规律和理论。"

显然,审讯者并非工农兵一般等闲之辈,他们根据无产阶级专政逻辑,便可对王西西做出判决。但他们判决错了。王申酉学马列的目的不是为了"复辟"资本主义,而是要为社会主义正名。因为,他怀疑,毛泽东领导的反右、大跃进、人民公社和文化大革命,不是真的社会主义。他在日记中写道:"**'社会主义制度是香的'我还没有体会到,难道千千万万人妻离子散,千千万万人过着勉强维持的生活,人必须过三十岁的黄金时代再结婚就是社会主义制度的组成部份吗?**"因此,他要研读马列原著来探索"**这个社会的本质**"。

被禁止读自然科学和外文书籍的王申酉,来到苏北大丰干校,见干校图书室中有许多马列著作,便一头扎在学马列著作上。

干校的体力劳动是繁重的,生活是单调的。每天早晨,他比别人早起一个小时,在田头背诵德文单词;中午,别人都午睡去了,他不休息,到阅览室看书;晚上,别人去打扑克,玩"工兵掘地雷",他夹着书和笔记本,钻进一间堆放杂物的小屋,在那里读书、做笔记,与霉烂的土豆与时而跑来跑去的老鼠相伴。他阅读了马克思的《政治经济学批判导言》、《剩余价值学说史》,恩格斯写的《反杜林论》,列宁写的《俄国资本主义的发展》、《什么是"人民之友"以及他们如何攻击社会民主主义者》、《关于帝国主义的笔记》,斯大林写的《苏联社会主义经济问题》等等,马克思的《资本论》,他研读了两遍。他攻读的马列著作和其他社会科学书籍,大约有几千万字,写了100多万字笔记,还抄了27万字的《世界通史》和厚厚一本《马克思传》。他写钝了十几个钢笔尖,用去十几瓶墨水。他埋头读书忘记了时间,忘记了饥饿和寒冷。他回宿舍睡觉时,常常是半夜时分了。

博览群书特别是阅读马列主义经典著作，丰富了他的知识，开拓了他的视界。不幸的是，他正在用马克思的《资本论》等政治经济学著作来探索"**这个社会的本质**"时，又遇到了无产阶级专政的铁拳：**不准读《资本论》**！正是：

秀才遇到兵，有理说不清！

(3) 不准恋爱

七情六欲人皆有之，而爱情是人类永恒的主题：没有爱情就没有人类；人类的基因通过性爱代代相传。但在"**老子英雄儿好汉，老子反动儿混蛋**"的"血统论"横行时代，在批判"血统论"先驱遇罗克被"依法"枪杀的毛泽东时代，为了防止反革命基因遗传到下一代，不准王申酉恋爱、结婚，便成了无产阶级专政的重要任务之一。

1974年的王申酉，已经29岁了，他迫切希望结婚。在学校劳动改造中，他认识了女工李善美。李同情他，待之如弟，并给他介绍了崇明农场知青谢芳做朋友，两人感情渐深。趾高气扬的学校保卫组，闻讯后，便举起了无产阶级专政的狼牙棒，对谢芳的父母说，王是监督劳动的"现行反革命分子"。谢芳的父母十分害怕，强迫女儿与王断绝了关系。此后，王申酉又先后与另外两女恋爱，也被专政狼牙棒打散。

1976年2月，中学时代的女同学为他介绍了一位身材颀长优美、有相当文化程度的青年女工**吴顺娣**。对吴十分满意的王申酉，开始他人生的最后一次恋爱旅程。吴顺娣也有独立见解，两人有共同语言，一拍即合。吴为王的才华所倾倒，王为吴的理解而感动，两人的感情逐步加深，渐入佳境。为了防止再次被棒打鸳鸯，王申酉决定主动去找保卫组一位工人师傅当面谈，反复恳求保卫组和他不要干涉、破坏他们的恋爱和婚姻。谁知此人阶级觉悟特高，他恶狠狠地举起专政狼牙棒，硬要棒打鸳鸯两分离：当天他赶到吴顺娣家和工作单位施加压力，并对王申酉进行人格污辱，从而使吴顺娣在家里和工厂里几无存身之地。王申酉知道这一情况后，感到很严重。他约吴谈了一次话，他希望她不要匆匆作出最后决定；为了稳定姑娘的心，挽救濒于危险边缘的爱情，他向吴表示，将在数日内写一封长信给她，表白他的世界观和对各种问题的看法，以及他对他们爱情关系的想法。谈话后，王申酉立即赶回学校，集中全部心思写这封长信。9月12日即毛泽东逝世的第四天，是个星期日，王申酉起了个大早，赶到学校人防休息室，埋头写尚未写完的情书。他以为星期天不会有什么人来。谁知道当他正埋头写的时候，一个监视他的工人突然到来，大吼一声说："**写什么？缴出来！**"王申酉一惊，立即撕碎情书，一部分塞进口中，一部分送到水槽里，工人便扑上去夺，没有吃掉的，没被水冲走的纸片都被抢夺了去。这工人大喊："**抓反革命！**"保卫组的人来到，立即把王申酉抓了关起来。他们将撕碎的纸片拼起来，作为"反革命黑文"。当天下午，王申酉被押解到区公安分局关押。

古人作词诵道："**他一双儿女两情坚，休得棒打鸳鸯作话传。**"中国共产党人"家规"严：棒打鸳鸯寻常见，管他什么"作话传"！

在普陀区拘留所，当晚开始审讯王申酉。审讯中，审讯者对**情书**中的一些不同政见进行了追查。其中有这样一段纪录：

问："你的矛头针对谁？"

答："**我主要写的是现在的社会情况。**"

问："我们的社会是什么社会？"

答："**是社会主义社会。但我想有很多情况不符合社会主义社会。国民经济停滞不前；生产力不能高速度增长；科技水平不是高速发展；文学艺术也不能达到高水平。我们社会是闭塞的，不是如马克思所讲的和国际交往密切。**"

问："为什么你的攻击在1976年？"

答："**我感到邓小平重新工作以后，中国有了希望，我的思想是和他完全合拍的。1976年批判邓小平以后，我情绪抵触，认为国家没指望了，自己也失望了。这在给女朋友和弟弟的信上都讲了……**"

他给吴顺娣的情书和给弟弟的信都给公安局当作"罪证"收缴了。在内蒙古做工的弟弟，也被关了起来。

王申酉人生最后一次爱情，终被无产阶级专政的狼牙棒打散。正是：

仁者以慈悲为怀，邪道以摧残为能。

(5) "爱情自供状"

在拘留所，预审员反复要王申酉承认所谓"**恶毒攻击罪**"，但王申酉坚持说他只讲真理，讲人所共识的客观事实。"秀才遇到兵，有理说不清。"但审讯者是官，不是兵。过来人都知道，那时搞专案的大小官员们，许多人都是"有罪推定论"的瘾棍，搞出的"反革命"越多，"罪行"越重，他们的成绩就越大，越能证明他们的无产阶级立场更坚定，对党更忠诚，因而更有机会升迁。于是，逼供信、罗织罪名便畅通无阻。有时为了紧跟全国"形势"，他们甚至可以"先判决，后整理材料"去"及时完成任务"，尽管他们嘴巴上经常挂着"重证据"、"重调查研究"、"实事求是"和"不搞逼供信"等时髦词汇。一个多月里，他们提审王申酉20多次，终于把他的"罪行"逐步升级，推到了死刑边缘！

王申酉的"罪行"材料很快呈报到法院。

为了紧跟英明领袖华主席对"**现行反革命分子，要坚决镇压**"的批示精神，从3月8日到16日下午，普陀区法院和上海市高级法院的官员们，瘾性大发作，加班加点，废寝忘食，联合提审王申酉五次，终于整理出了"**恶毒攻击伟大领袖**"、恶毒攻击"**文化大革命**"、"**反右派运动**"、"**反右倾运动**"、"**大跃进**"、"**人民公社运动**"、"**批林批**

孔"、"**批邓、反击右倾翻案风**"等九项"恶毒攻击罪"。据此，3月25日，上海市高级法院做出了判处王申酉"死刑，缓期执行"的决定。但为了紧跟形势，在上报中共上海市委审批时，他们害怕犯右倾错误，便迅速将"缓期执行"更改为"立即执行"。王申酉的生命，就这样被毫无人性的官员们任意玩弄！

笔者认为，所谓九项"罪名"，其实只有一项，即"**恶毒攻击伟大领袖**"。因为，王申酉"恶毒攻击"其他的"罪名"，所指的都是由毛泽东亲自发动和领导的历次政治运动，而这些运动，都先后被中共中央否定了的。可见，毛泽东的法官们，同搞专案的官员一样，多数都是执法犯法的痞棍和流氓无产者！

法院官员们给王申酉制造的九项"恶攻罪"的"罪证"，主要取证于他的为挽救爱情的情书；而作为"罪证"的情书，是在原情书大部被毁的情况下，由王申酉亲笔重写的"爱情自供状"！

对此，1978年到华东师范大学任党委第一书记的施平，在其《王申酉昭雪记》一文中写道：

一次审讯中，审讯员给了他一支笔、一沓纸，责令他把"万言黑文"的全文重新写出来。王申酉的这封长信是他长期学习马列理论和思索社会问题的思想结晶，所以法庭虽没有把撕碎的剩余纸片给他，他却凭着记忆，仅用5天时间，就把原意写得既清楚又完整，把两万字的原信扩充到6万字。扩充后的信，经与原信核对没有意思的差错，他直接征引大量马列的话，和原意都无出入，许多句子甚至和原书完全一样，好像照抄而来。王申酉写的时候，如行云流水，一泻千里，一天写一万多字，这是多么惊人的速度，多么良好的记忆和扎实的理论根底啊！

在"爱情自供状"里，王申酉对毛泽东的一系列路线、方针和政策，都进行了开诚布公的评价和批评。这些"评价和批评"，在毛泽东和当年的官员们看来，就是"恶毒攻击伟大领袖"的。**王申酉伟大之处在于**，他敢"拿鸡蛋往石头上碰"，明知不可为而为之。

他批评毛泽东消极抗战、保存实力的战略思想。 他赞扬彭德怀发动的百团大战是"为抗战的胜利建立了不可磨灭的民族功勋。"他对毛泽东批判百团大战"消耗了共产党领导下的武装的力量"不以为然。他批评道："他(毛)没有看到彭德怀的军事胜利大大地提高了八路军的威望，增强实际战斗能力，从长远看并没有、反而会增强党的武装力量。"

他崇拜青年时代的毛泽东。 他写道："他青年时发表的不少文章曾激动过我和许多青年的心情。我和不少青年学生积极卷入文化革命的政治运动在不小程度上是出于对青年毛泽东的崇拜——这一点是千真万确的。"但对掌权后的毛泽东却作出了截然相反的评价："只是我们曾好久弄不明白，为什么青年时代的毛泽东曾那么大力地与禁锢着他精神发展的种种社会桎梏作斗争，但他走上统治舞台后却为我们这一代青年带上更严厉的精神桎梏。"

他指责毛泽东"不顾中国的现实历史条件，发出了'人民公社好'的号召"，"大搞一平二调、共产风"，他批评人民公社是"一种乌托邦式的社会，与马克思所说的科学社会主义格格不入。""这种公社只是东方专制主义制度的社会基础，只会造成农民永久性的野蛮、落后状态，丝毫没有社会主义的因素。"他说，如果"马克思、恩格斯在天有灵"，看到"130年后的中国现时状态"，"该会产生多么遗憾和失望的心情啊！"

他批评毛泽东的**"一个钢铁，一个粮食，有了这二个就什么都好办了"**的讲话，"严重打乱了国民经济各部门的均衡比例"；他批评毛泽东制定的《鞍钢宪法》说："要谈论生产，就要抓住生产、交换和分配问题，而鞍钢宪法都没有提及，只提倡取消分工。"

他为因反对大跃进、人民公社的错误政策而被打成右倾机会主义的彭德怀，鸣冤叫屈。他写道："独有那个热血老人彭德怀不仅头脑十分清醒，而且人格正直，有大无畏的勇气，不顾高龄，奔波到全国许多地方进行了大量调查研究，实地考察，把灾难性的经济形势与造成的根源作了分析，写成了长篇的万言报告给中央政治局，结果在庐山会议上酿成了一场巨大的政治风波。彭德怀并没有搞阴谋，而是通过正常途径写信给中央，也没有在信中追究个人责任，还是比较客观地分析了中国当时困难的经济形势，要求采取措施改变过来。"接着他说庐山会议后，"毛搞了个关于彭德怀反党集团的决议通令全党，在全党掀起了一场反右倾机会主义的斗争，在中央到各地揪右倾机会主义分子，结果再没人敢说话了。""经济灾难像一匹野马一样在毁灭性的路上狂奔，到1962年眼看要摔到万丈深渊中去时，才算被缰绳勒住了。"因此，他写道："三面红旗是失败了，是一场历史的悲剧。"

他批评毛泽东不懂经济。他写道："总之，我还没有看到过他对于中国经济形态（无论是农村或城市工业）具体分析的文献，甚至解放后他在领导中国实行重大的经济变革时期，也没有发表过这类著作。作为领导这样大的国家的政治领袖，不对国家的经济作历史和现实的详细考察，要领导好国家的建设是很难想像的。从他对社会改造所表述的理想蓝图及实施的方针来看，他对资本主义生产方式的历史作用、历史必然性及其向社会主义生产方式过渡的历史条件的认识是很不足的。"

他赞扬刘少奇说："1962年七千人大会上刘少奇对三年经济困难作的'三分天灾七分人祸'的结论概括了客观事实，反映了全国人民呼声。"显然他在批评毛泽东的**"七分天灾，三分人祸"**论。

他批评毛泽东不按价值规律办事。他说："现在，无论什么人，在口头上都承认价值规律这样一条支配资本主义生产方式最基本的规律仍在社会主义社会内起作用。价值规律起源于商品经济，只要社会主义以商品经济形式进行，价值规律就一定起作用。"因而他赞扬刘少奇、周恩来、邓小平等制定的"《工业七十条》、《高教六十条》、科技工作十几条"使价值规律起作用，促进了社会生产力的迅速提高。

他支持毛泽东退居二线后的党中央。 他说："邓小平公开说过，反右倾百分之八、九十搞错了。"他赞扬"党中央还在党内恢复了一大批被冤枉地打成右倾机会主义分子的干部名誉。""在党外，也摘了一大批1957年带上的右派帽子。"

对于文化大革命，他不认为是争权夺利： "这场斗争的性质归根结蒂是两种性质不同的世界观和路线的斗争，是不可调和的、你死我活的。"

他批评毛泽东的"五七指示"是空想社会主义，他批毛"所描绘的社会蓝图，是一种'理想世界'"，"消灭分工、消灭三大差别，那是要有物质基础的"。他曾指责毛的"五七"蓝图"是封建家长制性质的"。

他批评鼓吹"灵魂深处爆发了革命"的林彪是"政治骗子"；他说江青是"30年代上海滩上末等黄色电影演员"。

他高度评价了邓小平。 他写道："邓小平学识渊博，人们称他为'百科全书'。个性光明磊落、生性耿直，工作有魄力。总理每次出国访问，全由邓小平任代总理，代管国事，事实上是第一副总理。邓小平又是党的总书记，统管着全党的组织、人事，组织能力极强。当老干部们在全国各地代替林彪势力执政后，邓小平来京是有稳固基础的。"

他对周恩来充满了同情： "周总理其人，无论从才能、智慧、人品，还从毅力、精力来说都是举世敬仰的。"

他看出了党内权力斗争的激烈。他批评毛泽东借"评《水浒》"来整周恩来。他写道："（毛泽东）看出了由于江青事件，形势极为不利，邓小平批判江青，而且把钻进国务院搞破坏活动的张春桥丢在一旁，王洪文、姚文元溜回上海，中央到各地的老干部们逐步围绕团结在总理正确路线的周围，呈现出一派热气腾腾的局面，而自己身边则十分冷落。左思右想，想出用《水浒》作题目，在八、九月间发出了开展评《水浒》的运动。"

对于发生在1976年4月5日的清明节天安门流血事件，他评论道："中国目前是处在解放以来最黑暗的时候，不知道何时会有尽头。历史看来在倒退，但总会前进的。我既然不能在天安门广场流血，那么就做一个历史见证人、旁观者，待有机会时，把我们一代人的经历和思想记述下来，留给我们的后代，使我们的后代在回忆我们的生活时，珍惜他们的生活，并启发他们更好地生活吧！"

(6) 民主社会主义者

八十年代初，王申酉被中共追封为"杰出的青年马克思主义者"。

王申酉走了，走得令人遗憾。他的悲剧在于，他没有死在毛泽东或林彪、"四人帮"的枪口下，却倒毙在他曾赞誉过并对其有所期待的"老干部"们制造的血泊中。有人说，如果他有幸活到1978年12月22日，亦即活到中共召开十一届三中全会时，他的《日记》、《爱情自供状》等，很可能使他成为"拨乱反正"的先行者。对此，笔者不能认同。

王申酉生前曾对朋友说过："**如果允许的话，我将宣布自己是马克思主义者！**"但他在日记中还曾宣布过："**我是自由主义者。我讨厌任何组织的约束。**"可见，他是一个建立在自由主义思想基础上的马克思主义者。而这种自由马克思主义，与中共左、中、右派的正统思想亦即"纯正"的马克思主义，是格格不入的。因此，王申酉和他的《日记》、《爱情自供状》，可以做为否定文革的一枚棋子，但不可能成为"拨乱反正"的先行者。因为，他的马克思主义并不"纯正"。

那么，什么是"**纯正**"的马克思主义呢？

据笔者观察和考证，这"纯正"压根儿就不存在。马克思主义自诞生起就是任人宰割的各取所需的本本；据说，连马克思本人都不愿承认他自己是个马克思主义者！

但在现实中，这种"纯正"确实存在——那是御用"经典作家们"制造出来的谎言，是共产党专制主义者真假搀和的产物，是独裁者在马克思著作上插上的一把鲜血淋淋的匕首！

在没有形成独裁之前，马克思主义是丰富多彩，派别林立，众说纷纭，在俄国，就有布尔什维克、孟什维克的分野。当政治寡头即独裁者一旦形成，独裁者和御用的"经典作家们"，便以其雄辩的才能进行造神：从本本中各取所需地宰割出许多"理论根据"，在"枪杆子"的掩护下，制造出一个"纯正"亦即"伟大的马克思主义者"的光环，给独裁者戴上；异己派别，则被斥之为机会主义。为了"统一思想"，他们就用"枪杆子"镇压异己派别。于是乎，左倾教条主义、右倾修正主义、折中主义等等机会主义，便被炮制了出来；在中国，毛泽东还发明了怪诞不经的"形左实右"主义。但当政治寡头一旦被废黜或驾崩，他的"纯正"光环便随其"盖棺"而退色、而消失；与此同时，其他"机会主义者"乘机而起，开始了新一轮的寡头造神，新的"纯正"光环，又在"枪杆子"运作下应劫而生。因此，各种"纯正"的马克思主义，便在共产党国家里反复涌现：列宁主义之后出现了斯大林主义，斯大林主义之后又出现了赫鲁晓夫主义、勃列日涅夫主义；在朝鲜，在金日成的"主题思想"主义之后，便出现了金正日的"先军"主义；在中国，毛泽东主义之后，便"合乎逻辑"地产生了邓小平的"中国特色"主义、江泽民的"三个代表"主义，等等。这是共产主义世界独特的历史现象。显然，这都是独裁者和御用的"经典作家们"，把一把血淋淋的匕首插在马克思著作上的结果。

王申酉虽被追封为"杰出的青年马克思主义者"，但由于他只有笔杆子，没有枪杆子、匕首，因而他的马克思主义不可能"纯正"。笔者认为，王申酉是个使用大量马克思主义词汇进行论述的自由主义者，或曰民主社会主义者。

九、为民主权利而死的李九莲
——附外一篇：被活体取肾的钟海源

1. 抛尸

1977年12月7日，赣北鄱阳湖畔的波阳县珠湖劳改农场管教干部对**李九莲**说："你不是一直在申诉吗？明天就带你去赣州解决你的问题。"李九莲以为，粉碎"四人帮"已一年多了，中国的政治形势在解冻，她的问题也应该解决了。她哪里知道，把她从珠湖押回赣州是要借她的人头来镇慑"赣州地区李九莲问题调查委员会"（下称李调会）成员，恐吓那些曾支持过她的赣州老百姓。12月11日，当她被押送到赣县看守所时，赣

李九莲

州地区公安局即向李九莲宣读了判处她"死刑，立即执行"的判决书。李九莲愤怒地喊道："**你们为什么要杀我？**"她拒绝在死刑判决书上签字，但她也不上诉。她满腔悲愤地在手纸上写道："**我就是像一只杜鹃一样啼出血来，又有何用？我向冰冷的墙壁喊一声，还会得到回音，而向活人呼喊千万遍，恰似呼唤一个死人！**"

1977年12月14日上午，在赣州市体育场召开三万人的公判大会。李九莲身穿黑色囚衣，脚戴镣铐，五花大绑，背插"现行反革命分子李九莲"的亡命牌，摁跪在主席台上，一根竹签把她的舌头与下颌固定在一起，以防她喊"反动"口号。游街后，李九莲被押到西郊通天岩刑场。命她跪下，她死活不肯。刽子手一枪击中其腿，把她打成跪的姿势，接着枪杀她于两棵小松树之间。据目击者回忆：她的鼻孔流着二缕黑血，半张开的嘴巴也淌着血，双眼微睁，眉头紧皱。是年，31岁！

在无产阶级专政的强大威力面前，亲人不敢去收尸。赣南机械厂流氓无产者暴徒**何康贤**，因光棍一世，便把李的双乳和阴部割下，回家凌辱，其丑秽邪恶亘古未闻！

陪同李九莲公判的有**曾传华**等李调会成员24名，分别被判5至20年徒刑不等。

之前，1974年10月29日，李调会负责人**朱毅、刘庭荣**等多人被捕。1975年9月27日，赣州地委决定对李调会成员第二次大抓捕，李调会负责人刘庭荣等16人，被判处5至15年不等徒刑。1975年12月20日，李调会主任朱毅，以反革命罪被判处有期徒刑20年，剥夺政治权利5年。1977年初至1977年8月，赣州地委对李调会成员进行第三次大拘捕，被拘捕李调会成员41人、同情、支持者18人，行政处理600余人。

1978年4月30日，李调会广播员、小学教师**钟海源**，因坚持批评数度涉入李案的中共中央主席**华国锋**，被认定重新犯有现行反革命罪，判处死刑。宣判时，钟海源毅然签上

自己的名字。法官问她道：还有什么话要交待的吗？钟海源站立说："**跟你们讲话费劲，我们的信仰不同！**"说罢，一甩头发，仰首大步流星走去。钟海源从容赴死之态，令所有目击者震惊不已。当日，钟海源在新建县被枪杀时，被残酷地活体取肾，给某部首长之子换用。

1978年7月2日，在压力下退出李调会的**舒北斗**，与20名支持者一道，被判处徒刑，其中，舒北斗被判处有期徒刑20年。

李九莲何许人也？她的"罪行"竟能株连到数百人？甚至能使钟海源为她"殉葬"？

2. 悔悟

1946年，她出生于赣州一工人家庭。解放前，由于全家生活难以维持，三岁的李九莲就被送人做童养媳。解放后，其父又把她背了回来。读书时，她十分刻苦，先后加入了少先队和共青团。在赣州市第三中学，被选为校团委宣传部长和学生会学习部长。由于善于钻研问题和独立思考，生活也十分简朴，在同学中有较高威信。

1966年，她满腔激情地参加了文化大革命，是第三中学学生**曾昭银**任团长的"卫东彪战斗兵团"的副团长，曾当选过赣州市、赣州地区、江西省的学"毛著"积极分子，是批判刘少奇和打倒走资派十分狂热的左派造反派。1967年6月29日到7月4日，赣州腥风血雨，暗无天日，发生了一场大规模的武斗，丢下了168具尸体。她没有参加武斗，却奉命前去收尸。看着死尸那一张张童稚般的年轻面孔，她始有所悟，在举行死难红卫兵葬礼上，她说："**再搞第二次文革，就是打死我，我也不会参加！**"她的造反思想被残酷的现实所消融，开始与毛泽东的欺骗、奸诈拉开了距离，公开表示反对文革。1968年，根据毛泽东的战略部署，全国开展清理阶级队伍运动。在江西，"清队"被头领**程世清**称作"三查"，即查所谓的"叛徒、特务和现行反革命"。在"三查"中她又看到，成千上万的干部、工人、农民和知识分子，一夜之间就被打成了"反革命"，无数人悲惨死去，搞得妻离子散，家破人亡。咕心的现实使她扪心自问："**为什么要搞文化大革命？**"

1969年春，她开始把自己的感受和想法写进了日记，凡三十篇七千多字。在日记中，她对青年、干部的被迫上山下乡，深表同情："**干部下放劳动，这期间的血泪何其多！青年学生到农村去，这期间的痛苦与绝望又是何其多！**"。对在所谓的"二月逆流"中受害的老帅老将们，深表不平，说这是"**宫廷里指鹿为马**"，"**中央不是按历史来决定问题的，而是按你对毛林的态度而定的**"。对"红海洋"和"三忠于"的愚昧活动，她也极为反感。针对毛的"阶级斗争一抓就灵"的说教，她认为"**不见得**"，说"**抓阶级斗争有什么用呢？只是使人敢怒而不敢言，老老实实，不乱说乱动罢了**"。她觉得林彪"**越来越像个奸臣**"。她把疯狂文革的的始作俑者毛泽东，讥讽为"**残冬的太阳**"，"**余晖是明亮的，略有温暖**

的，然而实在是无力的、不持久的；只有那些没有棉衣的无产者才敢大胆地说：'**他并不伟大，也并不温暖，不然我怎么会冷得发抖呢？**'"此时的李九莲，如果还保有造反意识的话，她的造反目标已经指向曾号召他们起来造反的毛泽东身上。这是历史的诡局。

3. 祸端

她的横祸，发端于一封情书。1969年2月28日，她给男友昔日的造反团团长**曾昭银**写了一封信。

曾昭银：

你好！来信收阅。我觉得此信供你作取与舍的参考较为合适。我以前未知你的态度，所以不便直言。今天我把我的思想情况向你说清楚。

一、对国家前途的看法：经过半年多的复杂生活，碰到一系列事物，想到了很多问题。首先是对国家前途发生怀疑。我不明白"**无产阶级文化大革命**"到底是什么性质的斗争，**是宗派斗争还是阶级斗争？**我感到中央的斗争是宗派分裂。因此对"无产阶级大革命"发生反感。**对批判刘少奇好像有很多观点是合乎客观实际的，是合乎马列主义的**，又觉得**对刘少奇是"欲加之罪，何患无辞？"**感到对刘少奇的批判是牵强附会。"文化大革命"已收尾了。很多现象，很多"正确的观点"，和运动初期的资产阶级反动路线差不多，本质一样，提法不同而已。因此对今后的天下到底属于谁，**林彪到底会不会像赫秃一样**，现时的中国到底属于哪个主义等项问题发生怀疑。对"现行反革命"发生浓厚兴趣，对"反动组织"的纲领也注意研究。

二、个人打算：马克思说过："使人生具有意义的不是权势的表面的显赫，而是寻求那种不仅满足一己私利，且能保证全人类都幸福和完美的理想"。我决心按马克思所说的去度过自己的一生：所以不能保证自己不走向"反面"，成为"罪犯"，这是作了最低的估计。我之所以要抓住革命与奋斗两种观点不放，是以此思想作指导。**故渴望生活中有同甘共苦、不因任何风险和耻辱而动摇、仍保持生活友谊者。**因想到你，希望如此。这是我写这一封信的全部思想与动机。你见信后三思而决。

古人言："逢人且说三分话，未可全抛一片心"，我违背了，把心彻底完全地暴露给你。你是第一个听我说以上思想的人，望无论如何看信后即回信，且一定附回原信，当感激不尽。看信后，亦不用吃惊，很多人皆如此，只不过隐瞒了。事物总是变化的，人的思想随客观变化，这不足为奇。我也许是"糊涂"，也许是"幻想"，但不向你说清楚，问心有愧。祝好！此信勿传于他人！

你明白的人
1969年2月29日

她所"渴望生活中有同甘共苦……保持生活友谊者"的曾昭银，是个一心上爬的痞子，他"大义"灭情，把她出卖了。1969年5月1日，李九莲因情书内容"反动"而被捕，还抄走了她的日记。1971年1月5日，她被以恶攻林副主席的现行反革命罪判有期徒刑五年。

林彪折戟沉沙于蒙古后，1972年6月20日，赣州地区革委会保卫部向赣州冶金修造厂革委会下达了"对李九莲免于刑事处分，不戴现行反革命帽子，按人民内部矛盾处理"的批复。同日，李九莲出狱。

"按人民内部矛盾处理"的李九莲出狱后，**却被剥夺一切政治权利**。不受命运摆布的李九莲，开始了向市、地、省投诉，走上了进京到最高法院、公安部上访之路。由于投诉无望，上访无果，1974年4月4日，愤怒之下的李九莲，在赣州公园女墙贴出第一张公开申辩大字报——《反林彪无罪》，引发了赣州人极大关注和同情。随后她又陆续贴出了**《一评反林彪有罪——斥反林彪是唯心论的先验论》**、**《二评反林彪有罪——谁是反林彪的英雄》**、《关于我的日记》、《血泪控诉》、《乱讲一通》等大字报，为自己的权利和蒙受的冤屈辩护。

最可叹的是，李九莲同许多中国人一样，不懂毛泽东和中共一贯"伟大、光荣、正确"的权力情结：过去"敬祝林副统帅永远健康"是"历史的选择"——**伟大**，现在批林彪反党、卖国是"人民的选择"——**光荣**；因而，反对过去的"伟大"和现在的"光荣"，都是反党、反毛"一贯**正确**"的反革命行为，如同现在的分田到户和发展资本主义不得否定当年合作化和消灭资本主义一样。因此，李九莲贴出《反林彪无罪》的大字报，是公然挑战毛泽东和中共一贯"伟大、光荣、正确"的"反革命行为"，她的命运是注定了的。

4. 较量

1974年是"批林批孔"的一年。由于1973年刚批完林彪"反革命的修正主义路线"，进入新的一年，毛泽东又搞什么"批林批孔"，显然是要**江青舞剑，意取周公**。事实上，早已有"批林批孔批周公"的传闻。在长达8年的血腥浩劫中，生活在毛式独裁下的赣州人，已有所觉醒，他们对毛江集团今天批判这个，明天打倒那个，早已厌倦了。因此，当赣州人看见李九莲的大字报，便无保留地支持她的民主权利，形成了反对政府镇压的民主浪潮——开始了一场**民主与反民主的较量**。

这种民主反抗浪潮，可以说是1976年"四五"天安门运动的先声。不同的是，赣州人是为被镇压的弱女子李九莲抱打不平，北京人则是借死人周恩来向奄奄待毙的活人毛泽东和平示威。

在赣州地区革委会的支持下，地区中级法院、公安局、工代会张贴《联合声明》坚称"李九莲恶毒攻击伟大领袖毛主席，攻击社会主义制度，攻击无产阶级文化大革命，确确实实构成了反革命犯罪"，传出了镇压的号令。1974年4月20日，李九莲再次被赣州市公安局拘捕，当晚押往兴国。

李九莲再次被捕，激化了官民间的对抗。1974年4月24日，赣州259个单位、二千多人举行集会，支持和要求释放李九莲，无果。翌日，几百名群众分乘40多辆卡车奔赴兴国，要求释放李九莲，酿成了"四二五"冲击监狱事件。4月26日，在20万赣州人的声援下，与政府相对抗的"赣州地区李九莲问题调查委员会"成立，并庄严宣告："还李九莲以本来面目之日，就是调委会自行解散之时：或者走向真理的光明，或者走向牢狱的黑暗！"

1974年4月25日下午，曾任毛泽东警卫员的江西省委书记**陈昌奉**，连夜下达了"五点指示"：

一、李九莲是地地道道的现行反革命跳出来翻案。

二、赣州某些人争论李案，实际上是为现行反革命翻案。

三、冲击兴国监狱是起严重的政治事件，必须立即制止。

四、某些领导干部和公安干警在李九莲问题上严重丧失阶级立场，实际上是向反革命投降。

五、对于在李案问题上立场坚定、坚持原则的同志，应予表彰。

陈昌奉的"五点指示"，使本已激化了的官民对抗迅速白热化。

1974年4月30日，李调会在市体育馆召开第一次万人大会，宣讲了李九莲案真相，并在赣州公园门外设立讲坛，让民众自由发表对李九莲问题的看法。

5月9日，江西省委下达有关李九莲问题的"三点指示"，**严厉批评赣州地委常委陈万兆、兴国县委、兴国县公安局主要负责人和赣州市公安局批林办等支持李九莲**，是"丧失阶级立场"，"向阶级敌人投降"，命令他们作"深刻检查"。

5月10日到6月10日，李调会发表《关于不准利用李九莲问题打击陷害革命领导干部的严正声明》后，李调会**林锋**写《西安还是延安》，抨击赣州不是"延安"。**管佑龙**在大字报中提出"我们的法律，甚至宪法中对当前不适应的问题也要修改"。生物农药厂**李冰姜**写大字报《赞李调会》。原赣南日报总编辑、九二盐矿党委书记**方道球**，在公园门前发表演讲，支持公开争辩李案。1969年，曾带领武装民兵拘捕李九莲的**宋德恒**，公开演讲，揭露事实真相，公开支持李九莲翻案。6月2日，李调会由一百八十四个单位签名的《联合声明》揭露：省委的五点指示和两次三点指示，不仅是地委某些人片面汇报所骗取的，而且是省委分工负责李九莲问题的**涂烈**一手炮制的……李调会大字报直指镇压民主的罪魁祸首毛泽东，提出："**取消公安六条，不能用法律保卫领袖！**""**长江后浪推前浪，**

我们这一代人要胜过毛主席。"李调会成员**刘庭荣**发表反对形式主义的文章,提出"幼儿园的小朋友唱'东方红'不一定就是热爱毛主席,他们有些人还不真正懂得自己唱的是什么意思。"

6月11日,时任公安部部长的**华国锋**,对李九莲案件作出批示:"**按省委意见办理。**"支持江西省委对赣州民主运动的镇压。

6月13日到8月底,李调会发表了《**登龙术浅谈**》、《**官官相护**》、《**坚持革新办李案**》、《**斩断按着李案的黑手**》、《**调委会者该杀乎**》、《**李案争论的根本和归宿**》、《**李案争论的实质和要害**》、《**九吐心丝**》等系列文章,抨击官方对民主的镇压。其间,李调会还组织了多次上访。在狱中的李九莲也大声疾呼:"**不要忘记,你们头顶着庄严的中华人民共和国的国徽,你们的一举一动,要为这个政府取信于民!……我宁为红梅报春早,不做百花苦争春。像鲁迅先生说的那样,做一个小小的萤火虫,在无光的黑夜里,发出自己的光,照亮一点点小地方。而当太阳出来了,心甘情愿地消失呵。**"

1974年10月,在京西宾馆由华国锋等中央大员参加的江西省在京常委扩大会上,王洪文说:"**李九莲哪来那么大本事,那么早就看出林彪不是好人。那时候我们都还一点看不出来。赣州一个小小的李九莲,不可能先知先觉!**"显然,他同他的导师一样都自封为明察秋毫的超人,在他们眼里没有"旁观者清"的庸人的位置!**张春桥**也说:"**李九莲问题,不就是典型的否定推翻文化大革命成果嘛。解放二十多年了,还为这样的现行反革命分子翻案。他们觉悟哪里去了?**"显然,他同他的导师一样都是无产阶级专政独裁体制的捍卫者,那能允许你老百姓说三道四!于是,10月22日,江西省委陈昌奉等在京常委通过对李九莲问题的"四点决议":

一、李九莲反革命案不能翻。

二、调委会是非法的,要立即解散。

三、阶级敌人正利用李九莲案攻击无产阶级专政。

四、李九莲案件长期得不到解决,一定有阶级敌人破坏。希望地委做好工作,发动群众,揭露和批判,打击一小撮阶级敌人。

面对即将而来的大规模镇压,避免一网打尽,李调会主任朱毅起草了《**告全省人民书**》,并将一些骨干疏散到外地。10月29日上午,他贴出的《**仍然并非最后的话**》的大字报,宣布说:"我们和赣州人民及其思想的女儿共同创造和度过了一段这样难忘的岁月……既然需要经过牢狱的黑暗,才能到达真理的光明,人民会相信面对铁窗的时候,我们的心情是坦然的……"

29日深夜,李调会主任朱毅被捕,次日凌晨,数百干警和五个武装民兵连查抄、捣毁了李调会广播站及有关场所。李调会骨干被强制办班审查。

11月1日,李调会的《告全省人民书》和为李九莲辩护的大字报,在南昌八一大道旁贴了一里路长。

被疏散到外地的李调会骨干,也被悉数捕押回赣州。11月29日,李调会广播员**钟海源**、**刘华英**、**肖国涵**等四人在赣南采茶剧团撒发《**强烈抗议**》和《**紧急告全市人民书**》传单,传单如雪花从剧场空中飘落。因遭"线人"**邹根保**出卖,四人被当场拘捕。

1975年5月,以华国锋为部长的公安部党组,批准了赣州地区公安局关于李九莲问题的报告。5月30日,兴国县人民法院对绝食中李九莲判处有期徒刑十五年,剥夺政治权利五年,押送到位于赣北鄱阳湖畔的珠湖劳改农场劳动改造。从1975年到1977年8月,当局对李调会成员进行了三次大抓捕,六十人被判刑,600多人受党纪政纪处分,株连逾千。其中李调会主任朱毅被判处有期徒刑20年。

1974年,发生在江西赣州市历时七个多月的反抗毛泽东独裁统治的民主运动,被当局残酷镇压了下去!

在珠湖劳改农场服刑的李九莲,又添"新罪"!1975年7月3日,她书写了绝命书——《投降书》,对毛泽东的欺骗狡诈权术深恶痛绝,也对自己上当受骗悔恨不已。她写道:"**凡真理,都有三种遭遇:用得着时,便奉为至宝;用不着时,便贬为粪土;非但用不着而且有'害'时,就像狗一样关进笼子里——这就是现实,这就是真理的遭遇。谁准备用真理的花环装饰自己,谁就得同时准备用粪土包裹自己纯洁的灵魂!**"1976年12月28日,在年终评审鉴定会上,她在"**我的政治态度**"中,强烈批评了中共中央主席华国锋,认为"**华国锋把党政军大权独揽于一身**",是"**资产阶级野心家**",同时也对邓小平提出批评,赞扬了"四人帮"的领头江青,说她"**寄希望于江青**"。在现代文明的社会里,批评和赞扬官员,是天赋人权,是李九莲天经地义的民主权利;但在"新中国",批评党和政府的领导人,就是反革命分子,赞扬党和政府罢黜或打倒了的人,就是"罪大恶极"的罪犯。于是,赣州人的"**民愤**"被强暴了:他们同情和支持的李九莲,却被中共党和政府以"不杀不足以平民(官)愤"的罪行,判处死刑,立即执行!

5. 平反

1981年3月24日,赣州当局宣布为李九莲平反,但拒绝宣布她无罪。4月13日,赣州地区中级法院派员到李九莲家去宣读对李九莲的复查改判书。改判书中未作无罪宣判,留有严重政治错误尾巴。显然,赣州当局在压力下对李九莲的平反是不情愿的,因而他们给**李九莲**平反是不予昭雪的平反!李九莲母亲当即向法院来人提出六项要求,得到的答复是:完全平反达不到。同年5月9日,江西省高院做出了与李案不同的判决:宣告**钟海源**无罪。对李调会成员冤狱复查迟迟不见行动。在中央压力下,直到同年7月,才将李调会朱毅等57人释放出狱,但无一被宣告无罪;其外三个李调会成员刘挺荣、马军、罗斌，被改判成刑事罪犯，继续关押服刑。

1978年中共十一届三中全会以后，重新上台的邓小平，为了巩固权力，他抨击华国锋的"两个凡是"，宣布文化大革命是"浩劫"，平反"冤假错"案，实施"拨乱反正"和"改革开放"的政治、经济政策，赢得了民心。但他的新政是建立在保权基础上的，因而是不彻底的权宜之计。为了保住一党专政的党天下，他拒绝批判毛泽东，而把毛泽东的罪责推到林彪、"四人帮"的头上。由于大量的冤假错案都是毛泽东思想体制下的产物，因此，不愿清算毛泽东的罪行，就使得他的"平反冤假错案"的政策，成了个虎头蛇尾、招摇过市的闹剧。

由于毛泽东的阴魂不散，他的反自由、民主、人权的思想，便被许多共产党人本能地继承了下来，因而李九莲和李调会的平反，受到了来自各方的顽强阻挠。江西省委第一书记**江渭清**，坚持"李九莲案不能翻"；赣州地委书记**杜昭**，在赣州地委扩大政治工作会议上强调："反革命李九莲和非法的李调会案是不能翻、也是翻不了的。"**尽管他们被迫给李九莲平了反，尽管他们释放了大多数李调会成员，但形势一有所变，他们又会显露出毛泽东式的狰狞。**例如，1983年9月2日，赣州头领杜昭借口"打击刑事犯罪"，将李九莲鸣不平者**曾传华、宋德恒、梁义贵**等十余人五花大绑，和真正的刑事犯一道徒步游行示众；1984年9月，杜昭又借口"泄密罪"，将李调会骨干**朱毅、曾传华、宋德恒**等七人投入监牢（后又释放）。

今天，二十一世纪的今天，在"批判毛泽东就是批判共产党"的"主旋律"监控下，毛泽东"伟大、光荣、正确"的阴魂仍在大陆游荡、肆虐，以中共十六届党的主席**江泽民**、十七届政治局委员**薄熙来**、十八届政治局常委**俞正声**为代表的毛泽东遗老遗少们，正在为毛泽东思想扬幡招魂。2003年，赣州官方在编撰《赣州地区大事记》中，把1974年人民反抗毛泽东暴政的民主运动，记成"一些人乘'批林批孔'运动之机在赣州市组织'李九莲问题调查委员会'，进行揪斗、批判、拉山头、打派仗等活动……"由此可见，邓小平不准清算毛泽东的暴行和他的思想，从而使反民主意识根深于当权共产党人的心底，根深于那些痞子、流氓无产者等打手们的心底，这是大陆中国人的悲剧！

附外一篇：被活体取肾的钟海源

《又一女子两肋插刀》（作者：祭园守园人）

在赣州市为李九莲鸣不平的无数人中，有一个小学教师，叫**钟海源**。她真正做到了为李九莲两肋插刀。

事实上，她并不认识李九莲。她在李九莲大字报写道："李九莲，您是我们女性的骄傲。"她自动找到调委会，请求为李九莲的平凡干点事。调委会的人问她："你知道不，陈司令员（陈昌奉）下了五点指示，来这里工作，后果你不害怕吗？"

"**赣州市那么多人为李九莲讲话，别人不怕，我为什么要怕？**"

钟海源原是地区广播站播音员，批林批孔后没事干了，才调到景凤山小学当老师。调委会的广播从早上一直响到晚上十点半。除了播音，一有余暇，她还帮着刻钢板，抄大字报。当地委指示："凡在调委会工作的人本单位一律停发工资"，很多人被迫离开了调委会。钟海源却依旧天天来，带着自己的两岁女儿。

钟海源

一九七五年五月，北京公安部批复："赣州地区李九莲问题调查委员会"是反革命性质组织。调委会主要成员一一被捕。

在四出抓人的恐怖气氛笼罩全赣州市的时刻，调委会的身影消失了。唯有钟海源在自己家里起草了《最最紧急呼吁》，《强烈抗议》，《紧急告全市人民书》等传单，自己刻，自己印，自己到赣南剧院散发。

当局念她是个女人，又带着个两岁小孩，没抓她，只把她收进了学习班，检查交代。不料，钟海源态度死硬，坚持认为李九莲无罪，拒绝检查，于是被捕。一九七六年四五事件后，她在监狱里公开说"**华国锋不如邓小平。**"结果被判处十二年有期徒刑。为了替李九莲说话，她坐了牢，让自己的独生女儿失去了母亲。

这还不算，在监狱里，她仍然继续宣传：**李九莲无罪，调委会无罪！**她不只一次，二次，而是数十次地与看守辩论。每次都遭受严刑拷打，但即使嘴巴被打出血，头发被揪掉一大把，还是不改口。

审讯她的公安不得不对其他人承认"这个女人好厉害！赣州女犯里，没见过这样的。"最后，她在被打断小腿骨的情况下，居然站了起来，拖着沉重的镣铐，在监狱的墙上写下了"**打倒华国锋！**"的反动口号。

公安部曾帮着江西省委镇压了为李九莲奔走呼号的赣州人民，钟海源本能地对公安部长华国锋嗤之以鼻，即使后者当了中共中央主席。

于是在李九莲被杀四个月后，一九七八年四月三十日，钟海源也被判处死刑，立即执行，罪名就是"**恶毒攻击华主席**"。

与李九莲不同，钟海源听完死刑判决后，毫不犹豫地签了名，然后把笔一甩，扭头就走。法院的人喝住她，问她有什么后事要交代？她平静地说："**跟你们讲话白费劲，我们**

信仰不同。" 昂首离去。看守们暗暗咋舌。

枪击未死　活剖取肾

四月三十日早晨，钟海源在死囚小号里，从从容容吃完生命中最后一顿饭：四个小馒头，一碗粥，一碟小菜。她坐在地上的草席上，一口一口慢慢吃着馒头，细细咀嚼，边吃小菜，边喝粥，把所有的饭都吃的干干净净。

之后，她拿出梳子，梳好了长发，将它们在脑后盘成一疙瘩，穿上一件挺新的花格呢短大衣，安详的样子让人不可思议。

又是五花大绑，又是监狱里批斗，又是揪头发，弯腰低头，又是挂大牌子游街，又是背后插一个斩牌，又是用绳子勒住喉咙，又是一长串威风凛凛的车队……那场面远远胜过北洋军阀、国民党、日本侵略兵杀人时的排场！

南昌九十四医院住着一位飞行员，高干子弟，患肾功能衰竭，急需移植肾，且必须从活体上取。据说，女肾比男肾好，尤其是年轻女人的肾更好……

医院通过部队领导转告行刑的一位副营长，不能一枪打死，要留活体取肾。

据行刑人员讲：他把钟海源提上卡车时，觉得体重也就五六十斤，像个七八岁的孩子。因长期缺少阳光，她的皮洁白的几乎透明，脸上浅蓝色的毛细血管都能看见。

为保护好她的肾，游街时，一个头戴白口罩的军人示意押解人员按住她，从后面给钟海源左右肋下个打了一针。那针头又长又粗，金属针管，是给大牲畜用的，一下子扎进她的腰部……竟然连衣服也不脱，隔着短大衣就捅进去，钟海源嘴被堵住，全身剧烈地颤抖。此针是一种保护肾脏的药剂。

到了刑场，架到指定地点，副营长故意朝她右背打了一枪，然后由早已等候在那的几个医务人员，把她迅速抬进附近一辆篷布军车，在临时搭起的手术台上活着剖取钟海源的肾，一缕缕鲜血溢满了车厢地板，又滴滴嗒嗒溅落在地上。一位军医用拖把来回擦着地板上的血，之后又挤进一塑料桶里，几次之后，竟盛满了半桶血。

谁也不知道此时此刻的钟海泉有没有知觉，她的脑子里在想什么？中国人一判了死刑，这个人就不再是人，好像就成了实验室的青蛙，老鼠，她的肾也和铁矿一样，属于国家所有，国家可以自由支配。

钟海源没有父母，丈夫在她被捕的第二天就跟她离了婚。但她的遗体却没有暴弃在荒郊野外，而是被九十四医院拉走，供医生们作解剖标本。

这是一九七八年四月三十日，光天化日发生在中国江西省新建县的事。邓小平说：中国不存在人权问题，那活剖女犯钟海源的肾是什么问题？

共产党曾揭露日本当年搞细菌战，用战俘作实验，解放军九十四医院从钟海源身上活体取肾跟日本法西斯有什么两样？

这两位有着中国人民最高贵品德，最坚贞情操的女性，下场却如此悲惨。他们被人揪着头发，勒着喉咙，强行下跪，弱小的身躯被子弹炸了个拳头大的窟窿……一个被剜了女人那两样器官，一个被挖去了肾。而且，她们是背着四人帮的爪牙罪名被杀的。

笔者附语：

1. 本文作者疑是被判处20年徒刑的前赣州"李九莲问题调查委员会"主任朱毅；

2.《陈义名：一个"刽子手"的自白和忏悔》一文，对钟海源被活体取肾有详细的记述，可链接

http://www.360doc.com/content/11/0707/22/6695089_132224601.shtml 阅读；

3. 据胡平所著的《中国的眸子》一书中透露：接受钟海源活体肾移植的飞行员名叫史远峰，肾移植手术后不到一年就去世；其父是前南空副司令员。

十、逼走音乐家马思聪

马思聪是中国杰出的音乐家，1949年北平"和平解放"后，被周恩来从香港统战回国。他作为无党派文人的身份与香港一批支持中共、反对国民党的民主党派人士一起，应邀北上北平，参加第一届全国文艺工作者代表大会及第一届全国政治协商会议。鉴于他在演奏、教学和创作上显著的学术成就，以及他在三、四十年代倾向于中共的政治立场，被推选为中国音乐家协会副主席和新建的全国最高音乐学府——中央音乐学院的首任院长。从此，他结束了颠簸不定的生活，得以在安定舒适的环境中安心地从事教学、创作和演出活动。但好景不长。随着时间流逝，他同大多数统战对象一样，民主意识与专政体制的冲突，使他的统战价值不断贬值。1957年反右中，他险些被打成右派。到了六十年代，他同大多数统战对象一样，统战价值告罄！

1963年12月12日，毛泽东发出了一个批示："**各种艺术形式——戏剧、曲艺、音乐、美术、舞蹈、电影、诗和文学等等，问题不少，人数很多，社会主义改造在许多部门中，至今收效甚微。**"毛泽东又通过《十六条》发出了号召："**高举无产阶级文化革命的大旗，彻底揭露那批反党反社会主义的所谓'学术权威'的资产阶级反动立场，彻底批判学术界、教育界、新闻界、文艺界、出版界的资产阶级反动思想，夺取在这些文化领域中的领导权。**"显然，统战价值告罄的马思聪，被列入专政对象。在文化大革命中，他受到了残酷的暴虐，逼着他于1967年1月16日，偕全家冒死逃出中国。2008年6月11日，凤凰网刊出的《马思聪"叛国投敌案"真相》一文，较为详尽地描述了他被统战、出逃前后的情况。现摘录如下：

我国杰出的音乐家、音乐教育家、前中央音乐学院院长马思聪，他那坎坷、飘零的一生，他那对音乐的痴迷与追求，以及对当代中国音乐事业的贡献，使他在当代中国音乐史中占据重要的一页。但是，他在那场史无前例的文化大革命中遭受的史无前例的迫害，被

迫含冤出走，流亡国外，蒙冤达18年之久的遭遇，也是当代中国音乐史上所罕见的……

杰出的作曲家和小提琴演奏家

1912年5月7日，马思聪作为马家的第五个儿子，出生在广东海丰县幼石街上的一座深宅大院里。马思聪的父母都不懂音乐，但广东戏剧之乡所独有的地方戏剧音乐，深深地影响着童年的马思聪。1923年，11岁的马思聪终于实现了他的梦想，随大哥来到法国，开始了他的音乐生涯。在这里，马思聪接受了严格的小提琴训练，其演奏技巧日臻成熟，同时学习了作曲。1931年初，马思聪告别巴黎回到祖国，来到南国广州，正式开始了他的职业音乐生涯。1932年，马思聪与他的女弟子**王慕理**结婚。在此期间，马思聪创作了大量音乐作品，最有影响的为《蒙古组曲》，其中的《思乡曲》，成为他的代表作。解放后，这首小提琴曲，被中央人民广播电台选为广播节目的开始曲。全国解放前夕，马思聪面对美国人邀请他全家去美国定居，丝毫不为所动，毅然来到北京，担任燕京大学教授、华北文工团团长、全国文联常委、全国音协副主席等职。全国解放后，周恩来总理亲自任命马思聪担任中央音乐学院院长。

"文化大革命"的灾难

从1966年的春天开始，中国遭受了一场史无前例的劫难，文化界、教育界的知识分子首当其冲，遭到了残酷的迫害和打击。5月底，被"革命口号"煽动起来的中央音乐学院的青年学生们，给他们的院长贴出了大字报。一夜之间，马思聪成了"资产阶级反动权威"、"三名三高的修正主义分子"。6月中旬，文化部系统的艺术院校的"黑线人物"500多人，被集中到北京郊区的社会主义学院的校园内，住进了"牛棚"。他们当中，有各院校的领导，知名的教授、画家、音乐家、导演、名演员、作家，马思聪也是他们中的一员。在那里，马思聪他们被迫每天学习有关文化大革命的文件，写交待材料和揭发材料。8月3日上午，一辆贴有"黑帮专用"标语的卡车，把马思聪等10多位中央音乐学院的"黑帮"押回了学院，接受"红卫兵小将"们面对面的批判。刚下卡车还没来得及站稳脚跟，一桶浆糊就倒在马思聪的头上，接着，一张大字报贴在他身上，一顶写有"牛鬼蛇神"字样的纸糊高帽子戴在头上，脖颈上前后挂上两块牌子，前面写着"资产阶级音乐权威——马思聪"，后面写着"吸血鬼"。一个"红卫兵"顺手将一只破搪瓷盆和一根木棍塞在马思聪手中，逼他一面走一面敲。

马思聪被这情景惊呆了。他同一群"黑帮"一起被"红卫兵"押着在学院内游街，一群狂热的青年高喊着口号，向他们身上唾着口水。昔日学院的一排琴房，此刻成了关押"黑帮"的"牛棚"。马思聪每天早上6时起床，学习、劳动、写检查，还要被迫唱着承认自己有罪的歌曲。只要那些"小将们"一高兴或一不高兴，马思聪等人就要遭殃，轻则挨骂，重则挨打。马思聪在中央音乐学院遭受非人折磨的同时，"造反派"又把斗争的矛头指向他的夫人和孩子。8月14日晚，"造反派"拥进马思聪的家贴大字报，第二天又批斗马思聪的夫人。在这种情况下，马思聪的夫人王慕理和女儿**马瑞雪**在她家厨师**贾俊山**的帮助下，仓促离开北京南下。在广州，一再被"红卫兵"追查的王慕理感到十分恐怖，觉得这次的运动没有结束的迹象，再这样下去一家人性命难保，危急之中产生了到香港暂避的念头，就委托她的哥哥**王友刚**帮她想办法。

被迫流亡海外

1967年的1月，中国正处于一个疯狂的时期，海外的舆论都把目光投向中国"造反派"的夺权上，连篇累牍地报道中国大陆的夺权风暴。就在这时，1月19日，香港的几十家中、英文报纸，几乎用同一标题，报道了马思聪出逃的消息：**《中国著名音乐家马思聪逃抵香港》**。4月，马思聪出现在美国的纽约，举行记者招待会，发表了**《我为什么离开中国——关于"文化大革命"的可怕真相》**。马思聪这一举动，立即在全世界引起了一阵不小的轰动。

马思聪的秘密出走，是被迫的、无奈的，是"文化大革命"对他残酷迫害的结果。1966年11月下旬，马思聪的女儿马瑞雪秘密回到北京，在厨师**贾俊山**和马思聪的朋友、私人针灸医生**倪景山**的资助下，马氏父女化装离开北京，来到广州，住在郊区丹灶的亲戚家。当时的广州、深圳等地，暗中存在着到香港的"偷渡线"，一些"蛇头"为牟取暴利进行"偷渡"。1967年1月15日夜，马思聪以5万港币的代价，带着其夫人、儿子、女儿，在新州，登上了新州渔轮厂的电动拖船"002号"。这次偷渡的组织者，为广州一街道服务站的工人**何天祷**和原"002号"拖船的司机**何炳权**，船是他们偷出来的，乘坐者共5户13人。

1月16日晨，拖船在香港大屿山靠岸。马思聪一家当天晚上，来到九龙的一个亲友家暂住。由于香港的报纸登了丢弃在大屿山的"002"号拖船的照片，使马思聪感到香港也不安全，担心被引渡回内地。经过反复思考，马思聪选择了到美国去投靠他的九弟**马思宏**。他想到美国定居，凭着自己的提琴来养活一家。马思聪通过一个朋友，同美国驻香港领事馆取得了联系。1月19日下午，在美国驻香港领事的陪同下，马思聪一家四口，登上了飞往华盛顿的飞机，踏上了一条漫长而艰难的流亡之路。

"叛国投敌"和流亡生涯

从香港、美国的报纸上得知马思聪已经出走后，中央音乐学院的"毛泽东思想战斗团"和"北京公社"，立即派专人追查此案，在马思聪的亲友中进行调查、逼供。"造反派"把初步查到的材料汇总整理后，上报了"中央文革"和公安部。公安部将这作为要案，于1967年5月成立了"马思聪专案组"。专案组在审查中，马思聪夫妇在大陆的所有亲戚都被审查，有的被投入监狱，帮助马思聪离开北京的贾俊山、倪景山也被捕。他们当中，后来有的被判刑，有的被迫害致死，上演了一出株连九族的人间悲剧。（笔者：马思聪出逃后，他的哥哥上海外国语学院出国培训部的法语教授**马思武**，被株连"有罪"，诬其帮助弟弟"叛国投敌"。1968年7月10日,他被揪斗于学校主楼"君儒楼"中,挨了耳光后,又被折磨到夜里11点。凌晨,他从"君儒楼"顶跳下自杀身亡,为弟弟殉身,年63岁。他死后,其法国夫人只好离开中国。)

1968年1月18日,在经过8个多月的专案审查后,专案组终于结案了,将马思聪定为"叛国投敌"。

在国内对马思聪出走进行审查的同时,马思聪正在大洋彼岸忍受着心灵的痛苦和煎熬。到达美国后,美国先把他一家安排在弗吉尼亚州的农村的一栋别墅内暂住。在此期间,马思聪拒绝了美国方面提供的"政治避难基金"。1967年4月,为了澄清社会上对他出走的众多流言,马思聪首次公开露面,在美国纽约召开记者招待会,发表了题为《我为什么离开中国——关于"文化大革命"的可怕真相》的声明。在这个声明中,马思聪没有一句责怪他祖国的语言,相反,他只是控诉了"文革"极"左"错误给中国、给他本人带来的灾难,只是如实地讲出了在中国正在发生的一切。他表示:我是音乐家,我珍惜恬静、和平的生活,需要适宜的工作环境。作为一个中国人,我非常热爱和尊敬自己的祖国和人民。我个人所遭受的一切不幸和当前中国发生的悲剧比较起来,完全是微不足道的。在他生命的最后20年间,他仍然以开音乐会和创作为其生活的主要内容。作为世界著名的小提琴家,他多次在美国各地和东南亚、台湾等地进行演出,他坚持以自己的演出收入作为全家的生活费,而拒领美国政府的"救济"。

历尽曲折获平反

在马思聪于国外年复一年思念祖国的煎熬中,他的祖国也发生了变化。1985年1月25日,文化部发出《**为中央音乐学院前院长马思聪先生彻底平反的通知**》,表示"我部经过讨论赞成公安部的决定。现将这一决定正式通知马思聪先生及他的家属,并请有关单位立即着手落实有关平反的各项规定"。2月12日,中央音乐学院致函马思聪,通知他公安部、文化部关于为他平反的决定。3月5日,中央音乐学院召开全院师生大会,宣布了这一平反决定。因马思聪冤案受牵连的有关人员也得到平反。1987年5月20日凌晨,马思聪因心脏病手术失败,病逝于美国费城宾州医学院附属医院,享年75岁。一代音乐大师与世长辞,他至死没能实现回到祖国的宿愿,这是他一生中最大的遗憾。

十一、侥幸生还的王容芬

1966年8月18日,中共中央在北京天安门广场召开"庆祝文化大革命大会",来京的约100万红卫兵参加了这个庆祝大会——文革史称毛泽东第一次"接见"红卫兵。在这次"接见"中,北京外国语学院德语专业四年级学生19岁的**王容芬**也参加了。她是学德文、研究德国文化的,比较熟悉德国历史。"接见"的狂躁,给她的第一个感觉是德国纳粹运动。后来她在接受采访时说："**我听过希特勒的讲话录音。我觉得林彪的讲话和当年的希特勒简直没什么区别。从天安门广场回来，我觉得心沉得很……'这个国家完了！这世界太脏，不能再活下去！''不忍了，豁出去了，把想说的话说出来！'那几天，脑子里什么都装不进，就这么几句话绕来绕去。鬼使神差似的，我开始动手写信，给党中央、团中央、团校，还有'伟大领袖'本人。**"

"豁出去了"，她给毛泽东写了一封几乎会要她命的信：

尊敬的毛泽东主席：

请您以一个共产党员的名义想一想，您在干什么？

请您以党的名义想一想：眼前发生的一切意味着什么？

请您以中国人民的名义想一想：您将把中国引向何处去？

文化大革命不是一场群众运动，是一个人在用枪杆子运动群众。

我郑重声明：从即日起退出中国共产主义青年团。

　　　致

礼！

北京外国语学院东欧语系德语专业四年级一班学生　王容芬
1966 年 9 月 24 日

她终于说出了她想要说出的心里话，但她十分清楚，在毛泽东的无产阶级专政下说出这种话来的严重后果。因此，当她寄给"伟大领袖"的这封信发出后，她便买了四瓶敌敌畏喝下，抱定了以身殉国的决心。但当她醒来时，却发现自己躺在公安医院里。

离开医院后的 9 月末，王容芬便被投入监狱。9 年后的 1976 年 1 月，以"最最反动、反动透顶"、"反革命家庭反动出身"、"进行反革命串联、恶毒攻击伟大领袖"、"恶毒攻击无产阶级司令部"、"反革命气焰十分嚣张"和"组织反革命集团"等反革命罪，正式"依法"判处无期徒刑。

在毛泽东死后的 1979 年，她被无罪释放，冤狱 13 年。她虽是个幸运儿，但为中国已献出了她的美好青春：进去时，是一个 19 岁的花季少女，出来时，她已 33 岁；牢狱中的折磨，使她变成了半老徐娘，明显比实际年龄要老得多。

监狱的折磨虽能改变她的容颜，却无法改变她的信仰。1979 年 3 月，北京中级人民法院两位审判员和她的母亲，来到榆次监狱，向她宣读释放她的"改正"判词。当听到判词中说她"出于对林彪、'四人帮'的无产阶级义愤"的谎言时，她毫不犹豫地回答说："**我没有反'四人帮'。**"可悲的是，在"主旋律"的洗脑下，许多中国人对这种谎言已见怪不怪、习以为常了。

1981 年，王容芬进了中国社科院社会学所从事研究工作，成了研究德国政治经济学家和社会学家马克斯.韦伯思想的专家，翻译了大量德文社会科学名著。1989 年 6 月，王容芬前往德国定居。

信仰没有改变的王容芬，2008年，给中共总书记写了一封公开信。她在信中说：

"到今年6月，文革就42年了，这个历史大案该了结了。不了了之，后患无穷。真要促进改革开放，就当以史为鉴，与时俱进，尊重百姓人权，摒弃暴力路线，彻底否定'文革'，接受《国际刑事法院罗马规约》，设立反人类罪法庭，宣布为反人类暴力组织，将'文革'罪犯及顶风作案复辟'文革'的现行反人类罪犯押上法庭，绳之以法。只有这样，才能告慰'文革'死者，取信于民，建立和谐社会，推进改革开放。"

王容芬是个幸运儿。比起那些因揭穿"皇帝新衣"而残遭枪杀的**遇罗克**、**林昭**等先烈们，她毕竟活下来了，见证了文革的潮起潮落，看到了人造浩劫的衰微。

第二十章：愚弄的见证——知青上山下乡

导语

　　1968年12月22日，中央人民广播电台预告，今晚将广播"毛主席最新指示"。成千上万的中国人，守候在收音机旁，等待着听取"毛主席的声音"。文革中，这种声音将直接关系到他们的切身利益，甚至关系到他们的生死存亡。这次广播播出了《人民日报》将于次日发表的一篇报导及其编者按。这篇报导，介绍了甘肃省会宁县城镇部分居民到农村安家落户一事，标题是"**我们也有两只手，不在城市里吃闲饭**"。据调查：会宁县是个小县城，是个市民与农民混居的城镇。住在那里又常回乡住的50岁农民**王秀兰**，要回乡住一事被记者发现，采访时，王秀兰脱口说了句"**我们也有两只手，不在城里吃闲饭**"的话，被当做典型登在《甘肃日报》上。《人民日报》转载时，毛泽东提笔在"城里"中间加了一个"市"字。《人民日报》为这篇报导加了编者按。编者按公布了毛泽东12月22日的"最高指示"："**知识青年到农村去，接受贫下中农的再教育很有必要。要说服城里的干部和其他人，把自己的初中、高中、大学毕业的子女送到乡下去，来一个动员。各地农村的同志应当欢迎他们去。**"这就是著名的"一二一二"指示。"1212"指示使《人民日报》的报导与编者按牛头不对马嘴：前者是城镇居民"自愿"到农村就业问题，后者是要知识青年下乡接受"再教育"问题。尽管《人民日报》语焉不经，但传达毛泽东的"1212"指示的声音却无比强大。自此，一场改变一代城市青年和千百万个城市家庭命运的运动，便在全国各地轰轰烈烈地开展起来。

　　原来，经过两年多的"横扫"、夺权和武斗，工业总产值连年下降，其中,1967年下降13.8%，1968年又下降5%，粮食比上年也减产175亿斤，财政收入进一步减少；企业人浮于事，已不可能再增加新的职工。与此同时，累积在一起的66、67、68年的"老三届"初、高中学生，已达1,100万人，而66、67年的小学生要升入初中，"催着""老三届"让位。严峻的就业形势，要求中共尽快作出选择。天才的毛泽东迅速做出决定：把城里的"老三届"学生撵到乡下去，那里土地辽阔，人烟稀少，便于接纳。于是，他大笔一挥，便把驱赶学生下乡务农提到"**接受贫下中农的再教育**"的政治高度，料想无人敢于抗命。按照马克思主义学说，工人阶级是最先进的阶级，是革命的领导阶级，农民阶级则是"**自私的、落后的、保守的**"，仅是工人阶级的同盟军而已。那么，为什么不让学生到工厂、矿山去直接接受先进的工人阶级再教育呢？由此可见，毛泽东践踏人权的"1212"指示，堪称当时最荒谬、最可恶又最美丽的谎言！

一切都在他的掌控之中。广播的当晚到次日，在各级新生革委会的领导和组织下，全国各地一片欢腾，纷纷集会游行，欢呼毛主席最新指示的发表。有人把毛的谎言变成了诗歌，在广播中反复播出："**北京传来大喜讯，最新指示照人心。知识青年齐响应，满怀豪情下农村。接受农民再教育，战天斗地破私心。紧跟统帅毛主席，广阔天地炼忠心。**"

当毛泽东大喊大叫"**接受贫下中农再教育**"时，中国人大概不会忘记，还是这个毛泽东，他曾多次说过："**严重的问题在于教育农民。**"因为"**农民阶级是自私的、保守的、落后的阶级。**"因此，他把农民列为教育和改造的对象。他"教育"农民的办法主要是，组织由干部为主、学生和"进步"知识分子为辅的工作队、组，到农村中去，对农民进行面对面的"教育"。例如：为了敦促农民造反，他便组织干部和知识分子，利用"农民讲习所"等形式，**煽动**农民起来闹革命；在土改运动中，他派以干部和知识分子为骨干的工作组到农村去，**诱迫**农民起来"打土豪、分田地"；在农业合作化运动中，他又组织以干部和知识分子为骨干的工作组，深入到农村家家户户，**威逼**农民们组织起来，走"共同富裕的康庄大道"；在"四清"运动中，他把以干部和知识分子为骨干的大规模的工作队，派到农村，鼓动农民起来清算农村中的官僚特权阶级亦即走资本主义道路的当权派。然而，吊诡的是，"四清"尚未结束，农民们意外受到毛泽东青睐和重用，瞬间变成了教育者，而知识青年和紧随其后的广大干部和知识分子，例如那些曾经教育过农民的工作队、组成员，那些始终处于领导和教育农民地位的各级干部，瞬间都变成了农民的"学生"，都要到农村去接受农民们的"再教育"。荒谬的和随心所欲的"再教育"理论，是毛泽东最高、最荒谬、最无耻的谎言之一！

毛泽东的最高谎言，就是政策；而在 1963 年 10 月，周恩来亲自部署、起草、制定的 15 年不变的《关于动员和组织城市知识青年参加农村社会主义建设的决定》——这个违工业化规律、逆城市化潮流而动的决定，就是法令。在"舆论一律"强权和谎言运作下，全国开始了现代中外历史上罕见的从城市到农村的人口大迁移——著名的"**知识青年上山下乡**"运动。从 1968 年到 1978 年的 10 年间，运动以其强大的威力，冲击了全国各地城市里的家家户户和农村中的村村寨寨，各地城市中的约 1,700~2,000 万个青年学生，包括尚未成年的十四五岁初中女生，在中共软硬兼施的"动员"下，先后"**自愿**"地、"**高高兴兴**"地远离父母，到穷乡僻壤里落户为农。

文革中，这场延续 10 年的曾使近两千万知识青年及其家庭付出重大代价的上山下乡运动，始发于五十年代。五十年代，毛泽东曾在一个材料上批示："**一切可以到农村中去工作的这样的知识分子，应当高兴地到那里去。农村是一个广阔的天地，在那里是可以大有作为的。**"到六十年代中期，全国各地政府，先后组织了 800~1,000 万知识青年上山下乡，其中大多数是政府不予补贴的回乡知识青年。1963 年 10 月，周恩来发出"**要长期地抓紧城市青年下乡的工作**"的指示，并说"**动员城市青年学生下乡参加农业生产，是**

城乡结合、移风易俗的一件大事。" 1964 年 1 月 17 日，周恩来又将 15 年不变的《决定》，下发到全国，要各地遵照执行。

毛泽东的"广阔天地，大有作为"的教导，是句美丽的谎言。中国农村的确是个"广阔天地"，但在人民公社的体制下，集体主义被美化、神化、从而官僚权力化，人皆有之的人类天性——自由、私有和个人主义被妖魔化，农民们由此被奴役，他们的智慧必然被约束在雇主和农村官僚特权阶级许可的范围内，不可能自由发挥。因此，无论是被驱赶到农村的城市知青或是回乡知青，在"广阔天地"里，是不可能"大有作为"的。而周恩来"城乡结合、移风易俗"的谎言，更是城市化潮流的历史反动。但在周恩来的直接领导下，到 1966 年 7 月，全国先后又有 129.28 万城市知青，被各地政府"动员"——驱赶到农村。

上山下乡运动是中国马列社会里畸形经济、畸形教育条件下的特有的践踏人权的畸形运动。这个运动，从五十年代开始，1968 年 11 月又大规模重新启动，最终在 1978 年哀鸿遍野的嗷嗷声中，悄悄而缓缓地落下帷幕，给历史留下了一页至今无法忘怀的篇章。历史业已证明，毛泽东发动和周恩来领导的知识青年上山下乡运动，同他们发动和领导的农业合作化、人民公社化、手工业集体化、工商业国有化、大跃进、大炼钢铁、农业学大寨和文化大革命等大规模运动使老百姓付出了沉重代价后以彻底失败而告终那样，在制造了无数苦难、侵权、暴虐使知青们付出了重大代价后，也以彻底失败而告终。1978 年，当时的国务院副总理李先念懊丧地说：**"国家花了七十亿，买了四个不满意——青年不满意、家长不满意、社队不满意、国家也不满意！"** 据专家们估计，包括知青家庭花销在内，全民至少花了三百个亿，而"国家花了七十亿"，是中共无法再缩小的数字。正是：

谋事在毛，成事在周！

毛泽东和周恩来制造上山下乡运动目的何在？中共的初衷是什么？在上山下乡运动结束 30 多年后的今天，在档案死不解密的情况下，人们对此众说纷纭，莫衷一是。在"主旋律"的统治下，广而言之，不外是最高谎言的重复："**广阔天地，大有作为**"、"**消灭三大差别**"、"**接受贫下中农再教育**"和"**培养革命事业接班人**"，等等。历史业已证明，毛泽东和中共制造的各种严重践踏人权的政治、经济运动，无不打上"革命"、"解放"、"无产阶级"等美轮美奂的政治标签，上山下乡运动焉能例外？但当考察了上山下乡运动的历史后，人们会发现：轰轰烈烈的上山下乡运动，**说到底不过是个在畸形经济、畸形教育条件下以安排劳动就业为目的的借以疏散城市中潜在的动乱势力、减轻城市负担从而确保城市稳定的专政措施而已。** 其他说法不是托辞，便是谎言。

一、马列毛社会里的畸形经济

第二次世界大战后，以中国国民党执政的中华民国政府，与美、英、法、苏等同盟国一起，战胜了德、意、日等法西斯协约国，成了世界五大强国之一。自此，中国一洗百年屈辱，以五大强国之一的身份屹立世界之林，理所当然地成了据有否决权的联合国五大常任理事国之一。二战中，除美国外，无论是战胜国或战败国，国家都遭到严重破坏，国民经济都到了崩溃的边缘。为了重建国家，各国在同一起跑线上，开始经济建设。

不幸的是，由于意识形态的分歧，世界分裂成两大敌对的政治、军事集团。一个是以苏联为首崇尚马列主义的社会主义阵营，一个是以美国为首崇尚自由主义的资本主义阵营。在苏联的援助下，中国共产党通过内战，击败了国民党，主宰了中国，成了社会主义阵营中地位仅次于苏联的强国。从此，中国进入了一党专权的毛泽东时代。1971年10月25日，在阿尔巴尼亚、苏联等国家的支持下，共产党中国继承了国民党中国在联合国的席位，成了安理会五大常任理事国之一。

主宰了中国的以毛泽东为首的中国共产党人，决定以苏联"老大哥"为榜样，用马克思、列宁主义改造中国。

马克思主义是替社会弱势群体鸣不平的理论，但它又是一个违反自然法则的理论。马克思无视当年集19世纪上半叶经济学之大成的均衡价值说和边际效用价值论，在《资本论》中，以抽象劳动价值论推导出剩余价值论和阶级斗争，使马克思的追随者得以从理论走向流血革命，号召"全世界无产阶级联合起来"，用武力推翻资产阶级的反动统治，政治上建立共产党一党专政，经济上消灭一切私有制，否定价值规律和市场机制，建立以中央计划为中心的公有制经济体制。马克思在论及未来社会中劳动时间的作用时说："**劳动时间的社会的有计划的分配，调节着各种劳动职能同各种需要的适当的比例。**"据此，列宁明确提出和使用了"计划经济"这一概念。1922年他说："**资本主义必不可免地要为新的社会制度所代替，这种制度将实行计划经济。**"又说："**只要存在着市场经济，只要还保持着货币权力和资本力量，世界上任何法律也无力消灭不平等和剥削。只有实行巨大的社会化的计划经济制度，同时把所有的土地、工厂、工具的所有权转交给工人阶级，才能消灭一切剥削。**"于是，世界各国共产党人在夺取政权后，便把工人阶级的桂冠戴在自己头上，成了工人阶级的**雇主和官僚特权阶级**；接着，他们以工人阶级或无产阶级自居，遵照马列教导，以雇主和官僚特权阶级身份，开始构建起所谓没有剥削、没有压迫的人间天堂——社会主义和共产主义社会。

构建公有制和计划经济的社会主义国家，必然是中央高度集权的、有庞大官僚机构来制定和执行经济计划的、有强大武装力量来镇压一切反抗言行的政府。由于这样的政治体制与人类自由、民主、人权的自然属性相冲突，当权者必然强制人们进行思想改造，要求人民做"**党妈妈**"的儿子，做党的"**驯服工具**"——奴隶，并把"**一生交给党安排**"。——这是权力拜物教权力情结之必然。

从1953年下半年起，权力情结使毛泽东和中国共产党人，遵照马克思、列宁关于无产阶级专政的教导，在中国开始了"人间天堂"的社会主义建设。在"一化三改造"中，在"以钢为纲"的工业化过程中，他们依靠造成数十万人伤亡的"枪杆子"，在农村强制推行农业合作化和人民公社化，在城市强制实行小手工业集体化和工商业国家化。到1958年，他们把全国各个领域内的全部资源即土地、矿山、工业、交通、农业、手工业、科学、文化艺术和文教卫事业全部收为国有，**使中共党和政府垄断了一切资源**，从而取代地主、资本家和自由职业者，成了全国**唯一雇主**。在马列主义理论指导下，与优先发展重工业的工业化战略相呼应，他们建立了一整套与之相适应、满足其需要的体制和制度，如一党专权的中央集权体制，计划管理和分配体制，扭曲生产要素的价格宏观管理体制和统购统销制度，以及反对"经济要发展，教育要先行"思想的教育体制，等等，自然而然地把国民经济畸形化：在打造"城乡分治，一国两策"的国民经济**二元体制**的同时，用限制农民进城的户口管理制度，使城乡隔绝的二元体制**固结化**，阻断了城市化的进程。

信奉自由主义的经济学家们，并不认同马列说教。

1776年首次出版的苏格兰经济学家**亚当.斯密**的《国富论》，被誉为"西方经济学的'圣经'"。他在早于《资本论》91年的书中论述市场经济时说：每个人"**只想得到自己的利益**"，但又好像"**被一只无形的手牵着去实现一种他根本无意要实现的目的，……他们促进社会的利益，其效果往往比他们真正想要实现的还要好。**"马克思主义体系中社会发展的动力是阶级斗争，而在斯密的哲学史中，社会发展的主要推动机制是"人性"——自我改善欲望的驱使和理智的引导。正如一位希腊哲学家说的那样："**对自己奉献最多的人，就是对国家贡献最大的人。**"

1944年，**弗.奥.哈耶克**在《通往奴役之路》一书中写道："**民主在自由之中寻求平等，而社会主义则在约束和奴役之中寻求平等。**"他认为，实行社会主义制度的代价是极其昂贵的。首先是效率方面的损失，中央计划部门不可能替所有的人作出"生产什么"和"怎样消费"的正确决策；而这种决策过程会造成很大浪费，使相当多的产品无法实现自身的价值。其次，在计划经济体制下，计划官员得不到足够的"激励"去获取每一个公民对各种消费品的"评价"；而在这种体制中，即便消费者有权选择买什么和不买什么，其消费品价格也会被严重扭曲。哈耶克认为在人类发展的现阶段和可以预见的将来，只有建立在个人主义即自由主义基础上的市场经济制度才能够解决激励和信息问题。哈耶克的"个人主义"是指在生产和消费上，社会应尊重个人独立作出决策的权利，并实行相应于此种权利的市场经济制度。这位荣获诺贝尔奖金的哈耶克，出生于维也纳，被西方公认为是自亚当.斯密以来绝无仅有的政治经济学家。

1954年，美国著名经济学家**阿瑟.刘易斯**在研究了发展中国家导致贫困的二元经济结构后认为：发展中国家在经济发展过程中，必然会出现传统农业部门和现代工业部门并存的状况；在传统农业部门存在着边际生产率为零甚至为负的大量剩余劳动力，这些剩余劳动力是资本积累的源泉。**把农业剩余劳动力向现代工业部门转移，向城镇转移**，不仅能推动现代工业部门扩张和发展，加快**城市化**进程，还能促使农业部门劳动的边际生产率提高，从而能促使二元经济结构消失。历史已经证明，工业化促进城市化，**而城市化是世界上所有国家和地区实现现代化的必由之路**。可惜，这些有悖于马列主义的有价值的理论，直到八十年代才逐渐被中共认识和接受。二十一世纪之初，当官方承认私有化的市场经济使约两亿"农民工"即农村剩余劳动力进城务工已对国民经济做出了巨大贡献时，机会已错过了至少三十年。对此，一位经济学家感叹道："从各个已经实现了工业化的国家的工业化进程来看，农村劳动力向城市的大批转移，从以农村为主的社会转变为以城市为主的社会，都是在外延型增长阶段实现的，而我国却由于种种原因而错失了这个机会。"

基于偏见、无知和巩固无产阶级专政即雇主专政权力的需要，西方经济学家们的远见卓识，被毛泽东和中共既得利益集团斥之为为资产阶级服务的理论。他们逆潮流而动，拒绝市场机制和城市化方针，并以"消灭三大差别"、"接受贫下中农再教育"和"培养接班人"等谎言，粉饰侵犯人权的行径，**驱赶数千万计的城市知识青年到农村的"广阔天地"里，进行所谓"大有作为"的艰苦劳动**，全力打造城乡隔绝、对立的使国民经济畸形化的二元体制。这种"城乡分治，一国两策"的二元体制，其本质是全能的国家雇佣主义，即雇主将城市孤立、封闭管理起来，并使农村作为国家工业化的牺牲品。

在城市，为了体现工人阶级的领导，显示社会主义所有制的优越性，毛和中共把城市封闭管理起来，建成"大锅饭"式的计划体制。1951年，政务院发布了《劳动保险条例》，使城市有相对于农村比较完善的社会福利制度，保证了城市人口可享有名目繁多的补贴；在行政、事业单位和一般企业中就业的干部和职工，还可享受近乎无偿提供的住房、医疗服务。在城镇的非农业人口，还可享受定量的、平价的粮、油、肉、蛋供应，而这种计划供应，在灾难的三年中也没有停止过。此外，在文化教育、医疗卫生、劳动就业和某些紧缺工业品的供应上，城镇中的非农业人口都有一定的计划保障。在"大锅饭"的城市中，大型国营工矿交通企业的干部职工，相对生活条件最为优越：由于企业能从政府计划的"剪刀差"中获得较高的利润，使企业有钱为他们举办学校、医院、提供住房等福利事业，有钱给他们发放奖金、补贴，从而使他们能享受到比其他市民高得多的薪酬和好得多的福利。总之，在中共计划下，城市人生活的方方面面，都能得到雇主和各级官僚的部分恩赐，得到"党妈妈"的一些关照，因而，生活远比农民好过得多，尽管"恩赐""关照"有森严的等级壁垒。

农村呢？ 在毛泽东的设计中，农村人民公社也是"大锅饭"式的，但它是一个政社合

一、自给自足的无需政府计划供应的实体。他说："**每个公社将来都要有经济中心**"。到 1966 年 5 月 7 日，他又把人民公社定义为"亦工、亦农、亦文、亦武"的大学校。毛泽东规定，人民公社不仅要大办农业，大办农副业，还要大办工业、商业、学校、医疗、卫生和军事，甚至大办即全部由农民自筹的社会保障。1959 年他还曾提出："**公社要有高等学校，培养自己所需要的高级知识分子。**"毛泽东打造的农村公社体制，以其成分单一的一元化结构形式，试图在生产到分配的各个环节中，以平均主义和不等价交换等行政手段，取消社会分化与分层，切断经济、政治、社会各个层面上的流动之源。他们还以 15.5% 的农业税和相当于农业税 60~80% 的杂项赋税的沉重负担，掠夺农民，使农业背上了沉重包袱。他们长期实行统购统销政策，特别是针对粮棉油等主要农副产品，通过压低农产品价格，实行工农产品剪刀差，从农民那里获取了巨额积累。据有关部门不完全统计，从 1953 年开始到 1983 年取消统购统销政策，通过工农产品剪刀差，强使农民对工业化"贡献"了 6,000 多亿元。中国广大农民，在没有社会保障、发展乏力的毛泽东的人民公社里，在城乡不平等的计划、分配、赋税和户口管理下，在被贬为低于市民的二等公民的同时，在城乡间、工农间的流动管道被堵塞的封闭环境里，被迫长期在人均不足 2.7 亩的土地上挣扎，过着吃不饱、穿不暖和无钱上学、就医的贫困生活，直到九十年代才有所改善。因此，到了二十一世纪初，有经济学家还在大声疾呼："**中国的城市像欧洲，农村像非洲！**"然而，**雇主毛泽东却赋予农民们以极高荣誉——"再教育者"**：城市中以数千万计的干部、学者、教授、教师和知识青年，都曾被驱赶到贫困的农村，去接受"再教育者"——贫苦农民的"再教育"！

毛泽东和中共打造的使国民经济畸形化的**二元体制**，截断了城乡沟通渠道，阻遏了农村剩余劳动力的转移，滞迟了城市化的进程，扩大了城乡差别，使中国人民为此付出了巨大代价，其中包括数千万计青、少年丧失了受教育的权利，被迫失学、辍学而上山下乡。

在枪杀、自杀和饿死数千万人的无产阶级专政下，国民经济发展全面滞后：一边是纵向比较，国民经济每年有 12.5%（？）的骄人增长；一边是横向比较，国家经济在世界经济中份额的惊人下滑。据联合国经济合作与发展组织研究中心高级研究员安格斯.麦迪森所著《世界经济 200 年回顾》一书中披露，在 1952~1976 年的 24 年间，中国大陆 GDP（国内生产总值）增长 162%，人均 GDP 增长 62.2%。而同期，日本增长了 549.2% 和 396.7%，韩国增长了 604.1% 和 306.4%，台湾地区增长了 684.9% 和 310.7%，巴西增长了 402.9% 和 402.9%，墨西哥增长了 332.3% 和 332.3%，埃及增长了 265.5% 和 111.7%。同时，中国 GDP 在全球所占的比重，从 1949 年的 5.7%，下降到 1976 年的 1%。但据中国社科院统计则**乐观得多**：中国 GDP 占世界的比重，1952 年是 5.2%，1978 年是 5.0%，26 年下滑了 0.2 个百分点；中国人均 GDP 占世界平均水平，1952 年是 23.7%，1978 年是 22.3%，26 年下滑了 1.4 个百分点。这种"统计"虽很乐观，但不得不承认毛泽东统治的 27 年间，国民经济停滞不前！

毛泽东和中共用无产阶级专政打造的二元体制，滞塞了经济的发展，他们拿不出钱来增加教育投入，也无力创造较多的就业岗位来吸纳失学、辍学的青、少年，于是，在他们计划管理的城市中，驱赶失学、辍学的青、少年上山下乡，便成了社会主义计划者的必然选择。

曾是俄共领导人的**托洛斯基**，在 1937 年说过："**在一个政府是唯一的雇主的国家里，反抗就等于慢慢地饿死。'不劳动者不得食'这个旧的原则，已由'不服从者不得食'这个新的原则所代替。**"马列主义用暴力方式打破了旧的地主、资本家与奴隶的不平等关系，却用"枪杆子"构建起了新的雇主、官僚特权阶级与奴隶的不平等关系，或曰"公仆"（官员）与"主人"（老百姓）的不平等关系。**中共驱赶数以千万计的中、小学生上山下乡，到农村中去接受劳动改造，就是这种不平等关系在就学、就业等问题上的反映**。这种不平等关系直到九十年代，已演变成新的官僚资产阶级与人民的矛盾和冲突。与此相呼应，官僚资产阶级正在悄悄把马列主义淡化为马克思主义，又迫不及待地把它定义为荒诞不经的"发展科学"，借以成为继续愚弄百姓、巩固一党专政的理论基础。

1. 二元体制使农民变成农奴

人类步入文明时代后，私有制开始出现，财产所有权和经营管理权出现分离，便产生了奴隶主、奴隶和自由民共存的奴隶社会。为了管理奴隶或曰人民，商代大奴隶主商王，将全国分封给侯、甸、男、卫、邦伯等诸侯，使其成为各地奴隶主；诸侯又以"五家为邻，五邻为里，四里为赞，五赞为鄙，五鄙为县，五县为遂"，任命邻长、里胥、赞师、鄙正、县长、遂大夫等官员去管理奴隶。奴隶时代的特征是：大小奴隶主拥有绝对权力，剥夺奴隶的人身自由权，只给他们维持生命的经济权利。在"新中国"，掌握了全国所有资源的雇主，为了管理人民，将经营管理权力分交给各省省长，各省省长，又将经营管理权力分交给各个地区专员、县长、公社社长、大队长、生产队长等官员。这些"长"形式上正职，但实际上是副职，一把手都是上级任命的各级党委书记和党支部书记，他们是各地的实际雇主代理和奴隶管理者。在一党专政即无产阶级专政条件下，雇主和奴隶管理者拥有绝对权力，形成了名符其实的**官僚特权阶级**。在农村，毛泽东在赋予农民为官员和知识分子的"再教育者"的同时，却授予各级官僚特权阶级即所谓"公仆"为"再教育者"的教育者、组织者和监管者。在这种荒诞的环境里，作为人民公社"主人"的农民，他们的人权、自由权和经济权亦即他们的命运又会怎么样呢？

"再教育者"遭鞭挞

戴着"再教育者"桂冠的农民，从来都是受管教者。因为，毛泽东多次说过："**严重

的问题在于教育农民。"为了使农民惟命是从，毛和中共通过合作化和人民公社化、反右倾、反宰杀牲畜、拔白旗、反右倾、反后进、民主革命补课以及持续十多年的学大寨等政治运动，在用**宣传、批斗、管、关和枪杀**来"教育"农民的同时，强化了各级党的书记的绝对权力，使他们成了党的化身，成了说一不二的"邻长""赞师"和"遂大夫"。"**听话要听党的话**"、无私奉献和集体主义，成了他们教育农民的主题，也是他们为所欲为的挡箭牌。"公仆"们"教育"农民手段之无情、残酷，使"旧社会"里的地主豪绅和奴隶主们，都望而生畏。

绝对权力必然导致绝对腐败。通过历次不断强化的政治运动，一批官僚特权阶级逐渐形成，他们骑在农民头上作威作福、鱼肉百姓。连毛泽东本人也曾不得不承认，这批人是与贫下中农相对立的"**官僚主义者阶级**"。在奴隶社会里，奴隶对奴隶主绝对服从；在社会主义的人民公社里，也出现了类同法则："不服从者不得食"，或少得食。毛泽东在1965年春节谈话中，曾对文艺工作者发出过严厉的命令："**你不下去就不开饭，下去就开饭！**"这话虽不是对农民说的，但对农民的威慑不亚于文艺工作者。为了平息农民的对抗，毛和中共便施之以"恩"，在公社里开展起"四清"运动，清理整治基层干部中贪污、多吃多占、多计工分、欺压和打击报复贫下中农等腐败分子。然而，由于毛泽东、刘少奇分歧严重，上层权力斗争加剧，"四清"半途而废，最终演变成打倒走资本主义道路当权派的文化大革命。

从某种意义上说，走资本主义道路当权派是比较有良心、比较开明的务实派，他们像彭德怀那样同情农民的疾苦，主张"三自一包"和"四大自由"，给农民一些自由，放农民一条生路。但他们遭到了毛左派的清算，代之而起的是走社会主义道路当权派。据笔者观察，所谓走社会主义道路当权派，其中相当一部分人是极左的痞子、流氓无产者，他们捧着马列主义本本，口中念念有词，唯权是瞻，唯毛是理，学着毛泽东软硬兼施的办法来对付农民，把农民当成现代式的农奴，任意驱使。在北大荒，笔者就听到过贫苦农民们的忧世怨声："**宁愿当亡国奴，不当国家主人。**"怀念伪满拓荒年代。

在这些极左的痞子、流氓无产者中，**陈永贵**是他们的代表。这位当年扛过长工、当过日伪情报员被百姓骂为"陈二鬼子"的陈永贵，在毛泽东时代，平步青云，一路飚升为主管农业的国务院副总理，时称"文盲宰相"。毛泽东的口号是"革命加拼命"，陈永贵就喊"大批促大干"。在"**革命加拼命**"和"**大批促大干**"中，全国"农业学大寨"运动造成的冤假错案，可能高达百万件，死亡人数至少有十万人之多。据昔阳县志记载，在陈永贵统辖昔阳县当雇主代理的13年间，昔阳在农田水利建设施工中，"**拼命**"加"**大干**"致农民伤亡1,040人，其中**死亡310人**；又据《人民日报》1979年8月13日报导：在昔阳县学大寨创大寨县运动中，被戴上各种帽子批斗的有2,061人，"**革命**"促"**大批**"造成冤假错案3,028件，导致**非正常死亡141人**。毛泽东谋划下、周恩来领导下的"农业学大寨"运动,是二十世纪最愚昧、最卑劣、最野蛮的运动之一。同毛、周一样,陈永贵罪责难逃!

"再教育者"被奴役

在奴隶社会里,奴隶主不仅占有土地、牲畜、工具等生产资料,而且占有奴隶及其全部劳动成果。这就决定了奴隶社会道德的基本原则是奴隶对奴隶主的**绝对服从、人身依附主义**。在社会主义社会中的人民公社里,土地、牲畜、工具等生产资料,以及农民的所有劳动及其全部劳动成果,均归人民公社所有,农民变成了无产者,这就决定了人民公社社会的道德基本原则是**集体主义**。因此,各级官僚在教育"再教育者"的农民时,总是喋喋不休地强调:"**个人服从集体,集体服从国家。**"国家服从谁呢?他们没有说。但明白人都清楚他们的潜台词:国家服从共产党,共产党服从毛泽东。这种个人→集体→国家→集体(党)→个人(领袖)即从个人到个人的循环往复,就是人民公社的集体主义。由于雇主拥有绝对权力,而各级党的书记又是这种权力的代表,因而各级党的书记就是这种集体的化身,他们也自动代表了集体中每一个成员的"根本利益"。在集体主义道德指导下,这个集体中的每一个成员,都要绝对服从这个集体的所有者及其代表,而 1958 年 1 月实施的户口登记条例,又强迫农民依附于这个集体的化身及其主人。因此,毛和中共所谓**集体主义**,可以说是古代奴隶对奴隶主的**绝对服从、人身依附主义**的继承和发展。

毛泽东和中共的集体主义,实质上是反人格、反人权、反民主、反自由的**铁笼子主义**,与建立在自由主义和民主主义基础上的团队精神,格格不入。在集体主义横行的人民公社里,官员要农民们无私奉献,"斗私批修","狠斗私字一闪念",连"大公有私"也不行。因为,最高的谎言是:在社会主义国家里,个人——集体——国家三者利益是一致的:为集体、为国家就是为自己。一位中国学者说得好:"**大公无私是奴隶主对奴隶的要求。**"在"革命加拼命"和"大批促大干"中,"**他们每日劳动平均达 14 小时以上。由于'不劳动不得食',人们只得披星戴月地干,干得正吃着饭就呼呼睡着了;可是饭罢,哨子一响,人们又拖着疲惫的身子上工。**"农民们抱怨说:"**早上三点半,中午嚼嚼饭,晚上看不见。**"又说:"**两眼一睁,忙到熄灯。**"参加繁重体力劳动的人,不仅有青壮年,还有老人、小孩、孕妇和抱着小孩子的母亲,甚至还有"**提着药罐子的病人**"!在"斗私批修"中,农民们只好在近乎无偿的条件下为集体劳动,他们劳动力的价格低廉得出奇,连最起码的温饱都难以维持。由此可见,在公社这个集体中,农民都是真正的奴隶,各级官员则是各地真正的奴隶主代理或管家。

原人大常委会委员长**万里**说:"**1977 年 6 月,党中央派我到安徽当第一书记。安徽是个农业大省,农村问题特别严重,农民生活特别困难……吃不饱,穿不暖,住的房子不像个房子,门窗都是泥土坯的,桌子、凳子也是泥土坯的,找不到一件木器家具,真是家徒四壁呀!我真没料到,解放几十年了,农村还这么穷!这能算是社会主义吗?**""我刚到安徽那一年,全省 28 万多个生产队,只有 10% 的生产队能维持温饱,67% 的生产队人均年收入低于 60 元,40 元以下的约占 25%,我这个第一书记怎么能不犯愁啊?"

原人大常委会副委员长田纪云,1965 年曾在贵州农村搞"四清",亲历了人民公社化的所谓"优越性"。在公社里,农民是打钟上工,敲锣下工;一年四季,何时下种,种什么,何时收割,怎样收割,一切听从公社指挥;谁想务工经商,谁就会被批成不务正业,谁想方设法搞点家庭副业,谁就会被当成"资本主义尾巴"割掉;一家养

大跃进时豪情万丈,肚皮空空的现代农奴

几只鸡都有规定,超过不行;哪块地种什么都要按上边的命令做:行距、株距都有很细的规定,种的不对,拔掉。田纪云无限感慨地说:"**农民简直成了公社的奴隶。**"

对中共革命贡献很大的湖北省红安县,为中国人民解放军输送了 223 个将军,输送两任国家主席(董必武、李先念)。可是,共产党执了政,人民生活非但没有提高,反而比以前更穷。据报导,1975 年的几个月之中,便发生了 52 名女青年先后集体自杀的事件。例如,一位烈属姑娘,全家辛苦一年,到年底分红,才得到六元钱,不够买一件衬衫。绝望的她,穿着破烂衣裳,与另外 4 位姑娘一起跳到水库里。5 人中唯一获救的姑娘告诉记者:"**乡里穷成这样,不会有什么指望的,还不如早死。**"红安县委父母官不仅不自责,反说自杀者"怕苦怕累,给社会主义抹黑",甚至说她们"生的糊涂,死的反动"。

毛泽东号称"各族人民的大救星",可是,其他各族人民的情况并不比汉族好。宁夏同心县 80% 为回族,1973 年的人均收入仅 7.8 元。四川彝族作家吴承柏曾经这样描写本族普通农民生活:"**老年人饿得脖子伸多长,孩子饿得瘦精精。**"一位妇女"**梳了几个月的头,攒下的头发卖得二角钱,准备拿去买盐巴过年用……**"

在集体主义奴役下,农民们不敢硬抗,却找到了软抗的办法——**磨洋工**。"**劳动时社员们像一把扇面,一字排开,一小时休息一次,一次半小时,实际上出工不出力,磨洋工、聊天、吹牛、说空话。**"磨洋工和怠工,使公社里出现大量半值和零值劳动,隐蔽了大量剩余劳动力。据蔡昉主编的《中国人口流动方式与途径 (1990~1999)》一书估计,整个二十世纪 50~70 年代,中国农村新蓄积了约 2 亿多的剩余劳动力。

在 1958 年,当毛泽东发出"大炼钢铁"号召后,全国上下齐动员,齐批私,九千万人齐出动,人民公社男女老少齐上阵,小炼铁炉像树林一样,遍地开花。然而,小高炉竟敢无视毛泽东的"伟大"号召,炼出来的都是些无用铁渣!大炼钢铁的失败,却得到了毛

的首肯。他说："**取得经验总是要付学费的。全国大炼钢铁，赔了二十多亿**（笔者：实际 200 亿以上），**全党全民学了炼钢铁，算是付了学费。**"这样，全国九千万人数月的繁重劳动，成了无效劳动；而这种造成伤亡无数的无效劳动，在"伟大领袖"那里，"理直气壮"地变成了学费。这就是马克思劳动价值论在毛泽东思想中的反映！

1958年大炼钢铁中"付了学费"的甘肃武威县的儿童

有报导称："**据 1976~1977 年统计，全国有两百多个县的生产水平倒退到解放初期，少数还低于建国初期。另据 1980 年上半年全国五百万个**农村核算单位的统计，年人均收入 50 元以下的几乎接近 1/3。截至 1977 年，全国平均每人占有的粮食，仍然低于 1955 年。1978 年全国农民中，生活水平不如五十年代前、中期的约占 2/3，具体地说，公社化二十年中使 2/3 的中国农民生活水平降低了。更让人惊心的是，约有 1/3 的农民吃粮水平不如抗日战争前的 1930 年代。1978 年，我国农村约有 1 亿 1 千 2 百万人口每天只能挣到 1 角 1 分钱，有 1 亿 9 千万人每天挣到 1 角 3 分，有 2 亿 7 千多万人每天可以挣到 1 角 4 分。"

在毛泽东统治的 27 年中，1958 年中期到 1961 年中期的三年里，全国农民饿死了 3,000~4,500 万，其他年份饿死人也寻常见。有学者论证说，其他 24 年中，平均每年饿死 300~400 万农民。此据笔者观察，平均每年饿死 300~400 万人有些夸大，但每年饿死数万人到一二十万的可能性最大，饿死率约在万分之二左右，应属毛泽东时代的正常值。由于"饿死"的标准难以界定，缺乏共识，笔者"**有些夸大**"的评点，也难免有武断之嫌。

马克思在《资本论》中说："**一般剩余劳动，作为超过一定的需要量的劳动，必须始终存在。**"在社会主义社会中，人民公社的农民们，在近乎无偿条件下的劳动所创造的剩余价值或曰利润，即 15.5% 的农业税、相当于农业税 60~80% 的杂项赋税、以及统购统销中以低价统购农产品造成每年 200 多亿元"剪刀差"，都无条件地奉献给雇主的"国家"了。正如一位中国经济学家指出的那样："**马克思在否定一个对无产者不合理的社会时，却把一个更不合理的社会扔给了无产者。**"在《凤凰周刊》的《半夜鸡不叫？》一文中记载：曾在地主"周扒皮"家扛过长工的**孔兆明**，在"忆苦思甜"会上说走了嘴："**我当时在周家吃的是啥？吃的都是饼子，苞米粥，还有豆腐，比现在吃的好多了……当时在周家一年能挣 8 石粮，可养活全家。**"话还没说完，便被干部拉下了台。

为中共夺天下做出重大贡献的中国农民，在集体主义奴役下，完全麻木了。对此，当年的中共中央副主席陈云，曾高兴地说："**中国人民实在好啊，饿死人也不想起来造反！**"

"再教育者"被半囚禁于乡里

1957年，中共开始实行控制户口迁移的"新"政策。1958年1月，在全国人大常委会第91次会议上，代表们按中共中央决定，讨论通过了《中华人民共和国户口登记条例》。该条例第10条第2款，对农村人口进入城市做出了带约束性的规定："**公民由农村迁往城市，必须持有城市劳动部门的录用证明，学校的录取证明，或者城市户口登记机关的准予迁入的证明，向常住地户口登记机关申请办理迁出手续。**"《条例》推翻了《中华人民共和国宪法》第九十条"中华人民共和国公民有居住和迁徙的自由"的规定，把城市人口与农村人口截然分开，人为地打造了一堵有中国特色的"柏林墙"。这堵"墙"，剥夺了农民们从"旧社会"带过来的居住和迁徙自由的自由权利，成为人身依附于人民公社的没有自由的奴隶，世世代代"脊背朝天"地给人民公社做贡献。这个违宪《条例》，像个无形枷锁，一直到二十一世纪的今天，还在农民身上套着。

在人民公社狭小的天地里，农民们不仅被剥夺了居住、迁徙自由，同时也被剥夺了选择工作的自由。在"旧社会"里，农民给地主扛活，如果不顺心，可以另选他就："**此处不留爷，自有留爷处**"。在人民公社里，你就没有了这种自由：住在队里，干在队里，"**党叫干啥你干啥**"，没有选择的余地。由此可见，人民公社是名符其实的铁笼子！

人民公社的干部特别是大队和生产队干部，绝大多数都是文盲或半文盲，大都是惟命是听的管理者。农村里不乏知识人才和能工巧匠，但在他们的治下，许多人的知识和才能受到了压抑，不能自由发挥。笔者在黑龙江密山县三梭通公社里，曾遇到过几位能工巧匠。一位颇有文化的种植能手，姓王，他种的国光苹果响誉附近乡里。合作化后"以粮为纲"，他失业了。1964年我无意在他的庭院里，发现了十几棵修剪整齐的苹果树，可是，第二年"四清"中，统统砍光，割了他的"资本主义尾巴"。一位木匠，他的一些简单工具没有被集体化，但工具已经锈蚀斑斑，因为，队长不用他。一位自学成材的劁猪能手（给猪做绝育术），手术刀被没收，因为，他没经畜牧站批准，属非法行劁。一位中学数学老师，教学二十多年后扛起了锄板，因为，他出身地主，被解雇了。

在"旧社会"里，农民有逃荒的自由。那时的官员，不怕给国民党政府脸上抹黑，饥民们可以携家带口成群结队地逃离农村，逃到都市或其他地方乞要饭。在人民公社里，他们的这种权利，都被残酷地剥夺了。你是否还记得，在"信阳事件"中，官员们派出民兵，撒下天罗地网，把饥民们团团围困在家里、村里饿死，生怕他们跑到城里要饭，去"污蔑"社会主义，给党和政府脸上抹黑。

沙俄伊凡三世，曾于1497年颁布法典，规定农奴在每年指定的日期，即在秋后尤里耶夫节（俄历11月26日）前后的一个星期中，可以自由地转换农奴主。人民公社没有这个规定，农民没有转换到其他公社或城里去的自由。

当然，人民公社也有比沙皇农奴制"先进"的地方。当子女们争气考上大学时，当子女们身体强健能参军当上解放军军官时，当"走后门"成功搞了个招工指标时，他们的子女立刻会脱离父业，脱离公社，实现"农转非"，变成个自由人（与父辈比较）。显然，这比沙俄农奴制要"进步"得多，尽管他们的人数有限。

人民公社的户口管理制度也并非一无是处：控制人口按计划流动，将绝大多数农民束缚于农村，借以减轻城市负担，对巩固雇主的一党专政十分有利。尽管这个制度被农民们骂成"罪该万死"！

人民公社比沙皇农奴制最为"先进"的地方，莫过于农民有"选举和被选举权"了。可惜，这种权利太民主、太现代化了，农民们"愚昧"得竟然享受不了，急需"加强党的领导"。因此，农民们选来选去，选出的队长仍然是党支部"内定"了的，为他们"当家做主"的人，依然是不要他们选举的党支部书记。

在1962年的"七千人大会"上，湖南一位县委书记，在讨论中大胆地说："**一，对待农民，是政治上压服，不是说服，剥夺了农民的自由权；二，经济上刮'共产风'，剥夺了农民的所有权；三、生产上瞎指挥，侵犯了农民的自主权。**"这位县委书记的描述，活画出了人民公社里现代农奴的真实生活。

2. 二元体制使城市化停滞不前

城市化是人类生产和生活方式由乡村型向城市型转化的历史过程，是乡村人口向城市人口转化以及城市不断发展和完善的过程，是城乡"剪刀差"逐渐缩小的过程。工业化是城市化的动力，城市化是工业化发展载体。城市化水平是衡量一个国家经济、社会、文化、科技水平和文明的重要标志，是人类进步必然要经历的过程。**历史已经证明，城市化是世界上所有国家和地区实现现代化的必由之路。**城市化与工业化是一个相互影响、相互推动的发展过程。在一国的工业化发展过程中，劳动力、资本和技术等生产要素不断向第二、三产业转移，与此同时，在空间结构上则不断向区位条件相对优越的地区聚集。这种伴随着工业化而产生的人口聚集效应，是城市化发展的根本动力，因而城市化水平是工业化和现代化水平的重要标志。

然而，毛泽东的农耕思想阻滞了中国城市化进程。

五十年代初，毛泽东说："**只有将城市的生产恢复起来和发展起来了，将消费的城市变成生产的城市了，人民政权才能巩固起来。**"当时的《人民日报》刊登社论《把消费城市变成生产城市》，提出："在旧中国这个半封建、半殖民地的国家，统治阶级所聚集的大城市(像北平)，大都是消费城市。有些城市，早也有着现代化的工业(像天津)，但仍具有消费城市的性质。它们的存在和繁荣除尽量剥削工人外，则完全依靠剥削乡村。我们进入大城市后，绝不能允许这种现象继续存在。而要消灭这种现象，就必须有计划地、有步骤地、迅速恢复和发展生产。"毛泽东又说：**"要把大城市居民分散到农村去，建立许多小城市。在原子战争的条件下，这样也比较有利。"** 根据毛泽东的说教，1955年9月，国家建委给中央写的报告中说："原则上以中小城镇及工人镇为主，并在可能的情况下建设中等城市。没有特殊原因，不建设大城市。"这里，毛泽东和中共从巩固无产阶级专政即一党专政利益出发，把生产与民生（消费）对立起来、把城市化与工业化对立起来，用计划来制止自然聚集效应——这是毛泽东农耕思想的初始表演。

1966年5月7日，毛泽东向全国发出了在中国建设农耕社会主义的《五七指示》，要求全国二元体制下的城市和乡村，都要建设成"亦工、亦农、亦文、亦武"的"大学校"。自此，中国城市化停滞并呈现倒退，毛泽东通过抑制城市化来推动工业化的方式也达到了极限，走到了尽头。

实现现代化的必由之路的城市化，在毛泽东农耕思想的二元体制下受到重挫。从五十年代初到八十年代初，中国小城市由115个减少到105个，小城镇由5,400个减少到2,900个。城市化水平在五十年代初增加较快，城市化率由1949年的10.64%，提高到了1957年的15.39%，七年增加了4.75个百分点。但自1958年人民公社化后，中国城市化开倒车。根据国家统计局的数字，1960年的城市化率是19.7%，1976年是17.4%，十六年间降低了2.3个百分点。隔海相望，遭到战争严重破坏的韩国，其时，城市化率稳步提高，农村人口在全国人口中的比例，从1962年的57%，下降到2000年末的9%，进入发达国家行列。中国城市化开倒车，使数以千万计的城市知识青年付出了代价：被迫辍学，被迫落户到农村、农场，在贫瘠土地上进行没有希望的劳动。一位叫**定宜庄**的作家说得好："**政治上的动荡，经济决策上的失误，每次都以大量青年的不能升学和被送往农村为代价。**"

在二元体制下，农村公社里隐蔽了大约两亿剩余劳动力；在二元户口政策的固结下，这些廉价的剩余劳动力无法自由向第二、三产业转移，为工业化提供积累，为城市化做贡献。这种积累和贡献，直到二十世纪末才在中国出现——约两亿农民工在大、中城市务工，但机会至少错失了四十年。

在毛泽东时代，中国城市化的停滞和倒退，与国民经济畸形化相辅相成，四个现代化成了摆在餐桌上的图脯和画饼；到1976年，国民经济已沦落到了崩溃的边缘。

3. 二元体制使粮食危机加深

1953年，毛泽东把中共在过渡时期的总路线表述为："**从中华人民共和国成立，到社会主义改造基本完成，这是一个过渡时期。共产党在过渡时期的总路线和总任务，是要在一个相当长的时期内，逐步实现国家的社会主义工业化，并逐步实现国家对农业、对手工业和对资本主义工商业的社会主义改造。**"

毛泽东的所谓"社会主义工业化"，就是优先发展重工业和"以钢为纲"，所谓"社会主义改造"，就是把农业、手工业集体化，资本主义工商业国有化。这个"总路线和总任务"是马列本本中规定了的，是以牺牲民生为前提的，是苏联共产党已走过的路。毛泽东和中共认为，有苏联"老大哥"的经验和帮助，中国建成社会主义天堂指日可待。在毛泽东的规划下，这个"社会主义改造"，大约在15年的时间里逐步实现。

但中国不同于苏联。正当他们以"解放者"姿态满怀信心地建设"天堂"时，他们遇到了阻力。这个阻力不是来自于"人民的敌人"的地主、富农和资本家，而是来自于"工人阶级的同盟军"在土改中分得了土地因而被"解放"了的农民。

"一五"（第一个五年计划）时期，国家工业化的资金主要依靠内部积累，其中，相当大的一部分是来源于农业，国外贷款仅占总收入的2.7%。在二元结构下，农民利益受到了严重侵犯。

据报导，1953年，粮食生产的增长和收购量的增长，赶不上粮食销售量增长的速度。由于农民对收购粮油的反抗，使政府收购计划不能按期完成；而销售却远远超出计划，1953年出现了87亿斤的粮食差额。在这种形势下，不少地方已开始发生混乱，北京、天津、上海等大城市，也出现面粉供应紧张的情况。据说，其时的北京市，库存粮食**只够七天用**。对此，中共对粮、油、棉实行了强硬的统购统销政策，决心以牺牲农民利益来支持工业化建设。这一招果然有效：1954年粮食产量虽比上年只增长1.8%，但国家收购粮食却增加了80%，库存也比上年同期增加了50%，城市、工矿区粮食供应也趋稳定。

牺牲农民利益的政策，引起了农民的强烈不满和对抗。1954年3月，中共中央和国务院在联合发出的紧急指示中说："**根据各地反映，目前农村的情况相当紧张，不少地方，农民大量杀猪，宰牛，不热心积肥，不积极准备春耕，生产情绪不高。**""**农民不满的主要原因是农民对统购统销工作感到无底；感到增产多少，国家收购多少，对自己没有好处；感到购的数目过大，留的数目太少，不能满足他们的实际需要；对于许多统销物资的供应，城市松，农村紧，也有意见。**"并且出现了"家家谈粮食，户户谈供销"的情况。

统购统销不仅侵犯了个体农民的家庭消费和产品自销权，引起农民不满和对抗，而1.1亿的分散农户，的确也给统购统销工作带来了很大困难。主管经济的副总理陈云说："**困难不单来自我们对于统购统销缺少经验，主要的是对这样众多的农户，要估实产量，分清余缺及其数量，很不容易。**"两年后，他又对他的讲话作了发挥。他说："**应该积极而稳步地发展农业合作社，把一亿一千万农户组织到生产合作社里来。到那个时候，我们**

的粮食产量就会大大增加起来，向农业生产合作社进行统购统销的工作，也要容易得多，合理得多。"

统购统销中遇到农民的反抗，使毛泽东有"理由"认为，把分散的农户组织起来已刻不容缓。

1954年6月，毛泽东在他批准的《中央农村工作部关于第二次全国农村工作会议的报告》中指出："**有计划地大量增产的要求和小农经济分散私有的情况以及农业技术的落后性质之间的矛盾是越来越明显了，困难越来越多了。这是两个带根本性质的矛盾。解决这些矛盾的第一个方针，就是实行社会革命，即农业合作化……**"至此，谎言已上升到理论高度，而且一发不可收拾。为了加快农业合作化进度，使统购统销畅通无阻，毛泽东改变十五年逐步实现农业合作化的规划。两年后的1957年，他在《关于农业合作化问题》的报告中就说："**在全国农村中，新的社会主义群众运动的高潮就要到来。**" "**目前农村中合作化的社会改革的高潮，有些地方已经到来，全国也即将到来。**"用谎言制造舆论，毛是行家里手。为了迎接"**社会主义群众运动的高潮**"，在上层，他狠批中共中央农村工作部部长邓子恢是"**小脚女人**"，有严重右倾思想，撤了邓的职；在下面，他派出农村工作队，用**哄骗**和**压服**相结合的手段，强制推行合作化，以"**反革命五年抓一百五十万，每年三十万**"的强硬手段，打击反对合作化的所谓的"农村资本主义势力"，使10~20万农民因不愿将自己的农具牲畜入社而被打死，或跳河、上吊自杀。在毛和中共的软硬兼施下，仅用了三年，便从农民手中**夺走**了土地、农具、牲畜、种子等全部农业生产资料，实现了农业合作化。接着，到1957年，全国初级农业社先后跨进高级社，1958年，农村全部实现政社合一的人民公社化。由此可见，**统购统销使农业合作化提前了十二年**，而当年铺天盖地宣讲的"**社会主义群众运动的高潮就要到来**"、"**小农经济生产关系不适应生产力的发展**"、"**小农经济自由发展势必会导致农村贫富两极分化**"以及"**对个体农业进行社会主义改造是实现工业化的一个必要条件**"等等说教，显然都是谎言。

毛泽东牺牲农民利益加速农业合作化以支援工业化的政策，就短期效应来说，确也取得了成功：1952~1957年的"一五"期间，农业为工业化提供了1,500多亿元的积累，使工业年均增长率高达18%，国民收入增长率高达8.9%，投资率在17.8%和22.6%之间。

掠夺农民的胜利冲昏了毛泽东的头脑，1958年开始了更加残酷的掠夺：人民公社化、公共食堂化，使**农民丧失了包括生活资料在内的一切**；"大兵团作战"，使农村变成了毛泽东可以**任意驱使的大兵营**；大跃进、大炼钢铁、大修水利工程、大建梯田等劳民伤财的瞎指挥，使农民变成了**廉价的农奴**；"拔白旗"、"反后进"、"民主革命补课"和镇压"地富反坏右"，使农民成了**雇主任意宰割的羔羊**。这种残酷的掠夺和镇压，严重伤害了农民的积极性，破坏了农业生产力，使1959~1960年的粮食产量骤降15%~25%，发生了严重的粮食危机；捱到 1961 年年底，以饿死了 3,000~4,500 万个农民后，这种掠夺才告一段落。

三年人为灾难后，中共党内右派有所反思，开始执行"**巩固、充实、调整、提高**"的八字方针，使国家很快走出了大饥荒的困境。尽管人民公社元气大伤，已有气无力，但在毛共"枪杆子"弹压下，还能继续肆虐农民；粮食危机也没因八字方针而趋缓。

为了安抚民心，巩固人民公社和"大锅饭"城市的二元体制，粮食危机使毛泽东和中共不得不采取了些不能公开向国人交待的措施——大规模进口粮食。

人们可以从《中国对外经济贸易年鉴1984》中看到以下进出口粮食数据：

1950~1959 年，年均**净出口**（出口减进口——下同）214.46 万吨，其中 1959 年出口 415.75 万吨；

1960~1969 年，年均**净进口**（进口减出口——下同）276.91 万吨。其中 1961 年进口 580.97 万吨，1964 年进口 657.01 万吨；

1970~1979 年，年均**净进口** 394.67 万吨，其中 1979 年进口 1,235.53 万吨。

以上数据可以看出，农业合作化前以分散私有化的小农经济，使中国成为粮食出口国，而集体化大生产的人民公社，却使偌大个农业国变成了一个粮食进口国。长期大量进口粮食，戳穿了 1958~1961 年是"三年自然灾害"的谎言！

八十年代初，全国农民推翻了人民公社和农业社体制（被迫保留了土地国有化），在人口大幅增加、土地大幅减少的情况下，依托家庭承包经营的小农经济制度，使 1978~1984 年中国粮食超常规增长，1984 年中国粮食产量首次突破 4 亿吨大关，并出现了"新中国"历史上第一次"卖粮难"现象，从而使粮食国际贸易在 1985 年和 1986 年出现逆转，分别净出口 271 万吨和 181 万吨。尽管以后若干年里有所起伏，但到 1997 年后，家庭小农业使中国成为一个稳定的粮食净出口国。《年鉴》数据明示：1997-2002 年，中国粮食国际贸易**年均净出口** 842 万吨，其中 2001 年出口 1,876 万吨，创历史新高，与 1979 年进口 1,235.53 万吨，形成鲜明对照。（大农业要求土地私有化的呼声越来越高，但保卫社会主义根底的势力顽固不化，到二十一世纪初，畸形的二元体制没有质的变化。）

历史已宣判了毛泽东和中共农业合作化、人民公社化政策的死刑，但迄今还有那么一些史学家为它扬幡招魂。他们著书立说大论农业合作化的"必要性"和"必然性"，冒似公正地大谈其利弊、得失以及左的错误等等，令人作呕。但最令人作呕的则是河南省临颍县南街村那块"共产主义天堂"标本。当年南街村人被毛泽东和他的人民公社搞得穷困潦倒、食不果腹，但改革开放后，当权人却用十数亿人民币把这个小小村庄，滋生成共产主义畸形怪胎，使他们成了为毛泽东和他的人民公社树碑立传的活标本。

《草根评说：文革—毛泽东》

二、"教育革命"下的畸形教育

2003年9月,《**马燕日记**》的中文版在北京首发:这是个力图改变被动局面的首发。**马燕**是宁夏同心县预旺乡张家树村里的一个十三岁女初中生,四年级开始写日记。她在日记里写道:"**今年我上不起学了,我回来种田,供养弟弟上学,我一想起校园的欢笑声,就像在学校读书一样。我多么想读书啊!可是我家没钱。**"2001年5月,法国《解放报》驻北京记者**彼埃尔.阿斯基**(中名韩石),在张家树村采访时,意外地收到了一封信和三本小册子。信是马燕写给她妈妈的,标题是"**我想读书**";三本小册子是马燕在2001年前写的私人日记。2002年10月,《**马燕日记——一个中国学生的正常生活**》一书在法国出版,被法国《解放报》连载,感动了法国,撼动了欧洲,许多人纷纷写信慰问,纷纷解囊相助。由于得到了外国人的资助,马燕和当地60多个辍学孩子,都能上得起学了。

也许是历史巧安排,三十年前,曾发生过一起"马振抚事件"。1973年7月,河南省唐河县马振抚公社中学初二女生**张玉勤**,跳水库自杀了,死时十五岁。自杀的原因是她的英语只考了6分,还在考卷背面写了几句顺口溜:"我是中国人,何必去学外国文,不会ABCDE,也能当好革命接班人,接好革命班,还能埋葬帝修反。"班主任和校长认为她顶撞老师,批评了她,还让她写检查。她一时想不开,寻了短见。第二年的1974年1月,中共中央下达"五号文件",把这件事定性为"**修正主义教育路线进行复辟**"的典型,指责马振扶公社中学搞"**法西斯专政**"、"**扼杀无产阶级教育革命**"等。校长和班主任也因而以"推行修正主义教育路线、逼死人命"的罪名被捕,分别被判两年徒刑。

三十年前后发生的"二马"事件,是两个不相干的事件;但仔细推敲,人们会发现,两者之间有着深刻的内在联系。

有什么内在联系呢?

构建公有制和计划经济的社会主义国家,必然是一元化政权,其表现为一个党一个领袖高度集权的绝对领导。为了超越资本主义以显示政绩,毛泽东的中共,摈弃教育为国本的思想,竭力打造具有中国特色的二元经济体制,借以实现社会主义工业化。为了保证二元经济体制生存和发展,他们利用强大的专政机器,镇压一切反抗言行。在镇压一切反抗言行中,知识分子首当其冲。

知识是多元的,其发展是自由的。由于多元和自由,代表知识的知识界,必然是学派林立,而其成员的知识分子,绝大多数都是自由主义者。在民主社会里,通过"和而不同"的民主整合,使多元和自由精神变为国家的财富和发展动力;但在社会主义社会里则相反。一元化绝对领导的社会主义国家主人(自称"公仆")们,与多元和自由精神格格不入,因此,他们必然要敌视、改造乃至镇压异己的知识分子,必然要改造产生这种多元和自由精神的载体——**学校**。这是世界上所有共产党国家的共同选择。

在毛泽东的心目中，知识分子是敌对势力，不能改造，就应打倒。早在上世纪二十年代，毛泽东在"**中国社会各阶级的分析**"一文中，把接受过高等教育的知识分子看作"**半反革命**"和"**极端的反革命派**"，统称为"**反动派知识阶级**"。四十年代在延安，毛泽东说："**没有知识分子的参加，革命的胜利是不可能的。**"但他们却一刀砍了知识分子代表**王实味**的头，并把延安80%的知识分子"抢救"成敌人——特务。五十年代，毛泽东狠批提倡以教育为国本的《武训传》，接着又把异己文艺思想者胡风打入监牢。到了1957年，毛泽东对知识分子玩了个"引蛇出洞"的"阳谋"，把一百多万知识分子打成右派和阶级异己分子。为了抑制多元，镇压自由，六十年代初，毛泽东发出了"**教育要革命**"的命令。在"教育革命"思想指导下，到1966年，毛泽东对知识分子的仇恨已达疯狂地步：在"横扫"中，他把数十万个知识分子打成"牛鬼蛇神"，逼得他们妻离子散，家破人亡；于此时，他又取消了初考、中考和高考，迫使全国中学停课多年，高等院校关闭长达7年之久，使数百万计的青、少年学生辍学，游离于街头和乡里。

中国从**梁启超、严复**倡办京师大学堂为起点，无论天灾人祸如何惨烈，作为立国之本的国民文化教育，从来没有中断过。就是在决定民族存亡的八年抗日战争时期，以西南联大为代表的流亡大学，在战争中为中华民族培养了一大批优秀的栋梁之才。然而，在和平环境里，毛泽东却使数千万青、少年失学多年，他还将数以千万计的青、少年驱赶到农村去劳动。由此可见，在国民文化教育层面上，毛泽东时代是民国以来最黑暗的年代。

毛泽东"教育革命"的目的是**抑制多元，镇压自由**，其实质是要革掉知识分子的**个人尊严、独立精神和自由思想**，把他们改造成党的"驯服工具"。为此，他为他的"教育革命"确定了以下任务：

"教育革命"任务之一是工农兵领导学校

"**知识越多越反动**"——这是毛泽东时代广为流传贬低知识的一句话。这句话出自何人？目前尚有争议。但与毛泽东有关却无异议。毛泽东曾说："**路线错了，知识越多越反动。**"有人说，在流传中，人们把这句话的前提忽略了，於是以讹传讹，"知识越多越反动"就变成毛泽东的原话。但仔细推敲一下，把"知识越多越反动"的话算到毛泽东头上也不为过。因为，在那个时代，毛泽东是说一不二的：路线对错与否，全由他一人拍板，因而谁的知识越多越进步、谁的知识越多越反动，全靠他一人敲定。

为了证明"知识越多越反动"，他把持有不同文艺思想的文学家**胡风**及其支持者，打成"**推翻中华人民共和国和恢复帝国主义国民党的统治为任务**"的"**反革命派别和地下王国**"，把思想家**胡适**批成"**在文化上是骗子兼恶棍，在政治上是流氓兼奴才**"。在文革中，他说："**现在大、中、小学大部分都是被资产阶级、小资产阶级、地主、富农出身的知识分子垄断了。**"因此，知识分子中除郭沫若、范文澜外，绝大多数都被他打成了牛鬼蛇神，进行了残酷批斗。他对已死的鲁迅相对比较客气些。他说："（如果鲁迅活着）**要么被关在牢里继续写他的，要么一句话也不说。**"

他要工农兵领导学校的目的，是以"**知识无用论**"让教育为他的无产阶级政治服务。为此，他压制知识分子对学校的垄断，怒骂学校是"**庙小神通大，池浅王八多**"，鼓动学生罢课。他对他的外孙女王海蓉说："**要允许学生上课看小说，要允许学生上课打瞌睡。**""**什么制度不制度，管他那一套，就是不回去，你说：我就是破坏学校制度。**""**学校应该允许学生造反。回去带头造反！**"他到处鼓吹"**知识分子其实是最没有知识的**"、"**教授不如学生，学生不如农民**"，等等，鼓动学生造学校的反，造老师的反，使学校师生矛盾激化。"**马振抚事件**"就是这种矛盾激化的反映。

为了夺取学校的领导权，他发出了"**资产阶级知识分子统治我们学校的现象，再也不能继续下去**"的"**最高指示**"，先后派军宣队、工宣队、贫农代表，进驻城乡大、中、小学校，实现了工农兵对学校的领导。七十年代，他派"御林军"八三四一部队一名副科长**迟群**，担任北京和清华两所大学的一把手，他让他漂亮的女友、只有初中文化程度的零距离译电员"秘书"**谢静宜**，当两所大学的二把手。迟、谢统领两所顶级大学风光数年，直到毛死，成了这两个最高学府的校耻，更是中华民族的国耻！

"教育革命"任务之二是亦工亦农改造学校

"**书读得越多越蠢**"——这是六十年代毛泽东的一句口头禅。他在人民大会堂北京厅召开的座谈会上说："**我看书要读，读多了，害死人。**"他在第三届全国人民代表大会第一次会议上说："**像大学里那些书，越读越蠢。**"在"四清"运动的一次讲话中，他又说："**我对孩子讲，你读十几年书越读越蠢，什么也不懂。**"1958年5月18日，他在八大二次会议上说："**我这些材料**（注：当时印了一批古今中外发明家的材料）**要证明这一条：是不是卑贱者最聪明，高贵者最愚蠢，来剥夺那些翘尾巴的高级知识分子的资本。**"为了证明"书读得越多越蠢"是至理，他又煞费苦心地从历史纸堆里找出了许多"证据"。其中，他举宋徽宗当例子说："（他）**能诗会画，字写得很好，做了俘虏。**"指出这是"**他们都是'只专不红'，（才）亡了国**"的。由此他得出结论说："**可见书念多了要害死人。**"他在关于卫生工作的谈话中说："**医学教育要改革，根本用不着读那么多书。华陀读的是几年制？明朝李时珍读的是几年制？医学教育用不着收什么高中生、初中生，高小毕业生学三年就够了。……书读得越多越蠢。**"对于哲学，他说："**不搞阶级斗争，搞什么哲学！**"又说："**从书本到书本，从概念到概念不行。书本里怎么能出哲学？**"

那么，毛泽东心目中的学校是个什么样子呢？

1. 红专大学。毛泽东说："**公社要有高等学校，培养自己所需要的高级知识分子。**"于是，红专大学在农村公社、城市工矿企业里，雨后春笋般地创办了出来。此外，工大、农大、夜大、红专班等高等院校，也与红专大学争红斗艳，使毛泽东教育思想大放光采！据统计，全国高等学校由 1957 年的 227 所，到 1960 年猛增至 1,289 所，猛增 5.6 倍。据报导，大学里的教师一半以上，都是只有中学文化程度的农民和工人。例如，河南"**遂平卫星人民公社红专综合大学**"是当年的典型。全校共 10 个系，在校大学生 529 人。该校校舍是社员腾出来的民房；学生是各个生产队选拔出来成份好、觉悟高的男女青年；教授是土洋结合，土教授可能识字不多，是群众推举出来的能人，洋教授由原来的小学教师担任；毕业生一般能开拖垃机、写快板书、"拔白旗"和批判资产阶级。据笔者所知，许昌一个著名大企业的厂长，就是当年工厂红专大学的毕业生。由于这种大学太荒唐、太离谱，遭到了普遍抵制，随着三年人祸的终结，也很快夭折了。

2. 半工半读学校。 1961 年 7 月 30 日，毛泽东为"江西共产主义劳动大学三周年纪念"题词说："**你们的事业，我是完全赞成的。半工半读，勤工俭学，不要国家一分钱，小学、中学、大学都有，分散在全省各个山头，少数在平地。这样的学校确是很好的。在校的青年居多，也有一部分中年干部。我希望不但在江西有这样的学校，各省也应有这样的学校。各省应派有能力有见识的负责同志到江西来考察，吸取经验，回去试办。初时学生宜少，逐渐增多，至江西这样有五万人之多。**"题词中还要求"**党、政、民（工、青、妇）机关，也要办**（半工半读）**学校。**"在 (65) 国农办字 425 号文件中，国务院指示："遵照刘主席、周总理对全国城市半工半读教育会议的指示精神，各省、自治区、直辖市明年应结合动员城市知识青年下乡上山重点试办社来社去的半农半读的劳动大学，为逐步推行两种教育制度积累经验，为促进农村文化革命，实现科学种田造就人才。同时应当大力推广业余教育，满足下乡、在乡青年的学习要求。"这是"红专大学"的继承和发展。据说，全国在半工半读学校的学生，高达一百多万，但多数是虎头蛇尾而夭折。

3. "五七"干校。 红专大学和劳动大学的夭折，并没有使毛泽东死心。1966 年 5 月 7 日，他给林彪发出一封信说："**军队应该是一个大学校……这个大学校，学政治，学军事，学文化。又能从事农副业生产。又能办一些中小工厂……又要随时参加批判资产阶级的文化革命斗争。**"这就是著名的"五七"指示。信中要求工人、农民、学生、商业、服务行业、党政机关工作人员，"**也要这样做**"。之后，人们常说的"亦工、亦农、亦文、亦武"，都是这个意思。这种小农经济思想反映到教育上，就是**农耕教育**。

农耕教育的典型很快被制造了出来。1968 年 5 月，黑龙江省的柳河"五七"干校，正式诞生了。毛泽东欣然命笔批曰："（干校）**对反修、防修，对搞好斗、批、改，有十分重大的意义，应引起我们各级革命干部和广大革命群众的高度重视。**"于是，数百所"五七"干部学校，在各地拔地而起，全国一片"红"。

立足于农村的"五七"干校，体现了毛泽东"亦工、亦农、亦文、亦武"的农耕教育思想。**学工**，就是盖房、挖渠、砸油、磨粉之类；**学政治**，就是读毛主席语录和"老三篇"，林彪说"'老三篇'不但战士要学，干部也要学"；**学军呢**，有吹哨起床，排队下地干活的操练；只有**学农**范围较广，春种、夏锄、秋收、冬备，样样得按时，样样不能少。**学文**呢？据传，对于那些高知学员们，诸如那些专家教授们，尽管他们懂得什么运筹、模糊等高等数学，或会做诗写文章，但由于"**书读得越多越蠢**"，急需由工农兵给他们做"启蒙"教育。其中，补一补四则、分数，讲一讲《雷锋日记》，在有些干校也曾出现过。

毛泽东死后，邓小平要搞四个现代化，"修正"了毛泽东的教育思想，下令停办"五七"干校。由是，长命十年的"五七"干校寿终正寝，数十万机关干部和知识分子，才从劳改生涯中解脱了出来。

4. 取消文科大学。在毛泽东看来，学校是"滋生"多元和自由的"温床"，尤以文科大学为甚。因此，他发出"最高指示"说：**"要改造文科大学，要学生下去搞工业、农业、商业。"** 很明显，他要把文科大学生统统撵出大学。在无声的抗议中，在办不办大学问题上，他的立场有所松动。但却说：**"大学还是要办的，我这里主要说的是理工科大学还要办。"** 坚持不办文科大学。

5. 降低大学门槛。1968年7月22日，《人民日报》刊载《从上海机床厂看培养工程技术人员的道路》的调查报告，并加编者按。编者按中有毛泽东亲笔加的一段话："**大学还是要办的，我这里主要说的是理工科大学还要办，但学制要缩短，教育要革命，要无产阶级政治挂帅，走上海机床厂从工人中培养技术人员的道路。要从有实践经验的工人农民中间选拔学生，到学校学几年以后，又回到生产实践中去。**"据此，主管教育部门在恢复大学教育时，以选拔、推荐制取代升学考试制，选拔和推荐工农兵中的高、初中生入校，兼顾少数小学毕业生。以选拔、推荐制取代升学考试制后，迅速引发了以权、钱、性贿赂的"走后门"风潮。据报导，浙江大学因招收了一对父女而名扬天下，一时间，"父女同上一所大学"传为"佳话"。

6. 学校以阶级斗争为主课。毛泽东说："**阶级斗争是你们的一门主课。**"与"五七"干校同样，阶级斗争和参加劳动已成了全国大、中、小学的两门主课。有篇报导说："**1971年春，四川成都、重庆两市先后动员初中毕业生41,068人到云南边疆'插场'，年龄最大十八岁，最小十四岁。**""这些知青是该省在'文革'中培养的首批初中生。他们大多于1969年春季入学，两年学制共学完一本《毛主席语录》，一本相当于初中一年级的《数学手册》和数量惊人的学工、学农、学军课，从而实现了由学生到知识分子的'飞跃'，达到下乡接受农民'再教育'的标准。"在毛泽东的"最高指示"下，文化课被边缘化。**马振抚公社中学初二女生张玉勤的自杀，也是文化课被边缘化的结果。**

显而易见，毛泽东心目中的学校，是既要少花钱、又要少读书、还要多务农、那种"剥夺那些翘尾巴的高级知识分子的资本"的农耕学校。

值得注意的是，在毛泽东农耕思想指导下的"教育革命"，在抑制提高教育的同时，使普及教育有了较大发展。

据统计：全国普通中学的数量，从1956年的6,715所，到1958年已达28,931所，猛增4.3倍；中学生数从1956年的516万，增至1958年的852万，猛增65%。据笔者观察，全国2.6万多个人民公社，几乎每社都建有一所初级中学，每个生产大队都有一个简陋小学，每个农场的生产队，都有一个不分班级由一个教师授课的小学。小学老师多数是亦工亦农的代课老师（后称民办教师），其文化程度多为初中和高小毕业生。显然，这种普及是以抑制提高即降低教育质量为代价的，符合"**书读得越多越蠢**"的说教；这种低质量的普及不是真正意义上的普及。但这种高普及率却是毛泽东引以自豪的。

"教育革命"任务之三是压缩教育经费、抑制学校的发展

毛泽东敌视知识分子、抑制多元、镇压自由的"教育革命"，其必然选择是压缩教育经费、遏制高等学校的发展。

"**经济要发展，教育要先行**"的道理，发达国家早在第二次世界大战结束时就认识到了，而且不惜代价地付诸实施。不幸的是，毛泽东和中共不肯接受这个道理。在五十年代，他们通过宣传机器振振有词地向人民宣讲"**只有经济发展了，才能大办教育**"的道理。1954年，《中国青年》在《关于如何看待子女的前途问题向家长们进一言》一文中，传达了毛泽东等中共高层官员的声音："**挪用国家任何其他方面的预算来办学校，都会破坏国家的整个建设计划……这就是说，我们今天无法满足所有中小学毕业生的升学要求，在今后相当长的时期内也无法满足，这种情况要一直存在下去，直到我们国家的经济力量发展到可以满足这种要求的时候为止。**"自此，压缩教育经费、抑制学校的发展有了"理论"根据。

据《经济问题》1983年报导：我国目前人均教育经费不超过9美元，而八年前的1975年，美国的人均教育经费已达471.42美元，日本也已达247.74美元。又据《当代财经》1986年报导：日本从五十年代到七十年代的二十年中，教育经费增加了十倍；1971年，日本的教育经费占国家总预算开支的20.4%，而那一年，我国教育经费仅占国家总预算开支的4.5%。又据《湖南科技学院学报》2005年报导：1975年教育经费占国民生产总值的比重，美国为6.2%，法国为5.6%，日本为5.5%，中国仅为1.8%。又据《新京报》2007年报导：1950年~1980年，日本教育经费占GDP5%以上，中国的台湾占4%以上，大陆到1999年，才占2.79%。尽管我国教育经费少得可怜，但在1962年5月27日，中共中央、国务院又作出"**必须坚决**""**缩小文教规模**"的决定。《决定》要求"**文教队伍的精减，主要地应当放在今年暑假期内进行，今年寒假或者明年暑假扫尾。**"《决定》还规定，"**国家办的中、小学可以转一批为社办公助或者民办公助**"，以减少国家的财政支出。

总之，在毛泽东时代，中国教育经费占GDP的比重，一直在1.5%~3.0%之间徘徊，始终处于世界下游，教育水平处于"亦工、亦农、亦文、亦武"的低层次上，高等学校受到重创，许多地方的小学教育处于扫盲水平上。这种符合"**书读得越多越蠢**"理论的教育现状，与"六亿人民尽舜尧"的泱泱大国、与安理会常任理事国的地位极不相称。

改革开放后，中共的教育思想有了积极的变化。整顿了学校秩序，重视高等教育，恢复了高考，特别是1986年颁布了《义务教育法》，使没有保障的"基础教育"，转变为有法律保障的九年义务教育。九年义务教育制，确立了分级办学体制，基本上采用了"县办高中，乡办初中，村办小学"的办学模式，生源、教育资金来源都有了一定的法律保障。

但由于中共坚持四项基本原则(1)，"知识越多越反动"和"书读得越多越蠢"等反智主义没有得到清算，"新"的教育思想没能摆脱毛泽东"教育革命"的束缚，仍然坚持在低投入条件下实施教育。

据报导：1994年，中国的人均教育开支在世界155个国家中，名列第149位，位居非洲穷国乌干达之后。又据报导，2003年9月9日至21日，联合国人权委员会教育权报告员托马舍夫斯基，应中国政府的邀请，考察了中国的教育状况。考察结束，她公布的材料显示：中国的教育经费只占全国生产总值的2%，而政府预算只占教育总经费的53%，剩下的47%，则要求家长或其他来源去填补。据世界银行.联合国教科文组织1995年的统计资料：1992年,中国教育经费投入总量为109.76亿美元，同期，美国投入3145.76亿美元，日本投入1649.54亿美元，德国投入925.11亿美元。相比之下，中国投入的绝对值，只占美国的3.5%，占日本的6.7%，占德国的11.9%，存在相当大的差距；如果按人均计算，则差距更大。2005年1月，《中国经济时报》透露："**城市推行九年义务教育，教育费用基本上由政府承担，而农村的九年义务教育，费用绝大部分由农民自己承担。目前我国农村义务教育的投入实际上主要还是由农民们自己负担的，在全部投入中，乡镇一级的负担竟高达78%左右，县财政负担约9%，省地负担约11%，中央财政只负担了2%。**"

如果说毛泽东时代的普及是在压抑提高条件下的普及，那么，邓小平时代的提高则是在降低普及率条件下的提高。因为，在教育经费低投入的条件下，提高与普及不可能兼得。社会主义中国的新主人们，在改变毛泽东压制提高教育质量的同时，却使普及教育付出了代价。

一位经济学硕士、曾当过湖北省监利县棋盘乡乡党委书记的李昌平，因他仗义执言、为民请命，上书朱镕基总理说"**农民真苦，农村真穷，农业真危险**"而一举成名，成为"中国最著名的乡党委书记"。2005年5月24日，凤凰网发表了他的"中国农民怎能不贫困"一文。文中说："**我读小学时，几毛或一块钱读一年；初中时，一年两块钱；高中时，三块五块读一年；大学时，国家一个月补贴20多块钱，35斤粮票。现在我的孩子读书呢？小学100多，中学1000多，中考把录取分数线提得高高的，缺一分100元、几**

百元不等。……我计算了一下，从 85 年到目前为止，农产品的价格涨了不到 7 倍。以稻谷为例，85 年的价格 0.095 元，今年可能高些，涨到了 0.6-0.7 元，以前是 0.4-0.5 元。**算涨了 7 倍，相当于农民的收入（在价格上）长了 7 倍。但现在农民教育支出涨了几百倍甚至几千倍，你说农民怎么不穷！**"又据河南电视台民生频道 2010 年 9 月 4 日报导，孟津县一些农村中学缺少桌凳，麻屯二中学生自带桌凳上学，有的学校则要学生拿 70 元购买桌凳。教育经费的低投入使教育普及付出了代价，农民是其代价的主要承担者，而**宁夏同心县无钱上学的马燕，就是这种代价的受害者。**

中共新主人们在教育上的提高，是在降低普及率条件下的提高，又是在抑制多元、镇压自由的"教育革命"思想基础上的提高。他们做到的仅仅是把"教育为无产阶级政治服务"改名为"教育为社会主义政治服务"。但人们都很清楚，无论是"为无产阶级政治服务"，还是"为社会主义政治服务"，都是为中共一党专政的统治权力服务：他们任命的学校书记和校长，很少有真正的教育家，大多都是为这种统治权力服务的政治工作者。

二元化的畸形经济和低投入的畸形教育，相辅相成，催生了知识青年上山下乡运动，促成了其运动的畸形化。

三、上山下乡：中国特有的畸形运动

毛泽东和中共打造的二元畸形经济和畸形教育，其目的是巩固一党独裁的专政权力。全面供给的"福利型"城市与自给自足的贫困型农村相对立，滞迟了国民经济的发展，并一步步把国民经济推向了崩溃的边缘。在这个过程中，畸形经济不可能为教育提供足够的资金，而在低投入条件下的畸形教育，不可避免地产生一批接一批失学、辍学的失业大军。

在农村，1957~1977 年间，中国的可耕地减少了 11%，人口却增加了 47%。1978 年，中国大陆农村劳动力的人均耕地面积为 0.013 公顷，相比之下，日本是 0.7 公顷，印度是 1 公顷，美国是 48 公顷。在这种情况下，农村存在着边际生产率为零甚至为负的大量剩余劳动力，根本不需要增加劳动力，特别是增加外来劳动力。但在毛泽东和中共眼里，农村能大能小，伸缩自如，失学、辍学的农村青年可以自动消化在人民公社里，做到自食其力。因为，一个公社多个千儿八百人，即使农民生活受些影响也无关大局，用不着国家操心。为了安抚回乡知识青年，使他们安心农业劳动，善于构造美丽谎言的毛泽东，大笔一挥，便赋予贫困农村一个"光荣"使命——**"广阔天地，大有作为"**！

城市则大不一样。在那里，所有资源（包括理发、修鞋）都控制在政府手里，市民的衣、食、住、行、医疗、上学和劳动就业，都在政府计划管理之列。因此，城市里失学、辍学即失业的知识青年，无法做到自食其力：除了依靠政府外，别无选择。

但在畸形经济体制下，特别是三年人为灾难后，政府既拿不出钱多办学校来扩招，也没有能力创造更多的就业岗位。据统计，政府无力安排的失业青少年，每年大约有150~300万左右。毛泽东和中共清楚地意识到，留在城市里的失业青年，不仅增加政府负担，特别是粮油供应，更是股潜在的动乱势力。因此，为了确保城市稳定，减轻城市负担，有计划地把城市中潜在的动乱势力，驱赶到能大能小、伸缩自如的人民公社里，也就是把政府无法安排的城市失业学生的就业压力，转嫁给农民，变相地向农民征收"知青税"，就成了中共的最佳选择。于是，1963年10月，周恩来主持制定了《关于动员和组织城市知识青年参加农村社会主义建设的决定》，把安置城市知青上山下乡列为十五年不变的长期政策。从此，强权干预城市知识青年迁徙和就业自由的上山下乡政策，便成了毛泽东和中共的既定国策。

为了使下乡知青及其家长对他们的侵权政策"口服心服"，"人民的好总理"周恩来，把驱赶城市青年学生下乡提高到"**城乡结合、移风易俗**"的政治高度。天才的毛泽东尽情发挥他的"理无常是"哲学，改变了他"**严重的问题在于教育农民**"的思想，迅速向全国发出了城市知青到农村去"**接受贫下中农再教育**"的"最高指示"。毛的"最高指示"，使"自私的、保守的、落后的"被教育者农民，瞬间变成了高明而先进的教育者。

但毛的"**再教育**"的"最高"谎言和周的"**城乡结合、移风易俗**"的"次高"骗语，都被副统帅林彪的亲信们在暗中揭穿。他们在秘密起草的《五七一工程纪要》中，一针见血地写道："**青年知识分子上山下乡，等于变相劳改。**"

1. 上山下乡运动简史

毛泽东和中共制造的上山下乡运动，前后经历了四个阶段。

第一阶段：1953年~1961年

据教育部1955年统计："新中国"成立后的第三年，全国小学毕业生已达260万人，到1957年，高小毕业的人数估计将达1,700万余人，而全国的初中学级，只能吸收500万人升学，剩余1,200万人不可能升学；换句话说，约有70%的高小毕业生没有中学上。"统计"虽没有说有多少初中生不能升高中，多少高中生不能升大学，推而论之，显然也是个不小的数目。对此，8月11日，《人民日报》发表了《必须做好动员组织中、小学毕业生从事生产劳动的工作》社论，要求各地青年组织，积极帮助青年人包括**大多数未满十六岁的青、少年**，转到农村参加生产和工作。这是中共第一次对失业者的劳动就业安排：比较明确地提出广大知识青年要下乡务农；第一次明确规定"生产劳动"中可以使用童工。此时的"知识青年"为广义知青，包括出身于农民家庭的回乡知识青年在内。9月4日，毛泽东在一篇安排知识青年下乡务农的文章上写了批语。批语以漂亮的词藻，给劳动就业安排打上了高尚的政治标签，开了用谎言进行欺骗的先河："**一切可以到农村中**

去工作的知识分子，应当高兴地到那里去。农村是一个广阔的天地，在那里是可以大有作为的。"** 中共中央迅速做出反应，在《一九五六到一九六七年全农业发展纲要（修正草案）》中，特别写上了一条："**城市的中、小学毕业的青年，除了能够在城市升学、就业的以外，应当积极响应国家的号召下乡上山，去参加农业生产，参加社会主义建设的伟大事业。**"从此，城市知识青年包括十六岁以下的中、小学毕业生上山下乡务农，成了中共的既定国策。在五十年代，保守估计，包括回乡在内的下乡知青，应不少于1,000万人。**这与欧、美、日、韩、新等西方国家和港、台等地区，大力发展教育事业和推动城市化进程，形成鲜明对照。**

早在《人民日报》社论和毛泽东的指示发表前，确实有一些知识青年主动提出过"下乡垦荒"的请求。1955年8月9日，北京石景山区西黄乡的**杨华**等5名青年，联名向共青团北京市委递交了一份申请书，请求到边疆去垦荒。团中央接受了他们的申请。北京团市委选拔出60名年轻力壮的青年，组成"北京市青年志愿垦荒队"，到黑龙江省萝北县凤翔镇的团结村，建立起"全国第一个垦荒点"，在茫茫荒原上安家落户。随后，天津、河北、湖北、山东、哈尔滨等10多个省市的团组织，也相继组织了50多批、约37,000多人参加远征垦荒。这些垦荒行动，与"旧社会"的阳光垦荒相类似。据报导，参加垦荒的多数是城市郊区的贫困农民，他们是在**利益驱动**下自愿去边远农村的。但到1957年，当农业合作化普及到全国各个角落时，他们垦荒利益受到冲击，这种自愿便很快消失了。

从1955年起，毛泽东和中共开始实行胡折腾的所谓社会主义改造的二元畸形经济政策。在不到三年的时间里，根据无产阶级专政理论，他们首先在反右中扼住知识分子的咽喉，然后用充满血腥的手段，即通过"**反革命五年抓一百五十万，每年三十万**"的"**大捉特捉**"手段，把工业、交通、商业、农业、手工业等全部改造为国有，使全国的生产和生活资料变成党产，全部操纵在雇主和各级官僚特权阶级手中。随着国营工商业的迅猛膨胀和三大改造的"全面胜利"，国民经济被折腾成畸形经济，其发展比例严重失调，人民生活逐年下降。到了1961年，毛泽东和中共所发动的大跃进、大炼钢铁和人民公社运动，以饿死3,000~4,500万人的代价，才使胡折腾暂告一段落。

在六〇年前后几年的疯狂中，大批逃亡者和大批失学、辍学的青少年人，为了活命，都在城乡间大规模的盲目流动。在这种严峻形势下，制止盲流，确保稳定，提高城乡人民的最低生活标准以维持生存，成了中共当务之急。为了制止农民向城市流动，以减轻城镇供应压力，达到城乡分治的目的，毛泽东的中共所制定的《户口登记条例》，便在1958年应劫而生。自此，农民被贬为二等公民。（直到二十一世纪，农民进城务工叫"农民工"，泥瓦工、清洁工、保姆等城市人不愿干的活，都是他们干的主要工种。）农民自身不保，怎能接纳城市知青？出于无奈，中共基本上停止了组织知青上山下乡活动，尽管有些城市还在利用"国策"进行折腾。

第二阶段：1962 年~1968 年 11 月

面对大跃进、人民公社运动制造的饿殍遍野的恶果，中共党内健康力量敦促中央反思。以刘少奇为首的党内右派和中间派周恩来，良心再现，纷纷对毛泽东的独断专行和他的僵硬教条，进行人性化的修正。他们在政治上稍有松动，平反了一些冤案，恢复了"统战"某些民主功能，经济上搞了个"巩固、充实、调整、提高"的八字方针，将人民公社的全民所有制，退回到"队为基础"的集体所有制上。他们也微调了农业政策，允许农民搞"三自一包"、"四大自由"（实为四小自由）和自主经营三分自留地。政治和经济上的微量宽松，很快产生了效应：生产有了恢复性的增长，保住了六亿人民维持生命的饭碗，改善了他们生活。

1962 年 8 月，毛泽东发出了"**千万不要忘记阶级斗争**"的号召，强调阶级斗争要"**天天讲、月月讲、年年讲**"，批评党内右派在"七千人大会"后采取的微量宽松措施，是"**单干风**"、"**翻案风**"和"**黑暗风**"，又开始了新一轮的**权力搏斗**。微量宽松环境又严峻起来，生产强劲增长势头很快变成了蜗牛爬行，上山下乡又被提到议事日程上来。于是，在 1963 年 10 月，中共中央根据周恩来制定的《关于动员和组织城市知识青年参加农村社会主义建设的决定》，把安置城市知青上山下乡列为 15 年不变的长期政策。他们计划在全国 540 万生产队中，安置城市知青 1,000 多万，平均每队安插 2 人。这一政策，推翻了广州市委对知青的较有人性化的承诺：答应知青在农村劳动 2 年至 4 年以后，俟国家形势好转就可回城工作。《决定》下达后，到 1966 年 7 月，有 129.28 万知青被驱赶到农村。

1966 年 5 月 16 日，中共中央通过《五一六通知》后，开始了"史无前例的无产阶级文化大革命"，开始又一轮的**权力搏斗**。8 月 1 日，毛泽东向清华附中红卫兵发出了"**对反动派造反有理**"的号召，授给红卫兵一把由"文化"转向"武化"的"尚方宝剑"。天才的毛泽东，充分利用青年学生的幼稚、愚昧、盲动和野蛮，把他们打造成向刘、邓右派夺权的急先锋。利剑在手的以青年学生为主力的红卫兵，果然不负导师的重托：他们在"横扫一切牛鬼蛇神"和大破"四旧"的运动中，用**打、砸、抢、烧、杀**等法西斯暴力，为"捍卫毛主席的革命路线"立下了汗马功劳；在而后的 1967 年到 1968 年中，他们又在"保卫毛主席"的真枪实弹的武斗中，献出了 50~60 万个年轻的宝贵生命。在两年多的腥风血雨中，从 1966 年到 1968 年无法毕业和升学的高、初中学生——史称"老三届"学生，许多人游手在家，或闲荡于街头，其中许多人变成了横行巷里的红卫兵杀手。在毛泽东的权变谋略中，需要的是他们的愚昧无知和红色暴行，因而暂时没有动员他们出城。

就在红卫兵造反的同时，数以百万计"自愿"到农村落户的城镇知青，纷纷"杀"回城里。他们或要求参与城市里的"造反"运动，或上访要求分配工作。1966 年底到 1967

年初的短短几个月里，从各地返回城市的知青多达 120 万人。其中，在北京逗留、串连的知青就有 40 多万人。他们打着"造反有理"的旗帜，把造反的目标对准了欺骗他们、驱赶他们到农村的有关单位和官员。在北京，中央安置领导小组办公室被抄，被砸，被烧。在江苏南京市，70% 的老知青返城，冲击基层单位，"**95% 以上的区、街道办事处、居委会被冲垮，有些干部被打伤住院；有的躲在家里；有的外出避风。全市军管会都遭到连续的冲击。**"有的强行迁报户口，要求供应粮油，安排工作。如南京市红卫区（今建邺区），1964 年驱赶到六合县的知青，在农村袭击粮管所，强盖公章，抢走户口迁移证、粮油供应迁移证及空白证明、介绍信等。他们到南京后，又要强行报进户口，供应粮油，还砸了区军管会办公室。省军管办公大楼也被冲击，下乡上山办公室的负责官员遭毒打。在四川成都市，有 90% 的知青返城造反。返城风刮得最严重的是上海市，文革一开始，就有几万知青回到上海，利用造反，发泄不满。知青回城的造反行动，不啻是**给知青"自觉自愿"上山下乡的谎言一记响亮的耳光。**面对这种混乱形势，中共在《人民日报》上发表了《坚持知识青年上山下乡的正确方向》的社论，用十分严历的口气，撵知青们返乡生产。

到了 1967 年秋，红卫兵造反派左、右派之间的武斗愈演愈烈，大有失控之势。为了勒紧"缰绳"，10 月 14 日，中共根据毛泽东的决定，发出了《关于大、中、小学校复课闹革命的通知》，要求"全国各地大学、中学、小学一律立即开学"，力图把红卫兵拉回校园中加以"驯服"。不料，那些脱缰的烈马，不听招呼，迟迟不愿复课。

经过两年的武装冲突和破坏，国民经济连年衰退。就工业来说，1967 年总产值为 1,453.5 亿元，比 1966 年下降 14%，1968 年为 1,380.3 亿元，又比 1967 年又下降 5%，仅为 1966 年的 81.8%。在高度计划的畸形经济体制下，工商业及其他服务行业，严重萎缩。由于工矿不招工，学校不招生，城镇里滞聚了大量失业知识青年。为了分而治之，毛泽东和中共在提出"复课闹革命"的同时，上山下乡又被端了出来：1968 年，全国驱赶城镇知识青年上山下乡的人数，多达 199.68 万。

第三阶段：1968 年 12 月~1978 年

烽火连天的武斗，使毛泽东卧不安席。一个八次"接见"了一千二百多万红卫兵并号召他们"全面内战"的发动者，两年后，却把武斗罪责归咎于听命于他的红卫兵。1968 年 7 月 28 日，毛泽东召见北京红卫兵五大领袖，向他们发出了如"**不听劝阻……就要实行歼灭**"的命令。"红司令"突然变脸，使横行霸道的红卫兵在猖獗了两年后，突然发现自己被出卖了；但他们明白，离开"红司令"，他们将一事无成，于是，都乖乖地举起双手，使数以千万计的红卫兵，全军覆没于人民大会堂的湖南厅。两年前，1966 年 8 月 1 日，毛泽东把红卫兵捧上了天——他在给清华附中红卫兵的回信中说："**我向你们表示热烈的支持。**"1967 年 1 月 8 日，他还在说："**教育部管不了，文化部管不了，我们也**

管不了，红卫兵一来就管住了。"如今，1968年8月8日，他却把红卫兵打翻在地——在接见中央文革碰头会成员时他说："**靠学生解决问题是不行的，历来如此。**"翻手为云，覆手为雨的"阳谋"，其演技并不高明，但在中国，却成了千古绝唱！

毛泽东的红卫兵臭名昭著，民愤极大，"老三届"备受株连，毛泽东借机撵他们上山下乡。1968年12月11日，他发表了"**知识青年到农村去，接受贫下中农的再教育，很有必要**"的最新谎言。于是，1969年，在近400万人的"老三届"中，有373万人被驱赶出了城镇，成了第一批兔死狗烹的承担者。

据统计：从1968年末到1978年的十年间，在"接受贫下中农的再教育"的上山下乡运动中，被"动员"出城镇"插队（生产队）"(2)或"插场（农场—兵团）"(3)落户的知青（包括"老三届"），就多达1,700万人。这种大迁移规模之大、时间之长，堪称六、七十年代世界之最。

第四阶段：1979年~1984年——"大返城"

1978年12月9日，不堪地方权力肆虐的云南景洪农场知青，发布了北上宣言，开始了席卷全省、全国的"返城大逃亡"。《海南纪实》1989年7期，发表了张力甫的文章：《1978：西双版纳八万知青返城风潮》。但据笔者查阅资料，1978年，云南在乡知青7万多，其中在农场(兵团)的知青人数约5万，签署"北上宣言"的不足4万。不管数字出入有多大，知青大返城却是不争事实，这给说上山下乡是"**自觉自愿**"的中共，又一记响亮的耳光！

在云南知青"大返城"的冲击下，1979年间，上海市数十万"自愿"到黑龙江、吉林、内蒙、云南、安徽、江苏、贵州等省落户的知青，八仙过海各显神通，多数人都如愿以偿，返回上海。又据报导：上海市"自愿"到新疆建设兵团落户的10万知青，其中7万人也于1984年前一波三折地返回了上海，尚有3万余人，在武力镇压下，被迫留在新疆。

在云南、上海知青"大返城"的冲击下，各地知青也纷纷仿效。到1984年，肆虐几代知识青年、改变了约两千万个家庭命运的上山下乡运动，以"大返城"而告终！

显而易见，"新中国"的一部上山下乡运动史，实际上是一部强行驱赶城市失学、失业者到农村劳动就业史。其他所谓"**广阔天地，大有作为**"、"**消灭三大差别**"、"**城乡结合、移风易俗**"、"**接受贫下中农再教育**"和"**培养革命事业接班人**"等等，都是权力粘贴在驱赶就业广告上的谎言和红色托儿语！

2. "旧社会"阳光就业模式

失业问题在任何国家、任何社会里都存在。解决失业者的劳动就业问题，无论是在厂矿务工就业，还是下乡务农就业，都是任何政府不容忽视的重要民生问题。但由于社会制度不同，便有了不同的就业模式。

在满清时期，清廷为了改善贫苦汉民的生计，曾下令"**招徕流民，不论籍别，使开垦荒田，永准为业。**"并颁布《辽东招民开垦条例》加以实施。他们发给流民口粮、种子、农具等，"所招民，每名给月粮一斗，每地一垧（笔者：在东北合十五市亩）给种六升，每百名给牛二十只。"对领头人，按招来流民的多少，授以不同的官职。在**利益驱动**下，"燕鲁穷氓闻风踵至"。光绪年间，清廷还采取放荒、免税、补助等方式，奖励内地流民移垦东北。所谓流民，指来自关内的汉族贫苦农民和失业市民，人口学上称之为"自愿移民"。

辛亥革命后，东北平原正式放荒，国民政府鼓励关内贫苦农民和失业市民到那里垦荒谋生。由于政策优厚，农垦公司也发展起来，到民国二十年（1931年），各类垦牧公司已达 24 家。他们也在华北各省招募大量流民垦荒。据有关学者统计，在民国时期的三十八年中，仅"闯关东"的山东人，平均每年达 48 万人之多，总数超过 1,830 万，是有史以来山东人"闯关东"的最高峰。对此，有人著文说，文革 10 年中，全国城镇知青上山下乡累计达 1,700 万人。1,700 万人的大迁移，这在世界史上是罕见的。笔者认为，这话不假。相比之下，一个山东省，便迁移 1,800 多万，在世界史上也属罕见。不同的是，前者是政府驱赶，后者是利益驱动，因而，两者后果大不相同。在利益驱动下，一些民国新贵，看到吉林乾安县水草丰茂，土地肥沃，人烟稀少，是放牧、垦荒的理想地方，所以也来此开荒占草。当时吉林省长**张作相**，以及他手下军政要员、名绅显贵，都闻风而至，各显神通："跑巴占地"，"招工开垦"。据记载，流民在迁移过程中，大多是以小家庭方式进行的。笔者初配到北大荒，落脚于宝清县东约百余里的东岗村。那是个有 30 多户人家的小村，祖辈多是山东移民，仅有一户来自于安徽。他们把山东移民领头人"老把头"视为神仙，每次入山前辄祭之。谣曰："**山东莱阳本姓孙，漂洋过海来挖参，三天吃了个喇喇蛄，你说焦心不焦心。要是有人来找我，顺着古河往上寻。**"据他们说，早先在民国、伪满和"解放"初期，他们都很富裕：冬天，他们赶着爬犁（雪橇）到宝清县城，花上几百块，把一年的油、盐、醋、酒、布匹、煤油、火柴等生活日用品和犁、锄、镰、锹等生产工具，一次全买回家来。土改、合作化以后，再也没有那么风光了。

在伪满时期，在利益驱动下，日本满铁旗下的满洲拓荒团，招募日本贫苦农民来东北拓荒，由于拓荒人员在中国水土不服，在东北生活异常艰苦。日本移民的困境被媒体曝光后，导致**陆相、关东军司令和满铁总裁被撤。**（使日本鬼子望尘莫及的是：毛的上山下乡运动，虽造成了大量的苦难，但毛和中共始终是"伟大、光荣、正确"的化身。）新任总裁改变策略，直接到山东招募移民。据《闯关东》一书记载："**日本帝国主义为实现其侵略中国的野心，大肆征集山东劳力输入东北，供其所用。……于是在抗战爆发后的两三年**

间，又出现了山东民国年间的第二次移民高潮。"笔者在黑龙江省宁安县，见过一个1940年从山东"流"到伪满日统区吉林辽源、又在利益驱动下"流"到宁安的家庭。这个家庭相对殷实，五十多岁的主人，曾是种植水稻的能手。

在新疆、广西等省，也有类似于东北的垦荒行动。

在现代资本主义社会里，每个国家领导人都面临增加工作岗位、降低失业率的问题。他们的唯一办法是采取有效措施，刺激经济发展，增加就业岗位，减少失业。尽管他们刺激经济的政策各有不同，但不论是发达国家，或着是发展中国家，均未见有强制城市知识青年上山下乡务农的记录。

由此可见，"旧社会"流民下乡垦荒是建立在"利益驱动"即建立在官民互动、劳资两利的基础之上的。所谓"官民互动"，是官方通过安置流民来增加财政收入，流民则通过官方的垦荒政策来脱贫致富；所谓"劳资两利"，是资方依靠官方垦殖政策，通过投资、招募和管理，使劳方的劳有所值，生计有所保障，从而确保利润达到最大限度。因此，那时的就业基本上是自愿的，是贫苦农民、市民自由选择的结果。在现代资本主义社会，失业者对就业的选择基本上也是自由，尽管他们的选择有时是无奈的。"旧社会"这种功利性的"利益驱动"或"自由选择"，都是建立在为**自己的利益**基础之上的，他们中绝大多数人都成了"**对自己奉献最多的人，就是对国家贡献最大的人。**"因此，这种建立在"利益驱动""自由选择"基础上的移民就业，是不可能发生"大返城"的。

"解放"初期，在农业尚没有合作化时，中共用"利益驱动"动员上山下乡的方式来安排就业，是无可厚非的。但当农业实行合作化后，集体主义或曰官僚特权主义取代了个人主义或曰自由主义，亦即"无私奉献"取代了"利益驱动"，以安排劳动就业为目的的上山下乡运动，就变成了用行政命令来强行驱赶，因而，使运动呈现畸形发展态势。

3. 动员上山下乡的"人民战争"模式

知青上山下乡动员工作是依靠强大的政治宣传机器，运用党、政、军、民、学的全部专政权力，以谎言加压力的手段，迫使家长就范，不得不让他们的子女——涉世未深的青少年学生，远离家乡，到边远农村去当农民。中共开动所有宣传机器说：上山下乡是"**缩小三大差别、向共产主义过渡的重要措施**"，是"**反修、防修、培养无产阶级革命事业接班人的根本途径**"，而且可以"**保

再见吧天津！再见吧妈妈！

证国家永不变修，党不变色"。在这些高级谎言之后，便是威胁：下不下乡是"**忠不忠于毛主席**"的表现，是"**革命或不革命或反革命**"的标准。当上山下乡运动被拔到"革命或不革命或反革命"的高度时，在剑拔弩张面前，谁也不敢"不革命"，更不敢"反革命"，知青和家长，除了服从，别无选择。多年以后，当人们回忆起当年的宣传动员情景时，有人还心有余悸地说：动员知青上山下乡，是一场不折不扣的"人民战争"。

《安大史学》第二辑，发表了安徽大学历史系**贾艳敏**的文章《**"老三届"知识青年上山下乡的社会动员**》。文章以动员"老三届"知青上山下乡为例，记述了中共动员知青上山下乡的"人民战争"。笔者摘抄如下：

"老三届"毕业生上山下乡的社会动员，全国各地采取了不同的方式，概括起来有以下几种：

(1) 设置组织机构，提高政治认识。上山下乡工作是全社会的事情，就动员工作来说，几乎涉及到各个单位。革委会进行全面领导，革委会之下，各地设立了名称不同、权力范围不一的机构具体负责。如1968年4月，北京市革委会把政治组、计划组、文教组、军政训练指挥部等部门的负责人，组成毕业生分配小组。之后，革委会又在市、区两级机构中设立上山下乡办公室，负责上山下乡工作。其他省、市也陆续恢复、建立了组织机构主抓上山下乡工作。

(2) 宣传发动。组织机构建立后，新闻媒体进行了大规模的宣传。充满政治色彩的宣传，在当时的各类报刊上随处可见："毕业分配存在着两条路线斗争"；"毕业分配工作，首先是严肃的政治思想工作"；"知识青年上山下乡，与工农相结合是毛主席无产阶级革命路线的重要组成部分，是培养和造就无产阶级革命事业接班人、反修防修的重大措施，是检验知识青年是真革命还是假革命的试金石"；"作好毕业生的分配工作，不单纯是为了解决毕业生就业问题，而是贯彻不贯彻毛主席的教育路线，是用什么思想办校，举什么旗，走什么路，培养什么样的接班人的大问题"；"毕业生分配是一场尖锐复杂的阶级斗争。这是关系到千百万青年前途的大事，关系到巩固无产阶级文化大革命胜利成果的大事，关系到巩固无产阶级政权的大事"，等等。把知识青年上山下乡提到了如此的政治高度，做动员工作时便可以无限上纲上线，给不予配合的人被扣上吓人的政治帽子，便是顺理成章的事情。

1968年4月4日，中共中央、国务院、中央军委、中央文革小组联合批转了黑龙江省革委会《关于大专院校毕业生分配工作的报告》。报告说，在分配工作中坚决贯彻"**面向农村，面向工矿，面向边疆，面向基层**"的原则。毛泽东在报告上批示："**毕业分配是个普遍问题，不仅有大学，而且有中、小学。**"这就是说，"四个面向"的分配原则也适用于中、小学毕业生。（笔者：连小学毕业生——童工也不放过！）"四个面向"的原则公布以后，各地加强了宣传力度。

1968年12月22日，在知青运动史上是一个不平常的日子。这一天，《人民日报》，《光明日报》等国家级报刊和各省、市、自治区报纸都在头版头条**发表毛泽东的有关知识青年上山下乡的最著名的指示**。顿时全国雷动，各大城市、中小城镇的知识青年掀起了向农村去的新高潮。许多省、市、自治区革委会连夜召开会议，学习讨论，制订落实措施。不少革委会当晚发出通知，以"只争朝夕"的精神，执行毛泽东的指示。有些地区召开了几万、几十万人的动员大会，掀起了知识青年到农村安家落户的新高潮。各地进驻学校的工宣队、军宣队连夜召开大会，向师生宣传指示。各部队派出了毛泽东思想宣传队，奔赴城乡，把"指示"宣传到家家户户。北京、天津、上海、河南、南京等省市的许多工厂、学校、机关的宣传队，连续宣传达十小时之久，他们逢门必进，每户必到，一夜之间就使家喻户晓，妇孺皆知。

(3) 组织"大批判"。所谓"大批判"，一是指批判"反革命修正主义路线"，二是指批斗本地所谓破坏上山下乡工作的"反动"分子。在批判刘少奇的"读书做官论"、"公私溶化论"、"下乡镀金论"、"吃小亏，占大便宜"时，上牵下连的方式，即所谓的对准"活靶子"，挂上"黑主子"。上海市多家中学揪斗了一个散布"到农村吃大亏，没有前途"的"反动谬论"的资本家。并且在全校掀起了一个大批刘少奇修正主义教育路线的高潮。南京市四中有一个右派教师，阻止女儿到农村去，四中的师生组织了现场批斗会。南京市东方红区（今下关区）针对两个破坏上山下乡的"现行反革命分子"，举办了26场批斗会，参加批斗会的有20,000多人。各单位都组织了"大批判"，用"大批判"贯穿动员工作的始终。据当时称，通过"大批判"，打击了"敌人"，提高了"革命群众"的"阶级斗争和路线斗争"的觉悟，推动了动员工作的展开。

(4) 举办"毛泽东思想学习班"。1968年2月初，毛泽东发出"**办学习班是个好办法，很多问题可以在学习班上得到解决**"的指示。随后，全国各地，各行各业开始用"毛泽东思想学习班"来解决上山下乡问题。学习班的主要形式有：1、学校办毕业生的学习班；2、工矿、企事业单位及街道办家长的学习班；3、学校、工矿企事业单位联合举办三结合或四结合的学习班。南京市举办的学习班如雨后春笋，遍及全市，据不完全统计，仅栖霞区就办了6,000多个学习班，150,000多人次参加。有的还办起了"家庭毛泽东思想学习班。"上海市虹口区体育学校66届毕业生**唐燕华**，家人对上山下乡有抵触，通过多次家庭"毛泽东思想学习班"，才"打通"了家人的思想。北京三十四中的**田淑华**本不愿意下乡，但身为北京市二十四商店革委会委员的父亲和街道居委会主任的母亲，为她举办了家庭"毛泽东思想学习班"，才使她走上下乡之路。总之，哪里有阻力，"毛泽东思想学习班"就办到哪里。

(5) 知青典型谈体会，现身说法。"四个面向"的分配原则公布以后，为了动员毕业生上山下乡，"文革"前树立的知青典型再一次现身说法，充当动员老三届知青下乡动员的**工具**。

　　邢燕子，全国最著名的上山下乡知识青年的先进典型之一。1968年5月14日，《文汇报》刊登了邢燕子的题为《一辈子做贫下中农的"老黄牛"》的文章（**这时邢燕子已经是河北省革委会委员了**），文中谈了自己下乡后的体会、收获、得到的荣誉以及坚定在农村的决心。7月26日的《人民日报》和《光明日报》，同时在头版发表了邢燕子的《农村十年》的文章。文章不仅写了在农村劳动的情况，还以单独的标题写在农村的阶级斗争以及对"中国的赫鲁晓夫"的批判，再次表明在农村扎根的决心。**侯隽**，"文革"前知识青年上山下乡的另一个典型。1968年5月14日，《文汇报》发表了**已经是河北省革委会常委的侯隽**的《坚持走与工农相结合的道路》的文章，批判"中国的赫鲁晓夫"及其代理人，坚定在农村的决心。1968年8月30日，《人民日报》又发表了侯隽的《在广阔天地里，前进》的文章，谈及了自己在农村磨炼成一个"铁姑娘"的过程和农村阶级斗争。文章最后发出了号召："几年的农村战斗生活锻炼了我，我深深感到：上山下乡是毛主席给我们指出的光明大道，这是我们知识青年革命化、劳动化的必由之路。"**蔡立坚**，"文革"期间树立的知青典型。1968年7月4日，《人民日报》发表《杜家山上的新社员——记北京知识青年蔡立坚到农村落户》的报道。报道介绍了蔡立坚到农村的经过。在她的带动下，蔡立坚的母校——长辛店铁路中学的许多同学纷纷要求上山下乡；在她下乡的地方——榆次一中的应届初、高中毕业生，也纷纷来到杜家山落户。

　　在那个缺乏理智的狂热年代里，先进典型人物具有不可估量的号召力。先进典型自己的现身说法和报刊的报道宣传，对处于"文革"疯狂时期的"老三届"毕业生的下乡动员，是一个巨大的推动。

　　(6) 学生骨干带头，干部家长领先。"老三届"毕业生经过了两年轰轰烈烈的"文革"，出现了许多红卫兵积极分子，这次上山下乡运动中，他们仍然走在了前列。北京市首批下乡的曲折等人即属"文革"中的红卫兵积极分子。据《文汇报》1968年12月22日报道，甘肃兰州市最近到农村落户的一万八千多名知识青年中，"**许多学校担任革委会和红卫兵组织负责工作的毕业生，坚决响应毛主席的伟大号召，带头到农村安家落户。**"这些红卫兵积极分子率先下乡，带动了一批毕业生。

　　周恩来和董必武送子女下乡的故事，在当时广为传诵。不仅仅是高层领导干部带头，各单位各部门的干部家长也率先送子女下乡。各单位都树立了一些家长典型，他们带动了大批处于观望中的家长。

　　由此可见，中共动员上山下乡的"人民战争"模式，就是**谎言加压力**。高层和各级领导干部带头"送子女下乡的故事"是真实的；但他们的子女都是下乡镀金者，也是他们借以抛出的诱饵。一旦领导干部子女镀金完毕，飞回城市，被诱下乡的其他出身的知青，特别是弱势群体家庭出身的知青，只能听天由命了。

在动员中，知青典型人物的"现身说法"，属托儿，最具蛊惑性！

四、典型：无悔者、红托儿（附忏悔者）

"榜样的力量是无穷的。"是列宁的名言。但笔者认为：榜样的力量是有限的。马列主义者认为：榜样是旗帜，代表着方向，榜样是资源，凝聚着力量；同榜样一样，典型是旗帜，是力量，是个性与共性的统一，是代表性对普遍性的反映。在五彩缤纷的世界里，这种理论可以有它的一席之地。但当主观能动性被辩证唯物主义的理论家们任意剖解后，自然规律在许多共产党人的心目中发生了诡变：他们把他们想要实现的政治目标，"论证"成自然规律的反映，如共产乌托邦、"五七指示"等；他们还以"不以人的意志为转移"的客观进程，来"证明"无产阶级专政和继续革命的必然性；在他们发动旨在实现其某种政治目的的历次群众运动中，都把能代表他们意志的方向、凝聚某些力量的典型，乔装模型化、"驯服工具"化和**红色托儿化**。

毛泽东和中共的政治家们，大多都是主观能动主义者，也都是搞群众运动的行家里手，在制造真假掺和的政治典型上，游刃有余。他们明白，在中国这个以农民为主、文化素质普遍低下的社会里，用活的政治典型说教来发动群众，远比抽象的理论说教更生动、更实际，因而也更管用。他们知道，尽管这些"先进"典型不是自然形成的，但在一党专政的条件下，他们可以根据当时政治需要，用精神的和物资的双重激励，来对典型加以栽培。对于这种公开的非法的造假行动，量也没人敢说"不"。他们清楚，一个普通人一旦成了典型后，就会根据他们的需要和要求发展、成型，还会根据他们的需要和要求甘当红托儿——对老百姓进行言传身教：向我学习吧，你也会得到我所得到的一切。例如，首都钢铁公司热处理工程师**谭向前**，是当年插场到云南生产建设兵团的北京高中六六级知青。文革后，他有所忏悔，说1971年，他受党组织指派，在成都、重庆等地先后现身讲用半年时间，作报告数百场，听众达数十万人次，有力地推动了四川省的上山下乡运动。毛泽东和中共的政治家们坚信，在"舆论一律"的环境里，当典型在芸芸众生的身边时，必将发生连锁反应：一而十、点而面，相互感染、竞相仿效，使典型普及化，从而达到他们预定的政治目的。因此，在"解放"后的历次政治、经济运动中，他们在用真假掺和的政治典型来发动群众上，可以说是轻车熟路，而且屡试不爽。

在农业合作化运动中，毛泽东和中共打造了**王国藩、徐建春**等一系列政治典型，在"共同富裕"的旗帜下，把六亿农民拖进了共同贫穷而无法自给的深渊。典型人物当红托儿的**丑陋**不可忽视。直到1978年凤阳18户农民揭"书"而起，带头埋葬了人民公社和合作化，才终止了典型人物的红托儿功能。但这丝毫无损于典型人物的既得利益。例如：合作化和回乡知青双料典型小学毕业生徐建春，当典型后，不仅前后上了七年大学，还担任各种领导职务，其中担任山东省人大副主任一职，长达近 20 年，直到在省府济南市退休。七十年代后期，她曾对人说："**我这一生，10 年在基层，10 年干共青团工作，还有 10 年干人大工作。**"据统计，她从 15 岁回乡务农到 63 岁退休的 40 多年中，在农村务农时间不足 1/5。

在上山下乡运动中，毛泽东和中共如法炮制，树立了一批真假搀和的政治典型，如**邢燕子、侯隽、董家耕、赵耘、曲折、柴春泽**，等等，让他们去说服广大城市知识青年走他们下乡务农之路，结果把数以千万计的知识青年拖进苦难中。典型人物当红托儿的丑行不可忘却。笔者考察了这些典型人物的发展和归宿：他们下乡务农的动机虽各不相同，但下乡镀金却是不谋而合；通过曲线发展，有的曾当过中共中央委员，任过国务院高官，有的当过天津市委书记或各级官僚；他们中没有一个兑现过他们下乡时曾高呼过的"扎根农村"、"一辈子做贫下中农的'老黄牛'"的誓言；他们的后代也没有一个下乡当农民；他们的归宿令人羡慕，许多是带着县处级以上待遇，退休于都市里，成了名符其实的知青贵族。由于这些典型人物都是上山下乡运动的既得利益者，因而都是无悔者。

在无悔者中，也存在着一批非托儿无悔者。他们在逆境中奋斗，通过自我努力，打造出一番天地，成为作家、学者、企业家等等。他们是值得尊重的无悔者。

在上山下乡运动结束后的三十年间，一批以典型人物为主的无悔者活跃于政坛，他们先后云集于南京、厦门等地，继续为上山下乡呐喊鼓噪，扬言上山下乡"**方向正确**"，誓言"**青春无悔**"，高喊"**岁月蹉跎，英年献身黄土地。悔不悔？不悔！**"到二十一世纪初，他们又在天津市策划创建"中国知青村"，要正式为上山下乡运动树碑立传。据报导，这批知名的知青活动家都是当年上山下乡的带头人，大多是既得利益的知青贵族。**他们是：**

1. 听党话的邢燕子

在天津市一个居民小区的 90 平米单元房内，住着一对退休的老年夫妇。每天，老夫妇领着"没她不行"的小孙子，悠然自得地徜徉于居民小区的四周。老夫妇男的叫**王学芝**，是个退休工人，女的是退休于天津市北辰区人大常委会副主任任上的大名鼎鼎的全国知识青年的偶像、全国人民的楷模——**邢燕子**。这位全国人民的楷模，曾两度登上《人民画报》封面，毛泽东五次、周恩来十三次接见过她，她曾当选第三届至第五届全国人大代表、中共党九至十三大代表、第十至十二届中央委员，同时还担任天津市委书记、天津市政协副主席，此外，她还在贫协、知青办、共青团、妇联等组织中兼职。由于同时身获十六个官衔，被当地群众赠以雅号"**邢十六**"。

邢燕子生于 1941 年 1 月 15 日，天津市宝坻县人。1958 年，17 岁的她初中毕业时，适逢我国正在疯狂大跃进中。她自愿留在农村老家司家庄，没到天津同父母住在一起。

2009年8月，天津人民广播电台记者采访她时，她说："**当时全家20几口人都在天津，只有爷爷一个人留在老家，最初的想法是回家陪爷爷。**""**我没想那什么，我也不知道，那什么，就给闹大了。**"怎么"就给闹大了"呢？

1958年到1961年间，为逃避饥荒，许多回乡知识青年与农民纷纷流入城市，成为"盲流"，造成严重社会问题。1960年初，笔者路经沈阳车站时，曾做短暂停留。在那里，几天前，车站数百"盲流"暴动，砸碎了车站所有食品商店的橱窗，洗劫了全部食品。防暴部队的防暴方式，令人刮目相看：在逮捕了所有肇事者之后，让他们饱餐了一顿，然后分别遣送他们回乡。为了战胜困难，鼓舞士气，中共急需树立一个"**发奋图强，扎根农村，大办农业**"的青年典型来激励全国人民，制止"盲流"。在周恩来总理的直接领导下，1960年6月，邢燕子被挖掘了出来：《中国青年报》发表了一篇文章，报导了邢燕子回乡务农、改天换地的英雄事迹，很快引起了众多媒体的关注。8月15日，《河北日报》以《邢燕子大办农业范例》套红标题，报导了她的事迹；8月17日，共青团河北省委、河北省妇联发出《在全省青年、妇女中展开学习邢燕子运动》的通知；中共河北省委、天津市委发出"学习邢燕子、赶上邢燕子、热爱农业劳动，建设社会主义新农村"的号召，掀起了学习热潮；9月20日，《人民日报》也介绍了她的事迹。其后，《中国妇女》、《中国青年报》等各大报纸和电台、杂志，纷纷报导，在全国掀起一个空前的宣传声势，一下子把她推到了峰巅，使她成了全国家喻户晓的人物。9月18日，时任全国人大副委员长的郭沫若，推波助澜，专门为她写了一首诗《邢燕子歌》："**邢燕子，好榜样！学习王国藩，学习铁姑娘。全家都在城，自己愿留乡。园中育幼幼成行，冰上治鱼鱼满网，天寒地冻，抢种垦荒，要使石头长出粮。吃苦在前享乐在后，一切工作服从党。北大洼变成金银窝，燕子结成队，奋飞过黄河！邢燕子，榜样好！青春献农村，青春永不老。一马能当先，万马齐赛跑。立下雄心天样高，鼓足干劲风力饱。克勤克俭，有说有笑，能把劳动当成宝。为国为社多打粮，国好社好大家好。司家庄变成鱼米乡，燕子结成队，奋飞过长江！**"著名作曲家刘炽为其谱曲，不久就唱响了全国。

为了把邢燕子塑造成"发奋图强，扎根农村，大办农业"的典型，在"中央首长"们的关怀下，中共各级党政机关和媒体，全力以赴地组织"秀才"们进行编导。编导把"回家陪爷爷"的最初想法，拔高改成"**青年都应该为建设社会主义新农村贡献自己的力量，听党的话，不是空洞的口号，要看实际行动，农业这么重要，农村需要有知识的青年。**"在改天换地上，编导说，为了度过灾荒，她组织16个女团员，成立了"姑娘队"。姑娘队在她的带领下，"**冬天砸开三尺厚的冰窟窿结网打鱼，晚上打苇帘子，3个月就给村里挣了3900多元钱。**""当时最为艰苦的农活就是堆'土牛'，因司家庄地势低洼，必须到百米开外的地方取土堆成土方运到河堤备汛期之用，对男劳力都是重体力活，可是她带领姑娘队顶着阴雨每天完成**70立方米土方**（笔者：每人每天4.375立方米），**比规定多**

完成 20 立方米，人们都对姑娘队刮目相看。""为了向荒洼要粮……1960 年冬，她们又开垦了 560 亩荒地（笔者：每个姑娘开荒 35 亩。按冬季农闲 60～70 天计，平均每天开荒 0.54 亩。），费尽了千辛万苦几经周折，秋后多收了 8 万斤小麦，既支援了国家，也为乡亲度过灾荒起了很大作用。"笔者无权到司家庄进行实地调查，因而无权对编导事迹说三道四。但笔者在农村十二年，也多次干过开荒、挖土方、用冰镩凿窟窿等繁重的体力劳动。比燕子大六岁的笔者，当年已是二十多岁的壮小伙子，要完成邢燕子"姑娘队"的土方定额，不下十二分力气，就很难完成。假如，当年她们那里特别富裕，有机械手、胶轮车帮助，就权当别论了。之于每日开荒 0.54 亩，笔者虽是一个壮小伙子，也望荒兴叹，只好承认我"堂堂须眉，诚不若彼裙钗"者也！但据笔者所知，繁重的体力劳动，农村干部是不会轻易让年轻姑娘们干的，尽管有毛泽东"**革命加拼命**"的指示。编导们直言不讳地说，他们是党的喉舌、宣传员，也是党的政策推销员，由于撒谎不红脸，从某种意义上说，他们都是红托儿。据 2010 年元月《北京青年报》刊登的《**邢燕子讲述：我这一生跟说笑话似的**》文中透露，退休后的邢燕子这么说："一直都写我们姑娘队'冰上治鱼'的故事，在数九寒冬破冰捕鱼，其实，老王那时候就是生产队长，就是他领着我们去干活。镩冰窟窿是又得有技术又得有力气的活计，都是他们男同志干，**女同志弄不动。**"

邢燕子说："**听党的话，不是空洞的口号，要看实际行动。**"这是真话。邢燕子成名后，写给她的信从全国各地寄来，多得装了几麻袋，其中不乏表达仰慕、爱慕之情的求爱信。在农村，女孩儿过了二十岁，再不谈婚论嫁，背后就会有闲言碎语。但对于一个刚刚树立起来的"**扎根农村，大办农业**"的典型来讲，邢燕子嫁给什么样的人，是关乎这个典型是否能够"站得住"的问题。党组织对此十分重视：为了使典型真正扎根农村，她必须嫁给本队的贫下中农。为此，党组织为她选择了配偶：要她嫁给生产队长王学芝。王队长虽比她年长七岁，且家里特穷，只有一间房子，他同父母和三个弟弟住在一起，如果结婚，父母和三个兄弟就得到外面借宿；但此人是贫下中农，根红苗正，又是共产党员，是党组织信得过的人。嫁不嫁？最初不太同意嫁给他的她，架不住"说服教育"，最终顶着父亲"不同意"的压力，与王学芝成亲。婚后生子，感情日笃，一直白头到老，成了"先结婚，后恋爱"的一代佳话。

在三年人为灾难中，邢燕子的典型事迹起到了稳定局势作用。中共党组织对听党的话、跟党走的人，总是关爱有加的。于是，十六种官衔源源不断向她飞来，曾使她招架不住。退休后她说："**那时我还在宝坻，任职多，公社、地区、省、妇联、共青团、贫协、知青领导小组，不管什么都得兼一个职，最多的时候有十六个职务，开不完的会，参加不完的活动，感觉到非常紧张。那时候新华社写了个内参，周总理看了，当时就解决了这个问题，说只保留'上一职和下一职'就是上职是天津市委书记，下职是司家庄党支部副书记。……我为啥只当副书记不当书记呢？我感觉，你天天出去开会，让人家在家里干吗呢？怎么来**

当这个家？所以我拼着命也没有当。"

邢燕子对司家庄究竟有多大贡献，笔者了解得很少。但有一点可以肯定：1970年，周恩来亲自批准，给司家庄5万元农用物资改造大洼地，这应记在大队支部副书记邢燕子的功劳簿里。5万元对当年一个劳动工日只值一毛钱的司家庄人来说，可是一笔可观的外快，足足等于一千五百多个壮汉子干一年的收入！1980年11月23日，中共中央在转发《山西省委关于农业学大寨运动中经验教训的检查报告》时所加的"批语"中承认，对大寨这个"先进典型"，有些领导和部门"**……滥用职权，动用国家财力、物力和人力去支撑所谓'先进典型'的门面，甚至弄虚作假，欺骗上级，欺骗舆论。**"周恩来是否属于"滥用职权""欺骗舆论"的领导？

邢燕子是知恩报恩的人。毛泽东和周恩来接见她的照片，被她放得大大的，端端正正地镶嵌在镜框里，隆隆重重地悬挂在她书房里。党号召城市知识青年上山下乡务农，她积极行动起来，以身示教，说服知青下乡。1968年5月14日，《文汇报》刊登了她的题为《一辈子做贫下中农的"老黄牛"》的文章，谈了自己下乡后的体会、收获、得到的荣誉以及坚定在农村的决心。7月26日的《人民日报》和《光明日报》，同时在头版发表了她的《农村十年》的文章，介绍了她在农村劳动的情况和农村的阶级斗争现状，再次表达了她在农村扎根的决心。在这里，她自觉或不自觉地充当了中共推销员或曰红托儿的脚色。她的文章和她的言传身教，使她成了偶像，许多知青以她为榜样而下乡务农，据说到司家庄落户的知青就有二十多个。当听说知青大刮返城风时，她极力反对，向中央建议"**打退病退困退走后门不正之风**"。1979年8月，她在国务院召开的上山下乡先进代表座谈会上，表示在农村"**要和千千万万只燕子继续展翅高飞**"。但她很快"飞"出了农村，"飞"进了天津，"飞"上了领导岗位。至此，她鲜有对"扎根农村"誓言之忏悔，却对自己扎根天津，颇有功成名就因而心安理得之欣然！

邢燕子也有失手的时候。毛泽东死时，她给江青写了一封效忠信，成了追查的对象，1981年40岁时，被贬到生活条件比司家庄差得多的永新知青农场任党支部副书记。但胡耀邦的一句话解放了她："**邢燕子是党培养起来的，她不是四人帮培养的。**"由是，爱唠叨"**那什么**"的她，应声升任天津市北辰区人大常委会副主任，成了知青贵族，直到退休。

退休后的邢燕子不甘寂寞，曾数次参加知青聚会；据说又出了一本新书，誓言"**青春无悔**"！

2. "不想醒"的侯隽

侯隽，女，1943年生，原籍北京。1955年夏天，12岁的侯隽，在北京市的石驸马二小刚刚读完四年级，随母亲搬迁到京郊的良乡。在良乡，她就读于北京基建局子弟小学，后来，以优异的成绩考入良乡中学。1962年，她高中毕业后，放弃高考，只身从北京来到天津宝坻县窦家村务农，立志"**做一个社会主义新型农民**"。

良乡是北京市房山区的一个乡镇。因为地处北京远郊，居民中农民多于计划供应的市民。良乡中学是个面向农村的中学，学生绝大多数是农民子弟，劳动课也以农业为主。学校的实验园，不仅养鸡、鸭、猪，而且自己烧砖建校。良乡中学不放暑假，而是按农时放麦假和秋假，学生下乡参加农业劳动的机会也特别多。据报导，在六年的中学校园里，侯隽这个城市里的姑娘，"**不仅与农民子弟结下了深厚的友谊，对农业生产也比较熟悉。**"

1961年末，鉴于饿殍遍野的教训，中共号召全国"**大办农业，大办粮食**"，被迫在农村实行"三自一包"，允许农民拥有三分自留地，允许城市里的机关、企业、学校组织劳动力，到农村去开荒、种地、办农场，补充粮油计划供应之不足。中共的"修正主义"新政，很快见效，农民开始走出饥饿，农村也有了生机。在城镇里，除机关、企业、学校组织劳动力到农村去开荒、种地、办农场外，家庭人口多或子女没有城市户口的居民，为了吃饱吃好，也纷纷下乡务农。在一个时期里，为了生存，到农村落户、寻找口粮或高价购买粮油，成了许多城市居民的重要选择。这是个特殊年代里的特殊现象。例如，北京知青**任友善**，自愿下乡到北大荒宝泉岭农场。他说："一方面是响应国家号召，另一方面，就是为了到这儿来吃饱饭。"当年城市里每人一天9两粮食，他说："**吃不饱啊，再加上城里找不到工作。来这儿当农民好歹是个工作，总比饿着强，就这么来了。**"

1962年，良乡中学在毕业前的动员会上，校长号召同学们"一颗红心，两种准备"：一是准备升学，继续深造；一是向邢燕子学习，到农村参加农业生产。位于城乡结合部的良乡，那里城乡差别不大，在那个特殊的年代里，许多人为了吃饱吃好，纷纷下乡务农，因而，校长的号召没有遇到阻力。侯隽的父亲虽是电力设计院的工程师，母亲是夜大老师，但家里有六个孩子，生活并不宽裕。在国家号召和上山下乡先进人物的事迹的感召下，她和她的同学**司福珍**，一拍即合，决定改变考大学的计划，自食其力，一块到司福珍土改时的家宝坻县窦家桥落户务农。下乡一个多月后，司福珍在蓟县与农村青年订婚，并在那里当了村小学的代课老师。司福珍离去后，19岁的侯隽备感孤单，曾想去条件较好的农场落户，因种种原因未能实现，只好独自留在窦家桥。同时下乡的司、侯两位年轻姑娘，对自己未来所做出的不同选择，体现了人的自由本能。

一篇报告文学，改变了侯隽的命运。

1963年7月23日，《人民日报》发表了作家**黄宗英**写的报告文学《特别的姑娘——侯隽》，引起了轰动。由于背景了得，文章发表后，《中国青年报》、《河北日报》、《光明日报》、《人民画报》等报纸，纷纷应声发表多篇访问记和报导。天津地委紧紧跟上，很快做出《关于在知识青年中开展学习侯隽事迹的通知》，侯隽这个上山下乡的典型，也很快被树立了起来，她的的名字迅速传入千家万户，成为当年无人不知、无人不晓的精神符号。

一篇报告文学何以有如此大的能量？原来文章的背景非同一般。1963年5月，黄宗英在宝坻县采访时偶然发现了侯隽；正需树立知青下乡典型的周恩来总理，听了黄的汇报后，立即指示把文章写出来，在《人民日报》上发表。总理指示就是命令，于是，学习侯隽热潮由此掀了起来。

在作家的笔下，侯隽"**这姑娘，看上去，性格温和稳重。她脸色红红的，剪短发，戴着顶旧草帽，身个不高不矮，虽然不壮，倒也结结实实，她上身穿一件褪了色的'北京蓝'的上衣，下边裤子膝盖上补着补钉，一双青布鞋，没穿袜子，我特别注意到她的脚胫乌黑光亮，肩上扛着锄头，左手还攥着一本《人民文学》和一张报纸……**"作家借着姑娘的口吻说："**打我一来，公社、队里干部和乡亲们都这么关心我，待我好，帮助我进步。可是我自己还一阵阵的安不下心，想去农场，总还是为自己想的多。我现在高低不走了，我舍不得离开窦桥。再说越是条件差，越能锻炼人，这儿也需要我。**"为了突出侯隽听党的话扎根窦家桥的决心，在作家的笔下，自由选择到蓟县农村落户的司福珍被讥为"小机灵"。作家借着一个农妇的嘴批评司福珍道："**侯隽就是嘴太笨，翻过来倒过去只两句话：'……你当初来的时候怎么说的，你当初怎么向老师和同学保证的'**。"在作家看来，侯隽坚持在窦家桥插队是听党的话，而司福珍到蓟县农村落户就是逃兵。这是当年遵命文学的逻辑。

在这里，作家可能忽略或有意隐瞒了一个严酷事实。曾在窦家桥插队的知青**王南海**，写了一篇《**与侯隽在一起插队的日子**》的回忆文章。文中披露："清晨她和社员一起顶着星星出工，傍晚她又披着月光回家。开始时，自己做饭因不会烧柴锅，经常熏的两眼流泪，可火还是不着。水没烧开她就把贴饼子贴上，结果玉米面饼子变成了玉米粥（贴饼子应该等水烧开锅热后再贴）；粥开了，扑了出来，她用双手将锅盖死死按住，结果把手给烫了。当时村里还没通电，没有月光的晚上，伴随着她的只有黑暗和寂寞。当时任大队长和大队书记的张家两兄弟在村里横行霸道，吃喝拿占集体的财产，经常欺男霸女，如果有谁不从，那么在分口粮的时候他们就会把扬场机扬出的两头粮食撮给你（在扬出的粮食中，离扬场机最近的粮食全是一些瘪子，离扬场机最远的粮食则搀杂了大量的沙子和石头，只有中间的粮食才是颗粒饱满的粮食），就这样还缺斤少两，广大社员敢怒不敢言。张家两兄弟当然不会放过侯隽，先是略施小恩，将侯隽每月30斤的口粮全部给成饱满的小麦（按说粗细粮应各占一半），还送上棉籽油，可是不管采取什么手段，他们发现侯隽并不同于他们搞到手的那些女人。于是，30斤小麦的口粮变成了高粮、玉米，数量也减少到二十几斤，最后居然变成了十几斤发霉的白薯干。就这样张家二兄弟还不死心，晚上他们唆使村里的地赖子站在侯隽小土屋的门口，说下流话、脱了裤子向屋里撒尿。吓的侯隽用扁担顶住大门，用床单挡住窗户。"为了保护侯隽，司福珍派弟弟**司福玉**插队窦家桥，与侯隽相伴。为了使典型扎根农村，上级党组织曾有让侯隽嫁给农民的构想，但这个在中学"**与农民子弟结下了深厚的友谊**"的侯隽，并不愿嫁给农民；不久，她选择了比她小两岁的保护者司福玉，几年后两人结为夫妇。笔者认为，一个年轻的姑娘，能在这种"艰苦的环境和巨大的精神压力"下站得住脚，也的确不容易。

当了典型后的侯隽，身价激增。在个人努力和周总理的直接关怀下，1964年侯隽当选为河北省劳动模范，与邢燕子一起出席河北省劳动模范代表大会。从此，各种官衔源源不断地向她飞来。她先后曾任窦家桥村党支部副书记、书记、宝坻县委副书记、天津团地委副书记、团市委书记、河北省妇联副主任、国务院知青领导小组副组长等要职，还当选党的十大代表、全国四届人大常委等，拥有大小十三种官衔，成了知青贵族。她同邢燕子"邢十六"一样，被当地群众赠以雅号"**侯十三**"。

1970年，侯隽和司福玉先后取代张家兄弟，当上了窦家桥的正、副党支部书记，成了"再教育"者的教育者和管理者，开始了改变窦家桥落后面貌的生产建设。王南海在**《与侯隽在一起插队的日子》**中继续写道："侯隽刚到窦家桥时，这里是当地有名的穷村，全劳力干一天活只挣6分钱，全村百十户人家，守着亩产不超百斤的一千多亩地，每到年底分红时各家分不到几个钱。如果赶上年成不好，就只能等着国家救济了。……佴犟的侯隽顶着压力，与村里的青年办起了夜校，把北京农大的优良种子播到窦家桥的田里，村西口也种下了两行杨树，窦家桥在悄悄地发生着变化……以后，渐渐地有了异乎寻常的变化，先是上面拨10万元,给窦家桥通了电。（笔者：对当年一个劳动日才值六分钱的窦家桥人来说，10万元是个什么概念？那是相当于他们全村15~20年的全部收入！）当邻近村每亩只能施十来斤'气肥'时，窦家桥的田里却可以施上足量的尿素。上级的特别关怀加上侯隽等人的艰苦奋斗，窦家桥发生了巨大的变化。我们下来时，这里的亩产已超千斤，全劳力干一天活可以拿到0.8元。全村分成农业队、机务队、科技队、饲养队和副业队。**窦家桥成为社会主义新农村的典型，侯隽也成为全国的知青模范。**"

同邢燕子一样，侯隽也是个知恩报恩的人。在她的动员和说服下，前后有17名北京、天津的高中毕业生来到窦家桥插队。在知青绿叶的映衬下，侯隽这朵红花更加鲜艳夺目，引得上层大人物纷纷前来视察，如副总理纪登奎、陈永贵等。上行下效，中、下层官员也纷纷前去取经送宝。取什么经？送什么宝？在"舆论一律"和"主旋律"的监控下，人们很难知其详情。但从毛、周氏人造典型的经验上得知，除周总理犒赏的10万元巨款外，官员们带着一些廉价的或免费试用的农机产品，来到窦家桥"取经送宝"的可能性也很大。不然，人们无法理解，当周围村屯亩产小麦才一二百斤的时候，窦家桥村却能独领风骚，亩产小麦千斤以上！发生巨大变化后开始富起来的窦家桥农民，毫无疑问会庆幸他们有了新的当家人——党支部书记侯隽；他们还会发自内心感激国家总理周恩来对典型的关怀，感激各级政要对典型的关照！

　　1976年，侯隽的窦家桥进入了鼎盛时期，她也荣任国务院知青领导小组常务副组长，进入省、部级干部序列，享受副军级待遇。但两声巨响，给这个典型划上了一个大问号。

　　北京知青**王志宽**与另一北京女知青谈恋爱，女方怀孕了。这在当年全国闻名的典型中，无疑是一个给先进抹黑的"丑闻"。在受到"不公开"的严历批评后，两人想不开，当晚各怀揣一枚手榴弹拉响自杀：男死女重伤。为此，王南海写道："**王志宽不是简单地殉情。我很难想象他死前的复杂心态，但是有一点可以肯定，作为典型集体的一名成员，他不能承受来自那个时代的压力。**" "那个时代的压力"是什么？当想到陈永贵领导昔阳创建大寨县时，曾使139人上吊、投水或跳崖自杀的不争事实，人们会很自然地联想到，毛、周人造典型的压力是多么巨大，又是多么可怕。

　　给侯隽和窦家桥这个典型划上句号的不是小人物王志宽的死，而是毛泽东死后，全国风起云涌的知青"大返城"。到1984年，肆虐几代知识青年、改变了一两千万个家庭命运的上山下乡运动，以"大返城"告终，而在运动中被权力制造出来的各式各样的典型人物，大都完成了中共和毛、周交给他们的历史使命，结束了红托儿生涯！

　　但在"主旋律"制导下，当年，"返城风暴"没被彻底反思，今儿，红托儿卷土重来。侯隽不想结束她的历史使命。她是个无悔者，是一个在天津市宝坻区政协主席官位上退休的无悔者，更是一个"不想醒"的无悔者。2008年11月，记者采访她时，她说："**上山下乡代表了一个正确的方向。**"又说："**我是一个理想主义者，下乡对于我们这些人，是吃了很多苦，受了很多罪，但我认为是值得的，我始终感到农村需要知识，需要人才。我就是为人民做了这么一点事。人家说我这梦还没醒呢。我说醒不过来，问题就是不想醒**（笑）。"

　　为了继续她的历史使命，2003年初，"不想醒"的侯隽，同邢燕子、董加耕等几位老知青，在天津市宝坻区史各庄镇窦家桥村开始筹建"中国知青村"，为上山下乡运动树碑立传。在《关于中国知青村筹建工作的报告》中，侯隽说："**邢燕子、董加耕等我们几个老知青，历来珍重知青特有的宝贵精神财富，而且我们一向以为：知青情结就是一种平民情结，知青文化也是一种大众文化，完全可能而且应该与农业文化融为一体，为促进'三农'发展服务。所以，我们决心以一生的积累为代价，筹建一个'记录一代人情结、凝聚一代人精神、展示一代人风采、鼓舞一代人前进'的'中国知青村'，并把它建成一个报国村、兴农村、文化村和生态村。**"在知青大请愿、大罢工、大卧轨、大绝食和1,500多知青向国务院农垦总局局长**赵凡**集体下跪的大跪求中，云南数万知青痛苦地发出了"**我们要回家**"的呼唤，当年全国在乡务农的八百多万知青，纷纷起来响应，引发了全国性的返城风暴，这是什么**文化**？这是什么**精神**？"不想醒"的侯隽既不想看，也不愿听。对此，在讨论侯氏"中国知青村"时，一位老知青以"**路见不平**"的网名在网上发表了自己的看法。他写道:"**要办'知青村'、尤其是什么'中国知青村'却不同了。过去你们代表我们,是我们没有办法,你们也没有办法;现在仍然要想着代表我们,还弄来这样精神,那样精神强加于人,就不对了。那就是你们太没有良知、责任和道德了。不要求你们忏悔,也不要求你们闭门思过,你们像那张铁生一样,踏踏实实做生意有什么不好,非要打那知青牌,还拼命往自己脸上贴金……**"又有一位老知青以"瞎溜达"的网名在"如歌的行板缺月"上写道:"**我相信将来会有中国知青村,但绝不会是侯隽们策划的这个。要是侯隽们良心发现,觉得自己的前半生做了不少对不起知青也对不起百姓的事,打算用后半生的小尾巴赎赎罪,那就老老实实地去建设窦家桥吧。**"

上山下乡运动是计划经济下的产物,是中国二元畸形经济的一个怪胎。从知青"大返城"中,人们清楚地看到,知青情结不是什么平民情结,而是**官员、既得利益者和知青贵族情结**,知青文化也决不是什么大众文化,而是**官府的谎言、愚弄和侵权文化**;如果像侯氏所说**"农村需要知识,需要人才"**的话,恰恰证明:政府必须加大教育投入,大力推进农村教育,而不是什么上山下乡。

遥想当年,被人民公社搞得穷途潦倒吃不上白馍馍的河南省临颖县南街村人,在反邓派的大人物支持下,打着改革开放的旗帜,大反改革开放,轻而易举地从银行里搞到了数亿乃至十数亿"贷款",把不足千人的小小南街村,打扮成了一个共产主义天堂;他们在为已被八亿农民唾弃了的人民公社扬幡招魂的同时,为大独裁者和他的乌托邦树碑立传,从而使南街村成了当今中国举国无双的畸形怪物。而今,侯隽想借南街村套路建什么"中国知青村",他们能找到类同于南街村人的靠山吗?虽然他们得到了宝坻县政府的支持,但要像南街村那样轻而易举搞到十几亿"贷款",可能会因时过境迁而生明日黄花之叹;如果他们希求像四十年前当典型时那样,不用侯隽写《报告》,便能从国务院金库里拿走10万元巨款,恐怕那种特惠式的赏赐也会因星移斗转而远窦桥村。

3. 曲线发展的曲折

1967年10月9日,北京25中、22中、女8中、女12中的**曲折**、郭兆英、王紫平、王静植、宁华、余昆、郑晓东、胡志坚、高峰、鞠颂东等10名"老三届"初、高中毕业生,在天安门广场"热烈欢送知识青年上山下乡"的巨幅横幅下,举手向毛主席宣誓:

"**最最敬爱的毛主席,我们遵照您的'知识分子与工农相结合'的伟大指示,迈出了第一步,我们将循着这条革命大道一直走下去,走到底!永不回头!**"誓毕,他们登上汽车,向插队的目的地内蒙古自治区锡林郭勒盟西乌珠穆沁旗白音宝力格公社白音宝力格大队进发。

是时,在天安门广场送行的学生和围观的群众,有数千人之多。第二天,《人民日报》头版头条，报导了这个"令人欢心鼓舞"的消息和评论，中央广播电台也配发了消息和评论。于是，"老三届"学生曲折等十人，当天走红北京，第二天红遍全国，成了知识青年上山下乡的先驱和楷模。

誓前，他们曾向北京市劳动局汇报了他们的想法，受到了劳动局和北京市领导的欢迎和支持，表扬他们"你们的大方向是对的"，并拍扳和联系了他们的插队地点。10月7日，在北京市革委会党的核心小组领导人**丁国钰**的参加下，召开了下乡知青的家长会议，完成了"主动"下乡的一切准备工作。四十多年后，曲折在他的《奋斗求索，始终是这代人的主题曲》一文中写道：**"我们出发前，中央并不知道这次行动。"**

毛泽东和周恩来相信"榜样的力量是无穷的"，因而他们善于制造和发现典型。在上山下乡运动中，他们发现和制造了许多典型，诸如邢燕子、侯隽、董家耕、赵耘等等。为了达到驱赶知识青年下乡的目的，他们在制造"**大有作为**"和"**培养接班人**"等美丽谎言的同时，充分运用软硬兼施的手段去对付知青和他们的家长：与严加惩处拒绝下乡和胆敢闹事的知青和家长的同时，对带头响应号召的典型人物，关照备之，给予高官厚禄。但当典型人物谈何容易？那是极少数"红五类"出身人的专利。绝大多数人包括绝大多数"红五类"出身的人，都没有这种资格，他们只有跟着典型人物走的权利。中共这些权术早已不是什么秘密，大多数人都看得很清楚，只是在一党专政的强权下，他们无处表达也不让表达自己真实的看法。

曲折是个聪明的"红五类"。这位北京市第二十五中高三学生，当时已身居首都中学红代会政治部负责人的要职，在北京红卫兵运动中，也是个不可多得的风云人物。有人说，他在"横扫"、破"四旧"、"批资反路线"和夺权中，都是"刺刀见红"的闯将。这是一面之词，笔者不敢采纳。但不争的事实是，没有造反、破"四旧"、"批资"和夺权的"贡献"，不是批、斗、打、抄、杀的闯将，进入首都红代会领导高层是很困难的。他的聪明在于：当他处于造反事业的巅峰时期，忽然发现，毛泽东和中共正在逐渐勒紧控制红卫兵的绳索，大造"复课闹革命"的舆论，失望使他备感前途渺茫。后来，他在回忆当时的心情时说："**国家混乱，学校停课，武斗内战侵扰着一代热血青年，中学生已无大学可升，无业可就。总不能一辈子呆在学校闹革命吧？该向何处去？没一人能回答。尽管不少人坚信中国将走进红彤彤的毛泽东思想新世界，但谁也说不出明天会是什么样。**"但他很快从邢燕子、侯隽身上发现曲线发展的价值。他要在别人都在瞎闹革命、疯狂武斗时，打出一个中央喜闻乐见的旗号——上山下乡，并以在天安门前集体宣誓的形式自我抄作，大造舆论，抬高身价，力图引起高层的关注，从而使自己能一夜之间变成类似于"邢十六"或"侯十三"式的典型。

曲折曲线发展的目的达到了。七八个月后的1968年夏天，他应召回到北京，协助市劳动局安置北京中学生。几个月中，他在北京一些大、中学校作过多场报告，介绍他在牧区的情况，宣讲了他走与农牧民相结合的心得，报纸上也宣传他和其他一些典型的光荣事迹。他的演讲，推动了北京市的上山下乡运动。1968年初秋，有4,000多名北京知青"自愿"来到锡盟牧区落户；其后，有数十万北京知青，"自愿"到内蒙、东北、山西、陕西、云南等地插队、插场。**曲折红托儿功绩不可抹煞。**

1969年1月，有功在身的曲折，在深挖"新内人党"高潮中，应召到白音宝力格公社搞"深挖"，并主持了公社的全面工作。自此，这位来牧区"接受贫下中农再教育"的北京知青，在白音宝力格大队"与工农相结合"不足一年，便正式成了"再教育者"的教育者和管理者。在"深挖"中，白音宝力格公社的逼供信，制造了许多冤假错案。在尔后的十多年里，他春风得意，如愿以偿地从旗、到盟、到自治区首府，仕途一路顺畅地成了知青亚贵族，最终返回到他宣誓下乡务农的始发地北京。笔者之所以称他为"**亚贵族**"，是因为他没有像"邢十六"、"侯十三"那样得到高官厚禄。据说，他的最高"官"位是在内蒙呼和浩特市自治区政研室当了一名"研究员"；这可能与他主持公社工作时的冤假错案有关。不过，他的曲线发展还是成功的。但他的成功，与被迫留在农牧区继续在"相结合"道路上苦奔的数十万北京知青相比，天上地下，映托鲜明。正是：

一士功成万家忧！

曲折推翻了他在天安门前发出的"**走到底，永不回头**"的誓言，离开了牧区，回到了北京。**在谎言充斥的中国，誓言一文不值。**立誓者背弃誓言时，既无愧色，也无悔意；他们对谎言价值的认可、追求和崇拜，都是明明白白的，且官唱民随，上行下效，都习已为常了。

三十多年后，曲折和妻子郭兆英，在北京家里招待了风云一代的知青典型邢燕子、赵耘和董加耕，并同他们合影留念，同声"**青春无悔**"！

4. 出卖父亲和他人的柴春泽

由于"邢十六"、"侯十三"和不曲不折的曲折等典型功成名就的启迪，来自赤峰市干部家庭的下乡知青**柴春泽**，以邢、侯、曲为榜样，下决心也干出一凡事业来。为此，他要争当典型。1973年8月末，在昭盟团委召开全盟有线广播大会上，他以昭乌达盟翁牛特旗玉田皋生产大队插队知青的身份，在会上提出了一个响亮的口号："**扎根农村、奋斗六十年**"。这个口号，立即使他变成了一个令人注目的准典型。但"准典型"不是典型，要像邢、侯、曲那样功成名就地当个知青贵族，必须首先当上典型。机会不负有心人：终于被他等来了。1973年11月，在旗盟先后召开的知青代表会议上，他向大会公布了他父亲的来信和他的回信。两封家书公布后，引起了各级领导人的赞扬。当时辽宁省革委会副主任、沈阳军区政委毛远新，称赞他是"**扎根农村、敢于同传统观念决裂的好青年**"。

1974年1月5日，《人民日报》应声在头版头条以《敢于同旧传统观念决裂的好青年》为题，对柴春泽"**同旧传统观念决裂**"的革命行动，做了全面报导；中央和各级地方报纸、电台、电视台，也紧紧跟上；各地知青和应届毕业生，也纷纷前来他插队的地点参观学习。一时间，柴春泽成了坚决听毛主席的话、坚持走毛主席指引的与工农相结合的道路、扎根农村、建设农村、"接受贫下中农再教育"、为"消灭三个差别"做贡献的典型。争当典型成功后，他获得了党组织上的回报。1973年21岁的他，当年入了党，年底荣任玉田皋大队党支部副书记、玉田皋公社党委副书记。这样，1971年来玉田皋"扎根"的他，不到两年，便圆满地完成了"接受贫下中农再教育"的任务，成功地转变成了一个贫下中农的管理者和教育者。1975年9月的第一次全国农业学大寨会议上，同邢燕子一起，成了全国闻名的12名知青典型之一。

他公布的家书怎会有如此大的魔力？三十多年后，他写道："**在一片赞扬声中，也有人不理解我，觉得我有毛病，连父亲都能出卖。人要走自己的路，让历史来证明这个做法是对是错。**"原来，信中涉及了他出卖父亲的问题。

柴春泽并不认为他有出卖行为，他要"让历史来证明"他没有出卖。历史能证明吗？

话得从头说起。就在他高呼"扎根农村六十年"后，8月31日，便收到了父亲给他的一封来信。父亲来信要他回赤峰，告诉他现在有一个招工的机会，一定不要错过。父亲写道："**春泽，盟里有招工的机会，我已经和盟煤炭局、劳动局都说好了，这次你必须听我的意见。**"机灵的柴春泽终于发现机会来了。他知道，"扎根农村六十年"的口号虽然响亮，但是空对空，不够真诚。父亲的来信，给他提供了表达"真诚"的可能。他要在对党、对毛主席"真诚"上下功夫：批判父亲走后门的行为，与父亲的传统观念决裂，就是对党、对毛主席的"真诚"。于是，他彻夜不眠，煞费苦心地给父亲写了一封回信，表达了与父亲传统观念决裂和扎根农村六十年决心的"真诚"。

他给父亲柴文的回信长达一千六百多字，现笔者摘要如下：

爸爸，看完您这封信后，我心情不平静的程度简直无法形容。在党的培养教育下，在贫下中农的再教育下，特别是最近学习吴献忠同志先进思想和先进事迹以来，**我脑子里所想到的是**如何为共产主义在农村广阔天地奋斗终生的问题。

我最近发下誓言：向前看——共产主义金光闪．途无限，**扎根农村争取奋斗六十年！**立大志，誓为全球红遍决裂旧观念。

爸爸，我个人理解毛主席讲的"认识自己的利益"，正是指有利于消灭三大差别，消灭私有制，决裂旧观念这一个根本利益。咱们家出身是贫下中农，咱们都是共产党员，我们的根本利益就是消灭私有制，决裂旧观念，而一切重工轻农，重城轻乡，只顾个人利益的思想，都是建筑在私有制基础之上的。存在决定意识，正是如此。《共产党宣言》指出："共产主义革命就是同传统的所有制关系实行最彻底的决裂；毫不奇怪，它在自己的发展进程中要同传统的观念实行最彻底的决裂。"

爸爸，我现在百分之百地需要你对我进行扎根教育，**我不同意你这拔根教育**。

我想，爸爸你做为中国共产党的基层干部，是不会生气的，因为我们党章上有"批评和自我批评"这一条。毛主席他老人家也是这样教导我们的。请爸爸在百忙中一定回信。

因"信"当了"反面教员"的柴文，在一片赞扬儿子的声浪中，很快从儿子的出卖中"清醒"了过来，摇身做了180度的大转弯，不仅去信向儿子做了自我批评，表示支持儿子扎根农村的决心，还在报刊上撰文支持儿子扎根、支持知青工作。在各级党政领导的支持下，父子俩在自我炒作中，一唱一和，把有声有色的出卖"双簧"，表演成了活龙活现的效忠"二人转"。

柴氏父子的"二人转"表演，得到了丰厚的回报：1973年21岁的柴春泽，不仅入了党，年底还荣任玉田皋大队党支部副书记、高升为玉田皋公社党委副书记。为了扶植典型柴春泽，让典型更上一层楼，1975年，辽宁省特批40万元工程款，打造白玉引水渡槽工程。渡槽竣工后，玉田皋乡近三万亩旱田变成了水田。农民们吃上了大米，自然感谢柴春泽的"恩泽"。

柴春泽从出卖到效忠的表演，受到了党组织的褒扬和重奖；但在对他人的出卖中，他却扮演了鹰犬的脚色。

在他的辉煌时期，有人因写信对他表示不满而当上了他的"反面教员"，其中张静、汤明大两人尤为突出。由于张、汤不愿像柴父那样配合他表演效忠"二人转"，使他的出卖癖进一步发酵，决心踩着张、汤进一步效忠而高升。

张静是武汉市39中75届高中毕业生。下乡插队后，她觉得现实社会中的问题远比想象复杂得多。1976年3月，她写信列出理想、前途等六大问题，向柴春泽请教。她在信中说："**我是一个下放还不到5个月的知识青年……政治上还能要求进步，和同学们也常谈远大理想，但实际行动上却对不上号，共产主义的实现离我们太远了……你的事迹我比较了解，你讲讲你的想法，其实我没有扎根思想……看到的矛盾倒不少，阶级斗争还没见过，不知哪些是阶级斗争……**"这些真情实言，反映了广大知青面对现实与理想、理论与实践的冲突，以及他们无所适从的困惑。柴春泽给她回了7封信，封封豪言壮语，篇篇阶级斗争，句句上纲上线，将张静列出的问题与"无产阶级专政"、"继续革命"、"资产阶级法权"和共产主义理想联系起来加以批判。在党组织的支持下，他将他和张静的信做为"批邓、反击右倾翻案风"重磅炸弹，在《辽宁日报》、《湖北日报》上发表，继而又在《光明日报》等中央级报纸上刊出，从而引发了"**扎根，还是拔根**"的大讨论。在"大讨论"中，张静因受到批判、恐吓而病倒。三十多年后，尽管人们得知，柴春泽在农村"扎根"几年后已回到了城市，但**张静却被批得不知去向**。

还有一封来自湖北省通城县平山学校的信，写信人是该校教师汤明大。汤在信中说：

"**你每天过闹市，进华堂，一举成名天下知，你是一只带领知识青年走向屠场的头羊，请你立刻悬崖勒马！**"这封信被柴春泽视为阶级斗争的新动向，阶级敌人自动跳出来攻击上山下乡运动。于是，他把这封信通过辽宁省委转交给了湖北省委。结果，**汤明大被投进监狱**。

最使柴春泽恼怒的是一封匿名信："**你的扎根思想害苦了我们，全国的知识青年都在水深火热之中，中国这样下去会断子绝孙，你们这些知青典型代表不了全国青年！**"值得庆幸的是，直到"四人帮"被粉碎、柴春泽被投进监狱，公安部门也没有破案，**匿名者算逃过了一劫**。

历史能证明他出卖过父亲、出卖过别人吗？翻过中共政治词典的人都知道，"出卖"是中共专为叛徒设置的词汇；而为了维护党的利益、执行党的政策，对异己人士或亲友的出卖，则叫做"检举"和"揭发"，是对党忠诚和阶级觉悟高的表现。在司法实践中，"认同亲情"和"大义灭亲"的道德价值，尚难界定，有颇多争议。中共利用争议大做文章，他们根据人们政治立场、态度的不同，创造了"出卖"和"检举"、"揭发"词汇的不同用途。在"政治挂帅"或"党妈妈"的环境里，柴春泽出卖父亲就是与"传统观念决裂"，出卖他人就是对党忠诚的表现。因此，在这种政治环境里，柴春泽敢于恬不知耻地横刀立马叫阵："**让历史来证明这个做法是对是错（吧）。**"

令柴春泽遗憾的是，由于他与"四人帮"有染，也没有像侯隽那样反戈一击，失去了当知青贵族的资格。1978年4月他被捕，1979年12月出狱后，才恢复了党籍。1980年10月，他抛弃了"**扎根农村六十年**"一文不值的谎言，结束了在玉田皋大队的近十年"扎根"生涯，无愧无悔地回到了下乡"扎根"的出发地赤峰市。1985年在市"电大"上班，后当上了一名助理研究员。

曲线发展的曲折，使柴春泽对曾经的辉煌情有独钟，因而也是一名无悔者。2004年，他建立了柴春泽知青网站。他同著名知青典型**邢燕子**、**侯隽**等既得利益者一起，在为早已失败了的上山下乡运动鼓噪的同时，为造成众多知青苦难的主事人周恩来树碑立传。他们著书立说，把周恩来对少数知青典型人物的提携，偷换成对两千万知青的关怀，继续从事当局已无法再从事的愚弄，散布当局已无法再散布的谎言。

5. 红托儿群体——北大中文系七二级学生

1976年1月，作为反击"右倾翻案风"的炮弹，赞美上山下乡运动的长诗《理想之歌》刊登在《人民日报》上。其"编者按"全文如下：

"**《理想之歌》是北京大学中文系部分工农兵学员一九七四年集体创作的政治抒情诗。它反映了广大知识青年在上山下乡和教育革命中锻炼成长的精神风貌。在当前教育战线大**

辩论中，清华、北大等院校的同志一再朗诵、阅读这首朝气蓬勃、激情洋溢的诗。这说明，它符合巩固和发展无产阶级文化大革命和教育革命胜利成果这一斗争需要。本报刊登这首诗，以供更多同志阅读，并用以回击教育界右倾翻案风，批驳那种攻击工农兵学员'质量低'之类的奇谈怪论。"

据说，诗的作者都是经党组织选拔、推荐上大学的知青，是上山下乡运动的既得利益者。尽管我们不知道长诗的背景，但从"编者按"中那句"它符合巩固和发展无产阶级文化大革命和教育革命胜利成果这一斗争需要"文字，便知它是一首**遵命长诗**。

现将北京大学中文系七二级创作班"创作"的《理想之歌》摘录部分（因篇幅有限）如下，供读者欣赏。

红日、白雪、蓝天……／乘东风，飞来报春的群雁。／从太阳升起的北京　启程，／飞翔到　宝塔山头，／落脚在　延河两岸。／欢迎你们呵！突击队的新战友，／欢迎你们呵！我们公社的新社员。

大跃进的炉火　烧毁了右派分子的迷梦，／炉膛里　有我捡来的　碎铁小钉；／……／无产阶级文化大革命，一声震憾世界的雷鸣！／第九次大搏斗　第十次大搏斗！／我同父兄一般高，／编制在　革命队伍的行列中——／曾记否？《炮打司令部》挟雷携电的宣言；／曾记否？毛主席的红卫兵　催枯拉朽的笔锋。／把横扫四旧的倡议　贴遍全城，／让大串连的脚步　播撒北京的火种。／围攻吧！革命后代　真理在胸旗在手；／收买吗？名利地位　视如鸿毛轻。／红卫兵保卫毛主席　天坍也敢顶！／难忘的"八一八"呵，／鲜红的袖章　染上了红太阳的光辉，／"我们支持你们！"——伟大的声音激起红浪千层！／支持我们呵　对反动派造反有理，／支持我们呵　把"解放全人类"牢记心中。／毛主席挥手　我前进呵！风雨中　多少海燕击长空。／逆流回旋　难阻大江滚滚东流去，／猿声悲啼　革命航船已过山万重……／在那时　我看到了／修正主义教育路线的毒害，／旧日学校笼罩着"克己复礼"的阴影。／……／文化大革命在我心中　埋下了理想的种子：／"为共产主义奋斗终生！"　而走与工农结合的道路，／这才是通向　革命理想的唯一途径！／"知识青年到农村去……"／毛主席发出了进军号令！／百川归海呵　万马奔腾，／决心书下　签名排成一列长龙，／接待站前　同学少年待命出征！／呵，不可战胜的幼芽在火红的年代诞生！／离别北京的前一天夜晚，／我和战友们来到面对中南海的围墙，／深情眺望着彻夜的灯光，／久久倾听着澎湃的涛声，／挥笔写下一行誓言：／"上山下乡　彻底革命！"一个字用八张纸，／从傍晚写到黎明。／为了让敬爱的毛主席，／推开办公室的窗棂，能在晨曦的辉映下，／看到我们的决心，露出欣慰的笑容。

农村需要我，／我，更需要　农村。 为了共产主义事业，／我愿在这里终身奋战；／为了实现阶级的理想，我愿在这陕北的土地上／迎接十个、二十个　战斗春天！／这时，正是在这时，／我才开始填写"什么是革命青年的理想"／这张严肃的考卷。／我要做

我们鲜红的党旗上　一根永不褪色的经纬线！

　　理想的航道并不那么宁静、坦荡，／山区也不都是核桃、海棠。／骗子会装出"同情"的腔调，／富农会端来"关心"的米汤。／不敢扬帆的航船，会在泥沙中搁浅；／躲在屋檐下的燕雀，当心烟熏染黑了翅膀。／有人躲在阴暗角落射出"变相劳改"的毒箭，／有人站在邪路上贩卖"劳心者治人"的砒霜。／什么"人生"、"青春"哪，"前途"，"理想"哪，／丑恶的个人主义也常借这诱人的字眼，打扮梳妆。／……／我们战斗的岗位　虽在这小小的山庄，／祖国的江河山川　皆在我望！／我们宽阔的胸怀向着世界开敞，／五洲四海的风雷，在我胸中装！／我们同工农兵结合的隆隆脚步声，／震碎了你们的一枕黄粱！／……／呵——"广阔天地，大有作为"，／**三五个骗子　抹煞不掉这铁的事实！**／它写在大地，写上长天，／写进这伟大时代的"编年史"，／也写进亿万青年人火热的心房。／……／呵，整整一代　有志气有抱负的中国青年！／千重峰峦，万项巨浪，后继有人，大有希望！／前进，向前进！／我们有**马列主义的开天巨斧**，／我们有毛泽东思想的指路阳光！／**前进，向前进**呵！／"希望寄托在你们身上。"／呵！寄托在我们身上！

　　冗长、蹩脚和塞满政治口号赞美理想，是这首遵命长诗的特色。这足以证明，在最高学府北大里的学子们，**政治富有得使人可怕，文思贫乏得令人可悲！**他们在诗中高喊："**农村需要我，我，更需要农村。**"但据北大知情者透露，那届中文系毕业生，同知青典型人物一样，没有一个落户农村。但他们在制造谎言上，大言不惭，从不红脸。他们在诗中痛斥"**三五个骗子抹煞不掉这铁的事实**"；然而，当他们毕业分配之后，便提着"**马列主义的开天巨斧**"，在灯红酒绿的都市里，觥筹交错，载歌载舞，潇洒地"**前进，向前进！**"

6. 忏悔者

　　当众多无悔者在中共支持下招摇过市的时候，人们从新闻检查的疏露中，听到了一些忏悔者的声音。

　　(1) 忏悔当过红托儿的谭向前——他是首都钢铁公司热处理工程师。他忏悔说：

　　"我是高六六级北京知青，一九六九年一月到云南生产建设兵团，先当农工，后来调到水稻连当排长。一九七一年建设兵团大扩充，需要几名老知青用现身说法动员内地学生支边。我们团选中我。对我来说，这是一次千载难逢的机遇，用领导的话说，是一次考验，考验我是否忠于毛主席革命路线，也就是是否让领导绝对放心。我是工人子弟，家里没有背景，我当然明白这次重任对我个人的前途意味着什么，我甚至已经意识到这个转折将对我一生的命运起作用……

"在四川，我的日程被安排得满满的，轮流到每一所中学给毕业生作报告，随心所欲地讲用，发挥想象力，用'现身说法'打消同学顾虑，激发他们对边疆的好奇心和向往。'榜样的力量是无穷的'，因为我是知青，并且来自伟大首都北京，所以那些成都学生对我的话几乎深信不疑。**我不敢说我的话每一句都是实话，但是我百分之百贯彻了领导意图**，我相信这样做是革命需要，是上山下乡和捍卫毛主席革命路线的需要。当然，我更清楚这是我改变自己命运前途的需要……

"我在成都、重庆先后讲用约半年时间，作报告数百场，听众达数十万人次……我承认自己的确隐瞒了一些阴暗面，一些不利于大好形势和上山下乡的东西，我的讲用报告客观上对同学起到蒙蔽作用，但是这并不是我的错。因为如果不是我也会有另外一个李向前或者王向前来讲用，所以我想这应该是那个时代造就的悲剧……"

谭向前因此荣立三等功一次，很快入了党，并提拔做了副连长。一九七三年推荐上大学，占领上层建筑。毕业后衣锦还乡，在首钢工作至今。

(2) 忏悔出卖过父母的郎晓菲——这位当今重庆市某机关干部、当年是北碚中学学生的郎晓菲沉痛地说：

"我有一个很光荣的家庭，父母都是革命干部。父亲参加八路军只有十六岁，就扛枪打日本，还负过三次伤，所以父亲一直是我心目中效仿的榜样。我从小的志向是当一名解放军女战士，雄赳赳，气昂昂，做一个董存瑞黄继光或者刘胡兰那样的英雄。初中毕业，建设兵团来招兵，那年我正好十六岁，父母都在'五七'干校劳动，参军无望，就决定到边疆去干一番事业。不料母亲赶来阻拦，父亲也不同意我离开重庆，理由是我是大姐，下面两个弟妹年龄尚小，需要我负起责任。当时我情绪很对立，认为父母自私，不以革命利益为重。我想你们当年不是背叛家庭出来干革命吗？为什么轮到你们自己做父母就那么保守，把女儿看做你们的私有财产？冲动之下，我毅然决然向校工宣队写了一封公开信，决心与家庭决裂，同父母的错误立场划清界限，到边疆去干一辈子革命。没想到这封公开信竟然被市革委当做典型材料印成铅字，后来又刊登在省报上，成为轰动一时的新闻。我一夜间由一个默默无闻的女中学生变成一个远近闻名的先进人物，反潮流的英雄。我由此很快入了团，到兵团又入了党，提了干……

"**直到过了好几年，我才意识到自己犯下了一个多么可怕的错误！**

"父母因此受到批判，两个弟妹无人照料，只好由母亲带到干校生活。艰苦的生活损坏了小妹的健康，简陋的卫生条件又未能及时挽救她幼小的生命，她于次年春天患肺炎死在干校的土坯房里。两年后父亲也由于健康状况恶化而病逝。临终前他一个劲儿念叨我的名字淌眼泪……

"我的家庭为我的冲动付出了沉重代价，我将永远无法弥补自己犯下的错误……"

郎晓菲直接参与一九七八年底橄榄坝农场那场有名的请愿风波，因而曾以"煽动闹事"受到过追究。

(3) 王冬梅忏悔当典型——刘小萌在《中国知青史.大潮》中写道：

"1974年，因率领119名旅大知青奔赴昭盟草原而被树为典型的女知青王冬梅，在'文革'结束后，怀着沉重的心情谈到'典型人物'的'代价问题'。为了符合知青典型的'光辉形象'，曾多次地放弃上调的机会。对于当年的内心活动，她在《被埋葬的青春梦》的回忆文章中写道：

"'**我想上大学，想得发疯，但我心甘情愿不去，我不想扎根农村，我害怕嫁给牧民，但我心甘情愿留下，并且准备在这荒芜、落后、愚昧、贫穷、边远的地方呆一辈子。谁也没强迫我，我自己愿意，我堵死了自己上大学的路，还以为自己是个悲剧的勇士。**'

"几乎每个知青典型都有过放弃上调机会的经历，换言之，没有这种经历也就很难取得典型的资格。他们的理想与追求，没等开花结果，已在一种窒息个性发展的氛围中过早凋谢了。为此王冬梅曾反问道：

"'**我是那个时代的宠儿、骄子，但这些难道不是那个时代对我的伤害，对我灵魂的深深伤害吗？**'

"当然，并不是知青典型在痛定思痛之余都有王冬梅这样的悟性。就王冬梅个人而言，她所付出的代价远远不止失去上调的机会。由于她的典型身份，父母必须一次次扮演'革命家长'的角色，在报纸广播中不断抛头露面，向广大知青家长进行现身说法。不但违心地将二女儿王玉梅也送往昭盟，最后，连自己也被迁到偏僻的赤峰。由于典型的身份，她本人付出了沉重代价。像她这样的典型，本来就是被时事'制造'出来的。要求上山下乡时，她年仅17岁，1976年受到批判、审查时也不过20岁，1979年才被解脱。多年后她深有感触地指出：**知青典型，作为一种'政治道具'，被利用者高高举起，名声显赫。一旦风云变幻，立刻打翻在地，大批特批。而我们在心灵的大起大落中仅仅学到一点政治常识。**这，就是典型的悲剧。值得庆幸的是，与其他知青典型比，王冬梅毕竟年龄很轻，这使她在身世浮沉之后，来得及重新设计自己的人生，1979年她考入了大学，毕业后成为一名记者。有的知青典型，至今不改'青春无悔'的旧调，王冬梅则不然，在回忆当年的那段经历时，她感到的只是'痛悔万分！'"

五、无奈者和受难者

这个始发于五十年代的知识青年上山下乡运动，是"**集中主要力量发展重工业、建立国家工业化和国防现代化**"和"**一化三改造**"二元畸形经济的产物。在二元畸型经济体制下，教育发展要为经济建设让路，因而不愿为发展教育增加投入。据教育部统计，仅1955年一年，全国就有57万中学毕业生和236万高小毕业生不能升学。又据统计，在第一个五年计划中，预计有 1,200 万个小学毕业生不能升入初中，200 多万初中毕业生不能升入高中。在之后的几个五年计划里，辍学人数均在千万上下。在这种形势下，"**动员中小学生回乡参加生产**"、"**动员城市中小学毕业生到农村安家落户、做第一代新型农民**"和 1963 年制定的"**动员城市中学毕业生参加农业生产**"长期战略，就成了中共和毛泽东的"最佳"选择。在这种"最佳"选择下，从 1968 年末到 1978 年的十年间，被"动员"出城镇的知青，就多达 1,700 万人。

在动员的"**做第一代新型农民**"中，到人民公社基层生产队里插队当农民的，约占下乡知青总数的 75~77%，到国营农场（兵团）基层生产队里插场当农工的，约占 23~25%。无论是插队当农民或者插场当农工，都是参加农业劳动，其性质没有什么区别。但在 1968 年到 1974 年 5 月的五六年间，因中共曾决定将农场改制成生产建设兵团（后又撤销兵团番号回归农场），插场知青因有过"兵团战士"的"荣誉称号"，曾使他们亢奋过一段时日。

1. "动员"下的无奈

(1) 回乡知青怨生不逢时

1953 年，国家"城乡分治"政策初步形成之后，对农村回乡知青的宣传教育工作，也随之展开。

从 1953 年 5 月起，中共中央利用《人民日报》，开始连续发表动员农村知青回乡的社论、文章，大造知青回乡务农光荣的舆论。中央宣传部、教育部和团中央紧紧跟上，连续向全国发出了《**关于高小和初中毕业生从事劳动生产的宣传提纲**》、《**关于组织不能升学的高小和初中毕业生参加或准备参加生产劳动的指示**》、《**关于初中和高小毕业生从事生产劳动的宣传教育工作的报告**》、《**继续动员初中和高小毕业生从事生产劳动**》等政策性文件，指导全国初中、高小毕业生劳动就业。各地党委、政府不敢怠慢，按照中央指示，组织中小学教师、基层干部、报告员、宣传员等社会力量，对社会各阶层、学生家长、已经就业和在校学生，进行广泛深入的宣传教育工作，批判轻视体力劳动和当农民学知识没有用的"剥削阶级思想"，大张旗鼓地制造声势，把农村知青回乡运动推向高潮。

在大造声势中，众多艺术典型被制造了出来。作家**王汶石**在他的小说《**沙滩上**》，塑造了两个回乡知识青年典型，一个是"像钢炮似的闪着铮铮的光辉"的生产大队长陈大年，一个是"被太阳烤焦的脊背"、"闪着油黑油黑的亮光"的副队长陈囤儿。两个人初中毕业后，抱着建设农村的理想回到家乡，使原先的穷队变成了富队，也光荣地加入了共产党。河南作家**李准**在他的小说《**林业委员**》里，描写了十八岁的高小毕业生、劳模社长沈玉与十七岁的高小毕业生、植树模范秀山相识恋爱的故事，把他们塑造成回乡建设家乡、科学务农的农村新人。**孙谦**编剧、**于彦夫**执导的电影《**夏天的故事**》，讲述了田金生和女同学米玉兰的爱情故事。考上了高中田金生，却主动留在农村建设家乡，并劝说女同学米玉兰留在村中当会计，共同同富农、贪污、投机倒把分子进行斗争。**马烽**编剧、**苏里**导演的电影《**我们村里的年轻人**》，讲述了中学毕业生孔淑贞回乡务农、参加家乡的水利工程后与复员军人高占武恋爱结婚的故事。影片还描述了回乡知青李克明认为在农村屈才、不安心农村工作，但追求孔淑贞失败后，思想发生转变，决心留下来建设山村。

艺术典型虽然感人，但毕竟是虚构的，其作用多是潜移默化，无法收到立竿见影的说服效果。于是，回乡知青模范的真人典型，先后被制造了出来：著名的有山东的**徐建春**、延边自治州的**吕根泽**和广东的**杨明汉**等。在整个五十年代，党报、团报上宣传"回乡知青"模范人物是当时的主题。在这一"舆论一律"的主题下，回乡知青大都被编导成"热爱农村，投身于农业劳动，刻苦钻研农业技术，有力地推动了互助合作运动，并得到了显著的成绩"，从而证明了"农村广大知识青年与农业劳动相结合的积极性和必然性，证明了知识青年从事农业有无限光辉的前途"。当时人们从广播中听到的、从报纸上看到的，都是回乡先进人物的"欢声笑语"，几乎听不到不同的声音。在这一主题的导向下，"城乡分治，一国两策"的二元经济体制的畸形性被掩盖了，压缩教育经费和学校规模的错误决策，由蓄意淡化而合理化了。因此，有人写道："**由经济原因引起的一场运动，却首先是从意识形态上开辟道路的。知识青年上山下乡的宣传和动员，自始至终都是如此，以致人们往往忽视了它在经济上的真实起因。**"

据报导：1960年国家为农村保留的升学率为1%；到1962年，全国农村高小以上知识青年，约有2,900万人因不能升学而留在农村。显然，这是在"只有经济发展了，才能大办教育"的思想指导下政府对农村教育投入奇少的结果。又据1962年团中央青农部统计：安心留在农村务农的知青，仅占其总数的30%左右，而70%左右的知青认为中国农业没前途，不安心留在农村。在"舆论一律"环境中，人们只能听到属于30%那部分人的声音。但"舆论一律"疏而有漏，在一片回乡先进人物的豪言壮语中，人们偶尔还是能从审查疏漏的地方，听到了来自底层的属于70%那部分人的生不逢时的怨声。

一个青年在给他哥哥的信中这样写道："农历六月二十五晚上，一个沉痛的不幸的消息无情地来到了——我没有考上学校。**我用了极大的耐力，才制止了眼泪的涌出**，可是眼眶已经潮湿了。到现在写信时我的手还在发抖。我无法安定下来，因为它关系着我的青春，甚至我的一生……**我宁愿在城市里拾垃圾，也要走出农村！**"

辽西省新民县杏树坨子完小10名女学生，在给当时的回乡典型**徐建春**的信中写道："**为啥叫我们往下坡溜去参加农业生产呢？难道叫我们做一辈子没出息的农妇吗？**"

山东省莱阳一中的一个回乡知青，在给老师的信中所表达的情绪颇具代表性："自接到没考取大学的通知书后，每天无精打采，又急、又愁、又恨、又苦闷、又吃不下饭。前几天我到县人委去过，我县没有工作分配，我在家里真是坐立不安，真把我急坏了，焦躁坏了。现在人家考上学校的人多幸福啊，愉快啊，进步又多大啊！而我却在家蹲着，干上了农业劳动。由于长期求学，庄稼活十分生，身体非常弱，干起活来十分吃力。通过这几个月，我感到农业社的劳动真不轻，劳动强度真大，天天起早拉晚地到田野劳动，简直把我累得有些瘫痪了，全身痛，腿也麻木了，腰杆无论如何也挺不起来，实在抗不了。而这又不是干一天两天，好家伙，而是要干上它几年几十年。别人不知怎样，我可尝够了。熬到高中毕业，多不容易啊！当了12年学生，又硬逼着推粪登山，参加农业生产。想到这里，气得我脑子有些胀痛，好像要炸开似的。

"在家不仅抗不了那样大的劳动强度，而且也受不了群众舆论的讽刺、打击。我母亲和我哥哥也常气我，无论如何他们也不愿我下庄稼地干活。因为我上了这6年中学也不容易啊！全是我哥哥省吃俭用供给我的，现在我哥哥那里困难也不少，家里没烧的，也没钱买，拾吧？又没有时间。

"我天天想，倘一直这样干下去，能学点什么哪？能有什么进步呢？将来能成个什么样的人哪？"

五六十年代，笔者在黑龙江农村十二年，也认识几位回乡知青。他们都是那个时代没学上的失学、辍学者，深感在农村没有出路，他们中很少有愿意听凭命运摆布、甘心在"广阔天地"里去"大有作为"一辈子。一个吕姓姑娘，长得漂亮，初中毕业后，提亲的接二连三，都被她回绝了，因为她不愿一辈子当农妇。最终，她的愿望达到了——嫁给县城里一个干部，当了市民。一个刘姓的高中毕业男生，就没有吕姑娘幸运。他被安排到村小学里当老师，他觉得屈才，不安心，一心想跳出农村，几经周折也未能如愿以偿。后来，他被安排到公社中学当了老师，最终把他"捆"在了农村。还有几位回乡知青被大庆油田招走。其中一位嫌那里太苦，受不了，跑回来；没有跑回来的人，现在可能都已成了大庆市的市民。

回乡知青不安心农村的原因，除了生活艰苦、劳动过于劳累之外，其主要原因是感到在集体主义肆虐的人民公社里，他们的才智难以充分发挥，也不可能"大有作为"。三年人为灾难之后，中国农村在"八字方针"下刚刚恢复得有了点生气，便步入毛泽东"**千万不要忘记阶级斗争**"的一连串政治旋涡的折腾中。农民的生产积极性尚且难以发挥，知青们的文化科学知识和才干哪有你用武之地？从小在农村长大的回乡知青，远比城市下乡知青如侯隽、曲折等典型人物，更了解农村和农业。在二元体制禁锢下，无论是回乡知青或是下乡知青，他们的才智很难充分发挥。只有人造典型们，可以大言不惭地说："**农村需要知识，需要人材。**"似乎"**农村需要他们，他们需要农村**"，但她（他）们中没有一个扎根农村，没有一个能带领农民摆脱贫困，而那些著名知青典型们"带领"农民"脱贫"的"先进事迹"，实际上都是党和政府用"**特惠式的赏赐**"和"**滥用职权，动用国家财力、**

物力和人力去支撑所谓'先进典型'的门面"制造出来的。

(2) 下乡知青低层怨声

1963年，由**杨兰春**编剧、**曾未之**执导的豫剧《**朝阳沟**》被搬上了影幕。1964年元旦，毛泽东、刘少奇、朱德、邓小平、康生等党和国家领导人，一同观看了此剧并接见全体演员。这表明中央最高领导对上山下乡运动的全力支持，《朝阳沟》也因而风靡全国。该剧描述的是城市下乡知青**银环**扎根农村的故事。城镇高中毕业生银环，响应上山下乡的号召，与同学**拴保**一道回到拴保家乡参加农业生产。在劳动生产中，两人的爱情经受了考验：银环曾一度想回城、考大学，但在回乡知青拴保为代表的农民教育下，最终与栓保成婚，扎根农村。在编导者的笔下，以银环为代表的城市知青，"四体不勤，五谷不分"，愚笨而可笑，因而必须下乡接受农民的教育。请听拴保如何教银环学锄草：

拴保：（唱）你前腿弓，那个后腿蹬，心不要慌来手不要猛。好，好！（见银环又锄掉了根禾苗）又叫你把它判了死刑。

银环：（道白）这个锄不好使。

拴保：（道白）这不是锄的问题。

银环：（唱）看起来庄稼活非常简单，谁知道干起来就这样难。两只手就不听自己使唤，挪一步一身汗东倒西偏。心有余力不足眼迟手慢……

拴保：（唱）勤劳动才能够突破这一关。

银环：（唱）唉！难呀，难呀难！

这段唱词体现了**"书读得越多越蠢"**的思想。不仅如此，市民银环娘也要接受农民的教育。当她拉银环"马上离开这老山窝，快给我进城考大学"时，拴保唱道：

朝阳沟一年四季都开课，课堂大来老师多，你是学造林，你是学治坡，你是学移山，你是学改河？学斗争辨敌我，理论和实践相结合。我的大妈呀，俺一天功课都不耽搁。

银环娘受教育后，翻然悔悟，也落户朝阳沟。在这里，编导们把堂堂皇皇的大学，变成了造林、治坡、移山和改河的农业劳动，从而把毛泽东农耕主义的"教育革命"思想，演绎到了令人咋舌的峰巅。直到二十一世纪的今天，许多河南人——我可爱的家乡啊——还在津津有味地传唱《朝阳沟》！

对于到农村插队落户的大多数知青来说，他们并不认同《朝阳沟》式的农民教育。到农村后，他们最为困惑、最难接受是这样一个问题："让我们向农民学习什么？"

一位高中毕业生在写给他中学老师的信中说："农民个个互相包庇，互相嫉妒，互相打击，互相气人，自私自利，自高自大，说话粗鲁，极端低级，吵嘴打架，消极怠工，干活拣轻怕重，还不讲卫生。这种生活环境我无论如何也过不惯。从这，我更体会到毛主席所说的'严重的问题在于教育农民'这句话多么深刻了。"

黑龙江省的知青典型胡建良在回忆自己初下乡的经历时，记下了他的所见所闻："初到那里，我看到的尽是些落后现象。比如，有的人干活收工时，随便拿队里的土豆、胡萝卜；有的人干集体活不积极，起早贪黑地在小块荒地里打转转等等。看到这些，我觉得这里的农民真是'自私、落后、保守'，和我在小说里、电影上看到的农民差远了，没有一个像《创业史》里的梁生宝，也没有一个像《我们村里的年轻人》中的高占武和曹茂林那样值得学习。"

1964年12月24日，《新华日报》在一篇《我也感到"有力无处使"》文章中透露，有个下乡知青说："即使在这广阔的农村天地之间，也觉得有些狭窄了，真是荒废了年华，虚度了光阴。我对农业的贡献不大。请想，我一样和社员锄地、推车，就无所谓谁的贡献大小了。为什么会这样呢？这是受了我们生产队条件的限制。我们用的农具，就是锄、镰、锨、镢四大件，谈到农业机械化、电气化、水利化、化学化，那就谈不上了。因此，在我们这样的地区干下去，是没有出息，没有前途的。锄地还用得着直角、钝角吗？拉粪还用得着碱酸盐吗？就是把农业的一套技术学会，原来学的书本知识又生疏了，也是得不偿失。"

据报道：插队到内蒙草原上的知青，为了接受牧民的"再教育"，与牧民"相结合"，就要"插包"住进蒙古包里去。牧民本能地按照他们长期形成的习俗和观念来"教育"知青：男知青整天外出放牧，女知青如牧民妇女一般，成天待在蒙古包里烧茶、做饭、拉水、捡粪（牧区以干牛粪为燃料）、挤奶、缝缝补补。刚"插包"时十分热情的知青，一段时间以后，他们发现"伟大领袖"要他们下乡接受"再教育"的指示与现实不符，而与知青典型邢燕子、侯隽的辉煌相比，天壤之别又使他们难以接受，有上当受骗的感觉，于是热情急剧下降，对"插包"兴趣索然，纷纷要求离开蒙古包。

笔者在农村生活十二年，对农村并不陌生。在中国，在各国，农村在经济、文化、政治建设上，都远远落后于城市，因而，城市领导农村是自然法则的反映，是历史发展的必然趋势。毛泽东的"再教育"理论，是自然法则的忤逆，是历史趋势的反动，毛泽东的"广阔天地，大有作为"教导，是句美丽的谎言。中国农村的确是个"广阔天地"，但在人民公社的体制下，**集体主义被美化、神化、从而官僚权力化**，人皆有之的人类天性——自由、私有和个人主义被妖魔化，农民们由此被奴役，他们的智慧必然被约束在雇主和农村官僚特权阶级——官员许可的范围内，不可能自由发挥。因此，城市知青被驱赶到那里，是不可能"大有作为"的。

长篇纪实文学《中国知青梦》的作者**邓贤**，曾在云南边疆当插场知青七年。九十年代，他重返云南边疆，行程数千公里，采访收集了大量历史和个人资料。在"走向混沌"一章里，他记录了一些知青对政府驱赶他们下乡的**怨声**：

北京二龙路中学初六八级女生**铁卫红**说：

"'一二二二'指示发表当晚,学校工宣队就连夜出动,挨家挨户动员。工宣队长宣布:宣传最高指示不过夜,执行最高指示不过年,知识青年必须到农村过元旦。我父母都是工人,文化不高,但是对执行最高指示可不含糊。学校一来人,父亲就当场表态:统统下乡,一个不留!这样,大姐去北大荒,二姐去内蒙古,我去云南。没想到后来大姐在北大荒受伤成了残废,二姐嫁了当地贫下中牧,只有我回了北京……十年,好长好长呵!"

参加橄榄坝农场抬尸游行的北京河北中学知青**瞿燕清**说:

"……我家庭出身不好,父亲是摘帽右派,毛主席指示一下达,父亲根本不用学校来动员,主动替子女报名下乡。还打听哪里艰苦就报名去哪里,比工农家庭还积极。回到家里,父亲一下子搂着我们姐弟三人老泪纵横。父亲说: '**不是我不想留住你们,是不敢哇!爹对不住你们……**'

"那一晚,**一家人哭成一团**,父亲一夜间白了许多头发。黑五类家庭本无出头之日,覆巢之下,岂有完卵?我咬咬牙,去了最偏远的云南边疆,姐姐去了山西,小弟去陕北插队。后来小弟永远没能回来,他死于一次意外车祸……

"我始终忘不了父亲那双被痛苦折磨的眼睛:惊惧、内疚、悔恨、悲哀……子女下乡不仅不能使他灵魂获得赎罪,反而增添沉重负担。他于一九七一年冬天死于肺病。"

"瞿玲仙事件"(4)目击者之一,上海知青**陈饶萍**说:

"阿拉(我)莫啥好讲,下乡那年才**十五岁**,一点点大。谁愿意下乡?莫办法哇。侬要不去,居委会婶婶大娘就天天来做动员,学毛主席语录,工宣队师傅把被盖搬到侬家里办学习班。阿拉父亲是干部,科长,单位就把他关起来住学习班,啥时辰子女下乡啥时辰放回家。侬想想,鸡犬不宁,一家人过啥光景生活?眼看躲不过去,姆妈哭着恳求阿拉:**囡囡就去锻炼两年吧,侬爹爹心脏有病,再办学习班就回不来啦**。阿拉咬咬牙,就去了云南。那些工宣队光骗人,说锻炼两年,阿拉一去就是整整十年……十年哪,比抗日战争还长两年,人生能有几个十年?……"

上海崇明农场中学知青**丛正平**说:

"阿拉这块是郊区,本身就是农场。一九六七年上山下乡,统统要去外地插队,阿拉有个姐姐,比阿拉大两岁,爹妈不放心,就跟学校工宣队商量,让阿拉顶替姐姐到边疆。男孩子,终归好办些。这样,姐姐照顾到本地农村插队,阿拉到云南支边。侬问阿拉有多大?告诉侬,那年阿拉小学才毕业,**整整十五岁**,符合《中华人民共和国童工保护条例》……"

昆明五华中学知青**陈明忠**说:

"小时候我的理想是开火车,牵引一列长龙般的车厢,在铁路上风驰电掣。想想看,那该多神气!文革时正好赶上初中毕业,砸碎旧的教育制度,大造反,大串联,炮轰火烧,想干什么干什么,别提有多痛快。可是一九六八年毛主席一声令下,大家全傻了眼,原来造反造来造去，反而连农民都不如。没办法，铁路中专是考不成了，只好乖乖打被盖去边疆。

"更让人想不通的是，临下乡在街上碰到一个小学同学，外号叫耳朵。耳朵小时候跟人打架，把耳朵拉掉一只，所以总爱戴顶护耳帽遮丑。耳朵没考上初中，在街道办事处当了几年社会青年，就分配到铁路上跑车。虽然不是开火车，可是穿上那身铁路制服，居然也神气十足。耳朵老远跟我打招呼：咱们现在是工人阶级，往后蹭火车不用打票，包在哥们身上！把我给气得扭头就走。那小子还追着嚷嚷：别走啊哥们，啥时空了来铁路上聊聊……

"咱们有什么过错？不就白念了三年初中么？不读书的成了工人阶级，领导一切，读书的反而要下乡接受农民再教育，这是哪门子王法？x他妈，真叫人想不通！

"想不通也得下乡，只好怨自己生不逢时，怨知识分子晦气。没想到一去就是十年！x他妈，青春也就耽误了，腰也坏了。回到城里，人家却拿咱们当废物，要文凭没文凭，要技术没技术……

"你问我现在干什么？奶管站刷牛奶瓶。工作不累，一月工资带奖金能拿一百五。"

比起自杀和犯罪，陈明忠等人当属"幸运者"。据报导：1979年1~5月，北京下乡知青待业者自杀80人，占全市自杀总数的18%；齐齐哈尔市犯罪分子中，下乡知青待业者占三分之二。

在"主旋律"制导下的"青春无悔"的高歌声中，能听到这些低层的怨气和呻吟，应归功于互联网的普及和翻墙软件的发展。

2. 苦难重重

当"邢十六"和"侯十三"为代表的少数知青典型平步青云、春风得意的时侯，大多数知青陷入重重苦难中。综合各地报导，知青的苦难主要有以下两个方面：一是生活上长期不能自给，在住房、婚姻方面困难突出；二是知青受迫害、女知青遭摧残问题严重。此外，升学、招工、提干和返城等政策不透明不平等，"走后门"之风愈反愈烈，人多地少的矛盾加剧，农民不满、排斥知青现象进一步发展，等等，使知青困苦加重。

安置费不敷使用。与回乡知青不同的是，城市知青在农村没有任何生活基础，下乡后，在住房、口粮等方面会遇到各种具体问题。为了解决这些问题，中共政府在知青下乡时，拨付了一定的安置费用，并采用一些补助措施，力图使下乡知青能比较顺利地度过生活上的难关，尽快在农村稳定下来。

1970年8月前，全国安置费用没有统一规定。如江苏省南京市规定，城镇知青单身"插队"、"插场"的，安置费平均每人220元；成户"插队"的，平均每人130元。吉林省规定，对下乡"插队"知青，每人拨安置费 250 元；对"插场"知青，每人拨安置费 400 元。湖北省规定，对下乡"插队"知青，每人拨安置费 230 元。1970 年 8 月，财政部作出统一规定，国家拨付的安置费，以省、市、自治区为单位计算，平均每人不超过下列标准：单身"插队"、"插场"的，南方每人 230 元，北方每人 250 元；成户"插队"、"插场"的，南方每人 130 元，北方每人 150 元；参加新建生产队、新建扩建国营农场和集体所有制"五七"农场的劳动力，每人 400 元(含部分建设资金)；家居城镇回乡落户的，每人补助 50 元。

在当年，这费用是不敷安置使用的。1973 年 7 月，据国务院知青办《知识青年下乡经费使用管理方面存在的问题》一文称：从 1962 年到 1972 年，国家共拨付城镇知识青年下乡经费 25 亿元，实际开支 21 亿元，结余 4 亿元。这实际上承认，各级政府普遍存在着苛扣安置费的问题。按政府规定，下拨的安置费，除动员地区使用小部分外，其余归安置地区县、社统一掌握使用，不发给个人，不准挪作他用。又据报导，原本标准偏低安置费，"**由于对知青经费管理松弛，相当一部分钱被农村基层干部贪污、挪用**"，知青生活和生产受了严重影响。

生活不能自给的比例大。根据国务院知青办《下乡插队知青生活自给情况》报告：1973 年初，根据各省、市、自治区典型调查，在插队知青中，生活已自给的约占 34%，生活大部分自给（伙食自给穿用要家里贴钱）的约占 35%，生活不能自给（依靠家庭资助）的约占 31%。

1977 年 12 月 21 日，在省、市、自治区知青办负责人座谈会上发的《简报》称：据 27 个省、市、自治区的统计，有 13 个省、市、自治区下乡知青生活不能自给的比例在 50% 以上（自给标准 120~180 元）。其中，云南、贵州、四川、福建、甘肃等省，不能自给率高达 70%~80%。上海市在外省插队的 22.4 万知识青年，有 13 万人生活不能自给，不能自给率高达 58%。

据沈阳出版社 1992 年出版的《回首黄土地》一书披露：人民公社是集体所有制(三级所有，队为基础)，到社、队插队的知青，被置于类似农民的地位，挣工分吃饭，一切花销自理，国家不提供任何生活保障(至少在开始时，政府是这样设想的)。除到牧区插队的少数知青收入较高外，大多数插队知青的日工值只有几毛钱，最低的如陕北一些穷队，劳动一天只能挣几分钱。知青干一年，还填不饱肚子，那有钱买衣袜，更别提回家路费。

又据报导，一个自杀未遂的女知青在遗书上写道："**二十几岁的人了，连粮草都做不出来，还要伸手靠家庭，只好离开人间。**"家长普遍感到负担重，压力大。有的说："下去一个孩子，等于降低一级工资。"子女结婚了还得抚养孙子、外孙。例如，上海第十二毛纺厂职工子女下乡后，共生 154 个小孩，有 130 个送回上海抚养。职工们说："**过去养儿防老，现在养儿到老**"，"**养了老插队，还要养'小插队'**"。四川广汉县对 61 名已婚青年进行调查，年收入在 50 元以下的有 30 人，倒挂的 21 人。

相对而言，插场知青条件较好。下乡到农场的知青，有几年曾通称"兵团战士"，但身份仍属国营农场农工。据调查：内蒙古兵团知青，前三年实行供给制，平均每人每月 33 元；黑龙江兵团每月工资为 32 元；广东兵团对知青第一年每月发给生活费 20~22 元，一年后定农工一级，月工资为 24~26 元。在兵团里，知青的收入相对稳定，物质生活尚能得到基本保证。据国务院知青办在《1962 年至 1972 年全国城镇知识青年上山下乡情况》报告中披露：从 1962 年至 1972 年的 10 年中，全国共有 873 万城镇知识青年上山下乡，其中，到农村插队落户的有 666 万人，占总数的 76%，到国营农、林、牧、渔场和生产建设兵团的 207 万人，占总数的 24%。因此，条件较好的插场知青占少数，而占多数的到农村插队落户的知青，仍是政府安置的主要方式。

没有房子住的居多。据有关部门统计，截止到 1976 年底，在农村插队的青年中，没有建房的有 95 万。例如，在广东河源县，1972 年以前下乡的 628 名青年中，有 390 人没有建房；已建的房屋因国家给予的补助标准低，质量差，相当一部分已经破旧，需要翻修。

又据报导，已婚知青住房困难更大。据江苏、安徽、四川、吉林 4 省统计，已婚的 22 万知青中，有 10 万人没有建房，占已婚知青的 45.5%。笔者不是知青，但在 1967~1969 年，有与知青同样遭遇：因无房子住，曾在三梭通公社食堂的公炕上，借宿两年多。

在条件较好的插场知青中，大龄知青结婚无房现象也很严重。1978 年 5 月，国务院派赴黑龙江农场工作组的《关于黑龙江国营农场情况的报告》中称：当地有 2 万对已婚知识青年没有住房，还有 28 岁以上的知青 15 万人，多数也要在一两年内结婚，需要解决住房问题。仅此一项，农场需要投资 1.6 亿元，但他们只能从当年开荒投资中划出 1 千万元，为结婚青年盖房，缺口很大。例如。该省山河农场的建房计划，上级机关只批准每年建 3,000 平方米，照此速度，解决结婚青年的住房问题需 28 年。令人失望的前景，逼着大龄知青产生返城回家之念。

在内蒙，"插包"知青问题更大。一个蒙古包，不过七八平方米的面积，是一户牧民生活起居的全部天地，而男女同室又是历史上游牧生活留传下来的习俗。一名知青再加入进来，语言不通、习俗隔膜，对牧民和知青双方来说，都会有种种不便；如果是一个女知青"插包"进来，问题更大。如有户牧民，毫无恶意地将"插户"女知青与自己的儿子安排在一室，结果遭到男知青的围殴，差一点酿成民族冲突。

大龄知青未婚现象突出。文革结束后的 1977 年，全国已婚知青的人数达到 86.1 万人，占同期在乡知青总数的 10%。文革初期,全国城镇的"老三届"初、高中毕业生，共有 400 余万，其中，半数以上被遣送到农村接受"再教育"。到了 1977 年，他们的年龄介于 25 岁至 30 岁之间，这意味着年龄最轻者也已步入晚婚年纪；其中，未婚者数量惊人，占下乡老知青一半左右。1978 年 9 月 30 日，河北省保定地区知青办在《1972 年底以前至 1975 年底下乡的在乡知青人数统计》中透露：本地区尚有 1972 年底以前下乡的老知青 4,650 人。在这个主要由"老三届"组成的群体中，北京知青 1,525 人，天津知青 2,006 人，外省市知青 422 人，本省知青 697 人；他们中已婚者 2,505 人，占总数的 53.9%，未婚者 2,145 人，占总数的 46.1%；在未婚者中，女性 1,276 人，男性 869 人。1977 年 12 月 21 日，在省、市、自治区知青办负责人座谈会上的《简报》中披露：全国大龄知青尤其是未能完婚的女知青，已经形成愈演愈烈的社会问题。1977 年，国务院知青办对 7 个省的统计表明：26 岁以上的未婚知青有 59 万人，年龄大的已过 30 岁。进入晚婚年龄而没有结婚的知识青年，仅黑龙江一省就达 30 万人；江苏省达到晚婚年龄而没有结婚的知识青年，占全部人数的 67%；在上海，跨省安置的 70 多万知青中，多达 90% 以上的未婚者，已达到晚婚年龄。

　　受迫害和非正常死亡严重。据报道，在"清队"、办"学习班"、"一打三反"中，任意批斗、吊打知青造成伤残、死亡事件不断发生。据国家有关部门统计：截至 1973 年 5 月，全国 24 个省、市、自治区，共发生迫害知青案件 2.3 万起。知青非正常死亡逐年增加。例如，1967 年 8 月，在湖南零陵地区**"群众专政"**的大屠杀中，先后发生了打死下乡知青 10 人、打伤 15 人的惨案，引起下乡知青的极大恐慌：先后有 9,300 多名知青逃回城里家中；其中，逃回长沙的江永县知青，就多达 6,000 余人。

　　据有关部门统计：1969~1973 年，内蒙古兵团发生事故 928 起，126 名知青死亡，756 名知青受伤；广州兵团，各种事故死亡 210 人；云南兵团各种事故死亡 297 人；新疆兵团自杀事件达 134 起，有的兵团知青死亡率高达 3%。例如，1970 年，广东生产建设兵团围海造田，遇台风袭击。在**"革命加拼命"**的最高思想指导下，要堤不要人，为保护拦海大堤，兵团战士手挽手跳下海水，用胸膛和意志筑成一堵"坚强"的人墙。结果台风过后，**"海面上漂浮起几百多具男女知识青年肿胀的尸体。"**又如，1971 年，内蒙古生产建设兵团第四十三团，奉命扑救草原荒火。他们护草不要命，以"明知山有火，偏向火山行"的"坚强"意志，要毫无救火经验的男女知青们，手持树叉、扫帚、铁铲等简陋工具，"义无反顾"地扑向熊熊大火。结果**该团男女知青因救火壮烈牺牲达六十九人，伤者无数。**再如，1972 年，云南生产建设兵团发动轰轰烈烈的垦荒大会战，兵团战士**"意气风发"**，"会战中涌现出许多优秀人物和可歌可泣的**英雄事迹**"。结果**"该年度云南兵团由于事故、疟疾、自然灾害、蚂蟥、地蜂、毒蛇等原因死亡知识青年一百五十余人。"**又据安徽茶林场知青尤蕴青回忆：1969 年夏，黄山暴风骤雨，12 名知青为了抢出连队囤积在河岸仓库的粮食和化肥，手挽着手跨越已经被河水淹没过膝的桥时，十一人被洪水冲走，后来在河下游两岸找到了他们的尸体。《上海老知青赴云南回访札记》一文记载：从 1969 年至 1979 年十年中，**牺牲在西双版纳垦区的知青近 1,500 人**，其中上海知青有近千人。

又据国务院知青办统计：1974~1976 年，全国共发生迫害知青案件 2.8 万起，其中约三分之一案件未得到及时处理，**非正常死亡知青将近 1 万人**。例如，国内动态 1973 年 7 月 4 日（第 241 号）新华通讯社关于云南生产建设兵团摧残知识青年的情况反映称：第十八团有 31 个单位，其中 23 个单位发生过不同程度捆绑吊打知青事件。排以上干部亲自动手打人的有 48 人，被打知青 110 人，遭受三十几种刑法，有的被打伤致残，有的内伤严重，有的精神失常，有的自杀未遂……

满怀献身热情的上海知青,到新疆之后,才发现边疆并非如《军垦战歌》所描述的那般如诗如画。他们抱怨说：兵团的劳动非常繁重，到摘棉花时节，每人每天要完成定额 100 多公斤；有的师自然环境十分恶劣，根本不适宜开垦，结果苦苦干了几年，却发不出工资；兵团中有的干部对知青十分粗暴，甚至私设公堂，有 40 多种刑法；女知青的人身安全、婚姻自由得不到保证，有的干部竟公然提出"**兵团姑娘对内不对外**"的口号；很多知青感到后悔，想方设法要回上海。

由于无法忍受暴虐和繁重的体力劳动，云南生产建设兵团每年都有数百知青非法越境出逃，最多一年多达六百余人。

华国锋主政后，由于坚持"两个凡是"，继续大搞上山下乡，知青倍感失望。据报导，在新疆、内蒙古、黑龙江、海南岛等全国各大垦区，知青非正常死亡率也急剧上升，其中，尤以自杀事件为甚。统计数字表明：仅在 1978 年 1~10 月，**云南垦区知青死亡人数就高达 153 人**，**其中，自杀 39 人**，自杀未遂者数十人；另外失踪 34 人。

"可教子女"处境艰难。"可教子女"是可以教育好子女的简称，是毛泽东在文革中制造的专用词汇：专指被称为"狗崽子"的地、富、反、坏、右、资和"牛鬼蛇神"的子女；在毛泽东时代，他们都属准反革命或后备阶级敌人。又据 1973 年国务院知青办估计，在下乡知青中，"可教子女"占 7~8%；但有学者估计，其人数可能高达 10% 以上。例如 1963 年，上海动员去新疆的近 2 万名知青中，就有近 2,000 多名是资产阶级家庭出身的子女。又如 1964 年 9 月，有 6,000 多长沙知青，到湖南边陲江永县插队落户，其中，出身不好的占 84%，大多数出身于地主、资本家、伪军官家庭。为了驯服知青，各地政府自订"土政策"，任意扩大"可教子女"的范围，将非劳动人民出身、复杂社会关系、高级知识分子、侨眷等人的子女，均划为"可教子女"，甚至以"查三代"来恐吓和控制他们。"可教子女"在招工、上学方面受排斥，使其在知青中的比例逐年上升。1973 年，贵州 18 个县的上海知青中，"可教子女"比例上升到 19.9%，其中台江县由原来的 27% 上升到 43%。"可教子女"自知出身不好，处事谨慎小心，但他们往往是基层干部蹂躏的对象，其中，女知青被奸污的案件尤为突出。

1962年，毛泽东发出"**千万不要忘记阶级斗争**"号召后，阶级斗争的弓弦，越绷越紧。在查父辈、祖辈和曾祖辈的"查三代"政治审查中，"地富反坏右"家庭出身的子女，都被拒于大学门外，在有些省、市甚至被拒于高中门外。成了"先天罪人"的"可教子女"们，唯一出路是上山下乡当农民。

据《湘乡县志》载：湘乡县人**钱宗仁**，1962年高考，总分名列全省前十名，清华大学招生小组拟取，因政审结论中有"追求资产阶级享受"作罢。1963年，通过高考，他被哈尔滨工业大学精密仪器系录取，但公社书记认为，富农子弟上大学，是"阶级斗争新动向"，要求学校退回，哈工大专人来公社协商，公社坚持不允。1964年高考前，他9次申请报名高考都被拒绝，连准考证都没有拿到，只好远走新疆，在阿克苏地区插队开荒种树。他在逆境中自强不息，刻苦自学了高等数学等诸多大学课程，并达到了一定水平。他的精神感动了当地一位女作家，采访他后，在1984年第4期《文汇月刊》上，发表了她的报告文学《胡杨泪》，提出"左"的思想埋没人才和摧残人才等尖锐的社会问题。不幸的是，正当在改革开放中有条件发挥他的才智时，肝癌夺取了他的生命！

一个在湖南零陵地区插队的知青**陶湘宁**回忆说，插队以后，我们几乎晚晚都要学习、讨论，深挖资本主义思想，要和剥削阶级、反动家庭划清界线，天天是无穷无尽的忏悔、反省，个个都觉得自己是先天的罪人。在这种人人自危的氛围下，谁还敢乱说乱动？一个在湖南浏阳县插队的知青**朱赫**，在回忆文章中写道："1968年，我和妻子转点到了浏阳县跃龙公社跃龙大队新屋生产队插队落户。由于我们属于'黑七类'子女，好些社员不敢收留我们，因此只能东家住几天，西家住几日，好像打游击似的，后来只好借住在一间茅舍里。"

"走后门"成风。林彪事件后，广大党员干部对毛泽东"继续革命"的说教丧失了信心，为子女"走后门"之风扶摇直上，屡禁不止，呈愈演愈烈之势。他们利用权力"走后门"，使其子女回城后，或就了业、或当了兵或上了大学。与此相对，父辈是工人、合同工、教师、市民和"黑五类"的知青，因无权没钱"走后门"，不得不留下来继续接受"再教育"。留下来的知青，多数人认命，少数人在失望之极，铤而走险，触犯刑律后受到了严惩。还有一部分失望者，偷越国境，到他国谋生。例如，在云南兵团的知青中，有数百人越境缅甸，参加了缅共游击队，多数人遗骨他乡。

在城市知青中，还有相当一部分父辈有权而不下乡者。全国知识青年上山下乡工作会议简报第九期，披露了部分军队干部子女上山下乡情况：

成都军区——后勤部应下子女512人，职工子女下了240人，干部子女未下一人；十三军和五十军干部子女，从1968年至今，未下一人。

武汉军区——湖北省军区机关干部子女，应下181人，实下4人，到农村不久，两人参军，一人进厂；该军区副司令员副政委以上干部子女共59人，无一人下乡。

昆明军区——1972 年应下子女 87 人，只有两人下乡。

干部"走后门"的狂风，使知识青年中广为流传着这样一个顺口溜：

高级干部送上门，

中级干部开后门，

一般干部人托人，

老百姓盼望开大门！

顺口溜使毛泽东的"接受贫下中农再教育"、"走与工农相结合"和"培养接班人"的说教，成了声名狼藉、臭名昭著的**谎言**。

3. 女知青的可悲处境

在绝对权力下，脱离父母保护的女知青，成了农村权力腐败的牺牲品。

(1) 女知青遭奸污、猥亵的案件居高不下

毛泽东发动和周恩来领导的上山下乡运动，使众多不谙世事的青、少年特别是十五六岁的女知青和少量的十四岁的女知青，脱离了家长的保护，到穷乡僻壤的农村里去接受"再教育"。在"舆论一律"的时代里，她们受到的教育都是"**爹亲娘亲不如毛主席亲**"、"**河深海深不如阶级友爱深**"；她们看到的报纸、电影和听到的广播，共产党员个个都是慈祥的父亲和可敬的兄长。她们的知识和经验使她们不可能知道，在一党专政缺乏有效监督的社会里，离开家长的她们，身心不可能得到有效保护；她们也不可能知道，在远离家乡的农村，特别是交通不便和人迹罕至的兵团山区，那里山高皇帝远，党的一、二把手就是个说一不二的小皇帝，她们最容易遭到性侵犯；她们更不可能知道，在"**慈祥的父亲和可敬的兄长**"中，竟隐藏着那么多对她们进行性骚扰、性侵犯的色狼。

据国家有关部门统计：截至 1973 年 5 月，在全国 24 个省、市、自治区发生的 2.3 万起迫害知青案件中，奸污女知青案约占 70%。1967~1972 年，吉林省查出破坏知青上山下乡案件 2,080 起，枪毙 22 人，判刑 508 人，多数是强奸女知青的罪犯。

在档案尘封、调查严控的情况下，笔者根据《中国知青史》、《中国知青梦》等多部书所载的数据进行测算：**从 1968 年到 1973 年的五年间，全国各地发生奸污女知青案件多达两万宗以上**，受害女知青可能高达三万人之多；而 1968 年以前和 1973 年以后，书中提供的资料多是零星的、残缺的，不具统计意义。由此，笔者粗略估计：从六十年代初到七十年代末的十八九年间，各地奸污女知青案件可能不少于三万宗，受害女知青可能在五万人以上。例如：1968 年至 1973 年五年间，辽宁省发生奸污女知青案件 2,200 多起，四川省发生 2,100 多起；在 1973~1976 年间，辽宁省发生奸污女知青案件 1,130 起。又据报导：女知青遭奸污、猥亵的案件逐年递增。例如：在内蒙，1969 年发生 11 起，1970 年发生 54 起，1972 年增至 69 起；在广西，1969~1973 年初共发生 507 起，其中 1972 年就发生了 301 起。

1974 年的一天，云南建设兵团第十六团在河口县驻地召开公审大会。一大早，数千建设兵团战士（知青）在紧张气氛中集合起来，从各个连队出发，来到山坡下的公审大会会场。坡上十几挺轻机枪和两挺重机枪，枪口都对准坡下会场。十几名现役军官被押到审判台上，个个低垂着头。几个武装战士们冲到台上，撕下了被审者头上的帽徽和军服上的领章。在简易主席台上，几位云南省军区的领导和军事法庭的负责人，脸色铁青地端坐在上面。在肃穆而紧张的气氛中，一位领导大声宣布了对十几个现役军官利用职权奸污女知青罪行的判决。其中：兵团第四师第十八团副参谋长奸污女知青八人，被判徒刑十六年；第四师第十六团保卫科长奸污女知青六人，被判徒刑六年；其他十几个奸污女知青的连长、政治指导员等军官，也获刑期不等的徒刑。最令在场人员哗然的是，一名现役连长，不但奸污了四名上海女知青，还与一条小母牛发生过性行为！

在兵团内，"再教育者"现役军人犯罪居多。据报导：四川南充军分区副参谋长**袁候新**，在地区革委会任生产组长时，以安排知青工作为名，奸污女知青达九十余人；内蒙古建设兵团四师 34 团党委 6 名常委中，强奸、猥亵女知青的就有 4 名；黑龙江生产建设兵团二师十六团团长**黄砚田**、参谋长**李耀东**合伙奸污、猥亵数十名女知青；云南生产建设兵团独立一营教导员**蒋小山**，先后捆绑吊打知青七十余人，致残数人，奸污女知青达二十余人，猥亵侮辱者多达上百人；第一师二团六营连长**张国良**等三名罪犯，奸污女知青数十人。张国良在任连长的三年里，"**几乎不动声色地奸污了几十名女知青**"。面对色狼，女知青们只有忍气吞声，不敢抗拒或揭发，因为"勾引、腐蚀现役军人"的罪名吓住了她们。因此，当听到有人喊"**连长来了**"时，她们就会被"**吓得簌簌发抖**"！袁、黄、李、蒋、张等七名现役军人，以奸污女知青罪，先后在各地被处决。

此外，在吉林省判处的 22 名死刑犯中，多数都是奸污女知青的罪犯；浙江省江山县丰足公社党委书记**祝江**就奸污女知青八人，猥亵八人，还奸污其他妇女八人，甚至病妇一人，判处死刑，立即执行。

从现有资料上判断，领导干部以暴力强奸女知青的案例比较少见，绝大多数案件都是**以权谋色**，即在上学、招工、返城、提干、入党入团、工种调换、病退困退、甚至请假、探亲等女知青关切的问题上，利用权力胁迫她们就范，或利用权力引诱她们进行性交换，从而达到占有她们的目的。例如，新疆生产建设兵团的一个上海女知青，长得丰满诱人，她拒绝了连长的调戏，便被发配到二十里外的水渠口去开关闸门，每天在四十度的酷暑中来回一次，半个月后她屈服了，给了连长一个暗示。连长陪她看了一天水闸，第二天她就被调回连队驻地的食堂工作。又如，1972 年，安徽某县首次由贫下中农推荐上大学时，全县数万知青展开大规模竞争，最终有七十多女知青成了其中的幸运儿。但在上学前体检时，妇科医生惊讶地发现，七十多名女知青没有一名是处女，而且处女膜处几乎全都不是陈腐性裂痕。显然，她们中，至少有人在关键时刻，请愿或不清愿地把贞操献给了权力。

绝对的权力，必然导致绝对的腐败。 在一党专政下，领导干部以权谋色层出不穷，尤以生产建设兵团的现役军人为甚。

据云南省知青办第 14 期《情况反映》称：据不完全统计，云南生产建设兵团自 1969 年组建以来的五年中，发生奸污案 207 起，有 116 个现役军人以权谋色，其中，师级干部 4 人，团级 9 人，营级 31 人，连级 105 人，参谋干事 10 人，其他 7 人。其他兵团部分类同，部分有过之而无不及。由于生产建设兵团现役军人大量犯罪，民愤很大，且经营不善，长期亏损，迫使中共当局在 1975 年到 1976 年，先后撤消兵团建制，撤出全部现役军人，还原农场建制。

但也有不以为然者，贵州省毕节县大石碾村党支部书记**黄万全**是其中代表之一。作为曾经是兵团的"再教育"者之一，九十年代，有人采访过他，《中国知青梦》的作者记录了他的几段发人深省的表白：

"我是一九七四年提前复员的，受了党内严重警告处分。"

"我今年五十三岁，十七岁参军，十九岁入党，二十一岁提干。祖辈三代贫农，档案清清白白，就是兵团那阵……犯了错误。现在想来叫人不甘心，干吗非犯那种错误？不然现在也许还留在部队，也许转业到城里工作。"

"一到兵团，我们这些戴领章帽徽的立刻身价百倍。在部队干部战士清一色，都是和尚。但是兵团不同。兵团是老百姓，城里来的知青男女都有，干部除了管生产，管生活，当然还要管知青'再教育'。

"**什么'再教育'？说穿了，就是领导叫干啥就干啥。** 在连队，干部大权在握，知青的命运捏在连长、指导员手里。有的连队只有一个现役干部，那就更可以为所欲为；你可以成全一个人上天堂，也可以打发另一个人下地狱，总之全凭你的个人好恶和意愿来定。

"兵团干部犯错误，多数栽在男女问题上。这种事，不大说得清究竟是谁的错，比如我，同一个女知青……发生关系，那是她主动。当然喽，她也得到好处。

"据我所知，干那种事，多数是女方主动。因为她们有求于你：入党，提干，上大学，病退，回城，等等。甚至有的女知青为了批探亲假就跟人睡觉。可是等到事情暴露，就变成奸污……可是说到底，谁叫咱们那时革命意志薄弱，经不起腐蚀呢？"

"再教育"者黄万全们不会承认，正是毛的"再教育"和周的"移风易俗"谎言，为他们提供了以权谋色的平台；也许他们根本不知道"绝对权力必然导致绝对腐败"的真理，因而他们也不会怀疑党的一元化领导的腐败本质。

(2) 诱婚、逼婚是对女知青进行性侵犯、性迫害的另一种形式

自从知青典型邢燕子一切听从党安排违心嫁给生产队长后，十多年来，中共利用全国传媒，坚持不渝地宣传教育女知青嫁给农民，并把这种缺乏感情的婚姻拔高到"**与传统观念彻底决裂**"、"**扎根农村干革命**"、"**缩小三大差别**"和"**落实毛主席革命路线**"的政治高度，使以感情为基础的婚姻政治化，营造出了一种为革命献身的政治婚姻氛围。据吉林省知青办《关于北京市委来我省检查北京知青》报告中披露，内蒙古哲盟(文革中划归吉林省)科左中旗西伯花公社的大队干部，当得知北京知青来他们大队插队时，兴高采烈地奔走相告说："**毛主席给我们送大姑娘来了，知道我们这个地方缺姑娘的苦处，没有毛主席送来的大姑娘，我们就结不了婚。**"说着便高呼起"毛主席万岁"来。哲盟巨流河公社兴隆地大队集体户的9名北京女知青，在队长利用职权进行"扎根农村干革命"的诱逼下，两年时间就有8名结婚出户。奈曼旗东明大队一名女知青，因拒婚，被逼得没饭吃，一度跑回家去，归队后，照样不给口粮，最后只好与人同居。开鲁县大榆树公社一大队党支部书记，也利用职权进行"扎根农村干革命"的"再教育"，诱迫了3名女知青在当地结婚，其中一个嫁给自己的儿子。上海知青来到新疆建设兵团后，女知青成了权力猎逐的目标。有干部公然提出"**兵团姑娘对内不对外**"的口号，限制女知青的婚姻自由。……

为了抵制诱婚、逼婚，又怕结了婚失去返城机会，许多知青们自动选择了同居。据云南省知青办《情况反映》1978年10月关于农场知青恋爱婚姻情况的调查报告显示：橄榄坝农场（原四团）某分场，未婚同居率高达百分之五十；东风农场（原二团）某分场达百分之七十，其中，第八连未婚同居率为全农场之首，为百分之九十以上；勐养农场（原三团）某分场八连，上海知青六十人，全部未婚同居；某分场一连，六十一名知青，未婚生育九人，还有三十八名知青临时配对生活。

但插队知青没有插场知青那么幸运。据来自各地的报告反映，上山下乡运动初期，大批知青下到农村插队后没有房住，只好分散插住到农户家中，从而使诱婚、逼婚的侵犯人权行为恶性发展起来。由于这种变相性侵犯的丑恶行径，受到了女知青及其家长们的普遍反对和抵制，总理周恩来不得不以中共中央名义，在1970年5月12日下发26号文件，规定**严禁对女青年诱婚、逼婚**，以示党对女知青的"无限关怀"。但到1973年，中共又签发中发30号文件，再次强调严**禁对女青年诱婚、逼婚**。两次"严禁"的政治表演表明，在缺乏监督的一党专政体制下，诱婚、逼婚的性迫害行为，已经屡禁不止而积重难返了。之于总理的"无限关怀"，不过逢场作戏而已，女知青们别无选择，只能听天由命。据知情人披露，有数万计的女知青陷入"诱婚门"中而不能自拔。

(3) 女知青在灾难面前也是软弱无力的受害者

有资料显示，在云南生产建设兵团：

1971年3月24日凌晨,驻保山地区的第三师十三团二营四连,房屋发生了一场大火。大火过后,人们发现,来自四川成都市39中的十个女知青,是平均不到十七岁的初中生,在火灾中,她们"**跪在地上,彼此紧紧搂抱在一起,被大火铸成一座焦黑的雕像。**"她们为什么不往外跑呢?原来,她们来到这里,听说这里的女知青经常受到性骚扰;有时夜半,有些色狼竟敢潜入女知青集体宿舍里猎艳。为了防止色狼入侵,她们每天晚上,都要用八号铅丝把房门牢牢拧死。不幸的是,当大火来临时,慌乱中,她们没有找到钳子,无法打开房门;惊恐失措中的她们,紧紧搂抱在一起,被无情的大火吞噬,以痛苦的死亡结束了接受"再教育"的生涯!历史已记住了她们的姓名。她们是:**周金秀、李晓妮、晏啟芬、阮国清、范金凤、傅蓉碧、傅国秀、万禄秀、李观玉、施桂芬。**

　　1970年9月18日,四师十八团第二十七连在开荒大战中,被一群毒蜂螫刺,300多人受伤,患有妇科病身体虚弱的上海知青**翁佩华**,当场被螫死,十六岁的生命,终结在"与工农相结合"的路上。、

　　一个来自四川的女知青**王友珍**,年方十七,身高1.52米,体重不及七十斤,弱不禁风,身体"瘦弱单薄,胸脯平板",又不胜衣着,被男知青戏称为没有曲线的"三角板"。这样一个体质虚弱的姑娘,也竟有人忍心把她发配到边疆的深山老林中去接受"再教育"!一个知青这样记录了她的不幸。一天,她照常肩扛着重约五十斤、长约六、七米的龙竹,走在石崖上的小路上。"悠长的龙竹忽闪忽闪,富有弹性竹梢在石头上刮出一串悦耳的音波。"不幸的是,"**在一个急弯下坡处,龙竹的一端重重戳在一块巨石上,巨大的反冲力把女知青瘦小的身躯弹起来,弹出小路。**"当人们听见他凄惨的叫声时,只见"**那个不幸的女知青,好像一只中弹的小鸟,翻滚着跌下几十米深的山涧去。**"当晚,人们打着火把在乱石堆里找到她时,王友珍"**已经变成一堆散了架的零件。**"她解脱了,香消玉碎使她匆匆走完了毛泽东的"再教育"和周恩来的"移风易俗"的全部路程。

　　据不完全统计,仅云南生产建设兵团下属各师团,每年无缘无故失踪的知青人数高达数十人,其中多数是女知青。例如:1971年9月22日,成都十七岁的女知青**傅阳珍**,因发烧去团卫生队看病时失踪,至今下落不明;1974年4月,**上海十六岁的女知青**,雨夜上厕所时失踪,迄今找不到尸骨……

　　据悉,四川成都建川博物馆,已将远在他乡的火灾受难者——十名女知青墓碑及其档案运回成都,使受难者魂归故里。2009年,由建川博物馆馆长**樊建川**设计的"粉焚"纪念碑,亮相博物馆。笔者热切盼望,各地出现更多的樊建川,让葬身他乡的知青,都能魂归故里!

4. 六千知青胜利大逃亡（根据刘蒲生《八月的逃亡》等文改写）

1967年8月4日，毛泽东发出了"**专政是群众的专政**"的"**最高指示**"后，以道县为代表的湘南各县农村痞子、流氓无产者，迅速行动了起来。从8月13日起，他们对准"五类分子"、"可教子女"以及与他们有冤有仇者，大开杀戒，纷纷在一些大队里成立了"**贫下中农最高人民法院**"，使杀人"合法"化、速决化。在而后的短短两个月里，仅零陵地区就"依法"处决了7,696人，逼迫自杀1,397人。

枪杀。在屠杀风暴中，8月17日，村子里的"贫下中农最高人民法院"，把屠刀对准了下乡知青。

在江永县城关简陋的饭店里，长沙知青**郅极**在与好友**柏明**约谈。刚从长沙回来的郅极，便听说道县杀人：不仅杀出身不好的人，还杀与干部有仇隙的；只要"贫下中农最高人民法院"的"法官"，用土红笔往名字上一勾，就判"斩立决"，"犯人"家属就得到潇水河边收尸。在江永，他已嗅到了"杀气"，于是，他约柏明一块回长沙；但柏明却没有回去的意思。在长沙知青的眼里，二十二岁的柏明，素有诗人气质，长得有几分像俄罗斯诗人普希金，鬈发，连鬓角的头发都带卷，眼睛明亮，鼻梁直挺，嘴唇红润；尽管他从城市到农村已经三年了，仍然透出三分没有成熟的稚气。他慢条斯理地对郅极说："**回长沙来去路费二十多元，你出一年工都赚不回来。算了，'既来之，则安之'，在这里'抓革命，促生产'蛮好……**"话音儿未落，只见四条农民汉子，身背大刀，手端鸟铳，将他俩围起来。

"谁叫柏明？"

"我。"柏明站起身来答道："找我有什么事？"

"地主狗崽子柏明：贫下中农最高法院判处你死刑！"只见一个鸟铳对准柏明的头，扣动扳机，红光一闪，铁砂霰弹全部打进了那颗年轻的头颅；还没有还过神来的柏明，倒头栽在血泊中。

惊呆了的郅极和食客们，眼睁睁地看见四个刽子手，大摇大摆地离开饭店，扬长而去。

柏明被枪杀的消息迅速传遍江永县和道县，传到了数千名长沙知识青年心头。据统计，在六千多名长沙知青中，出身不好的占84％。在红色恐怖的头几天里，已有几千知青逃离江永，他们通过道县——零陵——冷水滩这条线路，先坐汽车，再坐火车，辗转逃回长沙。大约还有两三千名知青，因种种原因而行动迟缓。如果说在谎言加红色恐怖的世界上还有一些知青抱有希望的话，那么，接下来发生的事，毫不留情地把他们的希望化为泡影：零陵前进人民公社，一车知青惨遭农民袭击，**何晓明**等九个知青当场死亡。

何晓明等知青的死亡，使行动迟缓的知青，变成了热锅上的蚂蚁，惊恐万状。

卧轨。在道县，有97名长沙知青落户在牛路口团结大队。是时，道县红色恐怖的黑风已经刮到了牛路口。8月18日，牛路口的"贫下中农最高人民法院"，处决了六女一男，其中包括一名回家探亲的县中女学生。团结大队的知青见状，纷纷逃离，他们像江永县知青逃亡路线一样，先坐汽车，再坐火车，辗转逃回长沙。一天之中，就有60名逃亡。但很快，这条逃亡路线被民兵封锁了。动作迟缓的37名知青，得知逃亡路线被掐断后，坐卧不安，惶惶不可终日。19日夜，二十一岁的知青**杨大彬**，见两条黑影闪进了他的宿舍，悄悄对他说："**嘘……我们是江永的长沙知青，冒死来通知你们，江永已经开始杀知青，17号杀了柏明，刚才差点被农民抓住。你们赶快逃吧。**"说罢闪出宿舍，消失在黑暗中。杨大彬立即同其他知青商量逃亡事宜。举目无亲的知青们，只好求助于公社武装部。在中共的干部队伍里不乏有良心者。21日，公社武装部赵部长不仅给他们开出了加盖公章的路条，还派族弟连夜通知他们"赶快走"。当夜10点，皓月当空，包括21名女知青在内的37人队伍，偷偷离开团结大队，向西南方向逃亡。他们晓宿夜行，西越永安关入广西，路经纹市，然后北上直插全州。一路上，他们多次遭到地方武装集团拦截、搜查；但凭公社武装部一纸路条，使他们侥幸过关。

广西全州，武斗犹酣。车站月台上人满为患，连水都没有。数百里逃来的37名男女知青，已是蓬头垢面，筋疲力尽，带的粮钱也用完，他们必须赶快登车回长沙。因没钱买车票，登车被拒；几经请求，也没结果，眼巴巴看着一列列火车从月台边驶过。情急之下，他们以死相搏，集体卧轨。杨大彬高呼：**"我们是走投无路！蓝天白云啊，请为我们做证！"** 旅客被感动了，站长被感动了，他们终于登上了北上的列车。

在省府长沙，《道县告急!知青告急!》的大字报，出现在闹市街头，道县大屠杀的消息，快速向省内各个城市传播。

快走。在柏明被枪杀的当天，铜山岭农场跃进队的"贫下中农最高人民法院"，对本队的五名"要犯"做出了死刑"判决"。在该农场插场的长沙知青共542人，其中的444人，已在红色恐怖中先后逃亡；逃亡动作迟缓的98人，被通知到队部禾堂（堆放稻谷的场地）来看公判大会，以"接受阶级斗争教育"。

"砰！""砰！""砰！""砰！"接连四声枪响，五花大绑的两个老"地主"和两个"地主崽子"，依次应声倒下。第五个是女人，依然跪在那里，只是头深深地低着，一头乌发拖到了地上，遮住了她的膝盖。大家都知道她叫**秀姑**，出身贫农，平时心直口快，爱提意见，这次以"反革命"罪，被"判"死刑。由于她是贫农，出于阶级情谊，给她一个完尸。她被拖到一棵樟树下，早已挂好了的一根绳索，一端结成绳套，套在她的脖颈上，一个农民手把绳索的另一端，用力一拉，把她吊了起来：只见她的双脚在空中弹腾了几下后，她的灵魂便在具有中国特色的绞刑中，随"群众专政"的腥风飘散而去。

在这个红色恐怖的教育中，无论是"红五类"出身或"黑七类"出身的知青，都被吓傻了；特别是那个主持判决的"法官"，向他们乜斜几眼，把他们乜斜得从头顶凉到脚底。

当晚，98名知青被召集到队部仓库里。乱世出英雄，知青**沈翔农**在关键时候站了出来，当了召集人。商量后，他们一致结论：走！快走！今夜就走！爬也要爬回长沙！

深夜三点钟，饱餐一顿后，98名知青和其中一个女知青背着一个刚满周岁的小孩，一个接一个轻手轻脚，离开了队部仓库，消失在暗夜之中。在夜幕下，他们翻山越岭，向南急行，直取广西麦岭。第二天上午，他们已离开了湖南江永。在岭上眺望，麦岭隐约可见。休息中，沈翔农盘算：到麦岭后，不论西走桂林、全州乘火车，或者东走坪石、郴州方向乘火车，都有数百里的路要走，拖儿带女能受得了么？正当他无计可施时，突然，他听到一阵军号声，看到了一支军人队伍，正向坡下的麦田里开进。他眼前一亮，计上心头，急忙转身与几个知青商量一下。一声呼唤，众知青便加入了部队麦收的队伍。在相互了解之后，他们得知，这支部队是江永知青熟知的6951部队；部队也知道他们是逃亡的江永知青。部队不仅接受了他们参加麦收，还供给他们饭吃。两天之后，部队派军车把他们送到白石渡，搭上了北上的火车。他们是一批幸运儿。

夜聚。铜山岭农场仿部队编制，以连、排为单位，逃亡时显得井然有序，而滞留江永的大多数知青，是分散安插在各个生产队农户，逃亡时难免慌乱无序。

8月19日深夜．井边公社东田大队知青**江同厚**，在睡梦中被人捅醒，他摸出高度近视镜带上，才看清捅醒他的是农民朋友**三苟**。三苟慌不择言，用江永土话结结巴巴讲："沙皮梦，刚快刷来祝锡，刚社买冰社露谷，吞干祝莫贺嗒！"熟悉江永土话的江同厚，知道三苟要他起来赶快走，明天民兵设下关卡，他就走不了啦。听罢，他没加思索，操起床头一口皮箱，往肩头一甩，闷头就往大山方向跑。大山就是都庞岭，在东田大队西北。翻过山岭，就是广西，自古以来，这是唯一的一条湖南通广西商道。这条路线在知青中已酝酿多天了。岭间山路崎岖，羊肠小道近百里，但为了逃命，这些都顾不得了。

在黑暗中，他跌跌撞撞死命狂奔。当跑近山口杉木冲时，他才发现，坪上站满了知青，黑压压一片。回头望去，各个方向的田间小道上，隐约可见三五个人影向这里移动。很快，坪上集聚了300多知青，多来自附近的红旗、井边、厂子铺等公社。茫茫黑夜中，只听一人高呼："连夜翻山进广西！"300多个知青像训练有素的部队那样，自觉地排成单行，跟着前面的火把，沿着羊肠小道，向山岭深处走去。

经过通晚的艰难跋涉，第二天队伍走进到广西灌阳县境。第四天，他们强行军到达全州车站，搭上了回长沙的列车。

诈关。当铜山岭农场知青被部队用汽车送走后，一支来自于马河、白水、桥头的约200名知青，沿着同一条路向广西麦岭逃亡。在接近麦岭的县界时，他们遇到了麻烦：这条线路已被封锁，他们遭到民兵拦截。几经交涉，也不放行。情急之下，一位叫文丁的知青，挺身而出。他头戴军帽，身着军服，走到民兵面前，突然敞开上衣，露出腰间捆扎的一排手榴弹，作引爆状，大声喝道："**若不放行，就同归于尽！**"民兵吓懵了，缩到一边。

众知青见状，快速跑过关卡。

当最后一名知青跑过关卡看不见时，文丁撒腿就跑。当民兵还过神来时，文丁已不见踪影。赶上队伍的文丁，抹着额上的汗，笑着对众知青说："手榴弹是训练弹！"引来一阵哄山大笑。

抗暴。知青逃离江永的另一条主要路线是：过广西龙虎关到恭城县，然后乘车，直奔全州或桂林。

这样，如惊弓之鸟江永知青，从三个方向逃亡，几天后，聚集于郴州、全州、桂林火车站，其中在广西全州，继牛路口的37名知青和井边等公社的300名知青登车北上之后，几天之内，又啸聚了近千名知青。

逃出虎口的知青，心情轻松得多；但多日的奔波，又使他们疲惫不堪。在月台上，他们横七竖八地躺在那里，尽情释放胜利逃亡带给他们的快慰。但新的问题不断向他们袭来：粮钱即将告罄，必须尽快离开全州回长沙。然而，广西武斗呈加剧之势，列车不仅经常晚点，有时还被迫停驶，滞留的旅客也越来越多。

他们在月台上等着，盼着，望着，两天竟不见一列火车通过。肚里咕噜噜的响声，使他们难以忍受，八月火辣辣的太阳，烤得他们烦燥不安：他们发急了。果然，狂躁战胜了理智，他们占领了月台：一条由行李包组成的"警戒线"，出现在月台上，醒目的标牌靠在行李包边："**是知青的站进来，不是知青的站出去！**"

第三天．256次列车进站。呼啦啦站起来的知青们，很快泄了劲：每节车厢都塞满人，车门窗紧闭，也不见乘务员下车。三分钟后，列车启动开走了。

知青们疯狂起来。当56次列车靠站后，一场车上车下攻防战迅即拉开。男女知青拿着扁担、柞木杆砸向列车，车门撬开了，车窗玻璃被砸碎了，知青们像发怒的雄狮，拥上车厢，孱弱的女知青，个个都成了无畏战士。车厢内一场混战，阻拦上车的乘客，遭到了知青们的攻击。一帮帮男知青，巡查各车厢，寻找仇恨宣泄的目标，把郁结于胸腔的怒火，发泄在敢于阻挠他们的旅客身上：他们劫持了列车。

56次快车，在知青的劫持下开出全州，向湖南衡阳驶去。

56次列车遭"暴徒"袭击的电讯，飞向中央。第二天清晨，当56次列车缓慢爬近衡阳站时，在一块开阔地上停下来。惊魂未定的知青们，看见数百名民兵包围了列车。全副武装的民兵，个个工装藤帽，荷枪实弹，排排刺刀，闪着寒光。一阵清晰的高音喇叭声，传进了各个车厢：

"**56次快车在全州遭暴徒袭击，我衡阳抗暴指挥部，奉上级命令，将对暴徒采取革命行动。凡曾参与殴打、洗劫乘客的歹徒，投案自首……勿言之不预……**"

没人指挥，没有言语，女知青或守住行李，或探身窗外，男知青一个接一个从各人车厢走出去，面对刺刀。"抗暴"散兵线开始向男知青逼近，把他们压缩到一个小土丘附近。

突然，一个叫**周长生**的知青，跳上土丘，扯开血迹斑斑的右臂，高高举起。那是登车时被碎玻璃挂伤的，伤口没有处理好，还在流血。他举着血淋淋的右臂，对全副武装的"抗暴"民兵喊道："我们都是长沙知青，一切只为回长沙与父母相聚！谁不相信？请看：你们见过伤口滴血还互相照应的暴徒吗？你们见过拖儿带女的强盗吗？"他指着刚刚被翻检的行李说："你们见过如此贫穷的强盗吗？"只见一个探身出窗的女知青哭喊道："**求求你们，放了我们吧！我们不是强盗，我们是下放到江永县的长沙知青。那里的人要杀我们，已杀了十几个，我们是逃出来的。我们要回长沙！要见我们的父母！**"……

全副武装的"抗暴"民兵和干部们，从风言风语中已得知，湘南各县正在进行大屠杀。面对哭诉，油然而生的同情心，使他们首先从精神上解除了武装！也许是惺惺相惜，"抗暴"指挥部的官员们，在从知青中了解到大逃亡的原委和艰苦的历程后，迅速作出了明智的抉择：

"全部上车，放行！"

呜地一声长笛，列车在知青的胜利欢歌中启动……

胜利。经过十多天的逃亡，除十名葬身于湘南的知青外，其余约六千名长沙知青，全部安全地、胜利地逃回长沙，与父母、亲属团圆。此刻，街道上的高音喇叭里，传出了悠扬的革命歌声：

天大地大不如党的恩情大

爹亲娘亲不如毛主席亲……

5. 李庆霖"告御状"

1972 年 12 月 20 日，福建省莆田县城厢镇下林小学的一名教员**李庆霖**，冒着被打成反革命的危险，直接给毛泽东写了一封信，反映下乡知青的困境和自己家庭的困难，批评干部们为子女"走后门"的腐败行为。他是一个知青家长，儿子**李良模**是 1968 年应届初中毕业生，1969 年到本县山区萩芦公社水办大队插队落户。信的全文如下：

尊敬的毛主席：

首先，我向您老人家问好。

我是个农村小学教员，家住福建省莆田县城厢镇。家庭成份是贫民。我的教员生涯已有二十多个寒暑了。

我有个孩子叫李良模，是个一九六八年的初中毕业生。一九六九年，他听从您老人家关于"知识青年到农村去，接受贫下中农的再教育，很有必要"的教导，毅然报名下乡。经政府分配在莆田山区——萩芦公社水办大队插队落户务农。

在孩子上山下乡的头十一个月里，他的口粮是由国家供应的（每个月定量三十七斤），生活费是由国家发给的（每个月八块钱），除了医药费和日常生活中下饭需要的菜金是由知青家长掏腰包外，这个生活待遇在当时，对维持个人在山区的最低限度的生活费用，是可以过得去的。

当国家对上山下乡知识青年的口粮供应和生活费发给断绝，孩子在山区劳动，和贫下中农一起分粮后，一连串的困难问题便产生了：

首先是分得的口粮年年不够吃，每一个年头里都要有半年或更多一些要跑回家吃黑市粮过日子。在最好的年景里，一年早晚两季总共能分到湿杂稻谷两百来斤，外加两三百斤鲜地瓜和十斤左右的小麦，除此之外，就别无他粮了。那两百来斤的湿杂稻谷，经晒干扬净后，只能有一百多斤。这么少的口粮要孩子在重体力劳动中细水长流地过日子，无论如何是无法办到的。况且孩子在年轻力壮时候，更是会吃饭的。

在山区，孩子终年参加农业劳动，不但口粮不够吃，而且从来不见分红，没有一分钱的劳动收入。下饭的菜吃光了，没有钱去再买；衣裤在劳动中磨破了，也没有钱去添制新的；病倒了，连个钱请医生看病都没有。他如日常生活需用的开销，更是没钱支付。从一九六九年起直迄于今，孩子在山区务农以来，他生活中的一切花费都得依靠家里支持；说来见笑，他风里来，雨里去辛劳种地，头发长了，连个理发的钱都挣不到。此外，他上山下乡的第一天起，直到现在，一直没有房子住宿，一直是借住当地贫下中农的房子。目前，房东正准备给自己的孩子办喜事，早已露出口音，要借房住的上山下乡知识青年另找住所。看来，孩子在山区，不仅生活上困难成问题，而且连个歇息的地方也成问题。

毛主席：您老人家号召知识青年到农村去，我完全拥护；叫我把孩子送到山区去务农，我没意见。可是，孩子上山下乡后的口粮问题，生活中的吃油用菜问题，穿衣问题，疾病问题，住房问题，学习问题以及一切日常生活问题，党和国家应当给予一定的照顾，好让孩子在山区得以安心务农。

现在，如上述的许多实际困难问题，有关单位都不去过问，完全置之不理，都要由我这当家长的自行解决，这怎么能行呀？有朝一日，当我见阎王去，孩子失去家庭支持后，那他将要如何活下去？我真耽心！

今年冬，我的又一个孩子又将在初中毕业了，如果过不了明春的升学关，是否再打发他去上山下乡呢？前车可鉴，我真不敢去想它！

在我们这里已上山下乡的知识青年中，一部分人并不好好劳动，并不认真磨炼自己，并不虚心接受贫下中农的再教育，却倚仗他们的亲友在社会上的政治势力，拉关系，走后门，都先后被招工、招生、招干去了，完成了货真价实的下乡镀金的历史过程。有不少在我们地方上执掌大权的革命干部的子女和亲友，纵使是地富家庭出身，他们赶时髦上山下乡才没几天，就被"国家社会主义建设事业的发展需要"调用出去，说是革命干部的子女优先安排工作，国家早有明文规定。这么一来，单剩下我这号农村小学教员的子女，在政治舞台上没有靠山,又完全举目无亲,就自然得不到"国家社会主义建设事业发展的需要"而加以调用了。唯一的资格是在农村滚一身泥巴,干一辈子革命而已。

面对我们这里当今社会走后门成风,任人唯亲的现实,我并不怨天,也不尤人,只怪我自己不争气。我认为:我的孩子走上山下乡务农的道路是走对了。我们小城镇的孩子,平常少和农村社会接触,长大了让其到农村去经风雨和见世面,以增长做人的才干,是很有必要的。但是,当孩子在务农实践中碰到的许多个人能力解决不了的实际困难问题,我要求国家能尽快地给予应有的合理解决,让孩子能有一条自食其力的路子可走,我想,该不至于无理取闹和苛刻要求吧。

毛主席:我深知您老人家的工作是够忙的,是没有时间来处理我所说的事。可是,我在呼天不应,叫地不灵的困难窘境中,只好大胆地冒昧地写信来北京"告御状"了,真是不该之至!

谨此敬颂

大安!

福建省莆田县城郊公社下林小学
李庆霖敬上

对上山下乡工作中存在的严重问题早已有所了解的毛泽东,突发异想,4月25日提笔给李庆霖写了回信。全文如下:

"**李庆霖同志:寄上300元,聊补无米之炊。全国此类事甚多,容当统筹解决。**"

毛泽东的复信在全国各地引起很大反响。主管知青工作造成诸多灾难的责任人周恩来,闻风而动。1973年4月27日,在毛泽东复信的第二天,他主持政治局会议,研究解决已存在多年的知青问题。他派出13个"知识青年上山下乡工作学习调查小组",分赴12个省、自治区进行调查。6月22日,文革以来的第一次全国知识青年上山下乡会议在北京开幕。会议制定了一系列较为宽松的知青政策,其中,关心知青生活,切实解决知青实际困难,充分发挥下乡知青的积极作用,严肃处理迫害、奸污下乡知青,做好城镇中学毕业生分配工作,等等规定,要求各级党委认真贯彻执行。周的迅速行动,起到了关心知青的作用,受到了知青及其家长们的好评。

作为无产阶级革命家的毛泽东,对革命运动中苦难、死人乃至家破人亡之事,早已熟视无睹了。因为在他看来,任何一次革命都会有代价,苦难、死人的事很正常。翻开历史看看:

1952年他在莫斯科对中国留学生说:"(原子弹打下来)**无非是死几个人,即使死一半,还有一半继续革命。**"

1953年开始农业合作化运动时,他警告全国农民:"**反革命五年抓一百五十万,每年三十万。**"结果约有10~20万农民因反对合作化被打死或自杀身亡。

1958 年大跃进运动伊始，他就告诫中共高层做好大批死人的思想准备，并讲大批死亡是"**白喜事**"，结果饿死了三四千万农民。

1966 年《五一六通知》公布以后，文化大革命开始，他要"**横扫一切牛鬼蛇神**"了。对此，他对"御医"李志绥说："**这次恐怕又要有千把人自杀。**"结果有数十万人自杀。

1966 年底，他号召"**全国全面内战**"以夺取"走资派"的权力，结果在尔后的几年里，就有 50～60 万人为夺权和反夺权而"牺牲"。

1969 年中苏核战危机时，他明确地告诉全党："**要作好打仗的准备，要作好打核大战的准备，要作好死一半人的准备！**"

在十年文革中，他先后支持、纵容了六次大屠杀，使上百万人死于非命。

……

这样一个将生命视若草芥的革命家毛泽东，你能期望他同情知青的苦难吗？作为知青上山下乡运动的发动者和领导者，毛泽东对其中存在的严重问题，了如指掌，回信中那句"**全国此类事甚多**"话便可证明。但面对李庆霖的来信，他为什么能突发善心并寄 300 元加以慰问呢？

林彪摔死后，毛泽东的"伟光正"形象受到严重质疑，其威望陷入低谷。对此，"与人斗其乐无穷"的毛泽东是不甘心的。为了扭转颓势，安抚党心、军心和民心，他稍施计谋，把文革造成苦难和杀戮的责任，统统推到林彪身上；他还在高参的合谋下，伪造了一封从滴水洞发出的信，借以证明他多年前已看出林彪是个要借刀杀人（打鬼借助钟馗）的坏蛋。他满以为，在"舆论一律"的专政下，他的目的完全可以达到。然而，他失算了。林彪死后，他的老对手周恩来威望如日中天，使他坐卧不安。为了巩固他的绝对领导地位，1973 年初，他借"批林整风"，来批周恩来掀起的批左思潮。不料，善玩太极拳的周恩来，以退为进，用检讨和认"罪"的"痛心"态度，顶住了他的压力，并赢得了中、上层官僚特权阶级的广泛同情，使他弄巧成拙，怨气丛生。不甘心失落的毛泽东，欲再次寻找机会整治周恩来。他完全清楚，他是上山下乡运动的始作俑者，对知青苦难也了如指掌；但他是"革命代价必然"论者，认为知青的苦难是上山下乡运动必然要付出的代价，无须大惊小怪。但当看到李庆霖的来信，他忽然发现了周恩来的软肋：周是上山下乡运动组织者和管理者，对知青的苦难负有不可推卸的领导责任。于是，他从"革命代价必然"论者摇身一变，成了知青关怀者，用复信和 300 元"**聊补无米之炊**"，把知青苦难罪责的冷风，吹到了周恩来身上。那知，周恩来技高一筹，接过"**全国此类事甚多，容当统筹解决**"十三个大字，迅即做起关心知青的文章，制定了一些较有人性的新政。他还按照毛的指示精神，把小学教师李庆霖一路提拔到校革命领导小组副组长、县知青办副主任、福建省高招办副组长和国务院知青工作领导小组成员等领导岗位上，从而使毛的预谋没能得逞。

周恩来的知青新政，在一定程度上缓解了知青的苦难。当人们在高呼知青苦难的始作俑者"毛主席万岁"时，当人们在颂扬知青苦难的执掌人周恩来对知青的"关怀"时，人们是否应当感谢为知青冒险"告御状"的李庆霖？然而，李的飚升，也使他不自觉地陷入党内权力斗争的旋涡之中。

李庆霖的信反映了上山下乡运动中带有普遍性的问题，倾诉了成千上万普通百姓压抑在心头的苦楚，喊出了人们不敢喊的"**呼天不应，叫地不灵**"的无奈，揭露了"**当今社会走后门成风**"的官场腐败，代表了大多数知青及其家长们的心声。然而，李庆霖上书鞭挞所及，多为周恩来、邓小平领导下的官僚特权阶级，他们都是造成知青苦难的具体执行人。这些人听惯了知青典型人物的歌功颂德，没成想李庆霖竟敢把他们的种种劣迹捅上天廷，示之于民，受到人们的普遍指责，自然因难堪而恼火。李庆霖的信触痛了特权阶级的神经，损害了他们的利益，自然也为他自己树立了一个强大的对立面。当**李庆霖的靠山毛泽东一死**，右派官僚掌权，为知青仗义执言的他便陷入四面楚歌之中。1977年11月14日，李庆霖以"**在历史上一贯反对伟大领袖毛主席及毛主席的革命路线，对党对社会主义怀有刻骨仇恨**"的"罪行"，在福州被捕。1979年，莆地法刑初字第001号的《刑事判决书》，以"**提供了大量颠倒是非的材料，诬陷省、地、县委负责人，诽谤福州军区领导人**"等"罪名"，判处李庆霖无期徒刑，剥夺政治权利终身，后改为八年徒刑。

权力可以用**谎言**来判处说真话的老百姓有罪，老百姓不敢用真话来质疑权力的**谎言——这就是谎言横行霸道社会里的特色！**

李虽然获得减刑，但直到1994年3月，才被"提前"释放出狱。出狱后的李庆霖，生活窘迫，每月仅210元收入，且有帕金森、肺气肿、气管炎等多种疾病的困扰，2004年2月，终于在贫病交迫中，凄惨离世。一人落难、株连全家：其妻**张秀珍**在戴上"反革命"帽子后被开除公职，直到她1997年去世也没恢复；长子李良模，1980年全公社知青都回城安排了工作，唯有他一个人仍留在那里劳动，后来在一个镇的土地所工作；次子李良雄由于父亲的株连，被县公安局除名，几经周折后，在他母亲生前工作过的莆田四中，找到了一份差事，当了一名校工。

李庆霖为自己、为知青鸣不平付出了惨痛代价！

历史记住了李庆霖！下乡知青不可忘记李庆霖！

6."五一三"暴行录（素材选自于邓贤：《中国知青梦》）

1973年6月初，新华社记者在奉命采访云南边防部队批林整风的情况时，在金平县云南生产建设兵团十八团团部驻地附近，意外发现了一个劳改队。记者看到，犯人们在武装民兵押解下，抬石修路。这些犯人看上去都很年轻，个个蓬头垢面，有的单薄得像未发育成熟的孩子；又见一队十七八岁的女孩子，从眼前走过，她们都是女劳改犯，正被民兵武装押送到采石场去劳动改造。荷枪实弹的民兵，威风凛凛，走来走去地驱赶着，吆喝着；一名穿军装的干部，坐在树荫下，悠闲地喝茶，时而扫视一下修路的劳改犯们。那天，烈日当空，年轻的劳改犯人，吃力地抬石修路，豆大的汗珠顺着他们肮脏的脸颊、脖子往下流。忽然发生一阵骚动，一个稚气未消的犯人讨水喝时，被几个民兵用枪托围殴，将他打翻在地。一阵凄厉的叫声，在干热的空气里回荡："**解放军叔叔，饶命呀！饶命……**"

在中国，这样的劳改场面已司空见惯，记者焉能化外？但那一张张稚气未退的面孔，令记者困惑不安！一条听来的信息使记者震撼了：有人悄悄告诉他，这些犯人都是建设兵团的知青，团里各单位都有劳改队，其中许多人是"**五一三反革命暴动事件**"的罪犯。震撼使记者的良心再现：难道家长们拥护上山下乡，高高兴兴地把自己的子女送到农村去，就是为了接受这样的"再教育"吗？记者的职业本能又驱使他深入调查。很快他发现：在十八团，一位团领导公然对知青说，你们来边疆干什么？就是来接受改造，就是"**二劳改**"。在这种思想指导下，全团31个单位，有23个单位发生过捆绑、吊打知青的事件，其手段有二十五种之多。例如："**吊半边猪，猴子捞月，背扁担，跪劈柴加踩杠子，跪砖碴，老牛扳桩，捆上后用钢筋绞，吊在空中往墙上撞（称撞钟），罚烤太阳，冬天浇冷水**"，等等。在十八团，许多知青向记者揭露和哭诉了"五一三反革命暴动事件"的真相：

1971年5月11日深夜，劳累一天的人们已经进入梦乡，云南生产建设兵团第四师十八团一营十八连驻地一片宁静。突然，一声惊恐的尖叫声，打破深夜的宁静，人们很快听到了从女知青茅舍那边传来一阵挣扎、厮打和急促的呼救声。连队被惊醒了。男知青纷纷冲出屋来，只见一条黑影从女寝室窜了出来，当场被他们擒获。就擒者名叫**陆发云**，是十九连退伍兵。他本来是站岗值班，但当他发现十八连女知青茅舍门关闭不严时，欲火难耐，趁着夜深人静，悄悄摸进女舍，企图施暴。不料受侵犯的女知青拼死反抗，未能得逞，反被擒获。愤怒的男知青将流氓痛打一顿，并把他扭送到营部。

第三天，即1971年5月13日下午三时许，一大群头戴战斗帽，佩戴领章帽徽的军人，气势汹汹地闯进十八连驻地，扬言要"踏平十八连"。他们抢起皮带来呼呼乱响，见男知青便拳打脚踢皮带抽，见女知青便动手动脚。这群打手其实都不是现役军人，而是十八团第五、六、十八、十九连的退伍兵，是陆发云找来进行报复的打手。

显然，这些退伍士兵，自恃出身贫下中农，又有当过解放军的光荣历史，有时并不把国法放在眼里；他们中有些人甚至认为，他们是受城里人歧视的二等公民，因而对城里人特别是大城市里的人，由妒嫉而生怨恨；他们中有些人甚至还认为，是毛主席把他们"二等公民"变成了"再教育者"，而把城里人的子女贬成了"二劳改"；更可怕的是，像陆发云这样的痞子、流氓无产者甚至认为，欺辱甚至占有知青没有什么大不了，这是时代赋予他的特权。在"舆论一律"的愚弄下，这些退伍士兵哪里知道，"二等公民"不是城里人强加给他们的，而是中共二元体制即"城乡分治，一国两策"的结果。在二元体制下，城乡隔膜已经形成，产生像陆发云这样的痞子、流氓无产者在所难免。正当陆发云等退伍士兵扬言要"踏平十八连"的时候：

一个名叫**黄勇**的小个子男知青，突然提着棍子从厨房里窜出来，勇猛地向退伍兵们抡去，只听见扑通扑通几声闷响，已抡翻四、五个"战斗帽"。见状，躲在屋子里的知青们信心陡增，一声呐喊，数十名知青挥舞铁铲、锄头、扁担冲了出来，展开了一场恶斗。退伍兵们没有料到，这些十六七岁的城里学生竟如此英勇，又不怕死；由于寡不敌众，乱了阵脚，被知青们打得丢盔卸甲，溃不成军。知青大获全胜，还打翻十多个退伍兵，捆起来，当俘虏。

第十九连指导员**吕仕贵**闻讯后，立即率领一个武装班跑步赶赴斗殴现场。他的责任应该是制止械斗，处理、惩办肇事者。然而，他激化了冲突。他拔出手枪对空鸣枪后，命令将所有打架闹事的知青抓起来。面对黑洞洞的枪口和指导员的权威，知青一下子被镇住了，胆小的悄悄往后退。退伍兵有了后台，有恃无恐地冲上前去抓人。面对这个如此不公平结局，小个子黄勇气得脸色煞白，继而铁青，他劈面夺过一个武装战士手中的冲锋枪，哗啦顶上子弹，大声喝道："**谁要敢上前一步，老子开枪了！**"空气骤然紧张起来。几个胆大的知青从室里拖出了几支站岗用的老式步枪，子弹上膛，与黄勇站在一起，与吕指导员形成对峙。火并之势，一触即发！

现役军官**吕仕贵**为什么会拉偏架呢？原来，吕仕贵也曾是"二等公民"，对生于农村的不幸耿耿于怀，同陆发云等一样，没有把不幸归咎于"一国两策"的户口政策，而迁怒于城里人的优越感。他坚决拥护上山下乡运动，颂扬毛主席的决策伟大，赞扬周总理的领导正确，因而，他认为：知青下乡接受"再教育"当"二劳改"，活该！像他这样的军官最终转业到城市里去享福，应该！在他的脑海世界里，似乎只有这样才算公平合理，似乎只有这样才能"消灭三大差别"，才能实现共产主义，似乎只有这样才能让他的心理达到平衡。因此，当他看到他们连的骨干被知青打得头破血流狼狈不堪时，不由得怒火从心头烧起，鸣枪镇压知青，酿成火并之势。一触即发的火并之势，迅速报到团部：

接到紧急报告后，十八团立派一名副团长率领团部警卫连，火速赶到十八连驻地，包围并缴了知青们的枪，当场抓获了参与械斗的五十名知青，弹压了一触即发的火并。

六天以后，云南生产建设兵团第四师党委召开紧急会议，将十八连抢枪事件定性为"五一三反革命暴动案"。首犯黄勇，予以正式逮捕，从犯十余人在各团营单位巡回批斗，然后管制两年，监督劳动。陆发云等退伍兵也受到了批评教育，但未给任何处分。

记者**黎明**把调查到的"五一三反革命暴动案"和其他摧残知青的严重违法事件，以"情况反映"形式，向新华通讯社写了报告，被刊登在《国内动态》1973年7月4日（第241号）上。报告引起了国务院的"高度重视"，立即派出联合调查组赴云南边疆进行调查。调查结果，不仅证明黎明的"情况反映"属实，而且还发现：十八团排以上干部亲自动手打人的有 48 人，被打知青 110 人；被打知青遭受三十几种刑法，有的被打致残，有的内伤严重，有的精神失常，有的自杀未遂，等等。当年八月，中共中央以文件的形式向党内外公布调查结果。

为了体现党对知青的关怀和丑恶务除的决心，在调查结果材料上，高调公布了中央领导人的批示：

总理批示： 此等法西斯行为，非立即处理不可。

李先念副总理批示： 内中有些人不是共产党员，是国民党，至少是国民党行为。……省委、军区难道说也不知道吗？

叶剑英批示： 事态严重。请电告昆明军区派人查报。

中央领导周、李、叶的批示，注定了**陆发云**、**吕仕贵**等涉案痞子、流氓无产者们的下场。

十八团发生的"五一三反革命暴动事件"及其摧残知青事件，是 1970 年至 1973 年间兵团记录在案的数以百计的知青案件中极为普通的一个案例。这是绝对权力——一党专政制造的悲剧。周恩来等中共政要，不会承认悲剧是他们的政策造成的，也不会因绝对权力制造了数不清的苦难和腐败而放弃党的一元化领导，高调公布他们的批示就是证明。

7.《南京知青之歌》的劫难

蓝蓝的天上，／白云在飞翔，／美丽的扬子江畔，／是可爱的南京古城，／我的家乡。／啊，彩虹般的大桥，／横断了长江，／雄伟的钟山脚下，／是我可爱的家乡。

告别了妈妈，／再见吧家乡，／金色的学生时代，／已转入了青春史册，／一去不复返。／啊，未来的道路多么艰难，／曲折又漫长，／生活的脚印，／深浅在偏僻的异乡。

跟着太阳出，／伴着月亮归，／沉重地修理地球，／是光荣神圣的天职，／我的命运。／啊，用我的双手绣红了地球，／绣红了宇宙，／幸福的明天，／相信吧，一定会到来。

这是《南京知青之歌》的歌词。这支歌创作于 1969 年 5 月下旬，原名《我的家乡》。《我的家乡》没有当年"东风吹，战鼓擂，人民、美帝谁怕谁"的革命豪情，也没有当年"可上九天揽月，可下五洋捉鳖"的巍巍壮志，它以思乡的缠绵情怀，揭示了知识青年们青春失学的无奈、背井离乡的忧伤和前途未卜的迷茫，引起了广大知青的共鸣，旋即在大江南北的知青中传唱。

歌曲作者**任毅**（又名**任安国**），是南京市**五中**六六届高中毕业生，是个品学兼优的学生。1968 年 12 月，他同其他"老三届"同学一样，因文化大革命失去了考大学的机会，不得不响应"伟大领袖"上山下乡的号召，打起行装，泪别妈妈，告别故乡，到一个陌生的地方——江浦县永宁公社插队落户当农民。

在接受"再教育"中,任毅学着农民那样,身上痒了,脱下衣服抓虱子,活干完累了,倒在地头睡大觉;当镰刀划破了手时,他也会像农民那样,用水冲洗一下,再紧紧捂住伤口……但"再教育"并没有使他变成地道农民。每当晚上,自小喜爱音乐的他,便怀抱吉他,用旋律排遣心中的郁闷、无奈和失落。五月的一天,忽有所感,"**告别了妈妈,再见吧家乡**",一首词曲便跃然于他的弦上,冲出了他的口腔。他的琴弦拨得女知青们纷纷落泪,他的歌声被人仿效,传向四方!

1969年9月,阴云密布,中苏两党两国,怒目仇视,剑拔弩张,热核大战,一触即发。当是时,任毅突然接到留城同学**郑剑峰**的一封来信。拆开一看,他惊呆了:他的《我的家乡》已被改名为《中国知识青年之歌》,以男生小合唱的形式,在仇敌苏修的莫斯科广播电台的华语节目里,反复播唱。他颤栗了:仿佛镣铐已锁住了他的双手,铐住了他的双脚,甚至亡命牌已插倒他的背上……惊恐之余,在反复思量后,他自首了。

但任毅并没有因自首逃脱厄运。1970年2月19日,南京革委会以"创作反动歌曲、破坏知青上山下乡、干扰破坏毛主席的无产阶级革命路线和战略部署"的罪名,将他逮捕。

羁押期间,南京市公检法军管会审讯人员,对任毅的歌词一一定性,使他无言以对;正义遇痞子,对也没有用。审讯者判定:歌词的第一段是通过写景来掩盖下面两段的反革命实质;"**告别了妈妈,再见了家乡**",是燕雀的啾啾哀鸣,是留念城市,对知识青年上山下乡的反动;"金色的学生时代",是为刘少奇的反革命教育路线招魂,鸣冤叫屈;"**未来的道路**",是在散布悲观情绪,是对祖国前途的恶意诽谤;"生活的脚印",是对革命者四海为家的反动,是对社会主义新农村的恶毒攻击;"**跟着太阳起**",是渲染农村劳动的艰苦,对广大贫下中农大干社会主义劳动场面的恶意中伤;"**光荣而神圣的天职,我们的命运**",实质是把知识青年到农村去说成无可奈何,形势所逼,是悲观情绪的流露,再一次为刘少奇的反革命教育路线招魂叫屈;"**用我们的双手**",是使用革命的词藻掩盖其"憧憬的明天",明天就是资本主义复辟;"**一定会到来**",即资本主义的明天一定到来,充分暴露了希望资本主义复辟的迫切心情。审讯者定性的革命判词,在毛泽东时代司空见惯:既体现了毛泽东思想的"伟大、光荣、正确",也体现了马列主义关于无产阶级专政学说的"灼见高妙,真理永恒"!

1970年5月20日,南京市公检法军管会向市委呈送的《关于现行反革命犯任毅的结案处理报告》中称:"**任犯原市五中六六届高中毕业生,下乡知青,出身反动家庭,长期收听敌台广播,散布反革命言论,污辱宝书(毛书)、宝像(毛像),发展到严重破坏知识青年上山下乡运动,流毒广深,罪大恶极,为巩固无产阶级专政,狠狠打击现行反革命破坏活动,经研究判处现行反革命犯任毅死刑,立即执行。**" 6月6日,南京市委研究同意市公检法军管会意见,报请省委审批。至此,任毅的性命危在旦夕。

在江苏省委批复前，在南京"一打三反"的三、四、七月的三次屠杀中，任毅都被拉到公判大会上去为死刑犯"陪绑"。

在文化革命中，不知从那一年开始，执行了一项不成文的约定：在杀人前，都要召开群众大会，把犯人的主要罪行公布于众，诸如什么"恶毒攻击"、"幻想变天"、"反动透顶"、"罪恶昭彰"、"罪恶累累"、"气焰嚣张"，等等，听取与会群众的意见，美其名曰"走群众路线"。尽管与会者不知道"恶毒攻击"的内容，也不知道"罪恶昭彰"的根据，更不明白"罪恶累累"具体都指什么，但他们却异口同声地大声回应："杀！"最为可怕的是，已被内定徒刑的犯人，他们也高喊："杀！"对此，有人说，这是"专制主义窒息了人们的良知，使他们变得自私、麻木"的恶果；也有人说，"在专制主义淫威的镇慑下，几乎人人自危，噤若寒蝉，自顾尚且不暇，又怎能顾及他人。"等等。笔者则认为，**归根结底，是在一党专政的"舆论一律"条件下，在马列阶级仇恨主义酱缸里的长期淹渍中，使中国人的传统道德退化、普世价值丑化的结果，从而使仇杀取代了和谐、报复取代了宽容、专政取代了民主、践踏取代了人权。**在仇恨主义泛滥的氛围里，仅仅写了一首思乡曲的任毅，也难逃被群众喊"杀"的厄运！

所幸的是，省委在批复中决定判处他十年徒刑，并于8月3日在公判大会上宣布。

对此有人写道："**当时在江苏省革命委员会负责的许世友将军，审阅任毅的判决时，拍案而起。一名知青，仅凭一首歌就被判处死刑，岂有此理！将军顶着'四人帮'的压力，一只大手硬是把任毅从鬼门关上拉了回来。**"将军怒斥"岂有此理"是有据可查的：在"打倒许世友"的乌云翻滚中，南京市五中的"红卫兵小将"们，勇敢地贴出多达两万张"许世友、杜平老子保定了"的标语口号，力拨乌云，使将军看到了阳光。对五中的亲切感，使将军看见"五中"两字时，激动万分，便不自禁地"拍案而起"！据说，九十年代，任毅曾专程到河南新县许家洼将军墓前拜祭，报答将军不杀之恩德！

"有恩必报"是中国人的美德之一，任毅对许世友将军的拜祭，体现了普通百姓的报恩美德。但许世友主政江苏期间，是说一不二的，仅在"一打三反"中，就屠杀了上千人。其中1970年，在南京市屠杀的57人中，全为错杀，错杀率达百分之百。文革后被平反的南京马列小组知青**查金华**和为查金华鸣不平、高呼查金华为烈士的知青**陈卓然**，都在"一打三反"中先后被枪杀于南京。许将军没有为他俩高抬贵手，因而他俩没有任毅那么幸运。历史将如何评价许将军呢？笔者认为，"一俊遮百丑"或"攻其一点，不计其余"，都是不足取的。

但也会有人对许将军做出"不得已而为之"的推断：他不杀人，别人也会杀；他可能会因而下台，甚至被关、被杀。因此，这种"不得已而为之"的滥杀，亦即所谓"违心"之错，是可以原谅的。"违心"之错，是横行于中国数十年的赤文化之一，已经成为各级政要不反思、不认错的"公理"。他们认为，在特殊历史条件下，"不得已而为之"的滥杀无辜，亦即所谓"违心"之错，应该由历史去负责。对此，历史无法辩白，因为，她早已成了任由权力打扮的小姑娘。

1979年2月，任毅被平反出狱。他那首171个字的《南京知青之歌》，使他坐了九年大牢；而平均每19个字获刑一年的判决，也为现代中国文字狱的历史，增添了一项新纪录！

六、高压下的回家风暴

（取材或摘要于《中国知青史》、《中国知青梦》等书）

1978年，面对风起云涌的知青返城回家风暴，负责知青安置工作的国务院副总理李先念沮丧地说："**国家花了七十亿，买了四个不满意——青年不满意、家长不满意、社队不满意、国家也不满意！**"这就是当年风传的"四个不满意"。但这个不承认失败而认可失败的"四个不满意"，既没有公开报导，也没有向下逐级传达，而面对"风传"，既没有官员出来肯定，也没有官员加以否定——这是赤文化之一的模糊权术。中共是个一贯以"伟大、光荣、正确"自居的党，它的领袖都是"伟光正"的化身，因此，他们没有认错、道歉、下"罪己诏"的义务和习惯。毛泽东曾多次说过："**历代皇帝下罪己诏的，没有不亡国的。**"因此，他们不会认错。如果发生了某种无法回避的错误，本能使他们不是将错误归咎于天灾，便是归咎于阶级敌人的破坏。假如他们找不到天灾或人祸的替罪羊，他们便动用模糊权术，使他们的错误在悄悄中淡化，悄悄中改变，从而让老百姓在悄悄中遗忘。毛泽东和周恩来制造的**践踏人权**的上山下乡运动，同他们制造的横暴中华的大跃进和人民公社等运动一样，在席卷全国的知青回家风暴中落幕时，就经历了"**三个悄悄**"的模糊化过程。总之，他们不会对他们侵犯人权的作为做彻底反思，更不愿公开承认上山下乡运动的荒谬，犹如他们至今不愿公开承认大跃进和人民公社运动曾使数千万中国人丧生一样。

历史业已证明，任何不反思、不认错、不忏悔、不道歉的政府，都是反民主、反自由和反人权的寡头专制政府。

中共要让老百姓在"三个悄悄"中遗忘，老百姓却不愿忘记。八十年代，以小说《伤痕》为代表的"伤痕文学"，异军突起，冲破歌颂和"舆论一律"的藩篱，对上山下乡运动和血统论，进行了批判、控诉和反思。接着，《蹉跎岁月》、《今夜有暴风雪》、《白桦林作证》等"悲壮文学"系列小说和电影，相继问世。在这些小说和电影里，尽管作家们都在"主旋律"底线之上涂饰，自觉地突出"壮"，淡化"悲"，渲染"浪漫"，却无法回避苦难。如果说八十年代的小说，是以虚构的知青伤痕和悲壮，构建起了知青文学的史诗长廊，那么，九十年代的长篇报告文学《中国知青梦》，则以知青真实生活为基础，全景式地记述了当年云南知青大返城回家的悲壮历程，展现了上山下乡运动中的血泪画卷。

令人遗憾的是，八、九十年代的作家，在"主旋律"制约下，许多人不敢谴责上山下乡运动，不少人力图把强加于知青的苦难描述成人生的骄傲，绘制成英雄主义的源泉，竭力为当年的苦难寻找浪漫价值，营造"喜剧"氛围，硬将"白白浪费"说成"无悔牺牲"。这种对知青苦难的美化，是变节美化：它冲淹了对上山下乡运动侵权的谴责，消融了对由侵权所造成苦难的反思。知青苦难虽可以造就英雄，但苦难一定涂炭民生、污损世道，正如不义战争可以造就英雄，但战争一定毁坏人寰、屠戮生灵那样。因此，任何美化知青苦难，都是为知青苦难的制造者开脱罪责。这种怀有崇拜苦难、美化苦难的变态心理，使这些作家自觉或不自觉地加入了"青春无悔"的大合唱中。例如，当年红卫兵运动发起人之一而名噪一时、后又因写知青题材小说而成名的作家张承志宣称："**我们是得天独厚的一代，我们是幸福的人。**"他与九十年代初的"魂系黑土地的知青回顾热"，都是这种苦难崇拜变态心理的丑陋表演。2008年，还有作者以"无悔者"自居，侈论什么"**深感知青经历使自己磨练了意志、加速了成长，更以一种无法替代的方式，深切了解了自己安身立命的国家，从而奠定了整整一代人心智和意志的成熟。**"就是这种粉饰知青苦难制造者的丑陋媚态。

八十年代，失去了六、七十年代趾高气扬的知青典型——红托儿——贵族们，到了九十年代，发现气候适宜，特别是"三个代表"颁布后，他们便在"主旋律"的支持下，以"青春无悔"者的姿态，卷土重来，开始说当局在模糊中不好说的话，做当局在模糊中不便做的事，继续充当红托儿丑陋角色。以**侯隽**为代表的知青贵族们，利用各种媒体大喊"**青春无悔**"，高唱"**知识青年上山下乡是正确方向**"，侈论上山下乡是知识青年的"**自觉、自愿、自主的行动**"，等等。他们还在河南郏县和天津宝坻县等地的政府支持下，筹建"广阔天地大有作为纪念馆"和"中国知青村"，为失败了的上山下乡运动**树碑**，他们还著书立说，签字发售《**知青心中的周恩来**》等书，为荒谬的上山下乡运动**立传**。

但老百姓不愿忘记：发生在1978年到1979年的那场惊天动地的返城风暴。那场席卷全国的回家风暴，使滞留在农村的八百多万知青，除少数知青（约占2~3%）外，绝大多数都摆脱了上山下乡运动的困扰，结束了强加给他们的苦难，胜利返回城市家中，与父母团聚。

1. 失败的尝试

早在文革之初，下乡知识青年们曾做过了一次大返城的尝试，结果以失败而告终。

当年，"自愿"下乡知青们，凭借红卫兵造反之势，喊出"**回城闹革命**"的口号，纷纷"杀"回城里家中。据统计，从 1966 年底到 1967 年初的短短几个月里，从各地返回城市家中的知青多达 120 万人。其中，广州有 3 万多，约占广州知青总数的 2/3；上海到新疆生产建设兵团插场的九万多知青，有五万多人返回上海家中。

回到城里家中的知青，揭发、控诉了知青在农村的悲惨处境，批判上山下乡运动是"**黑暗运动**"。他们揭露**邢燕子、侯隽、董加耕、周明山**等人是"假典型"、"黑样板"，冲击了文革前树立的绝大部分知青典型，使其中有些典型一蹶不振，从此销声匿迹。1966 年 8~9 月间，从广西等地"杀"向北京的 70 多名知青，占领了中央城市知青安置办。他们砸开了档案柜，向社会公布了许多奸污、迫害下乡女知青的案例。他们相继召开大会，对中央安置办领导人进行批判，迫使其工作人员转入"地下"办公。成都市有 90% 的知青返城回家。1967 年 5 月，广州知青和家长 3,000 多人，举行集会，控诉市安置办公室对知青的迫害，会后进行了三天绝食和静坐活动。广州的绝食和静坐，累及广东和南方一些省城，促使那里的知青又掀起了一轮回家高潮。

在江苏，回城的知青们，由于在农村吃了许多苦，有的还受当地干部的迫害、奸污，便把怒气撒到直接动员、驱赶他们下乡的基层干部头上。在南京市，约有 70% 的老知青返城后，冲击了基层单位。据报导："**95% 以上的区、街道办事处、居委会被冲垮，有些干部被打伤住院；有的躲在家里；有的外出避风。全市军管会都遭到连续的冲击。**"返城知青冲击政府基层单位的目的有三：**迁回户口，供应粮油、安排工作**。例如，南京市红卫区（今建邺区）1964 年下放到六合县的知青，在农村，他们袭击粮管所，强盖公章，抢走户口迁移证、粮油供应迁移证及空白证明、介绍信等；回到南京后，由于三个目的没有达到，一怒之下，他们砸了区军管会办公室，冲击了省军管会办公大楼，下乡上山办公室的负责人也遭到他们的拖打。

返城知青迁怒于政府基层是有道理的。这些安置办和街道的基层干部，为了完成上级党委交给的"死"任务，在动员、驱赶知青下乡时，他们都曾欺骗过知青。如说什么"**你们好好干吧，你们中的一些人将来可能是省长、市长、书记……**"说什么"**那里很富裕（下乡的农村），是鱼米之乡，吃的全是大米饭，有鱼，有肉，有电灯，住瓦房。**"等等。如果谎言这一"软"招不能奏效，他们便用"学习班"的"学习"这一无产阶级专政的铁拳去恐吓知青和他们的家长。下乡后，知青们发现上当了，于是回城后，便先拿这些干部出气。谎言加恐吓是赤文化之一，整个运动都充满了谎言加恐吓。如果这些干部不会欺骗加恐吓，就会被淘汰出局。在谎言酱缸的长期腌渍中，除少数觉悟者外，多数知青很难分清真与假。因此，他们未必明白，他们揪斗的人，不过是毛、周谎言加驱赶政策的替罪羊抑或罪有应得的替罪羊而已！

1967 年 10 月 8 日，中共中央、国务院、中央军委和中央文革小组联合发出了《关于下乡上山的知识青年和其他人员必须坚持在农村抓革命促生产的紧急通知》，要求各地回城知青立即返乡。很快，在无产阶级专政铁拳的挥舞下，在各地基层干部监督、驱赶下，他们都不得不沮丧地返回到插队、插场的农村。

2. 风起云涌——回家之路多坎坷

对于下乡知青来说，1978年是他们充满希望的一年。

那一年，以邓小平为首的党内右派，已掌管了党、政、军各个要害部门，开始清算党内左派在文化大革命中的罪行。1978年5月11日，《光明日报》、《人民日报》和《解放军报》，先后刊登了题为**《实践是检验真理的唯一标准》**的特约评论员文章，掀起了真理标准的大讨论，为否定毛泽东的文化大革命制造舆论。9月19日，党中央批发《关于全部摘掉右派分子帽子决定的实施方案》，到11月，全国各地给右派分子摘帽子工作全部完成。1978年12月18日至22日，中国共产党第十一届三中全会在北京举行。全会高度评价了关于真理标准问题的讨论，批评了中共中央主席华国锋的"两个凡是"即**"凡是毛主席作出的决策，我们都坚决拥护；凡是毛主席的指示，我们都始终不渝地遵循"**的方针，宣布毛泽东的文化大革命是"浩劫"。全会决定经济上"改革开放"、政治上"拨乱反正"和平反冤假错案，等等。邓小平的一系列新政，使中国出现了一个短暂的春天。在这个短暂的春天里，在农村接受劳动改造的的知青们，在走头无路中，看到了回家的希望。他们高呼：**"打倒'四人帮'，回城有希望！"**

李先念的"四个不满意"表明，上山下乡运动已失去了民心、军心、国心，也受到了党内广大党员干部的抵制。黑龙江省知青办第3期《情况反映》中记载，在学习讨论"实践是检验真理的唯一标准"时，有人论证说：**知识青年上山下乡，经不起实践的检验。第一，农民不欢迎，和农民争口粮，争土地，是变相缴纳"知青税"；第二，单位背包袱，负担重，既拿钱又拿物；第三，青年下乡后家长不放心，有的还增加了家长的经济负担；第四，青年不安心，贻误了青年的前程。**哈尔滨市黑龙江大学一位教师，在辅导干部学习"实践是检验真理的唯一标准"会上，当讲到知识青年**"上山下乡不是方向，从现实来说，农村人口要减少，城市人口要增加，邓副主席也讲了这个问题"**时，引起全场热烈鼓掌，突现人心之向背。在这种背景下，各地同情、默许、支持知青返城回家的政策相继推出，加上许多地方出现了驱赶知青回城的情势，动摇了上山下乡运动的基础。但以党内右派**王震**为代表的顽固势力，在"拨乱反正"中，坚持认为上山下乡方向正确。1977年，又有171.6万知青被"动员"出城市，去农村插队、插场。

显然，中共党内在知青政策上已出现了严重分歧，尽管他们在口头上都说"方向正确"。毛泽东死后，以中、高级干部子女为主的有权力背景的下乡知青，通过参军、招工、提干、上大学等各种渠道，返回了城市。到1977年底，滞留在农村的知青还有863.8万人，其中大多数是城市中的弱势群体。这种不平等的去留政策，不仅戳穿了毛泽东"再教育"的谎言，也使不满呼声日益高涨。

为了平息不满情绪，有些地方根据中央容忍的范围内，推出了一些有利于知青返城回家的"病退、困退"新政。例如，天津市发出通知：天津市公安局不再签发准迁证，只凭市知青办发出的病、困退通知书即可办理返城手续。通知下达后，立即在天津知青中掀起"病退返城"风。1978年5月，在哈尔滨市郊插队的天津知识青年3,300人，几乎都填写了身体检查登记表，等待体检。其中，香坊区体检了182人，除4人无病不能办理外，其余178人，均拟"病返"回津。天津市的新政，很快引起连锁反应，其他省、市纷纷效法。插队爱辉县的上海知青1,800多人，在很短时间里就有500多人办理了"病返"手续。在内蒙古，区国营农场管理局"掌握病退、困退特别松"，几乎有求必应，以致引起动员城市的不满。

在黑龙江，各国营农场办理"病退"手续，已形成高潮。数不清的知青拥挤在各级医院里，跟医生软缠硬磨，涕泪交加，逼着要诊断书。"病退、困退"为干部和医生们制造了一个以权谋财、以权谋色的腐败平台。为了能借"病退、困退"顺利返城，有些女知青不得不把贞操献给权力。此外，为"病退"离婚、为"病退"自残也屡见不鲜。

知青为"病退、困退"付出的代价，远不止于钱和性。据北京知青明州在《**亲爱的党，亲爱的祖国，救救我们吧！**》一文中披露："有一位知青已婚，见到同时下乡的同学纷纷返城，实在忍不住了，便跟爱人吵架离婚；批准离婚后，**他叫爱人用木棍猛击后背，打成脊椎板裂**，到医院说是自己摔坏的，要求病退军川农场。""某知青假冒胃溃疡，用尼龙线拴着粗糙的铅片，吞入胃里，将线头系在牙缝里，然后上医院透视。医生通过X光机看到，这位挺胸站在机器前面的青年，胃竟烂掉了4/5，不禁大惊失色。他不敢相信这是真的，忙叫来另几位医生会诊。显示在X光屏上的仍是清晰可辨的铅影。医生惊奇得说不出话来。他悄悄地询问青年：'你告诉我，你究竟吃了什么？说实话，我给你开诊断。'**青年惨然一笑，解开牙缝里的线头，拽出一串血淋淋的铅块**。医生难过得流下眼泪。他说：'假如线一断，你就没命了！'"

除"病退、困退"外，已婚知青返城请愿成风。据《中国知青史》一书记载，1978年，全国已婚知青已达85万人，以女性居多，而且多是与农民结婚。这部分知青拖家带口，生活困难大，最难安置。他们自知已落到社会底层，前景黯淡，也就不再存什么顾忌，往往带头请愿、闹事。最早的集体请愿活动，发生在辽宁省抚顺市。这年4月，一批批已婚知青，轮番到市委上访，要求解决工作问题。不久，市委作出决定，凡下乡结婚的、受迫害而离婚的、婚后一方死亡或判刑的，均可办理回城。该决定使抚顺市已婚知青皆大欢喜，但同时也为其他城市的已婚知青提供了攀比的口实。沈阳、鞍山等市已婚知青的上访人数，因此突增。他们大批进入省委大院，静坐请愿，要求在招工时与未婚青年一视同仁；

一些知青打出"**结婚无罪，抽调有理**"，"**我们要工作**"的标语牌，成立了"已婚知青联络处"。7月2日，旅大市近千名已婚知青和家长，集体到市信访处上访，要求安排工作。在文革中，辽宁是党内左派苦心经营的省份，上山下乡工作也最有成绩。在29个省、市、自治区中，辽宁省的下乡知青人数高居榜首，达201万人。在"与旧传统观念彻底决裂"口号的诱惑下，10万名以上的知青在农村结了婚，而且多是与农民结婚。这样一来，就为日后知青问题的解决留下了很大麻烦。1979年春，各地已婚知青纷纷要求返城，与农民结婚的青年也离心似箭。有的知青干脆离婚，或者弃家返城不归。家庭破碎的农民，写信给知青办，要求"**还我老婆！**"有些地方还发生多起自杀、凶杀案件。

到1978年秋，农村干部安置知青思想开始异化，认为，安置下乡知青是强加给他们的负担，是变相缴纳"知青税"。于是，一些地方干部开始抵制知青工作，许多社队开始排挤甚至驱赶知青。据国务院知青办、黑龙江知青办的《情况反映》中记载，不少地方的农村干部，公开拒绝接收下乡知青。农村干部们明确表示："**现在贯彻湘乡经验，减轻农民负担。而知识青年来了，使我们耕地减少了，奖售粮少卖了，收入降低了，负担加重了，我们再不能接青年了。**"许多地方的社队，希望知青早走快走，尽快卸掉包袱。社队干部说：**过去当政治任务不接不行，现在得算算经济账了。**由于农村经济政策和管理制度发生了变化，各地实行包工到组、五定一奖，农民在划分作业组时，都不愿意要知青。1978年秋，辽宁省农村一些社队，开始以种种理由，不给知青分配农活，用放长假办法将他们撵走，使全省30多万名插队知青(约占当时全省在乡知青的1/3)倒流进城市，而且还有继续发展的势头。到1979年，辽宁、河北、山西、陕西、吉林等省，排挤知青现象进一步发展，有些地方公开驱赶知青回城。例如，陕西省一些社队，"动员"知青回城自找门路，规定领取口粮时要向生产队交钱，直到离开为止。广东省从化县吕中大队，有31名知青被赶回广州，靠做临时工、买高价粮维持生活。山西省太原市郊西温庄大队，曾由各生产队划出400亩地创办的知青队，被各队以"行使生产队自主权"为由，赶走知青，收回土地，知青们盖的房屋也被占用，并要求知青赔偿占地几年所造成的经济损失。有的农村干部，放弃了对知青的管理工作，听任农民盗、抢知青点的财物。有知青返回农村后，见房子被占，窗玻璃被盗，劳动工具、粮食、蔬菜被分，已无立锥之地，只好两手空空返回城市。

由于遭到驱赶，各地知青纷纷涌回城市家中，长期不归。1979年4月12日，国务院知青办在《情况反映》中记载：1979年春节过后，农业生产进入大忙季节，但多数下乡知青却滞留城市长期不归；如陕西省占到2/3以上，山西省归队的多些，仍有近一半的人待在城里；上海跨省下乡的青年，绝大部分在沪滞留不归；黑龙江、辽宁、吉林、江西、广东等地，有些知青点空无一人。对此，国务院知青办忧心忡忡地说："**这种情况是多年来少有的。**"鉴于问题存在的普遍性，《人民日报》被迫在1979年4月24日发表了

《不要"挤"知识青年》的文章，呼吁立即制止这种现象，要求各地农村、农场应该做好知识青年的安置工作，欢迎他们回来，保护他们的财产，解决他们生活上的具体问题，关怀他们，使他们感到同家里一样温暖，等等。这种有气无力的呼吁，与当年"人民战争"的暴力驱赶，形成鲜明对照，恰是上山下乡运动的回光返照。

十年前，农民本不愿接受知青，那是雇主强加给他们的政治任务，他们不敢不接，城市知识青年本不愿下乡务农，那是毛的中共驱赶他们的结果，他们不敢不下；十年后，邓的中共"拨乱反正"了，许多农村开始分田到户"联产承包"了，在这种大气候里，两种情势便拧在一起，形成一股知青愿走、农民愿放的返城潮流。但在**华国锋**"两个凡是"思想指导下，**党内右派顽固势力**用种种借口反对和阻绕知青返城回家，因而使矛盾激化，引发了知青返城回家风暴。

3. "我们要回家"——云南知青首义返城风暴

罢工。全国知青返城回家风暴是从云南插场知青那里首先刮起来的。

毛泽东死了两年后的1978年9月，云南景洪农场教师、上海知青**丁惠民**等人，给国务院副总理邓小平写了一封公开联名信。信中历数了云南广大农场知青的困惑、烦恼以及对生活的绝望，希望能在政府的帮助下，回到自己的家乡。然而，寄出的联名信如石沉海底。10月31日，全国知青上山下乡工作会议在北京召开。农场知青们对会议有很高的期待，但令他们失望的是，会议形成的文件表明，插队知青"可以通过招工回城"，而插场的要按国营正式职工对待，"今后一般不办理病退、困退，如果家庭和本人确有特殊困难，可以通过组织商调……"这一决定，在农场知青中，引起了激烈反应。他们说："**插队插队，越插越对；插场插场，越插越长：改变现状，只有上访。**"于是，怠工、请愿之风，迅速在各农场兴起。11月16日，丁惠民给邓小平副总理写了第二封公开联名信，信上签名的知青逾万。由于联名信再次杳无回音，12月7日，他们在再次向华国峰、中共中央、邓小平发出第三封请愿信的同时，成立了农场知青北上请愿团。12月9日，知青北上请愿团发布了北上宣言。同日，包括先已罢工的景洪农场万余名知青在内，云南七个农场的三万多知青开始大罢工，支持北上请愿团。罢工浪潮，迅速席卷云南全省，使工作瘫痪，生产停顿。

云南省农场知青，在全国占的比例不大，仅百分之一左右，不足十万，但他们首发罢工、请愿的义举，引发了全国性的返城回家风暴，成了全国人民的注目中心。

云南农场知青的"困惑、烦恼以及对生活的绝望"是突出的。1973年7月，中央关于惩治吊打知青和强奸女知青的文件，都是针对农场的前身——云南生产建设兵团的。整个兵团发生捆绑吊打知青1,034起，受害知青达1,894人，其中2人被打死；调戏、猥亵、奸污女知青的干部有286人，受害女知青多达430余人。知青在农场奋斗多年，面貌无啥改变：他们最早到农场的已达10年之久，但仍有50%~70%的人住在阴暗潮湿的茅草屋里，许多草房不能避雨；他们的饮食没有保障，长期缺油缺肉少菜，一年六两肉，过的是"**九（韭）菜一（盐）汤**"贫苦生活；他们住在深山老林中，交通不便，文化生活枯燥单调，有些连队为了看一场电影，要跑几十里的山路；他们每两年享受一次探亲假，往返于崎岖泥泞的山路上，就要花近半个月的时间；据记载：**从1969年至1979年十年间，死于西双版纳垦区的知青近1,500人，其中上海知青有近千人。**由于深感在农场没有前途，知青们利用"病退"政策通过各种关系回城。据统计，农垦十年，病退回城的知青总数已达两万，其中有2/3是"人造疾病"，有以权谋病、以贿谋病或以色谋病之嫌。

最使知青感到上当受骗的是，绝大多数干部子女，都能通过权力早早返城回家。据有关部门统计，在云南农垦兵团十万知青中，县团级或行政十七级以上干部子女，约有一万人，约占农垦知青的10%，其中地、师级或行政十三级以上高级干部子女，约为一千三百多人，约占农垦知青的1.3%。一九七一年林彪摔死后，大批右派干部重新出来工作，知青中干部子女数急剧减少：1974年，滞留在农垦兵团的干部子女已不足千人，约占农垦知青的1%；到了1978年，又下降到不足百人，约占当年滞留在滇五六万知青的0.18%。

在云南插场知青的眼中，"**北京五十五**"下乡和返城表演，**最具刺激性。**这个以高干子女为主的五十五个北京知青，1967年11月底，直接上书周恩来说："**我们是首都中学红卫兵，为了建设边疆、保卫边疆，为了发展祖国的橡胶事业，自愿到云南边疆做一名普通的农垦战士。**"他们的要求受到了周的表彰。第二年3月，他们来到了地处边境的西双版纳大勐龙农垦兵团安家落户，并很快成了知青瞩目的典型。然而，一九七〇年春节前夕，第一批四名男女知青不辞而别，到1975年兵团恢复农场建制时，除两名因病遗骨边疆外，其余四十九名都先后返回北京，"光荣"地结束了接受"再教育"的历史使命。

1978年，五六万多没有权力背景的知青，眼睁睁地看着，一个个知青结束了接受"再教育"的历史使命，兴高采烈地返回城市，而他们则被迫留在农场继续接受"再教育"。但他们也没完全丧失信心：他们在翘首等待着政策的变化，期盼终有一天，他们也有机会享受一下平等权利，返城回家。然而，全国知青工作会议的"**不办理病退、困退**"的新政，使他们失望了。在失望中，他们接受"再教育"的内容发生了质的变化：在不平等权利的"再教育"下，他们由失望而绝望，并在绝望中觉悟了——平等权利不能靠别人恩施，要靠自己去争取。于是，他们发出了罢工、请愿的呐喊！时势造英雄，在罢工、请愿的呐喊中，丁惠民、**叶枫、周兴儒**等知青领袖人物，脱颖而出。

云南西双版纳橄榄坝农场七分场的上海女知青**瞿玲仙**，在分场卫生所分娩时大出血，卫生所接生医生烂醉如泥，耽误了抢救时间，致使产妇母子双亡。瞿玲仙之死，触发了橄榄坝农场万人抬尸大游行，要求惩办肇事医生、改善医疗卫生条件。1978年11月21日，西双版纳州委公开表态，强硬命令抬尸游行的橄榄坝知青撤回农场。政府的强硬政策，使形势急转直下，景洪农场万余名知青在丁惠民一声号令下，全线停工停产，揭开了云南知青百日大罢工的序幕。他们的《罢工宣言》已不是什么"惩办肇事医生、改善医疗卫生条件"，而是"**行动起来，大罢工，大返城！**"景洪农场十分场知青提出的"**我们要回家**"的口号，得了农场一万多各知青的响应，纷纷在《罢工宣言》上签名。知青罢工的消息，在云南边疆垦区引起连锁反应：到12月上旬，全省五十多个国营农场，纷纷成立罢工委员会或者指挥部，全面停工停产，罢工人数达知青总数的百分之九十以上。

知青返城回家的要求，显然不是云南省、州政府所能答复的。在中共"**团结群众，分化瓦解，政策攻心，找出**（坏）**头头**"的"既定方针"下，政府与知青的谈判破裂，知青提出北上请愿的要求，也遭到州政府的拒绝。12月8日，在西双版纳首府景洪，"云南各农场知青联席会议"召开，丁惠民被推举为总指挥，组建北上请愿筹备组。9日，"联席会议"发布《北上宣言》，决定15日那天派代表进京请愿。

期间，有两个云南知青熟知的教训，使"联席会议"和他的总指挥丁惠民明智起来。

一个是"**八二八知青大逃亡**"失败的教训。云南生产建设兵团第三师第十一团9,000多名上海、四川等地的知青，常年生活劳动在瑞丽县绵延百里人烟稀少的边防线上。1974年8月，农垦兵团要改制为国营农场，现役军人将全部撤回部队，农场干部由省农垦局负责调整。消息传出，知青哗然。他们是以兵团战士的身份来边疆的，转瞬间，他们变成了农场工人，心理上的巨大落差，使他们深感上当受骗了。于是，他们提出了返城回家的要求：现役军人可以回部队和转业，我们为什么不能返城回家？当要求遭到政府拒绝后，他们于8月28日自发地开始大逃亡。数千知青冲破瑞丽江桥防线，走上了滇缅公路，向昆明进发。沿途畹丁、遮放、芒市、保山各师、团知青相继加入，逃亡知青人数已达两万余人。从瑞丽到昆明千余里，山路崎岖，坐班车尚须四五天，他们步行时间可想而知。于是，他们手持芟刀，拦截过往的所有车辆。他们的逃亡惊动了党中央。云南省领导动员沿滇缅公路的公社农民进行拦截，许以双倍工分补贴，命令"**不许放过一个人**"。于是，逃亡的知青便陷入了"人民战争"式的汪洋大海中。数十万农民男女老少齐上阵，他们手持铜枪、猎枪、锄头、扁担，撒下一张围捕逃亡者的天罗地网。不到一周，两万多逃亡知青，全部被擒拿归案，押解回农场。

另一个是解放军武力镇压回民、夷平沙甸村的教训。沙甸是云南蒙自县的一个较大回族聚居村寨，有1,500多户、7,200多人，其相邻处还分布了大庄、茂克、新寨等几个较小的回族聚居村。1967年，"夺权风暴"也刮到了这里，很快形成了"八派"、"炮派"两大武斗组织。到了1974年，派性武斗已经演变成民族武装冲突。1975年7月29日凌晨三点，根据中央军委的命令，驻云南部队以三个团兵力，打着镇压"叛乱"的旗号，对以沙甸村为中心的回民进行武装清剿。经过八天战斗，打死回民 1,600 多人，打伤 5,000 多人，将 4,400 多间房屋的沙甸村夷为平地。

两桩知青熟知事件给丁惠民们的教训是：**中共镇压老百姓从不手软**。因此，罢工、情愿不仅需要自觉，更需要组织、纪律和策略。

请愿。为了达到上北京请愿的目的，他们采取了明修栈道和化整为零的策略，与地方政府周旋。

12月14日，州委拒绝知青北上请愿的要求。15日，省委紧急电告滇南片区有关地、市、州委："**切实做好说服工作，不放一个请愿知青到昆明。**"17日，西双版纳第一批赴京请愿团知青代表共143人，离开景洪，沿中老公路徒步强行北上；18日，第二批知青代表160人离开思茅，徒步强行北上。很快他们都被大批军警、干部拦截在公路上。接着在19、20两日，各农场又先后派出十一批知青代表，计两千多人，相继从各个农场出发，强行北上，沿途又受到了各州、县、区、社机关干部、军警和农民的拦截，被强行拦在元江、景谷和哀牢山一线。——这一切都在罢工总指挥部的预料之中。12月21日，一批知青请愿团一行14人，乔装打扮，分乘汽车、火车，大摇大摆地抵达昆明；此后数日，分别绕道临沧、元江、曲靖的数十名请愿团成员，也陆续抵达昆明。25日，他们合零为整，集聚到一起的一百多名请愿团成员，公开身份，进驻云南农垦总局招待所。与此同时，又有几支短小精悍的知青小分队，先后出现在上海、北京、成都、重庆街头。他们以当时法律许可的"四大自由"形式，向家乡的父老兄妹广泛宣传知青请愿团纲领，呼吁支持知青返城回家的要求，力图唤起广大市民和知青家长的共鸣，借以达到策应北上请愿的目的。此时，受阻于景洪、思茅、元江、景谷和哀牢山一线知青，伴动的目的已达到，纷纷撤回各农场，继续以罢工支持请愿。

12月26日，云南省委负责人会见了请愿代表团。但由于省委不准许请愿代表团上北京，并命令他们停止罢工，立即返回农场"抓革命，促生产"，代表团集体退出会场，以示抗议！

正当请愿团在做登车北上准备时，代表们发现，一万多元经费和上北京的火车票，不翼而飞。当他们看到招待所内的便衣警察在窥视他们时，他们查觉，失窃不是刑事事件，而是政治事件；他们还发现，车站内警察增多，是针对他们的。他们得出结论：无论他们有没有车票，当局都不会让他们登上北去的列车。他们面临前进与后退、成功与失败的选择。经过一个多小时的商讨，总指挥丁惠民做出了破釜沉舟的决定——卧轨！1978年12月28日，一个细雨蒙蒙的下午，知青北上请愿团近百名代表，打着旗帜，义无反顾地踏上铁路路轨，在昆明火车站以东两公里处的一个叫做羊方凹的地方，集体卧轨示威。集体卧轨，切断了昆明与京沪、京广、陇海等铁路干线连接的大动脉，数十对客、货运列车受阻。三天三夜的大卧轨，震动了全国，也惊动了"上帝"。中共中央通知云南省委，同意请愿团来京，人员30名。1979年元旦后，请愿团胜利到达北京。

然而，他们失败了。元月4日，**顽固强硬派**副总理**王震**接见了他们。在接见中，王震虽然说什么"你们也是受害者"，**答应**"有些问题要改"，**希望**"代表们回去以后帮助改变农场某些干部的领导作风"，等等，但却严历批评了他们的罢工和请愿活动，**坚持说**"上山下乡方向正确"，**警告**他们"我们再也不能允许那种动荡不安的无政府状态了"，**要求**他们"以国家民族利益为重，为安定团结、实现四化贡献力量"，**并要他们**"回去要作自我批评"，等等。在王震的软硬兼施下，请愿团屈服了，不仅以公开信的形式做了检讨，闷闷不乐地返回农场后，还被迫下令结束罢工。对此，各大报纸发表了《王震副总理接见云南景洪农场丁惠民等同志——勉励知识青年奋发图强建设边疆》的报导，实际上替丁惠民宣布了"我们要回家"的大罢工和大请愿的失败！

然而，他们失败了

绝食。 正当请愿受挫时，滇西临沧地区勐定农场（七团）知青，异军突起，四营近千名知青在新领袖**叶枫**的率领下，于元月5日成立了罢工委员会，打着"我们要回家"的旗帜，进驻场部，宣布总罢工，策应北京请愿团。

在傣语里，"勐定"的意思是"会弹弦的坝子"，国营勐定农场就设置在这里。这是一个以橡胶种植及粗加工为主的农场，是滇西各农场中规模最大、植胶最多、知青最集中的一个。农场由五个分场、一个医院、一个电站，还有几个直属连组成，共有7,000多知青，其中成都知青5,000多名。由于地方政府拒绝罢工的要求，赴京请愿受挫，为了争取到知青的合法权益，知青罢工总委员会决定罢工升级，进行绝食，并把绝食的地点选择在场部招待所院内。总委员会还决定：叶枫带领身体好的200多名知青进行绝食，**周兴儒**等在外面组织知青策应，**李光明**为纠察队长，负责档案室、机要室、武器库以及家属区的安全保卫工作。据《云南农垦纪略》记载："勐定农场300名知青于1月5日进驻场部；6日，进驻人数增至1,500人，有200人宣布绝食。"

正当绝食刚刚开始进行，武器库被抢的风言四起。周兴儒等立刻警觉起来：这是武装镇压的信号。果然，内部传来消息，上面已下达命令："**如情况属实，就按既定方针办，就地解决。**"何谓"既定方针"，就是武力镇压，也或"**先杀后抚**"。为了挫败武力镇压的企图，**王道明**等25名知青共产党员，联名给中共中央纪律委员会发了加急电报。他们以自己的党性向党中央保证，知青们在整个罢工、绝食的过程中，没有任何越轨行为，更没有打开武器库；明确表示，知青们的唯一目标就是要回家。与此同时，知青纠察队对武器库的保护更加严密，不准任何无关人员接近。罢工总委会的警觉，挫败了顽固派武力镇压的阴谋。

在中共改革派与顽固派的较量中，由于教训越南的"自卫反击战"开战在即（1979年2月17日开战），改革派逐渐占了上风。是时的中共，对处于前线的云南边疆的社会稳定特别关注。他们不仅对少数民族采取了比较宽容的政策，向回族人释放出了要平反"沙甸事件"的善意，对知青的罢工、绝食未敢掉以轻心。为了防止事态扩大，他们否决了顽固派镇压的指令，立即派出以农林部副部长兼农垦总局局长**赵凡**为组长的调查组，飞赴边疆，安抚知青。

1979年元月8日下午4点左右，绝食三天的知青们，当得知以赵凡为首的国务院调查组即将来勐定解决知青问题的消息后，罢工总委员会决定立即停止绝食，许多绝食者被送往医院抢救。

元月10日下午四点左右，赵凡一行来到了勐定农场场部的知青绝食地点，那里已经聚集了1,500多知青。赵凡在台上正准备讲话，现场所有知青突然向他下跪。一个跪在台上的女知青，抱住赵凡的腿哭道："伯伯，救救我们吧，放我们回家吧！"台下下跪的知青哭声一片！

改革派赵凡，立即将他在边疆看到的知青们极为艰苦的生存状况和他目睹的知青大跪求，写成报告，电话传向北京。他的报告很快得了改革派的支持。在与顽固派较量后，元月15日，时任云南省委书记的安平生发表《讲话》，明确表示："知青不愿留下的，都可以回去"。于是

知青向高官下跪："放我们回家吧！"

3~5月的两个月间，五万多云南知青，像旋风一样，通过步行、汽车、火车，又返回了城市。据统计，有3,000多名知青留了下来，约占知青总数的2.3%，他们中许多是"知青贵族"，即当了领导干部的知青。

三十年后的2009年2月，被誉为知青之父92岁的赵凡，在接受采访时说："**是政治局先讨论**（笔者：1978年3月），**这次知青下乡根本就是错误的，买了个四不满意。你说花这么多钱，总理都快累死了，没有钱也得给，人下去了也得拨款，也得拨建设资料；家长不满意，他的孩子还没有到了就业年龄，你们把我的小孩弄走，你叫我们怎么过。大家思想都一致，应该解决这个"四不满意"，一个一个不满意来解决嘛，把这个工作做通了，就水到渠成。**"

4. 连锁反应

云南知青的回家风暴，很快刮向全国，引发了全国数百万知青大返城风暴。

在**黑龙江**，原有知青47万人，1978年底，利用各种渠道回家的已达20多万人。在返城风暴中，留在农场的20多万知青，把返城申请表纷纷送到领导机关，其中，仅哈尔滨市知青办，到1979年3月，已收到返城申请表五麻袋零一箱。

1978年末，在军川农场，团委书记已走了33%，团员走了28%，党员走了30%。1979年初，全农场系统，连职以上干部走了5,000多人，技术骨干走了8,000多人。一些单位出现机器无人开，生病无人看，学生无人教，账目无人算的瘫痪局面。1979年3月1日，黑龙江省委鉴于返城风势头过猛，严重影响生产，宣布自即日起，暂停办理农场知青困退、病退手续。于是，该市知青3,000多人到市革委会门前示威，要求返城，高呼**"要民主、要自由、要工作"**口号。此后，3月2~3日，有数百至数千下乡知青，在哈尔滨市革委门前请愿，要求解决回城、就业问题。在建三江管理局，知青已占全局职工的80%以上。到1979年3月，其中有77%知青已返城，劳动力奇缺，春种无法进行。该局化肥厂一些知青，围攻领导，组织静坐，威胁要把尿素装置炸掉；领导无奈，只得宣布停产，放他们回家。在浩良河化肥厂，1978年底，一次返城回家560人，使很多岗位无人操作，被迫停产。在香坊农场的一个奶牛场，因知青大批返城，牛奶没人挤，产奶量大幅度下降。据《饶河农场志》记载："1979年知青大返城时，有3,000多知青离场，造成了生产人员严重不足，不少生产队拖拉机没人开。"

一些农场领导认为，知青是"飞鸽牌"的，早晚要走，晚走不如早走。有的农场为保险起见，干脆把一些原在技术岗位上的知青撤下来，换上本地青年，让知青去当农田工。香坊农场成立了一个"返城排"，把要求返城的知青都集中在一起干较累的活。一些知青说："我们不走，在这也没好了，这是逼我们走啊！"

在返城回家风暴中，知青典型和知青贵族，也先后随大流返城。例如，知青贵族**金士英**，时任共青团黑龙江省委副书记。在返城回家风暴中，她毅然放弃了副厅级待遇，回到上海，当了一名工人。又如，知青典型**高崇辉**，他是黑龙江国营农场系统唯一的国家级标兵，也是全国闻名的知青扎根典型，八十年代初，他借风离开了农场，扎根到都市。此外，那些名不见经传的"扎根典型"和知青骨干，早在他们之前，也背弃了"扎根"誓言，在风暴中，借势返城回家。

据报导：最终留守在北大荒的知青有两万多人，约占全部插场知青的4.2%。

又据报导，在1979年，全国许多城市都出现过知青请愿、卧轨、绝食等事件。例如：

在**江苏省南京市**，元月25日上午，200多名农场知青在南京市委门口集会，要求回城工作。

在**浙江省杭州市**，一些知青成群结队到市委大院请愿，要求返城回家。有些知青在请愿时"大吵大闹"，有的举着横幅堵住大门，有的不听劝阻擅自敲钟，有的强行闯进办公室，有的则撞破市委印刷厂的玻璃……2月5日起，有些知青在解放路、延安路口聚众集会，拦阻车辆，堵塞交通，以致市公交车停开数日。9月，三千多名浙江农场知青，集体到省委门前请愿。这些知青多数是文革初下乡的，时间长的已达14年。他们返城无门，加上有关部门在返城政策上出尔反尔，引起这次历时近1个月的请愿。其间，知青们举行了静坐、游行。其中，有34名知青绝食、绝水4天后，生命垂危，被送入医院。

在**江西省南昌市**，百余名在芙蓉农场落户的铁路局职工子女，在春节期间回城度假时，聚集起来，到铁路局机关上访，贴标语，要求铁路局把他们安置到铁路系统工作。他们"**一度围攻铁路局的领导同志和冲击列车**"，在社会上造成了很大影响。

在**四川省重庆市**，一些知青上访者，少则数十人，多则数百人，连续围攻市劳动局干部，甚至把管图章的干部强行拉走，致使机关工作不能正常进行。2月17日，《四川日报》发表评论员文章，谴责极少数人以发扬民主为借口，互相串联，采取"四人帮"过去那一套做法，冲击政府机关，阻塞交通，任意围攻和挟持领导干部，致使正常的工作秩序、生产秩序和社会秩序受到严重影响。文章强调：**这是完全错误的，也是党纪国法所不能允许的。**

在**天津市**，2月7日，发生了严重的聚众闹事事件。据报纸披露，这天下午，在繁华商业区和平路人民商场附近，聚集了许多闹事者，其中许多是回城知青。他们尖叫起哄，推翻马路中心的岗台、便道的垃圾果皮桶；拦阻往来车辆；和平路、滨江路一带的交通中断，附近商店被迫停业关门；闹事者还推挤、侮辱过路行人，受害者达百人之多。这起事件被称为"**一起破坏社会主义法制、破坏安定团结的政治局面的严重事件**"。

在**上海市**，滞留在东北三省、新疆、内蒙、云南、安徽、江西、江苏、浙江、贵州等省、区的知青，2月5日下午5时开始卧轨请愿，到翌日凌晨4时30分终止，使铁路中止运行12个小时。由是，上海站共有29趟列车不能出站，31趟列车不能进站，沪宁、沪杭两路全线陷于停顿，八万多名旅客(其中包括千余名外宾和华侨)不能进站、出站，打乱了津浦、浙赣等几条铁路线的运行秩序。2月13日《中国青年报》发表文章说："**这次事件造成了严重的经济损失和不良的政治后果。**"

经过请愿、卧轨、绝食等争取"**我要回家**"的权利，其中，绝大多数知青都如愿以偿地返城回家，尽管他们行动都曾遭到顽固势力的阻挠和抨击。

5. 大返城回家中的失败者

在回家风暴中，新疆维吾尔自治区，有三万多上海知青没有那么幸运。他们在上访、请愿两年多后，遭到了严厉的镇压，最终被迫永远留在了新疆。

他们是文革前来新疆的 10 万上海知青中的一部分。从 1962 年到 1979 年的十七年间，他们中的大部分人，都能通过权力、后门、病退、困退等方式回到上海，剩下来的三万多人，其父母多为上海弱势群体，离权力太远，丧失了返城回家的权利。为了争取平等权利，他们也像云南知青那样，成立了"上海青年联合委员会"组织，开始领导罢工、请愿，其中，在阿克苏垦区的两万九千多名上海知青，成为闹返城回家风的主力。

1979 年春到年底，"上青联"先后组织过多次静坐、示威、罢工，四次上访，都以失败而告终。但全国知青如火如荼的返城回家浪潮，对他们心理上产生强烈刺激。他们看到：云南等地农场知青闹得最凶，走得最多，北疆阿勒泰的北京、天津知青闹得最凶，问题解决得最好。因此，尽管多次受挫，他们的返城回家劲头丝毫不减。12 月 19 日，十团 500 多人集会，举行"回沪誓师大会"，大人的口号是"**和亲人团圆**"，小孩的口号是"**要外婆**"、"**要奶奶**"。要求病退、困退的知青越来越多，有的团场知青聚众抢了团部卫生队公章，擅自给自己的病历盖了章，以便使上海方面同意接收。

为了坚守上山下乡的正确性和有始有终的坚定性，在顽固派的支持下，中共决定拿阿克苏的上海知青问罪，以儆效尤者。1980 年 1 月 21 日，新疆维吾尔自治区政府发布《通告》说："**从 1979 年 2 月以来，阿克苏垦区一些农场的部分上海支边青年，在个别人的策划和唆使下，组织'阿克苏垦区上海青年联络总部'和'上海青年联合委员会'（"上青联"），以胁迫和欺骗等手段，煽动停工停产，聚众闹事，冲击机关，抢劫公章，伪造证件，搞'打砸抢'，殴打、侮辱和围攻干部，限制人身自由，诬陷、诽谤领导同志，等等，搞了一系列违法活动。**"在"舆论一律"的强权下，**罗织"罪行"和制造谎言是中共的特权**，不许答辩，更不许局外人辩护或调查。中共的这种特权，一直延续到二十一世纪的今天。《通告》进而结论说："**近一年来，自治区、阿克苏地区和农垦系统各级领导干部，对他们进行了长期、耐心地教育、帮助。但他们置若罔闻，继续制造动乱，进一步扩大事态，严重破坏了社会主义法制，破坏了正常的生产秩序，危害了安定团结，使阿克苏垦区的生产建设，遭到严重的损失。**"《通告》对知青和平请愿强加的"罪行"和制造的谎言，是为武力镇压制造舆论，替中共和毛、周破坏宪法、驱赶知青到边疆、干涉知青"迁徙自由"和制定不平等返城政策开脱罪责。而此时，知青红托儿们正在北京作"最后表演"，以配合镇压。

据《人民军队在新疆》一书记载：为了迅速平息事端，新疆军区奉国务院、中央军委命令，派出东疆军区部队——陆军第四师、第十一师各一部，部署到上海知青集中地区和交通要点。在 5 个多月中，"**制止、劝阻和收容了 1 万余名争取回沪的支边上海青年，稳定了 4 万余名上海知青的情绪，打击了策动闹事的骨干分子，恢复了闹事团场和阿克苏地区、巴音郭楞蒙古自治州的 1 市 5 县的社会秩序。**"1980 年 12 月 26 日，经国务院批准，逮捕农垦团场进城闹事的"上青联"总部为首分子9人，收审骨干分子43人。至此，**权力扼杀了权利，谎言战胜了真理**，持续两年之久的上海知青返城回家风，终被镇压了下去。

最终，在"最后表演"的配合下，留疆的三万多上海知青和组织他们请愿的领导骨干，都成了毛泽东发动、周恩来领导的上山下乡运动祭坛上的牺牲！

6. 红托儿们的最后表演

正当返城回家风暴席卷全国其飙势不可阻挡之时，1979年8月17~30日，国务院在北京召开了上山下乡先进代表座谈会。召开这次会议的目的，显然是要抑制返城回家狂飙的同时，为失败了的上山下乡运动正名。为此，他们又把各地知青典型——**红托儿们**召到北京，进一步发挥他们的**托儿**作用，充分肯定上山下乡的方向正确，坚定知青"扎根农村不动摇"的信念，把宣传上山下乡的重要性和必要性，推向一个新高潮。

有21个省、市、自治区的34名下乡、回乡知识青年，应召来京参加座谈会，其中自然少不了**邢燕子、侯隽、蔡立坚、薛喜梅**等老牌知青典型。26日下午，中共中央主席华国锋、副主席李先念，以及王震、余秋里、胡耀邦、王任重等领导人，在人民大会堂接见了34名知青代表并合影留念。华国锋讲话中称：知识青年上山下乡是对的，无论是从实现四个现代化的需要来看，还是从加强国防来看，都需要动员知识青年到农村和边疆去。李先念说，知识青年上山下乡是毛泽东同志提出来的，是正确的，取得了很大成绩，效果是好的。当然，缺点也不少，特别是大规模的上山下乡，各方面管理得不好，出现了不少问题。但不能因为出现这样那样的问题，就否定知识青年上山下乡。显然，此时的他，有意"忘记"他在去年针对上山下乡运动所提出"**国家花了七十亿，买了四个不满意**"的评语。胡耀邦则将知识青年上山下乡为中国青年找到了一个为人民服务的正确方向。他批评了知青的返城回家风，说他们"自己把自己的光荣历史丢了。"华、李、胡充满谎言的讲话，显然是座谈会的基调。

据报导，"与会代表在受到中央领导人接见后，以非常喜悦的心情表示了坚持上山下乡道路的决心。"**邢燕子**为自己当年带头走这条路，深为自豪。她表示在农村"**要和千千万万只燕子继续展翅高飞**"。**侯隽**为了撇清与"四人帮"的亲密关系，把上山下乡的她比喻为"**一个好孩子**"。她说，一个很好的孩子，不能因为他沾了一点灰尘就把他丢掉；洗掉了身上的灰尘，他照样是个好孩子。河南的知青典型**薛喜梅**表态说，尽管不少人劝她离开农村，但她"**决心沿着毛主席、周总理和华主席指引的这个方向坚定不移地走下去！**"北京的全国楷模**蔡立坚**，发言依旧那样掷地有声：要在上山下乡道路上走到底，"**八条黄牛也拉不回头**"。遗憾的是，座谈会没有召唤"决心"在农村"**走到底，永不回头**"的知青典型曲折，也没有召唤发誓"**扎根农村奋斗六十年**"的知青典型**柴春泽**，如果召唤了他们，他们也一定会有上乘表演。总之，参加座谈会的一些典型们，特别是作上述表态女托儿们，与上山下乡运动的利害关系太深了：她们的青春和理想，她们对人生价值的追求，她们那段光荣而丑陋的历史，以及她们在政治上的沉浮和官位的升迁，都与上山下乡运动息息相关。因此，她们利用这次宝贵机会作如上表态，继续充当红托儿的脚色，是预料中的事。

8月31日，《人民日报》刊登了以座谈会全体代表名义写的"**给全国上山下乡知识青年的一封信**"。信中号召全国知识青年坚持这条道路，排除干扰，克服困难，使上山下乡这项大有前途的革命事业继续巩固和发展。显然，新疆阿克苏垦区三万多上海知青的和平情愿，就是座谈会要排除的干扰。

对于知青典型们在座谈会上的表演，有些在乡知青坦率地表达了自己的看法："**这次会不过是三十多个知青尖子的事，人家早已是干部，与俺处境不同，解决不了俺的具体问题，与俺无关。**"更有知青直言不讳地说："**知青工作是四不满意——知青不满意，家长不满意，农民不满意，对口单位不满意，名声很坏，像一只泄了气的破皮球，现在拼命打气，也蹦不了多高。**"《中国青年报》记者在郑州市郊柳林公社和花园口公社知青农场调查时发现，总共176名知青，没有一个愿意在农场继续干下去。

知青红托儿们在座谈会上的表演，也收到丰厚的回报，个个都变成了名副其实的知青贵族。正如**邢燕子**说的"展翅高飞"，她们先后都"飞"出了农村，"飞"进了大城市，"飞"上了领导岗位：1980年，**侯隽**出任天津市宝坻区人大常委会副主任，后任宝坻区政协主席；1980年，**薛喜梅**"飞"回到了下乡出发地郑州，上了两年大学后，荣任河南省农业科学院农业经济信息研究所所长；**蔡立坚**没有"飞"回北京，但她在1980年荣任山西晋中地区团委书记,后调任太原市省委党校工作。只有邢燕子在农村多"扎根"了几年，但最后也"飞"出了农村，1984年被任命为天津市北辰区人大副主任。与知青典型们"展翅高飞"的同时，全国包括新疆阿克苏垦区三万多上海知青在内的二三十万知青，不请愿地替红托儿们兑现了"**决心沿着毛主席、周总理和华主席指引的这个方向坚定不移地走下去**"的誓言；其中，"上青联"的"总部为首分子"，还要为红托儿们"永远扎根农村"的"崇高理想"，在高墙里度过漫漫刑期！

知青贵族们的表演，不是最后的"最后表演"：二十世纪末和二十一世纪初，红托儿们又"飞"了起来，他们要为失败了的上山下乡运动树碑立传！

第二十章附注：

注1、四项基本原则

1979年3月30日，邓小平代表中共中央在北京召开的理论工作务虚会上，作了题为《坚持四项基本原则》的讲话。四项基本原则是：1、必须坚持社会主义道路；2、必须坚持人民民主专政；3、必须坚持共产党的领导；4、必须坚持马列主义、毛泽东思想。

注2、插队（生产队）

当动员城市中、小学生上山下乡当"新型农民"的时候，主管周恩来总理针对知青不同去向做了命名设计：到各地人民公社基层生产队里去当农民的叫"插队"，到国营农场（兵团）基层生产队里去当农工的叫"插场"。

注3、插场（农场—兵团）

1968年，中共决定在农场的基础上组建生产建设兵团。到1971年，全国共组建了12个生产建设兵团、3个农业师，分布在18个省、区的广大荒野上。1974年5月，兵团番号撤销，回归农场。本书多处"农场"、"兵团"两词混合使用，就是这种体制变化的结果。兵团建制撤消后，许多知青习惯上还沿用兵团的师（农垦分局）、团（农场）、营（分场）、连（生产队）的称谓。

注4、瞿玲仙事件

云南西双版纳橄榄坝农场七分场的上海女知青瞿玲仙，在分场卫生所分娩时大出血，卫生所接生医生烂醉如泥，耽误了抢救时间，致使产妇母子双亡。瞿玲仙之死，触发了万人抬尸大游行，继而引发了数万知青罢工和返城风暴。

第二十一章：副统帅出逃、林立果殉国

副统帅**林彪**出逃事件，是文革中最为震撼、最为蹊跷的事件。生于 1907 年 12 月 7 日的林彪，在内战中是为中共坐鼎江山立下汗马大功的领兵元帅，在五十年代是被毛提升为中共排位第六的党中央副主席，在中共八届十一中全会上又是被毛"钦定"为党和国家二把手的党中央唯一副主席，在造神运动中还是人们高呼"祝林副主席永远健康"的毛的"亲密战友"，最后，又在中共九大的党章上明确规定为毛泽东"接班人"的他，却在而后不到两年半的时间里，出人意外地变成了"叛党"、"叛国"的"阴谋家"和"野心家"，并在 1971 年 9 月 12 日深夜，乘三叉戟飞机出逃，于次日凌晨 2 时 27 分，同妻子、儿子一起，摔死在蒙古国的温都而汗大荒漠上，酿就了一起震撼世界的大丑闻——"**九一三事件**"，终年六十三岁。

这是被毛泽东整死的第二个接班人。第一个接班人刘少奇，时任国家主席，1969 年 11 月 12 日，被拖死在开封囚所，是年七十一岁！

"九一三事件"的丑闻，向全世界公布了毛泽东和中共的"无产阶级专政下继续革命理论"的荒谬，粉碎了毛泽东多年来精心编织的"伟大、光荣、正确"和"以毛主席为首、林副主席为副的无产阶级司令部"等神话，唤起了亿万浑浑噩噩中国人的觉醒，宣告了毛泽东和中共的"无产阶级文化大革命"的破产！

华飞先生说得好："**林彪以毛泽东的亲密战友、接班人和副统帅身份与'伟大的导师，伟大的领袖，伟大的统帅，伟大的舵手'毛泽东决裂并在此之后非正常死亡是他对中国做出的最大贡献。**"

在惊世丑闻发生后的 1972 年 7 月 10 日，毛泽东在会见法国外交部长舒曼时，竟厚颜无耻地说："**这个林彪啊，他天天吹我，说我怎么了不起，而实际呢，就要杀我的头。我跟他斗争了几十年，后头变成了'亲密战友'、'副统帅'。结果庐山会议到去年，一年多他就呆不住了。谁也没有赶他，谁也没有料到他会跑，坐一架飞机就上天了。**"他对林彪充满谎言的丑化，毋宁说他在丑化他自己，在丑化他所领导的中国共产党。

然而，他的谎言也留下了太多的蹊跷，给事件蒙上了一层迷雾，使人们在迷雾中不断拓展想象空间。人们不禁要问：一个一贯以"伟大、光荣、正确"自居的领袖和党，怎么会发生这样的丑闻？毛、林的交恶究竟起于何时？他们的分歧究竟在哪？林彪是叛逃还是被劫持逃亡？林彪果真有军事政变、谋杀毛和另立中央的计划吗？林彪有几个"政变手令"？林彪集团中活着的人谁见过《五七一工程纪要》即武装起义计划？林彪的座机是被击落还是坠落？**飞机上的"黑匣子"究竟在哪里？**等等。作家舒云在《林彪案件完整调查》中，提出了三十二个疑点(1)。太多的疑问使人无法相信中共对林彪集团的判决；而档案死不解密又使"九一三事件"扑朔迷离，迄今众说纷纭，虽盖棺却难以定论。

值得肯定的是：毛、林的上层权斗，是第一次也是唯一一次毛泽东制造的较少祸及老百姓的灾难！

笔者将在档案死不解密的严紧控制下，在官方"主旋律"的独断专行中，同读者一起，在迷雾中去探索"九一三事件"的真相，评说真相背后的原委与谎言！

一、林彪欲清君侧

1. 觊觎权力的接班人

马克思主义中并没有指定领袖和接班人的理论，却有用无记名投票方式推举领导人的"巴黎公社"原则。但近一个世纪的历史证明，当共产党人夺取了政权之后，没有一个共党国家实行过"巴黎公社"的普选原则。这些国家的最高领袖，都是由利益集团中少数几个人指定的，而接班人的选拔，则是由领袖自己或领袖周围少数几个人来做决定———这是马列主义理论发展的必然结果。为了掩盖共党政权的独裁性，共产党人也会设立诸如"中委"、"人大"等议政、立法和选举机构，来体现他们的"民主"。众说周知，这种"民主"，不过是橡皮图章式地走走过场而已。这种指定领袖和接班人的体制，发展到今天，自然而然地产生了北朝鲜的金家**父子承袭制**和古巴的卡斯特罗**兄弟依存制**，也自然而然地产生了毛泽东、邓小平和少数几个人秘密指定领导人、指定接班人的**党魁指定制**。无论是父子承袭制、兄弟相依制和党魁暗箱**指定**制，都与封建君主专权世袭制没有质的区别。所以，当毛泽东打倒了他选定的接班人刘少奇之后，便又合乎逻辑地亲自挑选听话的林彪，当他的新接班人。

与所有嗜权如命的独裁者一样，毛泽东位极人臣，处于高处不胜寒之中：为了防遭暗算，猜忌、偏执、贪欲、好斗、狂妄、暴虐和狡诈，成了他挥之不去的痼习，大权旁落是他难以容忍的恐怖。从赶走王明以削弱周恩来的权势，孤立朱德以结束朱毛体制，到选林彪为接班人而拖死刘少奇的权斗中，他的信任都是建立在权术基础之上。当然，也有"信任"人的时候，但那种"信任"是"利用"的同义语。**例如，他联合周恩来，是为了打倒刘少奇，他扶植林彪，是为了抑制周恩来。**因此，他所"信任"的林彪，不过是他巩固权力布局中的一枚棋子而已。当"九大"上把林彪确定为"接班人"并写入党章后，猜忌心结使他发现，**林的权力迅速膨胀起来，大有刘少奇第二之势，甚至有林、周结盟的可能，这对他的绝对权威已构成了潜在威胁。**习惯于大权独揽的毛泽东，大权旁落的威胁，使他必须采取措施，节制副帅的权力。其中，他坚持宪法中不设国家主席，就是节制副帅权力的权谋之一。

贵为接班人的林彪，是个没有多少实权的副帅。国民经济各部门由周恩来掌管，他不好过问也不愿插手；他虽主管军委，但大权还牢牢掌握在毛泽东手里。昔日，他统帅百万大军时，那种纵横驰骋、叱咤风云之势，何等辉煌，何等威烈！但作为副手，这些都成了过眼云烟。例如：部队调动都要经毛泽东首肯，尤其在北京，他无权调动一个排；军队高级将领的任命，都必须经毛泽东批准。很少当过副职的林彪，当了副帅很不自在。尽管通过多年的经营，善于拉帮结派的林彪，在重要军事部门也安插了一些亲信。但这些亲信，既效忠于他，也效忠于毛泽东。

有人著文说，林彪没有权力欲，这种说法缺乏根据。恰恰相反，林彪不仅是一个有强烈权力欲的元帅，而且是一个有强烈自尊心的独断独行者。

战争年代，他的权力欲和自尊心表现在他**不当副职**。1926年10月，19岁的林彪被分配到国民革命军第四军第二十五师第七十三团任见习排长、排长。次年六月，升任七连连长，参加了南昌起义。1928年3月，他以一个连队的兵力与敌一个团周旋，并将来阳县城里的敌人悉数赶跑。不久，他被朱德、陈毅提升为一营营长，同年8月，又被任命为二十八团团长。1930年6月，整编后的中国工农红军第一军团，由朱德任军团长，毛泽东任政委，下辖红四军和红六军，他被任命为红四军军长。1930年10月，在反国民政府第一次围剿中，他率领红四军，全歼赣军十八师，活捉前敌总指挥、师长**张辉瓒**。1932年3月，未满26岁的林彪，升任红一方面军第一军团长。次年2月27日拂晓前，他率领一军团埋伏于黄陂两侧，不到3个小时，干净全部地歼灭了国民政府第五十二师。

他的权力欲和自尊心还表现在他敢于**坚持己见**，敢向毛泽东叫板。"长征"中，他率领红一军团斩关夺隘，爬雪山，过草地，强渡大渡河，奇袭泸定桥，智取腊子口，等等，战绩卓著；尽管他支持毛泽东，但对毛朝令夕改的指挥作风十分不满，对翻来覆去走路的行军方式尤为恼火。行军途中，他对军团政委抱怨道："**尽走弓背！尽走弓背！不会走弓弦吗？这样会把部队拖垮的，像他这样领导指挥还行？**"在会理休整期间，他打电话对彭德怀说："**彭总，现在的领导不成了，你出来指挥吧。再这样下去，就要失败了。我们服从你的领导，你下命令，我们跟你走！**"由于彭德怀拒绝了林彪的要求，他便写信中央，要求撤换毛泽东，要彭德怀任前敌总指挥。

林的顶撞，也受到了毛泽东一个小小的惩戒，被免去第一军团团长的职务，调任为红军大学（后为抗大）校长，剥夺了他的军权。但他毕竟是一员难得的虎将，毛再恼火也得用他。当红军改编为八路军时，他又被委任为一一五师师长，成了八路军的主力部队。

抗日中，林敢于违背毛泽东为中共制定的"**独立自主的山地游击战争**"和"**要避开与日军正面冲突**"亦即"**一分抗日，二分应付，七分发展**"的总方针，主动在平型关伏击了一支日军补给部队，消灭了数百名日军，缴获了100多辆卡车的军用物资，700多匹骡马。八路军由此威风大振，使毛不得不发电表示祝贺。不幸的是，他穿上了缴来的日军将军服，纵马驰骋，不幸被友军疑为日军，开枪击伤，差点送命。

内战中，毛泽东不得不再次启用从苏联疗伤归来的林彪，任命他为东北人民自治军总司令。毛、林在东北的总体战略构想是一致的，但在一些关键问题处置上，却大相径庭。如毛要林在锦州与国军决战，林却反其道行之，不仅避免决战，还把沈阳等大中城市"让"给了国军。再如，毛严令林死守四平，但林却发出了"**撤退、撤退、撤退**"的命令，一直撤退到哈尔滨，赢得了宝贵的喘息时间，为一年后全歼东北47万国军，奠定了牢固的基础。后来升任中共中央副主席的陈云，1947年5月，在给高岗写了一封信中，把林彪主动避免锦州决战和从四平街撤退的两件事，作为进入东北后前七个月中的两件决定性的大事加以肯定。信中写道："**如果这两件事当时有错误的话，那么，东北就难有以后的好形势。**"他间接批评了毛泽东。但在编纂《毛泽东选集》时，辽沈战役的胜利，都揽在毛一人名下。

林彪被誉为"常胜将军"，笔者不敢苟同；但被誉为中共的"韩信"，却货真价实：在歼灭国军主力的**辽沈、平津、淮海**三大战役中，林统率指挥的第四野战军，先后发动并指挥了辽沈、平津两大战役，消灭国民党精锐主力部队一百多万，然后挥师南下，以摧枯拉朽之势，连续发动了渡江战役、衡宝战役、广西战役，又渡海直取海南岛，歼灭蒋的国民政府军数十万，使中南地区成了中共天下。因此，他是名符其实的中共战胜国民党、夺得政权、建立中华人民共和国的开国元勋。

然而，中共建国即所谓"解放"后，他"病"了，而且"病"情发展得越来越严重：不仅怕风、怕光、怕水、怕声、怕惊，而且到了"见风就感冒，见水就拉稀"的地步；他所住的屋子，窗户都要用三层窗帘严严实实地遮住光，挡住风。这位劳苦功高的开国元勋，虽然"病"了，但功高盖世，还是被毛任命为国务院副总理和军委副主席。但这位当惯了正职的林彪，对这些副职不感兴趣，甚至多把它当成一种荣誉。因此，无论军务、政务、党务，能推则推，重要会议，能躲则躲。

他"病"得蹊跷！"九一三事件"后，毛泽东派人到他家里查抄时，在查获他的《日记》的同时，还抄获了他手书的座佑铭：

天马行空，独往独来！

张良范蠡，激流勇退！

座右铭反映了他的强烈**权力欲**和**自尊心**。

这位叱咤疆场的英雄，年轻时就有鸿鹄之志；"解放"时，年四十有二，风华正茂，且功高盖世，岂能安之于副职？"天马行空，独往独来"是他的性格，也是他的抱负。"玉在匣中求善价，钗在奁内待时飞"，他是在借养"病"之名，等待大显身手的机会。他太了解毛泽东了，他熟悉毛的嗜权、好斗、偏执、猜忌、暴虐和奸诈的品性。潜意识使他认识到，伴君如伴虎，在毛身边，深有"**是福还是祸**"之不祥预感。他太了解马列党建理论和无产阶级专政学说了。潜意识使他认识到，"狡兔死，走狗烹"的悲剧，这些在现代民主国家不可能发生的事，在现代封建社会主义中国一定会发生。于是，他在"天马行空，独往独来"的同时，作好了效法"张良范蠡"的准备，随时借"病""激流勇退"。

据林彪的医生说，他确实有点病，但不大。"病"是他对付毛泽东的权术，是等待机会要付出的代价。在马列主义旗帜下，权力情结使共产党人之间，充斥着权力斗争。这种斗争，有时表现为温情脉脉的革命友谊，有时则是你死我活的惨烈内讧。共产党人大都懂得这种权斗哲学。在养"病"中，当机会来到他的身边时，陪伴机会而来的是权力斗争。对此，他已习以为常了。

第一次来到他身边的机会是朝鲜战争。但他看穿了斯大林"一箭双雕"之计，认为："**朝鲜战争是斯大林挑拨东西方关系的一个阴谋。**"他反对出兵朝鲜，不愿为苏联和金日成卖命。他说："**为拯救一个几百万人的朝鲜，而打烂一个五亿人口的中国有点划不来。**"因此，当毛泽东要他挂帅出征时，他以"病"婉绝了，气得毛扬言要"**给他发转业证**"。他给毛碰了个软钉子后，并没有受到"兔死狗烹"的威胁。这是因为，为了权力斗争的需要，他的价值并没有因而贬值，毛可能还要用他。于是，他便继续以养"病"静而待之。

果然不出他所料，机会接连不断地来到他的身边：毛不仅没叫他转业，还任命他为中央军委副主席；授衔时，他成了十大元帅之一，年纪最轻，而名列三甲，仅排在朱德、彭德怀之后；后不久，又被"补选"为党中央副主席，成了中共七大领袖之一，位在彭德怀之上。自幼胸怀鸿鹄之志的他，自然对毛的关照感恩戴德。同时，他也看出，毛与彭德怀之间的裂隙正在扩展，由他取代彭是早晚的事。对此，他继续以养"病"静而观之。果又不出他所料，庐山会议上，彭德怀被毛罢黜。他坚决站在毛的一边，大骂彭是"**野心家，阴谋家，伪君子，冯玉祥**"，扬言"**中国只有毛主席是大英雄，谁也不要想当英雄**"，报答了毛知遇之恩，从而名正言顺地成了主管中央军委的国防部部长。但他没有忘记"兔死狗烹"的教训，他提议任命毛的亲信罗瑞卿为总参谋长，主管军委日常工作，得到了毛的批准；为了消除毛的猜忌，避开"兔死狗烹"，他又在军中大搞神化毛泽东的个人崇拜运动，把自己的命运与毛泽东紧紧连结在一起。

当他发现大权在握的**罗瑞卿**与**贺龙**元帅结盟有架空他的时候，特别是发现毛泽东怀疑罗有投靠刘少奇的嫌疑时，强烈的权力欲使他与毛联手，清除了贺、罗在军中的势力，并乘机把他的亲信黄永胜、吴法宪、李作鹏和邱会作等将领，分别提拔为总参谋长、空军司令、海军政委和总后勤部部长，成了他的"四大金刚"，强化了他对军队的控制。

林彪对毛泽东吹捧和神化的动力，来源于"天马行空"的强烈权欲。强烈的权欲导致他失去理智，在与毛支持的**江**、**张**争权夺利中，忘记了"激流勇退"的座右铭，从而使他最终走上了毁灭——折戟沉沙于外蒙温都尔汉！

2. 林彪眼中的毛泽东

有人著文说："林彪是中国最了解文化大革命内幕的第一人，他对文化大革命的来龙去脉比任何人都清楚。"又说："毛当时的每一个政治阴谋，林都了若指掌。"但笔者认为：这话颇有武断之嫌。现有资料可以证明，了解毛泽东发动文革内幕和谋略的人，至少还有周恩来、康生、陈伯达、江青等人。不同的是，林彪留下了《日记》（或称《工作扎记》），而城府较深的周、康、陈等人，为了防止查抄，他们没有留下这方面的文字记录。

当谈到林彪眼中的毛泽东时，人们很快会把他对毛的一系列颂词联系起来，什么"**大英雄**"、"**最高最活**"、"**一句顶一万句**"等等，还会把"**语录不离手，万岁不离口，当面说好话，背后下毒手**"拿出来，从而证明林是个早有预谋的反革命。

林彪是否是个早有预谋的反革命？看看他在《日记》中记述的对毛所作所为的看法（黑字体），便洞察出林的"反革命"真情：

一九六四年三月三日：是福还是祸？毛嘱：要我关注政局在变化，要我多参与领导工作，又问：上层也在学苏联，搞修正主义，怎么办？中国会不会出赫鲁晓夫搞清算，搞了怎么办？毛认为被人架空，这个人是谁？我吃了一惊，冒了一身冷汗，一场大的政治斗争就要来临！

——林知道毛要整人了，而且把他看成知己；他也知道毛的"三面红旗"政策饿死了数千万人的心结：怕在百年之后，有人搞赫鲁晓夫式的清算(2)。此刻，林尚不知道毛要发动文化大革命。

一九六四年十二月二十日：毛在会上批评北京有两个独立王国（按：邓小平的中央书记处、李富春的国家计划委员会）。**到会人朝着主席台感到惊讶！这个提法，政治局会上都没提出过，会上突然发炮，搞政治袭击，比赫鲁晓夫对死人搞政治袭击，来得更狠心。两个独立王国的国王不是刘、周。**

——毛在中共中央政治局召开的全国工作会议上，不经政治局讨论便公开批评北京有两个独立王国，林认为毛"比赫鲁晓夫对死人搞政治袭击，来得**更狠心！**"但据报导，赫鲁晓夫批斯大林是经苏共政治局讨论同意的。

一九六四年十二月二十七日：好不寻常！我、伯达、康生，成了毛生日座上的贵客，还有婆娘（按：林私下对江青的称呼）。**毛喝了一瓶白沙液**（按：湖南第一酒），**翻来覆去问："中央有人要抢班夺权，怎么办？要搞修正主义，怎么办？"又问："军队不会跟着搞修正主义吧！中央政治局、国务院、中央书记处都要排斥姓毛的。毛还是党的主席、军委主席，要逼我造反，我就造个天翻地乱！"**

今天，毛来电吩咐说："昨天我生日，心情舒畅，酒喝了过多，发了一通，不算数"，要我们不要传开。我想毛下一步要从北京市委、从计委、从中办、从文化部开刀。

——林应邀参加毛的寿宴，受宠若惊。他知道毛要造反了，而且不惜屠戮生灵，"造个天翻地乱"。历史果真如林预言：毛从文化部试刀，批《有鬼无害论》、鬼戏《李慧娘》，然后利刃砍向北京市委、国务院、中央政治局，最后砍向普通老百姓，造成200多万人死亡，上千万人伤残。正是：**天子震怒，血流成河！**

一九六五年九月三十日：风吹得很劲。毛提出，让叶群多关心政治大事，创条件参加实际一线面上工作。问了叶群行政级别，说："十四级，太低、太低！"毛的办公室主任是七级、八级。毛说："不能再干等着，国庆节后准备对各大区第一书记放炮，提出：中央出修正主义造反，中央不正确的就可以不执行，不要迷信中央，不要怕兵变，不要怕乱，不要怕造反。大乱才能大治，是我革命斗争实践中的思想理论结晶！"毛要从舆论上、组织上发动进攻，要整人，要搞垮人了。

——林明白，为了整刘少奇，毛不惜天下大乱而发动文化革命，还要借助他主管的军队，达到"大治"，因此拉拢他，给林夫人叶群加薪。显然，这与毛号召的大公无私、助人为乐的雷锋精神，相去何止十万八千里！

一九六六年一月五日：婆娘要到部队插手文艺，要从文艺上作政治突破口，借用军队力量，搞政治权力斗争。

毛对婆娘到部队事，很着急，又来电话说，江青要来拜访我，要我安排她到部队体验生活。玩什么花招，体验什么生活？是接圣旨搞政治斗争。萧华就是很反感这个婆娘到部队，打了两次招呼，还顶着。

——林十分清楚，中共中央签发的《林彪同志委托江青同志召开的部队文艺工作座谈纪要》的来龙去脉，也突现他对毛搞阴谋的警觉。文革中，萧华上将为此付出了被打倒的代价。但江青要打倒萧华，很可能与萧常选女文工团员向毛"进贡"有关。

一九六六年五月二十六日：老毛施阳谋外出，由刘（按：刘少奇）**主持中央会议，经刘除"彭、罗、陆、杨"作第一步，再通过毛的政治斗争纲领文件，铲除刘、周、邓，这是毛的阴谋。**（按：一九六六年五月四日至二十六日，中央政治局召开扩大会议。十六日，会议通过由陈伯达、康生起草、毛泽东作了七处修改的《五一六通知》。通过时，朱德、陈云、李富春三人弃权。）

——"老毛施阳谋外出"和"这是毛的阴谋"，突显林对毛个人品质的认知："阳谋"是"阴谋"的变形，两者内涵相通。

一九六六年十二月七日：毛姻（？）意要除刘、邓。刘邓提议，六一年八月召开党的九大。毛说：要请长假调理。六四年五月，政治局提出：八大至今已八年，要召开九大。毛说：要返故乡休息。毛指：六一年是要复辟搞修正主义，六四年是排斥毛夺权。

毛在会上指（按：一九六六年十二月四日至六日，毛泽东委托林彪主持召开中央政治局扩大会议。）：刘邓主要还是五十天的问题，能认识、检讨就可以了。会后，和陈伯达、康生、谢富治说：刘邓是十年、二十年的问题，特别是刘。

——林熟悉毛当面握手，背后踢脚的痞性！

一九六六年十二月三十日：运动要失控：学校停课了，工矿企业大部分停顿了，农村也要革命了，党政机关都反了，全国都动了。"B52"（按：林私下对毛的称呼。）说："乱一乱怕什么？大乱才能大治！"上海十多万人参加武斗，全市瘫痪。伯达问我意见，我意见很简单："武斗不行。谁下命令都不行。是文化大革命，不是革命战争。我反对武斗、打人！"。我问总理："上海是不是那个眼镜蛇（按：林私下对张春桥的称呼。）搞的？"总理告诉我："一、很反对武斗；二、情况不怎么了解，要等最高指示。"（按：一九六六年十二月三十日，上海康平路事件是全国大规模武斗的发端。）

一九六七年一月九日：一月革命，上海夺权斗争，是"B52"授权眼镜蛇、婆娘搞的。全国各处，从上至下、天南地北展开夺权斗争。谁夺谁的权？婆娘代"B52"到处放炮，到处打、砸、抢、抓、斗，到处埋下仇恨种子。

一九六七年一月二十日：局势继续乱，二十五个省区告急瘫痪。动用武装部门、保卫部门武器参与武斗。双方都坚持忠于同一个神，同一个魂，同一个旨。

——在毛泽东的策划下，张春桥在上海打响了夺权、武斗流血的第一棒，全国大规模夺权、武斗由此开始。林与毛、江、张意见相左，态度也较鲜明，但他同周恩来一样，都是毛武力夺权的积极执行者。

"B52"对局势的发展开始感到不安。每天上报武斗伤亡数目数千人。提出军队下去支左稳定局面，如不行，实施军管。我说，是个好的决策，但军队下去要有个方向，有个时间表，军队本身有战备任务。

——"三支两军"由此开始。就《日记》而论，除支左、军管外，林对毛的决策，似持异议。

一九六七年二月十九日："B52"下指令，要整一批不服气、不买账的老帅，借此以中央文革取代中央政治局的权力。婆娘、谢（按：谢富治）、张锋芒毕露，执行"B52"部署不遗余力，党心、军心、民心会发自内心："毛主席万岁！"

一九六七年三月十五日：一批老帅闹了怀仁堂，是冲着"B52"的婆娘和几个得意忘形的先锋的，激怒了"B52"，下令叫老帅去休息。总理也给批了：搞折衷主义。文革帮取代了政治局，一场风暴会逼来。

——林说江、谢、张"不遗余力"，其实他也一样，甚至有过之而无不及。不过，他如实地记录了文革小组取代政治局的过程。

一九六七年三月十八日："B52"问：总理对文化大革命、对新生事物的立场？我随即说："紧跟主席的"，有意留给"B52"纠正的。"B52"点点头说："能不能思考五分钟，下结论？"我还是有意等着装作思考。"B52"抽了第二支烟一半，按捺不住道出："总理思想上和刘是合拍的，组织上是看我的。总理中庸哲学，你和我也要学一点。"说着仰天大笑。

——毛对周的看法，是七年后批周恩来为投降派的伏笔。

一九六七年七月二十三日：我林彪还能睁着眼！就决不能让婆娘插手军队。乱了，失控了，派军队到地方、到学校，是"B52"的主意。鼓动造反派打倒军内走资本主义道路当权派是"B52"指使婆娘煽风点火的。军内走什么资本主义道路？冲击军事机关、冲击军区，是对着谁来冲的？

谢富治来说，婆娘想在军委办、总政治部挂个职。我问：谁的主意？我不信主席有这样安排。我问了总理："怎么回事？"总理说："听了也当作一风吹。"（按：据汪东兴回忆录档案，毛泽东授意谢富治向林彪提议，安排江青到军委办挂个副主任，或到总政挂个副主任职务。林彪强调要有主席批示或指示，才能安排。）

——林反对毛乱军，反对江青插手军队。毛要打倒右派将领，"帽子"也是"走资派"。可见，林在军内打倒了贺龙、罗瑞卿、许光达、杨成武、余立金和傅崇碧等高级将领，毛、江压力是关键，但"九一三事件"后，这些都推到林彪一人头上，使林成了罪有应得的替罪羊。

一九六八年七月二十七日：又是一大创举！从工人、农民中选拔学生上"B52"命名的"七.二一工人大学"。用不了五年，国防、科技、工业、学校、文化，都要闹人才荒。

最高指示又下达：工人宣传队进驻学校，进驻科研、教育系统，要打破知识分子独霸的一统天下，占领那些大大小小的独立王国。看来乱得还不够，还未能看到尽头。

——毛要选拔工农上大学，派工宣队进驻科研、教育系统，林不仅看出未来的人才断裂层，也看到乱没有"尽头"。

一九六八年九月二十九日：婆娘整出刘少奇五大"死罪"，王光美是美国情报局特务的材料。文革组意见：王光美死刑，立即执行！"B52"在材料上圈阅了，其它成员照样画圈，无一例外，再批上"完全同意"四字。我也跟随。第二天又退回。"B52"批上"刀下留人"四字，果然不叫你不服。

——毛江定刘少奇五大罪状，王光美是美国特务，判死刑，林等跟着毛画圈。试探了众臣是否忠诚的态度后，毛摇身变成了怜香惜玉的天使。

一九六九年三月二十一日：总理送来党章草案定稿，把我列为毛的亲密战友和接班人，写入总纲。我心不安，向总理提出："是否不妥？谁提出的？主席意见呢？"总理告知："是主席亲自提议的，有指示。既然定了党的副主席，当然是接主席的班，名正言顺。"我还是建议征求其它同志的意见。

婆娘来电恭贺我是主席唯一接班人，又表示在任何情况下捍卫我、保卫我的一套！话的主题还是要求安排她在军队担任高职。

——林被列为毛的亲密战友和接班人，写入党纲，以往所有公开材料，都回避"**毛亲自提议**"这个关键问题。这是否能证明："九一三事件"后，中共公布的毛在六六年给江青写的不信任林的那封信，完全是伪造的？请读者自断！

一九六九年十月十七日：会议发生争议，气氛很紧张。"B52"突然离题提出，国际形势有可能突然恶化：苏修要宣布开战，美帝准备入侵，蒋介石部署反攻大陆，印度要侵占西藏。到会的都给突发性幽灵所勾划出的最新情报怔住，都提出了疑问，等着总理、我的态度。我还是不想表态，被"B52"点了名，就说了："蒋介石反攻大陆还要老板点头，加大扰乱、挑衅，会的。另一个因素看，我们局势能稳定下来、正常了，谅不敢大的军事挑衅。苏修宣布开战，还得有个借口；美帝入侵，至少近期不可能，他越战陷得很深。"三个老帅也认同我的分析。"B52"当即发怒："看来我和亲密战友不够亲密了，我又变成了少数。我以党主席提议，民主表决。同意我的意见请举手，反对的不举手。"通过了。**一个老帅改变立场，四人未举手。**（按：三个老帅指朱德、刘伯承、叶剑英，改变立场的是叶剑英，四个未举手的是朱德、林彪、刘伯承、陈伯达。十月十七日晚，中央军委作出《关于加强战备，防止敌人突然来袭》的紧急指示，要求全军进入紧急战备状态。十月十八日，以《林副主席第一号令》正式下达紧急指示，引起全国、国际极大震动。）

——林根据毛的决定，下达了全军进入紧急战备状态的《林副主席第一号令》，惹了大祸。林彪和陈伯达要为"不举手"付出代价。

以上文字可以看出，林彪在《日记》中反对毛整人的政治阴谋，反对江、张、谢等人为毛作伥，甚至反对毛的"层层剥笋"的文革战略部署；但在现实中，他却坚定不移地站在毛的一边，在军队里掀起了活学活用毛著作的高潮，鼓吹"**毛主席天才地、创造性地、全面地继承、捍卫和发展了马克思列宁主义，把马克思列宁主义提高到一个崭新的阶段**"，从而带动全国，把毛的个人崇拜运动推到了峰巅，强而有力地震慑了党内右派，保障了毛的层层剥笋、步步进逼战略部署的实现，最终把刘少奇拖死到囚所，取得了挫败党内右派反抗的胜利；与此同时，他又与毛、江联手，先后翦除了军内的对手罗瑞卿、贺龙等高级将领，强化了他对军队的控制权，等等。这是为什么？他在《日记》中这么写道：

"**主倡臣和。**"

"**勿讲真理而重迎合。**"

"**主席就是最大的群众，他一个人顶亿万人，所以和他的关系搞好了，就等于对群众搞好了，这是最大的选票。**"

"**党性，遵命性也。**"

"**遵命乃大德、大勇、大智。**"

"决议不好也同意——头等大事,不然是书呆子。"

"民主集中制——服从——纪律。"

"大事不干扰,小事不麻烦。"

"毛主席划圈我划圈。"

显然,为了权力,林彪把双重人格表演得令人作呕,而记录双重人格的《日记》,也成了反毛、反党和"**早有预谋的反革命**"的铁证。

双重人格人皆有之,普通人呈相生相克的自然态;但在独裁主义和无产阶级专政体制下,许多官员的双重人格呈病态状的两极化——人格分裂。无产阶级专政体制下的人格分裂:一方面以权谋为中心,推重谎言,崇信"**为了目的,不择手段,为了目的,强奸道德**"亦即"政治无道德"的哲学,甚至是"可以和魔鬼结盟"的魑魅,另一方面不忘往脸上涂脂抹粉,把自己打扮成"为人民服务"的道德楷模和耿耿为革命的"公仆",一个人间无法类比的天使。这些在前面第13章里有所评说。人格分裂是诸多共产党人的特色,高级干部尤其如此。就人格类型而言,毛泽东、周恩来、邓小平等人,都是智能型或事业型的,又都是人格分裂的表率,比之林彪,他们更聪明、更城府、更诡谲,没有留下授人以柄的《日记》。盖而言之,林的《日记》谈不上是历史的进步,但它记录了毛泽东的倒行逆施,其厌恶毛的反动是显而易见的。尽管如此,林令人作呕的表演,还是获得了毛的赞赏,使他一步步爬上权力的顶端,成了毛的亲密战友和接班人,并堂而皇之地写在九大的党章里。

然而,乐极生悲,正当他一步步爬上权力顶端的同时,却在一步步滑向深渊。由于时过境迁,崇信"理无常是"哲学的毛泽东,**意中的接班人正在向江青和张春桥转移**,而他已经变成了毛夺取和巩固权力布局中的一枚棋子。当九大党章中把他确定为毛的接班人后,自以为地位稳固了的他,"兔死狗烹"的教训逐渐淡化,而强烈的权力欲和自尊心,又使他企图在毛的阴影下改头换面,树立一个**非毛类周**的新形象,为未来全面掌权做准备。但他的新形象还没有树立起来,便走向毁灭。

题外的话:

近传:林彪《日记》是伪造。对此,笔者既无法肯定,也无法否定,因为,档案死不解密。假如"伪造"是真的,但在档案解密之前,笔者也不愿修改"林彪眼中的毛泽东"。因为,"伪造"的林彪《日记》,基本上反映了那个时代的历史进程,很可能比"真实的日记"要真实得多!

3. 林彪讲话——明颂天才暗批张

1970年8月23日,中共九届二中全会在江西庐山开幕。毛泽东主持了这次会议。在周恩来总理宣布了会议讨论修改宪法、国民经济计划和战备三项议题后，林彪按事前与毛泽东约定的内容开始讲话。他俩约定了什么内容呢？据高文谦在《晚年周恩来》一书中披露，在林彪讲话前，毛泽东问林彪准备讲什么，"**林说：听吴法宪讲，在讨论宪法修改草案时发生了争论，张春桥不赞成写上国家机构要以毛泽东思想为指针，还说赫鲁晓夫天才地创造地发展了马列主义，我想讲讲这个问题。主席听了后说：这不是张的意见，是江青的意见，是江青在背后搞的鬼，你可以讲，但不要点张的名字。**"高的说法，在许多要员的回忆录中得到了印证。

实际上，在九大前，林彪与毛泽东的分歧已经明朗化。林彪觉得跟着毛泽东得罪了太多的大人物，没有像周恩来那样，在跟着毛泽东打倒一批大干部的同时，又能借机保护一批要员。因此，在九大上，他要利用"接班人"做政治报告的有利条件，树立一个敦厚宽容且务实的新形象，以期改变他在人们心目中留下的助纣为虐的负面印象，为未来全面接管权力做好准备。这个新形象的思路是：残酷的阶级斗争已经过去，文革应该体面收场；今后要讲经济建设，要搞民富国强，安抚干部和群众。这个非毛想法，正好和周恩来不谋而合，受到了周的支持。这种"宽猛相济"、"恩威兼施"的统治权术，林彪非常熟悉，否则，他统帅百万大军就无法解释。因此，根据他的授意和授权，陈伯达起草了题为《**为把我国建设成强大的社会主义国家而奋斗**》的九大政治报告大纲。然而，他的计划出了纰漏，在"大是大非"问题上，"宽"、"恩"只能有毛做出。令他没有想到的是，天才的毛泽东看穿了他施"恩"的计谋，决定收回毛自己曾放出的"三年结束文革"的试探性风言，要把文化大革命继续搞下去。因而，他授意陈伯达起草的"**恩**"字号政治报告大纲被毛否决，并由江青集团的张春桥和姚文元取而代之。对于江青集团的张、姚，他曾多次在私下表示："**张、姚是无名小卒，不知是那里冒出来的小记者！**"但对毛的决定，他也无可奈何。他对亲信发牢骚说："**他们写什么是什么，我林彪一字不改。**"果然，当张、姚起草的以毛的"**无产阶级专政下继续革命的理论**"为中心的"**威**"字号政治报告摆在他的面前的时候，他连看都不看，便在九大上照本宣科。早在六十年代初，把江青鄙称为"婆娘"、文革中又把张春桥视为"眼睛蛇"的林彪，当九大上树立新形象计划受挫时，便把江、张等视为"接班人"地位的主要威胁。这样，毛左派分裂，形成林、江两个左派集团，开始了争夺接班权的角逐。

在二中全会上，为了巩固已得到的地位和树立新形象，林彪决心利用党内反江、张势力"清君侧"。由于投鼠忌器，无法对第一夫人下手，便先拿江青的高参张春桥开刀。在得到毛泽东首肯后，便重弹"天才"老调，把冷箭射向"眼睛蛇"。此刻，权力欲使他忘记了高岗抨击刘少奇的教训(3)。他说：

"**毛泽东同志天才地、创造性地、全面地继承、捍卫和发展了马克思列宁主义，把马克思列宁主义提高到一个崭新的阶段。**"他批评"有人"说毛主席对马列主义没有发展的观点，指出"**这是形而上学的观点**"、"**是反马列主义的**"，"**这点值得我们同志们深思，尤其是在中央的同志值得深思**"。在谈及宪法草案时，他说"**把毛主席的伟大领袖、国家元首、最高统帅的这种地位**"，"**用法律的形式巩固下来非常好，非常好！**"并说这是整个宪法草案三十条中"**最重要的一条**"、"**最根本的经验！**""**肯定毛主席的伟大领袖、国家元首、最高统帅的这种地位**"是这次宪法的一个特点。他还说这种领袖地位是"**国内国外除极端的反革命分子以外不能不承认的**"。对于"天才"，林彪说："**我们说毛主席是天才的，我还是坚持这个观点。……这次宪法里面规定毛主席的领导地位，规定毛泽东思想是指导思想。我最感兴趣的、认为最重要的就是这一点。**"

林彪翻来复去地讲他的上述观点，直讲了一个半小时，赢得了阵阵掌声。这个颂辞连篇的讲话，按约定，没有点任何人的名，但暗藏的杀机，使知情者敏锐地察觉到，副统帅下达了批斗江青集团高参**张春桥**的动员令。

果然，全会在讨论林彪讲话时，批判的矛头迅速明朗化。

4. 批张波涛汹涌

张春桥是左派江青集团中摇鹅毛扇的。他在 1970 年 8 月 13 日中央宪法修改小组讨论会上，与左派林彪集团的干将吴法宪发生了争吵。根据毛的面谕，张春桥以宪法序言中已有类似内容为由，提议在"国家机构"一章中删掉"毛泽东思想是全国一切工作的指导方针"一句话，他还以毛曾说过"天才地、创造性地、全面地发展了马克思列宁主义是个讽刺，赫鲁晓夫也创造性地发展了马克思、列宁主义"等话，力促在宪法和决议中删除颂扬毛泽东"**天才地、创造性地、全面地**发展了马克思列宁主义"句子中的那三个副词，等等。素与张春桥不睦又不知就里的吴法宪，认为张反"天才"的言论就是反毛、反林，警告张"要防止有人利用毛主席的伟大谦虚贬低毛泽东思想"，等等。两人话不投机，又互不相让，于是便争吵起来：一方理直气壮，一方有恃无恐！

山东巨野人张春桥，早年躬笔于上海文坛。1936 年 3 月 15 日，他十九岁时，以"狄克"笔名，发表了《我们要执行自我批判》的短文，挑战鲁迅，初试锋芒。1958 年 9 月 15 日，他发表了《破除资产阶级的法权思想》一文，受到了毛泽东的赏识而崭露头角。1963 年，他投到第一夫人江青帐下，自此官运亨通。到了文革，他被任命为"中央文革小组"副组长，同江青一起，成了毛泽东的得力打手。在打倒毛的政敌"走资派"的夺权中，他冲锋陷阵，得罪了太多的党内右派高官；在执行毛的"革命路线"中，他争宠邀功，与林彪集团明争暗斗，又与文革组长陈伯达分道扬镳；在清算毛在部队内的政敌时，他支持江青揪"军内一小撮"，又得罪了太多的党的高级将领。例如，在他和江青的直接支持下：上海第二军医大学"红纵"造反派，险些把总后勤部部长邱会作打死；广州军区的造反派

"炮轰"广州军区司令员黄永胜,使黄在广州呆不下去;南京造反派"炮打"南京军区司令员许世友,逼得许躲到大别山里,不敢出来;福州军区司令员韩先楚被一次次的"炮轰",整得焦头烂额;外交部长陈毅元帅,曾多次遭到造反派的批判和围攻,等等。因而:在毛泽东的眼里,他是响当当的左派,可靠的接班人之一;在林彪集团的眼里,他是一个可憎的争宠对手;在党内右派高官和将领的眼里,他是眼中钉、肉中刺,一个十恶不赦的妖孽。

但由于毛泽东的支持,党内右派高官和将领们,对张春桥的嚣张敢怒不敢言。然而,当他们从林彪暗藏杀机的讲话中嗅出**批张以清君侧**的信息后,特别是当张春桥的反"天才"言论被林彪集团揭出来后,便以为抓住了张"反毛"的"小辫子"。于是,他们便与有宿怨旧恨的党内左派林彪集团,站在一起,在九届二中全会里,形成了一个无形的讨张统一战线。因此,在全会讨论林彪讲话时,群情激昂,打声一片,纷纷发誓,要揪出那个"反对毛主席"的"野心家"和"坏蛋"——没公开点张春桥的大名。

在分组讨论林彪讲话时,华北组发言踊跃,言辞激烈,引起全会注目。例如:

提起江青、张春桥气不打一处来的**陈毅**元帅,不会放过搬倒江青高参的机会:他第一个表态支持林的讲话。但他的表态却遭到了一些中央委员的攻击。他们冲着陈毅吼叫:"你骨子里就一贯反毛主席,老右……"陈毅被迫不再说话。

当年作为中央文革小组组长的**陈伯达**,也曾不可一世过;但他的权力很快被第一副组长江青和副组长张春桥联合架空,生了许多窝囊气。林彪的讲话,给他提供了出气的机会。他针对"否认天才"的政敌张春桥振振有辞地发泄道:

毛主席是天才人物,没错,马恩列斯都承认历史上有天才人物。我完全拥护林副主席昨天发表的非常好、非常重要、语重心长的讲话。林副主席经常说,毛主席是当代最伟大的天才,是当代无产阶级最伟大的天才。"毛泽东思想天才地、全面地继承、捍卫和发展了马克思列宁主义,把马克思列宁主义提高到一个崭新的阶段"说这是多年的话了,林副主席这些话已发表了多年。但是现在竟然**有人**胡说这些话是一种讽刺。如果大家不忘记的话,我想大家会记得,林副主席这些话写在八届十一中全会公报上,是十一中全会通过的。这样的人要否定公报,要否定无产阶级文化大革命。吴法宪同志说过一句很好的话,就是有人利用毛主席的谦虚,妄图贬低毛泽东思想。这是绝对办不到的。在毛泽东思想教育下,已经觉悟了的中国人民,很快就识破了这种阴谋诡计,在毛主席亲自领导下,取得了伟大胜利之后,**有人**竟然怀疑文化大革命,是不是想搞历史的翻案。我就提出这个问题。**有人**说世界上根本没有天才,但是他们认为他自己是天才。我们知道,恩格斯多次称马克思是伟大的天才,他的著作是天才的著作。列宁多次称赞马克思是天才。斯大林也称马克思、列宁是天才。我们也称过斯大林是天才。否认天才,是不是要把马克思、列宁全盘否定呢?更不用说要把当代最伟大的天才一笔勾销。我看这种否认天才的人无非是历史的蠢才。要赶快觉醒起来，阶级斗争的规律是不以人们意志为转移的。列宁说在现代社会中，假如没有十来个富有天才（而天才人物不是成千成百地产生出来的）、经过考验、受过专门训练和长期教育并且彼此能够很好地互相配合的领袖，无论哪个阶级都无法进行坚持不懈的斗争。按照列宁的说法，**否认天才，就是否认领袖，就是否认无产阶级专政**。这是我听了林副主席的讲话，发表这样一点意见。还有其它问题，以后有机会再说。说的不对，请大家批评。

为了说"天才"的理论根据，他连夜摘编了七条恩格斯、列宁、斯大林和毛泽东论天才的语录，在讨论会上传阅。

素与江青集团不睦的**汪东兴**，不忘给她的高参张春桥当头一棒。他说：

我完全拥护林副主席昨天的讲话。林副主席的讲话是很重要的，对这次会议有很大的指导意义。林副主席是我们活学活用主席思想的光辉榜样，毛泽东思想伟大红旗举得高，学得好，用得好。在关键时刻，林副主席的态度是正确的。这种态度代表我们的心意，代表全党、全军、全国人民的心意。我很受感动，坚决向林副主席指出的这个方向前进，并且努力紧跟。刚才伯达同志的发言，我也同意。这种情况是很严重的。**我们党内还有这样的野心家，这是没有刘少奇的刘少奇路线，是刘少奇反动路线的代理人。我看这种思想是最反动的。我们不允许这种思想在我们党内泛滥**。谁反对毛主席，反对毛泽东思想，我们就和他拼到底。林副主席昨天讲话中说，毛主席的领导地位，是在几十年斗争中形成的，是在党内两条路线较量中比较出来的。这个领导地位，除极端反革命分子外，不能不承认的。林副主席还说，毛主席是我们党、政府、国家、军队的缔造者。毛主席的领导，是我们取得胜利的各种因素中的决定因素。我还记得林副主席早就说过，没有毛主席，也就没有我们自己。林副主席特别强调，在《宪法》中肯定毛主席的伟大领袖、国家元首、最高统帅的地位，肯定毛泽东思想作为全国人民的指导思想，非常重要，非常重要。这一条是《宪法》的灵魂，是30条中最重要的一条。这一条是我国革命经验中最根本的经验。我完全拥护林副主席这些精辟、透彻的阐述。另有一点建议，根据中央办公厅和八三四一部队讨论修改《宪法》时的意见，热烈希望毛主席当国家主席，林副主席当国家副主席。有的说不当国家主席可以减少些事务，如接见外宾等，事实上凡到中国来访问的外宾，绝大多数主席都接见了，到中国来的外宾，主席不接见他就不走。主席的接见，影响是巨大的。建议在《宪法》中恢复国家主席一章，毛主席当国家主席，林副主席当国家副主席。这是中央办公厅机关的愿望，是八三四一部队的愿望，也是我个人的愿望。**有的人不仅不要毛主席当国家主席，连毛泽东思想都不要。用毛泽东思想武装起来的人民，可以识破这些坏蛋**（陈伯达插话，有的反革命分子听说毛主席不当国家主席，喜欢得跳起来了）。经过无产阶级文化大革命，我们把刘少奇篡夺去的权夺回来了，这个权如果再被坏蛋夺走，我们是不甘心的。我们的权一定要掌握在以毛主席为首、林副主席为副的党中央。

汪东兴所说的"野心家"、"坏蛋"是谁呢？有太监总管"美誉"之称汪，是中共中央办公厅主任，每天呆在毛泽东身边，最了解毛的真实想法，因此，他的发言自然会被人们看成是来自"最高"的声音。由于与会者都想知道这个"坏蛋"是谁，于是，在会议休息期间，一些老干部、老将军，便**"凑过去向汪东兴打听消息"**。据《九届二中全会上的郑维山将军》一文记载：

萧劲光（海军大将）问汪东兴："汪主任，会前不是传达过不设国家主席吗？现在又主张设，是不是风向真的变了？"

汪东兴说："萧老，在这种大是大非问题上可不能糊涂啊！"

郑维山（北京军区司令员）走近汪东兴，问："汪主任，事情有变啦？"

汪东兴指着郑维山，严肃地说："你这个郑维山，再也不要糊里糊涂的。同志，你要知道，问题严重呢。我们林副主席真是了不起。要不是他发觉得早，又一次出来捍卫主席，问题可就严重了。"

李雪峰（河北省委第一书记）追问："那主席知道这件事？"

汪东兴："知道，就是不让点名。"

由于汪东兴在小组会上的发言，调门最高，火药味十足，又由于他的身份非同一般，在他的鼓动下，华北组与会者都踊跃发言，高调支持林的讲话，形成了不指名批张高潮。

与此同时，在其它组里，林彪集团骨干都纷纷上阵，不指名地抨击张春桥。据中央专案组选印的**《林彪反党集团反革命政变的罪证》**材料之三记载，"**叶群**称：'林彪同志在很多会议上都讲了毛主席是最伟大的天才。说毛主席比马克思、列宁知道的多，懂得的多。难道这些都要收回吗？坚决不收回，刀搁在脖子上也不收回！'**吴法宪**称：'这次讨论修改宪法中有人对毛主席天才地创造性的发展了马列主义的说法，说是个讽刺。我听了气得发抖。如果这样，就是推翻八届十一中全会，是推翻了林副主席的《再版前言》。'**李作鹏**称：'本来林副主席一贯宣传毛泽东思想有伟大功绩的，党章也肯定了的，可是有人在宪法上反对提林副主席。所以党内有股风，是什么风？是反马列主义的风，是反毛主席的风，是反林副主席的风，这股风不能往下吹，有的人想往下吹。'**邱会作**称：'对毛主席思想态度问题，林副主席说"毛主席是天才，思想是全面继承、捍卫……"，这次仍然坚持这样观点。为什么在文化革命胜利、二中全会上还讲这问题，一定有人反对这种说法，有人说天才、创造性发展……是一种讽刺，就是把矛头指向毛主席、林副主席。'"

此外，吴法宪还向与会者透露了一个**重要信息**。据他事后回忆说那个重要信息是：

主席在武汉派汪东兴回京传达准备召开四届人大的意见。主席的意见大意是：要开四届人大，选举国家领导人，修改宪法，政治局要立即着手做准备工作。国家机构究竟设不设国家主席要考虑，要设国家主席由谁当好，现在看来要设主席只有林彪来当，但我的意见是不设为好。传达完后，来不及讨论，早早地散会了。叶群、黄永胜和我跑到汪东兴家里，又问了一遍。汪东兴又这样说，还是这几句。叶群很高兴。记得那次汪东兴还请我们吃地瓜。

曾身为重臣的吴法宪，当局心迷，忘记了毛的"理无常是"哲学：**今日"出尔"，源于政治谋划，他日"反尔"，本于权力考量。**

5.《第六号简报》剑指张春桥

由于群情激奋，华北组组长李雪峰很快签发该组《第二号简报》，大会旋以《**第六号简报**》向全会转发了该简报。现将六号简报摘要如下：

中共九届二中全会第六号简报
一九七〇年八月二十四日

华北组二十四日上、下午讨论了林副主席极其重要的讲话。**伯达**同志、**东兴**同志出席了下午的小组会，都在会上作了重要发言（另有简报）。

刘锡昌、郑维山、郭玉峰、聂元梓、刘子厚、马福全、钱学森、邝任农、吴涛、吴忠、尤太忠、彭绍辉等十二位同志发了言。陈毅同志也发了言。

大家热烈拥护林副主席昨天发表的非常重要、非常好、语重心长的讲话。认为林副主席讲话，对这次九届二中全会具有极大的指导意义。林副主席是我们学习毛泽东思想的光辉榜样，把毛泽东思想伟大红旗举得高，用得好，在每个关键时刻，对毛泽东思想的态度最好、最正确，这种态度，代表了我们的心愿，代表了全党的心愿，代表了全军的心愿，代表了全国人民的心愿，代表了全世界革命人民的心愿。使我们很感动，很激动，很触动，是个极大的督促，极大的鞭策，极大的教育。大家表示要坚决按照林副主席指出的这个方向前进，努力活学活用毛泽东思想，紧跟毛主席。刘子厚同志说，学习林副主席讲话，使自己对伟大领袖毛主席的态度感到更亲。过去学习毛主席思想就是学得不好，就是有迷迷糊糊的思想，所以在文化大革命前以及文化大革命中犯了错误，今后自己要警惕，一定要努力学好毛泽东思想，改造好自己的世界观。

大家听了**伯达**同志、**东兴**同志在小组会上的发言，感到对林副主席讲话的理解大大加深了。**特别是知道了我们党内，竟有人妄图否认我们伟大领袖毛主席是当代最伟大的天才，表示了最大、最强烈的愤慨，认为在经过了四年文化大革命的今天，党内有这种反动思想的人，这种情况是很严重的，这种人就是野心家、阴谋家，是极端的反动分子，是地地道道的反革命修正主义分子，是没有刘少奇的刘少奇反动路线的代理人，是帝修反的走狗，是坏蛋，是反革命分子，应该揪出来示众，应该开除党籍，应该斗倒批臭，应该千刀万剐，全党共诛之，全国共讨之。**

为了反击这种反革命阴谋活动，钱学森同志首先建议在宪法上，第二条中增加毛主席是国家主席，林副主席是国家副主席。接着汪东兴同志进一步建议宪法要恢复国家主席一章，大家热烈鼓掌，衷心赞成这个建议。大家认为，不能让妄图利用毛主席的伟大谦虚来贬低毛主席的阴谋得逞，不能把减少毛主席接待外宾的事务工作作为借口，实际上现在绝大多数外宾毛主席都接见了，几乎到中国的外宾是毛主席不见不走。毛主席不当国家主席，不是一样在接见外宾吗！

马福全同志说：我们河北省广大群众在讨论宪法时，一致认为只有伟大领袖毛主席才能领导我们从胜利走向胜利，只有林副主席，才能百分之百的用毛泽东思想武装我们贫下中农、工人阶级。强烈要求毛主席当国家主席，林副主席当国家副主席。我代表河北省的工人阶级、贫下中农要求宪法上写上。

由于大多数与会者都已知道，林讲话的矛头指向张春桥，这篇火药味十足的《第六号简报》，立刻引起了共鸣，纷纷加入不点名批张的洪流中。为了配合批张的"反天才"论，陈伯达连夜选编了三组七条恩、列、毛称天才的语录，在全会上传阅。现将陈选编的语录转抄如下：

恩格斯、列宁、毛主席关于称天才的几段语录

一、恩格斯称马克思为**天才**

恩格斯称赞马克思写的《路易.波拿巴特政变记》一书为："这是一部**天才**的著作。"《马克思恩格斯文选》第221页（余下各条出处均省略）

二、列宁称马克思、恩格斯为**天才**

1. "当你读到这些评论的时候，就会觉得自己好象是在亲自听取这位**天才**思想家讲话一样。"

2. "马克思的全部**天才**正在于他回答了人类先进思想已经提出的种种问题。"

3. "马克思的**天才**就在于他最先从这里得出了全世界历史提示的结论，并且一贯推行了这个结论。这一结论就是关于阶级斗争的学说。"

4. 列宁在《预言》一文中，在引用了恩格斯谈到未来世界大战时所说的一段话后，赞扬恩格斯："这真是多么**天才**的预见！"

5. "在现代社会中，假如没有'十来个'富有**天才**（而天才人物不是成千成百地产生出来的）、经过考验、受过专门训练和长期教育并且彼此能够很好地互相配合的领袖，无论那个阶级都无法进行坚持不懈的斗争。"

三、毛主席称马、恩、列、斯为**天才**

"马克思、恩格斯、列宁、斯大林之所以能够做出他们的理论，除了他们的**天才**条件之外，主要的是他们亲自参加了当时的阶级斗争和科学实验的实践……"

陈伯达选编的语录，都是共产主义导师们相互吹捧的记录，有据可查。自从马克思主义问世以来，特别是共产党人夺取政权以后，"天才"同"伟大、光荣、正确"一样，都

成了领袖头上的皇冠冕旒，其它人等没有资格享用——这是世界各地共产主义者的惯例；领袖被颂扬为伟大的天才，也无人敢说不——这是社会主义社会的一大特色。陈伯达选编的语录，没有什么新奇，不过是既往颂辞的重复和强调而已。例如，1953年3月9日，前苏联的独裁者斯大林刚刚死了三天，《人民日报》在头版显著位置发表毛泽东的《最伟大的友谊》一文，称颂斯大林为"**当代最伟大的天才，世界共产主义运动的伟大导师**"，他"**全面地、划时代地发展了马克思列宁主义理论，把马克思主义的发展推进到新的阶段**"。1966年8月12日，在中共八届十一次全体会议公报里，学着毛泽东颂扬斯大林的口吻称："**毛泽东同志是当代最伟大的马克思列宁主义者。毛泽东同志天才地、创造性地、全面地继承、捍卫和发展了马克思列宁主义，把马克思列宁主义提高到一个崭新的阶段。**"同年12月16日，这段对毛的颂辞又堂而皇之地写入向全世界发行了50多亿册被誉为"东方圣经"的《毛主席语录》的再版前言中。陈伯达煞费苦心选编的这套语录，满以为可置政敌张春桥于死地，没成想，他搬起石头砸了自己的脚，把自己"砸"进了秦城监狱。

为了支持江青和张春桥左派集团，毛泽东看见这些早已习以为常而频频笑纳的语录，突然变脸，提笔写了篇批判"天才"的《我的一点意见》，把吹捧他三十多年的政治秘书又当了几年党国第四把手的陈伯达，打入了秦城监狱！"伴君如伴虎"这条远古封建时代的戒律，竟然能在社会主义社会中继续发酵！

二、毛泽东反清君侧

智者千虑，必有一失。被誉脑子聪明的"常胜将军"林彪，在九届二中全会上，忘记了毛泽东是个出尔反尔的痞棍，是个不择手段的"阳谋"大家；当他再次起用麻肉的"天才论"来拍毛时，冷不防，被毛狠狠地踢了一脚。人们很清楚，在九大上，文化大革命已达到了峰巅，党内右派受到了沉重打击：八大时的30个政治局委员中，有27个被打倒，占90%，九大279名中央委员和候补委员中，八大中委只有53个当选，占19%。与此同时，九大基本上成了以党内左派为主导的天下：以林彪为代表的军方势力（其中不乏中、右派将领），急剧增强，在九大279名中委中，占了49%，；以江青为首的文革派，占了20~30%；在25位政治局委员和候补委员中，林彪势力占7人，江青文革派占5人，毛的亲信汪东兴1人；在政治局常委的5个席位中，除中间派周恩来外，其它为毛泽东、林彪、陈伯达、康生4人所居有，均系毛左派。因此，毛踢林的一脚，把党内左派踢向分裂，把中间派踢向了右派。"聪明反被聪明误"，同聪明的林彪一样，毛的一脚，也把自己亲自发动和领导的文化大革命，踢向末路。自此，走上峰巅的文化大革命，开始衰落，曾经不可一世的党内左派，分裂成势不两立的敌对派别；备受打击的党内右派，利用左派分裂，悄悄与党内中间派联手，伺机东山再起。

1. 抛出陈伯达当替罪羊

《第六号简报》出来后，惊慌失色的江青，拿着简报，领着如惊弓之鸟的张春桥，来到毛泽东御前告状。毛泽东看过简报后，勃然大怒，立刻下令，收回《第六号简报》，停止讨论林彪讲话，没给副统帅留一点面子。毛的决定，并非心血来潮之举。在他看来，林彪对他并非绝对忠诚，选其当接班人是一种权力交换。九大后，当林、江两派争斗愈演愈烈时，他心目中的信任天平，正向江派一边倾斜。二中全会前，他发现林在军队里的势力快速膨胀，而林的"第一号手令"的下达，公然挑战他的权威，有篡夺军权之嫌，已引起了他的高度警惕；令他特别不能容忍的是，林在全会上批张时那一呼百应之势、以及《第六号简报》那股浓烈的火药味，都公然发生在他的眼皮底下。尽管善玩"阳谋"的他，曾私下准许林不指名的批张，但出乎意料的是，批张来势迅猛，已经威胁到他的台前代理江青，使他大吃一惊！猜忌心结促他立即做出判断：这种有组织、有计划批张行为，是林彪搞的阴谋。嗜权如命的他，忽然发觉大权旁落的危险已经再次出现，刘少奇第二就在眼前。对此，他不能听之任之。他迅速做出决定：**遏制**林彪集团，**保护**江青集团。为了分而化之，各个制伏，他先稳住林彪，抛出常委陈伯达当其替罪羊，针对陈选的几段语录，写了一篇**《我的一点意见》**，借以警告林。他写道：

这个材料是陈伯达同志搞的，欺骗了不少同志。第一，这里没有马克思的话。第二，只找了恩格斯一句话，而《路易.波拿巴特政变记》这部书不是马克思的主要著作。第三，找了列宁的有五条。其中第五条说，要有经过考验、受过专门训练和长期教育，并且彼此能够很好地互相配合的领袖，这里列举了四个条件。别人且不论，就我们中央委员会的同志来说，够条件的不很多。例如，我跟陈伯达这位天才理论家之间，**共事三十多年，在一些重大问题上就从来没有配合过**，更不去说很好的配合。**仅举三次庐山会议为例。第一次，他跑到彭德怀那里去了。第二次，讨论工业七十条，据他自己说，上山几天就下山了，也不知道他为了什么原因下山，下山之后跑到什么地方去了**。这一次，他可配合得很好了，采取突然袭击，煽风点火，唯恐天下不乱，大有炸平庐山，停止地球转动之势。我这些话，无非是形容我们的天才理论家的心（是什么心我不知道，大概是良心吧，可决不是野心）的广大而已。至于无产阶级的天下是否会乱，庐山能否炸平，地球是否停转，我看大概不会吧。上过庐山的一位古人说："杞国无事忧天倾"。我们不要学那位杞国人。最后关于我的话，肯定帮不了他多少忙。我是说主要地不是由于人们的天才，而是由于人们的社会实践。我同林彪同志交换过意见，我们两人一致认为，这个历史家和哲学史家争论不休的问题，即通常所说的，是英雄创造历史，还是奴隶们创造历史，人的知识（才能也属于知识范畴）是先天就有的，还是后天才有的，是唯心论的先验论，还是唯物论的反映论，我们只能站在马列主义的立场上，而决不能跟陈伯达的谣言和诡辩混在一起。同时我们两人还认为，这个马克思主义的认识论问题，我们自己还要继续研究，**并不认为事情已经研究完结**。希望同志们同我们一道采取这种态度，团结起来，争取更大的胜利，不要上号称懂得马克思，而实际上根本不懂马克思那样一些人的当。

毛泽东 一九七〇年八月三十一日

《我的一点意见》通篇充斥着专横、武断、谎言，又是不值一驳的文章。在民主社会里，这种专横文章是没人敢写的。因为，在中央全会上，自由表达意见是党章上规定的民主权利；但在毛"一句顶一万句"的无产阶级专政时代，一篇不值一驳的侵犯民主权利的谎言，便能震慑住二百多名中央委员，没人敢质疑，更没有人敢反驳。陈伯达是从文革发迹的领袖级人物，是党和国家的第四把手。然而，仅仅一篇支持林彪的"天才"论，使他从权力的峰巅，堕入万丈深渊。陈的倒台再次警告人们：一手遮天的毛泽东，打倒二号领袖刘少奇历时三年，而打倒四号领袖陶铸和新四号领袖陈伯达，只用一句话——这就是马列主义者倡导的民主集中制。

据笔者考察，**陈伯达是个忠于共产党、忠于毛泽东、忠于马列主义的共产党人**。陈伯达(1904~1989)，福建惠安人。早年就读于上海劳动大学。1927年加入中国共产党，在中共中央宣传部出版科工作。后去苏联入莫斯科中山大学学习，1929年回国。1930年任中共福建省委宣传部秘书，并在福建军阀张贞部当少校秘书。1935年参加编辑《华北烽火》。1937年任中共北平市委委员，在延安先后担任中共中央党校中国问题研究室主任、马列学院编辑部主任、毛泽东的政治秘书等职。1945年在中共七大上当选为中央候补委员。"新中国"成立后，历任政务院文化教育委员会副主任、中共中央政治研究室主任、中国科学院副院长、马列学院副院长、第三届政协全国委员会常委、中共中央宣传部副部长、顾问、全国社会科学工作者协会副主任、《红旗》杂志总编辑、国家计委副主任等职。1956年在中共八大上当选为中央委员，在一中全会上当选为中央政治局候补委员。1966年任中央文革小组组长，在中共八届十一中全会上，当选为中央政治局委员、常委。1969年，在中共九大上，当选为中央委员，是九届中央政治局委员、政治局常委。

"**解放**"前，在毛泽东同肩负莫斯科使命的王明、周恩来权斗中，他协助毛提出了"马克思主义中国化"的理论，为战胜王、周联盟、巩固毛的领导地位，起到了不可替代的作用。他还积极**配合**毛泽东，起草了《七大政治报告》即《论联合政府》、《共同纲领》等重要文件，对中共夺取政权做出了贡献。其中《论联合政府》载入《毛泽东选集》，著作权归毛。当蒋介石的《中国之命运》出版后，他写了批蒋的《评〈中国之命运〉》一书，受到毛高度赞扬，被上层精英们誉为"一本书顶了几个师的力量"，是一本"不战而屈人之兵"之书，等等。"**解放**"后，他**紧跟**毛泽东，起草过《中共中央关于发展农业生产合作社的决议》、《第一个五年计划》、《中华人民共和国宪法》、《农村人民公社工作条例》等重要文件。在"三大改造"和大跃进中，他紧跟毛泽东进行过疯狂，使数千万农民饿毙。他积极参与毛推动的中苏论战，起草《二十五条》，参与"九评"文章的编写。当获知毛要整刘、邓时，他起草了"整党内那些走资本主义道路的当权派"的《二十三条》。他点睛式地修改了《林彪同志委托江青同志召开的部队文艺工作座谈会纪要》，使《纪要》一下子蹿升到马列主义理论高度，等等。**文革中**，1966年，他被毛泽东任命为中央文革小组组长，取代中共中央书记处，成了文革中的权力中心。他秉承毛旨，起草了《五一六通知》、《关于无产阶级文化大革命的决定》即《十六条》等文革纲领性文件，为毛发动和领导的文化大革命，做出了重大贡献。他手持毛的"尚方宝剑"，一夜之间，夺了《人民日报》的权力，自任总编辑，秉旨连续发表了《横扫一切牛鬼蛇神》、《大破四旧》等系列社论，鼓动造反，引发和推动了"红八月"大屠杀，导致全国十万人丧生，其中北京有五千多人死于非命。在十月的中央工作会议上，他代表毛泽东做了《无产阶级文化大革命中的两条路线》的报告，接着在1967年元旦，他的《人民日报》又秉旨发表了《把无产阶级文化大革命进行到底》的社论，掀起了向刘、邓为代表的党内右派全面夺权斗争，得罪了一大批党政军高级干部，为文革后科以重刑埋下了祸根；11月6日，他的《人民日报》发表编辑部文章：《沿着十月社会主义革命开辟的道路前进》，把毛泽东发动的文化大革命，概括成"无产阶级专政下继续革命的理论"，并颂扬其为马克思主义发展史上的"第三个伟大的里程碑"，等等。

马列主义理论家的最主要**任务**是，要善于赞颂最高领袖，因此，要求理论家们要擅长揣摩最高领袖的**思想**，并将其思想转化成令人信服的**理论根据**而**布教全国**；无产阶级政治家的最重要**使命**是，要善于紧跟最高领袖，因此，要求政治家们要敏捷领悟最高领袖的**意图**，并将其意图转化成宽猛相济的**指导方针**而**付诸实施**。做为中共理论家兼政治家的陈伯达，公正地说，这些任务和使命，他都做到了。到了九大，陈伯达事业已达峰巅，当选为政治局五大常委之一，大名排在毛泽东、林彪、周恩来之后，康生之前，成了炙手可热的党国第四把手。因而，他获得了极高的赞誉："**陈伯达同志是毛主席的好学生，是毛主席、林副主席领导下的无产阶级杰出的政治家、理论家。从轰轰烈烈的民主革命，到史无前例的无产阶级文化大革命，陈伯达同志几十年如一日，始终紧跟毛主席，一贯高举毛泽东思想伟大旗帜，同形形色色的'左'、右倾机会主义作不调和的斗争，为毛主席的无产阶级革命路线的胜利建立了巨大的功勋。**"

显而易见，陈伯达的一生是**配合、紧跟**毛泽东的一生，是**秉承**毛泽东旨意进行革命的一生。文革之初，他原本是江派的领军人物，但在担任权力极大的"中央文革小组"组长的几年中，备受江、张的掣肘和排挤，权力逐渐为江、张所取代，成了半傀儡。由于争宠夺幸，他逐渐与林派靠拢，谋求林的支持与江、张抗横。然而，在九届二中全会上，他

"揣测领袖意图"出了偏差，导致马失前蹄，酿成了一失足成千古恨的悲剧。尽管他还不是林派人马，但在毛泽东看来，他在全会上的发言和选编的语录，是投靠林彪的铁证。他已触犯了毛的禁忌，很快变成了毛必欲铲除的对象，向他发出了声讨檄文《我的一点意见》。九届二中全会后不久，根据毛的讨陈檄文和面谕，中共中央发出"批陈整风"指示。指示中说："**在党的九届二中全会上，陈伯达采取了突然袭击，煽风点火，制造谣言，欺骗同志的恶劣手段，进行分裂党的阴谋活动。**"

一个政治局常委，企图揪斗一个政治局委员（这个委员在毛死后被判死缓，真的倒了），成了"**进行分裂党的阴谋活动**"的反党分子，而一个党主席轻而易举地又打倒一个政治局常委，却变成了反对分裂的革命者。这就是所谓"**集中指导下的民主**"的民主集中制！

全会后不久，陈伯达的"罪证"又迅速升级：他不仅是个阴谋家、托派和修正主义分子，而且还是个罪行累累的叛徒、特务和国民党反共分子。因为，毛泽东曾在黄永胜等人的检讨上批注了一段话，对长期追随他并担任他的政治秘书的陈伯达，大加鞭挞："**陈伯达早期就是一个国民党反共分子，混入党内以后，又在1931年被捕叛变，成了特务，一贯跟随王明、刘少奇反共，他的根本问题在此。**"在这里，人们再次看到不罪则已，罪必罪死的毛泽东的权力情结。周恩来不敢怠慢，紧紧跟上，他说陈是"**国民党老反共分子、托派、叛徒、特务、反革命修正主义分子**"。1973年8月，中共十届一中全会通过决议：永远开除陈伯达的党籍，撤销其党内外一切职务，并把他投入秦城监狱。文革后，党内右派复辟，他的罪行也随之翻新变性，上述罪行包括钦点的罪行，都不翼而飞，旋以"**积极参与林彪、江青反革命集团的阴谋活动，是林彪反革命集团案的主犯**"之罪，堂而皇之地写入判决书中，科以18年重刑。1988年10月刑满释放。

为了遏制林彪集团，毛泽东为什么先拿他的忠臣陈伯达开刀呢？在档案死不解密和拒绝独立调查的情况下，至今众说纷纭，莫衷一是。

例如，有人认为："**毛泽东对陈伯达的疑虑，也不是没有来由。那就是陈伯达的三次华北之行，以钦差大臣的身份，在党政军特别是军界积聚了不少人气，许多人倚仗他来解决问题。在毛看来，形成了一个以陈伯达为首**，李雪峰（河北省委第一书记）、郑维山（北京军区司令员）**为文武大将的所谓'华北山头主义'**（江青语，当然来自毛的判断），**加上又出现陈伯达有靠拢接班人林彪的动向，这种种迹象不能不引起毛的高度警惕。**"对此，笔者不能苟同。历史无数事实已经证明，除毛泽东外的四大常委中，在党政军中"人气"最旺、"山头"最高的不是林彪，更不是陈伯达，而是周恩来。与周恩来相比，陈伯达那点"人气"、"山头"，如果不是借口打人，简直不值一提。在毛泽东的心目中，当时真正对他权力构成威胁的首先是周恩来，其次才是林彪。当年他提拔林为副帅，是对付劲敌的权谋：打倒刘、邓，抑制周恩来。然而，星移斗转，刘、邓已倒，左派分裂，林彪势力要打倒他的前台代表江青和张春桥了。嗜权的本能，使他敏锐地查觉：林的抑周作用不再有效，而且还有被周所利用的危险；如果周、林联手，则权力危矣。因此，他当机立断：联合尚不敢轻举妄动的周恩来和右派势力，将羽毛尚未丰满的林彪拉下马来，保住江、张。《第六号简报》发出后那迅猛的批张形势，又使他清醒地看到，他亲自发动和领导的文化大革命，已经失去了太多的党心、民心。最使他不能容忍的是，在"横扫"、破"四旧"、"批资"、夺权、武斗、"清队"、"群众专政"和"一打三反"等各个阶段的"战略部署"中，陈伯达同江青、张春桥一样，都是他的忠实执行者和冲锋陷阵的急先锋，在反击林派和党内右派掀起的批张风潮中，都应站在一起，团结对敌；然而，陈却站在林彪一边，反戈一击了。盛怒之下，老谋深算的毛泽东，为了倒林，他再次起用同倒刘、邓一模一样的层层剥笋战术：既然你陈伯达主动跳出来为林彪充当倒张的马前卒，那就先拿马前卒开刀，在以儆效尤的同时，顺便安抚一下对文革抱有怨气的党心。毛这一招果然高明，在中央委员会里，陈的积怨并不亚于江、张，因此，当毛利用权力把怨张的怒气引向陈伯达时，不论中委中的中间派和右派多么厌恶江青、张春桥，但要打倒陈伯达，他们都能借机吐一吐心中的恶气。由是，中共政治局第四号常委陈伯达，就变成了副帅林彪的替罪羊。

从陈伯达紧跟毛泽东舞笔弄权、浩劫中华来说，他是一个不折不扣的**罪犯**；但从他配合、紧跟毛泽东和**秉承**毛泽东旨意进行革命来说，判他 18 年徒刑，又是一个彻头彻尾的**冤案**。如果说可以给刽子手周恩来戴上个"人民的好总理"的桂冠，并推举为"伟大的马克思主义者"，那么，给文痞陈伯达冠上个"人民的理论家"的称号，并还原其为"优秀的共产党员"，也不足为奇。

陈伯达出狱后，对采访他的作家叶永烈说：**"我是一个犯了大罪的人。在文化大革命中，我愚蠢至极，负罪很多，枪毙我都不过分。文化大革命是一个疯狂的年代，那时候我是一个发疯的人。"** 尽管人们还不太清楚他的"愚蠢"、"负罪"和"发疯"具体指什么，但他**能忏悔**，仅此一点，这个罪犯远比中共几代领导人诚实、文明因而人性得多！

2. 逼向"九一三"

王年一、何蜀、陈昭在《毛泽东逼出来的"九一三林彪出逃事件"》一文中写道：

毛泽东是个权谋大师，在送林彪坐上"接班人"高位之时，就已经决定尽快把林彪从"接班人"的位置上拉下马来。熟读古籍的毛很善于运用古代帝王的**欲擒故纵**手法：在他准备对林彪"开刀"之前，却当面向林彪许诺，声称自己准备两年后交班给林彪。这样的把戏毛泽东以前也多次玩过。1965 年毛泽东部署批判历史剧《海瑞罢官》，这场批判将置彭德怀于死地，在姚文元的《评新编历史剧"海瑞罢官"》公开发表之前，毛泽东居然还当面宽慰彭德怀，甚至说出**"也许真理在你那边"**这样的话。"文化大革命"初期，毛泽东制订的打倒刘少奇的"战略部署"已全面展开，"炮打司令部"的号召传遍全国，可是1966年9月14日毛泽东还在刘少奇的检讨书上批示："**少奇同志：基本上写得很好，很严肃。特别后半段更好。**"10月25日毛又在中央工作会议上说："**谁人要打倒你们呀？我是不要打倒你们的。**"林彪对毛泽东的故伎重施自然有数，但林彪既不象彭德怀那样据理力争，也不象刘少奇那样认真检讨，而是采取他独具特色的对策：一顶二拖。于是，毛泽东为了达到打倒林彪的目的，只得想方设法"**引蛇出洞**"、"**轰蛇出洞**"，展开了一系列"把林彪逼上绝路"的部署。

控制中央组织、宣传大权。 1970年11月6日，经毛泽东批准，中共中央下发了《关于成立中央组织宣传组的决定》。它指出："**为了党在目前进行的组织宣传工作，实施统一管理，中央决定在中央政治局领导下，设立中央组织宣传组。中央组织宣传组设组长一人，由康生担任。设组员若干人，由江青、张春桥、姚文元、纪登奎、李德生同志担任。中央组织宣传组管辖中央组织部、中央党校、人民日报、红旗杂志、新华总社、中央广播事业局、光明日报、中央编译局的工作，以及中央划归该组管辖单位的工作。**" 毫无疑问，这个决定是毛泽东个人作出的，他向林彪传达出一个清晰的信息：我倚重的不是你，而是你反对的江青、张春桥。这个中央组织宣传组组长的康生，九届二中全会后，便称病不起，实际大权落入江青集团的江青、张春桥、姚文元手中。"九大"后，中央组织宣传组，取代中央文革小组，成了权力更大的一级官衙。毛泽东便可随心所欲地以其夫人江青为代言人，并通过她向全党、全军、全国发号施令。

批陈逐步升级到批林彪的亲信。 1970年11月16日，中共中央下发了"**关于传达陈伯达反党问题的通知**"，掀起了全国性的"批陈整风"运动。主要批判"**阶级斗争熄灭论**"、"**唯生产力论**"、"**唯心主义先验论**"和八届十一中全会"上确认的"**天才论**"。当人们已厌倦文革的形势下，毛要批陈的前三论，恰恰是人们所响往的，因此，批陈阻力很大。为了忤逆人心而动，毛泽东利用他的权威警告各级政要："**'批陈整风'重点在批陈！**"但收效甚微。恼羞成怒的毛泽东，把北京市第一书记李雪峰和军区司令员郑维山等大员打成反革命，同时，用他惯用的置敌于死地的罗织和构陷伎俩，把陈伯达的"罪行"升级。他在黄永胜等人的检讨上批注道："**陈伯达早期就是一个国民党反共分子，混入党内以后，又在1931年被捕叛变，成了特务，一贯跟随王明、刘少奇反共，他的根本问题在此。**"为了打倒陈伯达，连他自己长期重用"特务"、"叛徒"做政治秘书的"脸"都不要了。

毛泽东舞剑，意在林彪。很快，批陈"四论"的矛头指向林彪的亲信"五虎上将"——中央军委办事组的主要负责人总参谋长**黄永胜**、空军司令**吴法宪**、军委办公厅主任**叶群**、海军政委**李作鹏**和总后部长**邱会**作，合称"黄吴叶李邱"。

据当事人回忆，1970年8月31日下午3时，林彪在他的住处召集黄、吴、李、邱和中央为公厅主任汪东兴开会。会上林说："**下午到了毛主席那里，毛主席指示，陈伯达在全党、全国的威信太高了，这次庐山会议要把他拿下来，要我和你们先打个招呼，和陈伯达划清界限。**"然而，除毛的亲信汪东兴外，包括军委办公厅主任在内的"黄吴叶李邱"等人，用检讨来与陈伯达"划清界限"时，却越检讨越划不清了。

1971年4月15日至29日，周恩来主持召开"批陈整风汇报会议"。会上，批陈之剑直指"黄吴叶李邱"，批判他们犯了"**政治上的方向、路线错误**"和"**组织上的宗派主义错误**"。尽管"黄吴叶李邱"都被迫做过多次书面检讨，但他们的检讨不仅过不了关，而且越陷越深。毛泽东在他们的检讨书上作了批示并将批示下发党内。他在吴法宪的检讨书上批道："**由几个人发难，企图欺骗200多个中央委员，有党以来，没有见过，**""**中央委员会有严重的斗争。**"他在林彪夫人叶群的检讨书上批道："**爱吹不爱批，爱听小道消息，经不起风浪，**""**九大胜利，当上了中央委员，不得了了，要上天了，把九大路线抛到九霄云外，反九大的陈伯达路线在一些同志中占了上风了。**"并批示前面加上了一句意味深长的话："此件留待军委办事组各同志一阅。"显然，"各同志一阅"意在敲山震虎，威逼林彪认罪。

中共中央办公厅主任，有太监总管"美誉"之称的**汪东兴**，是毛的亲信，在小组会上的发言，调门最高，火药味最足，"黄吴叶李邱"甚至陈伯达，都无法与之相比；然而，毛却"赦免"了他。李肃在《毛泽东和林彪是如何决裂的》一文中，引用《当代中国研究》主编程晓农的话说："**当时九届二中的时候，实际上出面批判张春桥的可不是林彪，而是包括毛自己的一些所谓亲信，像汪东兴。后来汪东兴事后痛哭流涕，跪在毛面前求饶，就是因为他误会了毛泽东。他原来以为说，批张就是紧跟毛泽东，就能得到毛的欣赏。但没想到毛对张春桥只是想鸡毛掸子轻轻拍一拍。拍重了，毛就觉得伤到他自己了，他就反过手来打击。**"由于毛仍信任依赖汪东兴，对汪的言行就"轻轻放下"了。

甩石头、掺沙子、挖墙角，釜底抽薪。为了打击林彪，毛泽东采取了一系列措施以削弱林彪的军事指挥权。他曾自鸣得意地说："**庐山会议以后，我采取了三项办法：一个是甩石头，一个是掺沙子，一个是挖墙角。批了陈伯达搞的那个骗了不少人的材料，批发了三十八军的报告和济南军区反骄破满的报告，还有军委开了那么长的座谈会，根本不批陈，我在一个文件上加了批语。我的办法，就是拿到这些石头，加上批语，让大家讨论，这是甩石头。土太板结了就不透气，掺一点沙子就透气了。军委办事组掺的人还不够，还要增加一些人。这是掺沙子。改组北京军区，这叫挖墙角。**"

"甩石头、掺沙子、挖墙角"是心术不正的流言痞语。这样的流言痞语在毛的辞令中并不少见。例如：

"到地主小姐的牙床上滚一滚！"

"我们开始打仗，**靠那些流氓分子，他们不怕死。**"

"有一回哥老会抢了我家，我说，**抢得好，人家没有嘛。**"

"国民经济的两个拳头，**一个屁股……农业是屁股……**"

"**屁有香臭**，不能说苏联的屁都是香的。"

"你要大民主，我就照你的办，**有屁让他放……**"

"**上边放的屁不全是香的**……一定要嗅一嗅。"

"同志们，自己的责任都要分析一下，**有屎拉出来，有屁放出来**，肚子就舒服了。"

"……后来出了彭德怀，**说你操了我四十天娘，我操你二十天不行？这一操，就被搅乱了**，工作受到影响。"

"……考几何我就画一个鸡蛋，这不是几何吗？"

"**陈伯达是船上的老鼠**，看见这条船沉了，就跑到那条船上去了。"

毛泽东这些流痞语言是阴暗心理的反映，几乎都能与"**为了目的可以不择手段**"的权谋联系在一起。为了打倒林彪集团，他专横霸道地甩出《我的一点意见》和一些批语，当作石头，砸向林彪；猜忌使他对他任命的忠于他的**军委办事组**成员，产生怀疑，以"不透气"之名进行改组，调入李先念、纪登奎等左派亲信，痞其名曰"掺砂子"；由于错把陈伯达特别是汪东兴批张的发言，当成传达他的声音，形成了火药味十足的《第六号简报》，北京市委第一书记兼北京军区第一政委李雪峰和北京军区司令郑维山等大员，这些本不属林彪集团成员而对他效忠者，"聪明反被聪明误"，效忠失检，反而被他打成反革命，当作林的"墙角"挖掉，"挖"进了秦城监狱。1971年1月24日，毛泽东为防止林彪政变，决定重组北京军区，任命李德生为北京军区司令员，谢富治为北京军区第一政委，纪登奎为第二政委。

此外，毛还争取与林彪有宿怨或抵牾的军中老帅**叶剑英**、**陈毅**、**徐向前**和**聂荣臻**的支持，谕示周恩来主持的中央政治局会议做出决定：董必武、朱德和叶剑英遇重大事件可以参与意见。

拒绝与林彪见面。为了缓和矛盾，林曾多次求见毛泽东，都被拒之门外。据"林办"秘书回忆：林彪找毛泽东很多次，"就是见不上。后来没办法才找江青，他最讨厌江青，但又没办法，因为想通过江青去见毛主席。"就在这时，江青要让林彪照相。"林为了见毛主席赶紧去，走得急，脸都没刮，到了钓鱼台，现借江青秘书的刮脸刀刮了刮，照片拍了，但还是没见上毛主席。"林虽没见到毛，却留了一张广为流传的由江青拍摄的林彪读毛著的照片。另据林彪身边做警卫和生活服务工作多年的总参办公厅警卫处副处长李文普回忆：九届二中全会以后，林彪曾要求面见毛泽东，谈一谈，但毛泽东长时间不作答复。林彪个性很强，从不服软，两人之间的关系发生了急剧的变化。又据《晚年周恩来》作者高文谦说："据知情人说，当江青在叶群登门求见后，跑到毛那里为她求情，结果挨了毛的一顿训，要她'**在关键时刻头脑要清醒**'，'**屁股别坐错了位置**'。"

由于见不到毛泽东，林彪当然心知肚明。他太了解毛泽东了：毛在打人时拒绝与被打者面谈，不听申诉，不听解释，只准被打者"低头认罪"——这是毛泽东打人时的一贯手段。此后，个性倔强的林彪，便不愿住在北京，经常住在苏州、北戴河。他还曾对紧跟他的大将黄、吴、李、邱等人说：**"好好吃饭，好好睡觉，好好工作，大不了做彭德怀第二。"** 他做好了被毛打倒的思想准备。

3. 南巡"打招呼"——狼要吃羊

王年一等人在《毛泽东逼出来的"九一三林彪出逃事件"》一文中写道：

毛泽东习惯于以"打招呼"来强行统一思想。所谓的"打招呼"就是非正式地颁布"最高指示"，全党与全军干部只许恭听，不"允许发表不同意见"，更不"允许发表反对意见"，对毛的意见谁想不通，必须赶紧"转弯子"。毛泽东这一次为了打倒林彪，事先不开中央会议，不发中央文件，干脆抛开中央领导集体，凭着他个人的"绝对权威"，于1971年夏南巡"打招呼"。

此次南巡前后共28天，在途中毛约见各地军政大员，讲话13次。讲话中充满了给林彪"上纲上线"、"定性定罪"的话："有人看到我年纪老了，快要上天了，他们急于想当主席，要分裂党，急于夺权"；"这次庐山会议，是两个司令部的斗争"；"我看他们的地下活动、突然袭击是有组织、有计划、有纲领的。纲领就是'天才'和要当主席，就是推翻二中全会的议程和九大路线"；"林彪那个讲话，没有同我商量，也没有给我看"；"犯了大的原则的错误，犯了路线方向错误，改也难"；"庐山这件事，还没有完，还不彻底，还没有总结。"

毛泽东在南巡讲话中一再诬指林彪等人在庐山会议上搞"反革命政变"的纲领之一是"要当主席"。然而，因为说林彪"要当主席"毫无事实依据，太"莫须有"了，所以"九一三"事件之后，当毛泽东审定并批准中央公布的此前他的南巡讲话时，又自行把当时讲话中对林彪"要当主席"的指控改成了林彪欲"设国家主席"。毛泽东的蛮横无理、任意诬陷、信口捏造，由此可见一斑。

狼要吃羊时会制造出许多吃羊的"理由"（见07章附1），它还可在"舆论一律"的强权下，下令所有媒体把"吃"的"理由"说得"义正词严"，"光明磊落"，甚至还能把"吃"的"理由"提升到马列主义理论高度；尽管羊有许多理由能将狼驳倒，但在"舆论一律"的强权下，喉管或被麻绳勒紧，或被割断，无法反驳。道理很简单，因为，封建社会主义社会的赤文化之刑规是："**君要臣死，臣不得不死。**" 换句话说，就是：**无理横行天下，有理寸步难行。**

王年一等人在《毛泽东逼出来的"九一三林彪出逃事件"》一文中继续写道：

这次南巡讲话是毛泽东欲打倒林彪的宣言书、挑战书、逐客令（逐林令）。当时的海军政委李作鹏听到毛的南巡讲话后，把它概括为3点：庐山的问题没有完；上纲比以前更高；矛头指向首长（林彪）。他的概括一点也没有错，林彪当然可以看得更清楚。毛泽东不在中央高层内部讲，不对林彪当面讲，党中央的主席背着党中央的副主席，背着中央，到下面去煽风点火，动员打倒他自己钦定的"接班人"、党中央唯一的副主席。但毛同时又假惺惺地声称："**现在不要作结论，结论要由中央作**"；"**不要公开的去讲这次庐山会议，因为中央还没有作结论。……不要像我对你们说的这一套。**"如此作为的毛泽东居然还道貌岸然地提出了"三要三不要"（"**要团结，不要分裂；要搞马克思主义，不要搞修正主义；要光明正大，不要搞阴谋诡计**"）。究竟是谁在分裂党内高层，谁在搞阴谋诡计，难道不是一目了然的吗？

中共的伦理共识 (4) 赋于毛泽东一个这样的特权：他背着中央暗中搞的一切，包括南巡"打招呼"中的煽风点火，统统叫做"**团结、光明正大和马克思主义**"，而林彪在中央全会的讲话，陈伯达在中央全会上的发言，这些《党章》上规定的民主权利，因为"**没有同我商量，也没有给我看**"，就是"**采取突然袭击，煽风点火，唯恐天下不乱，大有炸平庐山，停止地球转动之势**"的罪恶，统统叫做"**分裂、阴谋诡计和修正主义。**"这种"三要三不要"精神，还表现在他善玩"引蛇出洞"的"阳谋"上。

南巡中，他三令五申，他的讲话不准外传，更不准上传北京和北戴河（林彪住处）。但他真实的目的同反右一样："引蛇出洞"，聚而歼之。

1971年8月28日晚上9时，毛泽东在长沙召见了广州军区司令丁盛、政委刘兴元。广州军区被毛认为是林彪的嫡系，丁、刘都是林麾下的猛将，因此，他不去广州南巡，而在长沙召见他们。为了重点"关照"广州军区的将士，他设计了一套一箭三雕的"阳谋"：在给丁、刘讲了林彪"**想当主席，要分裂党，急于夺权**"等"定性定罪"的南巡讲话后，他要他们回去向两千多师以上干部传达他的讲话，其目的一是给林彪透个信，二是拘拿胆敢给林通风的"死党"，三是震慑广州军区广大干部，要他们好自为之，别跟着林彪跑。广州军区的师以上干部哪有两千多？显然，他暗示可以扩大范围，以提高通风报信的机率。丁、刘诚惶诚恐，誓言效忠。9月5日，丁、刘从长沙回到广州，便立即根据毛的要求，召开广州军区2,000多名"师"以上干部大会，由政委刘兴元传达毛泽东"吹风"的主要内容。会上又按毛的规定约法三章：不准记录，不准向下传达，不准向北京报告传达的内容。中共许多见不得阳光的实事真史，都在这个"不准"那个"不准"中消失了。

对毛泽东南巡讲话的目的，当时许多人看得很清。有人这样写道：

他（毛泽东）的本意是想完全封锁他的南巡讲话吗？是真不想让林彪知道吗？不！他想让林彪知道，他太想让林彪知道了。因为林彪不知道，就不动。不动，就抓不住他的"辫子"。毛泽东一路上说了林彪那么多的"坏话"，用意很明白，就是要传给"北戴河"，就是要叫他们吃不了兜着走,就是要激对方"狗急跳墙"。他南巡讲话中的字字句句,都是"大棒",就是要打草惊"蛇",敲山震"虎"。"北戴河"知道了,必然要蹦起"三丈高",决不会乖乖地把头伸到案板上等着挨宰。这是一种战术呢?还是一种策略?反正欲擒故纵,毛泽东就不相信,广州军区这么多师以上干部中就没有人"狗胆包天"?倒是要看看,谁是林彪的亲信?三令五申不准向北京传话,传话的人一定和林彪是一伙。

果然,有人上钩。广州部队空军参谋长**顾同舟**,听了毛南巡讲话传达后,立即将毛南巡讲话内容密报给周宇驰和于新野。9月6日一大早,周宇驰打电话向林立果报告,15时驾直升机和于新野带着15页的顾与于的电话记录,飞到北戴河,面交林彪、林立果。9月13日,周、于自杀身亡,9月17日,顾被捕,以"通敌罪"判了十一年徒刑。

同"贼喊捉贼"一样,善玩阴谋的人却在大讲"三要三不要",真乃滑天下之大稽。但要肯定的是,在毛泽东提出的"三要三不要"中,有一条倒是事实,即"要搞马克思主义"。纵观世界共产主义历史,人们可以得出这样一个结论:在马克思主义理论指导下,在各个社会主义国家执政的共产党人,无一不是靠**谎言、阴谋、镇压和暗箱操作**来维持统治的,鲜有例外者。

4. 林彪抗命殉党——不认罪、认命

在步步紧逼、拒绝见面和罗织、构陷、强词夺理的批判面前,准备"**大不了做彭德怀第二**"的林彪,已没有招架之功。个性倔强不愿低头认"错"的他,放弃了沟通和弥合的希望,做好从容就义和长期监禁的准备,听凭命运的任意宰割。他离开了令他烦恼的北京,到苏州、北戴河去静心"养病"。

在"养病"中,他可能想了很多很多。人们虽然不知道他是否有所忏悔,但从他在九大上不愿"继续革命"而想树立新形象的欲望上,可以窥见到,他对过去吹捧毛泽东的**所作所为**已有所反思。人们还可以从林立果等人起草的被称为讨毛檄文的《五七一工程纪要》中,看到他反思的端倪。例如:独裁者越来越不得人心;国民经济停滞不前,生活水平下降;农民缺吃少穿;上山下乡,变相劳改;红卫兵受骗被利用,充当炮灰,后又当替罪羊,等等。

有人论证说,没有证据表明《五七一工程纪要》是林彪所为。这个论证恰恰证明,林彪并没有"放下屠刀,立地成佛"。但起草者林立果和周宇驰等人,一个是林的儿子,其他是儿子的好友,既使没有证据证明《纪要》系林彪口授,其思想的影响也无法排除:《日记》与《纪要》的因果关系,一目了然。在耳濡目染下,林立果不学也自会三分。这足以说明,此时的林彪已有所醒悟,尽管他同林立果的醒悟程度有很大的差距。

鉴于高岗自杀和囚毙彭德怀、拖死刘少奇的教训,在无可奈何的认命中,强烈地自尊

心使他对毛的进逼以死相抗。也许有人不以为然：一个足智多谋领兵元帅，为什么不以武力抗争？怎么会毫无抵抗就接受失败？笔者认为：在中共建国后二十二年的内讧中，由于中国人的忠君和愚昧，毛泽东始终处于绝对主导和上风地位；正因为林能审时度势，清醒地看到力量上的悬殊，任何武力对抗都将是以卵击石，毫无意义，何如**不低头，不认罪，宁死不屈**，落得个名垂千秋？

1971年4月15日至29日，中共中央在北京召开批陈整风汇报会，中央和各地党政军负责人共九十九人到会。会议拿林的亲信黄、吴、叶、李、邱等五人开刀，逼他们作违心的检讨。他们的检讨受到了与会者的无情批判，"理所当然"地过不了关。根据毛的安排，周恩来总结说，**军委办事组的黄、吴、叶、李、邱等，在政治上犯了方向路线的错误，在组织上犯了宗派主义的错误，其犯错误的根本原因是不听毛主席的话，站错了立场，走错了路线**，等等。显然，这是杀鸡儆猴，是威逼林彪认罪的重要部署。19日，林彪回京，周恩来立即给他送去会议文件和毛泽东有关批示，并示意林彪到会讲话。**林当即表示："坚决不讲"，并拒绝出席会议。**

林彪与毛的对抗，集中表现在1971年5月1日晚上。那天晚上，党和国家的大员们，都要登上天安门城楼观看焰火。怀得强烈抗拒心理的副统帅林彪，姗姗来迟。后来，目击者做了这样描述：

1971年的五一节。这是"无产阶级文化大革命"的第6个年头。用当时的话说，是"无产阶级文化大革命取得了决定性胜利"的时候。

这天晚上，毛泽东比较早地来到了天安门的休息室里，他穿上了一身灰色的中山装，由于不是经常穿，衣服显得不是那么贴身。平时不修边幅的毛泽东，帽子也没有戴好……

按照预定的时间，焰火晚会就要开始了，还是不见林彪的身影。

周恩来有点着急，他叫秘书打电话，询问林彪在什么地方。还是没有消息。

工作人员进来，请他们到城楼参加晚会。毛泽东站起身，对旁边的西哈努克作了一个请的手势，自己往外走去。这时林彪的身影还是没有出现。

这天的桌子是这样摆的——毛泽东的身边是西哈努克亲王，再旁边是董必武同志，他是国家代主席，他在这个位置是当时的一般排法。

对于林彪没有到，毛泽东不露声色，通过翻译和西哈努克交谈着。

林彪的身影终于出现了。他披一件军大衣，本来就没有什么肉的脸上，几乎是没有任何表情。他很清楚应该坐在哪个位置上，便直奔那个属于他的座位。

按照正常情况，他应该和毛泽东打招呼，也应该和外宾打招呼，但今天他没有，他落座后一声没吭，这是够反常的。

更叫人惊奇的是，林彪在这里待了一小会儿就走了，而且也没有和任何人打招呼。周恩来以为他是上卫生间了。好半天不见他回来，周恩来起身让有关的人去问，才知道"林副主席"已经走了。

这太反常了！在这样重大的政治场合，不辞而别就是一种难以表述的东西……中国的老百姓可能还不知道，1970年的庐山会议上，他要当国家主席，被毛泽东看出了他的政治野心，"翻了车"。他已经开始秘密活动，准备和毛泽东分庭抗礼了。

这是"主旋律"的声音。在这种声音里，目击者在描述真实过程中，按照"真话、假话搀和着说"的赤文化传统，习以为常地搀进了一些谎言。例如**"他要当国家主席"**，**"他已经开始秘密活动"**；也不敢忘记赞颂独裁者，例如**"毛泽东看出了他的政治野心"**；而对林的有意迟到、"一声没吭"和不告而辞的不低头、不认罪的不屈的精神，则被鞭挞成**"他已经开始秘密活动，准备和毛泽东分庭抗礼了。"** 中共伦理共识的赤文化，已确定了党国的君臣关系：毛让臣死，臣不得不死；臣若疑毛，便是不忠；臣若威武不屈，便是叛逆——这种赤文化铸成了毛泽东的专横跋扈和臣下的卑躬屈膝，也铸成了"主旋律"的强暴和知识精英们的**犬忠**。

在毛泽东的步步紧逼下，林彪本应低头认罪，但强烈自尊心使他威武不能屈，变成了赤文化所不容的异类。因此，这次毛、林在天安门城楼上的会面，成了两位共事四十多年的战友的诀别式会面。从此，他们俩再也没有机会见面；无论是胜利者还是失败者，谁也没有机会再次登上天安门来宣示他的辉煌和权力了。

诀别前是亲密战友，诀别后是不共戴天的仇敌，这在现代自由世界极为罕见，但在共产党世界却累见不鲜。**不是朋友，便是敌人**，这种陈腐的封建专制观念，迄今仍是中共上层权贵们的正统思想！——这是中华民族的不幸！

王年一等人在《毛泽东逼出来的"九一三林彪出逃事件"》一文中又写道：

> 毛泽东把林彪逼到这一步，林彪已没有任何转圜的余地。彼时彼地，林彪还能怎么办？低头认"罪"显然是行不通的，彭德怀、刘少奇不是都低头认"罪"了吗？但他们的下场如何？何况此时的林彪不是1959年的彭德怀（那时的彭德怀比他年轻、身体也好），也不是1966年的刘少奇（刘少奇比他理论修养更高、政治斗争经验更丰富），林彪身患重病，经不起"认罪"后必不可少的长期折磨，于是他不想"认罪"，只想"认命"，"反正活不多久了，死也死在这里。一是坐牢，二是从容就义。" **但叶群、林立果又不愿意认命**，于是就有了林彪被逼出逃的"九一三"事件。

倔犟的林彪不低头"认罪"，但在伦理共识的赤文化里，他不得不认命了，犹如高岗、彭德怀、刘少奇那样。1971年9月13日零时20分左右，在毛泽东、周恩来的步步紧逼下，他被不认命、要造反的妻子叶群、儿子林立果"挟持"下，登上了逃亡的飞机，2时27分，同妻子、儿子一起，摔死在蒙古国的温都而汗大荒漠上，酿就了一起震撼世界的大丑闻——**"九一三事件"**。

三、林立果抗命殉国——不认罪、造反

林彪的儿子**林立果**可不认命，他要反抗。他的反抗，不是林彪那种不"认罪"只"认命"式的反抗，而是暗杀和武装政变，用武力推翻毛氏**反动王朝**。

1. 推翻反动统治有理

毛泽东早就说过："**马克思主义的道理，千头万绪，归根结底一句话：造反有理。**"但这句"经典"，却没敢选在他的四卷"选集"和而后的《毛主席语录》中。因为他是当权者，不许别人造反。文革之初，他身为中共党主席，原本也不准造反，但"三年人祸"后，权力逐渐被刘、邓为代表的右派势力所占有，他被架空了，边缘化了。嗜权如命的他，大权旁落是无法忍受的，他要发动无知的青年学生为他夺权。于是，便向红卫兵发表了"**对反动派造反有理**"的"最高指示"，煽动青年学生大造他心目中的反动派的反。此时，他心目中的反动派是以刘、邓为代表的党内异己者和以自由知识分子为代表的党外持不同政见者。

但"**反动派**"不是一个可以被毛泽东任意支配的毛氏专利词儿！

"反动派"是个贬义词，不是专为某人某个集团设置的，因此，这个词不可能为毛泽东所独霸。"反动"在不同的学科里有不同的释义。在物理学中，指反向运动；在历史学中，指历史的倒退行为，或指逆历史潮流的行为；在政治领域，从不同的利益、主张出发，人们对"反动"两字也会有相对不同的释义。"派"指人物、事物的系统、流派，政治上特指不同主张、不同利益而形成的各种分支、门派和集团。

毛泽东是个自命不凡的妄自尊大者。从维护他的权力出发，便自封为"革命"、"人民"和"无产阶级"的代表；把他所代表的利益集团，也自封为"无产阶级司令部"；他不做调查，勿需选票，便宣布自己代表了95%以上的人民群众，一如世界各国共产党领袖所做所为那样。因而，任何反对他个人主张和他所代表的利益集团的人，诸如他所制造的地、富、反、坏、右、叛徒、内奸、黑帮、走资派、牛鬼蛇神、修正主义以及学术权威，等等异己者和持不同政见者，都被他视为"反革命"、"反人民"、"反无产阶级司令部"的敌人，统统叫做"反动派"。这种以"我"划线的毛式"反动"说，是相对的，因为，对方也可用"反动"来回敬他。

从历史角度来看，任何逆正常历史进程、反历史潮流的行为，则是真正意义上的反动派，不管他们打的革命旗号是什么。

七十年代末，在讨论中共建国后的若干历史问题时，原中共中央副主席**陈云**评价毛泽东时说："**建党他有份，建国他有功，治国他无能，文革他有罪！**"笔者认为，除"建党

他有份"外，其余他都有罪。因为，他用"枪杆子"建立起来的"新中国"，是个反普世文明的封建专制政权，是中国历史的大倒退，华夏文明的大颠覆，因而是真正意义上的反动派。例如：

毛泽东及其追随者掀起的总路线、大跃进、人民公社所谓"三面红旗"运动，是历史大倒退行为，它使中国饿死了 3,000~4,500 万人；其后，在党内外**亚民主**力量的压力下，不得不被刘少奇的"七分人祸论"的新思维和"调整、充实、巩固、提高"的新政所取代。毛泽东及其追随者执行的曾使数十万人丧生的"三大改造"政策，即农业、手工业集体化和工商业国有化政策，也是历史大倒退行为，它使中国陷入长期贫困中，国民经济也到了崩溃的边缘；其后，在党内外**亚民生**力量的压力下，又不得不被邓小平的"改革开放"的新思维和"市场经济"的新政所推倒。毛泽东本人亲自发动和领导的无产阶级文化大革命，曾使 200~300 万人死亡，伤残无数，不论从政治、经济、文化、道德和人权等各个领域内的任何意义上考量，都是历史大倒退行为；毛死后，在党内外**亚人权**力量的压力下，中共不得不将其界定为"浩劫"，遂又被"拨乱反正"的新思维和"平反冤假错案"的新政所否定。由此可见，毛泽东及其追随者在夺得政权后的二十七年间，利用"枪杆子"扼杀民主和自由，先后发动了一场接一场的政治运动——暴力杀掠式土改、镇反、三反五反、思想改造、反"高饶"、肃反、"三大改造"、反右、大跃进、人民公社、反"彭黄张周"、学大寨、"四清"、批修正主义文艺思想和文化大革命，等等，颠覆了华夏文明和自由、民主、人权普世价值，使中华大地人性泯灭，道德沦丧，假、恶、丑横行天下，批、斗、杀甚嚣尘上，从而使中国陷入了长期的空前惨烈的红色恐怖中，先后导致五千多万人丧生——这是历史大倒退的法西斯暴行。这种历史倒退暴行，使中国人民处于水深火热之中，国民经济也被推到了崩溃的边缘，使中国历史至少倒退了三十年。正是：

庆父不死，鲁难不已！

显然，毛泽东统治的 27 年，是倒行逆施的 27 年，是建国、治国和文革有罪的 27 年，是祸国殃民的 27 年，因而，他的统治是历史的反动，他和他的追随者，都不可避免地被历史归类于**反动派**之中。因此，推翻毛泽东的反动统治，当属正义、爱国之举。

毛泽东死后，中共虽在"新思维"的指导下，检讨了毛所制定的各项祸国殃民政策，**但既不忏悔，也不道歉**，仅仅在悄悄中有所收敛，有所改变。其中：仅在 1978~1981 年的三年间，便悄悄平反了 300 多万件冤假错案；到八十年代初，全国亿万农民行动起来，把反动的农业合作化和人民公社化，悄悄扫进了历史垃圾堆，开始进入能吃饱饭的时代。

今天，在"主旋律"的统帅下，当人们在讴歌毛泽东领导下的中共对国民党的胜利时，要扪心自问：毛泽东和中共的革命胜利，究竟给中国人民带来了些什么？——带来的是贫困、迫害和屠杀！带来的是历史反动！也许有人指责笔者极端，但这个"极端"却是无人能推翻的历史事实。

当前，评述、研究"九一三事件"的著作汗牛充栋，但由于他们没有把毛泽东及其追随者界定为**反动派**，在"主旋律"的限制和**"成王败寇"**封建流毒的影响下，都被局限在一个狭小的空间里。因此，他们的论述出现许多这样逆正常历史进程、那样反历史潮流的结论，都在所难免。

2. 林立果——革命浊流中的叛逆者

从历史的角度考量，毛泽东及其追随者，都是货真价实的反动派。因此，任何批判、改变、驱除甚至推翻他们反动统治的行动，当属正义之举，尽管笔者赞同"茉莉花"渐进政改，反对流血革命。**林立果**不愿学他父亲那样消极认命，在毛泽东"批陈整风"和"甩石头、掺沙子、挖墙角"的步步紧逼下，他要反抗，他要造反，他要用武装政变来推翻毛氏反动王朝。这里借用毛泽东"对反动派造反有理"的话判定：**林立果的行动，不论成功与否，都应视为正气凛然的英雄行为。**

由于在"九一三事件"中，林立果被放在次要位置上，相关他的资料少之又少，人们无法看到他的全貌。为了正视历史，笔者只好从一些知情人记述的褒贬中，捕捉到他的一些生活片段，借而传之，以告慰英烈。

林立果，1945年生，1966年考入北京大学物理系。那一年，天下大乱，毛泽东下令学校从6月13日起停课闹革命。林立果也同其他学生一样，参加了红卫兵，进行大批判、大揪斗、大串连，闹起革命来。据林彪《日记》记载，到了1966年年底，"**运动要失控：学校停课了**"，第二年年初，"**局势继续乱，二十五个省区告急瘫痪**"，"**'B52'对局势的发展开始感到不安。**"而此时，1967年1月23日，中共发出《关于人民解放军坚决支持革命左派群众的决定》。决定中援引毛泽东指示："**人民解放军应该支持左派广大群众。以后，凡有真正革命派要找军队支持、援助，都应当满足他们的要求。所谓'不介入'，是假的，早已介入了。**"3月19日，中共又将军队"支左"任务发展成"三支两军"，即支左（支持当时被称为左派的群众组织）、支工（支援工业）、支农（支援农业）、军管（对一些地区、部门和单位实行军事管制）、军训（对学生进行军事训练）。1月25日下午，一百多名"联动"的贵族红卫兵骨干，因挑战毛泽东而被捕，被监禁在北京半步桥第一监狱。审时度势的林彪，同夫人叶群商量后，便利用权力将林立果送入部队，一如当年毛泽东送长子毛岸英入志愿军司令部当彭德怀俄文秘书那样。入伍几天后的1967年3月，林立果便走马上任，当上了空军党委办公室秘书，开始了他短暂的军事生涯。

林立果是个有远大抱负的青年。他像世上大多数独生男孩一样，从小就备受林彪和叶群的宠爱，他和他的姐姐林立衡，被林彪称为自己的"一对眼珠子"；他长得很像林彪：

细高的个儿，白净的皮肤、单眼皮；他的小名"老虎"的"虎"字，也只是比林彪的"彪"字少三撇。据熟悉他的人讲，在青少年时期，他很文静，喜欢读书，特别爱鼓捣无线电，他性格很腼腆，有时和生人交往都会脸红。在他的卧室里，摆满了各种书籍和电子器件。

林立果（右）与林彪

正因为他出身名门，历史从他降生之日起就给了他许多出人头地的机遇，享受到常人子弟难以想象的殊荣。当他走马上任空军党委办公室秘书时，他还不是一个共产党员。但四个月后，经空军司令**吴法宪**和空军司令部办公室副主任周宇驰的介绍，他成了一名共产党员，使一切都名正言顺了。在吴司令、周主任等人的关照下，他快速成长起来。1969年10月，他被任命为空军司令部办公室副主任兼作战部副部长。

他的火箭式发迹之路，被人讽为"一年兵，二年党，三年副部长"。对此，笔者认为，在封建社会主义社会里，这种"发迹之路"实属平常。君不见：刚毕业不久的**肖力**，才当了几个月的记者，就当上了《解放军报》总编（时称总编辑小组组长），因为她是毛泽东爱女**李讷**；一个娇小妩媚的基层译电员**谢静宜**，只有初中文化程度，没有经过逐级上爬、举荐，一跃而任北大、清华两所顶级大学的第二把手，因为她曾是毛泽东宠幸的"秘书"；辽宁省革委会主任、沈阳军区政委（兵团级以上）**毛远新**，也是火箭式的干部，因为他是毛泽东的侄儿。因此，林立果荣任空军司令部作战部副部长，是毛泽东时代"无产阶级组织路线"的体现，是顺"理"成章的"正常"推举范例。

不过，吴法宪并不认为，他提拔林立果仅仅因为林是贵族出身，他认为林也确实干过一番事业。他回忆说：

林立果在空军成立了一个调研小组，专门从事科研活动，林立果非常重视对外国军事实力的研究，通过调研小组的工作，林立果搞了一些发明创造，如远程雷达等。对于如何提高空军的整体实力，林立果也颇有自己的一套想法，如"建议研制垂直起降的飞机和短距离起降的飞机"，以及"空九师飞行训练安全经验总结"等，这些都不是坐吃干饭就可搞出来的东西，而是要脚踏实地作研究的结果。

对于远程雷达，当年空军有一份报告对林立果的调研小组加以肯定：

如何先发现敌人向我发射的携带核弹头的导弹，这是当前战备工作中一个亟待研究解决的重大课题。为此，空军组织一批力量进行了研究和试验，并且初步取得了成功。这项研究，就是在原有用于侦察敌机的地对空雷达设备的基础上，大胆进行技术革新，使它能够改用侦察来自敌方的导弹。这样，如果改装几台这样的设备，把它布置在北京四周的适当位置上，就可以在敌人已向京发射导弹之后，使北京能够得到五至五十分钟的预警时间。这项革新对于首都的安全是一个贡献。

对此，因在"调研小组"当翻译被判五年徒刑的**陈伦和**，也持吴法宪的看法。他在25年坚持上访的"申诉书"中写道：

1970年4月，我从陕西的空军二炮学院调到空司科研部资料翻译处任翻译，主要工作是编译外军军事技术资料，供空军首长参考。曾记得是5月的一天上午，在科研部的会议室，部长魏坚向大家传达毛主席的最新指示，是表扬林立果在空军搞科研，夸奖他敢想敢闯，专门写了批示，还与他一起合影。因为这是我第一次参加部里的大会，印象尤为深刻。并且第一次得知林彪的儿子叫林立果，在空军任作战部副部长。……在我印象里正如毛泽东所表扬的那样，林立果非常注重科研工作。他每天都在要看国外的军事和技术杂志，掌握动态；不断地给王永奎（**笔者**：空军情报部技术处副处长）、许秀绪（**笔者**：空军雷达兵部技术处副处长）等人布置技术项目（如：彩色电视接收、飞行仪表的地面报警；电话机长途通话的增音等）的课题；还进口了不少器材和民用电器。由此产生大量的翻译任务，而且进度很紧，所以就形成了他到哪里，我就带上一纸箱的词典和书跟随到哪里工作的状况。在这一年里到过广州、汕头、上海、北戴河。但在我沪期间未随他去过苏州和杭州。

但也有人并不完全认同吴司令和陈伦和的说法，林立果的顶头上司空军作战部部长**鲁珉**是其中之一。鲁珉者，空军一级战斗英雄也。1980年大审判时，被定为林彪死党，判10年徒刑，后又被悄悄释放在家。他对来访的作家张聂尔说：

林立果是北大物理系学生，理工科方面的知识还可以。那个时候全国都在搞思想革命化，他哪搞那些！他到处看外国书籍、录像、电影。那时候谁也不懂录像，他弄了个机器，怎么拍怎么拍，还能鼓捣一通。他也异想天开要搞些科技方面的名堂，不过在我面前还不敢装腔作势。有一次，他要搞什么空中加油，飞机对接，我说那个美国早就有。他又想搞垂直起降，问我行不行，我说美国都没搞成，英国搞了个"猎兔狗"，也不怎么行。可他非要搞，把沈阳飞机制造厂的设计人员都请到北京空军招待所，叶正大（叶挺之子，飞机设计专家）也参加了，叫我也去，把曹里怀（原空军副司令）也叫去了。叶正大很聪明，说，关键要把发动机搞出来。其实是托辞嘛。

鲁珉回避了远程雷达问题。人们对人对事的评价不可能绝对一致，这是社会意识的自然形态；而"舆论一律"或"主旋律"强制统一，则是对社会意识自然形态的恶性扭曲。吴法宪、陈伦和对林立果的"褒"与鲁珉的"贬"，反映了社会意识的多样性，尽管他们的动机各不相同。但从一褒一贬中，人们就会做出自己的判断。笔者认为，林立果是个有很强事业心的青年，他的"异想天开"恰恰是开创性事业成功的不可或缺的前提。

林立果又是个雄心勃勃的叛逆者。张聂尔在《**鲁珉谈林立果**》一文中写道：

林立果没有社会经验，却过多过早地接触了社会最高层的政治内幕，中国当时处在与世界隔绝之中，林立果却大量地看阅了国外画报、资料、电影、录像……他的纯情和理想在这种尖锐的对比中一下子击碎了，思想走向另一个极端，这是年轻人最容易犯的毛病。

显然，这是"主旋律"的声音，但这种声音客观上反映出林立果叛逆精神的**形成过程**。

无产阶级革命历史证明，共产党政权无一不是靠谎言和镇压来维系的。在毛泽东统治下，政权的最高层，充满了阴谋和尔虞我诈，内讧不断发生。这些高层的政治内幕，是党和国家的最高机密，不许老百姓知道，否则，肮脏的内幕会助长叛逆，引起社会动荡。当年笔者身居蒿蓬间，在"舆论一律"中，听到的尽是"伟大、光荣、正确"之声，而目睹地方官僚的胡作非为，却还以为是下面的"歪嘴和尚唸错经"了呢！但林立果却没我等之愚昧。身为副统帅的公子，虽没有证据证明他看过林彪《日记》，但在耳濡目染下，他一定会知道许多高层的肮脏内幕。事实上，当他踏入社会后，这些肮脏内幕，便从他平时的言谈话语中表现了出来。

据鲁珉回忆说："**据说林立果人挺聪明，有些特点真像林彪，有时看问题说话还真尖锐。有一个人正在为文化大革命中一批一批又一批干部的不断倒台百思不得其解。林立果对他说：这样斗来斗去就像绞肉机。这人一听，茅塞顿开，顿时感到了心灵的悸动和思想的撞击……**"又据林立果的女友张宁回忆，当她向他提出清查"五一六"运动扩大化时，林立果不假思索地说："**我不相信有'五一六'。江苏搞出那么多，上海就没一个？都是张春桥和许世友在争夺势力范围。那个张春桥就怕掌握不了军权。**"当她提到林彪也说打倒"五一六"时，林立果不屑一笑地说："**你知道法国总统戴高乐的名言吗？他说政治斗争是最肮脏的，无实话可言。**"还说："**我们这一代年轻人，教育正规、条件优越、潜力很大，但没有出息。文化大革命都起来造反，革命者都成了反革命者，'五一六'就是最好的例子。**"显然，林立果的言论，对于当年包括张宁在内的年轻人来说，不但不敢说，恐怕连想都不敢想。因此，当年的张宁把林立果的言论视为"邪端异说"。

了解高层肮脏内幕的林立果，大胆地发表些"异端邪说"，是坦率和嫌恶的表现。他的坦率远比那些谎言连篇的"伟光正"者、远比那些溜须拍马的精英们要诚实得多，尽管并不证明他叛逆。但他的嫌恶却有反毛、反高层肮脏的征兆。这些在鲁珉回答张聂尔时已经表现了出来。鲁珉抨击林立果道："**在他眼里，中国就应该他来搞，那些老的都不行，都不在话下。后来我听林豆豆讲，林彪在他眼里也过时了，也不行，他们只不过要林彪这个牌子。那时候提起刘亚楼，我们都讲刘司令，很尊重的。他一口一个刘亚楼。哎，我想，刘亚楼跟你父亲同辈的，小毛孩子还挺狂。对吴法宪就更不用说，就叫吴胖子。**"鲁的抨击，与其说林立果不尊重长辈，倒不如说他是父辈们的逆子！

为了使谎言大行其是，不被揭穿，"舆论一律"的宣教管制，便被毛泽东炮制了出来。这是依靠谎言进行统治的专政者的共识。

"舆论一律"实质上是一种政治洗脑术，即对大陆中国人，用一种声音反复灌耳，用一种文字、图像和影视反复养眼，同时，屏蔽一切外来不同声音和影视的"干扰"。换句话说，就是毛泽东力图将所有中国人的大脑全部"格式化"，然后"输入"他一个人的思想，并使全国人民的思想与他同步，跟着他的思想而思想，同时，用"防火墙"阻断一切外来信息的入侵！

为了"将所有中国人的大脑全部'格式化'，然后'输入'他一个人的思想"，"舆论一律"的两个重要特征，便被毛泽东制造了出来。其一对自己要"**一俊遮百丑**"。毛泽东说："**假如办十件事，九件是坏的，都登在报上，一定灭亡。**"因此，他要求对中共做的"一件"好事，要开动全部宣传机器天天讲，月月讲，年年讲，从而达到一俊遮九丑的目的。其二对敌人要"**攻其一点，不计其余**"。对于阶级敌人，假如他们办十件事，九件是好的，一件是坏的，就要抓住那"一件"坏事，开动全部宣传机器天天讲，月月讲，年年讲，从而达到丑化、妖魔化阶级敌人的目的。

在"舆论一律"的强权统治下，一切敢于阅读国外读物、观看国外影视作品或收听国外广播人，都会被以偷看反动报刊和影视、偷听敌台的罪名科以重刑。这就是毛泽东的"**无产阶级在上层建筑包括意识形态各个领域实行全面专政**"的无产阶级专政思想。显然，这种思想是马列主义、封建专制思想的继承和发展，是社会意识自然形态的反动。因此，对这种反动思想的反叛和忤逆，便成了一切有识之士的必然选择。

在"舆论一律"下昏昏欲梦的中国人中，林立果是清醒的叛逆者之一，是当时中国难得的**佼佼逆子**。

出身于副帅家庭的林立果，得天独厚，不仅知道很多高层肮脏内幕，在封闭的环境里，还能接触到外部世界。他在空军成立的调研小组，在从事科研活动的同时，看到了许多外国书刊、录像、电影，吸入了大量外部世界的新鲜的自由空气。新鲜空气与肮脏内幕的反差，民主与专制、自由与禁锢、开放与封闭的碰撞，特别是美好的理想与恶劣的现实之间的冲突，促使他思想发生了剧变，双重人格病态状即人格分裂日趋明朗化：一方面他是受到毛泽东表彰的"活学活用毛泽东思想"的积极分子，表现了他对毛对党对社会主义的效忠性，另一方面他对现实日益不满，准备随时取父辈而代之，显现了他对毛对党对父辈的叛逆性。这种双重人格病态状还表现在个人发展上：当发展顺利时，效忠性覆盖叛逆性，反之，**叛逆性将主导一切**。

与林立果相比，今日握有重权的红色贵族子弟们，他们的双重人格病态状也十分清晰：一方面他们从自由世界学成回国，挤身"海归"，但却摈弃西方的自由、民主和人权价值，鼓吹"特色社会主义"，借以维护既得利益，表现了他们对党对社会主义的效忠性；另一方面他们不相信"特色"久长，便存钱国外，给后代办理"绿卡"，等等，做好了应变和随时"走"的准备，显现了他们对党对社会主义的叛逆性。近据有关媒体报导，"美国政府统计，大陆的部级以上的官（包含已退休）的儿辈，74.5% 拥有美国的绿卡或公民的身份，孙辈有美国的公民身份者达到 91% 以上。"笔者大胆预测：未来中国有变，他们将是一群第一批携巨款离境的叛逃者。

当年的林立果与今日的红色贵族子弟，在双重人格的病态上，没有显著差别。在毛泽东"批陈整风"和"甩石头、掺沙子、挖墙角"的步步紧逼下，特别是 1971 年 1 月底重组北京军区、撤了毛的忠臣李雪峰、郑维山的职后，初生牛犊不畏虎的林立果，被逼上梁山，叛逆性主导了他的一切，甩掉了"活学活用毛泽东思想"的外衣，决心以武力与毛抗争。

3. 讨毛檄文——《五七一工程纪要》

1971 年 3 月 22 日，**林立果**和空军党委办公室副主任**周宇驰**、空军党委办公室副处长**于新野**、空四军政治部秘书处副处长**李伟信**等年轻人，对毛的独裁作风和祸国殃民的暴政，深恶痛绝，他们走在一起，**群英聚义**，在上海草拟了个造反计划《**五七一工程纪要**》，策划武装起义，决心用武装政变来推翻毛泽东的反动统治。

他们在《纪要》中详述了政变计划 (5)。现摘要如下：

《纪要》对国内形势的估判：

十多年来，国民经济停滞不前；

统治集团内部上层很腐败、昏庸无能；

众叛亲离；

独裁者越来越不得人心；

农民生活缺吃少穿；

青年知识分子上山下乡，等于变相劳改；

红卫兵初期受骗被利用，已经发现充当炮灰，后期被压制变成了替罪羔羊。

《纪要》对毛泽东个人品性德行的认知：

实际上他已成了**当代的秦始皇**；

而是一个行孔孟之道借马列主义之皮、执秦始皇之法的**中国历史上最大的封建暴君**；

他利用**封建帝王的统治权术**，不仅挑动干部斗干部、群众斗群众，而且挑动军队斗军队、党员斗党员，是中国武斗的最大倡导者；

他的社会主义实质是**社会法西斯主义**。他把中国的国家机器变成一种互相残杀，互相倾轧的绞肉机；

他是一个怀疑狂、**虐待狂**，他的整人哲学是一不做、二不休；

他每整一个人都要**把这个人置于死地而方休**，一旦得罪就得罪到底、而且把全部坏事嫁祸于别人。

《纪要》拟定的政变策略和手段：

打着B-52旗号打击B-52力量；（笔者：B-52是林立果等人对毛泽东的称谓）

一个先联后斩，上面串联好，然后奇袭；

一个先斩后联；

王维国、陈励耘、江腾蛟控制的空四军，空五军骨干力量；

利用特种手段如毒气、细菌武器、轰炸、543（笔者：一种导弹代号）、车祸、暗杀、绑架、城市游击小分队；

尽力坚守上海：占领电台、电信局、交通，把上海与外地联系卡断；

固守浙江、江西；

掌握空降、空运。

《纪要》的政变口号：

打倒当代的秦始皇——B-52！

推翻挂着社会主义招牌的封建王朝！

《纪要》对政变困难的估计：

目前我们力量准备还不足；

群众对B-52的个人迷信很深；

由于B-52分而治之，军队内矛盾相当复杂，很难形成被我们掌握的统一的力量；

B-52深居简出，行动神秘诡诈，戒备森严，给我们行动带来一定困难。

这个被中共界定为"反革命政变纲领"的《五七一工程纪要》，与其说是个政变计划，不如说它是个讨毛檄文。当大多数中国人还在蒙蒙沉睡、一部分人还在毛的煽动下蠢蠢疯狂之中，《纪要》第一个揭露了毛泽东的反动本质——**"中国历史上最大的封建暴君"**，提出了拯救中国的政治诉求，实乃天下第一篇声讨毛泽东罪恶的檄文。可悲的是，中国人不仅没有给英雄们创造一个实施《纪要》的机会，而且有意或无意地充当了独裁者的帮手，使英雄们的《纪要》从它诞生的那一天起，直到英烈周宇驰、于新野自杀、林立国携父母逃亡折戟沉沙于温都尔汉，一直被迫秘密保存在带拉链的笔记本中。

尽管数十年来，官方和精英们一再诋毁《五七一工程纪要》，说什么它是"反革命武装政变计划"，是"企图谋害毛泽东主席，推翻无产阶级专政国家的铁证"，有的则不屑地说："'五七一'阴谋倒更像几位志大才疏、眼高手低者梦呓的'狂人日记'"，不过"小孩玩家家"，等等。但《纪要》的启蒙的历史意义不容否定。

《五七一工程纪要》做为林彪集团的"罪行"资料，经毛泽东亲自批准，于1971年11月下发全国，供人批判。令毛没有想到的是，《纪要》成了愚昧而疯狂人们的启蒙教材。连九十年代中共自己编写的权威历史著作《中国共产党的七十年》中也不得不承认，林彪一案中的《纪要》，"**促使干部和群众从个人崇拜狂热中觉醒，客观上宣告文化大革命的理论和实践的破产。**" 历史已经证明，在《纪要》启蒙中觉悟了的干部和群众，在而后毛发动的批林、批孔、批周、批邓中，都不约而同地站在周恩来、邓小平一边，引发了反毛的"四五"运动和逮捕毛的亲信"四人帮"事件。有人进一步写道："**中共日后走的改革开放道路，不过就是实践了《纪要》中的思想而已。**" ——《五七一工程纪要》的大功不可磨灭！

"风萧萧兮易水寒，壮士一去兮不复还！" 英烈林立果的**为国除恶**的思想境界，远远高于荆轲，其英勇壮烈的牺牲精神，远远超越荆轲！

4. 林立果携父母逃亡

1971年9月13日零时32分，在山海关机场，256号三叉戟机飞机加大油门，冲上天空，向西南方向飞去，4分钟后，又转向北方。当飞机接近蒙苏边境时，又突然掉头南飞。2点27分，飞机在蒙古国温都尔汗附近，中弹起火，迫降时机毁人亡。现场查明，机上遇难者是：

林立果——林彪儿子、空军党委办公室副主任兼作战部副部长
林彪——林立果之父、中共唯一副主席、中央军委副主席、党章规定毛的唯一接班人
叶群——林立果之母、林彪夫人、中共中央政治局委员
潘景寅——林彪专机飞行员、空军航空兵34师副政委
李平——机械师、机务分队中队长
张延奎——机械师、机务分队机械师
邰起良——特设师、特设分队副中队长
刘沛丰——空军党委办公室处长
杨振刚——林彪的轿车司机

这是一起震撼全国、轰动世界的大丑闻——九一三事件！历史记录了事件的始末。

(1) 事件回放

1971年9月12日下午**4时5分**，毛泽东乘南巡专列回到了北京。

原定于九月底前后返京的南巡专列，为什么突然提前返京了呢？因为，在杭州，毛泽东接到密报，有人要对他的专列下手。于是，他多次改变行程和路线，像与人捉迷藏似的遁回北京。在丰台，他命令北京军区司令员李德生，速调38军一个全副武装师进驻南口，威慑京师，以防不测。

几分钟后，林立果接到密报：毛泽东已回北京，顿时紧张起来。对空长叹一声："**天**

不助我！" 原来，他的抗命计划是：上策——在杭州、上海和硕放桥等地暗杀毛，夺取党和国家最高权力；中策——南下广州，另立中央，与毛抗衡，如有不测，可出逃香港；下策——北上苏联，利用外援，待机破敌。当他听说毛已回京，暗杀毛的计划已全部落空，剩下的只有出走："南下"和"北上"。

在北京空军学院将军楼里，林立果与周宇驰、于新野再次聚义，决定启动"南下"计划。"南下"是兵分两路：林立果立即飞北戴河，第二天早上7时，携林彪、叶群、林立衡等家人南飞广州；周宇驰留在北京总负责，由王飞（空军司令部副参谋长）组织空军司令部有关人员分发武器，第二天早上分乘四架飞机从西郊机场飞往广州，同时"通知"黄永胜、吴法宪、李作鹏、邱会作一起走，或绑架他们，如果他们不愿走的话。

林立果的"南下"计划进行得很紧张，却也顺利。周宇驰在京组织"南下"人员和装备的同时，**19时40分**，林立果已乘256号三叉戟飞机腾空而起，飞向山海关。**20时15分**，256号三叉戟落地山海关机场。下机前，林立果走进驾驶舱，与机组每个人握手说："**明天首长（指林彪）也要坐这架飞机。人民解放军战士要听林副主席指挥，关键时刻要起作用，我代表首长谢谢大家。**" 说罢，他下了飞机，跳上吉普车，向北戴河疾驰。

20时50分左右，林立果到了北戴河林彪住处，与父母商议后，决定明晨"南下"。

然而，令林立果没有想到的是，他的胞姐**林立衡**不仅出卖了他，而且还出卖了他们的生母叶群，从而出卖了他们的生父林彪。**21时50分**许，林立衡向中央警卫团密报了林立果、叶群要"挟持"林彪出逃广州和香港的计划，并说今天晚上要逃跑，还要派飞机轰炸中南海，暗害毛主席，等等，要求将她的口头报告直报党中央。同时，她还积极活动，说服8341部队副团长**张宏**、二大队长**姜作寿**和林彪的警卫秘书**李文普**采取紧急措施，制止林立果和叶群"挟持"林彪逃亡广州和香港。

林立衡的出卖，使林立果的中策"南下"计划，瞬间化为泡影！

22时30分，林立衡的报告被中央警卫团即8341部队报到周恩来那里。几天前，周已接到毛南巡讲话的纪录，知道了毛要清除林彪的意图。当接到林立衡的报告后，周便以领导党政军和指挥陆海空军的毛的大管家身份，决心辅佐毛打倒压在他头上的林彪，如同他曾辅佐毛打倒压在他头上的刘少奇那样。与此同时，林立衡的报告也报到了毛泽东那里。毛泽东按兵不动，遥领周恩来的处置，静观其变。

正在人民大会堂的福建厅召开政治局例会会议的周恩来，分别打电话给空军司令吴法宪和主管山海关机场的海军政委李作鹏。在了解了256号三叉戟的情况之后，预感事态严重，便命令办公厅的领导，向所有与会者宣布几条纪律："**不要走，等会儿听通知，不要往家里打电话**"，借此限制林彪亲信黄永胜的自由。接着，他在打电话给叶群探听虚实后，迅速采取两条措施：一、下令封闭西郊机场，不准任何飞机起飞；二、下令吴法宪通知停在山海关机场的256号三叉戟，立即飞回北京。但由于电传256号三叉戟正在"维修"，无法执行命令。23 时 35 分，李作鹏根据周的指示，再次下令山海关机场："**这架三叉戟的行动，要听从总理、黄总长、吴副总长和我的指示。**"

深夜 **22 时半~23 时多**，林立果发现 8341 部队动静异常；周宇驰来电话报告说，西郊机场"封"飞机了；叶群在同周恩来通话后，便挂通军委一号台，想找黄永胜探听虚实，但没有找到，疑其已被捕。等等异常迹象，使林立果、叶群母子突然意识到，家贼难防，他们被林立衡出卖，"南下"计划已暴露。于是，他们当即立断，决定迅速登机"北上"逃亡。**23 时 50 分**，由于时间急促，来不及整理装束，叶群唤醒服安眠药已经入睡的林彪，并把他拽下床来。刚刚醒过来还有些眩晕的林彪，由其贴身警卫处长李文普、空军党委办公室处长刘沛丰和林立果等人簇拥着，在叶群"**有人要害林副主席**"的喊声中，被架上了防弹的"大红旗"轿车。听见汽车发动机声，路旁出现了一些持枪的武装人员。林立衡的未婚夫**张清林**对着武装人员喊道："快堵住！"在大门口，二大队队长**姜作寿**扬手要"大红旗"停车，但"大红旗"快速冲过去，只见姜作寿敏捷地一闪身，让"大红旗"擦身而过。驶上公路的"大红旗"突然停下，李文普从车上跳了出来。此时，赶上前来的中队长**萧奇明**，对准右侧车门连打三枪，在防弹玻璃上留下了三个白色弹印。在慌乱中，李乘机向自己手臂开了一枪，以表示清白。"大红旗"连中三枪后，加速疾驰山海关。**13 日零时 18 分**，林彪专车快速闯进山海关机场，急刹车于 256 号三叉戟旁。

此时的山海关机场，由于北京政令不清，处于指挥混乱之中。**23 时 54 分左右**，潘景寅和李海彬在空军调度室里，接到了北京保密机打来的加油电话。**23 时 55 分**，潘要李海彬打电话给海军的山海关机场调度室，要两个加油车给三叉戟加油。当加油车调来后，潘出门安排机械师登机加油。此时的潘景寅还以为飞机明晨起飞，因此，没有招唤其他入睡的机组人员。几分钟后，当听到一阵尖锐的汽车急刹车声，他跑出调度室，只见林彪专车停在飞机旁边，林彪、叶群、林立果等人已下了车。做为林彪专机飞行员的他，本能使他快步跑向飞机。此时，13 日**零时 21 分**，山海关场站接到了海军政委李作鹏下达的不让飞机起飞的命令。但当场站参谋长**佟玉春**跑步寻找潘传达北京命令时，潘已登上了 256 号三叉戟。（近几年有人"证明"，潘景寅执行的是毛、周的秘密使命：伴飞广州，实飞蒙古。在飞机失事前，潘喊道："林副主席，我对不起你！"——有朝一日，当档案解密，飞机"黑匣子"也被官方"突然找到"时，也许，笔者这篇"回放"，全是废话。）

当受命"阻止"256 号三叉戟起飞的 8341 部队武装人员，来到机场后，无动于衷地目睹了林彪登机和乘机腾空的全过程：

林彪专车刚刚停稳，第一个跳下车的叶群，高喊有人要害林副主席。跳下车的林立果，挥舞着手枪，指挥人快上飞机。只见刘沛丰第一个顺着工作便梯，爬上飞机，接着叶群、林彪、司机杨振刚，最后是林立果。进到机舱的叶群，向下大喊："油车快让开，我们要走！**誓死捍卫林副主席！**"像接到命令一样，加油车让开了滑行道。**零时 23 分**，"轰"

的一声巨响，256号三叉戟发动了。**零时32分**，三叉戟冲上西南方向的天空。没有来得急登机的其他五名机组成员，其中，两名副驾驶看着腾空的三叉戟，目瞪口呆！

强行起飞的三叉戟，先以240度向西南方向飞，四分钟后，转头以345度向北方飞去。当飞机快到中蒙边界时，吴法宪建议拦截，但本想把林家一网打尽的毛泽东，出人意料地大发慈悲。他说："**天要下雨，娘要嫁人，由他去吧！**"忠于林彪的潘景寅，驾驶飞机飞入蒙古，向北直飞苏联。但不知何故，当接近蒙苏边界时，又调头南飞。不幸，在蒙古国温都尔汉地区，中弹起火，迫降时，机毁人亡，是时，**9月13日2时27分**。

左：林彪元帅。右：1971年9月13日2时27分机毁人亡。

在乘车飞驰山海关机场前的**23时40分**，林立果给周宇驰打电话，要他们利用伪造的"林副主席手令"，巧夺飞机"北上"。周宇驰、于新野和李伟信三人，于13日**凌晨3时15分**，在沙河机场巧取一架直升机飞向北方。途中，不幸被忠于毛泽东的飞行员陈修文识破，在空中兜了一大圈后，回飞到怀柔迫降。搏斗中陈修文被击毙，周、于同时举枪自杀。李伟信虚假自杀后被捕，成了林立果等义士的叛徒。

几天后，当听到机毁人亡的确切消息后，毛泽东情不自禁地说："**这是最好的结局！**"与"**由他去吧**"的宽厚，形成鲜明对照。当看到林彪机毁人亡的照片后，周恩来对政治局委员们说："**这是不幸中的万幸！**"但当官员们离开人民大会堂东大厅里后，周面壁片刻，突然失控，两肩颤抖，**嚎啕大哭起来**——这是兔死狐悲的哭声？抑或鳄鱼眼泪的表演？

(2) 为叛国、叛党正名

"九一三事件"后，毛泽东和中共官方，把林立果、林彪反抗毛泽东的**正义行动**，定性为"阴谋家"和"野心家"，其携家出逃定性为"叛党"、"叛国"；1980年"审判"时，又将其定性为"林彪反革命集团"。对于官方这种定性，一些学者和普通老百姓并不认同。林立果、林彪是否是"叛党"、"叛国"的"反革命分子"呢？

联合国大会通过的《世界人权宣言》，全文三十条2,818个字。文中关键词数是："**自由**" 31个，"**人人**" 30个，"**权利**" 29个，"**平等**" 11个，"**尊严**" 5个，而"专政"、"镇压"、"维稳"、"服从"等词，没用1个，更没有"叛党"、"叛国"和"反革命"的罪名。联合国《宣言》向全世界郑重宣布：

"人人生而自由，在尊严和权利上一律平等。"

"人人有权享有主张和发表意见的自由；此项权利包括持有主张而不受干涉的自由；和通过任何媒介和不论国界寻求、接受和传递消息和思想的自由。"

"人人有权享有和平集会和结社的自由。"

"人人有权在其他国家寻求和享受庇护以避免迫害。"

"凡受刑事控告者，在未经获得辩护上所需的一切保证的公开审判而依法证实有罪以前，有权视为无罪。"

等等。

显然，联合国《宣言》向全世界宣示：**人权高于主权，自由超越国界！**

通读联合国《宣言》，会使人们更易理解先辈们的经典箴言。大科学家爱因斯坦说："**国家应是我们的仆人；我们不应该是国家的奴隶。**"美国大思想家富兰克林说："**哪里有自由，哪里才是我的祖国。**"中国大思想家胡适说："**你争取个人的自由，就是争取国家的自由。**"做为联合国安理会常任理事国的中华人民共和国，它的政府理应是贯彻执行联合国《宣言》的表率，不应与之相背。因此，林立果、林彪的"叛党"、"叛国"和"反革命"罪，应据联合国《世界人权宣言》加以认定。

（一）为叛国正名

什么是国家？国家是一个在一块固定的**领土**上、由长期居住在这块领土上的全体**人民**、在统一**主权**下、用一种特定形式的**政体**组织起来的社会。也就是说，国家由领土、人民、主权和政体**四大要素**构成。领土、人民、主权是国家的本质属性；政体是从属的，是国家的体现。其中：**人民**是国家的中心，是国家一切权力的来源；**主权**是国家固有的不可分割的独立处理对内对外事务的权力，据有相对的自主性和排他性；主权在民，**政体**是代表全体人民行使主权的政权形式（政府）。当执政者获得多数人民的支持组成合法政府时，它有权代表国家行使主权；当执政者失去人民支持、丧失其合法性或被推翻时，它无权代表国家行使主权，国家也不会因政权更替或暂时没有政府而消失。因此：凡叛卖国家领土、人民和主权的行为，或利用权力偷偷摸摸与他国签订协议，出卖领土、人民和主权，无论他是政府、执政者、团体或是一般公民，都应视为犯有叛国罪或颠覆罪；公民反对的只是国家的政权形式或其中的某些领导人，没有出卖国家的领土、人民和主权的行为，都不应视为叛国或颠覆。"解放"前，毛泽东曾有类似的看法。他说："**现在谈爱国，那是爱谁**

的国？蒋介石的国吧？"又说："**少数人的国，他们少数人去爱吧。**"还说："**一个不是人民选举出来的政府，有什么脸面代表这个国家？爱这样的国家，就是对祖国的背叛。**"因此，在现代自由世界，公民利用罢工、游行、示威、结社、公投和选举等手段，去反对、弹劾某些领导人甚至推翻现政府，或因力量悬殊不得已而到其他国家寻求庇护，都是公民不可剥夺的民主权利，符合联合国《世界人权宣言》精神，与叛国、破坏稳定、图谋颠覆几无关联！

马克思主义者则不同。他们把国家定义为："**国家是一个阶级压迫另一个阶级的机器，是使一切被支配的阶级受一个阶级控制的机器。**"显然，这个定义把国家与政权（机器）等同，犯了种属概念并列的逻辑错误。遗憾的是，当今许多学者引入"祖国"概念，把"国家"与"政府"捆绑在一起，使两者相互混淆，界限不清，为偷换概念创造了条件。因此，笔者认为：国家是社会，不是机器；国家包括政府，不是政府。历史已经证明，这个偷换概念具有封建专制主义的马氏国家定义，成了世界各地共产党残酷掠夺、暴力镇压本国人民的理论根据。毛泽东说："**政权就是镇压之权！**"就是对马克思主义"机器"说的经典注释。马氏定义和毛氏注释，强调"机器"的压迫性和镇压功能，与毛氏"解放"前的"爱国论"形如冰炭，与联合国《世界人权宣言》"**人人生而自由，在尊严和权利上一律平等**"的精神格格不入。因此，他们把反对政府（机器）、反对执政党或反对政府中的某些人的人，或逃亡国外寻求庇护者，升格为"危害国家安全"，并以叛国罪或颠覆罪重判之，体现了封建专制主义的本色。这种封建专制主义本色，是"**朕即国家**"、"**普天之下，莫非王土；率土之滨，莫非王臣**"的封建皇权思想的继承和发展。如今，许多所谓的"爱国者"，自觉或不自觉地把党、领袖、政府与国家捆绑在一起，以混淆视听，把国内反党、反毛的异议人士诬指为"汉奸"、"卖国贼"，把国外反共的不同政见者诬詈为"反华势力"，就是封建专制主义继续作祟的结果。例如，据《环球网》报导，2012年8月3日，朝鲜共产党首领金正恩"教导"人民说："**对首领的忠诚就是爱国的体现，是爱国主义的最高表现。**"——这就是共产党人**爱国观**的经典宣泄！

在封建专制主义作祟下，在九十年代，中共留苏派为主的江泽民政权，偷偷摸摸与俄国签订了领土条约，使俄国侵占我国的大片领土全部合法化。对于这个重大的领土问题，他们不敢叫中国老百姓知道，仅在《人民日报》不起眼的地方，发布一条简短"新闻"，借以敷衍塞责，愚弄人民。隐蔽在个中的重大卖国嫌疑，在他们的强权运作下，变成了"合法"的"爱国"的外交成就。

由于封建专制主义及其"叛国"论的作祟，毛泽东和中共以及御用精英们（简称"毛共精"），在"叛国罪"的判定上，往往实行多重标准，变幻无常，逻辑混乱，都有历史记录在案。例如：

因受普鲁士（德国）政府的迫害，马克思曾一次次"流寓巴黎"、"亡命布鲁塞尔"、

"流寓伦敦"等国外，甚至为了免遭本国政府紧追不舍的迫害，1845年12月，他宣布脱离普鲁士国籍。除普鲁士专制政府外，包括"毛共精"在内，没有人说他"叛国"。

在1848年欧洲革命风暴中，恩格斯直接参加了巴登起义。弗.梅林在《马克思传》中说：**"恩格斯在巴登－普法尔茨起义失败后，就作为一个流亡者住在瑞士。"**当时流亡在国境之外的德国各派革命者有上千人之多。同对马克思一样，"毛共精"颂其为"革命"，与"叛国"或"颠覆"毫无共同之处。

1905年革命失败后，被沙皇判为"叛国"的列宁，仓皇逃往奥匈帝国，然后又迁居瑞士。11年后的1917年4月10日，列宁潜回彼得格勒，领导了10月7日的十月革命，推翻了沙皇的封建统治，建立了世界第一个社会主义国家——苏联。对此，"毛共精"除了颂扬外，对列宁的11年的"逃亡"生涯，不置一个"叛"字。

康梁变法失败后，满清政府宣布康、梁、谭等人"叛国"，并发出了通缉令。康有为于1898年9月20日逃离北京，29日逃到香港脱险；梁启超于9月21日，逃入日本领事馆，十一天后，被日本军舰护送赴日，拒绝逃跑的谭嗣同等人，血染北京菜市口。解读这段历史，"毛共精"认为，康梁谭反对的是腐败的满清政府，与叛国无关，而是政治"逃亡"。

辛亥革命中，孙中山曾两度逃亡日本。1895年10月26日广州起义失败后，清廷以"叛国罪"下令悬赏捉拿孙中山，孙被迫第一次逃亡日本；孙中山第二次逃亡日本，发生在1913年9月1日起兵讨伐袁世凯失败后。解读这两段历史，"毛共精"高度赞扬孙中山提出的**"驱除鞑虏，恢复中国，创立合众政府"**的主张，称颂孙为革命先驱、爱国者。

1927年"四一二"事变后，郭沫若受国民党通缉而逃往日本，一去十年，没人说他"叛国"。1937年抗日战争暴发后，应国民党之邀，回国任国民党军事委员会政治部宣传厅厅长。

1960年前后三年间，云南十三万多边境饥民逃亡国外，都被斥为"可耻的叛国分子"。1962年4月，新疆边境塔城、裕民、霍城六万多饥民逃往苏联，又被当时的"毛共精"定性为"民族分裂分子同苏联修正主义者共同策划的一次大叛逃。"

1967年1月16日，中国著名音乐家马思聪偕全家冒死逃亡香港，被"毛共精"判为"叛国投敌"的"反革命"分子。为了否定文革，1985年1月25日，文化部根据公安部的决定，发出《为中央音乐学院前院长马思聪先生彻底平反的通知》，摘掉了戴在他头上的"叛国投敌"的"反革命"帽子。

1979年广东省委边防口岸办公室《反偷渡外逃汇报提纲》记载，从1954年到1978年，广东全省共发生偷渡外逃56万多人次，逃出14万多人，造成数百人死亡。其中：1962年外逃11.7万人，逃出近4万人；1978年外逃7.9万人，逃出1.8万人；1979年前5个月外逃11.9万人，逃出2.9万人。1977年11月，广东省委将"逃港"热潮作为重大恶性政治事件，向正在广州视察的邓小平作了汇报。急于否定文革的邓小平听后说："**这是我们的政策有问题。**"此后若干年中的外逃者，在反文革的背景下，"毛共精"豁免了他们的"叛逃"罪名。

1979年越南反华运动中，因与越共总书记黎笋等人政见分歧，引发残酷内斗，国会常务委员会副主席黄文欢被迫"逃亡"中国。不久，越南宣布开除他党籍，并缺席判处他死刑。但"毛共精"却称黄是"中国人民的老朋友"，并给于高干待遇。黄客死北京后，中共以极高的礼遇，将其葬于八宝山革命公墓。

1945年到1961年间，每年约有十数万德共统治下的东德公民，通过柏林逃往西德。为了阻挠逃亡，1961年8月12日，东德首领德共总书记乌布利希，宣布建造柏林墙。很快，一条水泥砌筑的绵延170多公里的柏林墙，拔地而起，一刀将柏林市砍成两半。据报导，自柏林墙建成到1989年轰然崩塌的28年间，共有5,043人成功越墙逃入西柏林，239人死亡，260人受伤，约六万人被以"企图叛国投敌罪"，处以平均十六个月的监禁。但当逃亡者跨进西柏林的边界线后，迎接他们到来的第一句话是："**你自由了，这里是西德！**"最令人感动的是，客车司机**布鲁希克**，拉着十多名逃亡者，高速撞向柏林墙，"一声巨响，柏林墙被撞开了一个大缺口，整个客车冲进了西柏林！"不幸的是，当客车越过边界线后，身中19弹的布鲁希克，睁着大眼，停止了呼吸。许多西德人饱含着热泪证明道："**布鲁希克是一个成功者：在生命的最后一瞬间，他看到了自由！**"共产党东德官方，则把这些逃亡者斥为"**叛国投敌**"，数千公里外的"毛共精"遥相呼应。但随着中共和德共关系日趋疏远、紧张，"叛国投敌"一词随之悄悄淡化，最终被"**逃亡**"一词取代。

由于"毛共精"反对联合国《世界人权宣言》的自由、民主、人权的普世精神，他们便把维护封建专制政体的一党专政和毛泽东独裁，确定为他们的**核心价值**。他们对叛国罪的认定，是以他们的核心价值为基准的，从而形成了前后矛盾的多重标准。从这个意义上来看，他们以"我"划界的"逻辑"又似不乱：**顺我者是，逆我者非**。因此，林立果因反对他们的独裁、逃避他们的迫害而携父母的正义逃亡，触犯了他们的核心价值，被他们判为"叛党"、"叛国"和"反革命"等罪，是预料中的事。

（二）为叛党正名

党派是各政党或政党中各门派的统称。它是由持有特定指导思想、主张和目标的政治理念人士组成的社会团体。《韦氏大词典》认为，政党是"**一群人以指导政府政策为目的而组成的团体。**"美国学者则认为："**政党乃是一个由个人基于自愿所组成之政治团体，为政府提供一般措施、建议，或者制定政策，选举与支持领导人物为公职候选人，以作为实现其主义与政策最有效之方法。**"在这种思想指导下产生的政党，是自由组合的载体，体现了联合国《宣言》的"结社自由"精神：人人可以自由参加和退出某个政党，没有反党、叛党的恐吓，从而产生了两党和多党自由竞选的民主政治。

但马克思主义认为："**政党本质上是由各阶级的政治中坚分子为了夺取或巩固国家政治权力而组成的政治组织。**"这种马氏"夺取或巩固国家政治权力"学说，就给他们的政党组织，打上封建专制主义的血色印记，构成了各个共产党武装夺取政权和实行一党专政的理论根据。毛泽东说"**枪杆里出政权**"和"**党政军民学，东西南北中，党是领导一切的**"的说教，就是这种理论的极端张扬。

在这种建党理论指导下，党的领袖用铁血纪律来控制党员，使党的各级领导与普通党员，构成了不平等挟制与被挟制的邪教关系，从而使《党章》规定的党员"在党的会议上和党报党刊上，参加关于党的政策问题的讨论，批评党的任何组织和任何党员""揭发、检举党的任何组织和任何党员违法乱纪的事实"等等权利，统统变成了橱窗里的展品。在红色政党监控下，悬在顶上的"**反党有罪**"之剑，使党员们失去了选择的自由——任何脱党或改变立场党员，都被定性为"叛徒"，并科以重刑。

在这种建党理论指导下，党和国家的关系也被颠倒：党大于国、高于国。例如，《中华人民共和国宪法》第五十七条规定："中华人民共和国全国人民代表大会是**最高国家权力机关。**"但这个"最高国家权力机关"要接受中国共产党的领导，"人大"的"最高权力"成了古今中外绝无仅有的最大谎言。（到二十一世纪的今天，在"**是党大还是法大**"的问题上，中共仍在"最大谎言"中做梦，无法自圆其说！）笔者认为：执政党是通过合法竞争上台的组建并领导政府行使国家主权的党派；执政党不是政府的上级，更不是国家的上级；国家及其政府有权规范并制约所有政党活动。因此，在内政上，与执政党及其领导人的政治理念相左的异议派别和人士，无论他们身在国内或国外，都属于全体人民的一部分，他们质疑或反对执政党及其领导人的政治理念，质疑或反对执政党所领导的政体——政府，理应视为民主诉求，与叛国、颠覆无关。在外交上，执政党的政府领导人代表国家，外国政府或人士，质疑或反对这个国家的领导人，理应视为质疑或反对这个国家的政府，不能与质疑或反对这个国家等同；同样，当这个国家的主权不在民时，亦即政府失去合法性时，质疑或反对这个国家的领导人，亦应视为质疑或反对这个国家的政府，也不能与质疑或反对这个国家等同。但毛和中共刻意把执政党、政府与国家捆在一起，使其关系模糊化，宣扬党国不分，声言反党就是颠覆，反共就是反华。显然，他们的目的只有一个，就是利用《宪法》中的"最大谎言"，攫取无上权力以统治中国人：任何反对毛和党领导的人，都被判为反革命，并科以重刑。毛泽东的红卫兵歌谣曰："**谁要敢说党不好，立刻叫他见阎王。杀！杀！杀！嘿！**"

在这种建党理论指导下，同以"我"划线的毛式"反动"说法一样，"革命"与"反革命"说法，也是以"毛共精"的"我"划线：顺我者革命，逆我者反革命。"革命"系指自然界、社会界或思想界发展过程中产生的深刻质变，但马克思主义理论，却使"革命"两字变成了血淋淋的红色恐怖。二十七年的毛泽东时代证明，无论是他们在五十年代初搞的枪杀数百万人的新民主主义革命，还是而后他们搞的枪杀、逼死数百万人、饿死数千万人的社会主义革命，以及导致 200~300 万人丧命、1,000 多万人伤残的文化大革命，都是历史大倒退行为。因此，反对毛泽东的这种革命的人，亦即"毛共精"所说的"反革命分子"，当属光明磊落的正义之士！

历史已经证明，**在这种建党理论指导下**，毛泽东和他的支持者所组建的中国共产党，是一个与联合国《世界人权宣言》的自由精神相悖、与现代社会的人权观念格格不入的封建专制主义政党，早已成为镇压人民的邪恶力量。因此：做为中共党员的林立果、周宇驰、于新野以及林彪、叶群等人，有权自由脱党，他们**脱党有理**；林立果、周宇驰、于新野等人有权自由背弃这个党，他们**叛党无罪**；林立果携父母逃亡，是忠于国家、义于民族、孝于父母的表率，他的这种"反革命"行为是**反得有理，反得正义**，与叛国毫无关联，尽管他最后不幸同父母一起葬身于异国他乡；之于中共高官林彪和叶群夫妇，他们是个很复杂的人物，但能随子逃亡，说明他俩**已有所悔悟**！正是：

正义背水弃邪恶，折戟沉沙犹壮烈！

5. 中国的施陶芬贝格

中国人不应忘记，毛泽东发动的曾使数千万农民饿死的大跃进和人民公社运动，以及他亲自发动和领导的曾使数千万人挨整、200~300 万人丧生的文化大革命，不仅仅是有罪，而是罪大恶极，罪不容诛！因此，**林立果等人策划的反叛毛的武装政变和暗杀的造反行动，当属正义之举，中国人应当记住这位失败了的英雄**，正如当今德国记住当年暗杀希特勒未遂而被处死的**施陶芬贝格**上校那样！

1944 年初夏，当美、英、法盟军在诺曼底登陆成功、苏军攻入波兰逼近德国时，纳粹德国已陷入被东西两面夹击的狼狈困境。7 月 20 日，在德国东普鲁士拉斯滕堡附近的"狼穴"里，传出了一声巨响，一群以施陶芬贝格上校为首的德国军官，不愿看到德国被大独裁者希特勒彻底毁灭，发动了刺杀希特勒的行动。他们行动失败了，不仅被枪决或被钢丝绞死，付出了宝贵的生命，而且还背负着"叛国者"、"卖国贼"的罪名被同胞唾骂。但六十年后的 7 月 20 日，德国全国上下却举行隆重纪念仪式，追忆当年"七二〇"英雄们的壮举。在今日德国，有许多街道、学校、广场等公共场所都分享一个名字：**施陶芬贝格**。这些行动表明，德国人已经鼓足勇气，正视历史，同时也无情地嘲弄了中国"**成王败寇**"的封建思维。可悲的是，在"主旋律"的控制下，许多中国人迄今还在《东方红》的"唱红"声中酣睡，听凭权贵们为了权力任意玩弄历史，抵毁《五七一工程纪要》的启蒙作用，纵容御用精英们为了效忠党和领袖，任意篡改历史，没有些许德国人的理智和勇气！

由于许多中国人的愚昧、盲从、背叛和病入膏肓的媚骨、软骨，使林立果等义士陷入英雄无用武之地；到了9月12日，留给英雄们唯一出路就是逃亡——这是林立果等义士的悲剧，也是中华民族的悲哀！

中国大陆人什么时候才能觉醒，来纪念"九一三事件"中殉难的中国**施陶芬贝格——林立果、周宇驰、于新野**等义士呢？笔者虽然年迈，却毅然满怀信心地在等待！

6. 千古罪人林立衡

日防夜防，家贼难防——这条古训，在"九一三事件"中已得到验证。在林家高贵的家庭里，出现了一个**败类**——林彪夫妇的爱女、英烈林立果的胞姐**林立衡**。

震惊世界的"九一三事件"中，造成机毁人亡林彪、叶群、林立果和其他六个机组乘员葬身异国沙漠的主要推手，除毛泽东和周恩来外，还有林立衡。

林立衡生于1944年，乳名豆豆，与胞弟林立果一起，被林彪视为他的"**一对眼珠子**"。"九一三事件"后曾用名"路漫"、"车前"。1965年加入中国共产党，曾就读于清华和北大两所高校，1966年曾任《空军报》总编。"九一三"事件后，被隔离审查。其间，她的曾用名"路漫"，取自于屈原词"路漫漫其修远兮，吾将上下而求索"，表达了她自强不息的抗争决心；"车前"有"车到山前自有路"之意，显示了她身处逆境的乐观。尽管她在逆境中自强不息，对未来充满了期盼，但她出卖父母和胞弟的可耻行径，使她一头扎进了死胡同，成了根本无法洗刷的**历史罪人**。

1971年9月12日晚，当获知毛泽东已回京的消息后，林立果急匆匆地飞到北戴河，与母商讨"**南下广州，另立中央，与毛抗衡**"的计划，并定于明晨七时飞往广州。正当他们积极准备秘密南下广州之时，令他们意想不到的事发生了：林立衡把他们出卖了。这位详知胞弟暗杀毛未遂后要"南下"的千金小姐，21时半许，向林彪的警卫秘书李文普透露了"南下"计划，并要李文普马上转告党中央。由于见李有些犹豫，21时50分许，她径直向中央警卫团副团长张宏报告了林立果和叶群要"挟持"林彪逃亡广州和香港的"阴谋"，要求立即阻止、逮捕。"事以密成"，本来还有几分成功希望的"南下"计划，由于林立衡的出卖，迅即化成泡影。深夜，林彪的行踪便被置于毛、周的监控之中。当发觉被监控后，林立果和叶群当即立断，乘机"北上"，他们唤醒服了安眠药入睡不久、神志尚不清醒的林彪，演出了被爱女出卖而"仓皇出逃"、最后摔死在蒙古国的悲壮一幕。

自以为出卖有功应授于英雄称号的林立衡，却被毛、周的中央先定性为"**起义**"，后又变成了"**林彪留下来的钉子**"。

与揭竿而起的起义不同，中共对敌对势力中的起义者，鄙薄为枪口之下屈膝不战而降者。当年国民党**傅作义**将军，率三十万大军起义，使林彪得以和平解放北京。立了大功的傅作义，荣任水利部长，可是他的属下和亲信呢？据传，50％成了阶下囚，其中约10~30％被处决或自裁。面对起义的悲剧，傅作义无颜面对亲朋好友——**独面残垣泪自垂**！"起义"者林立衡呢？她的命运远不如傅作义。

"起义"后的林立衡，并没有因"功"而成英雄，反而成了专案对象。当年被中共指定"帮助"林立衡改正"错误"的负责人是空军副政委兼政治部主任**高厚良**。高在他的《"九一三"之后的林立衡——暨说给豆豆的知心话》一文中写道：

> 遵照毛主席、周总理的指示，我们在东交民巷空军报招待所新高干楼8号选了一处房，让林立衡从警卫一师搬进去住下（张清林到总后参加学习）。从各军区空军选调一些水平较高的女干部组成一个**帮助**小组陪同她一起**学习**，报社的金为华、谭先德、石玉增等同志也参加。组长是民航总局副政委、中国第一批女飞行员**诸惠芬**，金为华任副组长，组员有尖子女飞行员汪云、张玉梅，还有各军区空军选调的副指导员、排长、女军医，护士长周慧芳、郭玉莲、李建军、张香丽、马志敏等。警卫一师的两位女同志程言翠、侯颜娥也到空军招待所同学同住。

现在的年轻人，可能不清楚那个时代"**学习**"和"**帮助**"的真实内涵，听一听林立衡的回忆，也许对你有所帮助。她说："**诸慧芬后来职务挺高的，好像还当了中央候补委员，当时对我拍着桌子吼叫审讯，弄来一帮女连长、女指导员，围着我天天批斗。其实她啥也不知道。当时我跟他们顶得很厉害，她越凶我越不说……**"做为过来人的笔者，对毛式"学习"和"帮助"深有体会，那是批斗和审讯的同义词；林立衡是个幸运者，至少她在"**学习**"中，没有受过跪砖、吊打和"坐喷气式"等体罚式的"**帮助**"。

"她越凶我越不说"的林立衡，也架不住反复批斗，她的嘴终于被撬开了。她不仅揭发了林立果、叶群的反革命言论，还揭发了她父亲林彪说"伟大领袖"的"坏话"，其中包括说毛好色的坏话。专案组将她的揭发上报后，她的错误性质立刻由"起义"变成了"**林彪留下来的钉子**"。因为，上面认为，她利用"揭发"攻击"伟大领袖"。由此，"学习"和"帮助"也迅即升级。对此，高厚良又写道：

> 她开始受审查时拒绝交代任何问题，受到反复批判之后就采取了另一种态度，大量"交代"林彪说毛泽东的一些"坏话"。这些东西送上去之后，专案组受到了批评，林立衡自然受到了激烈批判，说她这是有意"放毒"，攻击伟大领袖毛主席。起初专案组对她还比较客气，开的伙食也比较好。由于她在很长时间坚持认为林彪是被叶群、林立果劫持走的，并讲了"毛主席身边也有叶群那样的人"之后，处境开始恶化，身份由"九一三"的"功臣"变成了"林彪留下来的钉子"，待遇大变。专案组对她的态度变凶，看管更严，伙食标准也由"贵宾"而变"小灶"，再转为"中灶"而"大灶"。她的居住条件，逐步也变得恶劣起来，身体受到很大损害。

高厚良所说的"身体受到很大损害"是指什么呢？据报导，林立衡在当"林彪留下来的钉子"而受到关押审查的两年中,被"帮助"得"**体重只有30多公斤,头发大量脱落,还掉了6颗牙。**"由于经受不了毛式"学习"和"帮助"的折磨,林立衡选择了自杀。对此,高厚良继续写道:

  1974年2月中,林立衡住在空军招待所高干楼,向组里同志提出,要去警卫一师原住房取东西。金为华等人研究,没有理由不让她去。便叫负责安全的谭先德带两名女同志(其中一名是医生)陪同她去警卫一师。林立衡一进房门就反手上了锁,过了20分钟,谭先德呼叫无人应,门锁了推不开,只好砸了窗户玻璃进房。

  由于发现及时,服了数十片安眠药的林立衡,终被抢救了过来。1974年8月,被下放到河南开封农场劳动改造,其间与张清林结婚。为了便于监控,1987年她被调回北京,安排到社科院工作,直到退休。

  粉碎"四人帮"之后的1977年,林立衡除坚持林彪是被林立果和叶群绑架上飞机的立场外,还说"**林彪是被毛泽东逼走的**","**中央公布的那些材料不真实**",说她母亲"**搞了几年选美是因为毛泽东好色,叶群为了讨好才在全国各地挑选美女向毛泽东进贡**",等等。毛泽东死后,他乱搞女人的性丑闻广为流传。因此,在那段历史背境里,林立衡的"**毛泽东好色**"、"**向毛泽东进贡**"等言论没有受到查处。如果在今天,你说毛乱搞试试看,管叫你吃不了兜着走!

  尽管"九一三事件"后,立了大功的林立衡受到了毛、周的不公正对待,历经了折磨和苦难,值得叫人同情;但她向强权告密,出卖父母、出卖正义、出卖良心的丑态和她那**不忠、不孝、不仁、不义**的恶端,已被历史记录在案,是她无法否认了的。

  首先说她不忠。汉语词典:忠为忠诚无私,尽心竭力。《左传》说"忠之属也",是说尽力做好本分的事。宋司马光说"尽心于人曰忠",《说文》敬也,《玉篇》直也,《增韵》内尽其心,而不欺也。《宋史》记载:何铸奉秦桧之命审岳飞时,见其"背有旧刺'尽忠报国'四大字",后人改为"精忠报国"。由此可见,华夏文明把"忠"定义为**诚、敬、直、尽心、不欺、报国**。但在长期封建专制统治者的愚弄下,"忠"变成忠君,"精忠报国"变成了"精忠报君"。到了文革,封建忠君思想登峰造极,发展成"三忠于、四无限",即"**忠于毛主席,忠于毛泽东思想,忠于毛主席的无产阶级革命路线**"和"**无限热爱毛主席、无限信仰毛主席、无限崇拜毛主席、无限忠诚毛主席。**"林立衡的忠不是忠于国家、忠于人民的忠,而是"三忠于、四无限"的忠,忠于独裁者的忠,亦即支持暴君任意宰割"臣民"的忠。因此,她**助纣为虐**,是谓不忠。

  其次说她不孝。孝是华夏文明的精髓。《说文》曰"孝,善事父母者";《墨子经》"孝利亲也";《贾子道术》"子爱利亲谓之孝";《周书》"慈惠爱亲为孝"。此外,《孝经》认为"**夫孝,德之本也**";《国语》"**孝,文之本也**";《左传》"**孝,礼之始也**"。中华民族的孝文明是**爱亲,利亲,敬亲**,是德之本,文明之始。因此,孟子说:

"事孰为大，事亲为大。""孝子之至，莫大乎尊亲。"由是，**事亲、尊亲**成了中国人的最高道德准则之一。但马列毛主义则反其道而行之，胡诌孝的阶级性，诽谤孝为"封建糟粕"，鼓吹"**爹亲娘亲不如毛主席亲**"，力图用对暴君、对苛政的忠心来取代孝德文明。林立衡在这种封建专制主义思想熏陶下，她抛弃了孝道，无情地揭发父母和胞弟的正义"罪行"，以换取暴君的恩典。因此，她是个**出卖父母**的不孝之丑女。

再次说她不仁。"仁"是中华文明含义极广的道德范畴，本指人与人之间相互亲爱、博爱。孔子说"克己复礼为仁"，把"仁"作为最高的道德原则、道德标准和道德境界。因此，爱人、亲人、上下相亲、"恻隐之心"、"亲而不可不广者"、"温良恭谦让"、"己欲达而达人"、"己所不欲，勿施于人"、"老吾老及人之老，幼吾幼及人之幼"和"兼相爱，交相利"等等，都是中华民族的道德准则。但马列毛主义则完全相反：他们在把"仁"诋毁为"毒药"的同时，把人与人的关系，论证成阶级斗争关系，亦即你死我活的敌对关系，并以此理论赞扬暴力和镇压，宣扬"**与人斗，其乐无穷**"酷虐观。在这种主义蛊惑下，林立衡以其之冷酷无情，向暴君、强权告密，出卖了她的胞弟、母亲、父亲，出卖了弟弟的密友，从而株连了紧随其父南征北战的数十名高级将领，致使他们中许多人家破人亡，蒙冤终生。因此，她为虎作伥，实谓不仁！

最后说她不义。"义"同"仁"一样，也是中华文明含义极广的道德范畴，本指公正、合理而应当做的，或曰公正的道理，正直的行为。中华民族先贤对"义"极为推崇。管仲对齐恒公说："礼、义、廉、耻，国之四维；四维不张，国乃灭亡。"孟子说："生，亦我所欲也，义，亦我所欲也，二者不可得兼，舍生而取义者也。"又说："君子喻于义，小人喻于利。"当代中国在道义论学理上，把"义"界定为轻后果与结论、重规范与动机的道德行为标准。德国哲学家康德也认为，"**人必须为尽义务而尽义务，而不能考虑任何利益、快乐、成功等外在因素。**"同以"我"划线的"反动"、"革命"说词一样，马列毛主义者也把"义"据为己有。当他们夺得统治权力以后，便倚强势把自己打扮成"正义"的化身，他们的一切倒行逆施，都被他们贴上"为人民服务"的"正义"标签，打上"解放全人类"的"正义"印记，而异己者和持不同政见者等弱势群体，则被他们以不"义"的"反革命"、"反动派"、"阶级敌人"等罪名，加以任意蹂躏和镇压。在这种"成王败寇"反正义的封建专制主义思想驯化下，林立衡成了**以强弱论成败、以成败论英雄**的权势主义者，她抛弃了忠、孝、仁的文明，把自己未来的成功寄托于暴君，向强权告密，出卖了处于弱势中的父母和胞弟。因此，她是个**倚强凌弱**的不义之劣妇！

忠、孝、仁、义是中华文明的最高道德境界，是国家的根本纲常，是净化社会风气、规范仁政、杜绝苛政的最高道德准则，是统治者不能为所欲为的道德屏障，因而是中华民族自由主义的体现——它的价值是永恒的。马列毛主义用残酷的阶级斗争颠覆了华夏文明，使忠心变质，孝道不存，仁者受辱，义士蒙难，从而使独裁者逾越道德而肆无忌惮。

由此可见，林立衡向强权告密和出卖的行径，证明她是一个暴君的奴才，苛政的卫士，因而是一个**不忠、不孝、不仁、不义**的千古罪人！

四、事后构陷

中共的赤文化之一是**构陷**。据说，毛泽东对专案工作做了许多"重要指示"，要求搞专案工作者要"实事求是"，"重证据"，"重调查研究"，"不要冤枉好人"，等等，对证据更有明确规定：**"推不倒，驳不翻，四脚落地，经得起历史考验！"** 然而吊诡的是，在毛死后三年多中，被平凡的冤假错案，竟高达 300 多万件，蒙冤受屈者数百万，株连数千万人，此外还有 55 万右派分子被"改正"——这些冤案都发生在毛统治的 27 年里。显然，毛泽东长期鼓噪的"以阶级斗争为纲"和一意孤行的"无产阶级专政"，是制造冤假错案的罪魁祸首。如果说这几百万件冤案并非出自毛一人之手，那么，我们不妨看看毛直接查办的几个大案，几乎与那 300 多万件冤假错案同出一辙。

"彭黄张周"反党集团案。国防部长彭德怀元帅对毛的"三面红旗"政策不满，给毛写了一封信，批评了毛的一些做法。对于这种最起码的民主权利，竟被毛以分裂党的"理由"，将彭打成右倾机会主义分子。总参谋长黄克诚大将、外交部副部长张闻天和毛的原秘书湖南省委第一书记周小舟，因持彭的相同观点，被毛打成了反党集团。毛死后，该案获得平反。由于彭被囚毙、周自杀，他们俩没能等到平反那一天。

"彭罗陆杨"反革命集团案。为了打倒刘少奇，毛先拿刘的干将北京市委第一书记**彭真**开刀，指责他包庇、重用反革命修正主义分子。总参谋长**罗瑞卿**本来是毛的亲信，因有投靠刘的嫌疑，便以企图夺林彪权力的野心家的罪名将其逮捕。为了打倒刘少奇，毛要制造舆论，就要批判"有自由主义倾向"的文化、文教等知识界，而他们的顶头上司中宣部部长陆定一，便首当其冲，罪责难逃。之于中共中央办公厅主任杨尚昆，本是毛宠信的近臣，但在秘密录音中，录上了毛与幼儿教师在列车上寻欢作乐的性丑闻，使毛十分尴尬，杨因而获罪。"彭罗陆杨"四人之间，只有一般工作关系，并无深交，却被毛打成了反革命集团。毛死后，该案也得到了平反。庆幸的是，该案被平反时，涉案四人还能与家人坐在一起，欢宴重见天日。

最冤枉的要算**潘汉年投敌案**。当年中共与日伪汪精卫相互勾结分享情报的当事人潘汉年，是毛拍板由新四军派遣的。潘的情报，曾使中共在对蒋的军事行动中屡屡得手，取得了许多次重大胜利，从而把毛泽东推上了"用兵如神"的神坛。"解放"后，对中共革命做过重大贡献的潘汉年，被任命为上海市副市长。因嫌官小，潘上书中共，详细报告了他与日、汪分享情报的过程和贡献。位居神坛上的毛，为了掩盖其通日罪行，确保"用兵如神"不被质疑，看到报告后，勃然大怒，遂以**"秘密投降了国民党，是 CC 派人物"** 的罪名，将其逮捕入狱，最终杀人灭口监毙于狱中，潘手下的知情人——那些曾埋伏在敌伪机关中的革命功臣们，也被一网打尽。毛死后，潘被平反。而今，他与日伪勾结的业绩，在做了"美容"和"变形手术"后，搬上了影幕，肯定了他对中共革命所做出的重大贡献。

可见，毛泽东直接查办的几个大案，没有一个"**四脚落地，经得起历史考验**"！现在再来看毛如何给林彪罗织罪名。

1. 抢班夺权

毛泽东说："**有人看到我年纪老了，快要上天了，他们急于想当（国家）主席，要分裂党，急于夺权。**"想当国家主席，也许在其他国家有"分裂"、"夺权"的嫌疑，但在中国，完全是欲加之罪。何也？因为在毛看来，"国家主席"不过是个礼仪上的职务而已。人们都知道，在中国的政治体制中，中共中央主席是国家第一大官，其次是掌握军权中央军委主席，再次才是国务院总理或国家主席。中华人民共和国的第一任国家主席是毛泽东，同时他也是中共中央主席和中央军委主席，即三位一体机制。几年后，他厌烦了这个礼仪上的官，便在1959年4月把国家主席这个烦差让给了接班人刘少奇。中共九大后，他再三表示他不当国家主席，但其他俩个握有实权的主席位置，他从不欺让。自1959年4月起，三位一体机制中断了三十多年，直到江泽民执政时才得以恢复。其间，在三十多年中，刘少奇（中共副主席）、董必武（中共政治局委员，非常委）、宋庆龄（党外人士、名誉主席）、李先念（中共政治局常委，位排常委第五）、杨尚昆（中共政治局委员，非常委）等人，都先后担任过国家主席一职，其中刘、董是毛钦点的。由于这些"主席"手中没有握有中共中央主席（或叫总书记）和中央军委主席的最高实权，因此，他们都是礼仪上的国家元首。据史家们考证，林彪由于身体上的原因，根本不想当这个礼仪上的国家元首，说他想当是毛硬加给他的不实之词。退一步说，林想当，那也是顺理成章的事。因为，林是党中央的唯一副主席，又是明文规定的毛的唯一接班人，毛不想当，自然非林莫属。由此可见，林"急于想当"这个礼仪上的官，与"**要分裂党，急于夺权**"，根本扯不上关系。正是：

欲加之罪，何患无词！

2. 军事政变

1973年8月24日，根据毛泽东审定的文本，周恩来在中共"十大"上所作的政治报告中说："**'九大'期间和大会以后，林彪不顾毛主席、党中央对他的教育、抵制和挽救，继续进行阴谋破坏，一直发展到1970年8月在九届二中全会上发动反革命未遂政变，1971**

年3月制订《五七一工程纪要》反革命武装政变计划，9月8日发动反革命武装政变，妄图谋害伟大领袖毛主席、另立中央。阴谋失败后，9月13日私乘飞机，投奔苏修，叛党叛国，摔死在蒙古温都尔汗。"据史家考证，政治报告给林彪的定性是张冠李戴：把林立果的"罪"扣在林彪的头上——这是封建株连政治的继续。

中共有一个历史悠久的赤文化传统是**株连**。在封建社会里，株连是延续数千年的酷法。据《尚书》记载，**夏启**和**商汤**在出征之前的训词中，威胁部下说，谁若在战争中不服从命令，就会将他同他的儿子一起处死。这个训词被称是族刑在立法上的最早记载。由于启、汤为历代颂扬的明君，族刑也就堂而皇之地泛滥起来，而且长盛不衰。继株灭三族之后，又出现株灭九族、十族之刑，其中，株灭九族之刑最为火爆。九族者，父族四、母族三、妻族二也；十族者，在九族之外加学生也。文革中，毛泽东、江青最为推崇的法家代表人物秦相商鞅曾说："**重刑连其罪，则民不敢试。民不敢试，故无刑也。**"中华先贤们并不赞同这种酷刑，甚至有坚决反对者。《孟子.梁惠王下》提出了"罪人不孥"的原则，亦即不罪及妻子儿女；荀子则大声疾呼："**以族论罪**"为"**乱世**"之举。但由于历代帝王都是专制独裁者，他们自称"天子"，即上天所赐，因而他们镇压人民的反抗就有了充分的"理由"。到了"解放"后的毛氏王朝，"毛共精"继承"上天所赐"的谎言，改头换面为"**人民的选择**"和"**历史的选择**"，使独裁变本加厉，株连有恃无恐。如，填写个人履历表时，要填三代（祖、父、己或父、己、子）、十八亲（嫡亲4：兄弟姐妹，堂亲6：伯叔及兄弟姐妹，母家亲3：外祖父及姨舅，妻家亲5：岳父及兄弟姐妹——或因人而异有所增减）；虽无株灭九族之刑，但这种毛氏履历表，为连坐和罪连数族提供了刑讯资料。在"解放"后历次政治运动的大审查中，履历表中的三代十八亲，就是连坐资讯，随时可拿亲是问（当今美国总统奥巴马，如果在中国，甭想当个科长）。1931年5月，周恩来代表中共勒杀顾顺章全家、哥嫂及嫂弟夫妇等，就是株连政治的典范。到了文革，在北京大兴、湖南道县和广西为代表的毛氏"群众专政"中，株灭三族、四族即同时处决祖孙三代和四代，在全国各地屡见不鲜。由此可见，株连这个泛滥成灾的赤文化，是封建专制株连政治在中共"新中国"的蔓延和发展。因此，把儿子林立果的"罪行"扣在父亲林彪的头上，是赤文化之使然，不足为奇！

据"毛共精"们说，他们缴获的《**五七一工程纪要**》，是"林彪反革命集团"发动反革命武装政变的"**铁证**"。但据史家们考证，林彪和所谓"林彪反革命集团"主要成员黄、吴、李、邱等将领，不仅没有见过《五七一工程纪要》，甚至连听都没听说过。又据史家们考证：至今没有查到关于林彪授意和批准这个《五七一工程纪要》的直接证据；在"林彪反革命集团"中，至今也没有找到一个《五七一工程纪要》的"目击证人"；关于《五七一工程纪要》的出处，至少有三个版本，却没有一个能印证与"林彪反革命集团"有关的正式文本。对此，有作者这样写道："**至今找不到一个'571工程纪要'的目击证人。**

按现在的证据，似乎是所有在林彪专机上死了的人，都知道那个'纪要'，而活着的，一个目击证人都没有；所谓的政变主犯'黄、吴、李、邱'，竟都不知'政变纲领'的'571工程纪要'......" 由此可见，"毛共精"们的"铁证"，是根据株连政治思维"推理"出来的"铁证"，是毛泽东强加给林彪的不实之词。

为了证明"林彪反革命集团"搞军事政变，"毛共精"们又搜出了许多"证据"。例如，他们说林彪的"**盼照立果、宇驰同志传达的命令办，林彪九月八日**"的手令，就是林彪下达军事政变的命令。这个被中共认定为唯一"证据"的"手令"，见过它的知情人有的说，"手令"是横排的，有的则说是竖排的；有的说"手令"字迹象林彪所书，有的却说很象周宇驰的摹仿体。而据史家们考证，一个关系全局的政变命令，仅凭14个字的"手令"来表达，既无目的，又无方略，一个"盼"字又丧失了它的权威性，完全与领兵元帅的作风相悖，显然是伪造的。但这个漏洞百出的伪造手令，却成了善于弄虚作假者手中的物证。**又如**，他们说林彪的"**一号号令**"，是进行"反革命政变预演"。据林彪日记记载，"一九六九年十月十七日"，中共政治局"**会议发生争议，气氛很紧张**"，但在朱德、林彪、刘伯承、陈伯达四人不赞成的情况下，还是通过了毛利用外患强化国内专政的"**战备紧急动员**"动议。根据会议决定精神，为了防止二十日苏联发动突然袭击，十月十八日下午五时，主管军委工作的副统帅林彪，在疏散地苏州，本能地以中央军委名义，作出了《关于加强战备，防止敌人突然来袭》的六条口头命令：

一、近两天来，美帝苏修等有许多异常情况，苏修所谓谈判代表团预定明（19）日来京，我们必须百倍警惕，防止苏修搞欺骗，尤其19、20日应特别注意。

二、各军区特别是"三北"各军区对重武器，如坦克、飞机、大炮要立即疏散隐蔽。

三、沿海各军区也应加强戒备，防止美帝、苏修可能突然袭击，不要麻痹大意。

四、迅速抓紧布置反坦克兵器的生产，如四〇火箭筒、反坦克炮等（包括无后座力炮和八五反坦克炮）。

五、立即组织精干的指挥班子，进入战时指挥位置。

六、各级要加强首长值班，及时掌握情况。

十月十八日晚，接到这个电话紧急指示后，副总长阎仲川和一位值班参谋不敢怠慢，于当晚21时30分，以《林副主席第一号令》正式下达。近期，党史研究学者指出："**毛泽东当年搞出'战备紧急动员'，是企图借此凝聚全党全国力量，摆脱文革困境，把国人目光转移到'反对外国侵略'上。**"然而，善玩"攘外以安内"权术使中国蒙受重大损失的毛泽东，没有受到谴责，而在会上不赞成毛的动议、会后又不得不执行"战备紧急动员"的林彪，却被"毛共精"指斥为"反革命政变预演"，真乃千古咄咄怪论！

3. 阴谋暗杀

在毛泽东咄咄威逼下，林彪的反抗是不认罪、认命，而他儿子林立果却与他相反，不仅不认罪、不认命，还要造反！林立果主持制定的《五七一工程纪要》，就是他的造反宣言。在《纪要》里，**暗杀毛泽东**是他推翻毛氏王朝反动统治的主要手段之一。

文革专家舒云在《林彪案件完整调查》书中写道：

以前的探讨九一三的文章，毛南巡和林立果的动作是各写各的，所有的研究者都没有把毛的行动和林立果的行动放在一起看，虽然包括汪东兴的文章也简单提到毛对林立果的行动有所察觉，但未深入。我第一次把两者放在一起，惊异地发现毛的每一步都在林立果刚刚**议论**之际，好像毛有千里眼顺风耳一般。毛到杭州，正是林立果**议论**如何杀毛的时候，毛分外警觉。林立果**说**炸专列，毛马上命令专列转移，汪东兴还提出在专列上搭个棚子防晒（实际是防轰炸）。林立果**说**炸硕放桥，硕放铁路沿线马上派部队巡逻，严查铁路涵洞、桥梁。毛突然调回专列，紧急开往上海。林立果**想**烧上海虹桥机场的油库，汪东兴命令油库加双岗，毛泽东到了上海不下专列，随时准备出发。最后毛突然回到北京，怕林立果轰炸中南海，白天到了丰台，却一直到天黑才回到中南海。……这一切都说明，林立果身边有毛的耳目。这是一个重大的发现。

舒云的重大发现是"林立果身边有毛的耳目"，但这个发现至少在可预见的将来，是无法证实；也无须证实。在伦理共识特别是"驯服工具论"的长期薰陶下，在"揭发"有功和"包庇"有罪的重奖重罚下，无论你是大人物，还是一株小草，身边都会有毛和中共各级领导的耳目，都有监视你言行的**背叛**者和**告密**者——这就是反文明、反道义的赤色**出卖**文化。当年笔者被打成"阶级异己分子"，其重要原因之一，是一个"好友"**戴龙山**的背后告密。因此，林立果身边既是没有毛安排的耳目，在利益驱使下，背叛者、告密者等出卖者，也会跳出来充当耳目。

笔者认为，舒云的"重大发现"，可能是林立果的暗杀计划一直停留在"**议论**"、"**说**"和"**想**"上，根本没有展开。对此，另一位文革专家张聂尔持相同观点。他在他的《风云"九一三"》一书中指出："**谁真的动手作谋杀毛的准备了？例如准备了枪支、准备了火种、准备了炸药？没有。**"是的。枪支、炸药等物资的准备、提供物资的单位、地点、数量、运输路线以及具体操作者等等，都有证据吗？没有！但汪东兴却在他的《毛泽东与林彪反革命集团的斗争》一书中说，他们准备谋害毛主席的办法有八种之多，炸药、机关枪、火箭筒、火焰喷射器、机关炮、高射炮和伊尔—10轰炸机全都用上。这位当年毛身边的"太监"——中共中央办公厅主任、后来荣升中共党中央副主席的汪东兴，他所写的这本书，被史家称之为"一部充满谎言的书"。但"充满"并非完全是谎言。他同其他中共大员一样，都是真言假语搋和着写的高手：真其表而假其里，使真假融为一体，从而使假升入逼真的境界！例如，他和他们利用株连推理和唯一的伪证——"**盼照立果、宇驰同志传达的命令办**"的手令，便把林立果等人策划的暗杀行动，全部栽到只认命、不认罪的林彪和"林彪反革命集团"的身上。这种张冠李戴的栽赃手法，属"欲加之罪，何患无辞"种系，是毛泽东制胜敌人的谋略之一。

4. 另立中央

周恩来在"十大"的政治报告中说，"另立中央"是"林彪反革命集团"的罪行之一。汪东兴在他的书中写道，林彪"**谋害毛主席不成，就转移到广州去另立中央政府，分裂国家。**"在书的另一处，他说得更加明白："……**另一个是阴谋带领黄永胜、吴法宪、李作鹏和邱会作南逃广州，另立中央政府，分裂国家。**"在1981年的审判闹剧中，"另立中央"仍然是"林彪反革命集团""两谋"的罪行之一，林彪的"四大金刚"黄、吴、李、邱等中共开国元勋们，仍被科以16~18年的重刑。

据报导，1971年9月12日晚，当获知毛泽东已回京的消息后，林立果等人策划的南下"另立中央"计划立刻启动：由林立果于9月12日晚，乘林彪专机256号三叉戟飞山海关机场，翌晨七时携全家飞往广州；在北京西郊机场，由周宇驰、于新野等人调用准备好的四架飞机，胁迫黄、吴、李、邱"四大金刚"登机，于13日七时飞往广州。但令林立果没有想到的是，他的胞姐**林立衡**出卖了他，向中央警卫团告发了他和他的母亲叶群，要"挟持"林彪出逃广州和香港，并说今天晚上要逃跑，还要派飞机轰炸中南海，暗害毛主席，等等。林立衡的出卖，使他的"另立中央"计划全部泡汤；无奈之下，他不得不携父母北上逃亡，最后摔死在蒙古国温都尔汗。

在林立果等人启动"另立中央"的计划时，林彪和他的"四大金刚"都在干什么？

先说接班人林彪。据林彪的准儿媳张宁回忆：

那天（笔者：9月12日），一家人正在看电影，林彪吃了安眠药，进房睡了。林立果突然回来，把叶群叫到另外一间屋子里密谈。随后，叶群向大家宣布，作好准备，明早7点乘飞机去广州。与叶群一直不和的林彪之女林豆豆，急忙去叫警卫部队打电话，向中央告密。11点，周恩来打来电话询问，叶群在电话里谈了10多分钟，显得很慌乱。放下电话后，她改变了决定，要求大家立即出发。林豆豆拒绝离开；林立果没有去叫已经蒙蒙入睡的我，而是带上几名亲信，和叶群一起把还没清醒过来的林彪架上汽车，驱车向山海关机场冲去。

在叶群"有人要害林副主席"和"誓死捍卫林副主席"的呼喊声中，林彪稀里糊涂地上了飞机，两个多小时后，摔死在温都尔汗。

再说总参谋长黄永胜。9月12日，星期天，黄永胜上午先到理发室理发，然后大儿子黄春光陪他散步聊天，大约一个多小时后回来，接着就是看孙子。孙子1971年5月出生，已经4个月了，正是好玩的时候。很快就到了中午吃饭的时间，饭后午睡，起床看文件。那一天比较平静，直到晚上快8点的时候，他才坐车从西山出发去人民大会堂，参加八点半周总理在那里召集的会议。那个晚上他一直在人民大会堂开会，关注着林彪的一举一动，却没有听到来自北戴河的一点信息。他知道他被软禁了。9月24日，当他在人民大会堂被捕时，大喊"**我冤枉！**"，声音悲凉凄惨，很多人都听到了。

三说空军司令吴法宪。9月11日晚上，周恩来召集会议，吴法宪参加了。会一直开到凌晨一点，这已经是9月12日了。吴法宪回到西郊驻地，打了一阵乒乓球后便倒头睡觉。下午，他要夫人陈绥圻同他一起，编写他的第三次检查材料。9月12日晚8点，他先约空军政委王辉球、副司令员薛少卿找八航校校长政委谈话，继而与新来空军文工团的指导员谈话，以解决文工团内的派性问题。9月12日晚上11点多，保密红机子响了，让他魂飞魄散的事件发生了：周恩来问他山海关机场停的那架256号三叉戟时，他竟不知道；周要他下令要那架三叉戟飞回北京时，得到的回答却是飞机发动机故障，等飞机修好立即回京；他按周的指示下达了不准任何飞机起飞的禁空令，并下令飞行员潘景寅不准起飞时，但256号三叉戟机还是起飞了；当林彪专机飞近中蒙边界时，他建议"拦截"，却传来了毛的"天要下雨，娘要嫁人……"的声音。很快，他失去了自由。

四说海军政委李作鹏。9月12日，军委办事组没有集体活动，李回到海军大院，处理海军军务，忙了整整一天。当晚他服了安眠药刚刚躺下，电话传来了周恩来声音，命令海军管理的山海关机场立刻关闭。李不敢怠慢，同夫人董其采和朱秘书三人做了记录，然后用电话向周复诵了一遍："**256号三叉戟的行动，要听从总理、黄总长、吴副总长和李作鹏的指示。**"当听到周的肯定答复后，**23时35分**，他根据周的指示，即向山海关机场发出命令："**这架三叉戟的行动，要听从总理、黄总长、吴副总长和我的指示。**"然后，他又服了几片安眠药入睡。然而，凌晨三、四点，他又被唤醒，去参加政治局会议。令他没有想到的是，会上周恩来宣布：林彪已乘256号三叉戟"跑了"，更令他没有想到的是，他很快失去了自由，成了林彪"另立中央"主犯之一而被捕。

五说总后勤部部长邱会作。9月12日那天，邱会作的孙女出生12天了，邱家十分热闹。按老百姓的说法，婴儿出生第10天要好好庆祝一番。但大家都很忙，就挪到了星期天。由于添了个孙女，邱高兴中多喝了几杯酒，有些飘飘然，晚上便很快进入睡乡。凌晨三点多，他突然被唤醒，要他立即到大会堂参加周恩来召开的紧急会议。在那个不平凡的夜晚里，在"四大金刚"中，只有他最为"干净"：对林彪出逃事件一无所知。他很自负，在参加会议之前，不论会议主持人是否事先告知会议内容，他都能猜个八九不离十。但这次他掉板了，竟猜不出紧急会议的内容。是修改政府工作报告？用不着三更半夜开会啊。是他的检讨书出了问题？不像，因周说他的检查写得比过去好。北戴河首长那里有什么情况？也不像。因为几个小时前，叶群与胡敏（邱夫人）在电话里还互相祝贺：叶祝贺邱家有了孙女，称赞邱给孙女起的名字起得好；胡祝贺林的爱女豆豆与张清林订婚。如果"首长"那里出了麻烦，叶群怎么还有心情给女儿举办订婚仪式？放电影？但当李作鹏向他暗示，北戴河可能出事了，他的心立刻忐忑不安起来。当他听到周恩来大声宣布说"林彪跑了，他坐飞机跑了"后，他已感到大祸临头。果然，会后不久，他失去了自由，旋以"另立中央"的主犯之"罪名"，被捕入狱。

据史家考证，"另立中央"不仅林彪不知情，黄、吴、李、邱四员大将，更是闻所未闻。

六说其他。"另立中央"的地点在广州，广州的"封疆大吏"当年**广州军区司令丁盛将军**，能逃脱干系吗？按照株连政治逻辑，曾杀害过女医生官朋华的刽子手丁盛，在林立果"另立中央"的失败中，成了胜利者的阶下囚。对此，文革专家丁凯文在《猛士悲歌唱大风--读〈落难英雄--丁盛将军回忆录〉》一文中写道：

1974年是王洪文、张春桥在北京硬逼丁盛承认事先知道林彪南逃。时任广州军区司令的许世友也扮演了极不光彩的角色，各种卑劣的手段都使将出来，如封官许愿、威逼利诱，目的就是要广州军区承认他们事先知道林彪要南逃。丁盛气愤地说："我今天郑重声明：我不知道，刘兴元（笔者：广东省委第一书记）不知道，孔石泉（笔者：广东省委书记）、任思忠（笔者：广州军区政治委员）不知道，军区领导同志不知道，我的秘书、办公室主任、作战部、司令部、政治部都不知道，没人知道。因为没有的事情，从哪儿知道啊？"如果说，1974年"四人帮"横行于世，可以随意制造冤案，可是到了1977年"四人帮"被粉碎后，为何中共还要继续追查广州军区这一莫须有的罪名，继续制造这样的冤案呢？显然，邓小平的中央继续在林彪南逃一事上作文章，目的就是要将林彪打成一个"反革命集团"，将文革的罪责转嫁到林彪与江青身上，为毛泽东的祸国殃民作开脱。

历史业已证明，丁盛将军是"落难英雄"；但历史也同样记录了他是个双手沾着人民鲜血的"落难英雄"！

5. 题外话：巩固权力需要不断制造冤案

为了控制权力或曰"维稳"的政治需要，中共是不惜代价的，无论是当时的毛泽东，还是毛死后的邓小平，都会严历批判死人林彪、镇压活人"四大金刚"，借以警告那些跟着林彪南征北战的粗野彪悍的将军们和同情林彪的群众。因此，林立果、周宇驰等少数几个人的南下"另立中央"的计划，不仅成了林彪和"四大金钢"等高级将领们的"罪行"，而且也株连了一大批无辜者。

"林彪反革命集团"一案，牵连之广、受迫害人之多，比刘少奇一案有过之而无不及。

据专家们统计，中共军内被立案审查的军以上干部就达千人之多，遭受批斗、审讯和各种形式迫害者多达三十万之众，其中许多人被逼得妻离子散，家破人亡。相比之下，被判重刑的"四大金刚"，还算幸运。但不幸中的万幸是，老百姓涉案率相对较低。

为了政治需要制造冤案，是中共的赤文化之一，无论过去、现在、将来谁当党的领袖，概莫能外。据王年一教授说，千秋先生在网上发表了《倾听历史的声音——评林彪事件》一文的末段写道："**早在八十年代，就有中顾委常委向邓提出，趁他们这些老人还在，还历史一个真面目，为林平反。邓拒绝了，他说：这是要林还是要毛、要共产党的问题，没的谈。**"三十年过去了，许多专家、学者站出来，公开要求为林彪平反，但执政当局充耳不闻。何也？人们很快从邓小平的"**没的谈**"对话中发现：邓小平在平反了毛泽东制造的300多万件冤假错案布"恩"之后，又施"威"的一手，制造了一个新的"林彪反革命集团"冤案，其目的无非是要将共产党一党专政的一统天下，一代、二代、三代以至万代地永远传下去。

邓氏"恩威"两手表明，冤案在中国必将不断发生，这是一党专政体制下之必然。请看：在毛泽东制造了大量冤案之后，二代"设计师"不仅制造了"林彪反革命集团"案，接着又制造了数千伤亡的"六四动乱"惨案；三代"核心"紧紧跟上，一手炮制了取缔法轮功"邪教"案，严禁数百万人修炼身心，以酷刑酿成上千人死亡的悲剧；四代"胡温"也不甘落后，他们毫不犹豫地镇压藏、维等少数民族的民主诉求，逮捕高智晟、刘晓波等异义人士的自由呼声，构陷了一系列"颠覆"案……显然，一党专政体制不结束，冤案必将被中共继续制造下去。

值得人们深思的另一话题是：冤案受难中，许多人都曾经是冤案的制造者。 历史留下了这样记录：林彪和黄、吴、李、邱等高级将领，同刘少奇、陈伯达、丁盛一样，既是毛泽东和邓小平一手制造的冤魂，又是大量冤案的炮制者和刽子手。例如：

林彪秉承毛泽东的旨意，制造了贺龙、罗瑞卿、许光达、"杨余傅"等冤案，使贺龙元帅、许光达大将含怨而死；

黄永胜主政的广东期间，制造了文年生等人的"反革命"和使7,200多人蒙冤的"广东地下党"等冤案，使军区副司令员文年生不治身亡；

1967年7月26日下午，扩大的中央政治局常委碰头会上，在批判武汉军区司令陈再道、钟汉华等人的"反党"罪行时，**吴法宪**伙同武空政委刘丰等将领，冲上前去，抓掉陈、钟等人的领章、帽徽，进行拳打脚踢，并把陈打翻在地，遍体鳞伤；

在海军，独眼将军**李作鹏**，组织千人以上的批斗会30多次，中、小批斗会不计其数，海军37名党委委员中，16人被立案查处，7人遭残酷批斗，终致东海舰队司令陶勇中将死于非命；

邱会作曾被造反派剃阴阳头、坐"喷气式"、打断了右肋骨，曾多次昏厥，被林彪救出，但当了总后勤部部长后，仅制造的"特务叛国外逃集团"一案，就株连了总后原政委李聚奎等26名军职以上干部和269名师职以下人员，终使副部长汤平中将死不瞑目，此外，邱还采集了23种刑罚，用于专案刑讯。

为了巩固权力的政治需要，就要不断制造冤假错案，这是一党专政体制下之必然！

五、逃避罪责的权力表演

1. 权力告急、赚周

《五七一工程纪要》向全民公布后，质疑文化革命的声音暗潮涌动。刘少奇有什么罪？彭德怀、陶铸有什么罪？一个个都被整死了，而现在，连"亲密战友"和"接班人"也被逼死了，这又是为什么？一个共产党的主席，却煽动红卫兵造共产党的反，率领造反派夺老干部的权，而在造成两百多万人死亡的造反、夺权后，又把权力交给了共产党,还给了老干部，这又是为了什么？在经济建设上，自人民公社化后，偌大个农业国已变成了一个粮食进口国，每年进口四五百万吨粮食，农民依旧吃不饱，农村照例有饿殍，为什么还要狠批"三自一包"和"四大自由"？为什么还要坚持人民公社？在文化上，八亿人民能看到的仅仅是八个样板戏和新闻简报式的电影，能听到的仅仅是"大救星"之类的颂歌和"钢琴伴唱红灯记"式的音乐，能读到的仅仅是《毛主席语录》和《毛泽东选集》之类的"导师"著作——全国全面文化大"饥荒"，难道这就是文化大革命要达到的目的？如果毛泽东不是二百五，他会听到潜流在人们心头的呼声，会看到挂在人们笑脸背后的怨容和怒目。他是个权谋天才，尽管他已认识到林彪摔死是他的重大挫折，也觉察到，他多年精心构筑的"伟大、光荣、正确"的形象因"九一三事件"已严重受损，但积怨太大、太广、太深，而他那七十八岁高龄和疲惫的身心，纵然有三头六臂，也难以平复潜藏在人们心中特别是老干部心中的怨气和愤懑。

"伟光正"告急，毛的权力正面临前所未有的潜在的挑战。他病了：在庐山得的肺炎有加重的趋势；面对潜在的挑战，权力情结又使他狂躁起来。

据毛的贴身"秘书"被人称为"通房大丫头"的张玉凤回忆："**毛主席多次把周总理请来，重复地问：'我周围还有没有亲密战友式的人物？'总理总是照例地说：'全党、全军、全国人民都热爱毛主席、保卫毛主席，捍卫主席思想，紧跟主席干革命！'毛主席也总是会重复反问：'是真心吗？我看不是。（对）亲密战友，我，你，都没有发觉嘛！我整了不少人，他们会保卫我，你信吗？'然后，毛主席会仰头哈哈大笑，发着呆。"**

"**他患有高血压症、狂躁症，常常摔东西、撕文件、骂人。他经常失眠，睡梦中惊叫'亲密战友'、'接班人'、'副统帅'、'永远健康'等。**"在充满谎言的社会里，口是心非、尔虞我诈十分正常。毛用谎言领导革命和建设，并用谎言取得了胜利，然而，到头来，他却被谎言包围，搬起石头砸了自己的脚。

1971年11月，当毛的专职医生李志绥应召从黑龙江返回中南海时，但见"**毛的体质上有了惊人的变化。在林彪的党羽陆续被逮捕，毛的安全确定后，他又像一九五六年反右运动时那样，一天到晚睡在床上，表情忧郁。毛话变得少了，无精打采，一下子苍老了许多，步履迟缓，站起来的时候背驼得明显，睡眠更加紊乱。两个小腿和两脚都有轻度浮肿，在足踝处可以看得很清楚。感冒、咳嗽、浓痰不断。胸部听上去，满是杂音。**"李建议毛做一次全面体检，被毛拒绝了。李又提注射青霉素，也被毛拒绝了，只答应每天只口服几片抗生素片；但服了五天也停服了。由于拒绝治疗，毛的"**身体十分虚弱，行动困难，走起路来，两腿像是两条木棍子似的在地上挪动。**"

1972年1月6日，在陈毅元帅的追悼会前，毛泽东突然决定参加追悼会，做出了要"解放"老干部的姿态，以换取开国元老们的支持。然而，在会上他着了风寒，肺炎加重。周恩来决定成立以李志绥为组长的医疗组，为毛诊治。对此，李回忆道："**病的诊断是很清楚的，是因为肺部的感染，引起心脏受到损害，也就是发生了肺心病，并且已经有了充血性心力衰竭和肺性脑病。脑部没有足够的氧气，所以迷迷糊糊，时睡时醒。心电图显示有阵发性心动过速。**"但毛仍不配合，除同意注射青霉素消炎外，拒用包括治疗心脏的药物。他还当众大发脾气："**所有的药都停了。谁要是再说药的事，就给我滚！**"

有人说，毛泽东善于演戏，如果当演员，也是一流演员。但要拿自己生命去演戏，天才的毛泽东不会那么愚蠢，尽管狂躁症曾使他一度拒绝治疗。根据"真真假假"的逻辑，毛会在"拒绝治疗"中恢复治疗，而且还会利用"拒绝治疗"的狂躁来演戏。果然，他借机演起戏来。他当着江青和众人的面，对来探视他病情的周恩来说：

"我不行了，全靠你了……"

周立刻插话说："主席身体没有大问题，还是要靠主席。"

毛摇头说："不行了，我不行了。我死了以后，事情全由你办。"并说："就这样定了。你们去吧。"

现场目击者之一的李志绥写道："**我看江青双眼圆睁，两手握着拳，全身好像要爆炸了。周恩来则两腿缩回，两手撑在膝盖上，上身挺直，微微前倾，好像凝固起来。**"

"凝固起来"的周恩来上钩了。也许是有取而代之的野心，他竟没有立刻诚惶诚恐地表示"实难从命"之类的谦辞。读者有所不知，毛视周为对手，从来都没把周当接班人。"七大"后，他把刘少奇扶成二号人物，"八大"后，他意属邓小平和林彪，"九大"上，他把林彪扶正为接班人——总在他与周恩来之间，安插一个二号强人压周，使周不敢轻举妄动。对此，周十分清楚。由于历史的积怨，周视毛为阻挡他问鼎的唯一障碍，时刻都保持着对暗算的警惕性。多年来他都用"认错"、"认罪"甚至"下跪"等太极软功，与毛周旋，多次都能从毛设下的陷阱中爬出，转危为安。然而这一次，权力又使他掉进毛的陷阱之中。

当试探出周的野心后，毛泽东病情也加重了。李志绥写道："**毛现在已不能躺下，只能坐在沙发上睡。呼吸声就像抽风箱一样。醒是醒了，可是坐在那里，有时候又睡着了。**"但毛的头脑还是清醒的：现实的威胁就在眼前——如果他有三长两短，周就是他"伟光正"的终结者。对此，他暗谕江青出击。深谙毛意图的江青，便在政治局会议上对周大加鞭挞，历声斥周："**你为什么要逼他（毛）交权！**"周自知理屈，力图爬出陷阱，赶忙进行修补。他"**特别郑重其事地让负责警卫毛的张耀嗣带话给毛，说：'等主席精神好一些时，请你向主席报告，我们还是在主席领导下工作。'**"

2月12日凌晨，因一口痰被卡，毛泽东一度陷入昏迷。周终于找到了洗刷自己爬出陷阱的机会，闻讯便赶去探视。对此，侄女周秉德在《**我的伯父周恩来**》一文中这样写道：

经过吸痰，毛主席的脸色渐渐恢复了血色，大口喘着气；又过了一段时间，毛主席的眼睛慢慢睁开了。伯伯此时如释重负，他激动地扑到主席床边，双手紧握着主席的手，泪水夺眶、语音哽咽地冲口而出："**主席，主席，大权还在你的手里！**"

此后，毛笑逐颜开，积极配合治疗，病情日渐好转，到2月21日，他已经能挺起胸膛，接见来访的美国总统尼克松了。

张显扬在《**毛发动文革，生前防篡权，死后防鞭尸**》一文中写道："不要用理想主义的眼光去研究文化大革命的起因，不要掉进人家的思维模式。**这里没有任何理想主义的东西，有的只是赤裸裸的、血腥的权力斗争。**"权力拜物教使毛泽东**因权而病，执权而愈**，到了晚年，依然嗜权如命。历史学家唐德刚曾说："**权瘾比赌瘾、毒瘾还要强烈，还要难解。染上了权瘾的人，如果中途不出意外，到头来都是独裁者。**"毛泽东就是在充满权瘾的中南海里难脱权瘾浊流的独裁者。

2. 共同造假

据说毛泽东从故纸堆里，找出了几首脍炙人口的诗词。例如："**试玉还须三日满，辨材须待七年期。**"又如："**周公恐惧流言日，王莽谦恭未篡时。向使当时身便死，一生真伪复谁知。**"等等。显然，他想借古人之口，来为他错识林彪找个下台的阶梯；但这些诗句并不能修补摇摇欲坠的"伟光正"形象。于是，在他的默许或参与下，与造假高手江青、康生、张春桥一起，共同制造了一篇《**毛泽东在滴水洞写给江青的信**》，向全党、全国公布，以此证明：毛早在一九六六年，已有了识破林彪"野心家"、"阴谋家"的"先见之明"。《信》全文如下：

江青：

《草根评说：文革—毛泽东》

　　六月二十九日的信收到。你还是照魏、陈二同志的意见在那里住一会儿为好。我本月有两次外宾接见，见后行止再告诉你。自从六月十五日离开武林以后，在西方的一个山洞里住了十几天，消息不大灵通。二十八日来到白云黄鹤的地方，已有十天了。每天看材料，都是很有兴味的。天下大乱，达到天下大治。**过七八年又来一次。牛鬼蛇神自己跳出来。他们为自己的阶级本性所决定，非跳出来不可。**我的朋友的讲话，中央催着要发，我准备同意发下去，他是专讲政变问题的。这个问题，像他这样讲法过去还没有过。他的一些提法，我总感觉不安。我历来不相信，我那几本小书，有那样大的神通。现在经他一吹，全党全国都吹起来了，真是王婆卖瓜，自卖自夸。我是被他们逼上梁山的，看来不同意他们不行了。在重大问题上，违心地同意别人，在我一生还是第一次。叫做不以人的意志为转移吧。晋朝人阮籍反对刘邦，他从洛阳走到成皋，叹道：世无英雄，遂使竖子成名。鲁迅也曾对于他的杂文说过同样的话。我跟鲁迅的心是相通的。我喜欢他那样坦率。他说，解剖自己，往往严于解剖别人。在跌了几跤之后，我亦往往如此。可是同志们往往不信。我是自信又有些不自信。我少年时曾经说过：自信人生二百年，会当水击三千里。可见神气十足了，但又不很自信，总觉得山中无老虎，猴子称大王，我就变成这样的大王了。但也不是折中主义，在我身上有些虎气，是为主，也有些猴气，是为次。我曾举了后汉人李固写给黄琼信中的几句话：峣峣者易折，皎皎者易污。阳春白雪，和者盖寡。盛名之下，其实难副。这后两句，正是指我。我曾在政治局常委会上读过这几句。人贵有自知之明。今年四月杭州会议，我表示了对于朋友们那样提法的不同意见。可是有什么用呢？他到北京五月会议上还是那样讲，报刊上更加讲得很凶，简直吹得神乎其神。这样，我就只好上梁山了。我猜他们的本意，为了打鬼，借助钟馗。我就在二十世纪六十年代当了共产党的钟馗了。事物总是要走向反面的，吹得越高，跌得越重，我是准备跌得粉碎的。那也没有什么要紧，物质不灭，不过粉碎吧了。全世界一百多个党，大多数的党不信马、列主义了，列宁也被人们打得粉碎了，何况我们呢？我劝你也要注意这个问题，不要被胜利冲昏了头脑，经常想一想自己的弱点、缺点和错误。这个问题我同你讲过不知多少次，你还记得吧，四月在上海还讲过。以上写的，颇有点近乎黑话，有些反党分子，不正是这样说的吗？但他们是要整个打倒我们的党和我本人，我则只说对于我所起的作用，觉得有一些提法不妥当，这是我跟黑帮们的区别。此事现在不能公开，整个左派和广大群众都是这样说的，公开就泼了他们的冷水，帮助了右派，而现在任务是要在全党全国基本上（不可能全部）打倒右派，**而且在七、八年以后还要有一次横扫牛鬼蛇神的运动，以后还要有多次扫除**，所以我的这些近乎黑话的话，现在不能公开，什么时候公开也说不定，因为左派和广大群众是不欢迎我这样说的。也许在我死后的一个什么时机，右派当权之时，由他们来公开吧。他们会利用我的这种讲法去企图永远高举黑旗的，但是这样一做，他们就要倒霉了。中国自从一九一一年皇帝被打倒以后，反动派当权总是不能长久的。最长的不过二十年（蒋介石），人民一造反，他也倒了。蒋介石利用了孙中山对他的信任，又开了一个黄埔学校，收罗了一大批反动派，由此起家。他一反共，几乎整个地主资产阶级都拥护他，那时共产党又没有经验，所以他高兴地暂时地得势了。但这二十年中，他从来没有统一过，国共两党的战争，国民党和各派军阀之间的战争，中日战争，最后是四年大内战，他就滚到一群海岛上去了。中国如发生反共的右派政变，我断定他们也是不得安宁的，很可能是短命的，代表百分之九十以上人民利益的一切革命者是不会容忍的。那时右派可能利用我的话得势于一时，左派则一定会利用我的另一些话组织起来，将右派打倒。这次文化大革命，就是一次认真的演习。有些地区（例如北京市），根深蒂固，一朝覆亡。有些机关（例如北大、清华），盘根错节，顷刻瓦解。凡是右派越嚣张的地方，他们失败也就越惨，左派就越起劲。这是一次全国性的演习，左派、右派和动摇不定的中间派，都会得到各自的教训。结论：前途是光明的，道路是曲折的，还是这两句老话。

久不通信，一写就很长，下次再谈吧！

毛泽东　七月八日（笔者：1966年）

应该承认，这篇伪造的家书水平较高，从政治思想和文字格调上，都基本上符合毛泽东思想和文笔。毛死后人们得知，《毛泽东选集》和《毛泽东文集》中的大多数文章，都是由中共中央其他领导成员（如刘少奇、周恩来等）、中共中央办公厅以及毛泽东的秘书等起草的。看一看当过毛泽东政治秘书们的资历、才华，便知他们与毛文的关联是多么深奥：

胡乔木，曾当过中宣部部长，被誉为"党内第一支笔"；

陈伯达，曾任政治局常委，被誉为"人民的理论家"，1971年被捕，后判18年徒刑；

周小舟，曾任湖南省委第一书记，1959年在彭德怀事件中，被打成"彭、黄、张、周反党集团"成员，1966年12月26日，自杀于毛泽东七十三岁生日那天；

田家英，14岁被誉为"过目不忘"的川中神童，后又被赞为"京兆一书生"，当了18年毛的秘书后，于1966年5月被迫"自杀"于中南海办公室；

李锐，1959年在庐山会议上，因与彭德怀"勾结"，被撤销一切职务，开除党籍，1967年11月起，在北京秦城监狱服刑8年，文革后主要著作有《庐山会议实录》、《毛泽东的早年与晚年》；

等等。

对党务、政务、军务繁忙的毛泽东来说，这些大腕秘书们不是橱窗里的摆设。看看当今各级政要下设的那些秘书局、处、科、室，里面都云集着众多高学历、高素质的秘书，他们大都能替首长飞笔走墨、敲键谋篇。这些司空见惯的代笔者，都肩负着从毛泽东那里继承下来的"光荣"使命：为党、为首长贡献自己的才华。据报导，毛的许多文章都是秘书们代笔，或者是两人以上的集体写作。就著作权而论，参与写作的人都有署名的权利，但在无产阶级专政的条件下，代笔和集体写作的著作权，非毛莫属。上行下效，各级党政军首长，不管他们能不能写作，都有大量著作出版。例如某李总理，就为某基金会"捐出稿费300万元"。又据报导，胡乔木临终前，曾要求党中央将他为毛泽东起草的文章"恢复用他胡乔木的名字"，据说，还包括他为毛写的或修改的诗篇，如《沁园春.雪》和《沁园春.长沙》等。然而，到二十一世纪初，这些报导被官方"证明"为谎言，但却没有人能证明官方的"证明"不是谎言。由此可见，这篇家书由江青主持、张春桥起草、康生修改最后由毛亲自订正的可能性很大。又据官方说，《信》经周恩来、王任重等人过目后，"**江青已将原件烧掉**"。因此，再正确的推理，也在或然性之中。

　　就在《信》将成千古之谜时，毛的后院起火。毛的贴身"秘书"**张玉凤**，在回忆毛的"实事求是"精神时，在把造假责任推给江青、康生、张春桥等人的同时，却不自觉的道出了《信》的隐情。她说：

　　一九七二年十二月二十六日，毛主席生日，亲自点将，邀请了康生、江青、张春桥、汪东兴和我。在晚餐前，主席又提及一九六六年七月八日给江青信中的内容。主席说："康老，还有春桥，在信中做了文章。动机、目的，我理解。不打招呼，作为文件下达，世人皆知，是主动还是被动，难下结论，总而言之，会成个谜。我不信，总理，还有一些老帅，会被'谜'迷倒。"主席又说："这件事，我是很违心接受的。"当进晚餐时，主席临时又通知：请总理、叶帅、陈锡联将军、吴德也参加。

　　张玉凤又说："**后来，主席、汪东兴告知，我才清楚：一九六六年七月八日主席给江青的信，是康生出的主意，张春桥和江青研究后写成的。**"

　　张玉凤说过这些话吗？她说的都是真话吗？在充满谎言的党里、社会里，在档案既不解密又不许体制外调查的社会主义社会里，既然你已经相信"**江青已将原件烧掉**"，那么，张"秘书"的假言里有真，抑或真语里藏假，还有什么值得你去深究呢？

　　毛泽东想依靠"几年前"的一封《信》来修补"伟光正"形象，已诚属可怜巴巴了；倘若连这样的《信》都没有，你那"伟大、光荣、正确"的导师，还能称得上"洞察一切"吗？据说，在"批陈"中，有人曾引用"**明足以察秋毫之末，而不见舆薪，则王许之乎**"的话以批孟子，触及了毛和毛左派的神经。在受到启示后，一封"伟大领袖"明察秋毫的《信》，便被炮制了出来。文章的命运是注定了的：尽管文字水平较高，但它不会成为文学佳作，只能是千古赝品！

3. 系列平反

　　《毛泽东在滴水洞写给江青的信》并没有给"伟光正"形象加分，相反，在左派眼里，《信》是"此地无银三百两"式的愚昧，在右派眼里，《信》是"欲盖弥彰"式的蠢行。

正是：**聪明反被聪明误！**聪明一世的毛泽东，到头来在人们眼中，却成了聪明谎言的制造者。

但毛泽东毕竟是天才，打倒了那么多的干部，死了那么多的人，他会不考虑他的未来和死后？几年来的打打杀杀证明，红卫兵靠不住，造反派也靠不住，靠得住的还是跟着他南征北战的老干部。尽管这些干部都是高高在上的不太听话的官老爷，但经过红卫兵、造反派的冲击、批斗，威风不再，老实得多了，听话得多了；如果再对他们施之以恩，诸如"平反"、"解放"，他们会感恩戴德，会更听话，会自觉地给"伟光正"加分，远比虚拟的《信》更实际，更有效。于是，他开始实施抑威扬恩的谋略："平反"那些被打倒了的功臣，"解放"那些受过委屈的元老，并把打倒他们责任都推到林彪身上。

1971年1月6日，毛泽东穿着睡衣，突然参加陈毅元帅的葬礼，并在接见陈的亲属时说："**陈毅是个好同志。**"一句话，使"靠边站"多年的陈毅，在死后获得了"解放"。陈的亲属和参加葬礼的官员，听了"最高指示"后，都被感动得"热泪盈眶"。而在1967年，在毛、周和中央文革的支持下，以姚登山为代表的外交部造反派，夺了陈毅的权，使陈毅靠了边。此时此刻，这些旧怨成了过眼云烟，没人再敢去深究了。

1971年11月14日，毛泽东在接见参加成都地区座谈会的同志时，为"二月逆流"即大闹怀仁堂平反。他说，你们不要再讲他们（笔者：指叶剑英等）"二月逆流"了。"**'二月逆流'是什么性质?是他们对付林彪、陈伯达、王、关、戚。**"此刻，他已"**忘记**"了，当年当接到大闹怀仁堂的报告后，他勃然大怒，放出狠话："**谁反对中央文革小组，我就坚决反对谁！要否定文化大革命，办不到！**""**大闹怀仁堂，就是要搞资本主义复辟，让刘、邓上台。我同林彪同志、叶群同志南下，再上井冈山打游击。**"

1973年3月10日，中共中央根据毛泽东的批示，决定恢复邓小平党的组织生活和国务院副总理的职务。此刻，他也"**忘记**"了，他在1964年12月20日的中央会议上，指责邓的中央书记处是**独立王国**，文化大革命伊始，他又把邓定为**二号最大走资派**，列入坚决打倒之列，全国上下一致高呼："打倒邓小平！"然而，时过境迁，1974年10月，邓小平被他任命为国务院第一副总理，1975年1月5日，又任命邓为中共中央军委副主席兼中国人民解放军总参谋长。

1973年5月20日至31日，中共中央在北京举行工作会议上，根据毛泽东的意见，会议宣布"解放"谭震林、李井泉、乌兰夫等13位老干部。此刻，毛也"**忘记**"了，这些老干部都是在他的眼皮下，被打成判徒、"走资派"的。

1973年12月21日，在接见参加中央军委会议的同志时，毛说，他是听了林彪一面之辞，错整了贺龙、罗瑞卿和杨成武、余立金、傅崇碧。1974年9月29日，中共中央为被整死了的原八届中央政治局委员、中央军委副主席、国务院副总理贺龙元帅平反，恢复名誉。

1975年7月2日，毛泽东在一个批示中说："**周扬一案，似可以从宽处理，分配工作，有病的养起来并治病。**"在此前后，根据毛泽东批示精神，有一批老干部出狱后，治病或分配工作。

毛泽东"伟大"之处在于，在"平反"、"解放"干部中，他把揪斗、打倒老干部的责任，统统推到林彪身上。由于周恩来借机解放了一大批被打倒或被监禁的老干部和知识精英，毛的推脱罪责的理由，除能蒙蔽亿万芸芸众生外，大多数高级干部和知识精英，并没有因此而给"伟光正"加分。但不可否认的是，他借林彪的死，在一定程度上，缓和了与老干部们和知识精英间的紧张关系。

第二十一章附注：

本章资料多来源于网络作者丁凯文、舒云、王年一、高伐林、陈晓宁等人的文章。

注1、三十二个疑点

舒云在《林彪案件完整调查》中，提出的三十二个疑点是：

(1) **一般说，1971年9月12日夜，是叶群接到周恩来电话，才改变第二天早上6点走的决定，连夜出逃的。**实际上叶群接到周恩来的电话后，还"安静"了半个小时。这半个小时叶群在干什么？无人回答。笔者发现，周恩来警卫披露周恩来在接到张耀祠报告后，特意回到人民大会堂的新疆厅，叫与会的政治局委员谁也不许离开，也不许接电话。周恩来出来后布置警卫严密封锁新疆厅，不许外面的人进去，也不许里面的人出来。里面有谁？有黄永胜。叶群得知周恩来要来北戴河，又得知北京封了飞机，按常理她会想到问问黄永胜，看北京到底发生了什么事情？可是却找不到黄永胜了！办公室没有，家里也没有，哪里也没有。黄永胜怎么可能找不到？于是叶群认为黄永胜被抓起来了，她才临时决定连夜走，把已经服了安眠药的林彪从床上拉起来，大叫快走，有人来抓你了。

(2) **设国家主席，本不是问题，毛泽东为什么要讲六遍？**过去认为，毛不当国家主席，也不设国家主席，而林彪"坚决要当国家主席"。但笔者发现，毛泽东把"不当"和"不设"分开了，"不当"是坚决的，"不设"不但不坚决，还多次说过你们愿意设就设，毛甚至设想了主席和副主席人选。根据吴法宪、邱会作新披露的材料，毛让林当国家主席。这就可以解释：为什么政治局五个常委中，林彪、陈伯达、康生、周恩来都同意设国家主席；也可以解释汪东兴在九届二中全会华北组，代表八三四一部队坚决要求毛泽东当国家主席。如果毛坚决不设，谁敢提设？是欲擒故纵吗？

(3) **在九届二中全会上，汪东兴是个什么角色？他比陈伯达跳得高，还"误导"了黄、吴、李、邱，但毛泽东却让他过了关，而把陈伯达打成"反党集团"，这是为什么？**笔者发现汪东兴是个神秘人物，是他传达的毛让林彪当国家主席的意见，政治局会上说过，会下也与黄吴李邱说过。这就使庐山会议上的很多事情好解释了。但是毛不会把意图全盘端给汪东兴，汪既然得知毛同意设国家主席，当然积极鼓吹让毛泽东当国家主席，怎么却成了反党纲领呢？

(4) 是林彪想当接班人吗？作者采访并研究了史料，发现并不是林彪想当，而是毛硬要他当。 1966年八届十一中全会，毛几次要林到会，林彪就是不来，借口有病躲在大连。林彪为什么不来？因为毛给江青的信中说，对林518讲话感到不安，说从来没有这种提法。如果仅是家信，也就罢了，偏偏毛让周把信送给林彪看。林彪的518讲话完全是按毛的调子，却成了"罪过"，换谁也不会再出山了。可是林彪为什么又出山了呢？毛让机要秘书徐业夫给林彪打电话。推测毛的意思，说林那篇518讲话，是马克思主义的文件，要印发给八届十中全会并传达全党。这不就等于给林彪的518讲话"平反"了吗？毛又说你不来我也宣布你是"接班人"，林彪左右不了，但他又不想让宣布。于是他匆匆到会，讲了这个意思。果然大会文件虽有这个意思，新华社又确实没有宣布。但8月18日毛接见红卫兵，刘少奇站得远远的，林彪站在毛身边，这还用宣布吗？

(5) 九届二中全会开幕式上的林彪讲话是"导火索"，引发了绝大多数中央委员对张春桥的攻击，最终引发毛大怒，酿成"九一三事件"。 起因是8月17日张春桥在最后一次宪法讨论会上，不仅否定了林彪提出的三个副词，还故意把林彪比作赫鲁晓夫，激怒了吴法宪，吴拍桌子，大吵，会后马上打电话给北戴河的叶群，叶群马上报给林彪，又激怒了林彪。再开会时，吴在林支持下准备反击，张春桥却不说话了，通过了三个副词。**张春桥得到高人指点了吗？** 但林以为抓到了张的小辫子。而且毛故意在林面前说让张春桥当总理，这才有了九届二中全会开幕式林彪批张的讲话。

毛南巡时说林的讲话他事先不知道。中央关于《粉碎林陈反党集团反革命政变的斗争》（材料之一）中说：林彪上了庐山，不去请示毛主席，在8月22日下午的常委会上，也没有表示要在大会上讲话。事先没有向毛主席、党中央请示报告，8月23日，林彪在九届二中全会开幕会议上，第一个跳出来发表了突然袭击。而据作者考证，毛事先知道，还同意林彪不点名地批张春桥。毛为什么出尔反尔？这一切都是为了放长线钓大鱼吗？

(6) 毛在庐山上有句名言："大有炸平庐山之势"。没人想到毛指的真是直升机想炸平庐山。**其实在庐山上平一块直升机场，是为了接送中央委员上山，选址的人并不知道选在毛住房的上边，于是毛开始疑心。**

(7) 毛拿陈伯达当替罪羊，实际上是对着林彪。 但毛却在《我的一点意见》中说，**"我和林彪都认为"**。九届二中全会公报，特意提到"毛主席和他的亲密战友林彪副主席在会上讲了话。到会的中央委员和候补中央委员，根据会议的议程，进行了热烈的讨论"。根本看不出"电闪雷鸣"，甚至江青都认为叶群犯了错误，林彪没有什么。

(8) 为什么九届二中全会上华北组首先闹起来？因为华北组有陈伯达和汪东兴。陈伯达在中央负责华北地区，到华北组情有可原，为什么汪东兴也挤到华北组？致使华北组简报引发200多位中央委员一致声讨张春桥？

(9) 九届二中全会华北组简报，毛泽东认为是一个"反革命简报"。毛认为：四、五号简报还没有出，为什么华北组抢先出第六号简报？这中间有阴谋。本书作者详细披露了简报出台的过程，通过李雪峰秘书黄道霞的证词，证明不是一个"反革命简报"。以后李雪峰、郑维山以及华北组简报都被平了反。"陈伯达反革命集团"只剩下陈一人。更有意思的是陈伯达在定罪时是"林陈反党集团"，1980年审判两案时却成了"江青集团主犯"，这是小孩子做游戏吗？

(10) 陈伯达编马列讲天才的语录，并没有散发，而毛《我的一点意见》说他"欺骗了200多中央委员"。没散发如何欺骗？

(11) 中共中央在《粉碎林陈反革命集团反革命政变的斗争》（材料之一）中，说九届二中全会召开前，7月中旬，陈伯达一反常态，特意穿上军装，窜到中蒙边境活动。他在李雪峰、郑维山陪同下，到处接见前线驻军，召开群众大会，发表讲话，制造声势。他的这些活动是做给苏修看的。甚至说陈伯达在林彪支持下，拉拢和联络李雪峰、郑维山等人，丧心病狂地进行反革命游说，为林陈反革命集团在九届二中全会上篡党夺权作准备。

这完全是胡说，**陈伯达视察华北，是中央和毛同意的。因为华北几省的头头都是军人，陪同陈视察，怎么就成了阴谋呢？**因为毛认为华北军队多，陈与军队"勾结"，想造反。

(12) 庐山会议后，毛非常活跃，而林彪却没有任何活动，坐在黑屋子里等"死"。

(13) 1970年底，毛让林见斯诺，想让林彪暴露。林就是不见。毛非常生气，才有了与斯诺那一段"四个伟大讨嫌"的话，从中可以看出毛对林彪的态度。

(14) 毛说叶群喜欢听小道消息，可是毛为什么不查小道消息的来源？小道消息都来自汪东兴。其次，叶群为什么愿意打听小道消息？因为毛常常说话不算话，一件事情对张三这样说，对李四那样说。叶群只能打听汪东兴那里的小道消息，明了毛的意图，以此紧跟。这也可以说明林彪一贯的思想，不想独树一帜，只想跟着毛亦步亦趋。

(15) 毛说林不见他，**其实庐山会议后林想方设法想见毛，当面说清楚。**为了通过江青见到毛，甚至最讨厌照相的他任江青摆布照相。但毛就是不见。

(16) 毛泽东为什么南巡？九届二中全会后，毛泽东采取了那么多措施，而林彪却在"冬眠"，**毛不得不南巡，打草惊蛇。**毛为什么第一站选武汉？因为他认为武汉军区政委刘丰是林彪"死党"。毛对刘丰大讲林彪，却又严格对林彪封锁。但实际上毛希望刘丰透露。毛在武汉等了几天，刘丰没有报告林彪。他只能继续到南昌、长沙，让广州军区传达到师以上干部。这是为什么？因为广州军区是林彪的"老窝"，两千多名师以上干部中总会有人报告林彪。林彪听了还能稳坐钓鱼台吗？果然，9月8日，林立果在接到广州军区空军副参谋长顾同舟的报告两天后，回到北京策划杀毛。

"九一三事件"前，林立果的活动很多，林彪的活动依然没有，那么林彪知道林立果的三个方案吗？没有证据。倒有证据表明，9月12日林彪提出要见尼克松。

(17) 以前的探讨九一三的文章，毛南巡和林立果的动作是各写各的，所有的研究者都没有把毛的行动和林立果的行动放在一起看，虽然包括汪东兴的文章也简单提到毛对林立果的行动有所察觉，但未深入。**我第一次把两者放在一起，惊异地发现毛的每一步都在林立果刚刚议论之际，好像毛有千里眼顺风耳一般。**毛到杭州，正是林立果议论如何杀毛的时候，毛分外警觉。林立果说炸专列，毛马上命令专列转移，汪东兴还提出在专列上搭个棚子防晒（实际是防轰炸）。林立果说炸硕放桥，硕放铁路沿线马上派部队巡逻，严查铁路涵洞、桥梁。毛突然调回专列，紧急开往上海。林立果想烧上海虹桥机场的油库，汪东兴命令油库加双岗，毛泽东到了上海不下专列，随时准备出发。最后毛突然回到北京，怕林立果轰炸中南海，白天到了丰台，却一直到天黑才回到中南海。……这一切都说明，**林立果身边有毛的耳目。这是一个重大的发现。**

(18) 林立果的三个方案都没有展开。9月12日毛泽东突然回到北京，打破了林立果杀毛的企图。林立果只好采取第二个方案打算南逃广州。还在研究南逃名单时，周下令封锁飞机，林立果只好采取第三个方案北逃苏联。这中间有一个很大的疑点：毛突然回到北京，谁报告了林立果，才使林立果连夜飞往北戴河？这个以前被忽略的细节，作者采访和研究，给予了令人信服的回答。林立果的三个方案都没能展开，更充分地说明了毛有内线。

(19) 过去包括"两案"审理，都认定只有一张林彪手令。而作者在采访中最先发现，**林彪手令有横竖两张。那么林彪手令是林彪写的吗？**作者分析了林彪手令的内容、语气、笔迹，认定是模仿。

(20) 林豆豆得知母亲和弟弟的企图，为什么没有向林彪报告？八三四一部队副团长张宏要报告，为什么被姜作寿阻拦？林彪到底知不知道逃往苏联？如果有人报告他，他还会不会走？

(21) 林豆豆那天反复做林彪警卫秘书李文普的工作，但李文普不相信，认为豆豆有"精神病"。**李文普为什么在去山海关机场的中途下车？**他说是因为听林彪问伊尔库茨克有多远，这成了林彪叛逃苏联的惟一证据。林彪真的问过伊尔库茨克有多远吗？李文普下车后为什么又自己打自己一枪？李文普不承认自伤，但他自己在公开发表的文章中说子弹擦过前胸到左臂。他从右车门下车，如果背向车门，应该擦后胸到左臂，如果面向车门，应该擦前胸到右臂。仅此一点，就证明李文普是自伤。

(22) 笔者第一次详细披露了写有《五七一工程纪要》的小本子是如何被发现的，并列举种种疑问。**据李维信说，这个小本子被于新野拿到北戴河了，但为什么却在空军学院的秘密据点里？别的有字的纸都烧了，为什么单单留下这一个本子？**旁边还放着个张着大口的空包，像要准备装走又没来得及似的？

（23）江腾蛟9月13日在并未得知林彪下场如何时就自首了，他在监狱里态度最好，待遇也很好，想吃豆腐脑儿就有豆腐脑儿。这中间有一系列疑点：他仅是一个军级干部，为什么毛几次说他不好，不能重用，是不是苦肉计？江腾蛟在林立果策划"两谋"中最积极，王飞等都在泼冷水，认为不可能，而江腾蛟提出一个又一个杀毛方案，也不管可行不可行。林立果是个毛孩子，而江腾蛟是参加过长征的老红军啊，为什么也如此幼稚？是想让林立果留下罪证吗？

还有李维信，在法庭上说感谢组织上给他配眼镜。江青秘书阎长贵进了秦城监狱，眼镜马上就被没收了，而李维信提出配眼镜，居然给他配！李维信是直升机上惟一活着的人，他又一直在林立果身边，**好多证词都是关键证词，就是他证明林立果说林彪知道五七一工程计划。**

（24）毛让拦截直升机，说不行就打下来，决不能让飞出去。但毛为什么不让拦截三叉戟？从北戴河到山海关机场，八三四一部队完全可以把林彪扣住，也完全有条件不让飞机起飞，为什么最后林彪还是坐着飞机飞走了？

（25）林豆豆报告八三四一部队后，为什么上边让林豆豆也上飞机？

（26）林豆豆的未婚夫张清林为什么提出要抓叶群和林立果？林豆豆为什么说林彪是被"劫持"？林彪知不知道逃往苏联？为什么最后他主动上了飞机？

（27）关于二五六号三叉戟飞行员潘景寅，过去从未见披露过他在从北京西郊机场起飞前，吃了安眠药。笔者采访到西郊机场安政委，他在送潘景寅上飞机前，听潘亲口说他吃了安眠药。这个举动说明潘对"两谋"毫不知情。

毛说潘长得像他的大儿子毛岸英。1967年七二〇事件，毛从武汉出逃，专门选了潘景寅的飞机，从此毛再也没有坐过飞机。也就是说，潘是最后为毛驾驶飞机的飞行员。1980年，邓小平在回答美国《基督教箴言报》总编辑提问时说，**潘景寅是个好人。邓小平为什么这么说？**

（28）林彪飞机是先起火后迫降，还是迫降后起火？是导弹打的还是定时炸弹爆炸？为什么潘不等机组全部上来就开动飞机？为什么不耗掉一些油就急急忙忙迫降？60公里外就有一个机场，为什么却迫降在野外？失事飞机应该怎样调查？为什么中国没有派专家到现场？

（29）作者最先提出黑匣子的问题，并开始研究。三叉戟的黑匣子在谁手里？苏联对调查失事飞机如此积极，为什么又一声不吭？苏联退休的克格勃头目透露，听当地老百姓说，林彪座机飞到了苏蒙边境。苏联的雷达干什么吃的，为什么"听当地老百姓说"？据作者考证，林彪座机飞不到苏蒙边境。

（30）有人说林彪座机在山海关机场加上了油。据作者考证，林彪座机在山海关没有

加上油。这在9月13日林彪座机起飞后没多久就搞清了。据空军航行局局长尚登峨说,当时在指挥所,李德生就反复让山海关机场查,到底加了多少油?能不能飞到伊尔库茨克?尚登峨查明后回答,在山海关机场没有加上油,飞不到伊尔库茨克。

(31) 为什么歼击机没有打下直升机?是飞行员技术不行,还是故意不打? 50年代初有一架英国客机被中国飞行员误伤,中国飞行员被判了刑,全空军通报。那个年代直升机都是专机,谁敢打直升机?

(32) 据1980年"两案"审理,没有发现黄吴李邱与"两谋"有联系。换句话说,黄吴李邱对"两谋"毫不知情。在审判"两案"中,审案人员逼黄永胜警卫参谋费四金做假证,黄永胜9月12日在京西宾馆见到了林立果,费四金坚决不做,否则,黄吴李邱和"两谋"就说不清了。林立果搞"两谋"为什么不依靠黄吴李邱?

注2、赫鲁晓夫式的清算

1956年2月,苏共中央第一书记赫鲁晓夫,在苏共全会上,做了反对前任苏共中央总书记斯大林个人迷信的"秘密报告",揭露斯大林疯狂屠杀大批苏共干部和普通群众种种暴行,震惊了全世界。斯大林的水晶棺从列宁墓中移出,尸体火化后埋入公墓。"秘密报告"给共产党敲起了丧钟,使世界共产主义运动走向没落。——这是共产主义铁幕后的一次民主尝试。但这种尝试,成了毛泽东反赫鲁晓夫"修正主义"心结!

注3、高岗押击刘少奇的教训

据称,中央人民政府副主席兼计划委员会主席、东北行政委员会主席**高岗**,与中央组织部部长、原华东军政委员会主席、华东局第一书记**饶漱石**结盟,反对毛泽东指定的接班人刘少奇、周恩来等人,犯有"阴谋篡夺党和国家的最高权力"的罪行。"高饶反党联盟"在中共七届四中全会上受到"揭露和批判"。高岗自杀,饶漱石被投入监狱后监毙。1955年3月,中共党的全国代表大会通过了《关于高岗、饶漱石反党联盟的决议》,开除其党籍,并撤销党内外一切职务。(参"序幕"图注17:高饶事件)——这是独裁体制下权力再分配的血腥事件。林彪事件与之何其相似乃尔!

注4、中共的伦理共识

在中共党的哲学上,在赤文化里,已经形成一个顽强伦理共识:下级无条件服从上级,全党无条件服从中央,中央无条件服从毛泽东;维护毛泽东的伟大、光荣、正确,就是维护党的伟大、光荣、正确;反对毛泽东就是反党、分裂党,等等。

注5、《五七一工程纪要》

笔者按：1972年1月13日，中共下达"中发〔1972〕4号《中共中央通知》"。《通知》附件一是"反革命政变纲领《五七一工程纪要》（影印件）"，附件二是"（原文印件）"。《通知》要求各级党政军部门"立即传达和讨论。"并要求"第一步在干部中传达，第二步在群众中传达。"过后不久，笔者看到了《五七一工程纪要》原文印件和影印件。现将当年向全国公布的《五七一工程纪要》全文抄录如下：

《五七一工程纪要》（全文）（"五七一"为武装起义的谐音）

（一九七一年三月二十二——二十四）

林立果、周宇驰、于新野、李伟信

目录

　　（一）可能性

　　（二）必要性

　　（三）基本条件

　　（四）时机

　　（五）力量

　　（六）口号和纲领

　　（七）实施要点

　　（八）政策和策略

　　（九）保密和纪律

（一）可能性

　　* 9.2（编注：指中共九届二中全会，1970年8月在庐山召开，会上毛、林分歧公开化。）后，政局不稳，统治集团内部矛盾尖锐，右派势力抬头。军队受压，十多年来，国民经济停滞不前。群众和基层干部、部队中下干部实际生活水平下降，不满情绪日益增长。敢怒不敢言。甚至不敢怒不敢言。统治集团内部上层很腐败，昏庸无能，众叛亲离。

　　（1）一场政治危机正在蕴酿。

　　（2）夺权正在进行。

　　（3）对方目标在改变接班人。

　　（4）中国正在进行一场逐渐地和平演变式的政变。

　　（5）这种政变形式是他们惯用手法。

　　（6）他们"故计（伎）重演"。

　　（7）政变正朝着有利于笔杆子，而不利于枪杆子方向发展。

　　（8）因此，我们要以暴力革命的突变来阻止和平演变式的反革命渐变。反之，如果我们不用"五七一"工程阻止和平演变，一旦他们得逞，不知有多少人头落地，中国革命不知要推迟多少年。

(9) 一场新的夺权斗争势不可免，我们不掌握革命领导权，领导权将落在别人头上。

☆ 我方力量

经过几年准备，在思想上、组织上、军事上的水平都有相当提高。具有一定的思想和物质基础。

在全国，只有我们这支力量正在崛起，蒸蒸日上，朝气勃勃。

革命的领导权落在谁的头上，未来政权就落在谁的头上，取得了革命领导权就取得了未来的政权。

革命领导权历史地落在我们舰队头上。（编注：舰队以及下文的联合舰队等均为本文件起草者林立果等人的自称，这些名词以及后文中的"江田岛精神"等出自《啊，海军》和《山本五十六》等日本电影。）。

和国外"五七一工程"相比，我们的准备和力量比他们充份得多、成功的把握性大得多。和十月革命相比，我们比当时苏维埃力量也不算小。

地理回旋余地大，空军机动能力强。比较起来，空军搞五七一比较容易得到全国政权，军区搞地方割据。

☆ 两种可能性：夺取全国政权，割据局面。

（二）必要性、必然性

B—52（编注：指毛泽东）好景不长，急不可待地要在近几年内安排后事。对我们不放心。

如其束手被擒，不如破釜沉舟。在政治上后发制人，军事行动上先发制人。

我国社会主义制度正在受到严重威胁，笔杆子托派集团正在任意篡改、歪曲马列主义，为他们私利服务。

他们用假革命的词藻代替马列主义，用来欺骗和蒙蔽中国人民的思想。

当前他们的继续革命论实质是托洛茨基的不断革命论，他们的革命对象实际是中国人民，而首当其冲的是军队和与他们持不同意见的人。

他们的社会主义实质是社会法西斯主义。他们把中国的国家机器变成一种互相残杀，互相倾轧的绞肉机式的。

把党内和国家政治生活变成封建专制独裁式家长制生活。

当然，我们不否定他在统一中国的历史作用，正因为如此，我们革命者在历史上曾给过他应有的地位和支持。

但是现在他滥用中国人民给其信任和地位，历史地走向反面。

实际上他已成了当代的秦始皇，为了向中国人民负责，向中国历史负责，我们的等待和忍耐是有限度的！

他不是一个真正的马列主义者，而是一个行孔孟之道借马列主义之皮、执秦始皇之法的中国历史上最大的封建暴君。

（三）基本条件

*　有利条件：

国内政治矛盾激化，危机四伏。

独裁者越来越不得人心，统治集团内部很不稳定，争权夺利、勾心斗角、几乎白热化。

——军队受压军心不稳　高级中上层干部不服、不满，并且握有兵权。

——一小撮秀才仗势横行霸道，四面树敌　头脑发胀，对自己估计过高。

——党内长期斗争和文化大革命中被排斥和打击的高级干部敢怒不敢言。

——农民生活缺吃少穿。

——青年知识分子上山下乡，等于变相劳改。

——红卫兵初期受骗被利用，已经发现充当炮灰，后期被压制变成了替罪羔羊。

——机关干部被精简，上五七干校等于变相失业。

——工人（特别是青年工人）工资冻结，等于变相受剥削。

国外矛盾激化

中苏对立。整苏联。我们行动会得到苏联支持。

最重要的条件：我们有首长（编注：指林彪）威信名望、权力和联合舰队的力量。

从自然条件上讲，国土辽阔、回旋余地大，加之空军机动性强，有利于突袭、串联、转移，甚至于撤退。

*　困难

目前我们力量准备还不足。

群众对B－52的个人迷信很深。

由于B－52分而治之，军队内矛盾相当复杂，很难形成被我们掌握的统一的力量。

B－52身居简出，行动神秘鬼诈，戒备森严，给我们行动带来一定困难。

（四）时机

敌我双方骑虎难下。

目前表面上的暂时平衡维持不久，矛盾的平衡是暂时的相对的，不平衡是绝对的。

是一场你死我活斗争！只要他们上台，我们就要下台，进监狱、卫戍区。或者我们把他们吃掉，或者他们把我们吃掉。

*　战略上两种时机：

一种我们准备好了，能吃掉他们的时候；

一种是发现敌人张开嘴巴要把我们吃掉时候，我们受到严重危险的时候；这时不管准备和没准备好，也要破釜沉舟。

＊ 战术上时机和手段

B-52在我手中，敌主力舰（编注：指毛的主要助手）均在我手心之中。属于自投罗网式。

利用上层集会一网打尽。

先斩局部爪牙，先和B-52既成事实，逼迫B-52就范，逼宫形式。

利用特种手段如毒气、细菌武器、轰炸、543（编注：一种武器代号）、车祸、暗杀、绑架、城市游击小分队。

（五）基本力量和可借用力量

＊ 基本力量

联合舰队和各分舰队（上海、北京、广州）

王、陈、江四、五军骨干力量（编注：指王维国、陈励耘、江腾蛟以及他们控制的空四军，空五军）

九师、十八师

二十一坦克团

民航（编注：文革时民航由空军接管）

三十四师

＊ 借用力量

国内：

二十军

三十八军

黄（编注：指黄永胜）军委办事处

国防科委

广州、成都、武汉、江西、济南、新疆、西安

社会力量、农民、红卫兵青年学生、机关干部、工人

国外：

苏联（秘密谈判）

美国（中美谈判）

借苏力量箝制国内外其他各种力量。

暂时核保护伞。

（六）动员群众口号、纲领

全军指战员团结起来！

全党团结起来！

全国人民团结起来！

打倒当代的秦始皇——B-52，推翻挂着社会主义招牌的封建王朝，建立一个真正属于无产阶级和劳动人民的社会主义国家！

对外：

全世界真正的马列主义者联合起来！

全世界无产阶级和被压迫民族联合起来！

全世界人民团结起来！

我们对外政策是坚持和平共处五项原则，承认现有的与各国的外交关系，保护使馆人员的安全。

全国人民团结起来，全军指战员团结起来，全党团结起来。

用民富国强代替他"国富"民穷，使人民丰衣足食、安居乐业，政治上、经济上组织上得到真正解放。

用真正马列主义作为我们指导思想，建设真正的社会主义代替B-52的封建专制的社会主义，即社会封建主义。

全国工人、农民、机关干部、各行各业要坚守岗位，努力生产，保护国家财富和档案，遵守和维护社会秩序。

因此，各地区、各单位、各部门之间，不准串联。全国武装力量要服从统率部的集中统一指挥，坚决严厉镇压反革命叛乱和一切反革命破坏活动！

（七）实施要点

三个阶段

* 第一、准备阶段

（1）计划

（2）力量

指挥班子 江、王、陈

两套警卫处 公开的李松亭。秘密的上海小组负责。新华一村（编注：林立果等在上海的秘密据点）教导队

四、五军部队训练（地面训练）

南空（编注：南京军区空军）直属师工作 （十师）周建平负责。争取二十军（江、王、陈）

——扩大舰队

——加速根据地建设 京、沪、杭、蜀、穗

（3）物质准备

武器 领 自造

通讯器材（包括01工程）（编注：林立果主持设计的一种收发报机）

车辆

掌握他们仓库地点、只要军械库

(4) 情报保障

掌握三个环节　搜集　分析　上报

* 第二阶段　实施阶段

奇袭式　一个先联后斩，上面串联好，然后奇袭。一个先斩后联。一个上下同时进行。

一定要把张（编注：指张春桥）抓到手，然后立即运用一切舆论工具，公布他叛徒罪行。总的两条：一是奇袭，二是一旦进行开始、坚持到底。

* 第三阶段　巩固阵地，扩大战果，夺取全部政权

(1) 军事上首先固守阵地

尽力坚守上海　占领电台，电信局，交通，把上海与外界联系卡断

力争南京方面中立，但做好防御

固守浙江、江西

掌控空降、空运

(2) 政治上采取进攻

上面摊牌

掌握舆论工具　开展政治攻势

(3) 组织上扩大

迅速扩军

四方串联

（八）政策和策略

打着B—52旗号打击B—52力量，团结一切可能团结的人，缓和群众的舆论。

联合一切可以联合的力量，解放大多数，集中打击B—52及其一小撮独裁者。我们的政策：解放一大片（大多数），保护（团结）一大片。

打击一小撮独裁者及其身边的人。他们所谓打击一小撮保护一大批不过是每次集中火力打击一派，各个击破。

他们今天利用这个打击那个；明天利用那个打击这个。今天一小撮，明天一小撮，加起来就是一大批。

他利用封建帝王的统治权术，不仅挑动干部斗干部、群众斗群众，而且挑动军队斗军队、党员斗党员，是中国武斗的最大倡导者。

他们制造矛盾，制造分裂，以达到他们分而治之、各个击破，巩固维持他们的统治地位的目的。

他知道同时向所有人进攻，那就等于自取灭亡，所以他今天拉那个打这个，明天拉这

个打那个；每个时期都拉一股力量，打另一股力量。

今天甜言密语那些拉的人，明天就加以莫须有的罪名置于死地；今天是他的座上宾，明天就成了他阶下囚。

从几十年的历史看，究竟有哪一个人开始被他捧起来的人，到后来不曾被判处政治上死刑？

有哪一股政治力量能与他共事始终。他过去的秘书，自杀的自杀、关压的关压，他为数不多的亲密战友和身边亲信也被他送进大牢，甚至连他的亲身儿子也被他逼疯。

他是一个怀疑狂、疟待狂，他的整人哲学是一不做、二不休。

他每整一个人都要把这个人置于死地而方休，一旦得罪就得罪到底、而且把全部坏事嫁祸于别人。

戳穿了说，在他手下一个个象走马灯式垮台的人物，其实都是他的替罪羊。

过去，对B－52宣传，有的是出于历史需要；有的顾全民族统一、团结大局；有的出于抵御外来侵敌；有的出于他的法西斯的压力之下；对广大群众来说，主要是有的是不了解他的内情。

对于这些同志，我们都给予历史唯物主义的分析，予以谅解和保护。

对过去B－52以莫须有罪名加以迫害的人，一律给于政治上的解放。

（九）保密、纪律

此工程属特级绝密，不经批准不得准向任何人透露。

坚决做到一切行动听指挥，发扬"江田岛"精神（编注：江田岛，日本海军学校所在地）。不成功便成仁。泄密者、失责者、动摇者、背叛者严厉制裁。

第二十二章：保卫文革暨第七轮大屠杀

一、信仰危机

林彪摔死后，特别是林立果的《五七一工程纪要》向全民公布后，**质疑**文化大革命的声音暗潮涌动，"伟大、光荣、正确"的形象告危，毛泽东的权力正面临前所未有的潜在的挑战。人们特别是党内高级干部和将领们，不仅**质疑**他对刘少奇、陶铸等人死的责任；**质疑**他鼓动红卫兵、造反派造反、揪斗"走资派"和夺权的独断；**质疑**他的"武装左派"、"群众专政"和"全国全面内战"的政策；**质疑**他坚持人民公社和狠批"三自一包"的专横；在"批陈整风"中，又**质疑**他狠批"华北山头主义"、改组北京军区、撤换政委李雪峯和司令郑维山的决定，是打击他的忠臣良将，令人心寒，等等。一言蔽之：**质疑**他亲自发动和领导的文化大革命的正当性、合理性。

如果说质疑只是停留在敢怒不敢言的层面上，毛大可不必担心；但当质疑积累到一定程度时，就会出现挑战。果然，当他准备杀一儆百、"诏批"要杀掉林彪的"四大金刚"——总参谋长黄永胜、空军司令吴法宪、海军政委李作鹏和总后部长邱会作时，令他意想不到的事发生了：五十多名高级将领，联名上书，提出"四大金刚"虽"有罪"但"罪不至死"的诉愿，公然挑战他的权威，迫使他最终放弃了"开刀问斩"的霸心。

毛泽东曾多次自豪地说，他这一生干了两件大事，一个是推翻国民党的"反动统治"，一个是发动"文化大革命"。这是他攫取权力的资本。如今，推翻国民党的资本逐渐贬值，而文化大革命的资本，也在潜在的质疑声中，面临崩盘的危险。

毛泽东不愧为天才的革命家，在潜在的质疑和公然的挑战中，他没有卒然反击，而是"有理、有利、有节"地面对之。此刻，凭着灵感，他觉察到一场个人崇拜危机就在眼前：他几十年来苦心经营的"伟大、光荣、正确"的高大形象，正在经受严峻的考验。"**与人斗其乐无穷**"的毛泽东，个性坚强，在文化大革命和个人崇拜的危机中不退缩，不认输，他要运用批斗、镇压等专政手段，保卫文化大革命，保卫人们对他的崇拜，从而挽救由个人崇拜危机导致的对中共崇拜和对共产主义信仰的丧失。

毛泽东更是一个了不起的思想家。忆当年，"解放"之初，他从国民党惨败中获得一个重要启示：蒋介石兵败于军心不整和民心涣散，而军心不整和民心涣散，皆源于信仰缺失。在他看来，**民主**使三民主义信仰缺乏生气，**自由**使宗教信仰教派林立，**人权**使蒋介石的权力无法施威。天才的毛泽东从蒋介石的失败中懂得：要坐稳江山，就要征服民心；要征服民心，就要用无产阶级专政的铁拳构建起一个统一的信仰和崇拜，取代传统文明和普世价值。为此，在短短的几年里，他便为中国人设计并构建了一个主义信仰和两个图腾崇拜——信仰是对共产主义的信仰，图腾崇拜是对人民公社和"伟光正"两个图腾柱的崇拜。

图腾一词来源于印第安语"totem"，意思为"它的亲属"，"它的标记"，是原始人迷信的产物，崇拜的对象。图腾柱是最典型的图腾标志和崇拜对象，现今在印第安人的村落中，多立有图腾柱者。

构建共产主义信仰

为了树立共产主义的信仰，毛泽东说："**共产主义是无产阶级的整个思想体系,同时又是一种新的社会制度。这种思想体系和社会制度,是区别于任何别的思想体系和社会制度的,是自有人类历史以来,最完全、最进步、最革命、最合理的。**"他又说："**领导我们事业的核心力量是中国共产党,指导我们思想的理论基础是马克思列宁主义!**"所以，他要中国人民信仰的共产主义，实质上是要中国人民对共产主义、马克思列宁主义和共产党三位一体的崇拜。

共产主义社会是个什么样子的社会呢？毛泽东和他的导师以及包括他在内的所谓马列主义的"经典作家"们，无数次向中国人民兜售，这个"**最完全、最进步、最革命、最合理的**"的共产主义社会，是"**各尽所能，各取所需**"的。对普通老百姓来说，"各取所需"就是"需要什么拿什么"——多么美丽的想像啊！后来，"经典作家"们认为，"各取所需"这个词组自由主义太浓了，与马列主义教义有冲突，便大笔一挥，把它改成"**各尽所能，按需分配**"。"经典作家"们的这一改动不打紧，"天堂"里便出现了主管分配的管理层。包括中国在内的世界历史业已证明，在所谓共产主义初级阶段的社会主义社会里，在"**各尽所能，各取所值**"后又改成"**各尽所能，按劳分配**"的旗帜下，主管分配的管理层人员，纷纷取代地主、资本家，变成了鱼肉和镇压老百姓的官僚特权阶级，按毛泽东的说法，都"蜕变"成了"**官老爷**"、"**官僚资产阶级**"或"**走资本主义道路的当权派**"。在社会主义社会里，社会管理层可以"蜕变"为"官僚资产阶级"，谁能保证共产主义社会里的管理层不发生"蜕变"呢？

对此，马列主义的"经典作家"们，用"理论"解决了人们的疑虑。他们"论证"说：在共产主义社会里，物资财富已"**极大丰富**"，甚至取之不尽，用之不竭，可以完全满足人民的各种需要；人们的思想水平已"**极大提高**"，人人都是大公无私者，不会胡要乱拿；主管分配人员，个个都是"**全心全意为人民服务**"的公仆，不会"蜕变"。显然，这是他们用"**存在决定意识**"的唯物主义史观"论证"的结果——在以全民所有制为经济基础的共产主义社会里，产生私有观念的"温床"已不复存在，这就决定了人人都是大公无私的圣贤！尽管这种马列主义式的"论证"，同行善以修来世福禄的佛教和赎罪以求死后上天堂的基督教，在宗教式的虚无缥缈上没有什么区别，但在"舆论一律"的强权洗脑下，包括笔者在内的芸芸众生，都曾认为实现共产主义是"不以人们意志为转移的客观规律"，憧憬过共产主义的美好，相信过毛泽东和中国共产党，一定会带领中国人民实现共产主义的美好理想。

这样，毛泽东用异想天开的"理论"构建的共产主义信仰，就为他在六十年代中期发动和领导的文化大革命，打下了牢固的思想基础。

构建人民公社图腾柱

马列主义者自称是无神论者，"经典作家"们抨击宗教是迷信，是"鸦片"，申明共产主义不是宗教，是"科学"。毛泽东说："**共产主义是人类社会发展的必然趋势。**""经典作家"们还信誓旦旦地说，共产主义不是虚无飘渺的上帝和来世，也不是遥远的未来，而是可望又可及的现实。1936年，苏共党魁斯大林宣布，苏联已建成了社会主义社会，并开始向共产主义社会过渡。1952年，他在死前一本书里，大讲过渡到共产主义社会的三大条件，其中之一是集体农庄国有化。斯大林的继任人赫鲁晓夫上台后，同他的前任一样，也热衷于向共产主义过渡。1957年11月，在苏联庆祝十月革命胜利40周年庆祝大会上，他慷慨激昂地提出苏联在今后15年内要超过美国。与此同时，在苏共党内确定，从1959年算起，在12年内达到共产主义。在两个月后的苏共二十一大上，他公开宣布苏联进入了"全面开展共产主义建设时期"。什么是共产主义呢？他除重弹列宁"**苏维埃加全国电器化**"的共产主义口号外，又加上他提出的"土豆烧牛肉"的新条件，就是共产主义天堂！尽管工农业严重失调，物资短缺，特别是食品和生活用品奇缺，使苏联人民生活过得相当艰辛；但在一党专政下，苏联人民又不得不在"**勒紧裤带住高楼，骑着摩托啃土豆**"的窘境中，翘首期待"天堂"的降临！

以"老大哥"为榜样，以"**大救星**"自居的毛泽东，权力情结使他在刚刚完成"社会主义三大改造"后的1958年，便急不可待地要让中国人民看到"大救星"为他们构建的"人间天堂"：8月初，他在他树立起的一个图腾柱上，刻上了五个大字："**人民公社好**"。接着，他以枪杆子为后盾，统帅官员和御用精英们，利用金字塔式的各级政府组织和全国所有广播、报刊，向中国人民"传销"他发明的"最进步、最合理"的"产品"——人民公社。在"舆论一律"强权下，他的"传销"计划获得了空前绝后的成功：到10月底，全国74万个集体所有制的高级农业社，变成了2.6万个"政社合一"的、集"工农兵学商政"为一体的、全民即国家所有制的人民公社，完成了从集体所有制向全民所有制的过渡，把苏联"老大哥"远远抛在后边。对此，御用精英们连篇累牍地高呼："**这是人民的选择！**"

1958年8月29日，毛泽东在中共中央政治局扩大会议上说："**看来，共产主义在我国的实现，已经不是甚么遥远将来的事情了，我们应该积极地运用人民公社的形式，摸索出一条过渡到共产主义的具体途径。**"在另一次中央会议上，他自豪地说："**如何从集体**

所有制向全民所有制过渡，如何从社会主义向共产主义过渡，斯大林没有找到适当的形式，没有找到解决的办法。我们有了人民公社，将加快我国社会主义建设的速度，并且将成为我国农村由集体所有制过渡到全民所有制的最好形式，由社会主义过渡到共产主义的最好形式。"他还得意忘形地嘲笑"老大哥"说："**苏联已经搞了41年，再搞12年还没有过渡，落在我们的后头，现在已经发慌了。**"11月，他在郑州会议上断言："**苦战3年，再搞12年，15年过渡到共产主义。**"也就是说，到1973年，中国将进入"**按需分配**"的共产主义社会。对此，御用精英们又放声高歌："**这是历史的选择！**"

为了十五年"**跑步过渡到共产主义**"，在毛泽东的统帅下，1958年的中国，发生了翻天覆地的变化。那一年，苏联"老大哥"还在"发慌"中，毛泽东高举"**总路线、大跃进和人民公社**"的"**三面红旗**"，向中国六亿人民吹响了大跃进的进军号：九千万人齐上阵，小高炉遍地开花，年底中共宣布，钢产量比去年的524万吨翻了一番多，达到了1,070万吨。那一年，农业高产"卫星"纷纷上天，其中，广西环江县亩产13万斤中稻的"超级卫星"，最为光彩夺目。年底中共中央宣布，粮食和棉花年产量，分别达到了7,500亿斤和6,700万担，均比去年翻了一番多。其中，每个中国人拥有粮食1,250斤，已经多得吃不完了。那一年，毛泽东兴致勃勃地巡游中华大地。在河南封丘，他对农民说："**不要很久，全国每人每年就可以平均有粮食1,000斤，猪肉100斤，油20斤，棉花20斤。**"由于担心粮油棉多得吃不完，用不尽，没有足够的仓库贮存，他告诫河北省徐水县干部说："**可考虑让农民一天干半天活。**"同时，他决定到国外寻找买家，大规模出口粮食。据统计：次年1959年，出口粮食415万吨，比1958年的266万吨，猛增56％。那一年，以郭沫若为代表的亿万诗人，纷纷登台亮相，高唱着"**共产主义是天堂，人民公社是桥梁**"的赞歌，来颂扬共产主义天堂。在《十三陵水库畅想曲》的影片中，御用精英们把二十年后即1978年共产主义社会的幸福和美满，活脱脱地摆弄在中国人的眼前：三大差别已被消灭，十三陵库区已变成五谷丰登、鸟语花香的"十三陵共产主义公社"；诗人郭沫若等人，在公社一棵巨大的长有多种水果的树冠下，"**各取所需**"地采摘、品尝各种瓜果；老红军陈培元，已经"飞跃"成航天科学家，他的文件包里夹着飞向火星的计划，带着年轻美丽的妻子，坐着沙发式的飞碟，直上蓝天，飞向远方——这些都是1958年大跃进、人民公社运动的丰硕成果。那一年，中共党员和干部们，特别是高级干部和御用精英们，大都在高唱共产主义颂歌，向人民承诺，共产主义的美满幸福就在眼前，连年逾古稀的朱老总，都说他一定能看到共产主义社会，鲜有不谐声音者。那一年，笔者在北大荒当农工期间，曾有幸享受过一顿"**吃饭不要钱**"的共产主义生活，吃的是油条，喝的是玉米粥。总之，那一年，"大救星"异想天开的权力情结，压制了所有务实主义者的理性思考。

然而，饱尝了共产主义社会幸福美满眼福、耳福的中国人，在无限美好的憧憬中不到一年，便陷入大饥荒中；在而后的 1959~1961 年的"**三年人祸**"中，有 3,000~4,500 万人饿毙在"天堂"里。1960 年，笔者常以水煮未脱皮的玉米粒填肚，还曾用玉米苞叶做的淀粉充饥。信仰与现实的巨大反差，使毛泽东为中国人营造的人民公社图腾柱，在绝大多数中国人的心目中失去了昔日的光芒，上当受骗的感觉席卷民心。更有甚者，在黑龙江农村的贫苦农民中，笔者曾多次听到过"宁愿作亡国奴，不愿当国家主人"的牢骚，怀念伪满拓荒时代。

人民公社运动的恶果，引发了中共高层的分裂。党内以刘少奇、邓小平为代表的右派逐渐得势，毛泽东的权力受到了前所未有的挑战，迫使他不得不退居二线。不甘心身居二线的毛泽东，开始在暗箱里策划向刘、邓兴师问罪的文化大革命。

构建"伟光正"图腾柱

"解放"之初，毛泽东就为他所领导的中国共产党，打上了一个鲜红的"伟大、光荣、正确"的标志，即树了一个"伟光正"图腾柱，要中国人民去顶礼膜拜。自从他在审批"五一节"口号时添加了一个"毛主席万岁"的新口号后，"伟光正"的光环，也自然而然地戴在了他的头上。"三年人祸"后，他的权威遭到了党内右派刘少奇、邓小平的挑战，"伟光正"光环也黯然失色。但他不愧是个革命家，在"三年人祸"后人民刚刚能填饱肚子的 1962 年 8 月，他重返一线，便向全国发出了"**千万不要忘记阶级斗争**"的叫喊，并开始为打倒刘、邓为代表的右派势力的文化大革命做舆论准备。

舆论准备的重点是：重塑已黯然失色的"伟光正"图腾柱。

毛泽东是个"个人崇拜主义者"，他认为没有崇拜就不可能有领袖权威。因此，他反对苏共党魁赫鲁晓夫对斯大林个人崇拜的批判，主张"**有必要搞点个人崇拜**"。于是，1963 年 3 月 5 日，他在《人民日报》上发表了"**向雷锋同志学习**"的题词，号召全国人民学习雷锋。

毛泽东为什么要中国人民学习雷锋呢？笔者曾第六章"学雷锋"一节中做过介绍。这里须着重指出的是，毛泽东主要看上了雷锋在日记里写的那句话："**读毛主席的书，听毛主席的话，照毛主席的指示办事，做毛主席的好学生。**"显然，他号召学雷锋的动机，其表是叫人做好事，其里则是要全国人民读他的书，听他的话，照他的指示办事，做他的好学生，从而以达到重塑"伟光正"图腾柱的目的。

心领神会的林彪，立刻在全军掀起了学雷锋的热潮。接着，他又下令《解放军报》编纂《毛主席语录》，使全军四百多万指战员人手一册，从而成功地使学习雷锋运动演变为"活学活用毛主席著作"的新运动。

乘着部队"活学活用毛主席著作"新高潮的"东风"，在毛泽东、林彪、周恩来、江青、陈伯达、康生、张春桥等领袖和政要的共同策动下，《毛主席语录》成了东方"圣经"，几年间出版了五十多亿册，并向 150 多个国家输出了数千万册。与此同时：他们把反对大跃进和人民公社的彭德怀，打成"反革命修正主义分子"，最终困死于北京囚禁中；他们把在数千万饿殍的"三面红旗"面前说了句"**七分人祸、三分天灾**"真话的刘少奇，宣判为"叛徒、内奸、工贼"和"最大的走资本主义道路的当权派"，最终拖死于开封密室；而造成数千万饿殍的罪魁祸首毛泽东，则被他们包装成"句句是真理"、"一句等于一万句"的"伟大的马克思主义"者，毛的理论又被他们媚美为马列主义"顶峯"，是"世界几百年中国几千年"才出现的一个天才，并献谄于毛"伟大的导师、伟大的领袖、伟大的统帅、伟大的舵手"的无上称号，要全国人民顶礼膜拜他。

大规模造神的个人崇拜运动的成就，使毛泽东终于又看到了"伟光正"图腾柱上的闪闪红光。文化大革命几年间，在"伟光正"图腾柱的血光照射下，在他亲自发动和领导的"横扫"、破"四旧"、"批资"、夺权、全面内战、"群众专政"、"清队"、"一打三反"、清查"五一六"、批林批孔和批邓、反击右倾翻案风等系列批、斗、打、抄、杀的红色恐怖中，他取得了一个又一个胜利，使包括**刘少奇、林彪、彭德怀**在内的200多万"阶级敌人"亦即异己者、持不同政见者和无辜老百姓，都先后死于非命，一千多万人致伤、致残。

保卫信仰、图腾柱

然而，"九一三事件"后，特别是林立果的《五七一工程纪要》向全国公布后，沉睡中的中国人民，开始有所觉醒。

共产主义理想早已日薄西山。尽管毛泽东在1966年用"五七指示"去修补共产主义信仰，但用"亦工、亦农、亦文、亦武"的农耕思想亦即"不知有汉，无论魏晋"的陶渊明主义，去取代"**各尽所能，各取所需**"的共产主义理想，实在是中国人民难以吞咽的苦瓜。

通向共产主义"桥梁"的人民公社呢？它已威信扫地。尽管毛泽东对它动了大手术，全民所有制退回到集体所有制，"**一草一木归集体**"的社会主义，也大踏步地后撤，退到允许社员拥有三分自留地的资本主义。但毛式农业合作化的毒瘤没有摘除，土地仍然把持在雇主和各级官僚特权阶级手里，亿万饥饿农民，不得不继续在人民公社图腾柱的阴影下，辛勤耕作，不得不继续在"瓜菜代"的充饥中，艰难度日。当年河南农民谣曰："**红薯干，红薯馍，离了红薯不得活！**"城市呢？国民经济被毛整到了"崩溃的边缘"，亿万城镇居民，也不得不在低标准供应下，天天为吃饱饭而奔波。当年城市小学生顺口溜道："**小朋友，快点长，长大当个事务长**（注：机关、企事业单位食堂管理员）。**偷点米，偷点面，小两口吃得真舒坦！**"

人民公社的失败是理想主义的失败？还是无产阶级专政的失败？御用精英们既不敢说人民公社是历史的反动，也不敢触及无产阶级专政的奴役本质，却自作聪明地"证明"说，这是"好心办了坏事"。对此，毛泽东并不买帐。他认为，这是"**民主革命不彻底**"、阶级敌人破坏的结果，也是下面"**歪嘴和尚念错经**"的结果。例如，在总结饿死数千万人的"七千人大会"上，林彪说："**事实证明，这些困难，在某些方面，在某种程度上，恰恰是由于我们没有照着毛主席的指示、毛主席的警告、毛主席的思想去做。如果听毛主席的话，体会毛主席的精神，那么，弯路会少走得多，今天的困难会要小得多。……我深深感觉到，我们的工作搞得好一些的时候，是毛主席的思想能够顺利贯彻的时候，毛主席思想不受干扰的时候。如果毛主席的意见受不到尊重，或者受到很大的干扰的时候，事情就要出毛病。**"毛泽东带头给林的讲话鼓掌，并称赞其讲得"很好"。显然，人民公社的失败，并没有使毛泽东幡然悔悟，改弦更张；相反，在无产阶级专政的残酷镇压下，人们不得不在失去光彩的图腾柱前，勒紧裤带高呼"人民公社万岁"的口号，忍着饥饿年复一年地唱着那支"公社是个红太阳"的歌，直唱到毛死。由于中共拒绝清算毛的滔天大罪，直到二十一世纪的今天，那个以"三面红旗"命名的曾造成数千万人饿死的人民公社图腾柱，依旧耸立在南京长江大桥的两端。

之于"伟光正"图腾柱，已被《"五七一工程"纪要》推到了崩塌的边缘。林立果一针见血地写道："（毛泽东）**是一个行孔孟之道借马列主义之皮、执秦始皇之法的中国历史上最大的封建暴君！**"一句话，催醒了沉沉睡梦中的中国人：在理想与现实的碰撞中，他们抛弃了理想，选择了现实；在现实选择中，他们突现自我价值，唾弃了毛的个人迷信；在突现自我价值中，他们在"文化大革命就是好"的歌声中，很快消磨掉了革命的激情，开始为小家庭的温饱奔波。到此，毛泽东为中国人民设计、构建的信仰和崇拜，逐渐被人们自发的"金钱崇拜"所取代，或皈依其它宗教，寻觅精神归宿。

权力拜物教信徒毛泽东看到，个人权力的危机就在眼前。这个危机虽表现为个人崇拜和文化大革命的危机，但其实质是他个人权力的危机。在毛的哲学世界里，目的和手段是可以相互转换的。为了权力，在他的导演下，美丽的乌托邦的共产主义理想，变成了夺取和巩固权力的手段。因此，为了确保他绝对权威的不可动摇性，就要保卫他的文革路线和"**在无产阶级专政条件下继续革命**"的理论。在他看来，这条路线和理论，是他构建信仰和崇拜从而确保他绝对权威的思想基础。在"舆论一律"的强制下，这条路线和理论，在中国还有相当大的"传销"空间。正如有人说的那样，所有独裁者都善于用美丽的辞藻去掩盖他卑劣的目的；又如《君主论》所言：一个天才的君王，为了权力，总是能在芸芸众生里找到许多"**上当受骗的货色。**"

的确，芸芸众生上当了：在御用学者、专家、教授的包装下，毛泽东成了理想主义的化身。但他们无法遮盖住高级干部、将领和众多知识分子的耳目。

权力拜物教信徒毛泽东不愧是个天才的革命家。他发现，那些企图否定文化大革命从而对他的权力构成威胁的人，主要来自于党内，特别是来自于高级干部、将领和知识分子。于是，他再次动用无产阶级专政武器，进行批判和镇压。他在伪造的给江青的一封信里，重申了"在无产阶级专政条件下继续革命"的理论。他警告党内右派，警告那些异己的高级干部、将领和知识分子，"**过七八年又来一次**"文化大革命，"又来一次"横扫、夺权和内战，因为"**牛鬼蛇神自己跳出来。他们为自己的阶级本性所决定，非跳出来不可。**"他告诫中国老百姓，无产阶级专政条件下的继续革命，要一直革到共产主义社会。

"**非跳出来不可**"的"理论"是有据可查的。自毛泽东夺得政权以来，党内"**非跳出来不可**"的高级牛鬼蛇神计有：

第一个是1954年的**高岗**，时任中央政府副主席，罪名是攻击毛选定的接班人刘少奇，"阴谋篡夺党和国家的最高权力"；

第二个是1959年的**彭德怀**，时任副总理兼国防部部长，因攻击毛发动的导致数千万人饿死的"三面红旗"运动，被判组织"反党集团"和"里通外国"罪；

第三个是1966年的**刘少奇**，时任国家主席，因向全党说，饿死人是"三分天灾，七分人祸"，"三面红旗"正确不正确"很难说"，被判定为中国"最大的走资本主义道路的当权派"，是"叛徒、内奸、工贼"，是"睡在（毛）身边的赫鲁晓夫"，是"鞭（毛）尸"的主要嫌犯；

第四个是1971年的**林彪**，时任副统帅，罪名是"发动突然袭击"，攻击毛的得意门生毛、江集团的高参张春桥，企图"抢班夺权"，接着"叛党"、"叛国"而去。

高、彭、刘、林四人已先后被毛"**打翻在地，再踏上一只脚**"，也都先后死于非命。其中，刘少奇、林彪两人都是毛亲自挑选的接班人。

那么，企图否定文化大革命亦即第五个"**非跳出来不可**"的高级牛鬼蛇神是谁呢？毛泽东锁定总理**周恩来**。

二、毛、周角力

1. 周反极左

林彪摔死后，周恩来自然而然地当上了党国第二把手，离取毛而代之，只有一步之遥。他深知，这是机遇，更是生死挑战，因毛从来就不愿把权力交与他，而且还有驱逐甚至剪除之意。但为了匡正毛的错误，拯救他心目中的党，他死死抓住权力不放。他曾对亲信们说："**第一，人家要打倒你，不论怎么打，你自己不要倒；第二，人家要赶你，不管他怎样赶，你自己不要走；第三，人家要整你，不管他怎样整，你自己不要死。**"这就是当年被时人称道的"不要倒、不要走、不要死"的"**三不要主义**"。于是，他升级太极软功，以绵里藏针、柔弱克刚之势，更以左其表、右其里之策，与毛周旋，小心翼翼地去修正毛的文革路线，扭转文革给中共和国家带来的困难，力图争取以中、高级干部和将领为代表的党内右派集团的同情、理解和支持，使己立于不败之地，伺机取而代之。这表明，"九一三事件"后，周恩来开始走匡正毛弊拯救中共的务实路线。

对周恩来来说，在"九一三事件"后的几年，是他威望节节攀升的几年，但又是他遭毛泽东连连重创后致死的几年。

当接到林彪摔死的正式报告后，毛泽东高兴地说："**这是最好的结局！**"张春桥等人以胜利者姿态喊道："拿茅台来！"叶剑英闻声不屑地说："一个副统帅死了，难道还要庆贺吗？"在周恩来那里，当他对政治局委员们说了句"**这是不幸中的万幸**"后，当着部分官员，面壁片刻，突然失控，两肩颤抖，**嚎啕大哭**起来。对于这种哭声，虽有不同的解读，但与毛、张辈等人的幸灾乐祸，大相径庭。周的兔死狐悲的哭声传出后，赢得了党内右派特别是中、高级官员的理解和同情。当毛听到周的嚎啕后，有什么想法？人们不得而知。可以肯定是，毛、张们的"幸灾乐祸"，不可能赢得党内右派的理解和同情。

面对党内外压力，以出席陈毅追悼会为契机，毛泽东开始了逐步解放、平反老干部的部署。周接过毛部署，利用职权，力排以江青为代表的毛左派集团的干扰，果断地**解放了大批干部和将领**，并根据不同情况，安排了适当工作。例如，他并非军委负责人，但他有意识地利用主持中央工作的机会，同军委负责人叶剑英元帅一起，一举"解放"了157个将军，并同他们一一谈话，解决他们的问题，给他们安排了比较满意的工作岗位。其后，在贺龙元帅平反后的追悼会上，周拖着病体，被人搀扶着，连连喊着贺的遗孀名字："**薛明，薛明，我没有保护好贺龙，我对不起你啊！**"声音凄凉。尽管有人认为，他有虚伪和作秀的成分，但总比毛、江、张、姚等党内左派冷若冰霜脸，要人性得多。无形中，周又得到党内右派高干们的谅解、同情和支持，尽管他在文革头几年，说了许多使党内右派干部伤心的话，做了许多令党内右派干部怀恨的事。而此时，毛对周借他的名义做收买人心的过头之事，又警觉起来。

在清查"五一六"中，周恩来将许多造反派打成了"五一六"分子，并加以惩处。对此，与造反派势不两立的党内右派特别是中、高级干部和将领，乐见其成；但支持造反派的毛左集团的江、张等人，却耿耿于怀，声称要反击"右倾回潮"。显然，在清查"五一六"问题上，周虽获得了党内右派集团的大力支持，却得罪了江、张等极左派大员。极左头目毛泽东会袖手旁观吗？

最使中共引为自豪的是，**外交上的重大成就**：1971年10月25日，第二十六届联合国大会以压倒多数通过决议，使中华人民共和国取代台湾的中华民国，并继承了其在联合国安理会中具有否决权的常任理事国席位；1972年2月21日，美国总统尼克松"登门求见"，来访中国，并在上海发表了两国关系正常化的联合公报，缓和了两国长达20多年的对抗；同年9月25日，日本国总理大臣田中角荣应邀访问中国，29日，中日两国政府联合声明在北京签字，实现了中日邦交正常化。但一系列的外交成就，没有使主人毛泽东威名大振，却使助手周恩来在国内外英名远扬。有些西方媒体说"**中国外交最杰出的领袖就是周恩来**"，"**中美关系的教父是周恩来**"，等等，周这种功高盖主之势，使毛看在眼里，忌在心中。

1972年8、9月间，周恩来曾发表过两次批判极左思潮的讲话。10月14日，《人民日报》根据周的讲话精神，组织发表了《无政府主义是假马克思主义骗子的反革命工具》等3篇文章，批判极左思潮和无政府主义，指出林彪是煽动极左思潮的罪魁祸首。周批极左思潮的目的是想结束文革，并以大搞经济建设来拯救中国共产党。在"九一三事件"前，周的这个想法曾与林彪不谋而合。但他是处事谨慎的人，不会轻易干毛不高兴的事；而同时，他又是个善于利用毛的言行大做过头文章的人，借以实现他的"拯救"目的。林彪摔死后，毛泽东曾经将林彪定为极左派。1972年6月8日，毛泽东在会见外国客人的时候说："**我们的'左'派是什么一些人呢？就是火烧英国代办处的那些人，今天要打倒总理，明天要打倒陈毅，后天要打倒叶剑英。这些所谓'左'派其实就是反革命，总后台叫林彪。**"《人民日报》14日的三篇批左文章，就是在这种背景下产生出来的。周恩来批判极左思潮和无政府主义的文章之剑，直指毛泽东的文革底线，博得了党内右派的喝彩，却引起了毛、江左派集团的不满。因为，批判极左思潮，势必导致否定文化大革命。

至此，毛、周角力已明朗化起来。在毛看来，周是一个早晚要"跳出来"否定文化大革命的党内右派领袖。

行文到此，须要说一说方位词左、右变成形容词后的政治定义。在毛泽东的词典里，左派是真正的革命派，真正的马列毛主义者，而加了引号的"左"派，在他看来，是打着革命和马列毛主义旗号的假左派、真右派、真反革命，即所谓"形左实右"者。这样，在毛的词典里，左、右被打上政治标签，并使其政治化。于是，左被封为革命者，右被挞为反革命，如右派分子，这就是许多中国人有"**宁左勿右**"心态的原因之一。但毛并不像有些中国人那样愚蠢，他经常根据需要修改定义。例如，在一次会议上，他用"粗话"来定义左、右。他说："**什么叫左倾？什么叫右倾？好像妇女生娃娃，七个月就压出来，就是左了。过了九个月不准出来，就是右了。**"这样，毛泽东又使左、右分不清谁革命谁反革命了。其实，左、右原本无革命与反革命之分，那是毛泽东根据马列主义强加上去的。在中国，由于左、右被毛完全政治化，人们自然而然地会对各种不同立场的人物赋以左、右定位。在文革中，对左、右政治定位，可从不同层面上去区分：第一层次是自由主义与马列毛主义，一般认为，前者为右，后者为左；第二层次是中共党内思潮，一般认为，保守为右，激进为左；第三层次是左派内部，可有中左和极左之分。"九一三事件"后，周弃极左而趋中左。笔者认为，这里所谓的极左分子，亦称**极左毛分子**，都是权力拜物教的极权主义者，他们崇拜、追逐和使用权力，几乎达到疯狂地步：**为了权力，不择手段**。极左毛鼓吹国家主义、集体主义和"枪杆子主义"，传布"血统论"、"官本论"、"大汉民族论"和"一元化领导论",否定自由、民主和人权的普世价值,颠覆真、善、美的华夏文明,推崇个人崇拜,宣扬对领袖的忠诚和服从,力主少数人的"集体"专政和个人独裁,用暴力镇压异议人士和持不同政见者,实行红色恐怖统治——这些都是极左毛的鲜明特征,与法西斯主义没有本质区别。因此,极左毛亦即极权主义者,成了**谎言、野蛮、邪恶**的代称。

2. 毛批右

同任何一个独裁者一样,毛泽东追逐、捍卫权力的疯狂性,与他的"大救星"、"全世界人民导师和领袖"的情结密不可分——这是权力拜物教权力情结之使然。"解放"前的毛泽东,他追逐权力的疯狂性建立在审时度势的务实和权谋基础之上,因而使他取得了胜利,达到了夺取权力和改朝换代的目的;"解放"后的毛泽东,地位大变,成了独裁者,在马列主义"解放全人类"的美丽词藻包装下,妄自尊大的权力情结恶性发展起来,异想天开的狂想"理论",也被他制造了出来,诸如什么十五年过渡到共产主义、"一化三改造"、大跃进、人民公社和文化大革命,等等。对此,御用学者们把毛的动物性的权力情结,谄之为革命家的"**理想主义**",更有专家把毛的狂想,媚之为诗人的"**浪漫情怀**",等等。但在"理想主义"和"浪漫情怀"下,毛泽东酿造了一系列大规模的人权灾难,先后造成五千多万人死亡,伤残无法统计。这些灾难包括:枪杀 150~300 万人的"镇反"运动,打死、枪杀 100~150 万人的"土改"运动,逼死、打死数十万人的"一化三改造"运动,饿死 3,000~4,500 万人的大跃进和人民公社运动,以及导致 200~300 万人毙命的文化大革命运动,等等。毛泽东权力情结引发的狂想所酿成的灾难,不啻是对那些谄媚学者、专家们一记响亮的耳光。"九一三事件"后,毛泽东并没有从失败中吸取教训,权力情结使他的狂想进一步发展,他要"**过七八年又(再)来一次**"文化大革命,一直革到共产主义。因此,正如"序幕"中所说,对毛泽东的一生,只能用八个字加以概括:**权谋盖世,罪恶滔天!**

"解放"后,紧跟毛泽东狂想"理论"疯狂了 20 余年的周恩来,"九一三事件"后,有所觉悟,他要"放下屠刀,立地成佛"了。于是,他用务实的现实主义与毛泽东的狂想相周旋,力图匡正毛的错误,拯救他心目中的党;但毛不许他"立地成佛"。毛、周的关系史,原本就是一部即联合又争斗的历史,"九一三事件"后,毛、周又在狂想与务实间展开角力。

在周恩来威望节节攀升、功高盖主的形势下,特别伴做交权的试探后,毛泽东已得出了结论:埋葬文革者周恩来也!如果他死在周的前面,潜在的鞭尸者亦周恩来也!因此,年长周恩来五岁的他,必须活过周,堵死周自然接班之路。

(1) 批周反极左

由周恩来授意在《人民日报》上发表的一组反左文章，引起了毛、江左派集团的不满。江青、张春桥、姚文元等人，一口咬定这几篇文章是"大毒草"，提出"**当前要警惕的是右倾思潮的抬头**"，更借机点出背后有人"**就是要在全国转移斗争大方向**"。江青的枕头风，吹进毛泽东的耳里。

毛发现周又借他的话大做过头文章，备感到事态严重，决定反制。1972年12月17日，他召见周恩来和张春桥、姚文元等人"谈话"，在开门见山地诏示"**极左思潮少批一点吧**"之后，他断言：林彪路线的实质"**是极右、修正主义，分裂、阴谋诡计，叛党叛国。**"

接过"圣旨"的周恩来、江青、张春桥、姚文元等人，于12月19日，一起召集《人民日报》报社的领导成员谈话，传达毛泽东关于批林彪"极右"实质的谈话精神。在传达会上，江、张、姚等人，对周叫人写的那几篇批左文章，大加挞伐。在咄咄逼人的攻势面前，周节节败退。尽管他也为自己作了辩解说："**极左思潮要批透，我是讲外交，还有一些工作上的问题，不是讲林彪整个的路线。**"但他不得不承认，他八月间在外交系统的讲话"有可能有不恰当的地方"。周毕竟不是动辄便熊人的江青，他是个善于争取别人同情、理解和支持的人，于是主动承担责任说："**说林彪是左，在原则上是错误的。这是中央务虚不够，不能完全责备报社工作同志。**"

1973年1月1日，凭借《人民日报》、《红旗》杂志、《解放军报》权威，张春桥、姚文元挥笔发表了《新年献词》。《献词》强调指出林彪的路线"**是一条反革命的修正主义路线**"，要求全党全国在批林整风中，重点批判林彪反动路线的"**极右实质**"，"**要把批林整风这个头等大事继续抓紧抓好。**"从而中止了周恩来对极左思潮和无政府主义的批判。

毛、周第一回合的角力，以周恩来承认错误而告终。但周虽败犹荣，他已赢得了许多党内右派的同情、理解和支持。

(2) 批周投降美国

1972年5月，在一次尿常规检查时发现，周恩来罹患"膀胱移行上皮细胞癌"。这个消息对非常担心自己活不过周恩来、非常担心他死后周能自然接班的毛泽东来说，未始不是一个好消息。他决定用权力干预医疗。据高文谦在《晚年的周恩来》一书中记载："自一九七二年五月周恩来被查出患有膀胱癌后，毛泽东便一直通过汪东兴在幕后遥控指挥，从一开始就对周恩来的治病原则定下了调子，**下令要'保密'和'不开刀'**。医疗组对此很不理解，提出周的病变尚在早期，如及时进行手术，治愈率很高，而一旦错过了治疗时机，后果是严重的。然而，奉旨行事的汪东兴却以'这是主席指示'压人，称：主席是考虑全局的,这样决定是保总理的,并要医疗组'要听主席的,要跟主席的思路'。"到九个月后的 1973 年 2 月,周大量尿血。高文谦继续写道,"即便如此",周"仍无法住院动手术。**毛泽东决定周住院治病要服从大局,至少要等接待完即将来访的几起外国首脑后再说。**为了执行中央暂不考虑手术的决定,周只好靠输血坚持工作……"周恩来膀胱癌的最佳手术机会,就这样匆匆而过。

对此,文革专家辛子陵写道:"**既不能公开打倒周恩来,就不便像对待彭德怀那样发动造反派摧毁他的身体。于是,不断地在精神上给他增加压力,折磨他,消耗他,加重他的病情,让他先走一步,就成了毛泽东的又一个'战略部署'。**"

为了对付周氏紧握权力的"三不要主义",正如辛文所说,在干预周恩来治疗的同时,毛泽东加大了对周的精神压力。1973 年 11 月 18 日,中共中央政治局召开会议,批判周恩来在外交路线上的"右倾投降主义"问题,同时批判叶剑英在同美国军方人员会谈时的"右倾软弱"立场。为了羞辱病中的周恩来,毛泽东决定要周主持批判他自己的政治局会议。善行太极软功的周恩来,立马采取主动,一面在会前向毛作出检讨,一面又在会议上介绍这次中美会谈情况,试图化解批判会议的批判势头。然而,做为毛的前台代表江青,不依不挠,激烈批判周恩来。她指责周左倾,"**是霍查**"(1),"**主张两个拳头打人**",没有认真执行"**联美整苏**"的方针,又批周"**瞒着主席**"同美国人密约,要周交待在同美国人的会谈中,究竟"**干了什么见不得人的事**",等等。久经沙场的周,当然知道这是毛事先定下的调子。因此,面对江青咄咄逼人的批判,抑情敛容,沉默不语。见周有抵触情绪,有"圣旨"在胸的江青,便大发起雌威来。在狠批周恩来中,她把"**丧权辱国**"、"**蒙骗主席**"几顶大帽子戴在周的头上,并用人格污辱的语言骂周"**给美国人下跪**",硬逼周承认犯了"右倾投降主义"错误,等等。沉默不语的周恩来,终于被激怒了。他猛拍桌子,对着江青吼道:"**我周恩来一辈子犯过很多错误,但是右倾投降主义的帽子扣不到我的头上!**"

一贯以"顺守"太极功的周恩来,为什么感情突然爆发,敢向第一夫人拍桌子呢?对此人们虽有不同的解读,但江青欺人太甚,恐怕是主因。换位相对:如果我是周恩来,很可能抓起口杯,砸向江青!

那么,江青为什么敢于辱骂周恩来?话得从毛不断批周说起。

林彪摔死后,毛泽东从那阵兔死狐悲的嚎啕恸哭中,已洞察到周恩来心底的秘密:胸怀二心。据他观察,一年多来,在批林、批左、解放干部和清查"五一六"等一系列工作上,周都在利用他的话做过头文章,私下诋诟他的前台代表江、张、姚等,以寻求党内右派更多的同情、理解和支持。最使他无法容忍的是,外交上的重大决策都是由他亲自做出的,但成果却都被记在周恩来的名下,中国的外交,也竟被中外人士称赞为"**周恩来外交**"!显然,这种图谋扩大势力范围的努力,不仅暴露了周反文革之异志,也再次暴露了周必取他而代之或等他死后取而代之的野心。于是，他决定双管齐下，在干预周医疗的同时，从周主管的外交部入手，整肃周恩来，以堵死周的野心。

常言道："磨道上找蹄印"，哪有找不到之理？周恩来的"辫子"很快被抓到了。

对于周恩来直接掌管下的外交部来说，1973年是个多事之秋。那一年，外交部不断出"错"，不断受到毛泽东严厉批评；在毛的批评下，周恩来不断做口头或书面检讨。例如，2月15日至19日，美国总统国家安全事务助理基辛格访华与周谈判时，要求中国保证不以武力收复台湾。周恩来答复说：台湾问题是中国的内政；解决台湾问题有和平与非和平两种可能性，我们愿意和平解决，但不能对任何人做出不用非和平方式的保证。对于这种既有原则性又有灵活性的外交辞令，毛泽东听了汇报后，极为不满。他说："**讲台湾问题有两种可能性是错误的，要打。在陕北时连那个土围子，不打他就不投降。**"又如，外交部曾计划邀请巴基斯坦人民党主席布托访问中国，被毛批犯了"**检芝麻，丢西瓜**"的错误；但后来的历史证明，布当选为巴国总理，外交部的计划没错。再如，周恩来为了实现毛泽东制定的"**联美整苏**"的对美外交政策，打算应美方的邀请访美，毛泽东一句耐人寻味的批评，打消了周回访美国的计划。毛说："**台湾那个青天白日旗不落，我们怎么谈？我们不搞一边倒，也不能挟外以自重。**"等等。

据说，这些都是"小"事；但对这些"小"事，毛泽东却大加鞭挞。他说："**外交部是'独立王国'，水泼不进，针插不进。要掺沙子，换班子。**"他还批评外交部说："**你们送的报告我是基本不看的，因为是不胜其看，随便一个什么屁司也能代表党中央说话吗？**"显然，此时周恩来直接领导的外交部，同一年多以前林彪直接领导的军委办事组一样，面临被整肃的命运。外交部人心惶惶。不久，外交部的"大"事也被毛抓住。

1973年6月，外交部就美苏达成防止核战争协议一事，在内部刊物《新情况》发了一篇评论文章，认为"**美苏主宰世界的气氛更浓**"。毛泽东阅后，大骂这篇文章是"**放屁一通**"。7月4日，怒气未消的毛泽东，又借故严厉批评了周恩来主管的外交部："**结论是四句话：大事不讨论；小事天天送。此调不改动，势必搞修正。**"

一篇文章何以使毛泽东大动肝火呢？对此，许多学者、专家认为：毛心目中的接班人是江青和张春桥；为了防止周自然接班，毛有意在寻衅找茬。笔者认为，根据毛的德性，说他"寻衅找茬"没有错，因为这是他置敌于死地的惯用手段。但毛这次"找茬"是歪打正着，实实在在找到了他与周的根本分歧上——**毛的狂想与周的务实之间发生了尖锐冲突。**

人们不会忘记，**毛泽东要当全世界人民导师和领袖的狂想由来已久**。历史纪录了他狂想的骸影轨迹：

1963年9月至1964年7月间，中共《人民日报》和《红旗》杂志先后发表了9篇编辑部文章，综称《九评苏共中央的公开信》，对苏共中央否定斯大林、和平过渡、"全民国家"、"全民党"、"议会道路"等共产主义运动的重大问题，进行了激烈批判。《九评》昭示：苏共已经变修（正主义），世界共产主义运动中心，已从莫斯科转移到北京；与此相称，毛泽东已取代苏共第一书记赫鲁晓夫，成为斯大林的"合法"继承人，因而，登上了全世界人民导师和领袖的宝座。

"三年人祸"后，中共党内务实主义者纷纷起来对抗毛的狂想"理论"：在人民公社的管理上，他们提出**三自一包**即自留地、自由市场、自负盈亏和包产到户的新政；在国际关系的处理上，他们提出"三和一少"即对帝国主义、修正主义、反动派要和，对世界革命运动的援助要少的新思惟。以刘、周、邓为代表的务实主义新政、新思惟，受到了毛的批判。1964年2月9日和29日，毛泽东在先后两次会见外国党领导人的谈话中，尖锐批评了中共党内有人"**不讲阶级斗争、不要社会主义**"，说"**三自一包**"是他们的国内纲领，"**三和一少**"是他们的国际纲领。他下令外交部和中联部，对外要"**三斗一多**"即对帝、修、反要斗，要多援助民族解放运动。据报导，毛在位的六、七十年代，每年外援经费支出占国家财政支出的比重，保持在5~7%之间。其中，仅援越就达200亿美元。又据对外联络部部长耿飚透露：1964~1970年代末，我们给了阿尔巴尼亚90亿元人民币。笔者计算，当年阿国有200万人口，等于我国给他们每人平均发了4,500元的红包；而这每人每年643元的红包，是我国当时人均年收入150元的4.3倍。为了肩负起世界人民导师和领袖的重任，毛泽东要中国老百姓为他所谓的世界革命，勒紧裤带，做出贡献。

1961年4月，日本科学家坂田昌一发表了一篇《新基本粒子观对话》的论文，极大地支持了毛泽东"**一分为二**"和"**物质无限可分**"的哲学思想。据传，美国一名科学家，由于赞扬毛的"物质无限可分"思想，主张把新发现的粒子命名为"毛子"。本来对自然科学陌生又缺乏热情的毛泽东，因坂田昌一文章和"毛子"的启迪，突发异想，在亿万农民还在"瓜菜代"贫困中挣扎的时候，决定拨重金在北京召开国际科学讨论会，使他的"**一分为二**"和"**物质无限可分**"的哲学思想响誉世界，从而充分享受世界级大思想家的殊荣。1964年8月21日至31日，亚洲、非洲、拉丁美洲、大洋洲的44个国家和地区的367名科学家，云集中国首都，参加北京科学讨论会。尽管会议的主持者没有达到预期的目的，但在中国科学家们的推动下，这个"放之四海而皆准"的毛泽东思想，还是引起了各国科学家们的注目，在一定程度上满足了毛泽东是绝无仅有大思想家和全世界人民导师的**狂想**。

1967年11月，《人民日报》、《红旗》杂志、《解放军报》秉承毛泽东的旨意，在一篇编辑部社论中写道："**现在，世界已进入了以毛泽东思想为伟大旗帜的革命新时代。18世纪末，革命中心在法国，19世纪中叶转到了德国，无产阶级走上了政治舞台，产生了马克思主义。20世纪初叶，革命中心转到了俄国，产生了列宁主义。随着，世界革命的中心又转移到了中国，产生了毛泽东思想。经过伟大的无产阶级文化大革命，中国这个**

世界革命的中心，变得更加巩固，更加强大了。"为了使中国这个世界革命中心发扬光大，被誉为"东方圣经"的《毛主席语录》，几年间，印数高达五十余忆册，其中向全世界150多个国家出口数千万册；几年间，制作的毛泽东像章种类约4万余种、总数达22亿枚以上，向国际友人赠送不计其数。许多国际"友人"，高呼着"毛主席万岁"的口号，纷纷来北京取"经"，讨要革命经费。对此，中国政府根据毛的"**三斗一多**"方针，慷慨解囊支援，据说，几年间，援助金额高达数百亿美元。有报导称：一个拉丁美洲共产党人，在北京一次领取了50万美元革命经费，回国后，便从地球上蒸发，消失得无踪无影。

矜而自恃的毛泽东，俨然以导师和领袖的身份，左右开弓，前后打人：他不仅要打倒"苏联社会帝国主义"，打倒以印度为首各国反动派，更要打倒美帝国主义。于是，他于1968年4月16日，发表了"**支持美国黑人抗暴斗争的声明**"，号召美国人民起来"**推翻美国垄断资产阶级的反动统治**"；两年后的1970年5月20日，他又发表了著名的《**五二〇声明**》，号召"**全世界人民团结起来，打败美国侵略者及其一切走狗**"。《声明》中，毛以导师的口吻断言："**无数事实证明，得道多助，失道寡助。弱国能够打败强国、小国能够打败大国。**" 1974年2月22日，毛又提出"三个世界划分"理论，使他"名正言顺"地当上了第三世界领袖，当上了全世界人民的导师。

1969年，中苏热核大战危机在美国干涉下，转危为安，但乌云并没有完全散去。中苏热核冲突的教训使毛泽东有所省悟，特别是当他获知美国在制止苏联对中国进行核打击的决定性作用后，开始意识到他左打苏修、右打美帝政策的不明智：他要利用美苏矛盾"**联美整苏**"，用一个拳头狠打"苏联社会帝国主义"。于是，在反美的《**五二〇声明**》发表后不到一年，即1971年4月，他来了个180度大转弯，对美国展开笑脸外交，以主动邀请美国乒乓球队访华为机巧，向美伸出了橄榄枝。基于国家利益，美国尼克松政府，接过橄榄枝，便报之以桃李：1972年2月21日，美国总统尼克松登陆中国，开始了中、美修好因而惊诧世界的"破冰之旅"！

毛泽东决定"联美整苏"的新政时，并没有忘记他是全世界人民的导师和领袖的身份。在他的新政中，"整苏"是实，"联美"是虚。在他看来，美国和苏联这两个超级大国，都是纸老虎，不过是他手中的一张牌而已，他完全可以把他们玩弄于股掌之中。因此，他的"联美"的"联"字，只能是"利用"一词的同义语。换句话说，他想利用美国对苏联的敌视情绪，使美为我所用，以达到整治苏联的目的。他的这种想法，在接待尼克松的设计中，得到了"完美"的体现。他用他的副手周恩来与美国总统对谈，他只在书房里象征性地接见一下尼克松。对于西方政客来说，接受这种接待设计并不困难，因为他们是现实主义者，注重的是结果，而非接待形式；但这种接待形式对中共来说，却是个原则问题。中共是阿Q主义者，满足精神上的胜利是至关重要的。尼克松"登门求见"，中国二把手与美国一把手不对等级别的谈判，以及毛泽东在书房里接见来"朝圣"的美国总统，等等设计，不仅捍卫了毛泽东是全世界人民的导师和领袖的地位，也极大地满足了许多中国人"天朝"无上的狂想，**正可谓不战而屈美之兵**！

但周恩来是个现实主义者。他认为，无论在政治上、经济上和军事上，中国都没有实力与美苏两个超级大国相抗衡，因而只能推行和平与发展战略（后被邓小平发展成"**韬光养晦、决不当头**"的战略），暂时无力主宰世界。外交部在周的务实主义思想影响下，便出现了"**美苏主宰世界的气氛更浓**"结论的文章。显然，这篇文章否定了毛做出的北京是世界革命中心的定位，也嘲弄了毛是全世界人民的导师和领袖的狂想。因此，毛泽东读后大发雷霆，大骂文章是"**放屁一通**"。

为了抵消周的外交形象，毛泽东刻意扮演了主管外交的脚色。原美国国务卿基辛格在回忆录中写道："1973年11月12日，星期一，我们开始明白在这次访问中为中国外交政策规定官方路线的并不是周恩来。新奇的是，毛泽东用明确的语言代替了他通常使用的、富有特点的隐——虽然他的谈话和我前两次同他会见时一样是简短的、苏格拉底式的。这一次，他不想让周恩来为他转弯抹角的话补充实质性内容；他要代替周恩来担任明确阐明政策的角色。他并不满足于指明总的方向；**他打算把路线图也画出来。**"显然，毛直接向基辛格表明，"中美关系的教父"是**毛泽东**，而不是**周恩来。**

也许是实务主义"作崇"或"三不要主义"的顽固性，周氏并没有吸取教训，又一个"大"事很快又被毛抓获。1973年11月13日晚，当来访的美国国务卿基辛格提出军事合作的临时动议后，病人周恩来连夜与基辛格就中美双方军事合作的问题举行了一次会谈，商定今后双方各派一人继续约谈。这种并无结论性的约谈是无可厚非的外交辞令，却触怒了毛泽东。毛怎么能不生气呢？六年前，他通过两报一刊的社论，已经对他的思想和中国的作用，做出了马克思主义的定位："**现在，世界已进入了以毛泽东思想为伟大旗帜的革命新时代。**""**经过伟大的无产阶级文化大革命，中国这个世界革命的中心，变得更加巩固，更加强大了。**"被誉为"东方圣经"的《毛主席语录》，已发行到全世界150多个国家就是证明。但这个重大原则，却被周大管家忘得一干二净！做为全世界革命中心，做为全世界人民导师和领袖，竟要美帝国主义来保护，"**岂非咄咄怪事？**"（毛语）11月17日，他亲自出马，在召集周恩来以及外交部有关人员的谈话中，严厉批评说："**有人要借我们一把伞，我们就是不要这把伞，这是一把核保护伞。**"抨击周的"约谈"是投降主义。他还对着王海容、唐闻生两小姐和年轻漂亮的英文教师章含之的脸，放出狠话："**当着你们的面讲，政治局开会，你们可以来，在后面摆一排椅子，谁要搞修正主义，那就要批呢！你们要有勇气，无非是取消你们的职务。**"11月18日的中共中央政治局批周会议，便应声召开，江青也应声对周大发雌威，周恩来也对江青拍了桌子。

当听了周恩来对江青拍桌子的汇报后，毛泽东勃然大怒。他下令批周的政治局会议改为政治局扩大会议，主持人由周本人改换为接班人王洪文。做为党的主席，他照"例"不参加会议。他还亲自拟定了列席人员名单，除刚刚复出的中央委员邓小平外，还有中共党史上三个著名的女人。那三个连中央委员都不是的年轻貌美的女人，却成了会议的主角。其中，唐闻生小姐，竟能代表毛泽东在会上做了八个小时的会议主题报告。据说，唐小姐与毛有较亲的社会关系。其次是王海容小姐，她在会上指手划脚，代表毛对周横加指责，俨然一副党的高级领导人的面孔，因为她是毛的表外孙女。之于那位漂亮的英语教师章含之，虽没有唐、王两位小姐的亲缘关系，但据说她同"秘书"张玉凤，北大、清华两校党委副书记谢静宜一样，与毛有谁也说不清道不明的亲密关系，因此，她也成了会议的主角，也拥有代表毛对周大加挞伐的权力。11月25日到12月5日，政治局扩大会议迅速升级，按"圣谕"对病人周恩来进行了无情打击和残酷斗争。

对此，周恩来的侄女周秉德，在《我的伯父周恩来》一文中写道：

没过两天，游泳池（毛泽东住处）传来话，政治局会议多加几把椅子，外事口多出几个人（请注意这里），一块儿讨论讨论。但是这次会议已经发生了带根本性的变化：过去凡是研究外事口事的政治局会议都是伯伯主持，这次明确指定王洪文主持会议。很明显，伯伯已经被置于了受审席上。

会议在人民大会堂东大厅召开。轮流在外等候的张树迎（周恩来的保健医生）和高振普（周恩来的卫士）明显感到了问题的严重性：原来开政治局会，都是总理第一个到会议厅，看看会场的布置情况，最后一个离开会场，与会场的服务员聊会儿家常。这次则不同，是会场都坐好了，才让总理进去；会议结束，第一个让总理出来，可会议还继续进行，是已经下一次怎么继续批判。

有一次会议开得很长，伯伯该吃治疗心脏病的药了，张树迎管不了什么规定了，他拿着药推门走进会场，会场里的紧张气氛一下把他的心揪紧了：真难以置信和忍受，总理单独坐在大厅的一个角上，前面搁个茶几，一个人孤零零地坐在一张单人沙发中。其他人围成一个圈，完全是一个批斗的架势。虽只听了只言半句发言，张树迎便血向上涌，心脏砰砰乱跳，他几乎不相信自己的耳朵，却又不能不相信自己的眼睛：似乎众口一致，声色俱厉，都在批总理和叶剑英丧权辱国、投降主义，迫不亟待抢班夺权！江青、姚文元还提出这是第十一次路线斗争。

但这次会议在中共党史上是一个谜，因为在"四人帮"被粉碎之后，这次以批周为主题的会议的记录，根据周恩来遗孀邓颖超的要求，全部销毁了。由于有知情人的回忆，人们才能看到政治局扩大会议里的一些凤毛麟角。

批周会议的开法很不寻常。首先由列席会议的唐闻生小姐作了八个钟头的报告。报告详述了毛泽东一年多以来对外交部和周恩来的批评，指责外交部是周恩来的独立王国，**"针插不进，水泼不进"**，说毛主席说："**周恩来对苏联怕得不得了，如果他们打进来了，他要当苏联人的儿皇帝。**"她还批判周恩来没有执行"伟大领袖""山雨欲来风满楼"和

"无可奈何花落去"的外交方针。她的批判使与会人员陷入五里云雾中。

许多中国人都知道，"山雨欲来风满楼"是唐朝许浑《咸阳城东楼》的诗句，"无可奈何花落去"是宋代晏殊《浣溪沙》的词章，但许多中国人未必知道，唐闻生小姐是如何把这两句诗词化做毛泽东的外交方针进行传达的，人们在唐小姐的著书立说的文字中，也难以找到这两句诗词的踪影。当然，人们可以推出毛的狂妄想法："山雨欲来风满楼"指的是世界革命风暴即将来临，"无可奈何花落去"说的是美苏两个超级大国内外交困，已无力支配世界了；在这种形势下，中国要肩负起领导世界革命的重任，外交工作要紧跟这种形势。但这仅仅是推断；况且"诗无达诂"，词无定解，人们从不同角度和感受出发，会对诗词有不同的领悟，其释义也不会完全相同。谁能知道"伟大领袖"内心的准确想法呢？谁能预测到信奉"理无常是"哲学的"伟大领袖"，还会对诗词做出什么出人意料的全新解释呢？这可难坏了周恩来，连四十多年后的笔者，也无法猜测。

周恩来不愧为久经沙场的政治家，面对欲置其于死地的欲加之罪，仍以紧握权力不放的"三不要主义"与毛周旋。他可能不会认真思考那两句诗词所规定的外交方针具体是什么，但他会以不变应万变：**你说错，就算错，不错也认错。** 据说：会中他曾请求与毛见一次面，当面认罪，被毛拒绝；江青责令他自己动手写检查，不准由秘书代笔，他执笔照办；由于年老、眼花、手发抖，有时记不清别人批他的发言内容，他曾请求他曾关照过的王、闻、章诸部下帮助，遭到她们严辞训斥，指责他企图摸毛主席的底……一个政府总理竟被整得如此狼狈，令人难以接受；但他却能逆来顺受，唯唯认错，决不反抗，与怒拍桌子判若两人，竟使毛抓不到打倒他的把柄。

经过十天的批斗，病情不断恶化的周恩来，已深感力不从心了。他决定交出部分权力，以为缓兵，力争有效治疗以恢复体力。12月4日，他在政治局扩大会上作了一个上纲很高的检讨报告，末尾表示自己只能做助手，放弃主持政治局工作的权力，提议由别人来主持。

十天的批斗传出后，周恩来却受到党内高层的广泛同情，毛、江左派反而受到无声的谴责。面对同情、谴责的地下冷风，一心想整倒周恩来又苦于找不到把柄的毛泽东，正当无计可施时，周的检讨报告，给了他一个停止批周的台阶。据报导，毛泽东在决定停止批周的同时，下令在外交部和军委传达批周会议的情况，使大家明白，要"**跟线不跟人**"，亦即要紧跟他的革命路线，不要听周的。聪明一世、自以为又胜一筹的毛泽东，殊不知这是他继批周反极左后，又是一次名胜而实败的角力：周虽名败，却赢得了更多的党心。自做聪明的毛泽东，灵机一动，把批周的责任推给了王海容、唐闻生两位小姐。12月9日，毛泽东在会见尼伯尔国王比兰德拉时，谈笑风生地对周恩来说："**总理呀，你挨整啦，听说她们整得你不亦乐乎。**"又指着王、唐两位小姐说："**她们整我，整总理，在我头上拉屎拉尿。将来就是要说她们整总理。**"会见以后，两位小姐发牢骚说："他**做脸，叫我们**

当屁股。"而与会者章含之呢?没见有牢骚,却见有忏悔。她后来承认,在周恩来最无助之时,曾"**为了自身的生存与'前程'……说了违心的话,做了违心的事,伤害过好人。**"

这场批斗会后,周恩来的癌症病情有所恶化。力图拖垮周恩来身体的毛泽东,最终不得不批准周住院手术。

毛泽东聪明过人,权谋盖世,把不愿"走"的周恩来玩弄于股掌之中。他寻衅滋事,"磨道上找蹄印",力图一举拿下周恩来;但当找不到拿下的借口时,便来个180度大转弯,在即将举行的四届人大的人事安排上,他任命已病入膏肓的周为国务院总理并负责组阁,力图累垮周恩来。毛的目的基本上达到了:据报导,做过几次手术后的周恩来,在四届人大上做《政府工作报告》时,体力已经透支,他在唸了《政府工作报告》开始一段文字后,便支撑不住,歪倒在坐位上,其他部分只好由别人代读。

3. 批林批孔批周公

1966年12月,毛泽东对来访的波兰共产党代表团说:"**无产阶级文化大革命的重要任务之一就是要根除孔子在人们生活中各方面的影响。**"听到"最高指示"后,上层精英们紧紧跟上。在而后的几年间,他们连篇累牍地发表文章说,孔孟之道是"**剥削阶级的意识形态**",是"**旧中国传统的私有制观念最集中的表现**",是"**集旧思想、旧文化、旧传统之大成的反动思想体系**",因

在山东孔庙前召开批林批孔大会

而是"**复辟之道**"、"**倒退之道**"、"**卖国之道**",孔子本人是"**奴隶主阶级、地主阶级、资产阶级和党内走资本主义道路当权派等一切剥削阶级的代表人物**",等等。这样,他们就为毛泽东清除对手、培植他的个人崇拜,做了大量舆论准备。1974年,毛泽东根据权力斗争亦即树立绝对权威和铲除对手的政治需要,在舆论准备的基础上,又发动了批林批孔暗批周公运动。

(1) 剑指华夏文明的根:儒释道文化

在1973年的多事之秋里,紧跟毛泽东的郭沫若也被拉了出来。5月,毛写了几句顺口溜在左派中传颂;"**郭老从柳退,/不及柳宗元。/名曰共产党,/崇拜孔二先。**"刚骂过外交部"**放屁一通**"和严厉批判周恩来"**势必搞修正**"后的8月,毛正式发表了批判

郭沫若《十批判书》的诗作《七律.读〈封建论〉，呈郭老》：

> 劝君莫骂秦始皇，百代多行秦政治，
> 焚书之事待商量。十批不是好文章。
> 祖龙虽死魂犹在，熟读唐人封建论，
> 孔丘名高实秕糠。莫将子厚返文王。(2)

这是一篇蹩脚的"七律"。该诗不仅平仄失检，对仗欠工，而且引典出错，但由于是"伟大领袖"所作，便成了被时人称颂的反孔名篇！

熟悉毛泽东权斗史的人士都清楚，郭沫若一介无权无势的文人，毛怎会为他大动干戈？尽管郭被吓出了一身冷汗，但他很快明白，"醉翁"之意不在他。果其不错。谙达文武之道的毛泽东，刚刚在比兰德拉国王面前安抚了一下被他整苦了的周，旋又借批孔在暗中对周拉张了硬弓。1974年初，当过一次"屁股"的王海容，又接到了毛的密旨："**现在是到批周公的时候了。**"于是，1974年1月18日，江青主持选编了《**林彪与孔孟之道**》一文，在明批林彪中隐射周恩来，并以中共中央文件形式下发全国。24日和25日，北京连续召开了在京军事单位、中直机关和国家机关的"批林批孔"动员大会，江青等人在会上做了动员报告。自此，一场"批林批孔"又流传"批林批孔批周公"的运动，在全国大张旗鼓地开展起来。

其实，毛泽东发动的"批林批孔"运动，是要当全世界人民导师和领袖狂想的继续：**打倒孔圣人，树立现代秦始皇！**因此，"批林批孔"运动的目的，不是为了批林批周而批孔，而是为了**批孔颂秦警告周**——是个一箭三雕的权术。其中"颂秦"，就是要中国人颂扬**马列加秦始皇主义**！

毛泽东和他领导的中共，反孔由来已久，与五四运动中"打倒孔家店"密切相关。

众所周知，在1919年的五四运动中，先辈知识分子们引进了代表西方文明的"德先生"（民主）和"赛先生"（科学），同时也引来了苏俄专制的"马列先生"。不幸的是，在运动后的六十年里，"马列先生"击败了"德赛先生"，使领袖崇拜主宰了中国，从而使中国陷入了空前的愚昧和疯狂中。直到二十一世纪的今天，在"主旋律"监控下，领袖崇拜、帝王崇拜和暴力崇拜的**马列加秦始皇主义**，还在继续污染中国人的精神生活。——这是五四运动中"打倒孔家店"的恶果之一。

在过去的年代里，人们在赞扬引进西方文明的五四运动时，却忘记了对运动中引入"马列先生"和"打倒孔家店"两股逆流的反思！

"打倒孔家店"和引入"马列先生"，是五四运动中互为因果的两股逆流。"孔家店"因"马列先生"的引入而备遭诋诟："打倒孔家店"的先辈们，不去追讨封建帝王即古代君主集权主义者的专横、独裁、腐败给中国人民造成的贫困、落后和挨打等灾难的罪行，却把造成这些灾难的原因，统统扣到华夏文明的头上；说什么"仁义道德"是"吃人"，是"男盗女娼"，甚至是"套在中国人民身上的精神枷锁"，等等。以革命自居的"马列先生"，则因"孔家店"被妖魔化而得益，最终诡变成马列加秦始皇主义亦即**马列毛主义**，从而促成了浩劫中华的文化大革命。

因此，文化大革命和先辈们"打倒孔家店"，都是对儒释道文化的颠覆！

儒释道文化是延绵两千多年的华夏文明，是凝聚中华民族的精神支柱。这种文化，与马列毛主义所信奉的丛林法则——无产阶级专政，根本对立，水火不容。儒家突出一个"仁"字，强调克己复礼和三纲五常，把仁义理智信视为最高最美的道德标准；释家突出一个"悟"字，强调慈悲，重视生命，信奉众生平等，转世轮回、彻悟是佛，把积德行善视为人生的最高价值；道家突出一个"真"字，强调无为、返朴归真，回归人与自然和谐、统一，把"道法自然"视为人生的最高追求。儒释道三家从不同角度提供精神动力，使中华民族为追求人生理想——**真、善、美的最高境界**，前赴后继，绵延不绝。而在儒释道文化中，以孔孟之道代表的儒文化，则是华夏文明的精华。两千多年来，中华民族几经战乱，多次改朝换代，又经历多次外族入侵，各民族仍能在乱后走在一起，如三国四十多年后归晋，五胡十六国、南北朝二百七十多年后被隋统一，宋、辽（后为金）、夏三足鼎立三百多年后归于元，以及唐、元、清等朝代少数民族统治者被儒化、汉化，等等，以孔孟之道为核心的儒释道文明功不可没。如果没有马列毛主义的强权阻遏，这种以孔孟之道为核心的儒释道文化，必将与现代文明的普世价值融合在一起，造福于中华民族，宛若今日的**港、澳、台和新加坡**。因此，"打倒孔家店"及其以后对孔孟之道的错误批判，特别是在批林批孔中对"克己复礼"和"三纲五常"的否定，是颠覆华夏文明的历史反动。

(2) 批判孔子的克己复礼

在查抄林家大院时，发现了林彪写的一张条幅："**悠悠万事，唯此为大，克己复礼！**"于是，批判孔子的"克己复礼"，成了批林批孔运动的重点之一。

"克己复礼"源于《论语．颜渊》："颜渊问仁。子曰：'**克己复礼为仁。一日克己复礼，天下归仁焉！为仁由己，而由人乎哉**？'颜渊曰：请问其目。子曰：**非礼勿视，非礼勿听，非礼勿言，非礼勿动**。颜渊曰：回虽不敏，请事斯语矣。"

《论语．颜渊》这段话的意思很清楚。颜回向孔子请教如何才能达到仁的境界。孔子回答说：努力约束自己，使自己的行为符合礼的要求。如果能够做到这一点，就可以达到仁的境界。这是要靠自己去努力的。颜回又问：具体如何去做？孔子答道：不符合礼的事，就不要去看、不要去听、不要去说、不要去做。颜回听后向老师表示：我虽然不够聪明，但决心按照先生的话去做。

显然，"克己复礼"是孔子要求人们达到"仁"的境界的修养方法。"克己"就是战胜自我的私欲；"复礼"就是恢复合理、公理或天理；"为仁"是"克己复礼"的目的，使人的内心达到"仁"的完美的道德境界。历代学者都认为，这是孔门传授的"切要之言"，是一种紧要的、切实的修养方法。宋代大理学家、思想家和哲学家朱熹说："**克是克去己私。己私既克，天理自复，譬如尘垢既去，则镜自明；瓦砾既扫，则室自清。**"又曰："**克己复礼，间不容发，无私便是仁。**" "**天理人欲，相为消长，克得人欲，乃能复礼。**" "**敬如治田灌溉，克己如去恶草。**"等等。明代著名思想家、哲学家王阳明有云："**去山中贼易，去心中贼难。**"克己就是要灭己心中之"贼"。吊诡的是，毛左们在批林批孔中大声颂扬的"**大公无私**"、"**狠斗私字一闪念**"等等所谓共产主义思想，竟与孔子、朱熹、王阳明阐述的儒家思想，没有什么区别！

对于"复礼，"孔子说："**吾学周礼，今用之，吾从周。**"显然，孔子要"复"的"礼"是周礼。古代学者认为，《周礼》是自五帝以来的典制，是"**斟酌损益，因袭积累，以集于文武**"，是五帝至禹（夏禹）、汤（商汤）、文（周文王）、武（周武王）、周公（姬旦，周武王弟周成王叔）的经世大法的集粹。孔子对黄帝、帝喾、颛顼、尧、舜五帝大同之世，极为推崇，称其为"**大道之行也，天下为公。选贤与能，讲信修睦，故人不独亲其亲，不独子其子，使老有所终，壮有所用，幼有所长，矜寡孤独废疾者有所养。男有分，女有归。货恶其弃于地也，不必藏于己；力恶其不出于身也，不必为己。是故谋闭而不兴，盗窃乱贼而不作。故外户而不闭。是谓大同。**"这与一百多年前亦即19世纪马克思主义所憧憬的共产主义平等理想，几无二样。——二千五百多年前，孔子要复的礼，就是这种"**天下为公**"的"**大同**"之礼。

春秋之际，天下大乱。当是时，诸侯混战，攻伐不断，年年战火，处处硝烟，百姓涂炭，民不聊生，人性泯灭，道德沦丧，"子弑父，父杀子"时有发生。孔子对春秋诸侯之间杀伐的结论是："**春秋无义战**"。究其原由，是周礼被破坏了，亦即他说的"**礼崩乐坏**"了。因此，孔子力主恢复西周的秩序。

对此，毛左集团在《林彪和孔孟之道》文中抨击道："**春秋末年是我国历史上从奴隶制向封建制转变的社会大变革时期。**"又说："**孔子站在没落奴隶主阶级的立场上……提出了'克己复礼'的反动政治纲领。他的'复礼'，就是要镇压奴隶起义，反对代表新兴地主阶级的法家的革新路线，把社会拉向倒退；要按照周礼恢复西周奴隶社会的统治秩序。**"因此，孔子要"从周"复周礼，就是复辟和倒退，毛要打倒孔子也就有了"充足理由"。

毛要打倒孔子的"充足理由"是建立在五种社会形态及其发展"规律"学说上的。马列主义认为，人类社会发展史是五种社会形态前后更迭的历史。这五种社会形态是原始公社、奴隶社会、封建社会、资本主义社会和社会主义——共产主义社会，其发展规律是后者取代前者。五种社会形态及其发展规律学说（简称为"五形规律说"），是苏共党魁斯大林根据马克思、恩格斯和列宁关于五种社会发展说教，在他的《联共（布）党史简明教程》一书中的《辩证唯物主义和历史唯物主义》文中定型下来的。这种哲学用"**生产力决定生产关系**"、"**经济基础决定上层建筑**"的生硬教条，把丰富多彩的社会划归成五种形态，再用"**生产关系一定要适合生产力性质**"的条条，"规定"了地主阶级取代奴隶主阶级亦即封建社会取代奴隶社会的"必然性"，犹如他们说的社会主义"必然"取代发达的资本主义一样。由于斯大林是"全世界人民的导师"，他对社会发展规律的"定型"，就成了不容置疑的真理。因此，中国史学界上层精英们，在古代社会分期问题上，不得不按照"五形规律说"去编写中国古代史。但由于斯大林对中国古代社会形态和分期问题没有具体指示，中国史学界就有了一定的自由空间：众说纷纭，至今没有定论。对此，一位学者叹息道："遗憾的是，几乎所有接受过历史教学的人，都简单地接受了这一'规律'，动辄'奴隶社会'、'封建社会'。而究竟某个时期属于什么阶段，历史学家们从来没有给过我们统一的'指示'。"可惜这种声音太微弱了。五种社会形态及其发展规律学说，禁锢了中国史学的发展，浪费了大量资源。

按照"五形规律说"来推断，孔子所处的春秋时代是什么社会形态呢？在中国古代何时进入所谓封建 (3) 社会的问题上，在"一定的自由空间"里，史学家看法不尽一致。除夏代奴隶说、商周早期奴隶说外，还有西周封建说，春秋战国封建说，秦汉封建说，甚至还有魏晋封建说，等等。值得注意的是，许多学者认为，秦朝以后，一直是君主集权制，君主们学着秦始皇的口吻宣布："**普天之下，莫非王土，率土之滨，莫非王臣**"，而其治下的奴隶制，则一直延续到清代，买卖家奴就是证明。更有史者指出："自秦后两千多年，使用奴婢、农奴的大地主庄园和小土地自耕农并存的生产方式，一直是中华诸帝国的生产方式，官方和民间的蓄奴生产方式在中国长盛不衰。"（行文到此，笔者提醒史学家们注意：毛泽东的人民公社是否再现了官奴制？）毛泽东呢？为了批孔，他力排众议，将西周钦定为奴隶社会，而孔子所处的春秋时代，则被他钦定为封建社会，尽管西周人民生活负担比春秋时代低得多。著名史学家、北大教授翦伯赞因持"西周封建说"，被斥为反马列主义史学家，文革中被毛点名，遂遭残酷批斗。1968年12月18日，处于绝望中的翦伯赞，与妻子一道服药，双双自杀身亡。于是，西周奴隶说、春秋封建说（或过渡说）便成了中共的正统学说，批孔的《林彪和孔孟之道》一文，就有了"科学"立论的根据！

死背马列毛教条的毛左们，根据斯的"规律"和毛的"钦定"认为，历史是向前发展的，后一种社会形态比前一种社会形态优越、进步，因而后一种"**优**"的社会形态取代前一种"**劣**"的社会形态，是"规律"之必然，任何怀古、复古都是倒退、复辟，都是历史的反动。于是，孔子用"克己复礼"抨击"春秋无义战"、"礼崩乐坏"和力主恢复西周的秩序，就是复古，就是倒退，因而是历史的反动。

但这种用"五形规律说"所规定好了的"**前劣后优**"理论，并非像官方宣传马列哲学说得那样"放之四海而皆准"。1978年，邓小平的中共用"猫论"(4)的"改革开放说"，推翻了"**优越**"的社会主义计划经济，恢复了"**恶劣**"的资本主义市场经济，上层建筑也做了调整——新生的资产阶级不仅可以入党，而且可以做官，可以在"官商一体"中大显身手。到九十年代，苏联和东欧八个共产党国家也发生了巨变，纷纷清算了马列主义，推翻了"**先进**"的社会主义制度，恢复了"**万恶**"的资本主义体制，同邓小平的"猫论"联合在一起，否定了"前劣后优"论，把"五形规律说"打了个颠倒。对此，有人写道："正确的评判事物的优劣，应是依据该事物的性质，而不能依据该事物出现或产生的时间的先后。"

邓小平用"猫论"的复古、倒退，使中国取得了进步和成功，到2010年，已发展成为世界第二大经济体；苏联和东欧八国清算了马列主义和推翻社会主义制度后，也获得了新生和发展，到二十一世纪初，多数国家进入到了发达国家行列。孔子用"克己复礼"批评"春秋无义战"和"礼崩乐坏"，力图恢复西周社会的繁荣昌盛，却没有那么幸运，迄今还遭许多人诋诟。为什么呢？为了永远执政，中共不愿放弃马列主义的共产主义学说，他们利用权力，投入大量资源，努力构建具有中国特色的马克思主义，把他们领导下的资本主义，定义为"社会主义初级阶段"，诡称其为"中国特色社会主义"，借以继续愚弄民心。在这种充斥谎言的政治氛围里，孔孟之道的冤情，难以申张！

(3) 抨击董仲舒的三纲五常

古人没有崇洋媚外尊奉五种社会形态及其发展规律学说的条件。在历经了十五年的秦始皇暴政后，汉武帝采纳了大臣董仲舒"废黜百家、独尊儒术"的建议，使董仲舒的"三纲五常"思想广为传播，成了中国两千多年历史中的主流思想之一，从而使毛说的"**百代多行秦政治**"的政治，至少成了跛足政治。从维护传统文明的意义上说，"春秋无义战"催生了"克己复礼为仁"的儒家思想，而短命的秦始皇暴政，却使"三纲五常"成了中华文化的核心价值之一。然而，这些继承和发扬传统文明的思想，却被毛左们贬为"复古"、"倒退"，成了毛泽东批林批孔运动中批判的重点。

董仲舒的"三纲五常"是孔孟思想的集粹，是儒家学说的精华。"三纲"——"**君为臣纲、父为子纲，夫为妻纲**"，是根据孔子的"君君、臣臣、父父、子子"和孟子的"**父子有亲、君臣有义、夫妻有别、长幼有序、朋友有信**"发展而来。"纲"者，关键、表率也，其中主次、主从关系一目了然。在君臣、父子、夫妻的主次、主从关系中，要求为"次"为"从"的臣、子、妻，要遵从于君、父、夫，同时也要求为"纲"为"主"的君、父、夫，要"克己"，做臣、子、妻的**楷模**，使"主""从"双方相互制约。"五常"——"仁、义、礼、智、信"，则是孔孟思想的直接表述，是规范和制约君臣、父子、夫妇之间主次、主从关系的道德准则。

董仲舒把他的"三纲五常"说成是"天道"、"天理"是有道理的。因为"三纲"确定的君臣、父子、夫妻之间的主次、主从关系，是至今未变的客观现实。

应当肯定，君臣、父子、夫妻之间的主次、主从关系，都是一种不平等关系。这种关系在两千多年后的今天，依然没有改变，在可以预见的将来，也不会有质的变化。面对这种无法改变的客观存在，"三纲"在制约"主"方"从"方的同时，用"五常"来规范和制约这种不平等关系，使**君臣相义、父子相亲、夫妻相爱**，从而使不平等关系趋向平等。

对于"五常"，古人云："**故道兴于仁，立于礼，理于义，定于信，成于智。五者，道德之分，天人之际也。圣人所以通天意，理人伦，而明至道也。**"又云："**恻隐之心，仁也；羞恶之心，义也；恭敬之心，礼也；是非之心，智也。**"据此，"五常"按孔孟之道的思想，用现代语言可以表述为：

仁者忠恕——以人为本，修养人性，笃行人间相亲；

义者守道——公平正大，抑强扶弱，维护人权善行；

礼者敬德——恭谨宽厚，倡导文明，遵奉人世伦常；

智者明哲——崇尚科学，追求真理，探究人生价值；

信者笃厚——忠于职守，诚实践约，恪守人际真情。

"仁义礼智信"者，善也，人性之属也。在两千多年后的今天，当我们回头来观察华夏文明时，无论是在和平环境或在动乱年代，"三纲五常"在尊重人权、凝聚中华民族的民族精神上，功不可没！遗憾的是，由于没有有效的制衡机制，在君主集权主义的统治者那里，"三纲五常"往往被曲解、歪释。

显然，"三纲五常"远比胡锦涛设计的以中共党国利益为基础、以"维稳"为出发点的"八荣八耻"(5)，具有更普遍、更公正、更人性、更文明，是古代自由主义的体现，因而是一种更加深入人心的、能与现代民主、自由、人权的普世文明融合的**崇高思想**。这种思想，无论是在过去、现在和将来，都是人权之宗，和谐之源，强国之本，尽管没有党、国二字。但遗憾的是，由于历代统治者的利益考量，"三纲五常"没有纳入法制范畴，只能在道德层面上发挥作用，而这种作用，遇到暴君，遇到专政或一党天下，便失去意义。

自五四"打倒孔家店"以来，特别是毛泽东批孔颂秦以来，"三纲五常"再次受到了不公正的对待。毛左们批判"三纲五常"**是封建统治者套在中国人民身上的精神枷锁，是确立君权、父权、夫权的统治地位，把封建等级制度、政治秩序神圣化的镣铐**，因而为历代封建统治阶级所维护和提倡，等等。

"为历代封建统治阶级所维护和提倡"的思想，一定是反动思想吗？否！任何一种正确思想和科学发现，在不同的统治者手里，都会制造出不同的结果：

核能可以造福人类，亦可毁灭人类；

战争可以争取和平，亦可制造混乱和强化独裁；

资本主义可以提高生产，增加财富，亦可两极分化；

社会主义能使财富平均化，亦可使全国人民丧失自由而共同贫困化……

同理，"三纲五常"既可以成为规范统治者统治行为的道德标准，也可以被统治者曲释，变成套在人民身上的枷锁。为什么呢？因为，在古代君主集权主义体制下，统治者既是政策的制定者、执行者，又是监督者、裁判者，没有也不许有独立的、有效的制衡机制。因此，在古代君主集权主义者那里，"三纲五常"被他们曲解、歪释，使主次特别是主从关系向"主"方一侧倾斜，甚至使其极端化：**"遵从"作用被放大，"楷模"作用被弱化，制衡主次、主从关系的"五常"道德标准，成了"主"方（官方）节制"从"方（民方）的政治手段**，甚至用男尊女卑的"三从四德"枷锁，来限制妇女的自由，等等。显然，他们抛弃"三纲"中主次关系中的关键部分，亦即"主"方做表率、应承担起更重的道德责任和更多的社会义务部分，换言之，即抛弃了"三纲五常"中的自由主义内蕴，变成了"从"方绝对服从"主"方的精神枷锁，从而使主从关系向"主"方一侧倾斜或极端化。

吊诡的是，激烈批判"三纲五常"的毛泽东和中共，却是"三纲"主从关系向"主"方一侧极端化的维护者。

"解放"后，毛共反复强调"**人民当家做主**"，甚至鼓吹"**造反有理**"，但中共党章"**下级服从上级，全党服从中央**"所规定的"君臣"主从关系，并没有因"造反有理"有任何变化；老百姓在"**听话要听党的话**"、"**做党的驯服工具**"和"**无限忠于毛主席**"等训导中，成了"**党妈妈**"的子民，没有因"人民当家做主"而改变了"君民"或"母子"的主从关系。（直到2012年的7月26日，中共《解放军报》还在鼓噪"党叫干啥就干啥"所谓的"马克思主义信仰"。）显然，这是毛泽东和中共在批判"三纲"中维护"君臣"、"君民"主从关系最极端、最虚伪的表现！

在"新中国"，子承父业、袭父产，孝父敬母等"父子"主从关系，也未因在"**爹亲娘亲不如毛主席亲**"的"唱红"声中有所改变。在美国，"父子"间的主从关系也没受中国批孔的影响。当选了总统的乔治.沃克.布什，在其父亲老布什面前，仍被人屈称为"小布什"。尽管毛共抨击"父子"主从关系是孔孟流毒，但在毛共制定的阶级路线中，"父子"的主从关系是明确的：干部子弟大都能享受父辈的荫庇，处境优越，是当然的接班组群，而"地富反坏右"等"阶级敌人"的子女，不得不依从父的阶级成份，成了当然的"准阶级敌人"，学习成绩好的也被拒之于大学校院门外。"**老子英雄儿好汉，老子反动儿混蛋**"的对联能在中国横行，对联的批评者**遇罗克**被中共"依法"枪决，就是毛泽东和中共在批判"三纲"中维护"父子"主从关系最极端、最野蛮的表演！

在现代世界里，夫主外、妻主内的夫唱妇随极为普遍，甚至妻随夫姓也屡见不鲜。尽管毛泽东高唱"**男女平等**"，并将两个女儿改从江青的"李"姓（另说：姓"李"是因随毛泽东的曾用名"李得胜"之故），但"夫妻"间的主从关系并没因而改变。甚至在毛的家庭里，江青的从属地位是十分明确：她的权利就是服从毛。这也是毛泽东和中共在批判

"三纲"中维护"夫妻"主从关系最极端、最伪善的表白！

值得一提的是，在毛的家庭里，江青是个受害者。她是个争强好胜、个性张扬的女人，但她的自由天性被长期约束在服从中，得不到伸张，从而使她的人格走向分裂：一方面在毛面前，她惟命是从，自甘菲薄，甚至在毛的纵欲面前，委屈忍让，不敢声张；另一方面，在他人面前，她专横跋扈，不可一世，恣意宣泄。江青的人格分裂，在成全了毛泽东的同时，却使她自己跌入罪有应得的替罪羊的羊群之中！

显然，毛泽东和中共把"三纲"主从关系向"主"方一侧极端化的思想，与"三纲五常"中主次、主从相互制约的思想南辕北辙，截然相反。

事实确乎如此。如今，现代中央集权主义者继承了古代君主集权主义者的衣钵，在任意曲解上，则有过之而无不及。例如，曾被推崇为"毛泽东宪法"的《中华人民共和国宪法》中明确规定，公民"**有选举权和被选举权**"，"**有言论、出版、集会、结社、游行、示威的自由**"，"**有居住和迁徙的自由**"，等等。在老百姓享受的自由和民主权利上，"毛泽东宪法"可以与民主国家的自由宪法媲美。但在没有独立的、有效的制衡机制的一党专政下，中央集权主义者学着君主集权主义者任意曲解"三纲五常"那样，毫无顾忌地任意"释法"，使"君民"主次特别是主从关系向"主"方一侧极端化：**国家领导人被指定，地方各级领导人被上级任命，自由结社被"释"为非法，批评官员被打成右派和反革命，居住和迁徙自由被一纸户口锁定，以及买官、卖官等官本思想泛滥成灾**，等等，《宪法》中规定的人民群众的民主、自由权利，像古代帝王玩弄"三纲五常"那样，成了中共橱窗里的摆设。遗憾的是，君主集权主义者对"三纲五常"曲解和主次特别是主从关系向"主"方一侧极端化的愚弄，被"打倒孔家店"激进的前辈们错读，讥讽"仁义道德"为"吃人"，而中央集权主义者亦即马列加秦始皇主义者，则将其责任栽赃到孔孟身上，称其为"**套在中国人民身上的精神枷锁**"，辱骂其为"**男盗女娼**"。因此，许多正直的史家大声疾呼："打倒孔家店"和批判孔孟之道，是二十世纪共产党制造的最大冤案！

尽管有人认为，"三纲五常"无法节制皇权，有人说向专制独裁者游说"孔孟仁政"等于与虎谋皮，但笔者仍然认为：在"五四运动"中，如果没有李大钊、陈独秀等共产党人引进马列主义，以孔孟之道为核心的儒释道文化，会自然而然地从伦理道德层面进入法律范畴，与"德赛先生"所代表的现代文明的普世价值融合在一起，造福于中华民族。尽管历史不能假设，但不容否定的是，今日民主和科学发达之**港、澳、台**和**新加坡**，正是儒释道文化与"德赛先生"相融合的历史见证！

但到二十一世纪的今天，孔孟冤案还在继续。据报导，2011年1月11日上午，中国有识之士在天安门广场举行孔子塑像落成仪式，9.5米高的孔子塑像竖立在中国国家博物馆北门。可是到了4月20日深夜，中国伟大思想家孔子塑像竟被撤走！——一竖一撤，仅存100天的文明被腰斩了。原来，竖立孔子塑像遭到了毛左们的肆意攻击，诟称"**今**

天搞的这个'百日复古'，其性质完全是反动之举，是历史倒退！"文明被诋毁为复古、倒退，可见，毛泽东的阴魂不散，马列加秦始皇主义还在肆虐中华。**笔者呼吁：**

中国人要清醒起来，现在已经到正本清源还孔孟之道以清白的时候了！

(4) 颂扬毛泽东的马列加秦始皇主义

毛泽东发动"批林批孔"运动的目的，是颠覆华夏文明——拒绝孔孟仁政，实行秦始皇暴政，为文革虐杀辩护，欲当现代秦始皇！此时的毛泽东思想，已经从"**政权就是镇压之权**"的马列无产阶级专政思想，蜕变为马列加秦始皇主义，亦即无产阶级专政加秦始皇主义，或曰**马列毛主义**。——这是权力拜物教的权力情结的登峰造极！

（一）什么是秦始皇

秦始皇名**政**，姓者有三：袭秦祚为**嬴**，承父支曰**赵**，依血统姓**吕**，13岁立为秦王，38岁自称秦始皇，50岁病死，是中国古代暴虐无比的皇帝。史书《纲鉴》曰："**王初并天下，自以为德兼三皇，功过五帝，乃更号曰'皇帝'**。"后不久，秦始皇下令曰："**朕为始皇帝，后世以此计数，二世、三世至于万世，传之无穷。**"他把用刀把子兼并出来的政权，据为己有，得意忘形地说："**六合之内，皇帝之土，人迹所至，无不臣者。**"他废除分封制，实行郡县制，"**分天下为三十六郡，即设守**（郡守）、**尉**（郡丞，佐守者）、**监**（御史，监督守者）"，以强化中央君王集权。他嫌恶儒家，崇尚法家，因法家讲究"法、势、术"，即"**以法刑人、以势压人、以术驭人**"，为维护专制统治，可以不择手段。武力统一中国后，秦始皇任命法家李斯为丞相，实行法家冷峻严酷苛政。他在位统治中国的十二年间，杀戮成性，穷奢极欲，生灵涂炭，民不聊生，因而民怨沸腾；他死后两年多，奴隶们便起来造反，把秦朝送了终，使秦朝成为中国历史上短命的王朝之一！

史书记载，秦始皇杀戮成性：

前238年，嬴政二十二岁亲政后，先拿"假父"嫪毐开刀。嫪毐者假太监也。昔日，太后赵姬与文信侯吕不韦私通，吕缠不过太后，怕事情败露，遂派舍人嫪毐冒充太监去"侍奉"太后。不年，太后秘生两子，隐情败露。**政**闻言大怒，率兵剿灭嫪党："斩首数百"，车裂嫪毐，"夷三族"，20多个党羽就戮，4,000余人被流放；其母赵姬被囚，两个同母异父弟被政装入袋中摔死，27个力谏释放太后的大臣被处死，"真父"吕不韦被赐饮鸩自尽。

前228年，在秦军攻下邯郸后，**政**下令"**与母家有仇者皆杀之**"，遂将曾经欺侮过他的人全部"坑杀"。——嬴政少年时期，曾随父母在赵国邯郸当人质。

前221年，齐王建降秦后，**政**推翻了封齐王建领地的承诺，将其驱赶到共地（今河南辉县）林中，"**处之松柏之间**"，全部饿死！

前218年，因张良刺政未遂，**始皇**大怒，下令全国"大索十日"，多人罹难。

前212年，**始皇**"望见丞相车骑众"，不悦，恶之。有人告之丞相，丞相车骑骤减。始皇疑身旁有泄密者，推劾无得，遂将"**在旁者尽杀之**"。

同年，**始皇**采纳丞相李斯廷议，**焚书坑儒**。据史家考证，先后坑杀了1千多儒生，其中一次杀了460多人，另一次杀了约700。

前211年，有一颗流星落到东郡（今河南濮阳县），有人在陨石上刻字曰："**始皇死土地分**"。始皇闻之，"**遣御史逐问**"，未果，遂下令诛杀陨石周围全部居民。

前210年，**始皇**东巡，死于沙丘（今河北钜鹿县南）。丞相李斯与宦官赵高合谋，矫诏废太子扶苏，立少子胡亥为二世。秦二世**效法始皇**，杀太子扶苏、将军蒙恬等，并将自己的兄弟和堂兄弟18人斩首，10个姊妹车裂而死，其它连累致死者不计其数。此后不久，前208年，二世腰斩丞相李斯于咸阳，斯父、母、妻"**三族皆伏诛**"。

史书记载，秦始皇穷奢极欲：

据史家考证，秦朝人口约2,000万余，其中壮劳力约600万，全国设郡36个，"县政"约1,000个，平均每县2万人。秦始皇为了满足个人的欲望，在全国广修宫殿，宫殿数量号称"**关外三百，关内四百**"，尤其是**阿房宫**，占地几里，能容万人。

《史记.秦本纪》记载："**始皇初即位穿治郦山，及并天下，天下徒70余万人**"。这就是说：他在统一之前就开始了骊山**秦始皇墓**的工程，征用民工70万人，约占总人口的3.5%，壮劳力的12%。

前221年，始皇下令"**徙天下黔首三万户琅琊台下**"，以重建琅琊台，建筑关外规模最大的琅琊台行宫。

前219年，始皇南巡至湘山祠（今湖南省岳阳县西南），遇大风，"**大怒，使刑徒**（受刑罪犯）**三千人皆伐湘山树，赭**（草木伐光）**其山**"。

同年，为求长生不老药，始皇"**遣市（徐福）发童男女数千人入海**"。徐率数千童男童女的庞大船队，东渡日本(另一说是墨西哥)，一去不复返。

前215年，始皇听信"**亡秦者胡也**"的谣言，不疑"**胡亥**"，却罪匈奴，"**乃使蒙恬发兵30万人，北击胡，略取河南地**"。次年发民夫50万人修长城，约占总人口的2.5%，壮劳力的8%以上。

前214年，"**发诸尝逋亡人、赘婿、贾人**（皆为奴隶）**、略取陆梁地，为桂林、象郡、南海，以谪遣戍。**"集解：徐广曰："**50万人守五岭**"。就是说，秦始皇用50万奴隶当军人，征服了广东、广西和越南北部地区，并派兵留守驻防。

前212年，修绵延300里的阿房宫，"**役使隐宫**（宫刑者）**、徒刑者70余万人**"，约占总人口的3.5%，壮劳力的12%。另外，修驰道征民夫30余万人，约占总人口的1.5%，壮劳力的5%。

南怀瑾在《孟子旁通》一书中写道：（复旦大学出版社1996年版）

阿房宫占地方圆三百多里，高到看起来快接近天日了。从北面的骊山一直南下，转向西边和咸阳连接起来。把渭川和樊川两条河川的水，也引导流进了阿房宫，造成了宫里的人工河流湖沼。五步一楼，十步一阁，华丽精巧，形式多样，这样的宫室，像蜂室那样多。在水上架的长桥像卧在滚滚浪涛上的蛟龙一样。凌空搭的复道，从宫殿下面蜿蜒通到南山脚下，五色缤纷，有如挂在天上的彩虹。在这众多宫室中，几乎每一间房子，每天都可享受四季的不同气温和风韵。

秦始皇又把没收来的六国财宝、美女，全部集中到阿房宫里。把夺来的鼎，当作煮饭烧菜的锅用，把玉石当石头用。他的妃子上万，早晨，宫女们打开的梳妆镜子，有如夜空中的繁星；飘拂的长发，有如乌黑的浮云。渭河河水，每天早晨要上涨，浮现一层粉红的颜色，那是阿房宫里宫女们泼到河里的洗除脸上的胭脂水；半山腰袅袅上升的云雾，那是阿房宫里宫女们焚烧贵重香料所形成的烟雾。秦始皇这位千古暴君，就在这个阿房宫里，朝歌夜宴地享乐帝王的一切。

史书记载，秦始皇生灵涂炭：

《汉书.食货志》记载了战国初期魏文侯的相国李悝所算的一笔帐：农夫一家5口，耕田100亩，平均每亩收粮1.5石（音：dàn），共收150石（秦汉时每石为27斤）；除去十分之一的租税15石，余135石；每人每月平均吃粮1.5石，全家共吃90石，余45石；每石卖钱30文，共得钱1350文；除去祭祀、庙会用钱300文，余钱1050文，每人穿衣用钱300文，全家共用1500文，还差450文；加上妇女纺织和饲养家畜的收益，**全家收支平衡，略有盈余**。而秦朝的人民生活水平呢？据专家们考证，秦朝的人民生活负担比战国初期高出10倍，比西周高出20倍。史书有两句话可证：秦朝人民"**服囚犯之衣，食犬彘（猪）之食。**"

从1975年湖北云梦县睡虎地发现的十二座秦墓的竹简中可知，秦国的**赋税比**战国时的其他六国重得多。农民除了缴纳田租外，还有军赋等其他名目，如赀甲、赀盾（加工铠甲、盾牌）一类变相军赋。田租不但要收取禾稼(粮食)，还要收取刍(牧草)、稿(禾杆)。至于劳役，更是农民的沉重负担。如所谓"傅"制度，即男子到一定年龄就须向官府登记服役，秦国的傅籍年龄为十七岁。农民除了服劳役外，还要服兵役，并且要自备行装及费用。据史家考证，秦二世胡亥统治时，赋税超过农民收入的2/3。

记述秦代奴隶买卖较具体的材料是云梦秦墓所出共166简的《日书》："**收日可以入（买）人民、马牛、禾粟。闭日可以劈决池，入臣徒、马牛它牲。**""**毋以午（时）出入（卖买）臣妾、马牛，是谓并亡。**"等等。这是《日书》记载的秦国在买卖奴隶时要遵守日子、时辰上的规定，其中"人民"系指奴隶，"臣妾"是秦时人对奴隶最常用的称谓。据史家考证，秦始皇年代，买卖奴隶都有明确的法律规定。近几十年由于秦简出土，史家**对秦的奴隶制**有了新的认识，如奴隶在当时是大量存在的，并不像有些人所说的仅是残余而已。

史书记载，秦始皇时代民不聊生：

前221年，始皇下令没收并销毁天下兵器，铸十二金人于咸阳，以防暴乱，又迁各地豪富十二万户于咸阳，以便监控。

前212年，为修阿房宫等三百宫殿，"**因徙三万家骊邑（今陕西临潼县），五万家云阳（今陕西三原县西）。**"做劳役。

据专家们考证，秦始皇执政期间，无偿的奴隶式兵役和劳役的老百姓共270多万人，为兵役、劳役大军运送粮草和装备的民夫以及在内地驻防的军人、夫役，估计还有250万人，两项相加约有520多万人（占总人口的26%）。《汉书.严安传》记载："**丁男被甲，丁女转输，苦不聊生，自经（吊死）于道树，死者相望**"。

秦始皇和秦二世暴虐、苛政和腐败，引发陈胜、吴广大起义，"**一夫作难而七庙隳（宗庙毁）**"——前209年，执政才15年的秦朝，民夫陈涉振臂一呼，旋被推翻。

自称"**德兼三皇，功过五帝**"的秦朝，为什么短短十五年就灭亡了呢？历代史评、政论家，莫不众口一词地说："**秦之速亡，亡于暴政。**"西汉初年著名的政论家、文学家贾谊在《过秦论》中总结说："**仁义不施，而攻守之势异也。**"《史记》、《汉书》等书，都讲秦始皇修长城、起阿房，醉心于领土扩张，无限制地赋役征求，等等，使民穷财尽，民怨沸腾。但两千多年后的CCTV，竟借专家、教授之口，把秦始皇打扮成"**明君**"，一些作家、导演们，也紧紧跟上，生生地把千古暴君塑造成"**仁君**"。显然，这些专家、教授、作家和导演，不是毛泽东的跟屁虫，便是惟"主旋律"是从的御用精英。

（二）毛泽东颂扬秦始皇

毛泽东业已认定，秦始皇思想与马列无产阶级专政理论相融相通。因此，他在狠批主张实行仁政的孔子的同时，多次明言要替杀人如麻、生灵涂炭的暴君秦始皇翻案，赞扬暴虐有理，显现他为当现代秦始皇的狂想已经歇斯底里化。据报导：

在1957年的反右运动中，有人指责毛泽东是"秦始皇"，毛对答说："**你骂我们是秦始皇，不对，我们超过秦始皇一百倍。**"

1958年8月19日，在北戴河召开的政治局扩大会议上，毛泽东规定用"**马克思要与秦始皇结合起来**"的铁纪律，去领导大炼钢铁的群众运动。

在近臣、亲信和一些会议上，毛泽东曾多次毫不掩饰地褒秦贬孔，厚法薄儒。他说：

"**秦始皇是个厚今薄古的专家。**"

"**孔孟是唯心主义，孔子代表奴隶主、贵族。**"

"**在中国历史上，真正做了点事的是秦始皇，孔子只说空话。**"

"**历代政治家有成就的，在封建社会前期的，都是法家。这些人主张法治，犯了法就杀头。**"

"儒家满口仁义道德，一肚子男盗女娼。"

"秦始皇是中国封建社会的第一个有名的皇帝，我也是秦始皇。因为秦始皇是第一个统一中国、统一文字，修筑宽广的道路，不搞国中之国，而用集权制，由中央政府派人去各地方，几年一换，不用世袭制度。秦始皇比孔子伟大的多。"

在毛泽东看来，孔子是"**代表奴隶主、贵族**"、"**只说空话**"的"**男盗女娼**"者，秦始皇是"**第一个统一中国**"、"**主张法治**"和中央"**集权制**"的伟大政治家，因此，他要当"**马克思要与秦始皇结合起来**"的"**超过秦始皇一百倍**"的现代秦始皇。作为捭阖纵横的政治家，毛十分清楚，要把暴君说成明君，不是件容易的事。但他是个制造舆论的能手，在批林批孔中，他找到了几条为秦始皇评功摆好的理由，借以说服、教育中国人。

毛泽东为秦始皇评功摆好理由之一是：秦始皇是"**第一个统一中国**"的伟大政治家。

可惜这条理由缺乏根据，如果有根据，也是真假搀和。没有人否认，是秦始皇用武力结束了战国争雄局面，统一了中国；但不是"第一个"。在秦之前，统一中国的是周王，甚至可向上推之商、夏。周成王和周公旦，将统一的中国分封了800多个诸候国。又据史书记载：约公元前900年，西周孝王封秦始皇的祖先养马能手嬴非子于秦邑（今甘肃省清水县东北），始建秦国。大周的分封制很像今日欧洲。不同的是，800多个小"国"都尊奉一个中央政府——周王，而且持续了842年。尽管其间出现了春秋五霸和战国七雄的割据局面，但尊奉周王为中央未变。那时"度量衡"虽未统一，但文字、语言基本相同，否则历史上不会出现"百花齐放，百家争鸣"的文化繁荣局面，也不会有"连横"、"合纵"等说客政治家的活动舞台，更不会有孔子周游列国的文明史实。

毛泽东赞扬秦大一统的目的，不过是要人们赞扬他是现代中国大一统的"伟大政治家"而已。善于紧跟"伟大领袖"的精英们，数十年如一日地撰文说毛是统一中国的英雄，是洗雪百年被列强侵略羞耻的功臣，甚至说他"功劳盖世"。然而，查一查现代史，精英们的说辞同毛说秦是"第一个统一中国"的功臣一样，不是缺乏根据，便是真假搀和的谎言。中国人并不都是芸芸蠢生。他们不会忘记，中国是一个拥有五千年文明史的华夏古国，即是在近代满清少数民族统治时期，中国也是由儒释道文明凝聚在一起的大一统国家。辛亥革命后，中国虽历经了十多年的军阀混战和八年抗战，国力衰微，但除被苏军武力占领后强行"独立"的外蒙古外，中国仍是一个大而统一的国家。儒释道文明的凝聚力在于，即是在国力衰微的清末混乱、辛亥后军阀混战年代和八年抗战时期，没有出现分裂，也没有出现过今日危及统一的活耀非常的藏独、疆独、台独势力。抗战胜利后，中华民国政府领导下的中国，一洗百年耻辱，同英、苏、美、法并列站在一起，成了世界五大强国之一，理所当然地成了联合国安理会具有否决权的常任理事国之一。毛泽东的共产党中国，不过是继承了国民党中国的遗产而已，而继承联合国的常任理事国席位，则是在共产党中国成立二十二年之后的1971年10月25日。如果说毛有什么"功劳"的话，就是他击败了专制、腐败的国民党政府，建立了一个更加专制、更加腐败的共产党政权，达到了改朝换代的目的。看一看半个世纪以来大陆与台湾的巨大差距，看一看"殖民地"香港和澳门的发展和繁荣，上层精英们对毛泽东"功劳盖世"的歌颂，是多么可笑，又是多么可鄙！

毛泽东为秦始皇评功摆好的第二个理由是：秦始皇实行君主集权的郡县体制。

封建制与郡县制是中国古代社会里两种不同的政治体制，都有其优势和弊端，有时并行而不悖。

在周代，以封建制为主，即分封土地，建立诸侯国实行中央、地方分权的政治体制。那时的分封制是以血缘为基础的，分封的诸侯不仅拥有封地，王位还可以世袭。周的中央与诸侯国的上下级关系，是以"礼乐"和自我约束来维系的。但由于没有有效的监督机制，当"礼崩乐坏"时，拥有相对独立的各诸侯国，便会发展成为与中央分庭抗礼的割据势力，使国家处于分裂之中。春秋和战国的出现，应当看做是封建制的悲剧。但如果当时有有效的监督机制，这种大周一统、诸侯国自治的共存政治局面，在继往开来中发展到现代，今日中国，也许是一个高度发达的、完全统一的和各省、市、县高度自治的大中华联邦共和国。当然，历史不能假设。

秦始皇统一中国后，他采纳法家李斯的意见，取消封建制，实行郡县制，分天下为三十六郡。由于各郡县长官都有秦始皇亲自任命，而且只有年俸，没有封地，最大限度地强化了君主权力，一定程度上抑制了割据和分裂势力的形成。但郡县制不仅缺乏竞争活力，禁锢各地的发展，而且它既不能消除割据，也不能防止分裂，秦始皇政权只存在了十五年便被推翻，就是最有力的见证。

（三）没有十全十美的政治体制

笔者认为，古今中外没有十全十美的政治体制，只有相对比较好、比较差和比较坏的体制。封建制和郡县制**各有其弊端**。

对于秦朝的短命，历代学者有不尽相同的解读。汉初贾谊认为，强大的秦朝速亡于**暴政**。唐代文学家柳宗元在其《封建论》中说：秦王朝的速亡"**失在于政（苛政），不在于制**（郡县制）。"显然，柳把"政"与"制"割裂开来，认为强大的秦朝速亡于暴政，而非郡县体制本身。清代著名学者顾炎武则认为两种政体各有弊端。他说："**封建之失，其专在下；郡县之失，其专在上。**"但在各打五十板中，他仅说出"失"之于"专"，而对"专"缺乏认识。对于"专"，无论是"下专"的封建制，或是"上专"的郡县制，都是为帝王服务的，不值得我们去赞美，更不能效法。因为"专"必独裁，独裁必腐败，腐败必内乱，内乱必镇压，镇压必引发内战与外患，而内战、外患的结果，不是统一，便是分裂——**封建制与郡县制殊途同归**。

翻开历史看看，不是这样么？西周分封了800多个诸侯国，三百多年后，因"专"而内讧、而兼并，到了东周，发展成为春秋五霸和战国七雄，前后五百多年。郡县制呢？

据统计，自秦实行郡县制以来的两千多年间，处于分裂状态约 680 多年，如果加上改朝换代中的混战以及国内藩镇割据、类似太平天国的内乱，等等，分裂约在千年以上。因此，由于"专"亦即由于专权与独裁，封建制可导致分裂，郡县制也不能防止分裂。

吊诡的是，在东周封建分权的五百多年里，却出现了"**百花齐放，百家争鸣**"的繁荣局面，科学技术空前发展，生产力空前提高，如冶铁技术和指南针的发明等等；而在郡县制的君主专权下，生产力长期处于滞后状态，中央政权在外族入侵时，几乎不堪一击，如宋灭之于蒙，明毁之于满，清败之于列强。尽管间或出现过繁荣，如贞观、康乾之治，但在两千多年的历史长河里，这种君主专权下的"圣世"，不过昙花一现而已。由此可见，封建分权或可繁荣文化、科技，提高生产力，郡县制的君主或中央集权，一定阻滞文化、科技、生产力的发展。

毛泽东在抨击孔子要恢复西周的封建礼制，即分封土地，建立诸侯国实行中央、地方分权的政治体制的同时，以"**百代多行秦政治**"来告诫中国人：中央集权的郡县制强化统一，上下分权的封建制势必分裂。他要中国人承认，他的中央集权制的一党专政，是继承"百代"最合理的政治体制。

同古代帝王一样，毛泽东赞美中央集权的郡县制，是对专权、独裁情有独钟。如果古代帝王钟情于郡县制是出于传位于子孙的家族之私，那么，毛泽东赞美郡县制是出于共产党一党独大、永远执政之私，两者没有质的区别。遗憾的是，至今还有那么一批学者，热衷于宣传郡县制能防止分裂的大一统一面，却对毛共的中央集权亦即无产阶级专政的恶端——扼杀民主、自由和阻滞发展、生灵涂炭的一面，视而不见！

（四）毛颂秦的目的

毛泽东替秦始皇评功摆好的目的只有一个，就是要为**马列加秦始皇主义**正名，亦即在赞颂马列主义"**无产阶级专政条件下继续革命**"的同时，为"**我们超过秦始皇一百倍**"的现代秦始皇评功摆好。

当我们把毛泽东与秦始皇放在一起加以比较时，人们不得不承认，对于"**假如办十件事，九件是坏的，都登在报上，一定灭亡**"因而酷爱谎言的毛泽东来说，"**我们超过秦始皇一百倍**"的马列加秦始皇主义，不是谎言，而是记录在案的史实。

秦始皇杀戮成性，毛泽东则有过之而无不及！

翻开"解放"后的历史看看，在他当权的二十七年间，枪杀、打死、虐死或自杀等所谓非正常死亡人数应在 800～1,500 万之间。其中被曝光的有：镇反中枪杀 100 多万人，自杀不计其数；土改中杀 100～150 万人，其中 20～30 万人自杀；"一化三改造"中打死、自杀 30～50 万人；肃反审查 400 多万人，非正常死亡 10 多万；反右致家破人亡者达 10 多万人；"四清"中自杀 4 万多人；文革中非正常死亡 200 多万。那么，未曝光的知多少？历年为数不清的"严打"又杀了多少？只有等档案解密、允许独立调查时，由历史工作者去了结。

在镇压反革命运动枪杀的100多万人中，毛泽东承认杀了46,000个知识分子，是秦始皇一次坑儒460人的100倍。除此而外，由于数据不清，在杀戮成性上，笔者很难说毛泽东超过秦始皇100倍，只能说毛比嬴政有过之而无不及。

秦始皇穷奢极欲，毛泽东则"穷"、"极"得多！

被曝光的行宫滴水洞，修建于饿殍遍野的"三年人祸"时期，花了一个多亿，可以供60万人吃一年。据传，毛的行宫遍布全国，计有30多处。到底有多少处？花了多少钱？此属"国家机密"，无人敢打听。此外，为了争当全世界人民的导师和领袖，毛在位的六、七十年代，每年外援经费支出占国家财政支出的比重保持在5~7%之间。其中，支援越南抗美200多亿美元，支援阿尔巴尼亚反苏90多亿元，支持柬埔寨波尔布特打内战10多亿元，修坦赞铁路花掉20多亿元——这些都是被曝了光的。那些没有曝光的呢？例如，支援朝鲜多少个亿？给印度尼西亚共产党、意大利红色旅和日本赤卫军等外国造反组织多少个亿？在批判刘、邓的"三和一少"后又增加外援多少个亿？据说，南美洲一个国家的共产党人，在北京领了50万美元革命经费回国后，不知去向——这些都属"国家机密"，也无人敢打听。

总之，秦始皇"欲"的是帝王宫殿和皇家陵墓，"奢"于百姓和官奴的劳役，毛泽东"欲"的是行宫和当世界人民的导师和领袖，"奢"于慷国家之慨，花老百姓的血汗钱。相比而言，毛泽东的"奢"和"欲"，比秦始皇"奢"得高明，"欲"得有"理"，因而要"穷"、"极"得多！

秦始皇生灵涂炭，毛泽东的农民在"瓜菜代"中度日。

据报导，甘肃洮河引水上山工程，是毛泽东推行大跃进的样板工程。工程规模很大，几百里的渠道，沿线调集十多万民工，从1958年一直干到1961年。结果，工程整个报废，一滴水也没引上山，浪费的金钱难以计数，而饿死、累死、打死和致伤、致残的民工成千上万。众所周知，毛泽东的人民公社体制，仅在1959~1961年间，饿死了3,000~4,500万人。在其后十多年里，数亿农民，不得不在"瓜菜代"和"离了红薯不得活"中，艰难度日。相比之下，除城市居民还算幸运外，毛泽东的农民，不比秦的"**服囚犯之衣，食犬彘之食**"好过多少！

秦始皇时代民不聊生，毛泽东则使民处于红色恐怖中！

众所周知，毛泽东在"解放"后到文化大革命的十七年间，接二连三地发动了镇反、土改、三反五反、"一化三改造"、反"高饶"、反胡风、肃反、反右、大跃进、人民公社、拔白旗、反彭、民主补课和"四清"等批、斗、杀运动，平均每14.5个月搞一次。文化大革命后到毛死的十年间，又接二连三地发动了打倒"彭罗陆杨"、"横扫"、破"四旧"、夺权、武斗、"清队"、"一打三反"、抓"五一六"、批林整风、批林批孔、批投降、批右倾翻案风等系列批、斗、杀运动，平均每10个月搞一次。由于每次运动持续时间长短不一，长的长达数年，短则短到数月，因此，运动与运动之间多无时间间隔，许多运动相互重叠在一起。**毛泽东执政的二十七年间，共搞了二十七次批、斗、驱、杀的政治运动，造成三百多万件冤假错案，因冤假错案死亡上百万，伤残上千万，株连上亿万。**在毛的"**政权就是镇压之权**"思想指导下，全国各地几乎每年都要搞几次"公审公判"式的"严打"，枪杀异己者以杀一儆百，使绝大多数中国人都生活在红色恐怖中。在红色恐怖中，自由被扼杀，生产积极性遭重挫，从而使国民经济在"抓革命，促生产"的高歌声中，走到了"崩溃的边缘"。毛的法西斯暴政，却被当今中共轻描淡写成"胡折腾"，是可笑？还是可恶？显然，毛泽东比嬴政更残暴、更酷虐！

由此可见，毛泽东诋毁孔孟倡导的仁政，赞美秦始皇，是为他的"**我们超过秦始皇一百倍**"的暴政进行辩护，借以美化他的**马列加秦始皇**主义，从而证明马列无产阶级专政的暴虐"**合情、合理、合法**"——这也是许多中国人暂时无法理解的。

(5) 无疾而终

自从1974年初开展批林批孔运动以来，全国上下所有广播和报刊，几乎口径一致地评法批儒：在批判孔孟之道的"**克己复礼**"、"**三纲五常**"、"**兴灭国、继绝世、举逸民**"和子虚乌有的孔子杀改革派少正卯等反动罪行的同时，对法家及其代表人物**秦始皇**大加赞扬。一贯以"厚今薄古"自居的毛泽东，并不讳言他"评法批儒"的目的是"古为今用"——为打倒政治对手所做的舆论准备。

当历史把周恩来推上第二把手的高位后，毛泽东心中老大不快。善于打扮历史的毛泽东，决定用权力改变历史。他十分清楚，周恩来是反孔的，他搞的批"克己复礼"、"三纲五常"甚至"评法批儒"，周都不沾边；但他是"**影射学**"专家，善于"指桑骂槐"。由于孔子的"吾从周"的"周"和孔子推崇周公姬旦的"周"，与周恩来的姓氏不期而合，这就为毛、江集团提供了"影"弹。他几乎明白无误地告诉芸芸众生：林、孔是"**桑**"，周是"**槐**"，大规模的批林批孔运动，批的就是你"周公"周恩来。

6月初，毛泽东认为，舆论准备形势已经到了该出手的时候了。他的"**罗织学**"也派上了用场。何为"罗织学"？"罗织学"者虚构罪名也。其中，"张冠李戴"是"罗织学"的重要手段：在一党专政下，给你李姓戴上个"**张**"冠，你就甭想再姓你的那个"**李**"。于是，他把他自己在延安整风期间写的九篇文章当打周"炮弹"，全部拿出来重新修改印刷。那九篇文章主要是抨击与毛对立的莫斯科派王明、博古和周恩来的。其中有两篇指斥周是"**经验宗派的代表**"，为教条宗派"**跑腿抬轿**"，是教条主义的"**帮凶**"。在整风中，周的"经验宗派"又被指责为"**再来统治党**"的"**最危险的人物**"，等等。显然，他要用"亲苏"这个陈谷子烂芝麻来罗织"最危险的人物"的罪名，以期扳倒周恩来。

江青接到扳倒周的"密旨"后，紧紧配合。6月14日，她召集会议，授意她的写作班子，要批"现在的儒"。在天津的一次谈话中，她更露骨地说，"**这次运动的重点是批党内的大儒**"，并借外国电讯暗示周恩来就是"现代的大儒"，尽管周姓"**马列**"而非姓"**儒**"。于是，新一轮"评法批儒"狂浪，腾涌而至。

然而，到了7月17日，在中央政治局会议上，毛泽东却来了个180度的大转弯，突然批评起江青来："**不要设两个工厂，一个叫钢铁工厂，一个叫帽子工厂，动不动就给人戴大帽子。**"他当众宣布，江青"**她并不代表我，她代表她自己。**"他还批评王洪文、张春桥、江青、姚文元搞帮派活动。他说："**你们不要搞成四人帮小宗派呢。**"使江青为首的"四人帮"，不请愿地又为他当了一次"屁股"。到了10月20日，毛泽东又发指示说："**总理还是我们的总理。**""**四届人大的筹备工作和人事安排由总理主持安排。**"

对此，有些专家认为，这是毛在搞左右平衡，即在老干部与文革派之间搞平衡。权力平衡是政治家们控制政局的寻常手段，毛也不例外。因此，不能排除批江搞平衡。但毛在一个半月中，突然来了个大转弯，则更像是毛、周角力的结果。

林彪摔死后，坚持"三不要主义"的周恩来，紧握手中的权力，首先借毛要解放干部的指示精神，解放了大批党、政、军的高级干部和将领，赢得了党内外右派的一片支持，从而成了他们拥戴的靠山；接着，他又借毛曾经的"批极左"讲话，大抓以造反起家的"五一六"分子并加以严惩，狠批文革派的极左思潮，让在前几年"造反"、"夺权"中备受折磨的右派们，长长地出了一口恶气；同时，他又借毛的"抓革命，促生产"口号，积极抓国民经济建设，到1973年，国民经济已全面好转，中止了文革以来不断下滑趋势，赢得了老百姓的赞许。这一切表明，"九一三事件"后，周恩来开始走上了他匡正毛弊、拯救中共的务实路线。但天才的毛泽东很快警觉起来。他发现，周的务实路线与他的"继续革命"狂想尖锐对立。当他得知没有军职的周与叶剑英元帅联手，一举解放了157个高级将领后，他深深地倒吸了一口冷气：与军方有很深渊源的周恩来，已经回到军中，并已插手军委领导工作。本来对周没有好感的毛泽东，决定在周、叶尚未形成联盟之前扳倒周恩来：在批周"**反极左**"、骂周"**放屁一通**"和批周"**投降**"后，又发动了倒周的批林批孔运动。六月初，他对运动形势做出了判断：批孔赞秦警告周的目的已基本达到，他的现代秦始皇形象已经树立了起来。正当他拿出九篇文章来一举扳倒周的时候，令他意想不到的事情发生了：6月18日，国家计划委员会向中央政治局汇报，上半年工业生产"**不少地区有所下降。主要问题是煤炭和铁路运输情况不好，钢铁、化肥等产品一些军工产品也欠账较多，对整个国民经济和战备影响较大。**"其中，煤炭比去年同期下降6.2%，铁路运输量比去年同期下降2.5%，钢比去年同期下降9.4%，化肥比去年同期下降3.7%。显然，国民经济全面好转的势头，已被批林批孔批周公运动中止，并又开始大幅度下滑。面对国民经济下滑局面，联想到去年批周后那同情、谴责的两股地下冷风，使毛又深深地倒吸了一口冷气：今日的周恩来，已是集党、政、军、民威望于一身的强劲对手，绝非昔日的刘少奇、林彪等辈可比。在对敌斗争中，一贯坚持"有理、有利、有节"的毛泽东，斟酌再三后，决定再放周一马。他对他的外孙女王海容小姐说："**周不是不能反，是时候未到。全国人民觉悟不高，对周还缺少认识，现在反周会天下大乱。**"于是，7日17日，便出现了批江的平衡术，历经半年多的风驰全国的批林批孔批周公运动，**也随之无疾而终。**对此，文革专家高文谦写道："毛泽东很清楚，林彪事件后，周恩来因趁势推动落实党的各项政策而在政治上大得人心。在这种情况下，如果硬要违背党心民意而大举批周的话，很有可能激起众怒，在政治上闹出乱子来。"

老谋深算的周恩来，十分清楚"太极软功"的丰硕成果。不想"走"的他，借"组阁"之机，极力设法阻止极左派的人掌握实权。他对主管军委工作的叶剑英说："**无论如何，大权不能落在他们(指极左派)手里。**"12月26日，他不顾病痛，带着医疗组和抢救器械，飞赴长沙，当面向毛泽东汇报"组阁"情况。经反复讨价还价后，毛一槌敲定了四届人大人事安排。现在回头看去，那届人事安排，是个左、中、右基本平衡的产物，也可以看做是毛、周妥协的结果。对于右派来说，能与极左派平起平坐，就算取得了胜利。这当然要归功于他们的领头人周恩来。

4. 送终周公

(1) 毛的杀手锏

尽管毛、周角力使毛不得不"再放周一马"，但不等于说，毛在扳倒周问题上已无牌可打。毛扳倒周的王牌是周的膀胱癌。

1972年5月，当周恩来被查出患有膀胱癌后，毛泽东以内部制定的医疗管理规定，下达了"不准手术"和"保密"的指示，使周的膀胱癌错过了最佳手术机会。直到两年后的5月，周才被"恩准"住院治疗。1974年6月1日，周恩来住院接受第一次膀胱癌手术。但术后不久，病情复发，8月10日又接受了第二次手术。此后，手术不断。据报导，自第一次手术起到去世为止，周恩来做大手术四次，小手术达九次之多，平均每四十多天做一次手术。到此，毛泽东终于放下心来：他最难缠的对手周恩来已病入膏肓，不久于人世了。当然，他已用不着再担心，他死后周能自然接班。

遗憾的是，迄今仍有学者认为，"**并没有足够的事实证明毛泽东是恶意延误治疗。**"更有甚者，他们认为，毛泽东是"仁慈"的领袖，不会对昔日的战友、同事无情，更不会"心狠手辣"！

毛泽东是否有"恶意"？是否"心狠手辣"？笔者选编了一些资料，供读者自我判断。

毛泽东是否有"恶意"？据报导：

1972年5月18日，周恩来被确诊患了膀胱癌。医疗组医生们立即报告中共中央，建议立即做手术。接到报告后，毛泽东以内部制定的医疗管理规定，否决了医疗组的报告：下令**"不开刀"**和**"保密"**，并要政治局主管周恩来治疗工作的王洪文、张春桥、叶剑英、汪东兴去贯彻执行。其中"保密"是不准将实际病情告诉周恩来、邓颖超夫妇。对此，医疗组很不理解。他们拒理力争，提出周的病变尚在早期，如及时进行手术，治愈率很高，而一旦错过了治疗时机，后果是严重的。但汪东兴答称：主席是考虑全局的，这样决定是保总理的。他要求医疗组**"要听主席的，要跟主席的思路。"** 医疗组又提出对周的身体做进一步检查，汪喝斥说："**七老八十，做什么检查。**"忽觉话无情义，随补充一句："**不要慌么。**"

九个月后1973年2月，周恩来大量尿血，毛泽东终于同意检查，但没有修改"不开刀"的指令。医生们暗中违抗毛泽东的旨意，用电灼术烧掉了部分癌细胞。

发现癌症两年后的1974年5月，周恩来的癌细胞开始扩散。9日，医疗组组长、著名泌尿科专家**吴阶平**带领医疗组向中央领导人当面陈情，说明周的病情严重，敦促中央批准周尽快住院动手术。对此，张春桥代表中央表态："**目前手术不能考虑，这一条给你们堵死。**"理由说周是"**党、政、军、内政的总管，他的工作别人无法代替。**"连一向站在周恩来一边的叶剑英也按统一的口径说，张春桥说的"**是中央的意见，积极的意见。切除的办法，暂时放一下，不考虑。**"显然，这是"**医疗为政治服务**"赤文化在医疗制度上的体现。面对膀胱癌，做为这种医疗制度的制定者之一的周恩来，只好听天由命——一切听任毛安排。

在无可奈何的情况下，邓颖超只好拜托周医疗组里的一位年轻貌美的女化验员小李，带着医疗组的诊断报告，绕过政治局主管周恩来治疗工作各个领导的审查，径直向毛泽东解释周尿血的严重程度。邓这一招果然高明，毛泽东见过小李后，终于批准了给周做手术的诊断报告。

1974年6月1日，周恩来在305医院接受了第一次膀胱癌手术。不幸的是，由于癌细胞已经扩散，手术后不久病情复发。两个月后的8月10日，周又接受了第二次手术。毛泽东闻讯后，自鸣得意地说："**我说不能开刀嘛，一定要开。现在还不是又开第二次。我看还会有第三次、第四次，不到呜乎哀哉不止。**"事实果然被他言中：以后又接二连三地做了十一次手术，直做到周死。

毛泽东是否"仁慈"呢？看一看他昔日战友和同事**高岗、彭德怀、刘少奇、林彪**的下场，再看一看在他执政的二十七年间所发动的二十七次政治运动 (6) 以及运动造成的五千多万个冤魂怨魄（另说：毛共已杀害6,378.4万人），以及再看一看在1978~1980年三年间，中共中央平反了300多万件冤假错案的严酷现实，你能找到他"仁慈"的根据吗？

(2) 再批周投降

也许嫌周恩来"走"得太慢，1975年8月，毛泽东借评《水浒》又给周来了个最后的一击。是年，毛泽东和文革派突然发起"评《水浒》运动"，抨击宋江架空晁盖，篡山夺权，后又接受朝廷招安，是投降派，等等。《水浒》是中国四大名著之一，宋江和108条好汉是妇孺皆知的英雄人物。毛说："**《水浒》这部书，好就好在投降。做反面教材，使人民都知道投降派。**"又说："**宋江投降，搞修正主义，把晁盖的聚义厅改为忠义堂，让人招安了。**"如果按毛氏反对"封建制"的逻辑，占山为王的宋江和他的前任晁盖，都是搞国家分裂，"理"应受到谴责，而不论这种分裂是否正义；与此相反，如果按毛氏赞扬"郡县制"的逻辑，宋江接受朝廷招安，回归统一，"理"应受到赞扬，更不能视宋为"投降"。但信奉"理无常是"哲学的毛泽东，并不按他的"郡县制"理论出牌去评《水浒》，而是另有标准。这个标准就是以"我"划线：他早已发现，周恩来要架空他，要篡党夺权，于是，他狠批宋江架空晁盖、篡山夺权的罪行，影射周的罪行不可宽恕；他早有预见，周恩来及其同伙要否定文化大革命，于是，他又狠批宋江接受朝廷招安的是投降行为，不指名地再批周的投降主义行径。人们不会忘记，1973年毛批周企图投降美帝、苏修，而今，他又批周妄图否定文革，投降资产阶级。毛的这一击是致命的，他要给企图在不断手术中求生的周恩来造成巨大的精神压力，使周不能轻松地享用手术可能带来的一线生机。

病入膏肓的周恩来，当然知道评《水浒》是冲着他来的：那"架空"、那"投降"的批判，特别刺耳、揪心。在巨大精神压力下，彬彬有礼的他，有时也会像嚎啕大哭林彪那样失控。1975年9月20日，在最后一次大手术前，由于对生命和权力的渴望，躺在担架车上的他，在将被推进手术室的瞬间失控了。他突然伸手抓住门扇，竭尽全力喊道：

"**我周恩来是忠于党、忠于人民的。我不是投降派！我不是投降派！**"

周恩来的呼喊，使在场的高官和医务人员，愕然相视，怔怔地站在那里。对于高官们来说，毛、周角力司空见惯，令他们意想不到的是，一贯能顾全大局的周恩来，怎么能在那么多医务人员面前情绪失控！对于医务人员来说，毛、周是亲密无间的战友，令他们意想不到的是，怎么突然间，他们敬爱的周总理竟变成了投降派！当邓颖超要求汪东兴将周的话上报给毛主席后，邓小平示意医务人员继续工作，担架车才被缓缓推进手术室。

由于错过了最佳手术时机，手术以再次失败而告终。此时的周恩来已经明了自己病入膏肓的情况：他不久人世了。据传，在他弥留之际，有一次清醒过来后，他握住邓颖超的手，相互望着，嘴唇轻轻抽动了几下，一句郁积在心底很久的话，终于吐了出来：

"**我肚子里还装着很多话没有说！**"说着，眼泪夺眶而出！——一个毕生反对自由主义的共产主义战士，作茧自缚，最终不得不在极权主义的幽禁中，作痛苦挣扎！

1976年1月8日，不愿"走"的周恩来，带着无限惆怅和遗憾，先于毛泽东九个月离开了人间,终年七十八岁。

(3) 十里长街送周公

周恩来死了,但却成功了!

"九一三事件"后,毛、周之间角力,表现为毛的硬功与周的软功的角力。

"解放"后,周恩来长期坐在第三把交椅上,与毛泽东之间总有一个人坐在第二把交椅上。这是毛泽东的精心安排,为的是不让雄心勃勃的周自然接班。出人意料的是,当毛、刘斗法时,周是毛争取、团结的对象,又当毛、林斗法时,周再次成了毛争取、团结的对象,而坐在第二把交椅上的刘少奇和林彪,成了周的屏障,都先后中箭落马,死于非命。林死后,周自然而然地坐上了第二把交椅。对周来说,这既是机遇,更是生死挑战。

坐在第二把交椅上的周恩来,深知面临的危险。他说他是"**忠于党**"的,这话是真。从勒杀顾宪章全家老小,到撤离井冈山前处决战俘和伤病员,再从支持红卫兵"红八月"大屠杀,到屠戮异己的"一打三反",都出于他对党的一颗忠心。他说他"**不是投降派**",此话也真。从助毛搞大跃进饿死数千万农民,到指挥造反派大破"四旧",颠覆华夏文明,再到推动和领导农业学大寨运动,使大寨人敢于提出"宁要社会主义草,不要资本主义苗"的革命口号,证明他是个坚定的无产阶级政治家,绝无"投降"之虞。"九一三事件"后,他发现,嗜权如命又独断专行的毛泽东,正在毁灭他所钟情的党。因此,他必须利用第一副主席的权位,与毛抗衡,匡正毛弊,以拯救中共于危难之中。半个多世纪的交往,使他对毛泽东的品格、权谋和手段,都有深刻的认知。在绝对强势又不计后果的毛泽东面前,他吸取了刘、林的教训,既不采取刘少奇的软抗,也不效法林彪的硬顶,由是,他设计了以柔克刚的太极功和忍辱负重的"三不要主义",以期与毛周旋到底。

周恩来以太极软功与毛的硬功角力中,从表面上看,他是节节败退。他十分清楚,他的太极软功虽已被识破,毛泽东不会放过他;但他坚信太极软功的魔力,他会取得成功,尽管在"膀胱癌"面前他的能力受限。因此,在毛咄咄逼人面前,他仍以忠毛、崇毛的姿态亦即所谓"保持晚节"来争取党心、军心和民心。在节节败退中,他不放弃任何可能做的工作。据报导,自1974年6月1日住院到1976年1月8日逝世的一年半里,在大小手术13次的过程中,他的身体极度消瘦,体重只剩下了30.5公斤。在癌症的折磨下,他以惊人的毅力,顽强地与毛泽东周旋。据统计,在这一年半里,他除正常批阅、处理文件外,同中央负责人谈话161次,与中央部门及有关方面负责人谈话55次,会见外宾63批,会见外宾前后与陪见人谈话17次,在医院召开会议20次,出医院开会20次,外出看望人或找人谈话7次,……显然,在坚守不"走"的"三不要主义"的前提下,他败得有理,退之有序,在败退中,他赢得了党心、军心和民心。

人们已厌倦了文化大革命,对毛、江左派集团声嘶力竭的批判和无休无止的屠戮,早已深恶痛绝。他们希望改变，盼望休养生息，渴望有一面旗帜，率领他们结束毛左集团的暴政。于是，他们从数年的毛、周角力中，找到了这面旗帜——**周恩来**！

此时气息奄奄的周恩来，历史地成了一面反抗毛泽东暴政的旗帜。党内、军内的右派甚至除极左以外的左派，都不约而同地走到这面旗帜下，人民群众——那些芸芸众生，已忘记了周的刽子手过去，也纷纷站到这面旗帜下。这是几股看不到、听不见的反毛潜流，正在汇合成汹涌澎湃的怒潮。

1976年1月8日，在节节败退中的周恩来，最后败退到了生命的终点：他死了！但他的死，却给毛泽东和毛左集团以致命一击！

在"不许用死人压活人"的恐吓下，在毛泽东的"伟大的马克思主义者，是谁送给总理的？我和这个马克思主义的总理，就斗争过不少于十次"的痛斥下，数十万人勇敢地、静静地站在长安大街的两边，为周送行当年，小学课文《十里长街送总理》是这样写的：

周恩来灵车驶过天安门

天灰蒙蒙的，又阴又冷。长安街两旁的人行道上挤满了男女老少。路那样长，人那样多，向东望不见头，向西望不见尾。人们臂上都缠着黑纱，胸前都佩着白花，眼睛都望着周总理的灵车将要开来的方向。一位满头银发的老奶奶挂着拐杖，背靠着一棵洋槐树，焦急而又耐心地等待着。一对青年夫妇，丈夫抱着小女儿，妻子领着六七岁的儿子，他们挤下了人行道，探着身子张望。一群泪痕满面的红领巾，相互扶着肩，踮着脚望着，望着……

夜幕开始降下来。几辆前导车过去以后，总理的灵车缓缓地开来了。灵车四周挂着黑色和黄色的挽幛，上面装饰着大白花，庄严、肃穆。人们心情沉痛，目光随着灵车移动。好像有谁在无声地指挥，老人、青年、小孩，都不约而同地站直了身体，摘下帽子，眼睁睁地望着灵车，哭泣着，顾不得擦去腮边的泪水。

就在这十里长街上，我们的周总理迎送过多少位来自五洲四海的国际友人，陪着毛主席检阅过多少次人民群众。人们常常幸福地看到周总理，看到他矫健的身躯，慈祥的面庞。然而今天，他静静地躺在灵车里，越去越远，和我们永别了！

灵车缓缓地前进，牵动着千万人的心。许多人在人行道上追着灵车奔跑。人们多么希望车子能停下来，希望时间能停下来！可是灵车渐渐地远去了，最后消失在苍茫的夜色中了。人们还是面向灵车开去的方向，静静地站着，站着，好像在等待周总理回来。

课文是"主旋律"声音。尽管课文里没有听到人民要求结束暴政的呼声，但"**静静地**

站着，站着，好像在等待周总理回来"，在一定程度上反映了民心所向。

"民心所向"指什么？**"洒泪祭雄杰，扬眉剑出鞘！"** 一场震惊中外的**"四五怒潮"**，在周死了两个多月后暴发了——4月4日清明节前夕，接连数日，先后有一百多万人，抬着花圈，走上天安门广场，借祭奠周恩来之机，声讨毛泽东暴政，4月5日达到了高潮。

"四五怒潮"虽被毛泽东残酷镇压了下去，但毛左集团自此江河日下，声名狼藉，预示文化大革命已经走进末日！

对此，有人这么说："一生无敌手的毛泽东，最终却栽在被他拖死的周恩来身上！"不过，文革后邓小平一句意味深长的话，却是耐人寻味的。他说：

"**如果没有总理，文化大革命的局面可能更糟；没有总理，文化大革命也不会拖得那么久。**"

三、毛、邓斗法

1. 效忠信

林彪摔死后，特别是1972年"批林整风"后，接班人再次成了毛泽东挥之不去的纠结。由于历史的积怨，毛泽东从不愿意把周恩来当成他的接班人。然而，当他选定的接班人刘少奇、林彪相继被他整死后，他最忌讳的事发生了：周恩来自然而然地当上了二把手，离接班只有一步之遥。为了掐断周恩来接班之路，他要物色一个能取周而代之的人。为此，他曾想把权力交给江青，但江太张狂，甚至成事不足，败事有余，不堪重托；也曾认为张春桥才能过人，且对他忠心耿耿，但张在党内、军内树敌较多，势单力薄，不足以扛大旗；江、张两人也非周的对手，更不用说取周而代之了。思前想后，他想起了一个人。这个人，就是被他流放到江西正在接受劳动改造的邓小平。

邓小平，四川广安人，生于1904年8月22日。1920年赴法国勤工俭学。1924年参加中国共产党，后转往苏联学习。1926年底回国，被派到冯玉祥军队中从事政治工作。1927年任中共中央秘书长。1929年同张云逸等在广西领导百色起义和龙州起义，创立了红军第七军、第八军和左江、右江革命根据地。1931年任军委总政治部秘书长、红军报纸《红星》报主编。1933年由于拥护毛泽东的主张，被当时以周恩来为书记的苏区中央局撤职——**第一次被打倒**。1934年10月参加长征，第一次复出后，取代邓颖超任中共中央秘书长。1935年1月，在遵义中央政治局扩大会议上，他支持毛泽东。抗日战争中，任129师政治委员，同刘伯承共创晋冀豫等根据地。1945年，在中共七大上当选为中央委员。"解放"战争时期，任晋冀鲁豫野战军（后改称为中原野战军、第二野战军）政治委员。1947年，在淮海战役和渡江战役中，任总前委书记，他和刘伯承、陈毅等指挥解放军攻克了国民党政府首都南京，并向华东、中南、西南各省进军。"解放"后，任中央人民政府委员、中共中央西南局第一书记、西南军政委员会副主席、西南军区政治委员。1952年被毛泽东提拔为中央人民政府政务院（1954年改称国务院）副总理。1954年任中共中央秘书长，同年任国防委员会副主席。1955年中共七届五中全会上，被毛提拔为中央政治局委员。1956年在中共第八次全国代表大会上作关于修改党的章程的报告。在八届一中全会上，又被毛提拔为为中央政治局常务委员、中央委员会总书记。至此，他同林彪一样，成了毛泽东手中制衡刘少奇、周恩来、彭德怀的一张牌，也成了毛的后备接班人。显然，他是毛派中的重量级人物。不慎的是，三年人祸中，他忘记了毛是"正确"区分敌我矛盾的最高裁判，与毛的狂想渐行渐远，却与刘少奇的务实越靠越近，引起毛的反感，首先失掉了后备接班人的资格。

1957年6月19日，毛泽东正式发表了他的新作：**《关于正确处理人民内部矛盾的问题》**。在这篇文章里，他把社会矛盾划分成两类不同性质的矛盾：一种叫人民内部矛盾，一种叫敌我矛盾。如何区分两类不同性质的矛盾呢？毛写道："**在现阶段,在建设社会主义的时期,一切赞成、拥护和参加社会主义建设事业的阶级、阶层和社会集团,都属于人民的范围；一切反抗社会主义革命和敌视、破坏社会主义建设的社会势力和社会集团,都是人民的敌人。**"又说："**对于那些盗窃犯、诈骗犯、杀人放火犯、流氓集团和各种严重破坏社会秩序的坏分子，也必须实行专政。**"这就是说，除了刑事罪犯外，一切赞成、拥护、参加社会主义革命和建设的人都属于人民范围，反之，都属于敌人范围。显然，这种以政治理念划分敌我的理论，是一个带有鲜明封建人治观念、与现代法制观念格格不入的专制理论。这种专制理论，把语义学范畴的人民即老百姓一词，变成了政治概念，并赋于"人民"以拥护中共、毛泽东和社会主义的政治内涵。显然，这种理论的逻辑是：一切听中共党的话、听毛主席的话、照中共党的指示办事、照毛主席指示办事的人，都属于"人民"范围，反之，都是敌人。简而言之，毛和中共党是"正确区分两类不同性质矛盾"的唯一裁判：**说你是"人民"，你就是好人；说你是敌人，你就是反动派！**

按照这个区分两类不同性质矛盾的理论，解决矛盾（冲突、问题）的方针截然相反：如果你被毛和中共裁判为"人民"，你的问题便属"人民内部矛盾"，党和政府就会对你采用"**从团结的愿望出发，经过批评和教育，从而在新的基础上达到新的团结**"即"**团结——批评——团结**"的方针，亦即对你用说服、教育的方式加以解决；如果你被毛和中共裁判为"敌人"，你的问题便属"敌我矛盾"，党和政府就要对你实行无产阶级专政，亦即用批（批斗）、管（管制、放逐）、关（入狱）、杀等专政手段进行镇压。

历史业已证实了毛泽东和中共的裁判权，也证实了毛泽东区分和处理两类不同性质矛盾理论的独裁性和残酷性。**就**听党的话、照毛泽东的指示办事而言，一切反对农业合作化、人民公社化的农民和反对私人工商业国有化的资本家，以及反对批判彭德怀的人，都是人民的敌人——反革命分子，对他们就要实行无产阶级专政，实行批、管、关、杀，而且"**对敌人要狠**"，决不能手软；然而，三十年后，政策打了个颠倒，三十年前的反革命分子虽没有平反，但他们继任者，那些赞同解散人民公社和合作社、主张和实行分田到户的农民、干部，那些赞同市场经济政策从而在官商一体中大显身手的新生资产阶级和官僚寻租阶级（官僚特权阶级），却都从"人民的敌人"变成了人民，对他们就不能实行批、管、关、杀的专政措施，而要实行"团结——批评——团结"的方针。就听毛泽东的话而论，刘少奇和林彪，因听毛主席的话，都先后当上了党和国家的接班人——毛说"**三天不学习，赶不上刘少奇**"，又说"**林彪是忠于我的一员战将，我信任他**"；但若干年后，他们两个又因不听毛主席的话、不照毛主席的指示办事，都先后被罢黜，成了"死有余辜"的人民敌人：一个被拖死，一个被摔死，同时也成了"**对敌人要狠**"理论的殉教者。邓小平呢？在毛的封建专政体制下，他也逃脱不了两类不同性质矛盾理论的宣判。

　　文革之初，邓小平因没有听毛主席话，与刘少奇"勾结"在一起，抵制毛泽东的革命路线，因而被打成"中国第二号最大的走资本主义道路的当权派"，成了人民的敌人，遭到罢黜和毛式批斗——**第二次被打倒**。但由于长期"紧跟"毛，毛泽东便为他网开一面，在说了句"**邓小平与刘少奇要有区别**"的话之后，邓的"人民的敌人"的性质有所宽缓，处于人民、敌人之间的模糊中。这种模糊性质，使他在挨斗时没有像刘少奇挨斗得那么惨烈。到了1969年，当刘被整死在开封时，六十五岁的他，却幸免一死，全家被"恩"流到江西新建县拖拉机修配厂去劳动改造。

　　林彪摔死后，毛泽东拒绝反思他的"横扫一切牛鬼蛇神"、破"四旧"、"群众专政"、清理阶级队伍和"一打三反"等一系列反人类暴行；但根据巩固权力的需要，也被迫做了一个有限反思：打倒了一些不该打倒的干部。1972年初，他打算用他的"正确处理两类不同性质矛盾"的理论，把一些打倒了的干部，从敌人阵营里"解放"出来，拉回到人民范围中。于是，他借出席陈毅元帅追悼会的机会，当众宣布邓小平是"**人民内部矛盾**"。闻讯后，邓小平发现机会来了。他于8月3日，给毛泽东写了封"永不翻案"的效忠信。凭着直觉，他相信，接信后的毛泽东一定会重用他。

　　邓小平给毛泽东**效忠信**的全文较长，为压缩篇幅，笔者摘抄如下：

主席：

　　前天，（八月一日）我第四次同全体职工一块，听了关于林彪反党反革命集团阴谋叛乱的罪证，和关于陈伯达反共份子、托派、叛徒、特务、修正主义份子的历史材料，使我更加感到，如果不是文化大革命和广大深入的群众运动这面无比巨大的照妖镜，这样迅速地把这帮牛鬼蛇神的原形显照出来，特别是，如果不是主席这样从他们的世界观以及他们的政治观点和阴谋活动中，及时地查觉出他们的反动本质和极大的危害性，并迅速地把他们暴露于光天化日之下，如果一旦他们完全掌握了党和国家的最高权力，那不但我们的社会主义祖国会变到资本主义复辟，而且会使我们的国家重新沦入半殖民地的地步，更不知会有多少人头落地。没有疑问的，那时，革命的人民和真正的共产党人最终会起来把他们打倒，恢复无产阶级专政和社会主义制度，但是这要经过多长的痛苦的历史反复啊！言念及此，真是不寒而栗。**伟大的无产阶级文化大革命，在打倒了刘少奇反革命的资产阶级司令部之后，又打倒了林彪、陈伯达这个反革命集团，再一次为党和国家消除了最大的危险，使我不禁欢呼文化大革命的伟大胜利，毛泽东思想的伟大胜利。**

在历史上，我知道林彪犯了两个错误，一次是在长征时，他同彭德怀搞在一块，反对毛主席的领导。再一次是抗美援朝，他反对主席的极端重要的政治决策，并且拒绝到朝鲜作战。在实质上说，他是怕美国，不相信会打败美帝，不相信自己的正义立场和自己的力量。

在全国解放后，我从一些事情中，逐渐觉得林彪是一个怀有嫉妒心和不大容人的人。这我是从他对罗荣桓、刘伯承等同志的态度中看出的。林在军委扩大会议上说刘伯承同志在二野没起什么作用，似乎只有我在那里起作用，当时我曾为此说过，没有那样能够很好合作的司令员，我这个政治委员也起不了什么作用的，对我这个态度，林彪当然是不高兴的。罗荣桓同志同林彪是老战友，为人的朴实、诚恳和厚道，是大家所知道的。记不得是在一九五几年，罗荣桓同志曾指出林彪在宣传毛泽东思想中，只强调老三篇，是把毛泽东思想庸俗化，林彪非常不高兴，从此对罗的关系很坏。至于对贺龙的关系，大家是知道的。

对于罗瑞卿问题的处理，我总觉得（林彪）其中包含了一些个人的东西，在方式上多少带一些突然袭击的性质。

对于林彪高举毛泽东思想伟大红旗，现在看来，他的确是为打着红旗反红旗的，是准备夺权、颠覆无产阶级专政、复辟资本主义的步骤。我过去的最大错误之一，就是没有高举毛泽东思想的伟大红旗。但是，过去在两点上我一直是不同意的，一是林彪只强调老三篇，多次说只要老三篇就够用了，我认为毛泽东思想是在一切领域中全面的发展了马克思列宁主义，只讲老三篇，不从一切领域中阐述和运用毛泽东思想，就等于贬低毛泽东思想，把毛泽东思想庸俗化；一是总感觉林彪的提法是把毛泽东思想同马列主义割裂开来，这同样是贬低了毛泽东思想的意义，特别是损害了毛泽东思想在国际共产主义运动和反对国际修正主义运动中的作用，我从阿尔巴尼亚同志的态度了解到这一点，我是赞成强调毛泽东思想对于马列主义的继承、捍卫和发展作用的。

在文化大革命中，我见到"毛主席缔造的、林副主席直接指挥的"这样的提法，觉得有点刺眼，只觉得这是提高林彪威信的提法，不敢有别的想法，现在原形毕露，才恍然大悟了。

对于陈伯达，他的历史我一无所知，甚至在延安写的三民主义概论我也不知道。我对陈的印象是，这个人很自负，很虚伪，从来没有自我批评。他会写东西，我从来没有听到他赞扬过别人写的好东西。对于能写的别人，他是嫉妒的，例如对胡乔木。

主席知道，林彪、陈伯达对我，是要置之死地而后快的。如果不是主席的保护，我不知会变成什么样子的了。

我同全党全国人民一道，热情地庆祝在摧毁了刘少奇反革命资产阶级司令部之后，又摧毁了林彪反党反革命集团的伟大胜利！

关于我自己，我的错误和罪过，在一九六八年六七月间写的"我的自述"中，就我自己认识到的，作了检讨。到现在，我仍然承认我所检讨的全部内容，并且再次肯定我对中央的保证，**永不翻案。**

我历史上最大的错误之一，是在一九三一年初不该离开红七军，尽管这个行为在组织上是合法的，但在政治上是极端错误的。

我另一个最大的错误，是在到北京工作以后，特别是在我担任党中央总书记之后，犯了一系列的错误，一直发展到同刘少奇一块推行了一条反革命的资产阶级反动路线。在六〇、六一年困难时期，我没有抵制三自一包四大自由等资本主义的歪风。

我完全拥护主席的话：**无产阶级文化大革命是完全必要的、非常及时的。**

在去年（一九七一年）十一月我在呈给主席的信中，曾经提出要求工作的请求。我是这样认识的：我在犯错误之后，完全脱离工作，脱离社会接触已经五年多快六年了，我总想有一个机会，从工作中改正自己的错误，回到主席的无产阶级革命路线上来。我完全知道，像我这样一个犯了很大错误和罪过的人，在社会上批臭了的人，不可能再得到群众的信任，不可能再作什么重要的工作。但是，我觉得自己身体还好，虽然已经六十八岁了，还可以作些技术性质的工作（例如调查研究工作），还可以为党、为人民作七八年的工作，以求补过于万一。我没有别的要求，我静候主席和中央的指示。

衷心地敬祝主席万寿无疆！

邓小平　一九七二年八月三日

邓小平的这封效忠信，极尽心机地委托江青转呈毛泽东。

邓小平的"直觉"应验了。8月14日，毛泽东在邓小平信上批道："**（一）他在中央苏区是挨整的，即邓、毛、谢、古(邓小平、毛泽覃、谢唯俊、古柏)四个罪人之一，是所谓毛派的头子。整他的材料见两条路线，六大以来两书……（二）他没有历史问题，即没有投降过敌人。（三）他协助刘伯承同志打仗是得力的，有战功。除此之外，进城以后，也不是一件好事都没有做的。例如率代表团到莫斯科谈判，他没有屈服于苏修。这些事我过去讲过多次，现在再说一遍。**"

1973年2月，邓小平应着毛的批示携全家回到了北京，做好了第二次复出的准备。果不出邓之所料，3月10日，中共中央根据毛泽东的批示，决定恢复邓的国务院副总理职务。到此，**完成了从人民到敌人、又从敌人到人民往返过渡的邓小平**，成了毛泽东"正确区分和处理两类不同性质矛盾"的典范!

2. 紧跟暨文革第七轮大屠杀

1973年3月10日,中共中央在恢复邓小平的国务院副总理职务的决定中说:

中央政治局认真讨论了毛主席的批示和邓小平同志的问题。毛主席的批示,充分体现了我们党对待犯错误的同志总是严格区分两类不同性质的矛盾,全面地、历史地评价他们的功过,认真实行"惩前毖后,治病救人"的方针。邓小平同志从全国解放以来,特别是在他担任党中央总书记职务期间,所犯的错误是严重的。无产阶级文化大革命运动中,全党全军国人民对邓小平同志的揭发批判是正确的、必要的。经过毛主席、党中央的耐心教育和广大革命群众的揭发批判,邓小平同志对自己的错误作了认真的检查。有了悔改的表现(见附件二)。我们对他的进步应当表示热烈的欢迎,并希望他在实践中继续改正自己的错误。遵照毛主席批示的精神,中央决定:恢复邓小平同志的党的组织生活,恢复他的国务院副总理的职务,由国务院分配他担任适当工作。

邓小平何等聪明!当他看到中央的决定和毛的批示后,立刻意识到,要取得毛的重用,必须谨慎行动,主动接受毛的观察和考验。

在1973年这个多事之秋里,他冷眼观察到毛、周裂隙正在扩大。他清楚,从井冈山到北京,他都是毛的人。只是大跃进开始后,"大救星"情结使毛异想天开的狂想大暴发,他的务实主义才与毛拉开了距离,因而使他付出了代价:文革初期,被毛、林、周联手打倒,吃了不少苦头。他更清楚,毛这次叫他回北京,显然是念在他长期"紧跟"的份上。因此,要取得毛的信任,就要收敛务实,全力"紧跟"。如今,他已看出毛、周矛盾:一个要排除对方,防止对方自然接班,一个则紧握权力不放,力争党心、民心,与对方周旋。在这种情势下,他必须选边站队。从感情上讲,无论在井冈山或在延安,他同周都持有一定距离,文革初期,又加大了这一距离;然而,他的务实主义却与周不谋而合,这就为选边站队增加了难度。但他十分清楚,毛叫他出来特别是八月的"十大"上,又叫他当了中央委员,显然有叫他取代周的意思。因此,他毫不犹豫地选择了效忠,以接受毛的考验,尽管他并不认为周有什么大错。

(1) 接受毛的第一个考验:批周

1973年10月,加拿大总理特鲁多来华访问,邓小平以副总理的身份陪同客人到桂林参观访问。在送走外宾后,15日,邓小平专程到湖南韶山毛的旧居参观。他向毛泽东发去了主动效忠的信息。

但第一个被动效忠的考验突然来到了邓小平的跟前。1973年11月25日,还不是政治局委员的他，突然被毛钦点参加批判周恩来投降主义的政治局扩大会议，以考验他的忠诚。

邓小平是个城府很深的政治家，面对毛的观察和考验，他会用什么姿态来对付毛呢？他对于批判周的投降主义，压根儿认为这是欲加之罪，不愿对此仓促表态，但他必须表态。他在大论国际形势中，高度赞扬毛的外交路线，巧妙地隐含了对投降主义的批判。面对江、王、张、姚等政治局委员对周的批判，特别是把对周的问题提升到第十一次路线斗争的高度，他并不认同；但他却说出了毛泽东想说又不便说的话。他对周说：

"你现在的位置离主席只有一步之遥，别人都是可望而不可即，而你却是可望而可即，希望你自己能够十分警惕这一点。"

这句话看似简短，份量却很重，不仅道出毛的疑虑和担心，同时也鞭打了周的太极功的目的。毛听了汇报后，高兴地对王、唐两小姐说："**我知道他会发言的，不用交待也会发言的。**"值此，邓在取代周的道路上，前进了一大步。

对此，有人却说，邓小平是借批判周恩来复出的。这话显然过于牵强。

(2) 接受毛的第二个考验：代毛阐发三个世界"理论"

1974年2月22日，毛泽东在会见赞比亚总统卡翁达时，提出划分三个世界的"理论"。他对客人说："**我看美国、苏联是第一世界；中间派日本、欧洲、加拿大，是第二世界；咱们是第三世界。**""**第三世界人口很多**"，"**亚洲除了日本，都是第三世界。整个非洲都是第三世界，拉丁美洲是第三世界。**"——这就是毛泽东的三个世界"理论"。这个"理论"是毛泽东要当全世界人民导师和领袖狂想的蔓延。

为了征服世界，共产党人的战略是"**全世界无产者联合起来！**"这个口号是马克思主义口号。它公开宣布：肩负"解放"全人类使命的共产党人，有权在所有国家里鼓动和领导革命。他们组成"共产国际"，把共产党人的利益凌驾于各国国家利益之上，利用国家资源，以暴力干涉他国内政，去领导"解放"他国人民的革命运动。第二次世界大战后，在这个战略口号下，世界被迫分裂成了两大阵营：一个以苏联为首中国为副的社会主义阵营，他们肩负着"解放"全人类使命，动用大量国家资源，以巨款在各国制造革命，处于进攻态势，成了战争策源地；一个是以美国为首联合所有民主国家在内的资本主义阵营，为了保卫民主和自由成果，他们处于防守态势，也不可避免地成了另一战争策源地。上世纪五、六十年代绵延不断的烽火，就是两大阵营冷战、热战的结果。

两大阵营冷战、热战十多年后，社会主义阵营分裂：中苏两党为争夺"世界革命的领导权"、争当世界领袖和导师而分道扬镳。中苏两党在征服世界的目标上没有分歧，但征服的手段、策略和领导权分歧巨大，并演变成了两国边境武装冲突，险些发展成热核大战。由于争夺"世界革命领导权"中处于下风，无法取代苏联，于是，毛泽东发明了"**建立从

日本经欧洲到美国的'一条线'战略"，借以围堵苏联。也许是"一条线"战略基于联合主要资本主义国家以围堵苏联，与"**全世界无产者联合起来**"的马克思主义教义相悖，遂受共产党人诟詈。于是，毛泽东又改变了"一条线"战略，并将其改造成反对美、苏两个"霸权主义"的三个世界"理论"。

如果说毛泽东反对苏联的"霸权主义"是出于争夺国际共运的领导权，那么，反对美国的"霸权主义"，则是无产阶级专政与普世价值的较量。因为，中共一党专权的封建思想与美国为代表的民主、自由和人权普世价值观针锋相对，无法调和。

三个世界"理论"没有什么新奇之处，它不过是中共征服中国人民的"统一战线"的翻版。中共的"统一战线"是**分化瓦解、各个击破**策略的运用，早已臭名昭著。当年，介于国共两党之间的第三势力，在中共"统战"下，那些与中共"肝胆相照，患难与共"的反蒋的民主党派的精英们，那些从国民党中分化出来投奔中共的反蒋"义士"们，没过几年好日子，其"统战"价值告罄，许多人在反右中中箭落马，其中的一些幸存者，又在文革中被打成牛鬼蛇神，纷纷栽倒在"横扫"中。历史证明了"统战"的欺诈性，因而，谎言、欺骗、利用和迫害，成了"统战"的同义语。但毛和中共不惧"历史证明"，他们笃信"**谎言重复多次就是真理**"的哲学，于是，毛泽东炮制出了个征服世界的三个世界"理论"，把声名狼藉的"统战"搬到国际舞台上。

要征服世界，首先要分裂世界，为各个击破制造条件。早在1970年5月20日，毛泽东在《五二〇声明》中，曾以导师的口吻训谕第三世界："**弱国能够打败强国、小国能够打败大国。**"号召第三世界的弱国、小国，不要紧跟美、苏，也不要害怕他们，要敢与他们抗衡、争锋。**他将三个世界"理论"作为他征服世界的战略构想，即以中国为根据地，依靠第三世界，团结第二世界，结成最广泛的国际统一战线，打倒第一世界的两个"霸主"美国和苏联，然后再逐个收拾第二、三世界中的敌对势力，从而为"解放"全人类、最终征服世界的革命理想铺平道路。** 显然，三个世界"理论"是毛泽东以全世界人民导师和领袖身份的继续表演：1968年4月16日，他以全世界人民导师的身份发表了《四一六声明》，号召美国人民起来"**推翻美国垄断资产阶级的反动统治**"；而他的《五二〇声明》，则号召"**全世界人民团结起来，打败美国侵略者及其一切走狗**"。毛泽东深信，他的两个声明和三个世界"理论"，必将使中国成为"世界革命的中心"，必将把他从自我诩张中推上公认的全世界人民导师和领袖的宝座。然而，这个"理论"却使中国付出了巨大代价：在多数中国人还在"瓜菜代"中煎熬时，为了实现毛泽东的狂想，每年还要挤压出约占国家财政支出的5~7%的数百个亿，去鼓励第三世界各国反对美苏两个超级大国的"霸权主义"，还要干涉他国内政，去支持各国共产党人的所谓革命斗争。

也许有人不以为然，甚至认为笔者在着意丑化。如果你能看一看那段历史的真实录像，读一读那个时代铺天盖的崇毛文字，例如，发表在《人民日报》等主要报刊上的《**全世界**

人民怀念毛主席》、《热烈欢呼世界进入以毛泽东思想为伟大旗帜的新时代》、《全世界革命人民欢呼伟大的毛泽东时代》、《各国人民心中永远不落的红太阳》等文章,笔者是否在丑化,写的是否是实史,相信你会做出自己的判断。

　　三个世界的"理论"是与时相悖的理论,它违背了《联合国宪章》原则和《世界人权宣言》精神,因而遭到了许多国家和有识之士的反对。今日世界需要和平和发展,需要共处和共赢,因而需要成员国特别是大国、强国,应依据《联合国宪章》原则和《世界人权宣言》精神,使**强国保护弱国,富国救助穷国,文明感化落后,民主鞭挞独裁**,从而达到构建和谐世界的目的。但"与人斗其乐无穷"的毛泽东,不喜欢和谐世界,他喜欢革命、斗争和动乱。他深信,在他的阳谋和阴谋的捭阖纵横下,世界革命必将形成"山雨欲来风满楼"之势,在烽火连天中,美、苏两个超级大国招架不住,疲于奔命,必将被逼到"无可奈何花落去"的绝境。那时,共产党人必将在乱中取胜,征服世界指日可待!

　　做为老资格的共产党人,邓小平不仅热衷于暴力夺权,暴力用权,暴力维稳,也热衷于**勒紧裤带拨巨款**支持各国革命,干涉他国内政,因而对毛泽东国际统一战线的"理论"心领神会,大加赞赏。1974年4月10日,根据毛这一国际"统战"思想,邓小平借机效忠,在联合国大会第六次特别会议上,主动而详尽地阐述了毛泽东杜撰的三个世界"理论"。他强调:"**中国是一个社会主义国家,也是一个发展中的国家。中国属于第三世界。**"在这里,出于策略,邓氏回避了中国要当第三世界领袖的毛泽东狂想,而闪烁其词地说:"**中国现在不是,将来也不做超级大国。**"他还宣布:我们主张,在"**和平共处五项原则的基础上**",努力发展同第三世界各国的友好关系,加强与第三世界和一切可以联合力量的团结,反对美、苏霸权主义。

　　邓小平在联合国特别会议上对三个世界"理论"的阐述,大多数国家漠然待之,却受到了毛泽东的褒扬。很快,他得到了回报:当年10月4日,他被任命为国务院第一副总理,三个多月后,即1975年1月10日,根据毛泽东的提议,在中共十届二中全会上,他当选为中共中央副主席、中央政治局常委,在四届人大后,他取代病中的周恩来主持了国务院工作,同时又被任命为中共中央军委副主席兼中国人民解放军总参谋长,集党、政、军大权于一身。

(3) 接受毛的第三个考验:支持杀人魔王波尔布特

　　波尔布特何其人也?波尔布特(Pol Pot,原名 Saloth Sar 桑洛沙,1925~1998),柬埔寨共产党总书记,1976年至1979年间,出任民主柬埔寨总理。美国学者 David Chandler 先后采访了许多波尔布特身边的人,写成了一本政治传记《第一兄弟》。书中记载,波尔布特是中学教师出身,青年时代,曾留学法国,接触到了马克思主义,1951年加入法共,成了一名共产党员。他待人热情,有修养,温文尔雅,彬彬有礼,与他崇拜的导师毛泽东极为相像,很快成了柬共总书记。就像中国共产党人把毛泽东封为"大救星"一样,在柬共那里,波尔布特被捧为"圣人",人们很难把他与"杀人魔王"联系在一起。

然而,**波尔布特同希特勒、斯大林、毛泽东一样**,"杀人魔王"是他们自己用自己的历史书写的封号。

根据毛泽东三个世界"理论",1975年4月17日,在中共的全力支持下,波尔布特统率十万柬共武装,"解放"了柬埔寨**首都金边**,推翻了郎诺军人政变集团的统治。夺取了政权的波尔布特等共产党人,遂将柬埔寨王国改名为"**民主柬埔寨**",被世人称为"**红色高棉**"。红色高棉在国内实行的"民主"是铁和血。他们高唱的《国歌》就是"血":

红色,红色的血/洒遍了柬埔寨祖国的城市与平原/这是工人和农民的血/这是革命的男女战斗员的血/这血以巨大的愤怒和坚决的战斗要求而喷出/四月十七日,在革命的旗帜下/血,决定了把我们从奴隶制下解放出来。

红色高棉铁血统治,被遏止于1979年1月7日,历时三年另八个月又二十天。当是时,与中共分道扬镳的越南共产党,发兵20万,兵分六路,**叩关金边**,以波尔布特为首的红色高棉,率残部遁逃山林中,十多年后土崩瓦解。令人遗憾的是,杀人魔王波尔布特躲过了而后的国际审判:1998年4月16日,他病死在山林中。

在红色高棉三年又八个多月的铁血统治中,当时拥有600~700万人的小国,非正常死亡人数竟高达近200万。据报导,在美国、澳大利亚、荷兰三国的协助下,劫后重生的柬埔寨王国政府,对柬全国170个县中的81个县进行了勘察、发掘,找到了9,138个坑葬点,发掘出骸骼近150万个。另有勘察、发掘者统计:发现被集体屠杀、饿死后掩埋的尸体共1,205,662具。联合国与柬埔寨王国组成的特别法庭宣布,在红色高棉统治的几年间,大约170万柬埔寨人死于处决、

在首都金边钟屋纪念佛塔内默祷

酷刑、疾病和饥饿。其中:在金边附近的"S—21"杜斯兰监狱里,被囚的1.5万人中,仅有14人生还;监狱附近挖出了9,000多具尸体,监狱负责人康克由因而被特别法庭判处40年徒刑。曾一度做为"民主柬埔寨"国家元首的**西哈努克**,他的五个儿子和十四个孙子,也被红色高棉虐杀。美国柬埔寨问题专家David Chandler,在柬调查后认为,红色高棉统治期间,有100多万人死于营养不良、劳累和疾病。又据统计,当时柬埔寨有华人43万,死去21.5万人;越南裔2万多人,几乎全部死亡;泰裔2万人,死了8,000

人。对此，许多学者认为，在波尔布特统治其间，**枪杀、酷刑、虐杀、自杀和饥饿**等非正常死亡人数**约在170~200万人之间**。因而，波尔布特被称为二十世纪继希特勒、斯大林、毛泽东之后的第四大杀人魔王 (7)。

同其他杀人魔王一样，波尔布特杀人也是在为国家、为民族、为人民、为革命等高尚而美丽的词藻掩盖下堂而皇之进行的。占领金边后，他的脚跟尚未站稳，便遵从马列毛主义的教导，急不可待地要**消灭三大差别**，实行共产主义，并提出了"**组织胜过列宁，超过毛泽东**"的超级革命口号。

首先，他要**消灭工农差别**。马克思说："**阶级的存在是由分工引起的。**"毛泽东跟着在《五七指示》中宣布，要全国各行各业实行"**亦工、亦农、亦文、亦武**"，这就为波尔布特消灭工农分工提供了革命依据。恩格斯说："**一旦社会占有生产资料，商品就将被消灭，而商品对人的统治也将随之消灭。**"跟着，在红色高棉刚刚"解放"柬埔寨两个月后的1975年6月21日，毛泽东接见波尔布特时面授机宜说："**我们现在正是列宁所说的没有资本家的资产阶级国家，这个国家是为了保护资产阶级法权。工资不相等，在平等口号的掩护下实行不平等的制度。**"这就为波尔布特消灭商品、消灭八级工资制的"资产阶级法权"，提供了理论根据。张春桥是毛泽东指定帮助红色高棉起草"民主柬埔寨宪法"的主笔，因而张的思想对波尔布特影响很深。张春桥在《破除资产阶级法权思想》一文中写道："**在'供给制'的情况下，千千万万的人进行了几十年的武装斗争，爬雪山，过草地，难道也是靠工资刺激出来的吗？听到这种议论，每一个有共产主义思想觉悟的人除了感到是一种侮辱，还能说什么呢？**""**经过几年来的实践，证明了对'供给制'、对'农村作风'、'游击习气'的攻击，实际上是资产阶级为了保护不平等的资产阶级法权，为了打击无产阶级的革命传统，而对正确处理劳动人民内部相互关系的共产主义原则的攻击。**"于是，消灭工农分工、消灭商品、消灭八级工资制和实行"供给制"，便成了红色高棉建设社会主义的首要任务。他们说干就干，占领金边不久，便开始了"**胜过列宁，超过毛泽东**"的大革命。

波尔布特的红色高棉，下令全国取消**商品**生产，取消货币，取消交易，全民实行"按需分配"的"供给制"。

他们下令全国实行毛式公共食堂制，驱赶所有市民下乡参加农业劳动，同农民一起在公共食堂里集体就餐；他们还发起了"**反对吃闲饭运动**"，老弱病残也不能例外。在红色公共食堂里，每人配以碗筷，一天两餐，定时去吃，过时不候。金边市民 Loung Ung 在她的英文自传《他们先杀死我父亲》里这样描述柬共的公共食堂：

刚开始还允许每家领取一天的定量，后来有人私存余粮以备不测，柬共干脆改为每餐配给，搞彻底的公有化改造。但没过多久，粮食供应跟不上，配给越来越少，饭由干变稀，没法继续按"需"分配。当时，我是个六岁的小女孩，记得我盯着沉在碗底的几粒米，一粒一粒慢慢数着、嚼着。人们开始以野菜、草根、树皮果腹，蚱蜢、甲壳虫、蟋蟀、蚯蚓为食，甚至成了难求的美味佳肴。很快，连这些"美食"也找不到了。每天都有人饿死，其中，很多人死于误食有毒蘑菇。活着的人连掩埋死者的力气都没有了，常常等到尸体散发出恶臭令人无法忍受时，才由当地村民就近挖坑，将爬满蛆的尸体推进坑里。

红色高棉的公共食堂制，几乎是1958~1961年毛泽东的人民公社公共食堂的翻版。那时，公共食堂使毛泽东的"全民皆兵"思想发扬光大，县、社、队都改编成了团、营、连，可谓一呼百应；取消商品的"一平二调"(8)和供给制，使公共食堂有了"可靠"的供应保障。然而，三年后，毛氏公共食堂留下的是数千万个饿殍。令人没想到是，十几年后，"三年人祸"的幽灵竟然在柬埔寨重现：由于制造数千万饿殍的罪行没有得到清算，反而加以粉饰，以毛泽东为导师、以中共为榜样的波尔布特，便在柬埔寨依"毛法"又炮制了一百多万个饿殍！

波尔布特的红色高棉，下令全国实行供给制，全国男女老少一律穿黑色长袍，或着毛式中山装。"住"的呢？大概他们无法"按需"供应：数百万农民依旧住在原有房屋内，数百万驱赶下乡市民，不得不借住农家，在简陋狭窄、空徒四壁、风雨飘摇的吊脚楼里度日。由于房屋太少，不够按户分配，他们便把男女分开，分住男女集体宿舍里，夫妻也不例外。

多次到北京朝圣取经的波尔布特等红色高棉领导人，经**毛、邓**等面授机宜后认为：消灭商品、实行全民供给制，就能消灭工农差别，"跑步进入共产主义"，就像当年毛泽东使苏联共产党"**已经发慌了**"那样，三五年内，用一百多万人头的代价，便可完成中共二十多年完不成的任务，把毛泽东的中国"**远远抛在后面**"，并使毛"**发慌**"。

其次，他们要**消灭城乡差别**。他们说干就干。据报导，柬共占领金边后不久，便用谎言、恐吓加枪杆子，把包括老弱病残在内的200多万都市居民，全部驱赶到农村，使首都变成一座空城。Ung在她的自传里写道：

1975年4月17日那天，柬共军队开进金边，对老百姓大喊："不准携带行李，你们用不着带城市的东西，三天之内就回家。谁也不准留下，美国人要轰炸金边了！"开始，一些居民不肯离开家园，取观望态度。后因敌不过士兵的逼迫，四天之内，金边所有的居民被强制离开，包括老弱病残在内。顷刻间，200万人口的金边不见人烟，成了一座死城。

一位佚名作者这么写道：

大部分金边人没有料到此行竟是一条不归之路。人们丢下产业，匆匆离去。灾难降临之际，也有人预感到前景不妙，将金银首饰等细软随身携带。我在金边结识的Vattanac银行总裁、柬籍华人江女士告诉我，她母亲不仅携带了金银首饰，还临时缝制了一条条细长米袋，让他们兄弟姐妹缠在身上，没想到这点米日后成了她全家的救命粮，使他们与死神擦身而过。那些只带了货币的人没多久就发现，一夜之间，这些钞票变成了废纸，在赶往乡下的长途跋涉中只能做手纸用。

又据报导,在驱赶中,有数千人因反抗不满而惨遭枪杀。在去农村长达一个多月的徒步跋涉中,由于受到折磨、饥饿、过度劳累或缺医少药的折磨,成千上万老弱病残者还没到达目的地,便倒毙在途中。到达目的地后,三年间,又有十数万人死于饥饿、疲劳、风寒和疾病。

被驱赶出金边、走向农场的儿童

驱赶所有城市居民到农村当农民,也非波尔布特的独创,而是**承前启后**的结果。**承前,即继承毛泽东和中共之前例**:早在1962年,当时被誉为党的副总书记的中共北京市市委书记、市长彭真就公开说过,要把北京市的居民阶级成份净化成"玻璃板、水晶石",即把所有"成份不好"的居民全部赶出北京;1966年8月23日,毛泽东发出"最高指示"说:"**北京太文明了,要动动。**"于是,驱赶城市居民运动在全国展开:数十万居民被赶到农村,一千多万个家庭被抄,数万人死亡,抄出黄金多达六十吨,白银十二万吨,银元、美钞不计其数。对此,当时的中共政治局常委康生高兴地说:"成绩是伟大的!"**启后,即开创波尔布特和红色高棉之后来**,就是"不准携带行李,不准带城市的东西",首都金边的男女老少、老弱病残一窝端。对此,1975年6月21日,毛泽东接见波尔布特时,当面赞扬道:"你们做到了我们想做而没有做到的事情。要向你们学习啊!"

第三,他们还要**消灭脑力劳动和体力劳动的差别**。有人说,毛泽东的得意门生波尔布特,把毛的"**知识越多越反动**"和"**书读得越多越蠢**"的反智主义思想,"发扬光大到了极致"。此话没错。"解放"之初,毛泽东就对"旧社会"过来的知识分子,进行"**脱胎换骨**"式的思想改造。因改造成效不大,1957年,他发动了反右运动,把100多万知识分子打成反革命右派分子和阶级异己分子,其中,右派分子55万,弄得许多人妻离子散,家破人亡。由于担心知识分子造反,1966年,他又发动了"横扫一切牛鬼蛇神"运动,把一百多万所谓漏网的右派分子和知识界所谓新生的反革命分子,一网打尽,数十万被斗倒、斗臭,其中20~30万人被斗得死于非命。此外,他还使"**池浅王八多**"的大、中学校停课多年,其中,大学停办七年。到此,毛的反智主义并没有收敛,他又发动了"上山下乡"运动,驱赶城市知识青年到农村去劳动,美其名曰接受农民的"再教育";驱赶知识分子干部到农村"五七干校",去"学习"挖渠、改河、种地和植树等农业劳动,美其名曰"改造思想"。尽管毛泽东公开对知识分子评价很高,但骨子里认为知识是罪恶的渊薮,无产阶级专政的死敌。对此,波尔布特心领神会,夺取政权后,对知识分子大打出手。据报导,红色高棉见到知识分子便处以酷刑,以致杀害;有些地方,见到戴眼睛的人便杀。为了躲避屠杀,许多知识分子伪装成没文化的农民,躲过了杀身之祸。据一个躲过屠杀的人回忆：

　　下乡后，他们问谁是知识分子？那些医生、教师、公职人员等不知其意，站了出来，以为可以先一步回城。一万多人被带回金边，红色高棉把他们集中在一所学校中，对他们施尽了各种酷刑，最后全部折磨而死。剩下留在乡下的，隐名埋姓，再也不敢回金边。

　　如果说毛泽东消灭脑、体劳动的差别是用"再教育"使高知弱智化，那么，波尔布特的消灭脑、体劳动的差别，就是要从肉体上消灭知识分子，从而使全国弱智化和文盲化。

　　此外，波尔布特对**"堡垒容易从内部攻破"**的马列主义教义体会很深。来中国后，经肃反专家康生的指点，归国后，便对内大砍大杀。据报导，波尔布特为防止柬埔寨如毛泽东所提醒的那样走上资本主义道路，从中国归来后，便着手在其革命队伍内部**深挖"病菌"，揪"叛徒"**。他告诫全党说："**党的肌体已经生病了，病菌在何处还不能确定，但它一定会冒出来被我们发现。我们寻找病菌的努力还没有获得成功。它们隐藏在党的肌体内部，如果我们听之任之，这些病菌就会产生真正的危害。**"在波尔布特的领导下，红色高棉在党内、军内实行了多次大清洗，许多柬共元老、民柬政府高级官员都被打成"叛国"、"反党"分子，有的则被打成越特、美特、苏特等反革命分子，然后予以处决。据权威人士统计，三年多，在红色高棉党内、军内和老百姓中，被处决的人高达十多万。其中，险遭毒手的原红色高棉高级官员韩桑林、洪森等，都率部逃奔越南避难，后又随越军杀回金边，赶走了波尔布特。其中的洪森，就是今日柬埔寨王国的首相。

　　马克思和恩格斯所设想的共产主义社会，就是一个消除三大差别的所谓公平社会。因此，马列主义者的"经典作家"们，不厌其烦地教导共产党人和老百姓说，只有消灭了三大差别——工农、城乡和脑、体劳动的差别，才能消灭阶级，才能建设人间天堂——共产主义。但有识之士早已指出，三大差别，只能缩小，不可能消灭，因而，消灭差别不是蛊惑民心，便是痴人狂想。也许马列主义者消灭三大差别的初衷，不是将**工业改办成农业，城市退变成乡村，知识分子弱化成文盲**，但毛泽东的"亦工、亦农"、城乡知青下乡接受"再教育"、干部走"五七"道路以及"书读得越多越蠢"等"理论"，显然是消灭三大差别的先声，因而是城市化、信息化和知识化的倒行逆施，是现代文明的反动。但毛的历史反动，在枪杆子主义镇压下，却在小小的柬埔寨又顽强地展现了出来，且有过之而无不及。对此，面对他教唆、鼓动和全力支持的红色高棉反现代文明运动，毛泽东抚掌叫好，得意忘形地说："**吾道不孤也！**"

　　面对波尔布特红色高棉反人类的滔天罪行，邓小平也是全力支持的。由于档案尘封，人们不知道邓小平对红色高棉都说了些什么，做了些什么；但从官方公布的纪录来看，说邓小平"全力支持"波尔布特，不是空穴来风。

　　1965年11月到1966年的2月间，波尔布特在中国学习了两个多月，先后接受了邓小平、彭真、陈伯达和张春桥等大员的言传身教。那时，正是毛泽东发动文化大革命的前夕，批判包括"三和一少"在内的修正主义正处于高潮中。当时，做为主管中央日常工作的总书记邓小平，斗胆也不敢再搞"三和一少"，只能顺着毛的思路大搞"三斗一多"，即同美帝、苏修和各国反动派"斗"，支援各国革命运动的钱要"多"。波尔布特做为柬埔寨坚持武装斗争的革命领袖，一定会受到邓的多方关照，满足其在粮、钱、物特别是武器方面的要求，从而表达对"毛泽东革命路线的无限忠诚"。1975年6月，正在柬埔寨实行灭绝种族大屠杀的波尔布特，再次来中国讨钱要物，并得到了满足。波氏这次来访，不仅受到毛的接见，主持中央工作、身兼国务院代总理、军委副主席、总参谋长即集党、政、军大权于一身的邓小平，也会见了波，并与之会谈良久。至于邓对波氏说了些什么，承诺些什么，因系绝密，没有报导，人们无法猜测。但据公开报导的一句话，却曝出了邓小平的"庐山真面目"：

毛泽东在会见波尔布特时，指着在座的邓小平对波尔布特说：**"我赞成他的，他说你们是正确的。"**

邓小平支持波尔布特的暴政，是毛、邓政见一致的见证，也是邓向毛表忠的见证！

在毛泽东死后邓小平尚未复出的1977年9月，波尔布特又来中国要钱了。根据毛泽东三个世界"理论"，对于这个杀人不眨眼的魔鬼，中国共产党中央，给了他以最高规格的热烈欢迎，并满足了来访者的一切要求。一位佚名作者报导：

《人民日报》1977年9月28日社论

《人民日报》在1977年9月28日的头版以整版篇幅报道波尔布特抵达北京访问的消息。中国政府为波尔布特安排了只有金日成和前苏联领导人才享用过的奢华入城式：

"十多万群众怀着战友相逢的喜悦心情，聚集在机场、天安门广场和迎宾馆前，载歌载舞，向英雄的柬埔寨人民的友好使者表示中国人民的敬意和友情。" 在机场，男女民兵持枪列队向波尔布特致敬，其他人挥动花束、彩带，有节奏地高呼。贵宾车队驶近天安门广场时，波尔布特由华国锋陪同，换乘敞篷汽车，接受人们的夹道欢迎。女青年跑上前来向波尔布特献花，青少年跳起了富有中柬两国民族特色的舞蹈，一簇簇彩色气球腾空而起。人民日报写道：**"车队驶到哪里，哪里就是一片欢呼声。波尔布特同志在敞篷汽车上亲切地向群众招手致意。"**

二十一世纪的今天，设在柬埔寨的国际法庭，正在审判红色高棉活着的领导人的灭绝种族罪行，但道德法庭应不应该审判毛泽东、邓小平和中共教唆与大力支持红色高棉的反人类罪行呢!

(4) 接受毛的第四个考验：夷平沙甸

　　沙甸是云南省一个回族聚居的村寨，属蒙自县管，后归个旧市辖，是昆明到个旧、蒙自的必经之地。个旧和蒙自县，是多民族杂居的县市，汉族占总人口一半以上，其他为彝、壮、苗、回、傣、哈尼等民族，其中，回族约占总人口的 3% 左右。沙甸村已有数百年历史，在云南也是一个较大的回族村寨，有 1,500 多户，7,200 多人，绝大多数是回族，约占 95%。在其相邻处，还分布着大庄、茂克、新寨等几个较小的回族村落。与沙甸相邻的鸡街镇，人口数万，汉族占大多数，回族约占 3.2%。

　　在"伟大领袖"发出"造反有理"的号召下，"横扫一切牛鬼蛇神"和大破"四旧"运动，轰轰烈烈地席卷全国。很快，这场红色恐怖的冲击波，也冲进了宁静而安详的沙甸等回族村寨。当是时，以汉族为主的红卫兵、造反派们，在颠覆华夏文明的同时，还要彻底消灭伊斯兰文明。他们把沙甸回族群众的宗教信仰视作"反动"、"反革命"而任意践踏：清真寺被污蔑为"封建堡垒"，遭到封闭或砸抢；群众礼拜活动，在"横扫"中被严令禁止；伊斯兰教经典，被当做成"四旧"加以查抄、焚烧；阿訇、教长和虔诚信仰宗教的群众，变成了"牛鬼蛇神"，遭到任意批斗，残酷殴打……这与驻阿富汗美军不慎烧掉"古兰经"从而引发全球伊斯兰信徒抗议美国事件，其天壤之别无法对比。历史上，回、汉民族本来就有积怨，在"横扫"和破"四旧"中，又埋下了新的仇恨种子。这种严重违反中共自己制定的民族宗教政策的倒行逆施，是在"**无产阶级造反有理**"的口号下，"理直气壮"地进行了好几年。

　　但回族是个宗教观念强烈的民族，且民风彪悍，抱团儿，处于汉族居民包围中的沙甸村的回族，更其如此。当头几波"横扫"、破"四旧"和夺权风暴过去后，信仰又使他们团结起来，抵制住了外来汉族造反派的冲击，成了红河自治州相对安宁的地方。由于相对安宁，州内蒙自、开远、个旧等市县遭受文革迫害的回族干部和群众，纷纷逃来避难，多时高达 500 多人。当外地政府或造反派甚至省革委来要人或揪人时，都遭到了他们的严辞拒绝，甚至武力抗拒。于是，他们成了远近闻名的"马蜂窝"。

　　1968 年 12 月 8 日，云南省革委会决定拿"不听话"的沙甸回族同胞试刀，以确立新生省革委的权威。他们以"宣传毛泽东思想"为名，派出一个加强营编制的"军宣队"，进驻沙甸，去捅"马蜂窝"。

　　进村后，"军宣队"无视宗教自由，公开宣布：**"信教就是反对马列主义、毛泽东思想，就是反对共产党的领导。"** 在强硬的马列加秦始皇主义暴政下，他们把外来避难的回族干部和群众，集中关押在所谓的"学习班"中。在"学习"中，许多人被打成了反革命"滇南挺进纵队"成员，挂上"滇南挺进纵队政治土匪"的牌子，武装押回原单位批斗、吊打，实行无产阶级专政。接着，他们又以"反军乱军黑干将"、"宗教复辟急先锋"、"跳梁小丑"、"小爬虫"等罪名，抓了 200 多名回族群众，集中到"学习班"里，进行毛式"学习"。在"学习"中，14 人被迫自杀或气绝身亡，160 多人被打伤、致残。他们还把回族群众要过的"开斋节"，批判成"反革命集会"，强行驱散，下令禁止。此外，为了强化用马列毛主义对回族伊斯兰教信徒进行思想改造，他们用枪杆子强迫其忠诚信徒阿訇、教长等，学猪叫，学猪拱，学猪滚。在清真寺里，他们大嚼猪肉，把猪骨头扔进回族群众饮用的水井里。

"军宣队"在沙甸捅"马蜂窝"的罪恶行径，是毛泽东"横扫一切牛鬼蛇神"、大破"四旧"等反人类暴行的继承和发展，不仅严重违反了民族风俗习惯，极大伤害了民族宗教感情，而且强化了回民对汉人政权的敌对情绪。

1958 年 3 月，毛泽东曾对当时的内蒙古自治区党委第一书记、自治区人民委员会主席乌兰夫说："**不管哪里人——南方或北方，这族或那族，只问那个有没有共产主义？共产主义有多少？这一点要向少数民族说清楚。**"显然，毛泽东要用共产主义丛林文化，去颠覆由中国各民族文化组成的华夏文明。由于汲取乌兰夫坚守"自治"、"信仰"而被打倒的教训，云南省委便顽固坚持毛泽东毁灭伊斯兰文化的文革路线，使民族矛盾不断升级。

也许受中共上层权力斗争的影响，特别是受周恩来批判极左思潮的鼓舞，1973 年 10 月，沙甸群众为了做礼拜，自行打开了被封闭的清真寺。但中共高层权力斗争的形势他们并不知晓，以周恩来为代表的党内右派势力，正在经受"**势必搞修正**"的批判，极左思潮已卷土重来。

沙甸回族群众打开清真寺消息不胫而走，引起云南省委的"**高度重视**"。很快，红河州委便派出一支由近百名军人和地方干部组成的工作队，开进沙甸搞"反复辟"。工作队进村后宣布："**打开清真寺就是否定文化大革命。**"到了 1974 年 4 月，他们又宣布："**批林批孔批清真寺。**"他们用武力封锁通向清真寺的道路，驱赶和扭打敢于上清真寺作礼拜的回族群众。为了支持工作队的非法行径，9 月，云南省委发出正式通知规定："**已经关闭或改作他用的清真寺不得再打开作宗教活动场所，已经强行打开的清真寺，要在作好工作的基础上，由群众自行关闭。**"

云南省委的《通知》，回族群众不能接受。于是，沙甸回民组织了几百人到昆明上访，要求宗教自由；接着，红河、文山、玉溪等地回族群众 1,000 多人，到昆明游行，要求政府尊重回民信仰和风俗；沙甸群众代表**马伯华、马绍华、郑全书**等人，被逼上京告状。

然而，上访、游行和上京告状，成了回民"**没有共产主义**"的弥天大罪。在地方政府主导下，回、汉矛盾不断加深。1974 年 10 月，当红河州革委会在鸡街成立了针对回族的"**鸡街地区民兵值勤指挥部**"后，矛盾迅向极端发展。鸡街汉族民兵进行示威，用大字

沙甸10人上京告状；包括领队马伯华在内，多数死于清剿炮火中。

报"揭露"沙甸"**一小撮反革命分子披着宗教外衣反党反社会主义、反毛泽东思想**"的罪行。他们还逮捕了两名沙甸回民，私设公堂，进行审讯，从而引发了回、汉流血冲突事件。流血事件后，沙甸回民成立了"**沙甸回民兵团指挥部**"，与鸡街汉族民兵相对抗。从此，双方你来我往，武斗事件不断发生，双方伤亡日渐增多。

为了用毛泽东思想亦即马列加秦始皇主义统一全国各族人们的思想，云南省委决定消除以沙甸为代表的回民反抗。他们用罗织罪名的特权，给不到八千人的沙甸回民，炮制了个"**与苏修敌特挂钩阴谋成立伊斯兰共和国**"的吓人大罪。集党、政、军大权于一身的**邓小平**，根据云南省委的报告，迅速将沙甸回民反抗地方政府的维权行动，定性为"**反革命武装叛乱**"，下令派兵清剿。军令如山倒！昆明军区立即派出以四十二师为主力的万人清剿大军，在师长**廖锡龙**指挥下，进军红河州，清剿以沙甸村为中心的回族"叛乱"村寨。

1975年7月29日凌晨，清剿战斗打响。由于回民的顽强抵抗，清剿开始并不顺利，解放军付出了死100多伤600多的代价，没能叫回民举手投降。担任前线总指挥的**杨成武**，这位备受"四人帮"迫害、全家死了三口人、刚刚被平反的原代总参谋长，恼羞成怒，立刻凶相毕露。他下令调集百门重炮，向沙甸等回民村寨狂轰滥炸。8月4日，不到一天，战斗结束。沙甸村和开远县的新寨、砚山县的车白泥、田心、文山县的茂克等几个回族村寨，都被炮火基本夷平，其中沙甸4,400多间房子，仅剩下3间，击毙、炸死回民1,600多人，其中沙甸死900多人。由于杀红了眼，8月4日，157名男女老幼回民，在炮火中，举着双手出村投降，"**当走到大田埂上的时候，几挺机枪一齐开火，一分钟之后，尸横遍地，血流成渠**"。一个八十多岁的回族老翁，据传他曾开枪打死、打伤八名解放军战士，俘获后，"**被捆上五十公斤炸药炸得不知去向**"。——这种杀俘行为，被当权人描述为"无法制止的阶级仇恨"，是有情可原的；而这种"有情可原"的发泄，的确让杨成武和四十二师指战员，出了一口恶气！然而，世界太大了，类似事件比比皆是，使人取舍失道。与"有情可原"强烈对比的是：四年前的1971年3月31日，美国军事法庭判处美国陆军中尉威廉.凯利终身监禁。其罪行是在越南广义省美莱村清剿越共游击队时（1968年3月16日），他下令射杀平民。当是时，以村民为肉盾的越共游击队，躲在村民中与美战斗，造成多名美军伤亡。由于分不清游击队员和村民，中尉威廉.凯利恼羞成怒，立刻凶相毕露，下令向人群扫射。据美军官方报导称：一共射杀了168人，其中20%是越南平民。正是：

都道杀伐寻常事，奈何文明两重天！

回、汉仇恨在继续。战斗结束之后，云南省省委和政府，搞了个"武装平叛沙甸叛乱"30条宣传提纲，还举办"**沙甸武装叛乱罪行展览**"，在全省各地巡回展出。《提纲》和展览给沙甸等地回民罗织了许多罪名，诸如什么"武装叛乱"，要"**成立伊斯兰共和国**"，要"进攻个旧"，要"成立'罕指奔拉协'（宗教性组织），派人与苏修联系，妄图背叛祖国"，"反对中央领导同志"，"搞打砸抢、挑起武斗"，"反对省委、反对新生红色政权"，等等，**继续煽动仇恨**。回民数十人被判处死刑和徒刑，关押在"学习班"里批斗的回民，多达数百人。

迫于宗教界的压力和伊斯兰世界的声援，邓小平的中共中央，做出了平反沙甸事件的决定。根据中央决定，1979年2月，云南省委、昆明军区党委联合发了(1979)7号文件，即**《关于沙甸事件的平反通知》**。《通知》指出：

一九六八年以来，由于**谭甫仁**、**周兴**推行林彪、"四人帮"的反革命修正主义路线，大搞以人划线、层层站队、支一派、压一派，严重分裂了各族干部群众，甚至采取了侮辱回民群众的错误做法，伤害了民族感情，破坏了党的民族政策和宗教政策，破坏了民族团结，引起了沙甸等地回族群众的强烈不满。问题发生后，一九七四年五月，**中央作出了正确指示**，要周兴亲自处理，落实政策。周兴却坚持错误，采取一系列激化矛盾的错误做法，酿成了一九七五年七月沙甸事件，造成了严重后果。因此，沙甸事件并不是反革命叛乱，采取军事解决是错误的。经党中央批准，原定(以沙甸为中心的反革命武装叛乱)的结论应予撤销，这个事件中涉及的广大回族干部群众应予平反。

同中共中央把文革浩劫的罪责都推到林彪、"四人帮"身上一样，沙甸大屠杀的罪责推给了两个死人，一个是1970年12月17日被暗杀于居室中的云南省革委会主任谭甫仁中将，一个是1975年10月3日因病死于北京的云南省委第一书记周兴，而将沙甸事件定性为"反革命武装叛乱"并下令清剿回民的毛泽东和邓小平以及操刀刽子手杨成武，却成了"**正确指示**"的代表！

让两个死人为沙甸大屠杀负责，同把文革浩劫推到林彪、"四人帮"头上一样，是中共拒绝反省的表现。

八十年代初，政府拨巨款重建沙甸清真寺，抚恤回民，再次体现了"**先杀后抚**"即宽猛相济的权术。得到抚慰的回民，许多人已忘记了多年前的机枪哒哒和炮火隆隆声，感谢下令调动部队清剿他们的**邓小平**，在"拨乱反正"中，为他们平反昭雪；颂扬指挥屠杀他们的中共，给了他们许多好政策：拨款数亿，给他们盖房、建清真寺，抚恤亡者后代，救助鳏寡孤独，等等——人质情结 (9) 又在他们身上大发作！

但回族并非都是人质情结患者。生于云南省澄江县黑泥湾小山村里的回族诗人**马瑞鳞**，面对中共惯用的"**先杀后抚**"或曰"**恩威相济**"的统治权术，怒火满腔地仰天长啸：

这是一本万古常新的书，
这是一棵永不落叶的树，
这是一个触目惊心的感叹号，
这是一枚仰天长啸的音符。
这是一支催人进取的号角，
这是一面响彻云霄的战鼓。
记录下文明古国里的野蛮，
记录下人类历史上的耻辱，
记录下十年浩劫惨痛的悲剧，
记录下现代迷信残忍的一幕，
记录下雷的怒吼，
记录下血的控诉！
罪恶的毒焰夺去一个个生命，
罪恶的毒焰送来一片片焦土。
壮士们告别我们走了，留给我们一堆堆白骨！
壮士们告别我们走了，留给我们一条闪光的路……

(5) 新疆生产兵团"兵变"大镇压

1975年5月，新疆生产兵团内部发生"兵变"，新疆军区出动军队进行镇压，伤亡7,330多人，其中**打死2,170人**，另有8,137人失踪。遗憾的是，由于档案尘封，镇压的起因、过程以及重权在握的邓小平的作用等情况，笔者不得而知，无法书录于此。敬请后来人补遗。

3. 毛、邓分道扬镳

(1) 邓小平的全面整顿——翻案

通过批周恩来和阐发三个世界理论的考验，邓小平已取得了毛泽东的信任。当他集党、政、军大权于一身后，他的强悍形象在支持波尔布特、镇压新疆生产兵团"兵变"和荡平沙甸村上，已强烈地表现了出来。经过几次考验后，邓小平在毛泽东心目中的份量越来越重；以江青"抓革命"、以邓小平"促生产"、再以张春桥左右后补之的江青——邓小平——张春桥三架马车的接班架构，在毛泽东的脑海里已经形成。但令毛泽东没有想到的是，大权在身的邓小平，在"全面整顿"中，已露出了清算文革的反骨。

江青——邓小平——张春桥三架马车的接班架构，是毛泽东的一厢情愿。胸怀大志的邓小平，并没有把江、张等毛左辈放在眼里。尽管他在第二次复出后，不断向毛表忠、献媚，甚至在效忠信中明确表示文革**完全必要、非常及时**和**永不翻案**，但骨子里反文革的立场并没有改变——这是中共谎言赤文化的寻常表演。1974年8月，当他获悉毛泽东已患运动神经元绝症最多还有两年的存活期后，特别是在获得周恩来理解和叶剑英的支持后，他的反文革立场逐渐流露了出来。对此，毛泽东也逐渐有所察觉。

1974年8月到1975年1月间，毛泽东曾先后重申了"**安定团结**"、"**学习无产阶级专政理论**"、"**把国民经济搞上去**"的三项指示，其目的是巩固和发展文革成果。接到"指示"后，胸怀大志的邓小平，便以真假搀合的中共谎言赤文化，巧妙地把毛的"**三项指示**"与他的"**全面整顿**"结合起来，即以前者为"虚"后者为"实"去实现**翻案**的目标。到了1975年5月29日，他明确地把为"虚"的毛的指示，拔到"**以三项指示为纲**"的高度，使其为"实"的"**全面整顿**"出师有名，从而占据有利高地，摆开了与毛左集团相抗衡的架式。显然，他**打着毛旗反文革**，又是一个所谓"打着红旗反红旗"的范例。

1975年1月15日，邓小平首先拿军队试刀。在军内右派代表叶剑英等人的支持下，首先对总参谋部、总政治部和总后勤部等三大总部进行整顿。他以整顿"肿、散、骄、奢、惰"班子和"安定团结、消除派性"为借口，调整了一些左派将领的权力，把军权牢牢掌握在右派将领的手中。他对由他任命的空军司令张廷发说："**你当前的任务，就是要保住党对空军的领导权不被野心家夺去，保证每个空军部队的领导权不被野心家抓走！**"邓对军队的整顿，为翻案打下了权力基础。经过整顿，军队内部便有了"军队要有'**三子**'来领导"的传闻。那"三子"是：**矮子**邓小平，**瞎子**刘伯承，**瘸子**罗瑞卿——清一色的右派将领。

有了军队的支持，邓小平便大刀阔斧地搞起整顿来。1975年2月25日至3月8日，解决铁路堵塞问题的全国工业书记会议在北京召开。3月5日，中共中央发出《关于加强铁路工作的决定》第9号文件，邓小平亲笔在文件上写了一段话："**对于少数派性严重、**

经过批评和教育仍不改正的领导干部和头头，应该及时调离，不宜拖延不决，妨害大局。"在国务院副总理王震、铁道部部长万里的铁腕治理下，各路局中的以造反起家的左派头头和支持他们的左派领导干部，许多人都被赶出了领导层。一个多月后，堵塞严重的几条干线全部疏通，全国20个铁路局中，有19个超额完成了计划。铁路整顿大见成效。

正当邓小平乘胜部署下一段整顿工作时，1975年7月，毛泽东就文艺问题发出指示。他说："**百花齐放都没有了。**""**党的文艺政策应该调整一下，一年、两年、三年，逐步扩大文艺节目。缺少诗歌，缺少小说，缺少散文，缺少文艺评论。**"这是钓大鱼的"阳谋"？还是真实表白？人们尽可以见仁见智。但不容否认的是，毛的指示客观上支持了邓的整顿。邓小平乘机把整顿向全国全面铺开，开始冲向毛泽东文革底线。对此，周恩来、叶剑英等人劝他不必操之过急，要稳扎稳打，因毛的时日无多。但作风强悍的邓小平，没能听得进去。

1975年8月14日，毛泽东借评《水浒》给周最后一击的同时，用所谓"**宋江投降**"、"**让人招安了**"来警告邓小平，勿上周恩来的"贼船"。但此时的邓小平，已不是一年多前频频效忠时的邓小平，他根本听不进去了。因为，他见到，尽管毛泽东的右眼手术后恢复了光明，但运动神经元绝症已使毛肌肉萎缩，步履蹒跚：一切表明，毛的时日不多了。

8月18日，不怕当"投降派"的邓小平，在形成的《关于加快工业发展的若干问题》的草稿中，明确挑战毛、江左派集团："（要）**调整那些没有得到改造的小知识分子和'勇敢分子'当权的领导班子**"；"**把坏人篡夺了的权力夺回来**"；"**决不能把革命统帅下搞好生产，当作'唯生产力论'和'业务挂帅'来批判**"；"**生产管理和规章制度，什么时候都需要**"；"**限制资产阶级法权，决不能脱离现阶段的物质条件精神条件，否定按劳分配**"。这个文件显然是批判江、张、王、姚"四人帮"为代表的毛左集团的。其中，"限制资产阶级法权，决不能脱离现阶段的物质条件精神条件"一句话，直接挑战毛心目中的接班人张春桥。1975年4月，张春桥在《红旗》杂志上发表了他的《论对资产阶级的全面专政》文章，受到毛的赞扬。张在文章里写道："**我国现在实行的是商品制度，工资制度也不平等，有八级工资制，等等。这只能在无产阶级专政下加以限制。所以，林彪一类如上台，搞资本主义制度很容易。**"他以苏联"**卫星上天，红旗落地**"的教训，警告说："**历史经验，我们任何时候都不要忘记，在决心建设强大国家的时候特别不能忘记。**"由于邓、张治党、治国理念针锋相对，《若干问题》被毛泽东压下。据"主旋律"作家们说：《若干问题》文件虽"未能下发，但在实际工作中产生了积极的影响。这是在'文化大革命'的条件下，试图系统地纠正工业战线上的'左'倾错误的一个重要文件。"其中，"在'文化大革命'的条件下"，实指"在毛泽东还活着的条件下"，是"主旋律"作家们误导读者的讳饰文法。

9月15日，邓小平在全国农业学大寨会议开幕式上的讲话中，进一步发挥了他的全面整顿思想，继续挑战毛左集团。他说："**毛主席讲过，军队要整顿，地方要整顿。工业要整顿，农业要整顿，商业也要整顿，我们的文化教育也要整顿，科学技术队伍也要整顿。文艺，毛主席叫调整，实际上调整也就是整顿。**"在这里，他吹响了全面翻案的号角。对此，"主旋律"作家们说："邓小平强调对各方面工作都要整顿的方针，实际上就是要系统地纠正'文化大革命'的'左'倾错误。"显然，"全面整顿"已有了许多否定文革的"全面翻案"内涵，但"主旋律"作家们却避讳了"翻案"两字。

又据"主旋律"作家们披露："10月中旬，为了从思想上、理论上破除阻碍整顿的一些'左'倾错误观点，国务院政治研究室根据邓小平多次讲话精神起草了《**论全党全国各项工作的总纲**》(简称《论总纲》)。文章指出，毛泽东提出的学习无产阶级专政理论、促进安定团结和把国民经济搞上去的三项指示，'不仅是当前全党、全军和全国各项工作的总纲，而且也是实现今后25年宏伟目标的整个奋斗过程中的工作总纲'。《论总纲》针对'四人帮'散布的'左'倾反动观点进行了抨击。文章指出，要把'林彪一类假马克思主义的政治骗子……篡夺了的领导权夺回来'，'革命就是要促进生产力的发展'，'一个地方，一个单位的生产搞得很坏，而硬说革命搞得很好，那是骗人的鬼话'。'要在发展生产的基础上逐步改善群众的生活'。"此时，毛泽东已判明邓要否定文革，因而《论总纲》同《若干问题》的命运一样，被毛否决，没有能在报刊上发表。但以邓《论总纲》为代表的"全面整顿"的思想，已得到党、政、军内右派和中间派的支持，打着毛旗反文革的活动，也得到了渴望结束文革混乱局面的人民群众的认可。此时的"全面整顿"，已发展成为否定文化大革命的"翻案"活动。

公正地说，邓小平的"全面整顿"，在一定程度上中止了中共的衰败。据报导："**在政治方面，从中央到地方，党的领导逐步有所恢复和加强，'批林批孔'运动造成的混乱状态有一定程度上的克服，全国的安定团结局面开始出现。**国民经济由停滞、下降转为迅速回升。**从第二季度开始，工业生产逐月上升，交通运输有较大改善，原油、原煤、发电量、化肥、水泥、内燃机、纸及纸制品等，均创造了历史上月产的最高水平。全年社会总产值增长11.5％，国民收入增长8.3％。**"显然，"全面整顿"已初见成效，而同时，邓小平也因"全面整顿"的翻案活动，赢得了党心、军心和民心。

如果说1972年周恩来批极左之剑直刺文革底线还仅仅停留在口头和文章上，那么，1975年邓小平批极左不仅见诸于他的口头和文章，而且用"全面整顿"之锤，直捣毛的文革底线。由于锤捣文革底线，许多以造反起家的左派头头和支持他们的左派领导干部，被挤出领导层，引起了毛左集团的恐慌，状早已告到毛泽东那里。由于察觉到邓的不规，在毛的默许下，江青多次与邓发生正面冲突。而此时，在情感上与邓持有一定距离的周恩来，恰在治党、治国理念和反文革的立场上与邓不谋而合，终使他俩走到了一起。12月8日，当不点名地批判邓小平的右倾翻案风刚刚刮起时，重病在身的周恩来，见前来探病的邓小平，试探他"全面整顿——翻案"的决心："**态度会不会变？**"邓坚定地回答："**永远不会！**"周紧紧握住邓的手，满意地点了点头，轻轻地说："**那我就放心了！**"周的"放心"，与曾劝邓不必操之过急，形成鲜明对照。

此时，邓小平已有应变准备：他看准患有运动神经元绝症的毛泽东，已没有多少时日折腾了，他不会把自己的未来与奄奄待毙的毛捆在一起；他判定以江青为首的"四人帮"，是个外强中干、势单力薄的左派集团，经过他和周、叶两年多年的联手经营，权力已牢牢握在右派老干部的手里；令他特别自信的是，毛无论身体上或政治上，都十分虚弱，已没有能力像处理刘少奇、林彪那样去处理他了，尽管当时毛还没有完全糊涂。

(2) 怒批邓逆——批邓、反击右倾翻案风

邓小平十分清楚，**谁否定文革就打倒谁**，这是毛的文革底线，而他的"全面整顿——翻案"之锤，已锤击了毛的文革底线。因此，他预感到，在"全面整顿"面前，他可能被撤，并做好了被打倒的准备。果然，1975年11月，虚弱的毛泽东，已判定邓"右倾翻案"的用心，于是，他向邓小平发出最后通谍，要邓小平根据其在效忠信中所表达的立场即文革"**完全必要、非常及时**"和"**永不翻案**"的承诺，主持中央政治局做一个肯定文化大革命的决议。善做"吹风"小动作的毛泽东，通过他侄子毛远新等人，已将他对文革的评价"吹"了出去：

毛主席对文化大革命的看法是：

三七开，七分成绩，三分错误；

文化大革命犯了两个错误，1.打倒一切，2.全面内战；

总的看法：基本正确，有所不足。

前面我们说过，"**与人斗其乐无穷**"的毛泽东，是个个性坚强从不认输的人。"解放"后，他是"伟大、光荣、正确"的化身，是个不会犯错的"大救星"。笔者十三岁被"解放"以来，就没有听过他本人犯过什么错误，更没有听过他本人公开做过什么检讨、道过什么歉，或下过什么"罪己诏"。1959年到1961年即六〇年那三年间，在他的领导下，虽然饿死了几千万人，出了那么大的事，也不过是个"九个指头与一个指头"之比的小事，或曰"一九开"，即九分成绩一分错误的小事，用不着大惊小怪；而那一分错，也是阶级敌人破坏和下面"**歪嘴和尚念错经**"的结果，他最多负点领导责任。在以江青为代表的毛左们看来，文革以来，非正常死亡虽有两三百万之众，但不及六〇年三年间的5%，也不值得大惊小怪；"抓革命，促生产"的生产，虽无起色，但农民们还有几个月的"瓜菜代"充饥，远比"解放"前吃糠咽菜好过得多，通过"忆苦思甜"教育，就可以使农民们心安理得。因此，他们认为，从"一九开"到"三七开"，是"伟大领袖"胸襟坦荡、宽宏大量的表现，也是对企图否定文革的党内右派所做出的重大让步！

个性坚强从不认输的毛泽东，不能容忍邓小平否定文革。资料显示，他的"最后通谍"是他通过他的联络员毛远新在一百三十多名高级干部和将领面前当众宣布的。这是一种居高临下的强势姿态：在威逼邓小平屈服的同时，震慑抱有异志的高级干部和将领，就像当年他威逼广州军区司令丁盛那样：1971年8月28日，在长沙，他召见了广州军区司令丁盛、政委刘兴元等亲林彪将领，要他们向广州军区两千多名师以上干部传达他倒林的《南巡讲话》，借以达到威慑亲林将士的目的。但此一时彼一时也，邓小平全无当年丁盛等那种诚惶诚恐的样子。当"最后通谍"宣布后，他立即站起身来，表达了与毛切割的决心：

"由我主持写这个决议不适宜。我是桃花源中人，'不知有汉，无论魏晋'。"

至此，以邓小平为首的党内右派，展开了与毛、江为代表的党内左派新一轮的斗法——这是毛、周角力和毛、邓斗法的继续。

邓小平的反叛表态，使在场的一百三十多名高级干部和将领十分震惊。如果在两年前，听到这种反叛言论，只要有一个人站出来振臂一呼"打倒邓小平"，立刻就会引发群情激愤，纷纷起来响应，邓当场就会被人揪出批斗、打倒、坐"喷气式"。如今呢？那一百三十多名高级干部和将领，经过毛、周角力和毛、邓斗法的洗涤，大多数人的立场已悄悄站到邓、周一边。而其中，尽管不乏有崇毛反邓反周者，也不敢妄自振臂。这些，邓小平心底有数。

会议情况很快汇报上去，气得毛泽东半天说不出话来。此刻，他怎能不生气？是他把邓小平"解放"回京，又是他亲委邓以党政、军大权；然而，邓却以怨报德，真乃气煞人也！（1980年的超级审判中，江青说毛泽东是邓小平气死的，这话颇有一些道理。）而此时，因运动神经元疾病困扰而行动不便、口齿不清的毛泽东，头脑尚不糊涂，

批邓、反击右倾翻案风

他决定打倒邓小平。于是，他借清华大学刘冰的告状信发难，在全国掀起了批邓、反击右倾翻案风的新运动。由是，**邓小平第三次被打倒。**

据《人民网》编辑的《中共大事纪》记载："11月3日，清华大学党委召开常委扩大会议，传达毛泽东经由邓小平转交的、该校党委副书记刘冰等人反映该校党委书记迟群、副书记谢静宜在思想、工作和生活方面问题的信的批示。毛泽东说：**'我看信的动机不纯'，'矛头是对着我的'**。他还针对邓小平转信这件事说：**'小平偏袒刘冰。'** 从此开始所谓'批邓、反击右倾翻案风。'11月下旬，中共中央在北京召开'打招呼会议'。会上宣读了经毛泽东审阅批准的《打招呼的讲话要点》。《要点》说：**'中央认为，毛主**

席的指示非常重要。清华大学出现的问题绝不是孤立的，是当前两个阶级、两条道路、两条路线斗争的反映。这是一股右倾翻案风'。'有些人总是对这次文化大革命不满意，总是要算文化大革命的帐，总是要翻案'。此后，运动逐步扩大到全国各地区、各部门，不点名地批判邓小平。"

据知情者传：在一次传达《打招呼的讲话要点》的会议上，一贯紧跟毛泽东、但对文革怀有一肚子牢骚、又在"全面整顿"中曾紧跟邓小平大显过身手的胡子上将王震，拍案而起，大声嚷道："**他妈的，老子上山打游击去！**"只见坐在主席台上的叶剑英元帅对他吼道："**王震，你想干什么？**"继而又说："**有毛主席健在，你怕什么？**"一句话，化解了王的反叛。在叶飞、李强、王诤等将军劝说和拉扯下，王震才在座位上坐下。

又据《中共大事纪》记载："1976年1月21日和28日，毛泽东先后提议，并经中央政治局通过，确定**华国锋**任国务院代总理和主持中央日常工作。2月3日，中央正式发出文件。""2月25日，党中央召集各省、市、自治区和各大军区负责人会议。华国锋代表中央讲话，指出：'**当前，就是要搞好批邓，批邓小平同志的修正主义错误路线，在这个总目标下把广大干部、群众团结起来**'，'**对邓小平同志的问题，可以点名批判。**'""四五怒潮"被镇压后，邓小平问题的性质突变。4月7日，中共中央政治局根据毛泽东提议，通过了《中共中央关于华国锋同志任中共中央第一副主席、国务院总理的决议》和《**关于撤销邓小平党内外一切职务的决议**》。是时，邓小平问题的性质已升格为敌我矛盾，他本人已变成了"全国共诛之、全民共讨之"的"**死不悔改的走资派**"。被批为"**走资派还在走**"的邓小平，第三次被打倒了；但第三次被打倒，却为第三次复出，积累了资本，并为而后的"邓小平理论"，奠定了基础。

毛泽东发动的任何一次政治运动，总是要见血———拿人祭旗的，"批邓、反击右倾翻案风"运动不能例外。1976年4月12日，受邓小半株连的教育部部长**周荣鑫**，像平时一样到部机关参加"学习"。在"学习"中，他没能顶住新一轮的"学习"折磨，终于昏倒在批斗会的现场。送入医院抢救，于次日凌晨不治身亡。59岁的教育部部长，成了"批邓、反击右倾翻案风"运动的第一个殉难高官。周的命运与当年59岁的煤炭工业部部长**张霖之**命运相仿：1967年1月22日，张为毛泽东夺权祭旗而被打死，两人殊命同归。

(3) "四五" 怒潮

1976年4月4日清明节前夕，数日之内，为祭奠"反抗毛泽东暴政的旗帜"周恩来，先后有100多万人抬着花圈走进天安门广场。有三五成群的，也有整齐列队的学生、干部、工人、农民和军人。据记载，3月19日，朝阳区一个小学的一队小学生，把第一个纪念周恩来的花圈，送到了天安门广场烈士纪念碑前。3月28日，南京学生抬着周恩来的巨幅遗像游行示威,高呼"**谁反对周总理就打倒谁**"的口号,声讨张春桥遥控的上海《文汇报》攻击周恩来的言论。很快,南京大游行被中共中央定性为"反革命事件"。南京"反革命事件"传到北京后,往天安门送花圈的人激增,到4月5日达到了高潮。据官方统计,送到纪念碑前的花圈有2,073个,其中一个是北京重型机械厂工人用钢筋、铝合金焊接成的高4米多的大花圈;送花圈的单位有1,400多个,其中包括部分军事单位。

据信,"四五怒潮"的始作俑者是毛泽东。本来在同周的角力中已处下风的毛泽东,本应以"宽以济猛"的权术,向以周、邓为代表的党内右派势力示宽、示好,借以缓和对抗,但他却一意孤行,不仅高调打倒周的盟友邓小平,而对被他拖死的周恩来更无哀挽之心。据报导,被江青等人所左右的政治局,竟对周恩来的后事下达"五不准"的规定,即不准带黑纱,不准送花圈,不准设灵堂,不准挂总理像,不准举行悼念活动。"五不准"激起以邓小平为代表的周、邓右派集团的强烈不满,使党内右派对抗情绪进一步发展。又据报导,当一些高级干部和将帅们上书毛泽东,希望他出席周恩来的追悼会以表达共事四十多年的情谊,他却不近情理地回应说:"**为什么要我参加总理的追悼会?我还有不参加的权力嘛!**"当他看到邓小平致的悼词后,气愤地说:"**伟大的马克思主义者,是谁送给总理的?我和这个马克思主义的总理,就斗争过不少于十次!**"最使周、邓右派集团不能容忍的是,从来不准放鞭炮的中南海,在1月30日即农历乙卯年的除夕那天,突然放起爆竹来。据传说:仅鞭炮纸屑就拉了一车。周、邓右派集团认为,这是毛、江左派集团在庆贺周总理的死,向老干部示威。周、邓右派集团的对抗情绪,被进一步激化。于是,他们借清明节之机,鼓动他们的子弟和亲朋好友,赋诗、送花圈悼念周恩来,煽动那些对毛、江左派集团不满的群众,去天安门广场上示威,掀起了声讨毛、江左派集团的怒涛。尽管没有证据证明,此时的周、邓右派集团领军人物邓小平,组织或参与了"四五怒潮",但毛、江左派集团仍然认为,邓是闹事的总后台。根据当年报导,笔者综述如下:

在烈士纪念碑上的一侧,张贴着一幅十分醒目的标语:**我们要周总理,不要佛朗哥**(指毛泽东),**更不要那拉氏**(指江青)。广场四周松树上挂的许多小瓶子,叮叮当当地响著。人们都知道,这是对邓小平的拥戴。

在碑的另一侧,悬挂着高约两米的四块巨大诗牌:**红心已结胜利果,碧血再开革命花。倘若魔怪喷毒火,自有擒妖打鬼人。**

"四五"天安门事件

在碑上还张贴了一百多篇手抄诗词。例如："昔日妲已毁一商，今朝'艳妖'舞蹁跹。""黄浦江上有座桥，江桥腐朽已动摇。江桥摇（指江青、张春桥和姚文元），眼看要垮掉；请指示，是拆还是烧？""纪念碑前洒诗花，诗刊不登报不发。莫道谣文篇篇载，此是人民心底花。""京城处处皆白花，风吹热泪撒万家。从今岁岁断肠日，定是年年一月八（周逝世日）。"等等。

此外，还有一首《莫猖狂》打油诗广为传播："娘们秀才莫猖狂，三落三起理应当。**谁敢杀我诸葛亮**（指邓小平）**，老子还他三百枪。**"传说是许世友将军所作。在"四五"前后的郑州，笔者曾见到过这首打油诗的抄件。

最为著名的是高干子弟王立山所作的《祭雄杰》，堪称"四五"代表作。该诗当场被众多人传抄，有人则登高朗诵："欲**悲闻鬼叫，我哭豺狼笑。洒泪祭雄杰**（指周恩来），**扬眉剑出鞘。**""四五怒潮"平息后，这首诗被中共列为"001号反革命案"进行查处。

这些标语、诗词，表明毛、邓为代表的党内左右两派新一轮斗法，已趋白热化。

4月2日，中共在天安门广场东南角的三层小灰楼内，设立了由北京市公安局、首都民兵和北京卫戍区组成的联合指挥部，开始节制人们的悼念活动。他们发布命令，称清明节是"鬼节"，是旧习俗，要求各单位禁止职工送花圈，阻止职工上天安门广场。那时市内还没有出租的士，上广场，主要交通工具是公交车。但有些公交车司机和售票员，不理会指挥部的命令，他们公然在站点上高喊：**"去天安门的，一律免票！"**

4月4日，联合指挥部根据政治局的决定，将广场上的花圈全部运走。在清理过程中，指挥部警察与守护花圈的群众发生肢体冲突，多人负伤，数十人被抓走，矛盾由此激化。第二天4月5日，十多万人聚集在联合指挥部和大会堂门前，高呼**"还我花圈，还我战友"**口号。接着，发生激烈冲突：在联合指挥部门前，愤怒的群众首先掀翻、点燃了门前停放的四部小汽车；又有数十人冲进指挥部，搜出了很多记录闹事人的"黑材料"，但见"黑材料"，不啻火上浇油，盛怒人们，放火烧楼。到此，局面已经失控。

4月5日下午，政治局召开紧急会议，讨论对策。会上，毛远新传达了毛泽东"**君子动口也动手**"的最新指示。于是政治局决定：下午6时，向广场反复播放北京市委书记《吴德同志在天安门广场广播讲话》，命令群众离开广场，8时出动民兵，对滞留广场的群众，采取武力清场行动。吴德在讲话中说："**极少数别有用心的人，利用清明节，蓄意制造政治事件，把矛头直接指向毛主席，指向党中央……今天，在天安门广场有坏人进行反革命破坏活动，革命群众应立即离开广场，不要受他们的蒙蔽。**"9时许，民兵、警察开始武力清场。对此，知情人刘天成写道：

晚上九点半，约一万名民兵、三千名警察和五个营的卫戍部队，手持木棍、皮带开始进入广场清场。最前面的是民兵，跟在后面的是警察。当包围圈形成后，天安门广场的灯突然全都打开，把广场照得雪亮。清场的队伍呼喊着口号，挥舞着棍棒，杀气腾腾地逐步缩小包围圈。广场上当时约有近千人，几次往外冲都被棍棒打了回去。但他们很快发现了包围圈的薄弱点，即女工集中的地方。女工大多赤手空拳，没拿棍棒，而且心慈手软。多数人硬是从女工集中的地方冲开缺口，消失在东交民巷的胡同里。大约有一二十人被女工身后的警察打倒，抓了起来。剩下的人纷纷退向烈士纪念碑。

当民兵、警察最后蜂拥而上抓捕他们时，凡是抗拒的，都被打得很惨。据我小学同学讲，他亲眼看见有四、五个人最后被抬走时，**头耷拉着，一动也不动，浑身是血，不知是死是活**。有的人只是问了一句："你们凭什么抓人？"或者说"我只是来看热闹的"，也会遭到毒打。工人民兵一般都下不去手，下手最狠的都是警察。有的一边打一边说："**打的就是你这种看热闹的。**"一共抓捕了二百多人。

据报导，那些在广场上演讲、赋诗、点火、烧车等活跃分子，大多数都是有党、政、军背景且消息灵通的人。当听完吴德讲话后，他们迅即逃离广场，剩下了一千多没有背景的自以为清白来"看热闹"的群众。

历史反复证明，中共上层你死我活的权力斗争，付出鲜血代价的，总是那些无权无势的普通老百姓！

"四五"当晚死伤究竟有多少？众言不一。据报导，有现场目击者说，天安门广场"**血流成河**"，事后用水龙头冲刷了三天。但吴德说，粉碎"四人帮"后，"**中央曾派小组调查此事，调查了医院、太平间、火葬场和参加清场的很多民兵。调查的结果是一样的，都说是没有死人。**"看来，只要档案不敢解密，不许民间人士独立调查的禁令不解除，"四五怒潮"中伤亡人数，同"三年人祸"中饿死了多少人一样，在"高度机密"的强权下，将是一个说不清道不明的话题！

显然，"四五怒潮"是毛、周角力的结果，又是毛、邓斗法的继续，因而是中共党内左右两派较量、逐鹿的反映。

4月7日，中央政治局根据毛泽东提议，通过《中共中央关于华国锋同志任中共中央第一副主席、国务院总理的决议》和《关于撤销邓小平党内外一切职务的决议》。决议正式确定五十五岁的华国锋为毛的接班人。但决议对邓留下了"**保留党籍，以观后效**"的尾巴，没有把他再次推成"敌人"。邓小平为了保全自己并为东山再起做准备，4月8日他立即上书毛泽东，对上述决定表示"**完全拥护**"，对毛能允许他继续留在党内，"**表示衷心的感谢**"。

"四五怒潮"中，尽管周、邓右派集团被镇压了下去，邓小平还在软禁中，但周、邓右派集团在暗中摩拳擦掌，重整旗鼓，很快在党内形成了以邓小平、叶剑英为代表的邓、叶右派集团，展开了与毛、江左派集团新一轮恶斗。五个多月后，这种恶斗，使权力斗争形势急转直下……

(4) 毛泽东郁悒而终

毛泽东为什么选定华国锋做他的接班人呢？

华国锋 (1921.2~2008.8)，山西省交城县人。原名苏铸，字成九，1938 年改名为华国锋。同年 6 月，参加交城抗日游击队，10 月加入中国共产党。1945 年历任中共交城县委书记、晋中区第一地委宣传部部长等职。1949 年，随军南下湖南，历任湘阴县县委书记、湘潭县委书记、湘潭地委书记等职。1956 年后，历任中共湖南省人民委员会文教办公室主任、中共湖南省委统战部部长。1958 年后，历任湖南省副省长、省委书记处书记、省政协副主席。文革中，历任湖南省革命委员会主任、中共湖南省委第一书记、湖南省军区第一政治委员等职。1969 年在党的九大上当选为中央委员。1971 年 1 月，调任国务院业务组副组长。1973 年，在党的十届一中全会上，当选为中央政治局委员，协助周恩来同志主抓农业工作。1975 年 1 月，任国务院副总理兼公安部部长。1976 年 1 月，任国务院代总理并主持中央日常工作。"四五怒潮"平息后，4 月 7 日，被毛任命为中共中央第一副主席、国务院总理。

决定华国锋命运是从 1952 年开始的。那年，他在毛泽东的故乡**湘潭县当县委书记**，1954 年又升任湘潭地委书记，是个名副其实的毛家乡的"父母官"。在湘潭的任职，给他创造了接近毛的条件。1955 年夏，当毛泽东用"枪杆子"强制推行农业合作化把亿万农民拖入共同贫困的所谓社会主义改造时，华国锋紧紧跟上，推波助澜，连续发表了《克服右倾思想，积极迎接农业合作化高潮的到来》、《充分研究农村各阶层的动态》、《在合作化运动中必须坚决依靠贫农》等三篇文章，坚定不移地支持农业合作化，给毛留下了深刻的印象。1955 年秋，毛泽东到湖南视察时，在长沙，指名道姓要见湘潭地委书记华国锋。接见时，面相忠厚的华，又给毛留下了老实厚道、忠实可信的印象。1959 年，当被问及大跃进情况时，他说"田瘦了"一句话，被毛誉为"**老实人**"。同年，在庐山会议上，湖南省委第一书记周小舟，因反对大跃进和人民公社，同彭德怀一起被打成"彭、黄、张、周反党集团"。庐山会后，湖南省掀起了批判周小舟高潮，华国锋成批周的干将，遂被毛钦点为湖南省委书记处书记。就在华国锋荣升的同时，周小舟被贬到浏阳县大瑶公社任党委副书记，接受改造；由于无法忍受精神和肉体上的折磨，在 1966 年 12 月 27 日毛生日那天，周终于含愤自杀身亡。据报导，湖南省在批彭、批周的同时，掀起了"持续大跃进的新高潮"，生产力遭到了严重破坏。据官方统计，仅湘潭一县，全县粮食由 1958 年的 672,485 万斤，骤减到 1960 年的 278,500 万斤，锐减 58.6%，生猪也由 33 万多头骤减到 14 万多头，锐减 57.6%。当然，做为主管农业的副省长华国锋，要负一定责任，但不能全怪他。最使毛泽东赞赏的是，1967 年 5 月，正当毛号召全面夺权时，主持工作的湖南省委第二书记**王延春**，下意识地对书记处书记华国锋说："**主席他老人家也是老糊涂了，这么搞国家乱了，军队乱了，群众也乱了，天下大乱只有对帝国主义有好处。**"对毛忠心耿耿的"老实人",将其告发,王延春旋被打倒。自此,华国锋官运亨通,踩着别人双肩,更上多层楼,官至政治局委员和国务院副总理。

尽管"老实人"对毛忠心耿耿,但缺乏政治家应具有的权谋和决断,上调中央后,并没有进入毛接班人的行列。为了保卫文化大革命的成果,林彪摔死后,在毛泽东的心目中,接班人已意属江青和张春桥。但在他接到邓小平"永不翻案"的保证和两年多的对邓的考验后,在他的心目中,又形成了江青——邓小平——张春桥三架马车接班架构。然而,当罢黜了邓小平后,接班人又只剩下他意属的江、张两人。毛泽东是个"理无常是"的哲学家,出尔反尔已习以为常。尽管他曾认为:江青太张狂,甚至认为她成事不足,败事有余,不堪重托,但她马列毛主义的原则性很强,且对他忠心耿耿,仍是接班人的最佳人选;张春桥在党内、军内树敌较多,势单力薄,不足以扛大旗,但他有马列毛主义理论,足智多谋,且对他忠心耿耿,与江青一起接班,保卫文化大革命成果,仍是他最理想的选择。

然而,在毛泽东与邓小平斗法中,江、张两人受到了党内右派特别是高级干部和将领的强烈反对:病入膏肓的总理**周恩来**和政治局常委**康生**,先后公然当面向他告发江青和张春桥是叛徒,不可重用;政治局常委朱德拿着外国人写的书,向他状告江青有企图当女皇的狼子野心;在传达《打招呼的讲话要点》会上,**王震**上将怒拍桌子,声言要上山打游击,抗议罢黜邓小平;**宋时轮**上将等高级将领,预谋发动支持邓小平的"兵谏",意在清除江、张、王、姚等人;因受迫害住在301医院的将领们,在病房里,发出了反叛的呼喊:"**老家伙们,做好准备,拿起武器!**"福州军区司令皮定均中将对下属说:"现在形势很严峻,我是做了充分准备的,如果形势继续恶化,我就上山打游击。"并对在福州治病的**罗瑞卿**大将说:"罗总长你腿不好,我们抬着你,你告诉我们怎么打,我们就怎么打。"最令他不安的是,他曾下令调整军委领导班子,调原沈阳军区司令员**陈锡联**上将主持军委工作,下令右派首领**叶剑英**元帅"病休",给陈让座;但叶"病"而不休,没有奉命让座,仍端坐军委高堂,并假他任命的陈锡联之手,发号施令,指挥一切。在这种严峻的政治形势下,毛泽东没有冒然直接向江、张两人交棒。

毛泽东是个意志坚强又非常自负的人。他的一生中遇到过多次"严峻的政治形势",他都能从容化解;他很自信,这次不例外。他之所以没有冒然直接向江、张两人交棒,只是感觉时机未到。他不会屈服于右派的逼宫,更不会把棒交给右派,他要创造条件,使逼宫者付出代价。在这种"严峻的政治形势"下,为了击败右派,在他的头脑中,又形成了一个新的三架马车接班架构,即华国锋——江青——张春桥架构。没有列为接班人的华国锋,出人意料地成了一号接班人。真乃时势造英雄也!

但上调中央后经历证明,"老实人"华国锋,缺乏共产主义领袖应具备的政治素质。民初思想家李宗吾,在其《厚黑学》中指出,只有"面厚心黑"的政治家,才能"成大事",才能成为"英雄豪杰";16世纪意大利政治家马基雅维利,在其《君主论》中说,君主们应具有像狮子般的勇猛和狐狸一样的狡猾，不必重视遵守诺言，而且要懂得运用阴谋诡计，并且能最终征服那些盲目守信者。由此可见，在政治素质上即在权谋和决断上，"老实人"不能与毛、周、邓相比，而与江、张也存有较大差距。显然，毛泽东突然让华接班，是他不得已的选择；把权交给华国锋，他并不放心。

"老实人"华国锋，有时并不老实。当他被毛任命为中共中央第一副主席和国务院总理后，为了证明其"合法"性，常拿毛用铅笔给他写的条子来炫耀：**"你办事，我放心。"** 但"老实人"却隐瞒了毛对他写的一个至关重要的其他六个字：

"有问题，找江青！"

显然，在毛的心目中，掌舵的不是华国锋，而是江青。这点，姚文元1996年出狱后印证说："毛泽东要把中共中央主席的位子传予江青。"毛的"其他六个字"，也给华、江分道扬镳埋下了祸根。

毛泽东"其他六个字"的初衷，绝不是要华、江对立，而是要华辅佐江，完成他三架马车接班的构想。显然，他抬出华国锋，不是因华有领袖才干，而是因华是"老实人"，在中央没有班底实力，是个党内左、右派都能接受的人物。懂得**"退一步，进两步"** 策略的毛，不会在"严峻的政治形势"条件下去硬碰硬，他抬出华国锋，是缓兵之计，无非是想在左、右势力中找到一个暂时的平衡点，使他有时间徐图倒右良策。他铅笔写给华国锋的条子中，就流露了他的这种思想：

"慢慢来，不要着急。"

然而，上帝留给毛泽东的时间太少，已容不得他"慢慢来"了。

1974年7月，正当报纸上在反复宣扬毛"红光满面，神采奕奕""可活到120岁以上"时，医生们已知，他得了绝症，还有两到三年的活头。

进入1974年后，毛除两眼白内障看不见东西外，他还得了更加严重的疾病。据他的"御医"李志绥说，他**说话不清楚，舌头似乎运转不灵，即使相当熟的人，也听不清他在讲什么。嘴经常半张着，口唇很少闭拢。两手两腿，特别是右侧，更加无力，手掌的肌肉和小腿肌肉明显萎缩。"** 17日，讳疾忌医的毛，被迫做了全面检查。检查后，医生的结论是：**毛患了罕见的运动神经元病，也就是主宰喉、咽、舌、右手、右腿运动的大脑延髓和脊髓内的细胞，逐渐变质死亡。** 文献统计表明，这种病如已侵犯到喉、咽、舌的运动神经细胞，最多只能活两年。医生们的报告很快呈报到政治局。由于毛讳疾忌医，经常批评医生**"夸大病情"**，说**"医生只看到黑暗面，看不到光明面，专会吓唬人"**，并认为自己没有大的毛病；江青也说：**"医生从来就是资产阶级老爷，护士是资产阶级小姐。所以主席历来说，医生的话最多听三分之一"**；因此，报告对运动神经元病只做了些轻描淡写式的描述，而对预后的恶变只字未提。由此可见，医生们隐瞒病情不报，是不得已而为之的无奈。但他们却把毛的绝症，用口头报告给了周恩来、邓小平、叶剑英等人。

到了1975年2月，毛口齿不清进一步发展，连"大总管"汪东兴都听不懂。对此，汪无可奈何地说："**现在主席说话，根本听不清在说什么，可是张玉凤因为一直在身边，她能听懂。换了别人，还是听不懂说些什么。**"可见当时，病人毛泽东，正在通过张"秘书"来指挥全国。

到了1975年10月，毛的病情有明显加重趋势，咳嗽、气喘加重，连续吸氧气时，稍有停顿，便出现缺氧症状，喉、咽部肌肉麻痹加重，吞咽困难，完全靠张玉凤喂饭，而且只能左侧斜卧才能让食物进入食管。然而，就在这种恶劣的身体条件下，他竟发动了"批邓、反击右倾翻案风"运动，向党内右派兴师问罪。

进入1976年，毛的病情又有了新的发展。在医生们看来，毛的病情正在恶化，并准备好了多种抢救方案；但讳疾忌医的毛却不以为然，他拒绝鼻饲，甚至拳打医生，叫他们"滚"。他的"秘书"张玉凤，也认为医生们夸大毛的病情。她公开对医生们说："我看没有那么严重。"但毛的病情并没按张"秘书"的想象发展。6月20日，毛发生了心肌梗塞。在医护人员的奋力抢救下，才把他从死亡边缘拉了回来。

毛泽东病恶化传出后，以叶剑英为首的党内右派集团，情绪极为亢奋，以清除江、张、王、姚为目标的"兵谏"，正在紧锣密鼓的准备中。一日，曾指挥炮火夷平沙甸回族村寨的杨成武上将，带着聂荣臻元帅的口信，谒见"病休"中的叶帅，请他动手。叶帅摇摇头说："再等等。"胡子上将王震，在叶府叫嚷着，催促叶"动手"。叶帅要他保持冷静。他向王震示意：握紧拳头，竖起大拇指，向上晃了两晃，然后把大拇指倒过来，往下按了一按。王立刻领悟：叶帅要等毛死后动手。肩负叶帅秘密使命的原海军政委苏振华上将，向原属下北京卫戍区司令吴忠少将，指点要津，使其迷途知返，听命于叶。与此同时，毛泽东后院起火。"大总管"汪东兴少将，深夜接待了原领导王震上将的突然造访。造访中，王要汪保护好邓小平，不得出错，并向汪暗示了军方的动向，使汪深为惊骇。本来看不惯江青的汪东兴，知毛大势已去，便与已成傀儡的华国锋联手对抗江、张、王、姚，即后来官方所称的王、张、江、姚"四人帮"，并与党内右派核心叶剑英、李先念等人沟通，形成了反毛、江左派集团的统一战线。

在这种"严峻的政治形势"下，以"四人帮"为核心的毛左集团，也不示弱：他们一方面派毛侄子毛远新充当毛泽东的特别联络员，向中央政治局发号施令，以节制右派另一方面，他们暗中向民兵发枪，力图在上海建立第二武装，与右派对抗。而此时的毛泽东，已病入膏肓。他每次讲话，都是张一张嘴，叽叽咕咕几句，由"机要秘书"张玉

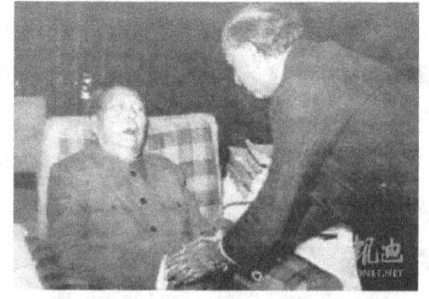

1976年5月27日，病入膏肓的毛泽东，在沙发上接见巴基斯坦总理布托。

凤根据他的口型进行"翻译";不然，没有人知道他在说什么。张的"翻译"传达到中央政治局，就变成了最新的"最高指示"。这最新的"最高指示"中，究竟有多少话是毛的？多少话是张"秘书"的？只有天知、地知、张玉凤知，其他无人能知。病入膏肓的毛泽东，右手微瘫，执笔颤颤抖抖，下笔歪歪斜斜，不成字形，毛远新拿来做最新的令箭，要中央政治局遵照执行。这最新的令箭中，究竟有多少是毛写的？多少是毛侄儿的"矫诏"？只有天知、地知、毛远新知，其他无人能知。在毛泽东的最后岁月里，他就是用这种方式来统治八亿中国人的。——**这难道不是中国人的悲哀吗？**

　　病入膏肓的毛泽东，还没有完全糊涂：也许他已知自己时日不多了，他无法再用"慢慢来"的"层层剥笋"计谋，来与右派斗法，借以最终挫败右派；也许他已发觉后院起火，但他已无力灭火，眼睁睁地看着火光甘着急，因为他已无力使华、汪、江团结一致，共同对敌；也许他恨江青太不争气，缺乏高瞻远瞩的协调能力，不会主动团结华、汪以对付右派；也许他抱怨张春桥书生气十足，没有设计出制服右派的方略，成了一个徒具虚名的军师；也许他还对国民经济江河日下忧心重重……总之，太多的遗憾、太多的忧虑纷至沓来，使他思不胜思；但他已无能为力了！——1976年6月15日，病中的毛泽东，在召见华国锋、江青、张春桥、王洪文、姚文元和王海容时，不无悲凉地说："**另一件事你们都知道，就是发动文化大革命。这件事拥护的人不多，反对的人不少。这两件事**（笔者：另一件指没有收回台、澎、金、马。）**没有完，这笔遗产得交给下一代。怎么交？和平交不成就动荡中交，搞不好就得血雨腥风了。你们怎么办，只有天知道。**"

　　从不认输的毛泽东，突然发现，在生命面前，他竟然是这么不堪一击；"**与天斗其乐无穷**"的毛泽东，突然发现，在天的面前，他竟然那么脆弱。他想到了他的后事，也想到了如何与党内右派妥协，因为那是他惯用的平衡之策。他为他曾交待汪东兴保护好邓小平而欣慰；在他看来，他死后，邓很可能是个举足轻重的人物。他想到了被他下令"病休"的叶剑英，在十年中，叶基本上处于他的保护之下，对他不会怀恨。当是时，如果他想与右派妥协，其对象非叶剑英莫属了。

　　对于毛泽东来说，此时的妥协，等同于托孤，这是他不情愿做的事。他对保卫文化大革命的成果的希望有些渺茫，因为，他早已知道，许多人反对文革。他担心的是毛家安危：妻子江青、侄儿毛远新可能受累，受惩罚；还担心有人可能会借机鞭尸。他对他指定的接班人华国锋，寄于厚望，并为此铅笔草书了一个"**你办事，我放心**"的字条；但他并不完全放心。9月2日，当再次心梗被抢救过来后，他知道他的时日不多了，摆在他面前那条托孤之路，也许能缓和左右的冲突，他想试试。犹豫几天后，从不服输的他，不情愿地指名召见"病休"中的叶剑英。当叶剑英应召来到他床前时，在他那张灰色的脸上悬吊着的那双无神的眼，直勾勾地盯着叶；他像要握手，但伸出来的手只颤抖了一下，竟没有抬起来；他似要说话，但嘴角只微微抽动了一下，竟没有吐出一个字。生性多疑的毛泽东，也许在最后一刻，改变了主意，使托孤没有托成！这是他戎马倥偬、叱咤风云一生的悲剧！

据报导，讳疾忌医、对医生半信半疑的毛泽东，在他临终前，竟神奇般地吐出了他人生的最后一句话："**我很难受，快叫医生来，救我。**"但身边的医生们，已无回天之术。1976年9月9日0时10分，一代魔王毛泽东，戴着**权谋盖世、罪恶滔天**的头衔，怀抱着马列加秦始皇主义，走完了他谎言、野蛮、邪恶的一生，终年八十三岁。

四、天灾人祸

中共是个一惯以"伟大、光荣、正确"自居的党，它的领袖都是"伟光正"的化身。因此，他们没有认错、道歉的习惯，也没有下"罪己诏"的义务，拒绝像古代帝王在大灾大难面前责备自己有不道言行而触犯"天条"那样。如果发生了某种无法回避的错误，转移视线的本能，使他们不是将错误归咎于天灾，便是归咎于阶级敌人的破坏，这几乎成了他们的行为准则。但当人们不相信阶级敌人会有那么大的能量来制造大灾大难时，他们也不会硬揪阶级敌人来充当替罪羊，却能制造出新的"行为准则"来："**把坏事变成好事**"。为此，他们利用"舆论一律"的无产阶级专政利器，命令全国所有媒体大喊大叫：一方面把大灾大难中"坏事"即人祸因素，捂得严严实实，洗得干干净净，使人们无法知道真情，看到实景；另一方面把抗灾救灾中"好事"即党和政府抗灾救灾中的积极活动，无限放大，从而达到"把坏事变成好事"的目的。于是，一条新的媒体报导原则又被他们制造了出来：**灾难不是新闻，抗灾救灾才是新闻**。据报导，这条报导原则，早在1950年已开始强制实行，到今天，早已成了报喜不报忧之**赤文化传统**。

1. 板桥溃坝说革命

1975年8月8日，河南省南部驻马店地区的板桥和石漫滩两座大型水库，几乎同时溃坝，7~10米高的水头，呼啸而下，横扫下游一切！又几乎与此同时，竹沟、田岗等五十六座中小型水库，也先后溃坝，扫荡下游一切！洪水所到之处，使遂平、西平、汝南、平兴、新蔡、漯河，临泉等七个县城，瞬间变成水深数米的泽国。据统计，溃坝洪水使29个县市受灾，河堤决口2,180处，积水面积12,000多平方公里，灾民一千二

板桥水库溃坝后的惨境

百多万人，毁房 680 多万间，冲毁京广线铁路一百多公里，京广线因而中断 18 天，影响正常通车 48 天，直接经济损失约 100 亿元。

1975 年 8 月初到同年 10 月，即河南水库大溃坝使 200 多万农民在水灾中挣扎期间，正是党内左、右两派争斗再度白热化时期。中国共产党人公开宣布：" **无产阶级革命的目的是夺取政权** "、" **革命的根本问题就是政权问题** "和" **枪杆子里面出政权** "等，简而言之，革命就是夺权。这样，为革命而争权夺利，就披上了合法化的外衣。在毛、周角力中，由于党内以周、邓右派集团势力反弹，使毛泽东不得不批评江、张、王、姚为"四人帮"。邓小平与周恩来、叶剑英结盟，乘机争到了集党、政、军权力于一身的大权，并主持了中央工作。到了 1975 年 5 月底，邓决心打着毛旗反毛左，明确提出以毛的学理论、搞团结和把生产搞上去的" **三项指示为纲** "，进行"全面整顿"，向毛、江左派集团发难，夺取他们的权力。

正当周、邓右派乘胜追击毛、江左派和左派伺机反扑的时候，"7503 号台风"夹带着狂风暴雨，来到河南伏牛山区。8 月 4~8 日，以 1631 毫米的瓢泼大雨，倾注到驻马店地区的近百座水库里，使水库暴涨，很快水位超过警戒线，接近到了坝顶。板桥水库管理局人员，焦急万分，他们在瓢泼大雨中，急电上级管理部门，请求打开泄洪闸排洪。然而，他们连接急电三次，竟如泥牛入海， **杳无音讯** 。据传："上级管理部门"的主要领导，因有对"全面整顿"不理解的嫌疑，都进"学习班"学习去了，值班人员无权答复。无奈之下，他们冒着被打成反革命的危险，擅自决定开闸泄洪。然而，十七孔泄洪闸，除五孔能打开泄洪外，其他十二孔全因锈蚀而无法打开。情急之下，他们立即用电话通知下游撤离，但电话线路已中断， **无法接通** ，使下游村镇、县城，在水头砸来之前，几乎没有得到任何预警。在管理区院内，他们眼睁睁地看见水已漫进院里，漫上小腿，更使他们不安的是，水开始漫过坝顶。8 日凌晨 0 时 40 分，他们突然发现，水库水位极剧下降，管理局一名科长马天佑的脸，"刷"地吓白了。只听"轰"地一声巨响，数亿立方米库水，在狂风暴雨中，破坝而出，以十多米高的水头，垂直砸下，向下游横扫而去。几乎与此同时，石漫滩等五十多座大、中、小水库，也相继溃坝决堤，使 12,000 多平方公里的豫南地区，变成了波涛汹涌的泽国。

1975 年的夏天，中共党内左、右两派，都在忙于角力的部署。打着"以三项指示为纲"的旗号进行整顿的周、邓右派集团，正在以上半年生产统计数据向以"四人帮"为中坚的毛左集团施加压力，炫耀他们"抓革命、促生产"的成就。他们报告说：" **3 月以来，工业生产和交通运输一月比一月好，原油、原煤、发电量、化肥、水泥、内燃机、纸及纸制品、铁路运货量等，5、6 月份创造了历史上月产的最高水平，军工生产的情况也比较好。** "但人算不如天算。驻马店溃坝事件，让左派抓住了右派的把柄：没有促好生产，反而促成洪灾了。于是，他们借机发出了反击右派的信号。

正当近两百万人泡在水里和围困在屋顶上、树上或河堤上等待救援时，8月14日，毛泽东发出了评《水浒》、批投降的指示，为反击右派和"批邓、反击右倾翻案风"制造舆论。但"评《水浒》、批投降"无法排泄洪水，中共只好决定炸掉班台闸，使洪水流入安徽，让安徽农民分担泡在水里的约200万河南农民的痛苦。就在毛泽东发出"评《水浒》、批投降"指示的当天，一声巨响，班台闸所有的闸门、胸墙、桥面和部分闸墩，被炸得腾空而起，分洪口门由此打开。不到一天，安徽阜阳地区也变成了波涛汹涌的泽国，十七万农民仓皇逃离家园。

溃坝洪水究竟吞噬了多少人命，经济损失究竟有多大，政府拒绝公开报导。8月12日，以中共中央政治局委员、国务院副总理纪登奎为团长的中央慰问团，带着《中央慰问电》飞抵灾区慰问。随行的新华社新闻记者当即请示如何报导，纪副总理指示说："**中央领导已经决定，这次水灾不作公开报道，不发消息，特别是灾情不仅不作公开报道，而且还要保密。**"他特别嘱咐："**你们的任务，不仅是同慰问团一道去灾区现场进行慰问；而且还要搞些内参，宣传抗洪抢救中的先进人物、先进事迹，如：舍己为人，舍小家顾大家，一方遇灾，八方支援的共产主义风格等。**"显然，这是"**灾难不是新闻，抗灾救灾才是新闻**"赤文化早已规定了的。果然，以《人民日报》为代表的大、小报纸，除头版报导中央慰问团慰问灾民和几段河南军民奋勇抵抗洪水灾害的新闻外，仅仅向中国人说明，在河南省驻马店地区发生了洪水，而灾害情况特别是伤亡情况，报纸无权报导。这种报喜不报忧的传统，便为传说、谣言打开了传播之大门。

在大陆出版的气象学和水利学的著作中，虽有提及这次灾难的，但死亡人数说法出入很大。时至今日，中国政府还没有公开发表过全面调查报告和系统的灾难分析。据说，灾难四年后的1979年，水利部的淮河委员会，曾作过一个板桥和石漫滩等水库溃坝灾难的调查报告，因系政府机密，没有公开发表，至今还锁在保险柜里。又据传，政府曾拍摄过一部河南省水灾科教片，记录了板桥等大、中水库溃坝事件；但该片仅在内部发行，只供教学和气象、水利专业人员观看。

由于讳莫如深，灾难究竟有多少人丧生，迄今说法各不相同。笔者从各种版本的著作中，筛选出几个具有代表性的说法：

当年水电部部长**钱正英**，在为板桥水库重建时所撰写的碑文中说："**卷走数以万计人民的生命财产。**"

三峡工程建设委员会副主任**魏廷铮**说，事故死亡人数"**不可能超过万人。**"这位省部级高干说的理由，很具中国特色。他说，死亡超过一万，国际上会有报导！

中国科学院著名气象学家陶诗言写到："**死亡人数达数万人。**"

由水利部组织和委托编写的中国水灾史一书中写道，1975年，河南水库溃坝事件的"**死亡人数为2.6万人。**"

南京水文研究所**骆承政**在同一部书的前言中写道，1975年水库溃坝事件的"**死亡人数为85,600人。**"

中国科学院大气物理研究所的研究员**蔡则怡**和**赵思雄**认为，溃坝**死亡近十万人**。

全国政协委员和政协常委**乔培新、孙越崎、林华、千家驹、王兴让、雷天觉、徐驰**和**陆钦侃**等人揭露，**死亡人数达23万人。**

2005年5月28日，美国《Discovery》栏目在编排的一期专题节目中，把驻马店水库溃坝事件列为《世界历史上人为技术错误造成的十大灾害》之一，**死亡高达24万**。其中直接死亡十万，瘟疫，饥饿夺走14万。

笔者不想论证孰是孰非，也不想证明哪个是传说，哪个是谣言。既然政府不愿让你知道真相，扼制调查，尘封档案，一切伤亡和损失的论证，都仅仅是"可能"，无法成为教科书。

发人深思的是：1975年的河南人为什么不去接受1963年河北省的溃坝教训？1963年8月2日的暴雨，曾使邢台地区东川口水库溃坝，造成500多人死亡，400多人受伤，直接经济损失60亿元；同年8月8日的暴雨，又曾使保定地区刘家台中型水库溃坝，死亡900多人（另说，仅保定地区死亡1,928人，重伤2.4万余人）。然而，河北省的悲剧发生十二年后，却在河南省重演，而且"剧情"更加惨烈。这是为什么呢？

闭目塞听、严惩异己是导演这种恶果的元凶之一。当年，大陆媒体报喜不报忧的传统，使包括笔者在内的许多河南人，对1963年发生在河北省的悲剧，毫不知情；更不知道，板桥，石漫滩等水库，同河北省的东川口、刘家台等水库一样，都是五十年代大跃进的产物，都存在着许多致命的隐患。但水利部和河南省的一些高官的无知，却把板桥水库称之为"铁壳坝"，对它的安全性根本没有怀疑。同时，他们为官尊严，又把曾对河南重蓄轻排政策说三道四的水利专家**陈惺**，打成"右倾机会主义分子"，贬流到信阳去劳动改造。陈惺曾指出，在平原地区以蓄为主，重蓄轻排，将会对水域环境造成严重破坏。闭目塞听、严惩异己，为溃坝创造了必要条件，犹如1957年反右运动，为六〇年前后饿死数千万人的大饥荒创造了必要条件那样。

"抓革命、促生产" 是导演这种恶果的主要元凶。"抓革命，促生产"是文革最响亮的口号之一，是周恩来于1966年9月15日在天安门城楼上首先唱响的，一直唱到文革结束。这个口号的设计表明，革命第一，生产第二，亦即在抓革命的基础上搞生产。如果颠倒过来，在抓生产的基础上搞革命，就是修正主义、反革命。文革以来，毛泽东反复批判**经济主义**、**唯生产力论**，就是要确立"革命第一"不动摇。在毛的鼓噪下，在相当长的时期里，"**抓革命保险，抓生产危险**"的思想，成了各级干部不约而同的主流思想。在这种思想指导下：领导干部都去"抓革命"了，一直"抓"得值班人员成了摆设；工作在基层干部和工人，在"抓革命"的同时，还要"促生产"，一直把生产"促"到泄洪闸锈得打不开，不能泄洪，电话线路断了没人修，无法通话！

9月，在"评《水浒》、批投降"的革命高潮中，笔者随工作组下乡到舞阳县北舞渡公社救灾。那里因沙河决堤被淹没，房屋80%倒塌，死2人。省委救灾的指导思想是：**自力更生，艰苦奋斗，依靠自己，生产自救**。工作组同公社干部一起，敦促农民发扬大寨先治坡，后治窝的共产主义精神，先把土地整好，小麦、油菜种好；同时、教育农民将倒塌的砖、瓦和木料，从淤泥里清理出来，再用上级拨来的油毛毡，盖好越冬房屋。此时，包括笔者在内的工作组干部们，早已从接受农民"再教育"的学生，摇身变成了农民的先生和领导者。正当"批邓、反击右倾翻案风"革命风声渐紧之时，在工作组和公社干部的领导、教育和敦促下，灾民们在第一场大雪来临之前，都住进了自建的油毡窝棚中，终于取得"抓革命、促生产、促生活"的胜利。我们工作组，也因而完成了使命，撤出灾区，回到城里。

2. 唐山大震说政府

1976年7月28日凌晨3时42分53.8秒，河北省唐山市发生7.8级强烈地震，百万人口的唐山市，瞬间被夷为平地。第二天《人民日报》采用新华社统稿对这一灾难进行报导，其标题是：**《河北省唐山、丰南一带发生强烈地震／灾区人民在毛主席革命路线指引下发扬人定胜天的革命精神抗震救灾》**。整篇报导几乎都在大讲毛主席、党中央如何关怀灾区人民，人民解放军和各级领导，如何迅速到达灾区，带领灾区人民抗灾救灾，灾区人民如何在各级党委领导下，在

震后鸟瞰唐山市

"批邓、反击右倾翻案风"的革命中抗灾救灾，等等，但对群众最为关心的受灾情况，如房屋倒塌多少，死伤多少人等等，却讳莫如深，只用"**震中地区遭到不同程度的损失**"一句轻轻带过。这与云南通海7.7级强烈地震的报导同出一辙。那次强烈地震发生在1970年1月5日，4天之后，《云南日报》才奉命在省内做了报导：**《我省昆明以南地区发生强烈地震／灾区人民一不怕苦二不怕死迎击地震灾害》**。在其后的《云南日报》上，人们还能看到许多这样类同的新闻："**金家庄公社社员们揣着毛主席的红宝书......说，地震震不掉我们贫下中农忠于毛主席的红心。**" "**千条万条，用战无不胜的毛泽东思想武装灾区革命人民的头脑是第一条。地震发生后，省革命委员会派专车专人，星夜兼程把红色宝书**

《毛主席语录》、金光闪闪的毛主席画像送到了灾区群众手中……灾区群众激动得热泪盈眶。"对于那次地震伤亡损失，政府秘而不宣，30年后才不情愿地对外公布：死15,621人，伤26,783人，倒房34万间。显然，这些都是"**灾难不是新闻，抗灾救灾才是新闻**"规定之使然。

十年九次强震后的1979年11月17日，姗姗来迟的中国地震学会正式成立了。在这个学会成立的大会上，被世人称为二十世纪世界最大地震灾难的唐山大地震，在它制造了大灾难三年多之后，死伤人数才首次曝光：**死亡242,769人，重伤164,851人**。会议闭幕第二天的11月23日，《人民日报》报导了会议新闻：唐山地震死亡24万多人。学会是政府的御用机关，它不仅不向中国人民说明唐山大地震的经验和教训，也不愿对唐山大地震的严重伤亡做认真反思。

三十四年后的2010年7月12日，冯小刚执导的电影《唐山大地震》在唐山市首影。影片在赚足了观众的热泪的同时，也叫观众在不知不觉中，接受他的具有中共特色的反思——被地震震得家破人亡的女主人李元妮，站在废墟对天大骂：

"老天爷，你个王八蛋！"

在李元妮的大骂中，影片将一场悲剧简化成对上苍的审判，而悲剧中的人为祸端，却被冯导用观众的泪水洗刷的干干净净！

人们都知道，地震是不可抗力，既是科学技术发达的今天，地震预报也是无法解决的世界性难题。但人们同样也知道，在不可抗力的自然灾害面前，人们是可以大有作为的。事实上，世界各国在**地震预报、设防和救援**上已积累了丰富经验，可以而且能够把灾害的破坏程度降到最低水平。因此，钱钢1986年的《**唐山大地震**》、张庆洲2005年的长篇调查《**唐山警世录**》等著作，对唐山大地震的反思，远比冯小刚的反思诚实得多，深刻得多。

在**地震预报**上，钱钢认为，"老天爷"在震前已经对我们发出过严重警告：

7月20日前后，离唐山不远的沿海渔场，梭鱼、鲶鱼、鲈板鱼纷纷上浮、翻白，极易捕捉，渔人们遇到了从未有过的好运气。

7月24日，赵各庄煤矿陈玉成家里的两只鱼缸中的金鱼争着跳离水面，跃出缸外。

7月25日上午，抚宁县坟坨公社徐庄徐春祥等人，看见一百多只黄鼠狼，大的背着小的或是叼着小的，挤挤挨挨地钻出一个古墙洞，向村内大转移。

7月27日，在棉花地里干活的社员反映，大群密集的蜻蜓组成了一个约30平方米的方阵，自南向北飞行。

同日，迁安县商庄子公社有人看见，蜻蜓如蝗虫般飞来，飞行队伍宽100多米、自东向西飞，持续约15分钟之久。蜻蜓飞过时，一片嗡嗡的声响，气势之大，足以使在场的人目瞪口呆。（笔者：在《唐山大地震》中，冯导也不得不把蜻蜓乱舞做为大震前兆加以展现。）

同日，天津市郊木厂公社和西营门公社都可以看见成百上千只蝙蝠，大白天在天空中乱飞。

同日，大厂回族自治县陈福公社东柏辛大队李番：他亲眼看见棉花地里成群的老鼠在仓皇奔窜，大老鼠带着小老鼠跑，小老鼠则互相咬着尾巴，连成一串。

……

在地震预报上，专业人员起到了不可替代的作用。通过实地调查，张庆洲和钱钢都发现了许多鲜为人知的英雄，他们都是在基层工作的地震监测者。这些默默无闻的英雄，在大震到来之前，都曾向上级主管部门提出过准确预报：

1975年12月——距唐山大地震八个月。国家地震局地震地质大队华北三队的专家**黄相宁**，向国家地震局写了《1976年地震趋势意见》，明确提出"**1976年，从河北省乐亭至辽宁省敖汉旗-锦州一带及其东南沿海海域，可能发生6级地震……**"唐山恰好在这条线上。

1976年初——距唐山大地震不到半年。唐山市地震办公室实际负责人、敢说敢做的非党员干部**杨友宸**，从1968年起，他骑着自行车，东奔西跑，在唐山市及其周边建起了四十多个业余地震监测台站。他综合唐山市40多个地震台、站的观测情况，在唐山防震工作会议上做出了中、短期预测：**唐山市方圆50公里内，1976年7、8月份或下半年的其他月份将有5到7级强震发生。**

1976年7月6日——距唐山大地震二十二天。杨友宸属下的开滦马家沟矿地震台**马希融**，正式向国家地震局、河北省地震局和开滦矿物局地震办公室**做出短期将发生强震的预报**。

1976年7月13日——距唐山地震十五天。北京市地震队的专家们提出了七大异常。**华祥文**提出京、津、唐、渤、张地区地震活动性异常，**耿庆国**提出旱震关系和短期气象异常，**李宣瑚**提出该区水化学氡含量异常，**陈克忠**和**刘惠琳**提出京郊大灰厂形变异常，其他多位地震工作者，提出京、津、唐、渤、张地区地磁场总强度异常、地下水位异常和地电异常等，**合称为七大异常**，并在第二天电告国家地震局，要求立即安排时间听取汇报。

1976年7月14日——距唐山大地震十四天。北京、天津、唐山、张家口和渤海沿岸的群测群防经验交流会在唐山召开。国家地震局副局长查志远等近百名中国地震界官员、专家，到杨友宸属下的唐山二中参观地震科研小组的工作。唐山二中教师**田金武**在汇报工作时，郑重发出地震警报：**1976年7月底8月初，就在脚下的唐山地区，将发生7级以上地震，有可能达到8级。**与此同时，杨友宸属下的赵各庄矿地震台台长**姜义仓**，在唐山市地震办公室会商会上正式提出：**唐山即将发生5级以上破坏性地震。**

1976年7月16日——距唐山大地震十二天。杨友宸属下的乐亭红卫中学教师**侯世钧**，向唐山地区地震办公室、河北省地震局唐山监测中心台发出书面地震预报：**7月23日前后，我区附近西南方向将有大于5级的破坏性地震发生。**

1976年7月22日——距唐山大地震六天。杨友宸属下的山海关一中以物理教师吕兴亚为首的地震科研小组，再次向河北省、天津市、唐山地区地震部门发出书面预报：**山海关西南100公里左右的地方（唐山南火车站附近），七月底八月初将发生6到7级地震。**

1976年7月24日——距唐山地震四天。耿庆国说：**包括北京、保定、张家口地区在内的京、津、唐、渤、张地区马上会发生六级以上地震，时间是一九七六年七月二十九日之前！**

1976年7月27日上午十时——距唐山地震十七小时。地震局分析预报室京津组组长汪成民说："如何处理京、津地区震情，是项十分重大严肃的政治任务……我们认为可能发生较大地震的背景是存在的。"又说："异常是真实可信的，情况是严重的，要求紧急动员起来，密切注视情况的发展，采取什么措施，请领导决策！"

1976年7月27日18时——距唐山大地震九小时。杨友宸属下的开滦马家沟矿地震台马希融，向开滦矿务局地震办公室发出强震临震预报："地电阻率的急剧变化，反映了地壳介质变异，由微破裂急转大破裂，比海城7.3级还要大的地震将随时可能发生。"

然而，这些比较准确的预报，都被权力斗争忽视了，革命斗争废弃了。据两书记载：

1976年7月12日——距唐山地震十六天。国家地震局召开"批邓反右"会议，批判领导小组组长胡克实："胡克实一贯紧跟刘少奇、邓小平，推行修正主义路线，这次又大刮右倾翻案风，他的问题的性质是正在走的走资派。……鉴于此，已不宜再主持局党的领导小组的工作，应免去领导小组组长的职务，检查交代问题，接受批判。"此时的国家地震局，"充满令人窒息的'政治空气'"。

1976年7月22日——距唐山地震六天。鉴于国家地震局党组正忙于政治运动，很少过问业务工作。地震局分析预报室京津组组长汪成民等地震专家，无法直接向局长汇报震情，只好将震情抄出，贴在局长刘英勇办公室门上。

唐山地震办公室负责人非党员干部杨友宸，他建立的四十多个地震监测台站，选用的监测人员，大都是地质、物理本科生，不仅懂业务，也很有责任心。由于他敢说、敢做、敢预报，在他领导下的团队，到了"眼看就要摸着大震"之紧要关头，被以**不听党的指挥，跟军代表对着干**"罪名，由办公室党支部书记李世信代表"组织"宣布，将他免职并流放到104干校劳动改造。

1976年7月27日上午10点——距唐山地震十七小时，国家地震局副局长查志远、张魁三终于听取了汪成民汇报后决定：下周一（笔者：即8月2日）开会再研究一下，并叫汪成民等专家先去廊坊落实水氡异常。遗憾的是，大地震没有给副局长们留下"下周一开会再研究一下"的时间！

但也有例外者。在7月17~18日的座谈会上，地震局分析预报室京津组组长汪成民，竟敢违犯纪律，擅自向下捅了震情："**7月22日到8月5日，唐山、滦县一带可能发生5级以上地震。**"青龙县科委主管地震工作的**王春青**，听到汪成民的震情通报后，便火速赶回县里，向县领导做了汇报。县委书记**冉广岐**当即拍板抗震，并派百名干部奔赴各个公社，传达和落实预防措施。青龙县经受住了大震考验，全县47万人，无一死亡（原报导死一人，后经核实，该人死于心梗），被联合国官员科尔博士（Jeanne-Marie Col）称为"**奇迹**"！

青龙"奇迹"是外国人的观念，但在某些中国人看来，"奇迹"是一种政治负担。例如，创造"奇迹"的领头人县委书记冉广岐，二十多年后，仍拒绝接受记者采访，甘当无名英雄。因为，他懂得"**灾难不是新闻，抗灾救灾才是新闻**"的真实内涵：**不治未病治已病**。"辩证法"认为，"坏事可以变成好事"；只有通过抗震救灾，才能体现党和政府对灾区人民的无限关怀。因此，他用预报、预防所创造"奇迹"，等于给党脸上抹黑。事实上，他也没有因"奇迹"受到褒奖或升迁。正是：

预报设防无恩泽，焦头烂额为上宾！

为了减少伤亡，世界各国减灾的通行做法是对建筑物进行抗震设防。不幸的是，同中国各地一样，没有抗震设防的唐山大小建筑，在大地震来临之瞬间，被夷为平地，使唐山地震成了二十世纪世界死亡人数最多的地震灾难。三十二年后的2008年5月12日，四川汶川又发7.8级地震，除一些政绩工程外，许多城镇房屋大部分倒塌，政府统计的遇难人数已超过8万，比日本2011年3月11日9级大地震大海啸死亡人数高出四倍，又创造了二十一世纪初地震死亡人数的世界最高纪录。这次大地震中，同样也出现了"预报设防无恩泽，焦头烂额为上宾"的故事：桑枣中学校长叶志平，平时重视预报、设防和防震教育，全校2,300人无一伤亡，因而被网友称为"史上最牛的校长"，但却无资格荣登抗震救灾功臣光荣榜；相反，北川中学死了1,600多人，但由于校长刘亚春等人，抢救人财有功，因而成了抗震救灾功臣。

中共党和政府如何在"毛主席革命路线指引下发扬人定胜天的革命精神抗震救灾"呢？《唐山大地震》一书作者钱钢写道：

在最初的十天里，派去和灾害搏斗的军队，事实上是一支没有武器的赤手空拳的军队。

最早进入唐山的部队，是河北省军区驻滦县某团和驻玉田县的北京军区坦克某师步兵团一营。当时任该营教导员的**李福华**回忆说："我们出发时想得太简单啦，别说大型机械，就连铁锹都没带几把。战士们就凭一双手，去扒碎石，掀楼板，搜钢筋！"

将军们回忆起唐山救灾，都认为第一天开进时没有携带大型机械是重大的失策之一。本来应该从天津、北京等城市调去大批吊车，野战部队也可以多携带锤、锹等工具。可是在猝不及防的灾难面前，谁也无法镇定自若、周密而冷静地作出快速反应。派去和灾害搏斗的军队，事实上是一支没有武器的赤手空拳的军队。直到八月七日以后，救灾部队才陆续配发吊车、电锯、凿岩机、电焊切割机。这也就是说，废墟上这一场空前的残酷的赤手空拳的生死搏斗，已持续了十天之久！

由此可见，唐山大地震之所以被称为"二十世纪世界死亡人数最多的地震灾难"，除地震本身不可抗力外，**预报受制、防范无为和救援迟滞**、失当，是无法将灾害损失降到最低水平的主要原因。但中共和御用精英们并不认同。他们在大讲地震不可抗力性的同时，否认预报，淡化和回避设防功能，力图把救援变成政治宣传阵地，以达到"**把坏事变成好事**"，从而达到讴歌中共救援之德、颂扬政府重建之功、衷心感谢"党妈妈"的目的。

3. 天崩地裂祖龙死——是巧合？还是天人感应？

1976年，是一个不寻常的一年。那一年，对中共来说，是个步履艰难的一年；那一年，对中国老百姓来说，是继1975年溃坝导致23万人死亡的大洪水之后又一个充满苦难的大灾年！

那一年天崩——3月8日，吉林省吉林市发生陨石雨。陨石雨降落的范围约为500平方公里，搜集到陨石标本138块，碎片3,000多块，总重量达2,700公斤。其中，最大的1号陨石重1,770公斤，堪称"世界陨石之最"。

那一年地裂——5月29日，云南省西部的龙陵县先后发生7.3级和7.4级的强烈地震，伤亡2,540人；7月28日，河北省唐山市发生7.8级地震，伤亡60多万，其中死亡24.2万多人，重伤16.4万多人；8月16日和23日，四川省北部松潘、平武之间发生了两次7.2级的强烈地震，人员伤亡为800多人。

那一年高官相继殒殁——1月8日，国务院总理周恩来去世；7月5日，人大委员长朱德病故；9月9日，中共党主席毛泽东驾崩。

那一年权力重新分配——4月5日，右派借悼念周恩来之名，在天安门广场上声讨毛皇暴政，遭到残酷镇压；10月6日，右派发动宫廷政变，逮捕毛的遗孀江青为首的"四人帮"。

1976年9月9日，一代魔王驾崩

那一年河南许昌发生踩踏事件——根据中共中央要各地"必须与中央保持一致"的指示精神，5月1日，许昌地区革委会召开了十多万人的"批邓、反击右倾翻案风"大会；当晚，又组织了"五一"批邓烟火晚会。在大放烟花中，多处发生踩踏事件，数十人丧生，成了声讨邓小平的殉难者。5月2日上午，笔者仅在地区医院院内，就看到停放的尸体31具。临近死难现场的市、县两所医院，停放了多少具尸体？全国各地是否发生过同类事件？因系党的机密，老百姓无权知道。

1976年"天崩地裂祖龙死"的自然特异现象，引发了中共上层政治权力的重新分配，从而结束了浩劫十年的文化大革命。这种自然特异现象都集中发生在一年之中，匪夷所思。

但这种匪夷所思的自然特异现象，并非1976年独具。十年文革，是人怨沸腾的十年：两百多万人惨遭杀戮，一千多万人致伤致残，两千多万人挨批挨斗；那十年又是自然灾害频发的十年，是人怨加天怒的十年。就地震灾害而言，"解放"后毛执政的二十七年间，七级以上大地震共发生过十二次，其中有九次都发生在十年文革中。如果把河南驻马店溃坝导致23万人死亡的大洪水计算在内，便构成了"十年文革十大灾难"的自然特异现象。那九次大地震是：

1966年3月8日，河北省**邢台**发生了7.5级强烈地震，8,064人死亡，38,451人受伤，倒塌房屋508万余间。有人认为，这次地震是文革浩劫的先声。

1969年7月18日，**渤海**发生7.4级强烈地震，由于地震发生在渤海，距离陆地较远，造成9人死亡、300多人受伤。

1970年1月5日1时，云南**通海县**发生7.7级强烈地震，死亡15,621人，伤26,783人，倒房34万间。（这次强震，中共在30年以后才对外公布）

1973年2月6日，四川省甘孜藏族自治州**卢霍县**发生7.9级强烈地震，死亡2,175人，伤2,756人，损失牲畜40,427头，粮食2,011,800公斤，倒塌房屋15,700幢，破坏2,867幢。

1974年5月11日，云南省**昭通**地区发生7.1级的强烈地震，死亡1,423人，伤2,000余人，倒塌房屋达28,000余间，破坏水利500余顷，耕地4万多亩。

1975年2月4日，辽宁省**海城县**发生7.3级强烈地震，死亡1,328人，伤22,000人，毁坏房屋112万间。由于地震工作者预报准确，在震前两个半小时内，辽宁省南部六市、十县有一百多万人撤离了他们的住宅和工作地点，死亡人数仅占全地区人口的万分之一点六，被世人称为"科学的奇迹"。

1976年5月29日，云南省**龙陵县**先后发生7.3级和7.4级的强烈地震，死亡98人，重伤451人，轻伤1,991人，房屋倒塌和损坏42万间。

1976年7月28日，河北省**唐山市**发生7.8级强烈地震，死亡**242,769**人，重伤**164,851**人，唐山市夷为平地，被称为二十世纪世界最大地震灾难。

1976年8月16日和23日，四川省**松潘、平武**之间发生了两次7.2级的强烈地震，粮食损失达500万公斤，牲畜死亡2,000余头。由于地震震前有预报，采取了人员撤离的措施，因此，人员伤亡约 800 余人。

面对"天崩地裂祖龙死"和"十年文革十大灾难"的自然特异现象，按中国古代的哲学家的思想回答，那是"**天人感应**"，但中共唯物主义者认为，那是"**巧合**"！

"天人感应"是把"天"人格化，把"人"比附于天。这是西汉董仲舒思想。董认为："**天人之际，合而为一。**"天和人同类相通，相互感应，天能干预人事，人亦能感应上天。如果天子违背天意，不仁不义，天就会降灾害进行谴责和警告；如果政通人和，天就会降祥瑞以鼓励。理学家张载也说："**人所悦则天必悦之，所恶则天必恶之。**""天人感应"的理论基础是"**天人合一**"的老庄思想。老子说："**人法地，地法天，天法道，道法自然。**"庄子说："**天地者，万物之父母也。**"儒家也主张"天人合一"，把"诚"视为天人一致的表现。《中庸》说："**诚者，天之道也，诚之者，人之道也**"。显然，古人把天人合二而一，而天则是"合一"的主宰者。

对于普通老百姓来说，"天人感应"论很容易被他们接受。因为，在他们看来，文革中的谎言、野蛮和邪恶是忤逆天意的，于是天降震灾洪灾，以示惩罚。但容易被老百姓接受的学说一定正确吗？大地震和大溃坝的受难者，绝大多数都是社会底层善良而愚昧的弱势群体，尽管他们大多数人患有媚骨、软骨病，且对暴政逆来顺受，甚至还为施暴者摇旗呐喊，高呼"万岁"，但他们大多都是文革的受害者呀，天降大震大水来"惩罚"他们，公平吗？笔者由此而怀疑古人"天人合一"的说教，因而对"天人感应"说持保留态度：太玄了。玄者，深奥虚幻而难辨也。《老子》曰："**道可道，非恒道。**"又说："**玄之又玄，众妙之门。**"笔者一介草根，"道行"太浅，对千变万化"玄之又玄"之道，望"众妙之门"而叹曰："妙门，非吾辈能入也！"

持"**巧合**"论的中共唯物主义精英们，他们说客观世界是可以被他们认识的。他们宣称："**科学是偶然性的敌人。**"又说："**偶然性和必然性是相互联系的，偶然性只是必然性的补充和表现形式。**"等等。这就是说，他们懂得，板块运动的应力积累到何时才会释放，才会发生地震，至今地震学家们尚无科学结论，因而，他们把自然特异现象说成是偶然地巧合，这个"理"是容易被人接受的。但既然说偶然性是必然性的表现形式，那么，什么是"巧合"的必然性呢？迄今没见有人能回答。到此，宣称"**唯物主义与不可知论根本对立**"的中共唯物主义精英们，在回避"巧合"的必然性中，已走到了自己的反面，陷入"**不可知论**"的泥潭之中。

尽管中共唯物主义精英们无法回答"巧合"的必然性，但他们却有权批判"天人感应"和"天人合一"思想，称其为宗教、神学、迷信，是反马克思主义的，因而是反科学的。"**存在决定意识**"的唯物原理规定，"天"（存在）是"不以人们的意识为转移"的"客观规律"，它"决定"了"人"们必须这么想，必须那么做，否则，必遭挫折或受到惩罚。如果说"天人感应"者，是把"天"看做是以天为主、天人互感的统一体，那么，唯物主义精英们，则把"人"（意识）看成是顺"天"（存在）而行的奴仆，正所谓"天行健，君子以自强不息"。尽管有时"奴仆"也会影响甚至改造"主人"，但在唯物主义精英们看来，那不过是"主观能动性"或偶而"反作用"的结果。由此可见，从"天""决定""人"这个意义上来说，唯物主义精英们并没有同宗教、神学和迷信的"天人感应"彻底切割，尽管他们说的"天"不是神，而是"客观存在"。

世界是丰富多彩的，因而是多元的。在科学技术高度发展的今天，**神学**也有很大的发展空间。在世界一流科学家中，许多人都是基督教、伊斯兰教或佛教的信徒，他们笃信科学，更敬畏上帝或佛祖。例如，科学家们发现，当今我们生活的宇宙空间，是由137亿年前的一个单独的无维度的"奇点"突然爆炸创造的。这个突然爆炸"奇点"，是一个在空间和时间上都无尺度但却包含了宇宙全部物质及其运动规律，而且还在继续膨胀扩张中。尽管如此，科学家们却不敢借此否定上帝创造世界的神学学说。因为，"奇点"是什么？没有爆炸前的宇宙是什么？这些都是科学家们难以回答的问题，尽管有科学家认为，追究"奇点"之前是无意义的。自然界是那样的宏大，又是那样的渺小，是那样的诡秘，又是那样的多变，人们只能在不断探索中去逐渐认识它、把握它。尽管人们在探索自然中已经取得了巨大成就，但进一步深入认识这个世界，探索的路途还相当艰辛而遥远。在这种情势下，人们对任何自然现象见仁见智都是正常的、不可避免的。那种企图用一种学说去统一世界是愚蠢的、徒劳的。因此，可以这么说，自有人类以来，科学和神学都在蓬勃发展，而且并行不悖。

唯物主义者毛泽东是如何看待这些自然特异现象呢？据报导，当他与零距离"护士"孟锦云谈及吉林陨石雨时，他说："**中国有一派学说，叫做天人感应，说的是人间有什么大变化，大自然就会有所表示，给人们预报一下，吉有吉兆，凶有凶兆。天摇地动，天上掉下大石头，就是要死人哩。三国演义里的诸葛亮、赵云死时，都掉过石头，折过旗杆。大人物、名人，真是与众不同，死都要死得有声有色，不同凡响噢。**"孟说："那全是迷信，是古人瞎编的。您真信吗？"毛没有马上回答，沉思了一会儿，他说："**古人为什么要编造这些？**"他好像是在问孟，又像在问自己。如果把他对这个特异现象的沉思与他常说"**死后去见我的上帝马克思**"的话联系在一起，可以看出，这个坚定的唯物主义革命家并不坚定，他还没有割掉神学即所谓唯心主义的尾巴。

1976年由大灾难引发的政治大转折，是必然还是偶然？伴随文革的九大地震和一大洪灾，是警告还是惩罚？如果不是"天人感应"，又该是什么？由于对"唯物""唯心"滥用"唯"字的反感，笔者不愿被"唯"字奴役。笔者期望于后来人，像锲而不舍地追根"UFO"不明飞行物、特异功能等超自然特异现象那样，去寻求十年文革的中国，解读发生在1976年和其他年份里那种大灾大难大转折的必然性或偶然性，解读历史上曾发生过的人祸天灾相伴而行令人匪夷所思的故事。

不管后人如何解读大灾大难大转折的自然特异现象，但已刻入历史的是：1976年9月9日毛泽东"驾崩"，同年10月6日右派发动宫廷政变，兵不血刃地逮捕了以毛的遗孀江青为首的毛左核心成员"四人帮"，为1977年8月正式宣布结束文化大革命创造了必要条件！

第二十二章附注：

注1、霍查

恩维尔.霍查是阿尔巴尼亚劳动党第一书记，是东欧一个只有200多万人口小国的独裁者，掌权达四十年之久。据统计，到1969年，中国对阿尔巴尼亚经济、军事援助项目总值已达90亿元人民币，造成了大量的浪费。1970年，霍查要求中国援助32亿元人民币，最终只获得19.5亿元人民币的长期低息贷款，因而批评中国同美国、南斯拉夫等国改善关系是修正主义，批评三个世界理论是中国谋求霸权，从而使中阿关系陷入低谷。

注2、文王

周公旦辅佐文王孙、武王子成王，把武王统一中国后的周朝疆土，分封了800多个诸侯国，或曰附属国、仆从国，而非文王。

注3、封建说

"封建"一词本义是"封诸侯、建藩卫"，即分封土地，建立诸侯国，是西周的政治体制。但自马列传入中国后，"封建"一词已脱离了原来古代的蕴涵而被赋予了新义。对此，有学者称其为"概念错位"。在中共文件和毛泽东的著作里，封建主义成了代表地主阶级的君主集权主义政治体制的代名词，而且妇孺皆知。根据"约定俗成"语法规则，本书"封建"一词暂从"俗成"。

注4、"猫论"

邓小平说："不管黑猫白猫，抓住耗子就是好猫。"比喻只要能增加粮食生产，不管他姓资（资本主义）或姓社（社会主义）。

注5、"八荣八耻"

2006年3月4日，中共总书记胡锦涛发表了"关于树立社会主义荣辱观"的讲话。他提出的荣辱观是：以热爱祖国为荣，以危害祖国为耻；以服务人民为荣，以背离人民为耻；以崇尚科学为荣，以愚昧无知为耻；以辛勤劳动为荣，以好逸恶劳为耻；以团结互助为荣，以损人利己为耻；以诚实守信为荣，以见利忘义为耻；以遵纪守法为荣，以违法乱纪为耻；以艰苦奋斗为荣，以骄奢淫逸为耻。

注6、二十七次政治运动（数字是年份。如48~53，即1948年~1953年。）

土改46~53、镇反50~52、三反五反52、思想改造53、反"高饶"54、肃反55、三大改造53~58、反右57、大跃进58、人民公社58~80、反彭德怀59、学大寨64~79、"四清"64~66、批文艺思想64~65、批"彭罗陆杨"65~66、"横扫"66、破"四旧"66、夺权67、"群众专政"67~68、"清队"68、上山下乡62~78、"一打三反"70、清查"五一六"67~72、批林整风72、批林批孔73~74、评《水浒》75、批邓反翻案76。

注7、杀人比较

红色杀人魔王统治期间非正常死亡（处决、酷刑、虐杀、自杀和饥饿）人数比较

国 名	独裁统治时间	非正常死亡人数	年均死亡人数	当时全国平均人口数	死亡数占全国人口之比
柬埔寨	波尔布特的3.7年	170~200万	50.0万	650万	28.50%
中 国	毛泽东的27年	5,000万以上	185.2万	60,000万	8.30%
前苏联	斯大林的29年	约6,000万	206.9万	19,000万	31.60%

（说明：根据各方网传数据整理而成。）

注8、一平二调

"一平二调"是人民公社早期"共产风"的主要表现。根据毛泽东把"一大二公"做为人民公社指导方针的指示精神，全国农村普遍实行平均分配的供给制和公共食堂制，被称为"一平"；县、社两级政府可以无偿调走生产队的劳力、财物（包括社员个人的），是谓"二调"。"一平二调"是导致数千万农民饿死的祸端。（详见"序幕"中的"简评人民公社运动"）

注9、人质情结

详见"前言"注6。

第二十三章：文革余波暨文革第八轮大屠杀

一、十月宫廷政变——逮捕"四人帮"

1976年9月9日，中共中央主席毛泽东驾崩；但他死后不到一个月，中共中央副主席**华国锋**与军委副主席**叶剑英**、中共中央办公厅主任、统率"御林军"的中央警卫局局长**汪东兴**联手，发动了震惊中外的宫廷政变，清除了毛泽东遗孀江青为首的毛左集团。叶、华、汪密谋设下圈套，以召开中央政治局会议为名，赚毛的亲信**江青**、**张春桥**、**王洪文**、**姚文元**等所谓的"四人帮"入彀。

10月6日晚，当王洪文、张春桥应召先后驱车来到怀仁堂参加会议时，华国锋以党主席身份，宣布对其"隔离审查"。藏于屏风后面的武装军警，闻声迅速出击，将他们逮捕。与此同时，张耀词带领一中队人马，到春藕堂逮捕了江青；见姚文远迟迟未到，汪东兴遂派数十名军警，到姚家将其逮捕。此外，毛的侄儿（毛的联络员）**毛远新**和毛的追随着、红人**迟群**、**谢静宜**、**金祖敏**等人，也相继被捕。接着，他们以软硬兼施的权术，迫使毛的党羽**马天水**、**徐景贤**、**王秀珍**等上海帮躬身就范，失去了反抗能力。不久后，三人相继落网。可以这么说，由于软硬兼备，计划周密，叶、华发动的宫廷政变，兵不血刃，干净利索地取得了胜利！

十月宫廷政变是在极其秘密的"暗箱操作"中成功的，其鲜明的阴谋性、非法性，体现了马列主义、毛泽东思想即马列毛主义的正统性。

早在毛泽东发动"批邓、反击右倾翻案风"之初，特别是在毛失去口头表达能力之时，中共宫廷已形成了势不两立的两大集团：以江青为首的左派集团和以叶剑英为首的右派集团——前者以软实力"舆论一律"，号令全国，后者以硬实力坚甲利兵，虎视眈眈。

周恩来死后和邓小平面临被打倒的1976年1月下旬，毛泽东突然确定政治局委员华国锋任国务院代总理并主持中共中央日常工作。华当时是中共中央政治局委员和国务院第六副总理，按等级序列上位，远轮不上他。但在毛说一不二时代，他超越了中共中央副主席邓小平、王洪文、叶剑英、朱德、张春桥等政治局常委而跃居第一副主席高位，跨过了邓小平、张春桥、李先念、陈锡联、纪登奎等国务院副总理而登上代总理宝座，4月又被任命为总理。这种非序列上位的任命，引起了江左集团的强烈不满。按照等级序列，在邓小平面临被打倒情势下，王洪文接任中共中央第一副主席、张春桥接任代总理，是顺理成章的事；但在接班的节骨眼上，"半路杀出个程咬金"来，使江左集团的王、张自然接班，化为泡影。

病中的毛泽东，头脑还没有完全糊涂。如果他按序列让王、张上位，一定会引发叶右集团的强烈反弹，复制武曌末年神龙政变故事 (1)，随时都可能发生。在走头无路的情况下，他突然挑选没有派系后盾的华国锋为接班人，借以缓解左右两派的冲突，为最终实现华国锋——江青——张春桥三架马车接班架构创造条件。但愚蠢的江青、张春桥等"四人帮"左派集团，不懂毛的苦心，却把"程咬金"当成他们获得最高权力的拌脚石，对其工作进行百般挑剔，生生地把华国锋推向右派集团，为叶、华联手创造了决定性的条件，从而把自己推到了灭顶的边缘。

历史已经让人们看到，早在"批邓"之初，政变之声早已悄然起于行伍之中。得到多位高级将领支持的**宋时轮**上将，扬言要发兵"清君侧"；福州军区司令**皮定均**中将，对在福州治病的被毛罢黜的前总参谋长**罗瑞卿大**将说，你叫我们怎么打，我们就怎么打；**王震**上将在叶剑英元帅家中，嚷着要叶下令动武；**杨成武**上将带着**聂荣臻**元帅的口信，潜入叶剑英元帅家中，要叶动手。此时，"病"而不休而按兵不动的叶剑英，早已成竹在胸：他派王震以老上级的身份"造访"了"御林军"司令**汪东兴**少将，利用汪与江青的矛盾，使汪听命于叶，又派**苏振华**上将做了他的老部下、重兵在握的北京卫戍区司令**吴忠**少将的工作，使吴向叶表忠，等等。叶还暗中调兵遣将，单等毛驾崩后下手。据报导，历史记录了毛驾崩后叶、华、汪"下手"的过程：

经过多日试探和构通，在毛泽东死后的1976年9月21日，叶剑英应约来华国锋住处，密谋解决"四人帮"问题，并对解决方案达成了共识。

9月26日晚，华国锋根据叶、华共识，与志同道合的李先念、吴德商量解决"四人帮"问题的实施方案。三人认为：召开中央全会投票解决没有把握，召开政治局投票解决，虽有把握，但场面激烈，易生不测；最后商定比较稳妥办法是：利用华的合法权力和叶的权威，"**采取隔离审查的办法**"。

10月2日下午，叶剑英又来到华国锋办公室，要华尽快解决"四人帮"。此前，他对汪东兴说："**该摊牌了，不能失掉时机，兵贵神速，乘人之不及！**"

10月4日下午，在汪东兴的办公室，汪把抓捕"四人帮"的行动方案向叶详细作了汇报：确定以召开会议的名义把王、张、姚找来中南海怀仁堂，名义是：一、讨论《毛选》第五卷出版问题；二、讨论建造毛主席纪念堂选址问题。

在华国锋家里，华同汪东兴、吴德进行了粉碎"四人帮"前的最后一次商议。三人商定：

一、按华国锋、叶剑英、汪东兴已议定的方案执行：以召开政治局常委会研究《毛选》第五卷出版问题的名义，通知王洪文、张春桥、姚文元到会；华国锋、叶剑英坐镇中南海怀仁堂指挥；当王、张、姚到会时，由华宣布对他们进行隔离审查，然后由汪东兴组织的军警将他们逮捕；汪派副手张耀祠到江青住处，将其逮捕。

二、对迟群、谢静宜、金祖敏等人的隔离审查，由吴德和吴忠负责实施。

三、中南海内如果出现了意料不到的问题，由吴德组织卫戍区的部队支援。

四、由北京卫戍区军警把人民日报社、新华社、中央人民广播电台军管起来，中央机关和迟群、谢静宜控制的清华、北大等单位，用内紧外松的方式戒备起来。

华国锋最后决定：10月10日动手。

但在10月5日下午，叶剑英突访华国锋，要华提前行动。华遂决定6日晚8时动手。

10月6日晚8时左右，"四人帮"被顺利"粉碎"，前后仅用35分钟。

当晚9点，耿飚按照叶剑英的命令，带一营武装，接管了中央人民广播电台、新华社等新闻机构，摧毁了江左集团的软实力。

《韩非子》曰："**事以密成，语以泄败。**"叶、华"暗箱"中的阴谋活动，终于大获成功。

为了给这种既违宪又违党章的非法阴谋活动披上件合法的阳谋外衣，在逮捕了"四人帮"及其爪牙之后的当晚10点，右派集团立即在叶剑英的西山住处，召开了中共中央政治局会议。会议除追认叶、华主导的非法阴谋行动为合法外，还根据叶剑英的力荐，任命华国锋为中共中央主席和国务院总理。会议结束于第二天的凌晨4点。

在上层精英的笔下，这些非法的阴谋活动，变成了"英明领袖"华国锋的智慧结晶和领导艺术！

1976年10月21日，北京150多万未必了解真相的群众，在新中央的指挥下，上街欢庆"粉碎'四人帮'"的伟大胜利。此刻，各地包括笔者在内的芸芸众生，才从广播里听到了这个令人震惊又令人欢欣鼓舞的消息。

欢庆粉碎"四人帮"

粉碎"四人帮"是福还是祸？是合法还是非法？这些都用不着你老百姓去操心，更不许你去说三道四，因为，党中央的"英明领袖"已经为你铺摆好了。宫廷政变的全过程，是中央几个人自行"代表百分之九十五以上人民"行使权力的全过程，反映出马列毛主义的正统性：当权力失衡时，重新分配权力不是靠选票，而是靠阴谋、政变和火并。马列毛主义的正统性表明，**非法的宫廷政变，其"合法性"是不容置疑的**，尽管从历史的角度观察，粉碎"四人帮"是次小小的进步。

二、两个凡是暨文革第八轮大屠杀

粉碎"四人帮"后,右派逐渐得势,要求邓小平出山的呼声也越来越高,新左派华国锋的地位受到了前所未有的挑战。为了巩固既得利益,消除右派的威胁,他与汪东兴一起,提出了一个巩固权力、扼制右派东山再起的计划:"**两个凡是**"。

1977年2月7日,"两个凡是"正式出炉:《人民日报》、《解放军报》和《红旗》杂志在两报一刊社论《学好文件抓住纲》中,把"两个凡是"表述为:"**凡是毛主席作出的决策,我们都必须拥护,凡是毛主席的指示,我们要始终不渝地遵循。**"——这就是继承毛泽东遗志、坚持以阶级斗争为纲、坚持无产阶级专政条件下继续革命理论和走文化大革命路线的**华国锋思想**。华的这种思想,在粉碎"四人帮"以后,便裸露无余:

粉碎"四人帮"后的第三天,即10月8日,华国锋在中共中央召开的打招呼会议上宣布:"**批判'四人帮'一定要按照毛泽东的指示办**","**'四人帮'的核心问题是阴谋篡党夺权**",解决"四人帮""**是毛主席关于无产阶级专政下继续革命的伟大理论的一次伟大实践,是无产阶级文化大革命的伟大胜利。**"在9月18日毛的追悼大会上,华国锋表示,"**要以阶级斗争为纲,坚持党在整个社会主义历史阶段的基本路线,巩固和发展文化大革命**"的胜利成果。在解决"四人帮"后不久,华国锋就在一次讲话中表示:"**要保卫和发展无产阶级文化大革命的胜利成果,继续搞好教育革命、文艺革命、卫生革命、科技战线的革命和知识青年上山下乡的工作,扶植社会主义新生事物,限制资产阶级法权,真正把巩固无产阶级专政的任务落实到基层。**"在3月中旬的中央工作会议上,他又说:"**对无产阶级文化大革命,应当正确对待。无产阶级文化大革命是七分成绩,三分错误。七分成绩,是在毛主席领导下取得的;三分错误,是林彪、陈伯达、'四人帮'干扰破坏造成的。如果不这样看,就会发生有损我们旗帜的问题。**"直到1977年8月召开的中共十一大上,他强调说:"**毛主席对无产阶级文化大革命和无产阶级专政理论的最大贡献**",就是"**完整地创立了无产阶级专政下继续革命的伟大理论,指明了无产阶级革命胜利的国家,如何巩固无产阶级专政,防止资本主义复辟,建设社会主义的根本道路。**"他认为,"**这是当代马克思主义最重要的成果**",是中国"**亿万群众进行胜利战斗的光辉旗帜。**"

显然,做为文革的既得利益者华国锋,继承毛泽东遗志、坚持走文革路线是很自然的事。对此,三十多年后,一些上层精英,出于树华反邓的政治需要,硬把"两个凡是"的社论说成是"汪东兴提议写成的",甚至"厘清"众议说:"'两个凡是'并非由华国锋最早提出,也不是为了阻挠邓小平复出。"但历史的记录证明:这种"厘清"站不住脚。

1977年1月21日,华国锋在中央宣传口的讲话提纲中,明确提出:"**凡是毛主席作出的决策,我们都必须维护,不能违反;凡是损害毛主席的议论,都必须坚决制止,不能**

容忍。"这是 2 月 7 日"两个凡是"经典表述的最早版本，而汪的表述，不过遵命而已。之于"两个凡是"是否是"为了阻挠邓小平复出"，看看左右两派的角力，你就会得到答案。

粉碎"四人帮"后，党内右派根据各自的政治诉求，迅速分裂成新的左右两个派别集团：一个是以老左派华国锋、汪东兴、吴德为核心的新毛左集团，他们坚持毛泽东制定的基本路线，以"两个凡是"为武器，保卫文化大革命的"胜利成果"；一个则以老右派邓小平、叶剑英、胡耀邦为核心的新右派集团，在坚持毛泽东制定的基本路线的同时，用"实践是检验真理唯一标准"去批判"两个凡是"，颠覆文化大革命，宣布其为"浩劫"。角力结果的历史是：新右派取得了胜利，新左派一败涂地。一败涂地后的新左派归宿是：华国锋被迫宣布"第一次无产阶级文化大革命结束"，接着在 1979 年，被摘掉了"英明领袖"的桂冠，"请"出领导核心；汪东兴、吴德以及反对邓小平复出的陈永贵、吴桂贤等重臣，先后被逐出权力中心，或降职他就，或黯然退休。

邓、华两派的角力，被上层精英们大书特书，成了那段历史的主轴。但史学家们好像有意放大"两个凡是"扼制右派东山再起的一面，却有意忽略甚至掩饰它的另一面：镇压。

大凡在民主政体下，新政府上台、新官上任或遇节假日，许多当权者都会大赦天下或抚慰百姓，以示体恤和宽容；但毛泽东的基本路线是你死我活的阶级斗争，反对体恤和宽容。因此，在毛泽东时代，大凡新政府上台、新官上任或新政出台，必大砍大杀之，借以警告天下，如镇反、肃反、"一打三反"等；每到节假日之前，如"五一"、"十一"、元旦和春节等节假日，必统令各地，大开杀戒，警示百姓，以立政威。——这就是中共独有的"**政权就是镇压之权**"的赤文化。"老实人"华国锋新官上任，自然也不能例外。

深感地位不稳的华国锋，不仅受到了邓右派的压力，更受到一些右派暗中支持的"反革命分子"的挑战。1977 年 1 月，一些右派支持者、异己人士和持不同政见者，在周恩来逝世一周年之际，举行了声势很大的纪念活动，要求平反"四五"天安门事件，追究华国锋及其助手吴德、陈锡联、吴桂贤等领导人的责任，公然向僵尸毛泽东叫板，令华国锋十分紧张。于是，他与汪东兴等人密谋后，"两个凡是"便出笼。其中，坚决镇压反革命是毛泽东思想的核心价值，右派不能、也不敢不认同。于是，在右派的配合下，他掀起了文革第八轮大屠杀的高潮，以儆效法者！

1977 年 2 月 22 日，华国锋签发中共中央"中发〔1977〕六号"文件，转发了《全国铁路工作会议纪要》，发出了第八轮也是文化大革命最后一轮大屠杀的号令："**对攻击毛主席、华主席和以华主席为首的党中央的现行反革命分子，要坚决镇压**"；"**对极少数罪大恶极、证据确凿、不杀不足以平民愤者，则杀之**"。该《纪要》是文革期间镇压反文革义士《公安六条》的继续，因而是毛泽东"政权就是镇压之权"思想的继承和发展。据说，在贯彻文件精神过程中，有成百上千的异己者和持不同政见者等志士仁人，遭到华国锋为首的中共党的残酷镇压,并以"恶攻罪"先后判处死刑。其中包括上海青年**王申酉**、江西女青年**李九莲**和同情李的女教师**钟海源**、吉林的**史云峰**和因批评政府而上书华国锋的湖南教师**武文俊**等英烈。

  文革第八轮大屠杀究竟杀了多少?近几年有书称,只杀了44人;这样,如果中共想要治罪的话,"**成百上千**"的传说,便可界定为"谣言",并加以刑事追究。在"档案死不解密,又不许体制外调查"的社会里,许多"谣言",往往在档案解密后,会自动变成真言。这些现象,在共产党政府倒台或改制后的国家里,屡见不鲜。但应当肯定的是,第八轮大屠杀的规模,远比毛泽东、周恩来在文革中进行的前七轮大屠杀要小得多。

  据悉:日本《朝日新闻》曾在2001年11月2日,发表了篇题为"前主席华国锋申请退党"的文章。文章说华国锋认为:"**现在的共产党,和过去的国民党没有什么区别。**"

  尽管这篇文章说法的真实性尚待考证,但它的确反映了丧失权力者思想的失落和乖谬。既得利益者华国锋,本能地不会承认,"解放"后的共产党,特别是文革中的中共,远比"**过去的国民党**"专制、独裁得多,因而干的祸国殃民的事,远比国民党多得多!既得利益还会使华国锋闭眼不看,**过去的共产党**曾使许多中国人,每天都在批、斗、杀的红色恐怖中度日,大多数人都过着吃不饱、穿不暖的生活,而改革开放后的共产党,虽然腐败,但大多数中国人,却能吃得比较饱、穿得比较好,自杀、虐杀和被枪决的人,也远比毛泽东时代少得多。不可否认的是,远比毛泽东时代富裕、自由的邓小平时代,因坚持"四项基本原则",导致腐败丛生和分配不公,使民怨沸腾,从而使包括华国锋在内的一些政治家和文革余孽们,高调怀念毛泽东时代。显然,这种怀念不是愚昧,便是别有用心。笔者由此认为:无论是过去的共产党,还是现在的中共,都是一党专政者,因而都是中国老百姓人身的绑架者和民意的奸污者,他们解决不了迫害、腐败和共同富裕等社会问题;怀念毛泽东时代,是某些政治家和文革余孽们,利用民众的反腐情绪达到某种政治目的的手段。历史已经证明、必将继续证明,尽管毛、邓两个时代有所不同,却是一脉相承的,因而,它们的不同是承前启后的结果:**毛泽东时代的特征是独裁、迫害、经济滞后加百姓共同贫困,邓小平时代的特色是专制、腐败、经济高涨加官民贫富悬殊!华国锋怀念毛泽东时代,**不过是权力斗争中丧失权力者的啾啾哀鸣而已。

三、拨乱反正——邓小平拯救中共

  毛泽东的文化大革命,给中国人民造成了巨大灾难,使中国共产党失去了绝大部分民心,党心、军心也处于风雨飘摇之中。为了**拯救**中国共产党,高层人物都进行了反思。尽管他们反思的深度、广度和角度不尽相同,但不谋而合的是,他们反思是**保权反思**,亦即在保住共产党权力基础上的反思，犹如他们当年反思大跃进恶果那样。坚定的马列主义革命家邓小平，自然也不能例外。

为了拯救中共，邓小平的反思表现在两个方面：在政治上他拨乱反正，经济上他改革开放。为此，他设计了两套实施方案，并利用权力，力排干扰而获得了成功。

1. 拨乱反正——平反冤假错案

邓小平在政治上的批左保右，其中之一就是拨乱反正，即拨毛左文化大革命之乱，反（返）确保右派官僚特权阶级永远掌权之正。为此，他一切入，便重拳出击毛左顽固势力：首先，别出心裁地"改正"了右派分子的"反革命"属性；继而，"解放"成千上万个被毛左集团定为"反革命"、"反党分子"的新老干部；接着，又平反了大量普通老百姓中的冤假错案。邓氏的这一招，也确实高明，不仅为中共和他本人争得了党心、军心和民心，也为历史留下了一页能被后人称颂的篇章。

在平反冤假错案中，胡耀邦是个举足轻重的人物。**胡耀邦** (1915~1989)，湖南浏阳人，是中国共产党、中国共产主义青年团和中华人民共和国重要领导人之一。1930年加入中国共产主义青年团，并到湘赣革命根据地工作，被誉为"红小鬼"。1957年任中国共产主义青年团中央第一书记，1964年任中共中央西北局第二书记、陕西省委第一书记。文化大革命中受到迫害。1975年重新工作后，任中国科学院党组织负责人。因紧跟邓小平进行整顿而遭到毛的批判。粉碎"四人帮"后，曾先后任中共中央党校副校长、中共中央组织部部长、中央宣传部部长、中央纪律检查委员会第三书记、中央委员会秘书长等职。1980年2月，在中共十一届五中全会上，当选为中央政治局常委、中央书记处书记、中央委员会主席、总书记。其间，他又紧跟邓小平，组织、推动了关于"**实践是检验真理唯一标准**"的大讨论，为邓小平战胜以华国锋为首的新毛左集团，做出了贡献。

胡耀邦对中国的重大贡献是平反冤假错案。在他的组织、推动、领导和邓小平的支持下，自1979年开始，从中央到地方，先后开始了平反冤假错案工作。据报导：

1978年9月19日，中共发表了**《关于全部摘掉右派分子帽子决定的实施方案》**。全国除章伯钧、罗隆基等五六个人外，其余五十五万多右派分子，全部"改正"，变成了享受"人民"待遇的公民；但《方案》拒绝承认毛泽东发动反右运动时所采用的"引蛇出动""阳谋"的卑劣性。

11月14日，经中共中央政治局常委批准，中共北京市委宣布：1976年清明节期间，群众到天安门广场悼念周恩来、声讨"四人帮"的"**四五怒潮**"，完全是革命行动，应予平反；但却回避了声讨毛泽东暴政及其对"四五事件"的"反革命"定性的独断。

12月18日至22日，在中共十一届三中全会上，推翻了毛泽东要"**天天讲，月月讲，**

年年讲"阶级斗争的规定，中止使用长达二十八年的"以阶级斗争为纲"的毛左口号。

1979年1月11日，中共中央作出了《**关于地主、富农分子摘帽问题和地、富子女成分问题的决定**》，摘掉绝大多数"地、富、反、坏"分子的帽子，给予人民公社社员待遇。

5月3日，中共中央批转解放军总政治部《**关于建议撤销1966年2月部队文艺工作座谈会纪要的请示**》，并发出通知，决定撤销中央于1966年4月批发的这一纪要。总政治部在请示报告中指出，《纪要》是林彪、"四人帮"篡党夺权阴谋的一个步骤，推行的是林彪、"四人帮"极左的机会主义路线，它的贯彻和推行带来了灾难性后果；但却只字不提毛泽东组织和亲自修改《纪要》的决定作用。

6月29日，中共中央同意中共北京市委《**关于"三家村"冤案的平反决定**》，正式为所谓"三家村反党集团"冤案彻底平反，撤销对邓拓、吴晗、廖沫沙等三人所作的结论。尽管人们不会忘记：毛泽东曾说"**我不相信，在文化革命中的问题只是吴晗问题，后面还有一串串'三家村'**"和怒斥邓、吴、廖是"**反党反社会主义的**"的谈话之后，"三家村"遂遭灭顶之灾；但这一切，都被《决定》推到了林彪和"四人帮"头上。

1980年9月29日，中共中央批转公安部、最高人民检察院、最高人民法院党组《**关于"胡风反革命集团"案件的复查报告**》，决定为"胡风反革命集团"一案平反：凡定为胡风反革命分子的，一律改正，恢复名誉；凡因"胡风问题"受到株连的，要彻底纠正。同年11月3日，北京市高级人民法院改正了1965年对胡风的判决，宣告胡风无罪。

最引人纳罕的是，1982年8月23日，中共中央发出了《**关于为潘汉年同志平反昭雪、恢复名誉的通知**》。潘汉年是中共派遣到国民党内部特工负责人。经过多年经营，他在国民党高层中，安插了多名情报员，获得了大量情报。在抗日战争中，他与日、伪汪精卫合作，分享情报，为中共"一分抗日、二分应付、七分发展"的战略，作出了重大贡献。内战中，他为中共高层提供了大量国民党军政活动情报，使毛泽东得以知彼知己，从而把毛推上了"用兵如神"神坛，为中共战胜国民党最终夺取政权，又作出了重大贡献。"解放"后，他被任命为上海市副市长。因嫌官小，他上书毛泽东，陈述他的贡献。毛见书后，勃然大怒。遂被毛以"**秘密投降了国民党，是CC派人物**"的罪名，逮捕入狱，监毙于狱中，潘手下的知情人，也被一网打尽。《通知》宣布：撤销对潘汉年的审查结论，提请最高人民法院依法撤销原判，为潘汉年平反昭雪，恢复党籍；追认潘汉年的历史功绩，公开为他恢复名誉。九十年代，中共批准30集《潘汉年》电视剧在全国放映，间接肯定潘与日、伪合作的"历史功绩"；但播放后不久，又禁止放映。

到1982年底，平反的冤假错案高达300多万件：约47万名共产党员恢复了党籍，数以十万计的干部重新安排了工作；本书所列的血案、冤案，基本上都得到了平反。其中，被毛左绞杀的政敌**刘少奇、彭德怀、陶铸、贺龙、许光达、阎红彦、陶勇**等高干和将领，被毛左枪杀的**刘文辉、林昭、遇罗克、陆兰秀、张志新、王申酉、史云峰、李九莲、陆洪**

恩和死里逃生的**马思聪**、**王容芬**等志士仁人，也都相继得到了平反。

　　胡耀邦等人的历史功绩在于，他们所组织、领导的平反冤假错案工作，告慰了上百万个冤魂，使上千万伤残者、上亿万个株连者得到了精神上的慰抚。但在"四项基本原则"制约下，他们不愿追查制造冤假错案的从中央到地方各级党、政、军官僚们的责任，更不愿去查追冤假错案的直接制造者以及那些打手、刽子手等痞子、流氓无产者的罪恶，也就是说，他们即不愿从保障人权高度，去追根制造冤假错案的源头毛泽东的独裁和马列加秦始皇主义的封建本质，更不愿从健全法制高度，去追诉无产阶级专政体制反人类的邪恶本性。

　　由此可见，胡耀邦和邓小平的平反冤假错案，是文革浩劫之后拯救中国共产党的有限反思，是收买党心、军心和民心的一种策略，与封建帝王玩弄的"宽猛相济"权术，没有什么不同。基于这种保权的有限反思，胡耀邦同邓小平一样，都是马列主义亦即专制主义革命家，而非共和主义亦即民主主义革命家。因此，他们不会也不可能从根本上消除冤假错案。历史业已证明，大规模平反冤假错案之后，中共历代领导人，都在利用专政权力，继续制造新的冤假错案。例如，"六四"惨案、镇压法轮功案以及包括诺贝尔奖金获得者刘晓波在内的大量文字狱案，等等。

2. 改革开放——走官僚资本主义道路

　　在毛泽东独裁统治下，中国闭关锁国，舆论一律，老百姓对内能知道的是"大救星"、"社会主义好"等等，对外能知道的是资本主义国家的人民**"处于水深火热之中"**，正在热切地盼望着中国共产党去解放他们，等等。上层权贵和精英们，与老百姓却不一样。他们都能从外交、外贸等外事活动中，知道外部世界许多真实信息。但在党的伦理共识作用下，他们都能戴上有色眼镜观察世界，做到内外有别：对党和政府，如果十件事办错了九件，他们会自觉地运用"一俊遮百丑"的思想，把办好的那一件事无限放大，反复向老百姓灌输，社会主义就是好；与此相反，对西方敌国，如果对方十件事办好了九件，他们会自觉地运用"攻其一点，不计其余"的利器，把对方办砸了的那一件事无限放大，反复告诫老百姓，资本主义世界就是那样反动、那样落后。然而，当他们在文化大革命中受到冲击、批斗后，他们开始有所反思，有所醒悟，有色眼镜逐渐退色。以邓小平为首、相对开明的上层权贵们，开始用退色眼镜去观察内部和外部世界。

　　在退色眼镜观察下，邓小平们"发现"，外部世界十分精彩。二战后的三十多年间，西方自由世界在战争的废墟上，突飞猛进，经济繁荣，现代化、城市化已高度发展，老百姓家庭都先后进入了小汽车和电脑时代。二战中战败的德、意、日等法西斯国家，已发展成了一个经济高度发达百姓普遍富裕的民主国家。在经济总量上，1960年日本已超越

1946年曾高其两倍的中国，到1968年，又超越世界各国，发展成为仅次于美国的世界第二大经济体。据报导：1950年，中国GDP占世界经济总量的4.7%，到1976年，下滑到1%；同期,日本由2.4%上升到6%。资源匮乏、技术落后的台湾、南韩、香港和新加坡，也迎头赶上，纷纷进入发达国家行列，被誉为亚洲四小龙。其中，人口600万、面积仅为祖国万分之1.15的香港，1980年的经济总量，已达到祖国的六分之一。邓小平们关注的资本主义世界，已完全看不到"水深火热"的样子，自然也不好意思再说什么"我们去解放他们"的谎言了。反观国内，他们"发现"，自"一化三改造"起，先后历经了"大跃进"、"人民公社"、"调整、充实、巩固、提高"和"抓革命、促生产"等各个发展阶段，国民经济像老牛拉破车一样，迤逦蜗行，广大农民在"瓜菜代"中挣扎，城市居民在贫困中煎熬，用邓小平的话来说："**中国社会，实际上从一九五八年开始至一九七八年二十年时间内，长期处于停滞和徘徊的状态，国家的经济和人民的生活没有得到多大的发展和提高。**"而在当年，中国的人均GDP，在世界149个国家和地区的排名中，也从1948年的40位，下滑到1980年的145位，为全世界倒数第五位。国内外的强烈反差，使邓小平们认识到：拨乱反正、平反冤假错案，虽能争取党心、军心和民心，但只有短期效应；就长治久安而论，要拯救中共，必须关注民生，发展生产，改善和提高国民生活水平。于是，邓小平勇敢地发出了"**贫穷不是社会主义**"的呼号，他劝告同僚，要"**老老实实承认落后**"，告诫那些坚持毛左思想的人，"**长得很丑却要打扮得像美人一样，那是不行的。**"

三十年的经验证明，计划经济模式的一化三改造，其结果是少慢差费，落后三十年；而文革中所谓的"继续革命"和"抓革命、促生产"，却把国民经济"促"到了崩溃的边缘。1978年11月，以邓小平为首、相对开明的上层权贵们，在中共十一届三中全会上，提出了拯救中共的另一重大举措——**改革开放**，即用资本主义市场经济模式，去改造毛的僵硬的社会主义计划模式，并利用权力，排除干挠，最终取得了成功。

1978年，在邓小平中共的默许下，安徽省凤阳县**小岗村**，十八户农民签订"血"约，揭"书"而起，砸开了人民公社枷锁，率先分田到户。1979年9月，中共在四中全会上，通过了**《关于加快农业发展若干问题的决定》**，承认了小岗农民分田到户的合法性。1980年9月，中共下发**《关于进一步加强和完善农业生产责任制的几个问题》**，肯定了包产到户的社会主义性质。到了1983年，中共在全国范围内全面推广家庭联产承包责任制，推翻了毛泽东的农村人民公社体制，砸开了自农业合作化以来套在农民身上长达30年的枷锁。短短几年间，到1985年，就解决了毛泽东二十多年无法解决的温饱问题。

1979年，邓小平的中共，决定在深圳、珠海、厦门、汕头试办经济特区，实行"**特殊政策、灵活措施**"，吸引台资、港资和外资，推动中国改革开放和现代化的进程。接着，在1984年4月，他们又进一步开放大连、秦皇岛、天津、烟台、青岛、连云港、南通、上海、宁波、温州、福州、广州、湛江、北海这 14 个港口城市，兴办经济技术开发区。1985 年起，又相继开放长江三角洲、珠江三角洲、闽东南地区和环渤海地区经济开发区。1988 年，增辟了海南经济特区。1990 年，又做出了开发上海浦东新区的决定。经济特区和经济技术开发区的建设，引领了第二、三产业的高速发展。中国经济总量，从 1980 年 3,015 亿美元，增加到 2010 年的 5.879 万亿美元，**30 年增加了 19.5 倍**。

由于邓小平的改革开放，国民经济快速增长。到 2010 年，中国经济总量已取代日本，成为世界第二大经济体。直到今天，中共才真正让中国人得到了真真切切的实惠：基本上解决了温饱问题；尽管还有贫困人口，但无论是农村最贫困的农民或者是城镇中的最贫苦的居民，他们都比毛泽东时代好过得多！

然而，由于中共拒绝政治改革，坚持一党专政，坚持走官商一体的**官僚资本主义道路**，亦即所谓"中国特色社会主义"，导致权钱交易，腐败丛生，产生了一批官僚背景的红色资本家和拥有大量隐形资本的官僚特权阶级。二十一世纪的中国，**红色官僚资本家和官僚特权阶级**，左右着中共党和政府，掌控了国家政治走向和经济命脉，从而使中国社会两极分化，成为全世界贫富最悬殊的少数国家之一。

据百度文库《中国的财富分配》一文记载，中国占人口 1% 的富豪，掌控财富占国家总量的 41.4%；又据中国科学院《2012 中国可持续发展战略报告》称，中国年收入 2,300 元以下的人口为 1.28 亿，占总人口的 9.62%，拥有财富仅占国家财富总量的 0.63%，换句话说，**占中国总人口 10% 的贫困阶层，拥有财富不足国家总量的 1%**。

贫富的巨大反差，使中国社会处于极不稳定状态。据报导，由于官僚腐败，官民对立，民怨沸腾，每年群众闹事事件高达十万起以上，自杀数十万件。

为了"维稳"，历届领导人在上台伊始，都会一手举枪，坚决镇压老百姓的和平抗腐，一手举廉，信誓旦旦地反腐治贪。但由于他们拒绝群众监督、顽固拒绝公开个人财产，腐败呈愈反愈腐态势：八十年代，腐败黑金规模还在数万、数十万元上徘徊，九十年代，黑金规模已扩大到数百万元之上，进入到二十一世纪，黑金已上升到数千万、数亿乃至数十亿元的规模。这是为什么呢？有识之士早已指出，党内自我反腐是"以黑制黑、以腐反腐"，因而是无效的。因为，中共反腐的前提是巩固一党专权，而一党专权的前提是党内官员利益均衡。但利益无法均衡。当今官场的现状是：权大者腰缠亿万，可以挥金如土，权小或无权者，相对"清贫"得多。面对利益失衡，官员们的心理岂能平衡？于是，权力拜物教的权力情结便与利益大小纠织在一起，引发官场权力争斗，使"特色社会主义"始终处于不稳定的振荡中。

为了"维稳"，新上任的当权者"大大"，在镇压老百姓的和平抗腐的同时，拿对手中的腐败分子开刀，借以达到巩固权力的目的。当年江泽民拿中共政治局委员北京市委书记陈希同开刀，胡锦涛重判中央政治局委员上海市委书记陈良宇，都是"法"办异己腐败分子的经典。2012年上任的习近平，为了巩固权力，也一定会效法前任，"法"办那些异己的腐败分子。由此可见，一党专权下的反腐，是权力斗争的反映，亦即权力绑架反腐，其反腐力度越大，权力争斗越激烈，其结果不是越反越腐，便是同归于尽。

在权力绑架反腐的社会里，权小者或利小者，无法用民主手段获取更大权力时，便向"最高"挑战，鼓励再来一次文化大革命。

"再来一次文化大革命"已经不是痴人说梦。由于腐败泛滥，既得利益不可能均等，权力便失去了平衡，党内外角力不可避免。当年，邓小平坚持"四项基本原则"，用"六四"枪声终结了自由主义取向，改革开放旋向左转，走上了官商一体的官僚资本主义歧途。二十多年后的今天，腐败猖獗，贫富悬殊，民怨沸鼎，毛左余孽们借机卷土重来，力图用第二次文化大革命来终结邓的改革开放，以实现他们所谓的利益均等。与此同时，官场中失意或不如意的某些高层官员和精英，如十七大政治局委员薄熙来和十八大政治局常委俞正声等人，也一步步向左转，从默许、鼓励进而配合毛左余孽们第二次文化大革命的鼓噪。新一轮角力所引发的第二次文革潜流，正在中华大地底下形成！

在第二次文革潜流中，自由主义者呼吁中共民主改革，使中国人能在"天鹅绒"（2）式的温馨和"茉莉花"（3）式的芳香的政改中受益。但为了维护既得利益，中共高层顽固不化，坚持一党独裁，坚持镇压异己者和持不同政见者，他们忤世界民主潮流而动的倒行逆施，必将把中国拖入到第二次文革或与其类似的流血革命中！

四、审判闹剧——保毛救中共

同"拨乱反正"一样，公开审判林彪，江青所谓"反革命集团"，是邓小平为拯救中共设计的另一重大举措。

1. "橡皮图章"式的审判

1980年9月，全国人大常委会通过一项特别决定，宣布审判林彪、江青两个反革命集团。为此，人大常委会宣布成立最高人民法院的特别法庭和最高人民检察院的特别检察厅，负责检察和审判"两案"。这个《宪法》赋于的"**国家最高权力机关**"的常设机关，手持"橡皮图章"，再次充当了"**国家最最高权力**"的随驾扈从。早在三个月之前的6月，中共中央书记处决定要审判林彪、江青反革命集团案，并决定由彭真出任"两案"审判指导委员会主任，统一领导审判"两案"的工作。于是，听命于党的书记处的"国家最高权力机关"全国人大常委会，紧紧跟上，把中共中央书记处的决定改头换面成"**特别决定**"，然后盖上了它的"橡皮图章"。

宣判林彪、江青左派集团现场

1980年11月20日，最高人民法院特别法庭遵照中共决定，开庭公审林彪、江青两个反革命集团的主要成员。经过两个多月的**公审表演**，到1981年1月25日，对10名被告做出了终审判决。判决如下：

判处被告人原中共中央政治局委员**江青**死刑，缓期两年执行，以观后效，剥夺政治权利终身；

判处被告人原中共中央政治局常委**张春桥**死刑，缓期两年执行，以观后效，剥夺政治权利终身；

判处被告人原中共中央政治局委员**姚文元**有期徒刑20年，剥夺政治权利5年；

判处被告人原中共中央政治局常委**王洪文**有期徒刑20年，剥夺政治权利5年；

判处被告人原中共中央政治局常委**陈伯达**有期徒刑18年，剥夺政治权利5年；

判处被告人原中共中央政治局委员、总参谋长**黄永胜**有期徒刑18年，剥夺政治权利5年；

判处被告人原中共中央政治局委员、空军司令**吴法宪**有期徒刑17年，剥夺政治权利5年；

判处被告人原中共中央政治局委员、海军政委**李作鹏**有期徒刑17年，剥夺政治权利5年；

判处被告人原中共中央政治局委员、总后部长**邱会作**有期徒刑16年，剥夺政治权利5年；

判处被告人原南京军区空军政委**江腾蛟**有期徒刑18年，剥夺政治权利5年。

对于公审和判决，中外许多有识之士对其公正性提出了质疑，认为，审判是政治审判。对此，彭真反驳说，这次公审，是"**以事实为根据，以法律为准绳，在法律面前人人平等**"的，是"**经得起历史检验**"的公正审判。果真是这样吗？

先看一下"两案"审判指导委员会是怎样"**以法律为准绳**"的。据报导：

1980年6月，中共决定在党内成立的"两案"审判指导委员会（下称审委会），由彭真、彭冲担任正副主任，最高人民法院院长江华、最高人民检察院检察长黄火青、公安部部长赵苍璧及中央纪委的王鹤寿、中央军委的伍修权等人为成员，直接领导"两案"审判工作。显然，成立审委会是**以党代法**的集中表现。

在审委会的历次会议上，彭真根据中共中央的决定，多次强调了**审判工作的"大原则"**。他说："**他们的主要罪行弄清了，林、江是头子，康、张是军师，列入起诉书的罪行，都不牵涉毛、周和中央其他领导同志的过错，这个大原则中央已批准了的。起诉书还要把周总理列入了被诬陷的领导人的名单中。**"显然，"大原则"既是有罪推定的典范，又有包庇罪犯的重大嫌疑。

审委会还将毛泽东涉案的重大事件，**界定为"错"，不是"罪"，因而不予起诉**。毛涉案重大事件是："对刘少奇同志定案问题"、"文艺黑线专政"、"上海一月夺权"、"二月逆流"、"七二〇事件"、"文攻武卫问题"、"杨、余、傅事件"、"军委办事组代替军委常委问题"、"中央文革代替中央书记处问题"、"诬蔑周总理所谓十一次路线斗争代表的问题"、"1976年诬陷迫害邓小平同志的一些问题"、"天安门事件问题"、"向维特克泄密问题"等。这13件重大事件，都是毛泽东亲自决定、亲自领导或亲自处理的，都是严重罪行，但却被审委员预先规定为不准审判的"错"。显然，这里根本不存在什么"以法律为准绳"的规定。

"两案"的辩护律师是中共指定的。辩护小组组长律师张思之回忆说，审委会制定了《律师小组办案基本原则》的文件，要**辩护小组遵照执行**。那《基本原则》是，"**审这个案子最基本方针，叫做'审罪不审错'**"，即审林、江等人的"罪"，不审毛、周等人的"错"。"**所谓的公开审判，名义上是公开审判，实际上是有组织的公开审判。旁听群众是有组织的，不是谁想来谁能来的。**""**我们证人是经过培训的。**""**总体上正式的彩排，两个庭各有一次。**""**辩词100%是律师起草，是经过上边要审、要定，这是事实，但并不是上面写的。**"显然，审委会所规定辩护规则和方针，是干涉辩护律师的权力；他们把律师的权力置于他们监管之下，把辩护变成舞台演出，并把演出叫做"以法律为准绳"。

"两案"审委会在审判前的幕后活动表明，**"两案"开展审判的"法律"依据是**：人大常委会的特别决定要服从中共中央书记处的决定；中共中央书记处的决定，要体现中共中央常委的领导；中共中央常委的领导，要遵照和执行常委新领导邓小平的指示。在"两案"审委会的工作会议上，邓小平号令与会者说："**起诉书的内容不能涉及毛主席、周总理的错误，这一点要特别慎重。**"在开审前的10月25日，邓小平别出心裁地给"拨乱反正"下定义，借以训示监察官和法官们。他说，"**拨乱反正**"就是"**拨林彪、'四人帮'破坏之乱，批评毛泽东同志晚年的错误，回到毛泽东思想的正确轨道上来。**"由此可见，所谓"以法律为准绳"，实际上是以邓小平的号令和训示为准绳。这是人治的典型！

当"两案"审委会活动了三个多月后，1980年9月29日，第五届全国人大常委会，根据中共中央的决定，再次举起"橡皮图章"，通过了《**关于成立最高人民检察院特别检察厅和最高人民法院特别法庭检察、审判林彪、江青反革命集团主犯的决定**》，并任命：最高人民检察院检察长**黄火青**兼任特别检察厅厅长，喻屏、史进前为副厅长；最高人民法院院长**江华**兼任特别法庭庭长，伍修权、曾汉周、黄玉昆为副庭长；曾汉周、伍修权分别为第一、第二审判庭审判长。到此，两个"最高"即最高人民检察院和最高人民法院，都拜倒在"**最最高**"的审委会脚下，使"最高"变成了千古笑谈！

这就是"两案"审判"**以法律为准绳**"规则。这个规则表明，"**以法律为准绳**"的潜台词是"**以（最最高）邓小平的讲话为准绳**"，"两案"各个主犯的命运，已被党内权力敲定。"最高"两院检察官、法官们起诉和审判的表演，不过是"最最高"邓小平后台提线由"最高"在幕前蹦跳的木偶而已。由此可见，人们质疑审判的公正性、认定审判不是刑事审判而为政治审判，不是空穴来风，更不是无中生有。

再来看一看"最高"两院检察官、法官们在审判表演中，是如何"**以事实为根据**"的。

"最高"两院检察官、法官们，根据"最最高"邓的规定，在起诉书和判决书中，将"两案"主犯们的罪行，归纳为四大罪状四十八条罪行。

第一大罪状是：诬陷、迫害党和国家领导人，策划推翻无产阶级专政的政权。

在这项大罪状中，列举了23条罪行。其中：

诬陷、迫害国家主席、中共中央副主席刘少奇，中共中央副主席、国务院总理周恩来，中共中央副主席、全国人大常委会委员长朱德，中共中央政治局常委、总书记、国务院副总理邓小平；

诬陷、迫害党和国家领导、各中央局领导20人，中共中央书记处书记、候补书记13人，国务院副总理12人，中共中央军委副主席5人，中共中央局第一书记4人；

在中共第八届中央委员、候补中央委员的193人中，分别被诬陷为"特务"、"叛徒"、"里通外国分子"、"反党分子"的有88人，（笔者计算：占全部委员的45.6%——下同）；

在中共八届中央监察委员60人中，有37人被诬陷为"叛徒"、"特务"或"反革命修正主义分子"，（占全部委员的61.7%）；

在第三届人大常委115人中，被诬陷的有60人，（占常委的52.2%）；

在第四届全国政协常委委员159人中，被诬陷的有74人，（占常委的46.5%）；

在解放军中，被诬陷的高级干部84人，在"彻底砸烂总政阎王殿"中，4名正副主任和20名正副部长被诬陷，被迫害致死的高级将领达17人。

第二大罪状为：迫害、镇压广大干部和群众。

在第二项大罪状中，列举了15条罪行。其中：

刘仁、邓拓、吴晗、乐松生被迫害致死。上海市市委书记、市长、副市长和市委常委17人被分别诬陷为"叛、特、反"、"走资派"，市长曹荻秋和副市长金仲华被迫害致死。

制造了冀东冤案，使冀东地区党员干部、群众8.4万人遭受诬陷、迫害，2,955人致死。

康生制造"赵健民特务案"，使云南大批干部、群众遭到诬陷、迫害，1.4万人被迫害致死；

康生制造"内人党"冤案，有34.6万多名干部、群众遭到诬陷、迫害，1.62万余人被迫害致死；

康生制造"新疆集团"冤案，使92名干部受迫害，马明芳等26人致死。

"东北帮"叛党投敌反革命集团90人冤案，张学思、贾陶、车向忱、陈先舟被迫害致死。

"广东地下党"冤案，使7,100多人遭到诬陷、迫害，林锵云等85人致死。

在解放军内制造大批冤案，使8万多人遭诬陷，1,169人被迫害致死。

此外，各民主党派领导人被迫害致死18人；文艺界被诬陷、迫害的有2,600多人；教育界受诬陷、迫害的有14.2万多人；科学技术界遭到诬陷、迫害的有5.3万多人；卫生界仅卫生部直属高校的674名教授、副教授中，受诬陷、迫害就有500多人，有6人被迫害致死；归国华侨、侨眷被诬陷、迫害有1.3万多人，281人被迫害致死。

第三大罪状为：谋害毛泽东主席，策动反革命武装政变。

这项罪状中，列举了六条罪行。其中：

制定"反革命武装政变计划"《"571工程"纪要》；林彪下达了武装政变手令："盼照立果、宇驰同志传达的命令办。"

第四大罪状为：策动上海武装叛乱。

在这一罪状中，列举了四条罪行。其中：

决定"要干"，调集了3.35万名民兵，动用各种枪炮2.7万余件，调集车辆225辆，集中大量物资和食品，组成了叛乱班子，并建立了两个秘密指挥点，制订了武装叛乱的作战方案。并提出"还我江青"、"还我春桥"、"还我文元"、"还我洪文"的反革命口号，要"决一死战"。

作为过来人，笔者对上述所列的四大罪状和四十八条罪行，除第三大罪状外，持基本肯定态度。因为，当年文革中的那些罪行，是司空见惯的现实，林、江两个集团成员，都是令人发指的打手、人人得而诛之的刽子手。但这些罪状和罪行，并不仅仅是林彪、江青两个集团成员犯下的，它是许多共产党人共同犯罪的结果，其中包括本次"最高"审判的组织者和那些在本案中列为被诬陷、迫害过的人。例如：

周恩来是个被诬陷、被迫害者,但他同时又是诬陷者、加害者。在文革初期,他紧跟毛泽东,同林彪和中央文革的江青、陈伯达、康生紧紧站在一起,"**煽文化大革命之风,点文化大革命之火**",支持、纵容红卫兵、造反派"横扫"、破"四旧"和夺权,枪杀了数十万计的无辜老百姓,包括他亲自下令枪杀无辜百姓刘文秀。在清查"五一六"和"一打三反"中,在他的直接领导下,又枪杀了数万计的无辜老百姓,制造了大量冤假错案。做为专案组组长,他对刘少奇的迫害负有不可推卸的责任:在结案中,他竟发出了诛杀刘少奇的批示:"**此人该杀!**"历史记录无可争辩地证明,他同林、江两个集团成员一样,都是毛泽东的前台打手和刽子手。他之所以被邓小平的中共列为被诬陷、被迫害者,是因为在文革前五年,即"九一三事件"前,他曾利用权力暗中保护了一批右派当权派;文革后五年,他改弦更张,"立地成佛","解放"了大批右派当权派;接着,又为拯救中共与毛左势力展开角力,争取到了许多党心、军心和民心。

文革中,倍受诬陷、迫害的**刘少奇**,在文革初期,曾利用主持中央工作的权力,诬陷、迫害过一大批右派当权派和党内外知识分子。

在毛泽东死前最后被打倒的**邓小平**,第二次复出后,集党、政、军权于一身时,仅在1975年,就下令血洗沙甸村的所谓"反叛",击毙、炸死回民1,600多人,镇压石河子民兵的所谓"兵变",打死2,170人。

2. 放过罪魁祸首毛泽东

无论是林、江两个集团的主犯,抑或是周、刘、邓等人,他们都不过是打手和刽子手而已,真正为首的主犯,是他们的司令——中共中央主席毛泽东。

由于邓小平的中共,事前"替"两院做出了毛泽东犯的是"错"、不是"罪"的最高决定,使毛逃脱了是制造本案主要罪状和罪行首犯的指控。但历史却明明白白地记录了毛是本案诬陷、迫害、镇压和制造冤假错案的罪魁祸首,甚至第三大罪状的"策动反革命武装政变",也是他逼出来的。请看历史的记录:

(1) 毛要分裂中共党中央

为了权力,1964年他借酒发作说:"中央政治局、国务院、中央书记处都要排斥姓毛的。毛还是党的主席、军委主席,要逼我造反,我就造个天翻地乱!"

(2) 毛要搞"阶级斗争为纲"

在同外国人谈话中,他明言反对他的人"有中央委员、书记处书记,还有副总理。除此以外,每个部都有,每个省都有,支部书记里头更多。"他把反对他的右派,称为"**官僚主义者阶级**"。他警告右派,"**在整个社会主义历史阶段中资产阶级都将存在,并存在资本主义复辟的危险**",危言"三分之一的政权不在我们手里",因而他强调"**阶级斗争**

要年年讲，月月讲，天天讲"，告诫全党全国"千万不要忘记阶级斗争"。这样，他为打倒右派、剥夺各级当权派、各种委员会委员权力的文化大革命，打下"**以阶级斗争为纲**"的思想基础。

(3) 毛为发动文化大革命制造舆论

1966年，他把反对他的右派，如刘少奇、彭真等人，界定为"反革命修正主义分子"。他说："混进党里、政府里、军队里和各种文化界的资产阶级代表人物，是一批反革命的修正主义分子，一旦时机成熟，他们就会要夺取政权，由无产阶级专政变为资产阶级专政。这些人物，有些已被我们识破了，有些则还没有被识破，有些正在受到我们信用，被培养为我们的接班人，例如赫鲁晓夫那样的人物，他们现在睡在我们的身旁，各级党委必须充分注意这一点。"又说："中宣部是阎王殿。要打倒阎王，解放小鬼。"又说："彭真、北京市委、中宣部要是再包庇坏人，中宣部要解散，北京市委要解散，五人小组要解散。"又说："彭真是混到党内的渺小的人物，没有什么了不起，一个指头就捅倒他。"

(4) 毛主持通过了打倒中共"一大批"党组织的决定《十六条》

8月，八届十一中全会在毛主持下，通过了《关于无产阶级文化大革命的决定》（简称《十六条》）。《十六条》规定："**在当前，我们的目的是斗垮走资本主义道路的当权派，批判资产阶级的反动学术'权威'，批判资产阶级和一切剥削阶级的意识形态。**""运动的重点，是整党内那些走资本主义道路的当权派。"又说："**充分运用大字报、大辩论这些形式，进行大鸣大放……揭露一切牛鬼蛇神。**"《十六条》把斗争的矛头指向中央委员、监察委员、人大常委委员和政协委员，指向各级当权派。据官方统计：在文化大革命的十年中，全国被立案审查的干部高达230万人，占文革前夕全国1,200万干部的19.2%；中央和国家机关各部委被审查的干部有29,885人，占干部总数的16.7%，其中，中央副部级和地方副省级以上的高级干部被立案审查的达75%；虽未正式立案审查，但被错误关押、批斗和株连的干部、群众，更是不计其数，仅被迫害致死的干部就有6万多人；集团性冤假错案，全国有近两万起，涉及干部、群众达几十万人。

(5) 毛要打倒不听话的文化界人物

他说："高举无产阶级文化革命的大旗，彻底揭露那批反党反社会主义的所谓'学术权威'的资产阶级反动立场，彻底批判学术界、教育界、新闻界、文艺界、出版界的资产阶级反动思想，夺取在这些文化领域中的领导权。"1964年他在春节谈话中说："**要把唱戏的、写诗的、戏剧家、文学家赶出城，统统轰下乡，分期分批下放到农村、工厂……你不下去就不开饭，下去就开饭。**"对于"三家村"，他说"我不相信，在文化革命中的问题只是吴晗问题，后面还有一串串'三家村'。"

(6) 毛号召打倒一切

他利用他批准的讲话稿，由林彪、周恩来在天安门城楼上大喊大叫：

"我们要大破一切剥削阶级的旧思想，旧文化，旧风俗，旧习惯！"

"我们要扫除一切害人虫，搬掉一切绊脚石！"

"要把反革命修正主义分子，把资产阶级右派分子，把资产阶级反动权威，彻底打倒，打垮使他们威风扫地，永世不得翻身！"

"我们要打倒走资本主义道路的当权派，要打倒资产阶级反动权威，要打倒一切资产阶级保皇派，要反对形形色色的压制革命的行为，要打倒一切牛鬼蛇神！"

(7) 毛纵容、支持左派分子造反、闹事

1966年5月25日，北大哲学系总支部书记聂元梓等人，在北京大学贴出了一张矛头直指校党委和北京市委的大字报，要"**坚决、彻底、干净、全部地消灭一切牛鬼蛇神、一切赫鲁晓夫式的反革命的修正主义分子！**"这张杀气腾腾的大字报，被毛称为"**全国第一张马列主义大字报**"，后又补充说："**聂元梓大字报是二十世纪六十年代中国的巴黎公社宣言书，意义超过巴黎公社。**"

他下令学校从1966年6月13日起停课闹事。他说："**现在停课又管饭吃，吃了饭要发热，要闹事，不叫闹事干什么？**"

(8) 毛支持红卫兵造反

1966年8月1日，他写信给清华大学附中红卫兵，向他们发出了"**对反动派造反有理**"的指令。对红卫兵乱批乱斗公然破坏法制的野蛮行径，"**表示热烈的支持**"，并保证说："**不论在北京，在全国，在文化大革命运动中，凡是同你们采取同样革命态度的人们，我们一律给予热烈的支持。**"从18日起，到11月下旬，他先后在京8次接见了1,200多万红卫兵。他利用红卫兵的无知和野蛮，在全国到处鼓动"造反"，揪斗右派和各级当权派、委员，搞得官无宁日；任意揪、斗、批、杀无辜百姓，搞得民不聊生。对此，他美其名曰："天下大乱，达到天下大治。"

(9) 毛导演上海夺权的"一月风暴"

在他的怂恿、鼓励和操纵下，王洪文等造反派，夺取了中共上海市委、市政府权力，时称"一月风暴"。1967年元月8日，他对自己导演的夺权很满意，赞扬说："**这是一个阶级推翻一个阶级，这是一场大革命。**"继而向全国发出了夺权的暗示："**上海革命力量起来，全国就有希望。它不能不影响整个华东，影响全国各省市。**"他通过广播宣布："**我们坚决地支持你们敢闯、敢干、敢革命、敢造反的无产阶级革命精神！**"

紧跟毛的周恩来说："我们夺的是领导权，可以先夺权再逐步改造。""政治统帅一切，要全面夺权""外交部夺权我是支持的。"

(10) 毛号召、支持"横扫一切牛鬼蛇神"、大破"四旧"

在破"四旧"和"横扫一切牛鬼蛇神"中，他指令说："北京几个朝代的遗老没人动过，这次'破四旧'动了，这样也好。"

1966年6月，他发出了《关于发生打人事件的指示》："**对打人也要进行阶级分析：好人打坏人活该；坏人打好人，好人光荣；好人打好人误会。**"可能发现说得太露骨了，便补充说："今后不许打人，要摆事实，讲道理。"

1966年8月8日，由"毛泽东同志亲自主持制定的"的《十六条》的第一条规定："资产阶级虽然已经被推翻，但是，他们企图用剥削阶级的旧**思想、旧文化、旧风俗、旧习惯**，来腐蚀群众，征服人心，力求达到他们复辟的目的。"《十六条》还规定："在当前，我们的目的是斗垮走资本主义道路的当权派，批判资产阶级的反动学术'权威'，**批判资产阶级和一切剥削阶级的意识形态。**"于是，林彪、周恩来利用毛批准的讲话稿，在天安门城楼上大喊大叫："**我们要大破一切剥削阶级的旧思想，旧文化，旧风俗，旧习惯！**""**我们要扫除一切害人虫，搬掉一切绊脚石！**"

(11) 毛号召武斗、打内战

1966年8月23日，他在中央工作会议上继续鼓吹"大乱"说："**主要问题是对各地所谓乱的问题，采取什么方针？我的意见是乱它几个月。**""**我看北京乱得不厉害。**"

12月26日，毛在他的73岁生日宴席上发出号召："**为展开全国全面内战干杯！**"

在1967年4月军委扩大会上，他再次说："**这次无产阶级文化大革命是一场全面内战。**"

7月13日，他在中央文革碰头会的全体成员会议上，鼓吹打死人。他说："**南京街上闹得很厉害，我越看越高兴。**""**现在打死几个人，没有什么了不起。**"

9月18日，他在长沙讲话："**打打也好，受受教育嘛，许多农民不容易进城，现在是十五个工分，还有三十个工分，有的是抽人去打，有的是二元钱一天，有的是打一仗一百元钱，打死了给一百元钱，没打死也给一百元钱。**"

1968年7月28日，他在召见首都红代会负责人谈话时，再次赞扬武斗。他说："**我才不怕打，一听打仗我就高兴。北京算什么打？无非冷兵器，开了几枪。四川才算打，双方都有几万人，有枪有炮，听说还有无线电。**"

据报导，在毛号召的内战中，许多当权派遭到迫害，全国无辜百姓有50～60万人丧生。

(12) 毛号召"群众专政"，鼓吹有领导的无政府法西斯主义

1966年7月21日，毛说："**为什么不准包围省市委、报馆、国务院？**"又说："**没有省委也不要紧，还有地委、县委呢！**"

8月23日，毛在中央工作会议上说："**我的意见，乱它几个月。**"

1967年9月18日，他说："**过去好像没有公检法就不得了了，我一听说公检法垮台了，我很高兴。**"

"我看北京乱得不厉害。"他号召"群众专政"。1968年7月28日，他在肯定北京"群众专政"的经验时说：**"过去北京革委会、卫戍区对大学的武斗不怕乱、不管、不急、不压，这看来还是对的。"**

据报导，在毛的有领导的无政府主义法西斯式的"群众专政"中，全国约有20多万老百姓惨遭杀戮。

(13) 毛分裂军队、武装左派

1967年8月4日，毛写信给江青说：**"75%的军区和驻军支持右派。"** 因此，他在信中下达了**"应大量武装左派"**的命令。其中，被武装起来的上海左派民兵，成了"第四大罪状"的基础力量。

1967年7月18日，他在东湖梅岭一号对周恩来、谢富治、王力等近臣说：**"为什么不能把工人、学生武装起来？我看要把他们武装起来。"**

1976年4月5日，毛利用武装起来的左派基干民兵，镇压了天安门悼念周恩来的"四五运动"。

(14) 毛支持"揪军内一小撮"

1967年7月26日，经毛泽东审定的中共中央《给武汉市革命群众和广大指战员的一封信》中明确提出：**"你们英勇地打败了党内、军内一小撮走资本主义道路当权派的极端狂妄的进攻"**。自此，"揪军内一小撮"的声浪席卷中国。例如"决心把混进党政军里的一小撮走资本主义道路当权派斗倒斗臭。" "坚决打倒中国的赫鲁晓夫，坚决打倒党内军内一小撮走资本主义道路的当权派，坚决打倒武汉地区党内、军内一小撮走资本主义道路的当权派。"但到最后，他把责任推到"王关戚"即王力、关锋、戚本禹三个笔杆子身上。

(15) 毛支持江青的文革小组

1967年7月18日，他说："**中央好多部，没有做多少好事，文革小组却做了不少好事，名声很大。**"又说："**中央文革小组执行十一中全会精神，错误是百分之一二三，百分之九十七是正确的。谁反对中央文革小组，我就坚决反对谁！要否定文化大革命，办不到。**"

(16) 毛下令清理阶级队伍

1968年6月，毛对尼雷尔总统说："**解放以后十几年，被资产阶级包围，被国民党的残渣余孽和党内的叛徒、特务、反革命等坏人包围着。**""**过去好多工厂、学校不在我们手里，很多在资产阶级手里，在国民党留下来的那些人手里……**"清理阶级队伍运动，是文革中持续时间最长、受害面最宽的一次运动。《判决书》第二大罪状所列的冀东案、赵健民特务案、内人党案、新疆集团案、东北帮案、广东地下党案等冤案，包括本书列举的冤案，都是在毛下令"清队"中制造的。史学家丁抒在研究许多档案资料后，结论说：

"清理阶级队伍运动三千万人被斗，五十万人死亡！"

(17) 毛逼走林彪

毛与副帅林彪发生矛盾，不依靠组织程序解决分歧，却利用南巡机会，发表非组织的南巡讲话，煽动下面倒林，终致林彪儿子林立果造反和携父母出逃。

(18) 毛批准周恩来提出的"一打三反"运动

在"一打三反"中，全国有数万异己者、持不同政见者和无辜老百姓，惨遭枪杀。

(19) 毛迫害刘少奇

1966年8月的中共八届十一中全会，毛怒斥刘少奇：**"这是镇压，是恐怖，这个恐怖来自中央。"** 甚至斥刘是牛鬼蛇神：**"牛鬼蛇神，在座的就有！"**

8月5日，毛写了一篇痛斥刘少奇的大字报《炮打司令部——我的一张大字报》：**"全国第一张马列主义大字报和人民日报评论员的评论，写得何等好啊！请同志们重读这一篇大字报和这篇评论。可是在五十多天里，从中央到地方的某些领导同志，却反其道而行之，站在反动的资产阶级立场，实行资产阶级专政，将无产阶级轰轰烈烈的文化大革命运动打下去，颠倒是非，混淆黑白，围剿革命派，压制不同意见，实行白色恐怖，自以为得意，长资产阶级的威风，灭无产阶级的志气，又何其毒也！联系一九六二年的右倾和一九六四年的形"左"而实右的错误倾向，岂不是可以发人深醒的吗？"**

在许多中央委员面前，毛训斥刘少奇说：**"你有什么了不起，我动一个小指头，就可以把你打倒。"**

当接到刘少奇死亡报告后，毛在报告上批道：**"自作孽，不得活！"**

据报导，全国因株连刘案或为刘鸣不平而被逮捕法办的有28,000多人，被批、斗、开除党籍和撤职下放的达十万人以上，为数不详的人致死、致伤、致残。

(20) 毛下令打倒邓小平

毛说：**"清华大学出现的问题绝不是孤立的，是当前两个阶级、两条道路、两条路线斗争的反映。这是一股右倾翻案风。有些人总是对这次文化大革命不满意，总是要算文化大革命的帐，总是要翻案。"** 由是，"批邓、反击右倾翻案风"运动在全国开展起来。

以上二十项历史纪录可以看出，做为文化大革命发动者和领导者的毛泽东，是个迫害狂，是个制造红色恐怖的罪魁祸首。基于邓小平和审委会的决定，**"以事实为根据"** 为审判原则的"两高"，便以邓小平和审委会的决定为根据，有意袒护做为首犯毛泽东那些不争罪行，并将四大罪状中的第一、二、四大罪状，统统算到毛的打手、刽子手的身上，还着意隐瞒了曾做为打手、刽子手周、刘、邓的不光彩历史纪录。显然，这种袒护和隐瞒是包庇，是"两高"执法犯法的表现。对于第三大罪状，"两高"又将林立果、周宇驰、于新野、李伟信等少壮派军人反抗暴政、策划武装起义、决心用武力推翻毛泽东反动统治的造反行动，都算在没有造反意图、更无任何造反行动的林彪和"四大金刚"黄、吴、李、邱头上，不仅缺乏证据，而且还有罗织和栽赃之嫌。"两高"的意图是明确的：通过审判，为邓小平蓄意制造的新冤案，披上件"合法"的外衣。

"两高"的监察官法官们，为什么对毛泽东的罪行视而不见呢？为什么对江青答辩中说"**我就是毛主席的一条狗**"也不予采信呢？众所周知，中共审判"**以事实为根据**"的潜规则是"**以邓小平的讲话为根据**"！"两高"的监察官法官们，怎敢违拗这些潜规则呢？

3. 保护毛泽东，拯救共产党

那么，邓小平为什么也对毛泽东的罪行视而不见呢？在文革中做为第二号最大走资派被毛打倒的邓小平，他对毛的罪行应该是很清楚的。他所倡导的"拨乱反正"、"平反冤假错案"和"改革开放"，实际上是对毛泽东罪行的批判。事实上，在高层中，他听到过许多反毛的声音。例如，曾为中共党副主席的陈云，对邓说："（毛泽东）**第四阶段从1966年到他逝世为止，那惨绝人寰的'文革'悲剧，他是主要责任者，应予全面否定。**"又说："（毛泽东）**建党他有份，建国他有功，治国他无能，文革他有罪！**"——这是他既愿意听又不愿让更多人听到的声音。在审判中，江青激昂慷慨的答辩，使他无言以对："**你们究竟还承认不承认九大和十大通过的政治报告和党中央的一系列的重要文件和毛主席同志、周恩来同志的讲话和批示？**"又说："**我所干的这一切，邓小平、华国锋，包括你们现在在台上的绝大多数人都曾经异口同声地拥护过，参加过，你们又怎样解释你们当年的行为呢？**"——这是他既不愿意听又不得不听的声音。

但邓小平拒绝了一切与他主意相左的声音。他的主意就是"**拨林彪、'四人帮'破坏之乱，批评毛泽东同志晚年的错误，回到毛泽东思想的正确轨道上来。**"也就是说，文革浩劫，是毛的晚年错误被林彪，江青罪犯集团利用所造成。这是这次两个"最高"审判谎言的原始标本。显然，他的主意不仅仅是出于感激毛不杀之恩，**而是为了拯救中国共产党。**

聪明的邓小平和他的幕僚们，吸取了苏联批判斯大林个人崇拜的教训：赫鲁晓夫的那场批判，不仅埋葬了苏联共产党，也必将埋葬整个世界共产主义运动。如果审判毛泽东，不仅会挖出毛泽东的谎言、野蛮和邪恶的反人类罪行历史，也会挖出他们自己曾与毛泽东共同犯罪的事实；这种等于审判共产党的审判，不仅会危及共产党的生存，也会危及他们的既得利益和权力。因此，为了拯救中国共产党，也拯救他们自己，他们必须保卫毛泽东这面红旗：必须掩盖"**无产阶级文化大革命是由毛泽东亲自发动和领导的**"铁定事实，把毛泽东罪恶滔天的"危害人类罪"(Crimes Against Humanity)，缩小成"错误"，让毛解脱于制造浩劫之外；然后，再将其"错误"还原成罪恶，统统扣到林、江两个集团的头上，使其承担制造、领导浩劫的全部罪责。于是，在大规模平反冤假错案后，一大群罪有应得替罪羊，又被他们大张旗鼓地制造了出来。坚持马列毛主义的中共，其了不起之处在于：在无产阶级专政或叫做人民民主专政亦即一党独裁的条件下，他们能够在众目睽睽之下，把黑说成白，把白说成黑，而且说得理直气壮，毫不红脸！

由此可见，在这次大审判中，中共标榜的所谓"**以事实为根据，以法律为准绳，在法律面前人人平等**"的"**公正**"审判，是一个彻头彻尾彻里彻外的弥天大谎。

最可悲的是，大多数身处社会最底层的老百姓，在"两高"审判的愚弄下，在"舆论一律"的洗脑下，都变成了黑白不分、是非不清的芸芸群氓！

五、赤化革命还在继续，第二次文化大革命潜流逐渐发展

中共文化革命或曰赤化革命的历史，如"前言"中所说，有广义和狭义之分。从广义上划分，赤化革命从中共诞生之日起已经开始，迄今尚未终止；从狭义上划分，无产阶级文化大革命是赤化革命的一部分，简称文革，从毛泽东利用中共组织下令实施《五一六通知》起，到毛泽东死为止。本书评说的重点是狭义上的文革。继承毛泽东遗志的中共，不会宣布终止赤化革命。虽然华国锋在中共十一大会上，宣布"第一次无产阶级文化大革命结束"，但根据毛泽东"**在无产阶级专政条件下继续革命**"和"**过七八年又来一次**"文化大革命的"理论"，第二次、第三次亦即第 N 次无产阶级文化大革命还会发生，尽管表现形式各不相同。——这是马列毛主义必然导致权力失衡因而必然引起权力再分配的结果。

历史的记录就是这样：批判毛泽东文化大革命并宣布其为"浩劫"的邓小平，恰恰是中共赤化革命的维护者，甚至是"**又来一次**"文化大革命的推动者。

1979 年 3 月 30 日，邓小平代表中共中央在北京召开的理论工作务虚会上，作了题为《坚持四项基本原则》的讲话。四项基本原则是：**1. 必须坚持社会主义道路；2. 必须坚持人民民主专政；3. 必须坚持共产党的领导；4. 必须坚持马列主义、毛泽东思想**。其中"**人民民主专政**"是**无产阶级专政**的翻版，两者没有质的区别。显然，"四项基本原则"与华国锋的"两个凡是"同出一辙，其本质都是坚持马列毛主义，或曰马列加秦始皇主义。由此，人们得出结论，"四项基本原则"是没有"凡是"的凡是：它警告中国老百姓，中国共产党所领导的颠覆华夏文明、挑战普世价值的赤化革命，远没有完成，还要继续"颠覆"、"挑战"下去。

二十一世纪初的中共，在邓小平"特色"理论的包装下，腐败猖獗，已积重难返。为了再次拯救共产党，既得利益集团亦即官僚资产阶级，纷纷支招开方。他们除高声大喊自我反腐外，开出拯救中共的"**处方**"，几乎一致地反对危及他们既得利益的自由化、华夏文明和普世价值，继续赤化革命，走马列毛主义的道路。他们拒绝清算浩劫中的谎言、野

蛮和邪恶：他们大叫普世价值是"**美丽的谎言**"，是"**中国人民最危险的敌人**"；他们鼓吹，"**马克思主义的信仰**"就是"**党叫干啥就干啥**"；他们对自由主义者严厉镇压，禁止他们揭露和批判文革的血腥和恐怖；他们对极左毛分子，青睐有加，甚至对他们鼓噪文化大革命，睁只眼，合只眼。2011年3月10日，全国人大常委会委员长**吴邦国**，代表中共中央宣布说："**从中国国情出发，郑重表明我们不搞多党轮流执政，不搞指导思想多元化，不搞'三权鼎立'和两院制，不搞联邦制，不搞私有化。**"吴的"五不搞"，顽固地维护既得利益集团，从而使分配严重不均导致权力失衡继续发展、恶化，为极左毛分子卷土重来，创造了必要条件。今天，公开为文化大革命叫好的极左毛分子，逐渐浮上台面。这些文革遗老遗少们，有恃无恐地把鲜血淋淋的、充满红色恐怖的文革，描绘成令人向往的社会主义大民主，鼓吹再来一次文化大革命。其中，中共十七大政治局委员**薄熙来**、十八大政治局常委俞正声等高官，都是其代表人物。

显然，这个导致权力失衡的"五不搞"，就是再来一次文化大革命的前奏曲。显然，反对第一次文化大革命的邓小平，他的继任者，在他的"特色"理论的包装下，第二次文化大革命的潜流，正在逐渐形成汹涌澎湃之势。今天，二十一世纪初，以薄、俞为代表的文革余孽们，前赴后继，纷纷亮相台前。与此相呼应，**国际绥靖主义**日益猖獗，以美国前国务卿**基辛格**和前财政部长**保尔森**为代表的精英们，正在千方百计地讨好中共，不知羞耻地说他们的领导人可敬、可爱、可亲，有智慧，甚至对中共的倒行逆施，拍手叫好。他们的绥靖主义像病毒一样，正在向世界各地扩散，侵蚀各国政要。这种**绥靖病毒**与薄、俞为代表的文革余孽结合在一起，正在促使中国人权进一步恶化，贫富差距进一步拉大，利益失衡而引发的权力博弈进一步激化，从而使第二次文化大革命的可能性大大增加。在这种国际、国内环境里，无权无势的老百姓们，要提高警惕，千万不要忘记第一次文化大革命中任人宰割的教训！要丢掉幻想，拒绝绥靖主义，团结起来，依靠自己，争民主，争自由，争人权，推倒"五不搞"，推倒马列主义和毛泽东这两座压在中国人民头上的大山，彻底铲除产生鲜血淋淋的、充满红色恐怖的文化大革命的土壤，赶在第二次文化大革命到来之前，让"天鹅绒"覆盖祖国山川，让"茉莉花"开遍华夏大地。

第二十三章附注：

注1、神龙元年（705），周女皇武则天病重，宰相张柬之等起兵发动政变，杀死女皇宠臣张易之、张昌宗等，拥中宗李显上位，废周复唐，是谓"神龙政变"。

注2、"天鹅绒"即"天鹅绒革命"，泛指没有经过大规模暴力冲突就实现政权更迭的革命。1989年11月，东欧捷克斯洛伐克的共产党政府，被和平起义的人民群众所推翻，其

革命犹如天鹅绒般平和、柔滑，故而得名。

注3、"茉莉花"即"茉莉花革命"，同"天鹅绒革命"一样，泛指没有经过大规模暴力冲突就实现政权更迭的革命。2010年12月17日，北非突尼斯共和国一名26岁青年穆罕默德.布瓦吉吉自焚，引发了争取民主的大规模街头示威游行，导致时任总统本.阿里政权倒台。因茉莉花是突尼斯国花，故得其名。

跋语

笔者自十三岁被中共"解放"以来，便生活、工作、退休于中国大陆的社会主义社会里，未曾迈出过国门一步。在社会主义社会里，从幼稚、彷徨、挫折到而后的省悟中，笔者自然而然地产生了这样一个理念：

当某种思想独霸权力时，就会变成魔鬼：发酵出诱人的、酣畅甜美的毒酿，或使人在昏昏欲梦中悠然为奴，或使人在飘飘欲仙中安然瞑目。

笔者不愿被"昏昏欲梦"或"飘飘欲仙"，更不想因而"悠然为奴"或"安然瞑目"，于是，便有了《我的墓志铭》。2010年4月6日，此文发表于"网易博客"。全文如下：

我的墓志铭

铭者：于松然（曾用笔名：一介匹夫、ysrr0405）

光阴荏苒，来去匆匆，2010年4月5日，我已走过了七十五个春秋的人生路程。举目回顾，岁月乖谬，诸多遗恨，尽囊心底。十四年贫困，八年军旅，十二年流配，耗尽了充满活力的前半生。后半生与砖石灰砂为伍，栖栖琐琐，直抵黄昏。世纪之初走出工地，面对西风残照，坐在麻将桌边，砰砰啪啪地消磨暮日，打发余生。

四十多年前，一位老农曾对我说："你大难不死，必有后福！"苟且偷生到七十五，何福之有？

一日，忽有所感，遂提笔写了个纪念"七一"的文章——"中国出了个毛泽东"，贴到某《毛泽东论坛》上。不料，文章一出，招来一阵喧闹。一位最终同意放行的版主恶狠狠地骂道："疯狂如是者，鲜！人能狗屁者，能！"在"同意放行"后，发出"立此存照"的威胁，大有举兵讨伐或"秋后算帐"之势。果如是，有人不待"秋后"便骂将起来："狂徒"、"台毒"、"狗东西"、"大傻B"等等，污秽之声不绝于耳。但毕竟是网络时代，虽有"主旋律"之剑悬顶，却也难以再用"舆论一律"扼杀一切呼声。在辱骂声中，不同声音也迸发了出来："入木三分"、"一针见血"、"非常透彻"等文字跃然网上，更有甚者，竟直呼："Great article!"倍受鼓舞的我，一个长期在思想强暴下见无知唯唯称是、遇权力谦谦躬腰的软骨患者，一个长期逆来顺受、奴气十足的丑陋的中国人，腰板居然硬挣起来，要在苟延残喘的风烛晚年，只身搏击，傲然为自由立言：用证词与独裁者的谎言、野蛮、邪恶抗争，以书告慰在其暴政下数千万死难同胞的在天之灵！于是，2006年5月，年垂古稀的我，与搜集、鉴别资料的同时，直书《评说文革》，开始了不自量力的艰难跋涉！

高血压曾使我一度搁笔，心绞痛还差点要了我的命。盖因我不善疏导情感：有时写着写着便拍桌子，发泄凝集于心中的愤懑；有时写着写着已泪流满面，甚至情绪失控而大放悲声。经验训迪于我：评述需要感情，更需理性；只有正大而深刻的理性，才会有丰富而高尚的感情。

病魔窥伺的威胁，使我不得不在计划尚未完成之前，抢先发表一些粗糙尚待校勘的初稿，借以圆就以书告慰受难者的心愿。假如一日，我被高血压或冠心病突然击倒，乃至在眼疾的折磨中了却一生，既是未能成书，也会因在网上选发了数十篇初稿而含笑于九泉，陶醉于冥宫！

有人著书说，毛泽东"**功劳盖世，罪恶滔天**"。数十年的生活经历，使笔者只能接受后者，无法认同前者。毛泽东对中国、对中国人民有什么功劳呢？曾为八大中共中央副主席的陈云，曾这样评价过毛泽东：

"**建党他有份，建国他有功，治国他无能，文革他有罪！**"

陈云说毛"**建国他有功**"的"功"在哪里？笔者认为：毛泽东的"功"在他"**权谋盖世**"，击败了国民党，为中共夺得了天下，达到了改朝换代的目的，因而"功"在共产党，"功"在少数既得利益者，不在中国和中国老百姓。看一看非毛主义的港、澳、台、新加坡的繁荣和老百姓富裕，再看一看毛泽东时代的落后和老百姓贫困，他"建国"的"功"在哪里不昭然若揭了吗？

陈云批判毛泽东说："**治国他无能。**"但笔者认为，毛不仅是"无能"，而是有罪！请看，毛泽东在"建国"后执政二十七年间所发动的二十七次政治运动从而给中国老百姓制造的**四大灾难**：

以镇反、肃反、土改、合作化等运动和每年逢年过节的"严打"为名义的**大屠杀**，全国枪杀、打死约为500~600万人，使中国老百姓长期处于红色恐怖中；

以三大改造和人民公社为手段的**大掠夺**，使全国所有资源在"国有化"的名义下，变成了毛泽东可以任意挥霍的党产，而老百姓则变成了名符其实的无产者和奴仆，中国人民自此处于"瓜菜代"的长期贫困中；

以总路线、大跃进、人民公社为"三面红旗"所引发的**大饥荒**，在中国制造了3,000~4,500万个饿殍，而官方只承认"非正常死亡"3,767万人；

以毛泽东"亲自发动和领导的无产阶级文化大革命"的**大文革**，导致全国200~300万人丧生，1,000多万人伤残，国民经济也被革命到了"崩溃的边缘"。

毛泽东给中国老百姓制造的四大灾难，证明他是个谎言、野蛮、邪恶的化身，是个反人类暴政的制造者，因而，把他罪行定位于"**罪恶滔天**"，恰如其分。

经历了数十年的亲身体验、观察和考证，笔者得出结论：毛泽东和他领导下的中共，是谎言、野蛮、邪恶的化身。对此，十多年前，笔者写了一篇讨毛檄文"中国出了个毛泽东",打算在2001年"七一"八十周年时发表。但因阻力重重,茫茫互联网,竟没有一处允许发表的地方。第二年春天,一个偶然机会,使笔者找到了一个放行平台。现将2002年3月17日发表在《文学城》里的一个《毛泽东论坛》上的全文,照抄如下:

中国出了个毛泽东

——纪念"七一"八十一周年(请版主高抬贵手放行)

作者:一介匹夫

毫无疑问,毛泽东是天才,是个天才的政治阴谋家和军事策略家;也毫无疑问,毛泽东经济上是个蠢才,近乎白痴。他的天才给中国带来的不是福,而是祸;他的蠢才,给中国带来的是空前的大灾难!

一、中共曾依附于苏俄帝国主义。**中共成立之初是个附庸党。**它不仅接受前苏联大量卢布,组织上接受前苏联共产国际特派人员(如鲍罗廷、马林、李德等)的直接领导,而且当时的中共政要,许多还是经过前苏联训练或派遣的特工,毛泽东就是这个组织的领导成员之一。

二、引进马列主义。不应拒绝引进先进思想或主义,但马列主义不是什么先进主义,尽管它的存在对净化和完善资本主义有一定意义。当马克思主义变成马列主义时,这个主义已经从乌托邦蜕变成独裁主义。当中国刚刚摆脱封建王朝的羁绊向共和制艰难迈进的时候,**毛泽东和他的同夥接受前苏联输入的这种主义,使中国的封建专制以打着民主反民主的旗号大发展起来**,刚刚起步的科学和民主事业,也因而发生了大逆转!

三、北伐和国共两党之间的内战,实际上是一场政府与外国代理人之间的战争。国民政府通往"宪政"道路上的"军政"政策,受到了外国人的干预。支持内战的不仅有日本人,也有英、法等国人,而**中共则是前苏联在中国的代表**。毛泽东的天才拯救了红军,使它在陕北得以喘息,并站稳了脚根。

四、抗日战争中,毛泽东打着爱国旗号搞卖国。当是时,北有日本支持的"冀东自治政府",南有前苏联为后盾的"瑞金苏维埃",且军阀割据,战火不断,迫使蒋介石政府实行"攘外必先安内"的政策。毛的天才使他成功地抓住了蒋介石这一政策上的漏洞,以攻其一点不计其余的手法,达到了褒共贬蒋的宣传目的。但在实战中,他消极抗战,甚至坐山观虎斗,以保存和壮大实力,待将来与蒋决战。中共不乏爱国将领(如彭德怀),因积极抗日(百团大战)而备受毛的指责。毛泽东消极打鬼子,鬼子心领神会,以大军压蒋,发动了数十次大规模的战役,使国民党军队损失惨重,从而给中共创造了大发展的良机。在抗日战争中,**中共军事主力从三万多人发展到一百二十多万人,相当于国民党军队的三分之一,但毙伤鬼子兵不及国民党兵的三十分之一!**二十多年后,毛泽东在会见日本首相田中时,感激之情溢于言表,无耻地赞美侵略者说:"**皇军有功!**"今天,毛的阴魂不散,他的信徒精英们,利用毛遗传的面壁虚构和巧言令色的密术,继续传扬毛的"摘桃"谎言,力图使人相信，八年抗战的胜利是地雷战、地道战、麻雀战和铁道游击战的胜利，千方百计回避和抹煞这一历史事实：国民政府其军队消灭了六十多万鬼子兵，并与美、英、苏、法结成同盟国，取得了抗日战争的最后胜利，成为五大强国之一，从而顺理成章地成为安理会的常任理事国！

五、四年内战是美苏两大集团支持下的代理人战争。**这场不义战争，以数百万中国人的生命为代价，达到改朝换代的目的**，并由此确立了社会主义阵营以苏俄帝国主义为霸主的地位。如果说已蜕变为独裁者的蒋介石是一条美帝国主义的走狗（这个帝国主义没占我一寸领土），那么，即将变为独裁者的毛泽东呢？历史已经证明，当时他认敌为友，把霸占我一百六十多万平方公里领土、武力逼外蒙独立、屠杀我数万同胞的苏俄帝国主义拜为领袖，推为霸主，因此，他是一条不折不扣的苏俄帝国主义走狗！

六、抗美援朝战争是毛泽东决定的最大一次祸国战争。二战后，美苏争霸的格局已经形成。美国的战略重点在欧洲，在亚洲是保卫日本和维持各国边界现状。苏俄的战略重点也在欧洲。为了控制中国，同时削弱美国在欧洲力量，**斯大林设计了一箭双雕的战略**，用刚刚取得内战胜利而好大喜功的毛泽东去牵制和消耗美国，同时置中国于股掌之中。为此，他命令金日成发动了朝鲜战争，继而出枪出炮（后又要钱）要毛泽东出兵援朝。美国杜鲁门政府察觉到苏俄的谋图，当他们介入韩战时，就责令远东美军不得扩大战争，并撤换了扩战派司令麦克阿瑟，最后以有限的兵力和适当的战术，恢复了战前的平衡，从而保证了他们在欧洲对前苏联的优势力量。在美苏争霸中，毛泽东中了斯大林之计，愚蠢而不光彩地充当了他导师的打手。他以五六十万中华英雄儿女的生命和数十亿美元以及被孤立二十多年的巨大代价，出兵朝鲜，为霸主苏俄帝国主义立下了赫赫战功，保卫了金日成父子独裁的家天下。对这场严重损害我国国家利益的不义战争，他竟美其名曰为"保家卫国"。毛愚弄中国人的无耻伎俩，早已大白于天下；然，时至今日，还有那么一些"爱国"精英们，为那场可耻的祸国战争叫好，令人作呕！

七、出卖民族利益，承认外蒙古独立。民族自决是现代文明的原则，但外蒙古是在苏俄帝国主义刺刀胁迫下"独立"的，与民族自决风牛马不相及。当毛泽东厚颜无耻地宣布"一边倒"并宣称前苏联为"老大哥"、卑躬屈膝地尊称斯大林为"导师"并自称为"学生"时，卖国贼的嘴脸裸露无余：不顾绝大多数中国人（包括蒋介石政府在内）的强烈反对，公然把刺刀胁迫下"独立"的外蒙古，说成是"**蒙古人民在十月革命的影响下，脱离了中国的反动统治**"，悍然承认外蒙古独立。就是这个"独立"的外蒙古，直到九十年代初前苏联解体，才从苏俄帝国主义的卵翼下部分解脱出来。今天，台湾陈水扁政府要承认外蒙古独立，被台湾人民骂为"卖国"，那么，当年的毛泽东呢？同是中国人，我们大陆人不该反省吗？

此外，对于苏俄帝国主义霸占着我一百六十多万平方公里的领土，毛和他的继承人没有一个打算设法讨回。相比之下，日本各届政府，为要求苏俄归还北方领土，数十年如一日地坚持不懈，其精神令人钦佩！

八、残酷的阶级斗争是毛泽东进行政治统治和迫害的主要手段。对于阶级斗争，毛泽东说"要天天讲、月月讲、年年讲"。从五〇年镇反开始，接着便是五一~五二的对知识分子"改造"斗争，五二年的"三反""五反"，五三年的批高（高岗）斗饶（饶漱石），五四年批俞（俞平伯）斗胡（胡风），五五年的肃反，五七年的反右，五八年的拔"白旗"，五九年的反彭（彭德怀）黄（黄克诚）张（张闻天）周（周小舟），六〇年的反后进，六三~六六年的"四清"，六六~七六年的文革以及其间的广西吃人、北京、湖南大屠杀，等等，在和平的环境里，制造了三百多万件冤假错案，数百万人（包括他的同事、战友）都惨死在他的屠刀之下，数十万个家庭妻离子散、家破人亡，数千万人被打、抓、管、关和发配，无辜受株连近两个亿。二十七年间，残酷的阶级斗争使仁义理智信和真、善、美的中华大地**人性泯灭，道德沦丧，假恶丑横行天下，批斗杀甚嚣尘上**。如果允许人们把那斑斑血泪写成回忆录的话，全世界纸张必将告罄。毛这个歇斯底里的迫害狂和杀人狂，临死前还发疯似地叫嚷："**不斗能行吗？**"他那句著名的"**我们超过秦始皇一百倍**"的狂叫，活画出他那副独夫民贼仇视自由、民主和人权的狰狞嘴脸！

九、毛泽东一意孤行的经济政策，证明他是祸国殃民的罪魁祸首。毛在搞政治阴谋和军事策略上是行家里手，经济上则是个蠢才，甚至近乎白痴。内战结束后，国家本应休养生息，但毛遵照斯大林的遗训，不顾人民的反对，悍然宣布进行社会主义革命和建设。他的"一化三改造"、总路线、大跃进、人民公社、大炼钢铁、工业学大庆和农业学大寨等经济政策，和他那些胡说八道的"**八字宪法**"、"**鸡毛能上天**"、"**工业是拳头**"和"**农业是屁股**"等所谓的经济理论，以及他一意孤行的"思想改造"、"接受贫下中农再教育"和"亦工、亦农、办文、办武"反科学的人才观，给中国人民带来了空前大灾难！**六〇年饿死三千万！**广大农民长期在"瓜菜代"的贫苦中煎熬，城市居民在生活资料长期极度匮乏中艰难度日，而他和他的权贵们呢？他们则在"特供"中过着骄奢淫逸的生活。八十年代初，据专家们估算，在毛泽东统治的二十七年中，与同步国家相比，中国落后三十年！（二十七年中，平均12.5%的年增长率，是愚弄中国人的数字权术。）毛泽东倒行逆施的恶果，迫使他的比较开明的继承人**邓小平大刀阔斧地拨乱反正，改革开放**，引入资本主义经济模式，才使得被他搞得焦头烂额濒于崩溃的经济，起死回生，从而拯救了中国共产党！

十、如果说毛泽东有副卖国贼加祸国贼的特殊嘴脸，莫过于他在"支援世界革命"中的表现了。当我大片国土还沦没于帝国主义手中而绝大多数中国人还在饥寒交迫中挣扎的时候，为了争当世界领袖和导师，**他不顾国家利益和国情，左右开弓，与美交恶又与苏俄火并，使我国腹背受敌，失去了美苏争霸中的渔人之利**；他还不顾人民的死活，打肿脸充胖子，用大量人民的血汗钱去扶植波尔布特、金日成以及"红色旅"等等一类流氓加刽子手，受到了全世界人民的谴责；他还以第三世界领袖自居，用数十亿美元为阿尔巴尼亚、越南等国"输血"，结果，给我们带来的不是友谊，而是战争（越南）和反叛（阿尔巴尼亚），血本无归！

中国出了个毛泽东，这是我炎黄子孙们的不幸！

中国人民迟早会觉醒起来，彻底清除毛泽东经过精心包装的卖国加祸国的罪行。中共在天安门广场上为毛泽东僵尸建造的魔窟，不久的将来，必将改建成毛泽东暴政纪念馆，以告慰在其暴政下数千万死难同胞的在天之灵！

我为我炎黄子孙们呼吁：**还我自由！还我民主！还我仁爱！还我真善美！**

我为我炎黄子孙们祈祷：**中华民族将在自由、民主、正义和仁爱中复兴！**

也许有人认为笔者的思想过于激进，文字过于尖刻，但笔者写的都是客观存在过的历史事实，是任何人都无法抹去的。然而，在一党专政的"舆论一律"和"主旋律"统治下，中共却用历史装修主义或曰用主观构造的"规律"、"主流"、"典型"去强暴客观存在过的历史事实，对毛泽东的**盖世权谋**大加赞扬，借以掩盖毛泽东反人类的**滔天大罪**。请听，中共邓、江、胡、习四代领导人对毛泽东的颂扬：

中共第二代领导人**邓小平**说："**毛泽东思想这个旗帜丢不得。**"又说："我们写文章，**一定要注意维护毛主席这面伟大旗帜，决不能用这样那样的方式伤害这面旗帜。**"

中共第三代领导人**江泽民**说："毛泽东同志和他的战友们，缔造了一个用马克思列宁主义革命理论和革命风格武装起来的无产阶级政党。"

中共第四代领导人**胡锦涛**说："没有以毛泽东同志为核心的党的第一代中央领导集体团结带领全党全国各族人民浴血奋斗，就没有新中国，就没有中国社会主义制度。"

接着，中共第五代领导人**习近平**说："毛泽东同志是伟大的马克思主义者，伟大的无产阶级革命家、战略家、理论家，是马克思主义中国化的伟大开拓者，是近代以来中国伟大的爱国者和民族英雄，是党的第一代中央领导集体的核心，是领导中国人民彻底改变自己命运和国家面貌的一代伟人。"

从颂辞中可以看出，他们对毛的颂扬是千篇一律的；再翻开江在 1993 年、胡在 2003 年和习在 2013 年发表的纪念毛泽东诞辰的长篇颂辞看看，几乎没有什么区别。历史已经清楚地写下了这样的记录：是他们推翻了毛泽东暴虐的"以阶级斗争为纲"的无产阶级专政理论，是他们推翻了毛泽东祸国殃民的"三面红旗"政策，是他们用改革开放推翻了毛泽东闭关锁国的计划经济体制，又是他们推翻了毛泽东引以为荣的反人类的文化大革命；一言蔽之：是他们推翻了毛泽东执政二十七年间**除一党专政和土地党国所有外**所主导的一切！然而，正是他们这些人，却信誓旦旦地说要"**维护毛主席这面伟大旗帜**"。这是为什么呢？显然，他们都已从赫鲁晓夫批判斯大林从而终结苏联共产党一党独大的教训中，获得了灵感：为了确保中国共产党永远执政，永享既得利益，就要充分利用权力，千方百计地保护毛泽东这具僵尸，用令人作呕的颂辞去美化这具僵尸，不厌其烦地用重复复重复的谎言去包装这具僵尸；因为，他们知道，毛泽东这面旗倒了，中国共产党就会像苏共一样垮台，他们的权力、爵禄以及他们子女、亲属的既得利益，都会付诸东流。

尽管有人认为笔者的思想过于激进，文字过于尖刻，但笔者不以为然。许多中国人在"舆论一律"和"主旋律"的长期洗脑下，在昏昏欲梦中沉醉于毒酿的酣美，在飘飘欲仙中回味毒酿的畅快。中国人被麻醉了，麻木了，软骨病、媚骨病已经由知识分子传染到贫苦老百姓中。因此，对中国人需要从背后击一猛掌，需用猛药启蒙。2005年4月28日，笔者通过在"网易博客"上发表的"写给在京打工小儿子的一封电子信"，发出了启蒙的呼喊。全文如下：

启蒙

再过几天就是"五四"运动八十六周年了。

八十六年前，为了救国，先辈知识分子们引进了"德先生"（民主）和"赛先生"（科学），同时也引来了"马列先生"。二十多年前的六十年里，"马列先生"在西方家乡受挫，但在东方的异国他乡，却击败了"德赛先生"，使领袖崇拜主宰了中国，从而使中国陷入了空前的愚昧和疯狂中。今天，"马列先生"虽已不成气候，但其余威尚在，"德赛先生"仍在重压下呻吟。

为了解放"德赛先生"，今日中国迫切需要启蒙：民主启蒙、自由启蒙、人权启蒙、科学启蒙和道德启蒙。

在"马列先生"的领袖崇拜和帝王崇拜的余威主导的社会里，亦即由**权力意志**来定义和规范"民主"、"自由"、"人权"、"科学"和"道德"的社会里，启蒙者要付出代价。

这些代价包括：

在众多善良而愚昧的芸芸众生面前，启蒙者会被讥讽为失之偏激甚至刚愎自用的极端主义者；

在维护"马列先生"的"愤青"们面前，启蒙者会被诽谤为动乱制造者，甚至是汉奸、卖国贼；

在"马列先生"专政的制造者和实施者面前，启蒙者会被指控为破坏稳定图谋颠覆因而必需绳之以"法"的罪犯！

对于启蒙者来说，在非议、诽谤甚至刑讯面前坚定不移地走启蒙之路，付出这样的代价是责无旁贷的。

"天降大任于斯人也"，我不付出谁付出！

当**左派理想主义**受挫时，**专制务实主义** (1) 便借机东山再起，取其而代之，恰似二十世纪八、九十年代的"**改革开放**"故事；但当专制务实主义招致贫富差距拉大、不平等加剧、腐败积重难返时，左派理想主义便乘势卷土重来，犹如二十一世纪初复辟文革的"**唱红打黑**"狂潮。为了不使"理想"与"务实"反复折腾我们民族，启蒙便成了今天中国当务之急。

要启蒙，就要揭露和批判毛泽东的中共在文革中的谎言、野蛮、邪恶，推倒压在中国人民头上的**马列主义**和**毛泽东**两座大山，从而为光复真、善、美的华夏文明和重修自由、民主、人权的普世价值扫清道路。2006年5月，笔者开始直书的《评说文革》，就是一剂启蒙猛药！

尽管笔者出身低微，一介草根，无法与那些御用专家、教授、学者、作家们平起平坐，而在当权者眼里，更是一株可以任意践踏的小草，但却责无旁贷地肩负起启蒙重任，不畏惧他人的讽嘲和恐吓：在一些网站上，开辟一间博客小屋，以揭露和批判毛泽东在文革中的种种反人类暴行，去唤醒沉睡中的民族。

开辟博客并不顺利。当笔者在"博客屋"里小心运笔时，"博客屋"被查封，全军覆没；又当笔者试图在新浪、腾讯、凤凰上构建"平台"时，先后遭到了他们刁难式的拒绝，使"建筑"无法进行下去。然而，在"主旋律"的蒙蒙法网中，笔者最终在"网易博客"中找到了一席之地，先后发表了一百多篇批毛、评马列的《评说文革—毛泽东》初稿。尽管他们也查封了部分文字，但笔者还是要向他们道声"谢谢！"也许这声道谢，可能会给他们带去些麻烦。（非常遗憾的是，2015年5月15日，网易全面封杀了我的博客和163邮箱。）

当笔者步入八十高龄时，约百余万言的**《草根评说：文革—毛泽东》**一书终于脱稿了。尽管出版还是个未知数，寻找全文发表的地方还有一段长路要走，但以书告慰在毛泽东暴政下数千万死难同胞在天之灵的心愿，总算实现了。在这种情势下，行将就火的笔者，终有可能安闲自得地倘佯在黄泉路上，甚至有可能以舒畅的心情去欣赏那阴曹地府里的幽幽冥色。

跋语附注：

注1、"左派理想主义"亦即无产阶级专政下的乌托邦共产主义；"专制务实主义"亦即一党专政下拒绝民主改革的民生主义。

（2016年9月23日，《草根评说：文革—毛泽东》全书第二稿修订完）

《草根评说：文革—毛泽东》

www.ingramcontent.com/pod-product-compliance
Lightning Source LLC
Chambersburg PA
CBHW080034120526
44588CB00036B/2585